Legislação Criminal

PARA CONCURSOS

Doutrina

Jurisprudência

Questões de concurso

Fábio Roque
Nestor Távora
Rosmar Rodrigues Alencar

LECRIM

Legislação Criminal

PARA CONCURSOS

Doutrina

Jurisprudência

Questões de concurso

Bruno Silva Santana
Colaborador na pesquisa de jurisprudência e questões

4ª edição | revista atualizada ampliada

2019

EDITORA JusPODIVM
www.editorajuspodivm.com.br

EDITORA
*Jus*PODIVM
www.editorajuspodivm.com.br

Rua Território Rio Branco, 87 – Pituba – CEP: 41830-530 – Salvador – Bahia
Tel: (71) 3045.9051
• Contato: https://www.editorajuspodivm.com.br/sac

Diagramação: Cendi Coelho *(cendicoelho@gmail.com)*

Capa: Ana Caquetti

ISBN: 978-85-442-2723-7

APRESENTAÇÃO DA COLEÇÃO

A coleção **CÓDIGOS E CONSTITUIÇÃO PARA CONCURSOS** foi pensada para auxiliar o candidato a alcançar o seu grande objetivo: passar em um concurso público. Para isso, reunimos professores renomados, experientes e, acima de tudo, didáticos, para compor o time de autores dessa coleção inovadora.

A ideia era fazer algo que complementasse o estudo. Um material no qual o candidato pudesse confiar o seu tempo final de preparação e/ou dedicar o seu momento de revisão daquilo que foi estudado.

Assim, definimos a didática que acreditamos ser a ideal:

- Artigo de lei;
- Breves comentários;
- Súmulas do STF e do STJ referentes ao artigo;
- Informativos recentes do STF e do STJ referentes ao artigo;
- Questões de concursos referentes ao artigo.

O leitor, assim, tem à sua disposição, de forma organizada, um pouco de tudo o que ele precisa para passar no concurso desejado: lei, doutrina, jurisprudência e questões.

Não bastasse isso, todos os livros possuem, além da cor básica, outra cor para destacar as principais partes dos comentários, proporcionando uma leitura mais agradável e ajudando a memorização do assunto.

A cada edição aumentamos e melhoramos os comentários dos artigos e, principalmente, revisamos a jurisprudência e as questões de concursos, de forma a sempre oferecer ao candidato o material mais atualizado possível.

Dada a receptividade dos leitores, acreditamos que estamos conseguindo obter êxito nessa empreitada.

Boa sorte!

RICARDO DIDIER

Editor

Editora JusPodivm

SOBRE OS AUTORES E COLABORADOR

FÁBIO ROQUE ARAÚJO

- Juiz Federal/BA.
- Doutor e Mestre em Direito Público – UFBA.
- Professor-adjunto da Faculdade de Direito da UFBA.
- Professor do Programa de Mestrado em Direito da Universidade Católica do Salvador – UCSal.
- Professor do CERS cursos on-line e do CERS Salvador (presencial). Coordenador da Especialização EAD em Ciências Criminais da Estácio/CERS.
- Facebook: Fábio Roque Araújo
- Instagram: @professorfabioroque
- Periscope: @professorfabioroque

NESTOR TÁVORA

- Ex-Defensor Público – AL.
- Advogado.
- Mestre em Direito Público pela Universidade Federal da Bahia.
- Especialista em Ciências Criminais pelas Faculdades Jorge Amado.
- Professor da Escola de Magistrados da Bahia.
- Professor da Fundação Escola Superior do Ministério Público da Bahia.
- Professor da Escola Superior de Advocacia Orlando Gomes.
- Professor da Faculdade Baiana de Direito nos cursos de graduação e Pós-Graduação.
- Coordenador da pós-graduação em Processo Penal na rede LFG/Anhanguera/ Uniderp.
- Professor da rede de ensino LFG.
- e-mail: nestor@nestortavora.com.br
- Periscope: @nestortavora

ROSMAR RODRIGUES ALENCAR

- Juiz Federal – AL.
- Doutor em Direito pela PUC/SP.
- Mestre em Direito pela UFBA.
- Especialista em Direito Processual Penal (FESMP/RN).
- Professor Adjunto da Faculdade de Direito de Alagoas (UFAL).
- Professor Titular do Centro Universitário Tiradentes (UNIT/AL).
- Professor da Faculdade Seune/AL.
- Professor em cursos de pós-graduação e na Escola Superior da Magistratura de Alagoas.
- Membro da Academia Maceioense de Letras.
- Membro da Associação dos Juízes para a Democracia (AJD).
- Associado do IBCCRIM.
- Ex-Promotor de Justiça – RN.

- Ex-Defensor Público da União.
- Ex-Juiz Militar do CPJ/AL.
- e-mail: rosmar.antonni@gmail.com
- Facebook: Rosmar Rodrigues Alencar
- Youtube: Rosmar Rodrigues Alencar
- Instagram: @rosmar_rodrigues_alencar

Colaborador de Jurisprudência e Questões

BRUNO SANTANA

- Servidor do Tribunal Regional Eleitoral da Bahia.

SUMÁRIO

| 01 |

CRIMES HEDIONDOS

<table>
<tr><th colspan="7">CRIMES HEDIONDOS</th></tr>
<tr><th colspan="7">QUESTÕES DE CONCURSOS</th></tr>
<tr><th colspan="3">Classificação pelo artigo</th><th rowspan="7"></th><th colspan="3">Classificação pelo grau de incidência em provas</th></tr>
<tr><th>Dispositivo legal</th><th>Nº de questões</th><th>%</th><th>Dispositivo legal</th><th>Nº de questões</th><th>%</th></tr>
<tr><td>Introdução</td><td>3</td><td>6,52%</td><td>Art. 2º</td><td>23</td><td>50%</td></tr>
<tr><td>Art. 1º</td><td>18</td><td>39,13%</td><td>Art. 1º</td><td>18</td><td>39,13%</td></tr>
<tr><td>Art. 2º</td><td>23</td><td>50%</td><td>Art. 8º</td><td>2</td><td>3,85%</td></tr>
<tr><td>Art. 8º</td><td>2</td><td>4,35%</td><td>Introdução</td><td>3</td><td>4,35%</td></tr>
<tr><td>TOTAL</td><td>46</td><td>100,00%</td><td>TOTAL</td><td>52</td><td>100,00%</td></tr>
</table>

LEI Nº 8.072, DE 25 DE JULHO DE 1990

Dispõe sobre os crimes hediondos, nos termos do art. 5º, inciso XLIII, da Constituição Federal, e determina outras providências.

O PRESIDENTE DA REPÚBLICA, faço saber que o Congresso Nacional decreta e eu sanciono a seguinte lei:

1. COMENTÁRIOS

1.1. CONSIDERAÇÕES INICIAIS

Como cediço, cabe à legislação infraconstitucional a definição da conduta criminosa e a cominação da respectiva sanção penal. Se é verdade, porém, que a Constituição Federal não criminalizou condutas expressamente, criou, por outro lado, alguns mandados de criminalização. **Mandados constitucionais de criminalização** (ou de penalização) são mandamentos dirigidos ao legislador ordinário, para que criminalize algumas condutas ou estabeleça um tratamento penal mais recrudescido. Por outras palavras, a Constituição não criminaliza a conduta, mas "manda" o legislador ordinário fazê-lo.

É o que acontece, por exemplo, nos casos do art. 5º, do texto constitucional, em seus incisos XLI ("a lei punirá qualquer discriminação atentatória dos direitos e liberdades fundamentais"), XLII ("a prática do racismo constitui crime inafiançável e imprescritível, sujeito à pena de reclusão, nos termos da lei") e XLIV ("constitui crime inafiançável e imprescritível a ação de grupos armados, civis ou militares, contra a ordem constitucional e o Estado Democrático").

Com os crimes hediondos, não foi diferente. Com efeito, a Lei nº 8.072/90 resulta do cumprimento legislativo ao mandado de criminalização contemplado no art. 5º, inciso XLIII, da Constituição, que possui a seguinte redação: "a lei considerará crimes inafiançáveis e insuscetíveis de graça ou anistia a prática da tortura, o tráfico ilícito de entorpecentes e drogas afins, o terrorismo e os definidos como crimes hediondos, por eles respondendo os mandantes, os executores e os que, podendo evitá-los, se omitirem".

Como se percebe, a própria Constituição erigiu três condutas a um patamar similar aos demais crimes hediondos: o tráfico de drogas, o terrorismo e a tortura. São, portanto, crimes assemelhados aos hediondos. Por força da equiparação promovida pela própria Constituição, estes crimes estão submetidos ao mesmo tratamento mais recrudescido dado pela Lei nº 8.072/90.

A Constituição Federal, não trouxe um rol taxativo de crimes a serem considerados hediondos. A par de enumerar os três crimes referidos, a CF/88 delegou ao legislador ordinário o estabelecimento dos crimes considerados hediondos.

Ao propugnar uma reprimenda penal mais severa, a legislação de crimes hediondos, cumprindo o mandamento constitucional, procura observar o princípio da vedação à proteção deficiente (ou vedação à infraproteção), de modo a não deixar os bens jurídicos sem a tutela penal ou com uma tutela penal insuficiente.

Não se pode deixar de anotar, porém, que, em determinados casos, a lei de crimes hediondos acabou por tornar tão severa a intervenção punitiva, que consagrou inconcebíveis violações a direitos fundamentais, forçando o Supremo Tribunal Federal a reconhecer a inconstitucionalidade de dispositivos, como o que impedia a progressão de regime de cumprimento de pena.

Em sede doutrinária, existem fortes resistências à Lei de Crimes Hediondos, e sua previsão no texto constitucional. Dissertando sobre o tema, em obra específica, Alberto Silva Franco observa que "as valorações político-criminais do Movimento da Lei e da Ordem (*Law and Order*) se fizeram presentes à retaguarda do posicionamento assumido pelo legislador constituinte"[1]. Neste contexto, importante recordar que o Movimento da Lei e da Ordem foi um movimento de política criminal, surgido na década de setenta do século XX, e que se assentava sobre a ideia de exasperação das sanções penais.

Sob outro prisma, há quem se refira à Lei de Crimes Hediondos como manifestação do Direito Penal do Inimigo, teoria criada por Günther Jakobs, em meados da década de oitenta do século XX, e que objetiva tratar alguns criminosos como inimigos do Estado. E há mesmo quem empregue a expressão "hedionda lei de crimes hediondos".

Em sede jurisprudencial, contudo, a Lei de Crimes Hediondos tem encontrado ampla recepção, ressalvadas, naturalmente, algumas inconstitucionalidades já reconhecidas pelo STF (sobretudo em matéria de progressão de regime de cumprimento de pena), conforme se verá adiante.

1. FRANCO, Alberto Silva. *Crimes hediondos*. 4. ed. São Paulo: RT, 2000, p. 78.

1.2. SISTEMAS DE CLASSIFICAÇÃO DOS CRIMES HEDIONDOS

É possível identificar três sistemas de identificação dos crimes hediondos:

a) Sistema legal: é o sistema de acordo com o qual cabe ao legislador enumerar, em rol taxativo, os crimes considerados hediondos. **Este foi o sistema acolhido no Brasil**. A Lei nº 8.072/90 traz um rol taxativo de crimes considerados hediondos.

Como ponto positivo deste sistema, pode-se mencionar o fato de que ele observa o princípio da legalidade, evitando que o julgador considere hediondo determinado crime sem uma prévia enunciação legislativa a respeito. Como ponto negativo, é possível verificar que o juiz não pode retirar a natureza hedionda de determinado crime, caso ele esteja previsto no rol da Lei nº 8.072/90, ainda que não se tenha verificado o caráter "repugnante", "abjeto", "sórdido" ou "asqueroso" do crime.

Podemos citar o exemplo do beijo lascivo[2] forçado, conduta considerada crime de estupro (art. 213, CP) por muitos autores, na medida em que constituiria ato libidinoso diverso da conjunção carnal. Trata-se de conduta reprovável que merece a intervenção punitiva, sem dúvida. Mas, a toda vista, não se trata de conduta que se equipare à conjunção carnal ou à prática de coito anal forçados, por exemplo. Mas nos três casos (beijo lascivo, conjunção carnal ou coito anal), estaríamos diante de um crime hediondo, porquanto o estupro se enquadra no rol da Lei nº 8.072/90.

Procurando contornar problemas como este, Alberto Zacharias Toron defende a existência de uma "cláusula salvatória", que permitisse ao julgador, apreciando as particularidades do caso concreto, retirar a natureza hedionda de um crime previsto na Lei nº 8.072/90[3]. Esta doutrina não tem encontrado guarida na jurisprudência dos nossos Tribunais.

b) Sistema judicial: neste sistema, cabe ao julgador, no caso concreto, definir se o crime é hediondo ou não. O magistrado, portanto, não parte de um rol de crimes estabelecido em lei. Ao revés, é no caso concreto que, ao analisar a gravidade da conduta, a maior ou menor reprovabilidade do autor do fato, e demais particularidades, que entenderá estar ou não presente a natureza hedionda do crime.

Para logo se vê que se trata de sistema que produz insegurança jurídica, na medida em que não se pode saber, a priori se o crime será ou não hediondo. Dependerá da posterior valoração do julgador. Entendemos que se trata, ainda, de flagrante violação ao princípio da legalidade, pilar de sustentação do Direito Penal moderno.

Ora, como consabido, as sanções penais devem estar contempladas previamente em lei, e esta lei não pode conter incriminações vagas e imprecisas (princípio da taxatividade). Permitir-se ao juiz o enquadramento de uma conduta delitiva no rol dos crimes hediondos sem que a lei estipule alguns critérios objetivos para tanto, violaria, portanto, a legalidade penal, em seu aspecto taxatividade.

---

2. O exemplo é de Alberto Silva Franco (*ob. cit.*, p. 95).
3. LIMA, Renato Brasileiro de. *Legislação especial criminal comentada.* 2. ed. Salvador: JusPodivm, 2014, p. 30.

c) Sistema misto: neste sistema, caberia ao julgador, no caso concreto, identificar a natureza hedionda do crime, mas ele se valeria de alguns critérios objetivos apresentados pelo legislador. O legislador poderia, por exemplo, afirmar que só pode ser considerado hediondo o crime praticado mediante violência ou grave ameaça (conforme veremos, no nosso atual sistema, há crimes hediondos praticados sem violência ou grave ameaça). A partir destes critérios objetivos, então, o julgador decidiria se aquele crime seria ou não hediondo.

Também não é um sistema impassível de críticas. Vale notar que, mesmo suprindo algumas deficiências do sistema judicial, o sistema misto ainda conteria uma alta dose de insegurança jurídica, na medida em que não se teria como saber com antecedência se determinado crime seria ou não hediondo.

2. QUESTÕES DE CONCURSOS

1. **(CESPE/SEFAZ-ES/Auditor Fiscal/2013 – adaptada)** Seria inconstitucional lei que fixasse prazo de prescrição para o crime de ação de grupos armados contra a ordem constitucional e o Estado democrático.

2. **(IBADE/PC-AC/Delegado de Polícia/2017 – adaptada)** O sistema adotado pela legislação brasileira para rotular uma conduta como hediondo é o sistema misto.

3. **(CESPE/EBSERH/Advogado/2018)** O ordenamento jurídico nacional adotou o critério legal para a tipificação dos crimes hediondos, sendo vedado ao juiz, em caso concreto, fixar a hediondez de um delito ou excluí-la em razão de sua gravidade ou forma de execução.

GAB	1	2	3
	C	E	C

Art. 1º São considerados hediondos os seguintes crimes, todos tipificados no Decreto-Lei nº 2.848, de 7 de dezembro de 1940 – Código Penal, consumados ou tentados: (Redação dada pela Lei nº 8.930, de 1994) (Vide Lei nº 7.210, de 1984)

I – homicídio (art. 121), quando praticado em atividade típica de grupo de extermínio, ainda que cometido por um só agente, e homicídio qualificado (art. 121, § 2º, incisos I, II, III, IV, V, VI e VII); (Redação dada pela Lei nº 13.142, de 2015)

I-A – lesão corporal dolosa de natureza gravíssima (art. 129, § 2º) e lesão corporal seguida de morte (art. 129, § 3º), quando praticadas contra autoridade ou agente descrito nos arts. 142 e 144 da Constituição Federal, integrantes do sistema prisional e da Força Nacional de Segurança Pública, no exercício da função ou em decorrência dela, ou contra seu cônjuge, companheiro ou parente consanguíneo até terceiro grau, em razão dessa condição; (Incluído pela Lei nº 13.142, de 2015)

II – latrocínio (art. 157, § 3º, in fine); (Inciso incluído pela Lei nº 8.930, de 1994)

III – extorsão qualificada pela morte (art. 158, § 2º); (Inciso incluído pela Lei nº 8.930, de 1994)

IV – extorsão mediante seqüestro e na forma qualificada (art. 159, *caput*, e §§ lº, 2º e 3º); (Inciso incluído pela Lei nº 8.930, de 1994)

V – estupro (art. 213, *caput* e §§ 1º e 2º); (Redação dada pela Lei nº 12.015, de 2009)

VI – estupro de vulnerável (art. 217-A, *caput* e §§ 1º, 2º, 3º e 4º); (Redação dada pela Lei nº 12.015, de 2009)

VII – epidemia com resultado morte (art. 267, § 1º). (Inciso incluído pela Lei nº 8.930, de 1994)

VII-A – (VETADO) (Inciso incluído pela Lei nº 9.695, de 1998)

VII-B – falsificação, corrupção, adulteração ou alteração de produto destinado a fins terapêuticos ou medicinais (art. 273, *caput* e § 1º, § 1º-A e § 1º-B, com a redação dada pela Lei nº 9.677, de 2 de julho de 1998). (Inciso incluído pela Lei nº 9.695, de 1998)

VIII – favorecimento da prostituição ou de outra forma de exploração sexual de criança ou adolescente ou de vulnerável (art. 218-B, *caput*, e §§ 1º e 2º). (Incluído pela Lei nº 12.978, de 2014)

Parágrafo único. Consideram-se também hediondos o crime de genocídio previsto nos arts. 1º, 2º e 3º da Lei nº 2.889, de 1º de outubro de 1956, e o de posse ou porte ilegal de arma de fogo de uso restrito, previsto no art. 16 da Lei nº 10.826, de 22 de dezembro de 2003, todos tentados ou consumados. (Redação dada pela Lei nº 13.497, de 2017)

1. COMENTÁRIOS

1.1. Lei nº 8.072/90 e suas alterações

A Lei de Crimes Hediondos foi publicada no dia 25 de julho de 1990, tendo entrado em vigor no mesmo dia. Passaram-se menos de dois anos, portanto, do advento da Constituição Federal que havia trazido o mandado de criminalização, em seu art. 5º., XLIII.

Há um certo consenso em doutrina, em torno da ideia de que a publicação desta Lei decorreu de forte influência de alguns crimes, sobretudo de extorsão mediante sequestro, que tiveram grande repercussão nos meios de comunicação de massa. Exemplos como as extorsões mediante sequestro dos empresários Roberto Medina e Abílio Diniz sempre são invocados.

Como era de se esperar de uma legislação penal de emergência, elaborada às pressas para aplainar os clamores sociais, a redação original da Lei continha omissões de relevo. A principal, sem dúvida era a ausência do crime de homicídio, ainda que em sua modalidade qualificada. Outro crime com forte apelo na imprensa – o homicídio da atriz Daniela Perez – acabou conduzindo a uma alteração do texto original da Lei de Crimes Hediondos, permitindo a inclusão do crime de homicídio no rol.

Assim, a Lei nº 8.930, de 06 de setembro de 1994, incluiu no rol dos crimes hediondos o "homicídio (art. 121), quando praticado em atividade típica de grupo de extermínio, ainda que cometido por um só agente, e homicídio qualificado (art. 121, § 2º, I, II, III, IV e V)".

Em sentido similar, em meados da década de 90 do século passado, a sociedade brasileira foi surpreendida com a descoberta de um grande esquema de falsificação de remédios, que prejudicou uma grande quantidade de pessoas. Portadores de doenças graves, ingerindo substâncias falsas, acreditando que estavam combatendo suas enfermidades.

Novo clamor social oriundo de um crime grave, nova alteração da redação da Lei de Crimes Hediondos. Foi a vez da Lei nº 9.695[4], de 20 de agosto de 1998, incluir no rol de crimes hediondos a conduta consistente em "falsificação, corrupção, adulteração ou alteração de produto destinado a fins terapêuticos ou medicinais (art. 273, *caput* e § 1º, § 1º-A e § 1º-B, com a redação dada pela Lei nº 9.677, de 2 de julho de 1998)".

4. Esta mesma Lei pretendia, ainda, tornar crime hediondo a conduta consistente na "corrupção, adulteração, falsificação ou alteração de substância ou produto alimentício destinado a consumo, tornando-o nocivo à saúde ou reduzindo-lhe o valor nutritivo". O dispositivo que fazia tal inclusão, porém, foi vetado pelo Presidente da República, sob os argumentos de que haveria violação às ideias de razoabilidade e proporcionalidade, e a qualificação das condutas como crime hediondo não pode ser banalizada.

É importante recordar que a lei penal não pode retroagir, senão para beneficiar o réu (art. 5º, XL, CF), razão pela qual o a Lei de Crimes Hediondos e suas posteriores alterações não se aplicaram aos crimes que ensejaram o clamor social. Em suma, os sequestradores dos empresários mencionados, os assassinos da atriz e os falsários que atuaram sobre os medicamentos, foram processados e punidos, mas sem o rigor da Lei de Crimes Hediondos.

Mais uma alteração no rol dos crimes considerados hediondos foi promovida pela Lei nº 12.015/09, que tratou dos crimes sexuais estampados no Código Penal. Referida Lei, além de abolir a figura do atentado violento ao pudor, que estava previsto no art. 214, CP, criou a figura do crime de estupro de vulnerável (art. 217-A, CP), incluindo-o no rol dos crimes hediondos (art. 1º, VI, Lei nº 8.072/90).

Mais uma alteração foi promovida na Lei de Crimes Hediondos no dia 21 de maio de 2014, com a aprovação da Lei nº 12.978/14, que acresceu ao rol dos crimes hediondos o crime do art. 218-B, *caput*, e §§ 1º e 2º (favorecimento da prostituição ou de outra forma de exploração sexual de criança ou adolescente ou de vulnerável).

No ano de 2015, mais duas alterações: a) a Lei nº 13.104/15 criou nova modalidade de homicídio qualificado (o feminicídio), o que repercute no rol dos crimes hediondos; b) a Lei nº 13.142/15 não apenas criou nova modalidade de homicídio qualificado, como, ainda, acresceu ao rol dos crimes hediondos o inciso I-A (lesão corporal dolosa de natureza gravíssima e lesão corporal seguida de morte, quando praticadas contra autoridade ou agente descrito nos arts. 142 e 144 da Constituição Federal, integrantes do sistema prisional e da Força Nacional de Segurança Pública, no exercício da função ou em decorrência dela, ou contra seu cônjuge, companheiro ou parente consanguíneo até terceiro grau, em razão dessa condição).

No ano de 2017, a Lei nº 13.497, do dia 26 de outubro, promoveu mais uma alteração na Lei de Crimes Hediondos, acrescentando, ao parágrafo único do art. 1º, os crimes de posse ou porte ilegal de arma de fogo de uso restrito.

Estas são as alterações existentes até o momento na Lei de Crimes Hediondos. Mas não se pode olvidar que existem inúmeros projetos de lei com tramitação no Congresso Nacional, pretendendo promover novos acréscimos nesta lista. Dentre os projetos existentes, destacam-se aqueles que pretendem transformar em crimes hediondos aqueles praticados em detrimento da Administração Pública.

1.2. Rol taxativo

O rol dos crimes considerados hediondos, previsto no art. 1º da Lei nº 8.072/90 é taxativo, não se admitindo nenhuma forma de analogia para que se inclua crime não contemplado. Obviamente, qualquer analogia neste sentido seria maléfica ao réu (*in malam partem*), o que não é admitido pelo Direito Penal, sob pena de violenta afronta ao princípio da legalidade.

Não importa, portanto, se, na prática, o crime aparentou uma hediondez patente. Por mais que o crime se apresente "reprovável", "sórdido", "abjeto", "asqueroso", "repugnante", não há como considerá-lo hediondo se não houver a previsão no rol do art. 1º da Lei.

É possível, por exemplo, imaginar um crime de roubo, em que a violência empregada está em patamar muito mais acentuado do que o necessário à subtração. Por mais que o criminoso, humilhe, agrida, ofenda e atemorize as suas vítimas, e por mais que tais vítimas estejam em situação de imensa vulnerabilidade (pela idade avançada, pela debilidade produzida por alguma enfermidade, etc.), não estaremos diante de um crime hediondo. Só se poderia falar em crime hediondo, naturalmente, se da violência empregada na ação delituosa, resultasse a morte da vítima, pois neste caso, estaríamos diante do latrocínio, que está previsto no art. 1º da lei em apreço.

Por outro lado, importa recordar que os crimes previstos na Lei nº 8.072/90 serão hediondos, ainda que no caso concreto se apresentem como de menor reprovabilidade (basta recorrermos, uma vez mais, ao exemplo do beijo lascivo). Ademais, vale lembrar que o crime hediondo não perde esta característica quando ocorre apenas a modalidade tentada.

Com efeito, o homicídio qualificado, para citarmos apenas um exemplo, será considerado hediondo, ainda que o resultado morte da vítima não ocorra. Aliás, a própria redação do *caput* e do parágrafo único do art. 1º é categórica ao se referir aos crimes "consumados ou tentados".

1.2.1. Os crimes hediondos e a legislação especial

A Lei de Crimes Hediondos não se limitou a apontar o *nomen juris* do tipo penal. Mais que isto, indicou o dispositivo legal pertinente. Assim, apenas a título exemplificativo, quando se refere ao crime de homicídio, a Lei de Crimes Hediondos faz questão de se reportar ao art. 121 do Código Penal.

É possível perceber que todos os tipos penais indicados nos incisos do art. 1º da Lei de Crimes Hediondos estão previstos no Código Penal. Os crimes hediondos contemplados na legislação extravagante são o genocídio (Lei nº 2.889/56) e o crime de posse ou porte ilegal de arma de fogo de uso restrito (art. 16, Lei nº 10.826/03), que se encontram previstos no parágrafo único do art. 1º da Lei em comento.

Esta técnica legislativa, consistente em indicar o dispositivo legal dos crimes considerados hediondos traz uma consequência muito curiosa: não são considerados hediondos os tipos penais análogos previstos na legislação penal extravagante. Veja-se, por exemplo, o caso do crime previsto no art. 29 da Lei nº 7.170/83 (Lei de Segurança Nacional), consistente em matar alguma das seguintes autoridades: Presidente da República, do Senado Federal, da Câmara dos Deputados ou do Supremo Tribunal Federal.

A toda vista, trata-se de um crime de homicídio, com tipificação específica em lei especial. Além disto, resta óbvio que se trata de crime até mais grave do que o crime de homicídio previsto no Código Penal. Para chegar a esta conclusão, basta uma breve análise no quantitativo das penas. No Código Penal, o homicídio simples possui pena que varia de 06 (seis) a 20 (vinte anos), enquanto o homicídio qualificado possui pena estabelecida em patamares que variam de 12 (doze) a 30 (trinta) anos. Na Lei nº 7.170/83, a pena para o homicídio de alguma das autoridades mencionadas é de 15 (quinze) a 30 (trinta) anos.

Contudo, este crime de homicídio previsto no art. 29 da Lei nº 7.170/83 não pode ser considerado hediondo, pois a Lei nº 8.072/90, ao se reportar ao crime de homicídio, reporta-se, expressamente, ao art. 121 do Código Penal.

Assim, se alguém atentasse contra a vida das maiores autoridades públicas da República brasileira, seria condenado, seguramente, a uma pena maior do que o convencional nos casos de demais homicídios (já que a pena mínima já é maior); mas, curiosamente, não seria um crime hediondo, não sendo possível submeter este condenado ao tratamento mais rigoroso da Lei nº 8.072/90, no que concerne à progressão de regime, livramento condicional, etc.

É uma situação esdrúxula, não há como negar. Mas é a única solução plausível, de modo a respeitar a taxatividade do rol de crimes hediondos, previsto na Lei nº 8.072/90.

1.2.2. Os crimes militares não são crimes hediondos

O mesmo raciocínio desenvolvido no tópico anterior pode ser empregado quando nos referimos aos crimes militares. O Código Penal Militar previu uma série de crimes que muito se assemelham a alguns dos mais graves crimes previstos no nosso Código Penal.

Crimes previstos no CPM como o homicídio qualificado (art. 205, § 2º,), o genocídio (art. 208), o estupro (art. 232), o latrocínio (art. 242, § 3º.), a extorsão qualificada pela morte (art. 243, § 2º.), a extorsão mediante sequestro (art. 244) e a epidemia qualificada pela morte (art. 292, § 1º.) não são considerados hediondos. São modalidades criminosas que em tudo se assemelham àquelas enumeradas no art. 1º da Lei de Crimes Hediondos, mas esta faz expressa menção aos tipos penais a que se referem. Os crimes hediondos são apenas aqueles previstos no Código Penal ou na Lei de Genocídio (Lei nº 2.889/56).

Esta matéria já foi enfrentada pelos Tribunais Superiores. O Superior Tribunal de Justiça já teve a oportunidade de salientar a inaplicabilidade da Lei de Crimes Hediondos aos crimes militares, sob pena de afronta ao princípio da reserva legal[5]. Por sua vez, o STF já teve oportunidade de afirmar não haver inconstitucionalidade na diferença de tratamento entre os crimes militares e os crimes comuns, sobretudo porque, no mais das vezes, o tratamento conferido aos crimes militares é mais gravoso[6].

Neste precedente oriundo da Suprema Corte, o réu havia sido condenado por crime comum, previsto no Código Penal, e considerado hediondo. A defesa pretendia o reconhecimento da natureza militar do crime, com vistas a descaracterizar a hediondez. O STF, então, ao asseverar que os crimes militares, em regra, possuem uma reprimenda mais acentuada, não reconheceu o caráter militar do crime.

Cumpre ressaltar, neste ponto, que a jurisprudência do STF não vem acolhendo a possibilidade de combinação de (partes benéficas de) leis, pois isto constituiria uma norma híbrida, não prevista. Por isto, ou se reconheceria o caráter militar do crime, com a respectiva incidência do CPM, ou se reconhece seu caráter comum, com incidência do CP e, no caso, da Lei de Crimes Hediondos.

Não se pode deixar de perceber, porém, que nem sempre este caráter mais gravoso do crime militar se apresenta no CPM. Veja-se, por exemplo, o caso do crime de estupro, que,

5. HC 30.056/RJ, Rel. Min. Paulo Medina, Rel. p/ Acórdão Min. Hélio Quaglia Barbosa, julgado em 16/11/2004.
6. HC 86459 / RJ, Rel. Min. Joaquim Barbosa, julgado em 05/12/2006.

no CPM (art. 232), possui a pena de reclusão de 03 (três) a 08 (oito) anos. No Código Penal (art. 213), todavia, a pena é de 06 (seis) a 10 (dez) anos.

Então, se um civil pratica o crime de estupro, sua pena será de 06 (seis) a 10 (dez) anos e o crime será considerado hediondo. Mas se a violência sexual é praticada por um militar da ativa no interior de uma organização militar, a pena será consideravelmente menor, e o crime não terá o rigor da Lei de Crimes Hediondos. E o que é pior, se o ato de violência sexual consistir em ato libidinoso diverso da conjunção carnal (considerado estupro no CP, mas atentado violento ao pudor no CPM), a pena será apenas de 02 (dois) a 06 (seis) anos.

Este exemplo dos crimes sexuais é muito emblemático, para demonstrar que há um tratamento muito mais brando para os crimes militares desta natureza. Não somos partidários da mais exasperação indiscriminada das sanções penais, porquanto consideramos válido o argumento trazido por Beccaria, ainda no século XVIII, no sentido de que mais vale a certeza da condenação do que uma pena elevada. Por outras palavras, a certeza da impunidade incrementa a criminalidade com muito mais profusão do que a previsão de uma pena diminuta.

Mas neste caso, acreditamos que há uma violação ao princípio da vedação à proteção deficiente, na medida em que os crimes sexuais previstos no CPM, gravíssimos que são, mereciam um tratamento penal mais consentâneo com sua natureza, tal como o concedido aos crimes sexuais previstos no Código Penal e na Lei de Crimes Hediondos.

Mas é imprescindível destacar que este tratamento mais gravoso só pode ser realizado pela lei, sendo vedado ao intérprete, sob qualquer pretexto, enquadrar o crime militar no rol dos crimes hediondos. Seria flagrante violação ao princípio da legalidade, consoante remansosa jurisprudência dos Tribunais Superiores, acima citada.

Esse nosso raciocínio permanece válido mesmo depois da vigência da Lei nº 13.491/2017, que promoveu alteração do conceito de crime militar restritamente à Justiça Militar da União[7]. A modificação envolve debate sobre a possibilidade de aplicação de legislação penal comum naquela justiça especializada. Provavelmente, a nova lei será fonte de preocupante controvérsia. Entendemos, todavia, que a exegese a ser dada à alteração do inciso II, do art. 9º, do Código Penal Militar deve ser estrita.

Em outros termos, aquele dispositivo, quando refere que será considerado "crime militar" (nas situações ali indicadas), os previstos no Código Penal Militar "e na legislação penal", não deve autorizar interpretação que generalize a incidência da legislação comum no âmbito da justiça castrense. De tal forma, reputamos inadmissível considerar, sem previsão explícita e precisa, que um crime militar seja delito hediondo.

7. Sobre a divisão da competência da Justiça Militar da União, registramos que a Lei nº 13.774, de 19 de dezembro de 2018, promoveu a modificação de vários dispositivos da Lei Orgânica da Justiça Militar da União (Lei nº 8.457/1992).

1.3. Crimes hediondos em espécie

1.3.1. Homicídio (art. 121), quando praticado em atividade típica de grupo de extermínio, ainda que cometido por um só agente, e homicídio qualificado (art. 121, § 2º, I, II, III, IV, VI e VII)

1.3.1.1. Noções gerais

O homicídio, considerado o crime por excelência, está contemplado no art. 121 do nosso Código Penal, o primeiro artigo da parte especial. Trata-se de crime contra a vida, e a fórmula genérica prevista no tipo penal ("matar alguém") abrange quaisquer espécies de homicídio, tais como o parricídio, matricídio, fratricídio, etc. Assim, não importa se a conduta criminosa é dirigida contra a mãe, o pai ou o irmão, teremos o crime de homicídio.

A única conduta homicida que mereceu um tratamento diferenciado do Código foi o infanticídio (art. 123, CP), mas, como sabido, sua consumação pressupõe a existência de uma mãe sob a influência do estado puerperal. Os demais crimes contra a vida também se distinguem do homicídio, porquanto o crime de induzimento, instigação ou auxílio ao suicídio (art. 122, CP) pressupõe a conduta voluntária da própria vítima, consistente em pretender encerrar a própria vida. Já o crime de aborto (arts. 124 a 127, CP) violam o bem jurídico vida intrauterina.

O homicídio pode ser doloso ou culposo. Aliás, trata-se do único crime contra a vida que admite a modalidade culposa, na medida em que não há previsão neste sentido para os demais. Em sua modalidade culposa, o homicídio jamais será considerado crime hediondo.

Em sua modalidade dolosa, o homicídio pode ser: a) simples; b) "privilegiado"; c) qualificado.

1.3.1.2. O homicídio "privilegiado" não é crime hediondo

A rigor, nem sequer existe uma "privilegiadora" no crime de homicídio, razão pela qual empregamos a expressão "privilegiado" entre aspas. A previsão do § 1º do art. 121, CP, corresponde, em verdade, a uma causa de diminuição de pena, devendo, assim, ser valorada por ocasião da terceira fase da dosimetria.

Trata-se, portanto, de um homicídio com causa de diminuição de pena. A despeito desta constatação, consagrou-se, em nossa doutrina e jurisprudência, a utilização da expressão "homicídio privilegiado", para designar esta modalidade de homicídio.

Consoante o § 1º, do art. 121, CP, haverá a causa de diminuição de pena (homicídio privilegiado) se o agente comete o crime: a) impelido por motivo de relevante valor social ou moral; b) sob o domínio de violenta emoção, logo em seguida a injusta provocação da vítima.

a) Motivo de relevante valor social ou moral

O relevante valor social é aquele que diz respeito à coletividade, não se adstringindo aos interesses do homicida. Na dicção da doutrina clássica, haveria um homicídio praticado em razão de relevante valor social na conduta do homem que mata o traidor da pátria, em defesa dos interesses da nação.

Já o motivo de relevante valor moral corresponderia aos interesses individuais do homicida. O exemplo mais emblemático trazido pela doutrina é o caso do homem que mata o estuprador da sua filha.

Outra possível situação de homicídio privilegiado por motivo de relevante valor moral é o caso da eutanásia. Neste sentido, podemos imaginar o caso da mãe que, não suportando o tenebroso sofrimento de seu filho – doente em estado terminal, com patologia incurável – atende ao seu pleito de desligar os aparelhos que o mantêm vivo. Trata-se, sem dúvida alguma, de um homicídio praticado por força do sentimento de piedade, que constitui um valor moral.

Seja no caso do motivo de valor moral, seja no motivo de valor social, o agente atua de forma menos ignóbil do que nos demais tipos de homicídio. Pelo menos assim entendeu o legislador, ao contemplar a causa de diminuição de pena para estes crimes. Não se está, naturalmente, com isto, pretendendo que estas condutas sejam destituídas de reprovabilidade. Não. Se assim fosse, não haveria culpabilidade e, portanto, os agentes não poderiam ser punidos.

Ao revés, há punição prevista expressamente na legislação em vigor. O que ocorre, porém, é que estas condutas são consideradas de menor reprovabilidade, o que justifica a incidência da causa de diminuição de pena.

b) Sob o domínio de violenta emoção, logo em seguida à injusta provocação da vítima

Inicialmente, cumpre não confundir a situação do agente que está sob o domínio de violenta emoção com a daquele que está, apenas, sob a influência da emoção. A distinção possui significativa importância prática, na medida em que, a influência da emoção constitui uma circunstância atenuante, prevista no art. 65, III, *c*, CP, ao passo que, no caso do homicídio, estar sob o domínio da violenta emoção pode configurar a causa de diminuição de pena do art. 121, § 1º, CP.

Estar sob o domínio da emoção significa dizer que o agente se encontra completamente "fora de si", isto é, perdeu o controle, momentaneamente, sobre a sua conduta. Não se deve cogitar que isto implica qualquer modalidade de inimputabilidade, porquanto ausente a doença mental, exigida pelo art. 26, CP.

Não existe uma definição precisa para identificar o lapso temporal abrangido pela expressão "logo em seguida". A rigor, a expressão significa uma relação de proximidade entre a provocação da vítima e a reação homicida do agente.

Importa destacar, por fim, que o dispositivo legal em comento exige a injusta provocação, e não a agressão (exigida para a caracterização da legítima defesa, prevista no art. 25, CP). Desta forma, poderíamos imaginar um homicídio privilegiado na situação em que o agente mata a vítima que lhe ofendera verbalmente.

De toda sorte, é possível perceber que o legislador pátrio considerou as situações de homicídio "privilegiado" como hipóteses de diminuta censurabilidade, quando comparadas às demais hipóteses de homicídio. Por esta razão, a Lei nº 8.072/90 não contemplou o homicídio privilegiado no rol dos crimes hediondos.

1.3.1.3. Homicídio (art. 121), quando praticado em atividade típica de grupo de extermínio, ainda que cometido por um só agente

Esta primeira hipótese de crime hediondo se refere a um homicídio simples. Muito embora a Lei de Crimes Hediondos não empregue a expressão "homicídio simples" para designar a hipótese, parece não haver qualquer controvérsia doutrinária em torno desta afirmação. Basta perceber, por exemplo, que a Lei se reporta ao art. 121, CP, sem qualquer alusão aos seus respectivos parágrafos, como o faz quando se refere ao homicídio qualificado.

Como já afirmamos acima, quando a Lei de Crimes Hediondos foi publicada, em 1990, não continha esta hipótese. É apenas com o advento da Lei nº 8.930/94, que conferiu nova redação à Lei de Crimes Hediondos, que o homicídio é trazido para este rol. Já o dissemos, também, que muito contribuiu para esta mudança o clamor produzido pelo assassinato da atriz Daniela Perez.

Mas não se pode deixar de perceber, também, que naquele momento histórico o país foi abalado com a ocorrência de algumas chacinas, tais como a da Candelária (1993), de Vigário Geral (1993) e do Carandiru (1992). Isto contribuiu para que o legislador incluísse no rol dos crimes hediondos a conduta consistente no homicídio praticado em atividade típica de grupo de extermínio.

A mencionada Lei, porém, perdeu uma excelente oportunidade de transformar o crime praticado em atividade típica de grupo de extermínio em homicídio qualificado. Seria mais razoável entender-se que se trata de homicídio que merece reprimenda maior. Basta recordar que o homicídio simples possui uma pena que varia de 06 (seis) a 20 (vinte) anos, ao passo que o homicídio qualificado possui uma pena que varia de 12 (doze) a 30 (trinta) anos.

De toda sorte, muito embora a Lei de Crimes Hediondos tenha previsto a existência de um homicídio simples em atividade típica de grupo de extermínio, é muito pouco provável que um crime nestas condições não se enquadre em, ao menos, uma das qualificadoras trazidas pelo art. 121, § 2º, CP. Em atividade típica de grupo de extermínio, é bem provável que o homicídio dificulte ou torne impossível a defesa da vítima (art. 121, § 2º, IV, CP), seja praticado por motivo torpe (art. 121, § 2º, I, CP), fútil (art. 121, § 2º, II, CP), mediante paga ou promessa de recompensa (art. 121, § 2º, I, CP), etc.

Obviamente, ocorrendo situação que se amolde a qualquer das qualificadoras – tais como as enumeradas no parágrafo anterior, de forma exemplificativa – já não se falará em homicídio simples, mas sim em homicídio qualificado, que também possui natureza hedionda.

O curioso é perceber que a Lei nº 8.930/94 não promoveu alteração de qualquer natureza na pena do crime de homicídio. Com efeito, além de não considerar qualificado o crime praticado em atividade típica de grupo de extermínio, a referida Lei não trouxe nenhuma causa de aumento de pena para o homicídio praticado em tais situações – o que só ocorrerá, conforme veremos, com o advento da Lei nº 12.720/12.

A nota distintiva do crime de homicídio simples praticado em atividade típica de grupo de extermínio residia, então, no caráter hediondo que passara a desfrutar, a partir de 1994. A partir disso, significativa parcela da doutrina passou a se referir a este crime como **homicídio condicionado**, na medida em que a hediondez estava condicionada à observância de uma condição: o fato de haver sido praticado em atividade típica de grupo de extermínio.

No dia 28 de setembro de 2012, é publicada a Lei nº 12.720, que acrescenta o § 6º ao art. 121 do Código Penal, com a seguinte redação: "A pena é aumentada de 1/3 (um terço) até a metade se o crime for praticado por milícia privada, sob o pretexto de prestação de serviço de segurança, ou por grupo de extermínio".

Como se vê, mais uma vez o legislador perdeu excelente oportunidade de erigir o homicídio praticado em atividade típica de **grupo de extermínio** à condição de homicídio qualificado. Ao revés, considerou a hipótese como mera causa de aumento de pena. Mas o legislador foi além, ao acrescentar a hipótese do crime praticado por **milícia privada**.

1.3.1.3.1. A questão das milícias privadas

Como afirmado, é com o advento da Lei nº 12.720/12 que o homicídio praticado por milícia privada passa a figurar como causa de aumento de pena. Mas a Lei não deixou a cargo da doutrina a conceituação da milícia – o que, seguramente, violaria a necessidade de uma lei certa e precisa, como apregoado pelo princípio da Legalidade –, tipificando a conduta de "constituição de milícia privada" no art. 288-A, CP, que passa a contar com a seguinte redação: "Constituir, organizar, integrar, manter ou custear organização paramilitar, milícia particular, grupo ou esquadrão com a finalidade de praticar qualquer dos crimes previstos neste Código".

Não há dúvida de que o novo tipo sobreveio como forma de resposta jurídico-penal ao crescimento vertiginoso de grupos armados privados que, substituindo o monopólio estatal da violência, passou a perpetrar crimes a pretexto de promover a segurança. Este fenômeno social tornou-se presente em muitas metrópoles brasileiras e foi muito bem retratado pelo cinema nacional, no filme "Tropa de Elite 2".

Importante recordar que a causa de aumento trazida com a Lei nº 12.720/12 aplica-se a qualquer tipo de homicídio doloso (simples, "privilegiado" ou qualificado), tanto em sua modalidade consumada quanto tentada. Na prática, contudo, será muito difícil a prática de um crime de homicídio praticado por milícia privada que não se enquadre em alguma das qualificadoras do § 2º do art. 121, CP. Mais difícil ainda será a ocorrência de um homicídio praticado por milícia privada que se amolde às hipóteses de homicídio "privilegiado".

Obviamente, trata-se de lei penal que prejudica o réu, razão pela qual só pode ser aplicada aos casos ocorridos após seu advento. Nada obsta que os crimes praticados antes da Lei sejam enquadrados no art. 288, CP (quadrilha ou bando[8]), cuja pena é de 01 (um) a 03 (três) anos, bem menor, portanto, do que a pena do crime do art. 288-A – 04 (quatro) a 08 (oito) anos.

Assim, se membros de uma milícia privada, a pretexto de promoverem a segurança, mataram alguém antes de 28 de setembro de 2012, devem ser punidos pelo crime de homicídio sem a causa de aumento de pena e pelo crime de "quadrilha ou bando". Se, porém, atuaram

8. Que, com o advento da Lei nº 12.850/13, passou a se chamar "Associação criminosa".

após aquela data, deverão ser punidos pelo crime de homicídio com a causa de aumento de pena do § 6º do art. 121, combinado com o crime do art. 288-A, ambos do CP.

Vale registrar que não se trata de *bis in idem*, pois o homicídio e a constituição de milícia privada configuram crimes distintos, com requisitos próprios e distintos bens jurídicos a serem tutelados.

É importante perceber, porém, que **o fato de haver um homicídio praticado por milícia privada não torna o crime hediondo, por si só**. A causa de aumento de pena do § 6º do art. 121, CP, é muito clara ao fazer menção ao homicídio praticado por milícia privada ou grupo de extermínio. São duas situações distintas, portanto. Veja-se, porém, que hediondo é o homicídio praticado "em atividade típica de grupo de extermínio", e não necessariamente pelo grupo de extermínio.

No homicídio praticado pela milícia privada, podemos vislumbrar as seguintes situações: a) homicídio praticado por milícia privada em atividade típica de grupo de extermínio; b) homicídio praticado por milícia privada que configura qualquer das hipóteses de qualificadora; c) homicídio praticado por milícia privada sem ocorrência de qualquer das duas hipóteses anteriores.

Como se percebe, nos dois primeiros casos, teremos um crime hediondo; no terceiro caso, não. Por isso, vale reiterar: o fato de haver um homicídio praticado por milícia privada não torna o crime hediondo, por si só.

1.3.1.3.2. Grupo de extermínio

Já afirmamos que o legislador não se valeu da melhor opção ao transformar em hediondo o crime de homicídio simples praticado em atividade típica de grupo de extermínio, na medida em que seria mais razoável transformar esta conduta em crime de homicídio qualificado – com a consequente caracterização da hediondez. O maior problema da redação da Lei nº 8.072/90 neste ponto, porém, reside na ausência de delimitação conceitual em torno da expressão "grupo de extermínio".

Expressões vagas em sede de enunciados normativos que incriminam (ou recrudescem incriminações já existentes) podem trazer consequências indesejáveis à intervenção punitiva. Talvez por isto, o legislador tenha adotado cautelas na definição de expressões como "funcionário público" (art. 327, CP) ou conceituação de condutas com conotação ampla, tais como "associação criminosa" (art. 288, CP) ou milícia privada (art. 288-A, CP).

A expressão "grupo de extermínio" possui o condão de tornar mais rígida a intervenção punitiva no crime de homicídio, pois pode caracterizar um crime hediondo. Mas a Lei não definiu o que seria grupo de extermínio, ou, mesmo, o que seria a "atividade típica de grupo de extermínio", relegando à doutrina e jurisprudência essa missão.

Em sede jurisprudencial, não houve um posicionamento reiterado acerca do tema que pudesse espancar as dubiedades da expressão. Posicionamentos jurisprudenciais derivam de casos concretos e, como já salientamos, a hipótese de um homicídio simples em atividade típica de grupo de extermínio é de dificílima ocorrência prática. Em casos que tais, seguramente, haverá uma ou mais qualificadoras no homicídio – o que já tornaria o crime hediondo.

Em sede doutrinária, as controvérsias são inúmeras. Inicialmente, discute-se qual é a quantidade de pessoas necessária para se configurar um "grupo". Sobre a questão, firmaram-se duas correntes doutrinárias.

Uma primeira corrente assevera que deve ser empregada a mesma quantidade apta a caracterizar o crime de associação para o tráfico (art. 35, Lei nº 11.343/06), isto é, 02 (duas) pessoas[9]. Para a corrente majoritária, deveria ser empregada como parâmetro a quantidade de pessoas necessária para configurar o crime de quadrilha ou bando (art. 288, CP), isto é, 04 (quatro) pessoas. Obviamente, com a alteração legislativa promovida pela Lei nº 12.850/13, o crime de quadrilha ou bando deixou de existir, sendo substituído pelo crime de associação criminosa, cuja consumação pressupõe, tão-somente, 03 (três) pessoas.

É razoável entender-se, então, que a existência de um grupo pressupõe a presença de, pelo menos, três pessoas, aplicando-se, como parâmetro, o crime de associação criminosa (art. 288, CP).

Neste diapasão, importante perceber que a quantidade de pessoas apta a caracterizar o crime de associação para o tráfico está no bojo de uma legislação específica, pertinente às drogas. Não é razoável que se entenda que esta regulamentação espraia seus efeitos para a identificação de um grupo, como exigido pela Lei de Crimes Hediondos.

Por fim, é importante anotar que a redação dúbia da Lei nº 8.072/90 pode ensejar controvérsia em torno da necessidade de existência do grupo. Se o dispositivo legal faz menção à "atividade típica de grupo de extermínio, ainda que cometido por um só agente", é possível indagar: e se apenas um agente, não integrante de qualquer grupo, pudesse se valer de uma atividade típica de grupo? Por outras palavras, se um agente, atuando por si só, se valesse das execuções sumárias que caracterizam um grupo de extermínio, teríamos o crime hediondo.

Nossa doutrina tem se inclinado pela resposta negativa. Com efeito, para que se possa falar em crime hediondo, será necessária a existência do grupo (ao menos três pessoas, portanto), ainda que apenas um integrante deste grupo execute a ação homicida[10].

Por outro lado, não se exige quantidade mínima de vítimas para a caracterização deste crime. É verdade que o extermínio, entendido como o morticínio generalizado perpetrado por questões de ordem impessoal, é praticado, regra geral, contra uma pluralidade de vítimas. Ocorrendo, porém, em relação a apenas uma vítima, estaremos diante de um crime hediondo.

1.3.1.3.3. Quesitação no Tribunal do Júri

Vale registrar que, com o advento da Lei nº 12.720/12, que, ao acrescentar o § 6º ao art. 121, CP, previu a causa de aumento de pena do homicídio consistente na prática do crime por grupo de extermínio, a quesitação deste fato no Tribunal do Júri passou a ser obrigatória.

Até o advento de tal Lei, a prática do crime de homicídio em atividade típica de grupo de extermínio possuía o condão de tornar o crime hediondo, mas não constituía causa de aumento

9. É o entendimento de CAPEZ, Fernando. *Curso de direito penal: legislação penal especial. v. 4.* São Paulo: Saraiva, 2010, p. 199.

10. Neste sentido, LIMA, Renato Brasileiro de. *Legislação especial criminal comentada.* 2. ed. Salvador: JusPodivm, 2014, p. 36.

de pena, devendo ser valrada apenas por ocasião das circunstâncias judiciais. Por esta razão, este fato não era submetido aos quesitos que serão respondidos pelo Conselho de Sentença.

A partir da Lei nº 12.720/12, como visto, o panorama foi alterado.

Releva notar, porém, que a causa de aumento de pena se aplica ao crime praticado por grupo de extermínio. O CP, portanto, não contempla a possibilidade de causa de aumento de pena na situação em que o crime é praticado por um só agente.

Por esta razão, se o crime for praticado em atividade típica de grupo de extermínio, mas por um só agente, não se aplicaria a causa de aumento de pena e, portanto, a hediondez teria como consequência uma exasperação da pena por ocasião das circunstâncias judiciais, que são de competência exclusiva do juiz-presidente do Tribunal do Júri. Não haveria, então, a quesitação.

É claro que se deve reiterar que a probabilidade de termos um crime de homicídio simples em atividade típica de grupo de extermínio é absolutamente remota. Um homicídio levado a cabo em tais circunstâncias, seguramente, estaria enquadrado em alguma das hipóteses de qualificadoras.

1.3.1.4. Homicídio qualificado

As qualificadoras previstas no § 2º do art. 121 dizem respeito aos motivos (incisos I e II), meios (III), modos (IV) e fins (V) do homicídio.

a) Paga, promessa de recompensa ou outro motivo torpe

Paga ou promessa de recompensa dizem respeito ao "homicídio mercenário", à atuação dos pistoleiros contratados, etc. A distinção entre as duas modalidades reside no momento em que se dá o pagamento, porquanto no homicídio mediante paga estará presente quando o matador já o recebeu; já no homicídio mediante promessa de recompensa, o executor da ação receberá após a realização da sua conduta homicida.

Esta paga ou promessa de recompensa não se adstringe à natureza patrimonial, podendo ter qualquer natureza (ex.: um cargo, um favor sexual, uma promessa de casamento, título honorífico, etc.). Conforme o entendimento do STJ, "no homicídio mercenário, a qualificadora da paga ou promessa de recompensa é elementar do tipo qualificado e se estende ao mandante e ao executor"[11].

O dispositivo em apreço ainda faz menção a "outro motivo torpe". Motivo torpe é o motivo abjeto, de maior reprovabilidade, aquele que causa repugnância, asco, e que, portanto, é digno de maior reprovabilidade. É o emblemático exemplo da pessoa que mata o próprio pai para ficar com a sua herança ou seguro de vida.

Paira controvérsia doutrinária acerca da admissibilidade da incidência desta qualificadora na hipótese de homicídio praticado por ciúmes. No âmbito da jurisprudência, já decidiu o STJ que "o ciúme, por si só, sem outras circunstâncias, não caracteriza o motivo torpe"[12]. No mesmo sentido, a vingança, por si só, não enseja motivo torpe[13].

11. AgRg no REsp 912.491/DF, Rel. Min. Maria Thereza de Assis Moura.
12. HC 123.918/MG, Rel. Min. Felix Fischer.
13. STF, HC 83.309/MS, Rel. Min. Sepúlveda Pertence.

b) Motivo fútil

Trata-se do motivo banal, irrelevante, desproporcional. É o caso do sujeito que mata a vítima porque esta torcia por outro time de futebol ou porque ele te devia uma quantia insignificante.

Discute-se se haveria a qualificadora em tela em caso de homicídio praticado sem motivo algum. Sobre o tema, entende o STJ: "motivo fútil não se confunde com ausência de motivos, de tal sorte que se o crime for praticado sem nenhuma razão, o agente somente poderá ser denunciado por homicídio simples"[14].

c) Com emprego de veneno, fogo, explosivo, asfixia, tortura ou outro meio insidioso ou cruel, ou de que possa resultar perigo comum

Meio insidioso é aquele ministrado pelo agente sem que a vítima tome conhecimento. Por sua vez, meio cruel é aquele que produz sofrimento excessivo, desproporcional. Por fim, meio de que possa resultar perigo comum é aquele que pode afetar um número indeterminado de pessoas.

d) À traição, de emboscada, ou mediante dissimulação ou outro recurso que dificulte ou torne impossível a defesa da vítima

Como se percebe, são meios que reduzem a capacidade de resistência da vítima. É o clássico exemplo do agente que atira pelas costas (à traição) ou por fingir uma boa intenção de reaproximação (dissimulação). De igual sorte, o agente que ministra algum poderoso sonífero à vítima, que adormece indefesa (recurso que impossibilitou a defesa da vítima).

e) Para assegurar a execução, a ocultação, a impunidade ou a vantagem de outro crime

A qualificadora em análise haverá de incidir, ainda que o agente pratique o homicídio para assegurar a execução de crime que não chegue a ser executado, ou para assegurar a ocultação ou impunidade de crime prescrito, ou cuja punibilidade esteja extinta por outra razão. A qualificadora não incidirá se o homicídio for praticado para assegurar a execução, ocultação, impunidade ou vantagem de contravenção penal ou ilícito extrapenal, porquanto constituiria analogia *in malam partem*, vedada no Direito Penal.

f) Feminicídio

A Lei nº 13.104/15 criou mais uma modalidade de homicídio qualificado, intitulada de "feminicídio". Para que ocorra esta qualificadora, é imprescindível que o homicídio ocorra, por razões de sexo feminino. E, para que não remanescesse qualquer dúvida em relação ao enquadramento da conduta, a mesma Lei acrescentou ao art. 121 do Código Penal o § 2º-A, estabelecendo que: "Considera-se que há razões de condição de sexo feminino quando o crime envolve: I – violência doméstica e familiar; II – menosprezo ou discriminação à condição de mulher".

14. HC 152.548/MG, Rel. Min. Jorge Mussi.

Como se depreende, o legislador segue tendência de ampliação punitiva. Daí que, na esteira de exacerbar penas em razão da situação de vulnerabilidade da pessoa ofendida, a Lei nº 13.771/2018 modificou o § 7º, do art. 121, do Código Penal, para prever que o feminicídio deverá ter a pena aumentada quando se der contra pessoa menor de quatorze anos, maior de sessenta anos, com deficiência ou doença limitadora ou em razão de descumprimento de medida protetiva de urgência disposta na Lei Maria da Penha.

g) Contra autoridade ou agente descrito nos arts. 142 e 144 da Constituição Federal, integrantes do sistema prisional e da Força Nacional de Segurança Pública, no exercício da função ou em decorrência dela, ou contra seu cônjuge, companheiro ou parente consanguíneo até terceiro grau, em razão dessa condição

Trata-se de uma hipótese de homicídio funcional, que constitui qualificadora, criada pela Lei nº 13.142, do dia 06 de julho de 2015. O dispositivo, conforme se depreende de sua leitura, faz alusão aos arts. 142 e 144 da Constituição Federal. São artigos que se referem às matérias "forças armadas" e "segurança pública", respectivamente.

Consoante o art. 142 da Constituição: "Forças Armadas, constituídas pela Marinha, pelo Exército e pela Aeronáutica, são instituições nacionais permanentes e regulares, organizadas com base na hierarquia e na disciplina, sob a autoridade suprema do Presidente da República, e destinam-se à defesa da Pátria, à garantia dos poderes constitucionais e, por iniciativa de qualquer destes, da lei e da ordem". E o art. 144 estabelece que: A segurança pública, dever do Estado, direito e responsabilidade de todos, é exercida para a preservação da ordem pública e da incolumidade das pessoas e do patrimônio, através dos seguintes órgãos: I – polícia federal; II – polícia rodoviária federal; III – polícia ferroviária federal; IV – polícias civis; V – polícias militares e corpos de bombeiros militares".

Além dos militares e dos membros das carreiras descritas no art. 144, CF, o homicídio também é qualificado quando dirigido aos agentes do sistema prisional (agentes carcerários, diretores do estabelecimento penal, etc.) e membros da Força de Segurança Nacional. Como se vê, se o crime for contra cônjuge, companheiro ou parente consanguíneo até o terceiro grau, haverá a qualificadora. Obviamente, para tanto, imprescindível que o crime tenha vinculação com a função pública exercida.

1.3.1.4.1. Homicídio qualificado-privilegiado

É possível vislumbrar situação em que o crime de homicídio seja qualificado, mas, ao mesmo tempo, incida a causa de diminuição de pena (homicídio privilegiado). Isto será possível quando a qualificadora for objetiva, isto é, não disser respeito aos motivos do homicídio. Isto porque não seria razoável imaginar um homicídio praticado por motivo torpe e, ao mesmo tempo, motivo de relevante valor moral, por exemplo.

Em contrapartida, é plenamente possível imaginar a hipótese de um homicídio qualificado-privilegiado, no caso, por exemplo, do homem que mata o estuprador de sua filha, ministrando-lhe veneno.

O crime de homicídio privilegiado não é considerado hediondo. Assim, já decidiu reiteradamente o STJ que, ainda que seja o homicídio qualificado-privilegiado, não haverá que se falar em caráter hediondo do crime[15]. Com efeito, não seria razoável que se considerasse hediondo um crime praticado, por exemplo, por motivo de relevante valor moral ou social.

1.3.2. Lesão corporal dolosa de natureza gravíssima (art. 129, § 2º) e lesão corporal seguida de morte (art. 129, § 3º), quando praticadas contra autoridade ou agente descrito nos arts. 142 e 144 da Constituição Federal, integrantes do sistema prisional e da Força Nacional de Segurança Pública, no exercício da função ou em decorrência dela, ou contra seu cônjuge, companheiro ou parente consanguíneo até terceiro grau, em razão dessa condição

As duas condutas descritas no inciso I-A do art. 1º da Lei nº 8.072/90, ora em comento, foram as últimas inovações no rol taxativo de crimes hediondos. Como se percebe, trata-se de inserção promovida pela Lei nº 13.142/15, a mesma que criou a modalidade de homicídio funcional como hipótese de qualificadora. As condutas, inclusive, são muito próximas. No caso em tela, todavia, não há homicídio, mas lesão corporal gravíssima e lesão corporal seguida de morte.

As hipóteses de lesão gravíssima estão contempladas no art. 129, § 2º do Código Penal, e ocorrem quando da lesão corporal resulta: I – Incapacidade permanente para o trabalho; II – enfermidade incurável; III perda ou inutilização do membro, sentido ou função; IV – deformidade permanente; V – aborto.

Chama a atenção o fato de a Lei de Crimes Hediondos empregar a expressão "gravíssima", pois o Código assim não procede. Com efeito, o Código Penal emprega a expressão "grave" para se referir às consequências trazidas nos §§ 1º e 2º do art. 129. Ficou a cargo da doutrina o emprego da expressão "gravíssima", porquanto a gravidade das consequências descritas no § 2º é mais acentuada. A Lei de Tortura já havia acolhido esse entendimento, sobejamente consagrado pela nossa doutrina e jurisprudência, e empregado a expressão "gravíssima", para descrever a lesão corporal qualificada do art. 129, § 2º. Agora, como se vê, a Lei de Crimes Hediondos segue na mesma linha.

No que tange à lesão corporal seguida de morte, vale registrar que se trata de modalidade de crime preterdoloso (ou preterintencional). Desta forma, há dolo no antecedente (conduta) e culpa no consequente (resultado). Com isto, temos a situação em que o sujeito ativo do crime quer produzir as lesões, mas não tinha a intenção de produzir o resultado morte, que acaba ocorrendo.

Não é demasiado ressaltar que os crimes de lesão corporal gravíssima e lesão corporal seguida de morte apenas ostentam a condição de "hediondos" quando relacionados a esta questão funcional, mencionada no dispositivo legal.

1.3.3. Latrocínio

Outro crime erigido à condição de hediondo é o latrocínio, previsto no art. 157, § 3º, *in fine*, CP. Ocorre o latrocínio quando, da violência empregada no roubo, resulta a morte. Trata-se, portanto, de um crime de roubo qualificado pelo resultado morte. O CP não utiliza

15. HC 43.043/MG, Rel. Min. Hamilton Carvalhido.

a expressão latrocínio, como fez a Lei de Crimes Hediondos. De toda sorte, tal expressão já se encontrava consagrada pela doutrina e pela jurisprudência.

Não há crime hediondo nas demais hipóteses de crime de roubo, tais como o roubo simples, o roubo circunstanciado (roubo com as causas de aumento de pena contempladas no art. 157, § 2º, CP) ou, até mesmo, o roubo qualificado pela lesão corporal grave.

Para que haja o latrocínio, é necessário que a morte derive da violência empregada no roubo. Assim, se a morte da vítima deriva da grave ameaça, não há que se falar em latrocínio. Se, por exemplo, o agente empregar a grave ameaça para subtrair os pertences da vítima e esta for fulminada por um ataque cardíaco, vindo a óbito, o agente não responderia pelo crime de roubo qualificado pela morte (latrocínio), mas sim pelo crime de roubo em concurso com o crime de homicídio[16] (doloso ou culposo, a depender do caso).

No crime de latrocínio, o resultado morte pode ser imputado ao agente a título de dolo ou de culpa[17]. Não se trata, necessariamente, portanto, de crime preterdoloso – em que há dolo na conduta e culpa no resultado –, na medida em que, no latrocínio, haverá o dolo de subtrair, mas pode haver também o dolo de produzir o resultado morte.

Obviamente, não haverá latrocínio quando o resultado morte não puder ser imputado ao ladrão nem a título de dolo nem de culpa. De igual sorte, não há que se falar em latrocínio quando houver o rompimento do nexo causal entre o roubo e a morte. É o caso, por exemplo, em que o criminoso subtrai o veículo da vítima, cerceando sua liberdade e produz um acidente que vem a vitimá-la. Neste caso, a morte foi produzida pelo acidente automobilístico e não pela violência empregada na subtração, razão pela qual não se trata de latrocínio, mas de crime de roubo em concurso com o homicídio[18] (doloso ou culposo, a depender do caso).

Consoante consolidado entendimento jurisprudencial, a morte de qualquer pessoa, desde que não seja integrante do grupo de criminosos, caracteriza o crime de latrocínio. É o caso, por exemplo, dos criminosos que invadem um estabelecimento comercial para efetuar a subtração e acabam por matar o segurança, um vendedor ou um cliente do estabelecimento. O latrocínio não pressupõe, portanto, a morte do próprio titular do bem jurídico patrimônio.

Como mencionado, este raciocínio não poderia ser empregado se a pessoa morta fosse integrante do grupo. Imaginemos, por exemplo, que um dos agentes atenta contra a vida do outro para não precisar dividir o produto do crime. Neste caso, resta óbvia a existência de um dolo absolutamente descompassado da pretensão de subtrair os bens. Trata-se de crime de homicídio (*animus neccandi*) do comparsa em concurso com o crime de roubo (*animus furandi*) das demais vítimas.

Mas vamos imaginar que o criminoso, pretendendo empregar a violência contra a vítima, erra o disparo, atingindo seu comparsa, que vem a óbito. Neste caso haverá o crime de latrocínio, pois se trata de erro na execução (*aberratio ictus*). De fato, o art. 73, CP, que trata do tema, dispõe que se o agente atingir pessoa diversa da pretendida, deverá responder

16. GRECO, Rogério. *Código penal comentado.* 7. ed. Niterói: Impetus, 2013, p. 482.

17. STJ, HC 201.175/MS, Rel. Min. Jorge Mussi, julgado em 23/04/2013.

18. STJ, REsp 1085129/MG, Rel. Min. Maria Thereza de Assis Moura, julgado em 10/04/2012.

como se houvera acertado a que pretendia. Assim, no exemplo citado, o criminoso que matou o comparsa por ter errado o disparo deverá responder como se houvesse matado a própria vítima do crime patrimonial, o que, decerto, caracterizaria o crime de latrocínio.

Cabe observar, ainda, que, no concurso de pessoas no latrocínio, o coautor que não efetuou o disparo que produziu a morte da vítima também responderá pelo crime[19]. Vale recordar que quem, de qualquer modo, concorre para o crime incide nas penas a este cominadas, na medida de sua culpabilidade (art. 29, CP). Tendo, portanto, concorrido para o crime de latrocínio, o agente responderá por ele, ainda que não tenha realizado os disparos. Tal circunstância poderá ser valorada por ocasião da dosimetria da pena.

Se houver a morte de mais de uma vítima, com a violação de apenas um patrimônio, a doutrina majoritária defende a ideia de crime único, sobretudo porque o crime de latrocínio é patrimonial, não se encontrando no rol dos crimes contra a vida. Não é, porém, o entendimento que prevalece em nossa jurisprudência. De acordo com o STJ, haveria, na hipótese, concurso formal impróprio[20].

Parece-nos ser o entendimento mais acertado. Com efeito, é importante recordar que, malgrado se encontre no rol dos crimes patrimoniais – consoante sua localização topográfica – o crime de latrocínio é pluriofensivo, isto é, objetiva a tutela de mais de um bem jurídico. Assim, havendo a violação a mais de um bem jurídico vida, é razoável entender-se que existe a pluralidade de crimes.

De igual sorte, o STJ entende que há dois crimes de latrocínio quando perpetrados contra vítimas distintas que eram casadas entre si. No caso julgado, a defesa pedia o reconhecimento do crime único, sob o argumento de que se trataria de patrimônio único, na medida em que as vítimas estavam casadas sob regime de comunhão de bens.

Ainda que a hipótese caracterizasse crime único, "o fato de serem as vítimas casadas civilmente não leva obrigatoriamente à conclusão de que os bens deles subtraídos num mesmo contexto fático necessariamente constituíam um patrimônio comum indivisível, pois, mesmo no regime de comunhão universal – em que há a comunicação de todos os bens presentes e futuros dos cônjuges (art. 1.667 do CC) – há os que por lei são considerados patrimônio exclusivo do cônjuge que o recebeu, os denominados bens personalíssimos"[21].

Para que se caracterize o latrocínio tentado, não importa a gravidade das lesões produzidas à vítima[22]. A rigor, nem sequer é necessário que a vítima sofra qualquer tipo de lesão, pois o crime estará caracterizado se restar provado que, no decorrer da pretensão de subtração dos bens da vítima, o criminoso também atentou contra a sua vida. Basta imaginar a hipótese em que o agente deflagrou disparos com a intenção de matar a vítima, no contexto do roubo, errando os disparos. Trata-se a toda vista, de crime de latrocínio tentado.

19. STJ, HC 31.169/SP, Rel. Min. Hamilton Carvalhido, julgado em 16/12/2004.

20. STJ, HC 165.582/SP, Rel. Min. Maria Thereza de Assis Moura, DJe de 06/06/2013.

21. STJ, HC 122061/RS, Rel. Min. Laurita Vaz, Rel. p/ Acórdão Min. Jorge Mussi, julgado em 03/05/2011.

22. STJ, HC 186.575/SP, Rel. Min. Laurita Vaz, julgado em 27/08/2013.

Por fim, vale destacar que o Supremo Tribunal Federal possui dois enunciados em sua súmula de jurisprudência em torno do crime de latrocínio. O primeiro é o enunciado de nº 603, nos seguintes termos:

> ***Súmula nº 603/STF:*** *"A competência para o processo e julgamento de latrocínio é do juiz singular e não do Tribunal do Júri."*

Este entendimento, atualmente, é absolutamente pacificado. Como consabido, cabe ao Tribunal do Júri o julgamento dos crimes dolosos contra a vida, e o latrocínio se encontra no rol dos crimes patrimoniais. O fato de se tratar de crime pluriofensivo, em que a vida humana também é tutelada, não infirma a ideia de que o crime não se encontra no rol dos crimes contra a vida, que estão previstos taxativamente entre os arts. 124 e 128, CP.

O segundo verbete de súmula é o de nº 610, com a seguinte redação:

> ***Súmula nº 610/STF:*** *"Há crime de latrocínio, quando o homicídio se consuma, ainda que não se realize o agente a subtração de bens da vítima".*

Este já é um entendimento mais controverso; ao menos em sede doutrinária. Conforme o entendimento esposado pelo STF na súmula mencionada, se o criminoso ceifar a vida da vítima, mas não lograr êxito na subtração dos seus pertences, haveria o crime de latrocínio consumado.

Ora, o crime de latrocínio é complexo, isto é, resulta da junção de mais de um crime (no caso, o roubo e o homicídio). Para que se consume o crime complexo, é necessário que os crimes que o constituem também se consumem. Por esta razão, se o criminoso não logrou êxito em promover a subtração pretendida, estaríamos diante de um caso de latrocínio tentado, e não consumado[23]. Como visto, não é este o entendimento consagrado pelo Supremo Tribunal Federal.

1.3.4. Extorsão qualificada pela morte

O crime de extorsão está previsto no art. 158, CP, com a seguinte redação: "Constranger alguém, mediante violência ou grave ameaça, e com o intuito de obter para si ou para outrem indevida vantagem econômica, a fazer, tolerar que se faça ou deixar fazer alguma coisa". Trata-se de crime formal, vale dizer, não exige a produção do resultado naturalístico para que se consume. Desta forma, o crime de extorsão estará consumado quando o agente exigir a vantagem econômica, mediante violência ou grave ameaça, independentemente da obtenção desta vantagem[24].

Tal como ocorre com o crime de roubo, a extorsão em sua modalidade simples não é considerada crime hediondo, mas, apenas, a extorsão qualificada pelo resultado morte (art. 158, § 2º., CP).

---

23. Em sentido similar, GRECO, Rogério. *Ob. cit.*, p. 486.

24. Este é o disposto no verbete nº 96 da súmula de jurisprudência do STJ, nos seguintes termos: "O crime de extorsão consuma-se independentemente da obtenção da vantagem indevida".

1.3.4.1. Sequestro relâmpago é crime hediondo?

A conduta conhecida como "sequestro relâmpago" passou a ser tratada adequadamente no Código Penal com o advento da Lei nº 11.923/2009, que acrescentou o § 3º ao art. 158, CP, com a seguinte redação: "Se o crime é cometido mediante a restrição da liberdade da vítima, e essa condição é necessária para a obtenção da vantagem econômica, a pena é de reclusão, de 6 (seis) a 12 (doze) anos, além da multa; se resulta lesão corporal grave ou morte, aplicam-se as penas previstas no art. 159, §§ 2º e 3º, respectivamente".

Com isto, as dúvidas outrora existentes em torno da adequação típica de tal conduta soçobraram. Realmente, até o advento de referida Lei, havia dúvidas em torno do tratamento legal a ser conferido ao "sequestro relâmpago", na medida em que alguns professavam a tese de que a conduta se amoldaria ao crime de roubo com a causa de aumento proveniente da restrição à liberdade da vítima (art. 157, § 2º, V, CP). Atualmente, não há qualquer dúvida de que o crime de sequestro relâmpago constitui extorsão qualificada, nos termos do art. 158, § 3º, CP.

Ocorre que a Lei nº 11.923/09 incorreu em uma omissão relevante, pois deixou de considerar hedionda a conduta consistente no sequestro relâmpago qualificado pela morte da vítima. Para tais condutas, a Lei mencionada previu penas muito altas, pois previu as penas do crime de extorsão mediante sequestro qualificada. Mas não promoveu a previsão no rol restrito da Lei de Crimes Hediondos.

É nítida a distinção de tratamento em relação, por exemplo, à Lei nº 12.015, do mesmo ano. Com este diploma legislativo, criou-se a figura do estupro de vulnerável[25], até então inexistente. Mas o legislador teve a cautela de alterar a Lei de Crimes Hediondos, para que constasse expressamente esta figura delitiva.

Diante da omissão do legislador em alterar o rol de crimes hediondos, a outra conclusão não se pode chegar, senão a de que o crime de sequestro relâmpago qualificado pela morte não é crime hediondo[26]. Realmente, a omissão legislativa não deixa de causar espécie, na medida em que um crime de tamanha gravidade não poderia ficar de fora do rol de crimes hediondos, sob pena de afronta ao princípio da vedação à proteção deficiente.

Contudo, em matéria de norma penal incriminadora, o princípio da legalidade estrita dá a tônica, e não se pode pretender elastecer o rol taxativo do art. 1º da Lei nº 8.072/90 para que se contemple condutas que não foram previstas. É uma flagrante hipótese de analogia *in*

25. A vulnerabilidade das pessoas com deficiência mental é especial segundo o Estatuto das Pessoas com Deficiência instituído pela Lei nº 13.146/2015. De acordo com suas disposições, a deficiência mental, bem como a curatela (interdição) não são motivos que permitam a supressão de direitos sexuais e da orientação sexual da pessoa com deficiência (arts. 6º, II, 8º, 18, § 4º, VI e VII, 85, § 1º), diante do caráter nuclear à condição de ser humano dessas pessoas. De acordo com essa lei, a pessoa com deficiência é especialmente vulnerável e devem receber proteção contra formas de exploração. Disso podemos concluir que somente haverá estupro, em razão de sua vulnerabilidade especial aludida, se evidenciada exploração, assegurando a inclusão preconizada por esse diploma normativo.

26. É o entendimento majoritário em nossa doutrina. Por todos, LIMA, Renato Brasileiro de. *Ob. cit.*, p. 43. Em sentido contrário, afirmando tratar-se de crime hediondo, CUNHA, Rogério Sanches. *Código penal para concursos.* 3. ed., Salvador: JusPodivm, 2010, p. 323-324.

malam partem, que deve ser rechaçada, sob pena de se conspurcar o princípio da legalidade, pilar de sustentação do Direito Penal moderno.

1.3.5. Extorsão mediante sequestro

O crime de extorsão mediante sequestro é complexo, pois resulta da junção de mais de um crime: extorsão (art. 158, CP) e sequestro e cárcere privado (art. 148, CP). É, ainda, crime pluriofensivo, pois se consuma mediante a violação a mais de um bem jurídico (liberdade pessoal e patrimônio). Está previsto no art. 159, CP, com a seguinte redação: "Seqüestrar pessoa com o fim de obter, para si ou para outrem, qualquer vantagem, como condição ou preço do resgate".

Muito embora o CP não seja expresso em relação à natureza da vantagem pretendida, é corrente em nossa doutrina o entendimento de que se trata de vantagem econômica, de cunho patrimonial. Isto porque o crime objetiva a tutela do patrimônio. A pretensão de obtenção de vantagem de outra natureza poderia dar ensejo a outro crime. Assim, se, por exemplo, o criminoso sequestra uma criança para obter favor sexual da genitora, não há que se falar em extorsão mediante sequestro, mas sim em crime de sequestro e cárcere privado (art. 148, CP) em concurso com o crime de estupro (art. 213, CP).

Além disto, é necessário que a vantagem econômica pretendida seja indevida. Mais uma vez o art. 159, CP, não foi expresso neste sentido, mas, se o criminoso cercear a liberdade de alguém para obter vantagem devida, incorrerá no crime de sequestro e cárcere privado (art. 148, CP) em concurso com o crime de exercício arbitrário das próprias razões (art. 345, CP)[27].

É importante perceber o crime se consuma no momento da privação da liberdade, independentemente da obtenção da vantagem patrimonial pretendida. Pela literalidade do art. 159, CP, é possível constatar que a obtenção da vantagem é a pretensão do agente, figurando, então, como elemento subjetivo específico, vale dizer, a especial finalidade no agir. Ademais, destaque-se que o tempo de privação de liberdade é indiferente para que se consume o crime.

São modalidades qualificadas do crime de extorsão mediante sequestro: a) se o sequestro dura mais de 24 (vinte e quatro) horas (art. 159, § 1º, CP); b) se o sequestrado é menor de 18 (dezoito) ou maior de 60 (sessenta) anos (art. 159, § 1º, CP); c) se o crime é cometido por associação criminosa (art. 159, § 1º, CP)[28]; d) se do fato resulta lesão corporal de natureza grave (art. 159, § 2º, CP); e) se resulta a morte (art. 159, § 3º, CP).

Ao contrário do que ocorre com os crimes de roubo (art. 157, CP) e de extorsão (art. 158, CP), que só constituem crimes hediondos quando presente sua modalidade qualificada pelo resultado morte, o crime de extorsão mediante sequestro (art. 159, CP) é crime hediondo em qualquer de suas modalidades. Quanto a isto, a Lei de Crimes Hediondos não deixa margem a dúvidas, na medida em que menciona em seu art. 1º, IV: "IV – extorsão mediante seqüestro e na forma qualificada (art. 159, *caput*, e §§ 1º, 2º e 3º)".

---

27. É o entendimento majoritário em doutrina. Neste sentido, GRECO, Rogério. *Ob. cit.*, p. 504; NUCCI, Guilherme de Souza. Manual de direito penal: parte geral e parte especial. 6. ed. São Paulo: RT, 2009, p. 736. BARROS, Flávio Augusto Monteiro de. *Direito penal: parte especial. v. 2.* 2. ed. São Paulo: Saraiva, 2009, p. 385.

28. O art. 159, § 1º, faz menção ao crime praticado por quadrilha ou bando. Com o advento da Lei nº 12.850/13, o crime de quadrilha ou bando foi substituído pelo crime de associação criminosa (art. 288, CP).

1.3.6. Estupro

Até o advento da Lei nº 12.015/09, eram considerados hediondos os crimes de estupro e de atentado violento ao pudor. Àquela época, o estupro caracterizava-se pelo emprego da violência ou grave ameaça como forma de constranger mulher à conjunção carnal (cópula vaginal). O emprego da violência ou grave ameaça para a prática de qualquer outro ato libidinoso daria ensejo ao crime de atentado violento ao pudor.

Com a alteração promovida pela Lei nº 12.015/09, as figuras típicas foram unidas no crime de estupro, porquanto a redação do art. 213, CP, passou a ser a seguinte: "Constranger alguém, mediante violência ou grave ameaça, a ter conjunção carnal ou a praticar ou permitir que com ele se pratique outro ato libidinoso". Já o art. 214, CP, que tratava do crime de atentado violento ao pudor, foi revogado, extinguindo-se esta figura típica do nosso ordenamento jurídico.

Esta alteração constituiu verdadeira revogação de tipo penal, sem, contudo, constituir *abolitio criminis*. Ocorre a *abolitio criminis* quando a lei deixa de considerar a conduta criminosa, o que enseja a cessação dos efeitos penais da sentença condenatória (art. 2º, CP). Obviamente, não foi o que aconteceu com o atentado violento ao pudor, pois a conduta continua a ser criminosa, restando, apenas, enquadrada em outro tipo penal, sob o *nomen juris* "estupro". Houve, então, a continuidade normativa-típica.

Releva notar que na redação anterior, o crime de estupro somente poderia ser praticado contra mulher, ao passo que, atualmente, qualquer pessoa pode ser vítima do crime. Ademais, o estupro, atualmente, se perfectibiliza mediante a prática de qualquer ato libidinoso, e não mais apenas com a conjunção carnal. Constitui estupro, então, a prática, mediante violência ou grave ameaça, de qualquer ato destinado à satisfação da lascívia, tal como o coito anal, sexo oral, dentre outros.

Há controvérsias doutrinárias em torno da subsistência do crime de estupro em caso de beijo lascivo compulsório. Uma primeira corrente de pensamento entende haver crime de estupro, na medida em que seria ato libidinoso diverso da conjunção carnal[29]. Aderimos, porém, à segunda corrente de pensamento, no sentido de que o enquadramento típico desta conduta no crime de estupro constituiria afronta ao princípio da proporcionalidade, pois, à toda vista, trata-se de conduta cuja reprovabilidade é muito menos acentuada do que aquela consistente na prática compulsória de conjunção carnal, sexo oral, coito anal, etc.

Acreditamos trata-se de crime de constrangimento ilegal (art. 146, CP), pois o agente obriga a vítima, mediante violência ou grave ameaça, a fazer o que a lei não permite. Há, porém, entendimento de que seria a contravenção penal da importunação ofensiva ao pudor (art. 61, LCP)[30].

1.3.6.1. Modalidade simples e qualificada

O crime de estupro admite três qualificadoras: a) se da conduta resulta lesão corporal de natureza grave (art. 213, § 1º, CP); b) se a vítima é menor de 18 (dezoito) e maior de 14 (catorze) anos (art. 213, § 1º, CP); c) se da conduta resulta morte (art. 213, § 2º, CP).

29. NUCCI, Guilherme de Souza. *Ob. cit.*, p. 811.

30. GRECO, Rogério. *Ob. cit.* p. 685.

No que se refere à segunda qualificadora, cumpre afirmar que o dispositivo faz menção à vítima menor de 18 (dezoito) *ou* maior de 14 (catorze) anos. Trata-se de equívoco, pois se a qualificadora fosse plicada para todos os casos em que a vítima é maior de 14 (catorze) anos, abrangeria todas as hipóteses de estupro. Vale recordar que se a vítima fosse menor de 14 (catorze) anos, não haveria crime de estupro, mas sim estupro de vulnerável (art. 217-A, CP). Para que se aplique esta qualificadora, portanto, é imprescindível que a vítima possua idade entre 14 (catorze) e 18 (dezoito) anos.

Na redação anterior da Lei de Crimes Hediondos, a doutrina divergia em torno da hediondez do crime de estupro simples. Alguns entendiam que, por força da redação do art. 1º da Lei, exigia-se a combinação do art. 213, CP, com as figuras do art. 223, CP (que trazia as qualificadoras antes do advento da Lei nº 12.015/09). A despeito disto, a jurisprudência já se havia pacificado no sentido de que o estupro seria crime hediondo em sua modalidade simples ou qualificada[31].

Com a atual redação, não há qualquer dúvida de que o crime de estupro é hediondo, seja em sua modalidade simples, seja em suas modalidades qualificadas. Com efeito, a Lei de Crimes Hediondos faz menção, em seu art. 1º, V a "estupro (art. 213, *caput* e §§ 1º e 2º)".

1.3.7. Estupro de vulnerável

O crime de estupro de vulnerável se configura com a conjunção carnal ou prática de ato libidinoso com menor de 14 anos, sendo irrelevante eventual consentimento da vítima para a prática do ato, sua experiência sexual anterior ou existência de relacionamento amoroso com o agente.

Com a publicação da Lei nº 12.015/09, foi criada a figura do estupro de vulnerável, no art. 217-A, CP. O legislador teve a prudência de promover, também, a alteração na Lei de Crimes Hediondos, para que este crime fosse incluído no rol do art. 1º.

Considera-se sexualmente vulnerável: a) pessoa menor de 14 (catorze) anos (art. 217-A, *caput,* CP); b) pessoa que, por enfermidade ou deficiência mental, não tem o necessário discernimento para a prática do ato sexual (art. 217-A, § 1º, CP); c) pessoa que, por qualquer outra causa, não pode oferecer resistência (art. 217-A, § 1º, CP). Até a Lei nº 12.015/09, estas eram as hipóteses em que se falava em presunção de violência nos crimes sexuais.

Quando ainda existia a figura do estupro presumido, a grade celeuma doutrinária dizia respeito à natureza de tal presunção. Para o entendimento largamente majoritário em nossos Tribunais Superiores – a despeito da existência de alguns precedentes isolados em sentido contrário – esta presunção seria absoluta[32], não admitindo, portanto, prova em contrário. Assim, ainda que se provasse que a pessoa menor de catorze anos já possuía vida sexual ativa,

31. STJ, REsp 1006522/RS, Rel. Min. Jorge Mussi, julgado em 16/06/2009; STF, HC 93674 / SP, Rel. Min. Ricardo Lewandowski, julgado em 07/10/2008.

32. "É absoluta, e não relativa, a presunção de violência nos casos de estupro ou atentado violento ao pudor contra menor de catorze anos nos crimes cometidos antes da vigência da Lei nº 12.015/2009, prescindindo da vontade da vítima para o fim de examinar-se a tipicidade penal" (STJ, AgRg no REsp 1418582/SC, Rel. Min. Regina Helena Costa, julgado em 01/04/2014).

não se arrependeu do ato, tomou a iniciativa, etc., não haveria a exclusão do crime da pessoa maior que com ela mantivesse relação sexual.

Um grande óbice a este entendimento reside no fato de se poder vislumbrar uma afronta ao princípio da (presunção de) inocência. O que se presume em sede penal é a inocência, e não a responsabilização penal. Este foi um dos vetores que conduziu o legislador a abandonar a figura do crime sexual com violência presumida e passar a trabalhar com a figura do vulnerável. A pretensão agora é conferir caráter absoluto à vulnerabilidade referida.

Com efeito, para significativos setores da nossa doutrina, a nova redação do CP, ao se reportar à vulnerabilidade, não abre espaço para que se venha a afastar esta figura[33]. Em contrapartida, há quem afirme que a alteração legislativa não afasta a possibilidade de se relativizar a vulnerabilidade, sobretudo no caso da idade da vítima.

Guilherme Nucci, por exemplo, entende cabível a interpretação da vulnerabilidade por idade à luz do disposto no Estatuto da Criança e do Adolescente, que reputa criança a pessoa com idade inferior a doze anos. Neste caso, a vulnerabilidade seria absoluta; indiferente, portanto, eventual consentimento da vítima. Para os adolescentes cuja idade não alcançasse catorze anos, a vulnerabilidade seria relativa, sendo possível discutir-se a validade do consentimento[34].

De nossa parte, aderimos a este segundo entendimento, mas não sem algumas ressalvas. É razoável que se entenda que a pessoa com idade inferior a catorze anos não possua, em geral, a maturidade intelectiva que lhe permita o desempenho da vida sexual de um adulto. Há exceções, sem dúvida, mas, no geral, este é o quadro.

Em contrapartida, o Direito Penal não pode fechar os olhos para a realidade que pretende regular. Um Direito (em especial o Direito Penal) descompassado da realidade produz consequências tenebrosas. Por isto, é imperioso reconhecer que, em muitas localidades do país, os adolescentes com idade de doze ou treze anos já mantém vida sexual regular, com a maturidade acima da média da sua idade, e a intervenção punitiva pode trazer muito mais malefícios do que benefícios.

De toda sorte, é importante que se tenha em mente que, se mesmo antes da criação da figura do vulnerável a jurisprudência majoritária já se orientava pelo entendimento de que a presunção seria absoluta, com muito mais razão, tende a entender a vulnerabilidade, também, como absoluta. Deste modo, eventual concordância da vítima em nada influiria na imposição da pena.

Nesse sentido, o STJ editou o enunciado nº 593, de sua Súmula. Abstraindo as peculiaridades da realidade, a Corte Superior avivou que "o crime de estupro de vulnerável se configura com a conjunção carnal ou prática de ato libidinoso com menor de 14 anos, sendo irrelevante eventual consentimento da vítima para a prática do ato, sua experiência sexual anterior ou existência de relacionamento amoroso com o agente". Por fim, vale frisar que a Lei de Crimes Hediondos, ao tratar do crime de estupro de vulnerável, fez menção ao § 2º do art. 217-A, CP. A menção deve ser desconsiderada, na medida em que o dispositivo – que traria uma causa de aumento de pena para o crime – foi vetado pelo Presidente da República.

33. Neste sentido, LIMA, Renato Brasileiro de. *Ob. cit.* p. 48.

34. NUCCI, Guilherme de Souza. *Ob. cit.*, p. 829-830.

1.3.8. Epidemia com resultado morte

O crime consistente em causar epidemia está contemplado no art. 267, CP, e se realiza mediante a propagação de germes patogênicos. A epidemia diz respeito a uma doença que acomete muitas pessoas em curto espaço de tempo e em um determinado lugar; por sua vez, germes patogênicos são microrganismos que podem ensejar tais doenças, como vírus e bactérias[35].

A conduta somente será considerada hedionda se dela decorrer a morte de alguém (art. 267, § 1º, CP). Não se considera hediondo, portanto, o crime em sua modalidade simples (art. 267, *caput,* CP), muito menos a epidemia produzida culposamente (art. 267, § 2º, CP).

O crime de epidemia com resultado morte é, necessariamente, preterdoloso, exigindo, portanto, dolo na conduta (causar epidemia) e culpa no resultado (produzir a morte). Difere, então, dos crimes de latrocínio e de extorsão seguida de morte, já comentados, pois, como vimos, nestes crimes o resultado morte pode ser produzido a título de dolo ou de culpa.

1.3.9. Falsificação, corrupção, adulteração ou alteração de produto destinado a fins terapêuticos ou medicinais

Conforme mencionamos, ao tratar das alterações promovidas ao longo dos anos na nossa Lei de Crimes Hediondos, a inclusão deste crime no seu rol exaustivo se deu por força dos escândalos produzidos com a descoberta de um imenso esquema de falsificação de remédios no Brasil, em meados da década de noventa do século passado.

O legislador, no afã de reprimir este tipo de conduta, não apenas passou a considerar a conduta como crime hediondo, mas também acabou exasperando a pena em muito. Basta perceber que a pena para o crime é de 10 (dez) a 15 (quinze) anos, muito maior, destarte, do que a pena de crimes gravíssimos, como o estupro (pena de seis a dez anos).

Mas a principal crítica doutrinária reside no fato de que a Lei de Crimes Hediondos inseriu, expressamente, em seu rol o § 1º-A do art. 273, CP, que possui a seguinte redação: "Incluem-se entre os produtos a que se refere este artigo os medicamentos, as matérias-primas, os insumos farmacêuticos, os cosméticos, os saneantes e os de uso em diagnóstico". Desta forma, a falsificação de um cosmético, por exemplo, não apenas será punida com pena que varia de dez a quinze anos, como, além disto, será considerada crime hediondo.

Naturalmente, endossamos o coro dos críticos neste ponto. Despiciendo discorrer sobre a ausência de proporcionalidade que caracteriza a hipótese. A ideia mais básica que se pode ter da proporcionalidade penal é a de que a gravidade da reprimenda deve corresponder à gravidade da conduta. É claro que não se pode admitir uma incriminação tão elevada para uma conduta consistente na mera falsificação de cosméticos.

Por esta razão, e tendo em vista que se trata de crimes contra a saúde pública, é razoável que se entenda que os crimes do art. 273, CP, devem ser considerados crimes de perigo concreto, vale dizer, estará consumado quando presente a efetiva exposição da saúde pública

35. NUCCI, Guilherme de Souza. *Ob. cit.*, p. 914.

a perigo[36]. Seria o caso, por exemplo, em que a falsificação de remédios ou de produtos de embelezamento pudesse conduzir a complicações na saúde dos usuários.

1.3.10. Favorecimento da prostituição ou de outra forma de exploração sexual de criança ou adolescente ou de vulnerável (art. 218-B, caput, e §§ 1º e 2º)

Este crime hediondo foi acrescido ao rol do art. 1º da Lei nº 8.072/90 pela Lei nº 12.978/14. A mencionada Lei ainda promoveu a alteração no *nomen iuris* deste tipo penal, que, até então, possuía a seguinte nomenclatura: "Favorecimento da prostituição ou outra forma de exploração sexual de vulnerável".

Realmente, havia um equívoco nesta terminologia, na medida em que o tipo penal consiste em: "Submeter, induzir ou atrair à prostituição ou outra forma de exploração sexual alguém menor de 18 (dezoito) anos ou que, por enfermidade ou deficiência mental, não tem o necessário discernimento para a prática do ato, facilitá-la, impedir ou dificultar que a abandone". A descrição da conduta criminosa não foi alterada com o advento da Lei nº 12.978/14. Foi alterada, apenas, a nomenclatura do tipo penal.

Assim, o tipo penal se reportava a vulnerável, mas admitia a possibilidade de outras vítimas. Basta recordar que vulneráveis são os menores de catorze anos, portadores de alienação ou debilidade mental ou que não possam oferecer resistência. Mas o tipo penal se referia a menor de dezoito anos. Não são, necessariamente, vulneráveis, portanto.

A atual terminologia corrigiu este equívoco, empregando a expressão "criança ou adolescente ou vulnerável". Há, é verdade, uma redundância na nova terminologia, pois toda criança será necessariamente vulnerável, pois, consoante nosso Estatuto da Criança e do Adolescente, criança é a pessoa com menos de doze anos. De toda sorte, a nova terminologia corrige o equívoco anterior.

Por fim, vale recordar que também se enquadram na hipótese de crime hediondo as modalidades qualificadas dos parágrafos deste art. 218-B. Incorrem nestas hipóteses quem: a) pratica conjunção carnal ou outro ato libidinoso com alguém menor de 18 (dezoito) e maior de 14 (catorze) anos submetida à prostituição ou outra forma de exploração sexual; b) é proprietário, gerente ou o responsável pelo local em que se verifiquem tais práticas.

1.3.11. Genocídio

O crime de genocídio está previsto na Lei nº 2.889/56, e era – até o advento da Lei nº 13.497/2017, que inseriu o crime do art. 16 do Estatuto do Desarmamento no parágrafo único do art. 1º da Lei de 8.072/90 – o único crime hediondo previsto em legislação extravagante. Existem, é verdade, crimes equiparados a hediondo fora do Código Penal (tráfico de drogas e tortura), mas crime hediondo em sentido estrito, nenhum, à exceção do genocídio.

Ao se referir ao crime de genocídio, a Lei de Crimes Hediondos se reporta aos três primeiros artigos. Tratamos do crime de genocídio de forma exaustiva nesta obra, razão pela qual, para evitar repetições desnecessárias, remetemos o(a) leitor(a) ao capítulo pertinente a esta Lei.

36. Neste sentido, FRANCO, Alberto Silva. *Ob. cit.*, p. 258.

1.3.12. Posse ou porte ilegal de arma de fogo de uso restrito

A Lei nº 13.497/2017 inseriu, no parágrafo único do art. 1º da Lei de Crimes Hediondos, o crime de posse ou porte ilegal de arma de fogo de uso restrito. Da mesma forma que comentamos no tópico anterior, reputamos mais conveniente remeter os leitores ao capítulo dedicado ao Estatuto do Desarmamento, em que tratamos deste crime de forma pormenorizada.

2. SÚMULAS E JURISPRUDÊNCIA

- **Súmula nº 603, STF:** A competência para o processo e julgamento de latrocínio é do juiz singular e não do Tribunal do Júri.
- **Súmula nº 610, STF:** Há crime de latrocínio, quando o homicídio se consuma, ainda que não se realize o agente a subtração de bens da vítima.
- **Súmula nº 593, STJ:** O crime de estupro de vulnerável se configura com a conjunção carnal ou prática de ato libidinoso com menor de 14 anos, sendo irrelevante eventual consentimento da vítima para a prática do ato, sua experiência sexual anterior ou existência de relacionamento amoroso com o agente.
- **Súmula nº 96, STJ:** O crime de extorsão consuma-se independentemente da obtenção da vantagem indevida.

✦ *SUPERIOR TRIBUNAL DE JUSTIÇA*

- **ATENTADO VIOLENTO AO PUDOR. HEDIONDEZ. NÃO CONFIGURAÇÃO. CAUSA ESPECIAL DE AUMENTO DE PENA. INAPLICABILIDADE. SUPERVENIÊNCIA DE LEI PENAL MAIS BENÉFICA.** A Turma, ao prosseguir o julgamento, concedeu a ordem para afastar a hediondez do delito de atentado violento ao pudor praticado pelo paciente, bem como para excluir a incidência da causa especial de aumento de pena prevista no art. 9º da Lei nº 8.072/1990. Segundo o entendimento da Turma, os crimes de estupro e atentado violento ao pudor (artigos 213 e 214, ambos do CP), cometidos mediante violência presumida, não são considerados hediondos se praticados antes da vigência da Lei nº 12.015/2009, que alterou a redação dada a Lei dos Crimes Hediondos, visto que tais delitos não estavam incluídos de forma expressa no art. 1º da Lei nº 8.072/1990. Quanto à circunstância majorante, sustentou-se sua inaplicabilidade em decorrência da superveniência de lei penal mais benéfica. A orientação jurisprudencial desta Corte a respeito do tema era no sentido de que a causa especial de aumento de pena incidiria nos crimes sexuais supracitados apenas quando resultassem lesões corporais de natureza grave ou morte. Entretanto, com o advento da novel legislação e a unificação dos delitos em tipo penal diverso (art. 217-A), sob a denominação de estupro de vulnerável, deve ser observado o novo preceito secundário mais favorável ao paciente (art. 2º do CPP). *STJ, HC 107.949-SP, Rel. Min. Og Fernandes, j. 18/9/2012. 6ª T. (Info 504)*
- **NATUREZA HEDIONDA. ESTUPRO E ATENTADO VIOLENTO AO PUDOR COMETIDOS ANTES DA LEI nº 12.015/2009. FORMA SIMPLES. RECURSO REPETITIVO (ART. 543-C DO CPC E RES. nº 8/2008-STJ). Os crimes de estupro e atentado violento ao pudor cometidos antes da edição da Lei nº 12.015/2009 são considerados hediondos, ainda que praticados na forma simples.** O bem jurídico tutelado é a liberdade sexual, não a integridade física ou a vida da vítima, sendo irrelevante que a prática dos ilícitos tenha resultado lesões corporais de natureza grave ou morte. As lesões corporais e a morte são resultados que qualificam o crime, não constituindo, pois, elementos do tipo penal necessários ao reconhecimento do caráter hediondo do delito, que exsurge da gravidade dos crimes praticados contra a liberdade sexual e merecem tutela diferenciada, mais rigorosa. Ademais, afigura-se inequívoca a natureza hedionda do crime de estupro praticado sob a égide da Lei nº 12.015/2009, que agora abarca, no mesmo tipo penal, a figura do atentado violento ao pudor, inclusive na sua forma simples, por expressa disposição legal, bem assim o estupro de vulnerável em todas as suas formas, independentemente de que a conduta venha a resultar lesão corporal ou morte. Precedentes citados

do STF: HC 101.694-RS, DJe 2/6/2010; HC 89.554-DF, DJ 2/3/2007; HC 93.794-RS, DJe 23/10/2008; do STJ: AgRg no REsp 1.187.176-RS, DJe 19/3/2012, e REsp 1.201.911-MG, DJe 24/10/2011. *STJ, REsp 1.110.520-SP, Rel. Min. Maria Thereza de Assis Moura, j. 26/9/2012. 3ª S. (Info 505)*

- **CARÁTER HEDIONDO DO CRIME DE ATENTADO VIOLENTO AO PUDOR PRATICADO ANTES DA LEI 12.015/2009. O delito de atentado violento ao pudor praticado antes da vigência da Lei 12.015/2009, ainda que na sua forma simples e com violência presumida, configura crime hediondo**. Precedentes citados: do STJ, AgRg no REsp 1.201.806-MG, Quinta Turma, DJe 20/9/2012, e HC 232.337-ES, Quinta Turma, DJe 3/4/2012; e do STF: HC 99.406-RS, Segunda Turma, DJe 9/9/2010, e HC 101.860-RS, Primeira Turma, DJe 17/5/2011. *STJ, AgRg no HC 250.451-MG, Rel. Min. Jorge Mussi, j. 19/3/2013. 5ª T. (Info 519)*

✦ *SUPREMO TRIBUNAL FEDERAL*

- **PROGRESSÃO DE REGIME: ART. 75 DO CP OU TOTAL DA PENA IMPOSTA.** A Primeira Turma, em conclusão de julgamento e por maioria, reputou prejudicado pedido de "habeas corpus". Mas, concedeu a ordem, de ofício, para que o juízo da execução verificasse a possibilidade do reconhecimento da continuidade delitiva (CP, art. 71), com a consequente aplicação da Lei 12.015/2009, que unificou os delitos de estupro e atentado violento ao pudor. Na espécie, o paciente fora condenado em primeira instância pelos delitos de: a) roubo (CP, art. 157, "caput"), à pena de 21 anos de reclusão; e b) estupro e atentado violento ao pudor (CP, artigos 213 e 214, ambos na redação anterior à Lei 12.015/2009), à pena de 44 anos e 4 meses de reclusão. No "habeas corpus" pleiteava-se a revisão da sanção imposta, tendo em vista os seguintes argumentos: a) os delitos de estupro e de atentado violento ao pudor, praticados na forma simples, não poderiam ser considerados hediondos; e b) todos os cálculos da execução penal deveriam observar o limite máximo de 30 anos, nos termos do art. 75, § 1º, do CP, notadamente porque a CF proíbe a prisão perpétua. (...) **O Colegiado destacou que a jurisprudência consolidada do STF seria no sentido de que os crimes de estupro e de atentado violento ao pudor – tendo em conta o art. 1º, V e VI, da Lei 8.072/1990, ainda na redação dada pela Lei 8.930/1994 –, mesmo que praticados na forma simples, teriam caráter hediondo.** Inviável, portanto, a interpretação requerida na impetração. (...) ***STF, HC 100612/SP, rel. orig. Min. Marco Aurélio, red. p/ o acórdão Min. Roberto Barroso, 16.8.2016. (Info 835)***

3. QUESTÕES DE CONCURSOS.

1. (VUNESP/PC-CE/Delegado de Polícia/2015) A Lei nº 8.072/90 (Crimes Hediondos) tem como fundamento o artigo 5º, inciso XLIII, da Constituição Federal e

a) impõe aos condenados por crimes hediondos regime integralmente fechado.

b) autoriza a progressão de regime ao condenado reincidente após o cumprimento de 2/5 da sua pena.

c) impede em todos os casos a substituição da pena corporal por restritiva de direitos.

d) considera como hediondo o crime de epidemia, desde que com resultado morte.

e) tem no seu artigo 1º os crimes considerados hediondos pelo legislador, cujo rol é exemplificativo.

2. (FUNIVERSA/PC-DF/Delegado de Polícia/2015 – adaptada) O crime de epidemia com resultado morte não é considerado hediondo.

3. (FUNIVERSA/PC-DF/Delegado de Polícia/2015 – adaptada) Entre os crimes hediondos previstos na lei, apenas as condutas consumadas são consideradas hediondas; as tentadas configuram a modalidade simples de crime.

4. (IBFC/PC-RJ/Papiloscopista/2014) Aponte a alternativa que corresponde a um crime previsto no rol dos Crimes Hediondos do artigo 1º da Lei nº 8.072/90:

a) Roubo com uso de arma de fogo (artigo 157, § 2º, inciso I, do Código Penal).

b) Extorsão praticada com restrição de liberdade da vítima (artigo 158, § 3º, do Código Penal).

c) Homicídio simples (artigo 121, *"caput"*, do Código Penal).

d) Favorecimento da prostituição ou de outra forma de exploração sexual de criança ou adolescente ou de vulnerável (art. 218-B, *caput*, e §§ 1º e 2º, do Código Penal).
e) Associação criminosa (artigo 288 do Código Penal).

5. **(FGV/AL-MT/Procurador/2013)** Avalie os tipos de crimes listados a seguir.
I. Extorsão mediante sequestro;
II. Estupro;
III. Qualquer homicídio, simples ou qualificado, desde que doloso;
IV. Falsificação, corrupção, adulteração ou alteração de produto destinado a fins terapêuticos ou medicinais.
De acordo com a Lei nº 8.072/90, são considerados crimes hediondos:
a) I e II, somente.
b) I e III, somente.
c) I, II e IV, somente.
d) I, III e IV, somente.
e) II, III e IV, somente.

6. **(CESPE/SEFAZ-AL/Auditor Fiscal/2013 – adaptada)** Os crimes hediondos, como, por exemplo, o racismo, são inafiançáveis e imprescritíveis, estando os agentes que os pratiquem sujeitos à pena de reclusão.

7. **(CESPE/PRF/Policial Rodoviário Federal/2013)** Considera-se crime hediondo o homicídio culposo na condução de veículo automotor, quando comprovada a embriaguez do condutor.

8. **(FGV/TJ-AM/Juiz/2013)** A Lei nº 8.072/90 dispõe sobre os crimes hediondos, enquanto a Constituição Federal indica outros assemelhados, orientando o legislador a dar tratamento mais rigoroso a estas infrações. Atento à jurisprudência majoritária dos Tribunais Superiores, as alternativas a seguir apresentam crimes que ostentam essa natureza, à exceção de uma. Assinale-a.
a) Estupro de vulnerável e tráfico de entorpecentes.
b) Tráfico de entorpecente e extorsão mediante sequestro
c) Tráfico de entorpecentes e associação para o tráfico.
d) Latrocínio e tortura.
e) Homicídio qualificado e tortura

9. **(MPE-SC/Promotor de Justiça/2013)** A conduta do agente que expõe à venda e tem em depósito para vender produto, destinado a fins terapêuticos, falsificado ou alterado, na condição de ausência das características de identidade e qualidade admitidas para a sua comercialização ou com redução de seu valor terapêutico ou de sua atividade, é considerada crime de natureza hedionda, nos termos da Lei nº 8.072/90.

10. **(CESPE/CNJ/Analista Judiciário/2013)** Recentemente, ocorreu a inclusão do crime de corrupção ativa no rol dos delitos hediondos, fato que, entre outros efeitos, tornou esse crime inafiançável e determinou que o início do cumprimento da pena ocorra em regime fechado.

11. **(FUNCAB/PC-PA/Escrivão de Polícia Cívil/2016) Nos termos da Lei n° 8.072, de 1990, é correto afirmar que constitui crime hediondo:**
a) A epidemia sem o resultado morte.
b) Sequestro ou cárcere privado.
c) Extorsão simples.
d) Homicídio simples, em qualquer caso.
e) A lesão corporal seguida de morte, quando praticada contra cônjuge, de integrantes da Força Nacional de Segurança Pública, em razão dessa condição.

12. **(IESES/TJ-PA/Titular de Serviços de Notas e de Registros/2016 – adaptada)** Ao contrário do que ocorre com o crime de extorsão, que é considerado hediondo apenas se qualificado pelo resultado morte, o delito de extorsão mediante sequestro é etiquetado como hediondo independentemente da modalidade.

13. **(CESPE/PC-MA/Escrivão de Polícia Civil/2018)** Conforme a legislação pertinente, considera-se crime hediondo

a) o favorecimento da exploração sexual de pessoas adultas.

b) o estupro de vulnerável tentado.

c) a lesão corporal dolosa de natureza grave.

d) o sequestro.

e) a extorsão simples.

14. **(MPE-SP/Promotor de Justiça/2017)** São considerados crimes hediondos, dentre outros:

a) o roubo qualificado, o homicídio qualificado, a lesão corporal grave e o estupro.

b) o estupro, o latrocínio, o homicídio qualificado e o estupro de vulnerável.

c) o peculato, o homicídio, o latrocínio e o tráfico de drogas.

d) o tráfico de drogas, o homicídio qualificado, o peculato e a extorsão mediante sequestro.

e) o sequestro, o roubo qualificado, o infanticídio e o peculato.

15. **(FCC/DPE-RS/Analista Processual/2017 – adaptada)** Segundo entendimento hoje vigente no âmbito do Supremo Tribunal Federal, o tráfico de drogas cometido na vigência da Lei nº 8.072/1990, em qualquer de suas versões, é crime assemelhado a hediondo.

16. **(FCC/DPE-PR/Defensor Público/2017 – adaptada)** Segundo posição do Supremo Tribunal Federal, os crimes de estupro e atentado violento ao pudor, mesmo que cometidos antes da edição da Lei nº 12.015/2009, são considerados hediondos, ainda que praticados na forma simples.

17. **(CESPE/Polícia Federal/Delegado de Polícia Federal/2018)** Paula, proprietária de uma casa de prostituição, induziu e passou a explorar sexualmente duas garotas de quinze anos de idade. Nessa situação, o crime praticado por Paula é hediondo e, por isso, insuscetível de anistia, graça e indulto.

18. **(CONSULPLAN/TJ-MG/Juiz de Direito Substituto/2018 – adaptada)** Nos termos da Lei nº 8.072/90, considera-se hediondo o crime de posse ou porte ilegal de arma de fogo de uso restrito, previsto no art. 16 da Lei nº 10.826, de 22 de dezembro de 2003.

GAB	1	2	3	4	5	6	7	8	9	10	11	12	13	14	15	16	17	18
	D	E	E	D	C	E	E	C	C	E	E	C	B	B	E	C	C	C

Art. 2º Os crimes hediondos, a prática da tortura, o tráfico ilícito de entorpecentes e drogas afins e o terrorismo são insuscetíveis de:

I – anistia, graça e indulto;

II – fiança. (Redação dada pela Lei nº 11.464, de 2007)

§ 1º A pena por crime previsto neste artigo será cumprida inicialmente em regime fechado. (Redação dada pela Lei nº 11.464, de 2007)

§ 2º A progressão de regime, no caso dos condenados pelos crimes previstos neste artigo, dar-se-á após o cumprimento de 2/5 (dois quintos) da pena, se o apenado for primário, e de 3/5 (três quintos), se reincidente, observado o disposto nos §§ 3º e 4º do art. 112 da Lei nº 7.210, de 11 de julho de 1984 (Lei de Execução Penal). (Redação dada pela Lei nº 13.769, de 2018)

§ 3º Em caso de sentença condenatória, o juiz decidirá fundamentadamente se o réu poderá apelar em liberdade. (Redação dada pela Lei nº 11.464, de 2007)

§ 4º A prisão temporária, sobre a qual dispõe a Lei nº 7.960, de 21 de dezembro de 1989, nos crimes previstos neste artigo, terá o prazo de 30 (trinta) dias, prorrogável por igual período em caso de extrema e comprovada necessidade. (Incluído pela Lei nº 11.464, de 2007)

1. COMENTÁRIOS

1.1. Crimes equiparados a hediondos

Como mencionamos, para além do rol do art. 1º, da Lei nº 8.072/90, que contempla os crimes hediondos, existem os crimes equiparados a hediondos, por expressa disposição constitucional. São eles: a) tortura; b) tráfico ilícito de drogas; c) terrorismo. Não são crimes hediondos em sentido estrito, mas sim crimes equiparados a hediondos.

Como se percebe, são crimes que o legislador constituinte considerou tão graves que não permitiu ao legislador ordinário qualquer margem de deliberação em relação a eles. Quanto aos demais, coube ao legislador ordinário enquadrar ou não no rol dos hediondos, mas estes três crimes merecem o mesmo tratamento conferido aos hediondos por expressa determinação constitucional.

A rigor, sob o ponto de vista prático, não há qualquer distinção em relação ao tratamento a ser conferido ao crime hediondo e ao crime equiparado a hediondo. A incidência mais gravosa da reprimenda penal que é destinada aos crimes hediondos também se estende aos crimes equiparados a hediondo.

1.1.1. Tortura

A tortura é um dos crimes mais bárbaros que se pode praticar e, se nossa Constituição Federal previu a existência de um regramento específico para os crimes hediondos, este crime merece tal qualificação. Por esta razão, é o primeiro dos crimes apontados pelo legislador constituinte como equiparado a hediondo. Não se pode olvidar, ainda, que a Assembleia Constituinte é instalada muito pouco tempo após o encerramento do regime militar, em um momento em que vinha a lume inúmeras denúncias em torno das práticas de tortura.

Mas como já dissemos alhures, a Constituição Federal não definiu condutas criminosas, nem cominou a respectiva sanção penal. Ao revés, o texto constitucional adstringiu-se a prever os mandados de criminalização (ou de penalização), isto é, o legislador ordinário não definiu condutas criminosas, mas determinou que o legislador ordinário o fizesse.

Desta feita, até 1990 não havia crime de tortura no Brasil. O primeiro diploma legislativo a definir esta conduta foi o Estatuto da Criança e do Adolescente (Lei nº 8.069/90) que em seu art. 233 já dispunha ser crime: "submeter criança ou adolescente sob sua autoridade, guarda ou vigilância a tortura".

Como se percebe, o tipo era muito específico, pois a vítima, necessariamente, seria uma criança que estivesse sob a autoridade, guarda ou vigilância do(s) torturador(es). Mas o maior problema deste dispositivo era sua amplitude, sua ausência de delimitação, clareza e precisão quanto à conduta. Fazia menção à tortura, sem, todavia, especificar o que seria. Havia, como se pode notar, uma flagrante afronta à taxatividade, desdobramento do princípio da legalidade.

A celeuma foi levada ao Supremo Tribunal Federal. Nossa Corte Suprema entendeu não haver qualquer tipo de inconstitucionalidade no dispositivo. Conforme o STF, "a norma inscrita no art. 233 da Lei nº 8.069/90, ao definir o crime de tortura contra a criança e o adolescente, ajusta-se, com extrema fidelidade, ao princípio constitucional da tipicidade dos delitos" e "o Brasil, ao tipificar o crime de tortura contra crianças ou adolescentes, revelou-se fiel aos compromissos que assumiu na ordem internacional, especialmente àqueles decorrentes da Convenção de Nova York sobre os Direitos da Criança (1990), da Convenção contra a Tortura adotada pela Assembléia Geral da ONU (1984), da Convenção Interamericana contra a Tortura concluída em Cartagena (1985) e da Convenção Americana sobre Direitos Humanos (Pacto de São José da Costa Rica), formulada no âmbito da OEA (1969)"[37].

Em 1997, porém, é aprovada a Lei nº 9.455, que dispõe sobre o crime de tortura. Esta Lei conferiu tratamento mais preciso em torno da definição da conduta e revogou expressamente o art. 233, ECA.

Consoante o art. 1º, da Lei nº 9.455/97, constitui crime de tortura: "I – constranger alguém com emprego de violência ou grave ameaça, causando-lhe sofrimento físico ou mental: a) com o fim de obter informação, declaração ou confissão da vítima ou de terceira pessoa; b) para provocar ação ou omissão de natureza criminosa; c) em razão de discriminação racial ou religiosa; II – submeter alguém, sob sua guarda, poder ou autoridade, com emprego de violência ou grave ameaça, a intenso sofrimento físico ou mental, como forma de aplicar castigo pessoal ou medida de caráter preventivo".

Por seu turno, os parágrafos do mesmo art. 1º tratam de condutas equiparadas à tortura, qualificadoras, causas de aumento de pena, e restrições aos condenados por este crime. Remetemos o(a) leitor(a) ao capítulo em que tratamos, especificamente desta Lei.

1.1.2. Tráfico ilícito de drogas

Muito embora a Constituição Federal (art. 5º, XLIII) se reporte ao crime de tráfico ilícito de entorpecentes e drogas afins, a Lei nº 11.343/06, que, atualmente, trata do tema, faz menção à expressão "drogas", adequando a legislação nacional aos tratados e Convenções Internacionais.

A principal discussão em torno deste tema reside na dificuldade em se identificar quais crimes seriam equiparados a hediondo, na Lei de Drogas. A qualificação de hediondo adstringe-se ao art. 33, que diz respeito ao tráfico propriamente dito, ou se estende para condutas outras, como os crimes de financiamento (art. 36), a colaboração (art. 37), etc.?

37. STF, HC 70389/SP, Rel. Min. Sidney Sanches, julgado em 23/06/1994.

O entendimento majoritário na doutrina e jurisprudência nacionais é no sentido de que devem ser equiparados a hediondos os crimes previstos no art. 33, *caput*[38] e § 1º[39], bem como nos arts. 34[40], 36[41] e 37[42] da Lei de Drogas (Lei nº 11.343/06).

Esta tese é reforçada pelo art. 44 da própria Lei de Drogas, que dispõe: "Os crimes previstos nos arts. 33, *caput* e § 1º, e 34 a 37 desta Lei são inafiançáveis e insuscetíveis de sursis, graça, indulto, anistia e liberdade provisória, vedada a conversão de suas penas em restritivas de direitos". E no seu parágrafo único: "Nos crimes previstos no *caput* deste artigo, dar-se-á o livramento condicional após o cumprimento de dois terços da pena, vedada sua concessão ao reincidente específico". Existe, portanto, uma propensão legislativa a considerar os crimes mencionados como merecedores de uma maior reprovabilidade.

O tratamento conferido a tais crimes pela Lei de Drogas é, sob alguns aspectos, até mais gravoso do que aquele conferido pela Lei de Crimes Hediondos. É o caso, por exemplo, da proibição de conversão da pena privativa de liberdade em pena restritiva de direitos, posteriormente declarada inconstitucional pelo STF[43].

Deve ser feita a ressalva, porém, ao crime do art. 35 da Lei de Drogas. Sem embargo, a jurisprudência tem rechaçado a ideia de que o crime de associação para o tráfico está enquadrado no rol dos crimes equiparados a hediondo[44].

Os demais artigos mencionados dizem respeito diretamente à prática do tráfico (financiamento, colaboração, etc.). Assim, os criminosos seriam enquadrados no crime de tráfico, como autores ou partícipes, caso não houvesse disposição legislativa específica. Já no crime de associação, não. A associação para o tráfico é um crime autônomo, como é o crime de associação criminosa (art. 288, CP) em relação aos demais crimes eventualmente praticados.

Ainda no que tange ao crime de tráfico, merece destaque o fato de que o tráfico "privilegiado" (a despeito desta terminologia, consagrada em sede jurisprudencial, trata-se, em

38. "Importar, exportar, remeter, preparar, produzir, fabricar, adquirir, vender, expor à venda, oferecer, ter em depósito, transportar, trazer consigo, guardar, prescrever, ministrar, entregar a consumo ou fornecer drogas, ainda que gratuitamente, sem autorização ou em desacordo com determinação legal ou regulamentar".

39. "Nas mesmas penas incorre quem: I – importa, exporta, remete, produz, fabrica, adquire, vende, expõe à venda, oferece, fornece, tem em depósito, transporta, traz consigo ou guarda, ainda que gratuitamente, sem autorização ou em desacordo com determinação legal ou regulamentar, matéria-prima, insumo ou produto químico destinado à preparação de drogas; II – semeia, cultiva ou faz a colheita, sem autorização ou em desacordo com determinação legal ou regulamentar, de plantas que se constituam em matéria-prima para a preparação de drogas; III – utiliza local ou bem de qualquer natureza de que tem a propriedade, posse, administração, guarda ou vigilância, ou consente que outrem dele se utilize, ainda que gratuitamente, sem autorização ou em desacordo com determinação legal ou regulamentar, para o tráfico ilícito de drogas".

40. "Fabricar, adquirir, utilizar, transportar, oferecer, vender, distribuir, entregar a qualquer título, possuir, guardar ou fornecer, ainda que gratuitamente, maquinário, aparelho, instrumento ou qualquer objeto destinado à fabricação, preparação, produção ou transformação de drogas, sem autorização ou em desacordo com determinação legal ou regulamentar".

41. "Financiar ou custear a prática de qualquer dos crimes previstos nos arts. 33, caput e § 1º, e 34 desta Lei".

42. "Colaborar, como informante, com grupo, organização ou associação destinados à prática de qualquer dos crimes previstos nos arts. 33, caput e § 1º, e 34 desta Lei".

43. Uma vez mais, remetemos o(a) leitor(a) ao capítulo referente à Lei de Drogas.

44. STJ, AgRg no AREsp 337.384/MG, Rel. Min. Maria Thereza de Assis Moura, julgado em 11/03/2014.

verdade, de mera causa de diminuição de pena, prevista no § 4º, do art. 33, da Lei de Drogas) não é mais considerado crime equiparado hediondo, conforme entendimento do STF.

De conformidade com a Lei nº 8.072/1990, o "tráfico ilícito de entorpecentes" é delito equiparado a hediondo, por submeter o acusado de sua prática a um regime mais severo que os delitos não hediondos. No entanto, aquele diploma legal não especifica quais figuras típicas da Lei de Drogas devem ser inseridas naquele rótulo genérico ("tráfico ilícito de entorpecentes").

A partir do julgamento do *Habeas Corpus* nº 118.533/MS, em 23/6/2016, o Supremo Tribunal Federal firmou entendimento no sentido de afastar a natureza hedionda do delito conhecido por tráfico privilegiado (art. 33, § 4º, da Lei nº 11.343/2006), dentre as diversas condutas tipificadas na legislação específica.

Vale dizer, o fato do imputado ser primário, de bons antecedentes, e não se dedicar às atividades criminosas nem integrar organização criminosa, foi reputado suficiente para se interpretar que não se deve incluir a conduta de tráfico privilegiado no rol das infrações penais dotadas de hediondez (Lei nº 8.072/1990)[45].

A decisão supradita, do Plenário do STF, nos autos do *Habeas Corpus* nº 118.533/MS, é importante marco de política criminal.

Naquele contexto, considerou-se que o tratamento favorecido dado pela lei ao tráfico privilegiado não se harmoniza com sua natureza hedionda. Baseou-se, outrossim, no argumento de menor reprovabilidade relativamente às demais figuras típicas de tráfico de drogas, apesar do motivo da redução não dizer respeito ao fato delituoso em si, porém às qualidades do imputado.

De outro prisma, o Superior Tribunal de Justiça, por sua Terceira Seção, seguindo o fincado pelo STF, cancelou a sua Súmula 512, que dispunha que "a aplicação da causa de diminuição de pena prevista no art. 33, § 4º, da Lei nº 11.343/2006 não afasta a hediondez do crime de tráfico de drogas". A supressão desse enunciado se deu em 24/11/2016, pondo fim à discussão sobre a natureza não hedionda do crime de tráfico privilegiado.

1.1.3. Terrorismo

No século XXI, uma das maiores preocupações, na seara do Direito Penal Internacional é o vertiginoso crescimento de práticas identificadas como terroristas. Por isto, foram aprovados alguns Tratados Internacionais em torno do tema. Apenas no âmbito da Organização das Nações Unidas, é possível citar, a título ilustrativo, a realização da Convenção Internacional contra a Tomada de Reféns, a Convenção sobre a Segurança das Nações Unidas, a Convenção Internacional para a Supressão de Atentados Terroristas, a Convenção Internacional para a Supressão do Financiamento do Terrorismo e a Convenção Internacional para a Supressão de Atos de Terrorismo Nuclear.

45. STF – Segunda Turma – HC 136886 – Rel. Min. Ricardo Lewandowski – J: 18/04/2017.

O Brasil não apenas aderiu a alguns dos Tratados Internacionais sobre o tema como, ainda, nossa ordem constitucional manifesta expresso repúdio ao terrorismo (art. 4º, VIII, CF), no plano internacional, e equipara o crime a hediondo, no plano interno (art. 5º, XLIII, CF). Mas, como dito alhures, a Constituição não definiu condutas criminosas. É necessária uma lei ordinária para definir a conduta como crime. E aí iniciam as controvérsias doutrinárias.

Há quem defenda[46] que o crime de terrorismo está previsto no art. 20 da Lei de Segurança Nacional (Lei nº 7.170/83), que possui a seguinte redação: "Devastar, saquear, extorquir, roubar, seqüestrar, manter em cárcere privado, incendiar, depredar, provocar explosão, praticar atentado pessoal ou atos de terrorismo, por inconformismo político ou para obtenção de fundos destinados à manutenção de organizações políticas clandestinas ou subversivas".

A ideia de que neste dispositivo se encontra o crime de terrorismo no Brasil é, todavia, minoritária em nossa doutrina.

Comentando o art. 20 da Lei nº 7.170/83, alerta Alberto Silva Franco que: "o verbo 'praticar' e o objeto direto 'atos de terrorismo' estão, em princípio, no mesmo pé de igualdade dos demais comportamentos alternativamente referidos. Ocorre, no entanto, que o verbo 'praticar' não possui carga alguma de ilicitude, como apresentam os outros verbos constantes do tipo. (...). E o que, na realidade, quer dizer 'atos de terrorismo'?"[47].

Com efeito, a expressão "atos de terrorismo" é uma cláusula geral, aberta, extremamente vaga e imprecisa, que não se coaduna com a necessária taxatividade da lei penal. Não se pode identificar uma conduta que apenas esteja definida como "ato de terrorismo". Em um regime ditatorial – e vale recordar que a Lei é de 1983, antes, portanto, da redemocratização do Brasil, muito embora já estivéssemos atravessando um período de abertura política –, por exemplo, os que empunham a bandeira da democracia podem ser vistos como terroristas. Aliás, esta é uma prática constante de regimes autoritários.

Criminalizar a prática de atos de terrorismo sem que se delimite o âmbito desta conduta é tão inconstitucional quanto a incriminação de condutas como "violar a ordem pública", "atentar contra os bons costumes", ou, como fez o Direito Penal nazista, considerar crime a conduta que ofende o "são sentimento do povo alemão". Estas são expressões vagas, sem sentido definido, que permite ao intérprete a punição de condutas de acordo com seu puro voluntarismo.

A celeuma foi dirimida com a aprovação, em 16 de março de 2016, da Lei nº 13.260, que tipificou as condutas consistentes no terrorismo, no Brasil. Pelo texto da Lei, conforme seu art. 2º, "O terrorismo consiste na prática por um ou mais indivíduos dos atos previstos neste artigo, por razões de xenofobia, discriminação ou preconceito de raça, cor, etnia e religião, quando cometidos com a finalidade de provocar terror social ou generalizado, expondo a perigo pessoa, patrimônio, a paz pública ou a incolumidade pública".

---

46. Neste sentido, CAPEZ, Fernando. *Curso de direito penal: legislação penal especial. v. 4*. 5. ed. São Paulo: Saraiva, 2010, p. 707.
47. FRANCO, Alberto Silva. *Ob. cit.*, p. 109.

Prossegue o dispositivo asseverando que são atos de terrorismo:

> "I – usar ou ameaçar usar, transportar, guardar, portar ou trazer consigo explosivos, gases tóxicos, venenos, conteúdos biológicos, químicos, nucleares ou outros meios capazes de causar danos ou promover destruição em massa;
>
> II – (Vetado);
>
> III – (Vetado);
>
> IV – sabotar o funcionamento ou apoderar-se, com violência, grave ameaça a pessoa ou servindo-se de mecanismos cibernéticos, do controle total ou parcial, ainda que de modo temporário, de meio de comunicação ou de transporte, de portos, aeroportos, estações ferroviárias ou rodoviárias, hospitais, casas de saúde, escolas, estádios esportivos, instalações públicas ou locais onde funcionem serviços públicos essenciais, instalações de geração ou transmissão de energia, instalações militares, instalações de exploração, refino e processamento de petróleo e gás e instituições bancárias e sua rede de atendimento;
>
> V – atentar contra a vida ou a integridade física de pessoa":

Para tais condutas, é prevista pena de reclusão, de doze a trinta anos, além das sanções correspondentes à ameaça ou à violência.

Para evitar que a lei fosse utilizada como meio de repressão a legítimas atividades de manifestações populares, dispôs o art. 2º, § 2º que: "o disposto neste artigo não se aplica à conduta individual ou coletiva de pessoas em manifestações políticas, movimentos sociais, sindicais, religiosos, de classe ou de categoria profissional, direcionados por propósitos sociais ou reivindicatórios, visando a contestar, criticar, protestar ou apoiar, com o objetivo de defender direitos, garantias e liberdades constitucionais, sem prejuízo da tipificação penal contida em lei".

1.2. Insuscetibilidade de anistia, graça ou indulto

1.2.1. Anistia

A Constituição Federal proibiu expressamente a concessão de anistia aos crimes hediondos e aos equiparados a hediondo (art. 5º, XLIII). A redação do art. 2º, da Lei de Crimes Hediondos, neste ponto, constitui mero cumprimento de mandado constitucional de penalização.

A anistia é uma das hipóteses de extinção da punibilidade, previstas no art. 107, CP. Com a anistia, o Estado perdoa crimes (e não pessoas), por meio de lei, após o seu cometimento. Em geral, a anistia recai sobre crimes com fundamentos políticos, militares, eleitorais etc., mas nada obsta que recaia sobre crimes de natureza comum – desde que não sejam hediondos ou equiparados a hediondo, naturalmente. O melhor exemplo que temos no Brasil é a nossa Lei de Anistia (Lei nº 6.683/79), que recaiu sobre os crimes de cunho político praticados durante determinado período da ditadura militar.

Diferentemente da *abolitio criminis*, com a anistia o fato não deixa de ser criminoso. Ocorre, apenas, uma espécie de perdão concedido pelo Estado a fatos já ocorridos por determinadas questões específicas. Assim, quem, por exemplo, praticou crime de roubo a uma agência bancária para financiar a luta contra a ditadura, foi anistiado em 1979. Se, porventura, alguma pessoa praticasse a mesma conduta após a Lei de Anistia, incorreria na prática do crime e deveria ser punido.

A anistia se dá após a ocorrência do fato, mas pode ser antes ou depois da condenação. De igual sorte, pode ser total ou parcial. Ademais, a anistia é concedida por lei federal (art. 48, VIII, CF) e possui o condão de extinguir todos os efeitos penais de eventual condenação já existente, mas os efeitos extrapenais (como a obrigação de indenizar) permanecem[48].

É verdade que a principal crítica que recai sobre a Lei nº 6.683/79 diz respeito ao tratamento complacente para com os torturadores, que foram considerados criminosos políticos. Note-se que, atualmente, seria impossível tal anistia, na medida em que a Constituição Federal/88 (art. 5º, XLIII, CF) vedou a anistia aos crimes equiparados a hediondo e, dentre eles, destaca-se a tortura.

A Lei de Anistia, porém, é de 1979, sob a égide da ordem constitucional anterior, portanto. De toda sorte, referida Lei foi questionada no STF, por meio da Arguição de Descumprimento de Preceito Fundamental nº 153. Neste julgamento, o STF entendeu que a Lei foi recepcionada pela CF/88[49].

Obviamente, após a CF, seria impossível a concessão de anistia aos crimes hediondos e aos equiparados a hediondo.

1.2.2. Graça

Tal como ocorre com a anistia, a Constituição também proibiu a concessão de graça em caso de crime hediondo ou equiparado (art. 5º, XLIII, CF).

A graça é concedida pelo Chefe do Poder Executivo a um condenado específico. Deriva das clemências concedidas em outros tempos pelo monarca. Basta recordarmos a mais famigerada das clemências, na história da humanidade, que foi aquela concedida por Pôncio Pilatos, Procurador do Imperador Romano, a Barrabás, em detrimento do Cristo.

Diferentemente da anistia, a graça só alcança pessoas condenadas definitivamente. A despeito da previsão de impossibilidade de concessão da graça aos condenados por crimes hediondos e equiparados, a Constituição Federal não considerou a graça como um instituto autônomo. Por esta razão, a graça tem sido considerada uma espécie de indulto individual[50].

De acordo com o art. 188 da Lei de Execução Penal (Lei nº 7.210/84), a graça pode ser requerida pelo próprio condenado, pelo Ministério Público, Conselho Penitenciário ou autoridade administrativa.

1.2.3. Indulto

Como dito, a graça é considerada indulto individual. A menção ao indulto, portanto, diz respeito ao indulto coletivo (indulto propriamente dito), que se dirige a um número determinado de condenados definitivamente. O indulto é concedido pelo Chefe do Poder Executivo, que pode delegar o mister a Ministro de Estado (art. 84, XII, c/c parágrafo único, CF).

---

48. BITENCOURT, Cézar Roberto. *Tratado de Direito Penal: parte geral. v. 1.* 16. ed. São Paulo: Saraiva, 2011, p. 804-805.

49. STF, ADPF nº 153, Rel. Min. Eros Grau, julgado em 29/04/2010.

50. BITENCOURT, Cézar Roberto. *Tratado de Direito Penal: parte geral. v. 1.* 16. ed. São Paulo: Saraiva, 2011, p. 805.

O decreto presidencial que concede o indulto especifica os beneficiários de acordo com a natureza do crime, a quantidade de pena e outros requisitos objetivos e subjetivos. O indulto pode ser total ou parcial. Na primeira hipótese, haverá a extinção da punibilidade, ao passo que o indulto parcial é considerado comutação de pena, ensejará sua diminuição, mas não a extinção.

O art. 5º, XLIII, CF, muitas vezes citado, proibiu, aos crimes hediondos e equiparados, a concessão de graça e anistia, mas não fez menção ao indulto. A proibição é, portanto, produto da Lei de Crimes Hediondos, e não determinação expressa da Constituição Federal.

Não há, contudo, qualquer inconstitucionalidade nesta vedação, sobretudo porque a CF proibiu a concessão da graça, que nada mais é do que espécie do gênero indulto[51].

Os fundamentos de validades das proibições são similares. Releva notar, ainda, que não se pode, de igual sorte, admitir a comutação da pena aos condenados por crime hediondo ou equiparado. Sendo a comutação uma modalidade de indulto – trata-se do indulto parcial, como já mencionado – a vedação da Lei de Crimes Hediondos deve ser observada[52].

Por fim, não custa recordar que não há qualquer óbice à obtenção do indulto para os condenados por crimes hediondos ou equiparados aos hediondos, se tais crimes tiverem sido praticados antes do advento da Lei – ou das Leis posteriores que alteraram o rol do art. 1º, a depender do caso. Cabe, porém, ao Presidente da República, no exercício de atribuição discricionária, estabelecer os requisitos para a obtenção do indulto. Por esta razão, já decidiu o STF que o decreto presidencial que concede o indulto pode vedar sua incidência a crimes hediondos ou equiparados, mesmo que ocorridos antes do advento da Lei nº 8.072/90[53].

Questão que merece uma análise detida é a que se refere ao cotejo entre a Lei de Crimes Hediondos e a Lei de Tortura (Lei nº 9.455/97), no que tange ao indulto. Como já salientado, a tortura é crime equiparado a hediondo, por expressa determinação constitucional; de igual sorte, já dissemos que a CF/88 proibiu, para os crimes hediondos e equiparados, a concessão de graça e anistia, mas calou em relação ao indulto. Pois bem. A Lei de Crimes Hediondos proibiu a concessão de indulto, mas a Lei de Tortura, que é posterior, proibiu, tão-somente, a concessão de anistia e graça (art. 1º, § 6º).

A partir daí, duas dúvidas surgiram: a) é cabível o indulto para o crime de tortura, por haver Lei específica que não veda a concessão? b) caso a primeira resposta seja positiva, este benefício poderia ser estendido aos demais crimes hediondos e equiparados, por haver uma Lei posterior?

A controvérsia foi dirimida pelo Supremo Tribunal Federal. Com efeito, o STF decidiu que é vedada a concessão de anistia, graça ou indulto para os crimes hediondos e equiparados, mesmo após o advento da Lei de Tortura[54]. Conforme o STF, a proibição da concessão de indulto decorre do próprio texto constitucional, que, ao proibir expressamente a concessão da graça – espécie de indulto, como já referido – acabou por restringir, implicitamente, o benefício do indulto coletivo.

---

51. STF, HC 90.364/MG, Rel. Min. Ricardo Lewandowski, julgado em 31/10/2007.
52. STJ, REsp 274.205/SC, Rel. Min. Hamilton Carvalhido, julgado em 05/04/2001.
53. STF, HC 117938 / SP. Rel. Min. Rosa Weber, julgado em 10/12/2003.
54. STF, ADI 2.795 MC/DF, Rel. Min. Maurício Correa. Julgado em 08/05/2003.

Por fim, cabe referir que a doutrina[55] e a jurisprudência[56] têm admitido a obtenção do indulto humanitário, mesmo para os condenados por crime hediondo ou equiparado. Entende-se por indulto humanitário aquele concedido por razão de deficiência física ou mental, ou, ainda, por acentuada debilidade no estado de saúde do condenado. Em casos que tais, há de prevalecer o princípio da humanidade, permitindo-se a extinção da punibilidade dos condenados, mesmo que autores de crimes hediondos ou equiparados.

1.3. Inafiançabilidade

Em nossa ordem constitucional, a regra é a liberdade. É o que se depreende do art. 5º, LXVI, CF, nos seguintes termos: "ninguém será levado à prisão ou nela mantido, quando a lei admitir a liberdade provisória, com ou sem fiança". Há, então, duas modalidades de liberdade provisória: com ou sem fiança.

Fiança é modalidade de caução e está prevista em nossa legislação há muito tempo. É considerada uma das modalidades de cautelares pessoais alternativas à prisão, previstas no art. 319, CPP. A fiança que viabiliza a liberdade provisória será destinada, em caso de condenação, a indenização pelos danos provocados à vítima, ao pagamento das custas processuais, da prestação pecuniária e de eventual multa aplicada.

Atualmente, a CF/88 só prevê três casos em que não se admitem a fiança: a) nos crimes de racismo; b) nos crimes de tortura, tráfico ilícito de entorpecentes e drogas afins, terrorismo e nos definidos como crimes hediondos; c) nos crimes cometidos por grupos armados, civis ou militares, contra a ordem constitucional e o Estado Democrático.

É importante destacar que a inafiançabilidade do crime não significa que não se admita a liberdade provisória sem fiança. A rigor – e reiterando que na nossa ordem constitucional, a liberdade é a regra –, sempre que não se fizerem presentes os requisitos de cautelaridade prisional, que permitem a decretação da prisão preventiva, faz-se necessário permitir a liberdade provisória.

Com isto, a fiança se tornou, no mais das vezes, um instituto em desuso, pois se permite a liberdade provisória sem fiança quando não estiverem presentes os requisitos da prisão preventiva (art. 321, CPP). Em certos casos, portanto, se torna mais fácil obter a liberdade provisória sem fiança do que com fiança. Isto era ainda mais evidente na redação do CPP anterior à reforma de 2011, quando se proibia a concessão de fiança para os crimes com pena mínima superior a 02 (dois) anos.

Contudo, ainda subsistem duas vantagens práticas de grande importância na fiança, porquanto agilizam a obtenção da liberdade: a) se o crime tiver pena máxima até 04 (quatro) anos, a fiança pode ser arbitrada pelo próprio delegado; b) a oitiva do MP na liberdade provisória com fiança é realizada após a sua consumação – ao contrário do que ocorre na liberdade provisória sem fiança.

Cumpre recordar que a fiança poderá ser prestada a qualquer tempo, enquanto não transitar em julgado a sentença condenatória.

55. Por todos, LIMA, Renato Brasileiro de. *Ob. cit.*, p. 60.

56. STJ, HC 117.689/SP, Rel. Min. Napoleão Nunes Maia Filho, julgado em 09/03/2010.

Em sua redação original, a Lei de Crimes Hediondos proibia, no art. 2º, II a fiança e a liberdade provisória. A proibição legislativa, então, abrangia a concessão de liberdade provisória sem fiança. Com a redação dada pela Lei nº 11.464/07, a proibição passou a recair apenas sobre a concessão da fiança. Tendo em vista que a inafiançabilidade já está consagrada no próprio texto constitucional, a Lei adstringiu-se a observar o mandamento constitucional.

A Lei de Drogas, por sua vez, manteve a proibição à obtenção de liberdade provisória sem fiança, para os investigados ou acusados pelo crime de tráfico. O STF, porém, entendeu que esta proibição afronta o princípio da (presunção de) inocência (art. 5º, LVII, CF), devendo o investigado ou acusado ser levado ou mantido na prisão, apenas, quando presentes os requisitos que autorizam a decretação da preventiva (art. 312, CPP).

De acordo com a linha de intelecção seguida pela Corte Suprema, a proibição à concessão de liberdade provisória faz com que o recolhimento ao cárcere seja realizado pelo só fato de o agente ser investigado ou responder a uma ação penal. Ora, o princípio da inocência não é de todo incompatível com a decretação das prisões cautelares, pois, conforme consagrado entendimento do STF, não há direitos absolutos no Brasil. Mas a compatibilização desta restrição com a regra da liberdade faz com que se exija a presença dos requisitos de cautelaridade prisional.

A proibição em abstrato da concessão de qualquer modalidade de liberdade provisória faz com que se inverta a lógica constitucional, de acordo com a qual a liberdade é a regra e a prisão é a exceção.

No que se refere ao cumprimento da pena, é importante reconhecer que, no dia 17 de fevereiro de 2016, o STF, no julgamento do HC 126.292, reconheceu, por sete votos a quatro, que é possível iniciá-lo após a confirmação da condenação na segunda instância. Não mais se exige, então, como o STF o fazia desde 2009, o trânsito em julgado da condenação para que se inicie o cumprimento da pena.

1.4. Regime de cumprimento de pena

1.4.1. A impossibilidade de progressão de regime e sua inconstitucionalidade: súmula vinculante nº 26

A pena privativa de liberdade, no Brasil, pode ser cumprida sob a égide de três regimes: a) regime fechado, em que a execução da pena ocorre em estabelecimento de segurança máxima ou média; b) regime semiaberto, em que a execução da pena ocorre em colônia agrícola, industrial ou estabelecimento similar; c) regime aberto, em que a execução da pena ocorre em casa de albergado ou estabelecimento adequado.

Na redação original da Lei de Crimes Hediondos, o art. 2º proibia a progressão de regime de cumprimento de pena ao condenado, pois afirmava que a pena deveria ser cumprida em regime integralmente fechado. Este dispositivo já era objeto de severas críticas por parte de alguns segmentos da doutrina, que apontavam para o fato de haver a afronta ao sistema penitenciário progressivo e ao princípio da individualização da pena.

O tema se tornou ainda mais controverso com o advento da Lei de Tortura, em 1997, que em seu art. 1º, § 7º, admitia o regime inicialmente (e não integralmente) fechado. A admissão implícita da progressão de regime de cumprimento de pena para os condenados pelo crime de tortura já estava, assim, consagrada. A dúvida remanescente dizia respeito à possibilidade de se estender este benefício aos demais crimes hediondos e equiparados.

Para debelar esta controvérsia, o STF aprovou o verbete nº 698, da sua súmula de jurisprudência, com a seguinte redação:

> ***Súmula nº 698/STF:*** *"Não se estende aos demais crimes hediondos a admissibilidade de progressão no regime de execução da pena aplicada ao crime de tortura".*

O entendimento do STF, todavia, foi alterado no julgamento do HC 82.959/SP (Rel. Min. Marco Aurélio Mello), em 23/02/2006. Neste paradigmático julgamento, o STF entendeu que a proibição em abstrato da progressão de regime constitui afronta ao princípio da individualização da pena.

Conforme o princípio da individualização da pena, as particularidades de cada caso devem ser levadas em consideração, seja no momento da elaboração da lei (fase legislativa, individualização em abstrato), da sua aplicação (fase judicial, individualização em concreto) ou da sua execução (fase administrativo-judicial, individualização em concreto).

À medida que a Lei de Crimes Hediondos proibia a progressão de regime, subtraía ao julgador a análise das particularidades do caso concreto, no que concerne à execução da pena. A proibição conferia tratamento homogêneo a pessoas que se encontravam em situações díspares, como aqueles que possuíam bom comportamento carcerário e aqueles que não o possuíam.

A decisão do STF acabou dando ensejo à elaboração da súmula vinculante nº 26, nos seguintes termos:

> ***Súmula vinculante nº 26:*** *"Para efeito de progressão de regime no cumprimento de pena por crime hediondo, ou equiparado, o juízo da execução observará a inconstitucionalidade do art. 2º da Lei nº 8.072, de 25 de julho de 1990, sem prejuízo de avaliar se o condenado preenche, ou não, os requisitos objetivos e subjetivos do benefício, podendo determinar, para tal fim, de modo fundamentado, a realização de exame criminológico".*

Naturalmente, com o advento da súmula vinculante nº 26, a súmula nº 698/STF perdeu o sentido, muito embora não tenha sido cancelada expressamente.

1.4.2. A possibilidade de progressão de regime e seus requisitos

No dia 28 de março de 2007, foi aprovada a Lei nº 11.464, que alterou a redação do art. 2º, da Lei de Crimes Hediondos, permitindo a progressão de regime aos condenados. Aumentou, porém, o lapso de tempo necessário à obtenção desta progressão.

Para os demais crimes, a progressão de regime é viabilizada com o cumprimento de 1/6 (um sexto) da pena, conforme estabelecido no art. 112 da Lei de Execução Penal. Ademais, para tais crimes, não há distinção, no que se refere a este lapso temporal, entre condenados primários ou reincidentes. Para os crimes hediondos, porém, só se faz possível a progressão de regime se cumpridos 2/5 (dois quintos) da pena, em caso de condenado primário, e 3/5 (três quintos) de pena em caso de condenado reincidente.

Releva notar que a Lei não faz menção à necessidade de se verificar a reincidência em outro crime hediondo ou equiparado. Deste modo, se, por exemplo, o agente tiver sido condenado por furto e, posteriormente, é condenado por tráfico de drogas (equiparado a hediondo), deverá cumprir 3/5 (três quintos) da pena deste segundo crime para poder progredir de regime. Não importa, portanto, se o primeiro crime era ou não hediondo ou equiparado. Havendo a reincidência, o patamar para progressão de regime será elevado.

Caso tenha havido a unificação das penas, é necessário aferir os dois critérios (um sexto de progressão para o crime não hediondo e dois quintos ou três quintos para a progressão do crime hediondo ou equiparado). Exemplo: o agente foi condenado a 3 (três) anos de reclusão pelo crime de furto e a 15 (quinze) anos de reclusão pelo crime de tráfico de drogas, ocorrendo a unificação da pena, totalizando 18 (dezoito) anos de reclusão. Vamos imaginar que o agente praticou o tráfico antes do trânsito em julgado da sentença que o condenou pelo furto. Neste caso, ele seria considerado réu primário e, portanto, iria progredir de regime pelo crime de tráfico com 2/5 (dois quintos) da pena.

No exemplo acima, o agente poderia progredir de regime após o cumprimento de 06 (seis) anos e 06 (seis) meses. Para chegar a este número, basta somar 1/6 (um sexto) da pena de furto (que totalizará seis meses) e 2/5 da pena de tráfico (que totalizará seis anos).

Se, porém, o crime de tráfico tivesse sido praticado após o trânsito em julgado da condenação pelo crime de furto, e antes de completados cinco anos da extinção da pena – pois, neste caso, cessa a possibilidade de reincidência, conforme art. 68, CP – o réu seria considerado reincidente. Neste caso, somente poderia progredir de regime quando completados 1/6 (um sexto) da pena pelo crime de furto e mais 3/5 (três quintos) da pena do crime de tráfico, o que totalizaria 09 (nove anos e seis meses).

No que se refere a estes patamares para cumprimento de pena, importante recordar o verbete nº 715 da súmula de jurisprudência do STF, nos seguintes termos:

> ***Súmula nº 715/STF:*** *"A pena unificada para atender ao limite de trinta anos de cumprimento, determinado pelo art. 75 do Código Penal, não é considerada para a concessão de outros benefícios, como o livramento condicional ou regime mais favorável de execução".*

Assim, se o réu reincidente é condenado a uma pena de cinquenta anos, somente poderia progredir se cumprisse 3/5 de 50, e não 3/5 de 30. Tendo em vista que os 3/5 de 50 já são 30 anos, tempo máximo de cumprimento de pena, não haverá a dita progressão de regime. É importante perceber que a inconstitucionalidade da proibição em abstrato da progressão de regime não significa que, necessariamente, o condenado fará jus à progressão. O que o STF reputa inconstitucional é a vedação em abstrato, criado pela própria Lei. Conforme o STF, a análise de eventual progressão de regime deve ser feita no caso concreto.

Ademais, o cumprimento de lapso temporal é apenas um dos requisitos para a progressão. Trata-se do requisito objetivo. Além disto, para que obtenha o direito de progredir de regime, é necessário que o condenado atenda, também, ao requisito subjetivo, consistente no bom comportamento carcerário (art. 112, *caput,* LEP).

Além destes dois requisitos, cuja observância é obrigatória, existe o requisito facultativo, conforme previsto na súmula vinculante nº 26, consistente no exame criminológico. Trata-se de exame multidisciplinar elaborado por profissionais da área de psicologia, psiquiatria e assistência social, por exemplo. Este exame é realizado no condenado para que se possa saber se ele possui condições de retornar, progressivamente, ao convívio social.

O exame criminológico era obrigatório até 2003, quando a Lei de Execução Penal foi alterada para dispensar sua realização. Durante muito tempo houve dúvida em torno da questão da realização facultativa do exame. Ou seja, tendo a Lei acabado com a obrigatoriedade do exame, seria lícito ao juiz da execução fazer tal exigência? A jurisprudência, conforme assinalado, inclinou-se pelo entendimento de que o exame pode, sim, ser exigido.

Além da súmula vinculante nº 26, este entendimento foi consagrado, também, no enunciado nº 439 da súmula de jurisprudência do STJ, nos seguintes termos:

> ***Súmula nº 439/STJ***: "Admite-se o exame criminológico pelas peculiaridades do caso, desde que em decisão motivada". Conforme se percebe, a súmula do STJ nem sequer restringe a possibilidade de exigência de exame criminológico aos crimes hediondos e equiparados.

Em resumo, o condenado por crime hediondo ou equiparado poderá progredir de regime. Para tanto, deverá atender aos dois requisitos obrigatórios e, a depender do caso concreto, o juiz da execução poderá exigir o requisito facultativo. São requisitos obrigatórios: a) requisito objetivo, consistente no cumprimento de determinado tempo de pena (2/5, se primário; 3/5 se reincidente). b) requisito subjetivo, consistente no bom comportamento carcerário. É requisito facultativo o exame criminológico.

Cumpre destacar, ainda que, consoante o verbete nº 491 da súmula de jurisprudência do STJ:

> ***Súmula nº 491/STJ***: *"É inadmissível a chamada progressão* per saltum *de regime prisional".*

Assim, o condenado poderia progredir do regime fechado para o semiaberto ou do semiaberto para o aberto. Não se admite, todavia, que o condenado venha a progredir do regime fechado diretamente para o aberto, não importando o quanto de pena ele tenha cumprido.

Por fim, vale recordar que o fato de o preso se encontrar em prisão especial não impede a progressão de regime. Naturalmente, não poderia um benefício penal (prisão especial) obstar a concessão de outro benefício (progressão de regime) sem que haja proibição expressa nesse sentido. É o que se depreende da súmula nº 717/STF: "Não impede a progressão de regime de execução da pena, fixada em sentença não transitada em julgado, o fato de o réu se encontrar em prisão especial".

Ademais, vale ressaltar que o fato de a sentença não haver transitado em julgado não obsta a progressão de regime. Assim, mesmo sendo preso provisório, é possível que o réu cumpra esta prisão cautelar sob as regras de regime de cumprimento mais benéfico. É o que consta do enunciado nº 716 da súmula de jurisprudência do STF:

> ***Súmula nº 716/STF***: *"Admite-se a progressão de regime de cumprimento da pena ou a aplicação imediata de regime menos severo nela determinada, antes do trânsito em julgado da sentença condenatória".*

1.4.3. A irretroatividade da exigência de cumprimento de pena

Como visto, em sua redação original, a Lei de Crimes Hediondos não admitia a possibilidade de progressão de regime de cumprimento de pena. A partir do advento da Lei nº

11.464/07, passou-se a admitir a progressão, desde que o condenado cumprisse 2/5 (dois quintos) da pena, se primário, ou 3/5 (três quintos) da pena, se reincidente.

Aparentemente, portanto, a Lei nº 11.464/07 conferiu tratamento mais benéfico ao réu, pois passou a admitir a progressão de regime, quando antes isto não era possível. Poder-se-ia chegar à conclusão de que, sendo lei benéfica, deveria retroagir para alcançar os fatos praticados antes de sua entrada em vigor. O raciocínio, porém, é equivocado.

É importante lembrar que o dispositivo que proibia a progressão de regime para os condenados por crimes hediondos e equiparados já havia sido declarado inconstitucional pelo STF. Mais que isto, a partir do reconhecimento da inconstitucionalidade, o STF editou uma súmula vinculante. Se o dispositivo, então, estava eivado de inconstitucionalidade, não pode ser tomado como parâmetro para aferir o caráter benéfico de legislação posterior[57].

Bem, já que a redação original da Lei de Crimes Hediondos que proibia a progressão de regime não pode ser considerada, dada sua inconstitucionalidade, os condenados que praticaram o fato antes da Lei nº 11.464/07 podiam progredir, desde que cumprissem 1/6 (um sexto) da pena.

E isto porque o patamar de 1/6 (um sexto) de cumprimento da pena – previsto no art. 112 da LEP – era o único critério existente, e a Lei de Execução Penal não estabelecia qualquer diferença entre crimes hediondo ou não hediondo. Com a Lei nº 11.464/07, o condenado por crime hediondo ou equiparado somente poderá progredir se cumprir um patamar de pena mais elevado (2/5 ou 3/5). Resta óbvio, portanto, que a Lei nº 11.464/07 deu tratamento mais gravoso aos autores de crimes hediondos ou equiparados, não podendo, portanto, retroagir para alcançar os fatos ocorridos antes de sua entrada em vigor, no dia 29 de março de 2007.

É o entendimento pacífico na jurisprudência dos nossos Tribunais. No âmbito do STJ, foi editada a súmula nº 471, nos seguintes termos:

> ***Súmula nº 471/STJ***: *"Os condenados por crimes hediondos ou assemelhados cometidos antes da vigência da Lei nº 11.464/2007 sujeitam-se ao disposto no art. 112 da Lei nº 7.210/1984 (Lei de Execução Penal) para a progressão de regime prisional".*

1.4.4. Regime inicial fechado

Conforme salientamos, após a entrada em vigor da Lei nº 11.464/07, a redação do art. 2º da Lei de Crimes Hediondos foi alterada, passando a exigir o cumprimento da pena em regime inicialmente fechado. Se antes a menção era ao regime integralmente fechado, agora se fala em regime inicialmente fechado.

Contudo, no julgamento do HC 111.840/ES (Rel. Min. Dias Toffoli), em 27/06/2012, o Plenário do STF declarou inconstitucional a imposição obrigatória de regime inicial fechado para os crimes hediondos ou equiparados a hediondo. De acordo com o STF, se o legislador constituinte não trouxe referida vedação, não caberia ao legislador ordinário fazê-lo.

57. STF, HC 94.025/SP, Rel. Min. Menezes Direito, julgado em 03/06/2008.

Assim, o condenado por crime hediondo ou equiparado poderá iniciar o cumprimento da pena em regime semiaberto ou aberto, desde que observadas as condições do art. 33, § 2º, CP[58]. Cumpre frisar, ainda, que, nos termos das súmulas 718 e 719 do STF:

> ***Súmula nº 718/STF***: *"A opinião do julgador sobre a gravidade em abstrato do crime não constitui motivação idônea para a imposição de regime mais severo do que o permitido segundo a pena aplicada".*
>
> ***Súmula nº 719/STF***: *"A imposição do regime de cumprimento mais severo do que a pena aplicada permitir exige motivação idônea".*

1.4.5. Outros benefícios penais:

Vale registrar, ainda, que, em tese, é possível converter a pena do condenado por crime hediondo ou equiparado em pena restritiva de direitos. Em verdade, a hipótese é muito rara, na medida em que um dos requisitos para que se proceda a tal conversão é tratar-se de crime praticado sem violência ou grave ameaça à pessoa (art. 44, I, CP).

Conforme analisamos, no rol exaustivo dos crimes hediondos ou equiparados, quase todos são praticados mediante violência ou grave ameaça à pessoa. Mas há exceções, a mais relevante, não há dúvida, é aquela que diz respeito ao tráfico de drogas, crime equiparado a hediondo praticado sem violência ou grave ameaça à pessoa.

Em caso de crime de tráfico, presentes os requisitos do art. 44, CP[59], será possível converter a pena privativa de liberdade em pena restritiva de direitos[60]. Neste particular, relevante salientar que a Lei de Drogas proibia categoricamente a substituição da pena privativa de liberdade por pena restritiva de direitos, mas o STF considerou esta vedação inconstitucional[61].

No que se refere à suspensão condicional da pena (*sursis*), a jurisprudência dos Tribunais Superiores tem se inclinado pela possibilidade de aplicação ao condenado por crime hediondo ou equiparado, salvo se este crime for o tráfico ilícito de drogas, pois, neste caso, a Lei de Drogas possui vedação expressa (art. 44).

Ademais, não há qualquer vedação à obtenção de prisão especial[62] para os acusados por crimes hediondos ou equiparados, ou de prisão domiciliar para os condenados pelos mesmos crimes.

---

58. Conforme o art. 33, § 2º, **CP**: "a) o condenado a pena superior a 8 (oito) anos deverá começar a cumpri-la em regime fechado; b) o condenado não reincidente, cuja pena seja superior a 4 (quatro) anos e não exceda a 8 (oito), poderá, desde o princípio, cumpri-la em regime semi-aberto; c) o condenado não reincidente, cuja pena seja igual ou inferior a 4 (quatro) anos, poderá, desde o início, cumpri-la em regime aberto".

59. Art. 44. As penas restritivas de direitos são autônomas e substituem as privativas de liberdade, quando: I – aplicada pena privativa de liberdade não superior a quatro anos e o crime não for cometido com violência ou grave ameaça à pessoa ou, qualquer que seja a pena aplicada, se o crime for culposo; II – o réu não for reincidente em crime doloso; III – a culpabilidade, os antecedentes, a conduta social e a personalidade do condenado, bem como os motivos e as circunstâncias indicarem que essa substituição seja suficiente. (...) § 3º Se o condenado for reincidente, o juiz poderá aplicar a substituição, desde que, em face de condenação anterior, a medida seja socialmente recomendável e a reincidência não se tenha operado em virtude da prática do mesmo crime.

60. STF, HC 97.256/RS, Rel. Min. Carlos Ayres Brito, julgado em 22/09/2009.

61. Remetemos o(a) leitor(a) ao capítulo destinado ao estudo da Lei de Drogas.

62. Art. 295. Serão recolhidos a quartéis ou a prisão especial, à disposição da autoridade competente, quando sujeitos a prisão antes de condenação definitiva: I – os ministros de Estado; II – os governadores ou interventores de Estados ou Territórios, o prefeito do Distrito Federal, seus respectivos secretários, os prefeitos municipais, os vereadores e os chefes de Polícia; III – os membros do Parlamento Nacional, do Conselho de Economia Nacional e das Assembléias Legislativas dos Estados; IV – os cidadãos inscritos no "Livro de Mérito"; V – os oficiais das Forças

No caso da prisão domiciliar, os requisitos para a sua concessão estão plasmados no art. 117 da LEP[63], que admite o cumprimento da pena em domicílio quando se tratar de condenado a regime aberto que se enquadre em alguma das seguintes hipóteses: a) maior de 70 (setenta) anos; b) acometido de doença grave; c) condenada com filho menor ou deficiente físico ou mental; d) condenada gestante.

Como se percebe, pela literalidade legislativa, a prisão domiciliar seria pertinente apenas na hipótese de haver condenado(a) cumprindo pena em regime aberto. Como destacado, há muito tempo já não se fala em cumprimento de pena em regime integralmente fechado para o condenado por crime hediondo, razão pela qual nada obsta que ele se beneficie da prisão domiciliar, uma vez preenchidos os requisitos exigidos pela Lei.

1.5. Direito de apelar em liberdade

É possível ao condenado por crime hediondo ou equiparado a hediondo recorrer em liberdade. Consoante o disposto na Lei de Crimes Hediondos, "em caso de sentença condenatória, o juiz decidirá fundamentadamente se o réu poderá apelar em liberdade". Este direito de apelar em liberdade, então, não ocorre em qualquer caso, sendo possível ao condenado permanecer sob cautela do Estado.

A rigor, desde a reforma a que foi submetido o nosso CPP em 2008, já não existe uma prisão cautelar que derive, imediatamente, da sentença condenatória recorrível. Quando do advento de uma sentença condenatória, o juiz analisa a necessidade de decretar ou manter uma prisão preventiva. Isto vale para a condenação por crime hediondo e também por outros crimes, pois a regra está prevista no próprio CPP, em seu art. 387, § 1º.

Em resumo, ao sentenciar, condenando, o juiz deve aferir a presença dos requisitos que autorizam a prisão preventiva. Caso estejam presentes, o juiz decretará a prisão, não permitindo o direito de recurso em liberdade. Caso o réu já estivesse preso, o juiz precisaria fundamentar a necessidade da permanência no cárcere, invocando, uma vez mais, os requisitos de cautelaridade que autorizam a decretação da prisão preventiva (art. 312, CPP).

Se, porém, tais requisitos da preventiva não se fazem presentes, deve o juiz autorizar que o réu recorra em liberdade. Desta forma, caso o réu já estivesse solto, deverá permanecer assim; caso estivesse preso, deveria ser expedido o alvará de soltura, já que não haveria necessidade de permanência do cárcere cautelar.

Neste último caso, ocorreria a curiosa situação em que o réu se encontrava preso durante a instrução, o juiz profere a sentença condenatória, mas determina a soltura do réu. Situação plenamente possível, desde que não existam requisitos que autorizem a permanência da prisão preventiva.

Armadas e os militares dos Estados, do Distrito Federal e dos Territórios; VI – os magistrados; VII – os diplomados por qualquer das faculdades superiores da República; VIII – os ministros de confissão religiosa; IX – os ministros do Tribunal de Contas; X – os cidadãos que já tiverem exercido efetivamente a função de jurado, salvo quando excluídos da lista por motivo de incapacidade para o exercício daquela função; XI – os delegados de polícia e os guardas-civis dos Estados e Territórios, ativos e inativos.

63. Além das hipóteses previstas na LEP, a jurisprudência do STF e do STJ admitem a concessão da prisão domiciliar quando na localidade não houver estabelecimento adequado ao cumprimento da pena. Sobre o tema, cf. ARAÚJO, Fábio Roque. *Omissão estatal e prisão domiciliar*. Revista IOB de Direito Penal e Processual Penal, v. 56, p. 101-104, 2009.

Contudo, ainda que seja decretada a prisão preventiva, é fundamental recordar que a ausência de recolhimento do condenado ao cárcere não obsta o conhecimento da apelação interposta. De fato, o art. 394, CPP que exigia este recolhimento como condição para o regular processamento da apelação já foi revogado expressamente. Mesmo antes de tal revogação, porém, a jurisprudência dos nossos Tribunais já se havia consolidado no sentido de sua incompatibilidade com o texto constitucional.

De modo similar, se o réu preso apelar e, logo depois, fugir do presídio, sua apelação será processada regularmente. O art. 395, CPP dispunha que, em casos como este, a apelação seria considerada deserta. Este dispositivo, todavia, também já foi revogado, com o advento da Lei nº 12.403/11.

Cumpre frisar que, conforme o entendimento do STF, esposado no julgamento do HC 126.292, em 17 de fevereiro de 2016, a prisão, após a confirmação da condenação em segunda instância, não é preventiva. Trata-se de prisão pena, pois já não se exige o trânsito em julgado da condenação para que se dê início ao cumprimento da pena.

1.6. Prisão temporária

A prisão temporária está prevista na Lei nº 7.960/1989. Há algumas diferenças em relação à prisão preventiva. Assim, enquanto a prisão preventiva pode ser decretada durante a fase de investigação criminal ou durante a fase de instrução processual, a temporária só pode ser decretada durante a investigação. A prisão temporária jamais pode ser decretada (ou prorrogada) pelo juiz de ofício, sempre dependendo da representação da autoridade policial ou requerimento do MP.

Ao contrário da preventiva – que é decretada com prazo indeterminado – a temporária será decretada com um prazo estabelecido em Lei. Para os demais crimes previstos na Lei de Prisão Temporária, o prazo da prisão será de cinco dias, prorrogáveis por mais cinco dias. Em se tratando de crimes hediondos ou equiparados, o prazo será de trinta dias, prorrogáveis por mais trinta.

É razoável que se entenda que estes prazos previstos em Lei são prazos máximos. Assim, a Lei de Crimes Hediondos previu o prazo de 30 (trinta) dias. No caso concreto, porém, pode ser que o julgador entenda que apenas 20 (vinte) dias são suficientes para o que se pretende. Observa-se a lógica de acordo com a qual "quem pode o mais, pode o menos". Ora, se o juiz pode decretar a privação de liberdade por um prazo dilatado, poderia fazê-lo por um prazo mais exíguo também.

A contagem do prazo da prisão temporária é regida pelas regras do direito material. Desta forma, devemos incluir na contagem o dia de início. Além disto, como não se levam em conta as frações de dias, pouco importa o horário de recolhimento da pessoa ao cárcere. Assim, se o sujeito for preso às 23h55min, estes cinco minutos em que ele ficou preso são computados como um dia inteiro. Como se percebe, o prazo é computado a partir da data da efetivação da prisão, e não da data da decisão judicial que a decreta.

É relevante relembrar que cabe a prisão temporária em todos os crimes hediondos ou equiparados, ainda que não se façam presentes no rol do art. 1º da Lei nº 7.960/89 (ex.: crime de estupro de vulnerável). E isto porque a Lei de Crimes Hediondos foi expressa não apenas no cabimento da temporária, mas, também, na dilatação do seu prazo de duração.

Expirado o prazo da prisão temporária, deverá o preso ser posto em liberdade, sem a necessidade de expedição de alvará de soltura. Caso a autoridade policial mantenha o preso em cárcere, dolosamente, por prazo além do devido, incorrerá na prática do crime de abuso de autoridade (art. 4º, *i*, Lei nº 4.898/65).

2. SÚMULAS E JURISPRUDÊNCIA.

- **Súmula vinculante nº 26:** Para efeito de progressão de regime no cumprimento de pena por crime hediondo, ou equiparado, o juízo da execução observará a inconstitucionalidade do art. 2º da Lei nº 8.072, de 25 de julho de 1990, sem prejuízo de avaliar se o condenado preenche, ou não, os requisitos objetivos e subjetivos do benefício, podendo determinar, para tal fim, de modo fundamentado, a realização de exame criminológico.

- **Súmula vinculante nº 56:** A falta de estabelecimento penal adequado não autoriza a manutenção do condenado em regime prisional mais gravoso, devendo-se observar, nessa hipótese, os parâmetros fixados no RE 641.320/RS.

- **Súmula nº 697, STF:** A proibição de liberdade provisória nos processos por rimes hediondos não veda o relaxamento da prisão processual por excesso de prazo.

- **Súmula nº 717, STF:** Não impede a progressão de regime de execução da pena, fixada em sentença não transitada em julgado, o fato de o réu se encontrar em prisão especial.

- **Súmula nº 716 STF:** Admite-se a progressão de regime de cumprimento da pena ou a aplicação imediata de regime menos severo nela determinada, antes do trânsito em julgado da sentença condenatória.

- **Súmula nº 718, STF:** A opinião do julgador sobre a gravidade em abstrato do crime não constitui motivação idônea para a imposição de regime mais severo do que o permitido segundo a pena aplicada.

- **Súmula nº 719, STF:** A imposição do regime de cumprimento mais severo do que a pena aplicada permitir exige motivação idônea.

- **Súmula nº 439, STJ:** Admite-se o exame criminológico pelas peculiaridades do caso, desde que em decisão motivada.

- **Súmula nº 471, STJ:** Os condenados por crimes hediondos ou assemelhados cometidos antes da vigência da Lei nº 11.464/2007 sujeitam-se ao disposto no art. 112 da Lei nº 7.210/1984 (Lei de Execução Penal) para a progressão de regime prisional.

- **Súmula nº 491, STJ:** É inadmissível chamada progressão *per saltum* de regime prisional.

- **Súmula nº 512, STJ:** A aplicação da causa de diminuição de pena prevista no art. 33, § 4º, da Lei nº 11.343/2006 não afasta a hediondez do crime de tráfico de drogas.

✦ *SUPREMO TRIBUNAL FEDERAL*

- **TRÁFICO PRIVILEGIADO E CRIME HEDIONDO. O crime de tráfico privilegiado de drogas não tem natureza hedionda. Por conseguinte, não são exigíveis requisitos mais severos para o livramento condicional (Lei 11.343/2006, art. 44, parágrafo único) e tampouco incide a vedação à progressão de regime (Lei 8.072/1990, art. 2º, § 2º) para os casos em que aplicada a causa de diminuição prevista no art. 33, §4°, Lei 11.343/2006.** O Tribunal superou a jurisprudência que se firmara no sentido da hediondez do tráfico privilegiado. Sublinhou que a previsão legal seria indispensável para qualificar um crime como hediondo ou equiparado. Assim, a partir da leitura dos preceitos legais pertinentes, apenas as modalidades de tráfico de entorpecentes definidas no art. 33, "caput" e § 1º, da Lei 11.343/2006 seriam equiparadas a crimes hediondos. Entendeu que, para alguns delitos e seus autores, ainda que se tratasse de tipos mais gravemente apenados, deveriam ser reservadas algumas alternativas aos critérios gerais de punição. A legislação alusiva ao tráfico de drogas, por exemplo, prevê a possibilidade de redução da pena, desde que o agente seja primário e de bons antecedentes, não se dedique a atividades criminosas e nem integre organização criminosa. Essa previsão legal permitiria maior flexibilidade na gestão da política de drogas, pois autorizaria o juiz a avançar sobre a realidade pessoal de cada autor. Além disso, teria inegável importância do ponto de vista das decisões de política criminal. ***STF, HC 118533/MS, rel. Min. Cármen Lúcia, 23.6.2016. Pleno. (Info 831).***

- **ART. 33, § 4º, DA LEI 11.343/2006 E FUNDAMENTAÇÃO.** A 2ª Turma concedeu habeas corpus para determinar a magistrado que reduzisse a pena imposta ao paciente, considerada a incidência da causa de diminuição do art. 33, § 4º, da Lei 11.343/2006 no patamar máximo de 2/3. Ademais, ordenou que fixasse o regime inicial de cumprimento da reprimenda de maneira fundamentada, com o afastamento da regra do § 1º do art. 2º da Lei 8.072/90 (na redação conferida pela Lei 11.464/2007), obrigatoriedade declarada inconstitucional pelo STF. Na espécie, o tribunal de justiça local, ao dar parcial provimento a recurso da acusação, condenara o paciente pela prática do delito de tráfico de drogas (Lei 11.343/2006, art. 33). Explicitou-se que a Corte estadual definira a pena-base no mínimo legal. Obtemperou-se que aquele tribunal não agira bem ao estabelecer, em seguida, a minorante em 1/6 sem oferecer a devida justificação. Por fim, salientou-se que o réu apresentaria bons antecedentes, não faria parte de grupo criminoso, enfim, ostentaria todos os requisitos para que a benesse fosse conferida em grau máximo. *STF, HC 114830/RS, rel. Min. Ricardo Lewandowski, 12.3.2013. 2ª T. (Info 698)*

- **TRÁFICO DE DROGAS: DOSIMETRIA E "BIS IN IDEM".** A 2ª Turma não conheceu de recurso ordinário em "habeas corpus", mas concedeu, de ofício, a ordem em razão da utilização, em instâncias diversas, das mesmas circunstâncias para agravar a sanção penal tanto na primeira, quanto na terceira fase da dosimetria da pena. No caso, devido à natureza e à quantidade de entorpecentes, o recorrente fora condenado pela prática do delito previsto no art. 33 da Lei 11.343/2006, à pena de sete anos de reclusão, a ser cumprida em regime inicial fechado. No julgamento da apelação, o tribunal, tendo em conta a natureza e a quantidade da droga, aplicara, no percentual mínimo, a causa de diminuição disposta no § 4º do art. 33, da Lei 11.343/2006. A Turma consignou que estaria evidenciado o "bis in idem". Explicou que, tanto no afastamento da pena-base do mínimo legal – pelo juízo de 1º grau –, como na fixação da causa de diminuição da pena em um sexto – pelo tribunal –, teria havido a utilização dos mesmos critérios, quais sejam, da natureza e da quantidade dos entorpecentes. Relembrou que o STF, ao analisar o art. 42 da Lei 11.343/2006, dirimira divergência jurisprudencial entre a 1ª e a 2ª Turma e firmara o entendimento de a natureza e a quantidade do entorpecente poderem ser utilizadas na primeira ou na terceira fase da dosimetria penal. Asseverou que, utilizado o critério da natureza e da quantidade dos entorpecentes para elevar a pena-base, deveria a causa de diminuição do § 4º do art. 33 da Lei 11.343/2006 ser fixada no patamar de dois terços, porque não haveria qualquer outro fundamento fixado pelas instâncias antecedentes para impedir sua aplicação em grau máximo. **Ressaltou o reconhecimento da inconstitucionalidade dos dispositivos que vedavam a substituição da pena em caso de condenação pelo crime de tráfico de entorpecentes (Lei 11.343/2006, artigos 33, § 4º, e 44, caput) e da norma que impunha regime fechado para o início do cumprimento da pena pela prática de crimes hediondos e equiparados (Lei 8.072/1990, art. 2º, § 1º).** Concluiu, assim, que tornar-se-ia necessário o reexame da possibilidade de substituição da pena privativa de liberdade por restritiva de direitos e dos requisitos para fixação do regime prisional. *STF, RHC 122684/MG, rel. Min. Cármen Lúcia, 16.9.2014. 2ª T. (Info 759)*

✦ *SUPERIOR TRIBUNAL DE JUSTIÇA*

- **PRISÃO PREVENTIVA E EXCESSO DE PRAZO.** A Segunda Turma, por unanimidade, concedeu ordem em habeas corpus para revogar prisão preventiva dos pacientes em razão do excessivo prazo de duração da prisão. [...] Na espécie, a prisão cautelar prolongou-se por mais de sete anos. Os pacientes, embora pronunciados, sequer foram submetidos a julgamento perante o Tribunal do Júri. A Turma afirmou que nada justifica a permanência de uma pessoa na prisão, sem culpa formada, quando configurado excesso irrazoável no tempo de sua segregação cautelar. **Ressaltou que, em nosso sistema jurídico, a prisão meramente processual do indiciado ou do réu reveste-se de caráter excepcional, mesmo que se trate de crime hediondo ou de delito a este equiparado.** Pontuou que o excesso de prazo, quando exclusivamente imputável ao aparelho judiciário não derivando, portanto, de qualquer fato procrastinatório causalmente atribuível ao réu, traduz situação anômala que compromete a efetividade do processo. Além de tornar evidente o desprezo estatal pela liberdade do cidadão, frustra uma prerrogativa básica que assiste a qualquer pessoa: o direito à resolução do litígio sem dilações indevidas (Constituição Federal, art. 5º, LXXVIII). Ademais, salientou que a duração prolongada, abusiva e irrazoável da prisão cautelar ofende, de modo frontal, o postulado da dignidade da pessoa humana, que representa significativo vetor interpretativo, verdadeiro valor-fonte que conforma e inspira todo o ordenamento constitucional. *STF, HC 142177/RS, rel. Min. Celso de Mello, julgamento em 6.6.2017. 2ª T. (Info 868)*

- **PROGRESSÃO DE REGIME DO REINCIDENTE CONDENADO PELO CRIME DE TRÁFICO DE DROGAS. A progressão de regime para os condenados por tráfico de entorpecentes e drogas afins dar-se-á, se o sentenciado for reincidente, após o cumprimento de 3/5 da pena, ainda que a reincidência não seja específica em crime hediondo ou equiparado.** O § 2º do art. 2º da Lei 8.072/1990 determina que a transferência de regime para os condenados por delito hediondo ou equiparado dar-se-á após o resgate de 2/5 da pena, se o sentenciado for primário, e 3/5, se reincidente. O STJ, interpretando especificamente esse dispositivo legal, firmou o entendimento de que o legislador não fez menção à necessidade de a reincidência – que impõe o cumprimento de prazo maior da pena – ser específica em crime hediondo ou equiparado para que incida o prazo de 3/5 para fins de progressão de regime. Em outras palavras, ao exigir que os condenados por delitos hediondos ou assemelhados, se reincidentes, cumpram lapso maior para serem progredidos de regime, a lei não diferenciou as modalidades de reincidência, de modo que deve ser exigido do apenado reincidente, em qualquer caso, independentemente da natureza dos delitos antes cometidos, o lapso de 3/5. *STJ, REsp 1.491.421-RS, Rel. Min. Jorge Mussi, j. 4/12/2014. 5ª T. (Info 554)*

- **REGIME INICIAL DE CUMPRIMENTO DE PENA NO CRIME DE TORTURA. Não é obrigatório que o condenado por crime de tortura inicie o cumprimento da pena no regime prisional fechado.** Dispõe o art. 1º, § 7º, da Lei 9.455/1997 – lei que define os crimes de tortura e dá outras providências – que "O condenado por crime previsto nesta Lei, salvo a hipótese do § 2º, iniciará o cumprimento da pena em regime fechado". Entretanto, cumpre ressaltar que o Plenário do STF, ao julgar o HC 111.840-ES (DJe 17.12.2013), afastou a obrigatoriedade do regime inicial fechado para os condenados por crimes hediondos e equiparados, devendo-se observar, para a fixação do regime inicial de cumprimento de pena, o disposto no art. 33 c/c o art. 59, ambos do CP. Assim, por ser equiparado a crime hediondo, nos termos do art. 2º, *caput* e § 1º, da Lei 8.072/1990, é evidente que essa interpretação também deve ser aplicada ao crime de tortura, sendo o caso de se desconsiderar a regra disposta no art. 1º, § 7º, da Lei 9.455/1997, que possui a mesma disposição da norma declarada inconstitucional. Cabe esclarecer que, ao adotar essa posição, não se está a violar a Súmula Vinculante nº 10, do STF, que assim dispõe: "Viola a cláusula de reserva de plenário (CF, art. 97) a decisão de órgão fracionário de tribunal que, embora não declare expressamente a inconstitucionalidade de lei ou ato normativo do poder público, afasta sua incidência, no todo ou em parte". De fato, o entendimento adotado vai ao encontro daquele proferido pelo Plenário do STF, tornando-se desnecessário submeter tal questão ao Órgão Especial desta Corte, nos termos do art. 481, parágrafo único, do CPC: "Os órgãos fracionários dos tribunais não submeterão ao plenário, ou ao órgão especial, a arguição de inconstitucionalidade, quando já houver pronunciamento destes ou do plenário do Supremo Tribunal Federal sobre a questão". Portanto, seguindo a orientação adotada pela Suprema Corte, deve-se utilizar, para a fixação do regime inicial de cumprimento de pena, o disposto no art. 33 c/c o art. 59, ambos do CP e as Súmulas 440 do STJ e 719 do STF. Confiram-se, a propósito, os mencionados verbetes sumulares: "Fixada a pena-base no mínimo legal, é vedado o estabelecimento de regime prisional mais gravoso do que o cabível em razão da sanção imposta, com base apenas na gravidade abstrata do delito." (Súmula 440 do STJ) e "A imposição do regime de cumprimento mais severo do que a pena aplicada permitir exige motivação idônea." (Súmula 719 do STF). Precedente citado: REsp 1.299.787-PR, Quinta Turma, DJe 3/2/2014. *STJ, HC 286.925-RR, Rel. Min. Laurita Vaz, j. 13/5/2014. 5ª T. (Info 540)*

✦ *SUPERIOR TRIBUNAL DE JUSTIÇA*

- **EXIGÊNCIA DE EXAME CRIMINOLÓGICO PARA PROGRESSÃO DE REGIME DEVE SER BEM FUNDAMENTADA.** "Nesses casos, tem decidido este STJ no sentido de que 'há flagrante ilegalidade a ser reconhecida, uma vez que o tribunal de origem não logrou fundamentar a necessidade da realização do exame criminológico. Restringiu-se a mencionar a gravidade em abstrato dos delitos cometidos pela paciente, a reincidência específica, bem como a necessidade, em tese, da realização de exame criminológico para aferir as condições meritórias da apenada, necessárias à concessão de benefícios da execução penal'", ressaltou a ministra Laurita Vaz. (HC 431433)[64]

- **PROGRESSÃO DE REGIME NO TRÁFICO DE DROGAS. RECURSO REPETITIVO (ART. 543-C DO CPC E RES. 8/2008-STJ). A partir da vigência da Lei 11.464/2007, que modificou o art. 2º, § 2º, da Lei 8.072/1990, exige-se o cumprimento de 2/5 (dois quintos) da pena, se o apenado for primário, e de 3/5 (três quintos), se reincidente, para a progressão de regime no caso de condenação por tráfico de drogas, ainda que aplicada a causa de diminuição prevista no art. 33, § 4º, da Lei 11.343/2006.** O art. 2º da Lei 8.072/1990 equiparou o delito de tráfico de entorpecentes aos crimes hediondos, dispondo, no § 2º do mesmo artigo, que a progressão de regime, no caso dos condenados aos crimes previstos no *caput*, somente poderá ocorrer após o cumprimento de 2/5 (dois quintos) da pena, se o apenado for primário, e de 3/5 (três quintos), se reincidente. Por sua vez, o tipo penal do tráfico de drogas está capitulado no art. 33 da Lei 11.343/2006, que, em seu § 4º, estabelece que as penas poderão ser reduzidas de 1/6 a 2/3, desde que o agente seja primário, de bons antecedentes, não se dedique às atividades criminosas nem integre organização criminosa. Constata-se, de plano, da leitura desses dispositivos, que o art. 2º, § 2º, da Lei 8.072/1990 não excluiu de seu rol o tráfico de drogas quando houver a aplicação da minorante do art. 33, § 4º, da Lei 11.343/2006. Se assim o quisesse, poderia o legislador tê-lo feito, uma vez que a redação atual do dispositivo, conferida pela Lei 11.464/2007, é posterior à vigência da Lei 11.343/2006. Outrossim, observa-se que a causa de diminuição de pena do art. 33, § 4º, da Lei 11.343/2006 elenca, como requisitos necessários para a sua aplicação, circunstâncias inerentes não à conduta praticada pelo agente, mas à sua pessoa: primariedade, bons antecedentes, não dedicação a atividades criminosas e não integração de organização criminosa. Dessa forma, a aplicação da causa de diminuição de pena prevista no art. 33, § 4º, da Lei 11.343/2006 não afasta a hediondez do crime de tráfico de drogas, pois a sua incidência não decorre do reconhecimento de uma menor gravidade da conduta praticada e tampouco da existência de uma figura privilegiada do crime. A criação da minorante tem suas raízes em questões de política criminal, surgindo como um favor legislativo ao pequeno traficante, ainda não envolvido em maior profundidade com o mundo criminoso, de forma a lhe propiciar uma oportunidade mais rápida de ressocialização. Precedentes citados do STF: AgRg no HC 114.452-RS, Primeira Turma, DJe 8/11/2012; do STJ: HC 224.038-MG, Sexta Turma, DJe 27/11/2012, e HC 254.139-MG, Quinta Turma, DJe 23/11/2012. *STJ, REsp 1.329.088-RS, Rel. Min. Sebastião Reis Júnior, j. 13/3/2013. 3ª S. (Info 519)*

- **TRÁFICO E ASSOCIAÇÃO PARA O TRÁFICO INTERNACIONAL DE DROGAS. DELITO PERMANENTE. PROGRESSÃO DE REGIME.** No habeas corpus, o paciente, condenado pelos crimes de tráfico e associação para o tráfico internacional de drogas, postulava a retificação da sua guia de recolhimento para que constasse como data do delito o dia 5/9/2006, conforme fixada para o corréu, em observância ao princípio da isonomia, propiciando-lhe, assim, a progressão de regime após o cumprimento de 1/6 da pena, nos termos da antiga redação da Lei nº 8.072/1990. A Turma, por maioria, denegou a ordem sob a afirmação de que, tratando-se de condenado por delito de natureza permanente, incide a legislação vigente ao tempo da cessação dos atos executórios, ainda que mais gravosa. Na espécie, as atividades criminosas se ultimaram com a prisão de diversas pessoas, inclusive com a do paciente em 11/4/2008. Dessa forma, considerada a data do cometimento do delito – 11/4/2008 –, aplica-se ao paciente, para a progressão prisional, os parâmetros estabelecidos na novel legislação (Lei nº 11.464/2007), ou seja, o cumprimento de 2/5 da pena, aos condenados por crimes hediondos ou equiparados. Destacou o Min. Og Fernandes que, não obstante constar, na guia de execução do corréu, data diversa por suposto equívoco do Juízo da Execução, esta não poderia ser utilizada em benefício do paciente, sob o manto da isonomia. Vale dizer, um erro não justifica o outro. *STJ, HC 202.048-RN, Rel. originário Min. Sebastião Reis, Rel. para o acórdão Min. Og Fernandes, j. 15/5/2012. 6ª T. (Info 497)*

64. http://www.stj.jus.br/sites/STJ/default/pt_BR/Comunica%C3%A7%C3%A3o/noticias/Not%C3%ADcias/Exig%C3%AAncia-de-exame-criminol%C3%B3gico-para-progress%C3%A3o-de-regime-deve-ser-bem-fundamentada.

- **EXECUÇÃO PENAL. CRIME HEDIONDO TENTADO. PROGRESSÃO DE REGIME. A progressão de regime prisional para o cumprimento de pena pela prática de crime hediondo, ainda que na forma tentada, deve observar os parâmetros do art. 2º, § 2º, da Lei nº 8.072/1990, com a redação dada pela Lei nº 11.464/2007.** O fato de não ter sido consumado o crime não afasta a hediondez do delito. Precedentes citados do STF: HC 82.867-SP, DJ 27/6/2003; HC 73.924-SP, DJ 20/9/1996; do STJ: HC 239.682-MG, DJe 29/6/2012, e HC 136.829-SP, DJe 3/5/2010. *STJ, HC 220.978-RJ, Rel. Min. Laurita Vaz, j. 16/10/2012. 5ª T. (Info 506)*

- **DIREITO PENAL. REGIME INICIAL PARA CUMPRIMENTO DE PENA. TRÁFICO DE DROGAS. É possível a fixação de regime prisional diferente do fechado para o início do cumprimento de pena imposta ao condenado por tráfico de drogas.** O STF declarou a inconstitucionalidade do § 1º do art. 2º da Lei nº 8.072/1990, com redação dada pela Lei nº 11.464/2007, afastando a obrigatoriedade do regime inicial fechado para os condenados por crimes hediondos e por aqueles a eles equiparados, como é o caso do tráfico de drogas. Precedentes citados do STF: HC 111.247-MG, DJe 12/4/2012; HC 111.840-ES, DJe 2/2/2012; do STJ: HC 118.776-RS, DJe 23/8/2010, e HC 196.199-RS, DJe 14/4/2011. *STJ, EREsp 1.285.631-SP, Rel. Min. Sebastião Reis Junior, j. 24/10/2012. 3ª S. (Info 507)*

3. QUESTÕES DE CONCURSOS

1. **(CESPE/DPU/Defensor Público da União/2015)** Gerson, com vinte e um anos de idade, e Gilson, com dezesseis anos de idade, foram presos em flagrante pela prática de crime. Após regular tramitação de processo nos juízos competentes, Gerson foi condenado pela prática de extorsão mediante sequestro e Gilson, por cometimento de infração análoga a esse crime.

   Com relação a essa situação hipotética, julgue o próximo item.

   Conforme entendimento dos tribunais superiores, tendo sido condenado pela prática de crime hediondo, Gerson deverá ser submetido ao exame criminológico para ter direito à progressão de regime.

2. **(VUNESP/PC-CE/Escrivão de Polícia Civil/2015)** Assinale a alternativa que indica corretamente crimes que, de acordo com o texto constitucional, a lei considerará inafiançáveis e insuscetíveis de graça ou anistia, por eles respondendo os mandantes, os executores e os que, podendo evitá-los, omitirem-se.

a) O tráfico ilícito de entorpecentes e drogas afins, o terrorismo, os definidos como crimes hediondos e o assédio sexual.

b) A posse e o tráfico ilícito de entorpecentes e drogas afins, o terrorismo, os definidos como crimes hediondos e o racismo.

c) A prática da tortura, o tráfico ilícito de entorpecentes e drogas afins, o terrorismo e os definidos como crimes hediondos.

d) A prática da tortura, a posse e o tráfico ilícito de entorpecentes e drogas afins e o terrorismo.

e) A prática da tortura, o terrorismo e os definidos como crimes hediondos e o assédio sexual.

3. **(FUNIVERSA/PC-DF/Delegado de Polícia/2015 – adaptada)** Os crimes hediondos são insuscetíveis de anistia, graça e indulto, embora lhes seja admitida fiança.

4. **(FCC/TJ-RR/Juiz de Direito/2015 – adaptada)** Os condenados por crimes hediondos ou assemelhados, independentemente da data em que praticado o delito, só poderão progredir de regime após o cumprimento de 2/5 (dois quintos) da pena, se primários, e de 3/5 (três quintos), se reincidentes.

5. **(FUNIVERSA/PC-DF/Delegado de Polícia/2015 – adaptada)** A pena do condenado por crime hediondo deverá ser cumprida em regime integralmente fechado, apesar de haver precedente jurisprudencial em que se admite o cumprimento da pena em regime inicialmente fechado.

6. **(VUNESP/MPE-SP/Analista de Promotoria/2015 – adaptada)** A Lei n° 8.072/90 (crimes hediondos) traz no rol do seu art. 1° o crime de roubo impróprio (art. 157, § 1°, CP), o roubo circunstanciado (art. 157, § 2°, I, II, III, IV e V, CP) e o roubo qualificado pelo resultado (art. 157, § 3º, CP).

7. **(VUNESP/MPE-SP/Analista de Promotoria/2015 – adaptada)** A Lei n° 8.072/90 (crimes hediondos) estabelece o prazo de 30 (trinta) dias (podendo ser prorrogado por mais 30 dias) da prisão temporária decretada nas investigações pela prática de crime hediondo.

8. **(CESPE/TJ-SE/Analista Judiciário/2014)** Considere que um indivíduo tenha sido condenado por crime hediondo. Nesse caso, para que possa requerer progressão de regime de pena, esse indivíduo deve cumprir dois quintos da pena que lhe foi imputada, se for primário, e três quintos dessa pena, se for reincidente.

9. **(FGV/AL-MT/Procurador/2013 – adaptada)** O condenado por crime hediondo cometido no ano de 2006, sendo primário, deverá cumprir pelo menos 2/5 da pena privativa de liberdade para obter progressão de regime.

10. **(CESPE/PG-DF/Procurador/2013)** Desde que o STF declarou incidentalmente a inconstitucionalidade do artigo 2º, § 1º, da Lei nº o 8.072/1990 ("A pena por crime previsto neste artigo [crime hediondo] será cumprida inicialmente em regime fechado"), não é mais obrigatória a fixação do regime inicial fechado para o condenado pelo crime de tráfico de entorpecentes, podendo a pena privativa de liberdade ser substituída por restritivas de direitos quando o réu for primário e sem antecedentes e não ficar provado que ele se dedique ao crime ou esteja envolvido com organização criminosa.

11. **(IBFC/MPE-SP/Analista de Promotoria/2013)** Com relação às disposições da Lei Federal n° 8.072/90 (Lei de Crimes Hediondos), assinale a alternativa CORRETA:

a) A progressão de regime, no caso de condenados a crimes hediondos, dar-se-á após o cumprimento de dois quintos da pena, se o apenado for primário, e de três quintos, se reincidente.

b) A prisão temporária, em se tratando de crimes hediondos, terá o prazo de quinze dias, prorrogável por igual período em caso de extrema e comprovada necessidade.

c) A pena por crime hediondo será cumprida integralmente em regime fechado.

d) O homicídio simples, em hipótese alguma, poderá ser classificado como hediondo.

e) Os crimes hediondos, a prática de tortura, o tráfico ilícito de entorpecentes e drogas afins e o terrorismo admitem fiança, graça e indulto, mas não admitem anistia.

12. **(FCC/DPE-BA-Defensor Público/2016 – adaptada)** A hediondez do tráfico de drogas em todas as suas modalidades impede a aplicação do indulto.

13. **(CESPE/PC-PE/Delegado de Polícia/2016 – adaptada)** No que diz respeito à progressão de regime prisional de condenado por crime hediondo cometido antes ou depois da vigência da Lei n.º 11.464/2007, é necessária a observância, além de outros requisitos, do cumprimento de dois quintos da pena, se primário, e, de três quintos, se reincidente, para a obtenção do benefício.

14. **(CESPE/TJDFT/Juiz de Direito/2016)** Com fundamento na Lei n.º 11.464/2007, que modificou a Lei n.º 8.072/1990 (Lei dos Crimes Hediondos), assinale a opção correta acerca dos requisitos objetivos para fins de progressão de regime prisional.

a) O regime integral fechado poderá ser aplicado no caso de prática de crime de tráfico internacional de drogas, em que, devido à hediondez da conduta, que atinge população de mais de um país, o réu não poderá ser beneficiado com a progressão de regime prisional.

b) Como exceção à regra prevista na legislação de regência, a progressão de regime prisional é vedada ao condenado, que deve cumprir regime integral fechado, pela prática de crime de epidemia de que resulte morte de vítimas.

c) Os condenados por crimes hediondos ou assemelhados cometidos antes da vigência da Lei n.º 11.464/2007 sujeitam-se ao disposto no artigo 112 da Lei de Execução Penal para a progressão de regime, que estabelece o cumprimento de um sexto da pena no regime anterior.

d) A Lei dos Crimes Hediondos é especial e possui regra própria quanto aos requisitos objetivos para a progressão de regime prisional, devendo seus atuais parâmetros ser aplicados, independentemente de o crime ter sido praticado antes ou depois da vigência da Lei n.º 11.464/2007, com base no princípio da especialidade.

e) Os requisitos objetivos da Lei n.º 11.464/2007 devem ser aplicados para fins de progressão de regime prisional, pelo fato de essa lei ser mais benéfica que a lei anterior, que vedava a progressão de regime.

15. (CONSULPLAN/TJ/MG/ Titular de Serviços de Notas e de Registros/2017) Analise as assertivas abaixo, sobre crimes hediondos, e assinale a alternativa correta:

I. A progressão de regime, no caso dos condenados por crimes hediondos, atualmente, dar-se-á após o cumprimento de 2/5 (dois quintos) da pena, se o apenado for primário, ou 3/5 (três quintos), se reincidente em crime da mesma espécie.

II. A liberdade provisória não é permitida nos processos por crimes hediondos, mas o excesso de prazo autoriza o relaxamento da prisão processual.

III. A pena para os crimes hediondos, ou equiparados, será cumprida inicialmente em regime fechado, na hipótese de não cabimento de regimes menos gravosos.

IV. Para efeito de progressão de regime no cumprimento de pena por crime hediondo, ou equiparado, não é obrigatório o exame criminológico na avaliação do preenchimento dos requisitos objetivos e subjetivos pelo condenado, mas uma vez exigido, tal decisão deve ser fundamentada.

Está correto somente o que se afirma em:

a) I e IV.

b) II e III.

c) III e IV.

d) I e III.

16. (FAPEMS/PC-MS/Delegado de Polícia/2017 – adaptada) A pena privativa de liberdade aplicada a crime hediondo praticado com violência ou grave ameaça é suscetível de substituição por restritiva de direito, se fixada em menos de 04 anos de reclusão.

17. (FCC/DPE-SC/Defensor Público/2017 – adaptada) A hediondez do crime não permite a determinação do regime inicial fechado para todos os casos, mas deve ser observada na determinação do regime inicial.

18. (VUNESP/TJ-SP/Juiz de Direito/2017 – adaptada) O condenado por crime hediondo ou assemelhado, independentemente da data de cometimento da infração, só poderá obter a progressão de regime após o cumprimento de 2/5 (dois quintos) da pena, se primário, admitindo-se a determinação de exame criminológico, desde que em decisão motivada.

19. (MPE-PR/Promotor de Justiça/2017 – adaptada) A Lei de Crimes Hediondos ao prever o cumprimento de 3/5 (três quintos) da pena para fins de progressão de regime do condenado reincidente, não exige que a reincidência seja específica em crime hediondo ou equiparado, bastando a genérica.

20. (IBADE/PC-AC/Agente de Polícia Civil/2017 – adaptada) Prisão temporária por crimes hediondos terá o prazo de 10 (dez) dias, prorrogável por igual período em caso de extrema e comprovada necessidade.

21. (CESPE/TJ-PR/Juiz de Direito/2017) A respeito da execução penal e dos crimes hediondos, assinale a opção correta à luz da jurisprudência do STF e do STJ.

a) O crime de associação para o tráfico é hediondo, razão pela qual a progressão de regime para o condenado por esse crime só pode ser concedida depois de cumpridos dois terços da pena.

b) O condenado iniciará o cumprimento da pena obrigatoriamente no regime fechado e a pena privativa de liberdade não poderá em nenhuma hipótese ser substituída por pena restritiva de direito.

c) A progressão de regime será admitida somente mediante a realização de exame criminológico, que é imprescindível para os condenados por crime hediondo.

d) O inadimplemento da pena de multa aplicada cumulativamente ao condenado impede a progressão de regime, salvo quando provada a absoluta incapacidade econômica do condenado.

22. (FCC/DPE-AM/Defensor Público/2018) À luz do que dispõe o direito brasileiro sobre os crimes hediondos,

a) somente recebem essa classificação os crimes consumados em razão do princípio da reserva legal.

b) é obrigatória a fixação de regime inicial fechado para o cumprimento da pena.

c) todas as modalidades de tráfico de drogas são equiparadas a crime hediondo, o que não ocorre no crime de associação para o tráfico.

d) sua prática autoriza a majoração da pena-base acima do mínimo legal.

e) existe vedação legal expressa à concessão dos institutos da graça e do indulto.

23. (MPE-MS/MPE-MS/Promotor de Justiça Substituto/2018 – adaptada) Tratando-se de crime hediondo ou equiparado (Lei n. 8.072/90), o condenado por crime de tortura (Lei n. 9.455/1997), em qualquer modalidade, deverá iniciar o cumprimento da pena em regime fechado.

GAB	1	2	3	4	5	6	7	8	9	10	11	12
	E	C	E	E	E	E	C	C	E	C	A	E
	13	14	15	16	17	18	19	20	21	22	23	
	E	C	C	E	E	E	C	E	D	E	E	

Art. 3º A União manterá estabelecimentos penais, de segurança máxima, destinados ao cumprimento de penas impostas a condenados de alta periculosidade, cuja permanência em presídios estaduais ponha em risco a ordem ou incolumidade pública.

1. COMENTÁRIOS

1.1. Considerações iniciais

A Lei de Crimes Hediondos consagra, desde o seu nascedouro, a necessidade de criação de presídios federais. Este imperativo foi reiterado com a alteração promovida na Lei de Execução Penal, quando da criação do Regime Disciplinar Diferenciado – RDD, em 01 de dezembro de 2003. Com efeito, a Lei de Execução Penal passou a prever expressamente, em seu art. 86, § 1º, que: "A União Federal poderá construir estabelecimento penal em local distante da condenação para recolher os condenados, quando a medida se justifique no interesse da segurança pública ou do próprio condenado".

Com a reestruturação do Departamento Penitenciário Nacional (DEPEN), vinculado ao Ministério da Justiça, em 2006, foi criado o sistema penitenciário federal, cujo objetivo principal é a organização dos presídios federais de segurança máxima, em todo o território nacional.

Ainda são poucos os presídios federais, mas eles já existem em Catanduvas/PR, Campo Grande/MS, Mossoró/RN e Porto Velho/RO.

1.2. Competência para o processo de execução

Questão importante diz respeito à competência do juízo da execução penal. Vale recordar que os presídios federais foram concebidos e criados para abrigar os criminosos mais perigosos, independentemente de terem sido condenados pela Justiça Estadual ou Federal. E se o condenado pela Justiça Estadual for encaminhado a um presídio federal, a competência para o acompanhamento da execução da pena será deslocada para a Justiça Federal?

No âmbito do Superior Tribunal de Justiça, existe a súmula nº 192, nos seguintes termos:

> ***Súmula nº 192/STJ***: "Compete ao Juízo das Execuções Penais do Estado a execução das penas impostas a sentenciados pela Justiça Federal, Militar ou Eleitoral, quando recolhidos a estabelecimentos sujeitos à administração estadual".

Interpretando o teor do verbete sumular *a contrario sensu*, fácil chegar à conclusão no sentido de que, sendo o estabelecimento sujeito à administração federal, competirá à Justiça Federal o processo de execução. Não é outro o entendimento do STJ[65].

De igual sorte, a Lei nº 11.671/08, que dispõe sobre a transferência e inclusão de presos em estabelecimentos penais federais de segurança máxima, traz, em seu art. 4º, § 1º, a seguinte afirmação: "A execução penal da pena privativa de liberdade, no período em que durar a transferência, ficará a cargo do juízo federal competente".

2. SÚMULAS E JURISPRUDÊNCIA

- **Súmula nº 192, STJ:** Compete ao Juízo das Execuções Penais do Estado a execução das penas impostas a sentenciados pela Justiça Federal, Militar ou Eleitoral, quando recolhidos a estabelecimentos sujeitos à administração estadual.

Art. 4º (Vetado).

Art. 5º Ao art. 83 do Código Penal é acrescido o seguinte inciso:

"Art. 83. ....

V – cumprido mais de dois terços da pena, nos casos de condenação por crime hediondo, prática da tortura, tráfico ilícito de entorpecentes e drogas afins, e terrorismo, se o apenado não for reincidente específico em crimes dessa natureza."

1. COMENTÁRIOS.

1.1. Livramento condicional

A Lei de Crimes Hediondos acrescentou o inciso V ao art. 83 do Código Penal, tornando mais rigorosa a observância dos requisitos para obtenção do livramento condicional.

Para os crimes não hediondos, é possível obter o livramento condicional se o condenado cumprir 1/3 (um terço) da pena, caso seja primário ou metade da pena se o condenado for reincidente. Em caso de condenado por crime hediondo ou equiparado a hediondo, será necessário

65. CC 127.917/RJ, Rel. Min. Sebastião Reis Júnior, julgado em 27/11/2013.

cumprir mais de 2/3 (dois terços) da pena para obter o livramento condicional, quer seja o condenado primário, quer seja reincidente não específico. Na hipótese de haver reincidência em crime específico, o dispositivo impede a concessão do benefício do livramento condicional.

Tendo em vista que a Lei de Crimes Hediondos não definiu o que seria a reincidência específica, surgiram três teorias a respeito:

a) Para uma primeira corrente, haveria reincidência específica se o condenado praticasse outro crime previsto na Lei de Crimes Hediondos. Haveria reincidência específica, portanto, se, por exemplo, o condenado definitivo por homicídio qualificado fosse condenado por tráfico de drogas.

Esta primeira corrente é largamente majoritária na nossa doutrina e jurisprudência.

b) Para uma segunda corrente de pensamento, haveria reincidência específica na hipótese de o condenado definitivo por crime previsto na Lei de Crimes Hediondos ser condenado por outro crime que, além de previsto nesta Lei, tutelasse o mesmo bem jurídico[66]. Assim, haveria reincidência específica entre os crimes de estupro e estupro de vulnerável, ou entre o homicídio qualificado e o homicídio simples em atividade típica de grupo de extermínio, pois são crimes que tutelam os mesmos bens jurídicos – a liberdade sexual e a vida, respectivamente. Mas não haveria reincidência específica entre o estupro e o tráfico de drogas, por exemplo. Em um caso de condenações como estas, caberia o livramento condicional.

c) Por fim, para uma terceira teoria, reincidência específica é apenas que se dá em relação ao mesmo crime. Não bastaria, portanto, ser crime hediondo ou tutelar o mesmo bem jurídico, seria necessário que se referisse ao mesmo crime.

Naturalmente, por força do princípio da irretroatividade da lei penal, a proibição à concessão do livramento condicional só será possível se os crimes que ensejaram a reincidência forem praticados após a entrada em vigor da Lei de Crimes Hediondos. Ademais, não é demasiado recordar que, nos termos do art. 64, CP, não prevalece a condenação anterior, se entre a data do cumprimento ou extinção da pena e a infração posterior tiver decorrido período de tempo superior a 5 (cinco) anos, computado o período de prova da suspensão ou do livramento condicional, se não ocorrer revogação.

É importante perceber que o livramento condicional é um benefício que não se confunde com o regime de cumprimento de pena. Mesmo quando a Lei de Crimes Hediondos exigia o cumprimento da pena em regime integralmente fechado, admitia a possibilidade de obtenção de livramento condicional, desde que não houvesse a reincidência específica, naturalmente.

Outro ponto que merece destaque: nas hipóteses em que o réu, reincidente específico, cumpre pena pela prática de delitos hediondos ou a eles equiparados, e também de delitos não hediondos, a possibilidade de concessão do livramento condicional estará condicionada ao cumprimento integral das penas referentes àqueles delitos[67].

66. FRANCO, Alberto Silva. *Ob. cit.*, p. 149.

67. STJ, HC 84.189/RJ, Rel. Min, Felix Fischer, julgado em 18/12/2007.

1.2. Livramento condicional e reincidência específica na Lei de drogas

Sendo o tráfico de drogas um crime equiparado a hediondo, as disposições da Lei nº 8.072/90 devem ser aplicadas aos autores deste crime, salvo disposição em contrário da Lei de Drogas (Lei nº 11.343/06). Ocorre que esta Lei de Drogas dispõe, em seu art. 44, parágrafo único, que, nos crimes previstos no art. 33, *caput* e § 1º, e arts. 34 a 37 da referida Lei "dar-se-á o livramento condicional após o cumprimento de dois terços da pena, vedada sua concessão ao reincidente específico".

Muito embora a redação do dispositivo seja muito parecida com o art. 83, V, CP, há uma substancial distinção trazida pela Lei de Drogas. Como assinalado no tópico anterior, o entendimento majoritário é no sentido de que a expressão "reincidente específico em crimes desta natureza", constante do art. 83, V, CP, diz respeito à prática de qualquer crime hediondo ou equiparado.

Porém, quando a Lei de Drogas faz menção a alguns tipos penais e, posteriormente, refere à reincidência específica em crimes desta natureza, não pode estar se referindo a qualquer crime hediondo ou equiparado, mas sim aos crimes previstos na própria Lei de Drogas. Por outras palavras, se o condenado tivesse praticado o homicídio qualificado e, posteriormente, fosse condenado pelo tráfico de drogas, seria considerado reincidente específico. Mas, com o advento da Lei de Drogas, só se poderia falar em reincidente específico se a condenação anterior também fosse pelo tráfico de drogas.

O tratamento conferido pela atual Lei de Drogas, portanto, foi mais benéfico ao réu, pois restringiu as hipóteses de reincidência específica. E, sendo mais benéfica ao réu, não há dúvidas de que referido dispositivo legislativo deve retroagir para alcançar os fatos que já haviam sido praticados. Trata-se de lei específica, razão pela qual este regramento não se estende aos demais crimes hediondos e equiparados.

Em resumo, temos a seguinte situação: a) em se tratando de outros crimes hediondos ou equiparados, há reincidência específica, quaisquer que sejam os crimes envolvidos (ex.: condenado por estupro que, antes de completar cinco anos de extinção da pena, pratica homicídio qualificado); b) em se tratando de tráfico de drogas, a reincidência específica só se verifica se se tratar dos crimes previstos na própria Lei de Drogas (arts. 33, *caput* e § 1º, e 34 a 37).

Art. 6º Os arts. 157, § 3º; 159, *caput* e seus §§ 1º, 2º e 3º; 213; 214; 223, *caput* e seu parágrafo único; 267, *caput* e 270; *caput*, todos do Código Penal, passam a vigorar com a seguinte redação:

"Art. 157. ....

§ 3º Se da violência resulta lesão corporal grave, a pena é de reclusão, de cinco a quinze anos, além da multa; se resulta morte, a reclusão é de vinte a trinta anos, sem prejuízo da multa.

....

Art. 159. ....

Pena – reclusão, de oito a quinze anos.

§ 1º ....

Pena – reclusão, de doze a vinte anos.

§ 2º ....

Pena – reclusão, de dezesseis a vinte e quatro anos.

§ 3º ....

Pena – reclusão, de vinte e quatro a trinta anos.

....

Art. 213. ....

Pena – reclusão, de seis a dez anos.

Art. 214. ....

Pena – reclusão, de seis a dez anos.

....

Art. 223. ....

Pena – reclusão, de oito a doze anos.

Parágrafo único. ....

Pena – reclusão, de doze a vinte e cinco anos.

....

Art. 267. ....

Pena – reclusão, de dez a quinze anos.

....

Art. 270. ....

Pena – reclusão, de dez a quinze anos.

...."

1. COMENTÁRIOS

O artigo em apreço exasperou as penas de alguns crimes previsto nos Código Penal. A alteração abrangeu os seguintes crimes: a) roubo qualificado pela lesão corporal grave; b) roubo qualificado pela morte (latrocínio); c) extorsão mediante sequestro; d) estupro simples e qualificado pela lesão corporal grave e pela morte; e) envenenamento de água potável ou substância alimentícia ou medicinal.

Também houve aumento no crime de atentado violento ao pudor, mas este crime, como vimos, foi revogado pela Lei nº 12.015/09.

Art. 7º Ao art. 159 do Código Penal fica acrescido o seguinte parágrafo:

"Art. 159. ....

....

§ 4º Se o crime é cometido por quadrilha ou bando, o co-autor que denunciá-lo à autoridade, facilitando a libertação do seqüestrado, terá sua pena reduzida de um a dois terços."

1. COMENTÁRIOS

O dispositivo traz a possibilidade de colaboração premiada no crime de extorsão mediante sequestro. Pela redação da Lei de Crimes Hediondos, a colaboração só seria possível se o crime fosse cometido por quadrilha ou bando (atualmente, o art. 288 faz menção à associação criminosa). Porém, com a alteração promovida na Lei nº 9.269/96, o art. 159, CP, passou a conter a seguinte redação: " § 4º – Se o crime é cometido em concurso, o concorrente que o denunciar à autoridade, facilitando a libertação do sequestrado, terá sua pena reduzida de um a dois terços".

Desta forma, a outra conclusão não podemos chegar, senão a de que o art. 7º da Lei de Crimes Hediondos foi tacitamente revogado pela Lei nº 9.269/96, que, sendo posterior, regulamentou inteiramente a matéria.

Assim, é possível a obtenção dos benefícios da colaboração premiada quando um agente delata o outro, ainda que não exista a associação criminosa. A existência de duas pessoas já seria suficiente.

Como se percebe, a partir da leitura do dispositivo legal, a obtenção do benefício, consistente na diminuição da pena, está condicionada à aptidão que a colaboração possui para facilitar a libertação do sequestrado. Ainda que esta seja a pretensão do colaborador, se sua delação não contribuir neste sentido, não haverá que se falar em diminuição de pena.

Imaginemos, por exemplo, que um dos sequestradores é preso e delata os comparsas, informando o local do cativeiro. Porém, quando os policiais chegam ao local, encontram a vítima morta. Obviamente, o colaborador não poderá se beneficiar da diminuição da pena. Contudo, uma vez presentes os requisitos para a sua concessão, a diminuição da pena se torna obrigatória.

De toda sorte, há uma forte tendência doutrinária em considerar o § 4º do art. 159, CP, tacitamente revogado pela Lei nº 9.807/99, que, dentre outras coisas, "institui o Programa Federal de Assistência a Vítimas e a Testemunhas Ameaçadas e dispõe sobre a proteção de acusados ou condenados que tenham voluntariamente prestado efetiva colaboração à investigação policial e ao processo criminal".

Esta Lei, em seu art. 13, assevera que: "Poderá o juiz, de ofício ou a requerimento das partes, conceder o perdão judicial e a conseqüente extinção da punibilidade ao acusado que, sendo primário, tenha colaborado efetiva e voluntariamente com a investigação e o processo criminal, desde que dessa colaboração tenha resultado: I – a identificação dos demais co-autores ou partícipes da ação criminosa; II – a localização da vítima com a sua integridade física preservada; III – a recuperação total ou parcial do produto do crime".

Como se pode perceber, a referida Lei trata da matéria e concede tratamento mais benéfico do que aquele estipulado no art. 159, CP, pois enquanto o Código previu apenas uma diminuição de pena, a Lei – além de admitir a diminuição de pena, em seu art. 14 – admite (art. 13) a possibilidade de concessão do perdão judicial, com a consequente extinção da punibilidade.

A jurisprudência[68] também tem admitido a incidência da Lei nº 9.807/99, reforçando a tese da revogação tácita do art. 159, § 4º, CP.

68. STJ, HC 49.842/SP, Rel. Min. Hélio Quaglia Barbosa, julgado em 30/05/2006.

Art. 8º Será de três a seis anos de reclusão a pena prevista no art. 288 do Código Penal, quando se tratar de crimes hediondos, prática da tortura, tráfico ilícito de entorpecentes e drogas afins ou terrorismo.

Parágrafo único. O participante e o associado que denunciar à autoridade o bando ou quadrilha, possibilitando seu desmantelamento, terá a pena reduzida de um a dois terços.

1. COMENTÁRIOS

1.1. Associação criminosa

O art. 8º da Lei de Crimes Hediondos previu uma modalidade qualificada para o crime de associação criminosa (art. 288, CP). Vale registrar que, até o advento da Lei nº 12.850/13 (nova Lei do Crime Organizado), o art. 288, CP, trazia o crime de "quadrilha ou bando", exigindo a associação estável de mais de três pessoas.

Com o advento da Lei mencionada, a redação do art. 288, CP, foi alterada, não apenas em sua rubrica (que, como mencionado, passa de "quadrilha ou bando" para "associação criminosa"), mas também em seu conteúdo, pois deixa de ser exigida a participação de, ao menos, quatro pessoas; com efeito, atualmente, o crime se consuma com a associação estável de três ou mais pessoas.

No que concerne ao art. 8º da Lei de Crimes Hediondos, não há qualquer alteração. Deste modo, aqueles que se reunirem em associação criminosa para a prática de crimes hediondos ou equiparados, devem responder por tais crimes, sem prejuízo de responderem pela associação criminosa, com a pena de três a seis anos de reclusão.

Ademais, o art. 8º da Lei de Crimes Hediondos não obsta a incidência da causa de aumento de pena prevista no art. 288, parágrafo único, CP[69], nos seguintes termos: "A pena aumenta-se até a metade se a associação é armada ou se houver a participação de criança ou adolescente". Assim, se houver uma associação criminosa, destinada à prática de crime hediondo, mas que se valha do emprego de arma ou de menor, seus integrantes serão punidos com a pena de três a seis anos, sem prejuízo da aplicação da causa de aumento da pena até a metade.

1.2. Tráfico de drogas

Releva notar, todavia, que o art. 8º da Lei de Crimes Hediondos já não se aplica à associação para o tráfico, na medida em que a atual Lei de Drogas traz uma tipificação específica (art. 35, Lei nº 11.343/06), não sendo caso de se aplicar o art. 288, CP. Houve, portanto, uma revogação tácita e parcial do artigo, já que ele faz expressa menção a "tráfico ilícito de entorpecentes e drogas afins".

Para o crime de associação para o tráfico, a pena é de três a dez anos, muito mais acentuada, portanto do que a estabelecida no art. 288. Tratando-se de lei mais gravosa (*novatio*

69. No mesmo sentido, LIMA, Renato Brasileiro de. *Ob. cit.*, p. 106.

legis in pejus), só se aplica, obviamente, aos fatos praticados após a sua entrada em vigor – 08 de outubro de 2006.

1.3. Delação premiada

A Lei de Crimes Hediondos inaugura na legislação recente do Brasil o instituto da delação premiada. Por meio do referido instituto, o criminoso que colaborar com as investigações, trazendo informações relevantes que possam conduzir ao desmantelamento da associação criminosa terá a sua pena reduzida de um a dois terços. Como já mencionado, a Lei nº 9.807/99, posteriormente, trouxe a possibilidade de se aplicar ao delator o perdão judicial, conduzindo, em consequência, à extinção da punibilidade.

Para que se possa falar na obtenção do benefício, é necessário que a colaboração seja efetiva. Assim, de nada adianta uma delação que contribua para o desmantelamento do grupo. Porém, se houver a efetiva contribuição ao desmantelamento, a diminuição da pena se impõe como obrigatória.

Não será demasiado destacar, uma vez mais, que o art. 8º, em comento, no seu parágrafo único, faz menção à expressão "quadrilha ou bando", que já não integra nosso Código Penal, tendo sido substituída pela expressão "associação criminosa".

Por fim, cabe referir que a atual Lei de Organização Criminosa emprega a expressão "colaboração premiada", em detrimento da doutrinariamente consagrada expressão "delação premiada". Para a doutrina, colaboração premiada seria gênero de que seria espécie a delação. Assim, seria possível colaborar com as investigações sem que houvesse, necessariamente, delação. Para maiores considerações sobre o instituto da colaboração premiada, e com o objetivo de evitar repetições indevidas, remetemos os leitores aos comentários à Lei nº 12.850/13, nesta obra.

2. QUESTÕES DE CONCURSOS

1. **(FUNIVERSA/PC-DF/Delegado de Polícia/2015 – adaptada)** Se o crime hediondo de extorsão mediante sequestro for cometido por quadrilha ou bando, o coautor que denunciá-lo à autoridade, facilitando a libertação do sequestrado, será beneficiado com a redução da pena de um a dois terços.

2. **(CESPE/TJ-CE/Analista Judiciário/2013 – adaptada)** A Lei de Crimes Hediondos (Lei nº 8.072/90) dispõe que será de três a seis anos de reclusão a pena prevista no art. 288 do Código Penal (Associação Criminosa), quando se tratar de crimes hediondos, prática da tortura, tráfico ilícito de entorpecentes e drogas afins ou terrorismo. Nessa hipótese, o participante e o associado que denunciar à autoridade o bando ou quadrilha, possibilitando seu desmantelamento,

a) deverá cumprir a pena em estabelecimento distinto dos demais participantes.
b) deixará de responder pelo referido crime.
c) terá a pena reduzida de um a dois terços.
d) terá a pena anistiada pelo Presidente da República.
e) terá sua pena convertida para prestação de serviços à comunidade.

GAB	1	2
	C	C

Art. 9º As penas fixadas no art. 6º para os crimes capitulados nos arts. 157, § 3º, 158, § 2º, 159, *caput* e seus §§ 1º, 2º e 3º, 213, *caput* e sua combinação com o art. 223, *caput* e parágrafo único, 214 e sua combinação com o art. 223, *caput* e parágrafo único, todos do Código Penal, são acrescidas de metade, respeitado o limite superior de trinta anos de reclusão, estando a vítima em qualquer das hipóteses referidas no art. 224 também do Código Penal.

1. COMENTÁRIOS

A Lei traz uma majorante (causa de aumento) para alguns crimes do Código Penal – roubo qualificado pela lesão corporal grave e pela morte, extorsão mediante sequestro em suas modalidades simples e qualificada, estupro e o já revogado atentado violento ao pudor. A causa de aumento se impunha nas hipóteses em que o crime era praticado contra vítima que se enquadrasse em uma das hipóteses do art. 224, que se referia à pessoa: a) não maior de catorze anos; b) é alienada ou débil mental, e o agente conhecia esta circunstância; c) não pode, por qualquer outra causa, oferecer resistência.

Ocorre que o mencionado art. 224, CP, foi revogado pela Lei nº 12.015/09. Com isto, prevalece em nossa doutrina e jurisprudência o entendimento de que o art. 9º da Lei de Crimes Hediondos foi tacitamente revogado, não havendo que se falar em incidência da referida majorante.

Sendo lei nova que beneficia, deve retroagir para alcançar fatos praticados antes de sua entrada em vigor. Desta forma, aqueles que foram condenados por tais crimes com a referida majorante fazem jus a uma reapreciação da matéria. Na hipótese de já ter havido o trânsito em julgado da condenação, a aplicação da Lei benéfica compete ao juízo da execução, nos termos da súmula nº 611/STF.

2. SÚMULAS E JURISPRUDÊNCIA

- **Súmula nº 611, STF:** Transitada em julgado a sentença condenatória, compete ao juízo das execuções a aplicação da lei mais benigna.

✦ *SUPREMO TRIBUNAL FEDERAL*

- **ART. 224 DO CP E LATROCÍNIO.** A 1ª Turma denegou habeas corpus, mas concedeu a ordem, de ofício, com o fim de decotar da sanção cominada ao paciente o acréscimo resultante da aplicação do que estabelecido no art. 9º da Lei 8.072/90 ("As penas fixadas no art. 6º para os crimes capitulados nos arts. 157, § 3º, 158, § 2º, 159, *caput* e seus §§ 1º, 2º e 3º, 213, *caput* e sua combinação com o art. 223, *caput* e parágrafo único, 214 e sua combinação com o art. 223, *caput* e parágrafo único, todos do Código Penal, são acrescidas de metade, respeitado o limite superior de trinta anos de reclusão, estando a vítima em qualquer das hipóteses referidas no art. 224 também do Código Penal"). Na espécie, ele fora condenado à reprimenda de 45 anos de reclusão pela prática do crime de latrocínio contra menor de 14 anos. No que atine à assertiva de ter sido a pena-base indevidamente exasperada no máximo legal, sublinhou-se demandar análise de acervo fático-probatório, impróprio nesta sede. De outra face, explicitou-se que a sanção corporal fora acrescida da metade (15 anos), sem observância pelo magistrado do limitador de 30 anos de reclusão (Lei 8.072/90, art. 9º). Asseverou-se que este preceito – diante da revogação do art. 224 do CP pela Lei 12.015/2009 – teria perdido a eficácia, devendo, portanto, a adição ser extirpada da reprimenda imposta, por força do princípio da novatio legis in mellius (CP, art. 2º, parágrafo único). Assim, fixou-se a pena de 30 anos de reclusão. Por fim, estendeu-se a ordem ao corréu. A Min. Rosa Weber acrescentou que a revogação teria deixado o dispositivo da Lei de Crimes Hediondos redigido com deficiente técnica legislativa, carente de complemento normativo em vigor, razão pela qual reputou revogada a causa de aumento nele consignada. *STF, HC 111246/AC, rel. Min. Dias Toffoli, 11.12.2012. 1ª T. (Info 692)*

Art. 10. O art. 35 da Lei nº 6.368, de 21 de outubro de 1976, passa a vigorar acrescido de parágrafo único, com a seguinte redação:

"Art. 35. ....

Parágrafo único. Os prazos procedimentais deste capítulo serão contados em dobro quando se tratar dos crimes previstos nos arts. 12, 13 e 14."

1. COMENTÁRIOS

Este artigo previu a contagem em dobro dos prazos procedimentais nos casos abrangidos pela antiga Lei de Drogas (Lei nº 6.368/76). Com a entrada em vigor da atual Lei de Drogas (Lei nº 11.343/06), o dispositivo foi tacitamente revogado.

Art. 11. (Vetado).

Art. 12. Esta lei entra em vigor na data de sua publicação.

Art. 13. Revogam-se as disposições em contrário.

Brasília, 25 de julho de 1990; 169º da Independência e 102º da República.

FERNANDO COLLOR

Bernardo Cabral

| 02 |

GENOCÍDIO

GENOCÍDIO		
QUESTÕES DE CONCURSOS		
Classificação pelo grau de incidência em provas		
Dispositivo legal	**Nº de questões**	**%**
Art. 1º	7	100,00%

▸LEI Nº 2.889, DE 1º DE OUTUBRO DE 1956

Define e pune o crime de genocídio.

O PRESIDENTE DA REPÚBLICA:

Faço saber que o Congresso Nacional decreta e eu sanciono a seguinte Lei:

Art. 1º Quem, com a intenção de destruir, no todo ou em parte, grupo nacional, étnico, racial ou religioso, como tal:

a) matar membros do grupo;

b) causar lesão grave à integridade física ou mental de membros do grupo;

c) submeter intencionalmente o grupo a condições de existência capazes de ocasionar-lhe a destruição física total ou parcial;

d) adotar medidas destinadas a impedir os nascimentos no seio do grupo;

e) efetuar a transferência forçada de crianças do grupo para outro grupo;

Será punido:

Com as penas do art. 121, § 2º, do Código Penal, no caso da letra a;

Com as penas do art. 129, § 2º, no caso da letra b;

Com as penas do art. 270, no caso da letra c;

Com as penas do art. 125, no caso da letra d;

Com as penas do art. 148, no caso da letra e;

1. COMENTÁRIOS

1.1 Considerações iniciais

Muito embora a história da humanidade esteja repleta de casos que, atualmente, podem ser identificados como caracterizadores de práticas genocidas, apenas com o fim da II Guerra Mundial a expressão "genocídio" passa a ser empregada com frequência. A expressão havia sido criada pouco antes, em 1944, por Raphael Lemkin, O termo deriva da junção da expressão grega "genos" (raça) e da expressão latina "cidio", "coedere" (matar).

A aprovação da Lei em apreço constitui o cumprimento de um compromisso do Estado brasileiro, no plano internacional. Com efeito, o Brasil aderiu à Convenção para a Prevenção e a Repressão do Crime de Genocídio, aprovada em Paris, na III Sessão da Assembleia Geral das Nações Unidas. Referida Convenção entrou em vigor em 1951, incorporada pelo Brasil com o Decreto-Legislativo nº 02/51 e promulgada pelo Decreto nº 30.822/52[1].

O art. 5º da Convenção mencionada impunha aos países signatários a aprovação de medidas legislativas que estabelecessem sanções penais aplicáveis aos responsáveis pelas práticas genocidas.

A Lei nº 2.889/56 consagra, portanto, o atendimento ao mandado de criminalização[2] imposto pela Convenção internacional. O genocídio é crime de gravidade tão considerável que se inclui no rol de competências do Tribunal Penal Internacional (TPI), criado pelo Estatuto de Roma. Vale recordar que o Brasil aderiu ao TPI (art. 5º, § 4º, CF), sendo sua jurisdição complementar à brasileira[3].

Por fim, convém salientar que o genocídio é crime hediondo (art. 1º, parágrafo único, Lei nº 8.072/90), aplicando-se-lhe, destarte, todo o tratamento recrudescido pertinente a este crime (não cabimento de fiança, anistia, graça, indulto, prazo maior para progressão de regime etc.).

O Estatuto de Roma, que cria o TPI, considera o genocídio modalidade de crime contra a humanidade. Nossa jurisprudência reconhece, de forma pacífica, que, no crime de genocídio, não se busca tutelar bem jurídico de natureza individual. Em outras palavras, não se pretende tutelar os bens jurídicos de cada membro do grupo, individualmente considerados, mas sim a própria existência do grupo (nacional, étnico, racial ou religioso).

Naturalmente, a prática do genocídio, grosso modo, perfectibiliza-se mediante a violação de bens jurídicos individuais, também. É o que acontece, por exemplo, quando o agente mata os membros de uma tribo indígena, com a intenção de destruir, ainda que parcialmente, este grupo.

Neste caso, lesiona-se o bem jurídico supraindividual, consistente na existência do grupo, bem como os bens jurídicos individuais (vida humana) dos membros dos grupos. Estaremos diante de caso de concurso de crimes (genocídio e homicídios), portanto.

Não é outro o entendimento do Supremo Tribunal Federal: "O tipo penal do delito de genocídio protege, em todas as suas modalidades, bem jurídico coletivo ou transindividual, figurado na existência do grupo racial, étnico ou religioso, a qual é posta em risco por ações que podem também ser ofensivas a bens jurídicos individuais, como o direito à vida, a integridade física ou mental, a liberdade de locomoção" (RE 351487/RR, Rel. Min. Cézar Peluso, j. 03/08/2006).

1. BALTAZAR, Jr., José Paulo. *Crimes federais.* 8ª. Ed. Porto Alegre: Livraria do Advogado, 2012 p. 296.
2. Sobre os mandados de criminalização, FELDENS, Luciano. *A constituição penal: a dupla face da proporcionalidade no controle de normas penais.* Porto Alegre: Livraria do Advogado, 2005.
3. TÁVORA, Nestor; ARAÚJO, Fábio Roque. *Código de processo penal para concursos.* 2ª. ed. Salvador: JusPodivm, 2011, p. 09.

Pela descrição do art. 1º em comento, percebemos que o crime de genocídio pode se consumar mediante a prática de crimes contra a vida (art. 1º, a) ou não. Caso ocorram os mencionados crimes contra a vida, que, como consabido, atraem a competência do Tribunal do Júri, o crime de genocídio também será julgado aí (STF, RE 351487/RR, Rel. Min. Cézar Peluso, j. 03/08/2006), pois será atraído, por conexão. Se, todavia, o genocídio se consumar mediante as demais modalidades enumeradas no dispositivo, haverá a competência do juízo monocrático. Ainda no que tange à competência para julgamento do crime, importante esclarecer que ela será da Justiça Federal, quando envolver direitos indígenas, a teor do art. 109, XI, CF. Por esta razão, o genocídio praticado contra indígenas é crime federal (STF, RE 179485/AM, Rel. Min. Marco Aurélio. j. 06/12/94). Na hipótese mencionada anteriormente, em que o genocídio será julgado pelo Tribunal do Júri, se estivermos diante de crime praticado em detrimento de indígenas, teremos o Júri Federal.

Ainda no que se refere ao genocídio, não se pode deixar de ressaltar que ele fica sujeito à lei brasileira, embora cometido no estrangeiro (extraterritorialidade da lei penal), quando o agente for brasileiro ou domiciliado no Brasil (art. 7º, I, d, CP).

1.2. Conduta

Para que exista o genocídio, é necessário que a ação seja voltada à destruição de grupo nacional, étnico, racial ou religioso. Não há, portanto, genocídio quando a ação é voltada a pessoas identificadas por outras características (classe social, ideologia política, orientação sexual, etc.). Ademais, a Lei brasileira não criminalizou o genocídio cultural, consistente na "prática que visa à destruição do idioma, religião ou cultura de um determinado grupo" [4].

Imperioso, portanto, que se estabeleçam, com a possível dose de precisão, os conceitos que caracterizam um grupo de pessoas como nacional, étnico, racial ou religioso.

Grupos

Grupo nacional: a rigor, não há um conceito unívoco de Nação[5]. Podemos afirmar que nação e Estado são conceitos que não se confundem[6].

A despeito da dificuldade de se conceituar a Nação, na ciência política, no Direito Penal, "existe certo consenso de que o grupo nacional é aquele que 'consegue criar uma consciência, uma alma coletiva, que se traduz pela vontade de viver em comum'" [7].

Grupo étnico: a ideia de grupo étnico abrange um conjunto de indivíduos unidos por laços culturais e linguísticos.

---

4. BALTAZAR, Jr., José Paulo. *Crimes federais.* 8ª. ed. Porto Alegre: Livraria do Advogado, 2012, p. 298.
5. BOBBIO, Norberto; MATTEUCI, Nicola; PASQUINO, Gianfranco. *Dicionário de política. Volume II.* 13. ed. Brasília: Editora UNB, 2008, p. 796.
6. DALLARI, Dalmo de Abreu. *Elementos de teoria geral do Estado.* 25. ed. São Paulo, Saraiva, 2008, p. 137.
7. SAVAZZONI, Simone de Alcantara. *Crime de Genocídio.* Disponível em http://www.lfg.com.br. Consulta: 22.08.2012.

Grupo racial: historicamente, a noção de raça está atrelada a características físicas, biológicas. Atualmente, porém, os estudos nas áreas das mais variadas ciências têm contestado a noção de raça. Com efeito, as distinções biológicas entre indivíduos que costumam ser identificados como membros da mesma raça não são maiores ou menores do que aquelas existentes entre indivíduos de raças distintas.

Este, inclusive, é o entendimento do STF (HC 82424/RS, Rel. Min. Maurício Correa, j. 17/09/2003), apresentado nos seguintes termos: "Com a definição e o mapeamento do genoma humano, cientificamente não existem distinções entre os homens, seja pela segmentação da pele, formato dos olhos, altura, pêlos ou por quaisquer outras características físicas, visto que todos se qualificam como espécie humana. Não há diferenças biológicas entre os seres humanos. Na essência são todos iguais".

Importante salientar que, a despeito destas considerações, a expressão raça ainda encontra guarida nas regras de Direito Internacional.

Grupo nacional: coletividade de indivíduos que professam a mesma religião.

Os tipos penais previstos neste artigo 1º fazem menção à destruição total ou parcial do grupo.

Por isto, é possível vislumbrarmos a consumação do crime, ainda quando se atinja apenas um membro do grupo. O que importa para a caracterização do crime é a intenção de destruir o grupo.

Classificação doutrinária do genocídio

No que se refere às condutas criminosas previstas neste artigo 1º, é importante destacar que a doutrina costuma classificar o crime de genocídio em físico e biológico[8].

Genocídio físico: estaria caracterizado nas hipóteses quer podem ensejar a morte dos membros do grupo (alíneas *a, b* e *c).*

Genocídio biológico: ocorreria nas demais hipóteses (alíneas *d* e *e),* em que não há a morte de membros do grupo, mas existem condutas que impedem sua renovação ou o seu desenvolvimento.

Condutas

Alínea a: naturalmente, trata-se de conduta assemelhada ao crime de homicídio. O que diferenciará o genocídio do homicídio, nestes casos, será o dolo do agente. Como consabido, no homicídio, o dolo do agente reside na intenção de matar a vítima (*animus necandi*), ao passo que, no genocídio, o dolo consiste na destruição, total ou parcial, de, pelo menos, um dos grupos acima referenciados.

Diferentemente do que ocorre com o homicídio, o genocídio não admite a modalidade culposa.

É necessário, portanto, que o agente tenha a consciência de que a(s) vítima(s) integra(m) o grupo (nacional, étnico, racial ou religioso) e tenha a intenção de destruí-lo, total ou parcialmente.

8. BALTAZAR, Jr., José Paulo, *ob. cit.* p. 300.

Conforme salientamos, ao tratar do tema competência, se o genocídio é perpetrado por meio de homicídio, deverá o agente responder pelo crime de genocídio em concurso formal com os homicídios. Por seu turno, no caso dos homicídios, haverá crime continuado[9], com pena aplicada até o triplo, nos termos do art. 71, parágrafo único, CP. É o que se depreende do entendimento do STF (RE 351487/RR, rel. Min. Cézar Peluso, j. 03/08/2006).

Alínea b: a conduta assemelha-se, neste caso, ao crime de lesão corporal de natureza grave (art. 129, §§ 1º, 2º e 3º). A lesão de natureza mental pode ser praticada por meio de outros crimes, tais como a tortura psicológica, os crimes sexuais, etc.

Alínea c: não há uma forma previamente definida em lei para a prática desta conduta. Na história recente da humanidade, esta conduta já foi praticada por meio de privação de alimentos ou remédios ao grupo, internação em campos de concentração, redução à escravidão, etc. No caso em questão, o crime de genocídio se torna permanente, isto é, a conduta criminosa se protrai no tempo. A duração, *in casu,* é indefinida.

Alínea d: prática genocida, no caso, pode consistir em esterilização compulsória, abortos não consentidos, proibição de união entre homens e mulheres do grupo, etc.

Alínea e: o conceito de criança a ser empregada é aquele previsto no art. 2º do Estatuto da Criança e do Adolescente, isto é, "a pessoa até doze anos de idade incompletos". Conforme se infere da leitura do dispositivo, a transferência forçada de adolescentes ou adultos não constituirá crime de genocídio.

1.3. Penas

No que se refere às penas a serem impostas ao crime de genocídio, a Lei nº 2.889/56 consagra a chamada norma penal em branco às avessas (ao revés ou invertida).

De acordo com o conceito clássico, norma penal em branco é aquela em que o preceito primário (definidor da conduta criminosa) é incompleto, devendo ser complementado por uma outra norma. Já a norma penal em branco às avessas é aquela em que o preceito secundário (aquele que comina a respectiva sanção penal) é incompleto.

É o que ocorre com a lei em apreço, ao determinar que se aplique às condutas genocidas penas cominadas a outros crimes. Nestes termos, teremos as seguintes penas:

Alínea a: pena do crime de homicídio qualificado (12 a 30 anos de reclusão).

Alínea b: pena do crime de lesões corporais gravíssimas (2 a 8 anos de reclusão).

Alínea c: pena do crime de envenenamento de água potável ou substância alimentícia ou medicinal (10 a 15 anos de reclusão).

Alínea d: pena do crime de aborto provocado por terceiro (3 a 10 anos de reclusão).

Alínea e: pena do crime de sequestro e cárcere privado (1 a 3 anos de reclusão).

---

9. Vale mencionar que, desde a reforma da parte geral do CP, em 1984, não se aplica a súmula nº 605/STF, que dispunha: "Não se admite continuidade delitiva nos crimes contra a vida".

1.4. Sujeitos do crime

Muito embora o crime de genocídio seja dirigido ao grupo, os seus membros são os sujeitos passivos. Com efeito, em que pese o dolo ser relacionado à destruição do grupo, os membros deste grupo serão alvejados pela ação delituosa.

No que se refere ao sujeito ativo, releva destacar que qualquer pessoa poderá praticar o crime.

Trata-se, a toda vista, de um crime comum, que não exige qualquer qualidade especial do sujeito ativo. A depender do caso, poderá existir um incremento da pena do sujeito ativo (art. 3º, § 2º).

1.5. Voluntariedade

O elemento subjetivo do crime é o dolo. Exige-se, porém, o dolo específico (especial finalidade no agir), consistente na pretensão de destruir, no todo ou em parte, algum dos grupos a que se refere o art. 1º.

Não se pune a modalidade culposa.

1.6. Ação Penal

A ação penal é pública incondicionada.

2. SÚMULAS E JURISPRUDÊNCIA

✦ *SUPREMO TRIBUNAL FEDERAL*

- **CRIME. GENOCÍDIO. DEFINIÇÃO LEGAL. BEM JURÍDICO PROTEGIDO. Tutela penal da existência do grupo racial, étnico, nacional ou religioso, a que pertence a pessoa ou pessoas imediatamente lesionadas.** Delito de caráter coletivo ou transindividual. Crime contra a diversidade humana como tal. Consumação mediante ações que, lesivas a vida, integridade física, liberdade de locomoção e a outros bens jurídicos individuais, constituem modalidade executórias. Inteligência do art. 1º da Lei no 2.889/56, e do art. 2º da Convenção contra o Genocídio, ratificada pelo Decreto no 30.822/52. O tipo penal do delito de genocídio protege, em todas as suas modalidades, bem jurídico coletivo ou transindividual, figurado na existência do grupo racial, étnico ou religioso, a qual e posta em risco por ações que podem também ser ofensivas a bens jurídicos individuais, como o direito avida, a integridade física ou mental, a liberdade de locomoção etc. 2. CONCURSO DE CRIMES. Genocídio. Crime unitário. Delito praticado mediante execução de doze homicídios como crime continuado. Concurso aparente de normas. Não caracterização. Caso de concurso formal. Penas cumulativas. Ações criminosas resultantes de desígnios autônomos. Submissão teórica ao art. 70, *caput*, segunda parte, do Código Penal. Condenação dos réus apenas pelo delito de genocídio. Recurso exclusivo da defesa. Impossibilidade de reformatio *in peius*. Não podem os réus, que cometeram, em concurso formal, na execução do delito de genocídio, doze homicídios, receber a pena destes além da pena daquele, no âmbito de recurso exclusivo da defesa. Art. 70, Código Penal. 3. COMPETÊNCIA CRIMINAL. Ação penal. Conexão. Concurso formal entre genocídio e homicídios dolosos agravados. Feito da competência da Justiça Federal. Julgamento cometido, em tese, ao tribunal do júri. Inteligência do art. 5º, XXXVIII, da CF, e art. 78, I, cc. art. 74, § 1º, do Código de Processo Penal. Condenação exclusiva pelo delito de genocídio, no juízo federal monocrático. Recurso exclusivo da defesa. Improvimento. Compete ao tribunal do júri da Justiça Federal julgar os delitos de genocídio e de homicídio ou homicídios dolosos que constituíram modalidade de sua execução. Art. 5º XXXVIII, CF, art. 78/74, § 1º Código de Processo Penal. *STF, 351487 RR, Relator: CEZAR PELUSO, Data de Julgamento: 02/08/2006, Tribunal Pleno, Data de Publicação: DJ 10-11-2006 PP-00050 EMENT VOL-02255-03 PP-00571 RT v. 96, nº 857, 2007, p. 543-557 LEXSTF v. 29, nº 338, 2007, p. 494-523.*

- **COMPETÊNCIA. GENOCÍDIO. INDÍGENAS.** A competência para julgar a ação penal em que imputada a figurado genocídio, praticado contra indígenas na disputa de terras, e da Justiça Federal. Na norma definidora da competência desta para demanda em que envolvidos direitos indígenas, inclui-se a hipótese concernente ao direito maior, ou seja, a própria vida. *STF, 179485 AM, Relator: MARCO AURELIO, Data de Julgamento: 05/12/1994, SEGUNDA TURMA, Data de Publicação: DJ 10-11-1995 PP-38326 EMENT VOL-01808-06 PP-01097.*

✦ *SUPERIOR TRIBUNAL DE JUSTIÇA*

- **EMBARGOS DE DECLARAÇÃO. CRIME DE GENOCÍDIO CONEXO COM OUTROS DELITOS. COMPETÊNCIA. JUSTIÇA FEDERAL. JUIZ SINGULAR. ETNIA YANOMAMI. ART. 5º, XXXVIII, DA CF. TRIBUNAL DO JÚRI. MATÉRIA CONSTITUCIONAL. IMPOSSIBILIDADE DE CONHECIMENTO POR ESTA CORTE. CARÁTER INFRINGENTE. REJEIÇÃO.** 1. Tendo o aresto embargado abordado a matéria em sua plenitude ao fixar a competência do juiz singular federal para examinar o presente caso, porquanto o bem jurídico tutelado não e a vida do indivíduo considerado em si mesmo, mas sim a vida em comum do grupo de homens ou parte deste, mais precisamente, da etnia silvícola dos YANOMAMI, revestem-se de caráter infringentes os embargos interpostos, uma vez que pretendem reabrir os debates acercada competência para o julgamento do crime de genocídio. Ademais, eventual violação ao art. 5º, XXXVIII, da Magna Carta somente pode ser apreciada pelo Pretório Excelso, por forca constitucional, cabendo a esta Corte de Uniformização apenas o exame de questões infraconstitucionais. 2 – Por prerrogativa do dispositivo processual aventado, os Embargos de Declaração consubstanciam instrumento processual adequado para excluir do julgado qualquer obscuridade ou contradição ou, ainda, suprir omissão, cujo pronunciamento sobre a matéria se impunha ao Colegiado, não se adequando, todavia, para promover o seu efeito modificativo, no caso concreto, a apreciação de dispositivo constitucional. Ausência de omissão, contradição ou obscuridade. Inteligência do art. 619 do Código de Processo Penal. Precedentes. EDREsp nos 120.229/PE e 202.292/DF). 4 – Embargos conhecidos, porém, rejeitados. *STJ, 222653 RR 1999/0061733-9, Relator: Ministro JORGE SCARTEZZINI, Data de Julgamento: 21/05/2001, T5 – QUINTA TURMA, Data de Publicação: DJ 13.08.2001 p. 203.*

- **COMPETÊNCIA. GENOCÍDIO. MASSACRE DO HAXIMU.** Discutiu-se a competência para o julgamento do crime de **genocídio** (art. 1º da Lei no 2.889/56), se do juízo singular federal ou do Tribunal do Júri Federal, visto que em nenhum momento foi afastada a constatação fática de que os delitos cometidos são os de dano, **genocídio** e associação para o **genocídio,** ou mesmo se questionou a competência da Justiça Federal. A Turma entendeu que a competência e do Juiz Singular Federal porque esses delitos não se direcionam contra a vida do indivíduo, mas sim contra o grupo ou parte de um grupo de pessoas, que se destacam por sua raça, nacionalidade ou religião, independentemente da personalidade de cada um de seus membros. Não se trata, portanto, de crime doloso contra a vida, o que exclui a competência do Tribunal do Júri (art. 74, § 1º, CPP, e art. 5º, XXXVIII, CF/88). *STJ, REsp 222.653-RR, Rel. Min. Jorge Scartezzini, julgado em 12/9/2000. (Info 70)*

3. QUESTÕES DE CONCURSOS

1. **(MPM/Promotor de Justiça Militar/2013 – adaptada)** O genocídio é considerado crime hediondo desde que na sua forma consumada.

2. **(MPM/Promotor de Justiça Militar/2013 – adaptada)** A transferência forçada caracterizadora de genocídio abrange apenas as pessoas menores de 12 anos, todavia parte da doutrina entende que poderia haver disposição expressa a respeito do velho.

3. **(CESPE/TRF1/Juiz Federal Substituto/2013 – adaptada)** Na legislação penal brasileira há previsão típica de genocídio por omissão e genocídio culposo.

4. **(CAIP-IMES/Câmara Municipal de São Caetano/Procurador/2012)** Configuram crimes hediondos, dentre outros:

a) extorsão e estupro de vulnerável.

b) latrocínio e atentado violento ao pudor.

c) epidemia com resultado morte e genocídio.

d) homicídio privilegiado e tráfico de entorpecentes.

5. **(CESPE/TRF5/Juiz Federal/2011 – adaptada)** Pratica genocídio quem, com a intenção de destruir, no todo ou em parte, determinado grupo religioso, comete atos como assassinato de membros desse grupo ou lesão grave à sua integridade física ou mental ou, ainda, quem promove a transferência forçada de crianças desse grupo para outro.

6. **(TJDFT/TJ-DF/Juiz/2007 – adaptada)** A sujeição de crime de genocídio à lei brasileira, quando praticado em território estrangeiro e o agente for brasileiro ou domiciliado no Brasil, configura a hipótese de extraterritorialidade condicionada.

7. **(IESES/TJ-PA/Titular de Serviços de Notas e de Registros/2016 – adaptada)** O crime de Genocídio (Lei 2.889/56) é considerado equiparado a hediondo.

GAB	1	2	3	4	5	6	7
	E	C	E	C	C	E	E

Art. 2º Associarem-se mais de 3 (três) pessoas para prática dos crimes mencionados no artigo anterior:

Pena: Metade da cominada aos crimes ali previstos.

1. COMENTÁRIOS

1.1. Considerações Iniciais

Da mesma forma que nossa legislação criminaliza as condutas consistentes em associação criminosa (art. 288, CP) ou na associação para o tráfico (Lei nº 11.343/06), cuidou de criminalizar a conduta consistente na associação para a prática do crime de genocídio.

Trata-se de um crime plurissubjetivo (ou de concurso necessário), que só se consuma com presença de mais de um agente.

No que se refere à pena a ser imposta, estamos diante de mais uma norma penal em branco ao avesso.

1.2. Conduta

A conduta consiste em "associarem-se" (agregar, reunir em sociedade) mais de três pessoas para a prática dos crimes descritos no art. 1º da Lei. Trata-se de modalidade específica de crime de associação criminosa (art. 288, CP).

1.3. Sujeito do crime

Qualquer pessoa pode ser sujeito ativo do crime. Trata-se de crime comum, portanto. Sujeito passivo do crime é a humanidade. Sujeito passivo indireto, como sempre, é o Estado.

1.4. Elemento subjetivo

O elemento subjetivo do crime é o dolo. Exige-se, porém, o dolo específico (especial finalidade no agir), consistente na pretensão de praticar os crimes de genocídio previstos no art. 1º e, também, na pretensão de manter a associação criminosa.

Não se pune a modalidade culposa.

1.5. Consumação e tentativa

O crime se consuma no momento em que há o acordo de vontades entre mais de três pessoas, para a prática dos crimes mencionados do art. 1º da Lei. Trata-se, porém, de crime permanente, isto é, a conduta criminosa se protrai no tempo.

Não admite a tentativa.

1.6. Ação Penal

A ação penal é pública incondicionada.

Art. 3º Incitar, direta e publicamente alguém a cometer qualquer dos crimes de que trata o art. 1º:

Pena: Metade das penas ali cominadas.

§ 1º A pena pelo crime de incitação será a mesma de crime incitado, se este se consumar.

§ 2º A pena será aumentada de 1/3 (um terço), quando a incitação for cometida pela imprensa.

1. COMENTÁRIOS

1.1 Considerações Iniciais

Historicamente, práticas genocidas foram antecedidas de campanhas ou propagandas que objetivavam tratar com menoscabo os membros do grupo a ser perseguido. Isto ocorreu, por exemplo, na Alemanha nazista, nos massacres ocorridos em Ruanda e, muitos séculos antes, na perseguição aos cristãos dos primeiros séculos.

Atento a este fato, o legislador seguiu os passos do Direito Internacional (art. 20, 2 do Pacto Internacional dos Direitos Civis ou Políticos) e criminalizou a conduta consistente na incitação da prática genocida.

Incitar consiste em fomentar, incentivar, encorajar. Para que se consume este crime, é necessário que o agente promova a incitação ao genocídio. Desta forma, se o agente publiciza comentários preconceituosos, sem manifestar a pretensão de destruição, ainda que parcial, do grupo, não haverá que se falar neste crime de incitação ao genocídio. Tratar-se-á, isto sim, de crime previsto na Lei nº 7.716/89, que trata das espécies de preconceito.

Conforme se depreende da leitura do § 1º deste artigo, não é necessário que ocorra o genocídio para que o crime de incitação se consume. Trata-se, portanto, de crime de perigo, e não um crime de dano. Havendo a efetiva consumação do genocídio, o responsável pela incitação corresponderá à pena do crime incitado, nos termos do art. 1º desta Lei.

A causa de aumento de pena (1/3), em decorrência da utilização da imprensa, justifica-se, em virtude da magnitude da incitação produzida.

1.2. Conduta

A conduta consiste em "incitar" (instigar, provocar, suscitar) direta (sem intermediários, imediatamente) e publicamente (à vista, às claras, com publicidade) a cometer qualquer dos crimes de genocídio de que trata o art. 1º.

1.3. Sujeito do crime

Qualquer pessoa pode ser sujeito ativo do crime. Trata-se de crime comum, portanto. Sujeito passivo do crime é a humanidade. Sujeito passivo indireto, como sempre, é o Estado.

1.4. Elemento subjetivo

O elemento subjetivo do crime é o dolo. Exige-se, porém, o dolo específico (especial finalidade no agir), consistente na pretensão de destruir, no todo ou em parte, algum dos grupos a que se refere o art. 1º.

Não se pune a modalidade culposa.

1.5. Consumação e tentativa

A consumação se dá com a efetiva prática da incitação. O crime pode ser unissubsistente (ex.: incitação verbal) ou plurissubsistente (ex.: incitação praticada por escrito), cabendo a modalidade tentada na segunda hipótese.

1.6. Ação penal

A ação penal é pública incondicionada.

Art. 4º A pena será agravada de 1/3 (um terço), no caso dos arts. 1º, 2º e 3º, quando cometido o crime por governante ou funcionário público.

1. COMENTÁRIOS

Os crimes previstos nesta Lei de genocídio são comuns. Desta forma, não se exige nenhuma qualidade especial do agente, para que o crime se consume. Conforme expresso no dispositivo em comento, a condição de funcionário público constitui mera causa de aumento, e não elementar do crime de genocídio.

Art. 5º Será punida com 2/3 (dois terços) das respectivas penas a tentativa dos crimes definidos nesta lei.

1. COMENTÁRIOS

Como regra geral, aplica-se, para os crimes tentados, a pena do crime consumado, diminuída de 1 a 2/3 (art. 14, CP). Conforme as lições doutrinárias, o julgador deve aferir o *quantum* de diminuição de acordo com a proximidade da consumação do crime. O próprio artigo 14 mencionado, porém, admite que a regra seja excepcionada por outra disposição legislativa.

No caso do genocídio, a regra do art. 14, CP, foi excepcionada, não havendo a margem de diminuição, lá preconizada. Em caso de tentativa de genocídio, a diminuição será de apenas um terço, na medida em que a Lei impõe a aplicação de 2/3 da pena.

Art. 6º Os crimes de que trata esta lei não serão considerados crimes políticos para efeitos de extradição.

1. COMENTÁRIOS

A Constituição Federal de 1988 outorgou à Justiça Federal a competência para o processamento e julgamento dos crimes políticos. Malgrado a existência de divergências doutrinárias em torno do tema, prevalece o entendimento de que crimes políticos são aqueles previstos na Lei de Segurança Nacional. De toda sorte, os crimes de genocídio não são considerados políticos, mormente para fins de extradição.

Não se pode olvidar, contudo, que aderimos, com a Emenda Constitucional nº 45/04, à jurisdição do Tribunal Penal Internacional e, de acordo com o Estatuto de Roma, que o criou, os Estados devem cooperar com o TPI, e esta cooperação abrange a obrigação de cumprir as ordens do Tribunal e de entregar as pessoas procuradas.

Art. 7º Revogam-se as disposições em contrário.

Rio de Janeiro, 1 de outubro de 1956; 135º da Independência e 68º da República.

JUSCELINO KUBITSCHEK

Nereu Ramos

| 03 |

ABUSO DE AUTORIDADE

ABUSO DE AUTORIDADE						
QUESTÕES DE CONCURSOS						
Classificação pelo artigo				Classificação pelo grau de incidência em provas		
Dispositivo legal	Nº de questões	%		Dispositivo legal	Nº de questões	%
Art. 1º	7	9,33%		Art. 4º	17	22,67%
Art. 2º	4	5,33%		Art. 6º	13	17,33%
Art. 3º	12	16,00%		Art. 3º	12	16,00%
Art. 4º	17	22,67%		Art. 5º	12	16,00%
Art. 5º	12	16,00%		Art. 1º	7	9,33%
Art. 6º	13	17,33%		Art. 12	6	8,00%
Art. 7º/8º	2	2,67%		Art. 2º	4	5,33%
Art. 12	6	8,00%		Art. 7º/8º	2	2,67%
Art. 13	1	1,33%		Art. 13	1	1,33%
Art. 15	1	1,33%		Art. 15	1	1,33%
TOTAL	75	100,00%		TOTAL	75	100,00%

▸LEI Nº 4.898, DE 9 DE DEZEMBRO DE 1965

O PRESIDENTE DA REPÚBLICA

Faço saber que o Congresso Nacional decreta e eu sanciono a seguinte Lei:

Art. 1º O direito de representação e o processo de responsabilidade administrativa civil e penal, contra as autoridades que, no exercício de suas funções, cometerem abusos, são regulados pela presente lei.

1. COMENTÁRIOS

A Lei nº 4.898/65 trata do direito de representação e o processo de responsabilidade nas esferas administrativa, civil e penal, nos casos de abusos de autoridade. As esferas de responsabilização (administrativa, civil e penal) são autônomas, não havendo que se falar em *bis in idem*. Aprovada ainda sob a égide da Constituição de 1946, foi recepcionada pela atual Constituição e deve servir de útil instrumento para coibir práticas abusivas perpetradas por agentes públicos.

Não se pode confundir a representação a que se referem estes artigos com a representação do ofendido, condição de procedibilidade de algumas ações penais de iniciativa pública.

Inicialmente, cabe registrar que os crimes de abuso de autoridade são de ação penal pública incondicionada, razão pela qual o Ministério Público deverá oferecer denúncia independentemente de qualquer manifestação de vontade da vítima. Demais disso, a representação a que aludem os primeiros artigos da Lei de Abuso de Autoridade não se adstringe ao prazo decadencial de seis meses, contados a partir do conhecimento da autoria, como ocorre na condição de procedibilidade. Frise-se, ainda, que a representação mencionada na presente Lei pode ser realizada por qualquer pessoa, e não apenas pelo ofendido.

A representação aqui mencionada, então, figura, em verdade, como exercício do direito de petição, contemplado no art. 5º, XXXIV, *a*, CF, nos seguintes termos: "são a todos assegurados, independentemente do pagamento de taxas: *a)* o direito de petição aos Poderes Públicos em defesa de direitos ou contra ilegalidade ou abuso de poder".

2. QUESTÕES DE CONCURSOS

1. **(FUNCAB/Delegado de Polícia – RO/2009 – adaptada)** A ação penal nos crimes tratados por essa lei é pública incondicionada.

2. **(FUNCAB/Delegado de Polícia – RO/2009 – adaptada)** A ação penal depende de representação do ofendido, que será exercida por meio de petição dirigida à autoridade policial.

3. **(CESPE/MPE-TO/Promotor de Justiça/2012 – adaptada)** Os crimes de abuso de autoridade sujeitam-se a ação pública condicionada à representação do ofendido.

4. **(UEL/Delegado de Polícia – PR/2013)** Assinale a alternativa que apresenta, corretamente, afirmações quanto aos crimes de abuso de autoridade tipificados na Lei n° 4.898/1965.

a) São crimes de ação penal pública condicionada, uma vez que o Art. 1° da Lei trata do direito de representação, sendo esta a condição de procedibilidade para a propositura da ação penal.

b) A competência para processar e julgar crimes de abuso de autoridade praticados por militares no exercício de suas funções será da Justiça Militar, uma vez que possuem prerrogativa de função.

c) Para efeitos de aplicabilidade da Lei, os militares estão excluídos, uma vez que a eles será aplicado o Código Penal Militar.

d) São crimes de ação penal pública incondicionada, uma vez que o Art. 1° da Lei trata do direito de representação, sendo esta nada mais do que o direito de petição estampado no Art. 5°, inciso XXXIV da Constituição Federal.

e) Considera-se autoridade qualquer pessoa que exerça cargo, emprego ou função pública, excluindo-se aqueles que exercem cargo, emprego ou função pública de forma transitória e sem remuneração.

5. **(IBFC/MPE-SP/Analista de Promotoria/2013)** Nos termos da Lei Federal n° 4.898/65 (Abuso de Autoridade), constitui abuso de autoridade qualquer atentado contra a liberdade de locomoção, a inviolabilidade de domicílio, o sigilo de correspondência e etc. O crime de Abuso de Autoridade se procede mediante:

a) Ação penal privada subsidiária da pública.

b) Ação penal pública condicionada à requisição do Ministro da Justiça.

c) Ação penal pública condicionada à representação da vítima.

d) Ação penal privada.

e) Ação penal pública incondicionada.

6. **(MPT/Procurador do Trabalho/2013 – adaptada)** A lei regula não só o direito de representação e o processo de responsabilidade penal nos casos de abuso de autoridade, mas também o processo de responsabilidade administrativa e civil para esta conduta típica.

7. **(CESPE/MPE-AC/Promotor de Justiça/2014 – adaptada)** A representação dirigida ao MP, com a exposição do fato com todas as suas circunstâncias, prevista na Lei de Abuso de Autoridade, constitui autorização do ofendido ou de seu representante legal para a propositura da ação penal pública, ou seja, é condição de procedibilidade, sem a qual o MP está impedido de oferecer a denúncia.

GAB	1	2	3	4	5	6	7
	C	E	E	D	E	C	E

Art. 2º O direito de representação será exercido por meio de petição:

a) dirigida à autoridade superior que tiver competência legal para aplicar, à autoridade civil ou militar culpada, a respectiva sanção;

b) dirigida ao órgão do Ministério Público que tiver competência para iniciar processo-crime contra a autoridade culpada.

Parágrafo único. A representação será feita em duas vias e conterá a exposição do fato constitutivo do abuso de autoridade, com todas as suas circunstâncias, a qualificação do acusado e o rol de testemunhas, no máximo de três, se as houver.

1. COMENTÁRIOS

1.1. Considerações iniciais

O art. 2º faz menção à competência para a apreciação da representação, devendo o interessado se pautar por tais critérios. Deve, portanto, a representação ser dirigida à autoridade superior com competência para aplicar a sanção ou ao Ministério Público, para a responsabilização penal.

A rigor, sob o ponto de vista processual, competência é delimitação da jurisdição, que, por sua vez, consiste no poder-dever do Estado-Juiz dizer o Direito a ser aplicado ao caso concreto. Logo se vê, portanto, que a expressão "competência", aqui empregada na alínea *a*, não se encontra em seu sentido técnico, na medida em que o artigo não se refere à autoridade judiciária. Nada obsta, contudo, que se empregue referida expressão como forma de designar a atribuição pertinente do agente público incumbido de apreciar a matéria.

Tendo em vista que a alínea *a* se refere à competência para imposição de sanção, e sendo certo que a sanção penal somente pode ser importa pelo Judiciário, resta óbvio que o dispositivo se refere à apuração de responsabilidades na esfera administrativa. Importante recordar que o fato de ter havido o endereçamento equivocado da representação não impede que o agente público seja devidamente responsabilizado. Obviamente, incumbe ao órgão que recebeu a representação dar-lhe a destinação correta.

O mesmo raciocínio deve ser empreendido em relação à alínea *b*, que se refere à representação dirigida ao Ministério Público para apurar a responsabilização penal. Basta imaginar a hipótese em que alguém formula a representação no Ministério Público Estadual contra abuso de autoridade federal. Não há dúvida de que cabe ao MP estadual encaminhar a referida representação ao *Parquet* federal.

Pode acontecer, ainda, de a representação não ser dirigida ao Ministério Público, mas sim a outros órgãos, como a Polícia ou o próprio Judiciário. De igual sorte, cabe à autoridade policial ou à autoridade judiciária encaminharem a representação ao Ministério Público, para que, sendo o caso, proceda à apuração das responsabilidades, com o consequente oferecimento da ação penal pública perante o Judiciário.

Pode acontecer, ainda, de a representação ser endereçada corretamente para o órgão administrativo de controle (Corregedoria, Ouvidoria, etc.), para que este adote as providências na seara que lhe compete e, este órgão constate que o fato a ser apurado também constitui infração penal. Em situações como esta, o próprio órgão administrativo informará o fato ao Ministério Público para que adote as providências na esfera penal.

Vale reiterar, nesse diapasão, que os crimes tratados nesta Lei são de ação penal pública incondicionada, razão pela qual pouco importa se o Ministério Público toma ciência do fato por intermédio da representação do cidadão ou por alguma outra forma, como a comunicação dos órgãos públicos. Havendo a prova da materialidade e os indícios de autoria ou participação delitiva, o MP oferecerá a denúncia.

1.2. Competência para julgamento

A competência para o julgamento do crime de abuso de autoridade dependerá da autoridade pública que o pratica. Se for uma autoridade detentora de foro por prerrogativa de função, haverá de ser julgada no Tribunal com competência para o julgamento,

Defendemos a tese de que o crime praticado por funcionário público federal em razão da função também é de competência da Justiça Federal, pois, neste caso, há prejuízo ao serviço público federal por ele prestado. Tendo em vista que compete à Justiça Federal processar e julgar o crime praticado contra bens, serviços ou interesses da União, a outra conclusão não podemos chegar, senão a de que o crime de abuso de autoridade praticado por agente federal será julgado por este ramo do Poder Judiciário.

É o mesmo raciocínio desenvolvido pelo Superior Tribunal de Justiça, ao editar o verbete nº 147 da súmula de sua jurisprudência, nos seguintes termos:

> ***Súmula nº 147:*** "Compete à Justiça Federal processar e julgar os crimes praticados contra funcionário público federal, quando relacionados com o exercício da função".

Como visto, a súmula faz menção ao crime praticado contra o funcionário federal, e não ao crime praticado por ele (como ocorre no abuso de autoridade).

Mas o fundamento da súmula é justamente o fato de que o crime praticado contra o agente público federal em razão de suas funções atinge o próprio serviço público federal por ele prestado. É esta a razão pela qual, a despeito de não haver o STJ sumulado o tema[1], também será competência da Justiça Federal o crime praticado por funcionário público federal em razão de suas funções. Em sentido diverso, se a autoridade pública que pratica a conduta for da esfera estadual ou municipal, estaremos diante da competência da Justiça Estadual.

---

1. Havia, entretanto, a súmula nº 254 do antigo Tribunal Federal de Recursos (extinto pela CF/88 que, em seu lugar, criou o Superior Tribunal de Justiça) que dispunha: "Compete à Justiça Federal processar e julgar os delitos praticados por funcionário público federal, no exercício de suas funções e com estas relacionados".

Tema que merece nossa atenção é o que diz respeito à competência para o julgamento do crime de abuso de autoridade quando praticado por militar. O Superior Tribunal de Justiça, por meio do verbete de número 172 da súmula de sua jurisprudência, assim dispõe:

> ***Súmula nº 172:*** "Compete à Justiça Comum processar e julgar militar por crime de abuso de autoridade, ainda que praticado em serviço".

Na expressão "Justiça Comum", empregada pelo STJ na súmula, estão abrangidas, naturalmente, a Justiça Estadual e a Justiça Federal. Por esta razão, se o militar que pratica o abuso de autoridade for vinculado à esfera estadual (policiais militares, bombeiros, etc.), o crime será de competência da Justiça Estadual; por outro lado, se for um militar das Forças Armadas, o crime será de competência da Justiça Federal.

O entendimento sumulado fundamenta-se na ideia de que o crime de abuso de autoridade não é um crime militar, razão pela qual o crime será julgado na Justiça Comum. E, com efeito, o entendimento até então prevalente era no sentido de que somente seriam considerados crimes militares aqueles que se encontrassem previstos no Código Penal Militar. Esta interpretação decorria do art. 9º., II do CPM.

Contudo, a Lei n. 13.491/17 conferiu nova redação ao art. 9º, II, COM, passando a dispor que crimes militares não são apenas aqueles previstos no próprio CPM, mas também os "os previstos na legislação penal". os termos do art. 9º, II, CPM são os seguintes:

> Art. 9º. Consideram-se crimes militares, em tempo de paz:
>
> II – os crimes previstos neste Código e os previstos na legislação penal, quando praticados: (Redação dada pela Lei nº 13.491, de 2017)
>
> a) por militar em situação de atividade ou assemelhado, contra militar na mesma situação ou assemelhado;
>
> b) por militar em situação de atividade ou assemelhado, em lugar sujeito à administração militar, contra militar da reserva, ou reformado, ou assemelhado, ou civil;
>
> c) por militar em serviço ou atuando em razão da função, em comissão de natureza militar, ou em formatura, ainda que fora do lugar sujeito à administração militar contra militar da reserva, ou reformado, ou civil; (Redação dada pela Lei nº 9.299, de 8.8.1996)
>
> d) por militar durante o período de manobras ou exercício, contra militar da reserva, ou reformado, ou assemelhado, ou civil;
>
> e) por militar em situação de atividade, ou assemelhado, contra o patrimônio sob a administração militar, ou a ordem administrativa militar;

Com isto, a partir da nova redação do Código Penal Militar, significativa parcela de nossa doutrina sustenta a ideia de que a súmula n. 172/STJ já não se sustenta. Ora, se os crimes militares podem estar previstos na legislação penal (e não apenas no CPM), o crime de abuso de autoridade também poderia ser considerado crime militar, uma vez presente qualquer das situações descritas nas alíneas do art. 9º., II, CPM. Em assim sendo, o crime de abuso de autoridade poderia ser julgado pela Justiça Militar.

1.3. O direito de representação

Como já mencionamos, acima, a representação referida na Lei de Abuso de Autoridade não é condição de procedibilidade, até mesmo porque se trata de crime de ação penal pública incondicionada. Qual seria então, a natureza jurídica da representação? Trata-se, em verdade, de mera *notitia criminis*, endereçada ao Estado para que, sendo o caso, adote as providências cabíveis.

Naturalmente, o Ministério Público somente poderá oferecer a denúncia em desfavor do agente público se estiver presente a justa causa, isto é, o suporte probatório mínimo idôneo a lastrear a peça inicial acusatória. Esta justa causa é consubstanciada no conhecido binômio: prova da materialidade + indícios de autoria (ou participação) delitiva.

Com tais considerações, pretendemos esclarecer que o só fato de haver a representação não significa, obviamente, que o Ministério Público já poderá oferecer a denúncia. Aliás, em regra, ocorre justamente o contrário; a partir da representação é que o MP dará início à investigação criminal, para que venha a colher elementos de convicção no sentido de se encontrar presente a justa causa. Quando dizemos que o Ministério Público dará início à investigação, devemos recordar que poderá o *Parquet* requisitar à autoridade policial a instauração do inquérito policial ou, até mesmo, proceder com suas próprias investigações, materializadas no PIC (Procedimento Investigatório Criminal).

É possível, porém, que a representação já se encontre acompanhada de peças de informação que demonstrem a presença destes elementos probatórios mínimos. Neste caso, sendo certo que a investigação criminal é dispensável, nada obsta que o Ministério Público já ofereça a denúncia.

A Lei exige algum rigor formal na representação, ao asseverar que ela será feita em duas vias e conterá alguns dos requisitos que se exige no art. 41 do Código de Processo Penal (a exposição do fato constitutivo do abuso de autoridade, com todas as suas circunstâncias, a qualificação do acusado e o rol de testemunhas, se houver) para a regularidade da denúncia ou queixa-crime.

A despeito da aparente semelhança, há significativas distinções práticas no que se refere aos requisitos para denúncia (ou queixa-crime) e para a representação de que trata a Lei de Abuso de Autoridade. É que, na denúncia ou queixa, a ausência da exposição do fato com todas as suas circunstâncias ou da qualificação do acusado ou esclarecimentos pelos quais se possa identificá-lo ensejará a sua inépcia, com a consequente rejeição da peça processual inicial, por parte do Juiz (art. 395, CPP).

Já na representação em apreço, a ausência destes elementos não pode servir de argumento para que o MP não promova, ao menos, uma investigação sobre o fato. Vale recordar que a presente representação possui natureza de *notitia criminis,* razão pela qual seus aspectos formais devem ser flexibilizados. Demais disso, tendo o Ministério Público o poder-dever de agir, não poderá se furtar à sua atuação ao argumento de que não houve o preenchimento de algum aspecto formal.

Isto não significa dizer, todavia, que não caiba ao MP exercer juízo de valor acerca da verossimilhança da representação. Por outras palavras, não significa que o só fato de haver a representação fará com que o Ministério Público, em quaisquer casos, requisite a instauração de um inquérito policial, por exemplo. Ao revés, deve o Ministério Público, de forma criteriosa, aferir a pertinência da representação, sob pena de se permitir que esse importante instrumento de apuração de responsabilidade seja banalizado ou utilizado como instrumento para perseguições e injustiças.

Os escritos apócrifos e as denúncias anônimas em geral não podem ser considerados representação. Não é demasiado recordar que a nossa Constituição Federal proíbe o anonimato (art. 5, IV, CF). Isto não significa dizer que tais delações anônimas devam ser, simplesmente, desconsideradas. Ora, não se pode fechar os olhos para o fato de que, no mais das vezes, o cidadão, vítima do abuso de autoridade, fica intimidado diante do agente público criminoso, e, temendo represálias ainda mais graves, esconde-se no anonimato para denunciar crimes.

Por força disto, o Superior Tribunal de Justiça "tem entendido que a notícia anônima sobre eventual prática criminosa, por si só, não é idônea para a instauração de inquérito policial ou deflagração da ação penal, prestando-se, contudo, a embasar procedimentos investigatórios preliminares em busca de indícios que corroborem as informações da fonte anônima, os quais tornam legítima a persecução criminal estatal"[2].

2. SÚMULAS E JURISPRUDÊNCIA

- **Súmula 147, STJ:** Compete à Justiça Federal processar e julgar os crimes praticados contra funcionário público federal, quando relacionados com o exercício da função.

- **Súmula 172, STJ:** Compete a justiça comum processar e julgar militar por crime de abuso de autoridade, ainda que praticado em serviço.

✦ *SUPERIOR TRIBUNAL DE JUSTIÇA*

- **COMPETÊNCIA. CRIME. ABUSO. AUTORIDADE.** Trata-se de *habeas corpus* em que o paciente afirma ser incompetente a Justiça Federal para processar o feito em que é acusado pelo crime de abuso de autoridade. Na espécie, após se identificar como delegado de Polícia Federal, ele teria exigido os prontuários de atendimento médico, os quais foram negados pela chefe plantonista do hospital, vindo, então, a agredi-la. A Turma, por maioria, entendeu que, no caso, não compete à Justiça Federal o processo e julgamento do referido crime, pois interpretou restritivamente o art. 109, IV, da CF/1988. A simples condição funcional de agente não implica que o crime por ele praticado tenha índole federal, se não comprometidos bens, serviços ou interesses da União e de suas autarquias públicas. Precedente citado: CC 1.823-GO, DJ 27/5/1991. *STJ, HC 102.049-ES, Rel. Min. Nilson Naves, j. 13/4/2010. 6ª T. (Info 430)*

3. QUESTÕES DE CONCURSOS

1. **(FCC/TRT18/Juiz do Trabalho/2014 – adaptada)** Compete à Justiça Militar processar e julgar militar por crime de abuso de autoridade praticado em serviço, segundo entendimento sumulado do Superior Tribunal de Justiça.

2. **(MPE-PR/Promotor de Justiça/2014 – adaptada)** A natureza jurídica da representação prevista nos arts. 1º e 2º da Lei é a de condição de procedibilidade da ação penal, pois, como determina o art. 1º da Lei nº 5.249/67, a falta de representação do ofendido, nos casos de abuso de autoridade, obsta a iniciativa ou o curso de ação pública.

3. **(CESPE/TCE-PA/Auditor de Contorle Externo/2016)** O militar em serviço não responde pelos crimes de abuso de autoridade previstos na Lei nº 4.898/1965.

4. **(VUNESP/PC-SP/Investigador de Polícia/2018 – adaptada)** O direito de representação será exercido por meio de petição dirigida exclusivamente ao Ministério Público.

GAB	1	2	3	4
	E	E	E	E

2. STJ, HC 233.440/SE, Rel. Min. Jorge Mussi, julgado em 18/06/2014.

Art. 3º Constitui abuso de autoridade qualquer atentado:

1. COMENTÁRIOS

1.1. Considerações iniciais

Os tipos penais devem obedecer ao princípio da taxatividade, o que significa dizer que a incriminação contida na Lei deve ser certa e determinada, não se concebendo a possibilidade de mandamentos legais imprecisos. Parece-nos que os tipos penais constantes do art. 3º da Lei de Abuso de Autoridade afrontam esta taxatividade[3], pois não conseguem definir com precisão o que seria a conduta criminosa. Basta ver que os tipos fazem menção a "qualquer atentado" aos direitos que enumera.

É importante referir, todavia, que nossos Tribunais não têm acolhido esta tese, reconhecendo, portanto, a constitucionalidade das incriminações contidas neste artigo.

Os crimes deste art. 3º são chamados doutrinariamente de crimes de atentado (ou de empreendimento), isto é, são crimes em que as modalidades consumada e tentada são punidas da mesma forma. Não há, portanto, a incidência da causa de diminuição de pena, prevista no art. 14, parágrafo único do Código Penal.

Tendo em vista que o instituto da tentativa traz como consequência, justamente, esta causa de diminuição, não é equivocado afirmar que os crimes de atentado não admitem a tentativa. Não por ser faticamente impossível, mas porque a modalidade tentada da conduta recebe a mesma reprimenda da modalidade consumada.

1.2. Sujeitos

Sujeito ativo do crime é a autoridade pública. Trata-se, portanto, de crime próprio, pois exige uma qualidade especial do agente. Sobre o tema, remetemos o(a) leitor(a) aos comentários do art. 5º desta Lei. Sujeito passivo é o Estado, muito embora possa haver, no caso concreto, outras vítimas, que serão os titulares dos bens jurídicos violados (liberdade, integridade física, etc.).

1.3. Objetos

Objeto jurídico nos crimes de abuso de autoridade é a própria dignidade da função pública e o prestígio de que o poder público deve desfrutar perante os administrados, que são maculados pelo agente do crime. Secundariamente, haverá a ofensa a outros bens jurídicos, tais como a liberdade de locomoção, a inviolabilidade domiciliar, o sigilo das correspondências, a liberdade de consciência e de crença, a liberdade religiosa, a liberdade de associação, os direitos políticos, o direito de reunião, a integridade física e a liberdade profissional.

Objeto material do crime é a própria pessoa sobre a qual recai a conduta criminosa.

1.4. Elemento subjetivo

Elemento subjetivo no crime de abuso de autoridade é o dolo, não se admitindo a modalidade culposa nestes crimes. Ademais, exige-se o elemento subjetivo específico consistente na pretensão de abusar do poder.

3. No mesmo sentido, NUCCI, Guilherme de Souza, ob. cit., p. 35.

1.5. Classificação

O crime de abuso de autoridade é: a) **próprio** (exige qualidade especial do agente); b) **formal** (independe da produção do resultado naturalístico pretendido) ou **material** (em hipóteses como a ofensa à integridade física); c) **monossubjetivo** (pode ser praticado por um ou mais agentes); d) **plurissubsistente** (a conduta pode ser fracionada em mais de um ato; vale recordar que, aqui, não cabe falar em tentativa, pois é crime de atentado ou de empreendimento); e) **de dano** (pressupõe a efetiva lesão ao bem jurídico, e não a mera exposição a perigo de lesão); f) **de forma livre** (não se exige uma forma específica de conduta para praticar o crime); g) **instantâneo** (a conduta criminosa não se dilata no tempo) ou **permanente** (a conduta se protrai no tempo, como, por exemplo, na hipótese da privação da liberdade); h) **comissivo** (pressupõe ação).

2. QUESTÕES DE CONCURSOS

1. **(CESPE/PRF/Policial Rodoviário Federal/2013)** Considere que um PRF aborde o condutor de um veículo por este trafegar acima da velocidade permitida em rodovia federal. Nessa situação, se demorar em autuar o condutor, o policial poderá responder por abuso de autoridade, ainda que culposamente.

2. **(MPE-PR/Promotor de Justiça/2014 – adaptada)** As hipóteses previstas no art. 3º da Lei não admitem a forma tentada, pois seus tipos penais incluem-se entre os crimes de atentado, contudo, em tese, é possível a tentativa nos crimes previstos no art. 4º, da mesma Lei.

GAB	1	2
	E	C

a) à liberdade de locomoção;

1. COMENTÁRIOS

O direito à liberdade de locomoção está consubstanciado no art. 5º, inciso XV, da Constituição Federal, nos seguintes termos: "é livre a locomoção no território nacional em tempo de paz, podendo qualquer pessoa, nos termos da lei, nele entrar, permanecer ou dele sair com seus bens". Ademais, como cediço, a violação à liberdade de locomoção por ilegalidade ou abuso de poder, permitir a impetração de *habeas corpus*, remédio constitucional cuja finalidade é, exatamente, a tutela da liberdade física.

O atentado à liberdade de locomoção de uma pessoa, por parte de uma autoridade pública, no exercício de sua função ou em razão dela, dará ensejo ao crime de abuso de autoridade, conforme dispositivo sob análise. Conforme salientamos anteriormente, ainda que a liberdade de locomoção não seja tolhida, efetivamente, haverá o crime; assim, a mera tentativa de violação à liberdade física já faz com que o agente público incorra no crime de abuso de autoridade.

Este atentado à liberdade de locomoção ocorre, obviamente, nas situações em que a autoridade pública procura restringir a liberdade física de alguém sem que haja um fundamento legal para tanto. Vale recordar, neste sentido, podemos identificar três tipos de prisão: extrapenal, penal e cautelar.

a) Prisão extrapenal: divide-se em prisão civil (admitida, apenas, em caso de inadimplemento voluntário de prestação alimentícia) e a prisão disciplinar do militar. Esta última, ao lado da prisão em flagrante, são as prisões que independem de ordem judicial.

b) Prisão penal (prisão-pena): É aquela que decorre do trânsito em julgado da sentença penal condenatória. Refere-se, portanto, à pena privativa de liberdade, prevista no Código Penal.

c) Prisão cautelar (prisão provisória/processual): atualmente, temos apenas três prisões cautelares: prisão em flagrante, prisão preventiva e a prisão temporária. Foram extintas outras três espécies de prisão cautelar, que eram a prisão decorrente da pronúncia, decorrente da sentença condenatória recorrível e a administrativa.

Constitui, portanto, abuso de autoridade a conduta perpetrada pelo agente público em razão de sua função, se, por exemplo, efetuar uma prisão para averiguação. Conforme se percebe, não há qualquer respaldo legal para uma prisão como esta.

2. QUESTÕES DE CONCURSOS

1. **(FUNCAB/Delegado de Polícia – RO/2009 – adaptada)** O crime de abuso de autoridade consistente no atentado à liberdade de locomoção admite tentativa.

GAB	1
	E

b) à inviolabilidade do domicílio;

1. COMENTÁRIOS

O direito à inviolabilidade domiciliar está contemplado na Constituição Federal, que, em seu art. 5º, XI, nos seguintes termos: "a casa é asilo inviolável do indivíduo, ninguém nela podendo penetrar sem consentimento do morador, salvo em caso de flagrante delito ou desastre, ou para prestar socorro, ou, durante o dia, por determinação judicial".

No conceito de domicílio, para fins de delimitação da inviolabilidade domiciliar, compreende-se não apenas a residência. Trata da matéria, o art. 150, do Código Penal que, ao prever o crime de violação de domicílio, define "casa", abrangendo: a) qualquer compartimento habitado; b) aposento ocupado de habitação coletiva; c) compartimento não aberto ao público, onde alguém exerce profissão ou atividade. Assim, o STF já reputou como ilícita a prova obtida por violação a quarto de hotel[4].

Conforme dispositivo constitucional acima transcrito, a busca e apreensão deve ser compatibilizada com a garantia constitucional da inviolabilidade do domicílio (art. 5º, XI, CF), viabilizando-se o cumprimento do mandado de busca e apreensão à luz do permissivo constitucional. Saliente-se que a doutrina majoritária ainda trabalha com o

4. RHC nº 90.376/RJ, Rel. Min. Celso de Mello.

critério horário, razão pela qual o dia deve ser entendido como o lapso de tempo que vai das 06 às 18 horas.

De acordo com o Código Penal, o crime de violação de domicílio terá sua pena aumentada em até um terço se a conduta for perpetrada por funcionário público em razão de suas funções (art. 150, § 2º, CP). Esta causa de aumento de pena foi tacitamente revogada pela Lei de Abuso de autoridade, pois se a violação de domicílio é realizada pela autoridade pública (cuja definição muito se assemelha à definição de funcionário público no CP, conforme comentários ao art. 5º, *infra*), haverá o crime previsto neste art. 3º, *b*, e não mais o crime previsto no art. 150 do nosso Código Penal em vigor.

2. QUESTÕES DE CONCURSOS

1. **(CESPE/PC-PE/Delegado de Polícia/2016 – adaptada)** Não constitui crime de abuso de autoridade a conduta, consumada ou tentada, de violação de domicílio, fora das hipóteses constitucionais e legais de ingresso em casa alheia, quando praticada por delegado de polícia, uma vez que este está amparado pelo estrito cumprimento do dever legal, como causa legal de exclusão de ilicitude da conduta típica.

GAB	1
	E

c) ao sigilo da correspondência;

1. COMENTÁRIOS

O sigilo da correspondência também é um direito constitucional, conforme se extrai da redação do art. 5º, XII, da CF/88, nos seguintes termos: "XII – é inviolável o sigilo da correspondência e das comunicações telegráficas, de dados e das comunicações telefônicas, salvo, no último caso, por ordem judicial, nas hipóteses e na forma que a lei estabelecer para fins de investigação criminal ou instrução processual penal".

Uma leitura açodada dos dispositivos poderia conduzir a uma equivocada impressão de que o sigilo das correspondências não poderia ser flexibilizado, pois a Constituição faz expressa menção, apenas, às ressalvas em torno do sigilo das comunicações telefônicas. Necessário recordar, contudo, que a jurisprudência do STF não tem admitido a existência de direitos absolutos, e, por esta razão, não se pode conceber o sigilo das correspondências como uma barreira inexpugnável à persecução criminal.

Nesta linha de intelecção, o STF, tratando da correspondência do preso, assim se manifesta: "A administração penitenciaria, com fundamento em razões de segurança pública, de disciplina prisional ou de preservação da ordem jurídica, pode, sempre excepcionalmente, e desde que respeitada a norma inscrita no art. 41, parágrafo único, da Lei nº 7.210/84, proceder a interceptação da correspondência remetida pelos sentenciados, eis que a cláusula tutelar da inviolabilidade do sigilo epistolar não pode constituir instrumento de salvaguarda de práticas ilícitas"[5].

5. HC nº 70.814/SP, Rel. Min. Celso de Mello.

Releva notar, ainda, que há outras exceções ao sigilo das correspondências. De fato, o art. 240, § 1º, *f*, do CPP permite, no bojo da busca domiciliar "apreender cartas, abertas ou não, destinadas ao acusado ou em seu poder, quando haja suspeita de que o conhecimento do seu conteúdo possa ser útil à elucidação do fato". Ademais, o art. 136, § 1º, *b*, CF permite a flexibilização do direito ao sigilo das correspondências em caso de estado de defesa. Por fim, o art. 22, III, *d*, da Lei de Falências e Recuperação Judicial (Lei nº 11.101/05) permite ao administrador judicial, sob a fiscalização do Juiz e do Comitê, "receber e abrir a correspondência dirigida ao devedor, entregando a ele o que não for assunto de interesse da massa".

2. QUESTÕES DE CONCURSOS

1. **(FUNCAB/Delegado de Polícia – RJ/2012)** O Diretor de determinado presídio é informado, por bilhete anônimo, de que um preso estaria trocando informações por correspondência com membros do seu bando, a fim de viabilizar a entrada de substância entorpecente no estabelecimento prisional, visando ao tráfico de drogas. Diante disso, o Diretor intercepta uma carta fechada e destinada ao detento, e, após abri-la, lê o seu conteúdo, descobrindo quando e como se daria o ingresso da droga. No caso em tela, pode-se afirmar que o Diretor:

a) aparentemente praticou crimes previstos tanto no Código Penal, quanto na Lei n° 4.898/1965, devendo responder por esta última de acordo com o princípio da especialidade.

b) praticou crime previsto na Lei n° 4.898/1965.

c) praticou crimes previstos tanto no Código Penal, quanto na Lei n° 4.898/1965, devendo responder por ambos, em concurso formal.

d) praticou crime previsto no Código Penal.

e) não praticou crime.

GAB	1
	E

d) à liberdade de consciência e de crença;

1. COMENTÁRIOS

Nossa Constituição, ao instituir uma Democracia, não poderia deixar de consagrar a liberdade de consciência e de crença. O Estado é laico, como se sabe, o que significa a não institucionalização de nenhuma crença, como existia sob a égide da Constituição de 1824. O direito à liberdade está pautado na tolerância para com as crenças alheias, não se admitindo a violação a este direito, por qualquer meio.

Em seu art. 5, inciso VIII, estabelece nosso texto constitucional: "ninguém será privado de direitos por motivo de crença religiosa ou de convicção filosófica ou política, salvo se as invocar para eximir-se de obrigação legal a todos imposta e recusar-se a cumprir prestação alternativa, fixada em lei".

Se uma autoridade pública desrespeita estas premissas, em razão de sua função, incorrerá no crime de abuso de autoridade.

e) ao livre exercício do culto religioso;

1. COMENTÁRIOS

O direito ao livre exercício do culto religioso é um consectário da liberdade de crença. Deve ser respeitada não apenas a adesão a determinada concepção religiosa, mas, também, permitido o livre exercício do seu culto. Referido direito também é de cariz constitucional, conforme se depreende do art. 5º, VI, CF: "é inviolável a liberdade de consciência e de crença, sendo assegurado o livre exercício dos cultos religiosos e garantida, na forma da lei, a proteção aos locais de culto e a suas liturgias".

O Código Penal previu, em seu art. 208, o crime de "ultraje a culto e impedimento ou perturbação de ato a ele relativo", que consiste em: "escarnecer de alguém publicamente, por motivo de crença ou função religiosa; impedir ou perturbar cerimônia ou prática de culto religioso; vilipendiar publicamente ato ou objeto de culto religioso". Fácil perceber que, na hipótese de a conduta ser perpetrada por autoridade pública em razão de sua função, incidirá a Lei de Abuso de Autoridade, e não o citado art. 208, CP, que deverá se adstringir às demais situações, em que o agente é um particular.

É importante enfatizar que os atentados à liberdade de consciência, de crença ou ao culto religioso podem caracterizar crimes mais graves que o abuso de autoridade. Desta forma, é imperioso chamar a atenção para o fato de que a conduta pode caracterizar crime de preconceito, caso o agente incorra em alguma das condutas contempladas na Lei nº 7.716/89, que faz menção, também, à discriminação por religião. De igual sorte, a Lei de Tortura faz menção ao crime praticado por força de discriminação religiosa. Temos, ainda, no Código Penal, o crime de injúria qualificada por motivo de religioso.

É possível, portanto, que o agente público responda por crime de preconceito, tortura ou injúria qualificada, no lugar do abuso de autoridade, a depender do caso.

2. QUESTÕES DE CONCURSOS

1. **(CESPE/DPE-RR – Defensor Público/2013 – adaptada)** O crime de abuso de autoridade absorve as demais infrações penais perpetradas na mesma circunstância, por ser mais grave e possuir legislação especial, segundo posição dos tribunais superiores.

2. **(FUNIVERSA/PC-DF/Delegado de Polícia/2015 – adaptada)** A lei não prevê, como abuso de autoridade eventual, atentado ao livre exercício do culto religioso.

GAB	1	2
	E	E

f) à liberdade de associação;

1. COMENTÁRIOS

O direito à liberdade de associação está estampado no art. 5º, incisos XVII e XVIII, do texto constitucional, nos seguintes termos: "XVII – é plena a liberdade de associação para fins lícitos, vedada a de caráter paramilitar; XVIII – a criação de associações e, na forma da lei, a de cooperativas independem de autorização, sendo vedada a interferência estatal em seu funcionamento".

É livre o direito de se associar e, obviamente, ninguém será obrigado a se associar ou a permanecer associado. Ademais, consoante previsto no próprio dispositivo constitucional referido, não se pode conceber a legalidade de associações destinadas às práticas criminosas, como a associação criminosa (art. 288, CP), associação para o tráfico (art. 35, Lei nº 11.343/06), organização criminosa (Lei nº 12.850/13), etc.

Por esta razão, o crime de abuso de autoridade apenas se verifica na hipótese em que o agente público, valendo-se de sua função, atenta contra a liberdade de associação regularmente constituída ou em vias de constituição, com finalidade lícita.

g) aos direitos e garantias legais assegurados ao exercício do voto;

1. COMENTÁRIOS

O direito ao voto constitui um dos pilares da Democracia representativa. O art. 14 da Constituição Federal assevera que a soberania popular será exercida pelo sufrágio universal e pelo voto direto e secreto, com valor igual para todos.

O Código Eleitoral enumera alguns crimes concernentes ao direito ao voto. Naturalmente, haverá a incidência do disposto no Código Eleitoral na hipótese em que o criminoso é particular; sendo, porém, autoridade pública, atuando em razão da função, prevalece a incidência do crime de abuso de autoridade, tendo em vista ser lei mais específica.

É necessário, todavia, destacar que, em alguns casos, o Código Eleitoral previu a existência de crimes praticados por servidores públicos, em detrimento do exercício do direito ao voto. É o que ocorre, por exemplo, nos arts. 292 ("Negar ou retardar a autoridade judiciária, sem fundamento legal, a inscrição requerida"), 298 ("Prender ou deter eleitor, membro de mesa receptora, fiscal, delegado de partido ou candidato, com violação do disposto no Art. 236"), 300 ("Valer-se o servidor público da sua autoridade para coagir alguém a votar ou não votar em determinado candidato ou partido"), 305 ("Intervir autoridade estranha à mesa receptora, salvo o juiz eleitoral, no seu funcionamento sob qualquer pretexto").

Nestes casos, tendo em vista aplicar-se-ia não a Lei de Abuso de Autoridade, mas o próprio Código Eleitoral, por ser mais específico. A aplicação da Lei de Abuso de Autoridade estaria reservada, portanto, aos casos em que temos outros atentados ao direito ao voto, perpetrados por autoridades públicas. Neste passo, devemos reiterar a crítica já formulada à violação da taxatividade penal, porquanto a Lei de Abuso de Autoridade emprega uma expressão assaz imprecisa, fazendo menção a qualquer atentado a determinados direitos.

Por fim, não é demais informar que, na situação em que ocorre o crime eleitoral, a competência será da própria Justiça eleitoral. Porém, ocorrendo o crime de abuso de autoridade, a competência será da Justiça Comum, Estadual ou Federal.

h) ao direito de reunião;

1. COMENTÁRIOS

O direito de reunião está previsto na Constituição Federal, em seu art. 5º, XVI: "XVI – todos podem reunir-se pacificamente, sem armas, em locais abertos ao público, independentemente de autorização, desde que não frustrem outra reunião anteriormente convocada para o mesmo local, sendo apenas exigido prévio aviso à autoridade competente".

Este direito de reunião, ainda que no seio de associações, pode ser restringido durante a vigência do estado de defesa, conforme disposto no art. 136, § 1º, CF.

I – à incolumidade física do indivíduo;

1. COMENTÁRIOS

O direito à integridade física (ou incolumidade física, como referido na Lei de Abuso de Autoridade) e, como não poderia deixar de ser, muito caro ao Direito Penal, havendo tipos penais específicos para tutelá-lo (art. 129, CP – lesão corporal) e tipos penais que o tutelam por via oblíqua, pois trazem condutas que podem ser perpetradas mediante o emprego da violência (roubo, extorsão, estupro, etc.).

Em determinadas situações, a autoridade pública possui o dever de empregar a violência necessária à prática do ato. Tendo o estado o monopólio do exercício da violência legítima, seus agentes poderão, observados limites legais e constitucionais, agir violentamente. Em casos como este não há que se falar em crime, por óbvio, pois os agentes públicos atuarão amparados pela excludente de ilicitude, consistente no estrito cumprimento de um dever legal. Por outro lado, se houver excesso, será possível enquadrar a autoridade pública no crime de abuso de autoridade.

É possível haver concurso de crimes envolvendo o abuso de autoridade e a lesão corporal ou o homicídio, pois tutelam bens jurídicos distintos, produzindo violações distintas. Com efeito, enquanto a lesão corporal constitui afronta ao bem jurídico integridade física e o homicídio viola o bem jurídico vida humana, o abuso de autoridade constitui mácula à dignidade da função pública, ao prestígio de que o poder público deve desfrutar perante os administrados.

Por estas razões, se um agente público, atuando no exercício das suas funções ou em razão delas, agredir uma pessoa ou, até mesmo, matá-la, deverá responder pelo crime de abuso de autoridade em concurso com os crimes de lesão corporal ou homicídio, respectivamente.

No que tange ao crime de tortura, é imperioso mencionar que a condição de agente público constitui causa de aumento de pena, prevista no art. 1º, § 1º, Lei nº 9.455/97. Sobre o tema, remetemos o(a) leitor(a) aos comentários realizados na Lei de Tortura.

2. SÚMULAS E JURISPRUDÊNCIA

✦ *SUPREMO TRIBUNAL FEDERAL*

- **DENUNCIAÇÃO CALUNIOSA E ELEMENTO SUBJETIVO DO TIPO.** Para a configuração do tipo penal de denunciação caluniosa (CP: "Art. 339. Dar causa à instauração de investigação policial, de processo judicial, instauração de investigação administrativa, inquérito civil ou ação de improbidade administrativa contra alguém, imputando-lhe crime de que o sabe inocente: Pena – reclusão, de dois a oito anos, e multa) é necessária a demonstração do dolo direto de imputar-se a outrem, que efetivamente se sabe inocente, a prática de fato definido como crime. Com base nessa orientação, a 1ª Turma, por maioria, rejeitou denúncia oferecida em face de deputada federal a quem imputado o aludido tipo penal. Na espécie, a ora denunciada requerera, junto ao Ministério Público Federal, a abertura de procedimento administrativo para apurar eventual prática do crime de abuso de autoridade por delegado de polícia federal que, em diligência realizada na residência dela, teria se utilizado de força desnecessária e imoderada, causando-lhe lesões corporais leves. Após o arquivamento do mencionado procedimento administrativo, fora ajuizada a presente demanda em razão da suposta prática, por parte da então requerente, do crime de denunciação caluniosa. A Turma consignou que o crime em comento exigiria, para sua configuração, que a instauração de investigação policial, processo judicial, investigação administrativa, inquérito civil ou ação de improbidade, tivesse como única motivação o interesse de se atribuir fato criminoso a pessoa que se soubesse ser inocente. Consignou, ademais, que não bastaria a desconformidade da denúncia em relação à realidade, e seria necessária a demonstração do dolo, elemento subjetivo do tipo. Acrescentou que o direito fundamental de petição (CF, art. 5º, XXXIV, a) seria causa justificante do oferecimento de "notitia criminis" e que a conduta do denunciante não se tornaria ilícita em razão do mero arquivamento de procedimento eventualmente instaurado. Vencido o Ministro Marco Aurélio, que recebia a denúncia. *STF, Inq 3133/AC, rel. Min. Luiz Fux, 5.8.2014. 1ª T. (Info 753)*

3. QUESTÕES DE CONCURSOS

1. **(TRT3/Juiz do Trabalho/2012 – adaptada)** Constitui abuso de autoridade qualquer atentado, praticado por funcionário público, a incolumidade física do indivíduo.

2. **(CESPE/TJ-AM/Juiz de Direito Substituto/2016 – adaptada)** Constitui crime de abuso de autoridade qualquer atentado à incolumidade física, psíquica e moral do indivíduo.

GAB	1	2
	C	E

j) aos direitos e garantias legais assegurados ao exercício profissional. (Incluído pela Lei nº 6.657, de 05/06/79)

1. COMENTÁRIOS

Trata-se de norma penal em branco, uma vez que é necessário conhecer as normas que asseguram os direitos e garantias aqui mencionados. Estes direitos estão contemplados na Constituição Federal (art. 7, *p. ex.*) e na legislação infraconstitucional. No Código Penal, estão previstos alguns crimes contra a organização do trabalho. Naturalmente, as condutas ali mencionadas não exigem a qualidade especial do agente, consistente no exercício de cargo, emprego ou função pública.

2. QUESTÕES DE CONCURSOS

1. **(FCC/TRT18/Juiz do Trabalho/2014 – adaptada)** Constitui abuso de autoridade qualquer atentado aos direitos e garantias legais assegurados ao exercício profissional.

2. **(CESPE/Juiz de Direito Substituto – AM/2016 – adaptada)** De acordo com o STJ, pode caracterizar abuso de autoridade a negativa infundada do juiz em receber advogado, durante o expediente forense, quando este estiver atuando em defesa do interesse de seu cliente.

3. **(CESPE/DPF/Delegado de Polícia Federal/2018)** Eventual ato de delegado da PF de impedir advogado de assistir seu cliente em interrogatório configuraria crime de abuso de autoridade.

GAB	1	2	3
	C	C	C

Art. 4º Constitui também abuso de autoridade:

1. COMENTÁRIOS

O art. 4º da Lei de Abuso de Autoridade prossegue com a apresentação de mais condutas que caracterizariam crime. Não há dúvida de que a descrição das condutas neste artigo é mais consentânea com a ideia de taxatividade que deve orientar o tipo penal. A descrição é mais minuciosa do que o genérico "constitui abuso de autoridade qualquer atentado", presente no artigo pregresso. Assim como ocorre com as condutas trazidas no artigo anterior, a conduta somente será praticada por autoridade pública – ou particular em coautoria ou participação, nos termos do art. 30, CP – e exige-se o elemento subjetivo específico consistente na pretensão de abusar do poder.

2. QUESTÕES DE CONCURSOS

1. **(CESPE/TJ-DF/Juiz de Direito Substituto/2016)** A respeito do crime de abuso de autoridade, assinale a opção correta à luz da atual legislação de regência.

a) Em caso de abuso de autoridade cometido por agente de autoridade policial, civil ou militar, poderá ser cominada pena autônoma ou acessória, consistente em não poder o acusado exercer funções de natureza policial pelo prazo de um a cinco anos.

b) O sujeito ativo do crime de abuso de autoridade é toda autoridade pública, considerada como tal o funcionário público que exerça cargo, emprego ou função em caráter efetivo e remunerado.

c) O mesário eleitoral exerce múnus público, motivo pelo qual não pratica o crime de abuso de autoridade, pois o encargo que lhe incumbe não é típico de autoridade pública.

d) O particular não pode ser sujeito ativo do crime de abuso de autoridade, salvo se praticar o fato criminoso em concurso com o funcionário público e se tiver consciência dessa condição elementar.

e) As ações penais relativas aos crimes de abuso de autoridade são públicas, condicionadas à representação da vítima.

GAB	1
	D

a) ordenar ou executar medida privativa da liberdade individual, sem as formalidades legais ou com abuso de poder;

1. COMENTÁRIOS

1.1. Considerações iniciais

No Brasil, a prisão de alguém deriva de ordem de autoridade judicial, salvo nas hipóteses de prisão em flagrante e prisão disciplinar do militar (art. 5º, LXI, CF). Esta prisão proveniente de ordem judicial pode ser uma prisão civil (apenas na hipótese de devedor voluntário de alimentos[6]) prisão-pena (oriunda do trânsito em julgado da sentença penal condenatória, muito embora o STF admita o início do cumprimento após a confirmação da condenação em segunda instância) ou prisão cautelar (prisão preventiva ou temporária).

6. Vale recordar que o STF já não admite a prisão civil do depositário infiel, conforme súmula vinculante nº 25: " É ilícita a prisão civil de depositário infiel, qualquer que seja a modalidade de depósito".

Estas são as possibilidades de prisão em momentos de estabilidade institucional. Ocorrendo, porém, a decretação do Estado de Sítio, pode haver a flexibilização de alguns direitos individuais, dentre os quais se inclui o direito à liberdade de locomoção. Com efeito, assevera a Constituição Federal que, nesta situação, pode haver a "obrigação de permanência em localidade determinada" (art. 139, I, CF) ou a detenção em edifício não destinado a acusados ou condenados por crimes comuns (art. 139, II, CF).

O crime de abuso de autoridade restará consumado quando a prisão ocorrer fora das hipóteses e limites previstos em lei, isto é, sem observar as formalidades legais ou com abuso de poder. Não se pode olvidar que, para que se caracterize o crime em tela, será necessário o dolo específico, consistente na finalidade de abusar da autoridade de que está imbuído.

Na hipótese em que a vítima é criança ou adolescente, não se aplica o disposto na Lei de Abuso de Autoridade, mas sim o art. 230 do Estatuto da Criança e do Adolescente (Privar a criança ou o adolescente de sua liberdade, procedendo à sua apreensão sem estar em flagrante de ato infracional ou inexistindo ordem escrita da autoridade judiciária competente), por se tratar de norma mais específica.

O art. 350 do Código Penal traz o crime de "Exercício arbitrário ou abuso de poder", consistente em "ordenar ou executar medida privativa de liberdade individual, sem as formalidades legais ou com abuso de poder". Uma análise comparativa deste dispositivo com o artigo da Lei de Abuso de Autoridade em exame demonstra, a toda vista, que esta Lei revogou tacitamente o art. 350 do Código Penal, pois regulamentou integralmente a matéria.

1.2. Sujeitos

Sujeito ativo do crime é a autoridade pública. Trata-se, portanto, de crime próprio, pois exige uma qualidade especial do agente. Sobre o tema, remetemos o(a) leitor(a) aos comentários do art. 5º desta Lei.

Sujeito passivo é o Estado; no caso concreto, também será vítima a pessoa que tem a sua liberdade vilipendiada sem observância das formalidades legais ou abuso de poder.

1.3. Objetos

Objeto jurídico nos crimes de abuso de autoridade é a própria dignidade da função pública e o prestígio de que o poder público deve desfrutar perante os administrados, que são maculados pelo agente do crime. Secundariamente, no caso concreto, haverá a ofensa ao bem jurídico liberdade de locomoção.

Objeto material do crime é a própria pessoa sobre a qual recai a conduta criminosa, isto é, a pessoa que terá sua liberdade ambulatorial tolhida de forma indevida.

1.4. Elemento subjetivo

Elemento subjetivo no crime de abuso de autoridade é o dolo, não se admitindo a modalidade culposa nestes crimes. Ademais, exige-se o elemento subjetivo específico consistente na pretensão de abusar do poder.

1.5. Classificação

O crime de abuso de autoridade é: a) **próprio** (exige qualidade especial do agente); b) **formal** (em sua modalidade "ordenar", pois independe da produção do resultado naturalístico pretendido – a efetivação da prisão) ou **material** (em sua modalidade "executar"); c) **monossubjetivo** (pode ser praticado por um ou mais agentes); d) **unissubsistente** (a conduta não pode ser fracionada) ou **plurissubsistente** (a conduta pode ser fracionada em mais de um ato; neste caso, cabe a tentativa); e) **de dano** (pressupõe a efetiva lesão ao bem jurídico, e não a mera exposição a perigo de lesão); f) **instantâneo** (a conduta criminosa não se dilata no tempo); g) **comissivo** (pressupõe ação).

2. SÚMULAS E JURISPRUDÊNCIA

- **Súmula vinculante nº 25, STF:** É ilícita a prisão civil de depositário infiel, qualquer que seja a modalidade de depósito.

3. QUESTÕES DE CONCURSOS

1. **(TRT3/Juiz do Trabalho/2012 – adaptada)** Ordenar ou executar medida privativa de liberdade, com as formalidades legais, constitui abuso de autoridade.

2. **(CESPE/MPE-AC/Promotor de Justiça/2014 – adaptada)** Deve responder pelo delito de abuso de autoridade o juiz que, sem justa causa, deixar de ordenar a imediata liberação de adolescente ilegalmente apreendido.

3. **(FUNIVERSA/PC-DF/Delegado de Polícia/2015 – adaptada)** Configura crime de tortura, e não de abuso de autoridade, a execução de medida privativa da liberdade individual sem as formalidades legais.

4. **(CESPE/TCE-MG/Analista de Controle externo/2018)** Lucrécio, policial civil, dirigia embriagado, quando foi parado por dois agentes de trânsito, Jonas e Maurício. O policial apresentou os documentos solicitados pelos agentes, mas se recusou a realizar o teste do bafômetro. Depois de observarem que no veículo havia várias garrafas vazias e que Lucrécio apresentava discurso desconexo, forte cheiro de álcool e voz embargada, Jonas e Maurício chamaram o guincho. Lucrécio, alegando que os agentes não tinham competência contra um policial, acionou Carlos, delegado do seu distrito, que chegou ao local e tentou dialogar com os agentes, a fim decoibi-los de aplicar as penalidades. Em razão da resistência dos agentes de trânsito, Carlos acionou policiais militares, que conduziram Jonas e Maurício à delegacia, mantiveram-nos detidos por algumas horas e, em seguida, os liberaram.

   A respeito dessa situação hipotética, assinale a opção correta.

a) Jonas e Maurício cometeram crime de usurpação de função pública, por terem tentado atuar contra um policial.
b) Os policiais militares cometeram abuso de autoridade em concurso de pessoas com Carlos.
c) Ao terem chamado o guincho, Jonas e Maurício cometeram conduta excessiva que configura crime de abuso de autoridade.
d) Lucrécio cometeu crime de desobediência ao se recusar a realizar o teste do bafômetro.
e) Carlos e os policiais militares impediram os agentes de trânsito de cometer crime de abuso de autoridade.

GAB	1	2	3	4
	E	E	E	B

b) submeter pessoa sob sua guarda ou custódia a vexame ou a constrangimento não autorizado em lei;

1. COMENTÁRIOS

1.1. Considerações iniciais

O preso possui direito à preservação de sua integridade física e moral (art. 5º, XLIX, CF). O crime estará caracterizado quando houver uma exposição indevida do preso a um constrangimento não autorizado pela Lei. Se a vítima for criança ou adolescente, não se aplica a Lei de Abuso de Autoridade, mas sim o art. 232 do ECA, no seguinte sentido: "Submeter criança ou adolescente sob sua autoridade, guarda ou vigilância a vexame ou a constrangimento".

Ademais, a Lei de Tortura possui regramento específico, pois em seu art. 1º, II dispõe que caracteriza o crime: "submeter alguém, sob sua guarda, poder ou autoridade, com emprego de violência ou grave ameaça, a intenso sofrimento físico ou mental, como forma de aplicar castigo pessoal ou medida de caráter preventivo". As distinções em relação à Lei de Abuso de Autoridade são gritantes, pois aqui não se faz menção a intenso sofrimento físico ou mental, mas, tão-somente, a vexame ou constrangimento.

1.2. Uso de algemas e abuso de autoridade

Questão intrigante diz respeito à possibilidade de se empregar algemas ao preso. Nem o CPP nem a Lei de Prisão Temporária disciplinaram a utilização de algemas. Esclareceu o CPP, porém, que o executor da prisão poderia empregar a violência necessária para efetivá-la. A previsão para o emprego de algemas, no CPP, refere-se ao plenário de julgamento, no Tribunal do Júri. Com efeito, estabelece o art. 474, § 3º, do Código que: "Não se permitirá o uso de algemas no acusado durante o período em que permanecer no plenário do júri, salvo se absolutamente necessário à ordem dos trabalhos, à segurança das testemunhas ou à garantia da integridade física dos presentes".

Para evitar dúvidas acerca da utilização das algemas, sobretudo no momento da execução da prisão, o Supremo Tribunal Federal editou a Súmula Vinculante nº 11, com o seguinte teor:

> ***Súmula Vinculante nº 11:*** "Só é lícito o uso de algemas em casos de resistência e de fundado receio de fuga ou de perigo à integridade física própria ou alheia, por parte do preso ou de terceiros, justificada a excepcionalidade por escrito, sob pena de responsabilidade disciplinar, civil e penal do agente ou da autoridade e de nulidade da prisão ou do ato processual a que se refere, sem prejuízo da responsabilidade civil do Estado".

A responsabilidade penal a que se refere o enunciado sumular pode amoldar-se, justamente, ao crime de abuso de autoridade. Para tanto, será necessária a demonstração do dolo específico.

1.3. Sujeitos

Sujeito ativo do crime é a autoridade pública. Trata-se, portanto, de crime próprio, pois exige uma qualidade especial do agente. Sujeito passivo é o Estado; no caso concreto, também será vítima a pessoa submetida a vexame ou constrangimento.

1.4. Objetos

Objeto jurídico nos crimes de abuso de autoridade é a própria dignidade da função pública e o prestígio de que o poder público deve desfrutar perante os administrados, que são maculados pelo agente do crime. Secundariamente, no caso concreto, haverá a ofensa ao bem jurídico integridade física e moral.

Objeto material do crime é a própria pessoa sobre a qual recai a conduta criminosa, isto é, a pessoa que terá sua liberdade ambulatorial tolhida de forma indevida.

1.5. Elemento subjetivo

Elemento subjetivo no crime de abuso de autoridade é o dolo, não se admitindo a modalidade culposa nestes crimes. Ademais, exige-se o elemento subjetivo específico consistente na pretensão de abusar do poder.

1.6. Classificação

O crime de abuso de autoridade é: a) **próprio** (exige qualidade especial do agente); b) **material** (exige-se a produção do resultado naturalístico, consistente na efetiva submissão a vexame ou constrangimento); c) **monossubjetivo** (pode ser praticado por um ou mais agentes); d) **unissubsistente** (a conduta não pode ser fracionada) ou **plurissubsistente** (a conduta pode ser fracionada em mais de um ato; neste caso, cabe a tentativa); e) **de dano** (pressupõe a efetiva lesão ao bem jurídico, e não a mera exposição a perigo de lesão); f) **instantâneo** (a conduta criminosa não se dilata no tempo) ou **permanente** (a submissão ao vexame ou constrangimento pode se dilatar no tempo); g) **comissivo** (pressupõe ação).

2. SÚMULAS E JURISPRUDÊNCIA

- **Súmula Vinculante nº 11, STF:** Só é lícito o uso de algemas em casos de resistência e de fundado receio de fuga ou de perigo à integridade física própria ou alheia, por parte do preso ou de terceiros, justificada a excepcionalidade por escrito, sob pena de responsabilidade disciplinar, civil e penal do agente ou da autoridade e de nulidade da prisão ou do ato processual a que se refere, sem prejuízo da responsabilidade civil do Estado.

3. QUESTÕES DE CONCURSOS.

1. **(CESPE/DEPEN/Agente Penitenciário/2015)** O diretor de um estabelecimento prisional federal ordenou aos agentes penitenciários que proibissem o banho de sol e o recebimento de visitas nos horários regulamentares para constranger os presos e manter a disciplina. Nessa situação, se cumprirem a ordem dada, os agentes penitenciários deverão responder por crime de abuso de autoridade, mesma acusação que se deverá estender ao diretor.

2. **(FUNIVERSA/PC-DF/Delegado de Polícia/2015 – adaptada)** O delegado de polícia que submete pessoa sob sua guarda a situação vexaminosa pratica crime de tortura, e não de abuso de autoridade.

3. **(CESPE/TJ-AM/Juiz de Direito Substituto/2016 – adaptada)** Constitui abuso de autoridade submeter pessoa sob sua guarda ou custódia a vexame ou a constrangimento, ainda que o procedimento adotado pela autoridade policial esteja previsto em lei.

4. **(CESPE/TRT8/Analista Judiciário/2016 – adaptada)** Quanto ao crime de abuso de autoridade, configura-se atípica a conduta do juiz que determina que o preso, ainda que esse não ofereça riscos, seja

mantido algemado durante a audiência de instrução e julgamento, já que lhe cabe prevenir eventual tentativa de fuga.

5. **(CESPE/PC-MA/Investigador de Polícia/2018 – adaptada)** Se uma pessoa presa em flagrante pela prática de estupro for submetida a ato vexatório por agente policial,

a) poderá, no âmbito criminal, ser aplicada ao agente policial a penalidade de reclusão.

b) poderá, no âmbito administrativo, ser aplicada a penalidade de repreensão ao agente, cumulada com a perda de vencimentos por determinado período.

c) sem instauração e conclusão de inquérito policial, não poderá ser iniciada a ação penal contra o agente policial, sob pena de violação da independência entre os poderes.

d) a aplicação de penalidade administrativa ao agente dependerá de condenação criminal.

e) além de penalidade administrativa, poderá ser cominada ao agente a pena autônoma de proibição do exercício de funções de natureza policial.

GAB	1	2	3	4	5
	C	E	E	E	E

c) deixar de comunicar, imediatamente, ao juiz competente a prisão ou detenção de qualquer pessoa;

1. COMENTÁRIOS

1.1. Considerações iniciais

A Constituição Federal, em seu art. 5º, inciso LXII, assevera que: "a prisão de qualquer pessoa e o local onde se encontre serão comunicados imediatamente ao juiz competente e à família do preso ou à pessoa por ele indicada". A necessidade de comunicação da prisão à autoridade judiciária é tão cara à nossa ordem constitucional, que se faz imperiosa até mesmo na vigência do Estado de Defesa, consoante disposto no art. 136, § 3º, I, CF.

Muito embora o dispositivo constitucional exija a comunicação da prisão imediatamente ao Juiz e à família do preso ou pessoa por ele indicada, a ausência de comunicação a estes últimos não dá ensejo ao crime de abuso de autoridade, conforme se depreende do tipo penal em estudo. Se, todavia, for apreendida alguma pessoa menor de idade, a ausência de comunicação da apreensão ao Juiz ou à família do apreendido ou pessoa por ele indicada fará com que a autoridade responsável incorra no crime do art. 231, ECA.

O CPP reproduz a exigência de comunicação da prisão ao Juiz, mas, após a reforma empreendida pela Lei nº 12.403/11, passou a exigir, também, a comunicação da prisão ao Ministério Público, conforme art. 306, nos seguintes termos: "A prisão de qualquer pessoa e o local onde se encontre serão comunicados imediatamente ao juiz competente, ao Ministério Público e à família do preso ou à pessoa por ele indicada". Tendo em vista a taxatividade que há de orientar o tipo penal, a ausência de comunicação da prisão ao MP não configuraria este crime, pois há menção expressa à ausência de comunicação ao Juiz.

Tema que merece uma discussão mais acurada é o que diz respeito aos limites da expressão "imediatamente", empregada no tipo penal. Trata-se de elemento normativo do tipo, demandando uma valoração jurídica para delimitar seu significado. Aderimos ao entendimento que prevalece em nossa doutrina[7], no sentido de que a expressão deve ser interpretada à luz do art. 306, 1º, CPP, correspondendo a um prazo de 24 (vinte e quatro) horas.

O crime é omissivo, não admitindo, portanto, a tentativa.

1.2. Distinção entre prisão e detenção

A Constituição, como se vê, emprega a expressão "prisão", e não "detenção", como na Lei de Abuso de Autoridade. Sob o aspecto dogmático, detenção seria modalidade de pena privativa de liberdade (ao lado da reclusão). Obviamente, não é este o sentido da expressão empregada pela Lei de Abuso de Autoridade, pois a detenção, modalidade de pena privativa de liberdade, já é imposta pelo próprio julgador; não se trata, portanto, de hipótese em que a prisão lhe é comunicada, como exige o tipo penal.

Guilherme Nucci, dissertando sobre o tema, entende que "a prisão deve ser comunicada ao magistrado competente, mas não a mera detenção. Esta maneira de deter alguém temporariamente pode constitui atividade legítima do Estado, exercendo seu poder de polícia, ou servir para configurar o abuso de autoridade. Não há meio-termo, isto é, a autoridade detém alguém e comunica ao juiz".

É o que ocorre, por exemplo, quando o autor da infração de menor potencial ofensivo é conduzido à presença da autoridade policial para, posteriormente, ser liberado mediante compromisso de comparecimento ao Juizado Especial Criminal (art. 69, Lei nº 9.099/95). A pessoa não chega a ser presa, muito embora seja detida por alguns instantes pelo Estado. Neste caso, naturalmente, não há comunicação à autoridade judiciária.

É por esta razão que a expressão "detenção" não pode ser empregada neste sentido, pois não há comunicação desta detenção à autoridade judiciária, não se podendo falar em crime, portanto. A única interpretação possível, destarte, é entender que as expressões "prisão" e "detenção" devem ser havidas como sinônimos. Sob o ponto de vista da melhor técnica terminológica, não há que se confundir prisão e detenção, mas esta é a única interpretação que permite identificar a conduta criminosa sem que haja flagrante contradição sistemática.

1.3. Sujeitos

Sujeito ativo do crime é a autoridade pública. Trata-se, portanto, de crime próprio, pois exige uma qualidade especial do agente. Sujeito passivo é o Estado; no caso concreto, também será vítima a pessoa cuja prisão não foi comunicada imediatamente ao Juiz competente.

1.4. Objetos

Objeto jurídico nos crimes de abuso de autoridade é a própria dignidade da função pública e o prestígio de que o poder público deve desfrutar perante os administrados, que são maculados pelo agente do crime. Secundariamente, no caso concreto, haverá a ofensa ao bem jurídico liberdade de locomoção.

---

7. Neste sentido, PORTOCARRERO, Cláudia Barros. *Ob. cit.*, p. 34.

Objeto material do crime é a própria pessoa sobre a qual recai a conduta criminosa, isto é, a pessoa que terá sua liberdade ambulatorial tolhida.

1.5. Elemento subjetivo

Elemento subjetivo no crime de abuso de autoridade é o dolo, não se admitindo a modalidade culposa nestes crimes. Ademais, exige-se o elemento subjetivo específico consistente na pretensão de abusar do poder.

1.6. Classificação

O crime de abuso de autoridade é: a) **próprio** (exige qualidade especial do agente); b) **formal** (independe da produção do resultado naturalístico); c) **monossubjetivo** (pode ser praticado por um ou mais agentes); d) **unissubsistente** (a conduta não pode ser fracionada; não admite a tentativa); e) **instantâneo** (a conduta criminosa não se dilata no tempo); f) **omissivo** (pressupõe omissão).

2. QUESTÕES DE CONCURSOS.

1. **(CESPE/DPE-RR/Defensor Público/2013 – adaptada)** Configura abuso de autoridade a ausência de comunicação da custódia à família do preso.

2. **(CESPE/DPE-RR/Defensor Público/2013 – adaptada)** Os crimes de abuso de autoridade podem ser comissivos ou omissivos.

3. **(FUNIVERSA/PC-DF/Delegado de Polícia/2015 – adaptada)** A conduta de um delegado de polícia que deixe de comunicar, imediatamente, ao juiz competente a prisão de determinada pessoa poderá configurar prevaricação, mas não abuso de autoridade.

GAB	1	2	3
	E	C	E

d) deixar o Juiz de ordenar o relaxamento de prisão ou detenção ilegal que lhe seja comunicada;

1. COMENTÁRIOS

1.1. Considerações iniciais

O art. 5º, LXV, CF assevera que "a prisão ilegal será imediatamente relaxada pela autoridade judiciária". Sobre as expressões "prisão" e "detenção", remetemos o(a) leitor(a) ao tópico 2 dos comentários à alínea anterior, para evitarmos repetições indevidas.

1.2. Sujeitos

Sujeito ativo do crime é a autoridade judiciária. Trata-se, portanto, de crime próprio, pois exige uma qualidade especial do agente. Sujeito passivo é o Estado; no caso concreto, também será vítima a pessoa que tem a sua liberdade vilipendiada indevidamente.

1.3. Objetos

Objeto jurídico nos crimes de abuso de autoridade é a própria dignidade da função pública e o prestígio de que o poder público deve desfrutar perante os administrados, que são maculados pelo agente do crime. Secundariamente, no caso concreto, haverá a ofensa ao bem jurídico liberdade de locomoção.

Objeto material do crime é a própria pessoa sobre a qual recai a conduta criminosa, isto é, a pessoa que terá sua liberdade ambulatorial tolhida de forma indevida.

1.4. Elemento subjetivo

Elemento subjetivo no crime de abuso de autoridade é o dolo, não se admitindo a modalidade culposa nestes crimes. Ademais, exige-se o elemento subjetivo específico consistente na pretensão de abusar do poder.

1.5. Classificação

O crime de abuso de autoridade é: a) **de mão própria** (não admite coautoria nem realização da conduta por interposta pessoa); b) **de mera conduta**[8] (não há a possibilidade de produção do resultado naturalístico); c) **monossubjetivo** (pode ser praticado por um ou mais agentes); d) **unissubsistente** (a conduta não pode ser fracionada; não admite a tentativa); e) **instantâneo** (a conduta criminosa não se dilata no tempo); f) **omissivo** (pressupõe omissão).

e) levar à prisão e nela deter quem quer que se proponha a prestar fiança, permitida em lei;

1. COMENTÁRIOS

1.1. Considerações iniciais

Conforme nosso texto constitucional, "ninguém será levado à prisão ou nela mantido, quando a lei admitir a liberdade provisória, com ou sem fiança" (art. 5º, LXVI, CF).

Fiança é modalidade de caução. Está prevista em nossa legislação há muito tempo. É considerada uma das modalidades de cautelares pessoais alternativas à prisão. Até o advento da Lei nº 12.403/2011, a fiança era a única cautelar alternativa à prisão. Referida lei acresceu outras cautelares, previstas no art. 319 do CPP. A fiança que viabiliza a liberdade provisória será destinada, em caso de condenação, a indenização pelos danos provocados à vítima, ao pagamento das custas processuais, da prestação pecuniária e de eventual multa aplicada.

A rigor, a fiança se tornou um instituto em desuso, pois se permite a liberdade provisória sem fiança quando não estiverem presentes os requisitos da prisão preventiva (art. 321, CPP). Em certos casos, portanto, se torna mais fácil obter a liberdade provisória sem fiança do que com fiança. Isto era ainda mais comum na redação do CPP anterior à reforma de 2011, quando se proibia a concessão de fiança para os crimes com pena mínima superior a 02 (dois) anos.

Contudo, ainda subsistem duas vantagens práticas de grande importância na fiança, porquanto agilizam a obtenção da liberdade: a) se o crime tiver pena máxima até 04 (quatro) anos, a fiança pode ser arbitrada pelo próprio delegado; b) a oitiva do MP na liberdade provisória com fiança é realizada após a sua consumação – ao contrário do que ocorre na liberdade provisória sem fiança.

8. Em sentido contrário, entendendo ser crime material, NUCCI, Guilherme. *ob. cit.*, p. 52.

Cumpre recordar que a fiança poderá ser prestada a qualquer tempo, enquanto não transitar em julgado a sentença condenatória.

O art. 323 do Código de Processo Penal assevera que não será concedida a fiança: a) nos crimes de racismo; b) nos crimes de tortura, tráfico ilícito de entorpecentes e drogas afins, terrorismo e nos definidos como crimes hediondos; c) nos crimes cometidos por grupos armados, civis ou militares, contra a ordem constitucional e o Estado Democrático.

Percebemos, assim, que, após a reforma de 2011, o CPP considera inafiançáveis apenas aqueles crimes que assim já são considerados pela Constituição Federal. Havia hipóteses de inafiançabilidade previstas na legislação infraconstitucional que já não subsistem. Já não existe, por exemplo, a inafiançabilidade para o crime doloso punido com pena mínima superior a 02 (dois) anos. Por esta razão, tornou-se inaplicável a Súmula nº 81 do STJ, que dispunha: "Não se concede fiança quando, em concurso material, a soma das penas mínimas cominadas for superior a dois anos de reclusão".

Em complemento a estas hipóteses do art. 323, o art. 324 do CPP assevera que também não caberá a fiança: a) aos que, no mesmo processo, tiverem quebrado fiança anteriormente concedida ou infringido, sem motivo justo, qualquer das obrigações a que se referem os art. 327 e 328 deste Código; b) em caso de prisão civil ou militar; c) quando presentes os motivos que autorizam a decretação da prisão preventiva (art. 312, CPP).

Há, ainda, hipóteses de vedação à concessão da fiança previstas na legislação penal especial. Desta forma, o Decreto-Lei nº 6.259/1944 dispõe que: "Serão inafiançáveis as contravenções previstas nos arts. 45 a 49 e 58 e seus parágrafos". Estas contravenções são: a) simulação da qualidade de funcionário; b) uso ilegítimo de uniforme ou distintivo; c) exercício ilegal de profissão ou atividade; d) exercício ilegal do comércio de coisas antigas e antiguidades; e) jogo do bicho.

Por sua vez, o art. 9º, § 2º, da Lei nº 7.916/1984 assevera que: "É inafiançável a contravenção decorrente de apostas sobre corridas de cavalos, prevista no art. 50, § 3º, alínea "b", do Decreto-Lei nº 3.688, de 3 de outubro de 1941, e no art. 6º do Decreto-Lei nº 6.259, de 10 de fevereiro de 1944."

1.2. Sujeitos

Sujeito ativo do crime é a autoridade pública. Trata-se, portanto, de crime próprio, pois exige uma qualidade especial do agente. Sujeito passivo é o Estado; no caso concreto, também será vítima a pessoa levada à prisão, impedida de prestar fiança.

1.3. Objetos

Objeto jurídico nos crimes de abuso de autoridade é a própria dignidade da função pública e o prestígio de que o poder público deve desfrutar perante os administrados, que são maculados pelo agente do crime. Secundariamente, no caso concreto, haverá a ofensa ao bem jurídico liberdade de locomoção.

Objeto material do crime é a própria pessoa sobre a qual recai a conduta criminosa, isto é, a pessoa que terá sua liberdade ambulatorial tolhida.

1.4. Elemento subjetivo

Elemento subjetivo no crime de abuso de autoridade é o dolo, não se admitindo a modalidade culposa nestes crimes. Ademais, exige-se o elemento subjetivo específico consistente na pretensão de abusar do poder.

1.5. Classificação

O crime de abuso de autoridade é: a) **próprio** (exige qualidade especial do agente); b) **material** (exige a produção do resultado naturalístico, na modalidade "levar à prisão") ou de **mera conduta** (não há produção de resultado naturalístico, na modalidade "nela deter"); c) **monossubjetivo** (pode ser praticado por um ou mais agentes); d) **unissubsistente** (a conduta não pode ser fracionada; não admite a tentativa) ou **plurissubsistente**; e) **instantâneo** (a conduta criminosa não se dilata no tempo); f) **comissivo** (na modalidade levar à prisão) ou **omissivo** (na modalidade "nela deter").

2. SÚMULAS E JURISPRUDÊNCIA

- **Súmula nº 81, STJ:** Não se concede fiança quando, em concurso material, a soma das penas mínimas cominadas for superior a dois anos de reclusão[9].

3. QUESTÕES DE CONCURSOS

1. **(CESPE/DEPEN/Agente Penitenciário/2013)** Marcelo, agente penitenciário federal, não ordenou o relaxamento da prisão de Bernardo, o qual se encontra preso sob sua custódia. Bernardo foi preso ilegalmente, fato esse que é de conhecimento de Marcelo. Nessa situação, é correto afirmar que Marcelo cometeu crime de abuso de autoridade.

2. **(CESPE/TCE-PA/Auditor de Controle Externo/2016)** Durante fiscalização em sociedade de economia mista, policiais federais que acompanhavam a operação perceberam que um dos empregados daquela sociedade portava ilegalmente arma de fogo de uso permitido. Na delegacia de polícia, embora tenha verificado que se tratava de hipótese de arbitramento de fiança e que o flagrado se dispunha a recolhê-la, a autoridade policial preferiu não arbitrar a fiança, e remeteu o auto de prisão em flagrante delito para o juiz de direito competente. Nessa situação, a autoridade policial cometeu abuso de autoridade.

GAB	1	2
	E	C

f) cobrar o carcereiro ou agente de autoridade policial carceragem, custas, emolumentos ou qualquer outra despesa, desde que a cobrança não tenha apoio em lei, quer quanto à espécie quer quanto ao seu valor;

9. Vale salientar que, após a reforma do CPP em 2011, esta súmula perdeu o sentido, pois pena mínima superior a dois anos já não é fundamento para inafiançabilidade.

1. COMENTÁRIOS

Este dispositivo não pode ser aplicado, pois o encarceramento não vem acompanhado de custas, emolumentos ou qualquer outra despesa. Se o carcereiro fizer qualquer tipo de cobrança, será uma vantagem indevida, dando ensejo a outro tipo de crime, como a corrupção passiva ou a concussão.

g) recusar o carcereiro ou agente de autoridade policial recibo de importância recebida a título de carceragem, custas, emolumentos ou de qualquer outra despesa;

1. COMENTÁRIOS

Pelas mesmas razões apontadas no dispositivo anterior, a alínea *g* também não possui qualquer aplicação, devendo ser desconsiderado. Nucci recorda que "dos pertences do preso deixados sob tutela do Estado, enquanto ele estiver no estabelecimento penal, dá-se recibo, registrando-se em livro próprio e, quando o caso, depositando-se no estabelecimento bancário". O próprio autor, todavia, chama a atenção para o fato de que esta situação não se assemelha à figura típica em comento, razão pela qual reiteramos a afirmação de que este dispositivo não possui qualquer aplicação.

h) o ato lesivo da honra ou do patrimônio de pessoa natural ou jurídica, quando praticado com abuso ou desvio de poder ou sem competência legal;

1. COMENTÁRIOS

1.1. Considerações iniciais

O tipo penal, uma vez mais, objetiva a tutela de direitos contemplados constitucionalmente: patrimônio (o art. 5º, *caput,* CF faz menção ao direito de propriedade) e a honra (art. 5º, X, CF).

A caracterização do crime pressupõe, obviamente, que o agente público extrapole suas atribuições institucionais. Assim, da mesma forma que, por vezes, é possível o emprego da violência por parte do agente público contra a pessoa (ex.: prisão em que há resistência), será possível o emprego da violência contra a coisa, com a consequente destruição do patrimônio. Basta imaginar, por exemplo, o policial que, em cumprimento a um mandado de prisão, força a porta da casa da pessoa a ser presa, que se nega a abri-la. Em casos que tais, não haverá, obviamente, que se falar em abuso de autoridade.

1.2. Sujeitos

Sujeito ativo do crime é a autoridade pública. Trata-se, portanto, de crime próprio, pois exige uma qualidade especial do agente. Sujeito passivo é o Estado; no caso concreto, também será vítima a pessoa cujo patrimônio ou honra são violados.

1.3. Objetos

Objeto jurídico nos crimes de abuso de autoridade é a própria dignidade da função pública e o prestígio de que o poder público deve desfrutar perante os administrados, que são maculados pelo agente do crime. Secundariamente, no caso concreto, haverá a ofensa aos bens jurídicos patrimônio e honra. Objeto material do crime é a própria pessoa sobre a qual recai a conduta criminosa.

1.4. Elemento subjetivo

Elemento subjetivo no crime de abuso de autoridade é o dolo, não se admitindo a modalidade culposa nestes crimes. Ademais, exige-se o elemento subjetivo específico consistente na pretensão de abusar do poder.

1.5. Classificação

O crime de abuso de autoridade é: a) **próprio** (exige qualidade especial do agente); b) **material** (exige a produção do resultado naturalístico, no caso da ofensa ao patrimônio) ou de **mera conduta** (não há produção de resultado naturalístico, no caso de ofensa à honra); c) **monossubjetivo** (pode ser praticado por um ou mais agentes); d) **unissubsistente** (a conduta não pode ser fracionada; não admite a tentativa) ou **plurissubsistente** (admite a tentativa); e) **instantâneo** (a conduta criminosa não se dilata no tempo); f) **comissivo**.

> i) prolongar a execução de prisão temporária, de pena ou de medida de segurança, deixando de expedir em tempo oportuno ou de cumprir imediatamente ordem de liberdade. (Incluído pela Lei nº 7.960, de 21/12/89)

1. COMENTÁRIOS

1.1. Considerações iniciais

Esta modalidade de abuso de autoridade foi acrescida à Lei nº 4.898/65 pela Lei nº 7.960/89, que instituiu a prisão temporária no nosso ordenamento jurídico. A prisão temporária possui prazo determinado, podendo ser decretada por cinco dias, prorrogáveis por mais cinco, uma vez demonstrada a necessidade da medida. Se, porém, estivermos diante de um crime hediondo ou assemelhado a hediondo, nos termos da Lei nº 8.072/90, o prazo da prisão temporária poderá ser dilatado, alcançando trinta dias, prorrogáveis por mais trinta.

Como se percebe, o crime de abuso de autoridade estará caracterizado quando o agente público deixar a pessoa presa por este fundamento por prazo superior ao determinado. De igual sorte, estará caracterizado o crime na hipótese de prolongamento da pena (no caso, a pena privativa de liberdade) ou medida de segurança (no caso, a medida de internação).

1.2. Sujeitos

Sujeito ativo do crime é a autoridade pública. Trata-se, portanto, de crime próprio, pois exige uma qualidade especial do agente. Sujeito passivo é o Estado; no caso concreto, também será vítima a pessoa cuja liberdade foi lesionada.

1.3. Objetos

Objeto jurídico nos crimes de abuso de autoridade é a própria dignidade da função pública e o prestígio de que o poder público deve desfrutar perante os administrados, que são maculados pelo agente do crime. Secundariamente, no caso concreto, haverá a ofensa ao bem jurídico liberdade. Objeto material do crime é a própria pessoa sobre a qual recai a conduta criminosa.

1.4. Elemento subjetivo

Elemento subjetivo no crime de abuso de autoridade é o dolo, não se admitindo a modalidade culposa nestes crimes. Ademais, exige-se o elemento subjetivo específico consistente na pretensão de abusar do poder.

1.5. Classificação

O crime de abuso de autoridade é: a) **próprio** (exige qualidade especial do agente); b) **material** (exige a produção do resultado naturalístico); c) **monossubjetivo** (pode ser praticado por um ou mais agentes); d) **unissubsistente** (a conduta não pode ser fracionada; não admite a tentativa); e) **permanente** (a conduta criminosa se dilata no tempo, pois a prisão se prolonga); f) **omissivo**.

2. QUESTÕES DE CONCURSOS

1. **(VUNESP/TJM-SP/Juiz de Direito/2016 – adaptada)** Constitui abuso de autoridade prolongar a execução de prisão temporária, de pena ou de medida de segurança, deixando de expedir em tempo oportuno ordem de liberdade.

2. **(COPS-UEL/PC-PR/Escrivão de polícia/2018)** Sobre a tipificação do abuso de autoridade, considere as afirmativas a seguir.

I. Deixar de comunicar, imediatamente, ao juiz competente a prisão ou detenção de qualquer pessoa.

II. Submeter pessoa sob sua guarda ou custódia a vexame ou a constrangimento não autorizado em lei.

III. Levar à prisão e nela deter quem quer que se proponha a prestar fiança, permitida em lei.

IV. Proibir a comunicabilidade de pessoa presa com sua família, quando solicitada administrativamente.

Assinale a alternativa correta.

a) Somente as afirmativas I e II são corretas.

b) Somente as afirmativas I e IV são corretas.

c) Somente as afirmativas III e IV são corretas.

d) Somente as afirmativas I, II e III são corretas.

e) Somente as afimativas II, III e IV são corretas.

GAB	1	2
	C	D

Art. 5º Considera-se autoridade, para os efeitos desta lei, quem exerce cargo, emprego ou função pública, de natureza civil, ou militar, ainda que transitoriamente e sem remuneração.

1. COMENTÁRIOS

1.1. Sujeito ativo do crime: autoridade

Os crimes previstos na Lei de Abuso de Autoridade são próprios, isto é, dependem de uma qualidade especial do sujeito ativo, não podendo ser praticado, portanto, por qualquer pessoa. Com efeito, seria até estranho imputar a alguém que não exerça qualquer tipo de autoridade, o crime de abuso, como se alguém pudesse abusar do que não possui. Sujeito ativo do crime, destarte, é a autoridade pública.

Naturalmente, o conceito deve ser definido em Lei, para que não permita um tipo penal tão aberto, o que violaria a taxatividade que se exige nas normas penais incriminadoras. O art. 5º, ora em análise, cumpre essa missão de identificar a autoridade, isto é, o sujeito ativo dos crimes de abuso de autoridade.

Como se percebe, a acepção da expressão "autoridade" é ampla, abrangendo os exercentes de cargo, emprego ou função. Abrange ainda aqueles que atuam transitoriamente e sem qualquer tipo de remuneração, como os mesários, em dias de eleição, e os jurados, quando das sessões do Tribunal do Júri. A expressão abrange, ainda, as autoridades civis e militares. Não basta à configuração do crime que haja uma autoridade pública; é imprescindível que tal autoridade esteja atuando no exercício das suas funções ou em razão delas. É possível, por exemplo, que um policial, de férias, apresentando-se como policial, efetue a prisão ilícita de alguém. Em casos como este, a autoridade pública não se encontra no exercício da função, mas age em razão dela.

Este mesmo raciocínio poderia ser empregado para uma autoridade pública que se encontrasse licenciada do cargo ou emprego que ocupa, ou da função que exerce. Contudo, já não se poderia falar em abuso de autoridade na hipótese de se tratar de um agente público aposentado ou exonerado, pois, em situações que tais, já não há vínculo com o poder público, não se podendo falar em utilização, nem mesmo indireta, do cargo, do emprego ou da função pública.

A Lei não se aplica àqueles que exercem múnus público (ex.: defensor dativo, administrador judicial da falência, etc.), sob pena de se incorrer em analogia *in malam partem.* A despeito da relevância da atuação daqueles que exercem o múnus, a Lei faz alusão ao exercício de cargo, emprego ou função, mas não ao múnus.

1.2. Conceito de funcionário público no Código Penal

Muito embora a expressão funcionário público esteja em desuso em outros ramos do Direito, ainda é utilizada pela legislação penal. Esta expressão constitui um elemento normativo do tipo. Vale lembrar que os elementos normativos do tipo são aqueles que dependem de uma valoração social ou jurídica. A expressão funcionário público depende de uma valoração jurídica, na medida em que a própria lei define o funcionário público.

O conceito válido para o Direito Penal está no art. 327 do Código, nos seguintes termos: "Considera-se funcionário público, para os efeitos penais, quem, embora transitoriamente ou sem remuneração, exerce cargo, emprego ou função pública".

Além desta definição, o primeiro parágrafo do mesmo artigo cria a figura do equiparado a funcionário público, destacando que: "Equipara-se a funcionário público quem exerce cargo, emprego ou função em entidade paraestatal, e quem trabalha para empresa prestadora de serviço contratada ou conveniada para a execução de atividade típica da Administração Pública".

Depreende-se destas definições que a acepção da expressão "funcionário público", para fins de Direito Penal é bastante ampla, abrangendo a Administração Pública direta e indireta. Por isto, equipara-se a funcionário público, por exemplo, o empregado de sociedade de economia mista[10], empresa pública e, até mesmo, funcionário de empresas privadas concessionárias de serviços públicos.

Não é equiparado a funcionário público, todavia, o funcionário de empresa contratada ou conveniada com o poder público para o desempenho de atividade que não seja típica da Administração. Imagine-se, por exemplo, que uma Prefeitura contrata uma empresa para realizar um evento comemorativo do aniversário do Município. O funcionário da referida empresa não é equiparado a funcionário público, para fins penais, porquanto o contrato com o poder público não diz respeito a atividades típicas da Administração.

Mas, sob esta perspectiva, seria equiparado a funcionário público, por exemplo, o médico que atende em um hospital particular que mantém convênio com o Sistema p/único de Saúde (SUS). Importante destacar, porém, que a extensão da definição de equiparado a funcionário público aos funcionários de empresas contratadas ou conveniadas com o poder público para o desempenho de atividades típicas da Administração só se faz possível para os casos ocorridos após o advento da Lei nº 9.983/2000, que alterou a redação do art. 327, CP[11].

Como se vê, o conceito de autoridade empregado pela Lei de Abuso de Autoridade e o conceito de funcionário público utilizado pelo Código Penal se aproximam em muito. É verdade que o Código Penal faz alusão ao funcionário militar, o que não ocorre na Lei de Abuso de Autoridade. Tal previsão, todavia, é de somenos importância, na medida em que o militar exerce cargo público da mesma forma. Ademais, para as figuras típicas existentes no Código Penal, há crimes similares contemplados no Código Penal Militar.

Ocorre, porém, que a Lei de Abuso de autoridade não faz menção à figura do equiparado a funcionário público, como o Código Penal. Aliás, o Código também não fazia qualquer referência a esta figura, até o advento da Lei nº 9.983/2000. O fato é que o equiparado a funcionário público pode praticar os crimes funcionais previstos no CP, mas não o abuso de autoridade, na medida em que esta definição não se estende à Lei nº 4.898/65.

Afinal de contas, trata-se de lei especial, que não é revogada ou alterada tacitamente por lei geral. Ademais, não se pode admitir, em sede de Direito Penal, uma analogia *in malam partem,* e considerar o equiparado a funcionário público como autoridade, sem que haja menção legislativa expressa nesse sentido, desembocaria, efetivamente, nessa malfadada analogia.

10. STJ, REsp 212.940/MG, Rel. Min. Felix Fischer.

11. STJ, REsp 1.067653/PR, Rel. Min. Jorge Mussi.

1.3. Abuso de autoridade praticado por particulares

Reiteramos que os crimes previstos na Lei de Abuso de Autoridade são próprios, exigindo uma qualidade especial do agente, que, no caso, é a de se enquadrar em uma das situações descritas no artigo em comento. Assim, o particular, por si só, jamais poderá pratica o crime de abuso de autoridade, e, se realizar alguma das condutas contidas nos artigos precedentes, poderá ser responsabilizado por algum outro crime (lesão corporal, constrangimento ilegal, ameaça etc.).

Mas não se pode esquecer o quanto disposto no art. 30 do Código Penal, nos seguintes termos: "Não se comunicam as circunstâncias e as condições de caráter pessoal, salvo quando elementares do crime". Elementar é aquele dado essencial que não pode ser retirado da figura típica, sob pena de descaracterizá-la. No caso, obviamente, ser autoridade é elementar dos crimes previstos nesta Lei, pois se não houver uma autoridade não haverá o crime.

Devemos concluir, então, que a condição pessoal (ser autoridade) deve se comunicar aos coautores e partícipes, o que significa dizer que se uma autoridade pública agir em concurso de agentes com um particular, este também será responsabilizado pelo crime de abuso de autoridade. Importante recordar que só haverá essa comunicação da condição pessoal ao particular se ele souber da condição de autoridade do outro agente.

Em resumo, não é possível um particular praticar crime de abuso de autoridade sozinho ou em coautoria com outros particulares. Mas é plenamente possível a um particular praticar crime de abuso de autoridade em coautoria ou participação com uma autoridade pública, desde que saiba dessa condição do comparsa.

2. SÚMULAS E JURISPRUDÊNCIA

✦ *SUPREMO TRIBUNAL FEDERAL*

- **RESOLUÇÃO 135/2011 DO CNJ E UNIFORMIZAÇÃO DE PROCEDIMENTO ADMINISTRATIVO DISCIPLINAR.** O Plenário iniciou julgamento de referendo em medida cautelar em ação direta de inconstitucionalidade ajuizada, pela Associação dos Magistrados Brasileiros – AMB, contra a Resolução 135/2011, do Conselho Nacional de Justiça – CNJ. O diploma adversado dispõe sobre a uniformização de normas relativas ao procedimento administrativo disciplinar aplicável aos magistrados, acerca dos ritos e das penalidades, e dá outras providências. No que concerne ao § 1º desse mesmo artigo ("As penas previstas no art. 6º, § 1º, da Lei nº 4.898, de 9 de dezembro de 1965, são aplicáveis aos magistrados, desde que não incompatíveis com a Lei Complementar nº 35, de 1979"), referendou-se, por maioria, o deferimento da liminar. **Elucidou-se que, embora os magistrados respondessem disciplinarmente por ato caracterizador de abuso de autoridade, a eles não se aplicariam as penas administrativas versadas na Lei 4.898/65, porquanto submetidos à disciplina especial derrogatória, qual seja, a Lei Orgânica da Magistratura Nacional – Loman.** Enfatizou-se que esta estabeleceria, em preceitos exaustivos, os deveres e as penalidades impostos aos juízes. O Min. Celso de Mello observou que o regime jurídico definido pela Loman, posto sob reserva de lei complementar, não permitiria que o CNJ, ao atuar em sede administrativa, formulasse resolução ampliativa do rol a que se refere o art. 42 do Estatuto da Magistratura. Vencidos os Ministros Cármen Lúcia e Joaquim Barbosa, que indeferiam a cautelar. A primeira, ao fundamento de que prevaleceria, em exame precário, a presunção de constitucionalidade das leis, haja vista que o art. 103-B, § 4º, IV, da CF estabeleceria a competência do CNJ para representar ao Ministério Público no caso de crime contra a Administração Pública ou de abuso de autoridade e que este instituto seria disciplinado pela Lei 4.898/65, ao passo que a Loman não trataria especificamente do tema. O último, por reputar que retirar a eficácia da norma, neste momento e pelo tempo que perdurar a cautelar, significava criar excepcionalidade injustificada aos magistrados. *STF, ADI 4638 Referendo-MC/DF, rel. Min. Marco Aurélio, 1º e 2.2.2012. Pleno (Info 653)*

3. QUESTÕES DE CONCURSOS

1. **(CESPE/Delegado de Polícia – ES/2010)** Considere que um agente policial, acompanhado de um amigo estranho aos quadros da administração pública, mas com pleno conhecimento da condição funcional do primeiro, efetuem a prisão ilegal de um cidadão. Nesse caso, ambos responderão pelo crime de abuso de autoridade, independentemente da condição de particular do coautor.

2. **(FCC/TRT4/Juiz do Trabalho/ 2012)** Para efeito de tipificação dos crimes de abuso de autoridade, considera-se autoridade

a) apenas quem exerce cargo de natureza militar remunerado.
b) quem exerce emprego público de natureza civil, desde que não transitório.
c) quem exerce função pública de natureza civil, ainda que não remunerada.
d) somente quem exerce cargo de natureza militar não transitório.
e) quem exerce cargo de natureza civil, desde que remunerado.

3. **(CESPE/Defensor Público – RR/2013 – adaptada)** De acordo com a lei em questão, somente podem ser agentes dos delitos de abuso de autoridade os agentes públicos ou pessoas que exerçam múnus público.

4. **(FCC/TRT18/Juiz do Trabalho/2014 – adaptada)** Se considera autoridade apenas quem exerce cargo, emprego ou função pública, de natureza civil ou militar, não transitório e remunerado.

5. **(MPE-PR/Promotor de Justiça/2014 – adaptada)** Os crimes de abuso de autoridade previstos nessa Lei Especial inserem-se entre os chamados crimes de responsabilidade próprios, ou seja, verdadeiras infrações penais, sancionadas com penas privativas de liberdade.

6. **(MPE-PR/Promotor de Justiça/2014 – adaptada)** Terceiros que não exerçam funções públicas somente poderão ser penalmente responsabilizados a título de coautoria, nos termos do art. 29 do Código Penal, uma vez que a qualidade de autoridade é elementar dos tipos penais da Lei, o que impede a responsabilização pela participação.

7. **(FEPESE/MPE-SC/Promotor de Justiça/2014)** A Lei nº 4.898/65, que prevê os crimes de abuso de autoridade, é aplicável inclusive aos que exercem cargo, emprego ou função pública de natureza civil, ainda que transitoriamente e sem remuneração.

8. **(CESPE/DEPEN/Agente Penitenciário/2015)** O particular que atuar em coautoria ou participação com uma autoridade pública no cometimento de crime de abuso de autoridade não responderá por esse crime porque não é agente público.

9. **(FUNIVERSA/PC-DF/Delegado de Polícia/2015 – adaptada)** Para fins da lei mencionada, considera-se autoridade quem exerce cargo, emprego ou função pública, de natureza civil ou militar, ainda que transitoriamente e sem remuneração.

10. **(FCC/DPE-ES/Defensor Público/2016 – adaptada)** Considera-se autoridade, para os efeitos da referida lei, apenas quem exerce cargo, emprego ou função pública, de natureza civil, ou militar, de natureza permanente.

11. **(CONSULPLAN/TRF2/Analista Judiciário/2017 – adaptada)** Considera-se autoridade, para os efeitos da lei de abuso de autoridade, quem exerce cargo, emprego ou função pública, de natureza civil, ou militar, ainda que transitoriamente e sem remuneração.

12. **(FCC/TRT24/Técnico Judiciário/2017)** Carlos exerce cargo público de natureza civil, de forma transitória e sem remuneração. No exercício do seu trabalho, cometeu atentado ao livre exercício do culto religioso. Por isso, Carlos recebeu sanção administrativa legalmente determinada em função

da gravidade do abuso cometido, que consistiu em advertência. Considerando as disposições da Lei nº 4.898/65, Carlos

a) não é considerado autoridade, pois exerce seu cargo de forma transitória.

b) sofreu advertência por abuso de autoridade.

c) não é considerado autoridade, pois exerce seu cargo sem remuneração.

d) cometeu abuso de autoridade, mas a advertência não é sanção administrativa prevista para o atentado cometido.

e) cometeu atentado que não caracteriza abuso de autoridade.

GAB	1	2	3	4	5	6	7	8	9	10	11	12
	C	C	E	E	E	E	C	E	C	E	C	B

Art. 6º O abuso de autoridade sujeitará o seu autor à sanção administrativa, civil e penal.

§ 1º A sanção administrativa será aplicada de acordo com a gravidade do abuso cometido e consistirá em:

a) advertência;

b) repreensão;

c) suspensão do cargo, função ou posto por prazo de cinco a cento e oitenta dias, com perda de vencimentos e vantagens;

d) destituição de função;

e) demissão;

f) demissão, a bem do serviço público.

§ 2º A sanção civil, caso não seja possível fixar o valor do dano, consistirá no pagamento de uma indenização de quinhentos a dez mil cruzeiros.

§ 3º A sanção penal será aplicada de acordo com as regras dos artigos 42 a 56 do Código Penal e consistirá em:

a) multa de cem a cinco mil cruzeiros;

b) detenção por dez dias a seis meses;

c) perda do cargo e a inabilitação para o exercício de qualquer outra função pública por prazo até três anos.

§ 4º As penas previstas no parágrafo anterior poderão ser aplicadas autônoma ou cumulativamente.

§ 5º Quando o abuso for cometido por agente de autoridade policial, civil ou militar, de qualquer categoria, poderá ser cominada a pena autônoma ou acessória, de não poder o acusado exercer funções de natureza policial ou militar no município da culpa, por prazo de um a cinco anos.

1. COMENTÁRIOS

1.1. Considerações iniciais

Os atos de abuso de autoridade, além de constituírem crime, constituem infrações na esfera administrativa e cível. A apuração de responsabilidade em cada uma das esferas é autônoma, sendo possível que o agente público seja sancionado nas três. Em casos como este, não há que se falar em *bis in idem*.

Naturalmente, tanto a apuração de responsabilidades quanto as sanções daí decorrentes são flagrantemente distintos, nas esferas penal, administrativa e cível. Com efeito, enquanto a responsabilização penal pode culminar na imposição de uma pena privativa de liberdade, restritiva de direitos (por força da substituição da pena de prisão, nos termos do art. 44, CP) ou multa, após o trâmite de um processo penal, as sanções administrativas encontram-se enumeradas no § 1º do artigo em comento, e a sanção cível diz respeito ao pagamento de indenização.

No ensejo, importante mencionar que os valores a que se refere o art. 6º, § 2º não podem ser atualizados, pois não há índice oficial estipulado em Lei para tanto. Assim, o agente público poderá ser responsabilizado na esfera cível, sim, mas o montante da indenização não obedece a critérios previamente delineados na Lei de Abuso de Autoridade.

1.2. As sanções penais

No que tange à matéria penal, real objeto de análise desta obra, o § 3º deste artigo aponta, além da pena de multa e da pena privativa de liberdade, a perda do cargo e a inabilitação para o exercício de qualquer outra função pública por prazo até três anos. Conforme preconiza o § 4º, é possível que se tenha a aplicação autônoma ou cumulativa das penas.

Cabe procedermos a uma análise de cada uma das sanções previstas.

a) multa de cem a cinco mil cruzeiros

No que concerne à pena de multa, as mesmas considerações tecidas em relação aos valores da indenização civil podem ser empregadas, vale dizer, os valores em cruzeiros, mencionados no dispositivo já não se aplicam. Para a imposição da pena de multa, na condenação por crime de abuso de autoridade, o julgador deve adotar os mesmos critérios previstos no Código Penal, isto é, estabelecer a condenação em patamares que variam de 10 (dez) a 360 (trezentos e sessenta) dias-multa; e, em um segundo momento, mensurar o valor de cada dia-multa, levando em conta a capacidade econômica do condenado, entre um trigésimo do salário mínimo e cinco salários mínimos. Por fim, se, por força da capacidade econômica do condenado, o juiz constatar que a multa ainda está insuficiente, poderá elevar estes valores ao triplo.

b) detenção por dez dias a seis meses

Os crimes de abuso de autoridade constituem infração penal de menor potencial ofensivo, uma vez que a pena máxima prevista não ultrapassa dois anos. Este é o entendimento consagrado pela nossa jurisprudência, pois, não se pode relegar o fato de que, com o advento da Lei nº 11.313/2006, que modificou a redação do art. 61 da Lei nº 9.099/95, "consideram-se infrações penais de menor potencial ofensivo, para os efeitos desta Lei, as contravenções penais e os crimes a que a lei comine pena máxima não superior a 2 (dois) anos, cumulada ou não com multa', independentemente de a infração possuir rito especial"[12].

Como se percebe, o crime de abuso de autoridade é uma infração de menor potencial ofensivo, devendo ser aplicados os institutos despenalizadores da Lei nº 9.099/95, como a transação penal (art. 76, Lei nº 9.099/95)[13]. Cabe, ainda, em tese, o instituto da suspensão

12. HC 163.282/RO, Rel. Ministro ARNALDO ESTEVES LIMA, QUINTA TURMA, julgado em 18/05/2010.

13. Há, é verdade, entendimento contrário, no sentido de que o crime de abuso de autoridade não poderia estar contemplado pela Lei de Juizados Especiais, não por haver previsão de pena de multa, mas por haver previsão de

condicional do processo (art. 89, Lei nº 9.099/95), na medida em que a pena mínima não ultrapassa um ano.

Há, logo se vê, uma grande probabilidade de o agente responsável pelo abuso de autoridade não chegar a ser condenado. Ademais, caso haja condenação, pode haver a obtenção da suspensão condicional da pena (art. 77, CP) ou a substituição da pena privativa de liberdade por pena restritiva de direitos, nos termos do art. 44, CP. Nesta última hipótese, porém, seria necessário que o crime de abuso de autoridade fosse praticado sem o emprego de violência ou grave ameaça.

c) perda do cargo e a inabilitação para o exercício de qualquer outra função pública por prazo até três anos

Quanto à pena de perda do cargo, o que chama a atenção é a substancial distinção entre o tratamento conferido pela Lei de Abuso de Autoridade e o Código Penal, em seu art. 92. Inicialmente, é bom que se diga que, para o Código Penal, a perda do cargo não é uma pena, mas sim um efeito extrapenal da condenação. Não se trata de efeito automático da sentença, devendo, por isso, ser motivadamente declarado na sentença penal condenatória.

De acordo com o CP, é possível a perda do cargo, função pública ou mandato eletivo em dois casos: a) quando aplicada pena privativa de liberdade por tempo igual ou superior a um ano, nos crimes praticados com abuso de poder ou violação de dever para com a Administração Pública; b) quando for aplicada pena privativa de liberdade por tempo superior a 4 (quatro) anos nos demais casos.

Como se sabe, estas disposições do Código Penal são posteriores à Lei de Abuso de Autoridade, porquanto o art. 92 teve sua redação alterada pela Lei nº 9.268/96. Não se pode olvidar, porém, que a Lei de Abuso de Autoridade é especial, não tendo sido revogada pela norma geral (Código Penal). Por esta razão, sendo o agente público condenado por crime de abuso de autoridade, nada obsta que o julgador venha a impor a pena de perda do cargo. Releva notar, ainda, que, muito embora o dispositivo em apreço se refira à perda do cargo, é possível ao magistrado determinar, também, a perda do emprego ou função pública, pois "quem pode determinar o mais – perder o cargo – pode o menos – perder o simples emprego ou função"[14].

A perda do cargo poderá vir acompanhada da inabilitação para o exercício de outra função pública por até três anos. No caso do policial, existe a regra específica do § 5º, no sentido de haver a pena de não poder o acusado exercer funções de natureza policial ou militar no município da culpa, por prazo de um a cinco anos.

É claro que o fato de haver essa pena específica para o policial não afasta a possibilidade de se lhe aplicar as demais penas previstas § 3º. No caso da pena específica, para logo se vê que não se impede que o policial exerça a sua função; o que ocorre é uma limitação territorial, por determinado tempo, o que se justifica, como forma de trazer tranquilidade à localidade, em

---

pena específica – a perda do cargo (NUCCI, Guilherme de Souza, *Leis penais e processuais penais comentadas*. v. 1, 6. ed. São Paulo: RT, 2012, p. 59).

14. NUCCI, Guilherme de Souza. *Leis penais e processuais penais comentadas*. v. 1, 6. ed. São Paulo: RT, 2012, p. 60.

que o condenado atuava. Naturalmente, a depender da gravidade da conduta perpetrada pelo agente, a perda do cargo e a inabilitação para o exercício da função é medida que se impõe.

2. SÚMULAS E JURISPRUDÊNCIA

✦ *SUPREMO TRIBUNAL FEDERAL*

- **ABUSO DE AUTORIDADE E PRESCRIÇÃO.** A 1ª Turma iniciou julgamento de agravo regimental em que se discute imprescritibilidade de crime de abuso de autoridade, previsto no art. 4º da Lei 4.898/1965, bem assim de pena funcional imposta em razão da prática desse tipo penal. A decisão agravada registrara a prescrição da pretensão executória da pena de 20 dias-multa, cominada com a determinação de perda do cargo público e inabilitação para o exercício de qualquer outro cargo durante três anos, imposta ao réu. O Ministério Público, agravante, alega que a imposição da perda do cargo público ocorreria automática e instantaneamente como decorrência do trânsito em julgado da condenação. Ademais, sustenta que, por se tratar de penas autônomas, não poderia o cômputo da prescrição de cada uma delas ser feito com base no menor prazo, o de dois anos para a pena corporal. Nesse sentido, defende que a pena de perda do cargo público guardaria maior identidade com a pena de inabilitação para o exercício da função, fixada pelo prazo de três anos e prescritível em oito (CP, art. 109), de modo que as duas sanções não estariam prescritas. O Ministro Dias Toffoli (relator) desproveu o agravo. Anotou que, **à exceção dos delitos destacados no art. 5º, XLII e XLIV, da CF, o ordenamento jurídico não contemplaria crimes imprescritíveis. A imprescritibilidade seria a exceção, de modo que os crimes de abuso de autoridade tipificados na lei e as sanções respectivas estariam sujeitas à prescrição como regra, fosse da pretensão punitiva, fosse da pretensão executória. O fato de a Lei 4.898/1965 não tratar de prescrição não significaria que esses crimes seriam imprescritíveis, mas que a eles seria aplicável a regra geral, nos termos do art. 12 do CP.** No tocante à pena funcional imposta, deveria incidir, por ser mais favorável, o menor prazo prescricional previsto no art. 109 do CP, de dois anos, sob pena de se operar analogia "in malam partem". **Em seguida, pediu vista o Ministro Roberto Barroso.** *STF, ARE 664961 AgR-ED-AgR/RJ, rel. Min. Dias Toffoli, 18.11.2014. 1ª T. (Info 768)*

3. QUESTÕES DE CONCURSOS

1. (TRT3/Juiz do Trabalho/2012 – adaptada) A sanção penal poderá constituir na perda do cargo e na inabilitação para o exercício de qualquer outra função por prazo até três anos.

2. (MPT/Procurador do Trabalho/2013 – adaptada) A perda do cargo e a inabilitação para o exercício de qualquer outra função pública por prazo até três anos é uma espécie de sanção penal ao abuso de autoridade.

3. (IBFC/Analista Judiciário – TRE-AM/2014) Segundo a Lei Federal n° 4.898/1965, quando o abuso for cometido por agente de autoridade policial, civil ou militar, de qualquer categoria, poderá ser cominada a pena autônoma ou acessória, de:

a) Não poder o acusado exercer funções de natureza policial ou militar no município da culpa, por prazo de um a cinco anos.

b) Perda da função pública pelo prazo de até cinco anos.

c) Suspensão dos direitos políticos de cinco a dez anos.

d) Proibição de contratar com o Poder Público ou receber benefícios ou incentivos fiscais ou creditícios, direta ou indiretamente.

4. (CESPE/Cartório/TJ-BA/2014) As sanções de natureza penal impostas expressamente pela Lei n.° 4.898/1965 (Lei de Abuso de Autoridade) incluem o(a)

a) recolhimento noturno.

b) prestação de serviços à comunidade por até seis meses.

c) suspensão do porte de arma de fogo por até dois anos.

d) perda do cargo e inabilitação para o exercício de outra função pública por até três anos.
e) impossibilidade de exercício de funções de natureza policial ou militar em todo o território nacional, por prazo de dois a cinco anos.

5. (FCC/TRT18/Juiz do Trabalho/2014 – adaptada) Ao crime de abuso de autoridade é cominada pena privativa de liberdade na modalidade de reclusão.

6. (FCC/TRT18/Juiz do Trabalho/2014 – adaptada) Ao crime de abuso de autoridade não é cominada pena de multa.

7. (FCC/TJ-AP/Analista Judiciário/2014) Com relação às sanções do abuso de autoridade previstas na Lei no 4.898/1965, considere o parágrafo 5º do artigo 6º da Lei de Abuso de Autoridade.

Art. 6º (...)

§ 5º Quando o ...... for cometido por agente de autoridade ......, ... ou ......, de qualquer categoria, poderá ser cominada a pena ...... ou ......, de não poder o acusado exercer funções de natureza policial ou militar no município da culpa, por prazo de um a cinco anos.

Completa correta e, respectivamente, a disposição:

a) crime – policial – civil – militar – alternativa – final
b) abuso – federal – estadual – municipal – principal – autônoma
c) crime – federal – portuária – rodoviária – autônoma – acessória
d) abuso – federal – estadual – municipal – alternativa – de reclusão
e) abuso – policial – civil – militar – autônoma – acessória

8. (CESPE/TJ-PB/Juiz de Direito/2015) A condenação por crime previsto na lei de abuso de autoridade (Lei nº 4.898/1965) poderá importar na aplicação de sanção penal de

a) inabilitação para contratar com a administração pública por prazo determinado.
b) reclusão.
c) inabilitação para o exercício de qualquer função pública por prazo determinado.
d) advertência.
e) prisão simples.

9. (FCC/DPE-ES/Defensor Público/2016 – adaptada) Quando o abuso for cometido por agente de autoridade policial, civil ou militar, de qualquer categoria, poderá ser cominada a pena autônoma ou acessória, de não poder o acusado exercer funções de natureza policial ou militar no município da culpa, por prazo de um a cinco anos.

10. (CONSULPLAN/TRF2/Analista Judiciário-Contabilidade/2017) De acordo com a Lei nº 4.898, de 9 de dezembro de 1965, o abuso de autoridade sujeitará o seu autor à sanção administrativa civil e penal. A sanção administrativa será aplicada de acordo com a gravidade do abuso cometido e NÃO consistirá em:

a) Advertência.
b) Repreensão.
c) Demissão, a bem do serviço público.
d) Suspensão do cargo, função ou posto por prazo de trinta a trezentos e sessenta dias, com perda de vencimentos e vantagens.

11. (CONSULPLAN/TRF2/Analista Judiciário/2017 – adaptada) Quando o abuso for cometido por agente de autoridade policial, civil ou militar, de qualquer categoria, poderá ser cominada a pena autônoma ou acessória, de não poder o acusado exercer funções de natureza policial ou militar no município da culpa, por prazo de um a três anos.

12. **(FCC/DPE-RS/Técnico de Segurança/2017)** Um agente público de natureza civil, no exercício de seu cargo, executou medida privativa da liberdade individual para um cidadão, sem as formalidades legais. De acordo com a Lei nº 4.898/1965, esse agente público está sujeito à sanção administrativa que:

a) consistirá em multa de valor fixado pela legislação vigente; detenção por dez dias a seis meses; perda do cargo e a inabilitação para o exercício de qualquer outra função pública por prazo até três anos.

b) consistirá no pagamento de uma indenização com valor pré-fixado pela legislação vigente, caso não seja possível fixar o valor do dano.

c) será aplicada de acordo com a gravidade do abuso cometido, que poderá consistir em advertência; repreensão; suspensão do cargo, função ou posto por prazo de 5 a 180 dias, com perda de vencimentos e vantagens; destituição de função; demissão; demissão, a bem do serviço público.

d) poderá ser cominada a pena autônoma ou acessória, de não poder o acusado exercer funções de natureza policial ou militar no município em questão, por prazo de um a cinco anos.

e) consistirá, dentre outros, em detenção de dez dias a um ano, pagamento de uma indenização com valor pré-fixado pela legislação vigente e demissão, a bem do serviço público.

13. **(FCC/TRF5/Técnico Judiciário-Seg. e Transporte/2017)** Genival, Delegado de Polícia Civil do Estado X, prende em flagrante delito Marcos, pelo crime de estupro. Ao encarcerá-lo junto a outros detentos determina que Marcos passe a noite despido, devolvendo-lhe suas vestes somente na manhã seguinte. De acordo com a Lei nº 4.898 de 1965, sem prejuízo de outras sanções penais, Genival estará sujeito a sanções

a) penal e disciplinar, sendo vedada a sanção civil.

b) administrativa, somente, por não ter observado as determinações em vigor para encarceramento de detento.

c) civil, eximindo-se as demais sanções com a efetiva reparação dos danos morais provocados.

d) penal, somente, que absorverá as sanções das demais esferas.

e) administrativa, penal e civil.

GAB	1	2	3	4	5	6	7	8	9	10	11	12	13
	C	C	A	D	E	E	E	C	C	D	E	C	E

Art. 7º recebida a representação em que for solicitada a aplicação de sanção administrativa, a autoridade civil ou militar competente determinará a instauração de inquérito para apurar o fato.

§ 1º O inquérito administrativo obedecerá às normas estabelecidas nas leis municipais, estaduais ou federais, civis ou militares, que estabeleçam o respectivo processo.

§ 2º não existindo no município no Estado ou na legislação militar normas reguladoras do inquérito administrativo serão aplicadas supletivamente, as disposições dos arts. 219 a 225 da Lei nº 1.711, de 28 de outubro de 1952 (Estatuto dos Funcionários Públicos Civis da União).

§ 3º O processo administrativo não poderá ser sobrestado para o fim de aguardar a decisão da ação penal ou civil.

Art. 8º A sanção aplicada será anotada na ficha funcional da autoridade civil ou militar.

1. COMENTÁRIOS

Os artigos tratam da responsabilização na seara administrativa, o que em nada influi na sanção penal. Importante observar, tão-somente, que a Lei nº 1.711/52, referida no § 2º, foi revogada pela Lei nº 8.112/90, que dispõe sobre o regime jurídico dos servidores públicos civis da União, das autarquias e das fundações públicas federais. Mais que isto, a Lei nº 9.784/99 regula o processo administrativo no âmbito da Administração Pública Federal.

Desta forma, a prática de infração administrativa deverá ser apurada de acordo com a legislação específica para o agente pública, mas, inexistindo o regramento específico, a legislação federal deverá ser observada.

2. QUESTÕES DE CONCURSOS

1. **(FCC/DPE-ES/Defensor Público/2016 – adaptada)** O processo administrativo para apurar abuso de autoridade deve ser sobrestado para o fim de aguardar a decisão da ação penal que apura a mesma conduta.

2. **(VUNESP/PC-SP/Investigador de Polícia/2018 – adaptada)** O processo administrativo não poderá ser sobrestado para o fim de aguardar a decisão da ação penal ou civil

GAB	1	2
	E	C

Art. 9º Simultaneamente com a representação dirigida à autoridade administrativa ou independentemente dela, poderá ser promovida pela vítima do abuso, a responsabilidade civil ou penal ou ambas, da autoridade culpada.

1. COMENTÁRIOS

Este dispositivo não trata, exclusivamente, de matéria penal, mas também da responsabilização civil do agente público. Quanto à responsabilização penal, trata-se, como já referimos acima, de crime de ação penal pública incondicionada, cabendo, portanto, ao Ministério Público (Estadual ou Federal) o oferecimento da denúncia, para que o agente público seja, sendo o caso, punido.

No que se refere à responsabilização civil da autoridade pública, cumpre recordar que ela não é afastada pela responsabilidade objetiva do Estado. É o que se depreende, inclusive, do art. 37, § 6º, da Constituição Federal, nos seguintes termos: "As pessoas jurídicas de direito público e as de direito privado prestadoras de serviços públicos responderão pelos danos que seus agentes, nessa qualidade, causarem a terceiros, assegurado o direito de regresso contra o responsável nos casos de dolo ou culpa".

Como se vê, a responsabilidade do Estado é objetiva; o agente público, porém, será responsabilizado apenas no caso de haver dolo ou culpa de sua parte. Não é demasiado lembrar que estamos tratando da responsabilização civil, pois a responsabilidade penal dos crimes de que trata a Lei adstringem-se, em regra, à existência do dolo.

Art. 10. Vetado

Art. 11. À ação civil serão aplicáveis as normas do Código de Processo Civil.

1. COMENTÁRIOS

O dispositivo é desnecessário, pois, a inexistência de regras processuais específicas na Lei de Abuso de Autoridade, para a matéria cível, a outra conclusão não se poderia chegar, senão a de que deve ser aplicado o Código de Processo Civil.

Art. 12. A ação penal será iniciada, independentemente de inquérito policial ou justificação por denúncia do Ministério Público, instruída com a representação da vítima do abuso.

1. COMENTÁRIOS

Sendo a ação penal pública incondicionada, devemos reiterar que a "representação" a que se refere a Lei de Abuso de Autoridade não é condição de procedibilidade, devendo ser entendida como mera *notitia criminis.* O art. 12 da Lei trata, portanto, de uma situação em que o fato que constitui o abuso é encaminhado ao Ministério Público, para que, sendo o caso, adote as providências cabíveis, no sentido de deflagrar a persecução criminal em juízo.

Ao dispensar a existência de inquérito, o dispositivo legal apenas ratifica a ideia de que se trata de instrumento de investigação dispensável, podendo ser substituído por outras peças de informação. A rigor, até mesmo a investigação criminal (que pode se consubstanciar em inquérito policial, inquérito ministerial – CPI, investigação do MP, etc.) é dispensável, desde que o titular da ação penal, ao iniciá-la, possua o lastro probatório mínimo (justa causa), consistente na prova da materialidade e indícios de autoria ou participação delitiva.

Esta justa causa, porém, é imprescindível. Não se pode admitir que alguém se torne réu em um processo criminal que exista, em seu desfavor, este suporte probatório mínimo. Ademais, a ausência da justa causa ensejaria a rejeição da denúncia, nos termos do art. 395, III, CPP.

O dispositivo em comento deve ser lido à luz de tais considerações. Com efeito, quando o art. 12 da Lei de Abuso de Autoridade dispõe será iniciada, instruída com a representação da vítima do abuso, não dispensa a presença dos elementos de convicção mínima do titular da ação penal. Obviamente, se a vítima formular a representação e já trouxer os elementos idôneos a formar a justa causa, deve o Ministério Público oferecer a denúncia contra o agente público criminoso. Contudo, se a vítima apenas formular a representação sem trazer qualquer elemento, cabe ao Ministério Público diligenciar a obtenção destas provas, antes de iniciar a ação penal, requisitando a instauração de inquérito policial, instaurando investigação própria, etc.

2. SÚMULAS E JURISPRUDÊNCIA

✦ *SUPREMO TRIBUNAL FEDERAL*

▸ **MINISTÉRIO PÚBLICO E INVESTIGAÇÃO CRIMINAL.** O Ministério Público dispõe de competência para promover, por autoridade própria, e por prazo razoável, investigações de natureza penal, desde que respeitados os direitos e garantias que assistem a qualquer indiciado ou a qualquer pessoa sob investigação do Estado, observadas, sempre, por seus agentes, as hipóteses de reserva constitucional de jurisdição e, também, as prerrogativas profissionais de que se acham investidos, em nosso País, os advogados (Lei 8.906/1994, art. 7º, notadamente os incisos I, II, III, XI, XIII, XIV e XIX), sem prejuízo da possibilidade – sempre presente no Estado democrático de Direito – do permanente controle jurisdicional dos atos, necessariamente documentados (Enunciado 14 da Súmula Vinculante), praticados pelos membros dessa Instituição. Com base nessa orientação, o Plenário, em conclusão de julgamento e por maioria, negou provimento a recurso extraordinário em que discutida a constitucionalidade da realização de procedimento investigatório criminal pelo Ministério Público. No caso, o acórdão impugnado dispusera que, na fase de recebimento da denúncia, prevaleceria a máxima "in dubio pro societate", oportunidade em que se possibilitaria ao titular da ação penal ampliar o conjunto probatório. Sustentava o recorrente que a investigação realizada pelo "parquet" ultrapassaria suas atribuições funcionais constitucionalmente previstas. O Tribunal asseverou que a questão em debate seria de grande importância, por envolver o exercício de poderes por parte do

Ministério Público. A legitimidade do poder investigatório do órgão seria extraída da Constituição, a partir de cláusula que outorgaria o monopólio da ação penal pública e o controle externo sobre a atividade policial. O "parquet", porém, não poderia presidir o inquérito policial, por ser função precípua da autoridade policial. Ademais, **a função investigatória do Ministério Público não se converteria em atividade ordinária, mas excepcional, a legitimar a sua atuação em casos de abuso de autoridade, prática de delito por policiais, crimes contra a Administração Pública, inércia dos organismos policiais, ou procrastinação indevida no desempenho de investigação penal, situações que, exemplificativamente, justificariam a intervenção subsidiária do órgão ministerial.** Haveria, no entanto, a necessidade de fiscalização da legalidade dos atos investigatórios, de estabelecimento de exigências de caráter procedimental e de se respeitar direitos e garantias que assistiriam a qualquer pessoa sob investigação – inclusive em matéria de preservação da integridade de prerrogativas profissionais dos advogados, tudo sob o controle e a fiscalização do Poder Judiciário. Vencidos os Ministros Cezar Peluso (relator), Ricardo Lewandowski (Presidente) e Dias Toffoli, que davam provimento ao recurso extraordinário e reconheciam, em menor extensão, o poder de investigação do Ministério Público, em situações pontuais e excepcionais; e o Ministro Marco Aurélio, que dava provimento ao recurso, proclamando a ilegitimidade absoluta do Ministério Público para, por meios próprios, realizar investigações criminais. *STF, RE 593727/MG, rel. orig. Min. Cezar Peluso, red. p/ o acórdão Min. Gilmar Mendes, 14.5.2015. Pleno. (Info 785)*

3. QUESTÕES DE CONCURSOS

1. **(VUNESP/MPE-ES/Promotor de Justiça/2013 – adaptada)** No caso de abuso de autoridade, a ação penal será iniciada, independentemente de inquérito policial ou justificação por denúncia do Ministério Público, instruída com a representação da vítima do abuso.

2. **(CESPE/DEPEN/Agente Penitenciário/2015)** Nos crimes de abuso de autoridade, a ação é pública condicionada à representação da vítima, pois a falta dessa representação impede a iniciativa do Ministério Público.

3. **(CESPE/Juiz de Direito Substituto – AM/2016 – adaptada)** A representação da vítima, dirigida ao MP, é condição de procedibilidade para a instauração da ação penal referente ao crime de abuso de autoridade.

4. **(CESPE/TRT8/Analista Judiciário/2016 – adaptada)** A representação prevista na lei que trata dos crimes de abuso de autoridade é mera notícia do fato criminoso, inexistindo condição de procedibilidade para a instauração da ação penal.

5. **(CONSULPLAN/TRF2/Analista Judiciário/2017 – adaptada)** A ação penal será iniciada, independentemente de inquérito policial ou justificação por denúncia do Ministério Público, instruída com a representação da vítima do abuso.

6. **(CESPE/PC-SE/Delegado de Polícia/2018) Situação hipotética**: Uma autoridade policial prolongou, sem autorização judicial, a execução de prisão temporária de um indiciado, o que levou a defesa deste a representá-la criminalmente por abuso de autoridade, mediante petição dirigida à autoridade superior. **Assertiva**: Nessa situação, a representação é condição de procedibilidade para a aplicação das sanções penais correspondentes.

GAB	1	2	3	4	5	6
	C	E	E	C	C	E

Art. 13. Apresentada ao Ministério Público a representação da vítima, aquele, no prazo de quarenta e oito horas, denunciará o réu, desde que o fato narrado constitua abuso de autoridade, e requererá ao Juiz a sua citação, e, bem assim, a designação de audiência de instrução e julgamento.

§ 1º A denúncia do Ministério Público será apresentada em duas vias.

1. COMENTÁRIOS

1.1. O procedimento na Lei de Abuso de autoridade

Como se depreende da Lei de Abuso de Autoridade, a partir do seu art. 13, há um procedimento especial para casos desta natureza. Tal procedimento, todavia, está em desuso, porquanto, conforme salientamos anteriormente, é entendimento consagrado em nossa jurisprudência que os crimes de abuso de autoridade são de menor potencial ofensivo, razão pela qual deve ser aplicado o procedimento da Lei nº 9.099/95.

Não se pode olvidar, porém, que, em casos excepcionais, a infração penal de menor potencial ofensivo não se submete ao regramento da Lei de Juizados Especiais. Isto ocorre, por exemplo, quando há a necessidade de citação por edital ou quando a causa, a despeito da pouca gravidade do crime, é complexa. Assim, é possível aplicar-se o procedimento da Lei de Abuso de Autoridade quando, por exemplo, houver complexidade.

Trata-se, logo se vê, de hipótese de difícil ocorrência. De toda sorte, é necessário empreendermos a uma análise do procedimento aprovisionado em Lei.

1.2. Oferecimento da denúncia

O prazo previsto pela Lei de Abuso de Autoridade para o que o Ministério Público é muito menor do que aquele previsto no CPP (art. 46), que faz menção a um lapso de cinco dias na hipótese de o investigado estar preso e quinze dias para o caso de se encontrar solto. Na Lei de Abuso de Autoridade, logo se vê, o prazo é de quarenta e oito horas.

Muito embora a Lei de Abuso de Autoridade silencie em relação às demais medidas que podem ser adotadas pelo Ministério Público, podemos, recorrendo à aplicação analógica do CPP, concluir que o órgão ministerial poderá "requerer"[15] a devolução do inquérito policial, ou de peças de informação que o substituam, à autoridade para a realização de novas diligências ou requerer ao Juiz o arquivamento, por falta de base para a denúncia. Além disto, pode ser o caso de o MP requerer ao julgador que decline a competência, quando, por exemplo, a representação se der na esfera estadual, mas se tratar de crime federal.

O que acontece se o membro do MP, mesmo diante de uma representação que se encontre acompanhada de suficientes elementos que apontem a prova da materialidade e os indícios de autoria ou participação, não oferecer a denúncia no prazo de quarenta e oito horas? A Lei de Abuso de Autoridade não tratou das consequências de uma eventual inércia ministerial, no prazo que assinalado para o oferecimento da denúncia. Uma vez mais, devemos recorrer à aplicação, por analogia, do Código de Processo Penal. A inércia ministerial pode trazer, apenas, duas consequências: a) relaxamento da prisão por constrangimento ilegal produzido pelo excesso de prazo; b) possibilidade de o ofendido ajuizar a ação penal privada subsidiária da pública.

Na hipótese de estar o investigado preso, é necessário aferir o caso concreto, para que se possa exercer juízo de valor em torno da razoabilidade do prazo de prisão. Ademais, tendo em

15. Muito embora o art. 16, CPP faça menção ao requerimento de retorno, nada obsta que o MP requisite as diligências diretamente à autoridade policial.

vista que a pena prevista para o crime de abuso de autoridade é muito baixa, a probabilidade de o investigado se encontrar preso é remota.

No que pertine à segunda consequência, vale lembrar que, para o ajuizamento da queixa-crime – peça inicial acusatória da ação penal de iniciativa privada –, o ofendido necessita de advogado com poderes específicos para tanto (art. 44, CPP). Nesta ação privada subsidiária da pública, o Ministério Público poderá aditar a queixa, repudiá-la e oferecer denúncia substitutiva, intervir em todos os termos do processo, fornecer elementos de prova, interpor recurso e, a todo tempo, no caso de negligência do querelante, retomar a ação como parte principal (art. 29, CPP).

1.3. Inexistência de defesa preliminar

O CPP previu, entre os arts. 513 e 518, o procedimento a ser aplicado na hipótese de crime afiançável praticado por funcionário público no exercício das suas funções ou em razão delas. Naturalmente, este procedimento especial aplica-se apenas àqueles funcionários públicos que não possuem direito a foro por prerrogativa de função, pois se tiverem, o procedimento terá curso perante o Tribunal respectivo e os procedimentos nos Tribunais obedecem à Lei nº 8.038/90.

Ademais, o procedimento especial previsto no CPP aplica-se aos crimes afiançáveis. Ocorre que, com o advento da Lei nº 12.403/11, que reformou o CPP na parte relativa às prisões, todos os crimes funcionais são afiançáveis, pois só são inafiançáveis os crimes de racismo, hediondos e equiparados, e a ação de grupos armados, civis ou militares, contra a ordem constitucional e o Estado Democrático.

A grande particularidade deste procedimento especial é que o Juiz determinará a notificação do acusado para responder por escrito a denúncia ou queixa, no prazo de quinze dias. Trata-se da resposta preliminar, que poderá ser instruída com documentos e justificações. Só depois disto o juiz decidirá pelo recebimento ou rejeição da denúncia ou queixa. Apresentada a resposta preliminar, "o juiz rejeitará a queixa ou denúncia, em despacho fundamentado, se convencido, pela resposta do acusado ou do seu defensor, da inexistência do crime ou da improcedência da ação" (art. 516, CPP). Se não for caso de rejeição, o juiz receberá a denúncia ou queixa e determinará a citação do réu. A partir daí, o procedimento segue o mesmo rito do procedimento comum ordinário.

Sobre o tema, dispõe a súmula 330 do STJ: "É desnecessária a resposta preliminar de que trata o art. 514 do Código de Processo Penal, na ação penal instruída por inquérito policial". Há, neste ponto, divergência na jurisprudência, pois o STF considera a resposta preliminar imprescindível, mesmo quando a ação penal está instruída por inquérito policial[16] – muito embora entenda a Corte Suprema que a ausência de tal resposta preliminar objetive apenas evitar propositura de ações penais temerárias contra funcionários públicos e, por isso, a sua ausência constitui apenas nulidade relativa[17].

16. STF, HC 89.686/SP, Rel. Min. Sepúlveda Pertence, julgado em 12/06/2007.

17. STF, HC 110.361/SC, Rel. Min. Ricardo Lewandowski, julgado em 05/06/2012.

A grande questão é saber se este procedimento especial, com direito à resposta preliminar, poderia ser aplicado ao procedimento do crime de abuso de autoridade, já que temos um funcionário público praticando crime em razão das funções. E a resposta é negativa. O procedimento especial para o julgamento dos funcionários públicos, contemplado no CPP, a partir do art. 514, adstringe-se às hipóteses de crimes funcionais típicos, que estão descritos entre os arts. 312 e 326 do nosso Código Penal[18]. Não há que se falar em resposta preliminar no procedimento do crime de abuso de autoridade, portanto.

2. SÚMULAS E JURISPRUDÊNCIA

- **Súmula 330, STJ:** É desnecessária a resposta preliminar de que trata o artigo 514 do Código de Processo Penal, na ação penal instruída por inquérito policial.

✦ *SUPERIOR TRIBUNAL DE JUSTIÇA*

- **RITO ESPECIAL. INOBSERVÂNCIA. PREJUÍZO.** A Turma, entre outras questões, entendeu que **a eventual inversão de algum ato processual ou a adoção do procedimento ordinário em detrimento do rito especial apenas conduz à nulidade do processo se houver prejuízo à parte**. *In casu*, o paciente foi **condenado pela prática do crime de abuso de autoridade nos autos da ação penal processada e julgada pelo juízo comum**, tendo em vista o fato de não haver juizado especial criminal instalado na respectiva comarca. Na impetração, sustentou-se, entre outras alegações, que o rito sumaríssimo previsto na Lei nº 9.099/1995 não foi integralmente obedecido, razão pela qual as decisões até então proferidas deveriam ser anuladas. Nesse contexto, consignou o Min. Relator que, na espécie, a não realização da audiência preliminar, nos termos dos arts. 71 e 72 dessa lei, não acarretou prejuízos, já que, em se tratando de crime de ação penal pública incondicionada, a eventual homologação da composição civil dos danos entre autor e vítima – finalidade da mencionada audiência – não obstaria o prosseguimento do processo criminal. Ressaltou, ainda, não ter ocorrido nulidade pelo não oferecimento de defesa preliminar antes de ter sido recebida a denúncia e pela realização do interrogatório antes da oitiva das testemunhas. Para o Min. Relator, a adoção do rito comum ordinário, no caso, trouxe benefícios ao paciente, porquanto permitiu a utilização de maior amplitude probatória. *STJ, HC 127.904-SC, Rel. Min. Jorge Mussi, j. 3/5/2011. 5ª T. (Info 471)*

3. QUESTÕES DE CONCURSOS

1. **(CONSULPLAN/TRF2/Técnico de Enfermagem/2017)** De acordo com a Lei de Abuso de Autoridade, apresentada ao Ministério Público a representação da vítima, aquele, no prazo de ___________, denunciará o réu, desde que o fato narrado constitua abuso de autoridade, e requererá ao Juiz a sua citação, e, bem assim, a designação de audiência de instrução e julgamento. " Assinale a alternativa que completa corretamente a afirmativa anterior.

a) 24 horas

b) 48 horas

c) 5 dias

d) 10 dias

GAB	1
	B

18. Neste sentido, STF, HC 89;686/SP, Rel. Min. Sepúlveda Pertence, julgado em 12/06/2007.

Art. 14. Se a ato ou fato constitutivo do abuso de autoridade houver deixado vestígios o ofendido ou o acusado poderá:

a) promover a comprovação da existência de tais vestígios, por meio de duas testemunhas qualificadas;

b) requerer ao Juiz, até setenta e duas horas antes da audiência de instrução e julgamento, a designação de um perito para fazer as verificações necessárias.

§ 1º O perito ou as testemunhas farão o seu relatório e prestarão seus depoimentos verbalmente, ou o apresentarão por escrito, querendo, na audiência de instrução e julgamento.

§ 2º No caso previsto na letra a deste artigo a representação poderá conter a indicação de mais duas testemunhas.

1. COMENTÁRIOS

A matéria relativa aos crimes que deixam vestígio (crimes não transeuntes) é tratada na Lei de Abuso de Autoridade de uma forma distinta daquela trazida pelo Código de Processo Penal. E isto porque, na dicção do CPP, uma vez tendo ocorrido o crime que deixa vestígio, torna-se imprescindível a realização da perícia (exame de corpo de delito), e apenas na hipótese de impossibilidade de realizá-la é que se permite que sua ausência seja suprida pela prova testemunhal (art. 167, CPP).

Na Lei de Abuso de Autoridade, porém, a prova testemunhal se torna uma alternativa, à disposição das partes. Podem o ofendido ou o acusado requerer ao Juiz que determine a realização da perícia ou procurar comprovar a existência dos vestígios por meio de duas testemunhas qualificadas. Pode ainda a representação conter a indicação de mais duas testemunhas, totalizando quatro.

Muito embora o dispositivo sob análise não especifique o que seriam testemunhas qualificadas, é razoável compreender que são pessoas com capacidade técnica para identificar os vestígios, no que se substituiriam, efetivamente, ao papel de perito.

Art. 15. Se o órgão do Ministério Público, ao invés de apresentar a denúncia requerer o arquivamento da representação, o Juiz, no caso de considerar improcedentes as razões invocadas, fará remessa da representação ao Procurador-Geral e este oferecerá a denúncia, ou designará outro órgão do Ministério Público para oferecê-la ou insistirá no arquivamento, ao qual só então deverá o Juiz atender.

1. COMENTÁRIOS

O comando legislativo é assaz similar ao disposto no art. 28 do Código de Processo Penal, e se refere à hipótese em que o Ministério Público requer o arquivamento do inquérito policial – ou das peças de informação que o substituem – e o julgador discorda do pleito, por entender tratar-se de caso em que deve haver a denúncia.

Formulado o requerimento de arquivamento, podem ocorrer duas situações distintas, a saber:

a) O magistrado concorda com o pleito ministerial: neste caso, basta promover o arquivamento.

A Súmula nº 524 do STF destaca que, arquivado o inquérito policial, por despacho do juiz, a requerimento do membro do MP, não poderá a ação penal ser iniciada sem novas provas.

Muito embora a súmula faça menção a despacho do juiz, pensamos que teria andado melhor se fizesse menção à decisão do juiz, pois se trata de ato judicial de conteúdo decisório. De toda sorte, o ponto mais importante do referido enunciado sumular reside no fato de que viabiliza o oferecimento da denúncia, mesmo após o arquivamento do feito, conquanto haja a descoberta de novas provas.

b) O magistrado discorda do pleito ministerial: neste caso, o juiz deverá encaminhar os autos do inquérito policial ao Procurador-Geral de Justiça. Em se tratando de crime federal, o Juiz Federal deverá encaminhar os autos à Câmara de Coordenação e Revisão Criminal do MPF (art. 62, IV, Lei Complementar nº 75/1993); o mesmo ocorre no âmbito do Ministério Público do Distrito Federal e Territórios, pois o juiz do Distrito Federal, discordando do pleito de arquivamento, deve encaminhar as peças à Câmara de Coordenação e Revisão Criminal do MPDFT (art. 171, V, Lei Complementar nº 75/1993).

O Procurador-Geral de Justiça (ou a Câmara do MPF ou do MPDFT) pode adotar três alternativas:

b.1) Insistir no arquivamento: neste caso, o juiz estará obrigado a arquivar o feito. Devemos esclarecer que, em casos de competência originária de Tribunais (e consequente atribuição originária do Procurador-Geral de Justiça ou Procurador-Geral da República), o pedido de arquivamento já vincula o Tribunal.

b.2) Oferecer denúncia: se o Procurador-Geral concorda com o Juiz, no sentido de que deve ser oferecida a denúncia, poderá fazê-lo. Não se pode deixar de criticar a sistemática processual que, em flagrante violação ao sistema acusatório, permite ao julgador substituir-se a uma função da acusação, incitando o próprio órgão acusador ao oferecimento da denúncia. O que é pior: não há previsão de suspeição ou impedimento para que este magistrado presida o feito.

b.3) Nomear outro membro do MP para o oferecimento da denúncia: este novo promotor, designado, não poderá se recusar a oferecer a denúncia.

O Procurador-Geral jamais poderá designar o mesmo membro do MP que pugnara pelo arquivamento, pois isto violaria flagrantemente sua independência funcional. Em contrapartida, o entendimento majoritário em doutrina é no sentido de que a nomeação de outro membro do MP não violaria sua independência funcional, a despeito da obrigatoriedade de iniciar a ação penal. É que, neste caso, o designado agirá como mero delegatário do procurador-geral.

2. SÚMULAS E JURISPRUDÊNCIA

- **Súmula nº 524, STF:** Arquivado o inquérito policial, por despacho do Juiz, a requerimento do Promotor de Justiça, não pode a ação penal ser iniciada, sem novas provas.

3. QUESTÕES DE CONCURSOS

1. **(FUNIVERSA/SEAP-DF/Agente Penitenciário/2015)** Em se tratando de crimes de abuso de autoridade, se o órgão do Ministério Público, ao invés de apresentar a denúncia, requerer o arquivamento da representação, o juiz, se considerar improcedentes as razões invocadas, fará remessa da representação ao procurador-geral. Este oferecerá a denúncia, designará outro órgão do Ministério Público para oferecê-la, ou insistirá no arquivamento, ao qual, só então, deverá o juiz atender.

GAB	1
	C

Art. 16. Se o órgão do Ministério Público não oferecer a denúncia no prazo fixado nesta lei, será admitida ação privada. O órgão do Ministério Público poderá, porém, aditar a queixa, repudiá-la e oferecer denúncia substitutiva e intervir em todos os termos do processo, interpor recursos e, a todo tempo, no caso de negligência do querelante, retomar a ação como parte principal.

1. COMENTÁRIOS

O dispositivo em comento trata da ação penal de iniciativa privada subsidiária da pública e não destoa do quanto estabelecido no Código de Processo Penal, em seu art. 29. Assim, se o Ministério Público, no prazo que lhe é assinalado para o oferecimento da denúncia, permanecer inerte, poderá o ofendido ou seu representante legal, oferecer a queixa-crime.

Obviamente, é necessária a representação por advogado com poderes específicos para tanto e a queixa deverá obedecer aos requisitos do art. 41 do CPP, nos seguintes termos: "A denúncia ou queixa conterá a exposição do fato criminoso, com todas as suas circunstâncias, a qualificação do acusado ou esclarecimentos pelos quais se possa identificá-lo, a classificação do crime e, quando necessário, o rol das testemunhas".

Art. 17. Recebidos os autos, o Juiz, dentro do prazo de quarenta e oito horas, proferirá despacho, recebendo ou rejeitando a denúncia.

§ 1º No despacho em que receber a denúncia, o Juiz designará, desde logo, dia e hora para a audiência de instrução e julgamento, que deverá ser realizada, improrrogavelmente, dentro de cinco dias.

§ 2º A citação do réu para se ver processar, até julgamento final e para comparecer à audiência de instrução e julgamento, será feita por mandado sucinto que, será acompanhado da segunda via da representação e da denúncia.

1. COMENTÁRIOS

Objetivando conferir celeridade ao procedimento, o legislador impõe um prazo de quarenta e oito horas para que o julgador aprecie a denúncia que é ofertada pelo Ministério Público. Naturalmente, trata-se de prazo impróprio, na medida em que a sua inobservância não pode trazer maiores consequências processuais. Havendo uma demora injustificável na adoção da medida, o julgador desidioso poderá sofrer sanções disciplinares.

A pretensão de celeridade se apresenta com ainda mais vigor quando se exige a designação da audiência no prazo de apenas cinco dias. Trata-se um prazo assaz exíguo, pois, não se pode olvidar que, após citado o réu, precisaria, em tese, constituir advogado para conhecer a causa e estruturar sua defesa.

Havendo rejeição da denúncia, é possível à acusação interpor recurso em sentido estrito, nos termos do CPP, aplicado subsidiariamente, nos termos dos arts. 28 e 29 da Lei de Abuso de Autoridade. Se houver o recebimento da denúncia, trata-se de decisão irrecorrível, podendo o réu, apenas, impetrar *habeas corpus* (que não é recurso, mas sim ação autônoma de impugnação, vale lembrar) em caso de flagrante ilegalidade.

Art. 18. As testemunhas de acusação e defesa poderão ser apresentada em juízo, independentemente de intimação.

Parágrafo único. Não serão deferidos pedidos de precatória para a audiência ou a intimação de testemunhas ou, salvo o caso previsto no artigo 14, letra "b", requerimentos para a realização de diligências, perícias ou exames, a não ser que o Juiz, em despacho motivado, considere indispensáveis tais providências.

Art. 19. A hora marcada, o Juiz mandará que o porteiro dos auditórios ou o oficial de justiça declare aberta a audiência, apregoando em seguida o réu, as testemunhas, o perito, o representante do Ministério Público ou o advogado que tenha subscrito a queixa e o advogado ou defensor do réu.

Parágrafo único. A audiência somente deixará de realizar-se se ausente o Juiz.

Art. 20. Se até meia hora depois da hora marcada o Juiz não houver comparecido, os presentes poderão retirar-se, devendo o ocorrido constar do livro de termos de audiência.

1. COMENTÁRIOS

Uma vez mais, os dispositivos da Lei de Abuso de Autoridade objetivaram a celeridade do procedimento, e acabaram incorrendo em equívocos que devem ser sanados à luz de uma interpretação constitucional. Inicialmente, cabe salientar que a possibilidade de apresentação de testemunhas independentemente de intimação não exclui o direito que as partes possuem de contraditá-la, sempre que houver razão para isto.

Ademais, não se pode admitir, como pretende a Lei de Abuso de Autoridade, a ausência do Juiz como única hipótese a autorizar o adiamento da audiência. Com o advento da Constituição Federal de 1988, restou claro que não é possível a figura do "promotor *ad hoc*", razão pela qual a ausência do membro do Ministério Público obsta a realização da audiência. E independe de a ausência ser ou não justificada. Em caso de ausência injustificada, caberá ao magistrado informar o fato ao Procurador-Geral de Justiça (ou Procurador-Geral da República), para que, sendo o caso, adote providências disciplinares, nos termos da legislação em vigor. Mas não se pode conceber a possibilidade de realização da audiência sem o MP.

No caso do defensor, a sua ausência injustificada ensejará a nomeação de um defensor *ad hoc*, que realizará a audiência regularmente, não havendo, portanto, razão para adiamento. Sendo, porém, a ausência justificada, é cabível, o adiamento, como corolário do direito de defesa. A redação do art. 19 da Lei – ao admitir o adiamento apenas na hipótese de ausência do Juiz – colide, portanto, com o direito constitucional de ampla defesa, materializada, no caso, na defesa técnica, em caso de ausência justificada do defensor.

Art. 21. A audiência de instrução e julgamento será pública, se contrariamente não dispuser o Juiz, e realizar-se-á em dia útil, entre dez (10) e dezoito (18) horas, na sede do Juízo ou, excepcionalmente, no local que o Juiz designar.

1. COMENTÁRIOS

A regra no nosso ordenamento jurídico é a da publicidade do processo e, em consequência, da audiência. É possível, sim, flexibilizar a regra da publicidade, determinando o segredo dos atos processuais. Isto ocorre, porém, em hipóteses excepcionais, contempladas no art. 5º, LX, CF, nos seguintes termos: "A lei só poderá restringir a publicidade dos atos processuais quando a defesa da intimidade ou o interesse social o exigirem".

Desta forma, o dispositivo legal, ao permitir o Juiz afastar a publicidade da audiência, deve ser interpretado à luz do texto constitucional, razão pela qual o magistrado somente poderá fazê-lo quando a defesa da intimidade ou o interesse social o exigirem.

Art. 22. Aberta a audiência o Juiz fará a qualificação e o interrogatório do réu, se estiver presente.

Parágrafo único. Não comparecendo o réu nem seu advogado, o Juiz nomeará imediatamente defensor para funcionar na audiência e nos ulteriores termos do processo.

Art. 23. Depois de ouvidas as testemunhas e o perito, o Juiz dará a palavra sucessivamente, ao Ministério Público ou ao advogado que houver subscrito a queixa e ao advogado ou defensor do réu, pelo prazo de quinze minutos para cada um, prorrogável por mais dez (10), a critério do Juiz.

Art. 24. Encerrado o debate, o Juiz proferirá imediatamente a sentença.

1. COMENTÁRIOS

No que concerne à designação do defensor, reiteramos o quanto asseveramos no comentário aos dispositivos pregressos, no sentido de que isto só será possível se a ausência for injustificada. Em caso de ausência justificada, cabe ao Juiz promover à redesignação da audiência.

O rito da Lei de Abuso de Autoridade observa a sequência que também era seguida pelo CPP até 2008, colocando o interrogatório como primeiro ato da instrução, antecedendo, então, a colheita da prova testemunhal. Com a publicação da Lei nº 11.719/08, o rito comum previsto no CPP foi alterado, de modo que o interrogatório foi deslocado para o fim da instrução.

Defendemos a ideia de que este deslocamento deve ser estendido aos procedimentos previstos na legislação extravagante. Neste diapasão, é imprescindível registrar que o interrogatório, consoante doutrina majoritária, possui natureza mista, sendo meio de prova e meio de defesa. Com efeito, é por ocasião do interrogatório que o réu exerce o direito à autodefesa.

Por isto, o deslocamento do interrogatório para o fim da instrução não é mera alteração procedimental, mas, mais que isto, constitui uma dilatação do direito de defesa, porquanto permite ao réu defender-se após a produção das demais provas. No rito anterior, o réu seria o primeiro a falar; agora, de acordo com o CPP, o réu falará após ter ciência da produção de todas as outras provas, na instrução. Isto, obviamente, facilita a estruturação do seu direito de se defender.

Por isto, entendemos que o interrogatório no final da instrução deve ser observado aqui, também, na Lei de Abuso de autoridade, tendo, então, de ser remodelada a instrução prevista nos artigos em apreço, por força da nova redação do CPP. Vale recordar que o CPP há de ser aplicado subsidiariamente ao procedimento da Lei de Abuso de Autoridade, conforme art. 28, *infra*.

No caso da Lei de Abuso de Autoridade, vale lembrar, a discussão tem pouca importância prática, pois, como vimos, são infrações de menor potencial ofensivo, devendo ser aplicado o rito dos Juizados Especiais Criminais, razão pela qual o procedimento previsto na Lei nº 4.898/65 deve se adstringir a situações excepcionais (citação por edital, causa complexa, etc.). Mas o tema ganha muito relevo em outros procedimentos, como aquele previsto na Lei de Drogas, por exemplo. Para evitar repetições indevidas, remetemos o(a) leitor(a) aos comentários realizados nesta Lei.

Art. 25. Do ocorrido na audiência o escrivão lavrará no livro próprio, ditado pelo Juiz, termo que conterá, em resumo, os depoimentos e as alegações da acusação e da defesa, os requerimentos e, por extenso, os despachos e a sentença.

Art. 26. Subscreverão o termo o Juiz, o representante do Ministério Público ou o advogado que houver subscrito a queixa, o advogado ou defensor do réu e o escrivão.

1. COMENTÁRIOS

São dispositivos que, em boa parte das Comarcas do Brasil, encontram-se em desuso, pois, atualmente, é muito comum as gravações das audiências, não havendo razão para que se proceda ao resumo aqui previsto.

Art. 27. Nas comarcas onde os meios de transporte forem difíceis e não permitirem a observância dos prazos fixados nesta lei, o juiz poderá aumentá-las, sempre motivadamente, até o dobro.

1. COMENTÁRIOS

A amplitude conferida pelo dispositivo é imensa, pois a identificação das Comarcas mencionadas ficará a critério do julgador, no caso concreto. De toda sorte, conforme já salientado, os prazos previstos na Lei são muito exíguos, constituindo, por vezes, afronta ao direito de defesa. A possibilidade de aumentar os referidos prazos não viola a pretensão de celeridade do legislador.

Art. 28. Nos casos omissos, serão aplicáveis as normas do Código de Processo Penal, sempre que compatíveis com o sistema de instrução e julgamento regulado por esta lei.

Parágrafo único. Das decisões, despachos e sentenças, caberão os recursos e apelações previstas no Código de Processo Penal.

Art. 29. Revogam-se as disposições em contrário.

Brasília, 9 de dezembro de 1965; 144º da Independência e 77º da República.

H. CASTELLO BRANCO

Juracy Magalhães

| 04 |

INVASÃO DE TERRAS DA UNIÃO

▸**LEI Nº 4.947, DE 6 DE ABRIL DE 1966**

Fixa Normas de Direito Agrário, Dispõe sobre o Sistema de Organização e Funcionamento do Instituto Brasileiro de Reforma Agrária, e dá outras Providências.

Art. 20 – Invadir, com intenção de ocupá-las, terras da União, dos Estados e dos Municípios:

Pena: Detenção de 6 meses a 3 anos.

Parágrafo único. Na mesma pena incorre quem, com idêntico propósito, invadir terras de órgãos ou entidades federais, estaduais ou municipais, destinadas à Reforma Agrária.

1. COMENTÁRIOS

1.1. Considerações iniciais

A Lei nº 4.947/66 fixa normas de Direito Agrário, dispõe sobre o sistema de organização e funcionamento do Instituto Brasileiro de Reforma Agrária, e dá outras providências. O art. 20 desta Lei criminaliza a conduta consistente na invasão de terras públicas, dentre as quais se encontram, naturalmente, as terras da União.

Vale recordar que não existe usucapião de bem público, razão pela qual não seria adequado defender a superveniente extinção da punibilidade do invasor pela consolidação da propriedade.

Importante salientar, ainda, que também será crime de competência federal aquele consistente na invasão de terras de órgãos ou entidades federais, destinados à Reforma Agrária, consoante o parágrafo único, do art. 20 da Lei nº 4.947/66.

O bem jurídico tutelado é o patrimônio da União. Também já se decidiu que o crime "visa a tutelar o interesse público em efetuar-se uma reforma agrária regular. Pretende-se, pois, evitar a atividade dos 'posseiros' que desvirtuam a ação do governo destinada à divisão justa dos lotes na reforma agrária"[1].

1.2. Sujeitos do delito

Qualquer pessoa pode ser sujeito ativo deste crime (delito comum).

Sujeito passivo é o Estado e, particularmente, a União, que titulariza as terras invadidas.

1. TRF-4. Inq. 20000401117808-5/PR. Rel. Des. Fed. Fábio Rosa, j. 21/11/2000.

1.3. Conduta

A conduta consiste em invadir, ou seja, entrar à força, penetrar, fazer incursão, dominar, tomar, usurpar terra que sabe pertencer à União, Estados ou Municípios. Guarda semelhança, quanto ao núcleo, com o esbulho possessório (art. 161, § 1º, II, do Código Penal), que também se caracteriza pela invasão de terreno ou edifício alheio. Diferencia-se daquele apenas pelo fato de não exigir violência contra a pessoa ou grave ameaça, ou concurso de agentes. Ambos, todavia, têm como dolo especial o fim de ocupação (RHC 12.970/TO, Rel. Min. Jorge Scartezzini, j. 17/12/2002).

Não estará caracterizada a invasão "quando se adquire de particulares antigas posses, mesmo localizadas em terras públicas" (TRF-5, RCCR382/RN, Rel. Des. Fed. Petrúcio Ferreira. J. 12/03/2002).

O Superior Tribunal de Justiça consolidou o entendimento de que os delitos de alienação de coisa alheia como própria (art. 171, I, CP) e esbulho de bem da União (art. 20 da Lei nº 4.947/66, em comento) absorvem o delito de loteamento clandestino, previsto no art. 50, I, parágrafo único, da Lei nº 6.766/79 (CC 35.634/DF, Rel. Min. Hélio Quaglia Barbosa, j. 08/09/2004). Porém, ainda na esteira do entendimento do STJ, não há que se falar em consunção, mas sim em concurso de crime, quando a invasão das terras da União vem acompanhada da prática de algum crime ambiental (RHC 12.970/TO, Rel. Min. Jorge Scartezzini, j. 17/12/2002).

1.4. Voluntariedade

O elemento subjetivo da conduta é o dolo, consistente na manifestação de vontade consciente de invadir a terra pertencente à União. Assim, é necessário o "ânimo de ocupação do agente, pois que a intenção de ocupar as terras é elemento típico necessário à configuração do crime" (TRF-4, ACR 2005.72.05.005242-5, Rel. Des. Fed. Victor Luiz dos Santos Laus, j.24/02/2010).

Se o agente não sabe que a terra pertence à União, não restará caracterizado este crime.

Não há previsão de modalidade culposa.

Além disto, tem-se repelido a condenação nas situações "que registram a aparência de regularidade das moradias, que por anos permaneceram ali sem qualquer manifestação da União, com *status* atualmente de verdadeiro bairro, com ruas pavimentadas, iluminação pública, esgotamento sanitário. Tais elementos demonstram a ausência de qualquer dolo na conduta dos moradores direcionado à prática do delito do art. 20 da Lei 4.947/66" (TRF-5, HC4291/SE, Rel. Des. Fed. Francisco Cavalcanti, j. 12/05/11).

De igual sorte, os Tribunais Regionais Federais têm entendido que não comete este crime "o agente que apenas sucede outra pessoa na posse antiga de terras públicas" (TRF-4, ACR 2003.72.07.001640-5, Rel. Des. Fed. Élcio Pinheiro de Castro, j. 11/10/2006).

1.5. Consumação e tentativa

O crime se consuma com a invasão (RHC 12.970/TO, Rel. Min. Jorge Scartezzini, j. 17/12/2002).

A jurisprudência diverge em relação à natureza do crime. Podemos destacar uma primeira corrente, que sustenta ser crime permanente, de forma que a consumação se prolonga no tempo (TRF-1, HC 20010100043839-6/TO, Rel. es. Fed. Hilton Queiroz, j. 26/03/2002)[2].

Em sentido contrário, já se decidiu que: "o ilícito delineado no artigo 20 da Lei nº 4.947/66 é instantâneo, porquanto se exaure no ato de invadir com o animus de ocupar área pertencente à União, aos estados ou aos municípios, conduta que se encerra com a simples tomada do bem pelo invasor, embora seus efeitos continuem no tempo, em razão da ocupação que se instala a seguir" (TRF-4, ACR 2008.72.06.001455-0, Rel. Des. Fed. Paulo Afonso Brum Vaz, j. 28/04/2010).

Aderimos a esta segunda corrente de pensamento.

A distinção possui consequências práticas de grande relevância. A prevalecer o primeiro entendimento, a prescrição só começaria a correr a partir do momento em que cessada a permanência, isto é, do momento em que se encerrasse a ocupação. Ao revés, a adoção do segundo entendimento faria com que a prescrição se iniciasse a partir do momento em que se consolidasse a invasão, pouco importando o momento em que ela cessa.

1.6. Ação penal

O crime é de ação penal pública incondicionada.

2. SÚMULAS E JURISPRUDÊNCIA

- **Súmula nº 122, STJ:** Compete a Justiça Federal o processo e julgamento unificado dos crimes conexos de competência federal e estadual, não se aplicando a regra do art. 78, II, "a", do Código de Processo Penal.

✦ *SUPERIOR TRIBUNAL DE JUSTIÇA*

- **HABEAS CORPUS. PROCESSUAL PENAL. ARTS. 48, 50 E 60 DA LEI nº 9.605/1998 E ART. 20 DA LEI nº 4.947/1966. TRANCAMENTO DA AÇÃO PENAL. INÉPCIA DA DENÚNCIA NÃO CARACTERIZADA. INQUÉRITO POLICIAL. PRESCINDIBILIDADE. ART. 46, § 6º, DO CÓDIGO DE PROCESSO PENAL. NÃO CONFIGURAÇÃO DOS DELITOS DO ART. 60 DA LEI nº 9.605/98 E DE INVASÃO DE TERRAS DA UNIÃO. ATIPICIDADE NÃO EVIDENCIADA DE PLANO. PRESCRIÇÃO DA PRETENSÃO PUNITIVA. CRIMES PERMANENTES. NECESSIDADE DE EXAME DO CONJUNTO FÁTICO PROBATÓRIA. INVIABILIDADE. HABEAS CORPUS DENEGADO.**

  1. A teor do entendimento pacífico desta Corte, o trancamento da ação penal pela via do habeas corpus é medida de exceção, que só é admissível quando emerge dos autos, de forma inequívoca, a inocência do acusado, a atipicidade da conduta ou a extinção da punibilidade, circunstâncias essas, no caso, não evidenciadas de plano.

  2. A peça acusatória descreveu, a princípio, os elementos caracterizadores dos delitos contra o meio ambiente e de invasão de terras da união, possibilitando ao Réu a plenitude do direito de defesa. Assim, inviável a prematura interrupção da persecução penal.

  3. "O Ministério Público pode dispensar o inquérito policial quando dispuser de elementos de convicção aptos a embasar uma denúncia, como ocorre na espécie [CPP, artigo 46, § 1º]" (HC 86.755/RJ, 1.ª Turma, Rel. Min. EROS GRAU, DJ de 02/12/2005). E o indiciamento do investigado é ato da Autoridade Policial, que não vincula a futura atuação do Órgão Ministerial.

---

2. Em sede doutrinária, filia-se a este entendimento, BALTAZAR, Jr., José Paulo. *Crimes federais*. 8. ed. Porto Alegre: Livraria do Advogado, 2012, p. 329.

4. Não cabe a esta Corte Superior, em sede de habeas corpus, fazer-se substituir as instâncias ordinárias para o fim de perquirir acerca da alegada não configuração dos crimes dos arts. 60 da Lei nº 9.605/98 e 20 da Lei nº 4.974/66, mormente quando não evidenciada, de plano, a atipicidade da conduta.

5. Os crimes de invasão de terras da união e os dos arts. 48 (na modalidade "fazer funcionar") e 60 da Lei nº 9.605/98 são delitos permanentes, cujo prazo prescricional somente começam a fluir a partir da cessação da permanência, nos termos do art. 111, inciso III, do Código Penal.

6. Mostra-se inviável, em sede de habeas corpus, o reconhecimento da prescrição penal, quando necessário o exame da matéria fática dos autos para a caracterização da data do termo a quo do prazo extintivo.

7. Ordem de habeas corpus denegada.

STJ, HC 191.963/RN, Rel. Ministra LAURITA VAZ, QUINTA TURMA, julgado em 04/09/2012, DJe 17/09/2012.

HABEAS CORPUS. PROCESSUAL PENAL. INVASÃO DE TERRAS DA UNIÃO, COM INTUITO E OCUPÁ-LAS. PRISÃO EM FLAGRANTE. CUSTÓDIA CAUTELAR POR TEMPO SUPERIOR À PENA MÍNIMA COMINADA AO DELITO. EXCESSO DE PRAZO. OCORRÊNCIA. CONSTRANGIMENTO ILEGAL EVIDENCIADO.

1. É de se reconhecer o excesso de prazo quando a custódia cautelar ultrapassa a pena mínima cominada e não há previsão do encerramento da instrução, sob pena de o Paciente permanecer mais tempo preso provisoriamente, em regime fechado, do que ficaria se fosse efetivamente condenado. Sobretudo na espécie, onde se trata de réu primário preso em flagrante por crime que permite o regime inicial aberto e a substituição de pena privativa de liberdade por restritiva de direitos. Precedentes.

2. Ordem concedida para determinar a imediata soltura do Paciente, se por outro motivo não estiver preso.

STJ, HC 110.286/SP, Rel. Ministra LAURITA VAZ, QUINTA TURMA, julgado em 11/11/2008, DJe 01/12/2008.

▶ **CRIMES CONTRA O MEIO AMBIENTE – INVASÃO DE TERRAS DA UNIÃO – CONDUTA ANTERIOR A EDIÇÃO DA LEI 4.947/66 – IMPOSSIBILIDADE DE APLICAÇÃO RETROATIVA – DETERIORAÇÃO DO ECOSSISTEMA (ART. 38 DA LEI 9.605/98) – CONDUTA TÍPICA DESCRITA NA PEÇA VESTIBULAR – TRANCAMENTO QUANTO A ESSE DELITO – IMPOSSIBILIDADE.**

– A Lei nº 4.947, que fixa normas de Direito Agrário, dispõe sobre o sistema de organização e funcionamento do Instituto Brasileiro de Reforma Agrária, e dá outras providências, data de 06 de abril de 1966. Ora, segundo apontam os laudos técnicos, datados de 1992, a invasão das terras se deu em 1909 e 1936. Assim sendo, no momento da edição da Lei, a conduta dos pacientes já tinha sido efetivada.

Destarte, não há como aplicar, portanto, o dispositivo legal em questão para criminalizar a conduta dos acusados sob pena de violar o princípio constitucional da irretroatividade da lei penal. Logo, não pode o paciente responder pelo crime previsto no seu art. 20, ali descrito como "invadir, com intenção de ocupá-las, terras da União, dos Estados e dos Municípios." Como bem salientado pelo Parquet federal, o "Núcleo do tipo é invadir, ou seja, entrar à força, penetrar, fazer incursão, dominar, tomar, usurpar terra que sabe pertencer à União, Estados ou Municípios. Guarda semelhança, quanto ao núcleo, com o esbulho possessório (art. 161, § 1º, II, do Código Penal), que também se caracteriza pela invasão de terreno ou edifício alheio. Diferencia-se daquele apenas pelo fato de não exigir violência contra a pessoa ou grave ameaça, ou concurso de agentes. Ambos, todavia, têm como dolo especial o fim de ocupação.

Consuma-se, pois, com a invasão." – Entretanto, no que tange à ocorrência do outro delito (art. 38, da Lei nº 9.605/98), verifico que a conduta descrita na peça vestibular revela, ao menos em tese, a ocorrência de fato típico. A exordial é clara quando afirma a ocorrência de deterioração do ecossistema local. Ainda que se entenda que o delito em questão não seja o previsto no art. 38 da Lei 9.605/98, o paciente defende-se dos fatos, e não da capitulação jurídica, dada pelo parquet, que seja eventualmente equivocada.

– Recurso parcialmente provido apenas para trancar a ação penal com relação ao delito previsto no art. 20 da Lei 4.947/66.

STJ, RHC 12.970/TO, Rel. Ministro JORGE SCARTEZZINI, QUINTA TURMA, julgado em 17/12/2002, DJ 24/03/2003, p. 240.

| 05 |

ESTATUTO DO ÍNDIO

ESTATUTO DO ÍNDIO		
QUESTÕES DE CONCURSOS		
Classificação pelo grau de incidência em provas		
Dispositivo legal	Nº de questões	%
Art. 59	1	100,00%

▸LEI Nº 6.001, DE 19 DE DEZEMBRO DE 1973

Dispõe sobre o Estatuto do Índio.

O PRESIDENTE DA REPÚBLICA, faço saber que o Congresso Nacional decreta e eu sanciono a seguinte Lei:

[...]

▸CAPÍTULO II – DOS CRIMES CONTRA OS ÍNDIOS

Art. 58. Constituem crimes contra os índios e a cultura indígena:

I – escarnecer de cerimônia, rito, uso, costume ou tradição culturais indígenas, vilipendiá-los ou perturbar, de qualquer modo, a sua prática. Pena – detenção de um a três meses;

II – utilizar o índio ou comunidade indígena como objeto de propaganda turística ou de exibição para fins lucrativos. Pena – detenção de dois a seis meses;

III – propiciar, por qualquer meio, a aquisição, o uso e a disseminação de bebidas alcoólicas, nos grupos tribais ou entre índios não integrados. Pena – detenção de seis meses a dois anos.

Parágrafo único. As penas estatuídas neste artigo são agravadas de um terço, quando o crime for praticado por funcionário ou empregado do órgão de assistência ao índio.

Art. 59. No caso de crime contra a pessoa, o patrimônio ou os costumes, em que o ofendido seja índio não integrado ou comunidade indígena, a pena será agravada de um terço.

1. COMENTÁRIOS

1.1. Considerações iniciais

A Constituição Federal de 1988 consagrou um significativo avanço na proteção normativa dos direitos e interesses dos índios. No texto constitucional, há uma série de dispositivos que fazem menção à questão indígena, tais como a propriedade das terras tradicionalmente ocupadas pelos índios (art. 20, XI), a competência da União para legislar sobre populações indígenas (art. 22, XIV), a autorização do Congresso Nacional para mineração em terras indígenas (art. 49, XVI), a competência da Justiça Federal para o julgamento de causas relativas à disputa sobre direitos indígenas (art. 109, XI), as relações das comunidades indígenas com suas terras, preservação de suas línguas, usos, costumes e tradições, as bases dos direitos dos índios (arts. 231 e 232), etc.[3]

Mesmo antes da Constituição Federal, o Estatuto do Índio já pretendia outorgar proteção às comunidades indígenas. Malgrado a Constituição tenha representado, como já salientado, significativo avanço nesta matéria, prevaleceu, em sede doutrinária e jurisprudencial, o entendimento no sentido de que o Estatuto do Índio foi recepcionado pela atual ordem constitucional.

A Constituição Federal emprega as expressões "populações indígenas" (art. 22, XIV) e "comunidades indígenas" (art. 232). Com isto, prioriza a questão étnica, em detrimento da questão nacional ou racial[4]. Grupo étnico abrange um conjunto de indivíduos unidos por laços culturais e linguísticos.

O Estatuto do Índio ainda faz menção à expressão "silvícolas", terminologia constante do extinto Código Civil de 1916, para apontar a então incapacidade civil dos índios.

Muito embora já tenhamos salientado que o Estatuto foi recepcionado pela Constituição de 88, é imperioso que seus dispositivos sejam submetidos à filtragem constitucional.

Sob esta perspectiva, importa destacar que o Estatuto foi erigido a partir de uma concepção integracionista, de assimilação do índio, que deveria ser aculturado. Esta pretensão se manifesta já no art. 1º do Estatuto, ao asseverar que: "Esta Lei regula a situação jurídica dos índios ou silvícolas e das comunidades indígenas, com o propósito de preservar a sua cultura e integrá-los, progressiva e harmoniosamente, à comunhão nacional". Em sentido distinto, o texto constitucional consagra o direito à diferença, isto é, não é necessário que o índio seja plenamente aculturado para adquirir o *status* de cidadão[5].

Em seu art. 3º, inciso I, o Estatuto conceitua índio (ou silvícola), afirmando ser: "todo indivíduo de origem e ascendência pré-colombiana que se identifica e é identificado como pertencente a um grupo étnico cujas características culturais o distinguem da sociedade nacional". Prossegue o dispositivo legal, em seu inciso II, conceituando "Comunidade Indígena ou Grupo Tribal", nos seguintes termos: "É um conjunto de famílias ou comunidades índias, quer vivendo em estado de completo isolamento em relação aos outros setores da comunhão nacional, quer em contatos intermitentes ou permanentes, sem, contudo, estarem neles integrados".

1.2. Imputabilidade

Imputabilidade é sinônimo de atribuibilidade[6]. Imputável penalmente é aquele a quem se pode atribuir o fato punível. O Código Penal prevê a possibilidade de se excluir a imputabilidade pela menoridade, doença mental e embriaguez completa e fortuita.

---

3. Referidos avanços são percebidos e apontados por SILVA, José Afonso. *Curso de direito constitucional positivo.* 15. ed. São Paulo: Malheiros, 1998, p. 813. O festejado constitucionalista, porém, muito embora reconheça os avanços introduzidos na matéria com a CF/88 ressalta que ela "não alcançou um nível de proteção satisfatório".
4. SILVA, José Afonso. *Ob. cit.* p. 813-4.
5. BALTAZAR, Jr., José Paulo. *Crimes federais.* 8ª. ed. Porto Alegre: Livraria do Advogado, 2012, p. 359.
6. A expressão é empregada por ASSIS TOLEDO, Francisco de. *Princípios básicos do direito penal.* 5. ed. São Paulo: Saraiva, 2008, p. 312.

No que se refere aos índios, a doutrina, historicamente, sustentou a inimputabilidade daqueles que vivessem em estado de isolamento. E é o próprio Estatuto do Índio que, em seu art. 4º, promove esta classificação, de acordo com o grau de integração, nos seguintes termos:

> "Art. 4º: Os índios são considerados:
>
> I – Isolados – Quando vivem em grupos desconhecidos ou de que se possuem poucos e vagos informes através de contatos eventuais com elementos da comunhão nacional;
>
> II – Em vias de integração – Quando, em contato intermitente ou permanente com grupos estranhos, conservam menor ou maior parte das condições de sua vida nativa, mas aceitam algumas práticas e modos de existência comuns aos demais setores da comunhão nacional, da qual vão necessitando cada vez mais para o próprio sustento;
>
> III – Integrados – Quando incorporados à comunhão nacional e reconhecidos no pleno exercício dos direitos civis, ainda que conservem usos, costumes e tradições característicos da sua cultura".

A partir desta definição legal, passou-se a sustentar a ideia de que seriam considerados inimputáveis os índios isolados, imputáveis os integrados e aqueles que estivessem em vias de integração seriam submetidos a exame pericial idôneo a fundamentar sua imputabilidade.

Referido paradigma já não prevalece em nossa jurisprudência.

Com efeito, para o STF, "É dispensável o exame antropológico destinado a aferir o grau de integração do paciente na sociedade se o Juiz afirma sua imputabilidade plena com fundamento na avaliação do grau de escolaridade, da fluência na língua portuguesa e do nível de liderança exercida na quadrilha, entre outros elementos de convicção" (HC 85198/MA, Rel. Min. Eros Grau, j. 17/11/2005). De forma mais contundente, em outro precedente, esclareceu a Corte Suprema: "Sujeição do índio às normas do art. 26 e parágrafo único, do CP, que regulam a responsabilidade penal, em geral, inexistindo razão para exames psicológico ou antropológico, se presentes, nos autos, elementos suficientes para afastar qualquer dúvida sobre sua imputabilidade, a qual, de resto, nem chegou a ser alegada pela defesa no curso do processo" (HC 79530/PA, rel. Min. Ilmar Galvão, j. 16/12/1999).

Em resumo, o só fato de ser índio não é o decisivo para a aferição da imputabilidade penal, pouco importa o grau de integração. As regras acerca da inimputabilidade são aplicáveis aos índios da mesma forma que se aplicam aos demais, razão pela qual só restará afastada se estivermos diante de alguma hipótese de menoridade, doença mental (ou desenvolvimento mental incompleto ou retardado, que impossibilite o entendimento do ilícito ou a atuação de acordo com este entendimento) ou embriaguez fortuita e completa.

1.3. Competência da Justiça Federal

A Constituição de 1988 conferiu competência à Justiça Federal para o julgamento de causas relativas à disputa sobre direitos indígenas (art. 109, XI). Esta competência abrangeria as causas de natureza penal e extrapenal.

De toda forma, é fundamental atentar para o disposto no enunciado nº 140 da súmula da jurisprudência do STJ, nos seguintes termos:

> **Súmula nº 140/STJ**: "Compete à Justiça Comum Estadual processar e julgar crime em que o indígena figure como autor ou vítima".

O enunciado sumular deixa claro que a competência da Justiça Federal não se faz presente em qualquer caso em que o crime envolva um índio. Ao revés, só poderemos falar em competência federal quando houver a afetação da coletividade indígena[7].

1.4. Sujeitos do delito

O crime em estudo é comum, isto é, pode ser praticado por qualquer pessoa, não exigindo qualidade ou condição especial do agente.

Quando o crime for praticado por funcionário ou empregado do órgão de assistência ao índio, a pena é aumentada em 1/3.

Os índios (ou a comunidade indígena em si) são sujeitos passivos do delito.

1.5. Conduta

No inc. I, o legislador pune com detenção de um a três meses (infração penal de menor potencial ofensivo) a conduta de escarnecer (zombar, caçoar) de cerimônia (solenidade utilizada na prática do culto), rito (regras que constituem a cerimônia), uso, costume (hábito) ou tradição (valores enraizados e transmitidos de geração a geração) culturais indígenas, vilipendiá-los (humilhar, desprezar, desonrar) ou perturbar (atrapalhar, incomodar, causar perturbação), de qualquer modo, a sua prática.

No inc. II, pune-se com detenção de dois a seis meses (também de menor potencial ofensivo) aquele que em utilizar (fazer uso, aproveitar) o índio ou comunidade indígena como objeto de propaganda turística ou de exibição para fins lucrativos.

Por fim, o inc. III anuncia ser crime punido com detenção de seis meses a dois anos (infração penal de menor potencial ofensivo) a conduta de propiciar (proporcionar, facilitar), por qualquer meio, a aquisição, o uso e a disseminação (difusão) de bebidas alcoólicas, nos grupos tribais ou entre índios não integrados.

1.6. Elemento subjetivo

Em todas as hipóteses (incs. I, II e III) o crime é punido somente a título de dolo.

No inc. I, porém, é imprescindível a vontade de menosprezar a cultura indígena. E é justamente por força desta necessidade de se fazer presente esse elemento subjetivo do tipo que, tal como ocorre nos crimes contra a honra, o *animus narrandi* (intenção de narrar o

7. TÁVORA, Nestor; ARAÚJO, Fábio Roque. *Código de processo penal para concursos.* 3. ed. Salvador: JusPodivm, 2012, p. 113.

fato, sem emissão de juízo de valor acerca do seu mérito, sem a pretensão de ofender) ou o *animus jocandi* (intenção de brincar, fazer piada não ofensiva) afastam o crime, tornando a conduta atípica.

No inc. II o tipo também exige fim especial animando o agente, consistente na propaganda para turistas ou para a obtenção de lucro.

Já no inc. III o tipo não requer fim especial animando o agente. Logo, fica claro estar dispensada a finalidade de lucro que, se presente, será considerada pelo juiz na fixação da pena-base.

1.7. Consumação e tentativa

Nas três formas de execução previstas no art. 58 o delito é formal, consumando-se com a prática de qualquer dos núcleos, independentemente da produção de resultado naturalístico.

A tentativa é admitida (crime plurissubsistente).

1.8. Ação penal

A ação penal é de iniciativa pública incondicionada.

2. SÚMULAS E JURISPRUDÊNCIA

- **Súmula nº 140, STJ:** Compete à Justiça Comum Estadual processar e julgar crime em que o indígena figure como autor ou vítima.

✦ *SUPERIOR TRIBUNAL DE JUSTIÇA*

- **COMPETÊNCIA. CRIME PRATICADO CONTRA INDÍGENA. A competência da Justiça Federal para processar e julgar ações penais de delitos praticados contra indígena somente ocorre quando o processo versa sobre questões ligadas à cultura e aos direitos sobre suas terras**. O STF, no RE 419.528, afirmou que a competência da Justiça Federal, fixada no art. 109, XI, da CF, "só se desata quando a acusação seja de genocídio, ou quando, na ocasião ou motivação de outro delito de que seja índio o agente ou a vítima, tenha havido disputa sobre direitos indígenas, não bastando seja aquele imputado a silvícola, nem que este lhe seja vítima e, tampouco, que haja sido praticado dentro de reserva indígena". Não se verificando a circunstância diferenciadora para atrair a competência da Justiça Federal, observa-se a Súm. nº 140/STJ. Precedentes citados do STF: RE 419.528-PR, DJ 9/3/2007; RHC 85.737-PE, DJ 30/11/2007; do STJ: CC 101.569-PR, DJe 6/9/2010, e CC 43.328-MS, DJe 21/10/2008. *STJ, CC 38.517-RS, Rel. Min. Assusete Magalhães, julgado em 24/10/2012. 3ª S. (Info 508)*

- **COMPETÊNCIA PARA PROCESSAR E JULGAR AÇÃO PENAL REFERENTE AOS CRIMES DE CALÚNIA E DIFAMAÇÃO ENVOLVENDO DIREITOS INDÍGENAS. Compete à Justiça Federal – e não à Justiça Estadual – processar e julgar ação penal referente aos crimes de calúnia e difamação praticados no contexto de disputa pela posição de cacique em comunidade indígena.** O conceito de direitos indígenas, previsto no art. 109, XI, da CF/88, para efeito de fixação da competência da Justiça Federal, é aquele referente às matérias que envolvam a organização social dos índios, seus costumes, línguas, crenças e tradições, bem como os direitos sobre as terras que tradicionalmente ocupam, compreendendo, portanto, a hipótese em análise. Precedentes citados: CC 105.045-AM, DJe 1º/7/2009; e CC 43.155-RO, DJ 30/11/2005. *STJ, CC 123.016-TO, Rel. Min. Marco Aurélio Bellizze, julgado em 26/6/2013. 3ª S. (Info 527)*

3. QUESTÕES DE CONCURSOS

1. **(CESPE/TRF1/Juiz Federal/2013 – adaptada)** O Estatuto do Índio, ao tipificar crimes contra os índios e contra a cultura indígena, não define um tipo especial de homicídio contra o índio, mas prevê causa especial de aumento da pena no caso de crime contra a pessoa, o patrimônio ou os costumes, no qual o ofendido seja índio não integrado ou comunidade indígena.

2. **(FCC/DPE-AM/Defensor Público/2018 – adaptada)** No caso de crime cometido contra comunidade indígena, a pena será agravada de um sexto.

GAB	1	2
	C	E

| 06 |

PRISÃO TEMPORÁRIA

PRISÃO TEMPORÁRIA		
QUESTÕES DE CONCURSOS		
Classificação pelo grau de incidência em provas		
Dispositivo legal	**Nº de questões**	**%**
Art. 1º	19	54,29%
Art. 2º	14	40%
Art. 3º	2	5,71%
TOTAL	35	100,00%

▸LEI Nº 7.960, DE 21 DE DEZEMBRO DE 1989

O PRESIDENTE DA REPÚBLICA, faço saber que o Congresso Nacional decreta e eu sanciono a seguinte Lei:

1. COMENTÁRIOS

1.1. Considerações iniciais

No processo penal, existem algumas medidas cautelares, que são instrumentos para tornar útil o resultado final da investigação criminal ou da instrução processual penal. Estas medidas cautelares podem ser reais, probatórias ou pessoais.

Medidas cautelares reais (ou patrimoniais), como o próprio nome indica, recaem sobre coisas. Podem ser mencionadas, a título exemplificativo, as medidas de contempladas entre os arts. 125 e 144 do CPP (sequestro, hipoteca legal, etc.).

Medidas cautelares probatórias são decretadas no bojo da investigação ou do processo com o objetivo de produzir prova. Podemos citar o exemplo da busca e apreensão domiciliar, a ser decretada pela autoridade judiciária.

Medidas cautelares pessoais recaem sobre o investigado ou acusado e privam ou restringem a sua liberdade. Até o advento da Lei nº 12.403/11, estas medidas se adstringiam às prisões cautelares e à fiança; com a entrada em vigor deste diploma legislativo, porém, foram criadas novas cautelares alternativas à prisão, que se encontram contempladas no rol do art. 319, CPP.

1.2 PRISÃO

À luz de uma classificação consagrada em doutrina, podemos identificar três tipos de prisão: extrapenal, penal e cautelar.

a) Prisão extrapenal: divide-se em prisão civil (admitida, apenas, em caso de inadimplemento voluntário de prestação alimentícia[8]) e a prisão disciplinar do militar. Vale recordar que esta última, ao lado da prisão em flagrante, são as prisões que independem de ordem judicial.

b) Prisão penal (prisão-pena): É aquela que decorre do trânsito em julgado da sentença penal condenatória. Refere-se, portanto, à pena privativa de liberdade, prevista no Código Penal.

c) Prisão cautelar (prisão provisória/processual): Corresponde às prisões que antecedem o trânsito em julgado da condenação. Possuem natureza acautelatória, isto é, objetivam tornar útil (acautelar) o resultado final da investigação ou do processo. Atualmente, temos apenas três prisões cautelares: Prisão em flagrante, Prisão preventiva e a Prisão temporária.

Foram extintas outras três espécies de prisão cautelar, que eram a prisão decorrente da pronúncia, decorrente da sentença condenatória recorrível e a administrativa.

As duas primeiras espécies já eram questionadas, desde a promulgação da Constituição Federal de 1988, por trazerem como efeito automático a prisão do indivíduo, caso não tivesse bons antecedentes ou não fosse primário. Com a nova Lei do tribunal do júri (Lei nº 11.689/2008) e do procedimento (Lei nº 11.719/2008), é possível afirmar que estas prisões deixaram de existir, o que, no entanto, não impede a decretação da prisão preventiva, no momento da pronúncia ou da sentença condenatória recorrível, desde que o juiz o faça de maneira fundamentada (art. 387, parágrafo único, do CPP).

O que não se admite, portanto, é uma prisão que decorra, apenas da existência da pronúncia ou da sentença condenatória recorrível. Sem dúvida, uma prisão nestes moldes estaria destituída dos requisitos de cautelaridade prisional, que são imprescindíveis à custódia provisória.

Já em relação à prisão administrativa, havia um certo consenso em torno da sua incompatibilidade com a Constituição Federal de 1988. A Lei nº 12.403/2011 alterou por completo a redação do art. 319, CPP, que dispunha acerca deste tipo de prisão.

Naturalmente, no Direito Processual penal, o objeto do estudo reside nas prisões cautelares, pois as prisões-penas são estudadas pelo Direito Penal, a prisão civil é estudada pelo Direito Civil e Processo Civil, ao passo que a prisão disciplinar do militar será estudada pelo Direito Penal Militar e Direito Processual Penal Militar.

Por fim, cabe referir que, muito embora a prisão em flagrante ainda seja considerada, pela doutrina, uma prisão cautelar, já há uma forte corrente de pensamento sustentando a

8 Com a publicação da súmula vinculante nº 25, o STF deixou clara a impossibilidade de prisão civil do depositário infiel. Súmula vinculante nº 25: "É ilícita a prisão civil de depositário infiel, qualquer que seja a modalidade do depósito".

tese de que se trata de uma prisão pré-cautelar, na medida em que, com ela, pretende-se interromper a prática delitiva e coletar prova, mas não acautelar a investigação ou o processo[9].

2. SÚMULAS E JURISPRUDÊNCIA

- **Súmula Vinculante nº 25:** É ilícita a prisão civil de depositário infiel, qualquer que seja a modalidade do depósito.

Art. 1º Caberá prisão temporária:

I – quando imprescindível para as investigações do inquérito policial;

II – quando o indicado não tiver residência fixa ou não fornecer elementos necessários ao esclarecimento de sua identidade;

III – quando houver fundadas razões, de acordo com qualquer prova admitida na legislação penal, de autoria ou participação do indiciado nos seguintes crimes:

a) homicídio doloso (art. 121, *caput*, e seu § 2º);

b) seqüestro ou cárcere privado (art. 148, *caput*, e seus §§ 1º e 2º);

c) roubo (art. 157, *caput*, e seus §§ 1º, 2º e 3º);

d) extorsão (art. 158, *caput*, e seus §§ 1º e 2º);

e) extorsão mediante seqüestro (art. 159, *caput*, e seus §§ 1º, 2º e 3º);

f) estupro (art. 213, *caput*, e sua combinação com o art. 223, *caput*, e parágrafo único);

g) atentado violento ao pudor (art. 214, *caput*, e sua combinação com o art. 223, *caput*, e parágrafo único);

h) rapto violento (art. 219, e sua combinação com o art. 223 *caput*, e parágrafo único);

I – epidemia com resultado de morte (art. 267, § 1º);

j) envenenamento de água potável ou substância alimentícia ou medicinal qualificado pela morte (art. 270, *caput*, combinado com art. 285);

l) quadrilha ou bando (art. 288), todos do Código Penal;

m) genocídio (arts. 1º, 2º e 3º da Lei nº 2.889, de 1º de outubro de 1956), em qualquer de sua formas típicas;

n) tráfico de drogas (art. 12 da Lei nº 6.368, de 21 de outubro de 1976);

o) crimes contra o sistema financeiro (Lei nº 7.492, de 16 de junho de 1986);

p) crimes previstos na Lei de Terrorismo. (Incluído pela Lei nº 13.260, de 2016)

1. COMENTÁRIOS

1.1. Prisão temporária

A prisão temporária não foi prevista no Código de Processo Penal, mas na Lei nº 7.960/89, que substituiu a Medida Provisória nº 111/89. Atualmente, em decorrência da Emenda

9 No sentido de considerar a prisão em flagrante uma prisão cautelar, por todo, LIMA, Marcellus Polastri. *Manual de processo penal.* Rio de Janeiro: Lumen Juris, 2009, p. 608-609. Em sentido contrário, defendendo a ideia de que o flagrante tem natureza pré-cautelar, LOPES Jr. Aury. *Direito processual penal e sua conformidade constitucional. v. II.* Rio de Janeiro: Lumen Juris, 2009, p. 62-63.

Constitucional nº 32/01, já não se admite a edição de medida provisória em matéria criminal (art. 62, § 1º, I, *b*, CF).

A posterior conversão da medida provisória em lei não possui o condão de convalidar o vício de origem, já que a medida estava destituída de **necessidade** e **urgência** a justificar a sua edição. Haveria, portanto, uma inconstitucionalidade formal da Lei.

Contudo, o STF, ao apreciar a questão no julgamento da ADIn nº 162/DF, rejeitou o pedido liminar, mantendo o instituto em nosso ordenamento jurídico.

Há quem sustente, ainda, a inconstitucionalidade material da prisão temporária, porquanto caracterizaria uma prisão destituída de requisitos de cautelaridade, consubstanciando verdadeira "prisão para averiguação", o que colidiria com nossos sistemas de garantias constitucionais[10]. O argumento também não tem sensibilizado a jurisprudência dos Tribunais Superiores, que tem se valido do instituto com acentuada frequência.

1.2. Características

A prisão temporária é uma prisão de **natureza cautelar**, específica para a fase de investigação criminal, com prazo de duração preestabelecido e destinada a (apenas) alguns crimes. Naturalmente, a prisão temporária só poderá ser determinada pela autoridade judiciária. Todavia, não poderá fazê-lo de ofício, porquanto **a prisão temporária somente pode ser decretada a requerimento do MP ou por representação da autoridade policial.**

Perceba que, além do obstáculo à atuação *ex officio*, a Lei não previu a possibilidade de decretação a requerimento do querelante, na ação penal de iniciativa privada. E nem poderia, pois a prisão temporária somente pode ser decretada durante a fase de investigação criminal, quando ainda não há que se falar em querelante.

1.3. Cabimento

O cabimento da temporária vem disciplinado nos três incisos do art. 1º da Lei nº 7.960/89. Vejamos:

a) Imprescindibilidade para as investigações do inquérito policial (inciso I): não é apenas a conveniência da investigação. A prisão temporária justifica-se, apenas, na hipótese em que se fizer absolutamente necessária ao andamento da investigação policial. Reiteramos, neste passo, que só é possível falar em prisão temporária no curso da investigação, sendo descabida a sua decretação no curso da instrução processual. Iniciada a ação penal, será possível, tão-somente, a decretação da prisão preventiva.

De acordo com Marcellus Polastri Lima, "apesar do dispositivo se referir a 'inquérito' e a 'indiciado', queremos crer ser possível decretação da prisão temporária em outro tipo de investigação criminal, pois o próprio parágrafo único do art. 4º do CPP, é no sentido de que outras autoridades, autorizadas por lei, podem apurar infrações penais"[11]. No mesmo sentido,

10 Neste sentido, LOPES Jr. Aury. *Direito processual penal e sua conformidade constitucional. v. II*. Rio de Janeiro: Lumen Juris, 2009.

11 LIMA, Marcellus Polastri. *Manual de processo penal*. 4. ed. Rio de Janeiro: Lumen Juris, 2009, p. 633.

afirma Paulo Rangel que: "entendemos que, como o inquérito policial é peça dispensável ao oferecimento da denúncia, poderá ser decretada a prisão sem inquérito policial, com base apenas nas peças que servem de base à denúncia"[12].

b) Indiciado não tem residência fixa ou não fornece elementos para sua identificação (inciso II): este requisito funda-se na ideia de que a ausência de informações acerca da residência ou identificação do indiciado pode fulminar a persecução criminal, ante seu provável desaparecimento.

c) Fundadas razões, de acordo com qualquer prova admitida na legislação penal, de autoria ou participação do indiciado nos seguintes crimes (inciso III):

1) homicídio doloso (art. 121, caput, e seu § 2º, CP);

2) sequestro ou cárcere privado (art. 148, caput, e seus §§ 1º e 2º, CP);

3) roubo (art. 157, caput, e seus §§ 1º, 2º e 3º, CP);

4) extorsão (art. 158, caput, e seus §§ 1º e 2º, CP);

5) extorsão mediante sequestro (art. 159, caput, e seus §§ 1º, 2º e 3º, CP);

6) estupro (art. 213, caput, e sua combinação com o art. 223, caput, e parágrafo único);

7) epidemia com resultado morte (art. 267, § 1º, CP);

8) envenenamento de água potável ou substância alimentícia ou medicinal qualificada pela morte (art. 270, caput, c/c art. 285, CP);

9) associação criminosa (art. 288, CP);

10) genocídio (arts. 1º, 2º e 3º, Lei nº 2.889/56);

11) tráfico de drogas (arts. 33, caput, 34 e 37, Lei nº 11.343/06);

12) crimes contra o sistema financeiro nacional (Lei nº 7.492/86);

13) crimes previstos na Lei de terrorismo (Lei nº 13.260/2016).

Acerca do rol acima, algumas observações:

a) devem ser desconsideradas as menções feitas pela Lei da prisão temporária aos casos de cabimento da medida em crimes de rapto violento e atentado violento ao pudor, pois foram revogadas pelas Leis nº 11.106/05 e 12.015/09, respectivamente.

b) Deve-se salientar que é possível a decretação da prisão temporária nos crimes hediondos e a eles equiparados, por força do disposto na Lei nº 8.072/90, mesmo os não listados no inc. III da Lei nº 7.960/89. Cabível, portanto, a prisão temporária em crime de estupro de vulnerável, por exemplo, ainda que não constante do rol acima.

c) O crime de quadrilha ou bando foi alterado pela Lei nº 12.850/13, passando a se chamar "associação criminosa". Além disto, o tipo penal foi alterado, na medida em que

---

12 RANGEL, Paulo. *Direito processual penal*. 17. ed. Rio de Janeiro: Lumen Juris, 2010, p. 799.

se exigia a participação de, ao menos, quatro pessoas, ao passo que, atualmente, exige-se a participação de, apenas, três pessoas.

O que chama a atenção, entretanto, é que o art. 288-A, CP, acrescido pela Lei nº 12.720/12 traz um crime mais grave do que a mera associação criminosa, do art. 288, CP. Contudo, este crime não admite a prisão temporária. Referido artigo diz respeito ao crime de "constituição de milícia privada", e consiste em: "Constituir, organizar, integrar, manter ou custear organização paramilitar, milícia particular, grupo ou esquadrão com a finalidade de praticar qualquer dos crimes previstos neste Código".

Este crime, vale reiterar, não admite a prisão temporária, pois, além de não estar contemplado no art. 1º da Lei nº 7.960/89, não constitui crime hediondo. Assim, não deixa de ser estranho o cabimento da prisão temporária para o crime de "associação criminosa" (art. 288, CP) e o não cabimento da mesma prisão para o crime de "constituição de milícia privada", mais grave. Mas não se pode chegar a outra conclusão, sob pena de se solapar a taxatividade que se exige.

A grande discussão gira em torno do preenchimento dos requisitos de cautelaridade (*fummus commissi delicti* e *periculum libertatis*) para a decretação da prisão temporária. Há inúmeras correntes doutrinárias a respeito da matéria. Vejamos:

a) O primeiro entendimento é esmagadoramente majoritário na doutrina. De acordo com esta perspectiva, é possível falar-se em temporária quando houver, necessariamente, a presença do requisito entabulado no inciso III, e, cumulativamente, o requisito previsto no inciso I ou II. Assim, é possível falar-se em temporária apenas nos crimes acima mencionados. Além disto, deve estar presente a imprescindibilidade da medida para as investigações ou ausente residência fixa ou elementos de identificação do indiciado. É o entendimento, entre outros, de Guilherme Nucci[13].

b) O segundo entendimento, sustentado por Marcellus Polastri Lima, caminha no sentido de que "para a decretação da temporária sempre devem estar presentes os incs. I e III da Lei especial, sendo a aferição do inciso II complementar, mas não essencial"[14].

c) O terceiro entendimento sustenta a tese de que os requisitos estampados nos três incisos do artigo primeiro da Lei especial podem estar presentes alternativamente. Em outras palavras, qualquer dos incisos autoriza a decretação da temporária. É o entendimento de Julio Fabbrini Mirabete[15].

d) Um quarto posicionamento doutrinário sufraga a tese de que os requisitos devem ser preenchidos cumulativamente. Assim, só se faria possível a decretação da prisão temporária se os três incisos estiverem presentes.

e) Em um quinto posicionamento, a temporária somente poderia ser decretada se estivessem presentes os requisitos autorizadores da prisão preventiva. É o entendimento de Vicente Greco.

13 NUCCI, Guilherme de Souza. *Manual de processo penal e execução penal.* 3. ed. São Paulo: RT, 2007, p. 529.

14 LIMA, Marcellus Polastri. *Manual de processo penal.* 4. ed. Rio de Janeiro: Lumen Juris, 2009, p. 636.

15 MIRABETE, Julio Fabbrini. *Processo penal.* 15. ed. São Paulo: Atlas, 2004, p. 398-399.

2. SÚMULAS E JURISPRUDÊNCIA

✦ *SUPREMO TRIBUNAL FEDERAL*

- **PRISÃO TEMPORÁRIA – AUTOMATICIDADE.** A prisão temporária não pode alcançar a automaticidade, descabendo determiná-la para fragilizar o acusado. PRISÃO TEMPORÁRIA. Não serve à prisão temporária a suposição de o envolvido, nas investigações, vir a intimidar testemunhas. *STF, HC 105833, Rel. Min. MARCO AURÉLIO, 1ª T., julgado em 09/08/2011. (Info 659)*

- **HABEAS CORPUS. TRÁFICO DE DROGAS. PRISÃO TEMPORÁRIA E PREVENTIVA. SUPERVENIÊNCIA DA SENTENÇA CONDENATÓRIA. INTERCEPTAÇÃO TELEFÔNICA. FUNDAMENTAÇÃO SUCINTA.**

  1. A superveniência de sentença condenatória na qual o Juízo aprecia e mantém a prisão cautelar anteriormente decretada, implica a mudança do título da prisão e prejudica o conhecimento de habeas corpus impetrado contra a prisão antes do julgamento.

  2. Decisão que autoriza interceptação telefônica redigida de forma sucinta, mas que se reporta ao preenchimento dos requisitos dos arts. 1º, 2º e 3º da Lei nº 9.296/1996 e ao conteúdo da representação policial na qual os elementos probatórios existentes contra os investigados estavam relacionados. Desfecho das interceptações que confirma a fundada suspeita que as motivou, tendo sido apreendidas drogas e revelada a existência de grupo criminoso envolvido na atividade ilícita. Invalidade patente não reconhecida. *STF, HC 103817, Rel. Min. ROSA WEBER, 1ª T., julgado em 15/05/2012. (Info 668)*

- ***HABEAS CORPUS*. TRÁFICO DE ENTORPECENTES E ASSOCIAÇÃO PARA TRÁFICO DE ENTORPECENTES (ARTS. 33 E 35). PRISÃO EM FLAGRANTE. RELAXAMENTO. PRISÃO TEMPORÁRIA. CONVOLAÇÃO EM PRISÃO PREVENTIVA: GARANTIA DA ORDEM PÚBLICA E CONVENIÊNCIA DA INSTRUÇÃO CRIMINAL. ORGANIZAÇÃO CRIMINOSA VINCULADA AO "PCC". PERICULOSIDADE CONCRETA. AMEAÇA A TESTEMUNHAS. FUNDAMENTAÇÃO IDÔNEA.** 1. "A necessidade de se interromper ou diminuir a atuação de integrantes da organização criminosa enquadra-se no conceito de garantia da ordem pública, constituindo fundamentação cautelar idônea e suficiente para a prisão preventiva" (HC 95.024/SP, 1ª Turma, Rel. Min. CÁRMEN LÚCIA, DJe de 20/02/2009). 2. A ameaça a testemunhas constitui base fática que se ajusta à necessidade da prisão cautelar por conveniência da instrução criminal. 3. *In casu*, depreende-se da decisão que determinou a prisão cautelar, cujos fundamentos foram adotados na sentença para negar o apelo em liberdade, que a medida extrema de cerceio ao direito de ir e vir não resultou apenas de menção a textos legais, explanações doutrinárias e repertórios jurisprudenciais, como querem fazer crer as razões da impetração, mas, ao contrário, da demonstração cabal da necessidade de preservação da garantia da ordem pública, face a evidenciada periculosidade da paciente, integrante de organização criminosa vinculada ao "PCC – Primeiro Comando da Capital" e de ameaça a testemunhas, tudo a justificar a imperativa necessidade da manutenção da prisão preventiva. 4. Ordem denegada. *STF, HC 108201, Rel. Min. LUIZ FUX, 1ª T., j. 08/05/2012. (Info 668)*

- ***HABEAS CORPUS*. PENAL. HOMICÍDIO TRIPLAMENTE QUALIFICADO. LEGITIMIDADE DOS FUNDAMENTOS DA PRISÃO PREVENTIVA. PERICULOSIDADE DO AGENTE. MODUS OPERANDI. GARANTIA DA ORDEM PÚBLICA. AMEAÇA A TESTEMUNHAS. CONVENIÊNCIA DA INSTRUÇÃO CRIMINAL. FUGA DO DISTRITO DA CULPA. APLICAÇÃO DA LEI PENAL. AUSÊNCIA DE CONSTRANGIMENTO ILEGAL. WRIT PARCIALMENTE CONHECIDO E DENEGADO.**

  I. A prisão cautelar mostra-se suficientemente motivada para a garantia da instrução criminal e para a preservação da ordem pública. Isso diante da periculosidade do paciente, verificada pelo modus operandi mediante o qual foi praticado o delito, além das ameaças e intimidações feitas às testemunhas. II. A todos esses fundamentos, o juízo ainda acrescentou que a custódia do paciente se faz necessária para garantir a aplicação da lei penal em caso de condenação, haja vista que o acusado ficou foragido por ocasião da decretação de sua prisão temporária e preventiva e somente se apresentou quando logrou a revogação do decreto de custódia cautelar. III. As condições subjetivas favoráveis do paciente não obstam a segregação cautelar, desde que presentes nos autos elementos concretos a recomendar sua manutenção, como se verifica neste caso. IV. Habeas corpus conhecido em parte e, nessa extensão, denegada a ordem. *STF, HC 111756, Relator(a): Min. RICARDO LEWANDOWSKI, 2ª T., j. 15/05/2012. (Info 674)*

- **NATUREZA JURÍDICA E FUNÇÃO DA PRISÃO CAUTELAR.** A privação cautelar da liberdade individual – qualquer que seja a modalidade autorizada pelo ordenamento positivo (prisão em flagrante, prisão temporária, prisão preventiva, prisão decorrente de decisão de pronúncia e prisão resultante de condenação penal recorrível) – não se destina a infligir punição antecipada à pessoa contra quem essa medida excepcional é decretada ou efetivada. É que a idéia de sanção é absolutamente estranha à prisão cautelar (*"carcer ad custodiam'*), que não se confunde com a prisão penal (*"carcer ad poenam"*). A utilização da prisão cautelar com fins punitivos traduz deformação desse instituto de direito processual, eis que o desvio arbitrário de sua finalidade importa em manifesta ofensa às garantias constitucionais da presunção de inocência e do devido processo legal. A gravidade em abstrato do crime não basta, por si só, para justificar a privação cautelar da liberdade individual do suposto autor do fato delituoso. O Supremo Tribunal Federal tem advertido que a natureza da infração penal não se revela circunstância apta a legitimar a prisão cautelar daquele que sofre a persecução criminal instaurada pelo Estado. A ausência de vinculação do indiciado ou do rézu ao distrito da culpa não constitui, só por si, motivo autorizador da decretação da sua prisão cautelar. *STF, HC 96.219 MC/SP, Rel. Min.* zzonvertida em preventiva pelo juízo ao considerar a gravidade dos delitos (homicídio qualificado e ocultação de cadáver), a crueldade com que foram praticados, a periculosidade dos supostos autores (reconhecidos traficantes de droga), o fato de que eles, após custodiados na cadeia pública, ordenaram a outros detentos que agredissem fisicamente uma testemunha, bem como de que, se soltos, poderiam intimar outras. A gravidade e a crueldade, por si sós, não são suficientes a embasar a preventiva, porém a agressão e a ameaça às testemunhas o são. Dá-se ênfase à agressão em si, pois a ameaça não está bem precisada na decisão impugnada. É certo, porém, que elas não deixam de aderir à extrema violência com a qual foram praticados os crimes, a justificar a manutenção da preventiva, mesmo diante da pronúncia, que pende de julgamento de recurso. *STJ, HC 110.584-MT, Rel. Min. Nilson Naves, j. 27/10/2009. 6ª T. (Info 413)*

3. QUESTÕES DE CONCURSOS

1. **(FUNIVERSA/PC-DF/Papiloscopista Policial/2015)** Caberá prisão temporária (Lei nº 7.960/1989) quando for imprescindível para as investigações do inquérito policial e houver fundadas razões, de acordo com qualquer prova admitida na legislação penal, de autoria ou participação do indiciado no crime de:

a) homicídio culposo.
b) constrangimento ilegal.
c) receptação qualificada.
d) corrupção ativa.
e) tráfico de drogas.

2. **(FUNIVERSA/SEAP-DF/Agente Penitenciário/2015)** Cabe prisão temporária quando esta for imprescindível para as investigações do inquérito policial, ou quando o indiciado não tiver residência fixa ou não fornecer elementos necessários ao esclarecimento de sua identidade, bem como quando houver fundadas razões de autoria ou participação do indiciado nos crimes que a lei lista, entre eles o de estelionato.

3. **(VUNESP/PC-CE/Delegado de Polícia/2015)** A prisão temporária é cabível (I) quando imprescindível para as investigações do inquérito policial; (II) quando o indiciado não tiver residência fixa ou não fornecer ele – mentos necessários ao esclarecimento de sua identidade e (III) quando houver fundadas razões, de acordo com qualquer prova admitida na legislação penal, de autoria ou participação do indiciado em alguns crimes expressamente citados no texto da Lei no 7.960/90, entre eles

a) a corrupção passiva (CP, art. 317).
b) a falsificação, corrupção, adulteração ou alteração de produto destinado a fins terapêuticos ou medicinais (CP, art. 273).
c) a concussão (CP, art. 316).
d) o contrabando (CP, art. 334).
e) os contra o sistema financeiro (Lei nº 7.492/86).

4. (VUNESP/PC-CE/Inspetor de Polícia/2015) Sobre o instituto da prisão temporária, é correto afirmar que

a) é cabível sua decretação em alguns crimes culposos.
b) é cabível sua decretação em crimes de roubo.
c) não é cabível sua decretação em crimes hediondos.
d) haverá, sempre que possível, um plantão permanente diurno do Poder Judiciário e do Ministério Público para apreciação dos pedidos de prisão temporária, nas comarcas e seções judiciárias.
e) a lei faculta a separação dos presos temporários dos demais detentos.

5. (CESPE/DPF/Agente de Polícia/2014) Nos crimes de tráfico de drogas, em caso de necessidade extrema comprovada, poderá ser decretada a prisão temporária pela autoridade policial, que terá o prazo de vinte e quatro horas para comunicar a prisão e encaminhar a representação pertinente ao juiz competente.

6. (VUNESP/TJ-SP/Juiz de Direito/2014 – adaptada) Os incisos do art. 1º da Lei nº 7.960/89 devem ser interpretados em conjunto. Só pode haver prisão temporária de alguém suspeito de ser autor ou partícipe de algum daqueles crimes do rol taxativo, e quando for imprescindível para a investigação. O *fumus commissi delicti* está previsto no art. 1º, inciso III, exigindo que existam por "fundadas razões, de acordo com qualquer prova admitida na legislação penal, de autoria ou participação do indiciado nos seguintes crimes...". O *periculum libertatis* atende à imprescindibilidade da prisão para as investigações no inquérito.

7. (CESPE/DPE-CE/Defensor Público/2014) A autoridade policial representou pela prisão temporária de José e o juiz a decretou. Pode-se dizer que

a) se o Juiz houvesse indeferido a decretação da prisão temporária, não precisaria ter fundamentado a decisão.
b) dada a urgência, o Juiz pode ter decidido sem ter ouvido previamente o Ministério Público que, posteriormente, deve tomar ciência da decisão, em contraditório diferido.
c) José pode estar sendo investigado pela prática de homicídio doloso simples.
d) dada a urgência, a prisão pode ser executada antes mesmo da expedição de mandado judicial.
e) se José for posto em liberdade é porque necessariamente decorreu o prazo determinado pelo juiz para a prisão temporária.

8. (FCC/DPE-PB/Defensor Público/2014 – adaptada) Em relação à prisão temporária, poderá ser decretada em caso de crime grave ou hediondo, para assegurar a aplicação da lei penal.

9. (ACAFE/PC-SC/Delegado de Polícia/2014) Analise os crimes a seguir, identifique os passíveis de decretação de prisão temporária quando houver fundadas razões de autoria ou participação do indiciado e assinale a alternativa correta.

I. Homicídio de qualquer natureza e tráfico de drogas.
II. Sequestro, cárcere privado e estupro.
III. Extorsão mediante sequestro e crimes contra o sistema financeiro.
IV. Furto, roubo e extorsão.

a) Apenas I, II e III estão corretos.
b) Apenas I e III estão corretos.
c) Apenas II e III estão corretos.
d) Apenas III e IV estão corretos.
e) Todos estão corretos.

10. **(CESPE/TJ-SE/Técnico Judiciário/2014)** Não é cabível a decretação de prisão temporária de indivíduo que participe de organização criminosa para tráfico de drogas sintéticas, uma vez que o tráfico de drogas não está inserido no rol dos delitos para os quais se autoriza tal espécie de custódia cautelar.

11. **(CESPE/MPU/Analista-Direito/2013)** Por ser o crime de estupro hediondo, a prisão temporária do suspeito, caso seja decretada, terá o prazo de trinta dias, prorrogável por igual período.

12. **(CESPE/PC-GO/Agente de Polícia Substituto/2016 – adaptada)** Marcos não poderá ser submetido a prisão temporária, porque o crime que cometeu é hediondo, embora não conste no rol taxativo da lei.

13. **(CESPE/PC-GO/Escrivão de Polícia/2016)** No curso de um IP, segundo a Lei n.º 7.960/1989, será possível decretar a prisão temporária do indiciado quando, de acordo com qualquer prova admitida na legislação penal, houver fundadas razões de autoria ou participação dele no delito, se o crime investigado for o de:

a) estelionato.
b) roubo.
c) extorsão indireta.
d) apropriação indébita.
e) furto qualificado.

14. **(NUCEPE/SEJUS-PI/Agente Penitenciário/2016) A Lei. 7.960/89 trata sobre Prisão Temporária, uma espécie de prisão cautelar decretada em casos específicos. A respeito da Prisão Temporária, marque a alternativa** INCORRETA.

a) Caberá prisão temporária quando imprescindível para as investigações do inquérito policial.
b) Caberá prisão temporária quando houver fundado receio de autoria no crime de genocídio durante o inquérito policial.
c) Caberá prisão temporária quando houver fundado receio de participação do indiciado no crime de estupro.
d) Caberá prisão temporária durante a ação penal.
e) A prisão temporária pode ocorrer durante o inquérito policial.

15. **(CESPE/TRF1/Analista Judiciário/2017)** A decretação de prisão temporária é cabível quando houver fundadas razões de autoria e participação em qualquer crime doloso punível com pena privativa de liberdade superior a quatro anos de reclusão e quando for imprescindível às investigações do inquérito policial.

16. **(VUNESP/TJ-SP/Juiz de Direito/2018)** Em relação à prisão temporária, prevista na Lei n° 7.960/1989, assinale a alternativa correta.

a) É cabível para os crimes que a admitem, e somente na fase pré-processual, desde que em atenção a requerimento da Autoridade Policial ou do Ministério Público, vedada a decretação de ofício.
b) É cabível para os crimes que a admitem, tanto na fase pré-processual quanto na processual, a requerimento da Autoridade Policial ou do Ministério Público, vedada a decretação de ofício, por 5 (cinco) dias, prorrogáveis uma vez e pelo mesmo prazo, em caso de extrema necessidade, devidamente demonstrada.

c) É cabível para os crimes que a admitem, e somente na fase pré-processual, sendo imprescindível para a decretação, quando requerida pela Autoridade Policial, a concordância do Ministério Público.

d) É cabível para os crimes que a admitem, tanto na fase pré-processual quanto na processual, podendo ser decretada de ofício, ou a requerimento da Autoridade Policial ou do Ministério Público.

17. (VUNESP/PC-SP/Delegado de Polícia Civil/2018) A prisão temporária é cabível

a) quando imprescindível para as investigações do inquérito policial nos crimes, entre outros, de latrocínio e epidemia com resultado morte, pelo prazo de trinta dias, prorrogável por igual período em caso de extrema e comprovada necessidade.

b) quando imprescindível para as investigações do inquérito policial nos crimes, entre outros, de latrocínio e roubo, pelo prazo de trinta dias, prorrogável por igual período em caso de extrema e comprovada necessidade.

c) quando imprescindível para as investigações do inquérito policial ou instrução processual, nos crimes, entre outros, de latrocínio e sequestro ou cárcere privado, pelo prazo de trinta dias, prorrogável por igual período em caso de extrema e comprovada necessidade.

d) quando imprescindível para as investigações do inquérito policial ou instrução processual, nos crimes, entre outros, de latrocínio e roubo, pelo prazo de trinta dias, prorrogável por igual período em caso de extrema e comprovada necessidade.

e) quando imprescindível para as investigações do inquérito policial, decretada de ofício pelo magistrado ou a requerimento do Delegado de Polícia, nos crimes, entre outros, de latrocínio e estupro, pelo prazo de trinta dias, prorrogável por igual período em caso de extrema e comprovada necessidade.

18. (CESPE/EBSERH/Advogado/2018) Desde que ajuizada a queixa-crime, o ofendido ou querelante tem legitimidade para requerer à autoridade judiciária competente a decretação da prisão temporária do querelado.

19. (CESPE/PC-MA/Delegado de Polícia/2018) Considere que, no curso de determinada investigação, a autoridade policial tenha representado ao competente juízo pela prisão temporária do indiciado. Nessa situação,

a) a prisão requerida apenas poderá ser decretada para se inquirir o indiciado, devendo a autoridade policial, após o ato, representar pela sua soltura.

b) mesmo que a autoridade policial não tivesse requerido a prisão temporária, o juiz poderia tê-la decretado de ofício.

c) caso se trate de crime hediondo, o prazo máximo da prisão eventualmente decretada será de noventa dias.

d) a prisão não poderá ser decretada após a fase inquisitória da persecução penal.

e) decretada a prisão temporária, o inquérito policial deverá ser concluído no prazo máximo de dez dias.

GAB	1	2	3	4	5	6	7	8	9	10
	E	E	E	B	E	C	C	E	C	E
	11	12	13	14	15	16	17	18	19	
	C	E	B	D	E	A	A	E	D	

Art. 2º A prisão temporária será decretada pelo Juiz, em face da representação da autoridade policial ou de requerimento do Ministério Público, e terá o prazo de 5 (cinco) dias, prorrogável por igual período em caso de extrema e comprovada necessidade.

§ 1º Na hipótese de representação da autoridade policial, o Juiz, antes de decidir, ouvirá o Ministério Público.

§ 2º O despacho que decretar a prisão temporária deverá ser fundamentado e prolatado dentro do prazo de 24 (vinte e quatro) horas, contadas a partir do recebimento da representação ou do requerimento.

§ 3º O Juiz poderá, de ofício, ou a requerimento do Ministério Público e do Advogado, determinar que o preso lhe seja apresentado, solicitar informações e esclarecimentos da autoridade policial e submetê-lo a exame de corpo de delito.

§ 4º Decretada a prisão temporária, expedir-se-á mandado de prisão, em duas vias, uma das quais será entregue ao indiciado e servirá como nota de culpa.

§ 5º A prisão somente poderá ser executada depois da expedição de mandado judicial.

§ 6º Efetuada a prisão, a autoridade policial informará o preso dos direitos previstos no art. 5º da Constituição Federal.

§ 7º Decorrido o prazo de cinco dias de detenção, o preso deverá ser posto imediatamente em liberdade, salvo se já tiver sido decretada sua prisão preventiva.

1. COMENTÁRIOS

1.1. Prazo da prisão temporária

Questão peculiar acerca da prisão temporária diz respeito ao prazo. Ao contrário das demais prisões de natureza cautelar, a temporária possui prazo pré-definido. Vejamos: **a)** nos delitos comuns, o prazo é de 05 (cinco) dias, prorrogável por igual período em caso de extrema e comprovada necessidade (art. 2º, *caput*, Lei nº 7.960/89); **b)** em se tratando de crime hediondo ou assemelhado, o prazo da temporária é de 30 (trinta) dias, prorrogável por igual período, em caso de extrema e comprovada necessidade (art. 2º, § 4º, Lei nº 8.072/90).

Alguns crimes hediondos ou assemelhados não estão previstos no rol do art. 1º da Lei de Prisão Temporária (é o caso do estupro de vulnerável, tortura etc.); outros estão contemplados neste rol (estupro, tráfico de drogas etc.). De toda sorte, o importante é recordar que, estando previsto no rol da Lei de Crimes Hediondos, o prazo da prisão temporária será dilatado para 30 (trinta) dias.

A Lei faz menção ao prazo de 5 (cinco) dias. Obviamente, o dispositivo deve ser interpretado como se fizesse menção ao prazo de até cinco dias, o que significa dizer, naturalmente, que a temporária pode durar menos do que isso. Basta imaginar a hipótese, por exemplo, em que a temporária é decretada por ser imprescindível às investigações, mas todas as diligências necessárias são efetuadas em menos de cinco dias. O mesmo raciocínio deve ser desenvolvido para a hipótese do crime hediondo, em que a prisão temporária deve durar o prazo de até trinta dias.

A contagem do prazo da prisão temporária é regida pelas regras do direito material. Desta forma, devemos incluir na contagem o dia de início. Além disto, como não se levam em conta as frações de dias, pouco importa o horário de recolhimento da pessoa ao cárcere. Assim, se o sujeito for preso às 23h55min, estes cinco minutos em que ele ficou preso são computados como um dia inteiro. Como se percebe, o prazo é computado a partir da data da efetivação da prisão, e não da data da decisão judicial que a decreta.

Conforme está expresso no texto legal, é possível a prorrogação do prazo por apenas uma vez. A prorrogação depende de autorização judicial e, da mesma forma que não se admite a decretação da temporária *ex officio*, também não se concebe a possibilidade de prorrogação sem a iniciativa do Delegado de Polícia (por intermédio de representação) ou do membro do Ministério Público (por intermédio de requerimento).

1.2. Procedimento

Na hipótese de haver a representação do Delegado de Polícia, a autoridade judiciária, antes de decidir, deve ouvir o Ministério Público. Isto vale para a decretação e também para a prorrogação da prisão temporária.

Não há previsão para a decretação da prisão temporária a requerimento do querelante ou do assistente de acusação, ao contrário do que ocorre na prisão preventiva. A distinção é plenamente compreensível. Basta recordar que só se pode falar em prisão temporária durante a fase de investigação criminal, e nesta fase não há que se falar em querelante nem em assistente de acusação.

Aderimos ao entendimento doutrinário, no sentido de que a decisão judicial que indefere a prisão temporária desafia o recurso em sentido estrito. É verdade que não há expressa previsão neste sentido, mas, atualmente, prevalece a tese de que o rol das hipóteses de cabimento do recurso em sentido estrito (art. 581, CPP) admite interpretação extensiva.

Tendo em vista o fato de que o art. 581, V, CPP, previu o cabimento do recurso em sentido estrito na hipótese de indeferimento do pedido de prisão preventiva, aliado ao fato de que, à época da aprovação do CPP, não existia a prisão temporária, forçoso reconhecer a possibilidade de interpretação extensiva como forma de admissão deste recurso quando do indeferimento do requerimento de prisão temporária.

E qual seria o recurso cabível na hipótese de decretação da temporária? Não há. Caberia, naturalmente, a impetração de *habeas corpus* – que não possui natureza recursal, mas sim de ação autônoma de impugnação.

O § 2º do artigo em comento exige que a decisão – muito embora empregue a expressão "despacho", trata-se, verdadeiramente, de decisão, porquanto soluciona questão havida durante a investigação – seja fundamentada. Ora, todas as decisões judiciais devem ser fundamentadas, nos termos do texto constitucional (art. 93, IX, CF).

Quando, porém, o texto legal exige a fundamentação na decisão, refere-se ao fato de que não se pode permitir um decreto prisional pautado, exclusivamente, em mera repetição de enunciado legislativo. Por outras palavras, não cabe falar em prisão temporária por força da sua imprescindibilidade para as investigações sem que se aponte as razões de tal imprescindibilidade. A fundamentação judicial exige a apresentação de elementos concretos, que conduzam à demonstração cabal de sua imperiosidade.

O dispositivo faz menção a um prazo de vinte e quatro horas para a decisão judicial. Este prazo seria contado a partir do recebimento da representação da autoridade policial ou do requerimento do MP. Trata-se de prazo impróprio, isto é, sua inobservância não conduz a qualquer tipo de sanção processual. Assim, na prática, o magistrado pode decretar a temporária após este prazo, o que não poderá inquinar a validade do decreto prisional. O descumprimento injustificado dos prazos processuais pode ensejar, tão-somente, a responsabilização disciplinar do julgador.

Apenas após a expedição do mandado de prisão ela poderá ser efetivada. Conforme previsto no artigo em comento, o mandado será expedido em duas vias, e uma delas será entregue ao preso, servindo como nota de culpa. Nota de culpa é o documento que cientifica o preso, formalmente, da sua prisão. Expirado o prazo da prisão temporária, o preso deverá ser posto em liberdade, independentemente da expedição de alvará de soltura, salvo se houver alguma outra razão para permanecer preso, como a prorrogação da temporária ou a decretação da preventiva.

Uma vez cumprido o mandado de prisão, o Juiz poderá, de ofício, ou a requerimento do Ministério Público e do Advogado, determinar que o preso lhe seja apresentado, solicitar informações e esclarecimentos da autoridade policial e submetê-lo a exame de corpo de delito. Como se percebe, o regramento legal tem por escopo coibir qualquer tipo de agressão ao custodiado,

O julgador que apreciar a representação ou o requerimento de prisão temporária torna-se prevento para o julgamento da posterior ação penal. Não é demasiado recordar que, na atual sistemática do nosso ordenamento jurídico, o magistrado que primeiro tomar conhecimento do feito, ainda que na fase de investigação, torna-se prevento. Conforme consolidado entendimento jurisprudencial, se o julgador tomar conhecimento da representação ou requerimento durante o plantão judiciário, não haverá que se falar em prevenção.

1.3. Direitos do preso e emprego de algemas

Efetuada a prisão, a autoridade policial deverá cientificar o preso dos direitos assegurados no art. 5º da Constituição Federal, tal como o direito ao silêncio, à integridade física e moral, a assistência da família e de advogado, etc. A rigor, esta ideia, presente no, já se encontra no texto constitucional, em seu art. 5º, LXIII, nos seguintes termos: "o preso será informado de seus direitos, entre os quais o de permanecer calado, sendo-lhe assegurada a assistência da família e de advogado".

Questão intrigante diz respeito à possibilidade de se empregar algemas ao preso. Nem o CPP nem a Lei de Prisão Temporária disciplinaram a utilização de algemas. Esclareceu o CPP, porém, que o executor da prisão poderia empregar a violência necessária para efetivá-la. A previsão para o emprego de algemas, no CPP, refere-se ao plenário de julgamento, no Tribunal do Júri. Com efeito, estabelece o art. 474, § 3º, do Código que: "Não se permitirá o uso de algemas no acusado durante o período em que permanecer no plenário do júri, salvo se absolutamente necessário à ordem dos trabalhos, à segurança das testemunhas ou à garantia da integridade física dos presentes".

Para evitar dúvidas acerca da utilização das algemas, sobretudo no momento da execução da prisão, o Supremo Tribunal Federal editou a Súmula Vinculante nº 11, com o seguinte teor: "Só é lícito o uso de algemas em casos de resistência e de fundado receio de fuga ou de perigo à integridade física própria ou alheia, por parte do preso ou de terceiros, justificada a excepcionalidade por escrito, sob pena de responsabilidade disciplinar, civil e penal do agente ou da autoridade e de nulidade da prisão ou do ato processual a que se refere, sem prejuízo da responsabilidade civil do Estado".

Em outros termos, sendo necessário uso de algemas quando da concretização da prisão temporária, devem ser observadas as normas de regência. Cabe lembrar que o art. 199, da LEP, remete a disciplina do uso de algemas a decreto federal. Depois de mais de vinte anos sem o atendimento de tal regulamentação, foi emitido o Decreto nº 8.858/2016, que expressamente regulamentou aquele enunciado, enfatizando a proibição de tratamento desumano e degradante. O emprego de algemas apenas é permitido "em casos de resistência e de fundado receio de fuga ou de perigo à integridade física própria ou alheia, causado pelo preso ou por terceiros, justificada a sua excepcionalidade por escrito".

Ademais, é vedado o emprego de algemas em mulheres presas em qualquer unidade do sistema penitenciário nacional durante o trabalho de parto, no trajeto da parturiente entre a unidade prisional e a unidade hospitalar e após o parto, durante o período em que se encontrar hospitalizada. A Lei nº 13.434/2017, nesse sentido, acrescentou parágrafo único ao art. 292, do Código de Processo Penal, conferindo relevante garantia à mulher grávida durante atos médico-hospitalares preparatórios para a realização do parto e durante o trabalho de parto, assim como durante o período de puerpério imediato. Nessas situações, restará vedada a aposição de algemas, constituindo-se importante garantia humanitária.

Pensamos que os direitos assegurados às mulheres presas preventivamente devem ser estendidos àquelas submetidas à prisão temporária.

Decerto, para fazer face a situação de calamidade humana, foi impetrado *habeas corpus*, com pedido genérico, isto é, o pleito foi formulado, em uma única demanda, em favor de várias presas gestantes e mães com filhos de até doze anos de idade. Noticiou-se que teria sido impetrado *habeas corpus* coletivo – embora o nome mais adequado à espécie seja *habeas corpus* genérico – pois o designativo coletivo é destinado às ações movidas por órgãos que representam grupos, o que não se acomoda à estrutura do *writ*, movido em favor de uma pluralidade de pacientes.

Nos autos dessa demanda, o STF reconheceu a situação degradante das mulheres presas, privadas de cuidados médicos básicos e sem local apropriado para acomodar filhos menores e deferiu a ordem de *habeas corpus*, para determinar – sem prejuízo de medidas diversas da prisão (art. 319, CPP) – a substituição de preventiva pela prisão cautelar domiciliar das mulheres presas gestantes, puérperas e mãe de crianças. Por outro lado, firmou o não cabimento da aludida substituição para a mulher presa tiver: (i) praticado crime mediante violência ou grave ameaça; (ii) praticado crime contra seus descendentes (filhos e/ou netos); e (iii) em outras situações excepcionalíssimas, que deverão ser devidamente fundamentadas pelos juízes que denegarem o benefício[16].

Seguindo essa orientação da Suprema Tribunal, o legislador acrescentou os artigos 318-A e 318-B, ao Código de Processo Penal, por meio da Lei nº 13.669/2018. De acordo com o primeiro, "a prisão preventiva imposta à mulher gestante ou que for mãe ou responsável por

16 STF – Segunda Turma – HC 143.641/SP – Rel. Min. Ricardo Lewandowski – j. 20/2/2018.

crianças ou pessoas com deficiência será substituída por prisão domiciliar, desde que: (1) não tenha cometido crime com violência ou grave ameaça a pessoa; e (2) não tenha cometido o crime contra seu filho ou dependente". Por outro lado, o dispositivo seguinte elucida que a substituição da preventiva pela domiciliar, de que tratam os arts. 318 e 318-A, do Código, "poderá ser efetuada sem prejuízo da aplicação concomitante das medidas alternativas", vale dizer, das medidas cautelares diversas da prisão, elencadas no art. 319, do CPP. Orientação similar foi prevista para a execução penal, conforme comentamos adiante, no capítulo XIX (execução penal).

Na linha de ser garantido tratamento humanitário, mesmo às presas temporariamente, adequada a aplicação analógica de tais dispositivos aos casos de prisão temporária, diante da situação fática equivalente.

1.4. Prisão especial

Algumas pessoas possuem direito a ser recolhidas a quartéis ou a prisão especial, enquanto estiverem presas provisoriamente. É importante salientar que a prisão especial não é válida para a prisão-pena, isto é, para a prisão oriunda do trânsito em julgado da sentença condenatória. Aplica-se, portanto, às prisões cautelares, como a prisão temporária.

A prisão especial consiste exclusivamente no recolhimento em local distinto da prisão comum. Não havendo estabelecimento específico para o preso especial, este será recolhido em cela distinta do mesmo estabelecimento. A cela especial poderá consistir em alojamento coletivo, atendidos os requisitos de salubridade do ambiente, pela concorrência dos fatores de aeração, insolação e condicionamento térmico adequados à existência humana. Além disto, o preso especial não será transportado juntamente com o preso comum (art. 295, CPP).

Se não houver estabelecimento adequado para uma prisão especial, nem seja possível assegurar que o preso especial fique separado dos presos comuns, permite-se que seja ele colocado em regime de prisão domiciliar.

Nos termos do Enunciado nº 717 da súmula de jurisprudência do STF: "Não impede a progressão de regime de execução de pena, fixada em sentença não transitada em julgado, o fato de o réu se encontrar em prisão especial." O enunciado se justifica, porque é possível aplicar ao preso provisório (como o preso especial), os benefícios da Lei de Execução Penal (como a progressão de regime). Nos termos do Enunciado nº 716 da súmula do STF: "Admite-se a progressão de regime de cumprimento da pena ou a aplicação imediata de regime menos severo nela determinada, antes do trânsito em julgado da sentença condenatória."

Nos termos do art. 295 do CPP, têm direito a prisão especial: a) os ministros de Estado; b) os governadores ou interventores de Estados ou Territórios, o prefeito do Distrito Federal, seus respectivos secretários, os prefeitos municipais, os vereadores e os chefes de Polícia; c) os membros do Parlamento Nacional, do Conselho de Economia Nacional e das Assembleias Legislativas dos Estados; d) os cidadãos inscritos no "Livro de Mérito"; e) os oficiais das Forças Armadas e os militares dos Estados, do Distrito Federal e dos Territórios; f) os magistrados; g) os diplomados por qualquer das faculdades superiores da República; h) os ministros de confissão religiosa; i) os ministros do Tribunal de Contas; j) os cidadãos que já tiverem exercido efetivamente a função de jurado, salvo quando excluídos da lista por motivo de incapacidade para o exercício daquela função; k) os delegados de polícia e os guardas-civis dos Estados e Territórios, ativos e inativos.

Há algumas figuras, neste rol, que são incompatíveis com a atual Constituição como os interventores, que já não existem. Ademais, o Código ainda dispõe que os inferiores e praças de pré, onde for possível, serão recolhidos à prisão, em estabelecimentos militares, de acordo com os respectivos regulamentos.

Além deste rol do CPP, há legislação especial estabelecendo a prisão especial para outras pessoas. É o que ocorre com a Lei nº 8.625/1993 (Lei Orgânica Nacional do Ministério Público), que, em seu art. 40, V, prevê a prisão especial para os membros do MP. Previsão, aliás, de todo despicienda, na atual sistemática legislativa, pois os membros do MP são, obviamente, todos portadores de diploma de nível superior, já fazendo jus, por isso, ao benefício.

Importante destacar que a Lei de Execução Penal previu no art. 84, § 2º, que: "O preso que, ao tempo do fato, era funcionário da Administração da Justiça Criminal, ficará em dependência separada." É um caso em que, mesmo para a prisão-pena (após, portanto, o trânsito em julgado da condenação), a separação persiste.

Há, ainda, algumas funções que dão direito à sala de Estado-maior. Trata-se de sala sem grades e sem portas trancadas, instalada no comando das forças armadas ou outra instituição militar. Também só é cabível em momento anterior ao trânsito em julgado. Fazem jus à sala de Estado-maior: a) magistrados; b) membros do MP; c) defensores públicos; jornalistas; advogados.

2. SÚMULAS E JURISPRUDÊNCIA

- **Súmula Vinculante nº 14:** Só é lícito o uso de algemas em casos de resistência e de fundado receio de fuga ou de perigo à integridade física própria ou alheia, por parte do preso ou de terceiros, justificada a excepcionalidade por escrito, sob pena de responsabilidade disciplinar, civil e penal do agente ou da autoridade e de nulidade da prisão ou do ato processual a que se refere, sem prejuízo da responsabilidade civil do Estado.

- **Súmula 716, STF:** Admite-se a progressão de regime de cumprimento da pena ou a aplicação imediata de regime menos severo nela determinada, antes do trânsito em julgado da sentença condenatória.

- **Súmula 717, STF:** Não impede a progressão de regime de execução de pena, fixada em sentença não transitada em julgado, o fato de o réu se encontrar em prisão especial.

✦ *SUPREMO TRIBUNAL FEDERAL*

- **HABEAS CORPUS COLETIVO. ADMISSIBILIDADE. DOUTRINA BRASILEIRA DO HABEAS CORPUS. MÁXIMA EFETIVIDADE DO WRIT. MÃES E GESTANTES PRESAS. RELAÇÕES SOCIAIS MASSIFICADAS E BUROCRATIZADAS. GRUPOS SOCIAIS VULNERÁVEIS. ACESSO À JUSTIÇA. FACILITAÇÃO. EMPREGO DE REMÉDIOS PROCESSUAIS ADEQUADOS. LEGITIMIDADE ATIVA. APLICAÇÃO ANALÓGICA DA LEI 13.300/2016. MULHERES GRÁVIDAS OU COM CRIANÇAS SOB SUA GUARDA. PRISÕES PREVENTIVAS CUMPRIDAS EM CONDIÇÕES DEGRADANTES. INADMISSIBILIDADE. PRIVAÇÃO DE CUIDADOS MÉDICOS PRÉNATAL E PÓS-PARTO. FALTA DE BERÇARIOS E CRECHES. ADPF 347 MC/DF. SISTEMA PRISIONAL BRASILEIRO. ESTADO DE COISAS INCONSTITUCIONAL. CULTURA DO ENCARCERAMENTO. NECESSIDADE DE SUPERAÇÃO. DETENÇÕES CAUTELARES DECRETADAS DE FORMA ABUSIVA E IRRAZOÁVEL. INCAPACIDADE DO ESTADO DE ASSEGURAR DIREITOS FUNDAMENTAIS ÀS ENCARCERADAS. OBJETIVOS DE DESENVOLVIMENTO DO MILÊNIO E DE DESENVOLVIMENTO SUSTENTÁVEL DA**

ORGANIZAÇÃO DAS NAÇÕES UNIDAS. REGRAS DE BANGKOK. ESTATUTO DA PRIMEIRA INFÂNCIA. APLICAÇÃO À ESPÉCIE. ORDEM CONCEDIDA. EXTENSÃO DE OFÍCIO.

[...]

VII – Comprovação nos autos de existência de situação estrutural em que mulheres grávidas e mães de crianças (entendido o vocábulo aqui em seu sentido legal, como a pessoa de até doze anos de idade incompletos, nos termos do art. 2º do Estatuto da Criança e do Adolescente – ECA) estão, de fato, cumprindo prisão preventiva em situação degradante, privadas de cuidados médicos pré-natais e pós-parto, inexistindo, outrossim berçários e creches para seus filhos. VIII – "Cultura do encarceramento" que se evidencia pela exagerada e irrazoável imposição de prisões provisórias a mulheres pobres e vulneráveis, em decorrência de excessos na interpretação e aplicação da lei penal, bem assim da processual penal, mesmo diante da existência de outras soluções, de caráter humanitário, abrigadas no ordenamento jurídico vigente. IX – Quadro fático especialmente inquietante que se revela pela incapacidade de o Estado brasileiro garantir cuidados mínimos relativos à maternidade, até mesmo às mulheres que não estão em situação prisional, como comprova o "caso Alyne Pimentel", julgado pelo Comitê para a Eliminação de todas as Formas de Discriminação contra a Mulher das Nações Unidas. X – Tanto o Objetivo de Desenvolvimento do Milênio nº 5 (melhorar a saúde materna) quanto o Objetivo de Desenvolvimento Sustentável nº 5 (alcançar a igualdade de gênero e empoderar todas as mulheres e meninas), ambos da Organização das Nações Unidades, ao tutelarem a saúde reprodutiva das pessoas do gênero feminino, corroboram o pleito formulado na impetração. X – Incidência de amplo regramento internacional relativo a Direitos Humanos, em especial das Regras de Bangkok, segundo as quais deve ser priorizada solução judicial que facilite a utilização de alternativas penais ao encarceramento, principalmente para as hipóteses em que ainda não haja decisão condenatória transitada em julgado. XI – Cuidados com a mulher presa que se direcionam não só a ela, mas igualmente aos seus filhos, os quais sofrem injustamente as consequências da prisão, em flagrante contrariedade ao art. 227 da Constituição, cujo teor determina que se dê prioridade absoluta à concretização dos direitos destes. XII – Quadro descrito nos autos que exige o estrito cumprimento do Estatuto da Primeira Infância, em especial da nova redação por ele conferida ao art. 318, IV e V, do Código de Processo Penal. XIII – Acolhimento do writ que se impõe de modo a superar tanto a arbitrariedade judicial quanto a sistemática exclusão de direitos de grupos hipossuficientes, típica de sistemas jurídicos que não dispõem de soluções coletivas para problemas estruturais. XIV – Ordem concedida para determinar a substituição da prisão preventiva pela domiciliar – sem prejuízo da aplicação concomitante das medidas alternativas previstas no art. 319 do CPP – de todas as mulheres presas, gestantes, puérperas ou mães de crianças e deficientes, nos termos do art. 2º do ECA e da Convenção sobre Direitos das Pessoas com Deficiências (Decreto Legislativo 186/2008 e Lei 13.146/2015), relacionadas neste processo pelo DEPEN e outras autoridades estaduais, enquanto perdurar tal condição, excetuados os casos de crimes praticados por elas mediante violência ou grave ameaça, contra seus descendentes. XV – Extensão da ordem de ofício a todas as demais mulheres presas, gestantes, puérperas ou mães de crianças e de pessoas com deficiência, bem assim às adolescentes sujeitas a medidas socioeducativas em idêntica situação no território nacional, observadas as restrições acima. *(STF, HC 143.641-SP, 2ª T. Rel. Ministro Ricardo Lewandowski, 20.02.2018)*

- **EXECUÇÃO PROVISÓRIA DA PENA E TRÂNSITO EM JULGADO.** Em conclusão de julgamento, o Plenário, por maioria, indeferiu medida cautelar em ações declaratórias de constitucionalidade e conferiu interpretação conforme à Constituição ao art. 283 do Código de Processo Penal (CPP) ("Art. 283. Ninguém poderá ser preso senão em flagrante delito ou por ordem escrita e fundamentada da autoridade judiciária competente, em decorrência de sentença condenatória transitada em julgado ou, no curso da investigação ou do processo, em virtude de prisão temporária ou prisão preventiva"). Dessa forma, **permitiu a execução provisória da pena após a decisão condenatória de segundo grau e antes do trânsito em julgado** – v. Informativo 837. O Tribunal assentou que a execução provisória de acórdão penal condenatório proferido em grau de apelação, ainda que sujeito a recurso especial ou extraordinário, não compromete o princípio constitucional da presunção de inocência afirmado pelo art. 5º, LVII, da Constituição Federal (CF). Esse entendimento não contrasta com o texto do art. 283 do CPP. A Corte ressaltou que, de acordo com os arts. 995 e 1.029, § 5º, do Código de Processo Civil (CPC), é excepcional a possibilidade de atribuir efeito suspensivo aos recursos especial e extraordinário na seara criminal. A regra geral continua a ser o recebimento desses recursos excepcionais com efeito meramente devolutivo. Entretanto, é possível atribuir-se efeito suspensivo diante de teratologia ou abuso de poder. Dessa forma, as decisões jurisdicionais não impugnáveis por recursos dotados de efeito suspensivo têm eficácia imediata. Assim, após esgotadas as instâncias ordinárias, a condenação criminal poderá provisoriamente surtir efeito imediato do encarceramento, uma vez que o acesso às instâncias extraordinárias se dá por meio de recursos que são ordinariamente dotados de efeito meramente devolutivo. Não se pode afirmar que, à exceção das prisões em flagrante, temporária, preventiva e decorrente de sentença condenatória transitada em julgado, todas as demais formas de prisão foram revogadas pelo art. 283 do CPP, com a redação dada pela Lei 12.403/2011, haja vista o critério temporal de solução de antinomias previsto no art. 2º, § 1º, da Lei 4.657/1942 (Lei de Introdução às Normas do Direito Brasileiro). Se assim o fosse, a conclusão seria pela prevalência da regra que dispõe ser meramente devolutivo o efeito dos recursos ao Superior Tribunal de Justiça (STJ) e ao Supremo Tribunal Federal (STF), visto que os arts. 995 e 1.029, § 5º, do CPC têm vigência posterior à regra do art. 283 do CPP. Portanto, não há antinomia entre o que dispõe o art. 283 do CPP e a regra que confere eficácia imediata aos acórdãos proferidos por tribunais de apelação. Ademais, a quantidade de magistrados com assento no STF e no STJ repele qualquer interpretação que queira fazer desses tribunais cortes revisoras universais. Isso afasta a pretensão sucessiva de firmar o STJ como local de início da execução da pena. A finalidade que a Constituição persegue não é outorgar uma terceira ou quarta chance para a revisão de um pronunciamento jurisdicional com o qual o sucumbente não se conforma e considera injusto. O acesso individual às instâncias extraordinárias visa a propiciar ao STF e ao STJ o exercício de seus papéis de estabilizadores, uniformizadores e pacificadores da interpretação das normas constitucionais e do direito infraconstitucional. Por isso, o art. 102, § 3º, da Constituição Federal exige demonstração de repercussão geral das questões constitucionais debatidas no recurso extraordinário. Portanto, ao recorrente cabe demonstrar que, no julgamento de seu caso concreto, malferiu-se um preceito constitucional e que há, necessariamente, a transcendência e relevância da tese jurídica a ser afirmada pela Suprema Corte. É a Constituição que alça o STF primordialmente a serviço da ordem jurídica constitucional e igualmente eleva o STJ a serviço da ordem jurídica. Isso está claro no art. 105, III, da CF, quando se observam as hipóteses de cabimento do recurso especial, todas direta ou indiretamente vinculadas à tutela da ordem jurídica infraconstitucional. **Nem mesmo o excessivo apego à literalidade da regra do art. 5º, LVII, da CF, a qual, nessa concepção, imporia sempre o "trânsito em julgado", seria capaz de conduzir à solução diversa**. O ministro Roberto Barroso acrescentou que, **por não se discutir fatos e provas nas instâncias extraordinárias, há certeza quanto à autoria e materialidade. Dessa forma, impõe-se, por exigência constitucional em nome da ordem pública, o início do cumprimento da pena, sob o risco de descrédito e desmoralização do sistema de justiça. Além disso, enfatizou que a presunção de inocência é princípio – não regra – e, como tal, pode ser ponderado com outros princípios e valores constitucionais que tenham a mesma estatura**. Portanto, o peso da presunção da inocência ou não culpabilidade, após a condenação em segundo grau de jurisdição, fica muito mais leve, muito menos relevante, em contraste com o peso do interesse estatal de que os culpados cumpram pena em tempo razoável. Desse modo, o estado de inocência vai-se esvaindo à medida que a condenação se vai confirmando. Vencidos os ministros Marco Aurélio (relator), Rosa Weber, Ricardo Lewandowski e Celso de Mello, que deferiam a medida cautelar para reconhecer a constitucionalidade do art. 283 do CPP e determinar a suspensão de execução provisória de pena cuja decisão ainda não houvesse transitado em julgado. Afirmavam que a execução provisória da pena, por tratar o imputado como culpado, configuraria punição antecipada e violaria a presunção de inocência, bem como a disposição expressa do art. 283 do CPP. Também pontuavam que a presunção de inocência exige que o réu seja tratado como inocente não apenas até o exaurimento dos recursos ordinários, mas até o trânsito em julgado da condenação. Vencido, parcialmente, o ministro Dias Toffoli, que acolhia o pedido sucessivo para determinar a suspensão de execução provisória de réu cuja culpa estivesse sendo questionada no STJ. Segundo o ministro, esse Tribunal desempenha o relevante papel de uniformizar a aplicação da lei federal nacionalmente. Todavia, no âmbito do STF, o recurso extraordinário não teria mais o caráter subjetivo. Afinal, a questão nele debatida deverá ter repercussão geral e ultrapassar os limites subjetivos do caso concreto, o que, geralmente não existe em matéria criminal. Ademais, a jurisprudência é no sentido de que a questão do contraditório e da ampla defesa é matéria infraconstitucional. *ADC 43 e 44 MC/DF, rel. min. Marco Aurélio, j. 5/10/2016. Pleno. (Info 842)*

- **CONDUÇÃO COERCITIVA DE PESSOA À DELEGACIA.** A 1ª Turma denegou, por maioria, *habeas corpus* impetrado em favor de paciente que fora conduzido à presença de autoridade policial, para ser inquirido sobre fato criminoso, sem ordem judicial escrita ou situação de flagrância, e mantido custodiado em dependência policial até a decretação de sua prisão temporária por autoridade competente. A impetração argumentava que houvera constrangimento ilegal na fase inquisitiva, bem como nulidades no curso da ação penal. Em conseqüência, requeria o trancamento desta. Verificou-se, da leitura dos autos, que esposa de vítima de latrocínio marcara encontro com o paciente, o qual estaria na posse de cheque que desaparecera do escritório da vítima no dia do crime. A viúva, então, solicitara a presença de policial para acompanhar a conversa e, dessa forma, eventualmente, chegar-se à autoria do crime investigado. Ante as divergências entre as versões apresentadas por aquela e pelo paciente, durante o diálogo, todos foram conduzidos à delegacia para prestar esclarecimentos. Neste momento, fora confessado o delito. Assentou-se que a própria Constituição asseguraria, em seu art. 144, § 4º, às polícias civis, dirigidas por delegados de carreira, as funções de polícia judiciária e a apuração de infrações penais. O art. 6º, II a VI, do CPP, por sua vez, estabeleceria as providências a serem tomadas pelas autoridades referidas quando tivessem conhecimento da ocorrência de um delito. Assim, asseverou-se ser possível à polícia, autonomamente, buscar a elucidação de crime, sobretudo nas circunstâncias descritas. Enfatizou-se, ainda, que os agentes policiais, sob o comando de autoridade competente (CPP, art. 4º), possuiriam legitimidade para tomar todas as providências necessárias, incluindo-se aí a condução de pessoas para prestar esclarecimentos, resguardadas as garantias legais e constitucionais dos conduzidos. Observou-se que seria desnecessária a invocação da teoria dos poderes implícitos. Passou-se, em seguida, à análise das demais alegações do impetrante. No tocante ao uso de algemas, entendeu-se que fora devidamente justificado. Afastou-se a assertiva de confissão mediante tortura, porquanto, após decretada a prisão temporária, o paciente fora submetido a exame no Instituto Médico Legal, em que não se constatara nenhum tipo de lesão física. Assinalou-se não haver evidência de cerceamento de defesa decorrente do indeferimento da oitiva das testemunhas arroladas pelo paciente e do pedido de diligências, requeridos a destempo, haja vista a inércia da defesa e a conseqüente preclusão dos pleitos. Além disso, consignou-se que a jurisprudência desta Corte firmara-se no sentido de não haver cerceamento ao direito de defesa quando magistrado, de forma fundamentada, lastreada em elementos de convicção existentes nos autos, indefere pedido de diligência probatória que repute impertinente, desnecessária ou protelatória. Explicitou-se que a defesa do paciente não se desincumbira de indicar, oportunamente, quais elementos de provas pretendia produzir para absolvê-lo. Desproveu-se, também, o argumento de que houvera inversão na ordem de apresentação das alegações finais, porque a magistrada, em razão de outros documentos juntados pela defesa nessa fase, determinara nova vista dos autos ao Ministério Público, o que não implicaria irregularidade processual. Considerou-se que, ao contrário, dera-se a estrita observância aos princípios do devido processo legal e do contraditório. Ademais, reputou-se suficientemente motivada a prisão cautelar. O Min. Dias Toffoli acompanhou o relator, ante a peculiaridade da espécie. Acrescentou que a condução coercitiva do paciente visara a apuração de infração penal gravíssima, em vista de posse de objeto de subtração que estivera em poder da vítima antes de sua morte. Mencionou que se poderia aplicar, à situação dos autos, a teoria dos poderes implícitos. Apontou que alguns teóricos classificariam esse proceder, que não teria significado de prisão, como custódia ou retenção. Por fim, destacou que o STJ desprovera o último recurso do réu, mediante decisão transitada em julgado. Vencido o Min. Marco Aurélio, que concedia a ordem. *STF, HC 107644/SP, rel. Min. Ricardo Lewandowski, 6.9.2011. 1ª T. (Info 639)*

- **HC E PRISÃO PREVENTIVA DE GOVERNADOR.** Trata-se de "habeas corpus", que, impetrado em favor de José Roberto Arruda, Governador do Distrito Federal, tem por finalidade garantir, ao ora paciente, o direito de liberdade, desconstituindo-se, em conseqüência, ato decisório que determinou a sua prisão preventiva. [ ] É inquestionável que a antecipação cautelar da prisão – qualquer que seja a modalidade autorizada pelo ordenamento positivo (prisão em flagrante, prisão temporária, prisão preventiva, prisão decorrente da decisão de pronúncia e prisão resultante de sentença penal condenatória recorrível) – não se revela incompatível com o princípio constitucional da presunção de inocência. [ ] O Distrito Federal, ainda que em norma constante de sua própria Lei Orgânica, não dispõe de competência para outorgar ao Governador a prerrogativa extraordinária da imunidade à prisão em flagrante, à prisão preventiva e à prisão temporária, pois a disciplinação dessas modalidades de prisão cautelar submete-se, com exclusividade, ao poder normativo da União Federal, por efeito de expressa reserva constitucional de competência definida pela Carta da República. *A norma constante da Lei Orgânica do Distrito Federal – que impede a prisão do Governador do DF antes de sua condenação penal definitiva – não se reveste de validade jurídica e, conseqüentemente, não pode subsistir, em face de sua evidente incompatibilidade, com o texto da Constituição Federal. STF, HC 102732/DF, rel. Min. Marco Aurélio, 4.3.2010. Pleno. (Info 580)*

- **PRISÃO PREVENTIVA: PENDÊNCIA DE RECURSO SEM EFEITO SUSPENSIVO E EXECUÇÃO PROVISÓRIA.** Afirmou-se que a prisão antes do trânsito em julgado da condenação somente poderia ser decretada a título cautelar. Enfatizou-se que a ampla defesa englobaria todas as fases processuais, razão por que a execução da sentença após o julgamento da apelação implicaria, também, restrição do direito de defesa, com desequilíbrio entre a pretensão estatal de aplicar a pena e o direito, do acusado, de elidir essa pretensão. Ressaltou-se que o modelo de execução penal consagrado na reforma penal de 1984 conferiria concreção ao denominado princípio da presunção de inocência, não sendo relevante indagar se a Constituição consagraria, ou não, a presunção de inocência, mas apenas considerar o enunciado normativo de garantia contra a possibilidade de a lei ou decisão judicial impor ao réu, antes do trânsito em julgado de sentença condenatória, sanção ou conseqüência jurídica gravosa que dependesse dessa condição constitucional. Frisou-se que esse quadro teria sido alterado com o advento da Lei 8.038/90, que instituiu normas procedimentais relativas aos processos que tramitam perante o STJ e o STF, ao dispor que os recursos extraordinário e especial seriam recebidos no efeito devolutivo. No ponto, observou-se que a supressão do efeito suspensivo desses recursos seria expressiva de uma política criminal vigorosamente repressiva, instalada na instituição da prisão temporária pela Lei 7.960/89 e, posteriormente, na edição da Lei 8.072/90. Citou-se o que decidido no RE 482006/MG (DJU de 14.12.2007), no qual declarada a inconstitucionalidade de preceito de lei estadual mineira que impunha a redução de vencimentos de servidores públicos afastados de suas funções por responderem a processo penal em razão da suposta prática de crime funcional, ao fundamento de que tal preceito afrontaria o disposto no art. 5º, LVII, da CF. Concluiu-se que, se a Corte, nesse caso, prestigiara o disposto no preceito constitucional em nome da garantia da propriedade, não o poderia negar quando se tratasse da garantia da liberdade. Vencidos os Ministros Menezes Direito, Cármen Lúcia, Joaquim Barbosa e Ellen Gracie, que denegavam a ordem. *STF, HC 84078/MG, rel. Min. Eros Grau, 5.2.2009. Pleno. (Info 534)*

- **PRISÃO CAUTELAR E POSSIBILIDADE DE EVASÃO DO DISTRITO DA CULPA.** A mera possibilidade de evasão do distrito da culpa – seja para evitar a configuração do estado de flagrância, seja, ainda, para questionar a legalidade e/ou a validade da própria decisão de custódia cautelar – não basta, só por si, para justificar a decretação ou a manutenção da medida excepcional de privação cautelar da liberdade individual do indiciado ou do réu. A prisão cautelar – qualquer que seja a modalidade que ostente no ordenamento positivo brasileiro (prisão em flagrante, prisão temporária, prisão preventiva, prisão decorrente de decisão de pronúncia ou prisão motivada por condenação penal recorrível) – somente se legitima, se se comprovar, com apoio em base empírica idônea, a real necessidade da adoção, pelo Estado, dessa extraordinária medida de constrição do "status libertatis" do indiciado ou do réu. *STF, HC 95464, Rel. Min. CELSO DE MELLO, 2ª T., j. 03/02/2009. (Info 538)*

✦ *SUPERIOR TRIBUNAL DE JUSTIÇA*

- **DIREITO PROCESSUAL PENAL. EXECUÇÃO PROVISÓRIA DE PENA EM AÇÃO PENAL ORIGINÁRIA. É possível a execução provisória de pena imposta em acordão condenatório proferido em ação penal de competência originária de tribunal.** Inicialmente, ao que tudo está a indicar, a decisão proferida pela composição plena do STF no HC 126.292-SP (julgado em 17/2/2016, ainda não publicado) sufragou pensamento de que o direito é disciplina prática, necessariamente ancorada na realidade. Deveras, em diversos pontos dos votos dos eminentes Ministros que participaram da sessão, assinalou-se, como móvel para a referida guinada jurisprudencial, a gravidade do quadro de "desarrumação" do sistema punitivo brasileiro, máxime por permitir a postergação da definição do juízo de condenação, mercê dos inúmeros recursos previstos na legislação processual penal. Diante dessa pletora de meios impugnativos, que engendra, a cada instância inaugurada no curso processual, uma infindável reapreciação dos mesmos temas já anteriormente debatidos, a Suprema Corte acabou assumindo, na dicção de Ministro daquela Corte, "papel decisivo nessa rearrumação". Em verdade, a possibilidade de prisão após a condenação em segunda instância, quando se esgota a análise dos fatos e das provas, é coerente com praticamente todos os tratados e convenções internacionais que versam direitos humanos. Atenta-se, ainda, à previsão contida no art. 283 do CPP ("Ninguém poderá ser preso senão em flagrante delito ou por ordem escrita e fundamentada da autoridade judiciária competente, em decorrência de sentença condenatória transitada em julgado ou, no curso da investigação ou do processo, em virtude de prisão temporária ou prisão preventiva"), cuja redação dada pela Lei n. 12.403/2011 veio encampar a jurisprudência até então consolidada do STF, no sentido de que toda prisão, antes do trânsito em julgado, teria natureza cautelar. Ora, é fato que a redação desse artigo encontra sua essência no princípio constitucional da presunção de não culpabilidade. Logo, se o próprio Pretório Excelso, ao interpretar esse princípio constitucional, entendeu pela possibilidade de execução provisória da pena após a prolação de acórdão condenatório, não se verifica como uma interpretação a regra infraconstitucional possa contraditar o alcance de sentido que foi emprestado ao princípio que dá sustentação a essa própria regra infraconstitucional, porquanto, sob a perspectiva kelseniana, as normas inscritas na Carta Maior se encontram no topo da pirâmide normativa, à qual todo o sistema jurídico deve se conformar. Diante disso, não há como pretender que sejam sobrepostas a interpretação e o alcance do art. 283 do CPP à espécie, de modo a afastar o entendimento manifestado pelo STF, porquanto, ao fim e ao cabo, as normas infraconstitucionais é que devem se harmonizar com a Constituição, e não o contrário. A compreensão externada pelo Supremo, por ocasião do julgamento do HC 126.292-SP, poderia ser resumida na conclusão de que o recurso especial, tal como o recurso extraordinário, por ser desprovido de efeito suspensivo, não obsta o início da execução provisória da pena, sem que isso importe em inobservância ao princípio da não culpabilidade, porquanto "o acusado foi tratado como inocente no curso de todo o processo ordinário criminal, observados os direitos e as garantias a ele inerentes, bem como respeitadas as regras probatórias e o modelo acusatório atual. Não é incompatível com a garantia constitucional autorizar, a partir daí, ainda que cabíveis ou pendentes de julgamento de recursos extraordinários, a produção dos efeitos próprios da responsabilização criminal reconhecida pelas instâncias ordinárias" (excerto de voto de Ministro daquela Corte). Como o mencionado acórdão ainda não foi publicado, é possível que ele venha a ser integrado e modelado, de modo a fornecer elementos mais precisos e objetivos para se saber, efetivamente, a partir de qual momento poderá ser autorizado o início da execução da pena, confirmada (ou imposta) em acórdão condenatório. Contudo, isso não implica afastar a possibilidade de o julgador, dentro de seu inerente poder geral de cautela, atribuir, no exercício da jurisdição extraordinária, efeito suspensivo ao REsp ou RE e, com isso, obstar a execução provisória da pena. Isso seria possível, por exemplo, em situações excepcionais, nas quais estivesse caracterizada a verossimilhança das alegações deduzidas na impugnação extrema, de modo que se pudesse constatar, à vol d'oiseau, a manifesta contrariedade do acórdão com a jurisprudência consolidada da Corte a quem se destina a impugnação. Por fim, é necessário se ressaltar que nenhum acréscimo às instituições e ao funcionamento do sistema de justiça criminal resulta da não vinculação de magistrados à clara divisão de competências entre os diversos órgãos judiciários, com base na qual cabe ao STJ a interpretação do direito federal e ao STF a interpretação da CF, motivo pelo qual se deve dar efetivo e imediato cumprimento à nova interpretação dada, pelo STF, aos limites e ao alcance da presunção de não culpabilidade (art. 5º, inc. LVII). ***STJ, EDcl no REsp 1.484.415-DF, Rel. Min. Rogerio Schietti Cruz, j.3/3/2016, DJe 14/4/2016. 6ª T. (Info 581)***

3. QUESTÕES DE CONCURSOS

1. **(FCC/DPE-PB/Defensor Público/2014 – adaptada)** Em relação à prisão temporária, poderá ser prorrogada quantas vezes forem necessárias, desde que a prisão temporária seja imprescindível para investigação da infração penal.

2. **(FCC/DPE-PB/Defensor Público/2014 – adaptada)** Em relação à prisão temporária, o Juiz poderá, de ofício, determinar que o preso lhe seja apresentado.

3. **(FCC/MPE-PA/Promotor de Justiça/2014)** José responde, preso, a processo pela prática do delito de tráfico de drogas. Diante disso, é correto afirmar que:

a) sob o título de prisão temporária, José pode ficar preso no curso da ação penal por no máximo 60 dias.

b) a prisão preventiva de José pode ter sido decretada de ofício no curso do inquérito policial.

c) mesmo que cumpridos todos os demais requisitos, o Supremo Tribunal Federal, por maioria, tem entendido que não é possível a concessão de liberdade provisória a José.

d) sob o título de prisão temporária, José pode ter ficado preso no curso do inquérito policial por no máximo 10 dias.

e) na hipótese de ter havido representação da autoridade policial, o Juiz, antes de decidir pela decretação da prisão temporária, teve que ouvir o Ministério Público.

4. **(CESPE/TJ-CE/Técnico Judiciário/2014)** A prisão temporária

a) será decretada mediante despacho, que prescinde de fundamentação em caso de comprovada a urgência da prisão.

b) poderá ser decretada pelo delegado de polícia, pelo prazo máximo de cinco dias, prorrogável por igual período, em caso de extrema e comprovada necessidade.

c) poderá ser decretada pelo juiz, em qualquer fase do processo penal, se comprovada sua extrema necessidade.

d) poderá ser decretada pelo juiz, sem a oitiva do Ministério Público, quando solicitada por representação da autoridade policial.

e) poderá ser decretada, tratando-se de crime de tráfico ilícito de entorpecentes, pelo prazo máximo de trinta dias, prorrogável por mais trinta dias, em caso de extrema e comprovada necessidade.

5. **(CESPE/SEGESP-AL/Papiloscopista/2013)** A prisão temporária somente pode ser decretada durante o inquérito policial e por ordem judicial. Uma vez esgotado o prazo legal, o preso deve ser imediatamente solto, independentemente de alvará de soltura.

6. **(CESPE/DPE-ES/Defensor Público/2013 – adaptada)** Na hipótese de pedido de prisão temporária mediante representação da autoridade policial, o juiz, antes de decidir, deve ouvir o MP e a defesa.

7. **(CESPE/DPE-ES/Defensor Público/2013 – adaptada)** O juiz poderá, de ofício, ou a requerimento do MP e do advogado, determinar que o preso lhe seja apresentado, solicitar informações e esclarecimentos da autoridade policial e submetê-lo a exame de corpo de delito.

8. **(CESPE/PC-GO/Agente de Polícia Substituto/2016 – adaptada)** Marcos poderá ser submetido a prisão temporária, que tem prazo fixo previsto em lei e admite uma prorrogação por igual período.

9. **(CESPE/TRF1/Analista Judiciário/2017)** A prisão temporária pode ser decretada pelo juiz, de ofício, pelo prazo de cinco dias, prorrogável, excepcionalmente, por igual período em caso de extrema e comprovada necessidade para as investigações policiais.

10. **(FCC/TJ-SC/Juiz de Direito/2017)** Recebendo o juiz os autos do inquérito policial com pedido de prazo para conclusão, sem provocação da autoridade policial ou do Ministério Público,

a) poderá o juiz decretar a prisão temporária do investigado por cinco dias, ainda que não haja representação da autoridade policial ou requerimento do Ministério Público.

b) não poderá decretar a prisão temporária do investigado, pois não há previsão legal de prisão temporária decretada de ofício pelo Juiz.

c) não poderá decretar a prisão temporária do investigado, pois a prisão temporária somente poderá ser decretada após a conclusão do inquérito policial.

d) poderá decretar a prisão temporária do investigado, desde que tenha por fundamento a garantia da ordem pública, da ordem econômica, por conveniência da instrução criminal ou para assegurar a aplicação da lei penal e haja prova do crime e indício suficiente de autoria.

e) poderá o juiz determinar a produção antecipada das provas consideradas urgentes e decretar a prisão do investigado.

11. (CONSUPLAN/TRF2/Técnico Judiciário/2017) Sobre o tema Prisão Temporária, assinale a alternativa INCORRETA.

a) Na hipótese de representação da autoridade policial, o Juiz, antes de decidir, ouvirá o Ministério Público.

b) Decretada a prisão temporária, expedir-se-á mandado de prisão, em duas vias, uma das quais será entregue ao indiciado, mas que não servirá como nota de culpa.

c) O despacho que decretar a prisão temporária deverá ser fundamentado e prolatado dentro do prazo de vinte e quatro horas, contadas a partir do recebimento da representação ou do requerimento.

d) A prisão temporária será decretada pelo Juiz, em face da representação da autoridade policial ou de requerimento do Ministério Público, e, não sendo o caso de crime hediondo, terá o prazo de cinco dias, prorrogável por igual período em caso de extrema e comprovada necessidade.

12. (CONSULPLAN/TJ-MG/Titular de Serviços de Notas e de Registros/2018 – adaptada) A prisão temporária somente poderá ser executada depois da expedição do respectivo mandado judicial.

Durante investigação de prática de crime de extorsão simples, considerando que a prisão do indiciado José era indispensável para as investigações, após representação da autoridade policial, mas sem requerimento expresso do Ministério Público, o juiz competente decretou a prisão temporária de José pelo prazo inicial de 10 dias.

13. (FGV/TJ-SC/Oficial de Justiça/2018) Quando o oficial de justiça, acompanhado de força policial, foi cumprir o mandado de prisão, José entrou imediatamente em contato com seu advogado, para esclarecimentos.

O advogado de José deverá esclarecer que a prisão temporária:

a) não é válida, porque não cabe prisão temporária antes do oferecimento da denúncia;

b) não é válida, apesar de cabível no delito mencionado, em razão do prazo fixado pelo magistrado;

c) é válida e, ao final do prazo, deverá o preso ser colocado em liberdade independentemente de nova ordem judicial;

d) é valida, apesar de decretada de ofício em razão da ausência de requerimento do Ministério Público;

e) não é válida, porque o crime investigado não está no rol daqueles que admitem essa modalidade de prisão.

14. (INSTITUTO AOCP/TRT1/Técnico Judiciário/2018) Acerca das prisões cautelares, assinale a alternativa INCORRETA.

a) O juiz não poderá revogar a prisão preventiva de ofício se, no correr do processo, verificar a falta de motivo para que subsista, bem como de novo decretá-la se sobrevierem razões que a justifiquem.

b) Qualquer do povo poderá e as autoridades policiais e seus agentes deverão prender quem quer que seja encontrado em flagrante delito.

c) A prisão preventiva poderá ser decretada como garantia da ordem pública, da ordem econômica, por conveniência da instrução criminal, ou para assegurar a aplicação da lei penal, quando houver prova da existência do crime e indício suficiente de autoria.

d) A prisão de qualquer pessoa e o local onde se encontre serão comunicados imediatamente ao juiz competente, ao Ministério Público e à família do preso ou à pessoa por ele indicada.

e) Os presos temporários deverão permanecer, obrigatoriamente, separados dos demais detentos.

GAB	1	2	3	4	5	6	7	8	9	10	11	12	13	14
	E	C	E	E	C	E	C	C	E	B	B	C	B	A

Art. 3º Os presos temporários deverão permanecer, obrigatoriamente, separados dos demais detentos.

1. COMENTÁRIOS

O presente artigo da Lei de Prisão Temporária presta um tributo à ideia de que o preso provisório deve ser mantido longe do contato do preso definitivo. Conforme este artigo o preso temporário deve ser mantido separado dos demais, inclusive dos demais presos provisórios, como os presos preventivos.

2. QUESTÕES DE CONCURSOS

1. **(IBFC/PC-RJ/Oficial de Cartório/2013)** O preso temporário poderá permanecer custodiado na carceragem da Delegacia de Polícia, como forma de viabilizar a realização das investigações, mas não poderá permanecer em cela ocupada por outras espécies de presos.

2. **(FEPESE/PC-SC/Agente de Polícia Civil/2017 – adaptada)** É correto afirmar sobre a prisão temporária.

a) O Ministério Público é o único autor legitimado a representar pela prisão temporária do réu.

b) O preso temporário deverá, obrigatoriamente, permanecer separados dos demais detentos.

c) Quando imprescindível para as investigações do inquérito policial, a prisão temporária poderá ser decretada pela autoridade policial.

d) A prisão temporária não excederá a 5 dias; contudo, a pedido da autoridade policial, poderá ser prorrogada até o oferecimento da denúncia.

e) Recebida a ação penal, a autoridade policial poderá requerer a prisão temporária do agente que não tiver residência fixa.

GAB	1	2
	C	B

Art. 4º O art. 4º da Lei nº 4.898, de 9 de dezembro de 1965, fica acrescido da alínea i, com a seguinte redação:

"Art. 4º ....

I – prolongar a execução de prisão temporária, de pena ou de medida de segurança, deixando de expedir em tempo oportuno ou de cumprir imediatamente ordem de liberdade;"

1. COMENTÁRIOS

Com o advento da Lei nº 7.960/89, foi acrescida à Lei de Abuso de Autoridade (Lei nº 4.898/65) a alínea "i" do art. 4º. Assim, o prolongamento da prisão temporária, de pena ou de medida de segurança constitui crime de abuso de autoridade. É o que aconteceria, por exemplo, se expirado o prazo da temporária, o responsável pela custódia não colocasse o preso em liberdade.

Art. 5º Em todas as comarcas e seções judiciárias haverá um plantão permanente de vinte e quatro horas do Poder Judiciário e do Ministério Público para apreciação dos pedidos de prisão temporária.

1. COMENTÁRIOS

A rigor, dado caráter essencial das funções desempenhadas pelo Poder Judiciário e pelo Ministério Público, deve haver plantão para apreciação, não apenas dos pleitos de prisão temporária, mas de todas as hipóteses em que esteja em jogo o direito de liberdade (prisão em flagrante, preventiva, etc.), bem como para análise dos casos em que haja a possibilidade de perecimento do direito.

Art. 6º Esta Lei entra em vigor na data de sua publicação.

Art. 7º Revogam-se as disposições em contrário.

Brasília, 21 de dezembro de 1989; 168º da Independência e 101º da República.

JOSÉ SARNEY

j) Saulo Ramos

| 07 |

PRECONCEITO

CRIMES RESULTANTES DE PRECONCEITO DE RAÇA E DE COR						
QUESTÕES DE CONCURSOS						
Classificação pelo artigo				Classificação pelo grau de incidência em provas		
Dispositivo legal	Nº de questões	%		Dispositivo legal	Nº de questões	%
Art. 1º	10	22,22%		Art. 1º	10	22,22%
Art. 3º	4	8,89%		Arts. 19/20	6	13,33%
Art. 4º	5	11,11%		Art. 4º	5	11,11%
Art. 5º	4	8,89%		Arts. 16/18	5	11,11%
Art. 6º	2	4,44%		Art. 3º	4	8,89%
Art. 8º	2	4,44%		Art. 5º	4	8,89%
Art. 9º	2	4,44%		Art. 6º	2	4,44%
Art. 11	1	2,22%		Art. 8º	2	4,44%
Art. 12	1	2,22%		Art. 9º	2	4,44%
Art. 13	1	2,22%		Art. 14	2	4,44%
Art. 14	2	4,44%		Art. 11	1	2,22%
Arts. 16/18	5	11,11%		Art. 12	1	2,22%
Arts. 19/20	6	13,33%		Art. 13	1	2,22%
TOTAL	45	100,00%		TOTAL	45	100,00%

▸LEI Nº 7.716, DE 5 DE JANEIRO DE 1989

Define os crimes resultantes de preconceito de raça e de cor.

O PRESIDENTE DA REPÚBLICA, faço saber que o Congresso Nacional decreta e eu sanciono a seguinte lei:

Art. 1º Serão punidos, na forma desta Lei, os crimes resultantes de discriminação ou preconceito de raça, cor, etnia, religião ou procedência nacional. (Redação dada pela Lei nº 9.459, de 15/05/97)

1. COMENTÁRIOS

1.1. Considerações iniciais

A Constituição Federal de 1988 demonstra com clareza uma acentuada preocupação da República Federativa do Brasil no fomento à igualdade e ao veemente repúdio e combate às formas de discriminação. Dentre alguns dispositivos constitucionais que comprovam essa afirmação, podemos enumerar, a título exemplificativo:

a) Art. 3º, IV: "Constituem objetivos fundamentais da República Federativa do Brasil: IV – promover o bem de todos, sem preconceitos de origem, raça, sexo, cor, idade e quaisquer outras formas de discriminação".

b) Art. 4º, VIII: "A República Federativa do Brasil rege-se nas suas relações internacionais pelos seguintes princípios: VIII – repúdio ao terrorismo e ao racismo".

c) Art. 5º, VI: "é inviolável a liberdade de consciência e de crença, sendo assegurado o livre exercício dos cultos religiosos e garantida, na forma da lei, a proteção aos locais de culto e a suas liturgias".

d) Art. 5º, VIII: "ninguém será privado de direitos por motivo de crença religiosa ou de convicção filosófica ou política, salvo se as invocar para eximir-se de obrigação legal a todos imposta e recusar-se a cumprir prestação alternativa, fixada em lei".

Mais do que estas diretrizes, que consagram princípios de grande relevância, na construção de uma sociedade livre e fraterna, a legislador constituinte criou um mandado de criminalização, na medida em que o texto constitucional previu em seu art. 5º, XLII: "a prática do racismo constitui crime inafiançável e imprescritível, sujeito à pena de reclusão, nos termos da lei".

Como cediço, a Constituição Federal não define conduta criminosa ou comina a respectiva sanção penal. Esta é uma atribuição que fica a cargo da legislação infraconstitucional. Cabe à Carta Magna, todavia, a criação de mandados constitucionais de criminalização, como este acima transcrito. Tais mandados, como o próprio nome indica, constituem mandamentos dirigidos ao legislador ordinário, no sentido da previsão de determinados crimes e/ou penas.

O mandado de criminalização relativo ao crime de racismo é extremamente emblemático, sobretudo por conta da previsão de sua imprescritibilidade. Ao lado do crime de racismo, só existe uma outra previsão de imprescritibilidade penal, prevista no art. 5º, inciso XLIV, e que diz respeito à ação de grupos armados, civis ou militares, contra a ordem constitucional e o Estado Democrático.

Ademais, no que concerne à inafiançabilidade, o texto constitucional admite, tão-somente três hipóteses: os dois casos de imprescritibilidade, acima mencionados, que também são casos de inafiançabilidade, e os crimes hediondos e a eles equiparados (tráfico ilícito de entorpecentes e drogas afins, a tortura e o terrorismo), nos termos entabulados no art. 5º, inciso XLIII.

Ainda na esteira da legislação contrária às discriminações, devemos recordar que, plano internacional, o Brasil aderiu, em 07 de março de 1966, à Convenção Internacional sobre a

Eliminação de todas as Formas de Discriminação Racial. Esta Convenção ingressa em nosso ordenamento jurídico por intermédio do Decreto nº 65.810, de 08 de dezembro de 1969. Ademais, no dia 20 de julho de 2010, foi aprovada a Lei nº 12.288, o Estatuto da Igualdade Racial, "destinado a garantir à população negra a efetivação da igualdade de oportunidades, a defesa dos direitos étnicos individuais, coletivos e difusos e o combate à discriminação e às demais formas de intolerância étnica".

1.2. Lei nº 7.716/89

Em seu nascedouro, a Lei nº 7.716/89 possuía um espectro de abrangência muito mais restrito, na medida em que punia, tão-somente, os crimes resultantes de preconceitos de raça ou de cor. Foi com o advento da Lei nº 9.459, de 15 de maio de 1997, que foi alterada a redação do art. 1º, passando a punir não apenas estas modalidades de preconceito, mas também as que dizem respeito à etnia, religião ou procedência nacional.

O estudo da Lei, como se vê, não prescinde da análise de alguns conceitos de muita relevância.

a) Discriminação: O Estatuto da Desigualdade Racial (Lei nº 12.288/2010), ao se reportar à discriminação racial ou étnico-racial, define-a como "toda distinção, exclusão, restrição ou preferência baseada em raça, cor, descendência ou origem nacional ou étnica que tenha por objeto anular ou restringir o reconhecimento, gozo ou exercício, em igualdade de condições, de direitos humanos e liberdades fundamentais nos campos político, econômico, social, cultural ou em qualquer outro campo da vida pública ou privada".

Importante chamar a atenção para o fato de que esta discriminação a que nos referimos, e que é objeto da Lei nº 7.716/89 é a discriminação negativa. Não constitui crime a chamada discriminação positiva, materializada, sobretudo, em ações afirmativas, dentre as quais se destaca, pela sua notoriedade e importância, as cotas raciais ou sócio-raciais para ingresso em universidades ou, mesmo, no serviço público. O Estatuto da Igualdade Racial define as ações afirmativas como "programas e medidas especiais adotados pelo Estado e pela iniciativa privada para a correção das desigualdades raciais e para a promoção da igualdade de oportunidades".

b) Preconceito: Preconceito é o conceito prévio, preestabelecido, constituído antecipadamente. Trata-se, no contexto da Lei em comento, de concepções criadas por determinados indivíduos que categorizam e (des)qualificam pessoas por força de sua raça, cor, etnia, religião ou procedência nacional. Ocorre o preconceito, por exemplo, quando o agente acredita que os membros de determinada religião são menos inteligentes, inferiores ou não são dignos de determinados direitos que são contemplados a outros.

c) Raça: historicamente, a noção de raça está atrelada a características físicas, biológicas. Atualmente, porém, os estudos nas áreas das mais variadas ciências têm contestado a noção de raça. Com efeito, as distinções biológicas entre indivíduos que costumam ser identificados como membros da mesma raça não são maiores ou menores do que aquelas existentes entre indivíduos de raças distintas.

Este, inclusive, é o entendimento do STF[1], apresentado nos seguintes termos: "Com a definição e o mapeamento do genoma humano, cientificamente não existem distinções entre os homens, seja pela segmentação da pele, formato dos olhos, altura, pêlos ou por quaisquer outras características físicas, visto que todos se qualificam como espécie humana. Não há diferenças biológicas entre os seres humanos. Na essência são todos iguais".

Importante salientar que, a despeito destas considerações, a expressão raça ainda encontra guarida nas regras de Direito Internacional.

d) Cor: diz respeito à cor das peles das pessoas. Muito embora pudesse ser considerado um desdobramento das características físicas que constituem (ou constituíam, até o advento das conclusões do projeto Genoma) a noção de raça, o fato é que, na prática, não raras vezes, ainda ocorre o preconceito proveniente da cor da pele das pessoas. Esta a razão pela qual o tema mereceu tutela específica por parte da legislação.

e) Etnia: a ideia de grupo étnico abrange um conjunto de indivíduos unidos por laços culturais e linguísticos.

f) Religião: etimologicamente, a expressão "religião" (re + ligare) traz consigo a ideia de religar. Diz respeito, deste modo, à ligação, à conexão do homem com Deus. Por paradoxal que seja, a história da humanidade está repleta de guerras sangrentas perpetradas por questões afetas às disputas travadas entre religiosos e ainda é pujante a discriminação oriunda de aspectos atinentes às religiões.

g) Procedência nacional: a rigor, não há um conceito unívoco de Nação[2]. Podemos afirmar que nação e Estado são conceitos que não se confundem[3]. A despeito da dificuldade de se conceituar a Nação, na ciência política, no Direito Penal, "existe certo consenso de que o grupo nacional é aquele que 'consegue criar uma consciência, uma alma coletiva, que se traduz pela vontade de viver em comum'"[4].

1.3. Outras modalidades de discriminação

Não podemos deixar de anotar que, em se tratando de lei penal incriminadora, o rol das modalidades de discriminação e preconceito contidos no art. 1º da Lei nº 7.716/89 é taxativo. Ora, como sabemos, não seria possível a realização de uma analogia prejudicial ao réu (*in malam partem*), de modo que se criminalizassem condutas que não estão expressas no tipo penal. E isto, obviamente, independe do quão reprovável são tais condutas.

Por esta razão, não podem ser consideradas criminosas – pelo menos não sob a perspectiva da Lei em comento – condutas consistentes em discriminação ou preconceito por questões relacionadas à orientação sexual, gênero, condição de pessoa idosa ou portadora de necessidades especiais, etc. Há, é bom que se diga, leis específicas que tratam de questões

1. STF, HC 82424/RS, Rel. Min. Maurício Correa, j. 17/09/2003.
2. BOBBIO, Norberto; MATTEUCI, Nicola; PASQUINO, Gianfranco. *Dicionário de política. Volume II.* 13. Ed. Brasília: Editora UNB, 2008. p. 796.
3. DALLARI, Dalmo de Abreu. *Elementos de teoria geral do Estado.* 25. Ed. São Paulo, Saraiva, 2008. p. 137.
4. SAVAZZONI, Simone de Alcantara. *Crime de Genocídio.* Disponível em http://www.lfg.com.br. Consulta: 22.08.2012.

relacionadas a estas matérias, tais como a Lei Maria da Penha, o Estatuto do Idoso, a Lei de discriminação ao portador de deficiência, etc. Por esta razão, uma conduta voltada contra estes grupos sociais poderá caracterizar crime, mas não qualquer dos crimes contemplados na Lei nº 7.716/89.

Há, ainda, casos peculiares, como o da discriminação por orientação sexual, para a qual ainda não há lei específica. Parece-nos que a ausência de tipificação desta conduta constitui flagrante afronta ao princípio da vedação à proteção deficiente. Com efeito, por força deste princípio, a tutela jurídica do Estado aos bens jurídicos não pode ser leniente, de modo a deixar tais bens jurídicos desguarnecidos. O preconceito e a discriminação são práticas de uma nocividade social imensa, além das absurdas consequências deletérias que produz nos indivíduos vitimados.

Por estas e outras consequências de imensa gravidade, reputamos ser importante, portanto, que o legislador se mobilize, no sentido de criminalizar as condutas consistentes em discriminação ou preconceito por conta da orientação sexual. Contudo, ante a ausência de regulamentação legal da matéria, vale reiterar que não se pode falar em crime, na medida em que está vedada a aplicação da Lei nº 7.716/89 por analogia, que, obviamente, seria *in malam partem*.

É importante chamar a atenção para o fato de que as condutas consistentes em discriminação ou preconceito, que estão contempladas pela Lei em apreço, não se confundem com os crimes contra a honra, que podem conter alusão a questões relacionadas à raça, cor, etnia, origem ou religião, além da condição de pessoa idosa e portadora de deficiência. São as hipóteses de injúria qualificada, conhecida, doutrinariamente, como injúria preconceituosa.

1.4. Distinção em relação ao crime de injúria qualificada

O Código Penal, em seu art. 141, § 3º traz o crime de injúria, em sua modalidade qualificada. Pune-se com pena de reclusão de um a três anos, além da multa, a injúria quando se realiza mediante a utilização de elementos referentes à raça, cor, etnia, origem, religião, condição de pessoa idosa ou portadora de deficiência. Este crime de injúria qualificada é intitulado, em sede doutrinária, de injúria preconceituosa ou, mesmo, de injúria racial, na medida em que a alusão a elementos de raça é conduta, lamentavelmente, ainda comum em nosso país.

As distinções entre a injúria qualificada e os crimes contidos na Lei nº 7.716/89 são visíveis. Inicialmente, percebe-se que a injúria possui como objeto jurídico a honra subjetiva (a ideia que a pessoa faz de si mesmo, isto é, sua autoestima), ao passo que os crimes de preconceito possuem como objeto jurídico a igualdade. Por outro lado, conforme se pode analisar pelos comentários aos artigos desta Lei, os crimes de preconceito se consumam, grosso modo, pelo impedimento ao exercício de algum direito, ao passo que a injúria se consuma mediante uma ofensa pessoal, que pode se dar por meio verbal, escrito, simbólico ou gestual.

1.5. Imprescritibilidade

Uma das grandes distinções entre os crimes de racismo (preconceito relacionado à raça) e a injúria racial (injúria qualificada pela utilização de elementos de raça) diz respeito à imprescritibilidade do primeiro, e a prescritibilidade do segundo. Tendo em vista que a Constituição

Federal faz menção à imprescritibilidade dos crimes de racismo, o entendimento corrente, em sede doutrinária e jurisprudencial, sempre foi no sentido de que, esta característica não se estenderia ao crime de injúria racial. A ele, deveria ser aplicada a prescrição, conforme os patamares previstos no art. 109 do Código Penal.

Contudo, é necessário chamar a atenção para o entendimento do Superior Tribunal de Justiça, no julgamento do AgRg no AREsp 686.965/DF[5], em que se entendeu que, por apresentar questões relacionadas à raça o crime de injúria racial está abrangido pela expressão "racismo", contida na Constituição Federal. Por esta razão, o crime de injúria racial também seria inafiançável, imprescritível e sujeito a pena de reclusão. Em sede doutrinária, é o entendimento de Guilherme Nucci.

É imprescindível continuar acompanhando o entendimento jurisprudencial sobre a matéria, pois foi um primeiro precedente do STJ. Não faltaram críticas a esta decisão, sob o argumento de que teria incorrido em verdadeira analogia *in malam partem*.

2. SÚMULAS E JURISPRUDÊNCIA

✦ *SUPERIOR TRIBUNAL DE JUSTIÇA*

- AGRAVANTE: PAULO HENRIQUE DOS SANTOS AMORIM ADVOGADOS: CARMEM MANSANO DA COSTA BARROS MARIA ELIZABETH QUEIJO EDUARDO MEDALJON ZYNGER E OUTRO (S) AGRAVANTE: HERALDO PEREIRA DE CARVALHO – ASSISTENTE DE ACUSAÇÃO ADVOGADOS: CRISTINA ALVES TUBINO DANIEL SOARES ALVARENGA DE MACEDO E OUTRO (S) AGRAVADO: OS MESMOS AGRAVADO: MINISTÉRIO PÚBLICO DO DISTRITO FEDERAL E TERRITÓRIOS DECISÃO Cuida-se de dois agravos em recurso especial, o primeiro, interposto por HERALDO PEREIRA DE CARVALHO, e o segundo, por PAULO HENRIQUE DOS SANTOS AMORIM, ambos contra acórdão do Tribunal de Justiça do Distrito Federal e dos Territórios, assim ementado: PENAL. EMBARGOS INFRINGENTES E DE NULIDADE. PRAZO DECADENCIAL. REPRESENTAÇÃO. CONTAGEM. MARCO INICIAL. OFENSA IRROGADA EM SITE PÚBLICO. CIÊNCIA DA VÍTIMA. DATA DA PUBLICAÇÃO NO SITE. IMPOSSIBILIDADE. EXTINÇÃO DA PUNIBILIDADE. PRESCRIÇÃO INTERCORRENTE. No caso vertente a publicação que deu origem a ação criminal e que foi considerada ofensiva foi disponibilizada no blog do réu em 05/09/2009, e a vítima ofereceu representação no dia 17/03/2010, ou seja, 06 (seis) meses e 13 (treze) dias depois da publicação injuriosa. A vítima afirmou que somente tomou conhecimento da publicação após ser alertado por colegas de profissão e nenhuma prova foi produzida pela defesa em sentido contrário, de modo que a dúvida continua a vingar. A dúvida quanto a contagem do prazo decadencial para oferecimento da representação, deve ser resolvida em favor do processo. Por se tratar de matéria de ordem pública a prescrição deve ser reconhecida de ofício nos termos do artigo 61 do Código de Processo Penal. Reconheceu-se a extinção da punibilidade do embargante pela prescrição intercorrente em relação ao crime pelo qual fora condenado, eis que transcorridos mais de 2 (dois) anos entre o recebimento da denúncia e a publicação do acórdão condenatório. Embargos Infringentes conhecidos e PARCIALMENTE PROVIDOS. (fl. 1.918) O primeiro recorrente aponta a violação dos arts. 20, § 2º, da Lei 7.716/89 e 111, III, do Código Penal, alegando, em síntese, que o TJDFT valorou de forma equivocada as provas dos autos quando operou a desclassificação do delito de racismo (art. 20, § 2º, da Lei 7.716/89) para injúria racial (art. 140, § 3º, do Código Penal). Alternativamente, pede que seja reconhecido o caráter permanente do crime de injuria racial, realizado por intermédio da rede mundial de computadores, afastando-se a prescrição. O segundo recorrente aponta a violação dos arts. 38 e 156 do Código de Processo Penal, alegando, em resumo, que se operou a decadência do direito de ação do recorrido HERALDO

5. STJ, AgRg no AREsp 686.965/DF, Rel. Min. Ericson Maranho (Desembargador Convocado do TJ/SP), julgado em 18/08/2015, DJe 31/08/2015.

PEREIRA DE CARVALHO, porquanto a matéria inquinada de ofensiva foi publicada em 5 de setembro de 2009 e a representação foi oferecida apenas em 17 de março de 2010, excedido o prazo legal. Afirma que o termo inicial do prazo decadencial deve ser a data em que publicada a matéria. Aduz, por fim, que, em se tratando de nota publicada na rede mundial de computadores, presume-se que a vítima tenha tido ciência do seu teor nessa data, competindo à acusação fazer prova de que a vítima tenha tomado conhecimento da matéria em data posterior. Contrarrazões às fls. 2.211-2.220 e 2.234-2.265. Parecer do Ministério Público Federal pelo não conhecimento de ambos os recursos às fls. 2.420-2.431. É o breve relatório. Decido. RECURSO DE HERALDO PEREIRA DE CARVALHO. De início, afasta-se a arguição de intempestividade do presente agravo em recurso especial levantada no parecer ministerial. Com efeito, observa-se que o presente recurso foi interposto pelo assistente de acusação, que, atuando supletivamente em face da inércia do Ministério Público, tem o prazo recursal iniciado imediatamente após o término do prazo para aquele Órgão, conforme prevê a Súmula 448 do Supremo Tribunal Federal: "O prazo para o assistente recorrer, supletivamente, começa a correr imediatamente após o transcurso do prazo do Ministério Público." Além disso, também não consta nos autos a informação de que o Ministério Público tenha sido intimado pessoalmente da decisão que inadmitiu o recurso especial, nos termos do que preceitua o art. 41, IV, da Lei nº 8.625/93, *in verbis*: Art. 41. Constituem prerrogativas dos membros do Ministério Público, no exercício de sua função, além de outras previstas na Lei Orgânica: IV – receber intimação pessoal em qualquer processo e grau de jurisdição, através da entrega dos autos com vista; A jurisprudência desta Corte é firme no sentido de que a prerrogativa de intimação pessoal é conferida aos Procuradores Federais, Advogados da União, Procuradores da Fazenda Nacional e do Banco Central, Defensores Públicos e membros do Ministério Público (ut, AgRg no AREsp 541246/PB, Segunda Turma, Rel. Min. Assusete Magalhães, DJe de 3/11/2014). Nesse contexto, inviável acoimar de intempestivo o presente recurso, porquanto, considerando a ausência de intimação pessoal do Parquet e a já destacada atuação supletiva da assistência de acusação, poder-se-ia dizer que o prazo recursal para o assistente de acusação sequer se tenha iniciado. A estas alturas, indubitável que o órgão oficial de acusação não teria recorrido nem que intimado regularmente. Assim, a apresentação do agravo em recurso especial de fls. 2.364-2.379 no dia 19.1.2015 mostra-se tempestiva. Ultrapassado esse ponto, passa-se à análise do mérito recursal. A primeira questão abordada pelo recorrente HERALDO PEREIRA DE CARVALHO diz respeito à desclassificação do delito operada pelas instâncias ordinárias. O juiz sentenciante da 5ª Vara Criminal de Brasília-DF analisando de forma percuciente os elementos de prova dos autos concluiu que a conduta praticada pelo réu, ora segundo recorrente, consistente na publicação de nota em seu blog na rede mundial de computadores contendo a expressão "negro de alma branca", não se amolda ao tipo penal previsto no art. 20, § 2º, da Lei 7.716/89, mas sim, ao tipo penal do art. 140, § 3º do Código Penal. Ressaltou o julgador que o fato descrito na denúncia não teve o condão de atingir toda a coletividade negra, mas a de ofender a dignidade da vítima. Vê-se que esse entendimento está em conformidade com a jurisprudência desta Corte Superior, que já decidiu que "o crime do art. 20, da Lei nº 7.716/89, na modalidade de praticar ou incitar a discriminação ou preconceito de procedência nacional, não se confunde com o crime de injúria preconceituosa (art. 140, § 3º, do CP). Este tutela a honra subjetiva da pessoa. Aquele, por sua vez, é um sentimento em relação a toda uma coletividade em razão de sua origem (nacionalidade)" (ut, RHC 19.166/RJ, Rel. Ministro Felix Fischer, Quinta Turma, DJ 20/11/2006) Tendo isso em conta, não cabe na via do recurso especial alterar a tipificação da conduta já devidamente analisada na origem, porquanto tal providência não dispensa o reexame do material fático-probatório dos autos. Confiram-se: PENAL E PROCESSO PENAL. AGRAVO REGIMENTAL NO AGRAVO EM RECURSO ESPECIAL. NEGATIVA DE VIGÊNCIA AOS ARTS. 171 DO CP E 383 DO CPP. DESCLASSIFICAÇÃO DE CRIME CONTRA O SISTEMA FINANCEIRO PARA ESTELIONATO. REEXAME FÁTICO E PROBATÓRIO. IMPOSSIBILIDADE. SÚMULA 7/STJ. AGRAVO REGIMENTAL A QUE SE NEGA PROVIMENTO. 1. É assente que cabe ao aplicador da lei, em instância ordinária, fazer um cotejo fático probatório a fim de analisar o adequado enquadramento da conduta ao tipo legalmente previsto. Incidência da Súmula 7 deste Tribunal. 2. Agravo regimental a que se nega provimento. (AgRg no AREsp 529.566/SC, Rel. Ministra Maria Thereza de Assis Moura, Sexta Turma, DJe 29/08/2014) PENAL E PROCESSUAL PENAL. AGRAVO REGIMENTAL EM AGRAVO EM RECURSO ESPECIAL. FALSIFICAÇÃO DE PAPÉIS PÚBLICOS. ALEGAÇÃO DE OFENSA AOS ARTS. 297 DO CP E 600 DO CPP. FALTA DE PREQUESTIONAMENTO. SÚMULAS 282 E 356/STF. DESCLASSIFICAÇÃO DA CONDUTA.

NECESSIDADE DE REVOLVIMENTO DO ACERVO FÁTICO-PROBATÓRIO PARA A REFORMA DO ACÓRDÃO RECORRIDO. IMPOSSIBILIDADE. ÓBICE DA SÚMULA 7/STJ. [...] 4. A análise da tese defensiva de desclassificação da conduta exigiria, inevitavelmente, o reexame do conjunto fático-probatório dos autos, sobretudo diante das conclusões firmadas no Tribunal de origem, o que é inviável em sede de recurso especial, ante o óbice contido na Súmula 7/STJ. 5. Agravo regimental improvido. (AgRg no AREsp 381.500/RO, Rel. Ministro Sebastião Reis Júnior, Sexta Turma, DJe 25/05/2015). No que diz respeito à prescrição, outra será a sorte do recorrente. A Lei nº 7.716/89 define como criminosa a conduta de praticar, induzir ou incitar a discriminação ou preconceito de raça, cor, etnia, religião ou procedência nacional. A prática de racismo, portanto, constitui crime previsto em lei e sujeito às cláusulas de inafiançabilidade e imprescritibilidade (CF, artigo 5º, XLII). O mesmo tratamento, tenho para mim, deve ser dado ao delito de injúria racial. Este crime, por também traduzir preconceito de cor, atitude que conspira no sentido da segregação, veio a somar-se àqueles outros, definidos na Lei 7.716/89, cujo rol não é taxativo. Vêm, a propósito, as palavras de CELSO LAFER, quando diz que "A base do crime da prática do racismo são os preconceitos e sua propagação, que discriminam grupos e pessoas, a elas atribuindo as características de uma 'raça' inferior em função de sua aparência ou origem. O racismo está na cabeça das pessoas. Justificou a escravidão e o colonialismo. Promove a desigualdade, a intolerância em relação ao 'outro', e pode levar à segregação (como foi o caso do *apartheid* na África do Sul) e ao genocídio (como foi o holocausto conduzido pelos nazistas)" (Racismo – – O STF e o caso Ellwanger, pg. A2). Esta conduta é que a Lei Maior pretendeu obstar, vedando a seus agentes a prescrição, entre outros benefícios. Nesse sentido é o magistério de Guilherme de Souza Nucci, que, em seu Código Penal Comentado, 14ª edição, p. 756-757 tece o seguinte comentário: O art. 5º., XLII, da Constituição Federal preceitua que a "prática do racismo constitui crime inafiançável e imprescritível, sujeito à pena de reclusão, nos termos da lei". O racismo é uma forma de pensamento que teoriza a respeito da existência de seres humanos divididos em "raças", em face de suas características somáticas, bem como conforme sua ascendência comum. A partir dessa separação, apregoa, a superioridade de uns sobre outros, em atitude autenticamente preconceituosa e discriminatória. Vários estragos o racismo já causou à humanidade em diversos lugares, muitas vezes impulsionando ao extermínio de milhares de seres humanos, a pretexto de serem seres inferiores, motivo pelo qual não mereceriam viver. Da mesma forma que a Lei 7.716/89 estabelece várias figuras típicas de crime resultantes de preconceitos de raça de cor, não quer dizer, em nossa visão, que promova um rol exaustivo. Por isso, com o advento da Lei 9.459/97, introduzindo a denominada injúria racial, criou-se mais um delito no cenário do racismo, portanto, imprescritível, inafiançável e sujeito à pena de reclusão. É caso, a meu aviso, de afastar-se a prescrição. De outro lado, penso que não se operou a decadência. No caso concreto, as ofensas foram publicadas através da rede mundial de computadores e permaneceram no site www.paulohenriqueamorim.com.br durante período considerável, porquanto consta dos autos que no dia 5.9.2009 a matéria injuriosa foi publicada e, no dia 7.6.2011, foi informado o cumprimento da decisão que determinara a retirada da matéria ofensiva do site. A injúria racial é crime instantâneo, que se consuma no momento em que a vítima toma conhecimento do teor da ofensa. No caso, porém, considerando-se que ela foi postada e permaneceu no ar por largo tempo, não é possível descartar a veracidade do que alegou a vítima, vale dizer, que dela se inteirou tempos após a postagem (elidindo-se a decadência). O ônus de provar o contrário, ao que se me afigura, é do ofensor. Dele não se desincumbindo, não é dado duvidar da vítima. E a dúvida sobre o termo inicial da contagem do prazo decadencial, na hipótese, deve ser resolvida em favor do processo. Afinal, embora crime instantâneo, em razão da veiculação da ofensa via internet, seus efeitos se prolongam no tempo. Forte em tais razões, afasta-se a prescrição reconhecida pelo Tribunal de Justiça do Distrito Federal e dos Territórios no julgamento dos Embargos Infringentes de fls. 1917-1956 e mantém-se a pena do recorrente, PAULO HENRIQUE DOS SANTOS AMORIM, em 1 (um) ano e 8 (oito) meses de reclusão, pela prática do crime previsto no art. 140, § 3º, do Código Penal, no regime inicial aberto, substituída a pena corporal por suas restritivas de direito, a serem especificadas pelo Juízo da VEPEMA, tudo nos termos do acórdão de fls. 1600-1650. O recurso de PAULO HENRIQUE DOS SANTOS AMORIM. No recurso especial, a defesa de Paulo Henrique dos Santos Amorim pede que seja reconhecida a decadência do direito de ação da vítima. A jurisprudência desta Corte é firme no sentido de que consumada a prescrição da pretensão punitiva do Estado, ausente estará o pressuposto processual para a interposição do recurso – interesse (ut, AgRg no REsp 1426157/SP, Rel. Ministra

Maria Thereza de Assis Moura, Sexta Turma, DJe 03/02/2015). No entanto, afastada a prescrição nos termos já acima delineados, remanesce o interesse do recorrente PAULO HENRIQUE DOS SANTOS AMORIM em recorrer pleiteando o reconhecimento da decadência. No ponto, o recurso não prospera, ante o que já se afirmou. Com efeito, extrai-se dos autos que a notícia ofensiva foi publicada na rede mundial de computadores no dia 5.9.2009 e a representação foi oferecida em 17.3.2010, ou seja, 6 (seis) meses e 12 (doze) dias após a publicação. Sucede, todavia, que não ficou comprovado que a vítima tenha tomado conhecimento da referida reportagem no mesmo dia que ela tenha sido publicada, sendo bastante razoável a informação trazida aos autos de que apenas dias depois foi informada por seus colegas de trabalho acerca da nota ofensiva veiculada pelo réu. Esta Corte Superior já decidiu que não ocorre a extinção da punibilidade pela decadência do direito de queixa na hipótese em que não restou comprovado nos autos a data do termo a quo da decadência (ut, HC 20.648/AM, Rel. Ministro Vicente Leal, Sexta Turma, DJ 24/03/2003). No mesmo sentido: [...] AÇÃO PENAL PÚBLICA CONDICIONADA À REPRESENTAÇÃO. DECADÊNCIA DO DIREITO DAS VÍTIMAS. NÃO OCORRÊNCIA. ART. 38 DO CPP E ART. 103 DO CP. MARCO INICIAL. CIÊNCIA DA AUTORIA DOS FATOS. CONSTRANGIMENTO ILEGAL NÃO EVIDENCIADO. 1. Sob pena de se operar o instituto da decadência, o direito de representação do ofendido deve ser exercido dentro do lapso temporal de 6 (seis) meses, cujo termo inicial é a data em que a vítima ou o seu representante legal toma ciência de quem é o autor do delito, nos termos do disposto no art. 103 do Código Penal e no art. 38 do Código de Processo Penal. 2. No presente caso, a ofendida ofereceu a representação no dia 1-4-2003 em relação ao delito ocorrido em 20-2-2003. Em 25-4-2003 a representante da vítima F. S. de A. formulou o pedido no sentido de ver iniciada a ação penal em desfavor do paciente, consignando que somente soube da ocorrência do delito uma semana antes, isto é, ofereceu a representação tão logo teve ciência dos fatos e de quem seria o autor da infração, razão pela qual não se vislumbra que tenha ultrapassado o lapso decadencial de 6 (seis) meses entre a ciência da autoria do delito e a manifestação da vontade das vítimas de promover a responsabilização do agente. [...] 2. Ordem parcialmente concedida para afastar a deserção por falta de preparo e consequentemente o trânsito em julgado da condenação, determinando-se que o Tribunal a quo examine a admissibilidade do recurso especial interposto, mantido o paciente na situação prisional em que se encontra. (HC 98.065/MA, Rel. Ministro Jorge Mussi, Quinta Turma, DJe 16/11/2010). Diante do exposto, a teor do artigo 544, § 4º, inciso II, alínea c, do CPC, conheço do agravo e dou parcial provimento ao recurso especial de HERALDO PEREIRA DE CARVALHO, para afastar a prescrição reconhecida pelo Tribunal de Justiça do Distrito Federal e dos Territórios, no julgamento dos Embargos Infringentes de fls. 1917-1956, mantendo a pena do recorrente, PAULO HENRIQUE DOS SANTOS AMORIM, em 1 (um) ano e 8 (oito) meses de reclusão, pela prática do crime previsto no art. 140, § 3º, do Código Penal, no regime inicial aberto, substituída a pena corporal por suas restritivas de direito, a serem especificadas pelo Juízo da VEPEMA, tudo nos termos do acórdão de fls. 1600-1650 e nego provimento ao recurso de PAULO HENRIQUE DOS SANTOS AMORIM. Publique-se. Intimem-se. Brasília, 12 de maio de 2015. MINISTRO ERICSON MARANHO (DESEMBARGADOR CONVOCADO DO TJ/SP) Relator *(STJ – AREsp: 686965 DF 2015/0082290-3, Relator: Ministro ERICSON MARANHO (DESEMBARGADOR CONVOCADO DO TJ/SP), Data de Publicação: DJ 18/06/2015)*

3. QUESTÕES DE CONCURSOS

1. **(VUNESP/TJ-PA/VUNESP/2014)** "X" é negro e jogador de futebol profissional. Durante uma partida é chamado pelos torcedores do time adversário de macaco e lhe são atiradas bananas no meio do gramado. Caso sejam identificados os torcedores, é correto afirmar que, em tese,

a) responderão pelo crime de preconceito de raça ou de cor, nos termos da Lei nº 7.716/89.

b) responderão pelo crime de racismo, nos termos da Lei nº 7.716/89.

c) responderão pelo crime de difamação, nos termos do art. 139 do Código Penal, entretanto, com o aumento de pena previsto na Lei nº 7.716/89.

d) não responderão por crime algum, tendo em vista que esse tipo de rivalidade entre as torcidas é própria dos jogos de futebol, restando apenas a punição na esfera administrativa.

e) responderão pelo crime de injúria racial, nos termos do art. 140, § 3º do Código Penal.

2. **(CESPE/TJ-CE/Analista Judiciário/2014 – adaptada)** Aquele que pratica racismo responderá por crime inafiançável e imprescritível, sujeitando-se à pena de reclusão prevista na lei.

3. **(CESPE/Câmara dos Deputados/Téc. Legislativo/2014)** Conforme a lei que prevê condutas discriminatórias, cometerá crime de discriminação ou preconceito o agente que impedir o acesso de idoso a edifício público pelas entradas sociais.

4. **(FCC/PGE-BA/Analista de Procuradoria/2013 – adaptada)** A prática do racismo constitui crime inafiançável e imprescritível, sujeito à pena de reclusão, nos termos da lei.

5. **(COPS-UEL/PC-PR/Delegado de Polícia/2013 – adaptada)** A injúria qualificada pelo preconceito racial é crime definido na referida Lei, não se aplicando o crime de injúria definido no Art. 140 do Código Penal.

6. **(FUNCAB/PC-PA/Escrivão da Polícia Civil/2016)** Qual, dentre as condutas a seguir enumeradas, ocorre a incidência de crime diverso daqueles tipificados como crime de discriminação ou preconceito de raça, cor, etnia, religião ou procedência nacional, conforme previsto na Lei n° 7.716, de 1989?

a) Impedir o acesso ou recusar hospedagem em hotel, pensão, estalagem , ou qualquer estabelecimento similar, por motivo de preconceito de raça, cor, etnia, religião ou procedência racional.

b) Recusar ou impedir acesso a estabelecimento comercial, negando-se a servir, atender ou receber cliente ou comprador, por motivo de preconceito de raça, cor, etnia, religião ou procedência racional.

c) Injuriar alguém, utilizando elementos referentes a raça, cor, etnia, religião, origem ou a condição de pessoa idosa ou portadora de deficiência, ofendendo-lhe a dignidade ou o decoro.

d) Recusar, negar ou impedir a inscrição ou ingresso de aluno em estabelecimento de ensino público ou privado de qualquer grau, por motivo de preconceito de raça, cor, etnia, religião ou procedência racional.

e) Impedir ou obstar o acesso de alguém, devidamente habilitado, a qualquer cargo da Administração Direta ou Indireta, bem como das concessionárias de serviços públicos, por motivo de preconceito de raça, cor, etnia, religião ou procedência racional.

7. **(MPE-PR/Promotor de Justiça/2016 – adaptada)** É constitucional a previsão de inafiançabilidade e imprescritibilidade do crime de racismo, previsto na Lei n. 7.716/1989.

8. **(CESPE/PC-GO/Delegado de Polícia/2017)** Uma jovem de vinte e um anos de idade, moradora da região Sudeste, inconformada com o resultado das eleições presidenciais de 2014, proferiu, em redes sociais na Internet, diversas ofensas contra nordestinos. Alertada de que estava cometendo um crime, a jovem apagou as mensagens e desculpou-se, tendo afirmado estar arrependida. Suas mensagens, porém, têm sido veiculadas por um sítio eletrônico que promove discurso de ódio contra nordestinos.

   No que se refere à situação hipotética precedente, assinale a opção correta, com base no disposto na Lei n.º 7.716/1989, que define os crimes resultantes de preconceito de raça e cor.

a) Independentemente de autorização judicial, a autoridade policial poderá determinar a interdição das mensagens ou do sítio eletrônico que as veicula.

b) Configura-se o concurso de pessoas nessa situação, visto que o material produzido pela jovem foi utilizado por outra pessoa no sítio eletrônico mencionado.

c) O crime praticado pela jovem não se confunde com o de injúria racial.

d) Como se arrependeu e apagou as mensagens, a jovem não responderá por nenhum crime.

e) A conduta da jovem não configura crime tipificado na Lei n.º 7.716/1989.

9. **(FCC/TRT15/Técnico Judiciário – Segurança/2018)** Os crimes resultantes de discriminação ou preconceito, constantes na Lei n° 7.716/1989, referem-se a raça, cor,

a) etnia, convicção política ou procedência nacional.
b) sexo, idade, capacidade física.
c) etnia, religião ou opção sexual.
d) etnia, religião ou procedência nacional.
e) sexo, religião ou convicção política.

10. (CESPE/DPF/Delegado de Polícia Federal/2018) Constitui crime de preconceito racial a discriminação de alguém em decorrência de sua orientação sexual.

GAB	1	2	3	4	5	6	7	8	9	10
	E	C	E	C	E	C	C	C	D	E

Art. 2º (Vetado).

Art. 3º Impedir ou obstar o acesso de alguém, devidamente habilitado, a qualquer cargo da Administração Direta ou Indireta, bem como das concessionárias de serviços públicos.

Parágrafo único. Incorre na mesma pena quem, por motivo de discriminação de raça, cor, etnia, religião ou procedência nacional, obstar a promoção funcional. (Incluído pela Lei nº 12.288, de 2010)

Pena: reclusão de dois a cinco anos.

1. COMENTÁRIOS

1.1. Considerações iniciais

Os tipos penais presentes na Lei nº 7.716/89 devem ser interpretados em conjunto com o disposto no art. 1º da mesma Lei, que faz menção à discriminação ou preconceito de raça, cor, etnia, procedência nacional ou religião. Por esta razão, muito embora o *caput* do artigo em comento não aluda expressamente a estas questões, resta óbvio que somente estará caracterizada a conduta criminosa se o impedimento ou obstáculo a que se refere o tipo penal se der por força dessa discriminação ou preconceito.

Por razões óbvias, não há que se falar em crime quando se impede ou obsta o acesso de alguém a cargo público por força de critério objetivo previamente definido na legislação. De igual sorte, não poderemos falar em crime desta natureza se o critério de impedimento for arbitrário, mas não decorrer de discriminação ou preconceito de raça, cor, etnia, procedência nacional ou religião. Em casos como este, teremos um ilícito funcional ou, até mesmo, um ilícito penal de outra natureza, mas não o crime do art. 3º da Lei nº 7.716/89.

Os núcleos do tipo penal são:

a) Impedir: proibir, vedar.

b) Obstar: criar obstáculo, dificuldade, óbice, empecilho, embaraço.

A vítima do crime será uma pessoa devidamente habilitada ao acesso ao cargo da Administração Pública Direta ou Indireta, ou da concessionária de serviços públicos. É necessário, portanto, que a vítima da discriminação ou preconceito preencha os requisitos exigidos para a assunção do cargo.

Administração Direta compreende os órgãos públicos, destituídos de personalidade jurídica própria, que constituem os serviços integrados na estrutura administrativa da Presidência da República e dos Ministérios, consoante o Decreto-Lei nº 200/67, que trata da estrutura da Administração Pública Federal. Nas esferas estadual e municipal, *mutatis mutandis*, abrangeria os serviços das estruturas da Governadoria e da Prefeitura, com suas respectivas Secretarias.

Por outro lado, Administração Indireta compreende entidades públicas dotadas de personalidade jurídica própria, como as autarquias, fundações públicas, empresas públicas e sociedades de economia mista. Por fim, empresas concessionárias de serviços públicos são empresas privadas, que exploram estes serviços sob regime de concessão do poder público.

1.2. Sujeitos

Sujeito ativo do crime é a pessoa que possui aptidão para impedir ou obstar o acesso a que se refere o *caput* do dispositivo. No caso concreto, pode ser o examinador do concurso, o médico que realiza o exame de sanidade física que antecede a nomeação, a pessoa encarregada da contratação, nos casos em que não é imprescindível o concurso, etc. Na hipótese do parágrafo único, sujeito ativo que pode obstar a promoção funcional. Trata-se, portanto, do superior hierárquico da vítima.

Como se vê, tanto no crime previsto no *caput* quanto em sua figura equiparada, prevista no parágrafo único, estamos diante de crimes próprios, isto é, não podem ser praticados por qualquer pessoa, exige-se uma qualidade especial do sujeito ativo.

Sujeito passivo é a pessoa discriminada, e pode ser qualquer um. Exige-se, todavia, que seja alguém "devidamente habilitado", isto é, que preencha todos os requisitos exigidos para o acesso ao cargo na Administração Pública ou na empresa concessionária de serviços públicos. Sujeito passivo indireto sempre é o Estado, em todo e qualquer crime.

1.3. Objetos

Objeto jurídico (bem jurídico que se tutela) do crime é a igualdade.

Objeto material (pessoa ou coisa sobre a qual recai a conduta criminosa) é a própria pessoa vítima da discriminação.

1.4. Elemento subjetivo

Elemento subjetivo do tipo é o dolo, consistente na vontade consciente de praticar as condutas descritas no tipo penal. Exige-se o elemento subjetivo específico (especial finalidade no agir), consistente na vontade de discriminar a vítima. Não se admite a modalidade culposa.

1.5. Consumação e tentativa

O crime se consuma com a realização das condutas descritas no tipo, independentemente da realização de um resultado naturalístico posterior. Deste modo, não há a necessidade de demonstrar que a vítima sofreu algum prejuízo específico. O só fato de ter sido vítima das condutas preconceituosas e discriminatórias descritas no tipo penal já é suficiente para a caracterização do delito.

Em tese, é possível a tentativa. Basta imaginar a situação em que o agente obsta ou impede o exercício do cargo público, mas a vítima obtém o direito de ingressar no serviço público por força de posterior decisão judicial.

1.6. Ação penal

A ação penal é pública incondicionada.

1.7. Penas

A pena prevista para o crime é de reclusão de dois a cinco anos. A partir desta constatação, podemos concluir que:

a) Não é possível a obtenção da transação penal (art. 76 da Lei nº 9.099/95), pois não se trata de infração penal de menor potencial ofensivo (a pena máxima supera o patamar de dois anos de privação de liberdade).

b) Não é possível a suspensão condicional do processo (*sursis* processual), pois a pena mínima ultrapassa um ano (art. 89 da Lei nº 9.099/95).

c) É possível a substituição da pena privativa de liberdade por pena restritiva de direitos, desde que a pena efetivamente imposta pelo juiz não ultrapasse quatro anos, observados os demais requisitos do art. 44, CP.

1.8. Figura equiparada

A Lei nº 12.288/2010 incluiu o parágrafo único ao art. 3º, sob exame, instituindo uma figura equiparada ao crime. Conforme se depreende da leitura do dispositivo, pune-se com a mesma pena (reclusão de dois a cinco anos) a conduta daquele que, por motivo de discriminação de raça, cor, etnia, religião ou procedência nacional obstar a promoção funcional.

Andou bem o legislador ao incluir este tipo penal. Com efeito, não faz qualquer sentido criminalizar-se a conduta daquele que obsta ou impede o ingresso funcional (ou seja, em cargo da Administração direta ou Indireta) e, até mesmo, em atividades de empresas privadas concessionárias de serviços públicos, e não tipificar a conduta daquele que impede a promoção funcional pelas mesmas razões, consistentes na discriminação.

Obviamente, não haverá que se falar em crime se o óbice à promoção funcional não decorrer de discriminação. Por esta razão, a despeito de o parágrafo único não se valer da expressão "devidamente habilitado", como o faz o *caput* do dispositivo, é razoável que se entenda que a vítima deve preencher todos os requisitos exigidos para a referida promoção funcional. Se não for assim, o motivo determinante do obstáculo criado não será a discriminação, ainda que o agente alimente algum tipo de preconceito. Vale reiterar que o parágrafo único é categórico ao asseverar que a conduta deve ocorrer "por motivo de discriminação".

2. QUESTÕES DE CONCURSOS

1. **(IBFC/EMBASA/Técnico em Segurança do Trabalho/2015 – adaptada)** Impedir ou obstar o acesso de alguém, devidamente habilitado, a qualquer cargo da Administração Direta ou Indireta, bem como das concessionárias de serviços públicos é crime punível com reclusão de dois a cinco anos.

2. **(IBFC/EMBASA/Técnico em Segurança do Trabalho/2015 – adaptada)** Obstar a promoção funcional por motivo de discriminação de raça, cor, etnia, religião ou procedência nacional é crime punível com reclusão de três a seis anos.

3. **(IBFC/PC-RJ/Oficial de Cartório/2013 – adaptada)** Constitui discriminação ou preconceito punível, obstar promoção funcional de servidor da Administração Pública em decorrência de raça, cor, etnia, religião ou procedência nacional.

4. **(IBFC/EMBASA/Engenheiro/2017 – adaptada)** É crime impedir ou obstar o acesso de alguém, devidamente habilitado, a qualquer cargo da Administração Direta ou Indireta, bem como das concessionárias de serviços públicos.

GAB	1	2	3	4
	C	E	C	C

Art. 4º Negar ou obstar emprego em empresa privada.

Pena: reclusão de dois a cinco anos.

1. COMENTÁRIOS

1.1. Considerações iniciais

Da mesma forma que o tipo penal do artigo anterior criminaliza a conduta consistente em impedir ou obstar acesso de alguém devidamente habilitado a qualquer cargo da Administração Direta ou Indireta, bem como das concessionárias de serviços públicos, o tipo penal do art. 4º criminaliza conduta similar, mas pertinente à atividade privada. O crime é praticado por empregador – ou seu preposto – que negam ou obstam emprego de alguém em uma empresa privada.

Os núcleos do tipo são:

Negar: recusar.

Obstar: criar obstáculo, dificuldade, óbice, empecilho, embaraço.

Para que o crime ocorra, é imprescindível que a negativa ou o obstáculo sejam criados em decorrência de discriminação ou preconceito de raça, cor, etnia, procedência nacional ou religião. Por esta razão, naturalmente, não haverá que se falar em crime quando for obstado ou negado o emprego por ausência de capacidade técnica, ou qualquer outra razão que não diga respeito à discriminação ou preconceito.

Não há necessidade, portanto, de constar no tipo penal que a pessoa cujo emprego foi negado ou obstado esteja "devidamente habilitada" – conforme consta do tipo penal anterior – isto é, apta a desempenhar as funções para as quais se candidata.

1.2. Sujeitos

Sujeito ativo é o responsável pela contratação, que pode ser o sócio da empresa ou algum funcionário contratado para tanto. Trata-se, portanto, de crime próprio, pois exige uma qualidade especial do agente (sujeito ativo).

Sujeito passivo é a pessoa discriminada, e pode ser qualquer um. Sujeito passivo indireto sempre é o Estado, em todo e qualquer crime.

1.3. Objetos

Objeto jurídico do crime é a igualdade.

Objeto material é a própria pessoa vítima da discriminação.

1.4. Elemento subjetivo

Elemento subjetivo do tipo é o dolo, consistente na vontade consciente de praticar as condutas descritas no tipo penal. Exige-se o elemento subjetivo específico (especial finalidade no agir), consistente na vontade de discriminar a vítima. Não se admite a modalidade culposa.

1.5. Consumação e tentativa

O crime se consuma com a realização das condutas descritas no tipo, independentemente da realização de um resultado naturalístico posterior. Deste modo, não há a necessidade de demonstrar que a vítima sofreu algum prejuízo específico. O só fato de ter sido vítima das condutas preconceituosas e discriminatórias descritas no tipo penal já é suficiente para a caracterização do delito.

Em tese, é possível a tentativa.

1.6. Ação penal

A ação penal é pública incondicionada.

1.7. Penas

A pena prevista para o crime é de reclusão de dois a cinco anos. A partir desta constatação, podemos concluir que:

a) Não é possível a obtenção da transação penal (art. 76 da Lei nº 9.099/95), pois não se trata de infração penal de menor potencial ofensivo (a pena máxima supera o patamar de dois anos de privação de liberdade).

b) Não é possível a suspensão condicional do processo (*sursis* processual), pois a pena mínima ultrapassa um ano (art. 89 da Lei nº 9.099/95).

c) É possível a substituição da pena privativa de liberdade por pena restritiva de direitos, desde que a pena efetivamente imposta pelo juiz não ultrapasse quatro anos, observados os demais requisitos do art. 44, CP.

2. QUESTÕES DE CONCURSOS

1. **(IBFC/PC-RJ/Oficial de Cartório/2013 – adaptada)** Constitui discriminação ou preconceito punível, negar ou obstar emprego em empresa privada à pessoa portadora de necessidades especiais.

2. **(UEG/PC-GO/Delegado de Polícia/2013 – adaptada)** Múcio, gerente de Recursos Humanos de uma empresa privada, durante seleção para preenchimento de vaga para secretária executiva, diz na presença de várias pessoas que candidatas de origem nordestina não seriam aceitas por não se encaixarem

no perfil da empresa. Valéria, uma candidata nordestina, sentindo-se humilhada, retira-se da seleção. Na hipótese, Múcio praticou contra Valéria o crime de

a) injúria, no caso qualificada, havendo ofendido-lhe a dignidade.

b) tortura, pois submeteu a candidata a intenso sofrimento mental.

c) preconceito, por negar ou obstar emprego em empresa privada.

d) constrangimento ilegal, ao impedir a candidata de participar da seleção.

3. (UEG/PC-GO/Delegado de Polícia/2018 – adaptada) Dispõe a Lei n. 7.716/1989, que define os crimes resultantes de preconceito de raça ou de cor, que ficará sujeito às penas de multa e de prestação de serviços à comunidade, incluindo atividades de promoção da igualdade racial, quem:

Exigir aspectos de aparência próprios de raça ou etnia para emprego cujas atividades não justifiquem essas exigências, em anúncios ou qualquer outra forma de recrutamento de trabalhadores.

GAB	1	2	3
	E	C	C

§ 1º Incorre na mesma pena quem, por motivo de discriminação de raça ou de cor ou práticas resultantes do preconceito de descendência ou origem nacional ou étnica: (Incluído pela Lei nº 12.288, de 2010)

I – deixar de conceder os equipamentos necessários ao empregado em igualdade de condições com os demais trabalhadores; (Incluído pela Lei nº 12.288, de 2010)

II – impedir a ascensão funcional do empregado ou obstar outra forma de benefício profissional (Incluído pela Lei nº 12.288, de 2010)

III – proporcionar ao empregado tratamento diferenciado no ambiente de trabalho, especialmente quanto ao salário. (Incluído pela Lei nº 12.288, de 2010)

1. COMENTÁRIOS

1.1. Considerações iniciais

O § 1º traz três condutas que caracterizam figuras equiparadas ao crime do art. 4º, ora em comento, tendo sido incluído pela Lei nº 12.288, de 20 de julho de 2010, o dispositivo legal inova ao fazer menção "motivo de discriminação de raça ou de cor ou práticas resultantes do preconceito de descendência ou origem nacional ou étnica".

A técnica legislativa empregada não foi das melhores. Inicialmente, é importante destacar a desnecessidade de se aludir à discriminação ou preconceito de raça, cor, etnia, procedência nacional ou religião, na medida em que todos os crimes previstos na Lei em apreço possuem essa motivação. O elemento subjetivo específico está, portanto, implicitamente embutido em todos os tipos penais, por força do disposto no art. 1º da Lei.

Demais disso, em um retrocesso inexplicável, o dispositivo em comento faz menção à discriminação de raça ou de cor, não mencionando as outras modalidades de discriminação previstas no art. 1º (etnia, procedência nacional e religião). Ao se reportar às práticas preconceituosas, faz menção a questões de descendência ou origem nacional (no lugar da expressão "procedência nacional") e étnicas, excluindo, em definitivo as questões atinentes à religião.

Naturalmente, a mencionada exclusão não possui o condão de afastar o crime, quando motivado por discriminação ou preconceito de natureza religiosa. No caso, é necessário realizar uma interpretação sistemática da Lei, e não se pode olvidar que, consoante seu art. 1º: "Serão punidos, na forma desta Lei, os crimes resultantes de discriminação ou preconceito de raça, cor, etnia, religião ou procedência nacional".

Em relação às três condutas que constituem tipos penais que são figuras equiparadas ao crime do art. 4º, temos:

a) Deixar de conceder os equipamentos necessários ao empregado em igualdade de condições com os demais trabalhadores

Conforme se percebe, a partir da leitura do dispositivo, trata-se de conduta omissiva, praticada por aquele que possui a obrigação de conceder os equipamentos necessários. Trata-se, portanto, de crime próprio, pois exige uma qualidade especial do agente. Tais equipamentos, a depender do caso, podem ser capacetes, luvas, maquinário, etc.

b) Impedir a ascensão funcional do empregado ou obstar outra forma de benefício profissional

Tal como ocorre na figura equiparada do parágrafo anterior, haverá crime se, em razão de discriminação ou preconceito, for impedida a ascensão funcional do empregado ou se obstar algum outro tipo de benefício profissional (como, por exemplo, uma transferência para outra localidade ou a participação em algum curso de aperfeiçoamento).

c) Proporcionar ao empregado tratamento diferenciado no ambiente de trabalho, especialmente quanto ao salário.

Mais uma forma de discriminação que não se pode admitir, e que merece a intervenção punitiva. Como se vê, as discriminações de cunho salarial são apenas uma dentre outras formas de conduta que ensejariam o enquadramento no tipo penal. A despeito da previsão legal, as estatísticas oficiais, lamentavelmente, ainda demonstram que determinados grupos étnicos e raciais sofrem discriminação no mercado de trabalho, recebendo, em geral, salários aquém da média.

1.2. Sujeitos

Na figura equiparada do art. 4º, § 1º, sujeito ativo é a pessoa que pode práticas as condutas descritas nos incisos. Deste modo, temos como sujeito ativo:

a) A pessoa que deve conceder os equipamentos ao empregado: pode ser o próprio empregador ou algum outro funcionário da empresa, que possua tal incumbência. Trata-se de crime próprio.

b) A pessoa que pode conceder a ascensão funcional ou a concessão de outro benefício na empresa: de igual sorte, pode ser o próprio empregador, como algum outro funcionário da empresa. Em geral, alguém que está, no organograma empresarial, exercendo função hierarquicamente superior à vítima. Trata-se, uma vez mais, de crime próprio.

c) A pessoa que confere tratamento diferenciado no trabalho: tendo em vista que o tratamento diferenciado não se adstringe às questões salariais – já que o tipo penal utiliza a expressão "especialmente quanto ao salário" – sujeito ativo pode ser o empregador ou algum colega de trabalho da vítima. Neste caso, a superioridade hierárquica não é requisito imprescindível. Trata-se de crime próprio, pois somente é praticado por quem tem relação com a vítima no ambiente de trabalho.

Sujeito passivo é a pessoa discriminada, e pode ser qualquer um. Sujeito passivo indireto sempre é o Estado, em todo e qualquer crime.

1.3. Objetos

Objeto jurídico do crime é a igualdade.

Objeto material é a própria pessoa vítima da discriminação.

1.4. Elemento subjetivo

Elemento subjetivo do tipo é o dolo, consistente na vontade consciente de praticar as condutas descritas no tipo penal. Exige-se o elemento subjetivo específico (especial finalidade no agir), consistente na vontade de discriminar a vítima. Não se admite a modalidade culposa.

1.5. Consumação e tentativa

O crime se consuma com a realização das condutas descritas no tipo, independentemente da realização de um resultado naturalístico posterior. Deste modo, não há a necessidade de demonstrar que a vítima sofreu algum prejuízo específico. O só fato de ter sido vítima das condutas preconceituosas e discriminatórias descritas no tipo penal já é suficiente para a caracterização do delito.

Em tese, é possível a tentativa.

1.6. Ação penal

A ação penal é pública incondicionada.

1.7. Penas

As penas previstas para a figura equiparada prevista no § 1º, ora em comento, são as mesmas que estão contempladas no *caput* do artigo, razão pela qual, no afã de evitar repetições desnecessárias, remetemos os leitores aos comentários realizados a este dispositivo legal.

2. QUESTÕES DE CONCURSOS

1. **(COPS-UEL/PC-PR/Delegado de Polícia/2013 – adaptada)** Não constitui crime definido na referida Lei o empregador que, motivado pelo preconceito racial, não conceder os equipamentos necessários ao empregado em igualdade de condições com os demais trabalhadores.

GAB	1
	E

§ 2º Ficará sujeito às penas de multa e de prestação de serviços à comunidade, incluindo atividades de promoção da igualdade racial, quem, em anúncios ou qualquer outra forma de recrutamento de trabalhadores, exigir aspectos de aparência próprios de raça ou etnia para emprego cujas atividades não justifiquem essas exigências.

1. COMENTÁRIOS

1.1. Considerações iniciais

O § 2º é outra novidade trazida pela Lei nº 12.288 de 2010. Trata-se de mais um tipo penal, cuja conduta consiste em prática discriminatória ou preconceituosa. A conduta, no caso, diz respeito à exigência de aspectos de aparência próprios de raça ou etnia para emprego cujas atividades não justifiquem essas exigências.

A propósito, é muito difícil imaginar uma atividade profissional que exija, para seu desempenho, a apresentação de determinadas características próprias de raça ou etnia. Não podemos olvidar, porém, que, excepcionalmente, isto pode acontecer. Basta imaginar um recrutamento de trabalhadores de artes cênicas, em que os empregadores necessitem de um ator ou atriz para uma personagem proveniente de determinada região do mundo. Em casos como este, é razoável que se exija que o ator ou atriz sejam brancos, negros, asiáticos etc.

1.2. Sujeitos

Na figura equiparada do art. 4º, § 2º, sujeito ativo do crime será o responsável pelo anúncio ou outra forma de recrutamento. Trata-se de crime próprio, pois somente pode ser praticado por quem tem a incumbência de realizar o recrutamento.

Sujeito passivo é a pessoa discriminada, e pode ser qualquer um. Sujeito passivo indireto sempre é o Estado, em todo e qualquer crime.

1.3. Objetos

Objeto jurídico do crime é a igualdade.

Objeto material é a própria pessoa vítima da discriminação.

1.4. Elemento subjetivo

Elemento subjetivo do tipo é o dolo, consistente na vontade consciente de praticar as condutas descritas no tipo penal. Exige-se o elemento subjetivo específico (especial finalidade no agir), consistente na vontade de discriminar a vítima. Não se admite a modalidade culposa.

1.5. Consumação e tentativa

O crime se consuma com a realização da conduta descrita no tipo (exigência aspectos de aparência próprios de raça ou etnia para emprego cujas atividades não justifiquem essas exigências, em anúncios ou qualquer outra forma de recrutamento), independentemente da realização de um resultado naturalístico posterior. Deste modo, não há a necessidade de demonstrar que a vítima sofreu algum prejuízo específico. Em tese, é possível a tentativa.

1.6. Ação penal

A ação penal é pública incondicionada

1.7. Penas

A grande peculiaridade deste tipo penal é que, para ele, não existe a previsão de pena privativa de liberdade. Isto, realmente, é algo muito atípico no nosso ordenamento jurídico.

Regra geral, as penas restritivas de direito não estão previstas autonomamente nos tipos penais, elas derivam da substituição da pena privativa de liberdade imposta, desde que estejam presentes os requisitos contidos no art. 44 do Código Penal.

O tipo penal em apreço é, portanto, uma exceção, assim como é, também, o crime de porte de drogas para consumo pessoal (art. 28, Lei nº 11.343/06), para o qual não se previu pena privativa de liberdade. A ausência de previsão de pena privativa de liberdade acarreta algumas consequências de muita relevância. Podemos destacar:

a) Não é possível prisão de qualquer natureza: Não sendo possível a pena privativa de liberdade, também não poderá ser decretada uma prisão cautelar, como a prisão preventiva ou a temporária. A possibilidade de uma prisão desta natureza constituiria flagrante afronta ao princípio da proporcionalidade, na medida em que teríamos uma medida cautelar muito mais gravosa do que a própria pena prevista.

De igual sorte, não se afigura razoável a possibilidade de uma prisão em flagrante. Neste ponto, defendemos a ideia de que ao tipo penal sob exame deve ser concedido o mesmo tratamento que é conferido à legislação ao crime de porte de drogas para consumo pessoal. Assim, uma vez constatada a prática criminosa, nada obsta que o agente seja encaminhado à Delegacia de Polícia para prestar os esclarecimentos devidos. Todavia, após a lavratura do termo circunstanciado da ocorrência, deverá ser liberado, independentemente do pagamento de fiança, ainda que se recuse a firmar o compromisso de comparecimento aos atos processuais a serem desenvolvidos no Juizado Especial Criminal.

b) Não é cabível o *habeas corpus*: Como sabido, o *habeas corpus* é uma ação autônoma de impugnação, que objetiva a tutela da liberdade ambulatorial. A jurisprudência dos Tribunais Superiores consagrou a possibilidade de se impetrar *habeas corpus* até mesmo para ensejar o encerramento anômalo ("trancamento") da investigação criminal ou da ação penal em andamento. Para tanto, todavia, é imperioso que exista, ainda que de forma indireta, a ameaça ao direito à liberdade de ir e vir.

Ora, no tipo penal em estudo, não há a possibilidade de privação de liberdade, razão pela qual não se mostra possível a impetração de *habeas corpus*, sequer como forma de "trancar" a investigação criminal ou a ação penal.

c) Trata-se de infração penal de menor potencial ofensivo: Nos termos da definição constante da Lei nº 9.099/95, infração penal de menor potencial ofensivo é aquela cuja pena máxima não ultrapassa dois anos de privação de liberdade. No caso em apreço, não há, sequer, a possibilidade de pena privativa de liberdade. Independentemente do tempo de prestação de serviços à comunidade que o condenado tenha a cumprir, parece-nos que a sanção será mais branda do que qualquer privação de liberdade, razão pela qual afigura-se-nos como infração penal de menor potencial ofensivo. Deste modo, não vemos razão para que não se apliquem os institutos despenalizadores, tais como a transação penal e a suspensão condicional do processo.

Dois pontos que chamam a atenção na pena cominada ao tipo penal: a) não foi previsto o montante da pena de multa ou a duração da pena de prestação de serviços à comunidade; b) não há previsão para a sanção a ser aplicada em caso de descumprimento da prestação de serviços.

A primeira questão até pode ser resolvida se o intérprete recorrer ao disposto no tipo penal em relação à pena privativa de liberdade (reclusão de dois a cinco anos). Ao se entender que a pena prevista diz respeito a todo o artigo, não excluindo o tipo penal do segundo parágrafo – e a forma como o artigo da Lei é descrito leva a entender que sim –, bastaria considerar que a pena de prestação de serviços à comunidade poderia variar de dois a cinco anos. A partir daí, deve-se recorrer aos critérios estabelecidos no Código Penal, para que se proceda à conversão dentro dos parâmetros ali contidos.

Nos termos do art. 46, § 3º, do nosso Código Penal: "As tarefas a que se refere o § 1º serão atribuídas conforme as aptidões do condenado, devendo ser cumpridas à razão de uma hora de tarefa por dia de condenação, fixadas de modo a não prejudicar a jornada normal de trabalho".

De modo similar, ante a ausência de previsão em Lei para os montantes da pena de multa, é possível e aconselhável recorrer ao disposto no art. 49 do Código Penal, nos seguintes termos: "A pena de multa consiste no pagamento ao fundo penitenciário da quantia fixada na sentença e calculada em dias-multa. Será, no mínimo, de 10 (dez) e, no máximo, de 360 (trezentos e sessenta) dias-multa".

Questão mais polêmica diz respeito às consequências para o descumprimento da pena restritiva de direitos. Em geral, o descumprimento da pena restritiva de direitos acarreta a sua conversão em pena privativa de liberdade. Mas isso ocorre porque, como regra, a pena restritiva de direitos deriva da substituição de uma pena privativa de liberdade, o que não é o caso. No caso do porte de drogas para consumo pessoal, a Lei de Drogas possui previsão expressa, no sentido de que o descumprimento da pena dará ensejo à imposição de medidas coercitivas, consistentes na admoestação verbal e na multa. Mas a Lei de Preconceito não possui tratamento legal análogo.

Ante a ausência de previsão legal expressa, e ante a impossibilidade de se compelir o condenado, mediante violência ou grave ameaça, à prestação de serviços à comunidade, entendemos que não restará outra alternativa ao julgador, senão converter a pena restritiva de direitos em pena de multa. E assim o dizemos porque a pena de multa é a única prevista no tipo penal, a par da pena de prestação de serviços à comunidade.

2. QUESTÕES DE CONCURSOS

1. **(FCC/TRT24/Técnico Judiciário/2017)** Um comerciante publicou anúncio para recrutamento de trabalhadores, onde exigia aspectos de aparência próprios de raça, sendo que as atividades do referido emprego não justificam essas exigências. De acordo com a Lei nº 7.716/1989, esse comerciante está sujeito às penas de

a) reclusão de dois a cinco anos e prestação de serviços à comunidade.

b) multa e prestação de serviços à comunidade, incluindo atividades de promoção da igualdade racial.

c) reclusão de um a três anos e realização de atividades de promoção da igualdade racial.

d) multa e reclusão de um a cinco anos.

e) multa e embargo do estabelecimento.

GAB	1
	B

Art. 5º Recusar ou impedir acesso a estabelecimento comercial, negando-se a servir, atender ou receber cliente ou comprador.

Pena: reclusão de um a três anos.

1. COMENTÁRIOS

1.1. Considerações iniciais

O tipo penal traz algumas condutas que caracterizam o comportamento discriminatório. Trata-se de tipo penal misto alternativo, de modo que a realização de mais de uma conduta, no mesmo contexto fático, em relação à mesma pessoa, constitui crime único. Deste modo, o responsável pelo estabelecimento que, por exemplo, nega-se a receber o cliente e, após tal resistência, acaba por recebê-lo, mas não o atende, comete crime único, malgrado tenha realizado duas condutas típicas.

Os núcleos do tipo são:

a) **Recusar:** negar, não aceitar, não admitir.

b) **Impedir:** proibir, vedar.

Ademais, a recusa ou impedimento de acesso ao estabelecimento comercial ocorre mediante a realização das seguintes condutas:

a) **Negar-se a servir:** Recusar a prestação do serviço oferecido pelo estabelecimento comercial.

b) **Negar-se a atender:** Recusar o atendimento, isto é, a colocar-se à disposição para as demandas dos clientes.

c) **Negar-se a receber:** Recusar a aceitar no estabelecimento.

Para que exista o crime, é imprescindível que se faça presente o elemento subjetivo específico, consistente na finalidade de preconceito ou discriminação de raça, cor, etnia, procedência nacional ou religião. Se houver algum tipo de discriminação de outra natureza, pode restar configurado outro tipo penal, como o art. 7º, I da Lei nº 8.137/90 ("Constitui crime contra as relações de consumo: I – favorecer ou preferir, sem justa causa, comprador ou freguês, ressalvados os sistemas de entrega ao consumo por intermédio de distribuidores ou revendedores").

É importante destacar, ainda, que a Lei nº 7.347/85 prevê algumas contravenções penais, dentre as quais algumas se assemelham àquelas constantes do tipo penal em apreço. Estão capituladas nos arts. 4º ("Recusar a venda de mercadoria em lojas de qualquer gênero ou o atendimento de clientes em restaurantes, bares, confeitarias ou locais semelhantes, abertos ao público, por preconceito de raça, de cor, de sexo ou de estado civil") e 6º ("Recusar a entrada de alguém em qualquer tipo de estabelecimento comercial ou de prestação de serviço, por preconceito de raça, de cor, de sexo ou de estado civil").

Não nos parece que referida Lei tenha sido recepcionada pela Constituição Federal de 1988[6], na medida em que o texto constitucional assevera que o racismo é crime inafiançá-

6. No mesmo sentido, NUCCI, Guilherme de Souza. *Ob. cit.*, p. 189.

vel e imprescritível, não se podendo conceber texto de lei que disponha tratar-se de mera contravenção penal. De toda sorte, ainda que se tratasse de dispositivo recepcionado pela Constituição, os artigos em comento não poderiam se aplicar ao preconceito de raça e de cor, na medida em que a Lei nº 7.716/89 é posterior.

Ademais, cremos que as questões relacionadas ao preconceito de sexo e estado civil, contidas no art. 4º da Lei nº 7.437/85 também já teriam sido tacitamente revogadas pelo quanto disposto no art. 7º, I da Lei nº 8.137/90, que não especifica o tipo de preconceito.

1.2. Sujeitos

Sujeito ativo do crime é a pessoa que efetua a recusa ou o impedimento, a que se refere o tipo penal. Pode ser o sócio ou proprietário do estabelecimento, mas também algum funcionário, independentemente da função que exerça (diretor, gerente, vendedor, atendente, etc.). Trata-se de crime próprio.

Sujeito passivo do crime pode ser qualquer pessoa. Importante chamar a atenção para o fato de que não apenas os clientes do estabelecimento se enquadram na condição de possível vítima.

1.3. Objetos

Objeto jurídico do crime é a igualdade.

Objeto material é a própria pessoa vítima da discriminação.

1.4. Elemento subjetivo

Elemento subjetivo do tipo é o dolo, consistente na vontade consciente de praticar as condutas descritas no tipo penal. Exige-se o elemento subjetivo específico (especial finalidade no agir), consistente na vontade de discriminar a vítima, por razões relacionadas à raça, cor, etnia, procedência nacional ou religião.

Não se admite a modalidade culposa.

1.5. Consumação e tentativa

A consumação do crime ocorre com a realização das condutas típicas descritas. Assim, a mera recusa ou impedimento de acesso de alguém ao estabelecimento comercial já configura o tipo. Não há a necessidade de um resultado naturalístico posterior, razão pela qual não há a necessidade de se demonstrar qualquer outro prejuízo para a vítima. Obviamente, é imprescindível que esteja presente o elemento subjetivo específico, consistente na pretensão de preconceito ou discriminação.

Muito embora seja de difícil ocorrência, é possível a tentativa.

1.6. Ação penal

A ação penal é pública incondicionada.

1.7. Penas

A pena prevista para o crime é de reclusão de um a três anos. A partir desta constatação, podemos concluir que:

a) Não é possível a obtenção da transação penal (art. 76 da Lei nº 9.099/95), pois não se trata de infração penal de menor potencial ofensivo (a pena máxima supera o patamar de dois anos de privação de liberdade).

b) É possível a suspensão condicional do processo (*sursis* processual), pois a pena mínima não ultrapassa um ano (art. 89 da Lei nº 9.099/95).

c) É provável a substituição da pena privativa de liberdade por pena restritiva de direitos, na medida em que a pena efetivamente imposta pelo juiz não ultrapassará quatro anos. É necessária a observância os demais requisitos do art. 44, CP. Ademais, não se pode perder de vista que, excepcionalmente, a pena máxima poderá ultrapassar os quatros de reclusão, se, por exemplo, houver concurso de crimes.

2. QUESTÕES DE CONCURSOS

1. **(IBFC/EMBASA/Técnico em Segurança do Trabalho/2015 – adaptada)** Recusar ou impedir acesso a estabelecimento comercial, negando-se a servir, atender ou receber cliente ou comprador é crime punível com detenção de um a dois anos.

2. **(IBFC/SAEB-BA/Técnico-Comercial/2015 – adaptada)** Assinale a alternativa correta sobre a pena prevista para quem "Recusar ou impedir acesso a estabelecimento comercial, negando-se a servir, atender ou receber cliente ou comprador" nos termos da Lei Federal n° 7.716, de 05/01/1989 que define os crimes resultantes de preconceito de raça ou de cor.

a) Pena de reclusão.
b) Pena de detenção.
c) Pena de serviços comunitários.
d) Pena de pagamento de indenização por dano material.
e) Pena de suspensão do funcionamento do estabelecimento particular por quatro meses.

3. **(IBFC/PC-RJ/Oficial de Cartório/2013 – adaptada)** Constitui discriminação ou preconceito punível, recursar ou impedir acesso a estabelecimento comercial, negando-se a servir, atender ou receber cliente ou comprador em decorrência das vestes ousadas que utiliza.

4. **(FCC/TRT24/Técnico Judiciário/2017)** O dono de um restaurante recusou o atendimento a um cidadão em seu estabelecimento, em virtude de sua raça. De acordo com a Lei nº 7.716/1989, a pena prevista é de

a) interdição do estabelecimento comercial.
b) multa.
c) prestação de serviços à comunidade.
d) reclusão
e) recolhimento domiciliar.

GAB	1	2	3	4
	E	A	E	D

Art. 6º Recusar, negar ou impedir a inscrição ou ingresso de aluno em estabelecimento de ensino público ou privado de qualquer grau.

Pena: reclusão de três a cinco anos.

Parágrafo único. Se o crime for praticado contra menor de dezoito anos a pena é agravada de 1/3 (um terço).

1. COMENTÁRIOS

1.1. Considerações iniciais

O ensino deve ter abrangência universal, não sendo razoável a negativa de acesso sem que haja fundamento plausível. Mesmo em se tratando de estabelecimentos privados, não se poderia conceber a possibilidade de se discriminar alguém, negando seu ingresso e, consequentemente, seu acesso à educação, por questões atinentes a preconceito de raça, cor, etnia, procedência nacional ou religião.

Os núcleos do tipo são:

a) **Recusar:** negar, não aceitar, não admitir.

b) **Negar:** tem o mesmo sentido de recusar.

c) **Impedir:** proibir, vedar.

1.2. Sujeitos

Sujeito ativo do crime é a pessoa responsável por receber a inscrição ou permitir o ingresso dos alunos no estabelecimento escolar. Pode ser o sócio ou o empregado do estabelecimento. Trata-se de crime próprio, pois exige qualidade especial do sujeito ativo.

Sujeito passivo é a pessoa discriminada, e pode ser qualquer um, não se exigindo qualidade especial.

1.3. Objetos

Objeto jurídico do crime é a igualdade.

Objeto material é a própria pessoa vítima da discriminação.

1.4. Elemento subjetivo

Elemento subjetivo do tipo é o dolo, consistente na vontade consciente de praticar as condutas descritas no tipo penal. Exige-se o elemento subjetivo específico (especial finalidade no agir), consistente na vontade de discriminar a vítima. Não se admite a modalidade culposa.

1.5. Consumação e tentativa

A consumação do crime ocorre com a realização das condutas típicas descritas. Assim, a mera recusa ou impedimento de inscrição ou ingresso de alguém ao estabelecimento de ensino já configura o tipo. Não há a necessidade de um resultado naturalístico posterior, razão pela qual não há a necessidade de se demonstrar qualquer outro prejuízo para a vítima. Obviamente, é imprescindível que esteja presente o elemento subjetivo específico, consistente na pretensão de preconceito ou discriminação de raça, cor, etnia, procedência nacional ou religião.

Muito embora seja de difícil ocorrência, é possível a tentativa.

1.6. Ação penal

A ação penal é pública incondicionada.

1.7. Penas

A pena prevista para o crime é de reclusão de três a cinco anos. A partir desta constatação, podemos concluir que:

a) Não é possível a obtenção da transação penal (art. 76 da Lei nº 9.099/95), pois não se trata de infração penal de menor potencial ofensivo (a pena máxima supera o patamar de dois anos de privação de liberdade).

b) Não é possível a suspensão condicional do processo (*sursis* processual), pois a pena mínima ultrapassa um ano (art. 89 da Lei nº 9.099/95).

c) É possível a substituição da pena privativa de liberdade por pena restritiva de direitos, desde que a pena efetivamente imposta pelo juiz não ultrapasse quatro anos, observados os demais requisitos do art. 44, CP.

Vale registrar que há uma previsão de causa de aumento de pena no parágrafo único, para a hipótese em que a vítima é menor de idade. Muito embora a legislação utilize a expressão "agravada", trata-se, sim, de causa de aumento de pena, e não de agravante, devendo ser valorada na terceira fase da dosimetria da pena.

2. QUESTÕES DE CONCURSOS

1. **(IBFC/EMBASA/Técnico em Segurança do Trabalho/2015 – adaptada)** Recusar, negar ou impedir a inscrição ou ingresso de aluno em estabelecimento de ensino público ou privado de qualquer grau é crime punível com reclusão de um a três anos.

2. **(IBFC/EMBASA/Assistente de Laboratório/2017)** Assinale a alternativa correta sobre a pena aplicável no caso de alguém recusar, negar ou impedir a inscrição ou ingresso de aluno em estabelecimento de ensino público ou privado de qualquer grau de acordo com as previsões expressas da Lei Federal nº 7.716, de 5 de janeiro de 1989, que define os crimes resultantes de preconceito de raça ou de cor.

a) Detenção de dois a quatro anos

b) Reclusão de três a cinco anos

c) Detenção de um a cinco anos

d) Reclusão de dois a cinco anos

GAB	1	2
	E	B

Art. 7º Impedir o acesso ou recusar hospedagem em hotel, pensão, estalagem, ou qualquer estabelecimento similar.

Pena: reclusão de três a cinco anos.

1. COMENTÁRIOS

1.1. Considerações iniciais

Uma vez mais, trata-se de um tipo penal misto alternativo, de modo que a realização de mais de uma conduta, no mesmo contexto fático, em relação à mesma pessoa, dará ensejo a apenas um crime. Deste modo, se, por exemplo, o responsável pelo estabelecimento impedir o acesso da pessoa e, posteriormente, tendo a vítima conseguido ingressar, recusar hospedagem, terá cometido apenas um crime, a despeito de haver realizado duas condutas típicas.

Os núcleos do tipo são:

a) **Impedir:** proibir, vedar.

b) **Recusar:** negar, não aceitar, não admitir.

Após fazer menção aos estabelecimentos nos quais, ordinariamente, ocorrem a hospedagem (hotel, pensão, estalagem), o tipo penal recorre à expressão "qualquer estabelecimento similar". Trata-se de uma forma não deixar de fora as condutas discriminatórias que ocorram em ambientes em que se realize a hospedagem, ainda que de modo informal. Basta imaginar, por exemplo, as casas de determinadas famílias que alugam quartos para que pessoas possam passar temporadas. Amoldam-se ao conceito de hotel, pensão ou hospedagem? A discussão é estéril, na medida em que a fórmula empregada no tipo penal não permite excluir a conduta preconceituosa nestes ambientes.

Importante chamar a atenção para o fato de que este modelo de fórmula, nos tipos penais, não constitui afronta aos princípios da legalidade e taxatividade. É caso de cabimento de interpretação analógica, que "é o meio indicado para integrar a norma dentro do sistema estendendo-o, quando ele mesmo sugere, a situações análogas. Trata-se de uma situação em que existe uma fórmula casuística à qual se segue uma fórmula genérica"[7].

1.2. Sujeitos

Sujeito ativo do crime é a pessoa responsável pelo hotel, estalagem ou estabelecimento similar. Pode ser o sócio ou o empregado do estabelecimento. Trata-se de crime próprio, pois exige qualidade especial do sujeito ativo.

Sujeito passivo é a pessoa discriminada, e pode ser qualquer um, não se exigindo qualidade especial

1.3. Objetos

Objeto jurídico do crime é a igualdade.

Objeto material é a própria pessoa vítima da discriminação.

---

7. COELHO, Yuri Carneiro. *Curso de direito penal didático*. 2. ed. São Paulo: Atlas, 2015, p. 69.

1.4. Elemento subjetivo

Elemento subjetivo do tipo é o dolo, consistente na vontade consciente de praticar as condutas descritas no tipo penal. Exige-se o elemento subjetivo específico (especial finalidade no agir), consistente na vontade de discriminar a vítima. Não se admite a modalidade culposa.

1.5. Consumação e tentativa

A consumação do crime ocorre com a realização das condutas típicas descritas. Assim, o mero impedimento de acesso ao estabelecimento ou recusa de hospedagem já consuma o crime. Não há a necessidade de um resultado naturalístico posterior, razão pela qual não há a necessidade de se demonstrar qualquer outro prejuízo para a vítima. Obviamente, é imprescindível que esteja presente o elemento subjetivo específico, consistente na pretensão de preconceito ou discriminação de raça, cor, etnia, procedência nacional ou religião.

Muito embora seja de difícil ocorrência, é possível a tentativa.

1.6. Ação penal

A ação penal é pública incondicionada.

1.7. Penas

A pena prevista para o crime é de reclusão de três a cinco anos. A partir desta constatação, podemos concluir que:

a) Não é possível a obtenção da transação penal (art. 76 da Lei nº 9.099/95), pois não se trata de infração penal de menor potencial ofensivo (a pena máxima supera o patamar de dois anos de privação de liberdade).

b) Não é possível a suspensão condicional do processo (*sursis* processual), pois a pena mínima ultrapassa um ano (art. 89 da Lei nº 9.099/95).

c) É possível a substituição da pena privativa de liberdade por pena restritiva de direitos, desde que a pena efetivamente imposta pelo juiz não ultrapasse quatro anos, observados os demais requisitos do art. 44, CP.

Art. 8º Impedir o acesso ou recusar atendimento em restaurantes, bares, confeitarias, ou locais semelhantes abertos ao público.

Pena: reclusão de um a três anos.

1. COMENTÁRIOS

1.1. Considerações iniciais

Uma vez mais, trata-se de um tipo penal misto alternativo, de modo que a realização de mais de uma conduta, no mesmo contexto fático, em relação à mesma pessoa, dará ensejo a apenas um crime.

Os núcleos do tipo são:

a) **Impedir:** proibir, vedar.

b) **Recusar:** negar, não aceitar, não admitir.

Assim como fez no tipo penal do artigo anterior, a Lei em comento, uma vez mais, permite ao intérprete valer-se do recurso da interpretação analógica, quando utiliza a expressão "ou locais semelhantes". A pretensão legislativa é a mesma que apontamos ao comentar o artigo antecedente, qual seja, não permitir que condutas preconceituosas/discriminatórias ocorram em ambientes que funcionam como restaurantes, bares ou confeitarias, mas que não se amoldem, precisamente, a tais categorias. Em resumo, diz respeito, sobretudo, às atividades informais desenvolvidas em certos lugares.

1.2. Sujeitos

Sujeito ativo do crime é a pessoa responsável pelo restaurante, bar, confeitaria ou outro estabelecimento semelhante aberto ao público. Pode ser o sócio ou o empregado do estabelecimento. Trata-se de crime próprio, pois exige qualidade especial do sujeito ativo.

Sujeito passivo é a pessoa discriminada, e pode ser qualquer um, não se exigindo qualidade especial

1.3. Objetos

Objeto jurídico do crime é a igualdade.

Objeto material é a própria pessoa vítima da discriminação.

1.4. Elemento subjetivo

Elemento subjetivo do tipo é o dolo, consistente na vontade consciente de praticar as condutas descritas no tipo penal. Exige-se o elemento subjetivo específico (especial finalidade no agir), consistente na vontade de discriminar a vítima. Não se admite a modalidade culposa.

1.5. Consumação e tentativa

A consumação do crime ocorre com a realização das condutas típicas descritas. Assim, o mero impedimento de acesso ao estabelecimento ou recusa de atendimento já consuma o crime. Não há a necessidade de um resultado naturalístico posterior, razão pela qual não há a necessidade de se demonstrar qualquer outro prejuízo para a vítima. Obviamente, é imprescindível que esteja presente o elemento subjetivo específico, consistente na pretensão de preconceito ou discriminação de raça, cor, etnia, procedência nacional ou religião.

Muito embora seja de difícil ocorrência, é possível a tentativa.

1.6. Ação penal

A ação penal é pública incondicionada.

1.7. Penas

A pena prevista para o crime é de reclusão de um a três anos. A partir desta constatação, podemos concluir que:

a) Não é possível a obtenção da transação penal (art. 76 da Lei nº 9.099/95), pois não se trata de infração penal de menor potencial ofensivo (a pena máxima supera o patamar de dois anos de privação de liberdade).

b) É possível a suspensão condicional do processo (*sursis* processual), pois a pena mínima não ultrapassa um ano (art. 89 da Lei nº 9.099/95).

c) É provável a substituição da pena privativa de liberdade por pena restritiva de direitos, na medida em que a pena efetivamente imposta pelo juiz não ultrapassará quatro anos. É necessária a observância os demais requisitos do art. 44, CP. Ademais, não se pode perder de vista que, excepcionalmente, a pena máxima poderá ultrapassar os quatros de reclusão, se, por exemplo, houver concurso de crimes.

2. QUESTÕES DE CONCURSOS

1. **(VUNESP/TJ-SP/Advogado/2013 – adaptada)** Nos termos da Lei nº 7.716/1989, a qual versa sobre delitos de preconceito ou discriminação racial, pratica crime aquele que, em virtude de preconceito de raça, impede ou obsta o acesso de alguém a restaurantes, bares, confeitarias ou locais semelhantes, ainda que não abertos ao público.

2. **(INSTITUTO AOCP/TRT1/Técnico Judiciário/2018)** Trata-se de crime de preconceito de raça ou de cor previsto na Lei nº 7.716/1989

a) injuriar outrem chamando-o de "banana".

b) prender em flagrante Auditor-Fiscal do Trabalho de cor de pele preta que solicita vantagem indevida a particular para deixar de praticar ato de ofício obrigatório.

c) impedir o acesso ou recusar atendimento em restaurantes, bares, confeitarias, ou locais semelhantes abertos ao público, em razão de raça, cor ou etnia.

d) apelidar jovem jogador de futebol de "novo Pelé" em razão da cor de sua pele.

e) defender, em dissertação acadêmica, a inconstitucionalidade do sistema de cotas raciais em provas e concursos públicos.

GAB	1	2
	E	C

Art. 9º Impedir o acesso ou recusar atendimento em estabelecimentos esportivos, casas de diversões, ou clubes sociais abertos ao público.

Pena: reclusão de um a três anos.

1. COMENTÁRIOS

1.1. Considerações iniciais

Uma vez mais, trata-se de um tipo penal misto alternativo, de modo que a realização de mais de uma conduta, no mesmo contexto fático, em relação à mesma pessoa, dará ensejo a apenas um crime. É o que ocorreria se o agente, responsável pela casa de diversão, impedisse a entrada da vítima, por razões de preconceito e, após ela conseguir ingressar no estabelecimento, fosse-lhe negado atendimento.

Os núcleos do tipo são:

a) **Impedir:** proibir, vedar.

b) **Recusar:** negar, não aceitar, não admitir.

1.2. Sujeitos

Sujeito ativo do crime é a pessoa responsável pelo estabelecimento esportivo, casa de diversão ou clube social aberto ao público. Pode ser o sócio, associado ou o empregado do estabelecimento. Trata-se de crime próprio, pois exige qualidade especial do sujeito ativo.

Sujeito passivo é a pessoa discriminada, e pode ser qualquer um, não se exigindo qualidade especial

1.3. Objetos

Objeto jurídico do crime é a igualdade.

Objeto material é a própria pessoa vítima da discriminação.

1.4. Elemento subjetivo

Elemento subjetivo do tipo é o dolo, consistente na vontade consciente de praticar as condutas descritas no tipo penal. Exige-se o elemento subjetivo específico (especial finalidade no agir), consistente na vontade de discriminar a vítima. Não se admite a modalidade culposa.

1.5. Consumação e tentativa

A consumação do crime ocorre com a realização das condutas típicas descritas. Assim, o mero impedimento de acesso ou recusa de atendimento já consuma o crime. Não há a necessidade de um resultado naturalístico posterior, razão pela qual não há a necessidade de se demonstrar qualquer outro prejuízo para a vítima. Obviamente, é imprescindível que esteja presente o elemento subjetivo específico, consistente na pretensão de preconceito ou discriminação de raça, cor, etnia, procedência nacional ou religião.

Muito embora seja de difícil ocorrência, é possível a tentativa.

1.6. Ação penal

A ação penal é pública incondicionada.

1.7. Penas

A pena prevista para o crime é de reclusão de um a três anos. A partir desta constatação, podemos concluir que:

a) Não é possível a obtenção da transação penal (art. 76 da Lei nº 9.099/95), pois não se trata de infração penal de menor potencial ofensivo (a pena máxima supera o patamar de dois anos de privação de liberdade).

b) É possível a suspensão condicional do processo (*sursis* processual), pois a pena mínima não ultrapassa um ano (art. 89 da Lei nº 9.099/95).

c) É provável a substituição da pena privativa de liberdade por pena restritiva de direitos, na medida em que a pena efetivamente imposta pelo juiz não ultrapassará quatro anos. É necessária a observância os demais requisitos do art. 44, CP. Ademais, não se pode perder de vista que, excepcionalmente, a pena máxima poderá ultrapassar os quatros de reclusão, se, por exemplo, houver concurso de crimes.

2. QUESTÕES DE CONCURSOS

1. **(VUNESP/TJ-SP/Advogado/2013 – adaptada)** Nos termos da Lei nº 7.716/1989, a qual versa sobre delitos de preconceito ou discriminação racial, pratica crime aquele que, em virtude de preconceito de raça, o acesso ou recusa atendimento de alguém em estabelecimentos esportivos, casas de diversões ou clubes sociais, ainda que não abertos ao público.

2. **(CESPE/PRF/Policial Rodoviário Federal/2013)** Constitui crime o fato de determinado clube social recusar a admissão de um cidadão em razão de preconceito de raça, salvo se o respectivo estatuto atribuir à diretoria a faculdade de recusar propostas de admissão, sem declinação de motivos.

GAB	1	2
	E	E

Art. 10. Impedir o acesso ou recusar atendimento em salões de cabeleireiros, barbearias, termas ou casas de massagem ou estabelecimento com as mesmas finalidades.

Pena: reclusão de um a três anos.

1. COMENTÁRIOS

1.1. Considerações iniciais

Uma vez mais, trata-se de um tipo penal misto alternativo, de modo que a realização de mais de uma conduta, no mesmo contexto fático, em relação à mesma pessoa, dará ensejo a apenas um crime.

Os núcleos do tipo são:

a) **Impedir:** proibir, vedar.

b) **Recusar:** negar, não aceitar, não admitir.

Assim como fez no tipo penal do artigo anterior, a Lei em comento, uma vez mais, permite ao intérprete valer-se do recurso da interpretação analógica, quando utiliza a expressão "ou estabelecimento com as mesmas finalidades". A pretensão legislativa é a mesma que apontamos ao comentar o artigo antecedente, qual seja, não permitir que condutas preconceituosas/discriminatórias ocorram em ambientes que funcionam como restaurantes, bares ou confeitarias, mas que não se amoldem, precisamente, a tais categorias. Em resumo, diz respeito, sobretudo, às atividades informais desenvolvidas em certos lugares.

Sobre a possibilidade de interpretação analógica em matéria penal, remetemos os leitores aos comentários ao art. 7º, para evitar repetições indevidas.

1.2. Sujeitos

Sujeito ativo do crime é a pessoa responsável pelo salão de cabeleireiro, barbearia, termas, casa de massa ou outro estabelecimento com as mesmas finalidades. Pode ser o sócio ou o empregado do estabelecimento. Trata-se de crime próprio, pois exige qualidade especial do sujeito ativo.

Sujeito passivo é a pessoa discriminada, e pode ser qualquer um, não se exigindo qualidade especial

1.3. Objetos

Objeto jurídico do crime é a igualdade.

Objeto material é a própria pessoa vítima da discriminação.

1.4. Elemento subjetivo

Elemento subjetivo do tipo é o dolo, consistente na vontade consciente de praticar as condutas descritas no tipo penal. Exige-se o elemento subjetivo específico (especial finalidade no agir), consistente na vontade de discriminar a vítima. Não se admite a modalidade culposa.

1.5. Consumação e tentativa

A consumação do crime ocorre com a realização das condutas típicas descritas. Assim, o mero impedimento de acesso ao estabelecimento ou recusa de atendimento já consuma o crime. Não há a necessidade de um resultado naturalístico posterior, razão pela qual não há a necessidade de se demonstrar qualquer outro prejuízo para a vítima. Obviamente, é imprescindível que esteja presente o elemento subjetivo específico, consistente na pretensão de preconceito ou discriminação de raça, cor, etnia, procedência nacional ou religião.

Muito embora seja de difícil ocorrência, é possível a tentativa.

1.6. Ação penal

A ação penal é pública incondicionada.

1.7. Penas

A pena prevista para o crime é de reclusão de um a três anos. A partir desta constatação, podemos concluir que:

a) Não é possível a obtenção da transação penal (art. 76 da Lei nº 9.099/95), pois não se trata de infração penal de menor potencial ofensivo (a pena máxima supera o patamar de dois anos de privação de liberdade).

b) É possível a suspensão condicional do processo (*sursis* processual), pois a pena mínima não ultrapassa um ano (art. 89 da Lei nº 9.099/95).

c) É provável a substituição da pena privativa de liberdade por pena restritiva de direitos, na medida em que a pena efetivamente imposta pelo juiz não ultrapassará quatro anos. É necessária a observância os demais requisitos do art. 44, CP. Ademais, não se pode perder de vista que, excepcionalmente, a pena máxima poderá ultrapassar os quatros de reclusão, se, por exemplo, houver concurso de crimes.

Art. 11. Impedir o acesso às entradas sociais em edifícios públicos ou residenciais e elevadores ou escada de acesso aos mesmos:

Pena: reclusão de um a três anos.

1. COMENTÁRIOS

1.1. Considerações iniciais

O tipo penal prevê uma conduta que, lamentavelmente, ainda ocorre em inúmeros locais do País. Manifestação grotesca de comportamento discriminatório, fruto de uma mentalidade escravocrata que impregnou e conspurcou alguns setores da sociedade, mereceu previsão específica no artigo em apreço.

O núcleo do tipo penal é:

a) Impedir: proibir, vedar.

A conduta recai sobre o acesso a entradas sociais, elevadores ou escadas.

1.2. Sujeitos

Sujeito ativo do crime é a pessoa que pode impedir o acesso a que se refere o tipo penal. No caso concreto, pode ser o síndico do edifício, o responsável pela segurança ou, até mesmo, um condômino. Trata-se de crime próprio, pois exige qualidade especial do sujeito ativo.

Sujeito passivo é a pessoa discriminada, e pode ser qualquer um, não se exigindo qualidade especial.

1.3. Objetos

Objeto jurídico do crime é a igualdade.

Objeto material é a própria pessoa vítima da discriminação.

1.4. Elemento subjetivo

Elemento subjetivo do tipo é o dolo, consistente na vontade consciente de praticar as condutas descritas no tipo penal. Exige-se o elemento subjetivo específico (especial finalidade no agir), consistente na vontade de discriminar a vítima. Não se admite a modalidade culposa.

1.5. Consumação e tentativa

A consumação do crime ocorre com a realização da conduta típica descrita. Assim, o mero impedimento de acesso, mencionado no tipo, já consuma o crime. Não há a necessidade de um resultado naturalístico posterior, razão pela qual não há a necessidade de se demonstrar qualquer outro prejuízo para a vítima. Obviamente, é imprescindível que esteja presente o elemento subjetivo específico, consistente na pretensão de preconceito ou discriminação de raça, cor, etnia, procedência nacional ou religião.

Muito embora seja de difícil ocorrência, é possível a tentativa.

1.6. Ação penal

A ação penal é pública incondicionada.

1.7. Penas

A pena prevista para o crime é de reclusão de um a três anos. A partir desta constatação, podemos concluir que:

a) Não é possível a obtenção da transação penal (art. 76 da Lei nº 9.099/95), pois não se trata de infração penal de menor potencial ofensivo (a pena máxima supera o patamar de dois anos de privação de liberdade).

b) É possível a suspensão condicional do processo (*sursis* processual), pois a pena mínima não ultrapassa um ano (art. 89 da Lei nº 9.099/95).

c) É provável a substituição da pena privativa de liberdade por pena restritiva de direitos, na medida em que a pena efetivamente imposta pelo juiz não ultrapassará quatro anos. É necessária a observância os demais requisitos do art. 44, CP. Ademais, não se pode perder de vista que, excepcionalmente, a pena máxima poderá ultrapassar os quatros de reclusão, se, por exemplo, houver concurso de crimes.

2. QUESTÕES DE CONCURSOS

1. **(VUNESP/TJ-SP/Advogado/2013 – adaptada)** Nos termos da Lei nº 7.716/1989, a qual versa sobre delitos de preconceito ou discriminação racial, pratica crime aquele que, em virtude de preconceito de raça, o acesso de alguém às entradas sociais de edifícios públicos ou residenciais, bem como aos elevadores ou às escadas desses locais.

GAB	1
	C

Art. 12. Impedir o acesso ou uso de transportes públicos, como aviões, navios barcas, barcos, ônibus, trens, metrô ou qualquer outro meio de transporte concedido.

Pena: reclusão de um a três anos.

1. COMENTÁRIOS

1.1. Considerações iniciais

O tipo penal diz respeito aos transportes, serviço público essencial que, regra geral, é prestado por particulares, sob regime de concessão do poder público. O acesso a tais serviços, mediante contraprestação pecuniária ou não, a depender do caso, é direito do cidadão e não pode sofrer embaraço, sobretudo por questões atinentes a discriminação ou preconceito, conforme o tipo penal em apreço.

O núcleo da conduta é:

a) **Impedir:** proibir, vedar.

Mais uma vez, o dispositivo legal possibilita ao intérprete o recurso à interpretação analógica, ao se reportar a "qualquer outro meio de transporte concedido", no que se poderia incluir, por exemplo, os serviços de táxi, moto-táxi, etc.

1.2. Sujeitos

Sujeito ativo do crime é a pessoa responsável por permitir o acesso ao transporte público. Pode ser, por exemplo, o sócio da empresa concessionária, o gestor público (que emitem ordens no sentido da conduta descrita no tipo penal) ou o empregado da empresa que explora o serviço. Trata-se de crime próprio, pois exige qualidade especial do sujeito ativo.

Sujeito passivo é a pessoa discriminada, e pode ser qualquer um, não se exigindo qualidade especial.

1.3. Objetos

Objeto jurídico do crime é a igualdade.

Objeto material é a própria pessoa vítima da discriminação.

1.4. Elemento subjetivo

Elemento subjetivo do tipo é o dolo, consistente na vontade consciente de praticar as condutas descritas no tipo penal. Exige-se o elemento subjetivo específico (especial finalidade no agir), consistente na vontade de discriminar a vítima. Não se admite a modalidade culposa.

1.5. Consumação e tentativa

A consumação do crime ocorre com a realização da conduta típica descrita. Assim, o mero impedimento de acesso, mencionado no tipo, já consuma o crime. Não há a necessidade de um resultado naturalístico posterior, razão pela qual não há a necessidade de se demonstrar qualquer outro prejuízo para a vítima. Obviamente, é imprescindível que esteja presente o elemento subjetivo específico, consistente na pretensão de preconceito ou discriminação de raça, cor, etnia, procedência nacional ou religião.

Muito embora seja de difícil ocorrência, é possível a tentativa.

1.6. Ação penal

A ação penal é pública incondicionada.

1.7. Penas

A pena prevista para o crime é de reclusão de um a três anos. A partir desta constatação, podemos concluir que:

a) Não é possível a obtenção da transação penal (art. 76 da Lei nº 9.099/95), pois não se trata de infração penal de menor potencial ofensivo (a pena máxima supera o patamar de dois anos de privação de liberdade).

b) É possível a suspensão condicional do processo (*sursis* processual), pois a pena mínima não ultrapassa um ano (art. 89 da Lei nº 9.099/95).

c) É provável a substituição da pena privativa de liberdade por pena restritiva de direitos, na medida em que a pena efetivamente imposta pelo juiz não ultrapassará quatro anos. É necessária a observância os demais requisitos do art. 44, CP. Ademais, não se pode perder de vista que, excepcionalmente, a pena máxima poderá ultrapassar os quatros de reclusão, se, por exemplo, houver concurso de crimes.

2. QUESTÕES DE CONCURSOS

1. **(VUNESP/TJ-SP/Advogado/2013 – adaptada)** Nos termos da Lei nº 7.716/1989, a qual versa sobre delitos de preconceito ou discriminação racial, pratica crime aquele que, em virtude de preconceito de raça, o acesso de alguém aos veículos de transportes públicos e privados, como aviões, navios, barcos, ônibus, trens, metrô ou qualquer outro meio de transporte.

GAB	1
	E

Art. 13. Impedir ou obstar o acesso de alguém ao serviço em qualquer ramo das Forças Armadas.

Pena: reclusão de dois a quatro anos.

1. COMENTÁRIOS

1.1. Considerações iniciais

No Brasil, o serviço militar não é apenas um direito, mas um dever, ressalvadas as hipóteses previstas em Lei. Para além do serviço militar obrigatório, o tipo penal abrange, também, as condutas que digam respeito ao acesso à carreira militar.

Por outro lado, não abrange o acesso às carreiras militares estaduais, na medida em que emprega a expressão "Forças Armadas". Em se tratando de proibição de acesso a tais carreiras, poderemos estar diante de algum outro tipo penal, tal como o art. 3º ou o art. 20, da presente Lei.

Os núcleos do tipo penal são:

a) **Impedir:** proibir, vedar.

b) **Obstar:** criar obstáculo, dificuldade, óbice, empecilho, embaraço.

1.2. Sujeitos

Sujeito ativo do crime é a pessoa que pode impedir ou obstar o acesso a que se refere o tipo penal. No caso concreto, pode ser um militar que possua a incumbência de fazer essa seleção ou um comandante, dirigente de alta patente que venha a dar ordens neste sentido. Trata-se de crime próprio, pois exige qualidade especial do sujeito ativo.

Sujeito passivo é a pessoa discriminada, e pode ser qualquer um, não se exigindo qualidade especial.

1.3. Objetos

Objeto jurídico do crime é a igualdade.

Objeto material é a própria pessoa vítima da discriminação.

1.4. Elemento subjetivo

Elemento subjetivo do tipo é o dolo, consistente na vontade consciente de praticar as condutas descritas no tipo penal. Exige-se o elemento subjetivo específico (especial finalidade no agir), consistente na vontade de discriminar a vítima. Não se admite a modalidade culposa.

1.5. Consumação e tentativa

A consumação do crime ocorre com a realização da conduta típica descrita. Assim, o mero impedimento de acesso, mencionado no tipo, já consuma o crime. Não há a necessidade de um resultado naturalístico posterior, razão pela qual não há a necessidade de se demonstrar qualquer outro prejuízo para a vítima. Obviamente, é imprescindível que esteja presente o elemento subjetivo específico, consistente na pretensão de preconceito ou discriminação de raça, cor, etnia, procedência nacional ou religião.

Muito embora seja de difícil ocorrência, é possível a tentativa.

1.6. Ação penal

A ação penal é pública incondicionada.

1.7. Penas

A pena prevista para o crime é de reclusão de dois a quatro anos. A partir desta constatação, podemos concluir que:

a) Não é possível a obtenção da transação penal (art. 76 da Lei nº 9.099/95), pois não se trata de infração penal de menor potencial ofensivo (a pena máxima supera o patamar de dois anos de privação de liberdade).

b) Não é possível a suspensão condicional do processo (*sursis* processual), pois a pena mínima ultrapassa um ano (art. 89 da Lei nº 9.099/95).

c) É provável a substituição da pena privativa de liberdade por pena restritiva de direitos, na medida em que a pena efetivamente imposta pelo juiz não ultrapassará quatro anos. É necessária a observância os demais requisitos do art. 44, CP. Ademais, não se pode perder de vista que, excepcionalmente, a pena máxima poderá ultrapassar os quatros de reclusão, se, por exemplo, houver concurso de crimes.

2. QUESTÕES DE CONCURSOS

1. **(IBFC/PC-RJ/Oficial de Cartório/2013 – adaptada)** Constitui discriminação ou preconceito punível, impedir ou obstar o acesso de alguém ao serviço em qualquer ramo das Forças Armadas em decorrência da orientação sexual do candidato.

GAB	1
	E

Art. 14. Impedir ou obstar, por qualquer meio ou forma, o casamento ou convivência familiar e social.

Pena: reclusão de dois a quatro anos.

1. COMENTÁRIOS

1.1. Considerações iniciais

Tendo em vista que o tipo penal faz menção à convivência familiar, e não apenas ao casamento, abrange a união estável. Ademais, tendo em vista o fato de o STF haver equiparado a união homoafetiva a união estável, para todos os fins, também haverá crime se se impedir ou obstar essa convivência. Relevante destacar, contudo, que, neste caso, para a configuração do crime, a motivação do crime não será o preconceito ou discriminação por orientação sexual, que não está contido na Lei em comento, mas sim às questões concernentes a raça, cor, etnia, procedência nacional ou religião.

Ademais, como o tipo penal se vale da expressão "por qualquer meio ou forma", não comete o crime apenas os pais que impedem o casamento dos seus filhos quando o seu aval é imprescindível, mas também aqueles que, de modo reprovável, excluem os mesmos filhos do convívio familiar ou causam embaraço de qualquer natureza, como, por exemplo, dificultando o acesso destes filhos a recursos que lhes são devidos.

Os núcleos do tipo penal são:

a) **Impedir:** proibir, vedar.

b) **Obstar:** criar obstáculo, dificuldade, óbice, empecilho, embaraço.

1.2. Sujeitos

Qualquer pessoa pode ser sujeito ativo do crime. Não se exige qualidade especial do agente, razão pela qual se trata de crime comum.

Sujeito passivo é a pessoa discriminada, e pode ser qualquer um, não se exigindo qualidade especial.

1.3. Objetos

Objeto jurídico do crime é a igualdade.

Objeto material é a própria pessoa vítima da discriminação.

1.4. Elemento subjetivo

Elemento subjetivo do tipo é o dolo, consistente na vontade consciente de praticar as condutas descritas no tipo penal. Exige-se o elemento subjetivo específico (especial finalidade no agir), consistente na vontade de discriminar a vítima. Não se admite a modalidade culposa.

1.5. Consumação e tentativa

A consumação do crime ocorre com a realização das condutas típicas descritas. Assim, o mero impedimento ou obstáculo de acesso, mencionados no tipo, já consuma o crime. Não há a necessidade de um resultado naturalístico posterior, razão pela qual não há a necessidade de se demonstrar qualquer outro prejuízo para a vítima. Obviamente, é imprescindível que esteja presente o elemento subjetivo específico, consistente na pretensão de preconceito ou discriminação de raça, cor, etnia, procedência nacional ou religião.

Muito embora seja de difícil ocorrência, é possível a tentativa.

1.6. Ação penal

A ação penal é pública incondicionada.

1.7. Penas

A pena prevista para o crime é de reclusão de dois a quatro anos. A partir desta constatação, podemos concluir que:

a) Não é possível a obtenção da transação penal (art. 76 da Lei nº 9.099/95), pois não se trata de infração penal de menor potencial ofensivo (a pena máxima supera o patamar de dois anos de privação de liberdade).

b) Não é possível a suspensão condicional do processo (*sursis* processual), pois a pena mínima ultrapassa um ano (art. 89 da Lei nº 9.099/95).

c) É provável a substituição da pena privativa de liberdade por pena restritiva de direitos, na medida em que a pena efetivamente imposta pelo juiz não ultrapassará quatro anos. É necessária a observância os demais requisitos do art. 44, CP. Ademais, não se pode perder de vista que, excepcionalmente, a pena máxima poderá ultrapassar os quatros de reclusão, se, por exemplo, houver concurso de crimes.

2. QUESTÕES DE CONCURSOS

1. **(IBFC/PC-RJ/Oficial de Cartório/2013 – adaptada)** Constitui discriminação ou preconceito punível, impedir ou obstar, por qualquer meio ou forma, o casamento ou convivência familiar e social em decorrência da classe social do indivíduo.

2. **(VUNESP/TJ-SP/Advogado/2013 – adaptada)** Nos termos da Lei nº 7.716/1989, a qual versa sobre delitos de preconceito ou discriminação racial, pratica crime aquele que, em virtude de preconceito de raça, o casamento de alguém, por qualquer meio ou forma, excluindo-se outros modos de convivência familiar e social.

GAB	1	2
	E	E

Art. 15. (Vetado).

Art. 16. Constitui efeito da condenação a perda do cargo ou função pública, para o servidor público, e a suspensão do funcionamento do estabelecimento particular por prazo não superior a três meses.

Art. 17. (Vetado).

Art. 18. Os efeitos de que tratam os arts. 16 e 17 desta Lei não são automáticos, devendo ser motivadamente declarados na sentença.

1. COMENTÁRIOS

A condenação penal possui efeitos extrapenais. No Código Penal, estes efeitos estão enumerados nos arts. 91 e 92. Na Lei nº 7.716/89, tais efeitos estão contidos nos arts. 16 e 18. No artigo em comento, há, como se vê, dois efeitos da condenação: a) perda do cargo ou função pública; b) suspensão do funcionamento do estabelecimento particular por prazo não superior a três meses. Estes efeitos não são automáticos, devem ser expressamente declarados na sentença.

2. QUESTÕES DE CONCURSOS

1. **(CESPE/TJ-PB/Juiz de Direito/2015 – adaptada)** A perda do cargo ou função pública pelo servidor público está prevista como efeito da condenação por crimes resultantes de preconceito de raça ou de cor, no entanto, para que isso ocorra, deve o juiz declará-lo motivadamente na sentença.

2. **(MPE-PR/Promotor de Justiça/2016 – adaptada)** A perda do cargo ou da função pública constitui efeito automático da condenação de servidor público, pela prática de qualquer um dos crimes resultantes de preconceito de raça ou de cor, previstos na Lei n. 7.716/1989.

3. **(CESPE/PC-PE/Delegado de Polícia/2016 – adaptada)** A condenação por crime de racismo cometido por proprietário de estabelecimento comercial sujeita o condenado à suspensão do funcionamento de seu estabelecimento, pelo prazo de até três meses, devendo esse efeito ser motivadamente declarado na sentença penal condenatória.

4. **(CONSULPLAN/TRF2/Analista Judiciário/2017)** Nos crimes previstos na Lei nº 7.716, de 5 de janeiro de 1989 – que define os crimes resultantes de preconceito de raça ou de cor –, constitui efeito da condenação a perda do cargo ou função pública, para o servidor público, e a suspensão do funcionamento do estabelecimento particular envolvido por prazo não superior a:

a) 1 mês.

b) 1 ano.

c) 6 meses.

d) 3 meses.

5. **(CESPE/MPE-PR/Promotor de Justiça/2017)** João, servidor público estadual, no exercício da função e em razão de preconceito de cor, raça e religião, impediu o ingresso de um aluno no estabelecimento de ensino público onde era lotado. Lúcio, dono de um estabelecimento comercial, se negou, por motivos semelhantes ao de João, a atender determinado cliente. Com base na lei sobre crimes resultantes de preconceito de cor, raça e religião, João estará sujeito à perda do cargo, e o funcionamento do estabelecimento de Lúcio poderá ser suspenso por prazo não superior a três meses.

   Nessas situações hipotéticas, os efeitos de eventuais condenações

a) não serão automáticos para João, devendo ser motivadamente declarados na sentença, mas serão automáticos para Lúcio.

b) serão automáticos tanto para João quanto para Lúcio, não havendo necessidade de serem motivadamente declarados nas sentenças.

c) não serão automáticos nem para João nem para Lúcio, devendo ser motivadamente declarados nas sentenças.

d) serão automáticos tanto para João quanto para Lúcio, devendo ser motivadamente declarados nas sentenças.

GAB	1	2	3	4	5
	C	E	C	D	C

Art. 19. (Vetado).

Art. 20. Praticar, induzir ou incitar a discriminação ou preconceito de raça, cor, etnia, religião ou procedência nacional. (Redação dada pela Lei nº 9.459, de 15/05/97)

Pena: reclusão de um a três anos e multa. (Redação dada pela Lei nº 9.459, de 15/05/97)

1. COMENTÁRIOS

1.1. Considerações iniciais

O art. 20 não constava da redação original da Lei de Preconceito; incluído pela Lei nº 8.081/90, teve sua redação alterada pela Lei nº 9.459/97. O tipo penal é abrangente, com objetivo de criminalizar qualquer manifestação preconceituosa ou discriminatória. Esta amplitude conduz autores como Guilherme Nucci a suscitarem uma ofensa ao princípio da taxatividade penal[8].

Os núcleos do tipo são:

a) **Praticar:** realização, fazer, produzir.

b) **Induzir:** criar a ideia.

c) **Incitar:** instigar, reforçar ou alimentar uma ideia já existente.

Regra geral, as condutas consistentes em induzimento ou incitação (instigação) constituem modalidades de participação moral em outros crimes. São condutas, portanto, perpetradas pelo agente acessório (partícipe). Nada obsta, contudo, que o legislador proceda como no presente caso, em que traz estas condutas como núcleos do tipo penal, fazendo, assim, com que se tornem as condutas principais da atividade criminosa, e, portanto, praticadas pelos autores e coautores, e não pelos partícipes. O legislador procede assim, por exemplo, com o crime do art. 122 do Código Penal (induzimento, instigação ou auxílio ao suicídio).

1.2. Sujeitos

Qualquer pessoa pode ser sujeito ativo do crime. Não se exige qualidade especial do agente, razão pela qual se trata de crime comum.

Sujeito passivo é a pessoa discriminada, e pode ser qualquer um, não se exigindo qualidade especial.

1.3. Objetos

Objeto jurídico do crime é a igualdade.

Objeto material é a própria pessoa vítima da discriminação.

1.4. Elemento subjetivo

Elemento subjetivo do tipo é o dolo, consistente na vontade consciente de praticar as condutas descritas no tipo penal. Exige-se o elemento subjetivo específico (especial finalidade no agir), consistente na vontade de discriminar a vítima. Não se admite a modalidade culposa.

1.5. Consumação e tentativa

A consumação do crime ocorre com a realização das condutas típicas descritas. Assim, com a prática (realização), induzimento (criar a ideia) ou incitação (reforçar a ideia já existente) à discriminação ou ao preconceito, o crime estará consumado. Não há a necessidade de um resultado naturalístico posterior, razão pela qual não há a necessidade de se demonstrar qualquer outro prejuízo para a vítima.

8. NUCCI, Guilherme de Souza. *ob. cit.*, p. 216-217.

Muito embora seja de difícil ocorrência, é possível a tentativa.

1.6. Ação penal

A ação penal é pública incondicionada.

1.7. Penas

A pena prevista para o crime é de reclusão de um a três anos, e multa. A partir desta constatação, podemos concluir que:

a) Não é possível a obtenção da transação penal (art. 76 da Lei nº 9.099/95), pois não se trata de infração penal de menor potencial ofensivo (a pena máxima supera o patamar de dois anos de privação de liberdade).

b) É possível a suspensão condicional do processo (*sursis* processual), pois a pena mínima não ultrapassa um ano (art. 89 da Lei nº 9.099/95).

c) É provável a substituição da pena privativa de liberdade por pena restritiva de direitos, na medida em que a pena efetivamente imposta pelo juiz não ultrapassará quatro anos. É necessária a observância os demais requisitos do art. 44, CP. Ademais, não se pode perder de vista que, excepcionalmente, a pena máxima poderá ultrapassar os quatros de reclusão, se, por exemplo, houver concurso de crimes.

1.8. Distinção em relação à injúria racial

Ao iniciar os comentários à presente Lei, procuramos estabelecer as distinções entre os crimes de preconceito e a injúria qualificada. Para evitar repetições indevidas, remetemos os leitores aos comentários ao art. 1º.

Especificamente no que concerne ao art. 20, ele se diferencia do crime de injúria, na medida em que, aqui, a ofensa é dirigida a todo o grupo; por sua vez, na injúria qualificada, a vítima é identificada ou identificável, é uma pessoa ou um grupo específico de pessoas, e não todo o grupo racial, étnico, religioso, etc.

2. SÚMULAS E JURISPRUDÊNCIA

✦ *SUPREMO TRIBUNAL FEDERAL*

- **IMUNIDADE PARLAMENTAR E LIBERDADE DE EXPRESSÃO.** A Primeira Turma, por maioria, rejeitou denúncia apresentada contra deputado federal, por suposta prática do delito tipificado no art. 20, caput, da Lei 7.716/1989, por duas vezes, na forma do art. 70 do Código Penal (CP). De acordo com a peça acusatória, o parlamentar, durante palestra, teria se manifestado, de modo negativo e discriminatório, sobre quilombolas, indígenas, refugiados, mulheres e LGBTs (lésbicas, gays, bissexuais, travestis, transexuais e transgêneros). **O colegiado entendeu não configurado o conteúdo discriminatório das declarações do acusado, as quais, além de se inserirem na liberdade de expressão prevista no art. 5º, IV, da Constituição Federal (CF), estão cobertas pela imunidade parlamentar, a que se refere o art. 53, da CF.** Observou que a narrativa contém a exposição de fato supostamente delitivo e das circunstâncias alusivas à prática. Foram individualizados os comportamentos imputados a título de ofensas dirigidas contra quilombolas e estrangeiros, estabelecendo-se vínculo de causalidade no tocante ao acusado, e especificadas as falas tidas como caracterizadoras do tipo penal. Asseverou que, consoante se depreende do discurso proferido pelo acusado em relação a comunidades quilombolas, as afirmações, embora consubstanciem entendimento de diferenciação e até de superioridade, são desprovidas da finalidade de repressão, dominação, supressão ou eliminação. Assim, por não se investirem de caráter discriminatório, são incapazes de caracterizar o crime previsto no art. 20, caput, da Lei 7.716/1989. Considerou que os pronunciamentos do parlamentar contidos na peça acusatória estão vinculados ao contexto de demarcação e proveito econômico das terras e configuram manifestação política que não extrapola os limites da liberdade de expressão. Não se pode confundir o interesse na extinção ou diminuição de reservas indígenas ou quilombolas com a supressão e eliminação dessas minorias. Ademais, o emprego, no discurso, do termo **arroba** não consiste em ato de desumanização dos quilombolas, no sentido de comparação a animais, mas forma de expressão – de toda infeliz –, evocada a fim de enfatizar estar um cidadão específico do grupo acima do peso considerado normal. Quanto à incitação a comportamento xenofóbico, reputou insubsistentes as premissas apresentadas pela acusação. O delito é de perigo abstrato, cuja tipicidade há de ser materializada teleologicamente. Embora não se exija que do discurso dito incitador sobrevenha a efetiva prática de atos discriminatórios, é imprescindível a aptidão material do teor das falas a desencadeá-los. No caso, as afirmações do denunciado se situam no âmbito da crítica à política de imigração adotada pelo Governo e não revelam conteúdo discriminatório ou passível de incitar pensamentos e condutas xenofóbicas pelo público ouvinte. O próprio acusado diz não fazer distinção quanto à origem estrangeira do imigrante. A crítica também se insere na liberdade de manifestação de pensamento, insuscetível, portanto, de configurar crime. Observou, por fim, que o convite referente à palestra se deu em razão do exercício do cargo de deputado federal ocupado pelo acusado, a fim de proceder à exposição de visão geopolítica e econômica do País. A Turma reconheceu a vinculação das manifestações apresentadas na palestra com pronunciamentos do parlamentar na Câmara dos Deputados. Concluiu que, comprovado o nexo de causalidade entre o que veiculado e o mandato, tem-se a imunidade parlamentar. As declarações, ainda que dadas fora das dependências do Congresso Nacional e, eventualmente, sujeitas a censura moral, quando retratam o exercício do cargo eletivo, a atuação do congressista, estão cobertas pela imunidade parlamentar e implicam na exclusão da tipicidade. *STF, Inq 4694/DF, rel. Min. Marco Aurélio, j. 11.9.2018. 1ª T. (Info 915)*

- **DISCRIMINAÇÃO POR ORIENTAÇÃO SEXUAL: ATIPICIDADE E REPROVABILIDADE.** Ante a atipicidade da conduta, a 1ª Turma não recebeu denúncia oferecida contra Deputado Federal que teria publicado na rede social "twitter" manifestação de natureza discriminatória em relação aos homossexuais. A Turma destacou que **o artigo 20 da Lei 7.716/1989 – assim como toda norma penal incriminadora – possui rol exaustivo de condutas tipificadas, cuja lista não contempla a discriminação decorrente de opção sexual** ("Art. 20. Praticar, induzir ou incitar a discriminação ou preconceito de raça, cor, etnia, religião ou procedência nacional. Pena: reclusão de um a três anos e multa"). Nesse sentido, ressaltou que a clareza do ditame contido no art. 5º, XXXIX da CF impediria que se enquadrasse a conduta do deputado como crime, em que pesasse à sua reprovabilidade ("Art. 5º, XXXIX. Não há crime sem lei anterior que o defina, nem pena sem prévia cominação legal"). O Ministro Roberto Barroso consignou que o comentário do parlamentar teria sido preconceituoso, de mau gosto e extremamente infeliz. Aduziu, entretanto, que a liberdade de expressão não existiria para proteger apenas aquilo que fosse humanista, de bom gosto ou inspirado. Ressaltou que seria razoável entender que o princípio da dignidade da pessoa humana (CF, art. 1º, III) impusesse um mandamento ao legislador para que tipificasse condutas que envolvessem manifestações de ódio ("hate speech"). Ponderou que haveria um projeto de lei nesse sentido em discussão no Congresso Nacional. O Ministro Luiz Fux acrescentou que o STF, ao julgar a legitimação da união homoafetiva, entendera que a homoafetividade seria um traço da personalidade e que, portanto, ela não poderia trazer nenhum discrime, de sorte que a fala do parlamentar, ao mesmo tempo, ultrajaria o princípio da dignidade da pessoa humana e o da isonomia. *STF, Inq 3590/DF, rel. Min. Marco Aurélio, 12.8.2014. 1ª T. (Info 754)*

3. QUESTÕES DE CONCURSOS

1. **(FCC/TJ-SC/Juiz de Direito/2015)** Considere a seguinte conduta descrita: Publicar ilustração de recém-nascidos afrodescendentes em fuga de sala do parto, associado aos dizeres de um personagem (supostamente médico) de cor branca "Segurança! É uma fuga em massa!". Tal conduta amolda-se à seguinte tipificação legal:

a) Não se amolda a tipificação legal por se tratar de ofensa social e não de conteúdo racial.

b) Injúria, prevista no art. 140 do Código Penal.

c) Crime de racismo, previsto na Lei no 7.716/89.

d) Difamação, prevista no art. 139 do Código Penal.

e) Não se amolda a tipificação legal por se tratar de liberdade de expressão – direito de charge.

2. **(MPE-SC/Promotor de Justiça/2014)** Responde pela prática do crime de injúria racial, disposto no § 3º do artigo 140 do Código Penal Brasileiro e não pelo artigo 20 da Lei nº 7.716/89 (Discriminação Racial) pessoa que ofende uma só pessoa, chamando-lhe de macaco e negro sujo.

3. **(COPS-UEL/PC-PR/Delegado de Polícia/2013 – adaptada)** A incitação pública ao racismo constitui delito de incitação ao crime definido no Art. 286 do Código Penal, não havendo na referida Lei disposição sobre tal conduta.

GAB	1	2	3
	C	C	E

§ 1º Fabricar, comercializar, distribuir ou veicular símbolos, emblemas, ornamentos, distintivos ou propaganda que utilizem a cruz suástica ou gamada, para fins de divulgação do nazismo. (Redação dada pela Lei nº 9.459, de 15/05/97)

Pena: reclusão de dois a cinco anos e multa. (Incluído pela Lei nº 9.459, de 15/05/97)

1. COMENTÁRIOS

1.1. Considerações iniciais

O tipo penal criminaliza condutas relacionadas à divulgação da ideologia nazista que, como consabido, possui acentuado caráter racista. Regra geral, o Direito Penal não deve se imiscuir em questões relativas a ideologias políticas. Isto não é compatível com um regime democrático, que preza pela pluralidade de ideias, princípios, valores e partidos. Ao revés, todos os regimes de cunho autoritário se valem do Direito Penal como forma de se valer da violência estatal para perseguir e reprimir seus opositores.

No caso da ideologia do nacional-socialismo, contudo, a criminalização de sua propagação se justifica plenamente, e está de acordo com os valores de nossa ordem constitucional, que repudia o racismo e a intolerância. Com efeito, não há a criminalização de propagação de ideologias políticas próximas ao nazismo, e que não possuem conotação racial. Não se criminaliza, por exemplo, a divulgação do fascismo, que, tal como o nazismo, propugna pelo unipartidarismo, estado totalitário, culto ao líder, etc.

A nota distintiva do nazismo é a defesa do ódio racial e de outras naturezas. Não se pode admitir que este comportamento pernicioso, que prega a utilização aberta da violência, e foi responsável por um genocídio de proporções absurdas seja divulgado abertamente. Por esta razão, entendemos ser plenamente possível e aconselhável a criminalização presente no tipo penal sob análise.

Por outro lado, devemos recordar que o Direito Penal não pode criminalizar meros estados existenciais, pois isto afrontaria o princípio da lesividade, consagrando um verdadeiro direito penal do autor, em contraposição ao Direito Penal do fato. Por esta razão, não se criminaliza a pessoa por ser nazista, mas sim por divulgá-lo. E é exatamente isto que faz o tipo penal.

1.2. Sujeitos

Qualquer pessoa pode ser sujeito ativo do crime. Não se exige qualidade especial do agente, razão pela qual se trata de crime comum.

Sujeito passivo é a pessoa discriminada, e pode ser qualquer um, não se exigindo qualidade especial.

1.3. Objetos

Objeto jurídico do crime é a igualdade.

Objetos materiais podem ser os símbolos, emblemas, ornamentos, distintivos ou propaganda que utilizem a cruz suástica ou gamada.

1.4. Elemento subjetivo

Elemento subjetivo do tipo é o dolo, consistente na vontade consciente de praticar as condutas descritas no tipo penal. Exige-se o elemento subjetivo específico (especial finalidade no agir), consistente na vontade de disseminar uma ideologia racista. Não se admite a modalidade culposa.

1.5. Consumação e tentativa

A consumação do crime ocorre com a realização das condutas típicas descritas. Deste modo, a mera fabricação (confeccionar, produzir), comercialização (intermediação de bens a título oneroso), distribuição (fornecimento, entrega) ou veiculação (dar publicidade) já consumam o crime. Não há a necessidade de um resultado naturalístico posterior, razão pela qual não há a necessidade de se demonstrar qualquer outro prejuízo para a vítima.

Muito embora seja de difícil ocorrência, é possível a tentativa.

1.6. Ação penal

A ação penal é pública incondicionada.

1.7. Penas

A pena prevista para o crime é de reclusão de dois a cinco anos, e multa. A partir desta constatação, podemos concluir que:

a) Não é possível a obtenção da transação penal (art. 76 da Lei nº 9.099/95), pois não se trata de infração penal de menor potencial ofensivo (a pena máxima supera o patamar de dois anos de privação de liberdade).

b) Não é possível a suspensão condicional do processo (*sursis* processual), pois a pena mínima ultrapassa um ano (art. 89 da Lei nº 9.099/95).

c) É possível a substituição da pena privativa de liberdade por pena restritiva de direitos, na medida em que a pena efetivamente imposta pelo juiz poderá não ultrapassará quatro anos. É necessária a observância os demais requisitos do art. 44, CP. Ademais, não se pode perder de vista que, excepcionalmente, a pena máxima poderá ultrapassar os quatros de reclusão, se, por exemplo, houver concurso de crimes.

2. QUESTÕES DE CONCURSOS

1. **(CONSULPLAN/TJ-MG/Titular de Serviços de Notas e de Registros/2016)** De acordo com a Lei nº 7.716/1989, constitui crime

a) fabricar ornamentos que utilizem a cruz suástica.

b) distribuir distintivos que utilizem a cruz suástica.

c) comercializar emblemas que utilizem a cruz gamada, para fins de divulgação do nazismo.

d) fabricar símbolos que utilizem a cruz gamada, para fins de divulgação do cristianismo.

2. **(MPE-MS/Promotor de Justiça/2018 – adaptada)** Configura crime de preconceito de raça ou cor (Lei n. 7.716/1989) distribuir emblemas com símbolos que utilizem a cruz suástica ou gamada, para fins de divulgação do nazismo.

GAB	1	2
	C	C

§ 2º Se qualquer dos crimes previstos no *caput* é cometido por intermédio dos meios de comunicação social ou publicação de qualquer natureza: (Redação dada pela Lei nº 9.459, de 15/05/97)

Pena: reclusão de dois a cinco anos e multa. (Incluído pela Lei nº 9.459, de 15/05/97)

1. COMENTÁRIOS

Trata-se de modalidade qualificada do crime previsto no *caput* do art. 20. Conforme se constata, o autor do preconceito ou discriminação incorrerá nas penas do § 2º em um acentuado número de casos, pois isto ocorrerá sempre que ele se valer de meios de comunicação social. Deste modo, a figura típica do art. 20, *caput,* acaba por se adstringir àquelas situações em que o fomento ao preconceito ocorre por intermédio de conversas informais, ou em ambientes como aulas, palestras, etc.

2. SÚMULAS E JURISPRUDÊNCIA

- **INCITAÇÃO À DISCRIMINAÇÃO RELIGIOSA E LIBERDADE DE EXPRESSÃO. A incitação ao ódio público contra quaisquer denominações religiosas e seus seguidores não está protegida pela cláusula constitucional que assegura a liberdade de expressão.** Com base nessa orientação, a Segunda Turma, por maioria, negou provimento a recurso ordinário em "habeas corpus", no qual se postulava a anulação ou o trancamento de ação penal que condenou o recorrente pela prática do crime de racismo em decorrência de incitação à discriminação religiosa, na forma do art. 20, § 2º, da Lei 7.716/1989 (1). De acordo com os autos, o acusado incitou o ódio e a intolerância contra diversas religiões, além de ter imputado fatos criminosos e ofensivos a seus devotos e sacerdotes, tendo as condutas sido praticadas por meio da internet. A Turma considerou que o exercício da liberdade religiosa e de expressão não é absoluto, pois deve respeitar restrições previstas na própria Constituição. Nessa medida, os postulados da igualdade e da dignidade pessoal dos seres humanos constituem limitações externas à liberdade de expressão, que não pode e não deve ser exercida com o propósito subalterno de veicular práticas criminosas tendentes a fomentar e a estimular situações de intolerância e de ódio público. As condutas praticadas pelo réu representam abusos graves contra os valores, fundamentos e princípios da Constituição Federal, indo de encontro ao que consigna o preâmbulo. Ele agiu contra a harmonia social e a fraternidade que os constituintes procuraram construir a partir da promulgação do texto constitucional. Outrossim, compete ao Estado exercer o papel de pacificador da sociedade, para, assim, evitar uma guerra entre religiões, como acontece em outras regiões do mundo. (...). *STF, RHC 146303/RJ, rel. Min. Edson Fachin, red. p/ o ac. Min. Dias Toffoli, j. 6.3.2018. 2ª T. (Info 893)*

§ 3º No caso do parágrafo anterior, o juiz poderá determinar, ouvido o Ministério Público ou a pedido deste, ainda antes do inquérito policial, sob pena de desobediência: (Redação dada pela Lei nº 9.459, de 15/05/97)

I – o recolhimento imediato ou a busca e apreensão dos exemplares do material respectivo; (Incluído pela Lei nº 9.459, de 15/05/97)

II – a cessação das respectivas transmissões radiofônicas, televisivas, eletrônicas ou da publicação por qualquer meio; (Redação dada pela Lei nº 12.735, de 2012)

III – a interdição das respectivas mensagens ou páginas de informação na rede mundial de computadores. (Incluído pela Lei nº 12.288, de 2010)

1. COMENTÁRIOS

O § 3º trata de medidas cautelares reais, que podem (e devem, pois o poder do servidor público e poder-dever) ser decretadas pelo juiz. Conforme se depreende da literalidade legislativa, o descumprimento às determinações poderá caracterizar, em caso de ausência de justificativa plausível, o crime de desobediência (art. 330, CP).

A primeira medida possível é o recolhimento ou a busca e apreensão dos materiais que disseminam o preconceito. Sobre o tema, esclarece Nucci que "a diferença entre *recolhimento* e *busca e apreensão* é o lugar onde se encontra o objeto a ser retirado de circulação. Quando se fala em *recolhimento* quer-se dizer que o material está em lugar acessível à polícia, sem necessidade de mandado judicial para a apreensão. Por outro lado, se o material se encontra em lugar inviolável, é fundamental a expedição de mandado judicial para a apreensão"[9].

As demais medidas possíveis são imprescindíveis para a cessação da propagação preconceituosa, pois pressupõem a cessação da transmissão ou interdição das páginas ou mensagens. Como se vê, são medidas que podem e devem ser adotadas da forma mais célere possível, com o intuito de cessar a atividade criminosa. Vale recordar que enquanto as publicações estiverem no ar, o crime está se realizando. Trata-se, portanto, de crime permanente, pois a conduta se protrai no tempo. Desta forma, possível a prisão em flagrante, enquanto não cessar a ação criminosa.

2. QUESTÕES DE CONCURSOS

1. **(COPS-UEL/PC-PR/Delegado de Polícia/2013 – adaptada)** No caso de incitação ou induzimento ao preconceito racial praticado através da rede mundial de computadores, poderá o juiz determinar a interdição da mensagem ou página de informação.

GAB	1
	C

§ 4º Na hipótese do § 2º, constitui efeito da condenação, após o trânsito em julgado da decisão, a destruição do material apreendido. (Incluído pela Lei nº 9.459, de 15/05/97)

9. NUCCI, Guilherme de Souza. *Ob. cit.*, p. 219.

1. COMENTÁRIOS

A Lei nº 7.716/89 já previa, em seus arts. 16 e 18, alguns efeitos da condenação. Conforme salientamos, ao comentar tais artigos, são efeitos extrapenais da condenação penal. No art. 20, § 4º, temos mais um. Não há dúvida de que o pernicioso material de propaganda preconceituosa não poderia ter outra destinação, senão a destruição.

Art. 21. Esta Lei entra em vigor na data de sua publicação. (Renumerado pela Lei nº 8.081, de 21.9.1990)

Art. 22. Revogam-se as disposições em contrário. (Renumerado pela Lei nº 8.081, de 21.9.1990)

Brasília, 5 de janeiro de 1989; 168º da Independência e 101º da República.

JOSÉ SARNEY

Paulo Brossard

| 08 |

CRIMES CONTRA A ORDEM TRIBUTÁRIA, A ORDEM ECONÔMICA E AS RELAÇÕES DE CONSUMO

CRIMES CONTRA A ORDEM TRIBUTÁRIA						
QUESTÕES DE CONCURSOS						
Classificação pelo artigo				Classificação pelo grau de incidência em provas		
Dispositivo Legal	Nº de questões	%		Dispositivo Legal	Nº de questões	%
Introdução	5	6,58%		Art. 1º	28	36,84%
Art. 1º	28	36,84%		Art. 7º	14	18,42%
Art. 2º	5	6,58%		Art. 3º	8	10,53%
Art. 3º	8	10,53%		Introdução	5	6,58%
Art. 4º	4	5,26%		Art. 2º	5	6,58%
Art. 7º	14	18,42%		Art. 4º	4	5,26%
Art. 8º	2	2,63%		Art. 16	4	5,26%
Art. 11	2	2,63%		Art. 8º	2	2,63%
Art. 12	1	1,32%		Art. 11	2	2,63%
Art. 15	1	1,32%		Art. 12	1	1,32%
Art. 16	4	5,26%		Art. 15	1	1,32%
Art. 17	1	1,32%		Art. 17	1	1,32%
Art. 20	1	1,32%		Art. 20	1	1,32%
TOTAL	76	100%		TOTAL	76	100%

▸LEI Nº 8.137, DE 27 DE DEZEMBRO DE 1990

Define crimes contra a ordem tributária, econômica e contra as relações de consumo, e dá outras providências.

O PRESIDENTE DA REPÚBLICA, faço saber que o Congresso Nacional decreta e eu sanciono a seguinte lei:

1. COMENTÁRIOS

1.1. Considerações iniciais

A construção de tipos penais destinados à tutela do bem jurídico "ordem tributária" é relativamente nova, no Brasil. É verdade que, há muito, existe o crime de descaminho, previsto no art. 334 do Código Penal. Muito embora este tipo penal esteja no rol dos crimes contra a administração pública é, claramente, um crime com relação direta com a questão da proteção da ordem tributária.

Aliás, o fato de o crime de descaminho encontrar-se dentre aqueles que são praticados contra a administração pública resulta, justamente, da ausência de crimes contra a ordem tributária, àquela época. Neste diapasão, vale relembrar que o nosso Código Penal remonta ao ano de 1940, sendo certo que apenas a sua parte geral foi reformulada em 1984.

É na década de 60 do século passado que o legislador passa a preocupar-se de forma mais consistente com a proteção penal do bem jurídico "ordem tributária". Em pelo menos dois diplomas legislativos, a questão da sonegação tributária passa a merecer relevo. A Lei nº 4.357, de 16 de julho de 1964, trazia o crime de apropriação indébita do imposto de renda, imposto sobre o consumo e o imposto do selo, existente à época; por sua vez, a Lei nº 4.729 (revogada tacitamente pela Lei nº 8.137/90), de 14 de julho de 1965, definia o crime de sonegação fiscal.

A Lei nº 8.137, de 27 de dezembro de 1990, não apenas tratou dos crimes contra a ordem tributária (art. 1º a 3º), mas também dos crimes contra a ordem econômica (art. 4º) e as relações de consumo (art. 7º). No que se refere aos crimes contra a ordem tributária, sua abrangência alcançava os crimes de sonegação de contribuição previdenciária, até o advento da Lei nº 8.212/91, que passou a tratar da matéria. Atualmente, os crimes de apropriação indébita previdenciária e de sonegação de contribuição previdenciária encontram-se previstos no Código Penal, em seus arts. 168-A e 337-A, respectivamente.

Assim, em resumo, quando nos referimos a "crimes contra a ordem tributária", devemos nos ater àqueles estampados na Lei nº 8.137/90, entre seus arts. 1º a 3º. Isto não nos impede de reconhecer que, alguns outros crimes, malgrado se encontrem previstos em outros diplomas legislativos, podem ser considerados "crimes tributários", na medida em que envolvem, diretamente, tributo.

É o caso do crime de descaminho (art. 334, CP) e da sonegação de contribuição previdenciária (art. 337-A), que se encontram no rol dos crimes contra a administração pública, e o crime de apropriação indébita previdenciária (art. 168-A), crime contra o patrimônio, conforme nosso Código Penal. Ademais, há crimes que, indiretamente, estão atrelados às questões tributárias, tais como os crimes de excesso de exação (art. 316, § 1º, CP) e o crime de facilitação de contrabando ou descaminho (art. 318, CP), ambos crimes contra a administração pública praticados por funcionário público (crime funcional).

1.2. Direito Penal Tributário

Os crimes previstos na Lei nº 8.137/90 e os demais crimes tributários, mencionados no tópico anterior, enformam o Direito Penal Tributário, entendido como ramo do Direito Penal que incide sobre condutas que dizem respeito às questões tributárias, em sentido mais amplo. Diferencia-se, assim, do Direito tributário Penal, ramo do Direito Tributário que trata de sanções extrapenais às condutas que constituem ilícitos de cunho administrativo e tributário.

Há grande controvérsia em torno da necessidade de um Direito Penal Tributário. No particular, não faltam críticos a sua existência. Grosso modo, os críticos asseveram que o Direito Penal, como mais drástica forma de intervenção do estado na esfera de direitos do cidadão deve adstringir-se a hipóteses de violações mais graves aos bens jurídicos, e os desvios, eventualmente, perpetrados na seara tributária poderiam ser sancionados adequadamente por intermédio de medidas de caráter administrativo.

O entendimento majoritário, sobretudo em sede jurisprudencial, atualmente, é no sentido de se legitimar o Direito Penal Tributário.

1.3. Competência

Como se sabe, a competência da Justiça Federal para processar e julgar a infração penal se fará presente quando o crime for praticado em detrimento de bens, serviços ou interesse da União ou de suas entidades autárquicas ou empresas públicas (art. 109, IV, CF). De outro lado, a competência da Justiça Estadual é residual, cabendo-lhe processar e julgar o crime quando não houver previsão para outro ramo do Poder Judiciário fazê-lo.

No que se refere aos crimes contra a ordem tributária, fácil concluir que haverá a competência da Justiça Federal quando o tributo envolvido na atividade criminosa for federal. Em sentido contrário, em se tratando de tributo de competência estadual ou municipal, haverá a competência da Justiça Estadual para o julgamento do crime. A propósito, importante destacar o enunciado nº 122 da súmula de jurisprudência do STJ, no seguinte sentido:

> ***Súmula nº 122/STJ***: "Compete à Justiça Federal o processo e julgamento dos crimes conexos de competência federal e estadual, não se aplicando a regra do art. 78, II, *a*, do Código de Processo Penal".

Desta forma, se o crime tributário envolver tributo de competência federal e de competência estadual ou municipal, restando caracterizada a conexão, deve-se firmar a competência da Justiça Federal para o julgamento do crime.

1.4. Tributo

Em nossa ordem constitucional, podemos identificar cinco modalidades de tributos.

a) Imposto: é tributo cuja obrigação tem por fato gerador uma situação independente de qualquer atividade estatal específica, relativa ao contribuinte (art. 16, CTN). Pode ser de competência federal (ex.: imposto de renda – IR), estadual (ex.: imposto sobre a propriedade de veículos automotores – IPVA) ou municipal (ex.: imposto sobre a propriedade predial e territorial urbano – IPTU). O Distrito Federal possui a competência para a cobrança de tributos estaduais e municipais.

b) Taxas: cobradas pela União, pelos Estados, pelo Distrito Federal ou pelos Municípios, no âmbito de suas respectivas atribuições, têm como fato gerador o exercício regular do poder de polícia, ou a utilização, efetiva ou potencial, de serviço público específico e divisível, prestado ao contribuinte ou posto à sua disposição (art. 77, CTN).

c) Contribuição de melhoria: cobrada pela União, pelos Estados, pelo Distrito Federal ou pelos Municípios, no âmbito de suas respectivas atribuições, é instituída para fazer face ao custo de obras públicas de que decorra valorização imobiliária, tendo como limite total a despesa realizada e como limite individual o acréscimo de valor que da obra resultar para cada imóvel beneficiado (art. 81, CTN).

d) Empréstimo compulsório: poderá ser instituído pela União, por intermédio de lei complementar: (i) para atender a despesas extraordinárias, decorrentes de calamidade pública, de guerra externa ou sua iminência; (ii) no caso de investimento público de caráter urgente e de relevante interesse nacional, observado o princípio da anterioridade. A aplicação dos recursos provenientes de empréstimo compulsório será vinculada à despesa que fundamentou sua instituição (art. 148, CP).

e) Contribuições especiais: são instituídas, exclusivamente, pela União, e podem ser contribuições sociais, de intervenção no domínio econômico e de interesse das categorias profissionais ou econômicas. Vale salientar, porém, que os Estados, o Distrito Federal e os Municípios instituirão contribuição, cobrada de seus servidores, para o custeio, em benefício destes, do regime previdenciário próprio (art. 149, § 1º, CP).

Como se percebe, as contribuições sociais constituem modalidade de contribuição especial, e, portanto, espécie de tributo. Há, destarte, uma flagrante redundância no art. 1º da Lei nº 8.137/90, ao se referir à redução ou supressão de tributo ou contribuição social.

1.5. Responsabilidade penal nos crimes societários

Não raras vezes, o crime tributário se consuma por intermédio de uma pessoa jurídica. É a empresa, por exemplo, que realiza a sonegação dos tributos que lhe competem. Neste caso, não há que se falar em responsabilização penal do ente moral, pois, como se sabe, vigora entre nós o dogma na irresponsabilidade penal da pessoa jurídica (*societas delinquere non potest*), afastado, apenas, em caso de crime ambiental, conforme previsto no art. 225, § 3º, CF, e regulamentado pelo art. 3º, Lei nº 9.605/98 (Lei de Crimes Ambientais).

Na hipótese acima aventada, a pessoa jurídica estaria sujeita à responsabilização extrapenal, obviamente. Assim, em relação ao crédito tributário, a pessoa jurídica seria inscrita em dívida ativa, contra ela seria ajuizada a ação cível de execução fiscal, e, no bojo dessa ação, poderia ser pleiteado ao Judiciário medidas de constrição patrimonial, tais como o bloqueio de contas bancárias, a penhora de bens, a indisponibilidade de bens, etc. contra a pessoa jurídica, de igual sorte, recairiam medidas de outra natureza, tais como a impossibilidade de obtenção de certidão negativa, a proibição de contratação com o poder público, etc. E isto, sem prejuízo de haver a possibilidade de responsabilização da pessoa física, nos termos do art. 135, do Código Tributário Nacional.

Mas a responsabilidade penal, em caso de crime tributário, adstringe-se à pessoa física. A questão é saber qual(is) pessoa(s) física(s) deve(m) responder penalmente. Tendo em vista que o Direito Penal não admite a possibilidade de responsabilidade objetiva, não se pode incriminar alguém que não tenha contribuído, de algum modo, para a prática criminosa. Não se pode transformar em réu, por exemplo, aquele que figura como sócio da pessoa jurídica, mas não atua em nenhum ato de gestão, administração ou algo que o valha.

Aliás, esta incriminação apenas pelo fato de integrar o quadro de sócios é de absurdo tamanho, que soaria risível em uma sociedade de capital aberto, por exemplo. Com as ações negociadas livremente em bolsa de valores, o adquirente de cada uma daquelas ações se torna sócio da pessoa jurídica, mas ele não possui qualquer ingerência nos atos de gestão da empresa. No mais das vezes, inclusive, nem sequer conhece os nomes das pessoas que integram a diretoria executiva ou o conselho de administração da pessoa jurídica da qual se torna sócio, ao adquirir as ações.

De outro lado, pessoas que não integram a sociedade também podem ser responsabilizadas, desde que haja a demonstração de que contribuíram, de algum modo, para a prática do crime (art. 29, CP). Como só existe o crime tributário em sua modalidade dolosa, resta óbvio que tal contribuição há, também, de ser dolosa.

Na denúncia do Ministério Público devem estar presentes os requisitos previstos no art. 41, CPP, sobretudo aquele que diz respeito à descrição da conduta em todas as suas circunstâncias. Se o órgão de acusação narrar a existência de inúmeros fatos típicos e imputá-las genericamente a todos.

Sendo certo que apenas pessoas físicas podem ser sujeito ativo dos crimes contra a ordem tributária, resta procurar identificar tais pessoas. Sem prejuízo de uma análise detalhada de cada tipo penal (*vide* comentários aos artigos abaixo) já é possível identificar que os crimes contra a ordem tributária podem ser praticados por particular (arts. 1º e 2º.) ou por funcionário público (art. 3º.).

Os crimes praticados por particular podem ter por agente (sujeito ativo do crime) o contribuinte, o responsável tributário (sujeitos passivos da obrigação tributária) ou qualquer outro particular, a depender do tipo penal.

Vale registrar que, de acordo com o art. 121 do Código Tributário Nacional, sujeito passivo da obrigação principal é a pessoa obrigada ao pagamento de tributo ou penalidade pecuniária, podendo ser: a) contribuinte, quando tenha relação pessoal e direta com a situação que constitua o respectivo fato gerador; b) responsável, quando, sem revestir a condição de contribuinte, sua obrigação decorra de disposição expressa de lei. Por outro lado, conforme o art. 122 do mesmo Código, sujeito passivo da obrigação acessória é a pessoa obrigada às prestações que constituam o seu objeto.

1.6. Insignificância

O Direito Penal é mais violenta forma de intervenção do Estado na esfera de direitos do cidadão e, justamente por isso, não deve se ocupar de bagatelas. Assim, a lesão insignificante ao bem jurídico que se pretende tutelar enseja a observância do princípio da insignificância, que exclui a tipicidade material da conduta.

De forma mais clara, para que exista o fato típico, não basta que a conduta seja formalmente típica, isto é, adequada ao tipo penal incriminador. Além disto, é necessário que exista uma violação relevante ao bem jurídico que se pretende tutelar. Nos clássicos exemplos doutrinários, é insignificante a subtração de quantia módica, sem violência ou grave ameaça – a despeito de haver tipicidade formal (art. 155, CP).

A jurisprudência do STF e do STJ condiciona a aplicação do princípio da insignificância à existência dos seguintes requisitos:

a) mínima ofensividade da conduta;

b) inexpressividade da lesão jurídica.

c) ausência de periculosidade social

d) reduzidíssimo grau de reprovabilidade do comportamento.

Além destes requisitos, há uma dificuldade para se estabelecer um critério mais objetivo que venha delimitar a lesão insignificante ao bem jurídico. Em se tratando de crime tributário, todavia, havia o entendimento pacífico no âmbito do STJ e do STF, no sentido de que seria insignificante seria o a conduta quando o valor do tributo a que dissesse respeito não ultrapassasse o valor mínimo a partir do qual se torna obrigatório o ajuizamento da execução fiscal.

Conforme este entendimento, se a sonegação abaixo de tal valor não ensejaria nem sequer o ajuizamento do processo civil de execução fiscal, com muito mais razão, não poderia ensejar o deflagrar da persecução penal. Sendo o Direito Penal *ultima ratio*, não faria sentido em se falar em ação penal, com um valor que não é relevante sequer a ponto de permitir o processo civil.

Este valor, idôneo a caracterizar a insignificância estaria previsto no art. 20 da Lei nº 10.522/02[1], e seria de R$ 10.000,00 (dez mil reais). Todavia, as Portarias nº 75/2012 e 130/2012, ambas do Ministério da Fazenda, atualizaram este valor, que, atualmente, é de R$ 20.000.00 (vinte mil reais). E é a partir deste momento que se inicia a divergência entre os Tribunais.

O Supremo Tribunal Federal, seguindo a linha da jurisprudência anterior, entendeu que as Portarias apenas promoveram a atualização de valores e, por isso, o fundamento da insignificância anteriormente existente (critério baseado no valor para o ajuizamento da execução fiscal) deveria ser mantido. Assim, o STF, em relação aos crimes tributários "tem considerado, para a avaliação da insignificância, o patamar de R$ 20.000,00, previsto no art. 20 da Lei nº 10.522/2002, atualizado pelas Portarias nº 75 e nº 130/2012 do Ministério da Fazenda"[2].

Por sua vez, o Superior Tribunal de Justiça, discordando deste novo critério quantitativo para o crime tributário, continua a entender que o patamar para caracterização da insignificância é de R$ 10.000,00 (dez mil reais)[3]. De acordo com o STJ, a publicação da Portaria MF 75/2012, por não possuir força legal, não tem o condão de modificar o patamar para aplicação do princípio da insignificância[4].

---

1. Art. 20. Serão arquivados, sem baixa na distribuição, mediante requerimento do Procurador da Fazenda Nacional, os autos das execuções fiscais de débitos inscritos como Dívida Ativa da União pela Procuradoria-Geral da Fazenda Nacional ou por ela cobrados, de valor consolidado igual ou inferior a R$ 10.000,00 (dez mil reais).
2. STF, HC 119849/PR, Rel. Min. Dias Toffoli, julgado em 19/08/2014.
3. STJ, AgRg no REsp 1447953/SP, Rel. Min. Felix Fischer, julgado em 05/02/2015.
4. STJ, REsp nº 1.393.317/PR, Rel. Min. Rogério Schietti Cruz, DJe de 2/12/2014.

1.7. Pagamento e parcelamento do tributo

1.7.1. Pagamento: extinção da punibilidade

Nos termos do art. 34 da Lei n.º 9.246/95, o pagamento do tributo extinguiria a punibilidade do crime contra a ordem tributária, desde que realizado até o recebimento da denúncia. O dispositivo possui a seguinte redação: "Extingue-se a punibilidade dos crimes definidos na Lei nº 8.137, de 27 de dezembro de 1990, e na Lei nº 4.729, de 14 de julho de 1965, quando o agente promover o pagamento do tributo ou contribuição social, inclusive acessórios, antes do recebimento da denúncia".

Contudo, o Supremo Tribunal Federal passou a entender que referido dispositivo legal foi revogado pelo art. 9º, § 2º, da Lei nº 10.684/2003, que possui a seguinte redação: "Extingue-se a punibilidade dos crimes referidos neste artigo quando a pessoa jurídica relacionada com o agente efetuar o pagamento integral dos débitos oriundos de tributos e contribuições sociais, inclusive acessórios".

Os crimes referidos no dispositivo são aqueles que estão enumerados nos arts. 1º e 2º da Lei nº 8.137/90. Não abrange, portanto, os crimes contra a ordem tributária enumerados no art. 3º, que dizem respeito a condutas levadas a cabo por funcionários públicos no exercício da função ou em razão dela. Ademais, há menção aos crimes dos arts. 168-A e 337-A, ambos do Código Penal, que dizem respeito, respectivamente, à apropriação indébita previdenciária e à sonegação de contribuição previdenciária.

O parágrafo transcrito encontra-se em um artigo que faz menção ao parcelamento do tributo. Neste dispositivo, contudo, quando alude ao pagamento, não se faz qualquer menção a marco temporal para que se possa viabilizar o pagamento como forma de ensejar a extinção da punibilidade. Por esta razão, o STF passou a adotar o entendimento no sentido de que o pagamento do tributo extinguiria a punibilidade pelo crime contra a ordem tributária, uma vez realizado, a qualquer tempo[5].

Não se pode deixar de perceber que o fato de o pagamento do tributo extinguir a punibilidade a qualquer tempo reforça o coro daqueles que não reconhecem legitimidade ao Direito Penal Tributário, encarando-o, apenas, como instrumento de coerção estatal para a arrecadação fazendária. No âmbito da nossa jurisprudência, todavia, não há qualquer tipo de incoerência em se reconhecer a legitimidade do Direito Penal Tributário e permitir-se a extinção da punibilidade pelo pagamento do tributo.

Interessante notar, inclusive, que, conforme a jurisprudência da nossa Corte Suprema, haverá a extinção da punibilidade, ainda que o pagamento do tributo ocorra após o trânsito em julgado da sentença penal condenatória.

1.7.2. Parcelamento: suspensão da pretensão punitiva

Tratamento distinto, porém, há de ser dispensado à questão do parcelamento tributário. O art. 9º, *caput,* da mesma Lei nº 10.684/2003 estabelece que: "É suspensa a pretensão punitiva do Estado, referente aos crimes previstos nos arts. 1º e 2º da Lei nº 8.137/90, de 27 de

5. STF, Ap 450/MG, Rel. Min. Teori Zavascki, j. 18/11/2014.

dezembro de 1990, e nos arts. 168-A e 337-A do Decreto-Lei nº 2.848, de 07 de dezembro de 1940 – Código Penal, durante o período em que a pessoa jurídica relacionada com o agente dos aludidos crimes estiver incluída no regime de parcelamento". E o § 1º do mesmo artigo complementa, salientando que: "A prescrição criminal não corre durante o período de suspensão da pretensão punitiva".

Como se vê, o dispositivo legal faz menção ao parcelamento como forma de suspensão da pretensão punitiva. O parcelamento pode ser efetuado pela pessoa jurídica devedora dos tributos, mas suspensão da pretensão punitiva, obviamente, somente diz respeito às pessoas físicas, pois, como já o dissemos, as pessoas jurídicas não poderiam ser responsabilizadas por crimes contra a ordem tributária.

Possível perceber, ainda, que o dispositivo legal transcrito não faz menção ao lapso temporal para a ocorrência do parcelamento tributário como forma de obtenção da suspensão da pretensão punitiva. A qualquer tempo, portanto, poderia o agente efetuar o parcelamento e, com isto, suspender a pretensão punitiva do Estado. Encerrado o parcelamento com a quitação integral da dívida, haveria a extinção da punibilidade. Rescindido o parcelamento, haveria o retorno da pretensão punitiva do Estado e, consequentemente, do curso do prazo prescricional.

No que concerne ao parcelamento, o marco inicial para que se possa falar em suspensão da pretensão punitiva sofreu uma substancial modificação com o advento da Lei nº 12.382, de 25 de fevereiro de 2011. De fato, este novo diploma legislativo conferiu nova redação ao art. 83 da Lei nº 9.430/96, acrescentando-lhe o § 2º, nos seguintes termos: "É suspensa a pretensão punitiva do Estado referente aos crimes previstos no *caput*, durante o período em que a pessoa física ou a pessoa jurídica relacionada com o agente dos aludidos crimes estiver incluída no parcelamento, desde que o pedido de parcelamento tenha sido formalizado antes do recebimento da denúncia criminal".

Como se percebe, a partir de 2011, o parcelamento do tributo apenas possui o condão de suspender a pretensão punitiva do Estado se ocorrer até o recebimento da denúncia, petição inicial acusatória da ação penal pública, como se sabe. Note-se que a alteração legislativa não influi sobre o pagamento imediato do tributo, que continua podendo ocorrer a qualquer tempo.

Assim, temos, em resumo:

a) o pagamento do tributo, a qualquer tempo, extingue a punibilidade do agente.

b) o parcelamento do tributo, realizado até o recebimento da denúncia, suspenderá a pretensão punitiva do Estado e, também, o curso do prazo prescricional. Neste caso, encerrado o parcelamento com o adimplemento integral das parcelas, haverá a extinção da punibilidade. Se, todavia, houver a rescisão do parcelamento, a pretensão punitiva do Estado e o curso do prazo prescricional retornam à normalidade.

1.8. Lei de Repatriação de Valores: nova causa de extinção da punibilidade

No dia 13 de janeiro de 2016 foi publicada Lei nº 13.254, que institui o "Regime Especial de Regularização Cambial e Tributária (RERCT) de recursos, bens ou direitos de origem lícita, não declarados ou declarados incorretamente, remetidos, mantidos no exterior ou repatriados por residentes ou domiciliados no País". Conhecida como Lei de Repatriação de Valores, a novel legislação, dentre inúmeras outras consequências, criou uma nova hipótese de extinção da punibilidade para os crimes de evasão de divisas.

Não só isto. A adesão ao programa mediante entrega da declaração dos recursos, bens e direitos sujeitos à regularização e o pagamento integral do imposto previsto no art. 6º e da multa prevista no art. 8º desta Lei, antes da decisão criminal, em relação aos bens a serem regularizados, extinguirá a punibilidade dos crimes previstos:

> I – no art. 1º e nos incisos I, II e V do art. 2º da Lei nº 8.137, de 27 de dezembro de 1990 (Crimes contra a ordem tributária)
>
> II – na Lei nº 4.729, de 14 de julho de 1965; (crimes de sonegação fiscal)
>
> III – no art. 337-A do Código Penal (Crime de sonegação de contribuição previdenciária)
>
> IV – nos seguintes artigos do Código Penal, quando exaurida sua potencialidade lesiva com a prática dos crimes previstos nos incisos anteriores:
>
> a) 297; (falsidade de documento público)
>
> b) 298; (falsidade de documento particular)
>
> c) 299; (Falsidade ideológica)
>
> d) 304; (Uso de documento falso)
>
> V – no *caput* e no parágrafo único do art. 22 da Lei nº 7.492, de 16 de junho de 1986 (evasão de divisas)
>
> VI – no art. 1º da Lei nº 9.613, de 3 de março de 1998 (Lavagem de capitais), quando o objeto do crime for bem, direito ou valor proveniente, direta ou indiretamente, dos crimes previstos nos incisos I a VI;

Importante mencionar que não pode se beneficiar dessa causa de extinção de punibilidade a pessoa que tenha sido condenada, em ação penal, cujo objeto seja um dos crimes acima mencionados, ainda que se refira aos recursos, bens ou direitos a serem regularizados pelo RERCT.

2. SÚMULAS E JURISPRUDÊNCIA

- **Súmula nº 122, STJ:** Compete a Justiça Federal o processo e julgamento unificado dos crimes conexos de competência federal e estadual, não se aplicando a regra do art. 78, II, "a", do Código de Processo Penal.

✦ *SUPREMO TRIBUNAL FEDERAL*

- **EXTINÇÃO DA PUNIBILIDADE E PAGAMENTO INTEGRAL DE DÉBITO. O pagamento integral de débito fiscal – devidamente comprovado nos autos – empreendido pelo paciente em momento anterior ao trânsito em julgado da condenação que lhe foi imposta é causa de extinção de sua punibilidade**, conforme opção político-criminal do legislador pátrio (Lei 10.684/2003: "Art. 9º É suspensa a pretensão punitiva do Estado, referente aos crimes previstos nos arts. 1º e 2º da Lei nº 8.137, de 27 de dezembro de 1990, e nos arts. 168-A e 337-A do Decreto-Lei nº 2.848, de 7 de dezembro de 1940 – Código Penal, durante o período em que a pessoa jurídica relacionada com o agente dos aludidos crimes estiver incluída no regime de parcelamento. ... § 2º Extingue-se a punibilidade dos crimes referidos neste artigo quando a pessoa jurídica relacionada com o agente efetuar o pagamento integral dos débitos oriundos de tributos e contribuições sociais, inclusive acessórios"). Com base nesse entendimento, a 1ª Turma concedeu, de ofício, habeas corpus para reconhecer a extinção da punibilidade de paciente condenado por supostamente fraudar a fiscalização tributária (Lei 8.137/90, art. 1º, II, c/c art. 71 do CP). O Min. Dias Toffoli, relator, esclareceu que o impetrante peticionara no curso do habeas para requerer a extinção da punibilidade, considerado o pagamento integral de débito tributário constituído. Aduziu, em reforço, ter sido juntada aos autos certidão da Fazenda Nacional. Referiu-se ao voto externado no exame da AP 516 ED/DF, segundo o qual a Lei 12.382/2011, que trata da extinção da punibilidade dos crimes tributários nas situações de parcelamento do débito tributário, não afetaria o disposto no § 2º do art. 9º da Lei 10.684/2003, o qual preveria a extinção da punibilidade em virtude do pagamento do débito a qualquer tempo. Ressalvou entendimento pessoal de que a quitação total do débito, a permitir que fosse reconhecida causa de extinção, poderia ocorrer, inclusive, posteriormente ao trânsito em julgado da ação penal. *STF, HC 116828/SP, rel. Min. Dias Toffoli, 13.8.2013. 1ª T. (Info 715)*

✦ *SUPERIOR TRIBUNAL DE JUSTIÇA*

- **INOCORRÊNCIA DA EXTINÇÃO DA PUNIBILIDADE PELO PAGAMENTO DO DÉBITO PREVIDENCIÁRIO APÓS O TRÂNSITO EM JULGADO DA CONDENAÇÃO.** Nos crimes de apropriação indébita previdenciária (art. 168-A do CP), o pagamento do débito previdenciário após o trânsito em julgado da sentença condenatória não acarreta a extinção da punibilidade. O art. 9º da Lei 10.684/2003 dispõe que: "É suspensa a pretensão punitiva do Estado, referente aos crimes previstos nos arts. 1º e 2º da Lei nº 8.137, de 27 de dezembro de 1990, e nos arts. 168-A e 337-A do Decreto-Lei no 2.848, de 7 de dezembro de 1940 – Código Penal, durante o período em que a pessoa jurídica relacionada com o agente dos aludidos crimes estiver incluída no regime de parcelamento. § 1º A prescrição criminal não corre durante o período de suspensão da pretensão punitiva. § 2º Extingue-se a punibilidade dos crimes referidos neste artigo quando a pessoa jurídica relacionada com o agente efetuar o pagamento integral dos débitos oriundos de tributos e contribuições sociais, inclusive acessórios". **O referido dispositivo trata da extinção da punibilidade pelo pagamento da dívida antes do trânsito em julgado da condenação, uma vez que faz menção expressa à pretensão punitiva do Estado. Dessa forma, não há que se falar em extinção da punibilidade pelo pagamento quando se trata de pretensão executória**, como na hipótese em análise. *STJ, HC 302.059-SP, Rel. Min. Maria Thereza de Assis Moura, j. 5/2/2015. 6ª T. (Info 556)*

3. QUESTÕES DE CONCURSOS

1. **(MPE-PR/Promotor de Justiça/2014 – adaptada)** Se o contribuinte desistir voluntariamente de utilizar a fraude realizada, recolhendo aos cofres públicos, na data do vencimento do tributo, a quantia devida em sua totalidade, estaríamos diante da hipótese prevista no art. 15 do CP, respondendo o agente somente pelos atos até então praticados.

2. **(CETRO/Prefeitura de São Paulo/Auditor Fiscal do Município/2014 – adaptada)** Havendo formalização de pedido de parcelamento da dívida tributária existente antes do recebimento de denúncia criminal, está suspensa a pretensão punitiva.

3. **(FEPESE/Prefeitura de Florianópolis/Auditor Fiscal/2014 – adaptada)** Compete à justiça estadual processar e julgar os crimes contra a ordem tributária.

4. **(CESPE/Câmara dos Deputados/Analista Legislativo/2014)** Extinguir-se-á a punibilidade da conduta de sonegar impostos no caso de o agente efetuar o pagamento integral dos débitos antes do oferecimento da denúncia correspondente. Uma vez recebida a petição inicial, caso o agente quite ou parcele os débitos antes da sentença condenatória, fará ele jus à diminuição da pena.

5. **(CESPE/PGE-SE/Procurador do Estado/2017)** Pedro, contribuinte do ICMS, omitiu a venda de certas mercadorias na declaração prestada ao fisco, referente ao lançamento desse tributo. Dessa forma, deixou de recolher o ICMS devido no prazo legal.

Efetuado o lançamento definitivo do tributo, permanecendo Pedro inadimplente, o auditor responsável elaborou uma representação fiscal para fins penais, enquadrando a conduta de Pedro como crime contra a ordem tributária, previsto na legislação pertinente (Lei nº 8.137/1990).

Em sua defesa, Pedro alegou a inconstitucionalidade da referida normativa, sustentando que a CF veda a prisão por dívida, com a única exceção do devedor de alimentos.

Nessa situação hipotética, conforme a jurisprudência do STF, o argumento de defesa apresentado por Pedro é

a) apropriado, já que a CF se opõe à criminalização do contribuinte pela simples omissão de rendimentos.
b) adequado, pois a CF proíbe a aplicação de pena de prisão a mero inadimplemento cível, a ser cobrado mediante execução fiscal.
c) inconsistente, em razão da constitucionalidade da Lei nº 8.137/1990, que prevê a prisão apenas por crimes materiais.
d) inconsistente, em razão da constitucionalidade da Lei nº 8.137/1990, que autoriza a prisão pela natureza penal dos crimes contra a ordem tributária, não sendo esse fato hipótese de prisão civil por dívida.
e) adequado, uma vez que a CF veda a prisão criminal por dívida, mesmo que esta seja oriunda de não pagamento de tributo.

GAB	1	2	3	4	5
	E	C	E	E	D

▸CAPÍTULO – I DOS CRIMES CONTRA A ORDEM TRIBUTÁRIA

▸SEÇÃO I – DOS CRIMES PRATICADOS POR PARTICULARES

Art. 1º Constitui crime contra a ordem tributária suprimir ou reduzir tributo, ou contribuição social e qualquer acessório, mediante as seguintes condutas: (Vide Lei nº 9.964, de 10.4.2000)

I – omitir informação, ou prestar declaração falsa às autoridades fazendárias;

II – fraudar a fiscalização tributária, inserindo elementos inexatos, ou omitindo operação de qualquer natureza, em documento ou livro exigido pela lei fiscal;

III – falsificar ou alterar nota fiscal, fatura, duplicata, nota de venda, ou qualquer outro documento relativo à operação tributável;

IV – elaborar, distribuir, fornecer, emitir ou utilizar documento que saiba ou deva saber falso ou inexato;

V – negar ou deixar de fornecer, quando obrigatório, nota fiscal ou documento equivalente, relativa a venda de mercadoria ou prestação de serviço, efetivamente realizada, ou fornecê-la em desacordo com a legislação.

Pena – reclusão de 2 (dois) a 5 (cinco) anos, e multa.

Parágrafo único. A falta de atendimento da exigência da autoridade, no prazo de 10 (dez) dias, que poderá ser convertido em horas em razão da maior ou menor complexidade da matéria ou da dificuldade quanto ao atendimento da exigência, caracteriza a infração prevista no inciso V.

1. COMENTÁRIOS

1.1. Considerações iniciais

O art. 1º da Lei nº 8.137/90, revogou, tacitamente, o art. 1º da Lei nº 4.729/65, que tratava do crime de "sonegação fiscal". A legislação atual não emprega esta expressão, reservando-se a fazer menção aos "crimes contra a ordem tributária". Não se pode deixar de anotar, todavia, que a expressão sonegação ainda é bastante utilizada não apenas na praxe forense, mas também em inúmeros precedentes jurisprudenciais, incluindo os Tribunais Superiores.

Aliás, é bom que se diga, os demais artigos da Lei nº 4.729/65 também foram revogados, cabendo salientar, porém, que o art. 5º da mencionada legislação deu origem aos ***atuais parágrafos do art. 334 do Código Penal***, uma breve comparação entre as penas cominadas aos crimes contemplados na legislação anterior e na atual demonstra, de forma muito clara, o recrudescimento da tutela penal em relação às questões envolvendo a sonegação de tributos. Com efeito, enquanto a legislação revogada previa para os crimes de sonegação a pena de seis meses a dois anos de detenção, a Lei nº 8.137/90 prevê, para os crimes contra a ordem tributária, a pena de reclusão de dois a cinco anos.

O dispositivo em comento faz menção à redução ou supressão de tributos ou contribuições sociais. Atualmente, fora de dúvidas de que se trata de uma redundância, na medida em que restou pacificada a ideia de que as contribuições para o custeio da seguridade social constituem modalidade de tributos. De toda forma, não se pode olvidar que, dentre as contribuições sociais, temos as contribuições previdenciárias, e, no que concerne a elas, a Lei nº 9.983/2000, acrescentou ao Código Penal os arts. 168-A e 337-A que tratam, respectivamente, dos crimes de apropriação indébita previdenciária e sonegação de contribuição previdenciária.

Diante disto, a outra conclusão não podemos chegar, senão a de que a Lei nº 9.983/2000 revogou tacitamente inúmeros dispositivos da Lei nº 8.137/90, relacionadas às contribuições sociais previdenciárias.

Inciso I: omitir informação, ou prestar declaração falsa às autoridades fazendárias;

1. COMENTÁRIOS

1.1. Considerações iniciais

Muitos tributos são objeto do chamado lançamento por declaração. Com efeito, dispõe o art. 147 do Código Tributário Nacional que "o lançamento é efetuado com base na declaração do sujeito passivo ou de terceiro, quando um ou outro, na forma da legislação tributária, presta à autoridade administrativa informações sobre matéria de fato, indispensáveis à sua efetivação". A obrigação de prestar as informações constitui obrigação tributária acessória.

Temos duas condutas criminosas descritas no inciso I. A primeira, de caráter omissivo ("omitir informação"), a segunda de cunho comissivo (prestar declaração falsa). Naturalmente, a realização de mais de uma conduta dentro do mesmo contexto fático dará ensejo à prática de apenas um crime, pois se trata de tipo penal misto alternativo.

Podemos imaginar o exemplo em que o agente, em sua declaração anual de imposto de renda, omite rendimentos tributáveis e acrescenta despesas dedutíveis que não existiram. Como se vê, em uma declaração, apenas, o agente pratica duas condutas (a primeira, omissiva; a segunda, comissiva). No entanto, estamos diante, como assinalamos, de crime único.

Á conclusão diversa chegaríamos se as práticas criminosas ocorressem de forma reiterada, em contextos fáticos distintos. Assim, por exemplo, se o agente presta mais de uma declaração falsa à Fazenda, em momentos distintos (em anos diversos, na sua declaração de imposto de renda, por exemplo), haverá concurso de crimes.

Convém reiterar que as condutas descritas nos incisos somente caracterizam crime contra a ordem tributária se estiverem aliadas ao quanto disposto no *caput* do art. 1º de forma mais clara, a consumação do crime depende da efetiva supressão ou redução de tributo, contribuição social e qualquer outro acessório. Ademais, os termos da súmula vinculante nº 24 são categóricos no sentido da exigência da constituição definitiva do crédito tributário.

As condutas enumeradas no inciso I, ora em exame, já constituiriam crimes autônomos, como falsidade ideológica (art. 299, CP), uso de documento falso (art. 304, CP), entre outros. Tais crimes, todavia, são absorvidos pelo crime contra a ordem tributária, pois constituem modalidade de crime-meio.

1.2. Sujeitos

Sujeito ativo dos crimes previstos no art. 1º é o contribuinte ou o responsável tributário. No que diz respeito às obrigações acessórias (ex.: prestar informações ao poder público), sujeito ativo é a pessoa que possui a obrigação, conforme a legislação pertinente.

Vale recordar que pessoa jurídica não pode ser responsabilizada penalmente, ressalvada a hipótese de crime ambiental. Deste modo, ainda que a pessoa jurídica promova a sonegação tributária, são as pessoas físicas que serão responsabilizadas penalmente, cabendo a responsabilização do ente moral na esfera tributária.

Sujeito passivo do crime é o Estado, na figura do ente com competência para exigir o tributo ou obrigação acessória. Este ente será uma pessoa jurídica de direito público, da Administração direta, como a União, Estados, Distrito Federal, Municípios, ou indireta, como, por exemplo, uma autarquia, como o INSS. Sujeito passivo indireto, como ocorre em todos os crimes, é o Estado.

1.3. Objetos

Objeto jurídico (bem jurídico tutelado pelo tipo penal) é a própria ordem tributária, ou, mais especificamente, a arrecadação tributária do Estado. Objeto material (pessoa ou coisa sobre a qual recai a conduta criminosa) são as informações.

1.4. Elemento subjetivo

Elemento subjetivo destes crimes é o dolo, não havendo previsão para a modalidade culposa dos crimes. Desta forma, um lapso na formulação da declaração para o lançamento do tributo, com o esquecimento de algum fato gerador, por exemplo, não caracteriza o crime. Naturalmente, é necessária uma análise minuciosa do caso concreto para que se constate a existência ou não da vontade consciente de reduzir ou suprimir o tributo.

Mas, além disto, a consumação dos crimes pressupõe um dolo específico (especial finalidade no agir), consistente na pretensão de reduzir ou suprimir o tributo.

1.5. Consumação e tentativa (súmula vinculante nº 24)

Para o entendimento majoritário em sede doutrinária, o crime tributário estará consumado com a efetiva prática de uma das condutas descritas nos incisos do art. 1º, e, mais que isto, a efetiva redução ou supressão do tributo[6]. Todavia, no dia 02 de dezembro de 2009, o Plenário do Supremo Tribunal Federal aprovou a súmula vinculante nº 24, com a seguinte redação: "não se tipifica crime material contra a ordem tributária previsto no art. 1º, I a IV, da Lei nº 8.137/90, antes do lançamento definitivo do tributo".

Como se vê, com o advento do referido verbete de súmula vinculante, o STF pacificou o entendimento, no sentido de que a consumação do crime contra a ordem tributária restará consumado quando do lançamento, isto é, após a conclusão do procedimento administrativo fiscal.

1.6. Ação penal

Os crimes contra a ordem tributária são de ação penal pública incondicionada.

2. SÚMULAS E JURISPRUDÊNCIA

- **Súmula vinculante nº 24:** Não se tipifica crime material contra a ordem tributária, previsto no art. 1º, incisos I a IV, da Lei nº 8.137/90, antes do lançamento definitivo do tributo.

✦ *SUPREMO TRIBUNAL FEDERAL*

- **CRIME TRIBUTÁRIO E PRESCRIÇÃO. Não há que se falar em aplicação retroativa "in malam partem" do Enunciado 24 da Súmula Vinculante ("Não se tipifica crime material contra a ordem tributária, previsto no art. 1º, incisos I a IV, da Lei nº 8.137/90, antes do lançamento definitivo do tributo") aos fatos ocorridos anteriormente à sua edição, uma vez que o aludido enunciado apenas consolidou interpretação reiterada do STF sobre a matéria.** Com base nessa orientação, a Primeira Turma, em conclusão de julgamento, desproveu recurso ordinário em "habeas corpus" no qual se pleiteava o reconhecimento da prescrição da pretensão punitiva estatal em razão da alegada impossibilidade de incidência retroativa do referido enunciado. Na espécie, o recorrente fora denunciado pela suposta prática do crime previsto no art. 1º, I, II e III, da Lei 8.137/1990, em virtude de condutas que teriam sido perpetradas entre 1990 e 1992. Após o recebimento da denúncia em 18.9.2009, o ora recorrente fora condenado à pena de três anos e nove meses de reclusão, por sentença proferida em 2.5.2012. A Turma afirmou que o Enunciado 24 da Súmula Vinculante não teria inovado no ordenamento jurídico. Com o julgamento do HC 81.611/DF (DJU de 13.5.2005), o Plenário teria assentado sua jurisprudência no sentido de que "a consumação do crime tipificado no art. 1º da Lei 8.137/1990 somente se verifica com a constituição do crédito fiscal, começando a correr, a partir daí, a prescrição" (HC 85.051/MG, DJU de 1º.7.2005). Assim, a prescrição não estaria caracterizada, tendo em conta que os crimes imputados ao recorrente teriam como termo de constituição o momento em que finalizado o processo administrativo tributário, em 24.9.2003. (HC 85.051/MG, DJU de 1º.7.2005). *STF, RHC 122774/RJ, rel. Min. Dias Toffoli, 19.5.2015. 1ª T. (Info 786)*

- **HC: DENÚNCIAS ANÔNIMAS E LANÇAMENTO DEFINITIVO. Nos crimes de sonegação tributária, apesar de a jurisprudência do STF condicionar a persecução penal à existência do lançamento tributário definitivo, o mesmo não ocorre quanto à investigação preliminar.** Os crimes contra a ordem tributária ou de outra modalidade delitiva podem ser tentados e consumados e jamais se entendeu pela impossibilidade da investigação preliminar durante a execução de um crime e mesmo antes da

6. DELMANTO, Roberto; DELMANTO Jr., Roberto; DELMANTO, Fábio M. de Almeida. *Leis penais especiais comentadas.* 2. ed. São Paulo: Saraiva, 2014, p. 175.

consumação. Com base nessa orientação, a Primeira Turma julgou extinto o "writ", sem resolução do mérito. Assentou a inadequação da via processual, por se tratar de "habeas corpus" substitutivo do recurso ordinário constitucional. Porém, concedeu a ordem de ofício para trancar a ação penal no que se refere aos crimes fiscais a envolver apropriação e sonegação de contribuições previdenciárias descontadas de produtores rurais, ao crime de lavagem de dinheiro tendo por antecedente a sonegação dessas mesmas contribuições previdenciárias, e ao crime de sonegação da Cofins pertinente à parte quitada. Afirmou, ainda, a inexistência de prejuízo na continuidade da ação penal em relação ao restante da imputação. Na espécie, durante as investigações, iniciadas para apurar crimes de ordem tributária, foram revelados, fortuitamente, indícios de crimes mais graves, especificamente o de corrupção de agentes públicos para acobertar as atividades supostamente ilícitas. Os pacientes respondem a ação penal por apropriação indébita previdenciária, associação criminosa, falsidade ideológica, corrupção ativa e sonegação de contribuição previdenciária. Além disso, são acusados de omitir informação ou prestar declaração falsa às autoridades fazendárias. Pretendiam a nulidade da investigação porque: a) iniciada a partir de denúncia anônima; b) fora autorizada interceptação telefônica para apurar crimes fiscais sem que houvesse lançamento tributário definitivo; e c) os tributos sonegados seriam, em parte, inválidos, e o remanescente teria sido quitado e parcelado. A Turma, de início, reafirmou o entendimento da Corte no sentido de que notícias anônimas não autorizam, por si sós, a propositura de ação penal ou mesmo, na fase de investigação preliminar, o emprego de métodos invasivos de investigação, como interceptação telefônica ou busca e apreensão. Entretanto, elas podem constituir fonte de informação e de provas que não pode ser simplesmente descartada pelos órgãos do Poder Judiciário. Assim, assentou a inexistência de invalidade na investigação instaurada a partir de notícia crime anônima encaminhada ao MPF. Destacou que em um mundo no qual o crime torna-se cada vez mais complexo e organizado, seria natural que a pessoa comum tivesse receio de se expor ao comunicar a ocorrência de delito. Daí a admissibilidade de notícias crimes anônimas. Nas investigações preliminares, ao se verificar a credibilidade do que fora noticiado, a investigação poderia prosseguir, inclusive, se houvesse agregação de novas provas e se preenchidos os requisitos legais, com o emprego de métodos especiais de investigação ou mesmo com a propositura de ação penal, desde que, no último caso, as novas provas caracterizassem justa causa. Elementos probatórios colhidos pelas autoridades policiais teriam constatado a inexistência de registro de bens, imóveis e veículos ou qualquer propriedade em nome dos sócios constantes no contrato social de empresa cujos lançamentos tributários eram expressivos, o que poderia caracterizar não serem os reais proprietários. Na situação dos autos, fora a interceptação telefônica que revelara os indícios da prática de crimes mais relevantes. Não haveria que se falar, portanto, em utilização indevida da notícia crime anônima, cujo tratamento observara a jurisprudência do STF. Ademais, a investigação e a persecução penal teriam prosseguido com base nas provas colacionadas a partir dela e não com fulcro exclusivo nela. De igual forma, as diligências mais invasivas, como a interceptação telefônica, só foram deflagradas após a colheita de vários elementos probatórios que corroboravam o teor da notícia anônima e que, por si só, autorizavam a medida investigatória. Quanto ao argumento de nulidade da investigação porquanto iniciada antes da existência de lançamento tributário definitivo, a Turma citou a atual jurisprudência do STF, que condicionaria a persecução por crime contra a ordem tributária à realização do lançamento fiscal. O lançamento definitivo do crédito tributário constituiria atividade privativa da autoridade administrativa e, sem tributo constituído, não haveria como caracterizar o crime de sonegação tributária (HC 81.611/DF, DJU de 13.5.2005). Apesar de a jurisprudência do STF condicionar a persecução penal à existência do lançamento tributário definitivo, o mesmo não ocorreria relativamente à investigação preliminar. Crimes poderiam ser tentados e consumados e jamais se entendera pela impossibilidade da investigação preliminar durante a execução de um crime e mesmo antes da consumação. A afirmação seria válida tanto para crimes contra a ordem tributária como para qualquer outra modalidade delitiva. O Colegiado ressaltou que o tema do encontro fortuito de provas no âmbito de interceptação telefônica fora abordado em alguns julgados da Corte. A validade da investigação não estaria condicionada ao resultado, mas sim à observância do devido processo legal. Na espécie, as provas dos crimes de corrupção fortuitamente colhidas no curso da interceptação não pareceriam se revestir de ilicitude, pelo menos no exame que comportam na via estreita do "habeas corpus", independentemente do resultado obtido quanto aos crimes contra a ordem tributária que motivaram o início da investigação. A Turma frisou que os autos não estariam instruídos com cópia dos lançamentos tributários, o que inviabilizaria uma análise precisa da alegada invalidade dos tributos constituídos. Entretanto, em embargos opostos a sequestro incidente na ação penal, o magistrado de primeiro grau teria prolatado sentença a reconhecer a inconstitucionalidade de parte dos valores lançados, com reflexo no sequestro decretado. Ademais, os tributos lançados consistiriam em contribuições descontadas de produtores rurais pessoas físicas e incidentes sobre a receita proveniente da comercialização da produção de gado, tributo este reputado inconstitucional pela Suprema Corte (RE 363.852/MG, DJe de 23.4.2010). Declarados inconstitucionais tributos lançados contra a empresa, estaria afetada, na mesma extensão, a acusação da prática de crimes fiscais. Contudo, remanesceria a validade da Cofins lançada, o que não acarretaria prejuízo para a imputação de sonegação para esse crime, visto não ter sido apresentada prova inequívoca de que o remanescente fora pago ou parcelado. De todo modo, o reconhecimento da inconstitucionalidade parcial das contribuições rurais lançadas e a quitação total ou parcial da Cofins atingiriam apenas a imputação pelos crimes tributários, e não os demais crimes objeto da denúncia, entre eles corrupção. Ao tempo da autorização da interceptação telefônica, não existiriam os fatos extintivos das obrigações tributárias. Embora o julgamento de inconstitucionalidade pelo STF no RE 363.852/MG fosse com efeitos retroativos, não significaria que a autorização para a interceptação tivesse sido arbitrária, porque baseada em lançamentos tributários tidos como hígidos e válidos. De igual forma, a quitação posterior do tributo afetaria a pretensão punitiva, mas não atingiria retroativamente a validade dos atos de investigação praticados anteriormente. Prejudicada, ainda, a persecução penal no tocante à sonegação dos tributos supervenientemente tidos como inválidos ou dos tributos quitados em momento posterior, mas sem afetação necessária do restante da imputação, que inclui crimes de quadrilha e corrupção. Também prejudicada a imputação do crime de lavagem de dinheiro no que se refere à suposta ocultação e à dissimulação das contribuições previdenciárias reputadas inconstitucionais. Afinal, se o crime antecedente é insubsistente, não poderia haver lavagem. ***STF, HC 106152/MS, rel. Min. Rosa Weber, 29.3.2016. 1ª T. (Info 819)***

✦ *SUPERIOR TRIBUNAL DE JUSTIÇA*

- **CRIME TRIBUTÁRIO. CONSTITUIÇÃO DEFINITIVA DO CRÉDITO. JUSTA CAUSA PRESENTE. SÚMULA VINCULANTE 24. JUNTADA DO PROCEDIMENTO TRIBUTÁRIO. DESNECESSIDADE. EVENTUAIS IRREGULARIDADES. DISCUSSÃO NA SEDE PRÓPRIA.** Para o início da ação penal, basta a prova da constituição definitiva do crédito tributário (Súmula Vinculante 24), sendo desnecessária a juntada integral do Procedimento Administrativo Fiscal correspondente. *STJ, RHC 94.288-RJ, Rel. Min. Reynaldo Soares da Fonseca, 5ª T. Por unanimidade, j. 22/05/2018. (Info 627)*

- **PRESCRIÇÃO TRIBUTÁRIA EM EXECUÇÃO FISCAL E TRANCAMENTO DA AÇÃO PENAL POR CRIME MATERIAL CONTRA A ORDEM TRIBUTÁRIA. O reconhecimento de prescrição tributária em execução fiscal não é capaz de justificar o trancamento de ação penal referente aos crimes contra a ordem tributária previstos nos incisos II e IV do art. 1° da Lei n. 8.137/1990.** Isso porque a constituição regular e definitiva do crédito tributário é suficiente para tipificar as condutas previstas no art. 1º, I a IV, da Lei n. 8.137/1990, não influindo o eventual reconhecimento da prescrição tributária. De fato, são independentes as esferas penal e tributária. Assim, o fato de ter escoado o prazo para a cobrança do crédito tributário, em razão da prescrição – fato jurídico extintivo do crédito tributário -, não significa que o crime tributário não se consumou, pois a consumação dos delitos de sonegação fiscal se dá por ocasião do trânsito em julgado na esfera administrativa. É dizer, uma vez regular e definitivamente constituído o crédito tributário, sua eventual extinção na esfera tributária, pela prescrição (art. 156 do CTN), em nada afeta o jus puniendi estatal, que também resta ileso diante da prescrição para a ação de cobrança do referido crédito (art. 174 do CTN). Precedente citado do STJ: AgRg no AREsp 202.617-DF, Quinta Turma, DJe 16/4/2013. Precedente citado do STF: HC 116.152-PE, Segunda Turma, DJe de 7/5/2013. *STJ, RHC 67.771-MG, Rel. Min. Nefi Cordeiro, julgado em 10/3/2016, DJe 17/3/2016. 6ª T. (Info 579)*

- **TIPICIDADE DA OMISSÃO NA APRESENTAÇÃO DE DECLARAÇÃO AO FISCO. A omissão na entrega da Declaração de Informações Econômico-Fiscais da Pessoa Jurídica (DIPJ) consubstancia conduta apta a firmar a tipicidade do crime de sonegação fiscal previsto no art. 1º, I, da Lei n. 8.137/1990,**

ainda que o FISCO disponha de outros meios para constituição do crédito tributário. O crime de sonegação fiscal, na modalidade do inciso I do art. 1º da Lei n. 8.137/1990, prescinde de fraude ou falsidade, já que, pela leitura do dispositivo, é possível deduzir que a simples omissão, apta a acarretar a supressão ou redução de tributo, revela-se suficiente, em tese, para a prática do crime ("Art. 1° – Constitui crime contra a ordem tributária suprimir ou reduzir tributo, ou contribuição social e qualquer acessório, mediante as seguintes condutas: I – omitir informação, ou prestar declaração falsa às autoridades fazendárias"). Essa omissão pode ser uma simples informação constante de uma declaração ou até mesmo da declaração em si; se a omissão atingir o resultado almejado pelo agente (supressão ou redução de tributo), o crime estará consumado. Ora, a constituição do crédito tributário, por vezes, depende de uma obrigação acessória do contribuinte, como declarar um fato gerador da obrigação tributária (lançamento por declaração). Se o contribuinte não realiza esse ato com vistas a não pagar o tributo devido, certamente comete o mesmo crime daquele que presta informação incompleta. De fato, não há lógica em punir quem declara, mas omite informação, e livrar aquele que sequer cumpre a obrigação de declarar. Nesse sentido, inclusive, há precedentes do STJ (AgRg no REsp 1.252.463-SP, Quinta Turma, DJe 21/10/2015). **Ressalte-se, contudo, que essa assertiva não implica dizer que a simples omissão em apresentar uma declaração seja suficiente para a consumação do crime de sonegação fiscal, pois é imprescindível que exista o dolo do agente de não prestar declaração com vistas a suprimir ou reduzir determinado tributo e que o resultado almejado tenha sido efetivamente alcançado (crime material).** Ademais, não há que se falar em atipicidade da conduta em decorrência da circunstância de o FISCO ter arbitrado o valor do tributo devido mesmo na falta da declaração. Isso porque o FISCO sempre possuirá meios de apurar o valor do tributo devido ante a omissão do contribuinte em declarar o fato gerador. O motivo disso é óbvio: o sistema tenta evitar a evasão fiscal. Se esse mecanismo existe, isso não quer dizer que a omissão do contribuinte é atípica. Na realidade, o arbitramento efetivado pelo FISCO para constituir o crédito tributário, ante a omissão do contribuinte em declarar o fato gerador, é uma medida para reparar o dano causado pela omissão, sendo uma evidência de que a conduta omissiva foi apta a gerar a supressão ou, ao menos, a redução do tributo na apuração. *STJ, REsp 1.561.442-SP, Rel. Min. Sebastião Reis Júnior, julgado em 23/2/2016, DJe 9/3/2016. 6ª T. (Info 579)*

3. QUESTÕES DE CONCURSOS

1. **(FCC/SEFAZ-PE/Julgador Administrativo Tributário do Tesouro Estadual/2015)** Um contribuinte, ao fornecer informações ao fisco, sobre as cem operações efetivadas, mencionou apenas noventa e nove. Com tal conduta, efetivou o pagamento do tributo a menor em 1%. Neste caso, a conduta do contribuinte está caracterizada como

a) fato atípico, tendo em vista o princípio da legalidade.

b) crime contra a ordem tributária, com natureza de crime formal.

c) crime contra a ordem tributária, com natureza de crime material.

d) fato atípico, por se tratar de mera irregularidade sanável.

e) crime contra a ordem tributária, com natureza de crime de mera conduta.

2. **(FUNDATEC/PGE-RS/Procurador do Estado/2015 – adaptada)** É entendimento consubstanciado na Súmula Vinculante nº 24 que não se tipifica o delito tributário previsto no art. 1º, incisos I a IV, da Lei nº 8.137/90, enquanto não exaurida a esfera administrativa, sendo que a prescrição da pretensão punitiva é contada da ação ou da omissão de supressão ou redução dos tributos, nos exatos termos do que previsto no art. 4º, CP (Teoria da Atividade).

3. **(VUNESP/Prefeitura de São José do Rio Preto/Auditor Fiscal/2014)** Não se tipifica ______contra a ordem tributária, previsto no art. 1º, incisos I a IV, da Lei n o 8.137/90, ____.

Assinale a alternativa que preenche, correta e respectivamente, as lacunas do trecho.

a) crime formal ... antes do lançamento definitivo do tributo

b) crime formal ... sem que haja dolo ou culpa do contribuinte

c) crime material ... antes do lançamento definitivo do tributo
d) crime material ... sem que haja dolo ou culpa do contribuinte
e) qualquer crime ... sem que tenha havido autuação fiscal

4. **(CESPE/TJDFT/Juiz de Direito/2014 – adaptada)** O prazo prescricional do delito material contra a ordem tributária começa a correr do dia da prática do fato reputado como criminoso.

5. **(MPE-PR/Promotor de Justiça/2014 – adaptada)** Os crimes definidos no art. 1º da Lei são qualificados como imateriais, bastando para seu aperfeiçoamento a conduta típica do agente, independentemente do resultado do ato lesivo causado ao erário público, uma vez que o tipo penal não exige o resultado de suprimir ou reduzir tributo ou contribuição social para sua consumação.

6. **(VUNESP/TJ-SP/Juiz de Direito/2014)** Acerca de crime contra a ordem tributária, previsto no art. 1º, incisos I a IV, da Lei nº 8.137/90 (*constitui crime contra a ordem tributária suprimir ou reduzir tributo, ou contribuição social e qualquer acessório, mediante as seguintes condutas*: ...), assinale a opção que contenha afirmação falsa:

a) Não se tipifica crime material contra a ordem tributária, previsto nestas hipóteses, antes do lançamento definitivo do tributo.
b) Não há justa causa para a ação penal antes de esgotada a via administrativa, ou seja, antes do lançamento definitivo do tributo.
c) Por inexistir subordinação entre as instâncias penal e administrativa, no que tange ao delito em tela não há que se falar na exigência do esgotamento da via administrativo-fiscal para caracterização do tipo e configuração da justa causa para a ação penal.
d) Se está pendente recurso administrativo que discute o débito tributário perante as autoridades fazendárias, não há falar-se em início do lapso prescricional, que somente se iniciará com a consumação deste delito, nos termos do art. 111, inc. I, do Código Penal.

7. **(FCC/MPE-PR/Promotor de Justiça/2014)** De acordo com a atual posição do Supremo Tribunal Federal, nos crimes materiais contra a ordem tributária, o início do lapso prescricional ocorre com

a) a instauração de inquérito policial.
b) a representação fiscal ao Ministério Público para fins penais.
c) a data de efetiva supressão de tributo.
d) o lançamento definitivo do tributo.
e) a instauração do procedimento administrativo-fiscal.

8. **(CETRO/Prefeitura de São Paulo/Auditor Fiscal do Município/2014 – adaptada)** É considerado crime contra a ordem tributária a simples tentativa de omitir informação ao órgão competente.

9. **(CETRO/Prefeitura de São Paulo/Auditor Fiscal do Município/2014 – adaptada)** O crime material contra a ordem econômica pode ser tipificado antes mesmo do lançamento definitivo do tributo.

10. **(FEPESE/Prefeitura de Florianópolis/Auditor Fiscal/2014 – adaptada)** A omissão de informação que acarrete a supressão ou redução de contribuição social é considerada crime contra a ordem tributária.

11. **(CESPE/Câmara dos Deputados/Analista Legislativo/2014)** O agente que, no intuito de suprimir tributo, omitir informação às autoridades fazendárias e, com esse ato, fraudar a fiscalização tributária, cometerá um único crime contra a ordem tributária.

12. **(FCC/TCE-PI/Assessor Jurídico/2014)** No que tange ao elemento subjetivo nos crimes contra a ordem tributária, praticados por particulares,

a) o agente deve deixar de recolher o tributo no todo.
b) admite-se a culpa consciente.

c) admite-se a tentativa quando há erro no cálculo ou na avaliação do fato gerador.

d) somente o contribuinte, indicado pela lei, pode ser autor do crime.

e) exige-se o dolo específico, consistente na efetiva vontade de fraudar o fisco.

13. **(FCC/TRF3/Analista Judiciário/2014)** Não se tipifica crime material contra a ordem tributária, previsto no art. 1º, incisos I a IV, da Lei nº 8.137/90, antes do lançamento definitivo do tributo. O enunciado da Súmula Vinculante 24 do STF, citado acima, mais diretamente implica que

a) o erro sobre elemento do tipo penal exclui o dolo.

b) reduz-se a pena quando, até o recebimento da denúncia, o agente de crime cometido sem violência ou grave ameaça reparar o dano ou restituir a coisa.

c) a prescrição começa a correr do dia em que o crime se consumou.

d) o erro inevitável sobre a ilicitude do fato isenta de pena.

e) a confissão espontânea da autoria do crime atenua a pena.

14. **(VUNESP/DPE-RO/Defensor Público/2017 – adaptada)** A empresa DEF Ltda. recebeu auto de infração no valor de R$ 250 mil no qual, além de ser cobrado o principal do imposto devido e os juros, também foi aplicada multa agravada, em razão de ter a fiscalização apurado a ocorrência de omissão proposital de informação, além de prestação falsa de declaração às autoridades fazendárias, com a finalidade de reduzir o valor do tributo devido. Da lavratura do auto de infração foi dada imediata ciência ao Ministério Público, via representação, para eventual proposição de denúncia na esfera criminal.

Caso a empresa venha a recorrer administrativamente do auto de infração, não estará tipificado o crime contra a ordem tributária, previsto no artigo 1º, I, da Lei nº 8.137/1990, antes do lançamento definitivo do tributo.

15. **(CESPE/MPR-RR/Promotor de Justiça/2017 – adaptada)** João, prestador de serviços, trabalha como MEI na forma da Lei Complementar nº 123/2006 (SIMPLES Nacional). Nessa qualidade, com o propósito de recolher menos tributo, ele informou à RFB ter recebido, no exercício de 2016, a receita bruta de R$ 50.000, mas a RFB constatou que sua receita bruta real nesse exercício havia sido de R$ 120.000. Ante a existência de provas suficientes desses fatos, a conduta de João foi tipificada como dolosa.

Julgue o item a seguir

A conduta de João poderá ser tipificada como crime contra a ordem tributária somente após o lançamento definitivo do tributo em exame.

16. **(CESPE/MPE-PI/Analista Ministerial/2018)** É indispensável o lançamento definitivo do tributo para a tipificação dos crimes materiais contra a ordem tributária.

GAB	1	2	3	4	5	6	7	8	9	10	11	12	13	14	15	16
	C	E	C	E	E	C	D	E	E	E	C	E	C	C	C	C

Inciso II: fraudar a fiscalização tributária, inserindo elementos inexatos, ou omitindo operação de qualquer natureza, em documento ou livro exigido pela lei fiscal;

1. COMENTÁRIOS

1.1. Considerações iniciais

Como se percebe, as condutas descritas no inciso II se aproximam daquelas enumeradas no inciso anterior, mas são mais específicas. Com efeito, aqui também se trata de condutas consistentes na omissão de informações e na prestação de informações falsas. Guardam, contudo, a especificidade de se referirem à operação de qualquer natureza e se encontrarem em documento ou livro exigido pela lei fiscal.

Em qualquer das duas situações, deve haver a fraude à fiscalização tributária. Como consabido, fraudar consiste em ludibriar, enganar, levar a erro. Demais disso, jamais se pode perder de vista o que comentamos no inciso I, em relação à consumação e à necessidade de reduzir ou suprimir tributo, contribuição social ou acessório.

No inciso II existem duas condutas: a primeira, de caráter comissivo (inserir elementos inexatos), a segunda de caráter omissivo (omitir operação de qualquer natureza). Nesta segunda situação, trata-se de crime omissivo impróprio (ou comissivo-omissivo ou comissivo por omissão), porquanto o agente que deve prestar as informações é garantidor, na medida em que possui obrigação legal de fazê-lo.

Parta que se caracterize o crime, é necessário que as condutas recaiam sobre documento ou livro exigido pela lei fiscal. Trata-se, bem se vê, de norma penal em branco, demandando um complemento que será trazido, justamente, pela legislação fiscal.

Empregando a fraude em relação a tais documentos ou livros, o agente pretende reduzir ou suprimir tributo, contribuição social ou acessório. Uma vez logrando êxito, restará consumado o crime. Os livros exigidos pela legislação fiscal podem variar de acordo com o tributo de que se trata. Assim, por exemplo, no caso do ICMS os livros dizem respeito ao registro de entrada de mercadorias, registro de saída e de apuração do imposto; no que concerne ao IPI, por sua vez, exige-se, por exemplo, o livro de apuração do imposto[7].

O art. 172, parágrafo único, do Código Penal tipifica a conduta consistente em "falsificar ou adulterar a escrituração do Livro de Registro de Duplicatas". Logo se vê que esta conduta estará absorvida pelo crime contra a ordem tributária se ensejar a redução ou supressão de tributo, contribuição social ou acessório. Caso contrário, o agente deverá responder com fulcro neste dispositivo.

1.2. Sujeitos

Sujeito ativo dos crimes previstos no art. 1º é a pessoa física, contribuinte ou responsável tributário. No que diz respeito às obrigações acessórias (ex.: prestar informações ao poder público), sujeito ativo é a pessoa que possui a obrigação, conforme a legislação pertinente.

Sujeito passivo do crime é o Estado, na figura do ente com competência para exigir o tributo ou obrigação acessória. Este ente será uma pessoa jurídica de direito público, da Administração direta, como a União, Estados, Distrito Federal, Municípios, ou indireta, como, por exemplo, uma autarquia, como o INSS. Sujeito passivo indireto, como ocorre em todos os crimes, é o Estado.

7. DELMANTO, Roberto; DELMANTO Jr., Roberto; DELMANTO, Fábio M. de Almeida. *Leis penais especiais comentadas*. 2. ed. São Paulo: Saraiva, 2014, p. 194.

1.3. Objetos

Objeto jurídico dos crimes do art. 1º é a própria ordem tributária, ou, mais especificamente, a arrecadação tributária do Estado. Objeto material é o documento ou livro exigido pela lei fiscal.

1.4. Elemento subjetivo

Elemento subjetivo destes crimes é o dolo, consistente na vontade consciente de fraudar a fiscalização tributária. A inserção de elementos inexatos ou omissão de operação de qualquer natureza em documento ou livro exigido pela lei fiscal é o meio de que se vale o agente para a fraude.

Mas, além disto, a consumação dos crimes pressupõe um dolo específico (especial finalidade no agir), consistente na pretensão de reduzir ou suprimir o tributo.

Não há a previsão para a modalidade culposa.

1.5. Consumação e tentativa (súmula vinculante nº 24)

Para o entendimento majoritário em sede doutrinária, o crime tributário estará consumado com a efetiva prática de uma das condutas descritas nos incisos do art. 1º, e, mais que isto, a efetiva redução ou supressão do tributo[8]. Todavia, no dia 02 de dezembro de 2009, o Plenário do Supremo Tribunal Federal aprovou a súmula vinculante nº 24, com a seguinte redação: "não se tipifica crime material contra a ordem tributária previsto no art. 1º, I a IV, da Lei nº 8.137/90, antes do lançamento definitivo do tributo".

Como se vê, com o advento do referido verbete de súmula vinculante, o STF pacificou o entendimento, no sentido de que a consumação do crime contra a ordem tributária restará consumado quando do lançamento, isto é, após a conclusão do procedimento administrativo fiscal.

1.6. Ação penal

Os crimes contra a ordem tributária são de ação penal pública incondicionada.

2. SÚMULAS E JURISPRUDÊNCIA

- **Súmula vinculante nº 24:** Não se tipifica crime material contra a ordem tributária, previsto no art. 1º, incisos I a IV, da Lei nº 8.137/90, antes do lançamento definitivo do tributo.

- **CRIME SOCIETÁRIO, INDIVIDUALIZAÇÃO DA CONDUTA E TEORIA DO DOMÍNIO DO FATO.** A Segunda Turma, por unanimidade, concedeu ordem em habeas corpus para trancar ação penal envolvendo ex-diretores de empresa de telefonia por crimes contra a Fazenda Pública (art. 1º, II, da Lei 8.137/1990 c/c. art. 71 do Código Penal). De acordo com a denúncia, os impetrantes, com domínio dos fatos na administração da sociedade anônima, teriam fraudado a Fazenda Pública de Pernambuco por meio da inserção de elementos inexatos em livros fiscais. Créditos tributários supostamente inexistentes teriam sido destacados em notas fiscais de aquisição de serviços de telecomunicações para reduzir o valor do Imposto sobre Circulação de Mercadorias e Serviços (ICMS). Além disso, os acusados não apenas detinham poder para decidir sobre a ilicitude, como também para persuadir os funcionários

8. DELMANTO, Roberto; DELMANTO Jr., Roberto; DELMANTO, Fábio M. de Almeida. *Leis penais especiais comentadas*. 2. ed. São Paulo: Saraiva, 2014, p. 175.

contratados a executarem o ato, sendo responsáveis pela ocorrência da redução do tributo. O ministro Ricardo Lewandowski (relator) asseverou que não se pode invocar a teoria do domínio do fato, pura e simplesmente, sem nenhuma outra prova, citando de forma genérica os diretores estatutários da empresa, espalhados pelo Brasil, para lhes imputar um crime fiscal que teria sido supostamente praticado no Estado-membro. O Colegiado pontuou que, em matéria de crimes societários, a denúncia deve apresentar, suficiente e adequadamente, a conduta atribuível a cada um dos agentes, de modo a possibilitar a identificação do papel desempenhado pelos denunciados na estrutura jurídico-administrativa da empresa. Ressaltou que, no caso, a acusação feita aos pacientes deriva apenas dos cargos por eles ocupados na empresa de telefonia, estando ausente descrição mínima dos supostos atos ilícitos por eles praticados. *STF, HC 136250/PE, rel. Min. Ricardo Lewandowski, j. em 23.5.2017. 2ª T. (Info 866)*

3. QUESTÕES DE CONCURSOS

1. **(VUNESP/Pref. de Andradina/Procurador Jurídico/2017)** A conduta desenvolvida pelo contribuinte de fraudar a fiscalização tributária, inserindo elementos inexatos, ou omitindo operação de qualquer natureza, em documento ou livro exigido pela lei fiscal, tipifica, contra a ordem tributária, crime

a) material, a partir do exato instante em que o contribuinte desenvolve a conduta.

b) formal, que se configura a partir da data em que o infrator é comunicado do início da fiscalização.

c) formal, na data da ocorrência do fato gerador que deu origem ao tributo sonegado, ainda que não iniciada a fiscalização.

d) material, a partir do lançamento definitivo do tributo.

e) formal, a partir da constatação da conduta pela fiscalização, ainda que antes da lavratura do auto de infração. art. (INCOMPLETO)

GAB	1
	C

Inciso III – falsificar ou alterar nota fiscal, fatura, duplicata, nota de venda, ou qualquer outro documento relativo à operação tributável;

1. COMENTÁRIOS

1.1. Considerações iniciais

O crime contra a ordem tributária contemplado no inciso III do art. 1º da Lei nº 8.137/90 pressupõe uma adulteração documental, consistente na falsificação ou alteração. A falsificação consiste na contrafação, vale dizer, na confecção inidônea do documento, ao passo que a alteração, como o nome está a indicar, recai sobre documento anteriormente existente.

O tipo penal abrange tanto a falsidade material quanto o falso ideal. Por outras palavras, tanto diz respeito à falsificação do próprio documento (forma) quanto pode dizer respeito à alteração do teor (conteúdo) do documento a que se refere. No falso ideal (falsidade ideológica), a forma do documento é autêntica, apenas seu conteúdo é alterado.

Naturalmente, os crimes de falso a que se referem tais condutas (falsificação de documento público, falsificação de documento particular, falsidade ideológica, etc.) serão absorvidos pelo crime contra a ordem tributária de que trata. Por esta razão, a eventual extinção da punibilidade do crime contra a ordem tributária (pelo pagamento, pelo parcelamento devidamente cumprido, pela prescrição, etc.) não faz com que o agente responda pelos crimes de falso subsidiariamente.

Como costuma ocorrer em crimes relacionados a falsidades, o falso grosseiro, incapaz de levar a erro, não caracteriza o crime.

O dispositivo legal em apreço assemelha-se, mas não se confunde, com o disposto no art. 172 do Código Penal, que trata do crime de "duplicata simulada", e possui a seguinte redação: "Emitir fatura, duplicata ou nota de venda que não corresponda à mercadoria vendida, em quantidade ou qualidade, ou ao serviço prestado".

Como se vê, o art. 172, CP, corresponde a um crime contra a o patrimônio, e não crime contra a ordem tributária. Não pressupõe, portanto, lesão ao erário (e sim ao patrimônio do particular, que é lesado), nem pretende reduzir ou suprimir tributo, contribuição social ou acessórios. Se, todavia, for esta a pretensão, estaremos, a toda vista, diante de crime contra a ordem tributária, não havendo que se falar no art. 172, CP.

1.2. Sujeitos

Sujeito ativo dos crimes previstos no art. 1º é a pessoa física, contribuinte ou responsável tributário. No que diz respeito às obrigações acessórias (ex.: prestar informações ao poder público), sujeito ativo é a pessoa que possui a obrigação, conforme a legislação pertinente.

Sujeito passivo do crime é o Estado, na figura do ente com competência para exigir o tributo ou obrigação acessória. Este ente será uma pessoa jurídica de direito público, da Administração direta, como a União, Estados, Distrito Federal, Municípios, ou indireta, como, por exemplo, uma autarquia, como o INSS. Sujeito passivo indireto, como ocorre em todos os crimes, é o Estado.

1.3. Objetos

Objeto jurídico é a própria ordem tributária, ou, mais especificamente, a arrecadação tributária do Estado. Objeto material é a nota fiscal, fatura, duplicata, nota de venda ou qualquer outro documento relativo à operação tributável.

1.4. Elemento subjetivo

Elemento subjetivo destes crimes é o dolo, consistente na vontade consciente de falsificar ou alterar os documentos relativos à operação tributável de que trata o inciso. Há a exigência de um dolo específico (especial finalidade no agir), consistente na pretensão de reduzir ou suprimir o tributo.

Não há a previsão para a modalidade culposa.

1.5. Consumação e tentativa (súmula vinculante nº 24)

Para o entendimento majoritário em sede doutrinária, o crime tributário estará consumado com a efetiva prática de uma das condutas descritas nos incisos do art. 1º, e, mais que isto, a efetiva redução ou supressão do tributo[9]. Todavia, no dia 02 de dezembro de 2009, o Plenário do Supremo Tribunal Federal aprovou a súmula vinculante nº 24, com a seguinte redação: "não se tipifica crime material contra a ordem tributária previsto no art. 1º, I a IV, da Lei nº 8.137/90, antes do lançamento definitivo do tributo".

Como se vê, com o advento do referido verbete de súmula vinculante, o STF pacificou o entendimento, no sentido de que a consumação do crime contra a ordem tributária restará consumado quando do lançamento, isto é, após a conclusão do procedimento administrativo fiscal.

1.6. Ação penal

Os crimes contra a ordem tributária são de ação penal pública incondicionada.

2. SÚMULAS E JURISPRUDÊNCIA

- **Súmula vinculante nº 24:** Não se tipifica crime material contra a ordem tributária, previsto no art. 1º, incisos I a IV, da Lei nº 8.137/90, antes do lançamento definitivo do tributo.

3. QUESTÕES DE CONCURSOS

1. **(CESPE/Câmara dos Deputados/Analista Legislativo/2014)** Considera-se típica, segundo o entendimento do STF, a conduta de falsificar nota fiscal, ainda que a autoridade tributária não tenha efetivado o lançamento definitivo do tributo.

2. **(CESPE/PC-GO/Nível Superior/2016)**

- Vera destruiu grande quantidade de matéria-prima com o fim de provocar alta de preço em proveito próprio.
- Túlio formou acordo entre ofertantes, visando controlar rede de distribuição, em detrimento da concorrência.
- Lucas reduziu o montante do tributo devido por meio de falsificação de nota fiscal.

De acordo com a Lei n.º 8.137/1990, que regula os crimes contra a ordem tributária e econômica e contra as relações de consumo, nas situações hipotéticas apresentadas, somente

a) Vera cometeu crime contra a ordem econômica.
b) Lucas cometeu crime contra as relações de consumo.
c) Vera e Túlio cometeram crime contra a ordem tributária.
d) Vera e Lucas cometeram crime contra as relações de consumo.
e) Túlio cometeu crime contra a ordem econômica.

3. **(AOCP/Prefeitura de Juiz de Fora/Auditor Fiscal/2016 – adaptada)** O contribuinte que emite nota fiscal "calçada", cuja primeira via apresenta um valor e as demais vias outro, com intuito de subfaturamento, incorre em crime contra ordem tributária.

4. **(TRF2/Juiz Federal/2017 – adaptada)** Nos termos da Súmula Vinculante 24 do STF, os crimes contra a ordem tributária previstos no art. 1º, incisos I a IV, da Lei nº 8.137/90 não se tipificam antes do lançamento definitivo do tributo. Contudo, o delito do art. 1º, inciso V, da Lei nº 8.137/90 ("negar ou deixar de fornecer, quando obrigatório, nota fiscal ou documento equivalente, relativa a venda de mercadoria ou prestação de serviço, efetivamente realizada, ou fornecê-la em desacordo com a legislação"), sendo formal, independe do lançamento tributário.

---

9. DELMANTO, Roberto; DELMANTO Jr., Roberto; DELMANTO, Fábio M. de Almeida. *Leis penais especiais comentadas*. 2. ed. São Paulo: Saraiva, 2014, p. 175.

5. **(CESPE/PC-GO/Delegado de Polícia Federal/2017)** Considere os seguintes atos, praticados com o objetivo de suprimir tributo:

1) Marcelo prestou declaração falsa às autoridades fazendárias;
2) Hélio negou-se a emitir, quando isso era obrigatório, nota fiscal relativa a venda de determinada mercadoria;
3) Joel deixou de fornecer nota fiscal relativa a prestação de serviço efetivamente realizado.

Nessas situações, conforme a Lei nº 8.137/1990 e o entendimento do STF, para que o ato praticado tipifique crime material contra a ordem tributária, será necessário o prévio lançamento definitivo do tributo em relação a

a) Hélio e Joel.
b) Marcelo apenas.
c) Hélio apenas.
d) Joel apenas.
e) Hélio, Marcelo e Joel.

GAB	1	2	3	4	5
	E	E	C	C	B

Inciso IV – elaborar, distribuir, fornecer, emitir ou utilizar documento que saiba ou deva saber falso ou inexato;

1. COMENTÁRIOS

1.1. Considerações iniciais

Os cinco verbos descritos no inciso recaem sobre documento falso ou inexato, pressupondo que o agente soubesse ou devesse saber destas características. Obviamente, o documento a que se refere este inciso é aquele que. De alguma forma, tem o condão de comprovar a existência de fato gerador da incidência de tributo.

A inexatidão traz consigo uma ideia de equívoco nas informações prestadas. É necessário ter cuidado com este tipo de interpretação, pois, conforme dissemos, nos comentários ao *caput* deste artigo, não se pune crime contra a ordem tributária em sua modalidade culposa. Ao revés, além do dolo genérico, exige-se, ainda, o dolo específico, consistente na pretensão de reduzir ou suprimir tributo, contribuição social ou acessório.

Cumpre destacar, ademais, que quando o dispositivo faz menção à expressão "deva saber", está se referindo, sem dúvida, ao dolo eventual, vale dizer, à indiferença para com o resultado. Por outras palavras, o agente não possui certeza da falsidade ou inexatidão do documento, mas "devendo saber", manifesta indiferença em relação a tal possibilidade.

Uma vez mais, remetemos o(a) leitor(a) aos comentários elaborados ao *caput* do presente artigo, quando referimos que a consumação do crime pressupõe a redução ou supressão do tributo, contribuição social ou acessório. Demais disto, vale reiterar o teor da multicitada súmula vinculante nº 24, que faz menção à imprescindibilidade da constituição definitiva do crédito tributário.

Estas últimas observações são de suma relevância, mormente para diferenciar o tipo penal em comento do quanto disposto no art. 2º da presente Lei. E isto porque, cabe frisar, os crimes contemplados no art. 2º são de caráter formal.

1.2. Sujeitos

Sujeito ativo do crime é a pessoa física, contribuinte ou responsável tributário. No que diz respeito às obrigações acessórias (ex.: prestar informações ao poder público), sujeito ativo é a pessoa que possui a obrigação, conforme a legislação pertinente.

Sujeito passivo do crime é o Estado, na figura do ente com competência para exigir o tributo ou obrigação acessória. Este ente será uma pessoa jurídica de direito público, da Administração direta, como a União, Estados, Distrito Federal, Municípios, ou indireta, como, por exemplo, uma autarquia, como o INSS. Sujeito passivo indireto, como ocorre em todos os crimes, é o Estado.

1.3. Objetos

Objeto jurídico é a própria ordem tributária, ou, mais especificamente, a arrecadação tributária do Estado. Objeto material é o documento falso ou inexato.

1.4. Elemento subjetivo

Elemento subjetivo destes crimes é o dolo, consistente na vontade consciente de elaborar, distribuir, fornecer, emitir ou utilizar o documento falso ou inexato. Há a exigência de um dolo específico (especial finalidade no agir), consistente na pretensão de reduzir ou suprimir o tributo.

Não há a previsão para a modalidade culposa.

1.5. Consumação e tentativa (súmula vinculante nº 24)

Para o entendimento majoritário em sede doutrinária, o crime tributário estará consumado com a efetiva prática de uma das condutas descritas nos incisos do art. 1º, e, mais que isto, a efetiva redução ou supressão do tributo[10]. Todavia, no dia 02 de dezembro de 2009, o Plenário do Supremo Tribunal Federal aprovou a súmula vinculante nº 24, com a seguinte redação: "não se tipifica crime material contra a ordem tributária previsto no art. 1º, I a IV, da Lei nº 8.137/90, antes do lançamento definitivo do tributo".

Como se vê, com o advento do referido verbete de súmula vinculante, o STF pacificou o entendimento, no sentido de que a consumação do crime contra a ordem tributária restará consumado quando do lançamento, isto é, após a conclusão do procedimento administrativo fiscal.

1.6. Ação penal

Os crimes contra a ordem tributária são de ação penal pública incondicionada.

2. SÚMULAS E JURISPRUDÊNCIA

- **Súmula vinculante nº 24:** Não se tipifica crime material contra a ordem tributária, previsto no art. 1º, incisos I a IV, da Lei nº 8.137/90, antes do lançamento definitivo do tributo.

Inciso V – negar ou deixar de fornecer, quando obrigatório, nota fiscal ou documento equivalente, relativa a venda de mercadoria ou prestação de serviço, efetivamente realizada, ou fornecê-la em desacordo com a legislação.

10. DELMANTO, Roberto; DELMANTO Jr., Roberto; DELMANTO, Fábio M. de Almeida. *Leis penais especiais comentadas*. 2. ed. São Paulo: Saraiva, 2014, p. 175.

1. COMENTÁRIOS

1.1. Considerações iniciais

Conforme se depreende da leitura do tipo penal, há punição para três modalidades distintas de conduta: a) negar o fornecimento; b) deixar de fornecer; fornecer em desacordo com a legislação. Todas as condutas recaem sobre "nota fiscal ou documento equivalente, relativa à venda de mercadoria ou prestação de serviço, efetivamente realizada". As duas primeiras condutas são omissivas, ao passo que a terceira, obviamente, é comissiva.

Há, como se vê, flagrante semelhança entre as duas primeiras condutas, sendo, em verdade, muito difícil estabelecer diferenças entre elas no caso concreto. De toda sorte, "negar o fornecimento" pressupõe que o documento tenha sido, de algum modo, cobrado, solicitado, exigido. Não se pode dizer isto em relação à conduta consistente em "deixar de fornecer".

O crime em apreço será praticado por aquele que possui a obrigação de fornecer a nota fiscal ou o documento equivalente a que se refere o tipo penal. No caso concreto, não necessariamente recairá a responsabilidade penal exclusivamente sobre o proprietário ou sócio majoritário do estabelecimento. Não se pode deixar de anotar, todavia que, muitas vezes, os empregados, apenas no cumprimento de ordens superiores, emanadas sob pena de perder o emprego, recusam-se a tal apresentação.

Em situações que tais, será necessário aferir as peculiaridades do caso concreto, de modo a se saber se estaremos diante de uma responsabilidade penal que se estenda ao subalterno da relação empregatícia ou se estará ele amparado por uma causa supralegal de exclusão de culpabilidade, consistente na inexigibilidade de conduta diversa.

Uma forma muito comum de se levar a cabo o crime tributário sem que se possa ser alcançado pela fiscalização fazendária ocorre na prática de estabelecimentos comerciais que se recusam a fornecer ao cliente a nota ou cupom fiscal relacionado à mercadoria ou serviço adquirido. Sem a expedição da nota ao cliente, não há registro documental no estabelecimento, o que, no mais das vezes, inviabiliza a fiscalização da Fazenda.

Como ocorre em todas as condutas contidas nos incisos deste art. 1º, a consumação do crime pressupõe a supressão ou redução do tributo, contribuição social ou qualquer outro acessório. Trata-se, portanto, de crime material, pressupondo a ocorrência de algum destes resultados. O Supremo Tribunal Federal, contudo, não incluiu a conduta presente no inciso V na súmula vinculante nº 24.

A não inclusão no enunciado da súmula vinculante não descaracteriza a natureza material do crime contra a ordem tributária de que aqui se trata. Contudo, não se pode deixar de perceber que este quadro repercute significativamente na questão relacionada ao momento consumativo do crime, pois não se pode adotar como paradigma – como faz a súmula vinculante – o momento de constituição do crédito tributário, mas sim o momento da efetiva redução ou supressão do tributo, contribuição social ou acessório.

Todavia, de forma similar ao que ocorre nas hipóteses presentes nos incisos abrangidos pela súmula vinculante, a inexistência de crédito tributária demonstrará, de forma cabal, a ausência de crime. Por obvio, a constatação de que não havia tributo devido só pode trazer como consectário a constatação de que não houve redução ou supressão de qualquer natureza.

Em outros termos, entendemos que o delito do inciso V, do art. 1º, da Lei 8.137/1990, deve ser classificado como "crime material" (que prevê o resultado e exige sua produção para consumar-se).

Isso porque o *caput* desse dispositivo exige a produção dos resultados relativos aos núcleos (verbos) "suprimir" ou "reduzir" (tributo, ou contribuição social e qualquer acessório). As formas de cometimento das figuras típicas não são livres, isto é, são aquelas dos incisos I a V (legalidade estrita).

Há uma ambiguidade (entre o *caput* e o inciso V). Isso deve ter levado o STF a não incluir a última conduta, do inciso V, na Súmula Vinculante 24 (crime material) [11]. Aliás, a figura típica do inciso V se reporta à conduta que não é propriamente concernente ao ato de lançamento tributário e ao respectivo procedimento administrativo.

Todavia, o STJ, em julgado de sua Quinta Turma, concluiu que o inciso V, do aludido art. 1º, da Lei dos Crimes contra a Ordem Tributária, descreve "crime formal" (que prevê o resultado no tipo penal, porém não exige sua produção para a verificação da sua consumação)[12].

A nosso ver, aquela corte desconsiderou a necessidade típica de produção do resultado "suprimir ou reduzir tributo...", contida no *caput*, para que o delito seja tido por consumado.

Na ementa do acórdão mencionado, consta que "os crimes contra a ordem tributária previstos no art. 1º, incisos I a IV da Lei 8.137/90 não se tipificam antes do lançamento definitivo do tributo, nos termos da Súmula Vinculante 24 do Supremo Tribunal Federal".

Nada obstante – arremata –, "o delito do art. 1º, inciso V, da Lei nº 8.137/90 é formal, não estando incluído na exigência da referida Súmula Vinculante. Assim, a prescrição para o referido crime ocorre na forma prevista no art. 111, inciso I, do Código Penal".

1.2. Sujeitos

Sujeito ativo do crime é a pessoa física, contribuinte ou responsável tributário. No que diz respeito às obrigações acessórias (ex.: prestar informações ao poder público), sujeito ativo é a pessoa que possui a obrigação, conforme a legislação pertinente.

Sujeito passivo do crime é o Estado, na figura do ente com competência para exigir o tributo ou obrigação acessória. Este ente será uma pessoa jurídica de direito público, da Administração direta, como a União, Estados, Distrito Federal, Municípios, ou indireta, como, por exemplo, uma autarquia, como o INSS. Sujeito passivo indireto, como ocorre em todos os crimes, é o Estado.

1.3. Objetos

Objeto jurídico é a própria ordem tributária, ou, mais especificamente, a arrecadação tributária do Estado. Objeto material é o documento falso ou inexato.

11. STF: "Súmula Vinculante nº 24 – Não se tipifica crime material contra a ordem tributária, previsto no art. 1º, incisos I a IV, da Lei nº 8.137/90, antes do lançamento definitivo do tributo".

12. STJ – Quinta Turma – HC 195824/DF-2011/0018840-2 – Rel. Min. Laurita Vaz – DJ: 28/05/2013.

1.4. Elemento subjetivo

Elemento subjetivo deste crime é o dolo, consistente na vontade consciente de negar ou deixar de fornecer ou fornecer em desacordo com a legislação, os documentos mencionados no tipo penal. Ademais, como os demais incisos do art. 1º, há a exigência de um dolo específico (especial finalidade no agir), consistente na pretensão de reduzir ou suprimir o tributo.

Não há a previsão para a modalidade culposa.

1.5. Consumação e tentativa (súmula vinculante nº 24)

A súmula vinculante nº 24, muitas vezes citadas, faz menção às condutas dos incisos I a IV do art. 1º da presente Lei. Não há menção, portanto, ao inciso em apreço. De toda sorte, trata-se de crime material, como os demais crimes previstos no art. 1º e pela literalidade do *caput* deste artigo, a outra conclusão não podemos chegar, senão a de que o crime estará consumado com a efetiva redução ou supressão do tributo.

1.6. Ação penal

Os crimes contra a ordem tributária são de ação penal pública incondicionada

2. SÚMULAS E JURISPRUDÊNCIA

- **Súmula vinculante nº 24:** Não se tipifica crime material contra a ordem tributária, previsto no art. 1º, incisos I a IV, da Lei nº 8.137/90, antes do lançamento definitivo do tributo.

3. QUESTÕES DE CONCURSOS

1. **(FCC/SEFAZ-PI/Analista/2015 – adaptada)** Constitui crime contra as relações de consumo negar ou deixar de fornecer, quando obrigatório, nota fiscal, ou documento equivalente, relativa a venda de mercadoria ou prestação de serviço, efetivamente realizada, ou fornecê-la em desacordo com a legislação.

2. **(CESPE/PGE-BA/Procurador do Estado/2014)** Suponha que, antes do término do correspondente processo administrativo de lançamento tributário, o MP tenha oferecido denúncia contra Maurício, por ter ele deixado de fornecer, em algumas situações, notas fiscais relativas a mercadorias efetivamente vendidas em seu estabelecimento comercial. Nesse caso, de acordo com a jurisprudência pacífica do STF, a inicial acusatória não deve ser recebida pelo magistrado, dada a ausência de configuração de crime material.

3. **(PGR/Procurador da República/2013 – adaptada)** O momento consumativo dos crimes de sonegação fiscal, tipificados nos arts. 1º e 2º, da Lei nº 8.137/1990, depende da conformação do elemento normativo do tipo que, por sua vez, somente ocorre com o lançamento definitivo do tributo, consoante construção pretoriana consolidada na Súmula Vinculante nº 24, do STF.

4. **(AOCP/Prefeitura de Juiz de Fora/Auditor Fiscal/2016 – adaptada)** Não entregar a nota fiscal, quando obrigatório, no momento da venda da mercadoria, configura crime contra a ordem tributária.

5. **(FCC/Prefeitura de Campinas/Procurador/2016)** A conduta de deixar de fornecer, quando obrigatório, nota fiscal ao comprador de mercadoria constitui crime contra

a) a Administração pública direta.
b) as relações de consumo.
c) a ordem econômica.
d) o consumidor.
e) a ordem tributária.

GAB	1	2	3	4	5
	E	E	E	C	E

Parágrafo único. A falta de atendimento da exigência da autoridade, no prazo de 10 (dez) dias, que poderá ser convertido em horas em razão da maior ou menor complexidade da matéria ou da dificuldade quanto ao atendimento da exigência, caracteriza a infração prevista no inciso V.

1. COMENTÁRIOS

O parágrafo único do art. 1º traz uma conduta equiparada ao inciso V do mesmo artigo. Por esta razão, não nos parece possível a consumação da conduta criminosa sem os requisitos presentes no *caput*, vale reiterar, a redução ou supressão do tributo, contribuição social ou acessórios. Trata-se, uma vez mais, de crime material, consumando-se, portanto, com a produção do resultado naturalístico.

Como se vê, é uma modalidade mais específica de crime de desobediência (art. 330, CP), porquanto também pressupõe o descumprimento a uma ordem legal expedida por um funcionário público.

Quando fazemos alusão ao crime de desobediência, procurando apontar os pontos de contato entre os dois tipos penais, já estamos partindo do pressuposto de que: a) a "autoridade" a que sem refere o parágrafo único em comento é uma autoridade pública, isto é, funcionário público, nos termos da legislação penal em vigor; b) a exigência encontra-se revestida de legalidade, sobretudo porque não se poderia admitir a prática de um crime pelo descumprimento de uma exigência não contida em lei.

No que diz respeito à qualidade de funcionário público para efeitos penais, remetemos o(a) leitor aos comentários trazidos ao art. 3º desta Lei, de modo a evitar repetições indevidas. Quanto à legalidade da exigência, naturalmente, estamos nos referindo à presença de determinados atributos do ato administrativo, tais como a competência para exigir, a forma prescrita em lei para o ato, a legalidade do ato em si, a motivação, se for o caso, etc.

No que tange ao crime propriamente dito, trata-se de conduta omissiva do agente, que deixa de atender à exigência da autoridade. Como se constata, a partir da acurada leitura do dispositivo legal, para que se possa imputar a responsabilidade penal é absolutamente imprescindível que: a) recaia sobre pessoa que possui capacidade para o cumprimento da exigência; b) que reste comprovada a inequívoca ciência, por parte desta pessoa, da exigência formulada.

Trata-se de um crime a prazo, isto é, consuma-se após haver escoado determinado lapso de tempo. No caso em tela, este prazo, regra geral, será de dez dias. Questão curiosa diz respeito à exigência formulada em menor tempo, conforme previsto no próprio dispositivo legal. A doutrina diverge quanto a este ponto.

Sobre a matéria, há quem entenda que: "ainda que o prazo 'concedido' pela autoridade seja inferior aos dez dias referidos pelo tipo, para efeitos penais deve, a nosso ver, ser este o prazo a prevalecer. O mesmo rigor não se aplica, todavia, à hipótese em que o prazo (fixado pela autoridade) for maior do que o de dez dias, devendo o prazo maior prevalecer (...)"[13].

13. DELMANTO, Roberto; DELMANTO Jr., Roberto; DELMANTO, Fábio M. de Almeida. *Leis penais especiais comentadas*. 2. ed. São Paulo: Saraiva, 2014, p. 205.

Pensamos, todavia, que pela literalidade do dispositivo legal, o descumprimento da exigência no prazo assinalado em menor prazo poderá, sim, conduzir à prática do crime, conquanto ocorra a redução ou supressão do tributo, contribuição social ou acessório.

Obviamente, eventuais abusos, por parte da autoridade responsável pela formulação da exigência, podem e devem ser tolhidos no Judiciário. Assim, não há razoabilidade na exigência em poucas horas de documentação complexa, que demoraria dias para ser obtida com precisão. Em casos como este, resta óbvia a impossibilidade de atendimento do quanto exigido e, como se sabe, não se pode exigir o impossível (*ad impossibilia nemo tenetur*), o que descaracterizaria a conduta como criminosa.

Questão importante diz respeito às limitações trazidas a este dispositivo pelo princípio do *Nemo tenetur se detegere*, ou princípio da não autoincriminação, de acordo com o qual ninguém é obrigado a produzir prova contra si mesmo, incriminando-se. Logo se vê que, por força de tal princípio, a inércia do agente na produção da prova contra si não poderá prejudicá-lo, razão pela qual a exigência de documentos, como prevista no dispositivo, que possam incriminar o agente não será objeto material deste crime. Por outras palavras, negar-se a apresentar tais documentos não poderia constituir crime, pois não pode haver sanção para o exercício regular do direito de não produzir prova contra si.

2. QUESTÕES DE CONCURSOS

1. **(FEPESE/Prefeitura de Florianópolis/Auditor Fiscal/2014 – adaptada)** O prazo para atendimento de exigência administrativa fiscal é de dez dias, sob pena de caracterização de crime de omissivo.

GAB	1
	E

Art. 2º Constitui crime da mesma natureza: (Vide Lei nº 9.964, de 10.4.2000)

I – fazer declaração falsa ou omitir declaração sobre rendas, bens ou fatos, ou empregar outra fraude, para eximir-se, total ou parcialmente, de pagamento de tributo;

II – deixar de recolher, no prazo legal, valor de tributo ou de contribuição social, descontado ou cobrado, na qualidade de sujeito passivo de obrigação e que deveria recolher aos cofres públicos;

III – exigir, pagar ou receber, para si ou para o contribuinte beneficiário, qualquer percentagem sobre a parcela dedutível ou deduzida de imposto ou de contribuição como incentivo fiscal;

IV – deixar de aplicar, ou aplicar em desacordo com o estatuído, incentivo fiscal ou parcelas de imposto liberadas por órgão ou entidade de desenvolvimento;

V – utilizar ou divulgar programa de processamento de dados que permita ao sujeito passivo da obrigação tributária possuir informação contábil diversa daquela que é, por lei, fornecida à Fazenda Pública.

Pena – detenção, de 6 (seis) meses a 2 (dois) anos, e multa.

1. COMENTÁRIOS

Os tipos penais previstos no art. 2º da Lei nº 8.137/90 estão no rol dos crimes contra a ordem tributária praticados por particular. É essa a interpretação que se deve conferir à informação contida no *caput*, no sentido de que "constitui crime da mesma espécie". Sim, as modalidades criminosas trazidas nos incisos do art. 2º possuem a mesma natureza daquelas contidas no art. 1º, porquanto são crimes contra a ordem tributária perpetrados por particulares. E neste aspecto, naturalmente, destoam dos crimes enumerados no art. 3º da mesma Lei, que constituem crimes contra a ordem tributária praticados por funcionários públicos.

No que concerne, todavia, à classificação doutrinária, há flagrante distinção entre os crimes do art. 1º e as modalidades criminosas trazidas pelo art. 2º. Isto porque, como visto nos comentários ao art. 1º, existem crimes materiais, vale dizer, consumam-se com a produção do resultado naturalístico, que, no caso, está caracterizado pela redução ou supressão do tributo ou contribuição social. Os crimes do art. 2º, por sua vez, dizem são formais, isto é, não exigem a produção deste resultado material.

Em se tratando de crimes formais, não há que se falar, por razões óbvias, na incidência do disposto no enunciado nº 24 da súmula vinculante, que transcrevemos nos comentários ao art. anterior. A propósito, é bom que se recorde que a própria súmula faz menção explícita ao art. 1º, incisos I a IV, nada referindo, portanto, aos crimes previstos no art. 2º.

No que concerne às penas, estão previstas, para os crimes contidos nos cinco incisos do art. 2º, uma pena que varia de 06 (seis) meses a 02 (dois) anos, além da pena de multa. Trata-se, portanto, de infração penal de menor potencial ofensivo (que abrange todas as contravenções penais e os crimes com pena máxima até dois anos). Possível, portanto, a transação penal (art. 76, Lei nº 9.099/95). Possível, ainda, a suspensão condicional do processo (art. 89, Lei nº 9.099/95) porquanto a pena mínima não ultrapassa 01 (um) ano.

2. QUESTÕES DE CONCURSOS

1. **(FEPESE/Prefeitura de Florianópolis/Auditor Fiscal/2014 – adaptada)** Os crimes contra a ordem tributária são apenados com reclusão e multa.

2. **(IBFC/Câmara de Franca/Advogado/2016)** Constitui crime da mesma natureza dos delitos contra a ordem tributária:

a) fazer declaração falsa ou omitir declaração sobre rendas, bens ou fatos, ou empregar outra fraude, para eximir-se, total ou parcialmente, de pagamento de tributo.

b) abusar do poder econômico, dominando o mercado ou eliminando, total ou parcialmente, a concorrência mediante qualquer forma de ajuste ou acordo de empresas;

c) sonegar insumos ou bens, recusando-se a vendê-los a quem pretenda comprá-los nas condições publicamente ofertadas, ou retê-los para o fim de especulação.

d) elevar o valor cobrado nas vendas a prazo de bens ou serviços, mediante a exigência de comissão ou de taxa de juros ilegais.

3. **(FCC/SEFAZ-SC/Auditor Fiscal da Receita Estadual/2018 – adaptada)** O crime de deixar de recolher, no prazo legal, valor de tributo ou de contribuição social, descontado ou cobrado, na qualidade de sujeito passivo de obrigação e que deveria recolher aos cofres públicos, somente pode ser praticado por funcionário público.

GAB	1	2	3
	E	A	E

Inciso I – fazer declaração falsa ou omitir declaração sobre rendas, bens ou fatos, ou empregar outra fraude, para eximir-se, total ou parcialmente, de pagamento de tributo;

1. COMENTÁRIOS

1.1. Considerações iniciais

O tipo penal possui três condutas: a) fazer declaração falsa; b) omitir declaração sobre rendas, bens ou fatos; c) empregar outra fraude. Como se percebe, o tipo penal sob exame, em suas duas primeiras modalidades, muito se assemelha àquela previsto no art. 1º., I, da presente Lei, que possui a seguinte redação: "omitir informação, ou prestar declaração falsa às autoridades fazendárias".

Estabelecer, na prática, as distinções aptas a caracterizar as hipóteses de incidência de cada um dos tipos penais é fundamental, sobretudo por força da considerável diferença entre as penas previstas. Com efeito, enquanto o crime do art. 1º, I possui pena de reclusão que varia de 02 (dois) a 05 (cinco) anos, o crime do art. 2º, I possui pena de detenção que varia de 06 (seis) meses a 02 (dois) anos. Em ambos os tipos penas, estes patamares de pena privativa de liberdade podem ser acrescidos à pena de multa.

A despeito da similitude, os tipos penais em comento possuem uma grande distinção, já mencionada acima: enquanto os crimes do art. 1º são de caráter material, exigindo a produção do resultado naturalístico (redução ou supressão de tributos), os crimes do art. 2º são de natureza formal, razão pela qual sua consumação independe da produção do resultado naturalístico. No art. 2º, a expressão "para eximir-se, total ou parcialmente, de pagamento de tributo" demonstra a existência de elemento subjetivo específico, isto é, uma especial finalidade no agir, uma pretensão do agente, mas não um elemento necessário à consumação delitiva.

Demais disso, o art. 2º ainda emprega uma expressão que caracteriza uma terceira conduta: "empregar outra fraude". A expressão "fraude" é muito conhecida e utilizada em sede de Direito Penal. Está presente em tipos penais clássicos como o estelionato (art. 171, CP) e, em apertada síntese, significa o emprego de alguma forma de ludibriar, um engodo, conduta ardilosa, etc.

A grande peculiaridade do tipo penal em comento diz respeito à ausência de precisão da conduta criminosa. A menção a qualquer outra fraude, aliada ao fato de que o tipo penal independe da produção de um resultado material torna a conduta deveras incerta, o que parece afrontar o princípio da taxatividade que orienta a elaboração das leis penais, e, de acordo com o qual, as leis penais incriminadoras não podem conter expressões vagas e imprecisas. De toda sorte, a jurisprudência nacional não tem se sensibilizado este argumento, considerado constitucional *in totum* o tipo penal.

1.2. Sujeitos

Sujeito ativo do crime é o contribuinte ou o responsável tributário, que possuem obrigação tributária acessória. Deste modo, trata-se de crime próprio, pois exige uma qualidade especial do agente.

Sujeito passivo dos crimes é o Estado, e, mais particularmente, a pessoa jurídica destinatária das informações que são omitidas ou apresentadas em desconformidade com a verdade. Sujeito passivo indireto, como ocorre em todos os crimes, é o Estado.

1.3. Objetos

Objeto jurídico do crime é a própria ordem tributária, e, mais especificamente, a arrecadação tributária do Estado. O objeto material (pessoa ou coisa sobre a qual recai a conduta criminosa) é a própria declaração falsa apresentada.

1.4. Elemento subjetivo

Elemento subjetivo deste crime é o dolo, não havendo previsão para a modalidade culposa. Ademais, o tipo penal exige um dolo específico (especial finalidade no agir) consistente na pretensão de eximir-se, total ou parcialmente, de pagamento de tributo.

1.5. Consumação e tentativa

Conforme já salientamos, os crimes do art. 2º da Lei nº 8.137/90 são formais, não dependendo, destarte, do resultado naturalístico (redução ou supressão de tributos) para a sua consumação. A pretensão de eximir-se total ou parcialmente de pagamento de tributo é elemento subjetivo específico, mas não imprescindível para consumar o crime.

Assim, o crime se consuma quando da prática das condutas enumeradas no tipo penal, independentemente de o agente lograr êxito em eximir-se do pagamento de tributo. Consuma-se o crime quando o agente faz a declaração falsa sobre bens, rendas ou fatos, ou a omite. A terceira hipótese em que ocorre o crime diz respeito ao emprego de outra fraude, conforme destacamos nas considerações iniciais ao presente tipo penal.

Não há que se falar em tentativa em sua modalidade omissiva (omitir declaração), porquanto os crimes omissivos próprios são unissubsistentes, vale dizer, a conduta não pode ser fracionada, tornando impossível o *conatus*. Nas demais modalidades, muito embora de difícil ocorrência, é possível que as condutas sejam plurissubsistentes, situação em que a tentativa seria possível.

1.6. Ação penal

Os crimes contra a ordem tributária são de ação penal pública incondicionada.

2. QUESTÕES DE CONCURSOS

1. **(FUNCAB/PC-MT/Investigador/2014 – adaptada)** O art. 1º, I, da Lei nº 8.137/1990 (omitir informação, ou prestar declaração falsa às autoridades fazendárias) deve ser classificado como crime material, que se consuma quando as condutas nele descritas produzem como resultado a efetiva supressão ou redução do tributo, enquanto que o crime previsto no art. 2º, I, da Lei nº 8.137/1990 (fazer declaração falsa ou omitir declaração sobre rendas, bens ou fatos, ou empregar outra fraude, para se eximir, total ou parcialmente, de pagamento de tributo – sonegação fiscal) é crime formal que independe da obtenção de vantagem ilícita em desfavor do Fisco, bastando a omissão de informações ou a prestação de declaração falsa.

GAB	1
	C

Inciso II – deixar de recolher, no prazo legal, valor de tributo ou de contribuição social, descontado ou cobrado, na qualidade de sujeito passivo de obrigação e que deveria recolher aos cofres públicos;

1. COMENTÁRIOS

1.1. Considerações iniciais

O tipo penal em questão traz uma norma penal em branco, isto é, seu preceito primário, definidor da conduta criminosa, carece de complemento. E isto por força da utilização da expressão "no prazo legal". Assim, é necessário que a legislação tributária estabeleça qual o prazo para o recolhimento a que se refere o tipo.

Houve uma derrogação tácita deste dispositivo penal, na parte em que alude à contribuição para o custeio da previdência social (modalidade de contribuição social). Isto ocorreu com o advento da Lei nº 9,983/2000, que acrescentou ao Código Penal o crime de apropriação indébita previdenciária, em seu art. 168-A, nos seguintes termos: "Deixar de repassar à previdência social as contribuições recolhidas dos contribuintes, no prazo e forma legal ou convencional". Em resumo, se o contribuinte deixa de repassar à previdência os valores das contribuições recolhidas, incorrerá no crime do art. 168-A, CP, e não no crime do art. 2º., II, Lei nº 8.137/90.

O crime traz consigo duas condutas, que devem estar presentes em conjunto, necessariamente, sob pena de não se ter por caracterizado o crime. A primeira conduta, comissiva, consiste em descontar ou cobrar, na qualidade de sujeito passivo da obrigação tributária, o valor do tributo. A segunda conduta, omissiva, corresponde ao "deixar de recolher" o valor do tributo aos cofres públicos. Sem que tenha havido a conduta comissiva, a omissão no recolhimento não dá ensejo à consumação do crime.

De toda forma, não se pode olvidar que, tal como se tem reconhecido jurisprudencialmente em relação ao crime do art. 168-A, CP, estamos diante de crime omissivo próprio, na medida em que a consumação ocorre, justamente, no momento em que o agente deixa de recolher os valores aos cofres públicos, permitindo seja ultrapassado o prazo legal.

1.2. Sujeitos

Sujeito ativo do crime é o contribuinte ou o responsável tributário, que deveria recolher o valor do tributo aos cofres públicos. Deste modo, trata-se de crime próprio, pois exige uma qualidade especial do agente.

Sujeito passivo dos crimes é o Estado, e, mais particularmente, a pessoa jurídica destinatária dos valores não recolhidos. Sujeito passivo indireto, como ocorre em todos os crimes, é o Estado.

1.3. Objetos

Objeto jurídico do crime é a própria ordem tributária, e, mais especificamente, a arrecadação tributária do Estado. O objeto material (pessoa ou coisa sobre a qual recai a conduta criminosa) é o valor do tributo não recolhido.

1.4. Elemento subjetivo

Elemento subjetivo deste crime é o dolo, não havendo previsão para a modalidade culposa. Ademais, o tipo penal exige um dolo específico (especial finalidade no agir) consistente na pretensão de apropriar-se (*animus rem sibi habendi*) dos valores dos tributos.

1.5. Consumação e tentativa

Trata-se de um crime omissivo próprio, que se consuma a partir do momento em que expira o prazo legal sem que o agente tenha efetuado o recolhimento dos valores do tributo. Em se tratando de crime omissivo próprio (e, portanto, unissubsistente), impossível a tentativa.

1.6. Ação penal

Os crimes contra a ordem tributária são de ação penal pública incondicionada.

2. SÚMULAS E JURISPRUDÊNCIA

✦ *SUPERIOR TRIBUNAL DE JUSTIÇA*

- **ICMS. OPERAÇÕES PRÓPRIAS. SUBSTITUIÇÃO TRIBUTÁRIA. NÃO RECOLHIMENTO. APROPRIAÇÃO INDÉBITA TRIBUTÁRIA. A conduta de não recolher ICMS em operações próprias ou em substituição tributária enquadra-se formalmente no tipo previsto no art. 2º, II, da Lei n. 8.137/1990 (apropriação indébita tributária), desde que comprovado o dolo.** Adotando como premissa o fato de que a jurisprudência atribuiu informalmente a indicação marginal de "apropriação indébita tributária" ao crime previsto no art. 2º, II, da Lei n. 8.137/1990 assemelhando-o ao delito de apropriação indébita, torna-se impositivo reconhecer que as características essenciais deste último ilícito também compõem, mutatis mutandis, o crime tributário, sob pena de lhe creditar uma rubrica informal que não se coaduna com a essência da apropriação indébita. Nesse caminho, resumem-se quatro aspectos essenciais que devem compor a prática do crime intitulado de "apropriação indébita tributária": 1º) Em razão da inexistência de clandestinidade no delito de apropriação indébita, que pressupõe, como elemento estrutural, a posse lícita e legítima da coisa alheia móvel, conclui-se de igual forma que, para o delito de "apropriação indébita tributária", o fato de o agente registrar, apurar e declarar em guia própria ou em livros fiscais o imposto devido não tem o condão de elidir ou exercer nenhuma influência na prática do delito; 2º) O sujeito ativo é aquele que ostenta a qualidade de sujeito passivo da obrigação tributária, conforme claramente descrito pelo art. 2º, II, da Lei n. 8.137/1990, (...) que não distingue o sujeito passivo direto do indireto da obrigação tributária e, por isso, nada impede que o sujeito ativo do crime possa ser, ao menos em tese, tanto o contribuinte (sujeito passivo direto da obrigação tributária) quanto o responsável tributário (sujeito passivo indireto da obrigação tributária); 3º) Exige, para sua configuração, que a conduta seja dolosa (elemento subjetivo do tipo), consistente na consciência (ainda que potencial) de não recolher o valor do tributo; 4º) A descrição típica do crime contém a expressão "valor de tributo ou de contribuição social, descontado ou cobrado", o que, indiscutivelmente, restringe a abrangência do sujeito ativo do delito, haja vista que nem todo sujeito passivo de obrigação tributária que deixa de recolher tributo ou contribuição social responde pelo crime do art. 2º, II, da Lei n. 8.137/1990, mas somente aqueles que "descontam" ou "cobram" o tributo ou contribuição. Em relação a esse último aspecto é de fundamental importância que se esclareça o alcance dos termos "descontado" e "cobrado" de que trata do referido dispositivo legal. A interpretação consentânea com a dogmática penal do termo "descontado" é a de que ele se refere aos tributos diretos quando há responsabilidade tributária por substituição, enquanto o termo "cobrado" deve ser compreendido nas relações tributárias havidas com tributos indiretos (incidentes sobre o consumo), de maneira que não possui relevância o fato de o ICMS ser próprio ou por substituição, porquanto, em regra, não haverá ônus financeiro para o contribuinte de direito, na medida em que o valor do tributo é repassado ao consumidor final. *STJ, HC 399.109-SC, Rel. Min. Rogerio Schietti Cruz, 3ª S. Por maioria, j. 22/08/2018 (Info 633)*

- **CRIME CONTRA A ORDEM TRIBUTÁRIA. ART. 2º, II, DA LEI nº 8.137/1990. TERMO INICIAL DO PRAZO PRESCRICIONAL. O termo inicial do prazo prescricional do crime previsto no art. 2º, II, da Lei nº 8.137/1990 é a data da entrega de declaração pelo próprio contribuinte, e não a inscrição do crédito tributário em dívida ativa.** Segundo a jurisprudência do tribunal (Súm. nº 436/STJ), "a entrega de declaração pelo contribuinte reconhecendo débito fiscal constitui o crédito tributário, dispensada qualquer outra providência por parte do fisco". A simples apresentação pelo contribuinte de declaração ou documento equivalente nos termos da lei possui o condão de constituir o crédito tributário, independentemente de qualquer outro tipo de procedimento a ser executado pelo Fisco. Assim, em razão de o crédito já estar constituído, é da data da entrega da declaração que se conta o prazo prescricional do delito previsto no art. 2º, II, da Lei nº 8.137/1990. *STJ, HC 236.376-SC, Rel. Min. Sebastião Reis Júnior, j. 19/11/2012. 6ª T. (Info 511)*

3. QUESTÕES DE CONCURSOS

1. **(FCC/SEFAZ-PI/Analista/2015 – adaptada)** Constitui crime contra as relações de consumo deixar de recolher, no prazo legal, valor de tributo ou de contribuição social, descontado ou cobrado, na qualidade de sujeito passivo de obrigação e que deveria recolher aos cofres públicos.

GAB	1
	E

Inciso III – exigir, pagar ou receber, para si ou para o contribuinte beneficiário, qualquer percentagem sobre a parcela dedutível ou deduzida de imposto ou de contribuição como incentivo fiscal;

1. COMENTÁRIOS

1.1. Considerações iniciais

As condutas descritas no tipo penal guardam algumas semelhanças com crime funcionais, na medida em que faz alusão a verbos como "exigir" (similar ao crime de concussão) e "receber" (similar ao crime de corrupção passiva). O crime aqui praticado, todavia, tem como sujeito ativo o particular, jamais um funcionário público no exercício da função, porquanto os crimes funcionais contra a ordem tributária estão previstos no art. 3º desta Lei.

Outra observação importante acerca do tipo penal sob análise diz respeito ao fato de se tratar de norma penal em branco, exigindo, destarte, um complemento para seu preceito primário. E isto porque caberá à legislação tributária informar, no caso, qual é a "parcela dedutível ou deduzida de imposto ou de contribuição como incentivo fiscal".

O crime, em suas três condutas (exigir, pagar e receber) pode ser praticado em algumas situações, como, por exemplo: a) dirigente de entidade beneficente que **exigir** do doador uma parcela da doação para fornecer o documento a ser apresentado à Receita para fins de dedução do imposto de renda; b) no mesmo caso do exemplo, anterior, o doador que **pagar** o valor; c) profissional liberal que **receber** valores para fornecer documento que possa ser apresentado à Receita.

Relevante destacar que, em todos estes casos, a concretização efetiva da redução ou supressão do tributo fará com que o agente responda pelo crime do art. 1º desta Lei, restado o tipo penal em comento absorvido pela conduta mais grave.

1.2. Sujeitos

Sujeito ativo será o particular, contribuinte beneficiário ou terceiro intermediário na dedução. Trata-se, portanto, de crime próprio, exigindo uma qualidade especial do agente.

Sujeito passivo é o Estado e, mais particularmente, o ente de direito público destinatário do imposto ou contribuição. Sujeito passivo indireto, como já mencionado, sempre é o Estado.

1.3. Objetos

Objeto jurídico é a ordem tributária, e, mais particularmente, a arrecadação tributária do Estado. Objeto material é a percentagem sobre a parcela dedutível ou deduzida de imposto ou de contribuição como incentivo fiscal.

1.4. Elemento subjetivo

Elemento subjetivo é o dolo. O tipo penal exige um dolo específico, consistente na apropriação ou outorga ao contribuinte beneficiário da percentagem sobre a parcela dedutível ou deduzida de imposto ou de contribuição como incentivo fiscal. Este dolo específico de assenhorear-se destes valores resta claro a partir da expressão "para si ou para o contribuinte beneficiário", empregada pelo tipo penal.

Não há previsão para a modalidade culposa do crime.

1.5. Consumação e tentativa

Os crimes estarão consumados com a realização dos núcleos do tipo, isto é, "exigir, pagar ou receber". Na primeira hipótese, trata-se de crime formal, não se exigindo, para a consumação, a produção de qualquer resultado naturalístico. A depender da forma como realizada a conduta, será possível a tentativa. Assim, se a exigência ocorre por escrito, estamos diante de conduta plurissubsistente, admitindo, portanto, a modalidade tentada. Não se pode dizer a mesma coisa quando, por exemplo, a exigência se dá verbalmente, pois, neste caso, teremos um crime unissubsistente, tornando impossível a tentativa.

Nas modalidades "pagar" ou "receber", estamos diante de crimes materiais, cuja consumação depende do efetivo pagamento ou recebimento de valores. Nestes casos, as condutas são plurissubsistentes, tornando possível a tentativa.

1.6. Ação penal

Nos crimes contra a ordem tributária, a ação penal é pública incondicionada.

Inciso IV – deixar de aplicar, ou aplicar em desacordo com o estatuído, incentivo fiscal ou parcelas de imposto liberadas por órgão ou entidade de desenvolvimento;

1. COMENTÁRIOS

1.1. Considerações iniciais

O tipo penal descreve duas condutas, sendo a primeira (deixar de aplicar) omissiva, a segunda comissiva (aplicar em desacordo com o estatuído). A rigor, todavia, as duas condutas, na prática, assemelham-se em muito, pois, em verdade, trata-se, nos dois casos, de não aplicar o incentivo fiscal ou as parcelas de imposto mencionadas no tipo como devido.

Estamos diante de uma norma penal em branco, na medida em que há a necessidade de se conhecer a legislação tributária para completar o preceito primário do tipo, definidor da conduta. Sem isto, não se tem como saber, no caso concreto, como os recursos mencionados no tipo deverão ser aplicados.

1.2. Sujeitos

Sujeito ativo do crime é a pessoa responsável pela empresa que recebeu o incentivo fiscal ou parcelas de imposto liberadas por órgão ou entidade de desenvolvimento. Deste modo, trata-se de crime próprio, pois exige uma qualidade especial do agente.

Sujeito passivo dos crimes é o Estado, e, mais particularmente, a pessoa jurídica destinatária dos valores não recolhidos. Sujeito passivo indireto, como ocorre em todos os crimes, é o Estado.

1.3. Objetos

Objeto jurídico do crime é a própria ordem tributária, e, mais especificamente, a arrecadação tributária do Estado. O objeto material (pessoa ou coisa sobre a qual recai a conduta criminosa) é o valor do incentivo fiscal ou parcela de imposto liberada.

1.4. Elemento subjetivo

Elemento subjetivo deste crime é o dolo, não havendo previsão para a modalidade culposa. O tipo penal não exige um dolo específico (especial finalidade no agir).

1.5. Consumação e tentativa

O tipo penal traz duas condutas, sendo a primeira omissiva (deixar de aplicar) e a segunda comissiva (aplicar em desacordo com o estatuído). Em ambas as modalidades, estamos diante de crime formal, que prescinde da produção do resultado naturalístico para sua consumação. Por esta razão, o crime se consuma no momento da prática das condutas, isto é, quando o agente deixa de aplicar ou aplica em desacordo com o estatuído, incentivo fiscal ou parcelas de imposto liberados por órgão ou entidade de desenvolvimento.

Na primeira situação, é necessário saber qual o prazo para a aplicação. O crime se consuma exatamente no momento em que o referido prazo expirar. O prazo mencionado há de ser buscado na legislação tributária, razão pela qual se trata de norma penal em branco, cujo preceito primário há de ser complementado.

Na primeira modalidade, omissiva, não há que se falar em tentativa, pois, como cediço, os crimes omissivos próprios são unissubsistentes. A segunda conduta (aplicar em desacordo com o estatuído) pode ser unissubsistente ou plurissubsistente, a depender do caso. Na primeira hipótese, não cabe a tentativa; na segunda, ela é possível.

1.6. Ação penal

Os crimes contra a ordem tributária são de ação penal pública incondicionada.

Inciso V – utilizar ou divulgar programa de processamento de dados que permita ao sujeito passivo da obrigação tributária possuir informação contábil diversa daquela que é, por lei, fornecida à Fazenda Pública.

1. COMENTÁRIOS

1.1. Considerações iniciais

O tipo penal pressupõe a utilização por parte do sujeito passivo da obrigação tributário (ou alguém a seu encargo) ou a divulgação (por qualquer pessoa) de programa de computador (*software*) que permita a posse de informações contábeis diversas daquelas que são encaminhadas à Fazenda Pública. Trata-se, portanto, de uma forma de contabilidade paralela, popularmente conhecida como "caixa dois".

Convém recordar que, ainda que a pretensão do sujeito passivo da obrigação tributária seja a supressão ou diminuição de tributos, mediante a burla à fiscalização fazendária, o crime em apreço estará consumado independentemente deste resultado. Aliás, a redução ou supressão do tributo faria, justamente, com que se descaracterizasse o presente tipo penal, levando o agente a incorrer em uma das modalidades do art. 1º da presente Lei.

1.2. Sujeitos

Sujeito ativo é aquele que utiliza ou divulga o programa de processamento de dados que permita ao sujeito passivo da obrigação tributária possuir informação contábil diversa daquela que é, por lei, fornecida à Fazenda Pública. Em sua modalidade utilizar, é o próprio contribuinte ou responsável tributário. Trata-se, então, de crime próprio, na medida em que exige uma qualidade especial do agente. Em sua modalidade divulgar pode ser qualquer particular, razão pela qual se trata de crime comum.

Uma vez mais, convém chamar a atenção para o fato de que o agente não é funcionário público no exercício da função ou em razão dela, pois os crimes funcionais estão enumerados no art. 3º da presente Lei.

Sujeito passivo dos crimes é o Estado, e, mais particularmente, a pessoa jurídica destinatária dos valores não recolhidos. Sujeito passivo indireto, como ocorre em todos os crimes, é o Estado.

1.3. Objetos

Objeto jurídico do crime é a própria ordem tributária, e, mais especificamente, a arrecadação tributária do Estado. O objeto material é o programa de processamento de dados.

1.4. Elemento subjetivo

Elemento subjetivo deste crime é o dolo, não havendo previsão para a modalidade culposa. O tipo penal não exige um dolo específico (especial finalidade no agir).

1.5. Consumação e tentativa

As duas modalidades de crime trazidas no tipo penal ("utilizar" e "divulgar") são formais, prescindindo, portanto, da produção de resultado naturalístico para sua consumação. Com a mera utilização ou mera divulgação, então, haverá a consumação do crime. Na sua modalidade "utilizar", trata-se de crime unissubsistente, razão pela qual não há que se falar em tentativa. No que concerne à modalidade "divulgar", estamos diante de crime plurissubsistente, em que a conduta pode ser fracionada, motivo pelo qual a tentativa será possível.

1.6. Ação penal

Os crimes contra a ordem tributária são de ação penal pública incondicionada

▸SEÇÃO II – DOS CRIMES PRATICADOS POR FUNCIONÁRIOS PÚBLICOS

Art. 3º Constitui crime funcional contra a ordem tributária, além dos previstos no Decreto-Lei nº 2.848, de 7 de dezembro de 1940 – Código Penal (Título XI, Capítulo I):

I – extraviar livro oficial, processo fiscal ou qualquer documento, de que tenha a guarda em razão da função; sonegá-lo, ou inutilizá-lo, total ou parcialmente, acarretando pagamento indevido ou inexato de tributo ou contribuição social;

II – exigir, solicitar ou receber, para si ou para outrem, direta ou indiretamente, ainda que fora da função ou antes de iniciar seu exercício, mas em razão dela, vantagem indevida; ou aceitar promessa de tal vantagem, para deixar de lançar ou cobrar tributo ou contribuição social, ou cobrá-los parcialmente. Pena – reclusão, de 3 (três) a 8 (oito) anos, e multa.

III – patrocinar, direta ou indiretamente, interesse privado perante a administração fazendária, valendo-se da qualidade de funcionário público.

Pena – reclusão, de 1 (um) a 4 (quatro) anos, e multa.

1. COMENTÁRIOS

1.1. Noções gerais

A segunda seção do primeiro capítulo desta Lei trata dos crimes praticados por funcionário público. Os crimes contra a Administração Pública se dividem em crimes praticados por funcionário público (funcionais) e crimes praticados por particular. Os crimes contra a ordem tributária, conforme se percebe, seguem a mesma lógica.

Naturalmente, para que se possa falar em crime funcional, é imprescindível que o funcionário público esteja atuando no exercício da função pública, ou em razão dela. Se a atuação do funcionário não possui relação com a função pública que exerce, ele deve ser considerado particular. Assim, se, por exemplo, um funcionário público, de férias, vai fazer uma viagem com a família e, parado em uma blitz policial, oferece dinheiro ao policial para ser liberado, deve responder pelo crime de corrupção ativa (crime contra a Administração Pública praticado por particular).

A súmula nº 147 do STJ assevera que compete à Justiça Federal processar e julgar o crime praticado contra funcionário público federal, no exercício da sua função ou em razão dela. A despeito de não o dizer expressamente em sua súmula, é entendimento corrente no STJ que o crime praticado por funcionário público federal no exercício da função ou em razão dela também é de competência da Justiça Federal[14].

1.2. Funcionário Público

Muito embora a expressão funcionário público esteja em desuso em outros ramos do Direito, (mormente o Direito Administrativo) ainda é utilizada pela legislação penal. Esta expressão constitui um elemento normativo do tipo.

Vale lembrar que os elementos normativos do tipo são aqueles que dependem de uma valoração social ou jurídica. A expressão funcionário público depende de uma valoração jurídica, na medida em que a própria lei define o funcionário público.

O conceito válido para o Direito Penal está no art. 327 do Código Penal, nos seguintes termos:

> "Considera-se funcionário público, para os efeitos penais, quem, embora transitoriamente ou sem remuneração, exerce cargo, emprego ou função pública".

Além desta definição, o primeiro parágrafo do mesmo artigo, com a redação dada pela Lei nº 9.983/2000 cria a figura do equiparado a funcionário público, destacando que:

> "Equipara-se a funcionário público quem exerce cargo, emprego ou função em entidade paraestatal, e quem trabalha para empresa prestadora de serviço contratada ou conveniada para a execução de atividade típica da Administração Pública".

Depreende-se destas definições que a acepção da expressão "funcionário público", para fins de Direito Penal é bastante ampla, abrangendo a Administração Pública direta e indireta. Por isto, equipara-se a funcionário público, por exemplo, o empregado de sociedade de economia mista[15], empresa pública e, até mesmo, funcionário de empresas privadas concessionárias de serviços públicos.

Não é equiparado a funcionário público, todavia, o funcionário de empresa contratada ou conveniada com o poder público para o desempenho de atividade que não seja típica da Administração. Imagine-se, por exemplo, que uma Prefeitura contrata uma empresa para realizar um evento comemorativo do aniversário do Município. O funcionário da referida empresa não é equiparado a funcionário público, para fins penais, porquanto o contrato com o poder público não diz respeito a atividades típicas da Administração.

Mas, sob esta perspectiva, seria equiparado a funcionário público, por exemplo, o médico que atende em um hospital particular que mantém convênio com o Sistema p/único de Saúde (SUS). Importante destacar, porém, que a extensão da definição de equiparado a funcionário público aos funcionários de empresas contratadas ou conveniadas com o poder público para o desempenho de atividades típicas da Administração só se faz possível

14. CUNHA, Rogério Sanches; ARAÚJO, Fábio Roque. *Crimes federais*. 3ª ed. Salvador: JusPodivm, 2015.
15. STJ, REsp. 212940/MG, Rel. Min. Felix Fischer.

para os casos ocorridos após o advento da Lei nº 9.983/2000, que alterou a redação do art. 327, CP[16].

Como se percebe, a definição de funcionário público prevista no Código Penal pode se aplicar perfeitamente, à Lei nº 8.137/90.

1.3. Causa de aumento

O art. 327, § 2º, do Código Penal prevê uma causa de aumento de pena aos crimes funcionais, nos seguintes termos:

> "A pena será aumentada da terça parte quando os autores dos crimes previstos neste Capítulo forem ocupantes de cargos em comissão ou de função de direção ou assessoramento de órgão da administração direta, sociedade de economia mista, empresa pública ou fundação instituída pelo poder público".

Referida causa de aumento dirige-se, a toda vista, àqueles que exercem os cargos de confiança, de livre nomeação e exoneração, no poder público – muito embora, o Supremo Tribunal Federal já entendeu que referida causa de aumento deve ser aplicada, também, aos detentores de mandato eletivo[17].

De toda sorte, a redação do dispositivo transcrito não deixa qualquer dúvida quanto à sua aplicação aos casos contemplados entre os arts. 312 e 326 do Código Penal, na medida em que faz menção aos crimes "previstos neste Capítulo"; O Capítulo em questão é aquele destinado aos crimes contra a administração pública praticados por funcionários (crimes funcionais), que contempla os artigos que mencionamos. Não há, portanto como se aplicar tal causa de aumento aos crimes funcionais previstos na Lei nº 8.137/90, porquanto isto caracterizaria inadmissível analogia *in malam partem*.

1.4. Princípio da especialidade

O *caput* do art. 3º, em apreço, é categórico ao asseverar que os crimes funcionais nele contemplados não excluem a possibilidade de incidência dos crimes funcionais previstos no Código Penal. Naturalmente, deve incidir, no eventual conflito aparente de normas penais, no caso, o princípio da especialidade.

Basta imaginar o exemplo em que um funcionário público aceita promessa de vantagem indevida para deixar de efetuar o lançamento de crédito tributário. No caso, muito embora o Código Penal, em seu art. 317 contenha previsão de crime de corrupção passiva, para casos em que o funcionário público solicita vantagem indevida, o disposto no art. 3º, inciso II, da Lei nº 8.137/90 é mais específico, devendo ser aplicado ao caso concreto. Como resta óbvio, este último dispositivo é mais específico, justamente, por fazer alusão ao fato de o funcionário público deixar de efetuar o lançamento do crédito tributário.

Não se pode olvidar que, no que concerne à aplicação do princípio da especialidade, não importa se o tipo penal mais específico é mais ou menos grave do que o tipo penal mais

16. STJ, REsp 1.067653/PR, Rel. Min. Jorge Mussi.
17. STF, RHC 110432 / RJ, Rel. Min. Luiz Fux, j. 18/12/2012.

genérico. De toda forma, cumpre registrar que, nos exemplos citados, o crime de corrupção passiva (art. 317, CP) possui pena de reclusão de 02 (dois) a 12 (doze) anos e multa, ao passo que o crime do art. 3º, II, da Lei nº 8.137/90 possui pena de reclusão de 03 (três) a 08 (oito) anos e multa.

2. SÚMULAS E JURISPRUDÊNCIA

- **Súmula nº 147, STJ:** Compete a Justiça Federal processar e julgar os crimes praticados contra funcionário público federal, quando relacionados com o exercício da função.

3. QUESTÕES DE CONCURSOS

1. **(FEPESE/PGE-SC/Procurador do Estado/2018)** Constitui crime contra a ordem tributária praticado por funcionário público, de acordo com a Lei Federal n° 8.137, de 27 de dezembro de 1990:

a) omitir informação, ou prestar declaração falsa às autoridades fazendárias.

b) fraudar a fiscalização tributária, inserindo elementos inexatos, ou omitindo operação de qualquer natureza, em documento ou livro exigido pela lei fiscal.

c) exigir, pagar ou receber, para si ou para o contribuinte beneficiário, qualquer percentagem sobre a parcela dedutível ou deduzida de imposto ou de contribuição como incentivo fiscal.

d) extraviar livro oficial, processo fiscal ou qualquer documento, de que tenha a guarda em razão da função; sonegá-lo, ou inutilizá-lo, total ou parcialmente, acarretando pagamento indevido ou inexato de tributo ou contribuição social.

e) deixar de aplicar, ou aplicar em desacordo com o estatuído, incentivo fiscal ou parcelas de imposto liberadas por órgão ou entidade de desenvolvimento.

GAB	1
	D

Inciso I – extraviar livro oficial, processo fiscal ou qualquer documento, de que tenha a guarda em razão da função; sonegá-lo, ou inutilizá-lo, total ou parcialmente, acarretando pagamento indevido ou inexato de tributo ou contribuição social;

1. COMENTÁRIOS

1.1. Considerações iniciais

O tipo penal em comento encontra paralelo no crime de "extravio, sonegação ou inutilização de livro ou documento", previsto no art. 314 do Código Penal, com a seguinte redação: "Extraviar livro oficial ou qualquer documento, de que tem a guarda em razão do cargo; sonegá-lo ou inutilizá-lo total ou parcialmente".

Como se percebe, as redações dos dispositivos são similares, mas não idênticas, guardando, ao revés, distinções de muita relevância. Deste modo, possível notar que o crime contra a ordem tributária faz alusão a processo fiscal, demonstrando, a toda vista, a particularidade da conduta, em relação ao âmbito mais genérico do disposto no Código Penal. E isto porque, obviamente, o processo fiscal está relacionado às atribuições funcionais de um rol restrito de funcionários públicos.

Ademais, a Lei nº 8.137/90 pressupõe, para a caracterização do crime, que tais condutas acarretem o pagamento indevido ou inexato de tributo ou contribuição social. Por seu turno, o Código Penal contenta-se com as condutas consistentes na sonegação ou inutilização do livro oficial ou documento.

Conforme mencionamos, no tópico acima, em se tratando de conflito aparente de normas entre o art. 3º, I da Lei nº 8.137/90 e o art. 314, CP, deve-se observar o princípio da especialidade, de modo que o disposto na Lei específica haverá de prevalecer se a conduta fizer menção a processo fiscal e, sobretudo, se acarretar pagamento indevido ou inexato de tributo ou contribuição social.

Os núcleos extraviar e inutilizar indicam um comportamento comissivo do agente, enquanto o verbo sonegar, pressupõe uma omissão própria.

Este crime possui pena de reclusão de 03 (três) a 08 (oito) anos, além da pena de multa. Trata-se, como se vê, de penalidade muito mais recrudescida do que aquela contemplada no art. 314, CP, cuja previsão é de reclusão de 01 (um) a 04 (quatro) anos. A propósito, não será demasiado registrar que a subsidiariedade do art. 314, CP, é expressa, porquanto o seu preceito secundário, destinado à cominação da pena, faz menção à "reclusão de um a quatro anos, se o fato não constituir crime mais grave".

Por força da pena prevista para o crime do art. 3º, I, Lei nº 8.137/90, impossível a aplicação dos institutos despenalizadores, quais sejam a transação penal (aplicável às infrações penais de menor potencial ofensivo, isto é, as contravenções penais e os crimes com pena máxima até dois anos) e a suspensão condicional do processo (aplicável aos crimes com pena mínima até um ano).

1.2. Sujeitos

O sujeito ativo é o funcionário público. Trata-se, portanto, de crime próprio, exigindo esta qualidade especial do agente. Admite-se a participação de terceiro não qualificado, na medida em que, em tese, o particular pode responder por crime funcional, desde que atue em conjunto com o funcionário público e tenha ciência dessa condição pessoal do comparsa (art. 30, CP). Conforme se depreende da literalidade do dispositivo em apreço, é imprescindível, para a caracterização do crime, que o sujeito ativo possua a guarda do livro, documento ou processo fiscal, em razão da função que desempenha.

O sujeito passivo é o Estado. O particular, ou a pessoa jurídica também podem ocupar o polo passivo, se o objeto material do qual o Estado tinha a posse lhe pertencerem.

1.3. Objetos

Objeto jurídico é a ordem tributária, e, mais particularmente, a administração fazendária e os seus interesses arrecadatórios. Objeto material do tipo penal é o livro oficial, processo fiscal ou documento.

Livro oficial é aquele instituído pela legislação e empregado por funcionários públicos vinculados à arrecadação fazendária, para a expedição de certidões, cálculos e conferências de tributos[18]. Processo fiscal refere-se ao procedimento administrativo fiscal de determinação e exigência dos créditos tributários, que, no âmbito da União, é regido pelo Decreto nº 70.235, de 06 de março de 1972. Por fim, os documentos a que se refere o dispositivo penal podem ser de qualquer natureza (públicos ou privados), desde que possuam algum tipo de relação com a questão do pagamento do tributo.

1.4. Elemento subjetivo

O dolo é o elemento subjetivo exigido pelo tipo penal. Não se admite a modalidade culposa.

Deste modo, se, por exemplo, um funcionário público, no exercício de suas funções, produzir, por acidente, a destruição de um livro oficial, esta conduta será atípica. É natural que tal comportamento desidioso produza repercussões na esfera administrativa, com a consequente instauração de procedimento administrativo idôneo a apurar a conduta do servidor público. Uma vez demonstrada a inobservância do dever objetivo de cuidado, é possível a sanção administrativa. A sanção penal, como dito, depende da existência do dolo.

1.5. Consumação e tentativa

Para que haja a consumação do crime, é necessário que as condutas acarretem o "pagamento indevido ou inexato de tributo ou contribuição social". Deste modo, enquanto não houver, por parte contribuinte, o pagamento indevido ou inexato do tributo (vale recordar que, a despeito da literalidade legislativa, a contribuição social é modalidade de tributo), o crime não estará consumado.

Pensamos ser possível a tentativa, na medida em que se trata de crime plurissubsistente. Basta imaginar a situação em que o funcionário público extravia dolosamente um documento que isentaria o contribuinte do pagamento do tributo, fazendo com que ele seja compelido a pagar. Contudo, o contribuinte não efetua o pagamento. Trata-se de situação em que o agente, dolosamente, iniciou os atos executórios, mas não logrou êxito na consumação de sua empreitada criminosa por circunstâncias alheias à sua vontade.

Em sentido contrário, não admitindo a tentativa para este crime defende Delmanto *et al* que "caso a conduta do funcionário não tenha acarretado o pagamento indevido ou inexato, a conduta do agente poderá tipificar a conduta do art. 314 do CP (extravio, sonegação ou inutilização de livro ou documento), punido com pena mais branda, mas não a figura tentada deste art. 3º, I"[19].

1.6. Ação penal

Para este crime, a ação penal é pública, incondicionada.

18. DELMANTO, Roberto; DELMANTO Jr., Roberto; DELMANTO, Fábio M. de Almeida. *Leis penais especiais comentadas*. 2. ed. São Paulo: Saraiva, 2014, p. 223.

19. *Ob. cit.*, p. 223.

2. QUESTÕES DE CONCURSOS

1. **(FCC/SEGEP-MA/Auditor Fiscal da Receita Estadual/2016)** O funcionário público que extravia qualquer documento de que tenha a guarda em razão da função, acarretando pagamento indevido de tributo, pratica o crime

a) de fraude.

b) de extravio de documento.

c) de prevaricação.

d) de descaminho.

e) contra a ordem tributária previsto na Lei nº 8.137/90.

GAB	1
	E

Inciso II – exigir, solicitar ou receber, para si ou para outrem, direta ou indiretamente, ainda que fora da função ou antes de iniciar seu exercício, mas em razão dela, vantagem indevida; ou aceitar promessa de tal vantagem, para deixar de lançar ou cobrar tributo ou contribuição social, ou cobrá-los parcialmente. Pena – reclusão, de 3 (três) a 8 (oito) anos, e multa.

1. COMENTÁRIOS

1.1. Considerações iniciais

Assim como os outros dois incisos deste art. 3º, aqui encontramos condutas típicas que guardam paralelo com outros tipos penais contemplados no Código Penal. Referimo-nos, no caso, aos crimes de concussão ("Exigir, para si ou para outrem, direta ou indiretamente, ainda que fora da função ou antes de assumi-la, mas em razão dela, vantagem indevida") e de corrupção passiva ("Solicitar ou receber, para si ou para outrem, direta ou indiretamente, ainda que fora da função ou antes de assumi-la, mas em razão dela, vantagem indevida, ou aceitar promessa de tal vantagem"), previstos nos arts. 316 e 317 do Código Penal, respectivamente.

De logo se percebe que uma das notas distintivas do tipo penal em comento reside no fato de congregar, na mesma figura típica, condutas que, no Código Penal, constituem crimes distintos. Conforme se constata da acurada leitura dos tipos penais em cotejo, no Código Penal, a conduta do funcionário público consistente na exigência da vantagem indevida dá ensejo ao crime de concussão, ao passo que as condutas atinentes à solicitação, recebimento ou aceitação de promessa da vantagem darão ensejo ao crime de corrupção passiva. Por sua vez, na Lei nº 8.137/90, as quatro condutas darão azo à incidência do mesmo tipo penal.

Estas distinções possuem relevante repercussão prática, na medida em que as penas contidas nos diferentes diplomas legislativos são distintas. Deste modo, para o crime de concussão (art. 316, CP) a pena prevista é a de reclusão de 02 (dois) a 08 (oito) anos, além da multa; por sua vez, para o crime de corrupção passiva (art. 317, CP), a pena prevista é de 02 (dois) a 12 (doze) anos, além da multa. Já na Lei de Crimes Contra a Ordem Tributária, a pena prevista é de 03 (três) a 08 (oito) anos, e multa.

Como se vê, o que diferencia as condutas para fins de enquadramento em um ou outro diploma legislativo é a finalidade do agente. Com efeito, no crime do art. 3º, II da Lei nº

8.137/90, o funcionário público exige, solicita, recebe ou aceita a promessa de vantagem indevida "para deixar de lançar ou cobrar tributo ou contribuição social, ou cobrá-los parcialmente". Como consectário lógico, sobreleva destacar uma outra distinção: no crime em comento, o funcionário público será, necessariamente, alguém incumbido de efetuar os lançamentos ou cobranças dos tributos (ou contribuições sociais, para nos valermos da redundância legislativa).

Ainda é importante assinalar que a conduta do art. 3º, II, da Lei nº 8.137/90 também não se confunde com o crime de excesso de exação, previsto no art. 316, § 1º, do Código Penal, nos seguintes termos: "Se o funcionário exige tributo ou contribuição social que sabe ou deveria saber indevido, ou, quando devido, emprega na cobrança meio vexatório ou gravoso, que a lei não autoriza". Para este crime é prevista a mesma pena da Lei nº 8.137/90 (reclusão de três a oito anos e multa).

Como se vê, no crime de excesso de exação também temos um funcionário público vinculado à administração fazendária, encarregado da cobrança de tributos. Contudo, nesta conduta criminosa, o agente não exige, solicita, recebe ou aceita promessa de vantagem indevida, tampouco possui o dolo específico de deixar de lançar ou cobrar o tributo, ou cobrá-los parcialmente.

1.2. Sujeitos

O sujeito ativo é o funcionário público que possui o dever de ofício de lançar ou cobrar tributo (ou contribuição social, na dicção da Lei; como vimos, trata-se de redundância legislativa). É, portanto, crime próprio, exigindo esta qualidade especial do agente. Admite-se a participação de terceiro não qualificado, na medida em que, em tese, o particular pode responder por crime funcional, desde que atue em conjunto com o funcionário público e tenha ciência dessa condição pessoal do comparsa (art. 30, CP). O sujeito passivo é o Estado, mas nas condutas de "exigir" e "solicitar", podemos ter, como sujeito passivo secundário, o contribuinte ou responsável tributário.

1.3. Objetos

Objeto jurídico é a ordem tributária, e, mais especificamente, a administração fazendária.

Objeto material é a vantagem indevida. A vantagem indevida pode ser de qualquer natureza (patrimonial, financeira, sexual, título honorífico, favor político, etc.).

1.4. Elemento subjetivo

Elemento subjetivo é o dolo. Exige-se o dolo específico, isto é, a especial finalidade no agir que, no caso, consiste em "deixar de lançar ou cobrar tributo ou contribuição social, ou cobrá-los parcialmente".

Não há previsão para a modalidade culposa.

1.5. Consumação e tentativa

O crime estará consumado quando o agente efetivamente exigir, solicitar, receber ou aceitar a promessa da vantagem indevida. Em nenhuma das hipóteses há a necessidade de realização efetiva da conduta de deixar de lançar ou cobrar tributo ou contribuição social, ou cobrá-los parcialmente. Aqui, temos, como dito acima, um elemento subjetivo específico, uma especial finalidade no agir. O agente atua com esta finalidade, mas a sua ocorrência não é pressuposto para a consumação da conduta delitiva. De toda forma, ocorrendo o resultado mencionado, estaremos diante de mero exaurimento do crime.

Demais disso, importante chamar a atenção para o fato de que a conduta consistente em receber a vantagem indevida somente será considerada consumação do crime se não vier antecedida da realização de algum dos outros verbos do tipo. Deste modo, o funcionário público que solicita a vantagem indevida, por exemplo, já consumou o crime. Em casos como este, o posterior recebimento da vantagem não caracteriza consumação de novo crime, mas sim exaurimento do crime que já se havia consumado.

Nos crimes de concussão (art. 316, CP) e corrupção passiva (art. 317, CP) costuma vigorar certa celeuma em torno da delimitação do que seria a conduta consistente no solicitar e no exigir. Teoricamente, não há maiores problemas, na medida em que a exigência denota ordem, imposição, ao passo que a solicitação denota rogativa, pedido. Na prática, porém, não raras vezes, há uma linha muito tênue entre a solicitação e a exigência. Na Lei nº 8.137/90, ao contrário do que ocorre no Código Penal, esta discussão não possui maior relevância prática, porquanto em qualquer dos casos o agente incidirá no mesmo tipo penal (art. 3º., II).

1.6. Ação penal

A ação penal é pública incondicionada.

2. SÚMULAS E JURISPRUDÊNCIA

✦ *SUPREMO TRIBUNAL FEDERAL*

- **LEI 8.137/90: ATRIBUIÇÃO FUNCIONAL E SUSPENSÃO DE DÉBITO.** A 2ª Turma negou provimento a recurso ordinário em habeas corpus interposto, por condenado pela prática de crime funcional contra a ordem tributária, sob a alegação de que: a) o indeferimento de diligências, pleiteadas na fase do art. 499 do CPP, o prejudicara; e b) o tipo penal em questão somente poderia ser cometido por funcionário público competente para o lançamento ou a cobrança do tributo. Consignou-se que o acórdão recorrido estaria consoante a jurisprudência do STF no sentido de que para configuração do cerceamento de defesa impenderia a demonstração de efetivo prejuízo sofrido com o indeferimento da diligência. No tocante à tese de atipicidade de conduta, observou-se consistir tipo especial (art. 3º, II, da Lei nº 8.137/90), mas característico da própria corrupção passiva. Esclareceu-se constar da decisão do STJ que, mesmo fora da função ou antes de iniciar seu exercício, seria possível a funcionário público perpetrar o referido crime. Frisou-se que **a circunstância de não ser encarregado do lançamento tributário não impedira o paciente de suspender ilicitamente o débito de empresas que, para tanto, teriam lhe oferecido vantagem indevida. O art. 3º, II, da Lei nº 8.137/90, descreve crime de mão própria praticado por funcionário público, mas não exige que o servidor tenha a atribuição específica de lançamento tributário.** *STF, RHC 108822/GO, rel. Min. Gilmar Mendes, 19.2.2013. 2ª T. (Info 695)*

3. QUESTÕES DE CONCURSOS

1. **(VUNESP/Prefeitura de São José do Rio Preto/Auditor Fiscal/2014)** A conduta de "exigir, solicitar ou receber, para si ou para outrem, direta ou indiretamente, ainda que fora da função ou antes de iniciar seu exercício, mas em razão dela, vantagem indevida; ou aceitar promessa de tal vantagem, para deixar de lançar ou cobrar tributo ou contribuição social, ou cobrá-los parcialmente" configura crime

a) contra a Administração Pública.

b) contra a Administração da Justiça.

c) cometido por funcionário contra a Administração Pública em Geral.

d) cometido por funcionário ou particular contra a Administração Pública em Geral.

e) funcional contra a ordem tributária.

2. **(CESPE/Câmara dos Deputados/Analista Legislativo/2014)** A conduta do fiscal que aceita promessa de vantagem pecuniária para deixar de lançar contribuição social devida pelo contribuinte é tipificada como crime funcional contra a ordem tributária.

3. **(FCC/SEFAZ-RJ/Auditor Fiscal da Receita Estadual/2014)** Estabelece o art. 3º, II, da Lei nº 8.137/1990 que constitui crime exigir, solicitar ou receber, para si ou para outrem, direta ou indiretamente, ainda que fora da função ou antes de iniciar seu exercício, mas em razão dela, vantagem indevida; ou aceitar promessa de tal vantagem, para deixar de lançar ou cobrar tributo ou contribuição social, ou cobrá-los parcialmente. Tais condutas

a) dependem da existência do lançamento tributário e da comprovação da condição de funcionário público do sujeito ativo, para serem consideradas consumadas.

b) são típicas de crime funcional que congrega, num só contexto, os núcleos dos tipos penais da concussão e da corrupção passiva.

c) são conceituadas como "extorsão fazendária", uma vez que o funcionário coage o contribuinte à prática da corrupção.

d) têm por objeto a vantagem indevida fazendária que deve ser sempre direta, líquida e certa, pois o delito é material, formal e instantâneo em relação à tentativa.

e) são plurissubjetivas, devendo os coautores e partícipes exercer funções permanentes perante o fisco, ainda que vinculados a pessoas jurídicas de direito público diversas.

4. **(AOCP/Prefeitura de Juiz de Fora/Auditor Fiscal/2016)** Constitui crime funcional contra a ordem tributária

a) utilizar ou divulgar programa de processamento de dados que permita ao sujeito passivo da obrigação tributária possuir informação contábil diversa daquela que é, por lei, fornecida à Fazenda Pública.

b) omitir informação ou prestar declaração falsa às autoridades fazendárias.

c) fazer declaração falsa ou omitir declaração sobre rendas, bens ou fatos, ou empregar outra fraude, para eximir-se, total ou parcialmente, de pagamento de tributo.

d) exigir, pagar ou receber, para si ou para o contribuinte beneficiário, qualquer percentagem sobre a parcela dedutível ou deduzida de imposto ou de contribuição como incentivo fiscal.

e) exigir, solicitar ou receber, para si ou para outrem, direta ou indiretamente, ainda que fora da função ou antes de iniciar seu exercício, mas em razão dela, vantagem indevida; ou aceitar promessa de tal vantagem, para deixar de lançar ou cobrar tributo ou contribuição social, ou cobrá-los parcialmente.

GAB	1	2	3	4
	E	C	B	E

Inciso III – patrocinar, direta ou indiretamente, interesse privado perante a administração fazendária, valendo-se da qualidade de funcionário público. Pena – reclusão, de 1 (um) a 4 (quatro) anos, e multa.

1. COMENTÁRIOS

1.1. Considerações iniciais

Aqui, uma vez mais, o crime funcional encontra paralelo em figura típica prevista no Código Penal. Desta vez, a similitude diz respeito ao crime de advocacia administrativa, previsto no art. 321, CP, nos seguintes termos: "Patrocinar, direta ou indiretamente, interesse privado perante a administração pública, valendo-se da qualidade de funcionário". Como se pode perceber, do acurado cotejo entre os dois dispositivos, a nota distintiva do crime contra a ordem tributária reside no fato de que há expressa menção à administração fazendária, ao passo que no tipo penal do Código Penal, cuja rubrica é "advocacia administrativa", a alusão é à administração pública.

Obviamente, a administração fazendária é, também, órgão integrante da administração pública. Por esta razão, aqui como alhures, há um conflito aparente de normas penais, que deve ser solucionado mediante o emprego do critério da especialidade. Por isso, se o patrocínio aos interesses privados forem levados a cabo pelo funcionário público perante a administração fazendária (Receita Federal, Estadual ou Municipal) estaremos diante do crime do art. 3º, III, Lei nº 8.137/90. Em sentido contrário, se diz respeito a algum outro órgão da administração pública, estaremos diante do crime de advocacia administrativa (art. 321, CP).

Como temos percebido, na análise dos três incisos que integram o art. 3º da Lei nº 8.137/90, não se emprega, nos tipos penais, rubrica, isto é, nomenclatura. Isto não nos impede de reconhecer que estamos diante de uma modalidade específica de advocacia administrativa, contida em legislação especial, que diz respeito, especificamente, aos órgãos da administração fazendária.

A expressão advocacia administrativa é, como se vê, uma referência à atuação do advogado, que patrocina interesses alheios nas causas que defende. O funcionário público, no exercício de sua função deve, porém, abster-se de patrocinar interesses privados, na medida em que atua em estrita observância aos princípios que regem a administração pública, dentre os quais o da legalidade, impessoalidade e moralidade.

Devemos registrar que a Lei 8.112, de 11 de dezembro de 1990 (que dispõe sobre o regime jurídico dos servidores públicos civis da União, das autarquias e das fundações públicas federais), proíbe, em seu art. 117, inciso XI, o funcionário público de atuar como procurador ou intermediário, junto a repartições públicas, salvo quando se tratar de benefícios previdenciários ou assistenciais de parentes até o segundo grau, e de cônjuge ou companheiro. Naturalmente, se o funcionário público atuar nesta hipótese prevista na Lei estará amparado pela excludente d ilicitude do exercício regular de direito, pois vai praticar conduta devidamente autorizada pelo ordenamento jurídico.

Esse patrocínio descrito no tipo penal, diz respeito à conduta do funcionário público que se vale de sua posição ou função para defender interesse privado em face da Administração Pública, seja pessoalmente (diretamente) ou por interposta pessoa (indiretamente), ou seja quando o agente pratica atos concretos que importem na defesa da causa do particular.

Chama atenção a desproporção entre as penas deste tipo penal e da advocacia administrativa, prevista no Código Penal, sua figura similar. Com efeito, para a advocacia administrativa, o art. 121 do estatuto repressor prevê uma pena de detenção de 1 (um) a 3 (três) meses e a multa se torna uma pena alternativa; sendo o interesse patrocinado pelo agente ilegítimo, o crime se qualifica, por se tratar de conduta com maior grau de reprovabilidade. Neste caso, a pena passa a ser de 3 (três) meses a 1 (um) ano, além da multa (neste caso, como se vê, pena cumulativa).

Por seu turno, para a conduta do art. 3º., III, Lei nº 8.137/90, a pena é de reclusão de 1 (um) a 4 (quatro) anos, acrescida da multa. Para este crime contra a ordem tributária, não faz diferença saber se o interesse privado patrocinado é legítimo ou ilegítimo. De qualquer modo, o crime estará caracterizado, e não haverá que se falar em qualificadora.

A propósito, no que concerne a esta multa, vale recordar que não é possível a transação penal (cabível apenas para as infrações penais de menor potencial ofensivo, isto é, as contravenções penais e os crimes com pena máxima até dois anos), muito embora seja possível a suspensão condicional do processo, porquanto a pena mínima não ultrapassa um ano (art. 89, Lei nº 9.099/95).

Por fim, cabe mencionar que se o interesse patrocinado estiver relacionado com Licitação Pública, não incidirá nem a Lei nº 8.137/90 nem o art. 321, CP, mas sim o art. 89 da Lei nº 8.666/93, que possui a seguinte redação: "Patrocinar, direta ou indiretamente, interesse privado perante a Administração, dando causa à instauração de licitação ou à celebração de contrato, cuja invalidação vier a ser decretada pelo Poder Judiciário". Para este crime, a pena prevista é de detenção de 6 (seis) meses a 2 (dois) anos.

1.2. Sujeitos

O sujeito ativo é o funcionário público. Trata-se, portanto, de crime próprio, exigindo esta qualidade especial do agente. Admite-se a participação de terceiro não qualificado, na medida em que, em tese, o particular pode responder por crime funcional, desde que atue em conjunto com o funcionário público e tenha ciência dessa condição pessoal do comparsa (art. 30, CP). O sujeito passivo é o Estado.

1.3. Objetos

Objeto jurídico é a ordem tributária, e, mais especificamente, a administração fazendária. Objeto material é o próprio interesse privado.

1.4. Elemento subjetivo

Elemento subjetivo é o dolo. Não há previsão para a modalidade culposa.

1.5. Consumação e tentativa

O crime se consuma no momento em que o funcionário manifesta sua pretensão ao Estado. Em regra, trata-se de crime unissubsistente, não admitindo, portanto, a tentativa. Possível, todavia, vislumbrar a possibilidade de se caracterizar crime plurissubsistente, como, por exemplo, no caso em que a conduta se realiza por escrito. Em casos que tais, a tentativa será possível.

1.6. Ação penal

A ação penal é pública incondicionada.

2. QUESTÕES DE CONCURSOS

1. **(CESPE/PC-DF/Agente de Polícia/2013)** Quem, valendo-se da qualidade de funcionário público, patrocinar, direta ou indiretamente, interesse privado perante a administração fazendária praticará, em tese, crime funcional contra a ordem tributária.

2. **(VUNESP/Prefeitura de Sorocaba/Procurador Municipal/2018)** "Fulano", procurador municipal, é flagrado valendo-se de sua qualidade de funcionário público para patrocinar o interesse da empresa Cremenossa S/A na rápida conclusão de processo de restituição de tributos pagos a maior, do qual já constava deferimento pela autoridade competente. Nessa situação hipotética, é correto afirmar que

a) "Fulano" não cometeu nenhum crime, considerando- -se que o pleito da empresa era lícito e legítimo, tendo o procurador agido no interesse de apenas acelerar uma análise devida por parte da Fazenda Pública.

b) caso tenha agido com dolo, "Fulano" poderá ter cometido crime funcional contra a ordem tributária, ficando sujeito à pena de 1 (um) a 4 (quatro) anos de reclusão, e multa.

c) segundo a jurisprudência do Supremo Tribunal Federal, não se tipificam os crimes contra a ordem tributária antes do lançamento definitivo do tributo, condição essa plenamente presente na situação hipotética trazida no enunciado.

d) na situação hipotética, não se poderá falar em crime por parte de "Fulano", considerando-se não ter havido qualquer registro de prejuízo ao erário, apesar da sua ação para acelerar o encerramento do processo de restituição.

e) os crimes contra a ordem tributária independem de dolo, podendo ser cometidos na modalidade culposa em caso de imprudência, imperícia, negligência ou ingenuidade, sendo a situação descrita no enunciado caso potencial de ingenuidade por parte do procurador municipal.

GAB	1	2
	C	B

Art. 4º Constitui crime contra a ordem econômica:

I – abusar do poder econômico, dominando o mercado ou eliminando, total ou parcialmente, a concorrência mediante qualquer forma de ajuste ou acordo de empresas; (Redação dada pela Lei nº 12.529, de 2011).

a) (revogada); (Redação dada pela Lei nº 12.529, de 2011).

b) (revogada); (Redação dada pela Lei nº 12.529, de 2011).

c) (revogada); (Redação dada pela Lei nº 12.529, de 2011).

d) (revogada); (Redação dada pela Lei nº 12.529, de 2011).

e) (revogada); (Redação dada pela Lei nº 12.529, de 2011).

f) (revogada); (Redação dada pela Lei nº 12.529, de 2011).

II – formar acordo, convênio, ajuste ou aliança entre ofertantes, visando: (Redação dada pela Lei nº 12.529, de 2011).

a) à fixação artificial de preços ou quantidades vendidas ou produzidas; (Redação dada pela Lei nº 12.529, de 2011).

b) ao controle regionalizado do mercado por empresa ou grupo de empresas; (Redação dada pela Lei nº 12.529, de 2011).

c) ao controle, em detrimento da concorrência, de rede de distribuição ou de fornecedores. (Redação dada pela Lei nº 12.529, de 2011).

Pena – reclusão, de 2 (dois) a 5 (cinco) anos e multa. (Redação dada pela Lei nº 12.529, de 2011).

III – (revogado); (Redação dada pela Lei nº 12.529, de 2011).

IV – (revogado); (Redação dada pela Lei nº 12.529, de 2011).

V – (revogado); (Redação dada pela Lei nº 12.529, de 2011).

VI – (revogado); (Redação dada pela Lei nº 12.529, de 2011).

VII – (revogado). (Redação dada pela Lei nº 12.529, de 2011).

1. COMENTÁRIOS

1.1. Noções gerais

A Constituição Federal de 1988 destina um título específico para tratar da ordem econômica e financeira, a partir do art. 170. Conforme nosso texto constitucional, a ordem econômica, fundada na valorização do trabalho humano e na livre iniciativa, tem por fim assegurar a todos existência digna, conforme os ditames da justiça social, observados os seguintes princípios: I – soberania nacional; II – propriedade privada; III – função social da propriedade; IV – livre concorrência; V – defesa do consumidor; VI – defesa do meio ambiente, inclusive mediante tratamento diferenciado conforme o impacto ambiental dos produtos e serviços e de seus processos de elaboração e prestação; VII – redução das desigualdades regionais e sociais; VIII – busca do pleno emprego; IX – tratamento favorecido para as empresas de pequeno porte constituídas sob as leis brasileiras e que tenham sua sede e administração no País".

Uma acurada leitura do texto constitucional acima transcrito revela uma pretensão do constituinte de estabelecer parâmetros para assegurar a existência de uma economia de mercado (consagrando, por exemplo, propriedade privada, livre concorrência, etc.) com intervenção estatal destinada a minimizar as desigualdades socioeconômicas (assegurando, por exemplo, a função social da propriedade, a busca do pleno emprego, a redução das desigualdades regionais e sociais, etc.) e manter um padrão de vida calcado na sustentabilidade (ao contemplar a defesa do meio ambiente).

Os crimes contra a ordem econômica objetivam, justamente, a tutela deste bem jurídico, com a consequente proteção destas pretensões constitucionais: a) economia de mercado; b) intervencionismo estatal limitado; c) sustentabilidade.

Em seu nascedouro, a Lei nº 8.137/90 trazia os crimes contra a ordem econômica em seus arts. 4º, 5º e 6º. Contudo, a Lei nº 12.529, de 30 de novembro de 2011, que estrutura o Sistema Brasileiro de Defesa da Concorrência, além de dispor sobre a prevenção e repressão às infrações contra a ordem econômica, revogou os arts. 5º e 6º da Lei nº 8.137/90, além de promover substancial alteração na redação do art. 4º.

No que diz respeito ao art. 4º, único remanescente dentre os crimes contra a ordem econômica, na Lei nº 8.137/90, a Lei nº 12.529/11 revogou as alíneas *a* a *f*, e os incisos III a VII. Ademais, deu nova redação ao inciso II, e alterou a pena prevista, de modo que a pena privativa de liberdade e a pena de multa passaram a ser cumulativas, e não mais alternativas, como na redação antiga.

1.2. Pena e institutos despenalizadores

Quando a pena de multa ainda era considerada alternativa à privação da liberdade, a doutrina sustentava a tese de que seria cabível a suspensão condicional do processo, pois a pena mínima não seria de reclusão de dois anos, e sim a pena de multa. Desta forma, a pena mínima seria inferior a um ano (já que a pena pecuniária é muito mais branda do que a privativa de liberdade), o que autorizaria a obtenção do benefício.

Com a atual redação do art. 4º, em que a pena privativa de liberdade e a pena de multa passam a ser cumulativas, não resta dúvida de que a pena mínima é de reclusão de dois anos, o que impossibilita a suspensão condicional do processo (art. 89, Lei nº 9.099/95). De igual sorte, não será possível a transação penal, pois, como se sabe, ela só tem cabimento nas infrações penais de menor potencial ofensivo (art. 76, Lei nº 9.099/95).

1.3. Acordo de leniência

A já mencionada Lei nº 12.529/11 inovou no nosso ordenamento jurídico ao prever a existência de um acordo de leniência, que pode ser celebrado com entidades administrativas.

O acordo de leniência é celebrado entre o CADE (Conselho Administrativo de Defesa Econômica), por intermédio de sua Superintendência-Geral e pessoas físicas ou jurídicas autoras de infração à ordem econômica. Para tanto, é necessário que estas pessoas "colaborem efetivamente com as investigações e o processo administrativo e que dessa colaboração resulte: I – a identificação dos demais envolvidos na infração; e II – a obtenção de informações e documentos que comprovem a infração noticiada ou sob investigação".

Este acordo de leniência possui repercussão na esfera administrativa, na medida em que enseja a extinção da ação punitiva da administração pública ou a redução de 1 (um) a 2/3 (dois terços) da penalidade aplicável,

O acordo de leniência, contudo, também possui repercussão na esfera penal, pois consoante o art. 87 da Lei: "Nos crimes contra a ordem econômica, tipificados na Lei nº 8.137, de 27 de dezembro de 1990, e nos demais crimes diretamente relacionados à prática de cartel, tais como os tipificados na Lei nº 8.666, de 21 de junho de 1993, e os tipificados no art. 288 do Decreto-Lei nº 2.848, de 7 de dezembro de 1940 – Código Penal, a celebração de acordo de leniência, nos termos desta Lei, determina a suspensão do curso do prazo prescricional e impede o oferecimento da denúncia com relação ao agente beneficiário da leniência". E o parágrafo único do mesmo artigo dispõe que: "Cumprido o acordo de leniência pelo agente, extingue-se automaticamente a punibilidade dos crimes a que se refere o *caput* deste artigo".

Assim, em resumo, o acordo de leniência suspende a pretensão punitiva do Estado em relação aos crimes do art. 4º da Lei nº 8.137/90 (pois, atualmente, é o único artigo desta Lei que trata de crimes contra a ordem econômica). E, uma vez cumprido o acordo, haverá a extinção da punibilidade em relação a tais crimes.

1.4. Competência

Dispõe a Constituição Federal, em seu art. 109, inciso VI, que compete aos juízes federais processar e julgar os crimes contra a organização do trabalho e, nos casos determinados por lei, contra o sistema financeiro e a ordem econômico-financeira. Deste modo, o legislador constituinte fixou na Justiça Federal os crimes contra a organização do trabalho, mas, delegou ao legislador ordinário a tarefa de fixar, ou não, a competência da Justiça Federal em casos envolvendo os crimes contra o sistema financeiro nacional e a ordem econômico-financeira. Por esta razão, o art. 109, VI faz menção aos "casos determinados em lei"[20].

Em se tratando de crimes contra o Sistema Financeiro Nacional, a matéria já estava disciplinada na Lei nº 7.492/1986 (anterior, portanto, à CF/88, mas por ela recepcionada) que, em seu art. 26, informa a competência da Justiça Federal para processar e julgar os crimes nela tipificados. No que concerne, contudo, aos crimes contra a ordem econômico-financeira, ante a inexistência de regulamentação legislativa, haverá a competência federal apenas quando os crimes forem suscetíveis de submissão às regras do art. 109, IV, CF, isto é, quando forem praticados em detrimento de bens serviços ou interesses da União, suas autarquias ou empresas públicas.

Com efeito, a Lei nº 8.137/90, ao tratar de crimes contra a ordem econômica (e não ordem econômico-financeira, como consta do texto constitucional) não faz alusão à competência federal para o julgamento do crime. Em síntese, temos que os crimes do art. 4º da Lei nº 8.137/90 podem ser competência federal (quando incorrerem em uma das hipóteses de competência do art. 109, CF, e, em especial, do seu inciso IV, que é o mais abrangente) ou estadual.

2. SÚMULAS E JURISPRUDÊNCIA

✦ *SUPREMO TRIBUNAL FEDERAL*

▸ **LIMITES DO SIGILO NOS ACORDOS DE LENIÊNCIA. O sigilo nos processos administrativos de acordo de leniência celebrado com o CADE, bem como o dos documentos que os instruem, no que tange a pretensões privadas de responsabilização civil por danos decorrentes da eventual formação de cartel, deve ser preservado até a conclusão da instrução preliminar do referido processo administrativo (marcada pelo envio do relatório circunstanciado pela Superintendência-Geral ao Presidente do Tribunal Administrativo), somente podendo ser estendido para após esse marco quando lastreado em circunstâncias concretas fundadas no interesse coletivo – seja ele o interesse das apurações, seja ele a proteção de segredos industriais.** No Brasil, o instituto do acordo de leniência foi incorporado por meio da Lei n. 10.149/2000, com o escopo notório de coibir práticas ilícitas anticompetitivas, induzindo a colaboração de atores em troca de benefícios na esfera penal e administrativa. Atualmente, o programa de leniência do CADE encontra-se disciplinado nos arts. 86 e 87 da Lei n. 12.529/2011 e nos arts. 197 a 210 do Regimento Interno do CADE. O sigilo inicial desses acordos, sem dúvida, tem papel crucial para a utilização do instrumento, tanto no que toca ao incentivo à colaboração por coautores dos cartéis eventualmente formados quanto no que tange ao próprio sucesso das investigações levadas a efeito a partir do acordo. Todavia, esse sigilo não pode ser absoluto e deve sempre permanecer condizente com a razão principiológica de sua existência. Nesse contexto, convém ter em consideração a existência de leis penais especiais em que se utilizam instrumentos semelhantes, ainda que sob denominações distintas, para apuração de crimes cometidos em coautoria. Na verdade, o primeiro diploma legal brasileiro a adotar a premiação à colaboração de coautores foi a Lei de Crimes Hediondos – Lei n. 8.072/1990, sendo seguida por diversos outros diplomas legais (Lei n. 8.137/1990, Lei n. 9.613/1998, Lei n. 9.807/1999, Lei n. 11.343/2006, Lei n. 12.846/2013 e Lei n. 12.850/2013). Esse contexto normativo complexo permite-nos, a despeito da regulamentação aberta, extrair o contexto valorativo em que pensado e previsto o sigilo dos acordos, fornecendo assim balizas relevantes para a delimitação de sua extensão. De início, ressalta-se a natureza administrativa dos procedimentos e decisões proferidas pelo CADE e, com ela, a prevalência da regra geral da publicidade, de modo que os processos por ele conduzidos devem ser amplamente acessíveis aos interessados. Ao longo da Lei n. 12.529/2011, que disciplina especificamente os procedimentos relativos à apuração de atos anticoncorrenciais no âmbito do CADE, há diversas disposições que possibilitam,

20. CUNHA, Rogério Sanches; ARAÚJO, Fábio Roque. *Crimes federais*. 3. ed. Salvador: JusPodivm, 2015, p. 35.

excepcionalmente, a atribuição de caráter sigiloso. É o que se depreende da leitura dos arts. 49 e 66, § 10. Contudo, ao prever o sigilo aplicável aos acordos de leniência, o legislador foi mais enfático, impondo sua obrigatoriedade no que tange às propostas de acordo. Daí se extrai que, afora a proposta de acordo, os demais atos e documentos, ainda que relacionados ao acordo de leniência, devem observância à regra geral, excepcionada sempre no interesse coletivo. É o que se depreende do texto do art. 86, § 9º, da referida lei. Nessa trilha, parece razoável se concluir que, nos termos da legislação pertinente, o sigilo excepcionalmente estendido para além da proposta de acordo depende de circunstâncias concretas fundadas no interesse coletivo – seja ele o interesse das apurações, seja ele a proteção de segredos industriais, que, ao fim e ao cabo, resultam igualmente na proteção da concorrência, interesse coletivo tutelado institucionalmente pelo CADE. Complementar a esse raciocínio, o art. 7º, § 3º, da Lei de Combate a Organizações Criminosas (Lei n. 12.850/2013) define, de forma ostensiva, o termo final do sigilo atribuído aos acordos formalizados pelos coautores colaboradores (o recebimento da denúncia). Essa disposição tem relevância, apesar de não se estar diante de ação penal, porque a referida lei foi o primeiro diploma legal a se dedicar à regulamentação pormenorizada do *plea bargain* brasileiro, no qual se inserem igualmente a denominada colaboração premiada e o acordo de leniência – ambos institutos ontologicamente idênticos. No âmbito do Direito Econômico, o Regimento Interno do CADE (RI/CADE) tentou assegurar de forma objetiva as balizas necessárias à concretização dos acordos de leniência, detalhando o procedimento que se desenvolve nitidamente em três etapas. São elas: i) proposta de acordo; ii) fase de negociação; e iii) formalização do acordo. Na primeira etapa, o proponente manifesta voluntariamente seu interesse em participar do programa, indicando a conduta anticoncorrencial em relação a qual pretende celebrar acordo de leniência. Após a submissão da proposta inicial de acordo, tem início a fase de negociação propriamente dita, período no qual o proponente deverá apresentar documentos e detalhar as condutas praticadas em ofensa à ordem concorrencial. Por fim, concluída a apresentação de documentos e prestadas as informações sobre a conduta a ser apurada, inicia-se a terceira e última fase, consistente na formalização do acordo. Note-se que essa terceira fase somente será alcançada na hipótese de o CADE anuir à proposta de acordo. Do contrário, rejeitada a proposta, dela não se fará nenhuma divulgação (art. 205 do RI/CADE) e todos os documentos deverão ser restituídos à parte, não permanecendo nenhuma cópia em poder do Conselho (art. 205, §§ 2º e 3º, do RI/CADE). Combinando-se o procedimento estabelecido e as disposições legais relativas ao sigilo, tem-se que as duas primeiras fases são indubitavelmente albergadas pelo sigilo legal, o qual vincula tanto a Administração Pública quanto o proponente, sendo notória sua imprescindibilidade para o andamento e sucesso das investigações. Ainda no interesse das apurações, esse sigilo poderá ser razoavelmente estendido até a conclusão da instrução preliminar do processo administrativo. A propósito de comentar a Lei n. 12.846/2013, há doutrina que chega à idêntica conclusão acerca do alcance do sigilo nos acordos de leniência, traçando relevante distinção entre o sigilo propriamente dito e o dever de tornar público os acordos nos termos do art. 6º da referida lei. Suplantando essa *ratio* para o procedimento administrativo do CADE, tem-se que a conclusão da instrução preliminar do processo administrativo é marcada pelo envio do relatório circunstanciado pela Superintendência-Geral ao Presidente do Tribunal Administrativo. Nesse relatório, a Superintendência-Geral deverá manifestar-se acerca da existência de ato anticoncorrencial, bem como do acordo de leniência, do cumprimento das obrigações pelo proponente e da importância e efetividade de sua cooperação, nos termos do RI/CADE (art. 156, §§ 1º e 2º). Traçando-se um paralelo entre o procedimento administrativo e o penal, detalhado na mencionada Lei n. 12.850/2013, o envio deste relatório assemelha-se ao ato de recebimento da denúncia, momento em que se encerra o sigilo em razão da abertura do amplo contraditório. E mais, trata-se do limite a partir do qual entende-se haver elementos probatórios suficientes, de modo que a possibilidade de interferência nas investigações e no sucesso de seu resultado se esvai, não mais se justificando a restrição à publicidade. Todavia, diferentemente do procedimento penal, no procedimento administrativo do CADE, pretendeu-se, conforme art. 207 do RI/CADE, estender o sigilo até a conclusão do julgamento pelo Tribunal administrativo. Contudo, o intuito de evitar o livre acesso público ao conteúdo do acordo em si, bem como aos documentos e informações a ele vinculados, mesmo com respaldo no art. 207 do RI/CADE, além de não contar com respaldo legal – haja vista que a própria Lei n. 12.529/2011 não garante esse sigilo -, mostra-se desproporcional, impedindo aos terceiros eventualmente lesionados de buscar a devida reparação dos danos suportados. Em síntese, o sigilo do acordo de leniência não pode se protrair no tempo indefinidamente, sob pena de perpetuar o dano causado a terceiros, garantindo ao signatário do acordo de leniência favor não assegurado pela lei. Desse modo, a extensão do sigilo somente se justificará no interesse das apurações ou em relação a documentos específicos cujo segredo deverá ser guardado também em tutela da concorrência. Nesse diapasão, não se sustenta a alegação de que a finalidade da mencionada previsão regimental seja no sentido de evitar que o signatário tivesse situação mais gravosa que os demais investigados pelo CADE. Esse argumento mostra-se extremamente falacioso, porquanto a "premiação" àquele que adere ao programa de leniência é restrita às esferas administrativas e penais, sem nenhuma menção legal à pretensão cível de eventuais lesados pelas condutas praticadas contra o mercado. Essa pretensão assentada precipuamente no dever de lesar outrem independe, ao menos em tese, do resultado alcançado nas esferas administrativas e penais, conforme consolidada jurisprudência do STJ (AgRg no AREsp 501.292-SP, Terceira Turma, DJe 4/8/2015). ***STJ, REsp 1.554.986-SP, Rel. Min. Marco Aurélio Bellizze, julgado em 8/3/2016, DJe 5/4/2016. 3ª T. (Info 568)***

3. QUESTÕES DE CONCURSOS

1. **(PC-TO/Escrivão de Polícia/2014 – adaptada)** O abuso do poder econômico, dominando o mercado ou eliminando, total ou parcialmente, a concorrência mediante qualquer forma de ajuste ou acordo de empresas, constitui crime contra as relações de consumo.

2. **(FCC/SEFAZ-SC/Auditor Fiscal da Receita Estadual/2018 – adaptada)** Constitui crime contra as relações de consumo formar acordo, convênio, ajuste ou aliança entre ofertantes, visando ao controle, em detrimento da concorrência, de rede de distribuição ou de fornecedores.

GAB	1	2
	E	E

Inciso I – abusar do poder econômico, dominando o mercado ou eliminando, total ou parcialmente, a concorrência mediante qualquer forma de ajuste ou acordo de empresas; (Redação dada pela Lei nº 12.529, de 2011).

1. COMENTÁRIOS

1.1. Considerações iniciais

Aqueles que atuam na cadeia produtiva, possuem poder econômico, em maior ou menor medida. A intervenção penal não se dirige à existência do poder econômico, nem mesmo à sua utilização, mas sim ao seu abuso. Abuso de direito (ou de uma das manifestações de poder, como no caso) é reprimido pelo ordenamento jurídico, como forma de manutenção da harmonia social. No caso em questão, a limitação do abuso do poder econômico objetiva, sobretudo, a permanência da concorrência saudável, do livre-mercado com observância de regras claras.

Contudo, o tipo penal não se contenta em fazer menção ao abuso de poder econômico como instrumento para a consumação do crime. Ao revés, o tipo penal faz menção à forma como se dá o referido abuso (mediante qualquer forma de ajuste ou acorde de empresas) como ocorre o mencionado abuso. E condiciona à consumação do crime um resultado naturalístico decorrente deste abuso, que é o domínio de mercado ou a eliminação, total ou parcial, da concorrência.

A imprescindibilidade de ocorrência do ajuste ou acorde de empresas faz com a doutrina venha a divergir quanto à classificação do crime em relação ao concurso de pessoas. Para uma primeira corrente doutrinária, trata-se de crime plurissubjetivo[21], isto é, será necessária a presença de mais de um agente para consumar o crime. Um segundo entendimento, contudo, caminha no sentido de que se trata de crime unissubjetivo.

Com a devida vênia às opiniões em sentido contrário, aderimos a esta segunda corrente de pensamento, entendendo se tratar de crime unissubjetivo, ou de concurso eventual. Por outras palavras, pode haver o concurso de pessoas ou não, neste crime. Para chegar a esta conclusão, imperioso recordar que o crime restará consumado quando ocorrer o efetivo domínio de mercado ou eliminação da concorrência. Ora, o que pode ocorrer é que, no ajuste entre as empresas, um dos empresários não possua qualquer pretensão de produzir nenhum destes dois resultados e, mais que isto, não tenha sequer consciência de que o outro empresário consumará este crime.

Pois bem. Se o segundo empresário do exemplo acima não alcança nenhum dos resultados previstos no tipo, não será autor do crime em apreço. E se nem sequer possuía consciência do resultado que seria alcançado pelo outro empresário, não poderá ser considerado partícipe, pois lhe falta o dolo e, como sabemos, não há participação culposa em crime doloso. Neste exemplo, um dos empresários incorreria no crime sob exame e o outro seria mero instrumento para a prática do crime. Trata-se, portanto, de crime unissubjetivo (ou seja, poderá, ou não, haver concurso de pessoas).

1.2. Sujeitos

Qualquer pessoa pode ser sujeito ativo deste crime, desde que possua o poder econômico. A pessoa jurídica não pode ser sujeito ativo do crime (pois, como já mencionado somente pratica crime ambiental), mas, não raras vezes, a pessoa física se vale da pessoa jurídica para a prática dos crimes contra a ordem econômica.

Sujeito passivo do crime é a coletividade, e, secundariamente, os concorrentes ou consumidores atingidos. Sujeito passivo indireto, como sempre, é o Estado.

1.3. Objetos

Objeto jurídico é a própria ordem econômica, e, mais especificamente, a livre concorrência. Objeto material é o mercado ou a concorrência.

1.4. Elemento subjetivo

Elemento subjetivo do crime é o dolo. Não se exige o dolo específico (especial finalidade no agir). Não existe previsão para a modalidade culposa.

1.5. Consumação e tentativa

Trata-se de crime material, que se consuma com a produção do resultado naturalístico. Deste modo, o crime estará consumado com o efetivo domínio sobre o mercado, ou com a efetiva eliminação, total ou parcial, da concorrência. O abuso do poder econômico, por meio de ajuste ou acordo de empresas é o meio empregado para a prática criminosa.

21. NUCCI, Guilherme de Souza. *Ob. cit.*, p. 461.

Trata-se de crime plurissubsistente, cuja conduta, portanto, pode ser fracionada em mais de um ato. Por esta razão, plenamente cabível a tentativa. Basta imaginar, por exemplo, uma situação em que as empresas realizem o ajuste, mas, ainda assim, não consigam dominar o mercado, ou eliminar, ainda que parcialmente, a concorrência.

1.6. Ação penal

A ação penal nos crimes contra a ordem econômica é pública incondicionada.

2. QUESTÕES DE CONCURSOS

1. **(FCC/SEFAZ-PI/Analista/2015 – adaptada)** Constitui crime contra as relações de consumo abusar do poder econômico, dominando o mercado ou eliminando, total ou parcialmente, a concorrência mediante qualquer forma de ajuste ou acordo de empresas.

GAB	1
	E

Inciso II – formar acordo, convênio, ajuste ou aliança entre ofertantes, visando: (Redação dada pela Lei nº 12.529, de 2011).

a) à fixação artificial de preços ou quantidades vendidas ou produzidas; (Redação dada pela Lei nº 12.529, de 2011).

b) ao controle regionalizado do mercado por empresa ou grupo de empresas; (Redação dada pela Lei nº 12.529, de 2011).

c) ao controle, em detrimento da concorrência, de rede de distribuição ou de fornecedores.

1. COMENTÁRIOS

1.1. Considerações iniciais

A rigor, não haveria a necessidade das condutas criminosas dispostas no inciso II, na medida em que o tipo penal do inciso I deste artigo, acima comentado, já contempla o abuso de poder econômico mediante qualquer ajuste ou acordo de empresas. Como se percebe, no segundo inciso, uma vez mais, há alusão a uma modalidade de ajuste, porquanto o dispositivo faz alusão à formação de "acordo, convênio, ajuste ou aliança entre ofertantes".

Ofertante é o fornecedor de bens, serviços, produtos e mercadorias. Enfim, é o agente que atua no mercado. No mais das vezes, tais ajustes se perfazem por meio de pessoas jurídicas, muito embora, como se sabe, apenas as pessoas físicas possam ser responsabilizadas criminalmente, pois, no nosso ordenamento jurídico, os entes morais apenas respondem por crimes ambientais.

1.2. Sujeitos

Sujeitos ativos do crime são os ofertantes, isto é, os fornecedores de bens, produtos, serviços e mercadorias em geral, no mercado. Naturalmente, os crimes somente podem ser praticados por pessoas físicas, ainda que estas atuem por intermédio de pessoas jurídicas.

Sujeito passivo do crime é a coletividade. Trata-se, portanto, de crime vago. No caso concreto, de forma secundária, podem ser sujeitos passivos do crime concorrentes ou consumidores eventualmente prejudicados. Sujeito passivo indireto, como sempre, é o Estado.

1.3. Objetos

Objeto jurídico é a própria ordem econômica, e, mais especificamente, a livre concorrência.

1.4. Elemento subjetivo

Elemento subjetivo do crime é o dolo.

Além do dolo genérico, consistente na formação do acordo, convênio ou aliança entre os ofertantes, exige-se o dolo específico (especial finalidade no agir), caracterizados pela: a) fixação artificial de preços ou quantidades vendidas ou produzidas; b) pretensão de controle regionalizado do mercado por empresa ou grupo de empresas; c) pretensão de controle, em detrimento da concorrência, de rede de distribuição ou de fornecedores.

Não existe previsão para a modalidade culposa.

1.5. Consumação e tentativa

O crime estará consumado com a formalização do acordo, convênio ou aliança entre os ofertantes. Vale reiterar que as pretensões enumeradas nas alíneas *a, b* e *c* constituem finalidades pretendidas pelos agentes (dolo específico), mas não resultado imprescindível à consumação das condutas. Trata-se, portanto, de crime formal, e os resultados pretendidos nas respectivas alíneas caracterizam exaurimento do crime.

Em tese, é possível a tentativa. Basta imaginar uma tentativa frustrada dos ofertantes em celebrar o acordo.

1.6. Ação penal

A ação penal nos crimes contra a ordem econômica é pública incondicionada.

2. QUESTÕES DE CONCURSOS

1. **(TRF3/Juiz Federal/2016)** Sabendo-se que os presidentes de empresas, que dominam o mercado em um determinado setor, se unem para fixar preços e dividir territórios de atuação, é possível afirmar que tais presidentes:

a) Devem ser responsabilizados por crimes contra as relações de consumo, especialmente o previsto no artigo 7º., inciso IV, da Lei 8.137/90;

b) Devem responder por crime contra a ordem econômica em sentido estrito;

c) Não podem sofrer qualquer tipo de procedimento penal, haja vista o princípio da responsabilidade penal subjetiva;

d) Não podem sofrer qualquer punição, como pessoas físicas; as empresas, entretanto, poderão ser punidas nos termos da Lei 12.529/11.

GAB	1
	B

Art. 5º (Revogado pela Lei nº 12.529, de 2011).

Art. 6º (Revogado pela Lei nº 12.529, de 2011).

Art. 7º Constitui crime contra as relações de consumo:

I – favorecer ou preferir, sem justa causa, comprador ou freguês, ressalvados os sistemas de entrega ao consumo por intermédio de distribuidores ou revendedores;

II – vender ou expor à venda mercadoria cuja embalagem, tipo, especificação, peso ou composição esteja em desacordo com as prescrições legais, ou que não corresponda à respectiva classificação oficial;

III – misturar gêneros e mercadorias de espécies diferentes, para vendê-los ou expô-los à venda como puros; misturar gêneros e mercadorias de qualidades desiguais para vendê-los ou expô-los à venda por preço estabelecido para os demais mais alto custo;

IV – fraudar preços por meio de:

a) alteração, sem modificação essencial ou de qualidade, de elementos tais como denominação, sinal externo, marca, embalagem, especificação técnica, descrição, volume, peso, pintura ou acabamento de bem ou serviço;

b) divisão em partes de bem ou serviço, habitualmente oferecido à venda em conjunto;

c) junção de bens ou serviços, comumente oferecidos à venda em separado;

d) aviso de inclusão de insumo não empregado na produção do bem ou na prestação dos serviços;

V – elevar o valor cobrado nas vendas a prazo de bens ou serviços, mediante a exigência de comissão ou de taxa de juros ilegais;

VI – sonegar insumos ou bens, recusando-se a vendê-los a quem pretenda comprá-los nas condições publicamente ofertadas, ou retê-los para o fim de especulação;

VII – induzir o consumidor ou usuário a erro, por via de indicação ou afirmação falsa ou enganosa sobre a natureza, qualidade do bem ou serviço, utilizando-se de qualquer meio, inclusive a veiculação ou divulgação publicitária;

VIII – destruir, inutilizar ou danificar matéria-prima ou mercadoria, com o fim de provocar alta de preço, em proveito próprio ou de terceiros;

IX – vender, ter em depósito para vender ou expor à venda ou, de qualquer forma, entregar matéria-prima ou mercadoria, em condições impróprias ao consumo;

Pena – detenção, de 2 (dois) a 5 (cinco) anos, ou multa.

Parágrafo único. Nas hipóteses dos incisos II, III e IX pune-se a modalidade culposa, reduzindo-se a pena e a detenção de 1/3 (um terço) ou a de multa à quinta parte.

1. COMENTÁRIOS

1.1. Considerações iniciais

Como já mencionamos, na parte inicial dos comentários a esta Lei, ela trata de crimes contra a ordem tributária (arts. 1º a 3º), contra a ordem econômica (art. 4º.) e crimes contra as relações de consumo (art. 7º). O que pode causar espécie ao estudioso da Lei é o fato de ela haver sido publicada no mesmo ano de publicação da Lei nº 8.078/90, o Código de Defesa do Consumidor, que também traz tipos penais relacionados à tutela do consumidor.

De um modo geral, há uma tendência doutrinária em se considerar que, enquanto o Código de Defesa do Consumidor (CDC) trata, especificamente, da tutela da figura do consumidor, a Lei nº 8.137/90 deve ser vista dentro de um contexto de tutela da ordem econômica. Sob este prisma, as relações de consumo a que se refere o art. 7º seriam, tão-somente, desdobramento das relações de mercado que estão intimamente ligadas à ordem econômica.

De toda sorte, os crimes previstos nos incisos no art. 7º da Lei nº 8.137/90 podem e devem se utilizar de alguns conceitos contidos no Código de Defesa do Consumidor. Por esta razão, não será demasiado relembrar que:

a) Consumidor é toda pessoa física ou jurídica que adquire ou utiliza produto ou serviço como destinatário final (art. 2º., *caput,* CDC). Equipara-se a consumidor a coletividade de pessoas, ainda que indetermináveis, que haja intervindo nas relações de consumo (art. 2º., parágrafo único, CDC).

b) Fornecedor é toda pessoa física ou jurídica, pública ou privada, nacional ou estrangeira, bem como os entes despersonalizados, que desenvolvem atividade de produção, montagem, criação, construção, transformação, importação, exportação, distribuição ou comercialização de produtos ou prestação de serviços (art. 3º., CDC);

c) Produto é qualquer bem, móvel ou imóvel, material ou imaterial (art. 3º, § 1º., CDC).

d) Serviço é qualquer atividade fornecida no mercado de consumo, mediante remuneração, inclusive as de natureza bancária, financeira, de crédito e securitária, salvo as decorrentes das relações de caráter trabalhista (art. 3º., § 2º., CDC).

No que se refere à pena prevista para os crimes contemplados no art. 7º, percebemos que é de detenção de 2 (dois) a 5 (cinco) anos, ou multa. Destoa, portanto, da atual redação do art. 4º, que faz menção à pena de multa como alternativa, e não como possibilidade de acúmulo. Por esta razão, a pena mínima prevista para os crimes do art. 7º não é de detenção de dois anos, mas sim de multa, pois ela poderá ser aplicada como alternativa à pena privativa de liberdade.

Diante deste quadro, nada obsta que, para os crimes contra as relações de consumo, contidos na Lei nº 8.137/90, seja proposta a suspensão condicional do processo (art. 89, Lei nº 8.137/90), cujo requisito principal é a existência de crime com pena mínima até um ano. Por outro lado, não nos parece possível o benefício da transação penal (art. 76, Lei nº 9.099/95), pois a pena máxima prevista não é a de multa, mas sim a privação de liberdade por cinco anos.

É oportuno destacar que o parágrafo único do art. 7º prevê a modalidade culposa para os crimes contidos nos incisos II, III e IX. Em tais casos, dispõe o mencionado parágrafo que: "pune-se a modalidade culposa, reduzindo-se a pena e a detenção de 1/3 (um terço) ou a de multa à quinta parte".

2. QUESTÕES DE CONCURSOS

1. **(MPE-SC/Promotor de Justiça/2016)** Os crimes contra as relações de consumo previstos na Lei n. 8.137/90 são punidos, apenas, na modalidade dolosa.

2. **(CONSULPLAN/TJ-MG/Titular de Serviços de Notas e de Registros/2017 – adaptada)** O STJ entende que, para caracterizar o crime previsto no art. 7º, IX, da Lei nº 8.137/1990, delitos contra as relações de consumo, é prescindível a realização de perícia a fim de atestar se as mercadorias apreendidas estavam em condições impróprias para o consumo.

3. **(IESES/TJ-RO/Titular de Serviços de Notas e de Registros/2017 – adaptada)** Não há previsão expressa de crime culposo na Lei 8.137/90, a qual define crimes contra a ordem tributária, econômica e contra as relações de consumo, e dá outras providências.

4. **(CESPE/DPF/Delegado de Polícia Federal/2018)** Importador ou prestador de serviço que promover propaganda com o objetivo de obter vantagem indevida com o produto fornecido ou o serviço prestado cometerá crime contra o consumidor.

GAB	1	2	3	4
	E	E	E	C

Inciso I – favorecer ou preferir, sem justa causa, comprador ou freguês, ressalvados os sistemas de entrega ao consumo por intermédio de distribuidores ou revendedores;

1. COMENTÁRIOS

1.1. Considerações iniciais

O crime deste primeiro inciso do art. 7º encontra-se dentre aqueles que pretendem favorecer um sistema de livre mercado sem práticas discriminatórias para com determinados consumidores. Tipifica-se a conduta daqueles que favorecem ou preferem compradores ou fregueses sem justa causa, atuando, deste modo, em detrimento de outros que se encontravam em uma situação similar, ou, mesmo, sob o ponto de vista do mercado, em posição mais vantajosa.

A expressão "justa causa" constitui um elemento normativo do tipo, conceito indeterminado que depende de uma valoração social, a ser promovida no caso concreto. Com efeito, é no caso concreto que se terá condições de aquilatar se a preferência ou favorecimento levado a cabo possuía justificativa plausível. Em não havendo a referida justa causa, estaremos diante do crime em apreço.

Tratamento diferenciado em que há justa causa é aquele que conta com o respaldo da Lei e dos costumes vigentes no local. À guisa de exemplo, pode ser citado o proprietário de estabelecimento que proíbe alguns fregueses de ingressarem no ambiente com trajes de banho. Não há, no caso, que se falar na prática de crime, sobretudo quando os costumes e o ambiente indicam que trajes de banho não são compatíveis com as roupas dos demais frequentadores.

De todo modo, o tratamento discriminatório a que se refere o dispositivo sob exame não pode caracterizar preconceito de raça, cor, etnia, religião ou procedência nacional. Se assim o for, estaremos diante de crime tipificado na Lei de Preconceito (Lei nº 7.716/89). De fato, a referida Lei, ao tratar das condutas de cunho preconceituoso, inclui em seu rol algumas que dizem respeito, especificamente às relações de consumo.

Como exemplo, podemos citar os arts. 7º. ("Impedir o acesso ou recusar hospedagem em hotel, pensão, estalagem, ou qualquer estabelecimento similar"), 8º ("Impedir o acesso ou recusar atendimento em restaurantes, bares, confeitarias, ou locais semelhantes abertos ao público"), 9º ("Impedir o acesso ou recusar atendimento em estabelecimentos esportivos, casas de diversões, ou clubes sociais abertos ao público") e 10 ("Impedir o acesso ou recusar atendimento em salões de cabeleireiros, barbearias, termas ou casas de massagem ou estabelecimento com as mesmas finalidades").

1.2. Sujeitos

É a pessoa física que, ainda que por intermédio de pessoa jurídica, é fornecedor de bens, serviços, produtos ou mercadorias. Sujeito passivo é a pessoa, física ou jurídica, compradora ou freguesa que foi preterida pela atuação do sujeito ativo. Sujeito passivo indireto, como sempre, é o Estado.

1.3. Objetos

Objeto jurídico é a proteção das relações de consumo. Objeto material é o comprador ou freguês.

1.4. Elemento subjetivo

O elemento subjetivo é o dolo, consistente na consciência e vontade de preferir ou favorecer, sem justa causa, comprador ou freguês. Não se exige um dolo específico (especial finalidade no agir). De igual sorte, não há a previsão para a modalidade culposa.

1.5. Consumação e tentativa

O crime se consuma quando há o efetivo favorecimento ou preferência, sem justa causa, de comprador ou freguês. Para tanto, necessário se faz, na prática, que o agente, fornecedora de bens, produtos ou serviços, efetivamente comercialize com o beneficiado, em detrimento de outrem. A tentativa é possível, muito embora difícil de se comprovar na prática.

1.6. Ação penal

Nos crimes contra as relações de consumo, a ação penal é pública incondicionada.

2. QUESTÕES DE CONCURSOS

1. **(FCC/SEFAZ-PI/Auditor Fiscal/2015 – adaptada)** Constitui crime contra as relações de consumo favorecer ou preferir comprador ou freguês, ressalvados os sistemas de entrega ao consumo por intermédio de distribuidores ou revendedores.

GAB	1
	E

Inciso II – vender ou expor à venda mercadoria cuja embalagem, tipo, especificação, peso ou composição esteja em desacordo com as prescrições legais, ou que não corresponda à respectiva classificação oficial;

1. COMENTÁRIOS

1.1. Considerações iniciais

Trata-se de norma penal em branco, porquanto a consumação depende da venda ou exposição à venda "em desacordo com as prescrições legais, ou que não corresponda à respectiva classificação oficial". A complementação da definição da conduta depende, assim, da identificação de quais sejam as prescrições legais ou a classificação oficial.

Cabe salientar que, no tipo penal em apreço, o agente não está vendendo ou expondo à venda mercadoria em condições impróprias ao consumo. Neste caso, não incorreria o agente no crime do inciso II, mas sim no crime do inciso IX deste mesmo art. 7º, que assim dispõe: "vender, ter em depósito para vender ou expor à venda ou, de qualquer forma, entregar matéria-prima ou mercadoria, em condições impróprias ao consumo".

De igual sorte, há alguns tipos penais contidos no Código de Defesa do Consumidor que se aproximam do tipo penal em apreço, mas que, com ele, não se confundem. Assim, podemos citar os arts. 63 ("Omitir dizeres ou sinais ostensivos sobre a nocividade ou periculosidade de produtos, nas embalagens, nos invólucros, recipientes ou publicidade:"), 64 ("Deixar de comunicar à autoridade competente e aos consumidores a nocividade ou periculosidade de produtos cujo conhecimento seja posterior à sua colocação no mercado"), 67 ("Fazer ou promover publicidade que sabe ou deveria saber ser enganosa ou abusiva:") e 68 ("Fazer ou promover publicidade que sabe ou deveria saber ser capaz de induzir o consumidor a se comportar de forma prejudicial ou perigosa a sua saúde ou segurança:").

1.2. Sujeitos

É a pessoa física que, ainda que por intermédio de pessoa jurídica, é fornecedora de mercadorias. Sujeito passivo é a coletividade; no caso concreto, secundariamente, podem ser sujeitos passivos os consumidores a quem as mercadorias foram expostas e/ou vendidas. Convém recordar que a pessoa jurídica também pode ser consumidora, conforme os termos do Código de Defesa do Consumidor, razão pela qual poderia figurar como sujeito passivo, secundariamente, deste crime.

Sujeito passivo indireto, como sempre, é o Estado.

1.3. Objetos

Objeto jurídico é a proteção das relações de consumo. Objeto material é a mercadoria vendida ou exposta à venda.

1.4. Elemento subjetivo

Elemento subjetivo é o dolo, consistente na vontade consciente de expor à venda ou vender a mercadoria cuja embalagem, tipo, especificação, peso ou composição esteja em desacordo com as prescrições legais, ou que não corresponda à respectiva classificação oficial. Não se exige o dolo específico (especial finalidade no agir).

O parágrafo único do art. em comento prevê a modalidade culposa para o crime. Desta forma, ainda que o agente venda ou exponha à venda a mercadoria nas condições assinaladas no tipo penal por ausência de dever objetivo de cuidado (negligência, imprudência ou imperícia), o crime estará caracterizado. Neste caso, a pena privativa de liberdade será reduzida um terço; no caso da aplicação alternativa da pena de multa, esta será reduzida à quinta parte.

1.5. Consumação e tentativa

É necessário diferenciar as duas condutas do tipo: vender e expor à venda.

Na primeira modalidade, o crime estará consumado com a efetiva venda, que se perfectibiliza com a tradição da coisa móvel. Por sua vez, na segunda modalidade, o crime se consuma com a mera exposição da mercadoria à venda, ainda que, daí, não advenha dano concreto a qualquer consumidor. Tendo ocorrido a exposição à venda, a efetiva venda caracterizará mero exaurimento do crime. Deste modo, a venda da mercadoria apenas consuma o crime se não for antecedida da exposição à venda.

Na primeira modalidade ("vender"), temos um crime plurissubsistente, motivo pelo qual a tentativa é plenamente possível. Basta imaginar uma situação em que o fornecedor tenta efetuar uma venda pela *internet*, sem que tenha exposto a mercadoria. Por sua vez, a segunda modalidade ("expor à venda") é crime unissubsistente, e, por isso, não caberá a tentativa.

1.6. Ação penal

Nos crimes contra as relações de consumo, a ação penal é pública incondicionada.

2. QUESTÕES DE CONCURSOS

1. **(FCC/SEFAZ-PI/Auditor Fiscal/2015 – adaptada)** Constitui crime contra as relações de consumo vender ou expor à venda mercadoria cuja embalagem, tipo, especificação, peso ou composição esteja em desacordo com as prescrições legais, ainda que corresponda à respectiva classificação oficial.

2. **(MPE-SE/Promotor de Justiça/2014)** Vender ou expor à venda mercadoria cuja embalagem, tipo, especificação, peso ou composição esteja em desacordo com as prescrições legais, ou que não corresponda à respectiva classificação oficial, não constitui crime contra as relações de consumo, mas, sim, infração administrativa, punida com multa de 10 a 200 salários mínimos, aplicada pelo órgão fiscalizador competente.

GAB	1	2
	E	E

Inciso III – misturar gêneros e mercadorias de espécies diferentes, para vendê-los ou expô-los à venda como puros; misturar gêneros e mercadorias de qualidades desiguais para vendê-los ou expô-los à venda por preço estabelecido para os demais mais alto custo;

1. COMENTÁRIOS

1.1. Considerações iniciais

Em geral, as substancias puras são mais valorizadas do que aquelas que contêm algum tipo de mistura. Aliás, não raras vezes, tais misturas objetivam, justamente, tornar a mercadoria mais econômica. Em linha de princípio, não há maiores problemas com tais misturas. O que se criminaliza no presente tipo penal é a conduta dos fornecedores que se valem de tais misturas com o intuito de vender ou expor à venda produto como se fora puro ou de mais alto custo.

1.2. Sujeitos

É a pessoa física que, ainda que por intermédio de pessoa jurídica, é fornecedora de mercadorias. Sujeito passivo é a coletividade; no caso concreto, secundariamente, podem ser sujeitos passivos os consumidores. A pessoa jurídica também pode ser consumidora, conforme os termos do Código de Defesa do Consumidor, razão pela qual poderia figurar como sujeito passivo, secundariamente, deste crime.

Sujeito passivo indireto, como sempre, é o Estado.

1.3. Objetos

Objeto jurídico é a proteção das relações de consumo. Objeto material são os gêneros e as mercadorias misturadas.

1.4. Elemento subjetivo

Elemento subjetivo é o dolo, consistente na vontade consciente de misturar os gêneros e mercadorias de espécies diferentes ou de qualidades desiguais. Na primeira conduta, exige-se o dolo específico (especial finalidade no agir) de vender ou expor à venda os gêneros e mercadorias como puros. Na segunda conduta, exige-se o dolo específico de vendê-los ou expô-los à venda por preço estabelecido para os demais mais alto custo.

O parágrafo único do art. em comento prevê a modalidade culposa para o crime. Desta forma, ainda que o agente venda ou exponha à venda a mercadoria nas condições assinaladas no tipo penal por ausência de dever objetivo de cuidado (negligência, imprudência ou imperícia), o crime estará caracterizado. Neste caso, a pena privativa de liberdade será reduzida um terço; no caso da aplicação alternativa da pena de multa, esta será reduzida à quinta parte.

1.5. Consumação e tentativa

Enquanto as condutas do inciso II se consumam com a efetiva venda ou exposição à venda das mercadorias, aqui no inciso III esta venda ou exposição constituem apenas elemento subjetivo específico, isto é, uma pretensão do agente. Deste modo, o crime estará consumado: a) quando houver a mistura de gêneros e mercadorias de espécies diferentes (com a finalidade específica de vendê-los ou expô-los à venda como puros); b) misturar gêneros e mercadorias de qualidades desiguais (com a finalidade específica de vendê-los ou expô-los à venda por preço estabelecido para os demais mais alto custo)[22].

Se a mistura de gêneros e mercadorias ocorrer com outra finalidade, que não estas apresentadas no inciso III, a conduta será atípica.

A tentativa é possível.

1.6. Ação penal

Nos crimes contra as relações de consumo, a ação penal é pública incondicionada.

2. QUESTÕES DE CONCURSOS

1. **(FCC/SEFAZ-PI/Auditor Fiscal/2015 – adaptada)** Constitui crime contra as relações de consumo misturar gêneros e mercadorias de espécies diferentes, para vendê-los ou expô-los à venda como puros; misturar gêneros e mercadorias de qualidades desiguais para vendê-los ou expô-los à venda por preço estabelecido para os de mais alto custo.

GAB	1
	C

Inciso IV – fraudar preços por meio de:

a) alteração, sem modificação essencial ou de qualidade, de elementos tais como denominação, sinal externo, marca, embalagem, especificação técnica, descrição, volume, peso, pintura ou acabamento de bem ou serviço;

b) divisão em partes de bem ou serviço, habitualmente oferecido à venda em conjunto;

c) junção de bens ou serviços, comumente oferecidos à venda em separado;

22. Em sentido contrário, defendendo a tese de que o crime se consuma quando o produto misturado for vendido ou exposto à venda, DELMANTO, *ob. cit.*, p. 245.

d) aviso de inclusão de insumo não empregado na produção do bem ou na prestação dos serviços;

1. COMENTÁRIOS

1.1. Considerações iniciais

O tipo penal é de forma vinculada, pois traz, em rol taxativo, as modalidades pelas quais o agente pode praticar a conduta, consistente em fraudar preços. Ademais, trata-se de tipo penal misto alternativo, na medida em que a realização de mais de uma conduta, em um mesmo contexto fático dará ensejo a apenas um crime.

Deste modo, se o agente, por exemplo, divide o bem em partes, mesmo sendo ele, habitualmente vendido em conjunto (alínea *b*) e, em relação a este mesmo produto, promove aviso de inclusão de insumo que não foi empregado na produção do bem (alínea *d*), incorrerá na prática de apenas um crime.

1.2. Sujeitos

É a pessoa física que, ainda que por intermédio de pessoa jurídica, é fornecedora. Sujeito passivo é a coletividade; no caso concreto, secundariamente, podem ser sujeitos passivos os consumidores. A pessoa jurídica também pode ser consumidora, conforme os termos do Código de Defesa do Consumidor, razão pela qual poderia figurar como sujeito passivo, secundariamente, deste crime.

Sujeito passivo indireto, como sempre, é o Estado.

1.3. Objetos

Objeto jurídico é a proteção das relações de consumo. Objeto material é o preço.

1.4. Elemento subjetivo

Elemento subjetivo é o dolo, consistente na vontade consciente de fraudar os preços. Não se exige dolo específico e nem há previsão para a punição da modalidade culposa.

1.5. Consumação e tentativa

O crime estará consumado com a efetiva fraude de preços, por intermédio das condutas descritas nas alíneas do inciso. A tentativa é possível, porquanto algumas condutas descritas nos incisos constituem crime plurissubsistente (a ação pode ser fracionada).

1.6. Ação penal

Nos crimes contra as relações de consumo, a ação penal é pública incondicionada

2. QUESTÕES DE CONCURSOS

1. **(FCC/SEFAZ-PI/Auditor Fiscal/2015 – adaptada)** Constitui crime contra as relações de consumo aumentar preços por meio de aviso de inclusão de insumo utilizado na produção do bem ou na prestação dos serviços.

Inciso V – elevar o valor cobrado nas vendas a prazo de bens ou serviços, mediante a exigência de comissão ou de taxa de juros ilegais;

1. COMENTÁRIOS

1.1. Considerações iniciais

Nada obsta que o fornecedor de bens e serviços, nas vendas a prazo, exija o pagamento de comissão ou cobre juros (o que, inclusive, é muito mais comum). O tipo penal prevê a conduta consistente na elevação do valor mediante a cobrança, nas vendas a prazo, de comissão ou taxa de juros ilegais. Trata-se, portanto, de situação em que há a necessidade de se conhecer o permissivo legislativo, no que concerne a tais cobranças.

Como se vê, o tipo penal constitui lei penal em branco, porquanto o preceito primário, que define a conduta, depende de um complemento, consistente na identificação do limite da taxa de juros ou valor de comissão.

Devemos recordar que, em sua redação originária, a Constituição Federal estipulava, em seu art. 192, § 3º, um limite para a taxa de juros, que estava compreendido em até doze por cento ao ano. O STF entendeu que se tratava de norma constitucional de eficácia limitada, pendente de regulamentação por legislação ordinária. De toda sorte, com o advento da Emenda Constitucional nº 40/2003, este parágrafo foi revogado, já não existindo previsão constitucional para limite à taxa de juros.

O crime em tela não se confunde com o crime de usura, previsto no art. 4º, da Lei nº 1.521/51, que trata de crimes contra a economia popular, nos seguintes termos: "Constitui crime da mesma natureza a usura pecuniária ou real, assim se considerando: a) cobrar juros, comissões ou descontos percentuais, sobre dívidas em dinheiro superiores à taxa permitida por lei; cobrar ágio superior à taxa oficial de câmbio, sobre quantia permutada por moeda estrangeira; ou, ainda, emprestar sob penhor que seja privativo de instituição oficial de crédito".

Como se percebe, na Lei nº 8.137/90, a cobrança ilegal de comissão ou juros é realizada pelo fornecedor e diz respeito às vendas a prazo.

1.2. Sujeitos

É a pessoa física que, ainda que por intermédio de pessoa jurídica, é fornecedora. Sujeito passivo é a coletividade; no caso concreto, secundariamente, podem ser sujeitos passivos os consumidores. A pessoa jurídica também pode ser consumidora, conforme os termos do Código de Defesa do Consumidor, razão pela qual poderia figurar como sujeito passivo, secundariamente, deste crime.

Sujeito passivo indireto, como sempre, é o Estado.

1.3. Objetos

Objeto jurídico é a proteção das relações de consumo. Objeto material é a comissão ou a taxa de juros.

1.4. Elemento subjetivo

Elemento subjetivo é o dolo, consistente na vontade consciente de elevar o valor cobrado nas vendas a prazo de bens ou serviços. Não se exige dolo específico e nem há previsão para a punição da modalidade culposa.

1.5. Consumação e tentativa

O crime se consuma com a efetiva elevação do valor cobrado nas vendas a prazo de bens ou serviços. A exigência de comissão ou taxa de juros ilegais constitui o meio empregado para a consumação. Para a consumação do crime, não é necessário que haja a venda, mas apenas a cobrança, a exigência do valor. Ocorrendo também a venda, haverá o exaurimento do crime.

A tentativa é possível, muito embora de difícil ocorrência.

1.6. Ação penal

Nos crimes contra as relações de consumo, a ação penal é pública incondicionada

2. QUESTÕES DE CONCURSOS

1. **(FCC/SEFAZ-PI/Analista/2015 – adaptada)** Constitui crime contra as relações de consumo elevar o valor cobrado nas vendas a prazo de bens ou serviços, mediante a exigência de comissão ou de taxa de juros ilegais.

GAB	1
	C

Inciso VI – sonegar insumos ou bens, recusando-se a vendê-los a quem pretenda comprá-los nas condições publicamente ofertadas, ou retê-los para o fim de especulação;

1. COMENTÁRIOS

1.1. Considerações iniciais

O tipo penal é constituído de duas condutas. Em um primeiro momento, temos a conduta do fornecedor consistente em: "sonegar insumos ou bens, recusando-se a vendê-los a quem pretenda comprá-los nas condições publicamente ofertadas"; em segundo momento, temos a conduta do fornecedor que retém os insumos ou bens para fins de especulação.

Este tipo penal promoveu a revogação tácita do art. 2º, inciso I da Lei nº 1.521/51 (Lei de Crimes Contra a Economia Popular), que dispõe: "recusar individualmente em estabelecimento comercial a prestação de serviços essenciais à subsistência; sonegar mercadoria ou recusar vendê-la a quem esteja em condições de comprar a pronto pagamento".

1.2. Sujeitos

É a pessoa física que, ainda que por intermédio de pessoa jurídica, é fornecedora de insumos e bens. Sujeito passivo é a coletividade; no caso concreto, secundariamente, podem ser sujeitos passivos os consumidores. A pessoa jurídica também pode ser consumidora, conforme os termos do Código de Defesa do Consumidor, razão pela qual poderia figurar como sujeito passivo, secundariamente, deste crime.

Sujeito passivo indireto, como sempre, é o Estado.

1.3. Objetos

Objeto jurídico é a proteção das relações de consumo. Objeto material são os insumos ou bens.

1.4. Elemento subjetivo

Elemento subjetivo é o dolo, consistente na vontade consciente de: a) sonegar insumo ou bem; b) retê-los. Nesta segunda modalidade da conduta, exige-se o dolo específico, consistente na especulação. Não há previsão para a modalidade culposa.

1.5. Consumação e tentativa

O tipo penal possui duas condutas distintas, consistentes em: a) sonegar insumos ou bens, recusando-se a vendê-los a quem pretenda comprá-los nas condições publicamente ofertadas; b) ou retê-los para o fim de especulação. Na primeira conduta, o crime se consuma com a efetiva sonegação do bem ou insumo. Na segunda, o crime estará caracterizado com a retenção do bem ou insumo, desde que haja a finalidade especulativa.

Não há que se falar em tentativa, pois as condutas de que tratam o tipo penal são unissubsistentes.

1.6. Ação penal

Nos crimes contra as relações de consumo, a ação penal é pública incondicionada.

Inciso VII – induzir o consumidor ou usuário a erro, por via de indicação ou afirmação falsa ou enganosa sobre a natureza, qualidade do bem ou serviço, utilizando-se de qualquer meio, inclusive a veiculação ou divulgação publicitária;

1. COMENTÁRIOS

1.1. Considerações iniciais

O tipo penal não exige qualquer resultado naturalístico proveniente do induzimento a que se refere. Por outras palavras, a consumação do crime independe de algum ato efetivamente praticado pelo consumidor ou usuário. Aliás, não é necessário, sequer, que incorra no erro a que é induzido. Cabe recordar que induzir equivale a criar a ideia. Ao induzir o consumidor ou usuário, o fornecedor tenta incutir na cabeça do consumidor ou usuário a falsa concepção da realidade.

O tipo penal faz menção ao consumidor ou usuário. Não é demasiado reiterar que, se o usuário for destinatário final do bem, também é considerado consumidor, conforme definição do art. 2º do CDC, nos seguintes termos: "Consumidor é toda pessoa física ou jurídica que adquire ou utiliza produto ou serviço como destinatário final".

Em alguns pontos, o tipo penal em estudo colide com algumas disposições dos arts. 66, 67 e 68 do CDC, que possuem as seguintes redações: "Art. 66. Fazer afirmação falsa ou enganosa, ou omitir informação relevante sobre a natureza, característica, qualidade, quantidade, segurança, desempenho, durabilidade, preço ou garantia de produtos ou serviços"; "Art. 67. Fazer ou promover publicidade que sabe ou deveria saber ser enganosa ou abusiva"; "Art. 68. Fazer ou promover publicidade que sabe ou deveria saber ser capaz de induzir o consumidor a se comportar de forma prejudicial ou perigosa a sua saúde ou segurança".

Nos pontos em que há colidência entre a Lei nº 8.137/90 e o CDC, deve prevalecer a primeira, pois é lei posterior, e ambas são – no que se refere à parte penal – igualmente especiais. Por esta razão, cremos que os artigos transcritos do Código de Defesa do Consumidor foram tacitamente derrogados[23].

1.2. Sujeitos

É a pessoa física que, ainda que por intermédio de pessoa jurídica, é fornecedora. Sujeito passivo é a coletividade; no caso concreto, secundariamente, podem ser sujeitos passivos os consumidores. A pessoa jurídica também pode ser consumidora, conforme os termos do Código de Defesa do Consumidor, razão pela qual poderia figurar como sujeito passivo, secundariamente, deste crime.

Sujeito passivo indireto, como sempre, é o Estado.

1.3. Objetos

Objeto jurídico é a proteção das relações de consumo. Objeto material é a indicação ou afirmação falsa ou enganosa.

1.4. Elemento subjetivo

Elemento subjetivo é o dolo, consistente na vontade consciente de induzir o consumidor ou usuário a erro. Não se exige dolo específico e nem há previsão para a punição da modalidade culposa.

1.5. Consumação e tentativa

Para que o crime se consume, não é necessário que o consumidor, efetivamente, incorra em erro. Basta que o fornecedor faça a indicação ou afirmação falsa ou enganosa a que se refere o tipo penal. Trata-se, pois, de crime de perigo, e não de crime de dano. Entendemos tratar-se de crime de perigo abstrato[24], em que o perigo está previsto no próprio tipo penal.

A tentativa é possível.

1.6. Ação penal

Nos crimes contra as relações de consumo, a ação penal é pública incondicionada.

---

23. No mesmo sentido, NUCCI, Guilherme de Souza. *Ob. cit.*, p. 470.

24. No mesmo sentido, NUCCI, Guilherme de Souza. *Ob. cit.*, p. 471.

Inciso VIII – destruir, inutilizar ou danificar matéria-prima ou mercadoria, com o fim de provocar alta de preço, em proveito próprio ou de terceiros;

1. COMENTÁRIOS

1.1. Considerações iniciais

O tipo penal aproxima-se a uma modalidade de crime de dano, contido no art. 163, CP ("Destruir, inutilizar ou deteriorar coisa alheia"). Há, todavia, algumas distinções relevantes. Inicialmente, no tipo penal inserto dentre os crimes contra as relações de consumo, não há a necessidade de a coisa ser alheia. Com efeito, ainda que o fornecedor destrua matéria-prima ou mercadoria própria, pode haver o crime. Ademais, no crime contra as relações de consumo, há a exigência de um dolo específico (especial finalidade no agir), consistente em provocar alta de preço.

Esse crime revogou o disposto no art. 3º, inciso I, da Lei de Crimes contra a Economia Popular, que assim dispõe: "destruir ou inutilizar, intencionalmente e sem autorização legal, com o fim de determinar alta de preços, em proveito próprio ou de terceiro, matérias-primas ou produtos necessários ao consumo do povo".

1.2. Sujeitos

É a pessoa física que, ainda que por intermédio de pessoa jurídica, é fornecedora. Sujeito passivo é a coletividade; no caso concreto, secundariamente, podem ser sujeitos passivos os consumidores. A pessoa jurídica também pode ser consumidora, conforme os termos do Código de Defesa do Consumidor, razão pela qual poderia figurar como sujeito passivo, secundariamente, deste crime.

Sujeito passivo indireto, como sempre, é o Estado.

1.3. Objetos

Objeto jurídico é a proteção das relações de consumo. Objeto material é a matéria-prima ou mercadoria.

1.4. Elemento subjetivo

Elemento subjetivo é o dolo, consistente na vontade consciente de destruir, inutilizar ou deteriorar matéria-prima ou mercadoria. Há a exigência de dolo específico, consistente na finalidade de provocar alta de preços em proveito próprio. Não há previsão para a punição da modalidade culposa.

1.5. Consumação e tentativa

O crime se consuma quando a matéria-prima ou mercadoria é, efetivamente, destruída, danificada ou inutilizada. A alta de preços constitui a finalidade do agente (dolo específico), não havendo necessidade de sua ocorrência efetiva para a caracterização do crime.

A tentativa é possível, na medida em que as condutas (destruir, inutilizar ou danificar) são plurissubsistentes.

1.6. Ação penal

Nos crimes contra as relações de consumo, a ação penal é pública incondicionada.

2. QUESTÕES DE CONCURSOS

1. **(FCC/SEFAZ-PI/Auditor Fiscal/2015 – adaptada)** Constitui crime contra as relações de consumo destruir, inutilizar ou danificar matéria-prima ou mercadoria, com o fim de provocar prejuízo à concorrência, em proveito próprio ou de terceiros.

2. **(FCC/MPE-PB/Promotor de Justiça/2018)** Nos termos da legislação penal, a conduta de destruir mercadoria, com o fim de provocar alta de preços, constitui crime contra

a) a incolumidade pública.

b) a ordem econômica.

c) as relações de consumo.

d) a paz pública.

e) as relações econômicas.

GAB	1	2
	E	C

Inciso IX – vender, ter em depósito para vender ou expor à venda ou, de qualquer forma, entregar matéria-prima ou mercadoria, em condições impróprias ao consumo;

1. COMENTÁRIOS

1.1. Considerações iniciais

A expressão "impróprias ao consumo" constitui elemento normativo do tipo, dependendo, por isso mesmo, de uma valoração a ser realizada no caso concreto. Naturalmente que, para tanto, nada obsta – ao revés, tudo aconselha – que o julgador se valha de informações técnicas prestadas por perito.

A propósito da necessidade de perícia, cabe ressaltar que se trata de crime não transeunte, isto é, que deixa vestígios e, por esta razão, nos termos do art. 158 do CPP ("Quando a infração deixar vestígios, será indispensável o exame de corpo de delito, direto ou indireto, não podendo supri-lo a confissão do acusado"), imprescindível à caracterização da conduta típica a realização do exame de corpo de delito. Este o entendimento do Superior Tribunal de Justiça, que já decidiu: "Para a demonstração da materialidade do crime previsto no art. 7º, inciso IX, da Lei nº 8.137/1990, é imprescindível a realização de perícia para atestar se as mercadorias apreendidas estavam em condições impróprias para o consumo"[25].

1.2. Sujeitos

É a pessoa física que, ainda que por intermédio de pessoa jurídica, é detentora da matéria-prima ou mercadoria. Sujeito ativo, assim, não é, necessariamente, o fornecedor da mercadoria pronta, acabada.

25. STJ, AgRg no REsp 1111736/RS, Rel. Min. Marco Aurélio Bellizze, julgado em 17/12/2013, DJe 19/12/2013.

Sujeito passivo é a coletividade; no caso concreto, secundariamente, podem ser sujeitos passivos os consumidores. A pessoa jurídica também pode ser consumidora, conforme os termos do Código de Defesa do Consumidor, razão pela qual poderia figurar como sujeito passivo, secundariamente, deste crime.

Sujeito passivo indireto, como sempre, é o Estado.

1.3. Objetos

Objeto jurídico é a proteção das relações de consumo. Objeto material é a matéria-prima ou mercadoria, em condições impróprias ao consumo.

1.4. Elemento subjetivo

Elemento subjetivo é o dolo, consistente na vontade consciente de: a) vender; b) ter em depósito; c) expor à venda; d) entregar. As condutas recaem sobre a matéria prima ou mercadoria em condições impróprias ao consumo.

Na segunda modalidade ("ter em depósito"), exige-se o dolo específico, consistente na finalidade de vender a matéria-prima ou mercadoria em condições impróprias ao consumo.

A modalidade culposa é punida, nos termos do parágrafo único deste art. 7º.

1.5. Consumação e tentativa

O crime se consuma com a realização das condutas descritas no tipo penal ("vender", "ter em depósito para vender", "expor à venda" ou "entregar"). Não se exige que o consumidor sofra algum tipo de consequência danosa, proveniente da aquisição da matéria-prima ou da mercadoria nas condições impróprias.

Em suas modalidades "vender" e "entregar", são condutas plurissubsistentes, admitindo, destarte, a tentativa. Nas demais modalidades, são condutas unissubsistentes, razão pela qual não há que se falar em modalidade tentada.

1.6. Ação penal

Nos crimes contra as relações de consumo, a ação penal é pública incondicionada.

2. SÚMULAS E JURISPRUDÊNCIA

✦ *SUPERIOR TRIBUNAL DE JUSTIÇA*

▸ **NECESSIDADE DE PERÍCIA PARA DEMONSTRAR QUE A MERCADORIA ESTÁ IMPRÓPRIA PARA O CONSUMO EM CRIME CONTRA A RELAÇÃO DE CONSUMO. Para caracterizar o delito previsto no art. 7º, IX, da Lei 8.137/1990 (crime contra relação de consumo), é imprescindível a realização de perícia a fim de atestar se as mercadorias apreendidas estão em condições impróprias para o consumo, não sendo suficiente, para a comprovação da materialidade delitiva, auto de infração informando a inexistência de registro do Serviço de Inspeção Estadual (SIE) nas mercadorias expostas à venda (art. 18, § 6º, II, do CDC, c/c decreto estadual que conceitua os requisitos da propriedade ao consumo de alimentos e bebidas para fins de comercialização).** O art. 7º, IX, da Lei 8.137/1990 tipifica como crime contra as relações de consumo a conduta de "vender, ter em depósito para vender ou expor à venda ou, de qualquer forma, entregar matéria-prima ou mercadoria, em condições impróprias ao consumo". Da leitura do dispositivo legal em comento, percebe-se que se trata de delito que deixa vestígios materiais, sendo indispensável, portanto, a realização de perícia para a sua comprovação, nos termos do art. 158 do CPP ("Quando a infração deixar vestígios, será indispensável o exame de corpo de delito, direto ou indireto, não podendo supri-lo a confissão do acusado"). No mesmo sentido é a doutrina e a jurisprudência predominante do STJ (AgRg no AREsp 333.459-SC, Quinta Turma, DJe 4/11/2013; e AgRg no REsp 1.175.679-RS, Sexta Turma, DJe 28/3/2012), sendo, inclusive, idêntica a orientação do STF (HC 90.779, Primeira Turma, DJe 24/10/2008). Ademais, não se pode olvidar que o art. 18, § 6º, do CDC, que prevê hipóteses em que matérias-primas e mercadorias são consideradas impróprias ao consumo, também se remete a outros diplomas normativos, principalmente na parte final do seu inciso II, ao estabelecer que são impróprios ao consumo a matéria-prima ou mercadoria fabricados, distribuídos ou apresentados em desacordo com as normas regulamentares. Perceba-se que o exercício de subsunção do fato à norma penal, na hipótese, transcende a própria legislação federal que regulamenta a matéria, circunstância que, por si só, já torna impreciso os contornos da figura típica prevista no art. 7º, IX, da Lei 8.137/1990, em ofensa ao princípio da estrita legalidade que vige no ordenamento jurídico pátrio, nos termos do art. 5º, XXXIX, da CF e do art. 1º do CP. Além disso, não se pode dar relevância penal a decreto apto a produzir efeitos apenas no âmbito da referida unidade da federação, em flagrante ofensa à competência privativa da União para legislar sobre Direito Penal, prevista no art. 22, I, da CF. Desta forma, ainda que seja competência concorrente da União, dos Estados e do Distrito Federal a produção legislativa sobre consumo (art. 24, V, da CF), é certo que eventual pretensão penal condenatória somente pode estar fundamentada em legislação emanada da União. Portanto, uma persecução criminal condizente com os princípios e objetivos de um Estado Democrático de Direito deve ser acompanhada de comprovação idônea da materialidade delitiva, conforme preceitua o art. 158 do CPP, não sendo admissível a presunção de impropriedade ao consumo de produtos expostos à venda com base exclusivamente no conteúdo de normas locais. *STJ, RHC 49.752-SC, Rel. Min. Jorge Mussi, j. 14/4/2015, 5ª T. (Info 560)*

- **DEMONSTRAÇÃO DA MATERIALIDADE DO CRIME PREVISTO NO ART. 7º, IX, DA LEI 8.137/1990. Para a demonstração da materialidade do crime previsto no art. 7º, IX, da Lei 8.137/1990, é imprescindível a realização de perícia para atestar se as mercadorias apreendidas estavam em condições impróprias para o consumo.** Precedentes citados do STJ: AgRg no REsp 1.175.679-RS, Sexta Turma, DJe 28/3/2012; e HC 132.257-SP, Quinta Turma, DJe 8/9/2011. Precedente citado do STF: HC 90.779-PR, Primeira Turma, DJe 23/10/2008. *STJ, AgRg no Resp 1.111.736-RS, Rel. Min. Marco Aurélio Bellizze, j. 17/12/2013. 5ª T. (Info 533)*

3. QUESTÕES DE CONCURSOS

1. **(CESPE/PC-DF/Agente de Polícia/2013)** Constitui crime contra as relações de consumo ter em depósito, mesmo que não seja para vender ou para expor à venda, mercadoria em condições impróprias para o consumo.

2. **(FAPEMS/PC-MS/Delegado de Polícia/2017 – adaptada)** A exposição à venda de mercadoria em condições impróprias é considerada crime contra as relações de consumo por meio da Lei nº 8.137/1990, ainda quando praticada culposamente.

GAB	1	2
	E	C

Art. 8º Nos crimes definidos nos arts. 1º a 3º desta lei, a pena de multa será fixada entre 10 (dez) e 360 (trezentos e sessenta) dias-multa, conforme seja necessário e suficiente para reprovação e prevenção do crime.

Parágrafo único. O dia-multa será fixado pelo juiz em valor não inferior a 14 (quatorze) nem superior a 200 (duzentos) Bônus do Tesouro Nacional BTN.

1. COMENTÁRIOS

O *caput* do art. 8º em nada inova em relação aos critérios para estabelecimento de multa. Vale recordar que o Código Penal preconiza que a pena de multa deve ser fixada em duas fases distintas: em um primeiro momento, o julgador deve estabelecer a quantidade de dias-multa, que variam de 10 (dez) a 360 (trezentos e sessenta) dias-multa; apenas no segundo momento, ainda conforme o Código Penal, deve o julgador fixar o valor de cada dia-multa, de acordo com a capacidade econômica do condenado.

Nesta segunda parte de fixação da pena, sim, o art. 8º da Lei nº 8.137/90 inova. E isto porque, de acordo com o Código Penal, os valores deverão variar de 1/30 do salário mínimo até 5 (cinco) salários mínimos; a depender do caso, estes valores poderiam ser elevados ao triplo. Como se percebe do parágrafo único do artigo em comento, o dia-multa variará de 14 (quatorze) nem superior a 200 (duzentos) Bônus do Tesouro Nacional BTN. Não há, portanto, fixação dos valores com base no salário mínimo.

O Bônus do Tesouro Nacional indicava a variação inflacionária de acordo com o IPC (índice de preços ao consumidor), mas foi extinto em 1991, tendo sido substituído pela UFIR (unidade fiscal de referência).

Diante da extinção do BTN, há duas soluções possíveis para a questão atinente à fixação da pena de multa nos crimes contra a ordem tributária: a) aplicação subsidiária do CP, fixando-se a multa com base nos limites ali preconizados; b) substituição da BTN por índices oficiais para mensuração da inflação. Aderimos à primeira corrente de pensamento, acreditando que as regras do CP devem prevalecer, ante a impossibilidade de aplicação do BTN[26].

No particular, destacamos que não concordamos com a tese doutrinária (muito em voga na seara penal, diga-se de passagem) que sufraga a inconstitucionalidade do estabelecimento de multa com base no salário mínimo. A rigor, cremos, o que a Constituição Federal veda, em seu art. 7º, é que o salário mínimo seja utilizado como índice para a indexação da economia, mas isto nada tem a ver com a utilização como parâmetro para definir a pena de multa.

2. QUESTÕES DE CONCURSOS

1. **(AOCP/Prefeitura de Juiz de Fora/Auditor Fiscal/2016)** Relativamente aos crimes contra a Ordem Tributária, a pena de multa será fixada

a) entre dez e trezentos e sessenta dias-multa, conforme seja necessário e suficiente para reprovação e prevenção do crime.

26. Para Delmanto *et alii* (*ob. cit.*), deve prevalecer, dentre as duas regras, a que for mais favorável ao condenado.

b) entre dez e trezentos e sessenta e seis dias-multa, conforme seja necessário e suficiente para reprovação e prevenção do crime.

c) entre dez e trezentos e setenta dias-multa, conforme seja necessário e suficiente para reprovação e prevenção do crime.

d) entre dez e trezentos e setenta e seis dias-multa, conforme seja necessário e suficiente para reprovação e prevenção do crime.

e) na proporção do trintídio subsequente ao benefício obtido em decorrência do ilícito tributário.

2. **(CESPE/PC-SE/Delegado de Polícia/2018)** A pena de multa atribuída a particulares e servidores públicos que praticarem crime de natureza tributária é fixada em dias-multa, sendo o mínimo de dez e o máximo de trezentos e sessenta dias-multa.

GAB	1	2
	A	C

Art. 9º A pena de detenção ou reclusão poderá ser convertida em multa de valor equivalente a:

I – 200.000 (duzentos mil) até 5.000.000 (cinco milhões) de BTN, nos crimes definidos no art. 4º;

II – 5.000 (cinco mil) até 200.000 (duzentos mil) BTN, nos crimes definidos nos arts. 5º e 6º;

III – 50.000 (cinqüenta mil) até 1.000.000 (um milhão de BTN), nos crimes definidos no art. 7º.

1. COMENTÁRIOS

Como se percebe, o dispositivo não faz referência aos crimes contra a ordem tributária (arts. 1º a 3º), mas sim a crimes contra a ordem econômica (art. 4º.) e contra as relações de consumo (art. 7º). a alusão aos arts. 5º e 6º deve ser desconsiderada, pois foram revogados pela Lei nº 12.529/11.

Art. 10. Caso o juiz, considerado o ganho ilícito e a situação econômica do réu, verifique a insuficiência ou excessiva onerosidade das penas pecuniárias previstas nesta lei, poderá diminuí-las até a décima parte ou elevá-las ao décuplo.

1. COMENTÁRIOS

Neste ponto, uma vez mais, a Lei nº 8.137/90 destoa do Código Penal. Lá, como visto, a depender da capacidade econômica do réu, a pena de multa pode ser elevada ao triplo. No que concerne aos crimes contra a ordem tributária, como se vê, não apenas a situação econômica do condenado será levada em conta, mas também o eventual ganho ilícito com as condutas. Dizemos eventual ganho ilícito porque, conforme comentamos ao tratar dos tipos penais em espécie, alguns crimes tributários são formais, prescindindo da produção do resultado naturalístico para perfectibilizar-se. Além disto, o julgador poderá exasperar a pena de multa ao décuplo (e não apenas ao triplo, como no Código Penal) ou, ainda, diminuí-la à décima parte.

Como ocorre com as penas de multa em geral, seu inadimplemento será convertido em dívida de valor do poder público, e sua cobrança será realizada pela Procuradoria da Fazenda, perante a Vara de Execuções Fiscais.

▸CAPÍTULO IV – DAS DISPOSIÇÕES GERAIS

Art. 11. Quem, de qualquer modo, inclusive por meio de pessoa jurídica, concorre para os crimes definidos nesta lei, incide nas penas a estes cominadas, na medida de sua culpabilidade.

Parágrafo único. Quando a venda ao consumidor for efetuada por sistema de entrega ao consumo ou por intermédio de outro em que o preço ao consumidor é estabelecido ou sugerido pelo fabricante ou concedente, o ato por este praticado não alcança o distribuidor ou revendedor.

1. COMENTÁRIOS

O disposto no *caput* do art. 11, basicamente, repete o enunciado do art. 29, CP, ratificando, assim, a regra consistente na teoria monista do concurso de pessoas. Trata-se, portanto, de dispositivo inócuo, pois, ainda que a Lei nº 8.137 fosse silente a respeito, o Código Penal seria a regra a ser aplicada de forma subsidiária.

De outro lado, o disposto no parágrafo único não diz respeito a crimes contra a ordem tributária, mas sim a crimes contra as relações de consumo.

2. QUESTÕES DE CONCURSOS

1. **(MPE-PR/Promotor de Justiça/2014 – adaptada)** A pessoa física responsável pela pessoa jurídica contribuinte pode vir a responder pelo delito caso tenha o crime sido praticado visando favorecer sociedade comercial, instituições financeiras, ou empresa de qualquer natureza estando, contudo, imune à responsabilização penal, nos casos em que a lei elege, o substituto passivo tributário.

2. **(PC-TO/Escrivão de Polícia/2014 – adaptada)** O ato praticado pelo fabricante ou concedente alcança o distribuidor ou revendedor quando a venda for efetuada por sistema de entrega ao consumidor ou por intermédio de outro em que o preço ao consumidor é estabelecido pelo fabricante ou concedente.

GAB	1	2
	E	E

Art. 12. São circunstâncias que podem agravar de 1/3 (um terço) até a metade as penas previstas nos arts. 1º, 2º e 4º a 7º:

I – ocasionar grave dano à coletividade;

II – ser o crime cometido por servidor público no exercício de suas funções;

III – ser o crime praticado em relação à prestação de serviços ou ao comércio de bens essenciais à vida ou à saúde.

1. COMENTÁRIOS

O art. 12 traz causas de aumento de pena para os crimes contra a ordem tributária praticados por particular (arts. 1º e 2º), crimes contra a ordem econômica (art. 4º) e crimes contra a relações de consumo (art. 7º). Restam excluídos da incidência do aumento, portanto, os crimes funcionais contra a ordem tributária. De igual sorte, conforme comentamos, ao abordarmos o art. 3º desta Lei, não se aplica a estes crimes a causa de aumento de pena prevista no art. 327, 2º, CP, relativa a funcionários que exercem cargo em comissão ou função de direção ou assessoramento.

Relevante constatar que, muito embora a redação do artigo faça menção à expressão "circunstâncias que podem agravar", estamos diante de causas de aumento de pena (que devem, por isso, ser valoradas na terceira fase da dosimetria da pena), e não circunstâncias agravantes (que seriam valoradas na segunda fase da dosimetria). Basta perceber que o dispositivo legal em comento faz alusão expressa a patamares (um terço até a metade) dentro dos quais a pena será aumentada, o que não ocorre nas circunstâncias agravantes.

Inciso I – ocasionar grave dano à coletividade

1. COMENTÁRIOS

Aderimos à crítica doutrinária, no sentido de que esta causa de aumento constitui afronta ao princípio da taxatividade penal. Conforme este princípio, que deriva do princípio da legalidade, a lei penal, ao descrever a conduta típica, não pode se valer de definições vagas e/ou imprecisas. Naturalmente, além dos próprios tipos penais, este raciocínio deve se aplicar à previsão de hipóteses que possam ensejar a exasperação da pena, como ocorre no presente caso, com a causa de aumento de pena.

A expressão "grave dano à coletividade" é assaz genérica e imprecisa, destituída de critérios que apresentem maior objetividade, o que afronta o princípio em comento.

2. SÚMULAS E JURISPRUDÊNCIA

- **PRINCÍPIO DA CONGRUÊNCIA E "GRANDES DEVEDORES".** A Segunda Turma denegou a ordem em habeas corpus, em que discutida a possibilidade de incidir causa especial de aumento de pena não arrolada na inicial acusatória, bem como o enquadramento da paciente nos termos da Portaria 320/2008 da Procuradoria-Geral da Fazenda Nacional (PGFN). A paciente foi condenada pela conduta tipificada no art. 1º, I, c/c art, 12, I, ambos da Lei 8.137/1990. O impetrante argumentou em favor da não incidência dessa causa de aumento, uma vez que a quantia devida pela paciente não a caracterizava como grande devedora. O Colegiado registrou que, não obstante o princípio da correlação entre imputação e sentença qual seja, princípio da congruência representar uma das mais relevantes garantias do direito de defesa, não houve contrariedade no caso, uma vez que o juízo criminal não desbordou dos limites da imputação oferecida pelo Ministério Público. Ressaltou, ademais, que a vultosa quantia sonegada cerca de 4 milhões de reais é elemento suficiente para caracterização do grave dano à coletividade, constante no inciso I do art. 12, da Lei 8.137/1990. Em síntese, o Colegiado assentou que os fatos foram suficientemente elucidados na exordial acusatória, sendo que o juiz, não se desbordando dos lindes da razoabilidade e da proporcionalidade, pode aplicar essa agravante. Por fim, quanto à Porta-ria 320/2008 da PGFN, a Turma anotou que essa norma infralegal apenas dispõe sobre o Projeto Grandes Devedores no âmbito dessa Procuradoria, conceituando, para os seus fins, "grandes devedores", com o objetivo de esclarecer, na Secretaria da Receita Federal do Brasil, método de cobrança prioritário a esses sujeitos passivos de vultosas obrigações tributárias, sem limitar ou definir, no entanto, o grave dano à coletividade. *STF, HC 129284/PE, rel. Min. Ricardo Lewandowski, j. em 17.10.2017. 2ª T. (Info 882)*

Inciso II – ser o crime cometido por servidor público no exercício de suas funções

1. COMENTÁRIOS

Logo se vê que a presente causa de aumento não poderia se aplicar aos crimes funcionais. E isto não apenas porque o *caput* do art. 12 excluiu os crimes funcionais do rol de abrangência das causas de aumento de pena, mas também porque a majoração da pena de um crime funcional pelo fato de o agente ser servidor público constituiria *bis in idem*, o que, como consabido, é vedado em sede de Direito Penal.

Curioso perceber que a Lei nº 8.137/90 emprega, aqui neste dispositivo a expressão "servidor público", a despeito de utilizar a expressão "funcionário público" no art. 3º., III. Ora, sabemos que o Direito Administrativo emprega a expressão "servidor público" com uma conotação mais restrita do que aquela utilizada pelo Código Penal ao tratar do funcionário público (art. 327, *caput*).

De toda sorte, não vemos razão para transplantar categorias próprias de outros ramos da área jurídica para o Direito Penal sem que haja uma menção expressa a isto. Ou, de forma mais clara, quando o dispositivo em apreço emprega a expressa "servidor público", devemos conferir-lhe os contornos dados pelo art. 327, do Código Penal, incluindo aí, a figura do equiparado a funcionário público, prevista no primeiro parágrafo do mencionado artigo. Para evitar repetições indevidas, remetemos o(a) leitor(a) aos comentários ao art. 3º desta Lei, quando tecemos considerações ao art. 327, CP.

Inciso III – Ser o crime praticado em relação à prestação de serviços ou ao comércio de bens essenciais à vida ou à saúde.

1. COMENTÁRIOS

Não há dúvida de que, tal como ocorre com o primeiro inciso deste artigo, as expressões aqui empregadas também são muito abrangentes. Entendemos, todavia, ser mais factível encontrar critérios que demonstrem com clareza quais seriam estes bens essenciais à vida ou à saúde, podendo ser incluídos alimentos, medicação, etc.

2. QUESTÕES DE CONCURSOS

1. **(FCC/SEFAZ-SC/Auditor Fiscal da Receita Estadual/2018 – adaptada)** É circunstância que pode agravar de um terço até metade a pena cominada para o crime de fraudar preços por meio de junção de bens ou serviços, comumente oferecidos à venda em separado, se praticado em relação ao comércio de bens essenciais à vid

GAB	1
	C

Art. 13. (Vetado).

Art. 14. (Revogado pela Lei nº 8.383, de 30.12.1991)

Art. 15. Os crimes previstos nesta lei são de ação penal pública, aplicando-se-lhes o disposto no art. 100 do Decreto-Lei nº 2.848, de 7 de dezembro de 1940 – Código Penal.

1. COMENTÁRIOS

Este artigo é absolutamente inútil, pois, conforme a regra estatuída no art. 100 do Código Penal, quando a lei não dispõe de forma contrária, os crimes são de ação penal pública incondicionada. Deste modo, se o artigo simplesmente fosse suprimido, não faria qualquer diferença para a natureza da ação penal.

2. QUESTÕES DE CONCURSOS

1. **(FCC/SEFAZ-SC/Auditor Fiscal da Receita Estadual/2018 – adaptada)** Os crimes previstos nesta lei são de ação penal condicionada a representação do ofendido ou requisição do Ministro da Justiça.

GAB	1
	E

Art. 16. Qualquer pessoa poderá provocar a iniciativa do Ministério Público nos crimes descritos nesta lei, fornecendo-lhe por escrito informações sobre o fato e a autoria, bem como indicando o tempo, o lugar e os elementos de convicção.

Parágrafo único. Nos crimes previstos nesta Lei, cometidos em quadrilha ou co-autoria, o co-autor ou partícipe que através de confissão espontânea revelar à autoridade policial ou judicial toda a trama delituosa terá a sua pena reduzida de um a dois terços. (Parágrafo incluído pela Lei nº 9.080, de 19.7.1995)

1. COMENTÁRIOS

Tal como ocorre com o artigo anterior, o *caput* do art. 15 é inócuo. Em qualquer crime de ação penal pública incondicionada, o cidadão poderá apresentar ao Ministério Público elementos de convicção que possam contribuir para a formação do seu convencimento. Se o MP já dispuser de suficientes elementos de prova e indícios de autoria ou participação, já poderá oferecer a denúncia. Se, todavia, entender ser necessária a obtenção de mais diligências, poderá requisitar à autoridade policial, a instauração do inquérito policial ou iniciar sua própria investigação, conforme autoriza a jurisprudência do STF.

Por sua vez, o parágrafo único deste artigo traz uma hipótese de colaboração premiada, cuja consequência seria a redução da pena de 1(um) a 2/3 (dois terços). Muito embora o legislador tenha se utilizado da expressão "confissão espontânea", trata-se de verdadeira colaboração premiada, na medida em que não basta a mera confissão, é necessário que o autor ou partícipe revele "toda a trama delituosa".

A Lei não é expressa no que concerne aos critérios a serem utilizados pelo julgador para fixar o *quantum* exato de diminuição. É razoável entender, porém, que quanto maior for a contribuição do autor ou partícipe para a revelação da trama delituosa, maior será a diminuição da pena.

Não custa recordar que, com o advento da Lei nº 9.807/99, passou ser possível, em casos de delação premiada (chamada de colaboração premiada a partir da Lei nº 12.850/13) o perdão judicial. Por outras palavras, a depender do caso, o julgador poderia não apenas diminuir a pena (consoante previsto no art. 16, parágrafo sob exame), mas sim deixar de aplicá-la.

2. QUESTÕES DE CONCURSOS

1. **(FCC/DPE-RS/Defensor Público/2014 – adaptada)** O instituto conhecido doutrinariamente como delação premiada não está previsto na Lei nº 8.137/90 (Crimes Contra a Ordem Tributária, Econômica e Contra as Relações de Consumo).

2. **(PC-TO/Escrivão de Polícia/2014 – adaptada)** O coautor ou partícipe que, por meio de confissão espontânea, revelar à autoridade policial ou judicial toda a trama delituosa, se os crimes forem cometidos em quadrilha ou coautoria, terá a sua pena reduzida de um a dois terços.

3. **(CESPE/TJ-AM/Juiz de Direito/2016 – adaptada)** Em se tratando dos crimes previstos na Lei n.° 8.137/1990, havendo quadrilha ou coautoria, deve ser reduzida de um sexto a um terço a pena do coautor ou partícipe que, em confissão espontânea, revelar à autoridade policial ou judicial toda a trama delituosa.

4. **(CESPE/PC-SE/Delegado de Polícia/2018)** Pessoa natural tem a prerrogativa de provocar a iniciativa do Ministério Público para que ajuíze ação penal pública em razão da prática de crime contra a ordem tributária de que tiver conhecimento, fornecendo ao Ministério Público, por escrito, as informações necessárias sobre o fato

GAB	1	2	3	4
	E	C	E	C

Art. 17. Compete ao Departamento Nacional de Abastecimento e Preços, quando e se necessário, providenciar a desapropriação de estoques, a fim de evitar crise no mercado ou colapso no abastecimento.

Art. 18 (Revogado pela Lei nº 8.176, de 8.2.1991)

Art. 19. O *caput* do art. 172 do Decreto-Lei nº 2.848, de 7 de dezembro de 1940 – Código Penal, passa a ter a seguinte redação:

"Art. 172. Emitir fatura, duplicata ou nota de venda que não corresponda à mercadoria vendida, em quantidade ou qualidade, ou ao serviço prestado.

Pena – detenção, de 2 (dois) a 4 (quatro) anos, e multa".

1. COMENTÁRIOS

A alteração preconizada pelo dispositivo foi levada a cabo no texto do próprio Código Penal. Como se vê, a conduta diz respeito à emissão de fatura, duplicata ou nota de venda que não corresponda à mercadoria vendida, mas não há alusão, direta ou indireta, à redução ou supressão de tributos, razão pela qual o tipo está incluído no Código Penal, no rol dos crimes contra o patrimônio, e não na Lei nº 8.137/90, entre os crimes contra a ordem tributária.

2. SÚMULAS E JURISPRUDÊNCIA

✦ *SUPERIOR TRIBUNAL DE JUSTIÇA*

▸ **CONFIGURAÇÃO DO DELITO DE DUPLICATA SIMULADA. O delito de duplicata simulada, previsto no art. 172 do CP (redação dada pela Lei 8.137/1990), configura-se quando o agente emite duplicata que não corresponde à efetiva transação comercial, sendo típica a conduta ainda que não haja qualquer venda de mercadoria ou prestação de serviço.** O art. 172 do CP, em sua redação anterior, assim estabelecia a figura típica do delito de duplicata simulada: "Expedir ou aceitar duplicata que não corresponda, juntamente com a fatura respectiva, a uma venda efetiva de bens ou a uma real prestação de serviço". Com o advento da Lei 8.137/1990, alterou-se a redação do dispositivo legal, que passou a assim prever: "Emitir fatura, duplicata ou nota de venda que não corresponda à mercadoria vendida, em quantidade ou qualidade, ou ao serviço prestado". Conforme se depreende de entendimento doutrinário e jurisprudencial, a alteração do artigo pretendeu abarcar não apenas os casos em que há discrepância qualitativa ou quantitativa entre o que foi vendido ou prestado e o que consta na duplicata, mas também aqueles de total ausência de venda de bens ou prestação de serviço. Dessa forma, observa-se que o legislador houve por bem ampliar a antiga redação daquele dispositivo, que cuidava apenas da segunda hipótese, mais grave, de modo a também punir o emitente quando houver a efetiva venda de mercadoria, embora em quantidade ou qualidade diversas. Precedente citado: REsp 443.929-SP, Sexta Turma, DJ 25/6/2007. *STJ, REsp 1.267.626-PR, Rel. Min. Maria Thereza de Assis Moura, j. 5/12/2013. 6ª T. (Info 534)*

3. QUESTÕES DE CONCURSOS

1. **(PC-TO/Escrivão de Polícia/2014 – adaptada)** Os crimes são de ação penal pública, sendo competência da autoridade policial, quando e se necessário, providenciar a desapropriação de estoques, a fim de evitar crise no mercado ou colapso no abastecimento.

GAB	1
	E

Art. 20. O § 1º do art. 316 do Decreto-Lei nº 2 848, de 7 de dezembro de 1940 Código Penal, passa a ter a seguinte redação:

"Art. 316. ....

§ 1º Se o funcionário exige tributo ou contribuição social que sabe ou deveria saber indevido, ou, quando devido, emprega na cobrança meio vexatório ou gravoso, que a lei não autoriza;

Pena – reclusão, de 3 (três) a 8 (oito) anos, e multa".

1. COMENTÁRIOS

A alteração foi promovida no texto do Código Penal. O dispositivo se refere ao crime de excesso de exação, que poderia muito bem estar incluído no rol dos crimes funcionais contra a ordem tributária, do art. 3º da presente Lei. Entendeu por bem o legislador, contudo, incluí-lo entre os crimes funcionais contra a administração pública, contidos no Código Penal. .

2. QUESTÕES DE CONCURSOS

1. **(FCC/SEFAZ-RJ/Auditor da Receita Estadual/2014)** A conduta do funcionário que exige tributo ou contribuição social que sabe ou deveria saber indevido, ou, quando devido, emprega na cobrança meio vexatório ou gravoso, que a lei não autoriza, configura

a) abuso de poder tributário.

b) corrupção passiva.

c) concussão.

d) excesso de exação.

e) crime contra a ordem tributária.

GAB	1
	D

Art. 21. O art. 318 do Decreto-Lei nº 2.848, de 7 de dezembro de 1940 Código Penal, quanto à fixação da pena, passa a ter a seguinte redação:

"Art. 318. ....

Pena – reclusão, de 3 (três) a 8 (oito) anos, e multa".

1. COMENTÁRIOS

A alteração na pena foi promovida no texto do próprio Código Penal, conforme determina este dispositivo. O art. 318 diz respeito ao crime de facilitação ao contrabando ou descaminho, crime contra a Administração Pública praticado por funcionário público.

Art. 22. Esta lei entra em vigor na data de sua publicação.

Art. 23. Revogam-se as disposições em contrário e, em especial, o art. 279 do Decreto-Lei nº 2.848, de 7 de dezembro de 1940 – Código Penal.

Brasília, 27 de dezembro de 1990; 169º da Independência e 102º da República.

FERNANDO COLLOR

Jarbas Passarinho

Zélia M. Cardoso de Mello

| 09 |

SISTEMA FINANCEIRO NACIONAL

CRIMES CONTRA O SISTEMA FINANCEIRO						
QUESTÕES DE CONCURSOS						
Classificação pelo artigo				Classificação pelo grau de incidência em provas		
Dispositivo Legal	Nº de questões	%		Dispositivo Legal	Nº de questões	%
Introdução	2	6,67%		Arts. 25/26	7	23,33%
Art. 2º	3	10,00%		Art. 4º	6	20,00%
Art. 3º	2	6,67%		Art. 2º	3	10,00%
Art. 4º	6	20,00%		Art. 19	3	10,00%
Art. 11	1	3,33%		Art. 22	3	10,00%
Art. 17	2	6,67%		Introdução	2	6,67%
Art. 19	3	10,00%		Art. 3º	2	6,67%
Art. 22	3	10,00%		Art. 17	2	6,67%
Art. 23	1	3,33%		Art. 11	1	3,33%
Arts. 25/26	7	23,33%		Art. 23	1	3,33%
TOTAL	30	100,00%		TOTAL	30	100,00%

▸LEI Nº 7.492, DE 16 DE JUNHO DE 1986

Define os crimes contra o sistema financeiro nacional, e dá outras providências.

O PRESIDENTE DA REPÚBLICA, faço saber que o Congresso Nacional decreta e eu sanciono a seguinte lei:

1. COMENTÁRIOS

1.1. Introdução

A criminalização de condutas relacionadas às instituições financeiras é relativamente recente, no Brasil. Com efeito, as legislações de 1830 (Código Criminal do Império), 1890 (primeiro Código da República) e mesmo o diploma de 1940 desconheciam as figuras típicas concernentes ao Sistema Financeiro Nacional.

Este cenário começa a ser alterado com o advento da Lei nº 4.595/64, que dispõe sobre a política e as instituições monetárias, bancárias e creditícias, além de criar o Conselho Monetário Nacional (CMN). A partir daí, surgem crimes relativos ao funcionamento do

Sistema Financeiro Nacional. Logo em seguida, é aprovada a Lei nº 4.728/65, que disciplina o mercado de capitais e estabelece medidas para o seu desenvolvimento.

Com o advento da Lei nº 7.492/86, os dispositivos penais da Lei nº 4.595/64 foram revogados, permanecendo incólumes, porém, os demais dispositivos, mormente aqueles referentes às sanções administrativas.

A Constituição Federal de 1988 conferiu um tratamento especial à questão do Sistema Financeiro, dedicando-lhe o Capítulo IV do Título VII (art. 192). Os parágrafos e incisos em que se desdobravam o art. 192 foram revogados pela Emenda Constitucional nº 40/03, remanescendo, tão-somente, o disposto no *caput*, com o seguinte teor: "O sistema financeiro nacional, estruturado de forma a promover o desenvolvimento equilibrado do País e a servir aos interesses da coletividade, em todas as partes que o compõem, abrangendo as cooperativas de crédito, será regulado por leis complementares que disporão, inclusive, sobre a participação do capital estrangeiro nas instituições que o integram".

A Constituição Federal dispõe em seu art. 109, VII, que, nos casos determinados em lei, a competência para o julgamento dos crimes contra o sistema financeiro será federal. Com isto, o legislador constituinte outorgou ao legislador ordinário a atribuição para definição da competência neste tipo de crime.

Tendo em vista que a Lei nº 7.492/86 foi recepcionada pela Constituição de 88, e em seu art. 26, há afirmação categórica de que os crimes relativos ao sistema financeiro serão de competência federal, não há dúvida de que estamos diante de um crime federal.

O bem jurídico tutelado nestes crimes é o próprio sistema financeiro nacional, e não as instituições financeiras em si. Naturalmente, é possível falarmos em bens jurídicos tutelados secundariamente, e, neste rol, a instituição financeira pode estar inclusa. De toda sorte, é imperioso reiterar que o bem jurídico precipuamente tutelado é o sistema financeiro, a credibilidade do mercado financeiro.

Discorrendo sobre o sistema financeiro, como bem jurídico penalmente tutelado, Luiz Régis Prado vai conceituá-lo como o "conjunto de instituições (monetárias, bancárias e sociedades por ações) e do mercado financeiro (de capitais e valores mobiliários)" [27].

Por sua vez, esclarece Baltazar Jr. que as "funções básicas do sistema financeiro são: mobilização de recursos e sua alocação no espaço e no tempo, informação e monitoração de empresas, administração e alocação de riscos, facilitação e liquidação de obrigações e pagamentos, além da geração e divulgação de informações, na política conhecida como *full disclosure*, no âmbito do mercado de valores" [28].

A lei em comento traz alguns conceitos imprescindíveis à compreensão da matéria. Em seu art. 1º, diz-se que: "Considera-se instituição financeira, para efeito desta lei, a pessoa jurídica de direito público ou privado, que tenha como atividade principal ou acessória, cumulativamente ou não, a captação, intermediação ou aplicação de recursos financeiros de

27. PRADO, Luiz Régis. *Direito penal econômico.* São Paulo: RT, 2004, p. 212.

28. BALTAZAR, Jr., José Paulo. *Crimes federais.* 8ª. Ed. Porto Alegre: Livraria do Advogado, 2012, p. 379.

terceiros, em moeda nacional ou estrangeira, ou a custódia, emissão, distribuição, negociação, intermediação ou administração de valores mobiliários".

Como se percebe, a caracterização de instituição financeira, para fins penais, pressupõe a operação de recursos de terceiros, não se enquadrando na definição legal a instituição que opera recursos próprios[29]. Por isto, é importante que se tenha em mente que o conceito de instituição financeira para fins penais não coincide, totalmente, com o conceito cunhado pela Lei nº 4.595/65, que faz menção à operação de recursos próprios[30].

Prossegue o parágrafo único do referido artigo dispondo que se equipara à instituição financeira: **a)** a pessoa jurídica que capte ou administre seguros, câmbio, consórcio, capitalização ou qualquer tipo de poupança, ou recursos de terceiros; **b)** a pessoa natural que exerça quaisquer das atividades referidas neste artigo, ainda que de forma eventual.

De menor utilidade é o art. 25 da mesma Lei quando afirma: "São penalmente responsáveis, nos termos desta lei, o controlador e os administradores de instituição financeira, assim considerados os diretores, gerentes (Vetado)". E prossegue em seu § 1º destacando que: "Equiparam-se aos administradores de instituição financeira (Vetado) o interventor, o liquidante ou o síndico".

Inicialmente, é importante salientar que a existência da expressão "vetado" no meio da redação legislativa (indicativo de que houve veto a uma palavra ou expressão) justifica-se pelo fato de que a Lei é anterior à CF/88. A atual Constituição Federal estabelece em seu art. 66, § 2º: "O veto parcial somente abrangerá texto integral de artigo, de parágrafo, de inciso ou de alínea".

Ao afirmar que o art. 25 possui importância menor, seguimos a linha doutrinária de Nucci, quando afirma: "Não nos parece útil o artigo, pois cada tipo penal poderia conter, quando fosse o caso, (vide o exemplo do art. 5º.), a relação dos agentes possíveis" [31].

A Lei dos crimes contra o Sistema Financeiro Nacional acolheu o instituto da delação premiada, na medida em que permite a diminuição de pena (de um a dois terços) para o coautor ou partícipe que, por meio de confissão espontânea, revelar à autoridade policial ou judicial toda a trama delituosa.

No que se refere à prisão dos envolvidos, esta Lei traz uma grande novidade, consistente em uma nova hipótese de decretação da preventiva, a par daquelas existentes no art. 312, CPP (garantia da ordem pública, garantia da ordem econômica, conveniência da instrução criminal e aplicação da lei penal). O art. 30 da Lei admite que a prisão preventiva do acusado

29. Por esta razão, o entendimento pacificado em nossos Tribunais é no sentido de que a prática da agiotagem (crime contra a economia popular) não se confunde com crime contra o sistema financeiro. De fato, o agiota se vale de recursos próprios. Neste sentido, STF, HC 66741 / SP, rel. Min. Aldir Passarinho, j. 07/03/89.

30. Com efeito, a Lei nº 4595/65, que "Dispõe sobre a Política e as Instituições Monetárias, Bancárias e Creditícias, Cria o Conselho Monetário Nacional e dá outras providências", traz, em seu art.17, a definição de instituição financeira, nos seguintes termos: "Consideram-se instituições financeiras, para os efeitos da legislação em vigor, as pessoas jurídicas públicas ou privadas, que tenham como atividade principal ou acessória a coleta, intermediação ou aplicação de recursos financeiros próprios ou de terceiros, em moeda nacional ou estrangeira, e a custódia de valor de propriedade de terceiros".

31. NUCCI, Guilherme de Souza, *ob. cit., v. II*, p. 672.

da prática de crime previsto nesta Lei poderá ser decretada em razão da magnitude da lesão causada.

A doutrina majoritária questiona a constitucionalidade deste dispositivo, pois a lesão provocada é consequência do crime, devendo ser aferida por ocasião da dosimetria da pena, e não servir de fundamento para a segregação cautelar. A jurisprudência, todavia, tem reconhecido a constitucionalidade do dispositivo[32].

Por fim, vale destacar que, conforme o art. 33, para os crimes previstos nesta Lei, o limite da pena de multa estabelecido no Código Penal[33] pode ser estendido até o décuplo (e não apenas até o triplo, como previsto no art. 60, CP) se o juiz considerar que, em virtude da situação econômica do réu, é ineficaz, embora aplicada no máximo.

2. SÚMULAS E JURISPRUDÊNCIA

✦ *SUPREMO TRIBUNAL FEDERAL*

- **RISTF: EMENDA REGIMENTAL E MODIFICAÇÃO DE COMPETÊNCIA.** A Turma rejeitou a denúncia, em face de congressista, quanto ao delito previsto no art. 6º da Lei 7.492/1986, em face da extinção da punibilidade pela prescrição da pretensão punitiva estatal, e a recebeu em relação aos demais delitos. Asseverou que a denúncia teria apontado – em observância à jurisprudência do STF – como o acusado teria participado das práticas delituosas que lhe teriam sido imputadas, consideradas as suas atribuições perante a instituição financeira e sua participação ativa na gestão. Afirmou que **os delitos contra o sistema financeiro nacional seriam formais, e, portanto, a consumação seria antecipada à produção do resultado naturalístico.** Em razão disso, não subsistiria a alegação de ausência de prejuízo ao sistema financeiro nacional. No tocante ao argumento de que ainda não se teria concluído processo administrativo no âmbito do Bacen, relativo aos mesmos fatos, assentou a independência entre as instâncias administrativa e penal, de modo que a conclusão do mencionado processo em nada afetaria a configuração típica da conduta para fins criminais. *STF, Inq 2589/RS, rel. Min. Luiz Fux, 16.9.2014. 1ª T. (Info 759)*

3. QUESTÕES DE CONCURSOS

1. (CESPE/MPU/Analista Processual/2010) No que diz respeito à responsabilidade penal nos crimes contra o sistema financeiro, a legislação de regência prevê sistema próprio de responsabilização para os agentes controladores, administradores, diretores e gerentes de instituição financeira e, divergindo do sistema do Código Penal, impõe-lhes responsabilidade objetiva.

2. (IBFC/TRT2/Juiz Federal/2018) Para fins de aplicação das normas penais contidas na Lei n. 7.492, de 16 de junho de 1986, denominada Lei dos Crimes de Colarinho Branco, considera-se instituição financeira:

a) Apenas a pessoa jurídica de direito privado que desempenhe atividade financeira bancária, de captação, intermediação ou aplicação de recursos financeiros seus ou de terceiros, em moeda nacional

32. TÁVORA, Nestor; ARAÚJO, Fábio Roque. *Código de Processo Penal para concursos.* 3. ed. Salvador: JusPodivm, 2012, p. 437.

33. Sobre este limite, a redação do art. 49, CP, é a seguinte: "Art. 49 – A pena de multa consiste no pagamento ao fundo penitenciário da quantia fixada na sentença e calculada em dias-multa. Será, no mínimo, de 10 (dez) e, no máximo, de 360 (trezentos e sessenta) dias-multa".

§ 1º – O valor do dia-multa será fixado pelo juiz não podendo ser inferior a um trigésimo do maior salário mínimo mensal vigente ao tempo do fato, nem superior a 5 (cinco) vezes esse salário".

ou estrangeira, ou a custódia, emissão, distribuição, negociação, intermediação, ou administração de valores mobiliários.

b) Apenas a pessoa jurídica de direito público que desempenhe atividade financeira bancária de captação, intermediação ou aplicação de recursos financeiros de terceiros, em moeda nacional ou estrangeira, ou a custódia, emissão, distribuição, negociação, intermediação, ou administração de valores mobiliários.

c) A pessoa jurídica de direito público ou privado que tenha como atividade principal ou acessória, cumulativamente ou não, a captação, intermediação ou aplicação de recursos financeiros de terceiros, em moeda nacional ou estrangeira, ou a custódia, emissão, distribuição, negociação, intermediação, ou administração de valores mobiliários.

d) A pessoa jurídica de direito privado que tenha como atividade principal, e a pessoa jurídica de direito púbico que tenha como atividade acessória, cumulativamente ou não, a captação, intermediação ou aplicação de recursos financeiros em geral, em moeda nacional ou estrangeira, ou a custódia, emissão, distribuição, negociação, intermediação, ou administração de valores mobiliários.

e) A pessoa jurídica de direito público ou privado que tenha como atividade principal ou acessória, cumulativamente ou não, a captação, intermediação ou aplicação de recursos financeiros seus ou de terceiros, em moeda nacional ou estrangeira, ou a custódia, emissão, distribuição, negociação, intermediação, ou administração de valores mobiliários.

GAB	1	2
	E	C

✦ **DOS CRIMES CONTRA O SISTEMA FINANCEIRO NACIONAL**

Art. 2º Imprimir, reproduzir ou, de qualquer modo, fabricar ou pôr em circulação, sem autorização escrita da sociedade emissora, certificado, cautela ou outro documento representativo de título ou valor mobiliário:

Pena – Reclusão, de 2 (dois) a 8 (oito) anos, e multa.

Parágrafo único. Incorre na mesma pena quem imprime, fabrica, divulga, distribui ou faz distribuir prospecto ou material de propaganda relativo aos papéis referidos neste artigo.

1. COMENTÁRIOS

1.1. Considerações iniciais

Os documentos representativos de títulos ou valores mobiliários são negociáveis no mercado. Naturalmente, é necessária a autorização da sociedade emissora, pois é esta autorização que confere legitimidade ao título. Sem embargo, referida autorização atesta que existe o valor correspondente ao título. Sem isto, o título não possui lastro e, portanto, nada vale; por esta razão, as condutas descritas no tipo penal maculam a credibilidade pública dos valores mobiliários.

À vista destas considerações, podemos concluir que o objeto jurídico do tipo, isto é, o bem jurídico que o tipo pretende tutelar, é a credibilidade pública[34]. Não se pode deixar de salientar, porém, que, ainda que secundariamente, também se tutelam outros bens jurídicos, como o patrimônio das sociedades envolvidas e dos terceiros adquirentes dos títulos.

34. TASSE, Adel el. Crimes contra o sistema financeiro. In: GOMES, Luiz Flávio; CUNHA, Rogério Sanches. *Legislação criminal especial*. São Paulo: RT, 2009. p. 915.

De outro lado, constituem objeto material do tipo o certificado, a cautela ou outro documento representativo de título ou valor mobiliário.

Cumpre destacar que:

a) certificado é o documento que comprova existência ou titularidade de determinado valor mobiliário;

b) cautela é o certificado provisório, representativo de ações ou debêntures;

c) título é o documento que atesta a existência de um direito;

d) valores mobiliários são títulos de investimento que a sociedade anônima emite para obtenção dos recursos de que necessita. Podem ser ações, debêntures, partes beneficiárias, bônus de subscrição e nota promissória[35].

Na conduta prevista no parágrafo único do artigo, o objeto material é o prospecto (material impresso com informações) e o material de propaganda (instrumento qualquer para divulgação de informações), relativos aos materiais acima conceituados.

1.2. Sujeitos do delito

Trata-se de crime comum, podendo, portanto, ser praticado por qualquer pessoa. Sujeito passivo é o Estado e, secundariamente, as pessoas lesionadas.

1.3. Conduta

A conduta consiste em:

a) imprimir (fazer a impressão, gravar, estampar, fazer cópias);

b) reproduzir (copiar, reeditar, voltar a fazer);

c) fabricar (fazer, confeccionar, construir, produzir, elaborar);

d) por em circulação (distribuir, colocar à disposição, fazer circular no mercado).

Todos estes núcleos do tipo recaem sobre os objetos materiais estudados no tópico anterior (certificado, cautela, título ou outro valor mobiliário).

No parágrafo único, além da conduta consistente em "imprimir" e "fabricar", já referidas, temos as seguintes:

a) divulgar (propagar, difundir, disseminar);

b) distribuir (entregar a outrem);

c) fazer distribuir (promover a distribuição por interposta pessoa).

1.4. Elemento subjetivo

O elemento subjetivo é o dolo.

35. COELHO, Fábio Ulhoa. *Manual de direito comercial.* 15. ed. São Paulo: Saraiva, 2004, p. 191-192.

O tipo penal não exige um dolo específico, uma especial finalidade no agir. Ademais, não há previsão de crime em sua modalidade culposa.

1.5. Consumação e tentativa

O crime estará consumado com a mera impressão, reprodução, fabricação ou colocação em circulação (do certificado, cautela, título ou outro valor mobiliário), não se exigindo qualquer prejuízo para o adquirente ou para qualquer outra pessoa. Trata-se, portanto, de crime formal, que se consuma com a mera prática da conduta, sem que se exija a produção de um resultado naturalístico.

No que se refere à tentativa, ela é admissível nas modalidades "imprimir", "reproduzir", e fabricar, na medida em que se referem a condutas plurissubsistentes. Em contrapartida, as condutas "*por em circulação* (*caput* e parágrafo único), *divulgar, distribuir ou fazer distribuir* (parágrafo único) são delitos de mera atividade"[36] e, por isto, em regra é inadmissível a tentativa.

1.6. Ação penal

O crime é de ação penal pública incondicionada.

2. SÚMULAS E JURISPRUDÊNCIA

✦ *SUPREMO TRIBUNAL FEDERAL*

▸ **HABEAS CORPUS. INÉPCIA DA DENÚNCIA E FALTA DE JUSTA CAUSA. CONCLUSÕES DA CVM E DA SECRETARIA DE PREVIDÊNCIA COMPLEMENTAR. CRIMES CONTRA O SISTEMA FINANCEIRO NACIONAL. DENEGAÇÃO.** 1. A questão controvertida nestes autos consiste na possível nulidade da decisão que recebeu a denúncia oferecida contra o paciente, por ausência de justa causa para a deflagração da ação penal, bem como em razão da inépcia da exordial (alegação de atipicidade das condutas narradas). 2. A principal tese do impetrante diz respeito às conclusões da Comissão de Valores Mobiliários (CVM) e da Secretaria de Previdência Complementar que, segundo a inicial, seriam favoráveis ao reconhecimento da licitude das operações consistentes na aquisição de títulos e valores mobiliários da INEPAR pela PREVI – Caixa de Previdência dos Funcionários do Banco do Brasil. 3. Observo que a questão foi bastante debatida por ocasião do julgamento dos embargos de declaração no âmbito do Superior Tribunal de Justiça, ocasião em que saiu vencedora a tese da necessidade de se aprofundar a produção dos meios de prova no bojo da ação penal para que seja possível a avaliação da ocorrência (ou não) de crime contra o sistema financeiro nacional. 4. Em se tratando de habeas corpus, remédio constitucional que se notabiliza pela celeridade e, consequentemente, pela insuscetibilidade de exame aprofundado de provas, é imperioso o reconhecimento da necessidade do desenvolvimento do processo penal para melhor esclarecimento dos pontos controvertidos, inclusive do contexto em que se deu a alegada aprovação das operações realizadas pela PREVI, por parte dos órgãos públicos competentes (Secretaria de Previdência Complementar e Comissão de Valores Mobiliários). 5. Vários dos aspectos fáticos foram expressamente narrados na denúncia, o que faz presumir a existência de elementos mínimos de prova colhidos durante o inquérito judicial referente à ocorrência dos fatos narrados, para autorizar o órgão do Ministério Público a deduzir a pretensão punitiva através do oferecimento da denúncia. As dúvidas e eventuais perplexidades relacionadas à aprovação das operações pela CVM e pela Secretaria de Previdência Complementar poderão – e deverão – ser objeto de aprofundado exame no curso da ação penal, mas não cabe a esta Corte reconhecer a existência de constrangimento ilegal quando há duas versões perfeitamente possíveis relacionadas aos fatos

36. PRADO, Luiz Régis. *Ob. cit.* p. 220.

narrados na exordial. 6. O tipo penal contido no art. 4, da Lei n 7.492/86, consiste em crime de perigo, não sendo necessária a produção de resultado naturalístico em razão da gestão fraudulenta. É relevante, para a verificação da adequação típica, que haja conduta fraudulenta do gestor da instituição financeira (ou a ela equiparada), eis que a objetividade jurídica do tipo se relaciona à proteção da transparência, da lisura, da honradez, da licitude na atividade de gestão das instituições financeiras. 7. Exige-se que o administrador cuide da higidez financeira da instituição financeira que, por sua vez, se encontra inserida no Sistema Financeiro Nacional, daí a preocupação em coibir e proibir a gestão fraudulenta, pois do contrário há sério risco de funcionamento de todo o sistema financeiro. Assim, o bem jurídico protegido pela norma contida no art. 4, da Lei n 7.492/86, é também a saúde financeira da instituição financeira. A repercussão da ruína de uma instituição financeira, de maneira negativa em relação às outras instituições, caracteriza o crime de perigo. 8. Em não se tratando de crime de dano, a figura típica da gestão fraudulenta de instituição financeira não exige a efetiva lesão ao Sistema Financeiro Nacional, sendo irrelevante se houve (ou não) repercussão concreta das operações realizadas na estabilidade do Sistema Financeiro Nacional. 9. A fraude, no âmbito da compreensão do tipo penal previsto no art. 4, da Lei n 7.492/86, compreende a ação realizada de má-fé, com intuito de enganar, iludir, produzindo resultado não amparado pelo ordenamento jurídico através de expedientes ardilosos. A gestão fraudulenta se configura pela ação do agente de praticar atos de direção, administração ou gerência, mediante o emprego de ardis e artifícios, com o intuito de obter vantagem indevida. 10. Não há que se cogitar que a denúncia atribui ao paciente apenas a prática de um ato isolado. A denúncia descreve toda a operação que redundou na aprovação dos empréstimos supostamente dissimulados à empresa INEPAR. Houve vários atos consistentes na gestão fraudulenta. 11. A tese da atipicidade das condutas não merece acolhimento. A questão consistente na aferição acerca dos atos do paciente terem sido integrantes dos tipos penais previstos nos arts. 4°, 6° e 16, todos da Lei n° 7.492/86, ou consistirem meramente atos de exaurimento, com efeito, depende de instrução probatória, não cabendo ser avaliada em sede de habeas corpus que, como se sabe, apresenta restrição quanto ao alcance da matéria cognoscível. 12. Há clara narração de atos concretos relacionados à prática das condutas previstas nos tipos penais acima referidos. Foram atendidos os requisitos exigidos do art. 41, do Código de Processo Penal. Os fatos e suas circunstâncias foram descritos na denúncia, com expressa indicação da suposta ilicitude na conduta do paciente, proporcionando-lhe o exercício do direito de defesa, em atendimento às exigências do CPP. 13. Os fundos de pensão, como é o exemplo da PREVI, podem ser considerados instituições financeiras por equiparação, por exercerem atividades de captação e administração de recursos de terceiros, conforme previsão contida no art. 1°, parágrafo único, I, da Lei n° 7.492/86. Deve-se focar na espécie de atividade realizada pelo fundo de pensão, daí a equiparação que é apresentada na própria lei. 14. Habeas corpus denegado. *STF, HC 95515, Relator(a): Min. ELLEN GRACIE, 2ª T., julgado em 30/09/2008.*

✦ *SUPERIOR TRIBUNAL DE JUSTIÇA*

▸ **HABEAS CORPUS. CRIMES CONTRA O SISTEMA FINANCEIRO. INÉPCIA DA DENÚNCIA. PEÇA GENÉRICA QUE NÃO NARRA SATISFATORIAMENTE AS CONDUTAS IMPUTADAS AOS PACIENTES. FALTA DE JUSTA CAUSA. ACUSAÇÃO BASEADA APENAS NO FATO DE SEREM OS ACUSADOS REPRESENTANTES DE CORRETORA DE TÍTULOS E VALORES MOBILIÁRIOS, INTERMEDIÁRIOS NAS OPERAÇÕES ENTRE A FUNCEF E AS CONTRAPARTES NA BM&F. RESPONSABILIDADE PENAL OBJETIVA. INADMISSIBILIDADE. NECESSIDADE DE DESCRIÇÃO MÍNIMA DA RELAÇÃO DOS PACIENTES COM OS SUPOSTOS FATOS DELITUOSOS. OFENSA AO PRINCÍPIO CONSTITUCIONAL DA AMPLA DEFESA. ORDEM CONCEDIDA.** 1. Nos termos da jurisprudência do Superior Tribunal de Justiça, a extinção da ação penal por falta de justa causa ou por inépcia formal da denúncia situa-se no campo da excepcionalidade. É preciso que haja dado incontroverso sobre a impossibilidade de enquadramento de certa conduta nos tipos penais evocados pelo Ministério Público. Além disso, a liquidez dos fatos constitui requisito inafastável para a apreciação de tais temas, pois o habeas corpus não se destina à correção de equívocos ou controvérsias que, embora existentes, demandam, para a sua identificação e correção, o exame de fatos e provas. 2. Na espécie, a simples leitura da denúncia, em cotejo com os documentos e fatos nela mencionados, impõe o afastamento das imputações, pois evidente e indisfarçável o constrangimento ilegal a que submetidos os pacientes, sendo o habeas corpus remédio constitucional adequado, tendo em vista sua característica de ação constitucional voltada para a defesa da liberdade. 3. Relativamente ao delito descrito no art. 4º da Lei nº 7.492/86, embora a norma de extensão contida no art. 29 do Código Penal possa incidir sobre os crimes previstos na Lei nº 7.492/86 – seja por ausência de proibição expressa, seja em virtude de o § 2º do art. 25 da referida lei prever as figuras da participação e da coautoria – e a condição especial do agente, exigida pelo art. 25, comunique-se a terceiros estranhos à instituição financeira, por ser elementar do tipo (inteligência do art. 30 do Código Penal), a peça acusatória sequer menciona que a prática do crime se deu em coautoria ou participação, tampouco demonstra o necessário ajuste de vontades entre o agente qualificado e os pacientes visando a gestão fraudulenta, o que impede o pleno exercício da ampla defesa, nos moldes preconizados pela Constituição Federal. 4. Da mesma maneira, os fatos e conclusões apontados na inicial não descrevem de que modo a conduta de cada um dos pacientes poderia se enquadrar no tipo penal especial do art. 6º da Lei nº 7.492/86, pois não esclareceu em que consistiu a informação sonegada ou prestada falsamente, nem tampouco quem teria sido induzido em erro, se sócio, investidor ou repartição pública competente. Em relação ao art. 7º da Lei nº 7.492/86, inevitável que se chegue a idêntica conclusão, levando-se em conta que a denúncia não logrou demonstrar ação ou omissão que tenha dado causa ou contribuído para o evento criminoso, deixando de explicitar, inclusive, qual dos três incisos do tipo penal referido teria sido violado com a conduta dos pacientes. Ademais, os fatos relatados na exordial acusatória teriam ocorrido no ano de 1998, enquanto as operações intermediadas pela empresa na qual atuavam os pacientes somente passaram a ser consideradas como valores mobiliários em 2001.6. Em resumo, os quatro elementos apontados pelo denunciante a fim de imputar aos pacientes as condutas descritas nos arts. 4º, 6º e 7º da Lei nº 7.492/86, quais sejam: assinatura do contrato de prestação de serviços; descumprimento do Regulamento de Operações da BM&F; o teor da cláusula 2.3.1 do contrato de prestação de serviços firmado entre a FUNCEF e a corretora BRASCAN; e o prejuízo causa do ao Fundo de Pensão, não se mostram aptos para autorizar a conclusão a que chegou o órgão de acusação na denúncia. 7. Tais documentos e fatos, no máximo meros indícios, com a narrativa genérica, imprecisa e vaga que lhes deu a denúncia, e desacompanhados de elementos idôneos mínimos aptos a atraírem a incidência dos tipos penais não se mostram suficientes a justificara propositura ou a continuação da ação penal instaurada contra os pacientes, que já se arrasta por mais de seis anos, o que não significa que outra não possa vir a ser proposta com adequados fundamentos e elementos mínimos de prova. 8. Habeas corpus concedido para, de um lado, extinguir, por falta de justa causa, a Ação Penal nº 2000.61.81.004245-0 em relação ao paciente José Carlos Batelli Corrêa e, de outro, pronunciar a deficiência formal da denúncia e determinar o trancamento da Ação Penal nº 2000.61.81.004245-0 relativamente aos pacientes Luiz Idelfonso Simões Lopes e Márcio Ribeiro Resende de Bias e, ressalva do o oferecimento de outra denúncia, desde que preenchidas as exigências legais mínimas. *STJ, 208595 SP 2011/0126901-6, Relator: Ministro MARCO AURÉLIO BELLIZZE, Data de Julgamento: 19/04/2012, 5ª T.*

3. QUESTÕES DE CONCURSOS

1. **(CESGRANRIO/CEF/Advogado/2012)** O diretor da instituição financeira Y colocou em circulação, sem autorização escrita da sociedade emissora, documento representativo de valor mobiliário. Tal ato é tipificado como crime contra a(o):

a) licitação

b) administração pública

c) ordem econômica

d) livre circulação de ideias

e) sistema financeiro nacional

2. **(CESPE/TRF-1ª Região/Juiz Federal/2009)** Art. 27-E. Atuar, ainda que a título gratuito, no mercado de valores mobiliários, como instituição integrante do sistema de distribuição, administrador de carteira coletiva ou individual, agente autônomo de investimento, auditor independente, analista de valores mobiliários, agente fiduciário, ou exercer qualquer cargo, profissão, atividade ou função, sem estar, para esse fim, autorizado ou registrado junto à autoridade administrativa competente, quando exigido por lei ou regulamento.

Pena – detenção de 6 (seis) meses a 2 (dois) anos, e multa.

Lei nº 6.385/1976. Artigo incluído pela Lei nº 10.303/2001.

Art. 16. Fazer operar, sem a devida autorização, ou com autorização obtida mediante declaração (vetado) falsa, instituição financeira, inclusive de distribuição de valores mobiliários ou de câmbio: Pena – Reclusão de 1 (um) a 4 (quatro) anos e multa.

Lei nº 7.492/1986.

Considerando as disposições normativas relativas aos crimes contra o mercado de capitais e contra o SFN, especialmente aquelas transcritas acima, assinale a opção correta.

a) O STF entende que o art. 16 da Lei nº 7.492/1986 foi revogado pelo art. 27-E da Lei nº 6.385/1976, com a redação da Lei nº 10.303/2001, uma vez que esses tipos penais possuem a mesma objetividade jurídica, e deve incidir, no caso, o princípio da retroatividade da lei penal mais benéfica.

b) Considere a seguinte situação hipotética. Edmar contraiu, de forma regular, empréstimo em instituição financeira oficial, com previsão contratual de que os valores seriam empregados em pastagens de sua propriedade rural. No entanto, utilizou a quantia para a compra de uma caminhonete cabine dupla, zero quilômetro. Nessa situação, Edmar não cometeu delito contra o SFN.

c) Os prazos prescricionais para os delitos contra o SFN são regulados pelo CP, aplicável subsidiariamente, uma vez que a Lei nº 7.492/1986 não trata do assunto.

d) Caso o delito previsto no art. 27-E da Lei nº 6.385/1976 seja cometido por réu primário condenado à pena mínima e as circunstâncias judiciais lhe sejam favoráveis, então será possível a conversão da pena privativa de liberdade em multa.

e) A jurisprudência do STF é de que o delito contra o SFN não deve ser processado e julgado pela justiça federal, quando o prejuízo decorrente for suportado exclusivamente por empresa financeira privada.

3. (VUNESP/PC-BA/Investigador de Polícia Civil/2018 – adaptada) Considera-se crime imprimir, reproduzir ou, de qualquer modo, fabricar ou pôr em circulação, ainda que com autorização escrita da sociedade emissora, certificado, cautela ou outro documento representativo de título ou valor mobiliário.

GAB	1	2	3
	E	C	E

Art. 3º Divulgar informação falsa ou prejudicialmente incompleta sobre instituição financeira:

Pena – Reclusão, de 2 (dois) a 6 (seis) anos, e multa.

1. COMENTÁRIOS

1.1. Considerações iniciais

Mais um crime em que se tutela a credibilidade do mercado financeiro. Tal qual ocorre com o crime do artigo precedente, é possível vislumbrarmos a existência de bens jurídicos tutelados secundariamente. Deste modo, não se pode deixar de salientar que a divulgação das informações falsas ou prejudicialmente incompletas poderia acarretar danos ao patrimônio de investidores e de instituições que operam no mercado. Estes são bens jurídicos secundariamente tutelados.

O objeto material do crime é a informação falsa ou prejudicialmente incompleta.

Conforme se depreende da leitura atenta do tipo penal, estará caracterizado o crime, ainda que a falsidade da informação seja parcial, conquanto seja possível identificar a natureza prejudicial de referida informação.

Não há que se confundir o teor do dispositivo legal e apreço com o constante do art. 170 da Lei nº 11.101/05 (Lei de Falência e Recuperação Judicial), que possui o seguinte teor: "Divulgar ou propalar, por qualquer meio, informação falsa sobre devedor em recuperação judicial, com o fim de levá-lo à falência ou de obter vantagem". Conforme se percebe, o disposto da Lei de Falência é mais específico, pois trata de devedor em situação de recuperação judicial. Havendo esta hipótese, deverá ser afastada a Lei que trata do Sistema Financeiro Nacional.

1.2. Sujeitos do delito

No que se refere ao sujeito ativo, convém ressaltar que se trata de crime comum, podendo, portanto, ser praticado por qualquer pessoa. Sujeito passivo é o Estado e, secundariamente, as pessoas lesionadas.

1.3. Conduta

A conduta consiste em:

a) Divulgar (propagar, difundir, disseminar);

b) Informação (algum dado sobre alguma coisa);

Como já referido, esta informação deve ser falsa ou prejudicialmente incompleta, para que se tenha o crime consumado. Desta forma, não se amolda a este tipo penal a divulgação da informação verídica (ainda que prejudicial à instituição financeira) nem tampouco a informação incompleta que não ocasione prejuízo.

1.4. Elemento subjetivo

O elemento subjetivo é o dolo.

O tipo penal não exige um dolo específico, uma especial finalidade no agir. Ademais, não há previsão de crime em sua modalidade culposa.

1.5. Consumação e tentativa

Consuma-se o crime com a efetiva divulgação a que alude o tipo. Trata-se de crime plurissubsistente, razão pela qual é possível falarmos em tentativa.

1.6. Ação penal

O crime é de ação penal pública incondicionada.

2. SÚMULAS E JURISPRUDÊNCIA

TRIBUNAL REGIONAL FEDERAL – 1ª REGIÃO

CRIME CONTRA O SISTEMA FINANCEIRO NACIONAL – DIVULGAÇÃO DE INFORMAÇÃO FALSA OU PREJUDICIALMENTE INCOMPLETA SOBRE INSTITUIÇÃO FINANCEIRA I – A peça de acusação descreve clara e objetivamente fatos em tese subsumíveis ao tipo do artigo 3º, da Lei nº 7492/86, descabendo a alegação da defesa de violação ao princípio da indivisibilidade, pois o crime amputado não foi praticado em concurso de agentes. Ao que consta da peça acusatória, o réu foi denunciado por suas declarações – por ocasião do início do procedimento de privatização do Banco do Estado do Espírito Santo – em entrevista coletiva concedida nas dependências de seu gabinete de Presidente da Assembleia Legislativa daquele Estado. Melhor sorte merece a alegação de ausência de resultado naturalístico, porquanto o crime imputado é de mera atividade, dispensando a ocorrência de tal resultado. II – Denúncia recebida. (TRF – 1ª REGIÃO. 40 2002.02.01.040573-6, Rel. Desembargador Federal CHALU BARBOSA, Data de Julgamento: 27/02/2003, ÓRGÃO ESPECIAL, Data de Publicação: DJU – Data: 02/06/2003 – Página: 201)

- ***TRIBUNAL REGIONAL FEDERAL – 3ª REGIÃO***

  ART. 3º DA LEI nº 7492/86 – DIVULGAÇÃO DE INFORMAÇÃO FALSA OU PREJUDICIALMENTE INCOMPLETA SOBRE INSTITUIÇÃO FINANCEIRA. INÉPCIA DA DENÚNCIA. ORDEM DE HABEAS CORPUS DEFERIDA EM PARTE. I – É inepta a denúncia que não contem a indicação, clara e precisa, da informação divulgada e a qual falte a descrição dos elementos essenciais de lugar, data, forma e autoridade destinatária da informação incriminada, bem como a que não descreve a participação exata de cada denunciado, como dirigente da instituição financeira, no ato delituoso de divulgação. **II –** Pacientes que mantiveram o sigilo bancário de operações ao portador (art. 38, par. 7, da lei nº 4595/64 e art. 18 da lei nº 7492/86) e não prestaram declarações no inquérito policial, por força de ordem de habeas corpus expedida pelo Juízo federal respectivo e confirmada pelo tribunal federal de recursos. **III –** Ordem de habeas corpus concedida em parte, para anular o despacho que recebeu a denúncia inepta, em relação aos pacientes, facultado ao órgão da acusação renovar o libelo, mediante o preenchimento dos requisitos legais. (TRF 3ª REGIÃO. 29850 SP 90.03.029850-5, Relator: DESEMBARGADOR FEDERAL PEDRO ROTTA, Data de Julgamento: 23/10/1990, PRIMEIRA TURMA).

- **CRIME DE DIVULGAÇÃO DE INFORMAÇÃO FALSA SOBRE INSTITUIÇÃO FINANCEIRA E IMUNIDADE PARLAMENTAR.** A Primeira Turma, por maioria, admitiu a impetração e, por unanimidade, concedeu ordem de habeas corpus para cassar acórdão do Tribunal Regional Federal da 2ª Região que condenou parlamentar pela prática do delito de divulgação de informação falsa ou prejudicialmente incompleta sobre instituição financeira, previsto no art. 3º da Lei 7.492/1986. No caso, o parlamentar convocou a imprensa e, no exercício da Presidência da Assembleia Legislativa do Estado do Espírito Santo, opinou sobre a conveniência da privatização do Banco do Estado do Espírito Santo (Banestes), ante a existência de dívida no valor de R$ 500 milhões. A Turma pontuou que a declaração revelou a satisfação do parlamentar com a privatização do Banco, que implicaria desoneração de dívida do Estado. Entendeu que não ficou configurado, na conduta do paciente, o dolo de divulgar informação falsa ou incompleta sobre instituição financeira, pois as afirmações do parlamentar estavam ligadas a análises de operações realizadas pelo Banestes. Nesse contexto, o Colegiado asseverou haver ligação entre o que foi veiculado e o exercício do mandato parlamentar. Tal aspecto foi potencia-lizado pelo fato de as declarações terem ocorrido dentro da assembleia. Concluiu pelo não afastamento da imunidade parlamentar relativa às opiniões, palavras e votos, prevista no art. 53, combinado com o art. 27, § 1º, da Constituição Federal. *STF, HC 115397/ES, rel. Min. Marco Aurélio, j. em 16.5.2017. 1ª T. (Info 865)*

3. QUESTÕES DE CONCURSOS

1. **(CESPE/DPU/Defensor Público/2010)** No que tange aos crimes contra o sistema financeiro, para a divulgação de informação falsa ou prejudicialmente incompleta sobre instituição financeira, está prevista a modalidade culposa.

2. **(CESGRANRIO/BACEN/Analista do Banco Central/2010)** Uma instituição financeira fiscalizada pelo Banco Central do Brasil foi vítima de informações falsas sobre seu estado de liquidez, por meio de remessa de cartas e de mensagens eletrônicas para diversos meios de comunicação. Após descoberto o autor do crime, foi instaurado inquérito policial que concluiu por seu indiciamento, sendo oferecida denúncia pelo Ministério Público, recebida pelo Juiz. O autor do ilícito veio a ser condenado pela caracterização de crime contra o sistema financeiro nacional. Com base nesses dados, afirma-se que

I. o crime praticado foi de gestão fraudulenta;

II. a hipótese descrita não está tipificada na lei especial;

III. há responsabilidade penal objetiva do autor;

IV. o delito caracterizado foi de divulgação de informação falsa;

V. o crime em tela somente pode ocorrer mediante apresentação de queixa.

É (São) correta(s) APENAS a(s) afirmação(ões)

a) IV.
b) I e III.
c) III e V.
d) IV e V.
e) I, II e III.

GAB	1	2
	E	A

Art. 4º Gerir fraudulentamente instituição financeira:

Pena – Reclusão, de 3 (três) a 12 (doze) anos, e multa.

Parágrafo único. Se a gestão é temerária:

Pena – Reclusão, de 2 (dois) a 8 (oito) anos, e multa.

1. COMENTÁRIOS

1.1. Considerações iniciais

O bem jurídico primordialmente tutelado, uma vez mais, é a credibilidade do mercado. Secundariamente, tutela-se o patrimônio do investidor.

Objeto material será todo e qualquer instrumento empregado para a promoção da gestão temerária ou fraudulenta[37].

É necessário salientar que a Lei nº 1.521/51, que trata de crimes contra a economia popular, possui um dispositivo similar a este da Lei nº 7.492/86. Com efeito, consta do art. 3º, IX da Lei nº 7.492/86 a seguinte conduta criminosa: "gerir fraudulenta ou temerariamente bancos ou estabelecimentos bancários, ou de capitalização; sociedades de seguros, pecúlios ou pensões vitalícias; sociedades para empréstimos ou financiamento de construções e de vendas e imóveis a prestações, com ou sem sorteio ou preferência por meio de pontos ou quotas; caixas econômicas; caixas Raiffeisen; caixas mútuas, de beneficência, socorros ou empréstimos; caixas de pecúlios, pensão e aposentadoria; caixas construtoras; cooperativas; sociedades de economia coletiva, levando-as à falência ou à insolvência, ou não cumprindo qualquer das cláusulas contratuais com prejuízo dos interessados".

A despeito da similitude, não há que se fazer confusão entre os dois tipos penais.

Sem embargo, é relevante notar que a Lei nº 7.492/86 não trouxe um rol exauriente de instituições (optando, como visto, por conceituar instituição financeira em seu art. 1º.). Ademais, depreende-se da leitura do disposto na Lei de crimes contra a Economia Popular que a falência ou insolvência são elementares do tipo, o que não ocorre na Lei dos crimes contra o Sistema Financeiro Nacional.

37. NUCCI, Guilherme de Souza. *Leis penais e processuais penais comentadas. Volume II.* São Paulo: RT, 2012, p. 636.

Sobre o tema, estamos com Nucci, para quem: "pelos critérios da sucessividade (lei mais recente afasta a aplicação da lei mais antiga) e especialidade (lei especial afasta a aplicação da lei geral), deve prevalecer o disposto no art. 4º, da Lei nº 7.492/86, afastada a aplicação da Lei nº 1.521/51" [38].

Discute-se a habitualidade do crime[39]. Sobre o tema, existem três posicionamentos[40]:

O crime não requer habitualidade, podendo ser caracterizado com a prática de apenas um ato, que indique a gestão fraudulenta ou temerária. Este entendimento já foi adotado no âmbito do Superior Tribunal de Justiça.

No Âmbito do Supremo Tribunal Federal (HC 89.364/PR, Rel. Min. Joaquim Barbosa, j. 23/10/2007), já se disse, também, que se trata de crime habitual impróprio, ou seja, não se exige a reiteração das condutas, mas, uma vez presente a reiteração, não implicaria em concurso de crimes.

Uma variação da primeira teoria "admite a gestão fraudulenta consubstanciada em ato isolado, desde que tenha levado a instituição à falência ou à insolvência"[41].

A terceira teoria exige a habitualidade para a prática deste crime. Neste sentido, relevante salientar que a expressão "gerir" pressupõe a existência de um conjunto de atos. Esta terceira teoria é a majoritária em doutrina[42].

1.2. Sujeitos do delito

Sujeito ativo do crime é o administrador da instituição financeira, nos termos do art. 25 da Lei. Trata-se, portanto, de crime próprio, isto é, crime que exige uma qualidade especial do agente, não podendo ser praticado por qualquer pessoa.

Sujeito passivo é o Estado; secundariamente, podemos ter investidores como sujeitos passivos, pois podem ser prejudicados com as condutas criminosas.

1.3. Conduta

O art. 4º da Lei traz em seu *caput* o crime de gestão fraudulenta de instituição financeira.

A gestão consiste no gerenciamento, na administração da instituição financeira. Para que reste caracterizado o tipo penal, é necessário o emprego da fraude.

Consoante a jurisprudência do Supremo Tribunal Federal, a "fraude, no âmbito da compreensão do tipo penal previsto no art. 4, da Lei nº 7.492/86, compreende a ação realizada

38. NUCCI, Guilherme de Souza. *Ob. cit.* p. 638.

39. É válido recordar que crime habitual é aquele "em que se exige do agente um comportamento reiterado, necessário à sua configuração" (GRECO, Rogério. *Curso de direito penal: parte especial, v. II.* 5. ed. Niterói: Impetus, 2008, p. 119).

40. BALTAZAR Jr., José Paulo. *Crimes federais.* 8. Ed. Porto Alegre: Livraria do Advogado, 2012, p. 405.

41. BALTAZAR Jr., José Paulo. *Ob. cit.* p. 405.

42. Em sentido contrário, aderindo ao entendimento do STF, esposado no HC 89.364/PR, NUCCI, Guilherme de Souza, *ob. cit.* p. 640.

de má-fé, com intuito de enganar, iludir, produzindo resultado não amparado pelo ordenamento jurídico através de expedientes ardilosos. A gestão fraudulenta se configura pela ação do agente de praticar atos de direção, administração ou gerência, mediante o emprego de ardis e artifícios, com o intuito de obter vantagem indevida"[43].

Por sua vez, o parágrafo único do dispositivo trata da gestão temerária, que, consoante lições doutrinárias, consistiria em uma gestão ousada, arriscada[44] ou, ainda, aquela destituída de prudência, o comportamento afoito, arriscado, atrevido[45].

1.4. Elemento subjetivo

O elemento subjetivo é o dolo.

O tipo penal não exige um dolo específico, uma especial finalidade no agir. Ademais, não há previsão de crime em sua modalidade culposa.

Estas considerações adéquam-se tanto ao crime de gestão fraudulenta (art. 4º, *caput*) quanto ao crime de gestão temerária (art. 4º, parágrafo único).

1.5. Consumação e tentativa

O momento consumativo depende da teoria acolhida quanto à habitualidade ou não do crime.

Afastada a natureza habitual do delito, a consumação se daria com a prática de apenas um ato, que configurasse a gestão fraudulenta ou temerária. Se, ao revés, for afirmada a natureza habitual do delito, a identificação do momento consumativo se torna difícil, na medida em que pressupõe a reiteração das práticas que configuram a gestão fraudulenta ou temerária.

1.6. Ação penal

O crime é de ação penal pública incondicionada.

2. SÚMULAS E JURISPRUDÊNCIA

✦ *SUPREMO TRIBUNAL FEDERAL*

- **AP 470/MG.** O relator passou, então, a analisar o capítulo V da denúncia, no qual imputados crimes de gestão fraudulenta de instituição financeira (Lei 7.492/86, art. 4º) a Kátia Rabello, José Roberto Salgado, Vinícius Samarane e Ayanna Tenório, todos detentores de cargos executivos no Banco Rural à época dos fatos ("núcleo financeiro"). Lembrou que a peça acusatória descrevera o fato criminoso da seguinte forma: **a)** concessão de empréstimos simulados, tanto para financiar o esquema delituoso narrado quanto para lavar valores ilícitos movimentados pela suposta quadrilha; e **b)** uso de mecanismos fraudulentos, como celebração de sucessivos contratos de renovação de empréstimos fictícios, para encobrir o caráter simulado das operações. Ressaltou que a tese acusatória apoiar-se-ia em diversos laudos, os quais revelariam violação de normas legais e infralegais aplicáveis à espécie, sobretudo no tocante às operações realizadas com o PT, a SMP&B e a Graffiti Participações.

43. HC 95.515-RJ, Rel. Min. Ellen Gracie, j. 30/09/2008.
44. TASSE, Adel el. *ob. cit.*, p. 916.
45. PRADO, Luiz Régis. *Ob. cit.* p. 229.

Anotou que o Banco Rural não observaria sequer as exigências relativas aos cadastros de clientes, notadamente as pessoas jurídicas mencionadas, ao deixar de verificar, por exemplo, sua capacidade financeira por ocasião das sucessivas renovações de empréstimos. Avaliou que teriam sido apresentadas, ademais, informações contábeis falsas quando da obtenção desses empréstimos, sem o registro da real posição de endividamento bancário por parte das contraentes. Apontou que o referido banco elaborara análise econômico-financeira com base nessas informações falsas, embora devesse e tivesse condição de saber que seriam inidôneas, tendo em conta o vultuoso aumento das dívidas para com a instituição financeira. Assim, esta descumpriria conscientemente normas de combate à lavagem de dinheiro do Sistema Financeiro Nacional. *STF, AP 470/MG, rel. Min. Joaquim Barbosa, 27, 29 e 30.8.2012. Pleno. (Info 677)*

- **AP 470/MG.** Rechaçou argumento da defesa de que não teria havido lesão ao Sistema Financeiro Nacional (bem jurídico tutelado pela Lei 7.492/86), porquanto esta sustentara que supostamente o Banco Rural teria demonstrado responsabilidade na sua gestão, sendo a sua lucratividade e o percentual de inadimplência dos seus empréstimos compatíveis com os de outros bancos brasileiros. A respeito, prelecionou que o art. 4º da Lei 7.492/86, ao descrever o crime imputado aos réus, limitar-se-ia a tipificar conduta caracterizada como crime formal, a qual não exigiria qualquer resultado naturalístico. Além disso, acentuou que o argumento de que a conduta dos réus não teria atingido o Sistema Financeiro Nacional evidenciaria muito mais opinião subjetiva, do que dado concreto, apoiado em bases legais. Repeliu, outrossim, tese defensiva de que Kátia Rabello e José Roberto Salgado não poderiam ser responsabilizados pelo crime de gestão fraudulenta de instituição financeira porque não teriam participado da concessão dos empréstimos efetuados por meio de fraude, mas apenas de algumas renovações dessas operações de crédito, nas quais não haveria disponibilização de novos recursos, nem aumento de risco, de modo que essas renovações seriam penalmente irrelevantes. No ponto, sobressaiu que, além de eles já terem aprovado mútuos formalmente concedidos pelo Banco Rural, o delito que lhes fora imputado não se consubstanciaria apenas pela concessão de empréstimos falsos, mas também pelo uso de mecanismos fraudulentos para encobrir o caráter simulado dessas operações de crédito. Igualmente, refutou a asserção da defesa de que a avaliação de risco realizada nas operações de crédito concedido por banco – rating – possuiria caráter subjetivo e que somente após o escândalo do caso em comento teria sido possível aferir a veracidade dessas notas, pois alegadamente o Bacen somente teria imposto a reclassificação das operações de crédito para o menor nível após despontar a crise. Nesse diapasão, versou que o próprio Bacen procedera à verificação especial em operações de crédito do conglomerado, a apontar falha no processo de classificação delas. Ademais, revelou que tanto os empréstimos simulados quanto suas sucessivas e fraudulentas renovações, ao contrário do que alegado pela defesa de José Roberto Salgado, constariam na denúncia. *STF, AP 470/MG, rel. Min. Joaquim Barbosa, 3, 5 e 6.9.2012. Pleno (Info 678)*

- **PARTICIPAÇÃO EM CRIME DE GESTÃO FRAUDULENTA.** A Turma indeferiu habeas corpus em que se pretendia o trancamento de ação penal instaurada contra denunciado como suposto partícipe do crime de gestão fraudulenta (Lei 7.492/86, art. 4°, *caput*, c/c o art. 25), em decorrência do fato de haver avalizado, em prejuízo de instituição financeira, empréstimo reputado irregular que beneficiaria sua própria empresa. Sustentava-se, na espécie, a inepta da denúncia e a impossibilidade de seu recebimento, sob a alegação de atipicidade da conduta. A impetração argumentava que o avalista, nessa qualidade, não poderia cometer o delito de gestão fraudulenta e que a concessão de um único aval não seria apta a configurar o tipo. Entendeu-se que, no caso, a denúncia descrevera suficientemente a conduta do paciente ao imputar-lhe a participação no crime de gestão fraudulenta. Nesse sentido, asseverou-se que a condição pessoal de controlador, administrador, diretor ou gerente de instituição financeira, por ser elementar do mencionado crime, comunicar-se-ia ao paciente, sendo possível, dessa forma, a existência da figura do partícipe do crime de gestão fraudulenta. Além disso, rejeitou-se a alegação de necessidade de reiteração de condutas para a caracterização do mencionado delito, haja vista **tratar-se de crime habitual impróprio, ou acidentalmente habitual, em que uma única ação tem relevância para configurar o tipo, não constituindo pluralidade de crimes a repetição de atos.** *STF, HC 89.364/P. 2ª T., rel. Joaquim Barbosa, 23.10.2007. 2ª T. (Info 485)*

- **HABEAS CORPUS. INÉPCIA DA DENÚNCIA E FALTA DE JUSTA CAUSA. CONCLUSÕES DA CVM E DA SECRETARIA DE PREVIDÊNCIA COMPLEMENTAR. CRIMES CONTRA O SISTEMA FINANCEIRO NACIONAL. DENEGAÇÃO.** 1. A questão controvertida nestes autos consiste na possível nulidade da decisão que recebeu a denúncia oferecida contra o paciente, por ausência de justa causa para a deflagração da ação penal, bem como em razão da inépcia da exordial (alegação de atipicidade das condutas narradas). 2. A principal tese do impetrante diz respeito às conclusões da Comissão de Valores Mobiliários (CVM) e da Secretaria de Previdência Complementar que, segundo a inicial, seriam favoráveis ao reconhecimento da licitude das operações consistentes na aquisição de títulos e valores mobiliários da INEPAR pela PREVI – Caixa de Previdência dos Funcionários do Banco do Brasil. 3. Observo que a questão foi bastante debatida por ocasião do julgamento dos embargos de declaração no âmbito do Superior Tribunal de Justiça, ocasião em que saiu vencedora a tese da necessidade de se aprofundar a produção dos meios de prova no bojo da ação penal para que seja possível a avaliação da ocorrência (ou não) de crime contra o sistema financeiro nacional. 4. Em se tratando de habeas corpus, remédio constitucional que se notabiliza pela celeridade e, consequentemente, pela insuscetibilidade de exame aprofundado de provas, é imperioso o reconhecimento da necessidade do desenvolvimento do processo penal para melhor esclarecimento dos pontos controvertidos, inclusive do contexto em que se deu a alegada aprovação das operações realizadas pela PREVI, por parte dos órgãos públicos competentes (Secretaria de Previdência Complementar e Comissão de Valores Mobiliários). 5. Vários dos aspectos fáticos foram expressamente narrados na denúncia, o que faz presumir a existência de elementos mínimos de prova colhidos durante o inquérito judicial referente à ocorrência dos fatos narrados, para autorizar o órgão do Ministério Público a deduzir a pretensão punitiva através do oferecimento da denúncia. As dúvidas e eventuais perplexidades relacionadas à aprovação das operações pela CVM e pela Secretaria de Previdência Complementar poderão – e deverão – ser objeto de aprofundado exame no curso da ação penal, mas não cabe a esta Corte reconhecer a existência de constrangimento ilegal quando há duas versões perfeitamente possíveis relacionadas aos fatos narrados na exordial. **6. O tipo penal contido no art. 4, da Lei n 7.492/86, consiste em crime de perigo, não sendo necessária a produção de resultado naturalístico em razão da gestão fraudulenta. É relevante, para a verificação da adequação típica, que haja conduta fraudulenta do gestor da instituição financeira (ou a ela equiparada), eis que a objetividade jurídica do tipo se relaciona à proteção da transparência, da lisura, da honradez, da licitude na atividade de gestão das instituições financeiras. 7. Exige-se que o administrador cuide da higidez financeira da instituição financeira que, por sua vez, se encontra inserida no Sistema Financeiro Nacional, daí a preocupação em coibir e proibir a gestão fraudulenta, pois do contrário há sério risco de funcionamento de todo o sistema financeiro. Assim, o bem jurídico protegido pela norma contida no art. 4, da Lei n 7.492/86, é também a saúde financeira da instituição financeira. A repercussão da ruína de uma instituição financeira, de maneira negativa em relação às outras instituições, caracteriza o crime de perigo. 8. Em não se tratando de crime de dano, a figura típica da gestão fraudulenta de instituição financeira não exige a efetiva lesão ao Sistema Financeiro Nacional, sendo irrelevante se houve (ou não) repercussão concreta das operações realizadas na estabilidade do Sistema Financeiro Nacional. 9. A fraude, no âmbito da compreensão do tipo penal previsto no art. 4, da Lei n 7.492/86, compreende a ação realizada de má-fé, com intuito de enganar, iludir, produzindo resultado não amparado pelo ordenamento jurídico através de expedientes ardilosos. A gestão fraudulenta se configura pela ação do agente de praticar atos de direção, administração ou gerência, mediante o emprego de ardis e artifícios, com o intuito de obter vantagem indevida.** 10. Não há que se cogitar que a denúncia atribui ao paciente apenas a prática de um ato isolado. A denúncia descreve toda a operação que redundou na aprovação dos empréstimos supostamente dissimulados à empresa INEPAR. Houve vários atos consistentes na gestão fraudulenta. 11. A tese da atipicidade das condutas não merece acolhimento. A questão consistente na aferição acerca dos atos do paciente terem sido integrantes dos tipos penais previstos nos arts. 4°, 6° e 16, todos da Lei n° 7.492/86, ou consistirem meramente atos de exaurimento, com efeito, depende de instrução probatória, não cabendo ser avaliada em sede de habeas corpus que, como se sabe, apresenta restrição quanto ao alcance da matéria cognoscível. 12. Há clara narração de atos concretos relacionados à prática das condutas previstas nos tipos penais acima referidos. Foram atendidos os requisitos exigidos do art. 41, do Código de Processo Penal. Os fatos e suas circunstâncias foram descritos na denúncia, com expressa indicação da suposta ilicitude na conduta do paciente, proporcionando-lhe o exercício do direito de defesa, em atendimento às exigências do CPP. 13. Os fundos de pensão, como é o exemplo da PREVI, podem ser considerados instituições financeiras por equiparação, por exercerem atividades de captação e administração de recursos de terceiros, conforme previsão contida no art. 1°, parágrafo único, I, da Lei n° 7.492/86. Deve-se focar na espécie de atividade realizada pelo fundo de pensão, daí a equiparação que é apresentada na própria lei. 14. Habeas corpus denegado. *STF, HC 95515, Rel. Min. ELLEN GRACIE, 2ª T., j. 30/09/2008, (DJe-202 DIVULG 23-10-2008 PUBLIC 24-10-2008 EMENT VOL-02338-04 PP-00758)*

✦ *SUPERIOR TRIBUNAL DE JUSTIÇA*

▸ **CONTEÚDO DO DOLO NO CRIME DE GESTÃO TEMERÁRIA. Está presente o dolo do delito de gestão temerária (art. 4º, parágrafo único, da Lei n. 7.492/1986) na realização, por alguma das pessoas mencionadas no art. 25 da Lei n. 7.492/1986, de atos que transgridam, voluntária e conscientemente, normas específicas expedidas pela CVM, CMN ou Bacen.** Desde logo, frise-se que, de acordo com a jurisprudência do STJ, o delito de gestão temerária somente admite a forma dolosa, tendo em conta a inexistência de previsão expressa da modalidade culposa, nos termos do art. 18, parágrafo único, do CP (AgRg no REsp 1.205.967-SP, Quinta Turma, DJe 15/9/2015; e PExt no RHC 7.982-RJ, Quinta Turma, DJ 9/9/2002). Admitida a constitucionalidade do tipo penal, a saída que se apresenta, para compreendê-lo como válido, é submetê-lo a uma "interpretação conforme" à Constituição, através de uma redução teleológica do seu campo de incidência. Para tanto, é preciso afastar da incidência da norma penal os casos que se encontrem cobertos pelo risco permitido na esfera da atividade financeira. Desse modo, *a contrario sensu*, deve-se entender que o tipo penal de gestão temerária pressupõe a violação de deveres extrapenais. Inicialmente, destaque-se que, nos termos do art. 153 da Lei n. 6.404/1976 (Lei das S.A.) – aplicável às instituições financeiras privadas, pois, por força do art. 24 da Lei n. 4.595/1964, à exceção das cooperativas de crédito, todas elas deverão constituir-se sob a forma de sociedade anônima – "o administrador da companhia deve empregar, no exercício de suas funções, o cuidado e a diligência que todo homem ativo e probo costuma empregar na administração dos seus próprios negócios". Esse princípio, aliás, também se acha estatuído no art. 1.011 do CC. São as primeiras diretrizes a indicar o que é uma gestão responsável – e, portanto, não temerária – de uma sociedade qualquer. Mais do que cuidado e diligência, quem lida profissionalmente com bens, valores ou dinheiro alheio tem de possuir o conhecimento técnico adequado. Tais normas, porém, são ainda muito genéricas para serem utilizadas como critério de determinação do risco proibido. É preciso examinar as regras específicas, veiculadas por órgãos como o CMN, o Bacen e a CVM, para perquirir se os administradores das instituições financeiras superaram o risco admitido pelas normas pressupostas pelo tipo penal. E tal violação às normas de regência da atividade financeira tem de ser dolosa. Mas é preciso que se compreenda exatamente qual é o conteúdo do dolo de que deve estar imbuído o agente. A temeridade da gestão (art. 4º, parágrafo único, da Lei n. 7.492/1986) é elemento valorativo global do fato (Roxin), e, como tal, sua valoração é de competência exclusiva da ordem jurídica, e não do agente. Para a caracterização do elemento subjetivo do delito não é necessária a vontade de atuar temerariamente; o que se exige é que o agente, conhecendo as circunstâncias de seu agir, transgrida voluntariamente as normas regentes da sua condição de administrador da instituição financeira. O que deve ser comprovado é a "consciência e vontade da inobservância dos cuidados obrigatórios, segundo as regras do Banco Central" (HC 87.440-GO, Primeira Turma, DJ 2/3/2007) ou, de outros entes reguladores da atividade financeira. É irrelevante se o agente considera que age temerariamente. *STJ, REsp 1.613.260-SP, Rel. Min. Maria Thereza de Assis Moura, julgado em 9/8/2016, DJe 24/8/2016. 6ª T. (Info 588)*

▸ **GESTÃO TEMERÁRIA. PARECER OPINATIVO. PARTICIPAÇÃO. VÍNCULO SUBJETIVO. É possível imputar àquele que emitiu parecer opinativo favorável à realização de determinado investimento a participação em crime de gestão temerária, desde que demonstrado o vínculo subjetivo entre o agente e o fato delituoso.** É próprio o crime de gestão temerária, previsto no art. 4º, parágrafo único, da Lei nº 7.492/1986 (Lei dos Crimes contra o Sistema Financeiro Nacional). Dessa forma, exige, para a sua realização, especial condição do agente, descrita no art. 25 da citada lei, qual seja, que o agente tenha poderes de gestão na empresa, poderes especiais ligados à administração, controle ou direção da empresa. Entretanto, não se pode deixar de atentar para o caso em que terceiras pessoas não elencadas no rol do art. 25 da referida lei concorrem de alguma forma para a prática do crime. Nesses casos, aplica-se a norma de extensão prevista no art. 29 do Código Penal, segundo a qual, "quem, de qualquer modo, concorre para o crime incide nas penas a este cominadas, na medida de sua culpabilidade". É indeclinável que se demonstre o nexo de causalidade entre a conduta da terceira pessoa e a realização do fato típico. Esse nexo exige a presença do elemento subjetivo, consubstanciado na consciência de que sua conduta, mediante ajuste de vontades, é voltada para a ocorrência do resultado que a lei visa reprimir. *STJ, RHC 18.667-DF, Rel. Min. Og Fernandes, j. 9/10/2012. 6ª T. (Info 506)*

- **HC. GESTÃO FRAUDULENTA. INSTITUIÇÃO FINANCEIRA. AÇÃO PENAL. TRANCAMENTO. POSSIBILIDADE.** Trata-se de habeas corpus em que se pretende o trancamento de ação penal referente ao crime de gestão fraudulenta de instituição financeira. Segundo a denúncia, o paciente, operador de mesa de corretora de valores, realizou uma única operação denominada *day trade*, juntamente com um dirigente de determinado fundo de pensão, em prejuízo deste último. A Turma entendeu que **o crime do art. 4º, *caput* da Lei nº 7.492/1986 (gestão fraudulenta) é de mão própria e somente pode ser cometido por quem tenha poder de direção, conforme expressamente previsto no art. 25 da citada lei**. Ademais, **exige para a sua consumação a existência de habitualidade, ou seja, de uma sequência de atos perpetrados com dolo, na direção da instituição financeira, visando à obtenção de vantagem indevida em prejuízo da pessoa jurídica. A descrição de um só ato, isolado no tempo, não legitima denúncia pelo delito de gestão fraudulenta, como ocorre na espécie, onde o ora paciente está imbricado como mero partícipe, estranho aos quadros da instituição financeira, por ter efetivado uma operação na bolsa de valores, em mesa de corretora.** Com essas considerações, entre outras, a Turma concedeu a ordem. *STJ, HC 101.381-RJ, Rel. Min. Maria Thereza de Assis Moura, j. 27/9/2011. 6ª T. (Info 484)*

- **AÇÃO PENAL. ATIPICIDADE. GESTÃO TEMERÁRIA.** A Turma, ao prosseguir o julgamento, concedeu a ordem de habeas corpus para trancar a ação penal em razão da atipicidade da conduta, sendo seus efeitos estendidos aos corréus em situação análoga, conforme o art. 580 do CPP. O paciente foi denunciado juntamente com mais onze corréus pela prática de crime de gestão temerária (art. 4º, parágrafo único, da Lei nº 7.492/1986) na qualidade de representante de instituição financeira. Segundo a denúncia, o conselho de administração concedeu carta de fiança considerada irregular devido a seu valor elevado em favor de empresa de capital baixo, o que contrariava as normas da instituição financeira, além de colocar em risco tanto seu patrimônio como o próprio sistema financeiro nacional. Sucede que o chefe do paciente, com prerrogativa de foro, já obteve o arquivamento da denúncia pela atipicidade da conduta descrita na acusação, visto que não houve o tipo penal que o caso exige: finalidade de agir (interesse), ou seja, dolo específico, e também não teria conduta contra disposição expressa em lei. Assim, para a Min. Relatora, diante do arquivamento pela Procuradoria Geral da República ao acolher parecer no qual se reconheceu a atipicidade do fato, seria inviável agora a responsabilização somente daqueles que seriam partícipes, visto que essa manifestação estender-se-ia aos demais denunciados. Destaca a Min. Relatora não desconhecer precedentes deste Superior Tribunal que afastam a incidência do princípio da indivisibilidade em relação à ação penal de iniciativa pública. Explica, contudo, que, em hipóteses como a dos autos, em que o parquet já se pronunciou pela atipicidade da conduta, a seu ver, incide o princípio da indivisibilidade em relação à ação penal de iniciativa pública, uma vez que não é dado ao MP escolher, entre supostos autores de ilícitos penais, apenas alguns para responder criminalmente, sob pena de infringir o princípio da obrigatoriedade da ação penal. Por outro lado, anota também que a denúncia, enquanto faz acusação de delito doloso, narra condutas culposas, revelando assim carência de justa causa. O Min. Og Fernandes, em voto vista, ressalta também que, como se trata de tipo punido somente na modalidade dolosa, não seria viável o prosseguimento da persecução penal quando a peça acusatória narra condutas culposas. Precedentes citados: HC 82.589-MS, DJ 19/11/2007; HC 95.344-RJ, DJe 15/12/2009; HC 92.952-RN, DJe 8/9/2008; RHC 6.368-SP, DJ 22/9/1997, e RHC 7.982-RJ, DJ 29/11/1999. *STJ, HC 101.570-RJ, Rel. Min. Maria Thereza de Assis Moura, j. 21/9/2010. (Info 448)*

- ***TRIBUNAL REGIONAL FEDERAL – 4ª REGIÃO***

  CRIME DE GESTÃO FRAUDULENTA. FRAUDE EM OPERAÇÕES BANCÁRIAS. CONFIGURAÇÃO. SUJEITO ATIVO. FIXAÇÃO DA PENA. 1. Praticam o crime de gestão fraudulenta gerentes de agência bancária que concedem empréstimos, com inobservância das regras necessárias à concessão do crédito, com induzimento a erro, através de fraudes, do órgão responsável pela aprovação das operações, e com o desvio dos recursos em proveito próprio. 2. Se o prejuízo causado à instituição financeira e ao sistema financeiro não é dos mais expressivos, considerando pelo menos o que se observa em outros casos concretos envolvendo crimes da mesma espécie, as penas devem ser fixadas no mínimo. (TRF4, ACR 1999.72.02.000034-2, Sétima Turma, Relator Luiz Carlos Canalli, D.E. 12/06/2012)

- **CRIME CONTRA O SISTEMA FINANCEIRO. GESTÃO FRAUDULENTA. APROPRIAÇÃO INDÉBITA. LEI Nº 7.492/86. ATENUANTE DA CONFISSÃO ESPONTÂNEA. CONTINUIDADE DELITIVA.** Havendo multiplicidade de crimes financeiros de caráter fraudulento, é apropriado o enquadramento típico no crime de gestão fraudulenta do art. 4º, *caput*, da Lei nº 7.492/1986, com absorção de crime financeiro específico. A atenuante da prevista no artigo 65, inciso III, alínea d, do Código Penal, deve ser reconhecida em favor do réu quando a confissão perante a autoridade, em conjunto com outros meios de prova, tenha embasado a condenação. Considerando que o crime tipificado no artigo 4º, *caput*, da Lei nº 7.492/86 pressupõe multiplicidade de condutas fraudulentas, sendo a reiteração elemento do tipo penal, é inaplicável a causa de aumento da pena relativa à continuidade delitiva, caracterizada pela sucessão de crimes da mesma espécie, regularidade de tempo, lugar, maneira de execução e outras semelhanças. (TRF4, ACR 0035050-42.2004.404.7100, Sétima Turma, Relator Luiz Carlos Canalli, D.E. 03/07/2012)

- **DENÚNCIA POR CRIME CONTRA O SISTEMA FINANCEIRO NACIONAL. GESTÃO FRAUDULENTA. ART. 4º DA LEI Nº 7.492/1986. GERENTE DE AGÊNCIA BANCÁRIA. ABERTURA FRAUDULENTA DE CONTA CORRENTE. ENQUADRAMENTO. FALSIDADE IDEOLÓGICA. AUSÊNCIA DE DESCRIÇÃO, NA DENÚNCIA, DE OUTRAS FRAUDES.** A abertura fraudulenta de uma conta-corrente em nome de terceira pessoa, falsificando-lhe a assinatura, configura, em tese, o crime de falsidade ideológica, previsto no art. 299 do Código Penal, nele incorrendo o gerente de agência bancária que voluntariamente contribui para a prática do delito, e não no crime de gestão fraudulenta de instituição financeira, quando não demonstrados lesão ou riscos potenciais ao Sistema Financeiro Nacional. Se a denúncia não expõe elementos mínimos que configurem a realização de fraudes pelo gerente bancário na administração de conta corrente aberta irregularmente, cujo objetivo seria apenas a prática de sonegação fiscal pelo titular dos recursos nela movimentados, não procede a pretensão acusatória de atribuir ao bancário o cometimento do crime de gestão fraudulenta de instituição financeira. (TRF4, ACR 2005.70.00.023678-0, Sétima Turma, Relator Luiz Carlos Canalli, D.E. 12/06/2012).

3. QUESTÕES DE CONCURSOS

1. (VUNESP/Pref. de São José do Rio Preto/Auditor Fiscal/2014) Gerir fraudulentamente e gerir temerariamente instituição financeira trata-se de

a) condutas criminosas, sendo que a primeira é punida mais gravemente do que a segunda

b) condutas delituosas, sendo que a primeira é punida mais brandamente que a segunda

c) infrações penais, punidas exclusivamente com multa

d) ilícitos penais, punidos exatamente com a mesma pena.

e) ilícitos administrativos que não geram responsabilidade penal.

2. (PGR/Procurador da República/2013) Com relação aos crimes tipificados no art. 4º, *caput*, e seu parágrafo único, da Lei nº 7.492/1986, assinale a alternativa correta:

a) Parte da doutrina classifica-os como crimes habituais impróprios ou acidentalmente habituais, nos quais uma única ação no sentido de gerir fraudulenta ou temerariamente tem relevância para consubstanciar o tipo, embora sua reiteração não configure pluralidade de crimes. Apesar da existência de jurisprudência em sentido inverso, a maior parte dos julgados, tanto do STJ quanto do STF, corroboram esta assertiva.

b) Parte da doutrina considera que o elemento normativo jurídico temerária, contido no parágrafo único, do art. 4º, não ofende o princípio constitucional da legalidade, na vertente da taxatividade, sendo, a temeridade, associada à gestão altamente afoita, arrojada ou arriscada. Contudo, a jurisprudência do STJ e do STF tem sido no sentido do reconhecimento da sua inconstitucionalidade, em razão do seu caráter vago e indeterminado.

c) Consoante doutrina e jurisprudência majoritária, a redação do art. 4º e seu parágrafo único, ao retirar a previsão, contida na lei anterior, de as condutas acarretarem falência ou insolvência da instituição financeira, ou prejuízos aos investidores, transformou-os em crimes de dano, no caso de gestão fraudulenta, e de perigo abstrato, no caso de gestão temerária, tendo em conta o bem jurídico Sistema Financeiro Nacional.

d) Com relação ao sujeito ativo, cuidam-se de crimes próprios, sendo penalmente responsáveis o controlador e o administrador de instituição financeira, assim considerados os diretores e os gerentes. Não obstante, a jurisprudência do STJ e do STF é pacífica no sentido de excluir daquele rol os gerentes de agências bancárias, pois os atos de gestão que lhes incumbe realizar não têm aptidão para ofender o Sistema Financeiro Nacional.

3. **(CESPE/AGU/Procurador Federal/2010)** O crime de gestão fraudulenta é classificado como crime próprio, formal e de perigo concreto, tendo como elemento subjetivo apenas o dolo, não havendo a forma culposa.

4. **(FGV/OAB-Exame de Ordem Unificado 2/2010)** João da Silva, Jose da Silva e Maria da Silva são os acionistas controladores do Banco Silva's e Família, cada um com 30% das ações com direito a voto e exercendo respectivamente os cargos de Diretor-Presidente, Diretor Comercial e Diretora de Contabilidade. Em razão das dificuldades financeiras que afetaram o Banco Silva's e Família, os diretores decidem por em curso as seguintes práticas: (1) adquirir no mercado títulos do tesouro nacional já caducos (portanto sem valor algum) e, utilizando-os como simulacro de lastro, emitir títulos do banco para captar recursos financeiros junto aos investidores; (2) forjar negócios com pessoas jurídicas inexistentes a fim de simular ganhos; e, por fim, (3) fraudar o balanço da instituição simulando lucros no exercício ao invés dos prejuízos efetivamente sofridos. Os primeiros doze meses demonstraram resultados excelentes, com grande aumento do capital, mas os vinte e quatro meses seguintes são marcados por uma perda avassaladora de recursos, levando o banco a beira da insolvência, com um passivo cerca de 50 vezes maior que o ativo. Nesse momento, o Banco Silvas e Família sofre uma intervenção do Banco Central e todos os fatos narrados acima vem a tona.

Assinale a alternativa que indique o(s) crime(s) praticado(s) pelos acionistas controladores.

a) Crimes de falsidade ideológica, falsidade documental e estelionato qualificado.

b) Crime de gestão temerária de instituição financeira.

c) Crime de gestão fraudulenta de instituição financeira.

d) Crime de gestão temerária em concurso com crime de gestão fraudulenta de instituição financeira.

5. **(FGV/OAB – Exame de Ordem Unificado – 2/2010)** João da Silva, José da Silva e Maria da Silva são os acionistas controladores do Banco Silva's e Família, cada um com 30% das ações com direito a voto e exercendo respectivamente os cargos de Diretor – Presidente, Diretor Comercial e Diretora de Contabilidade. Em razão das dificuldades financeiras que afetaram o Banco Silva's e Família, os diretores decidem por em curso as seguintes práticas: (1) adquirir no mercado títulos do tesouro nacional já caducos (portanto sem valor algum) e, utilizando-os como simulacro de lastro, emitir títulos do banco para captar recursos financeiros junto aos investidores; (2) forjar negócios com pessoas jurídicas inexistentes a fim de simular ganhos; e, por fim, (3) fraudar o balanço da instituição simulando lucros no exercício ao invés dos prejuízos efetivamente sofridos. Os primeiros doze meses demonstraram resultados excelentes, com grande aumento do capital, mas os vinte e quatro meses seguintes são marcados por uma perda avassaladora de recursos, levando o banco à beira da insolvência, com um passivo cerca de 50 vezes maior que o ativo. Nesse momento, o Banco Silva's e Família sofre uma intervenção do Banco Central e todos os fatos narrados acima vêm à tona.

Assinale a alternativa que indique o(s) crime(s) praticado(s) pelos acionistas controladores.

a) Crimes de falsidade ideológica, falsidade documental e estelionato qualificado.

b) Crime de gestão temerária de instituição financeira.

c) Crime de gestão fraudulenta de instituição financeira.

d) Crime de gestão temerária em concurso com crime de gestão fraudulenta de instituição financeira.

6. **(CESPE/SECONT-ES/Auditor do Estado/2009)** Segundo a jurisprudência do STJ, o tipo do crime de gestão fraudulenta de instituição financeira, previsto na lei que define os crimes contra o sistema financeiro nacional, pressupõe a existência de empresa ou pessoa habilitada a atuar de forma legal.

GAB	1	2	3	4	5	6
	A	A	C	C	C	C

Art. 5º Apropriar-se, quaisquer das pessoas mencionadas no art. 25 desta lei, de dinheiro, título, valor ou qualquer outro bem móvel de que tem a posse, ou desviá-lo em proveito próprio ou alheio:

Pena – Reclusão, de 2 (dois) a 6 (seis) anos, e multa.

Parágrafo único. Incorre na mesma pena qualquer das pessoas mencionadas no art. 25 desta lei, que negociar direito, título ou qualquer outro bem móvel ou imóvel de que tem a posse, sem autorização de quem de direito.

1. COMENTÁRIOS

1.1. Considerações iniciais

O bem jurídico primordialmente tutelado, uma vez mais, é a credibilidade do mercado. Secundariamente, tutela-se o patrimônio do investidor. Objeto material será o dinheiro, título, valor ou qualquer outro bem móvel, pois é sobre estas coisas que recai a conduta criminosa. Se estes bens não forem pertencentes à instituição financeira, poderá estar presente um outro crime (como a apropriação indébita – art. 168, CP, por exemplo).

O tipo penal em apreço vale-se do instrumento da interpretação analógica, na medida em que utiliza a expressão "qualquer outro valor móvel".

O *caput* faz menção a duas condutas distintas: apropriar-se e desviar. Por sua vez, o parágrafo único vale-se da conduta consistente na negociação (de direito, título ou qualquer outro bem móvel ou imóvel de que tem a posse, sem autorização de quem de direito).

1.2. Sujeitos do delito

Sujeito ativo do crime é o administrador da instituição financeira, nos termos do art. 25 da Lei. Trata-se, portanto, de crime próprio, isto é, crime que exige uma qualidade especial do agente, não podendo ser praticado por qualquer pessoa.

Sujeito passivo é o Estado; secundariamente, podemos ter investidores como sujeitos passivos, pois podem ser prejudicados com as condutas criminosas.

1.3. Conduta

Apropriar-se consiste em se apoderar da coisa, agir com ânimo de proprietário. É esta intenção de haver a coisa para si (*animus rem sibi habendi*) que identifica a apropriação. Esta apropriação pressupõe que o agente tenha a posse do bem. Diferentemente do que ocorre com o crime de apropriação indébita (art. 168, CP), a Lei nº 7.492/86 não faz menção à prática de crime quando o agente tem a mera detenção do bem[46].

A outra conduta mencionada no *caput* refere-se ao desvio, que consiste em conferir destinação diversa daquela que seria devida. A consumação desta modalidade de crime pressupõe a obtenção de proveito para o próprio agente ou para terceiro.

O parágrafo único traz a conduta consistente na negociação, isto é, na celebração de acordo, contratos, negócios, etc.

1.4. Elemento subjetivo

Nas figuras descritas no *caput,* exige-se o dolo específico, consistente em apossar-se da coisa (na conduta "apropriar-se") ou na vontade de obter proveito próprio ou alheio (no verbo "desviar").

Já na figura do parágrafo único, não se exige dolo específico, consumando-se o crime com o dolo genérico, consistente na vontade de praticar a conduta.

Em nenhum dos casos admite-se a modalidade culposa.

1.5. Consumação e tentativa

Os crimes podem ser praticados em sua modalidade unissubsistente (um ato, apenas) ou plurissubsistente (conduta que se desdobra em mais de um ato). No primeiro caso, não é admissível a tentativa.

1.6. Ação penal

O crime é de ação penal pública incondicionada

2. SÚMULAS E JURISPRUDÊNCIA

✦ *SUPERIOR TRIBUNAL DE JUSTIÇA*

- **CONFIGURAÇÃO DO CRIME DE GESTÃO FRAUDULENTA DE INSTITUIÇÃO FINANCEIRA. A absolvição quanto ao crime de emissão, oferecimento ou negociação de títulos fraudulentos (art. 7º da Lei n. 7.492/1986) não ilide a possibilidade de condenação por gestão fraudulenta de instituição financeira (art. 4º, caput,** da Lei n. 7.492/1986). A Lei n. 7.492/1986, desde o início da sua vigência, passou a ser alvo de uma série de críticas por parte de alguns setores, notadamente do meio acadêmico, a sugerir a sua inconstitucionalidade. Um dos principais problemas que tal legislação possuiria, segundo essa visão, seria justamente a redação conferida aos delitos lá previstos, cuja tipificação aberta e muito concisa feriria princípios penais basilares. O crime de gestão fraudulenta de instituição financeira (art. 4º, *caput*) não passou incólume a tais críticas. Todavia, em que pese não haver enfrentado diretamente a polêmica aventada pelos meios acadêmicos, o STF, por via transversa e em inúmeras oportunidades, forneceu-lhe interpretação vocacionada a delimitar o seu espectro deôntico e a sua

46. De forma simplificada, podemos afirmar que o possuidor pode exercer alguns dos atributos da propriedade, podendo usar ou usufruir o bem (ex.: o locatário), ao passo que o detentor não pode exercer tais atributos. Para uma análise mais detalhada do tema, cf. FARIAS, Cristiano Chaves; ROSENVALD, Nelson. *Direitos reais.* 3. ed. Rio de Janeiro: Lumen Juris. 2006, p. 66 e ss.

amplitude de alcance e de sentido. Exemplificativamente, no HC 95.515-RJ (DJe 24/10/2008), o STF firmou o entendimento que "[...] o tipo penal contido no art. 4º da Lei n 7.492/86, consiste em crime de perigo, não sendo necessária a produção de resultado naturalístico em razão da gestão fraudulenta. É relevante, para a verificação da adequação típica, que haja conduta fraudulenta do gestor da instituição financeira (ou a ela equiparada), eis que a objetividade jurídica do tipo se relaciona à proteção da transparência, da lisura, da honradez, da licitude na atividade de gestão das instituições financeiras". O STF, portanto, além de considerar (de maneira implícita) a validade do tipo penal que prevê o crime de gestão fraudulenta, forneceu diretrizes importantes para a correta interpretação do dispositivo legal respectivo, possibilitando, com isso, a correta adequação típica do fato à norma, a ser efetivada pelo magistrado. De mais a mais, conforme adverte doutrina, "Gerir fraudulentamente é utilizar-se de fraude na gestão empresarial. Fraude, por sua vez, é todo aquele meio enganoso, que tem a finalidade de ludibriar, de alterar a verdade dos fatos ou a natureza das coisas, e deve ser interpretada como gênero, que pode apresentar-se sob várias espécies ou modalidades distintas, tais como artifício, ardil ou qualquer outro meio fraudulento [...]. Artifício é toda simulação ou dissimulação idônea para induzir uma pessoa em erro, levando-a à percepção de uma falsa aparência de realidade: ardil, por sua vez, é a trama, o estratagema, a astúcia; e qualquer outro meio fraudulento é uma fórmula genérica para admitir qualquer espécie de fraude que possa enganar a vítima, que são meramente exemplificativos da fraude penal tratando-se de crime de forma livre". A partir de tais diretivas, é possível afirmar que, para configurar o delito de gestão fraudulenta de instituição financeira (art. 4º, *caput*, da Lei n. 7.492/1986), há necessidade de que, na conduta do agente, haja a utilização de ardil ou de astúcia, imbricada com a má-fé, no intuito de dissimular o real objetivo de um ato ou de um negócio jurídico, cujo propósito seria o de ludibriar as autoridades monetárias ou mesmo aquelas com quem mantém eventual relação jurídica (*v.g.* investidores). Portanto, a má-fé é elemento essencial para a configuração da fraude. Nesse contexto, a realização do crime de gestão fraudulenta de instituição financeira, contido no art. 4º da Lei n. 7.492/1986, não possui relação de dependência com o delito de emissão, oferecimento ou negociação de títulos sem registro ou irregularmente registrados (fraudulentos), previsto no art. 7º, II, da referida lei, embora seja possível que este último integre a cadeia de toda a gestão efetivada de forma fraudulenta, hipótese esta que poderia eventualmente atrair a incidência do princípio da consunção (o desvalor da gestão englobaria o desvalor da emissão, do oferecimento ou da negociação). ***STJ, HC 285.587-SP, Rel. Rogerio Schietti Cruz, julgado em 15/3/2016, DJe 28/3/2016. 6ª T. (Info 568)***

- ***TRIBUNAL REGIONAL FEDERAL – 4ª REGIÃO***

  CRIME CONTRA O SISTEMA FINANCEIRO. ART. 5º, DA LEI Nº 7.492/86. DESVIO DE RECURSOS DE GRUPO DE CONSÓRCIO. EMPRESA BENEFICIADA. RÉU COTISTA E ADMINISTRADOR. INIDONEIDADE DAS TRANSFERÊNCIAS. AUTORIA E MATERIALIDADE COMPROVADAS. DOLO ESPECÍFICO. RECURSO DA DEFESA IMPROVIDO. AUSÊNCIA DE FUNDAMENTAÇÃO. I – A materialidade delitiva restou cabalmente corroborada pelas provas documentais juntadas aos autos. II – Autoria comprovada pela cópia do instrumento particular de alteração do contrato social da empresa "Marvel", de 30/04/96, data do ingresso do apelante na sociedade. III – Inquestionável a presença da vontade livre e consciente na ação do apelante, vale dizer, o dolo específico, pressuposto essencial para o delito previsto no artigo 5º, da Lei nº 7.492/86. 5º7.492 IV – Não havendo demonstração da idoneidade das operações efetuadas pelo réu, não há se falar em licitude das transferências de valores objeto destes autos, sendo que eventuais dificuldades financeiras enfrentadas pela empresa não são de ordem a afastar o delito. V – Condenação mantida. VI – Recurso improvido. (TRF3. 4473 SP 2001.61.04.004473-1, Relator: JUIZ CONVOCADO FERNANDO GONÇALVES, Data de Julgamento: 14/04/2009)

- **CRIMES CONTRA O SISTEMA FINANCEIRO NACIONAL. APROPRIAÇÃO INDÉBITA. VIOLAÇÃO DE SIGILO BANCÁRIO. INEXISTÊNCIA. PECULATO ELETRÔNICO. CRIME IMPOSSÍVEL. FORMAÇÃO DE QUADRILHA. INOCORRÊNCIA.** 1. Os fatos relativos ao delito previsto no art. 5º da Lei 7.492/86 (desvio de valores de instituição financeira) restam absorvidos pelo crime previsto no art. 313-A do CP, mais grave que aquele, quando se constituir em etapa necessária. 2. A violação de sigilo bancário constitui etapa obrigatória do iter criminis do peculato eletrônico, restando aquela conduta consumida por esta. 3. Hipótese em que o acervo probatório demonstrou que o milionário delito do artigo 313-A do Código

Penal (peculato eletrônico) que estava sendo preparado a partir de uma agência bancária do interior jamais se consumaria, porquanto, mesmo que o sistema (central) de informática do banco fosse atacado, o que não ocorreu, a instituição financeira estava conferindo individualmente as transferências eletrônicas efetuadas. Inteligência do artigo 17 do Código Penal (crime impossível). 4. Inexistindo os pressupostos objetivos e subjetivos exigidos pelo art. 288 do CP, impõe-se a absolvição do crime de formação de quadrilha. (TRF4, ACR 0004547-04.2005.404.7100, Oitava Turma, Relator p/ Acórdão Paulo Afonso Brum Vaz, D.E. 06/09/2012)

Art. 6º Induzir ou manter em erro, sócio, investidor ou repartição pública competente, relativamente a operação ou situação financeira, sonegando-lhe informação ou prestando-a falsamente:

Pena – Reclusão, de 2 (dois) a 6 (seis) anos, e multa.

1. COMENTÁRIOS

1.1. Considerações iniciais

O bem jurídico primordialmente tutelado, uma vez mais, é a credibilidade do mercado. Secundariamente, tutela-se o patrimônio do investidor. Objetos materiais serão o sócio, investidor ou a repartição pública.

Discorrendo sobre o tema, Guilherme Nucci condena a inclusão da expressão "repartição pública" no tipo penal, na medida em que se enganam pessoas, mas não o lugar em que estes agentes trabalham. Após salientar que não se pode incluir o Ministério Público no rol das repartições ludibriadas, Nucci conclui que o dispositivo viola o princípio da taxatividade, porquanto torna incompreensível o alcance do tipo[47].

1.2. Sujeitos do delito

Sujeito ativo é a pessoa que possui informação relevante para sonegar do sócio, investidor ou repartição pública. Sujeitos passivos serão o Estado e a instituição financeira. Secundariamente, podemos apontar, também, os investidores prejudicados como sujeitos passivos.

1.3. Conduta

Induzir significa incutir, criar a ideia. Manter dá a ideia de preservação de um estado existente. No tipo penal em apreço, o agente induz ou mantem as vítimas em erro (falsa noção da realidade).

A prática do crime se dá por intermédio da sonegação (ocultação) da informação ou apresentação de informação falsa. É necessário que referidas informações digam respeito à operação ou situação financeira, sob pena de termos caracterizado o crime de estelionato, e não o tipo penal da Lei nº 7.492/86.

1.4. Elemento subjetivo

O elemento subjetivo é o dolo. O tipo penal não exige um dolo específico, uma especial finalidade no agir. Ademais, não há previsão de crime em sua modalidade culposa.

47. NUCCI, Guilherme de Souza. *Ob. cit.* p. 643.

1.5. Consumação e tentativa

A consumação do crime ocorre no momento em que se sonega a informação ou em que se presta a informação falsa.

A conduta pode ser unissubsistente (como ocorre na sonegação da informação) ou plurissubsistente. No primeiro caso, não se admite a tentativa.

1.6. Ação penal

O crime é de ação penal pública incondicionada.

Art. 7º Emitir, oferecer ou negociar, de qualquer modo, títulos ou valores mobiliários:

I – falsos ou falsificados;

II – sem registro prévio de emissão junto à autoridade competente, em condições divergentes das constantes do registro ou irregularmente registrados;

III – sem lastro ou garantia suficientes, nos termos da legislação;

IV – sem autorização prévia da autoridade competente, quando legalmente exigida:

Pena – Reclusão, de 2 (dois) a 8 (oito) anos, e multa.

1. COMENTÁRIOS

1.1. Considerações iniciais

O bem jurídico tutelado é a credibilidade do mercado. Secundariamente, tutela-se o patrimônio do investidor. Objetos materiais serão os títulos e valores mobiliários a que se refere o artigo.

Importante recordar que:

a) título é o documento que atesta a existência de um direito;

b) valores mobiliários são títulos de investimento que a sociedade anônima emite para obtenção dos recursos de que necessita. Podem ser ações, debêntures, partes beneficiárias, bônus de subscrição e nota promissória[48].

1.2. Sujeitos do delito

Em regra, trata-se de crime comum, podendo ser praticado por qualquer pessoa. Há situações, contudo, em que o tipo penal exige uma qualidade especial do agente. Desta forma, a emissão de valor mobiliário sem registro prévio junto à autoridade competente é atribuição do gestor da instituição financeira. Trata-se, portanto, de modalidade de crime próprio, exigindo uma qualidade especial do sujeito ativo.

Sujeito passivo é o Estado. Secundariamente, podemos apontar, também, os investidores prejudicados como sujeitos passivos.

48. COELHO, Fábio Ulhoa. *Manual de direito comercial*. 15. ed. São Paulo: Saraiva, 2004, p. 191-192.

1.3. Conduta

Emitir consiste em colocar em circulação no mercado; oferecer significa apresentar o título ou valor mobiliário, para que seja aceito; negociar diz respeito à celebração de acordo, contratos, negócios, etc.

Inciso I:

A primeira conduta recai sobre a emissão, oferecimento ou negociação de títulos falsos ou falsificados. Acerca desta terminologia dúbia, salienta Balthazar Jr. que "título falso é aquele produzido sem autorização, imitando o documento verdadeiro, enquanto o falsificado é o documento verdadeiro que sofreu alguma alteração em seu conteúdo" [49]. Por sua vez, Nucci assevera não haver distinção entre as duas expressões e que "pretender dizer que falsificado é o título ou valor mobiliário parcialmente falso representa, apenas, uma tentativa de justificar o excesso de linguagem utilizado na redação do inciso I deste artigo" [50].

Inciso II:

A autoridade competente mencionada pode ser o Banco Central do Brasil ou a Comissão de Valores Mobiliários (no que diz respeito aos valores mobiliários). O dispositivo é, destarte, uma norma penal em branco, dependendo da complementação para que se possa identificar a mencionada autoridade competente.

Inciso III:

Títulos e valores sem lastro não possuem suporte financeiro para cobrir resgate[51]. Uma vez mais, estamos diante de uma norma penal em branco.

Inciso IV:

Trata-se de mais um caso de norma penal em branco, na medida em que é necessário identificar as hipóteses em que a autorização da autoridade competente é legalmente exigida, além de se identificar qual seria a referida autoridade.

Como já mencionado, esta autoridade será o Banco Central ou a Comissão de Valores Mobiliários. Relevante notar, ainda, que "há também a participação do Conselho Monetário Nacional, que define as bases do mercado de valores mobiliários (art. 3º, Lei nº 6.385/76)"[52].

1.4. Elemento subjetivo

O elemento subjetivo é o dolo. O tipo penal não exige um dolo específico, uma especial finalidade no agir. Ademais, não há previsão de crime em sua modalidade culposa.

49. BALTAZAR Jr., José Paulo. *Ob. cit.* p. 429.
50. NUCCI, Guilherme de Souza. *Ob. cit.* p. 646.
51. PRADO, Luiz Régis. *Ob. cit.* p. 254.
52. NUCCI, Guilherme de Souza. *Ob. cit.* p. 646.

1.5. Consumação e tentativa

As condutas descritas neste artigo são crimes formais, ocorrendo a consumação com a sua realização, independentemente da ocorrência de qualquer prejuízo efetivo aos investidores ou ao mercado financeiro. Na modalidade "negociar", é crime plurissubsistente, admitindo, portanto, a tentativa. Nas demais, não.

1.6. Ação penal

O crime é de ação penal pública incondicionada.

2. SÚMULAS E JURISPRUDÊNCIA

- ***TRIBUNAL REGIONAL FEDERAL – 3ª REGIÃO***

CRIME CONTRA O SISTEMA FINANCEIRO NACIONAL. EMISSÃO, OFERTA OU NEGOCIAÇÃO DE VALORES MOBILIÁRIOS SEM PRÉVIO REGISTRO DE EMISSÃO NA COMISSÃO DE VALORES MOBILIÁRIOS. LEI Nº 7.492/1986, ARTIGO 7º, INCISO II. UTILIZAÇÃO DE BOLETINS DE SUBSCRIÇÃO. CONFIGURAÇÃO DE EMISSÃO. LEI Nº 6.385/1976, ARTIGO 19, § 3º, INCISO I. CONTRATOS DE INVESTIMENTO COLETIVO. MEDIDA PROVISÓRIA Nº 1.637/1998. DOSIMETRIA DA PENA. CONSEQUÊNCIAS DO DELITO. CONTINUIDADE DELITIVA. RECURSO PROVIDO EM PARTE. 1. O artigo 7º, inciso II, da Lei nº 7.492/1986 incrimina as condutas de emitir, oferecer ou negociar, de qualquer modo, títulos ou valores mobiliários sem registro prévio de emissão junto à autoridade competente (Comissão de Valores Mobiliários). 2. Na conformidade do artigo 19, *caput*, da Lei nº 6.385/1976, nenhuma emissão pública de valores mobiliários será distribuída no mercado sem prévio registro na Comissão de Valores Mobiliários; e, de acordo com o inciso I, do § 3º, do mesmo artigo de lei, caracteriza a emissão pública a utilização de listas ou boletins de venda ou subscrição. Os contratos de investimento coletivo foram erigidos à condição de valores mobiliários pela Medida Provisória nº 1.637, de 8 de janeiro de 1998. Assim, se os fatos narrados na denúncia remontam a 1999, não há falar em indevida aplicação retroativa da lei 1.637. 4. O crime tipificado no inciso II do artigo 7º da Lei nº 7.492/1986 não pressupõe a produção de prejuízo; havendo, porém, resultado danoso, é dado ao juiz exasperar a pena-base para além do mínimo legal, uma vez que as consequências do delito compõem o rol de circunstâncias previsto no artigo 59 do Código Penal. 5. Para a quantificação da fração de aumento pela continuidade delitiva, a doutrina e a jurisprudência consagraram o critério do número de infrações: para dois crimes, 1/6 (um sexto); para três crimes, 1/5 (um quinto); para quatro crimes, 1/4 (um quarto); para cinco crimes, 1/3 (um terço); para seis crimes, 1/2 (metade); e para sete ou mais crimes, 2/3 (dois terços).6. Redimensionada a pena pelo tribunal, é de rigor revisar o regime prisional e a possibilidade de substituição por restritivas de direitos. 7. Recurso provido em parte. (TRF3, 1450 SP 2002.61.81.001450-4, Relator: DESEMBARGADOR FEDERAL NELTON DOS SANTOS, Data de Julgamento: 23/08/2011, SEGUNDA TURMA)

Art. 8º Exigir, em desacordo com a legislação (Vetado), juro, comissão ou qualquer tipo de remuneração sobre operação de crédito ou de seguro, administração de fundo mútuo ou fiscal ou de consórcio, serviço de corretagem ou distribuição de títulos ou valores mobiliários:

Pena – Reclusão, de 1 (um) a 4 (quatro) anos, e multa.

1. COMENTÁRIOS

1.1. Considerações iniciais

O bem jurídico tutelado é a credibilidade do mercado. Secundariamente, tutela-se o patrimônio do investidor. Objeto material será o juro, a comissão ou o outro tipo de remuneração cobrada.

Trata-se de norma penal em branco, pois seu preceito primário (definição da conduta) depende de complemento. Com efeito, é necessária a existência de outra norma atestando quando a exigência do juro, comissão ou remuneração seria indevida.

Há certa similitude entre o dispositivo em apreço e o art. 4º da Lei nº 1.521/51, que dispõe: "Art. 4º. Constitui crime da mesma natureza a usura pecuniária ou real, assim se considerando: a) cobrar juros, comissões ou descontos percentuais, sobre dívidas em dinheiro superiores à taxa permitida por lei; cobrar ágio superior à taxa oficial de câmbio, sobre quantia permutada por moeda estrangeira; ou, ainda, emprestar sob penhor que seja privativo de instituição oficial de crédito; b) obter, ou estipular, em qualquer contrato, abusando da premente necessidade, inexperiência ou leviandade de outra parte, lucro patrimonial que exceda o quinto do valor corrente ou justo da prestação feita ou prometida".

Parece-nos assistir razão a Guilherme Nucci, quando assevera que: "o art. 8º, da Lei nº 7.492/86 não revogou o art. 4º., da Lei nº 1.521/51. Este último é mais amplo, fugindo ao âmbito das operações e serviços descritos no art. 8º, ligados ao mercado financeiro, podendo ser aplicado em empréstimos feitos entre particulares"[53].

Vale mencionar que o dispositivo contém a expressão "vetado". Isto ocorre porque a Lei, como se percebe, é anterior à Constituição Federal de 88. Na ordem constitucional anterior, era facultado este tipo de veto parcial ao texto legislativo. Naturalmente, hoje este tipo de veto não seria possível, pois, consoante o art. 66, § 2º, da Constituição Federal: "O veto parcial somente abrangerá texto integral de artigo, de parágrafo, de inciso ou de alínea". Importante salientar, porém, que o dispositivo foi recepcionado pela CF/88, na medida em que é, materialmente, constitucional.

1.2. Sujeitos do delito

Qualquer pessoa pode ser sujeito ativo deste crime. Trata-se de crime comum, portanto.

Sujeito passivo é o Estado. De forma secundária, teremos como sujeito passivo a pessoa eventualmente lesada com a cobrança indevida.

1.3. Conduta

O núcleo do tipo consiste em "exigir" (demandar, requerer impositivamente, cobrar). A exigência pode ocorrer das mais variadas formas (por escrito, verbalmente, etc.). A exigência tem por objeto:

a) Juro: rendimento de capital.

b) Comissão: pagamento efetuado a intermediário de operação.

c) Remuneração: recompensa, pagamento por serviço prestado.

De acordo com o tipo em apreço, o juro, comissão ou remuneração dirão respeito à[54]:

53. NUCCI, Guilherme de Souza. *Ob. cit.* p. 647.

54. Conceitos extraídos de: www.bovespa.com.br.

a) Operação de crédito: "Negócio jurídico em que uma das partes transfere a propriedade de uma coisa à outra parte, que se obriga, em contrapartida, a obrigação futura, consistente na restituição não da mesma coisa, mas de coisa equivalente".

b) Seguro: contrato em que uma das partes (a companhia de seguros) se obriga para com a outra (o segurado) a indenizá-la de um prejuízo (o sinistro) resultante de um evento futuro, possível e incerto (o risco) indicado no contrato, mediante o recebimento de uma importância estipulada (o prêmio).

c) Fundo mútuo: é sinônimo de fundo de investimento, que, por sua vez, é entidade financeira que, pela emissão de título de investimento próprio, o Certificado de Investimento, denominado em quotas, concentra capitais de inúmeros investidores para aplicação em carteiras diversificadas de títulos, valores mobiliários, instrumentos financeiros, derivativos ou commodities negociadas em bolsas de mercadorias e futuros.

d) Fundo fiscal: Fundo de investimento cujas aplicações se fazem com recursos de incentivos fiscais regulamentados pelo governo.

e) Consórcio: Reunião de pessoas físicas e/ou jurídicas, em grupo fechado, promovida pela administradora, com a finalidade de propiciar a seus integrantes a aquisição de bem, conjunto de bens ou serviço turístico por meio de autofinanciamento.

f) Corretagem: de acordo com o Código Civil: "pelo contrato de corretagem, uma pessoa, não ligada a outra em virtude de mandato, de prestação de serviços ou por qualquer relação de dependência, obriga-se a obter para a segunda um ou mais negócios, conforme as instruções recebidas".

g) Título é o documento que atesta a existência de um direito;

h) Valores mobiliários são títulos de investimento que a sociedade anônima emite para obtenção dos recursos de que necessita. Podem ser ações, debêntures, partes beneficiárias, bônus de subscrição e nota promissória[55].

1.4. Elemento subjetivo

O elemento subjetivo é o dolo. O tipo penal não exige um dolo específico, uma especial finalidade no agir. Ademais, não há previsão de crime em sua modalidade culposa.

1.5. Consumação e tentativa

Trata-se de crime formal, isto é, não se exige a produção de um resultado naturalístico para sua consumação. Desta forma, o crime estará consumado com a exigência indevida, independentemente de o sujeito passivo secundário efetuar o pagamento.

A exigência mencionada pode ocorrer de forma unissubsistente (quando praticada verbalmente, por exemplo) ou plurissubsistente (basta recordar a exigência escrita). Na primeira hipótese, impossível a tentativa; na segunda, podemos identificar a distinção entre atos

55. COELHO, Fábio Ulhoa. *Manual de direito comercial.* 15. ed. São Paulo: Saraiva, 2004, p. 191-192.

preparatórios (redação da exigência), executórios (envio da correspondência) e consumação. Em resumo, é possível fracionar a conduta, razão pela qual é possível a tentativa.

1.6. Ação penal

O crime é de ação penal pública incondicionada.

Art. 9º Fraudar a fiscalização ou o investidor, inserindo ou fazendo inserir, em documento comprobatório de investimento em títulos ou valores mobiliários, declaração falsa ou diversa da que dele deveria constar:

Pena – Reclusão, de 1 (um) a 5 (cinco) anos, e multa.

1. COMENTÁRIOS

1.1. Considerações iniciais

O bem jurídico tutelado é a credibilidade do mercado. Secundariamente, tutela-se o patrimônio do investidor. Objeto material é o documento comprobatório de investimento em títulos ou valores mobiliários.

1.2. Sujeitos do delito

Qualquer pessoa pode ser sujeito ativo deste crime. Trata-se de crime comum, portanto.

Sujeito passivo é o Estado. De forma secundária, teremos como sujeito passivo a pessoa eventualmente lesada com a cobrança indevida.

1.3. Conduta

A conduta consiste em fraudar (iludir, ludibriar, levar a erro) a fiscalização do Estado ou o próprio investidor, mediante a inserção (inserir ou fazer inserir) declaração falsa ou diversa da que deveria constar. Como já assinalado, a conduta recai sobre documento comprobatório de investimento em título ou valor mobiliário.

É importante destacar o entendimento consagrado jurisprudencialmente, no sentido de que o falso grosseiro não configura o crime. Não é outro o posicionamento do STJ, plasmado no enunciado nº 73 da súmula de sua jurisprudência: "A utilização de papel moeda grosseiramente falsificado configura, em tese, o crime de estelionato, da competência da Justiça Estadual". *Mutatis mutandis*, a mesma lógica há de ser aplicada ao presente crime de falso.

1.4. Elemento subjetivo

O elemento subjetivo é o dolo. O tipo penal não exige um dolo específico, uma especial finalidade no agir. Ademais, não há previsão de crime em sua modalidade culposa.

1.5. Consumação e tentativa

O crime estará consumado quando o agente conseguir inserir, ou, simplesmente, fazer inserir a declaração falsa ou diversa da que deveria constar. O crime pode ser unissubsistente (praticado em um ato, apenas) ou plurissubsistente (a conduta pode ser fracionada). Neste último caso, admite-se a tentativa.

1.6. Ação penal

O crime é de ação penal pública incondicionada.

Art. 10. Fazer inserir elemento falso ou omitir elemento exigido pela legislação, em demonstrativos contábeis de instituição financeira, seguradora ou instituição integrante do sistema de distribuição de títulos de valores mobiliários:

Pena – Reclusão, de 1 (um) a 5 (cinco) anos, e multa.

1. COMENTÁRIOS

1.1. Considerações iniciais

O bem jurídico tutelado é a credibilidade do mercado. Secundariamente, tutela-se o patrimônio do investidor. Objetos materiais são os demonstrativos contábeis das instituições a que se refere o artigo.

Trata-se de norma penal em branco, na medida em que remete o intérprete a outra legislação ("elemento exigido pela legislação").

1.2. Sujeitos do delito

Qualquer pessoa pode ser sujeito ativo deste crime, na sua modalidade comissiva (fazer inserir). Trata-se de crime comum, portanto. Contudo, em sua modalidade omissiva, convém recordar as lições de Régis Prado, para quem: "Na hipótese *omitir* a responsabilidade é daquele que deixa de fazer o que a lei ordena, podendo fazê-lo. Será sujeito ativo quem tem o dever jurídico de agir conforme o comando legal. É possível o concurso de pessoas, entretanto, na conduta omissiva, somente sob a modalidade de participação"[56].

Sujeito passivo é o Estado. De forma secundária, teremos como sujeito passivo a pessoa eventualmente lesada pela conduta.

1.3. Conduta

A conduta pode ser comissiva (fazer inserir elemento falso) ou omissiva (omitir elemento exigido pela legislação).

Curioso perceber que o legislador faz menção à conduta de "fazer inserir", mas não aludiu à conduta "inserir". Sobre a questão, já se disse em doutrina que "podemos dar à expressão 'fazer inserir' uma interpretação extensiva, envolvendo, também, o ato de 'inserir'. Afinal, se o menos grave (fazer inserir) é punido, com maior razão, a situação mais séria (inserir) também deveria ser" [57].

56. PRADO, Luiz Régis. *Ob. cit.* p. 269.

57. NUCCI, Guilherme de Souza. *Ob. cit.* p. 648.

A análise do tipo pressupõe a apreciação de alguns conceitos:

a) **Demonstrativo contábil:** consiste no balanço dos lucros e perdas da instituição.

b) **Instituição financeira:** vale recordar que a própria Lei dos crimes contra o Sistema Financeiro Nacional define "instituição financeira", em seu art. 1º, nos seguintes termos: "considera-se instituição financeira, para efeito desta lei, a pessoa jurídica de direito público ou privado, que tenha como atividade principal ou acessória, cumulativamente ou não, a captação, intermediação ou aplicação de recursos financeiros de terceiros, em moeda nacional ou estrangeira, ou a custódia, emissão, distribuição, negociação, intermediação ou administração de valores mobiliários" [58].

c) **Seguradora:** é a companhia de seguros, definida como a "empresa financeira, constituída sob a forma de companhia; administra riscos, com obrigação de pagar indenizações se ocorrerem perdas e danos nos bens segurados".

d) **Título** é o documento que atesta a existência de um direito;

e) **Valores mobiliários** são títulos de investimento que a sociedade anônima emite para obtenção dos recursos de que necessita. Podem ser ações, debêntures, partes beneficiárias, bônus de subscrição e nota promissória[59].

1.4. Elemento subjetivo

O elemento subjetivo é o dolo. O tipo penal não exige um dolo específico, uma especial finalidade no agir. Ademais, não há previsão de crime em sua modalidade culposa.

1.5. Consumação e tentativa

O crime estará consumado, em sua modalidade comissiva, quando o agente conseguir fazer inserir o elemento falso, ou, em sua modalidade omissiva, quando o agente deveria incluir o elemento exigido pela legislação e não o faz. Na primeira hipótese, é possível a tentativa; em sua modalidade omissiva, porém, não, pois não se pode falar em tentativa em crimes omissivos próprios.

1.6. Ação penal

O crime é de ação penal pública incondicionada.

Art. 11. Manter ou movimentar recurso ou valor paralelamente à contabilidade exigida pela legislação:

Pena – Reclusão, de 1 (um) a 5 (cinco) anos, e multa.

1. COMENTÁRIOS

1.1. Considerações iniciais

O bem jurídico tutelado é a credibilidade do mercado. Secundariamente, tutela-se o patrimônio do investidor. Objeto material é o recurso ou valor mantido ou movimentado, conforme mencionado no tipo penal.

58. Conceito extraído de: www.bovespa.com.br.

59. COELHO, Fábio Ulhoa. *Manual de direito comercial.* 15. ed. São Paulo: Saraiva, 2004, p. 191-192.

O tipo penal constitui norma penal em branco, porquanto a definição da conduta criminosa depende de complemento dado pela legislação. Com efeito, o tipo penal faz menção à exigência legislativa de manutenção ou movimentação de recurso ou valor. Há, destarte, legislação definindo o modo de proceder e o crime se consuma com a inobservância da referida legislação.

O tipo penal descreve a conduta conhecida como "caixa dois". Com isto, o agente mantém ou movimenta recursos sem registrá-los regularmente, "seja para satisfazer despesas não comprováveis, seja para aumentar indevidamente lucros de diretores ou gerentes sem o respectivo pagamento dos impostos devidos" [60].

A redação do tipo penal é bastante ampla, pois não exige, sequer, a pretensão de obtenção de vantagem indevida, por parte do sujeito ativo.

1.2. Sujeitos do delito

Podem ser sujeito ativo do crime as pessoas enumeradas no art. 25, a saber: o controlador e os administradores de instituição financeira. São assim considerados os diretores e gerentes, e equiparam-se aos administradores o interventor, o liquidante ou o síndico.

Não se admite a coautoria delitiva, muito embora seja possível a participação, quando, por exemplo, alguém induz, instiga ou presta auxílio ao autor do crime.

Sujeito passivo é o Estado. De forma secundária, teremos como sujeito passivo a pessoa eventualmente lesada pela conduta.

1.3. Conduta

Os núcleos do tipo são: "manter" (conservar, preservar) e "movimentar" (mobilizar, mover, deslocar). O núcleo "manter" encerra a ideia de habitualidade, o que traz como consectário lógico a necessidade de reiteração da conservação dos valores no chamado "caixa dois".

Por sua vez, o núcleo "movimentar" dispensa a ideia de habitualidade. Por isto, qualquer movimentação paralela dos valores ou recursos já será suficiente para a consumação do delito[61].

Importante recordar que, a despeito da ausência de disposição expressa no art. 11, o crime em análise diz respeito, apenas a condutas praticadas no bojo de instituições financeiras (assim definidas no art. 1º desta Lei). Por isso, a prática do "caixa dois" em uma empresa que opera em outro ramo não trará como consequência o enquadramento da conduta na Lei nº 7.492/86.

1.4. Elemento subjetivo

O elemento subjetivo é o dolo. O tipo penal não exige um dolo específico, uma especial finalidade no agir. Ademais, não há previsão de crime em sua modalidade culposa.

---

60. PRADO, Luiz Régis. *Ob. cit.* p. 271.

61. Por esta razão, Guilherme Nucci salienta que: "logo, o primeiro verbo perdeu totalmente o sentido, uma vez que movimentar envolve manter, vale dizer, este é de alcance mais restrito e o primeiro, mais amplo. Bastaria, em nosso ponto de vista, constar no tipo penal o segundo verbo apenas" (*Ob. cit.*, p. 650).

1.5. Consumação e tentativa

O crime estará consumado quando o agente praticar as condutas descritas no tipo penal. vale reiterar que, na primeira conduta ("manter"), pressupõe-se habitualidade, razão pela qual será inadmissível a tentativa. Na segunda conduta ("movimentar"), pode haver modalidade plurissubsistente, sendo possível, portanto, admitir a tentativa.

1.6. Ação penal

O crime é de ação penal pública incondicionada.

2. SÚMULAS E JURISPRUDÊNCIA

- ***TRIBUNAL REGIONAL FEDERAL – 2ª REGIÃO***

CRIMES CONTRA O SISTEMA FINANCEIRO NACIONAL. EVASÃO DE DIVISAS, OPERAR INSTITUIÇÃO FINANCEIRA SEM AUTORIZAÇÃO DA AUTORIDADE COMPETENTE E MOVIMENTAÇÃO PARALELA DE RECURSOS. ALEGAÇÃO DE CERCEAMENTO DE DEFESA. INSUBSISTÊNCIA SOB TODOS OS ASPECTOS TRATADOS. MATERIALIDADE E AUTORIA COMPROVADA EM RELAÇÃO A UM DOS RÉUS. CONCURSO DE PESSOAS INEXISTENTE. ABSOLVIÇÃO DO CORRÉU POR FALTA DE COMPROVAÇÃO DO LIAME SUBJETIVO ENTRE AGENTES. DOSIMETRIA DA PENA. JUSTIFICADA A FIXAÇÃO DA PENA-BASE ACIMA DO MÍNIMO, SE DESFAVORÁVEIS AO RÉU QUAISQUER DAS CIRCUNSTÂNCIAS JUDICIAIS. I – Não há que falar em cerceamento de defesa se o processo desenvolveu-se de forma regular, tendo sido respeitadas todas as garantias constitucionais asseguradas ao réu. II – Se a *imputatio facti*, explícita ou implicitamente, permite definição jurídica diversa daquela indicada na denúncia, tem-se a possibilidade de emendatio libelli (art. 383 do Código de Processo Penal). III – Comete o crime capitulado no art. 11 da Lei nº 7.492-86 aquele que mantém ou movimenta recurso ou valor paralelamente à contabilidade oficial, prescindindo, para sua configuração, da exata quantificação. IV – A existência de ação cível em que se questiona a legalidade do ato administrativo de cassação de autorização para atuar no mercado de câmbio não impede a deflagração da persecução penal, ante a consagrada independência das esferas cível e penal. V – Incorre no crime de evasão de divisas aquele que realiza operações de câmbio no país, a fim de alimentar suas contas no estrangeiro, e vice-versa. VI – Diante da existência de circunstâncias judiciais desfavoráveis ao réu, impõe-se a fixação da pena-base em patamar superior ao mínimo legal. VII – Consoante entendimento do Supremo Tribunal Federal, firmado por ocasião do julgamento do AI nº 604.401, Relator Ministro Ricardo Lewandowski, D.J 31.08.2007, eventuais inquéritos policiais e ações penais em curso devem ser considerados como maus antecedentes para efeito de fixação da pena-base acima do mínimo legal, sem que isso configure ofensa ao princípio da presunção de inocência. VIII – Se não há prova da participação de um dos réus na prática dos crimes contra o Sistema Financeiro Nacional indicados na denúncia, é de ser mantida sua absolvição, todavia, com fulcro no art. 386, V, do Código de Processo Penal. IX – Recursos improvidos. (TRF 2ª Região. Processo: ACR 200251014901190 RJ 2002.51.01.490119-0 Relator(a): Desembargador Federal ANDRÉ FONTES Julgamento: 22/06/2010 Órgão Julgador: SEGUNDA TURMA ESPECIALIZADA Publicação: E-DJF2R – Data: 07/07/2010 – Página: 24)

- ***TRIBUNAL REGIONAL FEDERAL – 5ª REGIÃO***

CRIME CONTRA O SISTEMA FINANCEIRO. MOVIMENTAÇÃO E MANUTENÇÃO DE RECURSOS OU VALORES PARALELAMENTE À CONTABILIDADE EXIGIDA PELA LEGISLAÇÃO. ART. 11 DA LEI 7.492/1986. AUTORIA E MATERIALIDADE COMPROVADAS. MANUTENÇÃO DA CONDENAÇÃO. DOSAGEM DA PENA. CIRCUNSTÂNCIAS DO ART. 59 DO CP. CULPABILIDADE E PERSONALIDADE DO AGENTE. FUNDAMENTAÇÃO INIDÔNEA. REDUÇÃO DA PENA-BASE. PRESCRIÇÃO RETROATIVA DA PRETENSÃO PUNITIVA ESTATAL. – É válida a citação editalícia determinada em face da notoriedade da fuga do agente do País, objetivando escusar-se da ação da Justiça, fato que restou divulgado nos meios de comunicação, tendo sido, inclusive, solicitada à Interpol a sua prisão, a qual só foi efetivada tempos depois. – O Código de Processo Penal não disciplina a realização de interrogatório mediante carta rogatória. Não é nula, portanto, a decisão que indefere a expedição de carta rogatória com a finalidade exclusiva de interrogar o réu, posto em liberdade após a recusa da Justiça estrangeira em acatar o pedido de extradição, quando ainda pende contra ele uma prisão cautelar decretada no Brasil, notadamente porque restaria inócuo o decreto constritivo que busca garantir a aplicação da lei penal. Precedente. (STF – HC83410-RJ – DJ 27.02.2004 – Relatora: Ministra Ellen Gracie). – "O deferimento de diligências é ato discricionário do magistrado, que pode negar os pedidos que considerar protelatórios ou desnecessários, desde que em decisão devidamente fundamentada" (HC 76368 (200700226546), MARIA THEREZA DE ASSIS MOURA, STJ – SEXTA TURMA, DJE DATA: 31/05/2010). – O Tribunal acolheu a exceção de suspeição nº 783-CE exclusivamente quanto ao processo nº 2003.81.00.027411-0, determinando fossem os autos encaminhados ao substituto legal do juiz excepto, por não haver constatado qualquer tipo de nulidade no processamento da ação penal. Situação semelhante se observa no presente feito, em que o juízo titular, após a decisão tomada na exceção de suspeição nº 783-CE, *sponte propria*, determinou o encaminhamento dos autos ao MM. Juiz Federal Substituto daquela Vara, tendo tratado dos incidentes processuais anteriores a essa medida, sem qualquer agressão ao contraditório e à ampla defesa. – Preliminares superadas. – Considerada a pena concreta imposta na sentença condenatória, de 4 (quatro) anos e 9 (nove) meses de reclusão, não há que se falar em prescrição da pretensão punitiva, uma vez que não transcorridos os 12 (doze) anos do lapso prescricional, entre a data em que cessada a atividade criminosa habitual (abril de 1993) e o recebimento da denúncia (dezembro de 2004). – **Basta que se conclua que valores foram movimentados, uma única vez, para contas não oficiais, para que se concretize o crime descrito no artigo 11 da Lei 7.492/1986, cujo sujeito ativo é somente o administrador, isto é, a pessoa que tenha controle sobre a entrada dos recursos da instituição financeira, podendo aplicá-los em contabilidade paralela à oficial, não sendo essencial à materialização do delito a perícia realizada nos documentos de abertura das contas paralelas utilizadas.** – Hipótese em que restou demonstrado o fato de terem sido as contas abertas por corréu, à época dos fatos auxiliar de serviços gerais na instituição financeira administrada pelo recorrente, o que apenas reforça a autoria delitiva do último, que detinha, ausente de dúvida, o domínio do fato. – Os elementos probatórios carreados aos autos afiguram-se mais que suficientes ao embasamento da condenação imposta ao recorrente. Hipótese em que a condenação não se baseou exclusivamente em prova indiciária ou nos elementos informativos obtidos no inquérito policial, mas num conjunto harmônico de provas, apto a sustentar a condenação. – As declarações prestadas por ex-funcionários da instituição financeira, em sede de inquérito policial e perante o juízo, demonstram ser comum o fato de empregados serem abordados pelo recorrente e outros funcionários com o fim de que abrissem contas para serem utilizadas pela empresa. – **O recorrente agiu com reprovabilidade comum ao tipo do artigo 11 da Lei 7.492/1986, que é classificado como crime próprio e somente pode ser praticado pelo administrador ou controlador dos recursos da instituição financeira, de sorte que o conhecimento da atividade financeira e empresarial pelo agente é elemento sempre presente nessa espécie de delito, não justificando uma maior reprovação social da conduta criminosa.** – "Há constrangimento ilegal quando Ações e Inquéritos em andamento são considerados na majoração da pena-base, a título de maus antecedentes, má conduta social e personalidade voltada para o crime, orientação recentemente cristalizada na Súmula 444/STJ" (HC 201000771677, NAPOLEÃO NUNES MAIA FILHO, STJ – QUINTA TURMA, DJE DATA: 13/12/2010). – Redução da pena-base. – Apelação da defesa parcialmente provida, para, reformando-se a dosagem da pena realizada pelo magistrado a quo, fixar a pena definitiva de 2 (dois) anos e 9 (nove) meses de reclusão. De ofício, reconhecimento da prescrição da pretensão punitiva. (TRF5, PROCESSO: 200481000261544, ACR6227/CE, RELATOR: DESEMBARGADOR FEDERAL FRANCISCO WILDO, Segunda Turma, JULGAMENTO: 24/04/2012, PUBLICAÇÃO: DJE 03/05/2012 – Página 436)

2. QUESTÕES DE CONCURSOS

1. **(VUNESP/PC-BA/Investigador de Polícia Civil/2018 – adaptada)** Constitui crime manter ou movimentar recurso ou valor paralelamente à contabilidade exigida pela legislação.

GAB	1
	C

Art. 12. Deixar, o ex-administrador de instituição financeira, de apresentar, ao interventor, liquidante, ou síndico, nos prazos e condições estabelecidas em lei as informações, declarações ou documentos de sua responsabilidade:

Pena – Reclusão, de 1 (um) a 4 (quatro) anos, e multa.

1. COMENTÁRIOS

1.1. Considerações iniciais

O bem jurídico tutelado é a credibilidade do mercado (na medida em que uma intervenção transparente na instituição financeira é fundamental para a manutenção desta credibilidade). Secundariamente, tutela-se o patrimônio do investidor. Objeto material é a informação, a declaração ou o documento a que se referem o tipo penal.

1.2. Sujeitos do delito

Sujeito ativo do tipo é o ex-administrador da instituição financeira. Trata-se de crime próprio, portanto, exigindo esta especial qualidade do agente.

Sujeito passivo é o Estado. De forma secundária, teremos como sujeito passivo a pessoa eventualmente lesada pela conduta.

1.3. Conduta

A conduta consiste em "deixar de apresentar". Trata-se de conduta omissiva.

Referida conduta recai sobre:

a) Informações: esclarecimentos, comunicações, dados a respeito de algo ou alguém;

b) Declarações: esclarecimento, explicação, depoimento.

c) Documentos: declaração escrita destinada a produzir prova.

1.4. Elemento subjetivo

O elemento subjetivo é o dolo. O tipo penal não exige um dolo específico, uma especial finalidade no agir. Ademais, não há previsão de crime em sua modalidade culposa.

1.5. Consumação e tentativa

O crime se consuma quando o agente deixa de apresentar as informações, declarações e documentos no prazo e condições previstas em lei. Trata-se de norma penal em branco, conforme já assinalamos. Sendo crime omissivo próprio, não é possível a tentativa.

1.6. Ação penal

O crime é de ação penal pública incondicionada.

Art. 13. Desviar (Vetado) bem alcançado pela indisponibilidade legal resultante de intervenção, liquidação extrajudicial ou falência de instituição financeira.

Pena – Reclusão, de 2 (dois) a 6 (seis) anos, e multa.

Parágrafo único. Na mesma pena incorra o interventor, o liqüidante ou o síndico que se apropriar de bem abrangido pelo *caput* deste artigo, ou desviá-lo em proveito próprio ou alheio.

1. COMENTÁRIOS

1.1. Considerações iniciais

O bem jurídico tutelado é a credibilidade do mercado. Secundariamente, tutela-se o patrimônio do investidor. Objeto material é o bem alcançado pela indisponibilidade legal, resultante da intervenção, liquidação ou falência de instituição financeira.

Trata-se de norma penal em branco, na medida em que é necessário recorrer a outra norma para se saber quais são os bens alcançados pela indisponibilidade legal.

1.2. Sujeitos do delito

Qualquer pessoa pode ser sujeito ativo do crime. Naturalmente, a hipótese mais comum é a de crime praticado pelo administrador da instituição financeira, pois, regra geral, é ele o responsável pelos bens. Sujeito passivo é o Estado. De forma secundária, teremos como sujeito passivo a pessoa eventualmente lesada pela conduta.

No tipo penal do parágrafo único, sujeito ativo será apenas o interventor, liquidante ou sindico. Sujeito passivo, uma vez mais, será o Estado. De forma secundária, teremos como sujeito passivo a pessoa eventualmente lesada pela conduta.

1.3. Conduta

A conduta consiste em "desviar" (afastar, apartar, desencaminhar, deslocar, conferir destinação diversa). No parágrafo único, além da conduta "desviar", pune-se a conduta "apropriar-se" (apoderar-se da coisa, agir com ânimo de proprietário – *animus rem sibi habendi*).

Como já assinalado, o tipo penal depende de complemento (norma penal em branco), pois é necessário recorrer à legislação aplicável à matéria para que se saiba quais são os bens tidos por indisponíveis.

A indisponibilidade do bem pode resultar de:

a) Intervenção: é a interferência do Banco Central do Brasil para apuração de irregularidades em instituição financeira;

b) Liquidação extrajudicial: procedimento oficial que liquida a instituição financeira;

c) Falência: estado ou situação do comerciante que, sem relevante razão de direito, não paga no vencimento obrigação líquida e certa, constante de título que legitime ação executiva, em que a empresa seja declarada insolvente por sentença judicial[62].

62. Conceitos extraídos de: www.bovespa.com.br.

Convém recordar que a falência também pode ser aplicada às instituições financeiras. Nestes termos, as lições de Fábio Ulhoa Coelho: "assim, se a instituição financeira não estiver sob liquidação extrajudicial ou sob intervenção decretada pelo Banco Central, ela poderá, nas mesmas condições previstas para os demais exercentes de atividade mercantil, ter a sua falência decretada judicialmente"[63].

1.4. Elemento subjetivo

O elemento subjetivo é o dolo. O tipo penal não exige um dolo específico, uma especial finalidade no agir. Ademais, não há previsão de crime em sua modalidade culposa.

1.5. Consumação e tentativa

O crime se consuma com o efetivo desvio ou com a apropriação, no caso do parágrafo único. Os crimes podem ser praticados em sua modalidade unissubsistente (um ato, apenas) ou plurissubsistente (conduta que se desdobra em mais de um ato). No primeiro caso, não é admissível a tentativa.

Não é outra a lição de Luiz Régis Prado: "é inadmissível a tentativa, pois a apropriação é crime instantâneo que pressupõe a posse pelo sujeito ativo, consumando-se com a exteriorização de sua vontade de não restituir. (...). na modalidade 'desviar' é admissível a tentativa"[64].

1.6. Ação penal

O crime é de ação penal pública incondicionada.

Art. 14. Apresentar, em liquidação extrajudicial, ou em falência de instituição financeira, declaração de crédito ou reclamação falsa, ou juntar a elas título falso ou simulado:

Pena – Reclusão, de 2 (dois) a 8 (oito) anos, e multa.

Parágrafo único. Na mesma pena incorre o ex-administrador ou falido que reconhecer, como verdadeiro, crédito que não o seja.

1. COMENTÁRIOS

1.1. Considerações iniciais

O bem jurídico tutelado é a credibilidade do mercado. Secundariamente, tutela-se o patrimônio do investidor.

Objeto material do tipo é a declaração de crédito ou reclamação falsa, bem como o título falso ou simulado. Na figura do parágrafo único, o objeto material é o crédito reconhecido como verdadeiro.

1.2. Sujeitos do delito

Qualquer pessoa pode ser sujeito ativo do crime, não se exigindo qualquer qualidade especial. Trata-se de crime comum, portanto.

63. *Ob. cit.*, p. 402.

64. *Ob. cit.*, p. 285.

Na figura prevista no parágrafo único, todavia, exige-se a qualidade especial, na medida em que apenas o ex-administrador ou o falido poderão ser considerados sujeitos ativos do crime. Nesta hipótese do parágrafo único, tem-se um crime de mão própria, pois "somente o autor em pessoa e de forma direta pode praticar o delito. Tão somente a participação é admissível"[65].

Sujeitos passivos serão o Estado e os credores que, eventualmente, sejam prejudicados com as condutas.

1.3. Condutas

A conduta consiste em apresentar (exibir, entregar, expor) ou juntar (unir, colocar junto) declaração de crédito (pedido formulado ao juiz pelo credor, consistente na sua admissão ao concurso de credores) ou reclamação (recai sobre bem que estava na posse da instituição financeira em liquidação, mas pertence ao reclamante). Ocorre ainda o crime quando se título (documento que atesta a existência de um direito) falso ou simulado.

1.4. Elemento subjetivo

O elemento subjetivo é o dolo. O tipo penal não exige um dolo específico, uma especial finalidade no agir. Ademais, não há previsão de crime em sua modalidade culposa.

1.5. Consumação e tentativa

A consumação do crime ocorrerá quando houver a apresentação da declaração de crédito ou reclamação falsa, bem como a juntada do título falso ou simulado. Na figura do parágrafo único, haverá consumação quando ocorrer o reconhecimento a que alude o tipo penal.

Trata-se de delito de mera atividade (ou mera conduta), na medida em que não há previsão de resultado naturalístico para a espécie. Desta forma, pouco importa – para a consumação do crime – se as condutas enunciadas no artigo em apreço produzirão alguma consequência (proveito para o criminoso, prejuízo para terceiro, etc.) na liquidação extrajudicial ou falência da instituição financeira.

Em regra, não se admite a tentativa, pois se trata de crime unissubsistente. É possível vislumbrar a modalidade tentada, porém, quando estivermos diante da conduta consistente na juntada do título falso ou simulado, pois esta conduta pode ser fracionada (crime plurissubsistente).

1.6. Ação penal

O crime é de ação penal pública incondicionada.

Art. 15. Manifestar-se falsamente o interventor, o liqüidante ou o síndico, (Vetado) à respeito de assunto relativo a intervenção, liquidação extrajudicial ou falência de instituição financeira:

Pena – Reclusão, de 2 (dois) a 8 (oito) anos, e multa.

65. PRADO, Luis Régis. *Ob. cit.* p. 287.

1. COMENTÁRIOS

1.1. Considerações iniciais

O bem jurídico tutelado é a credibilidade do mercado. Secundariamente, tutela-se o patrimônio do investidor. Objeto material do tipo é a própria manifestação falsa, pertinente à intervenção, liquidação extrajudicial ou falência de instituição financeira.

1.2. Sujeitos do delito

O sujeito ativo é o interventor, liquidante ou síndico. O tipo penal traz um crime de mão própria, porquanto, além de exigir a qualidade especial do sujeito ativo, não admite coautoria. Com efeito, a manifestação de vontade do sujeito ativo (interventor, liquidante ou síndico) é ato personalíssimo, ninguém pode praticar o ato com ele ou por ele. Se mais de um liquidante praticam o ato em conjunto, teremos dois crimes autônomos, praticados por cada um dos autores de per si.

Como ocorre nos crimes de mão própria, nada obsta a participação de terceiro. Desta forma, é possível que algum terceiro induza, instigue ou preste auxílio ao autor do delito.

Sujeitos passivos serão o Estado e os credores que, eventualmente, sejam prejudicados com as condutas.

1.3. Condutas

A conduta consiste em manifestar (externar, expressar, revelar, declarar, publicar, etc.) a respeito da intervenção (interferência do Banco Central do Brasil para apuração de irregularidades em instituição financeira), liquidação (procedimento oficial que liquida a instituição financeira) ou falência (estado ou situação do comerciante que, sem relevante razão de direito, não paga no vencimento obrigação líquida e certa, constante de título que legitime ação executiva, em que a empresa seja declarada insolvente por sentença judicial).

O tipo penal não é de forma vinculada, razão pela qual pode se dar a consumação de forma escrita ou verbal. Para que se consume, é imprescindível que a manifestação seja falsa.

1.4. Elemento subjetivo

O elemento subjetivo é o dolo. O tipo penal não exige um dolo específico, uma especial finalidade no agir. Ademais, não há previsão de crime em sua modalidade culposa.

1.5. Consumação e tentativa

Ocorrerá a consumação quando houver a manifestação a que alude o tipo. A conduta pode ser unissubsistente (ex.: manifestação verbal) ou plurissubsistente (ex.: manifestação escrita). Na segunda hipótese, é admissível a tentativa.

1.6. Ação penal

A ação penal é pública incondicionada.

Art. 16. Fazer operar, sem a devida autorização, ou com autorização obtida mediante declaração (Vetado) falsa, instituição financeira, inclusive de distribuição de valores mobiliários ou de câmbio:

Pena – Reclusão, de 1 (um) a 4 (quatro) anos, e multa.

1. COMENTÁRIOS

1.1. Considerações iniciais

O bem jurídico tutelado é a credibilidade do mercado. Secundariamente, tutela-se o patrimônio do investidor. Objeto material do tipo é a operação de instituição financeira realizada sem a devida autorização ou com autorização obtida mediante declaração falsa.

1.2. Sujeitos do delito

Trata-se de crime comum, podendo ser praticado por qualquer pessoa. O sujeito passivo é o Estado e, secundariamente, eventuais pessoas lesadas pela conduta.

1.3. Conduta

A conduta consiste em fazer operar (fazer funcionar, colocar em atividade) instituição financeira sem a devida autorização ou obtida mediante declaração falsa. O conceito de instituição financeira é aquele empregado pelo art. 1º desta Lei, nos seguintes termos: "Considera-se instituição financeira, para efeito desta lei, a pessoa jurídica de direito público ou privado, que tenha como atividade principal ou acessória, cumulativamente ou não, a captação, intermediação ou aplicação de recursos financeiros de terceiros, em moeda nacional ou estrangeira, ou a custódia, emissão, distribuição, negociação, intermediação ou administração de valores mobiliários".

Conforme esclarece a melhor doutrina, "deve-se mencionar a desnecessidade de o legislador ter inserido no tipo legal, logo após *instituições financeiras,* a expressão *inclusive de distribuição de valores mobiliários ou de câmbio* porque ela já se encontra englobada pela definição dada pelo art. 1º desse mesmo texto legal" [66].

À vista da ampla definição legal, o STF admite a incidência do dispositivo em apreço aos consórcios (RE 435192/RS Rel. Min. Marco Aurélio j. 26/04/2012).

1.4. Elemento subjetivo

O elemento subjetivo é o dolo. O tipo penal não exige um dolo específico, uma especial finalidade no agir. Ademais, não há previsão de crime em sua modalidade culposa.

1.5. Consumação e tentativa

A consumação se dá com a efetiva operação da instituição financeira, não se exigindo a produção de resultado consistente no efetivo proveito do autor ou em prejuízo de investidores. Ademais, não se trata de crime habitual, razão pela qual não se exige a constância da conduta. A tentativa é admissível.

1.6. Ação penal

A ação penal é pública incondicionada.

---

66. PRADO, Luis Régis. *Ob. cit.* p. 295.

2. SÚMULAS E JURISPRUDÊNCIA

✦ *SUPREMO TRIBUNAL FEDERAL*

▸ **CONSÓRCIO – CRIME CONTRA O SISTEMA FINANCEIRO NACIONAL – COMPETÊNCIA – JUSTIÇA FEDERAL – PRECEDENTES – RECURSO EXTRAORDINÁRIO CONHECIDO E PROVIDO.** 1. O tema em discussão no recurso extraordinário já foi objeto de exame por ambas as Turmas do Supremo. Concluiu-se pela competência da Justiça Federal para o julgamento dos crimes praticados na gestão de consórcio, em razão da equiparação estabelecida pela Lei 7.492/86 entre aquele e a instituição financeira, para efeitos penais, ensejando não apenas prejuízo aos particulares, mas também ao Sistema Financeiro Nacional. É o que se depreende da leitura do Recurso Ordinário em Habeas Corpus nº 84.182/RS, por mim relatado na Primeira Turma, e do Habeas Corpus nº 84.111/RS, relatado pelo Ministro Gilmar Mendes na Segunda Turma, respectivamente transcritas a seguir: CRIME CONTRA O SISTEMA FINANCEIRO NACIONAL – CONSÓRCIO. De acordo com os artigos 1º, parágrafo único e inciso I, e 16 da Lei nº 7.492, de 16 de junho de 1986, consubstanciam crimes contra o Sistema Financeiro Nacional a formação e o funcionamento de consórcio à margem de balizamento legal, de instrução do Banco Central do Brasil. Precedente: Habeas Corpus nº 83.729-8/SC, Primeira Turma, relator ministro Março Aurélio. LEGISLAÇÃO ORDINÁRIA – FICÇÃO JURÍDICA – CRIME CONTRA O SISTEMA FINANCEIRO NACIONAL – CARTA DA REPUBLICA. O fato de o Diploma Maior revelar o Sistema Financeiro Nacional, dispondo sobre temas a serem considerados, entre outros, pela legislação complementar, não é de molde a concluir-se não haver sido recebida a Lei nº 7.492/86, no que procedida a equiparação dos consórcios, para efeito penal, à instituição financeira. (Acórdão publicado no Diário da Justiça de 24 de agosto de 2004) Habeas Corpus. 2. Competência. 3. Consórcio. 4. O prejuízo não se restringiu aos particulares, mas também atingiu o Sistema Financeiro Nacional. 5. Crime contra o Sistema financeiro Nacional (Lei no 7.492/86). 6. Competência da Justiça Federal (art. 109, VI, CF). 7. Precedentes da Corte. 8. Ordem denegada. (Acórdão publicado no Diário da Justiça de 15 de junho de 2004). 2. Ante os precedentes, e considerado o fato de este processo veicular o mesmo tema, conheço do extraordinário e o provejo para, reformando o acórdão recorrido, denegar a ordem. 3. Publiquem. (Processo: RE 435192 RS Relator(a): Min. MARCO AURÉLIO Julgamento: 26/04/2012 Publicação: DJe-088 DIVULG 04/05/2012 PUBLIC 07/05/2012 Parte(s): MINISTÉRIO PÚBLICO FEDERAL PROCURADOR-GERAL DA REPÚBLICA ANA MARIA RUSCHEL LUIZ CARLOS LOPES MADEIRA)

✦ *SUPERIOR TRIBUNAL DE JUSTIÇA*

▸ **VENDA PREMIADA. CAPTAÇÃO DE RECURSOS DE TERCEIROS. PESSOA JURÍDICA PRATICANTE DE ATIVIDADE DE CONSÓRCIOS. EQUIPARAÇÃO A INSTITUIÇÃO FINANCEIRA. AUSÊNCIA DE AUTORIZAÇÃO DO BANCO CENTRAL. CARACTERIZAÇÃO DE CRIME CONTRA O SISTEMA FINANCEIRO NACIONAL. LEI N. 7.492/1986. COMPETÊNCIA DA JUSTIÇA FEDERAL.** A simulação de consórcio por meio de venda premiada, operada sem autorização do Banco Central do Brasil, configura crime contra o sistema financeiro, tipificado pelo art. 16 da Lei n. 7.492/1986, o que atrai a competência da Justiça Federal. *STJ, CC 160.077-PA, Rel. Min. Joel Ilan Paciornik, 3ª S. Por unanimidade, j. 10/10/2018 (Info 637)*

▸ **PROCESSUAL PENAL – REVISÃO CRIMINAL – HIPÓTESES DE CABIMENTO – ART. 621 DO CPP – SENTENÇA CONDENATÓRIA CONTRÁRIA AO TEXTO EXPRESSO DA LEI PENAL OU À EVIDÊNCIA DOS AUTOS – NÃO OCORRÊNCIA – ARTS. 5º E 16 DA LEI 7.492/86 C/C ART. 49 DO CÓDIGO PENAL (CRIME DO SISTEMA FINANCEIRO) – FIXAÇÃO DA PENA-BASE ACIMA DO MÍNIMO LEGAL – ELEVADA CULPABILIDADE – INAPLICABILIDADE DA ATENUANTE DO ART. 65I E III, ALÍNEAS A E B DO CP – ACÓRDÃO FUNDAMENTADO – INTIMAÇÃO – INTERPOSIÇÃO DA APELAÇÃO CRIMINAL, PELO DEFENSOR CONSTITUÍDO – PREJUÍZO NÃO DEMONSTRADO – MATERIALIDADE E AUTORIA COMPROVADAS – IMPROCEDÊNCIA DO PEDIDO REVISIONAL.** I. A revisão criminal, meio pelo qual o condenado busca reparar erro judiciário, desfazendo alguns ou todos os efeitos da sentença, somente é cabível nas hipóteses previstas nos incisos do art. 621 do Código de Processo Penal, cujo rol cuida de enumeração exaustiva. II. A sentença condenatória, quando contrária ao texto expresso da lei penal ou à evidência dos autos; dá ensejo à revisão criminal (art. 621, I, do CPP). III. Verifica-se que o grau de escolaridade dos réus foi considerado como fator de aumento de culpabilidade na primeira fase da dosimetria da pena e não como circunstância agravante com afirmamos requerentes. IV. A dosimetria se sustenta, por ter examinado, de forma correta, as circunstâncias judiciais do caso, em especial quanto aos motivos e conseqüências do crime, e seu reflexo na culpabilidade, que de fato está acima do normal em virtude do grau de escolaridade dos requerentes, que lhes permitia ter maior consciência da ilicitude da conduta praticada. V. Inaplicável a atenuante do art. 65, II e III, alíneas a e b do CP. VI. Estando o acórdão impugnado devidamente fundamentado e em conformidade com os requisitos legais, não se pode afirmar que seja contrário à evidência dos autos ou de texto expresso da lei. VII. Inexistência de nulidade, em face da ausência de intimação da sentença condenatória, quando a sua finalidade – qual seja, a defesa dos réus –, foi alcançada, pela apresentação de apelação pelo advogado por eles constituído (e de sua confiança), ex vi dos arts. 563 e 570 do Código de Processo Penal. Precedente do Superior Tribunal de Justiça (HC 34.116/SP, Rel. Min. Gilson Dipp, DJU de 01/07/2004, p. 243). VIII. Provadas, de forma segura e inequívoca, a materialidade e a autoria do crime contra o Sistema Financeiro Nacional (arts. 5º e 16 da Lei 7.492/86 c/c art. 49 do Código Penal), não há falar em ausência de justa causa para a condenação. IX. Improcedência da revisão criminal. (Processo: RVCR 23287 MG 2008.01.00.023287-9 Relator(a): DESEMBARGADORA FEDERAL ASSUSETE MAGALHÃES Julgamento: 08/02/2012 Órgão Julgador: SEGUNDA SEÇÃO Publicação: e-DJF1 p. 14 de 28/02/2012)

- **COMPETÊNCIA PARA O JULGAMENTO DE AÇÃO PENAL REFERENTE À PRÁTICA DE CRIME CONTRA O SISTEMA FINANCEIRO NACIONAL POR MEIO DE SOCIEDADE QUE DESENVOLVA A ATIVIDADE DE FACTORING. Compete à Justiça Federal processar e julgar a conduta daquele que, por meio de pessoa jurídica instituída para a prestação de serviço de factoring, realize, sem autorização legal, a captação, intermediação e aplicação de recursos financeiros de terceiros, sob a promessa de que estes receberiam, em contrapartida, rendimentos superiores aos aplicados no mercado.** Isso porque a referida conduta se subsume, em princípio, ao tipo do art. 16 da Lei 7.492/1986 (Lei dos Crimes contra o Sistema Financeiro Nacional), consistente em fazer "operar, sem a devida autorização, ou com autorização obtida mediante declaração falsa, instituição financeira, inclusive de distribuição de valores mobiliários ou de câmbio". Ademais, nessa hipótese, apesar de o delito haver sido praticado por meio de pessoa jurídica criada para a realização de atividade de *factoring*, deve-se considerar ter esta operado como verdadeira instituição financeira, justificando-se, assim, a fixação da competência na Justiça Federal. *STJ, CC 115.338-PR, Rel. Min. Marco Aurélio Bellizze, j. 26/6/2013. 3ª S. (Info 528)*

Art. 17. Tomar ou receber crédito, na qualidade de qualquer das pessoas mencionadas no art. 25, ou deferir operações de crédito vedadas, observado o disposto no art. 34 da Lei nº 4.595, de 31 de dezembro de 1964: (Redação dada pela Lei nº 13.506, de 2017)

Pena – Reclusão, de 2 (dois) a 6 (seis) anos, e multa.

Parágrafo único. Incorre na mesma pena quem:

I – em nome próprio, como controlador ou na condição de administrador da sociedade, conceder ou receber adiantamento de honorários, remuneração, salário ou qualquer outro pagamento, nas condições referidas neste artigo;

II – de forma disfarçada, promover a distribuição ou receber lucros de instituição financeira.

1. COMENTÁRIOS

1.1. Considerações iniciais

O bem jurídico tutelado é a credibilidade do mercado. Secundariamente, tutela-se o patrimônio do investidor. Objeto material é o próprio empréstimo ou adiantamento a que se refere o tipo penal. Nas figuras do parágrafo único, o objeto material é o adiantamento de honorários, remuneração, salário ou qualquer outro pagamento, além dos lucros a serem recebidos.

A figura incriminadora sofreu modificação legislativa, operada pela Lei nº 13.506/2017. No entanto, cuida-se de retificação do tipo com base em técnica que refere a outros dispositivos, complementando os elementos do tipo penal: (1) o art. 25, da mesma Lei nº 7.492/1986 (remissão homogênea); e (2) o art. 34, da Lei nº 4.595/1964 (remissão heterogênea).

Não se deu *abolitio criminis*, nem se conferiu maior abrangência ao tipo penal, ressalvada a maior especificação dos beneficiários do deferimento de operações vedadas, detalhados no §3º, do art. 34, da Lei nº 4.595/1964 (Lei da Política Monetária).

De todo modo, ocorreu opção por técnica legislativa *per relationem*, não significando, a nosso ver, aprimoramento ou melhora da tipificação, eis que o intérprete deve volver para outros dispositivos legais para identificar o sujeito ativo e os beneficiários indicados por mais de um enunciado normativo.

De acordo com a redação anterior, a conduta típica descrita era a de "tomar ou receber, qualquer das pessoas mencionadas no art. 25 desta lei, direta ou indiretamente, empréstimo ou adiantamento, ou deferi-lo a controlador, a administrador, a membro de conselho estatutário, aos respectivos cônjuges, aos ascendentes ou descendentes, a parentes na linha colateral até o 2º grau, consanguíneos ou afins, ou a sociedade cujo controle seja por ela exercido, direta ou indiretamente, ou por qualquer dessas pessoas".

Com o texto atual, dado pela Lei nº 13.506/2017, o art. 17 passou a dispor que o crime é o de "tomar ou receber crédito, na qualidade de qualquer das pessoas mencionadas no art. 25, ou deferir operações de crédito vedadas, observado o disposto no art. 34 da Lei no 4.595, de 31 de dezembro de 1964". Deve-se conjugar, portanto, os seguintes dispositivos, para colmatar o tipo penal:

(1) o art. 25, da Lei nº 7.492/1986, cujo *caput* reza que "são penalmente responsáveis, nos termos desta lei, o controlador e os administradores de instituição financeira, assim considerados os diretores, gerentes", enquanto seu § 1º explicita que se equiparam "aos administradores de instituição financeira (Vetado) o interventor, o liquidante ou o síndico".

(2) o art. 34, da Lei nº 4.595/1964, que, em seu *caput*, preconiza ser "vedado às instituições financeiras realizar operação de crédito com a parte relacionada", ao passo que no seu § 3º, incluído pela aludida Lei nº 13.506/2017, estabelece ser considerada "parte relacionada à instituição financeira, para efeitos deste artigo: I – seus controladores, pessoas físicas ou jurídicas, nos termos do art. 116 da Lei nº 6.404, de 15 de dezembro de 1976; II – seus diretores e membros de órgãos estatutários ou contratuais; III – o cônjuge, o companheiro e os parentes, consanguíneos ou afins, até o segundo grau, das pessoas mencionadas nos incisos I e II deste parágrafo; IV – as pessoas físicas com participação societária qualificada em seu capital; e V – as pessoas jurídicas: a) com participação qualificada em seu capital; b) em cujo capital, direta ou indiretamente, haja participação societária qualificada; c) nas quais haja controle operacional efetivo ou preponderância nas deliberações, independentemente da participação societária; e d) que possuírem diretor ou membro de conselho de administração em comum.

1.2. Sujeitos do delito

Sujeito ativo do tipo são as pessoas mencionadas no art. 25 (o controlador e os administradores de instituição financeira, assim considerados os diretores, gerentes). Trata-se de crime próprio, portanto, pois exige uma qualidade especial do agente. Admite, outrossim, a coautoria, bem como a participação de agentes que não possuam as características exigidas pelo art. 25 desta Lei.

O sujeito passivo é o Estado e, secundariamente, eventuais pessoas lesadas pela conduta.

1.3. Conduta

Na primeira parte do tipo penal (*caput*), a conduta consiste em "tomar" (obter, conseguir, conquistar) ou "receber" (adquirir, acolher) empréstimo ou adiantamento.

Os empréstimos pode ser o comodato ("o empréstimo gratuito de coisas não fungíveis" [67]) ou o mútuo ("empréstimo de coisas fungíveis" [68]).

Já o adiantamento consiste no pagamento antecipado.

A segunda parte da conduta descrita no *caput* consiste em "deferir" (autorizar, permitir, conferir) os empréstimos ou adiantamentos já mencionados em favor de controlador, a administrador, a membro de conselho estatutário, aos respectivos cônjuges, aos ascendentes ou descendentes, a parentes na linha colateral até o 2º grau, consanguíneos ou afins, ou a sociedade cujo controle seja por ela exercido, direta ou indiretamente, ou por qualquer dessas pessoas.

Controlador: a definição é dada pelo art. 116 da Lei nº 6.404/76, nos seguintes termos: "Entende-se por acionista controlador a pessoa, natural ou jurídica, ou o grupo de pessoas vinculadas por acordo de voto, ou sob controle comum, que: **a)** é titular de direitos de sócio que lhe assegurem, de modo permanente, a maioria dos votos nas deliberações da assembleia-geral e o poder de eleger a maioria dos administradores da companhia; e **b)** usa efetivamente seu poder para dirigir as atividades sociais e orientar o funcionamento dos órgãos da companhia".

Administrador: nos termos do art. 25 da Lei dos crimes contra o sistema Financeiro Nacional, administradores das instituições financeiras são os diretores e gerentes.

Membro de conselho estatutário: a expressão designa integrante de conselho criado pelo estatuto da sociedade, podendo abranger o conselho fiscal e o conselho de administração.

O tipo penal objetiva evitar que determinadas pessoas realizem com maior facilidade certas operações financeiras, em virtude de sua posição no mercado. Com isto, protege-se o patrimônio dos investidores. Em consequência, importa destacar que não importa a origem dos valores envolvidos, isto é, o fato de serem provenientes de operações lícitas não retira a natureza criminosa da conduta, pois a incriminação recai sobre a conduta (consistente na operação financeira) em si, e não na origem dos valores envolvidos.

1.4. Elemento subjetivo

O elemento subjetivo é o dolo. O tipo penal não exige um dolo específico, uma especial finalidade no agir. Ademais, não há previsão de crime em sua modalidade culposa.

1.5. Consumação e tentativa

O crime se consuma com a efetiva realização dos núcleos do tipo. Assim, consuma-se o crime com o tomar, receber, ou deferir (empréstimo ou adiantamento), no *caput*. Nas figuras do parágrafo único, consuma-se o crime com a concessão ou recebimento de adiantamentos ou com a promoção de distribuição ou recebimento de lucros.

---

67. Art. 579, CC.
68. Art. 586, CC

Para referida consumação, não se exige ocorrência de efetivo prejuízo a terceiros, nem tampouco a habitualidade.

Em tese, é possível a tentativa.

1.6. Ação penal

A ação penal é pública incondicionada.

2. SÚMULAS E JURISPRUDÊNCIA

✦ *SUPREMO TRIBUNAL FEDERAL*

- **CRIMINAL. HABEAS CORPUS. CRIMES CONTRA O SISTEMA FINANCEIRO. ART. 17 DA LEI 7.492/1986. CIRCUNSTÂNCIA DE CARÁTER PESSOAL. ELEMENTAR DO CRIME. ART. 30 DO CÓDIGO PENAL.** Rejeitada a alegação de que o crime tipificado no art. 17 da Lei 7.492/1986 é próprio quanto ao sujeito ativo. Aplicação do art. 30 do Código Penal. Pedido indeferido. (Processo: HC 84238 BA Relator(a): Min. JOAQUIM BARBOSA Julgamento: 10/08/2004 Órgão Julgador: Segunda Turma Publicação: DJ 10-09-2004 PP-00066 EMENT VOL-02163-01 PP-00164 RT v. 94, nº 831, 2005, p. 525-527 LEXSTF v. 27, nº 313, 2005, p. 484-488)

3. QUESTÕES DE CONCURSOS

1. **(CESPE/AGU/Advogado da União/2012)** Apesar de serem crimes autônomos, o empréstimo vedado e a gestão temerária, quando forem praticados em uma só ação e originários de uma só operação bancária, não deverão ser processados em concurso formal, pois haverá a absorção do primeiro delito pelo segundo.

2. **(FCC/NOSSA CAIXA DESENVOLVIMENTO/Advogado/2011)** De acordo com a Lei no 7.492/86, NÃO comete crime contra o sistema financeiro nacional o administrador de instituição financeira que

a) divulgar informação falsa ou prejudicialmente incompleta sobre instituição financeira.

b) deferir empréstimo a parente na linha colateral em terceiro grau, consanguíneo ou afim.

c) geri-la fraudulentamente.

d) mantiver ou movimentar recurso ou valor paralelamente à contabilidade exigida pela legislação.

e) geri-la temerariamente.

GAB	1	2
	E	B

Art. 18. Violar sigilo de operação ou de serviço prestado por instituição financeira ou integrante do sistema de distribuição de títulos mobiliários de que tenha conhecimento, em razão de ofício:

Pena – Reclusão, de 1 (um) a 4 (quatro) anos, e multa.

1. COMENTÁRIOS

Aderimos ao entendimento, majoritário em nossa doutrina[69], no sentido de que o referido dispositivo foi tacitamente revogado pelo art. 10 da Lei Complementar nº 105/01, que possui a

69. Por todos, TASSE, Adel el. Crimes contra o sistema financeiro. In: GOMES, Luiz Flávio; CUNHA, Rogério Sanches. *Legislação criminal especial.* São Paulo: RT, 2009. p. 926.

seguinte redação: "A quebra de sigilo, fora das hipóteses autorizadas nesta Lei Complementar, constitui crime e sujeita os responsáveis à pena de reclusão, de um a quatro anos, e multa, aplicando-se, no que couber, o Código Penal, sem prejuízo de outras sanções cabíveis" [70].

Art. 19. Obter, mediante fraude, financiamento em instituição financeira:

Pena – Reclusão, de 2 (dois) a 6 (seis) anos, e multa.

Parágrafo único. A pena é aumentada de 1/3 (um terço) se o crime é cometido em detrimento de instituição financeira oficial ou por ela credenciada para o repasse de financiamento.

1. COMENTÁRIOS

1.1. Considerações iniciais

O bem jurídico tutelado é a credibilidade do mercado. Secundariamente, tutela-se o patrimônio do investidor. Objeto material é o financiamento a que se refere o tipo penal.

1.2. Sujeitos do delito

Trata-se de crime comum, podendo, portanto, ser praticado por qualquer pessoa. Sujeito passivo é o Estado e, secundariamente, as pessoas lesionadas.

1.3. Conduta

A conduta tipificada consiste em obter (conseguir, alcançar, adquirir) o financiamento (antecipação de numerário, que será pago posteriormente pelo beneficiário, mediante, em regra, a cobrança de juros) de instituição financeira (conceito dado pelo art. 1º da Lei, já comentado), mediante fraude (engodo, ardil).

1.4. Elemento subjetivo

O elemento subjetivo é o dolo. O tipo penal não exige um dolo específico, uma especial finalidade no agir. Ademais, não há previsão de crime em sua modalidade culposa.

1.5. Consumação e tentativa

A consumação ocorre com a obtenção da vantagem ilícita (financiamento obtido mediante fraude). Trata-se de crime formal, que estará consumado no momento da obtenção do financiamento, sendo desnecessária a existência do efetivo prejuízo para a instituição financeira. Por isso, o agente responderá pelo crime, ainda que comprove haver adimplido todas as parcelas do financiamento.

É possível a tentativa, que ocorreria, por exemplo, nas hipóteses em que o financiamento sequer chega a ser tentado.

---

70. Em sentido contrário, Balthazar Jr. sustenta a tese de que a Lei Complementar nº 105/01 apenas derrogou o art. 18. Afirma o autor: "O tipo da LC 105/01 manteve idêntico apenamento e não revogou, apenas derrogou, aquele do art. 18 da LCSFN, tendo em vista que não abrange todas as hipóteses ali previstas. Isto porque os conceitos de instituição financeira são diversos para efeitos penais e para os fins da lei complementar do sigilo financeiro" (*ob. cit.*, p. 454).

1.6. Ação penal

A ação penal é pública incondicionada.

2. SÚMULAS E JURISPRUDÊNCIA

✦ *SUPERIOR TRIBUNAL DE JUSTIÇA*

- **COMPETÊNCIA. DOCUMENTOS FALSOS. LEASING. CARRO.** Noticiam os autos que fora instaurado inquérito policial para apurar a autoria e materialidade de estelionato a partir da apresentação de documentos falsos para obtenção de recursos financeiros junto à instituição bancária em contrato de arrendamento mercantil na modalidade de leasing financeiro de veículo. Esses autos foram encaminhados primeiro pelo juízo de direito, ao acolher a representação da autoridade policial e parecer do MP estadual, ao juízo federal naquela comarca para a apuração de crime contra o sistema financeiro previsto no art. 19 da Lei nº 7.492/1986, mas esse juízo, por sua vez, declinou de sua competência para o juízo de uma das varas federais especializadas da capital. Então, o juízo da vara federal especializada suscitou o conflito de competência. Para a Min. Relatora, a matéria em exame é complexa, tendo sido apreciada neste Superior Tribunal uma única vez, na Sexta Turma, na qual o voto da relatoria do Min. Celso Limongi (Desembargador convocado do TJ-SP), com base em precedente do STF, asseverou que **o fato de o leasing financeiro não constituir financiamento não afasta, por si só, a configuração do delito previsto no art. 19 da Lei nº 7.492/1986.** Naquela ocasião, o colegiado concluiu que, **ao fazer um leasing financeiro, obtém-se invariavelmente um financiamento e o tipo penal em análise descrito no citado art. 19 refere-se exatamente à obtenção de financiamento mediante fraude, sem exigir que isso ocorra num contrato de financiamento propriamente dito**. Observa ainda a Min. Relatora que **o leasing financeiro possui certas particularidades, mas que não se pode, de pronto, afastar a incidência do tipo penal descrito no art. 19 em comento, no qual se refere à obtenção de financiamento mediante fraude, porque, embora não seja financiamento propriamente dito, ele constitui o núcleo ou elemento preponderante dessa modalidade de arrendamento mercantil.** Com esse entendimento, a Seção declarou competente para processar e julgar o feito o juízo federal da vara criminal especializada em crimes contra o sistema financeiro nacional e lavagem, ocultação de bens e direitos e valores, o suscitante. Precedentes citados do STF: RE 547.245-SC, DJe 4/3/2010; do STJ: REsp 706.871-RS, DJe 2/8/2010. *STJ, CC 114.322-SP, Rel. Min. Maria Thereza de Assis Moura, j. 14/3/2011. 3ª S. (Info 466)*

- **CONFLITO NEGATIVO DE COMPETÊNCIA. OBTENÇÃO, MEDIANTE FRAUDE, DE FINANCIAMENTO EM INSTITUIÇÃO FINANCEIRA. CRIME CONTRA O SISTEMA FINANCEIRO NACIONAL. COMPETÊNCIA DA JUSTIÇA FEDERAL.** 1. Para configurar o crime contra o Sistema Financeiro Nacional, previsto no art. 19 da Lei nº 7.492/1986, é preciso que o agente obtenha, mediante fraude, financiamento em instituição financeira, contrato que tem como característica o fato de possuir destinação específica, vinculado à comprovação da aplicação dos recursos, diferente do que ocorre com o empréstimo pessoal. Precedentes. 2. Constatando-se que os acusados obtiveram contrato de financiamento, mediante fraude, em instituição financeira, visto que os recursos possuíam destinação certa (aquisição de veículo automotor), fica caracterizado o crime previsto no art. 19 da Lei nº 7.492/1986, a atrair a competência da Justiça Federal. 3. Conflito conhecido para declarar a competência do Juízo Federal da 3ª Vara da Seção Judiciária do Estado de Sergipe, o suscitante. *STJ, CC 119.304/SE, Rel. Min. MARCO AURÉLIO BELLIZZE, 3ª S., julgado em 28/11/2012.*

- ***TRIBUNAL REGIONAL FEDERAL – 4ª REGIÃO***

  CONFLITO DE COMPETÊNCIA. DUPLICATA SIMULADA. INOCORRÊNCIA DE CRIME CONTRA O SISTEMA FINANCEIRO NACIONAL. Cingindo-se a hipótese investigatória apenas à emissão de duplicatas frias, tipificada no artigo 172 do Código Penal, descabe falar em crime contra o Sistema Financeiro Nacional (artigo 19 da Lei nº 7.492/86), afastando a competência da vara especializada da capital. *TRF4, CJ 0011479-21.2012.404.0000, Quarta Seção, Relatora Salise Monteiro Sanchotene.*

- **CONFLITO DE COMPETÊNCIA. VARA FEDERAL COMUM. VARA ESPECIALIZADA EM CRIMES CONTRA O SISTEMA FINANCEIRO.** Não há falar em crime contra o Sistema Financeiro Nacional, a ensejar a competência da Vara Especializada, quando dentre os elementos já produzidos durante a investigação não há nenhum indício de que a fraude supostamente praticada visava à obtenção de financiamento, mas apenas a obtenção de crédito perante a instituição bancária. O artigo 19 da Lei nº 7.492/86, tem como elementar do tipo o "financiamento", que não abrange o contrato de abertura de crédito sem finalidade específica. *TRF4, 5020330-61.2012.404.0000, Quarta Seção, Relator p/ Acórdão Luiz Carlos Canalli.*

- ***TRIBUNAL REGIONAL FEDERAL – 5ª REGIÃO***

  FORMAÇÃO DE QUADRILHA (ART. 288 DO CÓDIGO PENAL). CRIMES CONTRA O SISTEMA FINANCEIRO NACIONAL. EMPRÉSTIMO MEDIANTE FRAUDE E APLICAÇÃO EM FINALIDADE DIVERSA (ARTS. 19 E 20 DA LEI Nº 7.492/86). AUTORIA E MATERIALIDADE. COMPROVAÇÃO. DOSIMETRIA DA PENA. PENA-BASE. REDUÇÃO. NECESSIDADE. PARCIAL PROVIMENTO DAS APELAÇÕES. 1. Verifica-se a prática do crime de quadrilha previsto no art. 288 do CP quando mais de três pessoas se associam, para a prática de crimes, independentemente de consumação destes, vez que se trata de crime de perigo abstrato. 2. Comete os crimes previstos nos arts. 19 e 20 da Lei nº 7.492/86 quem obtém, mediante fraude, financiamento em instituição financeira e aplica em finalidade diversa daquela prevista em lei ou em contrato os recursos financeiros concedidos por instituição financeira oficial ou credenciada. 3. Comprovadas a autoria e a materialidade dos crimes de formação de quadrilha e de obtenção de empréstimo mediante fraude, a controvérsia das apelações cinge-se aos procedimentos de individualização e dosimetria das penas aplicadas aos réus, além do pedido de absolvição de um deles. 4. Em relação ao pedido de absolvição, a participação do réu HERISON ALVES MARTINS na prática das condutas delitivas descritas na denúncia restou consubstanciada por uma série de elementos trazidos aos autos, dentre os quais se destacam as declarações do mentor da quadrilha, no sentido de que, a partir de novembro/2005, começou a colaborar com HERISON na preparação de portarias de nomeação de prefeituras municipais e respectivos contracheques, no escopo de criar fictícios vínculos empregatícios necessários à obtenção, mediante fraude, dos empréstimos objeto da ação criminosa pela quadrilha. Ademais, o próprio acusado confessou que confeccionava, embora sem ter idéia da dimensão do fato do qual estava participando, os referidos documentos em atendimento a solicitações do mentor da quadrilha. Finalmente, o auto circunstanciado de busca e apreensão indica que, no exame realizado no computador apreendido no local de trabalho do réu, foi encontrado arquivo contendo o nome de uma das pessoas que obtiveram empréstimo mediante fraude. 5. Sobre a dosimetria das penas aplicadas, merece reforma a sentença apenas no tocante à quantificação das penas-base aplicadas aos réus pelo cometimento dos crimes dos artigos 19 e 20 da Lei nº 7.492/86, fixadas de forma desproporcional ao contexto dos autos, devendo ser minoradas, mantendo-se, contudo, os demais critérios das fases posteriores, nos termos do voto condutor. 6. Considerando que a pena imposta ao réu HERISON ALVES MARTINS findou menor que 4 anos e por restarem atendidos os demais requisitos do art. 44 do Código Penal, impõe-se a substituição da pena privativa de liberdade por 2 (duas) restritivas de direitos, a serem definidas pelo juízo de execução penal. 7. Apelações parcialmente providas. *TRF5, PROCESSO: 200682010012760, ACR8937/PB, RELATOR P/ ACÓRDÃO: DESEMBARGADOR FEDERAL MANOEL ERHARDT, Primeira Turma, JULGAMENTO: 25/10/2012.*

3. QUESTÕES DE CONCURSOS

1. **(VUNESP/PC-CE/Escrivão de Polícia Civil/2015)** O crime de "obter, mediante fraude, financiamento em instituição financeira" (art. 19 da Lei nº 7.492/86) tem pena aumentada de 1/3 se cometido

a) em momento de grave recessão

b) por agente público.

c) em detrimento de instituição financeira oficial.

d) com intuito de causar risco sistêmico.

e) por intermédio de pessoa jurídica.

2. **(CESGRANRIO/BNDES/Advogado/2010)** Tício obtém, mediante fraude, crédito vinculado a leasing financeiro, sendo denunciado pelo Ministério Público como incurso nas penas do art. 19, da Lei nº

7.492/86, que regulamenta os crimes contra o Sistema Financeiro Nacional. Alega que inexistiu crime uma vez que o Banco não teria natureza pública. Diante de tal quadro, conclui-se que:

a) a obtenção de crédito fraudulentamente, mediante leasing, não caracteriza crime contra o Sistema Financeiro Nacional.
b) a pena cominada é a mesma, seja em instituição privada ou pública, em fatos dessa natureza.
c) a origem da instituição, quer pública ou privada, é irrelevante para tipificar o crime descrito.
d) o crime descrito implica a necessidade de que recursos públicos estejam envolvidos para ser tipificado.
e) somente os mútuos bancários, em sentido estrito, caracterizam o delito em foco.

3. **(ESAF/SMF-RJ/Fiscal de Rendas/2010)** Salazar, rico comerciante, apresenta documentação falsa junto à Caixa Econômica Federal com a finalidade de obter financiamento para a aquisição de apartamento em programa federal que privilegia as pessoas de baixa renda que não possuem imóveis próprios. Assim, Salazar apresenta certidão falsa de que não possui outro imóvel. Também, na mesma oportunidade, apresenta contracheque falso que indica ter renda de dois salários-mínimos. À luz do previsto nos Crimes contra o Sistema Financeiro Nacional e nos Crimes contra o Patrimônio, julgue os itens abaixo assinalando o correto.

I. Salazar ao obter, mediante fraude, financiamento em instituição financeira comete crime previsto na Lei nº 7.492/86 (Lei dos Crimes do Colarinho Branco);
II. Salazar comete o crime de furto mediante fraude;
III. Salazar comete o crime de estelionato;
IV. Salazar comete o crime de apropriação indébita.

a) Todos estão corretos.
b) I e IV estão corretos.
c) Somente I está correto.
d) I e III estão corretos.
e) III e IV estão corretos.

GAB	1	2	3
	C	C	C

Art. 20. Aplicar, em finalidade diversa da prevista em lei ou contrato, recursos provenientes de financiamento concedido por instituição financeira oficial ou por instituição credenciada para repassá-lo:

Pena – Reclusão, de 2 (dois) a 6 (seis) anos, e multa.

1. COMENTÁRIOS

1.1. Considerações iniciais

O bem jurídico tutelado é a credibilidade do mercado. Secundariamente, tutela-se o patrimônio do investidor. Objeto material são os recursos oriundos do financiamento concedido pela instituição financeira.

Trata-se de norma penal em branco, pois o tipo penal deixa claro que a finalidade dos recursos está prevista em lei (em sentido material e formal) ou em contrato. A precisa definição da conduta depende, portanto, destes complementos.

O tipo penal do art. 315, CP ("dar às verbas ou rendas públicas aplicação diversa da estabelecida em lei"), aplicar-se-ia se não se tratasse de recurso relativo à instituição financeira.

Se, contudo, o recurso diz respeito a este tipo de instituição, incide o dispositivo legam em análise, pois deve ser aplicado o princípio da especialidade.

1.2. Sujeitos do delito

Trata-se de crime comum, podendo, portanto, ser praticado por qualquer pessoa. Sujeito passivo é o Estado e, secundariamente, as pessoas lesionadas.

1.3. Conduta

A conduta consiste em aplicar (investir, empregar, destinar), em finalidade diversa da prevista em lei ou contrato, os recursos (numerário, valor, quantia) provenientes de financiamento (antecipação de numerário, que será pago posteriormente pelo beneficiário, mediante, em regra, a cobrança de juros) concedido por instituição financeira (conceito conferido pelo art. 1º da Lei, já analisado). O objetivo é a tutela dos valores oriundos de banco oficial ou controlado pelo Estado.

1.4. Elemento subjetivo

O elemento subjetivo é o dolo. O tipo penal não exige um dolo específico, uma especial finalidade no agir. Ademais, não há previsão de crime em sua modalidade culposa.

1.5. Consumação e tentativa

O crime estará consumado com a efetiva aplicação dos recursos em finalidade diversa daquela prevista em lei ou em contrato. Não se exige a ocorrência de efetivo prejuízo para a instituição, para a credibilidade do mercado financeiro, para o Estado ou para terceiros. Admite-se a tentativa.

1.6. Ação penal

Ação penal pública incondicionada.

2. SÚMULAS E JURISPRUDÊNCIA

✦ *SUPREMO TRIBUNAL FEDERAL*

- **CRIME CONTRA O SISTEMA FINANCEIRO NACIONAL E AUTORIA.** Por reputar presentes indícios suficientes de autoria e de materialidade, o Tribunal, por maioria, recebeu denúncia contra ex-Governador de Estado, atual Senador, e outras três pessoas pela suposta prática do crime previsto no art. 20 da Lei 7.492/86, os quais teriam aplicado, em finalidade diversa da prevista, recursos provenientes de financiamento concedido, à República Federativa do Brasil, pelo BIRD – Banco Internacional para a Reconstrução e o Desenvolvimento. Na espécie, a União, mediante convênio, transferira ao Governo do Estado de Rondônia parte desses recursos, a fim de que fossem integralmente utilizados na execução do Plano Agropecuário e Florestal de Rondônia – PLANAFLORO – v. Informativos 464, 535 e 572. Asseverou-se, inicialmente, que o argumento de atipicidade da conduta, por ausência de dolo, seria questão a ser aferida no bojo da ação penal e que a denúncia não teria imputado aos acusados uma ordenação de despesa indevida, e sim a ilícita transferência de recursos que deveriam ser aplicados estritamente no PLANAFLORO e foram desviados para a Conta do Tesouro Estadual. Aduziu-se que o Senador denunciado, então Governador do referido Estado, comprometera-se, no Termo Simplificado de Convênio, na qualidade de convenente, a aplicar os recursos discriminados exclusivamente na consecução do objeto, tendo sido descrito, ainda, no anexo 1 do aludido convênio, como responsável pelo plano de trabalho. Além disso, constariam da denúncia documentos apontando para a materialidade do delito e contendo indícios de autoria contra os acusados. Ressaltou-se, ademais, que, pairando dúvida quanto à possibilidade de os outros denunciados com o Senador – à época dos fatos, o Secretário da Fazenda do Estado, o Coordenador do PLANAFLORO e a Chefe do seu Departamento Financeiro – terem agido com conhecimento e, mais, sob a determinação do então Governador, não seria adequado acolher, de plano, antes da instrução criminal, a tese defensiva. Considerou-se, por fim, que a alegação de inexistência de vínculo contratual de financiamento entre o BIRD e o Estado de Rondônia seria irrelevante, haja vista que os recursos supostamente desviados seriam, de fato, provenientes do financiamento concedido por instituição financeira, nos exatos termos do art. 20 da Lei 7.429/86. Vencidos os Ministros Gilmar Mendes, Dias Toffolli, Ricardo Lewandowski, Ellen Gracie e Cezar Peluso, que rejeitavam a denúncia. *STF, Inq 2027/RO, rel. Min. Joaquim Barbosa, 12.8.2010. Pleno. (Info 595).*

- ***TRIBUNAL REGIONAL FEDERA – 2ª REGIÃO***

CRIME CONTRA O SISTEMA FINANCEIRO NACIONAL. ART. 20 DA LEI 7.492/86. ULTIMA RATIO. UTILIZAÇÃO DE EMPRÉSTIMO RURAL COM FINALIDADE DIVERSA. PAGAMENTO DE EMPRÉSTIMO ANTERIOR COM A MESMA INSTITUIÇÃO FINANCEIRA. ATIPICIDADE MATERIAL DA CONDUTA. AUSÊNCIA DE PROVAS. RECURSO CONHECIDO E DESPROVIDO. 1. O acusado não teve dolo específico de cometer fraude contra o sistema financeiro nacional, mas apenas de refinanciar seu empréstimo com a instituição financeira em taxa de juros menores, o que, pela teoria da tipicidade conglobante, é inclusive estimulado pelo próprio Estado e não deve, *in casu*, ser incriminado. 2. O valor total do segundo empréstimo (R$ 12.000,00) não tem o condão de afetar a política de crédito do Estado e o patrimônio da instituição financeira, sendo tal conduta materialmente atípica. 3. O acusado utilizou-se do segundo empréstimo para pagar outro empréstimo realizado previamente com a mesma instituição financeira, o que acabou, indiretamente, deixando o valor do segundo empréstimo na posse da própria financeira, não afetando em nada a credibilidade e higidez do sistema financeiro, fato que corrobora para a tese de atipicidade material da conduta do denunciado. 4. Cabia ao Ministério Público comprovar que o valor do primeiro financiamento não foi utilizado para fins agrícolas. Não houve nenhum tipo de vistoria na propriedade do denunciado capaz de demonstrar, ainda que minimamente, que o valor não foi utilizado na sua lavoura. 5. Recurso em sentido estrito conhecido e desprovido. TRF2, Processo: RSE 200850010139420 RJ 2008.50.01.013942-0 Relator(a): Juiz Federal Convocado ALUISIO GONCALVES DE CASTRO MENDES Julgamento: 02/09/2009 Órgão Julgador: PRIMEIRA TURMA ESPECIALIZADA Publicação: DJU – Data: 18/09/2009 – Página: 182)

Art. 21. Atribuir-se, ou atribuir a terceiro, falsa identidade, para realização de operação de câmbio:

Pena – Detenção, de 1 (um) a 4 (quatro) anos, e multa.

Parágrafo único. Incorre na mesma pena quem, para o mesmo fim, sonega informação que devia prestar ou presta informação falsa.

1. COMENTÁRIOS

1.1. Considerações iniciais

O bem jurídico tutelado é a credibilidade do mercado. Secundariamente, tutela-se o patrimônio do investidor. No âmbito do STJ, já se decidiu que: "O tipo penal previsto no art. 21, parágrafo único da Lei nº 7.492/86 tem por objetivo impedir a conduta daquele que sonega informação que devia prestar ou presta informação falsa com o especial fim de realizar operação de câmbio. Tutela-se a segurança e lisura nas operações de câmbio e, em última análise o próprio mercado financeiro e a fé pública. No caso, a conduta imputada ao recorrente na exordial se amolda, ao menos em tese, ao referido tipo penal" (REsp 800280/RJ, Rel. Min. Felix Fischer, j. 17/08/2006).

Objeto material é a operação de câmbio.

Trata-se de tipo penal misto alternativo, de modo que, a prática das condutas, descritas no *caput* e no parágrafo único, darão ensejo a apenas um crime, se disserem respeito à mesma operação de câmbio. Por isso, se o agente atribuir-se falsa identidade e sonegar qualquer outra informação, com a finalidade de realizar a operação de câmbio, teremos a ocorrência de apenas um crime.

Haverá concurso de crimes se o agente pratica mais de uma conduta para realizar mais de uma operação de câmbio.

1.2. Sujeitos do delito

Trata-se de crime comum, podendo, portanto, ser praticado por qualquer pessoa. Sujeito passivo é o Estado e, secundariamente, as pessoas lesionadas com a operação de câmbio.

1.3. Conduta

A conduta consiste em atribuir (conferir, outorgar, imputar) a si ou a terceiro a falsa (não autêntica, fraudulenta) identidade. Por identidade, "devemos entender o conjunto de caracteres próprios de uma pessoa, que permite identificá-la e distingui-la das demais, a exemplo do nome, idade, profissão, sexo, estado civil, etc." [71]. Naturalmente, "não se inclui no conceito de identidade o endereço ou o telefone" [72].

O objetivo da conduta tipificada é a realização de operação de câmbio (operação relativa à compra e venda de moeda estrangeira).

Com a conduta descrita no tipo penal, o agente torna difícil na sua identificação por parte dos órgãos públicos encarregados de combater crimes financeiros.

Na figura do parágrafo único, a conduta consiste em sonegar (ocultar, esconder, não revelar) informação ou prestar (fornecer, dispensar, dedicar) informação (dados relevantes) falsa (não autêntica, fraudulenta).

Aqui não se trata de informações relativas à identidade do agente, mas sim de dados que dizem respeito à operação de câmbio e são úteis à fiscalização da atividade, tais como o montante da operação, realização de operações anteriores, etc.

1.4. Elemento subjetivo

O elemento subjetivo da conduta é o dolo. Neste tipo penal não é suficiente o dolo genérico, exigindo-se o elemento subjetivo específico (especial finalidade no agir) consistente

71. GRECO, Rogério. *Curso de direito pena: parte especial, v. IV.* 7. ed. Niterói: Impetus. 2011, p. 325.
72. NUCCI, Guilherme de Souza. *Ob. cit.*, p. 666.

na realização de operação de câmbio. Se as condutas não objetivarem esta finalidade, não haverá que se falar na ocorrência deste crime.

Não há a previsão para a modalidade culposa.

1.5. Consumação e tentativa

Consuma-se o crime com atribuição da falsa identidade, independentemente da ocorrência de prejuízo efetivo (crime formal). É possível a tentativa, sobretudo quando praticado por escrito, ocasião em que teremos um crime plurissubsistente.

Na figura do parágrafo único, a consumação se dá com a sonegação da informação (não foi prestada, no momento que em deveria ter sido) ou com o fornecimento da informação falsa. Na modalidade omissiva (sonegação), não é possível a tentativa[73], na medida em que a conduta omissiva é unissubsistente. Na modalidade comissiva, possível vislumbrar a tentativa.

1.6. Ação penal

A ação penal é pública incondicionada.

2. SÚMULAS E JURISPRUDÊNCIA

- ***TRIBUNAL REGIONAL FEDERAL – 4ª REGIÃO***

  CRIME CONTRA O SISTEMA FINANCEIRO NACIONAL. DENÚNCIA INEPTA. AUSÊNCIA DE DESCRIÇÃO DO FATO TÍPICO. ARTIGO 41 DO CÓDIGO DE PROCESSO PENAL. NULIDADE DA SENTENÇA. VIOLAÇÃO À AMPLA DEFESA E CONTRADITÓRIO. PRESCRIÇÃO. RECONHECIMENTO DE OFÍCIO. AUSÊNCIA DE RECURSO DA ACUSAÇÃO. 1. A denúncia que não descreve, ainda que de forma sucinta, o fato criminoso padece do vício da inépcia. 2. A sentença que acolhe denúncia inepta é nula por não permitir a correta defesa, restando maculado, pois, o devido processo legal. 3. Operar instituição de câmbio significa mais do que simplesmente realizar o câmbio (*caput* do art. 21 da Lei nº 7.492/86), pois também inclui a captação e a administração (inciso I do art. 1º da Lei nº 7.492/86). 4. Não tendo a acusação recorrido da pena imposta na sentença, esta é que balizará eventual condenação a ser proferida, sob pena de reformatio in pejus indireta, possibilitando, desde logo, pronunciamento da prescrição da pretensão punitiva do Estado. 5. Sentença anulada e prescrição reconhecida. *TRF4, ACR 2004.72.00.017919-0, Oitava Turma, Relator Gilson Luiz Inácio, D.E. 21/08/2012*

- **ART. 21 DA LEI N. 7.492/1986. UTILIZAÇÃO DE "LARANJAS" PARA AQUISIÇÃO DE MOEDA ESTRANGEIRA. TIPICIDADE CONFIGURADA. A utilização de terceiros ("laranjas") para aquisição de moeda estrangeira para outrem, ainda que tenham anuído com as operações, se subsome à conduta tipificada no art. 21 da Lei n. 7.492/1986.** Dos autos consta que eram realizadas operações de câmbio em favor de pessoas que se valiam de outras para fins de registro e burla legal, tratando-se os adquirentes registrados de meros "laranjas" em favor daqueles que efetivamente se beneficiavam da aquisição de moeda estrangeira. A conduta prevista no art. 21, Lei n. 7.492/86 (Atribuir-se, ou atribuir a terceiro, falsa identidade, para realização de operação de câmbio), pressupõe fraude que tenha o potencial de dificultar ou impossibilitar a fiscalização sobre a operação de câmbio, com o escopo de impedir ou constatar a prática de condutas delitivas diversas, ou mesmo eventuais limites legais para a aquisição de moeda estrangeira. O tipo tem como objetos jurídicos a credibilidade do mercado financeiro e a proteção do investidor. Com efeito, na busca da proteção ao mercado financeiro, é necessário que

73. No sentido do texto, não admitindo a tentativa, PRADO, Luis Régis, *ob. cit.*, p. 327. Admitindo a tentativa, sob o argumento de que não se trata de crime omissivo puro, pois a conduta estaria inserida no contexto comissivo da realização da operação de câmbio, NUCCI, Guilherme de Souza. *Ob. cit.*, p. 667.

as operações de câmbio sejam fiscalizadas, sob pena de comprometimento da saúde financeira das instituições, que pode abalar a credibilidade do mercado. Assim, ainda que os terceiros tenham anuído com as operações, tal fato, por si, não é capaz de descaracterizar o tipo penal, pois o bem jurídico restou violado com a dissimulação de esconder a real identidade do adquirente da moeda estrangeira valendo-se da identidade, ainda que verdadeira, de terceiros. *STJ, REsp 1.595.546-PR, Rel. Min. Nefi Cordeiro, por unanimidade, j. 2/5/2017. (Info 604)*

Art. 22. Efetuar operação de câmbio não autorizada, com o fim de promover evasão de divisas do País:

Pena – Reclusão, de 2 (dois) a 6 (seis) anos, e multa.

Parágrafo único. Incorre na mesma pena quem, a qualquer título, promove, sem autorização legal, a saída de moeda ou divisa para o exterior, ou nele mantiver depósitos não declarados à repartição federal competente.

1. COMENTÁRIOS

1.1. Considerações iniciais

O bem jurídico tutelado é a credibilidade do mercado. Secundariamente, tutela-se o patrimônio do investidor. O objeto material do tipo é a própria operação de câmbio.

O tipo penal corresponde ao crime de evasão de divisas. Por meio desta conduta, o agente envia recursos para o exterior sem declará-los e sem recolher os devidos tributos. Antes do advento da Lei nº 7.492/86, não existia tipificação desta conduta. De toda forma, atualmente, a existência deste tipo penal é uma realidade, não apenas no Brasil, mas em inúmeros outros países.

Tipo penal consagra uma norma penal em banco. Com efeito, tanto a conduta descrita no *caput,* quanto a figura do parágrafo único contemplam a existência de complementos à definição das condutas. Basta atentarmos para o fato de que o *caput* faz menção à operação não autorizada (exigindo que se consulte a legislação que rege a matéria para que possamos aferir esta regularidade) e o parágrafo único à conduta praticada "sem autorização legal".

1.2. Sujeitos

Trata-se de crime comum, podendo, portanto, ser praticado por qualquer pessoa. Sujeito passivo é o Estado e, secundariamente, as pessoas lesionadas.

1.3. Conduta

A conduta consiste em efetuar (realizar, efetivar, executar) operação de câmbio (operação relativa à compra e venda de moeda estrangeira), com o fim de promover (provocar, causar, dar ensejo) evasão de divisas do país. A expressão "divisas" corresponde "aos títulos e valores que podem ser convertidos ou negociados em moeda estrangeira"[74].

Para que se tenha por configurado a conduta definida no *caput* é, portanto, imprescindível que exista uma operação de câmbio não autorizada (o que não ocorre, por exemplo, com

74. NUNES, Leandro Bastos. *Evasão de divisas.* Salvador: JusPodivm, 2015.

o tipo penal do art. 21, em que a operação é permitida) e haja a finalidade de promover a evasão de divisas. São duas exigências cumulativas, sob pena de não haver o crime.

Na figura do parágrafo único, a conduta consiste em, a qualquer título promover (provocar, causar, dar ensejo) sem autorização legal a saída de moeda ou divisa para o exterior ou nele mantiver depósitos não declarados à repartição federal competente.

O tipo penal faz menção à expressão "a qualquer título", razão pela qual pouco importa saber quais as razões da evasão não autorizada.

Releva notar que o tipo penal estará caracterizado na conduta da pessoa que promove a saída da moeda ou das divisas, não havendo que se falar na incidência deste tipo penal na hipótese em que há ingresso de divisas.

Por fim, a exigência de manutenção do depósito, na segunda parte do parágrafo único, confere ao tipo o caráter de habitualidade. Por isto, o depósito eventual não daria ensejo ao crime.

1.4. Elemento subjetivo

Elemento subjetivo é o dolo. No *caput* exige-se o elemento subjetivo específico, consistente na finalidade de promover a evasão de divisas do país.

Por sua vez, na figura do parágrafo único, o elemento subjetivo é o dolo, mas não há a exigência de um dolo específico, de uma especial finalidade no agir.

Não há a previsão da modalidade culposa.

1.5. Consumação e tentativa

Na conduta prevista no *caput,* haverá a consumação com a efetiva operação de câmbio não autorizada, independentemente da efetiva ocorrência da evasão de divisas. Note-se que o tipo exige a finalidade de promover a evasão de divisas, e não a sua efetiva concretização. Trata-se, portanto, de crime formal, em que a realização da evasão pretendida seria mero exaurimento da conduta criminosa. É possível a tentativa.

Por sua vez, na figura do parágrafo único, haverá a consumação quando ocorrer a efetiva saída da moeda ou divisa para o exterior. Trata-se, portanto, de crime material, que exige a produção do resultado naturalístico[75]. Nada obsta a ocorrência da tentativa.

Na segunda parte do parágrafo único, o dispositivo traz um crime habitual, como já salientado, pois exige a manutenção do depósito. Neste caso, não é possível a tentativa, porquanto este instituto é incompatível com os crimes habituais.

1.6. Ação penal

A ação penal é pública incondicionada.

75. Em sentido contrário, sustentando a tese de que o crime é de mera atividade, PRADO, Luis Régis. *Ob. cit.,* p. 232.

1.7 Lei de Repatriação de Valores: nova causa de extinção da punibilidade

No dia 13 de janeiro de 2016 foi publicada Lei nº 13.254, que institui o "Regime Especial de Regularização Cambial e Tributária (RERCT) de recursos, bens ou direitos de origem lícita, não declarados ou declarados incorretamente, remetidos, mantidos no exterior ou repatriados por residentes ou domiciliados no País". Conhecida como Lei de Repatriação de Valores, a novel legislação, dentre inúmeras outras consequências, criou uma nova hipótese de extinção da punibilidade para os crimes de evasão de divisas.

Não só isto. A adesão ao programa mediante entrega da declaração dos recursos, bens e direitos sujeitos à regularização e o pagamento integral do imposto previsto no art. 6º e da multa prevista no art. 8º desta Lei, antes da decisão criminal, em relação aos bens a serem regularizados, extinguirá a punibilidade dos crimes previstos:

> I – no art. 1º e nos incisos I, II e V do art. 2º da Lei no 8.137, de 27 de dezembro de 1990 (Crimes contra a ordem tributária)
>
> II – na Lei nº 4.729, de 14 de julho de 1965; (crimes de sonegação fiscal)
>
> III – no art. 337-A do Código Penal (Crime de sonegação de contribuição previdenciária)
>
> IV – nos seguintes artigos do Código Penal, quando exaurida sua potencialidade lesiva com a prática dos crimes previstos nos incisos anteriores:
>
> a) 297; (falsidade de documento público)
>
> b) 298; (falsidade de documento particular)
>
> c) 299; (Falsidade ideológica)
>
> d) 304; (Uso de documento falso)
>
> V – no *caput* e no parágrafo único do art. 22 da Lei nº 7.492, de 16 de junho de 1986 (evasão de divisas)
>
> VI – no art. 1º da Lei nº 9.613, de 3 de março de 1998 (Lavagem de capitais), quando o objeto do crime for bem, direito ou valor proveniente, direta ou indiretamente, dos crimes previstos nos incisos I a VI;

Importante mencionar que não pode se beneficiar dessa causa de extinção de punibilidade a pessoa que tenha sido condenada, em ação penal, cujo objeto seja um dos crimes acima mencionados, ainda que se refira aos recursos, bens ou direitos a serem regularizados pelo RERCT.

2. SÚMULAS E JURISPRUDÊNCIA

✦ *SUPREMO TRIBUNAL FEDERAL*

- **AP 470/MG.** Verificou-se estar comprovado que Marcos Valério – em divisão de tarefas e com unidade de desígnios, juntamente a Ramon Hollerbach, Simone Vasconcellos, Kátia Rabello e José Roberto Salgado – remetera, sem autorização legal, recursos à conta da referida offshore, a configurar o delito de evasão fiscal delineado na primeira parte do parágrafo único do art. 22 da Lei 7.492/86 ("Art. 22. Efetuar operação de câmbio não autorizada, com o fim de promover evasão de divisas do País: ... Parágrafo único. Incorre na mesma pena quem, a qualquer título, promove, sem autorização legal, a saída de moeda ou divisa para o exterior, ou nele mantiver depósitos não declarados à repartição federal competente"). Repeliu-se alegação da defesa de que imprescindível a saída física da moeda do território nacional, uma vez que o tipo em questão não exigiria resultado naturalístico. Realçou-se que operações "dólar cabo" ou "euro cabo" consistiriam em sistema de compensação no qual interessado estrangeiro receberia crédito, em reais, no Brasil e, em troca, encaminharia, para o exterior, o montante correspondente em dólares, havendo mera substituição de titularidade de depósitos no Brasil e no exterior. O Min. Luiz Fux observou que esta sistemática seria uma das estratégias de lavagem mencionadas pelo Grupo de Trabalho em Lavagem de Dinheiro e Crimes Financeiros do Ministério Público Federal. Os Ministros Dias Toffoli e Rosa Weber ressaltaram a ilegalidade dessa prática informal de transferências internacionais por doleiros. Entretanto, a Ministra absolvia os dirigentes do Banco Rural, ao concluir pela insuficiente comprovação de que tivessem conhecimento e responsabilidade específica sobre cada transação realizada pelos meios supracitados. Por outro turno, o Tribunal reputou inexistentes provas bastantes à condenação de Cristiano Paz, Vinícius Samarane e Geiza Dias, vencido o Min. Marco Aurélio, quanto à última, ao reiterar que ela não seria mera empregada subalterna, mas pessoa de confiança de Marcos Valério, com participação material na empreitada criminosa. *STF, AP 470/MG, rel. Min. Joaquim Barbosa, 15, 17 e 18.10.2012. Pleno (Info 684)*

✦ *SUPERIOR TRIBUNAL DE JUSTIÇA*

▸ **OPERAÇÕES "DÓLAR-CABO" E PRINCÍPIO DA INSIGNIFICÂNCIA. Nos casos de evasão de divisas praticada mediante operação do tipo "dólar-cabo", não é possível utilizar o valor de R$ 10 mil como parâmetro para fins de aplicação do princípio da insignificância.** Conforme entendimento adotado pelo STF na AP 470, as transações conhecidas como operações "dólar-cabo" – nas quais são efetuados pagamentos em reais no Brasil, com o objetivo de disponibilizar, por meio de quem recebe tal pagamento, o respectivo montante em moeda estrangeira no exterior – preenchem os elementos do delito de evasão de divisas, na forma do art. 22, parágrafo único, primeira parte, da Lei n. 7.492/1986, que tipifica a conduta daquele que, "a qualquer título, promove, sem autorização legal, a saída de moeda ou divisa para o exterior". As regras que disciplinam a transferência internacional de valores – e que, portanto, estabelecem o significado de saída de divisa ou moeda sem autorização legal – são diversas em relação à saída física e à saída eletrônica. Para bem compreender tais diferenças, transcreve-se integralmente o art. 65 da Lei n. 9.069/1995, com a redação vigente à época dos fatos: "Art. 65. O ingresso no País e a saída do País, de moeda nacional e estrangeira serão processados exclusivamente através de transferência bancária, cabendo ao estabelecimento bancário a perfeita identificação do cliente ou do beneficiário. § 1º Excetua-se do disposto no *caput* deste artigo o porte, em espécie, dos valores: I – quando em moeda nacional, até R$ 10.000,00 (dez mil reais); II – quando em moeda estrangeira, o equivalente a R$ 10.000,00 (dez mil reais); III – quando comprovada a sua entrada no País ou sua saída do País, na forma prevista na regulamentação pertinente. § 2º O Conselho Monetário Nacional, segundo diretrizes do Presidente da República, regulamentará o disposto neste artigo, dispondo, inclusive, sobre os limites e as condições de ingresso no País e saída do País da moeda nacional. § 3º A não observância do contido neste artigo, além das sanções penais previstas na legislação específica, e após o devido processo legal, acarretará a perda do valor excedente dos limites referidos no § 1º deste artigo, em favor do Tesouro Nacional". O referido dispositivo excetua apenas o porte, em espécie, do valor de até R$ 10 mil ou o equivalente em moeda estrangeira, além de remeter ao estabelecimento de outras hipóteses, na forma prevista na regulamentação pertinente. Assim, não prospera a tese de que deve ser considerado atípico o envio de moeda ou divisas ao exterior se o volume de cada operação não exceder a R$ 10 mil. Isso porque, em primeiro lugar, ressalvada a hipótese do porte de valores em espécie, o ingresso no país e a saída do país, de moeda nacional e estrangeira "serão processados exclusivamente através de transferência bancária, cabendo ao estabelecimento bancário a perfeita identificação do cliente ou do beneficiário" (art. 65, *caput*, da Lei n. 9.069/1995). Ou seja, a legislação excepcionou, em relação ao valor inferior a R$ 10 mil (ou seu equivalente em moeda estrangeira), apenas a saída física de moeda. No caso de transferência eletrônica, saída meramente escritural da moeda, a lei exige, de forma exclusiva, o processamento através do sistema bancário, com perfeita identificação do cliente ou beneficiário. Além disso, no caso da transferência clandestina internacional, por meio de operações do tipo "dólar-cabo" ou equivalente, existe uma facilidade muito grande na realização de centenas ou até milhares de operações fragmentadas sequenciais. É muito mais simples do que a transposição física, por diversas vezes, das fronteiras do país com valores inferiores a R$ 10 mil. Admitir a atipicidade das operações do tipo "dólar-cabo" com valores inferiores a R$ 10 mil é fechar a janela, mas deixar a porta aberta para a saída clandestina de divisas. ***STJ, REsp 1.535.956-RS, Rel. Min. Maria Thereza de Assis Moura, julgado em 1/3/2016, DJe 9/3/2016. 6ª T. (Info 578)***

- **COMPLEXIDADE DO ESQUEMA CRIMINOSO COMO CIRCUNSTÂNCIA NEGATIVA NA DOSIMETRIA DA PENA DO CRIME DE EVASÃO DE DIVISAS. Na fixação da pena do crime de evasão de divisas (art. 22, parágrafo único, da Lei n. 7.492/1986), o fato de o delito ter sido cometido por organização criminosa complexa e bem estrutura pode ser valorado de forma negativa a título de circunstâncias do crime.** Apesar de a Quinta Turma do STJ, no HC 123.760-SP (DJe 28/11/2011) ter decidido que a sofisticação e a complexidade do esquema voltado à prática de operações financeiras clandestinas não poderiam ser consideradas circunstâncias judiciais desfavoráveis, pois seriam ínsitas ao tipo penal, tal entendimento não deve prosperar. Isso porque a evasão de divisas pode ser praticada de diversas formas, desde meios muito rudimentares – como a simples saída do país com porte de dinheiro em valor superior a dez mil reais sem comunicação às autoridades brasileiras – até a utilização de complexos esquemas de remessas clandestinas. Assim, não parece justo apenar da mesma forma condutas tão distintas como a mera saída física com valores não declarados e um sofisticado esquema de remessa ilícita, sendo correta, neste último caso, a valoração negativa da vetorial das circunstâncias do delito na fixação da pena-base do delito de evasão de divisas. ***STJ, REsp 1.535.956-RS, Rel. Min. Maria Thereza de Assis Moura, julgado em 1/3/2016, DJe 9/3/2016. 6ª T. (Info 578)***

- **HABEAS CORPUS. PENAL. CRIME CONTRA O SISTEMA FINANCEIRO NACIONAL. ART. 22, DA LEI nº 7.492/86. EVASÃO DE SUBSTANCIAL VALOR EM DIVISAS (8,9 MILHÕES DE DÓLARES ESTADUNIDENSES). DOSIMETRIA. CONSEQUÊNCIA NÃO INERENTE AO TIPO PENAL. CIRCUNSTÂNCIAS E CULPABILIDADE ESPECIALMENTE CENSURÁVEIS. PENA-BASE ELEVADA EM PATAMAR RAZOÁVEL. ORDEM DENEGADA.** 1. Evasão de grande quantia de divisas não pode ser tido como consequência inerente ao paradigma previsto no art. 22, da Lei nº 7.492/86, e consubstancia motivo legítimo para o acréscimo da pena-base. Precedentes. 2. Não são elementares do tipo acima referido, merecendo consideração desfavorável, circunstâncias que denotam a complexidade e sofisticação do esquema, em que foram utilizadas pessoas físicas e jurídicas interpostas e contas bancárias de empresas sediadas em países conhecidos como "paraísos fiscais", que eram constantemente modificadas, com intermediação constante de doleiros nas transações e uso distorcido do sistema de contas bancárias de não-residentes no país (CC-5). 3. É adversa a culpabilidade se há exacerbada reprovabilidade na conduta praticada pelo Paciente, como no caso, em que o Condenado é bacharel em direito e já atuava profissionalmente há certo tempo no setor de turismo, o que lhe conferiu experiência sobre como realizar movimentações de valores em moeda estrangeira para o exterior. Tal conjuntura, especialmente censurável, também mostra-se apta a ensejar majoração da reprimenda na primeira fase da dosimetria. 4. Ainda que tenha a Corte a quo incorrido em pequenas impropriedades ao considerar a circunstância judicial da personalidade desfavorável, tem-se que o aumento implementado em razão daquelas que extrapolam as elementares do tipo releva-se proporcional e razoável. Assim, não há constrangimento em aumentar a pena-base em 15 meses, tendo em vista ser a sanção mínima abstratamente cominada ao crime do art. 22, da Lei nº 7.492/86, de 02 (dois) anos, e a máxima, de 06 (seis). 5. "Justificada e razoável a dosimetria utilizada pelo magistrado para fixar a pena-base, não se permite, em sede de habeas corpus, rever o conjunto probatório para examinar a justiça da exasperação" (STJ, HC 58.493/RJ, 6.ª Turma, Rel. Min. MARIA THEREZA, DJ de 24/09/2007). 6. Ordem denegada. *STJ, HC 206.145/PR, Rel. Ministra LAURITA VAZ, QUINTA TURMA, julgado em 22/05/2012, DJe 05/06/2012.*

- ***TRIBUNAL REGIONAL FEDERAL – 1ª REGIÃO***

CRIME CONTRA O SISTEMA FINANCEIRO NACIONAL. ARTIGOS 21 E 22, DA LEI 7.492/86. EXPORTAÇÃO DE MERCADORIAS SEM COMPROVAÇÃO DE INGRESSO DE MOEDA CORRESPONDENTE. ATIPICIDADE. SONEGAÇÃO DE INFORMAÇÃO DE OPERAÇÃO DE CÂMBIO. PRINCÍPIO 'IN DUBIO PRO REO'. 1. Conquanto danosa para a economia do país, não há em nosso regramento penal a previsão de punição para aquele que promove exportação de mercadorias para o exterior sem a devida comprovação do ingresso correspondente em moeda estrangeira no País, não se amoldando esta conduta ao crime previsto no artigo 22, da Lei 7.492/86. 2. Da documentação trazida aos autos não se esclarece se as pendências relativas às operações entre pagadores no Exterior e importadores constantes dos contratos de câmbio referem-se às mesmas operações objeto da denúncia, pairando dúvida quanto a ocorrência do delito previsto no artigo 21, § 1º, da Lei 7.492/86, devendo ser aplicado ao caso o princípio in dubio pro reo. 3. Recurso de apelação improvido. Processo: ACR 1372 PA 2004.39.00.001372-2 Relator(a): DES. FEDERAL MÁRIO CÉSAR RIBEIRO Julgamento: 24/01/2012 Órgão Julgador: QUARTA TURMA.

3. QUESTÃO DE CONCURSOS

1. **(CESPE/PC-PB/Agente de Investigação e Agente de Polícia/2009)** Se um indivíduo remeter dinheiro para o exterior, sem autorização legal e sem declara-lo a repartição federal competente, ele praticara crime contra:

a) o Sistema Financeiro Nacional.

b) a ordem tributária.

c) a ordem econômica

d) a fé pública

e) a administração pública

2. **(TRF3/Juiz Federal/2016)** Se um indivíduo é flagrado entrando com R$ 100.000,00 (cem mil reais) em dinheiro no território nacional, pode-se dizer que:

a) A situação constitui um irrelevante penal, pois evadir dinheiro é crime, porém, internar não;

b) Está-se diante do crime capitulado no artigo 22, "caput", da Lei 7.492/86;

c) A depender da origem do dinheiro, pode-se estar diante de vários crimes, inclusive lavagem de dinheiro;

d) A depender da origem do dinheiro, pode-se estar diante de crime contra a ordem tributária;

3. **(CESPE/DPF/Delegado de Polícia Federal/2018)** Segundo entendimento do STF, a configuração do crime de evasão de divisas pressupõe a saída física de moeda nacional ou estrangeira do território nacional sem o conhecimento da Receita Federal do Brasil e do Banco Central do Brasil.

GAB	1	2
	A	C

Art. 23. Omitir, retardar ou praticar, o funcionário público, contra disposição expressa de lei, ato de ofício necessário ao regular funcionamento do sistema financeiro nacional, bem como a preservação dos interesses e valores da ordem econômico-financeira:

Pena – Reclusão, de 1 (um) a 4 (quatro) anos, e multa.

1. COMENTÁRIOS

1.1. Considerações iniciais

O bem jurídico tutelado é a credibilidade do mercado. Secundariamente, tutela-se o patrimônio do investidor. O objeto material do tipo é o ato de ofício a ser praticado pelo funcionário público.

Trata-se de norma penal em branco, na medida em que se faz necessário conhecer a legislação que rege a atuação dos funcionários públicos, para que se possa saber quais são os atos de ofício. A própria definição do tipo já faz menção a ato praticado "contra disposição expressa de lei", deixando claro que esta legislação complementaria a descrição da conduta.

Ademais, a própria expressão funcionário público precisa ser complementada por outra legislação. Com efeito, a definição de funcionário público para fins penais é dada pelo art. 327, CP, nos seguintes termos: "Considera-se funcionário público, para os efeitos penais, quem, embora transitoriamente ou sem remuneração, exerce cargo, emprego ou função pública".

O § 1º deste mesmo art. 327, CP, complementa: "Equipara-se a funcionário público quem exerce cargo, emprego ou função em entidade paraestatal, e quem trabalha para empresa prestadora de serviço contratada ou conveniada para a execução de atividade típica da Administração Pública".

Curioso notar que o tipo penal ainda traz expressões vagas ("regular funcionamento", "interesses e valores da ordem econômico-financeira"), que ferem o princípio da taxatividade, ínsito à legalidade.

1.2. Sujeitos do delito

Trata-se de crime próprio (exige uma qualidade especial do sujeito ativo), podendo ser praticado, apenas, por funcionários públicos. Sujeito passivo é o Estado e, secundariamente, as pessoas lesionadas.

1.3. Conduta

A conduta consiste em omitir (deixar de fazer, abster-se, não agir), retardar (protelar, atrasar) ou praticar (realizar, fazer). As condutas dirão respeito a ato de ofício (ato a ser praticado por funcionário público como dever previsto na legislação).

Da análise do tipo depreende-se que se trata de modalidade específica de prevaricação[76].

1.4. Elemento subjetivo

O elemento subjetivo é o dolo. O tipo penal não exige um dolo específico, uma especial finalidade no agir. Ademais, não há previsão de crime em sua modalidade culposa.

1.5. Consumação e tentativa

O crime pode se consumar em sua forma omissiva (com a mera omissão ou com o mero retardar ato de ofício) ou comissiva (com a prática do ato, contrário a disposição de lei). na primeira hipótese, não é possível a tentativa, já que este instituto é incompatível com os crimes omissivos próprios. Em sua forma comissiva, porém, é possível a tentativa.

1.6. Ação penal

A ação penal é pública incondicionada.

76. Crime definido no art. 319, CP, nos seguintes termos: "Retardar ou deixar de praticar, indevidamente, ato de ofício, ou praticá-lo contra disposição expressa de lei, para satisfazer interesse ou sentimento pessoal".

2. QUESTÃO DE CONCURSOS

1. **(CESPE/PC-RN/Delegado de Polícia/2009)** Paulo e Pedro, ambos funcionários públicos, em coautoria, retardaram, contra disposição expressa de lei, ato de ofício necessário ao regular funcionamento do Sistema Financeiro Nacional.

Com base nessa situação hipotética, assinale a opção correta.

a) Paulo e Pedro praticaram o delito de prevaricação.

b) Os objetos jurídicos do delito praticado são a credibilidade do sistema financeiro e a proteção ao investidor.

c) O delito em espécie pode ser punido tanto na forma culposa como na dolosa.

d) No delito em questão, se Paulo, em confissão espontânea, revelar à autoridade policial ou judicial toda a trama delituosa, terá a sua pena reduzida pela metade.

e) A ação penal, no crime em comento, será promovida pelo MP estadual, perante a justiça estadual.

GAB	1
	B

Art. 24. (VETADO).

✦ DA APLICAÇÃO E DO PROCEDIMENTO CRIMINAL

Art. 25. São penalmente responsáveis, nos termos desta lei, o controlador e os administradores de instituição financeira, assim considerados os diretores, gerentes (Vetado).

§ 1º Equiparam-se aos administradores de instituição financeira (Vetado) o interventor, o liqüidante ou o síndico.

§ 2º Nos crimes previstos nesta Lei, cometidos em quadrilha ou co-autoria, o co-autor ou partícipe que através de confissão espontânea revelar à autoridade policial ou judicial toda a trama delituosa terá a sua pena reduzida de um a dois terços. (Incluído pela Lei nº 9.080, de 19.7.1995)

Art. 26. A ação penal, nos crimes previstos nesta lei, será promovida pelo Ministério Público Federal, perante a Justiça Federal.

Parágrafo único. Sem prejuízo do disposto no art. 268 do Código de Processo Penal, aprovado pelo Decreto-lei nº 3.689, de 3 de outubro de 1941, será admitida a assistência da Comissão de Valores Mobiliários – CVM, quando o crime tiver sido praticado no âmbito de atividade sujeita à disciplina e à fiscalização dessa Autarquia, e do Banco Central do Brasil quando, fora daquela hipótese, houver sido cometido na órbita de atividade sujeita à sua disciplina e fiscalização.

1. QUESTÕES DE CONCURSOS

1. **(FUNIVERSA/PC-DF/Agente de Polícia/2009)** Importante atuação da Polícia judiciária deve ser a boa atuação no processamento dos crimes contra o sistema financeiro nacional. Acerca da Lei nº 7.492/1986, assinale a alternativa correta.

a) Foi ela apelidada de lei da lavagem de dinheiro.

b) Para a configuração dos tipos culposos ali previstos, faz-se necessário provar a negligência, imperícia ou imprudência do agente.

c) Se Aristóteles empresta suas economias a juro abusivo, é dever da autoridade policial que disso tomar conhecimento tomar as providências penais cabíveis com base na referida lei.

d) A ação penal decorrente da aplicação da referida lei é de exclusiva competência do Ministério Público Federal, perante o juízo federal.

e) Nos crimes decorrentes da referida lei, não é lícita a concessão de fiança.

2. **(CESPE/PC-GO/Nível Superior/2016)** De acordo com a Lei n.º 7.492/1986, o indivíduo que gerir fraudulentamente determinada instituição financeira

a) não poderá ser vítima da decretação de prisão preventiva no curso do processo.

b) cometerá crime cuja ação penal será promovida pelo MPF.

c) terá sua pena aumentada de um terço, se a gestão tiver sido temerária.

d) responderá por crime, ainda que tenha agido culposamente.

e) cometerá crime que deverá ser processado e julgado pela justiça estadual.

3. **(CESPE/PC-GO/Nível Superior/2016)** Com base na Lei n.º 7.492/1986, a tipificação dos crimes contra o Sistema Financeiro Nacional

a) inadmite confissão espontânea perante autoridade policial.

b) inadmite coautoria.

c) inadmite partícipe.

d) admite coautoria ou participação, e, se ocorrer confissão espontânea que revele toda a trama delituosa, a pena será reduzida de um a dois terços.

e) admite coautoria ou participação, e, se ocorrer confissão espontânea que revele toda a trama delituosa, será concedido o perdão judicial da pena.

4. **(VUNESP/PC-BA/Investigador de Polícia Civil/2018 – adaptada)** Os crimes contra o Sistema Financeiro Nacional são de competência da Justiça Estadual.

5. **(VUNESP/PC-BA/Investigador de Polícia Civil/2018 – adaptada)** O interventor, o síndico e o liquidante não podem ser penalmente equiparados a administradores de instituição financeira, ou seja, não podem responder penalmente.

6. **(VUNESP/PC-BA/Investigador de Polícia Civil/2018 – adaptada)** Nos crimes contra o sistema financeiro, não é admitida a delação premiada como forma de redução de pena.

7. **(CESGRANRIO/Transpetro/Advogado/2018)** De acordo com a Lei n° 7.492/1986, quando o crime tiver sido praticado no âmbito de atividade sujeita à disciplina e à fiscalização da CVM, essa autarquia poderá requerer, no processo, o seu ingresso como

a) assistente

b) chamado

c) interveniente

d) litisconsorte

e) nomeado

GAB	1	2	3	4	5	6	7
	D	B	D	E	E	E	A

Art. 27. Quando a denúncia não for intentada no prazo legal, o ofendido poderá representar ao Procurador-Geral da República, para que este a ofereça, designe outro órgão do Ministério Público para oferecê-la ou determine o arquivamento das peças de informação recebidas.

Art. 28. Quando, no exercício de suas atribuições legais, o Banco Central do Brasil ou a Comissão de Valores Mobiliários – CVM, verificar a ocorrência de crime previsto nesta lei, disso deverá informar ao Ministério Público Federal, enviando-lhe os documentos necessários à comprovação do fato.

Parágrafo único. A conduta de que trata este artigo será observada pelo interventor, liqüidante ou síndico que, no curso de intervenção, liqüidação extrajudicial ou falência, verificar a ocorrência de crime de que trata esta lei.

Art. 29. O órgão do Ministério Público Federal, sempre que julgar necessário, poderá requisitar, a qualquer autoridade, informação, documento ou diligência, relativa à prova dos crimes previstos nesta lei.

Parágrafo único O sigilo dos serviços e operações financeiras não pode ser invocado como óbice ao atendimento da requisição prevista no *caput* deste artigo.

Art. 30. Sem prejuízo do disposto no art. 312 do Código de Processo Penal, aprovado pelo Decreto-lei nº 3.689, de 3 de outubro de 1941, a prisão preventiva do acusado da prática de crime previsto nesta lei poderá ser decretada em razão da magnitude da lesão causada (Vetado).

Art. 31. Nos crimes previstos nesta lei e punidos com pena de reclusão, o réu não poderá prestar fiança, nem apelar antes de ser recolhido à prisão, ainda que primário e de bons antecedentes, se estiver configurada situação que autoriza a prisão preventiva.

Art. 32. (VETADO).

§ 1º (VETADO).

§ 2º (VETADO).

§ 3º (VETADO).

Art. 33. Na fixação da pena de multa relativa aos crimes previstos nesta lei, o limite a que se refere o § 1º do art. 49 do Código Penal, aprovado pelo Decreto-lei nº 2.848, de 7 de dezembro de 1940, pode ser estendido até o décuplo, se verificada a situação nele cogitada.

Art. 34. Esta lei entra em vigor na data de sua publicação.

Art. 35. Revogam-se as disposições em contrário.

Brasília, 16 de junho de 1986; 165º da Independência 98º da República.

JOSÉ SARNEY

Paulo Brossard

| 10 |

JUIZADOS ESPECIAIS CRIMINAIS

JUIZADOS ESPECIAIS CRIMINAIS						
QUESTÕES DE CONCURSOS						
Classificação pelo artigo				Classificação pelo grau de incidência em provas		
Dispositivo Legal	Nº de questões	%		Dispositivo Legal	Nº de questões	%
Art. 60	2	2,82%		Art. 76	16	22,54%
Art. 61	5	7,04%		Art. 89	12	16,90%
Art. 63	3	4,23%		Art. 82	11	15,49%
Art. 66	4	5,63%		Art. 74	8	11,27%
Art. 68	1	1,41%		Art. 61	5	7,04%
Art. 69	3	4,23%		Art. 66	4	5,63%
Art. 73	1	1,41%		Art. 63	3	4,23%
Art. 74	8	11,27%		Art. 69	3	4,23%
Art. 76	16	22,54%		Art. 60	2	2,82%
Art. 77	2	2,82%		Art. 77	2	2,82%
Art. 81	2	2,82%		Art. 81	2	2,82%
Art. 82	11	15,49%		Art. 68	1	1,41%
Art. 89	12	16,90%		Art. 73	1	1,41%
Art. 90-A	1	1,41%		Art. 90-A	1	1,41%
TOTAL	71	100,00%		TOTAL	71	100,00%

▸LEI Nº 9.099, DE 26 DE SETEMBRO DE 1995

O PRESIDENTE DA REPÚBLICA **Faço saber que o Congresso Nacional decreta e eu sanciono a seguinte Lei:**

▸CAPÍTULO I – DISPOSIÇÕES GERAIS

Art. 1º Os Juizados Especiais Cíveis e Criminais, órgãos da Justiça Ordinária, serão criados pela União, no Distrito Federal e nos Territórios, e pelos Estados, para conciliação, processo, julgamento e execução, nas causas de sua competência.

1. COMENTÁRIOS

1.1. Considerações iniciais

A Constituição Federal de 1988 traz, em seu art. 98, inciso I, a previsão de criação dos Juizados Especiais, ao asseverar que a União, no Distrito Federal e nos Territórios, e os Estados criarão "juizados especiais, providos por juízes togados, ou togados e leigos, competentes para a conciliação, o julgamento e a execução de causas cíveis de menor complexidade e infrações penais de menor potencial ofensivo, mediante os procedimentos oral e sumaríssimo, permitidos, nas hipóteses previstas em lei, a transação e o julgamento de recursos por turmas de juízes de primeiro grau".

Como se percebe, o mandamento constitucional contempla tanto a matéria cível quanto a matéria penal, sendo certo que, neste último caso, deveria a Lei regulamentadora definir as infrações penais de menor potencial ofensivo. No próprio texto constitucional há, ainda, a possibilidade de regulamentação em lei da transação e previsão de existência das Turmas Recursais, que são órgãos colegiados, constituídos por Juízes de primeiro grau, com competência recursal em sede de Juizados Especiais.

A regulamentação do dispositivo constitucional em apreço se deu com o advento da Lei nº 9.099, no dia 26 de setembro de 1995. Esta Lei teve o prazo de 60 (sessenta) dias de *vacatio* (art. 96, Lei nº 9.099/95), após o qual já deveriam ser aplicadas suas disposições.

1.2. Juizados Especiais Criminais Federais

Ainda no que tange ao texto constitucional, o art. 98, já mencionado, dispõe em seu § 1º que: "Lei federal disporá sobre a criação de juizados especiais no âmbito da Justiça Federal". No dia 12 de julho de 2001 é aprovada a Lei nº 10.259, instituindo os JEF's – Juizados Especiais Federais.

Logo em seu art. 1º, a Lei dos Juizados Especiais Federais assevera que: "são instituídos os Juizados Especiais Cíveis e Criminais da Justiça Federal, aos quais se aplica, no que não conflitar com esta Lei, o disposto na Lei nº 9.099, de 26 de setembro de 1995". Como se percebe, é possível a aplicação subsidiária da Lei nº 9.099/95 aos Juizados Especiais Federais. Anote-se, desde já, que, no que pertine à matéria penal, quase não há alterações entre o procedimento dos Juizados Especiais em âmbito Estadual e em âmbito Federal.

A peculiar nota distintiva fica por conta da competência dos Juizados nas esferas estadual e federal. O art. 2º da Lei nº 10.259/01 destaca que: "Compete ao Juizado Especial Federal Criminal processar e julgar os feitos de competência da Justiça Federal relativos às infrações de menor potencial ofensivo, respeitadas as regras de conexão e continência". Como cediço, ao contrário do que ocorre no âmbito dos Juizados Especiais Estaduais, os Juizados Federais não possuem competência para o julgamento das contravenções penais, consoante disposto no art. 109, IV, da Constituição Federal de 1988.

1.3. Noções gerais em torno dos Juizados Especiais Criminais

A Lei nº 9.099/95 trouxe uma série de inovações legislativas, marcadas, sobretudo, pela caracterização de uma jurisdição penal consensual, com ênfase na reparação do dano e na desnecessidade de condenação penal. É nesta esteira que são consagrados os chamados "**institutos despenalizadores**", consistentes na composição civil dos danos (art. 72), transação penal (art. 76) e suspensão condicional do processo (art. 89).

Ademais, há grandes reservas ao cárcere que, muito embora possível, torna-se uma grande exceção. É neste sentido que a Lei coloca restrições à prisão em flagrante (art. 69) e assevera que, na hipótese de condenação, deve-se privilegiar a aplicação de pena não privativa de liberdade (art. 62).

Não há dúvida de que a pretensão legislativa caminhou no sentido de priorizar o princípio da intervenção mínimo, de um Direito Penal que incida com mais força nos casos mais graves e com menos força – ou, sendo o caso, não incida – nos casos mais simples. É esta a razão pela qual se possibilita a solução das controvérsias sem a conclusão do processo penal, com a adoção dos institutos despenalizadores.

Não se pode olvidar, contudo, que, na prática, a instituição dos Juizados resgatou casos penais que, na prática, não estavam sendo contemplados pelo Judiciário brasileiro. Com efeito, quando do advento da Lei nº 9.099/95, as chamadas infrações de menor potencial ofensivo restavam tão banalizadas que, nas raras vezes em que se convertiam em processo penal, culminavam, quase sempre, na prescrição da pretensão punitiva do Estado.

Art. 2º O processo orientar-se-á pelos critérios da oralidade, simplicidade, informalidade, economia processual e celeridade, buscando, sempre que possível, a conciliação ou a transação.

1. COMENTÁRIOS

Na sistemática que orienta a Lei nº 9.099/95, os dois primeiros artigos dizem respeito aos Juizados Especiais como um todo. Por outro lado, a parte que trata especificamente dos Juizados Cíveis compreende os arts. 3º a 59, ao passo que a parte dos Juizados Criminais se inicia a partir do art. 60. Por fim, os arts. 93 a 97 tratam de disposições finais comuns às duas modalidades de Juizados Especiais.

Desta forma, tanto os Juizados Especiais Criminais devem se pautar pelos critérios da oralidade, simplicidade, informalidade, economia processual e celeridade. O dispositivo acrescenta que, sempre que possível, deve ser buscada a conciliação ou a transação. Podemos acrescentar, ainda, o disposto no art. 62 que, desnecessariamente, reitera a adoção dos critérios aqui apontados, concluindo que o processo perante o Juizado Especial Criminal objetiva, sempre que possível, a reparação dos danos sofridos pela vítima e aplicação de pena não privativa de liberdade.

Analisando, então, os critérios apontados na Lei, verdadeiros princípios a orientar o sistema dos Juizados Especiais, podemos tecer as seguintes considerações.

a) Oralidade: a Lei nº 9.099/95 conferiu ênfase ao princípio da oralidade, privilegiando, em muitas situações, o emprego da palavra falada, em detrimento da escrita. É necessário recordar que a própria Constituição Federal, em seu art. 98, I, já abre espaço a esta primazia da oralidade nos Juizados Especiais, pois faz alusão a procedimento oral e sumaríssimo.

Em sede de Juizados, atos muitos importantes como o oferecimento da petição inicial acusatória e a apresentação da defesa devem ser realizados oralmente.

Como decorrência do princípio da oralidade, temos os princípios da imediatidade, da concentração, da identidade física do juiz[1], e da irrecorribilidade das decisões interlocutórias.

De acordo com o princípio da imediatidade (ou imediatismo), o julgador deve coletar as provas, em contato direto com as partes (ex.: audiência). Já o princípio da concentração assinala a necessidade de concentrar a instrução em apenas uma audiência. Naturalmente, nem sempre será possível o encerramento da instrução em uma assentada; neste caso, cabe ao julgador designar nova data para o encerramento da colheita de provas.

Consoante ao princípio da identidade física, o magistrado que encerrou a instrução deverá julgar o processo. Esta é a regra que, excepcionalmente, poderá ser afastada por alguma hipótese contemplada em lei. É o que ocorre, por exemplo, se o magistrado concluir a instrução e, antes de proferir a sentença obtiver a aposentadoria, a promoção, remoção, etc.

Por fim, no que toca ao princípio da irrecorribilidade das decisões interlocutórias, convém ressaltar que a adoção de alguma medida judicial que importe prejuízo de monta para a parte poderá ser impugnada por outro meio, como o *habeas corpus*, por exemplo.

b) Simplicidade: é por força deste princípio que não se admite, em sede de Juizados Especiais Criminais, o trâmite de causas complexas (art. 77, § 3º). O princípio é consagrado em inúmeras outras passagens, podendo ser citadas, aqui, a incompatibilidade do processo nos Juizados Especiais Criminais quando houver a necessidade de citação por edital (art. 66, parágrafo único), a substituição do inquérito policial por termo circunstanciado (art. 69, *caput*), a possibilidade de solicitar s prática de atos processuais em outras Comarcas por qualquer meio hábil de comunicação (art. 65, § 2º).

c) Informalidade: decorrência da instrumentalidade das formas, este princípio preconiza a ideia de que o rigor formal pode ser flexibilizado, desde que se alcance a finalidade pretendida. Obviamente, no processo penal, este princípio deve ser aferido com muita razoabilidade, pois, no mais das vezes, a forma traz consigo a proteção de alguma garantia.

d) Economia processual: como o nome está a indicar, este princípio fundamenta-se na ideia de que se deve procurar obter a finalidade pretendida com o menor número de atos processuais possível. É por esta razão que, na Lei dos Juizados Especiais, limita-se consideravelmente o número de recursos e há apenas uma audiência de instrução.

e) Celeridade: uma das mais importantes pretensões do legislador constituinte ao vislumbrar a criação dos Juizados Especiais foi evitar a morosidade do procedimento comum. A busca por celeridade processual pauta, então, todo o sistema. É necessário, contudo, fazer a mesma observação que fizemos ao comentar o princípio da informalidade: o princípio há de ser observado com razoabilidade, sob pena de malferir garantias constitucionais.

1. TÁVORA, Nestor; ALENCAR, Rosmar Rodrigues. *Curso de direito processual penal.* 3. ed. Salvador: JusPodivm, 2009, p. 53.

Art. 60. O Juizado Especial Criminal, provido por juízes togados ou togados e leigos, tem competência para a conciliação, o julgamento e a execução das infrações penais de menor potencial ofensivo, respeitadas as regras de conexão e continência. (Redação dada pela Lei nº 11.313, de 2006)

Parágrafo único. Na reunião de processos, perante o juízo comum ou o tribunal do júri, decorrentes da aplicação das regras de conexão e continência, observar-se-ão os institutos da transação penal e da composição dos danos civis. (Incluído pela Lei nº 11.313, de 2006)

1. COMENTÁRIOS

1.1. Considerações iniciais

O art. 60, primeiro a tratar, especificamente, da parte relativa aos Juizados Especiais Criminais (JECrim), inicia por apresentar a composição. Conforme se depreende da literalidade legislativa, a existência de juízes leigos não é obrigatória, ficando a cargo da Lei de Organização Judiciária dispor sobre ela.

De toda sorte, o juiz leigo não possui competência jurisdicional, estando sua atividade adstrita à tentativa de conciliação entre as partes, nos termos do art. 73. Portanto, quando o *caput* do artigo sob análise faz menção à competência para conciliação, julgamento e execução, devemos compreender que a função do juiz leigo adstringe-se à primeira fase (conciliação), ao passo que o juiz togado, ao revés, possui competência para as três fases mencionadas.

O juiz togado a que se refere o dispositivo é o magistrado de carreira, investido na jurisdição após aprovação em concurso público de provas e títulos. Trata-se, evidentemente, do Juiz de primeiro grau de jurisdição, pois não há que se falar em Juizados Especiais em sede de Tribunais.

1.2. Competência do JECrim

Os Juizados Especiais Criminais possuem competência para processar e julgar as infrações penais de menor potencial ofensivo, assim entendidas as contravenções penais e os crimes com pena máxima até dois anos (art. 61, *infra*). Conforme já salientamos, em se tratando de Juizados Especiais Criminais Federais, deve ser desconsiderada a alusão às contravenções penais, que não são de competência da Justiça Federal[2].

Na definição da competência, é necessário atentar para eventuais causas de aumento de pena, que podem elevar a pena máxima do crime a um patamar superior aos dois anos. Assim, basta vislumbrar a hipótese em que há concurso material entre dois crimes, cujas penas máximas sejam dois anos. Como se sabe, no concurso material de crimes, aplica-se a regra do acúmulo material de penas (art. 69, CP), o que significa dizer que esta condenação pode chegar a um máximo de quatro anos. Obviamente, neste caso, não há que se falar em competência do Juizado Especial Criminal da localidade, mas sim da Vara Crime comum, onde será adotado o procedimento comum ordinário, conforme teor do art. 394, CPP.

2. ARAÚJO, Fábio Roque; CUNHA, Rogério Sanches. *Crimes federais*. 2. ed. Salvador: JusPodivm, p. 09.

Nem toda infração penal de menor potencial ofensivo se submete ao rito dos Juizados. A própria Lei nº 9.099/95 exclui do seu âmbito de incidência as causas complexas (art. 77, § 2º) e os casos em que se faz necessário a citação por edital (art. 66, parágrafo único). Além disto, há outras exceções previstas em lei. Desta forma, a Lei nº 11.340 (Lei Maria da Penha) exclui, em seu art. 41, a aplicação da Lei dos Juizados Especiais para os crimes que envolvam violência doméstica e familiar contra a mulher.

1.2.1. Conexão e continência

Ademais, conforme previsto no parágrafo único do art. 60, as regras de conexão e continência podem conduzir a um deslocamento da competência para o julgamento da infração de menor potencial ofensivo. No exemplo citado, no ponto anterior, as duas infrações penais de menor potencial ofensivo seriam julgadas em uma Vara comum. Poderia a conexão ocorrer entre uma infração penal de menor potencial ofensivo e um crime doloso contra a vida. Neste caso, a competência para o julgamento de ambas as infrações penais seria do Tribunal do Júri.

Conexão e continência são institutos jurídico-processuais que permitem reunir, num processo único, infrações penais ou seus participantes que, por sua vez, poderiam ser processados separada ou individualmente. Os aludidos institutos jurídicos promovem o deslocamento da competência jurisdicional, haja vista que um infrator ou uma infração penal que seriam julgados por determinado órgão jurisdicional serão julgadas por outro. Assim, não há que se falar em prorrogação de competência propriamente dita, pois os órgãos jurisdicionais que se privarão de prestar a atividade jurisdicional são abstratamente competentes.

Conexão é a interligação entre duas ou mais infrações penais, que serão reunidas em um mesmo processo, objetivando um julgamento sem contradições, mais célere e econômico. A noção básica da conexão reside na pluralidade de infrações penais. Por sua vez, continência é o instituto jurídico que permite a reunião, num processo único, de vários participantes de uma mesma infração penal ou de várias infrações penais praticadas por uma só conduta.

O fato é que, ainda que a infração penal de menor potencial ofensivo se processe fora do Juizado Especial Criminal, sob outro procedimento – que não o sumaríssimo – os institutos despenalizadores da composição civil dos danos e da transação penal devem ser observados – como se percebe, não há menção ao benefício da suspensão condicional do processo. E isto ocorre porque, conforme veremos no comentário ao art. 89, este benefício independe de se tratar de infração penal de menor potencial ofensivo.

Vamos imaginar a hipótese em que o agente é denunciado pelo crime de homicídio doloso (art. 121, CP), em conexão com o crime de ameaça (art. 147, CP). Neste exemplo, muito embora o crime de ameaça, que é infração penal de menor potencial ofensivo, deva ser julgado no âmbito do Tribunal do Júri – dada a sua conexão com um crime doloso contra a vida, caberá ao Ministério Público, se for o caso, propor a transação penal. Obviamente, o benefício somente poderia ser proposto para a infração de menor potencial ofensivo, devendo o outro crime seguir o rito que lhe é próprio.

2. QUESTÕES DE CONCURSOS

1. **(FAPEMS/PC-MS/Delegado de Polícia/2017 – adaptada)** Na reunião de processos, perante o juízo comum ou o tribunal do júri, decorrentes da aplicação das regras de conexão e continência, dispensar-se-ão os institutos da transação penal e da composição dos danos civis.

2. **(FAPEMS/PC-MS/Delegado de Polícia/2017 – adaptada)** No caso de concurso material de crimes, a pena considerada para fins de fixação da competência do Juizado Especial Criminal será o resultado da soma das penas máximas cominadas aos delitos.

GAB	1	2
	E	C

Art. 61. Consideram-se infrações penais de menor potencial ofensivo, para os efeitos desta Lei, as contravenções penais e os crimes a que a lei comine pena máxima não superior a 2 (dois) anos, cumulada ou não com multa. (Redação dada pela Lei nº 11.313, de 2006).

1. COMENTÁRIOS

1.1. Considerações iniciais

Em sua redação originária, a Lei nº 9.099/95, ao tratar das infrações penais de menor potencial ofensivo dispunha que: "consideram-se de menor potencial ofensivo, para os efeitos desta Lei, as contravenções penais e os crimes a que a lei comine pena máxima não superior a um ano, excetuados os casos em que a lei preveja procedimento especial". Por sua vez, ao instituir os Juizados Especiais Federais, a Lei nº 10.259/01 passou a dispor que: "consideram-se infrações de menor potencial ofensivo, para os efeitos desta Lei, os crimes a que a lei comine pena máxima não superior a dois anos, ou multa".

Foram, com isto, criados, aparentemente, dois critérios para a identificação da infração de menor potencial ofensivo. A distinção produzia consequências curiosas, pois um mesmo crime com pena até dois anos poderia ser ou não infração de menor potencial ofensivo, a depender da competência para o seu julgamento. Esta discrepância não fazia sentido. Por esta razão, logo a doutrina começou a defender a ideia de que a Lei dos Juizados Federais teria criado novo critério definidor para as infrações penais de menor potencial ofensivo, revogando tacitamente a regra da Lei dos Juizados Estaduais.

Esta discussão, atualmente, já não possui qualquer relevância. E isto porque a Lei nº 11.313/06, ao conferir nova redação ao artigo em comento, deu tratamento à matéria para os Juizados Estaduais e Federais. A distinção, obviamente, fica por conta das contravenções penais, cujo julgamento, como cediço, não competem à Justiça Federal. Mas o patamar máximo de pena para que o crime seja considerado como infração de menor potencial ofensivo passa a ser de dois anos, tanto na esfera estadual como na esfera federal.

Demais disso, com a nova redação do dispositivo, a identificação da infração penal de menor potencial ofensivo, com a consequente definição da competência no âmbito dos Juizados Especiais abrange também os crimes para os quais a lei previu procedimentos específicos. Aplica-se, portanto, o procedimento sumaríssimo, por exemplo, a crimes contra a honra, crimes de abuso de autoridade, crimes eleitorais, etc.

Cabe frisar, porém, que, no que concerne aos crimes eleitorais, o Tribunal Superior Eleitoral ainda mantém o entendimento de que cabe a aplicação do procedimento previsto no Código Eleitoral, e não as disposições da Lei dos Juizados Especiais Criminais[3]. Seria possível, contudo, a aplicação dos institutos despenalizadores.

Os Juizados Especiais Criminais são órgãos judiciários de primeiro grau de jurisdição. A observação é importante para que se recorde que não se aplica o procedimento sumaríssimo aí contemplado para os casos de réu com direito a foro por prerrogativa de função, que, como sabido, somente serão julgados criminalmente em sede de Tribunal. Nada obstante, é plenamente possível que os Tribunais, no caso concreto, apliquem os institutos despenalizadores da Lei do JECrim.

1.2. Disposições legislativas específicas

1.2.1. Lei Maria da Penha

A ideia de que as infrações penais de menor potencial ofensivo submetem-se ao rito dos Juizados é excepcionada, em determinadas ocasiões, por disposições legais específicas. É o que acontece, por exemplo, na Lei nº 11.340/06 (conhecida como Lei Maria da Penha), que cria mecanismos para coibir as mais variadas formas de violência doméstica e familiar contra a mulher.

Referida Lei dispõe, em seu art. 41, que: "Aos crimes praticados com violência doméstica e familiar contra a mulher, independentemente da pena prevista, não se aplica a Lei nº 9.099/95". Vale registrar que, no julgamento da Ação Declaratória de Constitucionalidade nº 19/DF, o Supremo Tribunal Federal reconheceu que o art. 41 da Lei Maria da Penha é constitucional. Trata-se de um tratamento legislativo mais recrudescido como forma de consagrar o princípio da vedação à proteção deficiente dos bens jurídicos.

Não se pode deixar de perceber que o art. 41 faz valer a proibição de incidência da Lei de Juizados Especiais Criminais em qualquer situação, isto é, não importa qual é a modalidade de infração penal perpetrada em detrimento da mulher. Assim, seja um crime de ameaça, seja uma contravenção penal de vias de fato, não haverá a incidência do tratamento mais benéfico contido na Lei nº 9.099/95.

1.2.2. Estatuto do Idoso

Outro tratamento distinto conferido por legislação específica está presente na Lei nº 10.741/03 (Estatuto do Idoso), que assevera em seu art. 94: "Aos crimes previstos nesta Lei, cuja pena máxima privativa de liberdade não ultrapasse 4 (quatro) anos, aplica-se o procedimento previsto na Lei nº 9.099, de 26 de setembro de 1995, e, subsidiariamente, no que couber, as disposições do Código Penal e do Código de Processo Penal".

Assim como ocorre com a Lei Maria da Penha, anteriormente citada, o Estatuto do Idoso procura observar o princípio da vedação à proteção deficiente, coibindo a prática de crimes

3. TSE, ED-AI 181.917, rel. Min. Arnaldo Versiani, j. 24/02/2011.

contra os idosos. Ocorre que o referido art. 94, ao dilatar a incidência da Lei nº 9.099/95 aos crimes contra idosos cuja pena máxima não ultrapasse quatro anos, poderia conferir tratamento mais benéfico aos criminosos, se admitisse a aplicação dos institutos despenalizadores.

De forma mais objetiva, se o mencionado art. 94 fosse interpretado no sentido de que as infrações penais contra o idoso seriam de menor potencial ofensivo quando tivessem pena máxima superior a quatro anos, seria mais benéfico ao criminoso praticar crime contra o idoso do que contra qualquer outra pessoa. Não seria razoável que a Lei, que pretende tutelar o idoso, coibindo condutas criminosas, admitisse, por exemplo, a transação penal para crimes de tal natureza com patamar de quatro anos.

Por esta razão, o Supremo Tribunal Federal, por ocasião do julgamento da ação direta de Inconstitucionalidade nº 3.096/DF[4], decidiu conferir "interpretação conforme à Constituição do Brasil, com redução de texto, para suprimir a expressão 'do Código Penal e'". E, ainda, decidiu pela "aplicação apenas do procedimento sumaríssimo previsto na Lei nº 9.099/95: benefício do idoso com a celeridade processual. Impossibilidade de aplicação de quaisquer medidas despenalizadoras e de interpretação benéfica ao autor do crime".

Desta forma, se ocorrer um crime contra o idoso que caracterize uma infração penal de menor potencial ofensivo, nos termos do art. 61 da Lei nº 9.099/95, aplicar-se-á a Lei do Juizado Especial Criminal, tanto no que concerne à parte procedimental (procedimento sumaríssimo) quanto à parte dos institutos despenalizadores (transação penal e composição civil dos danos, pois a suspensão condicional do processo depende apenas da pena mínima, conforme art. 89 da Lei do JECrim). Contudo, se houver um crime contra o idoso cuja pena máxima ultrapasse os dois anos e não seja superior a quatro anos, será aplicado o procedimento sumaríssimo, mas estará proibida a incidência dos institutos despenalizadores.

1.3. Desclassificação do crime para infração de menor potencial ofensivo

Questão interessante diz respeito ao momento para o julgador efetuar a desclassificação do crime, passando a considerá-lo como infração de menor potencial ofensivo. A resposta a esta questão tem uma importância prática flagrante, na medida em que, se o julgador fizer esta desclassificação no início, terá oportunidade de viabilizar a propositura de incidência de institutos despenalizadores ao réu. Contudo, se somente o fizer por ocasião da prolação da sentença condenatória (*emendatio libelli*) não fará sentido a adoção dos referidos institutos.

Emendatio libelli é uma pequena correção (emenda) feita pelo Juiz, na acusação (libelo), quando a parte autora (MP ou querelante) descreve o fato corretamente, mas aponta a definição jurídica do fato de forma equivocada. Por exemplo: o MP descreve uma conduta consistente no furto (art. 155, CP), mas pede a condenação com fundamento no art. 157 do Código Penal (que trata do crime de roubo). Em casos como este, o Juiz deverá condenar o réu com base no art. 155, CPP, pois o Juiz está vinculado aos fatos narrados na peça acusatória, e não a sua capitulação jurídica. Devemos lembrar, também, que não há qualquer prejuízo para o réu, que se defende dos fatos, e não da capitulação jurídica.

---

4. Rel. Min. Cármen Lúcia, j. 16/06/2010.

Defendemos a ideia de que a alteração na capitulação jurídica dada ao fato deve ser permitida ao julgador, ainda no início do processo, por ocasião do recebimento da denúncia. E isto porque, como dito, já seria possível, neste caso, a incidência de institutos despenalizadores ao réu.

Em sede jurisprudencial, o Supremo Tribunal Federal tem entendido que "é a sentença o momento processual oportuno para a *emendatio libelli*, a teor do art. 383 do Código de Processo Penal. Tal posicionamento comporta relativização – hipótese em que admissível juízo desclassificatório prévio –, em caso de erro de direito, quando a qualificação jurídica do crime imputado repercute na definição da competência"[5].

2. SÚMULAS E JURISPRUDÊNCIA

✦ *SUPREMO TRIBUNAL FEDERAL*

- **ADC E LEI MARIA DA PENHA.** O Plenário julgou procedente ação declaratória, ajuizada pelo Presidente da República, para assentar a constitucionalidade dos artigos 1º, 33 e 41 da Lei 11.340/2006 (Lei Maria da Penha). Inicialmente, demonstrou-se a existência de controvérsia judicial relevante acerca do tema, nos termos do art. 14, III, da Lei 9.868/99, tendo em conta o intenso debate instaurado sobre a constitucionalidade dos preceitos mencionados, mormente no que se refere aos princípios da igualdade e da proporcionalidade, bem como à aplicação dos institutos contidos na Lei 9.099/95. No mérito, rememorou-se posicionamento da Corte que, ao julgar o HC 106212/MS (DJe de 13.6.2011), declarara a constitucionalidade do art. 41 da Lei Maria da Penha ("Aos crimes praticados com violência doméstica e familiar contra a mulher, independentemente da pena prevista, não se aplica a Lei nº 9.099, de 26 de setembro de 1995"). Reiterou-se a ideia de que a aludida lei viera à balha para conferir efetividade ao art. 226, § 8º, da CF. Consignou-se que o dispositivo legal em comento coadunar-se-ia com o princípio da igualdade e atenderia à ordem jurídico-constitucional, no que concerne ao necessário combate ao desprezo às famílias, considerada a mulher como sua célula básica. *STF, ADC 19/DF, rel. Min. Marco Aurélio, j. 9.2.2012. Pleno. (Info 654)*

- **LEI MARIA DA PENHA E AÇÃO PENAL CONDICIONADA À REPRESENTAÇÃO.** Não é aplicável aos crimes glosados pela lei discutida o que disposto na Lei 9.099/95, de maneira que, **em se tratando de lesões corporais, mesmo que de natureza leve ou culposa, praticadas contra a mulher em âmbito doméstico, a ação penal cabível seria pública incondicionada**. Acentuou-se, entretanto, permanecer a necessidade de representação para crimes dispostos em leis diversas da 9.099/95, como o de ameaça e os cometidos contra a dignidade sexual. Consignou-se que o Tribunal, ao julgar o HC 106212/MS (DJe de 13.6.2011), declarara, em processo subjetivo, a constitucionalidade do art. 41 da Lei 11.340/2006, no que afastaria a aplicação da Lei dos Juizados Especiais relativamente aos crimes cometidos com violência doméstica e familiar contra a mulher, independentemente da pena prevista. *STF, ADI 4424/DF, rel. Min. Marco Aurélio, j. 9.2.2012. Pleno. (Info 654)*

✦ *SUPERIOR TRIBUNAL DE JUSTIÇA*

- **INAPLICABILIDADE DA TRANSAÇÃO PENAL ÀS CONTRAVENÇÕES PENAIS PRATICADAS CONTRA MULHER NO CONTEXTO DE VIOLÊNCIA DOMÉSTICA. A transação penal não é aplicável na hipótese de contravenção penal praticada com violência doméstica e familiar contra a mulher.** De fato, a interpretação literal do art. 41 da Lei Maria da Penha ("Aos crimes praticados com violência doméstica e familiar contra a mulher, independentemente da pena prevista, não se aplica a Lei 9.099, de 26 de setembro de 1995.") viabilizaria, em apressado olhar, a conclusão de que os institutos despenalizadores da Lei 9.099/1995, entre eles a transação penal, seriam aplicáveis às contravenções penais praticadas com violência doméstica

5. STF, HC 115.831/MA, Rel. Min. Rosa Weber, j. 22/10/2013.

e familiar contra a mulher. Entretanto, o legislador, ao editar a Lei 11.340/2006, conferiu concretude ao texto constitucional (art. 226, § 8°, da CF) e aos tratados e as convenções internacionais de erradicação de todas as formas de violência contra a mulher, a fim de mitigar, tanto quanto possível, qualquer tipo de violência doméstica e familiar contra a mulher, abrangendo não só a violência física, mas, também, a psicológica, a sexual, a patrimonial, a social e a moral. Desse modo, à luz da finalidade última da norma (Lei 11.340/2006) e do enfoque da ordem jurídico-constitucional, considerando, ainda, os fins sociais a que a lei se destina, a aplicação da Lei 9.099/1995 é afastada pelo art. 41 da Lei 11.340/2006, tanto em relação aos crimes quanto às contravenções penais praticados contra mulheres no âmbito doméstico e familiar. Ademais, o STJ e o STF já se posicionaram no sentido de que os institutos despenalizadores da Lei 9.099/1995, entre eles a transação penal, não se aplicam a nenhuma prática delituosa contra a mulher no âmbito doméstico e familiar, ainda que configure contravenção penal. *STJ, HC 280.788-RS, Rel. Min. Rogerio Schietti Cruz, j. 3/4/2014. 6ª T. (Info 539)*

- **LESÃO CORPORAL LEVE OU CULPOSA NO ÂMBITO DOMÉSTICO. AÇÃO PENAL PÚBLICA INCONDICIONADA. O crime de lesão corporal, mesmo que leve ou culposa, praticado contra a mulher, no âmbito das relações domésticas, deve ser processado mediante ação penal pública incondicionada.** No julgamento da ADI 4.424-DF, o STF declarou a constitucionalidade do art. 41 da Lei nº 11.340/2006, afastando a incidência da Lei nº 9.099/1995 aos crimes praticados com violência doméstica e familiar contra a mulher, independentemente da pena prevista. *STJ, AREsp 40.934-DF, Rel. Min. Marilza Maynard (Desembargadora convocada do TJ-SE), j. 13/11/2012. 5ª T. (Info 509)*

3. QUESTÕES DE CONCURSOS

1. **(FCC/TJ-CE/Juiz de Direito/2014 – adaptada)** No que se refere ao juizado especial criminal, são consideradas infrações penais de menor potencial ofensivo as contravenções penais e os crimes a que lei comine pena máxima não superior a 2 (dois) anos, desde que não cumulada com multa.

2. **(VUNESP/MPE-SP/Oficial de Promo/2016)** Pela regra do art. 61 da Lei nº 9.099/95, assinale a alternativa que traz pena que corresponde à infração penal de menor potencial ofensivo.

a) Detenção de 1 (um) a 2 (dois) anos, e multa
b) Reclusão de 1 (um) a 3 (três) anos.
c) Detenção de 6 (seis) meses a 4 (quatro) anos.
d) Detenção de 6 (seis) meses a 3 (três) anos.
e) Reclusão de 2 (dois) a 4 (quatro) anos, e multa.

3. **(CESPE/DPE-PE/Defensor Público/2018 – adaptada)** O juizado especial criminal é competente para julgar crimes punidos com pena alternativa de multa, ainda que a pena privativa de liberdade fixada em abstrato seja superior a dois anos.

4. **(TRF3/Juiz Federal/2018 – adaptada)** Os institutos despenalizantes de que trata a Lei nº 9.099/1995 e a Lei nº 10.259/2001 são aplicáveis às autoridades que gozam de prerrogativa de foro.

5. **(TRF3/Juiz Federal/2018 – adaptada)** A Lei nº 9.099/1995 não é aplicável no âmbito da Justiça Militar nem nos casos que envolvam violência doméstica ou familiar contra a mulher.

GAB	1	2	3	4	5
	E	A	E	C	C

Art. 62. O processo perante o Juizado Especial orientar-se-á pelos critérios da oralidade, simplicidade, informalidade, economia processual e celeridade, objetivando, sempre que possível, a reparação dos danos sofridos pela vítima e a aplicação de pena não privativa de liberdade. (Redação dada pela Lei nº 13.603, de 2018).

No que se refere aos critérios que orientam os Juizados Especiais, o art. 62 não inova em relação ao que já dispunha o art. 2º da Lei nº 9.099/95. Apenas a título de curiosidade, cabe reiterar o registro de que o art. 2º faz menção ao critério da simplicidade, que não foi reproduzido no artigo em apreço, em sua redação original. Tal omissão não possuía qualquer relevância, na medida em que o art. 2º, conforme mencionamos anteriormente, não se adstringe aos Juizados Cíveis, razão pela qual os critérios ali apontados também devem ser observados para os Juizados Criminais.

De toda forma, a omissão do art. 62 foi corrigida pelo advento da Lei nº 13.603/2018, que, conferindo nova redação ao dispositivo, acrescentou a simplicidade entre os princípios que orientam os juizados criminais.

Prossegue o art. 62, ora em análise, asseverando que, no âmbito dos Juizados Especiais Criminais objetiva-se a reparação dos danos sofridos pela vítima e a aplicação de pena distinta da privativa de liberdade. Neste particular, é imperioso salientar que a Lei não impede a imposição da pena privativa de liberdade, no âmbito dos Juizados Especiais Criminais. O artigo em comento não constitui óbice absoluto à sua aplicação, mas apenas um parâmetro valorativo idôneo a restringi-la a situações de acentuada excepcionalidade.

Neste ponto, o artigo encontra-se em absoluta consonância com o paradigma minimalista que orienta a Lei do JECrim. É por conta deste viés reducionista da intervenção punitiva que se consagram, por exemplo, institutos despenalizadores, no âmbito dos Juizados Especiais Criminais.

▸SEÇÃO I – DA COMPETÊNCIA E DOS ATOS PROCESSUAIS

Art. 63. A competência do Juizado será determinada pelo lugar em que foi praticada a infração penal.

1. COMENTÁRIOS

O art. 63 trata da competência territorial, no caso de uma infração penal de menor potencial ofensivo. A identificação de critério para definir a competência territorial só terá alguma importância naquela hipótese em que a ação ou omissão se dá em um lugar e o resultado ocorre em outro.

Basta vislumbrar a hipótese em que uma pessoa pratica o crime de ameaça (infração de menor potencial ofensivo, pois a pena máxima é de apenas seis meses, consoante art. 147, CP) contra uma outra pessoa que se encontra em outra cidade. Assim, se João, que se encontra em São Paulo, faz uma ligação telefônica para Maria, que se encontra em Brasília, qual seria o Juizado competente para o julgamento? O do lugar da ação criminosa (São Paulo) ou do resultado (Brasília)?

A redação do art. 63, ao empregar a expressão "lugar em que foi praticada a infração penal" tem engendrado muita polêmica em sede doutrinária. Surgiram três correntes doutrinárias em torno do tema:

a) Teoria da atividade: Este é o entendimento majoritário. Para esta corrente doutrinária, a expressão utilizada pelo artigo deve ser interpretada no sentido de se referir ao local em que o agente praticou a ação ou omissão delitiva. No exemplo utilizado anteriormente, em que o agente pratica o crime de ameaça por telefone, a competência seria do Juizado especial Criminal do local em que o agente se encontra, pois aí realizou a ação.

Também nós aderimos a esta corrente de pensamento, na medida em que nos parece mais consentânea com o disposto na redação do artigo em exame.

b) Teoria do resultado: para esta segunda teoria, a expressão infração "praticada", como está posta no *caput* do art. 63 deve ser interpretada no sentido de infração consumada. Desta forma, o que valeria seria o local em que se produziu o resultado, pouco importando o local em que ocorreu a ação ou omissão delitiva. No exemplo acima, a competência seria do Juizado Especial do local em que vítima recebe a ligação, pois aí ocorre o resultado do crime de ameaça.

c) Teoria mista: esta terceira corrente de pensamento procura interpretar a expressão dúbia da legislação em consonância com os princípios que orientam os Juizados Especiais Criminais, e, com isto, assevera que territorialmente competente pode ser tanto o local da conduta (ação ou omissão) quanto o local do resultado, a depender do caso concreto.

2. QUESTÕES DE CONCURSOS

1. **(FGV/TJ-RJ/Analista Judiciário/2014 – adaptada)** A competência será determinada pelo local em que a infração for praticada e não pelo lugar da consumação.

2. **(FCC/DPE-PB/Defensor Público/2014 – adaptada)** Não pode ser realizada quando se tratar de crime de ação pública incondicionada.

3. **(FCC/DPE-RS/Defensor Público/2014 – adaptada)** A competência do Juizado Especial Criminal será determinada pelo lugar onde ocorreu o resultado da infração.

GAB	1	2	3
	C	E	E

Art. 64. Os atos processuais serão públicos e poderão realizar-se em horário noturno e em qualquer dia da semana, conforme dispuserem as normas de organização judiciária.

1. COMENTÁRIOS

A Lei nº 9.099/95, neste ponto, adere à regra, consagrada em nosso ordenamento jurídico, da publicidade dos atos processuais. É o que se depreende, por exemplo, do art. 5º, LX, da Constituição Federal, nos seguintes termos: "a lei só poderá restringir a publicidade dos atos processuais quando a defesa da intimidade ou o interesse social o exigirem". Como se vê, em casos excepcionais, será possível a decretação da limitação da publicidade (ou publicidade interna), convencionalmente chamada de "segredo de justiça".

O art. 64 prossegue trazendo a ideia de que os atos processuais, em sede de Juizados, poderão ser realizados no período noturno e, também, nos finais de semana ("qualquer dia da semana"). Não é comum que assim ocorra, mas a Lei permite que assim seja. Basta tomarmos como exemplo os Juizados Especiais, por vezes, instalados em aeroportos e em estádios de futebol, para a apreciação de demandas ocorridas nestas localidades.

Art. 65. Os atos processuais serão válidos sempre que preencherem as finalidades para as quais foram realizados, atendidos os critérios indicados no art. 62 desta Lei.

§ 1º Não se pronunciará qualquer nulidade sem que tenha havido prejuízo.

§ 2º A prática de atos processuais em outras comarcas poderá ser solicitada por qualquer meio hábil de comunicação.

§ 3º Serão objeto de registro escrito exclusivamente os atos havidos por essenciais. Os atos realizados em audiência de instrução e julgamento poderão ser gravados em fita magnética ou equivalente.

1. COMENTÁRIOS

1.1. Princípio da instrumentalidade das formas

A Lei nº 9.099/95 consagra o princípio da instrumentalidade das formas, sobrepujando uma percepção excessivamente formalista, em que qualquer desvio do quanto preconizado resultaria em nulidade. Consoante a ideia de instrumentalidade das formas, é possível aproveitar o ato processual praticado em desconformidade com a forma prescrita em lei, desde que ele alcance a finalidade que pretendia.

A instrumentalidade das formas, que possui ampla aceitação na esfera do processo civil, há de ser encarada com certo regramento em sede de processo penal, pois não se pode perder de vista que forma constitui garantia e a violação à formalidade pode atingir de modo indelével garantias fundamentais.

Isto não significa, todavia, a repulsa ao princípio da instrumentalidade das formas, com o regresso a um sistema formalista (sistema da indeclinabilidade das formas). É neste sentido que a Lei nº 9.099/95 pontua neste dispositivo legal que "os atos processuais serão válidos sempre que preencherem as finalidades para as quais foram realizados".

Ademais, o princípio da instrumentalidade das formas encontra-se previsto, também, no Código de Processo Penal, que, em seu art. 572, III, ao asseverar que algumas nulidades serão consideradas sanadas "se, praticado por outra forma, o ato tiver atingido seu fim".

O disposto no § 2º deste artigo, ao possibilitar a solicitação da prática de atos processuais em outras Comarcas por qualquer meio hábil de comunicação, também se insere no contexto da instrumentalidade das formas. Como se vê, não há necessidade de expedição de carta precatória, podendo tal solicitação ser realizada, por exemplo, por meio de *fac-símile, e-mail,* telefone, etc. Na hipótese de se realizar a via telefônica, basta que o servidor do Poder Judiciário certifique todo o ocorrido, para que haja a devida documentação dos atos processuais praticados.

1.2. Princípio do prejuízo

Um dos princípios que orienta o tema "nulidades", no processo penal, é o do prejuízo, de acordo com o qual não se reconhece a nulidade se não restar demonstrado o prejuízo (*pas de nullité sans grief,* na conhecida expressão francesa, sempre empregada pela doutrina nacional). Este princípio, contemplado no art. 65 da Lei de Juizados Especiais está presente, também, no CPP, em seu art. 563 ("nenhum ato será declarado nulo, se da nulidade não resultar prejuízo para a acusação ou para a defesa").

No plano doutrinário, a principal distinção entre as nulidades absoluta e relativa, no que tange à questão prejuízo, foi resolvida com a consagração da ideia de que, nesta, o prejuízo precisa ser demonstrado, naquela, o prejuízo já é presumido. Assim, ocorrendo uma nulidade absoluta, já estaria caracterizado o prejuízo; em contrapartida, se se tratasse de nulidade relativa, haveria a necessidade de demonstração do prejuízo para a parte, sob pena de não se reconhecer a nulidade.

Esta ideia foi consagrada na jurisprudência do STF, desde a publicação do verbete nº 523 da sua súmula. Nos seguintes termos:

> ***Súmula nº 523/STF***: "No processo penal, a falta de defesa constitui nulidade absoluta, mas a sua deficiência só o anulará se houver prova de prejuízo para o réu".

As ideias que se extraem da súmula, portanto, seriam: a) a ausência de defesa constitui nulidade absoluta, isto é, o prejuízo para a defesa já é presumido, não precisaria ser demonstrado; b) a deficiência da defesa constituiria nulidade relativa, razão pela qual seria imprescindível a demonstração do prejuízo.

Atualmente, é preciso adotar cautelas com tais conclusões. E isto porque, em precedentes mais recentes, o Supremo Tribunal Federal tem exigido, como condição para o reconhecimento da nulidade, a demonstração do prejuízo, independentemente de se tratar de nulidade absoluta ou relativa. Conforme o STF, o "princípio do *pas de nullité sans grief* exige a demonstração de prejuízo concreto à parte que suscita o vício, independentemente da sanção prevista para o ato, podendo ser tanto a de nulidade absoluta, quanto a relativa, pois não se declara nulidade por mera presunção"[6].

1.3. Registro da audiência

O § 3º do art. 65 informa que os atos essenciais devem ser objeto de registro, deixando claro que não há a necessidade de se registrar todos os atos praticados. Prossegue o comando legislativo que os atos processuais realizados em audiência de instrução e julgamento poderão ser gravados. A despeito de se reportar, categoricamente aos atos havidos na audiência de instrução e julgamento, nada obsta que também sejam gravados os atos praticados por ocasião da audiência preliminar.

No Código de Processo Penal, também consta expressamente a possibilidade de registro dos atos ocorridos na audiência. Com a redação conferida pela Lei nº 11.719/08, bem posterior à Lei dos Juizados Especiais, portanto, o art. 405, § 1º dispõe que: "sempre que possível, o registro dos depoimentos do investigado, indiciado, ofendido e testemunhas será feito pelos meios ou recursos de gravação magnética, estenotipia, digital ou técnica similar, inclusive audiovisual, destinada a obter maior fidelidade das informações".

Nada obsta que tais meios de registro sejam aplicados aqui, também, nas audiências dos juizados especiais criminais.

6. STF, RHC 123.092/DF, rel. Min. Cármen Lúcia, j. 04/11/2014.

2. SÚMULAS E JURISPRUDÊNCIA

- **Súmula 523, STF:** No processo penal, a falta de defesa constitui nulidade absoluta, mas a sua deficiência só o anulará se houver prova de prejuízo para o réu.

Art. 66. A citação será pessoal e far-se-á no próprio Juizado, sempre que possível, ou por mandado.

Parágrafo único. Não encontrado o acusado para ser citado, o Juiz encaminhará as peças existentes ao Juízo comum para adoção do procedimento previsto em lei.

1. COMENTÁRIOS

1.1. Citação

Citação é o ato processual mediante o qual o réu é cientificado dos termos da acusação (denúncia ou queixa-crime), sendo chamado a respondê-la e a comparecer aos demais atos do processo. Consoante os termos do art. 363 do Código de Processo Penal, "o processo terá completada a sua formação quando realizada a citação do acusado". Trata-se, portanto, de ato essencial, imprescindível à formação do processo.

Importante recordar que, conforme o art. 570 do Código de Processo Penal, "a falta ou a nulidade da citação, da intimação ou notificação estará sanada, desde que o interessado compareça, antes de o ato consumar-se, embora declare que o faz para o único fim de argui-la. O juiz ordenará, todavia, a suspensão ou o adiamento do ato, quando reconhecer que a irregularidade poderá prejudicar direito da parte".

No geral, o processo penal admite três modalidades de citação:

a) citação pessoal: é a regra, razão pela qual as demais só podem existir quando não for possível a citação pessoal. Chamada doutrinariamente de citação real, pode ser realizada mediante cumprimento de mandado (cuja expedição é determinada pelo magistrado), por cartas (precatória, rogatória ou de ordem) ou com a observância de alguma regra complementar (ex.: a citação do militar é realizada por intermédio do chefe do respectivo serviço).

b) citação com hora certa: é modalidade de citação que passou a ser permitida expressamente no CPP com a reforma promovida pela Lei nº 11.719/08. É realizada quando o oficial de justiça constata que o réu está se ocultando para não ser citado. Em casos como este, o oficial de justiça irá marcar dia e hora para a citação, deixando a informação com alguém que tenha contato com o réu. Se o réu não comparecer no dia e hora assinalados, será considerado citado. Logo se vê que a citação com hora certa é uma citação ficta.

c) citação por edital: se o réu não for encontrado, será citado por edital, com o prazo de 15 (quinze) dias. O edital deverá ser publicado em jornal de grande circulação, na imprensa oficial ou afixado no átrio do fórum. Deve-se recorrer à citação editalícia apenas quando esgotadas as tentativas de encontrar o réu.

1.2. Citação no JECrim

O art. 66 da Lei nº 9.099/95 faz menção à citação em sede de Juizados Especiais, determinando que ela seja realizada pessoalmente. Há, ainda, prioridade às citações realizadas na própria sede do Juizado, reservando-se a expedição de mandado para as hipóteses em que a citação aí não possa ocorrer. Não há menção à realização da citação por meio do cumprimento das cartas.

Neste ponto, imperioso recordar que, dificilmente, haverá a expedição de cartas (precatória, rogatória ou de ordem) em sede de Juizado, na medida em que "a prática de atos processuais em outras comarcas poderá ser solicitada por qualquer meio hábil de comunicação" (art. 65, § 2º, Lei nº 9.099/95). Havendo, porém, a expedição de carta, nada obsta que a citação pessoal seja realizada em cumprimento a ela. Na prática, o cumprimento de uma carta é realizado de forma muito similar ao cumprimento do mandado, por oficial de justiça.

Neste diapasão, cabe salientar que, consoante entendimento do STJ, a expedição de carta rogatória é incompatível com o rito sumaríssimo dos Juizados Especiais Criminais[7].

Não há alusão à citação pessoal pelo correio, muito embora exista em doutrina a defesa da possibilidade de se utilizar esta via[8].

De toda sorte, não é possível compatibilizar a necessidade de citação por edital com a celeridade que se espera do rito sumaríssimo, existente nos Juizados Especiais Criminais. É este o fundamento que embasa a existência do parágrafo único do art. 66, ao determinar, em casos como tais, que as peças sejam encaminhadas ao Juízo comum para a adoção do procedimento previsto em Lei. Conforme o art. 394, § 1º, II, CPP, este procedimento será o comum sumário.

Nos demais procedimentos, tem-se entendido que cabe a citação por edital apenas quando esgotadas as tentativas de obtenção do endereço atualizado do réu. Em sede de Juizados, o enunciado nº 27 do FONAJE dispõe que: "em regra não devem ser expedidos ofícios para os órgãos públicos, objetivando a localização de partes e testemunhas nos Juizados Criminais".

Por fim, cabe mencionar que, a despeito do silêncio da Lei nº 9.099/95, tem-se admitido a compatibilidade da citação com hora certa com o sistema dos Juizados Especiais. É o que se depreende do enunciado nº 110 do FONAJE, nos seguintes termos: "No Juizado especial Criminal é cabível a citação com hora certa".

2. SÚMULAS E JURISPRUDÊNCIA

- **CITAÇÃO COM HORA CERTA E PROCESSO PENAL.** É constitucional a citação com hora certa no âmbito do processo penal (CPP: "Art. 362. Verificando que o réu se oculta para não ser citado, o oficial de justiça certificará a ocorrência e procederá à citação com hora certa, na forma estabelecida nos arts. 227 a 229 da Lei nº 5.869, de 11 de janeiro de 1973 – Código de Processo Civil. Parágrafo único. Completada a citação com hora certa, se o acusado não comparecer, ser-lhe-á nomeado defensor dativo"). Essa a

7. STJ, RHC 10.476/SP, Rel. Min. Fernando Gonçalves, j. 06/02/2001.

8. Neste sentido, NUCCI, Guilherme de Souza. *Leis penais e processuais penais comentadas.* v. 2. 6. ed. São Paulo: RT, 2012, p. 438-439.

conclusão do Plenário, que, por maioria, negou provimento a recurso extraordinário em que discutida a constitucionalidade do aludido preceito processual. No caso, o recorrente fora condenado, no âmbito de juizado especial criminal, à pena de seis meses de detenção, substituída por prestação de serviços comunitários, pela prática do crime previsto no art. 309 da Lei 9.503/1997 (dirigir sem habilitação, gerando perigo de dano). Fora citado com hora certa, pois estaria ocultando-se para não o ser pessoalmente. A defesa arguira, então, a inconstitucionalidade dessa modalidade de citação. O Colegiado aduziu que a ampla defesa (CF, art. 5º, LV) une defesa técnica e autodefesa. A primeira é indeclinável. Não assegurar ao acusado a defesa técnica é causa de nulidade absoluta do processo, e consubstancia prejuízo ínsito e insanável (CPP, artigos 564, III, "c"; e 572). O Tribunal possui entendimento sumulado nesse sentido (Enunciado 523 da Súmula do STF). A autodefesa, por sua vez, representa a garantia de se defender pessoalmente e, portanto, de se fazer presente no julgamento. A respeito, a Lei 9.271/1996 inovara, para inviabilizar o julgamento do acusado à revelia, quando citado por edital, estabelecendo a suspensão do processo e, para evitar impunidade, a prescrição, até que apareça ou constitua patrono. A indicação de advogado é ato revelador da ciência da ação penal, e a opção de não comparecer pessoalmente à instrução é consectário lógico do exercício da autodefesa, conjugado à garantia à não autoincriminação (CF, art. 5º, LXIII). Posteriormente, a Lei 11.719/2008 reservara, para o caso de citação pessoal frustrada por ocultação intencional do acusado, a com hora certa, e não mais a por edital, dando-se continuidade ao processo, devendo o juiz nomear defensor ao réu. O novo Código de Processo Civil não repercute na vigência ou na eficácia do preceito, pois a referência aos artigos 227 a 229 do CPC/1973 corresponde aos atuais artigos 252 a 254. A ficção alusiva à citação com hora certa restringe-se ao fato de o réu não ter sido cientificado, pessoalmente, da demanda. A premissa, na hipótese, é a premeditada ocultação do réu. Logo, sabe da existência da demanda. Se optara por não se defender pessoalmente em juízo, o fizera porque, no exercício da autodefesa, não o quisera. Tampouco pode ser compelido a fazê-lo, afinal o comparecimento à instrução é direito, faculdade. Entendimento diverso consubstanciaria obrigá-lo a produzir prova contra si. O Tribunal consignou que a citação com hora certa cerca-se de cautelas, desde a certidão pormenorizada do oficial de justiça até o aval pelo juiz. Julgando inexistirem elementos concretos de ocultação, o juiz determina a citação por edital, com a subsequente suspensão do processo caso o acusado não se apresente nem constitua advogado. A autodefesa, mesmo depois de formalizada a citação com hora certa, fica resguardada na medida em que o réu será cientificado dela, inclusive da continuação do processo (CPC, art. 254). Esconder-se para deixar de ser citado pessoalmente e não comparecer em sede judicial para defender-se revela autodefesa. Não se justifica impor a prisão preventiva. Entretanto, impedir a sequência da ação penal é demasiado, sob pena de dar ao acusado verdadeiro direito potestativo sobre o curso da ação penal, ignorando a indisponibilidade inerente. É preciso compatibilizar a garantia do acusado à autodefesa com o caráter público e indisponível do processo-crime. O prosseguimento da ação penal, ante a citação com hora certa, em nada compromete a autodefesa; ao contrário, evidencia a opção do réu de não se defender pessoalmente em juízo, sendo compatível com a Constituição, portanto. **O Plenário, ademais, não se pronunciou quanto à aplicabilidade do instituto no âmbito específico dos juizados especiais, em razão de a controvérsia, no ponto, ultrapassar o objeto recursal. Vencido, em parte, o Ministro Marco Aurélio (relator), que, ao se manifestar acerca da citação com hora certa em processo submetido a juizado especial criminal, entendia pela inadmissibilidade desse ato processual. Explicava que o art. 66, parágrafo único, da Lei 9.099/1995 impõe a remessa do processo à vara criminal quando o acusado não for encontrado. Tal preceito inviabiliza qualquer modalidade de citação ficta no juizado especial criminal, seja a editalícia, seja a com hora certa, por tornar inexequíveis a composição civil e a transação penal, fins últimos dos juizados.** Por fim, o Colegiado deliberou conceder "habeas corpus" de ofício em favor do recorrente, para extinguir a punibilidade em decorrência da prescrição da pretensão punitiva. *STF, RE 635145/RS, rel. orig. Min. Marco Aurélio, red. p/ o acórdão Min. Luiz Fux, 1º.8.2016. Pleno. (Info 833)*

3. QUESTÕES DE CONCURSOS

1. **(FGV/TJ-RJ/Analista Judiciário/2014 – adaptada)** Cabe citação por edital no âmbito dos Juizados Especiais Criminais.

2. **(CESPE/DPE-PE/Defensor Público/2017 – adaptada)** A citação do acusado pode se dar por edital, não havendo deslocamento da competência para o juízo criminal comum.

3. **(MPE-BA/Promotor de Justiça/2018 – adaptada)** Ainda que se trate de crime de pequeno potencial ofensivo, verificado que o réu encontra-se em local incerto e não sabido, fica cessada a competência do Juizado Especial Criminal e o processo segue para o juízo comum.

4. **(MPE-BA/Promotor de Justiça/2018 – adaptada)** Na apuração das infrações de menor potencial ofensivo, não se admitirá nenhuma espécie de citação ficta.

GAB	1	2	3	4
	E	E	C	C

Art. 67. A intimação far-se-á por correspondência, com aviso de recebimento pessoal ou, tratando-se de pessoa jurídica ou firma individual, mediante entrega ao encarregado da recepção, que será obrigatoriamente identificado, ou, sendo necessário, por oficial de justiça, independentemente de mandado ou carta precatória, ou ainda por qualquer meio idôneo de comunicação.

Parágrafo único. Dos atos praticados em audiência considerar-se-ão desde logo cientes as partes, os interessados e defensores.

1. COMENTÁRIOS

1.1. Intimação e notificação

Intimação corresponde à comunicação à parte ou interessado de que algum ato processual foi realizado. Por exemplo, as partes são intimadas de uma decisão já proferida pelo magistrado, em torno de alguma questão incidental, ou, mesmo, da própria sentença de mérito. A intimação distingue-se, portanto, da notificação, que é comunicação para que a parte ou interessado realize algum ato processual. Ex.: as partes são notificadas para comparecer à audiência.

A despeito da relevância desta distinção, sob o aspecto doutrinário, não há maiores repercussões sob a perspectiva legislativa. O Código de Processo Penal e a imensa maioria das leis extravagantes não faz qualquer distinção entre as expressões, empregando o termo "intimação" como gênero. Com a Lei nº 9.099/95 não foi diferente.

De fato, a Lei dos Juizados Especiais não utiliza a expressão notificação, empregando o termo "intimação" não apenas no art. 67, que ora se comenta, mas também em seus arts. 68 (intimação do autor do fato), 71 (intimação do responsável civil), 78, § 1º (requerimento para intimação das testemunhas).

Afirma o CPP (art. 370) que as disposições relativas às citações devem se aplicar às intimações, no que for compatível. Podemos concluir que as intimações também poderão, conforme as regras do CPP, ser realizadas por mandado ou por cartas. A mesma lógica deve ser observada em relação às notificações, pois, conforme asseveramos, a nossa legislação não estabelece distinção em relação a tais expressões.

Ainda no bojo das considerações do CPP em torno das intimações, não é demasiado recordar que a intimação do defensor constituído, do advogado do querelante e do assistente de acusação far-se-á por publicação no órgão incumbido da publicidade dos atos judiciais da Comarca, incluindo, sob pena de nulidade, o nome do acusado. Caso não haja órgão de publicação dos atos judiciais na Comarca, a intimação far-se-á diretamente pelo escrivão, por mandado ou via postal com comprovante de recebimento, ou por qualquer outro meio idôneo (art. 370, §§ 1º e 2º, CPP).

A intimação do Ministério Público, da Defensoria Pública e do defensor dativo será pessoal, não se admitindo, nestes casos, a intimação por publicação na imprensa.

Ainda no que se refere às intimações – e, mais especificamente, a contagem dos prazos e sua relação com a intimação – cumpre lembrar o teor dos enunciados nº 310 e 710 da súmula do STF, nos seguintes termos:

> ***Súmula nº 310/STF***: "Quando a intimação tiver lugar na sexta-feira, ou a publicação com efeito de intimação for feita nesse dia, o prazo judicial terá início na segunda-feira imediata, salvo se não houver expediente, caso em que começará no primeiro dia útil que se seguir".
>
> ***Súmula nº 710/STF***: "No processo penal, contam-se os prazos da data da intimação, e não da juntada aos autos do mandado ou da carta precatória ou de ordem".

No que concerne às intimações e cartas precatórias, temos os verbetes de nº 155 da súmula do STF e de nº 273 da súmula de jurisprudência do STJ, no seguinte sentido:

> ***Súmula nº 155/STF:*** "É relativa a nulidade do processo criminal por falta de intimação da expedição de precatória para inquirição de testemunha".
>
> ***Súmula nº 273/STJ***: "Intimada a defesa da expedição da carta precatória, torna-se desnecessária a intimação da data da audiência no juízo deprecado".

A propósito, ao juizado criminal não se aplica a regra do art. 12-A da Lei n. 9.099/95[9], que possui o seguinte teor: "Na contagem de prazo em dias, estabelecido por lei ou pelo juiz, para a prática de qualquer ato processual, inclusive para a interposição de recursos, computar-se-ão somente os dias úteis". Esta regra se aplica, apenas, aos juizados especiais cíveis.

1.2. Intimação no JECrim

Em observância aos princípios que orientam os Juizados, em especial os da informalidade e da economia processual, o art. 67 faz menção a três modalidades de intimação: a) por correspondência; b) por oficial de justiça; c) por qualquer meio idôneo de comunicação.

a) Intimação por correspondência: conforme vimos nos comentários ao artigo anterior, não há alusão expressa à citação por correspondência, muito embora seja razoável a sua aceitação. Em relação à intimação, a Lei admite claramente a possibilidade da utilização da correspondência, prevendo as seguintes situações:

a.1) Intimação de pessoa física: far-se-á por correspondência, com aviso de recebimento pessoal;

a.2) Intimação de pessoa jurídica ou firma individual: mediante entrega ao encarregado da recepção, que será obrigatoriamente identificado. Não há a necessidade, portanto, de intimação na pessoa do representante da pessoa jurídica, para que seja válida.

9 Inserido pela Lei nº 13.728/2018.

É importante ressaltar que a Lei nº 9.099/95 vem a lume em um momento em que não existia, ainda, no Brasil, a responsabilidade penal da pessoa jurídica. É verdade que a Constituição Federal já trazia este permissivo, mas o art. 225, § 3º só viria a ser regulamentado em 1998, com o advento da Lei nº 9.605/98 (Lei de Crimes Ambientais).

A Lei de Juizados Especiais, então, refere-se á intimação da pessoa jurídica, mas não a sua citação. Esta intimação pode, atualmente, dizer respeito à pessoa jurídica na condição de ré (na época da publicação da Lei nº 9.099/95 esta possibilidade não existia, como dito), desde que em crime ambiental, mas também à pessoa jurídica como vítima da infração ou mera interessada.

Aliás, mesmo a Lei de Crimes Ambientais foi extremamente lacônica ao tratar dos atos processuais a serem praticados pela pessoa jurídica. Diante desta lacuna legislativa, não resta outra solução senão aplicar, por analogia, as disposições do Código de Processo Civil, pertinentes ao tema, que faz menção "pessoa com poderes de gerência geral ou de administração ou, ainda, a funcionário responsável pelo recebimento de correspondências" (Art. 248, § 2º, NCPC).

b) Intimação por oficial de justiça: a dispensa de mandado ou carta precatória alinha-se, aqui também, à observância dos princípios que regem o sistema dos Juizados Especiais Criminais.

c) Intimação por qualquer meio idôneo: A intimação, em sede de Juizado, pode ser realizada, por exemplo, por meio de *fac-símile, e-mail,* telefone, etc.

Por fim, cabe frisar que o disposto no parágrafo único do art. 67 é de todo despiciendo, na medida em que a intimação daqueles que estão presentes na audiência, quando os atos processuais são aí realizados, é de uma obviedade singular. Esta é a regra em qualquer procedimento, não apenas nos Juizados Especiais, e o eventual silêncio da Lei nº 9.099/95 sobre o tema em nada alteraria esse panorama.

2. SÚMULAS E JURISPRUDÊNCIA

- **Súmula 310, STF:** Quando a intimação tiver lugar na sexta-feira, ou a publicação com efeito de intimação for feita nesse dia, o prazo judicial terá início na segunda-feira imediata, salvo se não houver expediente, caso em que começará no primeiro dia útil que se seguir.

- **Súmula 710, STF:** No processo penal, contam-se os prazos da data da intimação, e não da juntada aos autos do mandado ou da carta precatória ou de ordem.

- **Súmula 155, STF:** É relativa a nulidade do processo criminal por falta de intimação da expedição de precatória para inquirição de testemunha.

- **Súmula 273, STJ:** Intimada a defesa da expedição da carta precatória, torna-se desnecessária a intimação da data da audiência no juízo deprecado.

Art. 68. Do ato de intimação do autor do fato e do mandado de citação do acusado, constará a necessidade de seu comparecimento acompanhado de advogado, com a advertência de que, na sua falta, ser-lhe-á designado defensor público.

1. COMENTÁRIOS

Aqui, pela primeira vez, a Lei nº 9.099/95 emprega a expressão "autor do fato". Esta expressão será utilizada novamente nos arts. 69 (ao se referir ao seu encaminhamento, pela autoridade policial, ao Juizado), 69, parágrafo único (ao tratar da excepcionalidade da prisão em flagrante), 70 (audiência preliminar), 72 (composição civil dos danos) e 77 (refere-se à ausência à audiência).

A expressão autor do fato é, portanto, empregada em uma fase da persecução em que ainda não existe o processo. Após o processo, já se utiliza as expressões "réu" ou "acusado". Não se tratando de infração de menor potencial ofensivo, possível referir-se ao "investigado" ou "indiciado". No sistema do Juizado, como se vê, estas últimas expressões são substituídas por "autor do fato".

O mérito da expressão reside no fato de que, realmente, não há que se falar em investigado ou indiciado em infração de menor potencial ofensivo, na medida em que a investigação formal, materialidade no inquérito policial, é substituída pelo termo circunstanciado da ocorrência, de feição muito mais simples e objetiva. Em contrapartida, não podemos deixar de ressaltar que o mais adequado seria a utilização da expressão "suposto autor do fato", para que se pudesse compatibilizar a lógica do Juizado com o princípio constitucional da presunção de inocência (art. 5º, LVII, CF).

O dispositivo legal ratifica a indisponibilidade da defesa técnica, que orienta não apenas o sistema do juizado, mas o processo penal brasileiro como um todo. Muito embora o art. 68 imponha a determinação de que se faça a ressalva em relação à nomeação de um defensor público, é possível a designação de defensor dativo, caso não haja defensor público presente.

2. QUESTÕES DE CONCURSOS

1. **(FCC/TRF4/Analista Judiciário-Execução de Mandados/2014)** Paulo está sendo processado pelo crime de desobediência, perante Juizado Especial Federal Criminal. Em relação à citação de Paulo, de acordo com a Lei nº 9.099/1995,

a) não se exige que no mandado de citação conste a necessidade de comparecimento de Paulo acompanhado de advogado.

b) se Paulo não for encontrado para ser citado, o juiz do Juizado Especial determinará sua citação por hora certa.

c) será pessoal e far-se-á no próprio Juizado, sempre que possível, ou por mandado.

d) se Paulo não for encontrado para ser citado, o juiz do Juizado Especial determinará desde logo sua citação por edital.

e) do mandado de citação do acusado constará a necessidade de seu comparecimento acompanhado de advogado, com a advertência de que, na sua falta, não lhe será designado defensor público.

GAB	1
	C

▸SEÇÃO II – DA FASE PRELIMINAR

Art. 69. A autoridade policial que tomar conhecimento da ocorrência lavrará termo circunstanciado e o encaminhará imediatamente ao Juizado, com o autor do fato e a vítima, providenciando-se as requisições dos exames periciais necessários.

Parágrafo único. Ao autor do fato que, após a lavratura do termo, for imediatamente encaminhado ao juizado ou assumir o compromisso de a ele comparecer, não se imporá prisão em flagrante, nem se exigirá fiança. Em caso de violência doméstica, o juiz poderá determinar, como medida de cautela, seu afastamento do lar, domicílio ou local de convivência com a vítima. (Redação dada pela Lei nº 10.455, de 13.5.2002)

1. COMENTÁRIOS

1.1. Termo circunstanciado da ocorrência

A fase preliminar antecede a fase processual, onde ocorrerá o procedimento sumaríssimo. Esta fase preliminar pode ser seccionada em dois momentos distintos: a) fase de delegacia; b) fase de audiência preliminar. O art. 69 aborda este primeiro momento, a fase de delegacia, em que cabe à autoridade policial adotar determinadas providências destinadas à coleta de elementos de informação que, posteriormente, serão encaminhados ao Juizado.

Em se tratando de infração penal de menor potencial ofensivo, a autoridade policial não instaura o inquérito policial, que é substituído pelo termo circunstanciado da ocorrência (TCO). Trata-se de formalização detalhada da ocorrência da infração penal de menor potencial ofensivo, e deve conter as declarações do autor do fato, da vítima e das testemunhas. Trará, ainda, o exame de corpo de delito, nos crimes que deixam vestígios.

Aderimos ao entendimento, majoritário em doutrina, no sentido de que o termo circunstanciado somente pode ser lavrado pelo Delegado de Polícia. Ora, o art. 69 faz menção à expressão autoridade policial que, no processo penal, é empregada para designar o Delegado de Polícia, e não as demais autoridades públicas da carreira policial (agente, escrivão, policial militar, etc.). Demais disso, o termo circunstanciado da ocorrência substitui o inquérito policial nas infrações de menor potencial ofensivo. Se o inquérito policial é presidido, exclusivamente, pelo Delegado de Polícia, acreditamos não haver outra conclusão, senão a de que o termo circunstanciado também seria de titularidade exclusiva deste agente público.

Não é este, todavia, o entendimento consagrado no enunciado nº 34 do FONAJE, nos seguintes termos: "atendidas as peculiaridades locais, o termo circunstanciado poderá ser lavrado pela Polícia Civil ou Militar".

Como é notório, não há a figura do Delegado de Polícia na carreira da Polícia Militar, razão pela qual o enunciado acima transcrito deixa clara a opção pela possibilidade de lavratura do termo circunstanciado da ocorrência por outros agentes públicos, que não o Delegado.

1.2. Prisão em flagrante

Se for levado à presença do Delegado de Polícia pessoa detida em flagrante, deve ele: a) encaminhá-la, imediatamente ao Juizado Especial, juntamente com o termo circunstanciado; b) tomar do autor do fato o compromisso de comparecimento ao Juizado. Se for adotada uma destas duas medidas não se imporá prisão em flagrante (não haverá lavratura do auto de prisão em flagrante).

No ensejo, cabe recordar que o flagrante é um procedimento, vale dizer, cum conjunto encadeado de atos, que se inicia com a prisão-captura e se encerra com a lavratura do auto de prisão em flagrante. Quando dizemos que na infração penal de menor potencial ofensivo não cabe flagrante, estamos, naturalmente, nos referindo à perfectibilização do flagrante, que ocorre com a lavratura do auto respectivo.

Assim, obviamente, constatando o agente de polícia a prática de uma infração penal de menor potencial ofensivo, nada obsta – ao revés, tudo aconselha – que encaminhe o autor do fato até a delegacia de polícia. Aliás, esta condução até a delegacia é, inclusive, imprescindível para que sejam observadas estas regras do art. 69 (encaminhamento do autor do fato ao Juizado ou assinatura do termo de compromisso de comparecimento).

De toda forma, da acurada leitura do art. 69, percebemos que é possível a prisão em flagrante na infração penal de menor potencial ofensivo, na excepcional hipótese de o autor do fato não ser encaminhado imediatamente ao Juizado e se negar a assumir o compromisso de comparecer. Se, porém, ao crime não se prevê a prisão, não haverá que se falar em flagrante. É o que ocorre com o caso do porte de drogas para consumo pessoal (art. 28, Lei nº 11.343/06). Para o usuário, não é possível qualquer tipo de prisão, nem mesmo a prisão em flagrante.

1.3. Violência doméstica

É necessário recordar que para os crimes previstos na Lei nº 11.340/06 (Lei Maria da Penha) não se aplica a Lei de Juizados. Por isso, sendo caso de violência doméstica e familiar contra a mulher, deve o Delegado lavrar o auto de prisão em flagrante, ainda que se trate de crime com pena máxima até dois anos.

Na sua parte final, o parágrafo único deste artigo enuncia a possibilidade de o magistrado adotar uma medida cautelar, consistente no afastamento do autor do fato do lar, domicílio ou local de convivência com a vítima. É imperioso diferenciar esta situação da legislação protetiva conhecida como Lei Maria da Penha.

A disposição da Lei de Juizados é mais abrangente, na medida em que se refere à violência doméstica, ao passo que a Lei Maria da Penha faz referência à violência doméstica e familiar contra a mulher. Não é possível, portanto, regra geral, a aplicação da Lei Maria da Penha para a tutela do homem, ainda que no âmbito da violência doméstica e familiar. Com isto, procuramos deixar claro que, ainda que ocorra a violência doméstica e familiar contra um homem, seria possível o afastamento do lar do autor do fato, a que se refere o dispositivo legal em comento.

E como compatibilizar este dispositivo com a Lei Maria da Penha, já que, em seu art. 41, afirma esta Lei que não se aplicam aos casos envolvendo violência doméstica e familiar contra a mulher a Lei nº 9.099/95? Seria possível esta medida de afastamento do lar para tais casos?

Bem, inicialmente, é bom que se diga que tal discussão tem mais relevância teórica do que prática, porquanto a Lei Maria da Penha municiou o julgador com uma série de medidas de urgência, que podem ser adotadas para a proteção da vítima e seus dependentes. Feita esta consideração, acreditamos que a última questão, acima, deve ser respondida afirmativamente.

Quando o art. 41 da Lei nº 11.340/06 proíbe a aplicação da Lei de Juizados Especiais aos casos envolvendo a violência doméstica e familiar contra a mulher, procura preservar a vítima, evitando que se apliquem ao criminoso as medidas despenalizadoras, muito mais brandas, contidas na Lei nº 9.099/95. Não há óbice a que se aplique uma medida de cunho meramente cautelar, como a presente, cujo objetivo é a proteção imediata da vítima com a finalidade de se evitar danos maiores, quiçá irreparáveis.

Por fim, sendo certo que a medida de que estamos tratando é de cunho cautelar, entendemos que o Juiz, para concedê-la, deve estar diante da presença do *fumus comissi delicti* (elementos de convicção que tragam plausibilidade no que toca à existência da infração penal) e do *periculum in mora* (perigo que representaria a demora no provimento jurisdicional, com a possível ocorrência de novos crimes contra a vítima). Aqui não se poderia fazer alusão ao *periculum libertatis*, como nas prisões cautelares, na medida em que não está em questão o direito de liberdade do autor do fato[10].

A exigência destes requisitos de cautelaridade se mostra imprescindível, para que a medida de afastamento do lar não se funde em alegações destituídas do mínimo de veracidade, que apenas objetivam transplantar, de forma equivocada, as lides do Direito de Família para o Direito Penal.

2. QUESTÕES DE CONCURSOS

1. **(CESPE/PC-GO/Nível Superior/2016)** Por ter praticado infração penal contra Lúcio, Ana foi presa em flagrante e conduzida à delegacia, onde se constatou que o tipo penal correspondente à infração praticada por Ana prevê pena máxima de dois anos e multa. Nessa situação hipotética, a autoridade policial deverá

a) exigir o pagamento da fiança, devido ao fato de o crime admitir pena de multa.

b) instaurar IP mediante a lavratura do auto de prisão em flagrante.

c) converter a prisão em flagrante em prisão preventiva, por não se tratar de crime de menor potencial ofensivo.

d) lavrar termo circunstanciado e encaminhá-lo ao juizado juntamente com a autora do fato e a vítima.

e) encaminhar imediatamente as partes ao juizado, para audiência de conciliação.

2. **(FAPEMS/PC-MS/Delegado de Polícia/2017 – adaptada)** Ao autor do fato que, após a lavratura do termo circunstanciado de ocorrência, for imediatamente encaminhado ao juizado ou assumir o compromisso de a ele comparecer, não se imporá prisão em flagrante, mas a autoridade policial poderá exigir-lhe fiança.

3. **(CESPE/DPF/Delegado de Polícia/2018)** Em fiscalização de rotina, policiais militares constataram que Rebeca conduzia em seu veículo dois papagaios capturados em floresta próxima, sem licença ou autorização de autoridade competente. Rebeca e os animais foram conduzidos à delegacia de polícia mais próxima. Nessa situação, o delegado deverá apreender os animais e, caso Rebeca se comprometa a comparecer, em dia e horário marcados, perante o juizado especial criminal, ele deverá lavrar termo circunstanciado da ocorrência e conceder liberdade a Rebeca, independentemente de fiança.

GAB	1	2	3
	D	E	C

10. Já Guilherme de Souza Nucci, sobre o tema, exige a presença do *fumus boni juris* (e não do *fumus comissi delicti*) *e do periculum in mora* (*ob. cit.*, p. 444-445).

Art. 70. Comparecendo o autor do fato e a vítima, e não sendo possível a realização imediata da audiência preliminar, será designada data próxima, da qual ambos sairão cientes.

1. COMENTÁRIOS

Este artigo traz uma regra complementar àquela contemplada no artigo anterior. No art. 69, consta a possibilidade de o Delegado de Polícia encaminhar o autor do fato, e o termo circunstanciado da ocorrência, imediatamente ao Juizado. O encaminhamento imediato é de baixíssima observância prática. A ideia do legislador era a de que o rito do Juizado fosse tão célere que, logo após a prática da infração de menor potencial ofensivo, o autor do fato seria conduzido à Delegacia e, de lá, encaminhado ao Juizado, onde já participaria da audiência preliminar e, se possível, já se beneficiaria de alguma medida despenalizadora.

Em suma, o legislador acreditava que a resposta penal fosse tão célere, que, por vezes, seria obtida no mesmo dia do fato. Sim, isto é possível. Na prática, como dito, não é comum. E isto se deve, sobretudo, à sobrecarga de processos que se vão se avolumando nos mais diversos Juizados Especiais espalhados pelo país, e, em especial, nas grandes cidades.

Ocorrendo o encaminhamento imediato ao Juizado e, lá chegando, for constatada a impossibilidade de realização da audiência preliminar naquele dia, deve-se recorrer à solução preconizada aqui no art. 70, com a designação de nova data para audiência, da qual todos já sairão cientes.

Art. 71. Na falta do comparecimento de qualquer dos envolvidos, a Secretaria providenciará sua intimação e, se for o caso, a do responsável civil, na forma dos arts. 67 e 68 desta Lei.

1. COMENTÁRIOS

Ainda é um desdobramento da determinação de encaminhamento do autor do fato ao Juizado, presente no art. 69, acima comentado. Este encaminhamento realizado pela autoridade policial não pressupõe condução coercitiva. Assim, o autor do fato não é escoltado pela força policial até o Juizado Especial. Por esta razão, é possível que alguma pessoa encaminhada não compareça, razão pela qual se justifica o disposto no presente artigo, devendo ser providenciadas as intimações mencionadas.

Art. 72. Na audiência preliminar, presente o representante do Ministério Público, o autor do fato e a vítima e, se possível, o responsável civil, acompanhados por seus advogados, o Juiz esclarecerá sobre a possibilidade da composição dos danos e da aceitação da proposta de aplicação imediata de pena não privativa de liberdade.

1. COMENTÁRIOS

No Juizado Especial Criminal, o primeiro momento é o da audiência preliminar. Conforme já salientamos (nos comentários ao art. 69, *supra*), a fase preliminar pode ser seccionada em dois momentos distintos: a) fase de delegacia; b) fase de audiência preliminar. Por outras palavras, neste momento, já se judicializou a questão, pois há a incumbência do Poder Judiciário na condução da audiência, mas ainda se trata de uma fase preliminar, pré-processual, na medida em que esta audiência ocorre em um momento que antecede a propositura da denúncia ou queixa-crime.

A audiência preliminar funciona como uma espécie de audiência para a tentativa de conciliação, e é nesta fase em que podem ocorrer dois institutos despenalizadores (composição civil dos danos e transação penal), reservando-se o último instituto (suspensão condicional do processo) para a audiência de instrução. Como o nome está a indicar, institutos despenalizadores objetivam a não aplicação de uma pena, consagrando, entre nós, um modelo de justiça penal consensual.

Na audiência preliminar, presente o representante do Ministério Público, o autor do fato e a vítima e, se possível, o responsável civil, acompanhados por seus advogados, o Juiz esclarecerá sobre a possibilidade da composição dos danos e da aceitação da proposta de aplicação imediata de pena não privativa de liberdade (transação penal). A composição civil é um acordo entre o autor do fato e a vítima, enquanto a transação ocorre por meio de um acordo entre o autor do fato e o Ministério Público (cf. comentários ao art. 76, *infra*).

Caso o autor do fato não compareça, o procedimento terá seu curso regular, com o provável oferecimento da denúncia ou queixa-crime. Com isto, deixamos claro que não há que se falar, em caso de ausência à audiência preliminar, em condução coercitiva do autor do fato. A sua presença, na audiência preliminar, é facultativa, e, caso opte por se ausentar, estará abdicando do benefício consistente no recebimento dos institutos despenalizadores.

Presentes as pessoas envolvidas, e obtida a conciliação (que será presidida pelo próprio magistrado ou por conciliador sob sua orientação), será reduzida a escrito e, homologada pelo Juiz mediante sentença irrecorrível. Esta sentença terá eficácia de título a ser executado no juízo civil competente. Tratando-se de ação penal de iniciativa privada ou de ação penal pública condicionada à representação, o acordo homologado acarreta a renúncia ao direito de queixa ou representação (com a consequente extinção da punibilidade do agente), respectivamente.

Não obtida a composição civil dos danos (ou sendo obtida na ação penal pública incondicionada, quando não haverá a extinção da punibilidade do agente) havendo representação ou tratando-se de crime de ação penal pública incondicionada, não sendo caso de arquivamento, o Ministério Público poderá propor a aplicação imediata de pena restritiva de direitos ou multas, a ser especificada na proposta (transação penal).

O dispositivo faz menção à presença do responsável civil. Como sabemos, a responsabilidade penal é personalíssima, pautada no princípio da intranscendência da pena, de acordo com o qual, a pena não poderá passar da pessoa do condenado. A responsabilização civil, todavia, é transferível, por isto é bem pertinente a alusão legislativa ao responsável civil.

Há a menção, ainda, à presença dos advogados. Naturalmente, é preciso compatibilizar esta exigência com a advertência contida no art. 68, no sentido de que a ausência dos causídicos ensejará a designação de defensor dativo, preferencialmente, defensor público (cf. comentários ao art. 68, *supra*).

Vale registrar que composição civil dos danos consiste em qualquer acordo entre o autor do fato e vítima, que observe os requisitos exigidos para a validade dos negócios jurídicos em geral. Dessa forma, não seria homologado pelo Juiz, obviamente, um acordo que estivesse eivado de ilegalidade. Mas quando dizemos que se trata de qualquer acordo – observados os limites legais – procuramos deixar claro que não há a necessidade de envolver prestação de cunho patrimonial. Não raras vezes, as composições são constituídas de retratações ou compromissos de não reiterar a conduta ilícita.

Art. 73. A conciliação será conduzida pelo Juiz ou por conciliador sob sua orientação.

Parágrafo único. Os conciliadores são auxiliares da Justiça, recrutados, na forma da lei local, preferentemente entre bacharéis em Direito, excluídos os que exerçam funções na administração da Justiça Criminal.

1. COMENTÁRIOS

A novidade trazida pelo dispositivo diz respeito à figura do conciliador, como condutor da tentativa de conciliação com repercussão em matéria penal. Não há sequer a necessidade de serem bacharéis em Direito, afinal de contas, para nossa legislação, não é necessário o conhecimento jurídico para a condução de uma conciliação. Os funcionários públicos que exercem funções na Justiça Criminal, contudo, foram excluídos da possibilidade de figurarem como conciliadores.

2. QUESTÕES DE CONCURSOS

1. **(FAPEMS/PC-MS/Delegado de Polícia/2017 – adaptada)** Os conciliadores são auxiliares da Justiça, recrutados entre bacharéis em Direito, excluídos os que exerçam funções na administração da Justiça Criminal.

GAB	1
	E

Art. 74. A composição dos danos civis será reduzida a escrito e, homologada pelo Juiz mediante sentença irrecorrível, terá eficácia de título a ser executado no juízo civil competente.

Parágrafo único. Tratando-se de ação penal de iniciativa privada ou de ação penal pública condicionada à representação, o acordo homologado acarreta a renúncia ao direito de queixa ou representação.

1. COMENTÁRIOS

Vale registrar que composição civil dos danos consiste em qualquer acordo entre o autor do fato e vítima, que observe os requisitos exigidos para a validade dos negócios jurídicos em geral. Dessa forma, não seria homologado pelo Juiz, obviamente, um acordo que estivesse eivado de ilegalidade. Mas quando dizemos que se trata de qualquer acordo – observados os limites legais – procuramos deixar claro que não há a necessidade de envolver prestação de cunho patrimonial. Não raras vezes, as composições são constituídas de retratações ou compromissos de não reiterar a conduta ilícita.

O art. 74 traz as consequências da composição civil em relação aos crimes de ação penal de iniciativa privada e de ação penal pública condicionada à representação. Devemos indagar: é possível a obtenção da composição civil dos danos em caso de crime de ação penal pública incondicionada?

A resposta deve ser afirmativa. A omissão do art. 74 em se referir aos crimes de ação penal pública incondicionada não significa que não seja possível a composição civil dos danos em crimes desta estirpe. O que ocorre é que, neste tipo de crime, a composição obtida não ensejará a extinção da punibilidade, produzindo efeitos, tão-somente, extrapenais. Os valores acordados na composição civil poderiam, portanto, ser descontados do valor de uma futura reparação civil proveniente de uma condenação penal.

E é bem razoável que a composição civil não acarrete a extinção da punibilidade do agente nos crimes de ação penal pública incondicionada. Veja que nos outros tipos de crime, o início da persecução criminal em juízo depende da manifestação de vontade do ofendido – por meio da propositura da queixa-crime, no crime de ação penal de iniciativa privada, e da formulação da representação, nos crimes de ação penal pública condicionada. Seria ilógico que o ofendido manifestasse aquiescência em relação a uma composição e, ainda assim, pretendesse o ajuizamento da ação penal.

No caso do crime de ação penal pública incondicionada, todavia, a manifestação de vontade da vítima é de todo indiferente à propositura da ação penal. Como se sabe, poderá o Ministério Público oferecer a denúncia, independentemente da atitude do ofendido. Por isto, a concordância da vítima em aceitar a composição não poder servir de obstáculo à atuação do MP.

2. SÚMULAS E JURISPRUDÊNCIA

✦ *SUPERIOR TRIBUNAL DE JUSTIÇA*

- **APLICABILIDADE DO PRINCÍPIO DA INDIVISIBILIDADE DA AÇÃO PENAL PRIVADA. Caso o querelante proponha, na própria queixa-crime, composição civil de danos para parte dos querelados, a peça acusatória deverá ser rejeitada em sua integralidade – isto é, em relação a todos os querelados.** Isso porque a composição pelos danos, sendo aceita e homologada judicialmente, implica a renúncia ao direito de queixa, nos termos do disposto no art. 74, parágrafo único, da Lei 9.099/1995, tratando-se a renúncia, expressa ou tácita (art. 104 do CP), de causa extintiva da punibilidade, sendo irretratável (art. 107, V, CP). Por força do princípio da indivisibilidade, a todos se estende a manifestação do intento de não processar parte dos envolvidos, de modo que a renúncia beneficia a todos eles. *STJ, AP 724-DF, Rel. Min. Og Fernandes, j. 20/8/2014. Corte Especial. (Info 547)*

3. QUESTÕES DE CONCURSOS

1. **(FGV/TJ-RJ/Analista Judiciário/2014 – adaptada)** Da decisão que homologa a composição de danos entre autor do fato e vítima caberá recurso de apelação

2. **(VUNESP/TJ-SP/escrevente Técnico Judiciário/2014)** A composição civil dos danos, de acordo com o art. 74 da Lei nº 9.099/95,

a) tem eficácia de título executivo, a ser executado no próprio Juizado Especial Criminal.

b) prescinde de forma escrita, em atenção à regra da oralidade.

c) impede a propositura da ação penal, inclusive a pública incondicionada.

d) é modalidade de resolução de conflito que pode ser homologada pelo Ministério Público.

e) é irrecorrível quando homologada por sentença.

3. **(FCC/DPE-PB/Defensor Público/2014 – adaptada)** Em caso de infração de menor potencial ofensivo, a composição dos danos civis será reduzida a escrito e, homologada pelo juiz mediante sentença irrecorrível, terá eficácia de título a ser executado no próprio Juizado Especial Criminal.

4. **(VUNESP/DPE-MS/Defensor Público/2014 – adaptada)** A composição civil dos danos, da Lei nº 9.099/95,

a) será admitida, apenas, nos crimes de ação privada.

b) será homologada pelo juiz mediante sentença irrecorrível.

c) se descumprida, dá ensejo à reabertura da instância penal.

d) não pode ser realizada quando se tratar de crime de ação pública incondicionada.

5. **(FCC/MPE-PE/Promotor de Justiça/2014)** No que toca à composição dos danos civis nos juizados especiais criminais, possível assegurar que

a) não implica decadência o não oferecimento da representação na audiência preliminar, se não obtido o acordo.

b) é incabível na ação penal pública incondicionada.

c) é cabível apenas na ação penal privada e, se operada, conduz à absolvição.

d) é cabível apenas na ação penal pública condicionada e, se operada, conduz à extinção da punibilidade pela renúncia ao direito de representação.

e) conduz à extinção da punibilidade pelo perdão aceito nos crimes de ação privada.

6. **(FCC/TJ-CE/Juiz de Direito/2014 – adaptada)** No que se refere ao juizado especial criminal, é incabível o acordo civil nos crimes de ação penal pública condicionada.

7. **(FCC/DPE-RS/Defensor Público/2014 – adaptada)** Tratando-se de ação penal privada ou condicionada à representação, a homologação do acordo sobre os danos civis não implica renúncia ao direito de queixa ou representação por parte do ofendido.

8. **(IESES/TJ-PA/Titular de Serviços de Notas e de Regis/2016)** Levando em conta as disposições da lei 9.099/95, no que diz respeito aos juizados especiais criminais, é correto afirmar:

a) Os embargos de declaração serão opostos por escrito ou oralmente, no prazo de 5 (cinco) dias, contados da ciência da decisão, e quando opostos contra sentença, interromperão o prazo para o recurso.

b) A composição dos danos civis será reduzida a escrito e, homologada pelo Juiz mediante sentença irrecorrível, terá eficácia de título a ser executado no juízo civil competente.

c) A suspensão condicional do processo será revogada se o acusado vier a ser processado, no curso do prazo, por contravenção, ou descumprir qualquer outra condição imposta.

d) A competência do juizado será determinada pelo lugar do resultado da infração penal.

GAB	1	2	3	4	5	6	7	8
	E	E	E	B	A	E	E	A

Art. 75. Não obtida a composição dos danos civis, será dada imediatamente ao ofendido a oportunidade de exercer o direito de representação verbal, que será reduzida a termo.

Parágrafo único. O não oferecimento da representação na audiência preliminar não implica decadência do direito, que poderá ser exercido no prazo previsto em lei.

1. COMENTÁRIOS

1.1. Representação

Representação consiste em qualquer manifestação inequívoca da vontade de deflagrar a persecução criminal em juízo. Não se exige rigor formal na formulação da representação, razão pela qual até mesmo a *notitia criminis*, prestada pelo ofendido perante a autoridade policial, já constitui válido exercício do direito de representar[11].

Em sede de Juizados, seguindo a linha da ausência de rigor formal na formulação da representação, o art. 75 da Lei nº 9.099/95 permite a formulação verbal da representação, que, obviamente, deve ser reduzido a termo. Isto ocorrerá na situação em que se tem um crime de ação penal pública incondicionada e não foi possível a obtenção da composição civil dos danos.

Muito embora o dispositivo legal não tenha se posicionado expressamente, é razoável compreender que será absolutamente possível a propositura da queixa-crime verbalmente, nas mesmas condições apresentadas no artigo que ora se comenta, desde que, naturalmente, esteja em questão um crime de ação penal de iniciativa privada.

1.2. Prazo para representação

Se o ofendido não formular a representação por ocasião da audiência preliminar, poderá fazê-lo posteriormente, desde que o faça dentro do prazo que lhe é assinalado em Lei. Este prazo é de 06 (seis) meses contados a partir do conhecimento da autoria, e está previsto no art. 38, CPP. O prazo possui natureza decadencial e, portanto, não está sujeito à suspensão, interrupção ou prorrogação. Expirado o prazo decadencial para a representação, ocorrerá a extinção da punibilidade do autor do fato, consoante os termos do art. 107, IV, CP.

O prazo decadencial é de direito material e, destarte, regido pelas regras dos arts. 10 e 11 do Código Penal. Será necessário, então, incluir o dia de início na contagem, excluindo o último dia; ademais, devem ser desconsideradas as frações de dia, de modo que não importa em que horário se iniciou o marco inicial, o que conta é o dia.

Na prática, pode ocorrer de a audiência preliminar ser designada em data que ultrapasse os seis meses de prazo decadencial. Sendo certo que o prazo decadencial, como mencionamos, não se suspende, não se interrompe e não se prorroga, é necessário que o ofendido se antecipe e formule a representação em momento anterior à data da audiência, sob pena de ocorrência da decadência.

Art. 76. Havendo representação ou tratando-se de crime de ação penal pública incondicionada, não sendo caso de arquivamento, o Ministério Público poderá propor a aplicação imediata de pena restritiva de direitos ou multas, a ser especificada na proposta.

§ 1º Nas hipóteses de ser a pena de multa a única aplicável, o Juiz poderá reduzi-la até a metade.

§ 2º Não se admitirá a proposta se ficar comprovado:

I – ter sido o autor da infração condenado, pela prática de crime, à pena privativa de liberdade, por sentença definitiva;

II – ter sido o agente beneficiado anteriormente, no prazo de cinco anos, pela aplicação de pena restritiva ou multa, nos termos deste artigo;

III – não indicarem os antecedentes, a conduta social e a personalidade do agente, bem como os motivos e as circunstâncias, ser necessária e suficiente a adoção da medida.

11. STJ, HC 130.000/SP, Rel. Min. Laurita Vaz, j. 13/08/2009.

§ 3º Aceita a proposta pelo autor da infração e seu defensor, será submetida à apreciação do Juiz.

§ 4º Acolhendo a proposta do Ministério Público aceita pelo autor da infração, o Juiz aplicará a pena restritiva de direitos ou multa, que não importará em reincidência, sendo registrada apenas para impedir novamente o mesmo benefício no prazo de cinco anos.

§ 5º Da sentença prevista no parágrafo anterior caberá a apelação referida no art. 82 desta Lei.

§ 6º A imposição da sanção de que trata o § 4º deste artigo não constará de certidão de antecedentes criminais, salvo para os fins previstos no mesmo dispositivo, e não terá efeitos civis, cabendo aos interessados propor ação cabível no juízo cível.

1. COMENTÁRIOS

1.1. Transação penal

Nos comentários ao art. 72 (*supra*), vimos que a composição civil dos danos consiste em uma modalidade de acordo celebrado entre o autor do fato e a vítima. Pois a transação penal é uma modalidade de acordo celebrado entre o Ministério Público e o autor do fato.

O instituto da transação penal foi trazido ao Brasil com a Lei nº 9.099/95, no bojo da construção de institutos despenalizadores, que delineiam no país um modelo de Justiça Penal consensual. Há, não se pode negar, influência, ainda que tímida, do sistema de barganhas (*plea bargaining*), muito em voga nos Estados Unidos da América, por exemplo.

No Brasil, a ação penal pública é orientada pelo princípio da obrigatoriedade, de acordo com o qual, o Ministério Público está obrigado a oferecer denúncia quando estiverem presentes a prova da materialidade e os indícios de autoria (ou participação) delitiva. Em se tratando de infração penal de menor potencial ofensivo, a transação penal irá flexibilizar este princípio, pois o MP, diante deste suporte probatório, deverá formular a proposta de transação (conquanto presentes os requisitos exigidos pelo art. 76, naturalmente), e não oferecer a denúncia.

Daí porque a nossa doutrina salienta que a transação penal consagra entre nós o princípio da discricionariedade regrada, ou, ainda, princípio da obrigatoriedade mitigada.

Convencionou-se empregar a expressão discricionariedade regrada como forma de destacar que a atuação do MP conhece limites estabelecidos na Lei. Não seria, portanto, uma discricionariedade ilimitada. Com a devida vênia, parece-nos que a expressão "discricionariedade regrada" é redundante, na medida em que toda discricionariedade contém uma zona de atuação do agente público, mas conhece limites contemplados em Lei, falar-se em discricionariedade ilimitada, isto sim, é um equívoco, pois seria arbitrariedade, e não discricionariedade.

1.2. Transação penal nos crimes de ação penal privada

A Lei previu, tão-somente, a possibilidade de transação para os crimes de ação penal pública incondicionada ou condicionada à representação, quando esta já se fizer presente. Nada obsta que se faça a transação penal em crimes de ação penal pública condicionada à requisição do Ministro da Justiça, desde que, obviamente, os demais requisitos exigidos pela Lei sejam satisfeitos.

Quanto aos crimes de ação penal de iniciativa privada, o tema é mais polêmico.

A restrição legislativa aos crimes de ação penal de iniciativa do Ministério Público ocorreu por força da resistência em se admitir que o ofendido pudesse abdicar da sanção penal. Reforçou esta ideia, a concepção, até então prevalente, de que o interesse do ofendido na ação penal é de cunho meramente patrimonial, isto é, não teria o ofendido interesse legítimo na sanção penal propriamente dita, mas sim no título executivo para a esfera cível, proveniente da sentença condenatória que, como se sabe, torna certa a obrigação de indenizar o dano causado pelo crime (art. 91, I, CP).

Esta visão da vítima, porém, tem sofrido uma série de mudanças, mormente em face dos mais novos estudos em torno da vitimologia. Por esta razão, considerável parcela da doutrina tem sustentado a possibilidade de se aplicar a transação penal aos crimes de ação penal privado, permitindo-se ao réu formular a proposta de aplicação imediata das penas a que se referem o art. 76. Consoante abalizada doutrina: "é possível ao juiz aplicar por analogia o disposto na primeira parte do art. 76, para que também incida nos casos de queixa, valendo lembrar que se trata de norma prevalentemente penal e mais benéfica"[12].

Caso se admita a possibilidade de transação em crime de ação penal de iniciativa privada, caberá ao próprio ofendido, ou seu representante legal, formular a proposta de transação. Neste caso, o Ministério Público, na condição de *custos legis*, poderá (e deverá) opinar sobre os termos da proposta, mas não formulá-la. No âmbito do STJ, todavia, já se entendeu que, muito embora sejam possíveis a transação penal e a suspensão condicional do processo nos crimes de ação penal de iniciativa privada, as propostas dos institutos devem ser formuladas pelo Ministério Público, e não pelo ofendido[13]. Nesse sentido, o Enunciado nº 112, do Fórum Nacional dos Juízes Estaduais[14]. No STJ, o entendimento prevalente é o que que, na ação penal privada que comporte transação penal e suspensão condicional do processo, caberá ao ofendido a respectiva proposta[15].

1.2.1. Requisitos

a) Infração penal de menor potencial ofensivo: o primeiro requisito para a obtenção da transação penal diz respeito ao fato de se tratar de infração penal de menor potencial ofensivo (contravenções penais ou crimes com pena máxima até dois anos). Vale reiterar o que dissemos nos comentários ao art. 60 desta Lei, no sentido de que "ainda que a infração penal de menor potencial ofensivo se processe fora do Juizado Especial Criminal, sob outro

12. GRINOVER, Ana Pellegrini; GOMES FILHO, Antônio Magalhães; FERNANDES, Antônio Scarance; GOMES, Luiz Flávio. *Juizados especiais criminais: comentários à Lei nº 9.099, de 26.09.1995*. São Paulo: RT, 1996, p. 123.

13. STJ, RHC 8.123/AP, Rel. Min. Fernando Gonçalves, j. 16/04/1999.

14. FONAJE – Enunciado nº 112 – "Na ação penal de iniciativa privada, cabem transação penal e a suspensão condicional do processo, mediante proposta do Ministério Público".

15. Nesse sentido, afirmou a Sexta Turma que, "embora admitida a possibilidade de transação penal em ação penal privada, este não é um direito subjetivo do querelado, competindo ao querelante a sua propositura" (STJ – Sexta Turma – AgRg no REsp 1356229/PR – Rel. Ministra Alderita Ramos de Oliveira (Des. Conv.) – DJe 26/03/2013). A Quinta Turma, de sua vez, não discrepa no ponto: "havendo manifestação contrária do querelante, em ação penal privada, de que não tem interesse na aplicação de qualquer instituto penal despenalizador, não são aplicáveis os institutos da transação penal e do *sursis* processual" (STJ – Quinta Turma – REsp 1374213/MG – Rel. Ministro Campos Marques (Des. Conv.) – DJe 19/08/2013).

procedimento – que não o sumaríssimo – os institutos despenalizadores da composição civil dos danos e da transação penal devem ser observados". Cabe reiterar, ainda, que os casos de crimes envolvendo violência doméstica e familiar contra a mulher não estão sujeitos às regras dos Juizados, não havendo que se falar em transação penal.

b) Não ter sido o autor da infração condenado pela prática de crime, à pena privativa de liberdade, por sentença definitiva: interpretando o dispositivo *a contrario sensu*, fácil concluir que não obsta a transação penal o fato de ter havido condenação, por crime, a pena distinta da privativa de liberdade (restritiva de direitos ou multa); de igual sorte, não há que se falar em óbice à transação penal quando houver condenação por contravenção penal, independentemente da natureza da pena.

c) Não ter sido o agente beneficiado anteriormente, no prazo de cinco anos, pela aplicação da pena restritiva ou multa, nos termos deste artigo: a aceitação da proposta não pressupõe condenação penal, razão pela qual não há que se falar em reincidência ou antecedentes criminais para o autor do fato que se beneficia da transação penal. Mas ele ficará impossibilitado de se beneficiar novamente por um lapso de tempo de cinco anos.

d) Não indicarem os antecedentes, a conduta social e a personalidade do agente, bem como os motivos e as circunstâncias, ser necessária e suficiente a adoção da medida: o dispositivo é uma alusão a algumas das circunstâncias judiciais, enumeradas no art. 59, CP.

Cabe destacar que o Ministério Público apenas oferecerá a proposta de transação se restar provada a materialidade e estiverem presentes os indícios de autoria (ou participação) delitiva. Ademais, não deve estar presente nenhuma outra causa que pudesse ensejar o pedido de arquivamento do termo circunstanciado (excludente de ilicitude, de culpabilidade, causa de extinção da punibilidade, etc.), pois, neste caso, caberia ao MP requerer o arquivamento, e não formular proposta de transação.

Em resumo, o que se está dizendo é que, se a transação penal é um instrumento para evitar o ajuizamento da ação penal (flexibilizando, inclusive, o princípio da obrigatoriedade da ação penal pública), não há qualquer razão para que se formule a proposta de transação quando não havia viabilidade na ação penal. Em casos que tais, se houver a formulação e aceitação da proposta, não deve o julgador homologá-la.

Por fim, cabe fazer menção ao fato de que, na Lei de Crimes Ambientais (Lei nº 9.605/98), em seu art. 27, aponta como requisito adicional para a proposta de transação a prévia composição do dano ambiental, salvo em caso de comprovada impossibilidade de fazê-lo.

1.2.2. Proposta e homologação de transação

Cabe ao Ministério Público a proposta de transação penal. Em se tratando de ação penal privada, como visto, admite-se, também a transação penal, havendo controvérsia em torno da legitimidade para a sua propositura. Tem prevalecido o entendimento no sentido de que, em casos que tais, a proposta de transação penal caberá ao ofendido, e não ao Ministério Público.

Também não é possível vislumbrar a possibilidade de transação penal formulada pelo assistente de acusação. Devemos recordar que o assistente de acusação, nada mais é do que o ofendido que pode se habilitar como assistente do Ministério Público nos crimes de ação penal de iniciativa pública. Contudo, esta habilitação só existe a partir do início da ação penal. Como a transação ocorre em um momento anterior, não há, ainda, assistente, razão pela qual não se poderia imaginar uma proposta dessa natureza formulada, senão pelo MP.

De toda, sorte, certo é que não cabe ao Juiz, substituir-se ao membro do *Parquet* no oferecimento da proposta de transação penal. Se o magistrado entende que estão presentes os requisitos que autorizam a transação penal, mas o MP não oferece a proposta, cabe-lhe, tão-somente, invocar, por analogia, o art. 28 do CPP, encaminhando os autos ao Procurador-Geral de Justiça (e, no caso da esfera federal, à Câmara de Coordenação e Revisão Criminal do Ministério Público Federal). Muito embora a súmula nº 696/STF trate do instituto da suspensão condicional do processo (e não da transação), é plenamente pertinente à hipótese.

> ***Súmula nº 696/STF***: "Reunidos os pressupostos legais permissivos da suspensão condicional do processo, mas se recusando o Promotor de Justiça a propô-la, o Juiz, dissentindo, remeterá a questão ao Procurador-Geral, aplicando-se por analogia o art. 28 do Código de Processo Penal".

A proposta de transação poderá ser formulada oralmente ou por escrito. A proposta deve ser minuciosa em relação às penas que apresenta. A aceitação deve se dar por parte do autor do fato e o seu defensor (art. 76, § 3º). Se estiver desacompanhado de advogado, deve o Juiz designar defensor dativo, sob pena de nulidade. Ocorrendo conflito em relação à opinião do autor da infração e seu defensor, tem-se entendido que deve prevalecer a vontade daquele[16].

Uma vez aceita a proposta, caberá ao Juiz a homologação. Esta somente ocorrerá se o magistrado estiver convencido de sua legalidade, e, para tanto, levará em conta não apenas o preenchimento dos requisitos que autorizam a transação, mas também os limites das próprias penas que são propostas. Percebendo que não estão presentes todos os requisitos para a obtenção da transação penal, ou que a proposta de pena destoa dos limites estabelecidos em lei, não lhe restará outra alternativa, senão negar a homologação da pretendida.

A transação penal não constitui condenação, consagrando a ideia de justiça penal consensual. Por esta razão, a obtenção da transação não pode ser levada em consideração para gerar efeitos de reincidência ou antecedentes criminais. De igual sorte, não haverá repercussão na esfera extrapenal. A única restrição advinda da transação diz respeito à impossibilidade de percepção de novo benefício dessa natureza por um prazo de cinco anos.

A proposta pode consistir em uma pena restritiva de direitos ou multa. São penas restritivas de direitos previstas no Código Penal: a) prestação pecuniária; b) perda de bens e valores; c) prestação de serviços à comunidade ou entidade pública; d) interdição temporária de direitos; e) limitação de fim de semana. Nas hipóteses de ser a pena de multa a única aplicável, o Juiz poderá reduzi-la até a metade (art. 76, § 1º).

---

16. Este entendimento é largamente majoritário em doutrina. Neste sentido, LIMA, Renato Brasileiro de. *Ob. cit.*, p. 226. Em sentido contrário, defendendo a ideia de que o conflito de vontades obsta a aceitação da transação, MORAES, Alexandre de; SMANIO, Gianpaolo Poggio. *Legislação penal especial*. 10. Ed. São Paulo: Atlas, 2008, p. 261.

Alguns Juízes, pretendendo evitar o descumprimento da transação penal, reservam-se para homologar a proposta aceita após o seu cumprimento. Neste ponto, invocamos as lições de Guilherme Nucci, para quem "sem homologação, não há título algum a exigir o cumprimento da penalidade. Logo, é abuso sanável por *habeas corpus*"[17].

1.3. Descumprimento

Uma vez aceita a proposta, deve o autor da infração cumprir a(s) pena(s) de que trata a transação. Havendo o cumprimento, ocorrerá a extinção da punibilidade, sem que tenha havido ação penal. Em se tratando de descumprimento da medida, precisamos analisar três situações distintas: a) descumprimento da pena de multa; b) descumprimento justificado da pena restritiva de direitos; c) descumprimento injustificado da pena restritiva de direitos.

Ocorrendo o descumprimento da pena de multa, será ela convertida em dívida de valor do poder público, nos termos do art. 51, CP. E isto porque o disposto no art. 85 da presente Lei ("Não efetuado o pagamento de multa, será feita a conversão em pena privativa da liberdade, ou restritiva de direitos, nos termos previstos em lei") foi tacitamente revogado pela Lei nº 9.268/96[18].

De outro lado, pode haver o descumprimento justificado da pena restritiva de direitos. Basta imaginar a hipótese em que o autor da infração não comparece para prestar serviços à comunidade por ter se acidentado e estar com a condição física debilitada. Em casos como este, é razoável que ele não sofra consequências de maior monta, cabendo, sendo o caso, a dilação do prazo para o cumprimento da pena.

A controvérsia surge quando se indaga acerca das consequências do descumprimento injustificado, por parte do autor da infração. Há três correntes doutrinárias sobre o tema:

a) A pena restritiva de direitos deveria ser convertida em pena privativa de liberdade. Esta tese jamais encontrou ressonância de relevo, seja em doutrina, seja em jurisprudência. E isto porque não se pode admitir que haja a imposição de uma pena privativa de liberdade sem que tenha havido uma condenação penal, após regular exercício do contraditório, com amplo direito de defesa. Não seria possível novo processo penal, devendo a questão ser resolvida na esfera cível, e a sentença homologatória da transação penal seria título executivo para tanto.

b) Tendo havido o descumprimento injustificado, caberá ao Ministério Público o oferecimento da denúncia, pouco importando se houve ou não a homologação da transação.

A terceira corrente de pensamento prevaleceu em doutrina e, sobretudo, em nossa jurisprudência. Neste sentido, a súmula vinculante nº 35, aprovada no dia 16/10/2014.

> ***Súmula vinculante nº 35***: "A homologação da transação penal prevista no artigo 76 da Lei 9.099/95 não faz coisa julgada material e, descumpridas suas cláusulas, retoma-se a situação anterior, possibilitando ao Ministério Público a continuidade da persecução penal mediante o oferecimento de denúncia ou requisição de inquérito policial".

---

17. *Ob. cit.*, p. 455.

18. Remetemos o(a) leitor(a) aos comentários ao art. 85, *infra*.

Incompreensíveis as razões pelas quais a súmula vinculante faz menção a inquérito policial. Ora, se o verbete sumular está tratando de transação, adstringe-se às infrações penais de menor potencial ofensivo, e, nestas, como sabemos, o inquérito policial é substituído pelo termo circunstanciado da ocorrência. De toda sorte, o ponto nevrálgico da súmula vinculante é, justamente, tornar claro que o descumprimento da pena aceita na transação penal faz com que o Ministério Público reassuma sua posição inicial e, na condição de titular da ação penal pública, ofereça a denúncia em desfavor do autor da infração penal.

É necessário chamar a atenção para o fato de que a transação penal não constitui causa suspensiva ou interruptiva do prazo prescricional. Deste modo, aceita a proposta e descumprindo o autor do fato injustificadamente o que foi acordado, caberá ao MP o oferecimento da denúncia, sim, mas desde que, obviamente, não esteja a pretensão punitiva fulminada pelo prazo prescricional. Recebida a denúncia, estaremos diante de uma causa interruptiva (art. 117, I, CP).

1.4. Recurso

A sentença homologatória da transação penal desafia o recurso de apelação que, em sede de Juizados Especiais Criminais, terá o prazo de dez dias, devendo o recurso já ser interposto com as razões respectivas. Este recurso será dirigido à Turma Recursal, órgão colegiado constituído por três Juízes de primeiro grau.

Não há previsão para recurso contra decisão que recusa a homologação do acordo. Diante da ausência de previsão legal, caberá a impetração de *habeas corpus* por parte do autor da infração, ante a manifesta ameaça, ainda que indireta, à liberdade de ir e vir. Caso o interessado em impugnar a decisão judicial seja o órgão ministerial, deverá valer-se do mandado de segurança[19].

2. SÚMULAS E JURISPRUDÊNCIA

- **Súmula vinculante nº 35:** A homologação da transação penal prevista no artigo 76 da Lei 9.099/95 não faz coisa julgada material e, descumpridas suas cláusulas, retoma-se a situação anterior, possibilitando ao Ministério Público a continuidade da persecução penal mediante o oferecimento de denúncia ou requisição de inquérito policial.

- **Súmula 696, STF:** Reunidos os pressupostos legais permissivos da suspensão condicional do processo, mas se recusando o Promotor de Justiça a propô-la, o Juiz, dissentindo, remeterá a questão ao Procurador-Geral, aplicando-se por analogia o art. 28 do Código de Processo Penal.

✦ *SUPERIOR TRIBUNAL DE JUSTIÇA*

- **TRANSAÇÃO PENAL. DESCUMPRIMENTO. PROPOSITURA. AÇÃO PENAL.** A Turma, prosseguindo o julgamento, por maioria, reconheceu ser possível a propositura de ação penal quando descumpridas as condições impostas em transação penal (art. 76 da Lei nº 9.099/1995). Destacou-se que o Supremo Tribunal Federal reconheceu a repercussão geral do tema, firmando o posicionamento de que não fere os preceitos constitucionais a propositura de ação penal em decorrência do não cumprimento

19. Neste sentido, NUCCI, Guilherme de Souza. *Ob. cit.*, p. 458-459. Em sentido contrário, entendendo ser o caso de recurso de apelação, por força da aplicação analógica do art. 593, II, CPP, LIMA, Renato Brasileiro de. *Ob. cit.*, p. 233.

das condições estabelecidas em transação penal, uma vez que a decisão homologatória do acordo não faz coisa julgada material. Dessa forma, diante do descumprimento das cláusulas estabelecidas na transação penal, retorna-se ao status quo ante, viabilizando-se, assim, ao Parquet a continuidade da persecução penal. *STJ, HC 217.659-MS, Rel. originária Min. Maria Thereza de Assis Moura, Rel. para acórdão Min. Og Fernandes, j. 1º/3/2012. 6ª T. (Info 492)*

3. QUESTÕES DE CONCURSOS

1. **(FCC/TRE-RR/Analista Judiciário/2015 – adaptada)** Da sentença que homologa a transação penal, com acolhimento da proposta do Ministério Público aceita pelo autor da infração, ensejando a aplicação da pena restritiva de direitos ou multa, não caberá qualquer recurso.

2. **(FGV/TJ-RJ/Analista Judiciário/2014)** Parte da doutrina afirma que a transação penal mitigou o princípio da obrigatoriedade da ação penal pública. Sobre este instituto previsto na Lei nº 9.099/95, é correto afirmar que:

a) não há vedação expressa à concessão do benefício ao autor condenado anteriormente exclusivamente à pena de multa;

b) será aplicada diretamente pelo magistrado, independentemente de proposta prévia do Ministério Público;

c) não poderá ser oferecido se o agente houver sido beneficiado por outra transação penal nos 07 (sete) anos anteriores;

d) será irrecorrível a sentença do magistrado que aplica a transação penal aceita pelo autor do fato;

e) não gerará reincidência nem maus antecedentes, em que pese produza efeitos civis.

3. **(FCC/DPE-CE/Defensor Público/2014 – adaptada)** Reunidos os pressupostos legais permissivos da suspensão condicional do processo, mas se recusando o Promotor de Justiça a propô-la, o Juiz, dissentindo, poderá propô-la de ofício.

5. **(FCC/DPE-PB/Defensor Público/2014 – adaptada)** Não se admitirá proposta de suspensão condicional do processo se ficar comprovado ter sido o agente beneficiado anteriormente, no prazo de 5 (cinco) anos, por outra suspensão condicional do processo.

6. **(FCC/DPE-PB/Defensor Público/2014 – adaptada)** Aceita a transação penal, caberá apelação da decisão judicial que aplicar a pena restritiva de direitos ou multa.

7. **(VUNESP/DPE-MS/Defensor Público/2014 – adaptada)** A composição civil dos danos, da Lei nº 9.099/95,

a) será admitida, apenas, nos crimes de ação privada.

b) será homologada pelo juiz mediante sentença irrecorrível.

c) se descumprida, dá ensejo à reabertura da instância penal.

d) não pode ser realizada quando se tratar de crime de ação pública incondicionada.

8. **(FCC/TJ-CE/Juiz de Direito/2014 – adaptada)** No que se refere ao juizado especial criminal, é cabível a transação penal apenas nos crimes de ação penal pública incondicionada.

9. **(FCC/TJ-CE/Juiz de Direito/2014 – adaptada)** No que se refere ao juizado especial criminal, não se admite a transação penal se comprovado que o autor da infração já foi condenado, pela prática de contravenção penal, à pena privativa de liberdade, por sentença definitiva.

10. **(CESPE/DPE-PE/Defensor Público/2017 – adaptada)** De acordo com o STJ, no caso de ação penal privada, são aplicáveis os benefícios da transação penal e da suspensão condicional do processo.

11. (FAPEMS/PC-MS/Delegado de Polícia/2017 – adaptada) Nos crimes de ação penal pública incondicionada, não sendo caso de arquivamento, o Ministério Público deverá propor a aplicação imediata de pena restritiva de direitos ou multa, a ser especificada na proposta de transação penal.

11. (CESPE/PC-SE/Delegado de Polícia Civil/2018) A homologação de transação penal faz coisa julgada material e, dessa forma, mesmo que cláusulas acordadas sejam descumpridas, inviabiliza a ocorrência de posterior requisição de inquérito policial.

12. (CESPE/PC-SE/Delegado de Polícia/2018) A análise negativa das circunstâncias da prática do delito praticado poderia impedir o oferecimento do benefício da transação penal, ainda que preenchidos os requisitos objetivos para a sua concessão.

13. (FGV/AL-RO/Advogado/2018) Antônio, funcionário público, está sendo investigado pela suposta prática do crime de prevaricação ocorrido em abril de 2018 (*Art. 319 do CP. Pena: 3 meses a 1 ano de detenção e multa*). Recebido o procedimento em agosto de 2018, o Ministério Público verifica que na Folha de Antecedentes Criminais de Antônio consta uma anotação, por fatos datados de 2014, referente ao crime de ameaça, tendo o funcionário se beneficiado de transação penal naquela ocasião, sendo devidamente cumpridas as medidas restritivas de direitos aplicadas, e extinta a punibilidade.

Considerando as informações narradas, o advogado de Antônio deverá esclarecer que, sob o ponto de vista técnico,

a) não poderá ser oferecido o benefício da transação penal, pois, em razão do benefício, Antônio não mais é considerado tecnicamente primário;

b) não poderá ser oferecido o benefício da transação penal em razão do benefício anteriormente oferecido e aceito;

c) não poderá ser oferecido o benefício da transação penal, que não é admitido aos crimes próprios praticados por funcionário público;

d) poderá ser oferecido o benefício da transação penal, já que o agente é tecnicamente primário, e, descumpridas as condições, poderão as mesmas ser executados, mas não é possível oferecimento de denúncia.

e) poderá ser oferecido o benefício da transação penal, já que o agente é tecnicamente primário, mas, descumpridas as condições, é possível oferecimento de denúncia.

14. (FCC/DPE-RS/Defensor Público/2018 – adaptada) A aceitação, pelo acusado, da proposta de transação penal formulada pelo Ministério Público não é causa suspensiva ou interruptiva da fluência da prescrição.

15. (TRF3/Juiz Federal/2018 – adaptada) Se o órgão do Ministério Público, na ação penal pública incondicionada, não oferecer proposta de transação penal, o juiz poderá fazê-lo, propondo ao autor do fato a imediata aplicação de multa ou pena restritiva de direitos.

16. (CESPE/DPE-PE/Defensor Público/2018 – adaptada) De acordo com o STJ, no caso de ação penal privada, são aplicáveis os benefícios da transação penal e da suspensão condicional do processo.

GAB	1	2	3	4	5	6	7	8	9	10	11	12	13	14	15	16
	E	A	E	E	C	B	E	E	C	E	E	C	B	C	E	C

▸SEÇÃO III – DO PROCEDIMENTO SUMARIÍSSIMO

Art. 77. Na ação penal de iniciativa pública, quando não houver aplicação de pena, pela ausência do autor do fato, ou pela não ocorrência da hipótese prevista no art. 76 desta Lei, o Ministério Público oferecerá ao Juiz, de imediato, denúncia oral, se não houver necessidade de diligências imprescindíveis.

§ 1º Para o oferecimento da denúncia, que será elaborada com base no termo de ocorrência referido no art. 69 desta Lei, com dispensa do inquérito policial, prescindir-se-á do exame do corpo de delito quando a materialidade do crime estiver aferida por boletim médico ou prova equivalente.

§ 2º Se a complexidade ou circunstâncias do caso não permitirem a formulação da denúncia, o Ministério Público poderá requerer ao Juiz o encaminhamento das peças existentes, na forma do parágrafo único do art. 66 desta Lei.

§ 3º Na ação penal de iniciativa do ofendido poderá ser oferecida queixa oral, cabendo ao Juiz verificar se a complexidade e as circunstâncias do caso determinam a adoção das providências previstas no parágrafo único do art. 66 desta Lei.

1. COMENTÁRIOS

1.1. Procedimento sumaríssimo

Inicialmente, cabe-nos diferenciar processo e procedimento. Processo é a relação jurídica animada por um procedimento em contraditório. O processo, então, pressupõe três elementos: relação jurídica, procedimento e contraditório. Concluímos, então, que o procedimento é, apenas, um dos elementos do processo, com ele não se confundindo. Procedimento consiste na mera sucessão encadeada de atos processuais.

A despeito desta distinção, o Código de Processo Penal, por vezes, confunde os dois institutos. Assim, o CPP faz menção, no Título I do Livro II, ao processo comum, quando deveria fazer menção ao procedimento comum. Há referência, ainda, a "processos de competência do Supremo Tribunal Federal e dos Tribunais de apelação" (terminologia antiga para designar o que hoje seriam os Tribunais de Justiça e Tribunais Regionais Federais), quando o correto seria procedimento.

O procedimento pode ser dividido em comum e especial.

a) Procedimento comum: divide-se em ordinário, sumário e sumaríssimo.

Procedimento comum ordinário tem por objeto crime cuja sanção máxima cominada for igual ou superior a 4 (quatro) anos de pena privativa de liberdade. Procedimento comum sumário tem por objeto crime cuja sanção máxima cominada seja inferior a 4 (quatro) anos de pena privativa de liberdade. E o procedimento comum sumaríssimo é aplicável para as infrações penais de menor potencial ofensivo. Trata-se do procedimento dos Juizados Especiais Criminais.

A infração penal de menor potencial ofensivo foi definida pela Lei nº 9.099/95 (Lei dos Juizados Especiais) e abrange todas as contravenções penais e os crimes com pena máxima até 2 (dois) anos de privação de liberdade. Na esfera federal, os Juizados Especiais estão previstos na Lei nº 10.259/01. Importante lembrar que a Justiça Federal não julga contravenções penais, razão pela qual o rito sumaríssimo adstringe-se aos casos de crimes com pena até dois anos.

Como já mencionamos, nem toda infração penal de menor potencial ofensivo se submete ao rito dos Juizados. A própria Lei nº 9.099/95 exclui do seu âmbito de incidência as causas complexas e os casos em que se faz necessário a citação por edital. Além disto, há outras exceções previstas em lei. Desta forma, a Lei nº 11.340 (Lei Maria da Penha) exclui, em seu art. 41, a aplicação da Lei dos Juizados Especiais para os crimes que envolvam violência doméstica e familiar contra a mulher.

Procedimentos especiais: são aqueles que não se amoldam a nenhum dos procedimentos comuns previstos. Podem estar previstos no próprio CPP (exemplos: procedimentos nos crimes contra a honra, nos crimes praticados por funcionário público, Tribunal do Júri, etc.) ou na legislação especial (exemplos: Lei nº 11.343/06 – drogas –, Lei nº 8.038/90 – processo nos Tribunais –, etc.).

Em qualquer procedimento, podemos vislumbrar a existência de três fases distintas:

a) Fase postulatória: caracterizada pelo oferecimento da peça acusatória e pela apresentação da defesa.

b) Fase instrutória: constituída da fase probatória e das alegações finais.

c) Fase decisória: após a apresentação das alegações finais, o magistrado já poderá decidir o feito.

1.2. Atuação do Ministério Público

Não obtida a extinção da punibilidade por intermédio um dos institutos despenalizadores possíveis na audiência preliminar – composição civil dos danos ou transação penal – caberá ao Ministério Público, em se tratando de ação penal pública, o oferecimento da denúncia, que deverá ser feita oralmente. Uma vez mais, a Lei nº 9.099/95 objetiva prestar um tributo ao princípio da oralidade.

Conforme o *caput* do art. 77, o MP deverá oferecer a denúncia oral "se não houver necessidade de diligências imprescindíveis". A rigor, o MP terá, no procedimento sumaríssimo como nos demais, as seguintes alternativas:

a) Oferecimento da denúncia: obviamente, esta alternativa será utilizada pelo MP quando estiverem presentes a prova da materialidade e os indícios relevantes de autoria ou participação em infração penal de menor potencial ofensivo. O art. 77, sob exame, prevê a denúncia oferecido oralmente, ainda na audiência preliminar. Não havendo a denúncia nesse momento, nada obsta que o MP venha a oferecê-la posteriormente, desde que não tenha havido a prescrição do crime.

b) Requisitar diligências: Deve o MP requisitar diligências à autoridade policial, quando estas se mostrarem imprescindíveis ao oferecimento da denúncia. Por óbvio, faz necessária a observância do quanto disposto no § 1º do art. 77, no sentido de que "prescindir-se-á do exame do corpo de delito quando a materialidade do crime estiver aferida por boletim médico ou prova equivalente". Isto não obsta, todavia, que, em determinadas situações, surja a necessidade de outras diligências, que deverão ser requisitadas.

c) Requerer arquivamento: O MP deverá requerer o arquivamento do termo circunstanciado da ocorrência ou das peças de informação que o substituem quando estiver convencido de que não se trata de hipótese em que se viabilize a ação penal. Isto pode ocorrer, por exemplo, quando se convence da atipicidade da conduta, da existência de uma excludente de ilicitude, de culpabilidade, causa de extinção de punibilidade, ausência de comprovação da materialidade ou da ação, etc.

d) Requerer o declínio de competência: isto pode ocorrer quando o MP se convencer de que não se trata de infração penal de menor potencial ofensivo, ou porque, mesmo sendo, há alguma situação que afaste a competência do Juizado, como a complexidade da causa (necessidade de perícia mais rebuscada, número excessivo de réus, etc.), a citação por edital, tratar-se de um crime envolvendo violência doméstica e familiar contra a mulher, etc. Evidentemente, se já houve prévia manifestação de outro órgão judicial, encaminhado as peças para o Juizado, deverá o MP requerer ao magistrado do Juizado que suscite o conflito de competência.

1.3. Peça inicial acusatória

A denúncia oferecida pelo Ministério Público (em caso de ação penal pública) ou a queixa-crime (em caso de ação penal privada) devem observar os requisitos do art. 41, CPP: a) a exposição do fato criminoso, com todas as suas circunstâncias; b) a qualificação do acusado ou esclarecimentos pelos quais se possa identificá-lo; c) a classificação do crime; d) quando necessário, rol de testemunhas.

Ademais, a queixa-crime há de observar os requisitos exigidos pela Lei, mormente aqueles relacionados à constituição de advogado, com poderes especiais, e com a indicação do nome do querelado e a informação sobre o fato criminoso (art. 44, CPP). O ideal é que a queixa-crime já seja apresentada oralmente, em audiência. Todavia, o ofendido dispõe de um prazo decadencial para fazê-lo (seis meses contados a partir do conhecimento da autoria), razão pela qual o não oferecimento da queixa neste momento não obsta sua apresentação posteriormente, desde que, obviamente, não tenha expirado o prazo. Vale recordar que, em se tratando de prazo decadencial, não há que se falar em suspensão ou interrupção. Deste modo, se a audiência preliminar é designada para uma data posterior aos seis meses do conhecimento da autoria, cabe ao ofendido antecipar-se e oferecer a queixa anteriormente.

Em relação ao número de testemunhas possíveis em sede de Juizados especiais Criminais, a Lei foi silente. Esta omissão legislativa conduziu ao surgimento de duas correntes doutrinárias sobre o tema. Uma primeira corrente assevera que deve ser aplicado o quantitativo de testemunhas previsto para o procedimento sumário, isto é, 5 (cinco) testemunhas[20]. Uma segunda corrente de pensamento, majoritária, e a qual aderimos, entende que deve ser aplicado o quantitativo previsto no art. 34 da própria Lei nº 9.099/95, que, ao tratar do procedimento nos Juizados Cíveis, previu o montante de 3 (três) testemunhas[21].

2. QUESTÕES DE CONCURSOS

1. **(FCC/TRE-RR/Analista Judiciário/2015 – adaptada)** No procedimento Sumaríssimo, nos termos da Lei n o 9.099/1995, para o oferecimento da denúncia, que será elaborada com base no termo de ocorrência referido no art. 69 da referida lei, com dispensa do inquérito policial, prescindir-se-á do exame do corpo de delito quando a materialidade do crime estiver aferida por boletim médico ou prova equivalente.

20. Neste sentido, NUCCI, Guilherme de Souza. *Ob. cit.*, p. 460.
21. Neste sentido, LIMA, Renato Brasileiro de. *Ob. cit.*, p. 236.

2. **(CESPE/DPE-PE/Defensor Público/2017 – adaptada)** No caso de causa complexa, haverá o deslocamento da competência para o juízo criminal comum, mantendo-se o procedimento sumaríssimo.

GAB	1	2
	C	E

Art. 78. Oferecida a denúncia ou queixa, será reduzida a termo, entregando-se cópia ao acusado, que com ela ficará citado e imediatamente cientificado da designação de dia e hora para a audiência de instrução e julgamento, da qual também tomarão ciência o Ministério Público, o ofendido, o responsável civil e seus advogados.

§ 1º Se o acusado não estiver presente, será citado na forma dos arts. 66 e 68 desta Lei e cientificado da data da audiência de instrução e julgamento, devendo a ela trazer suas testemunhas ou apresentar requerimento para intimação, no mínimo cinco dias antes de sua realização.

§ 2º Não estando presentes o ofendido e o responsável civil, serão intimados nos termos do art. 67 desta Lei para comparecerem à audiência de instrução e julgamento.

§ 3º As testemunhas arroladas serão intimadas na forma prevista no art. 67 desta Lei.

1. COMENTÁRIOS

É conveniente recordar que o procedimento apresentado nos arts. 77 e 78 ainda dizem respeito à audiência preliminar. Com efeito, o principal objetivo da referida audiência é a tentativa de obtenção de algum dos institutos despenalizadores já visto até o momento, quais sejam a composição civil dos danos (art. 72) ou transação penal (art. 76). Não sendo obtidos, todavia, haverá a continuidade do procedimento, com o oferecimento oral da denúncia ou queixa-crime (art. 77).

No art. 78, em comento, há a previsão do procedimento que se segue ao oferecimento da denúncia e queixa-crime, oralmente, na audiência preliminar. Como se vê, a peça inicial acusatória será reduzida a termo e o denunciado/querelado será "citado" e imediatamente cientificado da designação de dia e hora para a audiência de instrução e julgamento. Membro do Ministério Público, ofendido, responsável civil e advogados também sairão cientificados do dia e hora.

Parece-nos que, aqui como alhures, o legislador não empregou a melhor terminologia ao se referir à expressão "citado". Sem embargo, ao comentar o art. 66 (*supra*), afirmamos que citação é o ato processual mediante o qual o réu é cientificado dos termos da acusação (denúncia ou queixa-crime), sendo chamado a respondê-la e a comparecer aos demais atos do processo. Consoante os termos do art. 363 do Código de Processo Penal, "o processo terá completada a sua formação quando realizada a citação do acusado". Trata-se, portanto, de ato essencial, imprescindível à formação do processo.

Por outras palavras, a citação irá perfectibilizar o processo e, por isso, somente pode ocorrer após o recebimento da denúncia ou queixa-crime. Ocorre que o art. 78 faz menção ao oferecimento da denúncia ou queixa, e o seu recebimento apenas ocorrerá após a apresentação da resposta preliminar, na audiência de instrução e julgamento, conforme previsto no art. 81. Assim, não há que se falar em denunciado ou querelado "citado", neste momento. Por esta razão, a expressão "citado" deve ser entendida como notificado, pois se trata de verdadeira notificação para que o denunciado/querelado compareça à audiência de instrução e julgamento e, aí, apresente sua resposta preliminar.

O § 1º traz a hipótese de o acusado não se fazer presente. Neste passo, cumpre-nos recordar que o não comparecimento à audiência preliminar trará como consequências, tão-somente, a impossibilidade de obtenção da composição civil dos danos ou da transação penal que, como visto, depende da aquiescência do autor do fato. Por esta razão, caso ele opte por não se fazer presente, não haverá consequências de outra natureza, restando a realização da citação nos moldes dispostos nos arts. 66 e 68. Para evitar repetições indevidas, remetemos o(a) leitor(a) aos comentários realizados nestes artigos. De igual sorte, remetemos aos comentários ao art. 67, por força do disposto nos §§ 2º e 3º do artigo em comento, que se referem à intimação do ofendido, do responsável civil e das testemunhas.

Art. 79. No dia e hora designados para a audiência de instrução e julgamento, se na fase preliminar não tiver havido possibilidade de tentativa de conciliação e de oferecimento de proposta pelo Ministério Público, proceder-se-á nos termos dos arts. 72, 73, 74 e 75 desta Lei.

1. COMENTÁRIOS

Como se percebe, trata-se de nova possibilidade de composição civil dos danos (*vide* comentários ao art. 72, *supra*) ou transação penal (*vide* comentários ao art. 76, *supra*). Pela literalidade do dispositivo, o Juiz somente deveria tentar a realização destes institutos despenalizadores se não tivesse havido a possibilidade de tentativa, durante a audiência preliminar (que ocorre na fase preliminar, como visto). Na prática, nada obsta que o julgador tente a aplicação destes institutos, ainda quando já tenha tentado na ocasião anterior.

Art. 80. Nenhum ato será adiado, determinando o Juiz, quando imprescindível, a condução coercitiva de quem deva comparecer.

1. COMENTÁRIOS

Em observância ao princípio da celeridade processual, a Lei nº 9.099/95 determina que os atos processuais não serão adiados. Pela literalidade legislativa, a constatação de que alguém que deveria depor se ausentou deverá ensejar a determinação judicial de condução coercitiva de tal pessoa. Naturalmente, na prática, nem sempre esta condução coercitiva se torna viável – seja porque a pessoa não foi encontrada, seja porque não há efetivo policial para realizar a condução, etc. – e, neste caso, ocorrerá, sim, o adiamento.

Ademais, cabe salientar que, sob o ponto de vista doutrinário, há inúmeras resistências à possibilidade de condução coercitiva do réu, a despeito da previsão expressa neste sentido do art. 260, CPP[22]. Haveria, conforme tal entendimento, afronta ao princípio da não autoincriminação. Em assim sendo, a possibilidade de condução coercitiva adstringir-se-ia

22. Sobre o tema, cf. ARAÚJO, Fábio Roque; TÁVORA, Nestor. *Código de processo penal para concursos*, 6. ed. Salvador: JusPodivm, 2015 (comentários ao art. 260).

às demais pessoas, que não o autor do fato. Para o entendimento ainda majoritário, porém, não há problemas com a condução coercitiva do réu e, portanto, com muito mais razão, não haveria inconstitucionalidade na condução coercitiva do autor do fato, em sede de Juizados.

Art. 81. Aberta a audiência, será dada a palavra ao defensor para responder à acusação, após o que o Juiz receberá, ou não, a denúncia ou queixa; havendo recebimento, serão ouvidas a vítima e as testemunhas de acusação e defesa, interrogando-se a seguir o acusado, se presente, passando-se imediatamente aos debates orais e à prolação da sentença.

§ 1º Todas as provas serão produzidas na audiência de instrução e julgamento, podendo o Juiz limitar ou excluir as que considerar excessivas, impertinentes ou protelatórias.

§ 2º De todo o ocorrido na audiência será lavrado termo, assinado pelo Juiz e pelas partes, contendo breve resumo dos fatos relevantes ocorridos em audiência e a sentença.

§ 3º A sentença, dispensado o relatório, mencionará os elementos de convicção do Juiz.

1. COMENTÁRIOS

1.1. Resposta preliminar

O art. 81 inicia o regramento legal da audiência de instrução e julgamento, em sede de Juizado Especial Criminal.

O primeiro ato a ser realizado na referida audiência é a apresentação da defesa do réu, por meio do seu advogado, que o fará oralmente. A pretensão do legislador é prestigiar o princípio da oralidade, contudo, na prática, caso o defensor traga a defesa escrita, por petição, nada obsta seu recebimento. Conforme se depreende da atenta leitura do art. 81, ora em apreço, a defesa do réu ocorre no momento que antecede a decisão de recebimento da denúncia ou queixa por parte do magistrado. Trata-se, portanto, de uma defesa preliminar.

Esta é uma grande peculiaridade do procedimento sumaríssimo, adotado pela Lei dos Juizados Especiais. Com efeito, a grande regra dos procedimentos é a de que a resposta ocorra após a decisão de recebimento da peça inicial acusatória. Apenas excepcionalmente, a lei permite-se que o réu se manifeste antes da decisão de recebimento. Isto ocorre, por exemplo, na Lei de Drogas, na Lei nº 8.038/90 (que trata de procedimentos nos Tribunais) e no procedimento dos crimes praticados por funcionário público (art. 514, CPP). Aqui, na Lei dos Juizados Especiais também há, como se percebe, esta possibilidade.

O objetivo da resposta preliminar é, justamente, evitar o recebimento da denúncia. Não deixa de ser extremamente salutar oportunizar ao denunciado ou querelado manifestar-se, apresentando sua versão dos fatos e sua tese defensiva, como forma de obstar o recebimento da peça acusatória, que o constituirá formalmente na condição de réu.

1.2. Decisão judicial: recebimento ou rejeição

Após a apresentação da resposta preliminar, abrem-se ao julgador duas opções: recebimento ou rejeição da peça inicial acusatória.

A rejeição está prevista no art. 395, CPP, que a admite quando a denúncia ou queixa: a) for manifestamente inepta; b) faltar pressuposto processual ou condição para o exercício da ação penal;

c) faltar justa causa para o exercício da ação penal. Cabe recordar que a possibilidade de se aplicar o disposto no art. 395, CPP, ao rito sumaríssimo do juizado é expressa no art. 394, § 4º, CPP.

Da decisão de rejeição da denúncia ou queixa caberá recurso de apelação dirigido à Turma Recursal, no prazo de dez dias, já com as razões de recurso, conforme art. 82 da Lei nº 9.099/95. Trata-se de mais uma grande distinção em relação aos procedimentos abrangidos pelo CPP, que prevê o recurso em sentido estrito contra as decisões que não recebem a denúncia ou queixa, conforme art. 581, inciso I.

Não estando presente nenhuma das hipóteses que autoriza a rejeição da denúncia ou queixa-crime, deve o Juiz receber a peça inicial acusatória. Desta decisão, não cabe recurso, sendo possível, em tese, vislumbrar a possibilidade de *habeas corpus*. O recebimento da denúncia ou queixa, como só ocorre nos processos criminais, interrompe o curso do prazo recursal (art. 117, I, CP).

1.3. Resposta à acusação e absolvição sumária

Há uma acendrada controvérsia doutrinária em torno da aplicabilidade dos institutos da resposta à acusação e da absolvição sumária ao rito sumaríssimo dos juizados Especiais Criminais. Estes institutos não foram previstos na Lei nº 9.099/95, conforme se vê da redação do artigo em comento. A propósito, cabe enaltecer a distinção entre a defesa preliminar (ou resposta preliminar), prevista neste dispositivo legal e a resposta à acusação.

Como vimos no tópico anterior, a resposta preliminar é apresentada no momento que antecede a decisão de recebimento da denúncia ou queixa, e objetiva, justamente, evitá-la. A pretensão é, portanto, alcançar uma decisão de rejeição da denúncia ou queixa. Já a resposta à acusação, está prevista no CPP (arts. 396 e 396-A), é apresentada após o recebimento da peça inicial acusatória e objetiva alcançar uma sentença que promova a absolvição sumária (art. 397, CPP). Devemos registrar que absolvição sumária é aquela que ocorre antes da instrução criminal, vale dizer, antes do momento de produção das provas, na audiência.

Pela literalidade do art. 81, Lei nº 9.099/95, não haveria que se falar em resposta à acusação ou absolvição sumária. Após a resposta preliminar, se o julgador receber a peça inicial acusatória, dará início à instrução, com a pertinente colheita de provas; após a breve instrução, ocorrem os debates orais e a prolação da sentença.

Já que a Lei nº 9.099/95 possui rito próprio e não faz alusão à resposta à acusação e à absolvição sumária, porque a celeuma em torno do seu cabimento em sede de Juizados? Esta controvérsia teve início com o advento da Lei nº 11.719/08, que alterou a redação do art. 394, § 4º, do CPP, que passou a ter a seguinte redação: "As disposições dos arts. 395 a 398 deste Código aplicam-se a todos os procedimentos penais de primeiro grau, ainda que não regulados neste Código". Há alusão, portanto, aos institutos da rejeição da denúncia ou queixa (art. 395, CPP), recebimento da peça inicial acusatória e citação do réu (art. 396), apresentação da resposta à acusação (art. 396-A) e absolvição sumária (art. 397). Em que pese o art. 394, § 2º, fazer menção ao art. 398, CPP, ocorreu sua revogação expressa com a própria Lei nº 11.719/08.

Sendo certo que já abordamos as questões relacionadas à citação (comentários ao art. 66, *supra*) e à rejeição da denúncia ou queixa (comentários ao art. 82, *infra*), cabe-nos analisar a questão da possibilidade/necessidade da resposta à acusação e absolvição sumária nos Juizados Especiais Criminais.

a) Resposta à acusação

A despeito das divergências doutrinárias em torno do tema, parece-nos absolutamente desnecessária e inadequada a exigência de resposta à acusação em sede de Juizados. Inicialmente, cabe-nos reiterar a principiologia que orienta o sistema dos Juizados, e, neste ponto, reiterar a importância da celeridade, economia processual e, principalmente, oralidade. Por sua vez, o art. 396-A, CPP, ao se referir à resposta à acusação, faz menção à resposta escrita.

Demais disso, por ocasião da resposta preliminar, o denunciado ou querelado já deve trazer toda a sua matéria de defesa, no que se deve incluir as teses que ensejariam uma absolvição. Aliás, este sempre foi o entendimento que prevaleceu, impassível de críticas, desde o advento da Lei nº 9.099/95, até a publicação da Lei nº 11.719/08. Não há, note-se bem, qualquer razão para uma mudança de postura, exigindo-se do denunciado ou querelado que se adstrinja a trazer em sua defesa preliminar matérias que não tangenciem o mérito da causa, reservando-se tais questões a uma resposta à acusação.

Por fim, cabe nova referência ao art. 394, CPP, que, em seu § 2º esclarece que: "Aplica-se a todos os processos o procedimento comum, salvo disposições em contrário deste Código ou de lei especial". Acresça-se a isto o fato de que o § 5º do mesmo artigo estabelece que: "Aplicam-se subsidiariamente aos procedimentos especial, sumário e sumaríssimo as disposições do procedimento ordinário". Procurando realizar uma interpretação sistemática dos parágrafos, e tendo em vista que a Lei nº 9.099/95 já possui regramento específico acerca do procedimento a ser adotado, parece-nos ser mais razoável a conclusão de que a resposta à acusação não deve ser aplicada ao rito dos juizados Especiais Criminais, devendo o denunciado ou querelado trazer toda a matéria de defesa em sua resposta preliminar[23].

À guisa de conclusão, convém trazer a lume o disposto no próprio art. 396, CPP, nos seguintes termos: "nos procedimentos ordinário e sumário, oferecida a denúncia ou queixa, o juiz, se não a rejeitar liminarmente, recebê-la-á e ordenará a citação do acusado para responder à acusação, por escrito, no prazo de 10 (dias) dias". Resta óbvio que o dispositivo, ao abordar a matéria da resposta à acusação, faz menção expressa aos procedimentos ordinário e sumário, excluindo, portanto, o procedimento sumaríssimo da sua esfera de abrangência.

b) Absolvição sumária

Em sentido contrário, não há qualquer incompatibilidade entre o procedimento sumaríssimo e o instituto da absolvição sumária, contemplada no art. 397, CPP. Sobre este tema, há maior consenso doutrinário. Da mesma forma que já nos manifestamos no sentido da plena compatibilidade entre as hipóteses de rejeição da denúncia ou queixa (art. 395, CPP) ao rito sumaríssimo, devemos também nos manifestar assim em relação à absolvição sumária.

23. No sentido de não se aplicar o instituto da resposta à acusação ao rito dos juizados, PACELLI DE OLIVEIRA, Eugênio; FISCHER, Douglas. *Comentários do código de Processo Penal e sua jurisprudência.* 2. ed. Rio de Janeiro: Lumen Juris, 2011, p. 840-841.

Poder-se-ia argumentar em sentido contrário, salientando que não houve previsão expressa da absolvição sumária na Lei nº 9.099/95. Neste ponto, é necessário esclarecer que o instituto da absolvição sumária é recente no Brasil, tendo sido previsto expressamente no CPP apenas com o advento da Lei nº 11.719/08, muito embora já fosse admitido pela doutrina há muito. Foi a resistência legislativa em admitir que o Juiz pudesse pôr termo ao processo antes do momento da produção de prova que fez com que a Lei de Juizados não tivesse previsto expressamente este instituto. Tendo ele sido trazido ao CPP em 2008, com muito mais razão deve ser aplicado ao sistema dos Juizados Especiais Criminais.

Salta aos olhos as distinções em relação à resposta à acusação. Enquanto o acolhimento dessa última consagraria afronta aos princípios que orientam a Lei nº 9.099/95, a absolvição sumária apenas vem a ratificar as ideias de celeridade e economia processual. Com efeito, já restando provada uma das hipóteses que ensejam a absolvição, não há a menor necessidade de se proceder à instrução.

Nos termos do art. 397 do Código de Processo Penal, a absolvição sumária do réu será possível quando o juiz verificar: a) a existência manifesta de causa excludente de ilicitude do fato; b) a existência manifesta de causa excludente da culpabilidade do agente, salvo inimputabilidade; c) que o fato narrado evidentemente não constitui crime; d) extinta a punibilidade do agente.

A absolvição sumária ocorre por intermédio de sentença, razão pela qual desafiará o recurso de apelação. A decisão que nega o reconhecimento da absolvição sumária é irrecorrível, cabendo ao réu, em caso de manifesta ilegalidade que atinja ainda que indiretamente seu direito de liberdade, impetrar *habeas corpus.* Não havendo a ameaça à liberdade de ir e vir (basta imaginar que se trate de processo por crime de porte de drogas para uso pessoal; como cediço, não há possibilidade de prisão neste crime), caberá a impetração de mandado de segurança. Em se tratando, porém, de causa de extinção de punibilidade, o seu reconhecimento ou negativa desafiará recurso em sentido estrito, nos termos do art. 581, incisos VIII e IX, CPP.

1.4. Audiência

Na audiência de instrução e julgamento concentra-se a produção da prova no procedimento sumaríssimos. Desta forma, não sendo caso de rejeição da denúncia ou queixa, o Juiz dará seguimento à instrução, com a produção de provas previstas no art. 81. Conforme se depreende da leitura do *caput*, há expressa menção a três modalidades de prova: a) depoimento do ofendido, quando for o caso; b) oitiva das testemunhas; c) interrogatório do réu.

Em relação ao interrogatório, não se trata de meio de prova propriamente dito, mas sim de manifestação do direito de defesa do réu, pois é durante o interrogatório que se realiza a autodefesa, podendo o acusado apresentar sua versão dos fatos ou, sendo o caso, calar. Pela literalidade do CPP, todavia, deveria o interrogatório ser considerado, também, meio de prova.

Na Lei nº 9.099/95, o interrogatório do réu já está previsto em um momento posterior à colheita das demais provas, isto é, no final da instrução. Este rito passou a vigorar também no CPP a partir de 2008, com a alteração promovida pela Lei nº 11.719. Antes, o interrogatório era realizado no início do processo. Esta alteração objetivou dilatar o direito de defesa do réu, na medida em que, agora, por ser o último a falar, ele pode estruturar seu direito de defesa após estar ciente de toda a prova que já foi colhida contra si.

O art. 81 em estudo não faz menção a outras provas previstas no CPP, tais como a acareação, os esclarecimentos do perito e o reconhecimento de pessoas e coisas. Nada obsta que, além das provas previstas no CPP, desde que compatíveis com o sistema dos Juizados. Com efeito, a celeridade que se espera do rito sumaríssimo não pode prejudicar o direito de defesa do réu.

Em contrapartida, difícil imaginar, no procedimento sumaríssimo, a produção de prova consistente nos "esclarecimentos de peritos". Ora, se há a necessidade de uma perícia tão rebuscada que demande a existência de esclarecimentos adicionais do perito em audiência, há uma grande probabilidade de estarmos diante uma causa complexa, incompatível com o Juizado, cabendo ao magistrado o declínio de competência para um juízo comum. Em se tratando de Vara única na Comarca, é caso de converter o procedimento em comum sumário.

1.5. Sentença

Sentença é a decisão definitiva, põe termo ao processo, ao julgar o seu mérito (materialidade e autoria ou participação). A sentença pode ser condenatória (julga procedente o pedido formulado na peça acusatória), absolutória própria (julga improcedente o pedido formulado na peça acusatória) ou absolutória imprópria (reconhece a inimputabilidade do réu, nos termos do art. 26 do Código Penal, absolvendo-o e aplicando a medida de segurança pertinente ao caso).

A sentença é constituída de quatro partes:

a) Relatório: contém a descrição sucinta da acusação e da defesa. No relatório, o Juiz descreve o que de mais importante ocorreu no curso do processo. Para os demais procedimentos, a ausência de relatório torna a sentença nula. Aqui, nos Juizados Especiais Criminais, o relatório é dispensado, conforme se lê no § 3º do presente artigo.

b) Fundamentação: é a parte da sentença em que o magistrado apresenta os fundamentos jurídicos que conduziram à sua convicção em torno do caso a ser julgado. A ausência de fundamentação dará ensejo à nulidade da sentença. Quando a sentença não possui fundamentação, é chamada em doutrina de sentença vazia; quando sua fundamentação é contraditória, é chamada de suicida.

c) Dispositivo: é a conclusão da sentença. Nesta parte, o julgador trará o encerramento do processo, com a respectiva condenação ou absolvição.

d) Autenticativa: a parte autenticativa, ou de autenticação, corresponde à data, local e, sobretudo, assinatura do magistrado. Ao assinar o documento, o julgador está a autenticá-lo.

2. QUESTÕES DE CONCURSOS

1. **(FGV/TJ-RJ/Analista Judiciário/2014 – adaptada)** A sentença poderá dispensar o relatório e o dispositivo, mas não a fundamentação.

2. **(MPE-BA/Promotor de Justiça/2018 – adaptada)** Segundo a Lei dos Juizados Especiais Criminais, aberta a audiência de instrução, o juiz, depois de receber a denúncia, observará a seguinte ordem: interrogará o acusado, se presente; ouvirá, após, a vítima e as testemunhas de acusação e defesa; e passará imediatamente aos debates orais e à prolação da sentença.

GAB	1	2
	E	E

Art. 82. Da decisão de rejeição da denúncia ou queixa e da sentença caberá apelação, que poderá ser julgada por turma composta de três Juízes em exercício no primeiro grau de jurisdição, reunidos na sede do Juizado.

§ 1º A apelação será interposta no prazo de dez dias, contados da ciência da sentença pelo Ministério Público, pelo réu e seu defensor, por petição escrita, da qual constarão as razões e o pedido do recorrente.

§ 2º O recorrido será intimado para oferecer resposta escrita no prazo de dez dias.

§ 3º As partes poderão requerer a transcrição da gravação da fita magnética a que alude o § 3º do art. 65 desta Lei.

§ 4º As partes serão intimadas da data da sessão de julgamento pela imprensa.

§ 5º Se a sentença for confirmada pelos próprios fundamentos, a súmula do julgamento servirá de acórdão.

1. COMENTÁRIOS

1.1. Considerações gerais

A Lei nº 9.099/95, em sua parte penal, foi extremamente lacônica, no que se refere a recursos. Além do art. 82, que faz menção à apelação, o artigo subsequente trata da matéria relacionada ao recurso de embargos de declaração. Não há a previsão de outros recursos, que seriam possíveis nos demais procedimentos, tais como o recurso em sentido estrito, a carta testemunhável, embargos infringentes, etc. Nada obsta, porém, que, no que for cabível, sejam aplicadas as disposições do CPP por analogia, em matéria recursal.

Neste sentido, Guilherme Nucci adverte que "havendo outras decisões controversas e prejudiciais às partes, é possível o uso de outras formas de recurso ou ações de impugnação (...)". E prossegue observando: "Em caso de inversão tumultuária dos atos processuais, o recurso ideal é a correição parcial. Pode-se também utilizar o recurso em sentido estrito quando o magistrado, por exemplo, decretar a extinção da punibilidade. Em suma, o quadro recursal previsto no Código de Processo Penal pode ser usado quando necessário e cabível"[24].

Além disso, resta pacificado em nossa doutrina e jurisprudência que, em sede de Juizados, as decisões das Turmas Recursais não desafiam recurso especial para o Superior Tribunal de Justiça. Uma atenta leitura do art. 105, III da Constituição Federal explicita as razões desta impossibilidade de cabimento. Neste dispositivo se diz que caberá recurso especial nas causas decididas em única ou última instância "pelos Tribunais Regionais Federais ou pelos Tribunais dos Estados, do Distrito Federal e Territórios". Tendo em vista que a Turma

24. NUCCI, Guilherme de Souza. *Ob. cit.*, p. 470.

Recursal não se amolda a nenhuma destas categorias, pois não se trata de "Tribunal", as suas decisões não poderão desafiar recurso especial.

Em sentido diverso, as decisões da Turma Recursal desafiam recurso extraordinário para o STF. Em sede de Juizados, então, são possíveis, além da aplicação analógica do CPP, os seguintes recursos:

a) apelação: dirigida à Turma Recursal

b) embargos de declaração: dirigidos ao próprio órgão julgador que proferiu a decisão ou sentença.

c) recurso extraordinário: dirigido ao Supremo Tribunal Federal.

Tendo em vista que trataremos no recurso de embargos de declaração nos comentários ao art. 83, passemos ao estudo do recurso de apelação e do recurso extraordinário.

a) Apelação

Diversamente do que ocorre nos demais procedimentos, em que o recurso de apelação será apreciado pelo Tribunal (de Justiça ou Regional Federal), em sede de Juizados, este recurso será apreciado pela turma Recursal, órgão colegiado constituído por três juízes de primeiro grau.

A Lei nº 9.099/95 admite a interposição de apelação em três situações: a) da decisão de rejeição da denúncia ou queixa (art. 82, *caput*); b) das sentenças condenatórias ou absolutórias (art. 82, *caput*); c) da sentença homologatória da transação penal (art. 76, § 5º).

Em relação à primeira hipótese de cabimento, há uma grande distinção em relação ao CPP, que prevê para os demais procedimentos o recurso em sentido estrito para a decisão de rejeição da denúncia ou queixa-crime (art. 581, I, CPP). A segunda hipótese de cabimento assemelha-se sobremodo ao quanto disposto no CPP, pois, em seu art. 593, I, admite a apelação como instrumento recursal apto a impugnar sentenças condenatórias e absolutórias. Por fim, a terceira hipótese de cabimento não poderia guardar semelhança com o CPP, já que a transação penal somente se aplica às infrações penais de menor potencial ofensivo.

Para além das hipóteses de cabimento, há outras consideráveis distinções entre o recurso de apelação previsto no CPP e na Lei nº 9.099/95. Inicialmente, convém recordar que no CPP, há, para o recurso de apelação, um prazo de interposição (5 dias) e outro para a apresentação das razões recursais (8 dias). O recorrente pode, inclusive, reservar-se à apresentação das razões diretamente no tribunal. Já no Juizado Especial Criminal, a apelação deverá ser interposta já com as razões, no prazo de 10 dias. Ademais, de acordo com o CPP, a interposição da apelação pode se dar por petição ou por termo nos autos, ao passo que, nos Juizados Especiais Criminais, apenas teremos a interposição por petição.

b) Recurso extraordinário

A despeito do silêncio da Lei nº 9.099/95, a previsão do recurso extraordinário possui previsão constitucional e, ao contrário do que ocorre com o regramento constitucional do recurso especial, não há a exigência de que a decisão recorrida seja emanada de Tribunal. O art. 102, CF exige, tão-somente, que se trate de causas decididas em única ou última instância. Por esta razão, caberá recurso extraordinário contra decisão de Turma Recursal, mas não contra decisão de Juiz que atue na primeira instância do Juizado.

A decisão da Turma Recursal, no julgamento de apelação, desafiará recurso extraordinário para o STF, nos termos do art. 102, III, CF, quando: a) contrariar dispositivo da Constituição; b) declarar a inconstitucionalidade de tratado ou lei federal; c) julgar válida lei ou ato de governo local contestada em face da Constituição; d) julgar válida lei local contestada em face de lei federal.

Imprescindível registrar que "no recurso extraordinário, o recorrente deverá demonstrar a repercussão geral das questões constitucionais discutidas no caso, nos termos da lei, a fim de que o Tribunal examine a admissão do recurso, somente podendo recusá-lo pela manifestação de dois terços dos seus membros" (art. 102, § 3º, CF). Ademais, para que o recurso extraordinário seja conhecido, é necessário que a matéria nele ventilada tenha sido prequestionada nas instâncias ordinárias.

1.2. Ações de impugnação

Pacífico em doutrina e jurisprudência que é possível, no sistema dos Juizados, a existência das ações autônomas de impugnação: a) *habeas corpus*; b) mandado de segurança em matéria criminal; c) revisão criminal.

a) Habeas corpus

Habeas corpus é uma ação constitucional de natureza penal, cujo objetivo é a tutela da liberdade ambulatorial. Na Constituição de 1988, foi previsto no art. 5º, inciso LVIII, nos seguintes termos: "conceder-se-á *habeas corpus* sempre que alguém sofrer ou se achar ameaçado de sofrer violência ou coação em sua liberdade de locomoção, por ilegalidade ou abuso de poder".

Como se vê, se a liberdade de locomoção não estiver sob ameaça, ainda que indireta, não há que se falar em *habeas corpus*. Por esta razão, o Supremo Tribunal Federal editou os seguintes enunciados da súmula de sua jurisprudência:

> ***Súmula nº 395/STF:*** "Não se conhece de recurso de *habeas corpus* cujo objeto seja resolver sobre os ônus das custas, por não estar mais em causa a liberdade de locomoção".
>
> ***Súmula nº 693/STF:*** "Não cabe *habeas corpus* contra decisão condenatória a pena de multa, ou relativo a processo em curso por infração penal a que a pena pecuniária seja a única cominada".
>
> ***Súmula nº 694/STF:*** "Não cabe *habeas corpus* contra a pena de exclusão de militar ou de perda de patente ou de função pública".
>
> ***Súmula nº 695/STF:*** "Não cabe *habeas corpus* quando já extinta a pena privativa de liberdade".

No que concerne à competência, releva notar que caberá à Turma Recursal o processo e julgamento do *habeas corpus* impetrado contra ato perpetrado por Juiz que atue no Juizado Especial Criminal. De outro lado, se o *habeas corpus* for impetrado contra ato coator imputado à própria turma Recursal, a competência para o julgamento será do Tribunal de Justiça (por analogia, teríamos a competência do Tribunal Regional Federal, quando a autoridade coatora for a turma Recursal do Juizado Especial Criminal Federal).

Já não se aplica, portanto, o disposto no verbete nº 690 da súmula de jurisprudência do STF, que dispunha: "compete originariamente ao Supremo Tribunal Federal o julgamento de *habeas corpus* contra decisão de Turma Recursal de Juizados Especiais Criminais".

b) Mandado de segurança criminal

O mandado de segurança está previsto no art. 5º, LXIX, CF, que possui a seguinte redação: "conceder-se-á mandado de segurança para proteger direito líquido e certo, não amparado por *habeas corpus* ou *habeas data*, quando o responsável pela ilegalidade ou abuso de poder for autoridade pública ou agente de pessoa jurídica no exercício de atribuições do Poder Público".

O mandado de segurança pode ser utilizado no bojo do processo penal, quando não houver recurso cabível para impugnar a decisão judicial, e esta não constituir lesão ou ameaça (ainda que indireta) à liberdade de locomoção. Se o mandado de segurança for impetrado contra ato praticado por Juiz do Juizado, a competência para o julgamento será da Turma Recursal. É o que se depreende do verbete nº 376 da súmula de jurisprudência do Superior Tribunal de Justiça, nos seguintes termos:

> ***Súmula nº 376/STJ:*** "Compete à turma recursal processar e julgar o mandado de segurança contra ato de juizado especial".

Não há previsão expressa concernente à competência para o julgamento do mandado de segurança impetrado contra ato da própria Turma Recursal. O entendimento que tem prevalecido, contudo, é no sentido de que, em caos s que tais, a competência será da própria Turma Recursal, por força da aplicação analógica do quanto disposto no art. 102, I, *a*; 105, I, *b*; 108, I, *c*, todos da Constituição Federal. De acordo com estes dispositivos, os Tribunais (STF, STJ e TRF, respectivamente) possuem competência para julgar mandados de segurança contra seus próprios atos. Por analogia, a Turma Recursal também será competente para o julgamento dos mandados de segurança contra seus atos.

c) Revisão criminal

Revisão criminal é a ação autônoma de impugnação destinada a desconstituir a coisa julgada material em desfavor do réu. Não se admite a revisão criminal que possa prejudicar o réu (*pro societate*). Muito embora a Lei nº 9.099/95 não tenha previsto a existência da revisão criminal, a jurisprudência do STJ não apenas tem reconhecido a sua existência, como tem afirmado a competência da turma recursal para processar e julgar a revisão criminal dos seus julgados e dos[25] Juízes dos Juizados Especiais Criminais.

1.3. Turma Recursal

Como visto, compete à Turma Recursal o julgamento do recurso de apelação, bem como para o julgamento de ações autônomas de impugnação, quais sejam o *habeas corpus,* o mandado de segurança e a revisão criminal.

Trata-se de órgão colegiado constituído por três Juízes de primeiro grau (art. 98, I, *in fine,* CF). Analogamente, o membro do Ministério Público que atua perante a Turma Recursal é

25. STJ, HC 47.718/RS, Rel. Min. Jane Silva (convocada), j. 13/08/2008.

aquele com atuação perante os órgãos judiciários de primeira instância, isto é, os Promotores de Justiça (ou Procuradores da República, na esfera federal), e não aqueles que atuam perante Tribunais, vale dizer, os Procuradores de Justiça (ou Procuradores Regionais da República).

Conforme o § 4º do artigo em estudo, a intimação das partes se dará pela imprensa. Em que pese a regra do nosso ordenamento jurídico ser a da intimação pessoal dos membros do ministério Público e da Defensoria Pública, tem-se entendido que o dispositivo mencionado excepciona esta regra, em sede de Juizados.

Assim, decidiu o STF que "o julgamento do recurso pela Turma Recursal dos Juizados Especiais prescinde da intimação pessoal das partes, inclusive do representante do Ministério Público e dos defensores públicos, nos termos art. 82, § 4º, da Lei 9.099/95 ('As partes serão intimadas da data da sessão de julgamento pela imprensa.'). Considerou-se que o art. 370, § 4º, do CPP (com a redação dada pela Lei 9.271/96), que determina a intimação pessoal do Ministério Público e do defensor nomeado, não revogou a Lei dos Juizados Especiais à vista do princípio da especialidade"[26].

Ademais, dispõe o § 5º que, "se a sentença for confirmada pelos próprios fundamentos, a súmula do julgamento servirá de acórdão". Não há, destarte, a necessidade de se lavrar acórdão, conforme praxe nos Tribunais. A própria súmula de julgamento já irá suprir esta necessidade. Não há qualquer ilegalidade nesta confirmação da sentença pelos seus próprios fundamentos, pois, conforme restou pacificado na jurisprudência, esta prática não atenta contra a necessidade de fundamentação das decisões.

Por fim, não podemos deixar de mencionar que o § 3º do artigo em exame constitui flagrante afronta ao princípio da oralidade, ao permitir às partes o requerimento da transcrição da gravação. Esta postura praticamente reduz ao mínimo a oralidade que se espera do procedimento, pois todos os atos passam, com isto, a ser reduzidos a termo. Parece-nos, por isto, tratar-se de dispositivo inconstitucional, haja vista a colidência com o quanto disposto no art. 98, I, CF, que exige procedimento oral e sumaríssimo.

Em doutrina, há, ainda, quem defenda que o dispositivo foi tacitamente revogado pelo art. 405, § 2º, cuja redação, após o advento da Lei nº 11.719/08 passou a ser a seguinte: "no caso de registro por meio audiovisual, será encaminhado às partes cópia do registro original, sem necessidade de transcrição". A tese é sedutora, sem dúvida. Ressalve-se, tão-somente, que, tendo o dispositivo em comento sido retirado do contexto em que se trata de outro procedimento, há que se aludir ao emprego, no caso da analogia. Mas, realmente, não faz qualquer sentido em exigir-se a degravação dos atos orais realizados em audiência para o procedimento sumaríssimo, enquanto os demais procedimentos possuem regramento distinto.

1.4. Conflito de competência

Um tema que tem sofrido alterações no entendimento jurisprudencial é o que diz respeito ao conflito de competência entre a Turma Recursal e o Tribunal de Justiça (ou Tribunal Regional Federal) a que se encontra vinculada. Inicialmente, o Superior Tribunal de Justiça editou a súmula nº 348, destacando que: "Compete ao Superior Tribunal de Justiça decidir

26. STF, HC 76.915-RS, Rel. Min. Marco Aurélio, j. 17/06/1998.

os conflitos de competência entre juizado especial federal e juízo federal, ainda que da mesma seção judiciária".

Este entendimento foi consagrado porque o STJ, àquela época, posicionou-se no sentido de que o Juizado Especial não estaria vinculado jurisdicionalmente, mas apenas administrativamente, ao Tribunal. Por esta razão, deveria ser aplicado o disposto no art. 105, I, *d,* CF, que dispõe competir ao STJ o julgamento dos "conflitos de competência entre quaisquer Tribunais, ressalvado o disposto no art. 102, I, *o,* bem como entre Tribunal e Juízes a ele não vinculados e entre Juízes vinculados a Tribunais diversos".

Tal entendimento, contudo, encontra-se ultrapassado e a súmula nº 348/STJ foi cancelada. O cancelamento da súmula pelo Superior Tribunal de Justiça foi motivado, sobretudo, pelo julgamento do HC 590.409/RJ, no Supremo Tribunal Federal. Nesse precedente, o STF entendeu que compete ao Tribunal Regional Federal o julgamento do conflito de competência instaurado entre Juizado especial Federal e Juízo Federal da mesma Seção Judiciária.

A partir do novo entendimento consagrado pela Corte Suprema, o Superior Tribunal de Justiça não apenas aderiu à nova orientação – com o argumento de que cabe ao STF a solução de questões atinentes à competência, que é eminentemente constitucional – e cancelou a súmula nº 348, como, ainda, editou a súmula nº 428, no dia 17 de março de 2010.

> ***Súmula nº 428/STJ:*** "Compete ao Tribunal Regional Federal decidir os conflitos de competência entre juizado especial federal e juízo federal da mesma seção judiciária".

Não se pode deixar de perceber que há uma imprecisão terminológica na súmula, quando faz menção a juizado Especial Federal e Juízo Federal da mesma Seção Judiciária. As Varas Federais localizadas nas capitais dos Estados compõem a Seção Judiciária; de outro lado, as Varas Federais do interior do Estado integram as Subseções Judiciárias. Ora, havendo conflito de competência entre Juizado Especial Federal e Juízo Federal de Subseção Judiciária, o julgamento também competirá ao Tribunal Regional Federal. Desta forma, melhor teria andado o STJ se a súmula explicitasse que compete ao Tribunal Regional Federal dirimir os conflitos de competência entre Juizado Especial Federal e Juízo Federal vinculados ao mesmo Tribunal.

2. SÚMULAS E JURISPRUDÊNCIA

- **Súmula 727, STF:** Não pode o magistrado deixar de encaminhar ao Supremo Tribunal Federal o agravo de instrumento interposto da decisão que não admite recurso extraordinário, ainda que referente a causa instaurada no âmbito dos juizados especiais.
- **Súmula 640, STF:** É cabível recurso extraordinário contra decisão proferida por juiz de primeiro grau nas causas de alçada, ou por turma recursal de juizado especial cível e criminal.
- **Súmula 203, STJ:** Não cabe recurso especial contra decisão proferida por órgão de segundo grau dos Juizados Especiais.
- **Súmula 376, STJ:** "Compete à turma recursal processar e julgar o mandado de segurança contra ato de juizado especial".
- **Súmula 428, STJ:** Compete ao Tribunal Regional Federal decidir os conflitos de competência entre juizado especial federal e juízo federal da mesma seção judiciária.

3. QUESTÕES DE CONCURSOS

1. **(FCC/TRE-RR/Analista Judiciário/2015 – adaptada)** É cabível recurso extraordinário contra decisão proferida por turma recursal de juizado especial criminal.

2. **(FGV/TJ-RJ/Analista Judiciário/2014 – adaptada)** Da decisão de rejeição da denúncia caberá recurso em sentido estrito.

3. **(FCC/DPE-PB/Defensor Público/2014 – adaptada)** No procedimento sumaríssimo, caberá recurso em sentido estrito da decisão de rejeição da denúncia ou queixa.

4. **(FEPESE/MPE-SC/Promotor de Justiça/2014)** No âmbito dos Juizados Especiais Criminais, segundo dispõe a Lei nº 9.099/95, da decisão de rejeição da denúncia ou queixa e da sentença caberá apelação, que deverá ser interposta no prazo de 15 (quinze) dias, contados da ciência da sentença pelo Ministério Público, pelo réu e seu defensor, devendo ser aviada por petição escrita, da qual constarão as razões e o pedido do recorrente.

5. **(FCC/DPE-RS/Defensor Público/2014 – adaptada)** Cabe recurso especial contra decisão proferida por órgão de segundo grau dos Juizados Especiais Criminais.

6. **(FCC/MPE-PE/Promotor de Justiça/2014 – adaptada)** No procedimento dos juizados especiais criminais, contra a decisão que rejeita a denúncia cabível

a) apelação, no prazo de cinco dias, a ser julgada por turma composta de três juízes em exercício no primeiro grau de jurisdição.
b) apelação, no prazo de dez dias, a ser julgada por turma composta de três juízes em exercício no primeiro grau de jurisdição.
c) recurso em sentido estrito, no prazo de cinco dias, a ser julgado pelo Tribunal de Justiça.
d) apelação, no prazo de cinco dias, a ser julgada pelo Tribunal de Justiça.
e) recurso em sentido estrito, no prazo de dez dias, a ser julgado por turma composta de três juízes em exercício no primeiro grau de jurisdição.

7. **(MPE-PR/Promotor de Justiça/2016)** Assinale a alternativa correta:

a) É cabível o recurso em sentido estrito nas hipóteses de improcedência das exceções de incompetência de juízo, litispendência, ilegitimidade de parte e coisa julgada;
b) É de cinco dias o prazo para apresentação das razões do recurso em sentido estrito;
c) É cabível a apelação na hipótese de rejeição da denúncia e da queixa no âmbito dos Juizados Especiais Criminais;
d) É cabível o recurso em sentido estrito em caso de nulidade posterior à pronúncia;
e) É cabível o recurso em sentido estrito contra a sentença de impronúncia.

8. **(CESPE/DPE-PE/Defensor Público/2017 – adaptada)** A medida processual cabível contra a decisão que rejeitar a denúncia ou a queixa-crime será o recurso em sentido estrito, que deverá ser interposto no prazo de dez dias.

9. **(VUNESP/TJ-SP/Juiz de Direito/2017 – adaptada)** Cabe recurso especial, mas não extraordinário, contra decisão proferi-da por turma recursal.

10. **(VUNESP/TJ-SP/Juiz de Direito/2017 – adaptada)** Compete à turma recursal processar e julgar o mandado de segurança contra ato de juizado especial.

11. **(VUNESP/TJ-SP/Juiz de Direito Substituto/2018 – adaptada)** Compete originariamente ao Supremo Tribunal Federal o julgamento de *habeas corpus* contra decisão de Turma Recursal de Juizado Especial Criminal.

GAB	1	2	3	4	5	6	7	8	9	10	11
	C	E	E	E	E	B	C	E	E	C	E

Art. 83. Cabem embargos de declaração quando, em sentença ou acórdão, houver obscuridade, contradição ou omissão. (Redação dada pela Lei nº 13.105, de 2015)

§ 1º Os embargos de declaração serão opostos por escrito ou oralmente, no prazo de cinco dias, contados da ciência da decisão.

§ 2º Os embargos de declaração interrompem o prazo para a interposição de recurso. (Redação dada pela Lei nº 13.105, de 2015)

§ 3º Os erros materiais podem ser corrigidos de ofício.

1. COMENTÁRIOS

O NCPC promoveu alteração no art. 83 da Lei dos Juizados Especiais. Devemos observar que este novo diploma legislativo não alterou o regramento conferido pelo CPP aos embargos de declaração, mantendo incólume o tratamento dado à matéria. No que concerne aos Juizados Especiais Criminais, todavia, o NCPC inaugura uma nova sistemática para o recurso dos embargos de declaração.

A primeira relevante alteração legislativa diz respeito às hipóteses de cabimento dos embargos de declaração, porquanto, em sua redação anterior, dispunha o art. 83, em apreço: "Caberão embargos de declaração quando, em sentença ou acórdão, houver obscuridade, contradição, omissão ou dúvida". Conforme se percebe, havia uma quarta hipótese de cabimento para os embargos de declaração, consistente na dúvida.

Outra alteração de muita relevância diz respeito ao fato de que o § 2º deste artigo determinava que a oposição dos embargos de declaração suspenderiam o prazo para recursos. Na atual redação, o dispositivo harmoniza-se com o regramento do CPP e do NCPC, prevendo que a oposição dos embargos de declaração interrompe o prazo de recurso.

Com esta nova roupagem legislativa, devemos concluir que entre a sistemática dos embargos de declaração contida no CPP e na Lei nº 9.099/95, é possível identificar, ao menos, três distinções:

a) No âmbito do CPP, os embargos de declaração são cabíveis contra decisão judicial que contenha um dos seguintes vícios: omissão, obscuridade ou contradição. No âmbito dos Juizados Especiais Criminais, como se depreende da leitura do art. 83, o vício da "ambiguidade" não é previsto.

b) Uma segunda distinção diz respeito ao prazo para a oposição do recurso. Enquanto o CPP previu o prazo de dois dias, a Lei dos Juizados, curiosamente (já que faz alusão à celeridade), traz um prazo mais dilatado: cinco dias.

c) No CPP, o recurso é apresentado por petição, ao próprio órgão julgador que proferiu a decisão – por isso, aliás, é mais correto falar em oposição deste recurso, e não em interposição (interpor significa opor por intermédio de outro órgão julgador, tal como ocorre na apelação, por exemplo). No Juizado, os embargos declaratórios serão opostos por escrito ou oralmente.

Cumpre registrar, ainda, que, a despeito de não estar previsto em lei, a doutrina admite a oposição dos embargos com efeitos infringentes, vale dizer, que não objetivem, tão-somente, integrar ou esclarecer a decisão recorrida, mas modifica-la ou anulá-la. Isto ocorrerá quando o esclarecimento ou integração que, supostamente, se pretende importa na alteração, ainda que indireta da decisão.

▸SEÇÃO IV – DA EXECUÇÃO

Art. 84. Aplicada exclusivamente pena de multa, seu cumprimento far-se-á mediante pagamento na Secretaria do Juizado.

Parágrafo único. Efetuado o pagamento, o Juiz declarará extinta a punibilidade, determinando que a condenação não fique constando dos registros criminais, exceto para fins de requisição judicial.

1. COMENTÁRIOS

No que concerne à fase de execução da pena, o Juizado apenas possui competência para a pena de multa, não havendo previsão para que funcione como juízo de execução da pena privativa de liberdade (rara, mas possível, no Juizado) ou restritiva de direitos. Mais que isto, a competência do Juizado para a execução da multa somente é possível se ela for aplicada isoladamente, isto é, desacompanhada de uma outra pena (privativa de liberdade ou restritiva de direitos), pois se houver este acúmulo, todas as penas deverão ser acompanhadas pelo Vara de Execução Penal.

É necessário, portanto, avaliar com cautela o disposto no art. 60, quando afirma que o Juizado possui competência para a execução. Realmente, existe a competência para a execução, mas ela diz respeito à pena de multa, e não da pena privativa de liberdade ou restritiva de direitos.

Art. 85. Não efetuado o pagamento de multa, será feita a conversão em pena privativa da liberdade, ou restritiva de direitos, nos termos previstos em lei.

1. COMENTÁRIOS

A regra contida neste artigo foi tacitamente revogada pela Lei nº 9.268/96, que, alterando o art. 51 do Código Penal, passou a vedar a conversão da pena de multa em pena privativa de liberdade. De igual sorte, não consta do Código Penal a possibilidade de conversão em pena restritiva de direitos. À luz do disposto no art. 51, CP, percebemos que a multa será convertida em dívida de valor, e será cobrada pelo poder público (Procuradoria da Fazenda, em ação executiva ajuizada na Vara de Execução Fiscal).

Se for efetuado o pagamento, haverá a declaração da extinção da punibilidade, conforme consta do art. 85.

Art. 86. A execução das penas privativas de liberdade e restritivas de direitos, ou de multa cumulada com estas, será processada perante o órgão competente, nos termos da lei.

1. COMENTÁRIOS

Conforme mencionamos nos comentários ao art. 84, "a competência do Juizado para a execução da multa somente é possível se ela for aplicada isoladamente, isto é, desacompanhada de uma outra pena (privativa de liberdade ou restritiva de direitos), pois se houver este acúmulo, todas as penas deverão ser acompanhadas pelo Vara de Execução Penal".

▸SEÇÃO V – DAS DESPESAS PROCESSUAIS

Art. 87. Nos casos de homologação do acordo civil e aplicação de pena restritiva de direitos ou multa (arts. 74 e 76, § 4º), as despesas processuais serão reduzidas, conforme dispuser lei estadual.

1. COMENTÁRIOS

A Lei nº 9.099/95 respeita, no particular, a autonomia dos Estados da Federação para regulamentarem, por intermédio de Lei própria, as questões relacionadas às despesas processuais. No ponto, a única restrição imposta pela Lei Federal diz respeito à determinação de redução de tais despesas, quando da ocorrência de homologação da composição civil dos danos e da transação penal.

A medida se justifica, porquanto, em se tratando de situações em que a extinção da punibilidade do autor do fato correrá ainda durante a fase preliminar, é razoável que se entenda que as despesas são de muito menor monta.

▸SEÇÃO VI – DISPOSIÇÕES FINAIS

Art. 88. Além das hipóteses do Código Penal e da legislação especial, dependerá de representação a ação penal relativa aos crimes de lesões corporais leves e lesões culposas.

1. COMENTÁRIOS

O crime de lesão corporal leve está previsto no art. 129, *caput* ("ofender a integridade física ou a saúde de outrem") e a lesão corporal culposa, no art. 129, § 6º ("Se a lesão é culposa") ambos do Código Penal. Até o advento da Lei nº 9.099/95, estas duas modalidades de delitos estavam submetidas à regra geral, de acordo com a qual os crimes são de ação penal pública incondicionada, salvo expressa disposição de lei em sentido contrário (art. 100, *caput*, c/c art. 100, § 1º, CP).

Com a categórica afirmação do art. 88 da Lei de Juizados, estes crimes passam a ser de ação penal pública condicionada à representação do ofendido. Remanescem como crimes de ação penal pública incondicionada, as lesões corporais de natureza grave (art. 129, § 2º) ou gravíssima (art. 129, § 3º, CP).

Muito se discutiu em torno da possibilidade de alteração da ação penal em relação à contravenção penal de "vias de fato" (art. 21 do Decreto-Lei nº 3.688/41). Guilherme Nucci, minoritário em doutrina, assevera que a contravenção penal mencionada também passa a se submeter à regra da ação penal pública condicionada à representação, pois não seria proporcional que se exigisse a ação incondicionada para esta infração penal, que constitui um *minus* em relação à lesão corporal.

O entendimento majoritário, todavia, é no sentido de que a contravenção penal continua a ser de ação penal pública incondicionada, pois, conforme o art. 100, § 1º, CP, "a ação pública é promovida pelo Ministério Público, dependendo, quando a lei o exige, de representação do ofendido ou de requisição do Ministro da Justiça". Ante a falta de previsão legal, não resta dúvida de que a contravenção penal, consistente em "vias de fato", continua a ser de ação penal pública incondicionada[27].

Vale reiterar que a Lei nº 9.099/95 não se aplica aos crimes que envolvem violência doméstica e familiar contra a mulher (art. 41 da Lei nº 11.340/06). Por esta razão, não se podendo aplicar o disposto no art. 88, em apreço, a outra conclusão não se pode chegar senão a de que os crimes de lesão corporal leve ou culposa, no bojo da violência doméstica e familiar contra a mulher continuam a ser de ação penal pública incondicionada. Este entendimento foi consolidado pelo STF, no julgamento da ADI nº 4.424/DF (Rel. Min. Marco Aurélio, j. 09/02/2012).

Continuam a existir outros crimes envolvendo violência doméstica e familiar contra a mulher que se submetem à ação penal pública condicionada à representação do ofendido, tais como o crime de ameaça (art. 147, CP), contra a dignidade sexual, etc.

Art. 89. Nos crimes em que a pena mínima cominada for igual ou inferior a um ano, abrangidas ou não por esta Lei, o Ministério Público, ao oferecer a denúncia, poderá propor a suspensão do processo, por dois a quatro anos, desde que o acusado não esteja sendo processado ou não tenha sido condenado por outro crime, presentes os demais requisitos que autorizariam a suspensão condicional da pena (art. 77 do Código Penal).

§ 1º Aceita a proposta pelo acusado e seu defensor, na presença do Juiz, este, recebendo a denúncia, poderá suspender o processo, submetendo o acusado a período de prova, sob as seguintes condições:

I – reparação do dano, salvo impossibilidade de fazê-lo;

II – proibição de freqüentar determinados lugares;

III – proibição de ausentar-se da comarca onde reside, sem autorização do Juiz;

IV – comparecimento pessoal e obrigatório a juízo, mensalmente, para informar e justificar suas atividades.

§ 2º O Juiz poderá especificar outras condições a que fica subordinada a suspensão, desde que adequadas ao fato e à situação pessoal do acusado.

§ 3º A suspensão será revogada se, no curso do prazo, o beneficiário vier a ser processado por outro crime ou não efetuar, sem motivo justificado, a reparação do dano.

§ 4º A suspensão poderá ser revogada se o acusado vier a ser processado, no curso do prazo, por contravenção, ou descumprir qualquer outra condição imposta.

§ 5º Expirado o prazo sem revogação, o Juiz declarará extinta a punibilidade.

27. Neste sentido, GRINOVER, Ana Pellegrini; GOMES FILHO, Antônio Magalhães; FERNANDES, Antônio Scarance; GOMES, Luiz Flávio. *Juizados especiais criminais: comentários à Lei nº 9.099, de 26.09.1995.* São Paulo: RT, 1996, p. 180.

§ 6º Não correrá a prescrição durante o prazo de suspensão do processo.

§ 7º Se o acusado não aceitar a proposta prevista neste artigo, o processo prosseguirá em seus ulteriores termos.

1. COMENTÁRIOS

1.1. Considerações iniciais

O art. 89 da Lei nº 9.099/95 trata da suspensão condicional do processo.

Este instituto foi inspirado na *probation* do direito anglo-saxão, mas não se confunde com ele. Com efeito, na esteira de prestigiada doutrina nacional, é possível asseverar que o processo penal inglês possui dois momentos distintos: "em primeiro lugar, há a declaração da culpabilidade (*conviction*) e só depois vem o momento da sentença (*sentence*), na qual se impõe a pena ou a medida adequada ao caso. Na *probation* o que se suspende é a sentença condenatória. O juiz chega a declarar o acusado culpado, e depois, caso haja concordância, ele entra em período de prova, de seis meses, conforme a *Powers of Criminal Courts Act* de 1973"[28].

O instituto também não se confunde com o *plea bargaining* norte-americano, pois nele o acusado confessa sua culpa (o que não ocorre na suspensão condicional do processo), e possui ampla possibilidade de discussão e transação sobre a qualificação do fato, consequências jurídicas, etc. De igual sorte, o *sursis processual* diferencia-se do *guilty plea* do direito anglo-saxônico, pois, também aí, há a confissão de culpa, o que não ocorre no instituto brasileiro.

Por estas razões, tem-se entendido que "o que bem explica a natureza jurídica da suspensão condicional do processo entre nós, em suma, é o *nolo contendere*, que consiste numa forma de defesa em que o acusado não contesta a imputação, mas não admite culpa nem proclama a sua inocência" [29].

1.2. Distinções em relação ao *sursis*

A suspensão condicional do processo é o terceiro instituto despenalizador – vale reiterar que os dois primeiros são a composição civil dos danos (art. 72) e a transação penal (art. 76) – trazido pela Lei nº 9.099/95, no bojo da consolidação de uma Justiça Penal consensual. Não se confunde com a suspensão condicional da pena (*sursis*), a despeito de algumas semelhanças entre os institutos.

No *sursis* (art. 77, CP), ocorre a suspensão condicional da execução da pena já imposta. Por outras palavras, apenas após o trânsito em julgado da sentença penal condenatória, suspender-se-á o cumprimento da pena, para que o condenado cumpra algumas condições. Já na suspensão condicional do processo, a suspensão – como o próprio nome do instituto está a indicar – é do processo, que ainda se encontra em andamento.

---

28. GRINOVER, Ana Pellegrini; GOMES FILHO, Antônio Magalhães; FERNANDES, Antônio Scarance; GOMES, Luiz Flávio. *Juizados especiais criminais: comentários à Lei nº 9.099, de 26.09.1995*. São Paulo: RT, 1996, p. 189.

29. GRINOVER, Ana Pellegrini; GOMES FILHO, Antônio Magalhães; FERNANDES, Antônio Scarance; GOMES, Luiz Flávio. *Juizados especiais criminais: comentários à Lei nº 9.099, de 26.09.1995*. São Paulo: RT, 1996, p. 191.

Assim, haverá a suspensão do processo para que sejam atendidas algumas condições, por parte do réu. Satisfeitas tais condições, haverá a extinção do processo e da punibilidade do réu, sem que tenha havido condenação. As semelhanças com o instituto do *sursis* fazem com que a doutrina e a jurisprudência empreguem a expressão "*sursis* processual" para designar a suspensão condicional do processo.

1.3. Requisitos

O art. 89 da Lei nº 9.099/95 traz alguns requisitos para que se possa admitir a obtenção da suspensão condicional do processo. São eles:

a) Crimes em que a pena mínima cominada for igual ou inferior a um ano, abrangidas ou não por esta Lei

Diversamente dos demais institutos despenalizadores contemplados nesta Lei, a suspensão condicional do processo não se adstringe às infrações penais de menor potencial ofensivo. O *caput* do art. 89 deixa claro que é possível o instituto para os crimes cuja pena mínima não ultrapassem 01 (um) ano, independentemente do *quantum* estipulado para a pena máxima. Este o sentido da expressão "abrangidas ou não por esta Lei".

Assim, seria possível, apenas a título ilustrativo, imaginarmos a suspensão condicional do processo para o crime de furto simples (pena de 01 a 04 anos), estelionato (pena de 01 a 05 anos), e tantos outros. Não são, logo se vê, infrações penais de menor potencial ofensivo, mas, indubitavelmente, admitem a suspensão condicional do processo, haja vista a pena mínima não ultrapassar um ano.

Por outro lado, não caberia a suspensão condicional do processo, por exemplo, para o crime de epidemia culposa com resultado morte, prevista no art. 267, § 2º., *in fine*, do Código Penal, que possui pena prevista de dois a quatro anos. O crime possui a pena máxima idêntica à pena máxima do crime de furto simples e inferior à do estelionato, mencionados anteriormente. Contudo, não caberá o *sursis* processual, por conta de sua pena mínima, que, como visto, é superior a um ano. Trazemos à baila este exemplo apenas para ratificar que o parâmetro é, realmente, a pena mínima, pouco importando o montante da pena máxima prevista.

Para identificar esta pena mínima, é imprescindível levar-se em consideração a eventual existência de causas de aumento (majorantes) ou diminuição de pena (minorantes). Como se pretende a pena mínima, a eventual presença de uma majorante deve levar em conta o patamar mínimo de aumento nela previsto; ao revés, em se tratando de uma minorante, deve ser levado em consideração o patamar máximo de diminuição.

Esta regra é válida, inclusive, para a hipótese de concursos de crimes. Com efeito, ocorrendo concurso material ou formal impróprio de crimes (em que as penas devem ser somadas), é necessário que o somatório das penas não ultrapasse 01 (um) ano, para que o agente se beneficie do *sursis processual*. Por seu turno, ocorrendo concurso formal de crimes (em que a pena é aumentada de 1/6 a 1/2) ou continuidade delitiva (aumento de 1/6 a 2/3), é necessário que estes patamares mínimos de aumento (1/6, em qualquer das duas modalidades) não façam com que a pena extrapole 01 (um) ano.

Neste sentido, a jurisprudência do STF e do STJ, o que pode ser verificado pelos seguintes enunciados sumulares:

> ***Súmula 723/STF:*** "Não se admite a suspensão condicional do processo por crime continuado, se a soma da pena mínima da infração mais grave com o aumento mínimo de um sexto for superior a um ano".
>
> ***Súmula 243/STJ:*** "O benefício da suspensão do processo não é aplicável em relação às infrações penais cometidas em concurso material, concurso formal ou continuidade delitiva, quando a pena mínima cominada, seja pelo somatório, seja pela incidência da majorante, ultrapassar o limite de um ano".

Nada obsta, porém, que se aplique o benefício da suspensão condicional do processo na hipótese de haver a pena de multa como alternativa à pena privativa de liberdade, ainda que a previsão para esse último tipo de pena esteja em patamar superior a 01 (um) ano.

Assim, imaginemos, por exemplo, um crime de furto (pena de um a quatro anos), praticado durante o repouso noturno (causa de aumento de um terço, conforme art. 155, § 1º.). Neste caso, não caberia a suspensão condicional do processo, pois a pena mínima ultrapassa um ano. Agora vamos imaginar que se trata de réu primário e a coisa subtraída é de pequeno valor (furto privilegiado). Neste caso, cabe ao Juiz diminuir a pena, substituir a reclusão pela detenção ou aplicar, apenas, a pena de multa. Como a pena de multa torna-se uma alternativa, teríamos uma pena mínima mais branda do que o mínimo da pena privativa de liberdade, razão pela qual é razoável que se aceite a suspensão condicional do processo.

Este tema é polêmico, pois a Lei não previu expressamente essa possibilidade. Mas a tese já conta com precedentes do Supremo Tribunal Federal. Entendeu o STF que "quando para o crime seja prevista, alternativamente, pena de multa, que é menos gravosa do que qualquer pena privativa de liberdade ou restritiva de direito, tem-se por satisfeito um dos requisitos legais para a suspensão condicional do processo"[30].

Ainda no que concerne ao cabimento da suspensão condicional do processo, não se pode olvidar o quanto disposto na súmula nº 337, STJ:

> ***Súmula nº 337/STJ:*** "É cabível a suspensão condicional do processo na desclassificação do crime e na procedência parcial da pretensão punitiva".

A despeito de o art. 89 fazer menção a "crimes", é corrente em doutrina o entendimento de que a suspensão condicional do processo pode ser aplicada na hipótese de contravenção penal. Realmente, não faria o menor sentido em se admitir a possibilidade de um instituto despenalizador para os crimes – que, como salientado, nem sequer precisam ser de menor potencial ofensivo – e não fazê-lo em relação às contravenções penais.

Devemos chamar a atenção para o fato de que, ao contrário do que ocorre com a transação penal, a Lei não previu, para a suspensão condicional do processo, um limite temporal para obtenção de novo benefício. Como vimos (cf. comentários ao art. 76, *supra*), se o autor do

30. STF, HC 83926/RJ, Rel. Min. Cézar Peluso, julgado em 07/08/2007.

fato obtiver uma transação penal, ficará impedido de receber novo benefício por um lapso de tempo de cinco anos. Isto não ocorre na suspensão condicional do processo.

Assim, tendo obtida a suspensão condicional do processo, e encerrado o prazo, com a consequente extinção do processo e da punibilidade, nada obsta que, logo após, o acusado obtenha o benefício novamente. Todavia, se o acusado obtiver a suspensão condicional do processo, não poderá obter novo benefício enquanto o primeiro não cessar. E isto se dá por uma razão óbvia: é que neste caso, o acusado não preencherá este primeiro requisito, pois estará sendo processado por outro crime. Duas suspensões condicionais do processo poderiam, porém, coexistir, se a primeira versasse sobre contravenção penal, conforme comentamos.

Por fim, convém reiterar que os institutos da Lei dos Juizados Especiais não se aplicam aos crimes envolvendo a violência doméstica e familiar contra a mulher (art. 41, Lei nº 11.340/06). Por esta razão, não há que se falar em suspensão condicional do processo nesta hipótese, ainda que o crime em questão possua pena mínima até um ano.

b) O acusado não está sendo processado nem foi condenado por outro crime

Conforme se depreende da leitura do dispositivo legal, o só fato de o acusado estar sendo processado por outro crime já obstaculiza o benefício da suspensão condicional do processo. Naturalmente, segmentos da doutrina insurgiram-se contra esta lógica, sob o argumento de que haveria afronta ao princípio da inocência, insculpido no art. 5º., LVII, CF. A tese, porém, não vingou.

Com efeito, o STF possui entendimento absolutamente consagrado sobre o tema, no sentido de que este impedimento à obtenção da suspensão condicional do processo é constitucional[31]. De fato, o objetivo do *sursis* processual é fazer com que o acusado não necessite enfrentar as agruras de um processo penal. Se, por outro lado, ele já estiver respondendo a um processo penal, o maior mérito do benefício ficaria sem efeito.

Releva notar que o óbice à percepção do benefício diz respeito ao fato de estar sendo processado por crime. Nada obsta, portanto, que o acusado se beneficie do *sursis* processual, caso esteja sendo processado por contravenção penal.

Ademais, é necessário que o acusado não seja reincidente. É esta a extensão da expressão "não tenha sido condenado", conforme assinalado no *caput* do art. 89. Obviamente, esta condenação a que se refere o dispositivo diz respeito às condenações definitivas. E isto, por uma razão muito simples: se a condenação não é definitiva, significa que o acusado ainda está sendo processado, o que já está previsto no *caput* do art. 89 como hipótese a impedir a suspensão condicional do processo.

Mas, se o obstáculo à suspensão diz respeito ao fato de o réu ser reincidente, é possível aplicar a regra do período depurador, contida no art. 64, I, CP ("Para efeito de reincidência: I – não prevalece a condenação anterior, se entre a data do cumprimento ou extinção da pena e a infração posterior tiver decorrido período de tempo superior a 5 (cinco) anos, computado o período de prova da suspensão ou do livramento condicional, se não ocorrer revogação")?

31. RHC 79.469/SP, Rel. Min. Nelson Jobim, j. 2011

Aderimos ao entendimento majoritário em doutrina, ao afirmar que sim[32]. Nosso ordenamento jurídico não concebe, direta ou indiretamente, a possibilidade de penas de caráter perpétuo, tampouco de efeitos penais secundários da condenação (como a reincidência) de caráter perpétuo. A inobservância da regra do período depurador poderia conduzir a esta incongruência.

c) Requisitos para a suspensão condicional da pena

O art. 89 da Lei nº 9.099/95 estabelece como requisito para a obtenção do *sursis* processual, o preenchimento dos requisitos que seriam necessários para a suspensão condicional da pena. Estes requisitos estão enumerados no art. 77 do Código Penal, e são os seguintes: a) o condenado não ser reincidente em crime doloso; b) a culpabilidade, os antecedentes, a conduta social e personalidade do agente, bem como os motivos e as circunstâncias autorizem a concessão do benefício; c) não seja indicada ou cabível a substituição da pena privativa de liberdade pela restritiva de direitos, prevista no art. 44, CP.

Ademais, estabelece o § 1º deste mesmo art. 77, CP, que a condenação anterior a pena de multa não impede a concessão do benefício. Isto conduz a doutrina a salientar que a condenação anterior à pena de multa também não poderia obstar a obtenção da suspensão condicional do processo.

1.4. Proposta de suspensão

A proposta de suspensão condicional do processo fica a cargo do membro do Ministério Público, nos exatos termos do art. 89. Não pode o julgador, substituindo-se à atuação do MP, apresentar a proposta de suspensão. Caso o membro do MP não formule a proposta e o magistrado entenda ser caso de suspensão, deverá invocar, por analogia, o art. 28 do CPP, encaminhado os autos ao Procurador-Geral de Justiça (no âmbito federal, o Juiz Federal encaminha os autos à Câmara de Coordenação e Revisão Criminal do Ministério Público Federal, conforme preconizado na Lei Complementar nº 75/93). É o que dispõe o verbete nº 696 da súmula de jurisprudência do STF.

> ***Súmula 696/STF:*** "Reunidos os pressupostos legais permissivos da suspensão condicional do processo, mas se recusando o promotor de justiça a propô-la, o juiz, dissentindo, remeterá a questão ao procurador-geral, aplicando-se por analogia o art. 28 do código de processo penal".

Na esteira desta aplicação analógica, caberá ao Procurador-Geral (ou à Câmara do MPF, no âmbito federal) oferecer a proposta de suspensão, designar outro membro do MP para fazê-lo ou insistir no cabimento da proposta, situação em que o Juiz ficará vinculado a este entendimento, devendo dar seguimento à instrução.

Malgrado a Lei refira-se à suspensão do processo mediante proposta do MP, doutrina e jurisprudência têm admitido o instituto no âmbito das ações penais de iniciativa privada.

32. Neste sentido, LIMA, Renato Brasileiro de. P. 259. Na jurisprudência, STF, HC 86646/SP, Rel. Min. Cezar Peluso, j. 11/04/2006.

Neste caso, a proposta caberá, exclusivamente, ao querelante, não podendo o julgador nem o Ministério Público suprir a ausência de proposta[33].

A proposta, como se vê da leitura do dispositivo legal, consistirá na suspensão do processo por um lapso de tempo que varia de dois a quatro anos. Durante este prazo, deverá o réu cumprir as condições (cf. comentários, abaixo). No decorrer do prazo de suspensão, o prazo de prescrição do crime ficará, de igual sorte, suspenso, pois repugna ao bom senso que o benefício seja empregado como uma forma de se obter a extinção da punibilidade via prescrição.

Cumpridas as condições durante este período, constatada a ausência de qualquer hipótese de revogação do benefício, haverá a extinção do processo e, consequentemente, extinção da punibilidade do réu.

1.5. Aceitação da proposta

A suspensão condicional do processo é ato bilateral, pressupõe a aceitação por parte do acusado e seu defensor. Se não houver a aceitação, o processo seguirá em seus ulteriores termos. Havendo mais de um acusado, nada obsta que seja formulada a proposta a alguns deles e não a outros. Tudo dependerá, naturalmente, da satisfação dos requisitos contidos neste artigo. Em casos que tais, se houver a aceitação, o processo deve ser desmembrado, pois ficará suspenso em relação a uns e prosseguirá em relação a outros acusados.

É necessário que o acusado esteja assistido por advogado. A ausência da defesa técnica ensejará a nulidade da aceitação. Vale registrar, todavia, que a atual jurisprudência do STF é no sentido de que, mesmo a nulidade absoluta, depende da demonstração do prejuízo, razão pela qual, a depender do caso, esta aceitação, destituída de assistência de defensor poderá ser convalidada.

A Lei faz menção à aceitação na presença do Juiz. De rigor, portanto, a designação de audiência para tanto, caso a aceitação não ocorra na própria audiência de instrução. Não vemos óbice na aceitação escrita, desde não haja dúvida acerca da autenticidade da aceitação, firmada pelo próprio acusado e por seu defensor.

Ocorrendo colidência entre a autodefesa e a defesa técnica, tem-se entendido que há de prevalecer o interesse daquela[34]. Assim, não se aplica a lógica existência entre o conflito relativo ao interesse recursal. Aí, como se sabe, prevalece sempre o interesse de recorrer, seja ele do próprio réu, seja do seu defensor (Súmula 705/STF).

Não deve o julgador imiscuir-se no mérito da proposta, cabendo-lhe, tão-somente, homologar a aceitação, uma vez verificada a legalidade da medida. Evidentemente, deve o julgador abster-se da homologação, uma vez constatando a ausência de legalidade, como, por exemplo, a falta dos requisitos que ensejam a suspensão, o estabelecimento de condições não autorizadas em Lei, estipulação de prazo de suspensão inferior ou superior àqueles mencionados no art. 89, etc.

33. STJ, APn 634/RJ, Rel. Min. Felix Fischer, julgado em 21/03/2012. Há, contudo, julgado mais antigo do STJ, no sentido de que a proposta de suspensão do processo, no crime de ação penal privada, deveria ser formulada pelo MP. STJ, RHC 8.123/AP, Rel. Min. Fernando Gonçalves, j. 16/04/1999.

34. Nesse sentido, NUCCI, Guilherme de Souza. *Ob. cit.*, p. 478.

1.6. Condições

Conforme mencionamos, se a proposta for aceita pelo acusado e seu defensor, e estiverem presentes os requisitos exigidos no art. 89, o Juiz irá homologar a aceitação, determinando a suspensão do processo por um lapso de tempo que varia de dois a quatro anos (conforme a proposta), para que o réu cumpra algumas condições. São as seguintes:

a) Reparação do dano, salvo a impossibilidade fazê-lo: ao estabelecer a reparação do dano como uma das condições da suspensão condicional do processo, o legislador adotou uma postura coerente com a sistemática dos Juizados Especiais. Nesse diapasão, calha reiterar que, em seu art. 62, a Lei nº 9.099/95 traz, como objetivo, a reparação do dano sofrido pela vítima, sempre que possível. Como se vê, a reparação será condição para o *sursis* processual, mas há a ressalva da impossibilidade de adimplemento do montante. Neste caso, uma vez demonstrada a incapacidade econômica do acusado, não haverá a revogação do benefício.

b) Proibição de frequentar determinados lugares: naturalmente, são lugares relacionados à prática do crime (ex.: acusado envolvido em brigas de torcida de futebol fica impossibilidade de frequentar os estádios), ou aqueles em que há mais propensão às atividades ilícitas, tais como estabelecimentos em que há venda ostensiva de bebida alcoólica. Estes lugares devem ser especificados.

c) Proibição de ausentar-se da comarca onde reside, sem autorização do Juiz: na prática, nada obsta que a condição seja flexibilizada, de modo a se exigir do acusado, apenas, a autorização para ausências mais longas. O objetivo da condição é, como se percebe, evitar que o réu, simplesmente, suma, ausentando-se da Comarca sem retornar.

d) Comparecimento pessoal e obrigatório a juízo, mensalmente, para informar e justificar suas atividades: da mesma forma que a condição anterior pode ser flexibilizada, esta também poderá. Assim, nada obsta que se estabeleça como condição o comparecimento trimestral, por exemplo. Naturalmente, o comparecimento mensal é um limite mínimo a ser observado, não se podendo admitir uma delimitação menor (determinação de comparecimento semanal, por exemplo), sob pena de afronta à legalidade.

e) Outras condições especificadas pelo Juiz: O § 2º do art. 89 dispõe que "o Juiz poderá especificar outras condições a que fica subordinada a suspensão, desde que adequadas ao fato e à situação pessoal do acusado". Em sede doutrinária, há a menção a condições como a submissão a tratamentos para desintoxicação, frequentar cursos de reabilitação de alcoolismo, frequentar cursos de instrução escolar, habilitação profissional[35], etc. Obviamente, as condições a serem especificadas não poderão, de forma alguma, contrariar direitos constitucionais ou vilipendiar a esfera de autodeterminação individual. Não se pode admitir, por exemplo, que o acusado seja compelido a frequentar cultos religiosos.

A despeito das resistências doutrinárias, a jurisprudência tem admitido que, dentre tais condições, conste medidas que equivalem a verdadeiras penas restritivas de direitos, tais como a prestação de serviços à comunidade[36].

---

35. LIMA, Renato Brasileiro de. *Ob. cit.*, p. 268.

36. STJ, RHC 51.201/RS, Rel. Min. Newton Trisotto (Desembargador convocado do TJ/SC), j. 20/11/2014.

Cabe anotar, desde já, que o acompanhamento das condições fica a cargo do juízo processante, e não do juízo da execução. E isto se dá por uma razão muito obvia: não tendo havido condenação transitada em julgado, não há como se firmar a competência da Vara de Execução Penal. Demais disso, se o acusado não residir na Comarca em que tem curso o feito, nada obsta que o juízo processante valha-se da expedição de carta precatória (ou qualquer outro meio hábil de comunicação) para o acompanhamento do cumprimento das condições por parte do juízo da Comarca em que reside o réu.

1.7. Revogação

Os §§ 3º e 4º tratam das situações em que ocorrerá a revogação do benefício; no primeiro dispositivo, diz-se que a suspensão "será revogada", ao passo que o parágrafo subsequente emprega a locução "poderá ser revogada". Essa distinção conduz nossa doutrina e jurisprudência a diferenciarem as hipóteses de revogação em obrigatória e facultativa.

a) Revogação obrigatória: A revogação da suspensão condicional do processo será obrigatória quando o acusado vier a ser processado por outro crime ou não reparar o dano de modo injustificado.

Como não poderia ser diferente, há questionamentos doutrinários em torno da constitucionalidade da revogação do benefício, diante do fato de o acusado passar a responder por outro crime. Haveria, seguindo essa linha de pensamento, afronta ao princípio da presunção de inocência, na medida em que o fato de se tornar réu – não havendo, portanto, condenação transitada em julgado – não poderia conduzir à perda do benefício. Para a jurisprudência, todavia, não há violação ao princípio da inocência[37].

Se, ao tomar conhecimento da existência de processo por outro crime, logo após, há a absolvição sumária, não há razão para revogar o benefício[38].

b) Revogação facultativa: a revogação facultativa ocorrerá se o acusado, no curso da suspensão, vier a ser processado por contravenção penal ou descumprir as demais condições estabelecidas (sobre o tema, *vide* comentários no tópico anterior sobre as condições).

Devemos chamar a atenção para o fato de que, consoante consagrado entendimento jurisprudencial, "a suspensão condicional do processo pode ser revogada, mesmo após o termo final do seu prazo, se constatado o não cumprimento de condição imposta durante o curso do benefício, desde que não tenha sido proferida a sentença extintiva da punibilidade[39]

1.8. Recurso contra homologação

Ao contrário do que fez com a transação penal, a Lei não previu recurso para impugnar a decisão que homologa a suspensão condicional do processo. Em sede doutrinária, há, ao menos, duas correntes acerca do tema. Uma primeira linha de pensamento acredita que tal decisão desafia o recurso de apelação, porquanto se trata de decisão definitiva que não admite recurso em sentido estrito (art. 593, II, CPP). Os adeptos desta linha de pensamento

37. STJ, REsp 328.398/MG, Rel. Min. José Arnaldo da Fonseca, j. 18/02/2003.
38. STJ, HC 162.618/SP, Rel. Min. Og Fernandes, j. 22/06/2010, DJe 02/08/2010.
39. STJ, HC 26.194/SP, Rel. Min. Felix Fischer, j 10/06/2003, DJ 04/08/2003.

sustentam a ideia de que o rol do art. 581, CPP, que traz as hipóteses de cabimento do recurso em sentido estrito, não admite analogia e, nem mesmo, interpretação extensiva.

Em sentido oposto, uma segunda linha de pensamento sufraga a tese de que a decisão que homologa a suspensão condicional do processo desafia recurso em sentido estrito. Para tanto, é necessário realizar uma interpretação extensiva das hipóteses de cabimento contempladas no art. 581, CPP, mormente as relacionadas à decisão que "conceder, negar ou revogar a suspensão condicional da pena" (art. 581, XI, CPP) ou ordenar a suspensão do processo, em virtude de questão prejudicial" (art. 581, XVI, CPP)[40].

De toda sorte, não há maiores controvérsias em torno da possibilidade de se impetrar *habeas corpus*, quando houver afronta, ainda que indireta, à liberdade ambulatorial, na decisão de homologação da suspensão. Para a hipótese de não se admitir o cabimento de nenhum recurso – seja a apelação, seja o recurso em sentido estrito – caberia, em tese, a impetração de mandado de segurança, uma vez ausente a ameaça à liberdade de ir e vir. Basta imaginar, por exemplo, um mandado de segurança impetrado pelo MP para desconstituir o título homologatório de uma suspensão proposta pelo próprio Juiz.

1.9. Direito subjetivo?

Em sede doutrinária, não é raro encontrarmos vozes sustentando a ideia de que a suspensão condicional do processo seria um direito subjetivo do acusado. Concordamos com a tese. Com efeito, se o instituto despenalizador está presente em Lei, com requisitos, elementos e condições plenamente delineados, o preenchimento dos requisitos por parte do réu deve conduzir à proposta do Ministério Público. A ausência de proposta deve ensejar a atuação do Julgador, no sentido da aplicação analógica do art. 28, CPP, conforme vimos.

Este entendimento, todavia, não tem sido acolhido pela nossa jurisprudência. Neste passo, importante assinalar que, consoante o STJ, "a suspensão condicional do processo não é direito público subjetivo do acusado, mas sim um poder-dever do Ministério Público, titular da ação penal, a quem cabe, com exclusividade, analisar a possibilidade de aplicação ou não do referido instituto, desde que o faça de forma fundamentada"[41].

1.10. Sursis processual e a Lei de Crimes Ambientais

A Lei nº 9.605/98 (Lei de Crimes Ambientais) previu o instituto da suspensão condicional do processo com algumas modificações, em relação ao regramento presente no art. 89 da Lei nº 9.099/95. Em seu art. 28, a Lei admite a possibilidade de suspensão condicional do processo para os crimes ambientais de menor potencial ofensivo. Esta já é uma primeira distinção em relação ao disposto na Lei dos Juizados, na medida em que, como reiteradamente assinalado, o art. 89 em comento não adstringe a possibilidade de suspensão condicional do processo aos crimes de menor potencial ofensivo.

Mas há ainda outras distinções, senão vejamos:

40. Nesse sentido, LIMA, Renato Brasileiro de. *Ob. cit.*, p. 267.
41. STJ, HC 218.785/PA, Rel. Min. Marco Aurélio Bellizze, j. 04/09/2012.

a) Na Lei de Crimes Ambientais, a declaração de extinção da punibilidade dependerá de laudo de constatação de reparação do dano ambiental, ressalvada a impossibilidade de fazê-lo. Aqui, como se percebe, não se trata, propriamente, de uma distinção, mas sim de uma especificidade. Na regra da Lei nº 9.099/95, a ausência de reparação do dano, salvo impossibilidade de fazê-lo, enseja a revogação do benefício. A Lei de Crimes Ambientais apenas faz menção ao laudo de reparação do dano ambiental.

b) Na hipótese de o laudo de constatação comprovar não ter sido completa a reparação, o prazo de suspensão do processo será prorrogado, até o período máximo (quatro anos), acrescido de mais um ano, com suspensão do prazo da prescrição.

c) no período de prorrogação, não se aplicarão as condições dos incisos II, III e IV do § 1º do art. 89, Lei nº 9.099/95.

d) findo o prazo de prorrogação, proceder-se-á à lavratura de novo laudo de constatação de reparação do dano ambiental, podendo, conforme seu resultado, ser novamente prorrogado o período de suspensão, até o máximo (quatro anos), observado o disposto no tópico anterior.

e) esgotado o prazo máximo de prorrogação, a declaração de extinção de punibilidade dependerá de laudo de constatação que comprove ter o acusado tomado as providências necessárias à reparação integral do dano.

2. SÚMULAS E JURISPRUDÊNCIA

- **Súmula 723, STF:** Não se admite a suspensão condicional do processo por crime continuado, se a soma da pena mínima da infração mais grave com o aumento mínimo de um sexto for superior a um ano.

- **Súmula 243, STJ:** O benefício da suspensão do processo não é aplicável em relação às infrações penais cometidas em concurso material, concurso formal ou continuidade delitiva, quando a pena mínima cominada, seja pelo somatório, seja pela incidência da majorante, ultrapassar o limite de um ano.

- **Súmula 337, STJ:** É cabível a suspensão condicional do processo na desclassificação do crime e na procedência parcial da pretensão punitiva.

- **Súmula 696, STJ:** Reunidos os pressupostos legais permissivos da suspensão condicional do processo, mas se recusando o promotor de justiça a propô-la, o juiz, dissentindo, remeterá a questão ao procurador-geral, aplicando-se por analogia o art. 28 do código de processo penal.

✦ *SUPREMO TRIBUNAL FEDERAL*

- **SUSPENSÃO CONDICIONAL DO PROCESSO E CUMPRIMENTO DE PERÍODO DE PROVA. O benefício da suspensão condicional do processo pode ser revogado mesmo após o período de prova, desde que motivado por fatos ocorridos até o seu término.** Ao reafirmar essa orientação, o Plenário, por maioria, negou provimento a agravo regimental interposto de decisão proferida pelo Min. Ayres Britto, em sede de ação penal, da qual relator, que determinara a **retomada da persecução penal contra deputado federal.** Entendia **descumprida uma das condições estabelecidas pela justiça eleitoral para a suspensão condicional do processo**: o comparecimento mensal àquele juízo para informar e justificar suas atividades. Esclareceu-se que a discussão central destes autos diria respeito ao exame do cumprimento, ou não, pelo acusado das condições estabelecidas para a suspensão condicional do processo ao término do período de prova. Observou-se que, nos termos do § 5º do art. 89 da Lei 9.099/95, expirado o prazo da suspensão do processo sem revogação do benefício, o julgador declarará extinta a punibilidade. No caso, a justiça eleitoral recebera denúncia contra o parlamentar pela suposta prática delito de captação ilícita de votos (Código Eleitoral, art. 299, c/c o art. 29 do CP). Em seguida, deferira-lhe a suspensão condicional do processo pelo período de prova de dois anos, mediante o cumprimento das seguintes condições: a) proibição de contato pessoal com os eleitores denominados no acórdão; b) vedação de se ausentar da municipalidade sem autorização do juiz eleitoral; c) comparecimento mensal ao juízo para informar e justificar suas atividades. O referido período de prova iniciara-se em 26.1.2006, por força de compromisso assumido e registrado no termo lavrado em audiência admonitória. Consignou-se que o acusado deixara de comparecer ao mencionado juízo por diversos meses entre os anos de 2006 e 2007 e que as justificativas por ele apresentadas não procediam, dado que as ausências ocorreram antes mesmo de sua posse no cargo eletivo, em 1º.2.2007. Asseverou-se que fora constatado que, durante os 24 meses do período de prova, o réu não comparecera em juízo em nove deles (março, abril, maio e setembro de 2006 e de julho a novembro de 2007), sendo que os cinco últimos meses compreenderiam período em que o acusado já estaria diplomado e, portanto, sujeito à jurisdição do STF. Porém, o parlamentar não poderia deixar de comparecer, independentemente de requerimento ou determinação judicial, por não ter sido liberado pela justiça. Ressaltou-se que a solicitação apresentada ao término do período de prova, quando descumprida a condição de comparecimento por diversos meses, não constituiria razão suficiente para embasar as ausências anteriores, mas apenas aproveitaria ao mês de novembro de 2007. Todavia, considerou-se justificado o não comparecimento em setembro de 2006, ocasião em que o acusado estaria em campanha eleitoral, porquanto a exigência de comparecimento importaria dano à continuidade de suas atividades. Considerou-se que **a melhor interpretação do art. 89, § 4º, da Lei 9.099/95 levaria à conclusão de que não haveria óbice a que o juiz decidisse após o final do período de prova. Reputou-se que, embora o instituto da suspensão condicional do processo constituísse importante medida despenalizadora – estabelecida por questões de política criminal, com o objetivo de possibilitar, em casos previamente especificados, que o processo não chegasse a iniciar-se –, o acusado não soubera se valer do favor legal que lhe fora conferido, sem demonstrar o necessário comprometimento, em claro menoscabo da justiça.** Vencido o Min. Marco Aurélio, que provia o agravo regimental, por entender que, após o decurso do período de prova assinalado pelo juiz, não seria mais possível a revogação da suspensão condicional do processo. *STF, AP 512 AgR/BA, rel. Min. Ayres Britto, j. 15.3.2012. Pleno. (Info 658).*

- **RECEPTAÇÃO: PRINCÍPIO DA INSIGNIFICÂNCIA E SUSPENSÃO CONDICIONAL DO PROCESSO.** O princípio da insignificância, bem como o benefício da suspensão condicional do processo (Lei 9.099/95, art. 89) não são aplicáveis ao delito de receptação qualificada (CP, art. 180, § 1º). Com base nesse entendimento, a 2ª Turma conheceu, em parte, de habeas corpus e, nessa extensão, indeferiu a ordem impetrada em favor de denunciado pela suposta prática do crime de receptação qualificada por haver sido encontrado em sua farmácia medicamento destinado a fundo municipal de saúde. Frisou-se que a pena mínima cominada ao tipo penal em questão seria superior a um ano de reclusão, o que afastaria o instituto da suspensão condicional do processo. *STF, HC 105963/PE, rel. Min. Celso de Mello, j. 24.4.2012. 2ª T. (Info 663).*

✦ *SUPERIOR TRIBUNAL DE JUSTIÇA*

- **SURSIS PROCESSUAL. IMPOSIÇÃO DE CONDIÇÕES NÃO PREVISTAS EXPRESSAMENTE NO ART. 89 DA LEI nº 9.099/1995. É cabível a imposição de prestação de serviços à comunidade ou de prestação pecuniária como condição especial para a concessão do benefício da suspensão condicional do processo, desde que observados os princípios da adequação e da proporcionalidade.** Conforme o art. 89, § 2º, da Lei nº 9.099/1995, no momento da elaboração da proposta do sursis processual, é permitida a imposição ao acusado do cumprimento de condições facultativas, desde que adequadas ao fato e à situação pessoal do beneficiado. *STJ, RHC 31.283-ES, Rel. Min. Laurita Vaz, j. 11/12/2012. 5ª T. (Info 512).*

- **SUSPENSÃO CONDICIONAL DO PROCESSO. OFERECIMENTO DO BENEFÍCIO AO ACUSADO POR PARTE DO JUÍZO COMPETENTE EM AÇÃO PENAL PÚBLICA. O juízo competente deverá, no âmbito de ação penal pública, oferecer o benefício da suspensão condicional do processo ao acusado caso constate, mediante provocação da parte interessada, não só a insubsistência dos fundamentos utilizados pelo Ministério Público para negar o benefício, mas o preenchimento dos requisitos especiais previstos no art. 89 da Lei nº 9.099/1995.** A suspensão condicional do processo representa um direito subjetivo do acusado na hipótese em que atendidos os requisitos previstos no art. 89 da Lei dos Juizados Especiais Cíveis e Criminais. Por essa razão, os indispensáveis fundamentos da recusa da proposta pelo Ministério Público podem e devem ser submetidos ao juízo de legalidade por parte do Poder Judiciário. Além disso, diante de uma negativa de proposta infundada por parte do órgão ministerial, o Poder Judiciário estaria sendo compelido a prosseguir com uma persecução penal desnecessária, na medida em que a suspensão condicional do processo representa uma alternativa à persecução penal. Por efeito, tendo em vista o interesse público do instituto, a proposta de suspensão condicional do processo não pode ficar ao alvedrio do MP. Ademais, conforme se depreende da redação do art. 89 da Lei nº 9.099/1995, além dos requisitos objetivos ali previstos para a suspensão condicional do processo, exige-se, também, a observância dos requisitos subjetivos elencados no art. 77, II, do CP. Assim, pode-se imaginar, por exemplo, situação em que o Ministério Público negue a benesse ao acusado por consideração a elemento subjetivo elencado no art. 77, II, do CP, mas, ao final da instrução criminal, o magistrado sentenciante não encontre fundamentos idôneos para valorar negativamente os requisitos subjetivos previstos no art. 59 do CP (alguns comuns aos elencados no art. 77, II, do CP), fixando, assim, a pena-base no mínimo legal. Daí a importância de que os fundamentos utilizados pelo órgão ministerial para negar o benefício sejam submetidos, mediante provocação da parte interessada, ao juízo de legalidade do Poder Judiciário. *STJ, HC 131.108-RJ, Rel. Min. Jorge Mussi, j. 18/12/2012. 5ª T. (Info 513)*

- **SUSPENSÃO CONDICIONAL DO PROCESSO. REVOGAÇÃO POSTERIOR AO PERÍODO DE PROVA. É possível a revogação do benefício da suspensão condicional do processo após o término do período de prova, desde que os fatos ensejadores da revogação tenham ocorrido durante esse período.** Conforme a jurisprudência do STF e do STJ, o descumprimento de uma das condições no curso do período de prova da suspensão condicional do processo acarreta, obrigatoriamente, a cessação do benefício (art. 89, §§ 3º e 4º, da Lei nº 9.099/1995). A ausência de revogação do benefício antes do término do lapso probatório não ocasiona a extinção da punibilidade e pode ocorrer após o decurso do período de prova. *STJ, HC 208.497-RS, Rel. Min. Assusete Magalhães, j. 11/12/2012. 6ª T. (Info 513).*

- **SUSPENSÃO CONDICIONAL DO PROCESSO E PRESTAÇÃO PECUNIÁRIA.** A Turma entendeu que fere o princípio da legalidade a imposição de prestação pecuniária como condição para a suspensão condicional do processo. O § 2º do art. 89 da Lei nº 9.099/1995 traz a possibilidade de o juiz estabelecer outras condições, além das elencadas no § 1º, para a concessão do benefício, desde que adequadas ao fato e à situação pessoal do acusado. Porém, a prestação pecuniária – consistente em pena restritiva de direito, autônoma e substitutiva – depende de expressa previsão legal para sua imposição, o que a lei supramencionada não o fez. Assim, não sendo a prestação pecuniária requisito expresso para a suspensão condicional do processo, não pode o magistrado fazer tal imposição ao beneficiário. *STJ, HC 222.026-BA, Rel. Min. Maria Thereza de Assis Moura, j. 20/3/2012. 6ª T. (Info 493)*

3. QUESTÕES DE CONCURSOS

1. **(FCC/TRE-RR/Analista Judiciário/2015 – adaptada)** Reunidos os pressupostos legais permissivos da suspensão condicional do processo, mas recusando o Promotor de Justiça a propô-la, o Juiz, dissentindo, remeterá a questão ao Procurador-Geral, aplicando-se por analogia o art. 28 do Código de Processo Penal.

2. **(FCC/DPE-CE/Defensor Público/2014 – adaptada)** O benefício da suspensão do processo não é aplicável em relação às infrações penais cometidas em concurso material, concurso formal ou continuidade delitiva, quando a pena mínima cominada, seja pelo somatório, seja pela incidência da majorante, ultrapassar o limite de um 01 (um) ano.

3. **(FCC/DPE-CE/Defensor Público/2014 – adaptada)** Reunidos os pressupostos legais permissivos da suspensão condicional do processo, mas se recusando o Promotor de Justiça a propô-la, o Juiz, dissentindo, poderá propô-la de ofício.

4. **(FCC/DPE-CE/Defensor Público/2014 – adaptada)** Não se admite a transação penal em crime continuado, se a soma da pena mínima da infração mais grave com o aumento mínimo de um sexto for superior a 01 (um) ano.

5. **(CESPE/PC-GO/Nível Superior/2016)** Uma pessoa denunciada por crime para o qual a pena mínima é igual a um ano recebeu e aceitou uma proposta do MP prevista na Lei nº 9.099/1995. Nesse caso, a proposta em questão caracteriza-se como uma

a) suspensão condicional da pena, que poderá ser revogada se a pessoa vier a ser condenada definitivamente por outro crime.
b) transação penal, pois a pessoa cometeu crime de menor potencial ofensivo.
c) transação penal, caso o crime cometido seja de menor potencial ofensivo.
d) suspensão condicional da pena, pois a pessoa cometeu crime de menor potencial ofensivo.
e) suspensão condicional do processo, que poderá ser revogada se a pessoa vier a ser processada por contravenção penal no curso do prazo.

6. **(CESPE/PC-GO/Nível Superior/2016)** De acordo com os termos da Lei nº 9.099/1995, que dispõe sobre os juizados especiais cíveis e criminais, na situação em que um indivíduo tenha sido preso em flagrante por ter cometido furto simples – cuja pena prevista é de reclusão, de um a quatro anos, e multa –, o MP, ao oferecer a denúncia, poderá propor a suspensão do processo, por dois a quatro anos, estando presentes os demais requisitos que autorizem a suspensão condicional da pena, previstos em artigo do CP. Nesse caso,

a) o MP poderá propor a suspensão do processo ainda que o réu tenha sido condenado por outro crime na semana anterior à do cometimento do furto.
b) se o juiz deferir a suspensão do processo, o prazo da prescrição penal do crime correrá durante o curso do prazo da suspensão.
c) se for deferida a suspensão do processo, a autoridade judiciária deverá declarar extinta a punibilidade depois de expirado o prazo, sem revogação da suspensão.
d) se o juiz deferir a suspensão do processo, esta será mantida ainda que no seu curso o indivíduo venha a ser processado por contravenção penal.
e) a decisão do juiz, pelo deferimento da suspensão do processo, independerá da aceitação do acusado.

7. **(CESPE/PC-PE/Delegado de Polícia/2016)** Godofredo tem a obrigação legal de cuidar de determinado idoso, mas o abandonou em um hospital – conduta prevista no art. 98, do Estatuto do Idoso, com pena de detenção de seis meses a três anos e multa. Paulo negou trabalho a um idoso, com a justificativa de que o pretendente ao emprego encontrava-se em idade avançada – conduta enquadrada no art. 100, II, do Estatuto do Idoso, com pena de reclusão de seis meses a um ano e multa. Nessas situações, as medidas despenalizadoras, previstas na Lei n.º 9.099/1995 (lei dos juizados especiais),

a) poderão beneficiar ambos os acusados, desde que haja anuência das vítimas.
b) poderão beneficiar Paulo, com a transação penal, ao passo que Godofredo, com a suspensão condicional do processo.
c) não poderão beneficiar Godofredo nem Paulo.
d) poderão beneficiar apenas Godofredo.
e) poderão beneficiar apenas Paulo.

8. **(CESPE/DPE-AL/Defensor Público/2017)** Considerando a jurisprudência dos tribunais superiores, assinale a opção correta relativa à suspensão condicional do processo.

a) O juiz fixará a suspensão condicional do processo pelo prazo de um a três anos, podendo revogá-la a qualquer tempo, se o beneficiário do *sursis* vier a ser processado por outro crime.
b) O juiz não poderá revogar a suspensão condicional do processo se o beneficiário do *sursis* vier a ser processado por contravenção penal.

c) Tratando-se de crimes de ação penal pública, somente o Ministério Público é legitimado a ofertar a suspensão condicional do processo.

d) Como o *sursis* processual é ato discricionário, caso o promotor de justiça não proponha a suspensão condicional do processo, restará ao juiz dar-lhe continuidade.

e) A suspensão condicional do processo depende exclusivamente do preenchimento dos requisitos objetivos fixados para o reconhecimento de infrações de menor potencial ofensivo.

9. (VUNESP/TJ-SP/Juiz de Direito/2017) A suspensão condicional do processo é:

a) inadmissível, em qualquer caso, se a lesão corporal for praticada contra ascendente, descendente, irmão, cônjuge ou companheiro, ou com quem conviva ou tenha convivido, ou, ainda, prevalecendo-se o agente das relações domésticas, de coabitação ou de hospitalidade.

b) admissível nos crimes ambientais de menor potencial ofensivo, mas a declaração de extinção da punibilidade dependerá de laudo de constatação de reparação do dano ambiental, salvo impossibilidade de fazê-lo, permitida a prorrogação do prazo, se incompleta a reparação, com suspensão da prescrição.

c) aplicável em relação às infrações penais cometidas em concurso de crimes, excetuado o concurso material, quando a pena mínima cominada, pela incidência da majorante, não ultrapassar o limite de um (1) ano.

d) cabível na desclassificação do crime e na procedência parcial da pretensão punitiva, se reunidos os pressupostos legais permissivos, com remessa necessária da questão ao Procurador Geral de Justiça, ainda que ausente dissenso, aplicando-se por analogia o art. 28 do Código de Processo Penal.

10. (MPE-PR/Promotor de Justiça Substituto/2019) Sobre o posicionamento sumular firmado pelo Superior Tribunal de Justiça, quanto ao tema da **suspensão condicional do processo**, analise as assertivas abaixo e assinale a ***correta***:

a) O benefício da suspensão do processo não é aplicável em relação às infrações penais cometidas em concurso material, concurso formal ou continuidade delitiva, quando a pena mínima cominada, seja pelo somatório, seja pela incidência da majorante, ultrapassar o limite de um (01) ano.

b) Nas hipóteses em que a condenação anterior não gera reincidência, é cabível a suspensão condicional do processo.

c) É possível a adequação das condições da suspensão do processo no juízo deprecado ou no juízo da execução, observadas as circunstâncias pessoais do beneficiário.

d) Na ação penal de iniciativa privada, cabe a suspensão condicional do processo, mediante proposta do Ministério Público.

e) O mero decurso do prazo da suspensão condicional do processo sem o cumprimento integral das condições impostas em juízo não redundará em extinção automática da punibilidade do agente.

11. (VUNESP/TJ-SP/Juiz de Direito Substituto/2018 – adaptada) Não se admite a suspensão condicional do processo por crime continuado, se a soma da pena mínima da infração mais grave com o aumento mínimo de 1/6 (um sexto) for superior a 1 (um) ano.

12. (FCC/DPE-RS/Defensor Público/2018 – adaptada) A aceitação, pelo acusado, da proposta de suspensão condicional do processo formulada pelo Ministério Público obsta a fluência prescricional durante o prazo da suspensão.

GAB	1	2	3	4	5	6	7	8	9	10	11	12
	C	C	E	E	E	C	B	C	B	A	C	E

Art. 90. As disposições desta Lei não se aplicam aos processos penais cuja instrução já estiver iniciada. (Vide ADIN nº 1.719-9)

1. COMENTÁRIOS

O Direito Penal e o Direito Processual Penal possuem acentuadas distinções, no que se refere à aplicação da lei nova. O Direito Penal rege-se pelo princípio da anterioridade (ou da irretroatividade ou retroatividade benéfica), insculpido no art. 5º, LV, CF e art. 2º., CP. Consoante esta regra, a lei não retroage, salvo para beneficiar o réu. Em contrapartida, o processo penal é pautado pelo princípio da aplicação imediata (ou princípio do efeito imediato ou imediatidade), previsto no art. 2º, CPP, de acordo com o qual "a lei processual penal aplicar-se-á desde logo, sem prejuízo da validade dos atos realizados sob a vigência da lei anterior".

Em relação às leis mistas (híbridas), isto é, aquelas em que há aspectos de direito material e de direito processual, o intérprete há de inclinar-se para a observância do princípio da retroatividade benéfica[42].

Com base nestas considerações, o Conselho Federal da OAB ajuizou a Ação direta de Inconstitucionalidade nº 1.719-9, em que pleiteava o reconhecimento da inconstitucionalidade do art. 90 da Lei nº 9.099/95, na medida em que vedava a retroatividade de benefícios penais instituídos pela própria Lei. O STF, no julgamento desta ADIN, reconheceu a inconstitucionalidade, sem redução de texto, e conferiu interpretação conforme a Constituição, para excluir, com eficácia *ex tunc*, o sentido da norma que impeça a aplicação de normas de Direito Penal benéficas ao réu, ainda que os processos já estivessem em andamento.

Em resumo, não haveria a aplicação, aos processos em cursos, do procedimento sumaríssimo, por exemplo, eis que conteúdo da Lei de caráter eminentemente processual. Mas seria necessário haver a retroatividade, por exemplo, dos institutos despenalizadores (composição civil dos danos, transação penal e suspensão condicional do processo), uma vez que dizem respeito, diretamente, ao poder de punir do Estado.

Art. 90-A. As disposições desta Lei não se aplicam no âmbito da Justiça Militar. (Artigo incluído pela Lei nº 9.839, de 27.9.1999)

1. COMENTÁRIOS

1.1. Considerações iniciais

A proibição de se aplicar a Lei dos Juizados no âmbito da Justiça Militar se deu com o advento da Lei nº 9.839/99, que acrescentou o art. 90-A à Lei nº 9.099/95.

Chegou-se a cogitar que o artigo constituiria violação ao disposto no art. 98, I da Constituição Federal ("A União, no Distrito Federal e nos Territórios, e os Estados criarão: juizados especiais, providos por juízes togados, ou togados e leigos, competentes para a conciliação, o julgamento e a execução de causas cíveis de menor complexidade e infrações penais de menor potencial ofensivo, mediante os procedimentos oral e sumariíssimo, permitidos, nas hipóteses

42. STF, HC 83.864/DF, Rel. Min. Sepúlveda Pertence.

previstas em lei, a transação e o julgamento de recursos por turmas de juízes de primeiro grau"), o que já foi rechaçado pelo STF[43], que entende ser constitucional o dispositivo.

Trata-se, a toda vista, de norma penal – em verdade, de natureza mista, pois a Lei nº 9.099/95 trata de matéria penal e processual – que, naturalmente, não poderia retroagir, eis que maléfica ao réu (*novatio legis in pejus*). Com efeito, é pior para o réu, na medida em que, ao retirar a incidência da Lei de Juizados àqueles processos, resta impossibilitado o recebimento dos benefícios penais, mormente os despenalizadores. Posto isto, a outra conclusão não poderemos chegar, senão o da irretroatividade deste art. 90-A, isto é, cabe a aplicação dos institutos despenalizadores aos crimes julgados na Justiça Militar, desde que praticados até o advento da Lei nº 9.839, de 27 de setembro de 1999.

1.2. O julgamento do civil pela Justiça Militar

Há discussão doutrinária em torno do cabimento do presente artigo às hipóteses em que o processo na Justiça Militar tem um civil como réu. Como se sabe, isto não é possível na Justiça militar dos Estados, que só possui competência para processa e julgar militares estaduais por crimes militares[44]. Mas é possível no âmbito da Justiça Militar da União, que possui competência para processar e julgar militares das Forças Armadas por crimes militares, e também civis por crimes praticados contra as instituições militares[45].

Sobre o tema, Renato Brasileiro de Lima assevera, de forma bastante razoável, que os civis, em tempo de paz, não estão sujeitos à hierarquia e disciplina que caracteriza os militares, razão pela qual não se justifica a proibição de aplicação dos institutos despenalizadores, contemplados na Lei nº 9.099/95[46].

Inclusive, no julgamento do, já mencionado, HC 99.743, os Ministros Luiz Fux, Carlos Ayres Brito e Celso de Mello deixaram consignado a possibilidade de aplicação de tais institutos aos civis julgados pela Justiça Militar. Todavia, como este não era o objeto do processo – já que o HC havia sido impetrado em favor de um militar, e não de um civil – o tema não foi apreciado pelos demais julgadores.

2. SÚMULAS E JURISPRUDÊNCIA

✦ *SUPREMO TRIBUNAL FEDERAL*

- **CRIME PRATICADO POR CIVIL E COMPETÊNCIA DA JUSTIÇA MILITAR.** Compete à justiça militar processar e julgar civil denunciado pela suposta prática dos delitos de desacato e resistência contra militar. Com base nesse entendimento, a 1ª Turma extinguiu habeas corpus por inadequação da via processual. A impetração alegava a incompetência da justiça militar e postulava a declaração de inconstitucionalidade do art. 90-A da Lei 9.099/1995, para que fosse excluída qualquer exegese que afastasse a aplicação da Lei 9.099/1995 aos acusados civis indiciados ou processados perante a justiça

43. STF, HC 99.743, Rel. Min. Luiz Fux, j. 06/10/2011.
44. Súmula 90/STJ: "Compete à Justiça Estadual militar processar e julgar o policial militar pela prática do crime militar, e a comum pela prática do crime comum simultâneo àquele".
45. Súmula 53/STJ: "Compete à Justiça Comum Estadual processar e julgar civil acusado de prática de crime contra instituições militares".
46. LIMA, Renato Brasileiro de. *Ob. cit.*, p. 274.

militar. No caso, o paciente, ao ser revistado, teria desobedecido à ordem de militares em serviço no Complexo do Morro do Alemão – no desempenho de serviço de vigilância, garantia e preservação da ordem pública – e contra eles praticado violência. Rememorou-se precedente da Turma no sentido de que a natureza militar do crime atrairia a competência da justiça militar, mesmo que cometido por civil. Recordou-se, ademais, que o Plenário já teria declarado a constitucionalidade do art. 90-A da Lei 9.099/1995. *STF, HC 113128/RJ, rel. Min. Roberto Barroso, j. 10.12.2013. 1ª T. (Info 732)*

3. QUESTÕES DE CONCURSOS

1. **(FEPESE/MPE-SC/Promotor de Justiça/2014)** Segundo a Lei nº 9.099/95, as suas disposições não se aplicam no âmbito da Justiça Militar.

GAB	1
	C

Art. 91. Nos casos em que esta Lei passa a exigir representação para a propositura da ação penal pública, o ofendido ou seu representante legal será intimado para oferecê-la no prazo de trinta dias, sob pena de decadência.

1. COMENTÁRIOS

O art. 91 reporta-se, indiretamente, ao disposto no art. 88, que, como vimos, passa a considerar que os crimes de lesão corporal leve e lesão corporal culposa são de ação penal pública condicionada à representação do ofendido. Para os processos por estes crimes que se encontravam em andamento quando a Lei nº 9.099/95 entrou em vigor, foi dado o prazo de 30 (trinta) dias, para a realização de tal representação. Para os casos em que o prazo expirou, ocorreu a decadência. Vale registrar que o prazo decadencial não está submetido à suspensão, interrupção ou prorrogação.

Para estes casos em que o processo já se encontrava em andamento, a representação não figurava – como costuma ser – como condição de procedibilidade, mas sim como condição de prosseguibilidade[47].

Art. 92. Aplicam-se subsidiariamente as disposições dos Códigos Penal e de Processo Penal, no que não forem incompatíveis com esta Lei.

1. COMENTÁRIOS

Não há qualquer novidade no dispositivo, na medida em que os Códigos já se aplicam subsidiariamente à legislação penal extravagante.

▸CAPÍTULO IV – DISPOSIÇÕES FINAIS COMUNS

Art. 93. Lei Estadual disporá sobre o Sistema de Juizados Especiais Cíveis e Criminais, sua organização, composição e competência.

47. No mesmo sentido, LIMA, Renato Brasileiro de. *Ob. cit.*, p. 275.

1. COMENTÁRIOS

O art. 93 da Lei de Juizados encontra-se em consonância com o disposto no art. 98, I, CF ("A União, no Distrito Federal e nos Territórios, e os Estados criarão: I – juizados especiais, providos por juízes togados, ou togados e leigos, competentes para a conciliação, o julgamento e a execução de causas cíveis de menor complexidade e infrações penais de menor potencial ofensivo, mediante os procedimentos oral e sumariíssimo, permitidos, nas hipóteses previstas em lei, a transação e o julgamento de recursos por turmas de juízes de primeiro grau").

No âmbito estadual, cabe à Lei Estadual a criação das Varas de Juizados Especiais, bem como a definição para os critérios de sua composição. É necessário ter cautela com o disposto neste art. 93, quando faz referência à Lei Estadual dispondo sobre "competência" do Juizado Especial. Não poderá, sob qualquer fundamento, esta Lei alterar a competência do Juizado Especial criminal para processo e julgamento das infrações penais de menor potencial ofensivo, pois, afinal de contas, isto é matéria processual, e, portanto, a competência legislativa é privativa da União[48] (art. 22, I, CF).

Vale lembrar que o artigo faz menção à Lei Estadual, porque a os Juizados Especiais Federais são regidos pela Lei nº 10.259/01.

Art. 94. Os serviços de cartório poderão ser prestados, e as audiências realizadas fora da sede da Comarca, em bairros ou cidades a ela pertencentes, ocupando instalações de prédios públicos, de acordo com audiências previamente anunciadas.

1. COMENTÁRIOS

Forte na observância dos princípios da informalidade e celeridade, o art. 94 prevê a criação dos chamados "Juizados Especiais Itinerantes". A criação de tal modalidade de Juizado é uma faculdade, não uma imposição ao Poder Judiciário. E assim deve ser, pois cabe ao Poder Judiciário de cada localidade aferir a real necessidade de sua existência.

Art. 95. Os Estados, Distrito Federal e Territórios criarão e instalarão os Juizados Especiais no prazo de seis meses, a contar da vigência desta Lei.

Parágrafo único. No prazo de 6 (seis) meses, contado da publicação desta Lei, serão criados e instalados os Juizados Especiais Itinerantes, que deverão dirimir, prioritariamente, os conflitos existentes nas áreas rurais ou nos locais de menor concentração populacional. (Redação dada pela Lei nº 12.726, de 2012)

1. COMENTÁRIOS

A interpretação do *caput* deste artigo, no sentido de uma norma cogente, imposta aos Estados da Federação configuraria afronta ao princípio federativo. Trata-se, em verdade, de uma tentativa de incentivar os legisladores estaduais, no sentido do cumprimento de determinações que objetivem viabilizar o quanto disposto na Lei nº 9.099/95. O mesmo

48. Neste sentido, STF, ADI 1.807/MC, Rel. Min. Sepúlveda Pertence, j. 23/04/1998.

raciocínio deve ser empregado em relação ao parágrafo único, que apenas foi acrescido a este artigo pela Lei nº 12.726/12,

Art. 96. Esta Lei entra em vigor no prazo de sessenta dias após a sua publicação.

1. COMENTÁRIOS

Tendo em vista as significativas mudanças trazidas com o novo sistema dos Juizados, o legislador estipulou um prazo de sessenta dias para a *vacatio* da Lei nº 9.099/95. Como a Lei foi publicada no dia 27 de setembro de 1995, entrou em vigor no dia 26 de novembro do mesmo ano.

Como referimos em algumas passagens dos comentários a esta Lei, ela possui disposições de cunho penal e de cunho processual penal. A despeito das divergências doutrinárias sobre o tema, acreditamos ser possível a aplicação da lei penal benéfica, ainda que em período de *vacatio*. Assim, no período compreendido entre 27 de setembro de 1995 e 25 de novembro daquele ano, poderiam ser aplicados os institutos despenalizadores. De toda sorte, devemos reconhecer que, passadas duas décadas, a discussão já não possui maior relevância.

Art. 97. Ficam revogadas a Lei nº 4.611, de 2 de abril de 1965 e a Lei nº 7.244, de 7 de novembro de 1984.

1. COMENTÁRIOS

A Lei nº 4.611/65 tratava de normas processuais relativas aos crimes de homicídio culposo e lesão corporal culposa. De outro lado, a Lei nº 7.244/84 dispunha sobre a criação do funcionamento do juizado especial de pequenas causas, de natureza cível, que foi substituído pelo Juizado especial Cível.

Brasília, 26 de setembro de 1995; 174º da Independência e 107º da República.

FERNANDO HENRIQUE CARDOSO

Nelson A. Jobim

| 11 |
GRAVIDEZ

GRAVIDEZ		
QUESTÕES DE CONCURSOS		
Classificação pelo grau de incidência em provas		
Dispositivo legal	Nº de questões	%
Art. 2º	2	100,00%
TOTAL	2	100,00%

▸LEI Nº 9.029, DE 13 DE ABRIL DE 1995

Proíbe a exigência de atestados de gravidez e esterilização, e outras práticas discriminatórias, para efeitos admissionais ou de permanência da relação jurídica de trabalho, e dá outras providências.

O PRESIDENTE DA REPÚBLICA Faço saber que o Congresso Nacional decreta e eu sanciono a seguinte Lei

1. COMENTÁRIOS

1.1. Considerações iniciais

Objetivando cumprir o mandamento constitucional no sentido da proteção do mercado de trabalho da mulher (art. 7º, XX, CF), o legislador ordinário aprovou a Lei nº 9.029/95, que possui por escopo evitar as práticas discriminatórias em detrimento da gestante.

A Lei, em grande medida, trata de matéria estranha ao Direito Penal, na medida em que admite a adoção de sanções como a multa administrativa e a proibição de obter empréstimo ou financiamento junto a instituições financeiras oficiais (art. 3º.).

Ademais, a Lei prevê que o rompimento da relação de trabalho por ato discriminatório, além de ensejar a reparação pelo dano moral, faculta ao empregado optar entre: a) a reintegração com ressarcimento integral de todo o período de afastamento, mediante pagamento das remunerações devidas, corrigidas monetariamente, acrescidas dos juros legais (art. 4º, I); b) a percepção, em dobro, da remuneração do período de afastamento, corrigida monetariamente e acrescida dos juros legais (art. 4º, II).

Todas estas são medidas que nada têm a ver com o Direito Penal. Contudo, em seu art. 2º, a Lei em comento previu a existência de crimes relacionados às práticas discriminatórias.

Vale registrar que esta Lei sofreu pontuais alterações, promovidas pelo Estatuto da Pessoa com Deficiência (Lei nº 13.146/2015). À guisa de exemplo, tome-se o teor do art. 1º da Lei, que passou a consignar: "É proibida a adoção de qualquer prática discriminatória e limitativa para efeito de acesso à relação de trabalho, ou de sua manutenção, por motivo de sexo, origem, raça, cor, estado civil, situação familiar, deficiência, reabilitação profissional, idade, entre outros, ressalvadas, nesse caso, as hipóteses de proteção à criança e ao adolescente previstas no inciso XXXIII do art. 7º da Constituição Federal".

De todo modo, releva notar que as alterações promovidas por esta legislação não influem de forma significativa nas questões penais da Lei nº 9.029/95, que estão contidas no art. 2º, que passamos a comentar.

Art. 2º Constituem crime as seguintes práticas discriminatórias:

I – a exigência de teste, exame, perícia, laudo, atestado, declaração ou qualquer outro procedimento relativo à esterilização ou a estado de gravidez;

II – a adoção de quaisquer medidas, de iniciativa do empregador, que configurem;

a) indução ou instigamento à esterilização genética;

b) promoção do controle de natalidade, assim não considerado o oferecimento de serviços e de aconselhamento ou planejamento familiar, realizados através de instituições públicas ou privadas, submetidas às normas do Sistema Único de Saúde (SUS).

Pena: detenção de um a dois anos e multa.

Parágrafo único. São sujeitos ativos dos crimes a que se refere este artigo:

I – a pessoa física empregadora;

II – o representante legal do empregador, como definido na legislação trabalhista;

III – o dirigente, direto ou por delegação, de órgãos públicos e entidades das administrações públicas direta, indireta e fundacional de qualquer dos Poderes da União, dos Estados, do Distrito Federal e dos Municípios.

1. COMENTÁRIOS

1.1. Considerações iniciais

Relevante perceber que a Lei, como um todo, não se refere apenas à discriminação que concerne à gravidez. Com efeito, em seu art. 1º, a Lei nº 9.029/95 faz menção à proibição de qualquer prática discriminatória e limitativa para efeito de acesso a relação de emprego, ou sua manutenção, por motivo de sexo, origem, raça, cor, estado civil. O art. 2º, todavia, que trata da matéria penal, adstringe-se à prática discriminatória relacionada à gravidez e temas correlatos, como esterilização e planejamento familiar.

Conforme se percebe, os crimes previstos no art. 2º, possuem uma abrangência muito menor do que aqueles previstos na Lei de Preconceito (Lei nº 7.716/89).

Um dos objetivos fundamentais da República Federativa do Brasil é a promoção do bem de todos, sem preconceitos de origem, raça, sexo, cor, idade e quaisquer outras formas de discriminação. Ademais, além de o texto constitucional consagrar a proteção ao mercado de trabalho da mulher, como já referido, erige o próprio direito ao trabalho a direito social (art. 6º.) e contempla a licença-maternidade como forma de não prejudicar a mulher em sua atividade laboral. Em geral, trata-se de crime unissubsistente, em que a conduta não pode ser fracionada; se, todavia, for praticado em sua modalidade escrita, passa a ser crime plurissubsistente, admitindo, destarte, a tentativa.

1.2. Inciso I

1.2.1. Objetividade jurídica

O dispositivo em apreço refere-se às exigências mencionadas no bojo da contratação do empregado. Em suma, a conduta típica refere-se à exigência de qualquer prova de que a pessoa que se candidata ao emprego é ou não é estéril, ou, ainda, de que está ou não grávida.

Trata-se de crime formal, que restará consumado com a simples exigência do teste, exame, perícia, laudo, atestado, declaração ou qualquer outro procedimento relativo à esterilização ou a estado de gravidez. Independe, portanto, da efetiva recusa na contratação, por exemplo.

Naturalmente, as exigências relacionadas à esterilização ou gravidez objetivam, como regra, criar algum óbice à contratação. É neste diapasão que o empregador sopesa o ônus decorrente de eventual contratação da pessoa que pode vir a ter filhos. E é justamente este tratamento discriminatório que a Lei pretende evitar.

Perceba, porém, que o tipo penal não exige elemento subjetivo específico (especial finalidade no agir). Assim, o crime estará consumado quando da exigência mencionada no inciso I, ainda que o empregador negue a sua pretensão não foi a de conferir tratamento discriminatório à pessoa que se candidata ao emprego.

1.2.2. Sujeitos

Podem ser sujeitos ativos do crime as pessoas enumeradas no art. 2º, parágrafo único, desta Lei, a saber: a) a pessoa física empregadora; b) o representante legal do empregador, como definido na legislação trabalhista; c) o dirigente, direto ou por delegação, de órgãos públicos e entidades das administrações públicas direta, indireta e fundacional de qualquer dos Poderes da União, dos Estados, do Distrito Federal e dos Municípios.

Trata-se, portanto, de crime próprio, que exige uma qualidade especial do agente.

No que tange ao sujeito passivo, pode ser qualquer pessoa, na hipótese da exigência relativa à esterilização; em se tratando da exigência concernente ao estado de gravidez, obviamente, apenas a mulher é sujeito passivo da conduta.

Vale recordar que sujeito passivo indireto (mediato ou constante) é o Estado, como ocorre em todos os crimes.

1.2.3. Objetos

Objeto jurídico: o bem jurídico tutelado é combate à discriminação ou preconceito.

Objeto material: é o próprio teste, exame, perícia, laudo, atestado, declaração ou qualquer outro procedimento relativo à esterilização ou a estado de gravidez.

1.2.4. Elemento subjetivo

É o dolo, não se admitindo o crime em sua modalidade culposa. Também não se exige um elemento subjetivo específico (especial finalidade no agir).

1.2.5. Classificação

Trata-se de crime **próprio** (exige uma qualidade especial do agente); **formal** (a consumação independe da produção do resultado naturalístico); **unissubsistente** (a conduta não pode ser fracionada) ou **plurissubsistente**; **monossubjetivo** (o crime pode ser praticado por uma ou mais pessoas); **comissivo** (o tipo descreve uma ação); instantâneo (**a conduta não se protrai**).

1.3. Inciso II

1.3.1. Objetividade jurídica

Neste segundo inciso, o legislador pretende coibir condutas do empregador que possam ensejar a esterilização ou o controle de natalidade. A esterilização é a intervenção médico-cirúrgica, realizada no homem (vasectomia) ou na mulher (laqueadura das trompas de falópio) que impossibilite a capacidade de geração de filhos,

O crime se consuma quando o empregador induz ou instiga à esterilização genética. Induzir equivale a criar a ideia, ao passo que instigar corresponde a alimentar uma ideia já existente. Trata-se de crime formal, que se consuma independentemente de a vítima proceder, efetivamente, à esterilização. Basta, assim, o ato de induzir ou de instigar para que o crime se consume.

No que se refere ao planejamento familiar, imperioso recordar o teor do art. 226, § 7º, da Constituição Federal, que possui a seguinte redação: "Fundado nos princípios da dignidade da pessoa humana e da paternidade responsável, o planejamento familiar é livre decisão do casal, competindo ao Estado propiciar recursos educacionais e científicos para o exercício desse direito, vedada qualquer forma coercitiva por parte de instituições oficiais ou privadas".

O crime previsto no inciso II viola a ideia de um planejamento familiar como livre decisão do casal, pois a promoção de um controle de natalidade por parte do empregador viria acompanhada, ainda que implicitamente, de uma ameaça de despedida, caso o empregado se recusasse a aderir ao referido controle. Pelo menos foi esta situação que o legislador pretendeu evitar quando da tipificação da conduta ora em apreço.

Para que não pairasse qualquer tipo de dúvida em relação à conduta criminosa, andou bem o legislador ao especificar não é típica a conduta que consiste no "oferecimento de serviços e de aconselhamento ou planejamento familiar, realizados através de instituições públicas ou privadas, submetidas às normas do Sistema Único de Saúde (SUS)". Sem dúvida, esta conduta não afronta a livre determinação do casal no sentido da realização do planejamento familiar, conforme preconizado pela Constituição Federal.

1.3.2. Sujeitos

Trata-se de crime próprio, isto é, exige-se uma qualidade especial do sujeito ativo. E isto porque somente podem ser sujeitos ativos do crime as pessoas enumeradas no art. 2º, parágrafo único desta Lei, a saber: a) a pessoa física empregadora; b) o representante legal do empregador, como definido na legislação trabalhista; c) o dirigente, direto ou por delegação, de órgãos públicos e entidades das administrações públicas direta, indireta e fundacional de qualquer dos Poderes da União, dos Estados, do Distrito Federal e dos Municípios.

No que tange ao sujeito passivo, pode ser qualquer pessoa empregada. Como o tipo penal faz menção à figura do empregador, podemos concluir que a vítima do crime é a pessoa empregada.

1.3.3. Objetos

Objeto jurídico: o bem jurídico tutelado é combate à discriminação ou preconceito.

Objeto material: é a própria pessoa contra quem a conduta do empregador é dirigida.

1.3.4. Elemento subjetivo

É o dolo, não se admitindo o crime em sua modalidade culposa. Também não se exige um elemento subjetivo específico (especial finalidade no agir).

1.3.5. Classificação

Trata-se de crime **próprio** (exige uma qualidade especial do agente); **formal** (a consumação independe da produção do resultado naturalístico); **plurissubsistente** (a conduta pode ser fracionada, admitindo a tentativa); **monossubjetivo** (o crime pode ser praticado por uma ou mais pessoas); **comissivo** (o tipo descreve uma ação); instantâneo (**a conduta não se protrai**).

2. QUESTÕES DE CONCURSOS

1. **(TRT21/Juiz do Trabalho/2012)** Ana Sousa submeteu-se a entrevista com a Chefe do Setor de Recursos Humanos da empresa Aços Fortes. Foi aprovada para o cargo de Auxiliar de Marketing, e a referida Chefe orientou Ana Sousa a fazer vários exames médicos, entre eles o exame de sangue para demonstrar que não estava grávida, devendo apresentar tais exames ao médico do trabalho da empresa, durante o exame médico admissional. Ana Sousa denunciou o fato ao Ministério Público do Trabalho, solicitando anonimato. Após audiência com a empresa, foi firmado Termo de Ajustamento de Conduta, comprometendo-se a empresa a "não exigir teste, exame, perícia, laudo, atestado, declaração ou qualquer outro procedimento relativo à esterilização ou a estado de gravidez". Na semana seguinte, ao apresentar-se para o exame admissional, Ana Sousa levou o exame de gravidez, mas o médico do trabalho não solicitou a sua apresentação, tendo a considerado apta para o trabalho sem ver o documento. No caso descrito, é correto afirmar:

I. Houve arrependimento eficaz;

II. Houve desistência voluntária da conduta;

III. O crime de constrangimento ilegal ocorreu, na forma tentada;

IV. O crime de exigência de atestado de gravidez (art. 2º da Lei nº 9.029/95) ocorreu na forma consumada:

a) somente a assertiva I está correta;

b) somente a assertiva II está correta;

c) somente as assertivas I e III estão corretas;

d) somente as assertivas I e IV estão corretas;

e) somente as assertivas II e IV estão corretas.

2. (CESPE/MPE-ES/Promotor de Justiça/2010 – adaptada) As condutas criminosas relativas às exigências discriminatórias para fins de admissão ou permanência da relação jurídica de trabalho estão taxativamente previstas na Lei nº 9.029/1995, sem possibilidade de interpretação analógica a fim de abarcar outros casos semelhantes.

GAB	1	2
	D	E

Art. 5º Esta lei entra em vigor na data de sua publicação.

Art. 6º Revogam-se as disposições em contrário.

Brasília, 13 de abril de 1995; 174º da Independência e 107º da República.

FERNANDO HENRIQUE CARDOSO

Paulo Paiva

| 12 |

INTERCEPTAÇÃO TELEFÔNICA

INTERCEPTAÇÃO TELEFÔNICA						
QUESTÕES DE CONCURSOS						
Classificação pelo artigo				Classificação pelo grau de incidência em provas		
Dispositivo legal	Nº de questões	%		Dispositivo legal	Nº de questões	%
Introdução	7	**10,00%**		Art. 2º	16	22,86%
Art. 1º	6	**8,57%**		Art. 5º	10	14,29%
Art. 2º	16	**22,86%**		Art. 10	9	12,86%
Art. 3º	5	**7,14%**		Introdução	7	10,00%
Art. 4º	6	**8,57%**		Art. 1º	6	8,57%
Art. 5º	10	**14,29%**		Art. 4º	6	8,57%
Art. 6º	4	**5,71%**		Art. 3º	5	7,14%
Art. 7º	1	**1,43%**		Art. 9º	5	7,14%
Art. 8º	1	**1,43%**		Art. 6º	4	5,71%
Art. 9º	5	**7,14%**		Art. 7º	1	1,43%
Art. 10	9	**12,86%**		Art. 8º	1	1,43%
TOTAL	70	**100,00%**		TOTAL	70	**100,00%**

▸LEI Nº 9.296, DE 24 DE JULHO DE 1996

Regulamenta o inciso XII, parte final do art. 5º da Constituição Federal.

O PRESIDENTE DA REPÚBLICA **Faço saber que o Congresso Nacional decreta e eu sanciono a seguinte Lei:**

1. COMENTÁRIOS

1.1. Considerações iniciais

A Lei nº 9.296/96 regulamenta o art. 5º, XII, CF, que possui a seguinte redação: "é inviolável o sigilo da correspondência e das comunicações telegráficas, de dados e das comunicações telefônicas, salvo, no último caso, por ordem judicial, nas hipóteses e na forma que a lei estabelecer para fins de investigação criminal ou instrução processual penal". Como se percebe, a regulamentação se refere à parte final do dispositivo, que diz respeito às comunicações telefônicas.

Uma leitura açodada do dispositivo pode dar a equivocada impressão de que apenas o direito de sigilo às comunicações telefônicas pode ser flexibilizado. Esta interpretação não merece acolhida na jurisprudência do STF, que sempre entendeu não haver direitos absolutos na Constituição[1]. Os direitos contemplados no texto constitucional devem ser harmonizados, no caso concreto. Por esta razão, o STF já admitiu a possibilidade de interceptação de cartas de presos[2], bem como a quebra de sigilos de dados bancário e fiscal[3].

Muito embora o art. 5°, XII, CF aluda à necessidade de ordem judicial apenas para a quebra do sigilo das comunicações telefônicas – já que utiliza a expressão "no último caso" – o STF tem exigido a decisão de autoridade judiciária também para a quebra dos sigilos bancários e fiscal[4]. Importante salientar, contudo, que, no dia 18 de fevereiro, o STF reconheceu a constitucionalidade da Lei complementar 105/01, que autoriza a Receita Federal obter dados bancários do contribuinte, sem autorização judicial (RE 601.314)

No que tange às comunicações telefônicas, o dispositivo constitucional em estudo já permitia sua flexibilização no caso concreto, exigindo para tanto, porém, alguns requisitos. Desta forma, o texto constitucional faz menção à ordem judicial para fins de investigação criminal ou instrução processual penal. Mas traz a fórmula "nas hipóteses e na forma que a lei estabelecer".

Trata-se, portanto, de norma constitucional de eficácia limitada, dependendo de regulamentação em lei para que se possa verificar sua ocorrência. Mais que isto, o caso é de reserva legal qualificada, na medida em que não apenas se exige a lei, como, além disto, o texto constitucional já traz alguns dos requisitos que devem estar contemplados nesta Lei. Assim, até o advento da Lei n.° 9.296, em 24 de julho de 1996, não era juridicamente possível a interceptação telefônica, ainda que antecedida de autorização judicial.

É verdade que havia uma pretensão de alguns segmentos da doutrina de possibilitar a interceptação telefônica com fundamento no art. 57, II, *e*, da Lei n.° 4.117/62 (Código Brasileiro de Telecomunicações), que assevera não haver violação de telecomunicação o conhecimento dado ao juiz competente, mediante requisição ou intimação. O STF, porém, ao apreciar a matéria, ainda antes do advento da Lei n.° 9.296/96 reiterou a necessidade de publicação da Lei regulamentadora, destacando, ainda, que o dispositivo do Código Brasileiro de Telecomunicações não havia sido recepcionado pela Constituição Federal[5].

1.2. Interceptação telefônica

O estudo da disciplina atinente à interceptação telefônica pressupõe a análise de alguns conceitos correlatos, que podem ensejar alguma confusão. Assim, seguindo a linha da doutrina mais abalizada e da jurisprudência dos nossos Tribunais, é possível estabelecer os seguintes conceitos.

1. STF, HC 93.250/MS, Rel. Min. Ellen Gracie, j. 10/06/2008.
2. STF, HC 70.814/SP, Rel. Min. Celso de Mello, j. 01/03/1994.
3. STF, HC 105.524/PR, Rel. Min. Joaquim Barbosa, j. 24/03/2012.
4. STF, HC 96.056/PE, Rel. Min. Gilmar Mendes, j. 28/06/2011.
5. STF, HC 72.588/PB, Rel. Min. Maurício Côrrea, j. 12/06/1996.

a) Interceptação telefônica: é a interceptação em sentido estrito, e consiste na interferência, captação da conversa telefônica, realizada por alguém que não seja interlocutor. Trata-se, portanto, de uma terceira pessoa captando a conversa, sem a ciência dos interlocutores. Esta interceptação telefônica é regida pela Lei nº 9.296/1996, ora em estudo.

b) Interceptação ambiental: trata-se da interceptação (captação da comunicação sem conhecimento dos interlocutores) no ambiente em que se realiza a comunicação. A Lei n.º 12.850/2013 admite, como meio de prova, a "captação ambiental de sinais eletromagnéticos, ópticos ou acústicos".

c) Gravação clandestina ou gravação telefônica: difere da interceptação, pois, aqui, a gravação é realizada por um dos interlocutores, sem o conhecimento do outro. Na interceptação, como mencionamos, nenhum dos interlocutores tem ciência da captação. A gravação clandestina não se subordina aos requisitos exigidos pela Lei de Interceptação Telefônica, e a jurisprudência do STF a considera prova lícita, desde que não haja causa legal específica de sigilo nem reserva de conversação[6].

d) Gravação ambiental ou captação direta: difere da interceptação ambiental, pois a gravação é realizada por um dos interlocutores, sem a ciência do(s) outros(s). É o caso, por exemplo, em que uma pessoa participa de uma conversa, levando no bolso um gravador ou, até mesmo, uma câmera escondida. O STF também tem reconhecido a licitude de tal prova[7].

e) Escuta telefônica: e a captação da conversa realizada por um terceiro, com o conhecimento de um dos interlocutores. Ocorre, por exemplo, quando um dos interlocutores, pretendendo gravar a conversa, pede auxílio a um terceiro, para que capte a conversa. Difere da interceptação porque um dos interlocutores tem ciência da captação, e difere da gravação clandestina, pois a captação é realizada por um terceiro. Prevalece em doutrina o entendimento de que a realização da escuta também depende dos requisitos contemplados na Lei de Interceptação Telefônica[8]. O STF, porém, já decidiu que "não há interceptação telefônica quando a conversa é gravada por um dos interlocutores, ainda que com a ajuda de um repórter"[9].

f) Escuta ambiental: é a captação de uma comunicação ambiente realizada por um terceiro, com o consentimento de um dos interlocutores. Ocorre, por exemplo, quando a pessoa vítima de uma extorsão solicita auxílio da força policial para que instale uma câmera de gravação no local em que ocorre o crime.

1.3. Sigilo das comunicações telefônicas e sigilo dos dados telefônicos

É imperioso diferenciar o sigilo das comunicações telefônicas do sigilo dos dados telefônicos. O primeiro diz respeito ao teor das comunicações, ou seja, a quebra do sigilo das comunicações telefônicas compreende o acesso ao teor das conversas, e se materializa por meio

6. STF, HC 91.613/MG, Rel. Min. Gilmar Mendes, j. 15/05/2012.
7. STF, RE 583.937 QO-RG/RJ, Rel. Min. Cezar Peluso, j. 19/11/2009.
8. LIMA, Renato Brasileiro de. *Legislação criminal especial comentada.* 2. ed. Salvador: JusPodivm, 2014, p. 137.
9. STF, RE 453.562 AgR/SP, Rel. Min. Joaquim Barbosa, j. 23/09/2008.

da interceptação telefônica, nos termos preconizados pelo art. 5°, XII, CF e regulamentado pela Lei n.° 9.296/96.

O sigilo dos dados telefônicos também diz respeito às informações referentes às conversas telefônicas, mas não respeita ao teor destas conversas. Diz respeito, por exemplo, a dados como o nome e o número dos interlocutores, o tempo de duração das conversas, a data e o horário de tais conversas, a procedência da ligação, etc.

A quebra do sigilo dos dados telefônicos não obedece às mesmas restrições contempladas no art. 5°, XII, CF, e, por isso, o Supremo Tribunal Federal já pacificou o entendimento no sentido de ser possível a quebra deste sigilo pela Comissão Parlamentar de Inquérito, em decisão devidamente fundamentada[10]. Já a interceptação, como sabemos, dependeria de ordem judicial, conforme restrições constitucionais já mencionadas.

Em sentido similar, o teor das comunicações telemáticas depende de ordem judicial, nos termos da Lei de Interceptação Telefônica – que, como veremos abaixo, também se aplica a este outro tipo de comunicação. Mas não há a necessidade de autorização judicial para a obtenção de dados relativos a estas comunicações. Foi o que decidiu o STF ao reconhecer a licitude de acesso a dados mantidos em computador de "lan house", autorizado pelo proprietário do estabelecimento. Conforme o STF, no caso, o acesso ao computador não desvelou o próprio conteúdo da comunicação criminosa, mas apenas dados que permitiram identificar o seu autor[11].

Ratificando a desnecessidade de autorização judicial para a obtenção de determinados dados, a Lei n.° 12.683/12 acrescentou o art. 17-B à Lei de Lavagem de Capitais (Lei n.° 9.613/98), que possui a seguinte redação: "a autoridade policial e o Ministério Público terão acesso, exclusivamente, aos dados cadastrais do investigado que informam qualificação pessoal, filiação e endereço, independentemente de autorização judicial, mantidos pela Justiça Eleitoral, pelas empresas telefônicas, pelas instituições financeiras, pelos provedores de internet e pelas administradoras de cartão de crédito".

2. SÚMULAS E JURISPRUDÊNCIA

✦ *SUPERIOR TRIBUNAL DE JUSTIÇA*

▸ **UTILIZAÇÃO DE GRAVAÇÃO TELEFÔNICA COMO PROVA DE CRIME CONTRA A LIBERDADE SEXUAL. Em processo que apure a suposta prática de crime sexual contra adolescente absolutamente incapaz, é admissível a utilização de prova extraída de gravação telefônica efetivada a pedido da genitora da vítima, em seu terminal telefônico, mesmo que solicitado auxílio técnico de detetive particular para a captação das conversas.** Consoante dispõe o art. 3°, I, do CC, são absolutamente incapazes os menores de dezesseis anos, não podendo praticar ato algum por si, de modo que são representados por seus pais. Assim, é válido o consentimento do genitor para gravar as conversas do filho menor. De fato, a gravação da conversa, em situações como a ora em análise, não configura prova ilícita, visto que não ocorre, a rigor, uma interceptação da comunicação por terceiro, mas mera gravação, com auxílio técnico de terceiro, pelo proprietário do terminal telefônico, objetivando a proteção da

10. STF, MS 23.452/RJ, Rel. Min. Celso de Mello, j. 16/09/1999.

11. STF, HC 103.425/AM, Rel. Min. Rosa Weber, j. 26/06/2012.

liberdade sexual de absolutamente incapaz, seu filho, na perspectiva do poder familiar, vale dizer, do poder-dever de que são investidos os pais em relação aos filhos menores, de proteção e vigilância. A presente hipótese se assemelha, em verdade, à gravação de conversa telefônica feita com a autorização de um dos interlocutores, sem ciência do outro, quando há cometimento de crime por este último, situação já reconhecida como válida pelo STF (HC 75.338, Tribunal Pleno, DJ 25/9/1998). Destaque-se que a proteção integral à criança, em especial no que se refere às agressões sexuais, é preocupação constante de nosso Estado, constitucionalmente garantida em caráter prioritário (art. 227, *caput*, c/c o § 4º, da CF), e de instrumentos internacionais. Com efeito, preceitua o art. 34, "b", da Convenção Internacional sobre os Direitos da Criança, aprovada pela Resolução 44/25 da ONU, em 20/11/1989, e internalizada no ordenamento jurídico nacional mediante o DL 28/1990, *verbis*: "Os Estados-partes se comprometem a proteger a criança contra todas as formas de exploração e abuso sexual. Nesse sentido, os Estados-parte tomarão, em especial, todas as medidas de caráter nacional, bilateral e multilateral que sejam necessárias para impedir: (...) b) a exploração da criança na prostituição ou outras práticas sexuais ilegais; (...)". Assim, é inviável inquinar de ilicitude a prova assim obtida, prestigiando o direito à intimidade e privacidade do acusado em detrimento da própria liberdade sexual da vítima absolutamente incapaz e em face de toda uma política estatal de proteção à criança e ao adolescente, enquanto ser em desenvolvimento. *STJ, REsp 1.026.605-ES, Rel. Min. Rogerio Schietti Cruz, j. 13/5/2014. 6ª T. (Info 543)*

3. QUESTÕES DE CONCURSOS

1. **(CESPE/TRF5/Juiz Federal/2015 – adaptada)** A quebra de sigilo dos dados telefônicos submete-se ao princípio constitucional da reserva de jurisdição, de modo a se preservar a esfera de privacidade das pessoas.

2. **(VUNESP/PC-CE/Inspetor de Polícia/2015 – adaptada)** A conversa telefônica gravada por um dos interlocutores não caracteriza crime, não estando, portanto, sujeito às disposições da Lei n o 9.296/96.

3. **(CESPE/Polícia Federal/Delegado de Polícia Federal/2013)** O presidente de uma comissão parlamentar mista de inquérito, após as devidas formalidades, ordenou, de forma sigilosa e reservada, a interceptação telefônica e a quebra do sigilo de dados telefônicos de testemunha que se reservara o direito de permanecer calada perante a comissão. Nessa situação, a primeira medida é ilegal, visto que a interceptação telefônica se restringe à chamada reserva jurisdicional, sendo permitida, por outro lado, a quebra do sigilo de dados telefônicos da testemunha, medida que não se submete ao mesmo rigor da primeira, consoante entendimento da doutrina majoritária.

4. **(CESPE/PC-BA/Delegado de Polícia/2013)** A conversa telefônica gravada por um dos interlocutores não é considerada interceptação telefônica.

5. **(MPE-SC/Promotor de Justiça/2013)** A interceptação telefônica ou interceptação em sentido estrito consiste na captação da comunicação telefônica por um terceiro, sem o conhecimento de nenhum dos comunicadores; enquanto a escuta telefônica reveste-se na captação da comunicação telefônica por terceiro, com o conhecimento de um dos comunicadores e desconhecimento do outro.

6. **(FUNIVERSA/PC-DF/Agente de Polícia/2009 – adaptada)** A gravação de uma conversa entre dois interlocutores, feita por um deles sem conhecimento do outro, é ilícita.

7. **(FGV/AL-RO/Advogado/2018)** Com dúvidas sobre as medidas que poderiam ser adotadas pela Comissão Parlamentar de Inquérito (CPI) a ser instaurada, deputados estaduais solicitaram esclarecimentos aos advogados da Assembleia Legislativa, em especial sobre o tema interceptação de conversas telefônicas.

   Com base nas previsões constitucionais e na Lei nº 9.296/96, deverá ser esclarecido que a interceptação de comunicações telefônicas

a) poderá ser determinada diretamente pela CPI, mas o prazo inicial máximo será de 15 dias.

b) poderá ser determinada diretamente pela CPI, desde que instaurada para apurar também infrações de natureza penal, sejam elas punidas com reclusão ou detenção.

c) não poderá ser determinada diretamente pela CPI, dependendo, dentre outros requisitos, de autorização judicial, sendo o prazo inicial máximo de 30 dias.

d) não poderá ser determinada diretamente pela CPI, dependendo, dentre outros requisitos, de autorização judicial, da existência de indícios de autoria e o fato investigado deve constituir crime, seja punido com pena de detenção ou reclusão.

e) não poderá ser determinada diretamente pela CPI, dependendo, dentre outros requisitos, de autorização judicial e que a prova não possa ser obtida por outros meios disponíveis.

GAB	1	2	3	4	5	6	7
	E	C	C	C	C	E	E

Art. 1º A interceptação de comunicações telefônicas, de qualquer natureza, para prova em investigação criminal e em instrução processual penal, observará o disposto nesta Lei e dependerá de ordem do juiz competente da ação principal, sob segredo de justiça.

Parágrafo único. O disposto nesta Lei aplica-se à interceptação do fluxo de comunicações em sistemas de informática e telemática.

1. COMENTÁRIOS

1.1. Considerações iniciais

Conforme se depreende do *caput* do art. 1°, a Lei em comento possui por objeto as comunicações telefônicas "de qualquer natureza". Assim, não se adstringe às conversas ao telefone, mas também àquelas realizadas por intermédio de sistemas de envios de mensagem (SMS), aplicativos de conversas instantâneas para *smartphone* (ex.: *whatsapp*), envio de fotos, vídeos, etc.

Em complemento, o parágrafo único deste artigo ainda dilata o cabimento da interceptação ao fluxo de comunicações em sistemas de informática e telemática. Conforme explicita Renato Brasileiro de Lima, "por telemática compreende-se a ciência que cuida da comunicação (transmissão, manipulação) de dados, sinais, imagens, escritos e informações por meio do uso combinado da informática (do computador) com as várias formas de telecomunicação, ou seja, telemática é a telecomunicação associada à informática"[12].

Alguns segmentos da doutrina chegaram a vislumbrar inconstitucionalidade neste permissivo legal de interceptação do fluxo de comunicações em sistemas de informática e telemática. O argumento seria no sentido de que tal permissivo não encontra guarida no quanto disposto no art. 5°, XII, CF, que faz alusão apenas às comunicações telefônicas. Prevaleceu, porém, em doutrina[13] e jurisprudência, o argumento da constitucionalidade de tais interceptações.

Esta nos parece a corrente doutrinária mais razoável. Basta recordar que não há que se falar em direitos absolutos, razão pela qual o teor de comunicações por estes sistemas não

12. LIMA, Renato Brasileiro de. *Ob. cit.*, p. 139.

13. No sentido da constitucionalidade, por todos, NUCCI, Guilherme de Souza. *Leis penais e processuais penais comentadas. v. 1*, 6. ed. São Paulo: RT, 2012, p. 373.

poderia ficar longe do alcance de algum tipo de intervenção em caráter absoluto, como se fosse uma espécie de carta branca para a prática de crimes.

Neste prisma, recordemos que a ADEPOL – Associação dos Delegados de Polícia do Brasil chegou a ajuizar a Ação Direta de Inconstitucionalidade 1488 MC/DF, pugnando pelo reconhecimento da inconstitucionalidade do art. 1º desta Lei, por admitir a interceptação do fluxo de comunicações em sistemas de informática e telemática. O STF, no dia 07/11/1996 indeferiu o pedido de medida cautelar que havia sido pleiteado[14].

1.2. Finalidade da interceptação: prova em investigação criminal ou instrução processual penal

A interceptação telefônica destina-se à prova na investigação criminal ou no curso do processo penal. Tendo em vista que a Lei não limitou a modalidade de investigação, é possível, em tese, a interceptação telefônica em sede de inquérito policial, mas, também, em qualquer outro tipo de investigação criminal, como a Comissão Parlamentar de Inquérito, investigação do próprio Ministério Público, etc. É óbvio que, em todos estes casos, deveriam estar presentes os requisitos para a decretação da interceptação telefônica, dentre os quais, sobressai em importância a necessidade de ordem judicial.

O comando legislativo, cumprindo a determinação constitucional, parece-nos muito claro ao exigir que a interceptação seja produzida para prova em investigação criminal ou instrução processual penal. Não nos parece cabível, portanto, a decretação de uma interceptação telefônica para produção de prova em processo de outra natureza.

Não foi este, contudo, o entendimento da terceira Turma do Superior Tribunal de Justiça, que, ao julgar o *Habeas Corpus* 203.405/MS, admitiu a possibilidade de interceptação telefônica no bojo de um processo cível, desde que evidenciada a prática de crime – no caso, tratava-se de subtração de menor, crime tipificado no art. 237 do Estatuto da Criança e do Adolescente[15].

Para longe de tal controvérsia, o que tem sido admitido pelo Supremo Tribunal Federal não é a decretação da interceptação telefônica em processo de outra natureza, mas sim que a interceptação decretada como prova na investigação criminal ou instrução processual penal seja transplantada, a título de prova emprestada.

Foi o que decidiu o STF, ao deixar consignado que "dados obtidos em interceptação de comunicações telefônicas, judicialmente autorizadas para produção de prova em investigação criminal ou em instrução processual penal, bem como documentos colhidos na mesma investigação, podem ser usados em procedimento administrativo disciplinar, contra a mesma ou as mesmas pessoas em relação às quais foram colhidos, ou contra outros servidores cujos supostos ilícitos teriam despontado à colheita dessas provas"[16].

14. STF, ADI 1488 MC/DF, Rel. Min. Néri da Silveira, j. 07/11/1996.
15. STJ, HC 203405/MS, Rel. Min. Sidnei Beneti, j. 28/06/2011.
16. STF, Pet 3.683 QO/MG, Rel. Min. Cezar Peluso, j. 13/08/2008.

Obviamente, para que seja empregada como meio de prova, idônea a ensejar uma eventual condenação penal, é necessário que a interceptação observe todos os requisitos previstos em lei, sob pena de constituir-se em prova ilícita.[17]

1.3. Ordem do juiz competente

A decretação da interceptação telefônica deve, necessariamente, ser antecedida de ordem judicial. Não se admite, inclusive, a possibilidade de uma prova sem que tenha havido a ordem judicial, ainda que haja posterior consentimento de um dos interlocutores. Como se vê, esta é uma situação significativamente distinta da gravação clandestina, em que a gravação é realizada por um dos interlocutores.

O dispositivo já deixa claro que a decisão deve ser proveniente de juiz competente para o processo principal. Devem ser observadas, destarte, as regras de fixação de competência criminal. Assim, de forma objetiva, é possível afirmar que a interceptação telefônica decretada por um Juiz Federal não poderá ser utilizada como elemento de prova em um processo que seria, em verdade, de competência da Justiça Estadual.

É necessário destacar, todavia, que tanto o STF quanto o STJ adotam a chamada teoria do juízo aparente. De acordo com esta teoria, não há ilegalidade em uma decisão se a incompetência do juízo é constatada posteriormente, isto é, à luz da descoberta de fatos novos.

Podemos citar o seguinte exemplo: um Juiz de Direito decreta a interceptação telefônica para produção de prova em investigação criminal que diz respeito a crime de corrupção de servidor público. No decorrer das conversas captadas, descobre-se que o servidor tinha como comparsa o Prefeito do Município. Ora, se o Prefeito estava envolvido, a competência para o julgamento do crime já era do Tribunal de Justiça; contudo, este fato só foi descoberto posteriormente.

No exemplo citado, aplicando-se a teoria do juízo aparente, a prova produzida, consistente na interceptação telefônica decretada pelo Juiz de Direito, seria válida. Obviamente, logo após a descoberta do envolvimento do Prefeito, caberia ao Juiz de Direito declinar a competência, remetendo os autos ao Tribunal de Justiça do Estado.

A continuidade da interceptação na Justiça de primeira instância, mesmo após a descoberta do envolvimento de detentor de foro por prerrogativa constituiria flagrante ilegalidade. Mas, reitere-se, a prova produzida até aquele momento poderia ser aproveitada, por força da teoria do juízo aparente.

1.4. Segredo de justiça

No nosso sistema processual, a regra é a publicidade do processo. Esta publicidade dos atos processuais pode ser restringida por lei, quando a defesa da intimidade ou o interesse

17. Em outro contexto, de acordo com a Quinta Turma, do STJ, "não há ilegalidade na perícia de aparelho de telefonia celular pela polícia, sem prévia autorização judicial, na hipótese em que seu proprietário – a vítima – foi morto, tendo o referido telefone sido entregue à autoridade policial por sua esposa" (STJ – Quinta Turma – RHC 88.804-RN – Rel. Min. Reynaldo Soares da Fonseca – Unânime – julgado em 07/11/2017, DJe 14/11/2017 – Informativo nº 617, de 9 de fevereiro de 2018).

social o exigirem. No caso da interceptação telefônica, o sigilo no momento da sua decretação e, posteriormente, durante a realização da diligência é imprescindível para a própria viabilidade do ato. Com efeito, seria absurdamente ilógico imaginar que seria possível a produção de alguma prova quando se dá ampla divulgação da realização do ato, tendo a pessoa interceptada ciência do ocorrido.

É por isso que, muito embora a Lei admita a interceptação telefônica nas mais variadas modalidades de investigação criminal, cremos ser muito difícil viabilizar uma medida desta natureza quando decretada por autoridade judiciária no bojo de uma Comissão Parlamentar de Inquérito, por exemplo. A probabilidade de manutenção do segredo desta informação, com tantos atores envolvidos na investigação e com ampla repercussão dada à CPI pela imprensa, como, em geral, ocorre, inviabilizaria na prática a adoção da medida.

Enfim, que a decretação do segredo de justiça é medida que se impõe como forma de permitir a própria realização da interceptação telefônica, parece-nos óbvio. Vale registrar que tal segredo não pode ser oposto ao membro do Ministério Público – da mesma forma que, de resto, não poderia uma investigação ser sigilosa para o Poder Judiciário, ainda que independesse da ordem judicial. Mas seria possível a preservação do segredo após a conclusão da interceptação?

Em relação ao investigado ou réu, não há como se manter tal sigilo após a produção da prova. Este é o entendimento do STF, insculpido no verbete de nº 14 da sua súmula vinculante, nos seguintes termos:

> ***Súmula vinculante nº 14:*** "É direito do defensor, no interesse do representado, ter acesso amplo aos elementos de prova que, já documentados em procedimento investigatório realizado por órgão com competência de polícia judiciária, digam respeito ao exercício do direito de defesa".

No julgamento do HC 88.190, representativo da controvérsia que ensejou o advento da súmula vinculante acima transcrita, o STF consignou que "há, é verdade, diligências que devem ser sigilosas, sob o risco do comprometimento do seu bom sucesso. Mas, se o sigilo é aí necessário à apuração e à atividade instrutória, a formalização documental de seu resultado já não pode ser subtraída ao indiciado nem ao defensor, porque, é óbvio, cessou a causa mesma do sigilo"[18].

Em relação a outras pessoas, que não integram a relação jurídica, é necessário aferir o caso concreto. Naturalmente, em alguns casos, será mantido o segredo de justiça, porquanto haverá imperiosa necessidade de preservação da intimidade ou o interesse social o exige. Mas, como dito, antes de encerrada a interceptação, o sigilo é crucial, até mesmo para a viabilidade da diligência. Uma vez concluída a interceptação, a necessidade do sigilo torna-se uma análise para o caso concreto.

1.5. Sigilo de dispositivos com uso de outras tecnologias (*smartphone*)

A proteção do sigilo relativo a aplicativos, dados e comunicações que estão reunidas em telefone celular constitui o que a doutrina classifica como prova de terceira geração (ou direito probatório de terceira dimensão).

18. HC 88.190, Rel. Min. Cezar Peluso. j. 29/08/2006.

Com os avanços tecnológicos, percebeu-se que situações de invasão à privacidade podem acontecer sem que haja qualquer intrusão física em residência ou em comunicações telefônicas convencionais. João Biffe Júnior e Joaquim Leitão Júnior, a propósito, anotam que "a divisão das gerações de direito probatório, encontra seu nascedouro nos precedentes Olmstead (1928), Katz (1967) e Kyllo (2001), nos quais a Suprema Corte Norte-Americana decidiu em quais casos incidiria a proteção conferida pela 4ª Emenda à Constituição dos Estados Unidos da América, tornando-se assim necessária a expedição prévia de ordem judicial de busca e apreensão para a obtenção lícita das provas"[19].

Conforme narra Danilo Knijnik, no primeiro precedente (Olmstead), protegeu-se a inviolabilidade das comunicações telefônicas e a privacidade residencial (**primeira dimensão probatória:** teoria proprietária ou *trespass theory*). No seguinte (Katz), avançou-se para proteger as expectativas de privacidade, por exemplo, a confiança na privacidade de comunicações telefônicas, ainda que captados os sons em ambiente público, como em uma cabine telefônica (**segunda dimensão probatória:** teoria da proteção constitucional integral). No último (Kyllo), conferiu-se maior amplitude para proteger a privacidade contra tecnologias capazes de revelar, por exemplo, atividades ilícitas em interior de casa sem sequer carecendo de nela penetrar, por meio de aferidores externos de temperatura (**terceira dimensão probatória:** teoria das provas tecnológicas invasivas, na qual estaria inserida a proteção dos dados de conversa via *whatsapp*, *telegram* e similares)[20].

2. SÚMULAS E JURISPRUDÊNCIA

- **Súmula vinculante nº 14, STF:** É direito do defensor, no interesse do representado, ter acesso amplo aos elementos de prova que, já documentados em procedimento investigatório realizado por órgão com competência de polícia judiciária, digam respeito ao exercício do direito de defesa.

✦ *SUPREMO TRIBUNAL FEDERAL*

- **PAD: PROVA EMPRESTADA E NULIDADE.** A prova colhida mediante autorização judicial e para fins de investigação ou processo criminal pode ser utilizada para instruir procedimento administrativo punitivo. Essa a conclusão da Primeira Turma ao negar provimento, por maioria, a recurso ordinário em mandado de segurança no qual se pretendia a declaração de nulidade de processo administrativo disciplinar. Na espécie, servidor público federal que fora demitido por ato de improbidade administrativa questionava: a) defeitos na formação da comissão de inquérito e no termo de indiciação; b) cerceamento de defesa proveniente da falta de intimação de relatório final; c) impossibilidade de compartilhamento de prova colhida em ação penal; e d) ausência de transcrição integral de dados obtidos por meio de interceptação telefônica . **A Turma apontou a admissibilidade de se emprestar provas provenientes de interceptações telefônicas autorizadas judicialmente, para o processo administrativo disciplinar.** Em consequência, assentou a inexistência do direito líquido e certo do recorrente. Por outro lado, diante da lacuna quanto à existência efetiva do resultado em proveito próprio, cuja liquidez e certeza são requeridas em mandado de segurança, consignou a possibilidade de o recorrente resolver a lide nas vias ordinárias. Vencidos os Ministros Marco Aurélio (relator) e Edson Fachin, que davam provimento ao recurso para, afastadas as provas obtidas a partir de indevido aproveitamento,

19. BIFFE JÚNIOR, João; LEITÃO JÚNIOR, Joaquim. O acesso pela polícia a conversas gravadas no Whatsapp e as gerações probatórias decorrentes das limitações à atuação estatal. *Genjurídico*. Disponível em: <http://genjuridico.com.br/2016/08/12/o-acesso-pela-policia-a-conversas-gravadas-no-whatsapp-e-as-geracoes-probatorias-decorrentes-das-limitacoes-a-atuacao-estatal/>. Acesso em: 23/03/2017.

20. KNIJNIK, Danilo. *A trilogia Olmstead-Katz-Kyllo: o art. 5º da Constituição Federal do Século XXI. Temas de direito penal, criminologia e processo penal*. Porto Alegre: Livraria do Advogado, 2014, p. 179-189.

declarar a insubsistência de portaria da qual resultara a demissão do recorrente do serviço público. O relator destacava que a quebra do sigilo telefônico fora determinada por órgão judicial para efeito específico, qual seja, investigação criminal ou instrução processual penal. Assim, descaberia alargar, pela via da interpretação, o campo do preceito em questão, o qual objetiva a concretização da tutela constitucional da intimidade. Para o Ministro Edson Fachin, não fora comprovado nos autos que o indiciado tivesse levado, pessoalmente, vantagem com a sua conduta. ***STF, RMS 28774/DF, rel. orig. Min. Marco Aurélio, red. p/ o acórdão Min. Roberto Barroso, 9.8.2016. 1ª T. (Info 834)***

- **PRERROGATIVAS DA ADVOCACIA E INTERCEPTAÇÃO TELEFÔNICA.** A Segunda Turma não conheceu de "habeas corpus" em que se discutia nulidade processual por violação ao direito de defesa e às prerrogativas do advogado em face de interceptação telefônica de defensor. A Turma afirmou que a questão não teria sido examinada pelo STJ e nem houvera manifestação das demais instâncias inferiores, de modo que a sua apreciação por essa Corte implicaria supressão de instância. Ademais, não se vislumbrou a possibilidade de concessão da ordem de ofício. Consignou que a ofensa das prerrogativas da defesa e do advogado poderia produzir consequências processuais de três ordens, mas não gerariam a automática absolvição do imputado. Em primeiro lugar, poderia servir para a cassação ou invalidação do ato judicial. Em segundo lugar, poderia ser fundamento para a invalidação dos atos processuais subsequentes ao ato atentatório e com ele relacionados. Em terceiro lugar, poderia haver base para a recusa do magistrado, caso a transgressão apontar para a parcialidade dele. Observou que o magistrado atendera pedido do paciente e determinara o desentranhamento e a inutilização da prova. Notou que essa autoridade judicial teria feito constar que, da diligência, não resultara material útil e que não percebera que o telefone seria de advogado que atuaria no processo. Tendo em vista esse contexto, a primeira consequência da afronta à prerrogativa profissional – cassação ou invalidação do ato judicial – estaria fora de cogitação nesse caso. O resultado da interceptação fora desentranhado e destruído, após a defesa informar que o terminal interceptado pertenceria ao patrono do acusado. Não haveria nulidade a ser decretada, visto que o ato já se tornara ineficaz. No que se refere ao segundo efeito – a invalidação dos atos subsequentes –, o CPP estabelece que a nulidade de um ato atinge aos demais que tenham relação de dependência ou que sejam consequência desse primeiro ato (CPP, art. 573, § 1º). Na situação dos autos, os atos subsequentes não teriam violado as prerrogativas da defesa ou dos advogados, mas dependeriam e seriam consequência do ato violador. Sua invalidade decorreria do nexo com o ato violador de prerrogativas, não da violação em si. Logo, quanto a eles, as garantias defensivas e advocatícias não estariam em jogo. Sendo assim, seria indispensável a demonstração do liame entre o ato violador e o ato contaminado. No caso em julgamento, não haveria, ao menos aparentemente, atos ligados à interceptação. Tampouco, haveria elementos que indicassem que a interceptação tivesse revelado matéria reservada ao interesse da defesa. A instrução deficiente do "habeas corpus" não permitiria saber se a defesa tivera acesso ao material interceptado, antes de sua destruição. Além disso, existiriam elementos de que o advogado interceptado não seria figura central na defesa. Sublinhou que, em nenhum momento, o paciente ficara desassistido. Outros profissionais que o representariam seguiram atuando. Logo, se se tornasse sem efeito o ato, e não houvesse outros dele dependentes, não haveria razão para invalidar a ação penal. Quanto à terceira implicação – fundamentar a recusa do magistrado –, assinalou que a interceptação decorrera de suspeita infundada de participação em atividade criminosa pelo titular do terminal telefônico, sem que a qualidade de advogado tivesse sido percebida. A interceptação teria sido determinada pelo magistrado atendendo representação policial. Ou seja, não teria sido o julgador quem selecionara o telefone como alvo da investigação. Em suma, os elementos indicariam que o magistrado não buscara afrontar direitos da defesa. Também não revelariam ofensa a prerrogativas advocatícias decorrentes de desídia do julgador. A atuação, no ponto, não parece ter fugido da conduta que se espera de um magistrado imparcial. Portanto, não haveria evidente violação a direitos do paciente. ***STF, HC 129706/PR, rel. Min. Gilmar Mendes, 28.6.2016. 2ª T. (Info 832)***

- **INTERCEPTAÇÃO TELEFÔNICA E COMPETÊNCIA.** A Segunda Turma denegou a ordem em "habeas corpus" em que discutida a competência para o exame de medidas cautelares em procedimento de investigação criminal. Na espécie, o juízo da vara central de inquéritos de justiça estadual deferira interceptação telefônica e suas sucessivas prorrogações nos autos da referida investigação. A defesa alegava que esse juízo especializado seria incompetente, pois o procedimento investigatório seria incidente relacionado a ação penal atribuída a outro juízo. O Colegiado reputou que o art. 1º da Lei 9.296/1996 ("A interceptação de comunicações telefônicas, de qualquer natureza, para prova em investigação criminal e em instrução processual penal, observará o disposto nesta Lei e dependerá de ordem do juiz competente da ação principal, sob segredo de justiça") não fixa regra de competência, mas sim reserva de jurisdição para quebra de sigilo, o que fora observado. Além disso, há precedentes do STF que admitem a divisão de tarefas entre juízes que atuam na fase de inquérito e na fase da ação penal. ***STF, HC 126536/ES, rel. Min. Teori Zavascki, 1º.3.2016. 2ª T. (Info 816)***

✦ *SUPERIOR TRIBUNAL DE JUSTIÇA*

- **CRIME DE TRÁFICO DE DROGAS. SITUAÇÃO DE FLAGRÂNCIA. EXTRAÇÃO DE PROVAS ADVINDAS DE TROCA DE MENSAGENS POR APARELHO DE TELEFONE CELULAR. AUSÊNCIA DE AUTORIZAÇÃO JUDICIAL. DESCONSIDERAÇÃO DAS PROVAS OBTIDAS.** Na ocorrência de autuação de crime em flagrante, ainda que seja dispensável ordem judicial para a apreensão de telefone celular, as mensagens armazenadas no aparelho estão protegidas pelo sigilo telefônico, que compreende igualmente a transmissão, recepção ou emissão de símbolos, caracteres, sinais, escritos, imagens, sons ou informações de qualquer natureza, por meio de telefonia fixa ou móvel ou, ainda, por meio de sistemas de informática e telemática. *STJ, RHC 67.379-RN, Rel. Min. Ribeiro Dantas, por unanimidade, j. 20/10/2016, DJe 9/11/2016. (Info 593)*

- **ACESSO A DADOS ARMAZENADOS EM TELEFONE CELULAR APREENDIDO COM BASE EM AUTORIZAÇÃO JUDICIAL. Determinada judicialmente a busca e apreensão de telefone celular ou smartphone, é lícito o acesso aos dados armazenados no aparelho apreendido, notadamente quando a referida decisão o tenha expressamente autorizado.** A Lei n. 9.296/1996 foi enfática, em seu art. 1º, parágrafo único, ao dispor especificamente sobre a proteção ao fluxo das comunicações em sistemas de informática e telemática. Nessa ordem de ideias, depreende-se da mencionada norma, ao regulamentar o art. 5º, XII, da Carta Magna, que houve uma preocupação do legislador em distinguir o que é a fluência da comunicação em andamento, daquilo que corresponde aos dados obtidos como consequência desse diálogo. Optou-se, em relação aos sistemas de informática e telemática, pela proteção à integridade do curso da conversa desenvolvida pelos interlocutores. Não há, portanto, vedação ao conhecimento do conteúdo dessa interação, já que cada interlocutor poderia excluir a informação a qualquer momento e de acordo com sua vontade. Logo, a obtenção do conteúdo de conversas e mensagens armazenadas em aparelho de telefone celular ou smartphones não se subordina aos ditames da Lei n. 9.296/1996. Necessário dizer, ainda, que a Lei n. 12.965/2014, que regulamenta os direitos e deveres para o uso da internet no Brasil, dispõe, em seu art. 7º, III, o seguinte: "Art. 7º O acesso à internet é essencial ao exercício da cidadania, e ao usuário são assegurados os seguintes direitos: III – inviolabilidade e sigilo de suas comunicações privadas armazenadas, salvo por ordem judicial". Na espécie, contudo, existe a autorização judicial a que se remete a legislação, inclusive com a alusão de que poderiam as autoridades responsáveis pela busca e apreensão acessar dados armazenados em eventuais computadores, arquivos eletrônicos de qualquer natureza, smartphones que forem encontrados. E mais, na pressuposição do comando de apreensão de aparelho celular ou smartphone está o acesso aos dados que neles estejam armazenados, sob pena de a busca e apreensão resultar em medida írrita, dado que o aparelho desprovido de conteúdo simplesmente não ostenta virtualidade de ser utilizado como prova criminal. Assim, se se procedeu à busca e apreensão da base física de aparelhos de telefone celular, a fortiori, não há óbice para se adentrar ao seu conteúdo, o qual, repise-se, já está armazenado. ***STJ, RHC 75.800-PR, Rel. Min. Felix Fischer, julgado em 15/9/2016, DJe 26/9/2016. 5ª T. (Info 582)***

- **EXTRAÇÃO SEM PRÉVIA AUTORIZAÇÃO JUDICIAL DE DADOS E DE CONVERSAS REGISTRADAS NO WHATSAPP. Sem prévia autorização judicial, são nulas as provas obtidas pela polícia por meio da extração de dados e de conversas registradas no whatsapp** presentes no celular do suposto autor de fato delituoso, ainda que o aparelho tenha sido apreendido no momento da prisão em flagrante. Realmente, a CF prevê como garantias ao cidadão a inviolabilidade da intimidade, do sigilo de correspondência, dados e comunicações telefônicas (art. 5º, X e XII), salvo ordem judicial. No caso das comunicações telefônicas, a Lei n. 9.294/1996 regulamentou o tema. Por sua vez, a Lei n. 9.472/1997, ao dispor sobre a organização dos serviços de telecomunicações, prescreveu: "Art. 3º. O usuário de serviços de telecomunicações tem direito: (...) V – à inviolabilidade e ao segredo de sua comunicação, salvo nas hipóteses e condições constitucional e legalmente previstas." Na mesma linha, a Lei n. 12.965/2014, a qual estabelece os princípios, garantias e deveres para o uso da internet no Brasil, elucidou que: "Art. 7º. O acesso à internet é essencial ao exercício da cidadania, e ao usuário são assegurados os seguintes direitos: I – inviolabilidade da intimidade e da vida privada, sua proteção e indenização pelo dano material ou moral decorrente de sua violação; II – inviolabilidade e sigilo do fluxo de suas comunicações pela internet, salvo por ordem judicial, na forma da lei; III – inviolabilidade e sigilo de suas comunicações privadas armazenadas, salvo por ordem judicial." No caso, existiu acesso, mesmo sem ordem judicial, aos dados de celular e às conversas de whatsapp. Realmente, essa devassa de dados particulares ocasionou violação à intimidade do agente. Isso porque, embora possível o acesso, era necessária a prévia autorização judicial devidamente motivada. Registre-se, na hipótese, que nas conversas mantidas pelo programa whatsapp – que é forma de comunicação escrita e imediata entre interlocutores – tem-se efetiva interceptação não autorizada de comunicações. A presente situação é similar às conversas mantidas por e-mail, cujo acesso também depende de prévia ordem judicial (HC 315.220-RS, Sexta Turma, DJe 9/10/2015). Atualmente, o celular deixou de ser apenas um instrumento de conversação por voz à longa distância, permitindo, diante do avanço tecnológico, o acesso de múltiplas funções, incluindo a verificação de correspondência eletrônica, de mensagens e de outros aplicativos que possibilitam a comunicação por meio de troca de dados de forma similar à telefonia convencional. Desse modo, sem prévia autorização judicial, é ilícita a devassa de dados e de conversas de whatsapp realizada pela polícia em celular apreendido. ***STJ, RHC 51.531-RO, Rel. Min. Nefi Cordeiro, julgado em 19/4/2016, DJe 9/5/2016. 6ª T. (Info 583)***

- **LEGALIDADE DE INTERCEPTAÇÃO TELEFÔNICA DEFERIDA POR JUÍZO DIVERSO DAQUELE COMPETENTE PARA JULGAR A AÇÃO PRINCIPAL. A sentença de pronúncia pode ser fundamentada em indícios de autoria surgidos, de forma fortuita, durante a investigação de outros crimes no decorrer de interceptação telefônica determinada por juiz diverso daquele competente para o julgamento da ação principal.** Nessa situação, não há que se falar em incompetência do Juízo que autorizou a interceptação telefônica, tendo em vista que se trata de hipótese de encontro fortuito de provas. Além disso, a regra prevista no art. 1º da Lei 9.296/1996, de acordo com a qual a interceptação telefônica dependerá de ordem do juiz competente da ação principal, deve ser interpretada com ponderação, não havendo ilegalidade no deferimento da medida por Juízo diverso daquele que vier a julgar a ação principal, sobretudo quando autorizada ainda no curso da investigação criminal. *STJ, REsp 1.355.432-SP, Rel. Min. Jorge Mussi, Rel. para acórdão Min. Marco Aurélio Bellizze, j. 21/8/2014. 5ª T. (Info 546)*

- **UTILIZAÇÃO DA INTERCEPTAÇÃO DE COMUNICAÇÃO TELEFÔNICA EM DESFAVOR DE INTERLOCUTOR NÃO INVESTIGADO. As comunicações telefônicas do investigado legalmente interceptadas podem ser utilizadas para formação de prova em desfavor do outro interlocutor, ainda que este seja advogado do investigado.** A interceptação telefônica, por óbvio, abrange a participação de quaisquer dos interlocutores. Ilógico e irracional seria admitir que a prova colhida contra o interlocutor que recebeu ou originou chamadas para a linha legalmente interceptada é ilegal. No mais, não é porque o advogado defendia o investigado que sua comunicação com ele foi interceptada, mas tão somente porque era um dos interlocutores. *STJ, RMS 33.677-SP, Rel. Min. Laurita Vaz, j. 27/5/2014. 5ª T. (Info 541)*

- **UTILIZAÇÃO DE INTERCEPTAÇÃO TELEFÔNICA EM PAD. É possível utilizar, em processo administrativo disciplinar, na qualidade de "prova emprestada", a interceptação telefônica produzida em ação penal, desde que devidamente autorizada pelo juízo criminal e com observância das diretrizes da Lei 9.296/1996.** Precedentes citados: MS 14.226-DF, Terceira Seção, DJe 28/11/2012; e MS 14.140-DF, Terceira Seção, DJe 8/11/2012. *STJ, MS 16.146-DF, Rel. Min. Eliana Calmon, j. 22/5/2013. 1ª S. (Info 523)*

- **INTERCEPTAÇÃO TELEFÔNICA SEM AUTORIZAÇÃO JUDICIAL. VÍCIO INSANÁVEL. Não é válida a interceptação telefônica realizada sem prévia autorização judicial, ainda que haja posterior consentimento de um dos interlocutores para ser tratada como escuta telefônica e utilizada como prova em processo penal.** A interceptação telefônica é a captação de conversa feita por um terceiro, sem o conhecimento dos interlocutores, que depende de ordem judicial, nos termos do inciso XII do artigo 5º da CF, regulamentado pela Lei nº 9.296/1996. A ausência de autorização judicial para captação da conversa macula a validade do material como prova para processo penal. A escuta telefônica é a captação de conversa feita por um terceiro, com o conhecimento de apenas um dos interlocutores. A gravação telefônica é feita por um dos interlocutores do diálogo, sem o consentimento ou a ciência do outro. A escuta e a gravação telefônicas, por não constituírem interceptação telefônica em sentido estrito, não estão sujeitas à Lei 9.296/1996, podendo ser utilizadas, a depender do caso concreto, como prova no processo. O fato de um dos interlocutores dos diálogos gravados de forma clandestina ter consentido posteriormente com a divulgação dos seus conteúdos não tem o condão de legitimar o ato, pois no momento da gravação não tinha ciência do artifício que foi implementado pelo responsável pela interceptação, não se podendo afirmar, portanto, que, caso soubesse, manteria tais conversas pelo telefone interceptado. Não existindo prévia autorização judicial, tampouco configurada a hipótese de gravação de comunicação telefônica, já que nenhum dos interlocutores tinha ciência de tal artifício no momento dos diálogos interceptados, se faz imperiosa a declaração de nulidade da prova, para que não surta efeitos na ação penal. Precedente citado: EDcl no HC 130.429-CE, DJe 17/5/2010. *STJ, HC 161.053-SP, Rel. Min. Jorge Mussi, j. 27/11/2012. 5ª T. (Info 510)*

3. QUESTÕES DE CONCURSOS

1. **(FCC/DPE-PB/Defensor Público/2014 – adaptada)** No tocante à interceptação das comunicações telefônicas, a violação do sigilo telefônico é admitida constitucionalmente, nas hipóteses e na forma que a lei estabelecer, como meio de prova de processo de qualquer natureza.

2. **(FGV/DPE-RJ/Técnico Superior Jurídico/2014 – adaptada)** Dados obtidos em interceptação telefônica, judicialmente autorizada para produção de prova em investigação criminal, podem ser usados em Procedimento Administrativo Disciplinar, contra a mesma ou as mesmas pessoas em relação às quais foram colhidos, ou contra outros servidores cujos supostos ilícitos teriam despontado à colheita dessa prova.

3. **(CESPE/AGU/Advogado da União/2009)** Considere que, após realização de interceptação telefônica judicialmente autorizada para apurar crime contra a administração pública imputado ao servidor público Mário, a autoridade policial tenha identificado, na fase de inquérito, provas de ilícitos administrativos praticados por outros servidores. Nessa situação hipotética, considerando-se que a interceptação telefônica tenha sido autorizada judicialmente apenas em relação ao servidor Mário, as provas obtidas contra os outros servidores não poderão ser usadas em procedimento administrativo disciplinar.

4. **(CESPE/PC-GO/Nível Superior/2016)** Caso uma pessoa seja ré em processo criminal por supostamente ter cometido homicídio qualificado, eventual interceptação de suas comunicações telefônicas

a) dependerá de ordem do juiz competente, sob segredo de justiça.
b) poderá ser admitida por meio de parecer favorável de representante do MP.
c) não poderá exceder o prazo improrrogável de quinze dias, se concedida pelo juiz.
d) poderá ser admitida, ainda que a prova possa ser feita por outros meios.
e) deverá ser negada, se for requerida verbalmente ao juiz competente.

5. **(CESPE/Polícia Científica-PE/Cargos de Nível Superior/2016) (**A interceptação de comunicações telefônicas

a) pode ser determinada de ofício pelo juiz durante a investigação criminal.
b) pode ser requerida pela autoridade policial no curso da instrução processual penal.
c) depende da existência de indícios razoáveis de autoria e da materialidade da infração penal.
d) é admitida, quando autorizada por juiz, mesmo que a prova possa ser feita por outros meios disponíveis.
e) é admitida se o fato investigado constituir infração penal punida, pelo menos, com pena de detenção.

6. **(CESPE/TRT7/Analista Judiciário/2017)** Embora a CF preveja a inviolabilidade das comunicações telefônicas, é admitida a interceptação das comunicações telefônicas, na forma da lei, para fins de investigação criminal ou

a) instrução processual penal, mediante autorização judicial, por determinação de comissão parlamentar de inquérito regularmente instaurada, ou investigação de ato de improbidade administrativa, por determinação do Ministério Público.

b) instrução processual penal, mediante autorização judicial.

c) instrução processual penal, mediante autorização judicial, ou por determinação de comissão parlamentar de inquérito regularmente instaurada.

d) instrução processual penal, mediante autorização judicial, ou investigação de ato de improbidade administrativa, por determinação do Ministério Público.

GAB	1	2	3	4	5	6
	E	C	E	A	A	B

Art. 2º Não será admitida a interceptação de comunicações telefônicas quando ocorrer qualquer das seguintes hipóteses:

I – não houver indícios razoáveis da autoria ou participação em infração penal;

II – a prova puder ser feita por outros meios disponíveis;

III – o fato investigado constituir infração penal punida, no máximo, com pena de detenção.

Parágrafo único. Em qualquer hipótese deve ser descrita com clareza a situação objeto da investigação, inclusive com a indicação e qualificação dos investigados, salvo impossibilidade manifesta, devidamente justificada.

1. COMENTÁRIOS

1.1. Considerações iniciais

Este artigo trata dos requisitos para a decretação da interceptação telefônica. Cumpre, assim, o mandado constitucional, que faz menção à regulamentação da matéria em lei (art. 5º, XII, CF). É possível perceber que alguns requisitos para a interceptação já estavam contemplados constitucionalmente; outros, contudo, foram acrescidos pela lei ordinária.

São requisitos constitucionais para a interceptação: a) ordem judicial (proveniente de autoridade judiciária competente e devidamente fundamentada); b) regulamentação em lei (Lei n.º 9.296/96); c) para fins de investigação criminal ou instrução processual penal. Em contrapartida, são requisitos infraconstitucionais: a) indícios razoáveis de autoria ou participação em infração penal; b) não haver outros meios de prova disponíveis; c) o fato investigado constituir crime punido com reclusão.

Uma leitura atenta do art. 2º, que ora se comenta, é capaz de demonstrar que o legislador se valeu de uma técnica legislativa confusa, ao enumerar os requisitos de forma negativa. Mais fácil e simples do que afirmar, por exemplo, que não cabe a interceptação quando não houver indícios de autoria ou participação, seria afirmar que cabe a interceptação se tais indícios se fizerem presentes. Na prática, não há qualquer diferença, mas, como dito, a construção legislativa na forma negativa serve mais para confundir do que esclarecer.

1.2. Requisitos legais

a) indícios razoáveis de autoria ou participação em infração penal: trata-se do *fumus comissi delicti*, isto é, a plausibilidade no cometimento do delito. Com efeito, soaria completamente absurdo decretar a interceptação, devassando completamente a intimidade do investigado, sem que houvesse, ao menos, indícios da prática de infração penal.

Como se percebe, não se exige, aqui, a prova cabal, irrefutável, mas sim a existência de meros indícios. Esta prova cabal seria fundamental para embasar uma condenação, pois, aí, a dúvida há de militar em benefício do réu. Por ocasião da interceptação, todavia, a existência dos indícios já se mostra suficiente para fundamentar a decisão. Não se pode admitir, portanto, que a interceptação seja decretada sem que existam tais indícios[21].

Cabe mencionar que a existência de indícios de autoria ou participação não significa, necessariamente, que os investigados já tenham sido identificados. Pode ocorrer, realmente, que a investigação tenha demonstrado a participação do usuário (aliás, é bom que se diga que a interceptação recai sobre o interlocutor, isto é, o usuário da linha, e não, necessariamente, seu titular) de determinada linha telefônica, sem que se saiba, até aquele momento, quem é o tal usuário. Esta hipótese foi prevista pelo parágrafo único do art. 2º, quando faz menção à possibilidade de não haver a qualificação dos investigados.

b) não haver outros meios de prova disponíveis: a observância deste requisito é fundamental para evitar a banalização da interceptação telefônica. Com efeito, o dispositivo legal deixa claro que a interceptação é meio de prova subsidiário, só podendo ser utilizada quando não houver outros meios de prova.

Não é lícito, portanto, empregar a interceptação telefônica sem que se tenha aferido, com regularidade, a impossibilidade de outros meios de prova. Obviamente, pode ocorrer uma interceptação por ausência de outros meios de prova e estes venham a surgir posteriormente. Podemos invocar como exemplo, a situação em que é decretada a interceptação telefônica de aparelho cujo usuário ainda não foi identificado. Ora, após a interceptação, o que se espera é que haja a identificação de tal usuário e, neste caso, surgem outras possibilidades de prova, como a oitiva dele próprio.

Assim como ocorre com outras medidas cautelares, como a prisão preventiva, a interceptação telefônica é decretada sob o pálio da cláusula *rebus sic stantibus*, o que significa dizer que, uma vez presentes os seus requisitos, deverá o juiz decretá-la; contudo, desaparecendo tais requisitos, haverá a revogação da medida, sem prejuízo de nova decretação, caso os requisitos reapareçam.

c) o fato investigado constituir crime punido com reclusão: a Lei faz menção à impossibilidade de interceptação telefônica na hipótese de haver infração penal punida, no máximo, com pena de detenção. Interpretando o dispositivo *a contrario sensu*, não há outra conclusão, senão a de que será cabível a interceptação telefônica quando houver crime punido com reclusão.

Isto porque a infração penal será um crime ou uma contravenção. O crime é punido, no máximo, com pena de reclusão ou detenção, ao passo que as contravenções penais são punidas com, no máximo, pena de prisão simples. Ora, se o dispositivo em apreço veda a

21. Proibida, portanto, a chamada interceptação de prospecção, na dicção de Luiz Flávio Gomes, citado por Renato Brasileiro de Lima (*ob. cit.*, p. 150).

interceptação para as infrações punidas no máximo com detenção, está vedando também, a adoção da medida para as contravenções penais, que possuem pena mais branda.

Ademais, vale recordar que a Lei exige infração penal, razão pela qual não se pode admitir a decretação da interceptação telefônica em caso de improbidade administrativa (infração político-administrativa) ou de crime de responsabilidade previsto na Constituição Federal (infração política).

1.3. Serendipidade

Serendipidade consiste em fazer descobertas relevantes ao acaso. Em matéria de processo penal, é o encontro casual de provas. No caso da interceptação telefônica ocorreria quando esta é decretada para a investigação de determinado crime e, no decorrer das conversas captadas, é descoberto outro crime. Podemos citar o exemplo em que se decreta a interceptação telefônica para produção de prova em investigação sobre crime de tráfico de drogas e, no decorrer das conversas, descobre-se que os traficantes "lavam" o dinheiro proveniente do tráfico.

No exemplo acima, partindo do pressuposto de que a interceptação foi decretada observando todos os requisitos constitucionais e legais, já mencionados, indaga-se: esta prova, lícita em relação ao crime de tráfico de drogas (art. 33, Lei n.° 11.343/06), também pode ser utilizada como prova em relação ao crime de lavagem de capitais (art. 1°, Lei n.° 9.613/98)? E se o novo crime descoberto não fosse o de lavagem, mas sim algum em relação ao qual a pena máxima não fosse de reclusão?

O entendimento que tem prevalecido em nossa doutrina e jurisprudência[22] adota como critério a existência de conexão entre o crime para o qual se decretou a interceptação e o crime descoberto. Se houver conexão entre eles (como no exemplo do tráfico e da lavagem), não há dúvida de que a interceptação pode, sim, ser utilizada como elemento de prova. E neste caso, não importa se o crime descoberto é punido com reclusão ou com detenção.

Contudo, se o crime descoberto não possui qualquer tipo de conexão com o crime que se investiga, esta interceptação não pode ser utilizada como elemento de prova, valendo, no máximo, como mera *notitia criminis.* Basta imaginar o exemplo em que se decreta a interceptação telefônica para investigar o crime de tráfico e, no decorrer das conversas, o traficante confessa que, no dia anterior, voltava de uma festa e dirigiu sob o efeito de substância alcoólica. Este crime não possui relação de qualquer natureza com o tráfico. Como dito, essa interceptação poderá ser utilizada como *notitia criminis*, para que, a partir dela, surja uma nova investigação para este crime. Não poderá, porém, ser utilizada como meio de prova.

É necessário, contudo, cautela com alguns precedentes do STJ, de acordo com os quais a exigência de relação de conexão apenas se faz necessária em relação às infrações pretéritas. Assim, se no curso da interceptação telefônica é descoberto o planejamento de um crime que ainda está por ocorrer, a interceptação poderia ser utilizada como meio de prova, ainda que não houvesse conexão entre eles.

Conforme o precedente citado, "a discussão a respeito da conexão entre o fato investigado e o fato encontrado fortuitamente só se coloca em se tratando de infração penal pretérita,

22. STJ, RHC 28.794/RJ, Rel. Min. Laurita Vaz, julgado em 06/12/2012.

porquanto no que concerne as infrações futuras o cerne da controvérsia se dará quanto a licitude ou não do meio de prova utilizado e a partir do qual se tomou conhecimento de tal conduta criminosa"[23].

2. SÚMULAS E JURISPRUDÊNCIA

✦ *SUPREMO TRIBUNAL FEDERAL*

▸ **INSTAURAÇÃO DE INVESTIGAÇÃO CRIMINAL E DETERMINAÇÃO DE INTERCEPTAÇÕES TELEFÔNICAS COM BASE EM DENÚNCIA ANÔNIMA.** A Segunda Turma denegou a ordem em habeas corpus em que se pretendia o reconhecimento da ilegalidade de ação penal e de interceptações telefônicas iniciadas a partir de denúncias anônimas. No caso, o Ministério Público estadual, após receber diversas denúncias anônimas de prática de crimes e seus possíveis autores, procedeu a investigações preliminares, com a oitiva informal de testemunhas. Diante da verossimilhança das alegações, instaurou procedimento de investigação no qual foi requerida quebra do sigilo telefônico dos envolvidos. Por essa razão, o paciente foi denunciado pela suposta prática dos crimes de associação criminosa e corrupção ativa (duas vezes), previstos nos arts. 288 e 333 do CP, e de fraude à licitação (cinco vezes), previsto no art. 90 da Lei 8.666/1993. Os impetrantes sustentavam que, por terem sido iniciadas a partir de denúncias anônimas sem a comprovação da realização de diligências preliminares nos autos, as investigações preliminares (portaria e procedimento investigativo criminal) e o procedimento relativo às interceptações telefônicas deveriam ser declarados nulos. Alegavam, ainda, que as interceptações telefônicas não teriam atendido às regras e condições estabelecidas pela Lei 9.296/1996. A Turma rememorou entendimento do STF no sentido de que a denúncia anônima é válida, quando as investigações se valem de outras diligências para apurar a *delatio criminis*. Asseverou que a necessidade das interceptações telefônicas foi devidamente demonstrada pelo juiz natural da causa, bem como que havia indícios suficientes de autoria de crimes punidos com reclusão, conforme exigido pelo art. 2º da Lei 9.296/1996. Quanto às prorrogações das interceptações telefônicas, ponderou que a Corte tem admitido a razoável dilação dessas medidas, desde que respeitado o prazo de quinze dias entre cada uma das diligências, o que não caracteriza desrespeito ao art. 5º da Lei 9.296/1996. Ressaltou, por fim, que o indeferimento de diligências pelo magistrado de primeiro grau não configura cerceamento de defesa. Afinal, o art. 400, § 1º, do CPP (§ 1º "As provas serão produzidas numa só audiência, podendo o juiz indeferir as consideradas irrelevantes, impertinentes e protelatórias") prevê a possibilidade de o juiz indeferir provas consideradas irrelevantes, impertinentes ou protelatórias, sem que isso implique nulidade da respectiva ação penal. Sustentou que a discussão sobre o acerto ou desacerto dessa decisão exigiria exame aprofundado dos fatos e provas da causa, o que não se mostra viável em habeas corpus, que não admite dilação probatória. *STF, HC, 133148/ES, rel. Ministro Ricardo Lewandowski, j. 21.2.2017. 2ªT. (Info 855)*

✦ *SUPERIOR TRIBUNAL DE JUSTIÇA*

▸ **INTERCEPTAÇÃO TELEFÔNICA. INVESTIGAÇÃO EM CURSO.** O pedido de interceptação telefônica não pode ser a primeira providência investigatória realizada pela autoridade policial. *In casu*, ao formular o pedido de quebra do sigilo telefônico, a autoridade policial descreveu quais eram os ilícitos que estariam sendo praticados, quais tipos de pessoas integravam a organização criminosa, bem como qual era a sua forma de atuação no cometimento dos crimes. Ficou evidenciado que a quebra do sigilo telefônico não foi a primeira medida efetivada pela autoridade policial. Pelo contrário, tal providência teve suporte em elementos já colhidos que demonstravam que as investigações em curso levantaram indícios da prática criminosa e apontavam para a imprescindibilidade do deferimento da medida excepcional, segundo o disposto no art. 2º da Lei nº 9.296/1996. Precedentes citados: HC

23. STJ, HC 69.552/PR, Rel. Min. Felix Fischer, julgado em 06/02/2007.

85.502-SP, DJe 9/5/2011, e HC 43.234-SP, DJe 21/5/2011. *STJ, HC 130.054-PE, Rel. Min. Sebastião Reis Júnior, j. 7/2/2012. 6ª T. (Info 490)*

3. QUESTÕES DE CONCURSOS

1. **(FEPESE/MPE-SC/Promotor de Justiça/2013)** Conforme expressamente determina a Lei nº 9.296/96, quando todos os fatos investigados constituem infração penal punida com pena de detenção, não será admitida a interceptação de comunicações telefônicas.

2. **(TRF4/Juiz Federal/2010 – adaptada)** A interceptação de comunicações telefônicas, segundo a previsão da Lei 9.296/1996, poderá ser autorizada inclusive nos casos de delitos punidos no máximo com pena de detenção.

3. **(CESPE/DPE-SP/Defensor Público/2009)** Não se admite a interceptação de comunicações telefônicas quando o fato investigado constitui infração penal punida, no máximo, com pena de detenção.

4. **(FUNIVERSA/PC-DF/Agente de Polícia/2009 – adaptada)** A interceptação telefônica será autorizada ainda que seja possível colher a prova por outros meios disponíveis.

5. **(CESPE/AGU/Advogado da União/2009)** Uma vez realizada a interceptação telefônica de forma fundamentada, legal e legítima, as informações e provas coletadas dessa diligência podem subsidiar denúncia com base em crimes puníveis com pena de detenção, desde que estes sejam conexos aos primeiros tipos penais que justificaram a interceptação.

6. **(CESPE/PGE-CE/Procurador do Estado/2008)** As informações e provas coletadas em interceptação telefônica relativa a crime punido com pena de reclusão não podem subsidiar denúncia com base em crimes diversos, puníveis com pena de detenção.

7. **(FCC/DPE-PB/Defensor Público/2014 – adaptada)** No tocante à interceptação das comunicações telefônicas, não será admitida quando o fato investigado constituir infração punida, no máximo, com pena de detenção.

8. **(VUNESP/TJ-PA/Juiz de Direito/2014 – adaptada)** No que concerne à interceptação telefônica, regulada pela Lei nº 9.296/96, só será admitida se a prova não puder ser feita por outros meios disponíveis.

9. **(VUNESP/TJ-MS/Juiz de Direito/2015 – adaptada)** Conterá prova de materialidade e indícios de autoria ou participação em crime apenado com detenção ou reclusão, além de demonstração da indispensabilidade do meio de prova.

10. **(FUNVERSA/PC-DF/Papiloscopista Policial/2015)** Constitui um dos requisitos para que seja admitida a interceptação telefônica, segundo a Lei nº 9.296/1996, o(a):

a) fato investigado constituir infração penal punida, no máximo, com pena de detenção.
b) existência de indícios razoáveis da participação em infração penal.
c) fato investigado constituir infração penal punida com pena de multa.
d) indício razoável da autoria em contravenção penal.
e) possibilidade de a prova poder ser feita por outros meios disponíveis.

11. **(CESPE/TRF5/Juiz Federal/2015 – adaptada)** Para que seja autorizada a interceptação telefônica, não é necessário que haja instauração de inquérito policial, bastando que fique demonstrada a possibilidade de autoria ou participação em infração penal.

12. **(VUNESP/PC-CE/Inspetor de Polícia/2015 – adaptada)** As interceptações das comunicações telefônicas são admitidas como meio de prova para qualquer crime.

13. **(FUNCAB/PC-PA/Escrivão de Polícia/2016 – adaptada)** São considerados requisitos para a admissibilidade da interceptação das comunicações telefônicas: haver indícios razoáveis da autoria ou

participação em infração penal; quando a prova puder ser produzida por outros meios disponíveis e o fato investigado constituir infração penal punida, com pena de detenção.

14. (CESPE/PC-GO/Nível Superior/2016)

- Cláudio responde a IP por supostamente ter cometido crime sujeito a pena de reclusão.
- Ana é ré em processo criminal por supostamente ter cometido crime sujeito a pena de detenção.
- Clóvis responde a IP por supostamente ter cometido crime sujeito a pena de detenção.

Nessas situações hipotéticas, poderá ocorrer a interceptação das comunicações telefônicas

a) de Cláudio e de Clóvis, mediante requerimento da autoridade policial.

b) somente de Ana, por meio de requerimento do representante do MP.

c) somente de Clóvis, mediante requerimento do representante do MP.

d) de Ana, de Clóvis e de Cláudio, por meio de despacho de ofício do juiz ou mediante requerimento da autoridade policial ou do representante do MP.

e) somente de Cláudio, por meio de despacho de ofício do juiz.

15. (TRF3/Juiz Federal/2018) Relativamente à interceptação de comunicações telefônicas, de qualquer natureza, para prova em investigação criminal e em instrução processual penal, assinale a alternativa que contém uma afirmação CORRETA:

a) Somente pode ser deferida a requerimento do Ministério Público, em qualquer fase da investigação policial ou na instrução processual penal.

b) É admissível para a investigação de qualquer tipo de infração penal.

c) Não poderá ser deferida se não houver indícios razoáveis da autoria ou participação em infração penal.

d) Será deferida, ainda que a prova possa ser feita por outros meios disponíveis.

16. (VUNESP/TJ-MT/Juiz de Direito/2018 – adaptada) Não será deferida a interceptação de comunicações telefônicas quando o fato criminoso investigado for punido, no máximo, com pena de detenção.

GAB	1	2	3	4	5	6	7	8	9	10	11	12	13	14	15	16
	C	E	C	E	C	C	C	C	E	B	E	E	E	E	C	C

Art. 3º A interceptação das comunicações telefônicas poderá ser determinada pelo juiz, de ofício ou a requerimento:

I – da autoridade policial, na investigação criminal;

II – do representante do Ministério Público, na investigação criminal e na instrução processual penal.

1. COMENTÁRIOS

1.1. Considerações iniciais

De acordo com a literalidade legislativa, seria possível a decretação da interceptação telefônica pela autoridade judiciária nas seguintes situações: a) durante a investigação criminal: mediante requerimento da autoridade policial, do Ministério Público ou de ofício; b) durante a instrução processual penal: mediante requerimento do Ministério Público ou de ofício.

Inicialmente, cabe uma referência à impropriedade terminológica do dispositivo legal, na medida em que faz menção a requerimento da autoridade policial. Como consabido, autoridade policial não é parte, não é titular da futura ação penal, cabendo-lhe, portanto, formular representação, e não requerimento. Em verdade, sob o ponto de vista do seu conteúdo, não há maiores distinções entre a representação e o requerimento. Sob o aspecto formal, porém, a autoridade policial apenas representa, isto é, expõe os fatos à autoridade judiciária, para que esta, sendo o caso, adote as providências cabíveis ao caso.

1.2. Requerimento do assistente e do querelante

A Lei nada diz a respeito do assistente de acusação e do querelante. Poderiam eles formular o requerimento de interceptação? A pergunta não faz qualquer sentido na fase de investigação, quando o ofendido ainda não se habilitou como assistente do MP (tratando-se de crime de ação penal pública) ou ofereceu a queixa-crime (tratando-se de crime de ação penal de iniciativa privada). Mas merece uma reflexão mais acurada em se tratando de fase de instrução processual.

Neste passo, acreditamos assistir razão a Guilherme Nucci, ao asseverar ser possível, sim, o requerimento de interceptação formulado pelo assistente de acusação ou querelante, durante a instrução processual[24]. No que concerne ao assistente, convém recordar que o art. 271, CPP, permite-lhe propor meios de prova. No que tange ao querelante, com muito mais razão esta lógica se mantém, pois sendo ele o titular da ação penal de iniciativa privada, não poderia ficar tolhido do direito de propor meios de prova.

Devemos reconhecer que a discussão é de diminuta importância prática. Em primeiro lugar porque, muito embora seja possível a interceptação telefônica durante a fase de instrução, a imensa maioria dos casos ocorre, justamente, quando há uma investigação criminal em andamento. Em segundo lugar, ainda que se proibisse a decretação da medida por intermédio do requerimento do assistente de acusação ou do querelante, nada obsta que, na prática, estes sujeitos processuais formulem um requerimento que, sendo o caso, seria indeferido pelo Juiz, que, de outro lado, poderia conceder a interceptação de ofício.

1.3. Decretação de ofício

Outro ponto relevante a ser considerado diz respeito à possibilidade de a autoridade judiciária decretar a interceptação telefônica de ofício. A doutrina diverge sobre este tema. Nucci, há pouco citado, sobre este ponto afirma que a possibilidade de o julgador decretar a medida de ofício facilita a busca da verdade real.

Sem pretensões de incorrer no mérito em torno da (in)existência do polêmico princípio da verdade real[25], aderimos à corrente doutrinária que sufraga a necessidade de uma filtragem constitucional neste dispositivo. Neste ponto, releva salientar que nosso sistema processual é acusatório (ainda que mitigado), razão pela qual as funções de acusação e julgamento devem estar apartadas, não cabendo ao julgador adotar diligências investigativas sem ter sido provocado, sob pena de malferir o ponto mais sensível deste sistema. Por tal razão, não

24. NUCCI, Guilherme de Souza. *Ob. cit.*, p. 375.

25. Sobre o tema, remetemos o(a) leitor(a) ao nosso CPP para concursos (ed. JusPodivm), onde o tema foi abordado.

faz sentido permitir-se ao julgador a decretação da interceptação telefônica de ofício na fase pré-processual.

Neste sentido, a Procuradoria-Geral da República ajuizou a Ação direta de Inconstitucionalidade nº 3.450, pleiteando a declaração da inconstitucionalidade parcial, sem redução de texto, do art. 3º da Lei Federal nº 9.296, de 24 de julho de 1996, excluindo-se a interpretação que permite ao juiz, na fase pré-processual penal, determinar de ofício a interceptação de comunicações telefônicas.

Ainda não houve o julgamento desta ADI, razão pela qual, ante a presunção de constitucionalidade de que desfrutam as leis, é necessário ficar atento(a) à literalidade legislativa.

2. QUESTÕES DE CONCURSOS

1. **(VUNESP/TJ-MS/Juiz de Direito/2015 – adaptada)** Na investigação criminal, será formulado ao representante do Ministério Público, e na instrução processual penal, ao juiz, com prazo de 24 horas para decisão.

2. **(CESPE/TRF5/Juiz Federal/2015 – adaptada)** O réu não está legitimado a postular a medida cautelar de intercepção telefônica no interesse de sua defesa. Entretanto, se esta for produzida de forma clandestina, demonstrando sua inocência, o réu deverá ser absolvido da imputação original, mitigando-se a regra da inadmissibilidade de prova ilícita no âmbito do processo penal.

3. **(VUNEP/PC-CE/Delegado de Polícia/2015)** Assinale alternativa que contempla todas as hipóteses de decretação de interceptação telefônica (art. 3º, Lei no 9.296/96).

a) Pelo juiz, a requerimento da autoridade policial, na investigação criminal; ou pelo juiz, a requerimento do representante do Ministério Público, na investigação criminal e na instrução processual penal.

b) Pelo juiz, a requerimento da autoridade policial, na investigação criminal; ou a requerimento do representante do Ministério Público ou da autoridade policial, na instrução processual penal.

c) elo juiz, a requerimento da autoridade policial, na investigação criminal; ou a requerimento do representante do Ministério Público, na investigação criminal e na instrução processual penal.

d) Pelo juiz, de ofício, ou a requerimento da autoridade policial, na investigação criminal; ou a requerimento do representante do Ministério Público ou da autoridade policial, na instrução processual penal.

e) Pelo juiz, de ofício, ou a requerimento da autoridade policial, na investigação criminal; ou a requerimento do representante do Ministério Público, na investigação criminal e na instrução processual penal.

4. **(FCC/DPE-PB/Defensor Público/2014 – adaptada)** No tocante à interceptação das comunicações telefônicas, não pode ser determinada pelo juiz, de ofício ou a requerimento da autoridade policial, na investigação criminal.

5. **(CESPE/DPF/Delegado de Polícia Federal/2018)** A interceptação da comunicação telefônica poderá ser realizada de ofício pela autoridade policial desde que o IP tenha como objetivo investigar crime hediondo, organização criminosa ou tráfico ilícito de entorpecentes.

GAB	1	2	3	4	5
	E	C	E	E	E

Art. 4º O pedido de interceptação de comunicação telefônica conterá a demonstração de que a sua realização é necessária à apuração de infração penal, com indicação dos meios a serem empregados.

§ 1º Excepcionalmente, o juiz poderá admitir que o pedido seja formulado verbalmente, desde que estejam presentes os pressupostos que autorizem a interceptação, caso em que a concessão será condicionada à sua redução a termo.

§ 2º O juiz, no prazo máximo de vinte e quatro horas, decidirá sobre o pedido.

1. COMENTÁRIOS

Aparentemente, o art. 4° traz um requisito adicional à decretação da interceptação telefônica: demonstração de sua necessidade à apuração da infração penal. Todavia, este requisito já se encontrava implícito no art. 2°, II, acima, quando se faz menção à ideia de que não caberia a interceptação telefônica quando houver outros meios disponíveis para a produção da prova. Ora, se a interceptação telefônica é o único meio disponível para a produção da prova, resta óbvio que é necessária à apuração da infração penal.

Conforme preconizado no § 1°, é possível formular o pleito de forma verbal. Logo se vê que o requerimento de interceptação não demanda maior rigor formal. De toda sorte, o requerimento verbal deverá ser reduzido a escrito, razão pela qual não se trata de observância estrita da oralidade.

Por sua vez, o § 2° faz menção ao prazo de vinte e quatro horas para que o julgador aprecie o requerimento. Com isto, excepciona-se o art. 800 do CPP, que prevê o prazo para a prática de atos processuais, nos seguintes termos: "Os juízes singulares darão seus despachos e decisões dentro dos prazos seguintes, quando outros não estiverem estabelecidos: I – de dez dias, se a decisão for definitiva, ou interlocutória mista; II – de cinco dias, se for interlocutória simples; III – de um dia, se se tratar de despacho de expediente".

Conforme expressa previsão do próprio art. 800, estes prazos podem ser excepcionados por lei. É o que ocorre no art. 4° da Lei de Interceptação Telefônica. Obviamente, trata-se de decisão interlocutória simples, e, por este motivo, o prazo para a prática do ato seria de cinco dias, se a Lei não dispusesse em sentido diverso. A exiguidade do prazo se justifica pelo fato de que, no mais das vezes, é necessária a adoção de medida em caráter de urgência.

Trata-se de prazo para a prática de ato judicial. Prazo impróprio, portanto, pois a sua inobservância não conduzirá a qualquer tipo de sanção processual para a autoridade judiciária, tampouco nulidade da decisão posteriormente proferida. Se houver atraso injustificado, pode haver responsabilização disciplinar do julgador.

2. QUESTÕES DE CONCURSOS

1. **(VUNESP/TJ-MS/Juiz de Direito/2015 – adaptada)** Poderá ser formulado verbalmente, desde que presentes os pressupostos autorizadores e demonstrada a excepcionalidade da situação, caso em que a concessão será reduzida a termo.

2. **(VUNESP/TJ-PA/Juiz de Direito/2014 – adaptada)** No que concerne à interceptação telefônica, regulada pela Lei nº 9.296/96, a representação pela sua decretação deve ser feita por escrito, não se admitindo a forma oral.

3. **(MPE-SP/Promotor de Justiça/2011)** Realizar interceptação de comunicações telefônicas sem autorização judicial constitui crime. De acordo com a legislação vigente, tal autorização judicial será possível:

a) em qualquer tipo de infração penal, desde que a ela seja cominada pena privativa de liberdade.

b) se o pedido for feito verbalmente ao Juiz com os pressupostos que a autorizem.

c) em decisão fundamentada, não havendo necessidade de ficar indicada a forma de execução da diligência nem a ciência dos procedimentos ao Ministério Público.

d) nos próprios autos do inquérito policial ou do processo criminal, pelo prazo não renovável de quinze dias.

e) mesmo que inexistam indícios razoáveis de autoria ou de participação, desde que a infração penal esteja por ocorrer.

4. **(FUNCAB/PC-PA/Escrivão de Polícia/2016 – adaptada)** Excepcionalmente, o juiz poderá admitir que o pedido seja formulado verbalmente, desde que estejam presentes os pressupostos que autorizem a interceptação, caso em que a concessão ocorrerá sem a necessidade da sua redução a termo.

5. **(CESPE/PJC-MT/Delegado de Polícia/2017 – adaptada)** Pode o juiz, excepcionalmente, admitir o pedido de interceptação telefônica feito pela autoridade policial de forma verbal, condicionada a sua concessão à redução do pedido a termo.

6. **(VUNESP/PC-BA/Investigador de Polícia Civil/2018)** Diante do previsto na Lei n° 9.296/96 – Lei de Interceptação Telefônica, assinale a alternativa correta.

a) A interceptação telefônica será admitida mesmo que a prova possa ser feita por outros meios disponíveis.

b) A interceptação telefônica poderá ser determinada pelo representante do Ministério Público, de ofício, mediante idônea fundamentação durante a instrução criminal.

c) O juiz deverá decidir, no prazo máximo de 24 (vinte e quatro) horas, sobre o pedido de interceptação.

d) Somente será admitido o pedido de interceptação telefônica feito por escrito.

e) Não é necessária a presença de indícios razoáveis da autoria ou participação em infração penal para que seja determinada a interceptação telefônica.

GAB	1	2	3	4	5	6
	A	E	B	E	C	C

Art. 5º A decisão será fundamentada, sob pena de nulidade, indicando também a forma de execução da diligência, que não poderá exceder o prazo de quinze dias, renovável por igual tempo uma vez comprovada a indispensabilidade do meio de prova.

1. COMENTÁRIOS

A menção legislativa à necessidade de fundamentação na decisão é de todo irrelevante, pois esta já é uma determinação constitucional (art. 93, IX, CF). De toda forma, nesta fundamentação, deverá a autoridade judiciária demonstrar a presença dos requisitos que autorizam a decretação da interceptação telefônica, nos moldes apontados nos artigos precedentes.

O prazo da interceptação telefônica é de 15 (quinze) dias, sendo possível a prorrogação da medida, quando esta for indispensável. Em sede doutrinária, chegou a ser sustentada a tese de que somente seria possível uma prorrogação. Contudo, a jurisprudência dos nossos Tribunais deitou por terra esse entendimento, ao reconhecer ser possível prorrogar a interceptação telefônica mais de uma vez, desde que seja demonstrada a imprescindibilidade da medida. O limite, então, estaria na razoabilidade[26].

Não é possível já decretar a medida por um lapso de tempo superior aos quinzes dias. Com efeito, o magistrado não tem como saber *a priori* se será necessário prorrogar a medida. A cada quinze dias, deverá reapreciar a matéria, aferindo a imprescindibilidade da prorrogação e, se for o caso, proferir nova decisão, cuja fundamentação deverá estar pautada pela demonstração desta necessidade de se prorrogar a interceptação telefônica. Não é possível, portanto, a prorrogação automática.

É importante que o julgador atente para a necessidade de proferir a decisão que prorroga a interceptação quando estiver na iminência de se encerrar o prazo da interceptação em vigor, sob pena de deixar um lapso de tempo descoberto. Assim, se o prazo originário de quinze dias se encerrar, por exemplo, no dia 10 de determinado mês e a decisão prorrogando a medida for proferida no dia 15, não se pode admitir eventuais gravações realizadas no período compreendido entre os dias 11 e 14, pois não havia decisão respaldando a produção desta prova. Também não seria possível à decisão do dia 15 possuir efeitos retroativos.

Para que o julgador prorrogue a medida, é necessário que se convença da imprescindibilidade da medida. Por esta razão, deve a autoridade policial encaminhar os elementos que irão subsidiar o convencimento do julgador. Estes elementos podem consistir nos áudios das conversas ou nas suas transcrições, acompanhadas de auto circunstanciado (art. 6º, *infra*).

Se, por um lado, não é possível decretar a interceptação por prazo superior aos quinzes dias, por outro, é possível, sim, decretá-la por prazo inferior. Ora, quem pode mais, pode o menos. Razão pela qual é lícito ao julgador, caso entenda necessário, decretar a medida por menos tempo.

O Superior Tribunal de Justiça, por sua Sexta Turma, invalidou prova proveniente de interceptação telefônica, diante "da ausência de fundamentação suficiente". Na hipótese, considerou "eivadas de ilicitude a decisão inicial de quebra do sigilo, bem como as sucessivas decisões que deferiram as prorrogações da medida de interceptação telefônica"[27].

2. SÚMULAS E JURISPRUDÊNCIA

- **INTERCEPTAÇÃO TELEFÔNICA. TERMO INICIAL.** A Lei nº 9.296/1996, que regula a quebra de sigilo das comunicações telefônicas, estabelece em 15 dias o prazo para duração da interceptação, porém não estipula termo inicial para cumprimento da ordem judicial. No caso, a captação das comunicações via telefone iniciou-se pouco mais de três meses após o deferimento, pois houve greve da Polícia Federal no período, o que interrompeu as investigações. A Turma entendeu que não pode haver delonga injustificada para o começo da efetiva interceptação e deve-se atentar sempre para o princípio da proporcionalidade, mas, na hipótese, sendo a greve evento que foge ao controle direto dos órgãos estatais, não houve violação do mencionado princípio. Assim, a alegação de ilegalidade das provas produzidas, por terem sido obtidas após o prazo de 15 dias, não tem fundamento, uma vez que o prazo é contado a partir do dia em que se iniciou a escuta, e não da data da decisão judicial que a

26. STJ, HC 76.686/PR, Rel. Min. Nilson Naves, j. 09/09/2008.

27. STJ – Sexta Turma – RESP 1.670.637/SP – Rel. Min. Nefi Cordeiro – DJ 13/3/3018.

autorizou. Precedente citado: HC 135.771-PE, DJe 24/8/2011. *STJ, HC 113.477-DF, Rel. Min. Maria Thereza de Assis Moura, j. 20/3/2012. 6ª T. (Info 493)*

- **INTERCEPTAÇÃO TELEFÔNICA. PRORROGAÇÃO REITERADA DA MEDIDA.** A Turma, por maioria, reiterou o entendimento de que as interceptações telefônicas podem ser prorrogadas sucessivas vezes pelo tempo necessário para a produção da prova, especialmente quando o caso for complexo e a prova, indispensável, sem que a medida configure ofensa ao art. 5º, *caput*, da Lei nº 9.296/1996. Sobre a necessidade de fundamentação da prorrogação, esta pode manter-se idêntica à do pedido original, pois a repetição das razões que justificaram a escuta não constitui, por si só, ilicitude. Precedentes citados: RHC 13.274-RS, DJ 29/9/2003; HC 151.415-SC, DJe 2/12/2011; HC 134.372-DF, DJe 17/11/2011; HC 153.994-MT, DJe 13/12/2010; HC 177.166-PR, DJe 19/9/2011, e HC 161.660-PR, DJe 25/4/2011. *STJ, HC 143.805-SP, Rel. originário Min. Adilson Vieira Macabu (Desembargador Convocado do TJRJ), Rel. para o acórdão Min. Gilson Dipp, j. 14/2/2012. 5ª T. (Info 491)*

3. QUESTÕES DE CONCURSOS

1. **(VUNESP/TJ-MS/Juiz de Direito/2015 – adaptada)** Na decisão de deferimento, será consignado, para a execução da diligência, o prazo de 30 (trinta) dias, prorrogável por uma vez, comprovada a indispensabilidade do meio de prova.

2. **(FCC/DPE-CE/Defensor Público/2014)** Antonio é investigado em inquérito policial. Para que seja determinada interceptação telefônica de suas comunicações de acordo com o texto legal, é necessário que

a) sua duração não exceda 10 (dez) dias.

b) haja certeza de que Antonio é autor ou partícipe na infração penal que se investiga.

c) haja requerimento do Ministério Público, na fase de investigação criminal.

d) o crime cuja prática se investiga seja punido com penal igual ou superior a quatro anos.

e) a decisão que a decrete indique a forma de execução da diligência.

3. **(FCC/DPE-PB/Defensor Público/2014 – adaptada)** No tocante à interceptação das comunicações telefônicas, nos termos da legislação pertinente, o prazo para sua duração deve, regra geral, corresponder a no máximo 10 dias, com possibilidade de renovação por igual tempo uma vez comprovada a indispensabilidade do meio de prova.

4. **(FCC/DPE-PB/Defensor Público/2014 – adaptada)** No tocante à interceptação das comunicações telefônicas, nos termos da legislação pertinente, nos termos da legislação pertinente, o prazo para a interceptação de comunicações telefônicas deve, regra geral, corresponder a no máximo 15 dias, sem possibilidade de prorrogação.

5. **(CESPE/TJ-DF/Juiz de Direito/2014 – adaptada)** Segundo o entendimento do STF, é impossível a prorrogação do prazo de autorização para a interceptação telefônica por períodos sucessivos.

6. **(CESGRANRIO/CEF/Advogado/2012)** Em determinado processo judicial criminal, há, em decorrência de requerimento do Ministério Público, autorização para interceptação telefônica com o fito de angariar provas contra acusados de delitos considerados graves. Nos termos da legislação pertinente, o prazo para a interceptação deve, regra geral, corresponder a, no máximo,

a) sessenta dias, com renovação

b) trinta dias, com renovação

c) vinte dias, com renovação

d) quinze dias, com renovação

e) dez dias, com renovação

7. **(CESPE/TRE-BA/Analista Judiciário/2010)** O juiz da causa pode avaliar a necessidade de renovação das autorizações de interceptação telefônica, levando em conta a natureza dos fatos e dos crimes e as circunstâncias

que envolvem o caso. Nesse sentido, os tribunais superiores vêm admitindo sucessivas prorrogações enquanto perdurar a necessidade da investigação, sem configurar ofensa à Lei nº 9.296/1996 e à CF.

8. **(CESPE/AGU/Advogado da União/2009)** É possível a prorrogação do prazo de autorização para a interceptação telefônica, mesmo que sucessiva, especialmente quando se tratar de fato complexo que exija investigação diferenciada e contínua.

9. **(FUNCAB/PC-PA/Escrivão de Polícia/2016 – adaptada)** Deferido o pedido de interceptação de comunicação telefônica, a autoridade policial conduzirá os procedimentos de interceptação, dando ciência ao Ministério Público, que ficará impedido de acompanhar a sua realização.

10. **(IBADE/PC-AC/Delegado de Polícia/2017)** Quanto ao número de vezes em que o prazo da interceptação telefônica pode ser renovado, entende a doutrina, bem com o Superior Tribunal de Justiça, em seu mais recente julgado acerca do tema, no início de 2013, que:

a) a renovação só pode ocorrer uma única vez. Tendo a interceptação telefônica duração máxima de 30 (trinta) dias.

b) não é possível haver a renovação da interceptação.

c) a renovação é cabível, desde que não ultrapasse o prazo de 60 (sessenta) dias.

d) o prazo da interceptação pode ser renovado indefinidamente, desde que comprovada a indispensabilidade do meio de prova.

e) a renovação só pode ocorrer uma única vez, porém, quando houver justificação exaustiva do excesso e quando a medida for indispensável, é possível a renovação desde que não ofenda a razoabilidade.

GAB	1	2	3	4	5	6	7	8	9	10
	E	E	E	E	E	D	C	C	E	D

Art. 6º Deferido o pedido, a autoridade policial conduzirá os procedimentos de interceptação, dando ciência ao Ministério Público, que poderá acompanhar a sua realização.

§ 1º No caso de a diligência possibilitar a gravação da comunicação interceptada, será determinada a sua transcrição.

§ 2º Cumprida a diligência, a autoridade policial encaminhará o resultado da interceptação ao juiz, acompanhado de auto circunstanciado, que deverá conter o resumo das operações realizadas.

§ 3º Recebidos esses elementos, o juiz determinará a providência do art. 8º, ciente o Ministério Público.

1. COMENTÁRIOS

1.1. Considerações iniciais

O texto legislativo é categórico ao asseverar que o procedimento será conduzido por autoridade policial, deixando claro que cabe ao delegado de Polícia (Civil ou Federal) a concretização da interceptação telefônica. Contudo, é necessário registrar que, excepcionalmente, a jurisprudência dos Tribunais Superiores já admitiu a interceptação telefônica conduzida pela Polícia Rodoviária Federal[28] e pela Polícia Militar[29].

28. STJ, HC 45.630/RJ, Rel. Min. Felix Fischer, julgado em 16/02/2006.

29. STF, HC 96.986/MG, Rel. Min. Gilmar Mendes. julgado em. 15/05/2012.

Trata-se, logo se vê, de medida excepcional. Ao admitir a concretização da medida pela Polícia Militar, por exemplo, o STF o fez diante das suspeitas de envolvimento que pairavam sobre autoridade policial local. Ademais, devemos frisar que o precedente citado excepcionou a possibilidade de a autoridade policial "executar" a interceptação telefônica, e não de formular o requerimento. No caso concreto, houve o requerimento do Ministério Público e a autorização judicial para a interceptação telefônica.

A cientificação do Ministério Público é imprescindível. Naturalmente, não é obrigatória a participação do membro do MP, ficando a seu critério o acompanhamento direto da medida. A rigor, sendo o Ministério Público o titular da ação penal pública, terá acesso a todas as provas que interessarem à investigação ou ao processo.

1.2. Gravação e transcrição

Nem sempre será possível a gravação da interceptação telefônica. Vale recordar que interceptação é a captação (e não necessariamente a gravação) da conversa telefônica, realizada por alguém que não seja interlocutor. Neste caso, não se pode deixar de perceber que o valor probatório da interceptação será muito baixo, pois não restarão registros das conversas.

Contudo, sendo possível a gravação, é necessário que se promova a transcrição das conversas. Conforme sedimentada jurisprudência do STF, não há necessidade de degravação de todas as conversas, sendo suficiente que se tenham degravados os excertos que subsidiaram o oferecimento da denúncia[30].

2. SÚMULAS E JURISPRUDÊNCIA

- **Interceptação telefônica e transcrição integral.** Não é necessária a transcrição integral das conversas interceptadas, desde que possibilitado ao investigado o pleno acesso a todas as conversas captadas, assim como disponibilizada a totalidade do material que, direta e indiretamente, àquele se refira, sem prejuízo do poder do magistrado em determinar a transcrição da integralidade ou de partes do áudio. Essa a conclusão do Plenário que, por maioria, rejeitou preliminar de cerceamento de defesa pela ausência de transcrição integral das interceptações telefônicas realizadas. O Tribunal reafirmou que a concessão de acesso às gravações afastaria a referida alegação, porquanto, na espécie, os dados essenciais à defesa teriam sido fornecidos. Ademais, destacou que se estaria em fase de inquérito, no qual a denúncia poderia ser recebida com base em prova indiciária. *STF, Inq 3693/PA, rel. Min. Cármen Lúcia, j. 10.4.2014. Pleno. (Info 742)*

- **Polícia militar e execução de interceptação telefônica.** A 2ª Turma indeferiu habeas corpus em que se alegava nulidade de interceptação telefônica realizada pela polícia militar em suposta ofensa ao art. 6º da Lei 9.296/96 ("Deferido o pedido, a autoridade policial conduzirá os procedimentos de interceptação, dando ciência ao Ministério Público, que poderá acompanhar a sua realização"). Na espécie, diante de ofício da polícia militar, dando conta de suposta prática dos crimes de rufianismo, manutenção de casa de prostituição e submissão de menor à exploração sexual, a promotoria de justiça requerera autorização para interceptação telefônica e filmagens da área externa do estabelecimento da paciente, o que fora deferida pelo juízo. Asseverou-se que o texto constitucional autorizaria interceptação telefônica para fins de investigação criminal ou de instrução processual penal, por ordem judicial, nas hipóteses e na forma da lei (CF, art. 5º, XII). Sublinhou-se que seria típica reserva legal qualificada, na qual a autorização para intervenção legal estaria submetida à condição de destinar-se à investigação criminal ou à instrução processual penal. Reconheceu-se a possibilidade excepcional de

30. STF, HC 118.371/BA, Rel. Min. Gilmar Mendes, julgado em 19/08/2014.

a polícia militar, mediante autorização judicial, sob supervisão do parquet, efetuar a mera execução das interceptações, na circunstância de haver singularidades que justificassem esse deslocamento, especialmente quando, como no caso, houvesse suspeita de envolvimento de autoridades policias da delegacia local. Consignou-se não haver ilicitude, já que a execução da medida não seria exclusiva de autoridade policial, pois a própria lei autorizaria o uso de serviços e técnicos das concessionárias (Lei 9.296/96, art. 7º) e que, além de sujeitar-se a ao controle judicial durante a execução, tratar-se-ia apenas de meio de obtenção da prova (instrumento), com ela não se confundindo.

STF, HC 96986/MG, rel. Min. Gilmar Mendes, j. 15.5.2012. 2º T. (Info 666)

3. QUESTÕES DE CONCURSOS

1. **(VUNESP/TJ-MS/Juiz de Direito/2015 – adaptada)** Deferido o pedido, o juiz conduzirá os procedimentos de interceptação, dando ciência ao Ministério Público, que poderá acompanhar a sua realização.

2. **(CESPE/TJ-DF/Juiz de Direito/2014 – adaptada)** Consoante entendimento predominante nos tribunais superiores, faz-se necessária a transcrição integral do conteúdo da quebra do sigilo das comunicações telefônicas.

3. **(CESPE/PC-DF/Delegado de Polícia/2009 – adaptada)** Ainda que a diligência possibilite a gravação da comunicação interceptada, é dispensada a transcrição da gravação.

4. **(FUNCAB/PC-PA/Escrivão de Polícia Civil/2016 – adaptada)** Deferido o pedido de interceptação de comunicação telefônica, a autoridade policial conduzirá os procedimentos de interceptação, dando ciência ao Ministério Público, que ficará impedido de acompanhar a sua realização.

GAB	1	2	3	4
	E	E	E	E

Art. 7º Para os procedimentos de interceptação de que trata esta Lei, a autoridade policial poderá requisitar serviços e técnicos especializados às concessionárias de serviço público.

1. COMENTÁRIOS

No mais das vezes, estes serviços e técnicos especializados serão imprescindíveis à concretização da interceptação telefônica. Trata-se de requisição – e não mero requerimento – imprescindível para o cumprimento da determinação judicial. Eventual descumprimento injustificado por parte dos destinatários da requisição poderá ensejar crime de desobediência (art. 330, CP).

2. QUESTÕES DE CONCURSOS

1. **(FUNCAB/PC-PA/Escrivão de Polícia Civil/2016 – adaptada)** Para os procedimentos de interceptação, a autoridade policial não poderá dispensar a requisição de serviços e técnicos especializados às concessionárias de serviço público.

GAB	1
	E

Art. 8º A interceptação de comunicação telefônica, de qualquer natureza, ocorrerá em autos apartados, apensados aos autos do inquérito policial ou do processo criminal, preservando-se o sigilo das diligências, gravações e transcrições respectivas.

Parágrafo único. A apensação somente poderá ser realizada imediatamente antes do relatório da autoridade, quando se tratar de inquérito policial (Código de Processo Penal, art. 10, § 1º) ou na conclusão do processo ao juiz para o despacho decorrente do disposto nos arts. 407, 502 ou 538 do Código de Processo Penal.

1. COMENTÁRIOS

A interceptação é um incidente que corre em apartado dos autos principais, devendo ser apensado apenas por ocasião do seu encerramento. Conforme já salientamos[31], nada obsta, também, que haja o emprego desta interceptação telefônica em outro feito, a título de prova emprestada.

No caso de a interceptação telefônica ter sido decretada no bojo de um inquérito policial, sua apensação deve se dar imediatamente antes da confecção do relatório. Como cediço, o relatório é o documento final, que encerra este procedimento administrativo. É redigido pela autoridade policial e contém as informações básicas em torno do que ocorreu durante o inquérito.

A Lei, neste art. 8° faz menção ao inquérito policial, mas não se pode olvidar que é possível a decretação da interceptação telefônica no decorrer de outras modalidades de investigação, como aquela capitaneada pelo Ministério Público. Neste caso, é razoável que se entenda que os autos da interceptação telefônica devem ser apensados aos autos principais em momento imediatamente anterior ao seu encerramento.

No que se refere ao momento para que a interceptação telefônica seja apensada aos autos principais quando já existe processo em andamento, o artigo em apreço remete aos arts. 407, 502 e 538 do CPP. É curioso observar que todos os artigos mencionados foram objeto de alteração ou revogação na reforma processual de 2008. De toda sorte, a alusão a tais dispositivos – sobretudo em sua redação original – demonstra que é necessário realizar a apensação no momento final do processo, logo após as alegações finais, imediatamente antes da sentença[32].

É importante recordar que o fato de os autos da interceptação telefônica serem apensados apenas ao final da investigação ou da instrução processual não significa que o investigado ou acusado apenas terá acesso a estes elementos de prova após esta apensação. Não custa trazer à baila, uma vez mais, o teor do enunciado n.° 14 da súmula vinculante do STF, de acordo com o qual, não se pode negar acessos aos autos da investigação em relação aos elementos de prova já documentados.

E se isto já existe desde o momento da investigação, com muito mais razão haverá de existir por ocasião do processo. Ora, é óbvio que, no procedimento judicial, marcado pelo contraditório.

2. SÚMULAS E JURISPRUDÊNCIA

- **Súmula vinculante nº 14, STF:** É direito do defensor, no interesse do representado, ter acesso amplo aos elementos de prova que, já documentados em procedimento investigatório realizado por órgão com competência de polícia judiciária, digam respeito ao exercício do direito de defesa.

31. Cf., acima, comentários ao art. 1°, e, em especial, a menção ao precedente do STF (Pet 3.683 QO/MG, Rel. Min. Cezar Peluso, j. 13/08/2008).

32. LIMA, Renato Brasileiro de. *ob. cit.*, p. 167.

3. QUESTÕES DE CONCURSOS

1. **(CESPE/AGU/Procurador Federal/2013)** Os autos referentes à interceptação de comunicações telefônicas correrão em apenso aos autos do inquérito policial ou do processo criminal.

GAB	1
	C

Art. 9º A gravação que não interessar à prova será inutilizada por decisão judicial, durante o inquérito, a instrução processual ou após esta, em virtude de requerimento do Ministério Público ou da parte interessada.

Parágrafo único. O incidente de inutilização será assistido pelo Ministério Público, sendo facultada a presença do acusado ou de seu representante legal.

1. COMENTÁRIOS

É natural que a interceptação telefônica termine por captar uma série de conversas que não possuem qualquer relação com os atos investigados. Com efeito, todas as conversas realizadas pela pessoa sobre a qual recai a interceptação serão captadas (e, provavelmente, gravadas), razão pela qual é bem provável que existam gravações que digam respeito à vida íntima ou familiar do investigado, bem como informações referentes a terceiros que não possuem qualquer relação com os fatos.

Conforme este art. 9º, estas gravações devem ser inutilizadas por decisão judicial. Muito embora o artigo em apreço não tenha feito alusão à possibilidade de o Juiz determinar esta inutilização de ofício – exigindo requerimento do Ministério Público ou da parte interessada – nada obsta que assim proceda o Magistrado, pois se trata de matéria que poderá e deverá ser conhecida de ofício. Demais disso, releva notar que o dispositivo legislativo faz menção à parte interessada que, como se percebe, não será, necessariamente, o investigado ou acusado. Conforme salientamos acima, o interessado poderá ser algum terceiro, que teve sua esfera de intimidade devassada com a interceptação sem que tenha qualquer vínculo com a prática do ato criminoso.

A Lei não especifica a quem incumbe promover a inutilização (autoridade policial, o próprio Judiciário), ficando a critério do julgador, por ocasião da decisão do incidente[33].

Contra esta decisão que defere ou indefere a inutilização da gravação caberá recurso de apelação, pois se trata de decisão com força de definitiva que não desafia recurso em sentido estrito (art. 593, II c/c art. 581, CPP). Se o requerente for o terceiro interessado (não é investigado ou processado, mas teve sua intimidade devassada pela gravação impertinente) não caberia recurso, pois não é parte. Neste caso, caberá a impetração de mandado de segurança.

33. Como se vê, é o parágrafo único do art. 9° que emprega a expressão "incidente". Nucci, de forma crítica, chama a atenção para o fato de que "se a interceptação já corre em apenso, vale dizer, constitui um incidente, a inutilização do material desinteressante à prova dará ensejo a um incidente de incidente (NUCCI, Guilherme de Souza. *Leis penais e processuais comentadas.* v. 1. 6. ed. São Paulo: RT, 2012, p. 384).

2. QUESTÕES DE CONCURSOS

1. **(VUNESP/PC-CE/Escrivão de Polícia Civil/2015)** Segundo o disposto na Lei no 9.296/96 (Interceptação Telefônica), a gravação dos áudios decorrente da interceptação telefônica que não interessar à prova será inutilizada por decisão judicial:

a) somente durante a execução da pena imposta na condenação ou após o trânsito em julgado da decisão que absolveu o acusado.

b) após a instrução processual independentemente de requerimento do Ministério Público ou da parte interessada.

c) durante o inquérito, a instrução processual ou após esta, em virtude de requerimento do Ministério Público ou da parte interessada.

d) somente após a instrução processual, em virtude de requerimento do Ministério Público ou da parte interessada.

e) somente durante a instrução processual ou após esta, em virtude de requerimento do Ministério Público ou da parte interessada.

2. **(VUNESP/TJ-PA/Juiz de Direito/2014 – adaptada)** No que concerne à interceptação telefônica, regulada pela Lei nº 9.296/96, os trechos de conversas interceptadas que não interessarem à prova do crime deverão ser imediatamente destruídas pela autoridade policial.

3. **(CESPE/PC-DF/Delegado de Polícia/2009 – adaptada)** Somente após o trânsito em julgado da sentença penal pode a gravação ser inutilizada, mediante decisão judicial, ainda que não interesse à prova.

4. **(VUNESP/PC-BA/Investigador de Polícia Civil/2018)** Em procedimento legal de interceptação de conversas telefônicas visando a apurar tráfico de drogas, durante o inquérito policial, foram transcritas conversas que tratavam de assuntos diversos daqueles sob a investigação. A respeito destes últimos, de acordo com a Lei Federal n° 9.296/1996, que trata da matéria, a providência a ser adotada será

a) a exclusão de ofício, pela Autoridade Policial que presidir às investigações e sob pena de responsabilidade, dos trechos irrelevantes.

b) a representação, pela Autoridade Policial, para inutilização dos trechos irrelevantes, o que poderá ser autorizado apenas pela Autoridade Judiciária competente.

c) a manutenção dos trechos considerados irrelevantes em autos apartados, uma vez que estes têm caráter sigiloso.

d) o aguardamento até o trânsito da sentença para excluir os trechos havidos por irrelevantes, uma vez que estes poderão ser avaliados novamente no curso do processo.

e) o refazimento da interceptação, já que a transcrição de trechos irrelevantes à apuração contamina toda a prova, conforme estabelece a "teoria dos frutos envenenados".

5. **(MPE-PR/Promotor de Justiça/2018 – adaptada)** Nos termos da Lei n. 9.296/06 (que regulamenta a garantia do sigilo das comunicações), o incidente de inutilização de gravação que não interessar como prova deverá ser assistido pelo Ministério Público e pela Defensoria Pública quando a interceptação se der durante o inquérito policial e não restar comprovada a autoria.

GAB	1	2	3	4	5
	C	E	E	B	E

Art. 10. Constitui crime realizar interceptação de comunicações telefônicas, de informática ou telemática, ou quebrar segredo da Justiça, sem autorização judicial ou com objetivos não autorizados em lei.

Pena: reclusão, de dois a quatro anos, e multa.

1. COMENTÁRIOS

1.1. Considerações iniciais

Há duas condutas distintas no mencionado dispositivo. Podemos, então, dividir o estudo do tipo em duas partes:

Primeira parte: conduta consistente em "realizar interceptação de comunicações telefônicas, de informática ou telemática (...) sem autorização judicial ou com objetivos não autorizados em lei".

Como já afirmamos (cf., acima, comentários) interceptação é a captação da comunicação alheia, sem a ciência do interlocutor. Pressupõe, portanto, a existência de um terceiro, alheio à conversa, que efetua a captação. Por isto, não há como se confundir interceptação com gravação clandestina (não abrangida pelo tipo), que é o registro da conversa realizada por um dos interlocutores, sem o conhecimento do outro. A gravação clandestina, por si só, não é crime. Contudo, a posterior divulgação do teor da conversa pode ensejar a prática do crime de divulgação de segredo (art. 153, CP).

A interceptação será considerada criminosa quando for realizada:

a) Sem autorização judicial: apenas a autoridade judicial pode autorizar a interceptação. A violação a este mandamento torna a interceptação criminosa, salvo a existência de alguma excludente de ilicitude. É necessário que a autorização judicial seja anterior à interceptação; autorização judicial obtida posteriormente não possui o condão de excluir a prática do crime.

b) Com objetivos não autorizados em lei: estes objetivos são a investigação criminal ou instrução processual penal. Se o interceptador se vale da autorização judicial para outra finalidade, incorre no crime. Por isto, ainda que haja a autorização judicial, será criminosa a interceptação para espionagem industrial, embasar ação civil, investigação de improbidade administrativa, em inquérito civil, etc.

Segunda parte: conduta consistente em "quebrar segredo da Justiça". O procedimento da interceptação é realizado sob segredo de Justiça. A violação a esta característica (*v.g.* divulgação do teor das conversas para a imprensa) ensejará a prática do crime.

1.2. Sujeitos

Primeira parte: trata-se de modalidade de **crime comum**, é dizer, qualquer pessoa pode praticá-lo, não se exigindo qualquer qualidade especial do agente. São sujeitos passivos os interlocutores, as pessoas cuja conversa foi interceptada sem consentimento.

Segunda parte: trata-se de **crime próprio**, exigindo-se uma qualidade especial do agente. Assim, "sujeito ativo só pode ser quem por seu cargo (juiz, promotor, autoridade policial), função (perito, por exemplo) ou profissão (empregado das concessionárias telefônicas, advogado) venha a ter conhecimento da instauração do incidente de interceptação ou das diligências, gravações e transcrições"[34]. **Não se trata de crime funcional**, na medida em que não é necessário que o agente seja funcionário público.

34. GOMES, Luiz Flávio. Interceptação telefônica. In: GOMES, Luiz Flávio; CUNHA, Rogério Sanches. *Legislação criminal especial*. São Paulo: RT, 2009, p. 509.

No que concerne ao sujeito passivo, devemos distinguir duas situações. Em um primeiro momento, se a quebra do sigilo for realizada durante o procedimento de interceptação, sujeito passivo será o Estado, pois a persecução criminal restará frustrada. Em um momento posterior, se a quebra do sigilo for efetuada após encerrado o procedimento de interceptação, sujeitos passivos serão os envolvidos na comunicação.

Cumpre recordar que estes são os sujeitos passivos imediatos (diretos), pois sujeito passivo mediato (indireto) sempre é o Estado.

1.3. Objetos

Objeto jurídico do tipo, isto é, o bem jurídico tutelado é a inviolabilidade da liberdade de comunicação, que está amparada, constitucionalmente (art. 5º., XII, CF), pelo sigilo. Objeto material é a própria comunicação telefônica, de informática ou telemática.

1.4. Elemento subjetivo

É o dolo, direto ou eventual. Consuma-se o crime, portanto, quando o agente possui a consciência e a vontade de realizar a interceptação, ou quebrar o sigilo de Justiça, sem autorização judicial ou com objetivos não autorizados em lei ou assume o risco de fazê-lo.

Não há previsão de modalidade culposa, razão pela qual a prática da conduta por negligência, imprudência ou imperícia deve ser reputada atípica.

1.5. Consumação e tentativa

Primeira parte: consuma-se quando o agente toma conhecimento, ainda que parcial, da comunicação alheia. O teor da comunicação é indiferente para a consumação do delito. Por isto, pouco importa se o teor da conversa era sigiloso ou de conhecimento público, se pode ou não acarretar dano a outrem, etc. A gravação da conversa também é indiferente, bastando que o agente tome ciência do seu teor.

A tentativa é plenamente possível. Podemos imaginar a hipótese em que o aparelho de escuta é colocado, mas é descoberto antes que os interlocutores entabulem qualquer conversa.

Segunda parte: consuma-se no momento em que o agente revela o teor das conversas ou, simplesmente, a existência de uma ordem judicial determinando a interceptação.

A tentativa é possível em sua modalidade escrita. Se o agente encaminha um *e-mail* revelando o segredo, mas o destinatário não o recebe (porque sua caixa de mensagens estava lotada, por exemplo) haverá a tentativa. Em sua modalidade verbal, não há falar em tentativa, pois se trata de crime unissubsistente, ou seja, a conduta não pode ser desdobrada em atos preparatórios, executórios, etc.

1.6. Classificação

Trata-se de crime: a) **comum** (pode ser praticado por qualquer agente) ou **próprio** (exige uma qualidade especial do agente); b) **monossubjetivo** (ou unissubjetivo, pode ser praticado por apenas um agente); c) **unissubsistente** (a conduta não pode ser fracionada, não admite a tentativa) ou **plurissubsistente** (a conduta pode ser fracionada, admite a tentativa); d) **instantâneo** (a conduta não se protrai); e) **de forma livre**; f) **comissivo** (realizado mediante ação).

2. SÚMULAS E JURISPRUDÊNCIA

✦ *SUPREMO TRIBUNAL FEDERAL*

▸ **INTERCEPTAÇÕES TELEFÔNICAS E TEORIA DO JUÍZO APARENTE.** Ao admitir a ratificação de provas – interceptações telefônicas – colhidas por juízo aparentemente competente à época dos fatos, a 2ª Turma, por maioria, denegou habeas corpus impetrado em favor de vereador que supostamente teria atuado em conluio com terceiros para obtenção de vantagem indevida mediante a manipulação de procedimentos de concessão de benefícios previdenciários, principalmente de auxílio-doença. Na espécie, a denúncia fora recebida por juiz federal de piso que decretara as prisões e as quebras de sigilo. Em seguida, declinara da competência para o TRF da 2ª Região, considerado o art. 161, IV, d-3, da Constituição do Estado do Rio de Janeiro, bem como o julgamento do RE 464935/RJ (DJe de 27.6.2008), pelo qual se reconhecera que os vereadores fluminenses deveriam ser julgados pela segunda instância, em razão de prerrogativa de função. Por sua vez, o TRF da 2ª Região entendera que a competência para processar e julgar vereadores seria da primeira instância, ao fundamento de que a justiça federal seria subordinada à Constituição Federal (art. 109) e não às constituições estaduais. Alegava-se que o magistrado federal não teria competência para as investigações e para julgamento da ação penal, uma vez que vereadores figurariam no inquérito. Asseverou-se que o precedente mencionado não se aplicaria à espécie, porquanto aquela ação penal tramitara na justiça estadual e não na federal. Destacou-se que, à época dos fatos, o tema relativo à prerrogativa de foro dos vereadores do Município do Rio de Janeiro seria bastante controvertido, mormente porque, em 28.5.2007, o Tribunal de Justiça local havia declarado a inconstitucionalidade do art. 161, IV, d-3, da Constituição estadual. Observou-se que, embora essa decisão não tivesse eficácia erga omnes, seria paradigma para seus membros e juízes de primeira instância. Nesse contexto, obtemperou-se não ser razoável a anulação de provas determinadas pelo juízo federal de primeira instância. Aduziu-se que, quanto à celeuma acerca da determinação da quebra de sigilo pelo juízo federal posteriormente declarado incompetente – em razão de se identificar a atuação de organização criminosa, a ensejar a remessa do feito à vara especializada –, aplicar-se-ia a teoria do juízo aparente. Vencido o Min. Celso de Mello, que concedia a ordem. Ressaltava que, embora a jurisprudência do STF acolhesse a mencionada teoria, essa apenas seria invocável se, no momento em que tivessem sido decretadas as medidas de caráter probatório, a autoridade judiciária não tivesse condições de saber que a investigação fora instaurada em relação a alguém investido de prerrogativa de foro. Pontuava que o juízo federal, ao deferir as interceptações, deixara claro conhecer o envolvimento, naquela investigação penal, de três vereadores, dois dos quais do Rio de Janeiro, cuja Constituição outorgava a prerrogativa de foro perante o Tribunal de Justiça. Frisava que a decisão que decretara a medida de índole probatória fora emanada por autoridade incompetente. Após, cassou-se a liminar anteriormente deferida. *STF, HC 110496/RJ, rel. Min. Gilmar Mendes, 9.4.2013. 2ª T. (Info 701)*

▸ **COMISSÃO PARLAMENTAR DE INQUÉRITO.** Interceptação telefônica. Sigilo judicial. Segredo de justiça. Quebra. Impossibilidade jurídica. Requisição de cópias das ordens judiciais e dos mandados. Liminar concedida. Admissibilidade de submissão da liminar ao Plenário, pelo Relator, para referendo. Precedentes (MS nº 24.832-MC, MS nº 26.307-MS e MS nº 26.900-MC). Voto vencido. Pode o Relator de mandado de segurança submeter ao Plenário, para efeito de referendo, a liminar que haja deferido. COMISSÃO PARLAMENTAR DE INQUÉRITO – CPI. Prova. Interceptação telefônica. Decisão judicial. Sigilo judicial. Segredo de justiça. Quebra. Requisição, às operadoras, de cópias das ordens judiciais e dos mandados de interceptação. Inadmissibilidade. Poder que não tem caráter instrutório ou de investigação. Competência exclusiva do juízo que ordenou o sigilo. Aparência de ofensa a direito líquido e certo. Liminar concedida e referendada. Voto vencido. Inteligência dos arts. 5º, X e LX, e 58, § 3º, da CF, art. 325 do CP, e art. 10, cc. art. 1º da Lei federal nº 9.296/96. Comissão Parlamentar de Inquérito não tem poder jurídico de, mediante requisição, a operadoras de telefonia, de cópias de decisão nem de mandado judicial de interceptação telefônica, quebrar sigilo imposto a processo sujeito a segredo de justiça. Este é oponível a Comissão Parlamentar de Inquérito, representando expressiva limitação aos seus poderes constitucionais. (STF – MS: 27483 DF, Relator: Min. CEZAR PELUSO, Data de Julgamento: 14/08/2008, Tribunal Pleno, Data de Publicação: DJe-192 DIVULG 09-10-2008 PUBLIC 10-10-2008 EMENT VOL-02336-01 PP-00189 RTJ VOL-00207-01 PP-00298)

✦ *SUPERIOR TRIBUNAL DE JUSTIÇA*

▶ **INTERCEPTAÇÃO TELEFÔNICA E ENVIO À INSTÂNCIA ESPECIAL DE DIÁLOGO ENVOLVENDO TERCEIRO NÃO INVESTIGADO DETENTOR DE PRERROGATIVA DE FORO. Durante interceptação telefônica deferida em primeiro grau de jurisdição, a captação fortuita de diálogos mantidos por autoridade com prerrogativa de foro não impõe, por si só, a remessa imediata dos autos ao Tribunal competente para processar e julgar a referida autoridade, sem que antes se avalie a idoneidade e a suficiência dos dados colhidos para se firmar o convencimento acerca do possível envolvimento do detentor de prerrogativa de foro com a prática de crime.** De fato, uma simples conversa, um encontro casual ou mesmo sinais claros de amizade e contatos frequentes de indivíduo sob investigação com uma autoridade pública não pode, por si só, redundar na conclusão de que esta última participaria do esquema criminoso objeto da investigação. Nem mesmo a referência a favores pessoais, a contatos com terceiros, a negociações suspeitas implica, *de per si*, a inarredável conclusão de que se está diante de práticas criminosas merecedoras de imediata apuração, notadamente quando um dos interlocutores integra um dos Poderes da República e, portanto, pode ter sua honorabilidade e imagem pública manchadas pela simples notícia de que está sob investigação. Isto é: aquilo que se imagina ser uma prerrogativa e uma proteção ao agente político, a depender da situação, pode converter-se em precipitada conclusão tendenciosa e nefasta ao patrimônio moral da autoridade. Dito de modo mais específico, a simples captação de diálogos de quem detém foro especial com alguém que está sendo investigado por práticas ilícitas não pode conduzir, tão logo surjam conversas suspeitas, à conclusão de que a referida autoridade é participante da atividade criminosa investigada ou de outro delito qualquer, sendo mister um mínimo de avaliação quanto à idoneidade e à suficiência de dados para desencadear o procedimento esperado da autoridade judiciária responsável pela investigação. Em verdade, há de se ter certo cuidado para não se extraírem conclusões precipitadas ante a escuta fortuita de conversas. Em certos casos, a existência de proximidade espúria da autoridade pública com as pessoas investigadas somente vai ganhando contornos na medida em que a investigação se aprofunda, sem que seja possível ao magistrado delimitar, *incontinenti*, a ocorrência dessa relação. Isso se justifica pela própria natureza da interceptação telefônica, que, ao monitorar diretamente a comunicação verbal entre pessoas, necessariamente acaba por envolver terceiros, em regra não investigados, no campo de sua abrangência. E, somente com a continuidade por determinado período das interceptações, afigura-se concreta a possibilidade de serem alcançados resultados mais concludentes sobre o conteúdo das conversas interceptadas, uma vez que apenas os olhos de um observador futuro – munido do conjunto de informações já coletadas, de modo que permitam a análise conjunta e organizada de todas as conversas – podem enxergar, com clareza e foco preciso, o que um apressado e contemporâneo observador, provido de diálogos desconexos e linearmente apresentados, terá dificuldades para perceber. Nessa linha intelectiva, a remessa imediata de toda e qualquer investigação em que noticiada a possível prática delitiva de detentor de prerrogativa de foro ao órgão jurisdicional competente não só pode implicar prejuízo à investigação de fatos de particular e notório interesse público, como também representar sobrecarga acentuada aos tribunais, a par de, eventualmente, engendrar prematuras suspeitas sobre pessoa cujas honorabilidade e respeitabilidade perante a opinião pública são determinantes para a continuidade e o êxito de sua carreira. De outro lado, não tem sido hábito dos tribunais pátrios extrair conclusões tão rígidas de atrasos de atos processuais expressamente previstos em lei, inclusive aqueles para os quais se prevejam prazos para sua prática. Ao contrário, até mesmo quando há desrespeito aos prazos procedimentais em processos envolvendo réus presos, é consolidado o entendimento jurisprudencial no sentido de não ser reconhecido o constrangimento ilegal, ante critérios de razoabilidade, sobretudo quando se cuida de processos ou investigações com particular complexidade, envolvendo vários réus ou investigados. Portanto, é possível afirmar que, tão somente em um claro contexto fático do qual se possa com segurança depreender, a partir dos diálogos dos investigados com pessoa detentora de foro especial, que há indícios concretos de envolvimento dessa pessoa com a prática de crime(s), será imperativo o envio dos elementos de informação ao tribunal competente. De mais a mais, a lei não estabelece prazo peremptório para o envio dos elementos de prova obtidos por meio da interceptação telefônica. ***STJ, HC 307.152-GO, Rel. Min. Sebastião Reis Júnior, Rel. para acórdão Min. Rogerio Schietti Cruz, julgado em 19/11/2015, DJe 15/12/2015. 6ª T. (Info 575)***

3. QUESTÕES DE CONCURSOS

1. **(CESPE/TRF5/Juiz Federal/2015 – adaptada)** Pode ser afastada a exigência legal de declaração de segredo de justiça nos feitos criminais em que tenham ocorrido interceptações de comunicação, quando houver solicitação de comissão parlamentar de inquérito, por exemplo.

2. **(VUNESP/PC-CE/Delegado de Polícia/2015)** No curso das investigações, a Autoridade Policial toma conhecimento de intenso tráfico de drogas realizado por uma associação em determinada região da cidade e, com vistas à identificação e prisão dos criminosos, intercepta as conversas telefônicas de quatro suspeitos. Com relação a essa conduta, é correto afirmar que a Autoridade Policial:

a) agiu corretamente, considerando que uma vez presentes fortes indícios de autoria e materialidade de delito punido com pena de reclusão, pode a Autoridade Policial determinar a interceptação das conversas telefônicas com base na Lei no 9.296/96.

b) incorreu no crime previsto no artigo 10 da Lei no 9.296/96.

c) agiu corretamente, considerando que a interceptação de comunicações telefônicas sobrepõe-se e dispensa outros meios de provas.

d) não agiu corretamente, porque, segundo a lei, somente se autoriza interceptação de comunicação telefônica no curso da instrução processual e não no curso das investigações.

e) não agiu corretamente, porque deveria ter submetido a análise da necessidade dessa prova ao Ministério Público, buscando autorização com o órgão ministerial.

3. **(VUNESP/PC-CE/Inspetor de Polícia/2015 – adaptada)** A interceptação de comunicações telefônicas sem autorização judicial, por parte do agente policial, constituiu apenas infração administrativa, nos termos do artigo 10 da Lei no 9.296/96.

4. **(CESPE/TJ-DF/Juiz de Direito/2014 – adaptada)** O juiz competente para determinar a interceptação é o competente para processar e julgar o crime de cuja prática se suspeita. No entanto, a verificação posterior de que se trata de crime para o qual o juiz seria incompetente não deve acarretar a nulidade absoluta da prova colhida.

5. **(IBFC/PC-RJ/Oficial de Cartório/2013)** A realização de interceptação das comunicações telefônicas por policial militar, sob a coordenação de seus superiores hierárquicos e a direção e supervisão do órgão do Ministério Público, visando o monitoramento e combate ao crime organizado, mas sem autorização judicial, constitui:

Parte superior do formulário

a) Regular exercício da atividade de polícia judiciária e de manutenção da ordem pública.

b) Crime de violação de segredo profissional, previsto na lei de interceptações telefônicas.

c) Crime de atentado contra o sistema nacional de comunicação, previsto na lei de organização criminosa.

d) Crime de interceptação telefônica não autorizada, previsto na lei de interceptações telefônicas.

e) Crime de exercício funcional ilegalmente prolongado, previsto na lei de abuso de autoridade.

6. **(CESPE/ABIN/Oficial Técnico de Inteligência/2010)** Constitui crime realizar interceptação de comunicações, sejam elas telefônicas, informáticas, ou telemáticas, ou, ainda, quebrar segredo da justiça sem autorização judicial ou com objetivos não autorizados em lei.

7. **(MPE-SC/Promotor de Justiça/2016)** A Lei n. 9.296/96 (Interceptação Telefônica), que expressamente regulamenta o inciso XII, parte final, do art. 5° da Constituição Federal, prevê pena de reclusão e multa, na realização de interceptação telefônica de comunicação, de informática ou telemática, ou quebrar segredo de Justiça, sem autorização judicial ou com objetivos não autorizados em lei.

8. (FGV/ALERJ/Procurador/2017) Comissão Parlamentar de Inquérito de determinada Assembleia Legislativa, regularmente instaurada, determina a interceptação de comunicações telefônicas de Jorge, com base na Lei nº 9.296/96, bem como a quebra do sigilo de dados telefônicos de João, sendo que

ambos figuravam na condição de investigados. Apenas com base nas informações obtidas por esses meios, o Ministério Público ofereceu denúncia em face de Jorge e João, encaminhando junto com a inicial acusatória a transcrição das conversas obtidas com a interceptação de Jorge e a relação de dados telefônicos de João.

Apenas com base nas informações narradas e na posição majoritária do Supremo Tribunal Federal, é correto afirmar que:

a) a relação de dados telefônicos de João configura prova válida, enquanto a transcrição a partir da interceptação das conversas telefônicas de Jorge configura prova ilícita;

b) ambas as provas, oriundas da interceptação telefônica e da quebra de sigilo de dados, devem ser consideradas válidas;

c) ambas as provas, oriundas da interceptação telefônica e da quebra de sigilo de dados, são ilícitas, devendo ser desentranhadas dos autos;

d) ambas as provas, oriundas da interceptação telefônica e da quebra de sigilo de dados, são ilícitas, mas podem continuar nos autos em razão da teoria da fonte independente;

e) o registro dos dados telefônicos de João configura prova ilícita, enquanto a transcrição das conversas de Jorge, obtidas por interceptação telefônica, configura prova válida.

9. **(CESPE/ABIN/Oficial de Inteligência/2018) Situação hipotética**: Durante uma inundação, Abel interrompeu dolosamente o serviço telefônico da região. **Assertiva**: Nessa situação, Abel responderá por crime previsto na Lei de Interceptação Telefônica, com a circunstância agravante de tê-lo praticado durante calamidade pública

GAB	1	2	3	4	5	6	7	8	9
	E	B	E	C	D	C	C	A	E

Art. 11. Esta Lei entra em vigor na data de sua publicação.

Art. 12. Revogam-se as disposições em contrário.

Brasília, 24 de julho de 1996; 175º da Independência e 108º da República.

FERNANDO HENRIQUE CARDOSO

Nelson A. Jobim

| 13 |

TORTURA

LEI DE TORTURA		
QUESTÕES DE CONCURSOS		
Classificação pelo grau de incidência em provas		
Dispositivo legal	**Nº de questões**	**%**
Art. 1º	67	92%
Art. 2º	6	10%
TOTAL	73	100,00%

▸LEI Nº 9.455, DE 7 DE ABRIL DE 1997

Define os crimes de tortura e dá outras providências.

O PRESIDENTE DA REPÚBLICA **Faço saber que o Congresso Nacional decreta e eu sanciono a seguinte Lei:**

Art. 1º Constitui crime de tortura:

I – constranger alguém com emprego de violência ou grave ameaça, causando-lhe sofrimento físico ou mental:

a) com o fim de obter informação, declaração ou confissão da vítima ou de terceira pessoa;

b) para provocar ação ou omissão de natureza criminosa;

c) em razão de discriminação racial ou religiosa;

II – submeter alguém, sob sua guarda, poder ou autoridade, com emprego de violência ou grave ameaça, a intenso sofrimento físico ou mental, como forma de aplicar castigo pessoal ou medida de caráter preventivo.

Pena – reclusão, de dois a oito anos.

1. COMENTÁRIOS

1.1. Considerações iniciais

A Constituição Federal trouxe, em seu art. 5º, XLIII, um mandado de criminalização, relacionado ao crime de tortura. Como já mencionamos, ao comentar a Lei de Crimes Hediondos, mandados constitucionais de criminalização (ou de penalização) são mandamentos dirigidos ao legislador ordinário, para que criminalize algumas condutas ou estabeleça um tratamento penal mais recrudescido. Por outras palavras, a Constituição não criminaliza a conduta, mas "manda" o legislador ordinário fazê-lo.

Como se percebe, a Constituição não apenas traz a determinação para que o legislador ordinário tipifique a conduta consistente na tortura, como, além disso, exige que este crime seja equiparado a hediondo. É o que se depreende do art. 5º, XLIII, CF, nos seguintes termos: "a lei considerará crimes inafiançáveis e insuscetíveis de graça ou anistia a prática da tortura, o tráfico ilícito de entorpecentes e drogas afins, o terrorismo e os definidos como crimes hediondos, por eles respondendo os mandantes, os executores e os que, podendo evitá-los, se omitirem".

O mandamento constitucional, porém, somente foi cumprido quase dez anos após a promulgação da Constituição, com o advento da Lei nº 9.455/97.

É verdade que, mesmo antes da Lei de Tortura, nosso ordenamento jurídico havia tipificado tal conduta no art. 233 do Estatuto da Criança e do Adolescente. Este dispositivo (revogado pela Lei nº 9.455/97), contudo, só admitia a vítima criança ou adolescente. Não seria possível, então, punir alguém por tortura praticada contra adulto. Ademais, este dispositivo era muito criticado pela doutrina, pois sua definição era extremamente vaga, em flagrante violação ao princípio da legalidade penal, que exige uma lei que não contenha incriminações vagas ou imprecisas.

Com efeito, o art. 233 do ECA possuía a seguinte redação: "Submeter criança ou adolescente sob sua autoridade, guarda ou vigilância a tortura". Mas não se definia em que consistiria tal tortura, e esta falta de precisão que comprometia a taxatividade que se espera da lei penal incriminadora. De toda sorte, vale reiterar que este dispositivo foi expressamente revogado pela Lei de Tortura. Atualmente, ocorrendo o crime de tortura, aplica-se a Lei nº 9.455/97, pouco importa se a vítima é criança, adolescente ou adulta.

1.2. Conceito de tortura

No dia 10 de dezembro de 1984, a Assembleia Geral das Nações Unidas aprovou a Convenção contra a Tortura e Outros Tratamentos ou Penas Cruéis, Desumanos ou Degradantes. O Congresso Nacional brasileiro aprovou a referida Convenção por meio do Decreto Legislativo nº 04, de 23 de maio de 1989, ela foi ratificada no dia 28 de setembro de 1989 e entrou em vigor no dia 28 de outubro de 1989. No dia 15 de fevereiro de 1991, finalmente, é aprovado o Decreto nº 40, dando efetividade à implementação da Convenção.

A Convenção define a tortura no seu art. 1º, nos seguintes termos: "Para fins da presente Convenção, o termo 'tortura' designa qualquer acto pelo qual dores ou sofrimentos agudos, físicos ou mentais, são infligidos intencionalmente a uma pessoa a fim de obter, dela ou de terceira pessoa, informações ou confissões; de castigá-la por ato que ela ou terceira pessoa tenha cometido ou seja suspeita de ter cometido; de intimidar ou coagir esta pessoa ou outras pessoas; ou por qualquer motivo baseado em discriminação de qualquer natureza; quando tais dores ou sofrimentos são infligidos por um funcionário público ou outra pessoa no exercício de funções públicas, ou por sua instigação, ou com o seu consentimento ou aquiescência. Não se considerará como tortura as dores ou sofrimentos que sejam conseqüência unicamente de sanções legítimas, ou que sejam inerentes a tais sanções ou delas decorram. O presente artigo não será interpretado de maneira a restringir qualquer instrumento internacional ou legislação nacional que contenha ou possa conter dispositivos de alcance mais amplo".

Como se percebe, já tínhamos no Brasil um conceito de tortura, mesmo antes do advento da Lei nº 9.455/97. Não se pode deixar de anotar, contudo, que a Convenção não afastava a necessidade de uma Lei para definir a conduta criminosa, que até 1997 não existia – salvo o já mencionado art. 233 do ECA.

No dia 19 de abril de 2007, é aprovado o Decreto nº 6.085, que promulga o Protocolo Facultativo à Convenção contra a Tortura e Outros Tratamentos ou Penas Cruéis, Desumanos ou Degradantes, adotado em 18 de dezembro de 2002. Reconhecendo a necessidade de criação de instrumentos que viabilizem a execução da Convenção, o Protocolo objetiva estabelecer um sistema de visitas regulares efetuadas por órgãos nacionais e internacionais independentes a lugares em que pessoas são privadas de sua liberdade, com a intenção de prevenir a tortura e outros tratamentos ou penas cruéis, desumanos ou degradantes.

Na Lei nº 9.455/97, o conceito de tortura é bastante abrangente, englobando a submissão a intenso sofrimento físico ou mental, com a finalidade de obtenção de declaração, informação ou confissão, para provocar conduta criminosa ou por razões de discriminação. De igual sorte, a submissão a intenso sofrimento físico ou mental como forma de imposição de castigo ou de medida preventiva está contemplada no art. 1º da Lei.

1.3. Competência

A competência para processar e julgar o crime de tortura será da Justiça Comum estadual ou Federal, a depender do caso. Importante recordar que o fato de a conduta está prevista em tratado internacional não atrai, por si só, a competência da Justiça Federal para o seu julgamento.

Neste sentido, vale recordar que, nos termos do art. 109, V, CF, será de competência federal "os crimes previstos em tratado ou convenção internacional, quando, iniciada a execução no País, o resultado tenha ou devesse ter ocorrido no estrangeiro, ou reciprocamente". Assim, não basta que o crime esteja previsto em tratado ou convenção internacional; além disto, a fixação da competência federal exige que haja uma internacionalidade na própria prática da conduta criminosa, de modo que a execução se inicie no Brasil e seu resultado se produza (ou devesse ter se produzido) no exterior, ou vice-versa.

Deste modo, um crime de tortura produzido exclusivamente em território nacional não será, *a priori,* de competência federal. Naturalmente, pode haver alguma outra razão para a fixação da competência federal, como o fato de o crime ser praticado por funcionário público federal em razão de suas funções, a bordo de navio ou aeronave, no bojo de disputa por direitos indígenas, etc.[1]

O crime de tortura não será julgado pela Justiça Militar, ainda que praticado por militares. Vale destacar que compete a Justiça Militar Estadual julgar os crimes militares praticados por militares estaduais, e compete à Justiça Militar da União julgar os militares das Forças Armadas por crimes militares e os civis que tenham praticado crime contra as instituições militares da União. Ora, o crime de tortura não é crime militar, razão pela qual não será julgada pela Justiça Castrense[2].

1. ARAÚJO, Fábio Roque; CUNHA, Rogério Sanches. *Crimes federais.* 2. ed. Salvador: JusPodivm, 2014.
2. STF, AI 769637 AgR-ED-ED/MG, Rel. Min. Celso de Mello. Julgado em 25/06/2013.

1.4. Objetividade jurídica

1.4.1. Inciso I

Constranger alguém com emprego de violência ou grave ameaça, causando-lhe sofrimento físico ou mental:

O núcleo do tipo (verbo da descrição da conduta na lei penal) é constranger, isto é, submeter, subjugar, obrigar, compelir, forçar a vítima a fazer ou deixar de fazer algo. O constrangimento se dá mediante emprego de violência (violência física, também chamada de violência real) ou grave ameaça (violência moral).

A violência – física ou moral – empregada na conduta causará sofrimento físico ou mental. Na primeira hipótese, presente a situação de suplícios corporais em detrimento da vítima, ao passo que, na segunda, haveria sofrimento psicológico, uma intensa aflição, angústia[3]. A Lei não menciona o sofrimento moral.

Para que ocorra o crime de tortura, é necessário que exista a pretensão de alcançar alguma das finalidades enumeradas no tipo penal. O crime se consuma no momento da imposição do sofrimento físico ou mental, independentemente da obtenção da finalidade pretendida (a confissão, declaração, ação ou omissão criminosa, etc.).

a) com o fim de obter informação, declaração ou confissão da vítima ou de terceira pessoa;

Na primeira alínea, faz-se menção à finalidade obter informação, declaração ou confissão da vítima ou de terceira pessoa. É a chamada tortura-confissão (ou, ainda, tortura persecutória, tortura prova, tortura probatória, tortura institucional ou tortura inquisitorial[4]). Obviamente, se a finalidade for alcançada, eventual informação, declaração ou confissão não poderia ser utilizada em eventual processo, pois, a toda vista, trata-se de prova ilícita.

b) para provocar ação ou omissão de natureza criminosa;

Na alínea "b", temos o crime de tortura para provocar ação ou omissão criminosa. Trata-se da chamada tortura-crime. Como se percebe, é a situação em que uma pessoa tortura outra, para que ela venha a cometer algum crime.

Como já mencionamos, o crime estará consumado no momento da imposição do grave sofrimento físico ou mental, independentemente de o torturador obter o resultado pretendido. Assim, ainda que a pessoa torturada não pratique a ação ou omissão criminosa, o crime de tortura estará consumado.

Mas quais seriam as consequências jurídicas na hipótese em que o crime realmente vem a ser praticado?

A pessoa torturada, neste caso, seguramente não será punida por estar submetida à coação moral irresistível (art. 22, CP), modalidade de inexigibilidade de conduta diversa, que exclui a culpabilidade do autor do fato. Em situações como esta, o coator (no caso, o torturador)

3. NUCCI, Guilherme de Souza. *Leis penais e processuais penais comentadas. v. II.* 6. ed. São Paulo: RT, 2012, p. 685.
4. PORTOCARRERO, Claudia Barros. *Leis penais especiais para concursos.* Rio de Janeiro: Impetus, 2010, p. 217.

deverá responder pelo crime praticado pelo torturado, na condição de autor mediato, sem prejuízo de responder pelo crime de tortura como autor imediato.

Em resumo, se *X* tortura *Y* para que este venha a matar *Z* e a ação criminosa realmente ocorre, *X* responderá pelo crime de tortura contra *Y* (autoria imediata) e pelo crime de homicídio contra *Z* (autoria mediata). Não se trata de *bis in idem*, pois são dois crimes distintos. Ademais, seria caso de concurso material de crimes, pois são crimes praticados mediante mais de uma ação (art. 69, CP).

No exemplo mencionado, *Y* não responderia por nada, já que foi submetido à coação moral irresistível. Se, no caso concreto, restasse demonstrado que a coação era resistível, *Y* deveria responder pelo homicídio de *Z*, sendo beneficiado, apenas, com a circunstância atenuante do art. 65, III, *c* do Código Penal. Nesta hipótese, *X*, na condição de torturador e coator, continuaria a responder pela tortura (autoria imediata) e pelo homicídio (autoria mediata).

É importante ressaltar que se trata, efetivamente, de coação moral (*vis compulsiva*), e não de coação física irresistível (*vis absoluta*), que excluiria a conduta humana penalmente relevante, tornando o fato atípico. Com efeito, na coação física, a vontade humana é completamente ausente, na medida em que o coato não possui qualquer alternativa. É o exemplo em que uma pessoa coloca uma arma na mão de outra e, imprimindo força física, pressiona o gatilho por ela. Neste caso, o coato não tinha qualquer alternativa, não possuía vontade.

Já na coação moral, há uma vontade por parte do coato. Esta vontade, porém, resta viciada pela violência ou ameaça empregada. A vítima da coação tem a vontade de praticar a conduta para se livrar da coação. Não é uma vontade livre e desembaraçada, mas sim viciada.

É o exemplo em que sequestram a família do gerente do banco, e o obrigam a entregar o dinheiro da agência em que trabalha. O gerente do banco tem a vontade de entregar o dinheiro, para se livrar daquele sofrimento atroz. Não é uma vontade livre. Ele entregará o dinheiro aos criminosos e ninguém poderia exigir dele a adoção de outra conduta (inexigibilidade de conduta diversa).

Não haverá crime de tortura se for empregada violência ou grave ameaça, causando intenso sofrimento físico ou mental, para compelir a pessoa a praticar contravenção penal. O tipo penal faz menção à ação ou omissão criminosa, e não contravencional. Como cediço, não se admite, no âmbito do Direito Penal, a analogia prejudicial ao réu (*in malam partem*). A imposição do sofrimento, neste caso, poderia dar ensejo a outro tipo de crime (como lesão corporal, por exemplo), mas não a tortura.

c) em razão de discriminação racial ou religiosa;

É a tortura-discriminação ou tortura-preconceito. Uma vez mais, houve uma indevida restrição no âmbito de abrangência do tipo penal, pois é punida, tão-somente, a tortura com finalidade de discriminação racial ou religiosa. Assim, se houver a imposição da violência ou grave ameaça que cause intenso sofrimento físico ou moral por discriminação relacionada à origem, idade, orientação sexual, ideologia, dentre outas, não estará caracterizado o crime.

É importante salientar, uma vez mais, que, por mais que não se tenha adotado a melhor técnica legislativa no sentido da proteção aos bens jurídicos, não se pode admitir a analogia *in malam partem*, sob pena de flagrante violação ao princípio da legalidade, viga de sustentação do Direito Penal liberal.

Há controvérsias em relação à classificação deste crime quanto ao resultado naturalístico. Guilherme de Souza Nucci[5] entende trata-se de crime formal, pois o resultado pretendido (discriminação) não precisa ser alcançado. Com a devida vênia, não nos parece ser o caso.

Com efeito, na presente hipótese, diversamente do que ocorre nas alíneas "a" e "b", não há uma finalidade a ser alcançada. A discriminação a que se refere o dispositivo não é a finalidade, mas sim a motivação para a prática da tortura. Por outras palavras, o agente não tortura para discriminar, ele discrimina e, por esta razão, tortura. Não há, portanto, elemento subjetivo específico, uma finalidade específica a ser atingida. E, assim, o sofrimento imposto é o próprio resultado que se pretende. E como o crime se consuma com a imposição de tal sofrimento, trata-se de crime material[6].

1.4.2. Inciso II:

Submeter alguém, sob sua guarda, poder ou autoridade, com emprego de violência ou grave ameaça, a intenso sofrimento físico ou mental, como forma de aplicar castigo pessoal ou medida de caráter preventivo.

O inciso II do primeiro artigo da Lei de Tortura trata da chamada tortura-castigo. O elemento subjetivo específico (especial finalidade no agir) é a aplicação de castigo pessoal ou medida de caráter preventivo. Nesta modalidade específica do crime de tortura, apenas a pessoa submetida à guarda, poder ou autoridade pode ser vítima. Esta relação pode ser de Direito Privado (ex.: tutores e curadores em relação tutelados e curatelados) ou de Direito Público (ex.: policial em relação à pessoa detida).

O emprego da violência ou grave ameaça como forma de submeter a pessoa a intenso sofrimento físico ou mental continua a ser elementar do tipo. A nota distintiva desta modalidade de tortura reside, justamente, no elemento subjetivo específico, mencionado no parágrafo anterior.

Há muitas semelhanças entre a tortura-castigo e o crime de maus-tratos, previsto no art. 136, CP, nos seguintes termos: "Expor a perigo a vida ou a saúde de pessoa sob sua autoridade, guarda ou vigilância, para fim de educação, ensino, tratamento ou custódia, quer privando-a de alimentação ou cuidados indispensáveis, quer sujeitando-a a trabalho excessivo ou inadequado, quer abusando de meios de correção ou disciplina".

Sobre o tema, o Superior Tribunal de Justiça já decidiu que "para que se configure o delito de maus tratos é necessária a demonstração de que os castigos infligidos tenham por fim a educação, o ensino, o tratamento ou a custódia do sujeito passivo"[7]. Em contrapartida, "para a configuração da segunda figura do crime de tortura é indispensável a prova cabal

5. NUCCI, Guilherme de Souza. p. 687.
6. No mesmo sentido, PORTOCARRERO, Claudia Barros. *Leis penais especiais para concursos*. Rio de Janeiro: Impetus, 2010, p. 220.
7. CC 102.833/MG, Rel. Min. Napoleão Nunes Maia Filho, julgado em 26/08/2009, DJe 10/09/2009.

da intenção deliberada de causar o sofrimento físico ou moral, desvinculada do objetivo de educação"[8].

1.5. Sujeitos

Qualquer pessoa pode ser sujeito ativo do crime de tortura. Trata-se, portanto, de crime comum, não se exigindo qualquer qualidade especial do agente.

De igual sorte, não se exige qualquer qualidade especial do sujeito passivo direto, de modo que qualquer pessoa pode ser vítima deste crime. Aqui reside a grande distinção entre este crime e aquele que estava tipificado no art. 233, ECA, pois, conforme já observamos, apenas a criança e o adolescente podiam ser vítimas daquele crime. Sujeito passivo indireto é o Estado, como, aliás, ocorre em qualquer crime.

Vale salientar, todavia, que estas considerações não se aplicam ao crime de tortura previsto no art. 1º, II da Lei. Na hipótese tratada neste dispositivo legislativo, temos um crime próprio, isto é, exige-se a presença de alguma qualidade especial do agente. Somente poderá ser sujeito ativo deste crime aquele que possui guarda, poder ou autoridade sobre outra pessoa. A *contrario sensu,* sujeito passivo direto será a pessoa submetida a esta guarda, poder ou autoridade.

1.6. Objetos

Objeto jurídico do tipo é o bem jurídico que o tipo penal pretende tutelar. Neste particular, vale recordar que a missão precípua do Direito Penal é a de tutelar os bens jurídicos mais relevantes para a coletividade e, por esta razão, todo tipo penal possui a finalidade de tutelar algum(ns) desses bens jurídicos. Por outras palavras, todo tipo penal possui objeto jurídico.

A tortura é um crime que tutela mais de um bem jurídico. Trata-se de crime pluriofensivo (consuma-se mediante a ofensa a mais de um bem jurídico), portanto. No caso, constituem objeto jurídico do tipo a liberdade pessoal e a integridade física.

Objeto material é a pessoa ou coisa sobre a qual recai a conduta criminosa. No caso da tortura, resta evidente que a conduta recai sobre a pessoa, e não alguma coisa. O objeto material do crime é, destarte, a própria vítima.

1.7. Elemento subjetivo

O elemento subjetivo da conduta é o dolo, não se podendo falar em crime de tortura em sua modalidade culposa. Exige-se, porém, o dolo específico, consistente na pretensão de alcançar alguma finalidade específica. E, realmente, no crime de tortura, a consumação do crime não se dá apenas com o dolo genérico de infligir o grave sofrimento físico ou mental. Ao contrário, a imposição deste sofrimento é apenas o meio para se alcançar uma finalidade específica.

A partir da leitura dos incisos do *caput* do art. 1º, percebemos que esta finalidade específica pode ser: a) obtenção de informação, declaração ou confissão da vítima ou de outra

8. REsp 610.395/SC, Rel. Min. Gilson Dipp, julgado em 25/05/2004, DJ 02/08/2004.

pessoa; b) provocação de ação ou omissão de cunho criminoso; c) discriminar alguém por questão racial ou religiosa; d) pretensão de aplicar castigo ou medida preventiva.

É fundamental recordar que o dolo específico é imprescindível. Assim, se alguém tortura outra pessoa apenas para saciar seu abjeto sadismo, não haverá crime de tortura[9], podendo o agente incorrer na prática de algum outro crime (lesão corporal, por exemplo).

Parece-nos uma flagrante violação ao princípio da vedação à proteção deficiente, na medida em que o bem jurídico fica, neste caso, absolutamente destituído de uma tutela adequada. Contudo, não se pode olvidar que a proteção a que se almeja também demanda a observância do princípio da legalidade. O ideal, portanto, seria a alteração da legislação, de modo a contemplar a hipótese mencionada. Enquanto não ocorre referida mudança, é necessário reiterar que só há o crime do art. 1º quando presente o dolo específico, conforme mencionado acima.

1.8. Classificação

O crime de tortura é: a) **comum** (pode ser praticado por qualquer pessoa, não exigindo nenhuma qualidade especial do agente) ou **próprio** (ao exigir a qualidade especial de possuir guarda, poder ou autoridade sobre a vítima), no caso do inciso II; b) **formal** (independe da produção do resultado naturalístico pretendido, consistente na obtenção da informação, declaração, confissão, etc.) ou **material** (no caso da tortura perpetrada em razão de discriminação racial ou religiosa); c) **monossubjetivo** (pode ser praticado por um ou mais agentes); d) **plurissubsistente** (a conduta pode ser fracionada em mais de um ato, admitindo a tentativa); e) **de dano** (pressupõe a efetiva lesão ao bem jurídico, e não a mera exposição a perigo de lesão); f) **de forma livre** (não se exige uma forma específica de conduta para praticar o crime); g) **instantâneo** (a conduta criminosa não se dilata no tempo) ou **permanente** (a conduta se protrai no tempo); h) **comissivo** (pressupõe ação, e não omissivo, como ocorre no § 2º, conforme trataremos em seguida).

2. SÚMULAS E JURISPRUDÊNCIA

- **TORTURA-CASTIGO. ART. 1º, II, DA LEI N. 9.455/1997. CRIME PRÓPRIO. AGENTE QUE OSTENTE POSIÇÃO DE GARANTE. NECESSIDADE. Somente pode ser agente ativo do crime de tortura-castigo (art. 1º, II, da Lei n. 9.455/1997) aquele que detiver outra pessoa sob sua guarda, poder ou autoridade (crime próprio).** A controvérsia está circunscrita ao âmbito de abrangência da expressão guarda, poder ou autoridade, prevista na figura típica do art. 1º, II, da Lei n. 9.455/1997 (tortura-castigo). De início, cumpre esclarecer que o conceito de tortura, tomado a partir dos instrumentos de direito internacional, tem um viés estatal, implicando que o crime só poderia ser praticado por agente estatal (funcionário público) ou por um particular no exercício de função pública, consubstanciando, assim, crime próprio. A despeito disso, o legislador pátrio, ao tratar do tema na Lei n. 9.455/1997, foi além da concepção estabelecida nos instrumentos internacionais, na medida em que, ao menos no art. 1º, I, ampliou o conceito de tortura para além da violência perpetrada por servidor público ou por particular que lhe faça as vezes, dando ao tipo o tratamento de crime comum. A adoção de uma concepção mais ampla do tipo supracitado, tal como estabelecida na Lei n. 9.455/1997, encontra guarida na Convenção contra a Tortura e outros Tratamentos ou Penas Cruéis, Desumanos ou Degradantes,

9. Neste sentido, NUCCI, Guilherme de Souza. *Leis penais e processuais penais comentadas. v. II.* 6. ed. São Paulo: RT, 2012, p. 685.

que ao tratar do conceito de tortura estabeleceu -, em seu art. 1º, II -, que: o presente artigo não será interpretado de maneira a restringir qualquer instrumento internacional ou legislação nacional que contenha ou possa conter dispositivos de alcance mais amplo. Ressalta-se, porém, que a possibilidade de tipificar a conduta na forma do art. 1º, II, da referida lei (tortura-castigo), ao contrário da tortura elencada no inciso I, não pode ser perpetrada por qualquer pessoa, pois a circunstância de que a violência ocorra contra vítima submetida à guarda, poder ou autoridade, afasta a hipótese de crime comum, firmando a conclusão de que o crime é próprio. Nítido, pois, que, no referido preceito, há um vínculo preexistente, de natureza pública, entre o agente ativo e o agente passivo do crime. Logo, o delito até pode ser perpetrado por um particular, mas ele deve ocupar posição de garante (obrigação de cuidado, proteção ou vigilância), seja em virtude da lei ou de outra relação jurídica. *STJ, REsp 1.738.264-DF, Rel. Min. Sebastião Reis Júnior, por maioria, 6ª T., j. 23/08/2018. (Info 633)*

3. QUESTÕES DE CONCURSOS

1. **(CESPE/DPU/Defensor Público/2015)** Caracteriza uma das espécies do crime de tortura a conduta consistente em, com emprego de grave ameaça, constranger outrem em razão de discriminação racial, causando-lhe sofrimento mental.

2. **(VUNESP/PC-CE/Delegado de Polícia/2015)** Pode-se afirmar sobre o crime de tortura, regulado pela Lei no 9.455/97, que será sempre de competência da Justiça Federal, independentemente do lugar do crime.

3. **(FUNIVERSA/SEAP-DF/Agente Penitenciário/2015)** Pratica crime de tortura o agente que expõe a perigo a saúde de pessoa sob sua autoridade, para fim de educação, ensino, tratamento ou custódia, sujeitando-a a trabalho excessivo ou abusando de meios de correção ou disciplina.

4. **(CESPE/TJ-CE/Analista Judiciário/2014 – adaptada)** Por se tratar de crime próprio, o crime de tortura é caracterizado pelo fato de o agente que o pratica ser funcionário público.

5. **(CESPE/MPE-AC/Promotor de Justiça/2014 – adaptada)** O crime de tortura, na modalidade de constranger alguém com emprego de violência ou grave ameaça, causando-lhe sofrimento físico e mental com o fim de obter informação, declaração ou confissão da vítima, é delito próprio, que só pode ser cometido por quem possua autoridade, guarda ou poder sobre a vítima.

6. **(CESPE/PC-PE/Agente de Polícia/2016)** Considere a seguinte situação

   Rui e Jair são policiais militares e realizam constantemente abordagens de adolescentes e homens jovens nos espaços públicos, para verificação de ocorrências de situações de uso e tráfico de drogas e de porte de armas. Em uma das abordagens realizadas, eles encontraram José, conhecido por efetuar pequenos furtos, e, durante a abordagem, verificaram que José portava um celular caro. Jair começou a questionar a quem pertencia o celular e, à medida que José negava que o celular lhe pertencia, alegando não saber como havia ido parar em sua mochila, começou a receber empurrões do policial e, persistindo na negativa, foi derrubado no chão e começou a ser pisoteado, tendo a arma de Rui direcionada para si. Como não respondeu de forma alguma a quem pertencia o celular, José foi colocado na viatura depois de apanhar bastante, e os policiais ficaram rodando por horas com ele, com o intuito de descobrirem a origem do celular, mantendo-o preso na viatura durante toda uma noite, somente levando-o para a delegacia no dia seguinte.

   Nessa situação hipotética, à luz das leis que tratam dos crimes de tortura e de abuso de autoridade e dos crimes hediondos,

a) os policiais cometeram o crime de tortura, que, no caso, absorveu o crime de lesão corporal.

b) os policiais cometeram somente crime de abuso de autoridade e lesão corporal.

c) o fato de Rui e Jair serem policiais militares configura causa de diminuição de pena.

d) os policiais cometeram o tipo penal denominado tortura-castigo.

e) caso venham a ser presos cautelarmente, Rui e Jair poderão ser soltos mediante o pagamento de fiança.

7. **(CESPE/PC-GO/Agente de Polícia/2016 – adaptada)** O fato de o agente constranger um indivíduo mediante violência ou grave ameaça, em razão da orientação sexual desse indivíduo, causando-lhe sofrimento físico ou mental, caracteriza o crime de tortura na modalidade discriminação.

8. **(CESPE/PC-GO/Agente de Polícia/2016 – adaptada)** O crime de tortura admite qualquer pessoa como sujeitos ativo ou passivo; assim, pelo fato de não exigirem qualidade especial do agente, os crimes de tortura são classificados como crimes comuns.

9. **(CESPE/PC-GO/Agente de Polícia/2016 – adaptada)** Crimes de tortura são classificados como crimes próprios porque exigem, para a sua prática, a qualidade especial de os agentes serem agentes públicos.

10. **(MPE-GO/Promotor de Justiça/2016 – adaptada)** Movido por instinto de vingança e sadismo, Josef K., funcionário de um banco, constrangeu, com o emprego de violência, o juiz que outrora havia decretado sua injusta prisão e causou-lhe intenso sofrimento físico. A conduta de Josef K. não constitui crime de tortura.

11. **(FCC/TJ-SC/Juiz de Direito/2017 – adaptada)** Constranger alguém mediante ameaça em razão de discriminação racial configura crime de tortura.

12. **(MPE-RS/Promotor de Justiça/2017 – adaptada)** Do art. 1º, da Lei n. 9.455/97, que incrimina a tortura, extraem-se, as espécies delitivas doutrinariamente designadas tortura-prova, tortura-crime, tortura--discriminação, tortura-castigo, tortura-própria e tortura omissão, equiparadas aos crimes hediondos, previstas na modalidade dolosa e com apenamento carcerário para cumprimento inicial em regime fechado.

13. **(VUNESP/TJ-SP/Juiz de Direito/2018 – adaptada)** Os crimes tipificados na Lei de Tortura são doutrinariamente classificados como comuns, porque não demandam sujeito ativo próprio ou especial.

14. **(CESPE/PC-SE/Delegado de Polícia/2018) Situação hipotética**: Um cidadão penalmente imputável, com emprego de extrema violência, submeteu pessoa homossexual a intenso sofrimento físico e mental, motivado, unicamente, por discriminação à orientação sexual da vítima. **Assertiva:** Nessa situação, é incabível o enquadramento da conduta do autor no crime de tortura em razão da discriminação que motivou a violência.

15. **(NUCEPE/PC-PI/Agente de Polícia Civil/2018 – adaptada)** Constitui-se crime de tortura, somente quando causar dano psíquico a outrem.

GAB	1	2	3	4	5	6	7	8	9	10	11	12	13	14	15
	C	E	E	E	E	A	E	E	E	C	C	E	E	C	E

§ 1º Na mesma pena incorre quem submete pessoa presa ou sujeita a medida de segurança a sofrimento físico ou mental, por intermédio da prática de ato não previsto em lei ou não resultante de medida legal.

1. COMENTÁRIOS

1.1. Objetividade jurídica

Trata-se de modalidade de conduta equiparada ao crime de tortura. No caso tratado neste dispositivo, porém, a conduta criminosa recai sobre pessoa submetida à prisão ou medida de segurança. Não se pode olvidar que nossa Constituição Federal consagra o respeito à integridade física e moral do preso.

1.2. Sujeitos

Há quem entenda tratar-se de crime próprio, em que se exige uma condição especial do agente[10]. No caso, tal condição especial refere-se ao poder de submissão da pessoa presa ou sujeita a medida de segurança. Deste modo, quem pode praticar este crime é o funcionário público que exerce suas atividades junto aos presos ou submetidos à medida de segurança. Podemos citar como exemplo o agente carcerário ou o funcionário do Hospital de Custódia e Tratamento Psiquiátrico.

Nesta linha de intelecção, o agente seria, portanto, funcionário público no exercício da função ou em razão dela. Estaríamos, então, diante de um crime funcional previsto na legislação extravagante. Seria possível vislumbrar a hipótese em que o preso está submetido a um presídio em que a administração tenha sido delegada à iniciativa privada. Ainda assim, tratar-se-ia de crime funcional, na medida em que os particulares que aí atuassem seriam funcionários públicos por equiparação, nos termos do art. 327, § 1º, CP.

Seguimos, porém, o entendimento de que se trata de crime comum. Parece-nos óbvio de que a pretensão legislativa era criminalizar as condutas perpetradas pelos agentes públicos responsáveis pelos encarcerados. Porém, da forma como está o tipo penal, nada obsta que um terceiro, estranho aos quadros da Administração pratique tal conduta[11].

No que se refere ao sujeito passivo, o crime de tortura ora tratado pode incidir sobre pessoa submetida a qualquer tipo de prisão, seja a prisão-pena (pena privativa de liberdade, isto é, prisão aplicada após o trânsito em julgado da sentença penal condenatória), seja a prisão em flagrante, temporária, preventiva ou civil, do devedor voluntário de prestação alimentícia.

De igual sorte, no que tange à pessoa submetida à medida de segurança, pode ser vítima do crime tanto aquela submetida à medida de internação quanto aquela submetida ao tratamento ambulatorial, muito embora reste evidente que a segunda hipótese seja de mais difícil ocorrência, porquanto a pessoa não se encontra com sua liberdade restringida, submetida à autoridade de outra.

1.3. Objetos

Objeto jurídico do tipo é a liberdade pessoal e a integridade física.

Objeto material é a própria vítima, pessoa submetida à prisão ou medida de segurança.

1.4. Elemento subjetivo

O elemento subjetivo da conduta é o dolo, não sendo admitida a modalidade culposa.

Neste tipo de tortura, não há que se falar em elemento subjetivo específico, pois não há uma finalidade especial a ser alcançada pelo agente.

---

10. PORTOCARRERO, p. 223.
11. Não é outro o entendimento, dentre outros, de Guilherme Nucci (p. 689).

1.5. Classificação

O crime em comento é: a) **comum** (pode ser praticado por qualquer pessoa, não exigindo nenhuma qualidade especial do agente); b) **material** (exigindo, como condição para sua consumação, a produção do resultado naturalístico consistente na imposição do sofrimento físico ou mental); c) **monossubjetivo** (pode ser praticado por um ou mais agentes); d) **plurissubsistente** (a conduta pode ser fracionada em mais de um ato, admitindo a tentativa); e) **de dano** (pressupõe a efetiva lesão ao bem jurídico, e não a mera exposição a perigo de lesão); f) **de forma livre** (não se exige uma forma específica de conduta para praticar o crime); g) **instantâneo** (a conduta criminosa não se dilata no tempo) ou **permanente** (a conduta se protrai no tempo); h) **comissivo** (pressupõe ação, e não omissivo, como ocorre no § 2º, conforme trataremos em seguida).

2. QUESTÕES DE CONCURSOS

1. **(FUNCAB/PC-MT/Investigador/2014)** Acrásio encontrava-se detido em uma delegacia da polícia civil por ter ameaçado a vida de um terceiro. Lá, apresentou comportamento violento e incontido: debatia-se contra as grades, agredia outros detentos e dirigia impropérios contra os policiais. Após os outros detentos serem retirados da cela, Acrásio foi algemado, momento em que passou a provocar e a ofender Sinfrônio, policial que o guardava, que, em seguida, adentrou a cela e lhe desferiu vários golpes de cassetete, causando em Acrásio graves lesões (constatadas por laudo pericial), agressão que somente cessou após a intervenção de outro policial. Logo, a conduta do policial Sinfrônio:

a) não configurou crime, haja vista estar sob a exclusão de ilicitude exercício regular do direito, em face das provocações e agressões verbais proferidas pelo detido.

b) não configurou crime, haja vista estar sob a exclusão de ilicitude estado de necessidade, em face das provocações e agressões verbais proferidas pelo detido.

c) configurou o crime de tortura previsto no artigo 1º, § 1º, da Lei nº 9.455/1997.

d) não configurou crime, haja vista estar sob a exclusão de ilicitude legítima defesa, em face das provocações e agressões verbais proferidas pelo detido.

e) não configurou crime, haja vista estar sob a exclusão de ilicitude estrito cumprimento do dever legal, em face das provocações e agressões verbais proferidas pelo detido.

2. **(CESPE/DEPEN/Agente Penitenciário/2013)** Um agente penitenciário federal determinou que José, preso sob sua custódia, permanecesse de pé por dez horas ininterruptas, sem que pudesse beber água ou alimentar-se, como forma de castigo, já que José havia cometido, comprovadamente, grave falta disciplinar. Nessa situação, esse agente cometeu crime de tortura, ainda que não tenha utilizado de violência ou grave ameaça contra José.

3. **(CESPE/PC-GO/Agente de Polícia/2016 – adaptada)** O delegado que se omite em relação à conduta de agente que lhe é subordinado, não impedindo que este torture preso que esteja sob a sua guarda, incorre em pena mais branda do que a aplicável ao torturador.

GAB	1	2	3
	C	C	C

§ 2º Aquele que se omite em face dessas condutas, quando tinha o dever de evitá-las ou apurá-las, incorre na pena de detenção de um a quatro anos.

1. COMENTÁRIOS

1.1. Objetividade jurídica

Trata-se da chamada tortura-omissão, em que o agente se omite em seu dever de evitar o resultado, consistente na tortura perpetrada por outrem. O sujeito ativo desta modalidade de tortura será, portanto, a pessoa que possui o dever de **evitar** ou **apurar** o resultado.

Muito embora o tipo penal não o diga expressamente, este dever de evitar ou apurar o resultado resulta da lei, pois, conforme preconiza nossa Constituição, ninguém é obrigado a fazer ou deixar de fazer algo, senão em virtude de lei (art. 5º, II, CF). Não se pode conceber, portanto, a imputação da responsabilidade penal a quem possuía, por exemplo, o dever moral de agir.

No que se refere ao dever de evitar o resultado, podem ser mencionados, de forma exemplificativa, os pais em relação aos filhos menores e as autoridades públicas em relação aos custodiados. Deste modo, se um pai tortura o próprio filho, na presença da mãe, que apenas manifesta sua aquiescência conivente, o pai, seguramente, responderá por uma das modalidades comissivas do crime de tortura – como, por exemplo, o art. 1º, II, acima mencionado – ao passo que a mãe responderá pelo crime do § 2º, ora em comento.

Obviamente, a mãe não responderia por qualquer crime se, porventura, também fosse vitimada por tais agressões, de forma a impossibilitar-lhe a reação, na medida em que o Estado não poderia exigir, por meio do Direito Penal, senão atitudes minimamente possíveis.

No que concerne ao dever de apurar o resultado, o sujeito ativo será, necessariamente, funcionário público, pois apenas os agentes públicos possuem o dever de apuração das infrações penais. Neste caso,

Em se tratando de crime omissivo próprio, não é possível a tentativa.

1.1.1. A questão do garantidor

É muito criticado, em sede doutrinária, o tratamento brando conferido pela Lei ao garantidor, em sua omissão. Como cediço, aquele que possui o dever de evitar o resultado se torna garantidor (ou garante), de modo que sua omissão faz com que seja responsabilizado como se houvera praticado uma ação. Trata-se da omissão imprópria, contemplada no art. 13, § 2º do Código Penal.

Desta forma, se não houvesse a previsão específica do parágrafo em comento, aquele que se omitisse no dever de evitar o resultado deveria ser responsabilizado pela tortura convencional, sendo-lhe aplicada uma pena de reclusão que poderia variar de dois a oito anos. Com o regramento específico do art. 1º § 2º da Lei, todavia, a pena será de detenção e irá variar de um a quatro anos.

1.2. Sujeitos

Trata-se de crime próprio, pois o sujeito ativo somente será aquele que possui o dever de evitar ou de apurar as condutas.

Sujeito passivo do crime pode ser qualquer pessoa. Sujeito passivo indireto sempre é o Estado.

1.3. Objetos

Objeto jurídico do tipo é a liberdade pessoal e a integridade física.

Objeto material é própria vítima, submetida à tortura.

1.4. Elemento subjetivo

Elemento subjetivo é o dolo, não se admitindo a modalidade culposa, diante da ausência de previsão legal. Ademais, não se exige elemento subjetivo específico.

1.5. Classificação

É crime **próprio** (exige uma qualidade especial do agente), **material, monossubjetivo, unissubsistente, formal, de dano ou de perigo, instantâneo, omissivo próprio.**

2. QUESTÕES DE CONCURSOS

1. **(FCC/DPE-RS/Defensor Público/2014 – adaptada)** Há previsão legal de crime por omissão.

2. **(IBFC/MPE-SP/Analista de Promotoria/2013 – adaptada)** O crime de tortura não pode ser praticado por conduta omissiva.

3. **(CESPE/PC-DF/Escrivão de Polícia/2013)** O agente carcerário X dirigiu-se ao escrivão de polícia Y para informar que, naquele instante, o agente carcerário Z estava cometendo crime de tortura contra um dos presos e que Z disse que só pararia com a tortura depois de obter a informação desejada. Nessa situação hipotética, se nada fizer, o escrivão Y responderá culposamente pelo crime de tortura.

4. **(CESPE/PC-BA/Delegado de Polícia/2013)** Determinado policial militar efetuou a prisão em flagrante de Luciano e o conduziu à delegacia de polícia. Lá, com o objetivo de fazer Luciano confessar a prática dos atos que ensejaram sua prisão, o policial responsável por seu interrogatório cobriu sua cabeça com um saco plástico e amarrou-o no seu pescoço, asfixiando-o. Como Luciano não confessou, o policial deixou-o trancado na sala de interrogatório durante várias horas, pendurado de cabeça para baixo, no escuro, período em que lhe dizia que, se ele não confessasse, seria morto. O delegado de polícia, ciente do que ocorria na sala de interrogatório, manteve-se inerte. Em depoimento posterior, Luciano afirmou que a conduta do policial lhe provocara intenso sofrimento físico e mental.

   Considerando a situação hipotética acima e o disposto na Lei Federal nº 9.455/1997, julgue os itens subsequentes.

   I. O delegado não pode ser considerado coautor ou partícipe da conduta do policial, pois o crime de tortura somente pode ser praticado de forma comissiva.

   II. Para a comprovação da materialidade da conduta do policial, é imprescindível a realização de exame de corpo de delito que confirme as agressões sofridas por Luciano.

5. **(VUNESP – Juiz de Direito Substituto – RJ/2016)** Maximilianus constantemente agredia seu filho Ramsés, de quinze anos, causando-lhe intenso sofrimento físico e mental com o objetivo de castigá-lo e de prevenir que ele praticasse "novas artes". Na última oportunidade em que Maximilianus aplicava tais castigos, vizinhos acionaram a polícia ao ouvirem os gritos de Ramsés. Ao chegar ao local os policiais militares constataram as agressões e conduziram ao Distrito Policial Maximilianus, Ramsés e Troia, mãe de Ramsés que presenciava todas as agressões mas, apesar de não concordar, deixava que Maximilianus "cuidasse" da educação do filho sem se "intrometer".

   Diante da circunstância descrita, é correto afirmar que

a) Maximilianus incorreu, nos termos da Lei nº 9.455/97, na prática do crime de tortura na qualidade de autor, sendo que Troia será responsabilizada pela prática do crime de omissão em face da tortura praticada por Maximilianus, também previsto na Lei nº 9.455/97, tendo em vista que tinha o dever de evitá-la.

b) Maximilianus e Troia incorreram, nos termos da Lei nº 9.455/97, na prática do crime de tortura na qualidade de co-autores.

c) Maximilianus incorreu, nos termos da Lei nº 9.455/97, na prática do crime de tortura na qualidade de autor, e que Troia também será responsabilizada pela prática do mesmo crime, porém na condição de partícipe.

d) Maximilianus incorreu, nos termos da Lei nº 9.455/97, na prática do crime de tortura na qualidade de autor, e que Troia, porém, não poderá ser responsabilizada, pois não concorreu para a prática do crime.

e) Maximilianus incorreu, nos termos da Lei nº 9.455/97, na prática do crime de tortura na qualidade de autor, assim como Troia também teria incorrido no mesmo crime mas com base na omissão penalmente relevante prevista no Código Penal.

6. (FUNCAB/PC-PA/Delegado de Polícia/2016) Crisóstomo, policial militar, e Elesbão, agente da Polícia Civil, agindo em comunhão de esforços e desígnios, buscando a confissão de um crime, provocaram intenso sofrimento físico a Nicanor. Posteriormente, Vitorino, delegado de polícia, ao saber do ocorrido, mesmo possuindo atribuição investigativa, opta por não apurar o caso, visando a abafá-lo. Nesse contexto é correto afirmar que:

a) todos praticaram crimes da Lei nº 9.455, contudo a conduta do delegado não é equiparada a crime hediondo.

b) o policial militar cometeu crime militar, equiparado a hediondo; o agente cometeu crime previsto na Lei n° 9.455, também equiparado a hediondo; e o delegado cometeu crime de prevaricação, não hediondo.

c) O policial militar e o agente cometeram crime previsto na Lei n° 9.455, equiparado a hediondo; e o delegado cometeu crime de prevaricação, não hediondo.

d) todos praticaram comes equiparados a hediondo, previstos na Lei n° 9.455.

e) o policial militar cometeu crime militar, não hediondo; o agente cometeu crime previsto na Lei n° 9.455, equiparado a hediondo; e o delegado cometeu crime de prevaricação, não hediondo.

7. (CESPE/DPE-PE/Defensor Público/2018 – adaptada) Comete o crime de tortura aquele que, tendo o dever de evitar a conduta, se mantém omisso ao tomar ciência ou presenciar pessoa presa ser submetida a sofrimento físico ou mental, por meio da prática de ato não previsto legalmente.

8. (CESPE/PGE-SE/Procurador do Estado/2017 – adaptada) O indivíduo que se omite ante a prática de tortura quando deve-ria evitá-la responde igualmente pela conduta realizada.

9. (IBFC/EMBASA/Engenheiro/2017 – adaptada) Aquele que submeter pessoa presa ou sujeita a medida de segurança, a sofrimento físico ou mental, por intermédio da prática de ato não previsto em lei ou não resultante de medida legal, incorre em pena diversa àquela prevista para o crime de tortura.

GAB	1	2	3	4	5	6	7	8	9
	C	E	E	I-E; II-E	A	A	C	E	E

§ 3º Se resulta lesão corporal de natureza grave ou gravíssima, a pena é de reclusão de quatro a dez anos; se resulta morte, a reclusão é de oito a dezesseis anos.

1. COMENTÁRIOS

O terceiro parágrafo do art. 1º traz as hipóteses em que o crime de tortura será qualificado. No que tange à primeira situação, deve-se recordar que as hipóteses de lesão corporal grave e gravíssima estão contempladas no art. 129 do Código Penal, em seus §§ 1º e 2º, respectivamente. Não se pode olvidar, ainda, que o Código Penal não emprega a expressão gravíssima para qualificar a lesão corporal, como o fez o § 3º em comento.

Com efeito, as hipóteses do art. 129, § 2º, são, também elas, intituladas de lesão corporal grave. É a doutrina que, como forma de diferenciar tais tipos de lesão daquelas contidas no art. 129, § 1º, CP, passou a utilizar a expressão gravíssima. A expressão que já estava consagrada foi acolhida pela Lei nº 9.455/97, consoante se depreende do seu art. 1º, § 3º.

Aderimos ao entendimento majoritário, no sentido de que tais qualificadoras consistem em crimes preterdolosos (ou preterintencionais). Nestes, há dolo no antecedente (conduta) e culpa no consequente (resultado)[12]. Deste modo, em tais crimes, o agente possui o dolo de torturar, mas não pretendia produzir o resultado qualificado (lesão grave, gravíssima ou morte). Em contrapartida, se o agente possuía o dolo de matar, e a tortura é apenas o meio empregado para a prática do crime, estaremos diante do crime de homicídio qualificado pela tortura, conforme previsão do art. 121, § 2º, III, CP.

Pode ocorrer, ainda, de o agente possuir os dois dolos distintos, quais sejam, o de torturar e matar. Basta vislumbrar a hipótese de dolos sucessivos. Assim, o criminoso pretende, por exemplo, torturar a vítima para obter a confissão; uma vez obtida, o criminoso cessa a tortura, mas, com receio de que a vítima o denuncie à Polícia, pratica o homicídio contra ela. Neste caso, houve dolos distintos e sucessivos, pois originariamente o agente pretendia torturar e, somente depois, resolve matar a vítima.

À primeira vista, estamos diante de uma hipótese em que há dois crimes distintos, com dolos distintos, que deveriam, portanto, ser punidos com as regras do concurso material de delitos (art. 69, CP). Porém, recorrendo-se à ideia de progressão criminosa, é possível reconhecer, na hipótese, a existência do crime de homicídio qualificado pela tortura.

Há divergências doutrinárias quanto ao cabimento destas qualificadoras ao crime de tortura por omissão, prevista no parágrafo anterior. Sobre o tema, Nucci entende não se aplicar, apontando duas razões para tanto: a) o resultado qualificador resulta da própria violência, grave ameaça ou sofrimento físico ou mental imposto à vítima; b) as modalidades de pena aplicadas à omissão (detenção) e às qualificadoras (reclusão) são distintas, "não sendo lógico, pois, transformá-la em reclusão somente pelo fato de ter havido resultado mais grave"[13].

Parece-nos, porém, com a devida vênia, ser cabível a qualificadora também para a hipótese da tortura por omissão do garantidor. Neste sentido, releva notar que: a) o fato de o resultado qualificador decorrer diretamente da violência ou da ameaça não obsta a responsabilização

12. Em sentido contrário, minoritário em doutrina, Guilherme Nucci entende que o crime deste artigo pode conter o dolo na conduta e também no resultado (*ob. cit.*, p. 690-691).

13. *Ob. Cit.*, p. 691.

pela omissão. Se assim fosse, o argumento poderia ser utilizado nas demais situações em que se responsabiliza o garantidor por sua omissão, o que não ocorre; b) não há qualquer impedimento ao fato de a qualificadora pode ensejar a alteração na modalidade de pena (de detenção para reclusão). Basta perceber que isto ocorre, por exemplo, no crime de lesão corporal (art. 129, CP), que, em sua modalidade simples (lesão corporal leve) possui pena de detenção, ao passo que, nas suas formas qualificadas (lesão corporal de natureza grave ou gravíssima), passa a ser de reclusão.

Deste modo, e não tendo a Lei de Tortura apontado nada que pudesse excluir da incidência das qualificadoras a conduta omissiva, cremos que a ela também se aplicam. Ainda não há entendimento consolidado da jurisprudência dos Tribunais Superiores a respeito do tema.

2. QUESTÕES DE CONCURSOS

1. **(VUNESP/PC-CE/Delegado de Polícia/2015)** Pode-se afirmar sobre o crime de tortura, regulado pela Lei nº 9.455/97, que

a) será sempre de competência da Justiça Federal, independentemente do lugar do crime.

b) é crime equiparado ao hediondo, caso ocorra o resultado morte.

c) quando praticado pelo militar, ele será julgado pela Justiça Militar.

d) o condenado por crime de tortura poderá perder o cargo, função ou emprego público, desde que este efeito seja expressamente declarado na sentença.

e) as lesões leves suportadas pela vítima serão absorvidas pelo crime de tortura.

2. **(CESPE/TJ-DF/Juiz de Direito/2014 – adaptada)** O crime de tortura que resulta em lesão corporal de natureza grave ou gravíssima é punível conforme as penas previstas para esse delito, acrescidas das referentes ao delito de lesão corporal grave ou gravíssima.

3. **(IBFC/SEDS-MG/Agente de Ação Social/2014 – adaptada)** Se da conduta resulta lesão de natureza grave, a pena será de reclusão, de dois a oito anos; se resulta em lesão de natureza gravíssima, a pena será de reclusão de quatro a dez anos.

GAB	1	2	3
	E	E	E

§ 4º Aumenta-se a pena de um sexto até um terço:

I – se o crime é cometido por agente público;

II – se o crime é cometido contra criança, gestante, portador de deficiência, adolescente ou maior de 60 (sessenta) anos; (Redação dada pela Lei nº 10.741, de 2003)

III – se o crime é cometido mediante seqüestro.

1. COMENTÁRIOS

As penas para o crime de tortura podem ser aumentadas até um terço, nas situações descritas no parágrafo. São causas de aumento de pena (ou majorantes) que, como tais, devem incidir na terceira fase da dosimetria da pena, podendo conduzir a pena definitiva a um patamar superior ao máximo previsto em Lei.

As causas de aumento de pena previstas neste parágrafo se aplicam a todas as modalidades de tortura, já analisadas.

E o que fazer quando há mais de uma causa de aumento? Ex.: a tortura é cometida por agente público contra uma criança. Neste caso, entendemos ser possível a aplicação por analogia (*in bonam partem*) do disposto no art. 68, parágrafo único do CP, que possui a seguinte redação: "No concurso de causas de aumento ou de diminuição previstas na parte especial, pode o juiz limitar-se a um só aumento ou a uma só diminuição, prevalecendo, todavia, a causa que mais aumente ou diminua".

Como se percebe, o dispositivo faz menção a concurso de causas de aumento ou diminuição referidas na parte especial do Código, e não na legislação extravagante. Como mencionado, nada obsta que seja aplicado, ao caso concreto, como analogia para beneficiar o réu, impedindo que a pena fosse majorada duas vezes.

a) Inciso I:

A Lei de tortura opta pela expressão agente público, no lugar da tradicional expressão "funcionário público", em desuso no âmbito do Direito Administrativo, mas muito empregado na seara do Direito Penal. De toda sorte, razoável entender que a expressão "agente público" contida na Lei de Tortura deve possuir a mesma acepção abrangente que consta do art. 327, CP, vale dizer, abrangendo aqueles que exercem, ainda que transitoriamente e sem remuneração, cargo, emprego ou função.

A causa de aumento em apreço só existirá se o agente público praticar o crime de tortura no exercício da sua função ou em razão dela. Vale recordar que se o agente público em nada se vale de sua função, deve ser tratado como um particular.

b) Inciso II:

Criança é a pessoa que ainda não atingiu doze anos, ao passo que adolescente é a pessoa com idade igual ou superior a doze, que ainda não atingiu os dezoito anos. É a definição do Estatuto da Criança e do Adolescente. A menção ao maior de sessenta anos foi introduzida pelo Estatuto do Idoso (Lei nº 10.741/03). No que se refere ao portador de deficiência, não tendo havido qualquer distinção promovida pela Lei, deve abranger a deficiência física e a mental. Também por ausência de qualquer especificação, a gestação a que se refere o dispositivo pode ser em qualquer período.

Para que se possa responsabilizar o agente, é necessário que ele tenha ciência da situação fática existente. O crime é punido na sua modalidade dolosa, e o dolo pressupõe esta consciência. É por isso que o torturador não seria punido com a causa de aumento de pena se, por exemplo, a vítima fosse gestante e ele não tivesse conhecimento do fato. Haveria a condenação pelo crime de tortura, é óbvio, mas não a causa de aumento de pena.

c) Inciso III:

O crime de sequestro vem definido no art. 148, CP, e consiste na privação da liberdade física da vítima. Na causa de aumento em apreço, o sequestro não é fim, mas sim meio para a prática da tortura. É por isso que, caso ocorra esta situação, o agente deverá responder pelo crime de tortura com a presente causa de aumento e, obviamente, não responderá pelo crime do art. 148 do Código Penal, sob pena de consagração de *bis in idem.*

Em sentido diverso, se o dolo do agente é o de privação da liberdade da vítima e, desta privação, resulta grave sofrimento para ela, será caso de crime de sequestro qualificado, nos termos do art. 148, § 2º, CP.

2. SÚMULAS E JURISPRUDÊNCIA

- **AUSÊNCIA DE BIS IN IDEM NA DOSIMETRIA DA PENA DE CRIME DE TORTURA. No caso de crime de tortura perpetrado contra criança em que há prevalência de relações domésticas e de coabitação, não configura bis in idem a aplicação conjunta da causa de aumento de pena prevista no art. 1º, § 4º, II, da Lei n. 9.455/1997 (Lei de Tortura) e da agravante genérica estatuída no art. 61, II, f, do Código Penal.** A causa de aumento prevista pela legislação especial (art. 1º, § 4º, II, da Lei de Tortura) está descrita nos seguintes termos: "§ 4º Aumenta-se a pena de um sexto até um terço: [...] II – se o crime é cometido contra criança, gestante, portador de deficiência, adolescente ou maior de 60 (sessenta) anos". A seu turno, a circunstância agravante prevista no Código Penal possui a seguinte redação: "Art. 61 – São circunstâncias que sempre agravam a pena, quando não constituem ou qualificam o crime: [...] II – ter o agente cometido o crime: [...] f) com abuso de autoridade ou prevalecendo-se de relações domésticas, de coabitação ou de hospitalidade, ou com violência contra a mulher na forma da lei específica". De fato, a citada majorante prevista na Lei de Tortura busca punir de forma mais rígida o autor de crime que demonstrou maior covardia e facilidade no cometimento da infração penal, justamente pela menor capacidade de resistência das vítimas ali elencadas. Há, pois, um nexo lógico entre a conduta desenvolvida e o estado de fragilidade da vítima. Em sentido diametralmente oposto, descortina-se a referida agravante prevista pelo Código Penal, punindo com maior rigor a violação aos princípios de apoio e assistência que deve haver nas situações em que há relação de autoridade entre a vítima e o agressor, bem como a maior insensibilidade moral do agente, que viola o dever de apoio mútuo existente entre parentes e pessoas ligadas por liames domésticos, de coabitação ou hospitalidade, sem prejuízo dos crimes praticados com violência doméstica contra a mulher. Em suma, a majorante tem por finalidade punir de forma mais severa aquele que se favorece da menor capacidade de resistência da vítima, ao passo que a agravante tem por desiderato a punição mais rigorosa do agente que afronta o dever de apoio mútuo existente entre parentes e pessoas ligadas por liames domésticos, de coabitação ou hospitalidade, além dos casos de violência doméstica praticada contra a mulher. Portanto, em se tratando de circunstâncias e objetivos distintos, não há falar na ocorrência de bis in idem. *STJ, HC 362.634-RJ, Rel. Min. Maria Thereza de Assis Moura, por unanimidade, julgado em 16/8/2016, DJe 29/8/2016. 6ª T. (Info 589)*

3. QUESTÕES DE CONCURSOS

1. **(FCC/DPE-RS/Defensor Público/2014 – adaptada)** Se a vítima da tortura for criança, a Lei nº 9.455/97 deve ser afastada para incidência do tipo penal específico de tortura previsto no Estatuto da Criança e do Adolescente (art. 233 do ECA).

2. **(IBFC/SEDS-MG/Agente Penitenciário/2014)** De acordo com a Lei Federal nº 9.455/1997, NÃO será considerada causa de aumento da pena para o crime de tortura, se o delito for cometido:

a) Contra pessoa presa ou sujeita a medida de segurança, impondo-lhe sofrimento físico ou mental, por intermédio da prática de ato não previsto em lei ou não resultante de medida legal.
b) Por agente público.
c) Contra criança, gestante, portador de deficiência, adolescente ou maior de 60 (sessenta) anos de idade.
d) Mediante sequestro.

3. **(PC-TO/Escrivão da Polícia Civil/2014 – adaptada)** A causa de aumento de pena será aplicada quando o crime for cometido por agente público, se cometido contra criança, gestante, portador de deficiência, adolescente, maior de sessenta anos ou se cometido mediante sequestro.

4. **(IBFC/SEDS-MG/Agente Penitenciário/2014 – adaptada)** A pena prevista para o crime de tortura é aumentada de um sexto até um terço se houver resultado morte.

5. **(VUNESP/PC-SP/Escrivão de Polícia/2014)** Marlene, na qualidade de cuidadora de dona Ana Rosa, uma senhora de 77 anos de idade e que necessita de cuidados especiais, foi filmada, por câmeras colocadas no quarto da idosa, causando-lhe sofrimento físico durante vários dias, consistindo em puxões de cabelo, beliscões, arranhões, tapas e outras barbáries. Havendo condenação por crime de tortura, é correto afirmar que Marlene

a) terá sua pena aumentada de um sexto até um terço.

b) durante a execução da pena poderá ser beneficiada pelo instituto da graça.

c) durante a execução da pena poderá ser beneficiada, apenas, pelo instituto da anistia

d) poderá, nos termos da sentença condenatória, iniciar o cumprimento da pena no regime semiaberto.

e) estará sujeita à pena máxima de seis anos de detenção.

6. **(CONSULPAN/TJ-MG/Titular de Serviços de Notas e de Registros/2016)** Segundo a Lei nº 9.455/1997, que define os crimes de tortura e dá outras providências, aumenta-se a pena de um sexto até um terço, se o crime é cometido contra maior de

a) 45 anos.

b) 50 anos.

c) 55 anos.

d) 60 anos.

7. **(CESPE/PGE-SE/Procurador do Estado/2017 – adaptada)** No crime de tortura, a prática contra adolescente é causa de aumento de pena de um sexto até um terço.

8. **(IBFC/SEAP-MG/Agente de Segurança/2018)** Assinale a alternativa correta. No crime de tortura, a pena aumenta de um sexto até um terço se o crime é cometido:

a) contra pessoa maior de 50 (cinquenta) anos.

b) mediante rapto.

c) por agente público.

d) mediante extorsão.

e) mediante violência ou grave ameaça.

9. **(NUCEPE/PC-PI/Delegado de Polícia/2018 – adaptada)** Se o crime de tortura é cometido contra maior de 60 (sessenta) anos aumenta-se a pena em de 1/3 (um terço) até à metade.

10. **(NUCEPE/PC-PI/Agente de Polícia Civil/2018 – adaptada)** Caso o crime de tortura seja cometido por agente público, aumenta-se a pena de um terço à metade.

GAB	1	2	3	4	5	6	7	8	9	10
	E	A	C	E	A	D	C	C	E	E

§ 5º A condenação acarretará a perda do cargo, função ou emprego público e a interdição para seu exercício pelo dobro do prazo da pena aplicada.

1. COMENTÁRIOS

A perda do cargo, função ou emprego público é efeito automático da condenação, não havendo necessidade de fundamentação expressa na sentença[14].

14. STJ, HC 131.828/RJ, Rel. Min. Laurita Vaz, julgado em 19/11/2013, DJe 02/12/2013.

Este efeito automático da condenação penal deve ser aplicado apenas na hipótese em que o agente pratica a conduta criminosa no exercício do cargo, emprego ou função. Se, em contrapartida, o funcionário público pratica a conduta fora do âmbito do exercício das suas funções, não há que se falar na perda automática. A propósito, convém recordar que a situação descrita no art. 92, II, *b*, CP (condenação a pena privativa de liberdade superior a quatro anos), seria possível, mas não se trata de perda automática.

Como se percebe, o parágrafo obsta, ainda, o exercício de cargo, emprego ou função pelo dobro do prazo da pena aplicada. Trata-se de outro cargo, emprego ou função, e não aquele que já foi perdido, pois, obviamente, este não será recuperado.

2. SÚMULAS E JURISPRUDÊNCIA

✦ *SUPERIOR TRIBUNAL DE JUSTIÇA*

- **NECESSIDADE DE FUNDAMENTAÇÃO DA SENTENÇA PENAL QUE DETERMINE A PERDA DO CARGO PÚBLICO.** A determinação da perda de cargo público fundada na aplicação de pena privativa de liberdade superior a 4 anos (art. 92, I, b, do CP) pressupõe fundamentação concreta que justifique o cabimento da medida. De fato, para que seja declarada a perda do cargo público, na hipótese descrita no art. 92, I, b, do CP, são necessários dois requisitos: a) que o quantum da sanção penal privativa de liberdade seja superior a 4 anos; e b) que a decisão proferida apresente-se de forma motivada, com a explicitação das razões que ensejaram o cabimento da medida. A motivação dos atos jurisdicionais, conforme imposição do art. 93, IX, da CF ("Todos os julgamentos dos órgãos do Poder Judiciário serão públicos, e fundamentadas todas as decisões, sob pena de nulidade..."), funciona como garantia da atuação imparcial e *secundum legis* (sentido lato) do órgão julgador. Ademais, a motivação dos atos judiciais serve de controle social sobre os atos judiciais e de controle pelas partes sobre a atividade intelectual do julgador, para que verifiquem se este, ao decidir, considerou todos os argumentos e as provas produzidas pelas partes e se bem aplicou o direito ao caso concreto. **Por fim, registre-se que o tratamento jurídico-penal será diverso quando se tratar de crimes previstos no art. 1º da Lei 9.455/1997 (Lei de Tortura). Isso porque, conforme dispõe o § 5º do art. 1º deste diploma legal, a perda do cargo, função ou emprego público é efeito automático da condenação, sendo dispensável fundamentação concreta**. *STJ, REsp 1.044.866-MG, Rel. Min. Rogerio Schietti Cruz, j. 2/10/2014. 6ª T. (Info 549)*

- **CRIME. TORTURA. PERDA. CARGO.** O paciente, na condição de policial militar, teria sido omisso ao não impedir que os outros milicianos praticassem, nas dependências do batalhão policial, tortura contra duas pessoas, sendo que uma delas veio a falecer em razões das agressões sofridas. Foi condenado como incurso nas penas do art. 1º, § 2º, da Lei nº 9.455/1997. Sustenta a defesa que o paciente não teve conhecimento do fato delituoso, não estando sequer presente quando das agressões, ficando clara a equivalência ou paridade entre a situação dos acusados absolvidos e a dele. Mas o Min. Og Fernandes, Relator, entende que a pretensão não merece guarida uma vez que a imputação recaída sobre o paciente – de ter-se omitido em face do cometimento de prática de tortura – encontra amparo no decidido pelas instâncias ordinárias, que se lastreiam no conjunto probatório. Também porque, na condição de policial militar, o paciente tinha o dever legal de evitar a prática de crime ocorrido nas dependências do estabelecimento em que trabalhava. Há de se acrescer ainda o relato das testemunhas, segundo as quais os pedidos de socorro eram ouvidos de suas casas. Assim, fica afastada a alegação de que, por estar junto ao portão de entrada do prédio, não haveria meios de ter ciência das violências perpetradas. Finalmente, o pedido demanda revolvimento do conjunto fático probatório, providência incompatível com a via eleita. Quanto à pretensão de afastar as penas acessórias da perda do cargo e impedimento de exercer outra função pública pelo período de dois anos, destacou o Min. Relator que **a jurisprudência consolidada neste Superior Tribunal é que, nos crimes de tortura, a perda do cargo é efeito automático e obrigatório da condenação. Assim, não haveria sequer a necessidade de fundamentar a medida**. Dessa forma, a Turma, ao prosseguir o julgamento, por maioria, denegou a ordem, vencidos os Ministros Celso Limongi e Nilson Naves, que a concediam. *STJ, HC 47.846-MG, Rel. Min. Og Fernandes, j. 11/12/2009. 6ª T. (Info 419)*

3. QUESTÕES DE CONCURSOS

1. **(FUNIVERSA/SEAP-DF/Agente Penitenciário/2015)** A condenação por crime de tortura acarretará a perda do cargo, da função ou do emprego público e a interdição, para seu exercício, pelo triplo do prazo da pena aplicada.

2. **(PC-TO/Escrivão da Polícia Civil/2014 – adaptada)** A condenação acarretará a perda do cargo, função ou emprego público e a interdição para o exercício de novo cargo, função ou emprego público, pelo mesmo prazo da pena.

3. **(CESPE/MPE-AC/Promotor de Justiça/2014 – adaptada)** A condenação de agente público por delito previsto na Lei de Tortura acarreta, como efeito extrapenal automático da sentença condenatória, a perda do cargo, função ou emprego público e a interdição para seu exercício pelo dobro do prazo da pena aplicada, segundo entendimento do STJ.

4. **(CESPE/PG-DF/Procurador do Estado/2013)** Se um integrante de corporação policial militar for processado penalmente pela prática de tortura ao submeter agente preso por sua guarnição a sofrimento físico intenso com a intenção de obrigá-lo a delatar os comparsas, o julgamento do processo deverá ocorrer na justiça comum, e a eventual condenação implicará, automaticamente, a perda do cargo, função ou emprego público e a interdição para seu exercício pelo dobro do prazo da pena aplicada, como efeito automático da condenação, dispensando-se motivação circunstanciada.

5. **(TJ-SC/Juiz de Direito/2013 – adaptada)** No crime de tortura previsto na Lei nº 9.455/97, a condenação do agente público somente acarreta a perda do cargo se ficar demonstrada a reincidência.

6. **(FCC/SEGEP-MA/Procurador do Estado/2016 – adaptada)** Para os crimes de tortura, além da perda do cargo, função ou emprego público, igualmente prevista a interdição de seu exercício por prazo determinado em lei.

7. **(VUNESP/TJM-SP/Juiz de Direito/2016)** Considere a seguinte situação hipotética: João, agente público, foi processado e, ao final, condenado à pena de reclusão, por dezenove anos, iniciada em regime fechado, pela prática do crime de tortura, com resultado morte, contra Raimundo. Nos termos da Lei nº 9.455, de 7 de abril de 1997, essa condenação acarretará a perda do cargo, função ou emprego público

a) e a interdição para seu exercício pelo dobro do prazo da pena aplicada.
b) e a interdição para seu exercício pelo triplo do prazo da pena aplicada.
c) e a interdição para seu exercício pelo tempo da pena aplicada.
d) desde que o juiz proceda à fundamentação específica.
e) como efeito necessário, mas não automático.

8. **(CESPE/PGE-SE/Procurador do Estado/2017 – adaptada)** A condenação de funcionário público por esse crime gera a perda do cargo, desde que a sentença assim determine e que a pena aplicada seja superior a quatro anos.

9. **(UEG/PC-GO/Delegado de Polícia/2018)** Na hipótese de um servidor público ser condenado pelo crime de tortura qualificada pelo resultado morte a uma pena de doze anos de reclusão, referida condenação acarretará a perda do cargo, função ou emprego público e a interdição para seu exercício por

a) cinco anos.
b) dez anos.
c) doze anos.
d) vinte e quatro anos.
e) trinta e seis anos.

GAB	1	2	3	4	5	6	7	8	9
	E	E	C	C	E	C	A	E	D

§ 6º O crime de tortura é inafiançável e insuscetível de graça ou anistia.

1. COMENTÁRIOS

Não se pode deixar de recordar que o crime de tortura é equiparado a hediondo, por imperativo constitucional. Assim, as considerações relacionadas à inafiançabilidade e ao não cabimento dos institutos da graça ou anistia, apresentadas ao comentarmos a Lei de Crimes Hediondos, nesta obra, são válidas. Remetemos o(a) leitor(a) a tais considerações, para evitar repetições desnecessárias.

No que se refere à inafiançabilidade, todavia, é importante reiterar que ela não significa impossibilidade de concessão de liberdade provisória, que poderia ser obtida sem o pagamento da fiança.

Questão controversa diz respeito ao cabimento do indulto para o condenado por crime de tortura. A Lei de Crimes Hediondos dilatou as proibições contidas no texto constitucional, pois, além da anistia e da graça, proibiu também a concessão do indulto ao condenado. Sendo a tortura um crime equiparado a hediondo, tal vedação seria extensível aos condenados por tal crime.

A Lei de Tortura, todavia, proíbe a anistia e a graça, mas calou em relação ao indulto. Sobre o tema, Guilherme Nucci entende que também há proibição para a concessão do indulto, a despeito da inexistência de previsão expressa neste sentido. O autor recorda, neste diapasão, que graça nada mais é do que modalidade de indulto individual e, sendo proibida esta, com muito mais razão estaria proibido o indulto.

Com a devida vênia, ousamos discordar, e filiamo-nos ao entendimento majoritário em doutrina, no sentido de que, diante da ausência de proibição expressa, não é possível uma construção interpretativa que prejudique o réu. Nada obsta, portanto, a concessão do indulto ao condenado por crime de tortura.

De igual sorte, possível ao condenado por crime de tortura a comutação da pena, pois esta nada mais é do que uma espécie de indulto parcial. Ora, sendo possível o indulto, como aqui se afirma, com muito mais razão se faz possível a comutação da pena. É importante salientar, porém, que tal admissibilidade não se estende aos demais crimes hediondos e assemelhados[15].

2. QUESTÕES DE CONCURSOS

1. **(IBFC/SEDS-MG/Agente de Ação Social/2014 – adaptada)** O crime de tortura é imprescritível, inafiançável e insuscetível de graça ou anistia.

2. **(IBFC/MPE-SP/Analista de Promotoria/2013 – adaptada)** O crime de tortura é afiançável, porém, é insuscetível de graça e anistia.

3. **(IBADE/PC-AC/Agente de Polícia Civil/2017 – adaptada)** O crime de tortura é inafiançável e suscetível de graça ou anistia.

4. **(IBFC/SEAP-MG/Agente de Segurança/2018)** No que diz respeito ao crime de tortura, assinale a alternativa correta.

---

15. Neste sentido, STJ, REsp 279.434/SC, Rel. Min. José Arnaldo da Fonseca, Rel. p/ Acórdão Min. Felix Fischer, julgado em 06/04/2001, DJ 01/10/2001.

a) o crime de tortura é afiançável.
b) o crime de tortura é suscetível de anistia.
c) a condenação deve acarretar a perda do cargo público e a interdição para seu exercício pelo triplo do prazo da pena aplicada.
d) constitui crime de tortura submeter alguém, sob sua guarda, com emprego de grave ameaça, a intenso sofrimento mental, como forma de aplicar castigo pessoal.
e) o crime de tortura é suscetível de graça.

5. **(NUCEPE/PC-PI/Delegado de Polícia/2018 – adaptada)** O crime de tortura é inafiançável, embora suscetível de graça ou anistia.

6. **(NUCEPE/PC-PI/Agente de Polícia Civil/2018 – adaptada)** Nas situações previstas em lei, no crime de tortura, o juiz poderá arbitrar fiança.

GAB	1	2	3	4	5	6
	E	E	E	D	E	E

§ 7º O condenado por crime previsto nesta Lei, salvo a hipótese do § 2º, iniciará o cumprimento da pena em regime fechado.

1. COMENTÁRIOS

A Lei de Crimes Hediondos, em sua redação original proibia a progressão de regime ao condenado, impondo-lhe o regime integralmente fechado. Com o advento da Lei de Tortura, restou claro que, neste crime, o condenado poderia progredir de regime, na medida em que o § 7º em comento faz menção ao regime inicialmente, e não integralmente fechado.

No dia 24/09/2003, o STF aprovou o verbete de nº 698 da súmula de sua jurisprudência, nos seguintes termos: "Não se estende aos demais crimes hediondos a admissibilidade de progressão no regime de execução da pena aplicada ao crime de tortura". Este entendimento, contudo, já se encontra completamente superado, pois o STF reconheceu a inconstitucionalidade da proibição de progressão de regime que era realizada pela Lei de Crimes Hediondos.

É o que consta da súmula vinculante nº 26, aprovada no dia 23 de fevereiro de 2006, nos seguintes termos: "Para efeito de progressão de regime no cumprimento de pena por crime hediondo, ou equiparado, o juízo da execução observará a inconstitucionalidade do art. 2º da Lei nº 8.072, de 25 de julho de 1990, sem prejuízo de avaliar se o condenado preenche, ou não, os requisitos objetivos e subjetivos do benefício, podendo determinar, para tal fim, de modo fundamentado, a realização de exame criminológico".

Com o advento da Lei nº 11.464/07, o art. 2º da Lei de Crimes Hediondos foi alterado, passando a admitir a progressão de regime, como a Lei de Tortura já fazia desde 1997.

É importante lembrar que o STJ, "no julgamento do HC 111.840/ES, Rel. Min. Dias Toffoli, declarou a inconstitucionalidade do § 1º do art. 2º da Lei 8.072/1990 (redação dada pela Lei nº 11.464/2007), que determinava o cumprimento de pena dos crimes hediondos, de tortura, de tráfico ilícito de entorpecentes e de terrorismo no regime inicial fechado"[16].

16. STF, HC 119357/PR, Rel. Min. Ricardo Lewandowski, julgado em 11/03/2014.

Referida decisão dizia respeito à Lei de Crimes Hediondos, mas o mesmo raciocínio pode ser aplicado à Lei de Tortura. Assim, seria possível o condenado por tortura iniciar o cumprimento de pena em regime diverso do fechado, a depender das particularidades do caso concreto.

No caso do § 2º da Lei, a tortura-omissão, não é possível iniciar a pena no regime fechado. É que se trata de crime punido com detenção, e nesta modalidade de pena privativa de liberdade, o regime inicial é semiaberto ou aberto, consoante disposto no art. 33, *caput*, CP.

Ainda no que se refere à pena e ao seu cumprimento, não cabe falar em substituição da pena privativa de liberdade por pena restritiva de direitos, pois tal substituição pressupõe a existência de crime praticado sem violência ou grave ameaça à pessoa (art. 44, CP), o que, evidentemente, não é o caso da tortura.

2. SÚMULAS E JURISPRUDÊNCIA

- **Súmula Vinculante nº 26, STF:** Para efeito de progressão de regime no cumprimento de pena por crime hediondo, ou equiparado, o juízo da execução observará a inconstitucionalidade do art. 2º da Lei nº 8.072, de 25 de julho de 1990, sem prejuízo de avaliar se o condenado preenche, ou não, os requisitos objetivos e subjetivos do benefício, podendo determinar, para tal fim, de modo fundamentado, a realização de exame criminológico.

- **Súmula nº 471, STJ:** Os condenados por crimes hediondos ou assemelhados cometidos antes da vigência da Lei nº 11.464/2007 sujeitam-se ao disposto no art. 112 da Lei nº 7.210/1984 (Lei de Execução Penal) para a progressão de regime prisional.

✦ *SUPREMO TRIBUNAL FEDERAL*

- **CRIME DE TORTURA E REGIME INICIAL DE CUMPRIMENTO DA PENA.** O condenado por crime de tortura iniciará o cumprimento da pena em regime fechado, nos termos do disposto no § 7º do art. 1º da Lei 9.455/1997 – Lei de Tortura. Com base nessa orientação, a Primeira Turma denegou pedido formulado em "habeas corpus", no qual se pretendia o reconhecimento de constrangimento ilegal consubstanciado na fixação, em sentença penal transitada em julgado, do cumprimento das penas impostas aos pacientes em regime inicialmente fechado. Alegavam os impetrantes a ocorrência de violação ao princípio da individualização da pena, uma vez que desrespeitados os artigos 33, § 3º, e 59 do CP. Apontavam a existência de similitude entre o disposto no artigo 1º, § 7º, da Lei de Tortura e o previsto no art. 2º, § 1º, da Lei de Crimes Hediondos, dispositivo legal que já teria sido declarado inconstitucional pelo STF no julgamento do HC 111.840/ES (DJe de 17.12.2013). Salientavam, por fim, afronta ao Enunciado 719 da Súmula do STF. O Ministro Marco Aurélio (relator) denegou a ordem. Considerou que, no caso, **a dosimetria e o regime inicial de cumprimento das penas fixadas atenderiam aos ditames legais. Asseverou não caber articular com a Lei de Crimes Hediondos, pois a regência específica (Lei 9.455/1997) prevê expressamente que o condenado por crime de tortura iniciará o cumprimento da pena em regime fechado, o que não se confundiria com a imposição de regime de cumprimento da pena integralmente fechado**. Assinalou que o legislador ordinário, em consonância com a CF/1988, teria feito uma opção válida, ao prever que, considerada a gravidade do crime de tortura, a execução da pena, ainda que fixada no mínimo legal, deveria ser cumprida inicialmente em regime fechado, sem prejuízo de posterior progressão. Os Ministros Roberto Barroso e Rosa Weber acompanharam o relator, com a ressalva de seus entendimentos pessoais no sentido do não conhecimento do "writ". O Ministro Luiz Fux, não obstante entender que o presente "habeas corpus" faria as vezes de revisão criminal, ante o trânsito em julgado da decisão impugnada, acompanhou o relator. *STF, HC 123316/SE, rel. Min. Marco Aurélio, 9.6.2015. 1ª T. (Info 789)*

✦ *SUPERIOR TRIBUNAL DE JUSTIÇA*

▸ **REGIME INICIAL DE CUMPRIMENTO DE PENA NO CRIME DE TORTURA. Não é obrigatório que o condenado por crime de tortura inicie o cumprimento da pena no regime prisional fechado.** Dispõe o art. 1º, § 7º, da Lei 9.455/1997 – lei que define os crimes de tortura e dá outras providências – que "O condenado por crime previsto nesta Lei, salvo a hipótese do § 2º, iniciará o cumprimento da pena em regime fechado". Entretanto, cumpre ressaltar que o Plenário do STF, ao julgar o HC 111.840-ES (DJe 17.12.2013), afastou a obrigatoriedade do regime inicial fechado para os condenados por crimes hediondos e equiparados, devendo-se observar, para a fixação do regime inicial de cumprimento de pena, o disposto no art. 33 c/c o art. 59, ambos do CP. Assim, por ser equiparado a crime hediondo, nos termos do art. 2º, *caput* e § 1º, da Lei 8.072/1990, é evidente que essa interpretação também deve ser aplicada ao crime de tortura, sendo o caso de se desconsiderar a regra disposta no art. 1º, § 7º, da Lei 9.455/1997, que possui a mesma disposição da norma declarada inconstitucional. Cabe esclarecer que, ao adotar essa posição, não se está a violar a Súmula Vinculante nº 10, do STF, que assim dispõe: "Viola a cláusula de reserva de plenário (CF, art. 97) a decisão de órgão fracionário de tribunal que, embora não declare expressamente a inconstitucionalidade de lei ou ato normativo do poder público, afasta sua incidência, no todo ou em parte". De fato, o entendimento adotado vai ao encontro daquele proferido pelo Plenário do STF, tornando-se desnecessário submeter tal questão ao Órgão Especial desta Corte, nos termos do art. 481, parágrafo único, do CPC: "Os órgãos fracionários dos tribunais não submeterão ao plenário, ou ao órgão especial, a arguição de inconstitucionalidade, quando já houver pronunciamento destes ou do plenário do Supremo Tribunal Federal sobre a questão". Portanto, seguindo a orientação adotada pela Suprema Corte, deve-se utilizar, para a fixação do regime inicial de cumprimento de pena, o disposto no art. 33 c/c o art. 59, ambos do CP e as Súmulas 440 do STJ e 719 do STF. Confiram-se, a propósito, os mencionados verbetes sumulares: "Fixada a pena-base no mínimo legal, é vedado o estabelecimento de regime prisional mais gravoso do que o cabível em razão da sanção imposta, com base apenas na gravidade abstrata do delito." (Súmula 440 do STJ) e "A imposição do regime de cumprimento mais severo do que a pena aplicada permitir exige motivação idônea." (Súmula 719 do STF). *STJ, HC 286.925-RR, Rel. Min. Laurita Vaz, j. 13/5/2014. 5ª T. (Info 540)*

3. QUESTÕES DE CONCURSOS

1. **(FCC/DPE-RS/Defensor Público/2014 – adaptada)** O regramento impõe, para todos os tipos penais que prevê, que o condenado inicie o cumprimento da pena em regime fechado.

2. **(PC-TO/Escrivão da Polícia Civil/2014 – adaptada)** O crime de tortura é inafiançável, insuscetível de graça, indulto ou anistia, sendo o cumprimento da pena integralmente em regime fechado.

3. **(IBADE/PC-AC/Agente de Polícia Civil/2017 – adaptada)** O condenado por crime previsto na Lei de Tortura, via de regra, iniciará o cumprimento da pena em regime semiaberto.

4. **(NUCEPE/PC-PI/Agente de Polícia Civil/2018 – adaptada)** Em qualquer situação o condenado por crime de tortura iniciará o cumprimento da pena em regime fechado.

5. **(MPE-MS/Promotor de Justiça/2018 – adaptada)** Tratando-se de crime hediondo ou equiparado (Lei n. 8.072/90), o condenado por crime de tortura (Lei n. 9.455/1997), em qualquer modalidade, deverá iniciar o cumprimento da pena em regime fechado.

GAB	1	2	3	4	5
	E	E	E	E	E

Art. 2º O disposto nesta Lei aplica-se ainda quando o crime não tenha sido cometido em território nacional, sendo a vítima brasileira ou encontrando-se o agente em local sob jurisdição brasileira.

1. COMENTÁRIOS

Trata-se de hipótese de extraterritorialidade da lei penal brasileira, exceção à regra da territorialidade (art. 5º., CP). Tendo em vista que a Lei de Tortura não estipulou condições (como o fez o art. 7º, II, CP), trata-se de extraterritorialidade incondicionada.

2. SÚMULAS E JURISPRUDÊNCIA

✦ *SUPERIOR TRIBUNAL DE JUSTIÇA*

▸ **COMPETÊNCIA PARA PROCESSAR E JULGAR CRIME DE TORTURA COMETIDO FORA DO TERRITÓRIO NACIONAL. O fato de o crime de tortura, praticado contra brasileiros, ter ocorrido no exterior não torna, por si só, a Justiça Federal competente para processar e julgar os agentes estrangeiros.** De fato, o crime de tortura praticado integralmente em território estrangeiro contra brasileiros não se subsume, em regra, a nenhuma das hipóteses de competência da Justiça Federal previstas no art. 109 da CF. Esclareça-se que não há adequação ao art. 109, V, da CF, que dispõe que compete à Justiça Federal processar e julgar "os crimes previstos em tratado ou convenção internacional, quando, iniciada a execução no País, o resultado tenha ou devesse ter ocorrido no estrangeiro, ou reciprocamente", pois não se trata de crime à distância. De igual modo, não há possibilidade de aplicar o inciso IV do art. 109 da CF, visto que não se tem dano direto a bens ou serviços da União, suas entidades autárquicas ou empresas públicas. Ademais, ressalte-se que o deslocamento de competência para a jurisdição federal de crimes com violação a direitos humanos exige provocação e hipóteses extremadas e taxativas, nos termos do art. 109, V-A e § 5º, da CF. Desse modo, o incidente só será instaurado em casos de grave violação aos direitos humanos, em delitos de natureza coletiva, com grande repercussão, e para os quais a Justiça Estadual esteja, por alguma razão, inepta à melhor apuração dos fatos e à celeridade que o sistema de proteção internacional dos Direitos Humanos exige (AgRg no IDC 5-PE, Terceira Seção, DJe 3/6/2014; IDC 2-DF, Terceira Seção, DJe 22/11/2010; e IDC 1-PA, Terceira Seção, DJ 10/10/2005). *STJ, CC 107.397-DF, Rel. Min. Nefi Cordeiro, j. 24/9/2014. 3ª S. (Info 549).*

3. QUESTÕES DE CONCURSOS

1. (FCC/DPE-PB/Defensor Público/2014) Com relação à tortura, cabe afirmar:

a) Genericamente trata-se de crime próprio.
b) Não está tipificada distintamente a conduta cometida com finalidade puramente discriminatória.
c) Na versão especificamente omissiva, trata-se de crime comum.
d) Trata-se de crime insuscetível de graça, porém não de anistia.
e) Pode ser aplicada a lei brasileira ao crime praticado por brasileiro no estrangeiro.

2. (FCC/MPE-PE/Promotor de Justiça/2014) Quanto aos crimes de tortura, correto afirmar que

a) punível aquele que se omite em face da tortura, ainda que sem o dever legal de evitá-la ou apurá-la.
b) todos são classificados como próprios, segundo expressa disposição legal.
c) o condenado sempre iniciará o cumprimento da pena em regime fechado.
d) sujeito à jurisdição penal brasileira o estrangeiro que venha a torturar brasileiro fora do território nacional.
e) a condenação acarretará a interdição de cargo, função ou emprego público pelo triplo do prazo da pena aplicada.

3. (PC-TO/Escrivão da Polícia Civil/2014 – adaptada) O disposto nessa lei aplica-se aos crimes que tenham sido cometidos em território nacional, sendo irrelevante ser a vítima brasileira ou o agente encontrar-se em local sob jurisdição brasileira.

4. **(IBFC/SEDS-MG/Agente Penitenciário/2014 – adaptada)** Aplica-se a lei dos crimes de tortura mesmo que o delito tenha sido praticado fora do Brasil, desde que a vítima seja brasileira.

5. **(IBFC/MPE-SP/Analista de Promotoria/2013 – adaptada)** A Lei de Tortura é aplicada, mesmo que o crime não tenha sido cometido no território nacional, se a vítima for brasileira.

6. **(CESPE/PGE-SE/Procurador do Estado/2017 – adaptada)** A legislação especial brasileira concernente à tortura aplica-se somente aos crimes ocorridos em território nacional.

GAB	1	2	3	4	5	6
	E	D	E	C	C	E

Art. 3º Esta Lei entra em vigor na data de sua publicação.

Art. 4º Revoga-se o art. 233 da Lei nº 8.069, de 13 de julho de 1990 – Estatuto da Criança e do Adolescente.

Brasília, 7 de abril de 1997; 176º da Independência e 109º da República.

FERNANDO HENRIQUE CARDOSO

Nelson A. Jobim

| 14 |

TELECOMUNICAÇÕES

▸**LEI Nº 9.472, DE 16 DE JULHO DE 1997**

Dispõe sobre a organização dos serviços de telecomunicações, a criação e funcionamento de um órgão regulador e outros aspectos institucionais, nos termos da Emenda Constitucional nº 8, de 1995.

O PRESIDENTE DA REPÚBLICA Faço saber que o Congresso Nacional decreta e eu sanciono a seguinte Lei:

[...]

▸**CAPÍTULO II – DAS SANÇÕES PENAIS**

Art. 183. Desenvolver clandestinamente atividades de telecomunicação:

Pena – detenção de dois a quatro anos, aumentada da metade se houver dano a terceiro, e multa de R$ 10.000,00 (dez mil reais).

Parágrafo único. Incorre na mesma pena quem, direta ou indiretamente, concorrer para o crime.

1. COMENTÁRIOS

1.1. Considerações iniciais

Pacificou-se em nossa jurisprudência o reconhecimento da constitucionalidade do tipo penal pertinente ao desenvolvimento clandestino de atividades relativas às telecomunicações.

Com efeito, não se pode aderir à tese de que o tipo penal é inconstitucional por afronta a direitos como liberdade de expressão. É importante recordar que é a própria Constituição Federal que afirma competir à União "explorar, diretamente ou mediante autorização, concessão ou permissão, os serviços de telecomunicações, nos termos da lei, que disporá sobre a organização dos serviços, a criação de um órgão regulador e outros aspectos institucionais" (art. 21, XII, CF). Em complemento, dispõe o art. 223, CF: "Compete ao Poder Executivo outorgar e renovar concessão, permissão e autorização para o serviço de radiodifusão sonora e de sons e imagens, observado o princípio da complementaridade dos sistemas privado, público e estatal".

A regulamentação constitucional da matéria, longe de constituir violação aos direitos fundamentais do cidadão, possui por escopo precípuo a tutela dos referidos direitos, na medida em que delimita o âmbito de atuação dos executores do serviço, conferindo-lhes efetivas oportunidades de exercê-lo. Dessa forma, cabe ao poder público, ao conceder as autorizações para funcionamento das estações de rádio, por exemplo, especificar a faixa de frequência em que poderão funcionar, com exclusividade, cabendo aos demais abster-se de se imiscuir na execução do serviço nos mesmos moldes, sob pena de incorrer nas sanções de cunho administrativo e penal[1].

Em resumo, justifica-se a regulamentação estatal na exploração do serviço, seja pelo caráter limitado do espectro radioelétrico, seja pela imperiosidade de se assegurar uma boa execução do serviço, por parte daqueles que logrem êxito em cumprir os requisitos técnicos para a obtenção da autorização de uso das faixas de frequência.

O objeto jurídico do tipo penal é a segurança dos meios de telecomunicações[2]. O objeto material é a atividade de telecomunicação desenvolvida.

Nos termos do art. 60, § 1° desta Lei nº 9.472/97, telecomunicação é a transmissão, emissão ou recepção, por fio, radioeletricidade, meios ópticos ou qualquer outro processo eletromagnético, de símbolos, caracteres, sinais, escritos, imagens, sons ou informações de qualquer natureza.

Como se percebe, o tipo penal consiste em norma penal em branco, na medida em que o intérprete deverá recorrer às normas que complementam a tipificação.

1.1.1. A questão da radiodifusão

A criminalização da conduta – consistente na execução do serviço de radiodifusão[3] sonora de sons e imagens sem autorização do poder público – ocorreu com o advento do Decreto-Lei nº 236/67, que conferiu nova redação ao Código Brasileiro de Telecomunicações (Lei nº 4.117/65), que, em seu art. 70, referindo de forma genérica aos serviços de telecomunicações, passou a dispor:

> "Art. 70. Constitui crime punível com a pena de detenção de 1 (um) a 2 (dois) anos, aumentada da metade se houver dano a terceiro, a instalação ou utilização de telecomunicações, sem observância do disposto nesta Lei e nos regulamentos".

Posteriormente, é aprovada a Lei nº 9.472/97 (Lei Geral de Telecomunicações – LGT), cujo art. 183 tipifica a seguinte conduta:

> "Desenvolver clandestinamente atividades de telecomunicação.
>
> Pena – detenção de dois a quatro anos, aumentada da metade se houver dano a terceiro, e multa de R$ 10.000,00 (dez mil reais)".

Por sua vez, o art. 215, I da mesma Lei destaca que:

1. ARAÚJO, Fábio Roque. Considerações acerca do delito de radiodifusão clandestina: a questão das rádios piratas In: *Revista da Seção Judiciária de Alagoas:* 2007, p. 140.
2. É o entendimento do Supremo Tribunal Federal (HC 104.530/RS, Rel. Min. Ricardo Lewandowski, j. 28/09/2010). Em doutrina, Guilherme Nucci defende a ideia de que o objeto jurídico do tipo é o monopólio de controle da atividade de telecomunicações pela União (*Leis penais e processuais penais comentadas. Volume II.* São Paulo: RT, 2012, p. 636).
3. Não se deve confundir a rádio clandestina (conhecida como "rádio-pirata") com a rádio comunitária. Nos termos da Lei nº 9.612/98, serviço de radiodifusão comunitária é aquele prestado por fundações e associações comunitárias da localidade, funcionando com potência limitada a 25 watts, ERP e altura de sistema irradiante não superior a trinta metros. Deve destinar-se ao atendimento à comunidade beneficiada, sendo-lhe vedado o proselitismo de qualquer natureza.

"Ficam revogados: I – a Lei nº 4.117, de 27 de agosto de 1962, salvo quanto a matéria penal não tratada nesta Lei e quanto aos preceitos relativos à radiodifusão".

A partir destas premissas normativas, existem algumas correntes de pensamento que divergem acerca da subsistência do crime de radiodifusão clandestina. As correntes doutrinárias são as seguintes:

a) Revogação do art. 70 do Código Brasileiro de Telecomunicações (CBT)

Para os defensores deste entendimento, vigora o disposto no art. 183 da LGT, que teria revogado o art. 70 do CBT, pois o art. 213, I, LGT dispõe que ficam revogadas as disposições do CBT, salvo quanto à matéria penal não tratada. O raciocínio seria simples: tendo a LGT previsto o crime de telecomunicação clandestina, não poderia o disposto no art. 70, CBT prevalecer, uma vez que, de igual sorte, tipifica o crime de telecomunicação clandestina.

Ademais, consoante os defensores desta primeira teoria, a própria definição de telecomunicações fornecida pelo art. 60, LGT já abrangeria o conceito de radiodifusão.

b) Não revogação do art. 70, CBT, no que se refere à radiodifusão clandestina

Para os adeptos desta segunda teoria, há que se fazer distinção, após o advento da Emenda Constitucional nº 08/95, entre os serviços de telecomunicações e os serviços de radiodifusão. A redação original da Constituição Federal dispunha que:

> "Art. 21. Compete à União
>
> (...)
>
> XI – explorar, diretamente ou mediante concessão a empresas sob controle estatal, os serviços telefônicos, telegráficos, de transmissão de dados e demais serviços públicos de telecomunicações, assegurada a prestação de serviços de informações por entidades de direito privado através da rede pública de telecomunicações explorada pela União.
>
> XII – explorar, diretamente ou mediante autorização, concessão ou permissão:
>
> a) os serviços de radiodifusão sonora, e de sons e imagens e demais serviços de telecomunicações". (sem destaque no original).

Da simples leitura das disposições promulgadas pelo poder constituinte originário, depreende-se que os serviços de radiodifusão sonora de sons e imagens estavam insertos no rol dos serviços de telecomunicações. Este entendimento perdurou sem maiores controvérsias por muito tempo, razão pela qual nunca se questionou a possibilidade de incidir o art. 70, CBT aos casos de radiodifusão clandestina (muito embora a referida Lei tipifique a telecomunicação clandestina).

Contudo, com o advento da Emenda Constitucional nº 08/95, a Constituição Federal passou a ter a seguinte redação:

> "Art. 21 Compete à União:
>
> (...)
>
> XI – explorar, diretamente ou mediante autorização, concessão ou permissão, os serviços de telecomunicações, nos termos da lei, que disporá sobre a organização dos serviços, a criação de um órgão regulador e outros aspectos institucionais;
>
> XII – explorar, diretamente ou mediante autorização, concessão ou permissão:
>
> a) os serviços de radiodifusão sonora, e de sons e imagens". (sem destaque no original).

Da contraposição entre o texto anterior e o atual, depreende-se que a Emenda Constitucional nº 08/95 não apenas permitiu a exploração dos serviços que menciona às empresas privadas e previu a criação de um órgão regulador para o setor, como também consagrou a autonomia entre os serviços de radiodifusão e os serviços de telecomunicações.

Para os partidários desta segunda corrente de pensamento, após a diferenciação levada a cabo pela EC nº 08/95, a lei nova (LGT) aplica-se aos crimes envolvendo telecomunicações e a lei anterior (CBT) aplica-se aos casos envolvendo radiodifusão. Esta corrente de pensamento prevalece no Superior Tribunal de Justiça[4].

c) Atipicidade formal

Seguindo uma linha de raciocínio muito próxima à dos partidários da segunda teoria, há os defensores da atipicidade da conduta consistente na exploração de serviços de radiodifusão sem autorização. O raciocínio é simples: se é verdade que, após o advento da EC nº 08/95, não há falar em inclusão dos serviços de radiodifusão no rol dos serviços de telecomunicações, não há como aceitar que o art. 70, CBT (que faz expressa menção à execução de serviços de telecomunicações) seja empregado para imputar responsabilidade penal àqueles que executam serviços de radiodifusão.

Consoante esta corrente doutrinária, se tanto a Lei Geral de Telecomunicações quanto o Código Brasileiro de Telecomunicações criminalizam apenas condutas relativas à exploração de serviços de telecomunicações e os serviços de radiodifusão não se incluem neste rol, não há outra conclusão possível, senão o entendimento pela atipicidade da conduta. O entendimento contrário – isto é, tentar enquadrar a pessoa que explora serviço de radiodifusão em qualquer dos dois tipos penais – constituiria analogia *in malam partem*, o que, como consabido, é proibida pelo Direito Penal.

Para os defensores desta teoria, a conduta consistente na exploração clandestina de serviços de radiodifusão deverá ser punida, tão-somente, na esfera administrativa.

d) Distinção entre exploração clandestina e inobservância de lei ou regulamento

Os defensores desta quarta teoria promovem o enquadramento típico de acordo com a literalidade dos dispositivos legais. Desta forma, diferenciam a conduta desenvolvida clandestinamente (incidiria o art. 183, LGT) da conduta exercida sem a observância do disposto na lei e nos regulamentos (incidiria o art. 70, CBT) [5].

e) Prática habitual e eventual

A última corrente de pensamento materializa o entendimento do Supremo Tribunal Federal.

No julgamento do HC 93.870/SP (Rel. Min. Joaquim Barbosa, j. 20/04/2010), **restou consignado que: "Quando a atividade clandestina de telecomunicações é desenvolvida**

---

4 .AgRg no REsp 1169530/RS, Rel. Min. Vasco Della Giustina (Desembargador Convocado do TJ/RS), j. 27/09/2011.

5 .Nos termos do art. 184, parágrafo único, LGT: "Considera-se clandestina a atividade desenvolvida sem a competente concessão, permissão ou autorização de serviço, de uso de radiofreqüência e de exploração de satélite".

de modo habitual, a conduta tipifica o disposto no art. 183 da Lei n° 9.472/97, e não o art. 70 da Lei n° 4.117/62, que se restringe àquele que instala ou utiliza sem habitualidade a atividade ilícita em questão".

1.2. Sujeitos do delito

Qualquer pessoa pode ser sujeito ativo da conduta. Trata-se de crime próprio, portanto. Sujeito passivo será o Estado.

1.3. Conduta

A conduta consiste em desenvolver (executar, realizar) clandestinamente atividades de telecomunicação. Vale reiterar que, nos termos do art. 60, § 1° desta Lei nº 9.472/97, telecomunicação é a transmissão, emissão ou recepção, por fio, radioeletricidade, meios ópticos ou qualquer outro processo eletromagnético, de símbolos, caracteres, sinais, escritos, imagens, sons ou informações de qualquer natureza.

Clandestino é o que está oculto, às escondidas. Aqui, porém, a clandestinidade da conduta deve ser analisada sob o prisma da legislação, de modo que clandestina é a atividade desenvolvida sem anuência do poder público, quando esta se faça imprescindível, independentemente de o serviço ser executado de forma oculta.

Malgrado esta conclusão, não raro encontramos precedentes jurisprudenciais conferindo diverso sentido à expressão clandestina. Assim, seria clandestina, não a atividade executada sem a aquiescência do poder concedente, mas, tão-somente, nos casos em que o agente não houvesse requerido a referida autorização. Uma vez formulado o pleito, na via administrativa, estaria descaracterizada a clandestinidade, ainda que o particular se antecipasse à decisão administrativa, executando o serviço.

Em abril de 2018, o Superior Tribunal de Justiça, editou o enunciado nº 606, de sua Súmula, alijando a incidência do princípio bagatelar para o crime em tela. Em compasso com o texto sumular, *"não se aplica o princípio da insignificância aos casos de transmissão clandestina de sinal de internet via radiofrequência que caracterizam o fato típico previsto no artigo 183 da lei 9.472/97"*.

Na jurisprudência, Primeira e Segunda Turmas conflitam quanto à incidência do princípio da insignificância.

(1) Afastando peremptoriamente a aplicação da insignificância, a Primeira Turma assevera que "o crime descrito no art. 183 da Lei n.º 9.472/97 é formal e, *a fortiori*, de perigo abstrato, porquanto o desenvolvimento de atividade de radiofrequência sem autorização do órgão regulador é suficiente para comprometer a regularidade do sistema de telecomunicações independentemente da comprovação de prejuízo". Daí que, mesmo "sejam de baixa frequência as ondas de radiodifusão emitidas pela rádio clandestina, não cabe cogitar quanto à aplicação do princípio da insignificância para fins de descaracterização da lesividade material da conduta"[6].

6. STF – Primeira Turma – HC 131.591-AgR – Rel. Min. Luiz Fux – julgado em 02/05/2017.

(2) De outro lado, a Segunda Turma afirma a possibilidade de incidência do princípio da insignificância na conduta tipificada no art. 183 da Lei nº 9.472/97, desde que se verifique "a ausência de potencialidade lesiva ao bem jurídico tutelado pelo tipo penal incriminador, o que ocorre quando se reconhece, em laudo técnico, que a rádio clandestina, além de operar em baixa potência, não gera risco de interferência nos serviços de comunicação devidamente autorizados e licenciados pelo órgão de controle"[7].

1.4. Elemento subjetivo

O elemento subjetivo é o dolo, consistente na vontade consciente de desenvolver a atividade clandestina. Não se exige dolo específico, isto é, uma especial finalidade no agir. Por esta razão, pouco importa, para a caracterização do crime, se o agente possuía, por exemplo, intuito lucrativo.

Não há previsão de modalidade culposa.

1.5. Consumação e tentativa

Trata-se de crime formal, não se exigindo a produção de efetivo dano ao sistema de telecomunicações. O crime estará consumado no momento em que o agente desenvolver a atividade clandestina.

Importante destacar que a mera posse do equipamento idôneo à exploração do serviço de telecomunicação é fato atípico.

1.6. Ação penal

A ação penal é pública incondicionada.

2. SÚMULAS E JURISPRUDÊNCIA

- **Súmula n.º 606, STJ: Não se aplica o princípio da insignificância aos casos de transmissão clandestina de sinal de internet via radiofrequência que caracterizam o fato típico previsto no artigo 183 da lei 9.472/97.**

✦ *SUPREMO TRIBUNAL FEDERAL*

- **EXPLORAÇÃO DE SERVIÇO DE COMUNICAÇÃO MULTIMÍDIA. OPERAÇÃO SEM AUTORIZAÇÃO DO PODER PÚBLICO. ART. 183 DA LEI N. 9.472/1997. ALEGAÇÃO DE INCIDÊNCIA DO PRINCÍPIO DA INSIGNIFICÂNCIA. IMPOSSIBILIDADE. EXPRESSIVIDADE DA LESÃO JURÍDICA. REEXAME DE PROVAS. PRECEDENTES. ORDEM DENEGADA.** 1. Para a incidência do princípio da insignificância, devem ser relevados o valor do objeto do crime e os aspectos objetivos do fato, tais como, a mínima ofensividade da conduta do agente, a ausência de periculosidade social da ação, o reduzido grau de reprovabilidade do comportamento e a inexpressividade da lesão jurídica causada. 2. Nas circunstâncias do caso, não se pode aplicar ao Paciente o princípio em razão da expressividade da lesão jurídica provocada, notadamente em razão da quantidade de usuários, do número de serviços disponibilizados e da modalidade de serviço especial, regulado e controlado. 3. O reexame dos fatos e das provas dos autos não é viável em habeas corpus. Precedentes. 4. Ordem denegada. ***STF, HC 130.786-PR. Rel. Min. Carmen Lúcia (Info 830)***

7. STF – Segunda Turma – HC 142730 – Rel. Min. Dias Toffoli – julgado em 08/08/2017.

- **ATIVIDADE CLANDESTINA DE TELECOMUNICAÇÃO: LEI 9.472/97 E LEI 4.117/62.** Em conclusão de julgamento, a Turma, por reputar escorreita a tipificação da conduta, nos termos da ação penal de origem, indeferiu habeas corpus no qual denunciado pela suposta prática do crime previsto no art. 183 da Lei 9.472/97 ("Desenvolver clandestinamente atividades de telecomunicação: Pena – detenção de dois a quatro anos, ...") alegava que o fato narrado na denúncia corresponderia, em verdade, à hipótese prevista no art. 70 da Lei 4.117/62 ["Constitui crime punível com a pena de detenção de 1 (um) a 2 (dois) anos, aumentada da metade se houver dano a terceiro, a instalação ou utilização de telecomunicações, sem observância do disposto nesta Lei e nos regulamentos."]. Sustentava que deveria, pois, em razão da pena cominada, submeter-se ao rito da Lei 9.099/95, que confere vários benefícios ao acusado, dentre os quais a possibilidade de transação penal. Ressaltou-se, inicialmente, que se tornaria necessário saber se o art. 70 da Lei 4.117/62 continuaria, ou não, em vigor, dado o disposto no art. 215, I, da Lei 9.472/97 ("Ficam revogados: I – a Lei 4.117/62, salvo quanto à matéria penal não tratada nesta Lei e quanto aos preceitos relativos à radiodifusão;"). Considerou-se que, como o próprio núcleo do tipo penal indica, desenvolver clandestinamente atividade de telecomunicações seria um crime habitual. Destarte, enfatizou-se que quem, uma vez ou outra, utiliza atividades de telecomunicações, sem habitualidade, não pratica o crime definido no art. 183 da Lei 9.472/97, mas sim o disposto no art. 70 da Lei 4.117/62. Reputou-se que a diferença entre os dois tipos penais seria esta: o crime do art. 183 da Lei 9.472/97 somente se consumaria quando houvesse habitualidade. Quando esta estiver ausente, ou seja, quando o acusado vier a instalar ou se utilizar de telecomunicações clandestinamente, mas apenas uma vez ou de modo não rotineiro, a conduta estaria subsumida no art. 70 da Lei 4.117/62, pois não haveria aí um meio ou estilo de vida, um comportamento reiterado ao longo do tempo, que seria punido de modo mais severo pelo art. 183 da Lei 9.472/97. Assim, compreendeu-se que, no caso em análise, haver-se-ia de manter hígida a decisão, pois a denúncia esclarecera que os aparelhos de telecomunicações eram utilizados de forma clandestina e habitual pelo paciente no exercício da atividade de "lotação", com o propósito de se comunicar com colaboradores da prática de transporte clandestino de passageiros e, assim, evitar ser flagrado pela fiscalização. *STF, HC 93870/SP, rel. Min. Joaquim Barbosa, 20.4.2010. 2ª T. (Info 583)*

- **RÁDIO COMUNITÁRIA CLANDESTINA: PRINCÍPIO DA INSIGNIFICÂNCIA E EXCEPCIONALIDADE.** Ante o empate na votação, a Turma deferiu habeas corpus para, em face da atipicidade da conduta, cassar o acórdão proferido pelo STJ e restabelecer a sentença absolutória que aplicava o princípio da insignificância. Na espécie, os pacientes foram denunciados, por supostamente operarem rádio comunitária sem autorização legal, como incursos nas sanções do art. 183 da Lei 9.472/1997 ["Desenvolver clandestinamente atividades de telecomunicação: Pena – detenção de dois a quatro anos, aumentada da metade se houver dano a terceiro, e multa de R$ 10.000,00 (dez mil reais). Parágrafo único. Incorre na mesma pena quem, direta ou indiretamente, concorrer para o crime"]. Registrou-se que, nos termos da norma regulamentadora (Lei 9.612/98), o serviço de radiodifusão comunitária utilizado pela emissora seria de baixa potência – 25 watts e altura do sistema irradiante não superior a 30 metros – não tendo, desse modo, capacidade de causar interferência relevante nos demais meios de comunicação. Ressaltou-se a excepcionalidade do caso concreto e aduziu-se que a rádio era operada em pequena cidade no interior gaúcho, com cerca de dois mil habitantes, distante de outras emissoras de rádio e televisão e de aeroportos, o que demonstraria ser remota a possibilidade de causar algum prejuízo para outros meios de comunicação. Acresceu-se que, em comunidades localizadas no interior de tão vasto país, nas quais o acesso à informação não seria amplo como nos grandes centros, as rádios comunitárias surgiriam como importante meio de divulgação de notícias de interesse local, de modo que não se vislumbraria, na situação em apreço, reprovabilidade social da ação dos pacientes. Ademais, observou-se que fora pleiteada, ao Ministério das Comunicações, a autorização para execução do serviço de radiodifusão em favor da mencionada rádio. Concluiu-se que, em virtude da irrelevância da conduta praticada pelos pacientes e da ausência de resultado lesivo, a matéria não deveria ser resolvida na esfera penal e sim nas instâncias administrativas. Vencidos os Ministros Cármen Lúcia e Marco Aurélio que denegavam a ordem, tendo em conta a falta do licenciamento exigido para o serviço de radiodifusão comunitária e o teor de laudo pericial que teria concluído pela possibilidade de o funcionamento da referida rádio interferir em outras freqüências. O Min. Marco Aurélio salientava que o bem protegido seria da maior valia e a Min. Cármen Lúcia lembrava que algumas emissoras poderiam prestar desserviços, por exemplo, quando utilizadas por facções criminosas. *STF, HC 104530/RS, rel. Min. Ricardo Lewandowski, 28.9.2010. 1ª T. (Info 602)*

- **PRINCÍPIO DA INSIGNIFICÂNCIA E RÁDIO CLANDESTINA.** A 2ª Turma denegou habeas corpus no qual se requeria o trancamento da ação penal pelo reconhecimento da aplicação do princípio da insignificância à conduta de operar de forma clandestina rádios com frequência máxima de 25W. No caso, o paciente fora condenado pelo delito de atividade clandestina de telecomunicações (Lei 9.472/97, art. 183). Entendeu-se que a conduta perpetrada pelo réu conteria elevado coeficiente de danosidade, já que comprovado, por laudo da Anatel, clara interferência à segurança do tráfego aéreo com eventuais consequências catastróficas. Destacou-se que estaria ausente um dos elementos necessários para a incidência do aludido postulado, qual seja, a indiferença penal do fato. *STF, HC 111518/DF, rel. Min. Cármen Lúcia, 5.2.2013. 2ª T. (Info 694)*

- **PRINCÍPIO DA INSIGNIFICÂNCIA E RÁDIO COMUNITÁRIA DE BAIXA POTÊNCIA.** Em conclusão de julgamento, a 2ª Turma, por maioria, proveu recurso ordinário em *habeas corpus* para conceder a ordem e restabelecer a rejeição da denúncia proferida pelo juízo de origem. No caso, o magistrado de 1º grau aplicara o princípio da insignificância ao crime descrito no art. 183 da Lei 9.472/1997 (desenvolver clandestinamente atividade de telecomunicação), por não haver prova pericial que constatasse, *in loco*, que a rádio comunitária operara com potência efetiva radiada acima do limite de segurança. Dessa forma, o magistrado considerara que o desvalor – insegurança – não estaria demonstrado, e essa prova seria essencial para constatação do fato típico. Contra essa decisão, fora interposto recurso em sentido estrito para o TRF que, provido, determinara o recebimento da denúncia. O STJ mantivera esse entendimento – v. Informativo 734. A Turma assentou a ausência, na espécie, de comprovação da materialidade delitiva da infração penal. Ressaltou que não teria sido constatada a lesão aos bens jurídicos penalmente tutelados. Considerou, entretanto, que o Poder Público poderia ter outro tipo de atuação, como, por exemplo, a via administrativa. Vencidos os Ministros Teori Zavascki e Gilmar Mendes, que negavam provimento ao recurso. O primeiro consignava que a falta de elementos que comprovassem que a rádio comunitária interferia, ou não, na segurança não seria motivo para rejeitar a denúncia por insignificância. Destacava que essa prova poderia e deveria ser realizada no curso da ação penal. O Ministro Gilmar Mendes aduzia que a instalação de estação clandestina de radiofrequência, sem autorização do órgão competente, seria suficiente para comprometer a regularidade do sistema de telecomunicações. Sublinhava que o legislador buscara tutelar a segurança dos meios de comunicação, especialmente para evitar interferência em diversos sistemas como, por exemplo, o aéreo. Assim, seria prescindível a comprovação de prejuízo efetivo para a consumação do delito. *STF, RHC 119123/MG, rel. Min. Cármen Lúcia, 4.2.2014. 2ª T. (Info 738)*

✦ *SUPERIOR TRIBUNAL DE JUSTIÇA*

- **COMPETÊNCIA. JUSTIÇA FEDERAL. *INTERNET* VIA RÁDIO.** A conduta de transmitir sinal de *internet*, via rádio, de forma clandestina, configura, em tese, o delito previsto no art. 183 da Lei nº 9.472/1997 (desenvolvimento clandestino de atividade de telecomunicações), de competência da Justiça Federal, uma vez que se trata de serviço cuja exploração é atribuída à União, ainda que se reconheça possível prejuízo a ser suportado pela empresa de telefonia. *STJ, AgRg no CC 111.056-SP, Rel. Min. Og Fernandes, julgado em 25/8/2010. 3.ª S. (Info 444)*

- **COMPETÊNCIA. CLONAGEM. TELEFONE. JUSTIÇA ESTADUAL. A Seção entendeu que compete à Justiça comum estadual processar e julgar a ação em que se imputa a acusado a conduta de clonar telefones celulares**, qual seja, reprogramar um aparelho de telefonia celular com número de linha e ESN de outro aparelho. Asseverou-se que a conduta do acusado de clonar telefone não se subsume ao tipo penal do art. 183 da Lei nº 9.472/1997, uma vez que não houve o desenvolvimento clandestino de atividades de telecomunicação, mas apenas a utilização de linha preexistente e pertencente a outro usuário, com a finalidade de obter vantagem patrimonial indevida, às custas dele e das concessionárias de telefonia móvel que exploram legalmente o serviço, tendo a obrigação de ressarcir os clientes nas hipóteses da referida fraude, inexistindo quaisquer prejuízos em detrimento de bens, serviços ou interesses da União a ensejar a competência da Justiça Federal. Precedentes citados: CC

109.456-SP, DJe 6/9/2010, e CC 50.638-MG, DJ 30/4/2007. *STJ, CC 113.443-SP, Rel. Min. Marco Aurélio Bellizze, julgado em 28/9/2011. 3ª S. (Info 484)*

- **PRESTAÇÃO DE SERVIÇO DE PROVEDOR DE ACESSO À INTERNET POR MEIO DE RADIOFREQUÊNCIA SEM AUTORIZAÇÃO DA ANATEL. Ajusta-se à figura típica prevista no art. 183 da Lei 9.472/1997 ("Desenvolver clandestinamente atividades de telecomunicação") a conduta de prestar, sem autorização da ANATEL, serviço de provedor de acesso à internet a terceiros por meio de instalação e funcionamento de equipamentos de radiofrequência.** Realmente, o fato de o art. 61, § 1º, da Lei 9.472/1997 disciplinar que serviço de valor adicionado "não constitui serviço de telecomunicações" não implica o reconhecimento, por si só, da atipicidade da conduta em análise. Isso porque, segundo a ANATEL, o provimento de acesso à Internet via radiofrequência engloba tanto um serviço de telecomunicações (Serviço de Comunicação Multimídia) quanto um serviço de valor adicionado (Serviço de Conexão à Internet). Precedentes citados: AgRg no AREsp 383.884-PB, Sexta Turma, DJe 23/10/2014; e AgRg no REsp 1.349.103-PB, Sexta Turma, DJe 2/9/2013. *STJ, AgRg no REsp 1.304.262-PB, Rel. Min. Jorge Mussi, julgado em 16/4/2015, DJe 28/4/2015. 5ª T. (Info 560)*

- **INAPLICABILIDADE DO PRINCÍPIO DA INSIGNIFICÂNCIA AO DELITO PREVISTO NO ART. 183 DA LEI 9.472/1997. Não se aplica o princípio da insignificância à conduta descrita no art. 183 da Lei 9.472/1997 ("Desenvolver clandestinamente atividades de telecomunicação").** Isso porque se trata de crime de perigo abstrato. Precedentes citados: AgRg no REsp 1.323.865-MG, Quinta Turma, DJe 23/10/2013; e AgRg no REsp 1.186.677-DF, Sexta Turma, DJe 28/10/2013. *STJ, AgRg no REsp 1.304.262-PB, Rel. Min. Jorge Mussi, julgado em 16/4/2015, DJe 28/4/2015. 5ª T. (Info 560)*

- **INAPLICABILIDADE DO PRINCÍPIO DA INSIGNIFICÂNCIA AO DELITO PREVISTO NO ART. 183 DA LEI 9.472/1997. Não se aplica o princípio da insignificância à conduta descrita no art. 183 da Lei 9.472/197 ("Desenvolver clandestinamente atividades de telecomunicação").** Isso porque o referido crime é considerado formal, de perigo abstrato, tendo como bem jurídico tutelado a segurança e o regular funcionamento dos meios de comunicação. Além disso, a exploração clandestina de sinal de internet, sem autorização do órgão regulador (ANATEL), já é suficiente a comprometer a regularidade do sistema de telecomunicações, razão pela qual o princípio da insignificância deve ser afastado. Sendo assim, ainda que constatada a baixa potência do equipamento operacionalizado, tal conduta não pode ser considerada de per si, um irrelevante penal. Precedentes citados: AgRg no AREsp 383.884-PB, Sexta Turma, DJe 23/10/2014; e AgRg no REsp 1.407.124-PR, Sexta Turma, DJe 12/5/2014. *STJ, AgRg no AREsp 599.005-PR, Rel. Min. Nefi Cordeiro, julgado em 14/4/2015, DJe 24/4/2015. 6ª T. (Info 560)*

3. QUESTÕES DE CONCURSOS

1. **(TRF4/JUiz Federal/2016 – adaptada)** Na dicção do Supremo Tribunal Federal, o requisito da habitualidade é inerente ao delito de "desenvolver clandestinamente atividades de telecomunicações", previsto no artigo 183 da Lei nº 9.472, de 16.07.1997, que dispõe sobre os serviços de telecomunicações.

GAB	1
	C

| 15 |

LEI DE DROGAS

LEI DE DROGAS					
QUESTÕES DE CONCURSOS					
Classificação pelo artigo			Classificação pelo grau de incidência em provas		
Dispositivo legal	Nº de questões	%	Dispositivo legal	Nº de questões	%
Art. 2º	1	**1,06%**	Art. 33	25	26,60%
Art. 27	1	**1,06%**	Art. 40	16	17,02%
Art. 28	8	**8,51%**	Art. 28	8	8,51%
Art. 30	3	**3,19%**	Art. 35	7	7,45%
Art. 32	3	**3,19%**	Art. 45	4	4,26%
Art. 33	25	**26,60%**	Art. 30	3	3,19%
Art. 34	1	**1,06%**	Art. 32	3	3,19%
Art. 35	7	**7,45%**	Art. 42	3	3,19%
Art. 36	2	**2,13%**	Art. 44	3	3,19%
Art. 37	2	**2,13%**	Art. 50	3	3,19%
Art. 38	1	**1,06%**	Art. 62	3	3,19%
Art. 39	1	**1,06%**	Art. 36	2	2,13%
Art. 40	16	**17,02%**	Art. 37	2	2,13%
Art. 41	2	**2,13%**	Art. 41	2	2,13%
Art. 42	3	**3,19%**	Art. 53	2	2,13%
Art. 43	1	**1,06%**	Art. 2º	1	1,06%
Art. 44	3	**3,19%**	Art. 27	1	1,06%
Art. 45	4	**4,26%**	Art. 34	1	1,06%
Art. 50	3	**3,19%**	Art. 38	1	1,06%
Art. 53	2	**2,13%**	Art. 39	1	1,06%
Art. 54	1	**1,06%**	Art. 43	1	1,06%
Art. 59	1	**1,06%**	Art. 54	1	1,06%
Art. 62	3	**3,19%**	Art. 59	1	1,06%
TOTAL	94	**100,00%**	TOTAL	94	**100,00%**

▸LEI Nº 11.343, DE 23 DE AGOSTO DE 2006

Institui o Sistema Nacional de Políticas Públicas sobre Drogas – Sisnad; prescreve medidas para prevenção do uso indevido, atenção e reinserção social de usuários e dependentes de drogas; estabelece normas para repressão à produção não autorizada e ao tráfico ilícito de drogas; define crimes e dá outras providências.

O PRESIDENTE DA REPÚBLICA Faço saber que o Congresso Nacional decreta e eu sanciono a seguinte Lei:

▸TÍTULO I – DISPOSIÇÕES PRELIMINARES

Art. 1º Esta Lei institui o Sistema Nacional de Políticas Públicas sobre Drogas – Sisnad; prescreve medidas para prevenção do uso indevido, atenção e reinserção social de usuários e dependentes de drogas; estabelece normas para repressão à produção não autorizada e ao tráfico ilícito de drogas e define crimes.

Parágrafo único. Para fins desta Lei, consideram-se como drogas as substâncias ou os produtos capazes de causar dependência, assim especificados em lei ou relacionados em listas atualizadas periodicamente pelo Poder Executivo da União.

1. COMENTÁRIOS

1.1. Considerações iniciais

Não resta qualquer dúvida de que a droga é um dos principais problemas enfrentados pela sociedade brasileira, seja sob o aspecto penal (crescimento da violência, superlotação do sistema carcerário, proliferação de organizações criminosas), seja sob o aspecto social (destruição de vidas e famílias, por força do vício e dos efeitos deletérios dele decorrentes). E isto sem falar questões de outra natureza, como sociológica (o fenômeno social subjacente ao elevado número de usuários), econômica (a fortuna movimentada por organizações criminosas, o dinheiro despendido pelas famílias, a ausência de arrecadação estatal e os gastos com a manutenção da guerra às drogas, etc.) e de saúde pública.

1.2. Tratamento constitucional

Todas estas questões não poderiam passar despercebidas pelo legislador constituinte. Com efeito, o texto constitucional manifesta preocupação com a questão das drogas em inúmeras passagens, senão vejamos:

a) "A lei considerará crimes inafiançáveis e insuscetíveis de graça ou anistia a prática da tortura, o tráfico ilícito de entorpecentes e drogas afins, o terrorismo e os definidos como crimes hediondos, por eles respondendo os mandantes, os executores e os que, podendo evitá-los, se omitirem" (art. 5º, XLIII);

b) "Nenhum brasileiro será extraditado, salvo o naturalizado, em caso de crime comum, praticado antes da naturalização, ou de comprovado envolvimento em tráfico ilícito de entorpecentes e drogas afins, na forma da lei" (art. 5º, LI);

c) "A polícia federal, instituída por lei como órgão permanente, organizado e mantido pela União e estruturado em carreira, destina-se a: I – apurar infrações penais contra a ordem política e social ou em detrimento de bens, serviços e interesses da União ou de suas entidades autárquicas e empresas públicas, assim como outras infrações cuja prática tenha repercussão interestadual ou internacional e exija repressão uniforme, segundo se dispuser em lei" (art. 144, § 1º, I);

d) O direito de proteção especial à criança, ao adolescente e ao jovem abrange "programas de prevenção e atendimento especializado à criança, ao adolescente e ao jovem dependente de entorpecentes e drogas afins" (art. 227, § 3º, VII).

e) "Todo e qualquer bem de valor econômico apreendido em decorrência do tráfico ilícito de entorpecentes e drogas afins e da exploração de trabalho escravo será confiscado e reverterá a fundo especial com destinação específica, na forma da lei" (art. 243, parágrafo único).

1.3. Mandado constitucional de criminalização

A atual Lei de Drogas caminha no sentido de cumprir o mandado de criminalização, previsto no art. 5º, XLIII, da Constituição Federal de 1988 ("A lei considerará crimes inafiançáveis e insuscetíveis de graça ou anistia a prática da tortura, o tráfico ilícito de entorpecentes e drogas afins, o terrorismo e os definidos como crimes hediondos, por eles respondendo os mandantes, os executores e os que, podendo evitá-los, se omitirem").

Como sabemos, o texto constitucional não define conduta criminosa, tampouco comina a respectiva sanção penal. Estas incumbências ficam a cargo da legislação infraconstitucional. Cabe à Constituição, todavia, estabelecer mandados de criminalização dirigidos ao legislador ordinário, isto é, pautas valorativas a serem cumpridas por intermédio da previsão em lei de determinadas condutas tidas como criminosas.

É o que ocorre com o dispositivo constitucional acima transcrito. Conforme se depreende de sua leitura, a Constituição não apenas impõe ao legislador ordinário a criminalização das condutas relacionadas ao tráfico ilícito de entorpecentes e drogas afins, como, além disto, impõe a observância de um regramento mais gravoso do que o convencional. Chegamos a esta conclusão, na medida em que a própria Constituição já equipara o crime de tráfico de drogas a crime hediondo, além de já determinar que ele será inafiançável e insuscetível de graça ou anistia.

Este mandado constitucional de criminalização encontra-se em observância ao princípio da vedação à proteção deficiente (ou vedação à infraproteção), de acordo com o qual os bens jurídicos mais relevantes não prescindem da tutela penal, de forma a protegê-los das agressões mais graves.

1.4. A Lei nº 11.343/06

Naturalmente, mesmo antes do advento da atual Lei de Drogas, o mandado constitucional de criminalização já tinha sido observado, pois a legislação anterior (Lei nº 6.368/76), que antecedia a Constituição de 1988, havia sido recepcionada pela atual ordem jurídica. Demais disto, com o advento da Lei de Crimes Hediondos (Lei nº 8.072/90) já havia sido cumprido o mandado de criminalização, no que concerne à equiparação das condutas que configuram o tráfico de drogas com os crimes hediondos.

A atual Lei de Drogas foi publicada no dia 23 de agosto de 2006, e entrou em vigor 45 (quarenta e cinco) dias após a sua publicação (art. 74). A Lei nº 11.343/06 revogou expressamente (art. 75) a Lei nº 6.368, de 21 de outubro de 1976 (que tratava da matéria penal sobre o tema) e a Lei nº 10.409, de 11 de janeiro de 2002 (que regulamentava a parte procedimental relativa aos crimes que envolvessem drogas).

A atual Lei de Drogas é dividida em seis títulos, assim distribuídos:

a) Título I: abrange os dois primeiros artigos, e trata de disposições preliminares.

b) Título II: compreendido entre os arts. 3º e 17, trata do SISNAD – Sistema Nacional de Políticas Públicas sobre Drogas.

c) Título III: trata das atividades de prevenção do uso indevido, atenção e reinserção social de usuários e dependentes de drogas, e compreende os arts. 18 a 30.

d) Título IV: compreende os arts. 31 a 64 e trata da repressão à produção não autorizada e ao tráfico ilícito de drogas.

e) Título V: compreende a matéria relativa à cooperação internacional, e é constituído apenas pelo art. 65.

f) Título VI: trata das disposições finais e transitórias da Lei, abrangendo o art. 66 até o art. 75.

1.5. Distinção de tratamento entre o usuário e o traficante

Dentre inúmeros pontos marcantes que podem ser apontados, no que se refere às distinções entre a atual Lei de Drogas e a legislação revogada, devemos enaltecer a substancial distinção levada a efeito, no que pertine ao tratamento conferido a usuários e traficantes. Na Lei nº 6.368/76, o crime de tráfico estava previsto no art. 12, e previa uma pena de "reclusão, de 3 (três) a 15 (quinze) anos, e pagamento de 50 (cinqüenta) a 360 (trezentos e sessenta) dias-multa". Por sua vez, a conduta do usuário estava contida no art. 16, cuja pena era de "detenção, de 6 (seis) meses a 2 (dois) anos, e pagamento de (vinte) a 50 (cinqüenta) dias-multa".

Na atual legislação, o crime do traficante está previsto no art. 33, cuja pena prevista é de "reclusão de 5 (cinco) a 15 (quinze) anos e pagamento de 500 (quinhentos) a 1.500 (mil e quinhentos) dias-multa". Por sua vez, o crime do usuário tem previsão no art. 28, e não há previsão para pena privativa de liberdade. De fato, para o usuário, a Lei nº 11.343/06 previu as seguintes penas: a) advertência sobre os efeitos das drogas; b) prestação de serviços à comunidade; c) medida educativa de comparecimento a programa ou curso educativo.

Em resumo, temos a seguinte situação: em relação à Lei anterior, a atual Lei de Drogas atenuou a reprimenda existente para o usuário e recrudesceu o tratamento dado ao traficante.

Com isto, a Lei nº 11.343/06, por um lado, reincide na lógica da guerra às drogas, vendo no traficante o responsável pela disseminação dos entorpecentes ilícitos, e, de outro, começa a enxergar o usuário a partir de uma perspectiva de saúde pública, em que a reprimenda penal é menos eficaz do que a adoção de políticas públicas preventivas e corretivas, sobretudo para aqueles que, a partir do uso recreativo, enveredaram para o vício.

Todavia, dissemos que a Lei atual "começa" a enxergar a questão sob a perspectiva de política pública de saúde. Há muito ainda a caminhar neste sentido, e não se pode ter a ilusão de que a legislação em vigor descriminalizou a conduta do usuário; promoveu, isso sim, um abrandamento da reprimenda penal, com descarcerização. Remetemos o(a) leitor(a) aos comentários ao art. 28, em que tratamos do tema com mais detalhes.

1.6. (Ir)retroatividade da Lei nº 11.343/06

Conforme mencionamos no tópico anterior, a atual legislação de drogas trouxe um tratamento mais recrudescido ao traficante de drogas, ao passo em que dispensou um tratamento mais brando ao usuário de drogas, que já não pode estar sujeito à pena privativa de liberdade. Por esta razão, saber se a legislação atual irá retroagir para alcançar fatos praticados em momento anterior à sua entrada em vigor, depende de uma percuciente análise do caso concreto.

Como cediço, a lei penal somente pode retroagir, alcançando fatos anteriores à sua entrada em vigor, se for para beneficiar o réu (*novatio legis in mellius*), jamais para piorar sua situação (*novatio legis in pejus*).

Assim, por exemplo, se o usuário de drogas foi flagrado com pequena quantidade de droga para consumo pessoal em momento anterior ao advento da Lei nº 11.343/06, esta Lei deve retroagir para beneficiá-lo, porquanto, para o usuário, a sanção penal atual é mais branda. Se, por outro lado, se tratasse de um traficante, a sanção penal seria mais exasperada, razão pela qual não poderia a Lei de Drogas atual retroagir.

Vale registrar que, se a Lei benéfica advém após o trânsito em julgado da condenação, cabe ao juízo da execução a sua aplicação. Não é outro o entendimento do STF, presente no enunciado nº 611 da súmula do STJ, nos seguintes termos:

> ***Súmula nº 611/STF***: "Transitada em julgado a sentença condenatória, compete ao juízo das execuções a aplicação de lei mais benigna".

Ademais, é relevante destacar, desde já, que não é possível a retroatividade parcial da Lei, de modo a combinar a parte mais benéfica da Lei atual com a parte mais benéfica da Lei anterior. É o que se depreende do teor do verbete nº 501 da súmula de sua jurisprudência, nos seguintes termos:

> ***Súmula nº 501/STJ***: "É cabível a aplicação retroativa da Lei nº 11.343/2006, desde que o resultado da incidência das suas disposições, na íntegra, seja mais favorável ao réu do que o advindo da aplicação da Lei nº 6.368/1976, sendo vedada a combinação de leis".

Sobre o tema, remetemos o(a) leitor(a) aos comentários ao art. 33, § 4º.

1.7. SISNAD

O Sistema Nacional Antidrogas, previsto na revogada Lei nº 6.368/76 foi substituído, na Lei nº 11.343/06, pelo SISNAD (Sistema Nacional de Políticas Públicas sobre Drogas). Conforme o art. 3º da atual Lei de Drogas, o SISNAD tem a finalidade de articular, integrar, organizar e coordenar as atividades relacionadas com: a) a prevenção do uso indevido, a atenção e a reinserção social de usuários e dependentes de drogas; b) a repressão da produção não autorizada e do tráfico ilícito de drogas.

O Sistema Nacional de Políticas Públicas sobre Drogas congrega uma série de órgãos e entidades da Administração Pública, destinados ao combate à proliferação do tráfico de drogas, bem como à adoção de medidas de prevenção e tratamento ao uso indiscriminado dos entorpecentes que causem dependência física e/ou psíquica.

Cabe referir, ainda, que são princípios do SISNAD (art. 4º): I – o respeito aos direitos fundamentais da pessoa humana, especialmente quanto à sua autonomia e à sua liberdade; II – o respeito à diversidade e às especificidades populacionais existentes; III – a promoção dos valores éticos, culturais e de cidadania do povo brasileiro, reconhecendo-os como fatores de proteção para o uso indevido de drogas e outros comportamentos correlacionados; IV – a promoção de consensos nacionais, de ampla participação social, para o estabelecimento dos fundamentos e estratégias do Sisnad; V – a promoção da responsabilidade compartilhada entre Estado e Sociedade, reconhecendo a importância da participação social nas atividades do Sisnad; VI – o reconhecimento da intersetorialidade dos fatores correlacionados com o uso indevido de drogas, com a sua produção não autorizada e o seu tráfico ilícito; VII – a integração das estratégias nacionais e internacionais de prevenção do uso indevido, atenção e reinserção social de usuários e dependentes de drogas e de repressão à sua produção não autorizada e ao seu tráfico ilícito; VIII – a articulação com os órgãos do Ministério Público e dos Poderes Legislativo e Judiciário visando à cooperação mútua nas atividades do Sisnad; IX – a adoção de abordagem multidisciplinar que reconheça a interdependência e a natureza complementar das atividades de prevenção do uso indevido, atenção e reinserção social de usuários e dependentes de drogas, repressão da produção não autorizada e do tráfico ilícito de drogas; X – a observância do equilíbrio entre as atividades de prevenção do uso indevido, atenção e reinserção social de usuários e dependentes de drogas e de repressão à sua produção não autorizada e ao seu tráfico ilícito, visando a garantir a estabilidade e o bem-estar social; XI – a observância às orientações e normas emanadas do Conselho Nacional Antidrogas – Conad.

Por fim, o SISNAD possui os seguintes objetivos (art. 5º.): I – contribuir para a inclusão social do cidadão, visando a torná-lo menos vulnerável a assumir comportamentos de risco para o uso indevido de drogas, seu tráfico ilícito e outros comportamentos correlacionados; II – promover a construção e a socialização do conhecimento sobre drogas no país; III – promover a integração entre as políticas de prevenção do uso indevido, atenção e reinserção social de usuários e dependentes de drogas e de repressão à sua produção não autorizada e ao tráfico ilícito e as políticas públicas setoriais dos órgãos do Poder Executivo da União, Distrito Federal, Estados e Municípios; IV – assegurar as condições para a coordenação, a integração e a articulação das atividades de que trata o art. 3º desta Lei.

1.8. Norma penal em branco

A Lei de drogas possui uma série de tipos penais que constituem leis penais em branco em sentido estrito.

Vale recordar que norma (ou lei[8]) penal em branco é uma norma penal incriminadora (define conduta criminosa e comina a respectiva sanção penal) em que o preceito primário

8. Muito embora as expressões norma e lei não se confundam, as expressões lei penal em branco e norma penal em branco são empregadas indistintamente pela doutrina majoritária.

(parte da norma penal incriminadora que define a conduta criminosa) é incompleto. O complemento a este preceito é fundamental para que se possa dimensionar os reais contornos da conduta criminosa. A lei penal em branco pode ser:

a) Homogênea: Quando o complemento à norma penal em branco é dado por lei, ela é chamada de homogênea (ou em sentido amplo). Esta norma penal em branco homogênea pode ser: **homovitelina** quando o complemento é dado pela própria lei que contém a norma penal em branco (ex.: art. 312 do Código Penal utiliza a expressão "funcionário público", e é complementado pelo art. 327 do mesmo Código, que traz a definição de "funcionário público para efeitos penais"); ou **heterovitelina** quando o complemento ao preceito primário é dado por alguma outra lei (ex.: o art. 236 do Código Penal traz a conduta consistente em ocultação dolosa de impedimento ao casamento, e é complementado pelo Código Civil, que explicita quais são tais impedimentos matrimoniais).

b) Heterogênea: Já a norma penal em branco heterogênea (ou norma penal em branco em sentido estrito) é aquela em que o complemento é dado por um ato distinto da lei, tal como decretos, portarias, etc. No caso da Lei nº 11.343/06, a necessidade de complemento reside, justamente, no emprego da expressão "droga", que não é definida pela Lei. Como se sabe, a definição de droga fica a critério de uma portaria da ANVISA – Agência Nacional de Vigilância Sanitária.

1.9. Constitucionalidade da norma penal em branco heterogênea

Em doutrina, há quem sustente a inconstitucionalidade da norma penal em branco heterogênea, por afronta ao princípio da legalidade que, como se sabe, além de se encontrar previsto no art. 1º do Código Penal, está no art. 5º, inciso XXXIX, da Constituição Federal de 1988. Conforme esta tese, se o complemento à lei penal incriminadora é dado por um ato infralegal, este ato normativo, em última instância, ditaria os contornos da conduta criminosa, e não a lei em sentido material e formal. Com isto, haveria uma subtração da legitimidade popular, pois a complementação da conduta não passaria pelo beneplácito das discussões nas Casas Legislativas, em que atuam os representantes eleitos pelo povo.

A despeito da relevância da discussão, é uma tese minoritária em doutrina, e que não encontra qualquer eco na jurisprudência dos Tribunais pátrios.

Com efeito, não há que se falar em afronta à legalidade, pois, mesmo na norma penal em branco heterogênea, a conduta criminosa é definida por lei em sentido material e formal. No caso da Lei de Drogas, por exemplo, a portaria da ANVISA apenas complementa o preceito primário, definindo o objeto material das condutas, mas as próprias condutas, em si (importar, exportar, trazer consigo, etc.) não poderiam ser definidas senão pela Lei.

Assim, em resumo, na norma penal em branco heterogênea, a Lei continua a definir a conduta criminosa e cominar a respectiva sanção penal, razão pela qual não há que se falar em afronta ao princípio da legalidade. Como dito, este é o entendimento largamente acolhido pela doutrina e pacífico na jurisprudência nacional.

1.10. Expressão "Droga"

De modo diverso do que fazia a legislação anterior (Lei nº 6.368/76), que empregava as expressões "entorpecentes" ou, ainda, "substâncias entorpecentes ou que determine dependência física ou psíquica" a Lei nº 11.343/06 prefere utilizar a expressão "droga". Esta, aliás, a expressão preferida em âmbito internacional, comumente adotada em tratados ou convenções, além de ser acolhida pela própria Organização Mundial de Saúde (OMS).

A própria Lei nº 11.343/06, em seu art. 1º, parágrafo único, traz uma definição de droga, asseverando que: "para fins desta Lei, consideram-se como drogas as substâncias ou os produtos capazes de causar dependência, assim especificados em lei ou relacionados em listas atualizadas periodicamente pelo Poder Executivo da União". A Lei, contudo, não traz um rol das substâncias que considera como drogas, pois o encargo fica para a Agência Nacional de Vigilância Sanitária, autarquia federal.

Atualmente, o rol de substâncias prescritas encontra-se na portaria SVS/MS nº 344, de 12 de maio de 1998, que "aprova o Regulamento Técnico sobre substâncias e medicamentos sujeitos a controle especial". A propósito, o art. 66 da Lei de Drogas, em comento, estabelece que: "para fins do disposto no parágrafo único do art. 1º desta Lei, até que seja atualizada a terminologia da lista mencionada no preceito, denominam-se drogas substâncias entorpecentes, psicotrópicas, precursoras e outras sob controle especial, da Portaria SVS/MS no 344, de 12 de maio de 1998".

Como se vê, a partir da inscrição da substância neste rol, ela passa a ser considerada "droga", havendo uma presunção absoluta (pois não há que se falar em prova em sentido contrário) de que se trata de substância que causa dependência, nos termos do art. 1º, parágrafo único da Lei nº 11.343/06, acima transcrito.

1.11. Cloreto de etila e *abolitio criminis*

Atualmente, o cloreto de etila (lança-perfume) está incluído no rol da portaria SVS/MS nº 344/98, razão pela qual não há qualquer dúvida de que se trata de droga ilícita, no Brasil. A discussão de relevo, encerrada com o advento da decisão do Supremo Tribunal Federal diz respeito ao fato de que a Resolução ANVISA RDC nº 104, do dia 07 de dezembro de 2000 retirou o cloreto de etila do rol de substâncias que causam dependência.

Esta decisão, porém, foi adotada pelo diretor-presidente da Agência, e dependia de ratificação por parte dos demais membros da diretoria. Tratava-se, portanto, de uma decisão "*ad referendum*". Ocorre que, reunida a diretoria, no dia 15 de dezembro de 2000, deliberou-se pela rejeição da alteração promovida em relação ao cloreto de etila. Por outras palavras, o lança-perfume foi incluído, novamente, no rol de substâncias entorpecentes (drogas).

O cerne da controvérsia passou a ser, então, a incidência retroatividade da resolução que excluíra o cloreto de etila do rol de substâncias que causam dependência. Em sede doutrinária, acolhemos a ideia de que há retroatividade benéfica quando o complemento da norma penal em branco promove uma alteração em sua estrutura. Foi o que ocorreu no caso, pois, a partir do dia 07/12/2000, o cloreto de etila (lança-perfume) deixa de ser considerado droga, voltando a ser, apenas, no dia 15/12/2000.

Não foi outro o entendimento do Supremo Tribunal Federal. Com efeito, no julgamento do HC 94397/BA, o STF entendeu que: "atribuir eficácia retroativa à nova redação da Resolução ANVISA RDC 104 – que tornou a definir o cloreto de etila como substância psicotrópica – representaria flagrante violação ao art. 5º, XL, da CF. em suma, assentou-se que, a partir de 7.12.2000 até 15.12.2000, o consumo, o porte ou tráfico de aludida substância já não seriam alcançados pela Lei de Drogas (...)"[9].

Assim, em resumo, com a publicação da Resolução ANVISA RDC nº 104, do dia 07 de dezembro de 2000, que excluiu o cloreto de etila do rol da portaria SVS/MS nº 344/98, houve a *abolitio criminis* das condutas relacionadas ao lança-perfume. Com a republicação da resolução, no dia 15 de dezembro de 2000, as condutas relativas ao cloreto de etila voltaram a ser consideradas criminosas.

1.12. Modelos de política criminal relacionados às drogas

No que se refere às políticas criminais relacionadas às drogas, é possível apontar a existência de, pelo menos, quatro modelos[10]:

a) Modelo norte-americano (guerra às drogas): há alguns anos, os Estados Unidos da América adotam o modelo de política criminal conhecido como "guerra às drogas". Este modelo preconiza, de um lado, a abstinência, em relação ao uso de drogas, e, por outro lado, a repressão máxima ao comércio ilegal. O binômio "abstinência e tolerância zero", assim, marcam, de forma indelével, o modelo de política criminal norte-americano de combate às drogas.

Este modelo norte-americano foi exportado para boa parte dos países. Contudo, parece restar claro que ele tem se mostrado incapaz de combater a disseminação das drogas em todo o mundo. Basta constatar que, a despeito de se levar a cabo este modelo há algumas décadas, os Estados Unidos da América não conseguiram conter a explosão no número de usuários de drogas, tampouco a pujança do mercado ilegal de entorpecentes, que movimenta muitos bilhões de dólares em todo o mundo. De igual sorte, os demais Países do globo experimentam situações muito similares, com o lamentável crescimento no número de usuários e dependentes de drogas.

b) Modelo europeu (redução de danos): muitos países europeus passaram a adotar uma política de redução de danos, em relação às drogas. Este modelo de política criminal enxerga as drogas como uma questão de saúde pública, e não como caso de polícia. Rejeita a tese da abstinência, por considerá-la uma quimera, ao passo em que também rechaça a lógica da tolerância zero, que produz muito mais violência.

Dentro dessa perspectiva, analisando a questão das drogas sob um prisma de redução dos males trazidos aos usuários, existem políticas públicas como a distribuição de seringas e outros materiais descartáveis, controle do consumo, assistência médica, delimitação de local para o uso das drogas, etc. Ademais, a política de redução de danos adota por critério uma gradual descriminalização das drogas, aliada a programas de educação e prevenção ao consumo, bem como políticas de atendimento aos dependentes.

9. STF, HC 94.397/BA, Rel. Min. Cezar Peluso, julgado em 09/03/2010.
10. GOMES, Luiz Flávio; CUNHA, Rogério Sanches. *Legislação criminal especial*. São Paulo: RT, 2009, p. 163.

c) Modelo liberal radical: calcado no ideário liberal, que propugna a impossibilidade de intervenção do Estado na esfera de direitos do cidadão, quando suas condutas não afetam direitos de terceiros, os defensores da tese liberalizante defendem a total liberalização do consumo das drogas de qualquer natureza.

d) Modelo de Justiça terapêutica: esse modelo de política criminal adota como ideia central o tratamento do dependente (ou, mesmo, usuário eventual) de drogas. A ser levada a efeito a ideia, as condenações penais dos usuários estariam fundamentadas na necessidade de tratamento, e a determinação desse tratamento ser-lhe-ia imposto.

2. SÚMULAS E JURISPRUDÊNCIA

- **Súmula nº 611, STF:** Transitada em julgado a sentença condenatória, compete ao juízo das execuções a aplicação de lei mais benigna.

- **Súmula nº 501, STJ:** É cabível a aplicação retroativa da Lei nº 11.343/2006, desde que o resultado da incidência das suas disposições, na íntegra, seja mais favorável ao réu do que o advindo da aplicação da Lei nº 6.368/1976, sendo vedada a combinação de leis.

✦ *SUPREMO TRIBUNAL FEDERAL*

- **EXTRADIÇÃO DE BRASILEIRO NATURALIZADO. É possível conceder extradição para brasileiro naturalizado envolvido em tráfico de droga (CF, art. 5º, LI).** Com base nesse entendimento, a Primeira Turma, em conclusão de julgamento e por maioria, afastou a alegada deficiência na instrução do pedido e deferiu a extradição. Na espécie, o extraditando fora condenado no Estado Requerente (França) à pena de três anos pela prática dos crimes de transporte, posse, aquisição e exportação de produtos estupefacientes, em observância da exigência contida no art. 36, II, "a", da Convenção Única de Nova York sobre Entorpecentes de 1961. Não existiriam nos autos notícias de que os fatos correlacionados teriam dado início à persecução penal no Brasil. A medida constritiva do nacional francês fora efetivada em 9.7.2013 e, em 25.7.2013, a prisão preventiva fora substituída por medidas cautelares (uso de tornozeleiras eletrônicas, entrega do passaporte, proibição de ausentar-se do Estado-Membro sem autorização judicial e compromisso de comparecer semanalmente ao competente juízo da vara federal). De início, a Turma destacou a qualidade invulgar do trabalho profissional do extraditando que, em trinta anos de residência no Brasil, dedicara-se a atividade de grande relevância cultural para o País. Apontou a regularidade formal do pedido, que está devidamente instruído com a documentação prevista no art. 80, § 1º, da Lei 6.815/1980 (Estatuto do Estrangeiro) e no art. 10 do Tratado de Extradição. Consignou que os fatos criminosos do pedido extradicional não possuem conotação política e que o presente feito reveste-se de natureza executória. Assentou que, conforme informações da autoridade solicitante, o crime não estaria prescrito pela legislação francesa, tampouco pela brasileira. Ressaltou que, consideradas a data do crime (meados de 2009), a publicação da sentença condenatória (26.10.2010) e a pena em concreto (três anos de reclusão), o prazo prescricional de oito anos, nos termos do art. 109, IV, c/c art. 110, do CP, observados os respectivos marcos interruptivos (art. 117 do CP), teria lugar somente em 26.10.2018. De qualquer forma, a alínea "e" do art. 4 do Tratado de Extradição entre o Brasil e a França aponta "a interrupção da prescrição no momento do recebimento do pedido no Estado requerido", o que se deu em 7.11.2011 (data de recebimento do pedido de extradição pelo Ministério das Relações Exteriores). Para a Turma, ao isolar cada conduta do tipo misto alternativo do tráfico de drogas, a pena mínima prevista é de cinco anos (Lei 11.343/2006, art. 33) e o prazo prescricional de 12 anos (CP, art. 109, III), a delinear, também por esse prisma, a inocorrência da prescrição da pretensão punitiva estatal. Esclareceu que a existência de circunstâncias favoráveis ao extraditando, como residência fixa, ocupação lícita e família estabelecida no Brasil, com mulher, três filhos e dois enteados, não são obstáculos ao deferimento da extradição. O Colegiado frisou que, em momento algum, houvera a substituição da prisão preventiva para fins de extradição por prisão domiciliar, mas tão somente por medidas cautelares diversas da prisão. Assim, não se poderia falar em detração da pena privativa de liberdade aplicada ao extraditando, pois ambas as sanções possuiriam natureza e finalidade distintas. Enfatizou que, para fins de detração, não poderia considerar mais do que o período de dezesseis dias, que iriam da prisão preventiva implementada à expedição do alvará de soltura com as medidas alternativas impostas. Vencidos os Ministros Luiz Fux e Roberto Barroso, que indeferiam a extradição. O Ministro Luiz Fux entendia que a situação excepcional de saúde do extraditando autorizara o cumprimento da prisão preventiva na modalidade de prisão cautelar e que a medida constritiva decretada teria completado 3 anos em 9.7.2016. Ponderava que o extraditando estaria preso por tempo superior ao da condenação que lhe fora imposta pela Justiça Francesa, o que inviabilizaria o compromisso pelo Estado requerente de promover a detração, uma vez que não mais sobejaria pena a ser cumprida na França. O Ministro Roberto Barroso acompanhou o voto do Ministro Luiz Fux não pela detração, mas por motivos humanitários previstos no Tratado de Extradição entre França e Brasil. ***STF, Ext 1244/República Francesa, rel. Min. Rosa Weber, 9.8.2016. 1ª T. (Info 834)***

✦ *SUPERIOR TRIBUNAL DE JUSTIÇA*

▸ **CLASSIFICAÇÃO DE SUBSTÂNCIA COMO DROGA PARA FINS DA LEI N. 11.343/2006.** Classifica-se como "droga", para fins da Lei n. 11.343/2006 (Lei de Drogas), a substância apreendida que possua canabinoides – característica da espécie vegetal Cannabis sativa -, ainda que naquela não haja tetrahidrocanabinol (THC). Inicialmente, emerge a necessidade de se analisar o preceito contido no parágrafo único do art. 1º da Lei de Drogas, segundo o qual "consideram-se como drogas as substâncias ou os produtos capazes de causar dependência, assim especificados em lei ou relacionados em listas atualizadas periodicamente pelo Poder Executivo da União". Em acréscimo, estabelece o art. 66 da Lei de Drogas que, "Para fins do disposto no parágrafo único do art. 1º desta Lei, até que seja atualizada a terminologia da lista mencionada no preceito, denominam-se drogas substâncias entorpecentes, psicotrópicas, precursoras e outras sob controle especial, da Portaria SVS/MS nº 344, de 12 de maio de 1998". Verifica-se, assim, que, sistematicamente, por uma opção legislativa, o art. 66 ampliou o universo de incidência dos comandos proibitivos penais. Portanto, a definição do que sejam "drogas", capazes de caracterizar os delitos previstos na Lei n. 11.343/2006, advém da Portaria n. 344/1998 da Secretaria de Vigilância Sanitária do Ministério da Saúde. Nesse contexto, por ser constituída de um conceito técnico-jurídico, só será considerada droga o que a lei (em sentido amplo) assim o reconhecer. Desse modo, mesmo que determinada substância cause dependência física ou psíquica, se ela não estiver prevista no rol das substâncias legalmente proibidas, ela não será tratada como droga para fins de incidência da Lei n. 11.343/2006. Salientado isso, nota-se que a Cannabis sativa integra a Lista E da Portaria n. 344/1998 da Secretaria de Vigilância Sanitária do Ministério da Saúde, que, em última análise, a define como planta que pode originar substâncias entorpecentes e/ou psicotrópicas. Essa mesma lista traz um adendo de que "ficam também sob controle todos os sais e isômeros das substâncias obtidas a partir das plantas elencadas acima". Portanto, irrelevante, para a comprovação da materialidade de delito, o fato de laudo pericial não haver revelado a presença de tetrahidrocanabinol (THC) – um dos componentes ativos da Cannabis sativa – na substância se constatada a presença de canabinoides, característicos da espécie vegetal Cannabis sativa, que integram a Lista E da Portaria n. 344/1998 e causam dependência. Ressalte-se que essa também tem sido a compreensão adotada pelo STF, o qual, no julgamento do HC 122.247-DF (Segunda Turma, DJe 2/6/2014), firmou entendimento no sentido de que "a ausência de indicação, no laudo toxicológico, de um dos princípios ativos do entorpecente vulgarmente conhecido como 'maconha' não impede a caracterização da materialidade delitiva". Por fim, saliente-se que a própria Portaria n. 344/1998 determina, em seu art. 95, que plantas, substâncias e/ou medicamentos de uso proscrito no Brasil (Lista E e Lista F) serão incinerados. Ou seja, se a própria portaria integradora dos tipos penais relacionados na Lei de Drogas determinou, expressamente, que as plantas integrantes da Lista E serão incineradas, seria ilógico instituir sua apreensão e incineração, se proscritas não fossem. Precedente citado do STF: HC 116.312-RS, Primeira Turma, DJe 3/10/2013. ***STJ, REsp 1.444.537-RS, Rel. Min. Rogerio Schietti Cruz, julgado em 12/4/2016, DJe 25/4/2016. 6ª T. (Info 582)***

Art. 2º Ficam proibidas, em todo o território nacional, as drogas, bem como o plantio, a cultura, a colheita e a exploração de vegetais e substratos dos quais possam ser extraídas ou produzidas drogas, ressalvada a hipótese de autorização legal ou regulamentar, bem como o que estabelece a Convenção de Viena, das Nações Unidas, sobre Substâncias Psicotrópicas, de 1971, a respeito de plantas de uso estritamente ritualístico-religioso.

Parágrafo único. Pode a União autorizar o plantio, a cultura e a colheita dos vegetais referidos no *caput* deste artigo, exclusivamente para fins medicinais ou científicos, em local e prazo predeterminados, mediante fiscalização, respeitadas as ressalvas supramencionadas.

1. COMENTÁRIOS

O art. 2º da Lei nº 11.343/06 estabelece a proibição de drogas em todo o território nacional, admitindo, todavia, duas exceções bem delimitadas:

a) plantas de uso estritamente ritualístico-religioso: o texto legislativo faz menção expressa à Convenção de Viena, das Nações Unidas, sobre Substâncias Psicotrópicas, de 1971, incorporada ao ordenamento jurídico brasileiro pelo Decreto Legislativo nº 90, de 1972. No item 4 desta Convenção consta que: "O Estado em cujo território cresçam plantas silvestres que contenham substâncias psicotrópicas dentre as incluídas na Lista I, e que são tradicionalmente utilizadas por pequenos grupos, nitidamente caracterizados, em rituais mágicos ou religiosos, poderão, no momento da assinatura, ratificação ou adesão, formular reservas em relação a tais plantas, com respeito às disposições do art. 7º, exceto quanto às disposições relativas ao comércio internacional".

No caso, é imperioso que se leve em consideração não apenas o direito fundamental à liberdade religioso, como, ainda, a questão da capacidade de autodeterminação individual, no que se refere a pessoas adultas e capazes. Há, como se sabe, algumas vertentes religiosas que empregam, em seus rituais, determinadas substâncias – em geral provenientes exclusivamente de vegetais, e não de misturas químicas – com alguma finalidade específica, como a facilidade para o transe, para a adoração ou, mesmo, como forma de purificação.

Há casos que são muito conhecidos, como o de religiões, no Brasil que utilizam a *Ayahuasca* (ou hoasca), que produz efeitos alucinógenos. No Brasil, a planta é empregada em rituais religiosos no Santo Daime, União do Vegetal, etc. não há proibição legal à utilização da *Ayahuasca*, não apenas pelas pesquisas que já foram desenvolvidas em relação aos seus efeitos, como, também, pelo respeito ao direito fundamental à liberdade religiosa, conforme anteriormente mencionamos.

Há casos, porém, menos conhecidos que merecem uma análise mais detalhada. Assim, por exemplo, no rastafarianismo, a *cannabis sativa* (maconha) também é empregada em rituais religiosos. Essa religião, com pouquíssimos adeptos no Brasil, oriunda da Etiópia e muito divulgada no continente americano pelo jamaicano Marcus Garvey, disseminou-se pelo mundo com a adesão do músico, também jamaicano, Bob Marley.

De toda sorte, a previsão de utilização da substância em ritual religioso não prescinde da autorização legal ou regulamentar. Sem embargo, é o que ocorre, por exemplo, com a

Ayahuasca, anteriormente citada, que não integra o rol de substâncias considerada droga. De modo diverso, não há autorização legal ou regulamentar para a utilização da *cannabis sativa* nos rituais religiosos do rastafarianismo.

A despeito da ausência de autorização legal ou regulamentar, seria possível uma absolvição em caso de uso da maconha nos rituais sacros dos rastafáris, no Brasil? Acreditamos que sim, a despeito – repita-se – da proibição da droga no país.

Para chegar a tal conclusão, devemos invocar, uma vez mais, a questão do direito à liberdade religiosa. Estamos tratando de um caso concreto, de uma religião existente há muitos anos, com adeptos em inúmeros países e com práticas sérias e sinceras. A análise do mérito da adoração e dos rituais é algo que não cabe ao Estado. Estamos deixando isto claro para que se não possa utilizar o argumento de que qualquer um poderia, então, fundar uma religião, da noite para o dia, para que se permitisse a utilização de drogas de qualquer espécie.

A partir desta perspectiva, cremos que os adeptos da religião, ao participarem dos seus rituais sagrados poderiam invocar, como causa supralegal de exclusão de culpabilidade o "fato da consciência". No fato da consciência, o agente pratica um fato típico e ilícito, mas que, está umbilicalmente vinculado à sua realidade existencial; é, rigorosamente, o que ocorre em questões religiosas. A criminalização de tais rituais constitui retrocesso de considerável magnitude, pois nos remonta aos períodos das perseguições religiosas, em que um grupo dominante pretendia impor a sua fé, como se detivesse o monopólio da verdade e, pior que isto, pudesse obrigar outras pessoas a abjurarem suas convicções.

b) autorização legal para fins medicinais ou científicos: pode ocorrer de legislação específica ou mesmo ato normativo infralegal autorizar a droga, de forma pontual e específica. Isto ocorre, por exemplo, com determinadas drogas que causam dependência física ou psíquica, mas são imprescindíveis ao tratamento de determinadas patologias. O parágrafo único do art. 2º possui expressa previsão para o plantio, a cultura e a colheita dos vegetais, em casos como este. Não custa reiterar que, não havendo a autorização legal ou regulamentar, estaremos diante de crime, que pode culminar no confisco da propriedade, conforme art. 243 da Constituição Federal.

2. QUESTÕES DE CONCURSOS

1. **(FUNCAB/PC-PA/Delegado de Polícia/2016 – adaptada)** Não pode o poder público autorizar o uso de plantas psicotrópicas para exclusiva finalidade ritualística-religiosa.

GAB	1
	E

▸CAPÍTULO III – DOS CRIMES E DAS PENAS

Art. 27. As penas previstas neste Capítulo poderão ser aplicadas isolada ou cumulativamente, bem como substituídas a qualquer tempo, ouvidos o Ministério Público e o defensor.

1. COMENTÁRIOS

1.1. Considerações iniciais

Conforme já tivemos oportunidade de salientar, a atual Lei Antidrogas traz um novo paradigma em relação ao tratamento a ser conferido ao usuário de substâncias ilícitas capazes de causar dependência. Nesta linha, ao passo em que recrudesce a reprimenda penal ao traficante de drogas, a Lei nº 11.343/06 abranda o tratamento a ser conferido ao usuário.

Reflexo deste abrandamento pode ser constatado no fato de a atual legislação reservar todo o Título III a tratar "das atividades de prevenção do uso indevido, atenção e reinserção social de usuários e dependentes de drogas". Este título é dividido em três capítulos, quais sejam: a) da prevenção; b) das atividades de atenção e de reinserção social de usuários ou dependentes de drogas; c) dos crimes e das penas. A preocupação do legislador com a questão do usuário manifesta-se, assim, até mesmo na ordem em que os temas são tratados.

Deste modo, tem-se como preocupação precípua a prevenção ao uso de drogas, de modo a evitar que as pessoas, sobretudo os mais jovens, enveredem pelo perigoso caminho do consumo dos psicotrópicos. Em um segundo momento, há dispositivos legislativos que tratam da reinserção de usuários e dependentes, deixando claro que já não são medidas que contemplem aqueles que ainda não iniciaram no mundo das drogas. Por fim, o terceiro capítulo, ao trazer à baila o Direito Penal, enumerando crimes e penas para os usuários, serve como fundamento para concluirmos que a intervenção punitiva não foi afastada, de todo, pelo legislador, para aquele que se envolve no consumo das drogas.

Por esta razão, entendemos que deve ser analisado com cautela o discurso de acordo com o qual a novel legislação passa a enxergar o usuário como um doente, e a questão das drogas como de saúde pública. Não é bem assim. É verdade que o usuário pode, sim, ser um dependente, o que pode lhe subtrair a capacidade de autodeterminação, ensejando uma inimputabilidade ou semi-imputabilidade (*vide* comentários aos arts. 45 e 46). Contudo, não há como negar que considerável parcela dos usuários de drogas, faz o consumo recreativo das substâncias, o que não pode, conforme a atual legislação, servir de argumento para subtrair-se à sanção penal.

Naturalmente, a discussão não se esgota na legislação ordinária, razão pela qual está pendente de julgamento, no âmbito do Supremo Tribunal Federal, a questão relativa à constitucionalidade da criminalização das condutas que dizem respeito ao consumo de drogas. Sobre o tema, remetemos os leitores aos comentários ao art. 28.

De toda sorte, possível constatar que, somente a partir do título IV, a Lei nº 11.343/06 destina-se a tratar da "repressão à produção não autorizada e ao tráfico ilícito de drogas". Em resumo, mesmo considerando as condutas relativas ao usuário como criminosas, a Lei de Drogas atual traz tais condutas em rol apartado daquelas que dizem respeito aos traficantes, financiadores e congêneres.

1.2. Aplicação das penas aos usuários

Tendo em perspectiva a seara penal, não se pode deixar de anotar que a principal característica do abrandamento repressivo ao usuário, levada a cabo pela Lei nº 11.343/06, reside no fato de que, para o usuário, já não existe a possibilidade de se lhe impor a pena privativa de liberdade. Conforme se depreende da leitura do art. 28, para aquele que pratica condutas relacionadas ao consumo pessoal da droga, as penas possíveis são: a) advertência sobre os efeitos das drogas; b) prestação de serviços à comunidade; c) medida educativa de comparecimento a programa ou curso educativo.

O art. 27, que ora se comenta, apenas esclarece que referidas penas podem ser aplicadas de forma isolada ou cumulativa. De igual sorte, nada obsta que haja a substituição de uma das penas, promovida pelo magistrado após serem ouvidos o membro do Ministério Público e o defensor. Muito embora o dispositivo legal em apreço não seja expresso neste sentido, somente se pode considerar cabível a substituição quando se constata que a pena originalmente aplicada não atende às suas funções e finalidades. Obviamente, tal substituição – como, ademais, todas as decisões judiciais – deve estar devidamente fundamentada, demonstrando-se a concreta necessidade e adequação da substituição.

Importante chamar a atenção para o fato de que o dispositivo legal permite a substituição "a qualquer tempo". Por razões óbvias, esta expressão há de ser limitada pelo cumprimento integral da pena ou advento da prescrição. Nestes casos, naturalmente, não há que se falar em possibilidade de substituição da pena. Nada obsta, no entanto, a substituição durante a execução da pena.

Ademais, não se pode deixar de perceber que o art. 27 da Lei de Drogas permite a "substituição", e não o acréscimo de pena. Deste modo, uma vez aplicada a pena, se o julgador, durante a execução, constatar a sua ineficácia, e pretender a adoção de outra sanção, deverá promover a substituição de uma pela outra, mas não adicionar uma nova pena que não havia sido imposta pelo juiz do processo de conhecimento.

A substituição aqui prevista não pressupõe se dá entre as três penas existentes para o usuário – a) advertência sobre os efeitos das drogas; b) prestação de serviços à comunidade; c) medida educativa de comparecimento a programa ou curso educativo – e não pressupõe seu descumprimento. Ocorrendo o descumprimento injustificado de qualquer das penas, o magistrado deve submeter o condenado a: a) admoestação verbal; ou b) multa (art. 28, § 6º). Não são penas, mas medidas coercitivas para a hipótese de descumprimento das penas.

2. QUESTÕES DE CONCURSOS

1. **(CESPE/DPF/Escrivão de Polícia Federal/2018)** Em caso de prisão por tráfico de drogas ilícitas, o juiz não poderá substituir a pena privativa de liberdade por restritiva de direito.

GAB	1
	E

Art. 28. Quem adquirir, guardar, tiver em depósito, transportar ou trouxer consigo, para consumo pessoal, drogas sem autorização ou em desacordo com determinação legal ou regulamentar será submetido às seguintes penas:

I – advertência sobre os efeitos das drogas;

II – prestação de serviços à comunidade;

III – medida educativa de comparecimento a programa ou curso educativo.

§ 1º Às mesmas medidas submete-se quem, para seu consumo pessoal, semeia, cultiva ou colhe plantas destinadas à preparação de pequena quantidade de substância ou produto capaz de causar dependência física ou psíquica.

§ 2º Para determinar se a droga destinava-se a consumo pessoal, o juiz atenderá à natureza e à quantidade da substância apreendida, ao local e às condições em que se desenvolveu a ação, às circunstâncias sociais e pessoais, bem como à conduta e aos antecedentes do agente.

§ 3º As penas previstas nos incisos II e III do *caput* deste artigo serão aplicadas pelo prazo máximo de 5 (cinco) meses.

§ 4º Em caso de reincidência, as penas previstas nos incisos II e III do *caput* deste artigo serão aplicadas pelo prazo máximo de 10 (dez) meses.

§ 5º A prestação de serviços à comunidade será cumprida em programas comunitários, entidades educacionais ou assistenciais, hospitais, estabelecimentos congêneres, públicos ou privados sem fins lucrativos, que se ocupem, preferencialmente, da prevenção do consumo ou da recuperação de usuários e dependentes de drogas.

§ 6º Para garantia do cumprimento das medidas educativas a que se refere o *caput*, nos incisos I, II e III, a que injustificadamente se recuse o agente, poderá o juiz submetê-lo, sucessivamente a:

I – admoestação verbal;

II – multa.

§ 7º O juiz determinará ao Poder Público que coloque à disposição do infrator, gratuitamente, estabelecimento de saúde, preferencialmente ambulatorial, para tratamento especializado.

1. COMENTÁRIOS

1.1. Considerações iniciais

O art. 28 da Lei de Drogas trata das condutas a serem praticadas pelo usuário. A primeira anotação que devemos fazer é, justamente, no sentido de que a Lei não criminaliza o consumo em si, mas sim condutas relacionadas à pretensão de consumir a droga. Basta perceber que dentre os núcleos do tipo não se encontra o verbo "consumir". De todo modo, inconcebível que o usuário consiga fazer uso da droga sem que realize pelo menos um dos núcleos do tipo – "adquirir", "guardar", "ter" (em depósito), "transportar" ou "trazer" consigo.

Todavia, o que pode haver no caso concreto é a impossibilidade de se provar que o agente praticou qualquer das condutas, em que pese já se saber que houve o consumo da droga. Vamos imaginar alguém que acabou de consumir um cigarro de maconha, o que pode ser percebido pelo odor inerente à droga e o estado de embriaguez da pessoa. Entretanto, já não sobrou qualquer quantidade da droga com o agente, o que impossibilita a realização do exame de constatação toxicológico. Neste caso, o fato de haver consumido a droga é absolutamente indiferente ao Direito Penal.

O consumo pessoal é uma finalidade almejada pelo agente, não havendo necessidade de concretização do consumo. É o que se depreende da expressão "para consumo pessoal", empregada no *caput* do artigo. É justamente esta finalidade especial que diferencia o crime do art. 28 de outros crimes como o tráfico de drogas (art. 33). Note-se que muitos núcleos do tipo do art. 28 também são núcleos do tipo no art. 33. O que irá diferenciar o enquadramento da conduta em um ou outro crime, nestes casos, é, justamente, a finalidade pretendida pelo agente, isto é, seu elemento subjetivo específico.

Trata-se de tipo penal misto alternativo (ou de ação múltipla), razão pela qual a realização de mais de uma conduta, no mesmo contexto fático, em relação ao mesmo objeto material, constitui crime único. Assim, por exemplo, o agente que adquire a droga, transportando-a para outro local, onde irá guardá-la, com a pretensão de consumo pessoal, realiza três núcleos do tipo ("adquirir", "transportar" e "guardar"), mas deverá responder por apenas um crime.

Vale reiterar, ademais, que se trata de norma penal em branco heterogênea, na medida em que o preceito primário do tipo, definidor da conduta, deve ser complementado, de modo a que se saiba o que é "droga". A definição deste elemento normativo do tipo encontra-se na portaria SVS/MS nº 344/98.

No que se refere às condutas tipificadas, temos:

"Adquirir": traduz a ideia de obter, conseguir. Trata-se da obtenção da posse ou propriedade da droga, seja a título oneroso ou gratuito. Nesta modalidade de conduta, o crime é instantâneo, isto é, ocorre a consumação de forma imediata, com a simples aquisição da droga.

"Guardar": traduz a ideia de acondicionar, conservar, ocultar, proteger, tomar conta, ter sob vigilância, em geral de forma clandestina. Nesta modalidade de conduta, o crime é permanente, isto é, a ação do agente se protrai no tempo.

"Ter" (em depósito): traduz a ideia de manter armazenado, conservar em determinado local. No geral, também há a ideia de clandestinidade, ocultação, muito embora não seja imprescindível, pois o depósito pode, em certos casos, ser exposto ao público. Nesta modalidade de conduta, o crime é permanente.

"Transportar": traduz a ideia de deslocar a droga, levando-a de um local para outro. Para a caracterização do crime, pouco importa qual é a forma de transporte da droga. Contudo, em geral, diferencia-se da quinta conduta ("trazer consigo") pelo fato de que, nessa última, a droga é conduzida junto ao corpo do agente, ao passo que, no transporte, ela está, por exemplo, acondicionada no veículo automotor. Nesta modalidade de conduta, o crime é permanente.

"Trazer" consigo: traduz a ideia de transportar a droga junto ao corpo, ou em compartimento que é carregado pelo próprio agente (ex.: bolsa, mochila, etc.). Nesta modalidade de conduta, o crime é permanente.

1.2. Sujeitos

Qualquer pessoa pode ser sujeito ativo do crime. Não se exige qualquer qualidade especial do agente, razão pela qual devemos concluir que se trata de um crime comum. Sujeito passivo é a coletividade. Sujeito passivo indireto, como ocorre em todos os crimes, é o Estado.

1.3. Objetos

Objeto jurídico (bem jurídico tutelado) do crime é a saúde pública.

Trata-se de um crime de perigo abstrato, porquanto haverá a consumação ainda que o bem jurídico saúde pública não seja lesionado e nem exposto a um perigo concreto, real, efetivo. Nos crimes de perigo abstrato, o agente pratica a conduta e a própria legislação já presume que houve uma exposição do bem jurídico a um perigo. Em doutrina, há quem sustente a inconstitucionalidade do crime de perigo abstrato, por afronta aos princípios da lesividade (já que não há lesão e nem efetiva exposição do bem jurídico a perigo de lesão) e da (presunção de) inocência (pois presumir que a conduta expõe o bem jurídico a perigo é realizar presunção contrária ao réu/ o que deve ser presumido é a inocência). Tais argumentos, todavia, estão na contramão do entendimento que prevalece em sede doutrinária e jurisprudencial.

Objeto material (pessoa ou coisa sobre a qual recai a conduta criminosa) é a própria droga, isto é, a substância listada na portaria SVS/MS nº 344/98. É necessária a realização do exame de constatação (químico-toxicológico) da droga, sob pena de não se poder provar a conduta criminosa.

1.4. Elemento subjetivo

Elemento subjetivo do crime é o dolo, consistente na vontade consciente de praticar as condutas enumeradas no tipo penal. Exige-se o dolo específico (especial finalidade no agir), consistente na pretensão de consumir a droga. Não se admite a modalidade culposa.

1.5. Consumação e tentativa

O crime estará consumado com a realização de qualquer dos verbos ("adquirir", "guardar", "ter" (em depósito), "transportar" ou "trazer" consigo) que integram o tipo. Na modalidade "adquirir", trata-se de crime instantâneo, cuja consumação é realizada por uma conduta imediata. Nas demais modalidades, é crime permanente, cuja consumação ocorre por meio de uma conduta que se protrai no tempo.

Difícil vislumbrar a possibilidade de tentativa, mas ela é possível em relação ao verbo "adquirir" (crime instantâneo). Esta possibilidade de tentativa no que se refere a este verbo é largamente aceito em nossa doutrina. Em sentido contrário, Luiz Flávio Gomes entende que possibilitar a tentativa no crime do art. 28 constituiria antecipação ilegal e exagerada da tutela penal[11].

Com a devida vênia, não podemos aceitar tal conclusão. Esta compreensão só se faz possível se for aceita a tese do mesmo autor, no sentido de que a posse de drogas para consumo pessoal não constitui crime (remetemos os leitores ao tópico intitulado "natureza jurídica", neste mesmo artigo, em que comentamos tal teoria). Ocorre, todavia, que, consoante farto entendimento doutrinário e jurisprudencial, o art. 28 constitui crime, sim. Nesse sentido, não há razão nenhuma para que se não apliquem as regras pertinentes ao cabimento da tentativa, contidas no art. 14 do nosso Código Penal.

Não há, portanto, vedação expressa à possibilidade de tentativa a este caso, como ocorre, por exemplo, em caso de contravenção penal, cuja tentativa não é punível, nos termos do art. 4º do Decreto-Lei nº 3.688/41. Possível, então, a tentativa no crime do art. 28, desde que, como dito, diga respeito ao núcleo "adquirir".

---

11. GOMES, Luiz Flávio. *Lei de drogas comentada artigo por artigo: Lei 11.343, de 23/08/2006.* 3. Ed. São Paulo: RT, 2008, p. 153.

1.6. Ação penal

A ação penal é pública incondicionada.

1.7. Distinção entre usuário e traficante

Conforme procuramos deixar claro ao iniciar os comentários a este artigo (*vide* tópico "considerações iniciais"), muitos núcleos do tipo do art. 28 também são núcleos do tipo no art. 33. O que irá diferenciar o enquadramento da conduta em um ou outro crime, nestes casos, é, justamente, a finalidade pretendida pelo agente, isto é, seu elemento subjetivo específico. No crime de porte de drogas para consumo pessoal, este consumo é, justamente, a finalidade pretendida pelo agente.

Há dois modelos de sistemas para diferenciar o usuário do traficante:

a) Sistema de quantificação legal: como o nome indica, nesse sistema, a legislação estabelece um parâmetro quantitativo para se diferenciar o usuário do traficante. Em geral, recorre-se a uma média de consumo diário e este montante é erigido a critério diferenciador. O grande problema deste sistema é o fomento ao pequeno tráfico. Se até determinada quantidade de droga o agente é considerado usuário, fica fácil para os traficantes portarem pequenas quantidades da droga, que não ultrapassem esse patamar, para o seu comércio ilícito. Em caso de flagrante, seriam enquadrados como meros usuários.

b) Sistema de reconhecimento judicial ou policial: é o nosso sistema. Nele, a legislação não estabelece uma quantidade de droga como parâmetro rígido e inquebrantável para diferenciar o usuário do traficante. Ao revés, a Lei traz alguns critérios que serão verificados à luz do caso concreto, inicialmente pela autoridade policial (por ocasião de uma eventual prisão em flagrante) e, posteriormente, pela autoridade judiciária.

No caso concreto, pode o julgador encontrar sérias dificuldades para distinguir o usuário do traficante. Por esta razão, a legislação estabelece alguns parâmetros que devem ser levados em consideração no momento de proceder a este julgamento. É a dicção do § 2º deste art. 28, ao asseverar que para determinar se a droga destinava-se a consumo pessoal, o juiz atenderá: a) à natureza e à quantidade da substância apreendida; b) ao local e às condições em que se desenvolveu a ação; c) às circunstâncias sociais e pessoais; d) à conduta e aos antecedentes do agente.

Naturalmente, na prática, apenas um destes critérios pode não ser suficiente. Vamos imaginar, por exemplo, o agente que é flagrado transportando cem quilos de maconha. Em um caso como este, a quantidade e a natureza da droga são suficientes para descartar, desde já, qualquer alegação no sentido de uma pretensão de consumo pessoal. Não se pode dizer o mesmo na situação em que, por exemplo, o sujeito é flagrado com poucos gramas de maconha. Em um caso como este, podemos estar diante de um usuário ou de um traficante. E aí, os critérios enumerados pela lei, e acima transcritos, devem ser observados.

Nem sempre o julgador chegará a uma conclusão precisa e definitiva quanto ao enquadramento da conduta do agente como usuário ou traficante. Subsistindo a dúvida, não resta ao magistrado outra alternativa, senão invocar o princípio do *in dubio pro reo*, reconhecendo o réu como usuário e, em consequência, enquadrando sua conduta no art. 28 da Lei nº 11.343/06.

É importante registrar, ainda, que o tipo penal do art. 28 diz respeito à pretensão de consumo pessoal, não se estendendo às situações em que o usuário oferece a droga para consumo em conjunto com outra pessoa. Em casos como este, incide a regra do art. 33, § 3º, que possui a seguinte redação: "oferecer droga, eventualmente e sem objetivo de lucro, a pessoa de seu relacionamento, para juntos a consumirem". Para este crime, a pena prevista é de detenção de 6 (seis) meses a 1 (um) ano, e pagamento de 700 (setecentos) a 1.500 (mil e quinhentos) dias-multa, sem prejuízo das penas previstas no art. 28.

Como se vê, diversamente do que ocorre no crime de porte de drogas para consumo pessoal (art. 28), no crime do art. 33, § 3º, é possível a imposição da pena privativa de liberdade. Cabe, ainda, a pena de multa, que, no caso do art. 28, é apenas medida coercitiva em caso de descumprimento de pena.

1.8. Penas

A Lei nº 6.368/76, antiga Lei de Drogas, previa a possibilidade de o usuário de drogas, agente do crime de porte de drogas para consumo pessoal ser preso. Com efeito, o art. 16 daquela Lei previa uma pena de detenção de 06 (seis) meses a 02 (dois) anos e pagamento de multa de 20 (vinte) a 50 (cinquenta) dias-multa. A legislação atual inova substancialmente, ao retirar a possibilidade de pena privativa de liberdade, prevendo como penas para o usuário: a) advertência sobre os efeitos das drogas; b) prestação de serviços à comunidade; c) medida educativa de comparecimento a programa ou curso educativo.

A Lei nº 11.343/06, portanto, no que concerne às condutas do usuário de drogas, constitui *novatio legis in mellius*, devendo ser aplicada aos fatos ocorridos antes da sua vigência (retroatividade benéfica). Não será demais ratificar que, tendo a condenação transitado em julgado, caberá ao juízo da execução penal a aplicação da lei mais benéfica, nos termos do enunciado nº 611 da súmula de jurisprudência do Supremo Tribunal Federal.

As penas contempladas neste dispositivo, distintas da privativa de liberdade, como se vê, destoam das penas restritivas de direito previstas no Código Penal por duas características[12]: a) **não substitutividade:** diversamente do que se tem no Código Penal, as penas do art. 28 não derivam da substituição de uma pena privativa de liberdade; b) **não conversibilidade:** outro ponto de divergência em relação ao Código Penal reside no fato de que as penas do art. 28 não podem ser convertidas em pena privativa de liberdade, no caso de descumprimento. Em casos como este, devem ser aplicadas as medidas coercitivas, que abordaremos no próximo tópico.

Não será demasiado reiterar que, consoante os termos do art. 27, anteriormente comentado, tais penas podem ser aplicadas isolada ou cumulativamente. As penas de prestação de serviços à comunidade e medida educativa de comparecimento a programa ou curso educativo terão um prazo de até 05 (cinco) meses, podendo este prazo máximo ser dilatado para até 10 (dez) meses, em caso de reincidência. É relevante perceber que, mesmo diante da reincidência do usuário, não será possível a imposição de uma pena privativa de liberdade.

12. LIMA, Renato Brasileiro de. *Legislação criminal especial comentada.* Salvador: JusPodivm, 2014, p. 706.

No que se refere às penas, devemos destacar:

Advertência: inovando mais uma vez, a Lei de Drogas traz a advertência como modalidade de sanção penal. A advertência como modalidade de sanção administrativa já restava completamente consagrado pelo nosso ordenamento jurídico, mas como sanção penal, realmente, passou a existir com a atual Lei de Drogas. Com a devida vênia aos que adotam entendimento contrário, parece-nos uma pena inócua, quando aplicada isoladamente, sobretudo porque significativa parcela dos usuários de drogas já conhece, em maior ou menor medida, os efeitos deletérios produzidos pelos entorpecentes. Não nos parece, ademais, que tal advertência cumpra as finalidades de prevenção e reprovação que devem orientar a aplicação da pena no Brasil (art. 59, CP).

Tem prevalecido o entendimento no sentido de que, uma vez aplicada referida pena, deve o julgador fazer a advertência ao condenado pessoalmente. Além disto, o FONAJE (Fórum Nacional de Juizados Especiais) possui o Enunciado nº 83, com o seguinte teor: "Ao ser aplicada a pena de advertência, prevista no art. 28, I, da Lei nº 11.343/06, sempre que possível deverá o juiz se fazer acompanhar de profissional habilitado na questão sobre drogas".

Prestação de serviços à comunidade: Esta é muito similar a uma das penas restritivas de direito previstas no Código Penal. Lá, todavia, a pena é de prestação de serviços à comunidade ou a entidade pública.

O próprio art. 28 esclarece, em seu § 5º, que: "A prestação de serviços à comunidade será cumprida em programas comunitários, entidades educacionais ou assistenciais, hospitais, estabelecimentos congêneres, públicos ou privados sem fins lucrativos, que se ocupem, preferencialmente, da prevenção do consumo ou da recuperação de usuários e dependentes de drogas".

Conforme se constata, a partir da leitura do dispositivo, há uma preferência, e não uma obrigatoriedade, em relação a estabelecimentos que se ocupam da matéria relacionada à droga. Por esta razão, se, na localidade em que o magistrado atua, não houver estabelecimento de tal natureza ou congênere, nada obsta que o cumprimento da prestação de serviços se dê em outro tipo de entidade assistencial. O que não nos parece possível é o cumprimento da prestação de serviços em entidade pública, porquanto o legislador foi silente a esse respeito, ao contrário do que ocorre no Código Penal, que possui previsão expressa.

A propósito, importante assinalar que, dado o tratamento lacônico da Lei de Drogas em relação ao cumprimento desta pena, possível invocar as regras previstas no Código Penal, no que tange à adequação dos serviços às aptidões profissionais do condenado, bem como à tentativa de se compatibilizar o desempenho da prestação de serviços com a jornada normal de trabalho do condenado (art. 46, § 3º, CP). Afinal de contas, se o objetivo precípuo da pena distinta da privativa de liberdade é facilitar a reinserção social e evitar a reincidência, não há razão para se manter o condenado afastado de suas atividades laborais.

Por fim, no que se refere ao tempo de cumprimento da pena de prestação de serviços à comunidade, devemos constatar que a Lei de Drogas estipulou o prazo máximo, que é de 05 (cinco) meses – ou 10 (dez) meses, em caso de reincidência. Não estabeleceu, porém, a quantidade de horas de trabalho que deve o condenado prestar. Mais uma vez devemos invocar o Código Penal, que consagra a razão de uma hora de tarefa por dia de condenação (art. 46, § 3º, CP). Assim, se o usuário é condenado a uma pena de um mês (equivalente a trinta dias) deverá cumprir 30 (trinta) horas de trabalho.

Medida educativa de comparecimento a programa ou curso educativo: a despeito da omissão legislativa, em observância às finalidades pretendidas com a pena, é de se supor que o magistrado deve priorizar o encaminhamento do condenado a curso ou programa educativo relacionado ao efeito das drogas. Não há, contudo, uma obrigatoriedade neste sentido. Deste modo, nada obsta que o juiz encaminhe o condenado, por exemplo, a curso de educação regular, de alfabetização, profissionalizante, etc. Todos estes cursos possuem caráter educativo e caminham no sentido da reinserção social do usuário de drogas condenado criminalmente.

Não será concebível, todavia, o encaminhamento do condenado, por exemplo, a curso de viés religioso. A despeito da importância que as religiões desempenham na recuperação de muitos dependentes de drogas e na reinserção de muitos condenados, uma pena dessa natureza não apenas constituiria afronta à esfera de autodeterminação individual – sobretudo porque religião pode ser proposta, mas não imposta – como viria a solapar o caráter laico do Estado, na medida em que privilegiaria um segmento religioso.

1.9. Medidas coercitivas

O § 6º do art. 28 prevê a existência de duas medidas coercitivas, em caso de descumprimento injustificado das penas impostas. O teor do dispositivo é o seguinte: "Para garantia do cumprimento das medidas educativas a que se refere o *caput*, nos incisos I, II e III, a que injustificadamente se recuse o agente, poderá o juiz submetê-lo, sucessivamente a: I – admoestação verbal; II – multa".

O primeiro detalhe que chama a atenção no dispositivo é a alusão à expressão "medidas educativas", no lugar de penas. Na redação originária do Projeto de Lei não se fazia menção a penas para o crime do art. 28, e as sanções previstas eram chamadas de medidas educativas. Após o trâmite legislativo, foi adotada a expressão "penas", mas olvidou o legislador de retirar a expressão "medidas educativas" deste § 6º.

Deste modo, deve-se entender que o dispositivo faz menção ao descumprimento das penas do art. 28, que, como vimos, são: a) advertência sobre os efeitos das drogas; b) prestação de serviços à comunidade; c) medida educativa de comparecimento a programa ou curso educativo. Conforme o dispositivo legal em comento, havendo descumprimento de qualquer dessas penas poderá o julgador aplicar as medidas coercitivas de admoestação verbal e multa.

Chama a atenção o fato de o legislador referendar a ideia de impossibilidade de se impor pena privativa de liberdade ao usuário, sob qualquer argumento. Deste modo, não caberá a conversão da pena do art. 28 por uma pena privativa de liberdade, em caso de descumprimento injustificado. Caberá, vale reiterar, a adoção das medidas coercitivas.

Em tese, tais medidas coercitivas podem ser impostas em caso de descumprimento de qualquer das três penas. Parece-nos pouco provável, contudo, a possibilidade de descumprimento da primeira pena, que é a advertência. Ora, em tal pena, o julgador faz advertência ao condenado, exaurindo, de imediato, a execução da pena. O que pode ocorrer, isto sim, é o condenado não se fazer presente para ouvir a advertência. Neste caso, contudo, não há necessidade de medida coercitiva, pois nada obsta que o juiz determine a condução coercitiva do condenado para que lhe seja imposta a pena de advertência.

Resta pacífico na doutrina que a admoestação verbal e a multa não constituem penas para o crime do art. 28, mas sim medidas coercitivas em caso de descumprimento das penas. Deste modo, não é possível ao julgador condenar originariamente alguém pelo art. 28 da Lei de Drogas e impor-lhe a pena de multa. Deve ser aplicada uma das três penas que estudamos no tópico anterior e, em caso de descumprimento, aplicada a admoestação verbal e a multa. Trata-se, portanto, do momento de execução das penas.

Somente é possível a imposição das medidas coercitivas em caso de descumprimento injustificado das penas. Sem embargo, pode ocorrer de o condenado descumprir as penas sob o pálio de argumento plausível. Basta imaginar uma situação em que o condenado não comparece à pena de prestação de serviços à comunidade por ter sido acometido de uma enfermidade que o debilitou seriamente. É claro que as justificativas apresentadas pelo condenado devem estar devidamente provadas.

Demais disso, não podemos esquecer que o dispositivo legal faz menção à aplicação *sucessiva* da admoestação verbal e da multa. Por outras palavras, o descumprimento injustificado das penas impostas não pode ensejar, de imediato, a aplicação da medida coercitiva de multa. É necessário, inicialmente, que se aplique a admoestação verbal, reservando-se a multa para um segundo momento, isto é, para o caso de uma nova recalcitrância, por parte do condenado, em cumprir as penas.

Outra expressão que merece comentários, no dispositivo transcrito, é "poderá o juiz". A despeito da utilização do verbo "poder", não podemos chegar a outra conclusão, senão a de que se trata de um poder-dever do juiz. A uma porque o juiz, como todos os demais funcionários públicos, apenas exerce poder para conseguir cumprir o seu dever; deste modo, o poder do magistrado é indissociável do seu dever de agir. A duas porque não se pode conceber que o magistrado, diante do descumprimento injustificado de uma pena imposta, não adote qualquer medida. Constatando tal descumprimento, deverá (e não apenas poderá) impor, sucessivamente, as medidas coercitivas.

Passemos à análise das medidas coercitivas em espécie.

Admoestação verbal: trata-se de mais uma modalidade de advertência. Contudo, diferencia-se consideravelmente da pena de advertência que pode ser aplicada ao usuário, por força do seu conteúdo. Como vimos no tópico anterior, a pena de advertência refere-se aos efeitos das drogas, seja para o próprio condenado, seja para sua família ou a coletividade em geral. Já a admoestação verbal diz respeito a uma advertência realizada pelo juiz sobre o descumprimento injustificado da pena anteriormente imposta ao condenado. Por ocasião da admoestação, o juiz irá informar ao condenado que novo descumprimento da pena ensejará a cominação da medida coercitiva de multa.

A admoestação verbal é realizada pelo próprio juiz. A despeito do silencia legislativo, é razoável entender, na esteira da doutrina majoritária, que essa admoestação ocorrerá em uma audiência admonitória, designada pelo juiz, com a presença do membro do Ministério Público e o defensor do condenado. A ausência de defensor constituído resultará na designação de defensor *ad hoc*.

Multa: conforme comentamos anteriormente, a multa aqui funciona como medida coercitiva em caso de descumprimento de pena, e não como uma pena, em si. Não se trata, portanto, de sanção penal. Possui, isso sim, natureza extrapenal. Justamente por isso, ocorrendo a morte do condenado, o montante da dívida proveniente da multa deve passar aos seus herdeiros, dentro das forças da herança. Não há que se falar, por óbvio, em violação ao princípio da intranscendência da pena, pois, conforme salientamos, a multa, aqui possui natureza extrapenal.

Vale reiterar, ainda, que esta medida coercitiva somente poderá ser imposta após a medida de admoestação verbal, haja vista o fato de a Lei exigir uma que as medidas sejam aplicadas sucessivamente. Ademais, justamente por não se tratar de uma sanção penal, mas sim uma forma de se fazer cumprir a sanção penal que já fora descumprida de modo injustificado, nada obsta que essa multa seja imposta mais de uma vez.

Nos termos do art. 29 da Lei nº 11.343/06, a multa coercitiva deve ser imposta em patamares que variam de 40 (quarenta) a 100 (cem) dias-multa. Para estabelecer o *quantum* adequado deve o juiz atender à reprovabilidade da conduta. Em um segundo momento, a depender da capacidade econômica do condenado, será fixado o valor de cada dia-multa, que pode variar de um trinta avos até 3 (três) vezes o valor do salário mínimo.

Malgrado a existência de respeitáveis entendimentos em sentido contrário, não reputamos inconstitucional a fixação da multa – seja a pena de multa, seja, como no caso do art. 28, a medida coercitiva – em salários mínimos. O que a Constituição Federal pretende em seu art. 7º, IV, ao vedar a vinculação do salário mínimo a qualquer fim, é que o salário mínimo seja utilizado como índice de indexação da economia, e não que possa ser utilizado como parâmetro de qualquer outra natureza.

Os valores decorrentes dessa multa coercitiva serão creditados à conta do Fundo Nacional Antidrogas. A execução da multa, tendo em vista que o crime do art. 28 observa o rito sumaríssimo, deve-se atentar ao disposto no art. 84 da Lei nº 9.099/95, que preconiza o pagamento da multa na Secretaria do próprio Juizado. Obviamente, a Lei de Juizados Especiais está se referindo ao pagamento da pena de multa, e não da multa coercitiva – que somente passa a existir com o advento da Lei de Drogas. Mas cremos, acolhendo o entendimento majoritário em doutrina, que o rito deve ser o mesmo, haja vista os princípios da celeridade e da economia processual.

Em caso de inadimplemento, a multa será convertida em dívida de valor, devendo a sua cobrança ser efetuada pela Procuradoria da Fazenda, em uma Vara de Execução Fiscal.

1.10. Natureza jurídica

Com o advento da Lei nº 11.343/06, surgiu uma discussão em torno da natureza jurídica do tipo do art. 28. E isto porque uma corrente doutrinária, capitaneada por Luiz Flávio Gomes passou a defender a ideia de que o porte de drogas para consumo pessoal já não seria crime; teria, portanto, havido a descriminalização da conduta pratica pelo usuário.

Para fundamentar seu ponto de vista, Luiz Flávio Gomes recorre à definição de crime contida no art. 1º da Lei de Introdução ao Código Penal (Decreto-Lei nº 3.914/41), nos seguintes termos: "Considera-se crime a infração penal que a lei comina pena de reclusão ou de detenção, quer isoladamente, quer alternativa ou cumulativamente com a pena de multa;

contravenção, a infração penal a que a lei comina, isoladamente, pena de prisão simples ou de multa, ou ambas, alternativa ou cumulativamente".

Seguindo este raciocínio, se o crime é uma infração penal para a qual se comina pena privativa de liberdade (de reclusão ou detenção) e "quer isoladamente, quer alternativa ou cumulativamente com a pena de multa" e o tipo penal de porte de drogas para consumo pessoal não previu como pena nem a privação de liberdade nem a multa (vale lembrar que a multa no art. 28 não é pena, mas sim medida coercitiva para o caso de descumprimento da pena), não poderia ser considerado crime (teria havido, então, a descriminalização). De modo similar, o porte de drogas para consumo pessoal não poderia ser considerado contravenção penal, na medida em que não há a previsão de prisão simples.

Concluindo esse raciocínio, Luiz Flavio Gomes chega à conclusão de que o porte de drogas para consumo pessoal não é crime nem contravenção penal. Passa, então, a chamá-lo de "infração penal *sui generis*". A vingar esta tese, teríamos abandonado o critério dicotômico de infração penal (que a divide em crime e contravenção), passando a adotar um critério tricotômico (crime, contravenção penal e infração penal *sui generis*).

Com a devida vênia, não podemos concordar. Inicialmente, cabe destacar que a própria Lei nº 11.343/06, ao iniciar o Capítulo III, em que se encontra o art. 28, intitula-o "dos crimes e das penas". A Lei não deixa dúvida, portanto, de que as condutas aí definidas são consideradas crimes, e as sanções respectivas possuem natureza de pena.

Ademais, pouco importa qual o critério adotado pela Lei de Introdução ao Código Penal para a definição de crime. Trata-se de um Decreto-Lei, recepcionado pela Constituição Federal de 1988 com *status* de lei ordinária. Ora, sendo a Lei de Drogas uma lei ordinária posterior, não pode estar vinculada aos critérios e parâmetros de definição estipulados na legislação anterior. Por outras palavras, ainda que se diga que a Lei de Introdução ao Código Penal cria critérios para a definição de crime, a Lei de Drogas, que lhe sobreveio, estabeleceu um novo critério, que deve ser aceito, pois se trata de lei de mesma hierarquia.

Este foi o entendimento adotado pelo Supremo Tribunal Federal, no julgamento do Recurso Extraordinário nº 430.105 (Rel. Min. Sepúlveda Pertence), realizado no dia 13 de fevereiro de 2007. A Corte Suprema rejeitou "o argumento de que o art. 1º do DL 3.914/41 (Lei de Introdução ao Código Penal e à Lei de Contravenções Penais) seria óbice a que a novel lei criasse crime sem a imposição de pena de reclusão ou de detenção, uma vez que esse dispositivo apenas estabelece critério para a distinção entre crime e contravenção, o que não impediria que lei ordinária superveniente adotasse outros requisitos gerais de diferenciação ou escolhesse para determinado delito pena diversa da privação ou restrição da liberdade". Ainda neste julgamento, entendeu o STF que não houve a **descriminalização**, mas sim uma **despenalização** "cuja característica marcante seria a exclusão de penas privativas de liberdade como sanção principal ou substitutiva da infração penal".

Com a devida vênia à Suprema Corte, não nos parece ter havido a descriminalização – pelas razões já expostas, acima – nem tão pouco a despenalização. Não há como se falar em despenalização, quando subsiste a previsão de pena, ainda que distinta da privativa de liberdade, como no caso em questão. Ocorreu, isso sim, uma **descarcerização** ou

desprisionalização, porquanto deixa de ser possível a pena privativa de liberdade para o crime de porte de drogas para consumo pessoal.

1.11. Competência

O crime de porte de drogas para consumo pessoal é uma infração penal de menor potencial ofensivo, na medida em que sua pena máxima não ultrapassa dois anos de privação de liberdade. Aliás, como já mencionado, sequer se pode falar em pena privativa de liberdade.

Deste modo, a competência para o julgamento será de uma Vara de Juizado Especial Criminal, devendo o feito ser processado sob o rito sumaríssimo da Lei nº 9.099/95, salvo se houver concurso de crimes, em que a pena máxima, proveniente da exasperação da pena ultrapasse os dois anos de privação de liberdade (art. 48, § 1º). Não havendo Vara Especializada de Juizado, o processo e julgamento caberá a uma Vara Criminal comum, que, de igual sorte, aplicará o rito sumaríssimo.

No que diz respeito à competência *ratione materiae,* regra geral, trata-se de crime de competência da Justiça Estadual. Pode ocorrer, todavia, excepcionalmente, de estar presente alguma situação que atraia a competência da Justiça Federal. Basta vislumbrar, por exemplo, a posse de drogas para consumo pessoal a bordo de navio ou aeronave (art. 109, IX, CF/88).

1.12. Insignificância

O Direito Penal não deve se ocupar de condutas que não afrontem, de forma significativa, os bens jurídicos. Com base nesta formulação, Roxin levou a efeito a ideia de insignificância como modalidade de exclusão da tipicidade penal. A ideia central deste princípio é a de que uma conduta pode enquadrar, formalmente, na descrição do tipo penal, mas, se a lesão ao bem jurídico for irrelevante, não haverá o fato típico.

No Brasil, o STJ[13] e o STF[14] exigem quatro requisitos objetivos para o reconhecimento da insignificância: a) mínima ofensividade da conduta; b) ausência de periculosidade social da ação; c) reduzido grau de reprovabilidade do comportamento; d) inexpressividade da lesão jurídica.

Muito se discute acerca da possibilidade de incidência do princípio da insignificância no caso de crime de porte de drogas para consumo pessoal. O cerne da questão diz respeito ao fato de se tratar de um crime de perigo abstrato, em que a lei presume que a conduta expõe o bem jurídico a perigo. Se há tal presunção e a tipicidade se verifica independentemente de uma exposição efetiva, concreta, real, do bem jurídico a perigo, haveria o crime, independentemente da quantidade de droga de que se trata. Por outro lado, não se pode olvidar que deflagrar a intervenção punitiva em relação a uma quantidade ínfima de droga constituiria uma afronta a princípios basilares, como o da lesividade e da intervenção mínima.

No âmbito do Superior Tribunal de Justiça, permanece incólume o entendimento no sentido da impossibilidade de aplicar o princípio da insignificância ao crime de porte de drogas para consumo pessoal. O fundamento empregado é justamente o fato de ser o crime

13. Por todos, HC 138.144/MG, Rel. Min. Laurita Vaz, Quinta Turma, julgado em 08/09/2009, DJe 28/09/2009.
14. Por todos, HC 98152/MG, Rel. Min. Celso de Mello, Segunda Turma, julgado em 19/05/09.

"de perigo presumido ou abstrato e a pequena quantidade de droga faz parte da própria essência do delito em questão, não lhe sendo aplicável o princípio da insignificância"[15].

No âmbito do Supremo Tribunal Federal, há precedentes reconhecendo a possibilidade de incidência do princípio da insignificância ao crime. O entendimento que tem prevalecido, de forma mais recente, todavia, é no sentido da impossibilidade de insignificância ao crime do art. 28 da Lei de Drogas[16].

1.13. Lei de drogas e Código Penal Militar

O art. 28 não se aplica no âmbito do Direito Penal Militar, haja vista o fato de existir crime específico, no Código Penal Militar. Trata-se do crime de "tráfico, posse ou uso de entorpecente ou substancia de efeito similar", previsto no art. 290 do COM, com a seguinte redação: "Receber, preparar, produzir, vender, fornecer, ainda que gratuitamente, ter em depósito, transportar, trazer consigo, ainda que para uso próprio, guardar, ministrar ou entregar de qualquer forma a consumo substância entorpecente, ou que determine dependência física ou psíquica, em lugar sujeito à administração militar, sem autorização ou em de acordo com determinação legal ou regulamentar".

Para este crime, a pena prevista é de até cinco anos de reclusão. Ao contrário do que ocorre no Código Penal e na imensa maioria das leis especiais, existem leis, como o Código eleitoral e o Código Penal Militar que não possuem o preceito secundário – que estabelece a pena a ser aplicada – completo, necessitando de um complemento, trazido pela própria Lei. Assim, dispõe o CPM em seu art. 58 que: "o mínimo da pena de reclusão é de um ano, e o máximo de trinta anos; o mínimo da pena de detenção é de trinta dias, e o máximo de dez anos". Deste modo, podemos concluir para o crime do art. 290 do CPM, a pena prevista é de reclusão de 01 (um) a 05 (cinco) anos.

O Supremo Tribunal Federal já sedimentou o entendimento de que o advento da Lei nº 11.343/06 não promoveu revogação do crime do art. 290 do Código Penal Militar. E isto porque a legislação castrense é norma especial, que não foi derrogada pela norma geral. Deve ser aplicado ao caso o princípio da especialidade[17], não havendo que se falar em afronta ao princípio da proporcionalidade[18].

Ademais, é entendimento corrente na Suprema Corte que "a posse, por militar, de substância entorpecente, independentemente da quantidade e do tipo, em lugar sujeito à administração castrense (art. 290, *caput*, do Código Penal Militar), não autoriza a aplicação do princípio da insignificância"[19]. Com efeito, se a jurisprudência do STF já vem se inclinando no sentido da impossibilidade de se reconhecer a incidência do princípio da insignificância ao crime do art. 28 da Lei de Drogas, com muito mais razão não permitiria tal incidência no crime militar, seja porque a conduta é mais reprovável – o que se percebe, facilmente, pela pena prevista –, seja porque já há certa resistência jurisprudencial em se reconhecer a

15. STJ, RHC nº 34.466/DF, Rel. Min. Og Fernandes, DJe 27/05/2013. No mesmo sentido, STF, AgRg no AResp nº 620.033/MG, rel. Min. Sebastião Reis Júnior, julgado em 14/04/2015.
16. STF, ARE 728.688 AgR/DF, Rel. Min. Luiz Fux, julgado em 17/09/2013.
17. STF, ARE 856.183 AgR/DF, Rel. Min. Dias Toffoli, julgado em 30/06/2015.
18. STF, 123.190/DF, Rel. Min. Rosa Weber, julgado em: 02/06/2015.
19. STF, HC 122.304/PR, Rel. Min. Gilmar Mendes, julgado em: 20/05/2014.

insignificância para crimes militares de qualquer natureza, por força dos critérios de disciplina e a hierarquia que orientam a formação e estrutura do militarismo.

1.14. Prisões cautelares

Para o crime do art. 28 da Lei de Drogas, não é possível falar em pena privativa de liberdade. De igual sorte, não será possível falar em prisões cautelares.

Neste ponto, importa destacar que as medidas cautelares – dentre as quais se incluem as prisões cautelares – objetivam tornar útil o resultado final da investigação criminal ou do processo penal. Estas medidas de instrumentalidade devem observar critérios de razoabilidade, e, por isso, não é possível admitir-se sua observância quando são mais drásticas do que a futura e eventual pena a ser aplicada. De forma mais clara, se a lei não permite, ao fim do processo e com a sentença condenatória transitada em julgado, a imposição de uma pena de prisão ao usuário, como seria possível permitir uma prisão anterior ao trânsito em julgado? Logo se vê que seria uma medida muito drástica, para acautelar uma pena muito mais branda.

Assim, não podemos falar em prisão preventiva ou temporária para o investigado ou acusado pelo crime do art. 28 da Lei de Drogas. E o que dizer em relação à prisão em flagrante? Seria possível prender alguém em flagrante pelo crime do art. 28 da Lei nº 11.343/06? A resposta, uma vez mais, deve ser negativa.

Para fundamentar a impossibilidade de prisão em flagrante para o usuário de drogas, é importante relembrar que a prisão em flagrante não é um ato, mas sim um procedimento, isto é, um conjunto encadeado de atos processuais, que se inicia com a prisão-captura e encerra com a lavratura do auto de prisão em flagrante pela autoridade policial. Quando dizemos que não é possível a prisão em flagrante em casos do art. 28, não estamos sustentando a impossibilidade de um agente de polícia conduzir o possuidor da droga à Delegacia de Polícia. Obviamente, ele não apenas será conduzido para prestar esclarecimentos e informações, como, além disso, a droga, por óbvio, deverá ser apreendida e, após ser submetida ao exame de constatação, ser destruída. Contudo, não deverá a autoridade policial promover a lavratura do auto de prisão em flagrante.

Devemos recordar que, ao caso, aplica-se o procedimento da Lei nº 9.099/95. Conforme tal legislação, a prisão em flagrante já constitui exceção para as demais infrações penais de menor potencial ofensivo. O procedimento a ser adotado pela autoridade policial, quando está diante do autor de uma infração dessa natureza vem descrito no art. 69, e contempla, além da lavratura do termo circunstanciado da ocorrência, duas medidas: a) encaminhamento do autor do fato, com o termo circunstanciado, imediatamente ao Juizado Especial Criminal; b) colheita de assinatura do autor do fato no termo de comparecimento aos atos a serem praticados em sede de Juizados.

Tais medidas devem ser adotadas sucessivamente. Deste modo, apenas quando não for possível o encaminhamento imediato do autor do fato ao Juizado, a autoridade policial permitirá que ele firme o compromisso de comparecimento aos futuros atos processuais. Ocorrendo qualquer das duas situações, deve o autor do fato ser liberado. Todavia, para as infrações penais de menor potencial ofensivo, não havendo recusa em firmar o compromisso de comparecimento, não restará outra alternativa à autoridade policial, senão lavrar o auto de prisão em flagrante.

Como se vê, no caso da pessoa flagrada praticando alguma das condutas do art. 28 da Lei nº 11.343/06, há uma exceção a esta regra procedimental contida no art. 69 da Lei nº 9.099/95. Com efeito, em se tratando da posse de droga para consumo pessoal, não é possível qualquer tipo de prisão, razão pela qual, ante a recusa do autor do fato em firmar o compromisso de comparecimento, deverá a autoridade policial adotar as medidas tendentes à sua identificação, para, em seguida, liberá-lo. Como já assinalado, haverá a apreensão da droga, para posterior destruição, e os autos do termo circunstanciado da ocorrência serão encaminhados ao Juizado Especial Criminal para que a autoridade judiciária adote as medidas cabíveis.

1.15. *Habeas corpus*

Não sendo possível, em caso do crime do art. 28 da Lei de Drogas, qualquer modalidade de privação de liberdade, seja a prisão pena, seja a prisão cautela, não nos parece possível impetrar *habeas corpus*, sob qualquer argumento, quando está em questão esse crime.

Como se sabe, o *habeas corpus* é um remédio constitucional cujo objetivo é a tutela da liberdade ambulatorial, quando esta foi lesionada ou ameaçada. No primeiro caso, temos o *habeas corpus* repressivo, que ensejará a expedição de um alvará de soltura; no segundo caso, estamos diante de um *habeas corpus* preventivo, que irá culminar na expedição de um salvo-conduto. A jurisprudência consagrou, porém, a possibilidade de se impetrar *habeas corpus* para trancar o andamento de uma investigação criminal ou um processo penal. Este *habeas corpus* é chamado, em doutrina, de "trancativo" ou "profilático", e somente se faz possível em casos excepcionais, tais como a manifesta atipicidade da conduta ou a constatação de que não se faz presente uma das condições para o prosseguimento da ação ou está extinta a punibilidade pela prescrição ou qualquer outra causa.

O ponto comum em todos os tipos de *habeas corpus* é a existência ou possibilidade concreta de uma privação da liberdade. Não havendo ameaça, sequer em tese, de afronta à liberdade de ir e vir, não há que se falar em cabimento do remédio constitucional. Por esta razão, o STF entende não cabe impetração de *habeas corpus* quando já extinta a pena privativa de liberdade ou quando a pena de multa é a única prevista ou efetivamente aplicada. É neste sentido o teor das súmulas 695 e 693 do STF, nos seguintes termos:

> ***Súmula nº 695/STF:*** "Não cabe *habeas corpus* quando já extinta a pena privativa de liberdade".
>
> ***Súmula nº 693/STF:*** "Não cabe *habeas corpus* contra decisão condenatória a pena de multa, ou relativo a processo em curso por infração penal a que a pena pecuniária seja a única cominada".

De igual sorte, não há que se falar em *habeas corpus* quando da imposição de outras penas, que não a privativa de liberdade. Nos termos do enunciado nº 694 da súmula de jurisprudência do Supremo Tribunal Federal:

> ***Súmula nº 694/STF:*** "Não cabe *habeas corpus* contra a imposição da pena de exclusão de militar ou de perda de patente ou de função pública".

No caso do art. 28 da Lei de Drogas, como referimos, não há qualquer possibilidade de o agente ser preso. Não há a pena privativa de liberdade, e também não, conforme comentários ao tópico anterior, prisão em flagrante, preventiva ou temporária. Assim, nem mesmo em caso de processo penal em andamento seria possível impetrar-se *habeas corpus* com intuito de trancar (em verdade, a despeito de se ter popularizado a expressão "trancar", trata-se de um arquivamento compulsório, judicialmente determinado) seu andamento, pois não há, ainda que indiretamente, ameaça à liberdade ambulatorial do réu.

Esta impossibilidade de se manejar o remédio constitucional está em consonância com nosso ordenamento jurídico, pois é a própria Carta Magna que confere ao *habeas corpus* a função de tutela da liberdade de ir e vir. Não havendo receio de ofensa a essa liberdade, seria possível a impetração de mandado de segurança, por parte do réu, sob o argumento de se tutelar direito líquido e certo, não amparado por *habeas corpus*.

Imperioso notar que não estamos diante de uma particularidade exclusiva do crime de posse de droga para consumo pessoal. Sempre que a legislação não prevê para o crime a possibilidade de uma pena privativa de liberdade, devemos chegar à mesma conclusão, no sentido da impossibilidade de se impetrar *habeas corpus*, podendo ser empregado o mandado de segurança. Muito embora seja raro a legislação não contemplar a possibilidade de pena privativa de liberdade, isso ocorre, por exemplo, em alguns crimes eleitorais, cujo preceito secundário estipula, apenas, pena de multa.

A despeito disso, não se pode deixar de perceber que o Supremo Tribunal Federal, mesmo não tendo enfrentado a questão diretamente, já teve oportunidade de admitir a impetração de *habeas corpus* para trancar o andamento de processo penal, instaurado por conta da prática, em tese, do crime do art. 28 da Lei de Drogas[20].

1.16. Constitucionalidade do crime

Já há algum tempo que a doutrina discute a constitucionalidade da criminalização do porte de drogas para consumo pessoal. Alguns argumentos são suscitados, e passamos a comentar os mais relevantes:

a) O crime de porte de drogas para consumo pessoal afrontaria o princípio da lesividade: é necessário recordarmos que este princípio, tão caro ao Direito Penal moderno, constitui um limite material ao poder de punir do Estado, porquanto não se adstringe a dizer como punir, mas o que pode ser punido. Por outras palavras, se o princípio da legalidade constitui importante ferramenta de limitação do arbítrio punitivo, ao estabelecer um limite formal ao Estado, salientando como se pode punir (por intermédio de lei em sentido material e formal), o princípio da lesividade constitui limite ainda mais consistente à intervenção punitiva, pois confere as diretrizes e balizas dentro das quais o legislador ordinário poderá atuar.

A lesividade possui quatro principais desdobramentos, a saber: a) proíbe a criminalização da mera *cogitatio*, meros atos de vontade, condutas não exteriorizadas; b) proíbe a criminalização de condutas autolesivas, isto é, que não ultrapassem a esfera de bens jurídicos do próprio autor da conduta; c) proíbe a incriminação de meros estados existenciais, pois a pessoa somente pode ser punida pelo que faz (direito penal do fato), e não por aquilo que é (direito penal do autor); d) proíbe incriminações que não constituam significativa lesão ao bem jurídico que se pretende tutelar.

20. STF, HC 110.475/SC, Rel. Min. Dias Toffoli, j. 14/02/2012.

Em sede doutrinária, o argumento é justamente no sentido de que o crime de porte de drogas para consumo pessoal ofende o segundo desdobramento do princípio, na medida em que criminaliza conduta que, em verdade, viola apenas a esfera individual do agente, ou seja, sua saúde individual, e não a saúde pública, conforme dito pelo discurso oficial.

b) O crime do art. 28 da Lei de Drogas viola a esfera de intimidade protegida constitucionalmente: para quem defende este ponto de vista, deflagrar a intervenção punitiva por conta do porte de droga para consumo pessoal em relação a pessoas maiores e capazes constitui violação brutal à esfera de autodeterminação individual, mormente no que se refere à intimidade e vida privada dos cidadãos. O Estado não poderia se imiscuir nas decisões de vida de cada um, que não resvalasse em prejuízo direto a terceiros.

c) A criminalização ofende o princípio da proporcionalidade: consoante essa linha de intelecção, sendo a intervenção punitiva a mais drástica forma de atuação do Estado sobre a esfera de direitos do cidadão, somente se legitima se observar os limites da proporcionalidade, que se desdobra em necessidade, adequação e proporcionalidade em sentido estrito.

A necessidade da intervenção punitiva não se faria visível, de acordo com os defensores da inconstitucionalidade, na medida em que seria possível prevenir – e até mesmo coibir ou reprimir – o consumo de drogas por meio de medidas extrapenais. Por sua vez, a adequação (ou idoneidade) não se faria presente, porquanto, a tutela penal não seria a mais adequada à proteção do bem jurídico que se pretende tutelar (a saúde pública). Por fim, proporcionalidade em sentido estrito significa que os benefícios trazidos pela medida devem ser maiores do que seus malefícios. Isto também não ocorreria na criminalização das condutas dos usuários, pois a guerra às drogas tem trazido efeitos muito deletérios, o que se constata, sobretudo, pelo descalabro em relação a reais medidas de prevenção e ao crescimento vertiginoso da violência, proveniente do comércio ilegal de drogas.

A discussão chegou até o Supremo Tribunal Federal, no Recurso Extraordinário nº 635.659, de Relatoria do Ministro Gilmar Mendes. O tema ainda é polêmico e o recurso em questão está pendente de julgamento na Corte Suprema. Não se pode deixar de anotar, porém, que, no dia 20 de agosto de 2015, o Relator apresentou o seu voto, sustentando: "a) declarar a inconstitucionalidade, sem redução de texto, do referido dispositivo, de forma a afastar todo e qualquer efeito de natureza penal. Todavia, manteve, no que couber, até o advento de legislação específica, as medidas ali previstas, com natureza administrativa; b) conferir interpretação conforme a Constituição ao art. 48, §§ 1º e 2º, da Lei 11.343/2006, no sentido de que, tratando-se de conduta prevista no art. 28 do diploma, o autor do fato será apenas notificado a comparecer em juízo".

Como dito, em que pese o relator já haver apresentado seu voto, nos termos acima transcritos, o julgamento do recurso ainda está pendente. Resta, então, aguardar o entendimento do STF em relação à matéria.

1.17. Figura equiparada

O § 1º do art. 28 traz outro tipo penal, uma figura equiparada ao crime de porte de drogas para consumo pessoal. Consta do dispositivo legal: "Às mesmas medidas submete-se quem, para seu consumo pessoal, semeia, cultiva ou colhe plantas destinadas à preparação de pequena quantidade de substância ou produto capaz de causar dependência física ou psíquica"

Como se vê, mais uma vez está presente o elemento subjetivo específico, consistente na pretensão de se utilizar da substância ou produto para consumo pessoal. Sem isto, estaria caracterizado o crime do art. 33, § 1º, II, da presente Lei. Outra distinção entre os dois dispositivos da Lei reside no fato de que, na conduta equiparada ao porte de drogas para consumo pessoal, a substância ou produto deve ser de pequena quantidade. O legislador não definiu o montante que constituiria "pequena quantidade", cabendo ao julgador, à luz do caso concreto, fazê-lo.

Muito embora essa figura equiparada ao crime de porte de drogas para consumo pessoal (art. 28, *caput*) empregue a expressão "substância ou produto capaz de causar dependência física ou psíquica", devemos, por meio de uma interpretação sistêmica, compreender que se trata da droga. Basta conferir os termos do art. 1º, parágrafo único, da presente Lei, nos seguintes termos: "Para fins desta Lei, consideram-se como drogas as substâncias ou os produtos capazes de causar dependência, assim especificados em lei ou relacionados em listas atualizadas periodicamente pelo Poder Executivo da União".

Este § 1º do art. 28 veio suprir uma imensa lacuna na legislação anterior. Com efeito, a Lei nº 6.368/76 não previa a conduta consistente em semear, cultivar ou colher plantas destinadas à preparação de substância ou produto que pudesse ser enquadrado como droga. Diante da omissão legislativa, havia três entendimentos sobre esta conduta:

a) Tráfico de drogas: para uma primeira corrente de pensamento, a conduta constituía tráfico de drogas, porquanto o art. 12 da Lei revogada previa as condutas consistentes em semear, cultivar e colher as substâncias. Como a legislação não diferenciava, neste caso, a pretensão de consumo pessoal da pretensão de realização do tráfico propriamente dito, entendia-se que a conduta do semeador ou cultivador constituía tráfico, independentemente do elemento subjetivo específico.

b) Porte de drogas para consumo pessoal: independentemente da ausência de previsão legal, uma segunda corrente de pensamento entendia que as condutas de semear, cultivar e colher as plantas destinadas à elaboração de substância ou produto para consumo pessoal seria conduta equiparada ao art. 16 da Lei antiga. Para tanto, era feita uma analogia *in bonam partem*, de modo que não se aplicasse a pena do tráfico, mas sim do porte para consumo pessoal.

c) Conduta atípica: uma terceira corrente de pensamento entendia que, ante a ausência de previsão legislativa expressa, a conduta seria atípica. Nesse ponto, fazer analogia para que incidisse a pena do art. 16 da Lei antiga (porte de drogas para consumo pessoal) não seria uma analogia benéfica, mas sim uma analogia *in malam partem*, pois o intérprete estaria criminalizando conduta não prevista em Lei como crime.

A segunda corrente de pensamento, no sentido de quadrar a conduta no crime de porte de drogas para consumo pessoal era largamente majoritária, sob a égide da legislação revogada, contando, inclusive, com o respaldo na jurisprudência do STJ[21]. Naturalmente, com a atual Lei de Drogas, não resta qualquer dúvida de que tais condutas são figuras equiparadas ao

21. STF, Resp 54.053-4/PR, rel. Min. Jesus Costa Lima, julgado em 05/12/1994.

crime de porte de drogas para consumo pessoal, conforme já se entendia, majoritariamente em sede doutrinária e jurisprudencial.

Na atual legislação, portanto, semear, cultivar ou colher a planta para produzir substância ou produto em pequena quantidade, para consumo pessoal, constitui figura equiparada ao porte de drogas para consumo pessoal (art. 28, § 1º.). Se a finalidade, todavia, for o comércio ou a entrega a consumo, teremos uma figura equiparada ao tráfico (art. 33, § 1º, II). A Lei cala, conduto, no que se refere às condutas de semear, cultivar ou plantar com a finalidade de consumo compartilhado. Razoável entender, por analogia *in bonam partem*, que deve incidir o disposto no art. 33, § 3º, cujas penas são muito mais brandas do que as penas do tráfico propriamente dito[22].

No que se refere às condutas, devemos ressaltar que:

Semear: traduz a ideia de deitar ou jogar sementes sobre a terra para que venham a germinar. Trata-se de crime instantâneo, pois a ação criminosa não se protrai no tempo.

Cultivar: consiste em trabalhar o solo para que produza condições de desenvolvimento das plantações. Nessa modalidade de conduta, o crime é permanente, pois a ação se prolonga no tempo.

Colher: diz respeito ao ato de recolher o que foi produzido pela planta. Trata-se de crime instantâneo.

Vale lembrar que o objeto material do crime do § 1º é a planta que serve de matéria prima para a elaboração da, e não a própria droga.

O crime se consuma com a realização de qualquer dos três núcleos do tipo ("semear", "cultivar" ou "colher"), desde que, naturalmente, haja a dupla finalidade (elemento subjetivo específico): a) preparação de pequena quantidade; b) consumo pessoal. Muito embora seja de difícil ocorrência, em tese, é possível a tentativa.

Por fim, é válido registrar que, a despeito da omissão legislativa, as condutas descritas no § 1º do art. 28 somente constituirão crime se forem praticadas sem autorização legal ou regulamentar. Trata-se de um elemento normativo implícito. Para chegarmos a tal conclusão, basta recordar que não há crime quando se pratica um ato autorizado pelo ordenamento jurídico, porquanto estaríamos diante de uma situação de exercício regular de direito. No caso, todavia, pensamos que sequer poderíamos falar em fato típico, pois seria um contrassenso considerar típica a conduta expressamente autorizada pelo ordenamento jurídico.

1.18. Estabelecimento de saúde

Estabelece o § 7º do art. 28 que o juiz deve determinar ao Poder Público que coloque estabelecimento de saúde à disposição do infrator, gratuitamente. Prossegue o dispositivo asseverando que o tratamento há de ser, preferencialmente, ambulatorial, para tratamento especializado.

O encaminhamento do infrator a esse tratamento de saúde não constitui pena ou medida coercitiva, razão pela qual não há qualquer tipo de sanção para o seu descumprimento. A rigor, coloca-se o tratamento de saúde à disposição daquele que enfrenta problemas de

22. No mesmo sentido, LIMA, Renato Brasileiro de. *Ob. cit.*, p. 702.

enfermidades vinculadas às drogas, mas a determinação que consta no dispositivo é dirigida ao Poder Público, e não ao usuário/dependente de droga. Ao asseverar que o tratamento será, preferencialmente, ambulatorial, a legislação ratifica o caráter excepcional das medidas de internação, bem na linha do que é apregoado pelo movimento antimanicomial, que tanto influenciou nossa legislação recentemente.

2. SÚMULAS E JURISPRUDÊNCIA

- **Súmula nº 695, STF:** Não cabe *habeas corpus* quando já extinta a pena privativa de liberdade.
- **Súmula nº 693, STF:** Não cabe habeas corpus contra decisão condenatória a pena de multa, ou relativo a processo em curso por infração penal a que a pena pecuniária seja a única cominada.
- **Súmula nº 694, STF:** Não cabe habeas *corpus* contra a imposição da pena de exclusão de militar ou de perda de patente ou de função pública.

✦ *SUPREMO TRIBUNAL FEDERAL*

- **HC. PENAL E PROCESSUAL PENAL MILITAR. POSSE DE SUBSTÂNCIA ENTORPECENTE EM LOCAL SUJEITO À ADMINISTRAÇÃO MILITAR (CPM, ART. 290). CRIME PRATICADO POR MILITARES EM SITUAÇÃO DE ATIVIDADE EM LUGAR SUJEITO À ADMINISTRAÇÃO MILITAR. COMPETÊNCIA DA JUSTIÇA CASTRENSE CONFIGURADA (CF, ART. 124 C/C CPM, ART. 9º, I, B). PACIENTES QUE NÃO INTEGRAM MAIS AS FILEIRAS DAS FORÇAS ARMADAS. IRRELEVÂNCIA PARA FINS DE FIXAÇÃO DA COMPETÊNCIA. (...)** 1. Os pacientes, quando soldados da ativa, foram surpreendidos na posse de substância entorpecente (CPM, art. 290) no interior do 1º Batalhão de Infantaria da Selva em Manaus/AM. Cuida-se, portanto, de crime praticado por militares em situação de atividade em lugar sujeito à administração militar, o que atrai a competência da Justiça Castrense para processá-los e julgá-los (CF, art. 124 c/c CPM, art. 9º, I, b). 2. O fato de os pacientes não mais integrarem as fileiras das Forças Armadas em nada repercute na esfera de competência da Justiça especializada, já que, no tempo do crime, eles eram soldados da ativa. (...) ***STF, HC 127900/AM, rel. Min. Dias Toffoli, 3.3.2016. Pleno. (Info 833)***
- **PORTE DE DROGAS PARA CONSUMO PRÓPRIO E MEDIDA SOCIOEDUCATIVA DE INTERNAÇÃO**. É incabível a imposição da medida socioeducativa de internação ao adolescente que pratique ato infracional equiparado ao porte de drogas para consumo próprio, tipificado no art. 28 da Lei 11.343/2006. Com base nessa orientação, a 2ª Turma não conheceu de pedido formulado em "habeas corpus", mas concedeu, de ofício, a ordem para invalidar a imposição da medida socioeducativa de internação aplicada ao ora paciente, sem prejuízo da aplicação de qualquer outra das medidas previstas no artigo 112 do ECA, contanto que não resultasse, em qualquer dessas outras hipóteses, privação, ainda que parcial, de sua liberdade de locomoção física. A Turma ressaltou que o art. 28 da Lei 11.343/2006 – que pune a posse de drogas para consumo próprio – não autorizaria sequer a privação da liberdade do autor desse ilícito penal, ainda que cometido por pessoa plenamente imputável. O citado dispositivo da Lei de Drogas somente cominaria, para esse delito, penas meramente restritivas de direitos. Portanto, revelar-se-ia contrário ao sistema jurídico, por subverter o princípio da proteção integral do menor inimputável, impor ao adolescente – que eventualmente praticasse ato infracional consistente em possuir drogas para consumo próprio – a medida extraordinária de internação, pois, como verificado, nem mesmo a pessoa maior de 18 anos de idade, imputável, poderia sofrer a privação da liberdade por efeito de transgressão ao referido art. 28 da Lei 11.343/2006. *STF, HC 124682/SP, rel. Min. Celso de Mello, 16.12.2014. 2ª T. (Info 772)*
- **ART. 290 DO CPM E PRINCÍPIO DA INSIGNIFICÂNCIA. A posse, por militar, de reduzida quantidade de substância entorpecente em lugar sujeito à administração castrense (CPM, art. 290) não autoriza a aplicação do princípio da insignificância**. Com base nesse entendimento, o Plenário indeferiu *habeas corpus* em que a Defensoria Pública da União pleiteava a incidência desse postulado, já que o paciente fora flagrado na posse de 0,1 g de maconha. A impetração também alegava que essa conduta não causaria risco de lesão à saúde pública. Inicialmente, **destacou-se que o problema em questão não**

envolveria a quantidade ou o tipo de entorpecente apreendido, mas sim a qualidade da relação jurídica entre esse usuário e a instituição militar da qual ele faria parte, no instante em que flagrado com a posse da droga em recinto sob administração castrense. Em seguida, consignou-se que **essa tipologia de relação não seria compatível com a figura da insignificância penal.** Explicitou-se que esta consubstanciaria vetor interpretativo cujo propósito seria o de excluir a abrangência do Direito Penal de condutas provocadoras de ínfima lesão ao bem jurídico tutelado. Reputou-se que o uso de drogas e o dever militar seriam inconciliáveis, dado que a disposição em si para manter o vício implicaria inafastável pecha de reprovabilidade cívico-profissional por afetar tanto a saúde do próprio usuário quanto pelo seu efeito no moral da corporação e no conceito social das Forças Armadas. Aduziu-se que a hierarquia e a disciplina militares não atuariam como meros predicados institucionais, constituindo-se, ao revés, em elementos conceituais e "vigas basilares" das Forças Armadas. Enfatizou-se, nesse ponto, que o maior rigor penal da lei castrense, na hipótese, se harmonizaria com a maneira pela qual a Constituição dispusera sobre as Forças Armadas. Ante o critério da especialidade, rejeitou-se a aplicação do art. 28 da Lei 11.343/2006. Mencionou-se que a referida lei revogara, expressamente, apenas as Leis 6.368/76 e 10.409/2002 e que o Código Penal Militar trataria da matéria de forma específica, embora em termos mais drásticos. De igual modo, afastou-se a assertiva, suscitada da tribuna, de ofensa ao princípio da proporcionalidade no sentido de que o art. 290 do CPM não distinguiria entre traficante e usuário. Asseverou-se que o aludido preceito cominaria somente a pena máxima aplicável ao delito, o que permitiria ao juiz sentenciante estabelecer a justa medida entre os atos praticados e o crime, a partir do exame das circunstâncias objetivas e subjetivas da situação concreta. *STF, HC 103684/DF, rel. Min. Ayres Britto, 21.10.2010. Pleno. (Info 605)*

- **PORTE DE DROGA PARA CONSUMO PESSOAL E CRIMINALIZAÇÃO.** O Plenário iniciou julgamento de recurso extraordinário em que se discute a constitucionalidade do art. 28 da Lei 11.343/2006, que tipifica a conduta de porte de droga para consumo pessoal. **O Ministro Gilmar Mendes (relator) proveu o recurso**, para: a) declarar a inconstitucionalidade, sem redução de texto, do referido dispositivo, de forma a afastar todo e qualquer efeito de natureza penal. Todavia, manteve, no que couber, até o advento de legislação específica, as medidas ali previstas, com natureza administrativa; b) conferir interpretação conforme a Constituição ao art. 48, §§ 1º e 2º, da Lei 11.343/2006, no sentido de que, tratando-se de conduta prevista no art. 28 do diploma, o autor do fato será apenas notificado a comparecer em juízo; c) conferir interpretação conforme a Constituição ao art. 50, *"caput"*, da Lei 11.343/2006, no sentido de que, na prisão em flagrante por tráfico de droga, o preso deve, como condição de validade da conversão da prisão em flagrante em prisão preventiva, ser imediatamente apresentado ao juiz; e d) absolver o acusado, no caso, tendo em vista a atipicidade da conduta. Ademais, determinou ao CNJ as seguintes providências: a) diligenciar, no prazo de seis meses, a contar desta decisão, por meio de articulação com tribunais de justiça, CNMP, Ministério da Justiça e Ministério da Saúde, sem prejuízo de outros órgãos, os encaminhamentos necessários à aplicação, no que couber, das medidas previstas no art. 28 da Lei 11.343/2006, em procedimento cível, com ênfase em atuação de caráter multidisciplinar; b) articulação, no prazo de seis meses, a contar desta decisão, entre os serviços e organizações que atuam em atividades de prevenção do uso indevido de drogas e da rede de atenção a usuários e dependentes, por meio de projetos pedagógicos em campanhas institucionais, entre outras medidas, com estratégias preventivas e de recuperação adequadas às especificidades socioculturais dos diversos grupos de usuários e das diferentes drogas utilizadas; c) regulamentar, no prazo de seis meses, a audiência de apresentação do preso ao juiz determinada nesta decisão, com respectivo monitoramento; e d) apresentar ao STF, a cada seis meses, relatório das providências determinadas nesta decisão e resultados obtidos, até ulterior deliberação. O Ministro Gilmar Mendes assentou que estariam em jogo os valores da saúde pública, de um lado, e da intimidade e vida privada, de outro. Enfatizou, no ponto, que os direitos fundamentais expressariam um postulado de proteção, a qual não poderia ser insuficiente, sequer excessiva. Assim, a Constituição conteria mandados expressos de criminalização, bem assim conferiria ao legislador margem de ação para definir a forma mais adequada de proteção aos bens jurídicos fundamentais, inclusive a opção por medidas de natureza penal. A liberdade do legislador estaria, portanto, limitada pelo princípio da proporcionalidade, sob pena de excesso de poder legislativo. Enfatizou que o principal argumento em favor da criminalização do uso de drogas estaria assentado no dano em potencial da conduta, tendo em conta a saúde e a segurança públicas. Tratar-se-ia de crime de perigo abstrato, fruto de opção do legislador por um direito penal de caráter preventivo. Destacou a existência de políticas regulatórias relacionadas à posse de drogas para consumo pessoal, mediante processo em que deslocado o problema do campo penal para o da saúde pública. Isso não significaria, entretanto, pura e simples legalização de substâncias, mas conjugação de descriminalização com políticas de redução e prevenção de danos. Ponderou que, no caso, seria necessário analisar se a norma impugnada seria adequada à proteção do bem jurídico tutelado. Em outros termos, se as medidas adotadas pelo legislador seriam idôneas à efetiva tutela do bem fundamental e se a decisão legislativa teria sido tomada após apreciação objetiva e justificável das fontes de conhecimento então disponíveis. A respeito, ponderou haver incongruência entre a criminalização de condutas circunscritas ao consumo pessoal de drogas e os objetivos expressamente estabelecidos pelo legislador em relação a usuários e dependentes, potencializada pela ausência de critério objetivo de distinção entre usuário e traficante. A norma impugnada seria, sob esse aspecto, desproporcional e inadequada a seu almejado fim. Além disso, não seria seguro afirmar que a repressão ao consumo teria eficiência para combater o tráfico de drogas. Ao contrário, seria evidente o aumento da atividade nos últimos tempos. Acresceu que modelos menos rígidos no que diz respeito à posse de drogas para consumo pessoal não demonstrariam aumento na proporção populacional usuária de substâncias. A problemática estaria relacionada a uma série de fatores complexos, e a criminalização teria pouca influência na conduta do indivíduo. Ademais, no próprio projeto da Lei 11.343/2006, o usuário seria considerado pessoa vulnerável, merecedora de atenção à saúde e oportunidade de inserção e reinserção social. O relator lembrou que qualquer lesão potencial à saúde pública não poderia ser utilizada para legitimar a intervenção penal no indivíduo. O tabaco e o álcool, por exemplo, ofereceriam lesividade, mas sua venda e consumo não seriam criminalizados. Nesses casos, o incremento de medidas restritivas de caráter administrativo viria se mostrando eficaz. O mesmo raciocínio deveria ser aplicado em relação às demais drogas. Sublinhou que a criminalização da posse de drogas para consumo pessoal também afetaria de modo desproporcional o direito ao livre desenvolvimento da personalidade, e à autodeterminação, em suas diversas manifestações. Ademais, a autolesão seria criminalmente irrelevante. Frisou que a criminalização do usuário teria efeito de rotulá-lo como marginalizado, o que dificultaria sua recuperação, especialmente em se tratando de jovens, que seriam o principal grupo consumidor de substâncias ilícitas. Salientou, ainda, que outros países já apresentariam medidas alternativas no que se refere às consequências legais do uso pessoal de drogas. No Brasil, como ainda não haveria critérios objetivos de distinção entre usuário e traficante, seria recomendável regulamentação nesse sentido, precedida de estudos sobre as particularidades regionais. A própria Lei 11.343/2006 conteria diretivas capazes de contribuir para resultados mais eficazes no combate às drogas, se comparadas à criminalização, no que se refere a usuários e dependentes. Nesse aspecto, o art. 28 – afastada a natureza penal de suas medidas – poderia ser mais efetivo ao propiciar novas abordagens ao problema do uso de drogas por meio de práticas mais consentâneas com a complexidade do tema. Por outro lado, também estaria afastada não apenas a possibilidade de prisão em flagrante, como a condução coercitiva à presença do juiz ou à delegacia. Remanesceria, entretanto, a possibilidade de prisão pela posse, quando o policial entendesse que a conduta se qualificasse como tráfico. Assim, a imediata apresentação ao juiz conferiria maior segurança na distinção entre traficante e usuário, até que legislação específica viesse a lume, com critérios mais objetivos. Por ora, dever-se-ia interpretar a lei de forma que o ônus de provar tratar-se de traficante, e não mero usuário, incumbisse à acusação, e o escrutínio final, ao juiz. Da mesma forma, a avaliação da necessidade de prisão em flagrante e de sua conversão em prisão preventiva deveria ser objeto de especial análise pelo Poder Judiciário. **Em voto-vista, o Ministro Edson Fachin deu parcial provimento ao recurso** para: a) declarar a inconstitucionalidade do art. 28 da Lei 11.343/2006, sem redução de texto, especificamente para situação que, como no caso concreto, apresentasse conduta que, descrita no tipo legal, tivesse exclusivamente como objeto material a maconha; b) manter, nos termos da atual legislação e seu regulamento, a proibição, inclusive do uso e do porte para consumo pessoal, de todas as demais drogas ilícitas; c) manter a tipificação criminal das condutas relacionadas à produção e à comercialização da droga objeto do recurso e, concomitantemente, declarar a inconstitucionalidade progressiva dessa tipificação, ou seja, das condutas relacionadas à produção e à comercialização de maconha, até que sobreviesse a devida regulamentação legislativa, permanecendo, nesse ínterim, hígidas as tipificações constantes do Título IV, especialmente criminais, do art. 33, e dispositivos conexos da lei em questão; d) declarar como atribuição legislativa o estabelecimento de quantidades mínimas que servissem de parâmetro para diferenciar usuário e traficante, e determinar aos órgãos do Poder Executivo – Secretaria Nacional de

Políticas sobre Drogas – SENAD e Conselho Nacional de Política Criminal e Penitenciária – CNPCP –, aos quais incumbe a elaboração e a execução de políticas públicas sobre drogas, que exercessem suas competências e, até que sobreviesse a legislação específica, emitissem, no prazo máximo de 90 dias, a contar da data do julgamento em comento, provisórios parâmetros diferenciadores indicativos para serem considerados, "iuris tantum", na situação dos autos; e) absolver o recorrente por atipicidade da conduta, nos termos do art. 386, III, do CPP; e, por fim, f) propor ao Plenário, nos termos do inciso V do art. 7° do RISTF, a criação de um Observatório Judicial sobre Drogas na forma de comissão temporária, a ser designada pelo Presidente do STF, para o fim de, à luz do inciso III do art. 30 do RISTF, acompanhar os efeitos da deliberação do Tribunal nesse caso, especialmente em relação à diferenciação entre usuário e traficante, e à necessária regulamentação, bem como auscultar instituições, estudiosos, pesquisadores, cientistas, médicos, psiquiatras, psicólogos, comunidades terapêuticas, representantes de órgãos governamentais, membros de comunidades tradicionais, entidades de todas as crenças, entre outros, e apresentar relato na forma de subsídio e sistematização. O Ministro ressaltou que o recurso extraordinário sob enfoque desafiaria acórdão que tratara de hipótese específica, a de porte de maconha para uso pessoal. A análise de um recurso extraordinário sob a sistemática da repercussão geral possibilitaria ao STF extrapolar os limites do pedido formulado para firmar tese acerca de tema que, para além dos interesses subjetivos da demanda, fosse de inegável relevância jurídica, social, política ou econômica. Não obstante, quando se estivesse diante de um tema de natureza penal, seria prudente judiciosa auto-contenção da Corte, pois a atuação fora dos limites circunstanciais do caso poderia conduzir a intervenções judiciais desproporcionais, fosse sob o ponto de vista do regime das liberdades, fosse sob o ponto de vista da proteção social insuficiente. O Ministro Edson Fachin asseverou que, assim sendo, em virtude da complexidade inerente ao problema jurídico sob a análise do STF no recurso, seria necessária a estrita observância das balizas fáticas e jurídicas do caso concreto para a atuação da Corte em seara tão sensível: a definição sobre a constitucionalidade, ou não, da criminalização do porte unicamente de maconha para uso próprio em face de direitos fundamentais como a liberdade, autonomia e privacidade. Destacou, relativamente ao questionamento objeto do recurso, ser cabível a resposta da informação, educação, atenção e cuidado da saúde dos usuários de drogas, e não a criminalização. Seria indispensável, assim, a atuação do Poder Público, da sociedade, das famílias em sua dimensão expandida, das entidades religiosas e de benemerência, no incremento das redes de atenção e cuidado à saúde das pessoas que abusassem de substâncias que causassem dependência, e especialmente no campo da prevenção e proteção de crianças e adolescentes. A distinção entre usuário e traficante, entretanto, atravessaria a necessária diferenciação entre tráfico e uso, e exigiria, inevitavelmente, que se adotassem parâmetros objetivos de quantidade que caracterizassem o uso de droga. Não se inseriria na atribuição do Poder Judiciário, entretanto, a definição dessas balizas. Se o legislador já editara lei para tipificar como crime o tráfico de drogas, competiria ao Poder Legislativo o exercício de suas atribuições, no qual definisse, assim, os parâmetros objetivos de natureza e quantidade de droga que deveriam ser levados em conta para diferenciação entre uso e tráfico de drogas. Desse modo, seria responsabilidade, de um lado, do Poder Legislativo a fixação de tais parâmetros, e de outro, a respectiva regulamentação e execução por parte dos referidos órgãos do Poder Executivo. Até que isso se desse, e mesmo após, a adoção imperativa da audiência de apresentação em até 24 horas, poderia extirpar, perante o juiz, qualquer desvio prático no emprego desse critério, especialmente diante do tráfico. Enquanto não houvesse pronunciamento do Poder Legislativo sobre tais parâmetros, seria mandatório, portanto, reconhecer a necessidade do preenchimento dessa lacuna por meio do SENAD e do CNPCP, até que sobreviesse definição legislativa, que os regulamentassem, na condição "rebus sic stantibus". **O Ministro Roberto Barroso proveu o recurso extraordinário** para declarar a inconstitucionalidade do art. 28 da Lei 11.343/2006, relativamente ao porte de maconha para consumo próprio, e absolveu o recorrente. Porém, não analisou a controvérsia a respeito das demais drogas. Afirmou que o fracasso da política atual criara um imenso mercado negro de drogas controlado pelo crime organizado. Verificou que, nas últimas décadas, sobretudo depois edição da Lei de Tóxico, o consumo de drogas aumentara, ao passo que, no mesmo período de tempo, o de cigarro diminuíra. Observou que a contrapropaganda, o debate público, a informação e a advertência produziriam melhores resultados do que a criminalização. Notou que a política de criminalização e de repressão ao consumo de drogas em geral e de maconha, em particular, geraria um alto custo para a sociedade, especialmente pelo aumento exponencial da população carcerária. Além disso, o custo financeiro de cada vaga no sistema penitenciário seria muito caro. Salientou que os presos entrariam primários e sairiam cooptados por facções. Dessa forma, tornar-se-iam criminosos perigosos que voltariam para as ruas e retroalimentariam a violência. Ressaltou que, a despeito de a defesa da criminalização invocar a saúde pública como bem jurídico protegido, essa política consumiria cada vez mais recursos que, evidentemente, não iriam para tratamento, educação e saúde preventiva. Ademais, o usuário não procuraria o sistema de saúde pública, porque isso significaria assumir a condição de criminoso. Portanto, a criminalização não protegeria, mas antes comprometeria a saúde pública. Destacou que o direito à privacidade identificaria uma esfera na vida das pessoas que deveria ser imune à interferência do Estado, sobretudo quando o que se fizesse na intimidade não afetasse a esfera jurídica de terceiros. Por essa razão, o Estado não poderia invadir a esfera da autonomia individual. Assim, um indivíduo que fumasse um cigarro de maconha dentro do seu domicílio ou num espaço puramente privado não violaria direitos de terceiros, nem qualquer valor social, ou mesmo a saúde pública. Mas, se fumar maconha pudesse ser criminalizado em nome da saúde pública, então, se deveria criminalizar antes o álcool e o próprio cigarro convencional. Portanto, seria inequívoca a afronta à autonomia individual representada pela punição de quem portasse maconha para uso pessoal dentro da sua esfera privada. O Ministro Roberto Barroso asseverou que a criminalização não passaria no teste da proporcionalidade nas modalidades: adequação da restrição, necessidade da restrição e a chamada proporcionalidade em sentido estrito. A criminalização não conseguira produzir resultado quantitativamente relevante no consumo, sobretudo, porque causara impacto negativo à saúde pública. Consignou que seria necessária a adoção de critério objetivo para distinguir o consumo pessoal do tráfico. Explicou que essa prerrogativa seria do Poder Legislativo. Entretanto, seria possível ao STF o estabelecimento de critério, ainda que provisoriamente, até posterior atuação do Parlamento. Propôs que quem portasse até 25 g de maconha não fosse considerado traficante. Todavia, isso não impediria que o juiz do caso concreto reputasse que alguém com quantidade maior a estivesse portando para consumo pessoal, nem que alguém com 25 g a estivesse portando para tráfico. Mas, nessa situação, o juiz teria que superar essa presunção, e, portanto, o ônus argumentativo tornar-se-ia mais árduo para o magistrado. Também não seria considerado traficante quem tivesse até seis plantas fêmeas como produção para consumo pessoal. O Ministro Gilmar Mendes (relator), ao reafirmar o seu voto, declarou a inconstitucionalidade, sem redução de texto, do art. 28 da Lei 11.343/2006, de forma a afastar do referido dispositivo todo e qualquer efeito de natureza penal. Todavia, manteve, até o advento da legislação específica, as medidas ali previstas com natureza administrativa. **Em seguida, pediu vista o Ministro Teori Zavascki.** *STF, RE 635659/SP, rel. Min. Gilmar Mendes. (Infos 795 e 798)*

- **PORTE DE ENTORPECENTE E PRINCÍPIO DA INSIGNIFICÂNCIA.** Ao aplicar o princípio da insignificância, a 1ª Turma concedeu *habeas corpus* para trancar procedimento penal instaurado contra o réu e invalidar todos os atos processuais, desde a denúncia até a condenação, por ausência de tipicidade material da conduta imputada. No caso, o paciente fora condenado, com fulcro no art. 28, *caput*, da Lei 11.343/2006, à pena de 3 meses e 15 dias de prestação de serviços à comunidade por portar 0,6 g de maconha. Destacou-se que a incidência do postulado da insignificância, de modo a tornar a conduta atípica, exigiria o preenchimento concomitante dos seguintes requisitos: mínima ofensividade da conduta do agente; nenhuma periculosidade social da ação; reduzido grau de reprovabilidade do comportamento; e inexpressividade da lesão jurídica provocada. Consignou-se que o sistema jurídico exigiria considerar a relevantíssima circunstância de que a privação da liberdade e a restrição de direitos do indivíduo somente se justificariam quando estritamente necessárias à própria proteção das pessoas, da sociedade e de outros bens jurídicos que lhes fossem essenciais, notadamente naqueles casos em que os valores penalmente tutelados se expusessem a dano, efetivo ou potencial, impregnado de significativa lesividade. Deste modo, o direito penal não deveria se ocupar de condutas que produzissem resultados cujo desvalor – por não importar em lesão significativa a bens jurídicos relevantes – não representaria, por isso mesmo, expressivo prejuízo, seja ao titular do bem jurídico tutelado, seja à integridade da própria ordem social. *STF, HC 110475/SC, rel. Min. Dias Toffoli, 14.2.2012. 1ª T. (Info 655)*

✦ *SUPERIOR TRIBUNAL DE JUSTIÇA*

- **TRÁFICO DE ENTORPECENTES. CONDENAÇÃO ANTERIOR PELO DELITO DO ARTIGO 28 DA LEI DE DROGAS. CARACTERIZAÇÃO DA REINCIDÊNCIA. DESPROPORCIONALIDADE. Condenações anteriores pelo delito do art. 28 da Lei n. 11.343/2006 não são aptas a gerar reincidência.** Inicialmente cumpre salientar que consoante o posicionamento firmado pela Suprema Corte, na questão de ordem no RE 430.105/RJ, sabe-se que a conduta de porte de substância entorpecente para consumo próprio, prevista no art. 28 da Lei n. 11.343/2006, foi apenas despenalizada mas não descriminalizada, em outras palavras, não houve abolitio criminis. Contudo, ainda que a conduta tipificada no art. 28 da Lei n. 11.343/2006 tenha sido despenalizada e não descriminalizada, essa conduta é punida apenas com "advertência sobre os efeitos das drogas, prestação de serviços à comunidade e medida educativa de comparecimento a programa ou curso educativo". Além disso, não existe a possibilidade de converter essas penas em privativas de liberdade em caso de descumprimento. Cabe ressaltar que as condenações anteriores por contravenções penais não são aptas a gerar reincidência, tendo em vista o que dispõe o art. 63 do Código Penal, que apenas se refere a crimes anteriores. E, se as contravenções penais, puníveis com pena de prisão simples, não geram reincidência, mostra-se desproporcional o delito do art. 28 da Lei n. 11.343/2006 configurar reincidência, tendo em vista que nem é punível com pena privativa de liberdade. Ademais, a Sexta Turma deste Superior Tribunal de Justiça, no julgamento do REsp n. 1.672.654/SP, da relatoria da Ministra Maria Thereza de Assis Moura, julgado em 21/8/2018, proferiu julgado nesse mesmo sentido. STJ, HC 453.437-SP, Rel. Min. Reynaldo Soares da Fonseca, por unanimidade, j. 04/10/2018. (Info. 636.)

- **CONSUMAÇÃO DO CRIME DE TRÁFICO DE DROGAS NA MODALIDADE ADQUIRIR. A conduta consistente em negociar por telefone a aquisição de droga e também disponibilizar o veículo que seria utilizado para o transporte do entorpecente configura o crime de tráfico de drogas em sua forma consumada – e não tentada -, ainda que a polícia, com base em indícios obtidos por interceptações telefônicas, tenha efetivado a apreensão do material entorpecente antes que o investigado efetivamente o recebesse.** Inicialmente, registre-se que o tipo penal em análise é de ação múltipla ou conteúdo variado, pois apresenta várias formas de violação da mesma proibição, bastando, para a consumação do crime, a prática de uma das ações ali previstas. Nesse sentido, a Segunda Turma do STF (HC 71.853-RJ, DJ 19/5/1995) decidiu que a modalidade de tráfico "adquirir" completa-se no instante em que ocorre a avença entre comprador e vendedor. De igual forma, conforme entendimento do STJ, incide no tipo penal, na modalidade "adquirir", o agente que, embora sem receber a droga, concorda com o fornecedor quanto à coisa, não havendo necessidade, para a configuração do delito, de que se efetue a tradição da droga adquirida, pois que a compra e venda se realiza pelo consenso sobre a coisa e o preço (REsp 1.215-RJ, Sexta Turma, DJ 12/3/1990). Conclui-se, pois, que a negociação com aquisição da droga e colaboração para seu transporte constitui conduta típica, encontrando-se presente a materialidade do crime de tráfico de drogas. ***STJ, HC 212.528-SC, Rel. Min. Nefi Cordeiro, julgado em 1º/9/2015, DJe 23/9/2015. 6ª T. (Info 569).***

3. QUESTÕES DE CONCURSOS

1. **(FUNIVERSA/PC-GO/Papiloscopista/2015 – adaptada)** Com a entrada em vigor da Lei nº 11.343/2006, houve descriminalização (*abolitio criminis*) da conduta de porte de substância entorpecente para consumo pessoal.

2. **(FCC/TJ-GO/Juiz de Direito/2015 – adaptada)** De acordo com a Lei de Drogas, a pena de prestação de serviços à comunidade, no caso de condenação por posse de droga para consumo pessoal, pode ser aplicada pelo prazo máximo de dez meses, se reincidente o agente.

3. **(FUNIVERSA/SAPeJUS/Agente de Segurança/2015 – adaptada)** Para determinar se a droga destina-se a consumo pessoal, o juiz deverá atender à natureza, à quantidade da substância apreendida, ao local e às condições em que se desenvolveu a ação; a lei veda expressamente que as circunstâncias pessoais e os antecedentes do agente sejam levados em consideração para tais fins.

4. **(VUNESP/PC-CE/Inspetor de Polícia/2015 – adaptada)** A Lei nº 11.343/06 (Drogas) estabelece que o artigo 28 dessa Lei não mais prevê pena corporal para o usuário de drogas e não mais considera crime a conduta de quem é surpreendido usando drogas.

5. **(VUNESP/PC-CE/Inspetor de Polícia/2015 – adaptada)** A Lei nº 11.343/06 (Drogas) estabelece que a conduta daquele que semeia ou cultiva plantas que constituam matéria prima para a preparação de drogas, sem autorização legal, não caracteriza crime regulado por essa Lei, mas sim crime ambiental.

6. **(CESPE/PC-PE/Delegado de Polícia/2016 – adaptada)** Segundo o STJ, configura crime consumado de tráfico de drogas a conduta consistente em negociar, por telefone, a aquisição de entorpecente e disponibilizar veículo para o seu transporte, ainda que o agente não receba a mercadoria, em decorrência de apreensão do material pela polícia, com o auxílio de interceptação telefônica.

7. **(CESPE/PC-PE/Delegado de Polícia/2016)** Se determinada pessoa, maior e capaz, estiver portando certa quantidade de droga para consumo pessoal e for abordada por um agente de polícia, ela

a) estará sujeita à pena privativa de liberdade, se for reincidente por este mesmo fato.

b) estará sujeita à pena privativa de liberdade, se for condenada a prestar serviços à comunidade e, injustificadamente, recusar a cumprir a referida medida educativa.

c) estará sujeita à pena, imprescritível, de comparecimento a programa ou curso educativo.

d) poderá ser submetida à pena de advertência sobre os efeitos da droga, de prestação de serviço à comunidade ou de medida educativa de comparecimento a programa ou curso educativo.

e) deverá ser presa em flagrante pela autoridade policial.

8. **(MPE-PR/Promotor de Justiça/2019)** Considerando os crimes previstos na Lei Antidrogas (Lei n. 11.343/06), analise as assertivas abaixo e assinale a alternativa:

I – Dentre as penas previstas para quem adquirir, guardar, tiver em depósito, transportar ou trouxer consigo, para consumo pessoal, drogas sem autorização ou em desacordo com determinação legal ou regulamentar está a pena de prestação pecuniária.

II - Quem adquirir, guardar, tiver em depósito, transportar ou trouxer consigo, para consumo pessoal, drogas sem autorização ou em desacordo com determinação legal ou regulamentar poderá ser submetido à pena de prestação de serviços comunitários pelo prazo máximo de seis meses.

III – Em caso de reincidência, a pena de prestação de serviços comunitários e de medida educativa de comparecimento a programa ou curso educativo, para quem adquirir, guardar, tiver em depósito, transportar ou trouxer consigo, para consumo pessoal, drogas sem autorização ou em desacordo com determinação legal ou regulamentar poderão ser aplicadas pelo prazo máximo de dez meses.

IV – Prescrevem em dois anos a imposição e a execução das penas previstas para quem adquirir, guardar, tiver em depósito, transportar ou trouxer consigo, para consumo pessoal, drogas sem autorização ou em desacordo com determinação legal ou regulamentar.

a) Todas as alternativas estão corretas.

b) Todas as alternativas estão incorretas.

c) Apenas a alternativa II está incorreta.

d) Apenas as alternativas III e IV estão incorretas.

e) Apenas as alternativas I e II estão incorretas.

GAB	1	2	3	4	5	6	7	8
	E	C	E	E	E	C	D	E

Art. 29. Na imposição da medida educativa a que se refere o inciso II do § 6º do art. 28, o juiz, atendendo à reprovabilidade da conduta, fixará o número de dias-multa, em quantidade nunca inferior a 40 (quarenta) nem superior a 100 (cem), atribuindo depois a cada um, segundo a capacidade econômica do agente, o valor de um trinta avos até 3 (três) vezes o valor do maior salário mínimo.

Parágrafo único. Os valores decorrentes da imposição da multa a que se refere o § 6º do art. 28 serão creditados à conta do Fundo Nacional Antidrogas.

1. COMENTÁRIOS

1.1. Considerações iniciais

Conforme salientamos, nos comentários ao art. 28, a multa prevista no § 6º daquele artigo não possui caráter de pena, mas sim de medida coercitiva, a ser imposta em caso de descumprimento de pena. Além disto, antes da imposição da pena de multa é imprescindível que tenha havido um descumprimento anterior, para o qual há previsão da medida coercitiva de admoestação verbal. Para evitar indevidas repetições, remetemos o(a) leitor(a) aos comentários ao art. 28, em especial ao tópico relativo às medidas coercitivas.

1.2. Fixação do valor da multa

No art. 29, que ora se comenta, o legislador estabelece os critérios para fixação do montante da medida coercitiva de multa. Conforme se depreende da literalidade legislativa, a pena será estabelecida em duas fases:

a) fixação da quantidade de dias-multa: inicialmente, será estipulada a quantidade de dias-multa, que pode variar entre 40 (quarenta) e 100 (cem). Para a fixação da quantidade de dias-multa, não se leva em consideração a capacidade econômica do condenado, mas sim a reprovabilidade da sua conduta. Esta conduta aqui não diz respeito à prática do crime, mas sim à relutância em cumprir as penas que lhe foram impostas. É necessário recordar que a multa aqui tratada não é uma pena, mas sim uma medida coercitiva aplicada em caso de descumprimento de pena. A mensuração da reprovabilidade, portanto, diz respeito a esta conduta, consistente no descumprimento da pena que foi anteriormente imposta.

b) quantificação do dia-multa: em um segundo momento, deve o julgador mensurar o valor de cada dia-multa, entre os patamares de 1/30 (um trinta avos) do salário mínimo e 3 (três) salários mínimos. Nesse momento, será levada em consideração a capacidade econômica do condenado.

A fixação do valor da multa aproxima-se do Código Penal, no que tange à existência de duas fases. Contudo, não se pode deixar de perceber que os patamares para fixação da medida coercitiva de multa são bastante distintos dos patamares para a fixação da pena de multa, seja no Código Penal, seja na própria Lei de Drogas (em crimes como o tráfico, por exemplo). Senão vejamos:

a) Código Penal: a quantidade de dias-multa pode variar de 10 (dez) a 360 (trezentos e sessenta). O valor de cada dia-multa, por sua vez, varia de 1/30 (um trinta avos) do salário mínimo a 5 (cinco) salários mínimos. Em se mostrando insuficiente, tendo em vista a capacidade econômica do condenado, este valor pode ser elevado ao triplo.

b) Lei de Drogas: para os crimes que não consistem em infração penal de menor potencial ofensivo, contidos entre os arts. 33 e 39, os patamares de variação da quantidade de dias-multa são mais consideráveis do que aqueles contidos no Código Penal. Basta ver, por exemplo, que o crime de tráfico (art. 33) possui uma pena que varia de 500 (quinhentos) a 1.500 (mil e quinhentos) dias-multa. No que se refere à segunda fase da imposição da pena, que corresponde à fixação do valor de cada dia-multa, há uma variação idêntica à do Código

Penal, isto é, 1/30 (um trinta avos) do salário mínimo a 5 (cinco) salários mínimos, conforme artigo 43, abaixo comentado.

O parágrafo único deste art. 43 estabelece que: "As multas, que em caso de concurso de crimes serão impostas sempre cumulativamente, podem ser aumentadas até o décuplo se, em virtude da situação econômica do acusado, considerá-las o juiz ineficazes, ainda que aplicadas no máximo". Como se vê, diversamente do que ocorre no Código Penal, aqui, o julgador pode elevar a pena ao décuplo.

1.3. Destinação do valor da multa

Consoante o parágrafo único do art. 29, os valores arrecadados com a medida coercitiva de multa serão creditados à conta do FUNAD – Fundo Nacional Antidrogas. Há, aqui, mais uma distinção em relação ao Código Penal, pois nessa última legislação, os valores provenientes da pena de multa são destinadas ao FUPEN – Fundo Penitenciário.

Art. 30. Prescrevem em 2 (dois) anos a imposição e a execução das penas, observado, no tocante à interrupção do prazo, o disposto nos arts. 107 e seguintes do Código Penal.

1. COMENTÁRIOS

1.1. Considerações iniciais

Prescrição é a perda do poder de punir do Estado pelo decurso do tempo. Em nosso ordenamento jurídico, somente são considerados imprescritíveis o racismo e a ação de grupos armados, civis ou militares, contra a ordem constitucional e o Estado Democrático. Todas as demais infrações penais se submetem ao decurso do prazo prescricional.

Este instituto se divide em prescrição da pretensão punitiva – que corresponde à perda do poder de o Estado aplicar a pena ao agente – e prescrição da pretensão executória, que é a perda do poder de o Estado executar a pena que já foi aplicada, mediante sentença transitada em julgado. Os marcos temporais para o cômputo do prazo prescricional estão contidos no art. 109 do Código Penal.

1.2. Prazo prescricional

Até o advento da Lei nº 12.234/10, o menor prazo prescricional previsto era de 2 (dois) anos, para os crimes com pena inferior a 1 (um) ano. Com a entrada em vigor dessa legislação, foi conferida nova redação ao art. 109 do Código Penal, que passa a dispor que o menor prazo prescricional é de 3 (três) anos, para os crimes estes mesmos crimes. Como se vê, sob a ótica do Código Penal, o prazo prescricional adota como paradigma o tempo de pena privativa de liberdade previsto. Ocorre que, no crime de porte de drogas para consumo pessoal, não há previsão de pena privativa de liberdade. Por esta razão, o art. 30 da Lei de Drogas previu expressamente o prazo prescricional para este tipo de crime, estipulando um patamar de 2 (dois) anos.

Como se percebe, o advento da Lei nº 12.234/10 em nada influiu no cômputo da prescrição para o crime de porte de drogas para consumo pessoal. E isto, seja porque a Lei de Drogas é especial, devendo prevalecer sobre lei geral (*Lex specialis derogat generalis*), seja porque os parâmetros empregados pelo art. 109 do Código Penal não se aplicam ao art. 28 da Lei nº 11.343/06, que não traz a previsão de pena privativa de liberdade.

1.3. Marcos interruptivos

O prazo prescricional está sujeito à suspensão e à interrupção. Esta, aliás, é uma das características que o diferenciam do prazo decadencial, que não se submete à marcos suspensivos ou interruptivos. O art. 30 da Lei nº 11.343/06, sob exame, nada dispõe sobre a suspensão da prescrição, e determina que, quanto à interrupção do prazo prescricional, devem ser observados os arts. 107 e seguintes do Código Penal.

A remissão feita ao Código Penal é inapropriada, pois o artigo que dispõe sobre a interrupção da prescrição é o 117, e não o art. 107. Aliás, o art. 107 não trata da prescrição senão de forma muito pontual, pois este artigo traz as hipóteses de causa extintiva de punibilidade, dentre as quais se encontra, justamente, a prescrição. Mas nada se diz em relação a prazo prescricional, muito menos a regras relacionadas à suspensão ou prescrição.

De toda sorte, essa alusão feita pela Lei de Drogas ao Código Penal é despicienda, porquanto o código já se aplica subsidiariamente à legislação especial. Nos termos do art. 12, CP: "As regras gerais deste Código aplicam-se aos fatos incriminados por lei especial, se esta não dispuser de modo diverso". Em relação ao prazo prescricional para o crime de porte de drogas para consumo pessoal, a Lei de Drogas destoa do Código Penal, ao trazer um lapso temporal de dois anos. Em relação às demais matérias que dizem respeito à prescrição, todavia, não há disposição em sentido diverso do Código ou em qualquer outro sentido. Por isso, devemos entender que não apenas as regras atinentes à interrupção do prazo prescricional são aplicáveis, mas também aquelas que dizem respeito à suspensão, ao início da contagem do prazo, à redução dos prazos de prescrição, etc.

De toda sorte, não será demasiado salientar que, consoante o art. 117 do Código Penal, "O curso da prescrição interrompe-se: a) pelo recebimento da denúncia ou da queixa; b) pela pronúncia; c) pela decisão confirmatória da pronúncia; d) pela publicação da sentença ou acórdão condenatórios recorríveis; e) pelo início ou continuação do cumprimento da pena; f) pela reincidência.

2. QUESTÕES DE CONCURSOS

1. **(FCC/TJ-RR/Juiz de Direito/2015 – adaptada)** Segundo a lei antidrogas, é de dois anos o prazo de prescrição do crime de posse de droga para consumo pessoal, não se observando as causas interruptivas previstas no Código Penal.

2. **(FUNCAB/PC-PA/Delegado de Polícia/2016 – adaptada)** O crime previsto no art. 28 da lei especial tem prazo prescricional fixado em dois anos.

3. **(VUNESP/TJ-SP/Juiz de Direito/2018 – adaptada)** Em se tratando de "posse de droga para consumo pessoal", previsto no artigo 28, da Lei n° 11.343/2006, os lapsos prescricionais tanto da pretensão punitiva quanto da executória são de 2 (dois) anos, reduzidos da metade se o agente, ao tempo do crime, era menor de 21 (vinte e um) anos, ou, na data da sentença, maior de 70 (setenta) anos.

GAB	1	2	3
	E	E	E

▸TÍTULO IV – DA REPRESSÃO À PRODUÇÃO NÃO AUTORIZADA E AO TRÁFICO ILÍCITO DE DROGAS

▸CAPÍTULO I – DISPOSIÇÕES GERAIS

Art. 31. É indispensável a licença prévia da autoridade competente para produzir, extrair, fabricar, transformar, preparar, possuir, manter em depósito, importar, exportar, reexportar, remeter, transportar, expor, oferecer, vender, comprar, trocar, ceder ou adquirir, para qualquer fim, drogas ou matéria-prima destinada à sua preparação, observadas as demais exigências legais.

Parágrafo único. Pode a União autorizar o plantio, a cultura e a colheita dos vegetais referidos no *caput* deste artigo, exclusivamente para fins medicinais ou científicos, em local e prazo predeterminados, mediante fiscalização, respeitadas as ressalvas supramencionadas.

1. COMENTÁRIOS

O art. 31 da Lei nº 11.343/06 inaugura o quarto Título, destinado à repressão à produção não autorizada e ao tráfico ilícito de drogas. Em que pese o art. 28, acima comentado, que dispõe sobre o porte de drogas para consumo pessoal ter natureza criminal, está inserto no Título anterior da Lei, que se destina a enfatizar atividades preventivas ao uso drogas e à reinserção dos usuários e dependentes de tais substâncias.

O dispositivo legal em apreço ratifica a proibição de drogas em todo o território nacional, já presente no art. 2º da mesma Lei. E, uma vez mais, ratifica a possibilidade de obtenção de licença prévia para as inúmeras condutas que dizem respeito a drogas ou matéria-prima destinada à sua preparação. A Lei faz menção à autoridade competente para a concessão da licença prévia. Atualmente, é a Secretaria de Vigilância Sanitária do Ministério da Saúde, conforme art. 2º da Portaria SVS/MS nº 344, de 12 de maio de 1998.

Conforme se extrai dos termos da legislação, é necessário que a licença seja prévia. Não há a possibilidade, portanto, de se praticar a conduta e, posteriormente, obter-se uma licença que afaste a tipicidade. Em casos que tais, a sanção penal se impõe. A propósito, além da afirmação categórica do artigo que ora se comenta, a Portaria nº 344/98 é expressa ao dispor, em seu art. 2º, § 4º, que: "As atividades mencionadas no *caput* deste artigo somente poderão ser iniciadas após a publicação da respectiva Autorização Especial no Diário Oficial da União".

No art. 31, fica claro que a tipicidade somente seria afastada com a licença prévia da autoridade competente. Nesse diapasão, importante chamar a atenção para o fato de que não importa a finalidade da droga; seja para consumo, seja para o comércio ou fornecimento gratuito, entre outras hipóteses, a ausência da licença prévia para praticar as condutas que envolvam drogas darão ensejo aos crimes previstos na Lei nº 11.343/06. Basta perceber que o art. 31 emprega a expressão "para qualquer fim".

Regra geral, a existência de autorização legal ou regulamentar para as condutas excluiria a ilicitude do fato, por força do exercício regular de direito (art. 23, CP). Ocorre exercício regular de direito quando o fato típico praticado pelo autor é autorizado pelo ordenamento jurídico. Por essa razão, reiteramos que, grosso modo, a existência de uma autorização legal ou regulamentar constitui exercício regular de direito, excludente de ilicitude.

Nos tipos penais da Lei de Drogas, todavia, em sua imensa maioria, os tipos penais trazem a expressão "sem autorização legal ou regulamentar". Assim, o legislador traz para o próprio tipo penal a necessidade de ausência da referida autorização. Por isso, resta-nos concluir que, havendo a licença prévia da autoridade competente para a prática das condutas relativas às drogas ou à matéria-prima destinada a sua preparação, não estaremos diante de um fato típico cuja ilicitude fora excluída, mas sim diante de um fato atípico, pois as condutas não se amoldariam ao modelo incriminador descrito na Lei penal.

Art. 32. As plantações ilícitas serão imediatamente destruídas pelo delegado de polícia na forma do art. 50-A, que recolherá quantidade suficiente para exame pericial, de tudo lavrando auto de levantamento das condições encontradas, com a delimitação do local, asseguradas as medidas necessárias para a preservação da prova. (Redação dada pela Lei nº 12.961, de 2014)

§ 1º (Revogado). (Redação dada pela Lei nº 12.961, de 2014)

§ 2º (Revogado). (Redação dada pela Lei nº 12.961, de 2014)

§ 3º Em caso de ser utilizada a queimada para destruir a plantação, observar-se-á, além das cautelas necessárias à proteção ao meio ambiente, o disposto no Decreto nº 2.661, de 8 de julho de 1998, no que couber, dispensada a autorização prévia do órgão próprio do Sistema Nacional do Meio Ambiente – Sisnama.

§ 4º As glebas cultivadas com plantações ilícitas serão expropriadas, conforme o disposto no art. 243 da Constituição Federal, de acordo com a legislação em vigor.

1. COMENTÁRIOS

1.1. Considerações iniciais

O art. 32 trata de questões atinentes à destruição das plantações ilícitas, levadas a cabo pelo delegado de polícia. Diversamente do que ocorre em alguns crimes em que o objeto material do tipo pode ser aproveitado de algum modo – seja com a perda do objeto para a União, seja com a restituição ao proprietário ou a terceiro de boa-fé – na Lei nº 11.343/06, o objeto material das condutas é, regra geral, a própria droga ou a matéria-prima destinada à preparação da droga. Não há aproveitamento válido para esse material, razão pela qual a legislação em vigor impõe a destruição, seja da droga seja da plantação correlata.

Mais do que conveniente, é necessário que essa destruição seja célere, pois acondicionamento da droga traz consigo uma série de problemas tais como a dificuldade de espaço para armazenamento e a precariedade no controle desse estoque. Por fim, se o laudo de constatação traz a comprovação de que se trata de droga ou – como no caso do artigo em comento – já resta provado que a plantação é de substância ilícita, não há necessidade alguma de se demorar na destruição, preservando-se o material sem qualquer necessidade.

É óbvio que cabe às autoridades públicas reservar uma quantidade do material para a realização do exame pericial, elemento de prova de suma importância em casos como esse. Mas nada obsta que já se proceda à destruição da droga ou das plantações ilícitas antes da conclusão da instrução processual penal.

1.2. Destruição das plantações ilícitas

O art. 32 trata, especificamente, da destruição das plantações ilícitas, e não da própria droga. Diz respeito, destarte, à matéria-prima para a preparação das substâncias que causam dependência. Este artigo sofreu alterações, provenientes da Lei nº 12.961, do dia 07 de abril de 2014. O objetivo dessa Lei foi trazer um tratamento mais minucioso em relação ao procedimento para destruição da droga ou das plantações ilícitas.

Conforme se extrai da leitura do art. 32, em se tratando de plantações ilícitas, a destruição é imediata, e levada a cabo pelo delegado de polícia. Não há, portanto, necessidade de autorização judicial, muito menos de oitiva do Ministério Público. Demais disso, não há a necessidade de a destruição ser realizada na presença de membro do *Parquet* ou da autoridade sanitária. Não devemos confundir: se disser respeito à destruição da droga, aí sim, haverá a necessidade de autorização judicial, mediante prévia oitiva do promotor de justiça, assegurando-se sua presença e de representante da autoridade sanitária na destruição (para maiores detalhes, remetemos os leitores aos comentários aos arts. 50 e 50-A).

Em se tratando, porém, de plantações ilícitas, tudo isso é desnecessário. Há, contudo, a necessidade de o procedimento ser capitaneado pelo delegado de polícia. Desse modo, se policiais militares ou agentes da Polícia Civil ou Federal encontram uma plantação como essa, devem acionar o delegado de polícia, para que proceda à determinação da destruição. Neste caso, deve a autoridade policial cercar-se de cautelas para resguardar-se na certeza de que se trata de plantações ilícitas.

Uma vez destruída a plantação ilícita, é óbvio que o proprietário não fará jus a qualquer tipo de indenização. E esse raciocínio se aplica independentemente da existência ou não de crime. Dizemos isso porque pode ocorrer, por exemplo, de o proprietário ter uma plantação ilícita sem que soubesse de que se tratavam as plantas. Nesse caso, há um erro (falsa percepção da realidade) em relação a uma circunstância fática que constitui elementar do tipo. Esse erro de tipo exclui o dolo da conduta, e como não existe crime consistente no plantio ilícito em sua modalidade culposa, a conduta será atípica. A atipicidade da conduta impossibilita uma condenação criminal do proprietário, mas, independentemente disso, a destruição da plantação ilícita se impõe, razão pela qual não há que se falar em indenização de qualquer natureza.

Tratamento diverso nós teríamos se o proprietário tivesse a licença prévia da autoridade competente para o plantio (*vide* comentários ao art. 31, acima). Neste caso, a destruição da plantação, por determinação da autoridade policial, ensejaria a possibilidade de o proprietário obter uma indenização do Estado. No caso, imprescindível recordar que a responsabilidade civil do Estado é objetiva, razão pela qual não há necessidade de se aferir se a autoridade policial atuou com dolo ou culpa.

A destruição da droga apreendida faz-se por incineração (art. 50-A). Não há previsão expressa para a forma de destruição das plantações ilícitas. O § 3º do art. 32 apenas chama a atenção para as cautelas ambientais que hão de ser adotadas em caso de destruição por meio de queimada. Não há, todavia, necessidade de autorização prévia do SISNAMA – Sistema Nacional do Meio Ambiente. Sem embargo, se a destruição das plantações ilícitas dispensa a autorização judicial, justamente, por força da emergência que rodeia a questão, não faria qualquer sentido exigir-se a autorização do órgão ambiental.

A ausência de autorização do órgão ambiental, contudo, não afasta a obrigação de o delegado de polícia respeitar o Decreto nº 2.661/98, que estabelece normas de precaução relativas ao emprego do fogo em práticas agropastoris e florestais. Não seria razoável, por exemplo, que, com intuito de proceder à destruição das plantações ilícitas atuasse de forma atabalhoada, produzindo um incêndio de magnânimas proporções em área de preservação ambiental.

1.3. Lei nº 12.961/2014

A Lei nº 12.961, do dia 04 de abril de 2014, dispõe sobre destruição de plantações ilícitas e drogas apreendidas, e promoveu algumas alterações em dispositivos da Lei nº 11.343/06, dentre os quais este art. 32. Há algumas alterações sem maior relevância prática, tal como a substituição, no *caput*, da expressão "autoridade de polícia" pela expressão "delegado de polícia".

A alteração mais substancial ao art. 32 foi a revogação dos seus dois primeiros parágrafos. O § 1º asseverava que "A destruição de drogas far-se-á por incineração, no prazo máximo de 30 (trinta) dias, guardando-se as amostras necessárias à preservação da prova". Por seu turno, dispunha o § 2º que: "A incineração prevista no § 1º deste artigo será precedida de autorização judicial, ouvido o Ministério Público, e executada pela autoridade de polícia judiciária competente, na presença de representante do Ministério Público e da autoridade sanitária competente, mediante auto circunstanciado e após a perícia realizada no local da incineração".

Inicialmente, devemos chamar atenção para o fato de que a novel legislação promove uma alteração relevante, na medida em que deixa a cargo do art. 32 para tratar exclusivamente da destruição das plantações ilícitas. Com efeito, a redação anterior do artigo era demasiadamente confusa, pois tratava da destruição de plantações ilícitas no *caput* e no § 3º, ao passo em que regulamentava a destruição da droga nos §§ 1º e 2º.

E qual o inconveniente desse tratamento conjunto? É que, como podemos perceber, os procedimentos em tela são substancialmente distintos, sobretudo porque a destruição das plantações ilícitas, diferentemente do que ocorre com o procedimento de destruição das drogas, não depende de autorização judicial.

De toda sorte, a Lei nº 12.691/2014 acrescentou à Lei nº 11.343/06 o art. 50-A, que determina que a destruição de drogas apreendidas sem a ocorrência de prisão em flagrante será feita por incineração, no prazo máximo de 30 (trinta) dias contado da data da apreensão, guardando-se amostra necessária à realização do laudo definitivo. Neste procedimento, o juiz deve certificar a regularidade do laudo de constatação da droga e determinar a destruição das drogas apreendidas, guardando-se amostra necessária à realização do laudo definitivo. A destruição das drogas será executada pelo delegado de polícia competente na presença do Ministério Público e da autoridade sanitária. Em caso de prisão em flagrante, o procedimento de destruição das drogas é regido pelo art. 50, com prazos distintos.

Assim, em resumo, muito do que constava dos §§ 1º e 2º passou a constar do art. 50-A, incluído pela Lei nº 12.691/14. Resta claro que temos, então, quatro procedimentos distintos, para a destruição das plantações ilícitas e das drogas.

a) Destruição de plantações ilícitas (art. 32): realizada pelo delegado de polícia, independentemente de autorização judicial ou oitiva do Ministério Público. Na realização da destruição, não há a presença do membro do MP ou da autoridade sanitária. Em caso de ser utilizada a queimada para destruir a plantação, observar-se-á, além das cautelas necessárias à proteção ao meio ambiente, o disposto no Decreto nº 2.661, de 8 de julho de 1998,

b) Destruição das drogas apreendidas, sem prisão em flagrante (art. 50-A): será feita por incineração, no prazo máximo de 30 (trinta) dias contado da data da apreensão, guardando-se amostra necessária à realização do laudo definitivo. Neste procedimento, o juiz deve certificar a regularidade do laudo de constatação da droga e determinar a destruição das drogas apreendidas, guardando-se amostra necessária à realização do laudo definitivo. A destruição das drogas será executada pelo delegado de polícia, na presença do membro do Ministério Público e da autoridade sanitária.

c) Destruição das drogas apreendidas, com prisão em flagrante (art. 50): Recebida cópia do auto de prisão em flagrante, o juiz, no prazo de 10 (dez) dias, certificará a regularidade formal do laudo de constatação e determinará a destruição das drogas apreendidas, guardando-se amostra necessária à realização do laudo definitivo. A destruição das drogas será executada pelo delegado de polícia competente no prazo de 15 (quinze) dias na presença do Ministério Público e da autoridade sanitária.

d) Destruição das amostras utilizadas no exame de constatação definitivo (art. 72): Após a realização do laudo de constatação preliminar da droga, o juiz determina sua destruição (art. 50 ou art. 50-A, a depender da existência ou não de prisão em flagrante), e a permanência de uma pequena amostra para a realização do laudo definitivo. A destruição dessas amostras ocorre após o encerramento do processo penal ou arquivamento do inquérito policial. É determinada pelo juiz, de ofício, mediante representação do delegado de polícia ou a requerimento do Ministério Público.

1.4. Expropriação de glebas

1.4.1. Procedimento

O § 4º ratifica o disposto no art. 243 da Constituição Federal, que prevê a expropriação de propriedades rurais e urbanas de qualquer região do País onde forem localizadas culturas ilegais de plantas psicotrópicas. Estas propriedades devem ser destinadas à reforma agrária e a programas de habitação popular, sem qualquer tipo de indenização ao proprietário, e sem prejuízo das demais sanções possíveis, como as penas previstas na Lei nº 11.343/06.

O procedimento expropriatório é regulamentado pela Lei nº 8.257, de 26 de novembro de 1991. A União deverá propor a ação de expropriação na Justiça Federal, devendo o juiz determinar a citação dos expropriados, no prazo de cinco dias, nomeando, desde já, o perito, que terá o prazo de 8 (oito) dias para a entrega do laudo. O prazo para contestação e indicação de assistentes técnicos será de 10 (dez) dias, a contar da data da juntada do mandado de citação aos autos. O Juiz determinará audiência de instrução e julgamento – para a qual cada parte poderá arrolar até 5 (cinco) testemunhas – a ser realizada no prazo de 15 (quinze) dias, a contar da data da contestação. Encerrada a instrução, o Juiz prolatará a sentença em cinco dias, e, após o trânsito em julgado da sentença expropriatória, o imóvel será incorporado ao patrimônio da União,

Antes do encerramento da instrução, o juiz poderá imitir, liminarmente, a União na posse do imóvel expropriando, garantindo-se o contraditório pela realização de audiência de justificação. Ainda no que concerne ao aspecto procedimental, conforme a Lei nº 8.257/91, a expropriação prevalecerá sobre direitos reais de garantia, não se admitindo embargos de terceiro, fundados em dívida hipotecária, anticrética ou pignoratícia.

Nos termos da Lei nº 8.257/91, as glebas expropriadas são destinadas, especificamente, ao assentamento de colonos, para o cultivo de produtos alimentícios e medicamentosos, mas se, após o trânsito em julgado da sentença, não puder ter em 120 (cento e vinte) dias essa destinação, ficará incorporada ao patrimônio da União, reservada, até que sobrevenham as condições necessárias àquela utilização.

Nada obsta o ajuizamento da ação expropriatória, que possui natureza cível, independentemente de haver trânsito em julgado no processo criminal em que se apura, por exemplo, a prática de condutas equiparadas ao tráfico de drogas. Ademais, cabe salientar que o fato de propriedade constituir bem de família não obsta a expropriação de que aqui se trata. Como cediço, a instituição do bem de família é uma importante ferramenta para a proteção de um patrimônio mínimo do devedor. Contudo, não pode ser utilizado como instrumento de blindagem à lei penal. Ocorrendo o crime, portanto, não há dúvidas de que a expropriação deve ser realizada.

1.4.2. Extensão da expropriação e responsabilidade do proprietário

O Supremo Tribunal Federal possui consolidado entendimento no sentido de que a expropriação recai sobre toda a propriedade, e não apenas sobre a parcela relativa à área em que estão as plantações ilícitas. Essa expropriação está em consonância com a determinação constitucional (art. 243, CF), e não constitui afronta aos princípios da proporcionalidade e do devido processo legal[23].

Discussão relevante diz respeito à possibilidade de expropriação de bem ante a ausência de dolo ou culpa do proprietário da gleba. Note-se que não se questiona, no ponto, a responsabilidade na seara penal. Como cediço, a responsabilidade penal objetiva é proscrita pelo nosso ordenamento jurídico, não havendo que se falar em possibilidade de condenação sem que reste demonstrada a existência do elemento subjetivo (dolo ou culpa). No caso dos crimes relacionados ao cultivo de plantações ilícitas, não há, sequer, a previsão legislativa de modalidade dolosa, razão pela qual somente será possível uma condenação se estiver presente o dolo do agente.

Mas, no caso em tela, discute-se a possibilidade de expropriação da terra, e não da condenação penal. Em suma, basta imaginar a situação em que um trabalhador rural efetua uma plantação de *cannabis sativa* (maconha) em terras de propriedade do seu patrão. Após a conclusão da instrução processual, tendo sido demonstrada a existência do dolo do empregado e a ausência de dolo do empregador/proprietário, que não sabia da plantação, haverá a condenação criminal daquele; mas, e em relação à propriedade rural? Será possível a expropriação. É esta a grande indagação que ainda gera polêmica na jurisprudência.

23. STF, RE 543.974/MG, Rel. Min. Eros Grau, julgado em: 26/03/2009.

De nossa parte, acreditamos não ser possível a expropriação sem que se demonstre, ao menos, que o proprietário agiu de forma culposa. É certo que na esfera extrapenal a responsabilidade objetiva é acolhida em uma considerável gama de situações. Não nos parece razoável, todavia, que a perda da propriedade resulte de situação em que a pessoa, sequer, tenha faltado com o dever objetivo de cuidado. Por outras palavras, a ausência de culpa consiste na constatação de que o proprietário não apenas não teve a intenção (dolo direto) ou assumiu o risco (dolo eventual) de ocorrência da plantação ilícita; mais que isso, ele adotou todas as cautelas necessárias (ausência de culpa) para que o fato não ocorresse. Imputar-lhe responsabilidade, ainda que extrapenal, em casos que tais, afronta de forma indelével o direito constitucional de propriedade (art. 5º, *caput,* CF), além do princípio da proporcionalidade.

Todavia, o tema, como já mencionamos, é polêmico na nossa jurisprudência. A 1ª Turma do Superior Tribunal de Justiça já teve oportunidade de decidir pela responsabilidade objetiva do proprietário em caso como este[24]. Por sua vez, a 2º turma, do mesmo Tribunal, ao enfrentar a matéria, adotou o entendimento no sentido de que a discussão não poderia ser objeto de cognição de recurso especial, porquanto pressupõe interpretação e aplicação do art. 243 da Constituição Federal, e não apenas da Lei nº 8.257/91[25].

No âmbito do Supremo Tribunal Federal, foi reconhecida a repercussão geral, no dia 27 de maio de 2011, no Recurso Extraordinário nº 635.336, que trata da natureza da responsabilidade (objetiva ou subjetiva) em caso de expropriação de terras com cultivo ilícito de plantas psicotrópicas. A matéria, portanto, pende de uma decisão definitiva por parte do STF.

2. QUESTÕES DE CONCURSOS

1. **(ACAFE/PC-SC/Delegado de Polícia/2014 – adaptada)** Em caso de ser utilizada a queimada para destruir plantação ilícita, observar-se-á, além das cautelas necessárias à proteção ao meio ambiente, a indispensável e prévia autorização do órgão próprio do Sistema Nacional do Meio Ambiente – Sisnama.

2. **(FUNCAB/PC-PA/Delegado de Polícia/2016 – adaptada)** A destruição de plantações ilícitas não pode se dar de forma imediata pelo Delegado de Polícia, exigindo-se autorização judicial para tal.

3. **(CESPE/DPF/Delegado de Polícia Federal/2018)** Em diligência com o objetivo de combater o tráfico internacional de entorpecentes, policiais federais localizaram uma plantação de maconha, onde encontraram equipamentos utilizados para embalar a droga. No local, foram apreendidos dinheiro e veículos e foram presas cinco pessoas que se encontravam na posse dos bens e cuidavam da plantação. Nessa situação hipotética, independentemente de autorização judicial, a autoridade policial deverá proceder de forma a garantir a imediata destruição da plantação — que poderá ser queimada —, devendo preservar apenas quantidade suficiente da droga para a realização de perícia.

GAB	1	2	3
	E	E	C

24. STJ, REsp 498.742/PE, Rel. Min. José Delgado, julgado em 16/09/2003.
25. STJ, REsp 478.474/PE, Rel. Min. Eliana Calmon, julgado em 15/06/2004.

▸CAPÍTULO II – DOS CRIMES

Art. 33. Importar, exportar, remeter, preparar, produzir, fabricar, adquirir, vender, expor à venda, oferecer, ter em depósito, transportar, trazer consigo, guardar, prescrever, ministrar, entregar a consumo ou fornecer drogas, ainda que gratuitamente, sem autorização ou em desacordo com determinação legal ou regulamentar:

Pena – reclusão de 5 (cinco) a 15 (quinze) anos e pagamento de 500 (quinhentos) a 1.500 (mil e quinhentos) dias-multa.

1. COMENTÁRIOS

1.1. Considerações iniciais

O tipo penal relativo ao tráfico de drogas é de ação múltipla (ou de conteúdo variado), um tipo penal misto alternativo, o que equivale dizer que a realização de mais de uma conduta dentro de um mesmo contexto fático, em relação ao mesmo objeto material, constitui crime único. Por essa razão, o agente que, por exemplo, importa a droga, e, após recebê-la, a transporta, guarda, expõe à venda e entrega a consumo, realiza inúmeras condutas descritas no art. 33; no entanto, cometeu apenas um crime de tráfico de drogas.

Naturalmente, devemos chegar a outra conclusão se as condutas estão em contextos fáticos distintos, recaindo sobre objeto material diverso (mais de um carregamento de droga, por exemplo). Assim, quando há provas de que o traficante recebe diuturnamente drogas, estamos diante de um caso de continuidade delitiva, devendo incidir a regra de exasperação da pena prevista no art. 71 do nosso Código Penal.

O art. 33 caracteriza-se como uma norma penal em branco, pois seu preceito primário depende de uma complementação, idônea a delimitar a conceituação da expressão "droga". Como sabemos, essa norma penal em branco é heterogênea, pois este complemento é dado por um ato infralegal: a portaria SVS/MS nº 344/98. Para maiores detalhes sobre o tema norma penal em branco, remetemos o(a) leitor(a) aos comentários realizados ao art. 28 da presente Lei.

O tipo penal descreve 18 (dezoito) condutas típicas:

Importar: consiste em fazer com que a droga ingresse regularmente no Brasil. Pode se dar por qualquer meio, tal como via aérea, marítima, terrestre, correios, etc. Haverá a consumação do crime quando o produto efetivamente está no território nacional, no que devemos incluir o mar territorial e o espaço aéreo nacional. Por este motivo, quando o agente é encontrado com droga em aeroporto ou porto nacional, o crime já está consumado. Em tese é possível a tentativa, mas de difícil ocorrência, pois a tentativa de importação, provavelmente já é antecedida da consumação de outra conduta (ex.: adquirir, transportar, trazer consigo, guardar, etc.).

Exportar: consiste em levar a droga para fora do país. Da mesma forma que ocorre com a importação, o ato de exportar também pode se realizar pelos mais variados meios. Ocorrerá a consumação quando a droga, efetivamente, sair do território nacional.

Remeter: pressupõe o deslocamento da droga, dentro do território nacional. Ocorre a consumação quando o agente se desfaz da droga, enviando-a, independentemente da chegada da droga ao seu destinatário.

Preparar: traduz a ideia de combinação de substâncias para a elaboração da droga.

Produzir: equivale a criar, gerar, fazer surgir, originar. Na produção da droga, não há, apenas, combinação de substâncias, como na preparação.

Fabricar: é a produção em escala, confecção por meio industrial.

Adquirir: traduz a ideia de obter, conseguir. Trata-se da obtenção da posse ou propriedade da droga, seja a título oneroso ou gratuito. Nesta modalidade de conduta, o crime é instantâneo, isto é, ocorre a consumação de forma imediata, com a simples aquisição da droga.

Vender: trata-se da alienação da droga a título oneroso. Há, portanto, comércio, em que o traficante cede a droga em troca de contraprestação pecuniária, que pode estar traduzida em dinheiro ou outro bem de valor econômico. Não há necessidade de efetiva tradição da droga, pois a venda se consuma no momento da perfectibilização do acordo de vontades.

Expor à venda: traz a ideia de exibir a droga para os interessados na aquisição onerosa.

Oferecer: significa apresentar a droga para eventuais interessados.

Ter (em depósito): traduz a ideia de manter armazenado, conservar em determinado local. No geral, também há a ideia de clandestinidade, ocultação, muito embora não seja imprescindível, pois o depósito pode, em certos casos, ser exposto ao público. Nesta modalidade de conduta, o crime é permanente.

Transportar: traduz a ideia de deslocar a droga, levando-a de um local para outro. Para a caracterização do crime, pouco importa qual é a forma de transporte da droga. Contudo, em geral, diferencia-se da quinta conduta ("trazer consigo") pelo fato de que, nessa última, a droga é conduzida junto ao corpo do agente, ao passo que, no transporte, ela está, por exemplo, acondicionada no veículo automotor. Nesta modalidade de conduta, o crime é permanente.

Trazer (consigo): traduz a ideia de transportar a droga junto ao corpo, ou em compartimento que é carregado pelo próprio agente (ex.: bolsa, mochila, etc.). Nesta modalidade de conduta, o crime é permanente.

Guardar: traduz a ideia de acondicionar, conservar, ocultar, proteger, tomar conta, ter sob vigilância, em geral de forma clandestina. Nesta modalidade de conduta, o crime é permanente, isto é, a ação do agente se protrai no tempo.

Prescrever: equivale a receitar. Trata-se de crime que somente pode ser praticado por profissional que possui aptidão para receitar medicações, tais como médicos e dentistas. Se ocorrer a prescrição culposa, haverá a consumação do crime do art. 38.

Ministrar: significa introduzir a substância no organismo da pessoa. Da mesma forma que ocorre com o verbo "prescrever", ministrar a droga é conduta que somente pode ser praticada por profissional de saúde ministrar de forma culposa também dará ensejo ao crime do art. 38 da Lei de Drogas.

Entregar (a consumo): pressupõe a tradição da droga.

Fornecer: traz a ideia de uma entrega continuada, durante certo lapso de tempo.

1.2. Crime equiparado a hediondo

Conforme o art. 5º, XLIII da Constituição Federal: "lei considerará crimes inafiançáveis e insuscetíveis de graça ou anistia a prática da tortura, o tráfico ilícito de entorpecentes e drogas afins, o terrorismo e os definidos como crimes hediondos, por eles respondendo os mandantes, os executores e os que, podendo evitá-los, se omitirem". Como já mencionamos, muito embora a Constituição se reporte ao crime de tráfico ilícito de entorpecentes e drogas afins, a Lei nº 11.343/06, que, atualmente, trata do tema, faz menção à expressão "drogas", adequando a legislação nacional aos tratados e Convenções Internacionais.

O entendimento majoritário na doutrina e jurisprudência nacionais é no sentido de que devem ser equiparados a hediondos os crimes previstos no art. 33, *caput* e § 1º, bem como nos arts. 34, 36 e 37 da Lei de Drogas. Esta tese é reforçada pelo art. 44 da própria Lei de Drogas, que dispõe: "Os crimes previstos nos artigos. 33, *caput* e § 1º, e 34 a 37 desta Lei são inafiançáveis e insuscetíveis de sursis, graça, indulto, anistia e liberdade provisória, vedada a conversão de suas penas em restritivas de direitos". E no seu parágrafo único: "Nos crimes previstos no *caput* deste artigo, dar-se-á o livramento condicional após o cumprimento de dois terços da pena, vedada sua concessão ao reincidente específico". Existe, portanto, uma propensão legislativa a considerar os crimes mencionados como merecedores de uma maior reprovabilidade.

O tratamento conferido a tais crimes pela Lei de Drogas é, sob alguns aspectos, até mais gravoso do que aquele conferido pela Lei de Crimes Hediondos. É o caso, por exemplo, da proibição de conversão da pena privativa de liberdade em pena restritiva de direitos, posteriormente declarada inconstitucional pelo STF[26]. Deve ser feita a ressalva, porém, ao crime do art. 35 da Lei de Drogas. Sem embargo, a jurisprudência tem rechaçado a ideia de que o crime de associação para o tráfico está enquadrado no rol dos crimes equiparados a hediondo[27].

Os demais artigos mencionados dizem respeito diretamente à prática do tráfico (financiamento, colaboração, etc.). Assim, os criminosos seriam enquadrados no crime de tráfico, como autores ou partícipes, caso não houvesse disposição legislativa específica. Já no crime de associação, não. A associação para o tráfico é um crime autônomo, como é o crime de associação criminosa (art. 288, CP) em relação aos demais crimes eventualmente praticados.

Ainda no que tange ao crime de tráfico, merece destaque o fato de que o tráfico "privilegiado" (a despeito desta terminologia, consagrada em sede jurisprudencial, trata-se, em verdade, de mera causa de diminuição de pena, prevista no § 4º, do art. 33, da Lei de Drogas) não é mais considerado crime equiparado hediondo, conforme entendimento do STF. Basta perceber que, no crime de homicídio "privilegiado", as causas de diminuição de pena dizem respeito às intenções do agente, ao passo que a causa de diminuição de pena do tráfico ocorre quando o agente é primário, de bons antecedentes, não se dedica a outras atividades criminosas e não integra organização criminosa.

26. Remetemos o(a) leitor(a) aos comentários ao art. 33, § 4º.

27. STJ, AgRg no AREsp 337.384/MG, Rel. Min. Maria Thereza de Assis Moura, julgado em 11/03/2014.

1.3. Sujeitos

Qualquer pessoa pode ser sujeito ativo do crime, razão pela qual se trata de crime comum. A exceção fica por conta dos verbos "prescrever" e "ministrar", que somente podem ser realizados por profissional de saúde devidamente habilitado, tais como médicos. Em relação a esta conduta, portanto, estamos diante de crime próprio, pois é exigida uma qualidade especial do agente.

Este entendimento é largamente consagrado em doutrina, mas não se pode deixar de anotar que há quem entenda que apenas o verbo "prescrever" constituiria crime próprio, pois qualquer pessoa poderia "ministrar" a droga[28]. Com a devida vênia, em se tratando de conduta que há de ser praticada por profissional da área, o agente que inocular substância entorpecente no organismo de outra pessoa poderá ser punida pelo crime de tráfico, mas por força da realização de outras condutas, devidamente descritas no art. 33, *caput*.

Sujeito passivo do crime é a coletividade.

1.4. Objetos

Objeto jurídico (bem jurídico tutelado) do crime é a saúde pública.

Objeto material (pessoa ou coisa sobre a qual recai a conduta criminosa) é a própria droga, entendida como a substância que causa dependência e está devidamente especificada na Portaria SVS/MS nº 344/98.

Como já referido em comentários anteriores, trata-se de norma penal em branco (o preceito primário do tipo, que define as condutas criminosas é incompleto) heterogênea (o complemento ao preceito primário é um ato infralegal).

1.5. Elemento subjetivo

Elemento subjetivo é o dolo, entendido como a vontade consciente de praticar qualquer das 18 (dezoito) condutas constantes do *caput* do art. 33. Diversamente do que ocorre com o crime de porte de drogas para consumo pessoal, no crime de tráfico não há que se falar em elemento subjetivo específico (especial finalidade no agir). Assim, muito embora a imensa maioria dos casos de tráfico de drogas seja praticada por agentes que objetivam o lucro proveniente do comércio da droga, essa intenção não é imprescindível à caracterização do crime.

Não há previsão do crime de tráfico de drogas em sua modalidade culposa.

Se as condutas "prescrever" e "ministrar" forem praticadas em sua modalidade culposa, teremos o crime do art. 38 ("Prescrever ou ministrar, culposamente, drogas, sem que delas necessite o paciente, ou fazê-lo em doses excessivas ou em desacordo com determinação legal ou regulamentar"). Se as demais condutas forem realizadas em sua modalidade culposa, estaremos diante de fatos atípicos.

28. Nesse sentido, LIMA, Renato Brasileiro de. *Ob. cit.*, p. 725.

1.6. Consumação e tentativa

O crime se consuma com a realização de qualquer das condutas contidas no *caput* do art. 33. Dentre essas condutas, algumas constituem crime instantâneo (ex.: "adquirir", "vender", "prescrever", "ministrar", "fornecer", etc.); outras constituem crime permanente ("transportar", "trazer consigo", "guardar", "ter em depósito", etc.), isto é, a conduta se protrai no tempo.

Naturalmente, quando o tráfico constitui crime permanente, é possível efetuar a prisão em flagrante, enquanto não cessar a permanência, nos termos do art. 303 do Código de Processo Penal ("Nas infrações permanentes, entende-se o agente em flagrante delito enquanto não cessar a permanência"). Obviamente, em se tratando de situação apta à caracterização do flagrante, possível a violação domiciliar.

A tentativa do crime é possível, mas, pela quantidade de condutas trazidas no tipo, de difícil ocorrência. Essa dificuldade resulta do fato de que, muitos atos preparatórios ou executórios de uma conduta, já constituem consumação de outra. Por exemplo, o agente que tenta "vender", provavelmente já consumou a conduta "expor à venda", "preparar", "produzir" ou "adquirir". Mas é possível vislumbrar a tentativa, por exemplo, em relação à conduta "adquirir".

1.7. Ação penal

A ação penal é pública incondicionada

1.8. Flagrante preparado, esperado e forjado

a) Flagrante preparado

Ocorre o chamado flagrante preparado (ou provocado) quando a iniciativa de praticar o crime não é do criminoso. Em verdade, ele é induzido (por um particular ou policial) a praticar o crime e, neste momento, é preso. É um crime que não teria sido sequer tentado, se não fosse o estímulo proveniente do agente provocador. Por sua vez, este agente provocador não apenas induz a pessoa à prática criminosa, como, ademais, adota cautelas de modo a evitar a sua consumação. Ex.: Um policial disfarçado se reporta a alguém, que ele sabe ser traficante, e diz que quer comprar droga. Se o traficante não possui droga alguma e vai buscar em algum lugar para entregar ao policial, o flagrante é preparado, pois o traficante não praticaria este crime se não tivesse sido provocado pelo policial.

E qual a consequência do flagrante preparado? Quem responde é o STF, por meio do Enunciado nº 145 da súmula de sua jurisprudência, nos seguintes termos:

> ***Súmula nº 145/STF***: "Não há crime, quando a preparação do flagrante pela polícia torna impossível a sua consumação".

Trata-se, portanto, de crime impossível e, portanto, o flagrante é ilícito (se não há crime, não pode haver flagrante). Não custa lembrar que a definição de crime impossível consta do art. 17 do Código Penal, nos seguintes termos: "Não se pune a tentativa quando, por ineficácia absoluta do meio ou por absoluta impropriedade do objeto, é impossível consumar-se o crime".

Como se percebe, a partir da leitura da súmula do Supremo, é necessário que estejam presentes dois requisitos: a preparação e a impossibilidade de consumação do crime, haja vista a absoluta ineficácia do meio. Por esta razão, é óbvio que, ainda que exista um agente provocador, se o crime chegar a se consumar, estaremos diante de um caso em que não se pode, em hipótese alguma, falar em crime impossível.

No que concerne, especificamente, ao crime de tráfico de drogas, devemos recordar que se trata de um tipo penal misto alternativo, constituído, portanto, de múltiplas condutas, sendo certo que a preparação de uma conduta já poderá constituir consumação de alguma outra. Assim, por exemplo, perceba que, no exemplo citado acima, se a droga já estivesse em poder do traficante, quando o agente provocador solicita, o crime já estaria consumado (antes da intervenção do policial), o que desnaturaria o flagrante preparado. Tratar-se-ia de flagrante legítimo.

b) Flagrante esperado

Diversamente do flagrante preparado, ocorre o flagrante esperado quando o responsável pela prisão acredita que o crime ocorrerá e aguarda o momento oportuno para efetuar o flagrante. Assim, se, por exemplo, por meio das investigações, os policiais descobrem que um carregamento de drogas está a caminho (fato que poderia ser descoberto, por exemplo, por meio da interceptação telefônica do traficante, devidamente autorizada pelo magistrado), e aguardam o momento propício para prender em flagrante. Como se vê, não existe a figura do agente provocador, isto é, não há uma pessoa (particular ou policial) estimulando a prática do crime.

Trata-se de um flagrante plenamente lícito.

c) Flagrante forjado

Flagrante forjado é aquele armado, realizado com a finalidade de incriminar uma pessoa inocente. É uma modalidade ilícita de flagrante, em que o verdadeiro criminoso é o agente forjador, que pratica o crime de denunciação caluniosa (art. 399, CP), e, sendo agente público, o de abuso de autoridade (Lei nº 4.898/1965), sem prejuízo de, a depender do caso, responder por crime mais grave.

1.9. Insignificância

Conforme asseveramos, ao abordarmos o crime de porte de drogas para consumo pessoal (remetemos os leitores aos comentários ao art. 28 dessa Lei), a incidência do princípio da insignificância para aquele crime tem sido rechaçada em sede doutrinária, muito embora existam alguns precedentes do Supremo Tribunal Federal reconhecendo tal possibilidade. No que concerne ao crime de tráfico de drogas, porém, há um entendimento absolutamente consolidado no sentido da sua inadmissibilidade[29].

Dentre os argumentos para se repudiar a insignificância no crime de tráfico de drogas, independentemente da quantidade de droga apreendida, encontra-se não apenas a gravidade do crime, que é equiparada a hediondo, mas também o fato de se tratar de crime de perigo abstrato. Conforme já comentamos (*vide* art. 28), se o perigo é presumido em lei, a quantidade de droga seria indiferente para que se concretizasse tal situação de perigo de lesão ao bem jurídico saúde pública.

29. STF, HC 88.820/BA, Rel. Min. Sepúlveda Pertence, julgado em 05/12/2006. No âmbito do STJ, HC 104.158/SP, Rel. Min. Maria Thereza de Assis Moura, julgado em 27/09/2011.

1.10. Pena

Para o crime de tráfico de drogas, o art. 33 da Lei nº 11.343/06 previu uma pena de reclusão de 5 (cinco) a 15 (quinze) anos e pagamento de 500 (quinhentos) a 1.500 (mil e quinhentos) dias-multa. Trata-se de uma pena substancialmente mais acentuada do que a prevista no art. 12 da Lei nº 6.368/76, antiga Lei de Drogas. No dispositivo revogado, a pena prevista era de reclusão de 03 (três) a 12 (doze) anos, além do pagamento de multa, que variava de 50 (cinquenta) a 360 (trezentos e sessenta) dias-multa.

O confronto entre a pena atual e aquela prevista na Lei revogada corrobora o que temos dito desde o início dos comentários a esta Lei: a atual legislação de drogas atenuou o tratamento penal dado ao usuário de drogas e recrudesceu a reprimenda conferida ao traficante. Para o traficante, portanto, é uma lei mais gravosa (*novatio legis in pejus*), razão pela qual não pode retroagir para alcançar fatos praticados anteriormente a ela.

Obviamente, não se pode olvidar que há condutas descritas no art. 33 que constituem crime permanente, e, por isso, pode ter ocorrido de uma dessas condutas haver se iniciado sob a égide da Lei anterior, e findar-se quando já em vigor a Lei atual. Em casos como este, naturalmente, a Lei atual se aplica, independentemente de ser a mais grave. Nesse sentido, consoante o teor da súmula nº 711 do STF:

> ***Súmula nº 711/STF***: "A lei penal mais grave aplica-se ao crime continuado ou ao crime permanente, se a sua vigência é anterior à cessação da continuidade ou da permanência".

1.10.1. Multa

Chama a atenção a quantidade, na atual Lei Antidrogas, a gravidade da pena de multa prevista para os crimes, a começar pelo tráfico. A disparidade em relação a outras legislações e, em especial, ao Código Penal, é gritante.

No Código Penal, a quantidade de dias-multa pode variar de 10 (dez) a 360 (trezentos e sessenta) e o valor de cada dia-multa, por sua vez, varia de 1/30 (um trinta avos) do salário mínimo a 5 (cinco) salários mínimos. Em se mostrando insuficiente, tendo em vista a capacidade econômica do condenado, este valor pode ser elevado ao triplo. Por sua vez, na Lei nº 11.343/06, o tráfico de drogas possui uma pena que varia de 500 (quinhentos) a 1.500 (mil e quinhentos) dias-multa. No que se refere à segunda fase da imposição da pena, que corresponde à fixação do valor de cada dia-multa, há uma variação idêntica à do Código Penal, isto é, 1/30 (um trinta avos) do salário mínimo a 5 (cinco) salários mínimos, conforme art. 43, abaixo comentado.

O parágrafo único deste art. 43 estabelece que: "As multas, que em caso de concurso de crimes serão impostas sempre cumulativamente, podem ser aumentadas até o décuplo se, em virtude da situação econômica do acusado, considerá-las o juiz ineficazes, ainda que aplicadas no máximo". Como se vê, diversamente do que ocorre no Código Penal, aqui, o julgador pode elevar a pena ao décuplo.

Em caso de inadimplemento, a multa será convertida em dívida de valor, devendo a sua cobrança ser efetuada pela Procuradoria da Fazenda, em uma Vara de Execução Fiscal.

2. SÚMULAS E JURISPRUDÊNCIA

- **Súmula nº 711, STF:** A lei penal mais grave aplica-se ao crime continuado ou ao crime permanente, se a sua vigência é anterior à cessação da continuidade ou da permanência.

✦ *SUPREMO TRIBUNAL FEDERAL*

- **PUREZA DA DROGA E DOSIMTERIA DA PENA. O grau de pureza da droga é irrelevante para fins de dosimetria da pena.** Essa a conclusão da Segunda Turma, que indeferiu a ordem em "habeas corpus" impetrado em favor de denunciado pela suposta prática do crime descrito no art. 33, "caput", c/c o art. 40, I e III, todos da Lei 11.343/2006. A defesa sustentava que deveria ser realizado laudo pericial a aferir a pureza da droga apreendida, para que fosse possível verificar a dimensão do perigo a que exposta a saúde pública, de modo que a reprimenda fosse proporcional à potencialidade lesiva da conduta. A Turma entendeu ser desnecessário determinar a pureza do entorpecente. De acordo com a lei, preponderam apenas a natureza e a quantidade da droga apreendida para o cálculo da dosimetria da pena. ***STF, HC 132909/SP, rel. Min. Cármen Lúcia, 15.3.2016. 2ª T. (Info 818)***

- **INVIOLABILIDADE DE DOMICÍLIO E FLAGRANTE DELITO.** A entrada forçada em domicílio sem mandado judicial só é lícita, mesmo em período noturno, quando amparada em fundadas razões, devidamente justificadas "a posteriori", que indiquem que dentro da casa ocorre situação de flagrante delito, sob pena de responsabilidade disciplinar, civil e penal do agente ou da autoridade, e de nulidade dos atos praticados. Essa a orientação do Plenário, que reconheceu a repercussão geral do tema e, por maioria, negou provimento a recurso extraordinário em que se discutia, à luz do art. 5º, XI, LV e LVI, da Constituição, a legalidade das provas obtidas mediante invasão de domicílio por autoridades policiais sem o devido mandado de busca e apreensão. O acórdão impugnado assentara o caráter permanente do delito de tráfico de drogas e mantivera condenação criminal fundada em busca domiciliar sem a apresentação de mandado de busca e apreensão. A Corte asseverou que o texto constitucional trata da inviolabilidade domiciliar e de suas exceções no art. 5º, XI ("a casa é asilo inviolável do indivíduo, ninguém nela podendo penetrar sem consentimento do morador, salvo em caso de flagrante delito ou desastre, ou para prestar socorro, ou, durante o dia, por determinação judicial"). Seriam estabelecidas, portanto, quatro exceções à inviolabilidade: a) flagrante delito; b) desastre; c) prestação de socorro; e d) determinação judicial. A interpretação adotada pelo STF seria no sentido de que, se dentro da casa estivesse ocorrendo um crime permanente, seria viável o ingresso forçado pelas forças policiais, independentemente de determinação judicial. Isso se daria porque, por definição, nos crimes permanentes, haveria um interregno entre a consumação e o exaurimento. Nesse interregno, o crime estaria em curso. Assim, se dentro do local protegido o crime permanente estivesse ocorrendo, o perpetrador estaria cometendo o delito. Caracterizada a situação de flagrante, seria viável o ingresso forçado no domicílio. Desse modo, por exemplo, no crime de tráfico de drogas (Lei 11.343/2006, art. 33), estando a droga depositada em uma determinada casa, o morador estaria em situação de flagrante delito, sendo passível de prisão em flagrante. Um policial, em razão disso, poderia ingressar na residência, sem autorização judicial, e realizar a prisão. Entretanto, seria necessário estabelecer uma interpretação que afirmasse a garantia da inviolabilidade da casa e, por outro lado, protegesse os agentes da segurança pública, oferecendo orientação mais segura sobre suas formas de atuação. Nessa medida, a entrada forçada em domicílio, sem uma justificativa conforme o direito, seria arbitrária. Por outro lado, não seria a constatação de situação de flagrância, posterior ao ingresso, que justificaria a medida. Ante o que consignado, seria necessário fortalecer o controle "a posteriori", exigindo dos policiais a demonstração de que a medida fora adotada mediante justa causa, ou seja, que haveria elementos para caracterizar a suspeita de que uma situação a autorizar o ingresso forçado em domicílio estaria presente. O modelo probatório, portanto, deveria ser o mesmo da busca e apreensão domiciliar – apresentação de "fundadas razões", na forma do art. 240, § 1º, do CPP –, tratando-se de exigência modesta, compatível com a fase de obtenção de provas. Vencido o Ministro Marco Aurélio, que provia o recurso por entender que não estaria configurado, na espécie, o crime permanente. *STF, RE 603616/RO, rel. Min. Gilmar Mendes, 4 e 5.11.2015. (Info 806)*

- **TRÁFICO DE DROGAS E LIBERDADE PROVISÓRIA.** A Primeira Turma concedeu a ordem de "habeas corpus" para deferir o benefício da liberdade provisória do paciente com dispensa do pagamento de fiança e imediata expedição do competente alvará de soltura, ressalvada, se cabível, a imposição de medidas cautelares do art. 319 do CPP. Na espécie, o paciente fora preso em flagrante pela suposta prática do delito de tráfico de drogas (Lei 11.343/2006, art. 33) e fora beneficiado com a concessão da liberdade provisória mediante o pagamento de fiança. Ocorre que, em virtude do não recolhimento da fiança – e exclusivamente por essa razão – o paciente permaneceria preso. A Turma reputou ser injusto e desproporcional condicionar a expedição do respectivo alvará de soltura ao recolhimento da fiança. Ademais, enfatizou que não tendo o paciente condições financeiras de arcar com o valor da fiança, tendo em vista ser assistido pela Defensoria Pública, o que pressuporia sua hipossuficiência, nada justificaria a imposição da prisão cautelar. *STF, HC 129474/PR, rel. Min. Rosa Weber, 22.9.2015. 1ª T. (Info 800)*

- **GRAVIDEZ E PRISÃO PREVENTIVA.** A Constituição assegura às presidiárias condições para que possam permanecer com seus filhos durante o período da amamentação e enfatiza a proteção à maternidade e à infância. Com base nessa orientação, a Segunda Turma concedeu a ordem em "habeas corpus" para revogar a prisão preventiva decretada. Na espécie, a paciente fora presa em flagrante pela suposta prática do delito descrito no art. 33 da Lei 11.343/2006. Grávida de sete meses, ela fora recolhida a uma penitenciária desprovida de estrutura física para acolhimento de presas nessa condição. A Turma reputou que a prisão provisória decretada em desfavor da paciente não atendera aos requisitos do art. 312 do CPP, especialmente no que diz respeito à indicação de elementos concretos que, ao momento da decretação, fossem imediatamente incidentes a ponto de justificar a constrição. Asseverou, ainda, que não se poderia olvidar que a paciente estaria em estágio avançado de gravidez [CPP: "Art. 318. Poderá o juiz substituir a prisão preventiva pela domiciliar quando o agente for: ... IV – gestante a partir do 7º (sétimo) mês de gravidez ou sendo esta de alto risco"]. *STF, HC 128381/SP, rel. Min. Gilmar Mendes, 9.6.2015. 2ª T. (Info 789)*

- **TRÁFICO TRANSNACIONAL DE DROGAS. AFASTAMENTO DA CAUSA ESPECIAL DE REDUÇÃO DE PENA. FUNDAMENTAÇÃO INIDÔNEA. RESTABELECIMENTO DA SENTENÇA CONDENATÓRIA QUE CONCEDEU O BENEFÍCIO NA FRAÇÃO DE 1/3. PRECEDENTES.**

  1. A não aplicação da minorante prevista no § 4º do art. 33 da Lei 11.343/2006 pressupõe a demonstração pelo juízo sentenciante da existência de um conjunto probatório apto a afastar pelo menos um dos critérios, que são autônomos, descritos no preceito legal: (a) primariedade; (b) bons antecedentes; (c) não dedicação a atividades criminosas; e (d) não integração à organização criminosa. Nesse juízo, não se pode ignorar que a norma em questão tem a clara finalidade de apenar com menor grau de intensidade quem pratica de modo eventual as condutas descritas no art. 33, caput e § 1º, em contraponto ao agente que faz do crime o seu modo de vida, o qual, evidentemente, não goza do referido benefício (cf. justificativa ao Projeto de Lei 115/2002 apresentada à Comissão de Constituição e Justiça e de Redação).

  2. No caso, o Tribunal de apelação afastou a referida minorante com base em argumentos genéricos e teóricos, desprovidos de qualquer elemento contido nos autos, senão no fato de a paciente ter sido condenada pela prática do crime de tráfico transnacional de drogas. Por outro lado, a sentença condenatória afirmou, de forma segura, a inexistência de prova apta a justificar a negativa da causa de diminuição.Precedentes.

  3. Ordem parcialmente concedida.

  STF, HC 124022, Rel. Min. TEORI ZAVASCKI, 2ª T., j. 24/03/2015. (Info 781)

- **DIREITO INTERNACIONAL PÚBLICO. EXTRADIÇÃO INSTRUTÓRIA. GOVERNO DO URUGUAI. REQUISITOS LEGAIS PREENCHIDOS. DEFERIMENTO.**

  1. A extradição requer o preenchimento dos requisitos legais extraídos a contrario sensu do art. 77 da Lei nº 6.815/80, bem assim que sejam observadas as disposições contidas em tratado específico.

  2. O extraditando não logrou comprovar, perante a Justiça Federal, ser filho de brasileira, por essa razão teve indeferido o pedido de opção de nacionalidade; via de consequência, resta afastado o óbice atinente à proibição de extraditar brasileiro nato, previsto no art. 5º, inc. LI, c/c art. 12, inc. I, alínea c, da Constituição Federal.

3. O pedido está instruído com os documentos necessários à sua análise, como mandado de prisão expedido por juiz competente, contendo a narração dos fatos, indicação de local e datas, e com os textos legais sobre o crime, a pena e sua prescrição.

4. A circunstância de o extraditando possuir família brasileira não constitui óbice ao deferimento do pedido, consoante a Súmula nº 421/STF, verbis: "NÃO IMPEDE A EXTRADIÇÃO A CIRCUNSTÂNCIA DE SER O EXTRADITANDO CASADO COM BRASILEIRA OU TER FILHO BRASILEIRO."

5. O crime de tráfico de entorpecentes tipificado no artigo 31 do Decreto-Lei nº 14.294, do Uruguai, possui correspondente no art. 33 da Lei nº 11.343/2006, por isso que se encontra satisfeito o requisito da dupla tipicidade.

6. O Uruguai é competente para julgar o extraditando, visto que os fatos ocorreram em seu território, precisamente na cidade de Rivera, entre 01/06/2010 e 17/05/2013.

7. A legislação uruguaia prevê pena de até 10 (dez) anos de prisão e prazo prescricional de 10 (anos) após a data do fato (art. 117, § 1º, "c" do Código Penal), além de que a ordem de prisão expedida em 21/09/2012 constitui causa interruptiva da prescrição, ex vi do art. 120 do mesmo Código, a evidenciar a ausência da referida causa extintiva da punibilidade.

8. A prescrição também não ocorreu segundo a legislação brasileira, que comina pena em abstrato máxima de 15 anos para o crime de tráfico de drogas (art. 33 da Lei nº 11.343/2006) e correspondente prazo prescricional de 20 anos (art. 109, inc. I, do Código Penal).

9. Extradição deferida, devendo o Estado requerente formalizar o compromisso de detrair de eventual pena o tempo de prisão preventiva cumprido no Brasil para fins de extradição. Consigna-se ainda a ressalva prevista no art. 89, c/c art. 67 da Lei nº 6.815/80, visto que o extraditando responde a processo no Brasil.

STF, Ext 1340, Rel. Min. LUIZ FUX, 1ª T., j. 03/03/2015, (Info 779)

▸ **RECURSO EXCLUSIVO DA DEFESA: REDUÇÃO DA PENA E "REFORMATIO IN PEJUS".** Ante o empate na votação, a 2ª Turma concedeu a ordem em "habeas corpus" impetrado em favor de condenada pelo crime do art. 33, c/c o art. 40, I, da Lei 11.343/2006. No caso, a sentença de 1º grau impusera-lhe a pena de 7 anos e 9 meses de reclusão. Após apelação interposta pela defesa, dera-se parcial provimento ao recurso, para reduzir a reprimenda para 6 anos e 5 meses de reclusão. Alegava-se que a 2ª instância teria incorrido em "reformatio in pejus", pois, não obstante o total da pena tivesse sido reduzido, o tribunal fixara a pena-base em patamar superior ao estabelecido anteriormente. A Turma registrou que a quantidade da pena fixada não seria o único efeito a permear a condenação, e que o rearranjo da pena-base – levado a efeito quando do exame de recurso exclusivo da defesa – poderia provocar, por exemplo, o agravamento do regime inicial de reprimenda. Seria vedado ao tribunal agravar, qualitativa ou quantitativamente, a sanção imposta. O STF, no entanto, admitiria que, em hipóteses como essa, fosse dada nova definição jurídica ao fato delituoso, desde que não agravada a pena ou não piorada, de alguma forma, a situação do apelante. No caso, embora, ao final, o cálculo da pena tivesse resultado em número inferior, o tribunal reconhecera em desfavor da paciente circunstâncias não firmadas na sentença. Aparentemente sem prejuízo prático para a condenada, a decisão reconhecera vetoriais negativas outrora inexistentes, o que configuraria prejuízo e constrangimento ilegal. Assim, seria necessário realizar nova dosimetria, mantidos, quanto à pena-base, os termos definidos em 1º grau. Os Ministros Teori Zavascki (relator) e Cármen Lúcia indeferiam a ordem. Entendiam que, ainda que em recurso exclusivo da defesa, o efeito devolutivo da apelação permitiria a revisão de toda a matéria e, portanto, dos critérios de fixação da pena, respeitados os limites da acusação e da prova produzida. Se, ao final, a pena fosse reduzida, não haveria que se falar em "reformatio in pejus". *STF, HC 103310/SP, rel. orig. Min. Teori Zavascki, red. p/ o acórdão Min. Gilmar Mendes, 3.3.2015. 2ª T. (Info 776)*

▸ **DOSIMETRIA DA PENA: CIRCUNSTÂNCIAS JUDICIAIS, PENA-BASE E PROPORCIONALIDADE.** Ante a ilegalidade na fixação da pena-base, estabelecida acima do mínimo legal, a 2ª Turma, em conclusão de julgamento e por maioria, deu parcial provimento a recurso ordinário em "habeas corpus" e determinou o retorno dos autos à origem a fim de que fosse refeita a dosimetria da pena em relação a paciente condenado à pena de nove anos e seis meses de reclusão, pela prática do crime previsto no art. 33 da Lei 11.343/2006. A Turma aduziu que alguns aspectos destacados na dosimetria da pena não deveriam ser considerados como circunstâncias desfavoráveis. Aludiu que, apesar de a divisão da droga em frações (54 "trouxinhas") indicar potencial de alcançar grande número de usuários, seria preponderante, no caso dos autos, o fato de que a quantidade da droga seria pequena (7,1 gramas). Acrescentou que a utilização da própria residência como ponto de venda de drogas, por si só, não ensejaria uma maior reprovabilidade da conduta delituosa. Ademais, ressaltou que o juízo sentenciante incorrera em "bis in idem" ao utilizar o fato de o réu estar cumprindo pena por crime idêntico para apontar a personalidade voltada para o crime e, simultaneamente, considerá-lo como antecedente desfavorável. Por fim, destacou que o uso contumaz de drogas não poderia ser empregado como indicativo de necessidade de agravamento da reprimenda, visto que a conduta do usuário que vendesse drogas para sustentar o próprio vício seria menos reprovável do que a daquele que tivesse contato com as drogas apenas com intuito de lucro. Vencidos os Ministros Ricardo Lewandowski e Cármen Lúcia, que negavam provimento ao recurso por considerar que a fixação da pena acima do mínimo legal não se mostrara juridicamente desproporcional. *STF, RHC 122469/MS, rel. orig. Min. Cármen Lúcia, red. p/ o acórdão Min. Celso de Mello, 16.9.2014. 2ª T. (Info 759)*

- **DOSIMETRIA E FUNDAMENTAÇÃO IDÔNEA.** Em conclusão de julgamento, a 2ª Turma, por maioria, deferiu habeas corpus para determinar ao magistrado de primeiro grau que efetue nova dosimetria, a afastar, além da circunstância relativa à consequência do crime "mal causado pelo tóxico", também o motivo invocado – vontade de obter lucro fácil. No caso, ao majorar a pena-base, o juiz considerara que "a) os motivos que levaram à prática das infrações penais foram o egoísmo e o desejo de obter ganho fácil; b) as circunstâncias em que ocorreram as práticas criminosas foram graves, em razão da nocividade e expressiva quantidade de droga apreendida (quase 13 kg de cocaína); e c) as consequências são graves pelo mal causado aos consumidores" – v. Informativos 633 e 651. Concluiu-se que a circunstância judicial aludida ao "mal causado pelo tóxico", seria ínsita à conduta delituosa e estaria incorporada ao próprio tipo penal, a impossibilitar sua utilização como elemento hábil a proporcionar o recrudescimento da reprimenda, sob pena de bis in idem. Na mesma linha de entendimento, quanto à referência ao motivo do crime "ganho fácil", consignou-se que essa expressão apontada pelo magistrado para justificar o maior rigor no cálculo da pena já se encontraria embutida na conduta praticada – venda de drogas. Dessa forma, a comercialização ilícita de entorpecente teria sido, de imediato, a razão pela qual se dera a condenação do acusado, na forma do art. 33 da Lei 11.343/2006. Assim, o alegado intuito de "ganho fácil", por ser inerente a essa modalidade delitiva, não deveria ser validamente invocado para aumentar a reprimenda por implicar, também, bis in idem. Vencido, em parte, o Min. Gilmar Mendes, relator, que, concedia a ordem somente para afastar a fundamentação "mal causado pelo tóxico". Vencido, integralmente, o Min. Joaquim Barbosa, que indeferia o writ. *STF, HC 107532/SC, rel. orig. Min. Gilmar Mendes, red. p/ o acórdão Min. Ricardo Lewandowski, 8.5.2012. 2ª T. (Info 665)*

- **TRÁFICO DE DROGAS: NATUREZA PECUNIÁRIA DA PENA E COMPETÊNCIA.** Ante a peculiaridade do caso, especificamente no tocante à natureza pecuniária da sanção, a 2ª Turma deu parcial provimento a recurso ordinário em habeas corpus, para determinar que a Corte estadual, superada a questão relativa à possibilidade de substituição da reprimenda, prossiga no julgamento da apelação. O acórdão recorrido concedera, em parte, pedido de writ lá impetrado, a fim de restabelecer a sentença e determinar a substituição da pena privativa de liberdade imposta ao paciente, condenado pela prática do crime descrito no art. 33, *caput*, da Lei 11.343/2006, por restritivas de direitos. O STJ deixara de apreciar o pleito formulado pela defesa no que se referia ao abrandamento da prestação pecuniária fixada em primeiro grau, por entender que incidiria em indevida supressão de instância. Ressaltou-se – considerados inúmeros precedentes do STF – que, por se tratar de habeas corpus impetrado contra acórdão proferido em sede de apelação, o qual, em princípio, devolveria o conhecimento integral da causa, a competência originária para julgá-lo seria daquele Tribunal Superior, ainda quando o fundamento da impetração não houvesse sido aventado no recurso ordinário, nem dele se ocupado a decisão impugnada. No entanto, considerou-se que a especificidade da espécie recomendaria o retorno dos autos ao colegiado local. *STF, RHC 108439/DF, rel. Min. Ayres Britto, 20.3.2012. 2ª T. (Info 659)*

- **ARTIGOS 12 E 13 DA LEI 6.368/76.** Ante a inadequação da via eleita, a 1ª Turma extinguiu habeas corpus – porquanto substitutivo de recurso ordinário constitucional –, em que discutido se a condenação por tráfico de entorpecentes (Lei 6.368/76, art. 12) absorveria comportamento previsto no art. 13 do mesmo diploma. Ato contínuo, por maioria, concedeu-se, de ofício, a ordem para cassar a pena cominada ao paciente pelo crime do aludido art. 13, sem prejuízo do restante da condenação a ele imposta. Cuidar-se-ia de condenado – nas instâncias ordinárias –, em concurso formal, pela prática dos delitos dos artigos 12, 13 e 14 da lei de regência anterior. Explicitou-se que o paciente integrava grupo criminoso dedicado ao tráfico internacional de drogas, especificamente cocaína, e, em laboratório de refino, desta extrairia crack. Reputou-se que o writ trataria apenas de enquadramento jurídico. A par disso, avaliou-se que, na situação dos autos, o fabrico da droga (art. 13) estaria subsumido no delito do art. 12, que seria mais amplo. Dessa maneira, o legislador teria antecipado o momento consumativo do tráfico na modalidade de produção ou preparo de entorpecentes, ao tipificar mera conduta de "possuir ou guardar" máquinas ou instrumentos destinados a essa finalidade. Enfatizou-se que, na situação dos autos, o delito subsidiário seria aplicável somente quando não configurado o do art. 12. Por outro lado, advertiu-se ser possível, em outro contexto, haver a caracterização de ambos os crimes. Na sequência, pontuou-se que os dispositivos em questão guardariam similitude com os atuais artigos 33 e 34 da Lei 11.343/2006. Rematou-se haver duplo apenamento e, por fim, estendeu-se o benefício aos demais corréus condenados pelo delito do art. 13, caso, igualmente sancionados pelo art. 12. Vencido o Min. Marco Aurélio, que entendia não ser hipótese de deferimento da ordem de ofício, haja vista faltar ilegalidade evidente. Estimava, ainda, descaber a discutida absorção. Precedente citado: HC 100946/GO (DJe de 27.2.2012). *STF, HC 104633/SP, rel. Min. Rosa Weber, 11.9.2012. 1ª T. (Info 679)*

§ 1º Nas mesmas penas incorre quem:

I – importa, exporta, remete, produz, fabrica, adquire, vende, expõe à venda, oferece, fornece, tem em depósito, transporta, traz consigo ou guarda, ainda que gratuitamente, sem autorização ou em desacordo com determinação legal ou regulamentar, matéria-prima, insumo ou produto químico destinado à preparação de drogas;

II – semeia, cultiva ou faz a colheita, sem autorização ou em desacordo com determinação legal ou regulamentar, de plantas que se constituam em matéria-prima para a preparação de drogas;

III – utiliza local ou bem de qualquer natureza de que tem a propriedade, posse, administração, guarda ou vigilância, ou consente que outrem dele se utilize, ainda que gratuitamente, sem autorização ou em desacordo com determinação legal ou regulamentar, para o tráfico ilícito de drogas.

1. COMENTÁRIOS

O § 1º traz três tipos penais, distribuídos em três incisos, contendo condutas equiparadas ao crime de tráfico de drogas. Como se percebe, a partir da leitura dos incisos, a Lei procurou abranger condutas que não recaem diretamente sobre a própria droga, mas a objetos correlatos, tais como a matéria prima para sua elaboração, os insumos e produtos químicos destinados à preparação da droga (inciso I), as plantas destinadas à matéria-prima (inciso II) ou, ainda, os locais e bens utilizados para o tráfico de drogas (inciso III).

A grande controvérsia doutrinária diz respeito à questão atinente à configuração de concurso de crimes ou de crime único, quando o agente realiza alguma das condutas do art. 33, *caput* e mais alguma das condutas do § 1º. Basta imaginar, por exemplo, que o agente importa droga (art. 33, *caput*) e, também, produto químico destinado à preparação de mais droga (art. 33, § 1º, I). Neste caso, sendo certo que se trata do mesmo contexto fático, há crime único ou concurso formal de crimes?

Sobre o tema, sustentando tese minoritária em sede doutrinária, Guilherme Nucci assevera haver concurso de crimes[30]. O entendimento majoritário, é, realmente, no sentido de que as condutas enumeradas no § 1º do art. 33 constituem mero complemento dos tipos penais, razão pela qual, da mesma forma que a realização de mais de uma conduta descrita no *caput,* no mesmo contexto fático, daria ensejo a crime único, a realização de uma mais condutas previstas no *caput e no* § 1º, no mesmo contexto fático, também não poderia caracterizar concurso de crimes[31].

a) Inciso I: importa, exporta, remete, produz, fabrica, adquire, vende, expõe à venda, oferece, fornece, tem em depósito, transporta, traz consigo ou guarda, ainda que gratuitamente, sem autorização ou em desacordo com determinação legal ou regulamentar, matéria-prima, insumo ou produto químico destinado à preparação de drogas

As condutas descritas no tipo penal (para uma análise dos núcleos do tipo, remetemos os leitores aos comentários ao *caput* do art. 33) têm, como objeto material, a matéria-prima, insumo ou produto químico destinado à preparação de drogas. Conforme já tivemos a oportunidade de salientar, as drogas, substâncias que são aptas a causas dependência, estão enumeradas em rol taxativo na Portaria SVS/MS nº 344/98. a referida portaria não faz alusão aos objetos materiais do tipo penal em apreço (matéria-prima, insumo ou produto químico).

À vista disso, é imprescindível que se delimite com precisão o alcance de tais expressões, de modo a poder se caracterizar, na prática, a consumação do delito.

a) matéria-prima: é a substância a partir da qual podem ser extraídas ou produzidas a droga. Por exemplo, a folha de coca ou a planta da maconha (*cannabis sativa*).

b) insumo: traduz a ideia de um elemento que ingressa no processo de produção da droga. O insumo, em si, não constitui droga, mas é empregado na sua preparação. São exemplo o éter, a acetona, o ácido clorídrico, etc. Como se até as condutas relacionadas a insumos mais triviais, como a acetona, podem caracterizar o crime. Para tanto, obviamente, é imprescindível que exista a pretensão de destiná-la à preparação de droga.

c) produto químico: trata-se de uma substância química de qualquer natureza, utilizada na elaboração da droga.

b) Inciso II: semeia, cultiva ou faz a colheita, sem autorização ou em desacordo com determinação legal ou regulamentar, de plantas que se constituam em matéria-prima para a preparação de drogas

As condutas do tipo penal são:

Semear: traduz a ideia de deitar ou jogar sementes sobre a terra para que venham a germinar. Trata-se de crime instantâneo, pois a ação criminosa não se protrai no tempo.

Cultivar: consiste em trabalhar o solo para que produza condições de desenvolvimento das plantações. Nessa modalidade de conduta, o crime é permanente, pois a ação se prolonga no tempo.

---

30. NUCCI, Guilherme de Souza. *Ob. cit.*, p.

31. LIMA, Renato Brasileiro de. *Ob. cit.*, p. 731.

Fazer a colheita: diz respeito ao ato de recolher o que foi produzido pela planta. Trata-se de crime instantâneo.

Como vimos ao comentar o art. 28, a Lei nº 11.343/06 inova ao trazer estas condutas como modalidade de crime equiparado ao porte de drogas para consumo pessoal, no que inova, em relação à Lei nº 6.368/76. Para que tais condutas caracterizem crime equiparado ao porte de drogas para consumo pessoal, é necessário que recaiam sobre plantas destinadas à preparação de pequena quantidade de droga, além, é claro, da pretensão de consumo pessoal. Não estando presente qualquer dos dois requisitos (pequena quantidade e consumo pessoal), ocorrerá o crime do art. 33, § 1º, inciso II, ora sob exame.

Releva notar que o tipo penal faz menção a "plantas que se constituam em matéria-prima para a preparação de drogas", não havendo necessidade, portanto, que já se trate, por si, de droga. De forma mais clara, a consumação do crime independe de saber se a planta sobre a qual recai a conduta contém o princípio ativo da droga. Se a planta já contiver o princípio ativo (como, por exemplo, a *cannabis sativa,* que já pode conter o tetrahidrocanabinol – THC), já constitui droga, podendo o agente ser enquadrado no tipo do art. 33, *caput.*

O mesmo raciocínio há de ser empregado em relação às sementes da planta. Se tais sementes já contiverem o princípio ativo da droga, o agente poderá incorrer no crime do art. 33, *caput.* Se, porém, não estiver presente o princípio ativo, haverá o crime do art. 33, § 1º, inciso I (já que se trata de matéria-prima destinada à preparação da droga) ou do art. 33, § 1º., inciso II, a depender da modalidade de conduta que se realize.

Por fim, conveniente recordar que a prática de crime relativo a plantas psicotrópicas ensejará a expropriação das glebas em que ocorre o cultivo, nos termos do art. 243, § 4º da Constituição Federal, regulamentado pela Lei nº 8.257/91. Sobre o tema, remetemos os leitores aos comentários realizados ao art. 32 da presente Lei.

c) Inciso III: utiliza local ou bem de qualquer natureza de que tem a propriedade, posse, administração, guarda ou vigilância, ou consente que outrem dele se utilize, ainda que gratuitamente, sem autorização ou em desacordo com determinação legal ou regulamentar, para o tráfico ilícito de drogas

O tipo penal criminaliza a conduta daquele utiliza o local ou bem para o tráfico de drogas, mas também daquele que não chega a realizar o tráfico, mas consente na sua realização, em local ou bem de que tem a propriedade, posse, administração, guarda ou vigilância. Ao empregar a expressão "local ou bem de qualquer natureza", o tipo penal deixa claro que a conduta criminosa pode ocorrer em bem imóvel (casa, apartamento, estabelecimento comercial, etc.) ou móvel (automóvel, embarcação, aeronave, etc.). Logo se vê que não é imprescindível que o agente seja o proprietário do crime, podendo responder por essa figura equiparada ao tráfico de drogas, por exemplo, o locatário (possuidor), gerente do estabelecimento (administrador), segurança do local (vigilância), etc.

Como nos demais crimes do artigo 33, somente se pune a modalidade dolosa, razão pela qual não há que se falar em crime se, por exemplo, o possuidor, falta com o dever objetivo de cuidado, permitindo que alguém se valha do local para o tráfico de drogas. A ausência do dever de cuidado constitui culpa, e, portanto, é figura atípica. Para que se puna alguém por esse tipo penal, é necessário que aquele que possui a propriedade, posse, administração, guarda ou vigilância do local ou bem de qualquer natureza tenha a consciência do tráfico de vontade de consentir.

Conforme se depreende da leitura do tipo penal, não é imprescindível que exista a pretensão de lucro, na utilização (ou consentimento para a utilização de outrem) do bem móvel ou imóvel. Deste modo, se o agente, por exemplo, empresta seu imóvel para um amigo, sem contraprestação, ciente de que ele se utiliza do local para o tráfico de drogas, consumará o crime em apreço. Vale notar que ainda que o empréstimo ocorra uma vez, haverá a consumação, pois o tipo penal não pressupõe a habitualidade.

O tipo penal traz a expressão "para o tráfico ilícito de drogas". A rigor, não há, na Lei nº 11.343/06, um tipo penal com a rubrica (o *nomen iuris* do crime) "tráfico ilícito de drogas". Aliás, a Lei nem sequer utiliza rubricas em qualquer momento. Mas é pacífico que a expressão "tráfico ilícito de drogas", aqui empregada no inciso III, deve abranger não apenas as condutas do art. 33, *caput,* mas também aquelas presentes nos dois primeiros incisos do art. 33, § 1º, isto é, as figuras equiparadas ao tráfico. Assim, o proprietário que cede gratuitamente seu imóvel para que alguém cultive plantas que constituem matéria-prima para a preparação da droga (art. 33, § 1º., II, Lei nº 11.343/06) pratica o crime do art. 33, § 1º, III da mesma Lei.

Por outro lado, a Lei não contempla – ao contrário do que fazia a Lei nº 6.368/76 – a conduta daquele que consente na utilização do imóvel ou bem para o consumo da droga. Neste caso, poderá ocorrer o crime do art. 33, § 2º, porquanto, ao ceder o bem, o agente está prestando auxílio ao consumo da droga.

§ 2º Induzir, instigar ou auxiliar alguém ao uso indevido de droga:

Pena – detenção, de 1 (um) a 3 (três) anos, e multa de 100 (cem) a 300 (trezentos) dias-multa.

1. COMENTÁRIOS

1.1. Considerações iniciais

O tipo penal traz três condutas que, em regra, caracterizam modalidades de participação. Aqui, contudo, tal como ocorre no crime do art. 122 do Código Penal (induzimento, instigação e auxílio ao suicídio), as condutas consistentes em induzir, instigar e auxiliar foram erigidas a núcleos do tipo, razão pela qual aquele que pratica qualquer dos três verbos, levando terceira pessoa ao uso da droga, consumará o crime na condição de autor, e não de partícipe. Em contrapartida, se o agente induzir, instigar ou auxiliar alguém ao tráfico de drogas, será partícipe desse crime, pois não há previsão para essas condutas como crime autônomo, como ocorre no art. 33, § 2º em relação ao uso da droga.

As condutas são:

Induzir: equivale a criar a ideia na cabeça de outra pessoa. Traduz, portanto, a ideia de incutir, convencer a pessoa que nem sequer pensava no uso da droga.

Instigar: significa reforçar uma ideia que já existia na cabeça da outra pessoa. Trata-se de um estímulo, um encorajamento a uma pessoa que já pretendia fazer uso da droga.

Auxiliar: significa prestar uma ajuda material (e não apenas intelectual, como ocorre no induzimento e na instigação) para alguém fazer uso da droga. Pode ser, por exemplo, fornecer local para o uso da droga, ou qualquer instrumento, como cachimbo, por exemplo. Obviamente, essa ajuda material não pode configurar nenhuma das condutas contidas no *caput* do art. 33 (fornecimento ou entrega da droga, por exemplo), sob pena de estarmos diante do crime de tráfico.

Para que ocorra o crime, é necessário que as condutas se dirijam a pessoa determinada. Não há que se falar nesse crime quando o agente faz alusão genérica ao uso da droga, sem que existam pessoas determinadas. Nesse caso, estará o agente praticando o crime de "apologia ao crime", presente no art. 287 do Código Penal ("Fazer, publicamente, apologia de fato criminoso ou de autor de crime: Pena – detenção, de três a seis meses, ou multa"). Como se vê, a atual Lei não reproduziu o tipo penal que constava do art. 12, § 2º, inciso III, da Lei nº 6.368/76, que dispunha praticar crime equiparado ao tráfico ilícito de drogas quem: "III – contribui de qualquer forma para incentivar ou difundir o uso indevido ou o tráfico ilícito de substância entorpecente ou que determine dependência física ou psíquica".

Por fim, cabe registrar que o tipo penal sob exame não se trata de crime equiparado a hediondo, conforme já salientamos ao comentar o art. 33, *caput*.

1.2. "Marcha da maconha"

Tema que passou a se tornar muito controverso é o relativo à "marcha da maconha". Trata-se de um movimento que ocorre periodicamente nas grandes cidades do Brasil, em que manifestantes vão às ruas defender a legalização do porte de maconha para uso pessoal. Em muitas cidades do País, o Ministério Público Estadual passou a pleitear a proibição de tais marchas, obtendo algumas decisões favoráveis e outras tantas desfavoráveis.

A controvérsia levou o Procurador-Geral da República a ajuizar a Arguição de Descumprimento de Preceito Fundamental (ADPF nº 157), em relação a esse fato. No julgamento, o Plenário do STF decidiu que deve ser dada ao art. 287, CP, interpretação conforme à Constituição, de modo a excluir a possibilidade de incidência das penas previstas no dispositivo às "marchas da maconha".

Posteriormente, a matéria foi decidida pelo STF na Ação Direta de Inconstitucionalidade, nº 4.274, mas, dessa vez, o parâmetro de análise era o art. 33, § 2º da Lei nº 11.343/06. Nesse julgamento, o Tribunal, à unanimidade, decidiu conferir interpretação conforme a Constituição, para excluir do art. 33, § 2º "qualquer significado que enseje a proibição de manifestações e debates públicos acerca da descriminalização ou legalização do uso de drogas ou de qualquer substância que leve o ser humano ao entorpecimento episódico, ou então viciado, das suas faculdades psico-físicas".

Conforme se percebe, o Supremo Tribunal Federal conferiu ênfase às liberdades individuais, sobretudo no que concerne aos direitos de reunião e de livre manifestação do pensamento. Não se poderia admitir, em um regime democrático, que se criminalizasse as condutas daqueles que pretendem contestar a legislação em vigor, pugnando pela sua alteração. Sustentar a mudança legislativa em relação à questão das drogas é algo absolutamente legítimo, dentro das regras do regime democrático, e até, mesmo, oxigena esse regime, ao ampliar a participação popular nos debates legislativos.

Naturalmente, estamos analisando aspectos da "marcha da maconha" dentro daquilo que o movimento se propõe a ser, isto é, uma manifestação popular que defende a descriminalização ou, mesmo, a legalização do porte de maconha para uso pessoal. É claro que, se, durante a manifestação, alguém incita o uso da maconha, incorrerá na prática do crime do art. 33, § 2º da Lei nº 11.343/06 (se o induzimento recai sobre pessoa determinada, que efetivamente consome a droga) ou do art. 287, CP (se a incitação não é dirigida a pessoa determinada). Em resumo, defender a legalização do porte de maconha para consumo pessoal é legítimo, mas induzir ou incitar o uso constitui crime.

1.3. Sujeitos

Qualquer pessoa pode ser sujeito ativo do crime, razão pela qual se trata de crime comum.

Sujeito passivo do crime é a coletividade. Sujeito passivo indireto, como ocorre em todos os crimes, é o Estado.

1.4. Objetos

Objeto jurídico (bem jurídico tutelado) do crime é a saúde pública.

Objeto material (pessoa ou coisa sobre a qual recai a conduta criminosa) é a própria droga, entendida como a substância que causa dependência e está devidamente especificada na Portaria SVS/MS nº 344/98.

Mais uma vez, estamos diante de uma norma penal em branco (o preceito primário do tipo, que define as condutas criminosas é incompleto) heterogênea (o complemento ao preceito primário é um ato infralegal).

1.5. Elemento subjetivo

Elemento subjetivo é o dolo, entendido como a vontade consciente de praticar qualquer das 3 (três) condutas constantes do art. 33, § 2º.

Não há previsão do crime de tráfico de drogas em sua modalidade culposa.

1.6. Consumação e tentativa

Para que ocorra a consumação, é necessário que a pessoa, efetivamente, faça uso da droga. Não se pode admitir a hipótese de consumação com o mero ato de induzimento, instigação ou auxílio. Em casos que tais, será possível falar-se em tentativa que, como se vê, é possível, pois se trata de crime plurissubsistente, isto é, a conduta pode ser fracionada em inúmeros atos.

1.7. Ação penal

A ação penal é pública incondicionada

1.8. Penas

A pena prevista para o crime é de "detenção, de 1 (um) a 3 (três) anos, e multa de 100 (cem) a 300 (trezentos) dias-multa". A partir dessa constatação, podemos concluir que:

a) Não cabe a transação penal (art. 76, Lei nº 9.099/95), pois não se trata de infração penal de menor potencial ofensivo (a pena máxima ultrapassa dois anos).

b) Cabe a aplicação da suspensão condicional do processo (art. 89, Lei nº 9.099/95), pois a pena mínima não ultrapassa 1 (um) ano, desde que presentes os demais requisitos.

c) É provável a conversão da pena privativa de liberdade em perna restritiva de direitos (art. 44, CP), pois tal conversão é possível quando a pena efetivamente imposta pelo juiz na sentença, em crime doloso sem violência ou grave ameaça, não ultrapassa 4 (quatro) anos. Naturalmente, é necessário que se façam presentes os demais requisitos.

§ 3º Oferecer droga, eventualmente e sem objetivo de lucro, a pessoa de seu relacionamento, para juntos a consumirem:

Pena – detenção, de 6 (seis) meses a 1 (um) ano, e pagamento de 700 (setecentos) a 1.500 (mil e quinhentos) dias-multa, sem prejuízo das penas previstas no art. 28.

1. COMENTÁRIOS

1.1. Considerações iniciais

O tipo penal traz o crime de oferecimento eventual de droga para consumo compartilhado. Não havia, na legislação anterior (Lei nº 6.368/76) previsão para esta conduta, e o agente que ofertasse a droga, gratuitamente, para consumo compartilhado era enquadrado no crime do art. 12, tráfico ilícito de drogas. É verdade que havia sólido entendimento doutrinário no sentido de que o enquadramento correto deveria corresponder ao art. 16, dada a similitude de tal conduta com o crime de porte de drogas para consumo pessoal.

A atual Lei de Drogas soluciona essa celeuma, ao contemplar a oferta eventual e gratuita para consumo compartilhado como um crime autônomo. Como se percebe pela pena prevista, há um meio-termo entre o porte de drogas para consumo pessoal e o tráfico ilícito de drogas, pois no tipo penal em comento, temos uma conduta mais grave do que aquela contida no art. 28 (porquanto há, inclusive, previsão de pena privativa de liberdade) e muito menos grave do que a contemplada no art. 33, *caput*. Inclusive, o tipo penal sob exame, ao contrário do tráfico ilícito de drogas, não é crime equiparado a hediondo, conforme já salientamos.

Para que ocorra o crime do art. 33, § 3º, é necessário que estejam presentes quatro requisitos, cumulativamente:

a) A oferta da droga deve ser eventual: se a oferta da droga for habitual, estará caracterizado o crime de tráfico ilícito de drogas (art. 33, *caput*). Não há um critério preciso para definir o que seria a eventualidade ou para diferenciá-la da habitualidade. Tudo dependerá da valoração do caso concreto a ser realizado pelo julgador.

b) A oferta gratuita: havendo qualquer pretensão de lucro ou contraprestação de qualquer natureza, não poderemos falar no crime do art. 33, § 3º.

c) A pessoa a quem a droga é ofertada deve ser do relacionamento do agente: a pessoa a quem se oferta a droga pode ser um amigo, parente, colega, etc. não será, todavia, um estranho, sob pena de se descaracterizar o crime.

d) A droga deve ser destinada a consumo conjunto: o consumo compartilhado constitui a especial finalidade no agir. Por outras palavras, a oferta da droga destina-se a essa finalidade. Não é necessário que o consumo efetivamente ocorra, mas é imprescindível que a droga seja destinada a esse fim.

1.2. Sujeitos

Qualquer pessoa pode ser sujeito ativo do crime, razão pela qual se trata de crime comum. Necessário, contudo, que a pessoa a quem se oferece a droga seja do seu relacionamento (amigo, colega, parente, etc.).

Esta outra pessoa a quem a droga é ofertada não responderia por este crime, podendo responder, se for o caso, pelo crime de porte de droga para consumo pessoal. Em relação a essa pessoa a quem a droga é ofertada, a Lei não diferencia entre imputável ou inimputável, razão pela qual ocorreria o crime independentemente disso[32].

Sujeito passivo do crime é a coletividade. Sujeito passivo indireto, como ocorre em todos os crimes, é o Estado.

1.3. Objetos

Objeto jurídico (bem jurídico tutelado) do crime é a saúde pública.

Objeto material (pessoa ou coisa sobre a qual recai a conduta criminosa) é a própria droga, entendida como a substância que causa dependência e está devidamente especificada na Portaria SVS/MS nº 344/98.

1.4. Elemento subjetivo

Elemento subjetivo do tipo é dolo, consistente na vontade consciente de oferecer a droga. Ademais, exige-se o elemento subjetivo específico (especial finalidade no agir), consistente na pretensão de consumo compartilhado da droga. Não há previsão para a modalidade culposa.

1.5. Consumação e tentativa

Consuma-se o crime no momento em que a droga é oferecida, pouco importando se haverá o consumo de drogas, posteriormente. Trata-se, portanto, de crime formal, pois a consumação independe do resultado naturalístico. Cabe destacar que a pretensão de consumo da droga é elemento subjetivo específico (especial finalidade no agir), e não pressuposto para a consumação.

---

32. Em sentido contrário, entendendo que se a pessoa a quem se oferta a droga é menor de 14 (catorze) anos ou portadora de deficiência mental, o agente responderia pelo crime do art. 33, *caput*. LIMA, Renato Brasileiro de. *Ob. cit.*, p. 742.

Difícil vislumbrar a possibilidade tentativa, pois a oferta é ato único (conduta unissubsistente).

1.6. Ação penal

A ação penal é pública incondicionada.

1.7. Penas

A pena prevista para o crime é de "detenção, de 6 (seis) meses a 1 (um) ano, e pagamento de 700 (setecentos) a 1.500 (mil e quinhentos) dias-multa, sem prejuízo das penas previstas no art. 28". A partir dessa constatação, podemos concluir que:

a) Cabe a transação penal (art. 76, Lei nº 9.099/95), pois se trata de infração penal de menor potencial ofensivo (a pena máxima não ultrapassa dois anos).

b) Cabe a aplicação da suspensão condicional do processo (art. 89, Lei nº 9.099/95), pois a pena mínima não ultrapassa 1 (um) ano, desde que presentes os demais requisitos.

c) É provável a conversão da pena privativa de liberdade em perna restritiva de direitos (art. 44, CP), pois tal conversão é possível quando a pena efetivamente imposta pelo juiz na sentença, em crime doloso sem violência ou grave ameaça, não ultrapassa 4 (quatro) anos. Naturalmente, é necessário que se façam presentes os demais requisitos.

A aplicação da pena privativa de liberdade, da multa e das penas previstas no art. 28 são cumulativas. Note-se que, aqui, diversamente do que ocorre no art. 28, a multa é uma pena, e não uma medida coercitiva a ser aplicada quando do descumprimento das penas. No que se refere às penas para o crime de porte de drogas para consumo pessoal e as respectivas medidas coercitivas, em caso de descumprimento, remetemos os leitores aos comentários ao art. 28.

§ 4º Nos delitos definidos no *caput* e no § 1º deste artigo, as penas poderão ser reduzidas de um sexto a dois terços, vedada a conversão em penas restritivas de direitos, desde que o agente seja primário, de bons antecedentes, não se dedique às atividades criminosas nem integre organização criminosa. (Vide Resolução nº 5, de 2012)

1. COMENTÁRIOS

1.1. Considerações iniciais

O art. 33, § 4º inova em relação à legislação anterior, ao trazer uma minorante para o traficante, quando se demonstra, no curso da instrução, que não faz do tráfico seu meio de vida, não realiza a conduta de forma contumaz e nem integra organização criminosa[33]. Trata-se, então, do traficante eventual, que, por exemplo, vende a droga para alimentar o seu próprio consumo, ou aproveitou uma oportunidade de revenda de droga que havia adquirido para consumo pessoal.

33. GONÇALVES, Victor Eduardo Rios; BALTHAZAR Jr., José Paulo. *Legislação penal especial*. São Paulo: Saraiva, p. 94.

Esse dispositivo é conhecido, em sede doutrinária e jurisprudencial como **tráfico privilegiado**. A expressão é tecnicamente equivocada, pois não se trata de modalidade privilegiada do crime de tráfico, tipo penal autônomo, com patamares (mínimo e máximo) de penas diferenciados; trata-se, em verdade, de mera causa de diminuição de pena, que deve ser aplicada pelo juiz na terceira fase da dosimetria. De toda sorte, não se pode olvidar que a expressão resta consagrada, assim como ocorre com a causa de diminuição de pena do art. 121, § 1º do Código Penal, que também é conhecida como homicídio privilegiado.

1.2. Requisitos

Para que se faça presente a causa de diminuição de pena, é necessário que se façam presentes quatro requisitos:

a) Primariedade: se o agente for reincidente, não haverá que se falar em possibilidade de tráfico privilegiado. Para tanto, pouco importa se a reincidência é específica, em crime de tráfico, ou não.

b) Bons antecedentes: muito embora o texto legislativo empregue a expressão "bons antecedentes", o que existe são os antecedentes criminais. "Bons antecedentes", em verdade, significa ausência de antecedentes. Nesse diapasão, importante recordar que a existência de inquéritos policiais ou ações penais em andamento não são suficientes para caracterizar antecedentes criminais, conforme o enunciado nº 444 da súmula de jurisprudência do Superior Tribunal de Justiça, nos seguintes termos:

> **Súmula nº 444/STJ:** "É vedada a utilização de inquéritos policiais e ações penais em curso para agravar a pena-base".

A menção da súmula à pena-base abrange os antecedentes criminais, pois é uma das circunstâncias judiciais, critério definidor da pena-base, consoante apregoado pelo art. 59 do nosso Código Penal.

c) Não se dedicar às atividades criminosas: como já mencionado, a causa de diminuição de pena deve beneficiar aquele que não faz do crime um meio de vida, não age com habitualidade. Se restar comprovado que o agente dedicava-se a atividades criminosas, para além do tráfico a que responde, impossível a incidência da causa de diminuição.

Importante destacar que não há necessidade de se comprovar que o agente foi condenado por outros crimes. Não. Pode ocorrer de, no curso da instrução, haver a comprovação do envolvimento do agente em outras atividades criminosas e a prova produzida nesse processo, ainda que em relação a outros crimes, já será suficiente para afastar o benefício penal.

Aliás, o Superior Tribunal de Justiça possui o entendimento de que a condenação por associação criminosa impede a incidência do benefício da causa de diminuição de pena do art. 33, § 4º[34]. Para o STJ, se o agente foi condenado pela associação criminosa, não se pode asseverar que não se dedique a outras atividades criminosas. Vale lembrar, inclusive,

34. STJ, HC 219.621/TO, Rel. Min. Maria Thereza de Assis Moura, DJe 19/02/2015.

que, conforme o entendimento da Corte, a caracterização do crime de associação criminosa pressupõe o dolo de associar-se com estabilidade para a prática de crimes[35].

d) Não integra organização criminosa: a Lei nº 12.850/13 define organização criminosa asseverando que "Considera-se organização criminosa a associação de 4 (quatro) ou mais pessoas estruturalmente ordenada e caracterizada pela divisão de tarefas, ainda que informalmente, com objetivo de obter, direta ou indiretamente, vantagem de qualquer natureza, mediante a prática de infrações penais cujas penas máximas sejam superiores a 4 (quatro) anos, ou que sejam de caráter transnacional".

Questão controversa diz respeito à possibilidade de aplicar a causa de diminuição de pena às chamadas "mulas" do tráfico, isto é, pessoas recrutadas pelo narcotráfico com a finalidade única de se realizar o transporte da droga. Se essa pessoa, presa com a droga, for primária, sem antecedentes criminais e não se dedicar às atividades criminosas, seria possível ser beneficiada com a causa de diminuição, ou haveria a restrição ao benefício, por integrar a organização criminosa.

Entendemos que a "mula" é, a rigor, uma prestadora de serviços para a organização criminosa, e não uma integrante. É claro que há pessoas que podem servir de "mula" e integram a organização, mas não é isso que ocorre em boa parte das situações, em que a pessoa é contratada para realizar apenas um trabalho de transporte da droga e é paga por isso. Se houver habitualidade nessa contratação, não seria possível a causa de diminuição de pena, pois o agente não preencheria o terceiro requisito ("não se dedicar às atividades criminosas").

No âmbito da jurisprudência, porém, tem prevalecido o entendimento no sentido de que a "mula" integra a organização criminosa, e, por isso, não pode se beneficiar com a causa de diminuição de pena prevista no art. 33, § 4º[36].

Sem embargo, vale frisar que nem sempre a pessoa classificada como "mula" no tráfico se inclui na composição de organização criminosa. Em razão disso, a premissa fixada jurisprudencialmente é a de que a qualidade de mula, por si só, não impede o reconhecimento da minorante do tráfico privilegiado e, por conseguinte, não é óbice intransponível para o afastamento da sua suposta hediondez.

O STF se posiciona nessa linha, avivando que "a exclusão da causa de diminuição, prevista no § 4º do art. 33 da Lei 11.343/2006, somente se justifica quando indicados expressamente os fatos concretos comprovando que a denominada 'mula' integre a organização criminosa"[37]. As decisões desfavoráveis ao reconhecimento do tráfico privilegiado à "mula" se fundamentam no fato de ficar demonstrada a condição de integrante de organização criminosa[38]. Tal circunstância deve ficar sobejamente comprovada, não sendo suficientes meras presunções de que a pessoa acusada de "mula" já componha, de per si, a apontada organização criminosa.

35. STJ, HC 251.677/SP, Rel. Min. Jorge Mussi, julgado em 04/11/2014, DJe 12/11/2014.
36. STF, HC 123430/SP, Min. Rel.: Luiz Fux, Julgamento em 14/10/2014.
37. STF – Segunda Turma – HC 139327 – Rel. Min. Ricardo Lewandowski – J: 18/04/2017.
38. STF – Informativo nº 844, de 17 a 21 de outubro de 2016 – Primeira Turma – Causa de diminuição de Lei de Drogas.

Conforme se percebe, todos os quatro requisitos dizem respeito ao agente, e não à droga. As questões relacionadas à natureza e quantidade da droga podem influir na quantificação do *quantum* de diminuição (*vide* comentários ao próximo tópico), mas não na caracterização da presença da minorante. Por isso, podemos concluir que, além de **cumulativos**, os requisitos são **subjetivos**.

1.3. *Quantum* de diminuição

Como se vê, o preenchimento, por parte do condenado, dos requisitos cumulativos e subjetivos do art. 33, § 4º da Lei de Drogas autoriza o julgador, por ocasião da terceira fase da dosimetria da pena, diminuí-la de um sexto a dois terços. A questão é saber qual o critério que deve ser utilizado pelo julgador para diminuir a pena entre um e outro patamar. Alguns sustentam a ideia de que se deve levar em consideração os critérios do art. 42 da presente Lei, que assim dispõe: "O juiz, na fixação das penas, considerará, com preponderância sobre o previsto no art. 59 do Código Penal, a natureza e a quantidade da substância ou do produto, a personalidade e a conduta social do agente". Essa tese já foi acolhida em precedente do Supremo Tribunal Federal[39].

Conforme se percebe, essa tese possui uma questão a ser solucionada: os critérios enumerados no art. 42 hão de ser observados por ocasião da aferição das circunstâncias judiciais, que constitui a primeira fase da aplicação da pena. Não há previsão expressa para o emprego de tais critérios para definir o *quantum* de diminuição no art. 33, § 4º. Mas, mais importante do que isso: valorar esses critérios por ocasião da primeira fase (circunstâncias judiciais), e, posteriormente, valorá-los novamente para definir a quantidade de diminuição (terceira fase) configuraria, flagrantemente *bis in idem*.

Por essa razão, o STJ passou a entender que o julgador pode valorar a natureza da droga como circunstância judicial (dosando a pena-base do réu, na primeira fase da dosimetria) e a quantidade da substancia entorpecente como critério para afastar ou reduzir o patamar da causa de diminuição de pena (fixando a pena definitiva, na terceira fase da dosimetria). Não haveria, nesta hipótese, *bis in idem*[40]. O tema, todavia, ainda não está pacificado, pois há precedentes, tanto do STF quanto do STJ, no sentido de que a quantidade e a natureza da droga podem ser utilizadas como critério para afastar o patamar máximo de redução (dois terços) do art. 33, § 4º.

1.4. Conversão em pena restritiva de direitos

Em sua redação original, o tráfico privilegiado não admitia a substituição da pena privativa de liberdade por pena restritiva de direitos. A vedação expressa é de fácil explicação: a pena mínima para o crime de tráfico é de cinco anos, o que, por si só, impossibilita a substituição da pena, pois para que se possa proceder a essa substituição é necessário que a pena imposta pelo julgador não ultrapasse quatro anos de privação de liberdade. Mas a partir do momento em que se admite a diminuição da pena, a pena aplicada pode ficar aquém do mínimo legal, o que viabilizaria a substituição.

---

39. STF, HC 117.024/MS, Rel. Min. Rosa Weber, julgamento em 10/09/2013.
40. STJ, 6ª Turma, HC 295.505 – SP, Relator Ministro Nefi Cordeiro, DJe de 13/10/2014.

À vista da possibilidade de se aplicar penas restritivas de direitos aos traficantes, o legislador, tendo em conta o caráter equiparado a hediondo desse crime resolveu proibir a substituição. Ocorre que o Supremo Tribunal Federal, no julgamento do Habeas Corpus nº 97.256/RS declarou inconstitucional essa vedação. Para a Corte Suprema, a proibição legislativa subtraía ao julgador a "ineliminável discricionariedade entre aplicar a pena de privação ou de restrição de liberdade do condenado e uma outra que já não tenha por objeto esse bem jurídico maior da liberdade física do sentenciado".

Como cediço, a declaração incidental de inconstitucionalidade proferida no julgamento do *habeas corpus* não possui caráter vinculante ou efeito *erga omnes*. Todavia, o Senado Federal, com supedâneo no julgamento desse *habeas corpus*, no dia 15 de fevereiro de 2012, aprovou a Resolução nº 05/12, suspendendo a execução da expressão "vedada a conversão em penas restritivas de direitos", constante do art. 33, § 4º, da Lei nº 11.343/06.

Em resumo, já não há que se falar em proibição da substituição da pena privativa de liberdade por pena restritiva de direitos ao condenado por tráfico de drogas. Para que se promova essa substituição, cabe ao julgador, à luz do caso concreto, decidir se estão presentes os requisitos legais. Sob esse aspecto, é válido registrar que, a substituição mencionada é possível, nos termos do art. 44 do Código Penal, desde que presentes os seguintes requisitos.

a) aplicada pena privativa de liberdade não superior a quatro anos e o crime não for cometido com violência ou grave ameaça à pessoa ou, qualquer que seja a pena aplicada, se o crime for culposo.

b) o réu não for reincidente em crime doloso; contudo, se o condenado for reincidente, o juiz poderá aplicar a substituição, desde que, em face de condenação anterior, a medida seja socialmente recomendável e a reincidência não se tenha operado em virtude da prática do mesmo.

c) a culpabilidade, os antecedentes, a conduta social e a personalidade do condenado, bem como os motivos e as circunstâncias indicarem que essa substituição seja suficiente.

1.5. Combinação de leis

A causa de diminuição de pena prevista nesse art. 33, § 4º da Lei nº 11.343/06 não existia na legislação anterior. Desse modo, a Lei de Drogas atual, quando comparada à Lei nº 6.368/76, de um lado recrudesce a reprimenda penal ao traficante, de outro confere tratamento mais benéfico àquele traficante que não faz do tráfico seu meio de vida, não realiza a conduta de forma contumaz e nem integra organização criminosa.

Relevante discussão que começou a chegar aos Tribunais, pouco tempo após a publicação da Lei nº 11.343/06 dizia respeito à possibilidade de se aplicar ao acusado por tráfico, praticado sob a égide da legislação anterior, o benefício da causa de diminuição de pena da lei atual, cumulada com a pena da Lei nº 6.368/76.

De forma mais clara, se o agente, por exemplo, praticou o crime em 2005, seria possível aplicar-lhe a pena da lei anterior (reclusão de três a quinze anos e multa de cinquenta a trezentos e sessenta dias-multa), por ser mais benéfica do que a lei atual (reclusão de cinco a quinze anos e multa de quinhentos a mil e quinhentos dias-multa), mas aplicar, também, a causa de diminuição da lei atual (inexistente na lei anterior)? Em resumo, a questão era saber se seria possível a combinação de leis, de modo que retroagisse apenas a parte mais benéfica da lei atual. Uma retroatividade parcial, portanto.

A jurisprudência do Superior Tribunal de Justiça logo rechaçou a possibilidade, chegando a aprovar o enunciado nº 501 da súmula de sua jurisprudência, no seguinte sentido:

> ***Súmula nº 501/STJ:*** "É cabível a aplicação retroativa da Lei nº 11.343/2006, desde que o resultado da incidência das suas disposições, na íntegra, seja mais favorável ao réu do que o advindo da aplicação da Lei nº 6.368/1976, sendo vedada a combinação de leis".

Assim, consoante o sedimentado entendimento do STJ, se o réu cometeu o crime de tráfico anteriormente à entrada em vigor da Lei nº 11.343/06, e preenche os requisitos para a concessão do benefício consistente na causa de diminuição de pena do art. 33, § 4º, é necessário analisar, no caso concreto, se é mais benéfico para ele a aplicação da Lei nº 6.368/76 ou da Lei nº 11.343/06. Não é possível, contudo, que a Lei atual possua uma retroatividade parcial; ou há retroatividade integral ou há ultratividade da Lei revogada.

No âmbito do STF, a questão permaneceu controvertida durante muito tempo, havendo julgamentos favoráveis e contrários à possibilidade de combinação de leis. A celeuma foi debelada no julgamento do Recurso Extraordinário nº 600.817/MS (rel. Min. Ricardo Lewandowski, j. 07/11/2013), quando o Pleno do STF adotou o mesmo entendimento consagrado pelo Superior Tribunal de Justiça, proibindo a combinação de leis. Para o STF, permitir-se a combinação de leis seria conceber a criação de uma terceira lei (*lex tertia*), o que afrontaria a separação de Poderes, pois se admitiria que o julgador criasse nova lei.

1.6. Natureza equiparada a hediondo

Outro ponto polêmico em torno do tráfico privilegiado diz respeito à questão envolvendo a subsistência do caráter equiparado a hediondo do crime. Muitas vozes se levantaram sustentando a ideia de que a incidência da causa de diminuição de penal do art. 33, § 4º faria com que o crime de tráfico perdesse sua natureza hedionda.

O principal argumento para a defesa desse entendimento está relacionado à similitude de tratamento em relação ao homicídio. Como se sabe, o homicídio privilegiado (que também é uma hipótese de causa de diminuição de pena, intitulado de "privilegiado" pela doutrina) desnatura o caráter hediondo do crime de homicídio qualificado. Assim, o homicídio qualificado é crime hediondo, mas o homicídio qualificado-privilegiado não possui essa natureza.

A partir do julgamento do *Habeas Corpus* nº 118.533/MS, em 23/6/2016, o Supremo Tribunal Federal firmou entendimento no sentido de afastar a natureza hedionda do delito conhecido por tráfico privilegiado (art. 33, § 4º, da Lei nº 11.343/2006), dentre as diversas condutas tipificadas na legislação específica.

De outro lado, o Superior Tribunal de Justiça, por sua Terceira Seção, seguindo o fincado pelo STF, cancelou a sua Súmula 512, que dispunha que "a aplicação da causa de diminuição de pena prevista no art. 33, § 4º, da Lei nº 11.343/2006 não afasta a hediondez do crime de tráfico de drogas". A supressão desse enunciado se deu em 24/11/2016, pondo fim à discussão sobre a natureza não hedionda do crime de tráfico privilegiado.

2. SÚMULAS E JURISPRUDÊNCIA

- **Súmula nº 231, STJ:** A incidência da circunstância atenuante não pode conduzir à redução da pena abaixo do mínimo legal.

- **Súmula nº 444, STJ:** É vedada a utilização de inquéritos policiais e ações penais em curso para agravar a pena-base.

- **Súmula nº 471, STJ:** Os condenados por crimes hediondos ou assemelhados cometidos antes da vigência da Lei nº 11.464/2007 sujeitam-se ao disposto no art. 112 da Lei nº 7.210/1984 (Lei de Execução Penal) para a progressão de regime prisional.

- **Súmula nº 492, STJ:** O ato infracional análogo ao tráfico de drogas, por si só, não conduz obrigatoriamente à imposição de medida socioeducativa de internação do adolescente.

- **Súmula nº 501, STJ:** É cabível a aplicação retroativa da Lei nº 11.343/2006, desde que o resultado da incidência das suas disposições, na íntegra, seja mais favorável ao réu do que o advindo da aplicação da Lei nº 6.368/1976, sendo vedada a combinação de leis.

✦ *SUPREMO TRIBUNAL FEDERAL*

- **SEMENTES DE MACONHA E TIPICIDADE.** A Segunda Turma, por maioria, concedeu a ordem de *habeas corpus* para restabelecer decisão do Juízo de primeiro grau que, em razão da ausência de justa causa, rejeitou a denúncia e determinou o trancamento de ação penal proposta contra réu acusado de importar, pela internet, 26 sementes de maconha. O Superior Tribunal de Justiça (STJ) manteve o entendimento do Tribunal Regional Federal (TRF) que reformou a decisão do juízo a quo e determinou o recebimento da denúncia para que o paciente respondesse pelo crime de tráfico internacional de drogas (Lei 11.343/2006, art. 33, § 1º, I (1), c/c o art. 40, I). A Turma entendeu que a matéria-prima ou insumo deve ter condições e qualidades químicas que permitam, mediante transformação ou adição, por exemplo, a produção da droga ilícita. Não é esse o caso das sementes da planta *cannabis sativa*, as quais não possuem a substância psicoativa THC. Vencido o ministro Dias Toffoli, que indeferiu a ordem. *STF, HC 144161/SP, rel. Min. Gilmar Mendes, j. 11.9.2018. 2ª T. (Info 915)*

- **TRÁFICO PRIVILEGIADO E CRIME HEDIONDO.** O crime de tráfico privilegiado de drogas não tem natureza hedionda. Por conseguinte, não são exigíveis requisitos mais severos para o livramento condicional (Lei 11.343/2006, art. 44, parágrafo único) e tampouco incide a vedação à progressão de regime (Lei 8.072/1990, art. 2º, § 2º) para os casos em que aplicada a causa de diminuição prevista no art. 33, §4°, Lei 11.343/2006. Com base nessa orientação, o Plenário, por maioria, concedeu a ordem de "habeas corpus" para afastar a natureza hedionda de tal delito. No caso, os pacientes foram condenados pela prática de tráfico privilegiado, e a sentença de 1º grau afastara a natureza hedionda do delito. Posteriormente, o STJ entendera caracterizada a hediondez, o que impediria a concessão dos referidos benefícios (...) O Tribunal superou a jurisprudência que se firmara no sentido da hediondez do tráfico privilegiado. Sublinhou que a previsão legal seria indispensável para qualificar um crime como hediondo ou equiparado. (...) *STF, HC 118533/MS, rel. Min. Cármen Lúcia, 23.6.2016. (Info 831)*

- **CAUSA DE DIMINUIÇÃO E LEI DE DROGAS.** A Primeira Turma, ante o empate na votação, denegou a ordem em "habeas corpus", no qual se pretendia a aplicação da causa de diminuição da pena prevista no art. 33, § 4º, da Lei 11.343/2006 (Lei de Drogas). Na espécie, o paciente foi condenado à pena de oito anos e três meses de reclusão, em regime inicial fechado, e ao pagamento de 833 dias-multa, pela prática de tráfico de entorpecentes (art. 33, "caput", da Lei de Drogas), com a incidência da causa de aumento prevista no art. 40, V, do referido diploma legal. Segundo a defesa, o paciente – que teria exercido apenas a função de "mula" do tráfico – preencheria todos os requisitos para a incidência da causa de diminuição, sendo inadmissível afastar sua aplicação por meras suposições a respeito de sua participação em grupo criminoso. A defesa alegava, ainda, que o juízo sentenciante considerou a quantidade de droga apreendida tanto na dosimetria da pena-base, como na exclusão da causa de diminuição prevista no § 4º do art. 33 da Lei de Drogas. O Colegiado entendeu que, na análise das circunstâncias judiciais (art. 59 do Código Penal), a quantidade de entorpecente não foi observada para a dosimetria da pena-base, fixada no mínimo legal. Consignou, também, não ser crível que o paciente – surpreendido com 500 kg de maconha – não esteja integrado, de alguma forma, a organização criminosa, circunstância que justificaria o afastamento da incidência da causa de diminuição prevista no art. 33, §4º, da Lei de Drogas. Os ministros Roberto Barroso e Rosa Weber, por sua vez, não conheceram do "writ", por ter sido impetrado em substituição ao recurso ordinário cabível. *STF, HC 130981/MS, rel. Min. Marco Aurélio, 18.10.2016. 1ª T. (Info 844)*

- **Habeas Corpus. Tráfico de drogas. Condenação. Dosimetria. Incidência da causa especial de pena prevista no § 4º do art. 33 da Lei de Drogas. Não incidência. Paciente integrante de organização criminosa, conforme reconhecido pelas instâncias de mérito. Impropriedade do habeas corpus para se revolver o contexto fático-probatório da causa. Precedentes. Alegada valoração negativa da natureza e da quantidade da droga (3.031 g de cocaína) em dois momentos distintos da dosimetria. Não ocorrência. Bis in idem não caracterizado. Ordem denegada.** 1. A negativa de aplicação da causa de diminuição de pena do art. 33, § 4º, da Lei nº 11.343/06 pelas instâncias ordinárias não está lastreada em presunções, ilações ou conjecturas. Pelo contrário, apresentaram elas elementos concretos que apontam que o paciente se dedicava à atividade criminosa, ficando demonstrado que ele teria realizado outras viagens ao Brasil em circunstâncias indicativas de transporte de drogas. 2. A invocação pelas instâncias ordinárias de que o paciente se dedicava à atividade criminosa obsta, de fato, a aplicação da benesse do § 4º do art. 33 da Lei nº 11.343/06, sendo certo que "[a]fastar essa premissa demandaria o reexame dos fatos e das provas dos autos, ao que não se presta o habeas corpus (...)" (HC nº 120.518/SP, Segunda Turma, Relatora a Ministra Cármen Lúcia, DJe de 3/4/14). 3. A tese de bis in idem não prospera, pois, pelo que se depreende da sentença, embora haja simples referência à quantidade de droga apreendida, ela não foi um fator preponderante na negativa de aplicação da causa especial de redução de pena prevista no art. 33, § 4º, da Lei 11.343/06. 4. Ordem denegada. ***STF, HC 134.573-SP. Rel. Min. Dias Toffoli. (Info 841)***

- **"REFORMATIO IN PEJUS" E CAUSA DE DIMINUIÇÃO DE PENA.** A Primeira Turma, em conclusão de julgamento e por maioria, deu provimento a recurso ordinário em "habeas corpus" para determinar ao juízo de origem a aplicação da causa de diminuição de pena prevista no art. 33, § 4º, da Lei 11.343/2006, como entendesse de direito. No caso, o recorrente fora condenado à pena de cinco anos e dez meses de reclusão, no regime inicial fechado, pela prática do crime de tráfico de entorpecentes. Naquela oportunidade, o magistrado de primeiro grau ressaltara que, ante a reincidência, o réu não teria direito à causa de diminuição de pena prevista no art. 33, § 4º, da Lei 11.343/2006. Já em sede de apelação, o tribunal de justiça dera parcial provimento ao recurso defensivo, para, ao desconsiderar a reincidência, porquanto inexistente, redimensionar a pena para cinco anos de reclusão. Contudo, apesar de ter diminuído a pena aplicada, a Corte também afastara a minorante, mas com esteio em razão diversa, asseverando não ser possível a diminuição em razão da quantidade e do alto teor viciante da droga apreendida e pelas circunstâncias que teriam permeado o flagrante. Alegava o recorrente que o tribunal de origem teria promovido indevida inovação de fundamentação ao agregar motivos diversos daqueles invocados pelo juízo de piso para vedar a aplicação do privilégio legal, isso em recurso exclusivo da defesa, configurando-se, portanto, a "reformatio in pejus". Os Ministros Luiz Fux e Marco Aurélio, ao dar provimento ao recurso, entenderam configurada, na hipótese, a "reformatio in pejus", dado que o tribunal "a quo", apesar de afastar a reincidência, não dera o devido efeito a isso, fazendo a compensação com argumento próprio. Assim, a situação do recorrente fora piorada – apesar de a pena ter sido diminuída no julgamento da apelação –, porquanto tivesse sido feita a redução, ante a constatação da inexistência da reincidência, a pena seria ainda menor se não tivesse havido a compensação com outro argumento. O Ministro Roberto Barroso igualmente deu provimento ao recurso, porém por fundamento diverso. Ressaltou não haver "reformatio in pejus" quando o tribunal de 2º grau, ao apreciar recurso exclusivo da defesa, mantivesse ou reduzisse a pena aplicada em 1º grau, com justificativas distintas daquelas utilizadas na sentença recorrida. Na situação em comento, a conclusão da Corte de apelação acarretara uma redução de dez meses em relação à pena inicialmente imposta, resultando numa sanção de cinco anos de reclusão. Entretanto, a fundamentação utilizada quando daquele julgamento não seria idônea para impedir a incidência da minorante em questão. Seria certo que a primariedade técnica do réu não conduziria à automática concessão do benefício, mas deveria ser demonstrada concretamente a dedicação do sentenciado às atividades criminosas ou mesmo a sua integração a alguma organização criminosa. Nada disso teria sido feito pela decisão então exarada, que se limitara a afirmar que o réu cometera tráfico de substância com alto poder viciante e que havia sido preso em flagrante. A partir dessas informações, próprias do tipo do art. 33 da Lei 11.343/2006, não se poderia presumir que o réu fosse integrante de organização criminosa, devendo ser aplicada a causa de diminuição. Vencidos os Ministros Dias Toffoli (relator) e Rosa Weber, que entendiam não estar caracterizada na espécie, a "reformatio in pejus". *STF, RHC 117756/DF, rel. Min. Dias Toffoli, red. p/ o acórdão Min. Luiz Fux, 22.9.2015. 1ª T. (Info 800)*

- **TRÁFICO DE DROGAS E INDULTO HUMANITÁRIO. A 2ª Turma reiterou jurisprudência no sentido de não ser possível o deferimento de indulto a réu condenado por tráfico de drogas, ainda que tenha sido aplicada a causa de diminuição prevista no art. 33, § 4º, da Lei 11.343/2006 à pena a ele imposta, circunstância que não altera a tipicidade do crime.** Na espécie, paciente condenada pela prática dos delitos de tráfico e de associação para o tráfico ilícito de entorpecentes pretendia a concessão de indulto humanitário em face de seu precário estado de saúde (portadora de diabetes, hipertensão arterial sistêmica e insuficiência renal crônica, além de haver perdido a integralidade da visão). A Turma asseverou que o fato de a paciente estar doente ou ser acometida de deficiência visual não seria causa de extinção da punibilidade nem de suspensão da execução da pena. Afirmou que os condenados por tráfico de drogas ilícitas não poderiam ser contemplados com o indulto. Ponderou que, nos termos da Lei 8.072/1990, o crime de tráfico de droga, equiparado a hediondo, não permitiria anistia, graça e indulto ("Art. 2º Os crimes hediondos, a prática da tortura, o tráfico ilícito de entorpecentes e drogas afins e o terrorismo são insuscetíveis de: I – anistia, graça e indulto"). Pontuou que haveria consenso na doutrina quanto à impropriedade entre o disposto no art. 5º, XLIII, da CF ("a lei considerará crimes inafiançáveis e insuscetíveis de graça ou anistia a prática da tortura, o tráfico ilícito de entorpecentes e drogas afins, o terrorismo e os definidos como crimes hediondos, por eles respondendo os mandantes, os executores e os que, podendo evitá-los, se omitirem") e a regra de competência privativa do Presidente da República, contida no art. 84, XII, da CF ("conceder indulto e comutar penas, com audiência, se necessário, dos órgãos instituídos em lei"). Assinalou que a proibição do art. 5º, XLIII, da CF seria aplicável ao indulto individual e ao indulto coletivo. Enfatizou que, tanto o tráfico ilícito de entorpecentes, quanto a associação para o tráfico foram equiparados a crime hediondo (Lei 11.343/2006, art. 44) e, por isso, a benesse requerida não poderia ser concedida. *STF, HC 118213/SP, rel. Min. Gilmar Mendes, 6.5.2014. 2ª T. (Info 745)*

- **TRÁFICO DE ENTORPECENTES: "MULAS" E AGENTES DE ORGANIZAÇÃO CRIMINOSA.** A 1ª Turma concedeu "habeas corpus" de ofício impetrado em favor de condenados pela prática de tráfico internacional de entorpecentes. A defesa pleiteava a aplicação da causa especial de diminuição do art. 33, § 4º, da Lei 11.343/2006. A Turma considerou que a atuação dos pacientes na condição de "mulas" não significaria, necessariamente, que integrassem organização criminosa. No caso, eles seriam meros transportadores, o que não representaria adesão à estrutura de organização criminosa. *STF, HC 124107/SP, rel. Min. Dias Toffoli, 4.11.2014. 1ª T. (Info 766)*

- **TRÁFICO DE DROGAS: DOSIMETRIA E "BIS IN IDEM".** A 2ª Turma não conheceu de recurso ordinário em "habeas corpus", mas concedeu, de ofício, a ordem em razão da utilização, em instâncias diversas, das mesmas circunstâncias para agravar a sanção penal tanto na primeira, quanto na terceira fase da dosimetria da pena. No caso, devido à natureza e à quantidade de entorpecentes, o recorrente fora condenado pela prática do delito previsto no art. 33 da Lei 11.343/2006, à pena de sete anos de reclusão, a ser cumprida em regime inicial fechado. No julgamento da apelação, o tribunal, tendo em conta a natureza e a quantidade da droga, aplicara, no percentual mínimo, a causa de diminuição disposta no § 4º do art. 33, da Lei 11.343/2006. A Turma consignou que estaria evidenciado o "bis in idem". Explicou que, tanto no afastamento da pena-base do mínimo legal – pelo juízo de 1º grau –, como na fixação da causa de diminuição da pena em um sexto – pelo tribunal –, teria havido a utilização dos mesmos critérios, quais sejam, da natureza e da quantidade dos entorpecentes. Relembrou que o STF, ao analisar o art. 42 da Lei 11.343/2006, dirimira divergência jurisprudencial entre a 1ª e a 2ª Turma e firmara o entendimento de a natureza e a quantidade do entorpecente poderem ser utilizadas na primeira ou na terceira fase da dosimetria penal. Asseverou que, utilizado o critério da natureza e da quantidade dos entorpecentes para elevar a pena-base, deveria a causa de diminuição do § 4º do art. 33 da Lei 11.343/2006 ser fixada no patamar de dois terços, porque não haveria qualquer outro fundamento fixado pelas instâncias antecedentes para impedir sua aplicação em grau máximo. Ressaltou o reconhecimento da inconstitucionalidade dos dispositivos que vedavam a substituição da pena em caso de condenação pelo crime de tráfico de entorpecentes (Lei 11.343/2006, artigos 33, § 4º, e 44, *caput*) e da norma que impunha regime fechado para o início do cumprimento da pena pela prática de crimes hediondos e equiparados (Lei 8.072/1990, art. 2º, § 1º). Concluiu, assim, que tornar-se-ia necessário o reexame da possibilidade de substituição da pena privativa de liberdade por restritiva de direitos e dos requisitos para fixação do regime prisional. *STF, RHC 122684/MG, rel. Min. Cármen Lúcia, 16.9.2014. 2ª T. (Info 759)*

- **TRÁFICO DE DROGAS E LEI MAIS BENÉFICA.** Em conclusão de julgamento, a 1ª Turma, por maioria, concedeu habeas corpus para determinar a designação de audiência na qual os pacientes deverão ser advertidos sobre os efeitos do uso de entorpecente. Na espécie, pretendia-se a desclassificação da conduta imputada, prevista no art. 12 da Lei 6.368/76 ("Importar ou exportar, remeter, preparar, produzir, fabricar, adquirir, vender, expor à venda ou oferecer, fornecer ainda que gratuitamente, ter em depósito, transportar, trazer consigo, guardar, prescrever, ministrar ou entregar, de qualquer forma, a consumo substância entorpecente ou que determine dependência física ou psíquica, sem autorização ou em desacordo com determinação legal ou regulamentar"), para a disposta no art. 33, § 3º, da Lei 11.343/2006 (" § 3º Oferecer droga, eventualmente e sem objetivo de lucro, a pessoa de seu relacionamento, para juntos a consumirem"). Aduziu-se que o acórdão impugnado teria invertido a ordem processual quanto à prova, atribuindo aos pacientes o dever de demonstrar sua condição de usuários, o que não se coadunaria com o Direito Penal. Registrou-se que eles não teriam o dever de demonstrar que a droga apreendida se destinaria ao consumo próprio e de amigos, e não ao tráfico. Asseverou-se que caberia à acusação comprovar os elementos do tipo penal. Reputou-se que ao Estado-acusador incumbiria corroborar a configuração do tráfico, que não ocorreria pela simples compra do entorpecente. Salientou-se que o restabelecimento do enfoque revelado pelo juízo seria conducente a afastar-se, até mesmo, a condenação à pena restritiva da liberdade. Vencido o Min. Ricardo Lewandowski, que denegava a ordem. O Min. Dias Toffoli reajustou seu voto para conceder o writ. *STF, HC 107448/MG, rel. orig. Min. Ricardo Lewandowski, red. p/ o acórdão Min. Marco Aurélio, 18.6.2013. 1ª T. (Info 711)*

- **ART. 33, § 4º, DA LEI 11.343/2006 E FUNDAMENTAÇÃO.** A 2ª Turma concedeu habeas corpus para determinar a magistrado que reduzisse a pena imposta ao paciente, considerada a incidência da causa de diminuição do art. 33, § 4º, da Lei 11.343/2006 no patamar máximo de 2/3. Ademais, ordenou que fixasse o regime inicial de cumprimento da reprimenda de maneira fundamentada, com o afastamento da regra do § 1º do art. 2º da Lei 8.072/90 (na redação conferida pela Lei 11.464/2007), obrigatoriedade declarada inconstitucional pelo STF. Na espécie, o tribunal de justiça local, ao dar parcial provimento a recurso da acusação, condenara o paciente pela prática do delito de tráfico de drogas (Lei 11.343/2006, art. 33). Explicitou-se que a Corte estadual definira a pena-base no mínimo legal. Obtemperou-se que aquele tribunal não agira bem ao estabelecer, em seguida, a minorante em 1/6 sem oferecer a devida justificação. Por fim, salientou-se que o réu apresentaria bons antecedentes, não faria parte de grupo criminoso, enfim, ostentaria todos os requisitos para que a benesse fosse conferida em grau máximo. *STF, HC 114830/RS, rel. Min. Ricardo Lewandowski, 12.3.2013. 2ª T. (Info 698)*

- **"MULA" E APLICAÇÃO DA MINORANTE DO ART. 33, § 4º, DA LEI 11.343/2006.** A **1ª Turma**, por maioria, deu parcial provimento a recurso ordinário em habeas corpus para restabelecer os efeitos de sentença condenatória e **aplicar a causa especial de diminuição da pena prevista no art. 33, § 4º, da Lei 11.343/2006**. Em virtude da incidência da referida causa de diminuição, verificou-se a extinção da punibilidade pelo cumprimento integral da pena. Assim, determinou-se a imediata colocação do recorrente em liberdade, se por outro motivo não estivesse preso. No caso, **o paciente – que ingerira cápsulas com cocaína – teria sido surpreendido, em terminal rodoviário, ao desembarcar de ônibus proveniente da Bolívia. Em virtude disso, fora condenado pelo crime de tráfico internacional de drogas. Reputou-se inidônea a fundamentação do Tribunal Regional Federal para afastar a aplicação da minorante prevista no art. 33, § 4º, da Lei 11.343/2006. Asseverou-se que estaria embasada em mera suposição sobre a dedicação do recorrente às atividades criminosas, em face da quantidade de**

droga apreendida e da sua possível participação em organização voltada para a prática de crimes. Vencidos os Ministros Marco Aurélio e Luiz Fux, que negavam provimento ao recurso e afastavam a incidência do art. 33, § 4º, da mencionada lei. O Ministro Marco Aurélio ressaltava que a denominada "mula" seria um elo importantíssimo na organização do tráfico. O Ministro Luiz Fux destacava que a "mula" teria o domínio funcional do fato, cuja atuação seria notória para viabilizar a atividade criminosa. *STF, RHC 118008/SP, rel. Min. Rosa Weber, 24.9.2013. 1ª T. (Info 721)*

▸ **"MULA" E CAUSA DE DIMINUIÇÃO DE PENA.** Em conclusão de julgamento, a **2ª Turma**, por maioria, **denegou habeas corpus em que pretendida a aplicação, em favor de condenada por tráfico de entorpecentes pelo transporte de 951 g de cocaína, a causa de diminuição da pena do § 4º do art. 33 da Lei 11.343/2006. No caso, as instâncias de origem, embora tivessem reconhecido que a ré seria primária, com bons antecedentes e que não se dedicaria à atividade criminosa, concluíram que, de fato, ela integraria organização criminosa e, portanto, não teria jus à citada causa de diminuição.** Considerou-se que o tráfico internacional não existiria sem o transporte da droga pelas chamadas "mulas". O Min. Gilmar Mendes ressaltou que a "mula", de fato, integraria a organização criminosa, na medida em que seu trabalho seria condição *sine qua non* para a narcotraficância internacional. Pressupunha, assim, que toda organização criminosa estruturar-se-ia a partir de divisão de tarefas que objetivasse um fim comum. Assim, inegável que esta tarefa de transporte estaria inserida nesse contexto como essencial. Além disso, asseverou que o legislador não teria intenção de dispensar tratamento menos rigoroso ao "traficante mula" ou, ainda, a outros com "participação de menor importância" e não diretamente ligados ao núcleo da organização. Se esse fosse o propósito, certamente consubstanciaria elementar do tipo. Ter-se-ia, então, um tipo penal derivado. Vencido o Min. Ayres Britto, relator, que deferia a ordem. *STF, HC 101265/SP, rel. orig. Min. Ayres Britto, red. p/ o acórdão Min. Joaquim Barbosa, 10.4.2012. 2ª T. (Info 661)*

▸ **LEI PENAL NO TEMPO E COMBINAÇÃO DE DISPOSITIVOS. É vedada a incidência da causa de diminuição do art. 33, § 4º, da Lei 11.343/2006 (" § 4º Nos delitos definidos no caput e no § 1º deste artigo, as penas poderão ser reduzidas de um sexto a dois terços, desde que o agente seja primário, de bons antecedentes, não se dedique às atividades criminosas nem integre organização criminosa"), combinada com as penas previstas na Lei 6.368/76, no tocante a crimes praticados durante a vigência desta norma.** Ministro Ricardo Lewandowski, relator, destacou que o caso em exame diferenciar-se-ia da simples aplicação do princípio da retroatividade da lei penal mais benéfica, pois pretendida a combinação do caput do art. 12 da Lei 6.368/76 com a causa de diminuição do art. 33, § 4º, da Lei 11.343/2006. Explicou que a lei anterior estabelecera, para o delito de tráfico, pena em abstrato de 3 a 15 anos de reclusão, mas a norma atual cominara, para o mesmo crime, reprimenda de 5 a 15 anos de reclusão. Assim, este diploma impusera punição mais severa para o delito, mas consagrara, em seu art. 33, § 4º, causa especial de diminuição a beneficiar o agente primário, de bons antecedentes, não dedicado a atividade criminosa e não integrante de organização criminosa. Concluiu, no ponto, que o legislador teria procurado diferenciar o traficante organizado do traficante eventual. Observou, entretanto, que essa causa de diminuição de pena viera acompanhada de outra mudança, no sentido de aumentar consideravelmente a pena mínima para o delito. Assim, haveria correlação entre o aumento da pena-base e a inserção da minorante. O relator considerou não caber ao julgador aplicar isoladamente a pena mínima prevista na lei antiga em combinação com a novel causa de diminuição, que teria sido prevista para incidir sobre pena-base mais severa. Acresceu que a minorante representaria benefício para os que tivessem praticado crime de tráfico sob a vigência da lei anterior. Porém, para que isso ocorresse, dever-se-ia considerar a pena-base nos termos da Lei 11.343/2006. Não seria lícito, portanto, combinar a pena mínima de uma norma com a minorante de outra, criada para incidir sobre pena-base maior. Ressaltou que, ao assim proceder, o juiz criaria nova lei e atuaria como legislador positivo. Embora o crime fosse o mesmo, a combinação de dosimetrias implicaria uma sanção diversa da previamente estabelecida pelo legislador, seja sob o enfoque da lei antiga, seja sob a ótica da lei nova. Destacou precedentes da Corte a corroborar esse entendimento. Vislumbrou, ainda, situação absurda provocada por essa combinação, a significar que o delito de tráfico poderia ser punido com reprimenda de até um ano de reclusão, semelhante às sanções cominadas a crimes de menor potencial ofensivo. Ponderou que, na dúvida sobre qual o diploma que seria mais benéfico em determinada hipótese, caberia ao juiz analisar o caso concreto para verificar qual a lei que, aplicada integralmente, seria mais favorável ao réu. *STF, RPG, RE 600817/MS, rel. Min. Ricardo Lewandowski, 7.11.2013. Pleno (Info 727)*

- **ART. 33, § 2º, DA LEI 11.343/2006 E CRIMINALIZAÇÃO DA "MARCHA DA MACONHA".** O Plenário julgou **procedente pedido formulado em ação direta, ajuizada pela Procuradora-Geral da República em exercício, para dar interpretação conforme a Constituição ao § 2º do artigo 33 da Lei 11.343/2006** ["Art. 33... § 2º Induzir, instigar ou auxiliar alguém ao uso indevido de droga. Pena – detenção de 1 (um) a 3 (três) anos, e multa de 100 (cem) a 300 (trezentos) dias-multa"], **com o fim de dele excluir qualquer significado que ensejasse a proibição de manifestações e debates públicos acerca da descriminalização ou da legalização do uso de drogas ou de qualquer substância que leve o ser humano ao entorpecimento episódico, ou então viciado, das suas faculdades psico-físicas.** O Min. Ayres Britto, relator, enfatizou que as liberdades de pensamento, de expressão, de informação e de comunicação fariam parte do rol de direitos individuais de matriz constitucional, tidos como emanação direta do princípio da dignidade da pessoa humana e da cidadania. Registrou que o direito de reunião seria insusceptível de censura prévia e poderia ser visto como especial veículo da busca de informação para uma consciente tomada de posição comunicacional. Salientou, por outro lado, que a única vedação constitucional, relativamente a esse direito, diria respeito a convocação cuja base de inspiração revelasse propósitos e métodos de violência física, armada ou beligerante. (...) *STF, ADI 4274/DF, rel. Min. Ayres Britto, 23.11.2011. Pleno. (Info 649)*

- **LIBERDADES FUNDAMENTAIS E "MARCHA DA MACONHA". Por entender que o exercício dos direitos fundamentais de reunião e de livre manifestação do pensamento devem ser garantidos a todas as pessoas, o Plenário julgou procedente pedido formulado em ação de descumprimento de preceito fundamental para dar, ao art. 287 do CP, com efeito vinculante, interpretação conforme a Constituição, de forma a excluir qualquer exegese que possa ensejar a criminalização da defesa da legalização das drogas, ou de qualquer substância entorpecente específica, inclusive através de manifestações e eventos públicos.** No mérito, Destacou-se estar em jogo a proteção às liberdades individuais de reunião e de manifestação do pensamento. Em passo seguinte, assinalou-se que a liberdade de reunião, enquanto direito-meio, seria instrumento viabilizador da liberdade de expressão e qualificar-se-ia como elemento apto a propiciar a ativa participação da sociedade civil na vida política do Estado. (...) *STF, ADPF 187/DF, rel. Min. Celso de Mello, 15.6.2011. Pleno. (Info 631).*

✦ *SUPERIOR TRIBUNAL DE JUSTIÇA*

- **CAUSA DE DIMINUIÇÃO DE PENA. ART. 33, § 4º, DA LEI N. 11.343/2006. DEDICAÇÃO À ATIVIDADE CRIMINOSA. UTILIZAÇÃO DE INQUÉRITOS E/OU AÇÕES PENAIS. POSSIBILIDADE. É possível a utilização de inquéritos policiais e/ou ações penais em curso para formação da convicção de que o réu se dedica a atividades criminosas, de modo a afastar o benefício legal previsto no artigo 33, § 4º, da Lei n. 11.343/2006.** A divergência existente no âmbito da Terceira Seção do STJ consiste na possibilidade (ou não) de utilização de inquéritos e processos penais em tramitação para avaliar a possível dedicação do réu a atividades criminosas, de modo a afastar a causa de diminuição prevista no artigo 33, § 4º, da Lei de Drogas. Enquanto a Quinta Turma entende plenamente possível a utilização de inquéritos e ações penais em andamento para afastar a causa de diminuição, a Sexta Turma tem entendimento oposto. A Lei 11.343/06 inovou na ordem jurídica em diversos fatores, dentre eles, inseriu uma causa de diminuição de pena para o delito de tráfico de drogas e equiparados, prevista no § 4º do artigo 33. Os requisitos cumulativos previstos para diminuição de pena são: i) primariedade; ii) bons antecedentes; iii) não se dedicar às atividades criminosas; iv) não integrar organização criminosa. A inserção no ordenamento dessa causa de diminuição teve por escopo diferenciar aquele que não é dedicado a ilícitos penais, daquele que efetivamente se dedica ao tráfico de drogas com maior potencialidade lesiva à sociedade. Assim, a regra não deve ser a aplicação da benesse de forma desmedida, mas sua aplicação somente deve ocorrer em casos singulares, quando preenchidos os requisitos, os quais merecem interpretação restritiva, de modo a prestigiar quem efetivamente mereça redução de pena. É consabido que inquéritos e ações penais em curso não podem ser valoradas como maus antecedentes, de modo a agravar a pena do réu quando das circunstâncias judiciais avaliadas em dosimetria de pena na primeira fase, para fins de aumentar a pena-base. Contudo, na espécie, não se trata de avaliação de inquéritos ou ações penais para agravar a situação do réu condenado por tráfico de drogas, mas como forma de afastar um benefício legal, desde que existentes elementos concretos para concluir que ele se dedique a atividades criminosas, sendo inquestionável que em determinadas situações, a existência de investigações e/ou ações penais em andamento possam ser elementos aptos para formação da convicção do magistrado. Ademais, como os princípios constitucionais devem ser interpretados de forma harmônica, não merece ser interpretado de forma absoluta o princípio da inocência, de modo a impedir que a existência de inquéritos ou ações penais impeçam a interpretação em cada caso para mensurar a dedicação do Réu em atividade criminosa. Assim não o fazendo, conceder o benefício do artigo 33, § 4º, da Lei n. 11.343/2006 para aquele que responde a inúmeras ações penais, ou seja, investigado, é equipará-lo com quem numa única ocasião na vida se envolveu com as drogas, situação que ofende o princípio também previsto na Constituição Federal de individualização da pena. Por fim, mister salientar que não se pretende tornar regra que a existência de inquérito ou ação penal obste o benefício em todas as situações, mas sua avaliação para concluir se o réu é dedicado a atividades criminosas também não pode ser vedada de forma irrestrita, de modo a permitir a avaliação pelo magistrado em cada caso concreto. *STJ, EREsp 1.431.091-SP, Rel. Min. Felix Fischer, por maioria, julgado em 14/12/2016. 3ª SEÇÃO. (Info 596)*

- **TRÁFICO DE DROGAS. DOSIMETRIA DA PENA. CAUSA DE DIMINUIÇÃO DO ART. 33, § 4º, DA LEI N. 11.343/2006. AGENTE NA CONDIÇÃO DE "MULA". AUSÊNCIA DE PROVA DE QUE INTEGRA ORGANIZAÇÃO CRIMINOSA. É possível o reconhecimento do tráfico privilegiado ao agente transportador de drogas, na qualidade de "mula", uma vez que a simples atuação nessa condição não induz, automaticamente, à conclusão de que ele seja integrante de organização criminosa.** Cinge-se a controvérsia em definir a possibilidade de reconhecimento do tráfico privilegiado ao agente transportador de drogas, na qualidade de 'mula' do tráfico. Inicialmente, convém anotar que a Quinta e a Sexta Turmas deste Superior Tribunal de Justiça têm entendimento oscilante sobre a matéria. Diante da jurisprudência hesitante desta Corte, entende-se por bem acolher e acompanhar o entendimento uníssono do Supremo Tribunal Federal, no sentido de que a simples atuação como "mula" não induz automaticamente a conclusão de que o agente integre organização criminosa, sendo imprescindível, para tanto, prova inequívoca do seu envolvimento, estável e permanente, com o grupo criminoso. Portanto, a exclusão da causa de diminuição prevista no § 4° do art. 33 da Lei n. 11.343/2006, somente se justifica quando indicados expressamente os fatos concretos que comprovem que a "mula" integre a organização criminosa (HC 132.459, Rel. Min. Ricardo Lewandowski, DJe 13/2/2017). Ainda sobre a matéria, firmou-se também no Pretório Excelso o entendimento de que a atuação do agente na condição de "mula", embora não seja suficiente para denotar que integre, de forma estável e permanente, organização criminosa, configura circunstância concreta e idônea para se valorar negativamente na terceira fase da dosimetria, modulando a aplicação da causa especial de diminuição de pena pelo tráfico privilegiado (HC 120.985, Rel. Min. Rosa Weber, DJe 30/6/2016). Logo, devidamente comprovado que a conduta do paciente se reveste de maior grau de reprovabilidade, pois tinha conhecimento de estar a serviço do crime organizado no tráfico internacional, o percentual de redução, pela incidência da minorante do art. 33, § 4º, da Lei n. 11.343/2006, deve ser estabelecido no mínimo legal. *STJ, HC 387.077-SP, Rel. Min. Ribeiro Dantas, por unanimidade, j. 6/4/2017. 5ª T. (Info 602)*

- **HIPÓTESE DE CONSUNÇÃO DO CRIME DO ART. 33 DA LEI DE DROGAS PELO CRIME DO ART. 273 DO CP. Ainda que alguns dos medicamentos e substâncias ilegais manipulados, prescritos, alterados ou comercializados contenham substâncias psicotrópicas capazes de causar dependência elencadas na Portaria n. 344/1998 da SVS/MS – o que, em princípio, caracterizaria o tráfico de drogas -, a conduta criminosa dirigida, desde o início da empreitada, numa sucessão de eventos e sob a fachada de uma farmácia, para a única finalidade de manter em depósito e vender ilegalmente produtos falsificados destinados a fins terapêuticos ou medicinais enseja condenação unicamente pelo crime descrito no art. 273 do CP – e não por este delito em concurso com o tráfico de drogas (art. 33, caput, da Lei de Drogas).** Por um lado, os tipos penais previstos no art. 273 do CP – cujo bem jurídico tutelado é a saúde pública – visam a punir a conduta do agente que, entre outros, importa, vende, expõe a venda, tem em depósito para vender ou, de qualquer forma, distribui ou entrega a consumo o produto "falsificado, corrompido, adulterado ou alterado", "sem registro, quando exigível, no órgão de vigilância sanitária competente" ou "de procedência ignorada". Por outro lado, o art. 33, caput, da Lei n. 11.343/2006 apresenta-se como norma penal em branco, porque define o crime de tráfico a partir da prática de dezoito condutas relacionadas a drogas – importar, exportar, remeter, preparar, produzir, fabricar, adquirir, vender, expor à venda, oferecer, ter em depósito, transportar, trazer consigo, guardar, prescrever, ministrar, entregar a consumo ou fornecer -, sem, no entanto, trazer a definição do elemento do tipo "drogas". A partir daí, emerge a necessidade de se analisar o conteúdo do preceito contido no parágrafo único do art. 1º da Lei n. 11.343/2006, segundo o qual "consideram-se como drogas as substâncias ou os produtos capazes de causar dependência, assim especificados em lei ou relacionados em listas atualizadas periodicamente pelo Poder Executivo da União". Em acréscimo, estabelece o art. 66 da referida lei que, "para fins do disposto no parágrafo único do art. 1º desta Lei, até que seja atualizada a terminologia da lista mencionada no preceito, denominam-se drogas substâncias entorpecentes, psicotrópicas, precursoras e outras sob controle especial, da Portaria SVS/MS nº 344, de 12 de maio de 1998". Diante disso, conclui-se que a definição do que sejam "drogas", capazes de caracterizar os delitos previstos na Lei n. 11.343/2006 (Lei de Drogas), advém da Portaria n. 344/1998 da Secretaria de Vigilância Sanitária do Ministério da Saúde (daí a classificação doutrinária, em relação ao art. 33 da Lei n. 11.343/2006, de que se está diante de uma norma penal em branco heterogênea). Em verdade, o caso em análise retrata típica hipótese de conflito aparente de normas penais, a ser resolvido pelo critério da absorção (ou princípio da consunção). Nesse contexto, mister destacar que um dos requisitos do concurso aparente de normas penais e do princípio da consunção consiste, justamente, na pluralidade de normas aparentemente aplicáveis a uma mesma hipótese. Isso acarreta a necessidade de que o caso concreto preencha, aparente e completamente, a estrutura essencial de todas as normas incriminadoras. Na espécie, não obstante, à primeira vista, a valoração dos fatos postos em discussão aponte, em tese, para o possível cometimento, em concurso, dos crimes de tráfico de drogas e de falsificação, corrupção, adulteração ou alteração de produto destinado a fins terapêuticos ou medicinais, certo é que o fato rendeu a prática de um único crime. Com efeito, há de se analisar o contexto fático em uma perspectiva axiológica da realidade, de modo a se admitir serem várias as interpretações possíveis dessa realidade em confronto com as condutas que venham a ensejar a intervenção penal. Em uma análise global (conjunta) dos fatos criminosos, um deles se mostra valorativamente insignificante – embora não insignificante, se isoladamente considerado – diante de outro (ou de outros), de modo a perder seu significado autônomo. Nesse contexto, não se mostra plausível sustentar a prática de dois crimes distintos e em concurso material quando, em um mesmo cenário fático, se observa que a intenção criminosa era dirigida para uma única finalidade, visto que, no caso em apreço, a conduta criminosa, desde o início da empreitada, era orientada para, numa sucessão de eventos e sob a fachada de uma farmácia, falsificar e vender produtos falsificados destinados a fins terapêuticos ou medicinais. Essa unidade de valor jurídico da situação de fato justifica, no caso concreto, a aplicação de uma só norma penal. Perfeitamente factível, portanto, a consunção, aplicável quando a intenção criminosa una é alcançada pelo cometimento de mais de um crime, devendo o agente, no entanto, ser punido por apenas um delito, de forma a, também e principalmente, obviar a sobrecarga punitiva, incompatível com a proporcionalidade da sanção, princípio regente no processo de individualização da pena. Inequívoco, assim, que o fato aparentemente compreendido na norma incriminadora afastada (art. 33, caput, da Lei n. 11.343/2006) encontra-se, na inteireza da sua estrutura e do seu significado valorativo, na estrutura do crime regulado pela norma que, no caso, será prevalecente (art. 273 do CP). ***STJ, REsp 1.537.773-SC, Rel. Min. Sebastião Reis Júnior, Rel. para acórdão Min. Rogerio Schietti Cruz, julgado em 16/8/2016, DJe 19/9/2016. 6ª T. (Info 582)***

- **INAPLICABILIDADE DA MINORANTE PREVISTA NO ART. 33, § 4º, DA LEI DE DROGAS. Ainda que a dedicação a atividades criminosas ocorra concomitantemente com o exercício de atividade profissional lícita, é inaplicável a causa especial de diminuição de pena prevista no art. 33, § 4º, da Lei n. 11.343/2006 (Lei de Drogas).** De início, destaca-se que, para viabilizar a aplicação da causa de diminuição de pena prevista no art. 33, § 4º, da Lei n. 11.343/2006, são exigidos, além da primariedade e dos bons antecedentes do acusado, que este não integre organização criminosa e que não se dedique a atividades delituosas. De fato, a razão de ser da mencionada minorante é justamente punir com menor rigor o pequeno traficante, ou seja, aquele indivíduo que não faz do tráfico de drogas o seu meio de vida. Nesse contexto, o aludido § 4º do art. 33, ao prever que o acusado não deve se dedicar a atividades criminosas, não exige, em nenhum momento, que essa dedicação seja exercida com exclusividade. Portanto, a aplicação da minorante é obstada ainda que o agente exerça, concomitantemente, atividade profissional lícita. ***STJ, REsp 1.380.741-MG, Rel. Min. Rogerio Schietti Cruz, julgado em 12/4/2016, DJe 25/4/2016. 6ª T. (Info 582)***

- **POSSIBILIDADE DE DESCONSIDERAR CONDENAÇÕES ANTERIORES PARA FINS DE MAUS ANTECEDENTES. Mostrou-se possível a aplicação da minorante prevista no § 4º do art. 33 da Lei n. 11.343/2006 em relação a réu que, apesar de ser tecnicamente primário ao praticar o crime de tráfico, ostentava duas condenações (a primeira por receptação culposa e a segunda em razão de furto qualificado pelo concurso de pessoas) cujas penas foram aplicadas no mínimo legal para ambos os delitos anteriores (respectivamente, 1 mês em regime fechado e 2 anos em regime aberto, havendo sido concedido sursis por 2 anos)**, os quais foram perpetrados sem violência ou grave ameaça contra pessoa, considerando-se ainda, para afastar os maus antecedentes, o fato de que, até a data da prática do crime de tráfico de drogas, passaram mais de 8 anos da extinção da punibilidade do primeiro crime e da baixa dos autos do segundo crime, sem que tenha havido a notícia de condenação do réu por qualquer outro delito, de que ele se dedicava a atividades delituosas ou de que integrava organização criminosa. De fato, de acordo com entendimento da Sexta Turma do STJ, "À luz do artigo 64, inciso I, do Código Penal, ultrapassado o lapso temporal superior a cinco anos entre a data do cumprimento ou extinção da pena e a infração posterior, as condenações penais anteriores não prevalecem para fins de reincidência. Podem, contudo, ser consideradas como maus antecedentes" (HC 292.474-RS, DJe 3/12/2014). Apesar disso, considerando as peculiaridades do caso concreto aqui analisado, não há como afastar a aplicação da causa especial de diminuição de pena prevista no § 4º do art. 33 da Lei 11.343/2006 (Lei de Drogas) – segundo a qual, em relação aos delitos previstos no caput e no 1º do dispositivo, as penas poderão ser reduzidas de um sexto a dois terços "desde que o agente seja primário, de bons antecedentes, não se dedique às atividades criminosas nem integre organização criminosa" – em razão da simples existência de duas condenações transitadas em julgado com extinção da punibilidade há tanto tempo, tendo em vista, ademais, que, além de o réu ser tecnicamente primário (art. 64, I, do CP) ao praticar o crime em comento, não há notícias de que se dedique a atividades delituosas ou de que integre organização criminosa. Saliente-se que, aqui, não se está a afirmar que o mero decurso do período depurador da reincidência seja suficiente para, por si só, impedir toda e qualquer valoração sobre os antecedentes, até porque a hipótese prevista no art. 64, I, do CP trata tão somente da reincidência. Da mesma forma, não se está, simplesmente, descuidando de observar o entendimento do STJ de que condenações prévias, com trânsito em julgado há mais de 5 anos, apesar de não ensejarem reincidência, podem servir de alicerce para valoração desfavorável dos antecedentes. Consigne-se apenas que eternizar a valoração negativa dos antecedentes para afastar a minorante em questão, sem nenhuma ponderação sobre as circunstâncias do caso concreto, não se coaduna com o Direito Penal do fato. Nesse contexto, no RHC 2.227-MG (Sexta Turma, DJ 29/3/1993), já se afirmou que a norma inserta no inciso I do art. 64 do CP "harmoniza-se com o sistema do Código Penal que subscreve o princípio tempus omnia solvet", concluindo-se no sentido de que "Não há, pois, estigma permanente no Direito Penal". Além disso, dois julgados da Quarta Turma do STJ (o REsp 1.334.097-RJ, relativo ao caso conhecido como "Chacina da Candelária", e o REsp 1.335.153-RJ, referente ao caso "Aida Curi", ambos publicados no DJe 10/9/2013) tratam, na esfera civil, da extensão do dano pela violação do direito à privacidade e do direito de ser deixado em paz (direito ao esquecimento). Não obstante, a essência dessa doutrina – com adaptações e temperamentos, por óbvio – pode ser invocada no caso, pois, no que diz respeito ao direito de ser esquecido, de que é titular aquele sobre quem recai o peso de uma condenação penal, esclarece o voto lançado no referido REsp 1.334.097-RJ: Aquele que já cumpriu pena criminal e que precisa reajustar-se à sociedade "há de ter o direito a não ver repassados ao público os fatos que o levaram à penitenciária [...] o direito ao esquecimento que assiste ao condenado [...]. Por esse direito, então, aquele que tenha cometido um crime, todavia já cumprida a pena respectiva, vê a propósito preservada sua privacidade, honra e imagem. Cuida-se inclusive de garantir ou facilitar a interação e reintegração do indivíduo à sociedade, quando em liberdade, cujos direitos da personalidade não podem, por evento passado e expirado, ser diminuídos. [...] E é por essa ótica que o direito ao esquecimento revela sua maior nobreza, pois afirma-se, na verdade, como um direito à esperança, em absoluta sintonia com a presunção legal e constitucional de regenerabilidade da pessoa humana". Também não se pode deixar de mencionar o HC 256.210-SP (DJe 13/12/2013), no qual a Sexta Turma do STJ, à unanimidade, concluiu – agora, sim, especificamente no âmbito do Direito Penal – que o lapso temporal entre a última condenação e a prática da infração apurada naquele writ (quase 14 anos) justificava a não influência das condenações anteriores (que se originaram de condutas perpetradas nas décadas de 70, 80 e 90) para fins de exasperação da pena-base, a título de maus antecedentes. Ademais, o STF (HC 126.315-SP, Segunda Turma, DJe 7/12/2015) aqueceu a discussão a respeito da estipulação de um prazo limite para se considerar uma condenação como maus antecedentes. Na ocasião, destacou-se a impossibilidade de que se atribua à condenação o status de perpetuidade, sob o fundamento de que "a possibilidade de sopesarem-se negativamente antecedentes criminais, sem qualquer limitação temporal ad aeternum, em verdade, é pena de caráter perpétuo mal revestida de legalidade". Aliás, foi também por esses fundamentos que o legislador de 1977, mediante a alteração na Parte Geral do CP ocasionada pela Lei n. 6.146, instituiu a temporalidade para a reincidência e positivou o "período depurador" no art. 46, parágrafo único, então vigente, denominado no item 13 da respectiva Exposição de Motivos como "prescrição da reincidência", e cuja previsão normativa foi mantida no art. 64, I, do atual Código. Além do mais, deve-se considerar a advertência doutrinária segundo o qual "a proibição de penas perpétuas é um corolário da orientação humanitária ordenada pela Constituição, como princípio orientador da legislação penal". Sendo assim, não se pode tornar perpétua a valoração negativa dos antecedentes, nem perenizar o estigma de criminoso para fins de aplicação da pena, sob pena de violação da regra geral que permeia o sistema. Afinal, a transitoriedade é consectário natural da ordem das coisas. Se o transcurso do tempo impede que condenações anteriores configurem reincidência, esse mesmo fundamento – o lapso temporal – deve ser sopesado na análise das condenações geradoras, em tese, de maus antecedentes. De mais a mais, embora o STF ainda não tenha decidido o mérito do RE 593.818-SC – que, em repercussão geral já reconhecida (DJe 3/4/2009), decidirá se existe ou não um prazo limite para se sopesar uma condenação anterior como maus antecedentes -, no caso aqui analisado, firme na ideia que subjaz à temporalidade dos antecedentes criminais, devem ser relativizados os dois registros penais tão antigos do acusado, de modo a não lhes imprimir excessivo relevo a ponto de impedir a incidência da minorante descrita no § 4º do art. 33 da Lei de Drogas. ***STJ, REsp 1.160.440-MG, Rel. Min. Rogerio Schietti Cruz, julgado em 17/3/2016, DJe 31/3/2016. 6ª T. (Info 568)***

- **HC. MINORANTE DO TRÁFICO PRIVILEGIADO. QUANTIDADE E NATUREZA DA SUBSTÂNCIA ENTORPECENTE. NÃO APLICAÇÃO. A natureza e a quantidade de droga justificam a não aplicação da minorante do tráfico privilegiado.** *STJ, HC 311.660-SP. Rel. Min. Nefi Cordeiro, j. 10.3.2015. 6ª T.*

- **INCONSTITUCIONALIDADE DO PRECEITO SECUNDÁRIO DO ART. 273, § 1º-B, V, DO CP. É inconstitucional o preceito secundário do art. 273, § 1º-B, V, do CP – "reclusão, de 10 (dez) a 15 (quinze) anos, e multa" –, devendo-se considerar, no cálculo da reprimenda, a pena prevista no *caput* do art. 33 da Lei 11.343/2006 (Lei de Drogas), com possibilidade de incidência da causa de diminuição de pena do respectivo § 4º d**e fato, é viável a fiscalização judicial da constitucionalidade de preceito legislativo que implique intervenção estatal por meio do Direito Penal, examinando se o legislador considerou suficientemente os fatos e prognoses e se utilizou de sua margem de ação de forma adequada para a proteção suficiente dos bens jurídicos fundamentais. Nesse sentido, a Segunda Turma do STF (HC 104.410-RS, DJe 27/3/2012) expôs o entendimento de que os "mandatos constitucionais de criminalização [...] impõem ao legislador [...] o dever de observância do princípio da proporcionalidade como proibição de excesso e como proibição de proteção insuficiente. A idéia é a de que a intervenção estatal por meio do Direito Penal, como *ultima ratio,* deve ser sempre guiada pelo princípio da proporcionalidade [...] Abre-se, com isso, a possibilidade do controle da constitucionalidade da atividade legislativa em matéria penal". Sendo assim, em atenção ao princípio constitucional da proporcionalidade e razoabilidade das leis restritivas de direitos (CF, art. 5º, LIV), é imprescindível a atuação do Judiciário para corrigir o exagero e ajustar a pena de "reclusão, de 10 (dez) a 15 (quinze) anos, e multa" abstratamente cominada à conduta inscrita no art. 273, § 1º-B, V, do CP, referente ao crime de ter em depósito, para venda, produto destinado a fins terapêuticos ou medicinais de procedência ignorada. Isso porque, se esse delito for comparado, por exemplo, com o crime de tráfico ilícito de drogas (notoriamente mais grave e cujo bem jurídico também é a saúde pública), percebe-se a total falta de razoabilidade do preceito secundário do art. 273, § 1º-B, do CP, sobretudo após a edição da Lei 11.343/2006 (Lei de Drogas), que, apesar de ter aumentado a pena mínima de 3 para 5 anos, introduziu a possibilidade de redução da reprimenda, quando aplicável o § 4º do art. 33, de 1/6 a 2/3. Com isso, em inúmeros casos, o esporádico e pequeno traficante pode receber a exígua pena privativa de liberdade de 1 ano e 8 meses. E mais: é possível, ainda, sua substituição por restritiva de direitos. De mais a mais, constata-se que a pena mínima cominada ao crime ora em debate excede em mais de três vezes a pena máxima do homicídio culposo, corresponde a quase o dobro da pena mínima do homicídio doloso simples, é cinco vezes maior que a pena mínima da lesão corporal de natureza grave, enfim, é mais grave do que a do estupro, do estupro de vulnerável, da extorsão mediante sequestro, situação que gera gritante desproporcionalidade no sistema penal. Além disso, como se trata de crime de perigo abstrato, que independe da prova da ocorrência de efetivo risco para quem quer que seja, a dispensabilidade do dano concreto à saúde do pretenso usuário do produto evidencia ainda mais a falta de harmonia entre esse delito e a pena abstratamente cominada pela redação dada pela Lei 9.677/1998 (de 10 a 15 anos de reclusão). Ademais, apenas para seguir apontando a desproporcionalidade, deve-se ressaltar que a conduta de importar medicamento não registrado na ANVISA, considerada criminosa e hedionda pelo art. 273, § 1º-B, do CP, a que se comina pena altíssima, pode acarretar mera sanção administrativa de advertência, nos termos dos arts. 2º, 4º, 8º (IV) e 10 (IV), todos da Lei nº 6.437/1977, que define as infrações à legislação sanitária. A ausência de relevância penal da conduta, a desproporção da pena em ponderação com o dano ou perigo de dano à saúde pública decorrente da ação e a inexistência de consequência calamitosa do agir convergem para que se conclua pela falta de razoabilidade da pena prevista na lei, tendo em vista que a restrição da liberdade individual não pode ser excessiva, mas compatível e proporcional à ofensa causada pelo comportamento humano criminoso. Quanto à possibilidade de aplicação, para o crime em questão, da pena abstratamente prevista para o tráfico de drogas – "reclusão de 5 (cinco) a 15 (quinze) anos e pagamento de 500 (quinhentos) a 1.500 (mil e quinhentos) dias-multa" (art. 33 da Lei de drogas) –, a Sexta Turma do STJ (REsp 915.442-SC, DJe 1º/2/2011) dispôs que "A Lei 9.677/98, ao alterar a pena prevista para os delitos descritos no artigo 273 do Código Penal, mostrou-se excessivamente desproporcional, cabendo, portanto, ao Judiciário promover o ajuste principiológico da norma [...] Tratando-se de crime hediondo, de perigo abstrato, que tem como bem jurídico tutelado a saúde pública, mostra-se razoável a aplicação do preceito secundário do delito de tráfico de drogas ao crime de falsificação, corrupção, adulteração ou alteração de produto destinado a fins terapêuticos ou medicinais". *STJ, AI no HC 239.363-PR, Rel. Min. Sebastião Reis Júnior, julgado em 26/2/2015, Corte Especial (Info 559)*

- **COMPETÊNCIA PENAL NO CASO DE IMPORTAÇÃO DE DROGAS VIA POSTAL. Na hipótese em que drogas enviadas via postal do exterior tenham sido apreendidas na alfândega, competirá ao juízo federal do local da apreensão da substância processar e julgar o crime de tráfico de drogas, ainda que a correspondência seja endereçada a pessoa não identificada residente em outra localidade.** Isso porque a conduta prevista no art. 33, *caput*, da Lei 11.343/2006 constitui delito formal, multinuclear, que, para a consumação, basta a execução de qualquer das condutas previstas no dispositivo legal, dentre elas o verbo "importar", que carrega a seguinte definição: fazer vir de outro país, estado ou município; trazer para dentro. Logo, ainda que desconhecido o autor, despiciendo é o seu reconhecimento, podendo-se afirmar que o delito se consumou no instante em que tocou o território nacional, entrada essa consubstanciada na apreensão da droga. Ressalte-se, por oportuno, que é firme o entendimento da Terceira Seção do STJ no sentido de ser desnecessário, para que ocorra a consumação da prática delituosa, a correspondência chegar ao destinatário final, por configurar mero exaurimento da conduta. Dessa forma, em não havendo dúvidas acerca do lugar da consumação do delito, da leitura do *caput* do art. 70 do CPP, torna-se óbvia a definição da competência para o processamento e julgamento do feito, uma vez que é irrelevante o fato da droga estar endereçada a destinatário em outra localidade. *STJ, CC 132.897-PR, Rel. Min. Rogerio Schietti Cruz, julgado em 28/5/2014.*

- **ABSORÇÃO DO CRIME DE POSSE DE MAQUINÁRIO PELO CRIME DE TRÁFICO DE DROGAS. Responderá apenas pelo crime de tráfico de drogas – e não pelo mencionado crime em concurso com o de posse de objetos e maquinário para a fabricação de drogas, previsto no art. 34 da Lei 11.343/2006 – o agente que, além de preparar para venda certa quantidade de drogas ilícitas em sua residência, mantiver, no mesmo local, uma balança de precisão e um alicate de unha utilizados na preparação das substâncias.** De fato, o tráfico de maquinário visa proteger a saúde pública, ameaçada com a possibilidade de a droga ser produzida, ou seja, tipifica-se conduta que pode ser considerada como mero ato preparatório. Portanto, a prática do crime previsto no art. 33, *caput*, da Lei de Drogas absorve o delito capitulado no art. 34 da mesma lei, desde que não fique caracterizada a existência de contextos autônomos e coexistentes aptos a vulnerar o bem jurídico tutelado de forma distinta. Na situação em análise, não há autonomia necessária a embasar a condenação em ambos os tipos penais simultaneamente, sob pena de "bis in idem". Com efeito, é salutar aferir quais objetos se mostram aptos a preencher a tipicidade penal do tipo do art. 34, o qual visa coibir a produção de drogas. Deve ficar demonstrada a real lesividade dos objetos tidos como instrumentos destinados à fabricação, preparação, produção ou transformação de drogas, sob pena de a posse de uma tampa de caneta – utilizada como medidor –, atrair a incidência do tipo penal em exame. Relevante, assim, analisar se os objetos apreendidos são aptos a vulnerar o tipo penal em tela. Na situação em análise, além de a conduta não se mostrar autônoma, verifica-se que a posse de uma balança de precisão e de um alicate de unha não pode ser considerada como posse de maquinário nos termos do que descreve o art. 34, pois os referidos instrumentos integram a prática do delito de tráfico, não se prestando à configuração do crime de posse de maquinário. *STJ, REsp 1.196.334-PR, Rel. Min. Marco Aurélio Bellizze, j. 19/9/2013. 5ª T.(Info 531)*

3. QUESTÕES DE CONCURSOS

1. **(VUNESP/TJ-MS/Juiz de Direito/2015)** Assinale a alternativa correta.

a) A indução ou a instigação de alguém ao uso indevido de droga não é considerado crime.

b) Responde às mesmas penas do crime previsto no art. 33, *caput*, da Lei n° 11.343/2006 o agente que custeia ou financia o crime de tráfico.

c) Responde por delito autônomo ao do tráfico o agente que oferecer droga, eventualmente e sem objetivo de lucro, a pessoa de seu relacionamento, para juntos a consumirem.

d) A associação criminosa prevista no art. 35, *caput,* da Lei n° 11.343/2006 exige a constatação da reiteração permanente da associação de duas ou mais pessoas para prática constante do tráfico.

e) A causa de redução da pena, prevista no § 4° do art. 33 da Lei n° 11.343/2006, só será aplicável se o agente for primário e de bons antecedentes.

2. **(FUNIVERSA/SEAP-DF/Agente Penitenciário/2015)** Não há óbice legal à substituição da pena privativa de liberdade por restritiva de direitos aos condenados por crime de tráfico de entorpecentes.

3. **(FUNIVERSA/SEAP-DF/Agente Penitenciário/2015)** De acordo com a jurisprudência do STJ, a quantidade e a variedade de entorpecentes apreendidos em poder do acusado de traficar drogas constituem circunstâncias hábeis a denotar a dedicação às atividades criminosas, podendo impedir a aplicação da causa de diminuição de pena prevista na lei de combate às drogas.

4. **(CESPE/TRF5/Juiz Federal/2015 – adaptada)** No que diz respeito a crime de tráfico internacional de drogas e conforme entendimento sumulado de tribunal superior, o juiz, ao reconhecer, em sua sentença, que a conduta do réu caracteriza tráfico privilegiado, não poderá impor a esse réu pena abaixo do mínimo legal.

5. **(CESPE/TRF5/Juiz Federal/2015 – adaptada)** O ato infracional análogo ao crime de tráfico de drogas cometido por adolescente, por si só, conduz obrigatoriamente à imposição de medida socioeducativa de internação do jovem, salvo na modalidade de tráfico privilegiado.

6. **(FCC/TJ-PE/Juiz Substituto/2015)** A figura do chamado tráfico privilegiado, prevista no art. 33, § 4º, da Lei n o 11.343/06,

a) constitui causa de diminuição da pena, podendo o juiz levar em conta a natureza e a quantidade da droga apreendida na escolha do redutor.

b) não admite aplicação retroativa

c) obsta a conversão da pena privativa de liberdade em restritiva de direitos.

d) é aplicável ao condenado reincidente, desde que a agravante não decorra da prática do mesmo crime, segundo expressa disposição.

e) também é aplicável ao crime de associação para o tráfico.

7. **(FUNIVERSA/PC-GO/Papiloscopista/2015 – adaptada)** É atípica a conduta de oferecer droga, eventualmente e sem objetivo de lucro, à pessoa com quem se tem um relacionamento, para juntos a consumirem.

8. **(FCC/TJ-GO/Juiz de Direito/2015 – adaptada)** De acordo com a Lei de Drogas, constitui crime a organização de manifestação favorável à legalização do uso de drogas.

9. **(FCC/TJ-GO/Juiz de Direito/2015 – adaptada)** De acordo com a Lei de Drogas, vedada a substituição da pena privativa de liberdade por restritivas de direitos no caso de condenação por tráfico de drogas, ainda que se trate da chamada figura privilegiada do delito.

10. **(CESPE/DPU/Defensor Público/2015)** Considerando que Carlo, maior e capaz, compartilhe com Carla, sua parceira eventual, substância entorpecente que traga consigo para uso pessoal, julgue o item que se segue.

    A conduta de Carlo configura crime de menor potencial ofensivo.

11. **(VUNESP/PC-CE/Inspetor de Polícia/2015 – adaptada)** A Lei nº 11.343/06 (Drogas) estabelece que o agente que oferece drogas de forma gratuita para terceiro consumir, não pratica o crime do artigo 33 dessa Lei, o qual exige lucro.

12. **(VUNESP/PC-CE/Inspetor de Polícia/2015 – adaptada)** A Lei nº 11.343/06 (Drogas) estabelece que o agente primário, de bons antecedentes e que não integre organizações criminosas e nem se dedique a atividades criminosas, condenado por tráfico de drogas, poderá ter sua pena reduzida até 2/3.

13. **(FCC/DPE-BA/Defensor Público/2016 – adaptada)** O delito previsto no artigo 33 da Lei de Drogas, por ser crime de ação múltipla, faz com que o agente que, no mesmo contexto fático e sucessivamente, pratique mais de uma ação típica, responda por crime único em função do princípio da alternatividade.

14. **(FGV/MPE-RJ/Analista Ministerial – Área Processual/2016)** Em ação penal, Patrick foi condenado pela prática do crime de tráfico de drogas, aplicada a causa de diminuição do artigo 33, §4º da Lei nº 11.343/06, sendo fixada a pena de 01 ano e 08 meses de reclusão, não admitida a substituição da pena privativa de liberdade por restritiva de direitos, enquanto Lucas foi absolvido em razão de trazer consigo entorpecente para fins de consumo pessoal. No mesmo processo, Marcel foi condenado unicamente pelo delito de associação para o tráfico, sendo aplicada a pena mínima de 03 anos a ser cumprida em regime inicialmente fechado, apenas pelo fato de o delito praticado ser hediondo. As partes apresentaram recurso de apelação e o Procurador de Justiça tem que apresentar seu parecer. De acordo com a posição pacificada e atual dos Tribunais Superiores, é correto afirmar que:

a) diante do reconhecimento da causa de diminuição do artigo 33, §4º da Lei nº 11.343/06, o tráfico perde a natureza de crime equiparado ao hediondo;

b) os fundamentos apresentados para fixação do regime de cumprimento de pena do crime de associação para o tráfico foram válidos e corretos;

c) não cabe substituição da pena privativa de liberdade por restritiva de direitos, ainda que preenchidos os requisitos do artigo 44 do Código Penal, em razão de expressa e válida previsão legal;

d) a Lei nº 11343/06 descriminalizou a conduta de porte de substância entorpecente para consumo pessoal, tratando-se de infração meramente administrativa, não sendo possível a imposição de prisão ou eventual condenação ser considerada para efeito de reincidência;

e) exige-se estabilidade e permanência para configuração do crime de associação para o tráfico.

15. **(MPE-SP/Promotor de Justiça/2017)** Configurado o crime de tráfico de drogas privilegiado (artigo 33, § 4º, da Lei nº 11.343/2006), a causa de diminuição de pena será calculada segundo

a) as circunstâncias judiciais favoráveis ao réu e a extensão de sua confissão.

b) a extensão da organização criminosa integrada pelo réu.

c) o número de agentes implicados na conduta do réu.

d) a quantidade e a qualidade da droga apreendida.

e) a reincidência e os antecedentes do réu.

16. (CESPE/TRF5/Juiz Federal/2017) Ricardo, pai de família e esposo dedicado, trabalhador empregado como serventuário da justiça à época dos fatos, primário e de bons antecedentes, não integrante de qualquer organização criminosa, foi surpreendido portando cinquenta pinos de cocaína. Tendo Ricardo sido denunciado pela prática de tráfico de drogas, a defesa requereu que fosse aplicado o benefício da redução da pena previsto na legislação especial, mas o juízo competente negou o pedido sob o argumento de que o réu responde a outros inquéritos policiais e ações penais, de forma que isso demonstraria que ele se dedica a atividades criminosas. Durante o cumprimento da pena por tráfico de drogas, Ricardo convenceu sua esposa, Adriana, menor de idade, mãe dedicada, atendente de telemarketing, primária e de bons antecedentes, não integrante de qualquer organização criminosa, a receber, transportar e negociar trinta quilos de maconha, a fim de saldar dívida do marido contraída na prisão. Quando foi visitar o marido no presídio, Adriana levou, ainda, alguns pinos de cocaína a um conhecido dele que mora bem ao lado do estabelecimento prisional. Adriana foi flagrada.

A respeito dessa situação hipotética, assinale a opção correta à luz da Lei Antidrogas.

a) A atuação de Adriana, por si só, induz à conclusão de que ela integra a mesma organização criminosa que seu marido, sendo prescindível a prova de seu envolvimento, estável e permanente, com o grupo criminoso, sendo suficiente para afastar a aplicação da minorante prevista na legislação especial.

b) Como Adriana é adolescente, Ricardo responderá pelo crime de tráfico de drogas em concurso com a corrupção de menores por tê-la utilizado na prática do crime.

c) No que se refere à entrega da cocaína ao amigo de Ricardo residente perto do presídio, não incide a causa de aumento prevista na legislação especial, a qual só poderia ser aplicada se o comprador do entorpecente fosse um dos detentos do estabelecimento.

d) A aplicação da causa de diminuição de pena prevista na legislação especial não é capaz de afastar a hediondez do crime de tráfico de drogas praticado por Ricardo.

e) Agiu corretamente o juízo ao negar o benefício de redução de pena previsto na legislação especial, uma vez que é possível a utilização de inquéritos policiais e ações penais em curso para a formação da convicção do juiz, de modo a afastar o benefício legal.

17. (CESPE/DPU/Defensor Público/2017) Tendo como referência as disposições da Lei de Drogas (Lei n.º 11.343/2006) e a jurisprudência pertinente, julgue o item subsecutivo.

Situação hipotética: Com o intuito de vender maconha em bairro nobre da cidade onde mora, Mário utilizou o transporte público para transportar 3 kg dessa droga. Antes de chegar ao destino, Mário foi abordado por policiais militares, que o prenderam em flagrante. Assertiva: Nessa situação, Mário responderá por tentativa de tráfico, já que não chegou a comercializar a droga.

18. (CESPE/DPU/Defensor Público/2017) Tendo como referência as disposições da Lei de Drogas (Lei n.º 11.343/2006) e a jurisprudência pertinente, julgue o item subsecutivo.

Situação hipotética: José, ao comercializar cocaína em espaço público, foi preso em flagrante. Apesar de ele ser primário, o juiz sentenciante não aplicou a causa de diminuição de pena referente ao denominado tráfico privilegiado, sob o argumento de que o réu se dedicava a atividades criminosas, conforme evidenciado por inquéritos e ações penais em curso nos quais José figurava como indiciado ou réu. Assertiva: Nessa situação, de acordo com a jurisprudência do STJ, o juiz feriu o princípio constitucional da presunção de inocência.

19. (FMP/MPE-RO/Promotor de Justiça/2017) No que se refere aos crimes previstos na Lei n. 11.343/2006, assinale a alternativa CORRETA.

a) O Supremo Tribunal Federal entende que o crime de tráfico "privilegiado" é hediondo.

b) O porte de drogas ilícitas para uso próprio, segundo a jurisprudência do Supremo Tribunal Federal, foi descriminalizado.

c) Em relação ao porte de *cannabis sativa* (maconha) para uso próprio, o Supremo Tribunal Federal decidiu que tal figura é atípica, configurando autolesão impunível.

d) O sujeito que oferece droga, eventualmente e sem objetivo de lucro, a pessoa de seu relacionamento, para juntos a consumirem, pratica infração penal de médio potencial ofensivo, o que impede a proposta de transação penal prevista no artigo 76 da Lei n. 9.099/95, mas não a suspensão condicional do processo, nos termos do artigo 89 do referido diploma legal.

e) É cabível, em tese, a concessão de indulto natalino no caso do tráfico "privilegiado".

20. (MPE-PR/Promotor de Justiça/2019 – adaptada) É cabível a aplicação retroativa da Lei n. 11.343/2006, desde que o resultado da incidência das suas disposições, na íntegra, seja mais favorável ao réu do que o advindo da aplicação da Lei n. 6.368/1976, sendo vedada a combinação de leis.

21. (CESPE/DPF/Delegado de Polícia/2018) Em viagem pela Europa, Ronaldo, primário, de bons antecedentes e não integrante de organização criminosa, adquiriu quinze cápsulas do entorpecente LSD com o objetivo de obter lucro capaz de custear as despesas com a viagem. De volta ao Brasil, Ronaldo foi preso em flagrante quando tentava vender a droga. Nessa situação, caso seja condenado pelo crime tráfico de entorpecentes, Ronaldo poderá obter a redução da pena de um sexto a dois terços.

22. (FGV/TJ-SC/Analista Jurídico/2018) Em inovação legislativa, a Lei nº 11.343/06, em seu art. 33, §4º, trouxe a figura do tráfico privilegiado, em especial para mitigar a severa punição do tráfico de drogas para o chamado "traficante de primeira viagem".

Sobre as previsões da Lei nº 11.343/06 sobre o tema e de acordo com a jurisprudência dos Tribunais Superiores, é correto afirmar que:

a) a condenação por tráfico, ainda que privilegiado e com pena inferior a 4 anos, não permite a substituição da pena privativa de liberdade por restritiva de direitos;

b) o benefício do tráfico privilegiado poderá ser aplicado ainda que o agente seja, também, condenado pelo crime de associação para o tráfico;

c) a quantidade de drogas poderá ser considerada no momento da aplicação da pena base, mas não a natureza do material apreendido;

d) o regime inicial de cumprimento de pena, diante do tráfico privilegiado, deverá ser necessariamente o fechado;

e) o tráfico privilegiado poderá ser reconhecido mesmo diante da figura do tráfico majorado.

23. (FUNDATEC/PC-RS/Delegado de Polícia/2018 – adaptada) Pode-se dizer que o crime de tráfico de drogas, previsto no artigo 33, caput, da Lei nº 11.343/2006, é um exemplo de crime de perigo abstrato e unissubjetivo.

24. (FCC/Câmara Legislativa do Distrito Federal/2018 – adaptada) Não é considerado crime de tráfico de drogas a conduta daquele que oferece droga, eventualmente e sem objetivo de lucro, a pessoa de seu relacionamento, para juntos a consumirem.

25. (FCC/Câmara Legislativa do Distrito Federal/2018 – adaptada) Não é considerado crime a conduta do agente que consente que outrem utilize local ou bem de que tenha a propriedade, de forma gratuita, sem autorização ou em desacordo com determinação legal ou regulamentar, para o tráfico ilícito de drogas, tratando-se de mera infração civil-administrativa.

GAB	1	2	3	4	5	6	7	8	9	10	11	12	13
	C	C	C	E	E	A	E	E	E	C	E	E	C
	14	15	16	17	18	19	20	21	22	23	24	25	
	E	D	E	E	E	E	C	C	E	C	E	E	

Art. 34. Fabricar, adquirir, utilizar, transportar, oferecer, vender, distribuir, entregar a qualquer título, possuir, guardar ou fornecer, ainda que gratuitamente, maquinário, aparelho, instrumento ou qualquer objeto destinado à fabricação, preparação, produção ou transformação de drogas, sem autorização ou em desacordo com determinação legal ou regulamentar:

Pena – reclusão, de 3 (três) a 10 (dez) anos, e pagamento de 1.200 (mil e duzentos) a 2.000 (dois mil) dias-multa.

1. COMENTÁRIOS

1.1. Considerações iniciais

Devemos recordar que os atos preparatórios de um crime, em regra, não são puníveis; todavia, há casos em que a gravidade dos atos preparatórios é tamanha que o legislador, por meio de lei penal incriminadora, transforma esses atos preparatórios de um crime em crime autônomo. É o que ocorre, por exemplo, com o crime de porte ilegal de arma de fogo (art. 14, Lei nº 10.826/03), que constitui crime, muito embora tal porte possa constituir ato preparatório para outros crimes (homicídio, roubo, etc.). Outro exemplo é o crime de petrechos para falsificação de moeda (art. 291, CP), ato preparatório para o crime de moeda falsa (art. 289, CP).

Aqui, no art. 34 da Lei nº 11.343/06, como se vê, temos condutas que constituiriam atos preparatórios para o crime de tráfico ilícito de drogas (art. 33, Lei nº 11.343/06). O art. 34 tipifica tais condutas. Transformando-as em crime autônomo.

Na prática, esse crime do art. 34 possui grande importância, pois, por vezes, os agentes de polícias conseguem, por exemplo, encontrar o agente com todo o arsenal para a fabricação da droga, mas não apreende a droga propriamente dita. Em casos como esse, se não houvesse o tipo penal do art. 34, os traficantes seriam absolvidos, pois haveria a prova, tão-somente, da prática de atos preparatórios para o crime de tráfico. Com o art. 34, contudo, incidirão nas penas nele previstas.

Importante chamar a atenção dos leitores para o fato de que, se, no exemplo acima citado, além do maquinário destinado à fabricação da droga, fosse encontrada a própria, os agentes deveriam responder pelo crime de tráfico, previsto no art. 33, e o tipo penal do art. 34 seria por ele absorvido (consunção), pois se trata, na espécie, de crime-meio.

Mais uma vez estamos diante de um tipo penal misto alternativo, de modo que a realização de mais de uma conduta descrita no tipo, no mesmo contexto fático e em relação ao mesmo objeto material, dará ensejo a apenas um crime. Desse modo, o agente que adquirir e, posteriormente, utilizar o maquinário destinado à produção da droga, terá cometido apenas um crime, muito embora tenha realizado duas condutas.

É necessário que os objetos materiais do crime (maquinário, aparelho, instrumento ou qualquer objeto) sejam, efetivamente, destinado à fabricação, preparação, produção ou transformação de drogas. Esta observação tem reflexos práticos muito relevantes, pois muitos desses objetos materiais são utilizados com outras finalidades, que não possuem relação com as drogas ilícitas. Em casos que tais, obviamente, não há que se falar em crime. De igual sorte, não haverá crime quando forem apreendidos objetos destinados ao consumo da droga, tais como o cachimbo para fumar *crack* ou a lâmina para separar a cocaína que será inalada.

No que se refere às condutas, temos:

Fabricar: é a produção em escala, confecção por meio industrial.

Adquirir: traduz a ideia de obter, conseguir. Trata-se da obtenção da posse ou propriedade do objeto, seja a título oneroso ou gratuito. Nesta modalidade de conduta, o crime é instantâneo, isto é, ocorre a consumação de forma imediata, com a simples aquisição da droga.

Utilizar: Fazer uso, empregar.

Transportar: traduz a ideia de deslocar a coisa, levando-a de um local para outro. Nesta modalidade de conduta, o crime é permanente.

Oferecer: significa apresentar o objeto para eventuais interessados.

Vender: trata-se da alienação a título oneroso. Não há necessidade de efetiva tradição da coisa, pois a venda se consuma no momento da perfectibilização do acordo de vontades.

Distribuir: fazer a entrega da coisa a inúmeras partes.

Entregar (a qualquer título): pressupõe a tradição da coisa.

Possuir: ter em seu poder para exercer alguns atributos da propriedade, tais como usar e usufruir a coisa.

Guardar: traduz a ideia de acondicionar, conservar, ocultar, proteger, tomar conta, ter sob vigilância, em geral de forma clandestina. Nesta modalidade de conduta, o crime é permanente, isto é, a ação do agente se protrai no tempo.

Fornecer (ainda que gratuitamente): traz a ideia de uma entrega continuada, durante certo lapso de tempo.

Por fim, conforme salientamos nos comentários ao art. 33, o crime do art. 34 da Lei de Drogas é equiparado a hediondo.

1.2. Sujeitos

Qualquer pessoa pode ser sujeito ativo do crime. Trata-se, então, de crime comum.

Sujeito passivo é a coletividade.

1.3. Objetos

Objeto jurídico do crime é a saúde pública.

Objeto material é o maquinário, aparelho, instrumento ou qualquer objeto destinado à fabricação, preparação, produção ou transformação de drogas.

1.4. Elemento subjetivo

Elemento subjetivo é dolo, consistente na vontade consciente de realizar qualquer das condutas descritas no tipo penal. Exige-se o elemento subjetivo específico (especial finalidade no agir), pois as condutas são praticadas objetivando a fabricação, preparação, produção ou transformação de drogas.

Não há previsão para a modalidade culposa.

1.5. Consumação e tentativa

O crime se consuma no momento em que se realiza qualquer dos verbos descritos no tipo penal. Não é necessário que haja a efetiva fabricação, preparação, produção ou transformação de drogas, pois, nesse caso, temos, tão-somente, a finalidade última do agente (elemento subjetivo específico). Como não se exige a produção do resultado naturalístico, devemos concluir tratar-se de crime formal.

Tendo em vista a pluralidade de condutas e o fato de se tratar de tipo penal misto alternativo,

1.6. Ação penal

A ação penal é pública incondicionada.

1.7. Penas

A pena prevista para o crime é de "reclusão, de 3 (três) a 10 (dez) anos, e pagamento de 1.200 (mil e duzentos) a 2.000 (dois mil) dias-multa". A partir dessa constatação, podemos concluir que:

a) Não cabe a transação penal (art. 76, Lei nº 9.099/95), pois não se trata de infração penal de menor potencial ofensivo (a pena máxima ultrapassa dois anos).

b) Não cabe a aplicação da suspensão condicional do processo (art. 89, Lei nº 9.099/95), pois a pena mínima ultrapassa 1 (um) ano.

c) É possível a conversão da pena privativa de liberdade em perna restritiva de direitos (art. 44, CP), pois tal conversão é possível quando a pena efetivamente imposta pelo juiz na sentença, em crime doloso sem violência ou grave ameaça, não ultrapassa 4 (quatro) anos. Naturalmente, é necessário que se façam presentes os demais requisitos.

1.8. Causa de diminuição de pena

Em linha de princípio, não caberia a incidência da causa de diminuição de pena prevista no art. 33, § 4º, pois aquela minorante é aplicável ao crime de tráfico ilícito de drogas (art. 33, *caput*) e às suas figuras equiparadas (art. 33, § 1º). Aliás, isto está expresso no próprio art. 33, § 4º. Não se pode deixar de perceber, contudo, que a incidência da causa de diminuição de pena de até dois terços pode fazer com que a pena do traficante que preencha os requisitos do art. 33, § 4º seja menos do que a pena de uma pessoa que venha a ser condenada pelo crime do art. 34 (ainda que ele venha a preencher os mesmos requisitos, pois a causa de diminuição de pena não se lhe aplica).

Não há dúvida de que temos, aqui, uma flagrante violação ao princípio da proporcionalidade, na medida em que se legitima uma perna mais recrudescida para uma conduta muito menos gravosa, já que o tipo penal do art. 34 enuncia uma série de condutas que constituem meros atos preparatórios do crime de tráfico ilícito de drogas. Nesse diapasão, não será demais reiterar que uma das noções mais comezinhas que se tem do princípio da proporcionalidade é aquela segundo a qual a gravidade da conduta deve corresponder à gravidade da pena.

Para que não se permita tal afronta ao princípio da proporcionalidade, entendemos que a causa de diminuição de pena do art. 33, § 4º., a despeito da expressa menção, exclusivamente aos crimes do art. 33, *caput* e art. 33, § 1º, deve-se aplicar, também, ao crime do art. 34. Para tanto, é plenamente razoável que se recorra à ideia de analogia, que, no caso, seria benéfica ao réu (*in bonam partem*), sendo, portanto, legítima em Direito Penal.

2. SÚMULAS E JURISPRUDÊNCIA

✦ *SUPREMO TRIBUNAL FEDERAL*

- **LEI DE DROGAS E PRINCÍPIO DA CONSUNÇÃO.** A Segunda Turma conheceu parcialmente e, nessa extensão, concedeu, em parte, a ordem em "habeas corpus", para restabelecer a sentença imposta ao paciente pelo juízo singular, com o decotamento da confissão espontânea fixado em 2º grau. Na espécie, ele fora condenado pela prática de tráfico de drogas e associação para o tráfico (Lei 11.343/2006, artigos 33 e 35). O tribunal local, ao apreciar as apelações da acusação e da defesa, reduzira a pena referente ao tráfico, mas condenara o réu com relação aos delitos dos artigos 33, § 1º, I; e 34 da Lei 11.343/2006. No "habeas", sustentava-se a existência de irregularidades quanto às transcrições de escutas telefônicas colhidas em investigação; a ilegalidade quanto à pena-base; a ocorrência do princípio da consunção, considerados os delitos de tráfico e dos artigos 33, § 1º, I; e 34 da Lei 11.343/2006; a inexistência do crime de associação para o tráfico; a ilegalidade quanto à incidência da agravante do art. 62, I, do CP; e a ocorrência de tráfico privilegiado. A Turma assinalou não haver nulidade quanto às transcrições de interceptações telefônicas, que teriam sido devidamente disponibilizadas, sem que a defesa, entretanto, houvesse solicitado a transcrição total ou parcial ao longo da instrução. Ademais, entendeu que, **dadas as circunstâncias do caso concreto, seria possível a aplicação do princípio da consunção, que se consubstanciaria pela absorção dos delitos tipificados nos artigos 33, § 1º, I, e 34 da Lei 11.343/2006, pelo delito previsto no art. 33, "caput", do mesmo diploma legal. Ambos os preceitos buscariam proteger a saúde pública e tipificariam condutas que – no mesmo contexto fático, evidenciassem o intento de traficância do agente e a utilização dos aparelhos e insumos para essa mesma finalidade – poderiam ser consideradas meros atos preparatórios do delito de tráfico previsto no art. 33, "caput", da Lei 11.343/2006.** Quanto às demais alegações, não haveria vícios aptos a redimensionar a pena-base fixada, bem assim estaria demonstrada a existência de associação para o tráfico. Além disso, a suposta ocorrência de tráfico privilegiado não poderia ser analisada, por demandar análise fático-probatória. Por fim, a questão relativa à incidência do art. 62, I, do CP, não teria sido aventada perante o STJ, e sua análise implicaria supressão de instância. *STF, HC 109708/SP, rel. Min. Teori Zavascki, 23.6.2015. 2ª T. (Info 791)*

3. QUESTÕES DE CONCURSOS

1. **(VUNESP/DPE-MS/Defensor Público/2014 – adaptada)** O disposto no art. 34 da lei de entorpecentes tipifica, em separado, a conduta de quem colabora como informante com grupo criminoso destinado ao tráfico de drogas.

GAB	1
	E

Art. 35. Associarem-se duas ou mais pessoas para o fim de praticar, reiteradamente ou não, qualquer dos crimes previstos nos arts. 33, *caput* e § 1º, e 34 desta Lei:

Pena – reclusão, de 3 (três) a 10 (dez) anos, e pagamento de 700 (setecentos) a 1.200 (mil e duzentos) dias-multa.

Parágrafo único. Nas mesmas penas do *caput* deste artigo incorre quem se associa para a prática reiterada do crime definido no art. 36 desta Lei.

1. COMENTÁRIOS

1.1. Considerações iniciais

O art. 35 da Lei nº 11.343/06 tipifica a conduta consistente na associação para o tráfico. Para que ocorra esse crime, é necessário que estejam presentes dois requisitos:

a) associação de duas ou mais pessoas: trata-se, a toda vista, de um crime plurissubjetivo (ou de concurso necessário), isto é, somente pode se consumar com a participação de mais de uma pessoa. A despeito da semelhança, esse crime não se confunde com os crimes de associação criminosa (art. 288, CP[41]) e de organização criminosa (art. 1º, § 1º, Lei nº 12.850/13[42]). A primeira distinção reside, desde logo, no número de criminosos, pois enquanto o crime de associação criminosa exige a participação mínima de três pessoas e a organização criminosa possui como pressuposto a presença de quatro agentes, o crime de associação para o tráfico se consuma com apenas dois associados.

b) finalidade de praticar, reiteradamente ou não, qualquer dos crimes previstos nos arts. 33, caput e § 1º, e 34 desta Lei: na associação, os agentes possuem a pretensão de praticar os crimes relacionados às drogas. A associação constitui crime autônomo, independe da efetiva realização de qualquer dos outros crimes. Ocorrendo qualquer dos outros crimes, estaremos diante de concurso material de infrações penais.

À caracterização do crime, é imprescindível o dolo de se associar com estabilidade e permanência, e a reunião ocasional de duas ou mais pessoas não se subsume ao tipo do art. 35 da Lei 11.343/2006[43]. Não havendo essa estabilidade e permanência na associação (*societas sceleris*), haverá mero concurso de pessoas. A menção do tipo penal à prática reiterada ou não de condutas, nada tem a ver com a estabilidade e permanência que se exige. Pode haver tal estabilidade e permanência para a prática não reiterada de crimes. Exemplo, mais de uma pessoa se reúne de forma estável e planejam uma grande exportação de drogas, após a qual, pretendem abandonar a atividade.

1.2. Natureza não equiparada a hediondo

Dispõe o art. 44 da presente Lei: "Os crimes previstos nos arts. 33, *caput* e § 1º, e 34 a 37 desta Lei são inafiançáveis e insuscetíveis de *sursis*, graça, indulto, anistia e liberdade provisória, vedada a conversão de suas penas em restritivas de direitos. Parágrafo único. Nos crimes previstos no *caput* deste artigo, dar-se-á o livramento condicional após o cumprimento de dois terços da pena, vedada sua concessão ao reincidente específico".

No que se refere às especificidades desse dispositivo, remetemos os leitores aos comentários que realizamos a ele. Mas a transcrição desse artigo tem por finalidade demonstrar que o legislador, ao elaborar a Lei de Drogas, procurou conferir um tratamento mais recrudescido ao crime de associação para o tráfico, aproximando-o, sob alguns aspectos, dos crimes hediondos. Dentre as

41. "Associarem-se 3 (três) ou mais pessoas, para o fim específico de cometer crimes".
42. "Considera-se organização criminosa a associação de 4 (quatro) ou mais pessoas estruturalmente ordenada e caracterizada pela divisão de tarefas, ainda que informalmente, com objetivo de obter, direta ou indiretamente, vantagem de qualquer natureza, mediante a prática de infrações penais cujas penas máximas sejam superiores a 4 (quatro) anos, ou que sejam de caráter transnacional".
43. STJ, HC 251.677/SP, Rel. Min. Jorge Mussi, julgado em 04/11/2014, DJe 12/11/2014.

semelhanças de tratamento, encontra-se a vedação à anistia, graça e indulto, bem como o maior rigor na concessão de livramento condicional. Mais que isso, sob alguns aspectos, o tratamento dado pelo art. 44 a alguns crimes chega a ser mais rigoroso do que aquele conferido pela Lei de Crimes Hediondos. É o que ocorre com a proibição expressa de conversão em restritiva de direitos (que já não se aplica, conforme expusemos nos comentários aos arts. 33, § 4º e 44).

A despeito disso, restou pacificado em nossa doutrina e jurisprudência que o crime de associação para o tráfico não é equiparado a hediondo. Isto não obsta, todavia, a observância, em relação a este crime, das regras do art. 44, como, por exemplo, o prazo mais dilatado para a obtenção do benefício do livramento condicional[44].

1.3. Sujeitos

Qualquer pessoa pode ser sujeito ativo do crime. Trata-se, então, de crime comum. No que alude à classificação dos crimes quanto ao concurso de pessoas, trata-se de crime plurissubjetivo (ou de concurso necessário), pois, necessariamente, haverá a presença de mais de um agente.

Sujeito passivo é a coletividade.

1.4. Objetos

Objeto jurídico do crime é a saúde pública.

Não há objeto material, pois as condutas recíprocas dos agentes, não recaem sobre pessoa ou coisa.

1.5. Elemento subjetivo

Elemento subjetivo do crime é o dolo, consistente na vontade consciente de se associar. Exige-se o elemento subjetivo específico, consistente na finalidade de praticar, de forma reiterada ou não, os crimes do art. 33, *caput,* e § 1º, e 34.

Não há previsão para a modalidade culposa.

1.6. Consumação e tentativa

Ocorrerá a consumação do crime quando houver a associação de, pelo menos, duas pessoas, para a prática dos crimes previstos nos arts. 33, *caput* e § 1º, e 34 desta Lei. Importante destacar que para a caracterização do crime de associação para o tráfico é imprescindível o dolo de se associar com estabilidade e permanência, e a reunião ocasional de duas ou mais pessoas não se subsume ao tipo do art. 35 da Lei 11.343/2006[45].

Além disso, não se pode olvidar que o crime de associação para o tráfico é autônomo em relação aos demais crimes, razão pela qual é possível a condenação por este crime sem que exista a condenação pelo tráfico, por exemplo. Provada a associação e o tráfico, haverá concurso material de crimes[46], não se podendo falar em absorção de um crime pelo outro.

Não é possível a tentativa.

---

44. STJ, AgRg no REsp 1469504/RJ, Rel. Min. Reynaldo Soares da Fonseca, julgado em 01/09/2015, DJe 08/09/2015.
45. STJ, HC 251.677/SP, Rel. Min. Jorge Mussi, julgado em 04/11/2014, DJe 12/11/2014.
46. STJ, HC 202.378/PB, Rel. Min. Jorge Mussi, julgado em 24/04/2012. DJe 03/05/2012.

1.7. Ação penal

A ação penal é pública incondicionada.

1.8. Penas

A pena prevista para o crime é de "reclusão, de 3 (três) a 10 (dez) anos, e pagamento de 700 (setecentos) a 1.200 (mil e duzentos) dias-multa". A partir dessa constatação, podemos concluir que:

a) Não cabe a transação penal (art. 76, Lei nº 9.099/95), pois não se trata de infração penal de menor potencial ofensivo (a pena máxima ultrapassa dois anos).

b) Não cabe a aplicação da suspensão condicional do processo (art. 89, Lei nº 9.099/95), pois a pena mínima ultrapassa 1 (um) ano.

c) É possível a conversão da pena privativa de liberdade em perna restritiva de direitos (art. 44, CP), pois tal conversão é possível quando a pena efetivamente imposta pelo juiz na sentença, em crime doloso sem violência ou grave ameaça, não ultrapassa 4 (quatro) anos. Naturalmente, é necessário que se façam presentes os demais requisitos.

1.9. Figura equiparada

No parágrafo único, temos uma figura equiparada ao crime de associação para o tráfico. Em verdade, trata-se de uma associação destinada à prática do crime de financiamento do tráfico. A distinção reside no fato de a figura equiparada exigir a finalidade de prática reiterada do crime de financiamento, ao passo que no *caput*, o tipo penal contenta-se com a finalidade de praticar reiteradamente ou não os crimes do art. 33, *caput*, e § 1º, e 34.

1.10. Pena prevista na Lei de Crimes Hediondos

Já afirmamos (*vide* comentários ao tópico 2 desse artigo) que o crime de associação para o tráfico não é considerado equiparado a hediondo, como alguns outros crimes previstos na Lei nº 11.343/06. Contudo, a Lei de Crimes Hediondos (Lei nº 8.072/90) dispõe em seu art. 8º: "Será de três a seis anos de reclusão a pena prevista no art. 288 do Código Penal, quando se tratar de crimes hediondos, prática da tortura, tráfico ilícito de entorpecentes e drogas afins ou terrorismo".

Esse dispositivo foi tacitamente revogado pela atual Lei de Drogas.

Com efeito, sob a égide da legislação anterior (Lei nº 6.368/76) havia discussão doutrinária em torno da possibilidade de se aplicar o art. 8º ao crime de associação para o tráfico, já que se tratava de lei posterior que regulava a matéria. A controvérsia existia justamente porque a associação para o tráfico não enquadra o agente no art. 288, CP. Enquadrava-o no art. 14 da Lei nº 6.368/76, e, atualmente, no art. 35 da Lei nº 11.343/06.

De toda sorte, já não subsistem controvérsias em torno do tema, tendo sido pacificado o entendimento de que as penas previstas na Lei de Crimes Hediondos não se aplicam ao crime de associação para o tráfico. A propósito, devemos ressaltar, inclusive, que as penas previstas na Lei de Drogas para o crime são mais exasperadas.

2. SÚMULAS E JURISPRUDÊNCIA

✦ *SUPERIOR TRIBUNAL DE JUSTIÇA*

▸ **LIVRAMENTO CONDICIONAL NO CRIME DE ASSOCIAÇÃO PARA O TRÁFICO.** O condenado por associação para o tráfico (art. 35 da Lei 11.343/2006), caso não seja reincidente específico, deve cumprir 2/3 da pena para fazer jus ao livramento condicional. Isso porque a própria Lei 11.343/2006, no parágrafo único do art. 44, prevê requisito objetivo específico para a concessão do livramento condicional ao delito de associação para o tráfico: "Os crimes previstos nos arts. 33, *caput* e § 1º, e 34 a 37 desta Lei são inafiançáveis e insuscetíveis de sursis, graça, indulto, anistia e liberdade provisória, vedada a conversão de suas penas em restritivas de direitos. Parágrafo único. Nos crimes previstos no *caput* deste artigo, dar-se-á o livramento condicional após o cumprimento de dois terços da pena, vedada sua concessão ao reincidente específico". Assim, em observância ao Princípio da Especialidade, aplica-se o disposto no art. 44, parágrafo único, da Lei 11.343/2006 em detrimento dos incisos I e II do art. 83 do CP. Ressalte-se que o lapso temporal de cumprimento de pena para obtenção do livramento condicional quanto ao delito do art. 35 da Lei 11.343/2006 independe da análise do caráter hediondo do crime. Precedentes citados: AgRg no REsp 1.484.138-MS, Sexta Turma, DJe de 15/6/2015; e HC 292.882-RJ, Sexta Turma, DJe de 18/8/2014. *STJ, HC 311.656-RJ, Rel. Min. Felix Fischer, julgado em 25/8/2015. 5ª T. (Info 568)*

▸ **SUBSIDIARIEDADE DO TIPO DO ART. 37 EM RELAÇÃO AO DO ART. 35 DA LEI 11.343/2006. Responderá apenas pelo crime de associação do art. 35 da Lei 11.343/2006 – e não pelo mencionado crime em concurso com o de colaboração como informante, previsto no art. 37 da mesma lei – o agente que, já integrando associação que se destine à prática do tráfico de drogas, passar, em determinado momento, a colaborar com esta especificamente na condição de informante.** A configuração do crime de associação para o tráfico exige a prática, reiterada ou não, de condutas que visem facilitar a consumação dos crimes descritos nos arts. 33, *caput* e § 1º, e 34 da Lei 11.343/2006, sendo necessário que fique demonstrado o ânimo associativo, um ajuste prévio referente à formação de vínculo permanente e estável. Por sua vez, o crime de colaboração como informante constitui delito autônomo, destinado a punir específica forma de participação na empreitada criminosa, caracterizando-se como colaborador aquele que transmite informação relevante para o êxito das atividades do grupo, associação ou organização criminosa destinados à prática de qualquer dos crimes previstos nos arts. 33, *caput* e § 1º, e 34 da Lei 11.343/2006. O tipo penal do art. 37 da referida lei (colaboração como informante) reveste-se de verdadeiro caráter de subsidiariedade, só ficando preenchida a tipicidade quando não se comprovar a prática de crime mais grave. De fato, cuidando-se de agente que participe do próprio delito de tráfico ou de associação, a conduta consistente em colaborar com informações já será inerente aos mencionados tipos. A referida norma incriminadora tem como destinatário o agente que colabora como informante com grupo, organização criminosa ou associação, desde que não tenha ele qualquer envolvimento ou relação com atividades daquele grupo, organização criminosa ou associação em relação ao qual atue como informante. Se a prova indica que o agente mantém vínculo ou envolvimento com esses grupos, conhecendo e participando de sua rotina, bem como cumprindo sua tarefa na empreitada comum, a conduta não se subsume ao tipo do art. 37, podendo configurar outros crimes, como o tráfico ou a associação, nas modalidades autoria e participação. Com efeito, o exercício da função de informante dentro da associação é próprio do tipo do art. 35 da Lei 11.343/2006 (associação), no qual a divisão de tarefas é uma realidade para consecução do objetivo principal. Portanto, se a prova dos autos não revela situação em que a conduta do paciente seja específica e restrita a prestar informações ao grupo criminoso, sem qualquer outro envolvimento ou relação com as atividades de associação, a conduta estará inserida no crime de associação, o qual é mais abrangente e engloba a mencionada atividade. Dessa forma, conclui-se que só pode ser considerado informante, para fins de incidência do art. 37 da Lei 11.343/2006, aquele que não integre a associação, nem seja coautor ou partícipe do delito de tráfico. Nesse contexto, considerar que o informante possa ser punido duplamente – pela associação e pela colaboração com a própria associação da qual faça parte –, além de contrariar o princípio da subsidiariedade, revela indevido *bis in idem*, punindo-se, de forma extremamente severa, aquele que exerce função que não pode ser entendida como a mais relevante na divisão de tarefas do mundo do tráfico. *STJ, HC 224.849-RJ, Rel. Min. Marco Aurélio Bellizze, julgado em 11/6/2013. 5ª T. (Info 527)*

3. QUESTÕES DE CONCURSOS

1. **(VUNESP/TJ-MS/Juiz de Direito/2015 – adaptada)** A associação criminosa prevista no art. 35, *caput,* da Lei n° 11.343/2006 exige a constatação da reiteração permanente da associação de duas ou mais pessoas para prática constante do tráfico.

2. **(FCC/TJ-GO/Juiz de Direito/2015 – adaptada)** De acordo com a Lei de Drogas, configura crime associarem-se mais de três pessoas, no mínimo, para o fim de praticar, reiteradamente, o tráfico de drogas.

3. **(VUNESP/PC-CE/Inspetor de Polícia/2015 – adaptada)** A Lei nº 11.343/06 (Drogas) estabelece que o crime de associação para o tráfico de drogas exige a presença de pelo menos quatro agentes, podendo haver, dentre eles, menores de idade.

4. **(FCC/DPE-PB/Defensor Público/2014 – adaptada)** O crime de associação para fins de tráfico reclama a composição mínima de 3 agentes.

5. **(FCC/TJ-AP/Juiz de Direito/2014)** Por todo o catálogo do direito comparado, uma das figuras que hoje mais preocupam e inquietam acadêmicos, legisladores e operadores do campo criminal é, certamente, aquela da associação criminosa. Nosso ordenamento cuidou de tipificar nada menos que duas modalidades diferenciadas e mais importantes de tratamento legal para essa conduta. Uma delas está voltada para crimes de traficância de drogas ou práticas assemelhadas, encontrando-se disposta no âmbito da Lei nº 11.343/2006. A segunda está voltada para a prática genérica de crimes de outra natureza, inserindo-se, portanto, no âmbito mais amplo do Código Penal. Respectivamente, essas figuras hoje reclamam uma composição mínima de:

a) dois e quatro agentes.
b) dois e três agentes.
c) três e dois agentes.
d) três e quatro agentes.
e) quatro e três agentes.

6. **(CESPE/Câmara dos Deputados/Analista Legislativo/2014)** O delito de associação para o tráfico é considerado crime hediondo na legislação penal brasileira.

7. **(FAPEMS/PC-MS/Delegado de Polícia/2017)** Cumprindo mandados judiciais, o Delegado Alcimor efetuou a prisão de Alceu, conhecido como "Nariz" e considerado o líder de uma associação criminosa voltada à prática de tráfico de drogas na região sul do país, e a apreensão de seu primo Daniel, de dezessete anos, em quarto de hotel em que se hospedavam. Ambos, aliás, velhos conhecidos da polícia pela prática de infrações pretéritas. No local, a equipe tática encontrou drogas, dinheiro e celulares. Com autorização judicial, o Delegado Alcimor acessou o conteúdo de conversas, via WhatsApp, alcançando mais nomes e os pontos da prática comercial ilícita. No total, seis pessoas foram presas.

   Com respaldo no caso e considerando o entendimento do Superior Tribunal de Justiça quanto ao crime do artigo 35 da Lei nº 11.343/2006, assinale a alternativa correta.

a) Por vedação expressa na Lei de Drogas, para o presente crime não se admite a incidência de penas alternativas à prisão, não obstante preenchidos os requisitos legais.
b) A associação para fins de tráfico de drogas é considerada crime hediondo.
c) A prática criminosa pretendida não precisa ser reiterada, mas a associação não pode ser eventual.
d) O envolvimento de um menor é indiferente para fins de tipificação delitiva e não influencia no tocante à dosimetria da pena do crime de associação criminosa.
e) Para a configuração do crime; exige-se efetivamente a prática do tráfico de drogas.

GAB	1	2	3	4	5	6	7
	E	E	E	E	B	E	C

Art. 36. Financiar ou custear a prática de qualquer dos crimes previstos nos arts. 33, *caput* e § 1º, e 34 desta Lei:

Pena – reclusão, de 8 (oito) a 20 (vinte) anos, e pagamento de 1.500 (mil e quinhentos) a 4.000 (quatro mil) dias-multa.

1. COMENTÁRIOS

1.1. Considerações iniciais

No que se refere às condutas, temos:

Financiar: a prover as despesas.

Custear: cobrir despesas.

Nos dicionários, as expressões são empregadas como sinônimas, e, na prática, a distinção não há maiores consequências, pois o financiamento ou o custeio farão com que o agente incida no mesmo tipo penal. Aliás, é bom que se ressalte que se trata de tipo penal misto alternativo, razão pela qual o agente que realiza mais de uma conduta no mesmo contexto fático praticará apenas um crime.

O financiamento ou custeio a que se referem o tipo penal não pressupõe, necessariamente, a entrega de dinheiro, mas, também, de qualquer outra utilidade com natureza econômica. Desse modo, já entendeu o Supremo Tribunal Federal, por exemplo, que existe o crime quando o agente fornece o veículo para que sejam buscadas ou comercializadas drogas[47].

Este crime é equiparado a hediondo, conforme comentamos, ao analisar o art. 33, *caput*.

1.2. Sujeitos

Qualquer pessoa pode ser sujeito ativo do crime

Sujeito passivo é a coletividade.

1.3. Objetos

Objeto jurídico do crime é a saúde pública.

Objeto material do crime é a droga.

1.4. Elemento subjetivo

Elemento subjetivo é o dolo, consistente na vontade consciente de financiar ou custear a prática crimes previstos nos arts. 33, *caput* e § 1º, e 34 da Lei de Drogas. Não se exige o elemento subjetivo específico; nem mesmo a finalidade lucrativa, que não consta no tipo penal.

Não há previsão para a modalidade culposa.

---

47. STF, HC 98.754/SP, Rel. Min. Ellen Gracie, j. 24/11/09.

1.5. Consumação e tentativa

No que concerne ao momento consumativo, existem, ao menos, três correntes de pensamento em sede doutrinária:

a) Crime formal e instantâneo: Para a primeira corrente de pensamento, o crime de financiamento para o tráfico de drogas é formal, isto é, não depende da produção do resultado naturalístico. Deste modo, o crime se consuma com a mera disponibilização patrimonial ao traficante, independentemente de ele vir a adquirir a droga. Ademais, tratar-se-ia de crime instantâneo que, portanto, não exige a habitualidade na conduta.

b) Crime material e instantâneo: Para essa segunda corrente doutrinária, o crime é material, consumando-se, tão-somente, com a efetiva realização do tráfico. Seria crime instantâneo, independe da prática habitual.

c) Crime habitual: Consoante esse terceiro entendimento doutrinário, o crime é habitual, pressupondo, portanto, a realização de práticas reiteradas do financiamento. O financiamento ou custeio como ato isolado constituiria participação em crime de tráfico, acrescido da causa de aumento de pena prevista no art. 40, inciso VII.

Aliás, este é um dos argumentos empregados para se defender a habitualidade do crime: se o crime do art. 36 for instantâneo, não se poderia, em hipótese alguma, aplicar a causa de aumento de pena mencionada, pois todas as vezes em que houvesse o financiamento ou custeio do tráfico, o agente incidiria nas penas desse tipo penal, e a imposição da majorante constituiria *bis in idem* (pois o financiamento ou custeio seria levado em conta para caracterizar o crime e para aumentar a pena). Em se considerando o crime habitual, a celeuma se resolve, pois a causa de aumento adstringe-se àquelas hipóteses em que o agente financia ou custeia a prática criminosa de forma não habitual. Nesse caso, aplica-se-lhe a pena do crime de financiou ou custeou, acrescida da causa de aumento. Em contrapartida, se o agente financia ou custeia de forma habitual, responderá pelo crime do art. 36, sem a causa de aumento de pena do art. 40, VII.

Outro argumento empregado para defender o caráter habitual do crime é o disposto no art. 35, parágrafo único da Lei, acima comentado. É possível constatar que a Lei criminaliza a conduta consistente na associação criminosa quando há a prática reiterada do crime previsto no art. 36. Essa terceira corrente de pensamento parece-nos a que mais se adéqua ao sistema propugnado pela Lei de Drogas. O tema ainda pende de pacificação por parte da jurisprudência dos nossos Tribunais.

Tento em vista entendermos tratar-se de crime habitual, não é possível a tentativa.

1.6. Ação penal

A ação penal é pública incondicionada.

1.7. Penas

A pena prevista para o crime é de "reclusão, de 8 (oito) a 20 (vinte) anos, e pagamento de 1.500 (mil e quinhentos) a 4.000 (quatro mil) dias-multa". A partir dessa constatação, podemos concluir que:

a) Não cabe a transação penal (art. 76, Lei nº 9.099/95), pois não se trata de infração penal de menor potencial ofensivo (a pena máxima ultrapassa dois anos).

b) Não cabe a aplicação da suspensão condicional do processo (art. 89, Lei nº 9.099/95), pois a pena mínima ultrapassa 1 (um) ano.

c) É muito difícil a conversão da pena privativa de liberdade em perna restritiva de direitos (art. 44, CP), pois tal conversão é possível quando a pena efetivamente imposta pelo juiz na sentença, em crime doloso sem violência ou grave ameaça, não ultrapassa 4 (quatro) anos. Naturalmente, é necessário que se façam presentes os demais requisitos.

1.8. Autofinanciamento

Questão que suscita algumas controvérsias diz respeito ao agente que financia o tráfico realizado por ele mesmo. Caracterizaria o crime do art. 36? Sobre o tema, surgiram quatro correntes doutrinárias[48]:

a) O agente deveria responder pelos crimes dos arts. 33, *caput* e § 1º, e 34 em concurso material com o crime do art. 36.

b) O agente deveria responder pelos crimes dos arts. 33, *caput* e § 1º, e 34 com a causa de aumento de pena do art. 40, VII.

c) O agente deveria responder apenas pelo crime do art. 36, restando os crimes dos arts. 33, *caput* e § 1º, e 34 absorvidos por ele.

d) O agente deveria responder apenas pelos crimes dos arts. 33, *caput* e § 1º, e 34, e não pelo crime do art. 36. Parece-nos ser a melhor opção. Com efeito, cremos que o crime de financiamento ou custeio do tráfico não ocorre quando o próprio financiador desenvolve a atividade. Em casos como este, o financiamento é mero ato preparatório para a conduta final, consistente no tráfico.

Poder-se-ia argumentar em sentido contrário, asseverando que nessa hipótese o crime de tráfico de drogas absorveria o crime de financiamento, que é mais grave. Não nos parece assim. Não se trata de hipótese de absorção de crimes, mas sim de hipótese de atipicidade da conduta anterior, pois o tipo penal do art. 36 criminalizaria a conduta consistente no tráfico de outrem.

2. SÚMULAS E JURISPRUDÊNCIA

✦ *SUPERIOR TRIBUNAL DE JUSTIÇA*

▸ **AUTOFINANCIAMENTO PARA O TRÁFICO DE DROGAS.** Na hipótese de autofinanciamento para o tráfico ilícito de drogas, não há concurso material entre os crimes de tráfico (art. 33, *caput*, da Lei 11.343/2006) e de financiamento ao tráfico (art. 36), devendo, nessa situação, ser o agente condenado às penas do crime de tráfico com incidência da causa de aumento de pena prevista no art. 40, VII. De acordo com a doutrina especialista no assunto, denomina-se autofinanciamento a situação em que o agente atua, ao mesmo tempo, como financiador e como traficante de drogas. Posto isso, tem-se que o legislador, ao prever como delito autônomo a atividade de financiar ou custear o tráfico (art. 36 da

48. PORTOCARRERO, Cláudia Barros. *Leis penais especiais para concursos.* Niterói: Impetus, 2010, p. 468.

Lei 11.343/2006), objetivou – em exceção à teoria monista – punir o agente que não tem participação direta na execução no tráfico, limitando-se a fornecer dinheiro ou bens para subsidiar a mercancia, sem importar, exportar, remeter, preparar, produzir, fabricar, adquirir, vender, expor à venda, oferecer, ter em depósito, transportar, trazer consigo, guardar, prescrever, ministrar, entregar a consumo ou fornecer drogas ilicitamente. Observa-se, ademais, que, para os casos de tráfico cumulado com o financiamento ou custeio da prática do crime, expressamente foi estabelecida a aplicação da causa de aumento de pena do art. 40, VII, da referida lei, cabendo ressaltar, entretanto, que a aplicação da aludida causa de aumento de pena cumulada com a condenação pelo financiamento ou custeio do tráfico configuraria inegável bis in idem. De outro modo, atestar a impossibilidade de aplicação daquela causa de aumento em casos de autofinanciamento para o tráfico levaria à conclusão de que a previsão do art. 40, VII, seria inócua quanto às penas do art. 33, *caput*. *STJ, REsp 1.290.296-PR, Rel. Min. Maria Thereza de Assis Moura, julgado em 17/12/2013.*

3. QUESTÕES DE CONCURSOS

1. **(FCC/TJ-RR/Juiz de Direito/2015 – adaptada)** Segundo a lei antidrogas, incide nas penas do crime de associação para o tráfico quem se associa para a prática reiterada de financiamento ou custeio do tráfico de drogas.

2. **(MPE-GO/Promotor de Justiça/2016 – adaptada)** Para o STJ (REsp 1290296), na hipótese de autofinanciamento para o tráfico ilícito de drogas, não há falar em concurso material entre os crimes de tráfico e de financiamento ao tráfico. Nesse caso, o art. 33 é mero post factum impunível. Dessarte, se o agente já expôs a perigo o bem jurídico tutelado pelo crime do art. 36, e depois resolve incrementar essa lesão precedente contra o mesmo bem jurídico, concorrendo para o tráfico por ele financiado, há de ser aplicado o princípio da consunção. Quem concorre para o tráfico por ele mesmo financiado não responde por dois crimes.

GAB	1	2
	C	E

Art. 37. Colaborar, como informante, com grupo, organização ou associação destinados à prática de qualquer dos crimes previstos nos arts. 33, *caput* e § 1º, e 34 desta Lei:

Pena – reclusão, de 2 (dois) a 6 (seis) anos, e pagamento de 300 (trezentos) a 700 (setecentos) dias-multa.

1. COMENTÁRIOS

1.1. Considerações iniciais

No que se refere ao tema "concurso de pessoas", a regra do nosso ordenamento jurídico é a da teoria monista, de acordo com a qual todos que contribuíram para o crime respondem pelas penas a ele cominadas, na medida da sua culpabilidade (art. 29, CP). Esta teoria, todavia, foi acolhida pela nossa legislação com algumas exceções (teoria monista moderada), pois, por vezes, a lei transforma a participação em algum crime em crime autônomo. É o que ocorre no crime do art. 37, em que o agente colabora com a associação criminosa.

É importante chamar a atenção para o fato de que o agente somente será punido pelo crime do art. 37 se a colaboração consistir na apresentação de informações, isto é, se o agente ostentar de, de algum modo, a condição de informante do grupo, organização ou associação.

Se, todavia, o agente colabora de algum outro modo, será considerado partícipe de algum outro crime (por exemplo, o tráfico ilícito de drogas, se for o caso).

Ademais, é importante destacar que o agente não pode integrar a associação ou organização criminosa, porquanto, se assim o for, deverá ser punidos por estes crimes. Incriminá-lo por tais condutas em concurso com o crime do art. 37 configuraria *bis in idem*, pois a participação na associação ou organização seriam valorados mais de uma vez. Deste modo, já entendeu o Superior Tribunal de Justiça que "se a prova indica que o agente mantém vínculo ou envolvimento com esses grupos, conhecendo e participando de sua rotina, bem como cumprindo sua tarefa na empreitada comum, a conduta não se subsume ao tipo do art. 37 da Lei de Tóxicos, mas sim pode configurar outras figuras penais, como o tráfico ou a associação, nas modalidades autoria e participação, ainda que a função interna do agente seja a de sentinela, fogueteiro ou informante"[49].

No ensejo, vale reiterar que o crime de associação para o tráfico está previsto no art. 35 desta Lei, e a definição de organização criminosa consta do art. 1º da Lei nº 12.850/13. No que tange às distinções entre os crimes de associação criminosa, associação para o tráfico e organização criminosa, remetemos os leitores aos comentários ao art. 35. Quanto à expressão "grupo", refere-se ao concurso eventual de pessoas[50], sem que haja o vínculo com estabilidade e permanência.

1.2. Sujeitos

Qualquer pessoa pode ser sujeito ativo do crime

Sujeito passivo é a coletividade.

1.3. Objetos

Objeto jurídico do crime é a saúde pública.

Não há objeto material, pois a conduta do agente não recai sobre pessoa ou coisa.

1.4. Elemento subjetivo

Elemento subjetivo é o dolo, consistente na vontade consciente de colaborar, como informante com grupo, organização ou associação. Não se exige o elemento subjetivo específico.

Não há previsão para a modalidade culposa.

1.5. Consumação e tentativa

O crime se consuma com a efetiva colaboração do agente. Não se exige habitualidade, e a colaboração deve dizer respeito ao fornecimento de informações. Se o agente colaborar de alguma outra forma, poderá ser considerado partícipe de algum outro crime, como o de tráfico de drogas, por exemplo. Para a consumação, não é necessário que o grupo, organização ou associação, efetivamente, pratique as condutas relacionadas ao tráfico.

49. STJ, HC 224.849/RJ, Rel. Min. Marco Aurélio Bellizze, julgado em 11/06/2013,

50. STJ, HC 224.849/RJ, Rel. Min. Marco Aurélio Bellizze, julgado em 11/06/2013.

Muito difícil vislumbrar a possibilidade de tentativa, pois, regra geral, o fornecimento de informações constitui conduta unissubsistente. Contudo, a depender do caso, pode ocorrer a conduta plurissubsistente. É o que ocorre, por exemplo, quando as informações são prestadas por escrito. Assim, se o agente envia as informações por escrito e ela é extraviada antes de chegar ao seu destino, estaremos diante de um crime de colaboração para o tráfico em sua modalidade tentada.

1.6. Ação penal

A ação penal é pública incondicionada.

1.7. Penas

A pena prevista para o crime é de "reclusão, de 2 (dois) a 6 (seis) anos, e pagamento de 300 (trezentos) a 700 (setecentos) dias-multa". A partir dessa constatação, podemos concluir que:

a) Não cabe a transação penal (art. 76, Lei nº 9.099/95), pois não se trata de infração penal de menor potencial ofensivo (a pena máxima ultrapassa dois anos).

b) Não cabe a aplicação da suspensão condicional do processo (art. 89, Lei nº 9.099/95), pois a pena mínima ultrapassa 1 (um) ano.

c) É possível a conversão da pena privativa de liberdade em perna restritiva de direitos (art. 44, CP), pois tal conversão é possível quando a pena efetivamente imposta pelo juiz na sentença, em crime doloso sem violência ou grave ameaça, não ultrapassa 4 (quatro) anos. Naturalmente, é necessário que se façam presentes os demais requisitos.

1.8. Colaboração como informante a traficante individual

O tipo penal é categórico ao asseverar que a conduta criminosa consiste na colaboração "como informante, com grupo, organização ou associação destinados à prática de qualquer dos crimes previstos nos arts. 33, *caput* e § 1º, e 34 desta Lei". Não há, portanto, previsão para a prática de colaboração como informante a traficante individual.

Ocorre que essa colaboração poderia, em tese, configurar uma modalidade de participação em crime mais grave, como o tráfico de drogas (art. 33, *caput*), cuja pena de reclusão é de cinco a quinze anos. Por outras palavras, teríamos uma grande incongruência legislativa, na medida em que seria melhor colaborar como informante de uma organização criminosa destinada ao tráfico, pois o agente incidira nas penas do art. 37 ("reclusão, de 2 (dois) a 6 (seis) anos, e pagamento de 300 (trezentos) a 700 (setecentos) dias-multa"), do que colaborar como informante de um traficante individual, pois o agente seria partícipe do crime de tráfico (pena de "reclusão de 5 (cinco) a 15 (quinze) anos, e pagamento de 500 (quinhentos) a 1.500 (mil e quinhentos) dias-multa").

Para solucionar essa incoerência, existem, ao menos, três correntes doutrinárias:

a) A conduta é atípica[51]: para essa primeira corrente de pensamento, não havendo menção expressa, no art. 36, a colaboração como informante de traficante individual deve caracterizar conduta atípica.

---

51. Nesse sentido, DELMANTO, Roberto; DELMANTO Jr. Roberto; DELMANTO, Fábio M. de Almeida. *Leis penais especiais comentadas*. São Paulo: Saraiva, 2014, p. 983.

b) A conduta é atípica, salvo se a colaboração puder ser considerada como participação nos outros crimes; nessa situação, o agente deveria responder como partícipe[52]: parece-nos, com a devida vênia, que a referida teoria não soluciona a grande controvérsia acima apontada, de se condenar com maior gravidade o informante do traficante individual, quando comparado com o informante do grupo, associação ou organização, destinados à prática das condutas contidas nos arts. 33, *caput* e § 1º, e 34 desta Lei.

c) Deve ser aplicado, por analogia, o art. 37: parece-nos a tese mais adequada[53]. Com efeito, o colaborador informante contribui para a prática do crime, razão pela qual não se pode considerar que sua conduta é, simplesmente, atípica, como pretendem os defensores da primeira teoria. Por outro lado, fazer com que o agente incida nas penas dos arts. 33, *caput* e § 1º, e 34 desta Lei na condição de partícipes significa solapar o princípio da proporcionalidade, na medida em que permite condenar de forma mais recrudescida o agente que pratica conduta menos gravosa (colaborar como informante de traficante individual, quando comparado à conduta daquele que colabora como informante de grupo, associação ou organização).

Por esta razão, pensamos que o agente que colabora como informante de traficante individual deveria ser condenado pelo crime do art. 37 da Lei. Far-se-ia, no caso, uma analogia que, a toda vista, beneficia o réu (*in bonam partem*), pois ele deixa de ser considerado partícipe de crimes muito mais graves (arts. 33, *caput* e § 1º, e 34 desta Lei).

2. SÚMULAS E JURISPRUDÊNCIA

✦ *SUPREMO TRIBUNAL FEDERAL*

- **IMPUTAÇÕES DISTINTAS PELO MESMO FATO E LITISPENDÊNCIA.** A 2ª Turma desproveu recurso ordinário em habeas corpus no qual pretendida a anulação de ação penal em trâmite na justiça castrense por, supostamente, estar o recorrente sendo processado pelos mesmos fatos também na justiça comum, a implicar litispendência. No caso, o paciente fora denunciado como incurso no art. 326 do CPM ("Revelar fato de que tem ciência em razão do cargo ou função e que deva permanecer em segrêdo, ou facilitar-lhe a revelação, em prejuízo da administração militar") perante auditoria militar estadual e no art. 37 da Lei 11.343/2006 ("Colaborar, como informante, com grupo, organização ou associação destinados à prática de qualquer dos crimes previstos nos arts. 33, *caput* e § 1º, e 34 desta Lei") perante vara criminal da justiça comum. Consignou-se que, embora o fato fosse único, as imputações seriam distintas e estariam bem delineadas, a permitir a submissão do paciente tanto à justiça estadual quanto à justiça militar. Além disso, asseverou-se que as referidas infrações penais tipificadas na legislação extravagante e no CPM revestir-se-iam de autonomia e tutelariam bens jurídicos diversos, quais sejam, a saúde pública e a ordem administrativa militar, respectivamente. Assim, concluiu-se pelo afastamento da assertiva de litispendência. *STF, RHC 108491/MG, rel. Min. Gilmar Mendes, 28.2.2012. 2ª T. (Info 656)*

✦ *SUPERIOR TRIBUNAL DE JUSTIÇA*

- **SUBSIDIARIEDADE DO TIPO DO ART. 37 EM RELAÇÃO AO DO ART. 35 DA LEI 11.343/2006. Responderá apenas pelo crime de associação do art. 35 da Lei 11.343/2006 – e não pelo mencionado crime em concurso com o de colaboração como informante, previsto no art. 37 da mesma lei – o agente que, já integrando associação que se destine à prática do tráfico de drogas, passar, em determinado**

52. Nesse sentido, ANDREUCCI, Ricardo Antônio. *Legislação penal especial*. 10. ed. São Paulo: Saraiva, 2015, p. 261.
53. No mesmo sentido, PORTOCARRERO, Claudia Barros. *Ob. cit.*, p. 471.

momento, a colaborar com esta especificamente na condição de informante. A configuração do crime de associação para o tráfico exige a prática, reiterada ou não, de condutas que visem facilitar a consumação dos crimes descritos nos arts. 33, *caput* e § 1º, e 34 da Lei 11.343/2006, sendo necessário que fique demonstrado o ânimo associativo, um ajuste prévio referente à formação de vínculo permanente e estável. Por sua vez, o crime de colaboração como informante constitui delito autônomo, destinado a punir específica forma de participação na empreitada criminosa, caracterizando-se como colaborador aquele que transmite informação relevante para o êxito das atividades do grupo, associação ou organização criminosa destinados à prática de qualquer dos crimes previstos nos arts. 33, *caput* e § 1º, e 34 da Lei 11.343/2006. O tipo penal do art. 37 da referida lei (colaboração como informante) reveste-se de verdadeiro caráter de subsidiariedade, só ficando preenchida a tipicidade quando não se comprovar a prática de crime mais grave. De fato, cuidando-se de agente que participe do próprio delito de tráfico ou de associação, a conduta consistente em colaborar com informações já será inerente aos mencionados tipos. A referida norma incriminadora tem como destinatário o agente que colabora como informante com grupo, organização criminosa ou associação, desde que não tenha ele qualquer envolvimento ou relação com atividades daquele grupo, organização criminosa ou associação em relação ao qual atue como informante. Se a prova indica que o agente mantém vínculo ou envolvimento com esses grupos, conhecendo e participando de sua rotina, bem como cumprindo sua tarefa na empreitada comum, a conduta não se subsume ao tipo do art. 37, podendo configurar outros crimes, como o tráfico ou a associação, nas modalidades autoria e participação. Com efeito, o exercício da função de informante dentro da associação é próprio do tipo do art. 35 da Lei 11.343/2006 (associação), no qual a divisão de tarefas é uma realidade para consecução do objetivo principal. Portanto, se a prova dos autos não revela situação em que a conduta do paciente seja específica e restrita a prestar informações ao grupo criminoso, sem qualquer outro envolvimento ou relação com as atividades de associação, a conduta estará inserida no crime de associação, o qual é mais abrangente e engloba a mencionada atividade. Dessa forma, conclui-se que só pode ser considerado informante, para fins de incidência do art. 37 da Lei 11.343/2006, aquele que não integre a associação, nem seja coautor ou partícipe do delito de tráfico. Nesse contexto, considerar que o informante possa ser punido duplamente – pela associação e pela colaboração com a própria associação da qual faça parte –, além de contrariar o princípio da subsidiariedade, revela indevido *bis in idem*, punindo-se, de forma extremamente severa, aquele que exerce função que não pode ser entendida como a mais relevante na divisão de tarefas do mundo do tráfico. *STJ, HC 224.849-RJ, Rel. Min. Marco Aurélio Bellizze, j. 11/6/2013. 5ª T. (Info 527)*

3. QUESTÕES DE CONCURSOS

1. **(CESPE/TRF5/Juiz Federal/2015 – adaptada)** Caso um juiz considere condenar um réu que colaborou, como informante, com uma organização voltada para o tráfico, como consequência lógica, ele deverá condenar esse réu também pela prática de associação para o tráfico.

2. **(MPE-GO/Promotor de Justiça/2016 – adaptada)** Para o STJ (HC 224.849), o tipo penal trazido no art. 37 da Lei de Drogas se reveste de verdadeiro caráter de subsidiariedade, só ficando preenchida a tipicidade quando não se comprovar a prática de crime mais grave. Considerar, pois, que o informante possa ser punido duplamente, pela associação e pela colaboração com a própria associação da qual faz parte, além de contrariar o princípio da subsidiariedade, revela indevido *bis in idem.*

GAB	1	2
	E	C

Art. 38. Prescrever ou ministrar, culposamente, drogas, sem que delas necessite o paciente, ou fazê-lo em doses excessivas ou em desacordo com determinação legal ou regulamentar:

Pena – detenção, de 6 (seis) meses a 2 (dois) anos, e pagamento de 50 (cinqüenta) a 200 (duzentos) dias-multa.

Parágrafo único. O juiz comunicará a condenação ao Conselho Federal da categoria profissional a que pertença o agente.

1. COMENTÁRIOS

1.1. Considerações iniciais

As condutas consistem em

Prescrever: equivale a receitar. Trata-se de crime que somente pode ser praticado por profissional que possui aptidão para receitar medicações, tais como médicos e dentistas. Se ocorrer a prescrição culposa, haverá a consumação do crime do art. 38. Se, todavia, a prescrição for dolosa, o agente incorre nas penas do art. 33, *caput.*

Ministrar: significa introduzir a substância no organismo da pessoa. Da mesma forma que ocorre com o verbo "prescrever", ministrar a droga de forma culposa também dará ensejo ao crime do art. 38 da Lei de Drogas. Se, todavia, a prescrição for dolosa, o agente incorre nas penas do art. 33, *caput.*

As condutas descritas no tipo penal devem ser culposas, isto é, perpetradas mediante a inobservância de um dever objetivo de cuidado, que caracterize negligencia, imprudência ou imperícia. Ademais, é possível vislumbrar três situações em que a conduta culposa se desenvolve. Consistem em prescrever ou ministrar: a) sem que delas necessite o paciente; b) em doses excessivas; c) em desacordo com determinação legal ou regulamentar.

Discute-se o enquadramento da conduta quando o profissional prescreve ou ministra a droga para paciente errado. Haveria o crime do art. 38 da Lei de Drogas ou a lesão corporal (art. 29, CP), ante a ausência de previsão legal expressa nesse sentido? Parece-nos que a discussão é estéril. Se a droga foi prescrita ou ministrada em paciente errado, estamos diante de uma situação em que a pessoa a quem se destinou a conduta não necessitava da droga. Logo, haveria o crime, pois, consoante o art. 38, *caput,* haverá o crime quando se prescreve ou ministra, "culposamente, drogas, sem que delas necessite o paciente".

Não se trata de crime equiparado a hediondo, conforme comentamos ao analisar o art. 33, *caput.* Ademais, não se aplicam a este crime as vedações constantes do art. 44 desta Lei.

O parágrafo único do art. 38 traz um efeito da condenação, consistente na determinação para que o juiz comunique o fato ao Conselho Federal da categoria profissional a que pertença o agente.

1.2. Sujeitos

Trata-se de crime próprio, porquanto se exige uma qualidade especial do agente. Em sua modalidade "prescrever", somente pode ser praticada por profissional de saúde (médicos e dentistas). Por seu turno, no que se refere à modalidade "ministrar", além dos profissionais acima citados, a conduta pode ser praticada por pessoas integrantes de outras categorias, tais como farmacêuticos e enfermeiros.

A propósito, a determinação constante do parágrafo único do artigo em comento reforça a ideia de que se trata de crime próprio. Se o juiz comunicará a condenação ao Conselho Federal da categoria profissional a que pertença o agente, a legislação já indica que o sujeito ativo do crime faz parte de alguma categoria profissional que está devidamente estruturada sob a orientação de um Conselho Federal e, mais que isto, praticou o crime no desempenho de sua atividade profissional.

Sujeito passivo é a coletividade, e, de forma secundária, a pessoa a quem a droga é prescrita ou ministrada.

1.3. Objetos

Objeto jurídico do crime é a saúde pública.

Objeto material do crime é a droga.

1.4. Elemento subjetivo

Elemento subjetivo é a culpa, entendida como a inobservância de um dever objetivo de cuidado, por parte do agente. Por outras palavras, é a atuação por meio de imprudência, negligencia ou imperícia.

1.5. Consumação e tentativa

Em sua modalidade "prescrever", consuma-se no momento em que o profissional de saúde entrega a receita à pessoa, independentemente de a substância vir a ser adquirira. Em sua modalidade "ministrar", consuma-se o crime no momento em que a droga é aplicada na terceira pessoa.

Não se admite tentativa, pois é crime culposo.

1.6 Ação penal

A ação penal é pública incondicionada.

1.7. Penas

A pena prevista para o crime é de "detenção, de 6 (seis) meses a 2 (dois) anos, e pagamento de 50 (cinqüenta) a 200 (duzentos) dias-multa". A partir dessa constatação, podemos concluir que:

a) Cabe a transação penal (art. 76, Lei nº 9.099/95), pois se trata de infração penal de menor potencial ofensivo (a pena máxima não ultrapassa dois anos).

b) Cabe a aplicação da suspensão condicional do processo (art. 89, Lei nº 9.099/95), pois a pena mínima não ultrapassa 1 (um) ano.

c) É provável a conversão da pena privativa de liberdade em perna restritiva de direitos (art. 44, CP), pois tal conversão é possível quando a pena efetivamente imposta pelo juiz na sentença, em crime doloso sem violência ou grave ameaça, não ultrapassa 4 (quatro) anos. Naturalmente, é necessário que se façam presentes os demais requisitos.

2. QUESTÕES DE CONCURSOS

1. **(FUNCAB/PC-PA/Delegado de Polícia/2016 – adaptada)** Não há a previsão de condutas culposas na Lei n° 11.343, de 2006.

GAB	1
	E

Art. 39. Conduzir embarcação ou aeronave após o consumo de drogas, expondo a dano potencial a incolumidade de outrem:

Pena – detenção, de 6 (seis) meses a 3 (três) anos, além da apreensão do veículo, cassação da habilitação respectiva ou proibição de obtê-la, pelo mesmo prazo da pena privativa de liberdade aplicada, e pagamento de 200 (duzentos) a 400 (quatrocentos) dias-multa.

Parágrafo único. As penas de prisão e multa, aplicadas cumulativamente com as demais, serão de 4 (quatro) a 6 (seis) anos e de 400 (quatrocentos) a 600 (seiscentos) dias-multa, se o veículo referido no *caput* deste artigo for de transporte coletivo de passageiros.

1. COMENTÁRIOS

1.1. Considerações iniciais

A conduta recai sobre embarcações (navios, lanchas, iates, veleiros, etc.) ou aeronaves (avião, helicóptero, etc.). Se o crime ocorrer a bordo de navio (embarcação de grande porte) ou aeronave (de qualquer porte), atrairá a competência da Justiça Federal, ressalvada a hipótese de competência da Justiça Militar, nos termos do art. 109, IX, CF. Lado outro, se o agente conduzir veículo automotor após a ingestão da droga, não ocorrerá o crime em apreço, mas sim o crime do art. 306 do Código de Trânsito Brasileiro ("Conduzir veículo automotor com capacidade psicomotora alterada em razão da influência de álcool ou de outra substância psicoativa que determine dependência").

Muito embora seja de grande importância, o exame pericial não é imprescindível à comprovação do crime. Deste modo, é possível, por exemplo, comprovar a conduta mediante prova testemunhal, que demonstre o estado de embriaguez produzido pelo consumo da droga. Muito embora tenhamos feito menção ao estado de embriaguez proveniente do uso de drogas, vale registrar que o tipo penal alude ao consumo de drogas, mas não ao estado de embriaguez. Comprovado o consumo, estará caracterizado o crime, ainda que o agente não se encontre "drogado"[54].

1.2. Sujeitos

Qualquer pessoa pode ser sujeito ativo do crime

Sujeito passivo é a coletividade. Secundariamente, serão sujeitos passivos aquelas pessoas que podem ser expostas à condução da embarcação ou aeronave.

1.3. Objetos

Objeto jurídico é a segurança dos meios de transporte.

Objeto material é a aeronave ou embarcação.

1.4. Elemento subjetivo

Elemento subjetivo é o dolo, consistente na vontade consciente de conduzir a embarcação ou aeronave após o consumo de drogas, expondo a dano potencial a incolumidade de outrem. Não se exige o elemento subjetivo específico.

54. No mesmo sentido, ANDREUCCI, Ricardo Antônio. *Ob. cit.*, p. 262. Em sentido contrário: "para a caracterização deste crime o sujeito deve estar sob efeito de droga, não bastando o mero consumo" (PORTOCARRERO, Claudia Barro. *Ob. cit.*, p. 475).

Não há previsão para a modalidade culposa.

1.5. Consumação e tentativa

O crime se consuma no momento em que o agente conduz a embarcação ou aeronave, após o consumo de drogas, expondo a dano potencial a incolumidade de outrem. Trata-se de crime de perigo concreto, razão pela qual é necessário que esteja presente a efetiva exposição da incolumidade de alguém a perigo. Sem isso, não haverá que se falar em consumação, ainda que o agente conduza a embarcação ou aeronave após o consumo de drogas.

Não há que se falar em tentativa, pois se trata de conduta unissubsistente, isto é, não pode ser fracionada em mais de um ato.

1.6. Ação penal

A ação penal é pública incondicionada.

1.7. Penas

A pena prevista para o crime é de "detenção, de 6 (seis) meses a 3 (três) anos, além da apreensão do veículo, cassação da habilitação respectiva ou proibição de obtê-la, pelo mesmo prazo da pena privativa de liberdade aplicada, e pagamento de 200 (duzentos) a 400 (quatrocentos) dias-multa". A partir dessa constatação, podemos concluir que:

a) Não cabe a transação penal (art. 76, Lei nº 9.099/95), pois não se trata de infração penal de menor potencial ofensivo (a pena máxima não ultrapassa dois anos).

b) Cabe a aplicação da suspensão condicional do processo (art. 89, Lei nº 9.099/95), pois a pena mínima não ultrapassa 1 (um) ano. Em sua modalidade qualificada (parágrafo único), não cabe a suspensão condicional do processo, pois a pena mínima passa a ser de 04 (quatro) anos.

c) É provável a conversão da pena privativa de liberdade em perna restritiva de direitos (art. 44, CP), pois tal conversão é possível quando a pena efetivamente imposta pelo juiz na sentença, em crime doloso sem violência ou grave ameaça, não ultrapassa 4 (quatro) anos. Naturalmente, é necessário que se façam presentes os demais requisitos.

1.8. Qualificadora

No parágrafo único, há uma modalidade qualificada do crime, para a situação em que a embarcação ou aeronave é de transporte coletivo de passageiros. O dispositivo legal não pressupõe que o transporte coletivo contenha qualquer passageiro. Há, contudo, entendimento doutrinário no sentido de que é "necessária a presença, no momento do delito, de pelo menos um passageiro na embarcação ou aeronave"[55].

---

55. DELMANTO, Roberto; DELMANTO Jr. Roberto; DELMANTO, Fábio M. de Almeida. *Leis penais especiais comentadas*. São Paulo: Saraiva, 2014, p. 968.

1.9. Retroatividade

Antes do advento da Lei nº 11.343/06, a conduta descrita no *caput* do seu art. 39 poderia amoldar-se ao disposto no art. 261 do Código Penal: "Art. 261 – Expor a perigo embarcação ou aeronave, própria ou alheia, ou praticar qualquer ato tendente a impedir ou dificultar navegação marítima, fluvial ou aérea". Como se vê, em que pese o dispositivo do Código não fazer menção ao uso de droga ou à condução da embarcação ou aeronave, traz consigo a ideia de exposição de perigo, que também está presente no art. 39 da Lei de Drogas.

Com o advento da Lei nº 11.343/06, o tipo penal do art. 261, CP continua em vigor para outras situações de exposição de embarcação ou aeronave a perigo. Não pode ser aplicado, porém, a esta situação em que temos condução destes meios de transporte após o consumo da droga. Em casos que tais, aplica-se o art. 39, em comento.

Curioso perceber que a novel legislação possui pena privativa de liberdade mais branda, pois varia de 6 (seis) meses a 3 (três) anos, ao passo que o crime do art. 261, CP possui pena de reclusão de 2 (dois) a 5 (cinco) anos. Em contrapartida, a Lei de Drogas traz em seu art. 39 uma pena de multa ("200 (duzentos) a 400 (quatrocentos) dias-multa"), além da apreensão do veículo, cassação da habilitação respectiva ou proibição de obtê-la, pelo mesmo prazo da pena privativa de liberdade aplicada.

Há, portanto, na lei nova, benefício para o réu, no que se refere à pena privativa de liberdade, e prejuízo, no que concerne às demais penas, inexistentes na legislação anterior. Tendo em vista que nossa jurisprudência não admite a retroatividade parcial da lei nova (*vide* comentários ao art. 33, § 4º), devemos concluir que, se o crime ocorreu antes da entrada em vigor da Lei de Drogas, ela deverá retroagir integralmente, incidindo sobre o agente a pena privativa de liberdade mais branda, bem como a pena de multa e a pena acessória, inexistentes na legislação anterior.

Não temos dúvidas de que a retroatividade integral é a melhor solução a ser encontrada, pois atende à observância do tratamento mais benéfico ao réu. As penas de multa e acessória são de somenos importância, quando comparadas com a gravidade da pena privativa de liberdade. Ademais, com a pena atual, é possível a aplicação, ao réu, do benefício da suspensão condicional do processo (*sursis*) processual.

2. QUESTÕES DE CONCURSOS

1. **(FCC/Câmara Legislativa do Distrito Federal/2018 – adaptada)** não é crime a condução de embarcação ou aeronave após o consumo de drogas, ainda que exponha a dano potencial a incolumidade de outrem, tratando-se de mera infração civil-administrativa.

GAB	1
	E

Art. 40. As penas previstas nos arts. 33 a 37 desta Lei são aumentadas de um sexto a dois terços, se:

I – a natureza, a procedência da substância ou do produto apreendido e as circunstâncias do fato evidenciarem a transnacionalidade do delito;

II – o agente praticar o crime prevalecendo-se de função pública ou no desempenho de missão de educação, poder familiar, guarda ou vigilância;

III – a infração tiver sido cometida nas dependências ou imediações de estabelecimentos prisionais, de ensino ou hospitalares, de sedes de entidades estudantis, sociais, culturais, recreativas, esportivas, ou beneficentes, de locais de trabalho coletivo, de recintos onde se realizem espetáculos ou diversões de qualquer natureza, de serviços de tratamento de dependentes de drogas ou de reinserção social, de unidades militares ou policiais ou em transportes públicos;

IV – o crime tiver sido praticado com violência, grave ameaça, emprego de arma de fogo, ou qualquer processo de intimidação difusa ou coletiva;

V – caracterizado o tráfico entre Estados da Federação ou entre estes e o Distrito Federal;

VI – sua prática envolver ou visar a atingir criança ou adolescente ou a quem tenha, por qualquer motivo, diminuída ou suprimida a capacidade de entendimento e determinação;

VII – o agente financiar ou custear a prática do crime.

1. COMENTÁRIOS

1.1. Considerações iniciais

O art. 40 da Lei de Drogas traz um catálogo com sete causas de aumento de pena, que, como tais, devem ser analisadas pelo juiz por ocasião da terceira fase da dosimetria. Não é demasiado rememorar que as causas de aumento de pena podem elevar a pena para além do máximo previsto em Lei, pois não se circunscreve aos patamares ditados pelo tipo penal.

Outra observação importante diz respeito ao fato de que as causas de aumento de pena são aplicáveis aos crimes contidos entre os arts. 33 a 37, independentemente de sua natureza equiparada a hediondo. Por esta razão, incide, por exemplo, sobre os crimes de associação para o tráfico (art. 35), tráfico privilegiado (art. 33, § 4º), oferecimento eventual de droga para consumo compartilhado (art. 33, § 3º) e induzimento, instigação ou auxílio ao uso indevido de drogas (art. 33, § 2º).

Questão importante diz respeito à solução a ser dada pelo julgador quando presente mais de uma causa de aumento de pena. Neste caso, há duas correntes doutrinárias:

a) Aplicação de apenas uma causa de aumento: consoante essa linha de pensamento, deveria ser aplicado, por analogia (*in bonam partem*) o disposto no art. 68, parágrafo único, do Código Penal: "No concurso de causas de aumento ou de diminuição previstas na parte especial, pode o juiz limitar-se a um só aumento ou a uma só diminuição, prevalecendo, todavia, a causa que mais aumente ou diminua". Neste caso, aplicação do dispositivo seria por analogia, pois ele se refere às causas de aumento ou diminuição previstas na parte especial do Código Penal, e não àquelas previstas na legislação extravagante.

b) Quantidade de causas de aumento empregadas como critério para definição do patamar de exasperação da pena: conforme esse segundo entendimento, quanto maior o número de majorantes, maior a exasperação da pena, dentro da variação de 1/6 (um sexto) a 2/3 (dois terços). Este entendimento, inclusive, conta com o beneplácito de nossa jurisprudência dominante.

Contudo, conforme o STJ, "a presença de duas causas de aumento de pena no crime de tráfico ilícito de drogas não é causa obrigatória de majoração da punição em percentual acima do mínimo previsto, a menos que o magistrado, considerando as peculiaridades do caso concreto, constate a existência de circunstâncias que indiquem a necessidade da exasperação, o que não ocorreu na espécie"[56]. Em resumo, a quantidade de causas de aumento de pena pode elevar o *quantum* de aumento, mas essa exasperação não é obrigatória, cabendo ao julgador, à luz do caso concreto, aquilatar a sua necessidade.

1.2. Causas de aumento em espécie

a) Inciso I – a natureza, a procedência da substância ou do produto apreendido e as circunstâncias do fato evidenciarem a transnacionalidade do delito;

O art. 40, I, majora a pena dos crimes previstos entre os arts. 33 e 37 da Lei de Drogas, quando praticados num plano de transnacionalidade. A Lei nº 11.343/06, contrariando o que dispunha a Lei nº 6.368/76, optou pelo emprego da expressão "transnacionalidade" (situação ou ação além das nossas fronteiras) ao invés de "internacionalidade" (situação ou ação concernente a duas ou mais nações)[57]. Com a mudança, foram atendidas as recomendações internacionais, em especial da Convenção de Palermo.

Com a alteração legislativa, a caracterização da causa de aumento para o crime ocorre com a mera execução iniciada ou terminada fora dos limites do nosso território nacional. É suficiente que o agente pretenda ingressar com a droga no país, ou dele sair. Deste modo, o agente que, por exemplo, é flagrado com a droga, no aeroporto, embarcando para outro país, já estará sujeito à causa de aumento, ainda que não tenha logrado êxito em sal pretensão de exportação da droga.

No exemplo citado, não se pode olvidar que o crime de tráfico já está consumado, porquanto, malgrado não se tenha consumado a conduta "exportar", seguramente estará consumada alguma das condutas contidas no art. 33, *caput*. E a transnacionalidade do delito também restará configurada, pois, conforme salientamos, não há a necessidade de se consumar a importação ou exportação da droga para que se aplique a causa de aumento de pena.

Nesse sentido, em abril de 2018, foi publicada a Súmula 607, do STJ, assentando que "a majorante do tráfico transnacional de drogas (artigo 40, inciso I, da Lei 11.343/06) configura-se com a prova da destinação internacional das drogas, ainda que não consumada a transposição de fronteiras".

Em se tratando de tráfico transnacional de drogas, a competência para o julgamento do crime será da Justiça Federal, nos termos do art. 70 desta Lei.

b) Inciso II – o agente praticar o crime prevalecendo-se de função pública ou no desempenho de missão de educação, poder familiar, guarda ou vigilância;

O dispositivo legal traz uma causa de aumento de pena para situações distintas:

56. STJ, HC 156.060/SP, Rel. Min. Laurita Vaz, julgado em 22/11/2011.

57. CUNHA, Rogério Sanches; ARAÚJO, Fábio Roque. *Crimes federais*. 3. ed. Salvador: JusPodivm, 2015, p. 177.

b.1) o agente praticar o crime prevalecendo-se de função pública: muito embora sob o aspecto técnico, mormente quando se recorre às categorias do Direito Administrativo, exista diferenças entre cargo, emprego e função pública, há certo consenso doutrinário no sentido de que a expressão aqui empregada deve ser interpretada à luz do disposto no art. 327 do Código Penal, que define a figura do funcionário público para efeitos penais.

Conforme o mencionado dispositivo do Código Penal: "Art. 327 – Considera-se funcionário público, para os efeitos penais, quem, embora transitoriamente ou sem remuneração, exerce cargo, emprego ou função pública". Em complemento, seu § 1º traz a figura do "equiparado a funcionário público", nos seguintes termos: "Equipara-se a funcionário público quem exerce cargo, emprego ou função em entidade paraestatal, e quem trabalha para empresa prestadora de serviço contratada ou conveniada para a execução de atividade típica da Administração Pública".

Conforme se depreende da acurada leitura do art. 40, II da Lei de Drogas, à incidência da causa de aumento, não é suficiente que o agente exerça função pública, mas sim que ele pratique o crime (qualquer daqueles previstos entre os arts. 33 a 37) prevalecendo-se dessa função. Podemos imaginar a situação em que o agente leva a droga até a repartição pública em que trabalha, dada a facilidade de vendê-la entre as pessoas que por lá são atendidas. Obviamente, sem a função pública ele não teria acesso àquele local ou àquele público, razão pela qual resta muito claro que está prevalecendo-se da função pública para a prática do crime. Incidirá, no caso, a causa de aumento de pena estampada no art. 40, inciso II.

Conforme se pode extrair, a partir desse exemplo, não há necessidade de que o funcionário público desempenhe função relacionada ao combate à criminalidade. Qualquer função pública pode ensejar a presente causa de aumento, desde que o agente dela se valha para a prática dos crimes.

b.2) o agente praticar o crime no desempenho de missão de educação, poder familiar, guarda ou vigilância: aqui, a causa de aumento de pena pode será aplicada àqueles que possuem a missão de educação (ex.: professores, coordenadores pedagógicos, diretores de escolas, etc.), poder familiar (os pais), guarda (necessário o preenchimento dos requisitos legais, nos termos da legislação que rege a matéria: arts. 33 e seguintes do Estatuto da Criança e do Adolescente) ou vigilância (ex.: vigilante de estabelecimento escolar, a babá, etc.).

Importa salientar que não se exige que a missão seja prescrita em lei, podendo, portanto, incidir sobre pessoas que possuem tal ônus por decorrência, por exemplo, de relação contratual. Por fim, conforme preconizado no dispositivo legal, é imperioso que o agente pratique o crime no desempenho da missão, sob pena de não se configurar a incidência de causa de aumento de pena.

c) Inciso III – a infração tiver sido cometida nas dependências ou imediações de estabelecimentos prisionais, de ensino ou hospitalares, de sedes de entidades estudantis, sociais, culturais, recreativas, esportivas, ou beneficentes, de locais de trabalho coletivo, de recintos onde se realizem espetáculos ou diversões de qualquer natureza, de serviços de tratamento de dependentes de drogas ou de reinserção social, de unidades militares ou policiais ou em transportes públicos;

A causa de aumento de pena nesse dispositivo diz respeito ao local em que o crime é praticado. Os estabelecimentos enumerados no inciso dizem respeito a localidades em que a reprovabilidade da conduta é mais acentuada, por força da:

c.1) Vulnerabilidade dos potenciais atingidos: hospitais, sedes de entidades estudantis ou beneficentes, de serviços de tratamento de dependentes de drogas ou de reinserção social.

c.2) Maior facilidade de difusão da droga: sedes de entidades sociais, culturais, recreativas, esportivas, locais de trabalho coletivo, recintos onde se realizem espetáculos ou diversões de qualquer natureza ou em transportes públicos.

c.3) Ofensa a instituições públicas destinadas ao combate ao crime: unidades militares ou policiais.

O dispositivo legal em apreço faz menção à causa de aumento de pena praticado em transportes públicos. É importante visualizar mais uma vez que as majorantes incidem sobre os crimes contidos entre os arts. 33 a 37 não há como incidir, então, sobre a conduta do art. 39. Nesse diapasão, reitere-se que lá nesse dispositivo já existe modalidade qualificada do crime de condução de embarcação ou aeronave após consumo da droga, quando o transporte for de caráter coletivo.

A Lei previu a causa de aumento para a hipótese em que os crimes são praticados nas instalações ou nas imediações dos locais que enumera. Não há uma definição legislativa de delimitação de espaço que caracterize o que venha a ser "imediações". Mensurar o espaço apto a se caracterizar como "imediações" fica, portanto, a cargo do julgador, à luz dos elementos trazidos pelo caso concreto.

d) Inciso IV – o crime tiver sido praticado com violência, grave ameaça, emprego de arma de fogo, ou qualquer processo de intimidação difusa ou coletiva;

Os crimes previstos na Lei de Drogas não pressupõem o emprego da violência ou grave ameaça. Não como negar, porém, que, muitos grupos destinados a práticas envolvendo o tráfico de drogas empregam tais meios na consecução de suas atividades delituosas. É o que ocorre, por exemplo, nas situações em que o local de comércio de drogas é vigiado por traficantes armados. Em casos como este, deve incidir a causa de aumento de pena do art. 40, IV,

A grande celeuma doutrinária gira em torno da existência ou não de concurso de crimes entre os arts. 33 a 37 com a causa de aumento de pena e os crimes de porte ilegal de arma de fogo de uso permitido (art. 14, Lei nº 10.826/03) ou proibido (art. 16, Lei nº 10.826/03). Sobre o tema, há duas correntes de pensamento:

d.1) Há concurso de crimes: para os defensores dessa tese, haverá concurso de crimes, não se podendo falar em *bis in idem*, porquanto os crimes tutelam bens jurídicos distintos (a saúde pública no caso da Lei de Drogas e a segurança pública no caso do Estatuto do Desarmamento), e ambos teriam sido violados com a conduta do réu.

d.2) Não há concurso de crimes: para os defensores dessa segunda corrente, eventual concurso de crimes caracterizaria *bis in idem*, pois estaria sendo valorado o porte ilegal de arma de fogo mais de uma vez (para majorar a pena dos crimes da Lei de Drogas e para tipificar as condutas do Estatuto do Desarmamento).

Em sede jurisprudencial, tem prevalecido o primeiro entendimento, no sentido de que haverá concurso de crimes. Todavia, é pacífico que a causa de aumento somente se verifica se arma for empregada, produzindo intimidação difusa ou coletiva[58]. Por essa razão, não há que se falar na incidência da majorante quando, por exemplo, o agente é encontrado com drogas e armas escondidas. Em casos como este, ele deve responder pelo crime do Estatuto do Desarmamento, e pelo tráfico de drogas, mas sem a causa de aumento, pois a arma não foi empregada, não produziu intimidação difusa ou coletiva.

e) Inciso V – caracterizado o tráfico entre Estados da Federação ou entre estes e o Distrito Federal;

Muito embora o dispositivo se refira ao tráfico, devemos recordar que, consoante o *caput* deste art. 40, esta causa de aumento de pena deve se aplicar aos crimes contemplados entre os arts. 33 a 37. Não se aplica, exclusivamente, ao crime de tráfico ilegal de drogas (art. 33, *caput*) propriamente dito, portanto.

Enquanto o inciso I traz uma causa de aumento de pena para o tráfico transnacional, o presente dispositivo contém uma majorante para o tráfico interestadual. A maior reprovabilidade dessa conduta também salta aos olhos, porquanto denota uma maior potencialidade na difusão das drogas. Outrossim, não raras vezes, as drogas entre unidades da Federação são transportadas em quantidades muito significativas. Esse dado vem a corroborar a maior reprovabilidade da conduta praticada no âmbito interestadual.

Não há causa de aumento de pena para o crime de tráfico intermunicipal. Neste ponto, pouco importa a quantidade de droga transportada ou a distância percorrida. Com efeito, em inúmeras unidades da Federação, há municípios que distam milhares de quilômetros da capital. Se houver o transporte da droga entre esses municípios, não haverá causa de aumento de pena para o tráfico. Ao revés, se a droga for transportada entre Estados limítrofes, levando o traficante a percorrer distância diminuta, haverá o crime de tráfico com a majorante.

Prevalece o entendimento no sentido de que, tal como ocorre com o tráfico transnacional, não há a necessidade de efetiva transposição da droga de uma unidade da Federação para a outra. Deste modo, ainda que o agente seja detido antes de transpor os limites entre os Estados, se restar provada sua intenção em relação ao destino da droga, incidirá a causa de aumento de pena. No âmbito do STJ[59], o entendimento prevalente "é no sentido de que basta que esteja comprovado que o entorpecente tinha como destino outra unidade federativa, sendo irrelevante que haja ou não a efetiva transposição da divisa interestadual para a incidência da causa especial de aumento do art. 40, V, da Lei 11.343/06".

Discute-se a possibilidade de aplicação cumulativa das causas de aumento de pena relativas à transnacionalidade (inciso I) e à interestadualidade (inciso V). Sobre o tema, assevera Renato Brasileiro de Lima que o tráfico transnacional "necessariamente irá se estender além das divisas de determinado Estado da Federação, ainda que pertencente a país diverso. Logo,

58. STJ, HC 261.601/RJ, Rel. Min. Rogerio Schietti Cruz, julgado em 10/12/2013, DJe 19/12/2013.

59. STJ, HC 316.906/MS, Rel. Min. Leopoldo de Arruda Raposo (Desembargador convocado do TJ/PE), julgado em 30/06/2015, DJe 25/08/2015.

como todo tráfico transnacional é obrigatoriamente interestadual, o ideal é concluir que a majorante da transnacionalidade abrange a da interestadualidade".

Com a devida vênia, ousamos divergir. Inicialmente, não se pode asseverar que a transnacionalidade obrigatoriamente se estenderá além das divisas de determinado Estado da Federação. Ora, há países que sequer constituem Federação, não há divisão das suas províncias com autonomia administrativa e legislativa. E, no particular, equiparar tais províncias a unidades da Federação constituiria analogia *in malam partem*. Mas o argumento que nos parece mais razoável é justamente no sentido de que nos parece que a expressão "entre Estados da Federação ou entre estes e o Distrito Federal" refere-se, a toda vista, ao Brasil, e não a países outros.

Em assim sendo, é absolutamente possível que o agente pratique o tráfico transnacional e interestadual (ex.: o agente leva a droga do Estado de Mato Grosso até o Estado de São Paulo, para embarcar no aeroporto internacional, rumo à Europa) ou pratique, tão-somente, o tráfico interestadual (ex.: conduz a droga do Estado de Mato Grosso até o Estado de São Paulo para comercializar aí mesmo) ou o internacional (ex.: adquire a droga no Estado de São Paulo e tenta embarcar para a Europa).

No primeiro caso, teremos a aplicação da majorante da transnacionalidade (inciso I) e da interestadualidade (inciso V), no segundo caso, apenas a do inciso V, e, por fim, no último caso, apenas a majorante da transnacionalidade (inciso I). Em relação à definição do *quantum* de aumento no caso de cumulação de causas de aumento de pena, remetemos os leitores aos comentários apresentados no tópico anterior (considerações iniciais) deste mesmo artigo.

f) Inciso VI – sua prática envolver ou visar a atingir criança ou adolescente ou a quem tenha, por qualquer motivo, diminuída ou suprimida a capacidade de entendimento e determinação;

A causa de aumento diz respeito a uma maior reprovabilidade da conduta por força do envolvimento de pessoa que se encontra em situação de vulnerabilidade, seja pelo seu desenvolvimento em formação ("criança ou adolescente"), seja pela ausência de completo discernimento ("quem tenha, por qualquer motivo, diminuída ou suprimida a capacidade de entendimento e determinação").

As majorantes dizem respeito a:

f.1) Criança ou adolescente: conforme o art. 2º do Estatuto da Criança e do Adolescente, "Considera-se criança, para os efeitos desta Lei, a pessoa até doze anos de idade incompletos, e adolescente aquela entre doze e dezoito anos de idade".

f.2) quem tenha, por qualquer motivo, diminuída ou suprimida a capacidade de entendimento e determinação: a diminuição ou supressão da capacidade de entendimento e determinação há de ser realizada à luz do caso concreto, com os meios de prova disponíveis, e não exclusivamente a prova pericial. Tendo em vista o emprego da expressão "por qualquer motivo", não há necessidade de se demonstrar que a pessoa era acometida de enfermidade ou perturbação mental de toda natureza. Podem ingressar nesse rol, por exemplo, os viciados em drogas. Desse modo, quando o traficante vende a droga para alguém que ele sabe ser viciado e, por força desse vício, não possui (ou possui diminuída) a capacidade de entendimento e determinação, incidirá essa majorante.

Aplica-se a causa de aumento do sexto inciso, tanto na hipótese em que o criminoso:

f.3) Atua em conluio com uma dessas pessoas: Nessa situação, o agente irá "envolver" a outra pessoa (criança ou adolescente ou a quem tenha, por qualquer motivo, diminuída ou suprimida a capacidade de entendimento e determinação). Como exemplo, basta imaginar alguém maior de idade que se associa para o tráfico com um menor. O menor, inimputável, terá praticado ato infracional equiparado ao crime do art. 35, e a ele deve ser imposta uma medida socioeducativa prevista no ECA. Por outro lado, o agente, maior, deverá ser punido pelo crime de associação para o tráfico com a presente majorante.

f.4) Quanto na hipótese em que o criminoso tem alguma dessas pessoas como destinatária de suas condutas: Neste caso, a conduta criminosa do agente "visa atingir" a pessoa ("criança ou adolescente ou a quem tenha, por qualquer motivo, diminuída ou suprimida a capacidade de entendimento e determinação"). É o que ocorre, por exemplo, quando tais pessoas são destinatárias da droga comercializada.

Discute-se se a causa de aumento de pena que ora comentamos não colidiria com o crime de corrupção de menores, previsto no art. 244-B do Estatuto da Criança e do Adolescente, nos seguintes termos: "Art. 244-B. Corromper ou facilitar a corrupção de menor de 18 (dezoito) anos, com ele praticando infração penal ou induzindo-o a praticá-la: Pena – reclusão, de 1 (um) a 4 (quatro) anos". A pessoa maior que, por exemplo, pratica o tráfico de drogas com um adolescente, responde pelo crime de tráfico com a majorante ou responderia pelo crime de tráfico em concurso com o crime do art. 244-B, ECA? Ou seria possível a aplicação cumulativa das penas do art. 244-B e da causa de aumento de pena do art. 40, VI, da Lei de Drogas?

Conforme a doutrina prevalente, com a qual concordamos, se o menor já estava envolvido com práticas criminosas antes de se associar ao maior, esse último não responderá por corrupção de menores, mas sim pelo crime correspondente na Lei de Drogas, com a respectiva causa de aumento. Por outro lado, se o maior é o responsável por levar o menor à prática de crimes, deverá responder pelo crime da Lei de Drogas sem a majorante, em concurso com o crime de corrupção de menores. Nesse último caso, não haverá que se falar em incidência da causa de aumento de pena do art. 40, inciso VI, pois constituiria *bis in idem*, já que a participação do menor seria valorada tanto para caracterizar o crime do ECA quanto para aumentar a pena do crime da Lei de Drogas.

g) Inciso VII – o agente financiar ou custear a prática do crime.

Muito embora o *caput* do art. 40 faça menção às causas de aumentos de pena para os crimes previstos entre os arts. 33 e 37, a presente majorante, obviamente, não pode incidir sobre o crime do art. 36 ("Financiar ou custear a prática de qualquer dos crimes previstos nos arts. 33, *caput* e § 1º, e 34 desta Lei"), sob pena de *bis in idem*.

Ademais, é imprescindível analisar a compatibilidade da presente causa de aumento de pena com os demais dispositivos contidos entre os arts. 33 e 37. É difícil imaginar, por exemplo, o financiamento ou custeio de condutas como o induzimento, instigação ou auxílio ao uso indevido de drogas (art. 33, § 2º) ou a entrega eventual de drogas para consumo compartilhado (art. 33, § 3º), que não pode possuir finalidade lucrativa.

Conforme expusemos, ao comentarmos o crime do art. 36, entendemos – a despeito das relevantes controvérsias doutrinárias a respeito do tema – que esse crime é habitual, razão pela qual a presente causa de aumento de pena circunscreve-se às hipóteses em que as condutas consistentes em financiar ou custear a prática do crime ocorrem de forma eventual, sem habitualidade. Cabe salientar que os doutrinadores que não enxergam o crime do art. 36 como habitual, não conseguem encontrar meios de aplicar a causa de aumento de pena, porquanto a prática, ainda que eventual, do financiamento ou do custeio, caracterizariam o crime do art. 36, inviabilizando a incidência da majorante[60].

2. SÚMULAS E JURISPRUDÊNCIA

- **Súmula 587, STJ:** Para a incidência da majorante prevista no art. 40, V, da Lei n. 11.343/2006, é desnecessária a efetiva transposição de fronteiras entre estados da Federação, sendo suficiente a demonstração inequívoca da intenção de realizar o tráfico interestadual.

- **Súmula 607, STJ:** A majorante do tráfico transnacional de drogas (art. 40, I, da Lei 11.343/06) se configura com a prova da destinação internacional das drogas, ainda que não consumada a transposição de fronteiras.

✦ *SUPREMO TRIBUNAL FEDERAL*

- **TRÁFICO INTERESTADUAL DE SUBSTÂNCIA ENTORPECENTE (ART. 33, CAPUT, C/C O ART. 40, INCISO V, DA LEI Nº 11.343/06). CONSUMAÇÃO. DESNECESSIDADE DE TRANSPOSIÇÃO DE FRONTEIRAS ENTRE DOIS OU MAIS ESTADOS DA FEDERAÇÃO. PRECEDENTES. ORDEM DENEGADA.** 1. Consoante o repertório jurisprudencial da Corte, "para a configuração do tráfico interestadual de drogas (art. 40, V, da Lei 11.343/2006), não se exige a efetiva transposição da fronteira, bastando a comprovação inequívoca de que a droga adquirida num estado teria como destino outro estado da Federação" (HC nº 115.893/MT, Segunda Turma, Relator o Ministro Ricardo Lewandowski, DJe de 4/6/13). 2. Ordem denegada. *STF, HC 122.791-MS. Rel Min. Dias Toffoli. (Info 820)*

- **TRÁFICO DE DROGAS: TRANSPORTE PÚBLICO E APLICAÇÃO DO ART. 40, III, DA LEI 11.343/2006.** Em conclusão de julgamento, a 2ª Turma, por maioria, concedeu "habeas corpus" a condenado pela prática de tráfico de drogas para afastar a majorante contida no art. 40, III, da Lei 11.343/2006 ("Art. 40. As penas previstas nos arts. 33 a 37 desta Lei são aumentadas de um sexto a dois terços, se: ... III – a infração tiver sido cometida nas dependências ou imediações de estabelecimentos prisionais, de ensino ou hospitalares, de sedes de entidades estudantis, sociais, culturais, recreativas, esportivas, ou beneficentes, de locais de trabalho coletivo, de recintos onde se realizem espetáculos ou diversões de qualquer natureza, de serviços de tratamento de dependentes de drogas ou de reinserção social, de unidades militares ou policiais ou em transportes públicos"). No caso, o paciente fora flagrado em transporte coletivo transnacional, trazendo consigo considerável quantidade de substância entorpecente. Prevaleceu o voto do Ministro Ricardo Lewandowski. Destacou que a jurisprudência das Turmas seria no sentido de que a aplicação daquela causa especial de aumento de pena teria como objetivo punir com mais rigor a comercialização de drogas em locais nos quais se verificasse uma maior aglomeração de pessoas, de modo que se tornasse mais fácil a disseminação da mercancia. Assim, não seria suficiente a mera utilização do transporte público para o carregamento do entorpecente. Vencida a Ministra Cármen Lúcia (relatora), que indeferia a ordem. *STF, HC 120624/MS, rel. orig. Min. Cármen Lúcia, red. p/ o acórdão, Min. Ricardo Lewandowski, 3.6.2014. 2ª T. (Info 749)*

- **HABEAS CORPUS. TRÁFICO DE DROGAS. UTILIZAÇÃO DE TRANSPORTE PÚBLICO. INCIDÊNCIA DA CAUSA DE AUMENTO PREVISTA NO ART. 40, INC. III, DA LEI Nº 11.343/06. FIXAÇÃO DO QUANTUM RELATIVO À CAUSA DE DIMINUIÇÃO DE PENA PREVISTA NO ART. 33, § 4º DA LEI Nº 11.343/06. NECESSIDADE DE FUNDAMENTAÇÃO IDÔNEA. INOCORRÊNCIA. ORDEM PARCIALMENTE CONCEDIDA.** A jurisprudência desta Corte é firme no sentido de que a simples utilização de transporte público para a circulação da substância entorpecente ilícita já é motivo suficiente para a aplicação da causa de

60. Nesse sentido, LIMA, Renato Brasileiro de. *Ob. cit.*, p. 784-785.

aumento de pena prevista no art. 40, inc. III, da Lei nº 11.343/2006 (dentre outros, HC 107.274/MS, rel. min. Ricardo Lewandowski, DJe-075 de 25.04.2011). O magistrado não está obrigado a aplicar a causa de diminuição prevista no § 4° do art. 33 da Lei nº 11.343/06 em seu patamar máximo quando presentes os requisitos para a concessão de tal benefício, tendo plena autonomia para aplicar a redução no 'quantum' reputado adequado de acordo com as peculiaridades do caso concreto" (HC 99.440/SP, da minha relatoria, DJe-090 de 16.05.2011). Contudo, a fixação do quantum de redução deve ser suficientemente fundamentada e não pode utilizar os mesmos argumentos adotados em outras fases da dosimetria da pena. Como se sabe, "a quantidade e a qualidade de droga apreendida são circunstâncias que devem ser sopesadas na primeira fase de individualização da pena, nos termos do art. 42 da Lei 11.343/2006, sendo impróprio invocá-las por ocasião de escolha do fator de redução previsto no § 4º do art. 33, sob pena de bis in idem" (HC 108.513/RS, rel. min. Gilmar Mendes, DJe nº 171, publicado em 06.09.2011). Ordem parcialmente concedida para determinar ao TRF da 3ª Região que realize nova dosimetria da pena, reaprecie o regime inicial de cumprimento de pena segundo os critérios previstos no art. 33, §§ 2º e 3º, do Código Penal, e avalie a possibilidade de conversão da pena privativa de liberdade em restritiva de direito conforme os requisitos previstos no art. 44 do CP. *STF, HC 108523, Rel. Min. JOAQUIM BARBOSA, 2ª T., j. 14/02/2012. (Info 658)*

- **CONFIGURAÇÃO DA INTERESTADUALIDADE DE TRÁFICO DE DROGAS.** Por reputar devidamente aplicada a causa de aumento de pena prevista no art. 40, V, da Lei 11.343/2006 (*"Art. 40. As penas previstas nos arts. 33 a 37 desta Lei são aumentadas de um sexto a dois terços, se: ... V – caracterizado o tráfico entre Estados da Federação ou entre estes e o Distrito Federal"*), a Turma indeferiu *habeas corpus* em que se afirmava a necessidade de efetiva transposição de fronteira estadual para a caracterização da interestadualidade. Na espécie, o paciente fora preso em flagrante em ônibus que fazia o trajeto de Campo Grande/MS a Cuiabá/MT, trazendo consigo substância entorpecente, e confessara, na fase inquisitorial e em juízo, a intenção de transportar a droga para cidade situada no Estado de Mato Grosso. Asseverou-se que, sob o aspecto da política penal adotada, a inovação disposta no mencionado inciso visaria coibir a expansão do tráfico de entorpecentes entre as unidades da Federação. Entendeu-se que a configuração da interestadualidade do tráfico de entorpecentes prescindiria da efetiva transposição das fronteiras do Estado, e que bastariam, para tanto, elementos que sinalizassem a destinação da droga para além dos limites estaduais. *STF, HC 99452/MS, rel. Min. Gilmar Mendes, 21.9.2010. 2ª T. (Info 601)*

✦ *SUPERIOR TRIBUNAL DE JUSTIÇA*

- **TRÁFICO ILÍCITO DE DROGAS. CAUSA DE AUMENTO DA PENA. ART. 40, INCISO III, DA LEI N. 11.343/2006. INFRAÇÃO COMETIDA NAS IMEDIAÇÕES DE ESTABELECIMENTO DE ENSINO EM UMA MADRUGADA DE DOMINGO. AUSÊNCIA DE EXPOSIÇÃO DE UMA AGLOMERAÇÃO DE PESSOAS À ATIVIDADE CRIMINOSA. INTERPRETAÇÃO TELEOLÓGICA. AFASTAMENTO DA MAJORANTE. Não incide a causa de aumento de pena prevista no art. 40, inciso III, da Lei n. 11.343/2006, se a prática de narcotraficância ocorrer em dia e horário em que não facilite a prática criminosa e a disseminação de drogas em área de maior aglomeração de pessoas.** Consoante entendimento firmado por este Superior Tribunal de Justiça, a causa de aumento de pena prevista no art. 40, inciso III, da Lei n. 11.343/2006 tem natureza objetiva, não sendo necessária a efetiva comprovação de mercancia na respectiva entidade de ensino, ou mesmo de que o comércio visa a atingir os estudantes, sendo suficiente que a prática ilícita tenha ocorrido em locais próximos, ou seja, nas imediações do estabelecimento. Na espécie em exame, contudo, verifica-se a presença de particularidade que, mediante uma interpretação teleológica do disposto no artigo 40, inciso III, da Lei de Drogas, permite o afastamento da referida causa de aumento de pena, uma vez que o delito de tráfico ilícito de drogas foi praticado em local próximo a estabelecimento de ensino, tendo o crime ocorrido no período da madrugada, em um domingo, horário em que a escola não estava em funcionamento. A proximidade da escola, neste caso, tratou-se de elemento meramente circunstancial, sem relação real e efetiva com a traficância realizada. Nesse contexto, observe-se que a razão de ser da norma é punir de forma mais severa quem, por traficar nas dependências ou na proximidade de estabelecimento de ensino, tem maior proveito e facilidade na difusão e no comércio de drogas em região de grande circulação de pessoas, expondo os frequentadores do local a um risco inerente à atividade criminosa da narcotraficância.

Conclui-se, por fim, que, diante da prática do delito em dia e horário (domingo de madrugada) em que o estabelecimento de ensino não estava em funcionamento, de modo a facilitar a prática criminosa e a disseminação de drogas em área de maior aglomeração de pessoas, não há falar em incidência da majorante prevista no artigo 40, inciso III, da Lei n. 11.343/2006, pois ausente a *ratio legis* da norma em tela. ***STJ, REsp 1.719.792-MG, Rel. Min. Maria Thereza de Assis Moura, por unanimidade, j. 13/03/2018, (Info 622.)***

- **TRÁFICO DE DROGAS E CORRUPÇÃO DE MENORES. CAUSA DE AUMENTO DE PENA DO ART. 40, VI, DA LEI DE DROGAS E CRIME DE CORRUPÇÃO DE MENORES. PRINCÍPIO DA ESPECIALIDADE. Na hipótese de o delito praticado pelo agente e pelo menor de 18 anos não estar previsto nos arts. 33 a 37 da Lei de Drogas, o réu poderá ser condenado pelo crime de corrupção de menores, porém, se a conduta estiver tipificada em um desses artigos (33 a 37), não será possível a condenação por aquele delito, mas apenas a majoração da sua pena com base no art. 40, VI, da Lei n. 11.343/2006.** O debate consistiu no enquadramento da conduta de adulto que pratica tráfico em concurso eventual com criança ou adolescente. Para configuração do crime previsto no art. 244-B do Estatuto da Criança e do Adolescente (ECA), basta a participação de menor de 18 anos no cometimento do delito, pois, de acordo com a jurisprudência do STJ, o crime é formal e, por isso, independe da prova da efetiva corrupção do menor (Súmula n. 500/STJ). Por sua vez, para incidir a majorante do art. 40, VI, da Lei de Drogas, faz-se necessário que, ao praticar os delitos previstos nos arts. 33 a 37, o réu envolva ou vise atingir criança, adolescente ou quem tenha capacidade de entendimento e determinação diminuída. Não se compartilha do entendimento no sentido de que, se a criança ou adolescente já estiverem corrompidos, não há falar em corrupção de menores e de que responde o agente apenas pelo crime de tráfico majorado, pois, de acordo com o entendimento do STJ, é irrelevante a prova da efetiva corrupção do menor para que o acusado seja condenado pelo crime do ECA. A solução deve ser encontrada no princípio da especialidade. Assim, se a hipótese versar sobre concurso de agentes envolvendo menor de dezoito anos com a prática de qualquer dos crimes tipificados nos arts. 33 a 37 da Lei de Drogas, afigura-se juridicamente correta a imputação do delito em questão, com a causa de aumento do art. 40, VI. Para os demais casos, aplica-se o art. 244-B, do Estatuto da Criança e do Adolescente, conforme entendimento doutrinário. *STJ, REsp 1.622.781-MT, Rel. Min. Sebastião Reis Júnior, por unanimidade, j. 22/11/2016. 6ª T. (Info 595)*

- **APLICAÇÃO DE CAUSA DE AUMENTO DE PENA DA LEI DE DROGAS AO CRIME DE ASSOCIAÇÃO PARA O TRÁFICO DE DROGAS COM CRIANÇA OU ADOLESCENTE. A participação do menor pode ser considerada para configurar o crime de associação para o tráfico (art. 35) e, ao mesmo tempo, para agravar a pena como causa de aumento do art. 40, VI, da Lei n. 11.343/2006.** De acordo com a Lei n. 11.343/2006: "Art. 40. As penas previstas nos arts. 33 a 37 desta Lei são aumentadas de um sexto a dois terços, se: (...) VI – sua prática envolver ou visar a atingir criança ou adolescente ou a quem tenha, por qualquer motivo, diminuída ou suprimida a capacidade de entendimento e determinação". Assim, é cabível a aplicação da majorante se o crime envolver ou visar a atingir criança ou adolescente em delito de associação para o tráfico de drogas configurado pela associação do agente com menor de idade. Precedentes citados: HC 237.782-SP, Quinta Turma, DJe 21/8/2014; e REsp 1.027.109-SC, Quinta Turma, DJe 16/2/2009. ***STJ, HC 250.455-RJ, Rel. Min. Nefi Cordeiro, julgado em 17/12/2015, DJe 5/2/2016. 6ª T. (Info 576)***

- **APLICAÇÃO DE CAUSA DE AUMENTO DE PENA DA LEI DE DROGAS ACIMA DO PATAMAR MÍNIMO. O fato de o agente ter envolvido um menor na prática do tráfico e, ainda, tê-lo retribuído com drogas, para incentivá-lo à traficância ou ao consumo e dependência, justifica a aplicação, em patamar superior ao mínimo, da causa de aumento de pena do art. 40, VI, da Lei n. 11.343/2006, ainda que haja fixação de pena-base no mínimo legal.** Isso porque a jurisprudência do STJ posiciona-se no sentido de que a aplicação da causa de aumento em patamar acima do mínimo é plenamente válida desde que fundamentada na gravidade concreta do delito. ***STJ, HC 250.455-RJ, Rel. Min. Nefi Cordeiro, julgado em 17/12/2015, DJe 5/2/2016. 6ª T. (Info 576)***

- **APLICAÇÃO DA MESMA CAUSA DE AUMENTO DE PENA DA LEI DE DROGAS A MAIS DE UM CRIME. A causa de aumento de pena do art. 40, VI, da Lei n. 11.343/2006 pode ser aplicada tanto para agravar o crime de tráfico de drogas (art. 33) quanto para agravar o de associação para o tráfico**

(art. 35) praticados no mesmo contexto. Isso porque a causa especial de aumento de pena incidiu sobre delitos diversos e totalmente autônomos, com motivação e finalidades distintas. Precedentes citados: HC 183.441-RJ, Quinta Turma, DJe 2/9/2011; e AgRg no REsp 1.412.950-MG, Sexta Turma, DJe 3/11/2014. ***STJ, HC 250.455-RJ, Rel. Min. Nefi Cordeiro, julgado em 17/12/2015, DJe 5/2/2016. 6ª T. (Info 576)***

- **UTILIZAÇÃO DE TRANSPORTE PÚBLICO PARA CONDUZIR DROGA ILÍCITA. O simples fato de o agente utilizar-se de transporte público para conduzir a droga não atrai a incidência da majorante prevista no art. 40, III, da Lei de Drogas (11.343/2006), que deve ser aplicada somente quando constatada a efetiva comercialização da substância em seu interior.** Precedente citado do STJ: REsp 1.345.827-AC, Quinta Turma, DJe 27/3/2014. Precedentes citados do STF: HC 119.782-MS, Primeira Turma, DJe 3/2/2014; e HC 115.815-PR, Segunda Turma, DJe 28.8.2013. (Vide Informativo nº 481) *STJ, AgRg no REsp 1.295.786-MS, Rel. Min. Regina Helena Costa, j. 18/6/2014. 5ª T. (Info 543)*

- **CAUSA DE AUMENTO DA PENA DO CRIME DE TRÁFICO DE DROGAS EM TRANSPORTE PÚBLICO.** A utilização de transporte público com a única finalidade de levar a droga ao destino, de forma oculta, sem o intuito de disseminá-la entre os passageiros ou frequentadores do local, não implica a incidência da causa de aumento de pena do inciso III do artigo 40 da Lei 11.343/2006. Precedente citado do STJ: REsp 1.345.827-AC, Quinta Turma, DJe 27/3/2014. Precedentes citados do STF: HC 119.782-MS, Primeira Turma, DJe 3/2/2014; e HC 119.811-MS, Segunda Turma, DJe 1º/7/2014. *STJ, REsp 1.443.214-MS, Rel. Min. Sebastião Reis Júnior, julgado em 4/9/2014 (Vide Informativo nº 543). 6ª T. (Info 547)*

- **TRÁFICO INTERESTADUAL. DROGAS. TRANSPORTE PÚBLICO.** Na espécie, o paciente foi abordado dentro de transporte coletivo, quando transportava 1.120 g de cocaína, no interior de sua bagagem pessoal. A pena foi fixada em oito anos e nove meses de reclusão, a ser inicialmente cumprida em regime fechado, e ao pagamento de 100 dias-multa, sendo que o tribunal a quo confirmou as causas de aumento de pena previstas no art. 40, III e V, da Lei nº 11.343/2006. No writ, o paciente alega a necessidade de efetiva transposição da fronteira para a caracterização do tráfico interestadual de drogas. Nesse contexto, a Turma denegou a ordem ao entendimento de que, para a incidência da causa de aumento prevista no art. 40, V, da Lei nº 11.343/2006, não é necessária a efetiva transposição da fronteira interestadual, bastando que fique evidenciado, pelos elementos de prova, que a droga transportada teria como destino localidade de outro estado da Federação. In casu, o paciente foi preso em flagrante em ônibus que fazia o trajeto de Corumbá-MS para Florianópolis-SC, trazendo consigo droga, e confessou, tanto em inquérito quanto em juízo, a intenção de transportá-la para a cidade localizada no Estado de Santa Catarina, local em que residia. Ressaltou-se que a referida causa de aumento de pena visou valorar o elevado grau de reprovabilidade da conduta daquele que busca fornecer droga para além dos limites do seu estado. Ademais, consignou-se que, o fato de a droga ter sido encontrada na mala do paciente localizada no interior de transporte coletivo (ônibus) mostrou-se suficiente para a caracterização da majorante prevista no art. 40, III, da mencionada lei. Precedentes citados do STF: HC 99.452-MS, DJe 8/10/2010; do STJ: HC 157.630-SP, DJe 13/12/2010; REsp 1.199.567-MS, DJe 28/6/2011; HC 100.644-MS, DJe 28/6/2011, e HC 184.419-MS, DJe 13/12/2010. *STJ, HC 109.724-MS, Rel. Min. Og Fernandes, julgado em 23/8/2011. 6ª T. (Info 481)*

3. QUESTÕES DE CONCURSOS

1. **(FCC/TJ-RR/Juiz de Direito/2015 – adaptada)** Segundo a lei antidrogas, o concurso de agentes é causa de aumento da pena no crime de tráfico de drogas.

2. **(CESPE/TRF5/Juiz Federal/2015 – adaptada)** O juiz pode aplicar causa majorante de pena de um sexto a dois terços quando o crime de tráfico de drogas tiver sido perpetrado com emprego ostensivo de arma de fogo para a intimidação difusa ou coletiva. Se a arma tiver sido utilizada em contexto diverso do de crime de tráfico, tratar-se-á de concurso material de crimes.

3. **(IBFC/PC-SE/Agente de Polícia/2014)** Segundo a Lei de Drogas (Lei n° 11.343/06), as penas são aumentadas de um sexto a dois terços se a infração tiver sido cometida em alguns locais específicos. A respeito do tema, analise as assertivas abaixo:

I. Nas dependências ou imediações de estabelecimentos prisionais, de ensino ou hospitalares.

II. Nas dependências ou imediações de sedes de entidades estudantis, sociais, culturais, recreativas, esportivas, ou beneficentes.

III. Nas dependências ou imediações de recintos onde se realizem espetáculos ou diversões de qualquer natureza.

IV. Nas dependências ou imediações de locais de serviços de tratamento de dependentes de drogas ou de reinserção social.

V. No interior de transporte público com a única finalidade de levar a droga ao destino de forma oculta, sem o intuito de disseminá-la entre os passageiros.

São causas de aumento de pena as hipóteses citadas nos itens:

a) I, II, III e IV, apenas.

b) I, II, III e V, apenas.

c) I, II, IV e V, apenas.

d) I, III, IV e V, apenas.

4. **(VUNESP/DPE-MS/Defensor Público/2014 – adaptada)** A Lei nº 11.343/2006 prevê o aumento de pena de um sexto até um terço para o crime de tráfico quando o agente financiar a prática do delito.

5. **(CESPE/TJ-SE/Titular de Serviços de Notas e de Registros/2014 – adaptada)** A transnacionalidade do delito é circunstância agravante que se aplica ao tráfico de drogas, desde que a substância entorpecente seja proveniente de outro país ou a outro país se destine, sendo irrelevante o fato de ter sido produzida ou não no Brasil.

6. **(CESPE/TJ-SE/Titular de Serviços de Notas e de Registros/2014 – adaptada)** Em relação ao crime de tráfico de drogas, é necessária a efetiva transposição da fronteira estadual para a incidência da causa de aumento de pena.

7. **(CESPE/Câmara dos Deputados/Analista Legislativo/2014)** O comércio de substâncias entorpecentes sem autorização ou em desacordo com determinação regulamentar, praticado por bombeiro militar uniformizado, mediante o uso de sua viatura para o transporte das substâncias e com uso ostensivo de arma de fogo, permite a majoração da pena-base do delito de tráfico de um sexto a dois terços.

8. **(MPE-PR/Promotor de Justiça/2016)** Consoante o artigo 40 da Lei de Drogas (Lei n. 11.343/2006):

"As penas previstas nos arts. 33 a 37 desta Lei são aumentadas de um sexto a dois terços, se:

(...)

III – a infração tiver sido cometida nas dependências ou imediações de estabelecimentos prisionais, de ensino ou hospitalares, de sedes de entidades estudantis, sociais, culturais, recreativas, esportivas, ou beneficentes, de locais de trabalho coletivo, de recintos onde se realizem espetáculos ou diversões de qualquer natureza, de serviços de tratamento de dependentes de drogas ou de reinserção social, de unidades militares ou policiais ou em transportes públicos;

(...)

V – caracterizado o tráfico entre Estados da Federação ou entre estes e o Distrito Federal;

(...)

Sobre as causas de aumento de pena, previstas nos incisos III e V do artigo 40 da Lei n. 11.343/2006, assinale a alternativa correta, de acordo com a interpretação atual e assente no Superior Tribunal de Justiça:

I – Para incidência da causa de aumento de pena, prevista no artigo 40, III, da Lei n.11.343/2006, basta o agente transportar no bagageiro ou trazer a droga consigo, em veículo de transporte público, independentemente de comercialização.

II – É desnecessária a efetiva transposição de fronteiras entre estados da federação para incidência da majorante descrita no artigo 40, V, da Lei 11.343/2006.

III – É necessária a efetiva comercialização da droga, no interior do transporte público, para incidência do aumento de pena previsto no artigo 40, III, da Lei 11.343/2006.

IV – É necessária a efetiva transposição de fronteiras entre estados da federação para incidência da majorante descrita no artigo 40, V, da Lei 11.343/2006.

a) Somente as assertivas I e II são corretas;

b) Somente as assertivas I e III são corretas;

c) Somente as assertivas II e III são corretas;

d) Somente as assertivas II e IV são corretas;

e) As assertivas III e IV são corretas.

9. **(FCC/DPE-ES/Defensor Público/2016 – adaptada)** Constitui causa de aumento da pena a promoção do tráfico de drogas nas imediações de estabelecimento de ensino e, consoante expressa previsão legal, a circunstância independe de comprovação de se destinar aos respectivos estudantes.

10. **(CESPE/DPU/Defensor Público/2017)** Tendo como referência as disposições da Lei de Drogas (Lei n.º 11.343/2006) e a jurisprudência pertinente, julgue o item subsecutivo.

Segundo o entendimento do STJ, em eventual condenação, o juiz sentenciante não poderá aplicar ao réu a causa de aumento de pena relativa ao tráfico de entorpecentes em transporte público, se o acusado tiver feito uso desse transporte apenas para conduzir, de forma oculta, droga para comercialização em outro ambiente, diverso do transporte público.

11. **(VUNESP/TJ-SP/Juiz de Direito/2017)** O emprego de arma de fogo constitui causa de aumento da pena no crime de tráfico, não configurando majorante, porém, o concurso de pessoas.

12. **(FCC/MPE-PB/Promotor de Justiça/2018)** A Lei de Drogas (Lei nº 11.343/2006) estabelece que a pena prevista no artigo 33 será aumentada de um sexto a dois terços se caracterizado o tráfico entre Estados da Federação. De acordo com o entendimento sumulado do Superior Tribunal de Justiça,

a) é desnecessária a efetiva transposição de fronteiras, sendo suficiente a demonstração inequívoca da intenção do agente de realizar o tráfico interestadual.

b) a quantidade de droga apreendida, bem como a forma do seu acondicionamento, é essencial para a caracterização do tráfico interestadual.

c) o aumento da pena, no tráfico interestadual, exige a associação de quatro ou mais pessoas estruturalmente ordenadas.

d) por abranger pluralidade de entes federativos, a ação penal será da competência da Justiça Federal.

e) o aumento de dois terços da pena somente poderá ser aplicado quando o tráfico interestadual ocorrer entre Estados não fronteiriços.

13. **(CESPE/DPF/Agente de Polícia Federal/2018)** Durante uma vistoria, no estado do Paraná, em passageiros que viajavam de ônibus de Foz do Iguaçu – PR para Florianópolis – SC, policiais rodoviários federais encontraram seis quilos de maconha na mochila de Lucas, que foi preso em flagrante delito. Nessa situação, no cálculo da pena de Lucas, não se considerará a majorante do tráfico interestadual de drogas, pois a transposição da fronteira entre os estados ainda não tinha ocorrido.

14. **(MPE-PR/Promotor de Justiça/2019 – adaptada)** Para a incidência da majorante prevista no art. 40, inciso V, da Lei n. 11.343/2006, é desnecessária a efetiva transposição de fronteiras entre estados da Federação, sendo suficiente a demonstração inequívoca da intenção de realizar o tráfico interestadual.

15. **(MPE-PR/Promotor de Justiça/2019 – adaptada)** A causa de aumento de pena prevista no art. 40, inciso III, da Lei n. 11.343/2006 tem natureza objetiva, devendo haver portanto comprovação de mercancia a menos de duzentos metros da respectiva entidade de ensino.

16. (MPE-PR/Promotor de Justiça/2019 – adaptada) A majorante do tráfico transnacional de drogas (art. 40, inciso I, da Lei n. 11.343/2006) configura-se com a prova da destinação internacional das drogas, ainda que não consumada a transposição de fronteiras.

GAB	1	2	3	4	5	6	7	8	9	10	11	12	13	14	15	16
	E	C	A	E	E	C	C	C	E	C	C	A	E	C	E	C

Art. 41. O indiciado ou acusado que colaborar voluntariamente com a investigação policial e o processo criminal na identificação dos demais co-autores ou partícipes do crime e na recuperação total ou parcial do produto do crime, no caso de condenação, terá pena reduzida de um terço a dois terços.

1. COMENTÁRIOS 1.1. Considerações iniciais

A Lei de Drogas adotou o instituto da colaboração premiada. Por meio do referido instituto, o criminoso que colaborar com as investigações, trazendo informações relevantes que possam contribuir na identificação dos demais coautores ou partícipes do crime e na recuperação total ou parcial do produto do crime, no caso de condenação, terá pena reduzida de um terço a dois terços. Mesmo antes do advento da Lei nº 11.343/06, a Lei nº 9.807/99 já havia trazido a possibilidade de se aplicar ao delator o perdão judicial, conduzindo, em consequência, à extinção da punibilidade.

Para que se possa falar na obtenção do benefício, é necessário que a colaboração seja efetiva. Assim, de nada adianta uma delação que não contribua na identificação dos demais coautores ou partícipes do crime ou na recuperação total ou parcial do produto do crime. Porém, se houver a efetiva colaboração, no sentido apregoado pelo artigo, a diminuição da pena se impõe como obrigatória.

1.2. Colaboração premiada em organização criminosa

É importante recordar que a matéria sofreu substancial alteração com o advento da atual Lei de Organizações Criminosas (Lei nº 12.850/13), que passou a tratar da colaboração premiada, ensejando, portanto, até mesmo a mudança da expressão "delação premiada", até então consagrada pela nossa doutrina. Se os envolvidos nos crimes concernentes ao tráfico constituírem uma organização criminosa, o disposto nesta Lei, quanto à colaboração premiada, poderá ser aplicado.

Para a Lei nº 12.850/13, a colaboração premiada pode não apenas ensejar a diminuição da pena até dois terços, mas até mesmo o perdão judicial, isto é, pode o juiz deixar de aplicar a pena ao colaborador. Há, ainda, a hipótese de o juiz substituir a pena privativa de liberdade do colaborador por pena restritiva de direitos.

Tal como ocorre com a Lei de Drogas, na Lei de Organizações Criminosas, a colaboração tem de ser efetiva, produzir efeitos. Consoante disposto na Lei, é necessário que da colaboração advenha: a) a identificação dos demais coautores e partícipes da organização criminosa e das infrações penais por eles praticadas; b) a revelação da estrutura hierárquica e da divisão de tarefas da organização criminosa; c) a prevenção de infrações penais decorrentes das atividades da organização criminosa; d) a recuperação total ou parcial do produto ou do proveito das infrações penais praticadas pela organização criminosa; e) a localização de eventual vítima com a sua integridade física preservada.

Além da possibilidade de diminuição de pena, de substituição da pena privativa de liberdade por pena restritiva de direitos e de aplicação do perdão judicial, poderá o Ministério Público deixar de oferecer a denúncia se o colaborador: a) não for o líder da organização criminosa; b) for o primeiro a prestar efetiva colaboração. Curioso perceber a Lei nº 12.850/13, com isto, cria nova exceção ao princípio da obrigatoriedade da ação penal pública, de acordo com o qual o ministério Público é obrigado a oferecer a denúncia, quando presentes a prova da materialidade e indícios de autoria.

Não bastassem todos estes benefícios ao colaborador, a Lei ainda previu a possibilidade de haver a colaboração após a prolação da sentença. Neste caso, a pena poderá ser reduzida até a metade ou será admitida a progressão de regime ainda que ausentes os requisitos objetivos, isto é, correspondentes ao lapso de tempo que deve ser cumprido para que se obtenha a progressão.

2. QUESTÕES DE CONCURSOS

1. **(FUNIVERSA/PC-GO/Papiloscopista/2015 – adaptada)** Caso o acusado colabore voluntariamente com a investigação policial e com o processo criminal na identificação dos demais coautores do crime e na recuperação total ou parcial do produto do crime, terá pena reduzida de um terço a dois terços, se for condenado.

2. **(CESPE/TJ-SE/Titular de Serviços de Notas e de Registros/2014 – adaptada)** O juiz poderá conceder o perdão judicial ou reduzir a pena pela delação premiada, se o réu colaborar de forma efetiva e voluntária e a relevância da informação prestada contribuir, de fato, com as investigações ou com o processo, por meio da identificação dos corréus e partícipes do crime de tráfico de drogas.

GAB	1	2
	C	E

Art. 42. O juiz, na fixação das penas, considerará, com preponderância sobre o previsto no art. 59 do Código Penal, a natureza e a quantidade da substância ou do produto, a personalidade e a conduta social do agente.

1. COMENTÁRIOS

1.1. Considerações iniciais

Durante a reforma da parte geral do Código Penal, concluída em 1984, com a aprovação da Lei nº 7.209, duas correntes doutrinárias disputavam a primazia, no que se refere ao tema "aplicação da pena". A primeira agasalhava o critério bifásico, e tinha como maior expoente Roberto Lyra; a segunda, que acabou prevalecendo na alteração legislativa, adotava o critério trifásico, e encontrava em Nelson Hungria seu grande defensor.

Para o critério trifásico, o juiz, ao determinar a pena deve, necessariamente, obedecer às seguintes fases:

1ª Fase	Valoração das circunstâncias judiciais	Pena base
2ª Fase	Valoração das circunstâncias atenuantes e agravantes	Pena provisória
3ª Fase	Valoração das causas de diminuição e aumento de pena	Pena definitiva

O art. 42 da Lei de Drogas está se referindo às circunstâncias judiciais, isto é, a primeira fase para a fixação da pena. Fácil chegar a esta conclusão, na medida em que o dispositivo faz expressa referência ao art. 59 do Código Penal, onde se encontram tais circunstâncias.

1.2. Circunstâncias judiciais

As circunstâncias judiciais estão previstas no art. 59 do Código Penal e devem ser expressamente valoradas pelo magistrado quando da aplicação da pena. Caso faltem requisitos para valorar alguma dessas circunstâncias, o juiz deverá consignar claramente na sentença a falta de tais elementos. São elas:

a) Culpabilidade: Muito embora as mais variadas acepções, aqui, culpabilidade deve ser entendida como reprovabilidade. Todavia, nada tem a ver com a definição se a conduta é ou não reprovável. Percebam que se a pena já está sendo dosada, é porque a conduta já foi considerada reprovável. Aqui deve ser dito o quão reprovável é a conduta. É dizer se a reprovabilidade é comum para aquele tipo de crime, ou se ela foi exacerbada.

b) Antecedentes: Importante recordar que a caracterização de antecedentes criminais pressupõe trânsito em julgado da condenação. Nesse sentido, dispõe a súmula nº 444/STJ: "É vedada a utilização de inquéritos policiais e ações penais em curso para agravar a pena-base".

c) Conduta social: Diz respeito ao modo como o agente se comporta em sua vida social. Trata-se, portanto, de saber se é bom pai, bom marido, bom empregado, bom empregador, etc.

d) Personalidade: Condição deveras questionada pela doutrina, que se questiona como o juiz conseguirá traçar o perfil do condenado se, mesmo para técnicos da área, como o psiquiatra, esta é uma tarefa bastante complicada. Todavia, a ideia de personalidade aqui valorada é algo muito mais simplória. Trata-se de aferir a índole do agente, se tem um histórico de condutas que demonstram mau-caráter ou algum tipo de desvio de comportamento social acentuado. Por outro lado, pode-se constatar que o agente possui um apurado senso ético-social, e a prática criminosa foi um incidente isolado em sua história de vida.

e) Circunstâncias do crime: Trata-se de saber como se deu o crime. As circunstâncias foram comuns ou amplamente audaciosas, como, por exemplo, um tráfico ilegal de drogas realizado em frente a uma delegacia. Enfim, diz respeito ao local do crime, o horário, os instrumentos empregados, o meio de execução, etc.

f) Motivos do crime: Aqui, objetiva-se saber o que impeliu o agente à prática do crime. Não deve ser considerado aquele motivo que é comum à prática do crime, mas aquilo que extrapole a sua motivação. Por exemplo, considerar que o motivo do crime de roubo tenha sido um a vontade de obter um acréscimo patrimonial ilícito, não deve ser valorado negativamente, pois isto é uma consequência normal deste tipo penal.

g) Consequências do crime: De igual modo, não deve ser valorada aquela consequência que seja comum ao crime. Por exemplo, não poderá ser valorada negativamente o fato da vítima no crime de homicídio ter morrido, pois é óbvio que isso tenha acontecido. Da mesma forma, não se pode dizer que o fato da vítima do crime de furto ter perdido dinheiro é uma consequência que deva ser negativamente valorada, pois é decorrência lógica deste tipo penal. Transplantando essa lógica para a Lei de Drogas, não se pode ter como consequência particularmente desfavorável ao réu o fato de ter feito a droga circular, pois isso é comum a esse tipo de crime. Mas poderia ser valorado em desfavor do réu, por exemplo, a morte por overdose do usuário, a criação de dependência por parte de outros, etc.

h) Comportamento da vítima: Neste ponto, indaga-se se a vítima provocou de alguma forma a prática do crime. Em se tratando de Lei de Drogas, essa circunstância judicial é de pouca relevância, pois na quase totalidade dos tipos penais o sujeito passivo é a coletividade. Há, excepcionalmente, porém, casos em que, além da coletividade, temos sujeito passivo identificado, como ocorre no crime do art. 38, consistente em prescrever ou ministrar droga de forma culposa.

Estas são as oito circunstancias judiciais que constam do art. 59 do Código Penal. Conforme se percebe, além destas, o art. 42 da Lei de Drogas acresceu duas: quantidade e natureza da substância ou do produto, em referência à própria droga ou, por exemplo, à matéria prima destinada a sua fabricação ou preparação.

I. Quantidade: Naturalmente, o agente que realiza condutas criminosas com quantidade mais expressiva de drogas merece uma reprimenda penal mais acentuada.

j) Natureza: De igual sorte, a natureza da droga é imprescindível para que se possa dimensionar a gravidade da conduta do réu. Não há dúvida de que, por exemplo, 1 (um) quilograma de cocaína possui uma potencialidade destrutiva imensamente maior do que 1 (um) quilograma de maconha, estas questões devem ser aferidas por ocasião das circunstâncias judiciais, primeira fase da dosimetria da pena.

1.3. Valoração das circunstâncias judiciais

Não há um critério matemático para a valoração das circunstâncias judiciais. O que é imprescindível é que o julgador, neste momento de fixação da pena-base, adstrinja-se aos patamares mínimo e máximo estabelecidos no tipo penal. Deste modo, se adotarmos como parâmetro a pena privativa de liberdade estipulada para o crime do art. 33, *caput* (reclusão de cinco a quinze anos), não poderá o juiz, por ocasião da fixação da pena-base, isto é, da valoração das circunstâncias judiciais, fixá-la em quatro anos. Este patamar, aquém do mínimo, somente pode ser alcançado na terceira fase da dosimetria da pena, quando se alcança a pena definitiva, após a valoração das causas de aumento ou diminuição de pena cabíveis.

De toda sorte, o art. 42 é categórico ao asseverar que, das dez circunstâncias judiciais, quatro são preponderantes: a **natureza** e a **quantidade** da substância ou do produto, a **personalidade** e a **conduta social** do agente. Deste modo, se, por exemplo, estas quatro circunstâncias forem desfavoráveis ao réu, outras quatro forem favoráveis e não houver elementos para valorar duas circunstâncias judiciais, é razoável compreender que a pena ficará mais próxima do máximo previsto em Lei do que do mínimo. Isto porque as circunstâncias desfavoráveis do nosso exemplo são, justamente, aquelas que devem preponderar.

2. SÚMULAS E JURISPRUDÊNCIA

✦ *SUPREMO TRIBUNAL FEDERAL*

- **TRÁFICO DE ENTORPECENTES: FIXAÇÃO DO REGIME E SUBSTITUIÇÃO DA PENA. Não sendo o paciente reincidente, nem tendo contra si circunstâncias judiciais desfavoráveis (CP, art. 59), a gravidade em abstrato do crime do art. 33, "caput", da Lei 11.343/2006, não constitui motivação idônea para justificar a fixação do regime mais gravoso.** Com esse entendimento, a Segunda Turma, após superar o óbice do Enunciado 691 da Súmula do STF, concedeu "habeas corpus" de ofício para garantir ao paciente, condenado à pena de um ano e oito meses de reclusão pela prática do delito de tráfico de drogas, a substituição da reprimenda por duas penas restritivas de direitos, a serem estabelecidas pelo juízo das execuções criminais, bem assim a fixação do regime inicial aberto. O Colegiado entendeu que o paciente atende aos requisitos do art. 44 do CP, razão pela qual o juízo deve considerá-los ao estabelecer a reprimenda, de acordo com o princípio constitucional da individualização da pena. ***STF, HC 133028/SP, rel. Min. Gilmar Mendes, 12.4.2016. 2ª T. (Info 821)***

- **TRÁFICO DE ENTORPECENTES: FIXAÇÃO DO REGIME E SUBSTITUIÇÃO DA PENA. Não se tratando de réu reincidente, ficando a pena no patamar de quatro anos e sendo as circunstâncias judiciais positivas, cumpre observar o regime aberto e apreciar a possibilidade da substituição da pena privativa de liberdade pela restritiva de direitos.** Com esse entendimento, a Primeira Turma, por maioria, concedeu "habeas corpus" de ofício para garantir ao paciente, condenado à pena de um ano e oito meses de reclusão pela prática do delito de tráfico de drogas, a fixação do regime inicial aberto, bem como a substituição da reprimenda por duas penas restritivas de direito, a serem definidas pelo juízo da execução criminal. O Colegiado ressaltou não haver circunstâncias aptas a exasperar a pena. Vencidos os Ministros Rosa Weber (relatora) e Marco Aurélio. Ambos concediam a ordem de oficio, mas para efeitos distintos. A relatora, para determinar que o magistrado de 1º grau procedesse a nova avaliação quanto ao regime inicial de cumprimento da pena e à substituição da pena privativa de liberdade por restritiva de direitos. O Ministro Marco Aurélio, para fixar o cumprimento da pena em regime aberto e reconhecer o direito à substituição da pena privativa de liberdade por restritiva de direitos. ***STF, HC 130411/SP, rel. orig. Min. Rosa Weber, red. p/ o acórdão Min. Edson Fachin, 12.4.2016. 1ª T. (Info 821)***

- **REGIME INICIAL E TRAFICO DE DROGAS. É legítima a fixação de regime inicial semiaberto, tendo em conta a quantidade e a natureza do entorpecente, na hipótese em que ao condenado por tráfico de entorpecentes tenha sido aplicada pena inferior a 4 anos de reclusão.** Esse o entendimento da Segunda Turma ao indeferir a ordem em "habeas corpus". O Colegiado destacou que, no caso, o acórdão recorrido fixara o regime inicial semiaberto baseando-se na quantidade e natureza do entorpecente, observado o quanto disposto no art. 33, § 2º, "b", e § 3º, do CP c/c o art. 42 da Lei 11.343/2006, em harmonia com a jurisprudência consolidada do STF (HC 131.887/SC, DJe de 7.3.2016). ***STF, HC 133308/SP, rel. Min. Cármen Lúcia, 29.3.2016. 2ª T. (Info 819)***

- **ART. 42 DA LEI 11.343/2006 E "BIS IN IDEM". O art. 42 da Lei 11.343/2006 ("O juiz, na fixação das penas, considerará, com preponderância sobre o previsto no art. 59 do Código Penal, a natureza e a quantidade da substância ou do produto, a personalidade e a conduta social do agente") pode ser utilizado tanto para agravar a pena-base quanto para afastar o redutor previsto no art. 33, § 4º, do mesmo diploma normativo.** Com base nessa orientação, a 1ª Turma conheceu parcialmente de habeas corpus e, nessa parte, o denegou. Aduziu-se que somente a questão relativa à incidência da causa de diminuição de pena, disposta no § 4º do art. 33 da Lei 11.343/2006, teria sido discutida nas demais instâncias. No mérito, rejeitou-se, contudo, a tese da ocorrência de bis in idem pela suposta consideração da quantidade e da qualidade da droga objeto do tráfico também no exame das condições judiciais. *STF, HC 117024/MS, rel. Min. Rosa Weber, 10.9.2013. 1ª T. (Info 719).*

3. QUESTÕES DE CONCURSOS

1. **(FUNIVERSA/PC-GO/Papiloscopista/2015 – adaptada)** Em se tratando dos crimes previstos na Lei de Drogas, na fixação das penas, deve-se considerar, entre outros, a natureza da substância entorpecente, não fazendo a lei referência à quantidade de droga apreendida.

2. **(CESPE/PC-PE/Delegado de Polícia/2016 – adaptada)** No crime de tráfico de entorpecente, é cabível a substituição da pena privativa de liberdade por restritiva de direitos, bem como a fixação de regime aberto, quando preenchidos os requisitos legais.

3. **(UEG/PC-GO/Delegado de Polícia/2018)** O juiz, na fixação das penas previstas na Lei n. 11.343/2006, considerará, com preponderância sobre o previsto no art. 59 do Código Penal, a natureza e a quantidade da substância ou do produto, a personalidade e

a) os motivos do agente.
b) a culpabilidade do agente.
c) os antecedentes do agente.
d) a conduta social do agente.
e) a condição financeira do agente.

GAB	1	2	3
	E	C	D

Art. 43. Na fixação da multa a que se referem os arts. 33 a 39 desta Lei, o juiz, atendendo ao que dispõe o art. 42 desta Lei, determinará o número de dias-multa, atribuindo a cada um, segundo as condições econômicas dos acusados, valor não inferior a um trinta avos nem superior a 5 (cinco) vezes o maior salário-mínimo.

Parágrafo único. As multas, que em caso de concurso de crimes serão impostas sempre cumulativamente, podem ser aumentadas até o décuplo se, em virtude da situação econômica do acusado, considerá-las o juiz ineficazes, ainda que aplicadas no máximo.

1. COMENTÁRIOS

1.1. Considerações iniciais

O art. 43 da Lei de Drogas trata da pena de multa, aplicável aos crimes contidos entre os arts. 33 a 39. Como se vê, não há menção ao disposto no art. 28, pois, conforme vimos, para o porte de drogas para consumo pessoal não existe pena de multa, mas sim uma medida coercitiva de multa, para o caso de descumprimento de pena. Ademais, os critérios para a fixação dessa medida coercitiva de multa, imposta ao usuário, estão previstos no art. 29 desta Lei, já comentado anteriormente.

1.2. Fixação do valor da multa

Na aplicação da pena de multa, o juiz observa duas etapas distintas: na primeira, irá fixa a quantidade de dias-multa. Posteriormente, cabe-lhe especificar o valor de cada dia-multa, observando a capacidade econômica do condenado.

a) fixação da quantidade de dias-multa: inicialmente, será estipulada a quantidade de dias-multa, cujos patamares estão previstos nos próprios tipos penais (exemplo: art. 33, *caput* – multa de quinhentos a mil e quinhentos dias-multa). Para a fixação da quantidade de dias-multa, não se leva em consideração a capacidade econômica do condenado, mas sim a reprovabilidade da sua conduta. O próprio artigo que ora se comenta é categórico ao asseverar que devem ser observados os critérios contidos no artigo anterior, isto é, as circunstâncias judiciais.

b) quantificação do dia-multa: em um segundo momento, deve o julgador mensurar o valor de cada dia-multa, entre os patamares de 1/30 (um trinta avos) do salário mínimo e 5 (cinco) salários mínimos. Nesse momento, será levada em consideração a capacidade econômica do condenado.

A fixação do valor da multa aproxima-se do Código Penal, no que tange à existência de duas fases. Ademais, os parâmetros para quantificação de cada dia-multa (1/30 (um trinta avos) do salário mínimo até 5 (cinco) salários mínimos) são rigorosamente os mesmos. É possível, todavia, apontar duas grandes distinções entre a pena de multa prevista no Código Penal e esta prevista na Lei de Drogas:

a) No Código Penal: a quantidade de dias-multa pode variar de 10 (dez) a 360 (trezentos e sessenta). Na Lei de Drogas, para os crimes que não consistem em infração penal de menor potencial ofensivo, contidos entre os arts. 33 e 39, os patamares de variação da quantidade de dias-multa são mais consideráveis do que aqueles contidos no Código Penal. Basta ver, por exemplo, que o crime de tráfico (art. 33) possui uma pena que varia de 500 (quinhentos) a 1.500 (mil e quinhentos) dias-multa.

b) No Código Penal, se o juiz entender que o valor da multa é insuficiente, diante da capacidade econômica do réu, poderá elevá-lo ao triplo. Na Lei de Drogas, conforme preconizado pelo parágrafo único deste art. 43, diversamente do que ocorre no Código Penal, o julgador pode elevar a pena ao décuplo.

1.3. Destinação do valor da multa

Consoante o parágrafo único do art. 29, os valores arrecadados com a medida coercitiva de multa serão creditados à conta do FUNAD – Fundo Nacional Antidrogas. No que tange, porém à pena de multa, não há disposição expressa quanto à sua destinação. Por esta razão, não há como chegar a outra conclusão, senão a de que se aplica a regra do Código Penal, no sentido de que os valores da pena de multa destinam-se ao FUPEN – Fundo Penitenciário.

1.4. Descumprimento da pena de multa

A Lei de Drogas também não possui regramento específico para a hipótese de inadimplemento injustificado da pena de multa. Aqui, uma vez mais, ante a ausência de regra específica, devemos aplicar as regras do Código Penal. Por essa razão, em face do inadimplemento da pena de multa, ela será convertida em dívida de valor da Fazenda Pública, vedada a conversão em pena privativa de liberdade. A cobrança deverá ser efetuada pela Procuradoria da Fazenda, em uma Vara de Execução Fiscal.

2. QUESTÕES DE CONCURSOS

1. (FCC/DPE-ES/Defensor Público/2016 – adaptada) A pena de multa pode ser aumentada até o limite do triplo se, em virtude da condição econômica do acusado, o juiz considerá-la ineficaz, ainda que aplicada no máximo.

GAB	1
	E

Art. 44. Os crimes previstos nos arts. 33, *caput* e § 1º, e 34 a 37 desta Lei são inafiançáveis e insuscetíveis de sursis, graça, indulto, anistia e liberdade provisória, vedada a conversão de suas penas em restritivas de direitos.

Parágrafo único. Nos crimes previstos no *caput* deste artigo, dar-se-á o livramento condicional após o cumprimento de dois terços da pena, vedada sua concessão ao reincidente específico.

1. COMENTÁRIOS

1.1. Considerações iniciais

As vedações trazidas no presente dispositivo ratificam a ideia de que os crimes contidos na Lei de Drogas merecem uma reprovabilidade mais acentuada, porquanto constituem crimes equiparados a hediondos. A inclusão do crime de associação para o tráfico (art. 35) no rol das vedações estampadas no art. 44 conduziu a algumas conclusões de que também estaria inserto no rol dos crimes equiparados a hediondos. Tal entendimento, contudo, não prevaleceu.

Deste modo, são equiparados a hediondos os crimes enumerados no art. 44, *caput*, à exceção do crime do art. 35 (associação para o tráfico). Tratamos de forma mais detalhada da questão nos comentários aos arts. 33, *caput*, e 35, cuja leitura aconselhamos, para evitar repetições desnecessárias. De toda sorte, o fato de não se encontrar no rol dos crimes equiparados a hediondos não significa que não se aplica ao crime de associação para o tráfico as vedações aqui trazidas.

1.2. Vedações

O dispositivo sob análise proíbe aos condenados pelos crimes indicados no *caput* a obtenção dos seguintes benefícios:

a) Fiança:

Em nossa ordem constitucional, a regra é a liberdade. É o que se depreende do art. 5º, LXVI, CF, nos seguintes termos: "ninguém será levado à prisão ou nela mantido, quando a lei admitir a liberdade provisória, com ou sem fiança". Há, então, duas modalidades de liberdade provisória: com ou sem fiança.

Fiança é modalidade de caução e está prevista em nossa legislação há muito tempo. É considerada uma das modalidades de cautelares pessoais alternativas à prisão, previstas no art. 319, CPP. A fiança que viabiliza a liberdade provisória será destinada, em caso de condenação, a indenização pelos danos provocados à vítima, ao pagamento das custas processuais, da prestação pecuniária e de eventual multa aplicada.

Atualmente, a CF/88 só prevê três casos em que não se admitem a fiança: a) nos crimes de racismo; b) nos crimes de tortura, tráfico ilícito de entorpecentes e drogas afins, terrorismo e nos definidos como crimes hediondos; c) nos crimes cometidos por grupos armados, civis ou militares, contra a ordem constitucional e o Estado Democrático.

Os casos enumerados no art. 44, *caput* da Lei de Drogas enquadram-se na proibição constitucional, porquanto – à exceção do crime de associação para o tráfico – são equiparados a hediondos. No que se refere à associação para o tráfico, em que pese não possuir esse caráter hediondo, prevalece a inafiançabilidade, por expressa previsão do dispositivo legal em comento.

É importante destacar que a inafiançabilidade do crime não significa que não se admita a liberdade provisória sem fiança. A rigor – e reiterando que na nossa ordem constitucional, a liberdade é a regra –, sempre que não se fizerem presentes os requisitos de cautelaridade prisional, que permitem a decretação da prisão preventiva, faz-se necessário permitir a liberdade provisória.

Com isto, a fiança se tornou, no mais das vezes, um instituto em desuso, pois se permite a liberdade provisória sem fiança quando não estiverem presentes os requisitos da prisão preventiva (art. 321, CPP). Em certos casos, portanto, se torna mais fácil obter a liberdade provisória sem fiança do que com fiança. Isto era ainda mais evidente na redação do CPP anterior à reforma de 2011, quando se proibia a concessão de fiança para os crimes com pena mínima superior a 02 (dois) anos.

Contudo, ainda subsistem duas vantagens práticas de grande importância na fiança, porquanto agilizam a obtenção da liberdade: a) se o crime tiver pena máxima até 04 (quatro) anos, a fiança pode ser arbitrada pelo próprio delegado; b) a oitiva do MP na liberdade provisória com fiança é realizada após a sua consumação – ao contrário do que ocorre na liberdade provisória sem fiança. Cumpre recordar que a fiança poderá ser prestada a qualquer tempo, enquanto não transitar em julgado a sentença penal condenatória.

b) *Sursis*

A proibição à obtenção do *sursis* não se encontra, sequer, na Lei de Crimes Hediondos. Como se percebe, o tratamento dado ao traficante e autor de condutas correlatas, na Lei nº 11.343/06 é tão recrudescido, que não se adstringe às proibições contidas na Lei nº 8.072/90 (Lei de Crimes Hediondos).

Sursis é a suspensão condicional da (execução da) pena. Conforme dispõe o art. 77 do Código Penal, a execução da pena privativa de liberdade, não superior a 2 (dois) anos, poderá ser suspensa, por 2 (dois) a 4 (quatro) anos, desde que: a) o condenado não seja reincidente em crime doloso; b) a culpabilidade, os antecedentes, a conduta social e personalidade do agente, bem como os motivos e as circunstâncias autorizem a concessão do benefício; c) Não seja indicada ou cabível a substituição prevista no art. 44 deste Código.

Ademais, existe o *sursis* etário em que a execução da pena privativa de liberdade, não superior a 4 (quatro) anos, poderá ser suspensa, por 4 (quatro) a 6 (seis) anos, quando razões de saúde justifiquem a suspensão. Por fim, existe o *sursis* humanitário, em que a execução da pena privativa de liberdade, não superior a 4 (quatro) anos, poderá ser suspensa, por 4 (quatro) a 6 (seis) anos, desde que o condenado seja maior de 70 (setenta) anos de idade.

c) Graça

Tal como ocorre com a anistia, a Constituição também proibiu a concessão de graça em caso de crime hediondo ou equiparado (art. 5º, XLIII, CF). A graça é concedida pelo Chefe do Poder Executivo a um condenado específico. Deriva das clemências concedidas em outros tempos pelo monarca. Basta recordarmos a mais famigerada das clemências, na história da humanidade, que foi aquela concedida por Pôncio Pilatos, Procurador do Imperador Romano, a Barrabás, em detrimento do Cristo.

Diferentemente da anistia, a graça só alcança pessoas condenadas definitivamente. A despeito da previsão de impossibilidade de concessão da graça aos condenados por crimes hediondos e equiparados, a Constituição Federal não considerou a graça como um instituto autônomo. Por esta razão, a graça tem sido considerada uma espécie de indulto individual[61]. De acordo com o art. 188 da Lei de Execução Penal (Lei nº 7.210/84), a graça pode ser requerida pelo próprio condenado, pelo Ministério Público, Conselho Penitenciário ou autoridade administrativa.

d) Indulto:

Como dito, a graça é considerada indulto individual. A menção ao indulto, portanto, diz respeito ao indulto coletivo (indulto propriamente dito), que se dirige a um número determinado de condenados definitivamente. O indulto é concedido pelo Chefe do Poder Executivo, que pode delegar o mister a Ministro de Estado (art. 84, XII c/c parágrafo único, CF).

O Decreto presidencial que concede o indulto especifica os beneficiários de acordo com a natureza do crime, a quantidade de pena e outros requisitos objetivos e subjetivos. O indulto pode ser total ou parcial. Na primeira hipótese, haverá a extinção da punibilidade, ao passo que o indulto parcial é considerado comutação de pena, ensejará sua diminuição, mas não a extinção. O art. 5º, XLIII, CF, muitas vezes citado, proibiu, aos crimes hediondos e equiparados, a concessão de graça e anistia, mas não fez menção ao indulto. A proibição é, portanto, produto da Lei de Crimes Hediondos, e não determinação expressa da Constituição Federal.

Não há, contudo, qualquer inconstitucionalidade nesta vedação, sobretudo porque a CF proibiu a concessão da graça, que nada mais é do que espécie do gênero indulto[62].

Os fundamentos de validade das proibições são similares. Releva notar, ainda, que não se pode, de igual sorte, admitir a comutação da pena aos condenados pelos crimes enumerados

61. BITENCOURT, Cézar Roberto. *Tratado de Direito Penal: parte geral. v. 1.* 16. ed. São Paulo: Saraiva, 2011, p. 805.
62. STF, HC 90.364/MG, Rel. Min. Ricardo Lewandowski, julgado em 31/10/2007.

no *caput* do art. 44. Sendo a comutação uma modalidade de indulto – trata-se do indulto parcial, como já mencionado – a vedação da Lei de Drogas deve ser observada[63].

Por fim, cabe referir que a doutrina[64] e a jurisprudência[65] têm admitido a obtenção do indulto humanitário, mesmo para os condenados por crime hediondo ou equiparado (e, portanto, também aos crimes trazidos no *caput* do art. 44 da Lei de Drogas). Entende-se por indulto humanitário aquele concedido por razão de deficiência física ou mental, ou, ainda, por acentuada debilidade no estado de saúde do condenado. Em casos que tais, há de prevalecer o princípio da humanidade, permitindo-se a extinção da punibilidade dos condenados, mesmo que autores de crimes hediondos ou equiparados.

e) Anistia

A Constituição Federal proibiu expressamente a concessão de anistia aos crimes hediondos e aos equiparados a hediondo (art. 5º, XLIII). A redação do art. 44 da Lei de Drogas, neste ponto, constitui mero cumprimento de mandado constitucional de criminalização.

A anistia é uma das hipóteses de extinção da punibilidade, previstas no art. 107, CP. Com a anistia, o Estado perdoa crimes (e não pessoas), por meio de lei, após o seu cometimento. Em geral, a anistia recai sobre crimes com fundamentos políticos, militares, eleitorais etc., mas nada obsta que recaia sobre crimes de natureza comum – desde que não sejam hediondos ou equiparados a hediondo, naturalmente. O melhor exemplo que temos no Brasil é a nossa Lei de Anistia (Lei nº 6.683/79), que recaiu sobre os crimes de cunho político praticados durante determinado período da ditadura militar.

Diferentemente da *abolitio criminis*, com a anistia o fato não deixa de ser criminoso. Ocorre, apenas, uma espécie de perdão concedido pelo Estado a fatos já ocorridos por determinadas questões específicas. Assim, quem, por exemplo, praticou crime de roubo a uma agência bancária para financiar a luta contra a ditadura, foi anistiado em 1979. Se, porventura, alguma pessoa praticasse a mesma conduta após a Lei de Anistia, incorreria na prática do crime e deveria ser punido.

A anistia se dá após a ocorrência do fato, mas pode ser antes ou depois da condenação. De igual sorte, pode ser total ou parcial. Ademais, a anistia é concedida por lei federal (art. 48, VIII, CF) e possui o condão de extinguir todos os efeitos penais de eventual condenação já existente, mas os efeitos extrapenais (como a obrigação de indenizar) permanecem[66].

É verdade que a principal crítica que recai sobre a Lei nº 6.683/79 diz respeito ao tratamento complacente para com os torturadores, que foram considerados criminosos políticos. Note-se que, atualmente, seria impossível tal anistia, na medida em que a Constituição Federal/88 (art. 5º, XLIII, CF) vedou a anistia aos crimes equiparados a hediondo e, dentre eles, destaca-se a tortura.

---

63. STJ, REsp 274.205/SC, Rel. Min. Hamilton Carvalhido, julgado em 05/04/2001.
64. Por todos, LIMA, Renato Brasileiro de. *Ob. cit.*, p. 60.
65. STJ, HC 117.689/SP, Rel. Min. Napoleão Nunes Maia Filho, julgado em 09/03/2010.
66. BITENCOURT, Cézar Roberto. *Tratado de Direito Penal: parte geral. v. 1.* 16. ed. São Paulo: Saraiva, 2011, p. 804-805.

A Lei de Anistia, porém, é de 1979, sob a égide da ordem constitucional anterior, portanto. De toda sorte, referida Lei foi questionada no STF, por meio da Arguição de Descumprimento de Preceito Fundamental nº 153. Neste julgamento, o STF entendeu que a Lei foi recepcionada pela CF/88[67]. Obviamente, após a CF, seria impossível a concessão de anistia aos crimes hediondos e aos equiparados a hediondo.

f) Liberdade provisória

Em sua redação original, a Lei de Crimes Hediondos proibia, no art. 2º, II a fiança e a liberdade provisória. A proibição legislativa, então, abrangia a concessão de liberdade provisória sem fiança. Com a redação dada pela Lei nº 11.464/07, a proibição passou a recair apenas sobre a concessão da fiança. Tendo em vista que a inafiançabilidade já está consagrada no próprio texto constitucional, a Lei adstringiu-se a observar o mandamento constitucional.

A Lei de Drogas, por sua vez, manteve a proibição à obtenção de liberdade provisória sem fiança, para os investigados ou acusados pelos crimes previstos nos arts. 33, *caput* e § 1º, e 34 a 37 desta Lei. O STF, porém, entendeu que esta proibição afronta o princípio da (presunção de) inocência (art. 5º, LVII, CF)[68], devendo o investigado ou acusado ser levado ou mantido na prisão, apenas, quando presentes os requisitos que autorizam a decretação da preventiva (art. 312, CPP).

De acordo com a linha de intelecção seguida pela Corte Suprema, a proibição à concessão de liberdade provisória faz com que o recolhimento ao cárcere seja realizado pelo só fato de o agente ser investigado ou responder a uma ação penal. Ora, o princípio da inocência não é de todo incompatível com a decretação das prisões cautelares, pois, conforme consagrado entendimento do STF, não há direitos absolutos no Brasil. Mas a compatibilização desta restrição com a regra da liberdade faz com que se exija a presença dos requisitos de cautelaridade prisional.

A proibição em abstrato da concessão de qualquer modalidade de liberdade provisória faz com que se inverta a lógica constitucional, de acordo com a qual a liberdade é a regra e a prisão é a exceção.

g) Conversão de suas penas em restritivas de direitos.

Esta proibição foi declarada inconstitucional pelo Supremo Tribunal Federal. Para evitar repetições indevidas, remetemos os leitores aos comentários realizados ao art. 33, § 4º desta Lei.

h) Livramento condicional

O livramento condicional, previsto entre os arts. 83 e 90 do Código Penal, é um benefício concedido a condenados a pena privativa de liberdade superior a 2 (dois) anos, desde que tenham cumpridos alguns requisitos, dentre os quais o cumprimento de pena. Consoante o art. 83, V, CP, é possível a concessão do livramento condicional aos condenados que tenham cumprido mais de 2/3 (dois terços) da pena, nos casos de condenação por crime hediondo, prática da tortura, tráfico ilícito de entorpecentes e drogas afins, e terrorismo, se o apenado não for reincidente específico em crimes dessa natureza".

67. STF, ADPF nº 153, Rel. Min. Eros Grau, julgado em 29/04/2010.
68. STF, HC 104339 / SP, Rel. Min. Gilmar Mendes, julgado em 10/05/2012.

A despeito das controvérsias doutrinárias ainda existentes, é majoritário o entendimento (em sede doutrinária e jurisprudencial) no sentido de que haveria reincidência específica se o condenado praticasse outro crime previsto na Lei de Crimes Hediondos. Haveria reincidência específica, portanto, se, por exemplo, o condenado definitivo por homicídio qualificado fosse condenado por tráfico de drogas.

Sendo o tráfico de drogas um crime equiparado a hediondo, as disposições da Lei nº 8.072/90 devem ser aplicadas aos autores deste crime, salvo disposição em contrário da Lei de Drogas (Lei nº 11.343/06). Ocorre que esta Lei de Drogas dispõe, em seu art. 44, parágrafo único, que, nos crimes previstos nos arts. 33, *caput* e § 1º, e 34 a 37 da referida Lei "dar-se-á o livramento condicional após o cumprimento de dois terços da pena, vedada sua concessão ao reincidente específico".

Muito embora a redação do dispositivo seja muito parecida com o art. 83, V, CP, há uma substancial distinção trazida pela Lei de Drogas. Como assinalado acima, o entendimento majoritário é no sentido de que a expressão "reincidente específico em crimes desta natureza", constante do art. 83, V, CP, diz respeito à prática de qualquer crime hediondo ou equiparado.

Porém, quando a Lei de Drogas faz menção a alguns tipos penais e, posteriormente, refere à reincidência específica em crimes desta natureza, não pode estar se referindo a qualquer crime hediondo ou equiparado, mas sim aos crimes previstos na própria Lei de Drogas. Por outras palavras, se o condenado tivesse praticado o homicídio qualificado e, posteriormente, fosse condenado pelo tráfico de drogas, seria considerado reincidente específico. Mas, com o advento da Lei de Drogas, só se poderia falar em reincidente específico se a condenação anterior também fosse pelo tráfico de drogas.

O tratamento conferido pela atual Lei de Drogas, portanto, foi mais benéfico ao réu, pois restringiu as hipóteses de reincidência específica. E, sendo mais benéfica ao réu, não há dúvidas de que referido dispositivo legislativo deve retroagir para alcançar os fatos que já haviam sido praticados. Trata-se de lei específica, razão pela qual este regramento não se estende aos demais crimes hediondos e equiparados.

Em resumo, temos a seguinte situação: a) em se tratando de outros crimes hediondos ou equiparados, há reincidência específica, quaisquer que sejam os crimes envolvidos (ex.: condenado por estupro que, antes de completar cinco anos de extinção da pena, pratica homicídio qualificado); b) em se tratando de tráfico de drogas, a reincidência específica só se verifica se se tratar dos crimes previstos na própria Lei de Drogas (arts. 33, *caput* e § 1º, e 34 a 37).

Por fim, ainda no que se refere ao livramento condicional, devemos recordar que esse patamar de cumprimento de pena em 2/3 (dois terços) não observa aquele limite de 30 (trinta) anos, previsto no art. 75 do Código Penal. Neste sentido, o verbete nº 715 da súmula de jurisprudência do Superior Tribunal de Justiça, nos seguintes termos:

> ***Súmula nº 715/STF:*** "A pena unificada para atender ao limite de trinta anos de cumprimento, determinado pelo art. 75 do Código Penal, não é considerada para

a concessão de outros benefícios, como o livramento condicional ou regime mais favorável de execução".

2. SÚMULAS E JURISPRUDÊNCIA

- **Súmula nº 715, STF:** A pena unificada para atender ao limite de trinta anos de cumprimento, determinado pelo art. 75 do Código Penal, não é considerada para a concessão de outros benefícios, como o livramento condicional ou regime mais favorável de execução.

- **"HABEAS CORPUS" E REGIME DE CUMPRIMENTO DE PENA.** A Primeira Turma, por maioria, **concedeu a ordem em "habeas corpus" em que se pretendia alterar o regime inicial de cumprimento de pena e substituir a pena privativa de liberdade pela restritiva de direitos.** Na espécie, o paciente foi condenado à pena de dois anos de reclusão, em regime inicial fechado, e ao pagamento de duzentos dias-multa. Isso ocorreu em razão da prática do delito tipificado no art. 33, "caput", da Lei 11.343/2006 (Lei de Drogas), com a incidência de causa de diminuição da pena prevista no § 4º do referido dispositivo legal. Segundo a defesa, não haveria justificativa legal para a imposição de regime inicial fechado de cumprimento da pena. Alegava, ainda, que seria inconstitucional a vedação da substituição da pena privativa de liberdade pela restritiva de direitos no âmbito da Lei de Drogas e que o paciente, antes da concessão da medida liminar, já teria cumprido mais da metade da pena em regime fechado. A Turma decidiu que, em caso de réu não reincidente, tendo sido a pena base fixada em seu mínimo legal e sendo positivas as circunstâncias judiciais previstas no art. 59 do Código Penal (CP), é cabível a imposição do regime aberto de cumprimento da pena e a substituição da pena privativa de liberdade pela restritiva de direitos, a teor dos arts. 33 e 44 do CP. Os ministros Roberto Barroso e Rosa Weber, com ressalva de seus entendimentos pessoais quanto ao não cabimento do "writ", impetrado contra decisão monocrática de ministro do Superior Tribunal de Justiça, concederam a ordem de ofício, nos termos do voto do ministro Marco Aurélio (relator). Vencido o ministro Edson Fachin, que denegava a ordem por entender que a natureza e a quantidade da substância ou do produto, bem como a personalidade e a conduta social do agente deveriam preponderar sobre as circunstâncias judiciais genéricas do art. 59 do CP, conforme dicção expressa do art. 42 da Lei de Drogas. ***STF, HC 129714/SP, rel. min. Marco Aurélio, 11.10.2016. 1ª T. (Info 843)***

3. QUESTÕES DE CONCURSOS

1. **(FCC/DPE-PB/Defensor Público/2014 – adaptada)** No tráfico de drogas com causa específica de diminuição é, em tese, viável a suspensão condicional da pena.

2. **(CESPE/TJ-SE/Titular de Serviços de Notas e de Registros/2014 – adaptada)** A segregação cautelar do preso acusado da prática dos crimes atinentes ao tráfico ilícito de entorpecentes não pode ser afastada, haja vista o impeditivo legal previsto na referida lei, que veda a liberdade provisória.

3. **(FCC/DPE-RS/Defensor Público/2018)** Mévio, primário, foi condenado pela prática do delito de associação ao tráfico, tipificado no artigo 35, *caput*, da Lei n° 11.343/2006, a expiar a pena privativa de liberdade de 04 anos e 02 meses de reclusão, em regime inicial semiaberto. De acordo com a Lei de Drogas e a atual jurisprudência do Superior Tribunal de Justiça, Mévio deverá cumprir para obter a progressão de regime e o livramento condicional, respectivamente:

a) 1/6 e 1/3 da pena.
b) 3/5 e 1/2 da pena.
c) 1/6 e 2/3 da pena.
d) 3/5 e 2/3 da pena.
e) 2/5 e 1/3 da pena.

GAB	1	2	3
	E	E	C

Art. 45. É isento de pena o agente que, em razão da dependência, ou sob o efeito, proveniente de caso fortuito ou força maior, de droga, era, ao tempo da ação ou da omissão, qualquer que tenha sido a infração penal praticada, inteiramente incapaz de entender o caráter ilícito do fato ou de determinar-se de acordo com esse entendimento.

Parágrafo único. Quando absolver o agente, reconhecendo, por força pericial, que este apresentava, à época do fato previsto neste artigo, as condições referidas no *caput* deste artigo, poderá determinar o juiz, na sentença, o seu encaminhamento para tratamento médico adequado.

1. COMENTÁRIOS

1.1. Considerações iniciais

A rigor, o dispositivo legal está tratando de tema relacionado à inimputabilidade por doença mental. Com efeito, a Organização Mundial da saúde (OMS), já há algum tempo, tem reconhecido que o vício proveniente do consumo do álcool e da droga (como no caso do presente dispositivo legal) constitui modalidade de doença mental. Deste modo, sob a égide da legislação brasileira, pode ensejar a caracterização da inimputabilidade.

De acordo com o art. 26, *caput*, CP, é inimputável aquele que, por doença mental ou desenvolvimento mental retardado ou incompleto, era, ao tempo da ação ou da omissão, inteiramente incapaz de compreender o caráter ilícito do fato ou de determinar-se de acordo com esse entendimento. Quanto à exclusão da imputabilidade pela doença mental o Código Penal adotou o critério biopsicológico ou biopsíquico. Dessa forma, para ser considerado culpável, o agente deve apresentar, à época do fato criminoso, condições de normalidade psíquica e de maturidade psíquica.

Frise-se que o simples fato de o agente ser portador de doença mental ou possuir desenvolvimento mental incompleto ou retardado não o torna, por si só, inimputável. É preciso que essa enfermidade tenha se manifestado no momento da prática da ação e da omissão e, ademais, que em razão dela o agente tenha perdido por completo a sua capacidade de entendimento ou de autodeterminação. A inimputabilidade deverá ser analisada de acordo com o caso concreto e determinada através da deflagração do incidente de insanidade mental (arts. 149 e ss. do CPP).

Ao inimputável por doença mental ou desenvolvimento mental incompleto ou retardado, o qual comete um injusto penal (fato típico e ilícito, mas não culpável) e não um crime, será proferida sentença absolutória, porém com a aplicação de uma medida de segurança. Trata-se do que a doutrina chama de absolvição imprópria.

1.2. Tratamento médico adequado

Regra geral, aos inimputáveis por doença mental deve ser imposta uma medida de segurança. Aliás, a medida de segurança será sempre aplicada ao inimputável por doença mental, mas poderá ser também imposta ao semi-imputável, quando o juiz entender que o condenado precisa de especial tratamento curativo. O fundamento legitimador da medida de segurança não é o mesmo da pena, isto por que esta se fundamenta na culpabilidade, enquanto aquela é aplicada, em regra, ao inimputável, que não agiu com culpabilidade. Portanto, o fundamento legitimador da medida de segurança é a periculosidade do agente.

Enquanto a pena poderá ser privativa de liberdade, restritiva de direitos e de multa, a medida de segurança se apresenta em apenas duas espécies: internação e tratamento ambulatorial. A internação é medida de segurança detentiva, porque significa a restrição da liberdade do agente; por sua vez, o tratamento ambulatorial é medida restritiva, pois o agente permanecerá livre, devendo apenas se submeter ao tratamento curativo.

No caso da Lei de Drogas, o parágrafo único do art. 45 permite ao juiz, por ocasião da sentença absolutória, o encaminhamento do réu a tratamento médico adequado. Sobre este dispositivo, há dois entendimentos doutrinários:

a) O encaminhamento é obrigatório[69]: Para os adeptos dessa linha de pensamento, o juiz não apenas pode (como o dispositivo legal dá a entender, por empregar a expressão "poderá determinar o juiz"), mas deve encaminhar o réu a tratamento médico adequado. Desta forma, não caberia, em se tratando de doença mental proveniente da dependência de drogas, ser aplicadas as medidas de segurança clássicas (tratamento ambulatorial e internação), mas sim o encaminhamento médico adequado. Frise-se que, para os defensores de tal teoria, o referido tratamento médico já é a própria medida de segurança.

b) O encaminhamento é facultativo[70]: Diversamente do que fazem aqueles se filiam à primeira teoria, os defensores dessa segunda corrente de pensamento diferenciam medida de segurança (tratamento ambulatorial ou internação) do encaminhamento a tratamento médico adequado. Deste modo, o encaminhamento a que se refere o dispositivo seria meramente facultativo, pois, de regra, deve o juiz aplicar ao inimputável a medida de segurança. Não hipótese de ser conveniente e adequado o tratamento médico, o juiz substituiria a medida de segurança por este tratamento. Este é o entendimento que tem contado com maior número de adeptos.

2. QUESTÕES DE CONCURSOS

1. **(FCC/TJ-RR/Juiz de Direito/2015 – adaptada)** Segundo a lei antidrogas, é isento de pena o agente que, em razão da dependência de droga, era, ao tempo da ação ou omissão relacionada apenas aos crimes previstos na própria lei, inteiramente incapaz de entender o caráter ilícito do fato ou de determinar-se de acordo com esse entendimento.

2. **(FUNIVERSA/PC-GO/Papiloscopista/2015 – adaptada)** Terá a pena reduzida o agente que, em razão da dependência, ou sob o efeito, proveniente de caso fortuito ou força maior, de droga, era, ao tempo da ação ou da omissão, qualquer que tenha sido a infração penal praticada, inteiramente incapaz de entender o caráter ilícito do fato ou de determinar-se de acordo com esse entendimento.

3. **(VUNESP/TJ-SP/Juiz de Direito/2017 – adaptada)** É isento de pena o agente que, em razão de dependência, era, ao tempo da ação ou da omissão relacionada, com exclusividade, a crimes de drogas, inteiramente incapaz de entender o caráter ilícito do fato ou de determinar-se de acordo com esse entendimento.

69. Neste sentido, ANDREUCCI, Ricardo Antonio. *Ob. cit.* p. 270.

70. LIMA, Renato Brasileiro de. *Ob. cit.* p. 800-801.

4. **(FCC/Câmara Legislativa do Distrito Federal/2018 – adaptada)** É isento de pena o agente que, em razão da dependência, era, ao tempo da ação ou da omissão, qualquer que tenha sido a infração penal praticada, inteiramente incapaz de entender o caráter ilícito do fato ou de determinar-se de acordo com esse entendimento.

GAB	1	2	3	4
	E	E	E	C

Art. 46. As penas podem ser reduzidas de um terço a dois terços se, por força das circunstâncias previstas no art. 45 desta Lei, o agente não possuía, ao tempo da ação ou da omissão, a plena capacidade de entender o caráter ilícito do fato ou de determinar-se de acordo com esse entendimento.

1. COMENTÁRIOS

Da mesma forma que o art. 45 trata de questões relacionadas à inimputabilidade por doença mental, correspondente ao vício proveniente do consumo de drogas, estes artigos tratam da questão da semi-imputabilidade. Nos termos do art. 26, parágrafo único, do Código Penal, considera-se semi-imputável o agente que, por perturbação mental ou desenvolvimento mental incompleto ou retardado, não era, ao tempo do fato, inteiramente capaz de entender o caráter ilícito da conduta ou de determinar-se de acordo com esse entendimento. É também chamado pela doutrina de "fronteiriço", na medida em que o agente se encontra na fronteira entre a imputabilidade e a inimputabilidade.

Como se percebe, o art. 46 da Lei nº 11.343/06 utiliza uma fórmula muito parecida, muito embora diga respeito, especificamente, à dependência de drogas. A semi-imputabilidade não exclui a culpabilidade, funcionando, nos moldes previstos no art. 26, parágrafo único, do CP, e do art. 46 da Lei de Drogas como causa de diminuição de pena. Deste modo, o inimputável é absolvido, aplicando-se a respectiva medida de segurança (absolvição imprópria). Por sua vez, o semi-imputável deve ser condenado (sentença penal condenatória), aplicando-se a pena correspondente ao crime, diminuída de 1 (um) a 2/3 (dois terços).

2. SÚMULAS E JURISPRUDÊNCIA

✦ *SUPERIOR TRIBUNAL DE JUSTIÇA*

▸ **NECESSIDADE DE GRADAÇÃO DA CAUSA DE DIMINUIÇÃO DE PENA PREVISTA NO ART. 46 DA LEI 11.343/2006 CONFORME O GRAU DE INCAPACIDADE DO RÉU. Reconhecida a semi-imputabilidade do réu, o Juiz não pode aplicar a causa de diminuição de pena prevista no art. 46 da Lei 11.343/2006 em seu grau mínimo (1/3) sem expor qualquer dado substancial, em concreto, que justifique a adoção dessa fração.** De acordo com o referido artigo, a pena pode ser reduzida de um terço a dois terços se, por força de determinadas circunstâncias, o agente não possuía, ao tempo da ação ou da omissão, a plena capacidade de entender o caráter ilícito do fato ou de determinar-se de acordo com esse entendimento. A diminuição da pena, nessa situação, deve ser avaliada de acordo com o grau de deficiência intelectiva do réu, vale dizer, de sua capacidade de autodeterminação. Nesse contexto, a ausência da justificativa para aplicação do redutor em seu grau mínimo viola o princípio do livre convencimento motivado, malferindo o disposto no art. 93, IX, da CF. *STJ, HC 167.376-SP, Rel. Min. Gurgel de Faria, julgado em 23/9/2014. 5ª T. (Info 547)*

Art. 47. Na sentença condenatória, o juiz, com base em avaliação que ateste a necessidade de encaminhamento do agente para tratamento, realizada por profissional de saúde com competência específica na forma da lei, determinará que a tal se proceda, observado o disposto no art. 26 desta Lei.

1. COMENTÁRIOS

De acordo com o art. 98 do CP, pode o magistrado, se o condenado semi-imputável necessitar de especial tratamento curativo, substituir a pena privativa de liberdade aplicada por medida de segurança, pelo prazo mínimo de 1 a 3 anos. Este é um sistema muito parecido com o disposto no art. 47 da Lei de Drogas, ao permitir ao juiz encaminhar o condenado a tratamento.

Todavia, tendo em vista que, conforme asseveramos, nos comentários ao art. 45, a doutrina majoritária diferencia o tratamento médico a que se refere a Lei de Drogas da medida de segurança, é importante destacar que entre os dois dispositivos (art. 98 CP e art. 47, Lei nº 11.343/06) há semelhanças, mas não são idênticos. Perceba que nesse último caso, é possível até mesmo que o tratamento médico seja aplicado a condenado a penas outras. Por exemplo, alguém condenado a uma pena privativa de liberdade, no sistema penitenciário, pode ser encaminhado a tratamento médico adequado, lá mesmo.

Importante salientar que com a adoção do sistema vicariante pelo Código Penal (após a reforma de 1984), o magistrado poderá aplicar pena ou medida de segurança, mas não poderá cumular estas duas espécies de sanção penal, tendo em vista que foi superado o modelo anterior, chamado de sistema do duplo binário. A se considerar o tratamento médico a que se refere a Lei de Drogas como modalidade de medida de segurança, estaria sendo ressuscitado o sistema duplo binário, e não foi o que aconteceu.

▸CAPÍTULO III – DO PROCEDIMENTO PENAL

Art. 48. O procedimento relativo aos processos por crimes definidos neste Título rege-se pelo disposto neste Capítulo, aplicando-se, subsidiariamente, as disposições do Código de Processo Penal e da Lei de Execução Penal.

§ 1º O agente de qualquer das condutas previstas no art. 28 desta Lei, salvo se houver concurso com os crimes previstos nos arts. 33 a 37 desta Lei, será processado e julgado na forma dos arts. 60 e seguintes da Lei no 9.099, de 26 de setembro de 1995, que dispõe sobre os Juizados Especiais Criminais.

§ 2º Tratando-se da conduta prevista no art. 28 desta Lei, não se imporá prisão em flagrante, devendo o autor do fato ser imediatamente encaminhado ao juízo competente ou, na falta deste, assumir o compromisso de a ele comparecer, lavrando-se termo circunstanciado e providenciando-se as requisições dos exames e perícias necessários.

§ 3º Se ausente a autoridade judicial, as providências previstas no § 2º deste artigo serão tomadas de imediato pela autoridade policial, no local em que se encontrar, vedada a detenção do agente.

§ 4º Concluídos os procedimentos de que trata o § 2º deste artigo, o agente será submetido a exame de corpo de delito, se o requerer ou se a autoridade de polícia judiciária entender conveniente, e em seguida liberado.

§ 5º Para os fins do disposto no art. 76 da Lei nº 9.099, de 1995, que dispõe sobre os Juizados Especiais Criminais, o Ministério Público poderá propor a aplicação imediata de pena prevista no art. 28 desta Lei, a ser especificada na proposta.

1. COMENTÁRIOS

1.1. Considerações iniciais

Conforme temos assinalado desde o início dos comentários à Lei nº 11.343/06, estamos diante de uma legislação que trata não apenas dos aspectos penais da matéria, mas também dos processuais. O art. 48 da Lei de Drogas inaugura o capítulo destinado ao exame do procedimento penal. Inicialmente, cabe-nos diferenciar processo e procedimento. Processo é a relação jurídica animada por um procedimento em contraditório. O processo, então, pressupõe três elementos: relação jurídica, procedimento e contraditório.

Concluímos, então, que o procedimento é, apenas, um dos elementos do processo, com ele não se confundindo. Procedimento consiste na mera sucessão de atos processuais.

A despeito desta distinção, o Código de Processo Penal, por vezes, confunde os dois institutos. Assim, o CPP faz menção, no Título I do Livro II, ao processo comum, quando deveria fazer menção ao procedimento comum. Há referência, ainda, a "processos de competência do Supremo Tribunal Federal e dos tribunais de apelação", quando o correto seria procedimento.

O procedimento pode ser dividido em comum e especial.

a) Procedimento comum: divide-se em ordinário, sumário e sumaríssimo.

Procedimento comum ordinário tem por objeto crime cuja sanção máxima cominada for igual ou superior a 4 (quatro) anos de pena privativa de liberdade. Procedimento comum sumário tem por objeto crime cuja sanção máxima cominada seja inferior a 4 (quatro) anos de pena privativa de liberdade. E o procedimento comum sumaríssimo é aplicável para as infrações penais de menor potencial ofensivo. Trata-se do procedimento dos Juizados Especiais Criminais.

A infração penal de menor potencial ofensivo foi definida pela Lei nº 9.099/1995 (Lei dos Juizados Especiais) e abrange todas as contravenções penais e os crimes com pena máxima até 2 (dois) anos de privação de liberdade. Na esfera federal, os Juizados Especiais estão previstos na Lei nº 10.259/2001. Importante lembrar que a Justiça Federal não julga contravenções penais, razão pela qual o rito sumaríssimo adstringe-se aos casos de crimes com pena até dois anos.

Nem toda infração penal de menor potencial ofensivo se submete ao rito dos Juizados. A própria Lei nº 9.099/1995 exclui do seu âmbito de incidência as causas complexas e os casos em que se faz necessário a citação por edital. Além disto, há outras exceções previstas em lei. Desta forma, a Lei nº 11.340 (Lei Maria da Penha) exclui, em seu art. 41, a aplicação da Lei dos Juizados Especiais para os crimes que envolvam violência doméstica e familiar contra a mulher.

b) Procedimentos especiais: são aqueles que não se amoldam a nenhum dos procedimentos comuns previstos. Podem estar previstos no próprio CPP (exs.: procedimentos nos crimes contra a honra, praticados por funcionário público, Tribunal do Júri, etc.) ou na legislação especial (exs.: Lei nº 11.343/2006 – drogas –, Lei nº 8.038/1990 – processo nos Tribunais –, etc.).

Como se vê, iniciaremos a análise de um procedimento especial, previsto na Lei de Drogas.

Não podemos olvidar que, conforme disposto no art. 394, § 2º do Código de Processo Penal: "Aplica-se a todos os processos o procedimento comum, salvo disposições em contrário deste Código ou de lei especial".

1.2. Competência dos Juizados

Nem todos os crimes previstos na Lei de Drogas estão sujeitos ao procedimento especial nela previsto. Alguns crimes enquadram-se no rol das infrações de menor potencial ofensivo e, por isso, estão sujeitos ao rito preconizado na Lei nº 9.099/95. É o que ocorre com os crimes dos arts. 33, § 3º ("Oferecer droga, eventualmente e sem objetivo de lucro, a pessoa de seu relacionamento, para juntos a consumirem"), e 38 ("Prescrever ou ministrar, culposamente, drogas, sem que delas necessite o paciente, ou fazê-lo em doses excessivas ou em desacordo com determinação legal ou regulamentar"), com penas que variam de "detenção, de 6 (seis) meses a 1 (um) ano" e "detenção, de 6 (seis) meses a 2 (dois) anos", respectivamente.

Estes crimes ainda possuem penas de multa, previstas. Mencionamos, todavia, apenas as respectivas penas privativas de liberdade, pois apenas estas são empregadas como parâmetro para aferir se a infração pode ser caracterizada como de "menor potencial ofensivo", e, portanto, de competência dos Juizados Especiais Criminais.

Além destes dois tipos penais que mencionamos, o art. 48, § 1º traz, de forma expressa, as condutas do art. 28 para a competência dos Juizados. E não sem razão. Como dito acima, a pena privativa de liberdade é o parâmetro para a definição de infração penal de menor potencial ofensivo. Os crimes relacionados ao porte de drogas para consumo pessoal não possuem previsão de pena privativa de liberdade, razão pela qual seria necessário que se criasse novo critério, ou se afirmasse expressamente em lei a sua natureza de infração de competência dos Juizados.

Naturalmente, seria razoável que se chegasse a essa conclusão interpretando o dispositivo com o reconhecimento de que, por não possuir previsão para a imposição de pena privativa de liberdade, teríamos uma infração de menor gravidade, que deveria estar sob a égide da competência do JECrim. Para evitar maiores controvérsias em torno do tema, o legislador foi categórico, ao afirmar a competência dos Juizados para o caso.

Na definição da competência do JECrim, é necessário atentar para eventuais causas de aumento de pena, que podem elevar a pena máxima do crime a um patamar superior aos dois anos. Assim, basta vislumbrar a hipótese em que há concurso material entre dois crimes, cujas penas máximas sejam dois anos. Como se sabe, no concurso material de crimes, aplica-se a regra do cúmulo material de penas (art. 69, CP), o que significa dizer que esta condenação pode chegar a um máximo de quatro anos. Obviamente, neste caso, não há que se falar em competência do Juizado Especial Criminal da localidade, mas sim da Vara Crime comum, onde será adotado o procedimento comum ordinário, conforme teor do art. 394, CPP.

1.3. Conexão com outros crimes

O art. 48, § 1º da Lei Antidrogas estabelece que se houver concurso de crimes entre as condutas tipificadas no art. 28 e aquelas trazidas pelos outros tipos penais, devem ser aplicados os arts. 60 e seguintes da Lei nº 9.099/95 – Lei dos Juizados Especiais, que trata da parte criminal a partir do art. 60. Em verdade, este dispositivo aplica-se, também, às demais infrações de menor potencial ofensivo, estejam ou não previstos na Lei de Drogas.

Conforme o art. 60, parágrafo único, da Lei nº 9.099/95: "Parágrafo único. Na reunião de processos, perante o juízo comum ou o tribunal do júri, decorrentes da aplicação das regras de conexão e continência, observar-se-ão os institutos da transação penal e da composição dos danos civis". Então, as regras de conexão e continência podem conduzir a um deslocamento da competência para o julgamento da infração de menor potencial ofensivo. Poderia, por exemplo, a conexão ocorrer entre uma infração penal de menor potencial ofensivo e um crime doloso contra a vida. Neste caso, a competência para o julgamento de ambas as infrações penais seria do Tribunal do Júri.

Conexão e continência são institutos jurídico-processuais que permitem reunir, num processo único, infrações penais ou seus participantes que, por sua vez, poderiam ser processados separada ou individualmente. Os aludidos institutos jurídicos promovem o deslocamento da competência jurisdicional, haja vista que um infrator ou uma infração penal que seriam julgados por determinado órgão jurisdicional serão julgadas por outro. Assim, não há que se falar em prorrogação de competência propriamente dita, pois os órgãos jurisdicionais que se privarão de prestar a atividade jurisdicional são abstratamente competentes.

Conexão é a interligação entre duas ou mais infrações penais, que serão reunidas em um mesmo processo, objetivando um julgamento sem contradições, mais célere e econômico. A noção básica da conexão reside na pluralidade de infrações penais. Por sua vez, continência é o instituto jurídico que permite a reunião, num processo único, de vários participantes de uma mesma infração penal ou de várias infrações penais praticadas por uma só conduta.

O fato é que, ainda que a infração penal de menor potencial ofensivo se processe fora do Juizado Especial Criminal, sob outro procedimento – que não o sumaríssimo – os institutos despenalizadores da composição civil dos danos e da transação penal devem ser observados – como se percebe, não há menção ao benefício da suspensão condicional do processo. E isto ocorre porque, conforme veremos no comentário ao art. 89, este benefício independe de se tratar de infração penal de menor potencial ofensivo.

1.4. Prisão em flagrante

Tema que mercê reflexão diz respeito à possibilidade de prisão em flagrante para as infrações penais de menor potencial ofensivo. É necessário analisar o caso sob duas perspectivas distintas:

a) infrações penais de menor potencial ofensivo em geral: Se for levado à presença do Delegado de Polícia pessoa detida em flagrante, deve ele: a) encaminhá-la, imediatamente ao Juizado Especial, juntamente com o termo circunstanciado; b) tomar do autor do fato o compromisso de comparecimento ao Juizado. Se for adotada uma destas duas medidas não se imporá prisão em flagrante (não haverá lavratura do auto de prisão em flagrante).

No ensejo, cabe recordar que o flagrante é um procedimento, vale dizer, cum conjunto encadeado de atos, que se inicia com a prisão-captura e se encerra com a lavratura do auto de prisão em flagrante. Quando dizemos que na infração penal de menor potencial ofensivo não cabe flagrante, estamos, naturalmente, nos referindo à perfectibilização do flagrante, que ocorre com a lavratura do auto respectivo.

Assim, obviamente, constatando o agente de polícia a prática de uma infração penal de menor potencial ofensivo, nada obsta – ao revés, tudo aconselha – que encaminhe o autor do fato até a delegacia de polícia. Aliás, esta condução até a delegacia é, inclusive, imprescindível para que sejam observadas estas regras do art. 69 (encaminhamento do autor do fato ao Juizado ou assinatura do termo de compromisso de comparecimento).

De toda forma, da acurada leitura do art. 69, percebemos que é possível a prisão em flagrante na infração penal de menor potencial ofensivo, na excepcional hipótese de o autor do fato não ser encaminhado imediatamente ao Juizado e se negar a assumir o compromisso de comparecer. Esta regra vale para as infrações penais de menor potencial ofensivo em geral, no que devemos incluir os crimes do art. 33, § 3º e art. 38, da Lei nº 11.343/06.

b) Infrações penais que não possuem previsão de pena privativa de liberdade: Se, porém, ao crime não se prevê a prisão, não haverá que se falar em flagrante. É o que ocorre com o caso do porte de drogas para consumo pessoal (art. 28, Lei nº 11.343/06). Para o usuário, não é possível qualquer tipo de prisão, nem mesmo a prisão em flagrante.

Deste modo, ainda que o usuário seja flagrado portando a droga e seja encaminhado à Delegacia, não se lhe poderá impor a prisão em flagrante, nem mesmo em caso de recusa a firmar o compromisso de comparecimento aos Juizados. Em casos como este, deve a autoridade policial tomar as medidas relativas à coleta de informações sobre o autor do fato, apreender a droga para posterior destruição, e liberá-lo. Os dados relacionados ao autor do fato serão encaminhados aos juizados Especiais Criminais, que deverão adotar as medidas para posteriores intimações.

1.5. Cautelares alternativas à prisão

O art. 319 do Código de Processo Penal, com a redação dada pela Lei nº 12.403/11. traz um rol de medidas cautelares pessoais alternativas à prisão. Tais medidas também não podem ser impostas na hipótese em que ocorrem as condutas relacionadas ao art. 28 da Lei de Drogas. E isto porque, conforme o art. 283, § 1º, CPP: "As medidas cautelares previstas neste Título não se aplicam à infração a que não for isolada, cumulativa ou alternativamente cominada pena privativa de liberdade".

1.6. Transação penal

A transação penal é uma modalidade de acordo celebrado entre o Ministério Público e o autor do fato. No Brasil, a ação penal pública é orientada pelo princípio da obrigatoriedade, de acordo com o qual, o Ministério Público está obrigado a oferecer denúncia quando estiverem presentes a prova da materialidade e os indícios de autoria (ou participação) delitiva. Em se tratando de infração penal de menor potencial ofensivo, a transação penal irá flexibilizar este princípio, pois o MP, diante deste suporte probatório, deverá formular a proposta de transação (conquanto presentes os requisitos exigidos pelo art. 76, da Lei nº 9.099/95), e não oferecer a denúncia.

Pela Lei de Juizados Especiais, o Ministério Público poderá propor a aplicação imediata de pena restritiva de direitos ou multas, a ser especificada na proposta. Para o regramento específico da Lei de Drogas, a proposta do Ministério Público há de consistir na aplicação imediata de pena prevista no art. 28 desta Lei, a ser especificada na proposta. Por outras palavras, as medidas que podem ser propostas pelo MP, em sede de transação penal, são: a) advertência sobre os efeitos das drogas; b) prestação de serviços à comunidade; c) medida educativa de comparecimento a programa ou curso educativo.

Além disso, diversamente do que ocorre com as outras infrações penais, no caso das condutas relacionadas ao porte de drogas para consumo pessoal, o limite da medida proposta pelo Ministério Público deve ser de cinco meses, pois este seria o limite da pena a ser imposta, em caso de condenação, nos termos do art. 28. Se o condenado fosse reincidente, este prazo seria dilatado para dez meses; neste caso, todavia, não caberia proposta de transação penal, pois não estaria presente um dos seus requisitos.

A propósito, consoante o disposto no art. 76, § 2º, da Lei nº 9.099/95: "Não se admitirá a proposta se ficar comprovado: a) ter sido o autor da infração condenado, pela prática de crime, à pena privativa de liberdade, por sentença definitiva; b) ter sido o agente beneficiado anteriormente, no prazo de cinco anos, pela aplicação de pena restritiva ou multa, nos termos deste artigo; c) não indicarem os antecedentes, a conduta social e a personalidade do agente, bem como os motivos e as circunstâncias, ser necessária e suficiente a adoção da medida".

Por fim, é importante recordar que o descumprimento injustificado da medida não dará ensejo à imposição das medidas coercitivas previstas no art. 28. Como a aceitação da proposta de transação penal não equivale a uma condenação, o descumprimento da medida faria com que o ministério Público reassumisse a possibilidade de oferecimento da denúncia.

Art. 49. Tratando-se de condutas tipificadas nos arts. 33, *caput* e § 1º, e 34 a 37 desta Lei, o juiz, sempre que as circunstâncias o recomendem, empregará os instrumentos protetivos de colaboradores e testemunhas previstos na Lei nº 9.807, de 13 de julho de 1999.

1. COMENTÁRIOS

O art. 49 faz menção expressa à Lei nº 9.807/99 que "estabelece normas para a organização e a manutenção de programas especiais de proteção a vítimas e a testemunhas ameaçadas, institui o Programa Federal de Assistência a Vítimas e a Testemunhas Ameaçadas e dispõe sobre a proteção de acusados ou condenados que tenham voluntariamente prestado efetiva colaboração à investigação policial e ao processo criminal".

Em que pese o dispositivo legal em apreço fazer menção ao fato de que o juiz empregará os instrumentos protetivos, a Lei mencionada prevê a existência de um conselho deliberativo, que dirige o programa, e é composto por representantes do Ministério Público, do Poder Judiciário e de órgãos públicos e privados relacionados com a segurança pública e a defesa dos direitos humanos. Cabe a este conselho deliberativo a decisão sobre: a) o ingresso do protegido no programa ou a sua exclusão; b) as providências necessárias ao cumprimento do programa.

Por isso, em verdade caberá ao juiz o encaminhamento do caso ao respectivo conselho deliberativo, a quem competirá a decisão de inserção da pessoa no Programa Federal de Assistência a Vítimas e a Testemunhas Ameaçadas. Vale registrar, ainda, que ingresso no programa, as restrições de segurança e demais medidas por ele adotadas terão sempre a anuência da pessoa protegida, ou de seu representante legal.

Nos termos do art. 7º da Lei nº 9.807/99, os programas compreendem, dentre outras, as seguintes medidas, aplicáveis isolada ou cumulativamente em benefício da pessoa protegida, segundo a gravidade e as circunstâncias de cada caso: a) segurança na residência, incluindo o controle de telecomunicações; b) escolta e segurança nos deslocamentos da residência, inclusive para fins de trabalho ou para a prestação de depoimentos; c) transferência de residência ou acomodação provisória em local compatível com a proteção; d) preservação da identidade, imagem e dados pessoais; e) ajuda financeira mensal para prover as despesas necessárias à subsistência individual ou familiar, no caso de a pessoa protegida estar impossibilitada de desenvolver trabalho regular ou de inexistência de qualquer fonte de renda; f) suspensão temporária das atividades funcionais, sem prejuízo dos respectivos vencimentos ou vantagens, quando servidor público ou militar; g) apoio e assistência social, médica e psicológica; h) sigilo em relação aos atos praticados em virtude da proteção concedida; i) apoio do órgão executor do programa para o cumprimento de obrigações civis e administrativas que exijam o comparecimento pessoal.

▸SEÇÃO I – DA INVESTIGAÇÃO

Art. 50. Ocorrendo prisão em flagrante, a autoridade de polícia judiciária fará, imediatamente, comunicação ao juiz competente, remetendo-lhe cópia do auto lavrado, do qual será dada vista ao órgão do Ministério Público, em 24 (vinte e quatro) horas.

§ 1º Para efeito da lavratura do auto de prisão em flagrante e estabelecimento da materialidade do delito, é suficiente o laudo de constatação da natureza e quantidade da droga, firmado por perito oficial ou, na falta deste, por pessoa idônea.

§ 2º O perito que subscrever o laudo a que se refere o § 1º deste artigo não ficará impedido de participar da elaboração do laudo definitivo.

§ 3º Recebida cópia do auto de prisão em flagrante, o juiz, no prazo de 10 (dez) dias, certificará a regularidade formal do laudo de constatação e determinará a destruição das drogas apreendidas, guardando-se amostra necessária à realização do laudo definitivo. (Incluído pela Lei nº 12.961, de 2014)

§ 4º A destruição das drogas será executada pelo delegado de polícia competente no prazo de 15 (quinze) dias na presença do Ministério Público e da autoridade sanitária. (Incluído pela Lei nº 12.961, de 2014)

§ 5º O local será vistoriado antes e depois de efetivada a destruição das drogas referida no § 3º, sendo lavrado auto circunstanciado pelo delegado de polícia, certificando-se neste a destruição total delas. (Incluído pela Lei nº 12.961, de 2014)

1. COMENTÁRIOS

1.1. Considerações iniciais

A partir do art. 50, a Lei de Drogas passa a tratar da investigação criminal, primeira fase da persecução criminal. Com efeito, persecução criminal consiste no poder-dever do Estado investigar e punir as infrações penais. Divide-se em duas fases bem distintas:

a) Fase pré-processual (preliminar, informativa e inquisitiva): é a fase de investigação criminal, que antecede a instauração do processo. Esta fase é destinada à coleta de elementos relativos à materialidade (existência do crime) e autoria ou participação na infração penal.

O inquérito policial é a principal modalidade de investigação criminal. Além dele, podemos mencionar os inquéritos parlamentares das Comissões Parlamentares de Inquérito (CPI's), o inquérito policial-militar (IPM), o inquérito da polícia da Câmara dos Deputados ou Senado Federal (Súmula nº 397 do STF) e a investigação do Ministério Público. Muito embora ainda pairem controvérsias na doutrina acerca do poder de investigação do Ministério Público, a jurisprudência admite a tese. Além disto, nos termos da Súmula nº 234 do STJ, o membro do MP que participou da fase de investigação não está suspeito nem impedido para o oferecimento da denúncia.

b) Fase processual: é o momento da persecução criminal em juízo, a ação penal.

1.2. Prisão em flagrante

O comando legislativo em comento trata entre outras coisas, da prisão em flagrante. A expressão flagrante remonta a *flagrans*, que diz respeito ao crepitar, ao queimar. Flagrante é a infração penal que ainda está queimando, vale dizer, que está ocorrendo ou acabou de ocorrer. É a única modalidade de prisão cautelar que não exige uma ordem escrita e fundamentada de autoridade judiciária. O entendimento majoritário é no sentido de que a prisão em flagrante possui natureza cautelar; há, contudo, entendimento minoritário, no sentido de que a prisão em flagrante possui natureza pré-cautelar.

1.2.1. Espécies de flagrante

Sob o aspecto doutrinário, podemos identificar algumas modalidades de flagrante. Dentre as classificações doutrinárias com repercussão prática para a Lei de Drogas, cabe-nos mencionar, no momento, cinco.

a) Flagrante próprio (perfeito, real, verdadeiro ou propriamente dito): É a hipótese mais viva de flagrante. Ocorre em duas situações: a) Quando o agente está cometendo a infração penal (art. 302, I, CPP); b) quando o agente acabou de cometer a infração penal (art. 302, II, CPP).

b) Flagrante impróprio (irreal ou quase-flagrante): Ocorre quando o agente é perseguido, logo após a infração penal, pela autoridade, pelo ofendido ou por qualquer pessoa, em situação que faça presumir ser autor da infração (art. 302, III, CPP). A expressão "logo após" abrange o lapso de tempo para que a polícia adote as providências no sentido de se dirigir ao local, colher informações e iniciar a perseguição.

Para a definição do que seria a perseguição, devemos recorrer ao art. 290 do CPP. Conforme este dispositivo, entende-se que o executor está em perseguição quando: a) tendo avistado a pessoa a ser presa, for perseguindo-a sem interrupção, embora depois a tenha perdido de vista; b) sabendo, por indícios ou informações fidedignas, que a pessoa tenha passado, há pouco tempo, em tal ou qual direção, pelo lugar em que a procure, for no seu encalço.

Percebe-se, portanto, que não é necessário que haja o permanente contato visual entre o executor e a pessoa contra quem se executa a prisão. Além disto, não faz qualquer sentido a crença de que só existe flagrante durante um prazo de vinte e quatro horas, contadas a partir da prática da infração penal. A rigor, enquanto não houver solução de continuidade na perseguição, o autor da infração penal estará em situação de flagrância.

c) **Flagrante presumido** (ficto ou assimilado): Ocorre quando a pessoa é encontrada, logo depois da infração penal, com instrumentos, armas, objetos ou papéis que façam presumir ser ela a autora. Não há necessidade de perseguição. O que caracteriza este flagrante é o encontro do agente com os instrumentos que o relacionem à infração penal. A expressão "logo depois" denota um lapso de tempo superior àquele em que ocorre a perseguição, muito embora não haja definição (legal ou doutrinária) de quanto seria este tempo, cabendo ao intérprete, no caso concreto, aferir a razoabilidade do flagrante.

d) **Flagrante obrigatório** (ou compulsório): O flagrante é obrigatório para a autoridade policial e seus agentes. A expressão abrange as forças de segurança, tais como as polícias civil, militar, rodoviária, ferroviária e o corpo de bombeiros militar (art. 144 da CF). Os membros destas corporações, se estiverem diante de uma situação em que constate o flagrante (próprio, impróprio ou presumido), têm o dever legal de efetuar a prisão. Esta obrigatoriedade não abrange os integrantes das guardas civis municipais.

e) **Flagrante facultativo:** Qualquer cidadão possui o direito de prender em flagrante, desde que presentes as situações enumeradas no art. 302, CPP (flagrante próprio, impróprio ou presumido). A faculdade estende-se aos policiais que não estão no exercício da função pública.

1.2.2. Procedimento do flagrante

A formalização do flagrante vai obedecer a um procedimento, previsto no art. 50 da Lei de Drogas, com aplicação subsidiária do Código de Processo Penal.

Assim, apresentado o preso à autoridade policial (delegado de polícia), ela deverá ouvir o(s) condutor(es) e colher, desde logo, a(s) respectiva(s) assinatura(s), entregando a cópia do termo e *recibo de entrega do preso*. Recibo de entrega, nada mais é do que a comprovação documental de que o condutor deixou o preso aos cuidados da autoridade policial. Após ouvir o condutor, deve o delegado de polícia proceder à oitiva das testemunhas que o acompanharem e ao interrogatório do preso sobre a imputação que lhe é feita, colhendo, após cada oitiva, suas respectivas assinaturas; em seguida, deverá a autoridade policial, sendo o caso, lavrar o auto de prisão em flagrante.

Em resumo, antes de lavrar o auto de prisão em flagrante o delegado deverá colher algumas provas, tendentes a demonstrar que, realmente, o preso se enquadra em uma das situações de flagrante. Este rol de provas não é exaustivo. Assim, mesmo sem previsão legal, nada obsta que o delegado ouça o ofendido. A depender do crime que se estiver tratando, podemos ter uma previsão específica. É o que ocorre na Lei de Drogas, que exige a realização do laudo de constatação preliminar, na substância encontrada.

Ao final destas providências, se a autoridade policial estiver convencida de que o preso estava em uma situação de flagrância e de que a captura foi lícita, lavrará o auto de prisão, salvo se o preso se livrar solto (é o que ocorre no caso do usuário de drogas, em que há uma liberdade provisória incondicionada) ou se for um dos casos em que o próprio delegado pode arbitrar fiança (é o que ocorre quando o crime praticado possui pena máxima até quatro anos).

Afirma o CPP que a falta de testemunhas da infração não impedirá o auto de prisão em flagrante; mas, nesse caso, com o condutor, deverão assiná-lo pelo menos duas pessoas que hajam testemunhado a apresentação do preso à autoridade (art. 304, § 2º).

A prisão de qualquer pessoa e o local onde se encontre serão comunicados imediatamente ao juiz competente, ao Ministério Público e à família do preso ou à pessoa por ele indicada (art. 306, CPP). A exigência de que o MP seja informado imediatamente da prisão é uma novidade inserida no CPP pela Lei nº 12.403/2011. a exigência de comunicação imediata do Ministério Público não consta expressamente da Lei de Drogas, que faz menção, apenas, ao encaminhamento de cópia do auto de prisão em flagrante, pelo juiz, em 24 (vinte e quatro) horas.

Em até 24 (vinte e quatro) horas após a realização da prisão, será encaminhado ao juiz competente o auto de prisão em flagrante e, caso o autuado não informe o nome de seu advogado, cópia integral para a Defensoria Pública, conforme preconiza o CPP. Se o preso indica o nome do advogado, cabe a ele diligenciar a obtenção da cópia do auto de prisão, não havendo razões para que a Defensoria seja acionada.

No mesmo prazo de 24 (vinte e quatro) horas, será entregue ao preso, mediante recibo, a nota de culpa, assinada pela autoridade, com o motivo da prisão, o nome do condutor e os das testemunhas. A nota de culpa é o documento que cientifica, formalmente, o preso da prisão. O documento deve trazer as razões da prisão, o nome condutor e das testemunhas.

1.3. Laudo de constatação

O laudo de constatação é um exame pericial realizado na substância, para que se possa comprovar que ela está inserta no rol das substâncias consideradas drogas, nos termos da Portaria da ANVISA. Conforme expresso no artigo sob exame, quando do flagrante deve ser produzido um laudo de constatação preliminar. Sem esse laudo, não se sustenta o flagrante, pois não há se comprovar que a substância encontrada é droga. Por outras palavras, o exame de constatação é o meio de se comprovar a materialidade delitiva.

Após a realização do exame, o juiz já poderá determinar a destruição da droga, deixando uma pequena quantidade para que seja realizada, posteriormente, um novo exame, que ensejará a produção do laudo de constatação definitivo. Esta destruição da droga é absolutamente salutar. Não seria razoável que o legislador exigisse que a droga permanecesse acautelada até o trânsito em julgado da sentença penal condenatória. Os muitos transtornos provenientes desse acautelamento alongado variariam desde a dificuldade de armazenar grande quantidade de drogas até o risco de tais substâncias serem desviadas ou subtraídas.

A destruição é determinada pela autoridade judiciária, e levada a efeito pela autoridade policial (delegado de polícia), no prazo de 15 (quinze) dias na presença do Ministério Público e da autoridade sanitária.

É de bom alvitre que o laudo de constatação seja produzido por perito oficial. A ausência ou impedimento de perito oficial na localidade, todavia, não possui o condão de retardar o andamento do feito. Por essa razão, a Lei autoriza que, em situações como esta, o laudo de constatação seja realizado por pessoa idônea. Obviamente, é imprescindível que essa pessoa tenha conhecimento sobre a matéria, sob pena de tornar a realização do laudo absolutamente impossível.

Ademais, o art. 50, § 2º é categórico ao asseverar que o perito que subscrever o laudo de constatação preliminar não ficará impedido de participar da elaboração do laudo de constatação definitivo. Com isto, a legislação jogou uma pá de cal sobre uma antiga discussão que vicejou em nossos Tribunais e dizia respeito, justamente, a um possível impedimento do perito.

Consagrou-se o entendimento de que o perito realiza exame técnico especializado, pautado pelos princípios da legalidade e da impessoalidade, razão pela qual não há que se falar em impedimento. E, de fato, o trabalho do perito, pelo menos *a priori*, não pressupõe emissão de juízo de valor, mas, ao revés, adstringe-se à análise técnica da substância. Por esta razão, sua participação no exame anterior não comprometeria a elaboração do laudo definitivo. Naturalmente, se, no caso concreto, restar comprovado que o perito agiu de má-fé, essa sua conduta repercutirá produzindo a nulidade dos atos praticados, sem prejuízo de sua responsabilização civil, penal e disciplinar.

1.4. Apreciação judicial do flagrante

Ao receber o auto de prisão em flagrante, o juiz deverá, fundamentadamente, adotar uma das seguintes atitudes:

a) relaxar a prisão, quando for ilegal;

b) converter a prisão em flagrante em preventiva, quando presentes os seus requisitos, e se revelarem inadequadas ou insuficientes as medidas cautelares diversas da prisão;

c) conceder liberdade provisória, com ou sem fiança.

Se o juiz verificar, pelo auto de prisão em flagrante, que o agente praticou o fato albergado por alguma excludente de ilicitude prevista no Código Penal (estado de necessidade, legítima defesa, estrito cumprimento do dever legal ou exercício regular de direito), fundamentadamente, concederá ao acusado liberdade provisória, mediante termo de comparecimento a todos os atos processuais, sob pena de revogação.

Estas são regras que estão contidas no Código de Processo Penal, e devem ser aplicadas, subsidiariamente, aos casos que estão abrangidos pela Lei de Drogas. Especificamente em relação aos crimes previstos nessa Lei, estipula o § 3º do art. 50 que o juiz deverá, no prazo de dez dias certificar a regularidade formal do laudo de constatação e determinará a destruição das drogas apreendidas, guardando-se amostra necessária à realização do laudo definitivo.

2. QUESTÕES DE CONCURSOS

1. **(FUNCAB/PC-PA/Escrivão de Polícia/2016 – adaptada)** O perito que subscrever o laudo de constatação da natureza e quantidade da droga, para efeito da lavratura do auto de prisão em flagrante e estabelecimento da materialidade do delito, ficará impedido de participar da elaboração do laudo definitivo.

2. **(FUNCAB/PC-PA/Escrivão de Polícia/2016 – adaptada)** Recebida cópia do auto de prisão em flagrante, o juiz, no prazo de 5 (cinco) dias, certificará a regularidade formal do laudo de constatação e determinará a destruição das droga s apreendidas, guardando-se amostra necessária à realização do laudo definitivo.

3. **(FUMARC/PC-MG/Delegado de Polícia/2018)** Considerando exclusivamente o disposto na Lei nº 11.343/06 acerca do procedimento de destruição de drogas apreendidas no curso de investigações, é **CORRETO** afirmar:

a) Nos termos da Lei nº 11.343/06, a destruição de drogas apreendidas sem a ocorrência de prisão em flagrante será feita por incineração, no prazo máximo de 30 (trinta) dias contados da data da determinação judicial.

b) Na hipótese de ocorrência de prisão em flagrante, a Lei nº 11.343/06 estabelece que a destruição das drogas apreendidas será executada pelo delegado de polícia competente, no prazo de 15 (quinze) dias, na presença do Ministério Público e da autoridade sanitária, levando em consideração a necessária determinação judicial para a destruição.

c) Na hipótese de ocorrência de prisão em flagrante, a Lei nº 11.343/06 estabelece que a destruição das drogas será executada pelo delegado de polícia competente, no prazo de 15 (quinze) dias, sem necessidade de presença do Ministério Público e da autoridade sanitária, guardando-se amostra necessária à realização do laudo definitivo.

d) A destruição de drogas apreendidas sem a ocorrência de prisão em flagrante será feita por incineração, no prazo máximo de 15 (quinze) dias, contados da data da apreensão, guardando-se amostra necessária à realização do laudo definitivo.

GAB	1	2	3
	E	E	B

Art. 50-A. A destruição de drogas apreendidas sem a ocorrência de prisão em flagrante será feita por incineração, no prazo máximo de 30 (trinta) dias contado da data da apreensão, guardando-se amostra necessária à realização do laudo definitivo, aplicando-se, no que couber, o procedimento dos §§ 3º a 5º do art. 50. (Incluído pela Lei nº 12.961, de 2014)

1. COMENTÁRIOS

O art. 50-A foi acrescido à Lei nº 11.343/06 pela Lei nº 12.691, de 04 de abril de 2014. Esta Lei tratou de forma pormenorizada da questão relativa à destruição das drogas e/ou plantações destinadas à preparação das drogas, e não se reservou a acrescentar o art. 50-A. Por força da referida Lei:

a) Foi alterada a redação do art. 32, que diz respeito à destruição das plantações destinadas à preparação das drogas.

b) Foi acrescido o art. 50-A, ora em comento, que trata da destruição das drogas já produzidas.

c) Foi alterada a redação do art. 72, que trata da destruição das amostras de drogas, guardadas para a realização do exame de constatação definitivo.

Com as alterações promovidas pela Lei nº 12.691/14, a Lei de Drogas passa a adotar quatro procedimentos distintos para a destruição de drogas e/ou plantações ilícitas destinadas à preparação das drogas:

a) Destruição de plantações ilícitas (art. 32): realizada pelo delegado de polícia, independentemente de autorização judicial ou oitiva do Ministério Público. Na realização da destruição, não há a presença do membro do MP ou da autoridade sanitária. Em caso de ser utilizada a queimada para destruir a plantação, observar-se-á, além das cautelas necessárias à proteção ao meio ambiente, o disposto no Decreto nº 2.661, de 8 de julho de 1998,

b) Destruição das drogas apreendidas, sem prisão em flagrante (art. 50-A): será feita por incineração, no prazo máximo de 30 (trinta) dias contado da data da apreensão, guardando-se amostra necessária à realização do laudo definitivo. Neste procedimento, o juiz deve certificar a regularidade do laudo de constatação da droga e determinar a destruição das drogas apreendidas, guardando-se amostra necessária à realização do laudo definitivo. A destruição das drogas será executada pelo delegado de polícia, na presença do membro do Ministério Público e da autoridade sanitária.

c) Destruição das drogas apreendidas, com prisão em flagrante (art. 50): Recebida cópia do auto de prisão em flagrante, o juiz, no prazo de 10 (dez) dias, certificará a regularidade formal do laudo de constatação e determinará a destruição das drogas apreendidas, guardando-se amostra necessária à realização do laudo definitivo. A destruição das drogas será executada pelo delegado de polícia competente no prazo de 15 (quinze) dias na presença do Ministério Público e da autoridade sanitária.

d) Destruição das amostras utilizadas no exame de constatação definitivo (art. 72): A destruição das amostras ocorre após o encerramento do processo penal ou arquivamento do inquérito policial. É determinada pelo juiz, de ofício, mediante representação do delegado de polícia ou a requerimento do Ministério Público.

Art. 51. O inquérito policial será concluído no prazo de 30 (trinta) dias, se o indiciado estiver preso, e de 90 (noventa) dias, quando solto.

Parágrafo único. Os prazos a que se refere este artigo podem ser duplicados pelo juiz, ouvido o Ministério Público, mediante pedido justificado da autoridade de polícia judiciária.

1. COMENTÁRIOS

O inquérito policial constitui a principal modalidade de investigação criminal. Trata-se de procedimento administrativo preliminar, presidido pela autoridade policial (delegado de polícia civil ou federal), destinado a coletar elementos de informação acerca da materialidade e autoria (ou participação) da infração penal, com vistas a embasar a opinião delitiva (*opinio delicti*) do titular da ação penal (Ministério Público ou ofendido).

O CPP prevê que o inquérito policial deve se encerrar no prazo de 10 (dez) dias se o indiciado estiver preso e de 30 (trinta) dias se estiver solto. Caso o indiciado esteja preso, o prazo é improrrogável, admitindo-se a prorrogação, por determinação judicial, caso ele esteja solto.

Há, porém, prazos diferenciados previstos na legislação extravagante:

a) Polícia Federal: A Lei nº 5.010/1966 estipula que o prazo para conclusão do inquérito policial é de 15 (quinze) dias para o indiciado preso, admitindo prorrogação por mais 15 (quinze) dias por determinação judicial. Em caso de indiciado solto, a matéria é regida pelo CPP.

b) Crimes contra a economia popular: A Lei nº 1.521/1951 estipula o prazo de 10 (dez) dias para a conclusão do inquérito quer esteja o indiciado preso ou solto.

c) Lei nº 11.343/2006 (drogas): Estando o indiciado preso, o inquérito deve ser concluído no prazo de 30 (trinta) dias; caso o indiciado esteja solto, o prazo será de 90 (noventa) dias. Nas duas hipóteses admite-se a duplicação do prazo, por decisão judicial, ouvido o MP. Tem-se entendido que, no caso de réu preso, o descumprimento do prazo, ressalvados casos excepcionais em que a complexidade do caso seja patente, deve ensejar o relaxamento da prisão por excesso de prazo. Por outro lado, em se tratando de réu solto, nada obsta que haja novas prorrogações de prazo, a despeito de não haver previsão expressa na Lei de Drogas.

d) Inquérito militar: prazo de 20 (vinte) dias para o indiciado preso e de 40 (quarenta) dias para o indiciado solto. Na primeira hipótese, o prazo é improrrogável; na segunda, o prazo poderá ser prorrogado por mais 20 (vinte) dias.

Em se tratando de investigado solto, a contagem do prazo é regida pelas regras do direito processual, razão pela qual não se inclui na contagem o dia de início. Em se tratando de investigado preso, existem controvérsias doutrinárias, mas aderimos ao entendimento majoritário, no sentido de que a contagem do prazo será de direito material. Assim, para o indiciado preso a contagem do prazo inclui o dia de início, o que não ocorre para a hipótese de indiciado solto. Ademais, em se tratando de regra de direito material, são desconsideradas as frações de dia. Por isso, a hora da prisão é indiferente para a contagem,

Como se vê, o legislador de 2006, atento à realidade complexa dos trâmites de determinados casos envolvendo drogas, além da situação caótica em que se encontram algumas unidades de delegacia de polícia, por força do abissal volume de investigações, dilatou o prazo para a conclusão do inquérito policial envolvendo drogas.

Art. 52. Findos os prazos a que se refere o art. 51 desta Lei, a autoridade de polícia judiciária, remetendo os autos do inquérito ao juízo:

I – relatará sumariamente as circunstâncias do fato, justificando as razões que a levaram à classificação do delito, indicando a quantidade e natureza da substância ou do produto apreendido, o local e as condições em que se desenvolveu a ação criminosa, as circunstâncias da prisão, a conduta, a qualificação e os antecedentes do agente; ou

II – requererá sua devolução para a realização de diligências necessárias.

Parágrafo único. A remessa dos autos far-se-á sem prejuízo de diligências complementares:

I – necessárias ou úteis à plena elucidação do fato, cujo resultado deverá ser encaminhado ao juízo competente até 3 (três) dias antes da audiência de instrução e julgamento;

II – necessárias ou úteis à indicação dos bens, direitos e valores de que seja titular o agente, ou que figurem em seu nome, cujo resultado deverá ser encaminhado ao juízo competente até 3 (três) dias antes da audiência de instrução e julgamento.

1. COMENTÁRIOS

1.1. Considerações iniciais

Consoante as regras do Código de Processo Penal, ao encerrar o inquérito policial, o delegado fará minucioso relatório do que tiver sido apurado (art. 10, § 1º, CPP). Deverá, ainda, indicar testemunhas que não foram inquiridas, mencionando o lugar onde possam ser encontradas (art. 10, § 2º, CPP). Pela lógica do CPP, o relatório é peça descritiva, não devendo conter juízo de valor acerca da responsabilização penal do indiciado. Contudo, se o delegado emitir referido juízo de valor, este, por razões óbvias, não vinculará o titular da ação penal.

A Lei de Drogas, no particular, é mais minuciosa, por exigir do delegado que relate, ainda que sumariamente:

a) as circunstâncias do fato;

b) as razões que a levaram à classificação do delito;

c) indicação da quantidade e natureza da substância ou do produto apreendido;

d) o local em que se desenvolveu a ação criminosa;

e) as condições em que se desenvolveu a ação criminosa;

f) as circunstâncias da prisão;

g) a conduta do agente;

h) a qualificação do agente;

i) os antecedentes do agente.

Como se vê, a Lei de Drogas destoa da regra contida no Código de Processo Penal, no que concerne ao conteúdo do relatório a ser elaborado pela autoridade policial. Se, como dissemos ao iniciar os comentários a este artigo, a regra do CPP é a de um relatório puramente descritivo sem emissão de juízo de valor por parte da autoridade policial, a Lei de Drogas não apenas permite, mas exige que o relatório contenha esse juízo de valor. Fácil chegar a tal conclusão, na medida em que o dispositivo legal em comento prevê que o delegado, entre outras coisas, deverá "justificar as razões que a levaram à classificação do delito".

Cabe ao delegado, portanto, não apenas o enquadramento da conduta em algum tipo penal, mas também fazê-lo de forma justificada. O objetivo imediato da regra é muito claro: o delegado de polícia será o primeiro a diferenciar, fundamentadamente, o usuário do traficante. Cabe-lhe, por ocasião do encerramento do inquérito, apontar as razões que o levam a concluir que o investigado não é mero usuário, mas sim autor de algum outro crime contido na Lei de Drogas. Dizemos isso porque se o delegado concluir que o agente é usuário e praticou o crime de porte de drogas para consumo pessoal, ele não concluiria inquérito, pois, nas infrações penais de menor potencial ofensivo, o inquérito policial é substituído pelo termo circunstanciado da ocorrência.

Naturalmente, a opinião do delegado, apresentada no relatório final, não vincula o ministério Público, titular da ação penal pública. Plenamente possível, portanto, que o delegado entenda tratar-se de traficante e o Ministério Público ofereça a denúncia contra o sujeito pelo crime de porte de drogas para consumo pessoal. De igual sorte, obviamente, a opinião do promotor de justiça não vinculará a do juiz da causa.

Importante recordar que a elaboração do relatório de conclusão é dever funcional do delegado de polícia, que preside o inquérito. Todavia, não é elemento imprescindível ao oferecimento da denúncia. Aliás, nem sequer o inquérito policial o é. Deste modo, da mesma forma que poderia o membro do Ministério Público oferecer denúncia sem que tivesse havido inquérito policial, poderá oferecê-la quando houver um inquérito que chegue às suas mãos sem o relatório de conclusão. Em qualquer dos casos, a oferecimento da denúncia não prescindirá dos elementos de convencimento relacionados à prova da materialidade e indícios de autoria.

1.2. Encaminhamento do inquérito

Consoante disposto no CPP, encerrado o relatório, será o inquérito policial, juntamente com os instrumentos do crime e demais objetos que interessam à prova, encaminhados ao juiz competente. A solução trazida pela Lei de Drogas não destoa, porquanto o *caput* do art. 52 prevê que deve o delegado encaminhar os autos do inquérito policial a juízo.

Na esfera federal, a Resolução nº 63 do Conselho da Justiça Federal autoriza o trâmite direto do inquérito entre a Polícia Federal e o Ministério Público Federal, independentemente de determinação judicial. Na esfera estadual, há, em alguns Tribunais de Justiça, portarias no mesmo sentido. Consoante entendimento de significativa parcela de nossa doutrina, esse trâmite direto está mais de acordo com o nosso sistema processual acusatório, na medida em que evita que o julgador tenha acesso prévio aos elementos de investigação, inquisitórios.

1.3. Diligências

O art. 52 traz um regramento para duas modalidades distintas de diligências:

a) Diligências necessárias: Previstas no art. 52, *caput,* inciso II, são diligências imprescindíveis à conclusão das investigações.

Estabelece o art. 52 da Lei nº 11.343/06 que, após escoado o prazo para o encerramento do inquérito policial (*vide* comentários ao artigo anterior), o delegado de polícia poderá, se for o caso, requerer sua devolução para a realização de diligências necessárias.

Conforme disposto no art. 51, os prazos para a conclusão do inquérito policial podem ser duplicados. Esta prorrogação temporal deve levar em consideração, justamente, a necessidade de realização de diligências complementares. Esta a razão pela qual o delegado encaminha o inquérito policial ao juízo e requer "sua devolução para a realização de diligências necessárias".

Podemos concluir, portanto, que a duplicação de prazos para a conclusão do inquérito não é automática, mas decorre, isto sim, da real necessidade de realização de diligências, que será demonstrada pelo delegado e apreciada pelo juiz, após ter ouvido o Ministério Público.

b) Diligências complementares: Previstas no art. 52, parágrafo único, ocorrem após a remessa dos autos do inquérito policial a juízo. Pelo regramento deste dispositivo, podem ocorrer após durante a instrução processual penal, desde que até três dias úteis antes da realização da audiência de instrução e julgamento e se dividem em diligências complementares:

b.1) necessárias ou úteis à plena elucidação do fato: Conforme se percebe, diz respeito à coleta de elementos relacionados à materialidade e autoria (ou participação) delitiva.

b.2) necessárias ou úteis à indicação dos bens, direitos e valores de que seja titular o agente, ou que figurem em seu nome: diz respeito, naturalmente, a questões patrimoniais relacionadas à prática dos crimes.

Art. 53. Em qualquer fase da persecução criminal relativa aos crimes previstos nesta Lei, são permitidos, além dos previstos em lei, mediante autorização judicial e ouvido o Ministério Público, os seguintes procedimentos investigatórios:

I – a infiltração por agentes de polícia, em tarefas de investigação, constituída pelos órgãos especializados pertinentes;

II – a não-atuação policial sobre os portadores de drogas, seus precursores químicos ou outros produtos utilizados em sua produção, que se encontrem no território brasileiro, com a finalidade de identificar e responsabilizar maior número de integrantes de operações de tráfico e distribuição, sem prejuízo da ação penal cabível.

Parágrafo único. Na hipótese do inciso II deste artigo, a autorização será concedida desde que sejam conhecidos o itinerário provável e a identificação dos agentes do delito ou de colaboradores.

1. COMENTÁRIOS

1.1. Considerações iniciais

Os crimes contidos na Lei de Drogas podem ser objeto de investigação mediante a utilização de quaisquer recursos admitidos em nosso ordenamento jurídico. Sem pretensões de exaurir as hipóteses, podemos mencionar algumas medidas que podem ser adotadas pela autoridade policial, tais como a reprodução simulada dos fatos, a oitiva de testemunhas e investigados, a acareação, quando houver depoimentos divergentes, as perícias em geral e, em especial, o exame de constatação da droga, etc. Todas estas medidas estão previstas em nosso sistema processual, e, não custa reiterar, o Código de Processo Penal é plenamente aplicável à matéria.

Em seu art. 53, a Lei de Drogas faz expressa alusão a dois institutos, que constituem medidas investigativas de extrema relevância, mas cuja aplicação é adstrita a algumas hipóteses. Trata-se do "agente infiltrado" e da "ação controlada". Em que pese estarem previstos de forma minuciosa na Lei de Organizações Criminosas (Lei nº 12.850/13), estes institutos também foram mencionados expressamente na legislação sob exame.

1.2. Agente infiltrado

1.2.1. Considerações iniciais

A figura do agente infiltrado é excepcional, deve se adstringir a hipóteses muito claras em que haja a necessidade da medida. A medida somente pode ser autorizada por determinação judicial, após ter sido ouvido o Ministério Público. Naturalmente, o parecer ministerial não vincula a decisão judicial, mas a oitiva do Parquet é imprescindível, haja vista ser ele o titular da ação penal de iniciativa pública.

A Lei de Drogas mostra-se lacônica em relação a esta decisão judicial, sobretudo no que diz respeito à iniciativa. De forma mais clara, a Lei nº 11.343/06 não especifica se a decisão judicial poderia ser adotada de ofício pela autoridade judiciária. Conforme já mencionamos, o instituto do agente infiltrado foi delineado com maior minúcia pela Lei nº 12.850/13, razão pela qual devemos recorrer ao seu conteúdo para especificar temas que foram trazidos de forma genérica na Lei de Drogas.

Com base no art. 10, *caput*, da mencionada Lei, constatamos que "A infiltração de agentes de polícia em tarefas de investigação, representada pelo delegado de polícia ou requerida pelo Ministério Público, após manifestação técnica do delegado de polícia quando solicitada no curso de inquérito policial, será precedida de circunstanciada, motivada e sigilosa autorização judicial, que estabelecerá seus limites". A partir deste enunciado normativo podemos chegar a algumas conclusões, em relação aos requisitos para a infiltração de agente.

1.2.2. Requisitos

a) A decisão judicial que autoriza o agente infiltrado é antecedida de representação da autoridade policial ou requerimento do Ministério Público. Logo, não pode o juiz autorizar a medida de ofício. O requerimento do Ministério Público ou a representação do delegado de polícia para a infiltração de agentes conterão a demonstração da necessidade da medida, o alcance das tarefas dos agentes e, quando possível, os nomes ou apelidos das pessoas investigadas e o local da infiltração, nos termos do art. 11, Lei nº 12.850/13.

b) Se houver a representação da autoridade policial, o juiz deve ouvir o Ministério Público antes de decidir, nos termos do art. 53 da Lei de Drogas, em apreço. No mesmo sentido, o art. 10, § 3º da Lei nº 12.850/13.

c) Se houver o requerimento do Ministério Público, no curso do inquérito policial, o juiz, antes de decidir, colherá a manifestação técnica do delegado de polícia. A propósito, andou muito bem o legislador em estabelecer tal requisito, pois, estando o delegado na condução do inquérito e à frente da investigação, tem maiores condições de aquilatar a viabilidade de uma medida desta natureza. Com efeito, de nada adiantaria as boas intenções ministeriais no sentido da autorização judicial se o delegado demonstra, por exemplo, que a possibilidade de o agente vir a ser descoberto é muito grande.

Isto acarretaria não apenas a frustração da investigação, mas – o que é mais importante – o risco à vida do agente.

Em um Estado Democrático de Direito, não se pode admitir a máxima de que os fins justificam os meios. Nenhuma investigação pode ser levada adiante se restar manifesto o risco à integridade do agente infiltrado. Esta a razão pela qual a Lei nº 12.850/13, assevera, em seu art. 12, § 3º que se houver indícios seguros de que o agente infiltrado sofre risco iminente, a operação será sustada mediante requisição do Ministério Público ou pelo delegado de polícia, dando-se imediata ciência ao Ministério Público e à autoridade judicial.

d) A decisão judicial deve ser circunstanciada, motivada, sigilosa e estabelecer os limites da medida. A menção à necessidade de motivação é de todo despicienda, pois esta é uma determinação constitucional (art. 93, IX, CF/88). No que concerne ao sigilo, é imprescindível à viabilidade da medida, bem como à preservação da integridade do agente que atua infiltrado na organização criminosa.

Para que se admita o agente infiltrado, é imprescindível que existam, ao menos, indícios da prática de crime. Ademais, tal como ocorre com a interceptação telefônica, somente se admite a infiltração de agente se não houver outros meios de se produzir a prova. A observância deste requisito é absolutamente imprescindível, para que não se banalize um instituto que, como já dissemos, é caracterizado pela excepcionalidade.

1.2.3. Prazo

Outra novidade trazida pela Lei nº 12.850/13, e que deve ser observada em relação à Lei de Drogas, diz respeito à fixação de um prazo para a infiltração. A autorização judicial deve se dar por um prazo de até 6 (seis) meses, sem prejuízo de eventuais renovações, desde que reste demonstrada sua necessidade.

Havendo esta necessidade, será necessário renovar-se o procedimento, para que sobrevenha nova decisão judicial que autorize a medida. Para tanto, a autoridade policial deverá apresentar ao juiz competente um relatório circunstanciado, apresentando detalhes concernentes à concretização da medida adotada. Independentemente deste relatório circunstanciado, apresentado ao final da infiltração, no curso do inquérito policial, o delegado de polícia poderá determinar aos seus agentes, e o Ministério Público poderá requisitar, a qualquer tempo, relatório da atividade de infiltração.

1.2.4. Sigilo da identidade

A identidade do agente infiltrado permanece em sigilo, mesmo após o encerramento da sua atividade. Isto é fundamental para a preservação da sua integridade. Neste caso, é claro que, após a conclusão das diligências, a defesa terá amplo acesso ao conteúdo da investigação, pois somente assim se viabilizará o direito ao contraditório. Contudo, a identidade do agente fica sob sigilo.

1.2.5. Responsabilização do agente infiltrado

Em sua atividade investigativa, pode surgir a necessidade de o agente infiltrado praticar fatos típicos. Com efeito, uma vez ingressando, por exemplo, em uma organização criminosa voltada ao tráfico de drogas, e passando-se por um traficante, é bem provável que o agente infiltrado precise realizar condutas relativas ao comércio ilícito de entorpecentes.

Não seria razoável que a legislação admitisse a possibilidade de o agente infiltrado, como regra, ser responsabilizado por seus atos. A dúvida que sempre vicejou em sede doutrinária dizia respeito ao fundamento jurídico para excluir a imputação. Dentre as correntes de pensamento que surgiram sobre o tema, duas disputavam a primazia. A primeira, salientava que o agente estaria amparado por uma causa de exclusão de ilicitude, consistente no estrito cumprimento de um dever legal. A outra afirmava que haveria uma excludente de culpabilidade, consistente na inexigibilidade de conduta diversa.

A anterior Lei de Organizações Criminosas era silente sobre a matéria, mas a atual legislação – Lei nº 12.850/13 – leva a crer que houve adesão à segunda corrente de pensamento, ao asseverar, em seu art. 13, parágrafo único, que "Não é punível, no âmbito da infiltração, a prática de crime pelo agente infiltrado no curso da investigação, quando inexigível conduta diversa". Este é um tema muito relevante, pois até o advento desta Lei, as hipóteses de inexigibilidade de conduta diversa previstas em lei adstringiam-se àquelas contidas no art. 22, CP (coação moral irresistível e obediência hierárquica).

Além disto, dispõe o art. 13, *caput* da Lei nº 12.850/13 que "o agente que não guardar, em sua atuação, a devida proporcionalidade com a finalidade da investigação, responderá pelos excessos praticados". Este é um dispositivo muito importante, porquanto deixa claro que o agente infiltrado não possui irrestrita liberdade para a prática de qualquer ato criminoso e o permissivo para que esteja albergado sob o pálio da inexigibilidade de conduta diversa.

De nossa parte, cremos que somente é razoável a figura do agente infiltrado nas investigações que envolvam crimes em que não há probabilidade de práticas contendo violência ou grave ameaça. Justifica-se, assim, a figura do agente infiltrado em investigações relacionadas, por exemplo, a crimes financeiros, tributários, corrupção, etc. Mas em casos como organizações criminosas que constituem grupos de extermínio, por exemplo, a infiltração de um agente irá conduzi-lo ao assassínio, o que não nos parece razoável. Não é possível que para se investigar um grupo como este, o Estado precise infiltrar um dos seus agentes e permitir-lhe tais execuções.

No caso dos crimes sem violência ou grave ameaça, os atos perpetrados pelo agente infiltrado podem ser reparados ou restituídos. Em caso de crimes praticados mediante o emprego de violência ou grave ameaça, isto não é possível.

No caso do tráfico de drogas, também vemos com muita ressalva a figura do agente infiltrado, na medida em que, muito embora o tráfico, em si, não contenha violência ou grave ameaça, os grupos que realizam estes crimes muitas vezes se valem destes artifícios. A depender da posição que o agente infiltrado venha a ostentar na organização criminosa de traficantes, ele pode ser compelido à prática de crimes violentos, o que não nos parece razoável. Contudo, conforme se depreende da Lei nº 11.343/06 e da Lei nº 12.850/13, o legislador não fez esta ressalva em relação aos crimes em que possa haver violência ou grave ameaça. A única ressalva presente na legislação é no sentido de que o agente deve atuar observando a ideia de proporcionalidade.

1.2.6. Direitos do agente

A Lei nº 12.850/13 estabelece um catálogo contendo o rol de direitos do agente infiltrado. São eles:

a) Recusar ou fazer cessar a atuação infiltrada.

b) Ter sua identidade alterada, aplicando-se, no que couber, o disposto no art. 9º da Lei no 9.807, de 13 de julho de 1999, bem como usufruir das medidas de proteção a testemunhas.

c) Ter seu nome, sua qualificação, sua imagem, sua voz e demais informações pessoais preservadas durante a investigação e o processo criminal, salvo se houver decisão judicial em contrário.

d) Não ter sua identidade revelada, nem ser fotografado ou filmado pelos meios de comunicação, sem sua prévia autorização por escrito.

e) Infiltração, por policiais, em atividade de investigação.

1.3. Ação controlada (flagrante prorrogado)

Outro instrumento de investigação criminal muito importante, previsto na Lei de Drogas é a ação controlada. Trata-se de um instituto que a doutrina convencionou chamar de "flagrante prorrogado" (postergado, diferido, etc.), pois o policial abstém-se de efetuar a prisão em flagrante, objetivando coletar mais provas para um flagrante futuro.

Basta imaginar um exemplo em que um grupo de traficantes está sendo investigado há algum tempo e, por meio de interceptação telefônica decretada mediante autorização judicial, descobre-se que chegará para o grupo uma imensa quantidade de drogas. Com a interceptação, a Polícia já possui informações relativas ao local, dia e horário de chegada do carregamento de drogas. Portanto, os policiais possuem todas as informações que viabilizam uma prisão em flagrante. Contudo, na véspera da chegada do carregamento ilícito, um dos policiais participa das investigações vê o líder dos traficantes, na rua, vendendo uma pequena quantidade de droga para um usuário qualquer. Trata-se de uma prática criminosa, e por força do art. 301 do CPP, o policial é obrigado a efetuar o flagrante. Ocorre que, neste caso, a prisão do traficante provavelmente frustraria o flagrante do dia seguinte, quando poderiam ser presos muitos outros criminosos e apreendida uma quantidade muito mais substancial de substâncias ilícitas.

Pois é justamente em casos como este que deve funcionar a figura da "ação controlada". Por meio dela, o policial poderá abster-se de efetuar a prisão em flagrante relacionada ao pequeno comércio da droga, deixando para prosseguir na investigação e, assim, efetuar o flagrante mais adiante, que será muito mais efetivo.

Conforme expresso na Lei de Drogas, a ação controlada é precedida de autorização judicial. Ademais, estipula o parágrafo único do artigo em comento que o julgador deve conceder a autorização desde que sejam conhecidos o itinerário provável e a identificação dos agentes do delito ou de colaboradores. Neste diapasão, cabe dizer que o exemplo acima citado é muito pertinente a esta hipótese. A propósito, a Lei nº 12.850/13, que também trata da matéria, estabelece em seu art. 8º, § 1º que: "O retardamento da intervenção policial ou administrativa será previamente comunicado ao juiz competente que, se for o caso, estabelecerá os seus limites e comunicará ao Ministério Público".

2. SÚMULAS E JURISPRUDÊNCIA

✦ *SUPERIOR TRIBUNAL DE JUSTIÇA*

- **HIPÓTESE DE INOCORRÊNCIA DE AÇÃO CONTROLADA.** A investigação policial que tem como única finalidade obter informações mais concretas acerca de conduta e de paradeiro de determinado traficante, sem pretensão de identificar outros suspeitos, não configura a ação controlada do art. 53, II, da Lei 11.343/2006, sendo dispensável a autorização judicial para a sua realização. Como se extrai do art. 53, II, da Lei 11.343/2006, a ação controlada tem como finalidade "[...] identificar e responsabilizar maior número de integrantes de operações de tráfico [...]". Nesse sentido, a doutrina afirma que a ação controlada consiste em retardar a intervenção policial com a meta de atingir o "peixe graúdo", sem que se dissemine a prisão dos meros carregadores de drogas ilícitas, atuando por ordem dos verdadeiros comandantes da operação, traficantes realmente perigosos. Assim, a investigação policial que almeja apenas obter informações mais concretas acerca de condutas e de paradeiro de determinado traficante, sem pretensão de identificar outros suspeitos, não configura ação controlada, sendo dispensável a autorização judicial para a sua realização. *STJ, RHC 60.251-SC, Rel. Min. Sebastião Reis Júnior, julgado em 17/9/2015. 6ª T. (Info 570)*

3. QUESTÕES DE CONCURSOS

1. **(FGV/TJ-AL/Analista Judiciário/2018 – adaptada)** Em razão da necessidade de sigilo e, eventualmente, urgência da medida, poderá ocorrer infiltração por agentes de polícia, em tarefas de investigação, ainda que sem autorização judicial, desde que informado previamente ao Ministério Público.

2. **(FGV/TJ-AL/Analista Judiciário/2018 – adaptada)** Observadas as formalidades legais, admite-se a postergação da atuação policial sobre os portadores de drogas com a finalidade de identificar e responsabilizar maior número de integrantes de operações de tráfico.

GAB	1	2
	E	C

SEÇÃO II – DA INSTRUÇÃO CRIMINAL

Art. 54. Recebidos em juízo os autos do inquérito policial, de Comissão Parlamentar de Inquérito ou peças de informação, dar-se-á vista ao Ministério Público para, no prazo de 10 (dez) dias, adotar uma das seguintes providências:

I – requerer o arquivamento;

II – requisitar as diligências que entender necessárias;

III – oferecer denúncia, arrolar até 5 (cinco) testemunhas e requerer as demais provas que entender pertinentes.

1. COMENTÁRIOS

1.1. Considerações iniciais

O art. 54 trata de providências que devem ser adotadas pelo Ministério Público, quando do recebimento dos autos relativos à investigação criminal. Conforme vimos, no art. 52, os autos do inquérito devem ser encaminhados, pelo delegado de polícia, a juízo. O artigo sob exame determina que o juiz abra vista destes autos ao Ministério Público.

A alusão do artigo a autos provenientes da Comissão Parlamentar de Inquérito ou peças de informação, apenas ratifica o que já dissemos (*vide* comentários ao art. 50), o inquérito policial é a principal – e não a única – modalidade de investigação criminal. O inquérito policial é dispensável, podendo ser substituído por outros documentos, tais como o inquérito parlamentar (proveniente da CPI), a investigação do próprio Ministério Público, o inquérito policial-militar, ou peças de informação de outra natureza.

1.2. Atuação do Ministério Público

Conforme a literalidade legislativa, recebido o inquérito policial, o Ministério Público pode adotar uma entre três alternativas. Contudo, a despeito do silêncio da Lei, o Ministério Público poderá adotar outras duas alternativas, relacionadas à verificação de critérios de competência jurisdicional. Cabe, então, ao Ministério Público.

a) Oferecimento da denúncia: se restar demonstrada a existência da prova da materialidade e indícios de autoria (ou participação), o membro do Ministério Público (promotor de justiça ou procurador da república) deverá oferecer denúncia, iniciando a ação penal pública. Vale recordar que, em se tratando dos crimes contidos na Lei de Drogas, não há que se falar em ação penal de iniciativa privada. O momento do oferecimento da denúncia é o indicado para que o Ministério Público arrole as testemunhas e requeira as demais provas que entender pertinentes. Em se tratando de Lei de Drogas, o número de testemunhas chega até 5 (cinco).

b) Requisição de diligências: O *Parquet* pode entender que há deficiência na investigação criminal, por força de alguma diligência que deveria ter sido realizada, mas não foi.

Andou bem o legislador ao estabelecer, na Lei de Drogas, que o Ministério Público poderá (e deverá, pois toda atuação funcional é poder-dever) requisitar, e não apenas requerer as diligências. A Lei de Drogas, no ponto, destoa, uma vez mais, do CPP, de acordo com o qual o Ministério Público não poderá requerer a devolução do inquérito à autoridade policial, senão para novas diligências imprescindíveis ao oferecimento da denúncia (art. 16, CPP).

Como se vê, pela literalidade do CPP, o MP deverá requerer ao juiz que requisite as diligências ao delegado, no prazo que assinalar. Neste caso, não poderia o magistrado indeferir o requerimento ministerial, pois não lhe cabe exercer juízo de valor acerca da imprescindibilidade da diligência a ser realizada. Contudo, caso o magistrado discorde do pleito ministerial poderia, consoante entendimento majoritário prevalente, invocar, por analogia, o art. 28 do CPP, encaminhando os autos do inquérito ao procurador-geral de justiça.

Para contornar este empecilho, sustentamos a tese de que o MP, mesmo sob a regra do CPP, poderá, simplesmente, requisitar as diligências ao delegado, diretamente, conforme art. 13, CPP. Na Lei de Drogas, como se vê, não há maiores problemas, pois a possibilidade de requisição direta é expressa.

Naturalmente, devemos recordar que algumas diligências constituem medidas acobertadas pela cláusula de reserva jurisdicional, isto é, somente podem ser adotadas pelo Poder Judiciário. Podemos citar como exemplos a interceptação telefônica, busca e apreensão domiciliar, etc. Nestes casos, não poderá o Ministério Público formular requisições ao delegado, mas sim requerer o deferimento da medida à autoridade judiciária.

c) Requerimento de declinação da competência: muito embora não esteja previsto em lei como uma alternativa a ser adotada pelo membro do Ministério Público, pode ser que ele se encontre em uma situação em que entenda não haver competência daquele órgão jurisdicional perante o qual atua. É o que ocorrerá, por exemplo, quando o promotor de justiça constatar que o objeto da investigação no inquérito policial é um crime federal (como o tráfico transnacional de drogas). Não haverá requerimento de arquivamento, neste caso, mas, sim, requerimento no sentido dos autos do inquérito serem remetidos à Justiça Federal, para que o procurador da república aprecie a viabilidade no oferecimento da denúncia.

Importante destacar que a doutrina denomina esta situação de arquivamento indireto.

d) Incidente de conflito de competência: ocorrerá quando já houver manifestação judicial sobre a matéria. Por exemplo, se o juiz federal acolheu o pleito do procurador da república e encaminhou os autos do inquérito à Justiça estadual, não poderá o promotor de justiça requerer o declínio de competência, caso entenda que se trata, sim, de crime federal. Neste caso, como já houve manifestação judicial, deve o promotor requerer ao juiz estadual que suscite o conflito de competência perante o Superior Tribunal de Justiça.

e) Requerimento de arquivamento: o membro do MP deve requerer o arquivamento do inquérito policial ou das peças de informação sempre que entender que não há amparo legal para o oferecimento da ação penal.

Há entendimento doutrinário no sentido de que o requerimento de arquivamento deveria se fundar na ausência de justa causa, condições da ação ou pressupostos processuais, hipóteses que ensejariam a rejeição da denúncia ou queixa-crime, a teor do art. 395, CPP. Acolhemos a tese (majoritária em doutrina) de que o rol deve ser estendido para abranger as hipóteses do art. 397, que fundamentam a absolvição sumária. Assim, o promotor de justiça poderia requerer o arquivamento do inquérito com base no reconhecimento da existência de uma excludente de ilicitude, excludente de culpabilidade (salvo a inimputabilidade), causa extintiva da punibilidade e quando o fato manifestamente não constitui crime. Com efeito, não seria razoável exigir que o promotor de justiça, nestes tais casos, oferecesse a denúncia para, posteriormente, requerer a absolvição sumária.

1.3. Prazo

Pela regra do Código de Processo Penal, para adotar qualquer das cinco alternativas mencionadas o Ministério Público dispõe de um prazo de 05 (cinco) dias para a hipótese de o investigado estar preso e de 15 (quinze) dias para o investigado solto. Pela regra da Lei de Drogas, o prazo é de dez dias, e é unificado, isto é, pouco importa se o investigado estiver preso ou solto.

A inobservância do prazo não exclui a possibilidade de o MP oferecer a denúncia, possuindo, apenas, uma consequência: o possível relaxamento da prisão, caso o indiciado esteja preso, e possibilidade de ajuizamento da ação penal privada subsidiária da pública, por parte do ofendido. Esta segunda consequência é de dificílima ocorrência prática, no caso dos crimes constantes da Lei de Drogas, pois em sua imensa maioria o sujeito passivo é, apenas a coletividade. Não havendo, portanto, um ofendido especificado, não há como haver a possibilidade de ajuizamento da ação penal privada subsidiária da pública.

No caso, porém, do crime do art. 38, que trata da prescrição culposa de droga, além da coletividade, a pessoa para quem a substância foi ministrada ou prescrita é sujeito passivo do crime. Em um caso como este seria possível que esta pessoa oferecesse a queixa-crime quando o Ministério Público permanecesse inerte nas atribuições que lhe cabem.

1.4. Arquivamento

A Lei de Drogas não tratou, especificamente, do arquivamento do inquérito policial ou das peças de informação que o substituem. Muito embora o artigo em apreço faça menção ao requerimento ministerial de arquivamento, não regula os trâmites posteriores da matéria, relacionados à deliberação judicial. Por esta razão, ante o silêncio da legislação especial, imprescindível a aplicação do regramento constante do Código de Processo Penal.

Formulado o requerimento de arquivamento, podem ocorrer duas situações distintas, a saber:

a) O magistrado concorda com o pleito ministerial: neste caso, basta promover o arquivamento.

A **Súmula nº 524 do STF** destaca que: "Arquivado o inquérito policial, por despacho do juiz, a requerimento do promotor de justiça, não pode a ação penal ser iniciada, sem novas provas".

Muito embora a súmula faça menção a despacho do juiz, pensamos que teria andado melhor se fizesse menção à decisão do juiz, pois se trata de ato judicial de conteúdo decisório. De toda sorte, o ponto mais importante do referido enunciado sumular reside no fato de que viabiliza o oferecimento da denúncia, mesmo após o arquivamento do feito, conquanto haja a descoberta de novas provas. Mas é de fundamental importância destacar que há uma exceção a este entendimento sumulado. O STF entende que não será possível o oferecimento da denúncia, ainda que sejam descobertas novas provas, quando o arquivamento fundou-se na atipicidade da conduta, pois, neste caso, a decisão de arquivamento faz coisa julgada material.

Como vimos, há quem se refira à existência de um arquivamento indireto. A rigor, não se trata de um arquivamento, mas, sim, de um mero declínio de competência. Há quem faça menção, ainda, ao arquivamento implícito. Haveria arquivamento implícito quando o Ministério Público deixa de se pronunciar acerca de um fato criminoso objeto do inquérito policial. Assim, se o inquérito fizesse menção ao tráfico de drogas e à lavagem de capitais, se o promotor de justiça oferecesse denúncia sobre o crime de tráfico e silenciasse acerca do segundo crime, com o beneplácito do magistrado, teria havido o arquivamento implícito em relação a este crime. A existência desse arquivamento implícito é rechaçada por doutrina e jurisprudência majoritárias.

b) O magistrado discorda do pleito ministerial: neste caso, o juiz deverá encaminhar os autos do inquérito policial ao procurador-geral de justiça (art. 28, CPP). Em se tratando de crime federal, o juiz federal deverá encaminhar os autos à Câmara de Coordenação e Revisão Criminal do MPF (art. 62, IV, Lei Complementar nº 75/1993); o mesmo ocorre no âmbito do Ministério Público do Distrito Federal e Territórios, pois o juiz do Distrito Federal, discordando do pleito de arquivamento, deve encaminhar as peças à Câmara de Coordenação e Revisão Criminal do MPDFT (art. 171, V, Lei Complementar nº 75/1993).

O procurador-geral de justiça (ou a Câmara do MPF ou do MPDFT) pode adotar três alternativas:

b.1) Insistir no arquivamento: neste caso, o juiz estará obrigado a arquivar o feito. Devemos esclarecer que, em casos de competência originária de Tribunais (e consequente atribuição originária do procurador-geral de justiça ou procurador-geral da república), o pedido de arquivamento já vincula o Tribunal, não se aplicando o art. 28 do CPP.

b.2) Oferecer denúncia: se o procurador-geral concorda com o juiz, no sentido de que deve ser oferecida a denúncia, poderá fazê-lo. Não se pode deixar de criticar a sistemática processual que, em flagrante violação ao sistema acusatório, permite ao julgador substituir-se a uma função da acusação, incitando o próprio órgão acusador ao oferecimento da denúncia. O que é pior: não há previsão de suspeição ou impedimento para que este magistrado presida o feito.

b.3) Nomear outro membro do MP para o oferecimento da denúncia: este novo promotor, designado, não poderá se recusar a oferecer a denúncia.

O procurador-geral jamais poderá designar o mesmo membro do MP que pugnara pelo arquivamento, pois isto violaria flagrantemente sua independência funcional. Em contrapartida, o entendimento majoritário em doutrina é no sentido de que a nomeação de outro membro do MP não violaria sua independência funcional, a despeito da obrigatoriedade de iniciar a ação penal. É que, neste caso, o designado agirá como mero delegatário do procurador-geral.

2. QUESTÕES DE CONCURSOS

1. **(IESES/TJ-MS/Titular de Serviços de Notas e de Registros/2014 – adaptada)** Na Lei de Drogas, o Ministério Público, no prazo de 10 (dez) dias, poderá oferecer denúncia e arrolar até 10 (dez) testemunhas para provar o fato descrito na peça vestibular.

GAB	1
	E

Art. 55. Oferecida a denúncia, o juiz ordenará a notificação do acusado para oferecer defesa prévia, por escrito, no prazo de 10 (dez) dias.

§ 1º Na resposta, consistente em defesa preliminar e exceções, o acusado poderá argüir preliminares e invocar todas as razões de defesa, oferecer documentos e justificações, especificar as provas que pretende produzir e, até o número de 5 (cinco), arrolar testemunhas.

§ 2º As exceções serão processadas em apartado, nos termos dos arts. 95 a 113 do Decreto-Lei nº 3.689, de 3 de outubro de 1941 – Código de Processo Penal.

§ 3º Se a resposta não for apresentada no prazo, o juiz nomeará defensor para oferecê-la em 10 (dez) dias, concedendo-lhe vista dos autos no ato de nomeação.

§ 4º Apresentada a defesa, o juiz decidirá em 5 (cinco) dias.

§ 5º Se entender imprescindível, o juiz, no prazo máximo de 10 (dez) dias, determinará a apresentação do preso, realização de diligências, exames e perícias.

1. COMENTÁRIOS

1.1. Considerações iniciais

O art. 55 da Lei de Drogas inaugura a análise da fase processual propriamente dita. Com efeito, até então, a Lei tratava de temas afetos à fase de investigação criminal, tais como a prisão em flagrante, os instrumentos de investigação (agente infiltrado, ação controlada, etc.), as medidas que podem ser adotadas pelo Ministério Público após o recebimento dos autos de inquérito policial ou das peças de informação que o substituem, etc.

No Código de Processo Penal, a regra prevista para o procedimento comum ordinário, que serve de base aos demais procedimentos, é a de que, após o recebimento da denúncia, pelo magistrado, será determinada a citação do acusado para a apresentação de sua resposta escrita à acusação (art. 396, CPP). O procedimento previsto na Lei de Drogas encontra-se, então, em uma das exceções do nosso ordenamento jurídico, na medida em que permite ao denunciado apresentar uma resposta preliminar, isto é, manifestar-se antes da decisão judicial concernente ao recebimento da denúncia.

Além do procedimento contemplado na Lei de Drogas, podemos citar, como exemplos de procedimentos em que se permite ao processado defender-se antes da decisão de recebimento da peça inicial acusatória:

a) Procedimento comum sumaríssimo: é o procedimento previsto na Lei nº 9.099/95, para as infrações penais de menor potencial ofensivo.

b) Procedimento dos crimes funcionais: trata-se do procedimento previsto no CPP (art. 514) para o julgamento dos crimes afiançáveis praticados por funcionários públicos no exercício da sua função ou em razão dela.

c) Procedimento dos crimes de responsabilidade dos prefeitos municipais: os crimes de responsabilidade e o respectivo procedimento estão previstos no Decreto-Lei nº 201/67.

d) Procedimento relativo à competência originária dos Tribunais: é regulamentado pela Lei nº 8.038/90.

1.2. Notificação

O *caput* do art. 55 assevera que após haver o Ministério Público oferecido a denúncia, o juiz ordenará a notificação do acusado para oferecer defesa prévia por escrito. Andou bem o legislador ao se referir à notificação, e não à citação. as distinções são relevantes.

Citação é o ato processual mediante o qual o réu é cientificado dos termos da acusação (denúncia ou queixa-crime), sendo chamado a respondê-la e a comparecer aos demais atos do processo. Caso tivesse havido a citação, já teria ocorrido o recebimento da denúncia, pois a citação é o ato de comunicação processual que triangulariza a relação jurídica. Por outro lado, intimação corresponde à comunicação à parte ou interessado de que algum ato processual foi realizado. E, por fim, notificação é a comunicação para que a parte ou interessado realize algum ato processual.

Muito embora as intimações e notificações sejam conceitos mais semelhantes, também não se confundem. Intimação corresponde à comunicação de ato processual já realizado. Por exemplo, as partes são intimadas de uma decisão proferida pelo magistrado. Ao revés, a notificação corresponde a um ato processual que ainda será realizado (pela parte ou interessado). É importante salientar que nosso Código de Processo Penal não foi tão preciso ao estabelecer as distinções entre notificação e intimação. A Lei de Drogas, todavia, emprega a expressão em seu sentido mais técnico, porquanto o denunciado é notificado para praticar um ato processual – apresentação da defesa prévia.

1.3. Defesa prévia

Se é verdade que o emprego da expressão "notificação" no *caput* do art. 55 é digna de encômios, não podemos dizer o mesmo em relação à expressão "defesa prévia". O problema de se empregar essa expressão, como o faz a Lei de Drogas é que pode ensejar confusão com o antigo instituto que estava previsto no CPP e foi abolido após a reforma promovida pela Lei nº 11.719/08, que substituiu a "defesa prévia" pela "resposta escrita à acusação".

Em verdade, estamos diante de uma verdadeira "defesa preliminar", na medida em que temos uma resposta do réu anterior à decisão judicial de recebimento da denúncia. Esta expressão, aliás, é utilizada pelo mesmo art. 55, em seu § 1º, quando assevera que a defesa prévia, escrita, consiste em defesa preliminar e exceções.

Esta defesa preliminar deve ser apresentada no prazo de 10 (dez) dias. Na contagem do prazo, devemos recordar o entendimento pacificado pelo Supremo Tribunal Federal, por meio dos verbetes nº 310 e 710 da súmula de sua jurisprudência, nos seguintes termos:

> **Súmula nº 310/STF:** "Quando a intimação tiver lugar na sexta-feira, ou a publicação com efeito de intimação for feita nesse dia, o prazo judicial terá início na segunda-feira imediata, salvo se não houver expediente, caso em que começará no primeiro dia útil que se seguir".
>
> **Súmula nº 710/STF**: "No processo penal, contam-se os prazos da data da intimação, e não da juntada aos autos do mandado ou da carta precatória ou de ordem".

Na resposta, o acusado poderá arguir preliminares e alegar tudo o que interesse à sua defesa, oferecer documentos e justificações, especificar as provas pretendidas e arrolar testemunhas, qualificando-as e requerendo sua intimação, quando necessário. O número máximo de testemunhas é 5 (cinco), mesmo quantitativo previsto para a acusação, para que se observe a paridade de armas.

Percebe-se, então, que, na defesa preliminar, o réu pode invocar um rol muito amplo de defesa, abrangendo desde preliminares até questões de mérito. Contudo, se o réu apresentar exceção (de incompetência, suspeição, litispendência, ilegitimidade de parte ou coisa julgada), ela será processada em autos apartados, nos termos do art. 111 do CPP c/c art. 55, § 2º da Lei nº 11.343/06.

Se, no prazo assinalado para a apresentação da defesa preliminar, ela não for apresentada, o juiz deve nomear um defensor dativo para fazê-lo. Este defensor dativo será, preferencialmente, um defensor público, a despeito da ausência de afirmação expressa do art. 55. Naturalmente, será necessário que o juiz devolva ao defensor o prazo para a apresentação da defesa preliminar. Não podemos esquecer, ainda, que tanto o defensor público quanto o defensor dativo fazem jus à prerrogativa de intimação (ou notificação) pessoal.

Discute-se, em sede doutrinária, se o mesmo procedimento deve ser realizado na hipótese em que a notificação se deu por edital, o que somente ocorreria se não houvesse notícia do paradeiro do denunciado. A dúvida diz respeito à possibilidade de aplicação do procedimento previsto no art. 366 do CPP, de acordo com o qual, na hipótese de citação por edital, seguida da ausência de resposta à acusação, o juiz deve determinar a suspensão do processo e do curso do prazo prescricional.

Entendemos que a regra do art. 366 não pode ser aplicada neste momento, mas sim após o recebimento da denúncia, quando, efetivamente, ocorre a citação do réu (*vide* comentários ao art. 56). Essa interpretação decorre da própria leitura do art. 55, § 3º, que alude à nomeação do defensor, por parte do juiz, sem especificar qual a modalidade de notificação (se pessoal ou por edital). Consoante uma antiga regra de hermenêutica, onde a lei não distingue, não cabe ao intérprete distinguir. Ora, se o dispositivo legal não distinguiu a modalidade de notificação, parece-nos que, qualquer que seja ela, diante da ausência de defesa preliminar, deve o juiz nomear o defensor para que a apresente. Após isto, se houver o recebimento da denúncia, o juiz determinará a citação e, se for o caso, será realizada por edital, após o que o juiz aplicaria a regra do art. 366, CPP, determinando a suspensão do processo e do curso do prazo prescricional.

1.4. Decisão do juiz

Apresentada a defesa preliminar, por defensor constituído ou dativo, o juiz decidirá sobre o recebimento da denúncia no prazo de 5 (cinco) dias. Como todo prazo judicial, é impróprio. Afirmar que o prazo é impróprio significa, tão-somente, reconhecer que oi julgador não é parte em sentido estrito, não suporta a perda da faculdade processual. Por outras palavras, se o julgador não proferir a decisão no prazo assinalado, poderá fazê-lo posteriormente. Caso a demora seja injustificado, podem decorrer duas consequências: relaxamento da prisão por excesso de prazo e responsabilização na seara disciplinar do julgador.

Se entender imprescindível, o juiz, no prazo máximo de 10 (dez) dias, determinará a apresentação do preso, realização de diligências, exames e perícias. Esta apresentação ocorre sem prejuízo da realização da audiência de custódia, a ser realizada quando da caracterização da prisão em flagrante do agente.

Art. 56. Recebida a denúncia, o juiz designará dia e hora para a audiência de instrução e julgamento, ordenará a citação pessoal do acusado, a intimação do Ministério Público, do assistente, se for o caso, e requisitará os laudos periciais.

§ 1º Tratando-se de condutas tipificadas como infração do disposto nos arts. 33, *caput* e § 1º, e 34 a 37 desta Lei, o juiz, ao receber a denúncia, poderá decretar o afastamento cautelar do denunciado de suas atividades, se for funcionário público, comunicando ao órgão respectivo.

§ 2º A audiência a que se refere o *caput* deste artigo será realizada dentro dos 30 (trinta) dias seguintes ao recebimento da denúncia, salvo se determinada a realização de avaliação para atestar dependência de drogas, quando se realizará em 90 (noventa) dias.

1. COMENTÁRIOS

1.1. Considerações iniciais

Após a apresentação da defesa preliminar, o juiz irá decidir se recebe ou rejeita a denúncia. A Lei de Drogas não estabelece os critérios para adoção de qualquer das duas medidas, razão pela qual devemos recorrer ao Código de Processo Penal, aplicável subsidiariamente, ante a omissão da legislação especial. Conforme o art. 395 do CPP, haverá rejeição em três situações:

a) Quando a denúncia ou queixa for manifestamente inepta (quando não descreve o fato criminoso em todas as suas circunstâncias ou não qualifica o acusado, ainda que com base em sinais característicos – art. 41, CPP);

b) Quando faltar pressuposto processual ou condição da ação;

c) Quando faltar justa causa para o exercício da ação penal.

A decisão de rejeição da denúncia desafia recurso em sentido estrito, nos termos do art. 581, I, CPP. Não sendo caso de rejeição, o juiz receberá a inicial acusatória. Como se percebe, a legislação não estabelece com precisão os critérios para o recebimento da denúncia. Esta medida é adotada por exclusão, vale dizer, quando não for caso de rejeição da denúncia, haverá o recebimento. A decisão de recebimento da denúncia ou queixa é irrecorrível, cabendo ao acusado, apenas, a impetração de *habeas corpus*.

Consoante o entendimento consagrado em nossa jurisprudência, após o recebimento da denúncia o juiz não poderá mais rejeitá-la, pois, se assim o fizesse, estaria impetrando *habeas corpus* contra a sua própria decisão.

1.2. Citação

Nos termos do art. 56, após o recebimento da denúncia, o juiz deve designar a audiência de instrução e julgamento, ordenando a citação pessoal do acusado, a intimação do Ministério Público, do assistente, se for o caso, e requisitará os laudos periciais. Conforme já expusemos, o legislador andou bem ao diferenciar os momentos em que há notificação (antes da decisão de recebimento) e citação (após o recebimento).

A citação pode ser pessoal, com hora certa ou por edital. A citação pessoal é chamada doutrinariamente de real, ao passo que as outras duas são chamadas doutrinariamente de citação ficta (ou presumida). Não existe, no processo penal, a citação eletrônica.

a) Citação pessoal: Em regra, a citação deve ser pessoal. Só se admite a citação com hora certa ou por edital quando a pessoal não for possível. Esta citação pessoal será por mandado ou por carta (precatória, rogatória ou de ordem).

a.1) Citação pessoal por mandado: A citação por mandado (cuja expedição é determinada pelo juiz) é cumprida por oficial de justiça. O mandado de citação indicará: a) o nome do juiz; b) o nome do querelante nas ações iniciadas por queixa; c) o nome do réu, ou, se for desconhecido, os seus sinais característicos; d) a residência do réu, se for conhecida; e) o fim para que é feita a citação; f) o juízo e o lugar, o dia e a hora em que o réu deverá comparecer; g) a subscrição do escrivão e a rubrica do juiz.

Além disto, são requisitos da citação por mandado: a) leitura do mandado ao citando pelo oficial e entrega da contrafé, na qual se mencionarão dia e hora da citação; b) declaração do oficial, na certidão, da entrega da contrafé, e sua aceitação ou recusa.

a.2) Citação pessoal por cartas: Quando o réu estiver fora do território da jurisdição do juiz processante, será citado mediante carta precatória. A precatória é uma solicitação entre magistrados, quando não há hierarquia entre eles. Assim, a precatória pode se dar entre dois juízes estaduais, entre juiz federal e estadual e, até mesmo, entre Tribunal e juiz de primeiro grau, quando o juiz não estiver vinculado ao referido Tribunal (Ex.: precatória expedida por Tribunal Regional Federal para um juiz estadual).

A carta precatória indicará: a) o juiz deprecado e o juiz deprecante; b) a sede da jurisdição de um e de outro; c) o fim para que é feita a citação, com todas as especificações; d) o juízo do lugar, o dia e a hora em que o réu deverá comparecer. Tendo em vista que a precatória possui caráter itinerante, se o juízo deprecado verificar que o réu se encontra em território sujeito à jurisdição de outro juiz, a este remeterá os autos para efetivação da diligência, desde que haja tempo para fazer-se a citação.

Já a carta de ordem é expedida entre magistrados quando há hierarquia entre eles. Assim, o Tribunal de Justiça pode expedir uma carta de ordem a um juiz estadual vinculado a ele; de igual sorte, o Tribunal Regional Federal pode expedir carta de ordem a um juiz federal vinculado a esta Região.

Por fim, a carta rogatória é expedida quando o réu se encontra no exterior, em lugar certo e sabido. Isto porque se houver notícia de que o réu se encontra no exterior, mas em lugar incerto, a citação deve ser realizada por edital, e não por meio de carta.

a.3) regras complementares: A citação do militar será realizada por intermédio do chefe do respectivo serviço. O dia designado para funcionário público civil comparecer em juízo, como acusado, será notificado assim a ele como ao chefe de sua repartição. Se o réu estiver preso, será pessoalmente citado.

b) Citação com hora certa: É uma citação permitida quando o oficial de justiça constata que o réu está se ocultando para não ser citado (ex.: sabendo que o réu está em sua residência, é informado de que ele está viajando). Neste caso, ele deverá certificar o ocorrido.

Quando, por 2 (duas) vezes, o oficial de justiça houver procurado o citando em seu domicílio ou residência sem o encontrar, deverá, havendo suspeita de ocultação, intimar qualquer pessoa da família ou, em sua falta, qualquer vizinho de que, no dia útil imediato, voltará a fim de efetuar a citação, na hora que designar. Nos condomínios edilícios ou nos loteamentos com controle de acesso, será válida a intimação a que se refere o *caput* feita a funcionário da portaria responsável pelo recebimento de correspondência.

No dia e na hora designados, o oficial de justiça, independentemente de novo despacho, comparecerá ao domicílio ou à residência do citando a fim de realizar a diligência. Se o citando não estiver presente, o oficial de justiça procurará informar-se das razões da ausência, dando por feita a citação, ainda que o citando se tenha ocultado em outra comarca, seção ou subseção judiciárias.

A citação com hora certa será efetivada mesmo que a pessoa da família ou o vizinho que houver sido intimado esteja ausente, ou se, embora presente, a pessoa da família ou o vizinho se recusar a receber o mandado. Da certidão da ocorrência, o oficial de justiça deixará contrafé com qualquer pessoa da família ou vizinho, conforme o caso, declarando-lhe o nome. Feita a citação com hora certa, o escrivão ou chefe de secretaria enviará ao réu, executado ou interessado, no prazo de 10 (dez) dias, contado da data da juntada do mandado aos autos, carta, telegrama ou correspondência eletrônica, dando-lhe de tudo ciência.

Todo este regramento está previsto no NCPC (artigos 252 a 254) e aplica-se, também, ao processo penal, por expressa disposição do art. 362, CPP.

c) Citação por edital: Se o réu não for encontrado, será citado por edital, com o prazo de 15 (quinze) dias. O edital deverá ser publicado em jornal de grande circulação, na imprensa oficial ou afixado no átrio do fórum. Deve-se recorrer à citação editalícia apenas quando esgotadas as tentativas de encontrar o réu.

O edital de citação indicará: a) o nome do juiz que a determinar; b) o nome do réu, ou, se não for conhecido, os seus sinais característicos, bem como sua residência e profissão, se constarem do processo; c) o fim para que é feita a citação; d) o juízo e o dia, a hora e o lugar em que o réu deverá comparecer; e) o prazo, que será contado do dia da publicação do edital na imprensa, se houver, ou da sua afixação.

No que se refere à citação por edital, importante trazer os entendimentos sumulados pelo Supremo Tribunal Federal sobre a matéria:

> ***Súmula nº 351 do STF:*** "É nula a citação por edital de réu preso na mesma unidade da federação em que o juiz exerce a sua jurisdição".
>
> ***Súmula nº 366 do STF:*** "Não é nula a citação por edital que indica o dispositivo da lei penal, embora não transcreva a denúncia ou queixa, ou não resuma os fatos em que se baseia".

Importante salientar que, se o acusado, citado por edital, não comparecer, nem constituir advogado, ficarão suspensos o processo e o curso do prazo prescricional, podendo o juiz determinar a produção antecipada das provas consideradas urgentes e, se for o caso, decretar prisão preventiva, desde que presentes os seus requisitos (art. 366, CPP).

Com isto, o CPP adotou um entendimento diverso do que ocorre nas outras modalidades de citação. Com efeito, se o réu é citado pessoalmente ou com hora certa e não comparece nem apresenta defensor, deve o juiz nomear-lhe defensor dativo e o feito prosseguirá em todos os seus termos. Caso o réu compareça posteriormente, encontrará o processo no estado em que estiver, e todos os atos já praticados são considerados válidos.

Já no caso de ser citado por edital, se o réu não comparece e não nomeia defensor deve o juiz suspender o processo (é o que se denomina *crise de instância*) e o curso da prescrição. Se o réu aparecer, posteriormente, o processo seguirá seu curso normalmente.

E se o réu não aparecer, por quanto tempo pode a prescrição ficar suspensa?

Para responder a esta pergunta, o STJ editou a Súmula nº 415, nos seguintes termos:

> ***Súmula nº 415/STJ:*** "O período de suspensão do prazo prescricional é regulado pelo máximo da pena cominada".

Por exemplo: O homicídio prescreve em 20 anos (art. 121 c/c art. 109, CP). Se o réu foi citado por edital, não compareceu nem constituiu defensor, o prazo prescricional ficaria suspenso por 20 anos. Após, voltaria a correr, normalmente. Passados mais 20 anos, o crime estaria prescrito.

Durante o prazo de suspensão do processo, dispõe o mencionado art. 366 que o juiz pode determinar a produção de provas consideradas urgentes. Sobre a matéria, cabe mencionar o teor do Enunciado nº 415 da súmula de jurisprudência do STJ, nos seguintes termos:

> ***Súmula nº 455/STJ:*** "A decisão que determina a produção antecipada de provas com base no art. 366 do CPP deve ser concretamente fundamentada, não a justificando unicamente o mero decurso do tempo".

1.3. Absolvição sumária

Após a reforma empreendida no Código de Processo Penal pela Lei nº 11.719/08, passou a existir em nosso sistema legal a possibilidade de absolvição sumária do réu. Trata-se de uma forma de julgamento antecipado do processo, antes da realização da audiência – onde se concentra a produção de provas – quando o juiz já se convence da possibilidade de absolvição do réu.

Em sentido contrário, é absolutamente vedada uma condenação sumária, pois configuraria flagrante afronta ao direito de defesa do réu, na medida em que o julgador estaria condenando sem que lhe fosse oportunizado o direito de exaurir sua defesa. De igual sorte, é vedada a absolvição sumária imprópria. Como sabemos, absolvição imprópria é aquela em que o juiz reconhece a inimputabilidade do réu por doença mental, e aplica-lhe uma medida de segurança. Em se tratando de aplicação de uma medida dessa natureza, restritiva de direitos do inimputável, também é necessário que ocorra a audiência e seja oportunizado ao réu, por exemplo, demonstrar que agiu acobertado por uma excludente de ilicitude, que não é o autor do fato, que o fato é atípico, etc.

Nos termos do art. 397 do Código de Processo Penal, o juiz absolverá o réu sumariamente quando verificar:

a) A existência manifesta de causa excludente da ilicitude do fato;

b) Existência manifesta de causa excludente da culpabilidade do agente, salvo inimputabilidade;

c) Que o fato narrado evidentemente não constitui crime;

d) Está extinta a punibilidade do agente.

A dúvida é saber se o instituto da absolvição sumária poderia ser aplicado ao rito da Lei de Drogas, diante da omissão da Lei nº 11.343/06. E a resposta deve ser positiva. Para chegar a essa conclusão, basta recorrer ao quanto disposto no art. 394, § 4º, do CPP, nos seguintes termos: "As disposições dos arts. 395 a 398 deste Código aplicam-se a todos os procedimentos penais de primeiro grau, ainda que não regulados neste Código". Ora, tendo em vista que as regras relacionadas à absolvição sumária estão contidas no art. 397, não pode haver dúvidas de que ela deve ser aplicada a todos os procedimentos penais de primeiro grau, no que devemos incluir, por óbvio, o procedimento contemplado na Lei de Drogas.

Desta forma, a despeito da literalidade do art. 55, ora sob exame, cremos que o juiz, após a decisão de recebimento da denúncia, e antes da designação de audiência de instrução e julgamento, poderá promover a absolvição sumária do réu, desde que presente uma das hipóteses do art. 397 do Código de Processo Penal.

A decisão de absolvição sumária desafia recurso de apelação, pois constitui sentença. Por seu turno, a decisão que nega a absolvição sumária é irrecorrível, cabendo ao réu a impetração de *habeas corpus* para trancar a ação penal. Todavia, é importante destacar que as decisões fundamentadas na extinção da punibilidade comportam exceções. Isto porque o art. 581 do CPP admite o recurso em sentido estrito contra as decisões que julgam extinta a punibilidade (inciso VIII) e que indeferem o pedido de reconhecimento da extinção da punibilidade (inciso IX).

1.4. Resposta à acusação

Nos comentários contidos no tópico anterior, trouxemos à baila o disposto no art. 394, § 4º, do CPP, no sentido de que as disposições dos arts. 395 a 398 daquele Código aplicam-se a todos os procedimentos penais de primeiro grau, ainda que não regulados por ele. Isto pode levar à conclusão de que se aplica ao procedimento da Lei de Drogas a apresentação da resposta à acusação, prevista no art. 396-A do CPP.

Esta resposta é apresentada, no procedimento comum, após a decisão judicial que recebe a denúncia. Portanto, o réu é citado (e não apenas notificado) para apresentar a resposta à acusação. Conforme o art. 396-A do CPP: "Na resposta, o acusado poderá arguir preliminares e alegar tudo o que interesse à sua defesa, oferecer documentos e justificações, especificar as provas pretendidas e arrolar testemunhas, qualificando-as e requerendo sua intimação, quando necessário". Para os que defendem a ideia de que o procedimento da Lei de Drogas deve agasalhar a oportunidade de resposta à acusação, após a decisão de recebimento da denúncia, o juiz deveria determinar a citação do réu para que oferecesse tal resposta, no prazo de dez dias. Parece-nos, todavia, que assim não deve ser.

O disposto no art. 394, § 4º, há de ser interpretado com razoabilidade. Não faz sentido exigir a apresentação de resposta à acusação nos procedimentos em que já se faz possível a defesa preliminar (apresentada antes da decisão de recebimento da denúncia). Conforme se depreende do cotejo entre os arts. 55, § 1º, da Lei nº 11.343/06 e o art. 396-A do CPP, a matéria que pode ser trazida pela defesa nas duas peças é igualmente ampla. Ora, exigir que haja resposta à acusação seria permitir que o réu apresentasse a defesa preliminar, em que pode trazer toda a matéria defensiva e, após a decisão judicial que recebe a denúncia, permitir-lhe, novamente, apresentar outra peça de defesa com o mesmo teor, sem que tenha havido qualquer fato novo.

Em resumo, não nos parece que oportunizar a resposta à acusação ao réu seja medida idônea a dilatar o direito de defesa. Se assim o fosse, curvaríamo-nos ao argumento, em prol do direito constitucional. Não. Trata-se de medida que não amplia nem prejudica o direito de defesa, mas procrastina indevidamente o feito, produzindo tumulto procedimental absolutamente desnecessário e sem qualquer plausibilidade. Este, aliás, o entendimento que tem prevalecido em sede doutrinária[71].

1.5. Afastamento cautelar

Nos termos do art. 56, § 1º, por ocasião da decisão de recebimento da denúncia, o juiz poderá decretar o afastamento cautelar do denunciado de suas atividades, se for funcionário público, comunicando ao órgão respectivo. Em que pese o emprego da expressão "poderá", trata-se de verdadeiro poder-dever, como, aliás, ocorre com qualquer ato a ser produzido no exercício da função pública. Assim, uma vez constatando a necessidade da medida, cabe ao julgador adotá-la.

Como toda decisão judicial, a determinação de afastamento cautelar da função pública exige uma fundamentação concreta, que permita apontar a necessidade da medida. É de bom tom que se entenda que o afastamento apenas se viabiliza quando há a possibilidade de a prática criminosa estar relacionada à função pública do agente. Vamos imaginar o exemplo em que um policial, valendo-se de sua função, tem acesso a drogas encontradas com traficantes presos, e acaba se apropriando destas substâncias para poder revendê-las. Está clara, nesta situação, a necessidade de afastamento do agente público de sua função, pois ela está sendo utilizada para a prática de crimes contemplados na Lei nº 11.343/06.

A propósito, imperioso recordar que, consoante expressa previsão do art. 56, § 1º, o afastamento se faz possível quando há infração do disposto nos arts. 33, *caput* e § 1º, e 34 a 37. Não se faz possível, portanto, a determinação judicial de afastamento cautelar da função pública quando o agente, por exemplo, dela se vale para a prática do crime de porte de drogas para consumo pessoal (art. 28 da Lei nº 11.343/06).

Ademais, é possível ao julgador determinar o afastamento parcial da função. Bem, quem pode o mais, pode o menos, consoante conhecida regra hermenêutica. Logo, se o magistrado pode determinar o afastamento total da função pública, nada obsta que determine um afastamento parcial. No exemplo citado anteriormente, em que um policial se vale da função pública para a prática do crime de tráfico de drogas, seria possível ao magistrado determinar que ele ficasse afastado do policiamento externo, e se dedicasse, apenas, ao trabalho administrativo interno, enquanto não se encerasse o processo criminal em que é réu.

A grande discussão em torno do afastamento total da função pública diz respeito ao direito de percepção de vencimentos. A Lei nada menciona em torno da matéria. Há entendimentos doutrinários em ambos os sentidos – pelo recebimento e pela cessação da remuneração –, mas tem prevalecido a tese de que o réu continua a receber sua remuneração, enquanto não houver trânsito em julgado da sentença penal condenatória, em homenagem ao princípio da (presunção) de inocência.

Por fim, importa destacar que, após a reforma promovida no nosso Código de Processo Penal pela Lei nº 12.403, passamos a contar, em nosso ordenamento jurídico, com um rol mais substancial de medidas cautelares pessoais alternativas à prisão. Tendo em vista que,

71. Neste sentido, LIMA, Renato Brasileiro de. *Ob. cit.*, p. 845.

como consabido, o CPP é aplicável subsidiariamente aos crimes previstos na Lei de Drogas, nada obsta que o magistrado, se for o caso, recorra a alguma destas medidas.

Conforme o rol do art. 319 do CPP, são as seguintes as medidas cautelares:

a) comparecimento periódico em juízo, no prazo e nas condições fixadas pelo juiz, para informar e justificar atividades;

b) proibição de acesso ou frequência a determinados lugares quando, por circunstâncias relacionadas ao fato, deva o indiciado ou acusado permanecer distante desses locais para evitar o risco de novas infrações;

c) proibição de manter contato com pessoa determinada quando, por circunstâncias relacionadas ao fato, deva o indiciado ou acusado dela permanecer distante;

d) proibição de ausentar-se da Comarca quando a permanência seja conveniente ou necessária para a investigação ou instrução;

e) recolhimento domiciliar no período noturno e nos dias de folga quando o investigado ou acusado tenha residência e trabalho fixos;

f) suspensão do exercício de função pública ou de atividade de natureza econômica ou financeira quando houver justo receio de sua utilização para a prática de infrações penais;

g) internação provisória do acusado nas hipóteses de crimes praticados com violência ou grave ameaça, quando os peritos concluírem ser inimputável ou semi-imputável (art. 26 do Código Penal) e houver risco de reiteração;

h) fiança, nas infrações que a admitem, para assegurar o comparecimento a atos do processo, evitar a obstrução do seu andamento ou em caso de resistência injustificada à ordem judicial;

i) monitoração eletrônica.

Naturalmente, deve ser desconsiderada a alusão à fiança naqueles crimes previstos na Lei nº 11.343/06 considerados equiparados a hediondos, pois, conforme vimos (comentários ao art. 33, *caput*), são inafiançáveis.

1.6. Prazo para a audiência

Conforme o art. 56, § 2º, a audiência de instrução e julgamento será realizada dentro dos 30 (trinta) dias seguintes ao recebimento da denúncia, salvo se determinada a realização de avaliação para atestar dependência de drogas, quando se realizará em 90 (noventa) dias. Naturalmente, trata-se de um prazo impróprio, porquanto a ausência de observância do prazo não poderia acarretar. Contudo, é possível que o atraso injustificado acarrete o relaxamento da prisão por constrangimento ilegal proveniente do excesso de prazo, sem prejuízo da responsabilização disciplinar do magistrado.

Art. 57. Na audiência de instrução e julgamento, após o interrogatório do acusado e a inquirição das testemunhas, será dada a palavra, sucessivamente, ao representante do Ministério Público e ao defensor do acusado, para sustentação oral, pelo prazo de 20 (vinte) minutos para cada um, prorrogável por mais 10 (dez), a critério do juiz.

Parágrafo único. Após proceder ao interrogatório, o juiz indagará das partes se restou algum fato para ser esclarecido, formulando as perguntas correspondentes se o entender pertinente e relevante.

1. COMENTÁRIOS

1.1. Considerações iniciais

A audiência é una, concentrando-se nela os atos de instrução.

Conforme preconizado no artigo em comento, na audiência de instrução deve ser observada a seguinte ordem para a produção da prova:

a) Interrogatório do acusado;

b) Oitiva de testemunhas arroladas pela acusação;

c) Oitiva de testemunhas arroladas pela defesa.

Vale recordar que cada uma das partes poderá arrolar até cinco testemunhas, por ocasião do oferecimento da denúncia e da apresentação da resposta preliminar.

Conforme se percebe, o procedimento é substancialmente distinto daquele previsto como a regra no CPP: procedimento comum ordinário. Neste, é a seguinte a ordem a ser seguida:

a) tomada de declarações do ofendido;

b) inquirição das testemunhas arroladas pela acusação;

c) inquirição das testemunhas arroladas pela defesa;

d) esclarecimentos dos peritos (desde que os peritos sejam intimados com antecedência mínima de dez dias);

e) acareações;

f) reconhecimento de pessoas e coisas;

g) interrogatório do acusado.

Na instrução do procedimento comum ordinário, poderão ser inquiridas até 8 (oito) testemunhas arroladas pela acusação e 8 (oito) pela defesa.

Nesse número não se compreendem as que não prestem compromisso e as referidas. A parte poderá desistir da inquirição de qualquer das testemunhas arroladas, facultando-se ao juiz ouvi-las, a despeito desta desistência. Estas duas regras devem ser aplicadas também ao rito da Lei de Drogas, haja vista o caráter subsidiário do Código de Processo Penal em relação àquele procedimento.

1.2. Interrogatório

É o momento processual adequado para que o réu apresente, se quiser, a sua versão dos fatos, concretizando o exercício da autodefesa. Trata-se de um fato jurídico processual, razão pela qual, na fase extrajudicial da persecução penal, a oitiva do suposto autor ou partícipe do fato recebe a nomenclatura de *depoimento* ou de *oitiva*.

A oportunidade de realização do interrogatório é um ato processual imprescindível e obrigatório, sob pena de nulidade absoluta. Caso o réu não compareça, o magistrado pode determinar sua condução coercitiva, nos termos do art. 260, CPP. Há entendimento minoritário no sentido de que este artigo seria inconstitucional, por violação ao princípio da não autoincriminação (*nemo tenetur se detegere*). Cumpre ressaltar que no procedimento do Tribunal do Júri, havendo pedido conjunto do réu e do advogado, admite-se o não comparecimento do primeiro ao plenário, afastando-se, portanto, a regra do art. 260 do Código de Processo Penal.

No processo penal, o direito de defesa é exercido por meio da defesa técnica e da autodefesa.

Defesa técnica: patrocinada por advogado. É sempre obrigatória e, se inexistente, ocorrerá nulidade absoluta, nos termos do Enunciado nº 523 da súmula do STF.

> ***Súmula nº 523/STF:*** "No processo penal, a falta da defesa constitui nulidade absoluta, mas a sua deficiência só o anulará se houver prova de prejuízo para o réu".

Se o réu não possuir defensor, o magistrado deverá nomear um defensor dativo, preferencialmente um defensor público.

Autodefesa: defesa exercida facultativamente pelo próprio réu. Ao contrário do que ocorre com a defesa técnica, a autodefesa é disponível. Momento do interrogatório: com a reforma do Código de Processo Penal de 2008, o interrogatório passou a ser o último ato da instrução, todavia, nada impede que exista reinterrogatório e nada obsta que seja realizado na pendência de recurso (art. 616 do CPP).

1.2.1. Momento do interrogatório no procedimento da Lei de Drogas

Como se percebe, após a reforma levada a cabo no Código de Processo Penal pela Lei nº 11.719/08, o interrogatório, no procedimento comum ordinário, passou a ser o último ato da instrução. Por outro lado, em procedimentos especiais, como o da Lei de Drogas, temos o interrogatório no início do procedimento – da mesma forma que constava no CPP, antes da reforma legislativa acima mencionada. A dúvida que se apresenta consiste em saber se o novo modelo de sistema processual trazido ao Código de Processo Penal deve ser aplicado aos procedimentos especiais, tais como o da Lei nº 11.343/06.

De nossa parte, entendemos que sim. Basta perceber que não se trata de mera alteração procedimental. Ao revés, o objetivo primordial da mudança legislativa foi dilatar o direito de defesa do réu, ampliando os recursos concernentes à autodefesa. Com efeito, na nova sistemática do CPP, o réu é o último a falar no processo. Isto lhe permite estruturar sua autodefesa a partir do conhecimento de todas as demais provas produzidas. Em contrapartida, em uma instrução que traz o interrogatório no começo, o réu não possui esta possibilidade, restando-lhe apresentar sua defesa antes da produção em juízo das demais provas.

Por se tratar da ampliação do direito de defesa, de hierarquia constitucional, não vemos outra alternativa, senão compreender que a estrutura do procedimento comum ordinário, em fase de instrução, na qual temos o interrogatório como última medida a ser realizada, deve se estender aos demais procedimentos, ainda que a Lei disponha em sentido contrário.

Obviamente, estamos nos referindo a leis que foram aprovadas antes da reforma do CPP, em 2009.

No âmbito da nossa jurisprudência, encontramos precedentes do Supremo Tribunal Federal admitindo essa inversão da sistemática processual em casos como o Código Eleitoral[72] e na Lei nº 8.038/90. Nestas duas Leis, a previsão é de um interrogatório realizado no início do procedimento. Contudo, no que concerne, especificamente, à Lei de Drogas, o tema não caminhava no mesmo sentido. Com efeito, decidiu o STF: "a jurisprudência desta Corte é pacífica no sentido de que as novas disposições do Código de Processo Penal sobre o interrogatório não se aplicam a casos regidos pela Lei das Drogas"[73].

Todavia, por ocasião do julgamento do HC 127.900/AM a Corte Suprema passou a entender que a regra do art. 400 do CPP, que destina o interrogatório ao final da instrução, deve se aplicar a todos os procedimentos previstos em legislação especial. Logo, a outra conclusão não poderemos chegar, senão a de que, também no que se refere à Lei de Drogas, deve o interrogatório do réu ser realizado ao final, a despeito da literalidade legislativa.

1.3. Prova testemunhal

É a pessoa desinteressada e que tem conhecimento da circunstância delituosa, por força de suas impressões sensoriais. Em regra, todas as pessoas possuem o dever jurídico de testemunhar, contribuindo, assim, com a Administração da Justiça.

Nos termos do art. 206 do CPP, podem se recusar a atuar como testemunha: ascendente, descendente, parente afim em linha reta, cônjuge, ainda que desquitado, irmão, pai, mãe ou filho adotivo do acusado. Como se vê, a redação do dispositivo não é das melhores. Primeiro porque faz menção a ascendentes, para depois mencionar pai e mãe que, obviamente, já estão incluídos naquela categoria. Ademais, faz-se menção à expressão desquitado, que já foi abolida do nosso ordenamento jurídico, devendo o intérprete entender a expressão como equivalente da separação judicial. Por fim, faz-se menção a descendente para, posteriormente, mencionar o filho adotivo que, naturalmente, já faz parte daquela categoria, na medida em que a Constituição Federal aboliu qualquer tipo de discriminação entre os filhos, biológicos ou não.

Excepcionalmente, os parentes não poderão recusar a qualidade de testemunha, exatamente nos casos em que representam o único meio de prova. Se prestarem testemunho, não assumem o compromisso de dizer a verdade. Se mentirem, não respondem pelo delito de falso testemunho.

O ato de testemunhar é um dever jurídico legislado para o bom funcionamento da atividade jurisdicional. Nestes termos, a desídia da testemunha poderá determinar sua condução coercitiva, o pagamento de multa e das custas da diligência, bem como a responsabilidade criminal por desobediência. A testemunha deverá informar a alteração do seu endereço, no prazo de até 01 (um) ano, contado do seu testemunho. Se negligenciar este dever jurídico, será considerada testemunha faltante, experimentando todas as consequências dispostas acima.

72 STF, AP 545 QO/MT, Rel. Min. Luiz Fux. Revisor Min. Rosa Weber, julgamento em 17/10/2012.

73 STF, HC 125.094 AgR/MG, Rel. Min. Luiz Fux, julgamento em 10/02/2015.

2. SÚMULAS E JURISPRUDÊNCIA

✦ *SUPREMO TRIBUNAL FEDERAL*

- **TRÁFICO DE DROGAS: INTERROGATÓRIO DO RÉU E PRINCÍPIO DA ESPECIALIDADE.** O rito previsto no art. 400 do CPP – com a redação conferida pela Lei 11.719/2008 – não se aplica à Lei de Drogas, de modo que o interrogatório do réu processado com base na Lei 11.343/2006 deve observar o procedimento nela descrito (artigos 54 a 59). Com base nesse entendimento, a 2ª Turma denegou "habeas corpus" em que se pretendia a observância do art. 400 do CPP em processo penal alusivo ao crime de tráfico de drogas. A Turma afirmou que o art. 57 da Lei 11.343/2006 estabelece que o interrogatório ocorreria em momento anterior à oitiva das testemunhas, diferentemente do que prevê o art. 400 do CPP, que dispõe que o interrogatório seria realizado ao final da audiência de instrução e julgamento. Assentou, ainda, que seria necessária a demonstração do prejuízo, inocorrente na espécie. Ademais, entendeu que, no confronto entre as duas leis, aplicar-se-ia a lei especial quanto ao procedimento, que, no caso, seria a Lei de Drogas. Precedente citado: HC 85.155/SP (DJU de 15.4.2005). *STF, HC 121953/MG, rel. Min. Ricardo Lewandowski, 10.6.2014. 2ª T. (Info 750)*

✦ *SUPERIOR TRIBUNAL DE JUSTIÇA*

- **INTERROGATÓRIO NA LEI DE DROGAS. No julgamento dos crimes previstos na Lei 11.343/2006, é legítimo que o interrogatório do réu seja realizado antes da oitiva das testemunhas.** Isso porque o regramento específico estabelecido no art. 57 da Lei 11.343/2006 prevalece sobre a regra geral do CPP. Precedentes citados do STJ: RHC 40.837-MG, Quinta Turma, DJe 11/12/2013 e HC 165.034-MG, Quinta Turma, DJe 9/10/2012. Precedente citado do STF: RHC 116.713-MG, Segunda Turma, DJe 24/6/2013. *STJ HC 245.752-SP, Rel. Min. Sebastião Reis Júnior, julgado em 20/2/2014. 6ª T. (Info 557)*

- **INTERROGATÓRIO NA LEI DE DROGAS. Não gera nulidade o fato de, no julgamento dos crimes previstos na Lei 11.343/2006, a oitiva do réu ocorrer antes da inquirição das testemunhas.** Segundo regra contida no art. 394, § 2º, do CPP, o procedimento comum será aplicado no julgamento de todos os crimes, salvo disposições em contrário do próprio CPP ou de lei especial. Logo, se para o julgamento dos delitos disciplinados na Lei 11.343/2006 há rito próprio (art. 57, da Lei 11.343/2006), no qual o interrogatório inaugura a audiência de instrução e julgamento, é de se afastar o rito ordinário (art. 400 do CPP) nesses casos, em razão da especialidade. Precedentes citados: HC 218.200-PR, Sexta Turma, DJe 29/8/2012; HC 138.876-DF, Quinta Turma, DJe 19/10/2011. *STJ, HC 275.070-SP, Rel. Min. Laurita Vaz, julgado em 18/2/2014. 5ª T. (Info 536)*

Art. 58. Encerrados os debates, proferirá o juiz sentença de imediato, ou o fará em 10 (dez) dias, ordenando que os autos para isso lhe sejam conclusos.

1. COMENTÁRIOS

1.1. Considerações iniciais

A sentença pode ser condenatória, absolutória própria ou absolutória imprópria.

A sentença condenatória é aquela que julga procedente a acusação, com a consequente imposição de uma pena ao réu; a sentença absolutória própria julga improcedente a acusação, por não vislumbrar a presença da materialidade ou autoria/participação; por fim, sentença absolutória imprópria é aquela que reconhece a inimputabilidade por doença mental do réu, impondo-lhe uma medida de segurança.

A sentença é constituída de quatro partes: relatório, fundamentação, dispositivo, parte autenticativa.

a) Relatório: contém a descrição sucinta da acusação e da defesa. No relatório, o juiz apresenta o que de mais importante ocorreu no curso do processo. A sentença destituída de relatório é considerada um ato judicial nulo. A exceção fica por conta da sentença prolatada em sede de Juizados Especiais, pois a própria Lei nº 9.099/1995 (Lei dos Juizados Especiais) dispensa o relatório.

b) Fundamentação: é a parte da sentença em que o juiz expõe os fundamentos jurídicos de sua convicção, apreciando os fatos à luz das normas que entende aplicáveis. A ausência de fundamentação conduz à nulidade da sentença. A sentença destituída de fundamentação é chamada de vazia. Já a sentença em que a fundamentação e o dispositivo são contraditórios é chamada de suicida.

c) Dispositivo: é a conclusão da sentença. É a parte em que o magistrado irá explicitar o desfecho de sua convicção. A ausência de dispositivo enseja um ato inexistente.

d) Parte autenticativa: corresponde à data e assinatura do juiz. Ao assinar o documento, o juiz está autenticando.

Mesmo sem explicitar a distinção entre relatório, fundamentação, dispositivo e parte autenticativa, o CPP prevê a existência destes quatro elementos, quando afirma, em seu art. 381, que a sentença conterá: a) os nomes das partes ou, quando não possível, as indicações necessárias para identificá-las; b) a exposição sucinta da acusação e da defesa; c) a indicação dos motivos de fato e de direito em que se fundar a decisão; d) a indicação dos artigos de lei aplicados; e) o dispositivo; f) a data e a assinatura do juiz.

1.2. Sentenças absolutória, condenatória e declaratória de extinção da punibilidade

Nos termos do art. 386 do CPP, a *sentença absolutória* será proferida quando o juiz entender: a) estar provada a inexistência do fato; b) não haver prova da existência do fato; c) não constituir o fato infração penal; d) estar provado que o réu não concorreu para a infração penal; e) não existir prova de ter o réu concorrido para a infração penal; f) existirem circunstâncias que excluam o crime ou isentem o réu de pena, ou mesmo se houver fundada dúvida sobre sua existência; g) não existir prova suficiente para a condenação.

Nestes casos, o juiz: a) mandará pôr o réu em liberdade, se estiver preso; b) ordenará a cessação das medidas cautelares e provisoriamente aplicadas; c) aplicará medida de segurança, se for o caso de absolvição imprópria (doença mental).

Já no que se refere à *sentença condenatória* (art. 387, CPP), o juiz: a) mencionará as circunstâncias agravantes ou atenuantes definidas no Código Penal, e cuja existência reconhecer; b) mencionará as outras circunstâncias apuradas e tudo o mais que deva ser levado em conta na aplicação da pena, de acordo com o disposto nos arts. 59 e 60 do Código Penal; c) aplicará as penas de acordo com essas conclusões; d) fixará valor mínimo para reparação dos danos causados pela infração, considerando os prejuízos sofridos pelo ofendido; e) determinará se a sentença deverá ser publicada na íntegra ou em resumo e designará o jornal em que será feita a publicação.

Além disto, o juiz decidirá, fundamentadamente, sobre a manutenção ou, se for o caso, imposição de prisão preventiva ou de outra medida cautelar, sem prejuízo do conhecimento da apelação que vier a ser interposta. Ainda no que se refere à sentença condenatória, importante mencionar que a Lei no 12.736/2012, acrescentou o § 2º ao art. 387, CPP, impondo ao juiz da condenação (e não mais ao juiz da execução penal) a observância da detração. Vale lembrar que, de acordo com o instituto da detração, "computam-se, na pena privativa de liberdade e na medida de segurança, o tempo de prisão provisória, no Brasil ou no estrangeiro, o de prisão administrativa e o de internação em qualquer dos estabelecimentos referidos no artigo anterior" (art. 42, CP).

Ao fixar o regime inicial de cumprimento de pena, o juiz deverá levar em consideração a detração. Assim, por exemplo, se o juiz condenar o réu, não reincidente, a uma pena de 09 (nove) anos, o regime inicial de cumprimento de pena deverá ser o fechado (conforme estipulado no art. 33, § 2º, *a*, CP). Contudo, se, neste mesmo caso, restar demonstrado que o réu permaneceu preso, durante a instrução, por um período de 02 (dois) anos, o juiz, ao prolatar a sentença, já realizará a detração, impondo a pena definitiva de 07 (sete) anos, o que permite a imposição do regime inicial semiaberto (art. 33, § 2º, *a*, CP).

Por fim, a sentença declaratória de extinção da punibilidade é aquela que resolve o mérito, mas não condena nem absolve o réu. As hipóteses de extinção da punibilidade estão em rol não taxativo no art. 107 do Código Penal (prescrição, decadência, perempção, morte do agente, etc.).

1.3. Prazo para a prolação da sentença

Nos termos do art. 58 da Lei nº 11.343/06, no procedimento relacionado aos crimes que envolvem drogas, após o encerramento dos debates orais, em audiência, o juiz proferirá a sentença de imediato, ou o fará em 10 (dez) dias, ordenando que os autos para isso lhe sejam conclusos. Ao contrário do que ocorre no Código de Processo Penal, a Lei de Drogas não prevê a possibilidade – ainda que excepcional – de apresentação das alegações finais por memoriais.

Em regra, as alegações finais são orais e a sentença deve ser prolatada na audiência. Conforme se depreende da literalidade legislativa, o juiz pode reservar-se à prolação da sentença no prazo de dez dias. A Lei não exige que o juiz se valha deste prazo por alguma situação de excepcionalidade. É importante lembrar que o prazo para o juiz sentenciar é impróprio, isto é, sua inobservância não gera nulidade nem qualquer outra consequência processual, salvo a possibilidade de relaxamento da prisão, se restar caracterizado o constrangimento ilegal pelo atraso injustificado. A inobservância do prazo pelo juiz poderá ensejar consequências disciplinares, mas não processuais.

1.4. Parágrafos revogados

Em sua redação original, o art. 58 contava com dois parágrafos, que foram revogados pela Lei nº 12.961/14. O § 1º dispunha que: "Ao proferir sentença, o juiz, não tendo havido controvérsia, no curso do processo, sobre a natureza ou quantidade da substância ou do produto, ou sobre a regularidade do respectivo laudo, determinará que se proceda na forma do art. 32, § 1º desta Lei, preservando-se, para eventual contraprova, a fração que fixar". Por sua vez, dispunha o § 2º: "Igual procedimento poderá adotar o juiz, em decisão motivada e, ouvido o Ministério Público, quando a quantidade ou valor da substância ou do produto o indicar, precedendo a medida à elaboração e juntada aos autos do laudo toxicológico".

Conforme já vimos, esta Lei nº 12.961/14 tratou, especificamente, de questões relacionadas à destruição de drogas ou de plantações destinadas à preparação ou produção de drogas. Além da revogação dos referidos parágrafos, promoveu alterações nos arts. 32, 50 e 72, além de incluir, na Lei, o art. 50-A. Com o objetivo de evitar repetições indevidas, remetemos o(a) leitor(a) aos comentários realizados em cada um destes artigos.

Art. 59. Nos crimes previstos nos arts. 33, *caput* e § 1º, e 34 a 37 desta Lei, o réu não poderá apelar sem recolher-se à prisão, salvo se for primário e de bons antecedentes, assim reconhecido na sentença condenatória.

1. COMENTÁRIOS

1.1. Considerações iniciais

A proibição constante do art. 59 estava presente também em outras legislações, desde o Código de Processo Penal até a Lei de Crimes Hediondos. Todavia, atualmente é possível ao condenado por crime hediondo ou equiparado a hediondo recorrer em liberdade. Consoante o disposto no art. 2º, § 3º, Lei nº 8.072/90, com a redação dada pela Lei nº 11.474/07: "em caso de sentença condenatória, o juiz decidirá fundamentadamente se o réu poderá apelar em liberdade".

Este direito de apelar em liberdade, então, não ocorre em qualquer caso, sendo possível ao condenado permanecer sob cautela do Estado. Contudo, ao contrário do que se dispõe no art. 59 da Lei de Drogas, a Lei de Crimes Hediondos, com redação posterior, exige fundamentação concreta para a decretação da prisão. De forma mais clara, na redação da Lei de Drogas, a prisão é a regra, e a liberdade a exceção (exigindo a presença dos requisitos primariedade e bons antecedentes). Já na Lei de Crimes Hediondos, a lógica é invertida, pois a prisão apenas se sustenta se existirem os requisitos de cautelaridade prisional.

A rigor, desde a reforma a que foi submetido o nosso CPP em 2008, já não existe uma prisão cautelar que derive, imediatamente, da sentença condenatória recorrível. Quando do advento de uma sentença condenatória, o juiz analisa a necessidade de decretar ou manter uma prisão preventiva. Isto vale para a condenação por crime hediondo e também por outros crimes, pois a regra está prevista no próprio CPP, em seu art. 387, § 1º.

Em resumo, ao sentenciar, condenando, o juiz deve aferir a presença dos requisitos que autorizam a prisão preventiva. Caso estejam presentes, o juiz decretará a prisão, não permitindo o direito de recurso em liberdade. Caso o réu já estivesse preso, o juiz precisaria fundamentar a necessidade da permanência no cárcere, invocando, uma vez mais, os requisitos de cautelaridade que autorizam a decretação da prisão preventiva (art. 312, CPP).

Se, porém, tais requisitos da preventiva não se fazem presentes, deve o juiz autorizar que o réu recorra em liberdade. Desta forma, caso o réu já estivesse solto, deverá permanecer assim; caso estivesse preso, deveria ser expedido o alvará de soltura, já que não haveria necessidade de permanência do cárcere cautelar. Neste último caso, ocorreria a curiosa situação em que o réu se encontrava preso durante a instrução, o juiz profere a sentença condenatória, mas determina a soltura do réu. Situação plenamente possível, desde que não existam requisitos que autorizem a permanência da prisão preventiva.

Contudo, ainda que seja decretada a prisão preventiva, é fundamental recordar que a ausência de recolhimento do condenado ao cárcere não obsta o conhecimento da apelação interposta. De fato, o art. 394, CPP que exigia este recolhimento como condição para o regular processamento da apelação já foi revogado expressamente. Mesmo antes de tal revogação, porém, a jurisprudência dos nossos Tribunais já se havia consolidado no sentido de sua incompatibilidade com o texto constitucional.

De modo similar, se o réu preso apelar e, logo depois, fugir do presídio, sua apelação será processada regularmente. O art. 395, CPP dispunha que, em casos como este, a apelação seria considerada deserta. Este dispositivo, todavia, também já foi revogado, com o advento da Lei nº 12.403/11.

Deste modo, a despeito da literalidade do art. 59 da Lei nº 11.343/06, devem ser aplicados os dispositivos relativos ao direito de recorrer em liberdade que estão contemplados no Código de Processo Penal e na Lei de Drogas. Deste modo, o julgador, ao proferir a sentença, deve analisar se estão presentes os requisitos que autorizam a decretação (ou manutenção) da prisão preventiva.

Nesta linha, importante perceber que a jurisprudência dos nossos Tribunais não estabelece relação necessária entre recurso e apelação. Deste modo, o Superior Tribunal de Justiça editou o enunciado nº 347 da súmula de sua jurisprudência, nos seguintes termos:

> ***Súmula nº 347/STJ:*** "O conhecimento de recurso de apelação do réu independe de sua prisão".

Com isto, aliás, o STJ tornou sem efeito a súmula nº 09, que asseverava que a exigência da prisão provisória para apelar não ofende a garantia constitucional da presunção de inocência.

De igual sorte, no âmbito do Supremo Tribunal Federal, mesmo antes das alterações legislativas levadas a cabo no Código de Processo Penal e na Lei de Crimes Hediondos, já se entendia que a exigência de recolhimento à prisão para recorrer afrontaria o princípio do duplo grau de jurisdição.

No que se refere ao cumprimento da pena, é importante reconhecer que, no dia 17 de fevereiro de 2016, o STF, no julgamento do HC 126.292, reconheceu, por sete votos a quatro, que é possível iniciá-lo após a confirmação da condenação na segunda instância. Não mais se exige, então, como o STF o fazia desde 2009, o trânsito em julgado da condenação para que se inicie o cumprimento da pena.

2. QUESTÕES DE CONCURSO

1. **(FCC/TJ-SC/Juiz de Direito/2017)** A Lei nº 11.343/2006 – Lei de Drogas, estabelece em seu art. 59 – Nos crimes previstos nos arts. 33, *caput* e § 1°, e 34 a 37 desta Lei, o réu não poderá apelar sem recolher-se à prisão, salvo se for primário e de bons antecedentes, assim reconhecido na sentença condenatória.

   Este dispositivo legal

a) foi declarado inconstitucional pelo Supremo Tribunal Federal.

b) estabeleceu modalidade de prisão preventiva visando a garantia da ordem pública e assegurar a aplicação da lei penal.

c) é incompatível com a regra do Código de Processo Penal que determina que o juiz, ao proferir a sentença condenatória, decidirá, fundamentadamente, sobre a manutenção ou a imposição de prisão preventiva.

d) somente poderá ser aplicado no caso de sentença penal condenatória que impuser o regime inicial de cumprimento da pena fechado.

e) é modalidade de execução provisória da pena privativa de liberdade aplicada ao réu.

GAB	1
	C

▸CAPÍTULO IV – DA APREENSÃO, ARRECADAÇÃO E DESTINAÇÃO DE BENS DO ACUSADO

Art. 60. O juiz, de ofício, a requerimento do Ministério Público ou mediante representação da autoridade de polícia judiciária, ouvido o Ministério Público, havendo indícios suficientes, poderá decretar, no curso do inquérito ou da ação penal, a apreensão e outras medidas assecuratórias relacionadas aos bens móveis e imóveis ou valores consistentes em produtos dos crimes previstos nesta Lei, ou que constituam proveito auferido com sua prática, procedendo-se na forma dos arts. 125 a 144 do Decreto-Lei nº 3.689, de 3 de outubro de 1941 – Código de Processo Penal.

§ 1º Decretadas quaisquer das medidas previstas neste artigo, o juiz facultará ao acusado que, no prazo de 5 (cinco) dias, apresente ou requeira a produção de provas acerca da origem lícita do produto, bem ou valor objeto da decisão.

§ 2º Provada a origem lícita do produto, bem ou valor, o juiz decidirá pela sua liberação.

§ 3º Nenhum pedido de restituição será conhecido sem o comparecimento pessoal do acusado, podendo o juiz determinar a prática de atos necessários à conservação de bens, direitos ou valores.

§ 4º A ordem de apreensão ou seqüestro de bens, direitos ou valores poderá ser suspensa pelo juiz, ouvido o Ministério Público, quando a sua execução imediata possa comprometer as investigações.

1. COMENTÁRIOS

O art. 60 da Lei nº 11.343/06 prevê a possibilidade de decretação das medidas assecuratórias, previstas no Código de Processo Penal. Medidas assecuratórias consistem em cautelares reais, isto é, medidas que objetivam tornar útil o proveito econômico da vítima, evitando que o investigado ou acusado venha a dilapidar o patrimônio que deverá servir como instrumento para pagamento da indenização, em caso de condenação. Ademais, estas medidas evitam que o réu se beneficie do patrimônio de origem ilícita.

As medidas assecuratórias são o sequestro, o arresto e a hipoteca legal.

Sequestro

a) Cabimento: Caberá o sequestro dos bens imóveis, adquiridos pelo indiciado com os proventos da infração, ainda que já tenham sido transferidos a terceiro. Poderá ser determinado pelo juiz de ofício, a requerimento do MP, do ofendido ou por meio de representação da autoridade policial. O sequestro pode ser determinado no bojo da investigação ou do processo e, uma vez decretado, o juiz ordenará sua inscrição no Registro de Imóveis.

O sequestro cessa se a ação penal não for ajuizada no prazo de 60 (sessenta) dias, se o terceiro prestar caução ou se houver sentença absolutória ou extintiva da punibilidade.

b) Embargos: é facultado ao acusado ou a terceiros interessados ajuizar embargos contra a medida. Estes embargos constituem ação autônoma. No caso do acusado, pretende demonstrar a origem lícita dos bens; no caso dos embargos ajuizados por terceiros, pretende demonstrar que os bens foram adquiridos de boa-fé. Não poderá ser pronunciada decisão nesses embargos antes de transitar em julgado a sentença penal condenatória.

c) Recurso: da decisão que concede ou nega o pedido de sequestro cabe apelação.

d) Destinação: os bens sequestrados serão levados a leilão. Do dinheiro apurado, será recolhido ao Tesouro Nacional o que não couber ao lesado ou a terceiro de boa-fé.

Hipoteca legal

a) Cabimento: a hipoteca legal recai sobre bens imóveis de origem lícita. Só pode ser decretada durante o processo, vedando-se, portanto, sua decretação no curso da investigação criminal. Se o réu oferecer caução suficiente, em dinheiro ou em títulos de dívida pública, pelo valor de sua cotação em Bolsa, o juiz poderá deixar de mandar proceder à inscrição da hipoteca legal. Relevante ressaltar, ainda, que, ao fim do processo criminal, os autos da hipoteca legal serão remetidos ao juízo cível.

b) Recurso: da decisão que concede ou nega a inscrição da hipoteca legal cabe apelação.

c) Levantamento: ocorrerá se o réu for absolvido ou for julgada extinta a sua punibilidade.

Arresto

a) Cabimento: nos termos do art. 137, CPP: "Se o responsável não possuir bens imóveis ou os possuir de valor insuficiente, poderão ser arrestados bens móveis suscetíveis de penhora, nos termos em que é facultada a hipoteca legal dos imóveis." Admite-se, ainda, o arresto de bens imóveis que, posteriormente, serão submetidos à hipoteca legal. Neste caso, o requerimento da hipoteca legal deve ser formulado no prazo de 15 (quinze) dias, sob pena de revogação do arresto. Tal qual ocorre com a hipoteca legal, os autos do arresto também devem ser encaminhados ao juízo cível.

b) Recurso: a decisão relativa ao arresto é irrecorrível, razão pela qual se admite a impetração do mandado de segurança.

c) Levantamento: ocorrerá se o réu for absolvido ou for declarada a extinta a punibilidade.

Art. 61. Não havendo prejuízo para a produção da prova dos fatos e comprovado o interesse público ou social, ressalvado o disposto no art. 62 desta Lei, mediante autorização do juízo competente, ouvido o Ministério Público e cientificada a Senad, os bens apreendidos poderão ser utilizados pelos órgãos ou pelas entidades que atuam na prevenção do uso indevido, na atenção e reinserção social de usuários e dependentes de drogas e na repressão à produção não autorizada e ao tráfico ilícito de drogas, exclusivamente no interesse dessas atividades.

Parágrafo único. Recaindo a autorização sobre veículos, embarcações ou aeronaves, o juiz ordenará à autoridade de trânsito ou ao equivalente órgão de registro e controle a expedição de certificado provisório de registro e licenciamento, em favor da instituição à qual tenha deferido o uso, ficando esta livre do pagamento de multas, encargos e tributos anteriores, até o trânsito em julgado da decisão que decretar o seu perdimento em favor da União.

1. COMENTÁRIOS

Este artigo complementa a regulamentação iniciada no dispositivo legal anterior. Uma vez decretada alguma das medidas assecuratórias, e não comprovada a origem lícita dos bens, é possível ao juízo conferir-lhes destinação temporária. Sem embargo, não se pode olvidar que o perdimento dos bens será possível, mas apenas por ocasião da prolação da sentença penal condenatória, nos termos previstos no art. 63. Enquanto não sobrevier a sentença, todavia, os bens podem ser empregados com uma destinação pública ou social.

É possível, portanto, que o juiz permita, por exemplo, que os veículos apreendidos de traficantes sejam utilizados pela própria Polícia Federal, no decorrer do trâmite processual (*vide* art. 62). Conforme se depreende a partir da literalidade legislativa, há algumas regras a serem observadas para que se viabilize essa utilização temporária dos bens apreendidos. Assim, é imprescindível que haja:

a) **Decisão judicial:** obviamente, a decisão deve ser adotada pelo juiz natural da causa e, como todas as decisões judiciais, não prescinde da devida fundamentação.

b) **Prévia oitiva do Ministério Público:** como de regra, a manifestação de vontade do membro do Ministério Público não vincula o julgador, mas sendo o MP o titular da ação penal de iniciativa pública, nada mais natural do que a legislação exigir seu pronunciamento.

c) **Ciência ao SENAD:** trata-se da Secretaria Nacional Antidrogas, criada pela medida provisória nº 1669, de 1998 e posteriormente transferida para a estrutura do Ministério da Justiça pelo Decreto nº 7.426, de 7 de Janeiro de 2011. a Secretaria é responsável por capitanear as políticas públicas relacionadas às drogas.

d) **Certificado provisório de registro e licenciamento:** este quarto requisitos apenas será necessário, por óbvio, na hipótese de utilização de veículos, embarcações ou aeronaves. Conforme disposto no parágrafo único do artigo sob exame, o juiz determinará a expedição deste certificado "à autoridade de trânsito ou ao equivalente órgão de registro e controle". Não há, destarte, margem de discricionariedade por parte da autoridade administrativa, neste caso.

Art. 62. Os veículos, embarcações, aeronaves e quaisquer outros meios de transporte, os maquinários, utensílios, instrumentos e objetos de qualquer natureza, utilizados para a prática dos crimes definidos nesta Lei, após a sua regular apreensão, ficarão sob custódia da autoridade de polícia judiciária, excetuadas as armas, que serão recolhidas na forma de legislação específica.

§ 1º Comprovado o interesse público na utilização de qualquer dos bens mencionados neste artigo, a autoridade de polícia judiciária poderá deles fazer uso, sob sua responsabilidade e com o objetivo de sua conservação, mediante autorização judicial, ouvido o Ministério Público.

§ 2º Feita a apreensão a que se refere o *caput* deste artigo, e tendo recaído sobre dinheiro ou cheques emitidos como ordem de pagamento, a autoridade de polícia judiciária que presidir o inquérito deverá, de imediato, requerer ao juízo competente a intimação do Ministério Público.

§ 3º Intimado, o Ministério Público deverá requerer ao juízo, em caráter cautelar, a conversão do numerário apreendido em moeda nacional, se for o caso, a compensação dos cheques emitidos após a instrução do inquérito, com cópias autênticas dos respectivos títulos, e o depósito das correspondentes quantias em conta judicial, juntando-se aos autos o recibo.

§ 4º Após a instauração da competente ação penal, o Ministério Público, mediante petição autônoma, requererá ao juízo competente que, em caráter cautelar, proceda à alienação dos bens apreendidos, excetuados aqueles que a União, por intermédio da Senad, indicar para serem colocados sob uso e custódia da autoridade de polícia judiciária, de órgãos de inteligência ou militares, envolvidos nas ações de prevenção ao uso indevido de drogas e operações de repressão à produção não autorizada e ao tráfico ilícito de drogas, exclusivamente no interesse dessas atividades.

§ 5º Excluídos os bens que se houver indicado para os fins previstos no § 4º deste artigo, o requerimento de alienação deverá conter a relação de todos os demais bens apreendidos, com a descrição e a especificação de cada um deles, e informações sobre quem os tem sob custódia e o local onde se encontram.

§ 6º Requerida a alienação dos bens, a respectiva petição será autuada em apartado, cujos autos terão tramitação autônoma em relação aos da ação penal principal.

§ 7º Autuado o requerimento de alienação, os autos serão conclusos ao juiz, que, verificada a presença de nexo de instrumentalidade entre o delito e os objetos utilizados para a sua prática e risco de perda de valor econômico pelo decurso do tempo, determinará a avaliação dos bens relacionados, cientificará a Senad e intimará a União, o Ministério Público e o interessado, este, se for o caso, por edital com prazo de 5 (cinco) dias.

§ 8º Feita a avaliação e dirimidas eventuais divergências sobre o respectivo laudo, o juiz, por sentença, homologará o valor atribuído aos bens e determinará sejam alienados em leilão.

§ 9º Realizado o leilão, permanecerá depositada em conta judicial a quantia apurada, até o final da ação penal respectiva, quando será transferida ao Funad, juntamente com os valores de que trata o § 3º deste artigo.

§ 10. Terão apenas efeito devolutivo os recursos interpostos contra as decisões proferidas no curso do procedimento previsto neste artigo.

§ 11. Quanto aos bens indicados na forma do § 4º deste artigo, recaindo a autorização sobre veículos, embarcações ou aeronaves, o juiz ordenará à autoridade de trânsito ou ao equivalente órgão de registro e controle a expedição de certificado provisório de registro e licenciamento, em favor da autoridade de polícia judiciária ou órgão aos quais tenha deferido o uso, ficando estes livres do pagamento de multas, encargos e tributos anteriores, até o trânsito em julgado da decisão que decretar o seu perdimento em favor da União.

1. COMENTÁRIOS

Como vimos, é possível a decretação de medidas assecuratórias, em relação a bens que constituam produto de crime previsto nesta Lei (art. 60), e o perdimento definitivo dos bens somente é decretado juiz por ocasião da sentença (art. 63). Contudo, é plenamente possível a existência de alienação antecipada dos bens que foram apreendidos. Esta medida por vezes é muito importante, seja pela possibilidade de perecimento do bem, seja por força de sua depreciação.

O requerimento para alienação antecipada dos bens é realizado pelo Ministério Público, após a instauração da ação penal. Não são objeto desta alienação antecipada aqueles bens que estejam sendo utilizados ou sob custódia de "autoridade de polícia judiciária, de órgãos de inteligência ou militares, envolvidos nas ações de prevenção ao uso indevido de drogas e operações de repressão à produção não autorizada e ao tráfico ilícito de drogas". A rigor, não faria sentido tal alienação, sobretudo porque o seu objetivo primordial, conforme assinalamos, é evitar o perecimento ou a depreciação dos bens. Pois bem, se o produto do crime está sendo utilizado pelos órgãos de segurança pública, não há razão para que se questione um possível perecimento dos bens.

2. SÚMULAS E JURISPRUDÊNCIA

✦ *SUPERIOR TRIBUNAL DE JUSTIÇA*

▸ **UTILIZAÇÃO POR ÓRGÃO PÚBLICO DE BEM APREENDIDO.** É possível a aplicação analógica dos arts. 61 e 62 da Lei 11.343/2006 para admitir a utilização pelos órgãos públicos de aeronave apreendida no curso da persecução penal de crime não previsto na Lei de Drogas, sobretudo se presente o interesse público de evitar a deterioração do bem. Isso porque, em primeiro lugar, de acordo com o art. 3º do CPP, a lei processual penal admitirá interpretação extensiva e aplicação analógica, bem como o suplemento dos princípios gerais de direito. Assim, é possível, sobretudo porque permitido pelo próprio CPP, o uso da analogia, que consiste em processo de integração por meio do qual se aplica a uma determinada situação para a qual inexiste hipótese normativa própria um preceito que regula hipótese semelhante. Ressalte-se, ainda, que, para o uso da analogia, não importam a natureza da situação concreta e a natureza do diploma de onde se deve extrair a norma reguladora. Em segundo lugar, porque a exigência contida no art. 61 da Lei 11.343/2006, referente à existência de interesse público ou social, encontra-se cumprida no presente caso, qual seja, evitar a deterioração do bem apreendido. Por fim, em terceiro lugar, porque a preocupação em se prevenir que a demora nos processos judiciais venha a propiciar a degeneração do bem apreendido é atual, existindo, inclusive, no projeto do novo Código de Processo Penal (PL 8.045/2010), seção específica a tratar do tema, sob o título "Da utilização dos bens por órgãos públicos", o que demonstra a efetiva ocorrência de lacuna no Código atualmente em vigor, bem como a clara intenção de supri-la. Decisão monocrática citada: Inq 603, Min. Paulo Gallotti, DJ 14/11/2008. *STJ, REsp 1.420.960-MG, Rel. Min. Sebastião Reis Júnior, julgado em 24/2/2015. 6ª T. (Info 556)*

3. QUESTÕES DE CONCURSOS

1. **(ACAFE/PC-SC/Delegado de Polícia/2014 – adaptada)** Feita apreensão em operação de combate às atividades previstas na Lei 11.343/06, que instituiu o Sisnad, e tendo recaído sobre dinheiro ou cheques emitidos como ordem de pagamento, a autoridade de polícia judiciária que presidir o inquérito deverá, de imediato, requerer ao juízo competente a citação do Ministério Público.

2. **(ACAFE/PC-SC/Delegado de Polícia/2014 – adaptada)** Os veículos, embarcações, aeronaves, e quaisquer outros meios de transporte, os maquinários, as armas de fogo, utensílios, instrumentos e objetos de qualquer natureza, utilizados para a prática dos crimes definidos na Lei 11.343/06, que instituiu o Sisnad, após a sua regular apreensão, ficarão sob custódia da autoridade de polícia judiciária.

3. **(MPE-GO/Promotor de Justiça/2016 – adapatada)** Os veículos, embarcações, aeronaves e quaisquer outros meios de transporte, os maquinários, utensílios, as armas, instrumentos e objetos de qualquer natureza, utilizados para a prática dos crimes definidos na Lei de Drogas, após a sua regular apreensão, mediante autorização judicial, ouvido o Ministério Público, poderão ficar sob custódia da autoridade de polícia judiciária, desde que comprovado o interesse público na utilização de qualquer desses bens.

GAB	1	2	3
	E	E	E

Art. 63. Ao proferir a sentença de mérito, o juiz decidirá sobre o perdimento do produto, bem ou valor apreendido, seqüestrado ou declarado indisponível.

§ 1º Os valores apreendidos em decorrência dos crimes tipificados nesta Lei e que não forem objeto de tutela cautelar, após decretado o seu perdimento em favor da União, serão revertidos diretamente ao Funad.

§ 2º Compete à Senad a alienação dos bens apreendidos e não leiloados em caráter cautelar, cujo perdimento já tenha sido decretado em favor da União.

§ 3º A Senad poderá firmar convênios de cooperação, a fim de dar imediato cumprimento ao estabelecido no § 2º deste artigo.

§ 4º Transitada em julgado a sentença condenatória, o juiz do processo, de ofício ou a requerimento do Ministério Público, remeterá à Senad relação dos bens, direitos e valores declarados perdidos em favor da União, indicando, quanto aos bens, o local em que se encontram e a entidade ou o órgão em cujo poder estejam, para os fins de sua destinação nos termos da legislação vigente.

1. COMENTÁRIOS

A perda de bens é um efeito extrapenal da condenação penal. Esta regra não é aplicável apenas aos crimes relacionados às drogas. Com efeito, dispõe o Código Penal em seu art. 92, inciso II que é efeito da condenação: "II – a perda em favor da União, ressalvado o direito do lesado ou de terceiro de boa-fé: a) dos instrumentos do crime, desde que consistam em coisas cujo fabrico, alienação, uso, porte ou detenção constitua fato ilícito; b) do produto do crime ou de qualquer bem ou valor que constitua proveito auferido pelo agente com a prática do fato criminoso".

Na regra constante da Lei de Drogas, o juiz deve decidir sobre o perdimento do produto, bem ou valor apreendido, sequestrado ou declarado indisponível. Como se vê, trata-se de ratificar, ou não, a medida acautelatória adotada durante a investigação criminal ou a instrução processual penal. Havendo a condenação e sendo reconhecida a proveniência ilícita dos bens, outra alternativa não restará ao julgador, senão determinar o perdimento.

Os valores relacionados a estes crimes, cujo perdimento for decretado, serão revertidos ao Fundo Nacional Antidrogas – FUNAD.

Art. 64. A União, por intermédio da Senad, poderá firmar convênio com os Estados, com o Distrito Federal e com organismos orientados para a prevenção do uso indevido de drogas, a atenção e a reinserção social de usuários ou dependentes e a atuação na repressão à produção não autorizada e ao tráfico ilícito de drogas, com vistas na liberação de equipamentos e de recursos por ela arrecadados, para a implantação e execução de programas relacionados à questão das drogas.

1. COMENTÁRIOS

Conforme salientamos (comentários ao art. 61), SENAD é a Secretaria Nacional Antidrogas, criada pela medida provisória nº 1669, de 1998 e posteriormente transferida para a estrutura do Ministério da Justiça pelo Decreto nº 7.426, de 7 de Janeiro de 2011. A Secretaria é responsável por capitanear as políticas públicas relacionadas às drogas. Entre as atribuições da Secretaria, encontra-se, justamente, a possibilidade de "firmar contratos ou celebrar convênios, acordos, ajustes ou outros instrumentos congêneres com entidades, instituições ou organismos nacionais e, mediante delegação de competência, propor com os internacionais, na forma da legislação em vigor".

A SENAD é órgão do poder público federal, não possui personalidade jurídica própria, razão pela qual o dispositivo legal faz alusão à União celebrando o convênio. Conforme se percebe, a partir da literalidade legislativa, é amplo o campo de atuação para a celebração dos convênios, pois a legislação faz menção genérica a diretrizes como "prevenção do uso indevido de drogas", "atenção e reinserção social de usuários ou dependentes" e "repressão à produção não autorizada e ao tráfico ilícito de drogas".

▸TÍTULO V – DA COOPERAÇÃO INTERNACIONAL

Art. 65. De conformidade com os princípios da não-intervenção em assuntos internos, da igualdade jurídica e do respeito à integridade territorial dos Estados e às leis e aos regulamentos nacionais em vigor, e observado o espírito das Convenções das Nações Unidas e outros instrumentos jurídicos internacionais relacionados à questão das drogas, de que o Brasil é parte, o governo brasileiro prestará, quando solicitado, cooperação a outros países e organismos internacionais e, quando necessário, deles solicitará a colaboração, nas áreas de:

I – intercâmbio de informações sobre legislações, experiências, projetos e programas voltados para atividades de prevenção do uso indevido, de atenção e de reinserção social de usuários e dependentes de drogas;

II – intercâmbio de inteligência policial sobre produção e tráfico de drogas e delitos conexos, em especial o tráfico de armas, a lavagem de dinheiro e o desvio de precursores químicos;

III – intercâmbio de informações policiais e judiciais sobre produtores e traficantes de drogas e seus precursores químicos.

1. COMENTÁRIOS

Não há qualquer dúvida de que as drogas, além de serem um grave problema de saúde pública, constituem, também, um grave problema de âmbito mundial. Em se tratando de um mercado ilícito que movimenta muitos bilhões de dólares por ano por todos os países, os grandes movimentos de tráfico de drogas possuem, cada vez mais, âmbito transnacional. Por esta razão, nada mais razoável do que a previsão de cooperação internacional, no que concerne à prevenção e repressão de condutas relacionadas ao comércio clandestino de drogas.

No plano internacional, o Brasil aderiu a uma série de Convenções que tratam de questões relacionadas às drogas. Podemos citar, exemplificativamente:

a) Convenção de Genebra de 1936: Celebrada em 26 de junho de 1936, por ocasião da Conferência sobre a repressão ao tráfico ilícito de drogas nocivas, e promulgada no Brasil pelo Decreto nº 2.994, de 17 de agosto de 1938.

b) Convenção Única Sobre Entorpecentes de Nova York de 1961: assinada em 30 de março de 1961, foi promulgada no Brasil com o Decreto nº 54.216, de 27 de agosto de 1964.

c) Convenção de Viena sobre substâncias psicotrópicas de 1973: Convenção das Nações Unidas, aprovada em 1973, entrou em vigor no dia 16 de agosto de 1976, mas foi promulgada no Brasil com o Decreto nº 79.388, de 14 de março de 1977.

d) Convenção da ONU para o tráfico de entorpecentes e substâncias psicotrópicas de 1988: aprovada em 1988, entrou em vigor internacional no dia 11 de novembro de 1990, e foi promulgada no Brasil pelo Decreto nº 154, de 26 de junho de 1991.

e) Acordo de Cooperação para a Prevenção do Uso Indevido e Combate ao Tráfico Ilícito de Entorpecentes e Substâncias Psicotrópicas, entre o Governo da República Federativa do Brasil e o Governo da República Argentina: aprovado em 26 de maio de 1993, foi promulgado Decreto nº 1.705, de 17 de novembro de 1995.

▸TÍTULO VI – DISPOSIÇÕES FINAIS E TRANSITÓRIAS

Art. 66. Para fins do disposto no parágrafo único do art. 1º desta Lei, até que seja atualizada a terminologia da lista mencionada no preceito, denominam-se drogas substâncias entorpecentes, psicotrópicas, precursoras e outras sob controle especial, da Portaria SVS/MS nº 344, de 12 de maio de 1998.

1. COMENTÁRIOS

Conforme já salientamos no decorrer dos comentários aos primeiros artigos da presente legislação, a Lei nº 11.343/06 substituiu a expressão "entorpecentes" – que não apenas constava da Lei nº 6.368/76, mas também da própria Constituição Federal – pela expressão "drogas", mais em consonância com a terminologia empregada em âmbito internacional. O mérito do art. 66 é deixar bem claro que a distinção é meramente terminológica, não se podendo cogitar que as substâncias enumeradas na Portaria SVS/MS nº 344, de 12 de maio de 1998, não pudessem ser consideradas "drogas". Para maiores considerações sobre o tema, e com o intuito de evitar repetições desnecessárias, remetemos os leitores aos comentários ao art. 1º, parágrafo único, desta Lei,

Art. 67. A liberação dos recursos previstos na Lei nº 7.560, de 19 de dezembro de 1986, em favor de Estados e do Distrito Federal, dependerá de sua adesão e respeito às diretrizes básicas contidas nos convênios firmados e do fornecimento de dados necessários à atualização do sistema previsto no art. 17 desta Lei, pelas respectivas polícias judiciárias.

1. COMENTÁRIOS

A Lei nº 7.560/86, entre outras providências, cria o Fundo de Prevenção, Recuperação e de Combate ao Abuso de Drogas (FUNCAB), dispõe sobre os bens apreendidos e adquiridos com produtos de tráfico ilícito de drogas ou atividades correlatas. Este Fundo, foi instituído no âmbito do Ministério da Justiça, é gerido pela Secretaria Nacional de Entorpecentes e seus recursos deverão ter o seu plano de aplicação e projetos submetidos à apreciação prévia do Conselho Federal de Entorpecentes.

Com o advento da Medida Provisória nº 2.216-37, de 31 de agosto de 2001, o FUNCAB passou a ser fundo Nacional Antidrogas – FUNAD e a sua gestão passou para a Secretaria Nacional Antidrogas do Gabinete de Segurança Institucional da Presidência da República. Os recursos do FUNAD são destinados:

a) Aos programas de formação profissional sobre educação, prevenção, tratamento, recuperação, repressão, controle e fiscalização do uso e tráfico de drogas;

b) Aos programas de educação técnico-científica preventiva sobre o uso de drogas;

c) Aos programas de esclarecimento ao público, incluídas campanhas educativas e de ação comunitária;

d) Às organizações que desenvolvem atividades específicas de tratamento e recuperação de usuários;

e) Ao reaparelhamento e custeio das atividades de fiscalização, controle e repressão ao uso e tráfico ilícitos de drogas e produtos controlados;

f) Ao pagamento das cotas de participação a que o Brasil esteja obrigado como membro de organismos internacionais ou regionais que se dediquem às questões de drogas;

g) Aos custos de sua própria gestão e para o custeio de despesas decorrentes do cumprimento de atribuições da SENAD;

h) Ao pagamento do resgate dos certificados de emissão do Tesouro Nacional que caucionaram recursos transferidos para a conta do FUNAD;

i) Ao custeio das despesas relativas ao cumprimento das atribuições e às ações do Conselho de Controle de Atividades Financeiras – COAF, no combate aos crimes de "lavagem" ou ocultação de bens, direitos e valores, previstos na Lei º 9.613, de 1998, até o limite da disponibilidade da receita decorrente do inciso VI do art. 2º.

j) Às entidades governamentais e não governamentais integrantes do Sistema Nacional de Atendimento Socioeducativo (Sinase).

Art. 68. A União, os Estados, o Distrito Federal e os Municípios poderão criar estímulos fiscais e outros, destinados às pessoas físicas e jurídicas que colaborem na prevenção do uso indevido de drogas, atenção e reinserção social de usuários e dependentes e na repressão da produção não autorizada e do tráfico ilícito de drogas.

1. COMENTÁRIOS

As políticas públicas em geral, e a fiscal em particular, podem ser utilizadas pelos entes da federação como uma forma de estimular não apenas a prevenção ao uso ou a repressão ao tráfico, mas também a, a atenção ou a reinserção social de usuários e dependentes de drogas. Basta imaginar o exemplo em que um Município concede isenção de algum tributo municipal a uma clínica que preste atendimento gratuito a dependentes de drogas.

Art. 69. No caso de falência ou liquidação extrajudicial de empresas ou estabelecimentos hospitalares, de pesquisa, de ensino, ou congêneres, assim como nos serviços de saúde que produzirem, venderem, adquirirem, consumirem, prescreverem ou fornecerem drogas ou de qualquer outro em que existam essas substâncias ou produtos, incumbe ao juízo perante o qual tramite o feito:

I – determinar, imediatamente à ciência da falência ou liquidação, sejam lacradas suas instalações;

II – ordenar à autoridade sanitária competente a urgente adoção das medidas necessárias ao recebimento e guarda, em depósito, das drogas arrecadadas;

III – dar ciência ao órgão do Ministério Público, para acompanhar o feito.

§ 1º Da licitação para alienação de substâncias ou produtos não proscritos referidos no inciso II do *caput* deste artigo, só podem participar pessoas jurídicas regularmente habilitadas na área de saúde ou de pesquisa científica que comprovem a destinação lícita a ser dada ao produto a ser arrematado.

§ 2º Ressalvada a hipótese de que trata o § 3º deste artigo, o produto não arrematado será, ato contínuo à hasta pública, destruído pela autoridade sanitária, na presença dos Conselhos Estaduais sobre Drogas e do Ministério Público.

§ 3º Figurando entre o praceado e não arrematadas especialidades farmacêuticas em condições de emprego terapêutico, ficarão elas depositadas sob a guarda do Ministério da Saúde, que as destinará à rede pública de saúde.

1. COMENTÁRIOS

O art. 69 da Lei nº 11.343/06 não é de natureza penal. Mais adequado seria que a Lei de Drogas tivesse incluído este dispositivo na Lei de Falências e Recuperação de Empresas, pois é disto que trata a matéria. Contudo diz respeito à falência ou liquidação extrajudicial de empresas que possuam autorização legal para atuarem com drogas.

Os procedimentos a serem adotados, conforme preconizado por este dispositivo legal, observam as peculiaridades deste tipo de empresa, razão pela qual se exige, por exemplo, que o estabelecimento seja imediatamente lacrado e a vigilância sanitária adote providências. Conforme se depreende da literalidade do *caput* do art. 69, estas providências são determinadas pelo juízo perante tramita a falência ou liquidação extrajudicial. E isto reforça a ideia de que o presente dispositivo legal estaria em maior conformidade com o nosso sistema legal se estivesse presente na Lei de Falências e Recuperação de empresas.

Art. 70. O processo e o julgamento dos crimes previstos nos arts. 33 a 37 desta Lei, se caracterizado ilícito transnacional, são da competência da Justiça Federal.

Parágrafo único. Os crimes praticados nos Municípios que não sejam sede de vara federal serão processados e julgados na vara federal da circunscrição respectiva.

1. COMENTÁRIOS

Em regra, o crime de tráfico de drogas é de competência da Justiça Estadual. Haverá, contudo, a competência da Justiça Federal se estivermos diante de um caso em que haja a transnacionalidade da conduta. É o que depreende do teor do enunciado nº 522 da súmula de jurisprudência do Supremo Tribunal Federal, nos seguintes termos:

> ***Súmula nº 522/STF:*** "Salvo ocorrência de tráfico com o exterior, quando, então, a competência será da Justiça Federal, compete a Justiça dos Estados o processo e o julgamento dos crimes relativos a entorpecentes"

O teor da súmula decorre da interpretação dada ao art. 109, inciso V da Constituição Federal, ao asseverar que compete aos juízes federais processar e julgar crimes "previstos em tratados e convenções internacionais, quando iniciada a execução no País, o resultado tenha ou devesse ter ocorrido no estrangeiro, ou reciprocamente". O dispositivo constitucional deixou claro que, para que exista a competência federal, é necessária a presença, cumulativa, de dois requisitos: previsão em tratado ou convenção internacional e relação de internacionalidade da conduta. Por isso, nem todo crime previsto em tratado internacional é de competência federal. Se assim fosse, qualquer crime relativo a tráfico de drogas seria, sempre, da competência federal.

A novidade da Lei nº 11.343/06 reside no parágrafo único do art. 70. Isto porque, antes do advento desta Lei, quando o crime de tráfico internacional era praticado em Município que não fosse sede de Justiça Federal, a Justiça Estadual exerceria jurisdição federal por delegação. Assim, por exemplo, se o crime de tráfico internacional ocorresse em Porto Seguro (Município que não possui Justiça Federal), a Justiça Estadual julgaria o caso (exercendo jurisdição federal por delegação). Agora, com o parágrafo único do art. 70 da Lei de drogas, este mesmo caso seria julgado pela Vara Federal de Eunápolis (que possui jurisdição federal sobre o Município de Porto Seguro). Com isto, já não existe hipótese, no processo penal, de Justiça Estadual exercer jurisdição federal por delegação.

Por fim, vale registrar que, se o tráfico transnacional de drogas estiver em conexão com algum outro crime, de competência da Justiça Estadual, deverá a competência para o julgamento de ambos ser firmada no âmbito federal, independentemente de se aferir qual dos crimes é o mais grave. É o que constatamos a partir da leitura da súmula nº 122 do Superior Tribunal de Justiça:

> ***Súmula nº 122/STJ:*** "Compete à Justiça Federal o processo e julgamento unificado dos crimes conexos de competência federal e estadual, não se aplicando a regra do Art. 78, II, "a", do Código de Processo Penal".

2. SÚMULAS E JURISPRUDÊNCIA

- **Súmula nº 522, STF:** Salvo ocorrência de tráfico com o exterior, quando, então, a competência será da Justiça Federal, compete a Justiça dos Estados o processo e o julgamento dos crimes relativos a entorpecentes.

- **Súmula nº 122, STJ:** Compete à Justiça Federal o processo e julgamento unificado dos crimes conexos de competência federal e estadual, não se aplicando a regra do Art. 78, II, "a", do Código de Processo Penal.

Art. 71. (VETADO)

Art. 72. Encerrado o processo penal ou arquivado o inquérito policial, o juiz, de ofício, mediante representação do delegado de polícia ou a requerimento do Ministério Público, determinará a destruição das amostras guardadas para contraprova, certificando isso nos autos. (Redação dada pela Lei nº 12.961, de 2014)

1. COMENTÁRIOS

O art. 72 da Lei de Drogas trata da destruição das amostras que serviram para a realização do exame de constatação definitivo. Conforme vimos (*vide* comentários ao art. 50), o juiz deve determinar a destruição da droga apreendida, reservando uma pequena parte para a realização do exame de constatação definitivo. Essa pequena porção da droga apenas será destruída após o trânsito em julgado da sentença penal ou arquivamento do inquérito policial.

Conforme se depreende da literalidade legislativa, a destruição é determinada pelo juiz:

a) De ofício,

b) Mediante representação do delegado de polícia

c) Mediante requerimento do Ministério Público

Este artigo teve sua redação alterada pela Lei nº 12.961/14, pois, em sua redação original dispunha: "Sempre que conveniente ou necessário, o juiz, de ofício, mediante representação da autoridade de polícia judiciária, ou a requerimento do Ministério Público, determinará que se proceda, nos limites de sua jurisdição e na forma prevista no § 1º do art. 32 desta Lei, à destruição de drogas em processos já encerrados".

Art. 73. A União poderá estabelecer convênios com os Estados e o com o Distrito Federal, visando à prevenção e repressão do tráfico ilícito e do uso indevido de drogas, e com os Municípios, com o objetivo de prevenir o uso indevido delas e de possibilitar a atenção e reinserção social de usuários e dependentes de drogas. (Redação dada pela Lei nº 12.219, de 2010)

1. COMENTÁRIOS

Este artigo teve sua redação alterada pela Lei nº 12.219/2010, que passou a prever expressamente a possibilidade de convênio da União com o distrito Federal e Municípios. Em sua redação originária, o art. 73 da Lei de Drogas apenas asseverava que: "Art. 73. A União poderá celebrar convênios com os Estados visando à prevenção e repressão do tráfico ilícito e do uso indevido de drogas".

Como se percebe, os convênios possuem natureza administrativa, e podem ter por objeto questões relacionadas: a) à prevenção e repressão do tráfico ilícito e do uso indevido de drogas; b) o objetivo de prevenir o uso indevido delas e de possibilitar a atenção e reinserção social de usuários e dependentes de drogas. No primeiro caso, teríamos os convênios celebrados entre a União, de um lado, e Estados ou Distrito Federal de outro. No segundo caso, o convenio da união seria celebrado com os Municípios.

É compreensível que o convênio que tem por objeto repressão ao tráfico e ao uso de drogas seja celebrado com os Estados ou o Distrito Federal. Estes entes da Federação possuem atribuição constitucional para desempenhar função de segurança pública e questões relativas a tráfico e uso de drogas caracterizam crimes. Em contrapartida, não há razão para que não se realizem convênios com os mesmos entes da Federação que tenham por objeto a reinserção social de usuários e dependentes de drogas. Não há, portanto, razão para limitar este tipo de convênio aos municípios, como fez o dispositivo legal em comento.

Art. 74. Esta Lei entra em vigor 45 (quarenta e cinco) dias após a sua publicação.

1. COMENTÁRIOS

O art. 74 estabelece uma *vacatio legis* de 45 (quarenta e cinco) dias. Tendo a Lei sido publicada no dia 24 de agosto de 2006, entrou em vigor no dia 08 de outubro do mesmo ano. E isto porque a contagem deve levar em consideração o dia de início, o que encerraria o prazo no dia 07 de outubro. A partir daí, a Lei entra em vigor no dia seguinte.

Estas são as estabelecidas na Lei Complementar nº 95/98 – que dispõe sobre a elaboração, a redação, a alteração e a consolidação das leis, conforme determina o parágrafo único do art. 59 da Constituição Federal –, em seu art. 8º, § 1º: "A contagem do prazo para entrada em vigor das leis que estabeleçam período de vacância far-se-á com a inclusão da data da publicação e do último dia do prazo, entrando em vigor no dia subseqüente à sua consumação integral".

Art. 75. Revogam-se a Lei nº 6.368, de 21 de outubro de 1976, e a Lei nº 10.409, de 11 de janeiro de 2002.

1. COMENTÁRIOS

A Lei nº 6.368/76, muitas vezes citada no decorrer dos comentários à presente Lei, era a antiga legislação de drogas do Brasil. No dia 11 de janeiro de 2002, surge a Lei nº 10.409/2002, que pretendia regulamentar toda a matéria relacionada às drogas, no Brasil. Contudo, os dispositivos relacionados à matéria penal foram vetados pelo Presidente da República, razão pela qual nosso ordenamento jurídico conviveu, até o advento da atual Lei de Drogas, com duas legislações distintas: A Lei nº 6.368/76 tratando da matéria penal, e a Lei nº 10.409/2002 regulamentando a matéria processual.

Conforme se percebe, a atual Lei de Drogas resolveu a questão, revogando as duas leis e tratando tanto da matéria penal quanto da matéria processual.

Brasília, 23 de agosto de 2006; 185º da Independência e 118º da República.

LUIZ INÁCIO LULA DA SILVA

Márcio Thomaz Bastos

Guido Mantega

Jorge Armando Felix

ANEXO I – DA PORTARIA SVS/MS nº 344/98 –
atualizada pela RESOLUÇÃO Nº 192, DE 11 DE DEZEMBRO DE 2017.

ANEXO I

LISTA – A1

LISTA DAS SUBSTÂNCIAS ENTORPECENTES

(Sujeitas a Notificação de Receita "A")

1.ACETILMETADOL
2.ACETORFINA
3.ALFACETILMETADOL
4.ALFAMEPRODINA
5.ALFAMETADOL
6.ALFAPRODINA
7.ALFENTANILA
8.ALILPRODINA
9.ANILERIDINA
10. BENZETIDINA
11. BENZILMORFINA
12. BENZOILMORFINA
13. BETACETILMETADOL
14. BETAMEPRODINA
15. BETAMETADOL
16. BETAPRODINA
17. BECITRAMIDA
18. BUPRENORFINA
19. BUTORFANOL
20. CETOBEMIDONA

21. CLONITAZENO
22. CODOXIMA
23. CONCENTRADO DE PALHA DE DORMIDEIRA
24. DEXTROMORAMIDA
25. DIAMPROMIDA
26. DIETILTIAMBUTENO
27. DIFENOXILATO
28. DIFENOXINA
29. DIIDROMORFINA
30. DIMEFEPTANOL (METADOL)
31. DIMENOXADOL
32. DIMETILTIAMBUTENO
33. DIOXAFETILA
34. DIPIPANONA
35. DROTEBANOL
36. ETILMETILTIAMBUTENO
37. ETONITAZENO
38. ETORFINA
39. ETOXERIDINA
40. FENADOXONA
41. FENAMPROMIDA
42. FENAZOCINA
43. FENOMORFANO
44. FENOPERIDINA
45. FENTANILA
46. FURETIDINA
47. HIDROCODONA
48. HIDROMORFINOL
49. HIDROMORFONA
50. HIDROXIPETIDINA
51. ISOMETADONA
52. LEVOFENACILMORFANO
53. LEVOMETORFANO
54. LEVOMORAMIDA
55. LEVORFANOL
56. METADONA
57. METAZOCINA
58. METILDESORFINA
59. METILDIIDROMORFINA
60. METOPONA
61. MIROFINA
62. MORFERIDINA
63. MORFINA
64. MORINAMIDA
65. NICOMORFINA
66. NORACIMETADOL
67. NORLEVORFANOL
68. NORMETADONA
69. NORMORFINA
70. NORPIPANONA
71. N-OXICODEÍNA
72. ÓPIO
73. OXICODONA
74. N-OXIMORFINA
76. PETIDINA
77. PIMINODINA
78. PIRITRAMIDA
79. PROEPTAZINA
80. PROPERIDINA
81. RACEMETORFANO
82. RACEMORAMIDA
83. RACEMORFANO
84. REMIFENTANILA
84. SUFENTANILA
85. TEBACONA (ACETILDIIDROCODEINONA)
86. TEBAÍNA
87. TILIDINA
88. TRIMEPERIDINA

ADENDO:

1.ficam também sob controle, todos os sais e isômeros das substâncias enumeradas acima, bem como os intermediários da METADONA (4-ciano-2-dimetilamina-4,4-difenilbutano), MORAMIDA (ácido 2-metil-3--morfolina-1,1-difenilpropano carboxílico) e PETIDINA (A ? 4 ciano-1-metil-4-fenilpiperidina, B ? éster etílico do ácido 4-fenilpiperidina-4-carboxilíco e C ? ácido-1-metil-4-fenilpiperidina-4-carboxílico);

2.preparações a base de DIFENOXILATO, contendo por unidade posológica, não mais que 2,5 miligramas de DIFENOXILATO calculado como base, e uma quantidade de Sulfato de Atropina equivalente a, pelo menos, 1,0% da quantidade de DIFENOXILATO, ficam sujeitas a prescrição da Receita de Controle Especial, em 2 (duas) vias e os dizeres de rotulagem e bula devem apresentar a seguinte frase: "VENDA SOB PRESCRIÇÃO MÉDICA ? SÓ PODE SER VENDIDO COM RETENÇÃO DA RECEITA";

3.preparações a base de ÓPIO contendo não mais que 50 miligramas de ÓPIO (contém 5 miligramas de morfina anidra), ficam sujeitas a VENDA SOB PRESCRIÇÃO MÉDICA SEM A RETENÇÃO DE RECEITA;

4.fica proibida a comercialização e manipulação de todos os medicamentos que contenham ÓPIO e seus derivados sintéticos e CLORIDRATO DE DIFENOXILATO e suas associações, nas formas farmacêuticas líquidas ou em xarope para uso pediátrico (Portaria SVS/MS n.º 106 de 14 de setembro de 1994 ? DOU 19/9/94);

LISTA A2

LISTA DAS SUBSTÂNCIAS ENTORPECENTES

DE USO PERMITIDO SOMENTE EM CONCENTRAÇÕES ESPECIAIS

(Sujeitas a Notificação de Receita "A")

1.ACETILDIIDROCODEINA

2.CODEÍNA

3.DEXTROPROPOXIFENO

4.DIIDROCODEÍNA

5.ETILMORFINA (DIONINA)

6.FOLCODINA

7.NALBUFINA

8.NALORFINA

11. NICOCODINA

12. NICODICODINA

13. NORCODEÍNA

14. PROPIRAM

15. TRAMADOL

ADENDO:

1) ficam também sob controle, todos os sais e isômeros das substâncias enumeradas acima;

2) preparações a base de ACETILDIIDROCODEÍNA, CODEÍNA, DIIDROCODEÍNA, ETILMORFINA, FOLCODINA, NICODICODINA, NORCODEÍNA, misturadas a um ou mais componentes, em que a quantidade de entorpecentes não exceda 100 miligramas por unidade posológica, e em que a concentração não ultrapasse a 2,5% nas preparações de formas indivisíveis ficam sujeitas prescrição da Receita de Controle Especial, em 2 (duas) vias e os dizeres de rotulagem e bula devem apresentar a seguinte frase: "VENDA SOB PRESCRIÇÃO MÉDICA ? SÓ PODE SER VENDIDO COM RETENÇÃO DA RECEITA ";

3) preparações a base de TRAMADOL, misturadas a um ou mais componentes, em que a quantidade não exceda 100 miligramas de TRAMADOL por unidade posológica ficam sujeitas a prescrição da Receita de Controle Especial, em 2 (duas) vias e os dizeres de rotulagem e bula devem apresentar a seguinte frase: "VENDA SOB PRESCRIÇÃO MÉDICA ? SÓ PODE SER VENDIDO COM RETENÇÃO DA RECEITA ";

4) preparações a base de DEXTROPROPOXIFENO, misturadas a um ou mais componentes, em que a quantidade de entorpecente não exceda 100 miligramas por unidade posológica e em que a concentração

não ultrapasse 2,5% nas preparações indivisíveis, ficam sujeitas a prescrição da Receita de Controle Especial, em 2 (duas) vias e os dizeres de rotulagem e bula devem apresentar a seguinte frase: "VENDA SOB PRESCRIÇÃO MÉDICA ? SÓ PODE SER VENDIDO COM RETENÇÃO DA RECEITA ".

5) preparações a base de NALBUFINA, misturadas a um ou mais componentes, em que a quantidade não exceda 10 miligramas de CLORIDRATO DE NALBUFINA por unidade posológica ficam sujeitas a prescrição da Receita de Controle Especial, em 2 (duas) vias e os dizeres de rotulagem e bula devem apresentar a seguinte frase: "VENDA SOB PRESCRIÇÃO MÉDICA ? SÓ PODE SER VENDIDO COM RETENÇÃO DA RECEITA ";

6) preparações a base de PROPIRAM, misturadas a um ou mais componentes, contendo não mais que 100 miligramas de PROPIRAM por unidade posológica e associados, no mínimo, a igual quantidade de metilcelulose, ficam sujeitas a prescrição da Receita de Controle Especial, em 2 (duas) vias e os dizeres de rotulagem e bula deverão apresentar a seguinte frase: "VENDA SOB PRESCRIÇÃO MÉDICA ? SÓ PODE SER VENDIDO COM RETENÇÃO DA RECEITA ".

LISTA – A3

LISTA DAS SUBSTÂNCIAS PSICOTRÓPICAS

(Sujeita a Notificação de Receita "A")

1.ANFETAMINA

2.CATINA

3.CLOBENZOREX

4.CLORFENTERMINA

5.DEXANFETAMINA

6.FENCICLIDINA

7.FENETILINA

8.FENMETRAZINA

9.LEVANFETAMINA

10. LEVOMETANFETAMINA

11. METANFETAMINA

12. METILFENIDATO

13. TANFETAMINA

ADENDO:

1.ficam também sob controle, todos os sais e isômeros das substâncias enumeradas acima.

LISTA ? B1

LISTA DAS SUBSTÂNCIAS PSICOTRÓPICAS

(Sujeitas a Notificação de Receita "B")

1.ALOBARBITAL

2.ALPRAZOLAM

3.AMOBARBITAL

4.APROBARBITAL

4.BARBEXACLONA

5.BARBITAL

6.BROMAZEPAM

7.BROTIZOLAM

8.BUTALBITAL

9.BUTOBARBITAL

9.CAMAZEPAM

11. CETAZOLAM

12. CICLOBARBITAL

13. CLOBAZAM

14. CLONAZEPAM

15. CLORAZEPAM

16. CLORAZEPATO

17. CLORDIAZEPÓXIDO

18. CLOTIAZEPAM
19. CLOXAZOLAM
20. DELORAZEPAM
21. DIAZEPAM
22. ESTAZOLAM
23. ETCLORVINOL
24. ETINAMATO
25. FENDIMETRAZINA
26. FENOBARBITAL
27. FLUDIAZEPAM
28. FLUNITRAZEPAM
29. FLURAZEPAM
30. GLUTETIMIDA
31. HALAZEPAM
32. HALOXAZOLAM
33. LEFETAMINA
34. LOFLAZEPATO ETILA
35. LOPRAZOLAM
36. LORAZEPAM
37. LORMETAZEPAM
38. MEDAZEPAM
39. MEPROBAMATO
40. MESOCARBO
41. METIL FENOBARBITAL (PROMINAL)
42. METIPRILONA
43. MIDAZOLAM
44. N-ETILANFETAMINA
45. NIMETAZEPAM
46. NITRAZEPAM
47. NORCANFANO (FENCANFAMINA)
48. NORDAZEPAM
49. OXAZEPAM
50. OXAZOLAM
51. PEMOLINA
52. PENTAZONINA
52. PENTOBARBITAL
53. PINAZEPAM
54. PIPRADOL
55. PIROVARELONA
56. PRAZEPAM
57. PROLINTANO
58. PROPILEXEDRINA
59. SECBUTABARBITAL
59. SECOBARBITAL
60. TEMAZEPAM
61. TETRAZEPAM
62. TIAMILAL
63. TIOPENTAL
64. TRIAZOLAM
65. TRIEXIFENIDIL
65. VINILBITAL
66. ZOLPIDEM
67. ZOPICLONA

ADENDO:

1.ficam também sob controle, todos os sais e isômeros das substâncias enumeradas acima;

2.os medicamentos que contenham FENOBARBITAL, PROMINAL, BARBITAL e BARBEXACLONA, ficam sujeitos a prescrição da Receita de Controle Especial, em 2 (duas) vias e os dizeres de rotulagem e bula devem apresentar a seguinte frase: "VENDA SOB PRESCRIÇÃO MÉDICA ? SÓ PODE SER VENDIDO COM RETENÇÃO DA RECEITA ".

LISTA – B2

LISTA DAS SUBSTÂNCIAS PSICOTRÓPICAS ANOREXÍGENAS

(Sujeitas a Notificação de Receita "B")

1.AMINOREX
2.ANFEPRAMONA (DIETILPROPIONA)
3.FEMPROPOREX
4.FENDIMETRAZINA
5.FENTERMINA
6.MAZINDOL
7.MEFENOREX

ADENDO:

1.ficam também sob controle, todos os sais e isômeros das substâncias enumeradas acima.

LISTA ? C1

LISTA DAS OUTRAS SUBSTÂNCIAS SUJEITAS A CONTROLE ESPECIAL

(Sujeitas a Receita de Controle Especial em duas vias)

1.ACEPROMAZINA
2.ÁCIDO VALPRÓICO
3.AMANTADINA
4.AMINEPTINA
5.AMISSULPRIDA
6.AMITRIPTILINA
7.AMOXAPINA
8.AZACICLONOL
9.BECLAMIDA
10. BENACTIZINA
11. BENFLUOREX
11. BENZOCTAMINA
12. BENZOQUINAMIDA
13. BIPERIDENO
14. BUSPIRONA
15. BUTAPERAZINA
16. BUTRIPTILINA
17. CAPTODIAMINA
18. CARBAMAZEPINA
19. CAROXAZONA
20. CETAMINA
21. CICLARBAMATO
22. CICLEXEDRINA
23. CICLOPENTOLATO
24. CITALOPRAM
25. CLOMACRANO
26. CLOMETIAZOL
27. CLOMIPRAMINA
29. CLOREXADOL
30. CLORPROMAZINA
31. CLORPROTIXENO
32. CLOTIAPINA
33. CLOZAPINA
34. DEANOL
35. DESFLURANO
36. DESIPRAMINA
37. DEXETIMIDA
38. DEXFENFLURAMINA
39. DEXTROMETORFANO
40. DIBENZEPINA
41. DIMETRACRINA
42. DISOPIRAMIDA
43. DISSULFIRAM
43. DIVALPROATO DE SÓDIO

44. DIXIRAZINA
45. DOXEPINA
46. DROPERIDOL
47. EMILCAMATO
48. ENFLURANO
49. ETOMIDATO
50. ETOSSUXIMIDA
51. ECTILURÉIA
52. FACETOPERANO (LEVOFACETOPERANO)
53. FENAGLICODOL
54. FENELZINA
55. FENFLURAMINA
56. FENITOINA
57. FENILPROPANOLAMINA
58. FENIPRAZINA
59. FEMPROBAMATO
60. FLUFENAZINA
61. FLUMAZENIL
62. FLUOXETINA
63. FLUPENTIXOL
64. FLUVOXAMINA
64. HALOPERIDOL
65. HALOTANO
66. HIDRATO DE CLORAL
67. HIDROCLORBEZETILAMINA
68. HIDROXIDIONA
69. HOMOFENAZINA
70. IMICLOPRAZINA
71. IMIPRAMINA
72. IMIPRAMINÓXIDO
73. IPROCLORIZIDA
74. ISOCARBOXAZIDA
75. ISOFLURANO
76. ISOPROPIL-CROTONIL-URÉIA
77. LAMOTRIGINA
78. LEVODOPA
79. LEVOMEPROMAZINA
80. LINDANO
81. LISURIDA
82. LITIO
83. LOPERAMIDA
84. LOXAPINA
85. MAPROTILINA
86. MECLOFENOXATO
87. MEFENOXALONA
88. MEFEXAMIDA
89. MEPAZINA
90. MESORIDAZINA
91. METILPENTINOL
92. METISERGIDA
93. METIXENO
94. METOPROMAZINA
95. METOXIFLURANO
96. MIANSERINA
97. MINACIPRAN
97. MINAPRINA
98. MIRTAZAPINA
99. MISOPROSTOL
100. MOCLOBEMIDA
101. MOPERONA
102. NALOXONA
102. NALTREXONA
103. NEFAZODONA
104. NIALAMIDA
105. NOMIFENSINA
106. NORTRIPTILINA
107. NOXPTILINA
108. OLANZAPINA
109. OPIPRAMOL
109. ORLISTAT

110. OXCARBAZEPINA

110. OXIFENAMATO

111. OXIPERTINA

112. PAROXETINA

113. PENFLURIDOL

114. PERFENAZINA

115. PERGOLIDA

116. PERICIAZINA (PROPERICIAZIDA)

117. PIMOZIDA

118. PIPAMPERONA

119. PIPOTIAZINA

120. PRAMIPEXOL

120. PRIMIDONA

121. PROCLORPERAZINA

122. PROMAZINA

123. PROPANIDINA

124. PROPIOMAZINA

125. PROPOFOL

126. PROTIPENDIL

127. PROTRIPTILINA

128. PROXIMETACAINA

129. RISPERIDONA

128. ROPINIROL

130. SELEGILINA

131. SERTRALINA

132. SEVOLFURANO

133. SIBUTRAMINA

134. SILDENAFILA

133. SULPIRIDA

134. TACRINA

135. TALCAPONA

136. TETRACAÍNA

134. TIANEPTINA

135. TIAPRIDA

136. TIOPROPERAZINA

137. TIORIDAZINA

138. TIOTIXENO

139. TOPIRAMATO

140. TRANILCIPROMINA

141. TRAZODONA

142. TRICLOFÓS

143. TRICLORETILENO

144. TRIFLUOPERAZINA

145. TRIFLUPERIDOL

146. TRIMIPRAMINA

147. VALPROATO SÓDICO

148. VENLAFAXINA

149. VERALIPRIDA

150. VIGABATRINA

151. ZIPRAZIDONA

151. ZUCLOPENTIXOL

ADENDO:

1.ficam também sob controle, todos os sais e isômeros das substâncias enumeradas acima;

2.ficam suspensas, temporariamente, as atividades mencionadas no artigo 2º da Portaria SVS/MS n.º 344/98, relacionadas as substâncias FENFLURAMINA E DEXFENFLURAMINA e seus sais, bem como os medicamentos que as contenham, até que os trabalhos de pesquisa em desenvolvimento no país e no exterior, sobre efeitos colaterais indesejáveis, sejam ultimados;

3.os medicamentos a base da substância LOPERAMIDA ficam sujeitos a VENDA SOB PRESCRIÇÃO MÉDICA SEM A RETENÇÃO DE RECEITA;

4. fica proibido a comercialização e manipulação de todos os medicamentos que contenham LOPERAMIDA ou em associações, nas formas farmacêuticas líquidas ou em xarope para uso pediátrico (Portaria SVS/MS n.º 106 de 14 de setembro de 1994 ? DOU 19/9/94);

5) só será permitida a compra e uso do medicamento contendo a substância MISOPROSTOL em estabelecimentos hospitalares devidamente cadastrados junto a Autoridade Sanitária para este fim;

6) os medicamentos a base da substância FENILPROPANOLAMINA, ficam sujeitos a VENDA SOB PRESCRIÇÃO MÉDICA SEM A RETENÇÃO DE RECEITA.

7) os medicamentos de uso tópico odontológico a base da substância TETRACAÍNA, quando não associada a qualquer outro princípio ativo, ficam as VENDAS SEM PRESCRIÇÃO MÉDICA;

8) os medicamentos a base da substância DEXTROMETORFANO, ficam sujeitos a VENDA SOB PRESCRIÇÃO MÉDICA SEM A RETENÇÃO DE RECEITA;

9) Excetuam-se das disposições legais deste Regulamento Técnico os produtos a base das substâncias Lindano e Tricloroetileno quando, comprovadamente, forem utilizadas para outros fins que não os de efeito à área de saúde, e portanto não estão sujeitos ao controle e fiscalização do Ministério da Saúde.

LISTA – C2

LISTA DE SUBSTÂNCIAS RETINÓICAS

(Sujeitas a Notificação de Receita Especial)

1.ACITRETINA

2.ADAPALENO

4.ISOTRETINOÍNA

5.TRETINOÍNA

ADENDO:

1.ficam também sob controle, todos os sais e isômeros das substâncias enumeradas acima;

2) os medicamentos de uso tópico contendo as substâncias desta lista ficam sujeitos a VENDA SOB PRESCRIÇÃO MÉDICA SEM A RETENÇÃO DE RECEITA.

LISTA ? C3

LISTA DE SUBSTÂNCIAS IMUNOSSUPRESSORAS

(Sujeita a Notificação de Receita Especial)

1) FTALIMIDOGLUTARIMIDA (TALIDOMIDA)

ADENDO:

1) ficam também sob controle, todos os sais e isômeros das substâncias enumeradas acima.

LISTA ? C4

LISTA DAS SUBSTÂNCIAS ANTI-RETROVIRAIS

(Sujeitas a Receituário do Programa da DST/AIDS ou Sujeitas a Receita de Controle Especial em duas vias)

1.DELAVIDINA

2.DIDANOSINA (ddI)

3.EFAVIRENZ

2.ESTAVUDINA (d4T)

3.INDINAVIR

4.LAMIVUDINA (3TC)

5.NELFINAVIR

6.NEVIRAPINA

5.RITONAVIR

6.SAQUINAVIR

7.ZALCITABINA (ddC)

8.ZIDOVUDINA (AZT)

ADENDO:

1) ficam também sob controle, todos os sais e isômeros das substâncias enumeradas acima;

2) os medicamentos a base de substâncias anti-retrovirais acima elencadas, devem ser prescritos em receituário próprio estabelecido pelo Programa de DST/AIDS do Ministério da Saúde, para dispensação nas farmácias hospitalares/ambulatoriais do Sistema Público de Saúde;

3) os medicamentos a base de substâncias anti-retrovirais acima elencadas, quando dispensados em farmácias e drogarias, ficam sujeitos a venda sob Receita de Controle Especial em 2 (duas) vias.

LISTA – C5

LISTA DAS SUBSTÂNCIAS ANABOLIZANTES

(Sujeitas a Receita de Controle Especial em duas vias)

1.DIIDROEPIANDROSTERONA (DHEA)

2.ESTANOZOLOL

3.FLUOXIMESTERONA OU FLUOXIMETILTESTOSTERONA

4.MESTEROLONA

5.METANDRIOL

6.METILTESTOSTERONA

7.NANDROLONA

8.OXIMETOLONA

ADENDO:

1.ficam também sob controle, todos os sais e isômeros das substâncias enumeradas acima.

LISTA – D1

LISTA DE SUBSTÂNCIAS PRECURSORAS DE ENTORPECENTES E/OU PSICOTRÓPICOS

(Sujeitas a Receita Médica sem Retenção)

1.1-FENIL-2-PROPANONA

2.3,4 – METILENDIOXIFENIL-2-PROPANONA

4.ACIDO ANTRANÍLICO

6.ÁCIDO FENILACETICO

7.ÁCIDO LISÉRGICO

8.ÁCIDO N-ACETILANTRANÍLICO

13. EFEDRINA

14. ERGOMETRINA

15. ERGOTAMINA

18. ISOSAFROL

21. PIPERIDINA

22. PIPERONAL

23. PSEUDOEFEDRINA

24. SAFROL

ADENDO:

1.ficam também sob controle, todos os sais e isômeros das substâncias enumeradas acima.

LISTA – D2

LISTA DE INSUMOS QUÍMICOS UTILIZADOS COMO PRECURSORES

PARA FABRICAÇÃO E SÍNTESE DE ENTORPECENTES E/OU PSICOTRÓPICOS

(Sujeitos a Controle do Ministério da Justiça)

1.ACETONA

2.ÁCIDO CLORÍDRICO

3.ÁCIDO SULFÚRICO

4.ANIDRIDO ACÉTICO

5.CLORETO DE METILENO

6.CLOROFÓRMIO

7.ÉTER ETÍLICO

8.METIL ETIL CETONA

9.PERMANGANATO DE POTÁSSIO

10. SULFATO DE SÓDIO

11. TOLUENO

ADENDO:

1.produtos e insumos químicos, sujeitos a controle da Polícia Federal, de acordo com a Lei n.º 9.017 de 30/03/1995, Decreto n.º 1.646 de 26/09/1995, Decreto n.º 2.036 de 14/10/1996, Resolução n.º 01/95 de 07 de novembro de 1995 e Instrução Normativa n.º 06 de 25/09/1997;

2.o insumo químico ou substância CLOROFÓRMIO está proibido para uso em medicamentos.

LISTA ? E

LISTA DE PLANTAS QUE PODEM ORIGINAR SUBSTÂNCIAS

ENTORPECENTES E/OU PSICOTRÓPICAS

1.CANNABIS SATIVUM

2.CLAVICEPS PASPALI

3.DATURA SUAVEOLANS

4.ERYTROXYLUM COCA

5.LOPHOPHORA WILLIAMSII (CACTO PEYOTE)

6.PRESTONIA AMAZONICA (HAEMADICTYON AMAZONICUM)

ADENDO:

1) ficam também sob controle, todos os sais e isômeros das substâncias obtidas a parti das plantas elencadas acima.

LISTA – F

LISTA DAS SUBSTÂNCIAS DE USO PROSCRITO NO BRASIL

LISTA F1 – SUBSTÂNCIAS ENTORPECENTES

1.3-METILFENTANILA (N-(3-METIL 1-(FENETIL-4-PIPERIDIL)PROPIONANILIDA)

2.3-METILTIOFENTANILA (N-[3-METIL-1-[2-(2-TIENIL)ETIL]-4-PIPERIDIL]PROPIONANILIDA)

3.ACETIL-ALFA-METILFENTANILA (N-[1-µ -METILFENETIL)-4-PIPERIDIL]ACETANILIDA)

4.ALFA-METILFENTANILA (N-[1-µ -METILFENETIL)-4-PIPERIDIL]PROPIONANILIDA)

5.ALFAMETILTIOFENTANIL (N-[1-[1-METIL-2-(2-TIENIl)ETIL]-4-PIPERIDIL]PROPIONANILIDA)

7.BETA-HIDROXI-3-METILFENTANILA

8.BETA-HIDROXIFENTANILA

11. COCAÍNA

12. DESOMORFINA (DIIDRODEOXIMORFINA)

20. ECGONINA

24. HEROÍNA (DIACETILMORFINA)

32. MPPP (1-METIL-4-FENIL-4-PROPIONATO DE PIPERIDINA (ESTER))

33. PARA-FLUOROFENTANILA (4-FLUORO-N-(1-FENETIL-4-PIPERIDIL)PROPIONANILIDA)

35. PEPAP (1-FENETIL-4-FENIL-4-ACETATO DE PIPERIDINA (ESTER))

43. TIOFENTANILA (N-[1-[2-TIENIL)ETIL]-4-PIPERIDIL]PROPIONANILIDA)

LISTA F2 – SUBSTÂNCIAS PSICOTRÓPICAS

1.4-METILAMINOREX (±)-CIS-2-AMINO-4-METIL-5-FENIL-2-OXAZOLINA

2.BENZOFETAMINA

3.CATINONA ((-)-(5)-2-AMINOPROPIOFENONA)

4.CLORETO DE ETILA

5.DET (3-[2-(DIETILAMINO)ETIL]LINDOL)

6.LISERGIDA (9,10-DIDEHIDRO-N,N-DIETIL-6-METILERGOLINA-8 b -CARBOXAMIDA) -LSD

7.DMA ((±)-2,5-DIMETOXI-μ -METILFENETILAMINA)

8.DMHP(3-(1,2-DIMETILHEPTIL)-7,8,9,10-TETRAHIDRO-6,6,9-TRIMETIL-6H-DIBENZO[B,D]PIRANO-1-OL)

9.DMT (3-[2-(DIMETILAMINO)ETIL] INDOL)

10. DOB ((±)-4-BROMO-2,5-DIMETOXI-μ -METILFENETILAMINA)-BROLANFETAMINA

11. DOET ((±) ?4-ETIL-2,5-DIMETOXIμ -FENETILAMINA)

12. ETICICLIDINA (N-ETIL-1-FENILCICLOHEXILAMINA)-PCE

13. ETRIPTAMINA (3-(2-AMINOBUTIL)INDOL)

14. MDA (μ -METIL-3,4-(METILENDIOXI)FENETILAMINA)-TENAMFETAMINA

15. MDMA ((±)-N, μ -DIMETIL-3,4-(METILENDIOXI)FENETILAMINA)

16. MECLOQUALONA

17. MESCALINA (3,4,5-TRIMETOXIFENETILAMINA)

18. METAQUALONA

19. METICATINONA (2-(METILAMINO)-1-FENILPROPAN-L-ONA)

20. MMDA (2-METOXI-μ -METIL-4,5-(METILENDIOXI)FENETILAINA)

21. PARAHEXILA (3-HEXIL-7,8,9,10-TETRAHIDRO-6,6,9-TRIMETIL-6H-DIBENZO[B,D]PIRANO-1-OL)

22. PMA (P-METOXI-μ -METILFENETILAMINA)

23. PSILOCIBINA (FOSFATO DIHIDROGENADO DE 3-[2-(DIMETILAMINOETIL)]INDOL-4-ILO)

24. PSILOCINA (3-[2-(DIMETILAMINO)ETIL]INDOL-4-OL)

25. ROLICICLIDINA (L-(L-FENILCICLOMEXIL)PIRROLIDINA)-PHP,PCPY

26. STP,DOM (2,5-DIMETOXI-µ ,4-DIMETILFENETILAMINA)

27. TENOCICLIDINA (1-[1-(2-TIENIL)CICLOHEXIL]PIPERIDINA)-TCP

28. THC (TETRAIDROCANABINOL)

29. TMA ((±)-3,4,5-TRIMETOXI-µ -METILFENETILAMINA)

30. ZIPEPROL

LISTA F3 OUTRAS SUBSTÂNCIAS

1.ESTRICNINA

2.ETRETINATO

ADENDO:

1.ficam também sob controle, todos os sais e isômeros das substâncias enumeradas acima.

| 16 |
ATRIBUIÇÕES DA PF

▸LEI Nº 10.446, DE 8 DE MAIO DE 2002

Dispõe sobre infrações penais de repercussão interestadual ou internacional que exigem repressão uniforme, para os fins do disposto no inciso I do § 1º do art. 144 da Constituição.

O PRESIDENTE DA REPÚBLICA Faço saber que o Congresso Nacional decreta e eu sanciono a seguinte Lei:

Art. 1º Na forma do inciso I do § 1º do art. 144 da Constituição, quando houver repercussão interestadual ou internacional que exija repressão uniforme, poderá o Departamento de Polícia Federal do Ministério da Justiça, sem prejuízo da responsabilidade dos órgãos de segurança pública arrolados no art. 144 da Constituição Federal, em especial das Polícias Militares e Civis dos Estados, proceder à investigação, dentre outras, das seguintes infrações penais:

I – seqüestro, cárcere privado e extorsão mediante seqüestro (arts. 148 e 159 do Código Penal), se o agente foi impelido por motivação política ou quando praticado em razão da função pública exercida pela vítima;

II – formação de cartel (incisos I, a, II, III e VII do art. 4º da Lei nº 8.137, de 27 de dezembro de 1990); e

III – relativas à violação a direitos humanos, que a República Federativa do Brasil se comprometeu a reprimir em decorrência de tratados internacionais de que seja parte; e

IV – furto, roubo ou receptação de cargas, inclusive bens e valores, transportadas em operação interestadual ou internacional, quando houver indícios da atuação de quadrilha ou bando em mais de um Estado da Federação.

V – falsificação, corrupção, adulteração ou alteração de produto destinado a fins terapêuticos ou medicinais e venda, inclusive pela internet, depósito ou distribuição do produto falsificado, corrompido, adulterado ou alterado (art. 273 do Decreto-Lei nº 2.848, de 7 de dezembro de 1940 – Código Penal).(Incluído pela Lei nº 12.894, de 2013)

VI – furto, roubo ou dano contra instituições financeiras, incluindo agências bancárias ou caixas eletrônicos, quando houver indícios da atuação de associação criminosa em mais de um Estado da Federação. (Incluído pela Lei nº 13.124, de 2015)

VII – quaisquer crimes praticados por meio da rede mundial de computadores que difundam conteúdo misógino, definidos como aqueles que propagam o ódio ou a aversão às mulheres. (Incluído pela Lei nº 13.642, de 2018)

Parágrafo único. Atendidos os pressupostos do **caput**, o Departamento de Polícia Federal procederá à apuração de outros casos, desde que tal providência seja autorizada ou determinada pelo Ministro de Estado da Justiça.

Art. 2º Esta Lei entra em vigor na data de sua publicação.

1. COMENTÁRIOS

Consoante nossa Constituição Federal (art. 144), a segurança pública, dever do Estado, direito e responsabilidade de todos, é exercida para a preservação da ordem pública e da incolumidade das pessoas e do patrimônio, e dentre os seus órgãos inclui-se a Polícia Federal[1].

1. Nos termos do art. 144, CF, além da Polícia Federal, são órgãos de segurança pública: a) Polícia Rodoviária Federal; b) Polícia Ferroviária Federal; c) Polícias Civis; d) Polícias Militares e Corpos De Bombeiros Militares.

Ainda de acordo com o texto constitucional, a Polícia Federal, instituída por lei como órgão permanente, organizado e mantido pela União e estruturado em carreira, destina-se a: a) apurar infrações penais contra a ordem política e social ou em detrimento de bens, serviços e interesses da União ou de suas entidades autárquicas e empresas públicas, assim como outras infrações cuja prática tenha repercussão interestadual ou internacional e exija repressão uniforme, segundo se dispuser em lei (art. 144, § 1º, I, CF); b) prevenir e reprimir o tráfico ilícito de entorpecentes e drogas afins, o contrabando e o descaminho, sem prejuízo da ação fazendária e de outros órgãos públicos nas respectivas áreas de competência; c) exercer as funções de polícia marítima, aeroportuária e de fronteiras; d) exercer, com exclusividade, as funções de polícia judiciária da União.

O objetivo da Lei nº 10.446/02 é cumprir o mandamento constitucional, regulamentando o art. 144, § 1º, I, da Carta Magna. Com isto, a Lei dispõe sobre infrações penais de repercussão interestadual ou internacional que exigem repressão uniforme.

É fundamental recordar que esta Lei trata das atribuições da Polícia Federal, não influindo em nada na competência para o processo e julgamento do crime por ela investigado. Os crimes federais, isto é, os crimes de competência da Justiça Federal, são aqueles cuja identificação se depreende da atenta leitura do art. 109, CF. O fato de o crime demandar repressão uniforme, nos termos da Lei em apreço, atrai a atribuição da Polícia Federal, mas não a competência da Justiça Federal (permanecendo estadual).

Em resumo, podemos concluir que os crimes de competência da Justiça Federal serão investigados pela Polícia Federal (a quem cabe exercer, com exclusividade, as funções de Polícia Judiciária da União), mas nem todo crime investigado pela Polícia Federal será julgado na Justiça Federal.

A atribuição da Polícia Federal ocorrerá quando houver repercussão interestadual ou internacional que exija repressão uniforme. O objetivo do legislador é evitar o tumulto oriundo de informações desencontradas entre as Polícias Civis ou Militares de distintas unidades da Federação. Com efeito, ocorrendo, por exemplo, o sequestro com motivação política, em um Estado da Federação, com o cativeiro localizado em outra unidade federativa, fica mais fácil para a Polícia Federal promover às investigações do que depender do somatório de esforços das Polícias Civis dos dois Estados.

A despeito desta constatação, vale recordar que, nos termos do art. 1º da Lei, a atuação da Polícia Federal se dará sem prejuízo da responsabilidade dos órgãos de segurança pública arrolados no art. 144 da Constituição Federal, em especial das Polícias Militares e Civis dos Estados.

As infrações penais, enumeradas no art. 1º, em rol meramente exemplificativo, são:

> a) sequestro, cárcere privado e extorsão mediante sequestro (arts. 148 e 159 do Código Penal), se o agente foi impelido por motivação política ou quando praticado em razão da função pública exercida pela vítima

O crime de sequestro e cárcere privado vem definido no art. 148 do Código Penal, nos seguintes termos: "Privar alguém de sua liberdade, mediante sequestro ou cárcere privado".

Trata-se de um crime contra a liberdade individual. Por sua vez, o crime de extorsão mediante sequestro, contemplado no rol dos crimes contra o patrimônio, está definido no art. 159 do mesmo Código, nos seguintes termos: "Sequestrar pessoa com o fim de obter, para si ou para outrem, qualquer vantagem, como condição ou preço do resgate". Não se pode olvidar que este último crime é de gravidade tão acentuada que faz parte dos crimes etiquetados como hediondos.

Importante destacar que o dispositivo faz menção a crimes praticados por motivação política, e não crimes políticos (art. 109, IV, CF). Por esta razão, não se trata, a priori, de crime de competência da Justiça Federal, muito embora exista a atribuição da Polícia Federal.

Naturalmente, no caso concreto, pode haver hipótese que atraia a competência da Justiça Federal. Basta imaginar, por exemplo, que o crime seja praticado em razão da função pública desempenhada pela vítima e esta função pública seja federal. Ora, por força do disposto na súmula nº 147/STJ (*Compete à Justiça Federal processar e julgar os crimes praticados contra funcionário público federal, quando relacionados com o exercício da função*), o julgamento do crime seria de competência da Justiça Federal.

b) formação de cartel

O cartel consiste em uma modalidade de abuso do poder econômico, em que concorrentes dominam os mercados mediante ajuste ou acordos de empresas. Trata-se de crime contra a ordem econômica que, como visto, é de competência estadual, salvo se afetar bens, serviços ou interesses da União.

Os incisos III a VII do art. 4º da Lei nº 8.137/90 foram revogados pela Lei nº 12.529/11. Persistem os dois primeiros incisos, com a seguinte redação: "I – abusar do poder econômico, dominando o mercado ou eliminando, total ou parcialmente, a concorrência mediante qualquer forma de ajuste ou acordo de empresas; II – formar acordo, convênio, ajuste ou aliança entre ofertantes, visando: a) à fixação artificial de preços ou quantidades vendidas ou produzidas; b) ao controle regionalizado do mercado por empresa ou grupo de empresas; c) ao controle, em detrimento da concorrência, de rede de distribuição ou de fornecedores; Pena – reclusão, de 2 (dois) a 5 (cinco) anos e multa".

c) relativas à violação a direitos humanos, que a República Federativa do Brasil se comprometeu a reprimir em decorrência de tratados internacionais de que seja parte

A hipótese guarda similitude com o art. 109, V-A, CF/88, que traz o chamado incidente de deslocamento de competência. Curioso notar, contudo, que a hipótese de atribuição da Polícia Federal antecede a existência daquele dispositivo constitucional, que só foi acrescido à Carta Política após a Emenda Constitucional nº 45/04.

De toda forma, a atribuição da Polícia Federal para a investigação não conduz, necessariamente, à competência da Justiça Federal, como já salientamos, razão pela qual o fato de haver a investigação por parte da Polícia Federal não significará, necessariamente, que estaremos diante de um caso em que será viável o incidente de deslocamento de competência.

Ademais, importante destacar que os pressupostos que viabilizam o incidente de deslocamento de competência não coincidem integralmente com os que permitem a atuação da Polícia Federal.

Com efeito, vimos que, para o STJ, o incidente fundamenta-se em três pressupostos: a) a existência de grave violação a direitos humanos; b) o risco de responsabilização internacional decorrente do descumprimento de obrigações jurídicas assumidas em tratados internacionais; c) a incapacidade das instâncias e autoridades locais em oferecer respostas efetivas. Por sua vez, os pressupostos para a atuação da Polícia Federal são aqueles previstos nesta Lei, quais sejam: a) violação aos direitos humanos; b) repercussão interestadual ou internacional; c) exigência de repressão uniforme.

d) furto, roubo ou receptação de cargas, inclusive bens e valores, transportadas em operação interestadual ou internacional, quando houver indícios da atuação de quadrilha ou bando em mais de um Estado da Federação

Furto, roubo e receptação são condutas que estão incluídas no catálogo dos crimes contra o patrimônio.

O crime de furto é definido pelo art. 155 do Código Penal, nos seguintes termos: "Subtrair, para si ou para outrem, coisa alheia móvel". Já o art. 157, ao abordar o crime de roubo, define-o como: "Subtrair coisa móvel alheia, para si ou para outrem, mediante grave ameaça ou violência a pessoa, ou depois de havê-la, por qualquer meio, reduzido à impossibilidade de resistência". Por fim, o crime de receptação, consta do art. 180, com a seguinte redação: "Adquirir, receber, transportar, conduzir ou ocultar, em proveito próprio ou alheio, coisa que sabe ser produto de crime, ou influir para que terceiro, de boa-fé, a adquira, receba ou oculte".

Mais uma vez, o legislador deixa claro que a atribuição investigativa da Polícia Federal não significa, necessariamente, competência da Justiça Federal para o julgamento do crime. As condutas mencionadas no dispositivo são, regra geral, crimes de competência estadual.

A menção legislativa à repercussão interestadual não significa, tão-somente, que a conduta envolveu mais de um Estado-membro. Não há razões para que se invoque a atuação da Polícia Federal em casos de furtos de pequena monta, sem maior repercussão. Imagine-se um pequeno furto praticado na divisa entre duas Unidades da Federação. Ora, isto não é suficiente para deflagrar a atuação da Polícia Federal, pois, a despeito do caráter interestadual da conduta, não há a repercussão interestadual que demande a repressão uniforme.

Vale destacar que a menção à expressão "quadrilha ou bando" dizia respeito à definição típica do art. 288 do Código Penal. Após o advento da atual Lei de Organizações Criminosas (Lei nº 12.850/13), a redação do referido dispositivo do código Penal foi alterada, passando a constar como crime de associação criminosa, nos seguintes termos: "Associarem-se 3 (três) ou mais pessoas, para o fim específico de cometer crimes".

e) falsificação, corrupção, adulteração ou alteração de produto destinado a fins terapêuticos ou medicinais e venda, inclusive pela internet, depósito ou distribuição do produto falsificado, corrompido, adulterado ou alterado (art. 273 do Decreto-Lei nº 2.848, de 7 de dezembro de 1940 – Código Penal)

Esta hipótese foi acrescida à Lei nº 10.446/02 pela Lei nº 12.894, de 17 de dezembro de 2013.

A primeira parte do dispositivo se refere ao crime contemplado no art. 273, CP, cuja gravidade foi considerada tão acentuada pelo legislador, que foi erigido à categoria de crime hediondo (art. 1º, VII-B, Lei nº 8.072/90).

No que se refere à venda pela internet, fica clara a internacionalidade da conduta, na medida em que o produto pode ser comercializado entre pessoas de países distintos. Vale recordar, ainda, que a mera possibilidade de realização deste comércio internacional não é suficiente para a atração da competência da Justiça Federal, pois, conforme asseverado anteriormente, seria necessária a previsão do referido crime em Tratado ou Convenção internacional de que o Brasil fizesse parte.

É justamente por isto que o legislador, no final de 2013, reputou importante incluir a conduta no rol das hipóteses em que se permite à Polícia Federal atuar, ainda que não se trate de crime de competência da Justiça Federal. Obviamente, aqui, uma vez mais, a atribuição da PF só se concretiza se preenchidos os requisitos do *caput* do art. 1º, consistentes na interestadualidade ou internacionalidade da conduta criminosa, aliada à necessidade de repressão uniforme.

f) Furto, roubo ou dano contra instituições financeiras, incluindo agências bancárias ou caixas eletrônicos, quando houver indícios da atuação de associação criminosa em mais de um Estado da Federação (Incluído pela Lei nº 13.124, de 2015)

A Lei nº 13.124, do dia 21 de maio de 2015 acrescentou essa hipótese de crime de atribuição da Polícia Federal. As infrações penais acrescidas dizem respeito a algumas condutas presentes entre os crimes contra o patrimônio. Como já comentamos os crimes de furto e roubo (*vide* comentários à alínea *d*), cabe-nos ressaltar que o crime de dano está previsto no art. 163, CP, com a seguinte redação: "Destruir, inutilizar ou deteriorar coisa alheia".

Como se vê, para que se faça presente essa hipótese de atribuição da Polícia Federal, é necessário que estejam presentes três requisitos:

a) Crime contra instituições financeiras: conforme o art. 1º da Lei de Crimes contra o Sistema Financeiro Nacional (Lei n º 7.492/86): "Considera-se instituição financeira, para efeito desta lei, a pessoa jurídica de direito público ou privado, que tenha como atividade principal ou acessória, cumulativamente ou não, a captação, intermediação ou aplicação de recursos financeiros de terceiros, em moeda nacional ou estrangeira, ou a custódia, emissão, distribuição, negociação, intermediação ou administração de valores mobiliários".

Prossegue o parágrafo único do referido artigo dispondo que se equipara à instituição financeira: i) a pessoa jurídica que capte ou administre seguros, câmbio, consórcio, capitalização ou qualquer tipo de poupança, ou recursos de terceiros; ii) a pessoa natural que exerça quaisquer das atividades referidas neste artigo, ainda que de forma eventual.

Como se percebe, a caracterização de instituição financeira, para fins penais, pressupõe a operação de recursos de terceiros, não se enquadrando na definição legal a instituição que opera recursos próprios[2]. Por isto, é importante que se tenha em mente que o conceito de instituição financeira para fins penais não coincide, totalmente, com o conceito cunhado pela Lei nº 4.595/65, que faz menção à operação de recursos próprios[3].

Acreditamos que a definição contida na Lei de Crimes contra o Sistema Financeiro Nacional deve ser a legislação empregada para a definição de instituição financeira, para os fins a que se destina a Lei de Atribuições da Polícia Federal. E isto porque, muito embora a Lei n º 7.492/86 assevere que o conceito de instituição financeira somente se aplica para os fins da própria Lei, o fato é que temos um conceito de instituição financeira para fins penais. Nada justifica, portanto, que não se empregue o mesmo conceito, quando nos referimos aos crimes de que são vítimas as instituições financeiras, como no dispositivo legal em comento.

b) Indícios de atuação de associação criminosa: a definição de associação criminosa encontra-se no art. 288 do Código Penal, nos seguintes termos: " Associarem-se 3 (três) ou mais pessoas, para o fim específico de cometer crimes". Como se depreende da leitura da Lei de Atribuições da Polícia Federal, não é necessário que a existência de associação criminosa esteja comprovada, bastando que, para tanto, existam apenas indícios.

c) Participação da associação criminosa em mais de um Estado da Federação: uma vez mais, a Lei de atribuições da Polícia Federal enaltece a importância da atuação desta Polícia Judiciária quando ocorre interestadualidade da conduta. Cabe-nos reiterar que não há a necessidade de prova de atuação da associação criminosa, contentando-se o legislador com a presença de meros indícios.

g) quaisquer crimes praticados por meio da rede mundial de computadores que difundam conteúdo misógino, definidos como aqueles que propagam o ódio ou a aversão às mulheres.

Ao art. 1º, da Lei nº 10.446/2002, foi acrescido o inciso VII pela Lei nº 13.642, de 3 de abril de 2018, incrementando a atribuição da Polícia Federal para apurar delitos de ódio e de aversão à mulher, nas hipóteses em que, por força de tratados firmados pelo Brasil, deve ser exigida repressão uniforme. Com efeito, quando o fato objeto de investigação importe "repercussão interestadual ou internacional que exija repressão uniforme", nasce a aludida atribuição da Polícia Federal.

De todo modo, vale gizar que a previsão que refere ser da Polícia Federal tal dever, não exime os outros órgãos que compõem o sistema de defesa social. Em outros termos, trata-se de atribuição não exclusiva, na forma como, aliás, preconiza o inciso I, do § 1º, do art. 144, da Constituição de 1988.

---

2. Por esta razão, o entendimento pacificado em nossos Tribunais é no sentido de que a prática da agiotagem (crime contra a economia popular) não se confunde com crime contra o sistema financeiro. De fato, o agiota se vale de recursos próprios. Neste sentido, STF, HC 66741 / SP, rel. Min. Aldir Passarinho, j. 07/03/89.

3. Com efeito, a Lei nº 4595/65, que "Dispõe sobre a Política e as Instituições Monetárias, Bancárias e Creditícias, Cria o Conselho Monetário Nacional e dá outras providências", traz, em seu art. 17, a definição de instituição financeira, nos seguintes termos: "Consideram-se instituições financeiras, para os efeitos da legislação em vigor, as pessoas jurídicas públicas ou privadas, que tenham como atividade principal ou acessória a coleta, intermediação ou aplicação de recursos financeiros próprios ou de terceiros, em moeda nacional ou estrangeira, e a custódia de valor de propriedade de terceiros".

Daí que, sem prejuízo da atuação dos demais órgãos de segurança pública, cabe à Polícia Federal proceder à investigação de quaisquer crimes praticados por meio da rede mundial de computadores que difundam conteúdo misógino, entendido como aquele de ódio, de aversão ou de atos que impliquem repulsa às pessoas do sexo feminino.

h) Outros casos.

Conforme já mencionamos, o rol do art. 1º é meramente exemplificativo. E o parágrafo único do dispositivo foi expresso neste sentido, na medida em que permitiu ao Ministro da Justiça determinar ou, simplesmente, autorizar ao Departamento de Polícia Federal que proceda à apuração de outros casos. Para tanto, é necessário o preenchimento dos pressupostos entabulados no *caput*, a saber: a) repercussão interestadual ou internacional; b) exigência de repressão uniforme.

2. QUESTÕES DE CONCURSOS

1. **(CESPE/DPF/Agente de Polícia Federal/2014)** Diante da ocorrência dos crimes de sequestro, de cárcere privado e contra a economia popular, caso haja repercussão interestadual, a Polícia Federal, sem prejuízo da responsabilidade dos órgãos de segurança pública arrolados pela CF, poderá investigar todas essas infrações, independentemente de autorização ou determinação do ministro da Justiça.

2. **(CESPE/PJC-MT/Delegado de Polícia/2017)** Se o titular de secretaria de determinado estado da Federação for sequestrado e o caso tiver repercussão interestadual ou internacional que exija repressão uniforme, então a investigação a ser feita pelo DPF

a) dependerá de autorização do ministro de Estado da Justiça, se o crime tiver motivação política.

b) dependerá de mandado do ministro de Estado da Justiça, se o crime acontecer por motivação política.

c) independerá de autorização, se o crime for cometido em razão da função pública exercida ou por motivação política.

d) dependerá de autorização do ministro de Estado da Justiça, se o crime ocorrer em razão da função pública exercida.

e) dependerá de mandado do ministro de Estado da Justiça, se o crime se der em razão da função pública exercida.

3. **(FCC/DPE-AM/Defensor Público/2018)** A apuração das infrações penais, conforme o disposto no artigo 144 parágrafos 1° , I, e 4° , compete às Polícias Federal e Civil dos Estados. A atribuição da Polícia Federal pressupõe infrações penais contra a ordem política e social ou em detrimento de bens, serviços e interesses da União ou de suas entidades autárquicas e empresas públicas, bem como de infração penal cuja prática tenha repercussão interestadual ou internacional e exija repressão uniforme. Neste último caso, sem prejuízo da responsabilidade dos órgãos de segurança pública, poderá o Departamento de Polícia Federal investigar qualquer caso de

a) falsificação, corrupção, adulteração ou alteração de produto destinado a fins terapêuticos ou medicinais.

b) crimes contra as relações de consumo previstos na Lei n° 8.137/1990.

c) sequestro, cárcere privado e extorsão mediante sequestro.

d) furto, roubo ou receptação de cargas.

e) homicídio qualificado de grande repercussão local, desde que autorizados pelo Ministro da Justiça.

GAB	1	2	3
	E	C	A

| 17 |

ESTATUTO DO DESARMAMENTO

ESTATUTO DO DESARMAMENTO						
QUESTÕES DE CONCURSOS						
Classificação pelo artigo				Classificação pelo grau de incidência em provas		
Dispositivo legal	**Nº de questões**	**%**		**Dispositivo legal**	**Nº de questões**	**%**
Introdução	4	6,15%		Art. 15	15	23,08%
Art. 12	11	16,92%		Art. 14	13	20,00%
Art. 13	4	6,15%		Art. 16	13	20,00%
Art. 14	13	20,00%		Art. 12	11	16,92%
Art. 15	15	23,08%		Introdução	4	6,15%
Art. 16	13	20,00%		Art. 13	4	6,15%
Art. 18	1	1,54%		Art. 21	3	4,62%
Art. 19	1	1,54%		Art. 18	1	1,54%
Art. 21	3	4,62%		Art. 19	1	1,54%
TOTAL	65	100,00%		TOTAL	65	100,00%

▸LEI Nº 10.826, DE 22 DE DEZEMBRO DE 2003

Dispõe sobre registro, posse e comercialização de armas de fogo e munição, sobre o Sistema Nacional de Armas – Sinarm, define crimes e dá outras providências.

O PRESIDENTE DA REPÚBLICA Faço saber que o Congresso Nacional decreta e eu sanciono a seguinte Lei:

1. COMENTÁRIOS

1.1. Considerações iniciais

Há muito tempo a sociedade esperava um maior controle do comércio, porte e posse de arma de fogo. Contudo, até a entrada em vigor da Lei nº 9.437/97, portar de forma ilegal arma de fogo constituía mera contravenção penal. Com efeito, é com o advento da Lei nº 10.826/03 (Estatuto do Desarmamento) que a contravenção penal passa a ser rotulada como crime.

Ademais, a novel legislação trouxe algumas novidades, como a tipificação, no art. 18, do tráfico internacional de arma de fogo, até então considerado como espécie de crime de contrabando (art. 334-A, CP). Não havia tipo penal específico, razão pela qual a conduta era tida como crime de contrabando (art. 334, CP), na medida em que consistia em importação de mercadoria ilícita[1]. Tendo em vista que a lei atual majorou significativamente a pena, quando comparada à do contrabando, não haverá incidência aos casos ocorridos anteriormente a sua entrada em vigor.

Com o advento do Estatuto, o Brasil cumpriu compromisso adotado no plano internacional, quando aderiu à "Convenção Interamericana contra a fabricação e o tráfico ilícito de armas de fogo, munições, explosivos e outros materiais correlatos", concluída em Washington, em 14 de novembro de 1997. Este ato multilateral entrou em vigor, no plano internacional, no dia 1º de julho de 1998, posteriormente aprovado pelo Congresso Nacional brasileiro, por meio do Decreto Legislativo nº 58, de 18 de agosto de 1999. Por fim, foi aprovado o Decreto nº 3.229, de 29 de outubro de 1999, promulgando a Convenção entre nós.

Os tipos penais contidos no Estatuto do Desarmamento tutelam, sobretudo, a segurança pública (bem jurídico comum em praticamente todos os crimes do Estatuto). Para o Superior Tribunal de Justiça, o tipo objetiva resguardar também "a incolumidade pública, a segurança nacional e a paz social, pois um único projétil apto a uso e com perfeito desempenho é capaz de produzir efeitos negativos irreparáveis"[2]. Guilherme Nucci acrescenta como bem protegido, ainda que de forma secundária, a própria Administração Pública, "no seu particular interesse patrimonial e moral"[3].

1.2. Capítulos

O Estatuto do Desarmamento é dividido em (cinco) capítulos, estruturados da seguinte forma:

a) Capítulo I: abrange, apenas, os dois primeiros artigos da Lei, e institui, no âmbito da Polícia Federal, o SINARM – Sistema Nacional de Armas – com circunscrição em todo o território nacional. Ademais, o Capítulo I estabelece o rol de competências do SINARM, excluindo, expressamente, de sua abrangência, as armas de fogo das Forças Armadas e Auxiliares, bem como as demais que constem dos seus registros próprios.

Compete ao SINARM: a) identificar as características e a propriedade de armas de fogo, mediante cadastro; b) cadastrar as armas de fogo produzidas, importadas e vendidas no País; c) cadastrar as autorizações de porte de arma de fogo e as renovações expedidas pela Polícia Federal; d) cadastrar as transferências de propriedade, extravio, furto, roubo e outras ocorrências suscetíveis de alterar os dados cadastrais, inclusive as decorrentes de fechamento de empresas de segurança privada e de transporte de valores; e) identificar as modificações que alterem as características ou o funcionamento de arma de fogo; f) integrar no cadastro os acervos policiais já existentes; g) cadastrar as apreensões de armas de fogo, inclusive as vinculadas a procedimentos policiais e judiciais; h) cadastrar os armeiros em atividade no País, bem como conceder licença para exercer a atividade; i) cadastrar mediante registro os produtores, atacadistas, varejistas, exportadores e importadores autorizados de

1. STJ, CC 31.927/MA, Rel. Min. Gilson Dipp, j. 08/08/2001.
2. HC 45.099/AC, Rel. Min. Arnaldo Esteves Lima, j. 15/08/2006.
3. NUCCI, Guilherme de Souza. *Leis penais e processuais penais comentadas, v. II*, 6. Ed. São Paulo: RT, 2012, p. 69.

armas de fogo, acessórios e munições; j) cadastrar a identificação do cano da arma, as características das impressões de raiamento e de microestriamento de projétil disparado, conforme marcação e testes obrigatoriamente realizados pelo fabricante; h) informar às Secretarias de Segurança Pública dos Estados e do Distrito Federal os registros e autorizações de porte de armas de fogo nos respectivos territórios, bem como manter o cadastro atualizado para consulta.

b) Capítulo II: abrange os arts. 3º, 4º e 5º, e diz respeito ao registro da arma de fogo. Dentre outras coisas, o Capítulo estabelece (art. 4º) os requisitos para a aquisição da arma de fogo.

O Capítulo trata, ainda, do Certificado de Registro de Arma de Fogo, com validade em todo o território nacional, que autoriza o seu proprietário a manter a arma de fogo exclusivamente no interior de sua residência ou domicílio, ou dependência desses, ou, ainda, no seu local de trabalho, desde que seja ele o titular ou o responsável legal pelo estabelecimento ou empresa. Este certificado será expedido pela Polícia Federal e será precedido de autorização do SINARM.

c) Capítulo III: abrange dos arts. 6º ao 11, e trata do porte de arma de fogo, proibindo-o em todo o território nacional. Permite-se, porém, o porte a algumas autoridades públicas (*vide* comentários ao art. 12, abaixo). Estas autorizações de porte previstas no próprio Estatuto do Desarmamento ocorrem sem prejuízo do disposto em legislação específica. Por esta razão, também é autorizado o porte para aqueles que, por exemplo, exercem os cargos de magistrado e de membro do Ministério Público.

d) Capítulo IV: é a parte penal, propriamente dita, do Estatuto do Desarmamento. Por esta razão, será objeto dos nossos comentários. Compreende os arts. 12 ao 21.

e) Capítulo V: trata das disposições gerais do Estatuto, e compreende os arts. 22 ao 37.

Importante esclarecer que, muito embora nossos comentários estejam centrados nos artigos que compreendem a parte penal do Estatuto do Desarmamento (Capítulo IV), a análise dos tipos penais não prescinde de algumas remissões a outros trechos da Lei, razão pela qual, inevitavelmente, recorreremos a elas.

1.3. Armas, munição e acessórios

Os crimes previstos nesta Lei fazem menção a armas, munição e acessórios. Cabe-nos, portanto, delimitar o alcance de tais conceitos, para o ordenamento jurídico nacional.

O Decreto nº 3.229/99, que promulgou a "Convenção Interamericana contra a fabricação e o tráfico ilícito de armas de fogo, munições, explosivos e outros materiais correlatos", assim conceitua arma de fogo: "a) qualquer arma que conste de pelo menos um cano pelo qual uma bala ou projétil possa ser expelido pela ação de um explosivo, que tenha sido projetada para isso, ou que possa ser convertida facilmente para tal efeito, excetuando-se as armas antigas fabricadas antes do século XX, ou suas réplicas; ou b) qualquer outra arma ou artefato destrutivo, tal como bomba explosiva, incendiária ou de gás, granada, foguete, lança-foguetes, míssil, sistema de mísseis ou mina".

Ficando comprovada a absoluta inaptidão para efetuar disparos, não poderemos identificar o objeto como arma de fogo[4].

A Convenção Interamericana não se adstringiu a definir arma de fogo. Em seu texto, consta, ainda que munição é "o cartucho completo ou seus componentes, incluindo-se estojo, espoleta, carga propulsora, projétil ou bala que são utilizados em armas de fogo".

Os tipos penais fazem menção, ainda, aos acessórios. A Convenção Interamericana enquadra o acessório sob o título "outros materiais correlatos", que consistiriam em: "qualquer componente, parte ou peça de reposição de uma arma de fogo, ou acessório que possa ser acoplado a uma arma de fogo".

A despeito da relevância do tratamento dado à matéria pela Convenção Interamericana, promulgada pelo Decreto nº 3.229/99, há uma regulamentação infralegal posterior. Trata-se do Decreto nº 3.665/00, que, em seu art. 3º, traz as seguintes definições:

a) arma de fogo: arma que arremessa projéteis empregando a força expansiva dos gases gerados pela combustão de um propelente confinado em uma câmara que, normalmente, está solidária a um cano que tem a função de propiciar continuidade à combustão do propelente, além de direção e estabilidade ao projétil; (inciso XIII);

b) acessório de arma: artefato que, acoplado a uma arma, possibilita a melhoria do desempenho do atirador, a modificação de um efeito secundário do tiro ou a modificação do aspecto visual da arma (inciso II);

c) munição: artefato completo, pronto para carregamento e disparo de uma arma, cujo efeito desejado pode ser: destruição, iluminação ou ocultamento do alvo; efeito moral sobre pessoal; exercício; manejo; outros efeitos especiais (inciso LXIV).

Em quase todos os crimes previstos no Estatuto do Desarmamento, conforme veremos nos comentários abaixo, o objeto material do crime são armas de fogo, acessórios ou munições. Vale reiterar que armas de brinquedo ou simulacros de arma, de qualquer natureza, não podem ser consideradas aptas à consumação destes crimes. Ora, equiparar brinquedos e simulacros de qualquer natureza a armas constituiria analogia *in malam partem*, que, como cediço, é vedada em sede de Direito Penal.

1.4. Aquisição e registro de arma de fogo

Conforme o art. 4º do Estatuto do Desarmamento, para adquirir arma de fogo de uso permitido o interessado deverá, além de declarar a efetiva necessidade, atender aos seguintes requisitos: a) comprovação de idoneidade, com a apresentação de certidões negativas de antecedentes criminais fornecidas pela Justiça Federal, Estadual, Militar e Eleitoral e de não estar respondendo a inquérito policial ou a processo criminal, que poderão ser fornecidas por meios eletrônicos; b) apresentação de documento comprobatório de ocupação lícita e de residência certa; c) comprovação de capacidade técnica e de aptidão psicológica para o manuseio de arma de fogo, atestadas na forma disposta no regulamento da Lei.

4. STJ, HC 26444/RJ, Rel. Min. Jorge Scartezzini, j. 02/10/2003

Estes requisitos de que tratam os incisos I, II e III do art. 4º deverão ser comprovados periodicamente, em período não inferior a 3 (três) anos, para a renovação do Certificado de Registro de Arma de Fogo. Ademais, estará dispensado de tais exigências o interessado em adquirir arma de fogo de uso permitido que comprove estar autorizado a portar arma com as mesmas características daquela a ser adquirida.

Os requisitos contidos no art. 4º do Estatuto do Desarmamento são regulamentados pelo art. 12 do Decreto nº 5.123/04, com suas sucessivas alterações[5], nos seguintes termos: Para adquirir arma de fogo de uso permitido o interessado deverá: I - declarar efetiva necessidade; II - ter, no mínimo, vinte e cinco anos; III - apresentar original e cópia, ou cópia autenticada, de documento de identificação pessoal; IV - comprovar, em seu pedido de aquisição do Certificado de Registro de Arma de Fogo e periodicamente, a idoneidade e a inexistência de inquérito policial ou processo criminal, por meio de certidões de antecedentes criminais da Justiça Federal, Estadual, Militar e Eleitoral, que poderão ser fornecidas por meio eletrônico; V - apresentar documento comprobatório de ocupação lícita e de residência certa; VI - comprovar, em seu pedido de aquisição do Certificado de Registro de Arma de Fogo e periodicamente, a capacidade técnica para o manuseio de arma de fogo; VII - comprovar aptidão psicológica para o manuseio de arma de fogo, atestada em laudo conclusivo fornecido por psicólogo do quadro da Polícia Federal ou por esta credenciado; VIII - na hipótese de residência habitada também por criança, adolescente ou pessoa com deficiência mental, apresentar declaração de que a sua residência possui cofre ou local seguro com tranca para armazenamento.

Uma vez adquirida a arma de fogo, deve o seu proprietário efetuar o registro junto ao órgão competente. A autorização para o porte de arma de fogo de uso permitido, em todo o território nacional, é de competência da Polícia Federal e somente será concedida após autorização do SINARM. O Certificado de Registro de Arma de Fogo, com validade em todo o território nacional, autoriza o seu proprietário a manter a arma de fogo exclusivamente no interior de sua residência ou domicílio, ou dependência desses, ou, ainda, no seu local de trabalho, desde que seja ele o titular ou o responsável legal pelo estabelecimento ou empresa.

Para que possa utilizar a arma de fogo fora destes locais, é necessário obter a autorização de porte (*vide* comentários ao art. 14).

2. QUESTÕES DE CONCURSOS

1. **(IPAD/Pref. de Recife/Guarda Municipal/2014)** Beltrano, decide levar em sua cintura um simulacro de arma de fogo por se encontrar assustado com a violência na localidade onde reside. Dentro do ônibus quando se deslocava para seu trabalho foi abordado por policiais que apreenderam o referido simulacro e efetuaram a prisão de Beltrano. Considerando o exposto, é **correto** afirmar

5 Notadamente as promovidas pelos Decretos nº 8.935/2016 e nº 9.685/2019. O último instrumento regulamentador é acusado de ilegal e inconstitucional, sob os argumentos: (1) de esvaziar o propósito de desarmamento do Estatuto sob exame, sendo o decreto incompatível com a legislação que deveria disciplinar; e (2) por ter o Presidente da República invadido competência do Poder Legislativo, exorbitando o poder regulamentar (SEMER, Marcelo. A farsa da pátria armada. *Revista Cult*, São Paulo, 21 jan. 2019. Disponível em: <https://revistacult.uol.com.br/home/farsa-da-patria-armada/?fbclid=IwAR0SDRkLWvBqt-VJCnrjU2peKqMgDTIBDiQx5VCZlEvUgmQw2alKbd9FBJo>. Acesso em: 23 jan. 2019).

a) Que a prisão de Beltrano foi legal, visto que a Lei Federal n° 10.826, de 22 de dezembro de 2003 (Estatuto do Desarmamento), veda a fabricação, a venda, a comercialização e a importação de brinquedos, réplicas e simulacros de armas de fogo, que com estas se possam confundir em todo território nacional.
b) Que a prisão de Beltrano foi legal, visto que Beltrano poderia ameaçar algum dos passageiros.
c) Que foi ilegal a prisão, visto que a Lei Federal n° 10.826, de 22 de dezembro de 2003 (Estatuto do Desarmamento), não considera crime o porte de simulacro de arma de fogo.
d) Que foi ilegal a prisão, visto que Beltrano necessitava de autorização legal de autoridade competente para portar simulacro de arma de fogo.
e) Que foi legal, visto que a Lei Federal n° 10.826, de 22 de dezembro de 2003 (Estatuto do Desarmamento), não distingue entre o simulacro e a arma de fogo real.

2. **(NC-UFPR/DPE-PR/Defensor Público/2014 – adaptada)** Para efeito de tipificação dos crimes do Estatuto do Desarmamento, as réplicas e simulacros de armas de fogo nunca se equiparam às armas de fogo.

3. **(COPS-UEL/PC-PR/Escrivão de Polícia Civil/2018)** Sobre o certificado de registro de arma de fogo, considere as afirmativas a seguir.

I. Tem validade em todo o território nacional.
II. Autoriza o seu proprietário a manter a arma de fogo no interior de sua residência.
III. Autoriza o porte de arma de fogo na unidade federativa que expediu o respectivo registro.
IV. Possibilita a todo cidadão o porte de arma de fogo mediante avaliação psicológica prévia.

Assinale a alternativa correta.

a) Somente as afirmativas I e II são corretas.
b) Somente as afirmativas I e IV são corretas.
c) Somente as afirmativas III e IV são corretas.
d) Somente as afirmativas I, II e III são corretas.
e) Somente as afirmativas II, III e IV são corretas.

4. **(INSTITUTO AOCP/TRT1/Técnico Judiciário – Segurança/2018)** A autorização para o porte de arma de fogo de uso permitido, em todo o território nacional e após prévia autorização do SINARM (Sistema Nacional de Amas), é de competência de qual entidade?

a) Polícia Federal.
b) Polícia Rodoviária Federal.
c) Agência Brasileira de Inteligência.
d) Polícia Militar dos Estados-Federados.
e) Forças Armadas.

GAB	1	2	3	4
	C	C	A	A

▸CAPÍTULO IV – DOS CRIMES E DAS PENAS

✦ POSSE IRREGULAR DE ARMA DE FOGO DE USO PERMITIDO

Art. 12. Possuir ou manter sob sua guarda arma de fogo, acessório ou munição, de uso permitido, em desacordo com determinação legal ou regulamentar, no interior de sua residência ou dependência desta, ou, ainda no seu local de trabalho, desde que seja o titular ou o responsável legal do estabelecimento ou empresa:

Pena – detenção, de 1 (um) a 3 (três) anos, e multa.

1. COMENTÁRIOS

1.1. Considerações iniciais

O tipo penal traz duas condutas: a) possuir; b) manter sob sua guarda. Tais condutas recaem sobre arma de fogo, acessório ou munição de uso permitido. No que se refere às definições de arma de fogo, acessório e munição para a nossa legislação, remetemos o(a) leitor(a) aos comentários realizados no tópico "aquisição e registro de arma de fogo", acima, para evitar repetições indevidas.

A primeira conduta diz respeito à posse, que pressupõe uma relação fática entre o possuidor e a coisa. Por isso, conforme o art. 1.196 do Código Civil: "Considera-se possuidor todo aquele que tem de fato o exercício, pleno ou não, de algum dos poderes inerentes à propriedade". Como se vê, o tipo penal não pressupõe que o agente seja o proprietário da arma de fogo, acessório ou munição. Basta que seja possuidor de uma destas coisas.

A segunda conduta, consistente na manutenção sob guarda conduz à ideia de uma detenção do agente em relação à arma de fogo, acessório ou munição. Mais uma vez invocando a dicção do Código Civil, temos que: "considera-se detentor aquele que, achando-se em relação de dependência para com outro, conserva a posse em nome deste e em cumprimento de ordens ou instruções suas" (art. 1.198). Ora, o agente que mantém a arma de fogo, acessório ou munição sob sua guarda, enquadra-se na definição legal de detentor, razão pela qual o tipo penal em apreço diz respeito à posse ou detenção de tais objetos.

Trata-se de uma norma penal em branco, haja vista a presença da expressão "em desacordo com determinação legal ou regulamentar". É necessário, portanto, conhecer a determinação legal ou regulamentar para complementar o sentido do preceito primário do tipo penal, que define a conduta. De toda sorte, tais complementos já foram analisados no tópico anterior, sob o título "aquisição e registro de arma de fogo".

Reportando-nos a este tópico, é possível resumir a conduta típica do art. 12 asseverando que o crime consiste em possui ou manter sob sua guarda arma de fogo, acessório ou munição, sem o respectivo Certificado de Registro de Arma de Fogo. E isto porque, conforme assinalamos no mencionado tópico, o Certificado de Registro de Arma de Fogo, com validade em todo o território nacional, autoriza o seu proprietário a manter a arma de fogo exclusivamente no interior de sua residência ou domicílio, ou dependência desses, ou, ainda, no seu local de trabalho, desde que seja ele o titular ou o responsável legal pelo estabelecimento ou empresa.

A necessidade de certificado de registro da arma de fogo com prazo de validade expirado foi objeto de acirrada controvérsia para o fim de configurar ou não o delito de posse ilegal de arma de fogo (não o de porte ilegal de arma). O STJ, a partir do julgamento da APn 686/AP[6], mudou orientação anterior e estabeleceu o posicionamento de que "a conduta de possuir arma de fogo de uso permitido com registro expirado não configura ilícito penal, sendo mera irregularidade administrativa que autoriza a apreensão do artefato e aplicação de multa"[7]. De toda sorte, convém destacar que o art. 5º do Estatuto do Desarmamento

6. Precedente fixado por sua Corte Especial, em 21/10/2015, tendo como Relator o Ministro João Otávio de Noronha.

7. STJ – Quinta Turma – AgRg no REsp 1531464/SC – Rel. Ministro Reynaldo Soares da Fonseca – DJe 01/02/2016.

assevera que: “O certificado de Registro de Arma de Fogo, com validade em todo o território nacional, autoriza o seu proprietário a manter a arma de fogo exclusivamente no interior de sua residência ou domicílio, ou dependência desses, ou, ainda, no seu local de trabalho, desde que seja ele o titular ou o responsável legal pelo estabelecimento ou empresa”. O crime em comento ocorre, portanto, quando o agente possui ou mantém sob sua guarda arma de fogo, acessório ou munição sem o certificado de registro. Não há crime, mas mera infração administrativa, se o registro existe, porém com validade vencida.

O complemento da norma penal em branco é o disposto no Decreto nº 5.123/2004. Foi este alterado pelo Decreto nº 9.685, de 15 de janeiro de 2019, consolidando o texto que regulamenta o Estatuto do Desarmamento. Com essa modificação, houve diminuição do espectro da aludida norma penal em branco contida no tipo do art. 12, da Lei 10.826/2002, especialmente no que se refere ao trecho "em desacordo com determinação legal ou regulamentar". Em outras palavras, teremos hipóteses mais restritas de configuração desse crime, considerada a enunciação do Decreto nº 9.685/2019.

A propósito, atenção especial merece a previsão de "renovação automática" dos certificados de registro de arma de fogo emitidos em data anterior, disposta no art. 2º, deste último Decreto, que declara a automaticidade da renovação, “pelo prazo a que se refere o § 2º do art. 16 do Decreto nº 5.123, de 2004”, dos “Certificados de Registro de Arma de Fogo expedidos antes da data de publicação deste Decreto”.

A nosso ver, tal enunciado é hipótese de *abolitio criminis* expressa, caso se verifique a existência de persecução penal que incida na citada controvérsia junto ao STJ, em torno da atipicidade do fato quando o certificado de registro estiver vencido. Deveras, como a regulamentação não distingue, pensamos que haverá incidência ampla, alcançando inclusive aqueles certificados vencidos há longa data. Isto é, não haverá que se falar de delito nos casos de registros expirados, como aliás já se afirmava em seguidos julgados (STJ). O tipo penal faz menção, ainda, à posse ou manutenção de guarda: a) no interior de residência ou dependência desta; b) no seu local de trabalho, desde que seja o titular ou o responsável legal do estabelecimento ou empresa.

No que diz respeito à residência, possível recorrer ao conceito de “casa”, que se encontra no Código Penal, em seu art. 150, §§ 4º e 5º, que, ao tratar do crime de violação de domicílio dispõe que: “ § 4º – A expressão ‘casa’ compreende: I – qualquer compartimento habitado; II – aposento ocupado de habitação coletiva; III – compartimento não aberto ao público, onde alguém exerce profissão ou atividade. § 5º – Não se compreendem na expressão ‘casa’: I – hospedaria, estalagem ou qualquer outra habitação coletiva, enquanto aberta, salvo a restrição do nº II do parágrafo anterior; II – taverna, casa de jogo e outras do mesmo gênero”.

O tipo penal do art. 12 é crime de perigo abstrato, isto é, o perigo é presumido na própria lei, não havendo que se falar para a consumação, em lesão efetiva ou exposição concreta de perigo ao bem jurídico. Há, é bem verdade, quem sustente a inconstitucionalidade dos crimes de perigo abstrato, por afronta ao princípio da lesividade. Este entendimento, todavia, está em descompasso com o entendimento doutrinário majoritário e a jurisprudência pacífica dos Tribunais.

A propósito, justamente por reconhecer que os crimes de posse e porte de arma de fogo são de mera conduta e de perigo abstrato, o STF, há muito tempo, entende estar caracterizado o crime, ainda que a arma se encontre desmuniciada[8].

No que se refere à pena prevista para o crime, é possível perceber que:

a) Não é possível a transação penal (art. 76, Lei nº 9.099/95), pois a pena máxima supera os 02 (dois) anos. Não se trata, portanto, de infração penal de menor potencial ofensivo.

b) É possível a suspensão condicional do processo (art. 89, Lei nº 9.099/95), também chamada de *sursis* processual, pois a pena mínima prevista para o crime não ultrapassa um ano.

c) É muito provável que a pena seja convertida em restritiva de direitos, pois cabe este tipo de conversão quando a pena aplicada, ao crime doloso, sem violência ou grave ameaça, não ultrapassa 04 (quatro) anos. Obviamente, é necessário que estejam presentes, também, os demais requisitos, como a ausência de reincidência no mesmo crime (art. 44, CP).

d) O próprio delegado poderá arbitrar fiança, pois a pena máxima não ultrapassa quatro anos

Na legislação anterior (Lei nº 9.437/97), revogada expressamente pelo Estatuto do Desarmamento, a pena para este crime era de um a dois anos. Em se tratando de legislação que agravou a situação do réu (*novatio legis in pejus*) a Lei nº 10.826/03 não poderá, obviamente, ser aplicada a casos anteriores a sua entrada em vigor.

Por fim, vale assinalar que, se o agente estiver com a arma fora dos limites estabelecidos no tipo penal sob exame ("interior de sua residência ou dependência desta, ou, ainda no seu local de trabalho, desde que seja o titular ou o responsável legal do estabelecimento ou empresa") restará caracterizado o crime do art. 14 (porte ilegal de arma de fogo de uso permitido). Sob outra perspectiva, se a posse (ou porte) for de arma de uso restrito, estará caracterizado o crime do art. 16 ("Posse ou porte ilegal de arma de fogo de uso restrito").

1.2. Sujeitos

Sujeito ativo do crime é a pessoa que reside, ainda que não seja o proprietário, na casa ou é titular ou responsável legal pelo estabelecimento ou empresa.

Sujeito passivo é a coletividade

1.3. Objetos

Os tipos penais contidos no Estatuto do Desarmamento tutelam, sobretudo, a segurança pública (bem jurídico comum em praticamente todos os crimes do Estatuto). Para o Superior Tribunal de Justiça, o tipo objetiva resguardar também "a incolumidade pública, a segurança nacional e a paz social, pois um único projétil apto a uso e com perfeito desempenho é capaz de produzir efeitos negativos irreparáveis"[9]. Guilherme Nucci acrescenta como bem prote-

8 HC 117206 / RJ – RIO DE JANEIRO Rel. Min. CÁRMEN LÚCIA. Julgamento: 05/11/2013.

9. HC 45.099/AC, Rel. Min. Arnaldo Esteves Lima, j. 15/08/2006.

gido, ainda que de forma secundária, a própria Administração Pública, "no seu particular interesse patrimonial e moral"

O objeto material da infração em estudo é a arma de fogo, acessório ou munição de uso permitido.

Nos termos do art. 17 do Decreto nº 3.665/2000, são de uso permitido:

a) armas de fogo curtas, de repetição ou semiautomáticas, cuja munição comum tenha, na saída do cano, energia de até trezentas libras-pé ou quatrocentos e sete Joules e suas munições, como por exemplo, os calibres .22 LR, .25 Auto, .32 Auto, .32 S&W, .38 SPL e .380 Auto;

b) armas de fogo de longas raiadas, de repetição ou semiautomáticas, cuja munição comum tenha, na saída do cano, energia de até mil libras-pé ou mil trezentos e cinquenta e cinco Joules e suas munições, como por exemplo, os calibres .22 LR, .32-20, .38-40 e .44-40;

c) armas de fogo de alma lisa, de repetição ou semiautomáticas, calibre doze ou inferior, com comprimento de cano igual ou maior do que vinte e quatro polegadas ou seiscentos e dez milímetros; as de menor calibre, com qualquer comprimento de cano, e suas munições de uso permitido;

d) armas de pressão por ação de gás comprimido ou por ação de mola, com calibre igual ou inferior a seis milímetros e suas munições de uso permitido;

e) armas que tenham por finalidade dar partida em competições desportivas, que utilizem cartuchos contendo exclusivamente pólvora;

f) armas para uso industrial ou que utilizem projéteis anestésicos para uso veterinário;

g) dispositivos óticos de pontaria com aumento menor que seis vezes e diâmetro da objetiva menor que trinta e seis milímetros;

h) cartuchos vazios, semicarregados ou carregados a chumbo granulado, conhecidos como "cartuchos de caça", destinados a armas de fogo de alma lisa de calibre permitido;

i) blindagens balísticas para munições de uso permitido;

j) equipamentos de proteção balística contra armas de fogo de porte de uso permitido, tais como coletes, escudos, capacetes, etc.; e

k) veículo de passeio blindado.

1.4. Elemento subjetivo

O elemento subjetivo do crime é o dolo, consistente na consciência e vontade de praticar qualquer das condutas previstas no tipo. Dispensa fim especial animando o agente.

Não há previsão de modalidade culposa.

1.5. Consumação e tentativa

O crime estará consumado no momento em que a arma de fogo, acessório ou munição ingressa na residência (ou sua dependência) ou, ainda, no local de trabalho (estabelecimento ou empresa) de que o agente é titular ou responsável. Trata-se de um crime permanente (a conduta se protrai no tempo), razão pela qual, enquanto a arma de fogo, munição ou acessório lá estiverem, o crime está ocorrendo.

Por conta da permanência, devemos lembrar que: a) será possível a prisão em flagrante, enquanto não cessada a permanência; b) o curso do prazo prescricional somente se inicia com a cessação da permanência; c) sobrevindo lei penal mais gravosa enquanto não cessada a permanência, poderá ser aplicada ao caso.

Em se tratando de conduta plurissubsistente, possível a tentativa.

1.6. Ação penal

A ação penal é pública incondicionada.

1.7. Certificados de registro estaduais

Com o advento do atual Estatuto do Desarmamento, o certificado de registro de arma de fogo será expedido pela Polícia Federal e será precedido de autorização do SINARM (art. 5º, § 1º.). No panorama legislativo anterior, contudo, era possível a expedição de certificados de registro de arma por órgãos públicos estaduais. Em prol da segurança jurídica em relação àqueles que já possuíam tais registros e, portanto, agiam de conformidade com a legislação vigente, o Estatuto conferiu um prazo para que os registros fossem renovados perante a Polícia Federal.

Inicialmente, este prazo foi estabelecido em três anos, a partir da publicação da Lei, que ocorreu em 23 de dezembro de 2003. Após sucessivas prorrogações, o último prazo para renovação do registro federal expirou em 31 de dezembro de 2009, nos termos do art. 20 da Lei nº 11.922/09. Atualmente, portanto, os certificados de registro estaduais não possuem qualquer validade.

1.8. *Abolitio criminis* temporária

O Estatuto do Desarmamento estabeleceu, em seu art. 30, um prazo de 180 dias para que os possuidores e proprietários de armas de fogo de uso permitido fizessem a solicitação do registro. Após sucessivas prorrogações, o prazo limite foi estipulado em 31 de dezembro de 2009, nos termos do art. 20 da Lei nº 11.922/09. Para tanto, é necessária apresentação de "documento de identificação pessoal e comprovante de residência fixa, acompanhados de nota fiscal de compra ou comprovação da origem lícita da posse, pelos meios de prova admitidos em direito, ou declaração firmada na qual constem as características da arma e a sua condição de proprietário, ficando este dispensado do pagamento de taxas e do cumprimento das demais exigências constantes dos incisos I a III do *caput* do art. 4º desta Lei".

Com base neste dispositivo, passou-se a entender que houve uma *abolitio criminis* temporária para o crime de posse irregular de arma de fogo de uso permitido. De fato, se o cidadão foi flagrado com uma arma dessa espécie em sua residência, por exemplo, entre a entrada em vigor do Estatuto do Desarmamento e o dia 31 de dezembro de 2009, não poderia ser punido, pois ainda possuía prazo para efetuar a solicitação do registro da arma.

Em sua redação originária, o Estatuto do Desarmamento autorizava essa *abolitio criminis* temporária também para as condutas relacionadas às armas de uso restrito e àquelas que lhes são equiparadas por Lei, como as armas de numeração raspada, suprimida ou adulterada (*vide* art. 16, *infra*). Em relação a este tipo de arma, porém, a *abolitio criminis* temporária cessou no dia 23 de outubro de 2005, com o advento da Lei nº 11.706/05[10].

É neste sentido o enunciado nº 513 da súmula de jurisprudência do STJ:

> ***Súmula nº 513/STJ:*** "A *abolitio criminis* temporária prevista na Lei nº 10.826/2003 aplica-se ao crime de posse de arma de fogo de uso permitido com numeração, marca ou qualquer outro sinal de identificação raspado, suprimido ou adulterado, praticado somente até 23/10/2005".

Por fim, cabe destacar que a *abolitio criminis* temporária de que temos tratado abrange o crime de posse irregular de arma de fogo de uso permitido (art. 12), mas não o crime de porte ilegal de uso permitido (art. 14)[11].

1.9. Entrega da arma e extinção da punibilidade

O art. 32 do Estatuto prevê que "os possuidores e proprietários de arma de fogo poderão entregá-la, espontaneamente, mediante recibo, e, presumindo-se de boa-fé, serão indenizados, na forma do regulamento, ficando extinta a punibilidade de eventual posse irregular da referida arma". Releva ressaltar que a extinção da punibilidade de que trata o dispositivo pressupõe a efetiva entrega da arma. Deste modo, se o agente for flagrado em casa com a arma de fogo de uso permitido, após 31 de dezembro de 2009, será processado pelo crime do art. 12.

1.10. Posse de arma de uso permitido e violência doméstica

Conforme o art. 22, inciso I, da Lei nº 11.340/06 (Lei Maria da Penha) constatada a prática de violência doméstica e familiar contra a mulher, o juiz poderá aplicar, de imediato, ao agressor, a título de medida protetiva de urgência, entre outras, a suspensão da posse ou restrição do porte de armas, com comunicação ao órgão competente.

2. SÚMULAS E JURISPRUDÊNCIA

- **Súmula 513, STJ:** A abolitio criminis temporária prevista na Lei nº 10.826/2003 aplica-se ao crime de posse de arma de fogo de uso permitido com numeração, marca ou qualquer outro sinal de identificação raspado, suprimido ou adulterado, praticado somente até 23/10/2005.

✦ *SUPREMO TRIBUNAL FEDERAL*

- **"ABOLITIO CRIMINIS" E PRORROGAÇÃO DE PRAZO PARA REGISTRO DE ARMA. A reabertura de prazo para registro ou renovação de registro de arma de fogo de uso permitido prevista pela Lei 11.706/2008, que deu nova redação ao art. 30 da Lei 10.826/2003, não constitui *abolitio criminis*** (Estatuto do Desarmamento: *"Art. 30. Os possuidores e proprietários de arma de fogo de uso permitido ainda não registrada deverão solicitar seu registro até o dia 31 de dezembro de 2008, mediante apresentação de documento de identificação pessoal e comprovante de residência fixa, acompanhados de nota fiscal de compra ou comprovação da origem lícita da posse, pelos meios de prova admitidos em direito, ou declaração firmada na qual constem as características da arma e a sua condição de*

10. STJ, REsp 1311408/RN, Rel. Min. Sebastião Reis Júnior, julgado em 13/03/2013, DJe 20/05/2013
11. STJ, HC 145.338/MS, Rel. Min. Sebastião Reis Júnior, DJe 22/08/2011.

proprietário, ficando este dispensado do pagamento de taxas e do cumprimento das demais exigências constantes dos incisos I a III do caput do art. 4º desta Lei"). Com base nessa orientação, o Plenário deu provimento a recurso extraordinário para restabelecer sentença condenatória, ante a irretroatividade da mencionada norma, por considerar penalmente típicas as condutas de posse irregular de arma de fogo de uso permitido ocorridas após 23.6.2005 e anteriores a 31.1.2008. No caso, o recorrido fora denunciado pelo crime de posse irregular de arma de fogo, conduta perpetrada em 27.12.2007. O Tribunal consignou que o Estatuto do Desarmamento permitira aos proprietários e possuidores de armas de fogo a solicitação do registro ou a entrega das armas no prazo de 180 dias a contar de sua publicação, ocorrida em 23.12.2003. Após a edição das Leis 10.884/2004, 11.119/2005 e 11.191/2005, o prazo final para solicitação de registro de arma de fogo fora prorrogado para 23.6.2005, enquanto o termo final para entrega das armas fora fixado em 23.10.2005. Salientou-se que, para os moradores de zona rural que comprovassem a necessidade de arma para subsistência, a Lei 11.191/2005 prorrogou o prazo para a regularização do registro até 11.3.2006. Verificou-se, ainda, que fora estabelecido novo prazo, iniciado com a Medida Provisória 417 (convertida na Lei 11.706/2008), publicada em 31.1.2008, prazo este vigente até 31.12.2008. Posteriormente, a Lei 11.922, em vigor a partir de 14.4.2009, tornou a prolongar o prazo para registro até 31.12.2009. Afirmou-se que a discussão jurídica diria respeito à tipicidade da conduta de posse irregular de arma de fogo de uso permitido ocorrida após 23.6.2005 e anterior a 31.1.2008. Asseverou-se que no período indicado não seria lícito ao possuidor de arma de fogo providenciar a regularização do registro de sua arma. Sublinhou-se que ele não poderia alegar boa-fé, nem invocar em seu favor a adoção de providências destinadas à regularização, visto que, na prática, isso não seria possível, ante o encerramento do prazo para esse fim em 23.6.2005. Mencionou-se que a posterior reabertura do prazo, em 31.1.2008, não obstaria essa conclusão. Igual entendimento se aplicaria aos fatos ocorridos entre 1º.1 a 13.4.2009. Considerou-se que não teria havido previsão expressa de *abolitio criminis* no Estatuto do Desarmamento, nem nas leis que o alteraram. Reputou-se que a presunção de boa-fé, por imperativo lógico, não poderia ser invocada para os períodos em que a regularização não fosse permitida. Portanto, seria incabível cogitar da retroatividade da Medida Provisória 417/2008 para extinguir a punibilidade do delito de posse irregular de arma de fogo cometido antes da sua entrada em vigor, mercê da impossibilidade de regularização do registro quando da prática do crime. *STF, RE 768494/GO, rel. Min. Luiz Fux, 19.9.2013. Pleno. (Info 720)*

✦ *SUPERIOR TRIBUNAL DE JUSTIÇA*

- **APREENSÃO DE ARMA EM CAMINHÃO. TIPIFICAÇÃO.** O veículo utilizado profissionalmente não pode ser considerado "local de trabalho" para tipificar a conduta como posse de arma de fogo de uso permitido (art. 12 da Lei nº 10.826/2003). No caso, um motorista de caminhão profissional foi parado durante fiscalização da Polícia Rodoviária Federal, quando foram encontrados dentro do veículo um revólver e munições intactas. Denunciado por porte ilegal de arma de fogo de uso permitido (art. 14 do Estatuto do Desarmamento), a conduta foi desclassificada para posse irregular de arma de fogo de uso permitido (art. 12 do mesmo diploma), reconhecendo-se, ainda, a *abolitio criminis* temporária. O entendimento foi reiterado pelo tribunal de origem no julgamento da apelação. O Min. Relator registrou que a expressão "local de trabalho" contida no art. 12 indica um lugar determinado, não móvel, conhecido, sem alteração de endereço. Dessa forma, a referida expressão não pode abranger todo e qualquer espaço por onde o caminhão transitar, pois tal circunstância está sim no âmbito da conduta prevista como porte de arma de fogo. Precedente citado: HC 116.052-MG, DJe 9/12/2008. *STJ, REsp 1.219.901-MG, Rel. Min. Sebastião Reis Júnior, julgado em 24/4/2012. 6ª T. (Info 496)*

- **CRIME PERMANENTE. ESTADO DE FLAGRÂNCIA. PRISÃO POR QUALQUER DO POVO. Não é ilegal a prisão realizada por agentes públicos que não tenham competência para a realização do ato quando o preso foi encontrado em estado de flagrância**. Os tipos penais previstos nos arts. 12 e 16 da Lei nº 10.826/2003 (Estatuto do Desarmamento) são crimes permanentes e, de acordo com o art. 303 do CPP, o estado de flagrância nesse tipo de crime persiste enquanto não cessada a permanência. Segundo o art. 301 do CPP, qualquer do povo pode prender quem quer que seja encontrado em situação de flagrante, razão pela qual a alegação de ilegalidade da prisão – pois realizada por agentes que não tinham competência para tanto – não se sustenta. *STJ, HC 244.016-ES, Rel. Min. Jorge Mussi, julgado em 16/10/2012. 5ª T. (Info 506)*

- **AGRAVO REGIMENTAL. RECURSO ESPECIAL. DIREITO PENAL. ARTS. 12 E 14 DA LEI nº 10.826/2003. POSSE DE ARMA DE FOGO. AUSÊNCIA DE MUNIÇÃO. TIPICIDADE. CRIME DE PERIGO ABSTRATO.** 1. A controvérsia cinge-se ao reconhecimento da possibilidade de subsunção típica ao crime de posse irregular de arma de fogo de uso permitido na hipótese de se encontrar o artefato bélico sem munição (arts. 12 e 14 da Lei nº 10.826/2003). 2. A arma de fogo representa um instrumento eficiente para alcançar objetivos espúrios, uma vez que intimida, constrange, violenta, transformando-se, assim, em um risco objetivo à paz social. 3. É irrelevante aferir a eficácia da arma para a configuração do tipo penal, que é misto-alternativo, em que se consubstanciam, justamente, as condutas que o legislador entendeu por bem prevenir, seja ela o simples porte de munição ou mesmo o porte de arma desmuniciada. 4. O agravo regimental não merece prosperar, porquanto as razões reunidas na insurgência são incapazes de infirmar o entendimento assentado na decisão agravada. 5. Agravo regimental improvido. *STJ, AgRg no REsp 1326383/DF, Rel. Ministro SEBASTIÃO REIS JÚNIOR, SEXTA TURMA, julgado em 21/08/2012, DJe 05/09/2012*

- **HABEAS CORPUS. PORTE ILEGAL DE ARMA DE FOGO. ARMA ENCONTRADA NO INTERIOR DE CAMINHÃO. PLEITO DE DESCLASSIFICAÇÃO PARA O DELITO DE POSSE ILEGAL DE ARMA. IMPOSSIBILIDADE. ABOLITIO CRIMINIS. INAPLICABILIDADE. PLEITO SUPERADO. ORDEM DENEGADA.** 1. Não se pode confundir o delito de posse irregular de arma de fogo com o de porte irregular de arma de fogo. 2. Caracteriza-se o delito de posse irregular de arma de fogo quando ela estiver guardada no interior da residência (ou dependência desta) ou no trabalho do acusado, evidenciado o porte ilegal se a apreensão ocorrer em local diverso. 3. O caminhão, ainda que seja instrumento de trabalho do motorista, não pode ser considerado extensão de sua residência, nem local de seu trabalho, mas apenas instrumento de trabalho. 4. In casu, o paciente foi surpreendido com a arma "em sua cintura", e não guardada no interior do caminhão. Assim sendo, à medida que a arma estava presa à cintura do paciente fica evidente que ele portava, efetivamente, a arma de fogo, que estava ao seu alcance, possibilitando a utilização imediata. 5. Ante a impossibilidade de desclassificação do crime de porte de arma para o delito de posse, está superada a irresignação no tocante à incidência de abolitio criminis temporária, situação que ocorre apenas quanto à conduta relacionada ao crime de posse de arma de fogo, acessórios e munição. 6. Ordem denegada. *STJ, HC 172.525/MG, Rel. Ministro ADILSON VIEIRA MACABU (DESEMBARGADOR CONVOCADO DO TJ/RJ), QUINTA TURMA, julgado em 12/06/2012, DJe 28/06/2012.*

- **HABEAS CORPUS. POSSE DE ARMA DE FOGO DE USO PERMITIDO. CONDUTA DO ART. 12 DO ESTATUTO DO DESARMAMENTO PERPETRADA FORA DO PERÍODO DA VACATIO LEGIS. APLICAÇÃO DA EXEGESE DO ART. 30 DA LEI 10.826/2003. CONDUTA TÍPICA. CONSTRANGIMENTO ILEGAL NÃO EVIDENCIADO. ORDEM DENEGADA.** 1. É considerada atípica a conduta relacionada ao crime de posse de arma de fogo, acessórios e munição, seja de uso permitido ou de uso restrito, incidindo a chamada abolitio criminis temporária nas duas hipóteses, se praticada no período compreendido entre 23 de dezembro de 2003 a 23 de outubro de 2005. Contudo, este termo final foi prorrogado até 31 de dezembro de 2008 somente para os possuidores de armamentos permitidos (art. 12), nos termos da Medida Provisória nº 417 de 31 de janeiro de 2008, que estabeleceu nova redação aos arts. 30 a 32 da Lei nº 10.826/03, não mais albergando o delito previsto no art. 16 do Estatuto – posse de arma de fogo, acessórios e munição de uso proibido ou restrito. 2. Com a publicação da Lei nº 11.922, de 13 de abril de 2009, o prazo previsto no art. 30 do Estatuto do Desarmamento foi prorrogado para 31 de dezembro de 2009 no que se refere exclusivamente à posse de arma de uso permitido. 3. *In casu*, em se tratando de posse ilegal de arma de fogo de uso permitido, vislumbra-se que é típica a conduta atribuída ao paciente em relação ao art. 12 da Lei nº 10.826/03, pois não se encontra abarcada pela excepcional vacatio legis indireta prevista nos arts. 30 e 32 da Lei nº 10.826/03, tendo em vista que a busca efetuada na sua residência ocorreu em 1.7.2011. 4. O Decreto nº 7.473/11 e a Portaria nº 797/2011 não estenderam o prazo para a entrega de armas de uso permitido, nem poderiam fazê-lo, uma vez que ambas de hierarquia inferior à lei que estabeleceu mencionado prazo. 5. A presunção de boa-fé a que se refere tais normas restringe-se àquele que entregar espontaneamente sua arma à Polícia Federal, não abrangendo o possuidor ou proprietário que a mantiver ilegalmente em sua posse/propriedade. 6. Ordem denegada. *STJ, HC 226.239/MG, Rel. Ministro JORGE MUSSI, QUINTA TURMA, julgado em 13/03/2012, DJe 29/03/2012.*

3. QUESTÕES DE CONCURSOS

1. **(VUNESP/PC-CE/Inspetor de Polícia/2015 – adaptada)** A posse e guarda de arma de fogo no interior da residência ou no local de trabalho é autorizada, desde que a arma de fogo seja de uso permitido.

2. **(VUNESP/PC-CE/Delegado de Polícia/2015 – adaptada)** O Estatuto do Desarmamento não pune o porte ou a posse de acessório ou munição para armas de fogo.

3. **(FCC/DPE-PB/Defensor Público/2014)**Segundo o Superior Tribunal de Justiça, tratando-se de arma de fogo de uso permitido, com numeração íntegra ou raspada, a chamada abolitio criminis temporária teve seu prazo temporal respectivamente findo em:

a) 31 de dezembro de 2010 e 23 de junho de 2004.
b) 31 de dezembro de 2010 e 23 de junho de 2005.
c) 31 de dezembro de 2010 e 23 de junho de 2006.
d) 31 de dezembro de 2009 e 23 de outubro de 2005.
e) 31 de dezembro de 2009 e 23 de outubro de 2006.

4. **FCC/MPE-PA/Promotor de Justiça/2014)** Com relação à legislação das armas de fogo,

a) a chamada abolitio criminis temporária, no entender hoje pacificado do Superior Tribunal de Justiça, teve como limite a data de 23 de outubro de 2005, após o que não ampara mais a conduta do possuidor de qualquer arma de fogo.
b) a chamada abolitio criminis temporária, no entender hoje pacificado do Superior Tribunal de Justiça, abrangeu as condutas de posse e de porte ilegal de arma de fogo.
c) a chamada abolitio criminis temporária, no entender hoje pacificado do Superior Tribunal de Justiça, aplica-se aos ilícitos de posse ilegal de arma de fogo, inclusive de uso restrito, que tenham sido cometidos até 31 de dezembro de 2010.
d) a chamada abolitio criminis temporária, no entender hoje pacificado do Superior Tribunal de Justiça, aplica-se aos ilícitos de posse ilegal de arma de fogo, desde que de uso permitido e de numeração, marca ou outro sinal de identificação não raspado, nem suprimido ou alterado que tenham sido cometidos até 31 de dezembro de 2011.
e) o desmuniciamento da arma não afasta os crimes do Estatuto do Desarmamento, no entender hoje pacificado do Supremo Tribunal Federal.

5. **(FCC/MPE-PE/Promotor de Justiça/2014)** Segundo entendimento hoje pacificado no Superior Tribunal de Justiça, a abolitio criminis temporária prevista no estatuto do desarmamento,

a) abrangeu, por certo período, aqueles que portassem armas de fogo de uso restrito.
b) abrangia os crimes de porte ilegal de arma de uso permitido.
c) vigorou por período maior apenas para os possuidores de arma de fogo e de munição de uso permitido
d) ainda vigora para aqueles que possuírem e portarem armas de fogo de uso permitido.
e) nunca alcançou os possuidores de armas de uso restrito com numeração raspada.
Parte inferior do formulário

6. **(CESPE/TJ-SE/Analista Judiciário/2014)** Segundo atual entendimento do STF e do STJ, configura crime o porte de arma de fogo desmuniciada, que se caracteriza como delito de perigo abstrato cujo objeto jurídico tutelado não é a incolumidade física, mas a segurança pública e a paz social.

7. **(FUNCAB/PC-PA/Delegado de Polícia/2016)** Durante uma operação policial de rotina, policiais rodoviários federais abordam o caminhão conduzido por Teotônio. Revistado o veículo, encontram um revólver calibre 38, contendo munições intactas em seu tambor, escondido no porta-luvas. Os policiais constatam, ainda, que a numeração de série do revólver não está visível, sendo certo que perícia posterior concluiria que o desaparecimento se deu por oxidação natural, decorrente da ação

do tempo. Questionado, Teotônio revela não possuir porte de arma e sequer tem o instrumento registrado em seu nome. Afirma, também, que a arma fora adquirida para que pudesse se proteger, pois um desafeto o ameaçara, prometendo-lhe agressão física futura. Nesse contexto, é correto afirmar que Teotônio:

a) cometeu crime de porte de arma de fogo de uso permitido.
b) cometeu crime de porte ou posse de arma de fogo com numeração suprimida.
c) cometeu crime de posse de arma de fogo de uso permitido.
d) Não cometeu crime.
e) cometeu crime de porte ou posse de arma fogo de uso restrito.

8. **(MPE-SP/Promotor de Justiça/2017)** A guarda de arma desmuniciada, de uso permitido, em sua própria residência, constituirá crime

a) na hipótese de a arma, em exame pericial, se mostrar apta a efetuar disparo.
b) na hipótese em que, na residência, houver disponibilidade de munição compatível com a arma apreendida.
c) se o implicado não possuir licença para o porte da arma apreendida.
d) caso o implicado não possua o registro de propriedade válido da arma.
e) se a residência estiver situada em área urbana.

9. **(FCC/TJ-SC/Juiz de Direito/2017 – adaptada)** Possuir arma de fogo com o registro vencido configura crime previsto no artigo 12 do Estatuto do desarmamento.

10. **(CONSULPAN/TJ-MG/Titular de Serviços de Notas e de Registros/2018)** "O titular do cartório de Registro de Imóveis de certa localidade mantinha em seu local de trabalho, mais especificamente escondido entre documentos e livros antigos do acervo do estabelecimento extrajudicial, um revólver calibre 22, municiado com apenas um cartucho, com a intenção de se defender, caso surgisse algum cidadão agressivo, por insatisfação com a qualidade do atendimento no cartório. Até porque no cartório só trabalhavam o titular, Oficial Substituto (que coincidentemente era o seu próprio pai) e uma faxineira. A arma de fogo, herdada de seu avô, era antiga, mas o titular do cartório periodicamente realizava sua manutenção (limpeza e lubrificação de seus mecanismos). O titular do cartório nunca retirava a arma do interior do estabelecimento, mas nunca se preocupou, também, em registrá-la, porque não tinha autorização para portar arma de fogo e acreditava que, por isso, não conseguiria mesmo registrá-la." Quanto à conduta do titular do cartório, é correto afirmar que constitui

a) um indiferente penal, porque se trata de legítima defesa preordenada.
b) crime de porte ilegal de arma de fogo, porque se trata de arma de uso proibido.
c) crime de posse irregular de arma de fogo de uso permitido, sendo irrelevante, no caso, a ausência de autorização para o porte de arma de fogo.
d) crime de omissão de cautela na guarda de arma de fogo; porque a arma está custodiada em local acessível a outras pessoas, diversas do responsável legal do estabelecimento.

11. **(CESPE/PC-SE/Delegado de Polícia/2018)** O porte de arma de fogo de uso permitido sem autorização, mas desmuniciada, não configura o delito de porte ilegal previsto no Estatuto do Desarmamento, tendo em vista ser um crime de perigo concreto cujo objeto jurídico tutelado é a incolumidade física.

GAB	1	2	3	4	5	6	7	8	9	10	11
	E	E	D	E	C	C	A	D	E	C	E

✦ **OMISSÃO DE CAUTELA**

Art. 13. Deixar de observar as cautelas necessárias para impedir que menor de 18 (dezoito) anos ou pessoa portadora de deficiência mental se apodere de arma de fogo que esteja sob sua posse ou que seja de sua propriedade:

Pena – detenção, de 1 (um) a 2 (dois) anos, e multa.

1. COMENTÁRIOS

1.1. Considerações iniciais

O crime consiste na inobservância do dever de cuidado, por parte do possuidor ou proprietário de arma de fogo, permitindo que menor de 18 (dezoito) anos ou portador de deficiência mental dela se apodere. Neste tipo penal, não há menção a munição ou acessórios de arma de fogo. De igual sorte, não que se falar na incidência do referido tipo penal quando a pessoa menor ou portadora de deficiência mental apoderar-se de arma branca.

O tipo penal não faz alusão à modalidade de arma de fogo, podendo haver a consumação do crime em relação a armas de uso permitido ou de uso restrito. Ademais, nada obsta que, no caso, haja concurso de crimes. Deste modo, se o agente possuía a arma de uso permitido, sem autorização para tanto, incorrerá, além do tipo penal em apreço, no tipo penal do art. 12 (posse irregular de arma de fogo de uso permitido). Se, por outro lado, tratar-se de arma de uso restrito, incorrerá, também, nas penas do art. 16 (posse ou porte ilegal de arma de fogo de uso proibido), todos desta Lei.

A legislação anterior sobre o tema (Lei nº 9.437/97, revogada expressamente, nos termos do art. 36 deste Estatuto do Desarmamento) trazia este crime em seu art. 10, I, prevendo, inclusive, a mesma pena. Ressalvava, porém, a possibilidade de o menor ter acesso à arma, para a prática de desporto, quando estivesse acompanhado do responsável ou instrutor. Como se vê, a legislação atual não contemplou esta hipótese.

No que se refere à pena prevista para o crime, é possível perceber que:

a) É possível a transação penal (art. 76. Lei nº 9.099/95), pois a pena máxima não supera os 02 (dois) anos. Trata-se, portanto, de infração penal de menor potencial ofensivo.

b) É possível a suspensão condicional do processo (art. 89, Lei nº 9.099/95), também chamada de *sursis* processual, pois a pena mínima prevista para o crime não ultrapassa 01 (um) ano.

c) É muito provável que a pena seja convertida em restritiva de direitos, pois cabe este tipo de conversão quando se trata de crime culposo, independentemente da pena prevista. Obviamente, é necessário que estejam presentes, também, os demais requisitos (art. 44, CP).

d) O próprio delegado poderá arbitrar fiança, pois a pena máxima não ultrapassa quatro anos

1.2. Sujeitos

Qualquer pessoa pode ser sujeito ativo do crime. Trata-se, portanto, de delito comum, não se exigindo nenhuma qualidade ou condição especial do agente.

Sujeito passivo é a coletividade.

1.3. Objetos

Os tipos penais contidos no Estatuto do Desarmamento tutelam, sobretudo, a segurança pública (bem jurídico comum em praticamente todos os crimes do Estatuto). Para o Superior Tribunal de Justiça, o tipo objetiva resguardar também "a incolumidade pública, a segurança nacional e a paz social, pois um único projétil apto a uso e com perfeito desempenho é capaz de produzir efeitos negativos irreparáveis"[12].

O objeto material da infração em estudo é a arma de fogo[13]. Neste tipo penal, não há previsão para condutas relacionadas a acessório ou munição.

1.4. Elemento subjetivo

O elemento subjetivo do tipo é a culpa, sem embargo, pune-se a negligência do agente que, ao não adotar as cautelas devidas, não impede que menor de 18 (dezoito) anos ou pessoa portadora de deficiência mental se apodere de arma de fogo que esteja sob sua posse ou que seja de sua propriedade.

1.5. Consumação e tentativa

O crime estará consumado quando o menor de 18 (dezoito) anos ou pessoa portadora de deficiência mental se apoderar da rama de fogo, que está sob a posse ou seja de propriedade do sujeito ativo. Desta forma, o crime não se consuma com a mera inobservância do dever de cuidado, por parte do agente, mas sim com a produção deste resultado naturalístico. Trata-se de crime material, portanto.

Em se tratando de crime culposo, impossível a tentativa.

1.6. Ação penal

A ação penal é pública incondicionada.

2. SÚMULAS E JURISPRUDÊNCIA

✦ *SUPERIOR TRIBUNAL DE JUSTIÇA*

- **AÇÃO PENAL. DELITO DE POSSE DE ARMA DE FOGO SEM REGISTRO. LEIS 9437/97 E 10.826/03. EXTINÇÃO DA PUNIBILIDADE. PRINCÍPIO DA RETROATIVIDADE DA LEI MAIS BENIGNA**. 1. Cuidam os autos de denúncia apresentada pelo Ministério Público Federal em face de Expedito Ferreira de Souza apontando-o como incurso nas penas do artigo 10, "*caput*" § 1º inciso I da Lei 9.437/97 em concurso de crimes. 2. Em observância ao princípio da retroatividade da lei mais benigna, há que se aplicar ao caso "sub examine" a Lei 10.826/03 que revogou expressamente a Lei 9.437/97 vigente à época do cometimento do ilícito penal. "In casu", a referida Lei 10.826/03 embora considere ilícita a conduta de alguém manter arma de fogo sem autorização legal, no interior de sua residência, concedeu o prazo de 180 (cento e oitenta) dias para regularização desta situação configurando-se, por meio deste proceder legislativo, os efeitos da "abolitio criminis" 3. Inexistência de omissão de cautela na guarda da arma de fogo a justificar a denúncia, visto que o relatório policial registra que a arma

12. HC 45.099/AC, Rel. Min. Arnaldo Esteves Lima, j. 15/08/2006.
13 Como bem alerta Rogério Greco, não tipifica o delito quando a conduta do agente recair sobre armas brancas (punhais, espadas, estiletes, etc.) ou armas impróprias (instrumentos que não se destinam às funções de ataque e defesa, como barras de ferro, facas de cozinha, etc.). (*Código penal comentado.* 5. ed. Niterói: Impetus, 2011, p. 435-436).

estava guardada no móvel do quarto de casal desmuniciada e a munição guardada separadamente. 4. Extinção da punibilidade pela aplicação da lei mais benigna (artigo 2º, parágrafo único do Código Penal). *STJ, Apn .394/RN, Rel. Ministro ARI PARGENDLER, Rel. p/ Acórdão Ministro JOSÉ DELGADO, CORTE ESPECIAL, julgado em 15/03/2006, DJe 07/08/2008*

3. QUESTÕES DE CONCURSOS

1. **(CESPE/MPU/Técnico-Segurança Institucional/2015)** Se uma pessoa for flagrada portando um punhal que tenha mais de 12 cm e dois gumes, ela poderá responder pelo crime de porte ilegal de arma, previsto no Estatuto do Desarmamento.

2. **(VUNESP/PC-CE/Escrivão de Polícia/2015 – adaptada)** É cominada pena de detenção aos seguintes crimes da Lei nº 10.826/03:

a) posse de arma de fogo de uso permitido e posse de arma de fogo de uso restrito.
b) disparo de arma de fogo e porte ilegal de arma de fogo de uso permitido
c) posse irregular de arma de fogo de uso permitido e porte ilegal de arma de fogo de uso permitido
d) posse irregular de arma de fogo de uso permitido e omissão de cautela.
e) disparo de arma de fogo e omissão de cautela.

3. **(NC-UFPR/DPE-PR/Defensor Público/2014 – adaptada)** O crime de omissão de cautela (art. 13) se configura quando o possuidor ou proprietário deixa de observar as cautelas necessárias para impedir que menor de 14 (quatorze) anos se apodere de arma de fogo.

4. **(IBFC/PC-RJ/Oficial de Cartório/2013 – adaptada)** Comete crime cuja pena se equipara à do delito omissão de cautela o proprietário de empresa de segurança e de transporte de valores que deixa de registrar ocorrência policial e de comunicar a Polícia Federal furto ou roubo de arma de fogo sob sua guarda, nas primeiras vinte e quatro horas após o ocorrido.

GAB	1	2	3	4
	E	D	E	C

Parágrafo único. Nas mesmas penas incorrem o proprietário ou diretor responsável de empresa de segurança e transporte de valores que deixarem de registrar ocorrência policial e de comunicar à Polícia Federal perda, furto, roubo ou outras formas de extravio de arma de fogo, acessório ou munição que estejam sob sua guarda, nas primeiras 24 (vinte quatro) horas depois de ocorrido o fato.

1. COMENTÁRIOS

1.1. Considerações iniciais

O tipo penal estabelecido pelo parágrafo único do art. 13 está em consonância com o quanto disposto no art. 7º da presente Lei, nos seguintes termos: "as armas de fogo utilizadas pelos empregados das empresas de segurança privada e de transporte de valores, constituídas na forma da lei, serão de propriedade, responsabilidade e guarda das respectivas empresas, somente podendo ser utilizadas quando em serviço, devendo essas observar as condições de uso e de armazenagem estabelecidas pelo órgão competente, sendo o certificado de registro e a autorização de porte expedidos pela Polícia Federal em nome da empresa".

Como se percebe, da atenta leitura do dispositivo, a responsabilidade pelas armas utilizadas pelos empregados das empresas de segurança é das próprias empresas. Como não há que se falar em responsabilidade penal para as pessoas jurídicas – à exceção dos casos de crimes ambientais –, o tipo penal em apreço criminaliza as condutas das pessoas físicas que estão à frente dos entes morais (proprietário ou diretor).

Além das sanções penais cominadas neste tipo penal, o proprietário ou diretor da empresa de segurança que se omitir no dever de informação, dentro do prazo de vinte e quatro horas, em relação a: furto, roubo ou outras formas de extravio de arma de fogo, acessório ou munição que estejam sob sua guarda, ainda sofrerá as sanções administrativas e civis (art. 7º, § 1º).

A pessoa física, titular de porte de arma de fogo, também deve comunicar imediatamente o extravio, furto ou roubo da arma de fogo, nos termos do art. 25 do Decreto nº 5.123/2004, que regulamenta o Estatuto. Conforme este dispositivo, a comunicação deveria ser feita à Unidade Policial mais próxima e, posteriormente, à Polícia Federal. A inobservância desta obrigação, contudo, não constitui crime – até mesmo porque seria impossível a tipificação de condutas por meio de Decreto –, mas mera infração administrativa, cuja sanção é a suspensão do porte de arma de fogo por prazo a ser estipulado pela autoridade concedente.

1.2. Sujeitos

Sujeito ativo é o proprietário ou diretor responsável de empresa de segurança e transporte de valores. Trata-se, portanto, de crime próprio, na medida em que exige uma qualidade especial do sujeito ativo.

Sujeito passivo é a coletividade.

1.3. Objetos

Os tipos penais contidos no Estatuto do Desarmamento tutelam, sobretudo, a segurança pública (bem jurídico comum em praticamente todos os crimes do Estatuto). Para o Superior Tribunal de Justiça, o tipo objetiva resguardar também "a incolumidade pública, a segurança nacional e a paz social, pois um único projétil apto a uso e com perfeito desempenho é capaz de produzir efeitos negativos irreparáveis"[14].

O objeto material da infração em estudo é a arma de fogo, acessório ou munição.

1.4. Elemento subjetivo

Elemento subjetivo do tipo é o dolo, não havendo previsão para a modalidade culposa do crime. Também não se exige o dolo específico, consistente na especial finalidade no agir.

1.5. Consumação e tentativa

O crime se consuma quando expira o prazo nele estipulado – 24 (vinte e quatro) horas após a ocorrência do fato, consistente na perda, furto, roubo ou outras formas de extravio de arma de fogo, acessório ou munição – sem que os agentes tenham registrado a ocorrência policial e comunicado à Polícia Federal.

Trata-se, por isso mesmo, de modalidade de delito chamada doutrinariamente de "crime a prazo", pois a consumação somente ocorre após o decurso de determinado lapso de tempo, previsto em lei.

---

14 HC 45.099/AC, Rel. Min. Arnaldo Esteves Lima, j. 15/08/2006.

Imperioso recordar que, sem que o proprietário ou diretor da empresa tenha ciência do ocorrido, o prazo de vinte e quatro horas não começa a fluir. Isso porque se trata de crime em sua modalidade dolosa, exigindo, portanto, a presença do binômio "consciência + vontade". Sem a consciência do ocorrido, não há que se falar em vontade idônea a caracterizar o dolo direto.

A conduta omissiva é unissubsistente, razão pela qual não é possível a tentativa.

1.6. Ação penal

A ação penal é pública incondicionada.

✦ PORTE ILEGAL DE ARMA DE FOGO DE USO PERMITIDO

Art. 14. Portar, deter, adquirir, fornecer, receber, ter em depósito, transportar, ceder, ainda que gratuitamente, emprestar, remeter, empregar, manter sob guarda ou ocultar arma de fogo, acessório ou munição, de uso permitido, sem autorização e em desacordo com determinação legal ou regulamentar:

Pena – reclusão, de 2 (dois) a 4 (quatro) anos, e multa.

Parágrafo único. O crime previsto neste artigo é inafiançável, salvo quando a arma de fogo estiver registrada em nome do agente.

1. COMENTÁRIOS

1.1. Considerações iniciais

Trata-se de um tipo penal misto alternativo (ou crime de ação múltipla), isto é, a realização de mais de uma conduta, no mesmo contexto fático, em relação ao mesmo objeto material, dará ensejo a apenas um crime. Deste modo, o agente que, por exemplo, transporta a arma de fogo e, depois disso, a empresta, terá realizado duas condutas típicas, mas responderá por apenas um crime.

Como se vê, muito embora a rubrica do tipo penal seja "porte ilegal de arma de fogo de uso permitido", sua descrição comporta inúmeras outras condutas, que não se assemelham ao porte, senão por expressa determinação legal.

Trata-se de uma norma penal em branco, haja vista a presença da expressão "em desacordo com determinação legal ou regulamentar". É necessário, portanto, conhecer a determinação legal ou regulamentar para complementar o sentido do preceito primário do tipo penal, que define a conduta. De toda sorte, tais complementos serão analisados no tópico seguinte, sob o título "porte de arma de fogo".

Tal como comentamos em relação ao crime do art. 12, o tipo penal do art. 14, consoante pacificada jurisprudência dos Tribunais Superiores, é crime de perigo abstrato, isto é, o perigo é presumido na própria lei, não havendo que se falar para a consumação, em lesão efetiva ou exposição concreta de perigo ao bem jurídico. Há, é bem verdade, quem sustente a inconstitucionalidade dos crimes de perigo abstrato, por afronta ao princípio da lesividade. Este entendimento, todavia, está em descompasso com o entendimento doutrinário majoritário e a jurisprudência pacífica dos Tribunais. E é justamente por reconhecer que os crimes de posse (art. 12) e porte(art. 14) de arma de fogo são de mera conduta e de perigo abstrato, o STF, há muito tempo, entende estar caracterizado o crime, ainda que a arma se encontre desmuniciada[15].

No que se refere à pena prevista para o crime, é possível perceber que:

a) Não é possível a transação penal (art. 76. Lei nº 9.099/95), pois a pena máxima supera os 02 (dois) anos. Não se trata, portanto, de infração penal de menor potencial ofensivo.

b) Não é possível a suspensão condicional do processo (art. 89, Lei nº 9.099/95), também chamada de *sursis* processual, pois a pena mínima prevista para o crime ultrapassa um ano.

c) É muito provável que a pena seja convertida em restritiva de direitos, pois cabe este tipo de conversão quando a pena aplicada, ao crime doloso, sem violência ou grave ameaça, não ultrapassa 04 (quatro) anos. Obviamente, é necessário que estejam presentes, também, os demais requisitos, como a ausência de reincidência no mesmo crime (art. 44, CP).

d) O próprio delegado poderá arbitrar fiança, pois a pena máxima não ultrapassa quatro anos (conferir, abaixo, comentários sobre a inafiançabilidade prevista no parágrafo único do art. 14).

Na legislação anterior (Lei nº 9.437/97), revogada expressamente pelo Estatuto do Desarmamento, a pena para este crime era de um a dois anos. Em se tratando de legislação que agravou a situação do réu *(novatio legis in pejus)* a Lei nº 10.826/03 não poderá, obviamente, ser aplicada a casos anteriores a sua entrada em vigor.

Obviamente, se o porte for de arma de uso restrito, estará caracterizado o crime do art. 16 ("Posse ou porte ilegal de arma de fogo de uso restrito").

1.1.1. Porte de arma de fogo

Inicialmente, é preciso reiterar que o porte de arma diferencia-se do Certificado de Registro de Arma de Fogo, pois este último apenas autoriza a arma no interior da residência ou suas adjacências ou estabelecimento ou empresa de que o agente é titular. Com o porte, ao revés, é possível à pessoa transitar com a arma de fogo.

No seu art. 6º., o Estatuto autoriza o porte para: I – os integrantes das Forças Armadas; II – os integrantes de órgãos referidos nos incisos I, II, III, IV e V do *caput* do art. 144 da Constituição Federal e os da Força Nacional de Segurança Pública (FNSP), conforme redação dada pela Lei nº 13.500, de 2017); III – os integrantes das guardas municipais das capitais dos Estados e dos Municípios com mais de 500.000 (quinhentos mil) habitantes, nas condições estabelecidas no regulamento da Lei; IV – os integrantes das guardas municipais dos Municípios com mais de 50.000 (cinquenta mil) e menos de 500.000 (quinhentos mil) habitantes, quando em serviço; V – os agentes operacionais da Agência Brasileira de Inteligência e os agentes do Departamento de Segurança do Gabinete de Segurança Institucional da Presidência da República; VI – os integrantes dos órgãos policiais referidos no art. 51, IV, e no art. 52, XIII, da Constituição Federal; VII – os integrantes do quadro efetivo dos agentes e guardas prisionais, os integrantes das escoltas de presos e as guardas portuárias;

15 HC 117206 / RJ – RIO DE JANEIRO Rel. Min. CÁRMEN LÚCIA. Julgamento: 05/11/2013.

VIII – as empresas de segurança privada e de transporte de valores constituídas, nos termos desta Lei; IX – para os integrantes das entidades de desporto legalmente constituídas, cujas atividades esportivas demandem o uso de armas de fogo, na forma do regulamento desta Lei, observando-se, no que couber, a legislação ambiental; X – integrantes das Carreiras de Auditoria da Receita Federal do Brasil e de Auditoria-Fiscal do Trabalho, cargos de Auditor--Fiscal e Analista Tributário; XI – os tribunais do Poder Judiciário descritos no art. 92 da Constituição Federal e os Ministérios Públicos da União e dos Estados, para uso exclusivo de servidores de seus quadros pessoais que efetivamente estejam no exercício de funções de segurança, na forma de regulamento a ser emitido pelo Conselho Nacional de Justiça – CNJ e pelo Conselho Nacional do Ministério Público – CNMP.

Estas autorizações de porte previstas no próprio Estatuto do Desarmamento ocorrem sem prejuízo do disposto em legislação específica. Por esta razão, também é autorizado o porte para aqueles que, por exemplo, exercem os cargos de magistrado e de membro do Ministério Público.

Para algumas funções, o porte não exige outros requisitos, senão a própria função exercida. É o caso dos integrantes das Forças Armadas, policiais, membros da Magistratura e do Ministério Público. Para outras funções, contudo, são exigidos alguns requisitos. É o caso, por exemplo, dos: a) agentes operacionais da Agência Brasileira de Inteligência (ABIN) e os agentes do Departamento de Segurança do Gabinete de Segurança Institucional da Presidência da República; b) os integrantes dos órgãos policiais da Câmara dos Deputados e do Senado Federal; c) os integrantes do quadro efetivo dos agentes e guardas prisionais, os integrantes das escoltas de presos e as guardas portuárias; d) integrantes das Carreiras de Auditoria da Receita Federal do Brasil e de Auditoria-Fiscal do Trabalho, cargos de Auditor--Fiscal e Analista Tributário.

No caso destas carreiras, só haverá direito ao porte de arma se restar demonstrado: a) comprovação de idoneidade, com a apresentação de certidões negativas de antecedentes criminais fornecidas pela Justiça Federal, Estadual, Militar e Eleitoral e de não estar respondendo a inquérito policial ou a processo criminal, que poderão ser fornecidas por meios eletrônicos; b) apresentação de documento comprobatório de ocupação lícita e de residência certa; c) comprovação de capacidade técnica e de aptidão psicológica para o manuseio de arma de fogo, atestadas na forma disposta no regulamento desta Lei.

Além disto, nos termos do art. 6º, § 3º, do Estatuto do Desarmamento, a "autorização para o porte de arma de fogo das guardas municipais está condicionada à formação funcional de seus integrantes em estabelecimentos de ensino de atividade policial e à existência de mecanismos de fiscalização e de controle interno, nas condições estabelecidas no regulamento desta Lei, observada a supervisão do Comando do Exército".

Aos residentes em áreas rurais, maiores de 25 (vinte e cinco) anos que comprovem depender do emprego de arma de fogo para prover sua subsistência alimentar familiar será concedido pela Polícia Federal o porte de arma de fogo, na categoria caçador para subsistência, de uma arma de uso permitido, de tiro simples, com 1 (um) ou 2 (dois) canos, de alma lisa e de calibre igual ou inferior a 16 (dezesseis), desde que o interessado comprove a efetiva necessidade em requerimento ao qual deverão ser anexados: I – documento de identificação pessoal; II – comprovante de residência em área rural; e III – atestado de bons antecedentes.

Ademais, é vedado ao menor de 25 (vinte e cinco) anos adquirir arma de fogo, ressalvados os integrantes das seguintes entidades I, II, III, V, VI, VII e X do *caput* do art. 6º desta Lei. Independentemente do preenchimento dos requisitos para a aquisição da arma de fogo, é obrigatório o seu registro no órgão competente.

Conforme o art. 10 do Estatuto, a autorização para o porte de arma de fogo de uso permitido, em todo o território nacional, é de competência da Polícia Federal e somente será concedida após autorização do SINARM. Esta autorização poderá ser concedida com eficácia temporária e territorial limitada, nos termos de atos regulamentares, e dependerá de o requerente: a) demonstrar a sua efetiva necessidade por exercício de atividade profissional de risco ou de ameaça à sua integridade física; b) atender às exigências previstas no art. 4º desta Lei; c) apresentar documentação de propriedade de arma de fogo, bem como o seu devido registro no órgão competente.

Conforme os termos do art. 26 do Regulamento do Estatuto (Decreto nº 5.123/04), o titular de porte de arma de fogo para defesa pessoal não poderá conduzi-la ostensivamente ou com ela adentrar ou permanecer em locais públicos, tais como igrejas, escolas, estádios desportivos, clubes, agências bancárias ou outros locais onde haja aglomeração de pessoas em virtude de eventos de qualquer natureza. A inobservância do disposto neste artigo implicará na cassação do Porte de Arma de Fogo e na apreensão da arma, pela autoridade competente. Como se vê, não estará caracterizado o crime do art. 14, em comento, mas os atos ocasionarão sanção administrativa consistente na cassação do porte.

Além disto, a autorização de porte de arma de fogo perderá automaticamente sua eficácia caso o portador dela seja detido ou abordado em estado de embriaguez ou sob efeito de substâncias químicas ou alucinógenas (art. 10, § 2º.). Em caso de prática de violência doméstica e familiar contra a mulher, o juiz poderá aplicar, de imediato, ao agressor, a título de medida protetiva de urgência, entre outras, a suspensão da posse ou restrição do porte de armas, com comunicação ao órgão competente, conforme o art. 22, inciso I, da Lei nº 11.340/06 (Lei Maria da Penha).

1.2. Sujeitos

Qualquer pessoa pode ser sujeito ativo do crime. Trata-se, portanto, de delito comum, não se exigindo nenhuma qualidade ou condição especial do agente.

Sujeito passivo é a coletividade.

1.3. Objetos

Os tipos penais contidos no Estatuto do Desarmamento tutelam, sobretudo, a segurança pública (bem jurídico comum em praticamente todos os crimes do Estatuto). Para o Superior Tribunal de Justiça, o tipo objetiva resguardar também "a incolumidade pública, a segurança nacional e a paz social, pois um único projétil apto a uso e com perfeito desempenho é capaz de produzir efeitos negativos irreparáveis"[16]. O objeto material da infração em estudo é a arma de fogo, acessório ou munição.

16 HC 45.099/AC, Rel. Min. Arnaldo Esteves Lima, j. 15/08/2006.

Relevante destacar que, consoante reiterada jurisprudência do STJ, não há necessidade de perícia para aferir a potencialidade lesiva da arma de fogo. Contudo, se houver a perícia e esta constatar que a arma é inapta para disparos, será "impossível a manutenção do decreto condenatório por porte ilegal de arma de fogo"[17].

1.4. Elemento subjetivo

O elemento subjetivo do crime é o dolo, consistente na consciência e vontade de praticar qualquer das condutas previstas no tipo. Dispensa fim especial animando o agente.

Não há previsão de modalidade culposa.

1.5. Consumação e tentativa

Trata-se de crime de mera conduta, cuja consumação ocorre no momento da prática de qualquer das condutas, não exigindo qualquer resultado naturalístico.

Muito embora de difícil ocorrência, é possível a tentativa, quando, por exemplo, o agente inicia os atos de execução, mas não logra êxito em adquirir a arma de fogo de uso permitido.

1.6. Ação penal

A ação penal é pública incondicionada.

1.7. Fiança

O parágrafo único do art. 14 dispõe que o crime de porte ilegal de arma de fogo é inafiançável, salvo quando a arma de fogo estiver registrada em nome do agente. Contudo, não pode ser aplicado, porquanto foi declarado inconstitucional pelo Supremo Tribunal Federal, no julgamento da Adin 3.112, julgada no dia 02 de maio de 2007 (Rel. Min. Ricardo Lewandowski). Neste julgamento, o STF entendeu que a "proibição de estabelecimento de fiança para os delitos de 'porte ilegal de arma de fogo de uso permitido' e de 'disparo de arma de fogo', mostra-se desarrazoada, porquanto são crimes de mera conduta, que não se equiparam aos crimes que acarretam lesão ou ameaça de lesão à vida ou à propriedade".

Deste modo, ainda que a arma de fogo esteja registrada em nome de outra pessoa, que não o portador, será possível a concessão da fiança. Vale frisar, aliás, que, tendo em vista o fato de a pena máxima não ultrapassar o patamar de quatro anos, o próprio delegado poderá arbitrar a fiança, conforme disposto no CPP.

1.8. Concurso de crimes e absorção

Questão que costuma suscitar controvérsias e debates acalorados diz respeito à possibilidade de se aplicar o critério da consunção quando nos referimos ao crime de porte ilegal de arma de fogo de uso permitido que é empregada para a prática de outro crime. Por outras palavras, se o agente emprega a arma de uso permitido para praticar o homicídio, o crime

17. STJ, AgRg no AREsp 397.473/DF, Rel. Min. Marco Aurélio Bellizze, julgado em 19/08/2014, DJe 25/08/2014.

contra a vida absorveria o crime previsto no Estatuto do Desarmamento? Ou seriam crimes autônomos e, por esta razão, o agente responderia pelos dois crimes?

O entendimento que tem prevalecido, inclusive em âmbito jurisprudencial, é no sentido da imprescindibilidade da análise do caso concreto. Assim, entende o STJ que "A conduta de portar armas ilegalmente não pode ser absorvida pelo crime de homicídio qualificado, quando resta evidenciada a existência de crimes autônomos, sem nexo de dependência ou subordinação"[18]. De igual sorte, entende a Corte que se os crimes de homicídio e o de porte ilegal de arma de fogo foram praticados em momentos distintos, não há que se falar em consunção[19].

De forma, mais clara, haverá consunção se o porte ocorrer exclusivamente como meio necessário à prática do outro crime (roubo, estupro, homicídio, etc.). Então, se, por exemplo, o agente, desarmado, ingressa em uma discussão, sai e obtém a arma com um amigo, retornando ao local para deflagrar os disparos no desafeto, haverá a consunção, e o homicida não responderá pelo crime de porte ilegal de arma de fogo. Note-se que, no exemplo citado, não havia um porte de arma independente do homicídio pretendido. Ao revés, o agente armou-se com a finalidade única de efetuar o homicídio. Se, por outro lado, o agente já estivesse armado, quando do início da confusão, estaríamos diante do concurso de crimes, devendo o agente responder pelo homicídio e pelo porte ilegal de armas de uso permitido.

2. SÚMULAS E JURISPRUDÊNCIA

✦ *SUPREMO TRIBUNAL FEDERAL*

- **PORTE ILEGAL DE MUNIÇÃO E PRINCÍPIO DA INSIGNIFICÂNCIA.** A Primeira Turma denegou a ordem em "habeas corpus", no qual se pretendia o reconhecimento da atipicidade material da conduta do paciente, caracterizada pelo porte ilegal de munição de uso permitido (art. 14, "caput", da Lei 10.863/2003). No caso, o paciente foi condenado à pena de dois anos e dois meses de reclusão, em regime aberto, e ao pagamento de 11 dias-multa, em razão do porte de projétil de arma de fogo. A pena privativa foi substituída por duas restritivas de direito. A defesa alegava ser irrelevante a conduta praticada pelo paciente, bem como estarem presentes todos os requisitos exigidos pela Corte para a incidência do princípio da bagatela. Destacava a existência de precedentes deste Tribunal, nos quais assentada a aplicabilidade desse princípio a delitos de perigo abstrato (porte de drogas para consumo, desenvolvimento de atividade clandestina de telecomunicações, pesca irregular e moeda falsa, por exemplo). Apontava, ademais, a desproporcionalidade entre a conduta do paciente e a reprimenda imposta. Para o Colegiado, porém, **a configuração da conduta tipificada no art. 14, "caput", da Lei 10.826/2003** ("Art. 14. Portar, deter, adquirir, fornecer, receber, ter em depósito, transportar, ceder, ainda que gratuitamente, emprestar, remeter, empregar, manter sob guarda ou ocultar arma de fogo, acessório ou munição, de uso permitido, sem autorização e em desacordo com determinação legal ou regulamentar:") **não depende do tipo ou da quantidade da munição portada pelo agente.** ***STF, HC 131771/RJ, rel. Min. Marco Aurélio, 18.10.2016. 1ª T. (Info 844)***

- **PORTE ILEGAL DE ARMA E AUSÊNCIA DE MUNIÇÃO.** A 2ª Turma denegou habeas corpus no qual denunciado pela suposta prática do crime de porte ilegal de arma de fogo desmuniciada pleiteava a nulidade de sentença condenatória. **Asseverou-se que o tipo penal do art. 14 da Lei 10.826/2003 ("Art. 14 Portar, deter, adquirir, fornecer, receber, ter em depósito, transportar, ceder, ainda que**

18. STJ, HC 226.373/SP, Rel. Min. Laurita Vaz, julgado em 26/02/2013, DJe 06/03/2013.

19. STJ, HC 168.171/RS, Rel. Ministro SEBASTIÃO REIS JÚNIOR, SEXTA TURMA, julgado em 04/10/2011, DJe 09/11/2011

gratuitamente, emprestar, remeter, empregar, manter sob guarda ou ocultar arma de fogo, acessório ou munição, de uso permitido, sem autorização e em desacordo com determinação legal ou regulamentar") contemplaria crime de mera conduta, sendo suficiente a ação de portar ilegalmente a arma de fogo, ainda que desmuniciada. Destacou-se que, à época, a jurisprudência oscilaria quanto à tipicidade do fato, questão hoje superada. O Min. Teori Zavascki participou da votação por suceder ao Min. Cezar Peluso, que pedira vista dos autos. *STF, HC 95073/MS, rel. orig. Min. Ellen Gracie, red. p/ o acórdão Min. Teori Zavascki, j. 19.3.2013. 2ª T. (Info 699)*

- ***HABEAS CORPUS*. PORTE ILEGAL DE ARMA DE FOGO DESMUNICIADA. (A)TIPICIDADE DA CONDUTA. CONTROLE DE CONSTITUCIONALIDADE DAS LEIS PENAIS. MANDATOS CONSTITUCIONAIS DE CRIMINALIZAÇÃO E MODELO EXIGENTE DE CONTROLE DE CONSTITUCIONALIDADE DAS LEIS EM MATÉRIA PENAL. CRIMES DE PERIGO ABSTRATO EM FACE DO PRINCÍPIO DA PROPORCIONALIDADE. LEGITIMIDADE DA CRIMINALIZAÇÃO DO PORTE DE ARMA DESMUNICIADA. ORDEM DENEGADA.**[...] 2. **CRIMES DE PERIGO ABSTRATO. PORTE DE ARMA. PRINCÍPIO DA PROPORCIONALIDADE.** A Lei 10.826/2003 (Estatuto do Desarmamento) tipifica o porte de arma como crime de perigo abstrato. De acordo com a lei, constituem crimes as meras condutas de possuir, deter, portar, adquirir, fornecer, receber, ter em depósito, transportar, ceder, emprestar, remeter, empregar, manter sob sua guarda ou ocultar arma de fogo. Nessa espécie de delito, o legislador penal não toma como pressuposto da criminalização a lesão ou o perigo de lesão concreta a determinado bem jurídico. Baseado em dados empíricos, o legislador seleciona grupos ou classes de ações que geralmente levam consigo o indesejado perigo ao bem jurídico. A criação de crimes de perigo abstrato não representa, por si só, comportamento inconstitucional por parte do legislador penal. A tipificação de condutas que geram perigo em abstrato, muitas vezes, acaba sendo a melhor alternativa ou a medida mais eficaz para a proteção de bens jurídico-penais supraindividuais ou de caráter coletivo, como, por exemplo, o meio ambiente, a saúde etc. Portanto, pode o legislador, dentro de suas amplas margens de avaliação e de decisão, definir quais as medidas mais adequadas e necessárias para a efetiva proteção de determinado bem jurídico, o que lhe permite escolher espécies de tipificação próprias de um direito penal preventivo. Apenas a atividade legislativa que, nessa hipótese, transborde os limites da proporcionalidade, poderá ser tachada de inconstitucional. **3. LEGITIMIDADE DA CRIMINALIZAÇÃO DO PORTE DE ARMA.** Há, no contexto empírico legitimador da veiculação da norma, aparente lesividade da conduta, porquanto se tutela a segurança pública (art. 6º e 144, CF) e indiretamente a vida, a liberdade, a integridade física e **psíquica** do indivíduo etc. **Há inequívoco interesse público e social na proscrição da conduta.** É que a arma de fogo, diferentemente de outros objetos e artefatos (faca, vidro etc.) tem, inerente à sua natureza, a característica da lesividade. A danosidade é intrínseca ao objeto. A questão, portanto, de possíveis injustiças pontuais, de absoluta ausência de significado lesivo deve ser aferida concretamente e não em linha diretiva de ilegitimidade normativa. **4. ORDEM DENEGADA.** *STF, HC nº 104.410-RS. Rel. Min. Gilmar Mendes (Info 660)*

✦ *SUPERIOR TRIBUNAL DE JUSTIÇA*

- **PORTE DE ARMA DE FOGO POR VIGIA APÓS O HORÁRIO DE EXPEDIENTE. O fato de o empregador obrigar seu empregado a portar arma de fogo durante o exercício das atribuições de vigia não caracteriza coação moral irresistível (art. 22 do CP) capaz de excluir a culpabilidade do crime de "porte ilegal de arma de fogo de uso permitido" (art. 14 da Lei n. 10.826/2003) atribuído ao empregado que tenha sido flagrado portando, em via pública, arma de fogo, após o término do expediente laboral, no percurso entre o trabalho e a sua residência.** De fato, não parece aceitável admitir a tese de que o vigia estava sob influência de coação moral irresistível, porquanto, quando praticou a conduta proibida, ele estava fora do horário e do ambiente de trabalho, livre, portanto, da relação de subordinação que o obrigava a portar arma de fogo de modo ilegal. Sob esse prisma, não há porque supor a indução do comportamento delitivo por força externa determinante, infligida pelo empregador. A verdade é que não há espaço para aplicação da regra disposta no art. 22 do CP ("Se o fato é cometido sob coação irresistível ou em estrita obediência a ordem, não manifestamente ilegal, de superior hierárquico, só é punível o autor da coação ou da ordem"). Assim, a inexigibilidade de conduta diversa somente funciona como causa de exclusão da culpabilidade quando proceder de forma contrária à lei se mostrar como única alternativa possível diante de determinada situação.

Se há outros meios de solução do impasse, a exculpante não se caracteriza. Ademais, "importa não confundir, aqui, a atividade exercida pelo réu (vigia) com a de um vigilante (profissional contratado por estabelecimentos financeiros ou por empresa especializada em prestação de serviços de vigilância e transporte de valores), cuja categoria é regulamentada pela Lei nº 7.102/83, ao qual é assegurado o direito de portar armas de fogo, quando em efetivo exercício da profissão" (REsp 1.221.960-SP, Sexta Turma, DJe 9/3/2011). ***STJ, REsp 1.456.633-RS, Rel. Min. Reynaldo Soares da Fonseca, julgado em 5/4/2016, DJe 13/4/2016. 5ª T. (Info 581)***

- **TIPICIDADE DA CONDUTA NO CRIME DE PORTE ILEGAL DE ARMA DE FOGO DE USO PERMITIDO. É típica (art. 14 da Lei 10.826/2003) a conduta do praticante de tiro desportivo que transportava, municiada, arma de fogo de uso permitido em desacordo com os termos de sua guia de tráfego, a qual autorizava apenas o transporte de arma desmuniciada.** De fato, as armas dos praticantes de tiro desportivo não integram rol dos "registros próprios" (art. 2º, § 1º, do Decreto 5.123/2004), ao menos para o fim de lhes ser deferido porte de arma. Dispõe, na verdade, sobre guia de tráfego (art. 30, § 1º, do referido Decreto 5.123/2004), licença distinta, a ser expedida pelo Comando do Exército. Poder-se-ia alegar que a restrição de se ter que trafegar com a arma desmuniciada não constaria de lei ou regulamento, daí ser ela inócua mesmo que o Exército tenha expedido a guia com essa menção. Todavia, o legislador foi extremamente cuidadoso ao consignar, claramente, na Lei 10.826/2003, em seu art. 6º, que é "proibido o porte de arma de fogo em todo o território nacional", seguindo-se as ressalvas. Em relação aos atiradores, foi autorizado o porte apenas no momento em que a competição é realizada. Nos indispensáveis trajetos para os estandes de tiro não se deferiu porte, mas específica guia de tráfego. Daí, a necessidade de cautelas no transporte. Nesse contexto, em consideração ao fato de que a prática esportiva de tiro é atividade que conta com disciplina legal, é plenamente possível o traslado de arma de fogo para a realização de treinos e competições, exigindo-se, porém, além do registro, a expedição de guia de tráfego (que não se confunde com o porte de arma) e respeito aos termos desta autorização. Não concordando com os termos da guia, a lealdade recomendaria que o praticante de tiro desportivo promovesse as medidas jurídicas cabíveis para eventualmente modificá-la, e não simplesmente que saísse com a arma municiada, ao arrepio do que vem determinando a autoridade competente sobre a matéria, o Exército. *STJ, RHC 34.579-RS, Rel. Min. Maria Thereza de Assis Moura, j. 24/4/2014. 6ª T. (Info 540)*

- **PORTE DE ARMA DE FOGO POR POLICIAL CIVIL APOSENTADO. O porte de arma de fogo a que têm direito os policiais civis (arts. 6º da Lei 10.826/2003 e 33 do Decreto 5.123/2014) não se estende aos policiais aposentados**. Isso porque, de acordo com o art. 33 do Decreto 5.123/2004, que regulamentou o art. 6º da Lei 10.826/2003, o porte de arma de fogo está condicionado ao efetivo exercício das funções institucionais por parte dos policiais, motivo pelo qual não se estende aos aposentados. *STJ, HC 267.058-SP, Rel. Min. Jorge Mussi, julgado em 4/12/2014, DJe 15/12/2014. 3ª T. (Info 554)*

- **SUSPENSÃO CAUTELAR DO PORTE DE ARMA DE FOGO DE SERVIDOR MILITAR POR DECISÃO ADMINISTRATIVA. A Polícia Militar pode, mediante decisão administrativa fundamentada, determinar a suspensão cautelar do porte de arma de policial que responde a processo criminal.** Apesar do art. 6º da Lei 10.826/2006 (Estatuto do Desarmamento) conferir o direito ao porte de arma aos servidores militares das forças estaduais, a medida não é absoluta. Com efeito, a suspensão do porte de arma está amparada pela legalidade, uma vez que o Estatuto do Desarmamento possui regulamentação no art. 33, § 1º, do Decreto 5.123/2004, que outorga poderes normativos às forças militares estaduais para restringir o porte de arma de seu efetivo. Nessa conjuntura, verificada a existência de base fática que dê suporte à decisão administrativa, não há que se falar em violação ao princípio constitucional da presunção de inocência. *STJ, RMS 42.620-PB, Rel. Min. Humberto Martins, julgado em 25/2/2014. 2ª T. (Info 537)*

- **ARMA DE FOGO DESMUNICIADA. TIPICIDADE.** A Turma, acompanhando recente assentada, quando do julgamento, por maioria, do REsp 1.193.805-SP, manteve o entendimento de que **o porte ilegal de arma de fogo é crime de perigo abstrato, cuja consumação se caracteriza pelo simples ato de alguém levar consigo arma de fogo sem autorização ou em desacordo com determinação legal – sendo irrelevante a demonstração de efetivo caráter ofensivo**. Isso porque, nos termos do disposto no art. 16, parágrafo único, IV, da Lei nº 10.826/2003, o legislador teve como objetivo proteger a incolumidade pública, transcendendo a mera proteção à incolumidade pessoal, bastando, assim, para a configuração do delito em discussão a probabilidade de dano, e não sua ocorrência. Segundo se observou, a lei antecipa a punição para o ato de portar arma de fogo; é, portanto, um tipo penal preventivo, que busca minimizar o risco de comportamentos que vêm produzindo efeitos danosos à sociedade, na tentativa de garantir aos cidadãos o exercício do direito à segurança e à própria vida. Conclui-se, assim, ser irrelevante aferir a eficácia da arma para a configuração do tipo penal, que é misto-alternativo, em que se consubstanciam, justamente, as condutas que o legislador entendeu por bem prevenir, seja ela o simples porte de munição ou mesmo o porte de arma desmuniciada. Relativamente ao regime inicial de cumprimento da pena, reputou-se mais adequada ao caso a fixação do semiaberto; pois, apesar da reincidência do paciente, a pena-base foi fixada no mínimo legal – três anos – aplicação direta da Súm. nº 269/STJ. *STJ, HC 211.823-SP, Rel. Min. Sebastião Reis Júnior, julgado em 22/3/2012. 6ª T. (Info 493).*

3. QUESTÕES DE CONCURSOS

1. **(FUNIVERSA/SEAP-DF/Agente Penitenciário/2015)** Conforme jurisprudência pacificada no STJ, o crime de porte ilegal de arma de fogo de uso permitido é de perigo concreto.

2. **(IBFC/PC-RJ/Oficial de Cartório/2013 – adaptada)** O porte ilegal de arma de fogo de uso permitido é crime inafiançável, salvo quando a arma estiver registrada em nome do agente.

3. **(CESPE/TJ-BA/Titular de Serviços de Notas e Registros/2013 – adaptada)** De acordo com a jurisprudência do STJ, o porte de arma de fogo é crime de perigo abstrato, razão pela qual o porte de arma desmuniciada representa conduta típica.

4. **(CESPE/PC-DF/Escrivão de Polícia/2013)** Em uma operação policial, José foi encontrado com certa quantidade de munição para revólver de calibre 38. Na oportunidade, um policial indagou José sobre a autorização para portar esse material, e José respondeu que não possuía tal autorização e justificou que não precisava ter tal documento porque estava transportando munição desacompanhada de arma de fogo. Nessa situação hipotética, a justificativa de José para não portar a autorização é incorreta, e ele responderá por crime previsto no Estatuto do Desarmamento.

5. **(CESPE/DEPEN/Agente Penitenciário/2013)** Considere que João, residente em área rural, dependa do emprego de arma de fogo para prover sua subsistência alimentar familiar. Nos termos do disposto na Lei nº 10.826/2003, a João não pode ser concedido porte de arma de fogo por expor a perigo sua integridade física, uma vez que João pode se alimentar de outros produtos além da caça.

6. **(CESPE/MPE-RO/Promotor de Justiça/2013 – adaptada)** Para a configuração do crime de porte ilegal de arma de fogo de uso permitido, é necessária a comprovação pericial da potencialidade lesiva da arma.

7. **(FUNCAB/PC-PA/Investigador de Polícia/2016)** Nos termos do Estatuto do Desarmamento, Lei n° 10.826, de 2003, dentre as categorias de pessoas a seguir enumeradas, qual é aquela, para a qual existe a restrição ao direito de portar arma de fogo de propriedade particular ou fornecida pela respectiva corporação ou instituição, mesmo fora de serviço, com validade em âmbito nacional?

a) integrantes das guardas municipais das capitais dos Estados e dos Municípios com mais de 500.000 (quinhentos mil) habitantes.

b) integrantes das Forças Armadas.

c) integrantes da polícia da Câmara dos Deputados.

d) agentes operacionais da Agência Brasileira de Inteligência.

e) agentes do departamento de Segurança do Gabinete de Segurança Institucional da Presidência da República.

8. **(CESPE/PC-PE/Delegado de Polícia/2016 - adaptada)** Segundo entendimento do STJ, o crime de porte ilegal de arma de fogo é delito de perigo abstrato, considerando-se típica a conduta de porte de arma de fogo completamente inapta a realizar disparos e desmuniciada, ainda que comprovada a inaptidão por laudo pericial.

9. **(CESPE/TRT8/Analista Judiciário/2016 - adaptada)** O crime de porte ilegal de arma de fogo, classificado como delito de perigo abstrato, não dispensa a prova pericial para estabelecer a sua eficiência na realização de disparos, necessária para demonstrar o risco potencial à incolumidade física das pessoas.

10. **(VUNESP/TJ-SP/Juiz de Direito/2018 – adaptada)** O crime de porte ilegal de arma de fogo de uso permitido não subsistirá se demonstrado inequivocamente que ela estava desmuniciada.

11. **(CESPE/PC-SE/Delegado de Polícia/2018)** Situação hipotética: Um policial militar reformado foi preso em flagrante delito por portar arma de fogo de uso permitido, sem autorização legal e sem o devido registro do armamento. Assertiva: Nessa situação, a autoridade policial não poderá conceder fiança, porquanto o Estatuto do Desarmamento prevê que o fato de a arma não estar registrada no nome do agente torna inafiançável o delito.

12. **(FCC/MPE-PB/Promotor de Justiça/2018)** Nos termos do Estatuto do Desarmamento (Lei nº 10.826/2003), a conduta de emprestar a terceiro arma de fogo, sem autorização e em desacordo com determinação legal ou regulamentar, configura o crime de

a) empréstimo ilegal de arma de fogo.
b) omissão de cautela.
c) porte ilegal de arma de fogo.
d) comércio ilegal de arma de fogo.
e) posse irregular de arma de fogo.

13. **(INSTITUTO AOCP/TRT1/Técnico Judiciário – Segurança/2018)** Segundo o Estatuto do Desarmamento (Lei nº 10.826/2003), é proibido o porte de arma de fogo em todo o território nacional, salvo para os casos previstos em legislação própria e para

a) Analistas do Ministério Público do Estado do Rio de Janeiro.
b) Deputados federais e Senadores da República.
c) Procuradores-Gerais dos Estados Federados.
d) Médicos legistas do Instituto Médico Legal.
e) Integrantes da Carreira de Auditoria-Fiscal do Trabalho.

GAB	1	2	3	4	5	6	7	8	9	10	11	12	13
	E	E	C	E	E	E	A	E	E	E	E	C	E

✦ DISPARO DE ARMA DE FOGO

Art. 15. Disparar arma de fogo ou acionar munição em lugar habitado ou em suas adjacências, em via pública ou em direção a ela, desde que essa conduta não tenha como finalidade a prática de outro crime:

Pena – reclusão, de 2 (dois) a 4 (quatro) anos, e multa.

Parágrafo único. O crime previsto neste artigo é inafiançável.

1. COMENTÁRIOS

1.1. Considerações iniciais

O tipo prevê duas condutas: a) disparar arma de fogo; b) acionar munição.

A rigor, difícil conceber a hipótese de acionamento da munição sem que se efetue o disparo, razão pela qual o texto de lei é alvo de algumas críticas doutrinárias. De todo modo, a carência de técnica legislativa não infirma o escopo da lei, que consiste em evitar este tipo de prática que pode colocar em risco a coletividade.

Conforme se depreende da leitura do dispositivo em comento, se a conduta tiver por finalidade a prática de algum outro crime, estará descaracterizada a prática do crime de disparo de arma de fogo. Deste modo, a título de exemplo, se o agente efetua disparo na via pública com a intenção de matar (*animus necandi*), deverá responder pelo crime de homicídio, em sua modalidade consumada ou tentada, a depender do caso, e não pelo crime do art. 15 do Estatuto do Desarmamento. Trata-se, portanto, de crime subsidiário.

Na legislação anterior (Lei nº 9.437/97) já existia este crime, mas a pena era substancialmente menor (detenção um a dois anos). A exasperação dos patamares mínimo e máximo de pena (que, como se percebe pela leitura do preceito secundário do tipo, é de reclusão de dois a quatro anos) demonstra a pretensão do legislador de conferir reprimenda mais expressiva a esta conduta.

Ainda no que concerne à conduta, pode-se perceber que não há crime quando o disparo é efetuado em local ermo.

A pena prevista é de reclusão de dois a quatro anos. Logo, possível concluir que:

a) Não é possível a transação penal (art. 76. Lei nº 9.099/95), pois a pena máxima supera os 02 (dois) anos. Não se trata, portanto, de infração penal de menor potencial ofensivo.

b) Não é possível a suspensão condicional do processo (art. 89, Lei nº 9.099/95), também chamada de *sursis* processual, pois a pena mínima prevista para o crime ultrapassa 01 (um) ano.

c) É muito provável que a pena seja convertida em restritiva de direitos, pois cabe este tipo de conversão é possível para crimes dolosos sem violência ou grave ameaça cuja pena efetivamente aplicada na sentença não ultrapasse quatro anos. Obviamente, é necessário que estejam presentes, também, os demais requisitos (art. 44, CP).

d) Tendo em vista que a pena máxima não ultrapassar o patamar de quatro anos, o próprio delegado poderá arbitrar a fiança, conforme disposto no CPP (*vide*, abaixo, comentários acerca da fiança para este crime).

1.2. Sujeitos

Qualquer pessoa pode ser sujeito ativo do crime. Trata-se, portanto, de delito comum, não se exigindo nenhuma qualidade ou condição especial do agente.

Sujeito passivo é a coletividade.

1.3. Objetos

Os tipos penais contidos no Estatuto do Desarmamento tutelam, sobretudo, a segurança pública (bem jurídico comum em praticamente todos os crimes do Estatuto). Para o Superior Tribunal de Justiça, o tipo objetiva resguardar também "a incolumidade pública, a segurança nacional e a paz social, pois um único projétil apto a uso e com perfeito desempenho é capaz de produzir efeitos negativos irreparáveis"[20].

O objeto material da infração em estudo é a arma de fogo ou munição.

1.4. Elemento subjetivo

O elemento subjetivo do crime é o dolo, consistente na consciência e vontade de praticar qualquer das condutas previstas no tipo. Dispensa fim especial animando o agente.

Não há previsão de modalidade culposa.

1.5. Consumação e tentativa

A consumação do crime ocorre com o efetivo disparo da arma de fogo ou o acionamento da munição. Trata-se de crime formal, não exigindo a produção de resultado naturalístico, como a lesão a alguém ou destruição de alguma coisa. Não é possível a tentativa.

1.6. Ação penal

A ação penal é pública incondicionada.

1.7. Fiança

O parágrafo único do art. 15 dispõe que o crime é inafiançável. Contudo, não pode ser aplicado, porquanto foi declarado inconstitucional pelo Supremo Tribunal Federal, no julgamento da Adin 3.112, julgada no dia 02 de maio de 2007 (Rel. Min. Ricardo Lewandowski). Neste julgamento, o STF entendeu que a "proibição de estabelecimento de fiança para os delitos de 'porte ilegal de arma de fogo de uso permitido' e de 'disparo de arma de fogo', mostra-se desarrazoada, porquanto são crimes de mera conduta, que não se equiparam aos crimes que acarretam lesão ou ameaça de lesão à vida ou à propriedade".

2. SÚMULAS E JURISPRUDÊNCIA

✦ *SUPREMO TRIBUNAL FEDERAL*

- **PRINCÍPIO DA CONSUNÇÃO: HOMICÍDIO E POSSE ILEGAL DE ARMA.** A 1ª Turma, por maioria, julgou extinto "habeas corpus" em que se discutia a aplicabilidade do princípio da consunção em hipótese de prática de homicídio com o uso de arma de fogo de numeração raspada. No caso, o paciente fora absolvido sumariamente em relação ao delito de homicídio, uma vez sua conduta haver caracterizado legítima defesa. Não obstante, remanescia a persecução penal no tocante ao crime de posse e porte de arma de fogo. A Turma reputou que os tipos penais seriam diversos, e que a excludente de ilicitude reconhecida quanto ao homicídio não alcançaria a posse ilegal de arma de fogo com numeração raspada. Vencido o Ministro Luiz Fux (relator), que concedia a ordem de ofício, por entender incidir o princípio da consunção. ***STF, HC 120678/PR, rel. orig. Min. Luiz Fux, red. p/ o acórdão Min. Marco Aurélio, 24.2.2015. 1ª T. (Info 775)***

✦ *SUPERIOR TRIBUNAL DE JUSTIÇA*

- **HABEAS CORPUS. DISPARO DE ARMA DE FOGO EM VIA PÚBLICA. LEI nº 9.437/97. PRESCRIÇÃO DA PRETENSÃO PUNITIVA. EXTINÇÃO DA PUNIBILIDADE CONFIGURADA. ORDEM CONCEDIDA.** I.

20 HC 45.099/AC, Rel. Min. Arnaldo Esteves Lima, j. 15/08/2006.

Transcorridos mais de 04 (quatro) anos da última interrupção do lapso prescricional, levando-se em conta a pena in abstrato prevista para o delito, deve ser declarada a extinção da punibilidade do paciente, pelo reconhecimento da ocorrência da prescrição da pretensão punitiva. II. Ordem concedida de ofício. *STJ, 154657 RJ 2009/0229821-3, Relator: Ministro GILSON DIPP, Data de Julgamento: 16/12/2010, T5 – QUINTA TURMA, Data de Publicação: DJe 01/02/2011.*

- **HABEAS CORPUS. DISPARO DE ARMA DE FOGO. PENA: 3 ANOS DE RECLUSÃO, EM REGIME INICIAL FECHADO. PACIENTE PRESO DURANTE TODA A INSTRUÇÃO CRIMINAL. SENTENÇA CONDENATÓRIA QUE NEGOU O DIREITO DE APELAR EM LIBERDADE EM RAZÃO DA PERSONALIDADE VOLTADA PARA A PRÁTICA DE CRIMES. FUNDAMENTAÇÃO IDÔNEA. SÚMULA 9 DO STJ. PARECER DO MPF PELA DENEGAÇÃO DA ORDEM. ORDEM DENEGADA.** 1. Pacífico o entendimento desta Corte de que, sobrevindo sentença penal condenatória, a manutenção da custódia do réu para apelar, mormente porque esteve preso durante toda a instrução criminal por força de decisão judicial motivada, não ofende a garantia constitucional da presunção da inocência e nada mais é do que efeito de sua condenação. Aplicação, no caso, da Súmula 09, desta Corte Superior (HC 73.652/PR, Rel. Min. LAURITA VAZ, DJU 28.04.08). 2. Ordem denegada, em conformidade com o parecer ministerial. *STJ, 175147 SP 2010/0101506-0, Relator: Ministro NAPOLEÃO NUNES MAIA FILHO, Data de Julgamento: 22/02/2011, T5 – QUINTA TURMA, Data de Publicação: DJe 21/03/2011.*

- **CRIMINAL. RECURSO ESPECIAL. DISPARO DE ARMA DE FOGO. PRESCRIÇÃO. RECONHECIMENTO EXTINÇÃO DA PUNIBILIDADE DECRETADA. RECURSO PROVIDO.** I – Ultrapassado o prazo prescricional contado da data da publicação da sentença, considerando que o acórdão que a confirmou não constitui causa interruptiva de seu curso, verifica-se o transcurso do prazo estipulado em lei para que se opere a prescrição. II. Declarada a extinção da punibilidade do recorrente. III. Recurso provido. *STJ, 1180148 CE 2010/0019141-0, Relator: Ministro GILSON DIPP, Data de Julgamento: 03/03/2011, T5 – QUINTA TURMA, Data de Publicação: DJe 14/03/2011.*

- **AGRAVO REGIMENTAL EM HABEAS CORPUS. ROUBO E DISPARO EM VIA PÚBLICA. PRINCÍPIO DA CONSUNÇÃO. INAPLICABILIDADE. CONDUTAS AUTÔNOMAS. PRETENSÃO DE REVER AS PREMISSAS FÁTICAS ADOTADAS NO ACÓRDÃO IMPUGNADO. NECESSIDADE DE DILAÇÃO PROBATÓRIA.** 1. O crime de disparo de arma de fogo foi autônomo em relação ao de roubo, não tendo servido de apoio à preparação ou à execução deste, mas, pelo contrário, foi praticado bem depois de consumado o roubo, razão pela qual não se revela cabível a aplicação do princípio da consunção. 2. Assentadas as premissas fáticas pela instância ordinária, tem-se que a pretensão em sentido contrário, a motivar a presente impetração, demanda dilação probatória, incabível na via estreita do habeas corpus. 3. Agravo regimental improvido. *STJ, 215396 MG 2011/0186831-9, Relator: Ministro SEBASTIÃO REIS JÚNIOR, Data de Julgamento: 06/11/2012, T6 – SEXTA TURMA, Data de Publicação: DJe 22/11/2012.*

3. QUESTÕES DE CONCURSOS

1. **(VUNESP/PC-CE/Delegado de Polícia/2015 – adaptada)** A vedação à concessão de fiança prevista no parágrafo único do artigo 15 (disparo de arma de fogo) foi declarada constitucional pelo Supremo Tribunal Federal em ação direta de constitucionalidade.

2. **(VUNESP/PC-CE/Delegado de Polícia/2015 – adaptada)** O crime de disparo de arma de fogo, previsto no artigo 15 do estatuto, é autônomo, sendo que, na hipótese de o agente tentar matar a vítima com disparos de arma de fogo, responderá por tentativa de homicídio e pelo crime de disparo de arma de fogo em concurso material de delitos.

3. **(VUNESP/PC-CE/Inspetor de Polícia/2015 – adaptada)** O crime de disparo de arma de fogo previsto no artigo 15 do Estatuto admite tanto a conduta dolosa (disparo proposital), como culposa (disparo acidental).

4. **(IPAD/Pref. de Recife/Guarda Municipal/2014)**A respeito da tentativa, e **correto** afirmar que Beltrano que efetuou disparos de arma de fogo contra Ciclano, sem contudo atingi-lo, incorre:

a) No crime de homicídio consumado, visto que a intenção de Beltrano era ceifar a vida de Ciclano
b) Ameaça, visto que os disparos de arma de fogo não atingiram Ciclano.
c) No crime de disparo de arma de fogo em via pública.
d) A conduta e atípica, visto que Ciclano não foi atingido.
e) Em tentativa de homicídio.

5. **(MPE-RS/Promotor de Justiça/2014)** Jorge Santos, 18 anos, ao encontrar o revólver pertencente ao seu pai, aproveitou-se de sua ausência, para deflagrar tiros contra uma placa de trânsito, em frente à sua residência, em plena via pública, no Bairro Imigrante, em Caxias do Sul. Os vizinhos, ao ouvirem os estampidos, chamaram a guarnição da Brigada Militar, que se deslocou até o local e prendeu Jorge Santos em flagrante. A arma apreendida era de uso permitido, estava devidamente registrada, e apenas o pai de Jorge tinha autorização para portá-la. Assim, Jorge Santos deverá responder pelo(s) crime(s) de

a) posse irregular de arma de fogo de uso permitido, conforme art. 12 da Lei n° 10.826/ 2003.
b) posse irregular de arma de fogo de uso permitido e disparo de arma de fogo, conforme arts. 12 e 15 da Lei n° 10.826/2003, em concurso material.
c) porte ilegal de arma de fogo de uso permitido, conforme art. 14 da Lei n° 10.826/ 2003.
d) porte ilegal de arma de fogo de uso permitido e disparo de arma de fogo, conforme arts. 14 e 15 da Lei n° 10.826/2003, em concurso formal.
e) disparo de arma de fogo, conforme art. 15 da Lei n° 10.826/ 2003.

6. **(NC-UFPR/DPE-PR/Defensor Público/2014 – adaptada)**É constitucional a insuscetibilidade de liberdade provisória no delito de posse ou porte ilegal de arma de fogo de uso restrito (art. 16).

7. **(MPE-MG/Promotor de Justiça/2014)** Cidadão que, movido por compaixão, possuidor de licença regular para porte e valendo-se de arma de fogo devidamente registrada, realiza disparo em via pública, matando, deliberadamente, um cachorro de estimação que, há muito, agonizava com um câncer terminal pelo qual muito sofria:

a) Pratica crime previsto na Lei 10.826/2003.
b) Pratica, em concurso, crimes previstos nas Leis 10.826/2003 e 9.605/1998.
c) Pratica crime previsto na Lei 9.605/1998.
d) Não pratica qualquer crime, em razão da atipicidade dos fatos.

8. **(CESPE/PC-DF/Agente de Polícia/2013)** A conduta de uma pessoa que disparar arma de fogo, devidamente registrada e com porte, em local ermo e desabitado será considerada atípica.

9. **(CESPE/TJ-BA/Titular de Serviços de Notas e Registros/2013 – adaptada)** O delito de disparo de arma de fogo estará configurado mesmo que seja praticado em local isolado, desabitado e afastado de vias públicas.

10. **(CESPE/PC-PE/Delegado de Polícia/2016)** Lucas, delegado de polícia de determinado estado da Federação, em dia de folga, colidiu seu veículo contra outro veículo que estava parado em um sinal de trânsito. Sem motivo justo, o delegado sacou sua arma de fogo e executou um disparo para o alto. Imediatamente, Lucas foi abordado por autoridade policial que estava próxima ao local onde ocorrera o fato. Nessa situação hipotética, a conduta de Lucas poderá ser enquadrada como

a) crime inafiançável.
b) contravenção penal.
c) crime, com possibilidade de aumento de pena, devido ao fato de ele ser delegado de polícia.
d) crime insuscetível de liberdade provisória.
e) atípica, devido ao fato de ele ser delegado de polícia.

11. (MPE-SC/Promotor de Justiça/2016) O tipo penal do art. 15 da Lei n. 10.826/03 (Estatuto do Desarmamento) prevê pena de reclusão e multa para a conduta de disparar arma de fogo ou acionar munição em lugar habitado ou em suas adjacências, em via pública ou em direção a ela, apresentando, contudo, uma ressalva que caracteriza ser o crime referido de natureza subsidiária, qual seja, desde que as condutas acima referidas não tenham como finalidade a prática de outro crime.

12. (CESPE/TJ-AM/Juiz de Direito/2016) Júlio foi denunciado em razão de haver disparado tiros de revólver, dentro da própria casa, contra Laura, sua companheira, porque ela escondera a arma, adquirida dois meses atrás. Ele não tinha licença expedida por autoridade competente para possuir tal arma, e a mulher tratou de escondê-la porque viu Júlio discutindo asperamente com um vizinho e temia que ele pudesse usá-la contra esse desafeto. Raivoso, Júlio adentrou a casa, procurou em vão o revólver e, não o achando, ameaçou Laura, constrangendo-a a devolver-lhe a arma. Uma vez na sua posse, ele disparou vários tiros contra Laura, ferindo-a gravemente e também atingindo o filho comum, com nove anos de idade, por erro de pontaria, matando-o instantaneamente. Laura só sobreviveu em razão de pronto e eficaz atendimento médico de urgência. Ainda com referência à situação hipotética descrita no texto anterior e a aspectos legais a ela pertinentes, assinale a opção correta com respaldo na jurisprudência do STJ.

a) Além dos crimes de homicídio, Júlio responderá em concurso material pelo crime de posse irregular de arma de fogo, uma vez que, ao mantê-la guardada em sua residência durante mais de dois meses, já havia consumado esse crime.

b) Opera-se o fenômeno da consunção entre o ato de possuir arma de fogo sem autorização legal e o ato dispará-la com ânimo de matar, uma vez que o crime mais grave sempre absorve o menos grave.

c) O fato de Júlio possuir guardado na sua casa, fora do alcance de crianças, um revólver municiado constitui ante factum não punível em relação ao homicídio posteriormente praticado.

d) Laura também deverá responder pelo fato de haver escondido o revólver dentro da residência, sabendo ou devendo saber ser proibido deter sua posse sem licença da autoridade competente.

e) O fato de possuir um revólver guardado em casa e posteriormente utilizá-lo para praticar homicídio pode caracterizar continuidade delitiva.

13. (CESPE/DPE-PE/Defensor Público/2018 – adaptada) Em qualquer hipótese, configura-se o crime de disparo de arma de fogo disparar arma de fogo com a finalidade de praticar outro crime.

14. (CESPE/DPF/Nível Superior/2018) Samuel disparou, sem querer, sua arma de fogo em via pública. Nessa situação, ainda que o disparo tenha sido de forma acidental, culposamente, Samuel responderá pelo crime de disparo de arma de fogo, previsto no Estatuto do Desarmamento.

15. (VUNESP/PC-SP/Delegado de Polícia/2018) É correto afirmar a respeito do crime de disparo de arma de fogo, previsto na Lei nº 10.826/2003 (Estatuto do Desarmamento), que

a) é inafiançável, de perigo abstrato e que não admite a suspensão condicional do processo.

b) se trata de crime comum, de perigo abstrato e que não admite a suspensão condicional do processo.

c) se trata de crime próprio, afiançável e que admite a suspensão condicional do processo.

d) não admite a suspensão condicional do processo, é afiançável e trata-se de crime de mão-própria.

e) é inafiançável, de perigo concreto e que admite a suspensão condicional do processo.

GAB	1	2	3	4	5	6	7	8	9	10	11	12	13	14	15
	E	E	E	E	E	E	A	C	E	C	C	A	E	E	B

✦ **POSSE OU PORTE ILEGAL DE ARMA DE FOGO DE USO RESTRITO**

Art. 16. Possuir, deter, portar, adquirir, fornecer, receber, ter em depósito, transportar, ceder, ainda que gratuitamente, emprestar, remeter, empregar, manter sob sua guarda ou ocultar arma de fogo, acessório ou munição de uso proibido ou restrito, sem autorização e em desacordo com determinação legal ou regulamentar:

Pena – reclusão, de 3 (três) a 6 (seis) anos, e multa.

1. COMENTÁRIOS

1.1. Considerações iniciais

Como se percebe, pela análise dos núcleos, o tipo penal aparenta ser uma junção dos tipos penais de posse irregular de arma de fogo de uso permitido (art. 12) e porte ilegal de arma de fogo de uso permitido (art. 14). Obviamente, há flagrante distinção em relação aos tipos penais mencionados, no que se refere ao objeto material do crime do art. 16, pois, como se depreende de sua rubrica, as condutas recaem sobre arma de fogo, acessório ou munição de uso proibido.

Com o advento da Lei nº 13.497/2017, este crime passou a integra o rol dos crimes hediondos. Trata-se do único crime, previsto no Estatuto do Desarmamento, que se enquadra nesta categoria de crime. Por esta razão, aplica-se ao tipo penal em apreço todo o tratamento mais recrudescido contido na Lei nº 8.072/90.

Trata-se de um tipo penal misto alternativo (ou crime de ação múltipla), isto é, a realização de mais de uma conduta, no mesmo contexto fático, em relação ao mesmo objeto material, dará ensejo a apenas um crime. Deste modo, o agente que, por exemplo, transporta a arma de fogo de uso proibido e, depois disso, a empresta, terá realizado duas condutas típicas, mas responderá por apenas um crime.

Trata-se de uma norma penal em branco, haja vista a presença da expressão "em desacordo com determinação legal ou regulamentar". É necessário, portanto, conhecer a determinação legal ou regulamentar para complementar o sentido do preceito primário do tipo penal, que define a conduta. De toda sorte, tais complementos serão analisados no tópico seguinte, sob o título "arma de fogo de uso proibido ou restrito".

Consoante pacificada jurisprudência dos Tribunais Superiores, é crime de perigo abstrato, isto é, o perigo é presumido na própria lei, não havendo que se falar para a consumação, em lesão efetiva ou exposição concreta de perigo ao bem jurídico. Há, é bem verdade, quem sustente a inconstitucionalidade dos crimes de perigo abstrato, por afronta ao princípio da lesividade. Este entendimento, todavia, está em descompasso com o entendimento doutrinário majoritário e a jurisprudência pacífica dos Tribunais. E é justamente por reconhecer que os crimes de posse (art. 12) e porte (art. 14) de arma de fogo são de mera conduta e de perigo abstrato, o STF, há muito tempo, entende estar caracterizado o crime, ainda que a arma se encontre desmuniciada[21].

21 HC 117206 / RJ – RIO DE JANEIRO Rel. Min. CÁRMEN LÚCIA. Julgamento: 05/11/2013.

No que se refere à pena prevista para o crime, é possível perceber que:

a) Não é possível a transação penal (art. 76, Lei nº 9.099/95), pois a pena máxima supera os 02 (dois) anos. Não se trata, portanto, de infração penal de menor potencial ofensivo.

b) Não é possível a suspensão condicional do processo (art. 89, Lei nº 9.099/95), também chamada de sursis processual, pois a pena mínima prevista para o crime ultrapassa um ano.

c) É possível que a pena seja convertida em restritiva de direitos, desde que, presentes os demais requisitos do art. 44, CP, a pena efetivamente aplicada não ultrapasse quatro anos.

d) O delegado não poderá arbitrar fiança, pois a pena máxima prevista em Lei ultrapassa quatro anos (conferir comentários ao art. 21 sobre o cabimento da liberdade provisória).

Na legislação anterior (Lei nº 9.437/97), revogada expressamente pelo Estatuto do Desarmamento, a pena para este crime era de dois a quatro anos, além da multa. Em se tratando de legislação que agravou a situação do réu (*novatio legis in pejus*) a Lei nº 10.826/03 não poderá, obviamente, ser aplicada a casos anteriores a sua entrada em vigor.

Obviamente, se o porte for de arma de uso permitido, estará caracterizado o crime do art. 12 ("Posse irregular de arma de fogo de uso permitido") ou do art. 14 (porte ilegal de arma de fogo de uso proibido), a depender do caso.

1.1.1. Arma de fogo de uso proibido ou restrito

A matéria está regulamentada no Decreto nº 3.665, de 20 de novembro de 2000, que traz o "Regulamento para a fiscalização de produtos controlados". Em seu art. 3º, LXXX, o Decreto já esclarece que "a antiga designação 'de uso proibido' é dada aos produtos controlados pelo Exército designados como 'de uso restrito'". Desta forma, não há que se diferenciar arma de uso proibido de arma de uso restrito. Em verdade, são as armas de uso restrito que estão disciplinadas no Decreto.

Nos termos do referido Decreto, são armas de uso restrito:

a) armas, munições, acessórios e equipamentos iguais ou que possuam alguma característica no que diz respeito aos empregos tático, estratégico e técnico do material bélico usado pelas Forças Armadas nacionais;

b) armas, munições, acessórios e equipamentos que, não sendo iguais ou similares ao material bélico usado pelas Forças Armadas nacionais, possuam características que só as tornem aptas para emprego militar ou policial;

c) armas de fogo curtas, cuja munição comum tenha, na saída do cano, energia superior a (trezentas libras-pé ou quatrocentos e sete Joules e suas munições, como por exemplo, os calibres .357 Magnum, 9 Luger, .38 Super Auto, .40 S&W, .44 SPL, .44 Magnum, .45 Colt e .45 Auto;

d) armas de fogo de longas raiadas, cuja munição comum tenha, na saída do cano, energia superior a mil libras-pé ou mil trezentos e cinquenta e cinco Joules e suas munições, como por exemplo, .22-250, .223 Remington, .243 Winchester, .270 Winchester, 7 Mauser, .30-06, .308 Winchester, 7,62 x 39, .357 Magnum, .375 Winchester e .44 Magnum;

e) armas de fogo automáticas de qualquer calibre;

f) armas de fogo de alma lisa de calibre doze ou maior com comprimento de cano menor que vinte e quatro polegadas ou seiscentos e dez milímetros;

g) armas de fogo de alma lisa de calibre superior ao doze e suas munições;

h) armas de pressão por ação de gás comprimido ou por ação de mola, com calibre superior a seis milímetros, que disparem projéteis de qualquer natureza;

i) armas de fogo dissimuladas, conceituadas como tais os dispositivos com aparência de objetos inofensivos, mas que escondem uma arma, tais como bengalas-pistola, canetas--revólver e semelhantes;

j) arma a ar comprimido, simulacro do Fz 7,62mm, M964, FAL;

k) armas e dispositivos que lancem agentes de guerra química ou gás agressivo e suas munições;

l) dispositivos que constituam acessórios de armas e que tenham por objetivo dificultar a localização da arma, como os silenciadores de tiro, os quebra-chamas e outros, que servem para amortecer o estampido ou a chama do tiro e também os que modificam as condições de emprego, tais como os bocais lança-granadas e outros;

m) munições ou dispositivos com efeitos pirotécnicos, ou dispositivos similares capazes de provocar incêndios ou explosões;

n) munições com projéteis que contenham elementos químicos agressivos, cujos efeitos sobre a pessoa atingida sejam de aumentar consideravelmente os danos, tais como projéteis explosivos ou venenosos;

o) espadas e espadins utilizados pelas Forças Armadas e Forças Auxiliares;

p) equipamentos para visão noturna, tais como óculos, periscópios, lunetas, etc.;

q) dispositivos ópticos de pontaria com aumento igual ou maior que seis vezes ou diâmetro da objetiva igual ou maior que trinta e seis milímetros;

r) dispositivos de pontaria que empregam luz ou outro meio de marcar o alvo;

s) blindagens balísticas para munições de uso restrito;

t) equipamentos de proteção balística contra armas de fogo portáteis de uso restrito, tais como coletes, escudos, capacetes, etc.; e

u) veículos blindados de emprego civil ou militar.

1.2. Sujeitos

Qualquer pessoa pode ser sujeito ativo do crime. Trata-se, portanto, de delito comum, não se exigindo nenhuma qualidade ou condição especial do agente.

Sujeito passivo é a coletividade.

1.3. Objetos

Os tipos penais contidos no Estatuto do Desarmamento tutelam, sobretudo, a segurança pública (bem jurídico comum em praticamente todos os crimes do Estatuto), bem como a incolumidade pública, a segurança nacional e a paz social.

O objeto material da infração em estudo é a arma de fogo, acessório ou munição de uso proibido.

1.4. Elemento subjetivo

O elemento subjetivo do crime é o dolo, consistente na consciência e vontade de praticar qualquer das condutas previstas no tipo. Dispensa fim especial animando o agente.

Não há previsão de modalidade culposa.

1.5. Consumação e tentativa

Trata-se de crime de mera conduta, cuja consumação ocorre no momento da prática de qualquer das condutas, não exigindo qualquer resultado naturalístico.

Muito embora de difícil ocorrência, é possível a tentativa, quando, por exemplo, o agente inicia os atos de execução, mas não logra êxito em adquirir a arma de fogo de uso proibido.

1.6. Ação penal

A ação penal é pública incondicionada.

1.7. *Abolitio criminis* temporária

O Estatuto do Desarmamento estabeleceu, em seu art. 30, um prazo de 180 (cento e oitenta) dias para que os possuidores e proprietários de armas de fogo de uso permitido fizessem a solicitação do registro. Após sucessivas prorrogações, o prazo limite foi estipulado em 31 de dezembro de 2009, nos termos do art. 20 da Lei nº 11.922/09. Para tanto, é necessária apresentação de "documento de identificação pessoal e comprovante de residência fixa, acompanhados de nota fiscal de compra ou comprovação da origem lícita da posse, pelos meios de prova admitidos em direito, ou declaração firmada na qual constem as características da arma e a sua condição de proprietário, ficando este dispensado do pagamento de taxas e do cumprimento das demais exigências constantes dos incisos I a III do *caput* do art. 4º desta Lei".

Com base neste dispositivo, passou-se a entender que houve uma abolitio criminis temporária para o crime de posse irregular de arma de fogo de uso permitido. De fato, se o cidadão foi flagrado com uma arma dessa espécie em sua residência, por exemplo, entre a entrada em vigor do Estatuto do Desarmamento e o dia 31 de dezembro de 2009, não poderia ser punido, pois ainda possuía prazo para efetuar a solicitação do registro da arma.

Em sua redação originária, o Estatuto do Desarmamento autorizava essa *abolitio criminis* temporária também para as condutas relacionadas às armas de uso restrito e àquelas que lhes são equiparadas por Lei, como as armas de numeração raspada, suprimida ou adulterada (vide art. 16, infra). Em relação a este tipo de arma, porém, a abolitio criminis temporária cessou no dia 23 de outubro de 2005, com o advento da Lei nº 11.706/05[22].

É neste sentido o enunciado nº 513 da súmula de jurisprudência do STJ:

> ***Súmula nº 513/STJ:*** "A *abolitio criminis* temporária prevista na Lei nº 10.826/2003 aplica-se ao crime de posse de arma de fogo de uso permitido com numeração, marca ou qualquer outro sinal de identificação raspado, suprimido ou adulterado, praticado somente até 23/10/2005".

1.8. Entrega da arma e extinção da punibilidade

O art. 32 do Estatuto prevê que "os possuidores e proprietários de arma de fogo poderão entregá-la, espontaneamente, mediante recibo, e, presumindo-se de boa-fé, serão indenizados, na forma do regulamento, ficando extinta a punibilidade de eventual posse irregular da referida arma". Não há, aqui no que se refere à efetiva entrega, distinção entre arma de fogo de uso permitido e de uso proibido. Por esta razão, o agente que promover a mencionada entrega, nos termos do art. 32, terá extinta a sua punibilidade.

Releva ressaltar que a extinção da punibilidade de que trata o dispositivo pressupõe a efetiva entrega da arma. Deste modo, se o agente for flagrado em casa com a arma de fogo de uso permitido, após 31 de dezembro de 2009, será processado e punido pelo crime do art. 12. E se for arma de uso proibido, o flagrante após 23 de outubro de 2005 enseja a punição pelo crime do art. 16.

Ademais, a entrega da arma de uso proibido enseja a extinção da punibilidade da conduta consistente na posse da arma, mas não das outras condutas contidas no art. 16. Deste modo, se restar provado que o agente portava a arma de fogo de uso proibido, por exemplo, deverá ser responsabilizado pelo crime do art. 16 do estatuto do Desarmamento.

> Parágrafo único. Nas mesmas penas incorre quem:
>
> I – suprimir ou alterar marca, numeração ou qualquer sinal de identificação de arma de fogo ou artefato;
>
> II – modificar as características de arma de fogo, de forma a torná-la equivalente a arma de fogo de uso proibido ou restrito ou para fins de dificultar ou de qualquer modo induzir a erro autoridade policial, perito ou juiz;
>
> III – possuir, detiver, fabricar ou empregar artefato explosivo ou incendiário, sem autorização ou em desacordo com determinação legal ou regulamentar;
>
> IV – portar, possuir, adquirir, transportar ou fornecer arma de fogo com numeração, marca ou qualquer outro sinal de identificação raspado, suprimido ou adulterado;
>
> V – vender, entregar ou fornecer, ainda que gratuitamente, arma de fogo, acessório, munição ou explosivo a criança ou adolescente; e
>
> VI – produzir, recarregar ou reciclar, sem autorização legal, ou adulterar, de qualquer forma, munição ou explosivo.

22. STJ, REsp 1311408/RN, Rel. Min. Sebastião Reis Júnior, julgado em 13/03/2013, DJe 20/05/2013

1. COMENTÁRIOS

O parágrafo único trata das situações de condutas equiparadas ao crime de posse ou porte ilegal de arma de fogo de uso restrito. Os incisos do parágrafo em questão tratam de condutas que não recaem sobre armas de uso proibido, conforme enumeradas no Decreto nº 3.665/2000, mas sobre artefatos ou armamentos que a elas são equiparadas por expressa disposição legal. Obviamente, a ausência de lei nesse sentido impossibilitaria tal equiparação, porquanto caracterizaria analogia *in malam partem*. Em se tratando, contudo, de equiparação legislativa, nada a censurar nas condutas tipificadas nos incisos, que passamos a comentar.

I. suprimir ou alterar marca, numeração ou qualquer sinal de identificação de arma de fogo ou artefato;

A conduta aqui tipificada objetiva, sobretudo, fomentar o controle de armas por parte do Estado. Com efeito, a supressão ou alteração do sinal de identificação da arma dificulta, sobremodo, referido controle, levando as armas à clandestinidade, e, fatalmente, à utilização para fins criminosos de toda espécie. Note-se, todavia, que o tipo penal não contém exigência de elemento subjetivo específico. Deste modo, muito embora devamos ratificar que a conduta aqui tipificada dificulta o controle de armas, não é necessário que o agente tenha esta pretensão, para que o crime se consume.

Conforme se depreende da literalidade do texto legislativo, não é qualquer supressão ou alteração na arma de fogo ou artefato que constitui o crime, mas sim aquelas condutas relacionadas a sinais de identificação. Nessa esteira, a marca ou numeração da arma ou artefato aparecem como meros exemplos.

Se o agente portar, possuir, adquirir, transportar ou fornecer a arma de fogo com marca, numeração ou outro sinal de identificação suprimido ou alterado, não responderá por este tipo penal, mas sim pelo tipo previsto no inciso IV deste mesmo parágrafo. Se, por outro lado, o agente não apenas promover a alteração ou supressão mencionada, mas, além disto, praticar alguma das condutas do inciso IV, estaremos diante de crime único, devendo a primeira conduta (inciso I) ser absorvida pela segunda (inciso IV).

II. modificar as características de arma de fogo, de forma a torná-la equivalente a arma de fogo de uso proibido ou restrito ou para fins de dificultar ou de qualquer modo induzir a erro autoridade policial, perito ou juiz

A conduta consiste em modificar as características da arma de fogo. Acompanhada desta conduta, o tipo penal exige dois elementos subjetivos específicos: a) finalidade de tornar a arma equivalente a uma arma de fogo de uso proibido ou restrito; b) finalidade de dificultar ou de qualquer modo induzir a erro autoridade policial, perito ou juiz.

Como se vê, os elementos subjetivos específicos constituem condutas autônomas, podendo a conduta restar consumada com a presença de qualquer deles, de forma independente. Como resta óbvio, na primeira modalidade do crime, a conduta, consistente na modificação das características recairá, necessariamente, sobre uma arma de fogo de uso permitido. Já na segunda situação, a pretensão de dificultar ou induzir a erro a autoridade policial, judiciária ou perito, pressupõe uma modificação em arma de fogo de qualquer natureza.

Cabe assinalar, ainda, que a consumação do crime não depende do alcance da pretensão, isto é, da realização da finalidade específica almejada (elemento subjetivo específico). Deste modo, se o agente, por exemplo, modifica as características da arma de fogo, com a finalidade de induzir a erro o perito, mas este constata a modificação facilmente, o crime estará consumado.

III. possuir, deter, fabricar ou empregar artefato explosivo ou incendiário, sem autorização ou em desacordo com determinação legal ou regulamentar;

Conforme o Decreto nº 3.665/2000, em seu art. 3º., inciso LI, explosivo é um tipo de matéria que, quando iniciada, sofre decomposição muito rápida em produtos mais estáveis, com grande liberação de calor e desenvolvimento súbito de pressão. Artefato incendiário, como o próprio nome está a indicar, é aquele idôneo à produção de incêndios, tais como, por exemplo, o chamado "coquetel Molotov". Assim, de forma mais clara, o objeto material das condutas são os objetos idôneos a produzir explosões (artefato explosivo) ou incêndios (artefatos incendiários).

Trata-se de tipo penal misto alternativo, de modo que a realização de mais de uma conduta, em um mesmo contexto fático e em relação ao mesmo objeto material, constitui apenas um crime. Deste modo, se o agente fabrica o artefato explosivo e, posteriormente, o emprega, haverá apenas um crime, muito embora tenha realizado duas condutas (dois núcleos do tipo).

Trata-se, ainda de norma penal em branco. É o que se depreende da expressão "em desacordo com determinação legal ou regulamentar". É necessário, como se percebe, que a lei ou regulamento estabeleça as situações em que a posse, detenção, fabricação ou emprego do artefato explosivo ou incendiário pode ocorrer. Necessário, portanto, ato legal ou infralegal para complementar o preceito primário (que define a conduta) do tipo penal.

Não se exige dolo específico para o tipo penal. De igual sorte, assim como todos os tipos penais deste art. 16, não há previsão para a punição da modalidade culposa.

O crime se consuma independentemente da produção de qualquer resultado lesivo proveniente do emprego do artefato explosivo ou incendiário. A depender do caso, pode restar configurado o crime do art. 250 ("Causar incêndio, expondo a perigo a vida, a integridade física ou o patrimônio de outrem") ou do art. 251 ("Expor a perigo a vida, a integridade física ou o patrimônio de outrem, mediante explosão, arremesso ou simples colocação de engenho de dinamite ou de substância de efeitos análogos:"), ambos do Código Penal.

IV. portar, possuir, adquirir, transportar ou fornecer arma de fogo com numeração, marca ou qualquer outro sinal de identificação raspado, suprimido ou adulterado;

Como vimos, o tipo penal do inciso I criminaliza a conduta consistente na supressão ou alteração de marca, numeração ou qualquer sinal de identificação de arma de fogo ou artefato. No presente inciso, a conduta consiste no porte, posse, aquisição, transporte ou fornecimento deste tipo de arma. O tipo penal em apreço faz menção aos adjetivos "suprimido", "adulterado" ou "raspado". Consoante comentamos no tipo penal do inciso I, se o agente não apenas promover a alteração ou supressão mencionada, mas, além disto, praticar alguma das condutas do inciso IV, estaremos diante de crime único, devendo a primeira conduta (inciso I) ser absorvida pela segunda (inciso IV).

O objeto material do crime é a arma de fogo, pouco importa se de uso permitido ou proibido.

Tal como ocorre em todos os tipos penais deste art. 16, não há previsão para a modalidade culposa, punindo-se apenas os crimes em sua forma dolosa. Tendo em vista que o dolo pressupõe o elemento intelectivo (ciência) e o volitivo (vontade), apenas estará caracterizado o crime se o agente tiver ciência de que a arma de fogo está com numeração, marca ou qualquer outro sinal de identificação raspado, suprimido ou adulterado.

Se o agente portar arma de uso permitido que se encontre em uma das hipóteses descritas neste tipo penal, deverá responder apenas pelo crime do art. 16, parágrafo único, IV, sendo o crime do art. 14 do Estatuto do Desarmamento absorvido. De igual sorte, em se tratando de arma de fogo de uso proibido, não haverá concurso de crimes entre as condutas do art. 16, *caput,* e do art. 16, parágrafo único, IV, sendo a primeira conduta absorvida pela última. Em qualquer dos dois casos, portanto, trata-se de crime único, e não de concurso de crimes.

V. vender, entregar ou fornecer, ainda que gratuitamente, arma de fogo, acessório, munição ou explosivo a criança ou adolescente;

A conduta aproxima-se do crime de omissão de cautela, previsto no art. 13 desta Lei, acima comentado, na medida em que faz alusão à pessoa menor de idade com acesso a arma de fogo. Há, contudo, conforme se constata, a partir do cotejo entre os dois tipos penais, flagrante distinção, na medida em que o crime em apreço traz uma série de outras condutas, e não apenas diz respeito à arma de fogo, mas também a acessório, munição ou explosivo.

Já não fosse isto suficiente para a diferenciação dos tipos, devemos recordar a principal discrepância entre os dois: o crime de omissão de cautela é de natureza culposa, ao passo que o crime do art. 16, parágrafo único, inciso V, ora em comento, somente é punido em sua modalidade dolosa.

Já comentamos as definições de "arma de fogo", "acessório", "munição" (*vide* comentários na parte inicial desta Lei), bem como "explosivo" (*vide* comentários ao inciso III do presente parágrafo). Cabe, então, fazer menção às expressões "criança" e "adolescente", empregadas no tipo penal. Como sabemos, tais definições ficam a cargo da Lei nº 8.069/90 (estatuto da Criança e do Adolescente), que, em seu art. 2º estabelece: "Considera-se criança, para os efeitos desta Lei, a pessoa até doze anos de idade incompletos, e adolescente aquela entre doze e dezoito anos de idade".

Ainda no que tange ao Estatuto da Criança e do Adolescente, devemos registrar que seu art. 242 prevê a seguinte conduta criminosa: "Vender, fornecer ainda que gratuitamente ou entregar, de qualquer forma, a criança ou adolescente arma, munição ou explosivo". Para o crime, é prevista a pena de reclusão de 03 (três) a 06 (seis) anos. Este dispositivo legal teve sua redação dada pela Lei nº 10.764, de 12 de novembro de 2003, tendo, portanto, sido derrogada pelo Estatuto do Desarmamento, cuja publicação ocorreu no dia 22 de dezembro de 2003.

Dizemos derrogada (revogação parcial, portanto) porque o tipo penal do Estatuto da Criança e do Adolescente faz menção à "arma", e não à "arma de fogo". Por isto, resta concluir que o crime do ECA continua válido nas hipóteses em que as condutas recaiam sobre armas brancas, pois esta matéria não foi objeto de regulamentação pelo Estatuto do Desarmamento.

O tipo penal faz menção faz menção aos núcleos "vender", "entregar" ou "fornecer" (ainda que gratuitamente). Contudo, se a venda ocorrer no exercício da atividade comercial ou industrial, o agente estará incurso nas penas do crime do art. 17 ("comércio ilegal de arma de fogo"), que é de reclusão de 04 (quatro) a 08 (oito) anos, e multa. E isto, naturalmente, porque, para este caso, o tipo penal do art. 17 é mais específico. A propósito, o referido artigo dispõe em seu parágrafo único que: "equipara-se à atividade comercial ou industrial, para efeito deste artigo, qualquer forma de prestação de serviços, fabricação ou comércio irregular ou clandestino, inclusive o exercido em residência".

Por fim, cabe mencionar que se o agente entregar ou fornecer arma de fogo, acessório ou munição de uso permitido a pessoa maior de idade, restará consumado o crime do art. 14 deste Estatuto; se for de uso proibido, incidirá nas penas do art. 16, *caput.*

No que se refere aos explosivos, se o agente fornece para criança ou adolescente, pratica o crime do dispositivo em exame; se, porém, o fornecimento tiver como destinatário pessoa maior de idade, o agente incorre no crime do art. 253 do Código Penal ("Fabricar, fornecer, adquirir, possuir ou transportar, sem licença da autoridade, substância ou engenho explosivo, gás tóxico ou asfixiante, ou material destinado à sua fabricação"), cuja pena é de detenção de 06 (seis) meses a 02 (dois) anos.

VI. produzir, recarregar ou reciclar, sem autorização legal, ou adulterar, de qualquer forma, munição ou explosivo

O tipo penal em apreço tem por objeto material munição ou explosivo, excluindo, portanto, de seu âmbito de abrangência, a arma de fogo ou acessório. Nas três primeiras modalidades da conduta ("produzir", "recarregar" ou "reciclar"), o crime somente estará consumado se não houver a autorização legal. No que concerne à quarta conduta ("adulterar"), naturalmente, não poderia haver autorização legal, razão pela qual o legislador não faz menção a ela.

Como tantos outros dispositivos deste Estatuto do Desarmamento, trata-se de tipo penal misto alternativo, isto é, a prática de mais de uma conduta, no mesmo contexto fático, em relação ao mesmo objeto material, faz com que o agente responda por crime único. Deste modo, o agente que, por exemplo, produz o explosivo e, após a produção, promove a sua reciclagem, sempre sem autorização legal, responderá por crime único, muito embora tenha praticado duas condutas.

Ademais, vale salientar que, uma vez mais, estamos diante de uma norma penal em branco. Isto pode ser constatado pelo emprego da expressão "sem autorização legal". Diferentemente do que ocorre em alguns tipos penais desta Lei, não há alusão à autorização regulamentar, deixando claro o dispositivo que o complemento do preceito primário do tipo deve ser realizado, necessariamente por Lei. Trata-se, portanto, de uma norma penal em branco homogênea.

2. SÚMULAS E JURISPRUDÊNCIA

- **Súmula 513, STJ:** A abolitio criminis temporária prevista na Lei nº 10.826/2003 aplica-se ao crime de posse de arma de fogo de uso permitido com numeração, marca ou qualquer outro sinal de identificação raspado, suprimido ou adulterado, praticado somente até 23/10/2005.

✦ *SUPREMO TRIBUNAL FEDERAL*

- **ATIPICIDADE TEMPORÁRIA E POSSE DE ARMA DE USO RESTRITO.** A 1ª Turma, por maioria, negou provimento a recurso ordinário em habeas corpus no qual alegada a atipicidade da conduta exercida pelo paciente de possuir arma de fogo de uso restrito com munições, sem autorização e em desacordo com determinação legal e regulamentar (Lei 10.826/2003, art. 16). Informou-se que, na situação dos autos, a pena privativa de liberdade fora substituída por 2 restritivas de direitos. **Consignou-se que a jurisprudência do STF assentaria a incidência da descriminalização na hipótese de armas de fogo de uso permitido, detidas com irregularidades. Explicitou-se não haver que se falar, no caso, em atipicidade. Ademais, assinalou-se inexistir prova de que o paciente estivesse para entregar o armamento.** O Min. Luiz Fux ponderou que o posicionamento do Supremo distinguiria os imputados que portassem arma de uso restrito. Além disso, percebeu periculosidade maior referente a estes. Vencido o Min. Marco Aurélio, que provia o recurso. Frisava que, conforme a lei, o detentor teria prazo para buscar o registro – impossível, haja vista ser arma restrita de emprego das Forças Armadas – ou proceder à entrega dela, sem cominação legal. *STF, RHC 114970/DF, rel. Min. Rosa Weber, j. 5.2.2013. 1ª T. (Info 694)*

- **LEI 11.706/2008: "VACATIO LEGIS" E ARMAS DE USO RESTRITO.** A 2ª Turma negou provimento a recurso ordinário em habeas corpus no qual se alegava atipicidade da conduta atribuída ao paciente, delineada no art. 16 da Lei 10.826/2003 ("Possuir, deter, portar, adquirir, fornecer, receber, ter em depósito, transportar, ceder, ainda que gratuitamente, emprestar, remeter, empregar, manter sob sua guarda ou ocultar arma de fogo, acessório ou munição de uso proibido ou restrito, sem autorização e em desacordo com determinação legal ou regulamentar"), em face da *abolitio criminis temporalis* estabelecida pela Lei 11.706/2008, que conferira nova redação aos artigos 30 e 32 do Estatuto do Desarmamento. Na espécie, fora apreendido, em 18.7.2007, na residência da namorada do paciente, arsenal contendo pistolas, granada, várias munições e carregadores para fuzil e armas de calibres diversos. Consignou-se que a *vacatio legis* prevista nos mencionados dispositivos não tornaria atípica a conduta de posse ilegal de arma de uso restrito nem a ela aplicar-se-ia. *STF, RHC 111637/RJ, rel. Min. Ricardo Lewandowski, 5.6.2012. 2ª T. (Info 669)*

✦ *SUPERIOR TRIBUNAL DE JUSTIÇA*

- **ESTATUTO DO DESARMAMENTO. DELITO TIPIFICADO NO ART. 16, PARÁGRAFO ÚNICO, III DA LEI N. 10.826/2003. PORTE DE ARTEFATO EXPLOSIVO. GRANADA DE GÁS LACRIMOGÊNEO/PIMENTA. INADEQUAÇÃO TÍPICA. A conduta de portar uma granada de gás lacrimogêneo e outra de gás de pimenta não se subsome ao delito previsto no art. 16, parágrafo único, III, da Lei n. 10.826/03.** Consta que foi oferecida denúncia pela prática do crime previsto no art. 16, parágrafo único, III, da Lei n. 10.826/2003, em razão da apreensão de duas granadas com "gás lacrimogêneo" e "gás de pimenta". De fato, a conduta típica consiste em possuir, deter, fabricar ou empregar artefato explosivo ou incendiário, sem autorização ou em desacordo com determinação legal ou regulamentar. Dessa forma, para que determinada conduta seja enquadrada neste tipo penal, deve-se estabelecer o que é explosivo. Pode-se entender que um explosivo é, em sentido amplo, um material extremamente instável, que pode se decompor rapidamente, formando produtos estáveis. Esse processo é denominado de explosão e é acompanhado por uma intensa liberação de energia, que pode ser feita sob diversas formas e gera uma considerável destruição decorrente da liberação dessa energia. No entanto, não será considerado explosivo o artefato que, embora ativado por explosivo, não projete e nem disperse fragmentos perigosos como metal, vidro ou plástico quebradiço, não possuindo, portanto, considerável potencial de destruição. No caso, embora a perícia indique eficácia e potencial lesivo, constata-se que no artefato, mesmo que ativado por explosivo, a explosão decorrente da sua decomposição não é capaz de gerar destruição resultante da liberação de energia, apenas o incômodo gerado pelo gás toxico. A norma em comento, por sua vez, busca tutelar a incolumidade pública não de forma absoluta, mas apenas no que se refere ao uso de artefatos explosivos ou incendiários. Assim, para a adequação típica do delito em questão, exige-se que o objeto material do delito, qual seja, o artefato explosivo, seja capaz de gerar alguma destruição, não podendo ser tipificado neste crime a posse de granada de gás lacrimogêneo/pimenta, embora não fique impedido o enquadramento desta conduta em outra figura típica. *STJ, REsp 1.627.028-SP, Rel. Min. Maria Thereza de Assis Moura, por unanimidade, j. 21/2/2017. 6ª T. (Info 599)*

- **HABEAS CORPUS. PENAL. POSSE DE MUNIÇÕES DE USO RESTRITO (ART. 16, CAPUT, DA LEI nº 10.826/2003). CRIME DE PERIGO ABSTRATO. PRECEDENTES. TESE DE ATIPICIDADE DA CONDUTA. NÃO OCORRÊNCIA. ABOLITIO CRIMINIS TEMPORÁRIA QUE NÃO SE ESTENDE À CONDUTA DESCRITA NOS AUTOS. HABEAS CORPUS DENEGADO.** 1. O crime previsto no art. 16, *caput*, da Lei nº 10.826/2003 é um tipo penal alternativo que prevê quatorze condutas diferentes, de mera conduta e de perigo abstrato, não exigindo, assim, a ocorrência de nenhum resultado naturalístico para a sua consumação. Precedentes. 2. Segundo orientação desta Corte, diante da literalidade dos artigos relativos ao prazo legal para regularização do registro da arma, prorrogado pelas Leis 10.884/2004, 11.118/2005 e 11.191/2005, houve a descriminalização temporária no tocante às condutas delituosas relacionadas à posse de arma de fogo, tanto de uso permitido quanto de uso restrito, entre o dia 23 de dezembro de 2003 e o dia 25 de outubro de 2005. 3. A nova redação dada aos dispositivos legais pela Medida Provisória nº 417, convertida na Lei nº 11.706/2008, prorrogou até o dia 31 de dezembro de 2008 apenas o prazo para a regularização de armas de fogo de uso permitido, não contemplando as armas e os acessórios de uso restrito, como no caso dos autos. 4. Ordem de habeas corpus denegada. *STJ, HC 221.873/SP, Rel. Ministra LAURITA VAZ, QUINTA TURMA, julgado em 11/12/2012, DJe 17/12/2012.*

- **HABEAS CORPUS. ESTATUTO DO DESARMAMENTO. ARTIGO 16, CAPUT E PARÁGRAFO ÚNICO, INCISO IV, DA LEI 10.826/03. POSSE DE ARMA DE FOGO DE USO PERMITIDO COM NUMERAÇÃO SUPRIMIDA. EQUIPARAÇÃO À DE USO RESTRITO. CONDUTA TÍPICA. ORDEM DE HABEAS CORPUS DENEGADA.** 1. Caso em que o Paciente foi condenado pela prática do delito previsto no art. 16, parágrafo único, inciso IV, da Lei nº 10.823/03, às penas de 04 (quatro) anos de reclusão, no regime semiaberto, e 14 (quatorze) dias-multa. 2. Apesar de o *caput* do art. 16 da Lei nº 10.826/03 referir-se a armas de fogo, munições ou acessórios de uso proibido ou restrito, o parágrafo único, ao incriminar a conduta de portar arma de fogo modificada, refere-se a qualquer arma, sendo irrelevante o fato de ela ser de uso permitido, proibido ou restrito. 3. Ordem de habeas corpus denegada. *STJ, HC 233.436/RJ, Rel. Ministra LAURITA VAZ, QUINTA TURMA, julgado em 04/12/2012, DJe 11/12/2012.*

- **RECURSO ESPECIAL. PENAL. PORTE ILEGAL DE ARMA DE FOGO DE USO PERMITIDO COM NUMERAÇÃO RASPADA. TIPIFICAÇÃO. ART. 16, PARÁGRAFO ÚNICO, DA LEI nº 10.826/2003. DOSIMETRIA. EXISTÊNCIA DE ILEGALIDADE FLAGRANTE. CULPABILIDADE. PERSONALIDADE. CIRCUNSTÂNCIAS DO DELITO. FUNDAMENTAÇÃO INIDÔNEA.** 1. O que importa para a caracterização do delito descrito no art. 16, parágrafo único, IV, da Lei nº 10.826/2003 é o porte de arma de fogo com numeração raspada, independentemente de ser arma de uso restrito ou proibido, pois constitui espécie de crime autônomo, não vinculado à restrição feita no *caput*. 2. A consciência da ilicitude e a exigibilidade de conduta diversa são elementos integrantes da estrutura do tipo penal, não sendo fundamentos que justifiquem considerar-se como negativa a culpabilidade. 3. A simples assertiva de que a personalidade do condenado se evidencia voltada à prática de delitos graves, desprovida de elementos concretos, não autoriza o desvalor atribuído a essa circunstância judicial. 4. A afirmação de que, além das drogas para o tráfico, o recorrido portava também arma de fogo com numeração raspada, não é apta para demonstrar um maior grau de reprovabilidade, pois tais fatos constituem elementares dos tipos penais pelos quais estava sendo ele condenado (tráfico de drogas e porte ilegal de arma de fogo com numeração raspada). 5. Recurso especial provido para condenar o recorrido como incurso no art. 16, parágrafo único, IV, da Lei nº 10.826/2003. Habeas corpus concedido de ofício, para afastar a valoração negativa das circunstâncias judiciais referentes à culpabilidade, personalidade, reprovabilidade (circunstâncias do delito), ficando as penas redimensionadas nos termos explicitados no voto. *STJ, REsp 1105890/RS, Rel. Ministro SEBASTIÃO REIS JÚNIOR, SEXTA TURMA, julgado em 20/11/2012, DJe 30/11/2012.*

- **RECURSO ESPECIAL. PENAL. CRIME DE POSSE DE ARMA DE FOGO COM NUMERAÇÃO RASPADA. CRIME DO ART. 16, PARÁGRAFO ÚNICO, INCISO IV, DA LEI nº 10.826/03. EXAME PERICIAL QUE**

DETECTOU O NÚMERO DE SÉRIE. IRRELEVÂNCIA. TIPICIDADE. CRIME DE MERA CONDUTA. PERIGO ABSTRATO CONFIGURADO. RECURSO PROVIDO. 1. A conduta relativa à posse ilegal de arma de fogo uso permitido com numeração raspada, praticada em 29 de junho de 2007, subsume-se, em tese, ao crime previsto no art. 16, parágrafo único, inciso IV, do Estatuto do Desarmamento. 2. É imprópria a desclassificação do delito, sob o fundamento de que exame pericial "químico-metalográfico" revelou o número de série do armamento então apreendido. 3. Segundo orientação desta Corte, diante da literalidade dos artigos relativos ao prazo legal para regularização do registro da arma, prorrogado pelas Leis 10.884/2004, 11.118/2005 e 11.191/2005, houve a descriminalização temporária no tocante às condutas delituosas relacionadas à posse de arma de fogo, tanto de uso permitido quanto de uso restrito, entre o dia 23 de dezembro de 2003 e o dia 25 de outubro de 2005. 4. A nova redação dada aos dispositivos legais pela Medida Provisória nº 417, convertida na Lei nº 11.706/2008, prorrogou até o dia 31 de dezembro de 2008 apenas o prazo para a regularização de armas de fogo de uso permitido, não contemplando as armas de uso restrito ou de numeração raspada, como no caso dos autos. 5. Recurso provido. *STJ, REsp 1328023/RS, Rel. Ministra LAURITA VAZ, QUINTA TURMA, julgado em 13/11/2012, DJe 23/11/2012.*

3. QUESTÕES DE CONCURSOS

1. **(CESPE/TJ-DFT/Juiz/2015 – adaptada)** André guardou em sua residência, de janeiro de 2015 até sua prisão em flagrante na presente data, uma arma de fogo de uso permitido, devidamente municiada, mas com numeração de série suprimida. Nessa situação, André praticou o crime de posse irregular de arma de fogo de uso permitido e, por isso, deve ser punido com pena de detenção.

2. **(CESPE/TJ-DFT/Juiz/2015 – adaptada)** Júlio, detentor de porte de arma e proprietário de arma de fogo devidamente registrada, vendeu para Tiago, de quatorze anos de idade, uma arma, devidamente municiada, acompanhada do seu documento de registro. Nessa situação, ao permitir que o adolescente se apoderasse da arma de fogo, Júlio praticou o delito de omissão de cautela, previsto no Estatuto do Desarmamento.

3. **(FCC/TJ-PE/Juiz/2015)** NÃO constitui conduta equiparada a posse ou porte ilegal de arma de fogo de uso restrito

a) produzir, recarregar ou reciclar, sem autorização legal, ou adulterar, de qualquer forma, munição ou explosivo.

b) vender, entregar ou fornecer, ainda que gratuitamente, arma de fogo, acessório, munição ou explosivo a criança ou adolescente.

c) expor à venda, em proveito próprio ou alheio, no exercício de atividade comercial ou industrial, arma de fogo, acessório ou munição, sem autorização ou em desacordo com determinação legal ou regulamentar.

d) portar, possuir, adquirir, transportar ou fornecer arma de fogo com numeração, marca ou qualquer outro sinal de identificação raspado, suprimido ou adulterado.

e) possuir, deter, fabricar ou empregar artefato explosivo ou incendiário, sem autorização ou em desacordo com determinação legal ou regulamentar.

4. **(VUNESP/PC-CE/Delegado de Polícia/2015 – adaptada)** O artigo 16 prescreve que é proibido possuir, deter, portar, adquirir, fornecer, receber, ter em depósito, transportar, ceder, ainda que gratuitamente, emprestar, remeter, empregar, manter sob sua guarda ou ocultar arma de fogo de uso permitido sem autorização legal.

5. **(VUNESP/PC-CE/Delegado de Polícia/2015 – adaptada)** O porte de arma de fogo com numeração raspada, previsto no parágrafo único, inciso IV, do artigo 16, refere-se tanto à arma de fogo de uso permitido como à arma de fogo de uso proibido/restrito.

6. **(VUNESP/PC-CE/Delegado de Polícia/2015 – adaptada)** É proibida a conduta de portar arma de fogo de uso permitido ou proibido, não se punindo, no estatuto, a conduta de portar ou possuir acessório ou munição para arma de fogo.

7. **(CESPE/DPE-PE/Defensor Público/2015)** Tales foi preso em flagrante delito quando transportava, sem autorização legal ou regulamentar, dois revólveres de calibre 38 desmuniciados e com numerações raspadas.

   Acerca dessa situação hipotética, julgue o item que se segue, com base na jurisprudência dominante dos tribunais superiores relativa a esse tema.

   O fato de as armas apreendidas estarem desmuniciadas não tipifica o crime de posse ou porte ilegal de arma de fogo de uso restrito em razão da total ausência de potencial lesivo da conduta.

8. **(CESPE/DPE-PE/Defensor Público/2015)** Tales foi preso em flagrante delito quando transportava, sem autorização legal ou regulamentar, dois revólveres de calibre 38 desmuniciados e com numerações raspadas.

   Acerca dessa situação hipotética, julgue o item que se segue, com base na jurisprudência dominante dos tribunais superiores relativa a esse tema.

   A apreensão das armas de fogo configurou concurso formal de crimes.

9. **(VUNESP/PC-CE/Inspetor de Polícia/2015 – adaptada)** O Estatuto do Desarmamento só regula condutas envolvendo armas de fogo de uso permitido.

10. **(MPE-SC/Promotor de Justiça/2014)** Comete crime de posse irregular de arma de fogo de uso permitido cidadão que é pego mantendo sob sua guarda, no interior do quarto de sua residência, embaixo da cama, uma pistola .40, de uso restrito e com numeração suprimida.

11. **(FUNCAB/PC-RO/Delegado de Polícia/2014)** De acordo com a Lei n° 10.826/2003, Estatuto do Desarmamento, aquele que, em via pública, porta arma de fogo de uso permitido com numeração suprimida responde:

a) como incurso nas penas do crime de porte ilegal de arma de fogo de uso permitido, disposto no artigo 14 do referido Estatuto.

b) como incurso nas penas do crime de posse ou porte ilegal de arma de fogo de uso restrito, disposto no artigo 16 do referido estatuto.

c) como incurso nas penas do crime de posse irregular de arma de fogo de uso permitido, disposto no artigo 12 do referido Estatuto.

d) como incurso nas penas do crime de disparo de arma de fogo, disposto no artigo 15 do referido Estatuto.

e) como incurso nas penas do crime de omissão de cautela, disposto no artigo 13 do referido Estatuto.

12. **(IBFC/PC-RJ/Oficial de Cartório/2013 – adaptada)** Possuir arma de fogo de uso permitido com numeração raspada constitui crime cuja pena se equipara ao comércio ilegal de arma de fogo.

13. **(FCC/DPE-BA/Defensor Público/2016 - adaptada)** O porte de munição de arma de fogo de uso restrito constitui crime de perigo concreto, necessitando da presença da arma de fogo para sua tipificação.

GAB	1	2	3	4	5	6	7	8	9	10	11	12	13
	E	E	C	E	C	E	E	E	E	E	B	E	E

✦ COMÉRCIO ILEGAL DE ARMA DE FOGO

Art. 17. Adquirir, alugar, receber, transportar, conduzir, ocultar, ter em depósito, desmontar, montar, remontar, adulterar, vender, expor à venda, ou de qualquer forma utilizar, em proveito próprio ou alheio, no exercício de atividade comercial ou industrial, arma de fogo, acessório ou munição, sem autorização ou em desacordo com determinação legal ou regulamentar:

Pena – reclusão, de 4 (quatro) a 8 (oito) anos, e multa.

Parágrafo único. Equipara-se à atividade comercial ou industrial, para efeito deste artigo, qualquer forma de prestação de serviços, fabricação ou comércio irregular ou clandestino, inclusive o exercido em residência.

1. COMENTÁRIOS

1.1. Considerações iniciais

Trata-se de um tipo penal misto alternativo (ou crime de ação múltipla), isto é, a realização de mais de uma conduta, no mesmo contexto fático, em relação ao mesmo objeto material, dará ensejo a apenas um crime. Deste modo, o agente que, por exemplo, montar a arma de fogo e, depois disso, expuser à venda e conseguir vendê-la, terá realizado três condutas típicas, mas responderá por apenas um crime.

Ademais, trata-se de lei penal em branco, pois as condutas ocorrem "sem autorização ou em desacordo com determinação legal ou regulamentar". Assim, é necessário conhecer a determinação legal ou regulamentar para que se possa complementar o preceito primário do tipo, definidor da conduta.

O parágrafo único equipara a atividade comercial e industrial "qualquer forma de prestação de serviços, fabricação ou comércio irregular ou clandestino, inclusive o exercido em residência". Tal equiparação, não poderia ser levada a cabo pelo intérprete, sem que houvesse lei expressa, pois configuraria analogia prejudicial ao réu, o que é vedado em matéria penal. Não é o caso, todavia. A existência da lei espanca quaisquer dúvidas sobre a possibilidade da referida equiparação.

A pena prevista para o crime é de reclusão de quatro a oito anos. Por esta razão, não é possível a aplicação dos institutos despenalizadores, como a transação penal e a suspensão condicional do processo. Será possível a substituição da pena privativa de liberdade por pena restritiva de direitos se, presentes os demais requisitos do art. 44, CP, a pena aplicada não superar o patamar mínimo previsto no tipo (quatro anos).

1.2. Sujeitos

Sujeito ativo do crime é a pessoa que exerce atividade comercial ou industrial. Trata-se, portanto, de delito próprio, pois exige uma qualidade ou condição especial do agente.

Sujeito passivo é a coletividade.

1.3. Objetos

Os tipos penais contidos no Estatuto do Desarmamento tutelam, sobretudo, a segurança pública (bem jurídico comum em praticamente todos os crimes do Estatuto). Para o Superior Tribunal de Justiça, o tipo objetiva resguardar também "a incolumidade pública, a segurança nacional e a paz social, pois um único projétil apto a uso e com perfeito desempenho é capaz de produzir efeitos negativos irreparáveis"[23].

O objeto material da infração em estudo é a arma de fogo, acessório ou munição.

23 HC 45.099/AC, Rel. Min. Arnaldo Esteves Lima, j. 15/08/2006.

1.4. Elemento subjetivo

O elemento subjetivo do crime é o dolo, consistente na consciência e vontade de praticar qualquer das condutas previstas no tipo. Além disto, o tipo penal exige a presença do elemento subjetivo específico (especial finalidade no agir), consistente em pretender "proveito próprio ou alheio".

Não há previsão de modalidade culposa.

1.5. Consumação e tentativa

O crime estará consumado com a realização de uma das catorze condutas descritas no tipo penal. Algumas destas condutas possuem caráter permanente, ou seja, protraem-se no tempo. É o caso dos verbos transportar, ter em depósito, conduzir, ocultar e expor (à venda). Nos demais casos, as condutas caracterizam crime instantâneo.

Difícil vislumbrar a possibilidade de tentativa, pois a quantidade considerável de condutas, na prática, faz com que a tentativa de uma delas já esteja incursa na consumação de outra. Exemplo: o agente que expõe à venda, tenta vender. Mas não há crime tentado, já que "expor à venda" é um dos núcleos do tipo penal. Contudo, muito embora seja de difícil ocorrência prática, a tentativa é possível, quando se imagina, por exemplo, o agente que tenta adquirir a arma de fogo, acessório ou munição.

1.6. Ação penal

A ação penal é pública incondicionada.

2. SÚMULAS E JURISPRUDÊNCIA

✦ *SUPERIOR TRIBUNAL DE JUSTIÇA*

▸ **HABEAS CORPUS SUBSTITUTIVO DE RECURSO ORDINÁRIO. DESCABIMENTO. RECENTE ORIENTAÇÃO DO SUPREMO TRIBUNAL FEDERAL. ESTATUTO DO DESARMAMENTO. POSSE DE MUNIÇÃO DE USO RESTRITO. PROTEÇÃO À INCOLUMIDADE PÚBLICA. CRIME DE MERA CONDUTA. RECRUDESCIMENTO DA PENA-BASE. AÇÕES PENAIS EM ANDAMENTO. OFENSA À SÚMULA 444-STJ. REGIME DE PENA. SEMI-ABERTO. AUSÊNCIA DE FUNDAMENTAÇÃO IDÔNEA (SÚMULA 719-STF). SUBSTITUIÇÃO DA PENA. MATÉRIA NÃO DEBATIDA NA ORIGEM. SUPRESSÃO DE INSTÂNCIA. WRIT PARCIALMENTE PROVIDO.** 1. Buscando dar efetividade às normas previstas no artigo 102, inciso II, alínea "a", da Constituição Federal, e aos artigos 30 a 32, ambos da Lei nº 8.038/90, a mais recente jurisprudência do Supremo Tribunal Federal passou a não mais admitir o manejo do habeas corpus em substituição a recursos ordinários (apelação, agravo em execução, recurso especial), tampouco como sucedâneo de revisão criminal. 2. O Superior Tribunal de Justiça, alinhando-se à nova jurisprudência da Colenda Corte, passou também a restringir as hipóteses de cabimento do habeas corpus, não admitindo que o remédio constitucional seja utilizado em substituição do recurso cabível. 3. Além do incentivo à população para a entrega de armas de fogo e seus acessórios à autoridade policial competente, visa a Lei nº 10.826/03 a tutela da incolumidade pública, punindo as condutas daqueles que insistiram, sem autorização legal, na posse, porte, comércio ou tráfico internacional dos armamentos, sejam de uso permitido ou restrito. 4. A busca pela erradicação da circulação desses artefatos no seio da sociedade, faz prescindível a configuração de perigo real para a consumação dos delitos previstos nos artigos 14 e 16 da Lei nº 10.826, caracterizando estes, como delitos de mera conduta, nos quais o perigo abstrato ressai inerente ao tipo. (Precedentes do STJ e STF). 5. A teor da Súmula 444-STJ, as ações penais em andamento não podem ser utilizadas para o recrudescimento da pena-base.

Igualmente, não se permite a análise desfavorável da culpabilidade, utilizando-se de argumentação genérica, em tudo inerente ao tipo penal. 6. A fixação do regime aberto é o apropriado na hipótese, porquanto ausente a fundamentação idônea a respaldar a aplicação do regime mais gravoso (Súmula 719-STF). 7. A substituição da pena não foi objeto de debate e decisão por parte de órgão colegiado do Tribunal de origem, sobressaindo a incompetência desta Corte para o exame da matéria, sob pena de indevida supressão de instância. 8. Conheço do habeas corpus, para, de ofício, fixar a reprimenda no mínimo legal e cominar o regime aberto ao paciente. *STJ, HC 228.930/RJ, Rel. Ministro CAMPOS MARQUES (DESEMBARGADOR CONVOCADO DO TJ/PR), QUINTA TURMA, julgado em 07/02/2013, DJe 19/02/2013.*

- **HABEAS CORPUS. COMÉRCIO ILEGAL DE ARMA DE FOGO E ASSOCIAÇÃO PARA O TRÁFICO. PEDIDO DE LIBERDADE PROVISÓRIA. MATÉRIA JÁ APRECIADA PELO SUPERIOR TRIBUNAL DE JUSTIÇA. EXCESSO DE PRAZO. INSTRUÇÃO PROBATÓRIA ENCERRADA. SÚMULA 52/STJ. PROLATAÇÃO DE SENTENÇA CONDENATÓRIA. PREJUDICIALIDADE. NÃO CONHECIMENTO.** 1. In casu, no que diz respeito à alegada carência de fundamentação na decisão que indeferiu a liberdade provisória em favor do paciente, verifica-se que a matéria já foi alvo de deliberação por esta Corte nos autos do HC nº 105.712/RJ, cuja ordem foi denegada, consistindo, assim, mera reiteração do pedido formulado no aludido habeas corpus, circunstância que inviabiliza o seu conhecimento 2. Com o encerramento da instrução criminal, resta superada a alegação de constrangimento ilegal por excesso de prazo na formação da culpa, consoante o enunciado na Súmula nº 52 desta Corte Superior. 3. A prolatação da sentença condenatória evidencia a perda de objeto da impetração quanto a esses tópicos. ADITAMENTO DA DENÚNCIA. ART. 384, PARÁGRAFO ÚNICO, DO CPP (ANTIGA REDAÇÃO). PRAZO PARA MANIFESTAÇÃO DA DEFESA. OBSERVÂNCIA. NULIDADE NÃO CONFIGURADA. EIVA NÃO EVIDENCIADA. 1. No caso dos autos, aditada a denúncia e, recebida pelo magistrado, foi citada a defesa para atendimento da formalidade estabelecida no art. 384, parágrafo único, do CPP (antiga redação), o que foi feito na sua integralidade, consagrando o escopo pretendido pelo legislador, na esteira da garantia constitucional estabelecida no art. 5º, LV, da CF, da ampla defesa, norte que se manifesta no denominado princípio da correlação, uma vez que descreve balizas para a prolação do édito repressivo ao dispor que deve haver precisa correspondência entre o fato imputado ao réu e a sua responsabilidade penal reconhecida na sentença. 2. Pedido parcialmente conhecido e, nessa extensão, denegada a ordem. *STJ, HC 143.960/RJ, Rel. Ministro JORGE MUSSI, QUINTA TURMA, julgado em 25/10/2011, DJe 08/11/2011.*

✦ TRÁFICO INTERNACIONAL DE ARMA DE FOGO

Art. 18. Importar, exportar, favorecer a entrada ou saída do território nacional, a qualquer título, de arma de fogo, acessório ou munição, sem autorização da autoridade competente:

Pena – reclusão de 4 (quatro) a 8 (oito) anos, e multa.

1. COMENTÁRIOS

1.1. Considerações iniciais

O tipo descreve três condutas: importar (trazer, fazer ingressar em território brasileiro algo vindo do exterior), exportar (remeter a outro país, retirar do território brasileiro, levar para outro país) e favorecer a entrada ou saída (contribuir de algum modo para que se importe ou exporte).

Trata-se de tipo misto alternativo, de modo que se o agente, em uma mesma situação (igual contexto fático), promove a importação e a exportação de arma de fogo, acessório ou munição, incorrerá em apenas um crime. Ademais, não se exige habitualidade.

Relevante trazer à baila o entendimento esposado por Balthazar Jr, para quem "é atípica a conduta que tenha por objeto peças de reposição, que não são, propriamente, acessórios, sendo necessário, aqui, aperfeiçoar o tipo legal, para incluir, expressamente, as peças ou partes de armas no objeto destes e dos demais delitos"[24].

1.2. Sujeitos

Qualquer pessoa pode ser sujeito ativo do crime. Trata-se, portanto, de delito comum, não se exigindo nenhuma qualidade ou condição especial do agente.

Por força do princípio da especialidade, o funcionário público que favorece a entrada ou saída de arma de fogo, acessório ou munição deverá responder por este crime, não se lhe aplicando o art. 318, CP (facilitação de contrabando ou descaminho).

Sujeito passivo é a sociedade, alertando para as observações que fizemos quando da análise do bem jurídico protegido.

1.3. Objetos

Os tipos penais contidos no Estatuto do Desarmamento tutelam, sobretudo, a segurança pública (bem jurídico comum em praticamente todos os crimes do Estatuto). Para o Superior Tribunal de Justiça, o tipo objetiva resguardar também "a incolumidade pública, a segurança nacional e a paz social, pois um único projétil apto a uso e com perfeito desempenho é capaz de produzir efeitos negativos irreparáveis"[25]. Guilherme Nucci acrescenta como bem protegido, ainda que de forma secundária, a própria Administração Pública, "no seu particular interesse patrimonial e moral"

O objeto material da infração em estudo é a arma de fogo, acessório ou munição[26].

1.4. Elemento subjetivo

O elemento subjetivo do crime é o dolo, consistente na consciência e vontade de praticar qualquer das condutas previstas no tipo. Dispensa fim especial animando o agente.

Não há previsão de modalidade culposa.

1.5. Consumação e tentativa

O crime se consuma no momento em que a arma, acessório ou munição efetivamente ingressa ou sai do território nacional. De acordo com a maioria, trata-se de crime de perigo abstrato, presumindo-se, de forma absoluta, o perigo gerado pela conduta do agente[27].

A tentativa é admitida, como no exemplo do sujeito detido na zona aduaneira, tentando, portanto, ingressar no país[28]. Em sentido contrário, Balthazar Jr. sustenta a ideia de que,

24 .BALTAZAR, Jr., José Paulo. *Crimes federais.* 8º. Ed. Porto Alegre: Livraria do Advogado, 2012, p. 863.

25. HC 45.099/AC, Rel. Min. Arnaldo Esteves Lima, j. 15/08/2006.

26 Como bem alerta Rogério Greco, não tipifica o delito quando a conduta do agente recair sobre armas brancas (punhais, espadas, estiletes, etc.) ou armas impróprias (instrumentos que não se destinam às funções de ataque e defesa, como barras de ferro, facas de cozinha, etc. (*Código penal comentado.* 5. ed. Niterói: Impetus, 2011, p. 435-436).

27 A consumação do crime independe de a arma estar ou não municiada. Não se exige, tampouco, que a arma esteja pronta para a utilização. Desta forma, haverá o crime se o agente importar a arma desmontada, por exemplo.

28 .Neste sentido, TRF4, ACR 0001963-93.2007.404.7002, Sétima Turma, Rel. p/ Acórdão Des. Fed. Márcio Antônio Rocha, j. 21/09/2012.

neste caso, o crime está consumado em sua modalidade "favorecer a entrada ou a saída do território nacional". Para referido autor, estamos diante de crime de atentado[29].

1.6. Ação penal

A ação penal é pública incondicionada.

2. SÚMULAS E JURISPRUDÊNCIA

✦ *SUPREMO TRIBUNAL FEDERAL*

- **RECURSO ORDINÁRIO EM HABEAS CORPUS. PROCESSUAL PENAL. TRÁFICO INTERNACIONAL DE DROGAS E ARMAS. COAÇÃO ILEGAL. ANÁLISE DE MATÉRIA FÁTICO-PROBATÓRIA: IMPOSSIBILIDADE. DENÚNCIA QUE DESCREVE COMPORTAMENTOS TÍPICOS ATRIBUÍDOS AO RECORRENTE: PRECLUSÃO DA ARGUIÇÃO DE INÉPCIA. PRESCINDIBILIDADE DE FUNDAMENTAÇÃO COMPLEXA DA DECISÃO QUE RECEBE A DENÚNCIA. QUESTÕES SUSCITADAS EM DEFESA PRELIMINAR DEVIDAMENTE ANALISADAS NA SENTENÇA. DECISÃO FUNDAMENTADA QUE INDEFERE PROVAS REQUERIDAS PELO ACUSADO: AUSÊNCIA DE CERCEAMENTO DE DEFESA. PROVA IMPERTINENTE E PRESCINDÍVEL. RECURSO ORDINÁRIO EM HABEAS CORPUS AO QUAL SE NEGA PROVIMENTO.** 1. É pacífica a jurisprudência no sentido de não ser competente o Supremo Tribunal Federal para examinar, no habeas corpus, provas colhidas na instrução criminal (HC 92.971, Rel. Min. Carlos Britto, DJe 29.8.2008). 2. Denúncia apresenta "a exposição do fato criminoso, com todas as suas circunstâncias", com adequada indicação da conduta ilícita imputada ao recorrente, de modo a propiciar a ele o pleno exercício do direito de defesa (art. 41 do Código de Processo Penal). 3. Preclusão da arguição de inépcia da denúncia aventada após a sentença penal condenatória, o que só não ocorre quando a sentença é proferida na pendência de habeas corpus em curso. Precedentes. 4. Não há cerceamento de defesa quando as provas requeridas são indeferidas sob o fundamento de serem impertinentes e prescindíveis. 5. Recurso ordinário em habeas corpus ao qual se nega provimento. *STF, RHC 96433, Relator(a): Min. CÁRMEN LÚCIA, Primeira Turma, julgado em 20/10/2009, DJe-218 DIVULG 19-11-2009 PUBLIC 20-11-2009 EMENT VOL-02383-02 PP-00226 LEXSTF v. 31, nº 372, 2009, p. 442-454.*

- **HABEAS CORPUS. PENAL. TRÁFICO INTERNACIONAL DE ARMA DE FOGO OU MUNIÇÃO. INTELIGÊNCIA DO ART. 18 DA LEI 10.826/2003. TIPICIDADE RECONHECIDA. CRIME DE PERIGO ABSTRATO. TRANCAMENTO DA AÇÃO PENAL. IMPOSSIBILIDADE DE APLICAÇÃO DO PRINCÍPIO DA INSIGNIFICÂNCIA. ORDEM DENEGADA.** I – A objetividade jurídica da norma penal transcende a mera proteção da incolumidade pessoal, para alcançar também a tutela da liberdade individual e do corpo social como um todo, asseguradas ambas pelo incremento dos níveis de segurança coletiva que a lei propicia. II – No caso em exame, a proibição da conduta pela qual o paciente está sendo processado visa, especialmente, combater e prevenir o tráfico internacional de armas e munições, cuja maior clientela é o crime organizado transnacional, que, via de regra, abastece o seu arsenal por meio do mercado ilegal, nacional ou internacional, de armas. III – Mostra-se irrelevante, no caso, cogitar-se da mínima ofensividade da conduta (em face da quantidade apreendida), ou, também, da ausência de periculosidade da ação, porque a hipótese é de crime de perigo abstrato, para o qual não importa o resultado concreto da ação, o que também afasta a possibilidade de aplicação do princípio da insignificância. IV – É reiterada a jurisprudência desta Suprema Corte no sentido de que o trancamento de ação penal constitui medida reservada a hipóteses excepcionais, como "a manifesta atipicidade da conduta, a presença de causa de extinção da punibilidade do paciente ou a ausência de indícios mínimos de autoria e materialidade delitivas" (HC 91.603, Rel. Min. Ellen Gracie), o que não se verifica na espécie. V – Habeas corpus denegado. *STF, HC 97777, Relator(a): Min. RICARDO LEWANDOWSKI,*

29 . BALTAZAR, Jr., José Paulo. *Crimes federais.* 8º. Ed. Porto Alegre: Livraria do Advogado, 2012, p. 864. Vale recordar que crime de atentado ou de empreendimento é aquele em que a tentativa e a consumação são punidas da mesma forma, isto é, não há diminuição da pena. Isto leva muitos autores à conclusão de que são crimes em que não é possível a tentativa (que é, justamente, uma causa de diminuição de pena).

Primeira Turma, julgado em 26/10/2010, DJe-223 DIVULG 19-11-2010 PUBLIC 22-11-2010 EMENT VOL-02435-01 PP-00039 LEXSTF v. 32, nº 384, 2010, p. 333-342 RSJADV mar., 2011, p. 38-41.

✦ *SUPERIOR TRIBUNAL DE JUSTIÇA*

- **PENAL E PROCESSUAL. HC. TRÁFICO INTERNACIONAL DE ARMA DE FOGO E MUNIÇÃO. ART. 18 C/C ART. 19, AMBOS DA LEI 10.826/03. PRISÃO PREVENTIVA. CONVENIÊNCIA DA INSTRUÇÃO CRIMINAL. CONSTRANGIMENTO ILEGAL. OCORRÊNCIA. INQUÉRITO POLICIAL CONCLUÍDO.** 1. O dispositivo da Lei nº 10.826/2003 que proíbe a concessão de liberdade provisória (art. 21) deve ser interpretado de forma a se compatibilizar com o comando constitucional do art. 5º, LVII, que consagra o princípio constitucional da presunção de inocência, somente se justificando a manutenção da segregação do acusado, se preenchidos os requisitos para a prisão cautelar, nos termos do art. 312 do CPP. 2. No caso dos autos, entretanto, depreende-se, pelo menos em juízo de cognição sumária, tratar-se daquele tipo de importação, mesmo que ilegal, levado à cabo por pessoas aficcionadas por armas. Não se visualiza, nos delitos sob investigação, a presença de atos que possam levar ao entendimento de que sejam pessoas ligadas a facções criminosas. Pelo contrário, há notícia que são pessoas ligadas a clubes de tiros, possuindo certificado emitido pelo Ministério do Exército (...). *STJ, HC nº 2006.04.00.034039-1, Sétima Turma, Relator Des. Tadaaqui Hirose, DJ 08/11/2006.*

- **DIREITO PENAL E PROCESSUAL PENAL. CRIMES DE TRÁFICO DE ENTORPECENTES, ASSOCIAÇÃO PARA O TRÁFICO E CONTRABANDO DE ARMAS. PENAS: FIXAÇÃO ACIMA DO MÍNIMO: CIRCUNSTÂNCIAS JUDICIAIS. FUNDAMENTAÇÃO. BONS ANTECEDENTES. PRIMARIEDADE. "HABEAS CORPUS".** 1. Tratando-se de policiais civis que, em viatura oficial, transportavam grande quantidade de cocaína, para o tráfico, havendo – se associado para esse fim, contando até com facilidade de trânsito entre marginais, e dispondo inclusive de armas contrabandeadas e farta munição, as penas haveriam de ser fixadas bem acima do mínimo legal, não alcançando relevo a primariedade e os bons antecedentes dos réus. 2. Estando a sentença e o acórdão satisfatoriamente fundamentados, na fixação das penas, com observância do disposto no art. 59 do C. Penal, sobretudo em face da gravidade dos delitos, da periculosidade revelada e das conseqüências para a coletividade, é de se repelir a alegação em contrário, contida na impetração. 3. "H.C." indeferido. STJ, HC 75740, Relator(a): Min. SYDNEY SANCHES, Primeira Turma, julgado em 24/03/1998, DJ 08-05-1998 PP-00003 EMENT VOL-01909-01 PP-00154.

3. QUESTÕES DE CONCURSOS

1. **(FUNIVERSA/SEAP-DF/Agente Penitenciário/2015)** A conduta de importar uma mira telescópica de uso restrito, desacompanhada do armamento, é atípica, pois a simples importação do acessório para arma de fogo não configura a prática de delito previsto no Estatuto do Desarmamento.

GAB	1
	E

Art. 19. Nos crimes previstos nos arts. 17 e 18, a pena é aumentada da metade se a arma de fogo, acessório ou munição forem de uso proibido ou restrito.

1. COMENTÁRIOS

O art. 19 do Estatuto do Desarmamento previu uma causa de aumento de pena (até metade) para os crimes de comércio ilegal de arma de fogo (art. 17) e tráfico internacional de arma de fogo (art. 18). Em se tratando de uma causa de aumento de pena, deve ser valorada pelo julgador na terceira fase da dosimetria da pena, podendo, inclusive, exasperá-la para além do patamar máximo cominado em lei, ou seja, oito anos, nos dois crimes.

Como se percebe da leitura do dispositivo, esta causa de aumento de pena se aplica quando a arma de fogo, o acessório ou a munição forem de uso proibido ou restrito. Sobre este tipo de arma, para evitar repetições desnecessárias, remetemos o(a) leitor(a) aos comentários ao art. 16 desta Lei.

2. QUESTÕES DE CONCURSOS

1. **(CESPE/TJ-BA/Titular de Serviços de Notas e Registros/2013 – adaptada)** Sobre o delito de tráfico internacional de arma de fogo incidirá causa de aumento de pena se a arma de fogo, acessório ou munição forem de uso restrito, não havendo previsão legal expressa de aplicação dessa majorante para o crime de comércio ilegal de arma de fogo.

GAB	1
	E

Art. 20. Nos crimes previstos nos arts. 14, 15, 16, 17 e 18, a pena é aumentada da metade se forem praticados por integrante dos órgãos e empresas referidas nos arts. 6º, 7º e 8º desta Lei.

1. COMENTÁRIOS

1.1. Considerações iniciais

O art. 20 traz uma causa de aumento de pena (até a metade) para os crimes de porte ilegal de arma de fogo (art. 14), disparo de arma de fogo (art. 15), posse ou porte ilegal de arma de fogo (art. 16), comércio ilegal de arma de fogo (art. 17) e tráfico internacional de arma de fogo (art. 18). Para os dois últimos crimes, conforme assinalamos nos comentários ao artigo anterior, há outra causa de aumento prevista.

1.2. Crime praticado por pessoas com autorização para uso de armas

O art. 20 do Estatuto do Desarmamento dispõe que as penas dos crimes mencionados serão aumentadas de metade se forem praticados por integrante dos órgãos e empresas referidas nos arts. 6º, 7º e 8º desta Lei". Os artigos mencionados dizem respeito às pessoas autorizadas a usar armas.

Podemos dividir estas pessoas em três grupos distintos, a saber: a) servidores públicos (art. 6º.); b) pessoas que trabalham com segurança privada (art. 6º, VIII, c/c art. 7º); c) desportistas do tiro (art. 6º, IX c/c art. 8º).

Ao tratar dos servidores públicos que podem utilizar armas, o art. 6º menciona:

a) os integrantes das Forças Armadas;

b) os integrantes de órgãos referidos nos incisos do *caput* do art. 144 da Constituição Federal;

c) os integrantes das guardas municipais das capitais dos Estados e dos Municípios com mais de 500.000 (quinhentos mil) habitantes, nas condições estabelecidas no regulamento desta Lei;

d) os integrantes das guardas municipais dos Municípios com mais de 50.000 (cinquenta mil) e menos de 500.000 (quinhentos mil) habitantes, quando em serviço;

e) os agentes operacionais da Agência Brasileira de Inteligência e os agentes do Departamento de Segurança do Gabinete de Segurança Institucional da Presidência da República;

f) os integrantes dos órgãos policiais referidos no art. 51, IV, e no art. 52, XIII, da Constituição Federal;

g) os integrantes do quadro efetivo dos agentes e guardas prisionais, os integrantes das escoltas de presos e as guardas portuárias;

h) integrantes das Carreiras de Auditoria da Receita Federal do Brasil e de Auditoria--Fiscal do Trabalho, cargos de Auditor-Fiscal e Analista Tributário.

Nada obsta, porém, que legislação específica estenda o permissivo para a utilização de armas.

1.3. Concurso entre as causas de aumento

As hipóteses de causa de aumento de pena são conciliáveis, razão pela qual é possível, em tese, ao agente a ocorrência das duas situações. Desta forma, se um agente autorizado a portar arma de fogo importa uma arma de uso restrito, estaria caracterizado o crime do art. 18 e as causas de aumento de pena dos arts. 19 e 20, cumulativamente.

No particular, há entendimento doutrinário[30] no sentido da possibilidade de se aplicar ao caso, por analogia, o art. 68, parágrafo único, do Código Penal, que dispõe: "No concurso de causas de aumento ou de diminuição previstas na parte especial, pode o juiz limitar-se a um só aumento ou a uma só diminuição, prevalecendo, todavia, a causa que mais aumente ou diminua".

Como se percebe, o artigo trata da hipótese de concurso entre causas de aumento previstas na parte especial do Código, e não na legislação extravagante, como é o caso do Estatuto do Desarmamento. Daí a defesa da tese da aplicação analógica do dispositivo ao caso em apreço. Referida aplicação analógica parece-nos bastante razoável, na medida em que, como consabido, é possível, em sede de Direito Penal, a analogia *in bonam partem*.

2. SÚMULAS E JURISPRUDÊNCIA

- **POSSE E PORTE ILEGAL DE ARMAS DE FOGO E MUNIÇÕES DE USO PERMITIDO. AUSÊNCIA DE CERTIFICADO FEDERAL. DELEGADO DE POLÍCIA CIVIL. IRRELEVÂNCIA. CONDUTA TÍPICA. É típica e antijurídica a conduta de policial civil que, mesmo autorizado a portar ou possuir arma de fogo, não observa as imposições legais previstas no Estatuto do Desarmamento, que impõem registro das armas no órgão competente.** Trata-se de recurso em habeas corpus em que se pretende ver reconhecida a atipicidade da conduta imputada a delegado de polícia civil consistente na suposta prática dos delitos de posse irregular e porte ilegal de arma de fogo de uso permitido (arts. 12 e 14 c/c. o 20, todos da Lei n. 10.826/2003). A denúncia imputa ao policial a prática de dois crimes: posse irregular e porte ilegal de arma de fogo de uso permitido. Tais condutas consistiriam, em síntese, no seguinte: 1) posse e manutenção, em sua residência e sem autorização ou em desacordo com determinação legal, de um revólver registrado apenas na Divisão de Fiscalização de Armas e Explosivos do Rio de Janeiro, além de 48 munições; 2) porte, mesmo na condição de Delegado de Polícia, sem autorização e em desacordo com determinação legal, de um revólver igualmente registrado apenas na Divisão de Fiscalização de Armas e Explosivos (DFAE). Em observância ao princípio da legalidade, foi promulgada a Lei n. 10.826/2003, depois de várias iniciativas em prol do desarmamento. A mens legis do denominado Estatuto do Desarmamento foi proteger a incolumidade pública, por meio de tipos penais e de outros dispositivos destinados ao maior controle de armas de fogo pelo governo. Nesse cenário, foi instituído o Sistema Nacional de Armas (SINARM), órgão competente para, entre

30 Neste sentido, por todos, NUCCI, Guilherme de Souza, *ob. cit.* p. 71.

outras atividades, identificar as características e a propriedade de armas de fogo. O art. 3° da Lei n. 10.826/2003 dispõe ser "obrigatório o registro de arma de fogo no órgão competente". Para adquirir arma de fogo, o interessado deverá declarar a efetiva necessidade e preencher vários requisitos legais, entre eles a comprovação de idoneidade – mediante apresentação de certidões negativas de antecedentes criminais e de não estar respondendo a inquérito policial ou a processo criminal – e a apresentação de documentos comprobatórios de ocupação lícita, residência certa, capacidade técnica e aptidão psicológica para o manuseio do artefato. Mesmo depois de cumpridos os requisitos legais e expedida a autorização de compra de arma de fogo pelo SINARM, deverá ser requerido o certificado de registro, emitido pela Polícia Federal. O certificado federal – e não a autorização do SINARM – conferirá ao titular da arma de fogo o direito de possuí-la no interior de sua residência ou domicílio, ou dependência desses, ou, ainda, no local de trabalho, desde que seja ele o titular ou o responsável legal pelo estabelecimento. Portanto, o cidadão previamente autorizado pelo SINARM, ao adquirir arma de fogo de uso permitido, somente poderá manter o artefato em sua residência mediante certificado expedido pela Polícia Federal, documento temporário e sujeito ao preenchimento de requisitos legais, que deverão ser comprovados periodicamente para fins de revalidação. Afasta-se, ainda, a alegação de que a condição de Delegado de Polícia autorizaria a posse e o porte das armas, pois essa autorização deve ser complementada com a necessidade do cumprimento das formalidades legais previstas na Lei n. 10.826/2003. Por fim, não é possível a aplicação, à hipótese concreta, do princípio da adequação social, formulado por Hans Welzel, vetor geral de hermenêutica, segundo o qual, dada a natureza subsidiária e fragmentária do direito penal, não se pode reputar como criminosa uma ação ou omissão aceita ou tolerada pela sociedade, ainda que formalmente subsumida a um tipo legal incriminador. Sem embargo de opiniões contrárias, mesmo na condição de Delegado de Polícia, possuir armas de fogo e munições, de uso permitido, sem registro no órgão competente e que somente são descobertas após cumprimento de mandado judicial de busca e apreensão não é uma conduta socialmente tolerável e adequada no plano normativo penal. Por fim, sob a ótica do princípio da lesividade, tem-se, aqui, o perigo à incolumidade pública representado pelo agente que possui arma de fogo ou somente munições sem certificado. Em função dos próprios objetivos da Lei do Desarmamento, o postulado da insignificância deve ser aferido caso a caso, de forma excepcional, para verificar a presença dos vetores já assinalados pelo Supremo Tribunal Federal. *STJ, RHC 70.141-RJ, Rel. Min. Rogério Schietti Cruz, por unanimidade, j. 7/2/2017. 6ª T. (Info 597)*

Art. 21. Os crimes previstos nos arts. 16, 17 e 18 são insuscetíveis de liberdade provisória.

1. COMENTÁRIOS

O dispositivo previa a impossibilidade de concessão de liberdade provisória nos casos relacionados aos crimes posse ou porte ilegal de arma de fogo de uso restrito (art. 16), comércio ilegal de arma de fogo (art. 17) e tráfico internacional de arma de fogo (art. 18). Muito embora o dispositivo legal não tenha sido expressamente revogado por legislação superveniente, não pode ser aplicado, porquanto foi declarado inconstitucional pelo Supremo Tribunal Federal, no julgamento da Adin 3112, julgada no dia 02 de maio de 2007 (Rel. Min. Ricardo Lewandowski).

Com efeito, no referido julgamento, O STF entendeu que o art. 21, ora em apreço, é inconstitucional porque "texto magno não autoriza a prisão *ex lege*, em face dos princípios da presunção de inocência e da obrigatoriedade de fundamentação dos mandados de prisão pela autoridade judiciária competente". Por outras palavras, cabe ao julgador, no caso concreto – e não à lei, em abstrato – identificar as situações em que será decretada a prisão cautelar ou será permitida a liberdade do réu.

No caso do crime do art. 16, é válido recordar que, com o advento da Lei nº 13.497/2017, ele passou a ser hediondo. Deste modo, não será possível a concessão da liberdade provisória mediante fiança, haja vista a inafiançabilidade prevista constitucionalmente. Por outro lado, nada impede que o juiz conceda a liberdade provisória independentemente de fiança, uma vez presentes os requisitos legais para tanto.

2. QUESTÕES DE CONCURSOS

1. **(IBFC/PC-RJ/Oficial de Cartório/2013 – adaptada)** O crime de tráfico internacional de armas, por expressa disposição legal, é insuscetível de liberdade provisória com ou sem fiança.

2. **(IBFC/PC-RJ/Oficial de Cartório/2013 – adaptada)** O disparo de arma de fogo em via pública constitui crime inafiançável, mesmo que o autor a esteja portando regularmente.

3. **(CESPE/TJ-BA/Titular de Serviços de Notas e Registros/2013 – adaptada)** O delito de posse ou porte ilegal de arma de fogo de uso restrito é insuscetível de liberdade provisória.

GAB	1	2	3
	E	E	E

| 18 |

LAVAGEM DE CAPITAIS

LAVAGEM DE DINHEIRO						
QUESTÕES DE CONCURSOS						
Classificação pelo artigo				Classificação pelo grau de incidência em provas		
Dispositivo legal	**Nº de questões**	**%**		**Dispositivo legal**	**Nº de questões**	**%**
Introdução	6	**9,23%**		Art. 1º	32	49,23%
Art. 1º	32	**49,23%**		Art. 2º	13	20,00%
Art. 2º	13	**20,00%**		Introdução	6	9,23%
Art. 4º	4	**6,15%**		Art. 4º	4	6,15%
Art. 4º-A	2	**3,08%**		Art. 7º	3	4,62%
Art. 4º-B	1	**1,54%**		Art. 9º	3	4,62%
Art. 7º	3	**4,62%**		Art. 4º-A	2	3,08%
Art. 9º	3	**4,62%**		Art. 4º-B	1	1,54%
Art. 15	1	**1,54%**		Art. 15	1	1,54%
TOTAL	65	**100,00%**		TOTAL	65	**100,00%**

▸LEI Nº 9.613, DE 3 DE MARÇO DE 1998

Dispõe sobre o crime de "lavagem" ou ocultação de bens, direitos e valores; a prevenção da utilização do sistema financeiro para os ilícitos previstos nesta Lei; cria o Conselho de Controle de Atividades Financeiras – COAF, e dá outras providências.

O PRESIDENTE DA REPÚBLICA Faço saber que o Congresso Nacional decreta e eu sanciono a seguinte Lei:

1. COMENTÁRIOS

1.1. Fundamento histórico internacional

A Lei nº 9.613/1998 é o resultado legislativo decorrente de compromissos assumidos pelo Brasil a nível internacional. Convenções internacionais são precursoras da produção desse diploma legal e, em especial, da Lei nº 9.683/2012, que a alterou em vários pontos. A ideia que permeia seu texto é a de cooperação jurídica entre países.

Diversos documentos normativos de abrangência transnacional foram editados, objetivando o que se convencionou chamar de "combate à lavagem de dinheiro". A relação desse delito é próxima com outros tratados sobre temas relacionados, a exemplo dos que cuidam de problemas de tráfico de drogas e de criminalidade organizada.

Dentre tais instrumentos convencionais, o Brasil ratificou três deles, incorporando-os ao seu direito interno, notadamente os que seguem.

1.1.1. "Convenção contra o Tráfico Ilícito de Entorpecentes e Substâncias Psicotrópicas" (Convenção de Viena, a 20 de dezembro de 1988), objeto do Decreto nº 154, de 26 de junho de 1991

Os Estados signatários, por esse veículo normativo, declararam reconhecer a existência de vínculos entre o tráfico ilícito e outras atividades criminosas organizadas, a ele relacionadas, bem como que estes teriam o poder de minar as economias lícitas, ameaçando a estabilidade, a segurança e a soberania dos Estados.

Nos termos ali consignados, o tráfico ilícito foi compreendido como uma atividade criminosa internacional, cujo dever de supressão foi classificado como urgente e da alta prioridade.

Imputa-se ao tráfico a aglutinação de consideráveis rendimentos financeiros e grandes fortunas que, por seu turno, teria o condão de permitir às organizações criminosas transnacionais invadir, contaminar e corromper as estruturas da administração pública, as atividades comerciais e financeiras lícitas e a sociedade em todos os seus níveis.

Das cláusulas estampadas na Convenção em tela, existem as que preconizam o dever do Estado Parte tipificar como delito condutas equivalentes ao crime de lavagem de bens, direitos ou valores, máxime as previsões constantes do art. 3, item "1", alíneas "b" e "c".

Deveras, obrigou-se o Brasil, por exemplo, a considerar delito o comportamento consistente na ocultação ou no encobrimento da natureza, origem, localização, destino, movimentação ou propriedade verdadeira dos bens, sabendo que procedem de algum ou alguns dos delitos capitulados como tráfico de entorpecentes.

De tal modo, por meio de instrumento internacional para o enfrentamento de problemas relacionados ao tráfico de drogas, o Brasil também se comprometeu a tipificar como ilícito penal a lavagem de bens, direitos ou valores, decorrentes de proveito daquelas infrações penais.

1.1.2. "Convenção das Nações Unidas contra o Crime Organizado Transnacional" (Convenção de Palermo, de 15 de novembro de 2000), objeto do Decreto nº 5.015, de 12 de março de 2004

Declarando ter a finalidade de promover a cooperação para prevenir e combater mais eficazmente a criminalidade organizada transnacional, a Convenção de Palermo firmou marco importante para o controle de comportamentos considerados como lavagem de dinheiro. Em epígrafe específica, previu a criminalização da lavagem do produto do crime.

Cada Estado signatário, respeitados os princípios fundamentais do seu direito interno, ficou compelido a adotar medidas legislativas ou outras entendidas como necessárias a fim de caracterizar como infração penal dolosa as condutas tendentes:

(1) a converter ou transferir bens, quando quem o faz tem conhecimento de que esses bens são produto do crime, com o propósito de ocultar ou dissimular a origem ilícita dos bens ou ajudar qualquer pessoa envolvida na prática da infração principal a furtar-se às consequências jurídicas dos seus atos; e

(2) a ocultar ou dissimular a verdadeira natureza, origem, localização, disposição, movimentação ou propriedade de bens ou direitos a eles relativos, sabendo o seu autor que os ditos bens são produto do crime.

Outrossim, sob reserva dos conceitos fundamentais do ordenamento jurídico do País subscrevente, ordenou capitular outras condutas como infração penal de lavagem de capitais. Note-se a distinção entre a primeira previsão e esta última. Aquela assegura o respeito aos princípios fundamentais, basilares do direito interno, tais quais os fundamentos da República e as disposições constitucionais fundamentais pétreas, a exemplo dos direitos e garantias fundamentais.

A segunda previsão estatui a reserva de conceitos fundamentais do ordenamento jurídico como um todo (não só os dispostos na Constituição), pelo que o Estado-parte tem o poder de fazer valer disposições infraconstitucionais para o fim de aplicar a legislação sobre branqueamento de capitais nesta parte, a exemplo dos conceitos entabulados na Parte Geral do Código Penal. Referentemente a essas, estipulou a tipificação das ações de:

(1) adquirir, possuir ou utilizar bens, sabendo aquele que os adquire, possui ou utiliza, no momento da recepção, que são produto do crime; e

(2) participar na prática de uma das infrações enunciadas no item acima, assim como colaborar para qualquer forma de associação, acordo, tentativa ou cumplicidade, pela prestação de assistência, ajuda ou aconselhamento no sentido da sua prática.

Esse tratado internacional, malgrado com o fito específico de tornar típica penalmente a criminalidade organizada, findou por reconhecer a ligação desse ilícito com crimes de lavagem de capitais provenientes daquela empreitada delituosa.

1.1.3. "Convenção das Nações Unidas contra a Corrupção" (Convenção de Mérida, de 31 de outubro de 2003), objeto do Decreto nº 5.687, de 31 de janeiro de 2006

Por meio da ratificação da Convenção de Mérida (México), o Brasil inseriu no seu direito interno novas regras que reconhecem a aproximação entre os delitos de corrupção e os de branqueamento de capitais, isto é, de lavagem de dinheiro. Como justificativa para sua assinatura, os Estados Partes externaram a preocupação com a gravidade dos problemas decorrentes da corrupção, considerando que ela seria uma ameaça à estabilidade e à segurança das sociedades.

Os signatários apontaram que há vínculos entre a corrupção e outras formas de criminalidade, notadamente a organizada e a corrupção econômica, incluindo a lavagem de dinheiro. Nessa senda, declaram que a corrupção tem penetração em variados setores da sociedade, comprometendo uma proporção relevante dos recursos dos Estados e ameaçando a estabilidade política e o desenvolvimento sustentável.

A Convenção de Mérida constituiu-se em marco declaratório da corrupção como fenômeno transnacional, impondo cooperação internacional para preveni-la e para instaurar persecução criminal. Nesse passo, ficou assentada a nocividade do enriquecimento pessoal ilícito, bem como o compromisso de prevenir, detectar e dissuadir com maior eficácia as transferências internacionais de ativos adquiridos ilicitamente e de fortalecer a cooperação internacional para a recuperação destes ativos.

Conquanto mencione o intento de "combater" e de "lutar contra" a corrupção e a lavagem de dinheiro, os signatários reconheceram expressamente os princípios fundamentais do devido processo nos processos penais e nos procedimentos civis ou administrativos sobre direitos de propriedade.

Vale dizer, aquele "combate" ou aquela "luta" não está autorizada sem que antes sejam asseguradas as garantias e os direitos fundamentais sintetizados na cláusula do devido processo legal, construídos ao longo de muitos anos.

No corpo desse instrumento internacional, ficaram gizadas medidas para prevenir a lavagem de dinheiro. Dentre essas medidas, o seu art. 23, item "1", alínea "a" i)", preconizou que cada Estado Parte deverá estabelecer um amplo regimento interno de regulamentação e supervisão dos bancos e das instituições financeiras não bancárias, incluídas as pessoas físicas ou jurídicas que prestem serviços oficiais ou oficiosos de transferência de dinheiro ou valores e, quando proceder, outros órgãos situados dentro de sua jurisdição que sejam particularmente suspeitos de utilização para a lavagem de dinheiro, a fim de prevenir e detectar todas as formas de lavagem de dinheiro, e em tal regimento há de se apoiar fortemente nos requisitos relativos à identificação do cliente e, quando proceder, do beneficiário final, ao estabelecimento de registros e à denúncia das transações suspeitas.

No Brasil, ficou reservada ao COAF (Conselho de Controle de Atividades Financeiras), a responsabilidade pelo cumprimento dessas medidas. Esse órgão, criado pela Lei nº 9.613/1998 (art. 14), recebeu novas atribuições consoante as modificações legislativas que sucederam a Convenção de Mérida. O COAF tem seu Estatuto aprovado pelo Decreto nº 2.799/1998.

No que se refere à apuração de operações suspeitas de lavagem de dinheiro, o COAF trabalha com compartilhamento de informações entre entes envolvidos, como o Banco Central do Brasil e o Departamento de Polícia Federal, efetivando política do *Know Your Customer* – KYC (conheça seu cliente). O compartilhamento deve observar o direito ao sigilo assegurado a determinadas espécies de dados.

1.2. Três gerações de disciplina incriminadora da lavagem de dinheiro

A doutrina divide em três gerações os sistemas de tipificação da lavagem de dinheiro.

A estrutura do crime de lavagem de dinheiro pressupõe um delito anterior, suposto, precedente. Por isso, o delito de lavagem de capitais é um crime remetido.

Por outro lado, sob o prisma processual, como se verá adiante, a acusação deve descrever a lavagem de dinheiro fundada em uma dupla justa causa ou justa causa duplicada. Ainda que a petição inicial narre um único crime de lavagem, deve evidenciar uma dupla imputação ao denunciado, uma alusiva ao delito antecedente, outra reportada ao crime de lavagem de bens, direitos ou valores.

O parâmetro para definir a geração da incriminação da tipificação da lavagem de capitais é a abrangência de um maior ou menor número de delitos antecedentes para o fim de considerar como suficiente à caracterização do branqueamento de valores.

Veja-se que a lavagem de bens, direitos ou valores é expressão que alude a comportamentos com objetivo de tornar aparentemente lícita a origem do patrimônio acrescido de forma delituosa. De tal forma, o crime de lavagem é um delito subsequente a outro, anterior, originário. O produto ilícito desse crime é o objeto material do crime de lavagem de capitais.

A primeira geração da tipificação do crime de lavagem de dinheiro assim o considerava se a conduta delituosa de mascarar a ilicitude recaísse sobre produto de crime de tráfico de drogas, isto é, a infração penal antecedente deveria ser de tráfico de entorpecentes (crime precedente) para que houvesse o delito de lavagem (crime remetido). Era sobre o proveito auferido com o tráfico que se considerava lavagem a atuação do agente para encobrir sua origem espúria, criminosa.

A geração seguinte passou a considerar determinados tipos de crimes, além do tráfico, como delito necessário à configuração do branqueamento de capitais. Em sua redação original, a Lei nº 9.613/1998 seguiu essa segunda geração. Somente considerava lavagem de dinheiro a ação de ocultar ou dissimular a natureza, origem, localização, disposição, movimentação ou propriedade de bens, direitos ou valores, tivesse proveniência, direta ou indireta, restritamente dos crimes seguintes:

(1) tráfico ilícito de substâncias entorpecentes ou drogas afins;

(2) terrorismo (e seu financiamento, acrescido pela Lei nº 10.701/2003);

(3) contrabando ou tráfico de armas, munições ou material destinado à sua produção;

(4) extorsão mediante sequestro;

(5) contra a Administração Pública, inclusive a exigência, para si ou para outrem, direta ou indiretamente, de qualquer vantagem, como condição ou preço para a prática ou omissão de atos administrativos;

(6) contra o sistema financeiro nacional;

(7) praticado por organização criminosa; e

(8) praticado por particular contra a administração pública estrangeira.

A terceira geração deliberou considerar lavagem de dinheiro as condutas de tornar aparentemente lícita a origem do proveito do delito, independentemente da natureza da infração penal pressuposta. Desse modo, o comportamento típico de lavagem de bens, direitos ou valores restará configurado se esses forem decorrentes tanto da prática de crime, quanto de contravenção penal. As alterações promovidas pela Lei nº 12.683/2012 perfilharam essa geração, haja vista que foi revogado o rol daqueles crimes, para considerar lavagem de capitais a ocultação ou dissimulação da natureza, origem, localização, disposição, movimentação ou propriedade de bens, direitos ou valores provenientes, direta ou indiretamente, de infração penal.

1.3. Conceitos envolvidos

A terminologia da legislação sobre lavagem de dinheiro é comum em vários pontos àquela que trata da criminalidade organizada. Há expressões sinônimas e utilização de termos com sentido metafórico. Importante então avivar o sentido dos termos e expressões utilizados na Lei nº 9.613/1998.

(1) "Lavagem de dinheiro": essa expressão designa uma metáfora que visa definir a atuação de alguém, em atividades econômicas e financeiras, com o intuito de esconder ou disfarçar a origem ilícita de bens ou ativos financeiros acrescidos ao seu patrimônio. São tomadas como seus sinônimos as expressões "branqueamento de capitais" (Portugal) e "lavagem de capitais". De forma mais ou menos grosseira, o agente encobre a fonte ilegal daqueles ativos, tornando difícil de evidenciar sua proveniência delituosa. O dinheiro, bem ou valor "sujo" é, metaforicamente, "lavado", para passar a ser "limpo". A primeira vez do uso da expressão *money laundering* foi registrada pelo *The Guardian* (jornal inglês), popularizando-se em 1970, com o *Watergate Case*. Entretanto, há quem aponte sua origem à compra de uma cadeia de lavanderias em Chicago feita pelo famoso contrabandista Al Capone, em Chicago, em 1928. Aquela empresa de lavagem de roupas funcionava como forma de mascarar os ganhos com a atividade de comércio ilegal de bebidas alcoólicas, bem como de outros ilícitos.

(2) "Bens": a letra "d", do art. 2º, da Convenção de Palermo (2000), define-os como "os ativos de qualquer tipo, corpóreos ou incorpóreos, móveis ou imóveis, tangíveis ou intangíveis, e os documentos ou instrumentos jurídicos que atestem a propriedade ou outros direitos sobre os referidos ativos". O termo bens é gênero que também abarca as noções de direitos e de valores.

(3) "Produto do crime": tomando por base a mesma Convenção, são "os bens de qualquer tipo, provenientes, direta ou indiretamente, da prática de um crime". Esses produtos são os que constituem objeto material do crime de lavagem de capitais.

(4) "Bloqueio de ativos financeiros": bloquear tem o sentido de limitar. É ação que recai sobre patrimônio de alguém. Geralmente é usado o termo bloquear para os casos de penhora sobre dinheiro depositado em conta bancária. Porém, bloqueio tem o sentido jurídico de apreensão, consistente na vedação transitória à transferência, conversão, disposição ou movimentação de bens, ou mesmo a custódia ou controle temporário de bens. Em respeito aos ditames constitucionais, essa deliberação, no Brasil, requer ordem judicial fundamentada exarada por magistrado competente.

(5) "Confisco": consiste na perda de bens e, como tal, tem natureza definitiva. Para haver confisco de bens é necessário o respeito ao devido processo legal, de natureza contraditória, e decisão fundamentada da autoridade judicial competente. Wellington Cabral Saraiva define confisco como "a perda da propriedade, sem indenização, imposta pelo Estado, decorrente da prática de ato ilícito. Distingue-se da desapropriação porquanto esta não deriva de ato ilícito, mas do interesse público previamente declarado pelo Estado em adquirir o bem,

necessariamente, mediante indenização". Em virtude de seu caráter de sanção, de punição, "não acarreta pagamento pela propriedade perdida"[1].

(6) "Infração principal": expressão importante para a definição da infração penal remetida, de lavagem de bens. Trata-se da infração penal da qual deriva o produto ou o proveito que pode passar a ser o objeto material do crime de lavagem de dinheiro.

1.4. Limites à persecução penal impostos pela legislação

Entendemos que a legislação sobre a lavagem de dinheiro não tem como principal objetivo "combater" aquela espécie de crime. Na verdade, a legislação é expressão do princípio da legalidade cuja finalidade principal é construir trilhas para limitar a punição desenfreada por parte do Estado. O processo penal, constituído por disposições com natureza de direito fundamental de primeira geração, visa, primordialmente, a tutela da liberdade.

Vale lembrar que o direito penal e o direito processual penal têm como fundamento de validade princípios e regras garantidoras, de proteção. Sem os seus enunciados, a liberdade do indivíduo restaria desamparada.

A legislação, é certo, torna possível a persecução penal e a punição em razão do cometimento de crimes de branqueamento de capitais. Todavia, antes de tudo, suas disposições devem receber exegese restrita, isto é, devem ser interpretadas no sentido de só admitir a redução de patrimônio ou de liberdade se, e somente se, forem respeitadas suas normas.

Tais observações têm lugar em virtude da difusão da expressão "combate à lavagem de dinheiro". Não raras vezes se fala em "vara do combate ao crime organizado e da lavagem de dinheiro", "vara do crime organizado" ou "vara da lavagem de dinheiro". São denominações que sugerem equívocos dos mais diversos e que devem ser evitadas, repudiadas.

Não desconhecemos que as convenções internacionais em temas criminais assumem proclamação de "combate" a uma série de ilícitos, como de tráfico de drogas, de crime organizado, de exploração de crianças, de adolescentes e de mulheres, assim como o de lavagem de dinheiro. O Judiciário tem a função de fazer incidir essas regras, harmonizando-as em compasso com a estrutura do ordenamento jurídico.

Sem embargo, devemos distinguir.

Uma coisa são os enunciados convencionais ou mesmo legislativos, cujos escritos podem apresentar contradições, ainda que aparentes.

Outra coisa, bem diversa, é intitular um órgão judicial como destinado a "combater" determinada forma delituosa, como a lavagem de dinheiro. Com efeito, as varas e os tribunais têm competência para processar e julgar a lavagem de capitais.

Os magistrados não têm competência para combater crime algum.

Se, eventualmente, ocorrer algum efeito dissuasório por conta da punição daquele delito, por sentença penal condenatória transitada em julgado, isso não significa que o órgão judicial está combatendo a lavagem de dinheiro ou que tem compromisso com essa finalidade.

1. SARAIVA, Wellington Cabral. Medidas cautelares e confisco no processo por crime de lavagem de bens. In: *Comentários pontuais às reformas processuais civil e penal*. Afrânio Silva Jardim; Pierre Souto Maior Coutinho de Amorim (orgs.). Rio de Janeiro: Lumen Juris, 2011. p. 1149.

Os objetivos do órgão judicante não se confundem com o propósito de combater, mormente porque devem estar calcados no sistema acusatório e, mais especificamente, na regra da imparcialidade do juiz. Certamente, imparcialidade do magistrado não se coaduna com a função de "combate".

Se há algum órgão (administrativo), encarregado de combater a lavagem de dinheiro, como enunciam o § 1º, do art. 7º, e o § 2º, do art. 14, ambos da Lei nº 9.613/1998, não é ele o Poder Judiciário. A competência deste, frise-se, é a de processar e julgar, fazendo valer os limites legais para absolver o acusado ou, se suficientemente comprovado o crime pelo devido processo legal, aplicar a sanção condenatória.

2. SÚMULAS E JURISPRUDÊNCIA

✦ *SUPERIOR TRIBUNAL DE JUSTIÇA*

- **HOMOLOGAÇÃO DE SENTENÇA ESTRANGEIRA E CONFISCO DE IMÓVEL SITUADO NO BRASIL. É possível a homologação de sentença penal estrangeira que determine o perdimento de imóvel situado no Brasil em razão de o bem ser produto do crime de lavagem de dinheiro.** De fato, a Convenção das Nações Unidas contra o Crime Organizado Transnacional (Convenção de Palermo), promulgada pelo Decreto n. 5.015/2004, dispõe que os estados partes adotarão, na medida em que o seu ordenamento jurídico interno o permita, as medidas necessárias para possibilitar o confisco do produto das infrações previstas naquela convenção ou de bens cujo valor corresponda ao desse produto (art. 12, 1, a), sendo o crime de lavagem de dinheiro tipificado na convenção (art. 6.º), bem como na legislação brasileira (art. 1.º da Lei n. 9.613/1998). Ademais, nos termos do CP: "Art. 9º - A sentença estrangeira, quando a aplicação da lei brasileira produz na espécie as mesmas consequências, pode ser homologada no Brasil para: I - obrigar o condenado à reparação do dano, a restituições e a outros efeitos civis". Verifica-se, assim, que a lei brasileira também prevê a possibilidade de perda, em favor da União, ressalvado o direito do lesado ou de terceiro de boa-fé, do produto do crime, como um dos efeitos da condenação (art. 91, II, b, do CP). Nesse contexto, não prospera a alegação de que a homologação de sentença estrangeira de expropriação de bem imóvel - situado no Brasil - reconhecido como proveniente de atividades ilícitas ocasionaria ofensa à soberania nacional, pautada no argumento de que competiria à autoridade judiciária brasileira conhecer de ações relativas a imóvel situado no País, de acordo com o previsto no art. 12, § 1º, da LINDB, bem como no art. 89, I, do CPC/1973. Com efeito, não se trata especificamente sobre a situação de bem imóvel, sobre a sua titularidade, mas sim sobre os efeitos civis de uma condenação penal determinando o perdimento de bem que foi objeto de crime de lavagem de capitais. Inclusive, é importante destacar que o bem imóvel não será transferido para a titularidade do país interessado, mas será levado a hasta pública, nos termos do art. 133 do CPP. *STJ, SEC 10.612-FI, Rel. Min. Laurita Vaz, julgado em 18/5/2016, DJe 28/6/2016. Corte Especial. (Info 586)*

3. QUESTÕES DE CONCURSOS

1. **(MPE-GO/Promotor de Justiça/2014)** Sobre a Lei de Lavagem de Dinheiro, assinale a alternativa incorreta:

a) A Lei nº 9.613/98 consagra a chamada política do "know your costumer" ao estipular como dever da instituição financeira conhecer o perfil de seu correntista de forma que seja possível a definição de um padrão de movimentação financeira compatível com seus rendimentos declarados. Na mesma linha, a lei preconiza o desenvolvimento de mecanismos de "compliance".

b) No dia 15 de março de 2014, três ladrões levaram a cabo um audacioso plano delitivo e efetuaram a subtração da quantia de R$ 160.000.000,00 (cento e sessenta milhões de reais) do interior do Banco Goiano, localizado em Goiânia-GO. Em seguida, os autores do furto dirigiram-se a uma concessionária de veículos e, com a quantia de R$ 980.000,00 (novecentos e oitenta mil reais), em notas de cinquenta reais acondicionadas em sacos de náilon, compraram 11 (onze) veículos de luxo. Dois empresários, proprietários da concessionária, efetuaram diretamente as vendas e aceitaram manter sob suas guardas a quantia de R$ 250.000,00 (duzentos e cinquenta mil reais) para futuras compras. Nesse cenário hipotético, a fim de responsabilizar criminalmente os empresários, seria possível, em tese, a aplicação da *teoria da evitação da consciência*, apesar de o art. 1º, § 2º, inciso I, da Lei nº 9.613/98 não admitir a punição a título de dolo eventual.

c) Em razão de Lei nº 9.613/98 não exigir explicitamente um conhecimento específico acerca dos elementos e circunstâncias da infração antecedente, defende-se em sede doutrinária que o dolo deve abranger apenas a consciência de que os bens, direitos ou valores objeto da lavagem são provenientes, direta ou indiretamente, de uma infração penal, dispensando-se, pois, o conhecimento do tempo, lugar, forma de cometimento, autor e vítima da infração precedente. Outrossim, pouco importa o conhecimento técnico-jurídico por parte do agente acerca da subsunção da conduta anterior em um tipo penal específico, bastando que ele tenha uma representação paralela na esfera do profano de que tais bens são provenientes de uma infração penal.

d) A "colocação" ("placement") consiste na introdução do dinheiro ilícito no sistema financeiro, a fim de dificultar a identificação da procedência dos valores de modo a evitar qualquer ligação entre o agente e o resultado obtido com a prática do crime antecedente. Uma das técnicas utilizadas nessa etapa da lavagem de capitais é o "smurfing", por furtar-se ao controle administrativo imposto às instituições financeiras.

2. (CESPE/DPF/Delegado de Polícia/2013) O crime de lavagem de capitais, consoante entendimento consolidado na doutrina e na jurisprudência, divide – se em três etapas independentes: colocação (*placement*), dissimulação (*layering*) e integração (*integration*), não se exigindo, para a consumação do delito, a ocorrência dessas três fases.

3. (UEG/PC-GO/Delegado de Polícia/2013) O crime de lavagem de capitais consubstancia-se no ato ou no conjunto de atos praticados pelo agente com a finalidade de dar aparência lícita a ativos (bens, direitos ou valores) provenientes de ilícito penal (infração antecedente), cujo aperfeiçoamento ocorre após processos complexos, na busca da referida finalidade. Desse modo, quando o agente lavador efetua vários depósitos fracionados em uma única ou várias contas bancárias, cujo beneficiário é um único sujeito, constituindo a somatória desses valores expressiva quantia em dinheiro, tem-se o que a doutrina denomina de:

a) mescla.
b) ocultação.
c) cegueira deliberada.
d) estruturação.

4. (FUNCAB/PC-PA/Delegado de Polícia/2016 - adaptada) A legislação brasileira que cuida da lavagem de dinheiro é considerada uma lei de segunda geração.

5. **(FUNCAB/PC-PA/Delegado de Polícia/2016 - adaptada)** A fase de layering, ou dissimulação, na lavagem de dinheiro, é aquela em que se busca dar aos recursos financeiros a aparência de legítimos, à qual se sucede a fase de integração (integration).

6. (CESPE/TRF5/Juiz Federal/2017 – adaptada) Se um imóvel situado no Brasil for produto do crime de lavagem de dinheiro praticado por estrangeiro que, por esse crime, tenha sido penalmente condenado em seu país, mesmo com a homologação da sentença penal estrangeira, será vedado o perdimento do imóvel, por se caracterizar um verdadeiro confisco indireto.

GAB	1	2	3	4	5	6
	B	C	D	E	C	E

▸CAPÍTULO I – DOS CRIMES DE "LAVAGEM" OU OCULTAÇÃO DE BENS, DIREITOS E VALORES

Art. 1º Ocultar ou dissimular a natureza, origem, localização, disposição, movimentação ou propriedade de bens, direitos ou valores provenientes, direta ou indiretamente, de infração penal. (Redação dada pela Lei nº 12.683, de 2012)

I – (revogado); (Redação dada pela Lei nº 12.683, de 2012)

II – (revogado); (Redação dada pela Lei nº 12.683, de 2012)

III – (revogado); (Redação dada pela Lei nº 12.683, de 2012)

IV – (revogado); (Redação dada pela Lei nº 12.683, de 2012)

V – (revogado); (Redação dada pela Lei nº 12.683, de 2012)

VI – (revogado); (Redação dada pela Lei nº 12.683, de 2012)

VII – (revogado); (Redação dada pela Lei nº 12.683, de 2012)

VIII – (revogado). (Redação dada pela Lei nº 12.683, de 2012)

Pena: reclusão, de 3 (três) a 10 (dez) anos, e multa. (Redação dada pela Lei nº 12.683, de 2012)

§ 1º Incorre na mesma pena quem, para ocultar ou dissimular a utilização de bens, direitos ou valores provenientes de infração penal: (Redação dada pela Lei nº 12.683, de 2012)

I – os converte em ativos lícitos;

II – os adquire, recebe, troca, negocia, dá ou recebe em garantia, guarda, tem em depósito, movimenta ou transfere;

III – importa ou exporta bens com valores não correspondentes aos verdadeiros.

§ 2º Incorre, ainda, na mesma pena quem: (Redação dada pela Lei nº 12.683, de 2012)

I – utiliza, na atividade econômica ou financeira, bens, direitos ou valores provenientes de infração penal; (Redação dada pela Lei nº 12.683, de 2012)

II – participa de grupo, associação ou escritório tendo conhecimento de que sua atividade principal ou secundária é dirigida à prática de crimes previstos nesta Lei.

§ 3º A tentativa é punida nos termos do parágrafo único do art. 14 do Código Penal.

§ 4º A pena será aumentada de um a dois terços, se os crimes definidos nesta Lei forem cometidos de forma reiterada ou por intermédio de organização criminosa. (Redação dada pela Lei nº 12.683, de 2012)

§ 5º A pena poderá ser reduzida de um a dois terços e ser cumprida em regime aberto ou semiaberto, facultando-se ao juiz deixar de aplicá-la ou substituí-la, a qualquer tempo, por pena restritiva de direitos, se o autor, coautor ou partícipe colaborar espontaneamente com as autoridades, prestando esclarecimentos que conduzam à apuração das infrações penais, à identificação dos autores, coautores e partícipes, ou à localização dos bens, direitos ou valores objeto do crime. (Redação dada pela Lei nº 12.683, de 2012)

1. COMENTÁRIOS

1.1. Bem jurídico protegido

1.1.1. Estrutura e particularidades da lavagem de dinheiro

O tipo penal da lavagem de capitais é de ação múltipla, com núcleos disjuntivos[2]. Pode-se dizer, diante de sua estrutura que exige um delito antecedente, que ele é um crime complexo.

Em outras palavras, a lavagem de dinheiro é um crime remetido, ou seja, é um delito que pressupõe uma infração penal antecedente que, não raras vezes, tutela bem jurídico de natureza variada.

2. BADARÓ, Gustavo Henrique; BOTTINI, Pierpaolo Cruz. *Lavagem de dinheiro*: aspectos penais e processuais penais: comentários à Lei 9.613/1998, com as alterações da Lei 12.683/2012. 2. ed. São Paulo: RT, 2013. p. 65.

Dessa imbricação, decorre a construção de teorias que visam resolver problemas atinentes à tipicidade da lavagem e que, de certo modo, repercute nas controvérsias em torno do bem jurídico protegido.

Defendemos a possibilidade de incidência do princípio da insignificância para casos de lavagem de bens de pequena monta, sem ofensividade à ordem socioeconômica. Para hipóteses como tais, também têm lugar a invocação do princípio da vedação à autoincriminação aplicável à apuração do delito antecedente.

1.1.2. Incriminação da "autolavagem"

A legislação brasileira admite a punição dupla, do mesmo agente, pela infração antecedente e pelo delito de lavagem de dinheiro, mediante a aplicação das regras do art. 69, do Código Penal (concurso material de crimes). Destarte, a conduta delituosa de lavagem de dinheiro pode recair sobre produto de infração penal cometida por agente diverso ou pelo mesmo agente, considerados os limites do tipo penal brasileiro, incriminador da lavagem de dinheiro[3].

Por exemplo, do primeiro delito de tráfico de drogas imputado a "B" é auferido proveito, posteriormente entregue a "C". Por sua vez, "C" transforma o produto, investindo-o em atividade comercial de venda de cachimbos. Veja-se que "B" é sujeito ativo do delito precedente, enquanto "C" o é do crime remetido.

> "Autolavagem" (*selflaundering*) é termo que designa a coincidência de sujeito ativo da infração penal antecedente e daquela de branqueamento de capitais (art. 1º, *caput*, da Lei nº 9.613/1998, com redação dada pela Lei nº 12.683/2012). No exemplo dado, o crime de lavagem poderia ter sido perpetrado pelo mesmo sujeito ativo "B", quando teríamos uma forma de "autolavagem".

Sem embargo, como aponta Pierpaolo Bottini, sistemas diversos do brasileiro excluem expressamente "o autor do crime antecedente do âmbito da lavagem de dinheiro", ou seja, aqueles sistemas fazem "reserva de autolavagem", a exemplo do Código Penal italiano (art. 465). Como no Brasil a lei silencia a respeito, tende-se a aceitar a possibilidade de dupla punição, haja vista que "o bem jurídico protegido pela norma em comento (administração da Justiça) é, em regra, diferente daquele afetado pela infração penal anterior, e a distinção material permite a punição em concurso material sem que exista o *bis in idem*" [4].

Decerto, nossa legislação não faz "reserva de autolavagem". No entanto, há divergência doutrinária sobre essa possibilidade de incriminar a lavagem de capitais provenientes de crime perpetrado pelo mesmo agente. Para alguns autores, a punição da lavagem de dinheiro, realizada pelo agente que auferiu o produto lavado por meio de outra infração penal, implica *bis in idem*.

Nem sempre é simples a verificação de *bis in idem*. Caso a infração penal esteja com a punibilidade extinta pela prescrição, a exemplo da contravenção penal de "jogo de bicho", o

3. No mesmo sentido, Renato Brasileiro aduz que "ao contrário do que se dá com a receptação e o favorecimento real, nada impede que o sujeito ativo da infração antecedente também responda pelo crime de lavagem de capitais (*selflaundering*)" (LIMA, Renato Brasileiro de. *Legislação criminal especial comentada*. 2. ed. Salvador: JusPodivm, 2014. p. 297).

4. BADARÓ, Gustavo Henrique; BOTTINI, Pierpaolo Cruz. *Lavagem de dinheiro*: aspectos penais e processuais penais: comentários à Lei 9.613/1998, com as alterações da Lei 12.683/2012. 2. ed. São Paulo: RT, 2013. p. 75-76.

delito de lavagem de capitais não estará coberto pelo lapso extintivo da punibilidade. Desse raciocínio é plausível concluir que não são aplicáveis à estrutura do delito de lavagem de dinheiro, regras que disciplinam conflitos aparentes de normas penais (especialidade, subsidiariedade e consunção), ainda que com base em motivo de política criminal.

Por outro lado, a inexistência de um rol definido de delitos antecedentes, culminou por admitir a punição pela lavagem de dinheiro proveniente de infrações penais com penas bem inferiores àquelas do crime remetido. Note-se que a ideia da criminalização da lavagem de capitais, fundada na máxima "siga o dinheiro" (*follow the money*) e no recambiamento de ativos financeiros, transmite o objetivo de sancionar de forma independente a lavagem de capitais.

Isso não significa negar lugar ao princípio do *ne bis in idem*, de *status* constitucional e que deve ser respeitado.

Nessa senda, entendemos plenamente possível a aplicação de regras sobre concurso formal de crimes (art. 70, CP) e continuidade delitiva (art. 71, CP), bem como outras que visem evitar a dupla punição da lavagem de dinheiro, no mesmo contexto.

No entanto, não são essas invocáveis para evitar a punibilidade do delito antecedente, nem tampouco da própria lavagem de bens, estruturais à espécie. Do contrário, faltaria lógica à previsão normativa.

O Supremo Tribunal Federal tem orientação no sentido de admitir a autolavagem de dinheiro, malgrado não ter se verificado na espécie julgada[5]. Cabe frisar que a previsão típica do § 1º, II, do art. 1º, da Lei de Lavagem de Dinheiro é tão somente uma exceção aparente à admissibilidade da punição da autolavagem de capitais. A lei brasileira não sufragou aí qualquer forma de "reserva de autolavagem".

De acordo com aquela disposição, incorrerá nas penas da lavagem de dinheiro aquele que, com o intuito de ocultar ou dissimular a utilização de objetos materiais decorrentes de delito antecedente, "os adquire, recebe, troca, negocia, dá ou recebe em garantia, guarda, tem em depósito, movimenta ou transfere". Ora, tal tipo penal (do § 1º, II, do art. 1º) requer, em sua essência, que os crimes precedente e remetido, sejam praticados por sujeitos distintos, afastando a autolavagem.

1.1.3. Possibilidade de "lavagem em cadeia"

Fala-se, ainda, na possibilidade de "lavagem em cadeia", isto é, na "lavagem da lavagem", "lavagem em série" ou "lavagem em cascata".

Deveras, do primeiro crime de lavagem exemplificado acima (atividade comercial de venda de cachimbos), pode resultar um novo produto, um acréscimo, um lucro, um novo proveito que, a seu turno, também é apenas aparentemente lícito.

Volvendo para o exemplo acima, nota-se que "C" pode realizar aplicações financeiras do proveito do primeiro crime de lavagem de capitais, inclusive remetendo-o a um paraíso

5. STF – Pleno – AP 470 EI-sextos – Relator: Ministro Luiz Fux – Relator p/ Acórdão: Ministro Roberto Barroso – julgado em 13/03/2014.

fiscal, por meio de doleiros ou por outras formas mais sofisticadas. Haverá lavagem de dinheiro precedente, cuja infração penal antecedente será, do mesmo modo, lavagem de dinheiro.

Tratando-se do mesmo agente cometedor das sucessivas lavagens de dinheiro, sustentamos a possibilidade da aplicação da regra da continuidade delitiva, gizada no art. 71, *caput*, do Código Penal, aplicando-se a pena de um só crime, com a exasperação de pena de um sexto a dois terços.

Pelos motivos específicos que aduzimos acima, reputamos não ser adequada a incidência de regras de solução de conflito aparente de normas para problemas relacionados aos crimes envolvidos na estrutura da lavagem de capitais (tal como o princípio da consunção, que determinaria a incidência do postulado do *post factum* impunível, por conta da identidade de penas entre as lavagens atribuídas ao mesmo sujeito ativo).

De todo modo, outras lavagens sucessivas são perfeitamente possíveis ("lavagem em cadeia"), máxime porque não há mais um rol fechado de crimes antecedentes. Com efeito, antes da Lei nº 12.683/2012, existia uma espécie de "lacuna de punibilidade".

Luiz Regis Prado, à época, entendia negativamente para a hipótese de "lavagem em cadeia", justamente porque o então crime de lavagem de capitais não podia ser delito antecedente de outro delito da mesma espécie, visto que ele não integrava como delito base o rol taxativo da lei penal brasileira[6].

1.1.4. "Teoria da cegueira deliberada", "teoria das instruções da avestruz" ou "doutrina da cegueira intencional"

Com origem norte-americana, essa teoria foi construída a partir da constatação, observável em muitos casos, de que o agente que incorre no tipo objetivo da lavagem de dinheiro, efetivamente simula não perceber a origem ilícita do produto do crime antecedente, objeto material daquele delito remetido. É também denominada de "doutrina do ato de ignorância consciente" e foi criada pela Suprema Corte dos Estados Unidos. Diz-se que o agente assume conduta análoga a do avestruz, com base no mito de que este animal enterra a própria cabeça para se ocultar dos predadores, toda vez que faz algo que o exponha. No caso do agente que oculta o produto da infração penal antecedente, sustenta-se que ele, conscientemente se põe em estado de desconhecimento sobre o ilícito predecessor, a fim de não ter ciência detalhada sobre suas circunstâncias fáticas ou suspeitas[7].

Há uma justificativa teórica assemelhada à tipificação da receptação qualificada brasileira, preconizada no § 1º do art. 180 do Código Penal, que incrimina a ação de quem, exercendo atividade comercial ou industrial, recebe "coisa que deve saber ser produto de crime". Tal

6. PRADO, Luiz Regis. Delito de lavagem de capitais: um estudo introdutório. Disponível em: <http://www.professorregisprado.com/Artigos/Luiz%20Regis%20Prado/Delito%20de%20lavagem%20de%20capitais.pdf>. Acesso em: 28 dez. 2015.

7. CABRAL, Bruno Fontenele. Teoria da cegueira deliberada. *Revista Jus Navigandi*, Teresina, ano 17, nº 3193, 29 mar. 2012. Disponível em:<https://jus.com.br/artigos/21395>. Acesso em: 28 dez. 2015.

tipo pressupõe que alguém, em certo contexto perfeitamente visível e compreensível, tem o dever de saber que tal objeto é fruto de crime.

Essa teoria tem utilidade especial para explicar o problema do dolo nos crimes de lavagem de capitais. Com base nela, justifica-se a punição por dolo eventual, apartando-o das modalidades culposas, eis que a legislação não permite punição a título de culpa, à míngua de previsão legal.

Pensamos que a teoria não deve ser aplicada de modo a sufragar responsabilidade penal objetiva, mas, de forma restrita à prova do dolo eventual[8].

O Ministério Público deve permanecer com o ônus de evidenciar o elemento subjetivo doloso, ainda que eventual, lastreando-se em elementos empíricos visíveis (documentos e depoimentos). Afinal, a "cegueira" do agente há de ser "deliberada", ou seja, evidente, aferível *ictu oculi*, verificável a olhos desarmados e passível de ser fundamentada pelo juiz a partir de elementos concretos, não abstratos, consignados nos autos.

Sob outro prisma, a teoria em tela possibilita discernir melhor os bens jurídicos dos crimes envolvidos, de maneira que se pode sustentar não se misturarem o bem jurídico protegido pela previsão legal do delito antecedente, com o bem jurídico tutelado pelas figuras típicas da lavagem de dinheiro.

1.1.5. Etapas ou fases do crime de lavagem de bens, direitos ou valores

As etapas do crime de lavagem de dinheiro compõem o *iter criminis* de um delito com execução mais sofisticada. Isso significa dizer que, para a consumação do crime de lavagem de capitais, não é estritamente necessário o percurso da conduta do agente pelos três estágios ou fases do branqueamento de dinheiro, a saber, colocação, ocultação (estratificação ou camuflagem) e integração dos bens, direitos ou valores.

Deveras, o tipo penal do art. 1º, *caput*, da Lei nº 9.613/1998, não impõe que o caminho para a consumação do crime em tela seja elaborado a esse nível. Naquela previsão fundamental, haverá delito de lavagem de bens na conduta de "ocultar ou dissimular a natureza, origem, localização, disposição, movimentação ou propriedade de bens, direitos ou valores provenientes, direta ou indiretamente, de infração penal".

De tal sorte, as fases da lavagem têm a utilidade para evidenciar casos de maior reprovabilidade, bem como para indicar quando o conjunto de condutas praticadas por um só

8. Esse o posicionamento constante do voto da Ministra Rosa Weber, no julgamento da Ação Penal 470, pelo STF: "A admissão do dolo eventual decorre da previsão genérica do art. 18, I, do Código Penal, jamais tendo sido exigida previsão específica ao lado de cada tipo penal específico. O Direito Comparado favorece o reconhecimento do dolo eventual, merecendo ser citada a doutrina da cegueira deliberada construída pelo Direito anglo-saxão (*willful blindness doctrine*). Para configuração da cegueira deliberada em crimes de lavagem de dinheiro, as Cortes norte-americanas têm exigido, em regra, (i) a ciência do agente quanto à elevada probabilidade de que os bens, direitos ou valores envolvidos provenham de crime, (ii) o atuar de forma indiferente do agente a esse conhecimento, e (iii) a escolha deliberada do agente em permanecer ignorante a respeito de todos os fatos, quando possível a alternativa. Nesse sentido, há vários precedentes, como US vs. Campbell, de 1992, da Corte de Apelação Federal do Quarto Circuito, US vs. Rivera Rodriguez, de 2003, da Corte de Apelação Federal do Terceiro Circuito, US vs. Cunan, de 1998, da Corte de Apelação Federal do Primeiro Circuito" (STF – Pleno – AP 470 – Relator: Ministro Joaquim Barbosa – julgado em 17/12/2012).

agente deve ser considerado um único delito, bem como quando um mesmo agente comete vários delitos sucessivos.

Se as ações do sujeito ativo consistem em desdobramentos sucessivos enquadráveis na colocação, ocultação e integração de determinados bens provenientes de outra infração penal, haverá um único crime de lavagem de capitais. De outro lado, caso as ações de lavagem se amoldem a uma nova sucessão daquelas etapas, haverá novo crime de lavagem (autolavagem, quando imputado o delito ao mesmo agente).

Lucros ilícitos, provenientes de outros crimes, podem ser objeto material do delito de lavagem de dinheiro. O agente pratica condutas tendentes a mascarar aquele produto ilícito. Geralmente, o processo é dinâmico. Mas pode ser uma conduta um tanto grosseira, mais facilmente identificável, até mesmo que se exaure em uma única conduta, aproximando-se de algo estático. O STF, aliás, dispensou a exigência de complexidade da dissimulação dos bens, para o fim de caracterizar o delito de lavagem de dinheiro, nos autos da Ação Penal nº 470[9].

Entretanto, a empreitada delituosa pode pretender disfarçar melhor os lucros e dificultar a identificação dos agentes responsáveis. Para isso, podem intentar distanciar o produto de sua fonte e se valer de técnicas para dificultar o rastreamento de ativos financeiros. A criação de um ciclo de lavagem de dinheiro pelos agentes visa, em poucas palavras, conferir aparência limpa a um dinheiro sujo. As fases bem definidas[10].

(1) Colocação ou introdução: a primeira etapa consiste na ação de inserir o dinheiro no sistema econômico, através de depósitos bancários, no Brasil ou fora dele, ou compra de bens para futura negociação (intenção de reciclagem). Note-se que a lavagem de dinheiro exige um *plus* em relação ao crime antecedente, afastando de seu âmbito condutas que não ultrapassam o proveito auferido pelo agente pelo crime antecedente, sem finalidade de negociação ulterior. Entendimento inverso implica admissão indevida de *bis in idem* (dupla punição por fato único) ou a punibilidade de crimes de natureza bagatelar, o que extrapola os objetivos tutelados pela norma.

(2) Ocultação, estratificação ou camuflagem: a fase seguinte é formada por ações tendentes a dificultar a procura contábil por ativos financeiros provenientes de infração penal. Cuida-se de uma quebra de vínculos que naturalmente existem entre os produtos e os seus crimes correspondentes. Os agentes agem para esconder o encadeamento das evidências, dos rastros deixados pelos delitos envolvidos no esquema de lavagem. Para tanto, podem efetuar depósitos em contas em favor de pessoas inexistentes (com CPF frio) ou recorrer a créditos em contas em países onde o sigilo bancário é regrado de forma mais rígida.

(3) Integração: depois de distanciado o produto de sua fonte ilícita, o agente prossegue com a terceira etapa, revestindo os bens com a forma legal. Transformados os produtos, incorpora-os ao seu patrimônio, por meio de aquisições de outros bens, de aparência lícita, por meio dos instrumentos jurídicos reconhecidos pelo sistema, a exemplo de escrituras

9. STF – Pleno – AP 470 – Relator: Ministro Joaquim Barbosa – julgado em 17/12/2012.

10. BRASIL. Ministério da Fazenda. COAF. Fases da lavagem de dinheiro. Disponível em: <http://www.coaf.fazenda.gov.br/links-externos/fases-da-lavagem-de-dinheiro>. Acesso em: 29 dez. 2015.

de compra e venda de imóveis, investimentos em sociedades empresárias e declaração em informe de imposto de renda.

A depender das etapas percorridas pelo agente, um menor ou maior número de bens jurídicos podem ser afetados. Eis uma das razões para divergências em torno do bem jurídico tutelado pelo tipo penal de lavagem de capitais.

1.1.6. Controvérsias sobre o bem jurídico protegido pela previsão típica do delito de lavagem de dinheiro

Na doutrina, não há consenso sobre o bem tutelado pelo crime de lavagem de dinheiro. A tipificação de forma múltipla é um dos fatores para esse dissenso.

Fabiana Souza e Mário Coimbra arrolam quatro vertentes doutrinárias em torno do bem jurídico indigitado[11].

(1) Bem jurídico idêntico ao do delito antecedente: a infração de lavagem seria uma espécie de supertipo penal, incorrendo em *bis in idem*, não se coadunando com ponto de vista lógico, nem com a ordem constitucional, refratária à ideia de dupla punição. É cediço que a noção de bem jurídico é uma das mais difíceis de apreender em direito penal. Todavia, tal dificuldade não deve conduzir à simplificação de assimilar o bem jurídico do delito antecedente a um outro tipo penal, distinto, que é o de lavagem de capitais.

(2) Ordem socioeconômica: o delito de lavagem de dinheiro incrimina conduta que tem potencial suficiente para afetar a ordem econômica e financeira, conquanto seja esse bem um tanto intangível. Sem embargo, há respaldo constitucional e infraconstitucional para reconhecer a ordem socioeconômica *lato sensu* como bem jurídico tutelado pela tipificação do crime de lavagem de capitais. A ementa da lei sob comento, inclusive, contém passagem que elucida ser seu objetivo dispor sobre a prevenção da utilização do sistema financeiro para os ilícitos nela previstos.

(3) Administração da Justiça: sob esse prisma, a lavagem de dinheiro prejudica a persecução penal do delito antecedente, haja vista que seu resultado naturalístico é a ocultação do proveito desta última infração penal. Diante do possível obstáculo à persecução penal, a incriminação é entendida como forma de tutelar a administração da Justiça, assim como o é o crime de favorecimento real disposto no art. 349, do Código Penal. Em ambos os caso, é atingido o regular funcionamento da Justiça criminal. No entanto, enquanto no favorecimento real é excluído da condição de sujeito ativo o autor da infração penal antecedente, o crime de lavagem de dinheiro não faz tal ressalva[12]. Ademais, o desvalor que recai sobre a conduta típica é maior no crime de lavagem de capitais.

---

11. SOUZA, Fabiana Matias de; COIMBRA, Mário. O bem jurídico na lavagem de dinheiro. *Revista das Faculdades Integradas Antônio Eufrásio Toledo*. Disponível em: <http://intertemas.unitoledo.br/revista/index.php/ETIC/article/viewFile/2111/2202>. Acesso em: 28 dez. 2015.

12. Nesse sentido: BADARÓ, Gustavo Henrique; BOTTINI, Pierpaolo Cruz. *Lavagem de dinheiro*: aspectos penais e processuais penais: comentários à Lei 9.613/1998, com as alterações da Lei 12.683/2012. 2. ed. São Paulo: RT, 2013. p. 76.

(4) Bens jurídicos variados: considera-se a possibilidade do delito de lavagem de dinheiro ter pluralidade ofensiva (pluriofensivo), atingindo mais de um bem jurídico. De tal modo, não só o bem jurídico do crime antecedente restaria protegido pela incriminação da lavagem de bens, mas também a ordem socioeconômica, a administração da Justiça e, em alguns casos, o patrimônio.

Seguimos corrente intermediária que entende que a tipificação do delito de delito de lavagem de dinheiro tem o propósito de proteger apenas dois bens jurídicos: primordialmente, a ordem socioeconômica; secundariamente, a administração da Justiça criminal.

1.2. Sujeitos do delito

Sujeito ativo do crime pode ser qualquer pessoa, inclusive o sujeito ativo da infração penal antecedente, eis que não há reserva no ponto.

É de ver que, por questão de incompatibilidade lógica em virtude da descrição típica, a figura reitora do § 1º, inciso II, do art. 1º, da Lei de Lavagem de Dinheiro, exclui a possibilidade do sujeito ativo do crime antecedente ser o agente da lavagem de dinheiro.

Não se trata de reserva de autolavagem como sustentamos acima.

Como não há qualquer exigência de qualidade especial do sujeito ativo do delito de lavagem, ele se classifica como crime comum.

Entendemos que a inimputabilidade do sujeito ativo da infração penal antecedente e mesmo a hipótese gizada no supradito § 1º, inciso II, do art. 1º, da Lei de Lavagem de Dinheiro, não têm o condão de tornar o crime próprio[13], haja vista que este exige qualidade especial do sujeito ativo que o perpetra, não sendo suficiente que esteja fora de sua órbita alguma espécie de agente como nesses exemplos.

Questão de relevo é sobre a possibilidade de o advogado figurar como sujeito ativo de crime de lavagem de capitais. Do ponto de vista formal, não há qualquer óbice para responsabilizar o causídico pelo delito de lavagem de dinheiro, notadamente quando presente o elemento subjetivo doloso de perpetrar a ação de ocultar ou dissimular ativo financeiro recebido, precedida da ciência acerca da proveniência ilícita daqueles ativos (de infração penal antecedente). Para tanto, indispensável haver o intuito de fazer recircular aqueles ativos, dando-lhes aparência lícita.

Entrementes, o problema se torna mais delicado quando o advogado recebe aqueles valores a título de honorários.

(1) Incide sobre seu mister o dever de manter o sigilo sobre as informações recebidas de seus assistidos, sendo, inclusive, vedado que o defensor deponha sobre elas e aponte, por exemplo, a proveniência ilícita de bens de seus patrocinados.

13. Em sentido contrário: BADARÓ, Gustavo Henrique; BOTTINI, Pierpaolo Cruz. *Lavagem de dinheiro*: aspectos penais e processuais penais: comentários à Lei 9.613/1998, com as alterações da Lei 12.683/2012. 2. ed. São Paulo: RT, 2013. p. 75.

(2) Por outro lado, a Constituição assegura que o advogado é indispensável à administração da Justiça (art. 133) e que deve ser assegurada a defesa técnica a todos, nos termos do seu art. 5º, LV. Para os necessitados, é garantida Defensoria Pública (art. 134, CF/1988). Para os demais, há o direito de contratar advogados, tendo estes, por sua vez, direito aos honorários pelo ofício desempenhado.

(3) Como o ordenamento jurídico não pode vedar e fomentar ao mesmo tempo uma mesma atividade, entendemos que o recebimento de honorários do advogado não deve ser incluído como objeto material possível do delito de lavagem de capitais, notadamente quando não estiver presente intento de recirculação de bens, direitos ou valores, sem aderência do causídico a qualquer prática delitiva. De outro modo, haveria remessa compulsória (inconstitucional) à Defensoria Pública de acusados com maior poder aquisitivo, toda vez que se suspeitasse de aquisição ilícita de patrimônio.

(4) O Supremo Tribunal Federal autorizou a quebra de sigilo para o fim de investigar a origem de honorários de advogado, indicando ser possível a adoção de medidas constritivas toda vez que se verificar o vínculo daqueles valores com o produto ou o proveito de crimes[14]. Ainda assim, deve-se trilhar, como regra, a impossibilidade de responsabilizar criminalmente o advogado pelo só fato de ter recebido honorários de advogado para atuar, constitucionalmente, na defesa técnica de algum imputado.

(5) Perfilhamos o entendimento de que o recebimento de honorários de advogado não pode justificar, por si só, qualquer medida constritiva judicial, ainda que de natureza civil[15], quando não houver prova de que ele aderiu, em coautoria, a prática de crime de lavagem de dinheiro ou de outra infração penal correlata.

O sujeito passivo direto é a coletividade (bem jurídico ofendido é a ordem econômico-financeira). Indiretamente, também o Estado é sujeito passivo, porquanto ferida, sob esse enfoque, a administração da Justiça criminal.

1.3. Tipicidade objetiva

O crime de lavagem de dinheiro é narrado em um tipo misto alternativo. Sua figura fundamental consiste em "ocultar ou dissimular a natureza, origem, localização, disposição, movimentação ou propriedade de bens, direitos ou valores provenientes, direta ou indiretamente, de infração penal".

Núcleo do tipo penal (verbo) dessa atual descrição do *caput*, do art. 1º, da Lei nº 9.613/1998, é "ocultar" ou "dissimular".

"Ocultar" significa encobrir, esconder, não mostrar, não deixar ver, guardar, enrustir, enterrar, encovar, tornar secreto.

14. CANÁRIO, Pedro. Prerrogativa profissional: Supremo quebra sigilo de advogados para investigar origem de honorários. *Conjur*. Disponível em: <http://www.conjur.com.br/2015-out-27/stf-quebra-sigilo-advogados-investigar-origem-honorarios>. Acesso em: 28 dez. 2015.

15. Em sentido diverso: LIMA, Renato Brasileiro de. *Legislação criminal especial comentada*. 2. ed. Salvador: JusPodivm, 2014. p. 303-304.

"Dissimular" encontra uma função próxima a de ocultar, porém com agregação de algum artifício. Consiste em disfarçar, tornar invisível, tornar pouco perceptível, não revelar os desígnios.

Nos tipos derivados (equiparados à figura central), constam outros verbos que chancelam ser ele um delito de ação múltipla, de conteúdo variado, a saber:

(1) nos incisos do parágrafo 1º, os núcleos: (i) converter (em ativos lícitos); (ii) adquirir; (iii) receber; (iv) trocar; (v) negociar; (vi) dar (em garantia); (vii) receber (em garantia); (viii) guardar; (ix) ter (em depósito); (x) movimentar; (xi) transferir; (xii) importar; e (xiii) exportar;

(2) nos do parágrafo 2º, os núcleos: (i) utilizar; e (ii) participar.

Objeto material de uma infração penal é entendido como a pessoa ou a coisa sobre a qual recai a conduta delituosa. No crime de lavagem de dinheiro, são objetos materiais todo complemento do verbo destinatário da atuação delitiva, mormente "bens, direitos ou valores provenientes, direta ou indiretamente, de infração penal" (*caput*, do art. 1º, Lei de Lavagem de Dinheiro).

Também são esses os objetos materiais sobre os quais atuam as ações descritas nos tipos derivados, a exceção daquele de participar de grupo, sociedade ou escritório para cometer lavagem de dinheiro, por não o conter.

Observe-se que o objeto material do crime de lavagem de dinheiro é o produto da infração penal antecedente.

Na esteira de Luiz Regis Prado, são esses *producta sceleris* (produtos do crime) que são o objeto material, toda vez que houver suscetibilidade de tráfego comercial posterior. Igualmente serão objetos materiais do crime de lavagem de dinheiro os *scelere quasita*, isto é, os ganhos, vantagens ou benefícios auferidos pela empreitada delituosa. Também a recompensa, fruto da promessa ou preço da infração penal antecedente, poderá ser objeto material do crime de branqueamento de capitais[16].

Admite-se o cometimento de lavagem de dinheiro fundada no recebimento de produto por meio de crime de corrupção passiva, em concurso material de crimes (art. 69 do Código Penal)[17].

Note-se que o art. 317, do Código Penal, que incrimina a corrupção passiva, consiste na ação de "solicitar ou receber, para si ou para outrem, direta ou indiretamente, ainda que fora da função ou antes de assumi-la, mas em razão dela, vantagem indevida, ou aceitar promessa de tal vantagem". O delito de lavagem de capitais somente ocorrerá se o agente da lavagem de dinheiro agregar ao recebimento da vantagem o intuito de reintrodução na medida em que a oculta ou a dissimula (art. 1º, *caput* e § 1º, da Lei nº 9.613/1998).

Há controvérsias sobre a natureza permanente do crime de lavagem de dinheiro.

16. PRADO, Luiz Regis. O novo tratamento penal da lavagem de dinheiro (Lei 12.683/2012). Disponível em: <http://www.professorregisprado.com/Artigos/Luiz%20Regis%20Prado/O%20NOVO%20TRATAMENTO%20PENAL%20DA%20LAVAGEM%20DE%20DINHEIRO.pdf>. Acesso em: 28 dez. 2015.

17. STF – Pleno – AP 470 EDj-décimos – Relator: Ministro Joaquim Barbosa – julgado em 21/08/2013.

Para parte da doutrina, cuida-se de delito instantâneo de efeitos permanentes. Para outro setor, trata-se de crime permanente, cujo efeito, segundo se sustenta, tem continuidade no tempo e se submete ao poder do sujeito ativo, que o mantém até o instante que desejar.

A corrente doutrinária majoritária sustenta que o crime de lavagem de dinheiro é delito permanente, haja vista que, na modalidade "ocultar", este núcleo do tipo é próprio daqueles de índole continuativa no tempo, isto é, referente, normalmente, a crimes que se protraem no tempo, e cuja consumação se protrai enquanto o desejar o sujeito ativo.

Tomadas essas bases, pode-se chegar à conclusão de que: (i) quem oculta ou dissimula a origem de um produto fruto de uma infração penal, em favor de si mesmo, estaria cometendo um crime permanente; e (ii) quem oculta ou dissimula a origem de um produto proveniente de um delito, em favor de terceiro, estaria cometendo um crime de lavagem de dinheiro de ordem instantânea.

No entanto, esse critério de atribuir a natureza permanente de um crime ao aspecto subjetivo (domínio do fato em poder do sujeito ativo) não é adequado à classificação, que tem supedâneo objetivo, como coerentemente apontou Pierpaolo Bottini[18].

Sob esse ângulo, o crime de lavagem de dinheiro só há de ser instantâneo, entendimento este perfilhado por nós. No STF, entrementes, revelando a existência de dúvidas sobre o tema, não foi fixada "a natureza do crime de lavagem de dinheiro, se instantâneo com efeitos permanentes ou se crime permanente"[19].

Mais uma vez, nos reportamos ao verbo para esclarecer a natureza do delito de lavagem de dinheiro, vale dizer, se permanente ou se instantâneo de efeitos permanentes. E, para tanto, concluímos ser ele de natureza instantânea, elegendo ponto de vista estritamente objetivo.

A ação de ocultar ocorre em determinado momento. Se o produto da infração penal antecedente restar ocultado, tal não decorre da primeira atividade do agente, eis que o instante da ocultação não é um *continuum*. Do mesmo modo se pode dizer da ação de dissimular. Dos núcleos do tipo penal, somente há caráter permanente naquela figura que incrimina a conduta de quem "participa de grupo, associação ou escritório", conhecendo que sua atividade principal ou secundária é dirigida ao cometimento de delito de lavagem.

Volvendo a atenção para a expressão "infração penal", reportando-se a delito antecedente, com a Lei nº 12.683/2012, ela teve o condão de ampliar o âmbito de incidência do crime de lavagem de capitais, não se restringindo somente a crime, nem tampouco a um rol específico de delitos. Infração penal abrange crime e contravenção, sendo expressão classificada como elemento normativo de natureza jurídica, por ser definida segundo os ditames do mesmo ordenamento jurídico.

Luiz Regis Prado define "infração penal" como "elemento normativo jurídico penal do tipo de injusto (ação ou omissão típica e antijurídica – critério da acessoriedade limitada)". A condição pessoal do agente (imputável ou inimputável, inculpável ou isento de pena), relativamente à infração penal precedente, é irrelevante à configuração do delito de lavagem

18. BADARÓ, Gustavo Henrique; BOTTINI, Pierpaolo Cruz. *Lavagem de dinheiro*: aspectos penais e processuais penais: comentários à Lei 9.613/1998, com as alterações da Lei 12.683/2012. 2. ed. São Paulo: RT, 2013. p. 78-79.

19. STF – Pleno – Inq 2471 – Relator: Ministro Ricardo Lewandowski – julgado em 29/09/2011.

de dinheiro. Daí constituir-se "infração penal" um "elemento normativo objetivo do tipo que aparece como condição típica" [20].

O elemento normativo "infração penal" é distintivo da natureza acessória do delito de lavagem de dinheiro, haja vista que este se subordina à relação de conexão causal com o delito antecedente. Tal natureza acessória é limitada, notadamente em virtude da irrelevância de circunstâncias incapazes de lhe retirar, objetivamente, a qualidade de injusto penal (caracterizado pela lesividade e tipicidade objetiva).

Essa "acessoriedade limitada" também é aferida porque não é necessária a efetiva punição ou persecução penal do delito antecedente, porém, a denúncia pelo crime de lavagem de dinheiro deve se revestir de dupla justa causa (justa causa duplicada), consistente em se ver acompanhada não só de provas deste último, mas também por elementos probatórios suficientes acerca da materialidade da infração penal antecedente. É o que averba o § 1º, do art. 2º, da Lei nº 9.613/1998, ao exigir a demonstração de "indícios da existência da infração penal antecedente"[21].

1.4. Tipicidade subjetiva

O crime de lavagem não tem previsão culposa.

Só é punido a título de dolo, seja ele direto ou eventual. Para tanto, o intuito doloso há de ser lastreado em prova.

A ocultação ou dissimulação disposta no *caput*, do art. 1º, da Lei epigrafada, deve, ainda, ter um elemento subjetivo especial (dolo específico), qual seja, o intuito de reintroduzir os ativos de origem ilícita no mercado (cunho de recirculação). Cuida-se de um elemento típico implícito, sacado por meio de interpretação lógica e sistemática do ordenamento pátrio[22].

Não havendo esse objetivo, a conduta ficará circunscrita ao tipo penal de favorecimento real, estampado no art. 349, do Código Penal, consistente em "prestar a criminoso, fora dos casos de coautoria ou de receptação, auxílio destinado a tornar seguro o proveito do crime". Veja-se que, na hipótese de favorecimento real, não se incrimina a conduta de tornar seguro o proveito de crime cometido pelo mesmo agente, exigindo-se outro.

Na figura típica derivada do § 1º, do art. 1º, da Lei nº 9.613/1998, há previsão de dolo específico tendente a ocultar ou dissimular a origem do produto do crime antecedente, o que caracteriza a classe de delitos denominada de "tipo incongruente" ou "tipo incongruente assimétrico".

A ausência de imposição de dolo específico, além do dolo genérico (direto ou eventual), determina que o crime se classifique como tipo congruente simétrico, intranscendente ou congruente (a exemplo dos narrados no § 2º, do art. 1º, dessa Lei).

---

20. PRADO, Luiz Regis. O novo tratamento penal da lavagem de dinheiro (Lei 12.683/2012). Disponível em: <http://www.professorregisprado.com/Artigos/Luiz%20Regis%20Prado/O%20NOVO%20TRATAMENTO%20PENAL%20DA%20LAVAGEM%20DE%20DINHEIRO.pdf>. Acesso em: 28 dez. 2015.

21. De acordo com o referido enunciado, com redação dada pela Lei nº 12.683/1998, "a denúncia será instruída com indícios suficientes da existência da infração penal antecedente, sendo puníveis os fatos previstos nesta Lei, ainda que desconhecido ou isento de pena o autor, ou extinta a punibilidade da infração penal antecedente".

22. BADARÓ, Gustavo Henrique; BOTTINI, Pierpaolo Cruz. *Lavagem de dinheiro*: aspectos penais e processuais penais: comentários à Lei 9.613/1998, com as alterações da Lei 12.683/2012. 2. ed. São Paulo: RT, 2013. p. 105-106.

Sobre os limites à aplicação da teoria da cegueira deliberada, a fim de afastar qualquer forma de responsabilização penal objetiva, discorremos acima.

1.5. Consumação e tentativa

Os verbos "ocultar" e "dissimular", constantes da figura fundamental (art. 1º, *caput*, da Lei nº 9.613/1998), apontam para a natureza de crime material do delito de lavagem. A descrição típica prevê a conduta e o resultado, impondo a sua produção para o perfazimento da consumação delitiva.

Também os núcleos dos tipos derivados, acompanhados dos seus demais elementos afastam a classificação do crime de lavagem de dinheiro como de natureza formal, salvo a modalidade que tem como núcleo do tipo a ação de "participar".

Aqui se incrimina o comportamento de quem toma parte de escritório, associação ou grupo com a finalidade de cometer delitos de lavagem de dinheiro (note-se que, nesta previsão do inciso II, do § 2º, do art. 1º, da Lei nº 9.613/1998, não se exige a produção do resultado previsto na norma).

As demais modalidades exigem a produção do resultado naturalístico, sendo crimes materiais.

No STF, há precedente nesse sentido, da relatoria do Ministro Sepúlveda Pertence, que anota dissentir de entendimento que repute o crime em tela de mera atividade. Não se exige que a lavagem de dinheiro seja um crime perfeito, impossível de ser elucidado. Isso seria um contrassenso, avivou o Ministro, em seu voto. No entanto, completou, a previsão de tentativa evidencia a sua natureza de crime material[23].

Filiando-se a essa concepção, contamos com o escólio de Renato Brasileiro de Lima.

Todavia, tal posição não está a salvo de divergências.

O mesmo autor anota que há grande parte da doutrina que sustenta o contrário do que entendemos, reputando tratar-se de crime formal, apesar dos núcleos do tipo utilizados implicarem resultados naturalísticos. Segundo essa corrente discrepante, "não há dissociação cronológica das ações em si mesmas, por força inclusive da presença e outros elementos normativos que remetem obrigatoriamente a diferenciados complementos teleológicos e executivos"[24].

Por outro ângulo, posicionamento sempre balizado de Luiz Regis Prado, inclina-se no sentido de ser a lavagem de dinheiro um "delito de mera conduta", acrescendo ser ele também um crime "de resultado cortado, em que a obtenção do fim almejado pelo autor não afeta a sua consumação"[25].

A corrente majoritária oscila entre os que se inclinam pela caracterização de crime de mera conduta, de um lado, e de crime formal, de outro.

---

23. STF – Primeira Turma – RHC 80.816-6/SP – Relator: Ministro Sepúlveda Pertence – julgado em 18/06/2001 – DJ 18-06-2001.

24. LIMA, Renato Brasileiro de. *Legislação criminal especial comentada*. 2. ed. Salvador: JusPodivm, 2014. p. 305.

25. PRADO, Luiz Regis. O novo tratamento penal da lavagem de dinheiro (Lei 12.683/2012). Disponível em: <http://www.professorregisprado.com/Artigos/Luiz%20Regis%20Prado/O%20NOVO%20TRATAMENTO%20PENAL%20DA%20LAVAGEM%20DE%20DINHEIRO.pdf>. Acesso em: 28 dez. 2015.

Concebemos, todavia, que a ocultação ou a dissimulação tem de produzir algum resultado naturalístico objetivado pela ação do agente. Daí que: (i) se a conduta não logrou ocultar ou dissimular totalmente, haverá tentativa; (ii) se a suposta ocultação ou a dissimulação não chegaram, sequer em tese, a tornar possível seu desiderato, inexistirá fato típico de lavagem de dinheiro; e (iii) se a atuação do Estado na persecução penal se revela eficaz e logra descortinar o delito de lavagem de dinheiro, esse resultado "cortado", a nosso ver, não torna o crime de mera conduta ou formal. O aludido precedente do STF sufraga essa ilação[26].

Ao que nos parece, aqueles que defendem ser o crime de lavagem de dinheiro de natureza formal ou de mera conduta incorrem em desvio de perspectiva. A questão é complexa. É relevante destacar que o tipo penal de lavagem não guarda relação diretamente proporcional às fases de lavagem abordadas acima (colocação, ocultação e integração), razão pela qual não é preciso passar por essas etapas para que ocorra a consumação. O mais relevante é a constatação da necessidade de um resultado natural, acrescido do propósito de circulação.

Pierpaolo Bottini perlustra que "a legislação brasileira não exige a completude do ciclo exposto para a tipicidade da lavagem de dinheiro. Não é necessária a integração do capital sujo à economia lícita para a tipicidade penal". Consoante arremata o jurista, "basta a consumação da primeira etapa – a ocultação – para a materialidade delitiva, incidindo sobre ela a mesma pena aplicável à dissimulação ou integração"[27].

Como o *iter criminis* de cada uma das figuras permite fracionamento, com possibilidade de prática por variados meios (forma livre), a tentativa é admissível. Ademais, essa possibilidade restou expressamente reconhecida pelo próprio legislador especial, ao ditar que "a tentativa é punida nos termos do parágrafo único do art. 14 do Código Penal", nos termos do § 3º, do enunciado aqui estudado.

Veja-se que é admissível lavagem de dinheiro que seja fruto de infração penal anterior tentada. Imagine-se a contratação de alguém para cometer homicídio, mediante pagamento de vultuosa quantia. Depois de adimplido o valor, pode o agente realizar tentar matar a vítima e, por circunstâncias alheias a sua vontade, não lograr o resultado morte. O dinheiro recebido poderá ser objeto de lavagem de dinheiro que, a seu turno, será tentada ou consumada.

O mesmo não se pode dizer se o delito antecedente for contravenção penal. Nesse caso, com não se admite tentativa dessa espécie de infração penal, não se pode falar em lavagem de dinheiro do eventual produto decorrente da primeira conduta atípica.

Não haverá lavagem de capitais se o suposto delito antecedente (típico apenas formalmente) for fomentado pelo ordenamento jurídico (atípico materialmente). Como exemplo, não haverá crime de lavagem de dinheiro, se o suposto proveito decorrer infração penal antecedente perpetrada sob o amparo de excludente de ilicitude (legítima defesa, por exemplo).

---

26. STF – Primeira Turma – RHC 80.816-6/SP – Relator: Ministro Sepúlveda Pertence – julgado em 18/06/2001 – DJ 18-06-2001. Na ementa desse julgado, ficou assentado que o tipo penal do crime de lavagem de dinheiro: "não reclama nem êxito definitivo da ocultação, visado pelo agente, nem o vulto e a complexidade dos exemplos de requintada "engenharia financeira" transnacional, com os quais se ocupa a literatura".

27. BADARÓ, Gustavo Henrique; BOTTINI, Pierpaolo Cruz. *Lavagem de dinheiro*: aspectos penais e processuais penais: comentários à Lei 9.613/1998, com as alterações da Lei 12.683/2012. 2. ed. São Paulo: RT, 2013. p. 27.

Diversamente, causas de exculpação (a exemplo da coação moral irresistível que determinou a prática da infração penal antecedente) não repercutem no crime de lavagem de dinheiro.

Por outro lado, é de ver que não influem na configuração da lavagem de dinheiro situações como extinção da punibilidade da infração penal anterior, morte do agente ou outra causa de extinção de punibilidade que não seja equivalente à anistia ou a *abolitio criminis* (quando o fato antecedente deixa de ser infração penal, subtraindo-lhe a própria tipicidade retroativamente[28]).

O critério para definir a subsistência do delito de lavagem de dinheiro relativamente à infração penal antecedente, é analisar a antijuridicidade deste delito predecessor, bem como a inexistência de fato jurídico que o tenha tornado, posteriormente, lícito. Desse modo, forçoso concluir de eventual "delação premiada" que tenha implicado confissão da primeira infração penal, não tem o condão de apagar o delito de lavagem posterior.

Todavia, cuidando-se de hipótese de fato fundada na Lei de Repatriação de Valores (Lei nº 13.254/2016), será possível a prolação de decisão extintiva de punibilidade, desde que observados os parâmetros para inclusão da pessoa imputada no Regime Especial de Regularização Cambial e Tributária (RERCT), consoante os ditames do art. 4º, e parágrafos, daquele novel diploma legal.

É necessário, em outros termos, que tenha sido entregue, pelo indiciado ou acusado, declaração dos recursos, bens e direitos sujeitos à regularização e ao pagamento de imposto, assim como que o cumprimento dessas condições ocorra antes do trânsito em julgado da decisão criminal condenatória. Trata-se de causa de extinção de punibilidade de natureza temporal. Sobre o assunto, voltaremos no tópico 10, adiante.

1.6. Tipo derivado, causas de aumento e de diminuição de pena

No crime de lavagem de dinheiro, são inseridas, além do *caput* (tipo fundamental), do art. 1º, da Lei de Lavagem, formas equiparadas, nos parágrafos que lhe seguem.

O seu § 1º preconiza que na mesma pena incorre quem, para ocultar ou dissimular a utilização de bens, direitos ou valores provenientes de infração penal: (i) os converte em ativos lícitos; (ii) os adquire, recebe, troca, negocia, dá ou recebe em garantia, guarda, tem em depósito, movimenta ou transfere; ou (iii) importa ou exporta bens com valores não correspondentes aos verdadeiros. Veja-se que, para este tipo derivado, o legislador não faz menção se a proveniência dos produtos da infração é direta ou indireta. À falta dessa alusão, deve-se proceder à exegese estrita, somente permitindo a punição quando o produto do delito seja direto.

A figura típica do § 2º, do mesmo artigo, elenca condutas não atreladas ao fito de "ocultar ou dissimular". Desse modo, dita que estará incurso na mesma pena aquele que: (i) utilizar, na atividade econômica ou financeira, bens, direitos ou valores provenientes de infração penal; ou (iii) participar de grupo, associação ou escritório tendo conhecimento de

28. BADARÓ, Gustavo Henrique; BOTTINI, Pierpaolo Cruz. *Lavagem de dinheiro*: aspectos penais e processuais penais: comentários à Lei 9.613/1998, com as alterações da Lei 12.683/2012. 2. ed. São Paulo: RT, 2013. p. 90.

que sua atividade principal ou secundária é dirigida à prática de crimes na presente Lei de Lavagem de Dinheiro.

O diploma legal estabelece que o cometimento reiterado de delitos de lavagem pelo mesmo agente ou sua realização por meio de organização criminosa é causa de aumento de pena, de um a dois terços.

Por outro lado, haverá causa especial de diminuição de pena, de um a dois terços, com colocação em regime aberto ou semiaberto, sem prejuízo da possibilidade do juiz deixar de aplicar a pena (perdão judicial) ou substituí-la, a qualquer tempo, por pena restritiva de direitos (arts. 43 e 44, do Código Penal).

Essa possibilidade se abre ao magistrado quando o autor, coautor ou partícipe colaborar espontaneamente com as autoridades, prestando esclarecimentos que conduzam à apuração das infrações penais, à identificação dos autores, coautores e partícipes, ou à localização dos bens, direitos ou valores objeto do crime.

Deve a colaboração ser eficaz. Do contrário, não se concede a benesse legal, ressalvada a possibilidade de valorá-la como atenuante genérica.

Cuida-se de delação premiada unilateral, que independe de formulação de acordo prévio para ser valorada judicialmente, e que pode ser obtida no curso do processo ou da investigação preliminar. Sem embargo, não fica obstada a possibilidade de incidência das regras sobre delação premiada da Lei nº 12.850/2013, quando for a lavagem de dinheiro imputada a organização criminosa.

1.7. Confronto de figuras típicas com o tipo penal de lavagem de dinheiro

A doutrina aponta casos de confronto entre o delito de lavagem de dinheiro e outros tipos semelhantes, sob o rótulo de conflito aparente de normas, que envolve a aplicação dos princípios da consunção, da especialidade ou da subsidiariedade. A aplicação desses princípios pode exigir, além do comparativo das descrições típicas, também a análise do bem jurídico protegido. Ao cabo, visa-se saber qual tipo tem aplicação ou se mais de um terá de incidir.

Três delitos se assemelham ao tipo penal de lavagem de dinheiro.

(1) Crime de favorecimento real (art. 349, do Código Penal): consiste em "prestar a criminoso, fora dos casos de coautoria ou de receptação, auxílio destinado a tornar seguro o proveito do crime". Além de não admitir o autofavorecimento, diversamente do crime de lavagem de capitais que permite a autolavagem, o delito do art. 349, do Código Penal, não exige elemento subjetivo especial como o requer a lavagem de dinheiro, qual seja, o intuito de tornar aparentemente "limpo", o dinheiro "sujo", com o propósito de torná-lo apto à nova circulação no mercado. Apesar de não existir, a rigor, uma antinomia, serve ao embasamento da conclusão de que o agente só responde pelo crime de lavagem de dinheiro, com lastro no princípio da especialidade. Ademais, vale realçar que a própria descrição do art. 349, do Código Penal, assevera que ele só incidirá "fora dos casos de coautoria ou de receptação", a evidenciar o seu caráter subsidiário em relação a tais fatos (princípio da subsidiariedade, no ponto).

(2) Crime de receptação (art. 180, do Código Penal): o seu tipo fundamental disposto no *caput*, tem a narrativa de "adquirir, receber, transportar, conduzir ou ocultar, em proveito

próprio ou alheio, coisa que sabe ser produto de crime, ou influir para que terceiro, de boa-fé, a adquira, receba ou oculte". O princípio da especialidade determina que só se aplique dispositivo do Crime de Lavagem de Capitais quando a conduta afetar o seu bem jurídico tutelado: a "ordem socioeconômica". Para tanto, deve haver magnitude na aquisição, bem como o elemento subjetivo especial de ocultar ou de dissimular com o cunho recirculatório do bem, sob nova roupagem. De outro lado, não é possível a prática de receptação pelo mesmo agente que cometeu a infração penal antecedente, enquanto é possível a autolavagem segunda a lei brasileira. A diferença entre os delitos também ocorre no que toca ao objeto material: na lavagem de dinheiro podem ser bens móveis ou imóveis; na receptação somente bens móveis, aptas a serem objeto de transporte. Essas razões alijam a aplicação dúplice dos enunciados em confronto.

(3) Crime de evasão de divisas (art. 22, *caput* e parágrafo único, da Lei nº 7.492/1986). A previsão típica fundamental desse delito incrimina o comportamento de "efetuar operação de câmbio não autorizada, com o fim de promover evasão de divisas do País". Enquanto o seu parágrafo único reza que incorrerá na mesma pena (de reclusão, de dois a seis anos, e multa), aquele que, a qualquer título, promover, "sem autorização legal, a saída de moeda ou divisa para o exterior, ou nele mantiver depósitos não declarados à repartição federal competente". O confronto com o delito de lavagem de dinheiro deve ser resolvido pela aplicação do princípio da consunção. Observe-se que a pena do crime de lavagem é mais grave (de reclusão, de três a dez anos, e multa). Além disso, o crime de branqueamento de capitais requer uma infração penal antecedente. Note-se que o delito de evasão de divisas não impõe, necessariamente, que os valores objeto da operação sejam provenientes de ilícito penal, bastando se cuidar de "operação de câmbio não autorizada" (*caput*, do art. 22, da Lei do Sistema Financeiro) ou de evasão de divisa "sem autorização legal" (parágrafo único, do mesmo dispositivo legal).

1.8. Penas aplicáveis

De acordo com o tipo penal fundamental, a pena é de reclusão, de três a dez anos, sem prejuízo da multa. Conquanto a redação do preceito sancionador do art. 1º, *caput*, da Lei nº 9.613/1998, tenha sido dada pela Lei nº 12.683/2012, não houve modificação de seus limites mínimo e máximo abstratos.

Há previsão de causas especiais de aumento e de diminuição de pena, consoante anotado no tópico anterior.

1.9. Ação penal

A ação penal é pública incondicionada.

1.10. Extinção da punibilidade fundada na Lei de Repatriação de Valores (Lei 13.254/2016)

1.10.1. Aplicação do novo diploma legal

As hipóteses de extinção de punibilidade prevista na Lei de Repatriação de Valores não são aproveitáveis às pessoas condenadas pelos crimes nela referidos, em momento anterior a sua admissão no Regime Especial de Recuperação Cambial e Tributária.

Note-se que houve veto presidencial sobre o que seria o inciso I, do § 5º, do art. 1º, da Lei 13.254/2016, com o fito específico de impedir a inclusão no Regime, e conseguinte extinção da punibilidade, dos acusados que já tiverem contra si decisão penal condenatória, transitada em julgado ou não.

Nessa direção, o inciso II, daquele dispositivo explicitou que aquele diploma legislativo não se aplica aos sujeitos que tiverem sido condenados em ação penal "cujo objeto seja um dos crimes listados no § 1º do art. 5º, ainda que se refira aos recursos, bens ou direitos a serem regularizados pelo RERCT".

Vale esclarecer, a inserção da pessoa no RERCT não poderá ocorrer se já tiver sido ela condenada (sem trânsito em julgado). Porém, uma vez incluída, o cumprimento das obrigações assumidas pelo imputado deve ocorrer até trânsito em julgado da decisão condenatória.

O objetivo da nova legislação segue a orientação encapada pelo Brasil de recuperar ativos financeiros ilícitos ou mesmo de origem lícita, mas em situação de irregularidade ou ilicitude.

Nesse compasso, foi instituído o Regime Especial de Regularização Cambial e Tributária (RERCT), assim declarado no *caput*, do seu art. 1º. Fica autorizada, por esse viés, a declaração voluntária de recursos, bens ou direitos de origem lícita, não declarados ou declarados com omissão ou incorreção em relação a dados essenciais, remetidos ou mantidos no exterior, ou repatriados por residentes ou domiciliados no País, de acordo com a disciplina legal pertinente.

O âmbito de inocência da Lei nº 13.254/2016 é limitado na forma dos parágrafos do seu art. 1º. O aludido Regime somente se aplica "aos residentes ou domiciliados no País em 31 de dezembro de 2014 que tenham sido ou ainda sejam proprietários ou titulares de ativos, bens ou direitos em períodos anteriores a 31 de dezembro de 2014, ainda que, nessa data, não possuam saldo de recursos ou título de propriedade de bens e direitos".

Aliás, de conformidade com o § 2º, do mesmo enunciado, os efeitos da Lei de Repatriação de Valores serão aplicados aos titulares de direito ou de fato que, voluntariamente, declararem ou retificarem a declaração incorreta referente a recursos, bens ou direitos, acompanhados de documentos e informações sobre sua identificação, titularidade ou destinação.

Vale dizer, além de ser exigido que a situação do imputado se encontre dentro do termo gizado no § 1º (critério temporal para inclusão no RERCT), é necessária a entrega de declaração única, de forma voluntária, pelo contribuinte que poderá ser, na persecução penal, beneficiado com decisão extintiva de punibilidade.

O § 3º, do mesmo art. 1º, da Lei nº 13.254/2016, estatui que o RERCT também tem aplicação aos não residentes no momento da publicação daquela Lei, desde que residentes ou domiciliados no País conforme a legislação tributária em 31 de dezembro de 2014.

1.10.2. Requisitos para adesão ao Regime Especial de Regularização Cambial e Tributária (RERCT)

A regular adesão ao RERCT é um dos antecedentes normativos necessários ao perfazimento de situação permissiva de prolação de decisão de extinção de punibilidade.

A teor do art. 4º, da Lei nº 13.254/2016, para ser admitida adesão àquele Regime, a pessoa física ou jurídica deverá:

(1) apresentar à Secretaria da Receita Federal do Brasil (RFB) e, em cópia para fins de registro, ao Banco Central do Brasil declaração única de regularização específica de valores;

(2) aquela declaração deve conter descrição pormenorizada dos recursos, bens e direitos de qualquer natureza de que seja o imputado titular em 31 de dezembro de 2014, para o fim de regularização;

(3) os bens devem ser acompanhados dos respectivos valores em real, ou, no caso de inexistência de saldo ou título de propriedade em 31 de dezembro de 2014, devem ser descritas as condutas supostamente praticadas pelo declarante, com a indicação de seu enquadramento nos crimes previstos referidos no § 1º, do art. 5º, da aludida Lei de Repatriação de Valores, consignando naquela declaração, ainda, os respectivos bens e recursos que possuiu.

Além da adequação a esses parâmetros, o art. 5º, da indigitada legislação, reitera que a adesão ao programa deve ser realizada por meio de entrega da declaração dos recursos, bens e direitos sujeitos à regularização, no modo descrito supra, acompanhada de pagamento integral:

(1) do imposto de renda estipulado no seu art. 6º; e

(2) da multa de 100% (cem por cento), prevista no seu art. 8º.

1.10.3. Rol fechado de delitos antecedentes do crime de lavagem como objeto de extinção da punibilidade

A extinção da punibilidade que deverá recair sobre o delito de lavagem de dinheiro, fundada na adesão válida ao RERCT, é restrita aos crimes antecedentes estipulados no § 1º[29], do art. 5º, da Lei de Repatriação de Valores. Atendidos os pressupostos legais, a decisão de extinção de punibilidade recairá sobre a infração penal de lavagem de dinheiro se o delito antecedente estiver arrolado nos incisos daquele enunciado.

Se o conteúdo do processo-crime por lavagem de dinheiro envolver também a infração penal antecedente, a decisão extintiva de punibilidade abrangerá os dois crimes (o precedente, antecedente, e o de reenvio, o de lavagem).

Somente com o cumprimento das condições aventadas no tópico anterior dentro do lapso imposto na legislação, isto é, em momento anterior à decisão criminal relativamente a recursos, bens e direitos a serem regularizados, será capaz de autorizar a extinção da punibilidade dos crimes elencados nos incisos, do § 1º, do art. 5º, da Lei 13.254/2016, a saber:

(1) no art. 1º e nos incisos I, II e V do art. 2º da Lei nº 8.137, de 27 de dezembro de 1990 (crimes contra a ordem tributária, econômica e contra as relações de consumo);

(2) na Lei nº 4.729, de 14 de julho de 1965 (delitos de sonegação fiscal);

(3) no art. 337-A, do Código Penal (crime de sonegação previdenciária);

29. Com redação determinada pela Lei nº 13.428/2017.

(4) nos crimes contra a fé pública (falsidade material e ideológica), tipificados nos arts. 297, 298, 299 e 304, do Código Penal, quando exaurida a respectiva potencialidade lesiva do ilícito penal com a prática dos crimes anteriormente citados (contra a ordem tributária, econômica e contra as relações de consumo, de sonegação fiscal e de sonegação previdenciária);

(5) no *caput* e no parágrafo único do art. 22 da Lei nº 7.492, de 16 de junho de 1986 (crime de evasão de divisas contra o sistema financeiro); e

(6) no art. 1º da Lei nº 9.613/1998 (delito de lavagem de dinheiro), quando o objeto do crime for bem, direito ou valor proveniente, direta ou indiretamente, dos crimes previstos anteriormente (contra a ordem tributária, econômica e contra as relações de consumo, de sonegação fiscal, de sonegação previdenciária e de evasão de divisas contra o sistema financeiro).

Houve sanção presidencial sobre a previsão do crime de descaminho (art. 334, do Código Penal), em virtude do risco de ampliação das causas de extinção de punibilidade. Para a Presidência da República, a inclusão do descaminho ensejaria insegurança jurídica.

1.10.4. Limites da extinção da punibilidade

A par dos lindes apontados, os incisos II e III, do § 2º, do art. 5º, da Lei de Repatriação de Valores, elucida o caráter temporal da incidência das regras de extinção da punibilidade relacionadas no item supra. Com efeito, a declaração de extinção de punibilidade apenas terá lugar "se o cumprimento das condições se der antes do trânsito em julgado da decisão criminal condenatória".

Veja-se que a pessoa, para ser incluída no RERCT, não pode ter sido condenada por crime relacionado na nova Lei. No entanto, depois de aderir ao Regime, a extinção da punibilidade é possível até o advento do trânsito em julgado da decisão penal condenatória.

Ademais, a extinção da punibilidade produzirá, em relação à administração pública, a extinção de todas as obrigações de natureza cambial ou financeira, principais ou acessórias, inclusive as meramente formais, que pudessem ser exigíveis em relação aos bens e direitos declarados, ressalvadas as indicadas naquele mesmo diploma legal.

Por fim, o § 5º, do art. 5º, da citada Lei nº 13.254/2016, aviva que no caso de se cuidar de crime de lavagem de dinheiro, "a extinção da punibilidade será restrita aos casos em que os recursos utilizados na operação de câmbio não autorizada, as divisas ou moedas saídas do País sem autorização legal ou os depósitos mantidos no exterior e não declarados à repartição federal competente possuírem origem lícita ou forem provenientes, direta ou indiretamente, de quaisquer dos crimes arrolados no § 1º, do dispositivo legal em tela, exceto os crimes de falso enumerados em seu inciso IV".

2. SÚMULAS E JURISPRUDÊNCIA

✦ *SUPREMO TRIBUNAL FEDERAL*

▸ **LAVAGEM DE DINHEIRO, PRESCRIÇÃO E CRIME PERMANENTE. (...)** O crime de lavagem de bens, direitos ou valores praticado na modalidade de ocultação tem natureza de crime permanente. A característica básica dos delitos permanentes está na circunstância de que a execução desses crimes não se dá em um momento definido e específico, mas em um alongar temporal. Quem oculta e mantém oculto algo prolonga a ação até que o fato se torne conhecido. (...) *STF, AP 863/SP, Rel. Edson Fachin, j. 23.05.2017. (Info 866)*

- **Crime de lavagem de dinheiro ou de valores (Lei nº 9.613/98).** Pretendida extinção do processo penal instaurado contra os réus. Alegação de inépcia da denúncia. Suposta inobservância, pelo Ministério Público, do art. 41 do CPP. Inocorrência. Doutrina. Precedentes. Referência, na peça acusatória, como infrações antecedentes, a crimes contra a Administração Pública (Lei nº 9.613/98, art. 1º, V) e ao delito de organização criminosa (Lei nº 9.613/98, art. 1º, VII). Eventos ocorridos entre 1997 e 2004. Fatos imputados aos réus supostamente cometidos em momento anterior à vigência da Lei nº 12.683/2012 e da Lei nº 12.850/2013. Consequente atipicidade penal do crime de lavagem de dinheiro no ponto em que a denúncia indica como infração antecedente o delito de organização criminosa, que somente veio a ser tipificado pela Lei nº 12.850/2013. Impossibilidade constitucional de suprir-se a ausência de tipificação do delito de organização criminosa (legalmente inexistente à época dos fatos denunciados), como infração penal antecedente, pela invocação da Convenção de Palermo. Incidência, no caso, do postulado da reserva constitucional absoluta de lei em sentido formal (CF, art. 5º, inciso XXXIX). Matéria constitucionalmente sujeita à reserva de Parlamento. Doutrina. Precedentes. Inadmissibilidade, de outro lado, de considerar-se o crime de formação de quadrilha como equiparável ao delito de organização criminosa para efeito de repressão estatal ao crime de lavagem de dinheiro cometido antes do advento da Lei nº 12.683/2012 e da Lei nº 12.850/2013. Subsistência parcial da acusação penal, no caso, apenas quanto ao delito de lavagem de dinheiro, cujo ilícito antecedente, tal como descrito na denúncia, corresponda aos crimes contra Administração Pública (Lei nº 9.613/98, art. 1º, inciso V). Recurso ordinário parcialmente provido. ***STF, RHC 130.738/DF, Rel. Min. Celso de Mello. 1º.07.2016. (Info 837)***

- **INQUÉRITO: CORRUPÇÃO PASSIVA E LAVAGEM DE DINHEIRO.** O Plenário recebeu, parcialmente, denúncia oferecida contra deputado federal, presidente da Câmara dos Deputados, pela suposta prática dos crimes de corrupção passiva (CP, art. 317, "caput" e § 1º, c/c art. 327, §§ 1º e 2º) e lavagem de dinheiro (Lei 9.613/1998, art. 1º, V, VI e VII, com redação anterior à Lei 12.683/2012). (...) A materialidade e os indícios de autoria relativos aos crimes de lavagem de dinheiro, elementos básicos para o recebimento da denúncia, também se encontrariam presentes. Depoimento prestado pelo lobista no âmbito de colaboração premiada indicaria que, para operacionalizar suposto pagamento de parte da propina ao deputado, teriam sido transferidos valores de sua conta na Suíça. Ainda sobre entregas de valores para o acusado, outro réu investigado no âmbito da "Operação Lava Jato" confirmara que teriam sido realizadas em espécie. Outros elementos probatórios apontariam para operação destinada ao pagamento de propina ao deputado, realizada entre 21 de dezembro de 2011 e 30 de outubro de 2012, por meio de suposta simulação de contratos de prestação de serviços de consultoria. Haveria, ainda, repasse ao acusado mediante simulações de contratos de mútuo. O parlamentar requerera, também, doações a determinada igreja como forma de saldar parte das quantias supostamente a ele devidas, além de pagamento em horas voo mediante fretamento de táxi aéreo. ***STF, Inq 3983/DF, rel. Min. Teori Zavascki, 2 e 3.2016. Pleno. (Info 816)***

- **AP 470/MG: EMBARGOS INFRINGENTES.** O Plenário concluiu o julgamento conjunto de embargos infringentes opostos de decisões não unânimes em ação penal, que tiveram o mínimo de quatro votos pela absolvição. Nas decisões embargadas, os réus foram condenados pela prática de esquema a abranger, dentre outros crimes, peculato, lavagem de dinheiro, corrupção ativa, formação de quadrilha e gestão fraudulenta – v. Informativos 736 e 737. O Colegiado, por maioria, acolheu os embargos para absolver então parlamentar da condenação pelo delito de lavagem de dinheiro [Lei 9.613/1998: *Art. 1º. Ocultar ou dissimular a natureza, origem, localização, disposição, movimentação ou propriedade de bens, direitos ou valores provenientes, direta ou indiretamente, de infração penal. Pena: reclusão, de 3 (três) a 10 (dez) anos, e multa*]. Prevaleceu o voto do Ministro Roberto Barroso. O Ministro considerou que o delito antecedente à suposta lavagem, pelo qual condenado o embargante, tipificado no art. 317 do CP [*Solicitar ou receber, para si ou para outrem, direta ou indiretamente, ainda que fora da função ou antes de assumi-la, mas em razão dela, vantagem indevida, ou aceitar promessa de tal vantagem: Pena – reclusão, de 2 (dois) a 12 (doze) anos, e multa*], constituiria tipo misto alternativo, e consumar-se-ia com a solicitação, recebimento ou aceitação de vantagem indevida. Reputou não ser compatível com o teor do citado dispositivo a qualificação do recebimento da vantagem como ato posterior ao delito. Afirmou que, ao contrário, todo recebimento pressuporia aceitação prévia, ainda que ambas as ações ocorressem em momentos imediatamente sucessivos. Ponderou que a referência, no tipo penal, ao ato de aceitação, bastaria para a configuração da conduta, mesmo que inexistente prova de que o corrompido tivesse recebido a vantagem. Entretanto, asseverou que nos casos em que existente a prova, seria artificial considerar o ato de entrega como posterior à corrupção, menos ainda para o fim de se pretender caracterizar a ocorrência de novo crime. Nesse sentido, frisou que **o recebimento por modo clandestino e capaz de ocultar o destinatário da propina, além de esperado, integraria a materialidade da corrupção passiva, e não constituiria ação autônoma de lavagem de capitais. Consignou que, para se caracterizar esse delito, seria necessário identificar atos posteriores, destinados a colocar a vantagem indevida na economia formal. Registrou que os atos supostamente configuradores do crime de lavagem, consistentes no saque de valores em espécie por interposta pessoa, seriam componentes consumativos da corrupção passiva.** Acresceu, ainda, que o embargante não teria ciência da origem ilícita dos recursos, pois não teria sido denunciado pelo crime de quadrilha, e sequer teria integrado o denominado *núcleo político. STF, AP 470 EI-Sextos/MG, rel. orig. Min. Luiz Fux, red. p/ o acórdão Min. Roberto Barroso, 13.3.2014. Pleno. (Info 738)*

✦ *SUPERIOR TRIBUNAL DE JUSTIÇA*

- **AP 470/MG: EMBARGOS DE DECLARAÇÃO.** No que pertine ao crime de lavagem de dinheiro, o Plenário ressaltou que a prática de fraudes contábeis e, sobretudo, a ocultação dos verdadeiros sacadores dos valores repassados por determinado núcleo financeiro constituiriam importantes etapas desse delito. Entendeu-se que, mesmo considerada apenas a simulação de empréstimos, não haveria incompatibilidade entre o delito de gestão fraudulenta e o de lavagem de dinheiro. Outrossim, a Corte frisou que os crimes de lavagem de dinheiro e de gestão fraudulenta não se caracterizariam apenas pela realização do empréstimo simulado. Recordou-se que o crime de lavagem de dinheiro se materializara mediante outras etapas, como a prática de fraudes contábeis e a ocultação dos verdadeiros proprietários e sacadores dos vultosos valores. Pontuou-se que, ainda que se considerasse apenas a etapa da lavagem de dinheiro consistente na simulação de empréstimos, ainda assim, não haveria incompatibilidade com o delito de gestão fraudulenta de instituição financeira. Ademais, consignou-se a incidência da regra do concurso formal. Frisou-se que a Corte teria concluído que o embargante, ao atuar dolosamente na simulação de empréstimos, com manifesta infringência das normas que regem a matéria, teria incorrido tanto no crime de gestão fraudulenta de instituição financeira quanto no de lavagem de dinheiro, em especial porque os ilícitos decorreriam de desígnios autônomos. *STF, AP 470 ED – décimos terceiros/MG, rel. Min. Joaquim Barbosa, 21.8.2013. Pleno. (Info 716)*

- **PECULATO. CONFIGURAÇÃO. RECEPTAÇÃO QUALIFICADA. *EMENDATIO LIBELLI.* DENÚNCIA.** Para o Min. Relator, os fatos narrados na denúncia, a saber, que o recebimento pelo denunciado de depósito em cheque diretamente na sua conta-corrente, valores que eram resultantes de crime de peculato para o financiamento de campanha eleitoral de seu irmão, são insuficientes para a configuração do tipo penal de lavagem de dinheiro, uma vez que **a tipicidade nesse caso reclama também a existência de um contexto capaz de evidenciar que o agente realizou tais ações com a finalidade específica de ocultar ou dissimular a utilização desses bens, direitos ou valores.** *STJ, APn 472-ES, Rel. Min. Teori Albino Zavascki, j. 1º/6/2011. 1ª T. (Info 475)*

3. QUESTÕES DE CONCURSOS

1. **(FCC/SEFAZ-PE/Julgador Administrativo Tributário do Tesouro Estadual/2015)** Sobre o crime de lavagem de dinheiro, é correto afirmar que a Lei no 9.613/1998:

a) definiu que a troca de bens de igual valor não gera a prática do crime, pois os crimes têm como elemento essencial a obtenção de lucro.

b) deu causa, face à revogação do rol de crimes antecedentes, ao fenômeno da *abolitio criminis*, quanto às condutas ali previstas.

c) proibiu o recebimento pelo profissional liberal de valores ilícitos, em face da prestação de serviços efetivada, mesmo que não tenha dolo.

d) permitiu o reconhecimento do crime de lavagem de dinheiro, quaisquer que sejam os crimes antecedentes dos quais resultem os ativos.

e) definiu que a importação e a exportação de bens com valores irreais apenas atingem a sonegação fiscal correspondente ao tributo sonegado, não caracterizando o crime de lavagem.

2. (FCC/SEFAZ-PE/Julgador Administrativo Tributário do Tesouro Estadual/2015) Em relação à delação premiada, a Lei dos Crimes de Lavagem de Dinheiro definiu que:

a) a substituição da pena pode ser feita mesmo após a prolação da sentença.

b) a redução da pena poderá ser efetivada no patamar de um terço a quarto quintos.

c) a pena fixada em regime inicial fechado não pode ser substituída.

d) o magistrado não pode deixar de aplicar a pena, diante da natureza do crime.

e) o benefício pode ser concedido, caso o agente se retrate em juízo das informações prestadas.

3. (VUNESP/PC-CE/Escrivão de Polícia Civil/2015) No que concerne ao crime de "lavagem" ou ocultação de bens, direitos e valores, da Lei no 9.613/98,

a) só se configura após o trânsito em julgado da condenação pelo crime que gerou o recurso ilícito (crime antecedente).

b) a pena será aumentada se o crime for cometido de forma reiterada.

c) admite-se a responsabilização criminal penal da pessoa jurídica.

d) pune-se a tentativa com a mesma pena do crime consumado.

e) a colaboração espontânea do coautor ou partícipe, ainda que efetiva e frutífera, não lhe reduzirá pena.

4. (VUNESP/TJ-PA/Juiz de Direito/2014) Recentemente o Supremo Tribunal Federal julgou os embargos infringentes na conhecida Ação Penal 470 – Caso do Mensalão. De forma sintética, com relação ao crime de lavagem de dinheiro foi firmado, por maioria de votos, o entendimento segundo o qual:

a) receber propina não é ato autônomo posterior ao delito de corrupção passiva, não existindo a autonomia exigida para a tipificação do crime de lavagem de dinheiro.

b) a lavagem de dinheiro é um crime material e, assim, para a tipificação do delito seria necessária à ocorrência do resultado lesivo, o que não aconteceu no caso concreto.

c) o ato de receber propina sucede o delito de corrupção passiva, existindo, dessa forma, a autonomia exigida para a tipificação do crime de lavagem de dinheiro.

d) a condenação pelo crime de lavagem de dinheiro deve ser mantida com fundamento na teoria do domínio do fato.

e) todo ato de recebimento de propina por funcionários públicos pressupõe aceitação prévia e clandestinidade, restando evidenciada a autonomia do crime de lavagem de dinheiro.

5. (CESPE/BACEN/Procurador/2013 – adaptada) Para a configuração do crime de lavagem ou ocultação de valores, é imprescindível o especial elemento subjetivo, sob pena de exclusão da tipicidade.

6. (CESPE/BACEN/Procurador/2013 – adaptada) O recebimento de dinheiro em espécie que o réu saiba ser de origem criminosa, mediante mecanismos de ocultação e dissimulação da natureza, origem, localização, destinação e propriedade dos valores, com auxílio dos agentes envolvidos no pagamento do dinheiro, caracteriza crime contra o sistema financeiro nacional.

7. (PGR/Procurador da República/2013 – adaptada) O § 4º, do art. 1º, da Lei nº 9.613/1998, foi alterado pela Lei nº 12.683/2012, passando a prever a causa de aumento de pena de um a dois terços se os crimes definidos naquele diploma legal forem cometidos de forma reiterada ou por intermédio de organização criminosa.

8. **(PGR/Procurador da República/2013 – adaptada)** O art. 1º, *caput*, da Lei nº 9.613/1998, foi alterado pela Lei nº 12.683/2012, que suprimiu o rol taxativo de crimes antecedentes pela referência genérica a infração penal, com exceção das contravenções e da sonegação fiscal.

9. **(VUNESP/TJ-SP/Advogado/2013)** Nos termos da Lei nº 9.613/1998, a qual versa sobre delitos de lavagem ou ocultação de bens, direitos e valores, configura crime ocultar ou dissimular a natureza, origem, localização, disposição, movimentação ou propriedade de bens, direitos ou valores provenientes, direta ou indiretamente, de:

a) qualquer infração penal.

b) terrorismo e de seu financiamento, somente.

c) contrabando ou tráfico de armas, munições ou material destinado à sua produção, somente.

d) crime praticado por organizações criminosas, somente.

e) tráfico ilícito de substâncias entorpecentes ou drogas afins, somente.

10. **(CESPE/TRF3/Juiz Federal/2013 – adaptada)** O *dolo eventual*, modalidade admissível para o crime de *lavagem de dinheiro*, segundo julgados recentes do STF, não é suficiente para a tipicidade nos crimes de receptação qualificada e de denunciação caluniosa.

11. **(CESPE/DPF/Delegado de Polícia/2013)** O crime de lavagem de capitais, delito autônomo em relação aos delitos que o antecedam, não está inserido no rol dos crimes hediondos.

12. **(MPE-SP/Promotor de Justiça/2013)** Segundo a Lei da Lavagem de Dinheiro e Ocultação de Bens, Direitos e Valores, a delação premiada nos crimes nela descritos NÃO possui o efeito de:

a) diminuir a pena do autor na fração de um a dois terços.

b) permitir que o juiz deixe de aplicar a pena ou possa substituí-la por restritiva de direitos.

c) permitir que o partícipe repatrie o dinheiro enviado ao exterior, pagando as multas e os impostos devidos.

d) diminuir a pena do partícipe na fração de um a dois terços.

e) permitir que o juiz determine o cumprimento da pena em regime aberto.

13. **(FMP-RS/MPE-AC/Analista Processual/2013)** Assinale a alternativa correta.

a) O crime de lavagem de dinheiro somente se configura, se a infração antecedente constituir crime.

b) Os crimes contra a ordem tributária são passíveis de constituírem crime antecedente do crime de lavagem de dinheiro.

c) O crime de lavagem de dinheiro possui modalidades dolosas e culposas.

d) A ocultação de propriedade de bens, direitos ou valores somente configura crime de lavagem de dinheiro, quando for proveniente de crime de forma direta.

e) O crime de lavagem de dinheiro somente será possível, quando o crime anterior tiver pena igual ou superior à pena do crime de lavagem.

14. **(MPE-SC/Promotor de Justiça/2013)** Ocultar ou dissimular a natureza, origem, localização, disposição, movimentação ou propriedade de bens, direitos ou valores provenientes, direta ou indiretamente, de contravenção penal não caracteriza crime de lavagem, na forma descrita na Lei nº 9.613/98.

15. **(CESPE/TJ-RO/Analista Judiciário/2012 – adaptada)** A tentativa de praticar crimes de lavagem de dinheiro é sancionada, por disposição legal expressa, com as mesmas penas aplicadas ao delito consumado.

16. **(CESPE/TJ-RO/Analista Judiciário/2012 – adaptada)** É crime ocultar ou dissimular a natureza, origem, localização, disposição, movimentação ou propriedade de bens, direitos ou valores provenientes, direta ou indiretamente, de infração penal, sendo a pena referente a esse crime aumentada de um a dois terços, caso tenha sido cometido de forma reiterada ou por intermédio de organização criminosa.

17. **(CESPE/TJ-RO/Analista Judiciário/2012 – adaptada)** O julgador é expressamente autorizado a reduzir a pena de um a dois terços, deixar de aplicá-la ou, ainda, substituí-la por pena restritiva de direitos, se o autor, o coautor ou o partícipe colaborar com as autoridades, prestando esclarecimentos que conduzam à apuração das infrações penais, à identificação dos autores, coautores e partícipes, ou à localização dos bens, direitos ou valores objeto do crime, contanto que o faça até a prolação da sentença.

18. **(CESPE/TJ-RO/Analista Judiciário/2012 – adaptada)** A pena destinada à pessoa que oculta ou dissimula a utilização de bens, direitos ou valores provenientes de infração penal aplica-se, também, à pessoa que participa de grupo, associação ou escritório, realizando atividade principal ou secundária dirigida à prática de crimes de lavagem de dinheiro.

19. **(CESPE/DPE-ES/Defensor Público/2012)** A caracterização do crime de lavagem de dinheiro, de acordo com o que preconiza a lei de regência, depende da natureza patrimonial dos crimes antecedentes e da presença do *animus lucrandi.*

20. **(FUNCAB/PC-RJ/Delegado de Polícia/2012 – adaptada)** A figura de lavagem de capitais é caracterizada pela ocultação ou dissimulação da origem, da localização, da disposição, da movimentação ou da propriedade dos valores respectivos, provenientes, direta ou indiretamente, de qualquer infração penal.

21. **(FUNCAB/PC-RJ/Delegado de Polícia/2012 – adaptada)** Se reconhecido que Oto praticou o crime de lavagem de capitais, resta excluída sua participação no crime de concussão.

22. **(FUNCAB/PC-RJ/Delegado de Polícia/2012 – adaptada)** O tipo de lavagem de dinheiro não reclama nem o êxito definitivo da ocultação ou dissimulação, visado pelo agente, nem o vulto e a complexidade dos exemplos de requintada "engenharia financeira" transnacional.

23. **(MPE-PR/Promotor de Justiça/2016 - adaptada)** Os crimes de "lavagem" ou ocultação de bens, direitos e valores, previstos na Lei n. 9.613/1998, admitem a forma tentada.

24. **(CESPE/TCE-PA/Auditor de Controle Externo/2016)** Em crimes de lavagem de dinheiro, dada a natureza do delito praticado, é incabível a tentativa.

25. **(MPE-SC/Promotor de Justiça/2016)** Nos crimes de "lavagem" ou ocultação de bens, direitos e valores, previstos na Lei n. 9.613/98 (Lavagem de Dinheiro), incorre nas mesmas penas quem participa de escritório tendo conhecimento de que sua atividade principal ou, até mesmo secundária, é dirigida à prática de crimes previstos na supramencionada legislação repressiva.

26. **(CESPE/DPU/Defensor Público/2017 – adaptada)** Em assalto a uma agência bancária, Lúcio conseguiu alta monta financeira. Com parte do dinheiro, ele comprou imóvel em nome próprio, tendo declarado na escritura de compra e venda valor inferior ao que foi efetivamente pago pelo imóvel. Em seguida, Lúcio vendeu o bem pelo valor de mercado, o que tornou lícito o proveito econômico do crime praticado.

    Acerca dessa situação hipotética, julgue o item seguinte à luz da legislação e da doutrina pertinentes à lavagem de dinheiro e à extinção de punibilidade.

    De acordo com o STF, Lúcio somente poderá ser processado e julgado pelo crime de roubo, pois o direito penal brasileiro não admite o crime de autolavagem — quando o autor do crime antecedente pratica também a lavagem de capitais —, por entender que esse seria um caso de mero exaurimento do fato antecedente.

27. **(FMP Concursos/MPE-RO/Promotor de Justiça/2017 – adaptada)** O bem jurídico tutelado é a Administração Pública, segundo a corrente doutrinária preponderante no Brasil.

28. **(FMP Concursos/MPE-RO/Promotor de Justiça/2017 – adaptada)** Não é punível a autolavagem no Brasil, em razão do princípio ne bis in idem.

29. (FUNDATEC/PC-RS/Delegado de Polícia/2018) A respeito das condutas incriminadas pela Lei nº 9.613/1998, denominada Lei de Lavagem de Dinheiro, analise as assertivas que seguem:

I. De acordo com o entendimento atual do Supremo Tribunal Federal sobre a matéria, o crime de lavagem de bens, direitos ou valores, praticado na modalidade de ocultação, tem natureza de crime permanente, logo, a prescrição somente começa a contar do dia em que cessar a permanência.

II. O crime de lavagem de bens, direitos ou valores é composto por três fases: a colocação (*placement*), a ocultação (*layering*) e a integração (*integration*), devendo todas estarem configuradas para o enquadramento da conduta na figura criminosa.

III. A pena será aumentada de um a dois terços, quando forem constatadas várias transações financeiras, soma de grandes valores e, além disso, houver prova de que o sujeito integre organização criminosa.

Quais estão corretas?

a) Apenas I.

b) Apenas II.

c) Apenas III.

d) Apenas I e III.

e) I, II e III.

30. (TRF3/Juiz Federal Substituto/2018) Assinale a alternativa CORRETA:

a) O processo e julgamento do crime de lavagem de dinheiro prescinde da existência da infração penal antecedente.

b) O crime de lavagem de dinheiro caracteriza-se pela ocorrência de crime antecedente expressamente previsto na lei específica.

c) O processo de lavagem de dinheiro é composto por, pelo menos, três fases: ocultação, dissimulação e integração.

d) A legislação brasileira exige a completude do ciclo de lavagem para que se caracterize o crime de lavagem de capitais.

31. (CESPE/DPF/Perito Criminal Federal/2018) O crime de lavagem de capitais ou ocultação de bens, direitos e valores não é admitido na modalidade tentada.

32. (CESPE/ABIN/Oficial Técnico de Inteligência/2018) João integra conhecida organização criminosa de âmbito nacional especializada em tráfico de drogas e lavagem de dinheiro. Com o objetivo de tornar legal o dinheiro obtido ilicitamente, ele convenceu Pedro e Jorge, conselheiros fiscais de uma cooperativa de mineradores que atuam na região Norte do país, a modificar valores obtidos em uma mina de ouro. Pedro, sem conhecer a fundo a origem dos valores, concordou em fazer a transação. Antes de concluí-la, entretanto, ele desistiu da ação, e tentou convencer Jorge a fazer o mesmo. Tendo Jorge decidido prosseguir no esquema, Pedro, então, fez uma denúncia sigilosa à polícia, que passou a investigar o fato e reuniu elementos necessários ao indiciamento dos envolvidos. Antes que concretizasse a ação final de registro de valores, Jorge foi impedido pela polícia, que o prendeu em flagrante.

Acerca dessa situação hipotética, julgue o item subsequente.

Em relação ao crime de lavagem de dinheiro, a pena de João poderá ser aumentada de um a dois terços, em razão de o crime ter sido cometido por intermédio de organização criminosa.

GAB	1	2	3	4	5	6	7	8	9	10	11	12	13	14	15	16
	D	A	B	A	C	E	C	E	A	E	C	C	B	E	E	C
	17	18	19	20	21	22	23	24	25	26	27	28	29	30	31	32
	E	E	E	C	E	C	C	E	C	E	E	E	A	C	E	C

CAPÍTULO II – DISPOSIÇÕES PROCESSUAIS ESPECIAIS

Art. 2º O processo e julgamento dos crimes previstos nesta Lei:

I – obedecem às disposições relativas ao procedimento comum dos crimes punidos com reclusão, da competência do juiz singular;

II – independem do processo e julgamento das infrações penais antecedentes, ainda que praticados em outro país, cabendo ao juiz competente para os crimes previstos nesta Lei a decisão sobre a unidade de processo e julgamento; (Redação dada pela Lei nº 12.683, de 2012)

III – são da competência da Justiça Federal:

a) quando praticados contra o sistema financeiro e a ordem econômico-financeira, ou em detrimento de bens, serviços ou interesses da União, ou de suas entidades autárquicas ou empresas públicas;

b) quando a infração penal antecedente for de competência da Justiça Federal. (Redação dada pela Lei nº 12.683, de 2012)

§ 1º A denúncia será instruída com indícios suficientes da existência da infração penal antecedente, sendo puníveis os fatos previstos nesta Lei, ainda que desconhecido ou isento de pena o autor, ou extinta a punibilidade da infração penal antecedente. (Redação dada pela Lei nº 12.683, de 2012)

§ 2º No processo por crime previsto nesta Lei, não se aplica o disposto no art. 366 do Decreto-Lei nº 3.689, de 3 de outubro de 1941 (Código de Processo Penal), devendo o acusado que não comparecer nem constituir advogado ser citado por edital, prosseguindo o feito até o julgamento, com a nomeação de defensor dativo. (Redação dada pela Lei nº 12.683, de 2012)

1. COMENTÁRIOS

1.1. Competência para julgamento

1.1.1. Critérios para definição de competência

A definição do juízo competente é realizada com lastro em critérios, que pode ser: (i) material (a competência é fixada a partir do exame de elementos e de circunstâncias em torno da infração penal, do conteúdo do da pretensão punitiva); ou (ii) funcional (a competência é estabelecida a partir da verificação de elementos que compõem a estrutura do processo penal).

A competência funcional se triparte conforme: (i) a fase processual; (ii) o objeto do juízo; ou (iii) o grau de jurisdição.

A competência material se divide de acordo com: (i) a matéria submetida a julgamento (*ratione materiae*); (ii) a qualidade do sujeito ativo do delito (*ratione personae*); ou (iii) o lugar da infração penal (*ratione loci*).

Os critérios apontados não são necessariamente exclusivos, podendo haver combinação para a definição do juízo competente. Dessa maneira, cometido delito de lavagem de dinheiro, teremos, em linha de princípio, definida a competência para seu processamento e julgamento perante juízo singular. No entanto, caso o sujeito ativo do delito (acusado) seja autoridade pública detentora de prerrogativa de função, incidirá o critério material em razão da pessoa (ou da função do agente), estabelecendo-se a competência para julgamento no tribunal correspondente.

De acordo com o STF, "a delação de autoridade com prerrogativa de foro atrai a competência do tribunal competente para a homologação e, em consequência, do órgão do

Ministério Público respectivo". Entendendo dessa forma, e verificando a incompetência do juízo, a sua Segunda Turma, por maioria, concedeu ordem de habeas corpus "para determinar o trancamento de inquérito instaurado perante o STJ em desfavor de governador". No caso, a investigação foi instaurada para apurar a suposta prática de crimes de corrupção passiva, lavagem de dinheiro e falsidade ideológica eleitoral". O aludido "trancamento" deve significar arquivamento, com reconhecimento de nulidade absoluta e supressão de qualquer efeito jurídico (invalidação). Para tanto, aquele Colegiado considerou que "o procedimento investigatório foi inaugurado com base em depoimentos colhidos em sede de colaboração premiada celebrada com o Ministério Público estadual e homologada pelo respectivo juízo". Eis o vício de competência, na origem da investigação preliminar. Daí ter a Turma asseverado "que, nos termos da lei, o acordo de colaboração premiada deve ser remetido ao juiz para homologação, o qual deverá verificar sua regularidade, legalidade e voluntariedade. Muito embora a lei fale apenas em juiz, é possível que a homologação de delações seja da competência de tribunal" [30]. As regras sobre competência estão fundadas na Constituição de 1988, especialmente aquelas que dispõem sobre as matérias a serem julgadas pelos tribunais e juízes federais (art. 109).

O Código de Processo Penal, por sua vez, contém regras que estampam critérios para definição do juiz competente, para dirimir conflito de competência, para resolver problemas de conexão e de continência, bem como para estabelecer soluções contra eventual lacuna ou ausência de critérios, a exemplo da regra de encerramento (subsidiária), denominada prevenção.

1.1.2. Competência para julgar o crime de lavagem de dinheiro

O crime de lavagem de dinheiro poderá ser julgado perante a justiça federal ou a justiça estadual.

Em regra, a competência é do juiz de primeiro grau de jurisdição, singular. É possível a formação de órgão colegiado de primeiro grau de jurisdição, mediante decisão fundamentada do juiz natural da causa, quando presentes os requisitos da Lei nº 12.694/2012.

Como é cediço, a competência residual criminal é da justiça estadual.

Somente incidirá a competência do juiz federal para processar e julgar crime de lavagem de dinheiro, quando cabível a aplicação de alguma hipótese prevista no rol taxativo do art. 109, da Constituição de 1988.

A estrutura do crime de lavagem de dinheiro contém situação de conexão teleológica (objetiva ou finalista), haja vista que se cuida de delito cometido, em certa medida, com intuito de facilitar ou ocultar a infração penal antecedente, ou conseguir impunidade ou vantagem em relação a qualquer delas (art. 76, II, CPP).

De tal sorte, a qualidade da infração penal antecedente pode repercutir no julgamento do crime de lavagem de capitais, ou seja, se a infração penal antecedente for de competência de

30. STF – Segunda Turma – HC 151605/PR – Rel. Min. Gilmar Mendes – julgamento em 20.3.2018 – Informativo 895, de 19 a 30 de março de 2018.

juiz federal (art. 109, CF), também o será a lavagem de bens, direitos ou valores provenientes daquele primeiro delito. A alínea "b", do inciso III, do art. 2º, da Lei nº 9.613/1998, é explícita nesse sentido, realçando competir à Justiça Federal o processamento e o julgamento do crime de lavagem de dinheiro "quando a infração penal antecedente for de competência da Justiça Federal" (redação dada pela Lei nº 12.683/2012).

Na hipótese, há interesse federal apto a tratar a lavagem de dinheiro como um crime federal. O liame com a infração antecedente, especificamente com o produto dessa infração, esclarece a competência para julgar o delito remetido de lavagem.

Cabível sublinhar que o juiz federal não julga contravenção penal, razão pela qual não deve ser ela considerada, como delito antecedente, para fins de definição da competência da justiça federal para julgar o crime de lavagem de capitais. Como aponta Gustavo Badaró, a terminologia adotada na nova redação da alínea "b", do inciso III, do art. 2º, da Lei nº 9.613/1998, "substituindo a expressão 'o crime' por 'a infração penal'", é desnecessária e equivocada, "na medida em que a Justiça Federal não tem competência para julgar contravenções penais, mas apenas crimes" [31].

A única possiblidade de julgamento de contravenção penal pela Justiça Federal é a que pode ocorrer no âmbito do Tribunal Regional Federal, a exemplo de quando a contravenção penal antecedente for imputada a alguém detentor de foro por prerrogativa de função naquele tribunal.

Novidade maior fica por conta da alínea "a", do mesmo inciso III, do art. 2º, da Lei de Lavagem. Afirma ser competência da Justiça Federal os crimes de branqueamento de capitais perpetrados "contra o sistema financeiro e a ordem econômico-financeira, ou em detrimento de bens, serviços ou interesses da União, ou de suas entidades autárquicas ou empresas públicas".

Diante dessa disposição e de se tratar o crime de lavagem de dinheiro um delito que tem como bem jurídico tutelado a ordem socioeconômica (e financeira), cabe indagar: há delito de lavagem de dinheiro de competência da justiça estadual?

A resposta é afirmativa. O enunciado que estatui ser de competência da Justiça Federal julgar crimes de lavagem que tenham delito antecedente ofensivo a interesse federal já é indicativo dessa conclusão. No STJ, aliás, decisões recentes ratificam a competência da justiça estadual (residual), para julgar determinados crimes de lavagem de capitais[32].

O simples fato da lavagem de dinheiro ser crime que afeta a "ordem socioeconômica" (bem jurídico tutelado) não o torna delito tópica e legalmente classificado como "contra o sistema financeiro e a ordem econômico-financeira". É necessária previsão clara no sentido se ser o crime dessa classe, bem como indicação específica de que compete à Justiça Federal julgá-los.

31. BADARÓ, Gustavo Henrique; BOTTINI, Pierpaolo Cruz. *Lavagem de dinheiro*: aspectos penais e processuais penais: comentários à Lei 9.613/1998, com as alterações da Lei 12.683/2012. 2. ed. São Paulo: RT, 2013. p. 211-212.

32. STJ – Quinta Turma – RHC 39.864/MG – Relator: Ministro Reynaldo Soares da Fonseca – julgado em 27/10/2015, DJe 04/11/2015.

Não é suficiente a existência de uma cláusula genérica, como fez a aludida alínea, da Lei de Lavagem de Capitais.

Os crimes contra o sistema financeiro são os tipificados no diploma específico, a Lei nº 7.492/1986, cujo art. 26, prevê especificamente que a ação penal, nos crimes nela previstos, será promovida pelo Ministério Público Federal, perante a Justiça Federal. De tal modo, se a infração penal antecedente estiver capitulada naquele texto legal, haverá incidência da competência da Justiça Federal.

Essa conclusão é depreendida da dicção do inciso VI, do art. 109, da Constituição de 1988.

Nas suas palavras, compete ao juiz federal processar e julgar "os crimes contra a organização do trabalho e, nos casos determinados por lei, contra o sistema financeiro e a ordem econômico-financeira". Observe-se que a Constituição impõe que aqueles casos sejam "determinados por lei". A sua dicção explicita que o autorizativo legal não pode ser genérico, porém específico, indicando o crime ou os crimes em espécie que devem ser de competência do juiz federal.

O art. 26, da Lei nº 7.492/1986 atendeu a esses pressupostos porque veiculado em seu próprio texto, bem como porque especificou os delitos em seu corpo.

O mesmo não se pode dizer da alínea "a", do inciso III, do art. 2º, da Lei nº 9.613/1998, com redação dada pela Lei nº 12.683/2012. Tal cláusula, excessivamente genérica, que declarou ser competência da justiça federal o julgamento dos crimes "contra o sistema financeiro e a ordem econômico-financeira, ou em detrimento de bens, serviços ou interesses da União, ou de suas entidades autárquicas ou empresas públicas", ofende o mencionado inciso VI, do art. 109, da CF/1988, que determina a especificação dos casos por lei.

Veja-se o dispositivo criticado não adota como critério, para a definição da competência da Justiça Federal, a qualidade do crime antecedente. O foco é no próprio delito de lavagem que há de ser realizado contra o sistema financeiro e a ordem econômica financeira.

Advogamos a tese de que aquela previsão, demasiadamente aberta, também não guarda compatibilidade com o princípio da proporcionalidade.

Nos termos como proposto o enunciado, finda por autorizar entendimento (equivocado, frise-se) de que, além de todos os crimes de lavagem de dinheiro, também aqueles tipificados na Lei nº 8.137/1990 (define crimes contra a ordem econômica e cria o Sistema de Estoques de Combustíveis), na Lei nº 8.176/1991 (define crimes contra a ordem tributária, econômica e contra as relações de consumo) e na Lei nº 12.529/2011 (estrutura o Sistema Brasileiro de Defesa da Concorrência, bem como dispõe sobre a prevenção e repressão às infrações contra a ordem econômica) estariam abarcados pela competência da Justiça Federal.

Cabível concluir que, conquanto haja disposição genérica da supradita alínea "a", do inciso III, do art. 2º, da Lei de Lavagem de Capitais, a competência da Justiça Federal para processar e julgar os crimes de lavagem de capitais cometidos em desfavor do sistema financeiro e da ordem econômico-financeira só terá aplicação se existir, no correspondente diploma legal incriminador, enunciado especificando os casos abrangidos.

Anote-se, por fim, que a parte final da mesma alínea "a", do inciso III, do art. 2º, da Lei nº 9.613/1998, traz reprodução desnecessária do texto constitucional, quando aviva ser de competência da Justiça Federal o julgamento dos delitos de lavagem de dinheiro cometidos "em detrimento de bens, serviços ou interesses da União, ou de suas entidades autárquicas ou empresas públicas".

Decerto, basta ao aplicador o enunciado do inciso IV, do art. 109, da CF/1988, sendo supérfluo e redundante que o legislador ordinário pretenda ampliar ou restringir, indevidamente, o rol fechado daquele dispositivo. Confira-se, a propósito, a suficiência da aludida redação da Constituição: "IV – os crimes políticos e as infrações penais praticadas em detrimento de bens, serviços ou interesse da União ou de suas entidades autárquicas ou empresas públicas, excluídas as contravenções e ressalvada a competência da Justiça Militar e da Justiça Eleitoral".

1.1.3. Criação de varas especializadas para processar e julgar crimes de lavagem de capitais

É admissível a especialização de varas, sejam federais ou estaduais, para julgar os delitos de lavagem de dinheiro de sua competência. No âmbito da Justiça Federal, tem se entendido que atos normativos exarados pelo Conselho de Justiça Federal são aptos a realizar a especialização de varas, consoante regras estabelecidas em resolução.

Na Justiça Federal é mais comum ser criada vara especializada para processar e julgar crimes de lavagem de dinheiro e contra o sistema financeiro, diante do maior número de demandas de delitos de lavagem de capitais que afetam interesse federal.

Na esfera da Justiça Estadual, acompanha-se a criação, por lei do respectivo estado-membro, de varas especializadas para processar e julgar crimes imputados a organizações criminosas.

1.2. Procedimento aplicável

O parâmetro para definir a competência dos crimes de lavagem de dinheiro é o mesmo do Código de Processo Penal, gizado no § 1º, do seu art. 394. Em outras palavras, a fixação do rito deve se basear pela pena máxima abstrata prevista para o crime.

Tratando-se de pena máxima abstrata igual ou superior a quatro anos, o processamento do crime deve seguir o procedimento comum ordinário. É o que se dá com os delitos de lavagem. Ainda que aplicada a redução da tentativa, em sua proporção mínima (um terço), a pena máxima em tese do delito de branqueamento de capitais será superior a quatro anos.

Note-se que eventual cumulação com a causa de diminuição gizada no § 5º, do art. 1º, da Lei nº 9.613/1998, é de difícil aplicação em termos abstratos para autorizar concluir que a pena máxima abstrata do crime de lavagem de dinheiro tentado será inferior a quatro anos. Caso fosse isso possível, o rito seria definido como comum sumário.

De todo modo, o cálculo em tese da pena máxima deve considerar regras de concursos de crime (material e formal), continuação delitiva e outras causas incidentes que tenham o condão de diminuir ou majorar a pena abstrata cominada a alguma das infrações penais.

A teor do inciso I, do art. 2º, da legislação ora analisada, o processo e julgamento dos crimes de lavagem de bens, direitos e valores, devem obedecer "às disposições relativas ao procedimento comum dos crimes punidos com reclusão, da competência do juiz singular". Segue-se, assim, o procedimento traçado a partir do art. 395, do Código de Processo Penal.

Logicamente, se o agente for detentor de cargo, mandato ou função que lhe confira prerrogativa de função, o procedimento a ser seguido será aquele ditado para o julgamento de ações penais condenatórias originárias nos tribunais (Lei nº 8.038/1990).

Por último, cabe frisar o inciso II, do art. 2º, da Lei nº 9.613/1998, averba que o processamento e julgamento pelo crime de lavagem de dinheiro "independem do processo e julgamento das infrações penais antecedentes, ainda que praticados em outro país". Do mesmo modo que a imputabilidade do sujeito ativo da infração penal antecedente é irrelevante para obstar a persecução penal da lavagem de dinheiro (acessoriedade limitada), também não é óbice ao processamento do crime de branqueamento de capitais o fato do ilícito penal ter sido cometido no exterior. De todo modo, exige-se que o fato antecedente seja tipificado como delito no Brasil, assim como no território estrangeiro onde praticado.

Havendo possibilidade, o juiz deve ordenar a reunião de processos, fundamentando-se em conexão. No entanto, depois de sentenciado não será mais possível essa providência, ainda que pendente de trânsito em julgado.

Nesse diapasão deve ser interpretado o art. 82, do Código de Processo Penal, "se, não obstante a conexão ou continência, forem instaurados processos diferentes, a autoridade de jurisdição prevalente deverá avocar os processos que corram perante os outros juízes, salvo se já estiverem com sentença definitiva. Neste caso, a unidade dos processos só se dará, ulteriormente, para o efeito de soma ou de unificação das penas".

A parte final do inciso II, do art. 2º, da Lei nº 9.613/1998, sem conflitar com o apontado art. 82, do CPP, aviva que caberá ao juiz competente para processar e julgar os crimes previstos na Lei de Lavagem de Dinheiro, a decisão sobre a unidade de processo e julgamento.

1.3. Petição inicial e justa causa duplicada

A petição inicial deve descrever a imputação antecedente, ainda que esta não seja objeto a ser julgado pelo juiz processante da lavagem de bens. Todo o conteúdo afirmado na denúncia deve ser acompanhado de suporte probatório mínimo, inclusive no que toca ao delito precedente, o que a lei chama de "indícios suficientes da infração penal antecedente".

A descrição da petição inicial, nesse passo, deve se revestir de justa causa duplicada, eis que, em estado de asserção (*in status assertionis*), deve narrar fatos delituosos (infração penal antecedente e crime de lavagem), bem como deve lastrear aqueles com elementos de informação suficientes, mesmo que o processo apenas se destine ao processamento do crime de envio/remetido, que é o de lavagem de dinheiro.

Com efeito, em compasso com o § 1º, do art. 2º, da Lei nº 9.613/1998, com redação dada pela Lei nº 12.683/2012, "a denúncia será instruída com indícios suficientes da existência da infração penal antecedente". Sua parte final elucida que são puníveis os fatos previstos como lavagem de dinheiro, "ainda que desconhecido ou isento de pena o autor, ou extinta a punibilidade da infração penal antecedente".

1.4. Inaplicabilidade de suspensão condicional do processo e controle de constitucionalidade

Há controvérsia sobre a constitucionalidade do enunciado do § 2º, do art. 2º, da Lei nº 9.613/1998, hoje reeditado com texto conferido pela Lei nº 12.683/2012.

De acordo com seu teor, no processo por crime previsto nesta Lei, não se aplica o disposto no art. 366, do Código de Processo Penal, que assegura a suspensão do processo e do curso da prescrição em favor do acusado citado por edital que não comparecer, nem constituir advogado.

A parte derradeira do aludido § 2º do art. 2º, da Lei de Lavagem de Capitais, determina que o acusado que não comparecer nem constituir advogado deve ser citado por edital, bem como que deve prosseguir "o feito até o julgamento, com a nomeação de defensor dativo".

Isso significa impor ao acusado não somente a condição de revel (contumácia), mas também de lhe aplicar, ainda que parcialmente, alguns efeitos, em virtude de responder por suposto delito de lavagem. Restará prejudicado seu direito à ciência inequívoca da imputação, a exemplo do que se dá nos demais casos. Também dificultado estará o exercício do direito à ampla defesa, porquanto o réu perderá a oportunidade de realizar sua autodefesa de maneira eficaz, caso encontre o processo em fase recursal.

Veja-se que, no curso do procedimento, pode surgir fato novo desconhecido à época da denúncia que evidencie que o delito não deveria ter sido capitulado como de lavagem de dinheiro (*mutatio libelli*, art. 384, CPP) e que permita, em tese, a aplicação do art. 366, do CPP.

A nosso aviso, a vedação de sua incidência aos casos de lavagem de dinheiro ofende os princípios da isonomia, da proporcionalidade, da defesa ampla e do contraditório.

Gustavo Badaró compartilha da mesma posição, pontificando que o alijamento daquela regra, "não escapa, quer a um controle de constitucionalidade, quer a um controle de convencionalidade, neste último caso, seja em face da Convenção Americana de Direitos Humanos, seja do Pacto Internacional de Direitos Civis e Políticos. Assim sendo, deve lhe ser negada aplicação"[33].

1.5. Admissibilidade de fiança e liberdade provisória (revogação do art. 3º)

A revogação do art. 3º, da Lei nº 9.613/1998, pela Lei nº 12.683/2012, tornou evidente tanto o cabimento de arbitramento de fiança, como a concessão de liberdade provisória em favor de indiciado ou acusado por crime de lavagem de dinheiro. Chancela-se o estado de liberdade, bem como a conclusão de que este só deve se limitado se estiverem presentes os requisitos da prisão preventiva (art. 312, CPP).

---

33. BADARÓ, Gustavo Henrique; BOTTINI, Pierpaolo Cruz. *Lavagem de dinheiro*: aspectos penais e processuais penais: comentários à Lei 9.613/1998, com as alterações da Lei 12.683/2012. 2. ed. São Paulo: RT, 2013. p. 211-212.

2. QUESTÃO DE CONCURSOS

1. **(CESPE/DEPEN/Agente Penitenciário/2015)** Joana, condenada em 2005 por tráfico de drogas, na justiça federal, movimentou, em 2006 e 2007, por meio de transações bancárias eletrônicas, valores incompatíveis com sua atividade profissional e demais fontes de renda. Durante investigação, ficou comprovado que o dinheiro movimentado era proveniente do tráfico de drogas e que Joana ocultara e dissimulara a origem ilícita dos valores com o auxílio de seu irmão, dono de uma revenda de carros novos e usados. Demonstrou-se a materialidade da conduta ilícita a partir das informações fornecidas pela Receita Federal do Brasil e pelas instituições bancárias.

   Acerca dessa situação hipotética, julgue o próximo item com base na Lei nº 9.613/1998, que trata dos crimes de lavagem ou ocultação de bens, direitos e valores.

   O processo e julgamento dos crimes praticados por Joana são da competência da justiça estadual.

2. **(CESPE/BACEN/Procurador/2013 – adaptada)** Para a instauração da ação penal ou para o ato de recebimento da denúncia de crime de lavagem de dinheiro, faz-se necessária a certeza quanto aos crimes antecedentes, uma vez que a tipificação está atrelada aos bens, direitos ou valores ocultados provenientes, direta ou indiretamente, de um dos crimes antecedentes previstos em lei.

3. **(CESPE/TRF3/Juiz Federal/2013 – adaptada)** O princípio do *ne bis in idem* não impede a punição do autor do crime antecedente pelo concurso deste com a lavagem de dinheiro posterior, se ele dela participar, ao contrário do que ocorre nos casos de favorecimento real e receptação simples.

4. **(MPE-PR/Promotor de Justiça/2016 - adaptada)** O processo e julgamento dos crimes "lavagem" ou ocultação de bens, direitos e valores independem do julgamento da infração penal antecedente.

5. **(FUNCAB/PC-PA/Delegado de Polícia/2016 - adaptada)** O reconhecimento do delito de lavagem de dinheiro opera a absorção do crime anterior por este, em virtude do concurso aparente de normas.

6. **(FUNCAB/PC-PA/Delegado de Polícia/2016 - adaptada)** Somente responde por lavagem de dinheiro quem também foi autor do crime antecedente.

7. **(CESPE/TRT8/Analista Judiciário/2016 - adaptada)** No crime de lavagem ou ocultação de bens, direitos e valores, para se tipificar a conduta praticada, é necessário que os bens, direitos ou valores provenham de crime anterior e que o agente já tenha sido condenado judicialmente pelo crime previamente cometido.

8. **(CESPE/DPU/Defensor Público/2017)** Ricardo foi denunciado pela prática do crime de lavagem de capitais provenientes do tráfico internacional de drogas. Nessa situação, o crime de lavagem de capitais será processado e julgado pela justiça federal, haja vista a competência constitucional do crime antecedente.

9. **(FUMARC/PC-MG/Delegado de Polícia/2018 – adaptada)** A competência para o julgamento do delito de lavagem de dinheiro será da justiça federal.

10. **(FUMARC/PC-MG/Delegado de Polícia/2018 – adaptada) A denúncia deverá ser instruída com indícios suficientes da existência de infração penal antecedente.**

11. **(FUMARC/PC-MG/Delegado de Polícia/2018 – adaptada)** A persecução penal em juízo depende da comprovação, mediante sentença condenatória, de infrações penais antecedentes.

12. **(CESPE/DPF/Delegado de Polícia Federal/2018) Situação hipotética:** Álvaro, servidor público federal, foi, por cinco anos, presidente da comissão de licitações de determinado órgão público federal. Em diversas ocasiões, Álvaro recebeu valores e bens para favorecer empresas nos certames licitatórios, e os transferiu para o patrimônio de Flávio, seu irmão, que os utilizava nos negócios da empresa da família, com vistas a ocultar o ingresso desses recursos e a sua origem ilícita. **Assertiva:** Nessa situação, Álvaro e Flávio responderão pelo crime de lavagem de capitais, e será da justiça federal a competência para processar e julgar a ação penal.

13. **(VUNESP/MPE-SP/Analista Jurídico/2018)** Quanto às disposições processuais atinentes aos crimes de lavagem, assinale a alternativa correta.

a) A competência para processamento e julgamento de tais crimes é da Justiça Federal.

b) Não se viabiliza a punibilidade do crime de lavagem se o crime antecedente está prescrito.

c) O juiz, de ofício, a requerimento do Ministério Público ou mediante representação do delegado de polícia, ouvido o Ministério Público em 48 (quarenta e oito) horas, havendo indícios suficientes de infração penal, poderá decretar medidas assecuratórias de bens, direitos ou valores do investigado ou acusado.

d) A dificuldade para manutenção dos bens não é motivo a justificar a alienação antecipada para preservação do valor dos bens.

e) Não se aplica o art. 366, do CPP.

GAB	1	2	3	4	5	6	7	8	9	10	11	12	13
	E	E	C	C	E	E	E	C	E	C	E	C	E

Art. 3º (Revogado pela Lei nº 12.683, de 2012)

Art. 4º O juiz, de ofício, a requerimento do Ministério Público ou mediante representação do delegado de polícia, ouvido o Ministério Público em 24 (vinte e quatro) horas, havendo indícios suficientes de infração penal, poderá decretar medidas assecuratórias de bens, direitos ou valores do investigado ou acusado, ou existentes em nome de interpostas pessoas, que sejam instrumento, produto ou proveito dos crimes previstos nesta Lei ou das infrações penais antecedentes. (Redação dada pela Lei nº 12.683, de 2012)

§ 1º Proceder-se-á à alienação antecipada para preservação do valor dos bens sempre que estiverem sujeitos a qualquer grau de deterioração ou depreciação, ou quando houver dificuldade para sua manutenção. (Redação dada pela Lei nº 12.683, de 2012)

§ 2º O juiz determinará a liberação total ou parcial dos bens, direitos e valores quando comprovada a licitude de sua origem, mantendo-se a constrição dos bens, direitos e valores necessários e suficientes à reparação dos danos e ao pagamento de prestações pecuniárias, multas e custas decorrentes da infração penal. (Redação dada pela Lei nº 12.683, de 2012)

§ 3º Nenhum pedido de liberação será conhecido sem o comparecimento pessoal do acusado ou de interposta pessoa a que se refere o *caput* deste artigo, podendo o juiz determinar a prática de atos necessários à conservação de bens, direitos ou valores, sem prejuízo do disposto no § 1º. (Redação dada pela Lei nº 12.683, de 2012)

§ 4º Poderão ser decretadas medidas assecuratórias sobre bens, direitos ou valores para reparação do dano decorrente da infração penal antecedente ou da prevista nesta Lei ou para pagamento de prestação pecuniária, multa e custas. (Redação dada pela Lei nº 12.683, de 2012)

1. COMENTÁRIOS

1.1. Iniciativa à decretação de medidas assecuratórias

A atual redação do art. 4º, da Lei de Lavagem de Dinheiro, previu a possibilidade de decretação de medidas assecuratórias (em sentido amplo, sem restringir o cabimento de forma exclusiva ao sequestro por exemplo).

Em certa medida, a previsão ampliou a possibilidade de decretação de medidas assecuratórias, ao lado das tradicionalmente gizadas no Código de Processo Penal.

Ao juiz compete decretar medidas assecuratórias, fundamentadamente, observada a iniciativa:

(1) de ofício (se houver processo penal instaurado, pressuposto necessário ao sistema acusatório). Embora admitida jurisprudencial e legalmente esse poder judicial, pensamos que a imparcialidade do juiz corre o risco de ficar comprometida, aproximando-se de um modelo inquisitório, incompatível com a Constituição;

(2) a requerimento do Ministério Público (durante investigação preliminar ou processo penal);

(3) mediante representação do delegado de polícia (durante investigação preliminar), ouvido, previamente, o Ministério Público em 24 (vinte e quatro) horas. Entendemos que o juiz está impedido de deferir a representação sem a manifestação do *Parquet* ou como seu pronunciamento negativo.

1.2. Fundamentação para a imposição de medidas assecuratórias

É necessária a existência de "indícios suficientes da infração penal", para que seja possível a decretação do sequestro de bens fundado na Lei nº 9.613/1998 (art. 4º, *caput*, da Lei nº 9.613/1998, com redação determinada pela Lei nº 12.683/2012).

O conceito de "indícios suficientes" reporta-se à "infração penal" de lavagem de capitais e/ou àquela que lhe antecedente. Daí que se diz que se exige referibilidade dupla, porém não necessariamente cumulativa para o fim de se verificar "indícios suficientes".

Importa destacar que a expressão "indícios suficientes" prevista na Lei nº 9.613/1998, difere da adotada pelo Código de Processo Penal para o deferimento do sequestro comum aos demais tipos de infração penal.

Com efeito, o art. 126, do CPP, impõe a presença de "indícios veementes da proveniência ilícita dos bens".

Cotejando os dois termos, pode-se deduzir que "indícios suficientes" do delito retrata grau de constatação menor (*standard* probatório de menor grau[34]) que a de "indícios veementes da proveniência ilícita dos bens". Cabe assentar, o conceito de "indícios veementes" retrata pressuposto probatório mais rigoroso para que a medida de sequestro seja concedida.

O magistrado deve decretar, fundamentadamente, as medidas assecuratórias de bens, direitos ou valores do investigado ou do acusado, ou existentes em nome de interpostas pessoas, que sejam instrumento, produto ou proveito dos crimes previstos na Lei de Lavagem de Capitais ou das infrações penais antecedentes.

É possível que a medida assecuratória:

(1) recaia sobre bem existente em nome de interpostas pessoas (espectro maior da sua incidência objetiva); ou

34 . BADARÓ, Gustavo Henrique; BOTTINI, Pierpaolo Cruz. Lavagem de dinheiro: aspectos penais e processuais penais: comentários à Lei 9.613/1998, com as alterações da Lei 12.683/2012. 2. ed. São Paulo: RT, 2013. p. 308.

(2) implique constrição sobre instrumento, produto ou proveito de crimes previstos na Lei de Branqueamento de Capitais ou de infrações penais antecedentes (representando, como tal, uma referibilidade alargada, eis que sua plausibilidade jurídica pode também decorrer de indícios suficientes da infração penal antecedente).

Como o sequestro é um meio cujo cunho é o de se precaver contra a ineficácia da sentença final, quando condenatória for, somente será cabível sobre bens que tenham relação com o próprio crime objeto de investigação ou de ação penal. A referibilidade dupla, mesmo que alternativa (não carecendo necessariamente de cumulação), é peculiaridade específica da medida cautelar deferida com lastro em comprovação de lavagem de dinheiro e/ou de sua infração penal antecedente correlata.

De tal sorte, situação diversa será quando se cuidar de pleito de medida assecuratória referente à suposta prática de crime de tráfico de droga. Nessa hipótese, não será admissível promover o sequestro de bens adquiridos com os proventos de um roubo, eis que este não estaria incluído no objeto da demanda penal (estritamente pelo delito de tráfico de drogas).

Diferentemente, no caso de lavagem de capitais, em razão do art. 4º, da Lei nº 9.613/1998, é cabível a constrição do produto ou proveito independentemente do pedido se reportar ao delito de lavagem de capitais ou à infração penal antecedente[35].

1.3. Alienação antecipada e revogação da medida assecuratória

A Lei de Lavagem de Dinheiro prevê regras para alienação antecipada. Cuida-se de medida salutar, destinada à preservação do valor dos bens sempre que estiverem sujeitos a qualquer grau de deterioração ou depreciação, ou quando houver dificuldade para sua manutenção.

No que toca à revogação da medida assecuratória, o diploma legal preconiza que o juiz determinará a liberação total ou parcial dos bens, direitos e valores quando comprovada a licitude de sua origem. Nesse caso, deve manter a constrição sobre os bens, direitos e valores necessários e suficientes à reparação dos danos e ao pagamento de prestações pecuniárias, multas e custas decorrentes da infração penal.

Sob esse ponto, a doutrina majoritária fala em inversão do ônus da prova no processo penal. Assim defende porque, para que haja liberação dos bens, deve ser comprovada a origem lícita dos bens.

Veja-se que a inversão do ônus da prova, para liberação de tais bens, é depreendida em razão de que:

(1) para fins de deferimento da medida assecuratória real, bastam indícios suficientes da infração penal referente ao branqueamento de capitais (juízo de probabilidade simples, embasado na evidência preponderante);

35. LIMA, Renato Brasileiro de. *Legislação criminal especial comentada*. 2. ed. Salvador: JusPodivm, 2014. p. 462.

(2) no entanto, para que o acusado obtenha a liberação dos bens constritos, é indispensável a comprovação da licitude de sua origem (juízo de probabilidade maior ou elevada, calcado em prova clara e convincente)[36].

Por outro lado, o pedido de liberação de bem constrito em processo penal por lavagem de capitais, só pode ser conhecido se houver o comparecimento pessoal do acusado ou de interposta pessoa (§ 3º, do art. 4º, da Lei nº 9.613/1998), evidenciando a necessidade de juízo equivalente ao de certeza[37]. Pode o juiz, ademais, enquanto não liberado o bem, determinar a prática de atos necessários à conservação de bens, direitos ou valores.

Note-se a diferença dessas disposições especiais da Lei de Lavagem de Bens, daquele enunciado do parágrafo único, do art. 130, do CPP (que cuida do momento do julgamento dos embargos opostos ao sequestro de bens).

Diante da especialidade da lei especial, forçoso concluir que o aludido art. 130, do Código, não se aplica ao pedido de liberação de bens constritos com base na Lei nº 9.613/1998.

Daí que não é necessário o aguardo do trânsito em julgado de sentença condenatória para liberação de bem restringido nos autos de processo crime por lavagem de capitais. Imposição desse jaez seria indevida restrição ao direito do patrimônio do possuidor ou proprietário do bem que evidenciasse a proveniência lícita do bem sequestrado.

É possível a decretação de medidas assecuratórias sobre bens, direitos ou valores para reparação do dano decorrente da infração penal antecedente ou da prevista na mesma Lei de Lavagem de Dinheiro. Do mesmo modo, também se admite aquela decretação de medidas assecuratórias para o pagamento de prestação pecuniária, multa e custas. No entanto, ao final do processo penal, sendo condenatória a sentença transitada em julgado, só será admissível a decretação de perda do produto ou do proveito do crime, a título de efeito da condenação, caso exista prova plena (juízo de certeza, arrimado em probabilidade elevadíssima a partir de prova além de dúvida razoável)[38].

2. SÚMULAS E JURISPRUDÊNCIA

- **MODO DE IMPUGNAÇÃO DE MEDIDA ASSECURATÓRIA PREVISTA NA LEI DE LAVAGEM DE DINHEIRO. É possível a interposição de apelação, com fundamento no art. 593, II, do CPP, contra decisão que tenha determinado medida assecuratória prevista no art. 4º, caput, da Lei n. 9.613/1998 (Lei de lavagem de Dinheiro), a despeito da possibilidade de postulação direta ao juiz constritor objetivando a liberação total ou parcial dos bens, direitos ou valores constritos (art. 4º, §§ 2º e 3º, da mesma Lei).** As dificuldades de enquadramento teórico das medidas cautelares patrimoniais, como o sequestro e o arresto, no âmbito do processo penal, são afirmadas por doutrina, ao reconhecer que "o Código de Processo Penal não empregou a palavra seqüestro em seu sentido estrito e técnico; deu-lhe compreensão demasiadamente grande, fazendo entrar nela não apenas o que tradicionalmente se costuma denominar seqüestro, mas também outros institutos afins e, especialmente, o arresto", ressaltando, ainda, que "a confusão não foi apenas terminológica", porquanto "misturam-se, por

36 BADARÓ, Gustavo Henrique; BOTTINI, Pierpaolo Cruz. Lavagem de dinheiro: aspectos penais e processuais penais: comentários à Lei 9.613/1998, com as alterações da Lei 12.683/2012. 2. ed. São Paulo: RT, 2013. p. 306-307.

37. LIMA, Renato Brasileiro de. *Legislação criminal especial comentada*. 2. ed. Salvador: JusPodivm, 2014. p. 398.

38. BADARÓ, Gustavo Henrique; BOTTINI, Pierpaolo Cruz. Lavagem de dinheiro: aspectos penais e processuais penais: comentários à Lei 9.613/1998, com as alterações da Lei 12.683/2012. 2. ed. São Paulo: RT, 2013. p. 306-311.

vêzes, no mesmo instituto coisas que são próprias do seqüestro com outras que são peculiares ao arresto". Quanto aos meios de defesa contra o sequestro ou arresto de bens, a jurisprudência do STJ (REsp 258.167-MA, Quinta Turma, DJe 10/6/2002; e AgRg no RMS 45.707-PR, Quinta Turma, DJe 15/5/2015) e do STF (RE 106.738-MT, Primeira Turma, DJ 1º/8/1986) afirma ser o recurso de apelação previsto no art. 593, II, do CPP a via de impugnação idônea para combater as decisões que impliquem a concessão de cautelar patrimonial no processo penal. A par disso, convém esclarecer que, a partir da Lei n. 12.683/2012, introduziram-se alterações na Lei de Lavagem de Dinheiro, entre as quais, de relevante para a espécie, a concernente à previsão de um outro tipo de medida acauteladora, de ordem patrimonial, e que conta com abrangência e requisitos específicos, prevista no art. 4º, caput, da Lei de Lavagem de Dinheiro: "O juiz, de ofício, a requerimento do Ministério Público ou mediante representação do delegado de polícia, ouvido o Ministério Público em 24 (vinte e quatro) horas, havendo indícios suficientes de infração penal, poderá decretar medidas assecuratórias de bens, direitos ou valores do investigado ou acusado, ou existentes em nome de interpostas pessoas, que sejam instrumento, produto ou proveito dos crimes previstos nesta Lei ou das infrações penais antecedentes." Destaque-se que, conforme entendimento doutrinário, essa alteração legislativa "parece ampliar o conceito de sequestro para estendê-lo também a quaisquer valores e/ou direitos, desde que constituam proveito ou produto do crime [...] E mais ainda. Tanto poderão ser apreendidos os bens produto do crime antecedente quanto o do delito de lavagem em apuração e/ou processo". Frise-se, ainda, que há entendimento doutrinário de não ser apenas em relação aos bens que constituam proveito ou produto da infração que poderão recair as medidas constritivas, visto que se mostrarão cabíveis, ademais, para a "reparação do dano causado pelo crime de lavagem e seu antecedente e para o pagamento de prestação pecuniária (em caso de condenação), multa e custas processuais". Nesse contexto, o § 4º do aludido art. 4º dispõe: "Poderão ser decretadas medidas assecuratórias sobre bens, direitos ou valores para reparação do dano decorrente da infração penal antecedente ou da prevista nesta Lei ou para pagamento de prestação pecuniária, multa e custas." Além disso, a previsão dos §§ 2º e 3º do art. 4° da Lei n. 9.613/1998, com a redação que lhes foi dada pela Lei n. 12.683/2012, introduz questionamentos relevantes, cujo exame revela-se importante para a espécie: "§ 2º O juiz determinará a liberação total ou parcial dos bens, direitos e valores quando comprovada a licitude de sua origem , mantendo-se a constrição dos bens, direitos e valores necessários e suficientes à reparação dos danos e ao pagamento de prestações pecuniárias, multas e custas decorrentes da infração penal; § 3º Nenhum pedido de liberação será conhecido sem o comparecimento pessoal do acusado ou de interposta pessoa a que se refere o caput deste artigo, podendo o juiz determinar a prática de atos necessários à conservação de bens, direitos ou valores, sem prejuízo do disposto no § 1º." Agora, a respeito do modo de se impugnar a decisão que tenha determinado a constrição de bens no campo particular da Lei de Lavagem de Dinheiro (art. 4°), é oscilante a doutrina. Essa descontinuidade, divisada na ausência de uniformidade doutrinária sobre tema sensível, deita suas raízes numa normativa processual penal potencialmente carecedora de revisão. Não se pode, entretanto, onerar a parte com o descortinamento da medida necessária para fazer conhecidas as suas alegações. Nessa ordem de ideias, se o CPP estatui, para as cautelares patrimoniais, como o sequestro e o arresto, mecanismos de impugnação a serem veiculados perante o juízo de primeiro grau, que decretou a medida constritiva, e, não obstante, a jurisprudência vem admitindo que se valha o interessado do recurso de apelação, não há razão idônea conducente ao afastamento do mesmo alvitre no âmbito específico da Lei de Lavagem de Dinheiro. ***STJ, REsp 1.585.781-RS, Rel. Min. Felix Fischer, julgado em 28/6/2016, DJe 1/8/2016. 5ª T. (Info 587)***

3. QUESTÕES DE CONCURSOS

1. **(FUNCAB/PC-PA/Delegado de Polícia/2016 - adaptada)** A Lei nº 9.613, de 1998, não prevê expressamente o sequestro de bens em nome do investigado, restando, para a medida assecuratória, a aplicação subsidiária das normas processuais.

2. **(CESPE/TRF5/Juiz Federal/2017 – adaptada)** Não é cabível medida cautelar diversa da prisão para crimes de lavagem de dinheiro.

3. **(CESPE/TRF5/Juiz Federal/2017 – adaptada)** O recurso cabível da decisão que determina medida assecuratória nos crimes de lavagem de dinheiro é o da apelação.

4. **(FUMARC/PC-MG/Delegado de Polícia/2018 – adaptada)** A alienação de bens objeto de medidas assecuratórias depende da existência de trânsito em julgado de sentença condenatória.

GAB	1	2	3	4
	E	E	C	E

Art. 4º-A. A alienação antecipada para preservação de valor de bens sob constrição será decretada pelo juiz, de ofício, a requerimento do Ministério Público ou por solicitação da parte interessada, mediante petição autônoma, que será autuada em apartado e cujos autos terão tramitação em separado em relação ao processo principal. (Incluído pela Lei nº 12.683, de 2012)

§ 1º O requerimento de alienação deverá conter a relação de todos os demais bens, com a descrição e a especificação de cada um deles, e informações sobre quem os detém e local onde se encontram. (Incluído pela Lei nº 12.683, de 2012)

§ 2º O juiz determinará a avaliação dos bens, nos autos apartados, e intimará o Ministério Público. (Incluído pela Lei nº 12.683, de 2012)

§ 3º Feita a avaliação e dirimidas eventuais divergências sobre o respectivo laudo, o juiz, por sentença, homologará o valor atribuído aos bens e determinará sejam alienados em leilão ou pregão, preferencialmente eletrônico, por valor não inferior a 75% (setenta e cinco por cento) da avaliação. (Incluído pela Lei nº 12.683, de 2012)

§ 4º Realizado o leilão, a quantia apurada será depositada em conta judicial remunerada, adotando-se a seguinte disciplina: (Incluído pela Lei nº 12.683, de 2012)

I – nos processos de competência da Justiça Federal e da Justiça do Distrito Federal: (Incluído pela Lei nº 12.683, de 2012)

a) os depósitos serão efetuados na Caixa Econômica Federal ou em instituição financeira pública, mediante documento adequado para essa finalidade; (Incluída pela Lei nº 12.683, de 2012)

b) os depósitos serão repassados pela Caixa Econômica Federal ou por outra instituição financeira pública para a Conta Única do Tesouro Nacional, independentemente de qualquer formalidade, no prazo de 24 (vinte e quatro) horas; e (Incluída pela Lei nº 12.683, de 2012)

c) os valores devolvidos pela Caixa Econômica Federal ou por instituição financeira pública serão debitados à Conta Única do Tesouro Nacional, em subconta de restituição; (Incluída pela Lei nº 12.683, de 2012)

II – nos processos de competência da Justiça dos Estados: (Incluído pela Lei nº 12.683, de 2012)

a) os depósitos serão efetuados em instituição financeira designada em lei, preferencialmente pública, de cada Estado ou, na sua ausência, em instituição financeira pública da União; (Incluída pela Lei nº 12.683, de 2012)

b) os depósitos serão repassados para a conta única de cada Estado, na forma da respectiva legislação. (Incluída pela Lei nº 12.683, de 2012)

§ 5º Mediante ordem da autoridade judicial, o valor do depósito, após o trânsito em julgado da sentença proferida na ação penal, será: (Incluído pela Lei nº 12.683, de 2012)

I – em caso de sentença condenatória, nos processos de competência da Justiça Federal e da Justiça do Distrito Federal, incorporado definitivamente ao patrimônio da União, e, nos processos de competência da Justiça Estadual, incorporado ao patrimônio do Estado respectivo; (Incluído pela Lei nº 12.683, de 2012)

II – em caso de sentença absolutória extintiva de punibilidade, colocado à disposição do réu pela instituição financeira, acrescido da remuneração da conta judicial. (Incluído pela Lei nº 12.683, de 2012)

§ 6º A instituição financeira depositária manterá controle dos valores depositados ou devolvidos. (Incluído pela Lei nº 12.683, de 2012)

§ 7º Serão deduzidos da quantia apurada no leilão todos os tributos e multas incidentes sobre o bem alienado, sem prejuízo de iniciativas que, no âmbito da competência de cada ente da Federação, venham a desonerar bens sob constrição judicial daqueles ônus. (Incluído pela Lei nº 12.683, de 2012)

§ 8º Feito o depósito a que se refere o § 4º deste artigo, os autos da alienação serão apensados aos do processo principal. (Incluído pela Lei nº 12.683, de 2012)

§ 9º Terão apenas efeito devolutivo os recursos interpostos contra as decisões proferidas no curso do procedimento previsto neste artigo. (Incluído pela Lei nº 12.683, de 2012)

§ 10. Sobrevindo o trânsito em julgado de sentença penal condenatória, o juiz decretará, em favor, conforme o caso, da União ou do Estado: (Incluído pela Lei nº 12.683, de 2012)

I – a perda dos valores depositados na conta remunerada e da fiança; (Incluído pela Lei nº 12.683, de 2012)

II – a perda dos bens não alienados antecipadamente e daqueles aos quais não foi dada destinação prévia; e (Incluído pela Lei nº 12.683, de 2012)

III – a perda dos bens não reclamados no prazo de 90 (noventa) dias após o trânsito em julgado da sentença condenatória, ressalvado o direito de lesado ou terceiro de boa-fé. (Incluído pela Lei nº 12.683, de 2012)

§ 11. Os bens a que se referem os incisos II e III do § 10 deste artigo serão adjudicados ou levados a leilão, depositando-se o saldo na conta única do respectivo ente. (Incluído pela Lei nº 12.683, de 2012)

§ 12. O juiz determinará ao registro público competente que emita documento de habilitação à circulação e utilização dos bens colocados sob o uso e custódia das entidades a que se refere o **caput** deste artigo. (Incluído pela Lei nº 12.683, de 2012)

§ 13. Os recursos decorrentes da alienação antecipada de bens, direitos e valores oriundos do crime de tráfico ilícito de drogas e que tenham sido objeto de dissimulação e ocultação nos termos desta Lei permanecem submetidos à disciplina definida em lei específica. (Incluído pela Lei nº 12.683, de 2012)

1. COMENTÁRIOS

O art. 4º-A, da Lei nº 9.613/1998, foi incluído pela Lei nº 12.683/2012, com o propósito de pormenorizar o rito para a alienação antecipada, realçando peculiaridades sobre o leilão e a relação do instituto com a perda de bens decretada na sentença final condenatória.

Os valores apurados com a alienação antecipada recebem disciplina específica acerca de seu controle e de sua destinação. O § 5º, daquele dispositivo legal, reza que, seguidamente ao trânsito em julgado da sentença penal e com base em "ordem da autoridade judicial": (i) sendo aquela de natureza condenatória, haverá incorporação ao patrimônio dos entes federativos indicados (conversão do depósito em renda); e (ii) sendo de natureza absolutória ou extintiva de punibilidade, o *quantum* deve ser colocado à disposição do acusado. Esta última regra cria dever para a instituição financeira onde é depositado o valor, eis que é ela que deve cumprir a ordem de torná-lo disponível, acrescido da remuneração da conta judicial. Ademais, é essa instituição que tem o dever de manter o controle dos valores, estejam eles depositados ou já devolvidos.

A aplicação de suas disposições não interfere na disciplina paralela de alienação antecipada de bens, direitos e valores oriundos de delitos diversos do crime de lavagem de dinheiro, a exemplo daqueles de tráfico ilícito de drogas e que hajam sido objeto de dissimulação e ocultação na forma da lei específica.

2. QUESTÕES DE CONCURSOS

1. **(CESPE/TRF3/Juiz Federal/2013 – adaptada)** Na lei de lavagem de dinheiro, a alienação antecipada de bens se limita aos casos de risco de depreciação total de bens ou quando houver dificuldade para sua manutenção.

2. **(AOCP/SUSIPE-PA/Agente/2018)** Segundo a Lei nº 9.613/1998, havendo indícios do cometimento de infração penal, poderão ser decretadas medidas assecuratórias de bens, direitos ou valores do investigado ou acusado. Nesse sentido, a alienação antecipada para preservação de valor de bens sob constrição será decretada pelo juiz, de ofício, a requerimento do Ministério Público ou por solicitação da parte interessada, mediante petição autônoma, que será autuada em apartado e cujos autos terão tramitação em separado em relação ao processo principal. Assinale a alternativa correta acerca da referida alienação antecipada.

a) O requerimento de alienação deverá conter a relação dos bens que se pretende assegurar, com a descrição breve de cada um deles, resguardando-se as informações sobre quem os detém e lacração do local onde se encontram.

b) O juiz determinará a avaliação dos bens, nos autos principais, e intimará o Ministério Público e os advogados de defesa do investigado ou acusado.

c) Feita a avaliação e dirimidas eventuais divergências sobre o respectivo laudo, o juiz, por despacho, homologará o valor atribuído aos bens e determinará que sejam alienados em leilão ou pregão, preferencialmente presencial, por valor não inferior a 60% (sessenta por cento) da avaliação.

d) Feita a avaliação e dirimidas eventuais divergências sobre o respectivo laudo, o juiz, por sentença, homologará o valor atribuído aos bens e determinará que sejam alienados, obrigatoriamente em pregão eletrônico, por valor não inferior a 70% (setenta por cento) da avaliação.

e) Proceder-se-á à alienação antecipada para preservação do valor dos bens sempre que estiverem sujeitos a qualquer grau de deterioração ou depreciação, ou quando houver dificuldade para sua manutenção.

GAB	1	2
	E	E

Art. 4º-B. A ordem de prisão de pessoas ou as medidas assecuratórias de bens, direitos ou valores poderão ser suspensas pelo juiz, ouvido o Ministério Público, quando a sua execução imediata puder comprometer as investigações. (Incluído pela Lei nº 12.683, de 2012)

1. COMENTÁRIOS

A Lei de Lavagem de Dinheiro também prevê instituto classificável como ação controlada. O seu art. 4º-B, acrescentado pela Lei nº 12.683/2012, permite uma forma de postergação de ordem prisional ou de medidas assecuratórias. Veja-se que o dispositivo indica que há decisão judicial exarada. Contudo, o magistrado difere seus efeitos, modulando-os por meio de um comando suspensivo.

De tal modo, será possível suspender a ordem de prisão de pessoas (bem como as medidas cautelares reais) quando a execução imediata puder comprometer as investigações. Caso já exista mandado de prisão expedido ou mandado de sequestro bens, o juiz deve determinar o seu recolhimento, emitindo contramandado de prisão ou de sequestro de bens. Vale dizer, expede-se uma contraordem.

2. QUESTÕES DE CONCURSOS

1. **(MPE-PR/Promotor de Justiça/2016 - adaptada)** A ordem de prisão de pessoas ou as medidas assecuratórias de bens, direitos ou valores, relativas à prática do crime de "lavagem" de dinheiro, poderão ser suspensas pelo juiz, ouvido o Ministério Público, quando a sua execução imediata puder comprometer as investigações.

GAB	1
	C

Art. 5º Quando as circunstâncias o aconselharem, o juiz, ouvido o Ministério Público, nomeará pessoa física ou jurídica qualificada para a administração dos bens, direitos ou valores sujeitos a medidas assecuratórias, mediante termo de compromisso. (Redação dada pela Lei nº 12.683, de 2012)

1. COMENTÁRIOS

A previsão de nomeação de administrador, seja pessoa física ou jurídica com qualificação para o exercício desse mister, tem o fito de minimizar riscos de prejuízos decorrentes da constrição. Deve-se lavrar termo de compromisso, documentando os deveres do administrador, bem como fixando o termo de início da sua entrada na posse dos bens submetidos à medida assecuratória.

Art. 6º A pessoa responsável pela administração dos bens: (Redação dada pela Lei nº 12.683, de 2012)

I – fará jus a uma remuneração, fixada pelo juiz, que será satisfeita com o produto dos bens objeto da administração;

II – prestará, por determinação judicial, informações periódicas da situação dos bens sob sua administração, bem como explicações e detalhamentos sobre investimentos e reinvestimentos realizados.

Parágrafo único. Os atos relativos à administração dos bens sujeitos a medidas assecuratórias serão levados ao conhecimento do Ministério Público, que requererá o que entender cabível. (Redação dada pela Lei nº 12.683, de 2012)

1. COMENTÁRIOS

O dispositivo prevê direitos e deveres do administrador judicial dos bens constritos. Não é tarefa fácil administrar bens, especialmente quando necessária conservação e assegurar os frutos que deles decorrem. Outorga-se ao juiz o poder de regulamentar remuneração, bem como ordenar que o administrador apresente informações circunstanciadas. Ao Ministério Público, caberá a função fiscalizatória, podendo requerer o que for necessário.

▸CAPÍTULO III – DOS EFEITOS DA CONDENAÇÃO

Art. 7º São efeitos da condenação, além dos previstos no Código Penal:

I – a perda, em favor da União – e dos Estados, nos casos de competência da Justiça Estadual –, de todos os bens, direitos e valores relacionados, direta ou indiretamente, à prática dos crimes previstos nesta Lei, inclusive aqueles utilizados para prestar a fiança, ressalvado o direito do lesado ou de terceiro de boa-fé; (Redação dada pela Lei nº 12.683, de 2012)

II – a interdição do exercício de cargo ou função pública de qualquer natureza e de diretor, de membro de conselho de administração ou de gerência das pessoas jurídicas referidas no art. 9º, pelo dobro do tempo da pena privativa de liberdade aplicada.

§ 1º A União e os Estados, no âmbito de suas competências, regulamentarão a forma de destinação dos bens, direitos e valores cuja perda houver sido declarada, assegurada, quanto aos processos de competência da Justiça Federal, a sua utilização pelos órgãos federais encarregados da prevenção, do combate, da ação penal e do julgamento dos crimes previstos nesta Lei, e, quanto aos processos de competência da Justiça Estadual, a preferência dos órgãos locais com idêntica função. (Incluído pela Lei nº 12.683, de 2012)

§ 2º Os instrumentos do crime sem valor econômico cuja perda em favor da União ou do Estado for decretada serão inutilizados ou doados a museu criminal ou a entidade pública, se houver interesse na sua conservação.(Incluído pela Lei nº 12.683, de 2012)

1. COMENTÁRIOS

Os efeitos da condenação por crime de lavagem de dinheiro estão estatuídos no art. 7º, da Lei nº 9.613/1998. O *caput* deste enunciado os prevê, "além dos previstos no Código Penal", quais sejam, os efeitos genéricos e específicos gizados nos seus arts. 91 e 92. Isso significa dizer que é possível fazer incidir, no que couber, os aqueles efeitos da lei penal geral.

É de ver que a previsão do art. 7º, inciso I, consistente no efeito de perda de bens, afasta, apenas em parte, a aplicação do art. 91, II, do Código Penal, eis que também este se refere à perda de bens. Diante daquela primeira disposição ser mais específica (disciplinada em lei especial), afasta-se a lei geral, cuja disciplina é análoga.

Vejamos a redação do mencionado inciso I, do art. 7º, da Lei de Lavagem, a fim de realçar sua peculiaridade relativamente ao inciso II, do art. 91, do Código Penal. Em conformidade com aquele enunciado, com redação dada pela Lei nº 12.683/2012, será efeito da condenação "a perda, em favor da União – e dos Estados, nos casos de competência da Justiça Estadual –, de todos os bens, direitos e valores relacionados, direta ou indiretamente, à prática dos crimes previstos nesta Lei, inclusive aqueles utilizados para prestar a fiança, ressalvado o direito do lesado ou de terceiro de boa-fé".

A peculiaridade dessa regra está por conta do efeito da perda recair sobre todos os bens, direitos e valores relacionados, direta ou indiretamente, à prática dos crimes definidos com de lavagem de capitais. A Lei especial ainda ordena a perda dos bens, valores e direitos prestados a título de fiança, autorizando a perda referente ao quantum equivalente ao proveito auferido com a lavagem de bens.

O art. 91 (incisos I e II), do Código Penal, a seu turno, preconiza a perda em favor da União, também ressalvado o direito do lesado ou de terceiro de boa-fé: (i) "dos instrumentos do crime, desde que consistam em coisas cujo fabrico, alienação, uso, porte ou detenção constitua fato ilícito"; (ii) "do produto do crime ou de qualquer bem ou valor que constitua proveito auferido pelo agente com a prática do fato criminoso". A perda, aqui, recai, exclusivamente, sobre o "produto do crime" ou sobre o "proveito auferido pelo agente com a prática do fato criminoso".

Sem embargo, a Lei nº 12.694/2012 incluiu dois parágrafos àquele art. 91, do Código Penal, em senda similar à doutrina que objetiva a repatriação de ativos financeiros desviados com a prática delitiva. Decerto, nos termos do seu § 1º, "poderá ser decretada a perda de bens ou valores equivalentes ao produto ou proveito do crime quando estes não forem encontrados ou quando se localizarem no exterior". Sob outro prisma, o seu § 2º elucida que no caso de se objetivar, ao final, a perda de bens ou valores equivalentes (§ 1º), "as medidas assecuratórias previstas na legislação processual poderão abranger bens ou valores equivalentes do investigado ou acusado para posterior decretação de perda".

Cuidando-se de lei nova mais gravosa, a aplicação desses parágrafos, acrescidos pela Lei nº 12.694/2012, só deve acontecer para os fatos ocorridos a partir de sua vigência.

O art. 92, I (alíneas "a" e "b"), do Código Penal, disciplina as hipóteses de "perda do cargo, função pública ou mandato eletivo", tomando por base a quantidade de pena privativa de liberdade aplicada.

De forma diversa, a Lei de Lavagem de Dinheiro verbera, como efeito da condenação, a "interdição", pelo tempo equivalente ao dobro da pena privativa de liberdade imposta.

De compasso com o inciso II, do seu art. 7º, é efeito da condenação "a interdição do exercício de cargo ou função pública de qualquer natureza e de diretor, de membro de conselho de administração ou de gerência das pessoas jurídicas referidas no art. 9º, pelo dobro do tempo da pena privativa de liberdade aplicada". Trata-se de efeito transitório, diverso da perda prevista no Código Penal. Podem ser aplicados os efeitos alternada ou cumulativamente, eis que não há incompatibilidade lógica ou jurídica[39].

O parágrafo único do supradito art. 92, do Código Penal, estatui que os efeitos nele previstos não são automáticos, devendo ser suficientemente motivados na sentença.

Malgrado não haja previsão análoga para o art. 91 do Código Penal, também reputamos necessária dicção expressa do juiz, de forma fundamentada, averbando a perda de bens e descrevendo a respectiva extensão. Mesmo raciocínio deve ser aplicado aos efeitos gizados no art. 7º da Lei nº 9.613/1998, malgrado a inexistência de regra explícita ditando serem aqueles efeitos não automáticos.

Deveras, somente quando a lei preconizar ser determinado efeito obrigatório (como o faz o § 5º, do art. 1º, da Lei nº 9.455/1997, para os casos de condenação por tortura), é que se pode concluir pela desnecessidade de menção e fundamentação judicial. Caso contrário, a descrição da norma é ínsita a sua incidência, pelo que, sem ela, não haverá como impor efeito decorrente da condenação.

Os parágrafos do art. 7º, da Lei nº 9.613/1998, por fim, traz a possibilidade do ente interessado disciplinar a destinação e o uso de bens pelos órgãos encarregados de persecução penal dos crimes nela previstos. Caso não tenham valor, poderão ser encaminhados ao que chama de museu criminal.

39. Em sentido diverso, entendendo que o art. 92, I, do CP, não se aplica aos casos de condenação por lavagem de capitais: LIMA, Renato Brasileiro de. *Legislação criminal especial comentada*. 2. ed. Salvador: JusPodivm, 2014. p. 453.

2. QUESTÕES DE CONCURSOS

1. **(PGR/Procurador da República/2013 – adaptada)** O art. 7º, da Lei 9.613/1998, foi alterado pela Lei nº 12.683/2012, passando a prever, como efeito da condenação, a perda, tão somente em favor da União, de todos os ativos relacionados, direta ou indiretamente, à prática da lavagem, ressalvado o direito do lesado ou de terceiro de boa-fé.

2. **(CESPE/TJ-RO/Analista Judiciário/2012 – adaptada)** A condenação por crime de lavagem de dinheiro abrange a perda total dos bens, direitos, ativos e valores relacionados direta ou indiretamente à prática do, em favor da União.

3. **(CESPE/DPE-PE/Defensor Público/2018 – adaptada)** Será interditado do exercício da atividade pública por igual período ao da pena privativa de liberdade prevista no Código Penal para o crime de lavagem de dinheiro o indivíduo que, exercendo cargo ou função pública de qualquer natureza, for condenado pela prática de tal crime.

GAB	1	2	3
	E	E	E

▸CAPÍTULO IV – DOS BENS, DIREITOS OU VALORES ORIUNDOS DE CRIMES PRATICADOS NO ESTRANGEIRO

Art. 8º O juiz determinará, na hipótese de existência de tratado ou convenção internacional e por solicitação de autoridade estrangeira competente, medidas assecuratórias sobre bens, direitos ou valores oriundos de crimes descritos no art. 1º praticados no estrangeiro. (Redação dada pela Lei nº 12.683, de 2012)

§ 1º Aplica-se o disposto neste artigo, independentemente de tratado ou convenção internacional, quando o governo do país da autoridade solicitante prometer reciprocidade ao Brasil.

§ 2º Na falta de tratado ou convenção, os bens, direitos ou valores privados sujeitos a medidas assecuratórias por solicitação de autoridade estrangeira competente ou os recursos provenientes da sua alienação serão repartidos entre o Estado requerente e o Brasil, na proporção de metade, ressalvado o direito do lesado ou de terceiro de boa-fé. (Redação dada pela Lei nº 12.683, de 2012)

1. COMENTÁRIOS

O dispositivo em tela sufraga forma de cooperação jurídica internacional, autorizando o deferimento de medidas assecuratórias quando existir instrumento bilateral firmado ou, na sua falta, quando houver pacto de reciprocidade.

A cooperação em sentido amplo tem origem no sistema norte-americano, sob o rótulo intitulado *task-force* ("força-tarefa" ou "força-conjunta"). A praxe ganhou contornos internacionais, de modo que o seu objetivo é sufragado na Constituição de 1988.

Se há possibilidade de cooperação jurídica no âmbito interno, no plano internacional tal se torna possível porque os países envolvidos, enxergando o conceito de soberania sob enfoque diverso, prestigia a reunião de esforços para tornar mais proveitosa a persecução de delitos de interesse transnacional.

A propósito do tema, Marcelo Mendroni destaca que "os grupos denominados *task-force* (força-tarefa) são considerados pelos agentes norte-americanos o melhor sistema para o efetivo combate às organizações criminosas", aí se incluindo os delitos de lavagem de dinheiro. A ideologia que inspira a noção de força-tarefa é a de "mútua cooperação entre os diversos órgãos de persecução detentores de atribuições variadas para a atuação na área penal". O seu objetivo é o "desmantelamento das estruturas criminosas, utilizando-se dos mais variados instrumentos de investigação e mecanismos legais"[40].

CAPÍTULO V – (REDAÇÃO DADA PELA LEI Nº 12.683, DE 2012)

DAS PESSOAS SUJEITAS AO MECANISMO DE CONTROLE (Redação dada pela Lei nº 12.683, de 2012)

Art. 9º Sujeitam-se às obrigações referidas nos arts. 10 e 11 as pessoas físicas e jurídicas que tenham, em caráter permanente ou eventual, como atividade principal ou acessória, cumulativamente ou não: (Redação dada pela Lei nº 12.683, de 2012)

I – a captação, intermediação e aplicação de recursos financeiros de terceiros, em moeda nacional ou estrangeira;

II – a compra e venda de moeda estrangeira ou ouro como ativo financeiro ou instrumento cambial;

III – a custódia, emissão, distribuição, liqüidação, negociação, intermediação ou administração de títulos ou valores mobiliários.

Parágrafo único. Sujeitam-se às mesmas obrigações:

I – as bolsas de valores, as bolsas de mercadorias ou futuros e os sistemas de negociação do mercado de balcão organizado; (Redação dada pela Lei nº 12.683, de 2012)

II – as seguradoras, as corretoras de seguros e as entidades de previdência complementar ou de capitalização;

III – as administradoras de cartões de credenciamento ou cartões de crédito, bem como as administradoras de consórcios para aquisição de bens ou serviços;

IV – as administradoras ou empresas que se utilizem de cartão ou qualquer outro meio eletrônico, magnético ou equivalente, que permita a transferência de fundos;

V – as empresas de arrendamento mercantil (*leasing*) e as de fomento comercial (*factoring*);

VI – as sociedades que efetuem distribuição de dinheiro ou quaisquer bens móveis, imóveis, mercadorias, serviços, ou, ainda, concedam descontos na sua aquisição, mediante sorteio ou método assemelhado;

VII – as filiais ou representações de entes estrangeiros que exerçam no Brasil qualquer das atividades listadas neste artigo, ainda que de forma eventual;

VIII – as demais entidades cujo funcionamento dependa de autorização de órgão regulador dos mercados financeiro, de câmbio, de capitais e de seguros;

IX – as pessoas físicas ou jurídicas, nacionais ou estrangeiras, que operem no Brasil como agentes, dirigentes, procuradoras, comissionárias ou por qualquer forma representem interesses de ente estrangeiro que exerça qualquer das atividades referidas neste artigo;

40. MENDRONI, Marcelo Batlouni. *Comentários à lei de combate ao crime organizado*: Lei nº 12.850/13. São Paulo: Atlas, 2014. p. 26-27.

X – as pessoas físicas ou jurídicas que exerçam atividades de promoção imobiliária ou compra e venda de imóveis; (Redação dada pela Lei nº 12.683, de 2012)

XI – as pessoas físicas ou jurídicas que comercializem jóias, pedras e metais preciosos, objetos de arte e antigüidades.

XII – as pessoas físicas ou jurídicas que comercializem bens de luxo ou de alto valor, intermedeiem a sua comercialização ou exerçam atividades que envolvam grande volume de recursos em espécie; (Redação dada pela Lei nº 12.683, de 2012)

XIII – as juntas comerciais e os registros públicos; (Incluído pela Lei nº 12.683, de 2012)

XIV – as pessoas físicas ou jurídicas que prestem, mesmo que eventualmente, serviços de assessoria, consultoria, contadoria, auditoria, aconselhamento ou assistência, de qualquer natureza, em operações: (Incluído pela Lei nº 12.683, de 2012)

a) de compra e venda de imóveis, estabelecimentos comerciais ou industriais ou participações societárias de qualquer natureza; (Incluída pela Lei nº 12.683, de 2012)

b) de gestão de fundos, valores mobiliários ou outros ativos; (Incluída pela Lei nº 12.683, de 2012)

c) de abertura ou gestão de contas bancárias, de poupança, investimento ou de valores mobiliários; (Incluída pela Lei nº 12.683, de 2012)

d) de criação, exploração ou gestão de sociedades de qualquer natureza, fundações, fundos fiduciários ou estruturas análogas; (Incluída pela Lei nº 12.683, de 2012)

e) financeiras, societárias ou imobiliárias; e (Incluída pela Lei nº 12.683, de 2012)

f) de alienação ou aquisição de direitos sobre contratos relacionados a atividades desportivas ou artísticas profissionais; (Incluída pela Lei nº 12.683, de 2012)

XV – pessoas físicas ou jurídicas que atuem na promoção, intermediação, comercialização, agenciamento ou negociação de direitos de transferência de atletas, artistas ou feiras, exposições ou eventos similares; (Incluído pela Lei nº 12.683, de 2012)

XVI – as empresas de transporte e guarda de valores; (Incluído pela Lei nº 12.683, de 2012)

XVII – as pessoas físicas ou jurídicas que comercializem bens de alto valor de origem rural ou animal ou intermedeiem a sua comercialização; e (Incluído pela Lei nº 12.683, de 2012)

XVIII – as dependências no exterior das entidades mencionadas neste artigo, por meio de sua matriz no Brasil, relativamente a residentes no País. (Incluído pela Lei nº 12.683, de 2012)

1. COMENTÁRIOS

É dever das pessoas físicas e jurídicas elencadas neste artigo a colocação em prática dos mecanismos de controle previstos para o rastreamento de operações suspeitas e de ativos financeiros ilícitos.

Cuida-se da criação, por meio de lei, de obrigações constitutivas do conteúdo da cláusula KYN – *Know Your Customer*, que retrata o dever de cooperação de todos aqueles que tenham acesso a movimentações financeiras e que, por conta dessa qualidade especial, deva contribuir com o COAF. Há, inclusive, o dever de cooperação entre o setor público e o privado.

Com atenção voltada para os pontos sensíveis à lavagem de dinheiro, estabelece-se "torres de vigia", *gatekeepers* (pessoas, físicas ou jurídicas, responsáveis pela filtragem de notícia que envolva lavagem de dinheiro, a fim de comunicá-la aos órgãos responsáveis pela investigação).

Esse propósito é alcançado por meio de um sistema que viabiliza o "acesso aos caminhos e trilhas por meio dos quais flui o dinheiro obtido com crimes ou contravenções penais" [41].

Esse sistema, denominado *twin track fight* (significando, literal e aproximadamente, o combate conjunto por meio de identificação de rastros), impõe a participação de pessoas que, identicamente, participam da interface marcante existente entre o sistema econômico e o financeiro, âmbito preferencial para a perpetração de lavagem de dinheiro[42].

Trata-se de um sistema de cooperação, também chamado de *compliance*, destinado à criação de mecanismos internos para prevenção e combate à lavagem de capitais, mediante ações que garantam o acatamento de normas desse setor[43].

Ao cabo, constrói-se um aparato conjunto para se seguir o dinheiro (ilícito) e facilitar a investigação de delitos relacionados à lavagem de dinheiro e à criminalidade organizada. A manutenção e atualização de cadastros de clientes e a comunicação de operações suspeitas estão entre as principais obrigações das pessoas enumeradas.

2. QUESTÕES DE CONCURSOS

1. (PGR/Procurador da República/2013 – adaptada) O art. 9º, XIV, da Lei 9.613/1998, foi alterado pela Lei nº 12.683/2012, passando a exigir do advogado atuante no contencioso judicial ou extrajudicial criminal o dever de comunicar as operações suspeitas de lavagem perpetradas por seus clientes.

2. (CESPE/TJ-PI/Titular de Serviços de Notas e de Registros/2013) A realização de operações que revelem indícios dos crimes previstos na Lei de Lavagem de Dinheiro deve ser comunicada pelos cartórios de registro público ao Conselho de Controle de Atividades Financeiras:

a) no prazo de quarenta e oito horas, sendo desnecessário dar ciência de tal ato a qualquer pessoa, inclusive àquela a que se refira a informação.

b) no prazo de dez dias, devendo-se dar ciência de tal ato à pessoa a que se refira a informação.

c) no prazo de vinte e quatro horas, sendo desnecessário dar ciência de tal ato a qualquer pessoa, inclusive àquela a que se refira a informação.

d) no prazo de dez dias, sendo desnecessário dar ciência de tal ato a qualquer pessoa, inclusive àquela a que se refira a informação.

e) no prazo de vinte e quatro horas, devendo-se dar ciência de tal ato à pessoa a que se refira a informação.

3. (CESPE/TCE-ES/Auditor de Controle Externo/2012) A mencionada lei determina, de forma expressa, o dever legal de o advogado e de a pessoa jurídica que preste, ainda que eventualmente, consultoria jurídica, assessoria, consultoria e assessoramento comunicar atividade suspeita de lavagem de dinheiro.

GAB	1	2	3
	E	C	E

41. LIMA, Renato Brasileiro de. *Legislação criminal especial comentada*. 2. ed. Salvador: JusPodivm, 2014. p. 462.

42. ARAS, Vladmir. Estamos quase lá: a nova lei de lavagem. *Blog do Vlad*. Disponível em: <https://blogdovladimir.wordpress.com/2012/06/08/estamos-quase-la-a-nova-lei-de-lavagem/>. Acesso em: 30 dez. 2015.

43. BOTTINI, Pierpaolo Cruz. Direito de defesa: o que é 'compliance' no âmbito do direito penal? *Consultor jurídico*. Disponível em: <http://www.conjur.com.br/2013-abr-30/direito-defesa-afinal-criminal-compliance>. Acesso em: 30 dez. 2015.

▸CAPÍTULO VI – DA IDENTIFICAÇÃO DOS CLIENTES E MANUTENÇÃO DE REGISTROS

Art. 10. As pessoas referidas no art. 9º:

I – identificarão seus clientes e manterão cadastro atualizado, nos termos de instruções emanadas das autoridades competentes;

II – manterão registro de toda transação em moeda nacional ou estrangeira, títulos e valores mobiliários, títulos de crédito, metais, ou qualquer ativo passível de ser convertido em dinheiro, que ultrapassar limite fixado pela autoridade competente e nos termos de instruções por esta expedidas;

III – deverão adotar políticas, procedimentos e controles internos, compatíveis com seu porte e volume de operações, que lhes permitam atender ao disposto neste artigo e no art. 11, na forma disciplinada pelos órgãos competentes; (Redação dada pela Lei nº 12.683, de 2012)

IV – deverão cadastrar-se e manter seu cadastro atualizado no órgão regulador ou fiscalizador e, na falta deste, no Conselho de Controle de Atividades Financeiras (Coaf), na forma e condições por eles estabelecidas; (Incluído pela Lei nº 12.683, de 2012)

V – deverão atender às requisições formuladas pelo Coaf na periodicidade, forma e condições por ele estabelecidas, cabendo-lhe preservar, nos termos da lei, o sigilo das informações prestadas. (Incluído pela Lei nº 12.683, de 2012)

§ 1º Na hipótese de o cliente constituir-se em pessoa jurídica, a identificação referida no inciso I deste artigo deverá abranger as pessoas físicas autorizadas a representá-la, bem como seus proprietários.

§ 2º Os cadastros e registros referidos nos incisos I e II deste artigo deverão ser conservados durante o período mínimo de cinco anos a partir do encerramento da conta ou da conclusão da transação, prazo este que poderá ser ampliado pela autoridade competente.

§ 3º O registro referido no inciso II deste artigo será efetuado também quando a pessoa física ou jurídica, seus entes ligados, houver realizado, em um mesmo mês-calendário, operações com uma mesma pessoa, conglomerado ou grupo que, em seu conjunto, ultrapassem o limite fixado pela autoridade competente.

1. COMENTÁRIOS

A conservação de cadastros e dos registros é de relevo para ser possível localizar o suspeito e identificar a operação. Trata-se de um ponto sensível à viabilidade de uma investigação eficaz e apta à eventual instauração de processo criminal. Esse dever é imposto às pessoas apontadas no artigo anterior.

Como os dados envolvidos estão albergados por sigilo (de dados ou bancários), em maior ou menor grau, o sujeito passivo do direito ao sigilo deve atentar para hipóteses que podem exigir autorização judicial, caso o fato não se adeque aos limites da Lei nº 9.613/1998.

Vale dizer, a autuação dessas pessoas em prol das atividades investigativas do COAF deve ser arrimada em indícios de lavagem de capitais (ou mesmo de criminalidade organizada). Não deve ser admitido o uso do cadastro ou dos registros dos clientes quando o delito for diverso daqueles ou por pessoas que não as expressamente autorizadas pela legislação.

Nesse sentido é o teor do inciso V, do art. 10, da Lei de Lavagem de Capitais, que expressamente estabelece que aquelas pessoas "deverão atender às requisições formuladas pelo COAF na periodicidade, forma e condições por ele estabelecidas, cabendo-lhe preservar, nos termos da lei, o sigilo das informações prestadas".

Art. 10-A. O Banco Central manterá registro centralizado formando o cadastro geral de correntistas e clientes de instituições financeiras, bem como de seus procuradores. (Incluído pela Lei nº 10.701, de 2003)

1. COMENTÁRIOS

A função do Banco Central, prevista no dispositivo em tela, segue a diretriz "conheça o seu cliente" (*Know Your Customer – KYN*). Integra um conjunto de normas que objetiva seguir o dinheiro e fazer funcionar um aparato de cooperação entre os órgãos para apurar operações suspeitas de lavagem de capitais.

Daí preconizar a necessidade de registro centralizado de um cadastro geral de correntistas e de clientes de instituições financeiras. As disposições sobre o sigilo de dados devem ser respeitadas, somente se autorizando acesso de acordo com as previsões legais que o regem ou por autorização judicial.

▸CAPÍTULO VII – DA COMUNICAÇÃO DE OPERAÇÕES FINANCEIRAS

Art. 11. As pessoas referidas no art. 9º:

I – dispensarão especial atenção às operações que, nos termos de instruções emanadas das autoridades competentes, possam constituir-se em sérios indícios dos crimes previstos nesta Lei, ou com eles relacionar-se;

II – deverão comunicar ao Coaf, abstendo-se de dar ciência de tal ato a qualquer pessoa, inclusive àquela à qual se refira a informação, no prazo de 24 (vinte e quatro) horas, a proposta ou realização: (Redação dada pela Lei nº 12.683, de 2012)

a) de todas as transações referidas no inciso II do art. 10, acompanhadas da identificação de que trata o inciso I do mencionado artigo; e (Redação dada pela Lei nº 12.683, de 2012)

b) das operações referidas no inciso I; (Redação dada pela Lei nº 12.683, de 2012)

III – deverão comunicar ao órgão regulador ou fiscalizador da sua atividade ou, na sua falta, ao Coaf, na periodicidade, forma e condições por eles estabelecidas, a não ocorrência de propostas, transações ou operações passíveis de serem comunicadas nos termos do inciso II. (Incluído pela Lei nº 12.683, de 2012)

§ 1º As autoridades competentes, nas instruções referidas no inciso I deste artigo, elaborarão relação de operações que, por suas características, no que se refere às partes envolvidas, valores, forma de realização, instrumentos utilizados, ou pela falta de fundamento econômico ou legal, possam configurar a hipótese nele prevista.

§ 2º As comunicações de boa-fé, feitas na forma prevista neste artigo, não acarretarão responsabilidade civil ou administrativa.

§ 3º O Coaf disponibilizará as comunicações recebidas com base no inciso II do **caput** aos respectivos órgãos responsáveis pela regulação ou fiscalização das pessoas a que se refere o art. 9º. (Redação dada pela Lei nº 12.683, de 2012)

Art. 11-A. As transferências internacionais e os saques em espécie deverão ser previamente comunicados à instituição financeira, nos termos, limites, prazos e condições fixados pelo Banco Central do Brasil. (Incluído pela Lei nº 12.683, de 2012)

1. COMENTÁRIOS

O dever de comunicar as operações suspeitas de lavagem de dinheiro ao COAF é a pedra de toque que evidencia o poder investigativo deste órgão e o dever de cooperação de todos os que exerçam atividades relacionadas com o sistema financeiro.

Desse conjunto de atividades, surgirá o produto investigativo decorrente das funções do COAF e que, ao final, poderá se tornar suporte probatório de ação penal.

As comunicações de boa-fé não prejudicarão as pessoas obrigadas a participar dos mecanismos de controle de operações suspeitas. De todo modo, aquelas informações estarão disponíveis à regulação e à fiscalização daqueles sujeitos pelos órgãos responsáveis.

CAPÍTULO VIII – DA RESPONSABILIDADE ADMINISTRATIVA

Art. 12. Às pessoas referidas no art. 9º, bem como aos administradores das pessoas jurídicas, que deixem de cumprir as obrigações previstas nos arts. 10 e 11 serão aplicadas, cumulativamente ou não, pelas autoridades competentes, as seguintes sanções:

I – advertência;

II – multa pecuniária variável não superior: (Redação dada pela Lei nº 12.683, de 2012)

a) ao dobro do valor da operação; (Incluída pela Lei nº 12.683, de 2012)

b) ao dobro do lucro real obtido ou que presumivelmente seria obtido pela realização da operação; ou (Incluída pela Lei nº 12.683, de 2012)

c) ao valor de R$ 20.000.000,00 (vinte milhões de reais); (Incluída pela Lei nº 12.683, de 2012)

III – inabilitação temporária, pelo prazo de até dez anos, para o exercício do cargo de administrador das pessoas jurídicas referidas no art. 9º;

IV – cassação ou suspensão da autorização para o exercício de atividade, operação ou funcionamento. (Redação dada pela Lei nº 12.683, de 2012)

§ 1º A pena de advertência será aplicada por irregularidade no cumprimento das instruções referidas nos incisos I e II do art. 10.

§ 2º A multa será aplicada sempre que as pessoas referidas no art. 9º, por culpa ou dolo: (Redação dada pela Lei nº 12.683, de 2012)

I – deixarem de sanar as irregularidades objeto de advertência, no prazo assinalado pela autoridade competente;

II – não cumprirem o disposto nos incisos I a IV do art. 10; (Redação dada pela Lei nº 12.683, de 2012)

III – deixarem de atender, no prazo estabelecido, a requisição formulada nos termos do inciso V do art. 10; (Redação dada pela Lei nº 12.683, de 2012)

IV – descumprirem a vedação ou deixarem de fazer a comunicação a que se refere o art. 11.

§ 3º A inabilitação temporária será aplicada quando forem verificadas infrações graves quanto ao cumprimento das obrigações constantes desta Lei ou quando ocorrer reincidência específica, devidamente caracterizada em transgressões anteriormente punidas com multa.

§ 4º A cassação da autorização será aplicada nos casos de reincidência específica de infrações anteriormente punidas com a pena prevista no inciso III do *caput* deste artigo.

1. COMENTÁRIOS

A responsabilidade administrativa em tela requer instauração forma de processo administrativo, como se verá. Os sujeitos passíveis de investigação são aqueles obrigados aos deveres entabulados nos arts. 10 e 11, da Lei de Lavagem de Capitais. Vale dizer, poderão sofrer punição, com aplicação das penas gizadas no presente dispositivo, todos aqueles enquadrados no art. 9º, do indigitado diploma legal.

Para fazer valer os ditames consignados nesta Lei nº 9.613/1998, o seu art. 12 contempla severas sanções, que vão da simples advertência e da multa de vinte milhões de reais à cassação da autorização de funcionamento ou do exercício da atividade da pessoa infratora. De toda sorte, deve-se seguir o devido processo legal, inclusive observando o disposto no Estatuto do COAF, a partir de seu art. 14 (Decreto nº 2.799/1998).

Art. 13. O procedimento para a aplicação das sanções previstas neste Capítulo será regulado por decreto, assegurados o contraditório e a ampla defesa.

1. COMENTÁRIOS

O Decreto nº 2.799/1998 regula a apuração das infrações administrativas previstas no presente Capítulo, da Lei nº 9.613/1998. Devem ser apuradas e, se o caso, sancionadas, por meio de processo administrativo, assegurados o contraditório e a ampla defesa.

Antes da instauração formal de processo administrativo, o COAF, demais órgãos fiscalizadores e reguladores das pessoas mencionadas no art. 9º, da Lei de Lavagem de Dinheiro, poderão promover, em caráter reservado, averiguações preliminares.

Uma vez encerradas as averiguações preliminares, a autoridade responsável poderá propor a instauração do processo administrativo ou determinará o seu arquivamento, submetendo, neste último caso, a decisão à revisão superior.

▸CAPÍTULO IX – DO CONSELHO DE CONTROLE DE ATIVIDADES FINANCEIRAS

Art. 14. Fica criado, no âmbito do Ministério da Justiça e Segurança Pública, o Conselho de Controle de Atividades Financeiras - COAF, com a finalidade de disciplinar, aplicar penas administrativas, receber, examinar e identificar as ocorrências suspeitas de atividades ilícitas previstas nesta Lei, sem prejuízo da competência de outros órgãos e entidades. (Redação dada pela Medida Provisória nº 870, de 2019)

§ 1º As instruções referidas no art. 10 destinadas às pessoas mencionadas no art. 9º, para as quais não exista órgão próprio fiscalizador ou regulador, serão expedidas pelo COAF, competindo-lhe, para esses casos, a definição das pessoas abrangidas e a aplicação das sanções enumeradas no art. 12.

§ 2º O COAF deverá, ainda, coordenar e propor mecanismos de cooperação e de troca de informações que viabilizem ações rápidas e eficientes no combate à ocultação ou dissimulação de bens, direitos e valores.

§ 3º O COAF poderá requerer aos órgãos da Administração Pública as informações cadastrais bancárias e financeiras de pessoas envolvidas em atividades suspeitas. (Incluído pela Lei nº 10.701, de 2003)

1. COMENTÁRIOS

A criação do COAF se deu em novembro de 1998, em atendimento ao preconizado pela Lei nº 9.613/1998 e pela Convenção de Palermo contra o Crime Organizado (2000).

Tratando-se de órgão administrativo vinculado ao Poder Executivo Federal, direcionou suas atividades ao seu objetivo primordial de prevenir e reprimir a lavagem de dinheiro no Brasil.

Para tanto, desenvolveu política de inteligência financeira, delineando as obrigações dos demais órgãos obrigados a colaborar com as ações de identificação e cadastro de clientes, assim como com o dever de registrar qualquer transação acima de determinado valor, comunicando a proposta ou a realização de operação suspeita[44].

Art. 15. O COAF comunicará às autoridades competentes para a instauração dos procedimentos cabíveis, quando concluir pela existência de crimes previstos nesta Lei, de fundados indícios de sua prática, ou de qualquer outro ilícito.

1. COMENTÁRIOS

1.1. Procedimento de verificação de ilícito

Sob o gênero "procedimento administrativo", o Decreto nº 2.799/1998, a partir de seu art. 14, estatui a forma como devem ser as investigações preliminares e o processo administrativo. Aquela tem o caráter de verificação inicial de um ilícito, para se certificar acercar da procedência das informações recebidas. O último é procedimento contraditório, com regramento específico.

1.2. Formas de comunicação

Cabe ao Plenário do COAF o dever de ordenar "a comunicação às autoridades competentes, quando concluir pela existência de crimes, de fundados indícios de sua prática, ou de qualquer outro ilícito". A ordem de comunicação é cumprida pelo corpo técnico-administrativo do órgão, emitindo ofícios que devem ser acompanhados pelos documentos necessários. Havendo sistema eletrônico que integre os órgãos envolvidos, essa comunicação pode ser realizada por meios eletrônicos, com a digitalização dos documentos.

2. QUESTÕES DE CONCURSOS

1. **(CESPE/DEPEN/Agente Penitenciário/2015)** Joana, condenada em 2005 por tráfico de drogas, na justiça federal, movimentou, em 2006 e 2007, por meio de transações bancárias eletrônicas, valores incompatíveis com sua atividade profissional e demais fontes de renda. Durante investigação, ficou comprovado que o dinheiro movimentado era proveniente do tráfico de drogas e que Joana ocultara e dissimulara a origem ilícita dos valores com o auxílio de seu irmão, dono de uma revenda de carros novos e usados. Demonstrou-se a materialidade da conduta ilícita a partir das informações fornecidas pela Receita Federal do Brasil e pelas instituições bancárias.

44. BRASIL. Ministério da Fazenda. Relatório de atividades do COAF de 1999. Disponível em: <http://www.coaf.fazenda.gov.br/links-externos/Relatorio%20de%20Atividades%20-%201999.pdf>. Acesso em: 29 dez 2015.

Acerca dessa situação hipotética, julgue os próximos itens com base na Lei nº 9.613/1998, que trata dos crimes de lavagem ou ocultação de bens, direitos e valores.

Na situação em apreço, caberia ao Conselho de Controle de Atividades Financeiras (COAF) ter comunicado os fatos ilícitos praticados, bem como os indícios de sua prática, ou de qualquer outro ilícito, às autoridades competentes pela instauração dos procedimentos cabíveis.

GAB	1
	C

Art. 16. O COAF será composto por servidores públicos de reputação ilibada e reconhecida competência, designados em ato do Ministro de Estado da Justiça e Segurança Pública, dentre os integrantes do quadro de pessoal efetivo do Banco Central do Brasil, da Comissão de Valores Mobiliários, da Superintendência de Seguros Privados do Ministério da Economia, da Procuradoria-Geral da Fazenda Nacional do Ministério da Economia, da Secretaria Especial da Receita Federal do Brasil do Ministério da Economia, da Agência Brasileira de Inteligência do Gabinete de Segurança Institucional da Presidência da República, do Ministério das Relações Exteriores, do Ministério da Justiça e Segurança Pública, da Polícia Federal do Ministério da Justiça e Segurança Pública, da Superintendência Nacional de Previdência Complementar do Ministério da Economia e da Controladoria-Geral da União, indicados pelos respectivos Ministros de Estado. (Redação dada pela Medida Provisória nº 870, de 2019)

§ 1º O Presidente do COAF será indicado pelo Ministro de Estado da Justiça e Segurança Pública e nomeado pelo Presidente da República.

§ 2º Caberá recurso das decisões do Coaf relativas às aplicações de penas administrativas ao Conselho de Recursos do Sistema Financeiro Nacional. (Redação dada pela Lei nº 13.506, de 2017)

1. COMENTÁRIOS

1.1. Composição do COAF

As relevantes funções do COAF impuseram uma composição eclética, formada por servidores de vários órgãos. Fica reconhecida, também por essa peculiaridade, a importância do órgão, deduzida inclusive de textos convencionais internacionais, quanto à gravidade dos fatos que tem a atribuição de investigar.

Lembre-se que o COAF é órgão vinculado ao Ministério da Fazenda e tem o fito de disciplinar, aplicar penas administrativas, receber, examinar e identificar ocorrências suspeitas de atividade ilícitas relacionada à lavagem de dinheiro. Em certa medida, o resultado de sua atuação pode consistir em peças de informações suficientes para embasar denúncia formulada pelo Ministério Público.

1.2. Decisões do COAF e previsão de recurso administrativo

Para possibilitar o direito a recurso ao Conselho de Recursos do Sistema Financeiro Nacional, as decisões do COAF devem ser fundamentadas, a teor da atual redação do § 2º, do art. 16, da Lei nº 9.613/1998, conferida pela Lei nº 13.506/2017. Não é mais o Ministro da Fazenda o órgão com autoridade hierárquica recursal para apreciar recurso interposto contra a imposição de penas administrativas pelo Conselho, porém o Conselho de Recursos do Sistema Financeiro Nacional.

Com a edição da Medida Provisória nº 870/2019, os membros do COAF não serão mais nomeados pelo Ministro da Fazenda. De acordo com o *caput*, daquele dispositivo, serão eles designados por ato do Ministro de Estado da Justiça e Segurança Pública, atendidos os requisitos legais quanto à investidura, depois de indicados pelos respectivos Ministros de Estado.

A citada medida provisória depende de conversão em lei, caso tal não ocorra, torna a vigorar a redação anterior, com a regulação das relações jurídicas pendentes durante sua vigência, nos termos do art. 62 e parágrafos, da Constituição do Brasil. É de ver, contudo, que a modificação de atribuições – para nomeação de membros do COAF, responsáveis por apuração de condutas que podem ensejar investigação criminal – tem a aptidão de resvalar em matéria criminal.

Pensamos ser vedada a edição de medida provisória que possa possuir esse efeito na seara penal, pelo que reputamos inconstitucional, no ponto, a Medida Provisória nº 870/2019. Isso porque a Constituição Federal veda, em seu art. 62, inciso I, alínea "b", que seja editada medida provisória que regule direito penal e direito processual penal. Na hipótese, temos um dispositivo capaz de, evidentemente, repercutir na seara criminal, merecendo controle de constitucionalidade. Caso a prova seja produzida em violação a esses ditames, teremos prova ilícita, vedada a sua utilização na persecução penal.

Art. 17. O COAF terá organização e funcionamento definidos em estatuto aprovado por decreto do Poder Executivo.

1. COMENTÁRIOS

1.1. Previsão normativa da organização e funcionamento do COAF

O Estatuto do COAF foi aprovado pelo Decreto nº 2.799/1998, assentando que aquele Conselho é órgão de deliberação coletiva com atuação em todo território nacional. Nos termos daquele regulamento, o COAF funciona em sua composição plenária, havendo previsão de atribuições de sua Secretaria-Executiva, de seu Presidente e dos respectivos Conselheiros.

1.2. Estrutura organizacional do COAF

O COAF é integrado por onze membros, sendo, cada um, servidor público e representante do órgão correspondente especificado na Lei nº 9.613/1998 e no Decreto nº 2.799/1998. Além desses membros, há o Presidente, cuja dedicação há de ser exclusiva. O mandato do Conselheiro é de três anos, permitida a recondução. Não há previsão de limite de reconduções, mas há hipóteses que determinam a perda do mandato do Conselheiro, consoante gizado naquele Estatuto.

CAPÍTULO X
(INCLUÍDO PELA LEI Nº 12.683, DE 2012)

DISPOSIÇÕES GERAIS (Incluído pela Lei nº 12.683, de 2012)

Art. 17-A. Aplicam-se, subsidiariamente, as disposições do Decreto-Lei nº 3.689, de 3 de outubro de 1941 (Código de Processo Penal), no que não forem incompatíveis com esta Lei. (Incluído pela Lei nº 12.683, de 2012)

1. COMENTÁRIOS

A determinação de aplicação subsidiária do Código de Processo Penal se baseia na necessidade de completude do ordenamento jurídico e na necessidade de aplicação congruente, arrimada em postulado de compatibilidade.

Veja-se que a Lei Processual Penal, em seu art. 3º, pretende resolver problemas de eventual incompletude dos enunciados quando ordena que "a lei processual penal admitirá interpretação extensiva e aplicação analógica, bem como o suplemento dos princípios gerais de direito".

De tal modo, se o Código de Processo Penal não for suficiente para suprir aparente lacuna decorrente da incidência das normas da Lei de Lavagem de Capitais, será cabível fazer incidir outras normas, com esteio em interpretação extensiva ou analógica.

Por derradeiro, a Lei de Introdução às Normas do Direito Brasileiro trata da interpretação das leis em geral, especialmente quando houver omissão. Nessa toada, o seu art. 4º estampa que "quando a lei for omissa, o juiz decidirá o caso de acordo com a analogia, os costumes e os princípios gerais de direito", enquanto o seu art. 5º deixa vincado que, "na aplicação da lei, o juiz atenderá aos fins sociais a que ela se dirige e às exigências do bem comum".

Art. 17-B. A autoridade policial e o Ministério Público terão acesso, exclusivamente, aos dados cadastrais do investigado que informam qualificação pessoal, filiação e endereço, independentemente de autorização judicial, mantidos pela Justiça Eleitoral, pelas empresas telefônicas, pelas instituições financeiras, pelos provedores de internet e pelas administradoras de cartão de crédito. (Incluído pela Lei nº 12.683, de 2012)

1. COMENTÁRIOS

O acesso a registros telefônicos (dados) não se confunde com interceptação telefônica (conteúdo emitido no momento da comunicação por meio telemático). O acesso de que fala o artigo é a banco de dados, que não se submete à cláusula de reserva jurisdicional qualificada. O legislador, atendendo a critério de proporcionalidade, pode autorizar o acesso a tais dados por autoridades por ele indicadas, além do juiz.

Todavia, no caso específico do art. 17-B, da Lei nº 9.613/1998, as investigações devem ter por objeto crimes de lavagem de capitais. Deve haver base empírica acerca da satisfação dos elementos do conceito legal de uma das figuras típicas previstas neste diploma legal.

Preenchido esse pressuposto, poderá ser aplicada a regra de que o delegado de polícia e o Ministério Público podem, independentemente de autorização judicial, ter acesso aos dados cadastrais do investigado que informem estritamente a qualificação pessoal, a filiação e o endereço mantidos pela Justiça Eleitoral, empresas telefônicas, instituições financeiras, provedores de *internet* e administradoras de cartão de crédito.

Art. 17-C. Os encaminhamentos das instituições financeiras e tributárias em resposta às ordens judiciais de quebra ou transferência de sigilo deverão ser, sempre que determinado, em meio informático, e apresentados em arquivos que possibilitem a migração de informações para os autos do processo sem redigitação. (Incluído pela Lei nº 12.683, de 2012)

1. COMENTÁRIOS

O dispositivo retrata tendência na adoção de meios eletrônicos para a conservação de documentos, a exemplo das técnicas de digitalização. Além desse desiderato, a comunicação linear entre órgãos públicos, que vem sendo normatizada paulatinamente, deve seguir diretriz que objetive aliar segurança, autenticidade e rapidez, com economia de tempo, prevenção de extravios e de delitos de falsidade.

Art. 17-D. Em caso de indiciamento de servidor público, este será afastado, sem prejuízo de remuneração e demais direitos previstos em lei, até que o juiz competente autorize, em decisão fundamentada, o seu retorno. (Incluído pela Lei nº 12.683, de 2012)

1. COMENTÁRIOS

A Lei 9.613/1998, em seu art. 17-D, acrescido pela Lei nº 12.683/2012, estabeleceu efeito específico do indiciamento de servidor público em face do suposto cometimento de crime de lavagem de capitais consistente no afastamento automático de suas funções. Pretendeu o legislador permitir o afastamento das atividades de servidor público, sem autorização judicial.

A disposição deve se submeter a controle de constitucionalidade (interpretação conforme a Constituição), para se entender que o indiciamento por crime de lavagem de dinheiro, emitido pela autoridade policial, não tem efeito automático de afastamento do servidor público de suas funções.

Ao revés, o delegado de polícia tem o poder de, justificadamente, representar pela aplicação da medida cautelar de afastamento do servidor público de suas funções, a teor do art. 319, VI, CPP, com redação dada pela Lei nº 12.403/2011.

Competirá ao juiz decidir a respeito do afastamento do funcionário indiciado por lavagem de dinheiro (princípio da jurisdicionalidade). O deferimento da representação da autoridade policial dependerá de anuência do *Parquet*. Da mesma forma, tem legitimidade o Ministério Público para requerer a cautela, a fim de provocar a atuação do juiz competente.

Art. 17-E. A Secretaria da Receita Federal do Brasil conservará os dados fiscais dos contribuintes pelo prazo mínimo de 5 (cinco) anos, contado a partir do início do exercício seguinte ao da declaração de renda respectiva ou ao do pagamento do tributo. (Incluído pela Lei nº 12.683, de 2012)

1. COMENTÁRIOS

Cuida-se de dispositivo cujos destinatários são os órgãos da Receita Federal com atribuição para conservar dados fiscais. Recai sobre estes o direito ao sigilo dos contribuintes. Ao mesmo tempo, o sigilo poderá ser afastado, judicialmente, toda vez que houver justificativa legal, evidenciada por base empírica, para deflagração de persecução penal. O lapso de cinco anos foi o prazo entendido razoável pelo legislador para adoção de providências estatais.

Art. 18. Esta Lei entra em vigor na data de sua publicação.

1. COMENTÁRIOS

A Lei de Lavagem de Dinheiro entrou em vigor no dia 4 de março de 1998, quando publicada em Diário Oficial da União.

Brasília, 3 de março de 1998; 177º da Independência e 110º da República.

FERNANDO HENRIQUE CARDOSO

Iris Rezende

Luiz Felipe Lampreia

Pedro Malan

| 19 |

CRIME ORGANIZADO

CRIME ORGANIZADO						
QUESTÕES DE CONCURSOS						
Classificação pelo artigo				Classificação pelo grau de incidência em provas		
Dispositivo legal	**Nº de questões**	**%**		**Dispositivo legal**	**Nº de questões**	**%**
Art. 1º	14	**15,05%**		Art. 4º	30	32,26%
Art. 2º	14	**15,05%**		Art. 1º	14	15,05%
Art. 3º	5	**5,38%**		Art. 2º	14	15,05%
Art. 4º	30	**32,26%**		Art. 10	12	12,90%
Art. 7º	1	**1,08%**		Art. 3º	5	5,38%
Art. 8º	4	**4,30%**		Art. 8º	4	4,30%
Art. 10	12	**12,90%**		Art. 13	4	4,30%
Art. 11	1	**1,08%**		Art. 22	3	3,23%
Art. 13	4	**4,30%**		Art. 14	2	2,15%
Art. 14	2	**2,15%**		Art. 7º	1	1,08%
Art. 15	1	**1,08%**		Art. 11	1	1,08%
Art. 22	3	**3,23%**		Art. 15	1	1,08%
Art. 23	1	**1,08%**		Art. 23	1	1,08%
Art. 25	1	**1,08%**		Art. 25	1	1,08%
TOTAL	93	**100,00%**		TOTAL	93	**100,00%**

▸LEI Nº 12.850, DE 2 DE AGOSTO DE 2013

Define organização criminosa e dispõe sobre a investigação criminal, os meios de obtenção da prova, infrações penais correlatas e o procedimento criminal; altera o Decreto-Lei nº 2.848, de 7 de dezembro de 1940 (Código Penal); revoga a Lei nº 9.034, de 3 de maio de 1995; e dá outras providências.

A **PRESIDENTA DA REPÚBLICA** Faço saber que o Congresso Nacional decreta e eu sanciono a seguinte Lei:

▸**CAPÍTULO I – DA ORGANIZAÇÃO CRIMINOSA**

Art. 1º Esta Lei define organização criminosa e dispõe sobre a investigação criminal, os meios de obtenção da prova, infrações penais correlatas e o procedimento criminal a ser aplicado.

1. COMENTÁRIOS

1.1. Origem da legislação sobre criminalidade organizada

A Lei da Criminalidade Organizada tem, dentre outras funções, o papel de concretizar as disposições da Convenção de Palermo, Itália, realizada no ano 2000. De acordo com seu texto, foi aberta à assinatura de todos os Estados entre 12 e 15 de dezembro daquele ano e, na sequência, na sede da Organização das Nações Unidas, em Nova Iorque, até dezembro de 2000. O Brasil subscreveu e ratificou aquele instrumento internacional, por meio do Decreto nº 5.015, de 12 de março de 2004, sendo publicada no Diário Oficial da União em 15 de março do mesmo ano.

A Convenção de Palermo descreveu como seu objetivo o de promover a cooperação para prevenir e combater mais eficazmente a criminalidade organizada transnacional. Estabeleceu os conceitos necessários para concluir pela existência de organização criminosa, ditando os delitos cujo foco de combate deve ser mais direcionado, a exemplo da corrupção e da lavagem de dinheiro.

No Brasil, a Lei nº 9.034/1994 foi o diploma legislativo pioneiro que passou a definir e regular os meios de prova e os procedimentos investigatórios a respeito de "crime resultante de ações de quadrilha ou bando". Em seguida, a Lei nº 10.217/2001 alterou esse enunciado do art. 1º, daquela Lei, adequando sua finalidade para abranger não só crimes, mas também "ilícitos decorrentes de ações praticadas por quadrilha ou bando ou organizações ou associações criminosas de qualquer tipo".

Entretanto, a Lei nº 9.034/1994 e suas modificações posteriores não definiam organização criminosa, nem tampouco tipificava como delito a conduta de compor aquela organização. Suas disposições se destinavam à disciplina do uso de meios operacionais para a prevenção e repressão de ações praticadas por organizações criminosas.

A jurisprudência não era firme para delimitar o que seria organização criminosa, muitas vezes vacilante em torno da aplicação do conceito de quadrilha ou bando[45] (redação anterior do art. 288, do Código Penal) ou do conceito de "grupo criminoso organizado" estabelecido pela Convenção de Palermo[46].

Mesmo depois do advento da Lei nº 12.694/2012, que instituiu a possibilidade de formação de colegiado de primeiro grau de jurisdição, descrevendo um conceito legal de organização

45. No Supremo Tribunal Federal, ao julgar *habeas corpus* relativamente a crime de lavagem de dinheiro, organização criminosa e quadrilha, ficou assentado que "o crime de quadrilha não se confunde com o de organização criminosa, até hoje sem definição na legislação pátria" (STF – Primeira Turma – HC 108715 – Relator: Ministro Marco Aurélio – Primeira Turma – julgado em 24/09/2013).

46. O art. 2, "a", da referida Convenção de Palermo (Convenção das Nações Unidas contra o Crime Organizado Transnacional), estatuiu, para os efeitos de seu texto, que Grupo criminoso organizado" consiste no "grupo estruturado de três ou mais pessoas, existente há algum tempo e atuando concertadamente com o propósito de cometer uma ou mais infrações graves ou enunciadas" naquele instrumento convencional, "com a intenção de obter, direta ou indiretamente, um benefício econômico ou outro benefício material".

criminosa para os fins daquele diploma legal, permaneceu no limbo a definição dos contornos do que seria organização criminosa para casos de infração penal sem repercussão transnacional. No ponto, a Convenção de Palermo estabeleceu aquele conceito supracitado, aplicável exclusivamente à criminalidade organizada que extrapolasse os limites territoriais brasileiros.

Nesse contexto, a Lei nº 12.850/2013 teve o mérito de vincar um conceito de organização criminosa. Também definiu como crime a ação de fazer parte da composição daquela organização e modificou o delito de quadrilha ou bando, estatuindo novo nome jurídico de "associação criminosa". Além dessas inovações, a Lei do Crime Organizado trouxe regras mais detalhadas sobre a investigação criminal e as formas de obtenção de prova.

1.2. Abrangência da Lei nº 12.850/2013

A nova legislação sobre o crime organizado, no ponto que institui técnicas especiais para obtenção de elementos de informação, deve ter aplicabilidade restrita aos delitos de organização criminosa e aos correlatos. A aplicação analógica, no ponto, não deve ser admitida, notadamente quando implicar limitação maior à liberdade do imputado.

Com o advento da Lei nº 13.260/2016 (Lei Antiterrorismo), as disposições da Lei nº 12.850/2013 passaram a ter aplicação estendida aquele novo diploma legal. Nesse sentido são os termos do art. 16, daquela legislação que disciplina o terrorismo, inclusive com enunciados sobre investigação e processo (fixando a competência do juiz federal para julgamento, por considerar afetado interesse da União). Sua dicção é expressa em assentar que se aplicam as disposições da Lei nº 12.850/2013, "para a investigação, processo e julgamento dos crimes previstos nesta Lei".

Isso não significa dizer que não é possível a aplicação analógica da Lei nº 12.850/2013 naquela parte que institui conceitos e procedimentos que, ao invés de dificultar a tutela das garantias, antes tem o condão de facilitá-la. De tal modo, o intérprete cuidará para que a persecução das infrações penais atribuídas a organizações criminosas seja realizada com respeito aos conceitos instituídos na mesma lei.

Veja-se que, pela ementa dessa Lei, tem ela o propósito de definir organização criminosa, bem como dispor sobre a investigação criminal, os meios de obtenção de prova, infrações penais correlatas e o procedimento criminal. A aplicação dessas disposições exige base empírica mínima que evidencie o preenchimento do conceito de organização criminosa.

2. SÚMULAS E JURISPRUDÊNCIA

✦ *SUPREMO TRIBUNAL FEDERAL*

- **HABEAS CORPUS. JULGAMENTO POR TRIBUNAL SUPERIOR. IMPUGNAÇÃO.** A teor do disposto no artigo 102, inciso II, alínea "a", da Constituição Federal, contra decisão, proferida em processo revelador de habeas corpus, a implicar a não concessão da ordem, cabível é o recurso ordinário. Evolução quanto à admissibilidade do substitutivo do habeas corpus. TIPO PENAL – NORMATIZAÇÃO. A existência de tipo penal pressupõe lei em sentido formal e material. LAVAGEM DE DINHEIRO – LEI Nº 9.613/98 – CRIME ANTECEDENTE. A teor do disposto na Lei nº 9.613/98, há a necessidade de o valor em pecúnia envolvido na lavagem de dinheiro ter decorrido de uma das práticas delituosas nela referidas de modo exaustivo. LAVAGEM DE DINHEIRO – ORGANIZAÇÃO CRIMINOSA E QUADRILHA. **O crime de quadrilha não se confunde com o de organização criminosa**, até hoje sem definição na legislação pátria. *STF, HC 108715, Relator(a): Min. MARCO AURÉLIO, Primeira Turma, julgado em 24/09/2013.*

§ 1º Considera-se organização criminosa a associação de 4 (quatro) ou mais pessoas estruturalmente ordenada e caracterizada pela divisão de tarefas, ainda que informalmente, com objetivo de obter, direta ou indiretamente, vantagem de qualquer natureza, mediante a prática de infrações penais cujas penas máximas sejam superiores a 4 (quatro) anos, ou que sejam de caráter transnacional.

1. COMENTÁRIOS

1.1. Conceitos de organização criminosa distintos

O conceito legal de organização criminosa avivado pelo § 1º, do art. 1º, da Lei em tela, não coincide com o da Convenção de Palermo, nem com o da Lei nº 12.694/2012, que instituiu a possibilidade de formação de órgão colegiado de primeiro grau para fazer face a questões conduzidas por magistrados ameaçados de morte.

No plano textual, todos estão em vigor, eis que não houve revogação expressa quando da edição de cada um daqueles instrumentos introdutores de normas jurídicas. No que toca ao plano da interpretação, é possível sustentar a revogação tácita do art. 2º, da Lei nº 12.694/2012, pelo dispositivo mais novo, do § 1º, do art. 1º, da Lei nº 12.850/2013.

Também com o advento desse novo texto é plausível se entender pela suspensão de aplicabilidade, no Brasil, do conceito de "grupo criminoso organizado", disciplinado no art. 2, da Convenção de Palermo, por força de regra de aplicabilidade nela mesma prevista (art. 34).

Vejamos cada um dos aspectos constitutivos desse conceito, comparativamente a cada um desses diplomas legislativos.

1.1.1. Conceito de organização criminosa na Convenção de Palermo (Decreto nº 5.015/2004)

O conceito de organização criminosa disposto no § 1º, do art. 1º, da Lei nº 12.850/2013, suplantou o conceito preconizado na Convenção de Palermo. Isso em razão da parte final daquele enunciado ter ampliado a sua aplicação para os fatos delituosos com "caráter transnacional".

Nada obstante, importa analisar o conteúdo pioneiro disciplinado na referida Convenção das Nações Unidas contra o Crime Organizado Transnacional, seja por sua importância histórica, seja em virtude de questões de direito intertemporal que podem ensejar o exame da higidez de sua incidência, seja porque auxilia na interpretação dos dispositivos da legislação interna sobre o crime organizado.

1.1.1.1. Âmbito de aplicação da Convenção de Palermo

O Decreto nº 5.015/2004, que promulgou a Convenção das Nações Unidas contra o Crime Organizado Transnacional (Convenção de Palermo), tem aplicabilidade aos casos de infrações cometidas:

(i) em mais de um Estado;

(ii) num só Estado, porém uma parte substancial da sua preparação, planejamento, direção e controle tenha lugar em outro Estado;

(iii) num só Estado, mas que inclua a participação de um grupo criminoso organizado que cometa atividades criminosas em mais de Estado; ou

(iv) num só Estado, porém produzindo efeitos substanciais em outro Estado.

1.1.1.2. Incorporação ao ordenamento jurídico brasileiro

A Convenção de Palermo foi o primeiro instrumento legislativo, incorporado ao ordenamento jurídico nacional em 2004, que disciplinou um conceito de organização criminosa, malgrado sua incidência restrita para os casos de repercussão transnacional. Em outros termos, somente a partir da sua promulgação, passou-se a ter um conceito de organização criminosa, mas que não tinha caráter normativo do ponto de vista interno. Sua força normativa era retratada pela sua incidência a fatos envolvendo organização criminosa com caráter transnacional.

O art. 34, da Convenção das Nações Unidas contra o Crime Organizado Transnacional, reza acerca de sua aplicação, apontando para o respeito às idiossincrasias de cada Estado Parte. É nesse sentido que o item 3, daquele dispositivo convencional, preconiza que cada Estado Parte poderá tomar "medidas mais estritas ou mais severas", relativamente às previstas em seu texto, "a fim de prevenir e combater a criminalidade organizada transnacional".

Aliás, nos termos do item 1, do mesmo artigo, "cada Estado Parte adotará as medidas necessárias, incluindo legislativas e administrativas, em conformidade com os princípios fundamentais do seu direito interno, para assegurar o cumprimento das suas obrigações" nascidas em virtude daquela Convenção.

1.1.1.3. Elementos do conceito de organização criminosa na Convenção de Palermo

O art. 2, da Convenção das Nações Unidas contra o Crime Organizado se vale da expressão "grupo criminoso organizado", dissentindo, no ponto, da terminologia utilizada pelo legislador da Lei nº 12.850/2013. Para os fins daquele instrumento internacional, deve se entender por "grupo criminoso organizado":

(i) estruturado funcionalmente, assim reputado aquele constituído de forma não fortuita para a prática imediata de uma infração, ainda que seus membros não tenham funções bem definidas, ou que não haja continuidade na sua composição, ou que não disponha de estrutura bem elaborada;

(ii) composto de, pelos menos, três pessoas;

(iii) existente há algum tempo (não há previsão de tempo mínimo ou máximo);

(iv) com atuação concertada, vale dizer, ajustada, combinada, planejada, de maneira não aleatória;

(v) com o propósito de praticar uma ou mais infrações graves ou dispostas no texto convencional (de acordo com os seus termos, a infração penal é considerada grave se o ato for punível por meio de pena privativa de liberdade, cujo máximo abstrato não seja inferior a quatro anos, podendo, naturalmente, conter pena superior a esse patamar); e

(vi) com o fito de obter, direta ou indiretamente, benefício econômico ou outro benefício material.

Com o advento da Lei nº 12.850/2013, passamos a ter um conceito único de organização criminosa, seja para os casos ocorridos restritamente em território nacional, seja para as hipóteses de transnacionalidade.

1.1.2. Conceito de organização na Lei do Colegiado de Primeiro Grau de Jurisdição (Lei nº 12.694/2012)

A Lei nº 12.694/2012 vinca conceito de organização criminosa restrito às finalidades de instituição do colegiado de primeiro grau de jurisdição. O art. 2º, da referida lei é enfático ao dizer que o conceito de organização criminosa ali descrito é limitado aos efeitos daquele diploma legal. Depois da vigência da Lei nº 12.850/2013, entendemos que aquele conceito de organização criminosa não mais subsiste, havendo operado a revogação tácita pelo novo conceito para efeito de aplicação do direito interno. Há divergências quanto à existência de um só ou de ambos os conceitos, porquanto se trata de conclusão interpretativa, eis que o texto da lei anterior permanece em vigor. Pensamos não ser consentâneo com as regras da lógica, a existência de dois conceitos de organização criminosa no âmbito interno, devendo prevalecer o mais recente.

Para o efeito de se instaurar colegiado de primeiro grau, a Lei nº 12.694/2012, previu que a organização criminosa será assim considerada se preenchidos os seguintes elementos de seu conceito:

(i) associação de, pelo menos, três pessoas (no ponto, coincide com os termos da Convenção de Palermo);

(ii) dotada de ordenação estruturada (ainda que seja rudimentar a estrutura e sua ordenação);

(iii) caracterizada pela divisão de tarefas, mesmo que informalmente;

(iv) com o cunho de obter, direta ou indiretamente, vantagem de qualquer natureza (com termos mais abertos que a Convenção de Palermo, intui-se que o benefício pode ser econômico, outro material e, até mesmo, moral);

(v) por meio de prática de crimes (não contravenções), com pena igual ou superior a quatro anos ou, ainda, que sejam de caráter transnacional (nesta última hipótese, independentemente do *quantum* da pena).

1.2. Conceito de organização criminosa na Lei das Organizações Criminosas (Lei nº 12.850/2013)

A Lei nº 12.850/2013 discerniu "associação criminosa" de "organização criminosa". Aquela pode se configurar quando formada por pelo menos três pessoas. A última exige composição mínima de quatro pessoas.

Pode-se dizer que, sob a égide do ordenamento jurídico nacional, não haverá organização criminosa constituída por menos de quatro pessoas, a não ser que se entenda ainda vigente o conceito de organização criminosa regrado no art. 2º, da Lei nº 12.694/2012.

O reverso, porém, não pode se afirmar, ou seja, é possível que quatro pessoas ou mais não constituam organização criminosa, mas tão somente associação criminosa, mormente quando ausentes outros elementos conceituais daquela.

O § 1º, do art. 1º, da Lei nº 12.850/2013, contém os requisitos nucleares do conceito de organização criminosa. Sem esse conteúdo mínimo, verificável empiricamente e não por meras conjecturas, não será admissível o deferimento de providências invasivas em detrimento de direitos fundamentais da pessoa investigada. No entanto, o intérprete deve ficar atento às regras de aplicabilidade gizadas nos demais parágrafos do supracitado artigo. Não deve um enunciado ser compreendido de forma destacada do texto de lei, sendo mister situá-lo contextualmente.

O novo conceito de organização criminosa, que entendemos aplicável a todos os casos de competência de órgão judiciário brasileiro, deve agregar os seguintes requisitos:

(i) associação de, pelo menos, quatro pessoas (não três, como na Convenção de Palermo e na Lei nº 12.694/2012). Veja-se que a exigência de quatro ou mais pessoas outorga maior garantia para os investigados por crimes supostamente cometidos em concurso de agentes. Sem a demonstração de indícios de coautoria entre quatro pessoas, não deve o magistrado deferir providência restritiva fundada na Lei nº 12.850/2013;

(ii) estruturalmente ordenada (mesmo que se trate de estrutura hierárquica rudimentar);

(iii) caracterizada pela divisão de tarefas, ainda que informalmente (não é necessária delimitação de atribuições de forma rígida, por regimento ou estatuto);

(iv) com a finalidade de obter, direta ou indiretamente, vantagem de qualquer natureza. A obtenção de vantagem indireta pode ser verificada em relação a terceira pessoa, interposta, como o filho, o ascendente ou o cônjuge de membro da organização criminosa. Imagine-se o incremento de patrimônio de pessoa não integrante do grupo, mas que mantém relação próxima com outro que a ele pertence. A vantagem pode ser de qualquer natureza (econômica ou moral), inclusive o prestígio que pode o membro da organização criminosa lograr com a prática de delitos;

(v) através do cometimento de infrações penais (crimes ou contravenções, tanto faz), cujas penas máximas sejam superiores a quatro anos ou, independentemente do quantum máximo abstrato, sejam de caráter transnacional. Note-se que, inovando em relação à Convenção de Palermo e à Lei nº 12.694/2012, o legislador da Lei nº 12.850/2013 não se contenta com o cometimento de delitos com pena igual a quatro anos no âmbito nacional. Se não se cuidar de infração penal com caráter transnacional (cuja quantidade da pena é irrelevante para o fim de configurar organização criminosa), é indispensável que a pena máxima abstrata cominada à infração penal seja maior que quatro anos. Outra novidade foi a de se alinhar com a Convenção de Palermo no ponto que se satisfaz com o conceito de infração, para abranger o intuito de praticar não só crimes, mas também contravenções penais.

§ 2º Esta Lei se aplica também:

I – às infrações penais previstas em tratado ou convenção internacional quando, iniciada a execução no País, o resultado tenha ou devesse ter ocorrido no estrangeiro, ou reciprocamente;

II – às organizações terroristas, entendidas como aquelas voltadas para a prática dos atos de terrorismo legalmente definidos" (redação dada pela Lei nº 13.260/2016).

1. COMENTÁRIOS

1.1. Comparativo com os delitos previstos na Convenção de Palermo

A Lei nº 12.850/2013 foi editada para ser aplicada aos casos de persecução penal que envolvem organizações criminosas. É pré-requisito que seja completado o seu conceito para que seja possível incidir normas construídas a partir daquele diploma legal.

Volvendo para o Decreto nº 5.015/2004, destinado à persecução criminal de organizações criminosas com a nota da transnacionalidade, lá se vê que o propósito do grupo organizado deve ser dirigido ao cometimento de infrações classificadas como:

(i) graves, com pena privativa de liberdade igual ou superior a quatro anos (art. 2);

(ii) participação em um grupo criminoso organizado (art. 5)

(iii) lavagem do produto do crime (art. 6);

(iv) lavagem de dinheiro (art. 7);

(v) corrupção (art. 8);

(vi) de obstrução à justiça (art. 23).

1.2. Ampliação da órbita de aplicação da Lei nº 12.850/2013 para os crimes que especifica

Na senda de conferir maior proteção aos bens jurídicos que são objeto de tipificação a nível de tratado ou convenção internacional, o legislador ampliou o âmbito de incidência da Lei nº 12.850/2013. Dessa maneira, independentemente do delito ser atribuído à organização criminosa, há permissivo legal para que sejam suas disposições aplicadas toda vez que se tratar de:

(i) infrações penais previstas em tratado ou convenção internacional quando, iniciada a execução no País, o resultado tenha ou devesse ter ocorrido no estrangeiro, ou reciprocamente. Tal disposição está em compasso com as disposições constitucionais que conferem aos tratados e convenções tratamento jurídico peculiar. Além dos direitos fundamentais constitucionais não excluírem outros gizados em instrumentos internacionais (art. 5º, §§ 2º e 3º, CF/1988), os delitos previstos em tratado, com caráter de transnacionalidade, devem ser objeto de processamento e julgamento perante a Justiça Federal (art. 109, V, CF/1988);

(ii) infrações imputadas a organizações terroristas internacionais, reconhecidas segundo as normas de direito internacional, por foro do qual o Brasil faça parte, cujos atos de suporte ao terrorismo, bem como os atos preparatórios ou de execução de atos terroristas, ocorram ou possam ocorrer em território nacional. O Decreto nº 3.018/1999 incorporou, ao ordenamento jurídico nacional, a Convenção para Prevenir e Punir Atos de Terrorismo relativamente aos delitos ali indicados. Dentre as obrigações assumidas neste instrumento internacional, ficou assentado o dever de tomar as medidas consideradas eficazes, em conformidade com a legislação e, em especial, com a própria Convenção (art. 1).

Com a vigência da recente Lei nº 13.260/2016, que disciplina o terrorismo, com disposições investigatórias, processuais e novo conceito de organização terrorista, ficou reiterado que a Lei nº 12.850/2013 também se aplica às organizações terroristas, assim compreendidas como aquelas voltadas para a prática dos atos de terrorismo legalmente definidos. De tal modo, para se definir terrorismo, deve o interprete recorrer ao conceito de ato terrorista, inferido *ex vi legis*. Adotou-se, portanto, o critério legal estrito para se definir terrorismo, a partir do conceito de ato terrorista[47].

47. Delimitando os contornos de terrorismo e de ato terrorista, a Lei nº 13.260/2016 incriminou várias condutas, por meio de tipo penal misto alternativo. Expressamente foram excluídos da sua incidência os movimentos sociais. Veja-se o enunciado completo: "Art. 2º. O terrorismo consiste na prática por um ou mais indivíduos

2. QUESTÕES DE CONCURSOS

1. **(VUNESP/PC-CE/Delegado de Polícia/2015 – adaptada)** Sobre a Lei de Organizações Criminosas, Lei nº 12.850/2013, é correto afirmar que pode ter por objeto a investigação de qualquer crime, desde que apenado com reclusão.

2. **(VUNESP/PC-CE/Inspetor de Polícia/2015 – adaptada)** Sobre a Lei n o 12.850/2013 (combate às organizações criminosas), está correto afirmar que para sua aplicação, dentre outros requisitos, exige-se a associação de três pessoas para a prática de infrações penais cujas penas máximas sejam superiores a três anos quando não tiverem caráter transnacional.

3. **(CESPE/TRF5/Juiz Federal/2015 – adaptada)** Segundo a lei que trata de organização criminosa, a caracterização de "grupo criminoso organizado" envolve a obtenção, direta ou indireta, de vantagem indevida mediante perpetração de contravenções penais.

4. **(CESPE/TCU/Auditor Federal de Controle Externo 2015)** Nos termos dessa lei, organização criminosa é a associação de, no mínimo, quatro pessoas com estrutura ordenada e divisão de tarefas, com estabilidade e permanência. A ausência da estabilidade ou da permanência caracteriza o concurso eventual de agentes, dotado de natureza passageira.

5. **(MPE-SC/Promotor de Justiça/2016)** Nos termos da Lei n. 12.850/13 (Organizações Criminosas), considera-se organização criminosa a associação de três ou mais pessoas estruturalmente ordenada e caracterizada pela divisão de tarefas, ainda que informalmente, com objetivo de obter, direta ou indiretamente, vantagem de qualquer natureza, mediante a prática de infrações penais cujas penas máximas sejam iguais ou superiores a quatro anos, ou que sejam de caráter transnacional.

6. **(UFMT/TJ-MT/Analista Judiciário/2016)** Em relação ao conceito de organização criminosa, disposto na Lei n.º 12.850/2013, assinale a afirmativa correta.

a) Considera-se organização criminosa a associação de 2 (duas) ou mais pessoas estruturalmente ordenada e caracterizada pela divisão de tarefas, ainda que informalmente, com objetivo de obter, direta ou indiretamente, vantagem de qualquer natureza, mediante a prática de infrações penais cujas penas máximas sejam superiores a 4 (quatro) anos, ou que sejam de caráter transnacional.

---

dos atos previstos neste artigo, por razões de xenofobia, discriminação ou preconceito de raça, cor, etnia e religião, quando cometidos com a finalidade de provocar terror social ou generalizado, expondo a perigo pessoa, patrimônio, a paz pública ou a incolumidade pública. § 1º São atos de terrorismo: I – usar ou ameaçar usar, transportar, guardar, portar ou trazer consigo explosivos, gases tóxicos, venenos, conteúdos biológicos, químicos, nucleares ou outros meios capazes de causar danos ou promover destruição em massa; II – (vetado); III – (vetado); IV – sabotar o funcionamento ou apoderar-se, com violência, grave ameaça a pessoa ou servindo-se de mecanismos cibernéticos, do controle total ou parcial, ainda que de modo temporário, de meio de comunicação ou de transporte, de portos, aeroportos, estações ferroviárias ou rodoviárias, hospitais, casas de saúde, escolas, estádios esportivos, instalações públicas ou locais onde funcionem serviços públicos essenciais, instalações de geração ou transmissão de energia, instalações militares, instalações de exploração, refino e processamento de petróleo e gás e instituições bancárias e sua rede de atendimento; V – atentar contra a vida ou a integridade física de pessoa: Pena – reclusão, de doze a trinta anos, além das sanções correspondentes à ameaça ou à violência. § 2º O disposto neste artigo não se aplica à conduta individual ou coletiva de pessoas em manifestações políticas, movimentos sociais, sindicais, religiosos, de classe ou de categoria profissional, direcionados por propósitos sociais ou reivindicatórios, visando a contestar, criticar, protestar ou apoiar, com o objetivo de defender direitos, garantias e liberdades constitucionais, sem prejuízo da tipificação penal contida em lei". A Presidência da República expôs como razão dos vetos apontados o fato de que os respectivos enunciados apresentavam "definições excessivamente amplas e imprecisas, com diferentes potenciais ofensivos, cominando, contudo, em penas idênticas, em violação ao princípio da proporcionalidade e da taxatividade. Ademais, também entendeu a Presidência que "os demais incisos do parágrafo já garantem a previsão das condutas graves que devem ser consideradas 'ato de terrorismo'".

b) Considera-se organização criminosa a associação de 2 (duas) ou mais pessoas estruturalmente ordenada e caracterizada pela divisão de tarefas, ainda que informalmente, com objetivo de obter, direta ou indiretamente, vantagem de qualquer natureza, mediante a prática de infrações penais cujas penas máximas sejam superiores a 2 (dois) anos, ou que sejam de caráter transnacional.

c) Considera-se organização criminosa a associação de 4 (quatro) ou mais pessoas estruturalmente ordenada e caracterizada pela divisão de tarefas, ainda que informalmente, com objetivo de obter, direta ou indiretamente, vantagem de qualquer natureza, mediante a prática de infrações penais cujas penas máximas sejam superiores a 2 (dois) anos, ou que sejam de caráter transnacional.

d) Considera-se organização criminosa a associação de 4 (quatro) ou mais pessoas estruturalmente ordenada e caracterizada pela divisão de tarefas, ainda que informalmente, com objetivo de obter, direta ou indiretamente, vantagem de qualquer natureza, mediante a prática de infrações penais cujas penas máximas sejam superiores a 4 (quatro) anos, ou que sejam de caráter transnacional.

7. **(CESPE/TRT8/Analista Judiciário/2016 - adaptada)** Embora previsto na Convenção de Palermo, o tipo penal do crime de organização criminosa só foi definitivamente incorporado ao ordenamento jurídico brasileiro com a publicação de legislação penal extravagante, razão por que apenas as condutas praticadas em momento posterior ao início do vigor da lei podem ser enquadradas nesse tipo penal.

8. **(CESPE/PC-AM/Escrivão de Polícia/2018)** Determinada conduta configurará organização criminosa somente se

a) o objetivo exclusivo dos agentes for o de obter vantagem de natureza patrimonial.

b) a associação for ordenada para a prática da infração, ainda que inexista a divisão de tarefas entre os agentes.

c) os agentes cometerem infrações sujeitas a pena de reclusão.

d) houver escalonamento hierárquico entre os agentes.

e) estiverem associadas, no mínimo, três pessoas.

9. **(MPE-BA/Promotor de Justiça/2018 – adaptada)** A estabilidade e a permanência funcionam como elementos básicos implícitos do crime de organização criminosa, não se admitindo uma simples coparticipação criminosa ou eventual acordo de vontades para a prática de determinado crime.

10. **(MPE-BA/Promotor de Justiça/2018 – adaptada)** Para a tipificação do delito de organização criminosa, dentre outros requisitos, exige-se a prática de infrações penais cujas penas máximas sejam iguais ou superiores a quatro anos.

11. **(FUNDATEC/PC-RS/Delegado de Polícia/2018)** A propósito da Lei de Organização Criminosa, Lei nº 12.850/2013, e do crime de Associação Criminosa, Art. 288 do Código Penal, analise as assertivas a seguir:

I. O critério distintivo entre associação criminosa e organização criminosa não é o número de indivíduos, mas, sim, o fato de ser a organização criminosa estruturada e organizada, com tarefas divididas. É possível que um grupo tenha mais do que três integrantes, finalidade de praticar crimes com penas superiores a 04 anos e ser enquadrado como associação criminosa.

II. Para ser reconhecida uma organização criminosa, exige-se a prática de infrações penais cujas penas máximas sejam superiores a quatro anos ou, que sejam de caráter transnacional, o que, como se percebe, é um requisito objetivo e alternativo.

III. As penas previstas para infrações penais praticadas por organização criminosa e por associação criminosa são majoradas no mesmo percentual, se na atuação de uma ou outra houver emprego de arma ou participação de criança ou adolescente.

Quais estão INCORRETAS?

a) Apenas I.
b) Apenas II.
c) Apenas III.
d) Apenas I e II.
e) I, II e III.

12. **(CESPE/TJ-BA/Juiz de Direito/2019 – adaptada)** Para que se configure o referido crime, tem de se comprovar a ocorrência de associação estável e permanente de três ou mais pessoas para a prática criminosa.

13. **(CESPE/TJ-BA/Juiz de Direito/2019 – adaptada)** Constitui circunstância elementar desse delito a finalidade de obtenção de vantagem de qualquer natureza mediante a prática de infrações penais cujas penas máximas sejam superiores a quatro anos ou que sejam de caráter transnacional.

14. **(CESPE/TJ-BA/Juiz de Direito/2019 – adaptada)** A estruturação organizada e ordenada de pessoas, com a necessária divisão formal de tarefas entre elas, é circunstância elementar objetiva do crime em apreço.

GAB	1	2	3	4	5	6	7	8	9	10	11	12	13	14
	E	E	E	C	E	D	C	B	C	E	C	E	C	E

Art. 2º Promover, constituir, financiar ou integrar, pessoalmente ou por interposta pessoa, organização criminosa:

Pena – reclusão, de 3 (três) a 8 (oito) anos, e multa, sem prejuízo das penas correspondentes às demais infrações penais praticadas.

§ 1º Nas mesmas penas incorre quem impede ou, de qualquer forma, embaraça a investigação de infração penal que envolva organização criminosa.

§ 2º As penas aumentam-se até a metade se na atuação da organização criminosa houver emprego de arma de fogo.

§ 3º A pena é agravada para quem exerce o comando, individual ou coletivo, da organização criminosa, ainda que não pratique pessoalmente atos de execução.

§ 4º A pena é aumentada de 1/6 (um sexto) a 2/3 (dois terços):

I – se há participação de criança ou adolescente;

II – se há concurso de funcionário público, valendo-se a organização criminosa dessa condição para a prática de infração penal;

III – se o produto ou proveito da infração penal destinar-se, no todo ou em parte, ao exterior;

IV – se a organização criminosa mantém conexão com outras organizações criminosas independentes;

V – se as circunstâncias do fato evidenciarem a transnacionalidade da organização.

§ 5º Se houver indícios suficientes de que o funcionário público integra organização criminosa, poderá o juiz determinar seu afastamento cautelar do cargo, emprego ou função, sem prejuízo da remuneração, quando a medida se fizer necessária à investigação ou instrução processual.

§ 6º A condenação com trânsito em julgado acarretará ao funcionário público a perda do cargo, função, emprego ou mandato eletivo e a interdição para o exercício de função ou cargo público pelo prazo de 8 (oito) anos subsequentes ao cumprimento da pena.

§ 7º Se houver indícios de participação de policial nos crimes de que trata esta Lei, a Corregedoria de Polícia instaurará inquérito policial e comunicará ao Ministério Público, que designará membro para acompanhar o feito até a sua conclusão.

1. COMENTÁRIOS

1.1. Bem jurídico protegido

A previsão de crime de composição de organização criminosa tem a finalidade de proteger a paz pública. Essa expressão é dotada de abertura tal que se costuma assimilar à noção de ordem pública, consistente no regular convívio entre as pessoas e na harmonia que deve ter lugar sob a égide de um Estado.

Como se depreende, essa infração penal é formal, pois, embora haja previsão do resultado, não se exige que ele ocorra. É crime de perigo abstrato, dispensando a comprovação empírica de perigo para a paz pública. Tutela-se, desse modo, o sentimento coletivo de segurança pública.

1.2. Sujeitos do delito

O sujeito ativo do crime de organização criminosa pode ser qualquer pessoa, sendo, por isso, classificado como delito comum. Com efeito, não se exige qualidade especial, peculiar, da pessoa que adere à prática dessa infração penal.

Organização criminosa é expressão contida no tipo incriminador que deve ser complementado por outro enunciado (do § 1º, do art. 1º, da Lei nº 12.850/2013). É, por assim dizer, norma penal em branco em sentido largo.

O dispositivo incriminador, complementado pela norma citada, da própria Lei do Crime Organizado, aponta no sentido de ser necessário o mínimo de quatro pessoas para a prática dessa conduta. Trata-se de crime de concurso necessário de pessoas (delito plurilateral, plurissubjetivo).

O sujeito passivo é a coletividade.

1.3. Tipicidade objetiva

O tipo penal fundamental descreve a conduta típica por meio de vários núcleos (verbos), de forma alternativa. Por tal razão é tipo misto alternativo.

É delito de organização criminosa a conduta de quem, pessoalmente, ou por interposta pessoa, a: (i) promova; (ii) constitua; (iii) financie; ou (iv) integre.

Para amplo setor doutrinário, o crime de organização criminosa se insere no catálogo dos crimes permanentes. Por todos, Renato Brasileiro de Lima argumenta que se cuida de crime permanente, porquanto tal se classifica como "aquele cuja consumação, pela natureza do bem jurídico ofendido, pode protrair-se no tempo, detendo o agente o poder de fazer cessar a prática delituosa a qualquer momento". Nessa senda, como um dos principais caracteres do crime permanente consiste em o agente poder fazer cessar a afetação do bem jurídico a qualquer instante, o crime de organização criminosa assim o seria porque o agente "possui o domínio do fato, da conduta e do resultado". De acordo com essa linha, cabível seria a prisão em flagrante de quem seja considerado incurso em uma de suas condutas típicas[48].

Para nós, a definição de se tratar de um delito permanente será feita a partir da análise do núcleo do tipo, do seu verbo. Crimes como o sequestro e o armazenamento de drogas retratam permanência, eis que seus núcleos são verbos que consistem em ações incompatíveis

48. LIMA, Renato Brasileiro. *Legislação criminal especial comentada*. 2. ed. Salvador: JusPodivm, 2014. p. 483.

com soluções de continuidade. O ato de sequestrar indica continuar sequestrando, estando atrelado à continuidade temporal. Assim também o de armazenar.

Situação distinta pode se verificar quanto às ações típicas de organização criminosa. Vejamos cada um dos seus núcleos.

Promover é dar início ou, ainda, impulsionar.

Posicionamento majoritário sugere que o verbo promover dá a nota de permanência ao delito. Não nos parece de todo exato, o ato de iniciar ou de impulsionar é indicativo de uma conduta instantânea. É bastante distinto de outros tipos clássicos de delito permanente como o exemplificado crime de sequestro (verbo sequestrar), cuja ação se protrai no tempo, sem a possibilidade de interrupção de sua continuidade. Mais se adequa à hipótese a classe de delito instantâneo de efeitos permanentes, carecendo, não raras vezes, de um conjunto de atos de promoção da organização criminosa.

Constituir é criar, formar sua estrutura básica. Também para o caso de constituir a organização criminosa, pensamos que não é o caso de enquadrar a conduta como delito permanente. O ato de criação é instantâneo. Os seus efeitos podem se alongar no curso do tempo ou não, a depender do meio que se concretiza a constituição da organização criminosa.

Financiar é oferecer-lhe subsídios econômicos para que se torne viável. Não há permanência neste caso, ainda que o financiamento se dê através de vários aportes. O fracionamento do financiamento retrata várias ações, algo diverso de um delito permanente.

Integrar é tomar parte da organização criminosa, passando a ela pertencer. Somente no caso da conduta de integrar, de pertencer, tem-se verbo indicativo de permanência delitiva para justificar prisão em flagrante. Mesmo neste caso, é preciso a constatação, por elementos empíricos visíveis, de que a empreitada delituosa está em pleno funcionamento. Caso contrário se torna muito temerária a efetivação daquela custódia.

O objeto material do delito é a organização criminosa, malgrado se trate de coisa caracterizada por certa abstração.

Como se depreende, o legislador foi impaciente ao criminalizar a conduta de compor, *lato sensu*, organização criminosa. Pode haver crime de organização criminosa sem que haja efetivamente a prática dos delitos que se almejava cometer quando foi constituída. É a criminalização, sob certo prisma, de um ato preparatório, o que evidencia sua classificação como crime de perigo abstrato.

Segue-se a previsão internacional do art. 5, da Convenção de Palermo, cujo objetivo é autorizar a persecução penal de delitos que envolvam a participação em grupo criminoso organizado (criminalização da participação nesse grupo).

1.4. Tipicidade subjetiva

O cometimento do crime de organização criminosa deve ser revestido de dolo (genérico), consubstanciado na vontade livre e consciente, abrangente de todos os elementos constitutivos do tipo penal, do agente em levar a cabo a criação e a manutenção daquele grupo. Sua ação, consciente e livre, deve se dar por meio de promoção, constituição, financiamento ou integração da organização criminosa.

Além desse dolo, genérico, é indispensável um dolo específico, dirigido a um fito peculiar, qual seja, o cunho de galgar vantagem de qualquer natureza, mediante o cometimento de infrações penais subsumidas nos critérios legais albergados. Os delitos pretendidos pela organização criminosa devem ser dolosos. Incompatível com a lógica o fito de cometer delitos culposos.

1.5. Consumação e tentativa

A consumação do crime se dá com a prática de ato eficaz tendente à formação ou à integração da organização criminosa. No entanto, o ato tem que revelar certa consolidação do grupo.

A noção de dupla tipicidade, relativamente aos delitos colimados pela organização, evidencia ser preciso um certo caráter estável do grupo criminoso, conquanto seja possível a alteração de sua composição sem necessidade de qualquer rigor formal.

Como se cuida de crime formal, não é exigida a efetiva prática dos crimes objetivados pela convergência de vontades dos participantes. Porém, não se deve restringir à constatação de meras hipóteses. Deve o delito ser acompanhado de base empírica, elementos sensíveis que apontem para a existência dos elementos configuradores da dita organização criminosa.

A imposição das penas em virtude do ato de fazer parte de organização criminosa não requer a consumação de outras infrações. Tanto isso é exato que o preceito secundário do *caput*, do art. 2º em comento, reza que a aplicação das sanções deve ocorrer sem prejuízo das penas correspondentes às demais infrações cometidas.

O delito autônomo de formação de organização criminosa não admite a forma tentada, por ser incompatível com o seu *iter criminis*.

1.6. Tipo derivado e causas de aumento de pena

Chamamos de tipo derivado as descrições típicas que complementam ou inauguram previsões equiparáveis à conduta narrada no *caput* (tipo fundamental).

Pode se tratar de delito qualificado, quando agregada à previsão um novo preceito secundário, com a previsão de penas mínimas e máximas abstratas diversas do tipo simples (fundamental).

Diferentemente, pode se caracterizar como causa especial de aumento de pena, quando a narrativa fática for acompanhada de previsão de majoração a ser aplicada sobre os parâmetros já estatuídos no tipo simples.

Vejamos as disposições derivadas do tipo fundamental do crime autônomo de organização criminosa:

(i) o parágrafo 1º, do art. 2º, da Lei nº 12.850/2013, estipula conduta diversa da prevista no *caput*, porém a iguala para o fim de aplicação de pena (forma equiparada). Dispõe, nessa senda, que "nas mesmas penas incorre quem impede ou, de qualquer forma, embaraça a investigação de infração penal que envolva organização criminosa". O legislador seguiu direção semelhante ao disposto no art. 23, da Convenção de Palermo, criminalizando comportamento tendente a obstruir a justiça em sentido amplo. O ato de embaraçar deve ser inequívoco e dirigido à investigação de infração penal em torno de organização criminosa. Investigação é a fase da persecução penal que antecede o processo penal (preliminar, como o inquérito policial). Se já existir processo, com denúncia oferecida, não será aplicado este tipo penal;

(ii) o parágrafo 2º, do enunciado ora estudado, traz causa especial de aumento de pena. Nos seus termos, "as penas aumentam-se até a metade se na atuação da organização criminosa houver emprego de arma de fogo". A previsão enseja o confronto com os delitos tipificados na Lei nº 10.826/2003 (Estatuto do Desarmamento). O caráter final ou de meio do delito catalogado no Estatuto do Desarmamento relativamente à infração penal de organização criminosa servirá de orientação para a aplicação do critério da consunção, para o fim de tão-somente majorar a pena do crime autônomo de formação de organização criminosa. Se o delito previsto naquela lei tiver sido praticado de maneira independente do uso superveniente da arma na organização criminosa, não haverá consunção, nem concurso formal. Ao contrário, a hipótese autorizará o concurso material de crimes, sendo aplicável a majoração do crime de organização criminosa e a aplicação de pena do crime capitulado no Estatuto do Desarmamento;

(iii) o parágrafo 3º, do mesmo artigo, prevê agravante. Não há estipulação de *quantum* de exasperação para as agravantes. Terá lugar a agravação da pena, a ser dosada pelo juiz, para o agente que exerce o comando, individual ou coletivo, da organização criminosa, mesmo que não chegue a praticar pessoalmente atos de execução;

(iv) por sua vez, o parágrafo 4º, traz outras causas especiais de aumento de pena, que devem ser fixadas de um sexto a dois terços. Assim deve incidir quando, no aspecto material da infração penal houver: (a) participação de criança ou adolescente; (b) concurso de funcionário público, valendo-se a organização criminosa dessa condição para o cometimento de infração penal; (c) destinação ao exterior, no todo ou em parte, do produto ou do proveito da infração penal; (d) conexão da organização criminosa com outras organizações criminosas independentes; ou (e) transnacionalidade da organização, assim demonstrada pelas circunstâncias do fato. Havendo mais de uma causa especial de pena prevista neste dispositivo, deve ser aplicada apenas uma, a fim de se evitar *bis in idem*. As demais devem funcionar como agravantes ou como circunstância judicial para fixação da pena base;

(v) o parágrafo 5º, desse art. 2º, da Lei do Crime Organizado, estabelece medida cautelar diversa da prisão de afastamento de servidor público de suas funções. Não há diferença ontológica, essencial, da medida cautelar análoga estipulada no art. 319, do Código de Processo Penal, salvo porque aquela é mais restrita. A teor daquele parágrafo, se houver indícios suficientes de que o funcionário público integra organização criminosa, o juiz poderá ordenar seu afastamento cautelar do cargo, emprego ou função, sem prejuízo da remuneração. Em compasso com os critérios de necessidade e de adequação preconizados pelo art. 282, do CPP, o mencionado parágrafo 5º atrela sua aplicação à verificação de que a medida se faça "necessária à investigação ou instrução criminal";

(vi) o parágrafo 6º, do artigo sob exame, prevê efeitos automáticos da sentença condenatória transitada em julgado. Denominam-se automáticos porque não carecem de fundamentação específica para que sejam reconhecidos pelos órgãos incumbidos de cumprir integralmente o julgado. De acordo com sua redação, "a condenação com trânsito em julgado acarretará ao funcionário público a perda do cargo, função, emprego ou mandato eletivo e a interdição para o exercício de função ou cargo público pelo prazo de 8 (oito) anos subsequentes ao cumprimento da pena". Veja-se que o comando do enunciado é cogente. A perda da função pública é consequência da inabilitação que decorre da condenação por essa espécie de delito. Se o agente exercer dois cargos, perderá os dois. Se estiver em cargo diverso no momento do cumprimento da sentença, a perda também o alcançará. Como o aposentado não é detentor de cargo, não será possível cassação dos seus proventos com base na aplicação deste enunciado.

(vii) o parágrafo 7º, do mesmo dispositivo legal incriminador, estatui que a constatação de indícios de participação de policial nos crimes tipificados na Lei nº 12.850/2013 (não só o crime do seu art. 2º), impõe que a Corregedoria de Polícia instaure inquérito policial, devendo comunicar a sua abertura ao Ministério Público, a quem caberá designar membro para acompanhar as investigações até que sejam concluídas.

1.7. Penas aplicáveis

As margens abstratas preconizadas pelo preceito secundário do dispositivo incriminador da organização criminosa são, no patamar mínimo, de três anos e, no máximo, de oito anos, de reclusão. O enunciado prevê que a pena deve se constituir dessa privação da liberdade e de multa.

Se o acusado responder por outras infrações penais praticadas, haverá concurso material de delitos, relativamente ao crime autônomo de organização criminosa, isto é, devem ser somadas as penas, a teor do art. 69, do Código Penal.

É o que se infere da parte final que reza que a pena será de "reclusão, de 3 (três) a 8 (oito) anos, e multa, sem prejuízo das penas correspondentes às demais infrações penais praticadas".

1.8. Ação penal

Ação penal para ver processar alguém pelo crime autônomo de organização criminosa é de iniciativa pública incondicionada.

Eventualmente, a depender do delito fim, cometido por meio de organização criminosa e constitutivo da dupla tipicidade (por exemplo, sequestro, homicídio etc.), pode ser movida ação penal de inciativa privada subsidiária da pública, quando verificada inércia do Ministério Público.

A queixa crime supletiva, na hipótese, encampará não só o crime fim, mas também o delito de fazer parte de organização criminosa tipificado no artigo em tela.

2. QUESTÕES DE CONCURSOS

1. **(VUNESP/PC-CE/Inspetor de Polícia/2015 – adaptada)** Sobre a Lei n o 12.850/2013 (combate às organizações criminosas), está correto afirmar que a participação de policial nos crimes de que trata essa lei será investigada em inquérito policial instaurado pela Corregedoria de Polícia e acompanhado por membro específico designado pelo Ministério Público até sua conclusão.

2. **(MPDFT/Promotor de Justiça/2015 – adaptada)** Havendo indícios de participação de policial em organização criminosa, a Corregedoria de Polícia instaurará inquérito policial e comunicará ao Ministério Público, que designará membro para acompanhar o feito até sua conclusão.

3. **(MPDFT/Promotor de Justiça/2015 – adaptada)** Na hipótese do item anterior, o juiz poderá determinar, quando necessário, o afastamento cautelar do cargo de policial, antes mesmo do oferecimento da denúncia.

4. **(CESPE/TRF5/Juiz Federal/2015 – adaptada)** Embora a convenção em apreço recomende que os Estados – partes tipifiquem em suas leis internas a conduta caracterizadora do crime de "obstrução à justiça", o legislador brasileiro absteve-se de fazê-lo na lei que trata de organização criminosa.

5. **(IBFC/PC-RJ/Papiloscopista Policial/2014 – adaptada)** No crime de promover, constituir, financiar ou integrar, pessoalmente ou por interposta pessoa, organização criminosa, previsto no artigo 2º da Lei nº 12.850/2013, são circunstâncias que aumentam a pena de 1/6 (um sexto) a 2/3 (dois terços), exceto:

a) A participação de criança ou adolescente.

b) O concurso de funcionário público, valendo-se a organização criminosa dessa condição para a prática de infração penal.

c) O produto ou proveito da infração penal destinar-se, no todo ou em parte, ao financiamento de campanha eleitoral.

d) A organização criminosa que mantiver conexão com outras organizações criminosas independentes.

e) As circunstâncias do fato evidenciarem a transnacionalidade da organização.

6. **(FUNCAB/PC-PA/Escrivão de Polícia/2016 - adaptada)** Se houver indícios suficientes de que o funcionário público integra organização criminosa, poderá o juiz determinar seu afastamento cautelar do cargo, emprego ou função, com prejuízo da remuneração, quando a medida se fizer necessária à investigação ou instrução processual.

7. **(VUNESP/TJM-SP/Juiz de Direito/2016)** Nos termos da Lei no 12.850, de 2 de agosto de 2013, se houver indícios suficientes de que funcionário público integra organização criminosa, poderá o Juiz determinar:

a) a perda do cargo ou mandato eletivo e a interdição para o exercício do cargo público pelo prazo de 4 anos, contado a partir do cumprimento da pena.

b) a perda do cargo ou mandato eletivo e a interdição para o exercício do cargo público pelo prazo de 8 anos, contado a partir do cumprimento da pena.

c) a perda do cargo ou mandato eletivo e a interdição para o exercício do cargo público pelo prazo da sentença penal condenatória, subsequente ao cumprimento da pena.

d) seu afastamento cautelar do cargo, sem prejuízo da remuneração, quando a medida se fizer necessária à instrução processual.

e) seu afastamento cautelar do cargo, com prejuízo da remuneração, quando a medida se fizer necessária à instrução processual.

9. **(MPE-SC/Promotor de Justiça/2016)** Segundo a Lei n. 12.850/13 (Organizações Criminosas), em seu art. 2°, § 3°, encontra-se expressamente prevista circunstância de especial aumento de pena para quem exerce o comando, individual ou coletivo, da organização criminosa, ainda que não pratique pessoalmente atos de execução.

9. **(VUNESP/IPSMI/Procurador/2016)** Quem impede ou embaraça a investigação de infração que envolve organização criminosa está sujeito a punição idêntica à de quem integra organização criminosa.

10. **(VUNESP/IPSMI/Procurador/2016)** Havendo indício de que o funcionário público integra organização criminosa, o Juiz poderá determinar o afastamento cautelar do cargo, com suspensão da remuneração.

11. **(VUNESP/IPSMI/Procurador/2016)** Quem exerce o comando da organização criminosa, ainda que não pratique pessoalmente nenhum ato de execução, está sujeito a punição idêntica à de quem apenas integra organização criminosa.

12. **(CESPE/DPE-AC/Defensor Público/2017)** Considerando-se a legislação pertinente e o entendimento dos tribunais superiores sobre o tema, o crime de organização criminosa

a) será assim tipificado somente se houver consumação de delitos antecedentes, sendo configurada tentativa quando não demonstrada a efetiva estabilidade do grupo.

b) é de tipo penal misto alternativo, não admite a forma culposa e deve ser punido com a fixação da pena pelo sistema de acumulação material.

c) poderá ser cometido por pessoa jurídica, a qual, nesse caso, conforme expresso em legislação específica, será diretamente responsabilizada pelo crime.

d) será assim caracterizado apenas quando houver a participação de, pelo menos, quatro agentes maiores de idade.

e) exige, para sua tipificação, por expressa previsão legal, que tenha sido obtida vantagem de natureza econômica de origem ilícita.

13. **(CESPE/TJ-BA/Juiz de Direito/2019 – adaptada)** Ao agente que exercer o comando, individual ou coletivo, de organização criminosa, ainda que não pratique pessoalmente atos de execução, será aplicada causa de aumento de pena de um sexto a dois terços.

14. **(CESPE/TJ-BA/Juiz de Direito/2019 – adaptada)** A prática de pelo menos um ato executório das infrações penais para as quais os agentes se tenham organizado constitui condição para a consumação do referido delito.

GAB	1	2	3	4	5	6	7	8	9	10	11	12	13	14
	C	C	C	E	C	E	D	E	C	E	E	B	E	E

CAPÍTULO II – DA INVESTIGAÇÃO E DOS MEIOS DE OBTENÇÃO DA PROVA

Art. 3º Em qualquer fase da persecução penal, serão permitidos, sem prejuízo de outros já previstos em lei, os seguintes meios de obtenção da prova:

I – colaboração premiada;

II – captação ambiental de sinais eletromagnéticos, ópticos ou acústicos;

III – ação controlada;

IV – acesso a registros de ligações telefônicas e telemáticas, a dados cadastrais constantes de bancos de dados públicos ou privados e a informações eleitorais ou comerciais;

V – interceptação de comunicações telefônicas e telemáticas, nos termos da legislação específica;

VI – afastamento dos sigilos financeiro, bancário e fiscal, nos termos da legislação específica;

VII – infiltração, por policiais, em atividade de investigação, na forma do art. 11;

VIII – cooperação entre instituições e órgãos federais, distritais, estaduais e municipais na busca de provas e informações de interesse da investigação ou da instrução criminal.

§ 1º Havendo necessidade justificada de manter sigilo sobre a capacidade investigatória, poderá ser dispensada licitação para contratação de serviços técnicos especializados, aquisição ou locação de equipamentos destinados à polícia judiciária para o rastreamento e obtenção de provas previstas nos incisos II e V. (Incluído pela Lei nº 13.097, de 2015)

§ 2º No caso do § 1º, fica dispensada a publicação de que trata o parágrafo único do art. 61 da Lei nº 8.666, de 21 de junho de 1993, devendo ser comunicado o órgão de controle interno da realização da contratação. (Incluído pela Lei nº 13.097, de 2015)

1. COMENTÁRIOS

1.1. Momento e possibilidade da obtenção da prova

O art. 3º, da Lei do Crime Organizado, admite o uso de meios de obtenção da prova "em qualquer fase da persecução penal", sem prejuízo da adoção de outras providências probatórias, já previstas em lei.

Compreende-se a persecução penal como abrangente de todos os atos constitutivos da investigação preliminar (inquérito policial, procedimento investigativo ministerial etc.) e do processo penal (inaugurado com o oferecimento da denúncia ou queixa-crime).

Para aplicar o art. 3º, aqui citado, devem ser observados os requisitos empíricos indicativos da existência de uma organização criminosa. Essa ilação tem lugar para o caso de se constituir situação mais restritiva a direito fundamental do imputado.

O legislador usou o termo "prova" em sentido largo. Naturalmente, será prova se for constituída sob o crivo do contraditório, perante autoridade judicial. Será elemento de informação (*stricto sensu*), caso sejam reunidos indícios de forma unilateral, em sede de investigação.

1.2. Meios de obtenção de prova (técnicas especiais de obtenção de elementos de informação)

A Lei nº 12.850/2013 enumerou oito meios especiais de obtenção da prova. Após essa providência, o legislador, mais adiante, dá tratamento mais completo para quatro desses meios, mormente a colaboração premiada, a ação controlada, a infiltração de agentes e o acesso a registros, dados cadastrais, documentos e informações. Quanto a esses meios, estudaremos mais adiante, quando do exame das disposições específicas. Vejamos as outras técnicas que a Lei do Crime Organizado se limitou a mencionar.

1.2.1. Captação ambiental de sinais eletromagnéticos, ópticos ou acústicos

A captação ambiental não é espécie de interceptação telefônica. Existindo necessidade de interferência no direito à intimidade dos envolvidos, deve se pleitear autorização judicial. A distinção básica relativamente à captação telefônica é que as formas de registros ambientais não se submetem às mesmas limitações da interceptação telefônica, tal como a exigência do delito ser punido com reclusão (art. 2º, III, da Lei nº 9.296/1996).

1.2.2. Interceptação de comunicações telefônicas e telemáticas

A Lei nº 9.296/1996 estabelece as condições para que seja possível produzir prova válida a partir de interceptação telefônica ou telemática autorizada judicialmente. A interceptação telefônica de qualquer natureza dependerá de ordem do juiz competente da ação principal, sob segredo de justiça, sendo necessário o atendimento de requisitos específicos, notadamente a observância do princípio da proporcionalidade (arts. 1º e 2º).

1.2.3. Afastamento dos sigilos financeiro, bancário e fiscal, nos termos da legislação específica

A Lei Complementar nº 105/2001, no § 4º, do seu art. 1º, destaca as hipóteses de quebra do sigilo das operações financeiras, consoante os tipos de crimes, em rol exemplificativo, considerando a necessidade de justificação da restrição em face da proximidade de tais delitos com as altas movimentações financeiras, tais como: (a) de terrorismo; (b) de tráfico ilícito de substâncias entorpecentes ou drogas afins; (c) de contrabando ou tráfico de armas, munições ou material destinado a sua produção; (d) de extorsão mediante sequestro; (e) contra o sistema financeiro nacional; (f) contra a Administração Pública; (g) contra a ordem tributária e a previdência social; (h) lavagem de dinheiro ou ocultação de bens, direitos e valores; e (i) praticado por organização criminosa.

Existe séria controvérsia sobre se a autoridade administrativa pode decretar o afastamento de certos sigilos. Para melhor entender a questão, é necessário discernir: de um lado, sigilo fiscal, sigilo bancário e sigilo financeiro; e, de outro, se a espécie de sigilo seria submetida ou não à cláusula especial de reserva de jurisdição, isto é, se só poderia ser afastado o tipo de sigilo por ordem judicial ou se seria possível o acesso a dados protegidos por essa garantia fundamental por outras autoridades diversas da judiciária.

As espécies de sigilos devem ser distinguidas:

(i) sigilo fiscal: cuida-se de garantia constitucional decorrente do dever que sujeita a fazenda pública, através de seus funcionários, de não permitir que os dados dos contribuintes que estejam em seu poder sejam destinados a fins diversos daqueles próprios da administração tributária[49]. O art. 198, do Código Tributário Nacional, estabelece o conceito de sigilo fiscal e trata de suas mitigações, enfatizando que deve se dar por ordem judicial ou solicitações de autoridade administrativa no interesse da administração pública;

(ii) sigilo bancário: é garantia individual que impõe aos bancos e aos seus funcionários o dever de não destinar as informações bancárias que estão em seu poder para fins diversos de sua atividade bancária. Abrange movimentações de conta-corrente, de poupança, que digam respeito à situação econômica dos clientes[50]. Existem conceitos mais amplos e mais restritos de sigilo bancário. Será mais amplo quando alcançar não só as informações contratuais, mas também as pré-contratuais e os dados cadastrais. Será mais restrito quando disser respeito às movimentações bancárias propriamente ditas. A tendência atual é a de considerar, para fins da proteção constitucional, o sigilo bancário em sua ótica mais estreita, não alcançando os dados cadastrais, que estaria regido pelas disposições de proteção de dados e não pelas de sigilo bancário.

(iii) sigilo financeiro: consiste na garantia constitucional que protege dados patrimoniais que estão no poder de instituições financeiras (não só os bancos em sentido estrito, mas todas as pessoas jurídicas indicadas no art. 1º, § 1º, da Lei Complementar nº 105/2001),

49. VELASQUES, Renato Vinhas. Quebra de sigilo bancário. *Revista do Ministério Público do Rio Grande do Sul*, Porto Alegre, nº 48, 2002.

50. MOTA, Luig Almeida. *Quebra dos sigilos fiscal, bancário e financeiro*. Disponível em; <http://jus.com.br/artigos/24547/quebra-dos-sigilos-fiscal-bancario-e-financeiro#ixzz2yQNPPrjH>. Acesso em: 10/04/2014.

importando no dever destas e de seus funcionários de não permitir a quebra do segredo sobre a situação econômica de cartões de créditos, debêntures e aplicações em geral. De tal sorte, estão sujeitos ao dever de sigilo financeiro não só os bancos (o conceito de sigilo financeiro é mais amplo que o de sigilo bancário e, de outra banda, pode ser visto tanto em seu sentido amplo, como em seu sentido estrito, tal qual este último), como também o Banco Central do Brasil, a Comissão de Valores Imobiliários, administradora de cartões de crédito e instituições de *factoring*[51].

Entendimento do STF mais recente é o de que não poderia ocorrer a quebra do sigilo fiscal com base no art. 8º, da Lei nº 8.021/1990, haja vista que seria matéria afeta à legislação complementar e que foi autorizada indevidamente por lei ordinária, pelo que ainda vigorava o art. 38, § 1º, da Lei nº 4.595/1964, que foi recepcionada pela Constituição de 1988, com *status* de lei complementar, e que previa expressamente que tal autorização deveria ser dada pelo Poder Judiciário[52].

Por seu turno, a Lei nº 9.613/1998 (art. 14 e seguintes), criou, no âmbito do Ministério da Fazenda, o Conselho de Controle de Atividades Financeiras – COAF, com a finalidade de disciplinar, aplicar penas administrativas, receber, examinar e identificar as ocorrências suspeitas de atividades ilícitas relativas a delitos de lavagem de dinheiro, sem prejuízo da competência de outros órgãos e entidades. Dentre as atribuições do COAF, consta a coordenação e a propositura de mecanismos de cooperação e de troca de informações que viabilizem ações rápidas e eficientes no combate à ocultação ou à dissimulação de bens, direitos e valores.

O órgão pode ainda requerer aos órgãos da Administração Pública as informações cadastrais bancárias e financeiras de pessoas envolvidas em atividades suspeitas, devendo comunicar às autoridades competentes para a instauração dos procedimentos cabíveis, quando concluir pela existência de crimes previstos na referida lei de branqueamento de capitais, bem como de fundados indícios de sua prática, ou de qualquer outro ilícito. Como se depreende, as atribuições do COAF mitigam a tese de que a quebra de sigilo bancário estaria submetida à cláusula de reserva de jurisdição.

As medidas excepcionais de comunicação de operações suspeitas ao COAF são justificadas em razão dos *modus operandi* cada vez mais sutis para o cometimento de infrações penais de lavagem de dinheiro. São meios que podem ser explicados por meio de argumentos semelhantes às excludentes de ilicitude, que afastam a antijuridicidade em razão da necessidade imediata de uma ação de defesa da vítima.

A questão de se saber se a quebra de sigilo nesses casos está submetida à cláusula de reserva de jurisdição ainda está pendente de exame pelo STF, dada a falta de precisão do art. 1º, da Lei Complementar nº 105/2001, quanto ao sujeito ativo competente para decretá-la.

---

51. MOTA, Luig Almeida. *Quebra dos sigilos fiscal, bancário e financeiro*. Disponível em; <http://jus.com.br/artigos/24547/quebra-dos-sigilos-fiscal-bancario-e-financeiro#ixzz2yQNPPrjH>. Acesso em: 10/04/2014.

52. STF – Decisão Monocrática – ED-AgR-ED-RE 601.341/RS – Rel. Min. Dias Toffoli. Data: 2/10/2012.

1.2.4. Cooperação entre instituições e órgãos federais, distritais, estaduais e municipais na busca de provas e informações de interesse da investigação ou da instrução criminal

A cooperação entre entes federativos, órgãos e demais instituições pode ser feita de forma livre ou conforme estabelecido em convênio. A Lei nº 12.850/2013 estatui a possibilidade de cooperação entre pessoas jurídicas e órgãos estatais internos. No entanto, há previsão em outros diplomas legais (art. 8º, § 1º, da Lei nº 9.613/1998, com redação conferida pela Lei nº 12.683/2013) e convencionais de cooperação na ordem internacional, mediante a celebração de tratados ou convenções plurilaterais ou bilaterais. De todo modo, a cooperação ora gizada deveria ser melhor regulamentada, seja mediante diploma normativo específico, seja mesmo por intermédio de convênio firmado entre os interessados.

2. QUESTÕES DE CONCURSOS

1. **(VUNESP/PC-CE/Inspetor de Polícia/2015 – adaptada)** Sobre a Lei nº 12.850/2013 (combate às organizações criminosas), está correto afirmar que a interceptação telefônica e a infiltração de agentes somente serão admitidas após iniciada a ação penal.

2. **(VUNESP/IPSMI/Procurador/2016)** A infiltração policial, a ação controlada e a captação ambiental são meios de prova permitidos apenas na fase investigativa.

3. **(VUNESP/IPSMI/Procurador/2016)** A colaboração premiada é admitida apenas até a sentença.

4. **(CESPE/PC-SE/Delegado de Polícia/2018)** Na investigação policial a respeito de delitos praticados por organização criminosa, é possível, em determinados casos, a captação ambiental de sinais eletromagnéticos, óticos ou acústicos pela autoridade policial, independentemente de autorização judicial.

5. **(CESPE/DPF/Delegado de Polícia/2018)** Delegado da PF instaurou IP para apurar crime cometido contra órgão público federal. Diligências constataram sofisticado esquema de organização criminosa criada com a intenção de fraudar programa de responsabilidade desse ente público.

   Com base nessas informações e com relação à prática de crime por organização criminosa, julgue o item seguinte.

   A fim de dar celeridade às investigações e em face da gravidade da situação investigada, é possível a infiltração de agentes de polícia em tarefas da investigação, independentemente de prévia autorização judicial.

GAB	1	2	3	4	5
	E	E	E	C	E

▸SEÇÃO I – DA COLABORAÇÃO PREMIADA

Art. 4º O juiz poderá, a requerimento das partes, conceder o perdão judicial, reduzir em até 2/3 (dois terços) a pena privativa de liberdade ou substituí-la por restritiva de direitos daquele que tenha colaborado efetiva e voluntariamente com a investigação e com o processo criminal, desde que dessa colaboração advenha um ou mais dos seguintes resultados:

I – a identificação dos demais coautores e partícipes da organização criminosa e das infrações penais por eles praticadas;

II – a revelação da estrutura hierárquica e da divisão de tarefas da organização criminosa;

III – a prevenção de infrações penais decorrentes das atividades da organização criminosa;

IV – a recuperação total ou parcial do produto ou do proveito das infrações penais praticadas pela organização criminosa;

V – a localização de eventual vítima com a sua integridade física preservada.

§ 1º Em qualquer caso, a concessão do benefício levará em conta a personalidade do colaborador, a natureza, as circunstâncias, a gravidade e a repercussão social do fato criminoso e a eficácia da colaboração.

§ 2º Considerando a relevância da colaboração prestada, o Ministério Público, a qualquer tempo, e o delegado de polícia, nos autos do inquérito policial, com a manifestação do Ministério Público, poderão requerer ou representar ao juiz pela concessão de perdão judicial ao colaborador, ainda que esse benefício não tenha sido previsto na proposta inicial, aplicando-se, no que couber, o art. 28 do Decreto-Lei nº 3.689, de 3 de outubro de 1941 (Código de Processo Penal).

§ 3º O prazo para oferecimento de denúncia ou o processo, relativos ao colaborador, poderá ser suspenso por até 6 (seis) meses, prorrogáveis por igual período, até que sejam cumpridas as medidas de colaboração, suspendendo-se o respectivo prazo prescricional.

§ 4º Nas mesmas hipóteses do *caput*, o Ministério Público poderá deixar de oferecer denúncia se o colaborador:

I – não for o líder da organização criminosa;

II – for o primeiro a prestar efetiva colaboração nos termos deste artigo.

§ 5º Se a colaboração for posterior à sentença, a pena poderá ser reduzida até a metade ou será admitida a progressão de regime ainda que ausentes os requisitos objetivos.

§ 6º O juiz não participará das negociações realizadas entre as partes para a formalização do acordo de colaboração, que ocorrerá entre o delegado de polícia, o investigado e o defensor, com a manifestação do Ministério Público, ou, conforme o caso, entre o Ministério Público e o investigado ou acusado e seu defensor.

§ 7º Realizado o acordo na forma do § 6º, o respectivo termo, acompanhado das declarações do colaborador e de cópia da investigação, será remetido ao juiz para homologação, o qual deverá verificar sua regularidade, legalidade e voluntariedade, podendo para este fim, sigilosamente, ouvir o colaborador, na presença de seu defensor.

§ 8º O juiz poderá recusar homologação à proposta que não atender aos requisitos legais, ou adequá-la ao caso concreto.

§ 9º Depois de homologado o acordo, o colaborador poderá, sempre acompanhado pelo seu defensor, ser ouvido pelo membro do Ministério Público ou pelo delegado de polícia responsável pelas investigações.

§ 10. As partes podem retratar-se da proposta, caso em que as provas autoincriminatórias produzidas pelo colaborador não poderão ser utilizadas exclusivamente em seu desfavor.

§ 11. A sentença apreciará os termos do acordo homologado e sua eficácia.

§ 12. Ainda que beneficiado por perdão judicial ou não denunciado, o colaborador poderá ser ouvido em juízo a requerimento das partes ou por iniciativa da autoridade judicial.

§ 13. Sempre que possível, o registro dos atos de colaboração será feito pelos meios ou recursos de gravação magnética, estenotipia, digital ou técnica similar, inclusive audiovisual, destinados a obter maior fidelidade das informações.

§ 14. Nos depoimentos que prestar, o colaborador renunciará, na presença de seu defensor, ao direito ao silêncio e estará sujeito ao compromisso legal de dizer a verdade.

§ 15. Em todos os atos de negociação, confirmação e execução da colaboração, o colaborador deverá estar assistido por defensor.

§ 16. Nenhuma sentença condenatória será proferida com fundamento apenas nas declarações de agente colaborador.

1. COMENTÁRIOS

1.1. Conceito de colaboração premiada

O legislador brasileiro utiliza a expressão "colaboração premiada" para designar uma forma específica de produção de prova (confissão), a qual deve estar atrelada a um chamamento de um suposto coautor do delito.

Na realidade, embora se valendo daqueles termos, o instituto é melhor expressado pelo conhecido nome de delação premiada, entendida restritamente como confissão realizada por indiciado, acusado ou apenado, acrescida de indicação de outro agente de infração penal perpetrada em concurso de agentes.

O colaborador (delator: imputado que confessa e atribui autoria a coautor) não se confunde com a figura inserida pela Lei nº 13.608/2018 denominada noticiador anônimo (equiparável, no direito comparado, ao chamado "reportante do bem" ou *whistleblower*, que significa, literalmente, soprador de apito). Com efeito, no art. 4º, da Lei nº 10.201/2001, que disciplina o Fundo Nacional de Segurança Pública (FNSP, do Ministério da Justiça), foram inseridos, pela Lei nº 13.608/2018, dois incisos que preveem a possibilidade de notícia-crime apócrifa, garantindo o sigilo para o usuário. Dentre os projetos que devem ser apoiados pelo aludido Fundo, na área de segurança pública, estão: (1) o "serviço telefônico para recebimento de denúncias, com garantia de sigilo para o usuário"; e (2) a "premiação, em dinheiro, para informações que levem à resolução de crimes"[53].

O designativo de colaboração premiada tem espectro linguístico mais amplo. Vale dizer, colaboração premiada parece indicar que o prêmio seria devido, inclusive, para os casos de indicação de cometimento de crimes por réu de processo e de fato diverso daquele que se está apurando.

Como exemplo, seria admissível a aplicação dos benefícios legais em razão de esclarecimento de outros delitos sem relação de conexão com o fato atribuído ao réu que, voluntariamente, resolvera auxiliar os órgãos da persecução estatal.

O ordenamento jurídico brasileiro não foi tão longe, conquanto se possa considerar a Lei nº 12.850/2013 um marco de ampliação normativa da já existente colaboração premiada.

53. A previsão de um noticiador anônimo e alheio ao protagonismo do suposto delito noticiado é instituto diverso, mais amplos e sem requisitos rígidos, com semelhanças com o reportante do direito norte americano. O seu valor como prova, por tal razão, deve ser bastante limitado, eis que se trata de *notitia criminis* inqualificada e o anonimato é vedado pela Constituição. A autoridade recebedora das informações agirá com as cautelas recomendadas para os casos de delação anônima, a fim de aferir a sua procedência. O novo diploma legal segue linha de incentivo a que qualquer pessoa denuncie infrações penais, de forma similar à "meta 4/2016", da ENCCLA (Estratégia Nacional de Combate à Corrupção e à Lavagem de Dinheiro), que propõe a elaboração de "diagnóstico e proposição de aprimoramento do sistema brasileiro de proteção e incentivo ao denunciante e *whistleblower*". O "reportante do bem" – noticiador anônimo – é o nome dado a quem, espontaneamente, noticia um ilícito civil ou penal a uma autoridade, com informações importantes acerca do fato. O conteúdo reportado pelo *whistleblower* è livre, isto é, pode consistir em crimes de lavagem de capitais, delitos contra a fé pública, contra a vida, contra o patrimônio público, dentre outros. O reportante pode ser qualquer pessoa, não havendo necessidade de ser coautor do delito, como na confissão e na delação premiada.

A rigor, a legislação pátria só prevê delação premiada (chamada impropriamente de colaboração premiada), exigindo-se que a colaboração seja realizada por agente, relativamente ao esclarecimento de fatos atribuídos a comparsas (coautores do delito).

A concessão do prêmio que adjetiva a delação deve ser subordinada a um procedimento legal rigoroso. Devem ser evidenciadas as condições que a lei de regência estipulou para a sua aplicação. Como condição prévia basilar, deve a delação ser precedida de confissão, com observância dos requisitos para a sua validade.

Para confessar, o delator (colaborador) deve estar, pelo menos, indiciado ou investigado formalmente. Em outras palavras, deve existir uma atribuição de autoria do fato ao delator, revestida de base probatória mínima, descrita formalmente nos autos de investigação. Se no curso do processo penal condenatório, ele deve estar na condição de réu.

Se já existir sentença condenatória, mesmo em sede de execução penal, pode haver prêmio por conta de delação superveniente, tal qual atesta o parágrafo 5º, do art. 4º, da Lei da Criminalidade Organizada. No caso, haverá minoração de pena, a ser efetivada pelo juiz da execução penal quando for posterior ao trânsito em julgado da sentença: "se a colaboração for posterior à sentença, a pena poderá ser reduzida até a metade ou será admitida a progressão de regime ainda que ausentes os requisitos objetivos".

1.2. Requisitos fundantes da colaboração premiada

Os requisitos tradicionalmente indicados pela doutrina para a confissão devem ser exigidos à delação premiada. Eles são de ordem intrínseca (essenciais) e extrínseca (formais).

Os intrínsecos, essenciais, são a verossimilhança (plausibilidade e coerência lógica da narrativa), a persistência (sem contradições ou modificações sucessivas de versões acerca do fato), a clareza (retratada pela objetividade e ausência de opiniões pessoais do delator) e a coincidência (respaldada pela compatibilidade do contexto dos elementos informativos e outras provas existentes).

Os requisitos extrínsecos, formais, não menos importantes à aferição da licitude da delação (confissão), são a pessoalidade (eis que se trata de ato personalíssimo, não podendo ser feita por procuração), a expressividade (não devendo ser intuída tacitamente, exigindo-se, inclusive, a sua documentação), a voluntariedade (o delator deve estar isento de pressões, sejam físicas ou psicológicas), a higidez mental (o confidente deve ser pessoa capaz, sem perturbações que lhe retirem o equilíbrio para compreender a realidade) e a judicialidade (a confissão inerente à delação, apesar de prestada perante autoridade policial ou ministerial, deve ser submetida a exigente controle pelo juiz competente).

Como se depreende, pensamos que não deve ser admitida delação premiada se verificada a existência de pressão psicológica constatada concretamente pela decretação abusiva de prisão, contrariedade ao direito entendida através dos exemplos de prisões preventivas com excesso de prazo, prisões temporárias com o fito de obter colaboração dos investigados ou prisões impostas por meio de fundamentação vaga.

1.3. Requisitos específicos da colaboração premiada

Denominamos requisitos específicos aqueles expressamente descritos na Lei nº 12.850/2013 que constituem elementos necessários para a formação do antecedente normativo. Cabe afirmar, para ser possível a outorga de algum benefício ou estipulação de alguma limitação, deve haver justificativa prévia.

A consideração de elemento antecedente e a aplicação da consequência jurídica devem estar previstas na legislação, sendo vedado aos órgãos da persecução penal criar exigência ou impor consequência sem dispositivo permissivo expresso. O juiz, a seu turno, deve negar homologação do acordo ou de cláusula deste que esteja em dissonância com o texto legal.

Os benefícios a serem fixados no termo de acordo a ser submetido ao juiz são a proposta do consequente normativo. Devem se submeter a critério de proporcionalidade, seguindo-se a previsão do art. 4º, da Lei do crime organizado. Isso significa dizer que eles podem ser aplicados em maior ou menor grau ao indiciado, ao acusado ou ao apenado, a depender da maior ou menor carga de colaboração que aquele prestar à condução da persecução penal.

O momento da fruição da benesse pode ser prévio à ação penal, contemporânea ao curso do processo penal (notadamente na sentença, que reconhece a eficácia do acordo homologado) ou mesmo durante a fase de execução penal.

Para que sejam definidos os benefícios no consequente da norma jurídica de delação premiada, o seu antecedente deve descrever a exigência de obtenção ou a própria obtenção de um ou mais dos seguintes resultados:

(i) identificação dos demais coautores e partícipes da organização criminosa e das infrações penais por eles praticadas;

(ii) revelação da estrutura hierárquica e da divisão de tarefas da organização criminosa;

(iii) prevenção de infrações penais decorrentes das atividades da organização criminosa;

(iv) a recuperação total ou parcial do produto ou do proveito das infrações penais praticadas pela organização criminosa; e

(v) a localização de eventual vítima com a sua integridade física preservada.

Veja-se que não é fácil investigar crimes que são imputados a ditas organizações criminosas. O legislador considerou esse viés, possibilitando a aplicação de "sanção premial" a quem, sendo coautor do delito, colaborar efetivamente para as investigações ou para o processo penal, com a previsão de leque mais amplo que outros diplomas legais que trataram do tema, tal como a Lei nº 9.807/1999, que cuida do programa de proteção a vítimas e testemunhas.

1.4. Dosimetria circunstancial da colaboração premiada

A aplicação das normas em torno da delação premiada deve considerar circunstâncias similares àquelas que são comuns à dosimetria da pena na sentença penal condenatória. Note-se que o legislador procurou limitar o teor de discricionariedade dos órgãos envolvidos. A limitação de direitos e o afastamento da carga de *jus puniendi* por meio do ajuste de colaboração premiada devem ser devidamente fundamentados.

Daí que dispõe o parágrafo 1º, do art. 4º, da Lei do Crime Organizado, que, de todo modo, "a concessão do benefício levará em conta a personalidade do colaborador, a natureza, as circunstâncias, a gravidade e a repercussão social do fato criminoso e a eficácia da colaboração".

Subjetivismos para impor maior castigo ao delator ou impedir exercício de direitos (como o direito de recorrer, de *status* constitucional) devem ser abominados. Essa dosimetria exógena à sentença condenatória é dirigida aos órgãos de persecução penal. Autoridade policial e membro do Ministério Público têm o dever de observá-la, justificando cada um dos aspectos, compondo o antecedente normativo da delação premiada.

1.5. Iniciativa e documentação da colaboração premiada

O magistrado deve ter sua imparcialidade preservada. Incompatível com a função judicial a sua participação nas negociações ou a iniciativa para a formalização de delação premiada. Note-se que a delação é, antes de tudo, um meio de prova, haja vista que é espécie de confissão, com um misto de prova testemunhal em sentido amplo, que o compele, se desejar lograr os benefícios do ajuste, ao compromisso de dizer a verdade e ao dever de falar.

O parágrafo 14, do artigo epigrafado, guarda adequação com esse entendimento ao ditar que "nos depoimentos que prestar, o colaborador renunciará, na presença de seu defensor, ao direito ao silêncio e estará sujeito ao compromisso legal de dizer a verdade". Para o perfazimento lícito da delação, a defesa técnica do réu deve se fazer presente, sendo irrenunciável (obrigatória).

Consideradas essas nuanças, correto o legislador ao preconizar que o juiz não deve participar "das negociações realizadas entre as partes para a formalização do acordo de colaboração, que ocorrerá entre o delegado de polícia, o investigado e o defensor, com a manifestação do Ministério Público, ou, conforme o caso, entre o Ministério Público e o investigado ou acusado e seu defensor" (parágrafo 6º, do art. 4º, da Lei nº 12.850/2013). Em acréscimo, o parágrafo 15 frisa que, "em todos os atos de negociação, confirmação e execução da colaboração, o colaborador deverá estar assistido por defensor".

A documentação da delação é prova classificada como de natureza "legal negativa", isto é, a lei processual penal limita o valor dessa prova. Não pode, por exemplo, o corréu ou o delator ser condenado com supedâneo na colaboração premiada de forma exclusiva. Ela tem algum valor, porém, muito relativo, no sentido de necessitar se relacionar, coerentemente, com o contexto probatório que deve ser produzido perante o juiz competente, sob a égide do contraditório.

Condenações antecipadas, com suporte midiático, arrimadas apenas nas declarações do delator são antijurídicas e insustentáveis, teórica e empiricamente. É a dicção legal explícita do parágrafo 16, do art. 4º, da Lei nº 12.850/2013, ordenando que "nenhuma sentença condenatória será proferida com fundamento apenas nas declarações de agente colaborador".

Todo o proceder constitutivo da colaboração premiada deve ser descrito. O respeito aos requisitos deve restar documentado no termo ou na ata. Dentre estes, a presença de defensor e a anuência do titular da ação penal são indeclináveis. Ausentes, haverá nulidade que deve obstar a homologação do acordo pelo juiz, ceifando qualquer produção de efeitos jurídicos.

Nessa senda, para preservar a fidedignidade do ajuste, o parágrafo 13, do mesmo artigo, averba que, "sempre que possível, o registro dos atos de colaboração será feito pelos meios ou recursos de gravação magnética, estenotipia, digital ou técnica similar, inclusive audiovisual, destinados a obter maior fidelidade das informações".

Ainda realça a importante questão da iniciativa probatória, o parágrafo 2º do aludido art. 4º. Fica, de outro modo, mais claro o caráter administrativo da atuação da polícia, afastando concepções vetustas que reconheciam ao delegado de polícia capacidade postulatória criminal.

Deveras, aquele enunciado distingue as formas de atuação dos órgãos da persecução penal estatal, ao asseverar que, "considerando a relevância da colaboração prestada, o Ministério Público, a qualquer tempo, e o delegado de polícia, nos autos do inquérito policial, com a manifestação do Ministério Público, poderão requerer ou representar ao juiz pela concessão de perdão judicial ao colaborador, ainda que esse benefício não tenha sido previsto na proposta inicial".

A parte final desse dispositivo revela a função judicial de controle quanto à previsão dos benefícios que devem acompanhar a delação premiada. Isto é, as benesses descritas no termo de colaboração devem demonstrar proporcionalidade. Não deve o Ministério Público requerer homologação ou concordar com representação da autoridade policial que denegue, indevidamente, a aplicação de perdão judicial em favor do colaborador que tenha auxiliado às investigações, eficazmente e em maior grau.

Daí que, se o juiz verificar abuso na estipulação das consequências jurídicas, pode fazer uso, por analogia, do art. 28, do Código de Processo Penal. Deve, portanto, remeter ao Procurador-Geral de Justiça ou às Câmaras de Coordenação e Revisão do Ministério Público Federal, a fim de obter a deliberação final sobre a possibilidade de concessão de perdão judicial.

Caso persista a negativa de aplicação de benefício devido ao delator, o magistrado poderá negar admissibilidade ao pedido de homologação da delação premiada, por decisão fundamentada. Como não há previsão de recurso para essa decisão, pensamos que o Ministério Público poderá impetrar mandado de segurança quando reputar ilegal ou abusiva a conclusão do juiz. De outro lado, se o prejuízo recair sobre a liberdade do delator, por implicar deflagração de processo penal sem possibilidade de incidência de minorantes de pena, será cabível a impetração de *habeas corpus* em seu favor.

1.6. Incidência peculiar do princípio da obrigatoriedade à possibilidade do Ministério Público não oferecer denúncia ao delator que não seja líder da organização criminosa ou para o juiz autorizar a suspensão do prazo para o oferecimento de denúncia ou a suspensão do processo

1.6.1. Suspensão do processo ou do prazo para oferecimento de denúncia

O parágrafo 3º, do art. 4º, da Lei nº 12.850/2013, reza que "o prazo para oferecimento de denúncia ou o processo, relativos ao colaborador, poderá ser suspenso por até 6 (seis) meses, prorrogáveis por igual período, até que sejam cumpridas as medidas de colaboração, suspendendo-se o respectivo prazo prescricional". A par de que o legislador dar com uma mão (ordena a suspensão do processo ou do prazo para denunciar) e tira com a outra (também determina a suspensão do prazo prescricional enquanto estiver o caso sob a regência daquela primeira suspensão), cabe delimitar os destinatários dessa disposição.

A iniciativa da suspensão do prazo para denúncia ou do processo já instaurado é do titular da ação penal pública (Ministério Público). Quanto a esse aspecto, o destinatário da norma jurídica é o órgão Ministerial. Cuida-se de mitigação do princípio da indisponibilidade do processo penal, sendo exceção à regra tradicional de que o promotor de justiça não pode desistir da demanda penal já ajuizada.

No entanto, note-se que a providência ministerial deve estar bem regida pela legalidade. Sob essa ótica, reputamos que o sistema brasileiro não chegou a autorizar um acordo de vontades similar a um negócio jurídico processual similar ao sistema adversarial de índole privada. Ainda que haja um certo leque de possibilidades, o membro do Ministério Público não fica imune a controle. A suspensão de prazos ou do processo deve se submeter ao exame jurisdicional, judicializando-se. Antes do dizer do juiz, não haverá suspensão de prazo ou do processo.

Por essa razão, entendemos que há incidência, bem peculiar, do princípio da obrigatoriedade. Na seguinte direção: presentes requisitos legais, o Ministério Público tem o dever de denunciar ou de pedir a suspensão do prazo para oferecer denúncia ou, ainda de requerer a suspensão do processo. Tende-se, assim, a tosar a incidência de discricionariedade do *Parquet*.

Sob outro prisma, entendemos que a providência ministerial deve ser precedida de um termo de acordo, com os mesmos requisitos presentes na colaboração premiada gizada no *caput* e nos demais enunciados do art. 4º. Entendimento diverso possibilitaria deixar o investigado sujeito a uma vontade aleatória do Ministério Público ou da autoridade policial, tendente a chantageá-lo sem que se colha sua vontade inequívoca de colaborar com a persecução penal.

Em outras palavras, deve existir, previamente, um encontro de vontades, entre acusação e defesa, suficientemente documentado. Nesses termos, há bilateralidade, que deve ser retratada tanto nos requisitos que constituem o antecedente da norma, quanto na consequência estipulada no parágrafo 3º ora em comento.

1.6.2. Possibilidade de não oferecer denúncia (acordo de não persecução penal)

Uma das mais polêmicas previsões da Lei nº 12.850/2013 está gizada no parágrafo 4º, do seu art. 4º, que regra que, nos casos de colaboração premiada disciplinados naquele enunciado, o Ministério Público poderá deixar de oferecer denúncia se o colaborador "não for o líder da organização criminosa" e "for o primeiro a prestar efetiva colaboração".

Há, ao menos, duas formas de entender essa previsão:

(i) de um lado, como defendemos, trata-se de uma consequência jurídica que deve restar documentada no termo de delação premiada, com toda limitação possível de discricionariedade (é bilateral e exige documentação que deve ser submetida à homologação judicial). De tal modo, cuida-se de uma forma peculiar de incidência do princípio da obrigatoriedade, porquanto os acordantes não devem estipular possibilidades que não estejam nesse diploma legal, nem tem o Ministério Público direito de recusar a formalização de acordo de delação premiada sem apresentação de justificativa amparada na legislação. Todo seu atuar é regido por normas imperativas, não se assemelhando à forma de atuação de promotores norte-americanos. Verificando abuso do órgão ministerial, seja quanto à forma legal, seja quanto ao conteúdo da prova (a delação é meio de prova que deve ser inadmitida se resvalar em ilícito), o magistrado por aplicar o art. 28, do Código de Processo Penal, por analogia, ou, se insuperável a ilegalidade, negar homologação, para coartar qualquer produção de efeitos jurídicos do termo;

(ii) de outro, pode ser vista como negócio jurídico processual, com certa e indesejável semelhança com o sistema adversarial norte-americano. Nesse Afrânio Silva Jardim, elucidando os riscos e as polêmicas em torno do instituto, entende que "o acordo de cooperação premiada é um negócio jurídico de Direito Público, dependendo a sua existência jurídica da manifestação estatal (do juiz)". A incidência de normas de Direito Público, segundo o jurista, torna inadmissível o seu distrato por ambas as partes, "até mesmo para a estabilidade da relação processual penal", embora possa "haver inadimplemento em relação aos deveres assumidos"[54].

Afrânio Silva Jardim enxerga o instituto da colaboração premiada, bilateral, da Lei nº 12.850/2013, como enquadrável na classe dos procedimentos de jurisdição voluntária. Sob o ponto de vista do alijamento de lide em sentido estrito (elemento acidental do processo penal, segundo o consagrado processualista), concordamos com suas conclusões. Entrementes, sob a perspectiva de ser a delação premiada um meio de prova da espécie "confissão", entendemos que regras probatórias devem ter ascendência sob os aspectos formais da relação processual. No mais, são perfeitas as acuradas críticas de Afrânio Silva Jardim, conforme também sustentamos.

De tal modo, Afrânio Silva Jardim enxerga o instituto da colaboração premiada, bilateral, da Lei nº 12.850/2013, como enquadrável na classe dos procedimentos de jurisdição voluntária, realçando que, na hipótese, ocorre supressão da "lide" (entendida a "lide" como elemento acidental do processo penal).

Também o processualista sustenta a inconstitucionalidade da Resolução nº 181/2017, do Conselho Superior do Ministério Público, bem como da sucessiva alteração promovida pela Resolução nº 183/2018, também do CNMP. Primeiramente, a edição de normas jurídicas que inovam o ordenamento jurídico brasileiro somente deve ocorrer pela via legislativa. O CNMP não é órgão legislativo. De outro lado, a previsão de discricionariedade para que o Ministério Público possa formular "acordo de não persecução penal", ainda que fundado em balizas estabelecidas pelo CNMP, ofende o princípio da obrigatoriedade da ação penal pública, lastreado no art. 129, I, da Constituição do Brasil.

Somos, portanto, filiados a corrente que entende que não deve haver acordo de não propositura de denúncia entre Ministério Público e acusado [55], eis que a ação penal é imperativa.

54. JARDIM, Afrânio Silva. Poder Judiciário não deve ser refém de acordos de delação premiada do MP. *Consultor jurídico*: opinião. Disponível em: <http://www.conjur.com.br/2015-out-18/afranio-jardim-judiciario-nao-refem-acordos-delacao-premiada>. Acesso em: 03 dez. 2015.

55. AMORIM, Pierre Souto Maior Coutinho do. Observações sobre a Resolução nº 181/2017 do CNMP. *Empório do direito*. Disponível em: <http://emporiododireito.com.br/backup/

Por tal razão, o § 4º, I e II, do art. 4º, da Lei nº 12.850/2013, deve receber interpretação conforme a Constituição, para exigir que o *Parquet* formule ação penal, proponha perdão judicial ou requeira arquivamento das peças de informação, com o necessário controle do princípio da obrigatoriedade[56].

O objeto do controle de constitucionalidade deve ser o art. 18 e parágrafos, da Resolução nº 181/2017, do CNMP, com redação conferida pela Resolução 183/2018, editada pelo mesmo órgão. Em compasso com o *caput*, daquele dispositivo, "não sendo o caso de arquivamento, o Ministério Público poderá propor ao investigado acordo de não persecução penal quando, cominada pena mínima inferior a 4 (quatro) anos e o crime não for cometido com violência ou grave ameaça a pessoa, o investigado tiver confessado formal e circunstanciadamente a sua prática, mediante as seguintes condições, ajustadas cumulativa ou alternativamente: I – reparar o dano ou restituir a coisa à vítima, salvo impossibilidade de fazê-lo; II – renunciar voluntariamente a bens e direitos, indicados pelo Ministério Público como instrumentos, produto ou proveito do crime; III – prestar serviço à comunidade ou a entidades públicas por período correspondente à pena mínima cominada ao delito, diminuída de um a dois terços, em local a ser indicado pelo Ministério Público; IV – pagar prestação pecuniária, a ser estipulada nos termos do art. 45 do Código Penal, a entidade pública ou de interesse social a ser indicada pelo Ministério Público, devendo a prestação ser destinada preferencialmente àquelas entidades que tenham como função proteger bens jurídicos iguais ou semelhantes aos aparentemente lesados pelo delito; V – cumprir outra condição estipulada pelo Ministério Público, desde que proporcional e compatível com a infração penal aparentemente praticada."

Veja-se que, por meio de veículo diverso de lei em sentido estrito, pretende-se compelir o imputado que aceite o acordo de não persecução penal, a cumprir encargos similares ou idênticos a penas restritivas de direito (arts. 43 a 44, do Código Penal). Vale dizer, sem lei, visa-se autorizar o membro do Ministério Público, com a concordância do investigado, a estabelecer medidas que limitam patrimônio e liberdade deste último.

No § 1º, do citado art. 18, o CNMP averbou que "não se admitirá a proposta nos casos em que: I – for cabível a transação penal, nos termos da lei; II – o dano causado for superior a vinte salários mínimos ou a parâmetro econômico diverso definido pelo respectivo órgão de revisão, nos termos da regulamentação local; III – o investigado incorra em alguma das hipóteses previstas no art. 76, § 2º, da Lei nº 9.099/95; IV – o aguardo para o cumprimento do acordo possa acarretar a prescrição da pretensão punitiva estatal; V – o delito for hediondo ou equiparado e nos casos de incidência da Lei nº 11.340, de 7 de agosto de 2006; VI – a celebração do acordo não atender ao que seja necessário e suficiente para a reprovação e prevenção do crime."

É deve ver que, depois de "realizado o acordo", o § 4º, do ora comentado art. 18, da Resolução 181/2017, estabelece que "a vítima será comunicada por qualquer meio idôneo, e os autos serão submetidos à apreciação judicial." Seguidamente, os §§ 5º, 6º e 7º ditam

observacoes-sobre-a-resolucao-n-181cnmp-por-pierre-souto-maior-coutinho-de-amorim/>. Acesso em: 29 nov. 2017.

56. JARDIM, Afrânio Silva. Delação premiada: o sistema de justiça criminal sendo substituído por um contrato. *Empório do Direito*. Disponível em: <http://emporiododireito.com.br/delacao-premiada-o-sistema-de-justica-criminal-sendo-substituido-por-um-contrato-por-afranio-silva-jardim>. Acesso em: 17 jul. 2017.

providências impostas ao juiz, pela via da referida Resolução do Conselho Nacional do Ministério Público:

(1) se o juiz considerar o acordo cabível e as condições adequadas e suficientes, devolverá os autos ao Ministério Público para sua implementação;

(2) se o juiz considerar incabível o acordo, bem como inadequadas ou insuficientes as condições celebradas, fará remessa dos autos ao procurador-geral ou órgão superior interno responsável por sua apreciação, nos termos da legislação vigente, que poderá adotar as seguintes providências: (a) oferecer denúncia ou designar outro membro para oferecê-la; (b) complementar as investigações ou designar outro membro para complementá-la; (c) reformular a proposta de acordo de não persecução, para apreciação do investigado; ou (d) manter o acordo de não persecução, que vinculará toda a Instituição.

(3) o acordo de não persecução poderá ser celebrado na mesma oportunidade da audiência de custódia.

1.7. Admissibilidade de retratação

Sendo a confissão retratável, também deve ser a delação premiada. Aliás, alguns enunciados de parágrafos do mesmo art. 4º corroboram essa ilação. O seu parágrafo 9º dita, a propósito, que "depois de homologado o acordo, o colaborador poderá, sempre acompanhado pelo seu defensor, ser ouvido pelo membro do Ministério Público ou pelo delegado de polícia responsável pelas investigações". A possibilidade de novas declarações a serem prestadas pelo delator aponta para a retratabilidade e pela não formação de coisa julgada material da homologação da delação premiada.

O parágrafo 10, inclusive, é mais enfático ao asseverar que "as partes podem retratar-se da proposta, caso em que as provas autoincriminatórias produzidas pelo colaborador não poderão ser utilizadas exclusivamente em seu desfavor". A retratação, no ponto, deve observar as regras tocantes a sua natureza jurídica:

(i) tratando-se de retratação manifestada pelo Ministério Público ela encontra similaridade com a natureza jurídica de ação penal: nessa hipótese, a homologação do acordo de delação premiada é equivalente ao recebimento de denúncia. Como ele não pode desistir da ação penal já ajuizada, entendemos incompatível com o sistema a retratação manifestada após a sua homologação. Se ficar constatado que o investigado ou acusado delator faltou com a verdade ou não prestou colaboração eficaz, a solução é a rejeição, no mérito, de aplicação das benesses previstas no termo de acordo de cooperação premiada;

(ii) sendo o caso de retratação do delator, a sua natureza jurídica de confissão determina que o magistrado deva declarar a ineficácia (não a nulidade!) da delação premiada, para o fim de obstar qualquer efeito jurídico da prova consistente nas declarações do indiciado ou acusado. Como se depreende, a retratação por parte do réu, prestada sob as mesmas condições da confissão, é plenamente possível. A consequência jurídica dessa retratação do imputado difere da formulada pela acusação não só quanto à limitação de seu momento, mas também porque a retratação da delação é óbice ao exame meritório dessa prova, para qualquer fim, seja na sentença de mérito, seja mesmo antes, para a produção de outras provas, que não devem se basear no conteúdo do termo de colaboração premiada.

Em arremate, também o parágrafo 12, da mesma disposição, segue a linha da admissibilidade de retratação quando permite que o colaborador, "ainda que beneficiado por perdão judicial ou não denunciado", possa ser "ouvido em juízo a requerimento das partes ou por iniciativa da autoridade judicial".

1.8. Indeferimento de homologação de acordo de colaboração premiada

A denegação de homologação ao acordo é possível, parcial ou integralmente. O juiz tem o dever de velar pela regularidade formal e material do ajuste. Nada que se afastar dos ditames legais deve ser objeto de referendo judicial. A primeira parte do § 8º, do art. 4º, da Lei das Organizações Criminosas é explícita ao ditar que "o juiz poderá recusar homologação à proposta que não atender aos requisitos legais".

Quanto a essa primeira parte desse enunciado, o verbo "poderá" deve ser lido como "deverá". O magistrado deve ser garante dos direitos fundamentais do imputado. Evidenciada ofensa a normas constitucionais (princípio da proporcionalidade) ou a normas infraconstitucionais (regras para a perfeição da possibilidade de aplicação do prêmio), é defeso ao juiz proferir homologação. Se o fizer, será admissível apelação, por se tratar de sentença com força de definitiva, *ex vi* do art. 593, II, do CPP.

Não sem razão, aviva o parágrafo 7º, do art. 4º da Lei do Crime Organizado, que, uma vez "realizado o acordo, o respectivo termo, acompanhado das declarações do colaborador e de cópia da investigação, será remetido ao juiz para homologação, o qual deverá verificar sua regularidade, legalidade e voluntariedade, podendo para este fim, sigilosamente, ouvir o colaborador, na presença de seu defensor".

1.9. Valoração do acordo de colaboração premiada

De mais difícil compatibilização com o sistema constitucional é a parte final do citado parágrafo. Após dizer que "o juiz poderá recusar homologação à proposta que não atender aos requisitos legais", o dispositivo complementa que o juiz poderá "adequá-la ao caso concreto". Para que a aplicação desse texto se dê conforme a Constituição, deve ser entendido que a adequação ao caso concreto não admite iniciativa probatória do juiz ou interferência nas negociações.

Em outras palavras, o magistrado não poderá interferir no antecedente normativo ajustado pelas partes. Porém, é lícito ao juiz limitar as consequências impostas no termo, toda vez que verificar excessos, a exemplo da previsão de renúncia antecipada de prazo recursal ou a renúncia ao direito de recorrer. Não pode, todavia, aplicar consequência jurídica mais gravosa, não escrita no termo de colaboração premiada.

Essa interpretação é reforçada pela previsão do § 11, do supradito art. 4º, da Lei nº 12.850/2013, que, de forma cogente, estabelece que "a sentença apreciará os termos do acordo homologado e sua eficácia". A eficácia da sentença homologatória do termo de delação premiada é objeto de juízo meritório aprofundado quando da prolação da sentença penal condenatória. Isso não significa dizer que a sentença homologatória se restrinja ao exame de aspectos formais. Absolutamente. Decerto, a sentença homologatória também examina aspectos materiais.

No entanto, o juízo de veracidade sobre a prova produzida na confissão constitutiva da colaboração premiada é certificado somente depois de concluída a instrução e completada a formação das demais provas. Nessa toada, a sentença final deve apreciar os termos do ajuste homologado, cotejando todas as provas a fim de evidenciar a compatibilidade do contexto. Depois desse proceder, o juiz descreverá a amplitude da eficácia daquele acordo. Limitará a aplicação de prêmios se não ficar demonstrada a eficácia e a veracidade da cooperação prestada. A exegese, nessa banda, deve ser estrita.

2. SÚMULAS E JURISPRUDÊNCIA

✦ *SUPREMO TRIBUNAL FEDERAL*

▸ **HOMOLOGAÇÃO DE ACORDO DE COLABORAÇÃO PREMIADA E LIMITES DE ATUAÇÃO DO RELATOR.** O Supremo Tribunal Federal (STF), em julgamento conjunto, resolveu questão de ordem e negou provimento a agravo regimental em petição em que se discutiam, respectivamente, os limites da atuação do relator em homologação de colaboração premiada e a distribuição ao ministro Edson Fachin (relator), por prevenção, da Pet 7.003/DF, em razão do Inq 4.112/DF, cujo objeto são fatos relacionados à operação Lava Jato. A questão de ordem foi suscitada pelo relator tendo em conta petição ajuizada pelo governador do Estado de Mato Grosso do Sul e recebida como agravo regimental. O agravante contestou a distribuição por prevenção, e não por sorteio, dos autos em que foram homologados os acordos de colaboração premiada celebrados entre o Ministério Público Federal (MPF) e integrantes de grupo empresarial. Na petição, o governador pretendia o reconhecimento da inexistência de conexão entre os fatos e condutas a ele imputados na Pet 7.003/DF, bem como aqueles apurados no Inq 4.112/DF, e a consequente determinação da livre distribuição do feito. No bojo desse debate, questionou-se o conteúdo dos acordos formalizados entre os colaboradores e o MPF, com destaque para os limites da atuação jurisdicional no instituto em análise e seus reflexos na "persecutio criminis", à luz das garantias constitucionais e das normas regulamentadoras previstas na Lei 12.850/2013. Diante disso, a questão de ordem foi submetida à deliberação do Plenário do STF, com base no princípio da segurança jurídica, insculpido no art. 5º, XXXVI, da Constituição Federal (CF). **O Plenário, por maioria, resolveu a questão de ordem no sentido de reafirmar — nos limites dos §§ 7º e 11 do art. 4º da Lei 12.850/2013 e incisos I e II do art. 21 do Regimento Interno do STF (RISTF) — a atribuição do relator para, monocraticamente, homologar acordos de colaboração premiada, oportunidade na qual se limita ao juízo de regularidade, legalidade e voluntariedade da avença. Reafirmou, também, a competência colegiada do STF para avaliar, em decisão final de mérito, o cumprimento dos termos bem como a eficácia do acordo.** Além disso, consignou que acordo homologado como regular, voluntário e legal gera vinculação condicionada ao cumprimento dos deveres assumidos pela colaboração. Salientou, ainda, que ao órgão colegiado é facultada a possibilidade de analisar fatos supervenientes ou de conhecimento posterior que firam a legalidade, nos termos do § 4º do art. 966 do Código de Processo Civil/2015 (CPC/2015). Inicialmente, a Corte asseverou haver dois pontos em discussão: o poder do relator à luz do RISTF para a homologação do acordo de colaboração premiada, tanto no que concerne ao alcance quanto no que se refere aos limites dos atos; e o momento de aferição do cumprimento dos termos do acordo e sua eficácia. Diante disso, fixou dois nortes: a) os moldes do que foi decidido no HC 127.483/PR (DJE de 4.2.2016), a fim de reafirmar a atribuição do relator como corolário dos poderes instrutórios para ordenar a realização de meios de obtenção de provas, nos termos que lhe são conferidos pelos incisos I e II do art. 21 do RISTF, e, por conseguinte, homologar monocraticamente acordos de colaboração premiada — oportunidade em que se limita ao juízo de regularidade, legalidade e voluntariedade da avença, nos limites do art. 4º, § 7º, da Lei 12.850/2013; e b) o juízo sobre o cumprimento dos termos do acordo de colaboração e sua eficácia, conforme preceitua o art. 4º, § 11, da Lei 12.850/2013. Nesse sentido, frisou que o que se põe ao exame do Colegiado é o momento dessa apreciação, ou seja, o instante da análise de mérito. Essa é a ocasião da prolação da sentença no STF em decisão colegiada, em Turma ou Pleno, etapa em que se confere concretude ao princípio acusatório que rege o processo penal no Estado Democrático de Direito. Destacou, ainda, que atualmente não há mais controvérsia acerca da natureza jurídica do instituto, considerado, em termos gerais, um negócio jurídico processual firmado entre o Ministério Público e o colaborador. Essa característica é representada pelas normas extraídas dos §§ 6º e 7º do art. 4º da Lei 12.850/2013, as quais vedam a participação do magistrado na celebração do ajuste entre as partes e estabelecem os limites de cognoscibilidade dos termos pactuados. Trata-se, portanto, de meio de obtenção de prova cuja iniciativa não se submete à reserva de jurisdição, diferentemente do que ocorre, por exemplo, com a quebra do sigilo bancário ou fiscal e com a interceptação de comunicações telefônicas. Nesse panorama jurídico, as tratativas e a celebração da avença são mantidas exclusivamente entre o Ministério Público e o pretenso colaborador, o que ocorreu no caso concreto. O Poder Judiciário é convocado ao final dos atos negociais apenas para aferir os requisitos legais de existência e validade, com a indispensável homologação. Nesse sentido foram as conclusões sobre a homologação no julgamento do HC 127.483/PR. A Corte destacou, no ponto, que esse provimento interlocutório — o qual não julga o mérito da pretensão acusatória, mas resolve uma questão incidente — tem natureza meramente homologatória, limitando-se ao pronunciamento sobre a regularidade, legalidade e voluntariedade do acordo (art. 4º, § 7º, da Lei 12.850/2013). O juiz, ao homologar o acordo de colaboração, não emite juízo de valor a respeito das declarações eventualmente prestadas pelo colaborador à autoridade policial ou ao Ministério Público, nem confere o signo da idoneidade a seus depoimentos posteriores. Entendimento contrário colocaria em risco a própria viabilidade do instituto, diante da iminente ameaça de interferência externa nas condições acordadas pelas partes, reduzindo de forma significativa o interesse no ajuste. Essa "postura equidistante" do juiz em relação às partes no processo penal informa o citado comando legal que prestigia o sistema acusatório. Se as declarações do colaborador são verdadeiras ou respaldadas por provas de corroboração, esse juízo será feito apenas "no momento do julgamento do processo", no momento diferido, qual seja, na sentença, conforme previsto no § 11 do art. 4º da Lei 12.850/2013. Nessa etapa, serão analisados os elementos trazidos pela colaboração e sua efetividade. Dessa forma, o Colegiado considerou ser imprescindível chancelar a importância da preservação da segurança jurídica e da própria figura da colaboração premiada como instrumento relevante para coibir delitos, sobretudo contra o erário. Em conclusão quanto ao primeiro ponto discutido, afirmou que, no ato de homologação da colaboração premiada, não cabe ao magistrado, de forma antecipada e extemporânea, tecer juízo de valor sobre o conteúdo das cláusulas avençadas, exceto nos casos de flagrante ofensa ao ordenamento jurídico vigente. Se assim agir, estará interferindo indevidamente na atuação dos órgãos de investigação, porque a celebração do acordo de colaboração premiada não trata de medida submetida à reserva de jurisdição. Repisou que, conforme decidido no julgamento do HC 127.483/PR (DJE de 4.2.2016), o art. 21, I e II, do RISTF confere ao relator poderes instrutórios para ordenar, de forma singular, a realização de quaisquer meios de obtenção de provas. Ressaltou que a natureza jurídica do acordo de colaboração premiada como meio de obtenção de prova é ato inserido nas atribuições regimentais do relator, ainda que os fatos apresentados pelos colaboradores envolvam supostas ações e omissões de ocupante de cargo da Presidência da República, a serem provadas e, se comprovadas, tornadas objeto de processamento de ação penal que compete ao Plenário do STF. Portanto, não há qualquer óbice à homologação do respectivo acordo mediante decisão monocrática. Quanto ao segundo ponto, o Colegiado esclareceu que o ensejo dessa oportunidade se relaciona ao momento para o exercício da aferição do cumprimento dos termos do acordo e da sua eficácia ao que está previsto no § 11 do art. 4º da Lei 12.850/2013. Havendo foro por prerrogativa de função no STF, somente o juízo colegiado — Turma ou Pleno — poderá examinar o recebimento da denúncia e, em caso afirmativo, julgar a respectiva ação penal (RISTF, art. 5º, I). Esse juízo não é do relator, mas do Colegiado, sem embargo, para efeitos ordinatórios e instrutórios, da previsão do art. 21, XV, do RISTF. A instauração de inquérito é fase preliminar investigatória, na qual estão as colaborações, que, como meios de obtenção de prova, não são idôneas para se condenar, mas apenas para se ensejar a investigação onde há dúvida a ser dirimida ou indício a ser provado. Por isso, no momento de homologação, o juízo é preliminar e preambular. Somente no julgamento de mérito o Poder Judiciário, autorizado pela lei, poderá definir a extensão da colaboração e analisar o benefício respectivo. A Corte observou, também, que a lei permite ao Judiciário, em fase diferida, após a conclusão da instrução probatória, avaliar se os termos da colaboração premiada foram cumpridos e se os resultados concretos foram atingidos, o que definirá sua eficácia. Consignou que a última palavra será sempre do Colegiado, inexistindo quaisquer óbices jurídicos de índole subjetiva ou objetiva aptos a impedir a atuação do relator. O julgamento de mérito será levado a efeito pelo colegiado de juízes do STF ao apreciar os termos e a eficácia do acordo de colaboração. Reside na ambiência inafastável do Pleno a atribuição de juiz natural nos termos da competência deferida pela ordem jurídica, o que não contrasta com os regimentais poderes instrutórios e mesmo cautelares do relator. Salientou, por fim, que o direito subjetivo do colaborador nasce e se perfectibiliza na exata medida em que ele cumpre seus deveres. Estes são "condictio sine qua non" para que o colaborador possa fruir desses direitos. Nesse contexto, o acordo homologado como regular, voluntário e legal gera vinculação, condicionada ao cumprimento dos deveres assumidos pela colaboração, salvo ilegalidade superveniente apta a justificar nulidade ou anulação do negócio jurídico. Vencidos os ministros Ricardo Lewandowski, Gilmar Mendes e Marco Aurélio. O ministro Ricardo Lewandowski divergiu pontualmente. Para ele, na delação premiada, apesar do relevante papel do MPF, a última palavra — não quanto à conveniência e oportunidade da celebração do acordo, mas quanto à legalidade "lato sensu" da avença — é do Poder Judiciário; neste caso, do juiz relator e também do Plenário, em última análise. Asseverou existirem dois momentos para analisar as cláusulas e condições das delações premiadas. O primeiro, precário e efêmero, é realizado pelo relator, com base no art. 21 do RISTF. Nele se verifica a presença dos requisitos de regularidade, voluntariedade e legalidade. Esta última, no entanto, é empregada em seu sentido amplo. O relator tem o dever de vetar cláusulas que excluam da apreciação do Judiciário lesão ou ameaça de lesão a direitos; estabeleçam o cumprimento imediato da pena ainda não fixada; fixem regime de cumprimento de pena não autorizado pela legislação em vigor; avancem sobre cláusulas de reserva de jurisdição; determinem o compartilhamento de provas e informações sigilosas sem intervenção da justiça; ou autorizem a divulgação de informações que atinjam a imagem ou a esfera jurídica de terceiros. Em um segundo momento, havendo falha ou dados porventura não examinados na análise perfunctória da legalidade pelo relator, caberá ao Plenário apreciar esses aspectos. A decisão do relator permite que a delação premiada possa efetivar-se no plano da realidade fática, mas, embora importante, não vincula o Plenário no que diz respeito aos aspectos da legalidade "lato sensu". Em suma, a última palavra quanto à legalidade e à constitucionalidade das cláusulas e condições ajustadas no acordo de colaboração premiada é do juiz natural, que, nesse caso, é o Colegiado. Para o ministro Gilmar Mendes, a homologação dos acordos de colaboração premiada é de competência do Colegiado, especialmente em casos que envolvam dispensa da denúncia. O acordo de colaboração premiada deve ser admitido, desde que esteja nos limites da Lei 12.850/2013. Compete à Corte realizar o controle efetivo e eficaz dessa legalidade, que tem como limite apenas o espaço conferido pela lei para o juízo de conveniência e oportunidade da acusação e da defesa, mas é poder-dever do juiz aprofundar a avaliação da legalidade do acordo, inclusive quanto à extensão dos benefícios prometidos. Segundo ressaltou, o acordo de colaboração não é simples meio de obtenção de prova, mas um negócio jurídico com efeitos benéficos ao colaborador. Nessa mesma linha, os acordos, que podem envolver redução de penas, não podem vincular o Colegiado, o qual, na fase de julgamento, avaliará apenas sua eficácia. Em alguns casos, é oferecido perdão ao delator, com dispensa de denúncia, o que torna a decisão monocrática ainda mais incompatível com o sistema jurídico caso o processo não seja submetido ao Colegiado. Por fim, o ministro asseverou que a homologação do acordo não tem eficácia preclusiva completa, a afastar totalmente sua revisão, por ocasião do julgamento. Para o ministro Marco Aurélio, os poderes do relator no momento da homologação do acordo de colaboração premiada não deveriam ser tão amplos. Para ele, não compete ao relator avançar e endossar os parâmetros do acordo. Tal faculdade cabe apenas ao órgão que cumprirá o julgamento de eventual ação penal que venha a ser proposta. *STF, Pet 7074 QO/DF, rel. Min. Edson Fachin, julgamento em 21, 22, 28 e 29.6.2017. Pet 7074/DF, rel. Min. Edson Fachin, julgamento em 21, 22, 28 e 29.6.2017. Pleno (Info 870)*

- **DELAÇÃO PREMIADA E SIGILO. O sigilo sobre o conteúdo de colaboração premiada deve perdurar, no máximo, até o recebimento da denúncia.** Essa é a orientação, da Primeira Turma, que negou provimento a agravo regimental. A Turma afirmou que, no âmbito da Administração Pública, a publicidade é a regra e o sigilo a exceção (CF, art. 5º, LX). O sigilo do que ajustado é elemento essencial para a efetividade da colaboração firmada, como forma de garantir o êxito das investigações (Lei 12.850/2013, art. 7º, § 2º), e para assegurar a proteção da pessoa do colaborador e das pessoas próximas (Lei 12.850/2013, art. 5º, II). A Lei, visando a consecução desses objetivos, estabeleceu diversas cautelas a serem adotadas. O art. 7º dispõe que o pedido de homologação do acordo será sigilosamente distribuído, contendo apenas informações que não revelem a identificação do colaborador e do objeto. O sigilo sobre o conteúdo da colaboração premiada, consoante versa o § 3º do citado artigo, deve permanecer, como regra, até o recebimento da denúncia. O preceito trata da cessação do sigilo relativamente ao acordo, além de assegurar o direito de o investigado conhecer aqueles que o subscreveram a denúncia, de modo a viabilizar a ampla defesa e o contraditório. A delação premiada objetiva, com transparência, a elucidação de fato criminoso. O parágrafo citado não encerra observância absoluta, mas termo final máximo. Deve ser mantido até esse ponto apenas se houver necessidade concreta. Uma vez realizadas as diligências cautelares, cuja indispensabilidade tiver sido demonstrada a partir das declarações do colaborador, ou inexistentes estas, não subsiste razão para o sigilo. Nada impede que o sigilo do acordo seja afastado em momento anterior ao recebimento da denúncia e, assim, possibilitar o conhecimento daquele que subscrevera o acordo, bem como o conteúdo do que declarado. Deste modo, tem-se a otimização dos princípios da ampla defesa e do contraditório, em favor do investigado ou dos atingidos pela colaboração premiada. Não há direito subjetivo do colaborador a que se mantenha, indefinidamente, a restrição de acesso ao conteúdo do acordo, ao argumento de que o sigilo teria sido elemento constitutivo da avença. A Turma ressaltou que o art. 19 da referida norma, ao prever como crime a conduta de imputar falsamente, sob pretexto de colaboração com a Justiça, a prática de infração penal a pessoa que sabe ser inocente, ou de revelar informações sobre a estrutura de organização criminosa que sabe inverídicas – a chamada delação caluniosa –, reforça a necessidade de conhecimento do que veiculado no acordo. *STF, Inq 4435 AgR/DF, rel. Min. Marco Aurélio, j. 12.9.2017. 1ª T. (Info 877)*

- **AFASTAMENTO DOS SIGILOS FISCAL E BANCÁRIO. REQUISITOS. IMPOSSIBILIDADE DE OBTENÇÃO DA PROVA POR OUTROS MEIOS E LIMITAÇÃO TEMPORAL DA QUEBRA. INDÍCIOS APRESENTADOS PELA AUTORIDADE POLICIAL E PELO MINISTÉRIO PÚBLICO QUE DEMONSTRAM POSSÍVEL PAGAMENTO DE VANTAGEM INDEVIDA A PARLAMENTAR. LEGITIMIDADE DA DECRETAÇÃO.** 1. Segundo a jurisprudência do Supremo Tribunal Federal, a autorização do afastamento dos sigilos fiscal e bancário deverá indicar, mediante fundamentos idôneos, a pertinência temática, a necessidade da medida, "que o resultado não possa advir de nenhum outro meio ou fonte lícita de prova" e "existência de limitação temporal do objeto da medida, enquanto predeterminação formal do período" (MS 25812 MC, Relator(a): Min. CEZAR PELUSO, publicado em DJ 23-2-2006). 2. No caso, o pedido de afastamento dos sigilos fiscal e bancário encontra-se embasado, em síntese, em declarações feitas no âmbito de colaboração premiada, em depoimento prestado por pessoa supostamente envolvida nos fatos investigados e em relatório do Conselho de Controle de Atividades Financeiras (COAF). Os elementos até então colhidos indicavam possível pagamento de vantagem indevida a parlamentar em troca de influência supostamente exercida no âmbito da Petrobras, mostrando-se necessária e pertinente a decretação da medida postulada para que fossem esclarecidos os fatos investigados. Solicitação que, ademais, estava circunscrita a pessoas físicas em tese vinculadas aos fatos investigados, com CPF definidos, e limitavam-se a lapso temporal correspondente ao tempo em que teriam ocorridos os supostos repasses. 3. Agravos regimentais a que se nega provimento. *STF, AC 3872 AgR, Rel. Min. TEORI ZAVASCKI, Pleno, j. 22/10/2015.*

- **DESMEMBRAMENTO E FORO POR PRERROGATIVA DE FUNÇÃO.** O Plenário negou provimento a agravo regimental em reclamação na qual se discutia alegada usurpação da competência do STF para o processamento de detentor de foro por prerrogativa de função. Na espécie, o STF, em 19.12.2014, nos autos da Pet 5.245/DF, acolhera requerimento de cisão processual, mantendo-se na Corte o trâmite de termos de depoimento em que figurassem detentores de prerrogativa de foro, com remessa dos demais aos juízos e tribunais com competência para processamento dos demais investigados. Assim, o reclamante fora mencionado especificamente em determinado termo de depoimento, no âmbito de acordo de colaboração premiada devidamente homologada, havendo a instauração de procedimento autônomo (Pet 5.278/DF), com o seguinte desmembramento dos autos, para que prosseguissem no juízo reclamado as investigações contra os demais investigados que não possuíssem prerrogativa de foro no STF. A Corte afirmou que, nesse contexto, com o desmembramento realizado e a remessa de cópia dos termos à origem, eventual encontro de novos indícios da participação de parlamentar em momento subsequente não invocaria, por si só, usurpação de competência, pois apurados por autoridade judiciária que, por decisão do STF, prosseguira na condução de procedimentos relativos aos mesmos fatos, todavia referentes a não detentores de prerrogativa de foro. Ademais, não mereceria prosperar a alegação de que teria havido investigação direta do reclamante por parte do juízo reclamado. A violação de competência implicaria a realização de medidas investigatórias dirigidas às autoridades sujeitas à prerrogativa de foro e não a simples declaração de réu colaborador, com menção sobre a participação de detentores de foro por prerrogativa de função durante audiência de instrução. Raciocínio inverso levaria à conclusão de que toda vez que despontasse elemento probatório novo veiculado aos fatos investigados, todos os processos e ações penais em andamento haveriam de retornar ao STF para novo exame, o que, além de desarrazoado, inviabilizaria, na prática, a persecução penal. Outrossim, em casos de desmembramento seria comum a existência, em juízos diversos, de elementos relacionados tanto ao detentor de prerrogativa de foro quanto aos demais envolvidos. Contudo, a existência dessa correspondência não caracterizaria usurpação de competência. Pelo contrário, a simples menção do nome do reclamante em depoimento de réu colaborador, durante a instrução, não caracterizaria ato de investigação, ainda mais quando houvesse prévio desmembramento, como no caso. *STF, Rcl 21419 AgR/PR, rel. Min. Teori Zavascki, 7.10.2015. Pleno (Info 802)*

- **CABIMENTO DE HC EM FACE DE DECISÃO DE MINISTRO DO STF E COLABORAÇÃO PREMIADA.** O Plenário denegou a ordem em "habeas corpus" impetrado em face de decisão proferida por Ministro do STF, mediante a qual homologado termo de colaboração premiada. A defesa alegava que o paciente fora denunciado pela suposta prática dos crimes de organização criminosa, corrupção ativa, corrupção passiva, lavagem de dinheiro e uso de documento falso com base nas declarações oriundas do referido acordo. Sustentava, ainda, que o beneficiário do acordo não seria pessoa digna de confiança, e que o paciente, em razão de não ser parte no termo de colaboração, não poderia manejar recurso da aludida decisão, motivo pelo qual o "writ" seria o instrumento processual cabível. Além disso, argumentava que decisões monocráticas deveriam passar, necessariamente, pelo crivo do Colegiado, em obediência à organicidade das decisões judiciais. Preliminarmente, ante o empate na votação, o Tribunal conheceu do "habeas corpus". No ponto, aduziu que o "writ" teria fundamento no art. 102, I, d, da CF, segundo o qual cabe "habeas corpus" contra atos do próprio STF. O Ministro Gilmar Mendes destacou que obstar o uso do "writ" na hipótese significaria dificultar a garantia do art. 5º, XXXV, da CF, bem assim o próprio ideário de proteção do "habeas corpus". O Ministro Marco Aurélio invocou, ainda, os artigos 5º, LXVIII, e 102, I, i, da CF. Frisou que eventual manuseio de agravo regimental não teria eficácia suspensiva, bem assim que não seria aplicável o art. 5º, I, da Lei 12.016/2009, alusiva a mandado de segurança. Lembrou que o "habeas corpus" não encontraria óbice sequer na coisa julgada, e que o Enunciado 606 da Súmula do STF ("Não cabe habeas corpus originário para o Tribunal Pleno de decisão de Turma, ou do Plenário, proferida em 'habeas corpus' ou no respectivo recurso") não seria referente a ato de Ministro da Corte. O Ministro Celso de Mello sublinhou, ainda, o Enunciado 692 da Súmula do STF ("Não se conhece de 'habeas corpus' contra omissão de relator de extradição, se fundado em fato ou direito estrangeiro cuja prova não constava dos autos, nem foi ele provocado a respeito"). O Ministro Ricardo Lewandowski (Presidente) destacou que, uma vez cabível o recurso de agravo interno em face de decisão monocrática – portanto via de envergadura menor –, não se poderia falar em empecilho para o uso do remédio constitucional. Por sua vez, não conheciam do "habeas corpus" os Ministros Edson Fachin, Roberto Barroso, Rosa Weber, Luiz Fux e Cármen Lúcia. Entendiam incidir o Enunciado 606 da Súmula do STF. Além disso, o paciente não seria parte no acordo de colaboração premiada, cuja homologação seria o ato coator. Ademais, decisão de Ministro do STF desafiaria agravo regimental e, caso se tratasse de terceiro prejudicado, aplicar-se-ia o art. 499 do CPC. No mérito, o Plenário considerou que **a colaboração premiada seria meio de obtenção de prova, destinado à aquisição de elementos dotados de capacidade probatória. Não constituiria meio de prova propriamente dito. Outrossim, o acordo de colaboração não se confundiria com os depoimentos prestados pelo agente colaborador. Estes seriam, efetivamente, meio de prova, que somente se mostraria hábil à formação do convencimento judicial se viesse a ser corroborado por outros meios idôneos de prova. Por essa razão, a Lei 12.850/2013 dispõe que nenhuma sentença condenatória será proferida com fundamento exclusivo nas declarações do agente colaborador.** Assinalou que a colaboração premiada seria negócio jurídico processual, o qual, judicialmente homologado, confere ao colaborador o direito de: a) usufruir das medidas de proteção previstas na legislação específica; b) ter nome, qualificação, imagem e demais informações pessoais preservados; c) ser conduzido, em juízo, separadamente dos demais coautores e partícipes; e d) participar das audiências sem contato visual com outros acusados. Além disso, deverá ser feito por escrito e conter: a) o relato da colaboração e seus possíveis resultados; b) as condições da proposta do Ministério Público ou do delegado de polícia; c) a declaração de aceitação do colaborador e de seu defensor; e d) as assinaturas do representante do Ministério Público ou do delegado de polícia, do colaborador e de seu defensor. Por sua vez, esse acordo somente será válido se: a) a declaração de vontade do colaborador for resultante de um processo volitivo, querida com plena consciência da realidade, escolhida com liberdade e deliberada sem má-fé; e b) o seu objeto for lícito, possível, determinado ou determinável. Destacou que a "liberdade" de que se trata seria psíquica, e não de locomoção. Assim, não haveria óbice a que o colaborador estivesse custodiado, desde que presente a voluntariedade da colaboração. Ademais, no que se refere à eficácia do acordo, ela somente ocorreria se o ato fosse submetido à homologação judicial. Esta limitar-se-ia a se pronunciar sobre a regularidade, legalidade e voluntariedade do acordo. Não seria emitido qualquer juízo de valor a respeito das declarações eventualmente já prestadas pelo colaborador à autoridade policial ou ao Ministério Público, tampouco seria conferido o signo da idoneidade a depoimentos posteriores. Em outras palavras, homologar o acordo não implicaria dizer que o juiz admitira como verídicas ou idôneas as informações eventualmente já prestadas pelo colaborador e tendentes à identificação de coautores ou partícipes da organização criminosa e das infrações por ela praticadas ou à revelação da estrutura hierárquica e da divisão de tarefas da organização criminosa. Por fim, a aplicação da sanção premial prevista no acordo dependeria do efetivo cumprimento, pelo colaborador, das obrigações por ele assumidas, com a produção de um ou mais dos resultados legais (Lei 12.850/2013, art. 4º, I a V). Caso contrário, o acordo estaria inadimplido, e não se aplicaria a sanção premial respectiva. O Colegiado assentou que eventual coautor ou partícipe dos crimes praticados pelo colaborador não poderia impugnar o acordo de colaboração. Afinal, se cuidaria de negócio jurídico processual personalíssimo. Ele não vincularia o delatado e não atingiria diretamente sua esfera jurídica. O acordo, por si só, não poderia atingir o delatado, mas sim as imputações constantes dos depoimentos do colaborador ou as medidas restritivas de direitos que viessem a ser adotadas com base nesses depoimentos e nas provas por eles indicadas ou apresentadas. Sublinhou, a respeito, que, nas demais legislações a tratar de colaboração premiada, o direito do imputado colaborador às sanções premiais independeria da existência de acordo judicialmente homologado. Nos termos da Lei 12.850/2013, após a homologação do acordo, os depoimentos do colaborador se sujeitariam ao regime jurídico instituído pela lei. Subsistiriam válidos os depoimentos anteriormente prestados pelo colaborador, que poderiam, oportunamente, ser confrontados e valorados pelas partes e pelo juízo. Outrossim, negar-se ao delatado o direito de impugnar o acordo de colaboração não implicaria desproteção aos seus interesses. Sucede que nenhuma sentença condenatória poderia ser proferida com fundamento apenas nas declarações do colaborador. Ademais, sempre seria assegurado ao delatado o direito ao contraditório. Ele poderia, inclusive, inquirir o colaborador em interrogatório ou em audiência especificamente designada para esse fim. Além disso, o Tribunal reputou que a personalidade do colaborador ou eventual descumprimento de anterior acordo de colaboração não invalidariam o acordo atual. Primeiramente, seria natural que o colaborador, em apuração de organização criminosa, apresentasse, em tese, personalidade desajustada ao convívio social, voltada à prática de crimes graves. Assim, se a colaboração processual estivesse subordinada à personalidade do agente, o instituto teria poucos efeitos. Na verdade, a personalidade constituiria vetor a ser considerado no estabelecimento das cláusulas do acordo de colaboração, notadamente a escolha da sanção premial, bem assim o momento da aplicação dessa sanção, pelo juiz. Além disso, eventual "confiança" do poder público no agente colaborador não seria elemento de validade do acordo. Esta não adviria da personalidade ou dos antecedentes da pessoa, mas da fidedignidade e utilidade das informações prestadas, o que seria aferido posteriormente. Assim, também seria irrelevante eventual descumprimento de acordo anterior pelo mesmo agente. Essa conduta não contaminaria a validade de acordos posteriores. O Plenário asseverou, ainda, que o acordo de colaboração poderia dispor sobre efeitos extrapenais de natureza patrimonial da condenação. Na espécie, ele cuidaria da liberação de imóveis do interesse do colaborador, supostamente produtos de crimes. Consignou que essas cláusulas não repercutiriam na esfera de interesses do paciente. Todavia, seria legítimo que o acordo dispusesse das medidas adequadas para que integrantes de organizações criminosas colaborassem para o desvendamento da estrutura organizacional. Como a colaboração exitosa teria o condão de afastar consequências penais da prática delituosa, também poderia mitigar efeitos de natureza extrapenal, a exemplo do confisco do produto do crime. A Corte registrou, ainda, que **a sanção premial constituiria direito subjetivo do colaborador.** *STF, HC 127483/PR, rel. Min. Dias Toffoli, 26 e 27.8.2015. Pleno. (Info 796)*

- **EMBARGOS DE DECLARAÇÃO. OMISSÃO E CONTRADIÇÃO QUANTO AO CABIMENTO DO PERDÃO JUDICIAL OU DA DIMINUIÇÃO DA PENA. VÍCIOS INEXISTENTES. EMBARGOS DECLARATÓRIOS NÃO CONHECIDOS. RECURSO MERAMENTE PROTELATÓRIO. EXECUÇÃO IMEDIATA DA PENA, INDEPENDENTEMENTE DE PUBLICAÇÃO.** O acórdão embargado não deixou qualquer margem para dúvida quanto ao fato de que o embargante merecia a redução da pena pela colaboração para a descoberta de outros corréus, mas não fazia jus ao perdão ou a uma diminuição de pena em maior amplitude, porque a sua colaboração não teve continuidade durante o andamento da ação penal. Pelo mesmo motivo, não faz jus à substituição da pena prevista no art. 4º da Lei 12.850/2013. Embargos de declaração não conhecidos. Reconheceu-se o caráter meramente protelatório dos embargos e decretou-se, por consequência, o trânsito em julgado da condenação, com determinação de início imediato da execução da pena, independentemente de publicação do acórdão. *STF, Emb. Decl. nos Décimos Sextos Emb. Decl. Julg. na Ap nº 470-MG. Rel. Min. Joaquim Barbosa. (Info 736).*

✦ *SUPERIOR TRIBUNAL DE JUSTIÇA*

- **LESÃO CORPORAL, HOMICÍDIO QUALIFICADO, OCULTAÇÃO DE CADÁVER E PORTE ILEGAL ARMA DE FOGO DE USO PERMITIDO. IMPETRAÇÃO AJUIZADA CONTRA DECISÃO MONOCRÁTICA DO RELATOR QUE INDEFERIU MEDIDA LIMINAR EM OUTRO WRIT. SÚMULA 691/STF. CONSTRANGIMENTO QUE AUTORIZA A SUPERAÇÃO DO REFERIDO ÓBICE. NEGATIVA DE APLICAÇÃO DA LEI nº 12.850/2013 EM RELAÇÃO AO AFASTAMENTO DO SIGILO DOS ACORDOS DE DELAÇÃO PREMIADA. ACUSAÇÃO JÁ RECEBIDA. OITIVA DOS RÉUS COLABORADORES AINDA NÃO REALIZADA. NORMA PROCESSUAL. APLICABILIDADE IMEDIATA. SISTEMA DE ISOLAMENTO DOS ATOS PROCESSUAIS (ART. 2º CPP). LEI nº 12.850/2013. NORMA PROCESSUAL MATERIAL OU MISTA. POSSIBILIDADE DE CISÃO. APLICABILIDADE IMEDIATA DAS DISPOSIÇÕES DE NATUREZA PROCESSUAL. RESERVA DAS NORMAS QUE TIPIFICAM CRIMES E SANÇÕES PARA OS CRIMES PRATICADOS APÓS A VIGÊNCIA. MEDIDA QUE RESSALTA A AMPLA DEFESA. DIREITO ADQUIRIDO AO SIGILO E ATO PROCESSUAL DE EFEITOS PRECLUSIVOS. INEXISTÊNCIA.** 1. As Turmas integrantes da Terceira Seção desta Corte, na esteira do preceituado na Súmula 691/STF, têm entendimento pacificado no sentido de não ser cabível a impetração de habeas corpus contra decisão de relator que indefere medida liminar em ação de igual natureza, ajuizada em Tribunais de segundo grau, salvo a hipótese de inquestionável teratologia ou ilegalidade manifesta. O caso dos autos autoriza a superação do referido óbice. 2. As instâncias ordinárias contestaram a alegação de cerceamento de defesa, decorrente da manutenção do sigilo dos acordos de delação premiada formulados com corréus, ao argumento, em síntese, de que o recebimento da denúncia ocorreu antes do advento da Lei nº 12.850/2013, a qual prevê que o acordo de colaboração premiada deixa de ser sigiloso, assim que recebida a denúncia. 3. A Lei nº 12.850/2013, de um lado, tipifica crimes e, de outro, trata do procedimento criminal, sendo manifesto seu caráter misto, ou seja, possui regras de direito material e de direito processual, sendo a previsão do afastamento do sigilo dos acordos de delação premiada norma de natureza processual, devendo obedecer ao comando de aplicação imediata, previsto no art. 2º do Código de Processo Penal. 4. Não há óbice a que a parte material da Lei nº 12.850/2013 seja aplicada somente ao processo de crimes cometidos após a sua entrada em vigor e a parte processual siga a regra da aplicabilidade imediata prevista no Código de Processo Penal. 5. Nada impede a aplicação da norma que afasta o sigilo dos acordos de delação premiada, no estágio em que a ação penal se encontra, pois, além de já ter sido recebida a denúncia, momento que a lei exige para que seja afastado o sigilo, o Código de Processo Penal adotou, em seu art. 2º, o sistema de isolamento dos atos processuais, segundo o qual a lei nova não atinge os atos processuais praticados sob a vigência da lei anterior, porém é aplicável aos atos processuais que ainda não foram praticados, pouco importando a fase processual em que o feito se encontrar (LIMA, Renato Brasileiro de. Curso de Processo Penal. Volume único, Rio de Janeiro: Editora Impetus, 2013, pág. 68). 6. Reforça a aplicação imediata da referida regra processual a observância do princípio constitucional da ampla defesa, uma vez que a norma trata da publicidade dos acordos de delação premiada aos demais corréus da ação penal. 7. Inexiste direito adquirido ao sigilo dos acordos de delação premiada e não se está a tratar da prática de um ato processual de efeitos preclusivos, situações que poderiam impedir a não aplicação da nova norma processual à ação penal em questão. 8. Habeas corpus não conhecido. Ordem concedida de ofício, para determinar que o Juízo de Direito da 1ª Vara Federal da 5ª Subseção Judiciária da comarca de Ponta Porã/MS afaste o sigilo dos acordos de delação premiada firmados com os corréus da Ação Penal nº 0001927-86.2012.4.03.6005. *STJ, HC 282253 / MS, Rel. Min. SEBASTIÃO REIS JÚNIOR. 6ª T. Julgado em 25/03/2014.*

3. QUESTÃO DE CONCURSOS

1. **(VUNESP/PC-CE/Delegado de Polícia/2015 – adaptada)** Sobre a Lei de Organizações Criminosas, Lei nº 12.850/2013, é correto afirmar que o acordo de colaboração realizado entre o delegado de polícia, o investigado e o defensor somente será válido se formalizado na presença de um juiz, que em seguida o homologará.

2. **(VUNESP/PC-CE/Inspetor de Polícia/2015 – adaptada)** Sobre a Lei nº 12.850/2013 (combate às organizações criminosas), está correto afirmar que a colaboração premiada, de acordo com o artigo 4º, prevê redução da pena corporal ao agente ou substituição da pena corporal por restritiva de direitos, não contemplando em nenhuma hipótese, o perdão judicial.

3. **(FCC/DPE-SP/Defensor Público/2015)** A colaboração premiada, prevista na Lei nº 12.850/13,

a) autoriza que o juiz profira sentença condenatória apenas com base nas declarações do agente colaborador.
b) prevê que, para fazer jus aos benefícios da lei, seja indispensável que o colaborador tenha revelado a estrutura hierárquica e a divisão de tarefas da organização criminosa.
c) é um meio de obtenção de prova permitido, apenas, na primeira fase da persecução penal.
d) prevê restrições ao direito ao silêncio.
e) prevê que o juiz participe de todas as negociações realizadas pelas partes para a formalização do acordo de colaboração.

4. **(MPDFT/Promotor de Justiça/2015 – adaptada)** No caso de ocorrência de colaboração premiada posterior à sentença condenatória, o colaborador poderá ter sua pena reduzida até a metade ou será admitida a progressão de regime, desde que presentes os requisitos objetivos.

5. **(MPDFT/Promotor de Justiça/2015 – adaptada)** O líder da organização criminosa não poderá ser beneficiado pelo não oferecimento da denúncia, na hipótese de colaboração premiada, mas pode receber o perdão judicial, a redução de até 2/3 da pena privativa de liberdade ou a substituição por pena restritiva de direitos.

6. **(FCC/TJ-GO/Juiz de Direito/2015 – adaptada)** O colaborador beneficiado por perdão judicial ou não denunciado não poderá ser ouvido em juízo a requerimento das partes, mas apenas por iniciativa da autoridade judicial.

7. **(FCC/TJ-GO/Juiz de Direito/2015 – adaptada)** Não será admitida colaboração premiada depois de proferida sentença condenatória.

8. **(FCC/TJ-GO/Juiz de Direito/2015 – adaptada)** Caso preste depoimento, o colaborador renunciará, na presença de seu defensor, ao direito ao silêncio e estará sujeito ao compromisso legal de dizer a verdade.

9. **(FCC/TJ-SC/Juiz de Direito/2015)** A Lei nº 12.850/13 define organização criminosa e dispõe sobre a respectiva investigação criminal e os meios de obtenção de prova. Em situação definida pela lei como colaboração premiada, dentre todas as medidas previstas na lei, quanto ao líder da organização NÃO caberá a

a) concessão do perdão judicial.
b) exclusão do rol de denunciados.
c) redução da pena privativa de liberdade em até dois terços.
d) substituição da pena privativa de liberdade por restritiva de direitos.

e) progressão de regime sem o preenchimento dos requisitos objetivos.

10. **(MPE-BA/Promotor de Justiça/2015 – adaptada)** De acordo com a Lei nº 12.850/2013 (Organizações Criminosas), o juiz participará das negociações realizadas entre as partes para a formalização do acordo de colaboração premiada, que ocorrerá entre o delegado de polícia, o investigado e o defensor, com a manifestação do Ministério Público, ou, conforme o caso, entre o Ministério Público e o investigado ou acusado e seu defensor.

11. **(MPE-BA/Promotor de Justiça/2015 – adaptada)** O juiz poderá conceder perdão judicial ao colaborador, ainda que esse benefício não tenha sido previsto originariamente na proposta inicial, desde que requerido pelo Ministério Público, a qualquer tempo, considerando a relevância da colaboração prestada.

12. **(MPE-BA/Promotor de Justiça/2015 – adaptada)** Em relação ao colaborador, o Ministério Público poderá deixar de oferecer a denúncia, diante da relevância da colaboração premiada, desde que, em sendo o colaborador líder da organização criminosa, seja a primeira pessoa a prestar a colaboração.

13. **(MPE-BA/Promotor de Justiça/2015 – adaptada)** O juiz não participará das negociações realizadas entre as partes para a formalização do acordo de colaboração.

14. **(MPE-GO/Promotor de Justiça/2014 – adaptada)** Para que o agente possa ser contemplado com os benefícios penais e processuais penais da colaboração premiada é imprescindível que seja verificada a relevância e a eficácia objetiva das informações repassadas pelo colaborador, devendo, ainda, a colaboração ser ratificada em juízo, caso realizada na fase extrajudicial.

15. **(FUNCAB/PC-PA/Escrivão de Polícia/2016 - adaptada)** Na colaboração premiada, o colaborador, nos depoimentos que prestar, não estará sujeito à renúncia ao direito de permanecer em silêncio mas estará sujeito ao compromisso legal de dizer a verdade.

16. **(FUNCAB/PC-PA/Escrivão de Polícia/2016 - adaptada)** O juiz participará das negociações realizadas entre as partes para a formalização do acordo de colaboração, que ocorrerá entre o delegado de polícia, o investigado e o defensor, com a manifestação do Ministério Público, ou, conforme o caso, entre o Ministério Público e o investigado ou acusado e seu defensor.

17. **(FUNCAB/PC-PA/Escrivão de Polícia/2016 - adaptada)** O juiz poderá, a requerimentos das partes, conceder o perdão judicial, reduzir em até 2/3 (dois terços) a pena privativa de liberdade ou substituí-la por restritiva de direitos daquele que tenha colaborado efetiva e voluntariamente com a investigação e com o processo criminal, desde que dessa colaboração advenha um ou mais dos seguintes resultados: a identificação dos demais coautores e partícipes da organização criminosa e das infrações penais por eles praticadas; a revelação da estrutura hierárquica e da divisão de tarefas da organização criminosa; a prevenção de infrações penais decorrentes das atividades da organização criminosa; a recuperação total ou parcial do produto ou do proveito das infrações penais praticadas pela organização criminosa; a localização de eventual vítima com a sua integridade física preservada.

18. **(CESPE/PC-PE/Delegado de Polícia/2016)** Sebastião, Júlia, Caio e Marcela foram indiciados por, supostamente, terem se organizado para cometer crimes contra o Sistema Financeiro Nacional. No curso do inquérito, Sebastião e Júlia, sucessivamente com intervalo de quinze dias, fizeram acordo de colaboração premiada. Nessa situação hipotética, no que se refere à colaboração premiada,

a) nos depoimentos que prestarem, Sebastião e Júlia terão direito ao silêncio e à presença de seus defensores.

b) o MP poderá não oferecer denúncia contra Sebastião, caso ele não seja o líder da organização criminosa.

c) o MP poderá não oferecer denúncia contra Júlia, ainda que a delação de Sebastião tenha sido a primeira a prestar efetiva colaboração.

d) Sebastião e Júlia poderão ter o benefício do perdão judicial, independentemente do fato de as colaborações terem ocorrido depois de sentença judicial.

e) o prazo para o oferecimento da denúncia em relação aos delatores poderá ser suspenso pelo período, improrrogável, de até seis meses.

19. (FGV/MPE-RJ/Analista Ministerial - Área Processual/2016) O Delegado de Polícia, no ano de 2015, toma conhecimento da existência de organização criminosa que atua na área da circunscrição de sua Delegacia, razão pela qual instaura inquérito policial para apurar a prática de delitos considerados de grande gravidade. No curso das investigações, determinado indiciado procura o Ministério Público, acompanhado de seu advogado, manifestando interesse em realizar um acordo de colaboração premiada, de modo a auxiliar na identificação dos demais coautores. Para tanto, solicita esclarecimentos sobre os requisitos, pressupostos e consequências dessa colaboração. No caso, o Promotor de Justiça deverá esclarecer, de acordo com as previsões da Lei nº 12.850/13, que:

a) considerada meio de prova, poderá uma sentença condenatória ser proferida com fundamento, apenas, nas declarações do agente colaborador;

b) em observância ao princípio da obrigatoriedade, a Lei nº 12.850/13 não admite que o Ministério Público requeira ao magistrado a concessão de perdão judicial ao colaborador, apesar de ser possível o requerimento pelo reconhecimento de causa de diminuição de pena;

c) a colaboração premiada somente pode ser realizada até a publicação da sentença, de modo que qualquer auxílio após poderá apenas ser considerado como atenuante inominada;

d) de modo a garantir o contraditório, as negociações para formalização do acordo de colaboração contarão com a participação do magistrado, do Ministério Público e do acusado com seu defensor, podendo, ainda, haver contribuição do delegado de polícia;

e) após o acordo de colaboração, nos depoimentos que prestar, o colaborar renunciará, na presença de seu defensor, ao direito ao silêncio e estará sujeito ao compromisso legal de dizer a verdade.

20. (CESPE/DPE-AC/Defensor Público/2017) Considerando a Lei n.º 12.850/2013 e a jurisprudência dos tribunais superiores sobre o assunto, assinale a opção correta acerca da delação premiada.

a) É lícita a inclusão, no acordo de colaboração premiada, de cláusulas concernentes a medidas cautelares de cunho pessoal.

b) Nos atos de colaboração premiada, para que seja concedido benefício ao réu colaborador, são exigidas a voluntariedade, a espontaneidade e a efetividade da colaboração.

c) A realização de acordo de colaboração premiada possibilita o benefício da revogação da prisão preventiva do colaborador.

d) Os elementos oferecidos pelo colaborador constituem, de imediato, provas para valoração.

e) O perdão judicial, como causa de extinção da punibilidade, condiciona-se à efetividade da colaboração, por ser requisito legal cumulativo ao da voluntariedade.

21. (FCC/DPE-RS/Analista Processual/2017) Em relação à colaboração premiada, prevista na Lei nº 12.850/2013, é correto afirmar:

a) Para a concessão do benefício da colaboração, consistente na redução da pena em até 2/3, o juiz levará em conta a eficácia da colaboração e não a personalidade do colaborador.

b) O Ministério Público poderá deixar de oferecer denúncia contra o colaborador líder da organização criminosa.

c) O processo relativo ao colaborador poderá ser suspenso por até 6 meses, improrrogáveis, até que sejam cumpridas as medidas de colaboração, suspendendo-se também o respectivo prazo prescricional.

d) Se a colaboração for posterior à sentença, a pena poderá ser reduzida até a metade ou será admitida a progressão de regime ainda que ausentes os requisitos objetivos.

e) O juiz participará das negociações realizadas entre as partes para a formalização do acordo de colaboração e poderá recusar homologação à proposta que não atender aos requisitos legais.

22. (FMP Concursos/MPE-RO/Promotor de Justiça/2017) No que diz respeito à Lei n° 12.850/2013, é CORRETO afirmar:

a) Considerando a relevância da colaboração prestada, o Ministério Público, até o ajuizamento da respectiva ação penal, e o delegado de polícia, nos autos do inquérito policial, com a manifestação do Ministério Público, poderão requerer ou representar ao juiz pela concessão de perdão judicial ao colaborador, ainda que esse benefício não tenha sido previsto na proposta inicial, aplicando-se, no que couber, o art. 28 do Decreto-Lei n° 3.689, de 3 de outubro de 1941 (Código de Processo Penal).

b) O prazo para oferecimento de denúncia ou o processo, relativos ao colaborador, poderá ser suspenso por até 6 (seis) meses, prorrogáveis por igual período, até que sejam cumpridas as medidas de colaboração, suspendendo-se o respectivo prazo decadencial, nos casos em que a ação se procede mediante representação do ofendido.

c) É facultado às partes retratar-se da proposta de colaboração premiada, podendo as provas autoincriminatórias produzidas pelo colaborador ser utilizadas em seu desfavor, desde que acompanhadas de outras existentes nos autos.

d) Em consonância com o regramento já presente no Código de Processo Penal, o sigilo da investigação que envolva organização criminosa será sempre decretado pela autoridade policial que preside o inquérito policial, sob o fundamento da garantia da celeridade e da eficácia das diligências investigatórias, assegurando-se ao defensor, no interesse do representado, amplo acesso aos elementos de prova que digam respeito ao exercício do direito de defesa, devidamente precedido de autorização judicial, ressalvados os referentes às diligências em andamento.

e) Ainda que beneficiado por perdão judicial ou não denunciado, o colaborador poderá ser ouvido em juízo, desde que haja prévio requerimento das partes.

23. (MPE-PR/Promotor de Justiça/2019 – adaptada) Nos termos da Lei n. 12.850/13 (que define organização criminosa e dispõe sobre a investigação criminal, os meios de obtenção da prova, infrações penais correlatas e o procedimento criminal), é vedado que a autoridade policial, o investigado e o defensor promovam negociações para formalização de colaboração premiada por não serem partes processuais.

24. (VUNESP/TJ-MT/Juiz de Direito/2018 – adaptada) Na colaboração premiada em crimes de organização criminosa, o juiz poderá reduzir a pena privativa de liberdade em até 1/3, desde que a personalidade do colaborador, a natureza, as circunstâncias, a gravidade e a repercussão social do fato criminoso sejam adequadas à benesse.

25. (CESPE/DPF/Delegado de Polícia/2018) Se algum dos indiciados no âmbito desse IP apresentar elementos que justifiquem a celebração de acordo de colaboração premiada, e se a situação permitir a concessão do benefício a esse indiciado, o próprio delegado que estiver à frente da investigação poderá celebrar diretamente o acordo, devendo submetê-lo à homologação judicial.

26. (CONSULPLAN/TJ-MG/Juiz de Direito/2018 – adaptada) Segundo a Lei nº 12.850/2013, que define organização criminosa e dispõe sobre a investigação criminal, os meios de obtenção da prova, infrações penais correlatas e o procedimento criminal, realizado o acordo de colaboração, será remetido ao Juiz para homologação, o qual deverá verificar sua regularidade, legalidade e voluntariedade, podendo recusar homologação à proposta que não atender aos requisitos legais, ou adequá-la ao caso concreto.

27. (CONSULPAN/TJ-MG/Juiz de Direito/2018 – adaptada) No procedimento relativo às infrações penais da lei de organização criminosa, o prazo para oferecimento de denúncia ou o processo, referentes ao colaborador, poderá ser suspenso por até 06 (seis) meses, prorrogáveis por igual período, até que sejam cumpridas as medidas de colaboração, suspendendo-se o respectivo prazo prescricional.

28. (FUNDATEC/PC-RS/Delegado de Polícia/2018 – adaptada) O juiz poderá, a requerimento das partes, conceder o perdão judicial, reduzir em até dois terços a pena privativa de liberdade, ou substituí-la por restritiva de direitos, daquele que tenha colaborado efetiva e voluntariamente com a investigação e com o processo criminal envolvendo organização criminosa, desde que dessa colaboração advenha um ou mais resultados exigidos pela Lei nº 12.850/2013.

29. (VUNESP/PC-BA/Delegado de Polícia/2018) O criminoso "X", integrante de uma determinada organização criminosa, após a sentença que o condenou pela prática do crime, decide voluntariamente e na presença de seu defensor, colaborar com as investigações. Nas suas declarações, "X" revela toda a estrutura hierárquica e a divisão de tarefas da organização. Alguns dias após, arrepende-se e decide retratar-se das declarações prestadas. Diante do exposto e nos termos da Lei nº12.850/2013, é correto afirmar que

a) na hipótese de retratação, as provas produzidas pelo colaborador não poderão ser utilizadas em seu desfavor, mas apenas em detrimento dos interesses dos coautores e partícipes.

b) a colaboração premiada é retratável a qualquer tempo, sendo necessário colher a retratação por escrito e desconsiderar integralmente as provas produzidas.

c) após a prolação da sentença, é vedada a retratação, portanto, no presente caso, não há possibilidade de se reconhecer o pedido do criminoso.

d) a colaboração premiada implica em renúncia ao direito ao silêncio, ficando o criminoso sujeito ao compromisso de dizer a verdade; assim sendo, a retratação implicará o cometimento de outro crime.

e) a colaboração premiada, antes ou após a sentença, é irretratável, portanto as provas autoincriminatórias produzidas pelo colaborador poderão ser utilizadas em seu desfavor.

GAB	1	2	3	4	5	6	7	8	9	10	11	12	13	14	15	16
	E	E	D	E	C	E	E	C	B	E	C	E	C	C	E	E
	17	18	19	20	21	22	23	24	25	26	27	28	29			
	C	E	E	E	D	C	E	E	C	C	C	C	A			

Art. 5º São direitos do colaborador:

I – usufruir das medidas de proteção previstas na legislação específica;

II – ter nome, qualificação, imagem e demais informações pessoais preservados;

III – ser conduzido, em juízo, separadamente dos demais coautores e partícipes;

IV – participar das audiências sem contato visual com os outros acusados;

V – não ter sua identidade revelada pelos meios de comunicação, nem ser fotografado ou filmado, sem sua prévia autorização por escrito;

VI – cumprir pena em estabelecimento penal diverso dos demais corréus ou condenados.

1. COMENTÁRIOS

1.1. Direito do colaborador à proteção estatal

1.1.1. Previsão legal

O sistema jurídico brasileiro já dispunha, a partir da Lei nº 9.807/1999, de previsão de instalação de programas especiais de proteção a vítimas e testemunhas. Os incisos I e II, do art. 5º da Lei nº 12.850/2013, estabelece que são direitos do colaborador o usufruto de medidas de proteção previstas naquela legislação específica, bem como a preservação de nome, qualificação, imagem e demais informações pessoais.

Objetiva-se garantir que o agente colaborador não seja vítima de delitos por conta da prestação de declarações tendentes a facilitar a persecução penal contra coautores. As medidas de possível extensão ao delator estão dispostas a partir do art. 7º, da Lei de Proteção a Vítimas e a Testemunhas.

De acordo com aquele enunciado, os programas compreendem, dentre outras medidas cabíveis (o rol é exemplificativo), as seguintes, aplicadas de forma isolada ou cumulada, em prol da pessoa a ser protegida, em compasso com a gravidade e as circunstâncias do caso concreto:

(i) segurança na residência, incluindo o controle de telecomunicações;

(ii) escolta e segurança nos deslocamentos da residência, inclusive para fins de trabalho ou para a prestação de depoimentos;

(iii) transferência de residência ou acomodação provisória em local compatível com a proteção;

(iv) preservação da identidade, imagem e dados pessoais;

(v) ajuda financeira mensal para prover as despesas necessárias à subsistência individual ou familiar, no caso de a pessoa protegida estar impossibilitada de desenvolver trabalho regular ou de inexistência de qualquer fonte de renda. A teor do parágrafo único, do art. 7º, da Lei nº 9.807/1999, a ajuda financeira mensal será submetida a um teto a ser fixado pelo conselho deliberativo de cada exercício financeiro;

(vi) suspensão temporária das atividades funcionais, sem prejuízo dos respectivos vencimentos ou vantagens, quando servidor público ou militar;

(vii) apoio e assistência social, médica e psicológica;

(viii) sigilo em relação aos atos praticados em virtude da proteção concedida;

(ix) apoio do órgão executor do programa para o cumprimento de obrigações civis e administrativas que exijam o comparecimento pessoal.

1.1.2. Procedimento cautelar de proteção e de alteração de registro civil

É atribuição do conselho deliberativo do programa formular a solicitação ao Ministério Público para que requeira ao juiz a concessão de medidas cautelares direta ou indiretamente relacionadas com a eficácia da proteção (art. 8º, da Lei nº 9.807/1999).

Ademais, o art. 9º, da Lei de Proteção a Vítimas e Testemunhas, aviva que em situações excepcionais e considerando as características e gravidade da coação ou ameaça, aquele conselho poderá encaminhar requerimento da pessoa protegida ao juiz competente para registros públicos objetivando a alteração de nome completo.

Essa alteração poderá, inclusive, ser estendida ao cônjuge ou ao companheiro, aos ascendentes, aos descendentes (inclusive filhos menores), bem como aos dependentes que tenham convivência habitual com a vítima, testemunha ou colaborador. Tal cautela deverá ser precedida das providências necessárias ao resguardo de direitos de terceiros.

O parágrafo 2º, do citado art. 9º, da Lei nº 9.807/1999, reza que, para o fim de alteração do registro civil da pessoa a ser protegida, "o requerimento será sempre fundamentado e o juiz ouvirá previamente o Ministério Público, determinando, em seguida, que o procedimento tenha rito sumaríssimo e corra em segredo de justiça".

O rito sumaríssimo é o estabelecido no CPC de 1973. Todavia, com o Novo CPC de 2015, os procedimentos são unificados, ressalvados os casos de rito especial. Diante desse contexto, pensamos que o enunciado deve ter o sentido de que pedido deve ter tramitação mais célere e prioritária, com procedimento contraditório restrito ao conteúdo que objetiva a proteção.

Ao ser concedida a alteração pretendida, o juiz determinará as seguintes providências na sentença, observando o sigilo indispensável à proteção do interessado:

(i) a averbação no registro original de nascimento da menção de que houve alteração de nome completo em conformidade com o estabelecido na Lei nº 9.807/1999, com expressa referência à sentença autorizatória e ao juiz que a exarou e sem a aposição do nome alterado;

(ii) a determinação aos órgãos competentes para o fornecimento dos documentos decorrentes da alteração;

(iii) a remessa da sentença ao órgão nacional competente para o registro único de identificação civil, cujo procedimento obedecerá às necessárias restrições de sigilo.

O conselho deliberativo, desde que resguardado o sigilo das informações, deverá manter controle sobre a localização do protegido cujo nome tenha sido alterado. Entrementes, uma vez cessada a coação ou ameaça que deu causa à alteração, deve ser facultado ao protegido solicitar ao juiz competente o retorno à situação anterior, com a alteração para o nome original, em petição que será encaminhada pelo conselho deliberativo e terá manifestação prévia do Ministério Público.

De todo modo, a exclusão da pessoa protegida de programa de proteção a vítimas e a testemunhas poderá ocorrer a qualquer tempo, seja por solicitação do próprio interessado, seja por decisão do conselho deliberativo, em razão de cessação dos motivos que ensejaram a proteção ou de conduta incompatível do protegido.

Por seu turno, o art. 11, da Lei de Proteção a Vítimas e Testemunhas, fixa o limite máximo de duração da proteção em dois anos. Há, todavia, a possibilidade de prorrogação da inclusão da pessoa ameaçada no programa, quando verificadas circunstâncias excepcionais que evidenciem a persistência dos motivos que autorizaram a admissão.

1.2. Demais direitos de proteção da integridade física do colaborador

Além do direito a proteção mediante inclusão em programa estatal específico, o art. 5º, da Lei do Crime Organizado, aviva que o colaborador terá direito a ser conduzido, em juízo, separadamente dos demais coautores e partícipes, bem como de participar das audiências sem contato visual com os outros acusados.

Outro direito, nem sempre respeitado pela mídia invasiva, é o de não ter sua identidade revelada pelos meios de comunicação, nem ser fotografado ou filmado, sem sua prévia autorização por escrito.

Para conferir segurança ao colaborador que estiver cumprindo penal, a Lei nº 12.850/2013 ainda estampa que ele deve ser isolado dos demais corréus ou condenados. Alterações da Lei de Execução Penal (LEP), mormente as decorrentes da Lei nº 13.167/2015, especifica melhores critérios para a separação de presos nos estabelecimentos penais, complementando o sentido da Lei da Criminalidade Organizada.

Nessa direção, a nova redação do § 4º, do art. 84, da LEP, que assenta que devem ser separados os presos que tiverem integridade física, moral ou psicológica ameaçada pela convivência com outros detentos. Para tanto, impõe esse texto que a pessoa ameaçada fique segregada em local próprio.

Art. 6º O termo de acordo da colaboração premiada deverá ser feito por escrito e conter:
I – o relato da colaboração e seus possíveis resultados;

II – as condições da proposta do Ministério Público ou do delegado de polícia;

III – a declaração de aceitação do colaborador e de seu defensor;

IV – as assinaturas do representante do Ministério Público ou do delegado de polícia, do colaborador e de seu defensor;

V – a especificação das medidas de proteção ao colaborador e à sua família, quando necessário.

1. COMENTÁRIOS

1.1. Natureza jurídica da documentação da colaboração premiada

O termo de acordo de colaboração premiada é documentação de um conjunto de atos jurídicos, consubstanciados em cláusulas e que representam a incidência de normas jurídicas. O acordo de delação premiada envolve a aplicação de regras que são construídas com base em mais de um enunciado do texto da Lei nº 12.850/2013. A noção de acordo indica a convergência de vontades dos protagonistas envolvidos: de um lado o Ministério Público, do outro, o imputado.

Note-se que quando o ajuste de cooperação é impulsionado por meio da atuação do delegado de polícia, o esboço da documentação por ele descrita necessitará da encampação pelo órgão titular da ação penal. Sem essa providência, não poderá o juiz proferir decisão de homologação.

A representação da autoridade policial, dirigida ao juiz, só se torna revestida de valor jurídico para o fim de produção de efeitos válidos quando o Ministério Público anui com seus termos, dando-lhe conformação da iniciativa indispensável para o respeito do princípio da inércia jurisdicional aplicável à ação penal.

O termo é documentação do acordo. É indispensável para fazer irradiar os efeitos que são esperados das normas jurídicas. É forma exigida por lei. Seu descumprimento obsta a perfeição da delação premiada. É composto de descrição de proposições que atendem função protocolar e que delimitam o sentido normativo dentro dos lindes do texto legal.

1.2. Conteúdo do termo de colaboração premiada

1.2.1. Interpretação dos dispositivos aplicáveis

O termo de delação premiada deve conter cláusulas que espelhem a concretização dos enunciados legais. Sustentamos que os participantes dessa transação não podem se afastar do espaço contornado pelos dispositivos da legislação. Como se cuida de exceção à normalidade da persecução penal ortodoxa, a interpretação, nessa seara, deve seguir exegese estrita.

Observe-se que o instituto tem o condão tanto de limitar o alcance da decisão final de ação penal condenatória (diminuição de pena, perdão judicial, suspensão do processo etc.), quanto de mitigar direitos do imputado (confissão, com renúncia ao direito de calar-se e com o dever de dizer a verdade). Consideradas essas peculiaridades, que envolvem dimensões do princípio da obrigatoriedade e regras probatórias protetivas do direito do investigado ou do acusado, outra conclusão não pode ser outra senão a de exigir rigorosa subsunção aos dispositivos da Lei do Crime Organizado.

1.2.2. Estrutura do termo de colaboração premiada

A estrutura do termo de acordo da colaboração premiada tem sua dicção no art. 6º, da Lei nº 12.850/2013. De compasso com o teor desse enunciado, aquele termo deve ser feito por escrito. Seu conteúdo deve ser estruturado pelos seguintes elementos:

(i) o relato da colaboração, acompanhado dos seus possíveis resultados. Tanto a descrição da colaboração, como os resultados possíveis devem ser escolhidos dentre aqueles taxativamente gizados nos enunciados consignados no art. 4º, da Lei da Criminalidade Organizada. De toda sorte, deve ser observado o princípio da proporcionalidade a fim de evitar arbítrio desmedido na escolha das consequências jurídicas decorrentes da cooperação levada a cabo pelo imputado;

(ii) as condições da proposta do Ministério Público ou do delegado de polícia. Do mesmo modo, tais condições devem se adequar às possibilidades aventadas na lei de regência da colaboração premiada. O legislador aponta que é necessária a descrição do percurso realizado pelos órgãos da persecução penal até o fechamento do acordo de delação premiada. Não se deve olvidar que a delação premiada é meio de prova, ainda que relativo, devendo ser evidenciada sua origem, sua fonte, seu procedimento e seu encerramento para que seja viável controlar a sua licitude e conseguinte admissibilidade;

(iii) a declaração de aceitação do colaborador e de seu defensor. Também aqui se cuida de aplicação de normas a partir de previsão enunciativa da Lei nº 12.850/2013. Não é demais repisar que a defesa técnica é indeclinável para que o ajuste seja revestido de juridicidade. Cuida-se de incidência do contraditório, malgrado limitada, mas muito salutar, porquanto diminui os riscos de violações a direito do investigado, acusado ou apenado;

(iv) as assinaturas do representante do Ministério Público ou do delegado de polícia, do colaborador e de seu defensor. As subscrições indicadas propiciam a inserção do termo de delação no mundo jurídico; e

(v) a especificação das medidas de proteção ao colaborador e à sua família, quando necessário. Enquanto os requisitos anteriores são indispensáveis, este último só terá lugar quando necessário, mediante justificativa expressa.

Art. 7º O pedido de homologação do acordo será sigilosamente distribuído, contendo apenas informações que não possam identificar o colaborador e o seu objeto.

§ 1º As informações pormenorizadas da colaboração serão dirigidas diretamente ao juiz a que recair a distribuição, que decidirá no prazo de 48 (quarenta e oito) horas.

§ 2º O acesso aos autos será restrito ao juiz, ao Ministério Público e ao delegado de polícia, como forma de garantir o êxito das investigações, assegurando-se ao defensor, no interesse do representado, amplo acesso aos elementos de prova que digam respeito ao exercício do direito de defesa, devidamente precedido de autorização judicial, ressalvados os referentes às diligências em andamento.

§ 3º O acordo de colaboração premiada deixa de ser sigiloso assim que recebida a denúncia, observado o disposto no art. 5º.

1. COMENTÁRIOS

1.1. Sigilo do pedido de homologação do acordo de delação premiada

A distribuição sigilosa do pedido de homologação da cooperação premiada é justificada em razão da provável necessidade de resguardar as informações prestadas pelo colaborador relativamente aos coautores apontados, aos delitos conexos, aos lugares de ocultação de proveito ou de produto de crime, dentre outras hipóteses de auxílio às investigações.

É inerente ao sucesso da delação premiada a preservação contra publicidade. Também o sigilo visa resguardar o direito à intimidade dos envolvidos. Como se cuida de prova de cunho ainda precário, via de regra produzido antes do início de processo ou, quando concomitante a este, com produção documental nos autos superveniente ao êxito da colaboração, o enunciado do art. 7º, da Lei nº 12.850/2013, autoriza aplicação compatível com a Constituição de 1988.

O sigilo, previsto em lei, não colide com o disposto no art. 93, IX, da Constituição Federal, haja vista que esta estatui, restritamente, que os atos do processo (não da investigação preliminar) serão públicos. Ainda assim, autoriza que a publicidade seja restringida, em maior ou menor grau, por previsão legal ou consoante seja necessário por conta da natureza do direito em jogo.

Coerente com esse contexto, o dispositivo epigrafado dispõe que "o pedido de homologação do acordo será sigilosamente distribuído, contendo apenas informações que não possam identificar o colaborador e o seu objeto". Além da distribuição sigilosa, o sigilo recairá sobre todos os elementos que possam identificar o colaborador e o seu conteúdo (objeto). O objeto da delação, aliás, refere-se à pessoa apontada pelo delator (coautor, comparsa) ou ao fruto possibilitado pela cooperação.

1.2. Procedimento do pedido de homologação

O pedido de homologação do acordo de colaboração premiada deve ser descrito circunstanciadamente. Tais informações devem ser endereçadas ao magistrado com competência para apreciar a matéria objeto do ajuste, cujos autos tenham sido direcionados por distribuição. O texto legal determina que o magistrado examine e delibere, por meio de decisão fundamentada, no prazo de quarenta e oito horas.

1.3. Acesso restrito aos autos

A restrição de acesso aos autos deve ser justificada pela necessidade para o êxito da colaboração premiada. Não deve ser imposta limitação de acesso ao advogado que seja incompatível com o exercício ao direito de defesa do imputado por ele representado. Na espécie, aplica-se, com as devidas adaptações, o enunciado nº 14, da Súmula Vinculante do STF. Depois de documentada no processo ou no inquérito policial a produção da prova decorrente da delação premiada, o sigilo não pode ser oposto ao advogado.

Nessa linha, o parágrafo 2º, do art. 7º, da Lei nº 12.850/2013, aviva que o acesso aos deve ser restrito ao juiz, ao Ministério Público e ao delegado de polícia. Tal restrição à publicidade caracteriza o sigilo externo (vedado acesso a pessoas estranhas aos órgãos responsáveis pela persecução penal) e interno (defeso também o acesso amplo aos funcionários da própria justiça, devendo ser indicado quem deve manusear aqueles autos). Toda essa cautela deve ter cunho finalístico, isto é, deve ser útil como forma de garantir o êxito das investigações.

Sem embargo, a parte final daquele dispositivo estampa que "deve ser assegurado ao defensor, no interesse do representado, amplo acesso aos elementos de prova que digam respeito ao exercício do direito de defesa, devidamente precedido de autorização judicial, ressalvados os referentes às diligências em andamento". Note-se que após a produção da prova, descrita nos autos documentalmente (ainda que por meio digital), o segredo não pode ser oposto ao advogado do imputado.

O Estatuto da OAB contém enunciados que dispõem sobre o sigilo, garantindo aos advogados acesso amplo, ressalvada a necessidade de procuração quando o segredo judicial justificar ou nas hipóteses de diligências pendentes e cuja ciência pelo causídico tenha o condão de frustrar os propósitos da investigação, consoante os parágrafos 10, 11 e 13, do seu art. 7º.

Decerto, de acordo com o inciso XIII, do art. 7º, daquele Estatuto, contido na Lei nº 8.906/1994 e alterado pela Lei 13.793/2019, é prerrogativa do advogado "examinar, em qualquer órgão dos Poderes Judiciário e Legislativo, ou da Administração Pública em geral, autos de processos findos ou em andamento, mesmo sem procuração, quando não estiverem sujeitos a sigilo ou segredo de justiça, assegurada a obtenção de cópias, com possibilidade de tomar apontamentos".

1.4. Duração do sigilo

O parágrafo 3º, do art. 7º, da Lei do Crime Organizado, busca compatibilizar o sigilo previsto em seu corpo com a natureza do processo criminal. O processo, como regra é público. A investigação preliminar, ao contrário, é regida, em geral, pelo sigilo.

De tal modo, em compasso com o mencionado inciso IX, do art. 93 da Constituição de 1988, "o acordo de colaboração premiada deixa de ser sigiloso assim que recebida a denúncia", devendo ser observada rigorosamente a disciplina que confere direito de proteção ao colaborador, contra investidas a sua integridade, física, moral e psicológica. Em outros termos, pode incidir sigilo sobre sua identidade, na forma estudada acima (art. 5º da Lei nº 12.850/2013).

2. SÚMULAS E JURISPRUDÊNCIA

- **COLABORAÇÃO PREMIADA. PEDIDO DE ACESSO AO CONTEÚDO DE DEPOIMENTOS COLHIDOS. DECLARAÇÕES RESGUARDADAS PELO SIGILO NOS TERMOS DA LEI 12.850/2013.** 1. O conteúdo dos depoimentos prestados em regime de colaboração premiada está sujeito a regime de sigilo, nos termos da Lei 12.850/2013, que visa, segundo a lei de regência, a dois objetivos básicos: (a) preservar os direitos assegurados ao colaborador, dentre os quais o de "ter nome, qualificação, imagem e demais informações pessoais preservados" (art. 5º, II) e o de "não ter sua identidade revelada pelos meios de comunicação, nem ser fotografado ou filmado, sem sua prévia autorização por escrito" (art. 5º, V, da Lei 12.850/2013); e (b) "garantir o êxito das investigações" (arts. 7º, § 2º). 2. O sigilo perdura, em princípio, enquanto não "( ) recebida a denúncia" (art. 7º, § 3º) e especialmente no período anterior à formal instauração de inquérito. Entretanto, instaurado formalmente o inquérito propriamente dito, o acordo de colaboração e os correspondentes depoimentos permanecem sob sigilo, mas com a ressalva do art. 7º, § 2º da Lei 12.850/2013, a saber: "o acesso aos autos será restrito ao juiz, ao Ministério

Público e ao delegado de polícia, como forma de garantir o êxito das investigações, assegurando-se ao defensor, no interesse do representado, amplo acesso aos elementos de prova que digam respeito ao exercício do direito de defesa, devidamente precedido de autorização judicial, ressalvados os referentes às diligências em andamento" (Rcl 22009-AgR, Relator(a): Min. TEORI ZAVASCKI, Segunda Turma, DJe de 12.5.2016). 3. Assegurado o acesso do investigado aos elementos de prova carreados na fase de inquérito, o regime de sigilo consagrado na Lei 12.850/2013 guarda perfeita compatibilidade com a Súmula Vinculante 14, que garante ao defensor legalmente constituído "o direito de pleno acesso ao inquérito (parlamentar, policial ou administrativo), mesmo que sujeito a regime de sigilo (sempre excepcional), desde que se trate de provas já produzidas e formalmente incorporadas ao procedimento investigatório, excluídas, consequentemente, as informações e providências investigatórias ainda em curso de execução e, por isso mesmo, não documentados no próprio inquérito ou processo judicial" (HC 93.767, Relator(a): Min. CELSO DE MELLO, Segunda Turma, DJe de 1º.4.2014). 4. É certo, portanto, que a simples especulação jornalística a respeito da existência de acordo de colaboração premiada ou da sua homologação judicial ou de declarações que teriam sido prestadas pelo colaborador não é causa juridicamente suficiente para a quebra do regime de sigilo, sobretudo porque poderia comprometer a investigação. 5. Agravo regimental a que se nega provimento. ***STF, AG.REG. NA PET n. 6.164-DF, Rel. Teori Zavascki.(Info 840)***

3. QUESTÕES DE CONCURSOS

1. **(MPE-BA/Promotor de Justiça/2015 – adaptada)** O acordo de colaboração premiada deixa de ser sigiloso assim que recebida a denúncia.

GAB	1
	C

▸SEÇÃO II – DA AÇÃO CONTROLADA

Art. 8º Consiste a ação controlada em retardar a intervenção policial ou administrativa relativa à ação praticada por organização criminosa ou a ela vinculada, desde que mantida sob observação e acompanhamento para que a medida legal se concretize no momento mais eficaz à formação de provas e obtenção de informações.

§ 1º O retardamento da intervenção policial ou administrativa será previamente comunicado ao juiz competente que, se for o caso, estabelecerá os seus limites e comunicará ao Ministério Público.

§ 2º A comunicação será sigilosamente distribuída de forma a não conter informações que possam indicar a operação a ser efetuada.

§ 3º Até o encerramento da diligência, o acesso aos autos será restrito ao juiz, ao Ministério Público e ao delegado de polícia, como forma de garantir o êxito das investigações.

§ 4º Ao término da diligência, elaborar-se-á auto circunstanciado acerca da ação controlada.

1. COMENTÁRIOS

1.1. Definição de ação controlada

O art. 8º, *caput*, da Lei nº 12.850/2013, conceitua ação controlada como a conduta tendente a retardar a intervenção policial ou administrativa relativa à ação praticada por organização criminosa ou a ela vinculada, desde que mantida sob observação e acompanhamento para que a medida legal se concretize no momento mais eficaz à formação de provas e obtenção de informações.

A partir desse conceito, podemos apresentar os lindes da definição de ação controlada, levando em consideração que se trata de regra capaz de impor limite mais eficaz ao direito de liberdade, consagrado no inciso LXI, do art. 5 º da Constituição de 1988.

Esse enunciado constitucional, em sua primeira parte, prevê que "ninguém será preso senão em flagrante delito". Como complemento ao procedimento prisional que incumbe ao poder estatal, o art. 301, do CPP, estatui que "qualquer do povo poderá e as autoridades policiais e seus agentes deverão prender quem quer que seja encontrado em flagrante delito".

Como se infere, a ação controlada é medida excepcional, que impõe respeito aos ditames de lei estrita. É necessário o acatamento à norma para que a autoridade que omita alguma providência, para fazê-la depois, não incorra em algum delito, haja vista que está, via de regra, compelida legalmente a prender.

1.2. Pressuposto da ação controlada segunda a Lei nº 12.850/2013

Não há exigência de ordem judicial para que a polícia retarde a autuação em flagrante delito, mediante ação controlada. De todo modo, pensamos ser de relevo que a ação controlada somente seja realizada quando presente base empírica indicativa de visibilidade de organização criminosa, na forma conceituada por sua lei de regência. Cuida-se de pressuposto fundante. Meras suposições, palpites ou impressões midiáticas não devem ser consideradas suficientes para tal fim.

Nos termos do art. 8º, do diploma legal sob estudo, a ação controlada consiste em "retardar a intervenção policial ou administrativa relativa à ação praticada por organização criminosa ou a ela vinculada, desde que mantida sob observação e acompanhamento para que a medida legal se concretize no momento mais eficaz à formação de provas e obtenção de informações". Não se exige autorização judicial, tampouco oitiva do MP, cabendo à autoridade policial administrar a conveniência ou não da postergação. De modo a possibilitar o controle judicial da medida, o art. 8º, § 1º, da Lei, estabelece a necessidade de comunicação ao juízo competente, que poderá estabelecer os limites da ação, caso necessário.

Apesar do teor daquele dispositivo mencionar que o retardamento da intervenção policial ou administrativa deve ser "previamente comunicado ao juiz", há uma contradição lógica nessa expressão. De um lado, a polícia não atua imediatamente, ao deixar de prender quem está cometendo um delito, conquanto se cuide de modalidade de flagrante obrigatório (eis que a polícia tem o dever de prender). De outro, a polícia deve comunicar ao juiz o retardamento da sua intervenção. Note-se que não há como tal comunicação ao magistrado ser prévia à postergação do agir policial. Isso porque, ao comunicar, a polícia já terá deixado de intervir de imediato. Depois de comunicado o diferimento da intervenção policial ao juiz, este poderá estabelecer limites, prevenindo violações a direitos fundamentais da pessoa que poderá ser autuada (o flagrante não pode ser preparado pela polícia, por exemplo). Diante da urgência da situação, a ciência ao Ministério Público deve ser dada seguidamente à fixação de limites pelo juiz, segundo a dicção do legislador.

Havendo necessidade de uso de algemas quando da concretização da prisão em flagrante, devem ser observadas as normas de regência. O art. 199, da LEP, remete a disciplina do uso de algemas a decreto federal. Depois de mais de vinte anos sem o atendimento de tal regulamentação, foi emitido o Decreto nº 8.858/2016, que expressamente regulamentou aquele enunciado, enfatizando a proibição de tratamento desumano e degradante. O emprego de algemas apenas é permitido "em casos de resistência e de fundado receio de fuga ou de perigo à integridade física própria ou alheia, causado pelo preso ou por terceiros, justificada a sua excepcionalidade por escrito".

Vale frisar ser proibido o emprego de algemas em mulheres presas em qualquer unidade do sistema penitenciário nacional durante o trabalho de parto, no trajeto da parturiente entre a unidade prisional e a unidade hospitalar e após o parto, durante o período em que se encontrar hospitalizada. A Lei nº 13.434/2017, nesse sentido, acrescentou parágrafo único ao art. 292, do Código de Processo Penal, conferindo relevante garantia à mulher grávida durante atos médico-hospitalares preparatórios para a realização do parto e durante o trabalho de parto, assim como durante o período de puerpério imediato. Nessas situações, restará vedada a aposição de algemas, constituindo-se importante garantia humanitária.

1.3. Retardamento da intervenção estatal

A intervenção estatal para fazer cessar a empreitada desenvolvida por uma organização criminosa pode ser de natureza administrativa ou policial. A título de exemplo de intervenção administrativa temos as notificações tributárias, que podem ter lugar diante de crimes tributários de sonegação fiscal perpetrados por um grupo conceituado como organização criminosa. A autuação administrativa pode ser incompatível com a eficácia das investigações dos delitos subjacentes.

Por outro lado, a postergação da intervenção policial é a referente à autuação em flagrante delito, consoante os casos do art. 302 do CPP. O dever de prender em flagrante, imposto à polícia, cede ao interesse de se obter elementos mais firmes para a melhor apuração dos delitos conexos ou para a identificação de coautores. Somente diante de verificação de situação estritamente enquadrada, com base empírica, no conceito de organização criminosa, torna a atividade diferida da polícia lícita.

1.4. Procedimento da ação controlada

Como cautela, o legislador preconizou que o procedimento de retardamento da intervenção policial ou administrativa será antecipadamente comunicado ao juiz competente que, se for o caso, estabelecerá os seus limites e comunicará ao Ministério Público.

Naturalmente, a comunicação será distribuída de forma sigilosa, não contendo informações que possam indicar a operação a ser efetuada. De todo modo, o juiz deve atuar como garante dos direitos fundamentais, atentando para que seja evitada banalização da medida com seu uso corriqueiro e desprovido de critérios.

A produção de efeitos válidos da ação controlada exige a documentação dos atos praticados pelos agentes estatais, de forma circunstanciada, com lavratura do auto respectivo.

2. QUESTÕES DE CONCURSOS

1. **(TRF4/Juiz Federal/2016 - adaptada)** Segundo a lei do crime organizado, a ação controlada consiste em retardar a intervenção policial ou administrativa relativa à ação praticada por organização criminosa ou a ela vinculada, desde que mantida sob observação e acompanhamento do Ministério Público para que a medida legal se concretize no momento mais eficaz à formação de provas e à obtenção de informações.

2. **(CESPE/DPE-PE/Defensor Público/2018 – adaptada)** A autoridade policial pode praticar a ação controlada – que consiste no retardamento da intervenção policial para aguardar o momento mais eficaz à formação de provas e obtenção de informações – independentemente de prévia comunicação ao juiz competente.

3. **(CONSULPLAN/TJ-MG/ Titular de Serviços de Notas e de Registros/2017 – adaptada)** Na ação controlada, prevista na Lei nº 12.850/2013, o retardamento da intervenção policial ou administrativa não exige autorização do juiz competente, que será apenas comunicado previamente e, se for o caso, estabelecerá os seus limites e comunicará ao Ministério Público.

4. **(UEG/PC-GO/Delegado de Polícia/2018)** Nos termos da Lei n. 12.850/2013, a ação controlada consiste em retardar a intervenção policial ou administrativa relativa à ação praticada por organização criminosa ou a ela vinculada, desde que mantida sob observação e acompanhamento para que a medida legal se concretize no momento mais eficaz à formação de provas e obtenção de informações. Acerca desse instituto, verifica-se que

a) no início da diligência, elaborar-se-á auto circunstanciado acerca da ação controlada.
b) a comunicação será sigilosamente distribuída de forma a não conter informações que possam indicar a operação a ser efetuada.
c) até o encerramento da diligência, o acesso aos autos será restrito ao juiz, ao Ministério Público e à defesa técnica, como forma de garantir o êxito das investigações.
d) o retardamento da intervenção policial ou administrativa será previamente comunicado ao Ministério Público que, se for o caso, estabelecerá os seus limites e comunicará ao juiz competente.
e) se envolver transposição de fronteiras, o retardamento da intervenção policial ou administrativa poderá ocorrer sem a cooperação das autoridades dos países que figurem como provável itinerário ou destino do investigado, de modo a reduzir os riscos de fuga e extravio do produto, objeto, instrumento ou proveito do crime.

GAB	1	2	3	4
	E	E	C	B

Art. 9º Se a ação controlada envolver transposição de fronteiras, o retardamento da intervenção policial ou administrativa somente poderá ocorrer com a cooperação das autoridades dos países que figurem como provável itinerário ou destino do investigado, de modo a reduzir os riscos de fuga e extravio do produto, objeto, instrumento ou proveito do crime.

1. COMENTÁRIOS

1.1. Cooperação jurídica internacional no âmbito da ação controlada

O artigo em tela tem aplicação quando for necessária transposição de fronteira do território brasileiro para o território estrangeiro ou vice-versa. Dependerá de tratado bilateral entre o Brasil e os países estrangeiros, versando sobre cooperação jurídica internacional.

1.2. Requisitos para a cooperação jurídica internacional em sede de ação controlada

A postergação da intervenção policial ou administrativa apenas pode se dar com a formalização de cooperação das autoridades competentes dos países envolvidos. Necessário, a nível internacional, que haja documentação suficiente que preveja cooperação entre aqueles estados soberanos.

Ao lado desse requisito, também deve ser evidenciado o provável itinerário ou o destino do investigado. Essa base probatória deve se relacionar com os objetivos de reduzir os riscos de fuga e de extravio do produto, objeto, instrumento ou proveito do crime.

▸SEÇÃO III – DA INFILTRAÇÃO DE AGENTES

Art. 10. A infiltração de agentes de polícia em tarefas de investigação, representada pelo delegado de polícia ou requerida pelo Ministério Público, após manifestação técnica do delegado de polícia quando solicitada no curso de inquérito policial, será precedida de circunstanciada, motivada e sigilosa autorização judicial, que estabelecerá seus limites.

§ 1º Na hipótese de representação do delegado de polícia, o juiz competente, antes de decidir, ouvirá o Ministério Público.

§ 2º Será admitida a infiltração se houver indícios de infração penal de que trata o art. 1º e se a prova não puder ser produzida por outros meios disponíveis.

§ 3º A infiltração será autorizada pelo prazo de até 6 (seis) meses, sem prejuízo de eventuais renovações, desde que comprovada sua necessidade.

§ 4º Findo o prazo previsto no § 3º, o relatório circunstanciado será apresentado ao juiz competente, que imediatamente cientificará o Ministério Público.

§ 5º No curso do inquérito policial, o delegado de polícia poderá determinar aos seus agentes, e o Ministério Público poderá requisitar, a qualquer tempo, relatório da atividade de infiltração.

1. COMENTÁRIOS

1.1. Definição de infiltração de agentes

A infiltração, por policiais, em atividade de investigação, é meio de obtenção de provas, disposto a partir do art. 10, da Lei nº 12.850/2013. A possibilidade de infiltração de agentes de polícia em tarefas de investigação depende do atendimento do pressuposto geral previsto em lei, qual seja, que haja elemento de informação que embase a visibilidade de organização criminosa.

Consiste na atuação de agente policial como sujeito inserido na organização criminosa.

Como se trata de providência que finda por tornar possível a prática de fato típico por parte do policial, sob o amparo de excludente de ilicitude ("estrito cumprimento do dever legal", nos termos do art. 23, III, do CP) ou de excludente de culpabilidade ("inexigibilidade de conduta diversa", a teor do parágrafo único, do art. 13, da Lei nº 12.850/2013), deve haver a adoção criteriosa de cautelas tendentes a evitar abuso da atuação policial.

Por outra vertente, o respeito às disposições legais é uma garantia importante para o próprio agente infiltrado, colimando evitar que ele responda a processo penal por conta de sua atuação.

1.2. Momento e iniciativa

O art. 10, *caput*, da Lei nº 12.850/2013, fala, na sua primeira parte, de "infiltração de agentes de polícia em tarefas de investigação", apontando como deve se dar a iniciativa para sua realização quando houver inquérito policial em tramitação. A dicção desse texto não é de melhor técnica. Ao se reportar à "investigação", o artigo parece restringir a infiltração de agentes à fase de investigação preliminar da persecução penal estatal.

Isso porque, consoante distinção doutrinária, investigação é termo que designa a coleta unilateral de elementos de informação para posterior e possível exercício de ação penal. A instrução, diferentemente, quer significar a atividade de produção probatória cujo destinatário principal é o juiz.

De outro viés, no ponto que o enunciado alude que deve haver manifestação técnica do delegado de polícia quando a infiltração for solicitada no curso de inquérito policial, dá a entender que ela também tem cabimento durante procedimento investigativo diverso ou como forma de verificação preliminar de procedência de informações (VPI's).

Ocorre que o art. 10 sob comento deve ser interpretado de maneira conjugada com o art. 3º, da mesma Lei nº 12.850/2013, cujo princípio sublinha que os meios de obtenção de prova enumerados ali têm cabimento "em qualquer fase da persecução penal", sem prejuízo de outras providências também admissíveis segundo o ordenamento jurídico.

Quanto à iniciativa para a medida em tela, o dispositivo assegura o sistema acusatório, não prevendo iniciativa do juiz. Como efeito é indispensável requerimento do Ministério Público ou representação do delegado de polícia. Caso a iniciativa se funde nessa representação, o Ministério Público deve anuir, eis que somente ele (não o delegado de polícia!) pode ser titular da futura ação penal. Sem a concordância ministerial, faltará a esse pleito, cautelar probatório, a necessária legitimidade ativa, impedindo que o magistrado a defira.

Quando requerida pelo Ministério Público, deve se seguir, antes de decisão judicial, manifestação técnica do delegado de polícia. Naturalmente, o delegado de polícia assim opinará quando a solicitação de infiltração de agentes advier no curso de inquérito policial.

1.3. Procedimento

A execução da infiltração de agente policial pressupõe decisão judicial suficientemente fundamentada. Nos termos do *caput*, parte final, do dispositivo ora estudado, a decisão deve ser circunstanciada, motivada e sigilosa. Tal autorização judicial, por seu turno, deve estabelecer os limites da infiltração de agentes. A cautela é de todo justificável, em face dos riscos que circundam a providência de exceção.

1.4. Infiltração de agentes como medida excepcional (*ultima ratio*)

O pressuposto geral de visibilidade do delito de organização criminosa é explicitamente imposto pelo parágrafo 2º, do art. 10, da Lei do Crime Organizado, ao avivar que "será admitida a infiltração se houver indícios de infração penal de que trata o art. 1º e se a prova não puder ser produzida por outros meios disponíveis".

No que toca à parte final parágrafo, vê-se que ele deixa patente que a infiltração de agentes é a última medida que deve ser admitida dentre as catalogadas no art. 3º, da Lei nº 12.850/2013. Tal providência deve ser utilizada, inclusive, de forma sucessiva à interceptação telefônica que, por seu turno, também é a *ultima ratio* relativamente aos demais meios de obtenção de prova.

O juiz não deve deferir pedidos de infiltração genéricos, sem a indicação mais precisa possível dos lindes de atuação que deve levar a cabo os agentes infiltrados. Veja-se que a infiltração de agentes é um procedimento investigatório parcial que confere boa dose de autonomia ao agente infiltrado, daí a importância de decisão judicial analítica do pleito e do respectivo deferimento.

1.5. Prazo de duração da medida

A infiltração de agentes deve ser autorizada pelo prazo de até seis meses. A lei não limita prazo máximo de duração, somente exigindo que haja renovação com base em comprovada necessidade, que deve ser justificada a partir de elementos empíricos, concretos, visíveis.

Apesar de não estar expresso na legislação, decorre do sistema (acusatório), exigir requerimento do Ministério Público ou representação da autoridade policial, seguida de aval do *Parquet* titular da ação penal, para que o juiz profira decisão (motivada) decretando a renovação do prazo.

Seria melhor que a legislação estabelecesse um prazo máximo de infiltração do agente. Não se adequa à proporcionalidade imaginar a possibilidade de infiltração renovada por sucessivos prazos de seis meses, sem estipulação de um limite máximo. Por exemplo, agente infiltrado por dois, três, cinco ou dez anos, com base em seguidas decisões judiciais autorizativas de renovação, não conduz à concreção da proporcionalidade. É necessário impor limites ao tempo de duração da investigação, evitando que se protraiam *ad aeternum*.

1.6. Documentação da ação policial de infiltração

Todo meio de obtenção de prova há de ser documentado, seja por meio escrito, seja por meio digital, seja por meio audiovisual. É condição *sine qua non* para a possibilidade de produção de efeitos jurídicos válidos. O parágrafo 4º, do dispositivo aqui estudado, vivifica que deve ser produzido "relatório circunstanciado", ao final do prazo de até seis meses concedido para a ação de infiltração. Uma vez elaborado, deve ser ele apresentado ao juiz competente que, *incontinenti*, dará ciência ao Ministério Público.

Além do relatório final (completo), podem ser exigidos relatórios parciais aos agentes infiltrados, dispondo o parágrafo 5º, do mesmo artigo, que o delegado de polícia poderá ordenar aos seus agentes, e o Ministério Público poderá requisitar, a qualquer tempo, relatório da atividade de infiltração.

1.7. Infiltração de agentes policiais do art. 190-A, do Estatuto da Criança e do Adolescente, inclusive na Internet (inserido pela Lei nº 13.441/2017)

A infiltração de Agentes de Polícia é prevista expressamente para a investigação de crimes contra a dignidade sexual de criança e de adolescente, previstos nos crimes apontados no art. 190-A, da Lei nº 8.069/1990. Para sua admissibilidade, deve ser:

(1) precedida de autorização judicial devidamente circunstanciada e fundamentada, que estabelecerá os limites da infiltração para obtenção de prova, ouvido o Ministério Público;

(2) objeto de requerimento do Ministério Público ou de representação de delegado de polícia e conterá a demonstração de sua necessidade, o alcance das tarefas dos policiais, os nomes ou apelidos das pessoas investigadas e, quando possível, os dados de conexão (pela internet) ou cadastrais que permitam a identificação dessas pessoas;

(3) limitada a, no máximo, 90 (noventa) dias, sem prejuízo de eventuais renovações, desde que o total não exceda a 720 (setecentos e vinte) dias e seja demonstrada sua efetiva necessidade, a critério da autoridade judicial.

O autorizativo de infiltração envolve uma gama de deveres dos agentes envolvidos e dos órgãos do sistema de justiça criminal, tais como: (a) sigilo; (b) apresentação de relatórios parciais da operação; (c) registro de identidade fictícia; (d) preservação de identidade dos agentes; (e) resguardo de intimidade de crianças e de adolescentes.

Por outro lado, a legislação prevê causa específica excludente de ilicitude em favor do policial que oculta sua identidade por meio da *internet* na atividade de infiltração autorizada judicialmente. Havendo excesso na atuação do agente policial, ele poderá ser responsabilizado (art. 190-C, parágrafo único, do Estatuto da Criança e do Adolescente).

2. QUESTÕES DE CONCURSOS

1. **(FUNIVERSA/PC-DF/Delegado de Polícia/2015 – adaptada)** A infiltração de agentes de polícia em tarefas de investigação pode decorrer de representação do delegado de polícia ou de requerimento do Ministério Público e será obrigatoriamente precedida de autorização judicial.

2. **(VUNESP/PC-CE/Delegado de Polícia/2015 – adaptada)** Sobre a Lei de Organizações Criminosas, Lei nº 12.850/2013, é correto afirmar que autoriza a infiltração, por policias, em atividade de investigação, independentemente da existência de investigação formal iniciada, exatamente para preservar o sigilo das investigações.

3. **(VUNESP/PC-CE/Inspetor de Polícia/2015 – adaptada)** Sobre a Lei n o 12.850/2013 (combate às organizações criminosas), está correto afirmar que a infiltração de agentes de polícia em tarefas de investigação dependerá de autorização do Delegado de Polícia, que estabelecerá seus limites.

4. **(FGV/TJ-BA/Analista Judiciário/2015 – adaptada)** A infiltração de agentes será deferida pelo prazo de sessenta dias, sem prejuízo de eventuais renovações, desde que comprovada a sua necessidade.

5. **(FGV/TJ-BA/Analista Judiciário/2015 – adaptada)** A infiltração de agentes demanda que a autoridade responsável pela sua implementação apresente relatório circunstanciado a cada quinze dias.

6. **(FCC/TJ-GO/Juiz de Direito/2015 – adaptada)** A infiltração de agentes de polícia em tarefas de investigação será precedida de circunstanciada, motivada e sigilosa autorização do Ministério Público, que estabelecerá seus limites.

7. **(MPE-GO/Promotor de Justiça/2014 – adaptada)** A infiltração será autorizada pelo prazo de até 6 (seis) meses, sem prejuízo de eventuais renovações, desde que comprovada sua necessidade.

8. **(IBFC/PC-RJ/Investigador de Polícia/2014)** A Lei do Crime Organizado (Lei nº 12.850/13) dispõe que a infiltração de agentes de polícia em tarefas de investigação

a) pode ser determinada de ofício por parte do juiz competente para apreciar o caso.

b) será precedida de circunstanciada, motivada e sigilosa autorização judicial.

c) será autorizada pelo Ministério Público, quando requisitada pelo Delegado de Polícia.

d) não será permitida em nenhuma hipótese.

e) poderá ser autorizada por decisão do Delegado de Polícia competente quando houver urgência na investigação policial.

9. **(MPE-SC/Promotor de Justiça/2014)** A Lei nº 12.850/2013, ao tratar da investigação e dos meios de obtenção da prova, dispõe que a infiltração de agentes de polícia ou de inteligência em tarefas de investigação, representada pelo delegado de polícia ou requerida pelo Ministério Público, após manifestação técnica do delegado de polícia quando solicitada no curso de inquérito policial, será precedida de circunstanciada, motivada e sigilosa autorização judicial, que estabelecerá seus limites.

10. **(MPE-GO/Promotor de Justiça/2014 – adaptada)** A infiltração será autorizada pelo prazo de até 6 (seis) meses, sem prejuízo de eventuais renovações, desde que comprovada sua necessidade.

11. **(CESPE/PC-GO/Escrivão de Polícia/2016)** No curso de IP, o delegado de polícia representou à autoridade judicial para que lhe fosse autorizada a infiltração de agentes de polícia em tarefas de investigação. Nessa situação, com base na Lei n.º 12.850/2013, que dispõe sobre crime organizado,

a) a infiltração poderá ser admitida, ainda que a prova possa ser produzida por outros meios disponíveis.
b) para que o juiz competente decida, será desnecessário ouvir o MP.
c) se a infiltração for autorizada, o MP poderá requisitar, a qualquer tempo, relatório de infiltração.
d) a infiltração poderá ser autorizada pelo prazo improrrogável de seis meses.
e) se a infiltração for autorizada, ao agente de polícia será vedado a recusa da atuação infiltrada.

12. **(IBADE/PC-AC/Agente de Polícia Civil/2017 – adaptada)** A infiltração será autorizada pelo prazo de até 3 (três) meses, sem prejuízo de eventuais renovações, desde que comprovada sua necessidade.

GAB	1	2	3	4	5	6	7	8	9	10	11	12
	C	E	E	E	E	E	C	B	E	C	C	E

Art. 11. O requerimento do Ministério Público ou a representação do delegado de polícia para a infiltração de agentes conterão a demonstração da necessidade da medida, o alcance das tarefas dos agentes e, quando possível, os nomes ou apelidos das pessoas investigadas e o local da infiltração.

1. COMENTÁRIOS

É indispensável que o requerimento do Ministério Público ou a representação do delegado de polícia para a infiltração de agentes descreva:

(i) a necessidade da medida: é a demonstração de que o pleito guarda atendimento ao princípio da proporcionalidade, bem como que se cuida da última tentativa para se obter a prova, cotejando com outros meios de obtenção de prova e justificando que só a infiltração de agentes poderá ser exitosa;

(ii) o alcance das tarefas dos agentes: consiste em conteúdo indispensável para que o pedido possa ser acolhido. Deve ser liminarmente inadmitido o requerimento de infiltração que deixe a atuação do agente aberta, no limbo ou sem seus contornos nucleares; e

(iii) quando possível, os nomes ou apelidos das pessoas investigadas e o local da infiltração: único elemento facultativo do requerimento ou representação. No entanto, exige-se que o interessado justifique a impossibilidade de precisar nomes ou apelidos dos investigados e/ou o local da infiltração.

2. QUESTÕES DE CONCURSOS

1. **(FGV/TJ-BA/Analista Judiciário/2015 – adaptada)** A infiltração de agentes depende de requerimento que contenha demonstração, dentre outros, da necessidade da medida e alcance das tarefas dos agentes.

GAB	1
	C

Art. 12. O pedido de infiltração será sigilosamente distribuído, de forma a não conter informações que possam indicar a operação a ser efetivada ou identificar o agente que será infiltrado.

§ 1º As informações quanto à necessidade da operação de infiltração serão dirigidas diretamente ao juiz competente, que decidirá no prazo de 24 (vinte e quatro) horas, após manifestação do Ministério Público na hipótese de representação do delegado de polícia, devendo-se adotar as medidas necessárias para o êxito das investigações e a segurança do agente infiltrado.

§ 2º Os autos contendo as informações da operação de infiltração acompanharão a denúncia do Ministério Público, quando serão disponibilizados à defesa, assegurando-se a preservação da identidade do agente.

§ 3º Havendo indícios seguros de que o agente infiltrado sofre risco iminente, a operação será sustada mediante requisição do Ministério Público ou pelo delegado de polícia, dando-se imediata ciência ao Ministério Público e à autoridade judicial.

1. COMENTÁRIOS

1.1. Sigilo na infiltração de agentes

A publicidade, evidentemente, é incompatível com o procedimento de infiltração de agentes. Qualquer exceção ao segredo na fase postulatória e de execução da medida é apta a conduzir à frustração dos seus próprios objetivos.

Daí que, apesar de ser regra o sigilo das investigações, ao menos enquanto não documentados no inquérito policial os atos probatórios em fase de formação, o art. 12, da Lei nº 12.850/2013, enfatiza que a distribuição do pedido de infiltração deve ser sigilosa.

O sigilo deve necessariamente respeitar os ditames daquele enunciado, a fim de que não contenha informações que possam descobrir a operação a ser realizada ou, ainda, a identificar o agente escolhido para ser infiltrado.

1.2. Procedimento para o pleito de infiltração de agentes

1.2.1. Conteúdo e cautela do requerimento ou da representação

As informações contidas na postulação de infiltração de agentes, narrativas da necessidade da operação respectiva, deve ser encaminhada diretamente ao juiz competente. A cautela é para reduzir o número de funcionários com acesso a esses autos.

1.2.2. Prazo e decisão judicial

O magistrado deve decidir em vinte e quatro horas, contado esse prazo depois da chegada dos autos com pronunciamento do Ministério Público, quando se cuidar de iniciativa por representação da autoridade policial. *Ad cautelam*, a Lei prevê, genericamente, a adoção das medidas necessárias ao êxito das investigações e à segurança do agente infiltrado.

1.2.3. Contraditório diferido ou postergado

O contraditório somente incidirá com o início do processo lastreado nas provas obtidas com a infiltração de agentes. Trata-se de contraditório posterior ou diferido. O parágrafo 2º, do artigo em epígrafe, a propósito, elucida que os autos com as informações da operação de infiltração acompanharão a denúncia do Ministério Público, quando serão disponibilizados à defesa, garantindo-se a preservação da identidade do agente.

1.2.4. Preservação da identidade do agente e controle de constitucionalidade

Polêmica pode recair sobre a previsão de preservação da identidade do agente. Isso porque fica a defesa limitada a opor dúvidas sobre a confiabilidade da pessoa que atuou nessas condições. Pensamos que ao menos a defesa técnica deve tomar ciência dessa identidade, possibilitando a ampla defesa, garantia constitucional. Caso contrário, teremos formação de prova ou de elementos de informação com graves limitações acerca de sua sindicabilidade.

A mesma lei, todavia, prevê, paradoxalmente, a possibilidade de alteração de identidade do agente infiltrado. Se há essa previsão, melhor será autorizar sua aplicação em detrimento da regra que pretende preservar a identidade do agente responsável pela produção de prova. Não deve ser tolerada a ocultação da fonte da prova, como o caso indica.

De tal modo, o dispositivo em comento deve sofrer controle de constitucionalidade, com a aplicação da técnica de nulidade parcial sem redução de texto, para admitir que a defesa técnica tenha acesso à identidade do agente infiltrado, permitindo ao agente, posteriormente, ser beneficiado com as medidas protetivas de sua integridade, com a possibilidade de modificação superveniente de sua identidade.

Pensar de outro modo, é refutar a garantia do contraditório e da ampla defesa.

1.2.5. Risco ao agente infiltrado e sustação da operação

Em contrapartida, se sobrevierem, no curso da infiltração de agentes, "indícios seguros" de que algum deles sobre risco iminente, o parágrafo 3º, do art. 12 da Lei da Criminalidade Organizada, estabelece que a operação deve ser sustada, exigindo requisição do Ministério Público ou do delegado de polícia. A noção de "indícios seguros" é um tanto vaga. Entendemos que deve ser entendida como a existência de elemento concreto que tenda a violar a integridade do agente infiltrado.

Tal requisição é dirigida ao agente infiltrado ameaçado. Trata-se de ordem que deve ser atendida *incontinenti* por ele, devendo cessar o procedimento de infiltração. A parte final daquele enunciado estampa que uma vez feita a requisição, será dada ciência imediata ao Ministério Público (quando for o delegado de polícia a autoridade requisitante) e à autoridade judicial (em qualquer caso).

Art. 13. O agente que não guardar, em sua atuação, a devida proporcionalidade com a finalidade da investigação, responderá pelos excessos praticados.

Parágrafo único. Não é punível, no âmbito da infiltração, a prática de crime pelo agente infiltrado no curso da investigação, quando inexigível conduta diversa.

1. COMENTÁRIOS

1.1. Limites de atuação do agente infiltrado

1.1.1. Observância da devida proporcionalidade

O agente infiltrado deve atuar dentro dos limites da "devida proporcionalidade". A teor do artigo em tela, caso ele incorra em excesso, responderá pelos atos praticados. O princípio da proporcionalidade impõe o percurso de três etapas.

A primeira consiste na aferição da necessidade da medida adotada. Na hipótese de infiltração de agente em organização criminosa, ele pode se deparar com situação que exija sua aderência à prática de delito, a exemplo do cometimento de tráfico de drogas ou de falsificação de documento público (cédula de identidade).

A etapa seguinte é a adequação, a idoneidade do ato perpetrado para o agente para fazer com que o agente obtenha maiores elementos de informação sobre a empreitada delituosa desenvolvida pela organização criminosa em que está infiltrado. Se for preciso que cometa uma infração penal, o agente deve, além de se certificar acerca dessa necessidade, realizar conduta idônea a tornar eficaz os objetivos da sua infiltração.

A terceira e última etapa é denominada de proporcionalidade em sentido estrito. Cuida-se de cotejo entre várias opções igualmente possíveis para cumprir os objetivos da sua intervenção policial velada. Por exemplo, pode ser que seja plausível ao agente a alternativa de cometer uma infração penal, diante de outras três. No ponto, tem lugar um juízo de ponderação, em sede concreta, onde seja cabível comparar as vantagens e as desvantagens da escolha de perpetrar um dado crime, ao invés de outros. Deve optar por aquele que cause o mínimo de lesão e o máximo de êxito à infiltração.

1.1.2. Momento de aferição e destinatário da devida proporcionalidade

A "devida proporcionalidade", observados esses termos, é norma dirigida ao agente infiltrado. Ele deve aplicá-la tanto antes da atuação (previamente), quanto durante a infração que eventualmente se exija cometer (concomitantemente). Ao juiz, diante de caso concreto, cumpre julgar se o agente infiltrado não incorreu em excesso, examinando se o princípio da devida proporcionalidade foi concretizado (aferição *a posteriori*).

1.2. Excesso punível

O parâmetro para definição do limite a partir do qual haverá excesso é a noção de "devida proporcionalidade". O excesso punível poderá ser culposo ou doloso. Culposo o será se a conduta for delito punível a título de culpa. O excesso doloso se submete à apreciação das espécies de dolo requeridas pela figura típica a qual se amolda o comportamento do agente infiltrado.

1.3. Excludente de culpabilidade

O parágrafo único, do art. 13, da Lei nº 12.850/2013, prevê situação que se enquadra em excludente de culpabilidade, sob a modalidade de inexigibilidade de conduta diversa. Na sua dicção, na esfera da infiltração, não será punível o cometimento de crime pelo agente infiltrado durante a investigação, na hipótese de ser inexigível conduta diversa. É caso de exclusão de culpabilidade do agente, descalçando pressuposto indispensável à aplicação de pena.

Apesar do dispositivo não expressar, é intuitivo que se o agente atuar em situação de excludente de ilicitude (art. 23, do Código Penal), deve-lhe ser reconhecido esse direito. Destarte, se o contexto indicar a prática de fato em legítima defesa, estrito cumprimento do dever legal, estado de necessidade ou exercício regular de um direito, o juiz deve declarar a respectiva causa de exclusão de antijuridicidade. Pensamos ser plenamente possível ocorrer fatos enquadráveis naquelas situações, ainda que no âmbito da infiltração de agentes.

2. QUESTÕES DE CONCURSOS

1. **(FUNIVERSA/PC-DF/Delegado de Polícia/2015 – adaptada)** O agente infiltrado que se vê obrigado a praticar crime, sob pena de expor sua verdadeira identidade aos membros da organização criminosa, encontra-se amparado por estado de necessidade ou excludente de culpabilidade, a depender das circunstâncias, conforme expresso na Lei n.° 12.850/2013.

2. **(FGV/TJ-BA/Analista Judiciário/2015 – adaptada)** A infiltração de agentes é técnica de investigação preliminar que torna o agente infiltrado imune à responsabilidade criminal.

3. **(IBFC/PC-SE/Agente de Polícia/2014)** São crimes que se configuram durante a investigação e a obtenção de provas, previstos na Lei n° 12.850/2013 (Lei de Combate às Organizações Criminosas), **exceto**:

a) Praticar o agente infiltrado, no curso da investigação, crime doloso no âmbito da infiltração, quando inexigível conduta diversa.

b) Imputar falsamente, sob pretexto de colaboração com a Justiça, a prática de infração penal a pessoa que sabe ser inocente, ou revelar informações sobre a estrutura de organização criminosa que sabe inverídicas.

c) Descumprir determinação de sigilo das investigações que envolvam a ação controlada e a infiltração de agentes.

d) Revelar a identidade, fotografar ou filmar o colaborador, sem sua prévia autorização por escrito.

4. **(IBADE/PC-AC/Agente de Polícia Civil/2017 – adaptada)** Não é punível, no âmbito da infiltração, a prática de crime pelo agente infiltrado no curso da investigação, quando inexigível conduta diversa.

GAB	1	2	3	4
	E	E	A	C

Art. 14. São direitos do agente:

I – recusar ou fazer cessar a atuação infiltrada;

II – ter sua identidade alterada, aplicando-se, no que couber, o disposto no art. 9º da Lei nº 9.807, de 13 de julho de 1999, bem como usufruir das medidas de proteção a testemunhas;

III – ter seu nome, sua qualificação, sua imagem, sua voz e demais informações pessoais preservadas durante a investigação e o processo criminal, salvo se houver decisão judicial em contrário;

IV – não ter sua identidade revelada, nem ser fotografado ou filmado pelos meios de comunicação, sem sua prévia autorização por escrito.

1. COMENTÁRIOS

1.1. Disciplina jurídica do agente infiltrado e núcleo protetivo mínimo

Considerando que a atividade do agente infiltrado o coloca em posição de alta vulnerabilidade pessoal e profissional, a Lei do Crime Organizado estabeleceu disciplina jurídica com núcleo mínimo protetivo. Isso significa dizer que outros direitos são juridicamente assegurados aos agentes infiltrados, além dos quatro postulados fundamentais gizados no art. 14 daquele diploma legal.

1.2. Direitos do agente infiltrado

1.2.1. Recusar ou fazer cessar a atuação infiltrada

O agente infiltrado tem sua atuação regida pela voluntariedade, vale dizer, a sua designação, firmada em decisão judicial, pressupõe sua anuência, sem a qual não poderá ser ele compelido a se infiltrar ou permanecer infiltrado.

O ato judicial não é só revogável, mas essencialmente precário. Como se trata de atuação extrema, com elevados riscos ao agente infiltrado, é ele a instância final de decisão de permanecer ou não colaborando. Isso, por outro lado, não significa dizer que seu desejo em se infiltrar ou permanecer infiltrado dispensa os outros requisitos à infiltração. Evidentemente que não.

Deveras, é preciso seguir-se o procedimento à infiltração, podendo ser denegado o pleito ministerial ou a representação do delegado de polícia, caso não sejam atendidos os pressupostos legais, ainda que inconteste o desejo do agente em participar da infiltração.

1.2.2. Ter sua identidade alterada e usufruir das medidas de proteção a testemunhas

A Lei nº 9.807/1999 dispõe sobre as medidas de proteção a vítimas e testemunhas. Em certa medida, a forma de atuação do agente infiltrado se aproxima da prova testemunhal, conquanto qualificada pela situação peculiar do agente, especialmente diante de sua isenção comprometida para testemunhar, mormente quando lhe é exigido cometer infrações penais. De todo modo, poderá ser ouvido como declarante, sem tomada de compromisso de dizer a verdade.

Veja-se que a jurisprudência admite a tomada de depoimentos de policiais que efetivaram prisão em flagrante, como testemunhas compromissadas. No entanto, a condição de agente infiltrado é dotada de idiossincrasia impeditiva do dever de dizer a verdade.

Isso porque, ainda que sob o amparo de exculpante (inexigibilidade de conduta diversa), a sua atuação infiltrada de forma similar a um concurso de agentes (regime de coautoria de infrações penais), direciona sua atuação à condição de interessado no desfecho exitoso da operação, incompatível com a imparcialidade testemunhal.

Em acréscimo, é possível diferenciar o valor que pode ser atribuído ao depoimento do agente infiltrado prestado em juízo, conforme o seu conteúdo. Com efeito, as declarações do agente infiltrado podem ter conteúdo **direto** (entendido como decorrente da percepção imediata do *thema probandum*, sem obtenção de informações através de terceira pessoa) ou **indireto** (especialmente quando decorrente da situação de ***hearsay witness***, isto é, como testemunha "**por ouvir dizer**" ou "**de segunda mão**").

A credibilidade e o valor atribuídos ao depoimento do agente infiltrado devem ser reduzidos pelo juiz quando, por exemplo, aquele agente não tiver visualizado o *modus operandi* do delito pela percepção direta, pelos seus sentidos, restringindo-se a saber "por ouvir dizer" (*hearsay testimony*). Esse "testemunho" indireto não é prova com valor pleno (isto é, não é suficiente à condenação), sendo equivalente à prova indiciária (indícios ou prova semiplena), submetendo-se à regra de exclusão para fins condenatórios. Vale dizer, não chega a ser uma prova ilícita, mas deve ser evitada, como anotado por Aury Lopes Júnior[57].

Sem embargo, a Lei nº 12.850/2013 foi explícita ao ditar que o agente infiltrado tem direito a ter sua identidade alterada, bem como a usufruir das medidas de proteção a testemunhas. Deverá ser observada, no que comportar, a Lei nº 9.807/1999. Discorremos sobre o assunto quando comentamos o art. 5º, da Lei ora estudada, para onde remetemos o leitor.

1.2.3. Ter seu nome, sua qualificação, sua imagem, sua voz e demais informações pessoais preservadas durante a investigação e o processo criminal, salvo se houver decisão judicial em contrário

No curso da investigação preliminar, a aplicação desse direito não despertar maior controvérsia, em razão da incidência preponderante do sigilo durante aquela fase da persecução penal. Como a incidência do contraditório é própria do processo penal (não do inquérito policial, por exemplo), a ocultação daqueles dados, enquanto não oferecida peça acusatória, não ofende a Constituição de 1988.

Entrementes, o mesmo não se pode dizer quando já instaurado o processo penal. Como compatibilizar com o sistema acusatório constitucional essa regra que assegura a preservação do nome, da qualificação, da imagem, da voz e demais informações pessoais do agente responsável por reunir informações que, ao cabo, pode corroborar a condenação de alguém? Como concretizar, diante desse cânone, o princípio do contraditório e da defesa ampla?

Pensamos que ao menos a defesa técnica deve ter acesso aos autos que informam circunstanciadamente a atuação infiltrada do agente, inclusive com os dados pessoais, a fim de que possa, por exemplo, opor suspeição, impedimento ou qualquer comprometimento das investigações que lhes retirem a credibilidade. Caso o agente corra risco por conta da sua atuação, terá direito às medidas de proteção gizadas na Lei nº 9.807/1999. É o preço a se pagar pela necessidade de acatamento às garantias do contraditório e da ampla defesa.

1.2.4. Não ter sua identidade revelada, nem ser fotografado ou filmado pelos meios de comunicação, sem sua prévia autorização por escrito

A publicidade dos atos processuais (quando existente processo penal em curso) pode ser excepcionada. De tal forma, os dados pessoais do agente infiltrado não serão objeto de divulgação. Sobre eles, deve recair segredo (sigilo). Com muito mais razão, se a infiltração

---

57 Segundo o citado autor, "a testemunha de 'ouvi dizer' nada presenciou e, portanto, não corresponde aos requisitos de objetividade e retrospectividade, na medida em que não teve a 'experiência probatória', não conheceu diretamente do fato objeto da discussão na dimensão de caso penal. A título de curiosidade, no sistema inglês existem três provas passíveis de exclusão (*exclusionary rules*) e proibição valoratória: a) *hearsay*: testemunha de 'ouvi dizer'; b) *Bad character*: prova sobre o mau caráter. Importante para evitar o direito penal do autor (eis outra proibição de prova que poderíamos adotar, especialmente no tribunal do júri); c) Prova ilegal: concepção tradicional de proibição de valoração probatória da prova ilícita" (LOPES JÚNIOR, Aury. Limite penal: testemunho "hearsay" não é prova ilícita, mas deve ser evitada. *Conjur.* Disponível em: <http://www.conjur.com.br/2015-out-30/limite-penal-testemunho-hearsay-nao-prova-ilicita-evitada2>. Acesso em: 21 mar. 2017).

acontecer em sede de investigação preliminar, não poderá ser revelada a identidade do agente, bem como não poderá ser ele fotografado ou filmado pelos meios de comunicação, salvo se autorizar expressamente, por escrito.

O sigilo, depois de documentada a infiltração e/ou iniciado o processo penal, não deve se aplicar ao advogado do acusado.

2. QUESTÕES DE CONCURSOS

1. **(FUNIVERSA/PC-DF/Delegado de Polícia/2015 – adaptada)** O agente infiltrado não tem direito de usufruir das medidas de proteção a testemunhas.

2. **(IBFC/PC-RJ/Papiloscopista policial/2014)** Conforme prevê a Lei nº 12.850/2013 (Lei de Combate às Organizações Criminosas), são direitos do agente infiltrado:

a) Praticar crimes no curso da investigação, mesmo quando exigível conduta diversa.

b) Ter seu nome, sua qualificação, sua imagem, sua voz e demais informações pessoais preservadas durante a investigação e o processo criminal, salvo se houver decisão judicial em contrário.

c) Fazer cessar a atuação infiltrada por meio de decisão judicial autorizadora, sendo vedado ao agente recusar a atuação.

d) Guardar a devida proporcionalidade na sua atuação com a finalidade da investigação, não respondendo pelos excessos praticados.

e) Não ter sua identidade revelada, podendo, todavia, ser fotografado ou filmado pelos meios de comunicação independentemente da sua autorização, para que possa ser garantida a liberdade de imprensa.

GAB	1	2
	E	B

▸SEÇÃO IV – DO ACESSO A REGISTROS, DADOS CADASTRAIS, DOCUMENTOS E INFORMAÇÕES

Art. 15. O delegado de polícia e o Ministério Público terão acesso, independentemente de autorização judicial, apenas aos dados cadastrais do investigado que informem exclusivamente a qualificação pessoal, a filiação e o endereço mantidos pela Justiça Eleitoral, empresas telefônicas, instituições financeiras, provedores de internet e administradoras de cartão de crédito.

1. COMENTÁRIOS

O acesso a registros telefônicos não se confunde com interceptação telefônica. Trata-se de acesso a banco de dados, que não se submetem a estrita cláusula de reserva jurisdicional qualificada. De tal modo, pode o legislador autorizar o acesso a tais dados por autoridades por ele indicadas, que sejam diversas do juiz.

Contudo, no caso específico do art. 15, da Lei nº 12.850/2013, as investigações devem ter por objeto crimes que envolvam organizações criminosas. Necessária demonstração de base empírica de que de fato haja a satisfação dos elementos do conceito legal de organização criminosa.

Preenchido esse pressuposto, poderá incidir a regra de que o delegado de polícia e o Ministério Público terão direito, independentemente de autorização judicial, ao acesso apenas aos dados cadastrais do investigado que informem exclusivamente a qualificação pessoal, a filiação e o endereço mantidos pela Justiça Eleitoral, empresas telefônicas, instituições financeiras, provedores de *internet* e administradoras de cartão de crédito.

2. QUESTÕES DE CONCURSOS

1. **(VUNESP/PC-SP/Delegado de Polícia/2018 – adaptada)** O Delegado de Polícia terá acesso, independentemente de autorização judicial, apenas aos dados cadastrais do investigado que informem exclusivamente a qualificação pessoal, a filiação e o endereço mantidos pela Justiça Eleitoral, empresas telefônicas, instituições financeiras, provedores de internet e administradoras de cartão de crédito

GAB	1
	C

Art. 16. As empresas de transporte possibilitarão, pelo prazo de 5 (cinco) anos, acesso direto e permanente do juiz, do Ministério Público ou do delegado de polícia aos bancos de dados de reservas e registro de viagens.

1. COMENTÁRIOS

O dispositivo em tela criou dever jurídico atribuído às empresas de transporte, independentemente de ser ele aéreo ou terrestre. O dever que recai sobre as empresas de transporte terrestre (ônibus, trem), aquático (navios) ou aéreo (aviões, helicópteros) é de conservação de dados de reservas e registros de viagens.

Esses dados podem ser úteis a uma investigação, pelo que aquelas empresas devem possibilitar, pelo prazo de cinco anos, o acesso direto e permanente àquele banco de dados, por parte do juiz, do *Parquet* ou da autoridade policial.

Art. 17. As concessionárias de telefonia fixa ou móvel manterão, pelo prazo de 5 (cinco) anos, à disposição das autoridades mencionadas no art. 15, registros de identificação dos números dos terminais de origem e de destino das ligações telefônicas internacionais, interurbanas e locais.

1. COMENTÁRIOS

O presente enunciado passou a preconizar que as concessionárias de telefonia fixa ou móvel manterão, pelo prazo de 5 (cinco) anos, à disposição daquelas autoridades, registros de identificação dos números dos terminais de origem e de destino das ligações telefônicas internacionais, interurbanas e locais.

Segue-se o mesmo sentido do disposto na legislação de lavagem de capitais (art. 17-B, da Lei nº 9.613/1998, com redação dada pela Lei nº 12.683/2013). De tal sorte, tanto o Ministério Público, quanto a autoridade policial podem requisitar diretamente àquelas concessionárias o histórico detalhado de ligações telefônicas, sem que isso signifique quebra de sigilo telefônico, mas tão somente de dados.

Cabe lembrar que o acesso direto a esses dados pelas autoridades indicadas depende da presença de elementos visíveis de organização criminosa, a teor do conceito legal.

Seção V – Dos Crimes Ocorridos na Investigação e na Obtenção da Prova

1. COMENTÁRIOS

As disposições incriminadoras de condutas dessa Seção V referem-se a delitos que podem ocorrer durante a investigação e no curso da atividade de obtenção de prova. Investigação é gênero do qual são espécies todos os procedimentos destinados à reunião de elementos para eventual e futura ação penal.

Ao mencionar "obtenção de prova", o legislador também incriminou condutas passíveis de acontecer no trâmite do processo penal já instaurado, desde que aquelas se subsumam aos tipos penais a seguir. A obtenção de prova em sentido estrito acontece sob a égide de processo penal em tramitação.

Art. 18. Revelar a identidade, fotografar ou filmar o colaborador, sem sua prévia autorização por escrito:

Pena – reclusão, de 1 (um) a 3 (três) anos, e multa.

1. COMENTÁRIOS

1.1. Bem jurídico protegido

Dentre os direitos do colaborador, estudados acima (art. 5º), estão os de "ter nome, qualificação, imagem e demais informações pessoais preservados" (inciso II) e "não ter sua identidade revelada pelos meios de comunicação, nem ser fotografado ou filmado, sem sua prévia autorização por escrito" (inciso V). Essas garantias colimam conferir proteção ao delator, como forma de precaução contra investidas à sua integridade física.

A violação a esses direitos foi alçada à condição de crime. O fito é proteger a intimidade do colaborador, bem como tomar precaução contra eventual ameaça à sua incolumidade psíquica e física (liberdade individual do colaborador). O legislador foi impaciente e tomou cautelas para prevenir eventual ameaças, sendo crime de lesão à intimidade, de um lado, e de perigo abstrato, de outro.

Veja-se que não se destina o dispositivo a tutelar violação de igual espécie relativamente ao agente infiltrado. Caso haja revelação ou violação de segredo atinente a esse agente público, o agente estará incurso na figura típica do art. 20, da Lei nº 12.850/2013, se presentes os elementos exigidos nesse dispositivo.

1.2. Tipicidade objetiva

Existem três núcleos do tipo (verbos): (1) revelar (propiciar conhecimento de algo, descortinar, evidenciar, descobrir); (2) fotografar (acionar dispositivo capaz de captar imagens por meio de reprodução estática); e (3) filmar (iniciar dispositivo de registro contínuo e dinâmico de imagens).

O tipo penal é de ação múltipla, porém alternativa, vale dizer, não é necessária a conjugação de todas as condutas previstas, bastando a ocorrência de uma delas.

Sendo o objeto material a pessoa ou a coisa sobre a qual recai a conduta delituosa, teremos os seguintes, consoante o complemento verbal: (1) a identidade, objeto material do ato de revelar; ou (2) o colaborador, objeto material do ato de fotografar ou filmar.

Para que a conduta se acomode por inteiro no tipo penal é preciso ainda a presença de um requisito que o integra, representado na expressão "sem sua prévia autorização por escrito". O desvalor da ação somente ocorrerá se não houver a prévia autorização escrita. Se houver a concordância prévia por escrito, restará afastada a tipicidade.

Caso haja violação àqueles direitos, com concordância apenas verbal ou com aquiescência escrita posterior, a condutas de revelar a identidade, fotografar ou filmar o colaborador serão típicas do ponto de vista formal.

No entanto, a concordância por forma diversa da legal é consentimento relevante do ofendido, apto a alijar a lesividade do ato. A intimidade é disponível, enquanto a liberdade individual não o é inteiramente.

Todavia, a manifestação concordante da vítima com quaisquer daquelas condutas suprime a lesividade necessária à intervenção do direito penal. O fato será atípico no sentido material (substancial), insignificante ou bagatelar impróprio.

1.3. Tipicidade subjetiva

Sujeito ativo pode ser qualquer pessoa, sendo, por tal motivo, crime comum. Sujeito passivo é o colaborador, eis que é ele o principal afetado pelo descumprimento das regras que visam proteger direitos seus. Tanto isso é exato que ele tem o poder de disposição daquelas garantias, mediante autorização prévia escrita.

Não nos parece que o Estado seja sujeito passivo desse delito, salvo muito remotamente, embora haja posicionamento em sentido contrário o incluindo como sujeito passivo direto, enquanto o colaborador como sujeito passivo indireto (mediato).

O crime só é de ser punido a título de dolo. Não há previsão de punição a título de culpa. O dolo é o genérico, direto ou eventual, consistente na vontade livre e consciente de cometer uma das condutas dispostas na figura típica reitora.

1.4. Consumação e tentativa

Trata-se de crime material, cujo tipo penal prevê conduta e resultado, exigindo que este se produza. A consumação do delito se dá com o êxito das ações de revelar a identidade do colaborador, de fotografá-lo ou de filmá-lo. É delito comissivo, mas pode se apresentar na forma comissiva por omissão, a exemplo da revelação da identidade do colaborador por meio de desídia proposital em não acautelar os dados, por meio de senhas, por exemplo.

A tentativa é admissível, haja vista ser possível fracionar o iter criminis. É plenamente plausível tentar fotografar, tentar revelar a identidade ou tentar filmar, e ser o agente rapidamente interrompido quando da execução do seu desejo.

1.5. Penas aplicáveis

O crime é punido com reclusão, de 1 (um) a 3 (três) anos, sem prejuízo da multa.

Desse modo, perfeitamente cabível substituição de penas (arts. 43 e 44 do CP). A suspensão condicional do processo é igualmente possível, por ter o delito, em seu preceito secundário, a pena mínima abstrata não excedente a um ano (art. 89, Lei nº 9.099/1995).

1.6. Ação penal

A ação penal é de natureza pública incondicionada.

Art. 19. Imputar falsamente, sob pretexto de colaboração com a Justiça, a prática de infração penal a pessoa que sabe ser inocente, ou revelar informações sobre a estrutura de organização criminosa que sabe inverídicas:

Pena – reclusão, de 1 (um) a 4 (quatro) anos, e multa.

1. COMENTÁRIOS

1.1. Bem jurídico protegido e conflito aparente de normas penais

Como bem jurídico protegido está a administração da justiça, espécie do gênero administração pública[58], haja vista que a "colaboração com a justiça" (colaboração caluniosa e fraudulenta), concernente a delatar pessoa inocente ou revelar informações inverídicas sobre suposta estrutura de organização criminosa pode desviar os rumos da persecução penal.

Também se protege, de maneira secundária, a honra da pessoa inocente contra quem foi imputada a prática de infração penal. Com efeito, a conduta delitiva, similarmente à calúnia, é ofensiva à honra subjetiva do sujeito que se sabe não ser autor do delito a ele atribuído.

O tipo penal do epigrafado art. 19, da Lei da Criminalidade Organizada, é uma espécie híbrida de dois crimes previstos no Código Penal:

(1) a colaboração caluniosa e fraudulenta é comportamento menos grave que a "denunciação caluniosa" (art. 339, *caput*, CP), consistente em "dar causa à instauração de investigação policial, de processo judicial, instauração de investigação administrativa, inquérito civil ou ação de improbidade administrativa contra alguém, imputando-lhe crime de que o sabe inocente" e cuja pena é de "reclusão, de 2 (dois) a 8 (oito) anos, e multa"; e

(2) o delito de colaboração caluniosa e fraudulenta é conduta mais grave que o de "calúnia" (art. 138, *caput*, CP), descrito como "caluniar alguém, imputando-lhe falsamente fato definido como crime" e com pena de "detenção, de 6 (seis) meses a 2 (dois) anos, e multa".

Deveras, o crime em tela, situado em permeio às infrações do Código Penal aqui confrontadas, tem pena de "reclusão, de 1 (um) a 4 (quatro) anos, e multa".

58. PRADO, Luiz Regis; CARVALHO, Érika Mendes de; CARVALHO, Gisele Mendes de. *Curso de direito penal brasileiro: parte geral e parte especial.* 14. ed. São Paulo: RT, 2015. p. 1447.

O conflito aparente de normas penais deve ser solucionado com a aplicação do princípio da especialidade.

Com efeito, o princípio da especialidade afasta a aplicação do art. 138, do Código Penal (crime menos grave que o de colaboração caluniosa e fraudulenta), quando a imputação falsa de infração penal for realizada a pretexto de colaboração com a Justiça no curso de investigação preliminar ou de processo penal por fato delituoso atribuído a organização criminosa. Não há que se falar, no ponto, em concurso formal ou material de crimes. A conduta é encampada, por inteiro, pela norma incriminadora decorrente do art. 19, da Lei nº 12.850/2013.

Também o princípio da especialidade deve ser aplicado para solucionar o conflito aparente de normas entre o delito de colaboração caluniosa e fraudulenta e o crime de denunciação caluniosa (mais grave). A distinção fica por conta de que da existência ou não de persecução penal já instaurada por fato delituoso atribuído à organização criminosa:

(1) caso já haja investigação preliminar ou processo penal que apure delito assim classificado, o delito será o do art. 19, da Lei nº 12.850/2013;

(2) ao contrário, se a pretensa colaboração (caluniosa e fraudulenta) advir em momento anterior a qualquer providência investigativa dos órgãos estatais de persecução penal, ela será apta a tipificar o crime de denunciação caluniosa assentado no art. 339, *caput*, do Código Penal, eis que capaz de dar causa à instauração de investigação policial. Na hipótese, não será cabível a aplicação conjunta daquele dispositivo com o art. 17, da Lei do Crime Organizado.

1.2. Tipicidade objetiva

Os núcleos do tipo do crime de colaboração caluniosa e fraudulenta são alternativos: (1) o verbo "imputar", que quer dizer atribuir, apontar, indicar; ou (2) o verbo "revelar", significando descortinar, descobrir, elucidar, esclarecer, evidenciar.

Cuida-se de tipo penal misto alternativo, eis que sua incidência pode ocorrer se somente perpetrada uma das partes do texto legal ou ambas, consoante a narrativa do art. 19, da Lei nº 12.850/2013, assim dividida:

(1) "imputar falsamente, sob pretexto de colaboração com a Justiça, a prática de infração penal a pessoa que sabe ser inocente"; e/ou

(2) "revelar informações sobre a estrutura de organização criminosa que sabe inverídicas".

O objeto material de um crime é a pessoa ou coisa sobre a qual recai a conduta delituosa, sendo, na hipótese de colaboração caluniosa e fraudulenta, a pessoa ou as pessoas contra as quais se dirigem a imputação falsa ou a acusação de participação na organização criminosa.

O tipo penal, em sua primeira parte, contém elemento normativo do tipo de natureza extrajurídica, representado pela expressão "falsamente".

Vale dizer, o comportamento de imputar a prática de infração penal à pessoa que sabe ser inocente e sob o pretexto de desejar colaborar com a Justiça carece de demonstração empírica de sua falsidade, a ser valorada a partir de elementos probatórios. Só se sabe ser falsa a imputação mediante cotejo de elementos de informação ou provas. Diretamente, a valoração não se dirige ao sentido das regras, mas à base empírica indicativa da falsidade.

Diante da necessidade de apreciação de elementos empíricos para se constatar a natureza falsa da imputação e da gravidade da imputação, forçoso é admitir a aplicação analógica do § 3º, do art. 138, do Código Penal, reconhecendo a possibilidade do acusado opor exceção da verdade. Em outros termos, deve-se permitir ao réu, uma vez citado no processo por crime do art. 19, da Lei nº 12.850/2013, provar a verdade da imputação que formulou em sua colaboração com a justiça, por meio da *exceptio veritatis*.

Outro elemento normativo do tipo é identificado na segunda parte do tipo penal, no termo "inverídicas". As informações sobre a estrutura de organização criminosa hão de ser inverídicas. Tal elemento normativo do tipo também tem natureza extrajurídica, haja vista que carece de valoração sobre elementos estranhos ao texto legal, isto é, de cariz eminentemente empírico.

1.3. Tipicidade subjetiva

O dolo é o genérico (direto ou eventual). O crime de colaboração caluniosa ou fraudulenta não admite a forma culposa.

O agente deve ter a vontade livre e consciente de perpetrar os comportamentos disciplinados no texto do tipo penal, estando ciente da falsidade da imputação ou não veracidade da estrutura de organização criminosa.

Por outro lado, se existir dúvida sobre a imputação de infração penal ou sobre a estrutura de dito grupo criminoso e, ainda assim, o agente imputa aquele fato ou revela a estrutura, incorrerá nas penas preconizadas, por ter assumido o risco de produzir o resultado (dolo eventual).

Cabe registra posicionamento de Renato Brasileiro Lima entendendo que "o crime é punido exclusivamente a título de dolo direto, pois o tipo penal utiliza a expressão 'que sabe ser inocente' e 'que sabe inverídicas'".

Cuida-se de crime de "tendência subjetiva intensificada" [59], haja vista que o tipo exige, alternativamente: (1) a finalidade de menosprezar, de caluniar (*animus calumniandi*), de menosprezar; ou (2) o objetivo de revelar informações sobre a estrutura de organização criminosa que sabe inverídicas, com fito também de causar prejuízo às pessoas que supostamente integram organização ou mesmo à persecução penal estatal.

Como requisito à tipicidade, o agente tem que saber ser inocente o ofendido a quem está a imputar, falsamente, sob pretexto de colaboração com a Justiça, a prática de infração penal (dolo específico). Do mesmo modo, o sujeito ativo tem de ter ciência de que as informações sobre a estrutura de organização criminosa que presta à autoridade são inverídicas. Se sua conduta decorre de equívoco em razão de falta de acuidade visual, auditiva ou de perturbação de percepção, restará ausente o dolo e estará afastada a tipicidade.

59. PRADO, Luiz Regis; CARVALHO, Érika Mendes de; CARVALHO, Gisele Mendes de. *Curso de direito penal brasileiro*: parte geral e parte especial. 14. ed. São Paulo: RT, 2015. p. 768.

Qualquer pessoa pode ser sujeito ativo do delito, desde que esteja na condição de "colaborador". Nesses termos, estamos diante de crime de mão própria[60]. Entendemos que tal tipo de delito não admite coautoria ou participação, por exemplo, do advogado[61]. Entrementes, a tendência da jurisprudência, notadamente no âmbito do STJ, é o de permitir a responsabilização do advogado, como partícipe[62], em face de não existir restrição ao induzimento ou à cumplicidade, a exemplo do que se dá com o crime de falso testemunho[63].

Deveras, para a configuração do crime, necessário que já exista persecução penal em tramitação (investigação preliminar ou processo), pois se ainda não existir o delito não será de colaboração caluniosa ou fraudulenta, porém o de denunciação caluniosa, ainda que sob o pretexto de colaborar com a Justiça.

Sujeito passivo do crime será o Estado. Secundariamente, também será sujeito passivo a pessoa contra quem se imputa falsamente fato definido com infração penal relacionada ao crime organizado.

1.4. Consumação e tentativa

O crime do art. 19, da Lei nº 12.850/2013, pode ser realizado de forma livre, ou seja, o agente pode "imputar" ou "revelar" utilizando meios escritos, verbais, digitais ou gestuais.

A consumação, quanto à primeira parte do tipo penal, retratada na conduta de "imputar falsamente, sob pretexto de colaboração com a Justiça, a prática de infração penal a pessoa que sabe ser inocente", ocorre com o conhecimento do fato pelas autoridades responsáveis por lavrar termo de colaboração premiada (Ministério Público ou autoridade policial).

Sem embargo, o conhecimento do fato por pessoa diversa do imputado e que enseje providências junto ao Ministério Público ou à delegacia de polícia, a exemplo de informações prestadas a magistrado ou a CPI's (Comissões Parlamentares de Inquérito) também é momento consumativo do delito ora estudado. Isso porque já estarão presentes todos os elementos que perfazem o *iter criminis*, com a finalidade especial de "colaborar com a Justiça".

A consumação da conduta descrita na segunda parte do dispositivo, consistente em "revelar informações sobre a estrutura de organização criminosa que sabe inverídicas", ocorre no instante da revelação perante a autoridade pública destinatária e capaz de ensejar, em tese, providências prévias à colaboração premiada.

Note-se que deve existir, ao menos, procedimento investigativo instaurado. Caso não haja, o delito será, em tese, o de denunciação caluniosa (art. 339, do Código Penal), em face de ser ato tendente a dar causa ao início de investigação criminal, ainda que não ocorra de fato a deflagração da persecução penal estatal.

---

60. STJ – Sexta Turma – REsp 9.084/SP – Rel. Ministro Luiz Vicente Cernicchiaro – julgado em 17/03/1992 – DJ 06/04/1992.
61. Nesse sentido, negando a possibilidade de participação em crime de mão própria: STJ – Sexta Turma – HC 101.381/RJ, Rel. Ministra Maria Thereza de Assis Moura – julgado em 27/09/2011 – DJe 13/10/2011.
62. STJ – Quinta Turma – HC 36.287/SP – Rel. Ministro Felix Fischer – julgado em 17/05/2005 – DJ 20/06/2005.
63. PRADO, Luiz Regis; CARVALHO, Érika Mendes de; CARVALHO, Gisele Mendes de. *Curso de direito penal brasileiro*: parte geral e parte especial. 14. ed. São Paulo: RT, 2015. p. 1475.

A tentativa, embora de difícil configuração, é admissível, mormente quando realizada por meio escrito. Tome-se como exemplo a interceptação de carta pela pessoa que seria vítima do ilícito, fracionando assim o *iter criminis*.

1.5. Penas aplicáveis

O crime de colaboração caluniosa e fraudulenta é punido com reclusão, de 1 (um) a 4 (quatro) anos, sem prejuízo da multa.

Desse modo, perfeitamente cabível substituição de penas (arts. 43 e 44 do CP). Também admissível é a suspensão condicional do processo, por ser a pena mínima abstrata não excedente a um ano (art. 89, Lei nº 9.099/1995).

1.6. Ação penal

A ação penal é de natureza pública incondicionada.

Não é necessária a conclusão do processo criminal instaurado contra o colaborador, onde se prestou a colaboração caluniosa e fraudulenta, para que seja iniciado novo processo por conta da perpetração desse novo delito tipificado no art. 19, da Lei nº 12.850/2013.

Art. 20. Descumprir determinação de sigilo das investigações que envolvam a ação controlada e a infiltração de agentes:

Pena – reclusão, de 1 (um) a 4 (quatro) anos, e multa.

1. COMENTÁRIOS

1.1. Bem jurídico protegido

O crime de quebra de sigilo de investigações visa tutelar o bem jurídico consistente no normal funcionamento da administração pública, o regular funcionamento dos órgãos responsáveis pela persecução penal estatal, notadamente a administração da justiça, responsável pela determinação do segredo.

Mais especificamente, o bem jurídico "é a moralidade e probidade administrativa da função pública, no exercício de atividade policial investigativa". A proteção é dirigida à probidade e à respeitabilidade da função pública, assim como a integridade de seus funcionários, mormente "a seriedade e neutralidade com que esses atos devem ser realizados, mantendo-se o sigilo legalmente imposto como um dos instrumentos para assegurar o seu êxito final", tal como elucida Cézar Roberto Bitencourt[64].

É uma figura típica regida pelo princípio da especialidade quando cotejada com o delito de violação do dever de sigilo funcional gizado no art. 325, do Código Penal, cuja descrição

64. BITENCOURT, Cézar Roberto. Violação de sigilo nas investigações. Disponível em: <http://cezarbitencourt.jusbrasil.com.br/artigos/121936008/violacao-de-sigilo-nas-investigacoes>. Acesso em: 14 dez. 2015.

típica fundamental é a de "revelar fato de que tem ciência em razão do cargo e que deva permanecer em segredo, ou facilitar-lhe a revelação".

Na hipótese do art. 20, da Lei nº 12.850/2013, o desatendimento de ordem de manutenção de sigilo das investigações é referente aos meios de obtenção de provas de "ação controlada" e "infiltração de agentes". Ambas dependem de autorização judicial. O sigilo, além de decorrer da natureza dessas técnicas especiais de investigação, é objeto de decisão judicial fundamentada.

1.2. Sujeitos do delito

O sujeito ativo do crime de quebra de sigilo das investigações só pode ser o funcionário destinatário da ordem de conservação do segredo. De tal modo, é um crime próprio, por exigir especial qualidade do sujeito ativo, eis que deve ser funcionário público.

O sujeito passivo é o Estado, eis que atinge a administração da justiça.

Veja-se que, secundariamente, pode haver prejuízo para pessoa física prejudicada com a quebra do sigilo concernente à ação controlada ou ao agente infiltrado. Cuida-se de pessoa denominada prejudicado, que é diversa do sujeito passivo na hipótese vertente, apesar de geralmente haver coincidência.

1.3. Tipicidade objetiva

É constituído pelo núcleo do tipo (verbo) descumprir, definido como desatendimento, desacatamento, desobediência ou afastamento de cânone que deveria ser seguido. O fito é remetido ao dever de sigilo que não se deve afastar o funcionário da investigação policial.

O objeto material (pessoa ou coisa sobre a qual recai a conduta delitiva) é a determinação de sigilo das investigações. A ação de descumprir macula a ordem de sigilo. No entanto, a ordem de sigilo é específica, devendo ser alusiva à ação controlada (arts. 8º e 9º, Lei nº 12.850/2013) e à infiltração de agentes (art. 10, Lei nº 12.850/2013), devidamente descritas em decisão judicial.

Não se amolda ao tipo em tela outras violações de sigilo, como ao dever de manter em sigilo eventual distribuição de acordo de colaboração premiada (art. 7º). Havendo quebra de outras regras concernentes ao sigilo diversas da ordem emanada da decisão judicial que autoriza ação controlada ou infiltração de agentes, o tipo aplicável é o art. 325, do Código Penal, cuja pena, a propósito, é muito menor que a do delito neste tópico examinado.

1.4. Tipicidade subjetiva

Punível somente a título de dolo que, por sua vez, há de ser genérico, consubstanciado na vontade livre e consciente de se afastar do comando de sigilo das investigações enumeradas no tipo penal.

Na subdivisão do dolo, admite-se a punição seja a título de dolo direto, seja de dolo eventual (indireto, quando assume o agente o risco de produzir o resultado).

1.5. Consumação e tentativa

O delito é formal, com descrição de resultado naturalístico, porém de consumação antecipada. Em outras palavras, não é necessária a produção de resultado negativo às investigações para que já se tenha consumado o crime. A sua consumação é instantânea.

Admite-se a tentativa, eis que passível o fracionamento do iter criminis. Todavia, é de difícil ocorrência prática.

1.6. Penas aplicáveis

A pena aplicável é a de reclusão, de um a quatro anos, sem prejuízo da multa. De acordo com os limites mínimo e máximo abstrato pode-se vincar ser cabível suspensão condicional do processo (art. 89, da Lei nº 9.099/1995), a substituição de penas privativas de liberdade (arts. 43 e 44 do CP) e que deve se seguir o rito ordinário, seja pelo quantitativo da pena máxima em tese (quatro anos), seja pela previsão específica do art. 22, da Lei nº 12.850/2013, comentado adiante.

1.7. Ação penal

A ação penal é de natureza pública incondicionada.

Art. 21. Recusar ou omitir dados cadastrais, registros, documentos e informações requisitadas pelo juiz, Ministério Público ou delegado de polícia, no curso de investigação ou do processo:

Pena – reclusão, de 6 (seis) meses a 2 (dois) anos, e multa.

Parágrafo único. Na mesma pena incorre quem, de forma indevida, se apossa, propala, divulga ou faz uso dos dados cadastrais de que trata esta Lei.

1. COMENTÁRIOS

1.1. Bem jurídico protegido

Tutela-se à administração da justiça em sentido largo, na medida em que as ações tendentes a obstruir a obtenção de informações necessárias à persecução penal estatal prejudica o funcionamento regular da atuação judicial, ministerial e policial. O tipo derivado, gizado no parágrafo único, também tem o condão de tutelar os bens jurídicos consistentes no direito ao sigilo e à intimidade do imputado.

1.2. Tipicidade objetiva

O núcleo do tipo penal, consignado no tipo fundamental (*caput*), é múltiplo e alternativo: o primeiro centrado no verbo "recusar" e o segundo no verbo "omitir".

Recusar significa se opor expressamente, negar, não acatar ordem. A recusa se dirige contrariamente à requisição (pedido que deve ser cumprido, comando). Para que se verifique, deve a requisição ser clara, sem dubiedades.

Omitir consiste em inércia deliberada, ausência de atuação, comportamento negativo, ainda que parcial, a exemplo da apresentação de resposta com informações parciais e sonegação de dados relevantes. A omissão diante da requisição formulada pelos órgãos apontados pelo tipo penal estudado deve se evidenciar claramente, sem possibilidade de dúvidas quanto à ciência sobre a ordem e a sua extensão, bem como sobre a qualidade dos representantes órgãos apontados.

No parágrafo único, é descrito tipo derivado, valendo-se de outros verbos (também núcleos do tipo penal), quais sejam, "apossar", "propalar", "divulgar" e "fazer uso".

Apossar quer dizer tomar posse, inverter a posse de algo, cujo sentido indica que a forma de apossamento deve se dar de forma contrária ao direito, isto é, o apossamento de dados cadastrais, para ser considerado comportamento típico, deve estar em descompasso com os ditames da Lei nº 12.850/2013.

Propalar é divulgar, espalhar, compartilhar. Como é verbo que é complementado pelos dados cadastrais, para que haja adequação típica, a divulgação de dados cadastrais deve ofender regras que asseguram o sigilo, seja para resguardar a possibilidade êxito na aplicação da lei penal, seja para assegurar a intimidade do imputado.

Deixando ainda mais evidenciado a forma típica de atuação do agente, o parágrafo único, do artigo em tela, agrega o verbo divulgar, que significa tornar conhecido, comunicar de forma não reservada, difundir ou mesmo espalhar os dados cadastrais que deveriam ser protegidos contra a publicidade.

O último núcleo do supradito tipo penal derivado é fazer uso, cujo sentido quer dizer usar, utilizar, dar destinação para fim diverso do preconizado pela Lei nº 12.850/2013.

Os objetos materiais do tipo fundamental (*caput*) são "dados cadastrais, registros, documentos e informações", quando tais forem requisitadas por magistrado, membro do Ministério Público ou delegado de polícia, seja no curso de investigação preliminar, seja no curso de processo.

Note-se que o Ministério Público e o delegado de polícia têm o poder legal de requisitar diretamente os dados aludidos pelo art. 15, da Lei nº 12.850/2013, e pelo art. 17-B, da Lei nº 9.613/1998 (com redação dada pela Lei nº 12.683/2012).

O primeiro dispositivo foi objeto de estudo acima, o segundo, por sua vez, reza que "a autoridade policial e o Ministério Público terão acesso, exclusivamente, aos dados cadastrais do investigado que informam qualificação pessoal, filiação e endereço, independentemente de autorização judicial, mantidos pela Justiça Eleitoral, pelas empresas telefônicas, pelas instituições financeiras, pelos provedores de internet e pelas administradoras de cartão de crédito".

Os autorizativos legais citados são restritos, respectivamente, a delitos que envolvam crime organizado ou crime de lavagem de dinheiro. Para tanto, é preciso a existência de indícios visíveis, que tornem plausível a atuação desses órgãos, sem a necessidade de decisão judicial. De tal forma, na hipótese de falta de base empírica para a requisição ou sendo esta formulada fora dos parâmetros normativos, eventual recusa não configurará infração penal.

Apesar do tipo penal não qualificar a espécie de processo a que se refere, exegese estrita, própria da interpretação de lei penal sancionadora, autoriza concluir que as condutas ali incriminadas sejam alusivas a processo penal que envolva delito imputado a organização criminosa, nos termos conceituados na Lei nº 12.850/2013. Também a investigação preliminar deve ter por conteúdo a apuração de infração penal dessa espécie.

O objeto material do tipo penal derivado (parágrafo único, do art. 21, da Lei do Crime Organizado) consiste nos dados cadastrais, referidos no mesmo diploma legal. No tipo derivado, aliás, há a exigência explícita de que o apossamento, o uso, a propalação ou a divulgação seja realizada "de forma indevida", ou seja, indevidamente, contrariamente à lei. Trata-se de elemento normativo do tipo penal jurídico, eis que carece de valoração prévia (interpretação), tendente a aferir se o ordenamento jurídico proíbe aquelas ações.

1.3. Tipicidade subjetiva

O crime do art. 21 só é punido a título de dolo. Nos termos do art. 18, I, do Código Penal, o dolo pode ser direto (quando se quer produzir o resultado) ou eventual (quando se assume o risco de produzir o resultado). Não há previsão de forma culposa, nem é necessário dolo específico à espécie.

O sujeito ativo do delito pode ser qualquer pessoa, haja vista que o tipo não exige qualidade especial do agente. Em razão disso, o crime é classificado como comum, conquanto seja necessário que a requisição tenha destinatário certo.

O sujeito passivo do delito descrito no *caput* (tipo fundamental) é o Estado. Também o Estado é sujeito passivo do crime narrado no parágrafo único (tipo derivado). No entanto, enquanto o Estado é sujeito passivo direto deste último, também é sujeito passivo, indireto, o titular das informações cadastrais divulgadas, propaladas, usadas ou apossadas indevidamente.

1.4. Consumação e tentativa

O crime de sonegação de informações requisitadas é do tipo formal, porquanto a lei descreve a conduta incriminada e o resultado (prejuízo à administração da justiça *lato sensu*), porém não se requer que este efetivamente ocorra para que se tenha por consumado o delito. A consumação se dá com as ações ou omissões entabuladas nos núcleos dos tipos fundamental e derivado comentados no item anterior.

Na modalidade de recusar ou de omitir "dados cadastrais, registros, documentos e informações requisitadas pelo juiz, Ministério Público ou delegado de polícia, no curso de investigação ou do processo", a tentativa é inadmissível, mormente diante da impossibilidade de fracionar o *iter criminis*.

O mesmo não se pode dizer das ações descritas no tipo derivado, sendo plenamente possível a tentativa de se apossar, de propalar, de divulgar ou de fazer uso dos dados cadastrais de que trata esta Lei, de maneira indevida. Imagine-se a intervenção da polícia, em situação de flagrante delito, no momento em que o agente está iniciando os atos de execução para efetivar o apossamento, a propalação, a divulgação ou uso daqueles dados. O fracionamento do iter criminis pode ser visualizado, inclusive, pela possibilidade do imputado realizar aqueles comportamentos por meios eletrônicos, a exemplo de quando esteja sendo monitorado, em razão de interceptação telefônica autorizada judicialmente.

1.5. Tipo derivado

O tipo descrito no parágrafo único determina que o sujeito ativo incorrerá nas mesmas penas previstas no preceito secundário do tipo fundamental (forma equiparada ao *caput*).

1.6. Penas aplicáveis

O crime em tela é punido com reclusão, de 6 (seis) meses a 2 (anos) anos, sem prejuízo da multa.

Desse modo, perfeitamente cabível substituição de penas (arts. 43 e 44 do CP). Também admissíveis são a transação penal, por ser a pena máxima não excedente a dois anos, e a suspensão condicional do processo, por ser a pena mínima abstrata não excedente a um ano (art. 89, Lei nº 9.099/1995).

A competência para processamento e julgamento não é dos juizados especiais em virtude da determinação contida no art. 22, da Lei nº 12.850/2013, que manda se seguir o rito ordinário.

Ainda que sob esse procedimento, serão aplicados os benefícios da Lei nº 9.099/1995, salvo se obstados por conta de concurso de crimes cujo somatório de penas em abstrato extrapole os limites legais.

1.7. Ação penal

A ação penal é de natureza pública incondicionada.

▸CAPÍTULO III – DISPOSIÇÕES FINAIS

Art. 22. Os crimes previstos nesta Lei e as infrações penais conexas serão apurados mediante procedimento ordinário previsto no Decreto-Lei nº 3.689, de 3 de outubro de 1941 (Código de Processo Penal), observado o disposto no parágrafo único deste artigo.

Parágrafo único. A instrução criminal deverá ser encerrada em prazo razoável, o qual não poderá exceder a 120 (cento e vinte) dias quando o réu estiver preso, prorrogáveis em até igual período, por decisão fundamentada, devidamente motivada pela complexidade da causa ou por fato procrastinatório atribuível ao réu.

1. COMENTÁRIOS

O rito a ser seguido é o ordinário, disposto no Código de Processo Penal a partir do seu art. 396, independentemente do *quantum* máximo abstrato previsto para a infração penal. Em outras palavras, basta à fixação do procedimento comum ordinário a existência de elementos visíveis que permitam a incidência do conceito legal de organização criminosa. Destarte, irrelevante se o crime objeto de apuração tem pena máxima em tese inferior a quatro anos, patamar este necessário ao estabelecimento do rito comum ordinário.

A distinção do rito, bastante tênue, fica por conta do parágrafo único, do art. 22, da Lei nº 12.850/2013, que preconiza que a instrução criminal deve ser encerrada em prazo razoável que, por sua vez, não poderá exceder cento e vinte dias quando o acusado estiver preso. Entrementes, a parte final desse enunciado prevê a possibilidade de prorrogação "em até igual período, por decisão fundamentada, devidamente motivada pela complexidade da causa ou por fato procrastinatório atribuível ao réu".

A noção de "prazo razoável", expressão do princípio constitucional da "razoável duração do processo", é um tanto vaga. Para os fins da Lei nº 12.850/2013, o prazo razoável para encerramento da instrução criminal com acusado preso é o de cento e vinte dias. Entendemos que para o cômputo desse lapso, deve-se considerar também o tempo de investigação preliminar, a contar da data da efetivação da prisão do agente.

O dispositivo estabeleceu como termo *ad quem* para a contagem do prazo de cento e vinte dias o "encerramento da instrução criminal". Instrução deve ser entendida como conjunto de atos probatórios tendentes a levar ao juiz o conhecimento do fato objeto da imputação. Depois de produzida a prova, não há mais instrução. Daí que o dispositivo não coíbe excessos indesejáveis de prazos para prolação da sentença, dando ensejo a afirmações jurisprudenciais corriqueiras no sentido de que não há constrangimento ilegal depois de encerrada a instrução e conclusos os autos para sentença.

Mais delicada é a possibilidade de prorrogação do prazo por até cento e vinte dias, devidamente justificada por fato procrastinatório atribuível ao réu ou em virtude da complexidade da causa. Note-se que as expressões que admitem a prorrogação do prazo são abertas. O que é "fato procrastinatório"? O que é "complexidade da causa"? Os processos penais com réu preso devem receber tramitação especial.

2. QUESTÕES DE CONCURSOS

1. **(CS-UF/DPE-GO/Defensor Público/2014)** Os crimes previstos na Lei nº 12.850/2013, que define organização criminosa, e as infrações penais conexas, serão apurados mediante procedimento.

a) sumaríssimo, previsto na Lei nº 9.099/1995

b) sumário, previsto no Código de Processo Penal.

c) ordinário, previsto no Código de Processo Penal.

d) especial, previsto na Constituição Federal.

e) extraordinário, previsto na Constituição Federal.

2. **(MPE-PR/Promotor de Justiça/2014 – adaptada)** Os crimes elencados na Lei nº 12.850/13 (organizações criminosas) e as respectivas infrações conexas, por regra expressa da legislação especial, serão apurados mediante rito ordinário do Código de Processo Penal.

3. **(VUNESP/PC-SP/Delegado de Polícia/2018 - adaptada)** Nos crimes previstos na referida lei, observadas as disposições do Código de Processo Penal, a instrução criminal deverá ser encerrada no prazo de 120 (cento e vinte) dias quando o réu estiver preso, prorrogáveis em até igual período, por decisão fundamentada, somente na hipótese de fato procrastinatório atribuível ao réu.

GAB	1	2	3
	C	C	E

Art. 23. O sigilo da investigação poderá ser decretado pela autoridade judicial competente, para garantia da celeridade e da eficácia das diligências investigatórias, assegurando-se ao defensor, no interesse do representado, amplo acesso aos elementos de prova que digam respeito ao exercício do direito de defesa, devidamente precedido de autorização judicial, ressalvados os referentes às diligências em andamento.

Parágrafo único. Determinado o depoimento do investigado, seu defensor terá assegurada a prévia vista dos autos, ainda que classificados como sigilosos, no prazo mínimo de 3 (três) dias que antecedem ao ato, podendo ser ampliado, a critério da autoridade responsável pela investigação.

1. COMENTÁRIOS

A investigação preliminar é regida pelo sigilo, como regra. O art. 20, *caput*, do Código de Processo Penal, reza que "a autoridade assegurará no inquérito o sigilo necessário à elucidação do fato ou exigido pelo interesse da sociedade". O sigilo das investigações, ademais, deve servir, sobremodo, à preservação da intimidade do imputado (assegurado constitucionalmente), conquanto aquele dispositivo legal somente enfatize o cunho inquisitivo da fase investigativa.

Nos termos da Súmula vinculante nº 14, tal segredo não pode ser oposto ao advogado do representado. Ciente da possibilidade de abusos relativamente ao direito do defensor de ter amplo acesso aos autos de investigação, notadamente em face de apuração de infrações penais graves envolvendo organizações criminosas, a Lei nº 12.850/2013 traçou procedimento regulatório do sigilo das investigações daqueles delitos.

Estabeleceu, por meio de regra atribuidora de competência, que "o sigilo da investigação poderá ser decretado pela autoridade judiciária competente". Isso não significa dizer que o delegado de polícia poderá divulgar amplamente resultados de investigações que apurar, enquanto o juiz não decreta o sigilo. A autoridade policial deve preservar a intimidade dos investigados e agir com discrição durante a investigação.

Ao contrário, o dispositivo outorga competência ao juiz para decidir sobre o sigilo de autos de investigação, para os casos que envolvam crimes imputados a organizações criminosas. Note-se que, como regra, quem resolve questões sobre a abrangência do sigilo dos autos de investigação preliminar é a própria autoridade que preside o inquérito.

Porém, havendo incidência da Lei nº 12.850/2013, em face de crime imputado a organização criminosa, o sigilo deverá ser decretado pelo juiz competente, conferindo maior espectro ao segredo, quando necessário à garantia da celeridade e à eficácia das diligências investigatórias.

Tal qual a Súmula Vinculante nº 14, do STF, a segunda parte do indigitado art. 23, da Lei das Organizações Criminosas, assegura "ao defensor, no interesse do representado, amplo acesso aos elementos de prova que digam respeito ao exercício do direito de defesa".

Contudo, o afastamento do sigilo será objeto de controle por parte do juiz quando indispensável à celeridade e à eficácia das diligências investigatórias. Somente nesses casos restritos, será o sigilo alijado quando "devidamente precedido de autorização judicial". No que toca às diligências em andamento, ainda não documentadas, o sigilo não deverá ser afastado.

O parágrafo único, do art. 23, da Lei nº 12.850/2013, prevê, em acréscimo que, uma vez ordenada a tomada de declarações do investigado, deverá ser assegurada a prévia vista dos autos ao seu defensor. Cuida-se de corolário dos direitos fundamentais que devem ser garantidos à pessoa investigada, ainda que em momento prévio à instauração do processo penal.

Na hipótese, não é necessária autorização judicial para que seja garantida a vista dos autos de investigação ao defensor em momento prévio à tomada de suas declarações. O direito à vista dos autos pelo defensor do investigado deve ser observado ainda que os autos sejam classificados como sigilosos. O prazo mínimo a lhe ser concedido é o de três dias que antecedem o ato, podendo ser ampliado a critério da autoridade responsável pelo procedimento investigativo.

2. QUESTÕES DE CONCURSOS

1. **(FAPEMS/PC-MS/Delegado de Polícia/2017)** Eurípedes, advogado contratado pela família de Haroldo, preso em flagrante, dirige-se até a Delegacia de Polícia para iniciar a defesa de seu cliente. Para tanto, solicita acesso aos autos do inquérito policial instaurado para a apuração do crime, o que é negado pelo escrivão de polícia sob o argumento de que o procedimento é sigiloso. O advogado, inconformado com a negativa, aguarda o atendimento pelo Delegado de Polícia, que

a) não deve conceder vistas dos autos sem autorização judicial, caso a investigação seja referente à organização criminosa e tenha sido decretado o sigilo pela autoridade judicial competente, para garantia da celeridade e da eficácia das diligências investigatórias.

b) deve verificar, inicialmente, se há nos autos diligências que não foram realizadas ou que estão em andamento, já que estas somente podem ser acessadas pelo advogado após documentadas e mediante a apresentação de procuração.

c) deve conceder vistas ao advogado, ainda que este não tenha procuração e haja informações decretadas sigilosas nos autos do inquérito policial, uma vez que o sigilo da investigação não atinge de nenhuma forma o advogado da parte interessada.

d) concederá, exigindo para tanto a cópia da carteira funcional, amplo acesso dos autos do inquérito policial ao advogado, mesmo havendo informações sigilosas, pois a Constituição Federal em vigor assegura ao preso a ampla defesa e assistência de advogado.

e) deve confirmar a negativa de vistas dos autos ao advogado, pois o sigilo é, uma das características natural do inquérito policial e exige-se a apresentação de requerimento, com procuração; para o acesso por advogado.

GAB	1
	A

Art. 24. O art. 288 do Decreto-Lei nº 2.848, de 7 de dezembro de 1940 (Código Penal), passa a vigorar com a seguinte redação:

"Associação Criminosa

Art. 288. Associarem-se 3 (três) ou mais pessoas, para o fim específico de cometer crimes:

Pena – reclusão, de 1 (um) a 3 (três) anos.

Parágrafo único. A pena aumenta-se até a metade se a associação é armada ou se houver a participação de criança ou adolescente." (NR)

1. COMENTÁRIOS

1.1. Bem jurídico protegido

1.1.1. Lei penal mais gravosa

Além da previsão de um crime autônomo de composição de organização criminosa em seu art. 2º, a Lei nº 12.850/2013 modificou o enunciado do art. 288, do Código Penal. Com efeito, na tipificação penal disposta no art. 288, do CPP, foi modificado o *nomen juris* do vetusto crime de "quadrilha ou bando", passando a denominar-se "associação criminosa".

Também o tipo penal do aludido enunciado foi alterado: passou a ser necessária a coautoria de apenas três pessoas, com o fim específico de cometer crimes (não mais quatro pessoas, como na descrição anterior). Antes, era requerido a coautoria de mais de três pessoas (pelo menos quatro pessoas), para a configuração do delito de quadrilha ou bando. Veja-se que a alteração legislativa em comento constituiu-se em lei mais gravosa (*lex gravior*).

1.1.2. Distinção entre delitos de associação criminosa e de organização criminosa

Podem ser alinhadas as seguintes distinções entre os crimes de associação criminosa de organização criminosa, a partir da indicação dos elementos correspondentes:

(1) crime de associação criminosa:

a) é crime tipificado no art. 288, do CP, com redação dada pela Lei nº 12.850/2013;

b) necessidade de haver associação de três ou mais pessoas, isto é, pelo menos três agentes, em coautoria;

c) exigência de dolo específico, descrito na parte final do dispositivo, ao dizer que a associação deve ter o "fim específico de cometer crimes". Não há associação criminosa se o objetivo do conluio for o de cometer contravenções, nem muito menos se cogita de associação criminosa culposa ou com o objetivo de praticar delitos culposos;

(2) crime de organização criminosa:

a) tipificado no art. 2º, do diploma ora estudado, depende de aplicação do conceito disposto no parágrafo 1º, do art. 1º, da Lei nº 12.850/2013. Suas finalidades podem se apresentar como:

(a.1) penais (na medida em que serve para colmatar o tipo penal incriminador). Ao descrever como crime a conduta de compor "organização criminosa", aquele parágrafo se apresenta como uma norma penal em branco, eis que é necessária complementação do seu conceito mediante busca em outra fonte de cognição (outro enunciado). Na hipótese, cuida-se de norma penal em branco imprópria (também chamada de norma penal em branco em sentido amplo, homóloga ou homogênea, em virtude de advir da mesma fonte de produção legislativa: o Congresso Nacional) e univitelina (porque é integrada por artigo que está situado na mesma Lei nº 12.850/2013); ou

(a.2) processuais penais (para a aplicação de medidas de persecução penal disposta nessa lei ou em outras, tal como a Lei nº 12.694/2012, que disciplina a instauração de juízo colegiado de primeiro grau de jurisdição);

b) exige-se a associação de quatro ou mais pessoas, ou seja, pelo menos quatro agentes;

c) deve estar estruturalmente ordenada e caracterizada pela divisão de tarefas, ainda que informalmente;

d) exige-se o fito de obter, direta ou indiretamente, vantagem de qualquer natureza, por meio da prática de infrações penais (crimes ou contravenções penais), cujas penas máximas sejam superiores a quatro anos, ou que sejam de caráter transnacional (quando existir elemento de internacionalidade, o delito pode ter pena igual ou mesmo inferior a quatro anos).

1.1.3. Proteção da paz pública

Visa-se proteger a paz pública, consistente no regular convívio entre as pessoas e na harmonia que deve ter lugar sob a ordem jurídica de um Estado. Sob essa ótica, atende-se aos anseios de preservação da segurança pública.

É infração penal formal, com previsão do resultado, mas não se exigindo sua ocorrência. É crime de perigo abstrato, sem ser preciso comprovação concreta de perigo à paz pública.

1.1.4. Tipo derivado de "constituição de milícia privada" (art. 288-A, CP)

Digna de registro é a alteração do Código Penal promovida pela Lei nº 12.720, de 27 de setembro de 2012, inserindo a figura de formação de milícia privada. O dispositivo que a prevê como infração penal tem o objetivo jurídico de tutelar a paz pública (bem jurídico protegido).

O tipo penal é do tipo misto alternativo, compondo-se de vários núcleos (verbos), expressando as condutas de: (1) constituir (formar a parte essencial, compor, organizar); (2) organizar (dispor de forma ordenada, estruturar); (3) integrar (incorporar-se a um grupo, tornar-se membro); (4) manter (conservar); ou (6) custear (prover despesas, financiar).

Conquanto se esteja diante da alternatividade expressada pela cópula "ou", deve-se avivar que, caso seja cometido o crime por meio de mais de uma conduta, teremos delito único. De tal modo se, por exemplo, alguém, além de constituir a organização miliciana, também a custeia, responde por crime único. As ações subsequentes contidas no mesmo tipo penal são, destarte, classificadas como *post factum* impunível.

O sujeito ativo pode ser qualquer pessoa (crime comum), malgrado pressuponha coautoria necessária (delito plurissubjetivo). É crime vago por não indicar sujeito específico, dirigindo-se a pessoas indeterminadas. É crime de perigo (de perigo concreto, não bastando meras conjecturas): o legislador evidencia impaciência, diante de situação que, apesar de preparatória relativamente a outras condutas ilícitas, é catalogada como tipo autônomo.

O objeto material do delito é entendido como o complemento de um dos verbos transitivos diretos, isto é, a coisa sobre a qual se opera a ação delituosa: (1) organização paramilitar (grupo de cidadãos, civis, armados e fardados, similares ao que se denomina "segurança privada"); (2) milícia particular (grupo domina técnicas militares, de guerra); (3) grupo (determinado número de pessoas reunidas); ou (4) esquadrão (grupo de pessoas bem organizado). Diante da imprecisão desses termos, podemos identificar que o necessário acatamento ao princípio da legalidade resta comprometido com a forma da redação desse da figura penal em tela.

Sem embargo, pode-se afirmar que, objetivamente, a conduta típica do art. 288-A, consiste em "constituir, organizar, integrar, manter ou custear organização paramilitar, milícia particular, grupo ou esquadrão com a finalidade de praticar qualquer dos crimes previstos neste Código".

A conduta não configura o tipo penal deste art. 288-A caso a milícia se constitua para o cometimento de delitos previstos em outras leis penais. De todo modo, poderá haver enquadramento em outra figura penal, tal qual a do art. 288, do Código Penal (associação criminosa).

Do ponto de vista do tipo subjetivo, o aludido comportamento deve preencher, ao lado do dolo genérico (vontade livre e consciente de constituir milícia privada para fins de cometimento de crimes gizados no Código Penal), também o dolo específico de cometer crimes descritos no Código Penal.

A pena abstrata prevista para essa infração penal é de reclusão, de quatro a oito anos.

Vale lembrar que, havendo o cometimento de crimes homicídio ou de lesão corporal imputados a dita "milícia privada, sob o pretexto de prestação de serviço de segurança", haverá incidência de causa especial de aumento de pena, de um terço até a metade (para o caso de homicídio, a teor do § 6º, do art. 121, do Código Penal), e de um terço (para a hipótese de lesão corporal, *ex vi* do § 7º, do art. 129, do Código Penal).

1.2. Sujeitos do delito

O sujeito ativo do crime de associação criminosa pode ser qualquer pessoa. Classifica-se, assim, como delito comum.

É necessário o mínimo de três pessoas para a prática dessa conduta, cuidando-se de crime de concurso necessário de pessoas (delito plurilateral, plurissubjetivo).

O sujeito passivo é a coletividade.

1.3. Tipicidade objetiva

O núcleo do tipo penal de associação criminosa é o verbo flexionado "associarem-se". Associar-se significa reunir-se. As três ou mais pessoas que se ajuntam, nesse contexto, devem conhecer o fato de estarem se associando. Não há reunião associativa se somente ao acaso ou de forma aleatória pode ser visualizada alguma conexão entre sujeitos no cometimento de crimes.

Não necessariamente os associados precisam se conhecer pessoalmente. É possível a existência de associação criminosa por meios diversos do contato pessoal. O que é relevante é saber da existência do fato de estarem os agentes se associando, conscientes de que reúnem esforços para, ao cabo, cometerem crimes. Para tanto, suficiente é saber da existência da associação.

O verbo associar-se exige estabilidade, uma certa permanência do *affectio societatis* entre os coautores, ainda que não haja instrumento formal que retrate a associação criminosa. A união entre os sujeitos do delito pode ser de índole rudimentar, mas deve haver o qualificativo finalístico de participar da associação criminosa, com consciência e vontade dirigidas ao cometimento de crimes. Não haverá associação criminosa se o fito associativo for o de cometer contravenções penais.

O Supremo Tribunal Federal, durante julgamento de embargos infringentes opostos nos autos da Ação Penal nº 470/MG, assentou que "o tipo do art. 288 do CP seria de perigo abstrato, cuja perpetração não dependeria apenas da participação de mais de três pessoas, unidas por tempo expressivo para o cometimento de delitos". Em acréscimo, entendeu que também seria preciso que aquela união se fizesse para o específico fim de praticar crimes. Na oportunidade, ainda declarou que "a *affectio societatis* deveria ser qualificada pela intenção específica de delinquir ou o dolo de participar de associação criminosa e autônoma, para praticar crimes indeterminados"[65].

O vínculo associativo é indispensável à verificação do delito de associação criminosa. Sem ele, não haverá incidência do tipo penal do art. 288, do Código Penal. Vale dizer, havendo perpetração de delitos, praticados por três ou mais pessoas, sem a *affectio societatis*, teremos apenas concurso de agentes, com a incidência do art. 29, do Código Penal, sem possibilidade de reconhecimento do crime do art. 288, do Código Penal.

A conduta típica de "associarem-se 3 (três) ou mais pessoas, para o fim específico de cometer crimes" não recai sobre pessoa ou coisa, razão pela qual não há objeto material.

O parágrafo único, do art. 288, do Código Penal, traz uma causa especial de aumento de pena. Prevê que a pena deve ser aumentada até a metade caso a associação seja armada ou na hipótese de existência de participação de criança ou adolescente.

Malgrado o enunciado não refira qual espécie de arma se exige à exasperação da pena, deve-se entender ser preciso que a associação exerça sua atividade delinquente fazendo uso de armas de fogo. Entendemos que a arma utilizada deve ser objeto de apreensão e perícia. Constatada a potencialidade lesiva, incidirá a majorante.

Sob esse prisma, soa inaceitável aplicar lei penal sancionadora, ainda que retratada em causa especial de aumento de pena, sem comprovação cabal da situação de fato permissiva da majoração. No entanto, a jurisprudência majoritária, notadamente no STJ, tem posição em sentido contrário, assentando que a apreensão e a perícia da arma de fogo utilizada pela associação criminosa, em casos como o de extorsão mediante sequestro, "são desnecessárias para configurar a causa especial de aumento de pena prevista no art. 288, parágrafo único, mormente quando a prova testemunhal é firme sobre sua efetiva utilização na prática da conduta criminosa"[66].

Comparativamente, a legislação nova é mais gravosa quanto à possibilidade de consumação do delito de associação criminosa (bastam três pessoas, ao invés de quatro), e menos gravosa quando se cuida de uso de armas (majoração até a metade e não mais há a aplicação das penas em dobro). É também *lex gravior* se considerado o agravamento da metade quando houver participação de criança ou adolescente, o que não era previsto na redação anterior.

Em outros termos:

(1) antes do advento da Lei nº 12.850/2013: (a) o crime do art. 288, do Código Penal, era denominado de "quadrilha ou bando"; (b) a tipicidade do delito consistia em "associarem-se mais de três pessoas, em quadrilha ou bando, para o fim de cometer crimes"; (c) a pena

65. STF – Informativo nº 737, de 24 de fevereiro a 7 de março de 2014. Verbete "AP 470/MG: embargos infringentes – 5". Disponível em: <http://www.stf.jus.br/arquivo/informativo/documento/informativo737.htm>. Acesso em: 14 dez. 2015.

66. STJ – Sexta Turma – AGARESP 201201428254 – Rel. Min. Néfi Cordeiro – DJE: 03/02/2015.

prevista era de reclusão, de um a três anos; (d) em caso de quadrilha ou bando "armado", a pena era aplicada em dobro (redação anterior do art. 288, parágrafo único, do Código Penal);

(2) com a vigência da Lei nº 12.850/2013: (a) o crime do art. 288, do Código Penal passou a ser chamado de "associação criminosa"; (b) a descrição típica dessa infração penal ficou estabelecida como a conduta de "associarem-se 3 (três) ou mais pessoas, para o fim específico de cometer crimes"; (c) embora a configuração do crime exija número menor de pessoas, a pena prevista continuou a ser de um a três anos de reclusão; (d) o enunciado do parágrafo único do dispositivo, acresceu que a pena será aumentada até a metade se a associação é armada ou se houver a participação de criança ou adolescente.

1.4. Tipicidade subjetiva

O cometimento do crime de associação criminosa deve ser revestido de uma finalidade especial de agir. Além da vontade livre e consciente, abrangente de todos os elementos constitutivos do tipo penal, dos agentes se unirem, com certo caráter de estabilidade, ainda que de forma rudimentar (dolo genérico), há o fim específico de cometer crimes (dolo específico).

Em outras palavras, devem estar presentes o dolo genérico e o dolo específico, sendo este dirigido a um fito peculiar, qual seja, o cunho de crimes.

1.5. Consumação e tentativa

A consumação do crime de associação criminosa ocorre com a prática de ato eficaz tendente à constituição de associação criminosa. Não é necessário o efetivo cometimento do delito objetivado pelo grupo associativo.

A tentativa é inadmissível, pois incompatível logicamente com a estrutura normativa do tipo penal configuradora de crime formal.

1.6. Tipo derivado e causas de aumento de pena

Chamamos de tipo derivado as descrições típicas que complementam ou inauguram previsões equiparáveis à conduta narrada no *caput* (tipo fundamental).

No tipo em tela, não há crime qualificado, derivado, porém uma causa especial de aumento de pena, eis que a descrição fática é acompanhada de previsão de majoração a ser aplicada sobre os parâmetros já estatuídos no tipo simples.

O aumento de pena de "até a metade" gizado no parágrafo único, do art. 288, do CP, consubstancia *lex mitior*, vale dizer, lei mais favorável ao réu, em virtude da disposição legal anterior. Cabível a retroatividade dessa parte para alcançar fatos passados. Isso porque a exasperação com base na redação anterior era de aplicar as penas em dobro.

1.7. Penas aplicáveis

As margens abstratas preconizadas pelo preceito secundário do dispositivo incriminador do delito de associação criminosa são, no patamar mínimo, de um ano e, no máximo, de três anos, de reclusão. O enunciado prevê que a pena deve se constituir dessa privação da liberdade (reclusão).

Se o acusado responder por outras infrações penais praticadas, haverá concurso material de delitos, relativamente ao crime autônomo de associação criminosa, ou seja, devem ser somadas as penas, a teor do art. 69, do Código Penal.

Como se disse, existindo causa de aumento de pena (uso de armas de fogo ou participação de criança ou de adolescente), a pena poderá ser majorada em até a metade.

1.8. Ação penal

Ação penal para ver processar alguém pelo crime autônomo de associação criminosa é de iniciativa pública incondicionada.

Eventualmente, a depender do delito fim, cometido por meio de associação criminosa e constitutivo da dupla tipicidade (por exemplo, roubo, homicídio tentado etc.), pode ser movida ação penal de iniciativa privada subsidiária da pública, quando verificada inércia do Ministério Público.

A queixa crime supletiva, na hipótese, encampará não só o crime fim, mas também o delito de associação criminosa tipificado no artigo em tela.

Art. 25. O art. 342 do Decreto-Lei nº 2.848, de 7 de dezembro de 1940 (Código Penal), passa a vigorar com a seguinte redação:

"Art. 342. ....

Pena – reclusão, de 2 (dois) a 4 (quatro) anos, e multa.

...." (NR)

1. COMENTÁRIOS

A alteração legislativa operada no tipo penal de falso testemunho ou de falsa perícia, do art. 342, do Código Penal, recaiu, exclusivamente, no preceito secundário de seu *caput*, com a finalidade de exasperar as penas mínima e máxima abstratas. De acordo com a redação anterior, a pena era de reclusão, de 1 (um) a 3 (três) anos, e multa.

Com a modificação aventada pela Lei nº 12.850/2013, a pena em tese passou a ser de reclusão, de 2 (dois) a 4 (quatro) anos, e multa. Os parâmetros máximos e mínimos foram majorados. De conformidade com a nova redação, o delito de falso testemunho ou de falsa perícia não permitem suspensão condicional do processo prevista no art. 89, da Lei nº 9.099/1995 (*sursis* processual).

Como se cuida de *lex gravior* (desfavorável ao imputado), a aludida alteração somente tem aplicação para os casos acontecidos a partir da vigência da Lei nº 12.850/2013.

2. QUESTÕES DE CONCURSOS

1. **(VUNESP/PC-CE/Delegado de Polícia/2015 – adaptada)** Sobre a Lei de Organizações Criminosas, Lei nº 12.850/2013, é correto afirmar que alterou (aumentando para 2 a 4 anos e multa) as penas previstas para o delito do artigo 342 do Código Penal (Crime de falso testemunho).

GAB	1
	C

Art. 26. Revoga-se a Lei nº 9.034, de 3 de maio de 1995.

1. COMENTÁRIOS

1.1. Revogação expressa da Lei nº 9.034/1995

A antiga lei que dispunha sobre meios de investigação envolvendo crime organizado foi revogada expressamente. Note-se que tal revogação é bem diversa da revogação tácita. Enquanto esta última se situa no plano da interpretação, podendo advir divergências, a revogação expressa se dá no plano textual. Trata-se de um dispositivo novo que subtrai todo o diploma legal anterior, não havendo que se falar em sua aplicação para os casos acontecidos a partir da vigência da Lei nº 12.850/2013.

1.2. Direito intertemporal

Os dispositivos de natureza material da lei nova só tem aplicação para os fatos ocorridos sob a vigência da lei nova. Tem aplicação, nessa parte, o princípio de que a lei penal só retroage para beneficiar o imputado.

No que concerne às normas processuais, incide o princípio de que elas têm aplicação imediata (art. 2º, CPP). Frise-se que as apurações em curso, anteriores à vigência da Lei nº 12.850/2013, não podem ser validadas pelas regras desse novel diploma quando constituídas ao arrepio dos cânones da Lei nº 9.034/2013.

Nos casos de dispositivos híbridos prejudiciais ao imputado, isto é, com algum conteúdo substancial restritivo, apenas devem ser aplicados aos casos ocorridos a partir da vigência da nova Lei das Organizações Criminosas. Tome-se como exemplo os prêmios decorrentes da denominada delação premiada, mormente o gizado no seu § 3º, do art. 4º.

Decerto, aquele enunciado estampa a possibilidade de suspensão do prazo para oferecimento de denúncia ou do processo, relativamente ao colaborador, bem como a correlata suspensão da prescrição para aquele mesmo delator. As restrições de ordem material impeditivas à aplicação retroativa daquele parágrafo podem ser assim alinhadas:

(1) o possível benefício ao colaborador implicar maior amplitude da persecução penal relativamente ao coautor delatado; e

(2) embora o colaborador possa ser, em tese, beneficiado com a suspensão da persecução penal, fato é que a criação de novo caso de suspensão do curso do prazo prescricional, retrata hipótese de lei penal *in pejus*, motivo este suficiente para impor que não haja incidência retroativa. Cuida-se de caso que se soma ao rol das impeditivas de prescrição do art. 116, do Código Penal e da suspensão da prescrição do art. 366 do CPP.

Art. 27. Esta Lei entra em vigor após decorridos 45 (quarenta e cinco) dias de sua publicação oficial.

1. COMENTÁRIOS

A publicação da Lei em Edição Extra, do Diário Oficial da União, ocorreu em 5 de agosto de 2013, terça-feira. A contar desta data deve se ter o termo inicial, *a quo*, para a contagem da *vacatio legis* estabelecida.

A regra decorre da dicção do § 1º, do art. 8º, da Lei Complementar nº 95/1998, com redação determinada pela Lei Complementar nº 107/2001 ("A contagem do prazo para entrada em vigor das leis que estabeleçam período de vacância far-se-á com a inclusão da data da publicação e do último dia do prazo, entrando em vigor no dia subsequente à sua consumação integral").

Considerando que o mês de agosto tem 31 dias, o termo final, *ad quem*, de expiração dos 45 dias se deu em 18 de setembro daquele ano. Daí que o início de vigência daquela lei deve ser considerado como operado em 19 de setembro de 2013.

Brasília, 2 de agosto de 2013; 192º da Independência e 125º da República.

DILMA ROUSSEFF

José Eduardo Cardozo

| 20 |

IDENTIFICAÇÃO CRIMINAL

IDENTIFICAÇÃO CRIMINAL DO CIVILMENTE IDENTIFICADO						
QUESTÕES DE CONCURSOS						
Classificação pelo artigo				Classificação pelo grau de incidência em provas		
Dispositivo legal	Nº de questões	%		Dispositivo legal	Nº de questões	%
Art. 1º	1	**2,17%**		Art. 3º	19	41,30%
Art. 2º	7	**15,22%**		Art. 2º	7	15,22%
Art. 3º	19	**41,30%**		Art. 5º	6	13,04%
Art. 4º	1	**2,17%**		Art. 6º	6	13,04%
Art. 5º	6	**13,04%**		Art. 5º-A	3	6,52%
Art. 5º-A	3	**6,52%**		Art. 7º	3	6,52%
Art. 6º	6	**13,04%**		Art. 1º	1	2,17%
Art. 7º	3	**6,52%**		Art. 4º	1	2,17%
TOTAL	46	**100,00%**		TOTAL	46	**100,00%**

▸LEI Nº 12.037, DE 1º DE OUTUBRO DE 2009

Dispõe sobre a identificação criminal do civilmente identificado, regulamentando o art. 5º, inciso LVIII, da Constituição Federal.

O VICE – PRESIDENTE DA REPÚBLICA, no exercício do cargo de PRESIDENTE DA REPÚBLICA Faço saber que o Congresso Nacional decreta e eu sanciono a seguinte Lei:

Art. 1º O civilmente identificado não será submetido a identificação criminal, salvo nos casos previstos nesta Lei.

1. COMENTÁRIOS

1.1. Fundamento constitucional da identificação criminal

O dispositivo em tela reproduz o comando do inciso LVIII, do art. 5º da Constituição Federal, cujo teor estabelece que "o civilmente identificado não será submetido a identificação criminal, salvo nas hipóteses previstas em lei". Nessa toada, o art. 1º, da Lei nº 12.037/2009, anuncia que a identificação de natureza criminal somente terá cabimento nos casos estabelecidos em seu texto, seguindo os estritos limites do permissivo constitucional.

Os direitos do art. 5º, da Constituição Federal, devem ser compreendidos como direitos de primeira geração, assim reputados os direitos de liberdade oponíveis ao arbítrio estatal. Na dicção de Norberto Bobbio, tais direitos impõem um não atuar estatal[1]. Nessa ótica, o direito processual penal e, em especial, as disposições sobre identificação criminal do civilmente identificado, são fontes de direitos de primeira geração.

Vale dizer, tais enunciados têm, como finalidade primordial, a proteção da liberdade do imputado. Isso significa dizer que a providência de cunho restritivo apenas está autorizada se, e somente se, forem atendidos os requisitos gizados nas leis de processo. A identificação criminal é admitida diante da impossibilidade de identificação civil ou, excepcionalmente, nos casos estatuídos na legislação de regência (Lei nº 12.054/2009).

Digno de registro é o Decreto nº 8.727, de 28 de abril de 2016, que regula o direito ao uso do "nome social", bem como "o reconhecimento da identidade de gênero de pessoas travestis ou transexuais no âmbito da administração pública federal direta, autárquica e fundacional". Nos termos daquele decreto, nome social é a "designação pela qual a pessoa travesti ou transexual se identifica e é socialmente reconhecida"; e "identidade de gênero" consiste na "dimensão da identidade de uma pessoa que diz respeito à forma como se relaciona com as representações de masculinidade e feminilidade e como isso se traduz em sua prática social, sem guardar relação necessária com o sexo atribuído no nascimento".

Havendo necessidade de investigação criminal de pessoa travesti, a autoridade policial deve identifica-la de forma a não submetê-la a constrangimentos. Nos termos do art. 5º, daquele Decreto, "o órgão ou a entidade da administração pública federal direta, autárquica e fundacional poderá empregar o nome civil da pessoa travesti ou transexual, acompanhado do nome social, apenas quando estritamente necessário ao atendimento do interesse público e à salvaguarda de direitos de terceiros".

Além do direito ao uso do nome social, o regramento proíbe a adoção de expressões pejorativas e discriminatórias para referir-se a pessoas travestis ou transexuais. Por outro lado, se houver requerimento do interessado, deverá constar nos documentos oficiais o nome social da pessoa travesti ou transexual, acompanhado do nome civil.

A propósito, decisão importante foi proferida nos autos da Ação Direta de Inconstitucionalidade 4.275/DF, quando o STF deliberou por conferir interpretação conforme a Constituição e o Pacto de São José da Costa Rica ao art. 58 da Lei 6.015/73 (Lei de Registros Públicos), de forma a reconhecer às pessoas transgêneras que assim o desejarem – independentemente da cirurgia de transgenitalização, ou da realização de tratamentos hormonais ou patologizantes –, o direito à substituição de prenome e sexo diretamente no registro civil.

1.2. Aferição da constitucionalidade da legislação sobre identificação criminal

Mas não basta a contemplação legal das hipóteses de identificação criminal da pessoa civilmente identificada. Lógico, é indispensável essa previsão legislativa. Contudo, o diploma

1. BOBBIO, Norberto. *A era dos direitos*. Tradução: Carlos Nelson Coutinho. Rio de Janeiro: Campus, 1992. p. 6.

legal deve se adequar aos critérios que atestem sua constitucionalidade. Além de não conflitar, materialmente, com o conteúdo da Constituição, é preciso se seguir o procedimento legal.

Quanto ao contraste de conteúdo legal com o conteúdo constitucional, nem sempre é simples de se aferir a compatibilidade da lei infraconstitucional com a Constituição. Note-se que o enunciado do inciso LVIII, do seu art. 5º, é sucinto ao dizer "o civilmente identificado não será submetido a identificação criminal, salvo nas hipóteses previstas em lei". O legislador infraconstitucional é que terá o poder de colmatar o sentido desse dispositivo, devendo estipular os casos de identificação criminal da pessoa já identificada civilmente.

O critério para que essa produção legislativa se dê dentro dos parâmetros constitucionais deve se arrimar no princípio da proporcionalidade. A Lei de Identificação Criminal estará em consonância com a Constituição Federal quando preencher o espaço estrutural dessa matéria com disposições que atendam aos três subprincípios que decorrem da proporcionalidade:

(1) necessidade: a produção do texto legal exige justificativa que indique uma carência de regulamentação. A edição de enunciados novos sobre a matéria deve se fundamentar em casos anteriores, demonstrativos da ineficiência dos objetivos do sistema jurídico em virtude de falta de disciplina legislativa;

(2) adequação (ou idoneidade): o enunciado de lei deve ter sua formação cercada de cuidados para reger de forma precisa hipótese que demande a necessidade de regulamentação. A idoneidade de um texto para servir de fonte às normas jurídicas depende de clareza e de redução de ambiguidades; e

(3) proporcionalidade em sentido estrito (ponderação): nessa etapa o legislador deve realizar atividade de cotejo, de comparação, entre várias hipóteses passíveis de ensejar a identificação criminal. Deve sopesar os custos aos direitos fundamentais em confronto com os possíveis benefícios. Havendo forma menos gravosa ao direito fundamental (da liberdade, da intimidade ou da imagem) para estatuir caso que autorize identificação criminal, deve preferi-la a outras maneiras que apenas ensejem constrangimento ou rotulação ao imputado.

O primeiro exemplo de dispositivo que se afastou do critério de proporcionalidade para a determinação de identificação criminal foi o art. 5º, da revogada Lei nº 9.034/1995. Conforme seu enunciado, a identificação criminal de pessoas envolvidas com a ação praticada por organizações criminosas deveria ser realizada independentemente da identificação civil. A ausência de verificação de necessidade para a submissão de alguém a esse procedimento, fundando-se exclusivamente na suposta imputação de envolvimento em ação atribuída à organização criminosa, resvalava em inconstitucionalidade.

Outro exemplo de legislação que não atendeu ao princípio da proporcionalidade, ofendendo, do mesmo modo, o primeiro dos subprincípios (a necessidade), foi a Lei nº 10.054/2000 (revogada pela Lei nº 12.037/2009), notadamente quando regrou os casos de identificação criminal da pessoa civilmente identificada, em seu art. 3º.

Nos termos do art. 3º, dessa lei revogada, o civilmente identificado por documento original não era submetido à identificação criminal, salvo quando:

(1) estivesse indiciado ou acusado pela prática de homicídio doloso, crimes contra o patrimônio praticados mediante violência ou grave ameaça, crime de receptação qualificada, crimes contra a liberdade sexual ou crime de falsificação de documento público. Veja-se que o simples fato de ser indiciado pelo suposto cometimento de algum desses delitos não deveria ter sido considerado para, por si só, impor a identificação criminal da pessoa cuja identidade civil não se põe dúvida. O efeito dessa identificação criminal era somente o de constranger, não se visualizando outra finalidade, muito menos utilidade, adequação ou idoneidade da medida;

(2) houvesse fundada suspeita de falsificação ou adulteração do documento de identidade. Essa previsão padecia de certa ambiguidade. A necessidade de identificação criminal em virtude de suspeita de falsificação ou de adulteração de documento de identidade estaria presente se o documento servisse à identificação da pessoa suspeita, a ser identificada criminalmente, por conta de dúvida sobre sua identificação civil;

(3) o estado de conservação ou a distância temporal da expedição de documento apresentado impossibilitasse a completa identificação dos caracteres essenciais. Nesse caso, a previsão estava lastreada na necessidade e na idoneidade da medida de identificação criminal (proporcionalidade), haja vista que a situação precária do documento de identidade civil poderia ser equiparada à ausência de identificação civil;

(4) constasse de registros policiais o uso de outros nomes ou diferentes qualificações. Também nessa hipótese, o legislador do texto anterior editou texto ajustado com o princípio da proporcionalidade, eis que duvidosa a identidade civil apresentada;

(5) houvesse registro de extravio do documento de identidade, situação equiparável à pessoa não identificada civilmente;

(6) o indiciado ou acusado não comprovasse, em quarenta e oito horas, sua identificação civil. Significava dizer que a pessoa investigada poderia não dispor, no momento, do documento de identidade civil, fato que, por si só, não deveria determinar a identificação criminal. Antes dessa providência, deveria ser outorgado aquele prazo para que o indiciado, durante investigação preliminar, ou o acusado, no curso do processo penal, suprisse a exigência. Tal medida estava em compasso com o princípio da proporcionalidade, perpassadas aquelas três etapas que vimos acima.

1.3. Definição de identificação criminal

Identificação criminal é definida como medida de atribuição autoridade policial para tomada de impressões digitais (processo datiloscópico) e de captação de imagens fotográficas do indiciado (processo fotográfico), cuja realização independe de autorização judicial e deve ser realizada diante de estrita necessidade nos termos permitidos pela legislação de regência. Trata-se de providência destinada a individualizar e distinguir pessoa a quem é atribuída formalmente a prática de delito, em caso de necessidade justificada legal ou judicialmente.

1.4. Indiciamento, qualificação, reconhecimento de pessoas e identificação criminal

A qualidade de indiciado decorre do ato fundamentado de indiciamento a cargo do delegado de polícia, nos termos da Lei nº 12.830/2013. A qualificação do indiciado integra a identificação criminal, mas com ela não se confunde, eis que aquela é formada pelo conjunto de dados do indiciado que, por seu turno, constam também em atos diversos da identificação criminal, a exemplo do interrogatório.

O reconhecimento de pessoas pode ser providência prévia ao indiciamento e à identificação criminal. A primeira é meio de prova, submetida a rito previsto no Código de Processo Penal. A segunda medida é ato administrativo que só pode ser emitido por autoridade policial, consistente na atribuição da autoria de um delito a alguém. A última providência é o conjunto de atos de coleta de dados, bem como de processos datiloscópico e fotográfico para o fim de individualizar uma pessoa indiciada em inquérito policial.

1.5. Extensão do conceito de identificação criminal à identificação do perfil genético

O legislador pretendeu estender o conceito de identificação criminal para também admitir, sob essa categoria, a identificação do perfil genético, dependente de autorização judicial e cabível para condenados por crime cometido dolosamente, com violência de natureza grave contra pessoa, ou por qualquer crime hediondo (art. 9º-A, da Lei de Execução Penal, com redação dada pela Lei nº 12.654/2009).

Entrementes, como abordaremos mais adiante, a coleta de material genético extrapola os limites conceituais da identificação criminal. Sua natureza jurídica, segundo o indicativo do legislador, é cautelar probatória, visando dar supedâneo a eventual ação penal, por fato futuro (art. 9º-A, da Lei de Execução Penal) ou para fazer face à necessidade de investigação policial em razão de fato que se está apurando, *ex vi* do inciso IV, do art. 3º da Lei nº 12.037/2009.

Para adequar tais previsões à Constituição, reputamos que a identificação de perfil genético por meio de DNA deve ter, no primeiro caso (art. 9º-A, LEP), natureza de efeito da condenação, somente sendo possível após o trânsito em julgado da sentença penal condenatória e para a exclusiva finalidade de acompanhamento e de efetividade da execução penal.

No entanto, outros problemas decorrem da previsão inserta na Lei de Execução Penal, como será estudado mais adiante (arts. 5º e 5º-A, da Lei de Identificação Criminal). Quanto à hipótese do inciso IV, do art. 3º da Lei nº 12.037/2009, a decisão do juiz que ordenar a identificação do perfil genético, em razão de necessidade de investigação policial, deve se fundamentar em juízo analítico de proporcionalidade.

1.6. Princípio da vedação à autoincriminação

O princípio *nemo tenetur se detegere* quer dizer que o ordenamento jurídico proíbe que alguém seja obrigado a colaborar com persecução penal que, ao final, possa lhe conduzir à condenação. Em outras palavras, ninguém pode ser compelido a se revelar. Difere do direito ao silêncio, embora seja este uma das formas de manifestação daquele.

A aplicação do princípio em tela tem lugar nos casos de produção de prova invasiva (intervenções corporais ou coleta de material do organismo do agente) e de prova ativa (que depende de um agir do imputado, de uma colaboração positiva, a exemplo da reprodução simulada dos fatos).

Dessas bases, podemos concluir que o agente pode ser conduzido coercitivamente para o fim de ser identificado criminalmente, aplicando-se o art. 260, *caput*, do Código de Processo Penal, por se tratar de providência que, sem ele, não pode ser realizada.

Pensamos, ademais, que os processos fotográfico e datiloscópico da identificação criminal não são providências invasivas ou que demandem um atuar (providência ativa). Independentemente da vontade do identificado, essas medidas podem ser tomadas contra sua vontade, pois não dependem de sua colaboração. Também documentos que estejam em sua posse, no momento do flagrante delito, podem ser apreendidos para corroborar a identificação criminal.

No entanto, não é possível obrigá-lo a falar dados para completar sua qualificação, porquanto tem direito a permanecer em silêncio, nem tampouco ser forçado a entregar documentos que estejam no interior da sua residência, sem que para isso haja ordem judicial de busca e apreensão.

Muito menos poderá ser compelido, contra sua vontade, a se submeter à técnica de coleta de material genético, ainda que indolor seja o procedimento. Sendo necessário material genético e havendo oposição do imputado, caberá ao Ministério Público, por exemplo, requerer medida de busca e apreensão de material que contenha resíduos genéticos no interior da residência do agente, a exemplo de roupas íntimas, lixo etc.

2. QUESTÕES DE CONCURSOS

1. **(FUNIVERSA/PC-DF/Papiloscopista Policial/2015 – adaptada)** O civilmente identificado não será submetido à identificação criminal.

GAB	1
	E

Art. 2º A identificação civil é atestada por qualquer dos seguintes documentos:

I – carteira de identidade;

II – carteira de trabalho;

III – carteira profissional;

IV – passaporte;

V – carteira de identificação funcional;

VI – outro documento público que permita a identificação do indiciado.

Parágrafo único. Para as finalidades desta Lei, equiparam-se aos documentos de identificação civis os documentos de identificação militares.

1. COMENTÁRIOS

1.1. Qualidade pública do órgão expedidor do documento

Os documentos enumerados no art. 2º, da Lei de Identificação Criminal, têm suas respectivas emissões por órgãos públicos dotados de fé pública. Essa expressão, "fé pública", tem sentido relacionado ao dever de credibilidade que se deve atribuir aos documentos expedidos pelos órgãos indicados por lei para produzi-los.

1.2. Rol não taxativo dos documentos de identificação

Cada um dos documentos aludidos expressamente, dos incisos I ao V, do art. 2º, da Lei nº 12.037/2009, cria para toda pessoa destinatária de sua apresentação, o dever de reconhecer sua validade, de acatá-lo, de não recusar conhecer as informações que deles emanam. Estão incluídos naquele rol a carteira de identidade, a carteira de trabalho, a carteira profissional, o passaporte e a carteira de identificação funcional.

O rol é exemplificativo, mormente porque o inciso VI, do citado enunciado, estipula cláusula de abertura, para que também seja atestada a identificação civil por "outro documento público que permita a identificação do indiciado". De todo modo, será necessária lei formal que determine o reconhecimento do documento como identidade com validade em todo o território nacional.

Assim o são, por exemplo, as carteiras emitidas pelos órgãos criados por lei federal, controladores do exercício profissional, a teor do art. 1º, da Lei nº 6.206/1975, que estatui que são válidas em todo território nacional. O Decreto-Lei nº 9.295/1946, em seu art. 18, aviva ademais que "a carteira profissional substituirá, o diploma ou o título de provisionamento para os efeitos legais; servirá de carteira de identidade e terá fé pública".

Em acréscimo, o parágrafo único, do dispositivo aqui estudado, dissipa dúvidas sobre a validade dos documentos de identificação dos militares. Nas suas palavras, "para as finalidades desta Lei, equiparam-se aos documentos de identificação civis os documentos de identificação militares". O termo "militares" abrange os integrantes das forças armadas (marinha, exército e aeronáutica), dos corpos de bombeiros e das polícias militares dos estados.

Veja-se que o documento de identificação civil tem sua validade regulada pela Lei nº 7.116/1983, regulamentada pelo Decreto nº 9.278/2018. Os documentos dos militares das forças armadas têm validade disciplinada pelo vetusto art. 67, da Lei nº 3.089/1916 (que criou o gabinete de identificação de guerra), regulamentado pelo Decreto nº 8.518/2015. Os documentos de identificação dos militares estaduais são regidos pelas correspondentes leis estaduais.

2. QUESTÕES DE CONCURSOS

1. **(FUNIVERSA/PC-DF/Papiloscopista Policial/2015 – adaptada)** A identificação civil só poderá ser atestada pela carteira de identidade, pela carteira de trabalho ou por meio da apresentação de um passaporte.

2. **(FUNIVERSA/PC-DF/Papiloscopista Policial/2015 – adaptada)** Os documentos de identificação civil, no tocante à identificação criminal do civilmente identificado, são equiparados aos documentos de identificação militar.

3. **(VUNESP/PC-SP/Auxiliar de Papiloscopista Policial/2013 – adaptada)** A identificação civil é atestada somente pela carteira de identidade.

4. **(CESPE/PC-ES/Perito Papiloscópico/2011)** Não se equiparam aos documentos de identificação civis os documentos de identificação militares.

5. **(CESPE/PC-ES/Perito Papiloscópico/2011)** O rol de documentos que atestam a identificação civil está taxativamente previsto na referida lei.

6. **(CESPE/Polícia Científica-PE/Perito Papiloscopista/2016 - adaptada)** Considerando que um indivíduo indiciado pela prática de homicídio doloso tenha apresentado documento de identificação militar com indícios de falsificação, JULGUE a assertiva a seguir à luz da Lei n.°12.037/2009.

   O indivíduo deverá ser informado de que os documentos de identificação militares, para as finalidades da Lei n.° 12.037/2009, diferem dos documentos de identificação civis.

7. **(VUNESP/PC-SP/Auxiliar de Papiloscopista/2018)** De acordo com a Lei Federal nº 12.037/2009, artigo 2º , a identificação civil é atestada, entre outros, pelo seguinte documento:

a) escritura pública de posse de imóvel urbano.
b) certidão negativa expedida por entidades de proteção ao crédito.
c) histórico escolar acompanhado do respectivo certificado de conclusão de escolaridade.
d) certificado de propriedade de veículos automotores.
e) carteira de identificação funcional.

GAB	1	2	3	4	5	6	7
	E	C	E	E	E	E	E

Art. 3º Embora apresentado documento de identificação, poderá ocorrer identificação criminal quando:

I – o documento apresentar rasura ou tiver indício de falsificação;

II – o documento apresentado for insuficiente para identificar cabalmente o indiciado;

III – o indiciado portar documentos de identidade distintos, com informações conflitantes entre si;

IV – a identificação criminal for essencial às investigações policiais, segundo despacho da autoridade judiciária competente, que decidirá de ofício ou mediante representação da autoridade policial, do Ministério Público ou da defesa;

V – constar de registros policiais o uso de outros nomes ou diferentes qualificações;

VI – o estado de conservação ou a distância temporal ou da localidade da expedição do documento apresentado impossibilite a completa identificação dos caracteres essenciais.

Parágrafo único. As cópias dos documentos apresentados deverão ser juntadas aos autos do inquérito, ou outra forma de investigação, ainda que consideradas insuficientes para identificar o indiciado.

1. COMENTÁRIOS

A conformidade constitucional é o pressuposto geral de cabimento da identificação criminal. O inciso LVIII, do art. 5º da CF/1988, estatui reserva legal para que alguém possa, ainda que identificado civilmente, ser identificado criminalmente. O enunciado valorou negativamente a identificação criminal, considerando-a ofensiva ao *status dignitatis* e configuradora de *streptus judicii.*

Com efeito, veda-se a identificação criminal a quem já esteja identificado civilmente. As exceções dependem de lei estrita, formal. Já comentamos sob os critérios para controle de constitucionalidade dessa lei. Não pode o legislador descurar de que a legislação deve se ancorar no princípio da proporcionalidade.

A título de exemplo, o art. 109, do Estatuto da Criança e do Adolescente, atende a esse postulado. Sua redação reza que "o adolescente civilmente identificado não será submetido a identificação compulsória pelos órgãos policiais, de proteção e judiciais, salvo para efeito de confrontação, havendo dúvida fundada". Observe-se que a justificativa do dispositivo se reporta à situação reveladora de necessidade da medida (confrontação para dirimir dúvida acerca da identidade do adolescente).

Bem diversa é a hipótese do mencionado art. 3º, inciso I, da revogada Lei nº 10.054/2000, e do também aludido art. 5º, da antiga Lei nº 9.034/1995, que impunha identificação criminal de todos os que fossem investigados por conduta delituosa envolvendo organização criminosa. Falta-lhes o pressuposto geral para sua aplicação escorreita, qual seja, a compatibilidade com a Constituição de 1988.

Vejamos cada uma das hipóteses do art. 3º, da Lei nº 12.037/2009.

1.1. Documento apresentando rasura ou com indício de falsificação

A primeira hipótese de identificação criminal do civilmente identificado decorre da suspeita de sua inautenticidade. Documentos com rasuras ou com inexatidões de dados sugerem falsificação ou baixa credibilidade. Depois de reunidos os elementos de informação a respeito do delito que autorizem o indiciamento do agente e, cabível será o processo de identificação criminal, a ser realizado pela autoridade policial, independentemente de ordem judicial.

1.2. Documento insuficiente para identificar cabalmente o indiciado

A insuficiência do documento pode ser verificada por variadas formas, a exemplo de fotos manchadas ou de data remota. A identidade civil danificada, com rasgos ou ilegível também se acomoda a previsão de identificação criminal. O dispositivo atende às exigências do princípio da proporcionalidade. Importante ressaltar que a dúvida sobre a identidade deve decorrer da insuficiência do documento, não sendo lícita a conduta policial de inculcar dúvidas, com argumentos ou referência a elementos que não comprometam identificação do imputado ou a autenticidade da identidade.

1.3. Indiciado portando documentos de identidade distintos, com informações conflitantes entre si

Informações conflitantes é expressão que deve ser entendida como divergência de dados que sejam essenciais à individualização e distinção de uma pessoa de outra.

Não são informações conflitantes determinantes de identificação criminal a existência de dois documentos de identificação, um com o nome de casada, outro com o nome de solteira da pessoa imputada, quando for possível depreender claramente essa circunstância.

O conflito de informações deve ser relevante e capaz de produzir dúvida razoável sobre a identidade de seu portador. Constatada essa situação, será o caso da autoridade policial, sem necessidade de autorização judicial.

1.4. Identificação criminal essencial às investigações policiais, segundo despacho da autoridade judiciária competente, que deve decidir de ofício ou mediante representação da autoridade policial, do Ministério Público ou da defesa

Trata-se da única hipótese que o art. 3º, da Lei de Identificação Criminal, requer autorização judicial. Nas demais hipóteses, o delegado de polícia aplica diretamente a disposição legal e procede à identificação criminal sem intermediação de decisão judicial. Malgrado o inciso IV, do citado art. 3º, refira "despacho da autoridade judiciária", há evidente carga decisória no ato judicial que defere representação ou requerimento de identificação criminal para fazer face às investigações.

O enunciado é de natureza aberta. Há um certo espaço de liberdade para definir o que seja "identificação criminal essencial às investigações policiais". No caso, não paira dúvida sobre a identidade civil do indiciado, mas deve existir situação que indique que a identificação criminal se apresenta como providência "essencial" à investigação preliminar.

"Essencial" é termo com sentido de qualidade constitutiva do próprio conteúdo da investigação preliminar. Por tal razão, a identificação criminal fundada no inciso IV ora abordado, tem natureza de elemento de informação produzido em sede de medida cautelar de fito probatório. É a hipótese de identificação criminal que visa corroborar a coincidência de impressões digitais, para fins probatórios, notadamente quando a identidade civil não oferece todos os elementos necessários ao comparativo das impressões dos demais dedos diversos do polegar direito.

Observe-se que o enunciado preconiza que, no caso epigrafado, o juiz deve decidir pela identificação criminal, "de ofício ou mediante representação da autoridade policial, do Ministério Público ou da defesa". Há necessidade de adequação desse texto com os pilares do sistema acusatório, constitucional.

Entendemos que o juiz não deve atuar de ofício, nem ter iniciativa probatória, seja durante a investigação preliminar, seja durante o processo penal. Jurisprudencialmente, contudo, admite-se a atuação de ofício do juiz, para fins probatórios, somente depois de oferecida petição inicial acusatória (no curso do processo penal).

O Ministério Público tem iniciativa para requerer a identificação criminal que seja reputada essencial à investigação policial, no curso do inquérito policial. Durante o processo, a identificação criminal deve se revelar essencial à instrução. Conquanto o dispositivo não faça menção à instrução processual, o princípio da liberdade probatória autoriza concluir ser possível essa providência no curso do processo penal.

Quando a identificação criminal em tela for objeto de representação da autoridade policial, o juiz somente poderá deferir se houver anuência do Ministério Público, nos casos de infrações penais que se procedam por ação penal pública incondicionada ou condicionada quando houver representação prévia do ofendido.

Se o delito for daqueles que a ação penal deve se iniciar por queixa-crime, a representação para identificação criminal deve estar de acordo com o pedido inicial de providências do ofendido, sem necessidade de anuência do Ministério Público, eis que este não será, em tese, titular da ação penal futura.

1.5. Existência nos registros policiais do uso de outros nomes ou diferentes qualificações

A divergência de nomes ou de qualificações deve ser relevante. Não pode indicar meros erros materiais. Sendo relevante a divergência e consignada em registros policiais, estará evidenciada a necessidade de ser realizada a identificação criminal, em virtude da existência de dúvida superveniente sobre a individualização física do indiciado. Para a situação em tela, não é necessária a apresentação simultânea de duas ou mais identidades civis, porém a constatação de registros policiais anteriores com sérias divergências de dados referentes à mesma pessoa investigada.

1.6. Estado de conservação, distância temporal ou da localidade da expedição do documento apresentado, impossibilitando a completa identificação dos caracteres essenciais

O legislador estatui ainda outros indicativos de dúvida acerca da identidade civil do agente tendente a permitir a realização de identificação criminal. Ainda que incorrendo em redundância ou sobreposição normativa, o texto legal do inciso VI, do art. 3º da Lei da Identificação Criminal, tem o propósito de elucidar hipóteses de necessidade da medida excepcional.

Nesse diapasão, o supracitado dispositivo reuniu, de forma alternativa, três casos capazes de causar impossibilidade à "completa identificação dos caracteres essenciais" da identificação civil do indiciado, quando se exigirá a identificação criminal:

(1) estado de conservação: a ação do tempo ou a deterioração do documento em razão de eventuais descuidos pode evidenciar ser preciso identificar criminalmente o agente. Tal pode ocorrer quando o documento se mostrar incapaz de cumprir a finalidade de individualização e de distinção do agente;

(2) distância temporal: documentos muito antigos podem estar com prazo de validade vencido. Para os que não têm prazo determinado, a foto do documento pode ser incapaz de representar semelhança com o identificado;

(3) localidade da expedição do documento apresentado: documentos estrangeiros só têm validade em território nacional quando de acordo com a legislação interna e com os tratados que tratam das formas reconhecidas de identificação pelo direito internacional. Se o documento não possuir validade no território nacional, porque em desacordo com as disposições que compõem o ordenamento jurídico (legislação e tratados ou convenções), deverá o agente ser submetido à identificação criminal, por se revelar necessária.

1.7. Juntada de cópias ao inquérito policial ou à investigação preliminar diversa

O parágrafo único, do art. 3º, da Lei 12.037/2009, preconiza que os documentos apresentados por ocasião do procedimento de identificação criminal devem ser carreados aos autos da investigação preliminar em curso. A juntada deve ser realizada mesmo que as cópias sejam reputadas insuficientes para cumprir a finalidade de identificar o indiciado.

Dando cumprimento à Constituição, as cópias referidas devem ser obtidas por meios lícitos. Ao imputado deve ser assegurado o direito de não se descortinar, de não se descobrir, de não se autoincriminar (*nemo tenetur se detegere*). Não pode ser compelido a entregar cópias de documentos que, ao final, possam incriminá-lo. Deve, aliás, receber esclarecimentos sobre seus direitos, inclusive o direito ao silêncio.

Note-se que não é o caso de aplicação da Súmula nº 522, do STJ, que reza que "a conduta de atribuir-se falsa identidade perante autoridade policial é típica, ainda que em situação de alegada autodefesa". No caso acima, o agente simplesmente tem o direito de manter-se inerte, sem colaborar com a apresentação de documentos outros para basear sua identificação criminal. Para obter o documento de maneira lícita, cabível, por exemplo, pleito de busca e apreensão na residência, a ser deferido por ordem judicial.

2. QUESTÕES DE CONCURSOS

1. **(FCC/DPE-MA/Defensor Público/2015 – adaptada)** A Constituição Federal em seu artigo 5°, inciso LVIII reza que "o civilmente identificado não será submetido a identificação criminal, salvo nas hipóteses previstas em lei". A Lei n° 12.037, de 1° de outubro de 2009, regulamentando o dispositivo constitucional, dentre outras previsões, admite

a) a identificação obrigatória sob o fundamento de ser o agente estrangeiro.

b) a carteira de trabalho como documento de identificação civil, mas não a carteira de identidade funcional.

c) a identificação criminal se o documento apresentado for insuficiente para identificar cabalmente o indiciado.

d) a identificação criminal se essencial às investigações policiais, se houver despacho fundamentado da autoridade policial.

e) a identificação datiloscópica, a fotográfica, mas não a coleta de material biológico.

2. **(VUNESP/PC-CE/Delegado de Polícia/2015)** Paulo foi abordado pela polícia na via pública por estar em atitude suspeita e, indagado sobre sua identidade, apresentou aos policiais uma cédula de identidade (RG) rasurada, o que levantou suspeitas. Conduzido para a Delegacia de Polícia, com base na Lei de Identificação Criminal (Lei no 12.037/2009), ao Delegado de Polícia compete a(s) seguinte(s) conduta(s):

a) solicitar de Paulo, como condição para não ser identificado criminalmente, algum documento fora daqueles previstos no rol do artigo 2º da Lei de Identificação Criminal.

b) requisitar, por despacho fundamentado, a colheita de impressões digitais de Paulo, a fotografia dele e ainda a coleta de material biológico, considerando a dúvida que recai sobre a identidade dele em razão do RG rasurado que apresentou na sua abordagem.

c) representar ao juiz pela prisão preventiva de Paulo, considerando que a dúvida sobre sua real identidade põe em risco a garantia da ordem pública e a aplicação da lei penal, levando-se em conta que ele foi preso em atitude suspeita na via pública.

d) dispensar Paulo, considerando que a lei de identificação é expressa no sentido de que o civilmente identificado – como no caso – não será submetido à identificação criminal.

e) registrar a ocorrência, submetendo Paulo, por despacho fundamentado, a processo datiloscópico e fotográfico, considerando a rasura do documento apresentado por ele, com base no artigo 3º, inciso I, da Lei de Identificação Criminal.

3. **(VUNESP/PC-SP/Atendente de Necrotério Policial/2014)** Conforme dispõe a Lei Federal nº 12.037/09, embora apresentado documento de identificação, poderá ocorrer identificação criminal quando
a) a autoridade policial julgar conveniente.
b) o documento apresentar rasura ou tiver indício de falsificação.
c) assim determinar o representante do Ministério Público.
d) a critério do responsável pela apresentação de preso.
e) o investigado comparecer ao distrito policial portando somente a carteira de trabalho.

4. **(PC-TO/Escrivão de Polícia Civil/2014 – adaptada)** A identificação criminal, mesmo se apresentado documento de identificação, poderá ocorrer quando for essencial às investigações policiais, por despacho de ofício da autoridade policial competente.

5. **(VUNESP/PC-SP/Auxiliar de Papiloscopista Policial/2013 – adaptada)** Apresentado documento de identificação, não poderá ocorrer identificação criminal.

6. **(VUNESP/PC-SP/Auxiliar de Papiloscopista Policial/2013 – adaptada)** Apresentado documento de identificação, poderá ocorrer identificação criminal apenas nas hipóteses de rasura ou indícios de falsificação.

7. **(UEPA/PC-PA/Papiloscopista Policial/2013)** Baseados na Lei nº 12.037/2009 NÃO será necessário ocorrer identificação criminal quando:
a) o documento apresentar rasura.
b) o documento apresentado for suficiente para identificar cabalmente o indiciado.
c) o indiciado portar documentos de identidade distintos, com informações conflitantes entre si.
d) constar de registros policiais o uso de outros nomes ou diferentes qualificações.
e) o documento apresentado tiver indícios de falsificação.

8. **(VUNESP/PC-SP/Atendente de Necrotério Policial/2013)** Conforme as regras jurídicas estabelecidas na Lei nº 12.037/09, o civilmente identificado não será submetido à identificação criminal, exceto, entre outras situações,
a) quando o indiciado portar documentos de identidade distintos, com informações conflitantes entre si.
b) no caso de o Delegado de Polícia, a seu livre arbítrio, entender que, em razão da gravidade do crime cometido pelo indiciado, seja conveniente a sua identificação criminal.
c) se o indiciado estiver portando a Carteira de Trabalho, sem registro de emprego, como seu único documento de identificação.
d) se houver prisão em flagrante e o escrivão entender conveniente a identificação criminal para instruir o auto de prisão, independentemente de o preso possuir identificação civil.
e) se a pessoa não estiver portando a sua Carteira de identidade (I.G.), que é o único documento legalmente apto a comprovar a identificação civil.

9. **(VUNESP/PC-SP/ Auxiliar de Papiloscopista Policial/2013)** Embora apresentado documento de identificação, a Lei nº 12.037/2009 determina que poderá ocorrer identificação criminal quando.
a) a identificação civil for atestada por carteira de trabalho.
b) o indiciado for autuado em flagrante, independentemente de identificação civil e do crime por ele cometido.
c) a identificação civil for atestada por passaporte.
d) o indiciado portar apenas um documento de identificação militar.
e) o indiciado portar documentos de identidade distintos, com informações conflitantes entre si.

10. **(CESPE/PC-BA/Delegado de Polícia/2013)** João, preso em flagrante pela prática do crime de roubo, foi encaminhado à delegacia de polícia, onde apresentou a carteira nacional de habilitação para identificar-se, visto que não portava sua carteira de identidade. Ainda assim, o delegado determinou que João fosse submetido à perícia dactiloscópica. Com base nessa situação hipotética, julgue os itens que se seguem à luz do disposto na Lei nº 12.037/2009.

    Nos termos da Lei nº 12.037/2009, a identificação criminal de João se justifica pelo fato de ele estar sendo indiciado pela prática de crime de roubo.

11. **(CESPE/PC-ES/Perito Papiloscópico/2011)** Mesmo que apresente documento de identificação civil, o indiciado poderá ser submetido a identificação criminal quando esta for essencial às investigações, segundo entendimento e despacho da autoridade policial.

12. **(CESPE/PC-ES/Perito Papiloscópico/2011)** Considere a seguinte situação hipotética. Antônia foi presa em flagrante quando praticava furto em uma loja de eletrodomésticos. Encaminhada ao distrito policial mais próximo, apresentou à autoridade policial duas identidades com sobrenomes distintos, esclarecendo que seu nome de solteira fora alterado quando se casou.

    Nessa situação, seria legalmente permitido se fazer a identificação criminal de Antônia.

13. **(CESPE/PC-ES/Perito Papiloscópico/2011)** O mau estado de conservação do documento civil de pessoa indiciada, mesmo que não possibilite a completa identificação dos caracteres essenciais, impedirá a autoridade policial de realizar a identificação criminal da referida pessoa.

14. **(FUNIVERSA/SECTEC-GO/Papiloscopista Policial/2010)** Em relação à Lei nº 12.037/2009, é correto afirmar que, embora apresente documento de identificação, poderá ocorrer identificação criminal quando

a) o documento apresentar rasura ou tiver indício de falsificação.

b) o órgão expedidor do documento pertencer a outra unidade da federação.

c) o documento não informar o nome do pai.

d) o documento não registrar o número do CPF.

e) o documento apresentado for a carteira de trabalho em que não consta registro de emprego.

15. **(CESPE/Polícia Científica/Médico Legista/2016)** De acordo com a Lei n.° 12.037/2009 e suas alterações, a identificação criminal com coleta de material biológico para a obtenção do perfil genético do indiciado pode ocorrer quando

a) o indiciado portar documentos de identidade distintos, com informações conflitantes entre si.

b) constar de registros policiais o uso, pelo indiciado, de outros nomes ou diferentes qualificações.

c) o documento apresentado pelo indiciado tiver rasura.

d) for essencial a investigações policiais, de acordo com despacho da autoridade judiciária competente.

e) o documento apresentado for insuficiente para identificá-lo.

16. **(CESPE/Polícia Científica-PE/Perito Papiloscopista/2016 - adaptada)** Considerando que um indivíduo indiciado pela prática de homicídio doloso tenha apresentado documento de identificação militar com indícios de falsificação, JULGUE a assertiva a seguir à luz da Lei n.°12.037/2009.

    A cópia do documento em questão não deverá ser juntada aos autos do inquérito, pois os mencionados indícios de falsificação, independentemente de sua natureza e de sua extensão, tornam o documento insuficiente para identificar o indiciado.

17. **(VUNESP/PC-SP/Auxiliar de Papiloscopista/2018)** Segundo a Lei Federal nº 12.037/2009, em seu artigo 3º, embora apresentado documento de identificação, poderá ocorrer identificação criminal quando

a) o documento for emitido em Unidade da Federação diferente da que está sendo apresentada.

b) a identificação civil for essencial às investigações policiais, segundo despacho da autoridade judiciária competente, que decidirá de ofício ou mediante representação da autoridade policial, do Ministério Público ou da defesa.

c) constar de registros policiais o uso de outros nomes ou diferentes qualificações.

d) o indiciado portar documentos de identidade fornecendo sua qualificação.

e) o documento apresentar data de emissão anterior à publicação da Lei Federal.

18. (CESPE/DPF/Delegado de Polícia Federal/2018) Um indivíduo foi preso e a autoridade judiciária decidiu, de ofício, pela sua identificação criminal, por entender que tal medida seria essencial às investigações policiais. Nessa situação, a identificação criminal é legal e incluirá o processo datiloscópico e o fotográfico, podendo incluir também a coleta de material genético para a obtenção do perfil genético.

19. (FUNDATEC/PC-RS/Delegado de Polícia/2018) Na madrugada de 25 de outubro de 2017, determinado suspeito, conduzido até a delegacia de polícia para a lavratura do auto de prisão em flagrante pelo cometimento de feminicídio, apresentou carteira de identidade contendo rasura. Diante disso, o delegado de polícia:

a) Deve conferir credibilidade à qualificação pessoal fornecida pelo autor do crime durante o interrogatório, em complemento aos dados existentes no documento rasurado, considerando que eventual informação inverídica acarretará a imputação pelo crime de falsa identidade.

b) Determinará a coleta de amostra de sangue do autuado para remessa à perícia e averiguação da identidade, independente de consentimento, resguardada a privacidade na realização do ato.

c) Dispensará a identificação criminal do suspeito em razão de que a carteira de identidade, ainda que contenha rasuras, é documento idôneo à identificação civil, conforme expressa disposição legal.

d) Determinará identificação criminal do suspeito, que incluirá o processo datiloscópico e o fotográfico a ser juntado aos autos da comunicação da prisão em flagrante.

e) Deverá aguardar o prazo de até 24h para que defensor ou familiar do autuado apresente outro documento idôneo de identificação civil, tendo em vista que é assegurada ao preso a assistência da família e de advogado pela Constituição Federal.

GAB	1	2	3	4	5	6	7	8	9	10	11	12	13	14	15	16	17	18	19
	C	E	B	E	E	E	B	A	E	E	E	C	E	A	D	E	C	C	D

Art. 4º Quando houver necessidade de identificação criminal, a autoridade encarregada tomará as providências necessárias para evitar o constrangimento do identificado.

1. COMENTÁRIOS

A identificação criminal, realizada dentro do permissivo legal (art. 3º), não é, em si, um constrangimento. Já a exploração midiática da identificação, expondo a imagem do identificado aos meios de comunicação, dando ampla visibilidade para que seja "identificado socialmente", é uma forma covarde e ultrajante de submeter o agende (indiciado ou réu) ao sumário julgamento social, que desconhece contraditório ou ampla defesa.

Um mínimo de cuidado no procedimento da identificação, de forma a não expor o identificado, assim como o sigilo do conteúdo do ato, são medidas simples para atender o comando da norma, de maneira a preservar a integridade moral do indivíduo.

2. SÚMULAS E JURISPRUDÊNCIA

✦ *SUPERIOR TRIBUNAL DE JUSTIÇA*

- **REGISTRO. INSTITUTO. IDENTIFICAÇÃO CRIMINAL.** A Turma negou provimento ao recurso em mandado de segurança em que se pretendia a exclusão de registros constantes do banco de dados de instituto de identificação criminal. Segundo o Min. Relator, a existência dos registros consubstancia a própria história do condenado e da sociedade, de forma que seu cancelamento pelo Poder Judiciário prejudicaria a organização e as atividades investigatórias da polícia. Ressaltou, embasado em lições doutrinárias, que a legislação garante o direito ao sigilo dessas informações, ressalvadas apenas as hipóteses de requisição judicial, sem impor seu cancelamento. Precedente citado: RMS 28.838-SP, DJe 4/11/2009. *STJ, RMS 19.153-SP, Rel. Min. Celso Limongi (Desembargador convocado do TJ-SP), j. 7/10/2010. 6ª T. (Info 450)*

- **ANTECEDENTES CRIMINAIS. REGISTROS SIGILOSOS.** O art. 748 do CPP assegura ao reabilitado o sigilo das condenações criminais anteriores na folha de antecedentes, salvo consulta restrita pelos agentes públicos. Desse modo, ao aplicar-se por analogia esse artigo, devem ser mantidos, nos registros criminais sigilosos, com o devido cuidado de preservar a intimidade do cidadão, os dados relativos a inquéritos arquivados e processo em que haja sentença de absolvição transitada em julgado. Caso o agente público permita que essas informações circulem, ele deve responder pelo crime de violação de sigilo funcional (art. 325 do CP). *STJ, RMS 28.838-SP, Rel. Min. Humberto Martins, j. 1º/10/2009. 2ª T. (Info 409)*

3. QUESTÕES DE CONCURSOS

1. **(CESPE/Polícia Científica-PE/Perito Papiloscopista/2016 - adaptada)** Considerando que um indivíduo indiciado pela prática de homicídio doloso tenha apresentado documento de identificação militar com indícios de falsificação, JULGUE a assertiva a seguir à luz da Lei n.°12.037/2009.

   Na situação em apreço, caso haja necessidade de identificação criminal, a autoridade encarregada desse procedimento terá de tomar as providências necessárias para evitar o constrangimento do identificado.

GAB	1
	C

Art. 5º A identificação criminal incluirá o processo datiloscópico e o fotográfico, que serão juntados aos autos da comunicação da prisão em flagrante, ou do inquérito policial ou outra forma de investigação.

Parágrafo único. Na hipótese do inciso IV do art. 3º, a identificação criminal poderá incluir a coleta de material biológico para a obtenção do perfil genético. (Incluído pela Lei nº 12.654, de 2012)

1. COMENTÁRIOS

Os processos que integram a identificação criminal foram explicitados na presente lei, delimitando o seu conteúdo. A ciência já conhece outras formas de identificação, como a promovida por biometria da íris ou da retina. Entretanto, como ocorreu com a recente Lei nº 12.654/12, que inseriu a identificação genética, as demais formas estão a exigir expressa disciplina legal. Enquanto isso não acontece, vejamos as atuais hipóteses legais:

a) Identificação fotográfica: realizada com a fotografia de frente e de perfil, servindo como elemento auxiliar (e não exclusivo) na identificação, notadamente pela constante mutação na fisionomia das pessoas. Assim, este método não dispensa a identificação datiloscópica.

b) Identificação datiloscópica: é composta pelas impressões digitais, que formam os desenhos existentes nas polpas dos dedos das mãos, por força das elevações e saliências da pele. Tal método de identificação se destaca, dentre outros fatores, pela perenidade, em face da imutabilidade e inalterabilidade do desenho digital ao longo dos anos[2].

c) Identificação do perfil genético: é aquela promovida com a coleta de material biológico para realização do exame de DNA. Destacam-se aqui os seguintes itens:

c.1) Legitimidade: cabe ao juiz competente deliberar quanto à admissibilidade (ou não) da identificação pelo perfil genético. Para tanto, poderá decidir *ex officio* ou por provocação do Ministério Público ou da defesa, assim como por representação da autoridade policial. Em homenagem ao sistema acusatório, entendemos que a deliberação de ofício estaria adstrita à fase processual. Durante a investigação, olhamos com desconfiança o ativismo judicial. Portanto, mesmo sem expressa limitação normativa, mas consoante a melhor interpretação constitucional, a atuação *ex officio* é específica para a persecução penal em juízo.

c.2) Sistema recursal: o ato judicial não desafia recurso. Entretanto, o desvio de finalidade da medida ou a determinação de condução coercitiva para a extração compulsória do material biológico autoriza o manejo do *habeas corpus*.

c.3) Prevenção: a deliberação quanto à identificação criminal ocasiona a prevenção, firmando-se a competência para o julgamento do futuro processo.

c.4) Fundamento: a autorização da identificação por meio do perfil genético exige a imprescindibilidade para a investigação policial (art. 3º, inc. IV). Naturalmente, a exigência não pode se limitar à mera retórica, sendo indispensável a justa causa quanto a demonstração da real necessidade para a autorização da medida. E o que compreendemos por imprescindibilidade da identificação criminal pelo perfil genético? Qual é a finalidade do ato?

Há aqueles que entendem que a "imprescindibilidade" se justifica quando os métodos fotográfico e datiloscópico não forem suficientes, pois a dúvida quanto à identificação do agente subsiste. Assim, o "objetivo e a autorização do legislador para a colheita do material biológico diz respeito exclusivamente à identificação do indiciado, não à comparação de eventual vestígio genético deixado na cena do crime com o perfil genético colhido"[3].

Em outro giro, tem prevalecido o entendimento de que o perfil genético pode ser decisivo na descoberta do autor do fato criminoso, viabilizando a confrontação com o material biológico deixado na cena do crime ou prospectado em elementos vinculados ao fato criminoso, como as vestes da vítima, o instrumento do crime ou o carro do agressor[4].

Importante frisar que quando o material biológico pertence à pessoa indeterminada, como aquele achado no local do crime, a realização do exame de DNA independe de autorização do juiz, cabendo ao delegado a determinar a perícia (art. 6º, inc. VII, CPP).

---

2. SOBRINHO, Mário Sérgio. *A identificação criminal*. São Paulo: RT, 2003. p. 48.
3. NICOLITT, André Luiz; WEHRS, Carlos Ribeiro. *Intervenções corporais no Processo Penal e a nova identificação criminal*. Rio de janeiro: Elsevier, 2014. p. 136.
4. NUCCI, Guilherme de Souza. *Leis Penais e Processuais Penais Comentadas*. Rio de Janeiro: Forense, 2014. Vol. II. p. 434.

c.5) Princípio do *nemo tenetur se detegere*: a identificação criminal, em si considerada, não ofende o direito a não autoincriminação, já que compõe um procedimento para individualizar a pessoa, ratificando que ela é quem diz ser (art. 8º, item 2, *g*, Pacto de São José da Costa Rica; art. 5º, inc. LXIII, CF). Tal entendimento mereceu uma maior reflexão após o advento da Lei nº 12.654/012, que inseriu a possibilidade da identificação criminal pelo perfil genético, por deliberação do juiz competente, diante da imprescindibilidade para as investigações policiais.

Temos que o indiciado ou réu não pode ser obrigado ao fornecimento do material biológico, sob pena de grave ofensa ao princípio da não autoincriminação, pois diante da confrontação de perfis genéticos, o resultado do exame de DNA pode ser utilizado para a demonstração (ou não) da autoria do delito. Com a inovação normativa, a finalidade probatória se sobrepôs aos fins de individualização da pessoa, em verdadeira subversão ao instituto. O próprio Pleno do STF já se manifestou pela impossibilidade da condução coercitiva do agente para realização do exame de DNA, amparado na dignidade da pessoa humana[5].

Não obstante, se o indivíduo deseja colaborar com o fornecimento do material biológico, já que a própria defesa pode requerer a identificação genética, ou se a prospecção acontece de forma não invasiva, por meio de material descartado voluntaria ou involuntariamente pelo agente, não há de se falar em ofensa ao comando constitucional.

Situação distinta, e bem preocupante, é aquela inserida no art. 9º-A da Lei nº 7.210/84 (Lei de Execução Penal), exigindo a identificação compulsória do perfil genético, por meio da extração de DNA, dos condenados por crimes dolosos praticados com violência de natureza grave contra a pessoa, ou por crimes hediondos (art. 1º, Lei nº 8.072/90). A identificação será armazenada em um banco de dados sigiloso, servindo para futuras confrontações, caso tais indivíduos venha a se envolver em novas infrações penais. Para tanto, a autoridade policial poderá requerer ao juiz competente o acesso ao banco de dados, uma vez iniciada a investigação.

Não há exigência de autorização judicial para a realização da identificação genética do executado, funcionando como uma decorrência do trânsito em julgado da condenação por tais delitos. Mais uma vez, a forma como o material biológico será coletado é decisiva. Havendo consentimento do agente ou prospecção não invasiva (material descartado), legitima-se o ato. Já a intervenção corporal (e compulsória) para garantir a identificação genética do apenado é manifestamente inconstitucional.

2. QUESTÕES DE CONCURSOS

1. **(FUNIVERSA/PC-DF/Papiloscopista Policial/2015 – adaptada)** Basta a juntada do procedimento datiloscópico aos autos da comunicação da prisão em flagrante para o processo de identificação criminal.

2. **(VUNESP/PC-CE/Inspetor de Polícia/2015 – adaptada)** De acordo com a Lei n o 12.037/09, a identificação criminal compreende impressões datiloscópicas, fotografias e material biológico, este último somente colhido por ordem judicial.

5. STF, HC 71.373, D.J. 22/11/1996.

3. **(FUNIVERSA/PC-GO/Papiloscopista/2015)** Quanto à identificação criminal, é correto afirmar que

a) a carteira de identificação funcional e a carteira profissional não são documentos de identificação civil válidos para se excluir a necessidade de uma identificação criminal.

b) o civilmente identificado por meio de documento de identificação civil válido não será submetido à identificação criminal.

c) os documentos de identificação militares não se equiparam aos documentos de identificação civil para excluir a necessidade de identificação criminal, devendo para tal serem validados pela apresentação concomitante da carteira de identidade ou da carteira de trabalho.

d) a identificação criminal, mesmo diante da apresentação da carteira de identidade, poderá ocorrer quando for essencial às investigações criminais, independentemente de decisão da autoridade judiciária competente.

e) a identificação criminal dar-se-á por meio dos processos datiloscópico e fotográfico.

4. **(PC-TO/Escrivão de Polícia Civil/2014 – adaptada)** A identificação criminal deverá contar com o processo datiloscópico, o registro fotográfico e a coleta de material biológico para a obtenção do perfil genético, que serão juntados aos autos da comunicação da prisão em flagrante, ou do inquérito policial, ou de outra forma de investigação.

5. **(VUNESP/PC-SP/Auxiliar de Papiloscopista Policial/2013 – adaptada)** A identificação criminal incluirá o processo datiloscópico e o fotográfico.

6. **(CESPE/Polícia Científica-PE/Perito Papiloscopista/2016 - adaptada)** Considerando que um indivíduo indiciado pela prática de homicídio doloso tenha apresentado documento de identificação militar com indícios de falsificação, JULGUE a assertiva a seguir à luz da Lei n.°12.037/2009.

Na situação considerada, caso o indivíduo seja submetido a identificação criminal, esta incluirá o processo datiloscópico, mas excluirá o processo fotográfico e a coleta de material biológico por tratar-se da prática de crime por militar.

GAB	1	2	3	4	5	6
	E	C	E	E	C	E

Art. 5º-A. Os dados relacionados à coleta do perfil genético deverão ser armazenados em banco de dados de perfis genéticos, gerenciado por unidade oficial de perícia criminal. (Incluído pela Lei nº 12.654, de 2012)

§ 1º As informações genéticas contidas nos bancos de dados de perfis genéticos não poderão revelar traços somáticos ou comportamentais das pessoas, exceto determinação genética de gênero, consoante as normas constitucionais e internacionais sobre direitos humanos, genoma humano e dados genéticos. (Incluído pela Lei nº 12.654, de 2012)

§ 2º Os dados constantes dos bancos de dados de perfis genéticos terão caráter sigiloso, respondendo civil, penal e administrativamente aquele que permitir ou promover sua utilização para fins diversos dos previstos nesta Lei ou em decisão judicial. (Incluído pela Lei nº 12.654, de 2012)

§ 3º As informações obtidas a partir da coincidência de perfis genéticos deverão ser consignadas em laudo pericial firmado por perito oficial devidamente habilitado. (Incluído pela Lei nº 12.654, de 2012)

1. COMENTÁRIOS

O Decreto nº 7.950/013 instituiu o Banco Nacional de Perfis Genéticos, sendo administrado por perito criminal federal devidamente habilitado, com comprovada experiência em genética e designado pelo Ministro da Justiça (art. 1º, § 4º, Dec. nº 7.950/013).

Percebe-se a preocupação com a finalidade do ato, objetivando certificar quem é o indivíduo, com a determinação genética de gênero, vedando-se o indicativo de traços somáticos ou comportamentais do agente, que almejem aferir um "tipo – ou típico – criminoso", estereotipado, nos moldes da Escola Positiva de Direito Penal de Cesare Lombroso.

Para evitar desvio de finalidade ou a exploração indevida das informações, o banco de dados de perfis genéticos tem caráter sigiloso, subsistindo a responsabilidade civil, administrativa e criminal (violação de sigilo funcional – art. 325, CP), aos que promoverem a inadequada utilização.

Havendo coincidência entre o perfil genético constante do banco de dados e o material biológico colhido nos instrumentos ou no local do crime, será elaborado laudo pericial, subscrito por perito oficial (afasta-se, assim, o perito juramentado). Neste ponto (§ 3º), uma crítica é necessária, pois fica evidente a finalidade probatória do instituto, mas que, com um artifício semântico, é tratado como identificação criminal. Como pontificam André Luiz Nicolitt e Carlos Ribeiro Wehrs, "o objetivo da identificação criminal não é estabelecer a ligação entre a pessoa indiciada e o crime, mas saber se a pessoa indiciada é quem diz ser. Todavia, ao que tudo indica, a extração de material biológico foi criada com a intenção de produção de provas para processo penal, tendo sido inserida na legislação que trata de identificação criminal heterodoxamente, talvez pela dificuldade de sua aprovação caso viesse a alterar o Código de Processo Penal"[6].

2. QUESTÕES DE CONCURSOS

1. (UEPA/PC-PA/Papiloscopista Policial/2013) Baseado na Lei nº 12.037/2009, os perfis genéticos dos bancos de dados não podem revelar:

a) o sexo das pessoas.
b) a raça das pessoas.
c) o número do cadastro de pessoa física.
d) o nome dos pais das pessoas.
e) os traços somáticos ou comportamentais das pessoas.

2. (UEPA/PC-PA/Papiloscopista Policial/2013) Baseado na Lei nº 12.037/2009, as informações obtidas a partir da coincidência de perfis genéticos deverão ser consignadas:

a) em laudo pericial firmado por perito oficial devidamente habilitado.
b) em um ofício do juiz da comarca onde o crime foi cometido.
c) em um relatório feito pelo Ministério Público.
d) em um processo criminal pelo delegado do feito.
e) em um relatório feito por um papiloscopista habilitado.

3. (VUNESP/PC-SP/Papiloscopista/2018) A Lei Federal nº 12.037/2009, que dispõe sobre a identificação criminal do civilmente identificado e regulamenta em seu art. 5º -A, par. 1º , a coleta do perfil genético e armazenamento em banco de dados, afirma que

a) as informações genéticas contidas nos bancos de dados de perfis genéticos devem incluir traços somáticos ou comportamentais das pessoas, principalmente a determinação genética de gênero.
b) as informações genéticas contidas nos bancos de dados de perfis genéticos devem incluir traços físicos ou comportamentais das pessoas, principalmente a determinação genética de hereditariedade.

6. NICOLITT, André Luiz; WEHRS, Carlos Ribeiro. *Intervenções corporais no Processo Penal e a nova identificação criminal*. Rio de janeiro: Elsevier, 2014. p. 138.

c) as informações genéticas contidas nos bancos de dados de perfis genéticos não poderão revelar traços físicos ou comportamentais das pessoas, exceto determinação de doenças psicossomáticas.

d) os perfis genéticos devem ser disponibilizados para pesquisa civil e criminal.

e) as informações genéticas contidas nos bancos de dados de perfis genéticos não poderão revelar traços somáticos ou comportamentais das pessoas, exceto determinação genética de gênero.

GAB	1	2	3
	E	A	E

Art. 6º É vedado mencionar a identificação criminal do indiciado em atestados de antecedentes ou em informações não destinadas ao juízo criminal, antes do trânsito em julgado da sentença condenatória.

1. COMENTÁRIOS

Evita-se, aqui, um desnecessário constrangimento, impedindo-se a veiculação na certidão de antecedentes (ou em informações ao juízo não penal), dos elementos integrantes da identificação criminal, como fotografia, impressões digitais, perfil genético, ou até mesmo o apontamento de que o indivíduo foi identificado criminalmente. Prestigiou-se o princípio da presunção de não culpabilidade (art. 5º, inc. LVII, CF), já que o obstáculo persiste até antes do transito em julgado da condenação.

De forma mais abrangente, o parágrafo único do art. 20 do CPP obsta a indicação,inclusive, da existência de inquéritos no atestado de antecedentes.

Sem embargo, cabe registrar o recente julgamento do HC 126.292/SP, pelo órgão Plenário do Supremo Tribunal Federal, que sufragou, por maioria de sete votos a quatro, a possibilidade de execução provisória de pena, após a confirmação de condenação por tribunal de segunda instância. A nosso ver, o STF mitigou a abrangência do princípio do estado de inocência (presunção de inocência ou de não culpabilidade), malferindo o art. 5º, LXVII, da CF/1988 e não atentando para dispositivos infraconstitucionais vigentes, a exemplo do art. 283, do CPP. Ora, esse novo entendimento, que retrocede ao posicionamento anterior, de natureza inquisitiva, pode suscitar dúvida sobre o sentido e alcance do art. 6º aqui estudado, diante da patente contradição entre autorizar execução provisória de pena e a disposição constitucional que veda considerar alguém culpado antes do trânsito em julgado da sentença penal condenatória.

2. QUESTÕES DE CONCURSOS

1. **(FUNIVERSA/PC-DF/Papiloscopista Policial/2015 – adaptada)** Não é vedado informar a identificação criminal de indivíduo indiciado nos atestados de antecedentes destinados à justiça.

2. **(PC-TO/Escrivão de Polícia Civil/2014 – adaptada)** A revelação da identificação criminal do indiciado em atestados de antecedentes ou em informações não destinadas ao juízo criminal é vedada, mesmo após o trânsito em julgado da sentença condenatória.

3. **(ACAFE/PC-SC/Delegado de Polícia/2014 – adaptada)** Segundo dispõe a Lei 12.037/09, é recomendado mencionar a identificação criminal do indiciado em atestados de antecedentes ou em informações não destinadas ao juízo criminal, antes do trânsito em julgado da sentença condenatória.

4. **(VUNESP/PC-SP/Auxiliar de Papiloscopista Policial/2013 – adaptada)** Não é vedado mencionar a identificação criminal do indiciado em atestados de antecedentes, mesmo após o trânsito em julgado da sentença condenatória.

5. **(CESPE/PC-ES/Perito Papiloscópico/2011)** É vedado mencionar a identificação criminal do indiciado em atestados de antecedentes ou em informações não destinadas ao juízo criminal, antes do trânsito em julgado da sentença condenatória.

6. **(CESPE/Polícia Científica-PE/Perito Papiloscopista/2016 - adaptada)** Considerando que um indivíduo indiciado pela prática de homicídio doloso tenha apresentado documento de identificação militar com indícios de falsificação, JULGUE a assertiva a seguir à luz da Lei n.°12.037/2009.
Caso o referido indiciado seja submetido a identificação criminal, esta deverá ser mencionada nos atestados de antecedentes antes mesmo do trânsito em julgado da sentença condenatória.

GAB	1	2	3	4	5	6
	E	E	E	E	C	E

Art. 7º No caso de não oferecimento da denúncia, ou sua rejeição, ou absolvição, é facultado ao indiciado ou ao réu, após o arquivamento definitivo do inquérito, ou trânsito em julgado da sentença, requerer a retirada da identificação fotográfica do inquérito ou processo, desde que apresente provas de sua identificação civil.

1. COMENTÁRIOS

A preocupação com a preservação da imagem é evidenciada pelo dispositivo em exame, permitindo-se o requerimento de retirada da **identificação fotográfica** dos autos da persecução penal (inquérito ou processo criminal). Ao que parece, o fantasma do risco de vazamento continua a atormentar o legislador, pondo em dúvida a garantia do sigilo.

Admite-se o requerimento de desentranhamento diante das seguintes situações jurídicas:

a) Não oferecimento da inicial acusatória (denúncia ou queixa crime);

b) Rejeição da inicial, nos termos do art. 395 do CPP;

c) Trânsito em julgado da absolvição do réu (arts. 386, 397 e 415, CPP);

d) Arquivamento definitivo do inquérito.

Quanto ao arquivamento do inquérito policial, Renato Brasileiro aponta que o pedido de desentranhamento estaria justificado naquelas hipóteses em que oportunizar a coisa julgada formal e material, como ocorre com o arquivamento pautado na certeza da atipicidade do fato. Logo, tendo aptidão específica para a coisa julgada meramente formal, autorizando o oferecimento da denúncia pelo surgimento de novas provas (enunciado nº 524 da súmula do STF), a identificação fotográfica deve ser preserva nos autos[7].

Em que pese a robustez do argumento, não nos parece ter sido este o desejo do legislador. Ao falar em "arquivamento definitivo", almejou-se diferenciá-lo do mero "requerimento de arquivamento", exigindo-se que tenha havido homologação do juiz, e não a mera propositura pelo MP.

7. LIMA, Renato Brasileiro de. *Legislação criminal especial comentada*. 2. ed. Salvador: JusPodivm, 2014, p. 130.

Se o pressuposto para o desentranhamento fosse a coisa julgada material, o que dizer da rejeição da inicial acusatória? As atuais hipóteses do art. 395 do CPP que justificam o afastamento da inicial acusatória não têm aptidão à imutabilidade pela coisa julgada material. Ainda assim, quando o juiz afasta a inicial, preclusa a decisão, o desentranhamento pode ser requerido.

O desentranhamento será autorizado (ou não) por deliberação do juiz competente. Deve-se, naturalmente, ouvir o Ministério Público, exigindo-se que o requerente apresente prova de sua identificação civil. Não há previsão de recurso para impugnar o ato. Nada impede, entretanto, que o prejudicado se valha das ações autônomas de impugnação, notadamente o mandado de segurança.

Perceba que o desentranhamento envolve a identificação fotográfica! A identificação datiloscópica será preservada nos autos. Já a exclusão do perfil genético é tratada pelo artigo seguinte (art. 7º-A).

2. QUESTÕES DE CONCURSOS

1. **(PC-TO/Escrivão de Polícia Civil/2014 – adaptada)** O requerimento da retirada da identificação fotográfica do inquérito ou processo, desde que apresente provas de sua identificação civil, é facultado ao indiciado ou ao réu, após o arquivamento definitivo do inquérito, ou trânsito em julgado da sentença.

2. **(VUNESP/PC-SP/Papiloscopista Policial/2013)** Belo Narciso foi indiciado em inquérito policial por crime contra os costumes, tendo sido identificado criminalmente. No entanto, a respectiva denúncia não foi aceita e o inquérito foi definitivamente arquivado. Narciso, preocupado com sua imagem perante terceiros, requereu, em seguida, a retirada de sua identificação fotográfica do inquérito policial. Neste caso, considerando o disposto na Lei nº 12.037/09, é correto afirmar que Narciso

a) não tem direito à retirada de sua identificação civil, uma vez que esta se constitui em prova policial, que não pode ser alterada ou suprimida do inquérito policial.

b) deverá ter seu pedido atendido, desde que apresente provas de sua identificação civil.

c) tem direito à retirada da sua identificação criminal do inquérito, mas terá que obter ordem judicial específica nesse sentido.

d) tem direito à retirada da sua identificação do inquérito, pois a presença desta viola o seu direito à imagem, não sendo legal qualquer exigência para que seu pedido seja atendido.

e) não pode ter seu pedido atendido, tendo em vista que o inquérito já foi arquivado, não havendo, portanto, interesse de Narciso em seu pedido.

3. **(CESPE/PC-ES/Perito Papiloscópico/2011)** No caso de não oferecimento da denúncia, é facultado ao indiciado, após o arquivamento definitivo do inquérito, requerer a retirada de sua identificação fotográfica, independentemente de ele apresentar provas de sua identificação civil.

GAB	1	2	3
	C	B	E

Art. 7º-A. A exclusão dos perfis genéticos dos bancos de dados ocorrerá no término do prazo estabelecido em lei para a prescrição do delito. (Incluído pela Lei nº 12.654, de 2012)

1. COMENTÁRIOS

Para a exclusão do perfil genético do banco de dados (art. 1º, § 1º, Dec. 7.950/013), o legislador exigiu a prescrição do fato delituoso. Como não há distinção, a prescrição pode ser da pretensão punitiva (pela pena em abstrato ou em concreto, conforme o caso), e até mesmo da pretensão executória.

E se o agente não for denunciado, ou se o inquérito for arquivado ou se ocorrer o trânsito em julgado da absolvição? Naturalmente, a exclusão do registro do banco de dados também é necessária. Neste caso, como o prazo prescricional não ocorreu, pressupomos deliberação judicial (e oitiva do MP, em que pese a omissão normativa), nos termos do art. 7º, parte final, do Decreto nº 7.950/013.

Um ponto merece destaque:

André Luiz Nicolitt e Carlos Ribeiro Wehrs entendem que o prazo para exclusão do perfil genético do banco de dados é imune aos marcos interruptivos da prescrição estabelecidos no CP. Assim, teremos dois prazos distintos: o primeiro é o prazo para efetiva prescrição do delito, que se submete a regras de interrupção estabelecidas pelo Código Penal. Ou outro é o prazo para exclusão da informação do banco de dados genético, que não conhece tais episódios e flui sem nenhum percalço. Em que pese a sobriedade do argumento, não nos parece ter sido este o desejo do artigo em comento[8].

Art. 7º-B. A identificação do perfil genético será armazenada em banco de dados sigiloso, conforme regulamento a ser expedido pelo Poder Executivo. (Incluído pela Lei nº 12.654, de 2012)

1. COMENTÁRIOS

Conferiu-se ao Poder Executivo a incumbência de regulamentar o armazenamento da identificação pelo perfil genético, assegurando-se o necessário sigilo. Cumprindo o seu mister, a Presidência da República editou o Decreto nº 7.950/013, instituindo o Banco Nacional de Perfis Genéticos e a Rede Integrada de Bancos de Perfis Genéticos, vinculados ao Ministério da Justiça, tendo os seguintes objetivos:

a) Banco Nacional de Perfis Genéticos: "armazenar dados de perfis genéticos coletados para subsidiar ações destinadas à apuração de crimes" (art. 1º, § 1º, Dec. 7.950/013);

b) Rede Integrada de Bancos de Perfis Genéticos: "permitir o compartilhamento e a comparação de perfis genéticos constantes dos bancos de perfis genéticos da União, dos Estados e do Distrito Federal" (art. 1º, § 2º, dec. 7.950/013).

Art. 8º Esta Lei entra em vigor na data de sua publicação.

1. COMENTÁRIOS

A presente lei tem aplicação imediata, entrando em vigor no dia 02 de outubro de 2009 (data em que foi publicada). Já a Lei nº 12.654/012, inserindo a identificação pelo perfil

8. NICOLITT, André Luiz; WEHRS, Carlos Ribeiro. *Intervenções corporais no Processo Penal e a nova identificação criminal*. Rio de janeiro: Elsevier, 2014. p. 145.

genético, entrou em vigor no dia 25 de novembro de 2012, tendo *vacatio legis* de 180 (cento e oitenta) dias.

Art. 9º Revoga-se a Lei nº 10.054, de 7 de dezembro de 2000.

1. COMENTÁRIOS

Percebe-se o claro intento de concentrar na presente lei o tratamento da identificação criminal, cujas hipóteses de admissibilidade estão reunidas no art. 3º. Assim, nos parece que cai por terra o art. 109 do Estatuto da Criança de do Adolescente (Lei 8.069/90), aduzindo que "o adolescente civilmente identificado não será submetido a identificação compulsória pelos órgãos policiais, de proteção e judiciais, salvo para efeito de confrontação, havendo dúvida fundada". Do mesmo modo, não mais existe tratamento específico quanto à identificação criminal no crime organizado (Lei 12.850/013).

Brasília, 1º de outubro de 2009; 188º da Independência e 121º da República.

JOSÉ ALENCAR GOMES DA SILVA

Luiz Paulo Teles Ferreira Barreto

| 21 |

INVESTIGAÇÃO PELO DELEGADO

INVESTIGAÇÃO CRIMINAL CONDUZIDA PELO DELEGADO DE POLÍCIA		
QUESTÕES DE CONCURSOS		
Classificação pelo grau de incidência em provas		
Dispositivo legal	**Nº de questões**	**%**
Art. 2º	20	95,23%
Art. 3º	1	4,77%
TOTAL	21	100,00%

▸LEI Nº 12.830, DE 20 DE JUNHO DE 2013

Dispõe sobre a investigação criminal conduzida pelo delegado de polícia.

A PRESIDENTA DA REPÚBLICA Faço saber que o Congresso Nacional decreta e eu sanciono a seguinte Lei:

Art. 1º Esta Lei dispõe sobre a investigação criminal conduzida pelo delegado de polícia.

1. COMENTÁRIOS

1.1. Objeto da Lei da Atribuição da Polícia Judiciária

A ementa da Lei nº 12.830/2013 dita que ela "dispõe sobre a investigação criminal conduzida pelo delegado de polícia". O seu art. 1º reitera esse desiderato. Decerto, a Lei da Atribuição da Polícia Judiciária indica como objeto a investigação conduzida pelo delegado de polícia.

Agrega a essa finalidade principal, questões atinentes à remoção da autoridade policial e do tratamento protocolar que deve ser dispensado ao delegado de polícia. Embora sejam assuntos não centrais da investigação criminal, a outorga de garantia e de prerrogativa ao delegado tem o propósito de banir interferências administrativas que findem por prejudicar a persecução penal estatal preliminar.

Em outras palavras, o legislador intentou delimitar espaço para que o delegado de polícia tenha possibilidade de exercer suas funções sem ingerências políticas. O objetivo é alijar desvios da investigação por conta de ameaças funcionais dirigidas, arbitrariamente, aos delegados de polícia.

1.2. Investigação criminal

Investigar é verbo que denota atividade de pesquisa desenvolvida sob a direção de alguém de forma unilateral. Significa buscar, reunir elementos, ajuntar pistas. Não está na descrição do conceito o estabelecimento de um rito contraditório. Pelo contrário, a investigação não é bilateral, não a integra a noção de bilateralidade.

Vale registrar que a Lei nº 13.245/2016 modificou, em parte, o art. 7º, do Estatuto da OAB, e sufragou a ampliação do direito de acesso aos autos da investigação pelo advogado.

Nessa toada, foi enfatizada a impossibilidade de dificultar o exercício de prerrogativas defensivas do causídico, podendo este apresentar razões e quesitos no curso das investigações. Em certa medida, a alteração possibilitou, em dose limitada, o contraditório e a defesa (não ampla) nas investigações preliminares. Com efeito, a bilateralidade ali prevista é de grau bem mais restrito que o processo penal e objetiva, primeiramente, efetivar prerrogativas funcionais dos advogados.

Isso não significa dizer que a legislação não possa agregar a alguma investigação a necessidade de observância do princípio do contraditório. Em relação às provas técnicas, irrepetíveis, seria de todo conveniente que já houvesse previsão de bilateralidade concomitante à produção dos elementos de informação.

Especialmente porque, no que concerne à materialidade do delito, a sentença valora aquele elemento informativo da investigação preliminar para supedanear a materialidade da infração penal, conferindo contornos jurisdicionais à mera peça do inquérito policial.

É o que, de certo modo, autoriza o art. 155, do CPP, ao estatuir que "o juiz formará sua convicção pela livre apreciação da prova produzida em contraditório judicial, não podendo fundamentar sua decisão exclusivamente nos elementos informativos colhidos na investigação, ressalvadas as provas cautelares, não repetíveis e antecipadas".

Reputamos urgente melhor regulamentação das investigações preliminares, com codificação própria e detalhada, sanando problemas relacionados a resquícios do sistema inquisitivo, a exemplo da ressalva do citado art. 155, do Código. Sem isso, os direitos fundamentais do imputado permanecerão no limbo, carentes de tutela efetiva.

Investigação criminal é classe que representa um gênero, não sendo a função de investigar exclusiva do delegado de polícia, nem mesmo do Estado. Investigar, *lato sensu*, todos podem, desde que esse agir não importe ofensa a direitos fundamentais, como aos direitos à intimidade, à vida privada, à inviolabilidade de domicílio e às diversas espécies de sigilo.

A própria Lei nº 12.830/2013 evidencia essa conclusão quando aduz que ela dispõe sobre a investigação criminal conduzida pelo delegado de polícia, ou seja, só tem a pretensão de dispor sobre a investigação cuja atribuição é da autoridade policial civil ou federal. Nessa classe, incluem-se o inquérito policial e a verificação de procedência de informações (ou verificação preliminar de inquérito – VPI).

A função de investigar se direciona às infrações penais e tem como autoridade responsável os delegados de polícia de carreira. Quando o delito é de natureza militar, essa função é desempenhada pelos encarregados de inquérito policial militar, que são oficiais das corporações militares.

De todo modo, investigação não se confunde com instrução. A instrução se desenvolve em processo penal condenatório instaurado, isto é, iniciado por petição inicial (denúncia ou queixa-crime).

A rigor, não é apropriada a noção de "juiz instrutor", por carrear provas ao processo. Tecnicamente, o que temos é um "juiz instruendo", vale dizer, a instrução é atividade destinada a dar conhecimento de algo a alguém e, no processo penal condenatório (de conhecimento da infração penal), o que temos é um juiz que é o destinatário principal da prova que é levada a cabo pelas partes.

O conhecimento do conteúdo do processo reputado delituoso tem o juiz como a figura receptora das provas e dos fatos. Ele não deve conhecer os fatos de antemão, caso em que seria suspeito. É durante o rito processual, contraditório, que ele passa a conhecer dos fatos, instruindo-se e saindo da esfera da ignorância quanto a eles.

1.3. Funções do delegado de polícia

A Lei nº 12.830/2013 anuncia a disciplina da função de investigação criminal do delegado de polícia. Delegado de polícia é expressão que designa, exclusivamente, a autoridade policial federal ou civil. Embora a investigação criminal não seja atividade exclusiva do delegado de polícia, o ato administrativo de indiciamento é sua exclusiva atribuição. Não há previsão legal para que outra autoridade emita indiciamento, atribuindo a autoria de um fato supostamente delituoso a alguém.

Todavia, cumpre vincar que tanto a função investigativa não é exercida somente pelos delegados de polícia, como também eles não têm apenas a função de polícia investigativa. Tal ilação decorre do texto constitucional, relativamente às polícias civil e federal.

A polícia federal tem suas atribuições enumeradas nos incisos do § 1º, do art. 144, da Constituição de 1988, que deixa clara a função dúplice de polícia investigativa, quando descreve atribuição para apurar determinadas infrações penais (inciso I), e de polícia judiciária da União, quando ordena que esta seja exercida de forma exclusiva (inciso IV).

A polícia civil tem suas atribuições mencionadas no § 4º, do mesmo art. 144, da Lei Maior. De acordo com seus termos, "às polícias civis, dirigidas por delegados de polícia de carreira, incumbem, ressalvada a competência da União, as funções de polícia judiciária e a apuração de infrações penais, exceto as militares". De maneira análoga, o enunciado constitucional coloca, ao lado da função investigativa (de apurar delitos), a atribuição de polícia judiciária.

Art. 2º As funções de polícia judiciária e a apuração de infrações penais exercidas pelo delegado de polícia são de natureza jurídica, essenciais e exclusivas de Estado.

§ 1º Ao delegado de polícia, na qualidade de autoridade policial, cabe a condução da investigação criminal por meio de inquérito policial ou outro procedimento previsto em lei, que tem como objetivo a apuração das circunstâncias, da materialidade e da autoria das infrações penais.

§ 2º Durante a investigação criminal, cabe ao delegado de polícia a requisição de perícia, informações, documentos e dados que interessem à apuração dos fatos.

§ 3º (VETADO).

§ 4º O inquérito policial ou outro procedimento previsto em lei em curso somente poderá ser avocado ou redistribuído por superior hierárquico, mediante despacho fundamentado, por motivo de interesse público ou nas hipóteses de inobservância dos procedimentos previstos em regulamento da corporação que prejudique a eficácia da investigação.

§ 5º A remoção do delegado de polícia dar-se-á somente por ato fundamentado.

§ 6 O indiciamento, privativo do delegado de polícia, dar-se-á por ato fundamentado, mediante análise técnico-jurídica do fato, que deverá indicar a autoria, materialidade e suas circunstâncias.

1. COMENTÁRIOS

1.1. Polícia investigativa, polícia judiciária e polícia administrativa

Duas correntes se formam em torno das funções investigativa e judiciária.

A primeira delas entende tais termos como sinônimos. A polícia judiciária e a polícia administrativa exerceriam, do mesmo modo, o trabalho de elucidar delitos, documentando os respectivos elementos de informação. Nesse sentido dispõe o art. 4º, do Código de Processo Penal, com redação dada pela Lei nº 9.043/1995, ao verberar que "a polícia judiciária será exercida pelas autoridades policiais no território de suas respectivas circunscrições e terá por fim a apuração das infrações penais e da sua autoria".

No entanto, o texto constitucional, nos parágrafos 1º e 4º, do art. 144, refere a ambas as funções, indicando distinção. Também o art. 2º, da Lei nº 12.830/2013, evidencia essa diferenciação. A segunda corrente, nesse passo, delimita:

(1) a função de polícia investigativa, destinada à apuração das infrações penais, por meio de inquérito policial ou de outro procedimento investigativo; e

(2) a função de polícia judiciária, centrada na execução das ordens judiciais, a exemplo do cumprimento de um mandado de busca e apreensão ou de escolta de acusado preso à presença do juiz competente para audiência de instrução e julgamento.

As duas tarefas, segundo a legislação aqui estudada, devem estar enfeixadas nas mãos do delegado de polícia.

A expressão "delegado de polícia" é designativa de outorga de parcela do poder de polícia. O poder estatal, como tal, é função, indivisível por natureza. O poder de polícia é uma das manifestações daquele poder. Para viabilizar a consecução dos fins estatais, são nominadas as várias parcelas daquele poder, dividindo-o em tarefas.

De tal modo, o poder de polícia é exercido por vários órgãos estatais e de variadas maneiras. Trata-se de atuação estatal limitativa da liberdade das pessoas, com base em autorizativo legal formal. Esse balizamento da liberdade dos indivíduos se dá em diversas esferas. De tal sorte, as pessoas se submetem às regras que colimam assegurar convivência social e manter a higidez do ordenamento jurídico.

Além das funções investigativa e de polícia judiciária, há o papel administrativo, por meio da atuação preventiva (a polícia federal tem a seu cargo também esse mister) e do policiamento ostensivo (atribuição típica das polícias militares).

1.2. Objetivos das investigações conduzidas pelo delegado de polícia

A investigação ordinária cujo dever de condução é do delegado de polícia é o inquérito policial (art. 5º, CPP). Além do inquérito policial, o delegado de polícia tem o dever de presidir outras investigações, quais sejam, o termo circunstanciado de ocorrência (art. 69, da Lei nº 9.099/1995) e a verificação preliminar de inquérito (verificação de procedência das informações – VPI's), depreendida do teor do § 3º, do art. 5º, do CPP.

São espécies do gênero "investigação preliminar".

Outras existem, a cargo de órgãos estatais diversos, a exemplo dos procedimentos administrativos criminais de atribuição dos membros do Ministério Público.

Aliás, na esteira de que a natureza jurídica das funções investigativas (e de polícia judiciária) são exclusivas do estado e até mesmo essenciais, o parágrafo único, do art. 4º do CPP, arremata que a atribuição da polícia judiciária *lato sensu* "não excluirá a de autoridades administrativas, a quem por lei seja cometida a mesma função".

O fito da investigação criminal de atribuição da autoridade policial, através de inquérito policial ou de outro procedimento gizado em lei, consiste na "apuração das circunstâncias, da materialidade e da autoria das infrações penais", na dicção do parágrafo 1º, do art. 2º da Lei nº 12.830/2013.

O ordenamento jurídico, não raras vezes, fala em "provas" ao se reportar ao inquérito policial (art. 6º, III, CPP). O dispositivo da Lei da Atribuição da Polícia Judiciária ora estudado utilizou termos mais casuísticos, cabe afirmar, "circunstâncias", "materialidade" e "autoria". De todo modo, o delegado de polícia atua reunindo elementos constitutivos de embasamento empírico para eventual e futura ação penal a cargo do titular da ação penal (Ministério Público ou querelante).

A observação tem relevo porque, a rigor, durante investigação preliminar não há, ainda "prova". A atividade probatória requer a presença de juiz (destinatário central) e um procedimento contraditório que deve perpassar as etapas de postulação, admissão, produção e valoração.

Só existe "prova" em sentido estrito quando são obedecidos os cânones do sistema acusatório. Daí que, no inquérito policial (e nas demais investigações), a reunião de documentos, declarações e objetos é atividade que produz "elementos de informação".

A definição dessa natureza é importantíssima para restringir a possibilidade de condenação baseada exclusivamente em "provas" (em sentido amplo) do inquérito policial.

A restrição do art. 155, do Código de Processo Penal, é ilustrativa na parte que afirma que o magistrado não pode fundamentar sua decisão condenatória "exclusivamente nos elementos informativos colhidos na investigação, ressalvadas as provas cautelares, não repetíveis e antecipadas". No ponto, essa prova se classifica como "prova legal negativa", haja vista que constitui óbice, oposto por lei, à formação de convicção do juiz.

Feitas essas observações, podemos concluir que as investigações criminais da esfera de atribuição do delegado de polícia objetivam carrear elementos de informação. Malgrado prevaleça o caráter inquisitivo, a autoridade policial deve acatar as disposições que asseguram direitos fundamentais ao imputado. Não deve ser admitido entendimento que torne o inquérito policial imune a controle estatal.

Os elementos de informação devem se submetem à cláusula geral que preconiza a inadmissibilidade, no processo, das provas obtidas por meios ilícitos (art. 5º, LVI, CF/1988). Conquanto o inquérito não seja ainda processo, destina-se à possível deflagração de um processo penal, devendo se sujeitar às regras de validade probatória. É certo que o nosso ordenamento não adotou o sistema da prova proibida (expressamente proibidas por rol específico), porém garantiu o sistema da vedação probatória, através de cânone constitucional aberto.

Respeitando criteriosamente esses direitos fundamentais, a investigação criminal levada a efeito pelo delegado de polícia deve ter o propósito de elucidar as circunstâncias do fato reputado delituoso (retratando analiticamente o fato com todos os elementos relevantes), a materialidade (deduzida especialmente da prova técnica, pericial) e a autoria (referência causal que descreve que a infração penal é atribuída a alguém).

1.3. Poder requisitório do delegado de polícia

Requisição é definida como pedido que deve ser atendido. Uma das características da função do delegado de polícia é a sua autoritariedade, no sentido de que ele tem o poder de dar ordens, que devem ser executadas, independentemente de interveniência judicial. Para tanto, seu poder de emitir ordens, como intimações e requisições, deve estar regido estritamente por lei.

1.3.1. Limites ao poder requisitório da autoridade policial

O poder requisitório da autoridade policial está limitado pelo direito ao sigilo e pelo direito à intimidade. Aquele poder, conferido por lei, vai até onde não esbarrar na liberdade assegurada constitucionalmente. Nessa toada, o sigilo resguardado por cláusula de reserva jurisdicional não pode ser quebrado por meio de requisição do delegado de polícia.

Inconcebível, por exemplo, que a requisição do delegado de polícia tenha por objeto sigilo protegido pelo inciso XII, do art. 5º da Constituição de 1988[1]. No ponto que trata das comunicações telefônicas, o enunciado exige ordem judicial, além de previsão legal, atualmente disciplinada pela Lei nº 9.296/1996.

O parágrafo 2º, do art. 2º da Lei nº 12.830/2013, averba que, "durante a investigação criminal, cabe ao delegado de polícia a requisição de perícia, informações, documentos e dados que interessem à apuração dos fatos". O poder requisitório deve estar estreitamente jungido à Constituição e às leis. Não devem ser admitidos elementos de informação que sejam fruto de requisição realizada em afronta a direitos fundamentais (sigilo, intimidade, liberdade, inviolabilidade de domicílio, vedação à autoincriminação, legalidade).

O delegado de polícia poderá requisitar documentos públicos, em poder de órgãos públicos, cujo acesso não esteja submetido a sigilo. Poderá requisitar diretamente exames periciais, cujo cumprimento pelo órgão responsável deve ocorrer sem objeções, desde que a perícia requerida não implique ferimento a direito fundamental de vedação a autoincriminação.

Como exemplo, se for requisitado exame caligráfico pelo delegado de polícia, o perito responsável deverá devolver o material "em branco", de tudo certificando, toda vez que o imputado se recusar a lançar, de próprio punho, escritos ou assinaturas.

1.3.2. Confronto legislativo

Dois dispositivos de outros diplomas legais merecem análise específica.

O primeiro é o art. 17-B, da Lei nº 9.613/1998 (Lei de Lavagem de Dinheiro). De acordo com sua redação, dada pela Lei nº 12.683/2012, "a autoridade policial e o Ministério Público terão acesso, exclusivamente, aos dados cadastrais do investigado que informam qualificação pessoal, filiação e endereço, independentemente de autorização judicial, mantidos pela Justiça Eleitoral, pelas empresas telefônicas, pelas instituições financeiras, pelos provedores de internet e pelas administradoras de cartão de crédito".

1. Assim dispõe o aludido inciso XII, do art. 5º, da CF/1988: "é inviolável o sigilo da correspondência e das comunicações telegráficas, de dados e das comunicações telefônicas, salvo, no último caso, por ordem judicial, nas hipóteses e na forma que a lei estabelecer para fins de investigação criminal ou instrução processual penal".

O segundo, de teor análogo, é o art. 15, da Lei nº 12.850/2013 (Lei da Criminalidade Organizada), rezando que "o delegado de polícia e o Ministério Público terão acesso, independentemente de autorização judicial, apenas aos dados cadastrais do investigado que informem exclusivamente a qualificação pessoal, a filiação e o endereço mantidos pela Justiça Eleitoral, empresas telefônicas, instituições financeiras, provedores de internet e administradoras de cartão de crédito".

A exegese desses enunciados é de ser restrita, limitada. Vale dizer, o poder de requisição poderá ser feito relativamente àqueles dados, eis que não submetidos à cláusula de reserva jurisdicional constitucional. Em acréscimo, deve ficar bem vincado que o poder de requisição deve se basear em investigação criminal que envolva lavagem de dinheiro ou organizações criminosas. O lastro não deve ser simples suposição, porém indícios suficientes, elementos concretos, demonstrativos de que a requisição não é temerária.

1.4. Definição de atribuição do delegado de polícia para condução de inquérito policial ou procedimento investigativo

A regra de atribuição da Lei nº 12.830 se reporta ao delegado de polícia. Autoridade policial é expressão que só deve designar o delegado de polícia. No âmbito do direito processual penal militar, a autoridade policial militar é um oficial encarregado do inquérito policial militar.

Inquérito policial, portanto, só o delegado de polícia que tem atribuição para conduzir. As investigações policiais de outra natureza também são de atribuição exclusiva do delegado de polícia (autoridade policial). O termo circunstanciado de ocorrência, por seu turno, também deve ser conduzido pela autoridade policial *stricto sensu* (delegado de polícia).

Em alguns estados-membros, a polícia militar foi designada responsável para lavrar termo circunstanciado de ocorrência. Apesar de haver quem defenda tal possibilidade, entendemos que há ilegalidade e inconstitucionalidade nesse proceder, verdadeira usurpação da função de polícia judiciária pela polícia militar, o que é inconcebível.

1.4.1. Redistribuição

Redistribuição é ato administrativo de autoridade policial superior, modificador de atribuição para condução de investigação policial. O ato tem o condão de suprimir os efeitos do anterior, que ordenou a distribuição de fato a ser investigado ou que fixou a atribuição do delegado de polícia de maneira originária.

Haverá redistribuição de procedimento investigativo ou de inquérito policial, no caso de já existir sua instauração por delegado de polícia com atribuição prevista em lei. A previsão de que a redistribuição de investigação policial deve respeitar motivo legal aponta para a contemplação do princípio do delegado natural em nosso sistema, confirmado mais claramente no parágrafo 5º, do mesmo art. 2º, da Lei da Atribuição da Polícia Judiciária.

Ademais, a condução da investigação por determinado agente público (delegado de polícia) não pode ficar sujeita a atos arbitrários ou desprovidos de juridicidade.

Para combater situações dessa espécie, o enunciado do § 4º, do art. 2º, da Lei nº 12.830/2013, trouxe explicitamente a necessidade de que a sua redistribuição por superior hierárquico seja realizada por despacho fundamentado, descrevendo motivo de interesse público ou nas hipóteses de inobservância dos procedimentos previstos em regulamento da corporação, caso em que deve ficar patente o potencial risco de prejuízo à eficácia da investigação.

1.4.2. Avocação

Avocação é ato administrativo de autoridade policial superior, modificativo da atribuição para condução de inquérito policial ou de outra investigação policial e que implica a definição de nova atribuição perante a mesma autoridade responsável pela chamada dos autos de investigação preliminar e que detenha poder hierárquico de linha sobre a autoridade policial com atribuição original.

Aplica-se à avocação a mesma disposição sobre a redistribuição (§ 4º, do art. 2º, da Lei nº 12.830/2013), comentada no item anterior.

1.5. Remoção do delegado de polícia

A nosso ver, o § 5º, do art. 2º, da Lei nº 12.830/2013, sufraga o princípio do delegado de polícia natural, conquanto com extensão menor que aquele conferido à magistratura. O dispositivo traz avanço a fim de evitar destituições ou designações desprovidas de base legal. Tem a virtude de permitir o controle de atos arbitrários ou com objetivos escusos.

Nessa senda, o ato de remoção do delegado de polícia exige indeclinável fundamentação, uma justificativa plausível. A remoção somente poderá ocorrer se embasada em justificativa atinente ao interesse do serviço e de compasso com a legalidade, em conformidade com os motivos autorizadores previstos em lei.

Não deve ser admitida remoção a título de punição, eis que as sanções por falta disciplinar ou por cometimento de crime são apenas aquelas estampadas na lei. Também não é cabível remoção do delegado de polícia em virtude de possível indisposição com autoridades locais por conta de cumprir seu dever de ofício. Em suma, a redação do parágrafo supradito proscreve a possibilidade de remoção da autoridade policial com esteio em juízos discricionários ou em afronta à legislação de regência.

1.6. Indiciamento

A Lei nº 12.830/2013 estabeleceu os contornos do indiciamento no parágrafo 6º, do seu art. 2º, com conceito composto por elementos que lhe conferem função dúplice (uma de restrição e outra de garantia):

(1) atribuição do delegado de polícia: o enunciado assegurou que o indiciamento deve ser privativo do delegado de polícia. O termo privativo deve ser compreendido como exclusivo, isto é, nenhuma outra autoridade deve ter atribuição para indiciar, apesar de ser exigível permissivo expresso de determinados órgãos para que a autoridade policial indicie pessoas com prerrogativa de função;

(2) ato administrativo: o indiciamento deve ocorrer por ato de atribuição do delegado de polícia. Conquanto a lei fale em "análise técnico-jurídica do fato", a autoridade policial não é sujeito processual, porém funcionário que exerce atividade administrativa do Estado, em sede não judicial. Os atos administrativos integram a persecução penal estatal (procedimento criminal), mas não são atos processuais;

(3) fundamentação: a lei impôs ao delegado de polícia a necessidade de descrever a fundamentação, com a inserção do percurso da "análise técnico-jurídica do fato" que, por sua vez, deve indicar a autoria, a materialidade, bem como suas circunstâncias.

1.6.1. Definição

O Indiciamento é ato-produto decorrente do procedimento de atribuição exclusiva de autoridade de polícia judiciária (delegado de polícia). Por meio dele, atribui-se a autoria do delito à pessoa investigada, com descrição da materialidade e de suas circunstâncias.

Cuida-se de ato destinado à cientificação ao suspeito de que ele passa a ser o principal foco do inquérito policial. Para tanto, deve existir um lastro mínimo de base informativa vinculando o suspeito à prática delitiva, o que se faz após análise técnico-jurídica do fato, indicando-se autoria, materialidade e circunstâncias, como dispõe a Lei nº 12.830/2013.

Nesses termos, o indiciamento não pode ser ato arbitrário, porém fundado em base empírica, devidamente explicitada pela autoridade policial.

Sendo ato privativo do delegado de polícia (melhor seria que a lei tivesse dito exclusivo), segue-se que ele não deve ser objeto de requisição de outros órgãos. O Supremo Tribunal Federal, a propósito, já teve oportunidade de assentar que requisição judiciária de indiciamento é postura incompatível com o sistema acusatório[2].

Por outro lado, não é permitido legalmente que a autoridade policial expeça ato de indiciamento do autor do fato em termo circunstanciado de ocorrência. Aliás, o indiciamento é ato incompatível com a simplicidade do rito para os crimes de menor potencial ofensivo. O indiciamento retrata a reunião de indícios que apontam o investigado como provável autor do delito.

1.6.2. Efeitos do indiciamento

O indiciamento é capaz de produzir efeitos extraprocessuais (para fora da persecução penal) e endoprocessual (no bojo da persecução penal).

O efeito extraprocessual é exemplificado com a divulgação, à sociedade, do provável sujeito ativo do crime.

É efeito endoprocessual quando dele decorre a possibilidade, não necessária, de que o indiciado figure no polo passivo da denúncia ou da queixa-crime.

2. STF – Segunda Turma – HC 115015 – Rel. Min. Teori Zavascki – DJe 12/09/2013.

1.6.3. Classificação

O indiciamento pode ser direto (quando o agente está presente) ou indireto (quando o agente está ausente, a exemplo da situação de foragido ou em lugar incerto[3].

1.6.4. Indiciado com idade entre 18 e 21 anos

Os investigados com idade compreendida entre dezoito e vinte e um anos eram reputados relativamente capazes, mormente antes do advento do atual Código Civil. Eram assistidos por curador quando, por exemplo, interrogados pela autoridade policial. Com o advento do Código Civil de 2002, seu art. 5º passou a considerar os maiores de dezoito anos absolutamente capazes.

Com a vigência da Lei nº 10.792/2003, alterando as regras do interrogatório prestado perante o juiz e suprimindo a figura do curador para aquele ato, doutrina e jurisprudência uniformizaram-se no sentido de ser desnecessária a nomeação de curador ao indiciado menor de vinte e um anos. A partir daí, entende-se pela revogação tácita do art. 15 do CPP.

A possibilidade de nomeação de curador ao indiciado é restrita aos casos de inimputabilidade ou mesmo para a hipótese de índio não adaptado ao convívio social.

1.6.5. Desindiciamento

É possível desindiciar pessoa indiciada por ato formal anterior. Para tanto, a autoridade deve emitir novo ato revogador do anterior de indiciamento, explicitando motivo consistente na demonstração de sua não vinculação ao fato.

Enquanto não cessar o procedimento das investigações, deve ser reconhecido à autoridade o poder de fazer cessar os efeitos do indiciamento realizado equivocadamente. Nessa hipótese, havendo ilegalidade pode também ser esta enfrentada por meio de ação de *habeas corpus*, quando o desindiciamento ocorrerá por meio de decisão de invalidação emanada de órgão judicial.

1.6.6. Vedações ao indiciamento

Determinadas pessoas com prerrogativa de função junto aos tribunais não podem ser objeto de indiciamento formal por parte da autoridade policial, segundo disposição constitucional, legal ou por força de entendimento jurisprudencial.

As regras correspondentes destacam que toda vez que, no curso de investigação preliminar, existir indício de prática de infração penal por parte de agente com prerrogativa de função, a autoridade policial, civil ou militar remeterá, imediatamente, sob pena de responsabilidade, os respectivos autos ao Chefe da respectiva instituição, a quem competirá tomar as providências previstas para o prosseguimento da apuração.

As seguintes autoridades não poderão ser indiciadas diretamente pelo delegado de polícia: (1) magistrados (art. 33, parágrafo único, da Lei Complementar nº 35/1979); (2) membros

3. LIMA, Renato Brasileiro. *Curso de processo penal*. Niterói: Impetus, 2013. p. 109.

do Ministério Público (art. 18, parágrafo único, da Lei Complementar nº 75/1993; art. 41, parágrafo único, da Lei nº 8.625/1993); (3) parlamentares federais: neste caso, deve ser observado o entendimento do Supremo Tribunal Federal, que torna possível o indiciamento do parlamentar, desde que previamente autorizado pelo Ministro Relator do Inquérito Policial, responsável pela supervisão do inquérito. Veja-se que é exigida a autorização do Ministro-Relator inclusive para a abertura de inquérito policial contra senador ou deputado-federal[4].

1.6.7. Afastamento do servidor público indiciado em crimes de lavagem de dinheiro

A Lei 9.613/1998, em seu art. 17-D, acrescido pela Lei nº 12.683/2012, estabeleceu efeito específico do indiciamento de servidor público em face do suposto cometimento de crime de lavagem de capitais consistente no afastamento automático de suas funções. Pretendeu o legislador permitir o afastamento das atividades de servidor público, sem autorização judicial.

A disposição deve se submeter a controle de constitucionalidade (interpretação conforme a Constituição), para se entender que o indiciamento por crime de lavagem de dinheiro, emitido pela autoridade policial, não tem efeito automático de afastamento do servidor público de suas funções.

Ao revés, o delegado de polícia tem o poder de, justificadamente, representar pela aplicação da medida cautelar de afastamento do servidor público de suas funções, a teor do art. 319, VI, CPP, com redação dada pela Lei nº 12.403/2011.

Competirá ao juiz decidir a respeito do afastamento do funcionário indiciado por lavagem de dinheiro (princípio da jurisdicionalidade). O deferimento da representação da autoridade policial dependerá de anuência do *Parquet*. Da mesma forma, tem legitimidade o Ministério Público para requerer a cautela, a fim de provocar a atuação do juiz competente.

1.6.8. Estrutura normativa do indiciamento

O indiciamento é documentado em ato fundamentado que representa a incidência de uma norma individual (atributiva de autoria de um fato a pessoa determinada) e concreta (representativa de um desvalor).

Sua estrutura normativa é formada:

(1) pelo seu antecedente normativo, composto por: (a) descrição da norma geral e abstrata que atribui à autoridade policial o poder de expor juízo de valor sobre a imputação delitiva (premissa maior); (b) descrição dos elementos de informação de infração penal que, atribuída ao investigado, é apta à subsunção ao conceito de indiciamento (premissa menor);

(2) pelo seu consequente normativo que: (a) declara o indiciamento da pessoa investigada; (b) sujeita essa pessoa a um vínculo de carga negativa, inerente à persecução penal, a exemplo de ser elemento que pode ser agregado à fundamentação da decretação de prisão temporária (art. 1º, II, da Lei nº 7.960/1989), à identificação criminal quando presentes os requisitos legais (Lei nº 12.037/2009) e à imposição de medidas cautelares (art. 282, CPP).

4. STF – Tribunal Pleno – Pet 3825 QO – Rel. Min. Sepúlveda Pertence – Rel. p/ Acórdão: Min. Gilmar Mendes DJe 03/04/2008.

O indiciamento dependerá de um dizer descritivo do delegado de polícia a respeito, para se ter por incidida a norma jurídica que o autoriza[5].

Apesar do indiciamento não vincular o membro do Ministério quanto à providência a ser adotada, nem muito menos o juiz, trata-se de um dos atos normativos individuais e concretos da persecução penal que caracterizam o *strepitus judicii* (escândalo causado pela divulgação do fato que poderá vir a ser objeto de processo criminal), afetando o *status dignitatis* do investigado.

Quanto ao aspecto subjetivo da norma jurídica de indiciamento (critério pessoal)[6], teremos: (a) o sujeito ativo do indiciamento, que só pode ser o delegado de polícia, autoridade policial federal ou estadual conforme o caso; e (b) o sujeito passivo é o investigado, ou seja, a pessoa física maior de 18 (dezoito) anos ou a pessoa jurídica, nos crimes que admitem tal espécie de autoria (Lei nº 9.605/1998), que sentirão os efeitos negativos do indiciamento.

Quanto à requisição de indiciamento expedida pela autoridade judiciária, cabe sublinhar que se cuida de ato eivado de ilegalidade e inconstitucionalidade. Ilegalidade porque não é poder incluído na esfera de competência dos juízes, mas, de forma privativa, é atribuição do delegado de polícia. Inconstitucionalidade porque não se coaduna com o modelo constitucional acusatório adotado pelo núcleo de processo penal estabelecido no art. 5º, da Constituição do Brasil. Fere a divisão de funções e retrata um ativismo judicial incompatível com o princípio da imparcialidade do juiz.

1.6.9. Limites temporais ao indiciamento

O indiciamento tem lugar sobre pessoa investigada, durante o curso de investigação preliminar de atribuição de delegado de polícia. Exaurida a fase do inquérito policial, não é possível a produção normativa concreta da norma de indiciamento. A qualidade de acusado ao sujeito processado, suplanta a necessidade de indiciamento.

O ajuizamento de ação penal materializa-se por petição inicial que contenha exposição do fato criminoso, com todas as suas circunstâncias, a qualificação do acusado ou esclarecimentos pelos quais se possa identificá-lo, a classificação do crime e, quando necessário, o rol das testemunhas. A produção de indiciamento em momento posterior à deflagração do processo penal representa um *plus* à exposição do indiciado, um maior constrangimento, desnecessário e ilegal.

O ato de indiciamento é inerente ao poder discricionário do delegado de polícia, dentro do espaço de conformação de sua atribuição na condução do inquérito policial. Como o não indiciamento não representa óbice ao agir do Ministério Público, é de todo irrelevante requisição formulada à autoridade policial para formalizar o indiciamento.

---

5. IVO, Gabriel. *Norma jurídica: produção e controle*. São Paulo: Noeses, 2006. p. 41-42.

6. CARVALHO, Paulo de Barros. *Direito tributário: fundamentos jurídicos da incidência*. 9. ed. São Paulo: Saraiva, 2012. p. 210.

1.7. Veto à previsão de aplicação dos princípios do livre convencimento e da imparcialidade à condução da investigação criminal pelo delegado de polícia

Houve veto presidencial ao enunciado do § 3º, do art. 2º, da Lei da Atribuição da Polícia Judiciária. Nas razões exaradas pela Presidência da República, entendeu-se que esse comando poderia conflitar com as atribuições investigativas de outras instituições, gizadas na Constituição Federal e no Código de Processo Penal. De outro lado, reputou-se que, daquele dispositivo vetado, poderia surgir desarmonia entre os órgãos integrantes de diversos Poderes.

2. SÚMULAS E JURISPRUDÊNCIA

- **Habeas Corpus. Governador de Estado. Indiciamento. Possibilidade. Pressupostos Legitimadores. Natureza Jurídica. Ato estatal necessariamente fundamentado que se inclui na esfera de privativa competência do delegado de polícia (Lei nº 12.830/2013, art. 2º, § 6º).** Magistério doutrinário. Jurisprudência. Investigação criminal instaurada contra pessoa detentora de prerrogativa de foro "ratione muneris". Inexistência, mesmo em tal hipótese, de imunidade ou de obstáculo a que se efetive, legitimamente, esse ato de polícia judiciária, desde que precedido de autorização do Relator do inquérito originário no tribunal competente (o STJ, no caso). Precedentes do Supremo Tribunal Federal. Existência, na espécie, de autorização devidamente motivada do Ministro Relator no Superior Tribunal de Justiça, que acolheu expressa solicitação feita pela própria Autoridade Policial. Inexistência de situação configuradora de injusto constrangimento. Publicidade e processo judicial: fator de legitimação das decisões do Poder Judiciário. "Disclosure" do nome do paciente. Legitimidade. Sistema democrático e visibilidade do Poder: antítese constitucional ao regime de sigilo. "Habeas Corpus" que impugna decisão monocrática do Relator. Necessidade de prévio esgotamento da via recursal no STJ. Ausência. Incognoscibilidade da ação de "Habeas Corpus". Precedentes do Supremo Tribunal Federal. Ressalva pessoal da posição do Min. Celso De Mello, favorável ao conhecimento do "Writ" Constitucional. Observância, no entanto, do postulado da colegialidade. "Habeas Corpus" não conhecido. ***STF, HC 133.835-MC/DF, Min. Celso de Melo. (Info 825)***

- ***HABEAS CORPUS*. REQUISIÇÃO DE INDICIAMENTO PELO MAGISTRADO APÓS O RECEBIMENTO DENÚNCIA. MEDIDA INCOMPATÍVEL COM O SISTEMA ACUSATÓRIO IMPOSTO PELA CONSTITUIÇÃO DE 1988. INTELIGÊNCIA DA LEI 12.830/2013. CONSTRANGIMENTO ILEGAL CARACTERIZADO. ORDEM CONCEDIDA**. 1. Sendo o ato de indiciamento de atribuição exclusiva da autoridade policial, não existe fundamento jurídico que autorize o magistrado, após receber a denúncia, requisitar ao Delegado de Polícia o indiciamento de determinada pessoa. A rigor, requisição dessa natureza é incompatível com o sistema acusatório, que impõe a separação orgânica das funções concernentes à persecução penal, de modo a impedir que o juiz adote qualquer postura inerente à função investigatória. Doutrina. Lei 12.830/2013. 2. Ordem concedida. *STF, HC nº 115.015-SP, Mi. Teori Zavascki, (Info 719).*

3. QUESTÕES DE CONCURSOS

1. **(IBFC/PC-RJ/Papiloscopista Policial/2014)** Sobre a Lei nº 12.830/2013, que dispõe sobre a investigação criminal conduzida pelo delegado de polícia, assinale a alternativa correta:

a) As funções de polícia judiciária e a apuração de infrações penais exercidas pelo delegado de polícia são de natureza jurídica e essenciais, porém, não exclusivas de Estado.

b) Ao delegado de polícia, na qualidade de autoridade policial, cabe a condução da investigação criminal somente por meio de inquérito policial, que tem como objetivo a apuração das circunstâncias, da materialidade e da autoria das infrações penais.

c) Durante a investigação criminal, cabe ao delegado de polícia representar ao juiz para a realização de perícias, obtenção de informações, documentos e dados que interessem à apuração dos fatos.

d) A remoção do delegado de polícia dar-se-á somente por ato fundamentado.

e) Em nenhuma hipótese, o inquérito policial ou outro procedimento previsto em lei em curso poderá ser avocado ou redistribuído por superior hierárquico.

2. **(ACAFE/PC-SC/Delegado de Polícia/2014 – adaptada)** O indiciamento, privativo do Ministério Público, dar-se-á por ato fundamentado, mediante análise técnico-jurídica do fato, que deverá indicar a autoria, materialidade e suas circunstâncias.

3. **(ACAFE/PC-SC/Delegado de Polícia/2014 – adaptada)** A remoção do delegado de polícia dar-se-á somente a requerimento deste, pois possui a garantia constitucional da inamobilidade.

4. **(ACAFE/PC-SC/Delegado de Polícia/2014 – adaptada)** Ao delegado de polícia, na qualidade de autoridade policial, cabe a condução da investigação criminal por meio de inquérito policial ou outro procedimento previsto em lei, que tem como objetivo a apuração das circunstâncias, da materialidade e da autoria das infrações penais.

5. **(MPE-SC/Promotor de Justiça/2014)** Ao dispor sobre a investigação criminal conduzida pelo delegado de polícia, a Lei nº 12.830/2013 determinou que o inquérito policial ou outro procedimento previsto em lei em curso somente poderá ser avocado ou redistribuído por superior hierárquico, mediante despacho fundamentado, por motivo de interesse público ou nas hipóteses de inobservância dos procedimentos previstos em regulamento da corporação que prejudique a eficácia da investigação.

6. **(ACAFE/PC-SC/Delegado de Polícia/2014 – adaptada)** O indiciamento, privativo do delegado de polícia, dar-se-á por ato fundamentado, mediante análise técnico-jurídica do fato, que deverá indicar a autoria, materialidade e suas circunstâncias.

7. **(ACAFE/PC-SC/Delegado de Polícia/2014 – adaptada)** O inquérito policial ou outro procedimento previsto em lei em curso somente poderá ser avocado ou redistribuído por superior hierárquico, mediante despacho fundamentado, por motivo de interesse público ou nas hipóteses de inobservância dos procedimentos previstos em regulamento da corporação que prejudique a eficácia da investigação.

8. **(ACAFE/PC-SC/Delegado de Polícia/2014 – adaptada)** Durante a investigação criminal, cabe ao delegado de polícia a requisição de perícia, informações, documentos e dados que interessem à apuração dos fatos.

9. **(ACAFE/PC-SC/Delegado de Polícia/2014 – adaptada)** Ao delegado de polícia, na qualidade de autoridade policial, cabe a condução da investigação criminal por meio de inquérito policial ou outro procedimento previsto em lei, que tem como objetivo a apuração das circunstâncias, da materialidade e da autoria das infrações penais.

10. **(IBFC/PC-RJ/Oficial de Cartório/2013)** No atual Estado Democrático de Direito o investigado não é mais visto como objeto de investigação, mas sim como sujeito de direitos, devendo assim ser tratado em todas as fases da persecução penal. Sob a luz desta moderna perspectiva processual e visando efetivar direitos e garantias fundamentais consagrados constitucionalmente, foi editada a Lei nº 12.830/2013, que trata da investigação criminal conduzida pelo delegado de polícia. Considerando a sistemática constitucional de garantias processuais e o que dispõe a referida Lei Federal sobre o ato de indiciamento, podemos afirmar corretamente que:

a) Quando o inquérito policial for concluído sem o formal indiciamento do suspeito, devido à convicção do delegado de polícia de que sobre este não recaem indícios suficientes de autoria delitiva, poderá o juiz determinar que se realize o referido ato, caso tenha recebido a denúncia oferecida pelo Ministério Público contra o investigado.

b) O ato de indiciamento poderá ser requisitado ao delegado de polícia pelo membro do Ministério Público que realizou diretamente a apuração de infração penal e denunciou o seu autor, a fim de que conste nos registros policiais a investigação realizada pelo órgão acusador.

c) O indiciamento é ato privativo do delegado de polícia, aperfeiçoado em despacho técnico-jurídico fundamentado, que indicará as provas de materialidade e de autoria delitiva e as circunstâncias do fato delituoso.

d) Tratando-se o indiciamento de ato voltado à formalização da suspeita em procedimento instaurado para apurar infração penal e sua autoria, poderá ser realizado por qualquer autoridade pública que presida essa espécie de procedimento, mesmo sem amparo constitucional e legal expressos.

e) O delegado de polícia pode indiciar ou deixar de indiciar alguém por simples subjetivismo, pois a formalização da suspeita é ato discricionário da autoridade policial que preside a investigação criminal, não encontrando limites constitucionais e legais que o vinculam.

11. (CESPE/PC-PE/Escrivão da Polícia Civil/2016) Com base no disposto na Lei de Investigação Criminal (Lei n.º 12.830/2013), assinale a opção correta.

a) Exigido o indiciamento por meio de requisição do Ministério Público, o delegado de polícia ficará dispensado de fundamentá-lo.

b) O indiciamento realiza-se mediante análise técnico-jurídica do fato, devendo indicar pelo menos a materialidade do crime se a autoria permanecer incerta.

c) O indiciamento é ato obrigatório para a conclusão do inquérito policial e necessário para o oferecimento da denúncia.

d) A apuração de infrações penais realizada por delegado de polícia por meio de inquérito policial é de natureza administrativa, dada a ausência de contraditório.

e) Cabe ao delegado de polícia, durante a investigação criminal, a requisição de perícias e informações que interessem à apuração do fato.

12. (CESPE/PC-PE/Escrivão da Polícia Civil/2016) Com base nos dispositivos da Lei n.º 12.830/2013, que dispõe sobre a investigação criminal conduzida por delegado de polícia, assinale a opção correta.

a) São de natureza jurídica, essenciais e exclusivas de Estado as funções de polícia judiciária e a apuração de infrações penais pelo delegado de polícia.

b) A redistribuição ou a avocação de procedimento de investigação criminal poderá ocorrer de forma casuística, desde que determinada por superior hierárquico.

c) A remoção de delegado de polícia de determinada unidade policial somente será motivada se ocorrer de uma circunscrição para outra, não incidindo a exigência de motivação nas remoções de delegados de uma delegacia para outra no âmbito da mesma localidade.

d) A decisão final sobre a realização ou não de diligencias no âmbito do inquérito policial pertence exclusivamente ao delegado de polícia que preside os autos.

e) A investigação de crimes é atividade exclusiva das polícias civil e federal.

13. (IBADE/PC-AC/Delegado de Polícia/2017 – adaptada) As funções de polícia judiciária bem como a administrativa e a apuração de infrações penais exercidas pelo delegado de polícia são de natureza jurídica, essenciais e exclusivas de Estado.

14. (IBADE/PC-AC/Delegado de Polícia/2017 – adaptada) Durante a investigação criminal, cabe ao delegado de polícia a requisição de perícia, desde que autorizada pela autoridade judiciária.

15. (IBADE/PC-AC/Delegado de Polícia/2017 – adaptada) A remoção do delegado de polícia dar-se-á somente por ato fundamentado, exceto nos casos previstos em lei.

16. (IBADE/PC-AC/Delegado de Polícia/2017 – adaptada) O inquérito policial ou outro procedimento previsto em lei em curso poderá ser avocado ou redistribuído por superior hierárquico, independentemente de despacho fundamentado.

17. (IBADE/PC-AC/Agente de Polícia Civil/2017 – adaptada) Ao delegado de polícia, na qualidade de autoridade policial, cabe a condução da investigação criminal por meio de inquérito policial ou outro procedimento previsto em lei, que tem como objetivo a apuração das circunstâncias, da materialidade e da autoria das infrações administrativas.

18. **(IBADE/PC-AC/Agente de Polícia Civil/2017 – adaptada)** O indiciamento, privativo do delegado de polícia, dar-se-á por ato fundamentado, mediante análise técnico-jurídica do fato, que deverá indicar a autoria, materialidade e suas circunstâncias.

19. **(FUNDATEC/PC-RS/Delegado de Polícia/2018)** Considerando a Lei nº 12.830/2013 e sua interpretação jurisprudencial, assinale a alternativa correta.

a) As funções de polícia judiciária e a apuração de infrações penais exercidas pelo delegado de polícia são de natureza técnica, essenciais e exclusivas de Estado.

b) O indiciamento dar-se-á por ato fundamentado do delegado de polícia, ao final do inquérito policial, com posterior remessa dos autos ao juiz competente.

c) Conforme jurisprudência do Superior Tribunal de Justiça, o magistrado poderá requisitar o indiciamento do suspeito ao delegado de polícia, desde que presentes indícios de autoria e prova da materialidade delitiva.

d) O indiciamento, privativo do delegado de polícia, dar-se-á por ato fundamentado, mediante análise técnico-jurídica do fato, que deverá indicar a autoria, materialidade e suas circunstâncias.

e) O Ministério Público não poderá requerer a devolução do inquérito à autoridade policial, senão para novas diligências e indiciamento, imprescindíveis ao oferecimento da denúncia.

20. **(CESPE/PC-MA/Delegado de Polícia/2018)** No caso de um delegado de polícia instaurar inquérito policial para apurar a conduta delitiva supostamente praticada por determinado cidadão, o delegado-geral de polícia

a) poderá promover a remoção do delegado com o objetivo de frustrar a sua atuação no inquérito, independentemente de justificativa, em razão de sua posição hierárquica.

b) poderá determinar a redistribuição do inquérito por motivo de interesse público devidamente demonstrado.

c) não poderá, em regra, determinar a redistribuição do inquérito policial, ressalvado apenas o caso de morte do delegado que determinar a sua instauração.

d) poderá proceder à redistribuição do inquérito, independentemente de justificativa, em razão de sua posição hierárquica.

e) não poderá avocar o inquérito policial, salvo em caso de inobservância dos procedimentos previstos em regulamento da corporação policial que prejudique a eficácia da investigação.

GAB	1	2	3	4	5	6	7	8	9	10	11	12	13	14	15	16	17	18	19	20
	D	E	E	C	C	C	C	C	C	C	E	A	E	E	E	E	E	C	D	B

Art. 3º O cargo de delegado de polícia é privativo de bacharel em Direito, devendo-lhe ser dispensado o mesmo tratamento protocolar que recebem os magistrados, os membros da Defensoria Pública e do Ministério Público e os advogados.

1. COMENTÁRIOS

A disposição em tela, além do intento de reiterar a importância do cargo de delegado de polícia, tem um escopo maior que é o de conferir independência a quem exerça a função pública de condução da investigação policial.

Ciente das pressões que podem recair sobre a autoridade policial na atividade de apurar delitos, o legislador garantiu mais uma precaução contra interferências indevidas na função investigativa, por meio da paridade de tratamento protocolar com as demais carreiras jurídicas.

2. QUESTÕES DE CONCURSOS

1. **(ACAFE/PC-SC/Delegado de Polícia/2014 – adaptada)** O cargo de delegado de polícia é privativo de bacharel em Direito, devendo-lhe ser dispensado o mesmo tratamento protocolar que recebem os magistrados, os membros da Defensoria Pública e do Ministério Público e os advogados.

GAB	1
	C

Art. 4º Esta Lei entra em vigor na data de sua publicação.

1. COMENTÁRIOS

A partir de 21 de junho de 2013, dia da publicação no Diário Oficial da União, entrou em vigor a Lei nº 12.830/2013.

Brasília, 20 de junho de 2013; 192º da Independência e 125º da República.

DILMA ROUSSEFF

José Eduardo Cardozo

Miriam Belchior

Luís Inácio Lucena Adams

| 22 |

LEI MARIA DA PENHA

LEI DE MARIA DA PENHA						
QUESTÕES DE CONCURSOS						
Classificação pelo artigo				Classificação pelo grau de incidência em provas		
Dispositivo legal	Nº de questões	%		Dispositivo legal	Nº de questões	%
Art. 4º	1	**1,33%**		Art. 5º	13	17,33%
Art. 5º	13	**17,33%**		Art. 7º	9	12,00%
Art. 6º	1	**1,33%**		Art. 34/41	9	12,00%
Art. 7º	9	**12,00%**		Art. 16	8	10,67%
Art. 9º	1	**1,33%**		Art. 19/20	5	6,67%
Art.10-A	3	**4,00%**		Art. 12	4	5,33%
Art. 11	2	**2,67%**		Art. 17	4	5,33%
Art. 12	4	**5,33%**		Art.10-A	3	4,00%
Art. 16	8	**10,67%**		Art. 22	3	4,00%
Art. 17	4	**5,33%**		Art. 24	3	4,00%
Art. 18	1	**1,33%**		Art. 11	2	2,67%
Art. 19/20	5	**6,67%**		Art. 24-A	2	2,67%
Art. 21	1	**1,33%**		Art. 44	2	2,67%
Art. 22	3	**4,00%**		Art. 4º	1	1,33%
Art. 24	3	**4,00%**		Art. 6º	1	1,33%
Art. 24-A	2	**2,67%**		Art. 9º	1	1,33%
Art. 26	1	**1,33%**		Art. 18	1	1,33%
Art. 29/32	1	**1,33%**		Art. 21	1	1,33%
Art. 33	1	**1,33%**		Art. 26	1	1,33%
Art. 34/41	9	**12,00%**		Art. 29/32	1	1,33%
Art. 44	2	**2,67%**		Art. 33	1	1,33%
TOTAL	75	**100,00%**		TOTAL	75	**100,00%**

▸LEI Nº 11.340, DE 7 DE AGOSTO DE 2006

Cria mecanismos para coibir a violência doméstica e familiar contra a mulher, nos termos do § 8º do art. 226 da Constituição Federal, da Convenção sobre a Eliminação de Todas as Formas de Discriminação contra as Mulheres e da Convenção Interamericana para Prevenir, Punir e Erradicar a Violência contra a Mulher; dispõe sobre a criação dos Juizados de Violência Doméstica e Familiar contra a Mulher; altera o Código de Processo Penal, o Código Penal e a Lei de Execução Penal; e dá outras providências.

O PRESIDENTE DA REPÚBLICA, faço saber que o Congresso Nacional decreta e eu sanciono a seguinte Lei:

▸TÍTULO I – DISPOSIÇÕES PRELIMINARES

Art. 1º Esta Lei cria mecanismos para coibir e prevenir a violência doméstica e familiar contra a mulher, nos termos do § 8º do art. 226 da Constituição Federal, da Convenção sobre a Eliminação de Todas as Formas de Violência contra a Mulher, da Convenção Interamericana para Prevenir, Punir e Erradicar a Violência contra a Mulher e de outros tratados internacionais ratificados pela República Federativa do Brasil; dispõe sobre a criação dos Juizados de Violência Doméstica e Familiar contra a Mulher; e estabelece medidas de assistência e proteção às mulheres em situação de violência doméstica e familiar.

1. COMENTÁRIOS

A Lei Maria da Penha, tal como conhecida a Lei nº 11.340/2006, é repositório de disposições que visam conferir aplicabilidade a uma série de instrumentos convencionais internacionais que buscam tutelar pessoas com maior grau de vulnerabilidade, notadamente a mulher. Além de conferir proteção ao ser humano feminino, a legislação é expressão do postulado da dignidade humana, criando deveres para o Estado colimando tornar efetiva aquela tutela.

Sob tal ângulo, os direitos sufragados na Lei nº 11.340/2006 são classificados como de primeira geração, isto é, eles têm a finalidade de não só conferir proteção isonômica aos hipossuficientes fisicamente no âmbito da relação familiar-afetiva, mas também de vedar ao Estado a baixa proteção, caracterizada pela delonga abusiva da persecução penal estatal, em detrimento daqueles direitos.

Historicamente, o fato que ensejou o primeiro impulso para a formação do documento que viria a ser a Lei Maria da Penha foi provocação formal ajuizada perante a Corte Interamericana de Direitos Humanos. O pedido noticiava que o Poder Judiciário no Estado do Ceará, bem como os demais órgãos da persecução penal estavam em situação de inércia e de ineficiência para dar resposta ao processo-crime movido contra o cônjuge da biofarmacêutica Maria da Penha Maia Fernandes, o economista Marco Antônio Herredia Viveiros.

O fato objeto da denúncia consistia em sucessiva agressão que teria sido cometida pelo marido contra a vítima: (1) disparo de arma de fogo pelas costas, enquanto ela dormia, simulando, para tanto, um roubo à residência; e (2) tempo depois, eletrocussão contra Maria da Penha, enquanto tomava banho em uma banheira.

O cônjuge negou as acusações.

A Corte Interamericana constatou morosidade excessiva dos órgãos do Poder Judiciário local, emitindo recomendações e, diante de dificuldades para adequação do Brasil à legislação interna, sobremodo a convenções internacionais que ele mesmo subscreveu, adotou providências mais incisivas que significaram constrangimento do País no plano da comunidade internacional.

Chamava a atenção porque o processo-crime não havia sido encerrado, malgrado julgado em 1991 (primeira vez) e 1996 (segunda vez, depois de anulado o julgamento anterior), decorridos aproximadamente dezenove da sua ocorrência em 1983. A ausência de efetividade da prestação jurisdicional fez com que a própria vítima levasse ao conhecimento daquele órgão externo o descumprimento de direitos relevantes da pessoa humana, gerando o Relatório 54/01, do Caso 12.051, de 20 de agosto de 1998.

A promulgação da Lei ora comentada só adveio em 2006, vale dizer, vinte e três anos depois do fato que impulsionou a Corte interamericana a interpelar o Brasil para se adequar aos princípios de proteção à mulher, incluídos no campo de garantias dos direitos individuais fundamentais. Embora esse diploma legal tenha o cunho precípuo de proteger a mulher contra qualquer tipo de violência no seio das relações domésticas e familiares, há entendimento que respalda, a partir daquele texto, a proteção do homem, que pode se encontrar em situação mais vulnerável naquela relação afetiva, apesar de não ser o que comumente acontece.

De todo modo, o Estado deve dotar de estrutura seus órgãos, sejam eles administrativos ou judiciários, para que haja eficácia técnica da Lei Maria da Penha. Daí que o seu art. 1º enfatiza o dever estatal de criar órgãos especializados, notadamente os Juizados de Violência Doméstica e Familiar contra a Mulher. Também prevê medidas que devem ser levadas a efeito pelos órgãos públicos, visando assistência e proteção às mulheres em situação de violência doméstica e familiar.

Merece destaque a Lei 13.239/2015, recentemente publicada, que dispõe sobre a oferta e a realização, no âmbito do Sistema Único de Saúde – SUS, de cirurgia plástica reparadora de sequelas de lesões causadas por atos de violência contra a mulher. De acordo com o art. 3º, hospitais e os centros de saúde pública, ao receberem vítimas de violência, deverão informá-las da possibilidade de acesso gratuito à cirurgia plástica para reparação das lesões ou sequelas de agressão comprovada. Registre-se que a "mulher vítima de violência grave que necessitar de cirurgia deverá procurar unidade que a realize, portando o registro oficial de ocorrência da agressão".

Note-se, ademais, que a omissão da prestação da referida informação sujeita o responsável pelo hospital ou centro de saúde à penalidades (multa no valor do décuplo de sua remuneração mensal; perda da função pública; proibição de contratar com o poder público e de receber benefícios ou incentivos fiscais ou creditícios, direta ou indiretamente, ainda que por intermédio de pessoa jurídica da qual seja sócio majoritário, pelo prazo de quatro anos), a serem aplicadas cumulativamente (art. 5º). O diploma legal em estudo, destarte, tem o potencial para ser um importante instrumento de promoção da dignidade da mulher.

2. SÚMULAS E JURISPRUDÊNCIA

✦ *SUPREMO TRIBUNAL FEDERAL*

▸ **INCITAÇÃO AO CRIME, INJÚRIA E CALÚNIA. TRANSAÇÃO PENAL. NÃO OFERECIMENTO. MANIFESTAÇÃO DE DESINTERESSE PELO ACUSADO. IMUNIDADE PARLAMENTAR. INCIDÊNCIA QUANTO ÀS PALAVRAS PROFERIDAS NO RECINTO DA CÂMARA DOS DEPUTADOS. ENTREVISTA. AUSENTE CONEXÃO COM O DESEMPENHO DA FUNÇÃO LEGISLATIVA. INAPLICABILIDADE DO ART. 53 DA CONSTITUIÇÃO FEDERAL. PREENCHIMENTO DOS REQUISITOS DO ART. 41 DO CÓDIGO DE PROCESSO PENAL QUANTO AOS DELITOS DE INCITAÇÃO AO CRIME E DE INJÚRIA. RECEBIMENTO DA DENÚNCIA E REJEIÇÃO PARCIAL DA QUEIXA-CRIME, QUANTO AO CRIME DE CALÚNIA.** 1. Os Tratados de proteção à vida, à integridade física e à dignidade da mulher, com destaque para a Convenção Interamericana para Prevenir, Punir e Erradicar a Violência contra a Mulher - "Convenção de Belém do Pará" (1994); a Convenção sobre a Eliminação de Todas as Formas de Discriminação contra a Mulher – "Carta Internacional dos Direitos da Mulher" (1979); além das conferências internacionais sobre a mulher realizadas pela ONU – devem conduzir os pronunciamentos do Poder Judiciário na análise de atos potencialmente violadores de direitos previstos em nossa Constituição e que o Brasil se obrigou internacionalmente a proteger. 2. Os direitos humanos, na jurisprudência do Supremo Tribunal Federal, são analisados sob o enfoque de que "em matéria de direitos humanos, a interpretação jurídica há de considerar, necessariamente, as regras e cláusulas do direito interno e do direito internacional, cujas prescrições tutelares se revelam – na interconexão normativa que se estabelece entre tais ordens jurídicas – elementos de proteção vocacionados a reforçar a imperatividade do direito constitucionalmente garantido" (HC 82.424, Tribunal Pleno, Rel. Min. Moreira Alves, rel. para Acórdão Min. Maurício Corrêa, j. 17/09/2003, DJ 19/03/2004). 3. A Lei Maria da Penha inaugurou o novel paradigma que culminou, recentemente, no estabelecimento de pena mais grave o Feminicídio, não admite que se ignore o pano de fundo aterrador que levou à edição dessas normas, voltadas a coibir as cotidianas mortes, lesões e imposições de sofrimento físico e psicológico à mulher. Não é por outro motivo que o art. 6º da Lei 11.340/2006 estabelece que "A violência doméstica e familiar contra a mulher constitui uma das formas de violação dos direitos humanos" e que, em seu art. 7º, o mesmo diploma preveja a proteção da mulher contra "a violência psicológica, entendida como qualquer conduta que lhe cause dano emocional e diminuição da auto-estima ou que lhe prejudique e perturbe o pleno desenvolvimento ou que vise degradar ou controlar suas ações, comportamentos, crenças e decisões, mediante ameaça, constrangimento, humilhação, manipulação, isolamento, vigilância constante, perseguição contumaz, insulto, chantagem, ridicularização, exploração e limitação do direito de ir e vir ou qualquer outro meio que lhe cause prejuízo à saúde psicológica e à autodeterminação". [ ] 9. *In casu*, (i) o parlamentar é acusado de incitação ao crime de estupro, ao afirmar que não estupraria uma Deputada Federal porque ela "não merece"; (ii) o emprego do vocábulo "merece", no sentido e contexto presentes no caso sub judice, teve por fim conferir a este gravíssimo delito, que é o estupro, o atributo de um prêmio, um favor, uma benesse à mulher, revelando interpretação de que o homem estaria em posição de avaliar qual mulher "poderia" ou "mereceria" ser estuprada. 10. A relativização do valor do bem jurídico protegido – a honra, a integridade psíquica e a liberdade sexual da mulher – pode gerar, naqueles que não respeitam as normas penais, a tendência a considerar mulheres que, por seus dotes físicos ou por outras razões, aos olhos de potenciais criminosos, "mereceriam" ser vítimas de estupro. 11. O desprezo demonstrado pelo bem jurídico protegido (dignidade sexual) reforça e incentiva a perpetuação dos traços de uma cultura que ainda subjuga a mulher, com potencial de instigar variados grupos a lançarem sobre a própria vítima a culpa por ser alvo de criminosos sexuais, deixando, a depender da situação, de reprovar a violação sexual, como seria exigível mercê da expectativa normativa. 12. As recentes notícias de estupros coletivos reforçam a necessidade de preocupação com discursos que intensifiquem a vulnerabilidade das mulheres. 13. *In casu*, (i) a entrevista concedida a veículo de imprensa não atrai a imunidade parlamentar, porquanto as manifestações se revelam estranhas ao exercício do mandato legislativo, ao afirmar que "não estupraria" Deputada Federal porque ela "não merece"; (ii) o fato de o parlamentar estar em seu gabinete no momento em que concedeu a entrevista é fato meramente acidental, já que não foi ali que se tornaram públicas as ofensas, mas sim através da imprensa e da internet; (iii) a campanha "#eu não mereço ser estuprada", iniciada na internet em seguida à divulgação das declarações do Acusado, pretendeu expor o que se considerou uma ofensa grave contra as mulheres do país, distinguindo-se da conduta narrada na denúncia, em que o vocábulo "merece" foi empregado em aparente desprezo à dignidade sexual da mulher. 14. (i) A incitação ao crime, por consubstanciar crime formal, de perigo abstrato, independe da produção de resultado naturalístico. (ii) A idoneidade da incitação para provocar a prática de crimes de estupro e outras violências, físicas ou psíquicas, contra as mulheres, é matéria a ser analisada no curso da ação penal. (iii) As declarações narradas na denúncia revelam, em tese, o potencial de reforçar eventual propósito existente em parte daqueles que ouviram ou leram as declarações, no sentido da prática de violência física e psíquica contra a mulher, inclusive novos crimes contra a honra de mulheres em geral. (iv) Conclusão contrária significaria tolerar a reprodução do discurso narrado na inicial e, consequentemente, fragilizar a proteção das mulheres perante o ordenamento jurídico, ampliando sua vitimização. 15. (i) A imunidade parlamentar incide quando as palavras tenham sido proferidas do recinto da Câmara dos Deputados: "Despiciendo, nesse caso, perquirir sobre a pertinência entre o teor das afirmações supostamente contumeliosas e o exercício do mandato parlamentar" (Inq. 3814, Primeira Turma, Rel. Min. Rosa Weber, unânime, j. 07/10/2014, DJE 21/10/2014). (ii) Os atos praticados em local distinto escapam à proteção da imunidade, quando as manifestações não guardem pertinência, por um nexo de causalidade, com o desempenho das funções do mandato parlamentar. 16. A incitação ao crime, mercê da pena máxima de seis meses prevista no art. 286 do Código Penal, se enquadra no conceito de crime de menor potencial ofensivo, à luz do art. 61 da Lei 9.099/95. 17. Os benefícios previstos nos arts. 76 e 89 da Lei nº 9.099/95 não podem ser concedidos pelo Poder Judiciário sem que o titular da ação penal tenha oferecido a proposta (Inq. 3438, Primeira Turma, Rel. Min. Rosa Weber, unânime, DJE 10/02/2015). Consecteriamente, abre-se a fase de análise da viabilidade da denúncia, máxime quando o acusado manifesta desinteresse na transação penal. 18. O concurso formal, in foco, justifica o julgamento conjunto da queixa-crime oferecida por crimes de injúria e calúnia. 19. À luz das premissas teóricas anteriormente estabelecidas na análise do tipo penal do art. 286 do Código Penal, verifica-se a adequação da conduta ao tipo penal objetivo do crime de injúria, diante da exposição da imagem da Querelante à humilhação pública, preenchendo, ainda, o elemento subjetivo do art. 140 do Código Penal, concretizado no *animus injuriandi* e no *animus offendendi*.20. A dúvida razoável sobre ter sido a resposta proporcional a eventuais ofensas sofridas não restou comprovada, porquanto não foi mencionada expressamente qualquer provocação pessoal, direta e censurável da Querelante ao Querelado, na data dos fatos narrados na Inicial da Queixa-Crime.21. O crime de calúnia somente se configura quando seja atribuída à vítima a prática de fato criminoso específico, com intenção de ofender sua reputação (INQ 2084, Tribunal Pleno, Rel. Min. Carlos Velloso, DJ 09/09/2005), por isso que, no caso sub examine, a inicial da Queixa-Crime deve ser parcialmente rejeitada, porquanto não narra de que maneira a afirmação do Deputado, de que teria sido chamado de "estuprador" pela Querelante, poderia ter ofendido a honra da Deputada Federal. 22. *Ex positis*, à luz dos requisitos do art. 41 do Código de Processo Penal, recebo a denúncia pela prática, em tese, de incitação ao crime; e recebo parcialmente a queixa-crime, apenas quanto ao delito de injúria. Rejeito a Queixa-Crime quanto à imputação do crime de calúnia. ***STF, Inq. 3932/DF e Pet. 5.243/DF, Rel. Min. Luiz Fux, 21.6.2016, 1ª T. (Info 838)***

- **PRINCÍPIO DA INSIGNFICÂNCIA E VIOLÊNCIA DOMÉSTICA. Inadmissível a aplicação do princípio da insignificância aos delitos praticados em situação de violência doméstica.** Com base nessa orientação, a Segunda Turma negou provimento a recurso ordinário em "habeas corpus" no qual se pleiteava a incidência de tal princípio ao crime de lesão corporal cometido em âmbito de violência doméstica contra a mulher (Lei 11.340/2006, Lei Maria da Penha). ***STF, RHC 133043/MT, rel. Min. Cármen Lúcia, 10.5.2016. 2ª T. (Info 825)***

✦ *SUPERIOR TRIBUNAL DE JUSTIÇA*

- **Súmula n.º 589, STJ:** É inaplicável o princípio da insignificância nos crimes ou contravenções penais praticados contra a mulher no âmbito das relações domésticas.

Art. 2º Toda mulher, independentemente de classe, raça, etnia, orientação sexual, renda, cultura, nível educacional, idade e religião, goza dos direitos fundamentais inerentes à pessoa humana, sendo-lhe asseguradas as oportunidades e facilidades para viver sem violência, preservar sua saúde física e mental e seu aperfeiçoamento moral, intelectual e social.

1. COMENTÁRIOS

A igualdade é princípio constitucional assegurado a todo ser humano. A vedação à discriminação é uma das regras que objetiva garantir aquele princípio, ultrapassando o conceito de igualdade formal, para alcançar o de igualdade material. Destarte, a igualdade não deve se restringir ao plano retórico, meramente proclamador, porém possibilitar sua concreção.

O enunciado do art. 2º, da Lei Maria da Penha, visa complementar princípios constitucionais, facilitando a sua aplicação em favor da mulher. A Constituição de 1988 assenta a dignidade da pessoa humana como princípio constitucional constitutivo dos fundamentos da República (art. 1º, III). Aquele dispositivo legal realça que a mulher deve ter a seu dispor os meios necessários para fazer valer oportunidades e facilidades para viver sem violência.

Trata-se de direito apto a instaurar relação jurídica que obrigue o Estado a tomar todas as medidas aptas a concretizar o princípio da dignidade humana. A construção de uma sociedade livre, justa e solidária, bem como a promoção do bem de todos, sem preconceitos de origem, raça, sexo, cor, idade e quaisquer outras formas de discriminação são objetivos fundamentais da República, expressamente declarados no texto constitucional (art. 3º, I e III).

Reconhecendo, a nível internacional, que a mulher é uma das classes de pessoas vulneráveis, o legislador deu concreção ao postulado do Sistema de Proteção dos Direitos Humanos consistente no "processo de especificação do sujeito de direito". Ao lado da mulher, outras categorias também são objeto de proteção por outros microssistemas postos pelo direito positivo, tais como as crianças, os adolescentes, as pessoas com deficiência e os idosos.

Ainda uma vez, o dispositivo se adequa aos comandos da Lei Maior, especialmente quando elege a prevalência dos direitos humanos como princípio das relações internacionais do Brasil (art. 4º, II). O art. 5º, ademais, enfatiza a igualdade como direito e garantia fundamental (rol dos direitos e deveres individuais e coletivos), em seu *caput* e em seu inciso I, ao declarar que homens e mulheres são iguais em direitos e obrigações, na forma estipulada na própria Constituição.

Art. 3º Serão asseguradas às mulheres as condições para o exercício efetivo dos direitos à vida, à segurança, à saúde, à alimentação, à educação, à cultura, à moradia, ao acesso à justiça, ao esporte, ao lazer, ao trabalho, à cidadania, à liberdade, à dignidade, ao respeito e à convivência familiar e comunitária.

§ 1º O poder público desenvolverá políticas que visem garantir os direitos humanos das mulheres no âmbito das relações domésticas e familiares no sentido de resguardá-las de toda forma de negligência, discriminação, exploração, violência, crueldade e opressão.

§ 2º Cabe à família, à sociedade e ao poder público criar as condições necessárias para o efetivo exercício dos direitos enunciados no *caput*.

1. COMENTÁRIOS

Na senda declarativa dos direitos das mulheres, o *caput* do art. 3º, da Lei Maria da Penha, reitera a garantia de condições à efetividade de direitos fundamentais. A expressão daqueles direitos em texto de lei é relevante para servir de base enunciativa para a construção de normas jurídicas capazes de dar aplicabilidade imediata a sua fruição.

Tal significa dizer que a mulher deve dispor dos instrumentos necessários a obrigar o Estado a adotar todas as providências tendentes a evitar a mitigação de direitos fundamentais do ser humano feminino. Não é sem razão que o § 1º, daquele artigo, reza que o Poder Público tem o dever de desenvolver políticas para garantir os direitos humanos das mulheres[1].

Desenvolver políticas significa aquele dever estatal de emitir diplomas normativos que elucidem o modo de implementação dos direitos, bem como que estabeleça procedimentos a cabo de órgãos públicos que preencham os espaços normativos e técnicos. O objetivo é regrar de maneira clara os canais de garantias e de coibições de ilícitos, evitando-se dificuldades da mulher ter acesso efetivo aos seus direitos inerentes a pessoa humana.

Enfatizando um dever de cooperação do setor privado com o setor público, o § 2º, desse art. 3º, estatui caber à família, à sociedade e ao Poder Público criar as condições necessárias para o efetivo exercício dos direitos "à vida, à segurança, à saúde, à alimentação, à educação, à cultura, à moradia, ao acesso à justiça, ao esporte, ao lazer, ao trabalho, à cidadania, à liberdade, à dignidade, ao respeito e à convivência familiar e comunitária".

Para que esse dever solidário não permaneça no plano da retórica meramente enunciativa, o Estado deve disciplinar, ainda que de forma exemplificativa, os procedimentos que podem ser adotados pela família e pela sociedade, bem como pode instituir órgãos de controle, de pesquisa e de estatística que auxiliem no atendimento da finalidade do dispositivo.

Art. 4º Na interpretação desta Lei, serão considerados os fins sociais a que ela se destina e, especialmente, as condições peculiares das mulheres em situação de violência doméstica e familiar.

1. COMENTÁRIOS

A interpretação teleológica deve dirigir a atribuição de sentido e de alcance das disposições da Lei nº 11.340/2006. A sua finalidade social é a de conferir efetiva proteção às garantias fundamentais entabuladas na Constituição Federal em favor da mulher.

De tal sorte, havendo aparente conflito de valores envolvidos, a exemplo de direitos fundamentais do homem em colisão com direitos análogos da mulher, na relação doméstica familiar, o legislador já pré-estabeleceu a forma de solução pelo critério valorativo atributivo de maior peso ao direito da pessoa do sexo feminino, em situação de vulnerabilidade.

1. O Decreto nº 9.586/2018 instituiu o plano de combate à violência doméstica, bem como o Sistema Nacional de Políticas para as Mulheres – Sinapom, vinculado à Secretaria Nacional de Políticas para Mulheres do Ministério dos Direitos Humanos, com o objetivo de ampliar e fortalecer a formulação e a execução de políticas públicas de direitos das mulheres, de enfrentamento a todos os tipos de violência e da inclusão das mulheres nos processos de desenvolvimento social, econômico, político e cultural do País.

Essa forma de resolução da colisão é evidenciada pela parte final desse art. 4º, da Lei Maria da Penha, no ponto que destaca o dever do aplicador de levar em conta "as condições peculiares das mulheres em situação de violência doméstica e familiar". Note-se que não significa desprezo aos direitos do homem, mormente porque especifica que a interpretação finalística deve ter lugar, especialmente, quando constatada a vulnerabilidade concreta da mulher, eis que se cuida da maior parte dos casos.

O art. 5º, da Lei de Introdução às normas do Direito Brasileiro (Decreto-Lei nº 4.657/1942), tem enunciado semelhante. Cuida-se de regra geral, compatível com a Lei nº 11.340/2006, que dita que "na aplicação da lei, o juiz atenderá aos fins sociais a que ela se dirige e às exigências do bem comum".

Seguindo tendência de ampliação punitiva, foram inseridos:

(1) no rol dos crimes hediondos, o delito de homicídio qualificado pela circunstância de ter sido cometido contra a mulher em virtude da condição de sexo feminino (atual redação do inciso I, do art. 1º, da Lei nº 8.072/1990). Cuida-se do crime de homicídio cometido por "razões de condição de sexo feminino", tais como mediante "violência doméstica e familiar" e "menosprezo ou discriminação à condição de mulher". Tal infração penal ganhou o nome jurídico de "feminicídio", consoante expressa previsão legal no Código Penal, alterado que foi alterado pela Lei nº 13.104/2015 (art. 121, § 2º, VI, CP); e,

(2) pela Lei nº 13.772/2018, o art. 216-B, do Código Penal, prevendo o crime de registro de intimidade sexual sem permissão. De compasso com seus termos, a violação à intimidade da mulher, com registro não autorizado de nudez, bem como montagens, passam a constituir figuras típico-penais e, também, são expressamente inseridas no rol de condutas que podem configurar violência doméstica.

Também na linha de exacerbar penas diante de situação de vulnerabilidade, a Lei nº 13.771/2018 modificou o § 7º, do art. 121, do Código Penal, para prever que o feminicídio deverá ter a pena aumentada quando se der contra pessoa menor de quatorze anos, maior de sessenta anos, com deficiência ou doença limitadora ou em razão de descumprimento de medida protetiva de urgência disposta na Lei Maria da Penha.

2. QUESTÕES DE CONCURSOS

1. **(VUNESP/PC-BA/Investigador de Polícia Civil/2018)** Quanto à Lei Maria da Penha, Lei nº 11.340/2006, assinale a alternativa correta.

a) Prevê como critério de interpretação da lei os fins sociais a que se destina, especialmente as condições peculiares das mulheres em situação de violência doméstica e familiar.

b) Considera violência doméstica e familiar contra a mulher qualquer ação ou omissão que lhe cause morte, sofrimento físico, sexual e psicológico.

c) Define como violência moral contra a mulher qualquer conduta que lhe cause dano emocional ou diminuição da autoestima.

d) Não se aplica quando o agressor também é mulher.

e) Prevê como medidas protetivas de urgência à ofendida o cancelamento de procurações por ela conferidas ao agressor e a proibição temporária para celebração de atos e contratos de compra e venda.

GAB	1
	A

▸TÍTULO II – DA VIOLÊNCIA DOMÉSTICA E FAMILIAR CONTRA A MULHER

▸CAPÍTULO I – DISPOSIÇÕES GERAIS

Art. 5º Para os efeitos desta Lei, configura violência doméstica e familiar contra a mulher qualquer ação ou omissão baseada no gênero que lhe cause morte, lesão, sofrimento físico, sexual ou psicológico e dano moral ou patrimonial: (Vide Lei complementar nº 150, de 2015)

I – no âmbito da unidade doméstica, compreendida como o espaço de convívio permanente de pessoas, com ou sem vínculo familiar, inclusive as esporadicamente agregadas;

II – no âmbito da família, compreendida como a comunidade formada por indivíduos que são ou se consideram aparentados, unidos por laços naturais, por afinidade ou por vontade expressa;

III – em qualquer relação íntima de afeto, na qual o agressor conviva ou tenha convivido com a ofendida, independentemente de coabitação.

Parágrafo único. As relações pessoais enunciadas neste artigo independem de orientação sexual.

1. COMENTÁRIOS

O art. 5º, da Lei Maria da Penha, apresenta os elementos que formam o conceito de violência doméstica e familiar contra a mulher. O conceito, sendo difuso, deve ser definido a partir da interpretação teleológica ordenada pelo mesmo diploma legal e com atenção aos limites consignados no ordenamento jurídico (legislação e Constituição).

A definição do que seja "violência doméstica e familiar contra a mulher" tem grande importância para a fixação da competência do juízo, para a adequação do procedimento aplicável, bem como para a incidência das demais disposições especiais penais, civis e processuais.

Tomando como exemplo a seara criminal, como regra, toda infração penal que envolver "morte, lesão, sofrimento físico, sexual ou psicológico e dano material ou patrimonial" pode autorizar a imposição de normas jurídicas construídas a partir dos enunciados da Lei nº 11.340/2006.

Desse modo, um estupro, um crime de dano, um homicídio (feminicídio – Lei nº 13.104/2015), um cárcere privado, um crime de ameaça ou uma contravenção penal de vias de fato pode autorizar a aplicação da Lei Maria da Penha, dependendo da qualidade do sujeito passivo e das circunstâncias afetivas em torno do delito.

Os contornos para a definição de aplicação dessa legislação são alinhados nos incisos desse artigo, a serem aplicados alternativamente.

A violência doméstica e familiar deve ser dar, de acordo com o primeiro inciso, no âmbito da unidade doméstica, entendendo-se esta como aquele espaço de convívio permanente de pessoas. Na hipótese, o elemento de relevo é a unidade espacial doméstica de índole permanente, realçando o texto que é indiferente o vínculo familiar entre os envolvidos, estando abrangidos os casos de pessoas esporadicamente reunidas.

Na sequência, o inciso II, do aludido artigo, também considera situação bastante para a configuração de violência doméstica e familiar o chamado "âmbito da família". A ênfase aqui já não é o espaço físico da ocorrência do ilícito, mas a constatação da existência, entre os envolvidos, de "comunidade formada por indivíduos que são ou se consideram aparentados, unidos por laços naturais, por afinidade ou por vontade expressa".

O último elemento para a definição da violência abrangida pela Lei nº 11.340/2006 é a "relação íntima de afeto". Trata-se de cláusula subsidiária e de abertura para a imposição das suas disposições. Vale dizer, não se enquadrando o fato em quaisquer das primeiras situações, pode ser aplicada a legislação especial em razão da verificação de afetividade, compreendida pela convivência atual ou pregressa do agressor com a ofendida.

É irrelevante ter existido de coabitação entre os contendores. Da mesma forma, o parágrafo único, do art. 5º, dispõe que é indiferente a orientação sexual relativamente às relações pessoais dispostas naquele texto. Daí a conclusão de que a agressão abrangida pela Lei Maria da Penha não é somente aquela entre cônjuges, ou pessoas de sexos genitais diferentes unidas estavelmente.

Deveras, é admissível sua aplicação entre irmãos, entre uniões homossexuais e, ainda que em fase de debate e amadurecimento teórico, em favor do homem excepcionalmente vulnerável na relação afetiva. Não é impossível a existência de situação de vulnerabilidade do homem, especialmente aquele debilitado fisicamente ou mesmo de menor compleição física. Também não parece ser adequado deixar sem proteção legal específica a pessoa que se submeteu a procedimento cirúrgico para mudança de sexo.

A discussão acerca dos papeis femininos e masculinos de um casal conduz a essa conclusão, porquanto pode o homem, concretamente, assumir o papel feminino de um casal, enquanto a mulher pode, ao revés, desempenhar o papel masculino. Daí que se entende que a melhor exegese é a de assegurar a aplicação da Lei nº 11.340/2006, preferencialmente à pessoa do sexo feminino, porém, excepcionalmente, também ao homem, toda vez que presentes os requisitos estipulados no mesmo texto legislativo.

Vale frisar que nossa posição ainda é minoritária, tanto na doutrina, quanto na jurisprudência. A maior parte dos juristas entende que o sujeito ativo encampado pela Lei Maria da Penha pode ser homem ou mulher, maior de dezoito anos. No entanto, no que toca ao sujeito passivo, prevalece a posição que exige a qualidade especial de mulher (esposa, companheira, namorada, ex-namorada, avó, irmã, filhas, netas e outras do sexo feminino), máxime em razão da finalidade que ensejou a edição da Lei nº 11.340/2006[2].

2. SÚMULAS E JURISPRUDÊNCIA

✦ *SUPERIOR TRIBUNAL DE JUSTIÇA*

- **Súmula n.º 600, STJ:** Para a configuração da violência doméstica e familiar prevista no artigo 5º da Lei n. 11.340/2006 (Lei Maria da Penha) não se exige a coabitação entre autor e vítima.

- **VIOLÊNCIA DOMÉSTICA E FAMILIAR CONTRA A MULHER. DANOS MORAIS. INDENIZAÇÃO MÍNIMA. ART. 397, IV, DO CPP. PEDIDO NECESSÁRIO. PRODUÇÃO DE PROVA ESPECÍFICA DISPENSÁVEL. DANO**

2. Reafirmou o STJ, seguindo precedente de sua Terceira Seção "que o legislador, ao editar a Lei Maria da Penha, teve em conta a mulher numa perspectiva de gênero e em condições de hipossuficiência ou inferioridade física e econômica em relações patriarcais. Ainda, restou consignado que o escopo da lei é a proteção da mulher em situação de fragilidade/vulnerabilidade diante do homem ou de outra mulher, desde que caracterizado o vínculo de relação doméstica, familiar ou de afetividade" (STJ – Sexta Turma – HC 181.246/RS – Rel. Ministro Sebastião Reis Júnior, julgado em 20/08/2013, DJe 06/09/2013).

IN RE IPSA. Nos casos de violência contra a mulher praticados no âmbito doméstico e familiar, é possível a fixação de valor mínimo indenizatório a título de dano moral, desde que haja pedido expresso da acusação ou da parte ofendida, ainda que não especificada a quantia, e independentemente de instrução probatória. Cinge-se a controvérsia a definir a necessidade ou não de indicação de um montante mínimo pelo postulante, bem como a necessidade ou não da produção de prova, durante a instrução criminal, para a fixação, em sentença condenatória, da indenização por danos morais sofridos pela vítima de violência doméstica. Em relação à primeira questão, cumpre salientar que ambas as Turmas desta Corte Superior já firmaram o entendimento de que a imposição, na sentença condenatória, de indenização, a título de danos morais, para a vítima de violência doméstica, requer a dedução de um pedido específico, em respeito às garantias do contraditório e da ampla defesa. Entretanto, a Quinta Turma possui julgados no sentido de ser necessária a indicação do valor pretendido para a reparação do dano sofrido. Já a Sexta Turma considera que o juízo deve apenas arbitrar um valor mínimo, mediante a prudente ponderação das circunstâncias do caso concreto. Nesse sentido, a fim de uniformizar o entendimento, conclui-se que o pedido expresso por parte do Ministério Público ou da ofendida, na exordial acusatória, é, de fato, suficiente, ainda que desprovido de indicação do seu quantum, de sorte a permitir ao juízo sentenciante fixar o valor mínimo a título de reparação pelos danos morais, sem prejuízo, evidentemente, de que a pessoa interessada promova, no juízo cível, pedido complementar, onde, então, será necessário produzir prova para a demonstração do valor dos danos sofridos. Já em relação à segunda questão, é importante destacar que no âmbito da reparação dos danos morais, a Lei Maria da Penha, complementada pela reforma do Código de Processo Penal através da Lei n. 11.719/2008, passou a permitir que o juízo único - o criminal - possa decidir sobre um montante que, relacionado à dor, ao sofrimento, à humilhação da vítima, de difícil mensuração, deriva da própria prática criminosa experimentada. Assim, não há razoabilidade na exigência de instrução probatória acerca do dano psíquico, do grau de humilhação, da diminuição da autoestima, etc, se a própria conduta criminosa empregada pelo agressor já está imbuída de desonra, descrédito e menosprezo ao valor da mulher como pessoa e à sua própria dignidade. O que se há de exigir como prova, mediante o respeito às regras do devido processo penal - notadamente as que derivam dos princípios do contraditório e da ampla defesa -, é a própria imputação criminosa - sob a regra, decorrente da presunção de inocência, de que o *onus probandi* é integralmente do órgão de acusação -, porque, uma vez demonstrada a agressão à mulher, os danos psíquicos dela resultantes são evidentes e nem têm mesmo como ser demonstrados. Diante desse quadro, a simples relevância de haver pedido expresso na denúncia, a fim de garantir o exercício do contraditório e da ampla defesa, é bastante para que o Juiz sentenciante, a partir dos elementos de prova que o levaram à condenação, fixe o valor mínimo a título de reparação dos danos morais causados pela infração perpetrada, não sendo exigível produção de prova específica para aferição da profundidade e/ou extensão do dano. O merecimento à indenização é ínsito à própria condição de vítima de violência doméstica e familiar. O dano, pois, é *in re ipsa. STJ, REsp 1.643.051-MS, Rel. Min. Rogerio Schietti Cruz, 3ª T. j. 28/02/2018. (Info 621)*

- **COMPETÊNCIA PARA PROCESSAR E JULGAR AÇÃO PENAL REFERENTE A SUPOSTO CRIME DE AMEAÇA PRATICADO POR NORA CONTRA SUA SOGRA.** É do juizado especial criminal – e não do juizado de violência doméstica e familiar contra a mulher – a competência para processar e julgar ação penal referente a suposto crime de ameaça (art. 147 do CP) praticado por nora contra sua sogra na hipótese em que não estejam presentes os requisitos cumulativos de relação íntima de afeto, motivação de gênero e situação de vulnerabilidade. Isso porque, para a incidência da Lei 11.340/2006, exige-se a presença concomitante desses requisitos. De fato, se assim não fosse, qualquer delito que envolvesse relação entre parentes poderia dar ensejo à aplicação da referida lei. Nesse contexto, deve ser conferida interpretação restritiva ao conceito de violência doméstica e familiar, para que se não inviabilize a aplicação da norma. *STJ, HC 175.816-RS, Rel. Min. Marco Aurélio Bellizze, julgado em 20/6/2013. 5ª T. (Info 524)*

- **LEI MARIA DA PENHA. BRIGA ENTRE IRMÃOS.** A hipótese de briga entre irmãos – que ameaçaram a vítima de morte – amolda-se àqueles objetos de proteção da Lei nº 11.340/2006 (Lei Maria da Penha). *In casu*, caracterizada a relação íntima de afeto familiar entre os agressores e a vítima, inexiste a exigência de coabitação ao tempo do crime, para a configuração da violência doméstica contra a mulher. Com essas e outras ponderações, a Turma, por maioria, denegou a ordem de *habeas corpus*. Precedentes citados do STF: HC 106.212-MS, DJe 13/6/2011; do STJ: HC 115.857-MG, DJe 2/2/2009; REsp 1.239.850-DF, DJe 5/3/2012, e CC 103.813-MG, DJe 3/8/2009. *STJ, HC 184.990-RS, Rel. Min. Og Fernandes, julgado em 12/6/2012. 6ª T. (Info 499)*

3. QUESTÕES DE CONCURSOS

1. **(FCC/TJ-SC/Juiz de Direito/2015 – adaptada)** Vínculos afetivos que refogem ao conceito de família e de entidade familiar nem por isso deixam de ser marcados pela violência. Assim, namorados e noivos, mesmo que não vivam sob o mesmo teto, mas resultando a situação de violência do relacionamento, faz com que a mulher mereça o abrigo da Lei Maria da Penha.

2. **(MPE-RS/Assessor/2014 – adaptada)** Não é necessária a coabitação entre os sujeitos ativo e passivo para caracterização da prática de crime de violência doméstica contra a mulher.

3. **(MPE-PR/Promotor de Justiça/2014 – adaptada)** O conceito de violência doméstica e familiar utilizado para fins de definição de conduta típica trazido pela Lei é o de ação ou omissão baseada no gênero (art. 5º, *caput*), que cause morte, lesão, sofrimento físico, sexual ou psicológico e ainda, dano moral ou patrimonial.

4. **(MPE-PR/Promotor de Justiça/2014 – adaptada)** Para a configuração das agravantes penais trazidas pela Lei, prevê-se que a violência praticada contra a mulher haja ocorrido dentro da família ou unidade doméstica, exigindo-se para tanto a constatação da existência de convivência presente ou passada em uma relação de coabitação.

5. **(MPE-PR/Promotor de Justiça/2014 – adaptada)** Segundo a Lei, considera-se família a comunidade formada por indivíduos que são ou se consideram aparentados, unidos por laços naturais, por afinidade ou por vontade expressa, conceito este que merece interpretação restritiva para fins penais, sob pena de ofensa ao princípio da taxatividade e, consequentemente, da legalidade.

6. **(MPE-SC/Promotor de Justiça/2014)** O crime de lesão corporal com violência doméstica somente pode ser praticado contra cônjuge ou companheira, com quem o autor da agressão conviva ou tenha convivido na época dos fatos.

7. **(FGV/SUSAM/Advogado/2014 – adaptada)** A Lei Maria da Penha tem aplicação quando se trata de briga de ex-namorados decorrente de anterior relacionamento.

8. **(CESPE/PC-GO/Agente de Polícia/2016 - adaptada)** Na hipótese de o patrão praticar violência contra sua empregada doméstica, a relação empregatícia impedirá a aplicação da lei em questão.

9. **(CESPE/TRT8/Analista Judiciário/2016 - adaptada)** A coabitação entre os sujeitos ativo e passivo é condição necessária para a aplicação da Lei Maria da Penha no âmbito das relações íntimas de afeto.

10. **(CESPE/TJ-AM/Juiz de Direito/2016 - adaptada)** Para os efeitos da referida lei, a configuração da violência doméstica e familiar contra a mulher depende da demonstração de coabitação da ofendida e do agressor.

11. **(CESPE/TJ-AM/Juiz de Direito/2016 - adaptada)** É tido como o âmbito da unidade doméstica o espaço de convívio permanente de pessoas, com ou sem vínculo familiar, salvo as esporadicamente agregadas.

12. **(FCC/MPE-PB/Promotor de Justiça/2018 – adaptada)** Para a configuração da violência doméstica e familiar, prevista na Lei Maria da Penha (Lei nº 11.340/2006), não se exige a coabitação entre autor e vítima.

13. **(CESPE/PC-MA/Escrivão de Polícia Civil/2018)** Configura violência doméstica e familiar contra a mulher qualquer ação ou omissão que, baseada no gênero, lhe cause sofrimento físico e que ocorra

a) dentro da residência da vítima, desde que o agressor seja do sexo masculino.

b) em relação íntima de afeto, somente se o agressor ainda conviver com a vítima.

c) em relação íntima de afeto, independentemente da coabitação dos envolvidos.

d) no âmbito da unidade doméstica, desde que o agressor seja pessoa da família.

e) no âmbito da família, salvo se o agressor não possuir laços naturais com a vítima.

GAB	1	2	3	4	5	6	7	8	9	10	11	12	13
	C	C	C	E	C	E	C	E	E	E	E	C	C

Art. 6º A violência doméstica e familiar contra a mulher constitui uma das formas de violação dos direitos humanos.

1. COMENTÁRIOS

Parece-nos ociosa a previsão, afinal, a violência contra a pessoa, envolvendo violência doméstica e familiar ou não, em face do homem ou da mulher, importa na violação a direitos humanos, merecendo combate e prevenção.

Em outro giro, tal previsão em nada afeta a competência para o julgamento dos delitos envolvendo violência doméstica e domiciliar contra a mulher, normalmente julgados perante a Justiça Estadual. Isso porque, de acordo com o inc. V-A do art. 109 da CF, compete à Justiça Federal o julgamento das causas que envolvam graves violações a direitos humanos. Entretanto, como sinalizou o STJ, a interpretação do dispositivo constitucional merece cautela.

Ao analisar o incidente de deslocamento para a Justiça Federal de inquérito/processo iniciados na Justiça Estadual versando sobre crimes que caracterizam graves violações a direitos humanos (§ 5º, art. 109 da CF), concluiu o Tribunal que o êxito do incidente pressupõe a existência de obstáculo ou interferência política na esfera estadual, comprometendo a própria evolução da persecução penal[3]. **Em conclusão**: a regra é que os delitos envolvendo graves violações a direitos humanos fundamentais sejam investigados e processados na esfera estadual, salvo quando exista algum obstáculo que comprometa o êxito da persecução penal, autorizando o Procurador Geral da República a instaurar incidente perante o Superior Tribunal de Justiça[4], para que o feito seja deslocado, como medida excepcional, para a Polícia e/ou Justiça Federal.

2. SÚMULAS E JURISPRUDÊNCIA

✦ *SUPERIOR TRIBUNAL DE JUSTIÇA:*

▸ **Ameaças de ex-namorado à mulher via facebook. Crime à distância. Internacionalidade configurada. Pedido de medidas protetivas de urgência ao Poder Judiciário brasileiro. Lei Maria da Penha. Concretude às convenções internacionais firmadas pelo Brasil. Competência da justiça Federal.** Compete à Justiça Federal apreciar o pedido de medida protetiva de urgência decorrente de crime de ameaça contra a mulher cometido, por meio de rede social de grande alcance, quando iniciado no estrangeiro e o seu resultado ocorrer no Brasil. Inicialmente, cumpre salientar que, segundo o art. 109, V, da Constituição Federal, aos juízes federais compete processar e julgar "os crimes previstos em

3. STJ – IDC – 1/PA – Rel. Min. Arnaldo Esteves Lima – j. 8/6/2005.
4. O incidente é instaurado perante a 3ª Seção do STJ, composta pela 5ª e 6ª Turmas (Resolução nº 6 da Presidência do STJ, de 06/12/2005).

tratado ou convenção internacional, quando iniciada a execução no País, o resultado tenha ou devesse ter ocorrido no estrangeiro, ou reciprocamente". Encontrando-se o suposto autor das ameaças em território estrangeiro, uma vez que não se tem notícia do seu ingresso no país, tem-se um possível crime à distância, tendo em vista que as ameaças foram praticadas nos EUA, mas a suposta vítima teria tomado conhecimento do seu teor no Brasil. Observe-se que, de fato, não se tem, propriamente, crime previsto em tratado ou convenção internacional. Isto porque, embora o Brasil seja signatário de acordos internacionais que asseguram os direitos das mulheres, tais convenções não descrevem tipos penais. Em outras palavras, referidas convenções apenas apresentam conceitos e recomendações sobre a erradicação de qualquer forma de discriminação e violência contra as mulheres. Entretanto, em situação semelhante ao caso concreto, o argumento de ausência de tipificação em convenção internacional foi derrubado pelo Supremo quando da análise de crimes de pedofilia na Internet (RE 628.624). Segundo a tese vencedora, o Estatuto da Criança e do Adolescente é produto de tratado e convenção internacional subscritos pelo Brasil. Dessarte, à luz do entendimento firmado pelo Supremo Tribunal Federal, embora as convenções internacionais firmadas pelo Brasil não tipifiquem ameaças à mulher, a Lei Maria da Penha, que prevê medidas protetivas, veio concretizar o dever assumido pelo Estado Brasileiro de proteção à mulher. Assim, é evidente a internacionalidade das ameaças que tiveram início nos EUA, por meio de rede social de grande alcance, o que resulta na competência da Justiça Federal. STJ, CC 150.712-SP, Rel. Min. Joel Ilan Paciornik, unanimidade, j. 10/10/2018. 3ª S. (Info 636)

3. QUESTÕES DE CONCURSOS

1. **(VUNESP/PC-SP/Desenhista/2014 – adaptada)** A violência doméstica e familiar contra a mulher constitui uma das formas de violação dos direitos humanos.

GAB	1
	C

▸CAPÍTULO II – DAS FORMAS DE VIOLÊNCIA DOMÉSTICA E FAMILIAR

✦ CONTRA A MULHER

Art. 7º São formas de violência doméstica e familiar contra a mulher, entre outras:

I – a violência física, entendida como qualquer conduta que ofenda sua integridade ou saúde corporal;

II – a violência psicológica, entendida como qualquer conduta que lhe cause dano emocional e diminuição da autoestima ou que lhe prejudique e perturbe o pleno desenvolvimento ou que vise degradar ou controlar suas ações, comportamentos, crenças e decisões, mediante ameaça, constrangimento, humilhação, manipulação, isolamento, vigilância constante, perseguição contumaz, insulto, chantagem, violação de sua intimidade, ridicularização, exploração e limitação do direito de ir e vir ou qualquer outro meio que lhe cause prejuízo à saúde psicológica e à autodeterminação; (Redação dada pela Lei nº 13.772, de 2018)

III – a violência sexual, entendida como qualquer conduta que a constranja a presenciar, a manter ou a participar de relação sexual não desejada, mediante intimidação, ameaça, coação ou uso da força; que a induza a comercializar ou a utilizar, de qualquer modo, a sua sexualidade, que a impeça de usar qualquer método contraceptivo ou que a force ao matrimônio, à gravidez, ao aborto ou à prostituição, mediante coação, chantagem, suborno ou manipulação; ou que limite ou anule o exercício de seus direitos sexuais e reprodutivos;

IV – a violência patrimonial, entendida como qualquer conduta que configure retenção, subtração, destruição parcial ou total de seus objetos, instrumentos de trabalho, documentos pessoais, bens, valores e direitos ou recursos econômicos, incluindo os destinados a satisfazer suas necessidades;

V – a violência moral, entendida como qualquer conduta que configure calúnia, difamação ou injúria.

1. COMENTÁRIOS

O enunciado do art. 7º, da Lei Maria da Penha, contempla cinco espécies de violência contra a mulher. O rol é exemplificativo, tal como se depreende da parte final do *caput*, que afirma serem formas de violência doméstica e familiar contra a mulher, "entre outras", as que afetem a integridade física, psicológica, sexual, patrimonial e moral.

Há certa discrepância doutrinária sobre se o rol de formas de violência seria taxativo ou exemplificativo. Para o setor que entende ser o elenco *numerus clausus*, a justificativa seria a de que a Lei nº 11.340/2006 restringe direito de liberdade do imputado, pelo que não poderia ser objeto de interpretação extensiva.

Embora esteja correta a fundamentação, não nos parece correta a conclusão. Isso em razão de não ser razoável exigir do legislador que expresse todas as formas de violência imagináveis, em virtude do leque de possibilidades de realização da conduta cuja forma é livre. Por outro lado, entendemos que as formas de violência muito dificilmente não estarão enquadradas em uma das cinco espécies indicadas na Lei.

Trata-se de texto que positiva, de forma mais pormenorizada, o estabelecido na Convenção de Belém do Pará (1994), ratificada pelo Brasil em 27 de novembro de 1995. O art. 2º, desse diploma internacional assevera que a violência contra a mulher inclui a que seja física, sexual e psicológica.

Tal pode se verificar dentro da família ou de unidade doméstica, bem como em outra relação interpessoal, em que o agressor conviva ou haja convivido no mesmo domicílio que a mulher, compreendendo, entre outros, os casos de estupro, violação, maus tratos e abuso sexual.

Essa forma de violência também é entendida quando tiver acontecido na comunidade, perpetrada por qualquer pessoa, englobando, entre outras hipóteses, a violação, o abuso sexual, a tortura, os maus tratos de pessoas, o tráfico de mulheres, a prostituição forçada, o sequestro, o assédio sexual no lugar de trabalho, bem como em instituições educacionais, estabelecimentos de saúde ou qualquer outro lugar. Insere-se, ademais, aquela perpetrada ou tolerada pelo Estado ou seus agentes, independentemente do local da ocorrência.

De todo modo, a Lei nº 11.340/2006 foi mais específica para melhor delimitar os conceitos de cada forma de violência, estipulando uma classificação legislativa, sem prejuízo de definição doutrinária mais completa.

Note-se que a violência contra a mulher pode ser reputada como decorrente de conduta, omissiva ou comissiva, que promova discriminação, agressão ou coerção, podendo ser causa de limitação, dano, morte, constrangimento, sofrimento físico, moral, sexual, psicológico, político ou econômico, ou mesmo perda patrimonial. Ela pode ocorrer em locais particulares ou públicos.

Por violência física deve-se entender a conduta, omissiva ou comissiva, ofensiva à integridade ou à saúde corporal da mulher. É o caso de ação ou de omissão que provoque lesões internas, externas ou ambas, caracterizando-se pela *vis corporalis*. Qualquer infração penal que cause modificação do mundo naturalístico atinente ao corpo da mulher é apta a se caracterizar como violência física (a exemplo do crime de lesão corporal ou mesmo da contravenção penal de vias de fato).

A violência psicológica, por sua vez, é de ser considerada qualquer ação ou omissão que ocasione dano emocional ou redução de autoestima feminina. Também se insere nessa classe a conduta que prejudique e perturbe o completo desenvolvimento feminino, assim como a que tenha o objetivo de degradar ou de controlar suas ações, crenças e decisões. São casos de violência psicológica a ameaça, a humilhação, o isolamento, a ridicularização, o insulto, dentre outros meios causadores de prejuízo à autodeterminação e à saúde da mulher.

De outro lado, a violência sexual consiste em obrigar a mulher a manter contato sexual, com o agressor ou com terceira pessoa, mediante contato físico ou verbalmente. São também os casos de relações sexuais mantidas com emprego de força, coerção, intimidação, chantagem e suborno. A forma de se perpetrar violência sexual é livre, compreendo infrações penais de estupro, tentativa de estupro, sedução e ato obsceno.

A violência patrimonial aponta a existência de dano de objetos, em face da conduta do imputado. Nela se acomoda qualquer ação ou omissão que configure retenção (apropriação indébita, estelionato), subtração (furto, roubo), destruição parcial ou total de seus bens (dano). As condutas típicas dispostas no título dos crimes contra o patrimônio do Código Penal são exemplos de violência patrimonial que podem ser realizadas contra a mulher.

Volvendo para a parte final do título dos crimes contra o patrimônio, do Código Penal, surge a indagação sobre a aplicabilidade dos seus arts. 181 a 183 aos crimes cujo sujeito passivo seja a mulher, no seio da relação doméstica e familiar. São as hipóteses legais de imunidades absolutas (escusas absolutórias), imunidades relativas e exclusão de imunidade e privilégio.

O primeiro dispositivo refere-se à imunidade substancial, absoluta ou escusa absolutória. Cuida-se da previsão de isenção de pena para quem comete qualquer dos crimes contra o patrimônio contra o cônjuge, na constância do matrimônio, ou contra ascendente ou descendente. Essa imunidade se estende ao companheiro (art. 226, § 3º, CF), em interpretação extensiva *in bonam partem*, exigindo-se, para tanto, que a União Estável seja comprovada por registro em cartório[5].

O art. 182, do Código Penal, alude às imunidades relativas, eis que preconiza, para os casos indicados, que a ação penal só se procede mediante representação, quando o crime for perpetrado em desfavor do cônjuge separado judicialmente (antes regido pelo instituto do desquite), de irmão ou de tio ou sobrinho, com quem o agente coabita.

Não tem lugar a aplicação daqueles enunciados se for o caso de crime de roubo ou de extorsão, assim como quando houver emprego de grave ameaça ou violência à pessoa. Também não incidem aquelas imunidades em favor de estranho que participa do delito em coautoria ou se o delito é praticado contra a pessoa idosa (idade igual ou superior a sessenta anos), consoante inciso expresso incluído pelo Estatuto do Idoso (Lei nº 10.741/2003).

---

5. PRADO, Luiz Regis. *Curso de direito penal brasileiro*: parte geral e parte especial. 14. ed. São Paulo: RT, 2015. p. 1003.

A Lei nº 11.340/2006 não fez a mesma menção de exclusão de incidência que fez o Estatuto do Idoso, o que seria de todo recomendável, a fim de evitar dúvidas de interpretação de dispositivos legais que prejudiquem o imputado (agressor). Note-se que, por ser o sujeito passivo da Lei Maria da Penha, igualmente vulnerável, há violência patrimonial inserta em seu âmbito de aplicabilidade representa maior desvalor da ação delituosa.

Daí surgem duas vertentes doutrinárias em torno da incidência daquelas imunidades.

A primeira que entende pela continuidade da aplicação das imunidades dos arts. 181 e 182, do Código Penal. Um dos argumentos fortes é a vedação de analogia *in malam partem*, em prejuízo do imputado. O outro é a verificação de que o legislador, no Estatuto do Idoso, dispôs expressamente nesse sentido, enquanto na Lei Maria da Penha silenciou.

A segunda corrente doutrinária conclui que aquelas imunidades (absolutas e relativas) não abrangem os crimes contra o patrimônio da mulher nas relações encampadas pela Lei nº 11.340/2006. Nessa toada, o advento da Lei Maria da Penha tornou incompatível a incidência de disposições tendentes a evitar a responsabilização penal relativamente a qualquer delito contra o patrimônio da mulher na esfera das relações afetivas.

O ordenamento jurídico não pode proibir e fomentar um dado tipo de conduta a um só tempo. Vedou-se a violência contra o patrimônio feminino na relação doméstica e familiar, não soa logicamente que permaneça preconizando escusa absolutória ou estabelecendo imunidade relativa para exigir representação para esse tipo de crime contra aquele sujeito passivo. O caso é de aparente antinomia normativa que deve se resolver pelo critério cronológico (lei posterior revoga a anterior).

No entanto, o Superior Tribunal de Justiça, por sua Quinta Turma, exarou precedente no sentido de entender como aplicável a imunidade do art. 181, do Código Penal, a caso de violência contra o patrimônio da mulher, na relação conjugal. Nos termos do acórdão, a separação de corpos não extingue o vínculo matrimonial e não é capaz de afastar a imunidade do art. 181, I, do Código Penal. De outro lado, a Lei Maria da Penha não seria apta a alterar esse entendimento, porquanto não teria revogado aquele enunciado, expressa ou tacitamente.

Assentou ainda a corte a proibição de analogia em prejuízo do réu e que admitir o contrário significaria violação ao princípio da isonomia, "já que os crimes patrimoniais praticados pelo marido contra a mulher no âmbito doméstico e familiar poderiam ser processados e julgados, ao passo que a mulher que venha cometer o mesmo tipo de delito contra o marido estaria isenta de pena"[6].

Reiteramos nossa discordância quanto à conclusão do julgado, tanto pela incompatibilidade lógica apontada, como pelo fato de conduzir à ineficácia, no ponto, da legislação especial de proteção à mulher.

Por último, a violência moral indicada pela lei especial é conducente a ofensa à honra da mulher, cometida imputado. As diversas formas possíveis, via física ou via eletrônica,

6. STJ – Quinta Turma – RHC 42.918/RS, Rel. Ministro Jorge Mussi – julgado em 05/08/2014 – DJe 14/08/2014.

inclusive por intermédio de mensagens de texto, configuram, como regra, delitos de injúria, calúnia e difamação.

2. QUESTÕES DE CONCURSOS

1. **(IBFC/SAEB-BA/Técnico Comercial/2015)** Assinale a alternativa correta sobre o que a Lei Federal nº 11.340, de 7 de agosto de 2006 (Lei Maria da Penha) estabelece como qualquer conduta que configure destruição parcial ou total de objetos da mulher pelo seu agressor.

a) Violência física.

b) Violência psicológica.

c) Violência sexual.

d) Violência patrimonial.

e) Violência al.

2. **(FCC/TJ-SC/Juiz de Direito/2015 – adaptada)** As formas de violência doméstica e familiar contra a mulher estão taxativamente previstas no art. 7º da Lei no 11.340/2006, não sendo objeto de medidas protetivas de urgência outras senão aquelas elencadas nesse dispositivo.

3. **(MPE-PR/Promotor de Justiça/2014 – adaptada)** O dispositivo legal que traz a previsão da possibilidade de ocorrência de violência patrimonial contra a mulher, sendo esta descrita como qualquer conduta que configure retenção, subtração, destruição parcial ou total de seus objetos, instrumentos de trabalho, documentos pessoais, bens, valores e direitos ou recursos econômicos, incluindo os destinados a satisfazer suas necessidades, encontra verdadeira limitação de aplicação em razão das imunidades fixadas pelos arts. 181 e 182 do Código Penal.

4. **(VUNESP/PC-SP/Desenhista/2014 – adaptada)** Não caracteriza violência moral a conduta que configure calúnia, difamação ou injúria contra a mulher.

5. **(IESES/SEPLAG-MG/Gestor Governamental/2013)** Assinale a resposta correta, considerando as seguintes assertivas:

I. Segundo o expressamente previsto pela Lei 11.340/06, conhecida como Lei Maria da Penha, é forma de violência doméstica e familiar contra a mulher, a violência sexual, que também pode ser entendida como qualquer conduta que a impeça de usar qualquer método contraceptivo, mediante coação, chantagem, suborno ou manipulação.

II. Segundo o expressamente previsto pela Lei 11.340/06, conhecida como Lei Maria da Penha, é forma de violência doméstica e familiar contra a mulher, a violência sexual, que também pode ser entendida como qualquer conduta que a instigue presenciar ou a participar de relação sexual.

III. Segundo o expressamente previsto pela Lei 11.340/06, conhecida como Lei Maria da Penha, é forma de violência doméstica e familiar contra a mulher, a violência patrimonial, que também pode ser entendida como qualquer conduta que configure subtração parcial ou total de seus instrumentos de trabalho.

Assinale a resposta correta:

a) Apenas as assertivas II e III são verdadeiras.

b) Apenas as assertivas I e III são verdadeiras

c) Apenas as assertivas I e II são verdadeiras.

d) Apenas a assertiva I é verdadeira.

6. **(MPDFT/Promotor de Justiça/2013 – adaptada)** Entre as formas de violência doméstica e familiar contra a mulher, o legislador penal indicou a violência psicológica, entendida como qualquer conduta que configure calúnia, injúria ou difamação.

7. **(CESPE/TJ-RR/Titular de Serviços de Notas e de Registros/2013 – adaptada)** A referida lei não prevê, como forma de violência doméstica e familiar contra a mulher, a violência patrimonial.

8. **(CESPE/TJ-AM/Juiz de Direito/2016 - adaptada)** Considera-se violência sexual a conduta de forçar a mulher ao matrimônio mediante coação, chantagem, suborno ou manipulação, assim como a conduta de limitar ou anular o exercício de seus direitos sexuais e reprodutivos.

9. **(CESPE/DPE-PE/Defensor Público/2018)** Com relação aos instrumentos previstos na Lei Maria da Penha, assinale a opção correta.

a) A violência patrimonial contra a mulher se restringe à destruição total de seus documentos pessoais e dos bens e recursos econômicos destinados a satisfazer as suas necessidades.

b) Alguém da convivência da mulher que lhe cause dano moral ou patrimonial não comete crime, porque essas atitudes, à luz da lei, não são consideradas violência doméstica ou familiar.

c) A violência doméstica e familiar contra a mulher constitui uma forma de violação de direitos humanos.

d) Para fins legais, a comprovação da relação íntima de afeto entre o agressor e a ofendida depende de coabitação.

e) A legislação especial, ao se referir à violência moral, não inclui condutas que configurem a calúnia, a difamação ou a injúria.

GAB	1	2	3	4	5	6	7	8	9
	D	E	C	E	B	E	E	C	C

▸TÍTULO III – DA ASSISTÊNCIA À MULHER EM SITUAÇÃO DE VIOLÊNCIA DOMÉSTICA E FAMILIAR

▸CAPÍTULO I – DAS MEDIDAS INTEGRADAS DE PREVENÇÃO

Art. 8º A política pública que visa coibir a violência doméstica e familiar contra a mulher far-se-á por meio de um conjunto articulado de ações da União, dos Estados, do Distrito Federal e dos Municípios e de ações não-governamentais, tendo por diretrizes:

I – a integração operacional do Poder Judiciário, do Ministério Público e da Defensoria Pública com as áreas de segurança pública, assistência social, saúde, educação, trabalho e habitação;

II – a promoção de estudos e pesquisas, estatísticas e outras informações relevantes, com a perspectiva de gênero e de raça ou etnia, concernentes às causas, às conseqüências e à freqüência da violência doméstica e familiar contra a mulher, para a sistematização de dados, a serem unificados nacionalmente, e a avaliação periódica dos resultados das medidas adotadas;

III – o respeito, nos meios de comunicação social, dos valores éticos e sociais da pessoa e da família, de forma a coibir os papéis estereotipados que legitimem ou exacerbem a violência doméstica e familiar, de acordo com o estabelecido no inciso III do art. 1º, no inciso IV do art. 3º e no inciso IV do art. 221 da Constituição Federal;

IV – a implementação de atendimento policial especializado para as mulheres, em particular nas Delegacias de Atendimento à Mulher;

V – a promoção e a realização de campanhas educativas de prevenção da violência doméstica e familiar contra a mulher, voltadas ao público escolar e à sociedade em geral, e a difusão desta Lei e dos instrumentos de proteção aos direitos humanos das mulheres;

VI – a celebração de convênios, protocolos, ajustes, termos ou outros instrumentos de promoção de parceria entre órgãos governamentais ou entre estes e entidades não-governamentais, tendo por objetivo a implementação de programas de erradicação da violência doméstica e familiar contra a mulher;

VII – a capacitação permanente das Polícias Civil e Militar, da Guarda Municipal, do Corpo de Bombeiros e dos profissionais pertencentes aos órgãos e às áreas enunciados no inciso I quanto às questões de gênero e de raça ou etnia;

VIII – a promoção de programas educacionais que disseminem valores éticos de irrestrito respeito à dignidade da pessoa humana com a perspectiva de gênero e de raça ou etnia;

IX – o destaque, nos currículos escolares de todos os níveis de ensino, para os conteúdos relativos aos direitos humanos, à eqüidade de gênero e de raça ou etnia e ao problema da violência doméstica e familiar contra a mulher.

1. COMENTÁRIOS

O dispositivo substantiva a política pública integrada para coibir a violência doméstica e familiar contra a mulher (prevenção), envolvendo os entes estatais (União, Estados, Distrito Federal e Municípios), assim como entidades não governamentais e a atuação integrada do Judiciário, Ministério Público e Defensorias com os órgãos integrantes da segurança pública, assistência social, saúde, educação, trabalho e habitação. Tal política ratifica o compromisso, no plano internacional, assumido pelo Estado brasileiro, de estabelecer medidas internas para garantir os direitos da mulher no plano doméstico e familiar[7].

Como aponta Alice Bianchini, "constitui um grande desafio estabelecer articulação entre as várias instituições (governamentais e não governamentais) que desenvolvem trabalhos na área de violência doméstica e familiar contra a mulher (organizando, coordenando, integrando e articulando as atividades desenvolvidas), o qual, no entanto, é facilitado pelo fato de a própria Lei (...) trazer especificados os parâmetros de atuação de tais entidades (diretrizes)"[8].

Destaque-se a previsão de criação das Delegacias Especializadas de Atendimento à Mulher (inc. IV), definindo a atribuição investigativa em razão da vítima do delito (critério *ratione personae*). Na pendência de instauração das delegacias especializadas, a condução da investigação ficará a cargo das demais delegacias de Polícia Judiciária.

▸CAPÍTULO II – DA ASSISTÊNCIA À MULHER EM SITUAÇÃO DE VIOLÊNCIA DOMÉSTICA E FAMILIAR

Art. 9º A assistência à mulher em situação de violência doméstica e familiar será prestada de forma articulada e conforme os princípios e as diretrizes previstos na Lei Orgânica da Assistência Social, no Sistema Único de Saúde, no Sistema Único de Segurança Pública, entre outras normas e políticas públicas de proteção, e emergencialmente quando for o caso.

§ 1º O juiz determinará, por prazo certo, a inclusão da mulher em situação de violência doméstica e familiar no cadastro de programas assistenciais do governo federal, estadual e municipal.

§ 2º O juiz assegurará à mulher em situação de violência doméstica e familiar, para preservar sua integridade física e psicológica:

I – acesso prioritário à remoção quando servidora pública, integrante da administração direta ou indireta;

II – manutenção do vínculo trabalhista, quando necessário o afastamento do local de trabalho, por até seis meses.

---

7. BIANCHINI, Alice. *Lei Maria da Penha comentada em uma perspectiva jurídico-feminista*. Rio de Janeiro: Lumen Juris, 2011. p. 216. Organizadora: Carmen Hein de Campos.

8. BIANCHINI, Alice. *Lei Maria da Penha comentada em uma perspectiva jurídico-feminista*. Rio de Janeiro: Lumen Juris, 2011. p. 219. Organizadora: Carmen Hein de Campos.

§ 3º A assistência à mulher em situação de violência doméstica e familiar compreenderá o acesso aos benefícios decorrentes do desenvolvimento científico e tecnológico, incluindo os serviços de contracepção de emergência, a profilaxia das Doenças Sexualmente Transmissíveis (DST) e da Síndrome da Imunodeficiência Adquirida (AIDS) e outros procedimentos médicos necessários e cabíveis nos casos de violência sexual.

1. COMENTÁRIOS

O dispositivo enfatiza as **medidas de assistência** à mulher vítima de violência doméstica e familiar. O seu conteúdo, como sinaliza Ela Wiecko V. de Castilhos, pode ser dividido em **três grupos**. "O primeiro diz respeito a políticas públicas de proteção", notadamente "às políticas públicas de assistência social, de saúde e de segurança". Já o segundo diz respeito "à proteção ao trabalho, com regras diferenciadas para o caso de a mulher ser servidora pública ou ser empregada em empresa privada". O terceiro grupo, por sua vez, "diz respeito à proteção à saúde, mas, em sentido mais estrito, relacionado a agravos decorrentes de violência sexual"[9].

2. QUESTÕES DE CONCURSOS

1. **(CESPE/PC-GO/Agente de Polícia/2016 - adaptada)** No caso de mulher em situação de violência doméstica e familiar, quando for necessário o afastamento do local de trabalho para preservar a sua integridade física e psicológica, o juiz assegurará a manutenção do vínculo trabalhista por prazo indeterminado.

GAB	1
	E

▸CAPÍTULO III – DO ATENDIMENTO PELA AUTORIDADE POLICIAL

Art. 10. Na hipótese da iminência ou da prática de violência doméstica e familiar contra a mulher, a autoridade policial que tomar conhecimento da ocorrência adotará, de imediato, as providências legais cabíveis.

Parágrafo único. Aplica-se o disposto no *caput* deste artigo ao descumprimento de medida protetiva de urgência deferida.

1. COMENTÁRIOS

A ociosidade da previsão é manifesta. A autoridade policial, pautada pela obrigatoriedade da atividade funcional, adotará as providencias persecutórias cabíveis diante do fato criminoso, notadamente nos crimes de ação de ação pública incondicionada.

Vale frisar que nos crimes de **ação pública condicionada**, ou nas hipóteses de **iniciativa privada**, o início da investigação (e até mesmo a lavratura do auto de flagrante), pressupõe manifestação de vontade da legítima interessada (art. 5º, §§ 4º e 5º, CPP).

9. CASTILHO, Ela Wiecko V. de. *Lei Maria da Penha comentada em uma perspectiva jurídico-feminista*. Rio de Janeiro: Lumen Juris, 2011. p. 235. Organizadora: Carmen Hein de Campos.

Obs. Quanto à inexigência de representação nos crimes de lesão corporal leve e culposa envolvendo violência doméstica e domiciliar contra a mulher, tratamos nos comentários aos arts. 16 e 41 da presente lei.

Art. 10-A. É direito da mulher em situação de violência doméstica e familiar o atendimento policial e pericial especializado, ininterrupto e prestado por servidores – preferencialmente do sexo feminino – previamente capacitados. (Incluído pela Lei nº 13.505, de 2017)

§ 1º A inquirição de mulher em situação de violência doméstica e familiar ou de testemunha de violência doméstica, quando se tratar de crime contra a mulher, obedecerá às seguintes diretrizes: (Incluído pela Lei nº 13.505, de 2017)

I – salvaguarda da integridade física, psíquica e emocional da depoente, considerada a sua condição peculiar de pessoa em situação de violência doméstica e familiar; (Incluído pela Lei nº 13.505, de 2017)

II – garantia de que, em nenhuma hipótese, a mulher em situação de violência doméstica e familiar, familiares e testemunhas terão contato direto com investigados ou suspeitos e pessoas a eles relacionadas; (Incluído pela Lei nº 13.505, de 2017)

III – não revitimização da depoente, evitando sucessivas inquirições sobre o mesmo fato nos âmbitos criminal, cível e administrativo, bem como questionamentos sobre a vida privada. (Incluído pela Lei nº 13.505, de 2017)

§ 2º Na inquirição de mulher em situação de violência doméstica e familiar ou de testemunha de delitos de que trata esta Lei, adotar-se-á, preferencialmente, o seguinte procedimento: (Incluído pela Lei nº 13.505, de 2017)

I – a inquirição será feita em recinto especialmente projetado para esse fim, o qual conterá os equipamentos próprios e adequados à idade da mulher em situação de violência doméstica e familiar ou testemunha e ao tipo e à gravidade da violência sofrida; (Incluído pela Lei nº 13.505, de 2017)

II – quando for o caso, a inquirição será intermediada por profissional especializado em violência doméstica e familiar designado pela autoridade judiciária ou policial; (Incluído pela Lei nº 13.505, de 2017)

III – o depoimento será registrado em meio eletrônico ou magnético, devendo a degravação e a mídia integrar o inquérito. (Incluído pela Lei nº 13.505, de 2017)

1. COMENTÁRIOS

Deve-se ter especial atenção com pessoas ofendidas hipossuficientes, tais como crianças, mulheres em situação de violência familiar e idosos, seguindo-se regras específicas de tomada de depoimentos e de proteção, tais como as estabelecidas pelas Leis nºs 13.431/2017 (depoimento "sem dano" de crianças e adolescentes [10]) e 13.505/2017. Foi esta última que inseriu o art. 10-A à Lei Maria da Penha.

10. O "depoimento sem dano" é figura jurídica que tem o propósito de reduzir traumas de crianças ou de adolescentes que venham a ter contato com o sistema de justiça criminal. A técnica agora vem sufragada expressamente pela Lei nº 13.431/2017. Aquele depoimento pode ser desmembrado em duas formas. A primeira, denominada "escuta especializa-da" (art. 7º). A segunda, "depoimento especial" (art. 8º). Escuta especializada é o procedimento de entrevista a respeito de situação de violência com criança ou adolescente, perante o órgão da rede de proteção, limitado o relato estritamente ao necessário para o cumprimento de sua finalidade. Cuida-se de depoimento *lato sensu*, isto é, prestado perante órgão que não integra o sistema de persecução penal estatal. Diferentemente,

Seu *caput* deixa expresso ser direito da mulher em situação de violência doméstica e familiar o atendimento policial e pericial especializado, ininterrupto e prestado por servidores – preferencialmente do sexo feminino – previamente capacitados. Colima-se proteger a mulher, não raramente em situação de fragilidade, contra abusos decorrentes da desconsideração de sua condição peculiar.

Nessa situação, à ofendida mulher devem ser garantidas as diretrizes de: (1) salvaguarda da integridade física, psíquica e emocional da depoente, considerada a sua condição peculiar de pessoa em situação de violência doméstica e familiar; (2) que, em nenhuma hipótese, tanto ela quanto seus familiares e testemunhas tenham contato direto com investigados ou suspeitos e pessoas a eles relacionadas; e (3) não revitimização, evitando sucessivas inquirições sobre o mesmo fato nos âmbitos criminal, cível e administrativo, bem como questionamentos sobre a vida privada.

O procedimento de inquirição de mulher em situação de violência doméstica e familiar ou de testemunha de delitos com incidência da Lei Maria da Penha, deve ser observado que: (1) a inquirição seja realizada em recinto especialmente projetado para esse fim, o qual conterá os equipamentos próprios e adequados à idade da mulher em situação de violência doméstica e familiar ou testemunha e ao tipo e à gravidade da violência sofrida; (2) a inquirição seja intermediada por profissional especializado em violência doméstica e familiar designado pela autoridade judiciária ou policial, quando o caso indicar; (3) o depoimento seja registrado em meio eletrônico ou magnético, devendo a degravação e a mídia integrar o inquérito.

2. QUESTÕES DE CONCURSOS

1. (VUNESP/PC-SP/Delegado de Polícia/2018) Nos termos da Lei no 11.340/2006 (Lei Maria da Penha):

a) a mulher vítima será inquirida sempre com intermediação de profissional do sexo feminino especializado em violência doméstica e familiar designado pela autoridade judiciária ou policial.

b) é direito da mulher em situação de violência doméstica e familiar o atendimento pericial especializado, ininterrupto e prestado por servidores exclusivamente do sexo feminino.

c) é direito da mulher em situação de violência doméstica e familiar o atendimento policial e pericial especializado, ininterrupto e prestado por servidores, preferencialmente do sexo feminino e previamente capacitados.

d) é direito da mulher em situação de violência doméstica e familiar o atendimento policial especializado, ininterrupto e prestado por servidores exclusivamente do sexo feminino.

e) a mulher vítima será inquirida sempre com intermediação de profissional especializado em violência doméstica e familiar designado pela autoridade judiciária ou policial.

2. (VUNESP/PC-SP/Escrivão de Polícia Civil/2018 – adaptada) É direito da mulher em situação de violência doméstica e familiar o atendimento policial e pericial especializado, ininterrupto e prestado por servidores – exclusivamente do sexo feminino. **RESPOSTA: ERRADA**

3. (CESPE/SEFAZ-RS/Auditor/2018) A Lei Maria da Penha estabelece deveres a serem observados pela autoridade policial no atendimento à mulher em situação de violência doméstica. A respeito desse assunto, julgue os seguintes itens.

---

depoimento especial é o procedimento de oitiva de criança ou adolescente vítima ou testemunha de violência perante autoridade policial ou judiciária. Sobre ele, deve recair segrego de justiça.

I. A mulher deverá ser mantida no lar com escolta policial até que seja encerrado o inquérito ou até que seja concedida medida protetiva de urgência.

II. A autoridade policial deverá garantir que a mulher não tenha contato direto com o agressor ou com pessoas a ele relacionadas, salvo se por meio de familiares e testemunhas.

III . É direito da mulher o atendimento policial e pericial especializado, ininterrupto e prestado por servidores — preferencialmente do sexo feminino — previamente capacitados.

IV. A autoridade policial deverá garantir que não haja revitimização da mulher que tenha sofrido violência familiar, evitando sucessivas inquirições sobre sua vida privada.

Assinale a opção correta.

a) Apenas o item I está certo.

b) Apenas o item II está certo.

c) Apenas os itens I e IV estão certos.

d) Apenas os itens II e III estão certos.

e) Apenas os itens III e IV estão certos.

GAB	1	2	3
	C	E	E

Art. 11. No atendimento à mulher em situação de violência doméstica e familiar, a autoridade policial deverá, entre outras providências:

I – garantir proteção policial, quando necessário, comunicando de imediato ao Ministério Público e ao Poder Judiciário;

II – encaminhar a ofendida ao hospital ou posto de saúde e ao Instituto Médico Legal;

III – fornecer transporte para a ofendida e seus dependentes para abrigo ou local seguro, quando houver risco de vida;

IV – se necessário, acompanhar a ofendida para assegurar a retirada de seus pertences do local da ocorrência ou do domicílio familiar;

V – informar à ofendida os direitos a ela conferidos nesta Lei e os serviços disponíveis.

1. COMENTÁRIOS

O rol apresentado no presente dispositivo é meramente exemplificativo (*numerus apertus*), contendo uma série de diligências a serem adotadas na tutela da vítima da violência doméstica. Destacam-se:

a) Garantia de proteção policial, comunicando-se ao Ministério Público e ao Poder Judiciário: infelizmente, a falta de estrutura traduz a pouca efetividade da presente medida. Não temos contingente policial suficiente para guarnecer o significativo número de vítimas que necessitam da medida.

b) Encaminhamento da vítima ao hospital ou ao posto de saúde, assim como ao IML (Instituto Médico Legal): almeja-se o pronto atendimento médico à ofendida, assim como a demonstração da materialidade do delito nas infrações que deixam vestígios, pela realização do exame de corpo de delito (art. 158, CPP, c/c art. 12, IV, Lei 11.340/06). É de ver que a Lei nº. 13.721, de 2 de outubro de 2018, alterou o Código de Processo Penal, em seu art. 158, para estabelecer que será dada prioridade à realização do exame de corpo de delito quando se tratar de crime que envolva violência doméstica e familiar contra mulher ou violência contra criança, adolescente, idoso ou pessoa com deficiência.

c) Fornecimento de transporte à ofendida e seus dependentes, assim como abrigo ou local seguro, havendo risco de vida: o transporte deve ser fornecido pelo Poder Público Estadual. Nada impede, entretanto, que seja feito pela própria polícia (judiciária ou até mesmo militar). Já a existência de abrigo, mais uma vez, depende substancialmente de investimento, deixando-nos reféns da boa vontade do Poder Executivo. Aqui, o "local seguro" acaba sendo a casa de parentes ou amigos, assim como abrigos patrocinados por entidades religiosas, ONG's, etc.

d) Acompanhar a ofendida, quando necessário, para retirar os seus pertences do local do fato ou do domicílio: documentos, dinheiro, roupas, bens de primeira necessidade normalmente integram a "triste mudança" da ofendida, assacada do lar por força da violência do marido ou companheiro. Com o acompanhamento policial, almeja-se evitar novas investidas ou constrangimentos por parte do agressor, que muitas vezes permanece do local.

e) Informação dos direitos: medida de extrema importância, notadamente naquelas situações onde a vítima é humilde, com pouco (ou nenhum) acesso à informação e aos direitos que lhe são conferidos na presente lei. A violência doméstica gera um trauma de múltipla repercussão, sendo a orientação pela autoridade policial, muitas vezes, o primeiro contato com a gama de medidas que poderão se suceder no desdobramento cível e criminal do caso.

2. QUESTÕES DE CONCURSOS

1. **(FUNIVERSA/PC-DF/Papiloscopista Policial/2015 – adaptada)** No atendimento à vítima de violência doméstica e familiar, a autoridade policial deverá encaminhar a ofendida ao hospital ou posto de saúde e ao Instituto Médico Legal.

2. **(FUNCAB/PC-PA/Delegado de Polícia/2016 - adaptada)** No atendimento à mulher em situação de violência doméstica a autoridade policial deverá garantir à vítima proteção policial quando necessário, bem como fornecer transporte para a ofendida para abrigo ou local seguro.

GAB	1	2
	C	C

Art. 12. Em todos os casos de violência doméstica e familiar contra a mulher, feito o registro da ocorrência, deverá a autoridade policial adotar, de imediato, os seguintes procedimentos, sem prejuízo daqueles previstos no Código de Processo Penal:

I – ouvir a ofendida, lavrar o boletim de ocorrência e tomar a representação a termo, se apresentada;

II – colher todas as provas que servirem para o esclarecimento do fato e de suas circunstâncias;

III – remeter, no prazo de 48 (quarenta e oito) horas, expediente apartado ao juiz com o pedido da ofendida, para a concessão de medidas protetivas de urgência;

IV – determinar que se proceda ao exame de corpo de delito da ofendida e requisitar outros exames periciais necessários;

V – ouvir o agressor e as testemunhas;

VI – ordenar a identificação do agressor e fazer juntar aos autos sua folha de antecedentes criminais, indicando a existência de mandado de prisão ou registro de outras ocorrências policiais contra ele;

VII – remeter, no prazo legal, os autos do inquérito policial ao juiz e ao Ministério Público.

§ 1º O pedido da ofendida será tomado a termo pela autoridade policial e deverá conter:

I – qualificação da ofendida e do agressor;

II – nome e idade dos dependentes;

III – descrição sucinta do fato e das medidas protetivas solicitadas pela ofendida.

§ 2º A autoridade policial deverá anexar ao documento referido no § 1º o boletim de ocorrência e cópia de todos os documentos disponíveis em posse da ofendida.

§ 3º Serão admitidos como meios de prova os laudos ou prontuários médicos fornecidos por hospitais e postos de saúde.

1. COMENTÁRIOS

O artigo em comento não apresenta grandes novidades. Indica, quase que em repetição, a sequência de diligências já existente nos arts. 6º e 7º do CPP e que aparelham a investigação policial. Mais uma vez, e de forma não exaustiva, destacam-se:

a) Lavratura do boletim de ocorrência: o boletim de ocorrência representa a formalização da notícia crime perante a autoridade policial. A ele se sucederá a eventual instauração do inquérito, baixando-se a correspondente portaria (art. 5º, CPP). Como a Lei dos Juizados Especiais Criminais foi afastada do âmbito da violência doméstica (art. 41, Lei nº 11.340/06), não há de se falar na elaboração do termo circunstanciado de ocorrência, mesmo nas infrações de menor potencial ofensivo (art. 89, Lei nº 9.099/95). .

b) Tomar a termo a representação: a representação funcionada como condição de procedibilidade nos crimes de ação pública condicionada (art. 100, § 1º, CP). Sem ela não haverá a instauração do inquérito policial (art. 5º, § 4º, CPP), assim como eventual lavratura do auto de flagrante. Quando a ofendida representa-la oralmente, resta à autoridade determinar a redução a termo, por meio do escrivão.

c) Oitiva da ofendida: as declarações prestadas pela ofendida almejam o esclarecimento do fato delituoso, sua autoria e circunstâncias. Em que pese ser interessada e normalmente encontrar-se envolvida emocionalmente, o teor de suas declarações ainda é visto como meio de prova, notadamente nos crimes de pouca visibilidade, como os sexuais e os ocorridos no domicílio familiar. Em outro giro, a ausência injustificada da ofendida pode autorizar a condução coercitiva, determinada pela própria autoridade policial (art. 201, § 1º, CPP). Quanto à responsabilidade criminal por desobediência em face da ausência injustificada, subsistem as seguintes posições:

c.1) 1º Posição: segundo Heráclito Mossin, haverá a reprimenda penal, sem prejuízo da condução coercitiva[11];

11. MOSSIN, Heráclito Antônio. *Comentários ao Código de Processo Penal*. São Paulo: Manole, 2005. p. 426.

c.2) 2º Posição: para Guilherme Nucci, como não há expressa previsão no art. 201, § 1º, CPP, a responsabilidade criminal está afastada[12].

d) Colher todas as provas para o esclarecimento do fato: a previsão aqui é genérica, sendo similar ao já previsto no inc. III do art. 5º do CPP. Pode envolver, dentre outras medidas, pautadas na discricionariedade na condução do inquérito, a apreensão dos instrumentos do crime, após a liberação dos peritos (art. 5º, inc. II, CPP).

e) Oitiva do agressor e testemunhas: a oitiva do suspeito deve seguir, no que for compatível com a inquisitoriedade do inquérito, o disposto nos arts. 185 a 196 do CPP, que tratam do interrogatório judicial (art. 5º, inc. V, CPP). Por oportuno, lhe será conferido o direito ao silêncio (art. 5º, inc. LXIII, CF). Ademais, se o advogado se fizer presente, não poderá ser impedido de acompanhar a oitiva.(art. 7º, inc. VI, *b*, Lei nº 8.906/94). Evidenciada a autoria, a materialidade e as circunstâncias da infração, a autoridade policial poderá (se ainda não o fez), ao final da oitiva, **indiciar** o suspeito, motivando o ato (art. 2º, § 6º, Lei nº 12.830/06).

f) Determinar a realização do exame de corpo de delito e demais perícias: o exame de corpo de delito é a perícia que tem por objeto os vestígios deixados pela infração, revelando a materialidade do delito (art. 158, CPP). Na sua impossibilidade, pela eventualidade do desaparecimento dos vestígios, a prova testemunhal suprirá a omissão (art. 167, CPP). Veda-se, conduto, a utilização da confissão para a demonstração da existência do crime que deixe vestígios (crimes intranseuntes ou não transeuntes) . É um resquício, sem sombra de dúvidas, do **sistema da prova tarifada**, em que o legislador aponta previamente o tipo de prova apta a demonstração de uma determinada situação jurídica.

Na violência doméstica temos uma peculiaridade inaugurada pelo § 3º do artigo em comento, admitindo como **meios de prova** "os laudos ou prontuários médicos fornecidos por hospitais e postos de saúde". Ao que parece, temos um duro golpe no sistema da tarifação. Portanto, amparado na persuasão racional, o juiz poderá lastrear um decreto condenatório com base em tais elementos, dispensando-se a realização da perícia. Aqui, o enquadramento transcende o mero apontamento como **elementos de investigação**, que podem embasar a inicial acusatória ou as medidas cautelares, não tendo envergadura para sustentar uma condenação. A opção legislativa foi clara: são meios de prova e entre eles, como se sabe, não há hierarquia (Item VII da Exposição de Motivos do CPP).

Também não há familiaridade com o § 1º do art. 77 da Lei 9.099/95, indicando que para o **oferecimento da denúncia** nos Juizados Especiais, basta o boletim médico ou prova equivalente, dispensando-se o exame de corpo de delito. Percebe-se o curto alcance da medida, pois a dispensa da perícia não engloba o lastro da eventual sentença condenatória. Ademais, a dispensa da perícia para a oferta da inicial não é um privilégio dos Juizados Especiais, podendo ser adotada nos demais procedimentos, salvo quando exista expressa previsão legal em sentido contrário, como ocorre na Lei de Tóxicos (art. 50, § 1º, Lei 11.434/06) e nos crimes contra a propriedade material que deixam vestígios (art. 525, CPP).

---

12. NUCCI, Guilherme de Souza. *Manual de processo penal e execução penal*. 3. ed. São Paulo: RT, 2007. p. 411.

g) Ordenar a identificação do agressor e fazer juntar aos autos a sua folha de antecedentes: nos termos do art. 5º, inc. LVIII, da CF, o identificado civilmente não será identificado criminalmente, salvo nas hipóteses legalmente exigidas. A identificação civil será atestada por qualquer documento idôneo, como a carteira de identidade, de trabalho e de habilitação (art. 2º da Lei nº 12.037/09) Já a identificação criminal individualiza o agente por meio da fotografia (de frente e perfil), impressões digitais (identificação datiloscópica) e "colheita de material biológico para a obtenção do perfil genético" (art. 5º, parágrafo único, Lei 12.037/09). As hipóteses de identificação criminal, a seu turno, foram listadas no art. 3º da Lei nº 12.037/09, atestando a necessidade da medida.

Ao que nos parece, a Lei Maria da Penha não criou uma hipótese autônoma ou compulsória de identificação criminal. Ao contrário! Fala-se apenas que a autoridade determinará a **identificação do agressor**. A identificação, como se sabe, pode ser civil ou criminal. Logo, se o agente não estiver enquadrado em uma das hipóteses do art. 3º da Lei nº 12.037/09 (Lei de Identificação Criminal), será suficiente (apenas) a sua identificação civil.

Já a folha de antecedentes, que será juntada aos autos, concentra o historio de investigações do agente, retratando a sua vida pregressa.

h) Remeter ao juiz o requerimento da ofendida para adoção das medidas protetivas de urgência: como a ofendida será informada pela autoridade policial dos direitos que lhe são assegurados pela presente lei (art. 11, V, Lei 11.340/06), natural que o interesse pelas medidas protetivas seja imediatamente despertado, cabendo ao delegado, no prazo de 48 (quarenta e oito) horas, remeter ao juiz o termo apartado de requerimento.

O termo deve conter a qualificação da ofendida e do agressor, a indicação com nome e idade dos dependentes, assim como a descrição do fato criminoso e as medidas protetivas solicitadas, contando ainda com o próprio boletim de ocorrência e todos os demais documentos pertinentes em posse da vítima (§§ 1º e 2º do presente artigo). Objetiva-se prover o juiz com as informações e o lastro mínimo (justa causa) para adoção (ou não) das medidas protetivas de urgência. O magistrado, uma vez recebido o termo, decidirá em até 48 (quarenta e oito) horas, **independente da oitiva do Ministério Público**, que deve ser prontamente comunicado (art. 18 da presente lei).

i) Remeter os autos da investigação ao juiz e ao MP: concluída a investigação, os autos do inquérito serão remetidos dentro do prazo estipulado no art. 10 do CPP. A Lei Maria da Penha não estabeleceu prazos especiais de conclusão da investigação. Assim, estando o indiciado preso, a remessa ocorrerá no prazo de 10 (dez) dias (improrrogáveis). Já se o indiciado está solto, o prazo é de 30 (trinta) dias, admitindo prorrogação nos casos de difícil elucidação (§ 3º, art. 10, CPP).

Eventualmente, a investigação pode ser conduzida pela própria **Polícia Federal**. É o que ocorre, a título de exemplo, quando o marido (ou companheiro) agride a mulher a bordo de um navio ou aeronave (art. 109, inc. IX, CF), prevalecendo a competência da Justiça (e a atribuição da polícia) Federal (vide comentários ao art. 14 da presente lei). Em tal situação, estando o **agressor preso**, teremos uma peculiaridade no prazo para a conclusão da investigação, já que a Polícia Federal dispõe de 15 (quinze) dias, prorrogáveis por mais 15 (quinze) dias (art. 66, Lei nº 5.010/66).

2. QUESTÕES DE CONCURSOS

1. **(FUNIVERSA/PC-DF/Papiloscopista Policial/2015 – adaptada)** São inadmissíveis, como meios de prova, os laudos ou prontuários médicos fornecidos por postos de saúde.

2. **(FUNIVERSA/PC-DF/Papiloscopista Policial/2015 – adaptada)** No atendimento à vítima de violência doméstica e familiar, a autoridade policial deverá simplesmente determinar que se proceda ao exame de corpo de delito da ofendida, ficando a cargo do juiz e do promotor requisitar outros exames periciais necessários.

3. **(IDECAN/Pref. de Duque de Caxias/2014)** A Lei Maria da Penha (Lei nº 11.340/2006) é um dispositivo legal brasileiro que visa aumentar o rigor das punições das agressões contra as mulheres, quando ocorridas no âmbito doméstico ou familiar, e estabelece que o pedido da ofendida será tomado a termo pela autoridade policial, em caso de violência contra a mulher. Assinale um dos elementos obrigatórios que deve constar no termo a ser registrado pela autoridade policial, conforme a legislação citada.

a) Nome, CPF e sexo dos dependentes.

b) Antecedentes criminais do agressor, se houver.

c) Descrição dos sinais da agressão sofrida pela ofendida.

d) Identificação do Distrito Policial competente à apuração do caso

e) Descrição sucinta do fato e das medidas protetivas solicitadas pela ofendida.

4. **(MPE-MS/Promotor de Justiça/2013 – adaptada)** Ao tomar conhecimento da violência doméstica e familiar contra a mulher, deve a autoridade policial ouvir a ofendida, tomar a representação a termo, colher provas, determinar que se proceda a exame de corpo de delito, ouvir o agressor e testemunhas e remeter, no prazo de 48 horas, expediente apartado ao juiz com o pedido da ofendida, para a concessão de medidas protetivas de urgência.

GAB	1	2	3	4
	E	E	E	C

Art. 12-A. Os Estados e o Distrito Federal, na formulação de suas políticas e planos de atendimento à mulher em situação de violência doméstica e familiar, darão prioridade, no âmbito da Polícia Civil, à criação de Delegacias Especializadas de Atendimento à Mulher (Deams), de Núcleos Investigativos de Feminicídio e de equipes especializadas para o atendimento e a investigação das violências graves contra a mulher.

Art. 12-B. (VETADO). (Incluído pela Lei nº 13.505, de 2017)

§ 1º (VETADO). (Incluído pela Lei nº 13.505, de 2017)

§ 2º (VETADO. (Incluído pela Lei nº 13.505, de 2017)

§ 3º A autoridade policial poderá requisitar os serviços públicos necessários à defesa da mulher em situação de violência doméstica e familiar e de seus dependentes. (Incluído pela Lei nº 13.505, de 2017)

1. COMENTÁRIOS

O art. 12-A, inserido na Lei Maria da Penha, passou a assentar que os Estados e o Distrito Federal, na formulação de suas políticas e planos de atendimento à mulher em situação de violência doméstica e familiar, devem dar prioridade, no âmbito da Polícia Civil, à criação de Delegacias Especializadas de Atendimento à Mulher (Deams), de Núcleos Investigativos de Feminicídio e de equipes especializadas para o atendimento e a investigação das violências graves contra a mulher.

Como se depreende, é indispensável que os entes políticos dotem seus orçamentos com o numerário suficiente para prover os objetivos do comando legislativo. No que concerne às atribuições investigativas e administrativas, o § 3º deste artigo prevê que à autoridade policial incumbe requisitar os serviços públicos necessários à defesa da mulher em situação de violência doméstica e familiar e de seus dependentes.

Requisição é termo que designa requerimento que não pode ser recusado ou, correlatamente, que deve ser acatado pelo seu destinatário. Tem o sentido de ordem que, somente se manifestamente ilegal, pode ser objeto de recusa fundamentada pela autoridade destinatária.

TÍTULO IV – DOS PROCEDIMENTOS

CAPÍTULO I – DISPOSIÇÕES GERAIS

Art. 13. Ao processo, ao julgamento e à execução das causas cíveis e criminais decorrentes da prática de violência doméstica e familiar contra a mulher aplicar-se-ão as normas dos Códigos de Processo Penal e Processo Civil e da legislação específica relativa à criança, ao adolescente e ao idoso que não conflitarem com o estabelecido nesta Lei.

1. COMENTÁRIOS

Sendo a Lei Maria da Penha especial, o ineditismo e as peculiaridades no tratamento da violência doméstica e familiar prevalecerão sobre os demais diplomas. De todo modo, por força da própria sistemática de interpretação do ordenamento jurídico (o que torna desnecessária a previsão do artigo em comento), teremos a aplicação subsidiária dos Códigos de Processo Penal e Civil, assim como da legislação inerente à criança, ao adolescente e ao idoso.

Art. 14. Os Juizados de Violência Doméstica e Familiar contra a Mulher, órgãos da Justiça Ordinária com competência cível e criminal, poderão ser criados pela União, no Distrito Federal e nos Territórios, e pelos Estados, para o processo, o julgamento e a execução das causas decorrentes da prática de violência doméstica e familiar contra a mulher.

Parágrafo único. Os atos processuais poderão realizar-se em horário noturno, conforme dispuserem as normas de organização judiciária.

1. COMENTÁRIOS

Oportunizou-se a criação dos Juizados de Violência Doméstica e Familiar contra a Mulher, integrantes da Justiça Ordinária (Estadual ou Distrital), por meio da correspondente lei de organização judiciária.

Tais órgãos aglutinam competência cível e criminal, reunindo num mesmo ambiente (Vara Especial), as diversas demandas que versam sobre a violência doméstica e domiciliar contra a mulher, imprimindo maior comodidade à ofendida.

Na pendência da criação e estruturação dos órgãos especiais (Juizados), as demandas envolvendo a violência doméstica serão ajuizadas perante as varas criminais comuns, cumulando competência cível e criminal (art. 33, Lei nº 11.340/06).

Em se tratando dos crimes dolosos contra a vida (arts. 121 a 128, CP), como a competência do júri é consignada no texto constitucional (art. 5º, inc. XXXVIII, "d", CF), prevalecerá sobre a presente lei. Por consequência, em que pese a primeira fase do júri (*judicium accusationis*) poder tramitar no Juizado de Violência Doméstica e Familiar contra a Mulher (conforma a lei de organização judiciária), preclusa a pronúncia, impõe-se a remessa dos autos à vara especializada do júri, para que a segunda fase do procedimento (*judicium causae*) tenha o seu curso regular (art. 421, *caput*, CPP).

E se a violência doméstica e domiciliar contra a mulher estiver inserida no contexto da competência da Justiça Federal? É o que pode ocorrer, a título de exemplo, em uma disputa sobre direitos indígenas (demarcação de terras), onde uma líder tribal é assassinada pelo próprio companheiro. Ao que parece, e mais uma vez por uma questão de hierarquia, deve prevalecer a competência da Justiça Federal, cuja previsão é constitucional (art. 109, CF).

2. SÚMULAS E JURISPRUDÊNCIA

✦ *SUPREMO TRIBUNAL FEDERAL*

▸ **CRIME DOLOSO CONTRA A VIDA E VARA ESPECIALIZADA.** A 2ª Turma conheceu, em parte, de "habeas corpus" e, na parte conhecida, denegou a ordem para assentar **a legalidade de distribuição, e posterior redistribuição, de processo alusivo a crime doloso contra a vida.** Na espécie, o paciente fora denunciado pela suposta prática de homicídio, perante vara especializada de violência doméstica e familiar contra a mulher. Após a pronúncia, os autos foram redistribuídos para vara do tribunal do júri. De início, a Turma anotou que, **com o advento da Lei 11.340/2006 (Lei Maria da Penha), o tribunal local criara os juizados de violência doméstica e familiar contra a mulher, inclusive na comarca em que processado o paciente. Destacou resolução do mesmo tribunal, segundo a qual, na hipótese de crimes dolosos contra a vida, a competência dos aludidos juizados estender-se-ia até a fase do art. 421 do CPP, ou seja, até a conclusão da instrução preliminar e a pronúncia. Frisou que, nos casos de crimes dolosos contra a vida, a instrução e a pronúncia não seriam privativas do presidente do tribunal do júri, e a lei poderia atribuir a prática desses atos a outros juízes.** Sublinhou que somente após a pronúncia a competência seria deslocada para a vara do júri, onde ocorreria o julgamento. Reputou que a distribuição da ação penal em análise ocorrera nos termos da legislação vigente à época da prática do ato. Não haveria razão, portanto, para que o feito fosse inicialmente distribuído à vara do júri. Enfatizou que tanto a criação das varas especializadas de violência doméstica e familiar contra a mulher, quanto a instalação da vara do tribunal do júri, teriam sido realizadas dentro dos limites constitucionais (CF, art. 96, I, a). A Turma rememorou, ainda, jurisprudência da Corte no sentido de que a alteração da competência dos órgãos do Poder Judiciário, por deliberação dos tribunais, não feriria os princípios constitucionais do devido processo legal, do juiz natural e da "perpetuatio jurisdictionis". Por fim, no que concerne a alegações referentes à atuação da promotoria no processo em que pronunciado o paciente, a Turma não conheceu do pedido, sob pena de supressão de instância. *STF, HC 102150/SC, rel. Min. Teori Zavascki, 27.5.2014. 2ª T. (Info 748)*

✦ *SUPERIOR TRIBUNAL DE JUSTIÇA*

▸ **COMPETÊNCIA PARA PROCESSAR E JULGAR AÇÃO DE DIVÓRCIO ADVINDA DE VIOLÊNCIA SUPORTADA POR MULHER NO ÂMBITO FAMILIAR E DOMÉSTICO. A extinção de medida protetiva de urgência diante da homologação de acordo entre as partes não afasta a competência da Vara Especializada de Violência Doméstica ou Familiar contra a Mulher para julgar ação de divórcio fundada na mesma situação de agressividade vivenciada pela vítima e que fora distribuída por dependência à medida extinta.** De fato, o art. 14 da Lei 11.340/2006 (Lei Maria Da Penha) preconiza a competência híbrida e cumulativa (criminal e civil) das Varas Especializadas da Violência Doméstica e Familiar contra a Mulher para o julgamento e execução das causas advindas do constrangimento físico ou moral suportado pela mulher no âmbito doméstico e familiar. Nesse sentido, afirma o art. 14 que os "Juizados de Violência Doméstica e Familiar contra a Mulher, órgãos da Justiça Ordinária com competência cível e criminal, poderão ser criados pela União, no Distrito Federal e nos Territórios, e pelos Estados, para o processo, o julgamento e a execução das causas decorrentes da prática de violência doméstica e familiar contra a mulher". Constata-se, a partir da literalidade do artigo acima transcrito, que o legislador, ao estabelecer a competência cível da Vara Especializada de Violência Doméstica contra a Mulher, não especificou quais seriam as ações que deveriam ali tramitar. De modo bem abrangente, preconizou a competência desse "Juizado" para as ações de natureza civil que tenham por causa de pedir, necessariamente, a prática de violência doméstica e familiar contra a mulher. No âmbito da doutrina, controverte-se sobre a abrangência da competência civil da Vara Especializada, se ficaria restrita às medidas protetivas (e, naturalmente, à execução de seus julgados), devidamente explicitadas na Lei 11.340/2006 (especificamente as previstas nos arts. 22, II, IV e V; 23, III e IV; e 24, que assumem natureza civil), ou se, além das mencionadas providências judiciais de urgência, o Juizado de Violência Doméstica e Familiar contra a Mulher também conheceria das ações principais inseridas no espectro do Direito de Família (separação judicial, divórcio, reconhecimento e dissolução de união estável, alimentos, guarda dos filhos, etc.). Para a vertente restritiva, em que se propugna a competência cível da Vara Especializada apenas para o julgamento das medidas protetivas de urgência previstas na Lei Maria da Penha, não teria sido o propósito do legislador "superdimensionar" a competência desses Juizados em relação às ações de índole familiar, devendo-se, pois, observar, necessariamente, as regras de organização judiciária local. De modo diverso, cita-se corrente doutrinária que, em atenção à estrita disposição legal, reconhece a competência cível da Vara Especializada da Violência Doméstica e Familiar contra a Mulher para todas as ações de cunho civil que ostente como causa de pedir a prática de violência doméstica e familiar contra a mulher, conferindo-se ao magistrado melhores subsídios para julgar a questão e, por conseguinte, à mulher, vítima de violência doméstica, maior proteção. Contrapostos os argumentos que subsidiam os posicionamentos acima destacados, tem-se que a melhor exegese, para a correta definição da competência cível dos Juizados da Violência Doméstica e Familiar contra a Mulher, está no equilíbrio de tais entendimentos, para melhor atendimento aos propósitos da Lei 11.340/2006. De plano, há que se reconhecer, na esteira do que já decidiu o STF (ADC 19, Tribunal Pleno, DJe 29/4/2014), que a Lei Maria da Penha, ao facultar a criação de Juizados de Violência Doméstica e Familiar, com competência cumulativa para as ações cíveis e criminais advindas da prática de violência doméstica e familiar contra a mulher, "ante a necessidade de conferir tratamento uniforme, especializado e célere, em todo território nacional, às causas sobre a matéria", de modo algum imiscuiu-se na competência dos Estados para disciplinar as respectivas normas de organização judiciária, mas, ao contrário, cuidou de tema de caráter eminentemente nacional. Portanto, a competência dos Juizados da Violência Doméstica e Familiar contra a Mulher – cuja criação restou facultada aos Estados – foi devidamente definida pela Lei 11.340/2006, devendo, por conseguinte, a Lei de Organização Judiciária dos Estados, caso venha a instituí-los, a ela se amoldar. Além do mais, a amplitude da competência conferida pela Lei 11.340/2006 à Vara Especializada tem por propósito justamente permitir ao mesmo magistrado o conhecimento da situação de violência doméstica e familiar contra a mulher, permitindo-lhe bem sopesar as repercussões jurídicas nas diversas ações civis e criminais advindas direta e indiretamente desse fato. Trata-se de providência que a um só tempo facilita o acesso da mulher, vítima de violência familiar e doméstica, ao Poder Judiciário e lhe confere real proteção. Assim, para o estabelecimento da competência da Vara Especializada da Violência Doméstica ou Familiar contra a Mulher nas ações de natureza civil (notadamente, as relacionadas ao Direito de Família), imprescindível que a correlata ação decorra (tenha por fundamento) da prática de violência doméstica ou familiar contra a mulher, não se limitando, por conseguinte, apenas às medidas protetivas de urgência previstas nos arts. 22, II, IV e V; 23, III e IV; e 24 (que assumem natureza civil). Além disso, para a fixação dessa competência da Vara Especializada da Violência Doméstica ou Familiar contra a Mulher, tem-se que, no momento do ajuizamento da ação de natureza cível, deve ser atual a situação de violência doméstica e familiar a que a demandante se encontre submetida, a ensejar, potencialmente, a adoção das medidas protetivas expressamente previstas na Lei 11.340/2006, sob pena de banalizar a competência das Varas Especializadas. Nesse contexto, a competência para conhecer e julgar determinada ação resta instaurada por ocasião de seu ajuizamento, afigurando-se irrelevante, para a fixação da competência, o fato de haver a extinção do processo referente à medida protetiva por meio da homologação de acordo entre as partes. *STJ, REsp 1.496.030-MT, Rel. Min. Marco Aurélio Bellizze, julgado em 6/10/2015, DJe 19/10/2015. 3ª T. (Info 572)*

- **COMPETÊNCIA DO JUIZADO DE VIOLÊNCIA DOMÉSTICA E FAMILIAR CONTRA A MULHER.** O fato de a vítima ser figura pública renomada não afasta a competência do Juizado de Violência Doméstica e Familiar contra a Mulher para processar e julgar o delito. Isso porque a situação de vulnerabilidade e de hipossuficiência da mulher, envolvida em relacionamento íntimo de afeto, revela-se *ipso facto*, sendo irrelevante a sua condição pessoal para a aplicação da Lei Maria da Penha. Com efeito, a presunção de hipossuficiência da mulher é pressuposto de validade da referida lei, por isso o Estado deve oferecer proteção especial para reequilibrar a desproporcionalidade existente. Vale ressaltar que, em nenhum momento, o legislador condicionou esse tratamento diferenciado à demonstração desse pressuposto – presunção de hipossuficiência da mulher –, que, aliás, é ínsito à condição da mulher na sociedade hodierna. Além disso, não é desproporcional ou ilegítimo o uso do sexo como critério de diferenciação, visto que a mulher é vulnerável no tocante a constrangimentos físicos, morais e psicológicos sofridos em âmbito privado (STF, ADC 19-DF, Tribunal Pleno, DJe 29/4/2014). Desse modo, as denúncias de agressões, em razão do gênero, que porventura ocorram neste contexto, devem ser processadas e julgadas pelos Juizados de Violência Doméstica e Familiar contra a Mulher, nos termos do art. 14 da Lei 11.340/2006. *STJ, REsp 1.416.580-RJ, Rel. Min. Laurita Vaz, julgado em 1º/4/2014. 5ª T. (Info 539)*

Art. 15. É competente, por opção da ofendida, para os processos cíveis regidos por esta Lei, o Juizado:

I – do seu domicílio ou de sua residência;

II – do lugar do fato em que se baseou a demanda;

III – do domicílio do agressor.

1. COMENTÁRIOS

Nas **demandas cíveis**, o legislador deixou ao critério da vítima a eleição do foro, à luz da sua conveniência, medida pela comodidade do local e dificuldade de deslocamento, proteção da intimidade, etc. Assim, pode optar pelo seu próprio domicílio ou residência, pelo lugar do fato ou pelo domicílio do ofensor.

Já nas **demandas criminais**, não houve tratamento específico. Assim, a definição da competência *ratione loci* é regida pelo CPP, onde a regra geral é o **local da consumação do delito**, e nos **crimes tentados**, o lugar do **último ato de execução** (art. 70, *caput*, CPP).

Por sua vez, não se sabendo o local da infração, a competência territorial é definida pelo **domicílio ou residência do réu** (art. 72, CPP). Logo, o **domicílio da vítima**, mesmo na violência doméstica, **não** definirá a competência territorial na **esfera penal**.

Importa destacar uma peculiaridade: nas ações privadas exclusivas (e personalíssimas), mesmo sabendo o local em que o crime ocorreu, a vítima poderá, ao seu critério, optar pelo foro do **domicílio ou residência do réu**. Tal faculdade, pela própria dicção do art. 73 do CPP, não se estende à **ação privada subsidiária da pública**.

Art. 16. Nas ações penais públicas condicionadas à representação da ofendida de que trata esta Lei, só será admitida a renúncia à representação perante o juiz, em audiência especialmente designada com tal finalidade, antes do recebimento da denúncia e ouvido o Ministério Público.

1. COMENTÁRIOS

Nas ações públicas condicionadas à representação, a persecução penal dependerá da manifestação de vontade do legítimo interessado, como verdadeira condição de procedibilidade (art. 100, § 1º, CP). Sem ela, não haverá inquérito, processo e nem mesmo lavratura do auto de flagrante.

A representação, entretanto, é movida pelo princípio da disponibilidade. Com isso, nada impede que a vítima se retrate, desautorizando a persecução penal. O Código de Processo Penal disciplina a retratação da representação, o que poderá ocorrer até o **oferecimento da denúncia** (art. 25, CPP). Assim, uma vez protocolizada a inicial acusatória pública, a vítima não mais poderá se retratar.

Na violência doméstica e domiciliar contra a mulher, temos regramento específico do tema, que merece os seguintes destaques:

I. Mais uma vez, nos deparamos com a atecnia do legislador, que fala em **renúncia da representação**. Renunciar significa abrir mão do exercício de um direito, revelando o desejo de não representar. Na hipótese, nos deparamos com o arrependimento daquela (mulher) que já representou, e por algum motivo se arrependeu. Assim, é verdadeira **retratação**! Tanto que, após retratar-se, nada impede que a ofendida se arrependa, representando novamente pelo mesmo fato, desde que dentro do prazo decadencial que dispõe para fazê-lo. Isso não seria possível se fosse genuinamente uma renúncia.

II. No CPP, não há exigência formal na disciplina da retratação. Na violência doméstica e familiar contra a mulher, é necessário a marcação de audiência específica, com a obrigatória presença do juiz. Portanto, mesmo que a vítima se retrate perante o delegado ou o promotor, o ato só produzirá efeitos jurídicos se ratificado perante a autoridade judicial. Além disso, é necessário que o MP seja ouvido.

III. Em que pese a omissão do artigo em comento, entendemos que a mulher deve estar acompanhada por advogado (constituído, defensor público ou dativo). A retratação traz consequências jurídicas importantes, obstando a deflagração do processo. Necessária, assim, a correspondente assistência jurídica (arts. 27 e 28, Lei nº 11.340/06).

III. Ainda de *lege ferenda*, entendemos que o indiciado ou denunciado deve ser notificado (junto com o seu advogado) para comparecimento a audiência especial de retratação. Naturalmente, não exercerá qualquer interferência no convencimento da ofendida. Aliás, aferida eventual coação do agressor para que a vítima se retrate, pode revelar a justificativa para a decretação da prisão preventiva, atendidas as exigências dos arts. 312 e 313 do CPP. Por outro lado, a presença da defesa coibirá qualquer ingerência judicial ou ministerial no intuito de "convencer" a vítima a não se retratar.

IV. Além da exigência de audiência específica, o marco para retratação é especial. Enquanto no art. 25 do CPP, a retratação da representação pode ocorrer enquanto não ofertada a denúncia, na violência doméstica, a retratação é admitida **enquanto a inicial não for recebida**. Assim, uma vez exercido o juízo positivo de admissibilidade da denúncia, iniciando-se o processo, não mais caberá retratação.

V. Resta a seguinte pergunta: subsistem crimes de ação pública condicionada à representação na violência doméstica? Sem dúvida! Em que pese a lesão corporal leve e a culposa, no âmbito da violência doméstica e familiar contra a mulher, passarem para o âmbito da ação pública incondicionada, por inaplicabilidade do art. 88 da Lei nº 9.099/95, conforme averbou o STF na Ação Direta de Inconstitucionalidade nº 4.424, a ameaça (art. 147 do CP), e – somente até o advento da Lei nº 13.718/2018 – os crimes contra a dignidade sexual (art. 225, *caput*, CP, redação anterior), a título de exemplo, mesmo no contexto da violência doméstica, continuam a exigir representação. Entretanto, com a vigência da Lei nº 13.718/2018, a partir de 25/9/2018, todos dos crimes contra a dignidade sexual passaram a dispensar a anuência da vítima, pois o legislador modificou o Código Penal para torná-los de iniciativa pública incondicionada, por meio de mais uma lei mais gravosa, irretroativa.

2. SÚMULAS E JURISPRUDÊNCIA

✦ *SUPREMO TRIBUNAL FEDERAL*

- **LEI MARIA DA PENHA E AUDIÊNCIA DE RETRATAÇÃO.** A 2ª Turma denegou *habeas corpus* em que condenado pela prática do delito de lesão corporal qualificada por violência doméstica (CP, art. 129, § 9º) pretendia o trancamento de ação penal contra ele instaurada. A impetração alegava que a suposta vítima, esposa do paciente, admitira, no decorrer do processo, ser a responsável pelas agressões por ter iniciado o entrevero e, ainda, que o art. 16 da Lei 11.340/2006 (Lei Maria da Penha) dispunha que deveria haver audiência para renúncia à representação perante o juiz. No tocante à primeira assertiva, reputou-se que a pretensão deveria ter sido apurada no decorrer do processo de conhecimento, e não em sede de *habeas corpus*, conforme requerido. Em relação à audiência de retratação da delação postulatória, aduziu-se que, com fulcro no dispositivo mencionado (*"Art. 16. Nas ações penais públicas condicionadas à representação da ofendida de que trata esta Lei, só será admitida a renúncia à representação perante o juiz, em audiência especialmente designada com tal finalidade, antes do recebimento da denúncia e ouvido o Ministério Público"*), esta poderia ocorrer, em caso de violência contra a mulher, mas somente antes do recebimento da denúncia pelo Ministério Público. *STF, HC 109176/MG, rel. Min. Ricardo Lewandowski, 4.10.2011. 2ª T. (Info 643)*

✦ *SUPERIOR TRIBUNAL DE JUSTIÇA*

- **VIOLÊNCIA DOMÉSTICA. LEI MARIA DA PENHA. AUDIÊNCIA.** Trata-se de RMS em que se pretende o reconhecimento do direito líquido e certo da mulher que tenha sofrido violência doméstica e familiar de não ser obrigada a participar de audiência confirmatória da representação pela persecução penal. Para tanto, alega-se que a audiência prevista no art. 16 da Lei nº 11.340/2006 (Lei Maria da Penha) só pode ser determinada pelo magistrado quando a vítima manifestar interesse em retratar-se da representação. A Turma entendeu que a audiência prevista no art. 16 da mencionada lei não deve ser realizada *ex officio* como condição da abertura da ação penal, sob pena de constrangimento ilegal à mulher, vítima de violência doméstica e familiar, pois isso configuraria ato de ratificação da representação, inadmissível na espécie. Consignou-se que a realização da audiência deve ser precedida de manifestação de vontade da ofendida, se assim ela o desejar, em retratar-se da representação registrada, cabendo ao magistrado verificar a espontaneidade e a liberdade na prática de tal ato. Com esse entendimento, a Turma concedeu a segurança para determinar que a audiência de retratação da representação da ação penal de natureza pública condicionada somente seja realizada após prévia manifestação da ofendida. Precedentes citados: HC 178.744-MG, DJe 24/6/2011; HC 168.003-ES, DJe 1º/6/2011, e HC 96.601-MS, DJe 22/11/2010. *STJ, RMS 34.607-MS, Rel. Min. Adilson Vieira Macabu (Desembargador convocado do TJ/RJ), julgado em 13/9/2011. 5ª T. (Info 483)*

3. QUESTÕES DE CONCURSOS

1. **(FCC/TJ-SC/Juiz de Direito/2015 – adaptada)** Nas ações penais públicas condicionadas à representação da ofendida de que trata a Lei no 11.340/2006, só será admitida a renúncia à representação perante o juiz, em audiência especialmente designada com tal finalidade, antes do recebimento da denúncia.

2. **(FUNIVERSA/PC-DF/Papiloscopista Policial/2015)** Convencido de que havia sido traído, Pedro empurrou violentamente sua esposa contra a parede. Submetida a exame de corpo de delito, constatou-se a presença de lesões corporais de natureza leve praticada em contexto de violência doméstica.

   Considerando esse caso hipotético, assinale a alternativa correta acerca dos juizados especiais criminais e da Lei Maria da Penha.

a) A ação penal será pública condicionada à requisição do ministro da Justiça.
b) É possível a composição civil dos danos, com estipulação de danos morais em favor da vítima, para se evitar a persecução penal.
c) A ação penal será pública incondicionada.
d) A ação penal será privada.
e) A ação penal será pública condicionada à representação da ofendida.

3. **(FCC/MPE-PE/Promotor de Justiça/2014)** Nas ações penais abrangidas pela chamada Lei Maria da Penha, admissível a renúncia à representação da ofendida perante o juiz, em audiência especialmente designada com tal finalidade, antes do recebimento da denúncia e ouvido o Ministério Público,

a) nos crimes cometidos sem violência ou grave ameaça à pessoa.
b) em qualquer crime.
c) apenas no crime de lesão corporal leve
d) nos crimes de lesão corporal leve e de ameaça.
e) no crime de ameaça.

4. **(FUNCAB/PC-PA/Delegado de Polícia/2016 - adaptada)** Em razão da decisão do STF a ação penal no crime de lesão corporal, ainda que leve, no âmbito da violência doméstica contra a mulher, é pública incondicionada, não sendo possível a retratação em sede policial. Não obstante, nos demais crimes de ação penal pública condicionada, como a ameaça no âmbito da violência doméstica, é admissível a renúncia ou retratação da representação pela mulher perante a autoridade policial.

5. **(FGV/MPE-RJ/Analista Ministerial/2016)** Penha foi vítima de um crime de lesão corporal leve praticada por seu companheiro Leopoldo, que não aceitou ver a companheira conversando com um ex-namorado na rua. Penha comparece ao Ministério Público para narrar os fatos, sendo oferecida denúncia em face de Leopoldo. Antes do recebimento da denúncia, Penha novamente comparece ao Ministério Público e afirma que não mais tem interesse em ver seu companheiro processado criminalmente. Diante da situação narrada e das previsões da Lei nº 11.340/06, é correto afirmar que:

a) A retratação de Penha ao direito de representação deverá ser ratificada na presença do magistrado, em audiência especialmente designada para tanto, para gerar a extinção da punibilidade;
b) A vontade de Penha é irrelevante, pois, uma vez oferecida representação, não cabe sua retratação, independente do crime praticado quando no contexto da Lei nº 11.340/06;
c) Poderá ser aplicado a Leopoldo o benefício da transação penal, em razão da pena prevista ao delito;
d) Não cabe retratação ao direito de representação no contexto da Lei nº 11.340/06 após o oferecimento da denúncia;
e) A vontade de Penha é irrelevante, tendo em vista que a infração penal praticada é de natureza pública incondicionada.

6. **(CESPE/DPE-AL/Defensor Público/2017)** Maria denunciou seu esposo, Antônio, por ele ter insistido em manter relação sexual com ela, contra a sua vontade, após chegar em casa embriagado. Maria

afirmou, ainda, que Antônio, diante de sua recusa, a agrediu verbalmente, dirigindo-lhe palavras insultuosas.

Antônio foi condenado, mas a sua defesa recorreu, alegando nulidade do pedido e requerendo absolvição por falta de condição de procedibilidade da ação penal ante a ausência de representação formal da vítima.

Considerando essa situação hipotética, assinale a opção correta.

a) A situação em apreço se refere a crime de injúria com violência doméstica contra a mulher, razão por que a ação penal pode ser iniciada a qualquer tempo.

b) O crime em questão é de ação pública condicionada e só pode ir adiante se Maria fizer uma representação formal.

c) O fato de Maria ter registrado a ocorrência e pedido providências supre o requisito da representação.

d) A ação penal será arquivada se Maria desistir do registro da ocorrência policial em audiência especial perante o juiz e o representante do Ministério Público.

e) A ausência de lesão corporal impossibilita que o fato em questão seja abrangido pelas normas tutelares da Lei Maria da Penha.

7. **(FCC/DPE-MA/Defensor Público/2018 – adaptada)** Nas ações penais públicas condicionadas à representação da ofendida, só será admitida a renúncia à representação perante o juiz, em audiência especialmente designada com tal finalidade, antes do oferecimento da denúncia.

8. **(FGV/TJ-SC/Analista Jurídico/2018)** Lauro foi denunciado pela prática do crime de lesão corporal leve praticada no contexto de violência doméstica e familiar contra a mulher (art. 129, § 9º, CP – pena: 3 meses a 3 anos de reclusão). Antes do recebimento da denúncia, veio a ser denunciado em outra ação penal, dessa vez pelo crime de ameaça, também praticado no contexto da Lei nº 11.340/06, após a vítima ter comparecido à Delegacia, narrado o ato e afirmado que desejava ver Lauro processado, nos termos exigidos pelo Código Penal para responsabilização criminal, pleiteando medidas de urgência. Após o oferecimento das denúncias, mas antes do recebimento, a companheira de Lauro, Joana, suposta vítima, comparece ao cartório do Juizado de Violência Doméstica e Familiar contra a Mulher, informando não mais ter interesse em ver Lauro responsabilizado criminalmente pelos fatos.

Diante da informação de Joana, o servidor poderá esclarecer que a vontade da vítima:

a) não poderá ensejar retratação da representação em relação a ambos os delitos, tendo em vista que, por serem praticados em contexto de violência doméstica e familiar contra a mulher, a responsabilização penal independe da vontade da ofendida;

b) poderá justificar a retratação da representação em relação a ambos os delitos, mas tal retratação deverá ocorrer em audiência especial, na presença do magistrado, ouvido o Ministério Público;

c) não poderá ensejar retratação da representação em relação a ambos os delitos, tendo em vista que, ainda que a vontade da ofendida possa ser relevante, já houve oferecimento das denúncias;

d) poderá justificar retratação da representação em relação ao crime de ameaça, observadas as exigências legais em audiência especial, mas não do crime de lesão corporal;

e) poderá justificar a retratação da representação em relação a ambos os delitos, sendo válida, para tanto, mera declaração da ofendida nos autos.

GAB	1	2	3	4	5	6	7	8
	C	C	E	E	E	C	E	D

Art. 17. É vedada a aplicação, nos casos de violência doméstica e familiar contra a mulher, de penas de cesta básica ou outras de prestação pecuniária, bem como a substituição de pena que implique o pagamento isolado de multa.

1. COMENTÁRIOS

O legislador procurou coibir a monetarização da sanção na violência doméstica. A prática se popularizou, notadamente quando a Lei dos Juizados ainda era aplicável, alastrando o sentimento de que a reprimenda penal era de pouca (ou nenhuma) efetividade. Destarte, afasta-se a imposição de cesta básica, prestação pecuniária ou pena de multa isolada. Valem aqui as seguintes considerações:

I. Cesta básica: tecnicamente, a pena de cesta básica não existe. O art. 5º, inc. XLVI, da CF listou as modalidades de reprimenda penal, não fazendo qualquer referência ao instituto. O que se tem, em verdade, é uma subversão do § 2º do art. 45 do CP. O dispositivo admite que a pena de **prestação pecuniária** pode consistir, havendo aceitação do beneficiário, em **prestação de outra natureza**. Como averba Guilherme Nucci, o "que se faz, na prática, possivelmente, para facilitar o trabalho e liquidar brevemente a transação ou a sentença, é saltar a pena de prestação pecuniária, determinando-se, *sem consultar o beneficiário* – que, em primeiro lugar, é a vítima e não a entidade beneficente – a doação de cesta básica a orfanatos, creches etc."[13]. Ciente da praxe forense, mesmo carecendo da boa técnica, o legislador promoveu a vedação no cenário da violência doméstica.

II. Prestação pecuniária: como pena restritiva de direitos (art. 43, I, CP), ela consiste "no pagamento em dinheiro à vítima, a seus dependentes ou a entidade pública ou privada com destinação social, da importância fixada pelo juiz, não inferior a 1 (um) salário mínimo nem superior a 360 (trezentos e sessenta) salários mínimos" (art. 45, § 1º, CP). Naturalmente, a vedação foi pontual. Logo, as demais penas restritivas de direitos (art. 43, CP) poderão ser aplicadas ao imputado, desde que presentes os requisitos do art. 44 do CP.

III. Pena de multa: nos termos do art. 49 do CP, ela consiste "no pagamento ao fundo penitenciário da quantia fixada na sentença e calculada em dias-multa", sendo no mínimo de 10 (dez) e no máximo de 360 (trezentos e sessenta) dias-multa. A seu turno, a pena privativa de liberdade não superior a **seis meses** pode ser substituída pela multa, se o réu não é reincidente em crime doloso, bem como se a culpabilidade, os antecedentes, a conduta social, a personalidade, os motivos e as circunstâncias do fato revelarem a adequação da medida (art. 60, § 2º, CP). Nada impede, na violência doméstica, que a multa seja aplicada **cumulativamente** à pena privativa de liberdade ou às demais restritivas de direitos.

2. SÚMULAS E JURISPRUDÊNCIA

✦ *SUPREMO TRIBUNAL FEDERAL*

▸ **VIOLÊNCIA DOMÉSTICA: CONTRAVENÇÃO PENAL E POSSIBILIDADE DE SUBSTITUIÇÃO DA PENA.** A Primeira Turma, por maioria, indeferiu a ordem de habeas corpus em que solicitada a substituição da pena privativa de liberdade por restritiva de direitos em caso de contravenção penal envolvendo violência doméstica. O paciente foi condenado por vias de fato, nos termos do art. 21 da Lei de Contravenções Penais (LCP), a vinte dias de prisão simples, em regime aberto. O juízo de 1º grau concedeu a suspensão condicional da pena (sursis) pelo prazo de dois anos. A Turma julgou improcedente o pedido, com base em interpretação extensiva do art. 44, I do Código Penal, no caso de violência doméstica e familiar contra a mulher, em que a noção de crime abarcaria qualquer conduta delituosa,

13. NUCCI, Guilherme de Souza. *Leis Penais e Processuais Penais Comentadas*. V. 1. 8. ed. Rio de Janeiro: GEN, 2014. p. 705.

inclusive contravenção penal. Nesse sentido, reconhecida a necessidade de combate à cultura de violência contra a mulher no Brasil, o Colegiado considerou a equiparação da conduta do paciente à infração de menor potencial ofensivo incoerente com o entendimento da violência de gênero como grave violação dos direitos humanos. Vencido o Ministro Marco Aurélio, que votou pelo deferimento da ordem. Entendeu se tratar de mera contravenção penal, não abarcada pela Lei 11.340/2006 (Lei Maria da Penha), e considerou a prisão simples prejudicial, em termos sociais, especialmente após a reconciliação do casal. *STF, HC 137888/MS, rel. Min. Rosa Weber, julgamento em 31.10.2017. (Info 844)*

- **CRIME DE LESÃO CORPORAL LEVE PRATICADA NO ÂMBITO DOMÉSTICO. ARTIGO 129, § 9º, DO CÓDIGO PENAL. LEI 11.340/2006. SUBSTITUIÇÃO DA PENA PRIVATIVA DE LIBERDADE POR RESTRITIVA DE DIREITOS. ARTIGO 44, I, DO CÓDIGO PENAL. INVIABILIDADE. DELITO COMETIDO COM VIOLÊNCIA À PESSOA. ORDEM DENEGADA.** 1. O artigo 129, § 9º, do Código Penal foi alterado pela Lei 11.340/2006. A Lei Maria da Penha reconhece o fenômeno da violência doméstica contra a mulher como uma forma específica de violência e, diante disso, incorpora ao direito instrumentos que levam em consideração as particularidades que lhe são inerentes. 2. Na dicção do inciso I do art. 44 do Código Penal, as penas restritivas de direitos substituem a privativa de liberdade, quando "aplicada pena privativa de liberdade não superior a quatro anos e o crime não for cometido com violência ou grave ameaça à pessoa ou, qualquer que seja a pena aplicada, se o crime for culposo". 3. Inobstante a pena privativa de liberdade aplicada tenha sido inferior a 04 (quatro) anos, a violência engendrada pelo paciente contra a vítima, no contexto das relações domésticas, obstaculiza a concessão do benefício do art. 44 do Código Penal. 4. Ordem de habeas corpus denegada. *STF, HC N.º 131.219-MS. Rel. Min. Rosa Weber. (Info 830)*

- **SUBSTITUIÇÃO DE PENA E LESÃO CORPORAL PRATICADA EM AMBIENTE DOMÉSTICO. Não é possível a substituição de pena privativa de liberdade por restritiva de direitos ao condenado pela prática do crime de lesão corporal praticado em ambiente doméstico** (CP, art. 129, § 9º, na redação dada pela Lei 11.340/2006). Esse o entendimento da Segunda Turma, que denegou a ordem em "habeas corpus" impetrado em face de decisão que denegara a substituição de pena a condenado, pela prática do delito em questão, a três meses de detenção em regime aberto. A Turma destacou que a substituição da pena privativa de liberdade por sanções restritivas de direitos encontrar-se-ia condicionada ao preenchimento dos requisitos objetivos e subjetivos elencados no art. 44 do CP ("Art. 44. As penas restritivas de direitos são autônomas e substituem as privativas de liberdade, quando: I – aplicada pena privativa de liberdade não superior a quatro anos e o crime não for cometido com violência ou grave ameaça à pessoa ou, qualquer que seja a pena aplicada, se o crime for culposo; II – o réu não for reincidente em crime doloso; III – a culpabilidade, os antecedentes, a conduta social e a personalidade do condenado, bem como os motivos e as circunstâncias indicarem que essa substituição seja suficiente"). Assim, a execução do crime mediante o emprego de violência seria circunstância impeditiva do benefício. Com advento da Lei 9.099/1995, acentuada parcela da doutrina passara a sustentar que a vedação abstrata prevista no art. 44 do CP, ao menos em relação aos crimes de menor potencial ofensivo, implicaria violação ao princípio da proporcionalidade, ou seja, não haveria razão para impedir a conversão da reprimenda a autores de delitos que poderiam, em tese, ser agraciados com a transação penal ou suspensão condicional do processo. Essa linha argumentativa, porém, não teria espaço em relação ao crime de lesão corporal praticado em ambiente doméstico, por duas razões: a) a pena máxima prevista para esse delito – três anos –, a impedir a transação penal (Lei 9.099/1995, art. 61); e b) a existência de comando proibitivo previsto no art. 41 da Lei Maria da Penha ("Aos crimes praticados com violência doméstica e familiar contra a mulher, independentemente da pena prevista, não se aplica a Lei nº 9.099, de 26 de setembro de 1995"). Portanto, o principal fundamento – aplicação da Lei 9.099/1995 – daqueles que militariam pelo abrandamento do art. 44 do CP deixaria de existir quando o cenário fosse de crime de lesão corporal no seio familiar. Ademais, **não seria crível imaginar que a Lei Maria da Penha, que teria vindo justamente tutelar com maior rigor a integridade física das mulheres, tivesse autorizado a substituição da pena corporal, mitigando a regra geral do CP, que a proíbe. Nesse contexto, perderia sustento a alegação de que o art. 17 da Lei 11.340/2006 autorizaria a substituição de pena** (Art. 17: "É vedada a aplicação, nos casos de violência doméstica e familiar contra a mulher, de penas de cesta básica ou outras de prestação pecuniária, bem como a substituição de pena que implique o pagamento isolado de multa"). *STF, HC 129446/MS, rel. Min. Teori Zavascki, 20.10.2015. 2ª T. (Info 804)*

- **CRIME COMETIDO COM VIOLÊNCIA E SUBSTITUIÇÃO DE PENA.** Não cabe a substituição de pena privativa de liberdade por restritiva de direito quando o crime for cometido com violência. Com base nesse entendimento, a 2ª Turma denegou *habeas corpus* em que se pretendia o restabelecimento de acórdão do tribunal de justiça local que substituíra a pena cominada de 3 meses de detenção, em regime aberto, por limitação de fim de semana. No caso, o paciente fora condenado pela prática de delito previsto no art. 129, § 9º, do CP, combinado com a Lei 11.340/2006 (Lei Maria da Penha). Reputou-se que, embora a pena privativa de liberdade fosse inferior a 4 anos, o crime fora cometido com violência contra pessoa, motivo suficiente para obstaculizar o benefício, nos termos do art. 44, I, do CP [*"As penas restritivas de direitos são autônomas e substituem as privativas de liberdade, quando: I – aplicada pena privativa de liberdade não superior a 4 (quatro) anos e o crime não for cometido com violência ou grave ameaça à pessoa ou, qualquer que seja a pena aplicada, se o crime for culposo"*]. *STF, HC 114703/MS, rel. Min. Gilmar Mendes, 16.4.2013. 2º T. (Info 702)*

✦ *SUPERIOR TRIBUNAL DE JUSTIÇA*

- **Súmula n.º 588, STJ:** A prática de crime ou contravenção penal contra a mulher com violência ou grave ameaça no ambiente doméstico impossibilita a substituição da pena privativa de liberdade por restritiva de direitos.

3. QUESTÕES DE CONCURSOS

1. **(FCC/TJ-SC/Juiz de Direito/2015 – adaptada)** É vedada a aplicação, nos casos de violência doméstica e familiar contra a mulher, de penas de cesta básica ou outras de prestação pecuniária, bem como a substituição de pena que implique o pagamento isolado de multa.

2. **(FUNDEP/TJ-MG/Juiz/2014 – adaptada)** A Lei nº 11.340/06, que trata da violência doméstica e familiar contra a mulher, veda a aplicação de penas de prestação de serviços à comunidade ou de doação de cestas básicas, mas possibilita a substituição da pena privativa por pagamento isolado de multa.

3. **(VUNESP/PC-SP/Escrivão de Polícia/2018 – adaptada)** É vedada a aplicação, nos casos de violência doméstica e familiar contra a mulher, de penas de cesta básica ou outras de prestação pecuniária, bem como a substituição de pena que implique o pagamento isolado de multa.

4. **(CESPE/STJ/Analista Judiciário/2018)** Em se tratando de crimes de violência doméstica e familiar contra a mulher, se a condenação for privativa de liberdade por até um ano, poderá o juiz substituí-la por pena de prestação pecuniária ou pagamento isolado de multa.

GAB	1	2	3	4
	C	E	C	E

CAPÍTULO II – DAS MEDIDAS PROTETIVAS DE URGÊNCIA

SEÇÃO I – DISPOSIÇÕES GERAIS

Art. 18. Recebido o expediente com o pedido da ofendida, caberá ao juiz, no prazo de 48 (quarenta e oito) horas:

I – conhecer do expediente e do pedido e decidir sobre as medidas protetivas de urgência;

II – determinar o encaminhamento da ofendida ao órgão de assistência judiciária, quando for o caso;

III – comunicar ao Ministério Público para que adote as providências cabíveis.

1. COMENTÁRIOS

Disciplina-se o recebimento pelo magistrado do termo (apartado) de requerimento da adoção de medidas protetivas de urgência formulado pena ofendida perante a autoridade policial (art. 12, inc. III, da presente lei).

O prazo conferido ao juiz, em que pese **impróprio**, já que não há sanção pelo descumprimento, revela premência recomendada na adoção das medidas protetivas.

O Ministério Público deve ser comunicado, podendo endossar o requerimento, em que pese a adoção das medidas protetivas independer de sua oitiva. Como o inquérito ainda está em curso, o MP poderá requisitar diligências à autoridade policial que ajudem a esclarecer o fato criminoso (art. 13, inc. II, CPP), assim como requerer ao juiz, se pertinentes, a adoção de outras medidas cautelares, como a interceptação telefônica ou uma busca e apreensão domiciliar.

2. QUESTÕES DE CONCURSOS

1. **(MPE-SC/Promotor de Justiça/2016)** Segundo o art. 18 da Lei n. 11.340/06 (Maria da Penha), recebido o expediente com o pedido da ofendida, caberá ao juiz, no prazo máximo de vinte e quatro horas: conhecer do expediente e do pedido e decidir sobre as medidas protetivas de urgência; determinar o encaminhamento da ofendida ao órgão de assistência judiciária, quando for o caso; comunicar ao Ministério Público para que adote as providências cabíveis.

GAB	1
	E

Art. 19. As medidas protetivas de urgência poderão ser concedidas pelo juiz, a requerimento do Ministério Público ou a pedido da ofendida.

§ 1º As medidas protetivas de urgência poderão ser concedidas de imediato, independentemente de audiência das partes e de manifestação do Ministério Público, devendo este ser prontamente comunicado.

§ 2º As medidas protetivas de urgência serão aplicadas isolada ou cumulativamente, e poderão ser substituídas a qualquer tempo por outras de maior eficácia, sempre que os direitos reconhecidos nesta Lei forem ameaçados ou violados.

§ 3º Poderá o juiz, a requerimento do Ministério Público ou a pedido da ofendida, conceder novas medidas protetivas de urgência ou rever aquelas já concedidas, se entender necessário à proteção da ofendida, de seus familiares e de seu patrimônio, ouvido o Ministério Público.

Art. 20. Em qualquer fase do inquérito policial ou da instrução criminal, caberá a prisão preventiva do agressor, decretada pelo juiz, de ofício, a requerimento do Ministério Público ou mediante representação da autoridade policial.

Parágrafo único. O juiz poderá revogar a prisão preventiva se, no curso do processo, verificar a falta de motivo para que subsista, bem como de novo decretá-la, se sobrevierem razões que a justifiquem.

1. COMENTÁRIOS

A prisão preventiva, como medida cautelar de segregação pessoal, encontra-se disciplinada nos arts. 311 a 316 do CPP. Historicamente, vem sendo admitida para garantir a ordem pública, a ordem econômica, por conveniência da instrução criminal ou para assegurar a aplicação da lei penal.

Trazendo tratamento especial quanto à decretação da preventiva no âmbito da violência doméstica, o art. 42 da presente lei inseriu o inc. IV no art. 313 do CPP, admitindo a segregação cautelar "se o crime envolver violência doméstica e familiar contra a mulher, nos termos da lei específica, para garantir a execução das medidas protetivas de urgência".

Mais recentemente, a Lei nº 12.403/011, entabulando a reforma do sistema prisional, expressamente revogou o referido inc. IV do art. 313 do CPP, de forma que a matéria migrou para a nova redação do inc. III do referido artigo, regulamento a preventiva nos seguintes termos: "se o crime envolver violência doméstica e familiar contra a mulher, criança, adolescente, idoso, enfermo ou pessoa com deficiência, para garantir as **medidas protetivas de urgência**" (grifo nosso). Da nova previsão, destacamos:

I. Rol de proteção

Tais medidas, de caráter cautelar, estão conjugadas nos arts. 22, 23 e 24 da presente lei e visam o resguardo da vítima da violência doméstica. O leque de protetividade foi ampliado, prestigiando o resguardo ao hipossuficiente, independente do sexo (violência de gênero). Assim, além das mulheres, foram contempladas as crianças (menores com até 12 anos incompletos – art. 2º, *caput*, Lei nº 8.069/90), os adolescentes (menores entre 12 e 18 anos incompletos – art. 2º, *caput*, Lei nº 8.069/90), os idosos (pessoas com 60 anos ou mais – art. 1º, Lei nº 10.741/03), o enfermo (pessoa acometida por alguma enfermidade que comprometa a capacidade de resistência – vulnerabilidade, a teor da Lei nº 13.146/2015[14]) e os deficientes (pessoas que tem temporária ou permanentemente reduzida "sua capacidade de relacionar-se com o meio e de utilizá-lo – art. 2º, inc. III, Lei nº 10.098/00).

II. Autonomia da hipótese

A nosso sentir, não temos uma hipótese autônoma de decretação da segregação preventiva, o que significa, em última análise, que o descumprimento de uma medida protetiva de urgência só justifica a decretação prisional se o agente for enquadrado em qualquer das hipóteses de decretação encampadas pelo art. 312 do CPP (garantia da ordem pública, conveniência da instrução, etc.). Caso contrário, estaríamos a admitir a decretação da preventiva como "prisão de cunho obrigacional, para imprimir efeito coativo à realização das medidas protetivas", o que não é tolerável[15].

14 A vulnerabilidade da pessoa com deficiência mental é especial segundo o Estatuto das Pessoas com Deficiência instituído pela Lei nº 13.146/2015. De acordo com suas disposições, a deficiência mental, bem como a curatela (interdição) não são motivos que permitam a supressão de direitos sexuais e da orientação sexual da pessoa com deficiência (arts. 6º, II, 8º, 18, § 4º, VI e VII, 85, § 1º), diante do caráter nuclear à condição de ser humano dessas pessoas. De acordo com essa lei, a pessoa com deficiência é especialmente vulnerável e devem receber proteção contra formas de exploração. Disso podemos concluir que somente haverá estupro, em razão de sua vulnerabilidade especial aludida, se evidenciada exploração, assegurando a inclusão preconizada por esse diploma normativo.

15. RODRIGUES ALENCAR, Rosmar; TÁVORA, Nestor. *Curso de Direito Processual Penal*. 10. ed. Salvador: JusPodivm, 2015. p. 854.

III. Crimes dolosos x culposos

Para que o descumprimento da medida protetiva de urgência justifique a prisão preventiva, é necessária a prática de **crime** envolvendo violência doméstica, assim como o atendimento aos pressupostos do art. 312 do CPP. Destaque-se que o legislador não especificou a qualidade da sanção, sendo indiferente tratar-se de reclusão ou detenção. Por outro lado, percebe-se de imediato que as contravenções foram afastadas. Mesmo destino deve ser reservado aos crimes culposos, respeitando-se assim o princípio da proporcionalidade.

IV. Decretação "ex officio" na fase investigativa

A Lei Maria da Penha entrou em vigor no dia 22 de setembro de 2006. À época, a redação do art. 311 do CPP admitia a decretação da preventiva de ofício tanto na fase investigativa, quanto na fase processual. Certamente, esta foi a fonte de inspiração que motivou a atual redação do art. 20 da Lei nº 11.340/06, ora em comento.

Com o advento da Lei nº 12.403/011 (reforma do sistema prisional), o *novel* legislador, prestigiando o sistema acusatório, vedou a decretação da preventiva *ex officio* na fase investigativa (atual redação do art. 311, CPP). A nosso sentir, isso se reflete, inclusive, na violência doméstica, já que, como bem apontam Eugênio Pacelli e Douglas Fischer, "o juiz brasileiro não é mais o juiz do Código de 1941, não lhe competindo zelar pela *qualidade* da investigação, ao menos desde o ano de 1988, por força da nova ordem constitucional"[16].

2. SÚMULAS E JURISPRUDÊNCIA

- **CONTRAVENÇÃO PENAL. VIAS DE FATO. VIOLÊNCIA DOMÉSTICA. PRISÃO PREVENTIVA. NÃO CABIMENTO. A prática de contravenção penal, no âmbito de violência doméstica, não é motivo idôneo para justificar a prisão preventiva do réu.** Inicialmente cumpre destacar que a prática de vias de fato é hipótese de contravenção penal (art. 21 do Decreto-Lei n. 3.688/1941), e não crime, o que contraria o disposto no art. 313, II, do Código de Processo Penal. Deste modo, em se tratando de aplicação da cautela extrema, não há campo para interpretação diversa da literal, uma vez que não há previsão legal que autorize a prisão preventiva contra autor de uma contravenção, mesmo na hipótese específica de transgressão das cautelas de urgência já aplicadas. *STJ, HC 437.535-SP, Rel. Min. Maria Thereza de Assis Moura, Rel. Acd. Min. Rogerio Schietti Cruz, por maioria, julgado em 26/06/2018. 6ª T. (Info 632).*

3. QUESTÕES DE CONCURSOS

1. **(FUNIVERSA/PC-DF/Papiloscopista Policial/2015 – adaptada)** As medidas protetivas de urgência não poderão ser concedidas de ofício pelo juiz, isto é, independentemente de requerimento da ofendida.

2. **(FCC/DPE-MA/Defensor Público/2018 – adaptada)** A prática de contravenção penal, ainda que no âmbito de violência doméstica, não é motivo idôneo para justificar a prisão preventiva do réu. **RES**

3. **(FCC/DPE-MA/Defensor Público/2018 – adaptada)** A ofendida deverá estar acompanhada de advogado ou defensor público para requerer a concessão de medidas protetivas.

16. PACELLI, Eugênio; FISCHER, Douglas. *Comentários ao Código de Processo Penal e sua jurisprudência*. 4. ed. São Paulo: Atlas, 2012. p. 616.

4. **(VUNESP/PC-SP/Escrivão de Polícia Civil/2018 – adaptada) Em qualquer fase do inquérito policial ou da instrução criminal, caberá a prisão temporária do agressor, decretada pelo juiz, de ofício, a requerimento do Ministério Público ou mediante representação da autoridade policial.**

5. **(VUNESP/PC-SP/Escrivão de Polícia Civil/2018 – adaptada)** As medidas protetivas de urgência somente poderão ser concedidas pelo juiz, após representação do Delegado de Polícia ou a requerimento do Ministério Público, desde que com anuência da ofendida.

GAB	1	2	3	4	5
	E	C	E	E	E

Art. 21. A ofendida deverá ser notificada dos atos processuais relativos ao agressor, especialmente dos pertinentes ao ingresso e à saída da prisão, sem prejuízo da intimação do advogado constituído ou do defensor público.

Parágrafo único. A ofendida não poderá entregar intimação ou notificação ao agressor.

1. COMENTÁRIOS

O direito de informação da vítima sobre os atos relativos ao ofensor atende, a seu modo, o desejo de ampla proteção. Afinal, quem se sente ameaçada tem total interesse em acompanhar o *status* do processo e a situação prisional do agressor.

Ao que parece, o legislador cometeu uma impropriedade técnica ao falar em **notificação**, que revela a comunicação ao interessado de um dever ou ônus para praticar determinado ato ou adotar uma conduta. Melhor seria falar em **intimação**, que é a ciência da prática de um ato já ocorrido. Assim, a ofendida será comunicada (intimada), sem prejuízo da intimação do advogado ou do defensor público. Como esclarece o § 2º do art. 201 do CPP, que não está adstrito à violência doméstica, a ofendida será comunicada "dos atos processuais relativos ao ingresso e à saída do acusado da prisão, à designação de data para audiência e à sentença e respectivos acórdãos que a mantenham ou modifiquem".

A intimação, em que pese a omissão do dispositivo em comento, será **pessoal**, no endereço por ela indicado. Nada impede, por analogia ao § 3º do art. 201 do CPP, que seja feita por meio eletrônico, se for a opção da ofendida.

Em outro giro, estabeleceu-se a salutar proibição de entrega da intimação (ou notificação) pela própria vítima ao agressor, como se oficial de justiça fosse. Aqui, a comodidade, potencializada muitas vezes pela pouca (ou nenhuma) estrutura do judiciário e da própria polícia, criava uma inusitada situação: a ofendia voltava a se expor, correndo o considerável risco de ser a "portadora da má notícia", como emissária da autoridade. Por razões óbvias, inaceitável.

2. QUESTÕES DE CONCURSOS

1. **(VUNESP/PC-SP/Escrivão de Polícia Civil/2018 – adaptada)** A ofendida deverá ser notificada dos atos processuais relativos ao agressor, especialmente dos pertinentes ao ingresso e à saída da prisão, sendo desnecessária a intimação do advogado constituído ou do defensor público.

GAB	1
	E

▸SEÇÃO II – DAS MEDIDAS PROTETIVAS DE URGÊNCIA QUE OBRIGAM O AGRESSOR

Art. 22. Constatada a prática de violência doméstica e familiar contra a mulher, nos termos desta Lei, o juiz poderá aplicar, de imediato, ao agressor, em conjunto ou separadamente, as seguintes medidas protetivas de urgência, entre outras:

I – suspensão da posse ou restrição do porte de armas, com comunicação ao órgão competente, nos termos da Lei nº 10.826, de 22 de dezembro de 2003;

II – afastamento do lar, domicílio ou local de convivência com a ofendida;

III – proibição de determinadas condutas, entre as quais:

a) aproximação da ofendida, de seus familiares e das testemunhas, fixando o limite mínimo de distância entre estes e o agressor;

b) contato com a ofendida, seus familiares e testemunhas por qualquer meio de comunicação;

c) freqüentação de determinados lugares a fim de preservar a integridade física e psicológica da ofendida;

IV – restrição ou suspensão de visitas aos dependentes menores, ouvida a equipe de atendimento multidisciplinar ou serviço similar;

V – prestação de alimentos provisionais ou provisórios.

§ 1º As medidas referidas neste artigo não impedem a aplicação de outras previstas na legislação em vigor, sempre que a segurança da ofendida ou as circunstâncias o exigirem, devendo a providência ser comunicada ao Ministério Público.

§ 2º Na hipótese de aplicação do inciso I, encontrando-se o agressor nas condições mencionadas no *caput* e incisos do art. 6º da Lei nº 10.826, de 22 de dezembro de 2003, o juiz comunicará ao respectivo órgão, corporação ou instituição as medidas protetivas de urgência concedidas e determinará a restrição do porte de armas, ficando o superior imediato do agressor responsável pelo cumprimento da determinação judicial, sob pena de incorrer nos crimes de prevaricação ou de desobediência, conforme o caso.

§ 3º Para garantir a efetividade das medidas protetivas de urgência, poderá o juiz requisitar, a qualquer momento, auxílio da força policial.

§ 4º Aplica-se às hipóteses previstas neste artigo, no que couber, o disposto no *caput* e nos §§ 5º e 6º do art. 461 da Lei nº 5.869, de 11 de janeiro de 1973 (Código de Processo Civil).

1. COMENTÁRIOS

As medidas protetivas de urgência que obrigam o agressor têm caráter penal e podem ser aplicadas de forma preparatória ou incidental relativamente ao início da persecução penal. Como se destina, em tese, a proteger a pessoa afetada em seu direito fundamental, as formalidades inerentes à tutela cautelar podem ser afastadas para que se dê maior eficácia a direito fundamental da mulher, a exemplo da vida, da incolumidade física, do patrimônio e da liberdade.

As formas processuais servem para dar eficácia aos direitos fundamentais e, na colisão de direitos na esfera peculiar da relação doméstica e familiar, deve prevalecer aquele da pessoa em situação de maior vulnerabilidade, a fim de se respeitar o critério isonômico. A proteção a qual se dirigem aquelas medidas tem como destinatária imediata a pessoa do sexo feminino afetada e, mediatamente, as finalidades do processo penal condenatório.

Dentre as disposições do art. 22, da Lei Maria da Penha, algumas se sobrepõem normativamente com as medidas cautelares diversas da prisão do art. 319, do Código de Processo Penal. É o caso do "afastamento do lar, domicílio ou local de convivência com a ofendida" (inciso II, do art. 22, Lei nº 11.340/2006). Também o é a hipótese de proibição de aproximação da ofendida, fixando o limite mínimo entre esta e o agressor (inciso III, alínea "a", do art. 22, Lei nº 11.340/2006).

O descumprimento das medidas protetivas de urgência que obrigam o agressor não configura crime de desobediência, em virtude de ausência de previsão nesse sentido. Com efeito, somente quando a lei processual preconiza expressamente é que é admissível a responsabilização penal por aquele delito. Na ausência, o desatendimento só é apto a ensejar o aferimento dos motivos para a decretação da prisão preventiva (art. 312, CPP).

Entrementes, a ordem de prisão preventiva deve ser regida pelo caráter excepcional que a permeia. Deveras, é entendimento reiterado do Superior Tribunal de Justiça que as prisões cautelares são medidas de natureza excepcional. A decretação ou manutenção de prisão preventiva deve se subordinar aos elementos concretos dos autos, à efetiva imprescindibilidade de restrição ao direito constitucional à liberdade de locomoção. De tal sorte, aplicando-se o cânone do art. 313 do Código de Processo Penal, em se tratando de violência doméstica e familiar contra a mulher, terá cabimento a prisão preventiva para assegurar a eficácia das medidas protetivas de urgência, toda vez que se mostrarem ineficazes à tutela do ser humano feminino[17].

É a dicção expressa no inciso III, daquele enunciado do diploma processual penal. Disciplina seu texto que "nos termos do art. 312 deste Código, será admitida a decretação da prisão preventiva" na hipótese do "crime envolver violência doméstica e familiar contra a mulher, criança, adolescente, idoso, enfermo ou pessoa com deficiência, para garantir a execução das medidas protetivas de urgência".

Também é possível a imposição de regras do Código de Processo Civil que tenham o fito de proporcionar a tutela específica para garantir o cumprimento de medidas protetivas de urgência que obrigam o agressor, a teor do § 4º, do art. 22, da Lei Maria da Penha. De tal modo, é admissível fixação de *astreinte* (multa), proporcional e útil a compelir o imputado a se adequar às medidas impostas, mesmo no plano da persecução penal.

As espécies de medidas protetivas de urgência que obrigam o agressor são dispostas em rol exemplificativo, como se depreende da parte final do *caput* do art. 22 da Lei em tela. As previstas expressamente podem ser impostas no curso da persecução penal. Sem embargo, não se vê óbice para que a pessoa ofendida possa ingressar com ação civil com pedido equivalente aquele cautelar que seria solicitado durante processo penal instaurado.

De todo modo, temos as seguintes medidas de proteção de urgência.

(1) Suspensão da posse ou restrição do porte de armas, com comunicação ao órgão competente, nos termos da Lei nº 10.828/2003 (Estatuto do Desarmamento). A suspensão é a limitação total do direito ao porte de armas. A restrição é o cerceio parcial desse direito,

17. STJ – Sexta Turma – RHC 36.063/MG – Rel. Ministro Sebastião Reis Júnior – julgado em 13/08/2013 – DJe 13/09/2013.

aplicável especialmente ao policial agressor, quando o uso da arma fique limitado ao âmbito de seu serviço.

Se o imputado dispuser de porte de armas, por força de legislação própria, a exemplo de militar da ativa, o juiz comunicará ao respectivo órgão, corporação ou instituição as medidas protetivas de urgência concedidas e determinará a restrição do porte de armas. A ordem do magistrado tem como destinatário o superior imediato do agressor. É ele o responsável pelo cumprimento da determinação judicial, sob pena de incorrer nos crimes de prevaricação ou de desobediência, eis que neste caso a Lei Maria da Penha dita expressamente quem violar essa regra incorre naqueles delitos.

(2) Afastamento do lar, domicílio ou local de convivência com a ofendida. Essa medida, assim como todas as outras, deve ser justificada e relacionada com a espécie de infração penal consistente em violência contra a mulher.

(3) Proibição de aproximação da ofendida, de seus familiares e das testemunhas, fixando o limite mínimo de distância entre estes e o agressor. A vedação guarda semelhança com duas hipóteses de medidas cautelares diversas da prisão do art. 319, do CPP. A primeira, a do inciso II, que proíbe "acesso ou frequência a determinados lugares quando, por circunstâncias relacionadas ao fato, deva o indiciado ou acusado permanecer distante desses locais para evitar o risco de novas infrações". O inciso III que veda ao agente "manter contato com pessoa determinada quando, por circunstâncias relacionadas ao fato, deva o indiciado ou acusado dela permanecer distante".

(4) Aliás, a Lei Maria da Penha proíbe expressamente o contato do agente "com a ofendida, seus familiares e testemunhas por qualquer meio de comunicação".

(5) Do mesmo modo, veda ao imputado pela violência a frequência a "determinados lugares a fim de preservar a integridade física e psicológica da ofendida".

(6) Restrição ou suspensão de visitas aos dependentes menores, ouvida a equipe de atendimento multidisciplinar ou serviço similar. A restrição significa a imposição de limites às visitas, enquanto a suspensão é a obstrução integral a esse direito. Deve haver contraditório prévio, concomitante ou posterior, a depender do contexto, com o parecer do órgão técnico.

(7) Prestação de alimentos provisionais ou provisórios. Embora seja providência de natureza civil, pode se revestir de caráter penal toda vez que o delito de violência cometido envolver omissão do agente em suprir as necessidades da mulher ofendida (violência moral, psicológica ou mesmo física).

2. SÚMULAS E JURISPRUDÊNCIA

✦ *SUPERIOR TRIBUNAL DE JUSTIÇA*

- **MEDIDAS PROTETIVAS ACAUTELATÓRIAS DE VIOLÊNCIA CONTRA A MULHER.** As medidas protetivas de urgência da Lei 11.340/2006 (Lei Maria da Penha) podem ser aplicadas em ação cautelar cível satisfativa, independentemente da existência de inquérito policial ou processo criminal contra o suposto agressor. O primeiro dado a ser considerado para compreensão da exata posição assumida pela Lei Maria da Penha no ordenamento jurídico pátrio é observar que o mencionado diploma veio com o objetivo de ampliar os mecanismos jurídicos e estatais de proteção da mulher. Por outra ótica de análise acerca da incidência dessa lei, mostra-se sintomático o fato de que a Convenção de Belém do Pará – no que foi seguida pela norma doméstica de 2006 – preocupou-se sobremaneira com a especial proteção da mulher submetida a violência, mas não somente pelo viés da punição penal do agressor, mas também pelo ângulo da prevenção por instrumentos de qualquer natureza, civil ou administrativa. Ora, parece claro que o intento de prevenção da violência doméstica contra a mulher pode ser perseguido com medidas judiciais de natureza não criminal, mesmo porque a resposta penal estatal só é desencadeada depois que, concretamente, o ilícito penal é cometido, muitas vezes com consequências irreversíveis, como no caso de homicídio ou de lesões corporais graves ou gravíssimas. Na verdade, a Lei Maria da Penha, ao definir violência doméstica contra a mulher e suas diversas formas, enumera, exemplificativamente, espécies de danos que nem sempre se acomodam na categoria de bem jurídico tutelável pelo direito penal, como o sofrimento psicológico, o dano moral, a diminuição da autoestima, a manipulação, a vigilância constante, a retenção de objetos pessoais, entre outras formas de violência. Ademais, fica clara a inexistência de exclusividade de aplicação penal da Lei Maria da Penha quando a própria lei busca a incidência de outros diplomas para a realização de seus propósitos, como no art. 22, § 4º, a autorização de aplicação do art. 461, §§ 5º e 6º, do CPC; ou no art. 13, ao afirmar que "ao processo, ao julgamento e à execução das causas cíveis e criminais [...] aplicar-se-ão as normas dos Códigos de Processo Penal e Processo Civil e da legislação específica relativa à criança, ao adolescente e ao idoso que não conflitem com o estabelecido nesta Lei". Analisada de outra forma a controvérsia, se é certo que a Lei Maria da Penha permite a incidência do art. 461, § 5º, do CPC para a concretização das medidas protetivas nela previstas, não é menos verdade que, como pacificamente reconhecido pela doutrina, o mencionado dispositivo do diploma processual não estabelece rol exauriente de medidas de apoio, o que permite, de forma recíproca e observados os específicos requisitos, a aplicação das medidas previstas na Lei Maria da Penha no âmbito do processo civil. *STJ, REsp 1.419.421-GO, Rel. Min. Luis Felipe Salomão, julgado em 11/2/2014. 4ª T. (Info 535)*

- **DESCUMPRIMENTO DE MEDIDA PROTETIVA DE URGÊNCIA PREVISTA NA LEI MARIA DA PENHA. O descumprimento de medida protetiva de urgência prevista na Lei Maria da Penha (art. 22 da Lei 11.340/2006) não configura crime de desobediência (art. 330 do CP).** De fato, o art. 330 do CP dispõe sobre o crime de desobediência, que consiste em "desobedecer a ordem legal de funcionário público". Para esse crime, entende o STJ que as determinações cujo cumprimento seja assegurado por sanções de natureza civil, processual civil ou administrativa retiram a tipicidade do delito de desobediência, salvo se houver ressalva expressa da lei quanto à possibilidade de aplicação cumulativa do art. 330 do CP (HC 16.940-DF, Quinta Turma, DJ 18/11/2002). Nesse contexto, o art. 22, § 4º, da Lei 11.340/2006 diz que se aplica às medidas protetivas, no que couber, o disposto no *caput* e nos §§ 5º e 6º do art. 461 do CPC, ou seja, no caso de descumprimento de medida protetiva, pode o juiz fixar providência com o objetivo de alcançar a tutela específica da obrigação, afastando-se o crime de desobediência. Vale ressaltar que, a exclusão do crime em questão ocorre tanto no caso de previsão legal de penalidade administrativa ou civil como no caso de penalidade de cunho processual penal. Assim, quando o descumprimento da medida protetiva der ensejo à prisão preventiva, nos termos do art. 313, III, do CPP, também não há falar em crime de desobediência. *STJ, REsp 1.374.653-MG, Rel. Min. Sebastião Reis Júnior, julgado em 11/3/2014. 6ª T. (Info 538)*

- **COMPETÊNCIA DE JUIZADO DE VIOLÊNCIA DOMÉSTICA E FAMILIAR CONTRA A MULHER PARA JULGAR EXECUÇÃO DE ALIMENTOS POR ELE FIXADOS. O Juizado de Violência Doméstica e Familiar contra a Mulher tem competência para julgar a execução de alimentos que tenham sido fixados a título de medida protetiva de urgência fundada na Lei Maria da Penha em favor de filho do casal em conflito.** De fato, em se tratando de alimentos, a regra geral é de que serão fixados perante as varas de família. Ocorre que a Lei 11.340/2006, em seu artigo 14, estabelece que os "Juizados de Violência Doméstica e Familiar contra a Mulher, órgãos [...] com competência cível e criminal, poderão ser criados [...] para o processo, o julgamento e a execução das causas decorrentes da prática de violência doméstica e familiar contra a mulher", sem especificar as causas que não se enquadrariam na competência cível desses juizados, nas hipóteses de medidas protetivas decorrentes de violência doméstica. Portanto, da literalidade da lei, é possível extrair que a competência desses juizados compreende toda e qualquer causa relacionada a fato que configure violência doméstica ou familiar e não apenas as descritas expressamente na referida lei. E assim é, não só em razão da lei, mas também em razão da própria natureza protetiva que ela carrega, ou seja, é a sua *naturalia negotii*. O legislador, ao editar a Lei Maria da Penha, o fez para que a mulher pudesse contar não apenas com legislação repressiva contra o agressor, mas também visando criar mecanismos céleres protetivos, preventivos e assistenciais a ela. Negar o direito à celeridade, postergando o recebimento de alimentos com alteração da competência para outro juízo, quando o especializado já os tenha fixado com urgência, seria o mesmo que abrir ensejo a uma nova agressão pelo sofrimento imposto pela demora desnecessária, geradora de imensa perplexidade, retrocessos inaceitáveis perante Direitos de Terceira Geração. Saliente-se que situação diversa seria a das Comarcas que não contem com Juizado de Violência Doméstica e Familiar contra a Mulher, mas apenas com juízos criminais. Aí sim, estes teriam competência apenas para o julgamento de causas criminais, cabendo às Varas Cíveis ou de Família a fixação e julgamento dos alimentos. *STJ, REsp 1.475.006-MT, Rel. Min. Moura Ribeiro, julgado em 14/10/2014. 3ª T. (Info 550)*

3. QUESTÕES DE CONCURSOS

1. **(FUNIVERSA/PC-DF/Papiloscopista Policial/2015 – adaptada)** É defeso ao juiz aplicar, de imediato, ao agressor, a medida protetiva de suspensão da posse ou restrição do porte de armas.

2. **(MPE-RS/Assessor/2014 – adaptada)** A medida protetiva de urgência, consistente na suspensão da posse ou restrição do porte de armas do agressor, poderá ser concedida pelo juiz, somente a requerimento do Ministério Público.

3. **(CESPE/SEFAZ-RS/Auditor/2018)** Assinale a opção que apresenta medida protetiva de urgência a ser aplicada ao agressor no caso de constatação da prática de violência doméstica contra a mulher, conforme o disposto na Lei Maria da Penha — Lei n.º 11.340/2006.

a) transferência para outra comarca

b) prestação de serviços em creches e asilos

c) proibição de aproximação ou contato com familiares da ofendida

d) pagamento de multa

e) pagamento de cestas básicas

GAB	1	2	3
	E	E	C

SEÇÃO III – DAS MEDIDAS PROTETIVAS DE URGÊNCIA À OFENDIDA

Art. 23. Poderá o juiz, quando necessário, sem prejuízo de outras medidas:

I – encaminhar a ofendida e seus dependentes a programa oficial ou comunitário de proteção ou de atendimento;

II – determinar a recondução da ofendida e a de seus dependentes ao respectivo domicílio, após afastamento do agressor;

III – determinar o afastamento da ofendida do lar, sem prejuízo dos direitos relativos a bens, guarda dos filhos e alimentos;

IV – determinar a separação de corpos.

1. COMENTÁRIOS

Na esteira da enumeração aberta de medidas protetivas de urgência, a Lei Maria da Penha estabelece outras, direcionadas à ofendida, a fim de que os seus direitos fundamentais sejam preservados. O artigo não é restrito ao cônjuge ou a relação de casamento. Como a Lei Maria da

Penha tem campo de incidência amplo relativamente às espécies de união, independentemente de orientação sexual, as medidas podem ser aplicadas em relação à companheira ou à concubina.

O encaminhamento da ofendida e de seus dependentes a programa oficial ou comunitário de proteção ou de atendimento depende de estruturação local realizada pelo Poder Público ou de organização da comunidade, por meio de entidades não governamentais.

As hipóteses de afastamento do lar da ofendida e de seus dependentes, bem como da respectiva recondução àquele após cessada a situação de risco de agressão são subsidiárias ao afastamento do próprio agressor. Vale dizer, só no caso de impossibilidade de afastar o responsável pela violência familiar é que serão escolhidas as medidas impostas à mulher.

Por último, a separação de corpos, indicativa da necessidade de pedido expresso por parte da ofendida quando veiculada em medida cautelar civil prévia à separação judicial, é, na esfera penal, medida de proteção que pode ser ordenada pelo magistrado independentemente de provocação. Isso porque a justificativa é atinente a delitos contra o patrimônio, na maior parte das vezes de ação penal pública incondicionada, conjugando-se com o fato de que o fito da lei é o de coibir todo tipo de violência contra a mulher, inclusive a perpetrada contra o seu patrimônio.

Art. 24. Para a proteção patrimonial dos bens da sociedade conjugal ou daqueles de propriedade particular da mulher, o juiz poderá determinar, liminarmente, as seguintes medidas, entre outras:

I – restituição de bens indevidamente subtraídos pelo agressor à ofendida;

II – proibição temporária para a celebração de atos e contratos de compra, venda e locação de propriedade em comum, salvo expressa autorização judicial;

III – suspensão das procurações conferidas pela ofendida ao agressor;

IV – prestação de caução provisória, mediante depósito judicial, por perdas e danos materiais decorrentes da prática de violência doméstica e familiar contra a ofendida.

Parágrafo único. Deverá o juiz oficiar ao cartório competente para os fins previstos nos incisos II e III deste artigo.

1. COMENTÁRIOS

A violência dirigida contra o patrimônio da mulher pode ser realizada por diversos modos. Pode o juiz, destarte, determinar restituição de bens subtraídos da mulher de forma ilícita ou, diante de dano, ordenar que o agressor preste caução provisória. Tal deve se dar por depósito em conta aberta por ordem judicial. A decisão deve se assentar nas perdas danos materiais provocados por violência doméstica e familiar contra a pessoa ofendida.

Outrossim, veja-se o caso de coação moral para que a vítima outorgue ao agressor uma procuração para administrar ou alienar seus bens. Diante dessa complexidade, a Lei nº 11.340/2006 previu, também de maneira exemplificativa, outras medidas protetivas de ordem patrimonial, para acautelar os bens da sociedade conjugal ou daqueles de propriedade particular da mulher (independentemente de existir sociedade conjugal).

Havendo bem imóvel, o magistrado deverá expedir ofício aos cartórios a fim de obstar tentativas de celebração de atos e contratos de compra, venda e locação de propriedade comum, ressalvada autorização judicial expressa, tal como se dá em sede de processo de execução civil. Se a procuração emitida for pública ou registrada em cartório, o juiz deve comunicar ao cartório responsável.

2. QUESTÕES DE CONCURSOS

1. **(CESPE/PC-GO/Agente de Polícia/2016 - adaptada)** Para a proteção patrimonial dos bens da sociedade conjugal ou daqueles de propriedade particular da mulher, o juiz determinará a proibição temporária da celebração de atos e contratos de compra, venda e locação de propriedade em comum, salvo se houver procurações previamente conferidas pela ofendida ao agressor.

2. **(MPE-SC/Promotor de Justiça/2016)** O Ministério Público intervirá, quando não for parte, nas causas cíveis e criminais decorrentes da violência doméstica e familiar contra a mulher. Nos processos cíveis regidos pela Lei n. 11.340/06 (Violência Doméstica e Familiar), é absoluta a competência do domicílio ou residência da ofendida.

3. **(FCC/MPE-PE/Auditor/2018)** Jurema, de perfil autoritário, estabeleceu união estável com Amelly, caracterizada por uma relação de poder e submissão, nunca aceitando a ideia de que sua companheira (vulnerável e submissa) trabalhasse fora de casa. Ao descobrir que Amelly participaria de uma entrevista de emprego, Jurema destruiu todos os documentos pessoais de sua companheira, bem como escondeu seus objetos de trabalho, mantendo-os consigo, a fim de que ela não participasse da entrevista nem conseguisse demonstrar aptidão com os instrumentos necessários para realizar o ofício para o qual poderia ser contratada. Nesse caso, para efeitos da Lei n° 11.340/2006 (Lei Maria da Penha) a violência doméstica contra mulher

a) estará caracterizada apenas se Amelly comprovar que a conduta de Jurema lhe causou dano emocional e diminuição da auto-estima, não havendo, neste caso, previsão de determinação liminar pelo juiz.
b) não está caracterizada, pois foi praticada por pessoa do sexo feminino.
c) não está caracterizada, pois a referida lei não abrange a violência patrimonial.
d) está caracterizada, constituindo uma das formas de violação dos direitos humanos, não havendo, entretanto, na referida lei, previsão de determinação liminar pelo juiz em casos de violência patrimonial.
e) está caracterizada, constituindo uma das formas de violação dos direitos humanos, podendo o juiz determinar, liminarmente, a restituição de bens à Amelly.

GAB	1	2	3
	E	E	E

▸SEÇÃO IV – DO CRIME DE DESCUMPRIMENTO DE MEDIDAS PROTETIVAS DE URGÊNCIA. DESCUMPRIMENTO DE MEDIDAS PROTETIVAS DE URGÊNCIA (INCLUÍDO PELA LEI Nº 13.641, DE 2018)

Art. 24-A. Descumprir decisão judicial que defere medidas protetivas de urgência previstas nesta Lei: (Incluído pela Lei nº 13.641, de 2018)

Pena – detenção, de 3 (três) meses a 2 (dois) anos. (Incluído pela Lei nº 13.641, de 2018)

§ 1º A configuração do crime independe da competência civil ou criminal do juiz que deferiu as medidas. (Incluído pela Lei nº 13.641, de 2018)

§ 2º Na hipótese de prisão em flagrante, apenas a autoridade judicial poderá conceder fiança. (Incluído pela Lei nº 13.641, de 2018)

§ 3º O disposto neste artigo não exclui a aplicação de outras sanções cabíveis. (Incluído pela Lei nº 13.641, de 2018)

1. COMENTÁRIOS

Foi inserido tipo penal com descrição de conduta delituosa na Lei Maria da Penha, sob o nome de **"crime de descumprimento de medidas protetivas de urgência"** (art. 24-A, da Lei nº 11.340/2006, com redação determinada pela Lei nº 13.641/2018).

O **núcleo do tipo** está no verbo "descumprir", que significa transgredir, inadimplir, desrespeitar, desobedecer ou desrespeitar.

O **objeto material** do delito – coisa sobre a qual recai a ação ou omissão criminosa – é a decisão judicial que acata requerimento ou representação de aplicação de medida protetiva de urgência descrita nesta lei, cuja regulação está inserida dos artigos 18 ao 24.

Trata-se de: (1) **crime comum**, eis que não é exigida qualidade especial do sujeito ativo, pelo que, em tese, qualquer pessoa pode cometer o delito, bastando, para tanto, que haja, em relação ao sujeito ativo – protagonista da conduta – o dever jurídico de cumprir a ordem judicial (pode ser **sujeito ativo** o agente obrigado a atender a medida protetiva, respeitando a decisão judicial ou o funcionário obrigado a fazer cumprir tal *decisum*; **sujeito passivo** é, diretamente, o Estado e, secundariamente, a pessoa beneficiada com a decisão que defere medida de proteção de urgência); (2) **crime de dano**, porque exige ofensa efetiva ao bem jurídico (administração da justiça), tutelado pela norma penal; (3) **crime formal**, haja vista que pode se consumar com a simples omissão do obrigado, vale dizer: (a) não é necessário que a decisão desobedecida de fato não seja aplicada (pretensão do agente); (b) a previsão de tal resultado jurídico no tipo penal pode ocorrer ao mesmo tempo em que se desenvolve a conduta; e (c) conduta e resultado são separados logicamente e não cronologicamente; e (4) **crime omissivo**: o verbo "descumprir" indica uma omissão, uma inércia, uma inação; no entanto, sendo a hipótese de delito que pode ser cometido por diversos meios (crime de forma livre), é possível vislumbrar a pratica da conduta por meio de omissão, quando o sujeito ativo transgrede, dolosamente, a ordem judicial mediante o seu acatamento parcial ou de maneira diversa do seu teor.

O elemento subjetivo é o **dolo** genérico. É crime que admite **tentativa**, diante da idealização da possibilidade de fracionamento do *iter criminis* (art. 14, II, CP) e da sua não consumação por circunstâncias alheias à vontade do agente.

Até o advento da Lei nº 13.641/2018, o STJ havia firmado posicionamento no sentido de que o descumprimento de medida protetiva de urgência era conduta atípica, não configurando sequer crime de desobediência do art. 330, do Código Penal. Isso porque considerou que o crime de desobediência é **delito subsidiário**, "configurando-se apenas quando, desrespeitada ordem judicial, não existir sanção específica ou não houver ressalva expressa no sentido da aplicação cumulativa do Código Penal". Daí que, de acordo com a Corte Superior, "a existência de medidas próprias na Lei n.º 11.340/2006 e a cominação específica do art. 313, inciso III, do Código de Processo Penal, o descumprimento de medidas protetivas de urgência não configura o crime de desobediência"[18].

Agora, o descumprimento de medida protetiva de urgência passa a ter expressa previsão, como tipo autônomo, nesse tipo especial. De todo modo, deve-se cuidar para afastar condutas assemelhadas que estejam previstas em outros diplomas legais penais, diante do postulado do ne bis in idem e da incidência de regras sobre conflitos normativos aparentes de dispositivos penais.

---

18. STJ – Quinta Turma – AgRg no REsp 1651550/DF – Rel. Ministro Jorge Mussi – julgado em 25/04/2017 – DJe 05/05/2017.

Destarte, em tese – ressalvada a possibilidade de debate em torno do excesso punitivo (*ne bis in idem*[19]) e de acordo com critério de proporcionalidade – é possível aplicar, ao agressor que desatende medida protetiva de urgência imposta judicialmente (seja a decisão proveniente de juízo civil ou criminal), notadamente as seguintes providências:

(1) substituição, revisão ou acréscimo da(s) medida(s) imposta(s) por outra(s) de maior eficácia (§§ 2º e 3º, do art. 19, da Lei nº 11.340/2006);

(2) adoção de providências cabíveis na órbita policial (a autoridade policial poderá lavrar autuação em flagrante delito e instaurar inquérito policial, por exemplo – art. 302, CPP; parágrafo único, do art. 10, e § 2º). O arbitramento de fiança é vedado ao delegado de polícia, de acordo com o novel art. 24-A, da Lei nº 11.340/2006);

(3) adoção de medidas cíveis, com ajuizamento de ação nova ou formulação de requerimento acidental em demanda em tramitação; e

(4) decretação de prisão preventiva, se atendidos concretamente seus requisitos legais, nos termos do art. 312, c/c. art. 313, III, do Código de Processo Penal, c/c. o art. 20, *caput*, da Lei Maria da Penha, observados os limites quanto a sua iniciativa (ao juiz deve ser vedada a decretação de medidas cautelares *ex officio*, máxime na fase de investigação preliminar).

2. QUESTÕES DE CONCURSOS

1. (FCC/Prefeitura de Macapá/Assistente Social/2018) De acordo com a Lei "Maria da Penha", na hipótese de prisão em flagrante do agressor, a fiança pode ser concedida apenas

a) pela vítima da violência.

b) pela autoridade policial.

c) pela autoridade judicial.

d) pelo familiar responsável.

e) pelo advogado do agressor.

2. (CESPE/TJ-BA/Juiz de Direito/2018) De acordo com a jurisprudência do STJ acerca da Lei Maria da Penha — Lei n.º 11.340/2006 —, o delito de descumprimento de medida protetiva de urgência constitui crime

a) cujo sujeito ativo deve ser sempre um homem.

b) que não admite a concessão de fiança.

c) cuja caracterização será afastada se tiver sido prevista a aplicação de multa na decisão que tiver determinado a medida protetiva.

d) mesmo que a determinação da medida protetiva tenha partido do juízo cível.

e) cuja caracterização admite a modalidade culposa.

GAB	1	2
	C	D

19. Para um debate abrangente do princípio da proibição de duplo sancionamento pelo mesmo fato, por todos: SABOYA, Keity. *Ne bis in idem*: história, teoria e perspectivas. Rio de Janeiro: Lumen Juris, 2014.

▸CAPÍTULO III – DA ATUAÇÃO DO MINISTÉRIO PÚBLICO

Art. 25. O Ministério Público intervirá, quando não for parte, nas causas cíveis e criminais decorrentes da violência doméstica e familiar contra a mulher.

Art. 26. Caberá ao Ministério Público, sem prejuízo de outras atribuições, nos casos de violência doméstica e familiar contra a mulher, quando necessário:

I – requisitar força policial e serviços públicos de saúde, de educação, de assistência social e de segurança, entre outros;

II – fiscalizar os estabelecimentos públicos e particulares de atendimento à mulher em situação de violência doméstica e familiar, e adotar, de imediato, as medidas administrativas ou judiciais cabíveis no tocante a quaisquer irregularidades constatadas;

III – cadastrar os casos de violência doméstica e familiar contra a mulher.

1. COMENTÁRIOS

Não sendo parte, o Ministério Público atuará como **fiscal da ordem jurídica,** tanto nas demandas cíveis, quanto nas criminais (art. 179, NCPC; arts. 45 e 257, II, CPP). O membro do MP com atribuição para atuar é aquele lotado no Juizado de Violência Doméstica e Familiar, cumulando a atuação cível e criminal.

Chama atenção a previsão da **requisição de serviços públicos**, muitas vezes tão ou mais necessários do que o provimento jurisdicional, guarnecendo a ofendida quanto às necessidades metajurídicas, para que possa voltar a viver com dignidade.

2. QUESTÕES DE CONCURSOS

1. **(MPE-SC/Promotor de Justiça/2016)** De acordo com o art. 26 da Lei n. 11.340/06, caberá ao Ministério Público, sem prejuízo de outras atribuições, nos casos de violência doméstica e familiar contra a mulher, quando necessário, requisitar força policial e serviços públicos de saúde, de educação, de assistência social e de segurança, entre outros, fiscalizar os estabelecimentos públicos e particulares de atendimento à mulher em situação de violência doméstica e familiar, adotar, de imediato, as medidas administrativas ou judiciais cabíveis no tocante a quaisquer irregularidades constatadas e cadastrar os casos de violência doméstica e familiar contra a mulher.

GAB	1
	C

▸CAPÍTULO IV – DA ASSISTÊNCIA JUDICIÁRIA

Art. 27. Em todos os atos processuais, cíveis e criminais, a mulher em situação de violência doméstica e familiar deverá estar acompanhada de advogado, ressalvado o previsto no art. 19 desta Lei.

Art. 28. É garantido a toda mulher em situação de violência doméstica e familiar o acesso aos serviços de Defensoria Pública ou de Assistência Judiciária Gratuita, nos termos da lei, em sede policial e judicial, mediante atendimento específico e humanizado.

1. COMENTÁRIOS

A atuação do advogado, ou do Defensor Público, garante a assistência jurídica efetiva (e não facultativa) à vítima da violência doméstica. Ressalve-se, contudo, o requerimento das

medidas protetivas de urgência, que independe de assistência ou capacidade postulatória, facilitando o acesso à Justiça e ao provimento almejado.

Existe uma "pequena" sutileza normativa que merece atenção (o perigo mora nos detalhes). O art. 27 averba o necessário acompanhamento (da vítima) por advogado na **fase processual**. Já o art. 28, garante o acesso aos serviços da Defensoria Pública ou de Assistência Judiciária Gratuita, tanto em sede de inquérito, quanto no processo.

Conclusão: na fase processual, temos o acompanhamento efetivo por advogado (ou defensor público). Já na fase do inquérito, o que existe é a garantia de acesso aos serviços da Defensoria Pública. Pergunta-se: em atos da fase investigativa, como a oitiva da ofendida perante o delegado (art. 5º, IV, CPP), ou eventual acareação em sede de inquérito (art. 5º, VI, CPP), a vítima da violência doméstica pode estar desacompanhada? Em que pese a literalidade da lei, entendemos que não! Se o comando normativo justifica a proteção diferenciada pela vulnerabilidade da vítima da violência doméstica, a atuação do advogado (ou do defensor público) deve ocorrer em toda a persecução penal, o que envolve, sem dúvida, a fase investigativa.

▸TÍTULO V – DA EQUIPE DE ATENDIMENTO MULTIDISCIPLINAR

Art. 29. Os Juizados de Violência Doméstica e Familiar contra a Mulher que vierem a ser criados poderão contar com uma equipe de atendimento multidisciplinar, a ser integrada por profissionais especializados nas áreas psicossocial, jurídica e de saúde.

Art. 30. Compete à equipe de atendimento multidisciplinar, entre outras atribuições que lhe forem reservadas pela legislação local, fornecer subsídios por escrito ao juiz, ao Ministério Público e à Defensoria Pública, mediante laudos ou verbalmente em audiência, e desenvolver trabalhos de orientação, encaminhamento, prevenção e outras medidas, voltados para a ofendida, o agressor e os familiares, com especial atenção às crianças e aos adolescentes.

Art. 31. Quando a complexidade do caso exigir avaliação mais aprofundada, o juiz poderá determinar a manifestação de profissional especializado, mediante a indicação da equipe de atendimento multidisciplinar.

Art. 32. O Poder Judiciário, na elaboração de sua proposta orçamentária, poderá prever recursos para a criação e manutenção da equipe de atendimento multidisciplinar, nos termos da Lei de Diretrizes Orçamentárias.

1. COMENTÁRIOS

A atuação da equipe multidisciplinar, mais uma vez, revela especial preocupação com a humanização do tratamento persecutório na violência doméstica e com as medidas a serem adotadas pós crime, não só no que diz respeito à ofendida, mas também ao agressor e familiares, com particular atenção às crianças e aos adolescentes.

O fornecimento de subsídios ao juiz, ao MP e à Defensoria Pública, por meio de laudos ou verbalmente em audiência, servirá de substrato na prevenção à reincidência, orientação e enfrentamento da violência doméstica.

O próprio § 5º do art. 201 do CPP faz previsão similar, pois de forma mais ampla, sem se restringir à violência doméstica, sinaliza com a possibilidade de o juiz "encaminhar o ofendido para tratamento multidisciplinar, especialmente nas áreas psicossocial, de assistência jurídica e de saúde, a expensas do ofensor ou do Estado".

2. QUESTÕES DE CONCURSOS

1. **(IBFC/SAEB-BA/Técnico Comercial/2015)** Considere as disposições da Lei Federal n° 11.340, de 7 de agosto de 2006 (Lei Maria da Penha) e assinale a alternativa correta sobre o rol exato das áreas que, segundo a referida lei, são indicadas para integrar as equipes de atendimento multidisciplinar ligadas aos Juizados de Violência Doméstica e Familiar contra a Mulher que vierem a ser criados.

a) Jurídica e de Saúde.

b) Religiosa e jurídica.

c) Psicossocial, jurídica e de saúde.

d) Religiosa, jurídica e psicossocial.

e) Psicossocial, religiosa e de saúde.

GAB	1
	C

▸TÍTULO VI – DISPOSIÇÕES TRANSITÓRIAS

Art. 33. Enquanto não estruturados os Juizados de Violência Doméstica e Familiar contra a Mulher, as varas criminais acumularão as competências cível e criminal para conhecer e julgar as causas decorrentes da prática de violência doméstica e familiar contra a mulher, observadas as previsões do Título IV desta Lei, subsidiada pela legislação processual pertinente.

Parágrafo único. Será garantido o direito de preferência, nas varas criminais, para o processo e o julgamento das causas referidas no *caput*.

1. COMENTÁRIOS

Como bem ilustram Rômulo Moreira e Isaac Sabbá Guimarães, é "bastante estranho (...), inclusive do ponto de vista do princípio do juiz natural, esta competência cível 'delegada' a um juiz com competência criminal"[20]!

Em que pese a crítica, na pendência da criação dos Juizados de Violência Doméstica e Familiar, a "múltipla incidência"[21] da conduta criminosa, com repercussões que transcendem a esfera penal, fez com que fosse conferida às varas criminais a cumulação de funções, a grosso modo, como numa comarca de vara única[22], imprimindo, ao menos em tese, maior efetividade e uniformidade no tratamento das demandas envolvendo a violência doméstica.

Ademais, averbou-se o direito de preferência, revelando uma especial preocupação com a razoável duração do processo (art. 5º, inc. LXXVIII, CF).

Chegou-se a cogitar da inconstitucionalidade do art. 33 em comento, por violação dos limites da competência legislativa dos Estados para dispor sobre organização judiciária, o que não veio a prosperar, afinal, o que existe é a possibilidade (faculdade) de criação dos Juizados de Violência Doméstica e Familiar contra a mulher (arts. 19 e 29, Lei 11.340/06). Em última análise, estabeleceu-se uma "sugestão", por lei federal, para a criação de tais órgãos na esfera estadual.

---

20. GUIMARÃES, Isaac Sabbá; MOREIRA, Rômulo de Andrade. *Lei Maria da Penha. Aspectos Criminológicos, de Política Criminal e do Procedimento Penal.* 2. ed. Curitiba: Juruá. 2. 2011. p. 127.
21. A expressão é de Araken de Assis.
22. BRASILEIRO, Renato. *Legislação Criminal Especial Comentada.* 3. ed. Salvador: JusPodivm. 2015. p. 966.

2. QUESTÕES DE CONCURSOS

1. **(MPE-MS/Promotor de Justiça/2013 – adaptada)** Enquanto não estruturados os juizados de violência doméstica e familiar contra a mulher, as varas criminais acumularão as competências cível e criminal para conhecer e julgar as causas decorrentes da prática de violência doméstica e familiar contra a mulher.

GAB	1
	C

▸TÍTULO VII – DISPOSIÇÕES FINAIS

Art. 34. A instituição dos Juizados de Violência Doméstica e Familiar contra a Mulher poderá ser acompanhada pela implantação das curadorias necessárias e do serviço de assistência judiciária.

Art. 35. A União, o Distrito Federal, os Estados e os Municípios poderão criar e promover, no limite das respectivas competências:

I – centros de atendimento integral e multidisciplinar para mulheres e respectivos dependentes em situação de violência doméstica e familiar;

II – casas-abrigos para mulheres e respectivos dependentes menores em situação de violência doméstica e familiar;

III – delegacias, núcleos de defensoria pública, serviços de saúde e centros de perícia médico-legal especializados no atendimento à mulher em situação de violência doméstica e familiar;

IV – programas e campanhas de enfrentamento da violência doméstica e familiar;

V – centros de educação e de reabilitação para os agressores.

Art. 36. A União, os Estados, o Distrito Federal e os Municípios promoverão a adaptação de seus órgãos e de seus programas às diretrizes e aos princípios desta Lei.

Art. 37. A defesa dos interesses e direitos transindividuais previstos nesta Lei poderá ser exercida, concorrentemente, pelo Ministério Público e por associação de atuação na área, regularmente constituída há pelo menos um ano, nos termos da legislação civil.

Parágrafo único. O requisito da pré-constituição poderá ser dispensado pelo juiz quando entender que não há outra entidade com representatividade adequada para o ajuizamento da demanda coletiva.

Art. 38. As estatísticas sobre a violência doméstica e familiar contra a mulher serão incluídas nas bases de dados dos órgãos oficiais do Sistema de Justiça e Segurança a fim de subsidiar o sistema nacional de dados e informações relativo às mulheres.

Parágrafo único. As Secretarias de Segurança Pública dos Estados e do Distrito Federal poderão remeter suas informações criminais para a base de dados do Ministério da Justiça.

Art. 39. A União, os Estados, o Distrito Federal e os Municípios, no limite de suas competências e nos termos das respectivas leis de diretrizes orçamentárias, poderão estabelecer dotações orçamentárias específicas, em cada exercício financeiro, para a implementação das medidas estabelecidas nesta Lei.

Art. 40. As obrigações previstas nesta Lei não excluem outras decorrentes dos princípios por ela adotados.

Art. 41. Aos crimes praticados com violência doméstica e familiar contra a mulher, independentemente da pena prevista, não se aplica a Lei nº 9.099, de 26 de setembro de 1995.

1. COMENTÁRIOS

A discussão sobre a constitucionalidade do artigo em comento sempre foi intensa, em face da (in)aplicabilidade da Lei dos Juizados às infrações envolvendo violência doméstica e familiar contra a mulher. Destacamos as seguintes posições:

a) 1º posição: para Rômulo Moreira e Isaac Sabbá Guimarães, o artigo em comento "afronta o disposto no art. 98, I, da Constituição Federal, pois a competência dos Juizados Especiais Criminais é ditada pela natureza da infração penal, estabelecida em razão da matéria e, portanto, de **caráter absoluto**, ainda mais porque tem base constitucional"(grifo nosso)[23]. Em acréscimo, os princípios da igualdade e proporcionalidade restariam afrontados, com injustificável discriminação no tratamento criminal.

b) 2º posição: para os adeptos da constitucionalidade da medida, o legislador ordinário tem margem de manobra para excluir a aplicação da Lei dos Juizados em hipóteses específicas, consonantes com as necessidades do bem jurídico tutelado. Ademais, a própria Constituição Federal remete ao legislador ordinário a incumbência de definir o conceito de infração de menor potencial ofensivo (art. 98, inc. I, CF). Em acréscimo, a tutela, de forma mais enérgica, da mulher vítima da violência doméstica, em nítida condição de vulnerabilidade, endossa o movimento legislativo da **proibição da proteção deficiente**. Não é outro o entendimento do pleno do STF, reconhecendo a constitucionalidade do dispositivo em comento, ao apreciar a Ação Declaratória de Constitucionalidade nº 19/DF, de relatoria do Ministro Marco Aurélio. Com isso, extraímos as seguintes conclusões:

b.1) Os **crimes** com pena máxima não superior a dois anos e as **contravenções**, no âmbito da violência doméstica e familiar, não se enquadram como infrações de menor potencial ofensivo.

b.2) Tais infrações não seguirão o rito sumaríssimo, de forma que serão processadas no **rito sumário** (art. 394, § 1º, II, CPP).

b.3) Não se admite **composição civil** dos danos ou **transação penal** (arts. 74 e 76 da Lei nº 9.099/95). De acordo com o enunciado nº 536 da súmula do STJ, a "suspensão condicional do processo e a transação penal não se aplicam na hipótese de delitos sujeitos ao rito da Lei Maria da Penha".

b.4) A lesão corporal leve, na violência doméstica, é crime de **ação pública incondicionada**, por inaplicabilidade do art. 88 da Lei nº 9.099/95. Assim, a instauração de inquérito, a lavratura de flagrante e a deflagração do processo criminal independem de manifestação de vontade da ofendida. No mesmo sentido, o enunciado nº 542 da súmula do STJ: "A ação penal relativa ao crime de lesão corporal resultante de violência doméstica contra a mulher é pública incondicionada".

b.5) Nas infrações com **pena mínima** não superior a **um ano**, é inadmissível a suspensão condicional do processo, afastando-se a incidência do art. 89 da Lei dos Juizados (súmula nº 536 do STJ).

---

23. GUIMARÃES, Isaac Sabbá; MOREIRA, Rômulo de Andrade. *Lei Maria da Penha. Aspectos Criminológicos, de Política Criminal e do Procedimento Penal*. 2. ed. Curitiba: Juruá. 2. 2011. p. 135.

b.6) Crimes com pena de até dois anos e contravenções na violência doméstica não se submetem a termo circunstanciado de ocorrência (art. 69 da Lei nº 9.099/95). Portanto, nas hipóteses de flagrância, o auto de flagrante será lavrado. De todo modo, o delegado pode arbitrar fiança nos crimes cuja pena máxima não ultrapasse quatro anos, e o pagamento evita o recolhimento ao cárcere (art. 322, CPP).

2. SÚMULAS E JURISPRUDÊNCIA

- **Súmula nº 536, STJ:** A suspensão condicional do processo e a transação penal não se aplicam na hipótese de delitos sujeitos ao rito da Lei Maria da Penha.

- **Súmula nº 542, STJ:** A ação penal relativa ao crime de lesão corporal resultante de violência doméstica contra a mulher é pública incondicionada.

✦ *SUPREMO TRIBUNAL FEDERAL*

- **LEI "MARIA DA PENHA" E ART. 41 DA LEI 9.099/95.** O Plenário denegou *habeas corpus* no qual pretendida a suspensão dos efeitos da condenação imposta ao paciente, nos termos do art. 89 da Lei 9.099/95, e, em conseqüência, declarou a constitucionalidade do art. 41 da Lei 11.340/2006 (*"Aos crimes praticados com violência doméstica e familiar contra a mulher, independentemente da pena prevista, não se aplica a Lei nº 9.099, de 26 de setembro de 1995."*). Na espécie, o paciente fora condenado, pela prática de contravenção penal de vias de fato (Decreto-Lei 3.688/41, art. 21, *caput*), à pena de 15 dias de prisão simples, substituída por restritiva de direitos consistente em prestação de serviços à comunidade. Aduziu-se, inicialmente, que a Lei 11.340/2006 teria por escopo coibir a violência doméstica e familiar contra a mulher, em observância ao art. 226, § 8º, da CF (*"Art. 226. A família, base da sociedade, tem especial proteção do Estado. ... § 8º – O Estado assegurará a assistência à família na pessoa de cada um dos que a integram, criando mecanismos para coibir a violência no âmbito de suas relações."*). A esse respeito, salientou-se que a mesma lei, em seu art. 7º, definiria como *"violência doméstica e familiar contra a mulher"* não apenas a violência física, mas também a psicológica, social, patrimonial e moral. Reputou-se, por sua vez, que o preceito contido no art. 41 da referida lei afastaria, de forma categórica, a Lei 9.099/95 de todo processo-crime cujo quadro revelasse violência doméstica ou familiar contra a mulher, o que abarcaria os casos de contravenção penal. No ponto, o Min. Luiz Fux ressaltou que as causas a envolver essa matéria seriam revestidas de complexidade incompatível com o rito sumaríssimo dos Juizados Especiais. O Min. Marco Aurélio, relator, acrescentou que a Lei "Maria da Penha" preveria a criação de juizados específicos para as situações de que trata e que seria incongruente, pois, a aplicação de regras da Lei 9.099/95. Assinalou-se, ademais, que o ato perpetrado pelo paciente teria atingido não só a integridade física da mulher, mas também sua dignidade, a qual o contexto normativo buscaria proteger. Nesse aspecto, o Min. Cezar Peluso, Presidente, observou que o art. 98, I, da CF não conteria a definição de *"infrações penais de menor potencial ofensivo"*, de modo que a lei infraconstitucional poderia estabelecer critérios – não restritos somente à pena cominada – aptos a incluir, ou não, determinadas condutas nesse gênero. Entendeu-se, também, que a norma impugnada estaria de acordo com o princípio da igualdade, na medida em que a mulher careceria de especial proteção jurídica, dada sua vulnerabilidade, e que atenderia à ordem jurídico-constitucional, no sentido de combater o desprezo às famílias, considerada a mulher como sua célula básica. Destacou-se, por fim, que a pena imposta consubstanciaria mera advertência a inibir a reiteração de práticas mais condenáveis. *STF, HC 106212/MS, rel. Min. Marco Aurélio, 24.3.2011. Pleno. (Info 620)*

3. QUESTÕES DE CONCURSOS

1. **(MPE-RS/Assessor/2014 – adaptada)** Nos casos de crimes de violência doméstica e familiar contra a mulher não se aplica a suspensão condicional do processo.
2. **(VUNESP/PC-SP/Desenhista/2014 – adaptada)** Aplica-se a Lei nº 9.099/1995 – Juizados Especiais Cíveis e Criminais – aos crimes praticados com violência doméstica e familiar contra a mulher.

3. **(CESPE/TJ-CE/Analista Judiciário/2014 – adaptada)** Crime de lesão corporal leve praticado em contexto de violência doméstica contra a mulher é de ação penal pública condicionada à representação da ofendida.
4. **(CESPE/TJ-RR/Titular de Serviços de Notas e de Registros/2013 – adaptada)** Na ação relativa à prática de crimes mediante violência doméstica e familiar contra a mulher, independentemente da pena prevista, é vedado o oferecimento de transação penal, sendo permitida, entretanto, a suspensão condicional do processo.
5. **(FMP Concursos/MPE-RO/Promotor de Justiça/2017)** Os crimes de ameaça e de lesões corporais leves praticados no contexto de violência doméstica e familiar são de ação penal pública incondicionada.
6. **(FMP Concursos/MPE-RO/Promotor de Justiça/2017)** Admite-se a aplicação da suspensão condicional do processo aos autores de crimes praticados no contexto de violência doméstica e familiar.
7. **(FCC/DPE-MA/Defensor Público/2018 – adaptada)** Segundo reiteradas decisões do Superior Tribunal de Justiça, a suspensão condicional do processo e a transação penal se aplicam às contravenções penais praticadas no âmbito da Lei Maria da Penha.
8. **(FCC/MPE-PB/Promotor de Justiça/2018 – adaptada)** A suspensão condicional do processo, prevista na Lei nº 9.099/1995, é aplicável na hipótese de delitos sujeitos ao rito da Lei Maria da Penha (Lei nº 11.340/2006).
9. **(FCC/MPE-PB/Promotor de Justiça/2018 – adaptada)** A transação penal, prevista na Lei dos Juizados Especiais Criminais, é aplicável na hipótese de delitos sujeitos ao rito da Lei Maria da Penha (Lei nº 11.340/2006).

GAB	1	2	3	4	5	6	7	8	9
	C	E	E	E	E	E	E	E	E

Art. 42. O art. 313 do Decreto-Lei nº 3.689, de 3 de outubro de 1941 (Código de Processo Penal), passa a vigorar acrescido do seguinte inciso IV:

"Art. 313. ....

....

IV – se o crime envolver violência doméstica e familiar contra a mulher, nos termos da lei específica, para garantir a execução das medidas protetivas de urgência." (NR)

1. COMENTÁRIOS

Com nítido viés coercitivo, instituiu-se a admissibilidade de decretação da preventiva em razão do descumprimento das medidas protetivas de urgência, inserindo-se inciso específico no art. 313 do CPP. Naturalmente, a preventiva é vista como medida de última *ratio*, tolerada por estrita necessidade, pressupondo *fummus commissi delicti* e *periculum libertatis*.

De todo modo, o referido inciso foi expressamente refogado com o advento da Lei nº º 12.403/011, dando lugar ao inc. III do mesmo artigo. A alteração topográfica não desvirtuou a finalidade da medida, qual seja, garantir a execução das medidas protetivas de urgência. Por outro lado, o leque de protetividade foi ampliado, tutelando-se a mulher, a criança, o adolescente, o idoso e o enfermo (vide comentários ao art. 20 da presente lei).

Art. 43. A alínea f do inciso II do art. 61 do Decreto-Lei nº 2.848, de 7 de dezembro de 1940 (Código Penal), passa a vigorar com a seguinte redação:

"Art. 61. ....

....

II – ....

....

f) com abuso de autoridade ou prevalecendo-se de relações domésticas, de coabitação ou de hospitalidade, ou com violência contra a mulher na forma da lei específica;

.... " (NR)

1. COMENTÁRIOS

A redação original da alínea "f", do inc. II do art. 61 do CP, já previa o agravamento da pena quando o delito fosse praticado "**com abuso de autoridade ou prevalecendo-se de relações domésticas, de coabitação ou de hospitalidade**". A Lei Maria da Penha fez um incremento na previsão, estendendo a agravante para a infração praticada "**com violência contra a mulher na forma da lei específica**".

Ao que parece, a nova previsão, para não se tornar redundante e ter algum viés inovador, deve ser conjugada com o art. 5º, inc. III, da Lei 11.343/06, acobertando delitos quando os agentes nutrem entre si "**qualquer relação íntima de afeto**". Isso porque quando o agente se vale das relações domésticas ou de coabitação para a prática do delito, a parte inicial da alínea "f", inc. II do art. 61 do CP, já faz previsão específica. Já se a vítima é ascendente, descendente, irmã ou cônjuge do agressor, a exasperação da pena se justifica pela alínea "e" do inc. II do art. 61 do CP.

Art. 44. O art. 129 do Decreto-Lei nº 2.848, de 7 de dezembro de 1940 (Código Penal), passa a vigorar com as seguintes alterações:

"Art. 129. ....

....

§ 9º Se a lesão for praticada contra ascendente, descendente, irmão, cônjuge ou companheiro, ou com quem conviva ou tenha convivido, ou, ainda, prevalecendo-se o agente das relações domésticas, de coabitação ou de hospitalidade:

Pena – detenção, de 3 (três) meses a 3 (três) anos.

....

§ 11. Na hipótese do § 9º deste artigo, a pena será aumentada de um terço se o crime for cometido contra pessoa portadora de deficiência." (NR)

1. COMENTÁRIOS

O § 9º do art. 129 do CP foi inserido um pouco antes do advento da Lei Maria da Penha, por força da Lei nº 10.886/04. Assim, consignou-se uma qualificadora para o crime de **lesão corporal leve**, desde que praticada contra "ascendente, descendente, irmão, cônjuge ou companheiro, ou com quem conviva ou tenha convivido, ou, ainda, prevalecendo-se o agente das relações domésticas, de coabitação ou de hospitalidade".

De tal previsão, podemos extrair as seguintes conclusões:

a) A referida qualificadora é aplicável à **lesão corporal leve** (art. 129, *caput*, CP), não se estendendo à **lesão grave** (art. 129, § 1º, CP), à **lesão gravíssima** (art. 129, § 2º, CP), ou à **lesão corporal seguida de morte** (art. 129, § 3º, CP). Em tais hipóteses, se o delito for praticado nas circunstâncias do § 9º do art. 129 do CP, a pena será aumentada em 1/3 (um terço), nos termos do § 10 do art. 129 do CP.

b) A qualificadora do § 9º transcende as hipóteses de violência doméstica e familiar contra a **mulher**, acobertando situações jurídicas onde a vítima pode ser **homem** ou **mulher,** indistintamente.

c) A Lei Maria da Penha, ao alterar o § 9º do art. 129 do CP, apenas interferiu no quantitativo de pena. Originalmente, a qualificadora em questão contemplava detenção de 6 (seis) meses a 1 (um) ano; atualmente, de 3 (três) meses a 3 (três) anos. Logo:

c.1) Perde-se, com isso, o *status* de infração de menor potencial ofensivo (lembramos que na violência doméstica já não se aplicaria a Lei dos Juizados, por força do art. 41 da Lei 11.340/06).

c.2) Ademais, é importante averbar não ser admissível a substituição da pena privativa de liberdade por restritiva de direitos, pela verificação da violência ou grave ameaça à pessoa (art. 44, inc. I do CP).

d) Inseriu-se o § 11 ao art. 129 do CP, estabelecendo o aumento de pena em 1/3 (um terço), se nas circunstâncias do § 9º, o crime é praticado contra pessoa **portadora de deficiência**, que nos termos do art. 2º, inc. III, da Lei nº 10.098/00, é aquela que "temporária ou permanentemente tem limitada sua capacidade de relacionar-se com o meio e de utilizá-lo".

2. QUESTÕES DE CONCURSOS

1. **(MPE-PR/Promotor de Justiça/2014 – adaptada)** Conforme dispõe a Lei, violência física é a lesão corporal praticada contra a mulher no âmbito doméstico ou familiar, sendo que nesse caso já existe tipo penal incriminador próprio (art. 129, §§ 9º e 10, do Código Penal), o que necessariamente afasta a aplicação da agravante prevista no art. 61, inc. II, alínea "f", do mesmo "Codex", em razão da vedação da prática de "bis in idem".

2. **(CESPE/TJ-RN/Juiz/2013 – adaptada)** Pratica o crime de lesão corporal qualificada pela violência doméstica o agente que agride fisicamente sua esposa, caso em que deve incidir a circunstância agravante decorrente da prática do delito contra o cônjuge.

GAB	1	2
	C	E

Art. 45. O art. 152 da Lei nº 7.210, de 11 de julho de 1984 (Lei de Execução Penal), passa a vigorar com a seguinte redação:

"Art. 152. ....

Parágrafo único. Nos casos de violência doméstica contra a mulher, o juiz poderá determinar o comparecimento obrigatório do agressor a programas de recuperação e reeducação." (NR)

1. COMENTÁRIOS

O art. 152 da Lei de Execução Penal está inserido na Seção III do Capítulo II do Título V, tratando da "**limitação de fim de semana**". Assim, aos sábados e domingos, o agente ficará recolhido, por cinco horas diárias, na casa do albergado ou estabelecimento similar (art. 48 do CP).

Durante o cumprimento da pena, poderão ser ministrados cursos e palestras, além da atribuição de atividades educativas (art. 152, *caput*, LEP). Na violência doméstica contra a mulher, admite-se a imposição de comparecimento obrigatório a "programas de recuperação e reeducação".

Sem nos imiscuirmos na existência (ou não) de tais programas, em que pese ser o comparecimento obrigatório diante da determinação judicial, a falta injustificada não traz como consequência a condução coercitiva. Aliás, seria de absoluta incongruência, diante da própria finalidade da medida: recuperar e reeducar! Resta, como solução, converter a pena restritiva de direitos em privativa de liberdade (art. 44, § 4º, CP).

Art. 46. Esta Lei entra em vigor 45 (quarenta e cinco) dias após sua publicação.

1. COMENTÁRIOS

A publicação da Lei em Diário Oficial da União se deu em 8 de agosto de 2006, terça-feira. A contar desta data deve se ter o termo inicial, *a quo*, para a contagem da *vacatio legis* estabelecida.

A regra decorre da dicção do § 1º, do art. 8º, da Lei Complementar nº 95/1998, com redação determinada pela Lei Complementar nº 107/2001 ("A contagem do prazo para entrada em vigor das leis que estabeleçam período de vacância far-se-á com a inclusão da data da publicação e do último dia do prazo, entrando em vigor no dia subsequente à sua consumação integral").

Considerando que o mês de agosto tem 31 dias, o termo final, *ad quem*, de expiração dos 45 dias se deu em 21 de setembro daquele ano. Daí que o início de vigência daquela lei deve ser considerado como operado em 22 de setembro de 2006.

Brasília, 7 de agosto de 2006; 185º da Independência e 118º da República.

LUIZ INÁCIO LULA DA SILVA

Dilma Rousseff

D.O.U. de 8.8.2006

| 23 |

CRIMES DE RESPONSABILIDADE DE PREFEITOS

CRIMES DE RESPONSABILIDADE DE PREFEITOS					
QUESTÕES DE CONCURSOS					
Classificação pelo artigo			Classificação pelo grau de incidência em provas		
Dispositivo legal	nº de questões	%	Dispositivo legal	nº de questões	%
art. 1º, caput	12	**21,43%**	art. 2º	17	30,36%
Art. 1º, I	1	**1,79%**	art. 1º, caput	12	21,43%
art. 1º, II	3	**5,36%**	art. 1º, § 2º	6	10,71%
art. 1º, VII	3	**5,36%**	art. 1º, XIV	4	7,14%
art. 1º, IX	1	**1,79%**	art. 3º	4	7,14%
art. 1º, XII	1	**1,79%**	art. 1º, II	3	5,36%
art. 1º, XIII	1	**1,79%**	art. 1º, VII	3	5,36%
art. 1º, XIV	4	**7,14%**	art. 1º, § 1º	3	5,36%
art. 1º, § 1º	3	**5,36%**	Art. 1º, I	1	1,79%
art. 1º, § 2º	6	**10,71%**	art. 1º, IX	1	1,79%
art. 2º	17	**30,36%**	art. 1º, XII	1	1,79%
art. 3º	4	**7,14%**	art. 1º, XIII	1	1,79%
TOTAL	56	**100,00%**	TOTAL	56	**100,00%**

▸DECRETO-LEI Nº 201, DE 27 DE FEVEREIRO DE 1967

Dispõe sobre a responsabilidade dos Prefeitos e Vereadores, e dá outras providências.

O PRESIDENTE DA REPÚBLICA, usando da atribuição que lhe confere o parágrafo 2º, do artigo 9º, do Ato Institucional nº 4, de 7 de dezembro de 1966,

DECRETA:

Art. 1º São crimes de responsabilidade dos Prefeitos Municipal, sujeitos ao julgamento do Poder Judiciário, independentemente do pronunciamento da Câmara dos Vereadores:

1. COMENTÁRIOS

1.1. Constitucionalidade do Decreto-Lei n.º 201/67

O Decreto-Lei nº 201 foi aprovado sob a égide da Constituição de 1967. Como se sabe, a Constituição Federal de 1988 não reproduziu a possibilidade de edição decretos-leis. Nada obsta, todavia, que estes diplomas normativos editados anteriormente sejam recepcionados pela atual ordem constitucional, desde que, com ela, guardem compatibilidade material.

Pois foi exatamente o que ocorreu com Decreto-Lei n.º 201, de 27 de fevereiro de 1967, recepcionado pela Constituição Federal de 1988 com status de lei ordinária. Sob o aspecto material, portanto, trata-se de lei ordinária, razão pela qual é legítima a abordagem penal, inclusive com a definição de condutas criminosas e cominação de respectivas sanções penais.

Sobre o tema, incidiria, inclusive, o disposto no enunciado n.º 496 da súmula de jurisprudência do Supremo Tribunal Federal, nos seguintes termos:

> ***Súmula n.º 496/STF:*** "São válidos, porque salvaguardados pelas Disposições Constitucionais Transitórias da Constituição Federal de 1967, os decretos-leis expedidos entre 24 de janeiro e 15 de março de 1967".

A súmula, logo se vê, foi editada em momento anterior à Constituição atual, pois remonta ao ano de 1969. De toda sorte, conforme afirmamos, é entendimento corrente no âmbito da suprema Corte que os decretos-leis podem ser recepcionados pela CF/88, conquanto compatíveis, materialmente, com ela.

1.2. Matérias objeto do Decreto-Lei n.º 201/67

É importante registrar que o Decreto-Lei n.º 201/67 não trata, apenas, de matérias relacionadas à responsabilização penal. Uma breve análise do seu conteúdo é suficiente para constatar que este diploma legislativo trata, para além da responsabilização criminal, de infrações político-administrativas (art. 4º), de cassação (art. 5º) e extinção de mandatos (art. 6º a 8º), entre outros temas.

1.3. Crimes de responsabilidade

É necessária uma boa dose de cautela com a expressão "crime de responsabilidade". Trata-se de expressão com múltiplas acepções, e não se pode confundir, por exemplo, os crimes de responsabilidade previstos no art. 1º do Decreto-Lei n.º 201/67 com aqueles previstos no art. 85 da Constituição Federal.

Este artigo constitucional trata de crimes de responsabilidade do Presidente da República, e enumera, entre as condutas que possam caracterizá-los os atos que atentem contra: a) a existência da União; b) o livre exercício do Poder Legislativo, do Poder Judiciário, do Ministério Público e dos Poderes constitucionais das unidades da Federação; c) o exercício dos direitos políticos, individuais e sociais; d) a segurança interna do País; e) a probidade na administração; f) a lei orçamentária; g) o cumprimento das leis e das decisões judiciais.

Como se percebe, os crimes de responsabilidade previstos na Constituição Federal não constituem infrações penais, mas sim infrações políticas. Não são, portanto, crimes em sentido estrito. E esta, inclusive, a razão pela qual os julgamentos de tais "crimes" é, também ele, político, realizado pelo Senado Federal.

Nas condutas trazidas no art. 1º do Decreto-Lei n.º 201/67, termos infrações penais, e não infrações políticas. São, portanto, crimes comuns, muito embora a legislação tenha empregado a expressão "crimes de responsabilidade". O art. 1º, a que nos referimos e será comentado em seguida, define condutas criminosas e comina a respectiva sanção penal. O julgamento é realizado pelo Poder Judiciário, observando todo o regramento contido na legislação.

1.4. Sujeitos do crime

Sujeito ativo do crime é o prefeito municipal. Trata-se, portanto, de crime próprio, pois exige uma qualidade especial do agente.

Há entendimento doutrinário no sentido de que se trata de crime de mão própria[1]. Com a devida vênia, assim não pensamos, pois os crimes do art. 1º do Decreto-Lei n.º 201/67 admitem a coautoria. Com efeito, se alguém, atuando em coautoria ou participação com o prefeito municipal, tiver consciência dessa sua condição de prefeito, responderá como se prefeito fosse, pois as condições pessoas de um réu seriam comunicadas aos demais, nos termos do art. 30, CP. Deste modo, poderíamos ter, por exemplo, um secretário municipal de finanças respondendo, em coautoria, com o prefeito.

Muito embora a ementa do Decreto-Lei afirme que ele "dispõe sobre a responsabilidade dos prefeitos e vereadores", o art. 1º, que traz os tipos penais, aplica-se, tão-somente, aos prefeitos. De sua vez, os vereadores, estão sujeitos apenas à responsabilização política, nos termos do art. 7º.

Sujeito passivo, em geral, é o próprio município, ou entidade da administração municipal indireta. No caso concreto, poderá ser o Estado ou a União.

1.5. Bem jurídico

O bem jurídico tutelado nos crimes do art. 1º do Decreto-Lei n.º 201/67 é a administração pública.

1.6. Elemento subjetivo

Em todas as condutas previstas nos incisos do art. 1º, o elemento subjetivo é o dolo, não havendo que se falar em previsão de crime na modalidade culposa.

1.7. Ação penal

A ação penal é pública incondicionada.

2. QUESTÕES DE CONCURSOS

1. **(MPE-PR/Promotor de Justiça/2008) Para submeter a julgamento perante o Poder Judiciário autor de crime de responsabilidade previsto no artigo 1º do Decreto-lei 201/67 é necessário:**

---

1. p.332.

a) que o sujeito ativo seja necessariamente Prefeito Municipal ou quem lhe faça as vezes e que haja autorização prévia da Câmara de Vereadores.

b) que o sujeito ativo seja Prefeito Municipal ou quem lhe faça as vezes ou que seja Vereador, independentemente de autorização prévia da Câmara de Vereadores.

c) que o sujeito ativo seja Prefeito Municipal ou quem lhe faça as vezes ou que seja Vereador e que haja autorização prévia da Câmara de Vereadores.

d) que o sujeito ativo seja necessariamente Prefeito Municipal ou quem lhe faça as vezes, independentemente de autorização prévia da Câmara de Vereadores.

e) que o sujeito ativo seja Prefeito Municipal ou quem lhe faça as vezes ou que seja Vereador e que haja autorização da Câmara de Vereadores, ainda que posterior à instauração do processo criminal.

2. **(VUNESP/Câmara Municipal de Atibaia/Advogado/2015 – adaptada)** Os crimes de responsabilidade do Prefeito Municipal são sujeitos ao julgamento do Poder Judiciário, independentemente do pronunciamento da Câmara dos Vereadores.

3. **(MPE-SC/Promotor de Justiça/2013)** Na linha do Decreto-Lei n. 201/67, o prefeito e vereadores sujeitam-se a responder por crimes de responsabilidade perante o Poder Judiciário, independentemente de pronunciamento da Câmara Legislativa competente e ainda que encerrados os exercícios de seus mandatos.

4. **(PGR/Procurador da República/2012 – adaptada)** Os Vereadores podem responder pelos crimes definidos no Decreto-lei n. 201/67 somente quando forem alcançados pelo disposto no art. 29 do Cód. Penal.

5. **(FESMIP-BA/MPE-BA/Promotor de Justiça/2010 – adaptada)** A extinção do mandato do Prefeito impede a ação penal pela suposta prática dos crimes previstos no art. 1º do Decreto-lei nº 201/67, devendo, neste caso, ser observado o tipo penal previsto no Código Penal.

6. **(PGT/Procurador/2008 – adaptada)** Os crimes de responsabilidade previstos no Decreto-lei nº 201/67 estão sujeitos a julgamento pelo Poder Judiciário.

7. **(FCC/TCM-PA/Técnico de Controle Externo/2010 – adaptada)** Constitui crime de responsabilidade dos Prefeitos Municipais, sujeito ao julgamento do Poder Judiciário, após autorização da Câmara dos Vereadores, dentre outros, apropriar-se de bens ou rendas públicas, em proveito alheio.

8. **(VUNESP/SAEG/Advogado/2015 – adaptada)** Com relação aos crimes de responsabilidade dos Prefeitos Municipais e Vereadores previstos no Decreto-Lei n° 201/1967, é correto afirmar que o julgamento pelo Judiciário dependerá sempre do pronunciamento da Câmara dos Vereadores.

9. **(CESPE/TCE-PR/Auditor/2016 – adaptada)** Em relação aos tipos penais descritos no decreto-lei em apreço, não se admite coautoria ou participação, por serem tais tipos crimes próprios.

10. **(CESPE/TCE-PR/Auditor/2016 – adaptada)** O referido diploma não trata de crimes comuns (infrações penais), mas somente crimes de responsabilidade (infrações político-administrativas).

11. **(FUNDEP/TCE-MG/Auditor/2015 – adaptada)** O julgamento de prefeito municipal por crime de responsabilidade previsto no art. 1º do Decreto-lei n. 201/1967 depende de autorização da Câmara dos Vereadores.

12. **(CESPE/TCE-PR/Analista Judiciário/2016 - adaptada)** É imprescindível a autorização da respectiva câmara municipal para o julgamento, perante o Poder Judiciário, dos acusados da prática dos crimes de responsabilidade previstos no Decreto-lei nº 201/1967.

GAB	1	2	3	4	5	6	7	8	9	10	11	12
	D	C	E	C	E	C	E	E	E	E	E	E

I – apropriar-se de bens ou rendas públicas, ou desviá-los em proveito próprio ou alheio;

1. COMENTÁRIOS

1.1. Considerações iniciais

O tipo penal em apreço assemelha-se, em alguma medida, ao crime de peculato, previsto no art. 312 do Código Penal, nos seguintes termos: "Apropriar-se o funcionário público de dinheiro, valor ou qualquer outro bem móvel, público ou particular, de que tem a posse em razão do cargo, ou desviá-lo, em proveito próprio ou alheio". Como se vê, o Código Penal traz, no art. 312, *caput*, duas condutas distintas, o que conduz a doutrina a classificar esta modalidade de peculato em peculato-apropriação e peculato-desvio.

Por força do princípio da especialidade, o prefeito municipal, que venha a realizar tais condutas, não seria responsabilizado pelo art. 312 do Código Penal, mas sim pelo crime do art. 1º, inciso I do Decreto-Lei n.º 201/67. Cabe mencionar que o código Penal, no referido dispositivo, prevê uma pena de reclusão de dois a doze anos, além da multa. Por sua vez, para o crime em apreço, o decreto-Lei n.º 201/67 previu, no art. 1º, §1º, os mesmos patamares de pena privativa de liberdade, não fazendo menção, todavia, à pena de multa.

Sob outro prisma, cabe salientar que, no crime de peculato, as condutas recaem sobre "dinheiro, valor ou qualquer outro bem móvel". Por seu turno, o art. 1º, I do Decreto-Lei n.º 201/67 dispõe que as condutas do prefeito municipal recaem sobre "bens ou rendas públicas". A partir deste ponto, é possível extrairmos a conclusão de que o dispositivo do Decreto-Lei é mais abrangente, pois não se adstringe aos bens móveis. Deste modo, se o prefeito apropriar-se de bem imóvel, também incorrerá nas penas deste crime.

Por outro lado, é possível constatar que o crime de peculato possui conduta que recai sobre patrimônio "público ou particular", previsão inexistente no decreto-Lei, que faz alusão apenas ao patrimônio público. Neste outro aspecto, portanto, o crime do Código Penal possui conduta mais abrangente.

O que acontecerá se um prefeito municipal, no exercício de seu mandato eletivo, apropriar-se de um bem móvel particular? Neste caso, não resta dúvida de que não se poderia aplicar o art. 1º, I do Decreto-Lei n.º 201/67, mas sim o art. 312, *caput* do Código Penal.

O objeto material do crime são as verbas ou rendas públicas.

1.2. Condutas

As condutas descritas no tipo penal são:

a) Apropriar-se: apoderar-se da coisa, assenhorear-se, atuar como proprietário.

Nem sempre é fácil identificar a intenção de apropriar-se. Até que ponto há a pretensão de assenhorear-se da coisa, e até que ponto a pessoa é, tão-somente, negligente na obrigação de devolver? Se houver mera negligência, não se caracterizaria o crime em comento. Mas o animo de assenhorear-se pode ser identificado, por exemplo, na situação em que o prefeito, coloca a coisa à venda, como se sua fosse.

b) Desviar: significa dar destinação distinta da devida.

No caso em tela, é imprescindível que referido desvio seja "em proveito próprio ou alheio". Deste modo, não haveria que se falar na prática do crime sob exame se, por exemplo, o prefeito municipal desviasse rendas públicas para uma destinação distinta daquela originariamente prevista, mas em benefício da própria administração pública municipal.

1.3. Elemento subjetivo

O elemento subjetivo é o dolo, caracterizado pela vontade consciente de se apropriar ou desviar. Exige-se, ainda, o elemento subjetivo específico (especial finalidade no agir), que, no caso da apropriação é a pretensão de assenhorear-se da coisa (*animus rem sibi habendi*); por sua vez, no caso do desvio, o elemento subjetivo específico está caracterizado na expressão "em proveito próprio ou alheio". Trata-se, então, da intenção de tornar proprietário da coisa (bens ou rendas públicas), ou outorgá-la a alguma outra pessoa.

Não há previsão para a modalidade culposa.

1.4. Consumação e tentativa

A consumação ocorre com a efetiva apropriação ou desvio.

A posterior reparação do dano ou restituição da coisa não enseja a extinção da punibilidade, podendo, se feita até o recebimento da denúncia do Ministério Público, ensejar a diminuição da pena de um a dois terços. Aplica-se, assim, o instituto do arrependimento posterior, nos termos do art. 16 do Código Penal.

É possível a tentativa. Pode ocorrer, por exemplo, quando, no desvio, os valores não chegam à conta de destino.

2. SÚMULAS E JURISPRUDÊNCIA

✦ *SUPREMO TRIBUNAL FEDERAL*

▸ **DENÚNCIA CONTRA DEPUTADO FEDERAL. FATOS OCORRIDOS DURANTE O EXERCÍCIO DE MANDATO DE PREFEITO MUNICIPAL. CRIMES PREVISTOS NO ART. 1º DO DECRETO-LEI 201/67 E NA LEI 8.666/93. RECEBIMENTO PARCIAL. PRESCRIÇÃO.** 1. Denúncia pela prática de crimes previstos no art. 1°, I e IV, do Decreto-lei 201/67 e arts. 89, 92 e 96, I, da Lei 8.666/93 imputados a Deputado Federal quando no exercício de mandato de Prefeito Municipal. 2. Prescrição da pretensão punitiva do crime previsto no art. 1°, IV, do Decreto-lei 201/67 e dos crimes previstos nos arts. 89 e 92, da Lei 8.666/93. 3. O Supremo Tribunal Federal, em sede de repercussão geral (RE 602.527 QO-RG), decidiu ser inadmissível decretar a prescrição da pretensão punitiva pela pena em perspectiva, antecipada ou projetada. Entendimento que se prestigia em homenagem aos princípios da segurança jurídica e colegialidade. 4. Não é inepta a denúncia que descreve ação típica, individualiza a conduta do denunciado, menciona sua consciência quanto aos fatos imputados e aponta indícios de autoria e materialidade. 5. Não tem cabimento a alegação de ausência de dolo quando do juízo de admissibilidade da acusação, exceto quando demonstrada estreme de dúvidas. 6. Em razão do princípio da taxatividade (art. 5º, XXXIX, da CR), a conduta de quem, em tese, frauda licitação ou contrato dela decorrente, cujo objeto é a contratação de obras e serviços, não se enquadra no art. 96, I, da Lei 8.666/93, pois esse tipo penal contempla apenas licitação ou contrato que tem por objeto aquisição ou venda de bens e mercadorias. 7. Prefeito Municipal que, em tese, promove superfaturamento de preços de serviços e obras públicas visando desviar ou permitir o desvio de recursos públicos, comete o crime do art. 1º, I, do

Decreto-lei 201/67. 8. Denúncia parcialmente recebida pelo crime do art. 1º, I, do Decreto-lei 201/67. ***STF, HC N.º 3.331-MT. Rel Min. Edson Fachin. (Info 820)***

- **ART. 1º, I, DO DECRETO-LEI 201/1967 E ADMISSIBILIDADE DE PARTICIPAÇÃO.** O crime do art. 1º, I, do Decreto-Lei 201/1967 ("Art. 1º São crimes de responsabilidade dos Prefeitos Municipal, sujeitos ao julgamento do Poder Judiciário, independentemente do pronunciamento da Câmara dos Vereadores: I – apropriar-se de bens ou rendas públicas, ou desviá-los em proveito próprio ou alheio"), é próprio, somente podendo ser praticado por prefeito, admitida, porém, a participação, nos termos do art. 29 do CP. Com base nesse entendimento, a Segunda Turma recebeu denúncia oferecida contra deputado federal pela suposta prática do referido crime. De início, rejeitou requerimento formulado no sentido de que o processo em comento fosse julgado em conjunto com AP 644/MT. Assinalou que a reunião de ações penais conexas seria a regra, salvo se o juiz reputasse conveniente a separação, por motivo relevante (CPP: "Art. 80. Será facultativa a separação dos processos quando as infrações tiverem sido praticadas em circunstâncias de tempo ou de lugar diferentes, ou, quando pelo excessivo número de acusados e para não lhes prolongar a prisão provisória, ou por outro motivo relevante, o juiz reputar conveniente a separação"). Ocorre que os feitos estariam em situação processual diversa. Em um deles, a instrução processual já estaria encerrada, enquanto no outro, a denúncia sequer teria sido apreciada. Assim, a reunião das ações seria inviável. No mérito, a Turma destacou que o denunciado, em comunhão de esforços com prefeito, seria acusado de desviar rendas públicas em proveito próprio e alheio. Sua conduta teria consistido em apresentar emenda parlamentar ao orçamento da União, autorizando o repasse de recursos para aquisição de ambulância. Realizada licitação na modalidade tomada de preços, o certame teria sido direcionado em favor de determinada empresa. Para a fase processual de análise de recebimento da denúncia, os elementos seriam suficientes para demonstrar não apenas o direcionamento da licitação, mas também o desvio dos recursos públicos, mediante a prática de sobrepreço. Ademais, haveria indicativos da existência de organização criminosa dedicada à canalização de recursos do orçamento para aquisição de ambulâncias, com posterior direcionamento de licitações. Outrossim, a apresentação de emenda parlamentar para financiar a compra, somada a depoimentos colhidos no sentido de que o denunciado teria contribuído para o direcionamento da licitação, seriam indícios suficientes de participação, para esta fase processual. *STF, Inq 3634/DF, rel. Min. Gilmar Mendes, 2.6.2015. 2ª T. (Info 788).*

3. QUESTÕES DE CONCURSOS

1. **(CESPE/TCE-PR/Analista de Controle/2016 - adaptada)** Para a configuração de crime de responsabilidade previsto no Decreto-lei n.º 201/1967, é imprescindível que o desvio de rendas públicas tenha ocorrido em proveito do próprio prefeito.

GAB	1
	E

II - utilizar-se, indevidamente, em proveito próprio ou alheio, de bens, rendas ou serviços públicos;

1. COMENTÁRIOS

1.1. Considerações iniciais

Diversamente do que ocorre na situação descrita no art. 1º, I, aqui no segundo inciso, o prefeito não se apropria do bem público, isto é, não há ânimo definitivo, não há o *animus rem sibi habendi*. Temos, no tipo penal em tela, a previsão do peculato de uso, que não encontra figura similar no Código Penal. Em conclusão, podemos asseverar que o peculato de uso somente configura crime quando praticado por prefeito municipal ou alguma outra pessoa que, com ele, atue em concurso.

1.2. Condutas

A conduta prevista no tipo penal é:

a) **utilizar-se:** usar, fazer uso, beneficiar-se.

Para que o crime ocorra, imprescindível que a utilização ocorra indevidamente. Deste modo, é óbvio que não há que se falar em crime quando, por exemplo, o prefeito utiliza o carro oficial, no exercício de sua função pública. Até se pode questionar a conveniência de utilização de veículos públicos, mas não se pode ter esta conduta como criminosa, pois não caracteriza, ante nosso atual ordenamento jurídico, utilização indevida de bem público.

Em sentido oposto, poderíamos ter por caracterizado o crime em comento se o prefeito municipal fizesse uso do mesmo carro oficial para atividades meramente privadas, que nenhum vínculo possuísse com a atuação pública.

Como já dissemos, não há crime de peculato de uso no nosso Código Penal. Por esta razão, se um outro agente público realizasse a mesma conduta, consistente na utilização indevida do carro público para finalidades privadas, não cometeria crime. Haveria, naturalmente, responsabilização administrativa e cível do agente público, mas não a penal.

1.3. Elemento subjetivo.

O elemento subjetivo é o dolo, consistente na vontade consciente de fazer uso dos bens, rendas públicas ou serviços públicos. Exige-se o elemento subjetivo específico, porquanto a utilização deve ocorrer "em proveito próprio ou alheio".

Não há previsão para a modalidade culposa.

1.4. Consumação e tentativa

O crime se consuma com a efetiva utilização.

É possível a tentativa, pois se trata de conduta plurissubsistente.

2. SÚMULAS E JURISPRUDÊNCIA

✦ *SUPREMO TRIBUNAL FEDERAL*

- **CRIME DE RESPONSABILIDADE DE PREFEITOS E JUSTA CAUSA PARA A AÇÃO PENAL**. Por ausência de justa causa para a propositura da ação penal, a 1ª Turma, por maioria, não recebeu denúncia oferecida contra Senador da República pela suposta prática do crime descrito no art. 1º, II, do Decreto-Lei 201/1967 ("Art. 1º São crimes de responsabilidade dos Prefeitos Municipal, sujeitos ao julgamento do Poder Judiciário, independentemente do pronunciamento da Câmara dos Vereadores: ... II – utilizar-se, indevidamente, em proveito próprio ou alheio, de bens, rendas ou serviços públicos"). Narrava a inicial acusatória que o investigado, no exercício do mandato de Prefeito, teria atestado inveridicamente a conclusão de obras decorrentes de convênio realizado com a Fundação Nacional de Saúde – Funasa. O Ministério Público argumentava que, de acordo com laudos de vistorias e auditorias, a empresa contratada pela prefeitura não teria executado a totalidade do objeto ajustado e, assim, teria havido a malversação de dinheiro público. A Turma consignou o fato de o prefeito ter emitido relatório em que atestara a execução integral, porém com ressalva de redução das metas, das obras e serviços previstos no convênio. Destacou que o documento não teria relevância causal para a imputação do crime, uma vez que o relatório não teria dado ensejo aos pagamentos. Acrescentou que a impossibilidade de cumprimento das metas previstas no plano de trabalho originário teria decorrido do dilatado lapso temporal transcorrido entre a celebração do convênio, a liberação dos recursos e a licitação. Esclareceu que os fatos teriam implicado a redução de metas em razão do aumento do custo unitário dos bens a serem construídos. Reputou, ante a falta de outras provas que corroborassem a acusação, que inexistiriam elementos sérios e idôneos que demonstrassem utilização indevida ou desvio de valores transferidos ao Município por força de convênio com a Funasa. Por fim, destacou que o simples fato de o Prefeito ter sido o responsável por firmar o convênio ou ser hierarquicamente superior à secretaria responsável pela obra seria insuficiente para sustentar a imputação. Vencido o Ministro Marco Aurélio, que recebia a denúncia. Considerava que, nessa fase, não se poderia formar um juízo quanto à procedência ou não da imputação. Entendia que o recebimento da denúncia demandaria apenas o atendimento da forma e dos indícios de autoria. Consignava que se deveria viabilizar a atuação do Ministério Público, o qual poderia, a partir daí, comprovar a procedência do que articulado em defesa da sociedade. *STF, Inq 3719/DF, rel. Min. Dias Toffoli, 12.8.2014. 1ª T. (Info 754)*

- AÇÃO PENAL. COMPETÊNCIA RATIONE MUNERIS. DEPUTADO FEDERAL. CRIME DE RESPONSABILIDADE DE PREFEITO MUNICIPAL. UTILIZAÇÃO INDEVIDA DE RECURSOS PÚBLICOS. ART. 1º, II, DECRETO-LEI N. 201/67. PROIBIÇÃO CONSTITUCIONAL A PROPAGANDAS DE GOVERNO QUE PROMOVAM A FIGURA DE GOVERNANTES. ART. 37, § 1º, DA CRFB. PRECEDENTES. AÇÃO PENAL JULGADA PARCIALMENTE PROCEDENTE. DOSIMETRIA. REQUISITO NECESSÁRIO DOS VOTOS CONDENATÓRIOS, AINDA QUE A CONDENAÇÃO TENHA ENQUADRADO A CONDUTA CRIMINOSA EM INCISO DIVERSO DO QUE PREVALECEU NO JULGAMENTO PLENÁRIO. PRESCRIÇÃO DA PRETENSÃO PUNITIVA, CONSIDERADA A PENA APLICADA EM CONCRETO. 1. O art. 1º, II, do Decreto-Lei nº 201/67 tipifica como crime próprio dos Prefeitos Municipais a conduta de "utilizar-se, indevidamente, em proveito próprio ou alheio, de bens, rendas ou serviços públicos", cominando a pena de reclusão, de dois a doze anos. 2. A realização de propaganda de cariz eleitoral, exaltando a gestão do prefeito municipal e depreciando as administrações anteriores em época próxima ao pleito, custeada pelo Erário do Município, configura o delito previsto no art. 1º, II, do Decreto-Lei nº 201/67 (...). *(AP 432, Relator(a): Min. LUIZ FUX, Tribunal Pleno, julgado em 10/10/2013).*

- **PREFEITO E CRIME DE RESPONSABILIDADE.** A 1ª Turma desproveu recurso ordinário em habeas corpus em que pretendido o trancamento de ação penal ajuizada, com fulcro no art. 1º, II, do DL 201/67 ["Art. 1º São crimes de responsabilidade dos Prefeitos Municipal (sic), sujeitos ao julgamento do Poder Judiciário, independentemente do pronunciamento da Câmara dos Vereadores: ... II – utilizar-se, indevidamente, em proveito próprio ou alheio, de bens, rendas ou serviços públicos"], contra ex-prefeito que, no exercício do cargo, emprestara carro oficial a correligionário para fins particulares. Na espécie, o paciente colocara veículo da prefeitura à disposição de vereador que, ao se dirigir a evento festivo, na companhia de familiares e de terceiro, colidira o automóvel. Asseverou-se que o trancamento de ação penal somente seria possível em situações de extrema excepcionalidade, o que não seria o caso. O Min. Marco Aurélio destacou a minudência da denúncia e a temeridade de se admitir, existentes 5.567 municípios no Brasil, a reprodução desse fato em outras municipalidades. *STF, RHC 107675/DF, rel. Min. Luiz Fux, 27.9.2011. 1ª T. (Info 642)*

- **CONSTRUÇÃO DE ESTACIONAMENTO DE SUPERMERCADO POR MUNICÍPIO E ART. 1º, II, DO DECRETO-LEI 201/67.** Em conclusão, o Tribunal, por maioria, rejeitou denúncia apresentada pela Procuradoria-Geral de Justiça do Rio Grande do Norte pela qual se imputava a Senadora e outro a suposta prática do crime descrito no art. 1º, II, do Decreto-lei 201/67. Na espécie, a primeira denunciada, então Prefeita do Município de Mossoró/RN, celebrara um "Protocolo de Intenções" com o segundo denunciado, sócio-gerente de supermercado, por meio do qual a denunciada se obrigara a executar os serviços de pavimentação asfáltica da área de estacionamento lateral da loja desse estabelecimento comercial, bem como promover, mediante solicitação da empresa, a realização de cursos de capacitação e treinamento de mão-de-obra necessária à operação do empreendimento — v. Informativo 575. Entendeu-se não haver o apontado ilícito. Salientando que o estacionamento construído não seria de serventia exclusiva dos clientes do supermercado, considerou-se que, no caso, existiria um aspecto social preponderante sobre o aspecto puramente mercantil ou econômico do empreendimento. Afirmou-se que se estaria diante de empresa beneficiária de pequeno porte, e que a atividade estaria inserida na organização do abastecimento alimentar, para a qual o Estado teria competências materiais explícitas. Enfatizou-se, ademais, que o fato de o supermercado criar centenas de empregos diretos no Município teria grande significado social e que seria ínfimo o valor do dispêndio público, qual seja, inferior a quatro mil reais, não estando caracterizada nenhuma discrepância, nenhum superfaturamento entre esse valor e a área construída. Concluiu-se, por derradeiro, que, se ilícito houvesse, seria mais de caráter administrativo. Vencidos os Ministros Joaquim Barbosa, Cármen Lúcia, Cezar Peluso e Marco Aurélio, que recebiam a denúncia. *STF, Inq 2646/RN, rel. Min. Ayres Britto, 24.2.2010. Pleno. (Info 576).*

3. QUESTÕES DE CONCURSOS

1. **(FUNDATEC/PGE-RS/Procurador do Estado/2015 – adaptada)** Segundo previsão legal e a jurisprudência do Supremo Tribunal Federal, a realização de propaganda de natureza eleitoral, exaltando a gestão de prefeito municipal candidato à reeleição e depreciando administrações anteriores em período próximo ao pleito, com custeio de despesas pelo município, configura o delito previsto no art. 1º, inciso II, do Decreto-Lei nº 201/67.

2. **(CESPE/TCE-PR/Analista de Controle/2016 - adaptada)** O prefeito que emprega rendas públicas em proveito próprio para a realização de propagandas autopromocionais comete o crime de peculato-uso.

3. **(CESPE/TCE-PA/Auditor de Controle Externo - Direito/2016)** É típica a conduta de prefeito municipal que se utiliza, indevidamente, de bens públicos em proveito próprio.

GAB	1	2	3
	C	E	C

III – desviar, ou aplicar indevidamente, rendas ou verbas públicas;

1. COMENTÁRIOS

1.1. Considerações iniciais

Este tipo penal guarda semelhança com o crime de "emprego irregular de verbas ou rendas públicas", previsto no art. 315 do Código Penal, nos seguintes termos: "Dar às verbas ou rendas públicas aplicação diversa da estabelecida em lei". Para este crime, é prevista uma pena de detenção de um a três meses, ou multa.

A conduta consistente em desviar ou aplicar indevidamente rendas ou verbas públicas, se realizada pelo prefeito municipal, dará ensejo à capitulação do fato no art. 1º, III do Decreto-Lei n.º 201/67, e não no art. 315 do Código Penal. Aplica-se, uma vez mais, o princípio da especialidade. Não é demasiado destacar que a pena prevista no Decreto-Lei n.º 201/67 é substancialmente maior do que aquela contida no Código Penal, pois varia de três meses a três anos de detenção, nos termos do art. 1º, §1º.

1.2. Condutas

As condutas previstas no tipo penal são:

a) Desviar: significa dar destinação distinta da devida.

b) Aplicar indevidamente: fazer aplicação, em desacordo com o permitido.

As condutas previstas neste tipo penal não se destinam a beneficiar o próprio agente ou terceira pessoa. Esta, inclusive, uma nota distintiva em relação à previsão do art. 1º, inciso I, em que temos conduta consistente em desvio em benefício próprio ou alheio.

O crime em apreço ocorre quando, por exemplo, o Município celebra um convênio com a União para construção de centro de saúde, e oi prefeito, de forma indevida, utiliza os recursos para a construção de uma quadra poliesportiva. Neste caso, o dinheiro público não foi desviado para o prefeito ou terceira pessoa. A destinação financeira reverteu em benefício do próprio Município. E é esta a razão de a pena deste crime ser consideravelmente menor do que aquela prevista no inciso I.

1.3. Elemento subjetivo

O elemento subjetivo é o dolo, consistente na vontade consciente de desviar ou aplicar indevidamente as verbas ou rendas públicas. Não há o dolo de assenhorear-se dos valores.

Não se admite a modalidade culposa para o crime. Deste modo, não há que se falar em crime, se, por exemplo, a aplicação indevida decorrer de equívocos de gestão administrativa.

1.4. Consumação e tentativa

O crime se consuma no momento em que ocorre a efetiva realização dos verbos desviar ou aplicar (indevidamente). É possível a tentativa. Basta imaginar a situação em que o prefeito expede a ordem que constitui o desvio (liberação do dinheiro para construção de obra em desacordo com a finalidade daqueles recursos, por exemplo), mas ela não chega a ser cumprida.

2. SÚMULAS E JURISPRUDÊNCIA

✦ *SUPERIOR TRIBUNAL DE JUSTIÇA*

▸ **PREFEITO. CONTRATAÇÃO SEM LICITAÇÃO. ADVOGADO.** A Turma, ao prosseguir o julgamento, por maioria, denegou a ordem de *habeas corpus* cuja impetração buscava o trancamento da ação penal na qual o paciente, ex-prefeito, foi incurso no art.1º, III, do DL n. 201/1967 e art. 89 da Lei n.8.666/1993 e o segundo acusado, advogado contratado sem licitação, foi incurso no art. 89, parágrafo único, da mesma lei. Noticiam os autos que o ex-prefeito, a menos de três meses do término do mandato, contratou advogado sem o devido procedimento de licitação para que ele atuasse na defesa de medidas cautelares de ações referentes a diversos precatórios, contudo se apurou que, apesar de o advogado receber a quantia de R$ 28 mil, não houve contraprestação de quaisquer serviços. Questionou-se ainda no *habeas corpus* a regularidade formal da denúncia, ou seja, se ela descreveria a participação do paciente nos termos do art. 41 do CPP. Para a Min. Relatora, a denúncia, embora sucinta, narra o comportamento do paciente, bem como descreve os fatos a permitir sua ampla defesa. Destacou que há, inclusive, sentença condenatória em relação ao corréu cuja ação seguiu caminho diferente em razão de desmembramento. *STJ, HC 76.880-MS, Rel. Min. Maria Thereza de Assis Moura, j. 21/9/2010. 6ª T. (Info 448)*

IV – empregar subvenções, auxílios, empréstimos ou recursos de qualquer natureza, em desacordo com os planos ou programas a que se destinam;

1. COMENTÁRIOS

1.1. Considerações iniciais

Este tipo penal possui uma imensa semelhança com aquele estampado no inciso anterior. A diferença reside, tão-somente, no fato de que aquele tipo penal possui como objeto material rendas ou verbas públicas, ao passo que o crime sob apreciação tem como objeto material "subvenções, auxílios, empréstimos ou recursos de qualquer natureza".

Como se vê, o tipo penal em apreço é mais específico, devendo o intérprete recorrer à ao princípio da especialidade, de modo a fazer o presente tipo penal sobrepor-se ao anterior, nas situações em que o objeto material for algum dos anteriormente mencionados. Vale recordar que as penas previstas nos incisos III e IV são idênticas, nos termos do art. 1º, §1º.

1.2. Condutas

O núcleo do tipo é:

a) Empregar: aplicar.

O crime ocorre, por exemplo, na situação em que o prefeito toma empréstimo em nome do Município e não cumpre o plano para emprego dos recursos. Não é demasiado recordar que, regra geral, a concessão de empréstimos aos entes públicos fica condicionada à realização de determinados programas ou planos de ação.

1.3. Elemento subjetivo

O elemento subjetivo é o dolo, consistente na vontade consciente de realizar a conduta descrita no tipo penal. Não se exige elemento subjetivo específico, e nem se admite a modalidade culposa do crime.

1.4. Consumação e tentativa.

O crime de consuma com o efetivo emprego das "subvenções, auxílios, empréstimos ou recursos de qualquer natureza, em desacordo com os planos ou programas a que se destinam". É possível a tentativa, pois estamos diante de crime plurissubsistente.

2. SÚMULAS E JURISPRUDÊNCIA

✦ *SUPREMO TRIBUNAL FEDERAL*

- **AÇÃO PENAL: PREFEITO E DESVIO DE OBJETO DE CONVÊNIO.** Por reputar comprovadas a autoria e a materialidade do delito, o Tribunal, por maioria, julgou procedente pedido formulado em ação penal instaurada pelo Ministério Público Federal para condenar atual Deputado Federal à pena de 2 anos e 2 meses de detenção, convertida em duas penas restritivas de direito, consistente no pagamento de 50 salários-mínimos e prestação de serviços à comunidade, pela prática do crime tipificado no art. 1º, IV, do Decreto-lei 201/67 (*"Art. 1º São crimes de responsabilidade dos Prefeitos Municipal, sujeitos ao julgamento do Poder Judiciário, independentemente do pronunciamento da Câmara dos Vereadores: ... IV – empregar subvenções, auxílios, empréstimos ou recursos de qualquer natureza, em desacordo com os planos ou programas a que se destinam;"*). Entendeu-se que o parlamentar, na condição de prefeito do Município de Caucaia/CE, por vontade livre e consciente, aplicara na construção de passagens molhadas recursos transferidos pelo Ministério do Meio Ambiente ao

Município, mediante convênio, destinados à construção de um açude público. Salientou-se que o convênio fora assinado pelo então prefeito, assim como todos os pedidos de alteração de prazo, feitos em diversos termos aditivos, havendo em todos eles cláusulas de ratificação do objeto inicialmente conveniado. Observou-se que o então prefeito, embora ocasionalmente transferisse a respectiva administração do Município à vice-prefeita, pessoalmente mantinha sob seu comando todos os incidentes contratuais relacionados com o convênio em causa. Afastou-se, por conseguinte, o argumento de que a ordem de alteração do objeto pactuado tivesse partido exclusivamente do então secretário de infraestrutura municipal, o qual, em juízo, dissera que pedira a alteração do objeto do convênio em obediência à ordem do então prefeito. Ponderou-se que, se o convênio e mais 7 termos aditivos foram todos assinados pelo acusado, não seria razoável aceitar a tese de que uma significativa alteração da finalidade principal do projeto tivesse sido apenas em decorrência da vontade pessoal do secretário do Município. Considerou-se, ademais, a existência de notas fiscais comprovando que, antes do sétimo termo aditivo do convênio, o Município pagara construtora para a construção de uma passagem molhada. Vencidos os Ministros Marco Aurélio e Cezar Peluso, Presidente, que julgavam procedente o pleito, mas aplicavam penas inferiores a 2 anos e, em consequência, decretavam a prescrição da pretensão punitiva à vista das penas em concreto, e os Ministros Dias Toffoli, Gilmar Mendes e Celso de Mello, que absolviam o réu, com base no art. 386, IV, do CP. *STF, AP 409/CE, rel. Min. Ayres Britto, 13.5.2010. Pleno (Info 586).*

- **AÇÃO PENAL: CRIMES DE RESPONSABILIDADE E PREFEITO.** O Tribunal, por maioria, julgou procedente, em parte, ação penal promovida pelo Ministério Público do Estado do Paraná para condenar Deputado Federal pela prática dos crimes tipificados no art. 1º, IV e V, do Decreto-lei 201/67 ("Art. 1º São crimes de responsabilidade dos Prefeitos Municipais, sujeitos ao julgamento do Poder Judiciário, independentemente do pronunciamento da Câmara dos Vereadores: IV – empregar subvenções, auxílios, empréstimos ou recursos de qualquer natureza, em desacordo com os planos ou programas a que se destinam; V – ordenar ou efetuar despesas não autorizadas por lei, ou realizá-las em desacordo com as normas financeiras pertinentes;"), às penas de 3 meses de detenção para cada tipo penal, e declarou extinta a pretensão punitiva do Estado, pela consumação da prescrição penal, com base no art. 109, VI, c/c o art. 110, § 1º, e o art. 119, todos do CP, na redação anterior à Lei 12.234/2010. Entendeu-se que o acusado, no exercício do mandato de Prefeito Municipal de Curitiba/PR, teria dolosamente determinado, sem a prévia inclusão no orçamento público e em afronta à ordem de precedência cronológica, o pagamento de precatório resultante de ação de desapropriação, mediante a utilização de recursos do empréstimo do Banco Interamericano de Desenvolvimento – BID destinados ao implemento do projeto de transporte urbano da capital paranaense. Quanto ao delito previsto no inciso IV do art. 1º do Decreto-lei 201/67, ficou vencido o Min. Marco Aurélio, revisor, que julgava a ação improcedente. *STF, AP 503/PR, rel. Min. Celso de Mello, 20.5.2010. Pleno. (Info 587)*

V – ordenar ou efetuar despesas não autorizadas por lei, ou realizá-las em desacordo com as normas financeiras pertinentes;

1. COMENTÁRIOS

1.1. Considerações iniciais

Trata-se de mais um tipo penal que consagra forma especial do crime previsto no art. 1º, inciso III, que, por sua vez, como advertimos, é modalidade especial do crime previsto no art. 315 do nosso Código Penal.

1.2. Condutas

As condutas previstas no tipo penal consistem em:

a) **Ordenar:** dar ordem, mandar, determinar.

b) **Efetuar:** tornar efetivo, dar efetividade, realizar.

c) **Realizar:** efetuar, dar efetividade.

O objeto material do crime são as despesas, isto é, o gasto público.

1.3. Elemento subjetivo

É o dolo, consistente na vontade consciente de realizar as condutas. Não se exige elemento subjetivo específico e não se pune a modalidade culposa.

1.4. Consumação e tentativa

Em sua primeira modalidade, o crime se consuma quando o gasto público é ordenado ou efetuado, em desacordo com a lei. Não há a necessidade, portanto, de efetiva concretização da despesa, bastando, tão-somente, que se ordene sua realização, efetivação. É imprescindível que se ordene ou efetue a despesa e desacordo com a lei, que pode ser a lei orçamentária ou alguma outra lei específica.

Em sua segunda modalidade, o prefeito consuma o crime quando realiza as despesas em desacordo com as normas financeiras pertinente.

Em tese, é possível a tentativa.

VI – deixar de prestar contas anuais da administração financeira do Município a Câmara de Vereadores, ou ao órgão que a Constituição do Estado indicar, nos prazos e condições estabelecidos;

1. COMENTÁRIOS

1.1. Considerações iniciais

Como todo agente público, o prefeito municipal deve prestar contas dos seus atos. Mais que um agente público, trata-se de um gestor, com capacidade de alocar recursos, contrair despesas, efetuar gastos, enfim, com competência para gerir recursos públicos. Por esta razão, além da obrigação de prestar contas dos seus atos de um modo geral, possui o imperioso dever de apresentar a prestação de contas aos órgãos de fiscalização, do Poder Legislativo. Dentre tais órgãos, sobressai em importância a Câmara de Vereadores e os Tribunais de Contas Estaduais.

1.2. Conduta

A conduta do tipo penal consiste em:

a) Deixar de prestar contas: não apresentar a prestação de contas, não dar satisfação.

No caso em apreço, temos um tipo penal que traz uma conduta omissiva do prefeito municipal, que descumpre a obrigação de apresentar sua prestação de contas, no momento devido. Obviamente, devemos sempre recordar que não se pode exigir o impossível, razão pela qual não teremos crime na hipótese em que o prefeito não tinha condições de apresentar a prestação de contas, como, por exemplo, na situação em que se encontrava afastado do cargo.

1.3. Elemento subjetivo

O elemento subjetivo é o dolo, consistente na vontade consciente de deixar de prestar contas. Não se exige qualquer finalidade específica (elemento subjetivo específico) e não se admite a modalidade culposa.

1.4. Consumação e tentativa

O crime estará consumado quando o prefeito municipal, dolosamente, deixar de apresentar a prestação de contas aos órgãos de fiscalização. Trata-se de uma norma penal em branco, na medida em que é necessário que se saiba, no caso concreto, à luz da legislação, quais os prazos para a prestação de contas.

Apresentação intempestiva da prestação de contas não possui o condão de afastar a prática do crime, que se considera consumado no momento em que expirou o prazo de apresentação.

Em se tratando de crime omissivo próprio, não é possível a tentativa.

VII – Deixar de prestar contas, no devido tempo, ao órgão competente, da aplicação de recursos, empréstimos subvenções ou auxílios internos ou externos, recebidos a qualquer título;

1. COMENTÁRIOS

1.1. Considerações iniciais

O tipo penal insculpido no inciso VII muito se assemelha ao disposto no inciso anterior. Dele, todavia, diferencia-se, por duas razões:

a) O objeto material do tipo penal em comento não são as finanças do Município em geral, mas sim os "recursos, empréstimos, subvenções ou auxílios internos ou externos, recebidos a qualquer título".

b) O órgão destinatário da prestação de contas não é a Câmara de Vereadores órgão que a Constituição do Estado indicar, como no inciso VI, mas sim o "órgão competente", que pode ser estadual ou federal[2].

1.2. Conduta

A conduta do tipo penal consiste em:

a) **Deixar de prestar contas:** não apresentar a prestação de contas, não dar satisfação.

No caso em apreço, temos um tipo penal que traz uma conduta omissiva do prefeito municipal, que descumpre a obrigação de apresentar sua prestação de contas, no momento devido, ao órgão competente. Conforme já registramos, nos comentários ao inciso anterior,

2. BALTHAZAR, p. 340.

não se pode exigir o impossível, razão pela qual não teremos crime na hipótese em que o prefeito não tinha condições de apresentar a prestação de contas, como, por exemplo, na situação em que se encontrava afastado do cargo.

As condutas recaem sobre[3]

a) Recursos: valores, disponibilidade financeira.

b) Empréstimos: recurso tomado pelo Município, com o compromisso de ressarcimento em prazo determinado.

c) Subvenções: recursos recebidos para incentivar determinada atividade.

d) Auxílios: recursos recebidos com finalidade assistencial ou social.

1.3. Elemento subjetivo

O elemento subjetivo é o dolo, consistente na vontade consciente de deixar de prestar contas. Não se exige qualquer finalidade específica (elemento subjetivo específico) e não se admite a modalidade culposa.

1.4. Consumação e tentativa

O crime estará consumado quando o prefeito municipal, dolosamente, deixar de apresentar a prestação de contas aos órgãos de fiscalização. Trata-se de uma norma penal em branco, na medida em que é necessário que se saiba, no caso concreto, quais os prazos para a prestação de contas.

Apresentação intempestiva da prestação de contas não possui o condão de afastar a prática do crime, que se considera consumado no momento em que expirou o prazo de apresentação.

Em se tratando de crime omissivo próprio, não é possível a tentativa.

2. QUESTÕES DE CONCURSOS

1. **(VUNESP/Prefeitura de Caieiras/Procurador/2015)** Prevê o Decreto-Lei n º 201/67 que, se o Prefeito Municipal de Caieiras deixar de apresentar à Câmara, no devido tempo e em forma regular, a proposta orçamentária,

a) ficará inelegível pelo período de 2 (dois) anos, mediante decisão do juízo competente de primeira instância.

b) praticará ato de improbidade sujeito à perda do cargo eletivo e ficará inelegível por 8 (oito) anos, mediante decisão judicial em ação promovida pelo Ministério Público

c) será julgado pelo Poder Judiciário, mediante autorização da Câmara Municipal

d) não sofrerá nenhuma sanção jurídica ou administrativa, podendo ser objeto, no entanto, de moção de repúdio dos Vereadores Municipais

e) terá praticado infração político-administrativa sujeita ao julgamento pela Câmara dos Vereadores e sancionada com a cassação do mandato.

2. **(VUNESP/Câmara Municipal de Sertãozinho/Procurador Jurídico/2014)** Conforme disposto no Decreto-Lei n.º 201/67, na hipótese de o Prefeito Municipal deixar de apresentar à Câmara, no devido tempo e em forma regular, a proposta orçamentária, ele

3. BALTHAZAR, p. 340.

a) terá cometido um crime de responsabilidade, sujeito ao julgamento pelo Tribunal de Justiça e sancionado com a cassação do mandato.

b) ficará sujeito à pena de suspensão do mandato pelo cometimento de crime contra o livre exercício do Poder Legislativo.

c) terá cometido uma infração político-administrativa, sujeita ao julgamento pela Câmara dos vereadores e sancionada com a cassação do mandato.

d) poderá ser afastado do cargo, e o Município poderá sofrer intervenção estadual.

e) responderá por improbidade administrativa, além da respectiva sanção penal a ser imposta pelo juízo criminal.

3. (PGR/Procurador da República/2008) Se um prefeito deixou de prestar contas no devido tempo, ao órgão competente, da aplicação de recursos transferidos pela União:

a) a instauração de processo criminal com base no Dec. Lei n. 201/67 só é cabível enquanto estiver exercendo o mandato;

b) não se admite concurso de pessoas porque o crime é próprio;

c) responde pelo crime de responsabilidade praticado mesmo após a extinção do mandato;

d) não se admite a participação de terceiro porque o crime é omissivo.

GAB	1	2	3
	E	C	C

VIII – Contrair empréstimo, emitir apólices, ou obrigar o Município por títulos de crédito, sem autorização da Câmara, ou em desacordo com a lei;

1. COMENTÁRIOS

1.1. Conduta

A conduta consiste em:

a) Contrair (empréstimo)**:** é o ato de tomar empréstimo, em nome do Município.

b) Obrigar (o Município por títulos de crédito)**:** atribuir responsabilidade ao Município, pelo pagamento dos títulos.

De forma mais clara, ocorre o crime quando o prefeito municipal cria para o Município uma obrigação, sem que tenha havido a autorização da Câmara dos Vereadores ou em desconformidade com a legislação em vigor.

1.2. Elemento subjetivo

É o dolo, consistente na vontade consciente de praticar as condutas. Não se exige o elemento subjetivo específico (especial finalidade no agir), e não há previsão para a modalidade culposa.

1.3. Consumação e tentativa

O crime estará consumado com a realização das condutas contidas no tipo. Não se exige a produção de um resultado posterior. Assim, ainda que o Município não seja prejudicado com as obrigações assumidas pelo gestor, o crime está consumado.

É possível a tentativa. Basta imaginar a situação em que o prefeito inicia a execução das condutas, mas não consegue perfectibilizá-las porque, por exemplo, os atos administrativos foram reputados nulos pelo Poder Judiciário.

IX – Conceder empréstimo, auxílios ou subvenções sem autorização da Câmara, ou em desacordo com a lei;

1. COMENTÁRIOS

1.1. Conduta

A conduta consiste em:

a) Conceder: fazer concessão, ceder, fornecer.

Aqui, a conduta recai sobre empréstimos auxílios ou subvenções, concedidas sem autorização da Câmara ou em desacordo com a lei. Por outras palavras, se, no inciso anterior, criminalizava-se a conduta do prefeito municipal que contraía obrigações para o Município de forma indevida, no presente tipo penal, temos a conduta do gestor municipal que atua com liberalidade em relação aos recursos públicos, concedendo empréstimos, auxílios ou subvenções.

Em resumo, tanto para erigir o Município à condição de devedor, quanto à de credor, é imperioso que haja a autorização da Câmara dos Vereadores e a observância da legislação, sob pena de termos por consumados os crimes mencionados.

1.2. Elemento subjetivo

É o dolo, consistente na vontade consciente de praticar as condutas. Não se exige o elemento subjetivo específico (especial finalidade no agir), e não há previsão para a modalidade culposa.

1.3. Consumação e tentativa

O crime estará consumado com a realização da conduta descrita no tipo penal. Não se exige a produção de um resultado posterior. Assim, ainda que o Município não seja prejudicado com as concessões realizadas pelo prefeito (como, por exemplo, na hipótese em que a pessoa que tomou o empréstimo venha a adimplir integralmente, com juros praticados no mercado), o crime está consumado.

É possível a tentativa.

2. QUESTÕES DE CONCURSOS

1. **(MPF/Procurador/2008 – adaptada)** Comete crime de responsabilidade o Prefeito que concede empréstimos, auxílios ou subvenções sem autorização da Câmara, ou em desacordo com a lei.

GAB	1
	C

X – Alienar ou onerar bens imóveis, ou rendas municipais, sem autorização da Câmara, ou em desacordo com a lei;

1. COMENTÁRIOS

1.1. Conduta

As condutas previstas no tipo penal consistem em:

a) **Alienar:** Transferir o domínio, a título oneroso ou gratuito.

b) **Onerar:** constituir ônus real sobre o imóvel ou rendas do Município.

Mais um tipo penal em que se prevê como criminosa a conduta do prefeito que, em descompasso com a lei ou sem a autorização da Câmara dos Vereadores, compromete as finanças do Município.

1.2. Elemento subjetivo

É o dolo, consistente na vontade consciente de praticar as condutas (alienar ou onerar). Não se exige o elemento subjetivo específico (especial finalidade no agir), e não há previsão para a modalidade culposa.

1.3. Consumação e tentativa

O crime estará consumado com a realização das condutas contidas no tipo. Não se exige a produção de um resultado posterior. Assim, ainda que o Município não seja prejudicado com as obrigações assumidas pelo gestor, o crime está consumado. Se, por exemplo, a alienação do imóvel ocorre por um preço acima do valor de mercado, não há, *a priori*, prejuízo para o Município. Ainda assim, estará consumado o crime, caso não tenha havido autorização da Câmara dos Vereadores ou tenha se dado em desacordo com a lei.

É possível a tentativa. Basta imaginar a situação em que o prefeito inicia a execução das condutas, mas não consegue consumá-las porque, por exemplo, os atos administrativos foram reputados nulos pelo Poder Judiciário.

XI – Adquirir bens, ou realizar serviços e obras, sem concorrência ou coleta de preços, nos casos exigidos em lei;

1. COMENTÁRIOS

Este dispositivo foi tacitamente revogado pela Lei n.º 8.666/93, que, em seu artigo 89 dispõe: "Art. 89. Dispensar ou inexigir licitação fora das hipóteses previstas em lei, ou deixar de observar as formalidades pertinentes à dispensa ou à inexigibilidade:

Pena - detenção, de 3 (três) a 5 (cinco) anos, e multa.

Parágrafo único. Na mesma pena incorre aquele que, tendo comprovadamente concorrido para a consumação da ilegalidade, beneficiou-se da dispensa ou inexigibilidade ilegal, para celebrar contrato com o Poder Público".

XII – Antecipar ou inverter a ordem de pagamento a credores do Município, sem vantagem para o erário;

1. COMENTÁRIOS

1.1. Conduta

As condutas previstas no tipo penal são:

a) **Antecipar:** realizar com antecedência, antes do prazo.

b) **Inverter** (a ordem de pagamento): alterar a ordem,

Diversamente do que se verifica em alguns tipos penais anteriormente comentados, neste, o legislador exige que as condutas não tenham produzido vantagem ao erário. Se as condutas produzirem vantagem ao erário, obviamente, não haverá este crime.

Curioso perceber que o tipo penal não exige que tenha havido uma desvantagem ao erário, mas apenas que não tenha sido produzida nenhuma vantagem. Deste modo, eventual antecipação ou inversão da ordem de pagamento que não produza qualquer vantagem ou desvantagem para o município, consumará a conduta criminosa.

1.2. Elemento subjetivo

É o dolo, consistente na vontade consciente de praticar as condutas (antecipar ou inverter a ordem de pagamento). Não se exige o elemento subjetivo específico (especial finalidade no agir), e não há previsão para a modalidade culposa.

1.3. Consumação e tentativa

O crime estará consumado com a realização das condutas contidas no tipo.

Conforme já salientamos, não se exige que tenha havido prejuízo ao erário, mas a obtenção de vantagem descaracterizará o crime.

É possível a tentativa.

2. QUESTÕES DE CONCURSOS

1. **(VUNESP/Câmara Municipal de Atibaia/Advogado/2015 – adaptada)** Comete infração político-administrativa o Prefeito Municipal que antecipar ou inverter a ordem de pagamento a credores do Município, sem vantagem para o erário.

GAB	1
	E

XIII – Nomear, admitir ou designar servidor, contra expressa disposição de lei;

1. COMENTÁRIOS

1.1. Conduta

As condutas consistem em:

a) **Nomear:** realizar a nomeação, forma de provimento de atos públicos.

b) **Admitir:** contratar.

c) **Designar:** indicar para a função.

Como consabido, a grande regra para provimento de cargos públicos é o concurso público, previsto constitucionalmente. De forma excepcional, existem cargos de livre nomeação e exoneração. Mesmo estes, podem estar sujeitos a determinados regramentos, trazidos pela legislação.

1.2. Elemento subjetivo

É o dolo, consistente na vontade consciente de praticar as condutas. Não se exige o elemento subjetivo específico (especial finalidade no agir), e não há previsão para a modalidade culposa.

1.3. Consumação e tentativa

O crime estará consumado com a realização das condutas contidas no tipo. Não se exige a produção de um prejuízo financeiro para o Município. Com efeito, o só fato de haver a nomeação, admissão ou designação de servidor, em desconformidade com a legislação, já afronta o bem jurídico administração pública, que aqui se tutela.

2. SÚMULAS E JURISPRUDÊNCIA

✦ *SUPREMO TRIBUNAL FEDERAL*

▸ **AÇÃO PENAL E ART. 1º, XIII, DO DECRETO-LEI 201/1967.** A 1ª Turma, por maioria, proveu apelação para absolver parlamentar, então prefeito municipal, condenado pela prática do crime previsto no art. 1º, XIII, do Decreto-Lei 201/1967 ("Nomear, admitir ou designar servidor, contra expressa disposição de lei"). No caso, o apelante nomeara, em 10.2.2003 e em 3.3.2004, duas pessoas, sucessivamente, para ocupar cargo público comissionado de diretor administrativo e financeiro de fundação municipal, mediante remuneração, em desconformidade com o art. 2º da Lei 4.142/2000 do Município de Joinville/SC. Esse diploma legal determina que o referido cargo seja ocupado pelo diretor de administração e finanças da Companhia de Desenvolvimento Urbano de Joinville – Conurb, sem qualquer remuneração em acréscimo pelo exercício dessa atribuição. A denúncia fora recebida quando o apelante já não mais exercia o mandato de prefeito. Após a condenação, fora interposta apelação, remetida ao STF, em razão da diplomação do apelante como deputado federal. Inicialmente, o Colegiado afirmou que o STF seria competente para o julgamento de apelação criminal, na forma do art. 102, I, b, da CF, em virtude da diplomação, como membro do Congresso Nacional, de réu condenado em primeira instância. Frisou-se que a admissão, pelo Legislativo, da acusação criminal contra o Chefe do Executivo, seria dispensável quando já encerrado o mandato do acusado ao tempo do recebimento da denúncia. Registrou-se que **o inciso XIII do art. 1º do Decreto-Lei 201/1967, ao preceituar como criminosa a conduta consistente em nomear, admitir ou designar servidor contra expressa disposição de lei, constituiria preceito penal a exigir complemento, sem o qual não se inferiria com exatidão o conteúdo da proibição. Na hipótese dos autos, o preceito complementador seria a Lei Municipal 4.142/2000, a qual conferiria ao tipo do inciso XIII a exatidão necessária para tornar compreensível o conteúdo da proibição típica.** Assim, os elementos constantes do preceito complementador da norma penal em branco seriam, para todos os efeitos, elementos típicos, e a falsa compreensão sobre esses elementos constituiria erro de tipo que excluiria o dolo, nos termos do já mencionado art. 20 do CP. *STF, AP 595/SC, rel. Min. Luiz Fux, 25.11.2014. 1ª T. (Info 769)*

- **CONTRATAÇÃO TEMPORÁRIA E ATIPICIDADE. A existência de lei municipal autorizando a contratação temporária de servidores, para atender a necessidade de excepcional interesse público, afasta a tipicidade da conduta referente ao art. 1º, XIII, do Decreto-lei 201/67** ["Art. 1º São crimes de responsabilidade dos Prefeitos Municipal (sic), sujeitos ao julgamento do Poder Judiciário, independentemente do pronunciamento da Câmara dos Vereadores: ... XIII – Nomear, admitir ou designar servidor, contra expressa disposição de lei"]. Com base nessa orientação, a 2ª Turma deferiu habeas corpus para, ante a patente ausência de justa causa, trancar a ação penal movida contra o paciente. Na espécie, ex-prefeito fora denunciado em virtude da contratação temporária de servidores por meio de processo seletivo simplificado, contra expressa disposição de lei. De início, observou-se que a Constituição especifica duas exceções à regra da admissão mediante concurso público: nomeação para ocupar cargos em comissão (art. 37, II) e contratação temporária para atender excepcional interesse público (art. 37, IX). Registrou-se que o STF assentara entendimento segundo o qual, na hipótese de contratação temporária, para que esta seja legítima, devem ser preenchidos os seguintes requisitos: a) previsão em lei dos cargos; b) tempo determinado; c) necessidade temporária de interesse público; d) interesse público excepcional. *STF, HC 104078/SP, rel. Min. Gilmar Mendes, 7.6.2011. 2ª T. (Info 630)*

3. QUESTÕES DE CONCURSOS

1. **(FEMPERJ/TCE-RJ/Analista de Controle Externo/2012)** Em julho de 2008, o então Prefeito do Município de Pasárgada, Manuel Bandeira, com o objetivo de adimplir convênio firmado com o Ministério da Justiça para implantação da Guarda Municipal local, iniciou a realização de concurso público para provimento do cargo. Ocorre que, antes da primeira prova de conhecimentos, liminar deferida em Ação Popular sobrestou o andamento do certame. Manuel Bandeira solicitou à Procuradoria Municipal a elaboração de parecer jurídico sobre o caso, sendo sugerida e encampada a defagração de processo seletivo simplificado, amparado em expressa disposição legal de lei municipal, para a contratação por tempo determinado de pessoas para a formação e manutenção da Guarda Municipal. O Prefeito Manuel Bandeira não concorreu à reeleição, deixando de ocupar qualquer cargo político em janeiro de 2009. O Ministério Público em atuação naquela Comarca, quando chamado a se manifestar na Ação Popular e ciente da ação do então Prefeito, solicitou ao juízo a extração de cópia integral da demanda, com remessa ao Promotor de Justiça com atribuições criminais. Sob o prisma criminal, a conduta de Manuel Bandeira:

a) constitui delito de responsabilidade do Prefeito, previsto no art. 1º, inciso XIII, do Decreto-lei nº 201/67 ("Nomear, admitir ou designar servidor, contra expressa disposição de lei"), devendo ser denunciado por essa conduta);

b) constitui delito de responsabilidade do Prefeito, previsto no art. 1º, inciso IV, do Decreto-lei nº 201/67 ("empregar subvenções, auxílios, empréstimos ou recursos de qualquer natureza, em desacordo com os planos ou programas a que se destinam"), devendo ser denunciado por essa conduta;

c) constitui delito de responsabilidade do Prefeito, previsto no art. 1º, inciso XIII, do Decreto-lei nº 201/67 ("Nomear, admitir ou designar servidor, contra expressa disposição de lei"), não devendo ser denunciado por não ocupar mais o cargo de Prefeito);

d) constitui delito de responsabilidade do Prefeito, previsto no art. 1º, inciso IV, do Decreto-lei nº 201/67 ("empregar subvenções, auxílios, empréstimos ou recursos de qualquer natureza, em desacordo com os planos ou programas a que se destinam"), não devendo ser denunciado por não ocupar mais o cargo de prefeito;

e) é atípica, pois a contratação temporária tinha previsão em lei municipal, tempo determinado e necessidade temporária de interesse público.

GAB	1
	E

XIV – Negar execução a lei federal, estadual ou municipal, ou deixar de cumprir ordem judicial, sem dar o motivo da recusa ou da impossibilidade, por escrito, à autoridade competente;

1. COMENTÁRIOS

1.1. Considerações iniciais

O tipo penal do art. 1º, inciso XIV é uma modalidade específica de crime de desobediência. Deste modo, os prefeitos que praticarem as condutas descritas no tipo penal, nele incorrerão, e não no art. 330 do Código Penal ("Desobedecer a ordem legal de funcionário público"), cuja pena é de detenção de quinze dias a seis meses, e multa. A conduta do prefeito, então, possui mais acentuado grau de reprovabilidade, na medida em que a pena prevista é de detenção de três meses a três anos, nos termos do art. 1º, §2º.

A propósito, releva notar que existe acentuada discussão doutrinária em torno da possibilidade de funcionários públicos, no exercício da função ou em razão dela, praticarem crime de desobediência, porquanto este tipo penal encontra-se inserido no rol dos "crimes contra a administração pública praticados por particular". Pelo menos em relação aos prefeitos municipais, nos limites trazidos pela descrição da conduta no tipo penal (descumprimento de ordem judicial), não pode haver qualquer dúvida: há crime.

1.2. Condutas

As condutas previstas no tipo penal são:

a) **Negar** (execução a lei): recusar, não executar

b) **Deixar de cumprir** (ordem judicial): abster-se de cumprir a ordem judicial.

No tipo penal, percebemos que consta a expressão "sem dar o motivo da recusa ou da impossibilidade, por escrito, à autoridade competente". Assim, para que se exclua a tipicidade, não basta que exista a impossibilidade de cumprimento da ordem judicial, é imprescindível que o prefeito apresente os motivos da recusa ou da impossibilidade, por escrito, à autoridade.

Para a caracterização do crime, no que tange ao descumprimento de ordem judicial, não se distingue o órgão judicial de onde a decisão provém. Deste modo, o fato de o prefeito possuir foro por prerrogativa de função perante Tribunais de segundo grau, em nada influi na sua obrigação de cumprir as ordens judiciais que são expedidos pelos juízes e Tribunais do país.

1.3. Elemento subjetivo

É o dolo, consistente na vontade consciente de praticar as condutas (negar ou deixar de cumprir). Não se exige o elemento subjetivo específico (especial finalidade no agir).

Não há previsão para a modalidade culposa. Por esta razão, é necessário que o prefeito possua inequívoca ciência da ordem judicial, não podendo ser responsabilizado criminalmente por eventual negligência.

1.4. Consumação e tentativa

O crime estará consumado com a realização das condutas contidas no tipo. Não se exige a produção de um prejuízo financeiro para o Município. A posterior execução da lei ou cumprimento da ordem não afasta o crime já praticado.

Tendo em vista que as condutas são omissivas (crime omissivo próprio), não há que se falar em tentativa.

2. SÚMULAS E JURISPRUDÊNCIA

✦ *SUPREMO TRIBUNAL FEDERAL*

- **DESCUMPRIMENTO DE ORDEM JUDICIAL E CIÊNCIA.** Configura-se o crime de responsabilidade de prefeito, nos termos da segunda parte do inciso XIV do art. 1º do Decreto-Lei 201/1967 ("Art. 1º. São crimes de responsabilidade dos Prefeitos Municipais, sujeitos ao julgamento do Poder Judiciário, independentemente do pronunciamento da Câmara dos Vereadores: ... XIV – Negar execução à lei federal, estadual ou municipal, ou deixar de cumprir ordem judicial, sem dar o motivo da recusa ou da impossibilidade, por escrito, à autoridade competente"), a **existência de inequívoca ciência da determinação judicial. A mera comunicação da ordem a terceiros não atende as exigências legais.** Com base nessa orientação, e por não existir prova de ter o réu concorrido para a infração penal (CPP, art. 386, V), a Primeira Turma absolveu o réu. Na espécie, quando prefeito ao tempo dos fatos, fora acusado de descumprir ordem judicial sem dar o motivo da recusa ou da impossibilidade de fazê-lo, por escrito, à autoridade competente. A Turma apontou que a projeção desse entendimento se guiaria pelos mesmos parâmetros utilizados para aferição do dolo nos delitos em que o ato de desobedecer figurar como elementar do tipo, cuja previsão genérica é a do art. 330 do CP, sobre o qual doutrina e jurisprudência seriam unânimes em exigir a ciência inequívoca do agente quanto à ordem descumprida. Esclareceu que a decisão liminar, cujo descumprimento criminoso fora atribuído ao acusado, bem como aquela que ampliara os seus efeitos, não teriam sido endereçadas ao prefeito, mas aos seus procuradores judiciais. Por fim, ponderou que o fato de o Município não ser pequeno poderia implicar a possibilidade de que a gestão administrativa fosse desconcentrada e descentralizada para além do gabinete do prefeito. *STF, AP 555/SC, rel. Min. Rosa Weber, 6.10.2015. 1ª T. (Info 802)*

- **PRECATÓRIO: DESCUMPRIMENTO DE ORDEM JUDICIAL E CRIME DE RESPONSABILIDADE. Por reputar atípica a conduta de descumprimento de ordem materialmente administrativa, expedida em sede de precatório, a 2ª Turma concedeu habeas corpus para invalidar procedimento penal em tramitação na justiça federal, bem como determinar a extinção definitiva de inquérito policial com o conseqüente arquivamento dos respectivos autos.** Na espécie, instaurara-se inquérito policial para apurar suposto crime de desobediência, previsto no art. 1º, XIV, do Decreto-lei 201/67 ["Art. 1º São crimes de responsabilidade dos Prefeitos Municipal (sic), sujeitos ao julgamento do Poder Judiciário, independentemente do pronunciamento da Câmara dos Vereadores:... XIV – Negar execução a lei federal, estadual ou municipal, ou deixar de cumprir ordem judicial, sem dar o motivo da recusa ou da impossibilidade, por escrito, à autoridade competente"], imputado ao paciente, então prefeito, ante suposta omissão de incluir verba, na lei orçamentária de município, para pagamento de precatório. O magistrado, sem manifestação do Ministério Público, ordenara o arquivamento das peças informativas e, por esta razão, o parquet recorrera ao STJ, que decidira pela reabertura do inquérito instaurado. Asseverou-se que essa decisão teria submetido o paciente a procedimento penal apoiado em fatos destituídos de tipicidade, pois, conforme jurisprudência da Corte, os atos praticados por presidentes de tribunais, no tocante ao processamento e ao pagamento de precatório judicial, têm natureza administrativa, não jurisdicional, como exige o tipo em comento. *STF, HC 106124/PR, rel. Min. Celso de Mello, 22.11.2011. 2ª T. (Info 649)*

- **PREFEITO E NEGATIVA DE EXECUÇÃO DE LEI.** A Turma desproveu recurso ordinário em habeas corpus no qual se discutia se o descumprimento de lei por titular do Poder Executivo municipal — ao argumento de sua inconstitucionalidade — tipificaria a conduta descrita no art. 1º, XIV, do Decreto-lei 201/67 ("Art. 1º São crimes de responsabilidade dos Prefeitos Municipal (sic), sujeitos ao julgamento do Poder Judiciário, independentemente do pronunciamento da Câmara dos Vereadores: ... XIV – Negar execução a lei federal, estadual ou municipal, ou deixar de cumprir ordem judicial, sem dar o motivo da recusa ou da impossibilidade, por escrito, à autoridade competente;"). Na situação dos autos, o prefeito do Município de Itapema/SC fora denunciado como incurso nas sanções do art. 1º, XIV, do Decreto-lei 201/67 porque teria se negado a aplicar a Lei Municipal 2.334/2005, que estabelece os símbolos municipais, além daqueles contidos na Lei Orgânica. Pleiteava-se, na espécie, o trancamento do inquérito policial sob a alegação de inexistência de justa causa. Ocorre que a mencionada lei fora revogada, ensejando o prejuízo da ação direta de inconstitucionalidade ajuizada na Corte local. Entendeu-se que a solução da questão dependeria do exame, em cada caso e no próprio juízo competente, dos elementos que poderiam conduzir à conclusão de que o descumprimento subsumir-se-ia, ou não, ao tipo pelo qual denunciado o recorrente. Consignou-se, ademais, que, como a inicial acusatória sequer fora recebida, não haveria como, na via estreita do writ, estancar o conhecimento e a decisão do Tribunal de Justiça catarinense sobre o recebimento da denúncia. *STF, RHC 100961/SC, rel. Min. Cármen Lúcia, 6.4.2010. 1ª T. (Info 581)*

3. QUESTÕES DE CONCURSOS

1. **(FUNDATEC/PGE-RS/Procurador do Estado/2015 – adaptada)** A jurisprudência do Supremo Tribunal Federal é pacífica no sentido de que deixar de cumprir ordem judicial, sem dar o motivo da recusa ou da impossibilidade, por escrito, à autoridade competente (art. 1º, inciso XIV, segunda parte, do Decreto-Lei nº 201/67), aperfeiçoa-se apenas quando a conduta assumir a forma dolosa, traduzida na vontade de não cumprir a ordem judicial e, embora não existam referências quanto ao elemento subjetivo explícito, é imprescindível que se identifique no comportamento omissivo o propósito de desobedecer e de frustrar a administração da justiça.

2. **(FUNDEP/TCE-MG/Auditor/2015 – adaptada)** Conforme a jurisprudência do Supremo Tribunal Federal, o crime de deixar o prefeito municipal de cumprir ordem judicial, sem dar o motivo da recusa ou da impossibilidade, por escrito, à autoridade competente, previsto no art. 1º, inciso XIV, do Decreto-lei n. 201/1967, é delito formal ou de mera conduta.

3. **(CESPE/TCE-PA/Auditor de Controle Externo - Direito/2016)** O cometimento de crime de responsabilidade de prefeito consistente em deixar de cumprir ordem judicial individualizada e diretamente a ele dirigida depende da presença de dolo preordenado revelador de desprezo institucional para com a administração da justiça.

4. **(VUNESP/Pref. de Sorocaba/Procurador Municipal/2018)** Suponha que um Prefeito de um Município da Federação Brasileira decida que na Administração Pública municipal não deve ser aplicada a Lei Federal n° 8.666/93, mas sim um regulamento formulado por sua equipe técnica. Nos termos do que está previsto no Decreto-Lei n° 201/67, a conduta do Prefeito

a) caracteriza infração político-administrativa sujeita ao julgamento pela Câmara dos Vereadores, mediante prévio pronunciamento favorável do Tribunal de Justiça.

b) caracteriza crime de responsabilidade sujeito ao julgamento do Poder Judiciário, mediante prévio pronunciamento favorável da Câmara.

c) caracteriza infração político-administrativa sujeita ao julgamento pela Câmara dos Vereadores e sancionada com a cassação do mandato.

d) caracteriza crime de responsabilidade sujeito ao julgamento do Poder Judiciário, independentemente do pronunciamento da Câmara.

e) não caracteriza crime de responsabilidade nem infração político-administrativa, podendo, a depender do caso, no entanto, caracterizar improbidade administrativa.

GAB	1	2	3	4
	C	C	C	D

XV – Deixar de fornecer certidões de atos ou contratos municipais, dentro do prazo estabelecido em lei.

1. COMENTÁRIOS

1.1. Conduta

A conduta criminosa consiste em:

a) Deixar de fornecer: não apresentar, conceder, disponibilizar, entregar.

Regra geral, os atos do poder público são regidos pela ideia de publicidade, razão pela qual o fornecimento de certidões (documentos que atestam algo) relacionadas a atos ou contratos administrativos é natural. O descumprimento, por parte do prefeito municipal, na determinação em se fornecer tais certidões, dará ensejo ao crime do inciso XV.

Naturalmente, não haverá que se falar em crime quando o prefeito se recusar a fornecer certidão acerca de ato que esteja acobertado por sigilo. Muito embora o sigilo dos atos do poder público não seja a regra, ele existe, em casos excepcionais, e deve ser respeitado.

Trata-se de norma penal em branco, porquanto é necessário que exista lei, estipulando o prazo para o fornecimento das certidões.

1.2. Elemento subjetivo

É o dolo, consistente na vontade consciente de praticar a conduta (deixar de fornecer). Não se exige o elemento subjetivo específico (especial finalidade no agir).

Não há previsão para a modalidade culposa.

1.3. Consumação e tentativa

O crime estará consumado com a realização da conduta contida no tipo. Deste modo, expirado o prazo para o fornecimento das certidões sem que ele tenha ocorrido, estará consumado o crime.

Tendo em vista que as condutas são omissivas (crime omissivo próprio), não há que se falar em tentativa.

XVI – deixar de ordenar a redução do montante da dívida consolidada, nos prazos estabelecidos em lei, quando o montante ultrapassar o valor resultante da aplicação do limite máximo fixado pelo Senado Federal; (Incluído pela Lei 10.028, de 19/10/2000)

1. COMENTÁRIOS

1.1. Considerações iniciais

A Lei n.º 10.028, do dia 19 de outubro de 2000 promoveu algumas alterações no Código Penal e também no Decreto-Lei n.º 201/67. Entre estas alterações, no Decreto-Lei, temos a inclusão dos incisos XVI a XXIII ao seu art. 1º.

1.2. Conduta

A conduta prevista no tipo penal é:

a) **Deixar de ordenar:** não ordenar, não determinar, não realizar.

Trata-se, logo se vê- de conduta omissiva do prefeito municipal. Ademais, estamos diante de uma norma penal em branco, na medida em que se emprega as expressões "nos prazos estabelecidos em lei" e "valor resultante da aplicação do limite máximo fixado pelo Senado Federal". Deste modo, para pode identificar a conduta criminosa, é necessário ter:

a) Lei estabelecendo os prazos para a redução do montante da dívida consolidada.

b) Ato do Senado Federal, fixando o limite máximo do montante da dívida consolidada.

A Lei de Responsabilidade Fiscal (Lei Complementar n.º 101, de 04 de maio de 2000) estabelece, em seu art. 29, algumas definições. No que se refere à dívida pública consolidada, consta do seu inciso I: é o "montante total, apurado sem duplicidade, das obrigações financeiras do ente da Federação, assumidas em virtude de leis, contratos, convênios ou tratados e da realização de operações de crédito, para amortização em prazo superior a dize meses". E o conceito é complementado pelo § 3º do mesmo artigo, nos seguintes termos: "Também integram a dívida pública consolidada as operações de crédito de prazo inferior a doze meses cujas receitas tenham constado do orçamento".

Ainda no que tange aos limites previstos no tipo penal, o art. 30, § 4º da Lei de Responsabilidade Fiscal assevera que: "Para fins de verificação do atendimento do limite, a apuração do montante da dívida consolidada será efetuada ao final de cada quadrimestre".

1.3. Elemento subjetivo

É o dolo, consistente na vontade consciente de praticar as condutas. Não se exige o elemento subjetivo específico (especial finalidade no agir).

Não há previsão para a modalidade culposa. Por isto, é necessário que o prefeito possua ciência de que a dívida consolidada ultrapassou o limite fixado pelo Senado Federal.

1.4. Consumação e tentativa

O crime estará consumado com a realização das condutas contidas no tipo. Não se exige a produção de um prejuízo financeiro para o Município.

Tendo em vista que as condutas são omissivas (crime omissivo próprio), não há que se falar em tentativa.

XVII – ordenar ou autorizar a abertura de crédito em desacordo com os limites estabelecidos pelo Senado Federal, sem fundamento na lei orçamentária ou na de crédito adicional ou com inobservância de prescrição legal; (Incluído pela Lei 10.028, de 19/10/2000)

1. COMENTÁRIOS

1.1. Conduta

As condutas previstas no tipo penal são:

a) **Ordenar:** mandar, determinar.

b) **Autorizar:** permitir.

Este é outro tipo penal acrescido ao Decreto-Lei n.º 201/67 pela Lei n.º 10.028/2000, criminalizando condutas que deixem de observar preceitos atinentes à responsabilidade fiscal. Uma vez mais, temos uma norma penal em branco, pois, para que se tenha por caracterizado o crime, é necessário que se conheça:

a) Os limites de abertura de crédito estabelecidos pelo Senado Federal;

b) A lei orçamentária;

c) Lei de crédito adicional; ou

d) A prescrição legal sobre a matéria.

Conforme o art. 29, III da Lei de Responsabilidade Fiscal, operação de crédito é o: "compromisso financeiro assumido em razão de mútuo, abertura de crédito, emissão e aceite de título, aquisição financiada de bens, recebimento antecipado de valores provenientes da venda a termo de bens e serviços, arrendamento mercantil e outras operações assemelhadas, inclusive com o uso de derivativos financeiros";

1.2. Elemento subjetivo

É o dolo, consistente na vontade consciente de praticar as condutas. Não se exige o elemento subjetivo específico (especial finalidade no agir).

Não há previsão para a modalidade culposa.

1.3. Consumação e tentativa

O crime estará consumado com a realização das condutas contidas no tipo. Conforme as lições de Cezar Bitencourt, "as modalidades ordenar e autorizar somente consumam o crime coma efetiva abertura de crédito, nas circunstâncias mencionadas, na medida em que somente assim pode expor a risco de lesão o bem jurídico protegido. Mera infração de dever não constitui crime, pela ausência de efetiva ofensividade ao bem jurídico"[4].

É possível a tentativa, porquanto é possível que o prefeito ordene ou autorize a abertura de crédito e esta não se efetive por circunstâncias alheias à vontade do agente.

XVIII – deixar de promover ou de ordenar, na forma da lei, o cancelamento, a amortização ou a constituição de reserva para anular os efeitos de operação de crédito realizada com inobservância de limite, condição ou montante estabelecido em lei; (Incluído pela Lei 10.028, de 19/10/2000)

4. BITENCOURT, Cezar Roberto. *Tratado de Direito Penal. v.5,* 9.ed. são Paulo: Saraiva, 2015, p.544.

1. COMENTÁRIOS

1.1. Considerações iniciais

As condutas que caracterizam o tipo penal em apreço são antecedidas de uma operação de crédito realizada de forma irregular, inadequada, pois que não observa o limite, condição ou montante estabelecido em lei. De forma mais clara, em momento anterior a este crime, ocorre o crime previsto no inciso anterior.

Com efeito, no tipo penal do inciso XVII, o prefeito realiza a operação de crédito de forma irregular. No inciso XVIII, o prefeito deixa de corrigir o equívoco praticado anteriormente, pois não promove nem ordena o cancelamento, a amortização ou a constituição de reserva para anular os efeitos de tal operação.

O prefeito que incorre nas condutas do inciso anterior, responderá, também, pelo crime do presente inciso? Não. Neste caso, a conduta do inciso XVIII será *post factum* impunível. O crime estará caracterizado quando, por exemplo, um prefeito realiza a conduta do inciso anterior, e seu sucessor deixa de sanar a irregularidade. Neste caso, o primeiro prefeito responderá pelo crime do inciso XVII, e o segundo responderá pelo crime do inciso XVIII.

1.2. Conduta

As condutas previstas no tipo penal são:

a) Deixar de promover: não realizar, não efetivar.

b) Deixar de ordenar: não mandar, não determinar.

Trata-se de norma penal em branco, porquanto a promoção ou determinação de cancelamento, amortização ou a constituição de reserva para anular os efeitos de operação de crédito devem se dar "na forma da lei"; além disso, o tipo penal ainda emprega a expressão "com inobservância de limite, condição ou montante estabelecido em lei". Como visto, é necessário que tenhamos uma legislação sobre a matéria para que se possa compreender, em sua integralidade, a dimensão das condutas que constituem o tipo penal, razão pela qual se justifica a afirmação de que se trata de uma norma penal em branco.

Conforme já asseveramos, ao comentar o inciso anterior, operação de crédito é o: "compromisso financeiro assumido em razão de mútuo, abertura de crédito, emissão e aceite de título, aquisição financiada de bens, recebimento antecipado de valores provenientes da venda a termo de bens e serviços, arrendamento mercantil e outras operações assemelhadas, inclusive com o uso de derivativos financeiros" (art. 29, III, LRF).

"Cancelamento" seria a anulação da operação de crédito realizada.

"Amortização" é o adimplemento parcial da dívida. Pertinente a observação de Balthazar Jr quando destaca que "soa estranho, porém, que a dívida contraída irregularmente, por não a tender aos limites, condições ou montante estabelecidos em lei possa ser regularizada mediante pagamento"[5].

5. BALTHAZAR Jr. , p.347.

Constituição de reserva consiste em destacar determinados valores para efetuar o pagamento. A observação anteriormente realizada, em relação à amortização também se amolda aqui.

1.3. Elemento subjetivo

É o dolo, consistente na vontade consciente de praticar as condutas. Não se exige o elemento subjetivo específico (especial finalidade no agir).

Não há previsão para a modalidade culposa.

1.4. Consumação e tentativa

O crime estará consumado com a realização das condutas contidas no tipo.

Por se tratar de crime omissivo próprio, não é possível a tentativa.

XIX – deixar de promover ou de ordenar a liquidação integral de operação de crédito por antecipação de receita orçamentária, inclusive os respectivos juros e demais encargos, até o encerramento do exercício financeiro; (Incluído pela Lei 10.028, de 19/10/2000)

1. COMENTÁRIOS

1.1. Condutas

As condutas previstas no tipo penal são:

a) Deixar de promover: não realizar, não efetivar.

b) Deixar de ordenar: não mandar, não determinar.

As condutas recaem sobre a "operação de crédito por antecipação de receita orçamentária". Em relação ao tema, dispõe o art. 38 da Lei de Responsabilidade Fiscal que "A operação de crédito por antecipação de receita destina-se a atender insuficiência de caixa durante o exercício financeiro e cumprirá as exigências mencionadas no art. 32 e mais as seguintes: I – realizar-se-á somente a partir do décimo dia do início do exercício; II – deverá ser liquidada, com juros e outros encargos incidentes, até o dia dez de dezembro de cada ano; III – não será autorizada se forem cobrados outros encargos que não a taxa de juros da operação, obrigatoriamente prefixada ou indexada à taxa básica financeira, ou à que vier a esta substituir; IV – estará proibida: a) enquanto existir operação anterior da mesma natureza não integralmente resgatada; b) no último ano de mandato do Presidente, Governador ou Prefeito Municipal".

Conforme se depreende da literalidade legislativa, para que não ocorra o crime, é necessário que o prefeito promova ou ordene a liquidação integral da operação de crédito por antecipação de receita orçamentária. A liquidação parcial, deste modo, não afasta o crime. De igual sorte, não afasta o crime a liquidação integral realizada após o encerramento do exercício financeiro.

1.2. Elemento subjetivo

É o dolo, consistente na vontade consciente de praticar as condutas. Não se exige o elemento subjetivo específico (especial finalidade no agir).

Não há previsão para a modalidade culposa.

1.3. Consumação e tentativa

O crime estará consumado com a realização das condutas contidas no tipo.

Por se tratar de crime omissivo próprio, não é possível a tentativa.

XX – ordenar ou autorizar, em desacordo com a lei, a realização de operação de crédito com qualquer um dos demais entes da Federação, inclusive suas entidades da administração indireta, ainda que na forma de novação, refinanciamento ou postergação de dívida contraída anteriormente; (Incluído pela Lei 10.028, de 19/10/2000)

1. COMENTÁRIOS

1.1. Condutas

As condutas previstas no tipo penal são:

a) Ordenar: mandar, determinar.

b) Autorizar: permitir.

Há, aqui, mais uma norma penal em branco, pois as condutas ocorrem "em desacordo com a lei". Imperioso, portanto, que tenhamos uma lei regulamentando a realização de operação de crédito mencionada no tipo penal, como forma de complementar as condutas criminosas descritas.

O tipo penal, como as hipóteses contidas nos incisos anteriores, criminaliza o endividamento irregular do Município. No caso específico, trata de operação de crédito entre o Município e algum outro ente da Federação, incluindo as entidades da administração indireta.

Novamente, a Lei de Responsabilidade Fiscal disciplina a matéria, trazendo, em seu art. 35: "É vedada a realização de operação de crédito entre um ente da Federação, diretamente ou por intermédio de fundo, autarquia, fundação ou empresa estatal dependente, e outro, inclusive suas entidades da administração indireta, ainda que sob a forma de novação, refinanciamento ou postergação de dívida contraída anteriormente".

As exceções a esta proibição estão nos §§ 1º e 2º do mesmo artigo, nos seguintes termos: "§ 1º Excetuam-se da vedação a que se refere o *caput* as operações entre instituição financeira estatal e outro ente da Federação, inclusive suas entidades da administração indireta, que não se destinem a: I – financiar, direta ou indiretamente, despesas correntes; II – refinanciar dívidas não contraídas junto à própria instituição concedente. § 2º O disposto no *caput* não impede Estados e Municípios de comprar títulos da dívida da União como aplicação de suas disponibilidades".

1.2. Elemento subjetivo

É o dolo, consistente na vontade consciente de praticar as condutas. Não se exige o elemento subjetivo específico (especial finalidade no agir).

Não há previsão para a modalidade culposa.

1.3. Consumação e tentativa

O crime estará consumado com a realização das condutas contidas no tipo. É necessário que haja a efetiva realização da operação de crédito[6].

É possível a tentativa.

> XXI – captar recursos a título de antecipação de receita de tributo ou contribuição cujo fato gerador ainda não tenha ocorrido; (Incluído pela Lei 10.028, de 19/10/2000)

1. COMENTÁRIOS

1.1. Condutas

A conduta prevista no tipo penal é:

a) **Captar** (recursos): obter, adquirir.

O crime ocorre quando o prefeito capta recursos (valores, disponibilidade financeira) a título de antecipação de receita de tributo ou contribuição cujo fato gerador ainda não tenha ocorrido.

Conforme o artigo 37 da Lei de Responsabilidade Fiscal: "Equiparam-se a operações de crédito e estão vedados: I – captação de recursos a título de antecipação de receita de tributo ou contribuição cujo fato gerador ainda não tenha ocorrido, sem prejuízo do disposto no § 7º do art. 150 da Constituição". Vale registrar que a expressão "tributo ou contribuição", atualmente, é redundante, porquanto se entende que contribuição é uma das modalidades de tributo, ao lado dos impostos, taxas, contribuições de melhoria e empréstimos compulsórios.

1.2. Elemento subjetivo

É o dolo, consistente na vontade consciente de praticar as condutas. Não se exige o elemento subjetivo específico (especial finalidade no agir).

Não há previsão para a modalidade culposa.

1.3. Consumação e tentativa

O crime estará consumado com a realização das condutas contidas no tipo. É necessário que haja a efetiva realização da operação de crédito.

É possível a tentativa. Basta imaginar a situação em que o prefeito tenta capta o recurso, mas não logra êxito.

6. Neste sentido, BITENCOURT, Cezar Roberto. *ob. cit.*, p.553.

XXII – ordenar ou autorizar a destinação de recursos provenientes da emissão de títulos para finalidade diversa da prevista na lei que a autorizou; (Incluído pela Lei 10.028, de 19/10/2000)

1. COMENTÁRIOS

1.1. Condutas

As condutas previstas no tipo penal são:

a) **Ordenar:** mandar, determinar.

b) **Autorizar:** permitir.

Há, aqui, mais uma norma penal em branco, pois as condutas ocorrem " para finalidade diversa da prevista na lei que a autorizou ". Imperioso, portanto, que tenhamos uma lei autorizando a destinação de recursos provenientes da emissão de títulos para alguma finalidade. Somente assim será possível complementar as condutas criminosas descritas no tipo sob exame.

Em síntese, temos o crime quando o prefeito municipal confere aos recursos públicos destinação diversa daquela prevista em lei.

1.2. Elemento subjetivo

É o dolo, consistente na vontade consciente de praticar as condutas. Exige-se o elemento subjetivo específico (especial finalidade no agir), na medida em que há a necessidade de dar destinação específica aos recursos.

Não há previsão para a modalidade culposa.

1.3. Consumação e tentativa

O crime estará consumado com a realização das condutas contidas no tipo. É necessário que haja a efetiva realização da operação de crédito.

É possível a tentativa.

XXIII – realizar ou receber transferência voluntária em desacordo com limite ou condição estabelecida em lei. (Incluído pela Lei 10.028, de 19/10/2000)

1. COMENTÁRIOS

1.1. Condutas

As condutas previstas no tipo penal são:

a) **Realizar:** fazer, concretizar, efetivar.

b) **Receber:** obter, adquirir.

O tipo penal traz condutas relativas a transferências voluntárias indevidas. O prefeito pratica o crime tanto na hipótese em que o Município concede a transferência quanto na situação em que a recebe. De modo similar ao que ocorre nos tipos penais dos incisos anteriores, temos aqui uma norma penal em branco, porquanto é necessário conhecer o limite ou condição estipulado em lei para a realização ou o recebimento da transferência.

Conforme o art. 25 da LRF: "Para efeito desta Lei Complementar, entende-se por transferência voluntária a entrega de recursos correntes ou de capital a outro ente da Federação, a título de cooperação, auxílio ou assistência financeira, que não decorra de determinação constitucional, legal ou os destinados ao Sistema Único de Saúde".

As exigências para a transferência voluntária estão presentes na própria LRF e, também, na lei de diretrizes orçamentárias. Na LRF, dispõe o art. 25, § 1º: que, entre as exigências, estão: I – existência de dotação específica; II – observância do disposto no inciso X do art. 167 da Constituição; III – comprovação, por parte do beneficiário, de: a) que se acha em dia quanto ao pagamento de tributos, empréstimos e financiamentos devidos ao ente transferidor, bem como quanto à prestação de contas de recursos anteriormente dele recebidos; b) cumprimento dos limites constitucionais relativos à educação e à saúde; c) observância dos limites das dívidas consolidada e mobiliária, de operações de crédito, inclusive por antecipação de receita, de inscrição em Restos a Pagar e de despesa total com pessoal; d) previsão orçamentária de contrapartida.

1.2. Elemento subjetivo

É o dolo, consistente na vontade consciente de praticar as condutas. Não se exige o elemento subjetivo específico (especial finalidade no agir).

Não há previsão para a modalidade culposa.

1.3. Consumação e tentativa

O crime se consuma com a efetiva realização das condutas descritas no tipo penal. Não há necessidade de produção de efetivo prejuízo ao Município.

É admissível a tentativa. É possível, por exemplo, o prefeito tentar receber a transferência voluntária, mas o ente responsável pela realização da transferência negar-se a fazer.

§ 1º Os crimes definidos neste artigo são de ação pública, punidos os dos itens I e II, com a pena de reclusão, de dois a doze anos, e os demais, com a pena de detenção, de três meses a três anos.

1. COMENTÁRIOS

1.1. Ação Penal

Nos crimes previstos no Decreto-Lei nº 201/67, a ação penal é de natureza pública incondicionada. Como se depreende da leitura do §1º, o dispositivo faz menção à ação pública, não se referindo, especificamente, à incondicionada. Como se sabe, ante a ausência de previsão de qualquer condição de procedibilidade (representação do ofendido ou requisição do Ministro da Justiça), a outra conclusão não se pode chegar, senão a de que se trata de ação penal pública incondicionada.

1.2. Penas

Há duas penas previstas para os crimes estampados no art. 1º.

a) Incisos I e II: pena de reclusão de dois a doze anos

Para os crimes previstos nos dois primeiros incisos, a pena é de reclusão de dois a doze anos. A partir desta constatação, podemos chegar às seguintes conclusões:

a.1) Não é possível a obtenção da transação penal (art. 76 da Lei n.º 9.099/95), pois não se trata de infração penal de menor potencial ofensivo (a pena máxima supera o patamar de dois anos de privação de liberdade).

a.2) Não é possível a suspensão condicional do processo (*sursis* processual), pois a pena mínima ultrapassa um ano (art. 89 da Lei n.º 9.099/95).

a.3) É possível a substituição da pena privativa de liberdade por pena restritiva de direitos, desde que a pena efetivamente imposta pelo juiz não ultrapasse quatro anos, observados os demais requisitos do art. 44, CP.

b) Demais incisos: pena de detenção de três meses a três anos

b.1) Não é possível a obtenção da transação penal (art. 76 da Lei n.º 9.099/95), pois não se trata de infração penal de menor potencial ofensivo (a pena máxima supera o patamar de dois anos de privação de liberdade).

b.2) É possível a suspensão condicional do processo (*sursis* processual), pois a pena mínima não ultrapassa um ano (art. 89 da Lei n.º 9.099/95). Vale recordar que, para a obtenção deste benefício, é indiferente a pena máxima prevista.

b.3) É provável a substituição da pena privativa de liberdade por pena restritiva de direitos, desde que a pena efetivamente imposta pelo juiz não ultrapasse quatro anos, observados os demais requisitos do art. 44, CP.

Por fim, importante recordar que, em se tratando de pena de detenção, não caberia a imposição do regime fechado para o início do cumprimento de pena. De igual sorte, não cabe a decretação de interceptação telefônica para a investigação destes crimes, pois ausente um dos requisitos exigidos pela Lei n. 9.296/96. Nos dois primeiros incisos, ao revés, é possível tanto a imposição do regime fechado para o cumprimento da pena quanto a interceptação telefônica.

2. QUESTÕES DE CONCURSOS

1. **(FCC/TCE-MG/Auditor/2005)** O prefeito que aliena bem imóvel sem autorização da respectiva Câmara Municipal incorre em crime previsto no Decreto-lei 201/67, sujeitando-se à

a) pena de detenção de 3 (três) meses a 3 (três) anos.

b) pena de reclusão de 2 (dois) a 12 (doze) anos.

c) inabilitação pelo prazo de 8 (oito) anos, para o exercício de cargo ou função pública, eletivo ou de nomeação, sem prejuízo da reparação civil do dano causado ao patrimônio público ou particular, em caso de condenação definitiva.

d) inabilitação pelo prazo de 4 (quatro) anos, para o exercício de cargo ou função pública, eletivo ou de nomeação, sem prejuízo da reparação civil do dano causado ao patrimônio público ou particular, em caso de condenação definitiva.

e) pena de reclusão de 2 (dois) a 12 (doze) anos e à inabilitação pelo prazo de 5 (cinco anos), para o exercício de cargo ou função pública, eletivo ou de nomeação, sem prejuízo da reparação civil do dano causado ao patrimônio público ou particular, em caso de condenação definitiva.

2. (PGT/Procurador/2008 – adaptada) São de ação pública os crimes de responsabilidade previstos no diploma legal em epígrafe.

3. (FUNDEP/TCE-MG/Auditor/2015 – adaptada) A apropriação de bens ou rendas públicas e o desvio de rendas ou verbas públicas por prefeito municipal, condutas previstas, respectivamente, nos incisos I e III do art. 1º do Decreto-lei n. 201/1967, constituem crimes punidos com a mesma pena em abstrato.

GAB	1	2	3
	A	C	E

§ 2º A condenação definitiva em qualquer dos crimes definidos neste artigo, acarreta a perda de cargo e a inabilitação, pelo prazo de cinco anos, para o exercício de cargo ou função pública, eletivo ou de nomeação, sem prejuízo da reparação civil do dano causado ao patrimônio público ou particular.

1. COMENTÁRIOS

O § 2º do art. 1º trata dos efeitos da condenação. Mais particularmente, diz respeito aos efeitos extrapenais da condenação penal, tal como previsto, por exemplo, nos artigos 91 e 92 do nosso Código Penal. Por se tratar de lei especial, por força do princípio da especialidade, o dispositivo legal em comento sobrepõe-se ao disposto no Código Penal (art. 12, CP). Nada obsta, todavia, que as disposições do Código Penal sejam aplicadas subsidiariamente.

Nos termos do nosso Código Penal:

> "Art. 91 – São efeitos da condenação:
>
> I – tornar certa a obrigação de indenizar o dano causado pelo crime;
>
> II – a perda em favor da União, ressalvado o direito do lesado ou de terceiro de boa-fé:
>
> a) dos instrumentos do crime, desde que consistam em coisas cujo fabrico, alienação, uso, porte ou detenção constitua fato ilícito;
>
> b) do produto do crime ou de qualquer bem ou valor que constitua proveito auferido pelo agente com a prática do fato criminoso.
>
> § 1º Poderá ser decretada a perda de bens ou valores equivalentes ao produto ou proveito do crime quando estes não forem encontrados ou quando se localizarem no exterior.
>
> § 2º Na hipótese do § 1º, as medidas assecuratórias previstas na legislação processual poderão abranger bens ou valores equivalentes do investigado ou acusado para posterior decretação de perda.
>
> Art. 92 – São também efeitos da condenação:
>
> I – a perda de cargo, função pública ou mandato eletivo:

> a) quando aplicada pena privativa de liberdade por tempo igual ou superior a um ano, nos crimes praticados com abuso de poder ou violação de dever para com a Administração Pública;
>
> b) quando for aplicada pena privativa de liberdade por tempo superior a 4 (quatro) anos nos demais casos.
>
> II – a incapacidade para o exercício do pátrio poder, tutela ou curatela, nos crimes dolosos, sujeitos à pena de reclusão, cometidos contra filho, tutelado ou curatelado;
>
> III – a inabilitação para dirigir veículo, quando utilizado como meio para a prática de crime doloso.
>
> Parágrafo único – Os efeitos de que trata este artigo não são automáticos, devendo ser motivadamente declarados na sentença".

Conforme se percebe, a incidência dos efeitos extrapenais da condenação não afasta a obrigação de indenizar, por parte do condenado. Por razões óbvias, tal reparação deve ocorrer com o patrimônio lícito do condenado. A perda do patrimônio ilícito é um dos efeitos da condenação, nos termos do art. 91, II, *b*, do Código Penal, acima transcrito. Não se destina, deste modo, à reparação do dano, propriamente dito.

2. SÚMULAS E JURISPRUDÊNCIA

✦ *SUPERIOR TRIBUNAL DE JUSTIÇA*

- **PENAS ACESSÓRIAS PARA CRIMES DE RESPONSABILIDADE DE PREFEITO FRENTE À PRESCRIÇÃO. Ocorrida a prescrição da pretensão punitiva de crime de responsabilidade de prefeito municipal, não podem ser aplicadas as penas de perda de cargo e de inabilitação para o exercício de cargo ou função pública previstas no § 2º do art. 1º do Decreto-lei 201/1967.** Com efeito, a Quinta Turma do STJ modificou seu entendimento (REsp 1.326.452-PR, DJe 2/10/2013), acompanhando a posição já firmada pela Sexta Turma, de modo a considerar que as sanções previstas no referido dispositivo têm caráter acessório, razão pela qual a extinção da pretensão punitiva com relação à aplicação da pena privativa de liberdade impede a aplicação da pena acessória. *STJ, AgRg no REsp 1.381.728-SC, Rel. Min. Marco Aurélio Bellizze, j. 17/12/2013. 5ª T. (Info 533)*

- **PREFEITO. INABILITAÇÃO. FUNÇÃO PÚBLICA. PENA AUTÔNOMA.** A inabilitação para o exercício de função pública, prevista no art. 1º, § 2º, do DL n. 201/1967, foi elevada ao *status* de pena restritiva de direitos com o advento da Lei n. 7.209/1984, sendo, portanto, autônoma, em relação à privativa de liberdade. Além disso, aquela possui natureza jurídica distinta desta, devendo os seus prazos prescricionais fluírem de forma diversa. *STJ, REsp 1.182.397-RS, Rel. Min. Gilson Dipp, j. 13/3/2012. 5ª T. (Info 493)*

3. QUESTÕES DE CONCURSOS

1. **(PGT/Procurador/2008 – adaptada)** A perda do cargo e a inabilitação do Prefeito, pelo prazo de 5 (cinco) anos, para o exercício de cargo ou função pública, efetivo ou de nomeação, poderá ocorrer após a condenação definitiva por crime de responsabilidade previsto no diploma legal em epígrafe.

2. **(FCC/TCM-PA/Técnico de Controle Externo/2010 – adaptada)** A condenação, ainda que recorrível, em qualquer dos crimes definidos na Lei, acarreta a inabilitação, pelo prazo de oito anos, para o exercício de função pública.

3. **(VUNESP/SAEG/Advogado/2015 – adaptada)** Com relação aos crimes de responsabilidade dos Prefeitos Municipais e Vereadores previstos no Decreto-Lei n° 201/1967, é correto afirmar que ao nomear,

admitir ou designar servidor, contra expressa disposição de lei, o Prefeito Municipal, se condenado, poderá ser punido com pena de detenção, de três meses a três anos.

4. **(CESPE/MPE-TO/Promotor de Justiça/2012 – adaptada)** Considere que um prefeito municipal tenha sido condenado definitivamente, após o trâmite regular da ação contra ele ajuizada, pelo desvio, em proveito próprio, de receitas públicas do município. Nesse caso, de acordo com o Decreto-Lei n.º 201/1967, o prefeito não só perderá o cargo, como também estará inabilitado para o exercício de cargo ou função pública, eletivo ou de nomeação, pelo prazo de oito anos.

5. **(CAIP-IMES/Câmara Mun. de São Caetano do Sul/Procurador/2014 – adaptada)** As sanções para estes crimes possuem efeito secundário ou acessório, que são a perda do cargo e a inabilitação, por até 10 (dez) anos, para o exercício de cargo ou função pública, eletivo ou de nomeação, sem prejuízo da reparação civil do dano causado ao patrimônio público ou particular.

6. **(VUNESP/Pref. de Sorocaba/Procurador Municipal/2018)** A condenação definitiva a qualquer um dos crimes definidos no art. 1° do Decreto-lei n° 201/67 (responsabilidade dos Prefeitos e Vereadores), sem prejuízo da pena privativa de liberdade e da reparação civil do dano causado ao patrimônio público ou particular, acarreta também

a) aplicação de multa penal, no montante de 10 (dez) a 360 (trezentos e sessenta) dias-multa.

b) suspensão do exercício do cargo enquanto durar a pena corporal.

c) imediata cassação dos subsídios, bem como a inabilitação, pelo prazo de 8 (oito) anos, para o exercício de cargo ou função pública.

d) perda do cargo e impossibilidade de contratar com o Poder Público, pelo prazo de 2 (dois) a 12 (doze) anos, a ser definido em sentença.

e) perda de cargo e inabilitação, pelo prazo de 5 (cinco) anos, para o exercício de cargo ou função pública, eletivo ou de nomeação.

GAB	1	2	3	4	5	6
	C	E	C	E	E	E

Art. 2º O processo dos crimes definidos no artigo anterior é o comum do juízo singular, estabelecido pelo Código de Processo Penal, com as seguintes modificações:

I – Antes de receber a denúncia, o Juiz ordenará a notificação do acusado para apresentar defesa prévia, no prazo de cinco dias. Se o acusado não for encontrado para a notificação, ser-lhe-á nomeado defensor, a quem caberá apresentar a defesa, dentro no mesmo prazo.

II – Ao receber a denúncia, o Juiz manifestar-se-á, obrigatória e motivadamente, sobre a prisão preventiva do acusado, nos casos dos itens I e II do artigo anterior, e sobre o seu afastamento do exercício do cargo durante a instrução criminal, em todos os casos.

III – Do despacho, concessivo ou denegatório, de prisão preventiva, ou de afastamento do cargo do acusado, caberá recurso, em sentido estrito, para o Tribunal competente, no prazo de cinco dias, em autos apartados. O recurso do despacho que decreta a prisão preventiva ou o afastamento do cargo terá efeito suspensivo.

§ 1º Os órgãos federais, estaduais ou municipais, interessados na apuração da responsabilidade do Prefeito, podem requerer a abertura do inquérito policial ou a instauração da ação penal pelo Ministério Público, bem como intervir, em qualquer fase do processo, como assistente da acusação.

§ 2º Se as previdências para a abertura do inquérito policial ou instauração da ação penal não forem atendidas pela autoridade policial ou pelo Ministério Público estadual, poderão ser requeridas ao Procurador-Geral da República.

1. COMENTÁRIOS

1.1. Competência

O art. 1º do Decreto-Lei n.º 201/67 trata de crimes praticados por prefeitos municipais. Por esta razão, é importante recordar que tais autoridades públicas são detentoras de foro por prerrogativa de função perante os Tribunais de Justiça. Deste modo, se, por ocasião do julgamento, o prefeito ainda estiver no exercício do mandato eletivo, deverá ser julgado pelo Tribunal de Justiça de seu Estado.

Importante, porém, chamar a atenção para o teor da súmula n.º 702/STF:

> ***Súmula n.º 702/STF:*** "A competência do Tribunal de Justiça para julgar prefeitos restringe-se aos crimes de competência da justiça comum estadual; nos demais casos, a competência originária caberá ao respectivo tribunal de segundo grau".

Deste modo, se o crime praticado pelo prefeito estiver no âmbito da competência da Justiça Federal, ele passará a ser julgado pelo Tribunal Regional Federal que tenha jurisdição sobre seu Estado.

Neste sentido, aliás, cabe fazer menção às súmulas n.º 208 e 209 do Superior Tribunal de Justiça:

> ***Súmula n.º 208/STJ:*** "Compete à Justiça Federal processar e julgar prefeito municipal por desvio de verba sujeita a prestação de contas perante órgão federal".
>
> ***Súmula n.º 209/STJ:*** "Compete à Justiça Estadual processar e julgar prefeito por desvio de verba transferida e incorporada ao patrimônio municipal".

Vale registrar que não há foro por prerrogativa de função para ex-autoridades públicas. O Código de Processo Penal dizia o contrário em seu art. 84, §1º, que possuía a seguinte redação: "A competência especial por prerrogativa de função, relativa a atos administrativos do agente, prevalece ainda que o inquérito ou a ação judicial sejam iniciados após a cessação do exercício da função pública".

Esta redação havia sido dada pela Lei n.º 10.628/2002. Este dispositivo, contudo, foi declarado inconstitucional pelo Supremo Tribunal Federal, no julgamento da Ação Direta de Inconstitucionalidade n.º 2.797-DF. Por esta razão, reiteramos que não há foro por prerrogativa de função para ex-autoridades públicas, razão pela qual, se o mandato do prefeito já se houver encerrado, deverá ele ser julgado pela os juízes de primeiro grau, das esferas estadual ou federal, nos termos das súmulas n.º 208 e 209 do superior Tribunal de Justiça.

Conforme o STF, apenas deve prevalecer o foro por prerrogativa de função para ex-autoridades públicas quando se constatar que o agente renuncia ao cargo público para se livrar do julgamento, objetivando deslocar a competência para outro órgão judiciário. Neste caso, o foro por prerrogativa de função deveria prevalecer, pois a ninguém é dado o direito de se locupletar da própria torpeza.

Assim, podemos imaginar um exemplo em que o prefeito, no exercício do seu mandato eletivo, estiver na iminência de ser julgado pelo Tribunal de Justiça e, por esta razão, renuncia, com o objetivo de ver o processo ser deslocado para a Justiça de primeiro grau, onde espera que ocorra uma prescrição. Em um caso como este – raro, é verdade, pois, em geral, os julgamentos em âmbito colegiado são mais demorados do que na Justiça de primeira instância –, caracterizada a má-fé do prefeito, a competência do Tribunal de Justiça deveria prevalecer, a despeito da sua renúncia.

Como se vê, o fim do mandato não exclui a possibilidade de o prefeito ser julgado por algum crime previsto no Decreto-Lei n.º 201/67, desde que praticado durante o mandato eletivo. Neste sentido, aliás, a súmula n.º 703 do Supremo Tribunal Federal, e n.º 164 do Superior Tribunal de Justiça:

> ***Súmula n.º 703/STF:*** "A extinção do mandato do prefeito não impede a instauração de processo pela prática dos crimes previstos no art. 1º do decreto-lei 201/1967".
>
> ***Súmula n.º 164/STJ:*** "O prefeito municipal, após a extinção do mandato, continua sujeito a processo por crime previsto no art. 1º do Dec.-lei 201, de 27/02/67".

Em caso de término do mandato, haveria, apenas, uma alteração da competência para o julgamento. Por outro lado, se a conduta for praticada após o encerramento do mandato, não se poderá caracterizar o crime previsto neste diploma legislativo, salvo na hipótese de o ex-prefeito estar atuando em concurso de pessoas com o prefeito atual.

1.2. Procedimento

O art. 2º do Decreto-Lei n.º 201/67 estabelece o procedimento para o julgamento destes crimes de responsabilidade praticados por prefeitos. É importante recordar que, se o prefeito, por ocasião do início do julgamento, estiver no exercício do mandato eletivo, será julgado pelo Tribunal de segundo grau. Por esta razão, ao procedimento descrito no art. 2º, em comento, devem ser acrescidas as disposições da Lei n.º 8.038/90, que trata dos procedimentos no âmbito dos Tribunais.

A grande peculiaridade deste procedimento reside no fato de que o recebimento da denúncia (peça inicial acusatória da ação penal de iniciativa pública) é antecedido da defesa prévia, apresentada pelo acusado, no prazo de cinco dias, a partir de sua notificação. Dizemos que esta é uma grande peculiaridade, porque a regra dos procedimentos em matéria penal é a de que o juiz delibera acerca da rejeição ou recebimento denúncia e, somente após o eventual recebimento, há a citação do réu para apresentação de resposta à acusação (art. 396, CPP).

Em apenas cinco procedimentos, o réu é notificado (e não citado, pois a citação só pode ocorrer após a decisão de recebimento da denúncia) para apresentar defesa antes do recebimento: a) Lei de Drogas; b) Lei de Juizados Especiais Criminais; c) Lei nº 8.038/90; d) procedimento dos crimes funcionais (art. 514, CPP); e) Decreto-Lei nº 201/67.

1.3. Prisão Preventiva e afastamento do cargo

Conforme o art. 2º, II, "ao receber a denúncia, o Juiz manifestar-se-á, obrigatória e motivadamente, sobre a prisão preventiva do acusado, nos casos dos itens I e II do artigo anterior, e sobre o seu afastamento do exercício do cargo durante a instrução criminal, em todos os casos".

Como medida cautelar, a preventiva pressupõe a coexistência do *fumus commissi delicti* (fumaça da prática do delito) e do *periculum libertatis* (perigo da liberdade), que justifiquem o cárcere cautelar.

Assim teremos:

a) ***Fumus commissi delicti:*** consubstanciado no binômio: prova da materialidade e indícios de autoria.

b) ***Periculum libertatis:*** é o risco que pode produzir a manutenção da liberdade do suposto autor do fato. Nos termos do art. 312 do CPP, materializa-se em uma das seguintes situações:

b.1) Garantia da ordem pública: A despeito de eventuais controvérsias, somos partidários da tese de que a ordem pública está em risco quando há a probabilidade da reiteração de delitos, em razão da manutenção da liberdade.

b.2) Garantia da ordem econômica: objetivando coibir a reiteração de condutas que afetem a ordem econômica.

b.3) Conveniência da instrução criminal: corresponde à probabilidade de a liberdade do agente comprometer a produção de provas, como, por exemplo, no caso em que os réus ameaçam testemunhas.

b.4) Assegurar a aplicação da lei penal: Ocorre quando, por exemplo, há fundado risco de fuga do réu.

Além destes requisitos, após a Lei nº 12.403/11, o juiz poderá decretar a prisão preventiva quando houver o descumprimento de alguma medida cautelar pessoal alternativa (art. 319, CPP) aplicada. Tais medidas devem ser impostas pelo magistrado, reservando-se a prisão preventiva para as hipóteses em que aquelas se revelam insuficientes ou inadequadas.

1.4. Recurso

Conforme o inciso III, "Do despacho, concessivo ou denegatório, de prisão preventiva, ou de afastamento do cargo do acusado, caberá recurso, em sentido estrito, para o Tribunal competente, no prazo de cinco dias, em autos apartados. O recurso do despacho que decreta a prisão preventiva ou o afastamento do cargo terá efeito suspensivo".

O procedimento do recurso em sentido estrito está previsto no art. 581, CPP, que deve ser aplicado subsidiariamente, pois o Decreto-Lei nº 201/67 não trata dessa matéria. A propósito, a previsão de cabimento do recurso em sentido estrito contida no inciso III inova em relação às situações trazidas pelo art. 581, CPP, que não prevê recurso para a hipótese de decretação de prisão preventiva.

1.5. Representação

Dispõe o § 1º do art. 1º: "Os órgãos federais, estaduais ou municipais, interessados na apuração da responsabilidade do Prefeito, podem requerer a abertura do inquérito policial ou a instauração da ação penal pelo Ministério Público, bem como intervir, em qualquer fase do processo, como assistente da acusação".

Trata-se, portanto, de um requerimento dirigido à Polícia ou ao Ministério Público. Não se pode confundir este requerimento com a representação do ofendido, condição de procedibilidade de algumas ações penais de iniciativa pública.

Inicialmente, cabe registrar que os crimes de abuso de autoridade são de ação penal pública incondicionada, razão pela qual o Ministério Público deverá oferecer denúncia independentemente de qualquer manifestação de vontade da vítima. Demais disso, estes requerimentos do Decreto-Lei n.º 201/67 não se adstringem ao prazo decadencial de seis meses, contados a partir do conhecimento da autoria, como ocorre na condição de procedibilidade. Frise-se, ainda, que os requerimentos aqui mencionados podem ser realizados por qualquer pessoa, e não apenas por órgãos federais, estaduais ou municipais, interessados na apuração da responsabilidade do prefeito.

Os requerimentos aqui mencionados, então, figuram, em verdade, como exercício do direito de petição, contemplado no art. 5º, XXXIV, a, CF, nos seguintes termos: "são a todos assegurados, independentemente do pagamento de taxas: a) o direito de petição aos Poderes Públicos em defesa de direitos ou contra ilegalidade ou abuso de poder".

No que concerne ao § 2º *do art. 1º*, cremos que, após o advento da constituição Federal de 1988, somente pode ser aplicado àquelas hipóteses em que estamos diante de um crime de competência da Justiça Federal. Em se tratando de crime de competência estadual, a ausência de atendimento do requerimento, por parte do promotor poderia dar ensejo a um requerimento ao procurador-geral de Justiça, e não ao PGR. E isto porque a CF/88 outorgou autonomia e independências aos ramos do Ministério Público, não cabendo ao PGR imiscuir-se na atuação do Ministério Público Estadual.

2. SÚMULAS E JURISPRUDÊNCIA

- **Súmula n.º 702/STF:** "A competência do Tribunal de Justiça para julgar prefeitos restringe-se aos crimes de competência da justiça comum estadual; nos demais casos, a competência originária caberá ao respectivo tribunal de segundo grau".
- **Súmula n.º 703/STF:** "A extinção do mandato do prefeito não impede a instauração de processo pela prática dos crimes previstos no art. 1º do decreto-lei 201/1967".
- **Súmula n.º 164/STJ:** "O prefeito municipal, após a extinção do mandato, continua sujeito a processo por crime previsto no art. 1º do Dec.-lei 201, de 27/02/67".
- **Súmula n.º 208/STJ:** "Compete à Justiça Federal processar e julgar prefeito municipal por desvio de verba sujeita a prestação de contas perante órgão federal".
- **Súmula n.º 209/STJ:** "Compete à Justiça Estadual processar e julgar prefeito por desvio de verba transferida e incorporada ao patrimônio municipal".

✦ *SUPREMO TRIBUNAL FEDERAL*

- **PRINCÍPIO DA INSIGNIFICÂNCIA E ATO DE PREFEITO.** A 2ª Turma concedeu habeas corpus para aplicar o princípio da insignificância em favor de ex-prefeito que, no exercício de suas atividades funcionais, utilizara-se de máquinas e caminhões de propriedade da prefeitura para efetuar terraplenagem em terreno de sua residência. Por esse motivo, fora denunciado pela suposta prática do crime previsto no art. 1º, II, do Decreto-Lei 201/67 ("Art. 1º São crimes de responsabilidade dos Prefeitos Municipais, sujeitos ao julgamento do Poder Judiciário, independentemente do pronunciamento da Câmara dos Vereadores ... II – utilizar-se, indevidamente, em proveito próprio ou alheio, de bens, rendas ou serviços públicos"). Asseverou-se tratar-se de prática comum na municipalidade em questão, mediante ressarcimento, para fins de remuneração dos condutores e abastecimento de óleo diesel. Concluiu-se pela plausibilidade da tese defensiva quanto ao referido postulado, dado que o serviço prestado, se contabilizado hoje, não ultrapassaria o valor de R$ 40,00. *STF, HC 104286/SP, rel. Min. Gilmar Mendes, 3.5.2011. 2ª T. (Info 625)*

✦ *SUPERIOR TRIBUNAL DE JUSTIÇA*

- **PRINCÍPIO. INSIGNIFICÂNCIA. PREFEITO.** O tribunal *a quo* condenou o paciente à pena de reclusão de cinco anos, em regime semiaberto, pela prática da conduta prevista no art. 1º, I, do DL n. 201/1967, porque, no exercício do cargo de prefeito, concordou com a emissão de documento fiscal apto a justificar despesa que, atualmente, seria cerca de R$ 600, referente a uma festa oferecida a convidados especiais. A Turma, entre outras questões, entendeu ser **inaplicável o princípio da insignificância aos crimes praticados por prefeito, em razão de sua responsabilidade na condução dos interesses da coletividade**. A conduta esperada de um chefe da Administração municipal é a obediência aos mandamentos legais, com a obrigatoriedade de agir sempre pautado em valores éticos e morais, respeitando os compromissos funcionais firmados quando da aceitação do cargo. Quanto à questão da dosimetria da pena, a Turma verificou que o decreto condenatório carece de motivação apta a justificar a fixação da pena-base no patamar aplicado e, tendo sido reconhecida a inexistência de qualquer característica judicial desfavorável, reformou a sanção-base aplicando o mínimo legal, qual seja, dois anos de reclusão. Não havendo circunstâncias atenuante e agravante ou causas de diminuição e aumento de pena, fixou a pena definitiva naquele patamar. O teor do art. 33, § 2º, c, e § 3º, do CP fixou o regime aberto para início do cumprimento da sanção reclusiva. Contudo, concedeu *habeas corpus* de ofício para declarar extinta a punibilidade do paciente em razão da prescrição da pretensão punitiva estatal, na modalidade retroativa, nos termos dos arts. 107, IV, e 109, V, do CP. *STJ, HC 145.114-GO, Rel. Min. Jorge Mussi, j. 17/8/2010. 5ª T. (Info 443)*

3. QUESTÕES DE CONCURSOS

1. (FMP-RS/MPE-MT/Promotor de Justiça/2008) De acordo com o Decreto-Lei nº 201/67, no processo relativo aos crimes de responsabilidade praticados por prefeitos,

a) somente são admitidos, como assistentes da acusação, os órgãos federais interessados na apuração da responsabilidade do acusado.

b) somente são admitidos, como assistentes da acusação, os órgãos federais e estaduais interessados na apuração da responsabilidade do acusado.

c) são admitidos, como assistentes da acusação, os órgãos federais, estaduais e municipais interessados na apuração da responsabilidade do acusado.

d) somente são admitidos, como assistentes da acusação, os órgãos municipais interessados na apuração da responsabilidade do acusado.

e) os órgãos federais, estaduais e municipais, mesmo quando interessados na apuração da responsabilidade do acusado, não são admitidos como assistentes de acusação.

2. (FMP-RS/MPE-MT/Promotor de Justiça/2008) De acordo com o Decreto-Lei nº 201/67, do despacho, concessivo ou denegatório, de prisão preventiva do acusado caberá

a) recurso de apelação, no prazo de 5 dias, a ser processado em autos apartados.

b) recurso de apelação, no prazo de 5 dias, a ser processado nos próprios autos da ação penal.

c) recurso em sentido estrito, no prazo de 5 dias, a ser processado em autos apartados.

d) recurso em sentido estrito, no prazo de 5 dias, a ser processado nos próprios autos da ação penal.

e) recurso de apelação, no prazo de 10 dias, a ser processado em autos apartados.

3. (FMP-RS/MPE-MT/Promotor de Justiça/2008 – adaptada) O prefeito municipal, após a extinção do mandato, não continua sujeito a processo por crime previsto no art. 1º do Decreto-Lei nº 201/67.

4. (VUNESP/MPE-ES/Agente de Promotoria/2013) De acordo com art. 2.º, III, do DL 201/67, que trata dos crimes de responsabilidade dos Prefeitos e Vereadores, para alguns fatos típicos, ao receber a denúncia o Juiz deve decidir sobre a necessidade de custódia cautelar do acusado (prisão preventiva) e sobre seu afastamento do cargo. Ainda segundo o mesmo texto legal, o recurso cabível contra a decisão que determina a prisão ou o afastamento do cargo é

a) a apelação, com efeito suspensivo.
b) a apelação, sem efeito suspensivo.
c) o recurso em sentido estrito, com efeito suspensivo.
d) o recurso em sentido estrito, sem efeito suspensivo.
e) o *habeas corpus* e o mandado de segurança, respectivamente.

5. **(FCC/TCM-PA/Técnico de Controle Externo/2010 – adaptada)** Os órgãos federais, estaduais ou municipais, interessados na apuração da responsabilidade do Prefeito, podem intervir, em qualquer fase do processo, como assistentes da acusação.

6. **(CESPE/TCE-PR/Auditor/2016 – adaptada)** Os prefeitos não estão sujeitos aos tipos penais descritos no CP, visto que os crimes funcionais que a eles podem ser imputados estão descritos exclusivamente no decreto-lei em questão.

7. **(CESPE/TCE-PR/Auditor/2016 – adaptada)** O prefeito municipal, mesmo após a extinção do mandato, pode ser responsabilizado por crime previsto no mencionado decreto-lei, por ato praticado no exercício do referido cargo.

8. **(CESPE/MPE-TO/Promotor de Justiça/2012 – adaptada)** Conforme disposto no Decreto-Lei n.º 201/1967, somente os entes municipais, interessados na apuração de crime de responsabilidade praticado pelo prefeito do município, podem intervir no processo como assistentes da acusação.

9. **(CAIP-IMES/Câmara Mun. de São Caetano do Sul/Procurador/2014 – adaptada)** Nos crimes de responsabilidade, os fatos são apreciados e julgados pelo Tribunal de Justiça enquanto o acusado ocupar o cargo de Prefeito; se, no curso do procedimento, o acusado deixar do ocupá-lo, os autos devem ser remetidos à primeira instância.

10. **(CAIP-IMES/Câmara Mun. de São Caetano do Sul/Procurador/2014 – adaptada)** Por ocasião do recebimento da denúncia, o Juiz deve se manifestar, de forma obrigatória e fundamentada, sobre a possibilidade de prisão preventiva do acusado, para as condutas apenadas com reclusão; o magistrado deve se manifestar acerca do afastamento do Prefeito, no tocante ao exercício do cargo, durante a instrução criminal.

11. **(MPE-GO/Promotor de Justiça/2010 – adaptada)** A extinção do mandato do prefeito não impede a instauração de processo pela prática dos crimes previstos no artigo 1º do Decreto-Lei 201/1967.

12. **(CESPE/TCE-BA/Procurador/2010)** Considere que o prefeito de determinado município tenha emitido ordem de fornecimento de 20 L de combustível, a ser pago por esse município, a indivíduo que não era funcionário público nem estava realizando qualquer serviço público e que conduzia veículo privado nos termos da tipificação estipulada pelo Decreto-Lei n.º 201/1967. Nessa situação, segundo precedente do STJ, não se aplica o princípio da insignificância, pois, quando há crime contra a administração pública, o bem penal tutelado não é somente de ordem patrimonial, mas também relacionado à proteção da moral administrativa.

13. **(CESPE/MPE-ES/Promotor de Justiça/2010 – adaptada)** Segundo entendimento do STF, invariavelmente configura *bis in idem* a aplicação de sanções aos prefeitos municipais por infração às disposições da Lei de Improbidade Administrativa, na medida em que, aos chefes do Poder Executivo municipal, por se submeterem ao regime sancionatório político do Decreto-lei n.º 201/1967, não se aplicam os preceitos dessa lei.

14. **(CESPE/TCE-PR/Analista de Controle/2016 - adaptada)** A extinção do mandato impede a condenação do prefeito pela prática de crimes de responsabilidade previstos no Decreto-lei n.º 201/1967.

15. **(CESPE/TCE-PR/Auditor/2016 - adaptada)** O prefeito municipal, mesmo após a extinção do mandato, pode ser responsabilizado por crime previsto no mencionado decreto-lei, por ato praticado no exercício do referido cargo.

16. **(CESPE/PC-GO/Delegado de Polícia/2017)** O princípio da bagatela aplica-se aos crimes de responsabilidade praticados por prefeitos no exercício do mandato.

17. **(CESPE/PC-GO/Delegado de Polícia/2017)** Findo o mandato de prefeito, veda-se a instauração de processo criminal com base em conduta tipificada no Decreto-Lei n.º 201/1967, sendo incabível o oferecimento de denúncia.

GAB	1	2	3	4	5	6	7	8	9	10	11	12	13	14	15	16	17
	C	C	E	C	C	E	C	E	C	C	C	C	C	E	C	E	E

Art. 3º O Vice-Prefeito, ou quem vier a substituir o Prefeito, fica sujeito ao mesmo processo do substituído, ainda que tenha cessado a substituição.

1. COMENTÁRIOS

A nossa Constituição Federal rechaça a possibilidade de responsabilidade penal objetiva, isto é, destituída de dolo ou culpa. A responsabilidade penal é, portanto, pessoal, não se podendo imputar qualquer consequência penal àquele que não deu causa à conduta criminosa, dolosa ou culposamente (isto, é claro, nas raras situações em que lei prevê modalidade culposa para o crime), sob pena de se violar o princípio da culpabilidade.

De modo análogo, nossa ordem constitucional consagra o princípio da intranscendência da pena (também chamado de princípio da pessoalidade ou da personalidade das penas), asseverando que a pena não pode passar da pessoa do condenado. Como corolário lógico da intranscendência das penas, o processo penal brasileiro é orientado pelo princípio da intranscedência da ação penal, significando dizer que a condição de réu não pode se comunicar a ninguém.

Por todas estas questões principiológicas que orientam nosso ordenamento jurídico, a outra conclusão não podemos chegar, senão a de que, o art. 3º, em apreço refere-se à possibilidade de o substituto do prefeito ser processado, quando praticar alguma das condutas do art. 1º, no exercício da função, isto é, substituindo o prefeito. Não se pode conceber, por óbvio, que a mera substituição faria com que o substituto respondesse por condutas perpetradas pelo substituído.

Em resumo, o dispositivo sob exame apenas esclarece que, uma vez exercendo o cargo de prefeito municipal, ainda que de forma esporádica, eventual, a título precário, o substituto deve ser responsabilizado pelos atos praticados na condução da gestão pública municipal.

2. QUESTÕES DE CONCURSOS

1. **(FCC/TCM-PA/Técnico de Controle Externo/2010 – adaptada)** O Vice-Prefeito, ou quem vier a substituir o Prefeito, fica sujeito ao mesmo processo do substituído, ainda que tenha cessado a substituição.

2. **(VUNESP/SAEG/Advogado/2015 – adaptada)** Com relação aos crimes de responsabilidade dos Prefeitos Municipais e Vereadores previstos no Decreto-Lei n° 201/1967, é correto afirmar o Vice-Prefeito, quando substituir o Prefeito Municipal, ficará sujeito ao mesmo processo do substituído somente até a cessação da substituição.

3. **(CESPE/TCE-PR/Auditor/2016 – adaptada)** O sujeito ativo dos crimes descritos no referido diploma é somente o prefeito, não sendo possível imputá-los ao vice-prefeito e ao presidente da câmara

municipal por ato praticado no exercício, em substituição, do cargo de prefeito durante as ausências e afastamentos do titular desse cargo.

4. **(CESPE/TCE-PR/Auditor/2016 - adaptada)** O sujeito ativo dos crimes descritos no referido diploma é somente o prefeito, não sendo possível imputá-los ao vice-prefeito e ao presidente da câmara municipal por ato praticado no exercício, em substituição, do cargo de prefeito durante as ausências e afastamentos do titular desse cargo.

GAB	1	2	3	4
	C	E	E	E

Art. 9º O presente decreto-lei entrará em vigor na data de sua publicação, revogadas as Leis números 211, de 7 de janeiro de 1948, e 3.528, de 3 de janeiro de 1959, e demais disposições em contrário.

Brasília, 24 de fevereiro de 1967; 146º da Independência e 79º da República.

H. CASTELLO BRANCO

Carlos Medeiros Silva

| 24 |

CRIMES DE PRECONCEITO CONTRA A PESSOA PORTADORA DE DEFICIÊNCIA

CRIMES DE PRECONCEITO CONTRA A PESSOA PORTADORA DE DEFICIÊNCIA					
QUESTÕES DE CONCURSOS					
Classificação pelo artigo			**Classificação pelo grau de incidência em provas**		
Dispositivo legal	**nº de questões**	**%**	**Dispositivo legal**	**nº de questões**	**%**
art. 8º, I	2	18,18%	art. 8º, VI	5	45,45%
art. 8º, II	1	9,09%	art. 8º, I	2	18,18%
art. 8º, III	1	9,09%	art. 8º, II	1	9,09%
art. 8º, IV	1	9,09%	art. 8º, III	1	9,09%
art. 8º, VI	5	45,45%	art. 8º, IV	1	9,09%
art. 8, § único	1	9,09%	art. 8, § único	1	9,09%
TOTAL	11	100,00%	TOTAL	11	100,00%

▸LEI Nº 7.853, DE 24 DE OUTUBRO DE 1989

O PRESIDENTE DA REPÚBLICA, faço saber que o Congresso Nacional decreta e eu sanciono a seguinte Lei:

1. COMENTÁRIOS

1.1. Considerações iniciais

A Lei n.º 7.853/89 de 24 de outubro de 1989, dispõe sobre o apoio às pessoas portadoras de deficiência, sua integração social, sobre a Coordenadoria Nacional para Integração da Pessoa Portadora de Deficiência – Corde, institui a tutela jurisdicional de interesses coletivos ou difusos dessas pessoas, disciplina a atuação do Ministério Público, define crimes, e dá outras providências. No que se refere à parte penal, propriamente dita, os crimes contemplados neste Lei encontram-se no rol do art. 8º, abaixo comentado.

Não resta qualquer dúvida de que o ordenamento jurídico deve conferir tratamento específico à pessoa portadora de deficiência. São muitas as Leis que tratam da matéria, institucionalizando, por exemplo, direito de cotas (ações afirmativas) no acesso ao serviço público e aos empregos da iniciativa privada.

Conforme se depreende da análise da legislação em comento, os bens jurídicos aqui envolvidos também mereceram a tutela penal, razão pela qual não será equivocado ou exagerado asseverar que se encontram entre os bens jurídicos mais relevantes para o convívio social. Chegamos a esta conclusão, justamente, a partir da observância dos mais modernos princípios do Direito Penal (intervenção mínima, subsidiariedade, etc.) e à função primordial deste ramo do Direito, que é a tutela subsidiária dos bens jurídicos mais relevantes, entendidos como aqueles imprescindíveis ao convívio harmonioso em sociedade.

A tutela jurídica do direito das pessoas portadoras de deficiência sofreu acentuada alteração, com o advento da Lei n.º 13.146, de 06 de julho de 2015, que entrou em vigor 180 dias após a sua publicação. Trata-se da Lei Brasileira de Inclusão da Pessoa com Deficiência, mais conhecida como "Estatuto da Pessoa com Deficiência", destinada a assegurar e a promover, em condições de igualdade, o exercício dos direitos e das liberdades fundamentais por pessoa com deficiência, visando à sua inclusão social e cidadania.

O estatuto da Pessoa com Deficiência tem como base a Convenção sobre os Direitos das Pessoas com Deficiência e seu Protocolo Facultativo, ratificados pelo Congresso Nacional por meio do Decreto Legislativo nº 186, de 9 de julho de 2008, em vigor para o Brasil, no plano jurídico externo, desde 31 de agosto de 2008, e promulgados pelo Decreto nº 6.949, de 25 de agosto de 2009, data de início de sua vigência no plano interno.

1.2. Pessoa com deficiência

Nos termos do art. 2º do Estatuto da Pessoa com Deficiência, considera-se pessoa com deficiência aquela que tem impedimento de longo prazo de natureza física, mental, intelectual ou sensorial, o qual, em interação com uma ou mais barreiras, pode obstruir sua participação plena e efetiva na sociedade em igualdade de condições com as demais pessoas.

Por sua vez, o Decreto n.º 3.298/99, que regulamenta a Lei n.º 7.853/89, dispõe sobre a Política Nacional para a Integração da Pessoa Portadora de Deficiência e consolida as normas de proteção, em seu art. 3º, considera:

a) deficiência: toda perda ou anormalidade de uma estrutura ou função psicológica, fisiológica ou anatômica que gere incapacidade para o desempenho de atividade, dentro do padrão considerado normal para o ser humano;

b) deficiência permanente: aquela que ocorreu ou se estabilizou durante um período de tempo suficiente para não permitir recuperação ou ter probabilidade de que se altere, apesar de novos tratamentos; e

c) incapacidade: uma redução efetiva e acentuada da capacidade de integração social, com necessidade de equipamentos, adaptações, meios ou recursos especiais para que a pessoa portadora de deficiência possa receber ou transmitir informações necessárias ao seu bem-estar pessoal e ao desempenho de função ou atividade a ser exercida.

Além disto, o mesmo Decreto especifica, em seu art. 4º, que é considerada pessoa portadora de deficiência a que se enquadra nas seguintes categorias:

I – deficiência física - alteração completa ou parcial de um ou mais segmentos do corpo humano, acarretando o comprometimento da função física, apresentando-se sob a forma de paraplegia, paraparesia, monoplegia, monoparesia, tetraplegia, tetraparesia, triplegia, triparesia, hemiplegia, hemiparesia, ostomia, amputação ou ausência de membro, paralisia cerebral, nanismo, membros com deformidade congênita ou adquirida, exceto as deformidades estéticas e as que não produzam dificuldades para o desempenho de funções;

II – deficiência auditiva - perda bilateral, parcial ou total, de quarenta e um decibéis (dB) ou mais, aferida por audiograma nas frequências de 500HZ, 1.000HZ, 2.000Hz e 3.000Hz;

II – deficiência visual - cegueira, na qual a acuidade visual é igual ou menor que 0,05 no melhor olho, com a melhor correção óptica; a baixa visão, que significa acuidade visual entre 0,3 e 0,05 no melhor olho, com a melhor correção óptica; os casos nos quais a somatória da medida do campo visual em ambos os olhos for igual ou menor que 60º; ou a ocorrência simultânea de quaisquer das condições anteriores;

IV – deficiência mental – funcionamento intelectual significativamente inferior à média, com manifestação antes dos dezoito anos e limitações associadas a duas ou mais áreas de habilidades adaptativas, tais como: a) comunicação; b) cuidado pessoal; c) habilidades sociais; d) utilização dos recursos da comunidade; e) saúde e segurança; f) habilidades acadêmicas; g) lazer; e h) trabalho;

V – deficiência múltipla – associação de duas ou mais deficiências.

1.3. Direitos da pessoa com deficiência

O Estatuto da Pessoa com Deficiência enumera uma série de direitos da pessoa portadora de deficiência. Dentre eles, possível fazer menção aos direitos à vida, à habilitação e reabilitação, à saúde, educação, moradia, ao trabalho, à assistência social, à previdência social, à cultura, ao esporte, ao turismo, ao lazer, ao transporte e à mobilidade.

A mencionada Lei ainda faz alusão a questões como acessibilidade, acesso à informação e comunicação, acesso à justiça, tecnologia assistiva (que maximizem sua autonomia, mobilidade pessoal e qualidade de vida), direito à participação na vida pública e política, o reconhecimento igual perante a lei, direito à igualdade e não discriminação, atendimento prioritário, etc.

Muitos direitos, como se percebe, já decorrem do próprio texto constitucional, e, por vezes, a legislação valeu-se da necessidade de regulamentá-lo.

Art. 8º Constitui crime punível com reclusão de 2 (dois) a 5 (cinco) anos e multa: (Redação dada pela Lei nº 13.146, de 2015)

1. COMENTÁRIOS

1.1. Considerações iniciais

Conforme já tivemos oportunidade de salientar, a Lei n.º 7.853/89 trata de algumas matérias relacionadas à tutela dos direitos da pessoa portadora de deficiência, mas a disciplina penal, com a definição de crimes e cominação das respectivas penas, concentra-se em seu art. 8º. É importante assinalar que a tutela penal, que passamos a comentar, sofreu alterações promovidas pelo Estatuto da Pessoa com Deficiência, que, conforme já destacamos, entrou em vigor em janeiro de 2016, após os 180 (cento e oitenta) dias de *vacatio legis*, previstos em seu art. 127.

A primeira grande alteração promovida pela nova legislação foi o incremento de pena para os crimes contidos na Lei sob exame. Com efeito, antes da entrada em vigor do Estatuto da Pessoa com Deficiência, o art. 8º da Lei n.º 7.853/89 dispunha em seu *caput*: "Constitui crime punível com reclusão de 1 (um) a 4 (quatro) anos, e multa"

Lamentavelmente, a recente alteração legislativa perdeu uma preciosa oportunidade de corrigir a deplorável técnica empregada no artigo, que traz a cominação da pena (preceito secundário do tipo penal) no *caput*, antes da definição das condutas (preceito primário do tipo penal). De toda sorte, ultrapassado esta questão atinente à má técnica legislativa – que não infirma a validade do tipo penal – importante analisar a recente alteração legislativa sob o seu aspecto mais importante: incremento da pena.

1.2. Irretroatividade da lei nova

Obviamente, estamos diante uma *novatio legis in pejus* (ou *Lex gravior*); logo, a lei penal não poderá retroagir para alcançar os fatos praticados antes da entrada em vigor do Estatuto da Pessoa com Deficiência. Para os crimes ocorridos em data anterior a 06 de janeiro de 2016, aplica-se a redação anterior do *caput* do art. 8º e, portanto, a pena poderia variar de 01 (um) a 04 (quatro) anos.

1.3. Discriminação

O art. 8º da Lei n.º 7.853/89 traz condutas consideradas criminosas, por materializarem modalidade de discriminação contra a pessoa com deficiência. Em todos os casos, é necessário que esta discriminação esteja presente, sob pena de não se caracterizar a prática criminosa.

O Estatuto da Pessoa com Deficiência dispõe em seu art. 4º, § 1º que: "considera-se discriminação em razão da deficiência toda forma de distinção, restrição ou exclusão, por ação ou omissão, que tenha o propósito ou o efeito de prejudicar, impedir ou anular o reconhecimento ou o exercício dos direitos e das liberdades fundamentais de pessoa com deficiência, incluindo a recusa de adaptações razoáveis e de fornecimento de tecnologias assistivas".

Importante chamar a atenção para o fato de que esta discriminação a que nos referimos, e que é objeto do Estatuto da Pessoa com Deficiência é a discriminação negativa. Não constitui crime a chamada discriminação positiva, materializada, sobretudo, em ações afirmativas, dentre as quais se destaca, pela sua notoriedade e importância, as políticas de cotas

1.4. Penas

A pena prevista para o crime é de reclusão de dois a cinco anos, e multa. A partir desta constatação, podemos concluir que:

a) Não é possível a obtenção da transação penal (art. 76 da Lei n.º 9.099/95), pois não se trata de infração penal de menor potencial ofensivo (a pena máxima supera o patamar de dois anos de privação de liberdade).

b) Não é possível a suspensão condicional do processo (*sursis* processual), pois a pena mínima ultrapassa um ano (art. 89 da Lei n.º 9.099/95).

c) É possível a substituição da pena privativa de liberdade por pena restritiva de direitos, desde que a pena efetivamente imposta pelo juiz não ultrapasse quatro anos, observados os demais requisitos do art. 44, CP.

d) quanto à pena de multa, ante a ausência de regulamentação específica na Lei n.º 7.853/89, aplicam-se as regras do Código Penal. Logo, as multas podem variar em patamares entre 10 (dez) e 360 (trezentos e sessenta) dias-multa. Em momento posterior, a depender da capacidade econômica do condenado, o juiz irá valorar a pena de multa entre 1/30 do salário mínimo até 05 (cinco) salários mínimos. Vale registrar que se o valor máximo for reputado insuficiente, poderá o juiz elevar este valor ao triplo.

Por fim, não será demasiado recordar que o inadimplemento da pena de multa não permite sua substituição por pena privativa de liberdade. A multa será considerada dívida de valor do poder público, a ser cobrada pela Procuradoria da Fazenda, perante a Vara de Execuções Fiscais.

I – recusar, cobrar valores adicionais, suspender, procrastinar, cancelar ou fazer cessar inscrição de aluno em estabelecimento de ensino de qualquer curso ou grau, público ou privado, em razão de sua deficiência; (Redação dada pela Lei nº 13.146, de 2015)

1. COMENTÁRIOS

1.1. Considerações iniciais

Na sistemática adotada pela Lei n.º 7.853/89, cada um dos incisos do art. 8º traz uma conduta típica, todas elas, naturalmente, relacionadas à tutela de bens jurídicos titularizados por pessoas com deficiência.

Tais incisos, assim como o *caput* do art. 8º também sofreram alterações, provenientes da entrada em vigor do Estatuto da Pessoa com Deficiência. Em sua redação anterior, dispunha o inciso I: "recusar, suspender, procrastinar, cancelar ou fazer cessar, sem justa causa, a inscrição de aluno em estabelecimento de ensino de qualquer curso ou grau, público ou privado, por motivos derivados da deficiência que porta".

Conforme se percebe, há duas alterações bem visíveis e de relevantes consequências práticas:

a) ***Novatio legis* incriminadora:** No ponto, o Estatuto da Pessoa com Deficiência funcionou como uma *novatio legis* incriminadora, na medida em que transformou em crime uma conduta que não constava do rol dos tipos penais. A conduta consiste na cobrança de valores adicionais para inscrição de aluno em estabelecimento de ensino de qualquer curso ou grau, público ou privado, em razão de sua deficiência.

Sempre tendo em perspectiva que a lei penal não pode retroagir para prejudicar o réu, não podemos chegar a outra conclusão, senão a de que tais cobranças, porventura realizadas antes da entrada em vigor do Estatuto da Pessoa com Deficiência, constituem fatos atípicos. Após sua entrada em vigor, contudo, a conduta poderá, muito bem, ser enquadrada no tipo penal em apreço.

b) Supressão da expressão "sem justa causa": O objetivo da supressão da expressão "sem justa causa" é retirar um argumento que viabilize a exclusão da reprimenda penal. De toda sorte, a alteração não possui a relevância que o legislador pretendeu conferir. E isto porque, se a justa causa for entendida como situação fática que legitima a conduta, ela continua a existir, independentemente da previsão legal da expressão.

O que precisa ficar claro é que a deficiência da pessoa não é motivo idôneo (e, portanto, não há justa causa) para, por exemplo, recusar ou cancelar a inscrição do aluno. De igual sorte, não pode, por exemplo, o responsável pelo estabelecimento de ensino, sob o argumento de que terá maiores custos com o aluno com deficiência, cobrar valores adicionais, e entender que há justa causa para tanto. Em suma, reiteramos que a deficiência, em si, não é justa causa para práticas que caracterizem discriminação.

A situação da cobrança adicional de valores é emblemática neste sentido. E se o proprietário do estabelecimento de ensino efetivamente possuir custos maiores, ante a necessidade, por exemplo, de contratação de funcionários especializados? Poderá, neste caso, cobrar os valores adicionais? Não.

Ora, é evidente que, em casos que tais, os custos adicionais serão diluídos no valor das mensalidades dos demais alunos, pois dificilmente o empresário irá arcar voluntariamente com este custo adicional. Faz parte de sua atividade negocial. E, neste caso, todos os alunos estarão custeando, de forma indireta, os custos adicionais com o aluno com deficiência. E deve ser assim mesmo. Isto também faz parte da vida em sociedade, e não se pode querer que a pessoa com deficiência suporte todos os ônus (inclusive financeiros) de sua deficiência sem um mínimo de solidariedade social.

No que se refere às condutas previstas no tipo penal, temos:

a) Recusar: negar, não aceitar, não admitir.

b) Cobrar: exigir, demandar, fazer a cobrança, reclamar.

c) Suspender: interromper, sustar efeitos.

d) Procrastinar: prorrogar, diferir, postergar, retardar.

e) Cancelar: tornar sem efeito.

f) Fazer cessar: interromper, extinguir, finalizar.

1.2. Sujeitos

Sujeito ativo do crime é a pessoa responsável por receber a inscrição (ou com poderes para fazê-la cessar). Pode ser o sócio ou o empregado do estabelecimento, bem como o funcionário público responsável pelo estabelecimento público. Trata-se de crime próprio, pois exige qualidade especial do sujeito ativo.

Sujeito passivo é o aluno com deficiência.

1.3. Objetos

Objeto jurídico do crime é a igualdade.

Objeto material é a própria pessoa vítima da discriminação.

1.4. Elemento subjetivo

Elemento subjetivo do tipo é o dolo, consistente na vontade consciente de praticar as condutas descritas no tipo penal. Exige-se o elemento subjetivo específico (especial finalidade no agir), consistente na vontade de discriminar a vítima com deficiência. Por esta razão, se, por exemplo, a recusa à inscrição não ocorresse por questões relacionadas à deficiência, não haveria que se falar em crime, por ausência de elemento subjetivo específico.

Não se admite a modalidade culposa.

1.5. Consumação e tentativa

O crime se consuma com a realização de qualquer das condutas descritas no tipo penal. Trata-se de crime formal, não se exigindo, portanto, a produção de resultado naturalístico. A título de exemplo, o só fato de procrastinar a inscrição do aluno já consuma o crime, ainda que sua inscrição seja, posteriormente, realizada, sem maiores prejuízos para a pessoa discriminada.

Embora de difícil ocorrência, possível a tentativa.

1.6. Ação penal

A ação penal é pública incondicionada.

2. SÚMULAS E JURISPRUDÊNCIA

✦ *SUPERIOR TRIBUNAL DE JUSTIÇA*

- **PORTADORA. DEFICIÊNCIA. ACESSO. SALA. AULA. IMPEDIMENTO. PROFESSORA.** *In casu*, trata-se de saber se a conduta praticada pela recorrente, na condição de professora, qual seja, impedir o acesso de aluna portadora de deficiência auditiva à sala de aula, preenche o comando incriminador descrito no art. 8º, I, da Lei n. 7.853/1989. A Turma entendeu que, na hipótese, não se demonstrou a conduta típica, pois, consoante os autos, não se verifica ter a recorrente recusado, suspendido, procrastinado, cancelado ou feito cessar, sem justa causa, a inscrição da aluna. Observou-se que em se tratando de professora, a menos que cumule também atividades de diretoria do estabelecimento educacional, o que não restou descrito, não teria a recorrente condições de praticar a conduta típica, a qual está intrinsecamente relacionada à inscrição da educanda. Portanto, não se demonstrou de nenhuma forma a prática da conduta típica, a possibilidade de a recorrente ser sujeito ativo do delito em questão, haja vista cuidar-se de crime próprio. Ademais, não se identificou eventual prejuízo à inscrição da aluna na escola. Assim, deu-se provimento ao recurso para restabelecer a decisão de 1º grau, que entendeu ser atípica a conduta da recorrente. *STJ, REsp 1.022.478-RN, Rel. Min. Maria Thereza de Assis Moura, j. 4/10/2011. 6ª T. (Info 484)*

3. QUESTÕES DE CONCURSOS

1. **(ACAFE/PC-SC/Delegado de Polícia/2014 – adaptada)** Na forma da Lei 7.853/89, que dispõe sobre o apoio às pessoas portadoras de deficiência, constitui crime punível com reclusão de 2 (dois) a 6 (seis) anos, e multa, recusar, suspender, procrastinar, cancelar ou fazer cessar, sem justa causa, a inscrição de aluno em estabelecimento de ensino de qualquer curso ou grau, público ou privado, por motivos derivados da deficiência que porta.

2. **(ACAFE/PC-SC/Delegado de Polícia/2014 – adaptada)** Na forma da Lei 7.853/89, que dispõe sobre o apoio às pessoas portadoras de deficiência, constitui crime punível com reclusão de 2 (dois) a 6 (seis) anos, e multa, recusar, suspender, procrastinar, cancelar ou fazer cessar, sem justa causa, a inscrição de aluno em estabelecimento de ensino de qualquer curso ou grau, público ou privado, por motivos derivados da deficiência que porta.

GAB	1	2
	E	E

II – obstar inscrição em concurso público ou acesso de alguém a qualquer cargo ou emprego público, em razão de sua deficiência; (Redação dada pela Lei nº 13.146, de 2015)

1. COMENTÁRIOS

1.1. Considerações iniciais

Este tipo penal também teve sua redação alterada pela Lei n.º 13.146/2015. Antes da entrada em vigor desta Lei, o tipo penal estabelecia: "obstar, sem justa causa, o acesso de alguém a qualquer cargo público, por motivos derivados de sua deficiência".

Conforme se depreende do cotejo entre a antiga e a atual redação do tipo penal, há três alterações relevantes promovidas pelo Estatuto da Pessoa com Deficiência:

Excluiu da redação da Lei n.º 7.853/89 a expressão "justa causa".

Ademais, a atual redação traz uma nova conduta criminosa, na medida em que o dispositivo legal, em sua redação original, não previa a conduta consistente em obstar a inscrição em concurso público. Andou bem o legislador em acrescentar essa hipótese ao rol dos tipos penais, pois, realmente, obstar a mera inscrição em concurso público não estava contemplada pela redação anterior, que mencionava, tão-somente, o acesso ao cargo público.

Uma segunda conduta criminosa inovadora consiste em obstar acesso a emprego público. Vale reiterar que a redação anterior considerava crime a conduta de obstar acesso a cargo público, silenciando quanto ao acesso a emprego público.

É importante que recordemos que, em matéria de Direito Penal, é vedada a analogia prejudicial ao réu (*in malam partem*). Desta forma, enquanto a lei considerava como conduta criminosa apenas obstar acesso a cargo público, não se poderia considerar criminosa a conduta consistente em obstar acesso a emprego público. Seria, como se vê, uma forma de equiparar cargo a emprego, realizando uma analogia que prejudicaria o réu.

Não será demasiado recordar que as duas novas condutas consideradas criminosas pela nova redação do tipo penal (obstar inscrição em concurso público e obstar acesso a emprego público) constituem *novatio legis in pejus* e, por esta razão, obviamente, não podem ser aplicados aos casos ocorridos antes da entrada em vigor do Estatuto da Pessoa com Deficiência, que deu nova redação ao tipo em apreço.

Não há que se falar em crime quando se obsta a inscrição no concurso ou o acesso de alguém a cargo ou emprego público por força de critério objetivo previamente definido na legislação. De igual sorte, não poderemos falar em crime desta natureza se o critério de impedimento for arbitrário, mas não decorrer de discriminação relacionada à deficiência. Em casos como este, teremos um ilícito funcional ou, até mesmo, um ilícito penal de outra natureza, mas não o crime em comento.

O núcleo do tipo penal é:

a) Obstar: criar obstáculo, dificuldade, óbice, empecilho, embaraço.

Os cargos públicos pressupõem vínculo efetivo com o poder público, regidos pelo regime jurídico do funcionalismo. No caso do emprego público, há um vínculo, regido pela Consolidação das Leis Trabalhistas – CLT, e ocorre, em regra, nas sociedades de economia mista e empresas públicas.

1.2. Sujeitos

Sujeito ativo do crime é a pessoa que possui aptidão para impedir a inscrição ou obstar o acesso a que se refere o dispositivo. No caso concreto, pode ser o examinador do concurso, o médico que realiza o exame de sanidade física que antecede a nomeação, a pessoa encarregada da contratação, nos casos em que não é imprescindível o concurso, etc. Como se vê, estamos diante de crimes próprios, isto é, não podem ser praticados por qualquer pessoa, exige-se uma qualidade especial do sujeito ativo.

Sujeito passivo é a pessoa com deficiência.

1.3. Objetos

Objeto jurídico do crime é a igualdade.

Objeto material é a própria pessoa vítima da discriminação.

1.4. Elemento subjetivo

Elemento subjetivo do tipo é o dolo, consistente na vontade consciente de praticar as condutas descritas no tipo penal. Exige-se o elemento subjetivo específico (especial finalidade no agir), consistente na vontade de discriminar a vítima com deficiência.

Não se admite a modalidade culposa.

1.5. Consumação e tentativa

O crime se consuma com a realização das condutas descritas no tipo, independentemente da realização de um resultado naturalístico posterior. Deste modo, não há a necessidade de demonstrar que a vítima sofreu algum prejuízo específico. O só fato de ter sido vítima das condutas preconceituosas e discriminatórias descritas no tipo penal já é suficiente para a caracterização do delito.

Em tese, é possível a tentativa. Basta imaginar a situação em que o agente obsta ou impede o exercício do cargo público, mas a vítima obtém o direito de ingressar no serviço público por força de posterior decisão judicial.

1.6. Ação penal

A ação penal é pública incondicionada.

2. QUESTÕES DE CONCURSOS

1. **(FCC/TRT6/Analista Judiciário/2018)** Segundo o disposto na Lei n° 7.853/1989, constitui crime apenado com reclusão obstar inscrição em concurso público ou acesso de alguém a qualquer cargo ou emprego público, em razão de sua deficiência. A pena prevista em abstrato é de

a) 3 a 5 anos e multa.

b) 1 a 3 anos e multa.

c) 6 meses a 2 anos e multa.

d) 2 a 4 anos.

e) 2 a 5 anos e multa.

GAB	1
	E

III – negar ou obstar emprego, trabalho ou promoção à pessoa em razão de sua deficiência; (Redação dada pela Lei nº 13.146, de 2015)

1. COMENTÁRIOS

1.1. Considerações iniciais

Antes da entrada em vigor do Estatuto da Pessoa com Deficiência, o inciso III, oram em comento, possuía a seguinte redação: "negar, sem justa causa, a alguém, por motivos derivados de sua deficiência, emprego ou trabalho".

Seguindo a linha das alterações promovidas nos incisos anteriores, conseguimos constatar que a novel legislação não apenas suprimiu do tipo penal a expressão "justa causa", como, além disto, criou novas condutas criminosas. Inicialmente, percebemos que, em sua redação original, o tipo penal não possuía o verbo "obstar". Deste modo, são modalidades novas de condutas criminosas aquelas consistentes em obstar emprego ou trabalho à pessoa, em razão de sua deficiência. De igual sorte, o tipo penal não fazia alusão à promoção, de modo que temos como condutas criminosas novas aquelas consistentes em negar ou obstar a promoção de pessoa em razão de sua deficiência.

Como não poderia deixar de ser, em todos estes casos temos uma *Lex gravior*, razão pela qual somente poderemos considerar como criminosas tais condutas se forem praticadas após a entrada em vigor do Estatuto da Pessoa com Deficiência.

Os núcleos do tipo penal são:

a) **Negar:** recusar.

b) **Obstar:** criar obstáculo, dificuldade, óbice, empecilho, embaraço.

1.2. Sujeitos

Sujeito ativo é a pessoa que pode negar ou obstar o emprego, trabalho ou promoção. No caso concreto, pode ser, por exemplo, o próprio empregador, o sócio da empresa ou algum funcionário do estabelecimento que pretende contratar. Trata-se, portanto, de crime próprio, pois exige uma qualidade especial do agente (sujeito ativo).

Sujeito passivo é a pessoa com deficiência.

1.3. Objetos

Objeto jurídico do crime é a igualdade.

Objeto material é a própria pessoa vítima da discriminação.

1.4. Elemento subjetivo

Elemento subjetivo do tipo é o dolo, consistente na vontade consciente de praticar as condutas descritas no tipo penal. Exige-se o elemento subjetivo específico (especial finalidade no agir), consistente na vontade de discriminar a vítima com deficiência.

Não se admite a modalidade culposa.

1.5. Consumação e tentativa

O crime se consuma com a realização das condutas descritas no tipo, independentemente da realização de um resultado naturalístico posterior. Deste modo, não há a necessidade de demonstrar que a vítima sofreu algum prejuízo específico. O só fato de ter sido vítima das condutas preconceituosas e discriminatórias descritas no tipo penal já é suficiente para a caracterização do delito.

Em tese, é possível a tentativa.

1.6. Ação penal

A ação penal é pública incondicionada.

2. QUESTÕES DE CONCURSOS

1. **(CESPE/Polícia Federal/Assistente Social/2014)** Diferentemente das entidades da administração pública, cometerá crime punível unicamente por meio de pagamento de multa a empresa privada que negar, sem justa causa, emprego ou trabalho a alguém em razão de sua deficiência.

GAB	1
	E

IV – recusar, retardar ou dificultar internação ou deixar de prestar assistência médico-hospitalar e ambulatorial à pessoa com deficiência; (Redação dada pela Lei nº 13.146, de 2015)

1. COMENTÁRIOS

1.1. Considerações iniciais

Uma vez mais, a Lei n.º 13.146/15 promoveu alterações no tipo penal. Com efeito, antes da entrada em vigor da referida Lei, o art. 8º, inciso IV da Lei n.º 7.853/89 dispunha: "recusar, retardar ou dificultar internação ou deixar de prestar assistência médico-hospitalar e ambulatorial, quando possível, à pessoa portadora de deficiência".

A Lei nova trouxe, portanto, duas pequenas alternações. Inicialmente, cabe-nos apontar a alteração terminológica – que, ademais, encontra-se também nos outros tipos penais –, na medida em que a redação anterior do dispositivo legal fazia alusão à "pessoa portadora de deficiência", ao passo que, atualmente, refere-se à pessoa com deficiência. A outra alteração trazida diz respeito à supressão da expressão "quando possível".

Neste ponto, o legislador seguiu a linha que já havia adotado quando promoveu a exclusão da expressão "justa causa" de outros tipos penais. Trata-se, como se vê, de uma forma de não deixar em aberto a possibilidade de se recorrer a subterfúgios como forma de escamotear a discriminação para com a pessoa com deficiência.

Contudo, a alteração possui caráter mais retórico, e não de alteração substancial. E isto porque, como cediço, o Direito Penal não pode exigir de ninguém atitudes heroicas ou beatificáveis. Ademais, não se pode, jamais, exigir o impossível (*ad impossibilia nemo tenetur*). Ora, desta forma, é óbvio que somente haverá o crime em comento quando as condutas consistentes na prestação de assistência médico-hospitalar e ambulatorial forem possíveis. Se não forem possíveis, é claro que a pessoa que, por exemplo, recusar-se a prestar o atendimento não poderá ser responsabilizada por isso.

Os núcleos do tipo penal são:

a) **Recusar:** negar, não aceitar, não admitir.

b) **Retardar:** atrasar, procrastinar, prorrogar.

c) **Dificultar:** criar dificuldade, embaraço ou obstáculo.

1.2. Sujeitos

Sujeito ativo do crime é a pessoa capaz de realizar a internação ou de prestar a assistência médico-hospitalar e ambulatorial. Trata-se de crime próprio, pois exige qualidade especial do sujeito ativo. No caso concreto, a pessoa pode ser uma médica, enfermeira, funcionário do hospital, etc.

Sujeito passivo é a pessoa com deficiência.

1.3. Objetos

Objeto jurídico do crime é a igualdade.

Objeto material é a própria pessoa vítima da discriminação.

1.4. Elemento subjetivo

Elemento subjetivo do tipo é o dolo, consistente na vontade consciente de praticar as condutas descritas no tipo penal. Exige-se o elemento subjetivo específico (especial finalidade no agir), consistente na vontade de discriminar a vítima com deficiência.

Não se admite a modalidade culposa.

1.5. Consumação e tentativa

A consumação do crime ocorre com a realização das condutas típicas descritas. Assim, a mera recusa ou os atos de retardar ou dificultar a internação ou o atendimento médico-hospitalar ou ambulatorial já configuram o tipo. Não há a necessidade de um resultado naturalístico posterior, razão pela qual não há a necessidade de se demonstrar qualquer outro prejuízo para a vítima.

Deste modo, se, por exemplo, for retardado o atendimento médico-hospitalar, mas a sua posterior realização não trouxer maiores prejuízos para a vítima, ainda assim estará consumado o crime. Obviamente, é imprescindível que esteja presente o elemento subjetivo específico, consistente na pretensão de preconceito ou discriminação.

Muito embora seja de difícil ocorrência, é possível a tentativa.

1.6. Ação penal

A ação penal é pública incondicionada.

2. QUESTÕES DE CONCURSOS

1. **(CESPE/DPE-TO/Defensor Público/2013 – adaptada)** Recusar, retardar ou dificultar internação ou deixar de prestar assistência médico-hospitalar e ambulatorial, quando possível, a pessoa portadora de deficiência constitui crime punível com pena de reclusão e multa.

GAB	1
	C

V – deixar de cumprir, retardar ou frustrar execução de ordem judicial expedida na ação civil a que alude esta Lei; (Redação dada pela Lei nº 13.146, de 2015)

1. COMENTÁRIOS

1.1. Considerações iniciais

Mais um tipo penal que teve sua redação alterada, com a entrada em vigor da Lei n.º 13.146/15. Em sua redação original, dispunha o art. 8º, inciso V da Lei n.º 7.853/89: "deixar de cumprir, retardar ou frustrar, sem justo motivo, a execução da ordem judicial expedida na ação civil a que alude esta Lei".

Uma vez mais, o Estatuto da Pessoa com Deficiência, ao alterar a redação dos crimes catalogados na Lei n.º 7.853/89, preocupou-se em excluir expressões que pudessem ensejar argumento para a prática de condutas. Como já comentamos, em dispositivos anteriores, foram excluídas expressões como "justa causa" e "quando possível". No tipo penal em apreço, foi excluída a expressão "sem justo motivo", e esta foi a única alteração legislativa no tipo penal.

Seguindo a linha do que já comentamos, nos tipos penais anteriores, cabe-nos afirmar que a alteração é mais retórica do que substancial. Ora, se houver justo motivo para não cumprir, retardar ou frustrar execução de ordem judicial, é claro que não estará caracterizado o crime, sobretudo porque não se poderá demonstrar a existência do dolo, que se exige para a consumação do crime. Basta imaginar uma ordem judicial que não possa ser cumprida, por impossibilidade fática.

O tipo penal sob análise constitui uma modalidade específica de crime de desobediência. Com efeito, não houvesse o presente tipo penal, as condutas nele descritas poderiam se amoldar ao crime de desobediência, previsto no art. 330, CP, nos seguintes termos: "Desobedecer a ordem legal de funcionário público". Para este crime, previsto no Código Penal, a pena prevista é de apenas quinze dias a seis meses. Como se vê, a modalidade específica de desobediência contemplada na Lei n.º 7.853/89 possui uma reprimenda bem mais acentuada (pena de dois a cinco anos).

Os núcleos do tipo penal são:

a) Deixar de cumprir: abster-se de executar.

b) Retardar: atrasar, procrastinar, prorrogar

c) Frustrar: malograr, não realizar.

No que concerne à ação civil pública mencionada no tipo penal, vale registrar que a Lei em comento enuncia no seu art. 3º: "As medidas judiciais destinadas à proteção de interesses coletivos, difusos, individuais homogêneos e individuais indisponíveis da pessoa com deficiência poderão ser propostas pelo Ministério Público, pela Defensoria Pública, pela União, pelos Estados, pelos Municípios, pelo Distrito Federal, por associação constituída há mais de 1 (um) ano, nos termos da lei civil, por autarquia, por empresa pública e por fundação ou sociedade de economia mista que inclua, entre suas finalidades institucionais, a proteção dos interesses e a promoção de direitos da pessoa com deficiência".

1.2. Sujeitos

Sujeito ativo do crime é a pessoa responsável pelo cumprimento da ordem judicial. Não se pode confundir o sujeito ativo do crime com a pessoa que, simplesmente, recebe a intimação da ordem. Não necessariamente serão a mesma pessoa. Obviamente, para que se caracterize a conduta criminosa é imprescindível que a pessoa que possui a obrigação de cumprir a ordem judicial seja cientificada dela.

Sujeito passivo é o Estado, pois o crime atinge a própria Administração da Justiça. Secundariamente, teremos como terceiro prejudicado a pessoa com deficiência.

1.3. Objetos

Objeto jurídico do crime é a igualdade.

Objeto material é a ordem judicial.

1.4. Elemento subjetivo

Elemento subjetivo do tipo é o dolo, consistente na vontade consciente de praticar as condutas descritas no tipo penal. Exige-se o elemento subjetivo específico (especial finalidade no agir), consistente na vontade de discriminar a vítima com deficiência.

Não se admite a modalidade culposa.

1.5. Consumação e tentativa

A consumação do crime ocorre com a realização das condutas típicas descritas.

Não há a necessidade de um resultado naturalístico posterior, razão pela qual não há a necessidade de se demonstrar qualquer outro prejuízo para a vítima. Assim, por exemplo, se o responsável pelo cumprimento da ordem a retarda dolosamente, cumprindo-a posteriormente, o crime estará consumado, ainda que a parte interessada não tenha experimentado prejuízo efetivo de qualquer natureza.

Nas duas primeiras modalidades (deixar de cumprir ou retardar) não há que se falar em tentativa, pois são crimes omissivos próprios. Na terceira modalidade (frustrar a execução), é possível a tentativa.

1.6. Ação penal

A ação penal é pública incondicionada.

VI – recusar, retardar ou omitir dados técnicos indispensáveis à propositura da ação civil pública objeto desta Lei, quando requisitados. (Redação dada pela Lei nº 13.146, de 2015)

1. COMENTÁRIOS

1.1. Considerações iniciais

Na redação original, o inciso VI previa a seguinte conduta criminosa: "Recusar, retardar ou omitir dados técnicos indispensáveis à propositura da ação civil objeto desta Lei, quando requisitados pelo Ministério Público. A partir do cotejo entre a redação anterior e a atual, dada pela Lei n.º 13.146/2015, percebe-se que a grande alteração diz respeito ao fato de que a legislação, atualmente, refere-se a dados requisitados, suprimindo a expressão "pelo Ministério Público".

Com isto, a legislação passa a reconhecer a possibilidade, em tese, de haver requisições por parte de outros legitimados à propositura da ação civil pública, como a Defensoria Pública. E a recusa, o retardo ou a omissão de apresentação de dados técnicos requisitados, e que sejam imprescindíveis à propositura da ação civil pública, constituiria crime.

Os núcleos do tipo penal são:

Recusar: negar, não aceitar, não admitir.

Retardar: atrasar, procrastinar, prorrogar.

Omitir: não fazer, não agir.

1.2. Sujeitos

Sujeito ativo do crime é a pessoa responsável pela apresentação dos dados técnicos imprescindíveis à propositura da ação civil pública. Trata-se de crime próprio, pois exige qualidade especial do sujeito ativo.

Sujeito passivo é o Estado. Secundariamente, teremos como terceiro prejudicado a pessoa com deficiência.

1.3. Objetos

Objeto jurídico do crime é a igualdade.

Objeto material são as informações mencionadas no tipo penal.

1.4. Elemento subjetivo

Elemento subjetivo do tipo é o dolo, consistente na vontade consciente de praticar as condutas descritas no tipo penal. Exige-se o elemento subjetivo específico (especial finalidade no agir), consistente na vontade de discriminar a vítima com deficiência.

Não se admite a modalidade culposa.

1.5. Consumação e tentativa

A consumação do crime ocorre com a realização das condutas típicas descritas. Não há a necessidade de um resultado naturalístico posterior, razão pela qual não há a necessidade de se demonstrar qualquer outro prejuízo para a vítima.

Em se tratando de crimes omissivos próprios, não é possível falar em tentativa.

1.6. Ação penal

A ação penal é pública incondicionada.

2. QUESTÕES DE CONCURSOS

1. (MPT/Procurador do Trabalho/2009) É correto afirmar que a Lei nº 7.853/89:

I – tipifica as condutas discriminatórias que negam direitos fundamentais básicos a pessoas com deficiência nas áreas da educação, da saúde, do emprego ou trabalho e de acesso ao concurso público.

II – tipifica condutas que obstaculizam a preservação de interesses coletivos, difusos e individuais homogêneos de pessoas com deficiência protegidos por lei, na tramitação de inquérito civil e ajuizamento de ação civil pública.

III – tipifica condutas que obstaculizam a administração da justiça ao proteger a execução de ordem judicial no âmbito da ação civil pública para a defesa de interesses coletivos, difusos e individuais homogêneos da pessoa com deficiência.

Marque a alternativa CORRETA:

a) todos os itens são corretos;

b) apenas os itens I e II são corretos;

c) apenas os itens I e III são corretos;

d) apenas os itens II e III são corretos;

e) não respondida.

2. **(FCC/DPE-RS/Defensor Público/2014 – adaptada)** Na hipótese de cometimento de crime de lesão corporal contra pessoas portadoras de deficiência, incidirá tipo penal específico previsto na Lei nº 7.853/89 (Lei de Proteção ao Portador de Deficiência).

3. **(MPT/Procurador do Trabalho/2012)** NÃO constitui crime previsto na Lei nº 7.853/89, que tipifica os ilícitos praticados contra as pessoas com deficiência:

a) Recusar, retardar ou omitir dados técnicos indispensáveis à propositura da ação civil pública destinada à proteção de interesses das pessoas com deficiência, quando requisitados pelo Ministério Público.

b) Recusar, suspender, procrastinar, cancelar ou fazer cessar, sem justa causa, a inscrição de aluno em estabelecimento de ensino de qualquer curso ou grau, público ou privado, por motivos derivados da deficiência que porta.

c) A exigência de teste, exame, perícia, laudo, atestado, declaração ou qualquer outro procedimento relativo à esterilização ou a estado de gravidez de pessoas com deficiência.

d) Deixar de cumprir, retardar ou frustrar, sem justo motivo, a execução de ordem judicial expedida na ação civil pública destinada à proteção de interesses das pessoas com deficiência.

4. **(CESPE/MPE-RO/Promotor de Justiça/2013 – adaptada)** Parte superior do formulário

De acordo com o disposto na Lei n.º 7.853/1989, não pratica crime aquele que omite dados técnicos indispensáveis à propositura de ACP, quando requisitado pelo MP.

5. **(IF-MA/Assistente Social/2009)** De acordo com a redação do Artigo 8º da Lei Nº 7.853, de 24 de outubro de 1989, constitui crime punível com reclusão de 1 (um) a 4 (quatro) anos e multa:

I – Recusar, suspender, procrastinar, cancelar ou fazer cessar, sem justa causa, a inscrição de aluno em estabelecimento de ensino de qualquer curso ou grau, público ou privado por motivos da deficiência que porta.

II – Obstar, sem justa causa, o acesso de alguém a qualquer cargo público, por motivos derivados de sua deficiência.

III – Negar, com justa causa, o acesso de pessoa com deficiência a cargo de coordenação de instituição pública.

IV – Suspender aluno por motivo da deficiência que porta, mesmo por justa causa.

As opções corretas são:

a) I e II

b) I e III

c) I e IV

d) I, III e IV

e) I, II e IV

GAB	1	2	3	4	5
	A	E	C	E	E

§ 1º Se o crime for praticado contra pessoa com deficiência menor de 18 (dezoito) anos, a pena é agravada em 1/3 (um terço). (Incluído pela Lei nº 13.146, de 2015)

1. COMENTÁRIOS

Esta causa de aumento de pena foi acrescida à Lei n.º 7.853/89 pela Lei n.º 13.146/15. A propósito, não há como negar que referida majorante é mais do que razoável, pois a discriminação a pessoa menor possui potencialidade lesiva mais intensa, no mais das vezes.

Como toda causa de aumento de pena, deve ser valorada por ocasião da terceira fase da dosimetria, e pode elevar a pena para além do máximo previsto. Assim, pode ser que a pena definitiva seja fixada em patamar superior a 5 (cinco) anos.

2. QUESTÕES DE CONCURSOS

1. **(FCC/TRT15/Analista Judiciário/2018)** Magnólia, empregada da escola "X", está procrastinando dolosamente a inscrição de Camila, com 12 anos de idade, no referido estabelecimento de ensino privado em razão da sua deficiência visual. Nesse caso, de acordo com a Lei n° 7.853/1989, a conduta de Magnólia

a) constitui crime punível com reclusão e multa não havendo situação de agravamento de pena.

b) constitui crime punível com detenção e multa, sendo que a pena será agravada em 1/3 em razão do labor em instituição privada e a condição de deficiência visual.

c) não constitui crime, por absoluta ausência de tipificação legal.

d) constitui crime punível com reclusão e multa, sendo que a pena será agravada em 1/3 em razão da idade de Camila.

e) constitui crime punível com detenção e multa, sendo que a pena será agravada em 2/3 em razão do labor em instituição privada e a condição de deficiência visual.

GAB	1
	D

§ 2º A pena pela adoção deliberada de critérios subjetivos para indeferimento de inscrição, de aprovação e de cumprimento de estágio probatório em concursos públicos não exclui a responsabilidade patrimonial pessoal do administrador público pelos danos causados. (Incluído pela Lei nº 13.146, de 2015)

1. COMENTÁRIOS

O §2º consagra o sistema adotado no Brasil como regra, que á no sentido da independência das instâncias, ainda que, de modo pontual, tal independência sofra algumas mitigações. De todo modo, como regra, a responsabilização penal não exclui, a responsabilidade civil e administrativa, pelo mesmo fato. Neste dispositivo legal, resta clara a possibilidade de se responsabilizar civilmente o agente.

§ 3º Incorre nas mesmas penas quem impede ou dificulta o ingresso de pessoa com deficiência em planos privados de assistência à saúde, inclusive com cobrança de valores diferenciados. (Incluído pela Lei nº 13.146, de 2015)

1. COMENTÁRIOS

1.1. Considerações iniciais

Temos aqui uma figura equiparada aos crimes entabulados nos incisos do art. 8º. Conforme assevera o próprio dispositivo legal em comento, no caso destas condutas, deve ser aplicada a mesma pena prevista no art. 8º, qual seja, reclusão de 02 (dois) a 05 (cinco) anos. Este tipo penal foi incluído na Lei n.º 13.146/2015, e veio em bom tempo. É consabido que, muitas vezes, os planos de saúde criam obstáculos ao ingresso de pessoas com deficiência, sob o os mais variados argumentos, impondo, inclusive, não raras vezes, a cobrança de valores adicionais.

Os núcleos do tipo são:

a) **Impedir:** Obstar, impossibilitar, inviabilizar.

b) **Dificultar:** criar obstáculo, dificuldade, empecilho.

1.2. Sujeitos

Sujeito ativo do crime é a pessoa responsável pelo ingresso da pessoa com deficiência nos planos privados de assistência à saúde. Pode ser funcionário, diretor, sócio ou prestador de serviços da empresa que gerencia o plano. Trata-se de crime próprio, pois exige qualidade especial do sujeito ativo.

Sujeito passivo é a pessoa com deficiência.

1.3. Objetos

Objeto jurídico do crime é a igualdade.

Objeto material é a própria pessoa com deficiência, impossibilitada de participar do plano.

1.4. Elemento subjetivo

Elemento subjetivo do tipo é o dolo, consistente na vontade consciente de praticar as condutas descritas no tipo penal. Exige-se o elemento subjetivo específico (especial finalidade no agir), consistente na vontade de discriminar a vítima com deficiência.

Não se admite a modalidade culposa.

1.5. Consumação e tentativa

A consumação do crime ocorre com a realização das condutas típicas descritas. Não há a necessidade de um resultado naturalístico posterior, razão pela qual não há a necessidade de se demonstrar qualquer outro prejuízo para a vítima. Deste modo, se, por exemplo, o agente impedir ou dificultar o ingresso da pessoa deficiência no plano, e, a despeito disto, ela conseguir ingressar em plano melhor e mais acessível, o crime estará consumado.

É possível a tentativa.

1.6. Ação penal

A ação penal é pública incondicionada.

§ 4º Se o crime for praticado em atendimento de urgência e emergência, a pena é agravada em 1/3 (um terço). (Incluído pela Lei nº 13.146, de 2015)

1. COMENTÁRIOS

1.1. Considerações iniciais

Neste parágrafo, acrescido ao art. 8º da Lei n.º 7.853/89 pela Lei n.º 13.146/15 – como, aliás, todos os demais parágrafos deste artigo, traz mais uma causa de aumento de pena que, como tal, deve ser valorada por ocasião da terceira fase da aplicação da pena.

Conforme se depreende a partir da leitura do dispositivo, a pena será aumentada em 1/3 (um terço) quando o crime for praticado em atendimento de urgência e emergência. Como se vê, a presente causa de aumento de pena guarda relação com o novo tipo penal, criado no parágrafo anterior. Contudo, uma interpretação sistemática do dispositivo somente poderá nos levar à constatação de que tal majorante aplica-se, em tese, a qualquer das condutas típicas contidas no art. 8º. Na prática, todavia, nem todas as condutas criminosas se amoldam à possibilidade de incidência da causa de aumento de pena, pois não possuem relação com atendimento de urgência ou emergência. Basta perceber, por exemplo, o contido nos incisos I, II, III e VI, acima comentados.

1.2. Concurso entre causas de aumento

As hipóteses de causa de aumento de pena, previstas nos §§ 1º e 4º são conciliáveis, pois é possível que, por exemplo, o crime seja praticado em atendimento de urgência ou emergência, e contra menor de 18 (dezoito) anos. Neste caso, a pena deveria ser aumentada em duplicidade? Esta é uma alternativa plausível, sem dúvida.

Todavia, parece-nos mais razoável o entendimento doutrinário[1] no sentido da possibilidade de se aplicar ao caso, por analogia, o artigo 68, parágrafo único, do Código Penal, que dispõe: "No concurso de causas de aumento ou de diminuição previstas na parte especial, pode o juiz limitar-se a um só aumento ou a uma só diminuição, prevalecendo, todavia, a causa que mais aumente ou diminua".

Como se percebe, o artigo trata da hipótese de concurso entre causas de aumento previstas na parte especial do Código, e não na legislação extravagante, como é o caso em tela. Daí a defesa da tese da aplicação analógica do dispositivo ao caso em apreço. Referida aplicação analógica parece-nos bastante razoável, na medida em que, como consabido, é possível, em sede de Direito Penal, a analogia *in bonam partem*.

1. Neste sentido, por todos, NUCCI, Guilherme de Souza, *ob. cit.* p. 71.

| 25 |

LEI DE EXECUÇÃO PENAL

▸**LEI Nº 7.210, DE 11 DE JULHO DE 1984**

Institui a Lei de Execução Penal.

O PRESIDENTE DA REPÚBLICA, faço saber que o Congresso Nacional decreta e eu sanciono a seguinte Lei:

▸**TÍTULO I – DO OBJETO E DA APLICAÇÃO DA LEI DE EXECUÇÃO PENAL**

Art. 1º A execução penal tem por objetivo efetivar as disposições de sentença ou decisão criminal e proporcionar condições para a harmônica integração social do condenado e do internado.

1. COMENTÁRIOS

A dicção do dispositivo enfatiza dois grandes propósitos da Lei de Execução Penal.

(1) O primeiro, estritamente jurídico, efetivar disposições de sentença ou decisão penal condenatória (de aplicação de pena) ou de absolvição imprópria (impositiva de medida de segurança), tendo lugar nos casos transitados em julgado (execução penal definitiva) e nos pendentes de recurso (execução penal provisória).

O intuito é o de não só fazer cumprir estritamente a parte dispositiva do julgado definitivo ou o comando de decisão imposta ao denominado preso provisório. Além disso, sempre que houver restrição de liberdade, "surge a necessidade de analisar a existência de direitos em face do sujeito que cumpre a pena"[1] ou a medida de segurança.

(2) O segundo, de cunho social, que preconiza um "dever-ser" de proporcionar condições para a integração social do condenado (apenado), bem como do internado (submetido à medida de segurança).

Como é cediço, há um abismo entre a dicção legislativa (com prescrição de deveres ao Estado), da realidade de desatendimento a preceitos constitucionais, ensejando sérias críticas de estudos na área da Criminologia[2].

A promessa de integração social do condenado, por meio da pena, e do internado, por intermédio da medida de segurança, é constatada como expectativa frustrada. É fato

---

1 MORAIS DA ROSA, Alexandre. *Guia compacto do processo penal conforme a teoria dos jogos*. 3. ed. Florianópolis: Empório do Direito, 2015. p.515

2 Nesse sentido, observa Karla Padilha que "hoje já é possível chamar de utópico o mundo 'planejado' da ressocialização, reintegração, recuperação e reeducação, em relação à massa encarcerada de nosso País. Em verdade, o que se tem é uma política de armazenamento, neutralização e emparedamento, em total descompasso com qualquer ideário de respeito à dignidade humana e aos direitos fundamentais constitucionais assegurados". (PADILHA, Karla. A face perversa das políticas de encarceramento: estamos no caminho errado? In: *Pobreza, educação e criminalidade*. Luiz Sávio de Almeida; Sérgio Coutinho; França Júnior; José Marques [orgs]. Maceió: Agência Fonte de Notícia, 2016. p.96).

notório a raridade de êxitos na reintegração de pessoa submetida a controle criminal. A Criminologia, notadamente a de viés crítico[3], coloca luz nesse problema, evidenciando que, para além da culpabilidade afirmada judicialmente, no bojo processo condenatório, há uma co-culpabilidade social e estatal.

Nesse contexto, podemos entender, com Sérgio Salomão Shecaira, que a pena privativa de liberdade, cumprida sob as regras do processo de execução penal, "é forma mais extremada de controle penal". Do ponto de vista histórico, a "prisão" é criação Europeia, Ocidental, espraiada pela América. Seguindo as pegadas de Michel Foucault, pode-se afirmar que "a reclusão do Século WIX é uma combinação de controle moral e social nascido na Inglaterra e a instituição propriamente francesa e estatal da reclusão é um local, um edifício, uma instituição, em um espaço fechado"[4].

Além das funções da pena (preventivas e retributivas), tradicionalmente explicadas pela doutrina, nota-se, ainda com Shecaira, que, no plano da realidade, há pretensão de "utilizar a pena como meio de ordenar condutas dos cidadãos, além do mínimo essencial" e que "irremediavelmente levará à arbitrariedade e ao autoritarismo do regime"[5].

2. QUESTÕES DE CONCURSOS

1. (VUNESP/SEJUS-ES/Agente de Escolta e Vigilância Penitenciário/2013) A execução penal tem por objetivo efetivar as disposições de sentença ou decisão criminal com o fim de

a) obter a cooperação da comunidade nas atividades de execução da pena e da medida de segurança.
b) classificar os condenados segundo os seus antecedentes e personalidade para orientar a individualização da execução penal.
c) aplicar-se unicamente ao preso provisório e ao condenado pela Justiça Eleitoral ou Militar.
d) proporcionar condições para a harmônica integração social do condenado e do internado.
e) assegurar ao condenado e ao internado todos os direitos atingidos pela sentença ou pela lei.

GAB	1
	D

Art. 2º A jurisdição penal dos Juízes ou Tribunais da Justiça ordinária, em todo o Território Nacional, será exercida, no processo de execução, na conformidade desta Lei e do Código de Processo Penal.

Parágrafo único. Esta Lei aplicar-se-á igualmente ao preso provisório e ao condenado pela Justiça Eleitoral ou Militar, quando recolhido a estabelecimento sujeito à jurisdição ordinária.

---

3 Ao lado do discurso tradicional (consensual), permeamos alguns elementos do discurso crítico (conflitual), notadamente neste capítulo, em razão da dogmática não ter logrado efetividade na seara dos direitos e das garantias fundamentais também asseguradas às pessoas submetidas à incidência da lei de execução penal. Por discurso crítico ou do conflito, devemos entender aquele relacionado ao pensamento crítico, que consiste na "tentativa de buscar outra direção ou outro referencial epistemológico que atenda à modernidade presente, pois os paradigmas de fundamentação (tanto ao nível das ciências humanas quanto da Teoria Geral do Direito) não acompanham as profundas transformações sociais e econômicas por que passam as modernas sociedades políticas industriais e pós-industriais" (WOLKMER, Antonio Carlos. *Introdução ao pensamento jurídico crítico*. 6. ed. São Paulo: Saraiva, 2008. p.87).

4 FOUCAULT, Michel. *La verdad e las formas jurídicas*. Tradução: Enrique Lynch. México: Gedisa, 1978. p.126 (tradução livre).

5 SHECAIRA, Sérgio Salomão. *Criminologia*. São Paulo: RT, 2004. p.59.

1. COMENTÁRIOS

1.1. Natureza jurídica da execução penal

Execução penal é procedimento destinado à aplicação de pena ou de medida de segurança fixada por sentença. Em regra, a execução penal não prossegue como fase subsequente ao processo penal condenatório, mas como processo autônomo. Isso equivale a dizer que os autos são reproduzidos por cópia e, desse modo, formado novo volume com as peças imprescindíveis ao acompanhamento do cumprimento da pena e da concessão de benefícios, notadamente com a guia de execução penal inclusa.

Diferentemente do processo de conhecimento (condenatório), onde pode ser encontrada situação de litisconsórcio passivo (com vários acusados com narrativa de imputação em coautoria ou participação em uma mesma denúncia ou queixa), é constituído um processo de execução por acusado, para que assim seja atendido adequadamente o princípio da individualização da pena. Em outras palavras, será formado um caderno processual para o desenvolvimento do procedimento executório da pena para cada apenado, com tantos processos de execução para quantos apenados existirem no polo passivo do único processo de conhecimento.

No processo penal, a execução penal é um novo processo com caráter jurisdicional (porque se desenvolve perante autoridade judiciária e nele são proferidas decisões fundamentadas) e administrativo (eis que também implica uma série de providências tendentes a dar condições ao cumprimento da pena ou de medida de segurança em estabelecimento adequado), com o objetivo de efetivar as disposições de sentença ou de decisão criminal e oferecer condições para a integração social do condenado e do internado.

1.2. Competência para o processo de execução penal

A execução penal é de competência do juiz da execução penal, vale dizer, do juiz singular, com competência definida em lei, para processar os autos de cumprimento de pena definitiva, de medida de segurança ou de prisão provisória.

Além desse critério, definidor da competência do órgão jurisdicional de primeiro grau de jurisdição, a competência deve ser do juízo responsável pela garantia dos direitos no estabelecimento onde estiver o apenado, o submetido a medida de segurança ou o preso provisório.

Há, portanto, a consideração de que há o feixe de competências nas mãos do juiz que envolve um misto de função jurisdicional (de primeira instância) e administrativa (de garantir o adequado funcionamento dos estabelecimentos destinados ao cumprimento de sentenças e decisões penais).

1.3. Âmbito de aplicação e destinatários da Lei de Execução Penal

A Lei de Execução Penal se aplica no âmbito da justiça criminal comum e especializada, isto é, tanto nas Justiças Federal e Estadual, quanto nas Justiças Militar e Eleitoral.

Quanto aos seus destinatários, ela tem incidência relativamente:

(1) ao preso definitivo, assim entendido aquele que foi condenado por sentença transitada em julgado, seja impondo pena restritiva de liberdade, seja infligindo pena restritiva de direito;

(2) ao submetido à medida de segurança, isto é, ao acusado em processo penal que é encerrado por sentença absolutória imprópria (ocasionando internação ou tratamento ambulatorial); e

(3) no que couber, ao preso provisório, que é o acusado com a liberdade cerceada de forma cautelar e cuja eventual sentença ainda não transitou em julgado.

Isso significa dizer que ao preso provisório são assegurados os mesmos direitos do preso definitivo, só não tendo aplicação os dispositivos que se dirigem exclusivamente ao preso definitivo ou ao submetido à medida de segurança.

Art. 3º Ao condenado e ao internado serão assegurados todos os direitos não atingidos pela sentença ou pela lei.

Parágrafo único. Não haverá qualquer distinção de natureza racial, social, religiosa ou política.

1. COMENTÁRIOS

O dispositivo seria desnecessário. Afinal, o estado de liberdade, com o pleno exercício dos direitos individuais fundamentais, é a regra. Somente por exceção, e com fundamento em normas jurídicas descritas suficientemente, é que os direitos podem ser objeto de limitação. A sentença penal condenatória, por si só, não é apta a suprimir direitos, sejam eles relativos à liberdade do imputado, sejam eles de natureza civil ou política.

Decerto, para que haja restrição a direitos, por força de condenação penal ou de absolvição imprópria, deve a sentença ter transitado em julgado. O trânsito em julgado é a qualidade que torna a sentença imutável. Em direito processual penal, a data da imutabilidade da sentença (trânsito em julgado) é o marco a partir do qual os comandos da decisão se tornam aptos à produção de efeitos (operatividade).

A título de exemplos de direitos restringidos pela sentença condenatória, somente a partir do trânsito em julgado de sentença penal condenatória:

(1) os direitos políticos permanecerão suspensos, enquanto durarem os efeitos da condenação, isto é, durante o período de cumprimento de pena (art. 15, III, CF/1988); No entanto, deve-se ponderar que a aplicação do art. 15, III, da CF, não seja aplicado automaticamente, nem sem justificativa plausível. Em outras palavras, a suspensão dos direitos políticos do apenado, especialmente o direito a votar, não pode ser suspenso à míngua de legislação complementar que delimite as hipóteses permissivas e que sejam proporcionais e relacionadas à infração objeto de condenação com trânsito em julgado. Trata-se de corolário da aplicação de pena sem processo sob contraditório (*nulla poena sine judicio*), afinal a suspensão dos direitos políticos deve ser objeto de debate no âmbito do processo penal condenatório. Note-se que a perda de mandato eletivo depende de fundamentação expressa na sentença, em compasso com o art. 92, I e parágrafo único, do Código Penal. Nesse sentido, Luís Carlos Valois pontua duas conclusões: (a) "a primeira é a de que, se um direito político muito mais importante, de

mais influência na sociedade, que confere ao titular poder de maior amplitude, como o poder de exercer mandato eletivo, só é efeito da sentença se declarado, o direito político de todos, o direito que confere cidadania, o direito de voto, não pode ser vedado de forma genérica, sem fundamentação suficiente"; (b) a outra, a de que "os direitos políticos abrangem diversos direitos e a Constituição não poderia pretender se substituir ao Código Penal, criando uma pena que prescindisse de debate no devido processo legal e que não estivesse claramente estipulada em lei, cessando todos os direitos políticos sem especificá-los"[6];

(2) haverá perda do cargo *ex lege* do condenado por crime tipificado na Lei que regula a tortura, ou seja, independentemente de motivação expressa na sentença, aquele efeito se dá automaticamente, atingindo o direito ao exercício do cargo por força de lei (art. 1º, § 5º, Lei nº 9.455/1997);

(3) as penas privativas de liberdade e as restritivas de direitos serão cumpridas, ressalvados os casos que se têm admitido execução provisória de pena.

A Lei nº 7.716/1989 regula os crimes de preconceito de raça ou de cor. A previsão dos tipos penais ali tipificados já seria razão suficiente para se entender como ilícita conduta discriminatória contra o apenado por motivos raciais, sociais, religiosos ou políticos. No entanto, o parágrafo único, do art. 3º, da Lei de Execução Penal, assenta a vedação de distinção de qualquer natureza motivada por aquelas questões.

Art. 4º O Estado deverá recorrer à cooperação da comunidade nas atividades de execução da pena e da medida de segurança.

1. COMENTÁRIOS

É dever do Estado recorrer à cooperação da comunidade nas atividades de execução da pena e da medida de segurança. A Lei de Execução Penal é fundada em ideologia que tem a pretensão de obter a "integração da comunidade, através de organismos representativos, no acompanhamento das penas", acreditando que com isso se torna "maior a probabilidade de recuperação do condenado, até porque, quando findar a pena, possivelmente já terá apoio garantido para a sua reinserção social, mormente no mercado de trabalho"[7].

Essa integração comunitária, que pode envolver universidades, órgãos dos governos federal, estadual e municipal, entidades não governamentais e associações de bairros, deve ter em vista a necessidade de implementação de teorias que reduzam danos de execução penal imposta em violação ao ordenamento jurídico. Ao cabo, é plausível preferir penas restritivas de direitos no lugar das privativas de liberdade[8].

---

6 VALOIS, Luís Carlos. *Execução penal e ressocialização*. São Paulo: Estúdio, 2015. p.87.

7 NUCCI, Guilherme de Souza. *Manual de processo penal e execução penal*. 6. ed. São Paulo: RT, 2010. p.997.

8 ROIG, Rodrigo Duque Estrada. *Execução penal*: teoria e crítica. São Paulo: Saraiva, 2014. p.19-21.

▸TÍTULO II – DO CONDENADO E DO INTERNADO

▸CAPÍTULO I – DA CLASSIFICAÇÃO

Art. 5º Os condenados serão classificados, segundo os seus antecedentes e personalidade, para orientar a individualização da execução penal.

1. COMENTÁRIOS

De acordo com o dispositivo em tela, os critérios para classificar os condenados, a fim de orientar a individualização da pena, são dois: (1) antecedentes; e (2) personalidade.

Tais critérios encontram ponto de contato com a Escola do Positivismo Criminológico.

Com efeito, quais seriam os parâmetros para definir os antecedentes? Aliás, os antecedentes se alinham muito mais a um direito penal do autor (de índole autoritária), que a um direito penal do fato (de natureza mais liberal). A legislação penal não define o que sejam maus antecedentes, embora mencione o vocábulo várias vezes.

Fixou-se o sentido de serem maus antecedentes a condenação transitada em julgado anterior ao novo crime cometido, independentemente do período depurador de cinco anos, aplicável exclusivamente à noção de reincidência (art. 64, I, CP).

Mas há controvérsias, inclusive no âmbito do STF, sobre se as investigações policiais em curso podem ser consideradas para efeito de maus antecedentes[9] ou se deve incidir também para este efeito a regra que desconsidera condenações definitivas anteriores a cinco anos do cometimento do fato, questão que, inclusive, está pendente de julgamento sob a sistemática da repercussão geral[10].

O segundo critério, o da personalidade, consiste em termo com considerável teor de vagueza. A expressão, a princípio, remete à necessidade de exame criminológico que, por sua vez, teve sua previsão suprimida quando da alteração da redação do art. 112, § 1º, da Lei de Execução Penal. No entanto, outros artigos fazem menção ao exame e o STJ, por sua vez, editou a Súmula nº 439, que reza que ser admissível "o exame criminológico pelas peculiaridades do caso, desde que em decisão motivada".

9 Posicionamento atual, do órgão plenário da Suprema Corte: "ante o princípio constitucional da não culpabilidade, inquéritos e processos criminais em curso são neutros na definição dos antecedentes criminais" (STF – RE 591054 – Rel. Min. Marco Aurélio – Tribunal Pleno – julgado em 17/12/2014 – DJe-037 – 25/02/2015). Posição intermediária da Primeira Turma, dispensando o trânsito em julgado da condenação para considerá-la como maus antecedentes relativamente ao cometimento de novo crime: "condenações transitadas em julgado após o cometimento dos crimes objeto da condenação são aptas a desabonar, na primeira fase da dosimetria, os antecedentes criminais para efeito de exacerbação da pena-base (CP, art. 59)" (STF – Primeira Turma – HC 117737 – Rel. Min. Rosa Weber – julgado em 15/10/2013 – DJe-217 – 30/10/2013). Entendimento mais antigo da Primeira Turma do STF, já superado: "inquéritos policiais e ações penais em andamento configuram, desde que devidamente fundamentados, maus antecedentes para efeito da fixação da pena-base, sem que, com isso, reste ofendido o princípio da presunção de não-culpabilidade". (STF – Primeira Turma – AI 604041 AgR – Rel. Min. Ricardo Lewandowski – julgado em 03/08/2007 – DJe-092 –30/08/2007).

10 STF – RE 593818 RG – Rel. Min. Joaquim Barbosa – julgado em 26/02/2009 – DJe-064 – 02/04/2009.

A posição que foi cristalizada no STF é a de que "inquéritos policiais, processos em andamento, absolvições ou condenações criminais extintas há mais de cinco anos não podem ser valorados negativamente na fixação da pena-base, a título de maus antecedentes, conduta social ou personalidade desfavoráveis, sob pena de ofensa ao princípio da presunção de inocência (art. 5º, LVII, CF)"[11]. Vale dizer, também para aferir personalidade desfavorável não deve ser tomado como parâmetro a existência de inquéritos policiais em andamento.

A Lei nº 13.167/2015 alterou o art. 84, da LEP, para delimitar melhor a individualização da pena, no que se refere ao espaço em separado que deve ficar. Não somente os critérios baseados na personalidade e nos maus antecedentes são levados em conta, como também a questão de ser preso definitivo ou provisório, homem ou mulher. Além desses, o legislador considerou a classe de delito que foi julgado incurso o apenado. Sobre o assunto, remetemos o leitor aos comentários ao citado art. 84, da Lei nº 7.210/1984, mais adiante.

2. SÚMULAS E JURISPRUDÊNCIA

- **Súmula 439, STJ:** Admite-se o exame criminológico pelas peculiaridades do caso, desde que em decisão motivada.

Art. 6º A classificação será feita por Comissão Técnica de Classificação que elaborará o programa individualizador da pena privativa de liberdade adequada ao condenado ou preso provisório. (Redação dada pela Lei nº 10.792, de 2003)

1. COMENTÁRIOS

A Comissão Técnica de Classificação tem por atribuição a elaboração de um parecer para fins de individualizar a pena do condenado. O programa individualizador da pena privativa de liberdade, imposto ao apenado ou ao preso provisório, baseia-se na classe em que inclusa aquele. O parecer não tem natureza de perícia, mas de manifestação que resulta de procedimento de natureza interdisciplinar.

Alvino de Sá e Jamil Alves ponderam que o parecer da Comissão Técnica, diferentemente do exame (pericial) criminológico, não é uma perícia, até porque não é realizado por peritos, nem está volvido para a valoração da conduta atribuída ao imputado. Seguindo as ilustrações dos referidos juristas, tal parecer deve ser levar em conta a realidade dos presos e a valorização do esforço pessoal, vale dizer:

(1) esse parecer consiste numa "avaliação interdisciplinar que a equipe faz do histórico prisional do preso, de sua conduta, entendida esta em seu sentido bem complexo, isto é, não restrito às respostas do preso às normas regimentais da casa";

(2) tal manifestação da Comissão Técnica de Classificação não é permeada pela neutralidade, exigida às perícias em geral, mas sim "representa uma avaliação das respostas que o preso vem dando às propostas terapêutico-penais que lhe têm sido disponibilizadas";

11 STF – Segunda Turma – HC 125586 – Rel. Min. Dias Toffoli – julgado em 30/06/2015 –– DJe-251 – 14/12/2015.

(3) devem ser levados em consideração critérios como a adequação de oportunidade dada ao preso, para que sejam conhecidos seus interesses e aptidões, bem como o seu acompanhamento humano e o estímulo a seu crescimento pessoal: "esse trabalho e planejamento de oportunidades adequadas ao perfil dos presos é especificamente a função da Comissão Técnica de Classificação";

(4) para que o parecer não seja realizado de forma "mecânica, estereotipada, padronizada", são exigidas duas condições: "a) elaboração de programas adequados ao perfil (ou perfis) dos presos; b) acompanhamento desses programas, do dia a dia dos presos, através de uma participação ativa, diária nas atividades do presídio".

(5) é indispensável que a composição da Comissão obedeça a forma híbrida prevista na Lei de Execução Penal, conforme art. 7º, da LEP, abordado adiante, assegurando o caráter interdisciplinar do parecer, indo além do aspecto estritamente técnico, alcançando um ambiente de diálogo entre os profissionais envolvidos e o preso, próprio de um instrumento pedagógico e de *feedback*[12].

Art. 7º A Comissão Técnica de Classificação, existente em cada estabelecimento, será presidida pelo diretor e composta, no mínimo, por 2 (dois) chefes de serviço, 1 (um) psiquiatra, 1 (um) psicólogo e 1 (um) assistente social, quando se tratar de condenado à pena privativa de liberdade.

Parágrafo único. Nos demais casos a Comissão atuará junto ao Juízo da Execução e será integrada por fiscais do serviço social.

1. COMENTÁRIOS

O ambiente dialogal e participativo deve ser alcançado pela composição das pessoas apontadas no *caput* do art. 7º, da LEP. A presidência da Comissão Técnica de Classificação, que deve existir em cada estabelecimento prisional, deve ser presidida pelo respectivo diretor. É órgão importantíssimo para auxiliar o juízo da execução penal relativamente aos processos executivos de penas privativas de liberdade. O acompanhamento individual pela Comissão tem o propósito pedagógico, referentemente ao preso, e informativo, alusivamente ao juízo da execução penal. O caráter técnico do exame criminológico (pericial) deve ser confrontado e complementado com a manifestação da Comissão Técnica de Classificação (parecer que deve considerar as conquistas e os avanços alcançados pelos apenados e presos provisórios) [13].

Art. 8º O condenado ao cumprimento de pena privativa de liberdade, em regime fechado, será submetido a exame criminológico para a obtenção dos elementos necessários a uma adequada classificação e com vistas à individualização da execução.

Parágrafo único. Ao exame de que trata este artigo poderá ser submetido o condenado ao cumprimento da pena privativa de liberdade em regime semi-aberto.

12 SÁ, Alvino Augusto de; ALVES, Jamil Chaim. Dos pareceres da Comissão Técnica de Classificação na individualização executória da pena: uma revisão interdisciplinar. *Boletim IBCCRIM*, v. 201, p. 07-08, 2009.

13 Nesse sentido: SÁ, Alvino Augusto de; ALVES, Jamil Chaim. Dos pareceres da Comissão Técnica de Classificação na individualização executória da pena: uma revisão interdisciplinar. *Boletim IBCCRIM*, v. 201, p. 07-08, 2009.

1. COMENTÁRIOS

O exame criminológico é uma perícia, um exame pericial, elaborado por um *expert*, na área da medicina psiquiátrica, como regra. Deve haver um psiquiatra na Comissão Técnica de Classificação para elaborar o parecer que, por sua vez, produzirá ato diverso do exame criminológico, a ser subscrito, preferencialmente, por outro profissional da psiquiatria, malgrado a Portaria 2.065/2007, do Ministério da Justiça, preveja que também caiba à Comissão Técnica de Classificação a elaboração do exame criminológico, em seu art. 11, inciso V.

A realização de exame criminológico não é obrigatória. Sua determinação é facultada ao juiz da execução penal, que deve considerar as peculiaridades do caso concreto. O exame criminológico e o parecer da Comissão Técnica de Avaliação, em conjunto, constituem meios de auxílio à adequada individualização da pena. Eles podem ser úteis, por exemplo, ao deferimento de progressão de regime, bem como à concessão de outros benefícios penais.

Nesse diapasão, a sanção privativa de liberdade será executada em forma progressiva com a transferência para regime menos rigoroso, a ser determinado pelo juiz, quando o preso tiver cumprido ao menos um sexto da pena no regime anterior e ostentar bom comportamento carcerário, comprovado pelo diretor do estabelecimento, atendidas as normas que vedam a progressão (art. 112, *caput*, da Lei nº 7.210/1984, com redação dada pela Lei nº 10.792/2003).

O deferimento da progressão de regime, contudo, era, anteriormente à referida alteração legislativa, necessariamente precedido de parecer da Comissão Técnica de Classificação e do exame criminológico, conforme dispunha o parágrafo único, do aludido art. 112. A nova redação, no entanto, apenas exigiu a comprovação de bom comportamento atestada pelo diretor do estabelecimento, o que acabou por dar sustentação a uma corrente jurisprudencial que defendia a desnecessidade do exame criminológico, notadamente quando o Estado não se mostra eficiente na sua realização tempestiva.

Diante das divergências sobre o tema, o STJ editou a súmula nº 439, que temperou a solução, para afirmar a admissibilidade do exame criminológico sempre que as peculiaridades do caso recomendar, desde que em decisão suficientemente fundamentada. Assim, mesmo não previsto expressamente o exame criminológico pelo art. 112, da Lei de Execução Penal, ele pode ser determinado para complementar os demais requisitos para concessão de benefícios que tornem menos gravoso o regime de pena do condenado. Pacificada a questão na mesma senda do STF, que em seguidos precedentes destacou que "a alteração do art. 112 da Lei de Execuções Penais pela Lei nº 10.792/2003 não proibiu a realização do exame criminológico"[14].

Cabe avivar, de outro giro, o enunciado sumular nº 717, do STF, que, na linha de entender a progressão de regime como direito subjetivo do preso, aventa: "não impede a progressão de regime de execução da pena, fixada em sentença não transitada em julgado, o fato de o réu se encontrar em prisão especial".

Apropriado o entendimento do STF, embora interesse registrar a discordância de Nucci, argumentando que "o acusado colocado em prisão especial não conta com o mesmo tratamento dos demais presos provisórios", haja vista que "estes, quando almejam a progressão

14 STF – Primeira Turma – HC 103733, Rel. Min. Ricardo Lewandowski – DJ: 18/11/2010.

de regime, são transferidos para o sistema penitenciário, para que possam ser avaliados pela Comissão Técnica de Classificação", levando em conta a necessidade de comprovação de merecimento para a progressão, "bem como para que possam trabalhar regularmente"[15].

Nos termos do art. 2º, §§ 1º e 2º, da Lei nº 8.072/1990, com redação dada pela Lei nº 11.464/2007, quando se cuidar de crime hediondo ou equiparado, cuja pena deve ser cumprida no regime inicialmente fechado, a progressão de regime só ocorrerá após o cumprimento de 2/5 (dois quintos) da pena, se o apenado for primário, e de 3/5 (três quintos), se reincidente.

A modificação legislativa decorreu da declaração de inconstitucionalidade da redação anterior do art. 2º, da Lei nº 8.072/1990, que estabelecia obrigatoriamente o regime integralmente fechado para os condenados por crime hediondo, com a subsequente edição do enunciado nº 26, da Súmula Vinculante, do STF, avivando que "para efeito de progressão de regime no cumprimento de pena por crime hediondo, ou equiparado, o juízo da execução observará a inconstitucionalidade do art. 2º da Lei nº 8.072, de 25 de julho de 1990, sem prejuízo de avaliar se o condenado preenche, ou não, os requisitos objetivos e subjetivos do benefício, podendo determinar, para tal fim, de modo fundamentado, a realização de exame criminológico".

Como se depreende, ao afirmar a inconstitucionalidade referida pelo enunciado vinculante em tela, ao juiz é facultado determinar exame criminológico de acordo com as nuances do caso concreto e de modo fundamentado, não sendo tal procedimento uma consequência automática[16]. Com a redação atual do art. 2º e parágrafos, da Lei dos Crimes Hediondos, ficou atendida a necessidade de progressão de regime e de diferenciação dos prazos para concessão desse benefício, com base no critério da hediondez do delito. Nesse contexto, deve-se frisar, na esteira da jurisprudência do STJ, que a modalidade tentada do delito não afasta a sua hediondez[17].

De todo modo, ainda que o delito seja hediondo, deve ser observada a situação peculiar da mulher apenada que tenha filhos com deficiência ou com idade inferior a 12 anos (criança), bem como se estiver gestante. Seguindo essa orientação, a Lei nº 13.669/2018 inseriu ao § 2º, do art. 2º, da Lei nº 8.072/1990 (Lei dos Crimes Hediondos), a necessidade de serem observadas as regras para progressão especial de regime que a mulher faz jus, desde que atendidas as condições estipuladas nos parágrafos 3º e 4º[18], do art. 112, da Lei de Execução Penal.

15 NUCCI, Guilherme de Souza. *Leis penais e processuais penais comentadas*. 5. ed. RT: São Paulo, 2010. p.455.

16 STF – Segunda Turma – Rcl 27616 AgR/SP – Relator Min. Ricardo Lewandowski, j. 9.10.2018 – Informativo 919, de 8 a 12.10.2018.

17 STJ – Quinta Turma – HC 220.978/RJ – Rel. Min. Laurita Vaz – DJe 16/10/2012. (Info 506).

18 Como descrito nos mencionados enunciados do art. 112, da Lei nº 7.210/1984. No seu § 3º, estatui que "no caso de mulher gestante ou que for mãe ou responsável por crianças ou pessoas com deficiência, os requisitos para progressão de regime são, cumulativamente: I - não ter cometido crime com violência ou grave ameaça a pessoa; II - não ter cometido o crime contra seu filho ou dependente; III - ter cumprido ao menos 1/8 (um oitavo) da pena no regime anterior; IV - ser primária e ter bom comportamento carcerário, comprovado pelo diretor do estabelecimento; V - não ter integrado organização criminosa". Já no seu § 4º, preconiza, em arremate, que "o cometimento de novo crime doloso ou falta grave implicará a revogação do benefício previsto no § 3º deste artigo".

2. SÚMULAS E JURISPRUDÊNCIA

- **Súmula Vinculante nº 26:** Para efeito de progressão de regime no cumprimento de pena por crime hediondo, ou equiparado, o juízo da execução observará a inconstitucionalidade do art. 2º da Lei n. 8.072, de 25 de julho de 1990, sem prejuízo de avaliar se o condenado preenche, ou não, os requisitos objetivos e subjetivos do benefício, podendo determinar, para tal fim, de modo fundamentado, a realização de exame criminológico.

- **Súmula 717, STF:** Não impede a progressão de regime de execução da pena, fixada em sentença não transitada em julgado, o fato de o réu se encontrar em prisão especial.

✦ *SUPERIOR TRIBUNAL DE JUSTIÇA*

- **EXECUÇÃO PENAL. CRIME HEDIONDO TENTADO. PROGRESSÃO DE REGIME. A progressão de regime prisional para o cumprimento de pena pela prática de crime hediondo, ainda que na forma tentada, deve observar os parâmetros do art. 2º, § 2º, da Lei n. 8.072/1990, com a redação dada pela Lei n. 11.464/2007**. O fato de não ter sido consumado o crime não afasta a hediondez do delito. Precedentes citados do STF: HC 82.867-SP, DJ 27/6/2003; HC 73.924-SP, DJ 20/9/1996; do STJ: HC 239.682-MG, DJe 29/6/2012, e HC 136.829-SP, DJe 3/5/2010. *STJ, HC 220.978-RJ, Rel. Min. Laurita Vaz, julgado em 16/10/2012. 5ª T. (Info 506)*

Art. 9º A Comissão, no exame para a obtenção de dados reveladores da personalidade, observando a ética profissional e tendo sempre presentes peças ou informações do processo, poderá:

I - entrevistar pessoas;

II - requisitar, de repartições ou estabelecimentos privados, dados e informações a respeito do condenado;

III - realizar outras diligências e exames necessários.

1. COMENTÁRIOS

O rol de providências a cargo da Comissão Técnica de Classificação é exemplificativo. Cabe a ela constatar a "vivência" do apenado ou do preso provisório e, a partir da descrição dos dados empíricos disponíveis, propor a definição de sua classe. O dispositivo, aliás, depois de apontar que ela poderá entrevistar pessoas e requisitar dados e informações do condenado, autoriza cláusula de abertura ao dizer que dita Comissão poderá "realizar outras diligências e exames necessários". O Ministério da Justiça, a propósito, emitiu a Portaria nº 2.065/2007, pormenorizando os poderes da Comissão Técnica de Classificação.

Art. 9º-A. Os condenados por crime praticado, dolosamente, com violência de natureza grave contra pessoa, ou por qualquer dos crimes previstos no art. 1º da Lei nº 8.072, de 25 de julho de 1990, serão submetidos, obrigatoriamente, à identificação do perfil genético, mediante extração de DNA - ácido desoxirribonucleico, por técnica adequada e indolor. (Incluído pela Lei nº 12.654, de 2012)

§ 1º A identificação do perfil genético será armazenada em banco de dados sigiloso, conforme regulamento a ser expedido pelo Poder Executivo. (Incluído pela Lei nº 12.654, de 2012)

§ 2º A autoridade policial, federal ou estadual, poderá requerer ao juiz competente, no caso de inquérito instaurado, o acesso ao banco de dados de identificação de perfil genético. (Incluído pela Lei nº 12.654, de 2012)

1. COMENTÁRIOS

O denominado *Combined DNA Index System – CODIS* é o programa de gerenciamento de perfis genéticos desenvolvido pelo FBI. No Brasil foi nominado de Rede Integrada de Bancos de Perfis Genéticos. A implantação do sistema, com o fim de auxiliar investigações e perícias, teve lugar no Brasil com a Lei nº 12.654/2012 que, por sua vez, determinou alterações na Lei nº 12.037/2009 (identificação criminal) e na Lei nº 7.210/1984 (Lei de Execução Penal).

Para situações devidamente justificadas e excepcionais, é admissível a identificação criminal com o recolhimento do material genético para armazenamento do perfil genético. Nos casos de condenados por crime doloso praticado com violência de natureza grave contra pessoa ou por qualquer crime capitulado na Lei da criminalidade hedionda.

O art. 9º-A, da Lei de Execução Penal, dispõe que será obrigatória a identificação do perfil genético por meio de extração de DNA (ácido desoxirribonucleico, por técnica adequada e indolor). A identificação é armazenada em base sigilosa e poderá ser objeto de requerimento para fins probatórios, pela autoridade policial que dela necessite quando instaurar inquérito policial.

Por força da edição da Lei nº 12.654/2012, nos casos do art. 3º, IV, da Lei nº 12.037/2009 (em que a identificação criminal é essencial às investigações), está autorizada a coleta de "material biológico para obtenção de perfil genético". A inovação deve ser lida à luz do princípio da vedação à autoincriminação, de maneira que, havendo recusa do capturado ou indiciado, não se poderá obrigá-lo ao fornecimento.

Nos termos do novel diploma, os dados relacionados à coleta do perfil genético são sigilosos, devendo ser armazenados em bancos de dados gerenciados por unidade oficial de perícia. As informações colhidas, ressalva-se, não poderão revelar traços somáticos ou comportamentais das pessoas, exceto determinação genética de gênero (art. 5º-A, da Lei nº 12.037/2009).

A Lei de Identificação do Perfil Genético impôs, em sede de execução penal, uma consequência automática aos condenados por crime doloso cometido, com emprego de violência de natureza grave contra pessoa ou por qualquer dos crimes hediondo ou equiparado (previstos no art. 1º, da Lei nº 8.072/1990), determinando que "serão submetidos, obrigatoriamente, à identificação do perfil genético, mediante extração de DNA – ácido desoxirribonucleico, por técnica adequada e indolor". A alteração foi consignada no art. 9º-A, da Lei de Execução Penal (acrescido pela Lei nº 12.654/2012).

Entendemos que o dispositivo necessita de leitura à luz da Constituição, notadamente em face do princípio da não-autoincriminação em face de fatos futuros, bem como do direito de liberdade, de forma que:

(a) o apenado não poderá sofrer ser objeto de técnicas invasivas sem o seu consentimento, ainda que indolores;

(b) o perfil genético do apenado identificado não pode ser utilizado para investigações futuras, como uma espécie de prova pré-constituída, antes mesmo da prática de novo delito, toda vez que o apenado não tiver consentido o uso de técnicas invasivas; e

(c) não há óbice ao recolhimento de material descartado pelo próprio apenado de forma voluntária ou involuntária, para fins de submissão ao exame de DNA para identificação do perfil genético (objeto passivo de prova), a exemplo de vestes íntimas, saliva, esperma e outros resíduos descartados, hipóteses em que poderão servir para investigações futuras, desde que o acesso ao banco de dados, sigiloso por força de lei, seja autorizado pelo juiz.

Há debate doutrinário acerca da necessidade de trânsito em julgado da sentença penal condenatória. Pensamos – diante da excepcionalidade da medida e de sua natureza invasiva – que o legislador disse mais do que deveria dizer, devendo-se conferir interpretação restritiva do texto para só autorizar a identificação genética depois de passada em julgado a sentença penal condenatória. Entendemos, desse modo, que a identificação genética não pode ter cunho probatório cautelar, tendo natureza de efeito da condenação, que requer que contra a sentença penal condenatória não caiba mais recursos.

No entanto, é possível interpretação declarativa, notadamente baseada na ideia de que não há ofensa ao princípio da não culpabilidade em razão da adoção de medida cautelar de cunho probatório, lastreada na necessidade devidamente justificada. Para tanto, necessário entender a identificação do perfil genético como medida acautelatória de fins probatórios.

De todo modo, o acesso ao banco de dados de perfis genéticos para fins criminais deverá ser informado pelo princípio da proporcionalidade, conjugado ao princípio da dignidade humana. Isso será alcançado, primordialmente, pelo consentimento do identificado.

Vale dizer, para que seja válida como prova futura, é indispensável que o fornecimento do material genético se dê com o consentimento do condenado. Tratando-se de prova invasiva, não é admissível que a coleta ocorra contra sua vontade. A vedação à autoincriminação dita essa conclusão.

Por outro lado, havendo recusa, é possível se valer de meios outros para obtenção do material, notadamente busca e apreensão de objetos, roupas íntimas, materiais descartados pelo condenado, lixo, dentre outros para que seja viável a identificação. A validade da prova dependerá da observância dessas regras e do respeito ao princípio da proporcionalidade.

2. QUESTÕES DE CONCURSOS

1. **(UNEB/DPE-BA/Defensor Público/2014)** Os condenados ou presos provisórios por crime praticado, dolosa ou culposamente, com grave ameaça ou violência de natureza grave contra pessoa, ou por qualquer dos crimes previstos na Lei de Crimes Hediondos (Lei n° 8.072, de 25 de julho de 1990), serão submetidos, obrigatoriamente, à identificação do perfil genético, mediante extração de DNA - ácido desoxirribonucleico - por técnica adequada e indolor.

GAB	1
	E

▸CAPÍTULO II – DA ASSISTÊNCIA

▸SEÇÃO I – DISPOSIÇÕES GERAIS

Art. 10. A assistência ao preso e ao internado é dever do Estado, objetivando prevenir o crime e orientar o retorno à convivência em sociedade.

Parágrafo único. A assistência estende-se ao egresso.

1. COMENTÁRIOS

1.1. Beneficiários da assistência *lato sensu* devida pelo Estado

A assistência pode ser ao preso, ao internado e ao egresso, bem como a seus familiares.

1.2. Auxílio reclusão como benefício previdenciário de proteção à família

A assistência aos familiares dos presos tem caráter de prestação previdenciária, por força de dispositivo constitucional do ordenamento jurídico brasileiro (art. 201, IV, CF/1988). Com efeito, é assegurada sob a forma de auxílio reclusão, em favor dos dependentes do segurado de baixa renda, sendo dever do Instituto Nacional de Seguridade Social. Não é a Lei de Execução Penal que regula a concessão de auxílio reclusão, afinal nada é devido ao preso, porém aos seus dependentes.

Com efeito, na forma do art. 80, *caput*, da Lei nº 8.213/1991, "o auxílio-reclusão será devido, nas mesmas condições da pensão por morte, aos dependentes do segurado recolhido à prisão, que não receber remuneração da empresa nem estiver em gozo de auxílio-doença, de aposentadoria ou de abono de permanência em serviço". Para que esse direito seja exercido, o parágrafo único, desse dispositivo, preconiza que "o requerimento do auxílio-reclusão deverá ser instruído com certidão do efetivo recolhimento à prisão, sendo obrigatória, para a manutenção do benefício, a apresentação de declaração de permanência na condição de presidiário".

1.3. Dever do Estado de prestar assistência ao preso e ao internado

Diferentemente da prestação previdenciária referida no item acima, a assistência ao preso e ao internado é direito mais amplo e que tem propósitos de execução penal, isto é, que deve propiciar o atendimento à finalidade preventiva especial positiva de preparar o apenado e o assistido ao retorno à convivência em comunidade. O dispositivo é expresso ao declarar os objetivos de prevenir o crime e de orientar o retorno à convivência em sociedade.

Como se depreende, a finalidade da assistência ao preso se insere no escopo especial positivo da pena, considerando a classificação das finalidades da pena como de:

(1) prevenção (finalidade sustentada pelas teorias relativas, que fundamentam a pena a partir dos fins que esta pode alcançar, no sentido de evitar novos delitos), que pode ser:

(a) geral (destinada aos que não delinquiram, desencorajando a futura prática delitiva): (i) positiva: quando produz o efeito de sensibilização e de acatamento do cidadão ao ordenamento jurídico, cujos efeitos são de aprendizagem (lembrança das regras básicas que o direito penal não tolera), de confiança (o cidadão percebe que o direito se impõe) e de pacificação social (intervenção do estado para restabelecer a paz jurídica); e (i) negativa: quando produz o efeito de dissuasão da coletividade por meio de cominação, aplicação e execução de reprimendas;

(b) especial (destinada ao apenado): (i) positiva: em razão de propiciar a contenção da reincidência, a partir da atuação direta sobre a pessoa do condenado, perseguindo sua correção, tratamento ou ressocialização; e (ii) negativa: em razão do cerceamento da liberdade provocar a neutralização do apenado;

(2) retribuição: concebendo a pena como um fim em si mesmo (justa retribuição), sem que vise qualquer outra finalidade e analisando o fato criminoso em uma perspectiva pretérita[19].

Art. 11. A assistência será:

I - material;

II - à saúde;

III - jurídica;

IV - educacional;

V - social;

VI - religiosa.

1. COMENTÁRIOS

O art. 11, da Lei de Execução Penal, informa o conteúdo conceitual da expressão assistência, eis que se cuida de termo com alto grau de vaguidade. A assistência ao preso e ao internado, extensiva ao egresso, deve ser material, à saúde, jurídica, educacional, social e religiosa. Cada um desses vocábulos, por sua vez, recebe também definição nos artigos seguintes.

SEÇÃO II – DA ASSISTÊNCIA MATERIAL

Art. 12. A assistência material ao preso e ao internado consistirá no fornecimento de alimentação, vestuário e instalações higiênicas.

1. COMENTÁRIOS

A previsão normativa de assistência material condizente com o princípio da dignidade da pessoa humana destoa do discurso descritivo da realidade dos estabelecimentos prisionais e de internação. De um lado, o plano prescritivo, com estabelecimento de um dever para o Estado e de direitos dos apenados a serem exigidos daquele. De outro, uma realidade caótica,

19 Conferir, dentre outros: ZAFFARONI, Eugenio Raúl; PIERANGELLI, José Henrique. *Manual de Direito Penal Brasileiro*. São Paulo: RT, 1997. p.773-801; FERRAJOLI, Luigi. *Direito e razão*: teoria do garantismo penal. Tradução: Ana Paula Zomer Sica; Fauzi Hassan Choukr; Juarez Tavares; Luiz Flávio Gomes. São Paulo: RT, 2006. p.338-372.

com parcos investimentos, acompanhada de argumentos de que há um elevado custo por preso[20]. Esse custo, todavia, parece não coincidir com as condições extremamente precárias a que são submetidos os condenados. Entre a norma e a realidade, um abismo carente de justificação, notadamente diante dos compromissos internacionais assumidos pelo Brasil em favor da proteção dos direitos humanos.

De todo modo, o fornecimento de alimentação, de vestuário e de instalações higiênicas constitui parte do mínimo existencial do ser humano condenado, preso provisório ou internado. É, em certa medida, instrumento de concretização da previsão contida no art. 25, "1, da Declaração Universal de Direitos Humanos de 1948, da Organização das Nações Unidades, que afirma que "toda a pessoa tem direito a um nível de vida suficiente para lhe assegurar e à sua família a saúde e o bem-estar, principalmente quanto à alimentação, ao vestuário, ao alojamento, à assistência médica e ainda quanto aos serviços sociais necessários, e tem direito à segurança no desemprego, na doença, na invalidez, na viuvez, na velhice ou noutros casos de perda de meios de subsistência por circunstâncias independentes da sua vontade".

Art. 13. O estabelecimento disporá de instalações e serviços que atendam aos presos nas suas necessidades pessoais, além de locais destinados à venda de produtos e objetos permitidos e não fornecidos pela Administração.

1. COMENTÁRIOS

As necessidades pessoais é expressão que indica particularidade, condição especial de um preso que, para assegurar tratamento adequado à dignidade humana e à isonomia entre os apenados e internados, deve ser atendida pelo Estado. É decorrência do dever de assistência material. Entendemos que a expressão necessidade deve ser compreendida de maneira ampla, envolvendo complementos à assistência que deve ser prestada pelo Estado.

O dispositivo menciona o dever do Estado de oferecer tanto as instalações, quanto os serviços adequados à singularidade dos apenados. Há, nessa linha, a possibilidade de venda de produtos que extrapolam os limites da assistência material básica, desde que permitidos. Para delimitar a entrada de produtos, os órgãos responsáveis editam atos normativos com a lista de produtos permitidos à venda. O critério para a confecção dessa lista deve ser arrimado no princípio da proporcionalidade. Venda de alimentos, por exemplo, é uma das formas de atender à necessidade de um preso, que pode carecer de refeições diferenciadas por motivo de saúde, bem como viabilizar o direito à visitação.

20 Colhe-se de notícia publicada no site do CNJ: "'um preso no Brasil custa R$ 2,4 mil por mês e um estudante do ensino médio custa R$ 2,2 mil por ano. Alguma coisa está errada na nossa Pátria amada'. A constatação foi feita pela presidente do Supremo Tribunal Federal (STF) e do Conselho Nacional de Justiça (CNJ), ministra Cármen Lúcia, que participou nesta quinta-feira (10/11) do 4º Encontro do Pacto Integrador de Segurança Pública Interestadual e da 64ª Reunião do Colégio Nacional de Secretários de Segurança Pública (Consesp), em Goiânia/GO" (BRASIL. Conselho Nacional de Justiça. Disponível em: <http://www.cnj.jus.br/noticias/cnj/83819-carmen-lucia-diz-que-preso-custa-13-vezes-mais-do-que-um-estudante-no-brasil>. Acesso em: 04 abr. 2017).

▸SEÇÃO III – DA ASSISTÊNCIA À SAÚDE

Art. 14. A assistência à saúde do preso e do internado de caráter preventivo e curativo compreenderá atendimento médico, farmacêutico e odontológico.

§ 1º (Vetado).

§ 2º Quando o estabelecimento penal não estiver aparelhado para prover a assistência médica necessária, esta será prestada em outro local, mediante autorização da direção do estabelecimento.

§ 3º Será assegurado acompanhamento médico à mulher, principalmente no pré-natal e no pós-parto, extensivo ao recém-nascido. (Incluído pela Lei nº 11.942, de 2009)

1. COMENTÁRIOS

Corolário do postulado da humanidade no cumprimento da pena, o direito à assistência à saúde do preso e do internado não vem sendo assegurado pelo Estado. É comum a impetração de *habeas corpus* por custodiados e apenados que necessitam de tratamento de saúde[21]. A situação carcerária, no plano descritivo, é bastante distante das diversas disposições normativas vigentes, seja na esfera nacional, seja na internacional. Na senda de Renato Marcão, podemos arrolar os instrumentos garantidores de direito à saúde ao preso que não são objeto de cumprimento dos correlatos deveres por parte dos órgãos estatais, além da Constituição Federal e da Lei de Execução Penal:

(1) as Regras Mínimas da ONU para o Tratamento de Reclusos, adotadas em 31 de agosto de 1955, pelo Primeiro Congresso das Nações Unidas para a Prevenção do Crime e o Tratamento dos Delinquentes;

(2) as Regras Mínimas para o Tratamento do Preso no Brasil;

(3) a Resolução nº 14, do Conselho Nacional de Política Criminal e Penitenciária (CNPCP), de 11 de novembro de 1994 (DOU de 02.12.94);

(4) o Conjunto de Princípios para a Proteção de Todas as Pessoas Sujeitas a Qualquer Forma de Detenção ou Prisão - Resolução n. 43/173, da Assembleia Geral das Nações Unidas - 76ª Sessão Plenária, de 9 de dezembro de 1988;

(5) os Princípios Básicos Relativos ao Tratamento de Reclusos, ditados pela Assembleia Geral da Organização das Nações Unidas, visando a humanização da justiça penal e a proteção dos direitos do homem;

---

21. Não somente o apenado, mas também o recolhido por força de submissão à medida de segurança também tem em seu favor as ações autônomas de impugnação. Nessa trilha, a Segunda Turma do STF reconheceu o cabimento de *habeas corpus* em favor de pessoa submetida a medida de segurança, que permanecida em hospital de custódia e tratamento psiquiátrico, mesmo depois de decretada a prescrição da pretensão punitiva, depois de decretada a nulidade do processo pelo tribunal *a quo*. Com a concessão da ordem, o paciente foi encaminhado para centro de atenção psicossocial ou a unidade de saúde similar, com o fito de verificar a necessidade de tratamento médico. Isso porque aquele outro estabelecimento "é destinado àqueles que cumprem medida de segurança, resposta penal oferecida às pessoas que apresentam diagnóstico psiquiátrico e tenham praticado crime" (STF – Segunda Turma – HC 151523/SP, rel. Min. Edson Fachin, julgamento em 27.11.2018 – Informativo 925, de 26 a 30.11.2018).

(6) os Princípios Básicos Relativos ao Tratamento de Reclusos, ditados pela Assembleia Geral da Organização das Nações Unidas, visando a humanização da justiça penal e a proteção dos direitos do homem;

(7) os Princípios de Ética Médica aplicáveis à função do pessoal de saúde, especialmente aos médicos, na proteção de prisioneiros ou detidos contra a Tortura e outros Tratamentos ou Penas cruéis, desumanos ou degradantes;

(8) a Resolução n. 37/194, da Assembleia Geral das Nações Unidas, de 18 de dezembro de 1982, dentre outras[22].

O direito à saúde está estampado na Constituição, sendo regida pelo princípio da universalidade da cobertura e do atendimento (art. 194, parágrafo único, I, CF/1988) e pela diretriz de "atendimento integral, com prioridade para as atividades preventivas, sem prejuízo dos serviços assistenciais" (art. 198, II, CF/1988). Não há distinção entre pessoas para o fim de usufruir desse serviço público.

Com efeito, a teor do art. 196, da Constituição, "a saúde é direito de todos e dever do Estado, garantido mediante políticas sociais e econômicas que visem à redução do risco de doença e de outros agravos e ao acesso universal e igualitário às ações e serviços para sua promoção, proteção e recuperação". Não se restringe à cura de doenças. Tem fito bem mais abrangente.

Nesse passo, Tatiane Aguiar adverte que "a saúde é quando obtemos um bem-estar por completo, mental, social e físico, não podendo ser considerada apenas a ausência de doenças. Usufruir do melhor estado de saúde é um dos direitos fundamentais de todo ser humano, sem nenhuma distinção"[23]. O descompasso entre a prescrição legal e a realidade evidencia o descumprimento das disposições que visam garantir o mínimo existencial das pessoas sob custódia do Estado.

Para coibir o precário atendimento médico, tem-se concedido prisão domiciliar ao apenado ou preso provisório que daquele carecer. A Sexta Turma do STJ, seguindo essa orientação, deferiu ordem de *habeas corpus*, avivando que, no direito à integridade física da pessoa com liberdade cerceada pelo Poder Público, "deve-se compreender, como parte do núcleo intangível que permeia esse direito fundamental diretamente ligado à dignidade da pessoa humana, o dever do Estado de prestar a devida assistência médica àqueles condenados que ostentam idade avançada". Destacou-se a necessidade de harmonização do cumprimento da legislação "com um dos fundamentos da República, a dignidade da pessoa humana (art. 1º, I, da CF), de modo a assegurar acesso dos presos às necessidades básicas de vida, não suprimidas pela sanção criminal"[24].

22 MARCÃO, Renato Flávio. *Lei de execução penal anotada*. São Paulo: Saraiva, 2001, p.48-50.

23 SILVA, Tatiane Aguiar Guimarães. O preso e o direito fundamental à saúde. *Conteúdo jurídico*. Disponível em: <http://www.conteudojuridico.com.br/artigo,o-preso-e-o-direito-fundamental-a-saude,31019.html>. Acesso em: 05 abr. 2017.

24 STJ – Sexta Turma – HC 366.517/DF – Rel. Min. Rogerio Schietti Cruz – julgado em 11/10/2016 – DJe 27/10/2016.

Em outros termos, o acesso ao direito à saúde não deve ser obstado por carência de estrutura estatal (lacuna técnica, decorrente da precariedade das penitenciárias, por exemplo), nem deve ser mitigado em virtude das diferenças entre as pessoas. O § 1º, do art. 14, da LEP, visando evitar a falta de prestação de saúde no estabelecimento prisional ou de internação, garante que deve ser ela procedida em outro local. O § 2º, do mesmo dispositivo legal, prevê o dever de conferir tratamento diferenciado à mulher, notadamente nos períodos pré-parto e pós-parto, sendo extensivo ao recém-nascido. A Lei do Marco da Primeira Infância (Lei nº 13.257/2016) explicita o dever do Estado de garantir implementação de políticas públicas que atendam o preceito da Constituição de outorgar prioridade absoluta à criança e ao adolescente.

Nos termos do art. 5º, desse diploma legal, "constituem áreas prioritárias para as políticas públicas para a primeira infância a saúde, a alimentação e a nutrição, a educação infantil, a convivência familiar e comunitária, a assistência social à família da criança, a cultura, o brincar e o lazer, o espaço e o meio ambiente, bem como a proteção contra toda forma de violência e de pressão consumista, a prevenção de acidentes e a adoção de medidas que evitem a exposição precoce à comunicação mercadológica". A primeira infância, por seu turno, se estende à criança de até seis anos de idade (ou setenta e dois meses de vida).

SEÇÃO IV – DA ASSISTÊNCIA JURÍDICA

Art. 15. A assistência jurídica é destinada aos presos e aos internados sem recursos financeiros para constituir advogado.

1. COMENTÁRIOS

O dispositivo em tela encontra enlace no inciso LXXIV, do art. 5º, da CF/1988, que dispõe competir ao Estado prestar "assistência jurídica integral e gratuita aos que comprovarem insuficiência de recursos". Essa incumbência deve ser desempenhada pela Defensoria Pública, dos Estados e da União, consoante a regra de atribuição em razão da matéria.

Art. 16. As Unidades da Federação deverão ter serviços de assistência jurídica, integral e gratuita, pela Defensoria Pública, dentro e fora dos estabelecimentos penais. (Redação dada pela Lei nº 12.313, de 2010).

§ 1º As Unidades da Federação deverão prestar auxílio estrutural, pessoal e material à Defensoria Pública, no exercício de suas funções, dentro e fora dos estabelecimentos penais. (Incluído pela Lei nº 12.313, de 2010).

§ 2º Em todos os estabelecimentos penais, haverá local apropriado destinado ao atendimento pelo Defensor Público. (Incluído pela Lei nº 12.313, de 2010).

§ 3º Fora dos estabelecimentos penais, serão implementados Núcleos Especializados da Defensoria Pública para a prestação de assistência jurídica integral e gratuita aos réus, sentenciados em liberdade, egressos e seus familiares, sem recursos financeiros para constituir advogado. (Incluído pela Lei nº 12.313, de 2010).

1. COMENTÁRIOS

Na forma do art. 134, da Constituição, "a Defensoria Pública é instituição permanente, essencial à função jurisdicional do Estado, incumbindo-lhe, como expressão e instrumento do regime democrático, fundamentalmente, a orientação jurídica, a promoção dos direitos humanos e a defesa, em todos os graus, judicial e extrajudicial, dos direitos individuais e coletivos, de forma integral e gratuita, aos necessitados". Os presos em geral e os internados devem ser assistidos pela Defensoria Pública, toda vez que não disponham de recursos financeiros para contratar advogado particular.

Na falta de Defensoria Pública estruturada, é possível a nomeação de defensor dativo (§ 5º, do art. 5º, da Lei nº 1.060/1950). Tem-se admitido a atuação do Ministério Público toda vez que não houver estrutura de Defensoria Pública no local[25], afinal, deve ser ele fiscal da ordem jurídica (art. 127, CF/1988). Havendo Defensoria Pública estruturada, devem ser fixadas atribuições de execução penal aos defensores públicos, de acordo com as regras de lotação e distribuição de atividades, notadamente com a Lei Complementar nº 80/1994.

2. QUESTÕES DE CONCURSOS

1. **(UNEB/DPE-BA/Defensor Público/2014)** Fora dos estabelecimentos penais, serão implementados Núcleos Especializados da Defensoria Pública para a prestação de assistência jurídica integral e gratuita aos réus, sentenciados em liberdade, egressos e seus familiares, sem recursos financeiros para constituir advogado.

GAB	1
	C

SEÇÃO V – DA ASSISTÊNCIA EDUCACIONAL

Art. 17. A assistência educacional compreenderá a instrução escolar e a formação profissional do preso e do internado.

1. COMENTÁRIOS

A educação é direito exigível por todo ser humano. Objetiva, em sentido amplo, desenvolver habilidades, valores, ações e conhecimentos. Instrumentos convencionais internacionais asseguram o direito à assistência educacional[26]. Também a Constituição dispõe ser a educação um direito. O seu art. 205 preconiza que a educação é direito de todos e dever do Estado e da família, devendo ser "promovida e incentivada com a colaboração da sociedade,

25 Nesse sentido: STF – Segunda Turma – RE 763667 AgR – Rel. Min. Celso de Mello – julgado em 22/10/2013 – DJe-246 de 12/12/2013.

26 Consta do art. 26º, da Declaração Universal dos Direitos Humanos: "Artigo 26º. 1. Toda a pessoa tem direito à educação. A educação deve ser gratuita, pelo menos a correspondente ao ensino elementar fundamental. O ensino elementar é obrigatório. O ensino técnico e profissional dever ser generalizado; o acesso aos estudos superiores deve estar aberto a todos em plena igualdade, em função do seu mérito. 2.A educação deve visar à plena expansão da personalidade humana e ao reforço dos direitos do Homem e das liberdades fundamentais e deve favorecer a compreensão, a tolerância e a amizade entre todas as nações e todos os grupos raciais ou religiosos, bem como o desenvolvimento das atividades das Nações Unidas para a manutenção da paz. 3. Aos pais pertence a prioridade do direito de escolher o género de educação a dar aos filhos".

visando ao pleno desenvolvimento da pessoa, seu preparo para o exercício da cidadania e sua qualificação para o trabalho". O art. 214, da mesma CF/1988, estatui que o plano nacional de educação deve atender a princípios como o da universalidade do atendimento escolar. Sendo a educação matéria prioritária, as ações do Estado devem envolver também as pessoas que se encontram com a liberdade cerceada, ainda que esteja incluída em regime disciplinar diferenciado (RDD), gizado no art. 52, da LEP.

Nessa linha, no Sistema Penitenciário Federal, deve haver prestação de assistência educacional: "seja ela por meio da Educação Formal, Profissionalizante ou Não-Formal". O objetivo dessa prestação é a de conferir "validação da escolarização do preso, bem como garantir ao apenado o direito ao conhecimento e ao crescimento pessoal para um bom retorno ao convívio social". Ainda que haja "a transferência do preso para outras unidades penais ou, eventual alvará de soltura, o aproveitamento das aulas é reconhecido pelo Ministério da Educação"[27].

A transferência do apenado de uma unidade prisional a outra não pode ser arbitrária. A Segunda Turma do STF, verificando manifesta ilegalidade na transferência de detento para outra unidade federativa, concedeu, por maioria, *habeas corpus* para determinar o retorno de preso preventivo a estabelecimento penal no juízo de origem, diante da manifesta ilegalidade de sua transferência para presídio em outra unidade da federação. No caso a mudança foi determinada com fundamento em supostas regalias que o paciente teria recebido no ambiente carcerário, em atendimento a requisição do Ministério Público Federal. Para o Colegiado, no entanto, inviável a remoção de apenado para outro Estado com fundamento em suposto tratamento privilegiado. Apenas razões excepcionalíssimas e devidamente fundamentadas poderiam legitimar essa medida. Vale frisar que o art. 5º, LXIII, da Constituição Federal assegura o direito do preso à assistência da família, bem como o art. 103 da Lei de Execução Penal prevê que o recolhimento deve ocorrer "em local próximo ao seu meio social e familiar". O interesse da instrução processual, ainda assim, recomenda a permanência do recolhido no local onde responde ação penal em fase de instrução. Ademais, o Código de Processo Penal (CPP) dispõe que, 'ressalvados os casos de urgência ou de perigo de ineficácia da medida", o juiz deve estabelecer contraditório prévio em relação a requerimentos de medida cautelar pessoal (art. 282, § 3º). A determinação, no entanto, teve amparo fático em apurações realizadas unilateralmente pela acusação e, a despeito de inexistir urgência, a defesa não foi previamente ouvida. O paciente não está sequer sofrendo procedimento disciplinar em decorrência de seu comportamento carcerário. Não houve, assim, respeito ao devido processo legal nem ao contraditório (art. 5º, LIV e LV, da CF)[28].

Relativamente ao apenado, preso provisório e internado, o Poder Executivo Federal editou o Decreto nº 7.626/2011, instituindo o Plano Estratégico de Educação no âmbito do sistema prisional, com a finalidade de ampliar e qualificar a oferta de educação nos estabelecimentos penais. Tal plano deve contemplar a educação básica na modalidade de educação de jovens

27 BRASIL. Ministério da Justiça [Sistema Penitenciário Federal]. Assistência educacional. Disponível em: <http://www.justica.gov.br/seus-direitos/politica-penal/sistema-penitenciario-federal-1/tratamento-penitenciario/assistencia-educacional>. Acesso em 07 abr. 2017.

28 STF – Segunda Turma - HC 152.720/DF, rel. Min. Gilmar Mendes, julgamento em 10.4.2018 – Informativo n° 897, de 9 a 13 de abril de 2018, verbete "Regalias e transferência para outra unidade da federação".

e adultos, a educação profissional e tecnológica, e a educação superior, a teor do seu art. 2º. Note-se que o direito à educação deve abranger, inclusive, a educação superior.

Esse Plano, por sua vez, é de ser coordenado e executado pelos Ministérios da Justiça e da Educação.

Ao Ministério da Educação, caberá, na execução do Plano Estratégico de Educação: (1) equipar e aparelhar os espaços destinados às atividades educacionais nos estabelecimentos penais; (2) promover a distribuição de livros didáticos e a composição de acervos de bibliotecas nos estabelecimentos penais; (3) fomentar a oferta de programas de alfabetização e de educação de jovens e adultos nos estabelecimentos penais; e (4) promover a capacitação de professores e profissionais da educação que atuam na educação em estabelecimentos penais.

Ao Ministério da Justiça, compete, na execução do aludido plano: (1) conceder apoio financeiro para construção, ampliação e reforma dos espaços destinados à educação nos estabelecimentos penais; (2) orientar os gestores do sistema prisional para a importância da oferta de educação nos estabelecimentos penais; e (3) realizar o acompanhamento dos indicadores estatísticos do Plano Estratégico de Educação, por meio de sistema informatizado, visando à orientação das políticas públicas voltadas para o sistema prisional.

Renato Marcão anota que as disposições vigentes estão em consonância com os diplomas normativos de proteção dos direitos humanos, notadamente com: (1) as Regras Mínimas da ONU para o Tratamento de Reclusos, adotadas em 31 de agosto de 1955, pelo Primeiro Congresso das Nações Unidas para a Prevenção do Crime e o Tratamento dos Delinquentes; (2) as Regras Mínimas para o Tratamento do Preso no Brasil - Resolução nº 14, do Conselho Nacional de Política Criminal e Penitenciária (CNPCP), de 11 de novembro de 1994 (DOU de 02.12.94); e (3) a Declaração Universal dos Direitos Humanos[29].

Art. 18. O ensino de 1º grau será obrigatório, integrando-se no sistema escolar da Unidade Federativa.

1. COMENTÁRIOS

Seguindo orientação preventiva especial, focada na ressocialização do apenado ou do internado, o legislador impõe o dever ao Estado de oferecer-lhe ensino fundamental (primeiro grau). O dever de integrar o ensino fundamental ao sistema escolar da Unidade Federativa é de ser compreendido como um direito, exigível, pelos seus destinatários e representantes. Por outro lado, ao preso haverá a faculdade de frequentar as aulas. Não é exigível dele o estudo, como sanção, malgrado deva ser estimulado a tanto, por meio de compensações que devem estar estatuídas na legislação.

Art. 18-A. O ensino médio, regular ou supletivo, com formação geral ou educação profissional de nível médio, será implantado nos presídios, em obediência ao preceito constitucional de sua universalização. (Incluído pela Lei nº 13.163, de 2015)

29 MARCÃO, Renato. Crise na execução penal III: da assistência jurídica e educacional. *Direitonet*. Disponível: <http://www.direitonet.com.br/artigos/exibir/2008/Crise-na-execucao-penal-III-Da-assistencia-juridica-e-educacional >. Acesso em: 07 abr. 2017.

§ 1º O ensino ministrado aos presos e presas integrar-se-á ao sistema estadual e municipal de ensino e será mantido, administrativa e financeiramente, com o apoio da União, não só com os recursos destinados à educação, mas pelo sistema estadual de justiça ou administração penitenciária. (Incluído pela Lei nº 13.163, de 2015)

§ 2º Os sistemas de ensino oferecerão aos presos e às presas cursos supletivos de educação de jovens e adultos. (Incluído pela Lei nº 13.163, de 2015)

§ 3º A União, os Estados, os Municípios e o Distrito Federal incluirão em seus programas de educação à distância e de utilização de novas tecnologias de ensino, o atendimento aos presos e às presas. 7.627 (Incluído pela Lei nº 13.163, de 2015)

1. COMENTÁRIOS

Além do ensino fundamental, o art. 18-A, da LEP, impõe que o Estado também implante nas penitenciárias o ensino regular, seja ele regular ou supletivo. Cuida-se de mandamento legal decorrente do princípio constitucional da universalização do ensino. Para que o dispositivo não se torne letra morta, o § 1º, deste artigo, prevê a integração do ensino conferido aos detentos ao sistema estadual e municipal, bem como a base de seu financiamento.

Vale dizer, os recursos que devem sustentar o ensino ministrado aos presos e presas, administrativa e financeiramente, devem partir da União, tanto com aqueles destinados à educação, quanto com os do sistema de justiça ou administração penitenciária. Para viabilizar o estudo e o ensino, diante de limitações geográficas ou de tempo, há previsão de oferta de cursos supletivos (condensado o conteúdo em período menor), bem como de programas de educação à distância, com o uso de novidades tecnológicas de ensino.

Art. 19. O ensino profissional será ministrado em nível de iniciação ou de aperfeiçoamento técnico.

Parágrafo único. A mulher condenada terá ensino profissional adequado à sua condição.

1. COMENTÁRIOS

A oferta de ensino ao preso deve considerar o seu perfil, o seu grau de formação, os seus interesses e as suas habilidades. O art. 19, da LEP, preconiza que seja ministrado ensino profissional, isto é, de natureza técnica, conforme especialidade. Em conformidade com as individualidades dos condenados e dos internados, ele o ensino profissional terá o propósito de iniciação ou de aperfeiçoamento. A isonomia entre os apenados deve observar as diferenças, inclusive quanto à condição de mulher. Embora o dispositivo não mencione expressamente, outras distinções devem ser respeitadas para adequar o ensino ao perfil do detento, a exemplo da idade, da opção sexual, do grau de escolaridade ou da convicção religiosa.

Art. 20. As atividades educacionais podem ser objeto de convênio com entidades públicas ou particulares, que instalem escolas ou ofereçam cursos especializados.

1. COMENTÁRIOS

Convênio é uma instituição jurídica que viabiliza a cooperação entre entes movidos por deveres e interesses convergentes, com o objetivo de permitir a transferência de recursos materiais ou humanos. O objeto de um convênio pode ser mais ou menos amplo. Sendo um instrumento jurídico, o convênio autoriza a realização de um objeto, sempre formalizado de acordo com as fontes legais reconhecidas pelo sistema. Nesse passo, as atividades educacionais podem ser veiculadas por convênios firmados entre o Poder Público e entidades públicas ou particulares, tanto para instalação de escolas, quanto para oferta de cursos especializados.

Art. 21. Em atendimento às condições locais, dotar-se-á cada estabelecimento de uma biblioteca, para uso de todas as categorias de reclusos, provida de livros instrutivos, recreativos e didáticos.

1. COMENTÁRIOS

A previsão de biblioteca nos presídios é expressão da opção do legislador pelo escopo preventivo especial da pena (ressocialização e transformação da realidade). O dispositivo prevê que o seu uso deve ser assegurado a todas as categorias de reclusos. Nessa senda, inclusive ao apenado inserido em regime disciplinar diferenciado deve ser garantido o uso da biblioteca. Nos termos do artigo em tela, ela deve ser dotada de livros instrutivos (com conteúdo informativo geral ou específico), recreativos (com propósito lúdico) e didáticos (com exposição sistemática de dada área do conhecimento humano).

Art. 21-A. O censo penitenciário deverá apurar: (Incluído pela Lei nº 13.163, de 2015)

I - o nível de escolaridade dos presos e das presas; (Incluído pela Lei nº 13.163, de 2015)

II - a existência de cursos nos níveis fundamental e médio e o número de presos e presas atendidos; (Incluído pela Lei nº 13.163, de 2015)

III - a implementação de cursos profissionais em nível de iniciação ou aperfeiçoamento técnico e o número de presos e presas atendidos; (Incluído pela Lei nº 13.163, de 2015)

IV - a existência de bibliotecas e as condições de seu acervo; (Incluído pela Lei nº 13.163, de 2015)

V - outros dados relevantes para o aprimoramento educacional de presos e presas. (Incluído pela Lei nº 13.163, de 2015)

1. COMENTÁRIOS

O censo penitenciário é metodologia que tem por fito coletar dados humanos e estruturais do sistema de execução penal, especialmente a escolaridade dos presos e das presas, a existência de cursos de diversos níveis com os públicos alcançados e a implementação de bibliotecas. Outros dados relevantes podem ser objeto do censo penitenciário. Trata-se de critério para viabilizar pesquisa empírica que torne possível o melhor planejamento das ações no sistema prisional e de internação.

As informações colhidas devem ser reunidas em base de dados. Para organizar tais dados há o Infopen, que "é um sistema de informações estatísticas do sistema penitenciário brasileiro", que deve ser atualizado pelos gestores dos estabelecimentos prisionais. Tem a virtude de sintetizar informações sobre os estabelecimentos penais e a população prisional. A ampliação e o detalhamento dos dados permitem um melhor diagnóstico e análise da questão penitenciária[30].

SEÇÃO VI – DA ASSISTÊNCIA SOCIAL

Art. 22. A assistência social tem por finalidade amparar o preso e o internado e prepará-los para o retorno à liberdade.

1. COMENTÁRIOS

A assistência social deve ser implementada por meio de órgãos do sistema penitenciário provido por profissionais habilitados, da área da assistência social. Na dicção do dispositivo sob referência, a finalidade da assistência social é a de "amparar o preso", com o envolvimento da família. Essa expressão deve ser compreendida de forma ampla, reunindo orientações jurídicas e não jurídicas, muitas vezes de cunho intermediário para que o apenado seja encaminhado a outro profissional de área específica.

Em estudo específico sobre o tema, Raquel dos Santos anotou ser necessário que o assistente social formule proposta de trabalho com vistas à emancipação humana. Para tanto, deve-se levar em conta tanto o fito ético da profissão, quanto a natureza de direito humano que permeia a existência do assistente social no estabelecimento prisional, outorgando ao preso às condições de possibilidade ao exercício da cidadania. Ademais, a preparação estrutural dos estabelecimentos é indispensável[31].

Art. 23. Incumbe ao serviço de assistência social:

I - conhecer os resultados dos diagnósticos ou exames;

II - relatar, por escrito, ao Diretor do estabelecimento, os problemas e as dificuldades enfrentadas pelo assistido;

III - acompanhar o resultado das permissões de saídas e das saídas temporárias;

IV - promover, no estabelecimento, pelos meios disponíveis, a recreação;

V - promover a orientação do assistido, na fase final do cumprimento da pena, e do liberando, de modo a facilitar o seu retorno à liberdade;

VI - providenciar a obtenção de documentos, dos benefícios da Previdência Social e do seguro por acidente no trabalho;

VII - orientar e amparar, quando necessário, a família do preso, do internado e da vítima.

---

30 BRASIL. Ministério da Justiça. Levantamento nacional de informações penitenciárias. Disponível em: <http://www.justica.gov.br/seus-direitos/politica-penal/transparencia-institucional/estatisticas-prisional/levantamento-nacional-de-informacoes-penitenciarias>. Acesso em: 10 abr. 2017.

31 SANTOS, Raquel dos. O trabalho do assistente social no sistema penitenciário brasileiro: uma reflexão sobre as condições de trabalho. *Jus Navegandi*. Disponível em: <https://jus.com.br/artigos/41468/o-trabalho-do-assistente-social-no-sistema-penitenciario-brasileiro-uma-reflexao-sobre-as-condicoes-de-trabalho>. Acesso em: 10 abr. 2017.

1. COMENTÁRIOS

O dispositivo prevê as atribuições do serviço de assistência social. O caráter imediato da atuação do assistente social, relativamente aos dados empíricos, confere a essa função o cariz empírico, diretor de atividades, opinativo e promotor de direitos humanos. Como se depreende, cuida-se de órgão essencial para tornar efetivos os direitos garantidos no curso da execução penal.

2. QUESTÕES DE CONCURSOS

1. **(VUNESP/SEJUS-ES/Agente de Escolta e Vigilância Penitenciário/2013)** Incumbe ao serviço de assistência social:

a) estabelecer que o ensino profissional seja ministrado em nível de especialização ou de formação técnica.

b) acompanhar o resultado das permissões de saídas e das saídas temporárias

c) proporcionar nos estabelecimentos penais locais apropriados destinados ao atendimento pelo Defensor Público.

d) cuidar para que nenhum preso ou internado deixe de participar de atividade religiosa

e) tratar da saúde do preso e do internado em caráter terapêutico e ressocializador.

GAB	1
	B

▸SEÇÃO VII – DA ASSISTÊNCIA RELIGIOSA

Art. 24. A assistência religiosa, com liberdade de culto, será prestada aos presos e aos internados, permitindo-se-lhes a participação nos serviços organizados no estabelecimento penal, bem como a posse de livros de instrução religiosa.

§ 1º No estabelecimento haverá local apropriado para os cultos religiosos.

§ 2º Nenhum preso ou internado poderá ser obrigado a participar de atividade religiosa.

1. COMENTÁRIOS

A prestação de assistência religiosa é dever do Estado e é direito do apenado e do internado. É instituto jurídico bilateral misto, eis que do lado passivo há um dever jurídico do Estado de disponibilizar a assistência religiosa (modo obrigatório) e, do lado ativo, há um poder do preso ou do internado de exigir a prestação religiosa, mas não há um dever de participar de tal atividade (modo facultativo).

O inciso VI, do art. 5º, da Constituição de 1988, assegura a inviolabilidade da liberdade de consciência e de crença, bem como o livre exercício dos cultos religiosos. Declara ser garantida, na forma da lei, a proteção aos locais de culto e a suas liturgias. O inciso VII, do mesmo dispositivo constitucional garante, nos termos da lei, a prestação de assistência religiosa nas entidades civis e militares de internação coletiva. O inciso VIII, do referido artigo, em acréscimo, expressa que ninguém será privado de direitos por motivo de crença religiosa ou de convicção filosófica ou política, salvo se as invocar para eximir-se de obrigação legal a todos imposta e recusar-se a cumprir prestação alternativa, fixada em lei.

Como se depreende, o art. 24, e parágrafos, da LEP, foi recepcionado pela Constituição de 1988, devendo ser forma de concretização dos ditames da Lei Maior. De outro modo, a Constituição estabelece outros deveres estatais, que convergem com aqueles próprios do sistema penitenciário, levando-se em consideração que o Estado deve ser laico, isto é, não deve adotar religião oficial, embora deva garantir o exercício do direito ter uma religião ou de assistência religiosa.

Nesse diapasão, o art. 19, da CF/1988, estatui ser vedado à União, aos Estados, ao Distrito Federal e aos Municípios, o estabelecimento de cultos religiosos ou igrejas, subvencioná-los, embaraçar-lhes o funcionamento ou manter com eles, ou seus representantes, relações de dependência ou aliança, ressalvada, na forma da lei, a colaboração de interesse público.

Quanto ao serviço militar obrigatório, é dever das forças armadas respeitar imperativo de consciência fundado em crença religiosa, convicção filosófica ou política, eximindo aqueles que assim se declararem de prestar atividades de caráter essencialmente militar, atribuindo-lhes serviços alternativos (§ 1º, do art. 143, CF/1988). Enfatizando a importância da formação religiosa, o § 1º, do art. 210, da Constituição, ainda preconiza que "o ensino religioso, de matrícula facultativa, constituirá disciplina dos horários normais das escolas públicas de ensino fundamental".

SEÇÃO VIII – DA ASSISTÊNCIA AO EGRESSO

Art. 25. A assistência ao egresso consiste:

I - na orientação e apoio para reintegrá-lo à vida em liberdade;

II - na concessão, se necessário, de alojamento e alimentação, em estabelecimento adequado, pelo prazo de 2 (dois) meses.

Parágrafo único. O prazo estabelecido no inciso II poderá ser prorrogado uma única vez, comprovado, por declaração do assistente social, o empenho na obtenção de emprego.

1. COMENTÁRIOS

Denomina-se egresso aquele que se retira, é retirado ou não mais pertence a um grupo. Para fins da lei de execução penal, deve ser considerado egresso quem se submeteu a cerceio de liberdade, na forma do art. 26, da Lei de Execução Penal. A assistência assegurada deve consistir em orientação e apoio para possibilitar vida normal em liberdade. Para tanto, o trabalho dos assistentes sociais é fundamental.

Além do apoio educativo e psicológico, o egresso tem direito à concessão de alojamento e alimentação, em estabelecimento diverso da penitenciária (estabelecimento adequado, segundo a LEP), pelo prazo de dois meses. Esse prazo pode ser prorrogado, uma única vez, comprovado, por assistente social, que o egresso está envidando esforços para obter uma ocupação remunerada. O parágrafo único não indica o prazo máximo ou mínimo que poderá ser prorrogada a concessão de alojamento e alimentação, exigindo, além da comprovação de necessidade, a declaração do assistente social, que deve propor o tempo que concluiu ser necessário, de acordo com as condições individuais do liberado.

Art. 26. Considera-se egresso para os efeitos desta Lei:

I - o liberado definitivo, pelo prazo de 1 (um) ano a contar da saída do estabelecimento;

II - o liberado condicional, durante o período de prova.

1. COMENTÁRIOS

O egresso da lei de execução penal é denominação destinada a quem cumpriu pena ou está em situação de livramento condicional. Entendemos que, embora não submetido a pena, ao internado, que concluiu medida de segurança, devem ser assegurados os direitos de assistência devidos ao egresso, no que for compatível. Afinal, ainda que submetido à medida de segurança, os efeitos estigmatizantes do sistema penal em sentido amplo, são sentidos pelos que permaneceram na condição de internado.

O art. 26, da Lei de Execução Penal, prevê o prazo para que se considere a pessoa que fez parte do sistema penitenciário um egresso: (1) lapso de um ano a contar da saída do estabelecimento; e (2) durante o chamado período de prova do livramento condicional (art. 131, da LEP).

Apesar da previsão de período de tempo curto para a prestação da assistência ao egresso, entendemos que o Estado deve assegurar esse serviço ao egresso que necessitar, mesmo depois de passado um ano da saída do estabelecimento. Interpretação conforme a Constituição deve atribuir o sentido de que o lapso previsto é o mínimo que deve ser assegurado ao ex-apenado. Afinal, os efeitos deletérios do cárcere podem subsistir durante muitos anos.

No entanto, a realidade é bem diversa do escopo normativo. De outro lado, o dispositivo, ao prever tempo curto para assistir o egresso, permite hermenêutica restritiva do seu conceito e de prestação da assistência.

Nesse sentido, Luiz Flávio Borges D'Urso pontua: "E quem é o egresso? Seria todo aquele que um dia fora preso, definitiva ou provisoriamente? Será ele um egresso para o resto de sua vida? Não". Como a lei define os limites de quem deva ser considerado inserido nessa categoria, após os prazos estabelecidos ali, "um ano para o libertado ou desinternado e o período de prova para o liberado condicional, o homem perde a qualificação jurídica de 'egresso', bem como a assistência daí advinda". De acordo com essa linha, a assistência ao egresso tem justificativa no fato de que o homem preso desacostuma a "viver em liberdade, adaptando-se ao sistema total, fazendo o preso desaprender a viver liberto. Dessa forma, esse homem quando libertado sofre um choque tão grande quanto aquele sofrido por ocasião da sua prisão" [32].

32 D'Urso, Luiz Flávio Borges. O egresso do cárcere. *Âmbito jurídico*. Disponível em: <http://www.ambito-juridico.com.br/site/index.php?n_link=revista_artigos_leitura&artigo_id=5441>. Acesso em: 13 abr. 2017.

2. QUESTÕES DE CONCURSOS

1. **(VUNESP/SEJUS-ES/Agente de Escolta e Vigilância Penitenciário/2013)** Considera-se egresso, para os efeitos da Lei de Execução Penal:

a) o liberado, a contar da saída do estabelecimento, seja condenado ou provisório, pelo prazo de 1 (um) ano.

b) o liberado, a contar da saída do estabelecimento, seja condicional ou provisório, pelo prazo de 1 (um) ano.

c) o liberado condenado, a contar da saída do estabelecimento e o liberado condicional, pelo prazo de 1 (um) ano.

d) o liberado definitivo, pelo prazo de 1 (um) ano a contar da saída do estabelecimento e o liberado condicional, durante o período de prova.

e) o liberado condicional, pelo prazo de 1 (um) ano a contar da saída do estabelecimento e o definitivo, durante o período de prova.

GAB	1
	D

Art. 27. O serviço de assistência social colaborará com o egresso para a obtenção de trabalho.

1. COMENTÁRIOS

A colaboração do serviço de assistência social com a assistência ao egresso é fundamental. Para implementar o apoio ao egresso e viabilizar o seu acesso ao trabalho os órgãos devem se envolver, criando as condições necessárias. O CNJ e os tribunais têm firmado convênios para a finalidade de reinserir o egresso no mercado de trabalho, juntamente com os órgãos de apoio às pequenas empresas.

Como exemplo, há notícia de que o Tribunal de Justiça da Bahia subscreveu essa espécie de convênio, "com órgãos governamentais e empresas privadas, termos de cooperação técnica para a prática do Projeto Começar de Novo, de iniciativa do Conselho Nacional de Justiça (CNJ) e que busca a ressocialização de presos, com a inserção no mercado de trabalho". O fito de tais parcerias consiste em "criar emprego e ocupação para presos e egressos do sistema carcerário estadual nos órgãos públicos e empresas privadas que se comprometeram com o projeto, além de garantir toda a assistência jurídica e psicossocial aos que serão beneficiados com a ação"[33]. Mais uma vez, indispensável o apoio do serviço de assistência social.

▸CAPÍTULO III – DO TRABALHO

▸SEÇÃO I – DISPOSIÇÕES GERAIS

Art. 28. O trabalho do condenado, como dever social e condição de dignidade humana, terá finalidade educativa e produtiva.

33 BRASIL. Tribunal de Justiça da Bahia. TJ assina termo de cooperação para ressocialização de presos. *Jusbrasil*. Disponível em: <https://tj-ba.jusbrasil.com.br/noticias/2257449/tj-assina-termo-de-cooperacao-para-ressocializacao-de-presos>. Acesso em: 13 abr. 2017.

§ 1º Aplicam-se à organização e aos métodos de trabalho as precauções relativas à segurança e à higiene.

§ 2º O trabalho do preso não está sujeito ao regime da Consolidação das Leis do Trabalho.

1. COMENTÁRIOS

Durante toda a aplicação de regras processuais penais, seja na fase investigativa, processual condenatória ou executiva penal, "o funcionamento do sistema penal deve partir do necessário respeito ao princípio maior – a dignidade da pessoa humana – em oposição à lógica persecutória que no passado organizou sistemas voltados para a implacável persecução dos indesejáveis, tidos por inimigos", conforme lecionam Alexandre Morais da Rosa e Salah Khaled Jr[34].

Nesse diapasão, o art. 28, da LEP, assegura a forma como o direito ao trabalho deve ser concretizado em favor do apenado ou do preso provisório, devendo atender os fins educativos, produtivos, bem como garantir que seus métodos sejam adequados à segurança e à higiene.

De outra vertente, o legislador não sujeitou o trabalho do preso às leis trabalhistas (CLT), levando em consideração a especificidade do regime que está submetida a pessoa com liberdade cerceada. Vale dizer, as regras aplicáveis ao trabalho do detento são aquelas dispostas na própria Lei de Execução Penal. De toda sorte, essas regras não podem significar violação à proporcionalidade, nem muito menos ao princípio da humanidade.

2. QUESTÕES DE CONCURSOS

1. **(VUNESP/SEJUS-ES/Agente de Escolta e Vigilância Penitenciário/2013)** O trabalho do condenado, como dever social e condição de dignidade humana, terá finalidade

a) educativa e produtiva.

b) de apoio para obtenção de alojamento e alimentação.

c) curativa, apesar de não ser obrigatória

d) de orientação e apoio para reintegrá-lo à vida em liberdade.

e) de entretenimento e apoio psicológico.

2. **(MPE-PR/Promotor de Justiça/2019 – adaptada)** O trabalho do preso, como dever social e condição de dignidade humana, terá finalidade educativa e produtiva, será remunerado e está sujeito à Consolidação das Leis Trabalhistas.

GAB	1	2
	A	E

Art. 29. O trabalho do preso será remunerado, mediante prévia tabela, não podendo ser inferior a 3/4 (três quartos) do salário mínimo.

§ 1° O produto da remuneração pelo trabalho deverá atender:

34 MORAIS DA ROSA, Alexandre; KHALED JR., Salah H. *In dubio pro helli*: profanando o sistema penal. 2. ed. Florianópolis: Empório do Direito, 2015. p.20.

a) à indenização dos danos causados pelo crime, desde que determinados judicialmente e não reparados por outros meios;

b) à assistência à família;

c) a pequenas despesas pessoais;

d) ao ressarcimento ao Estado das despesas realizadas com a manutenção do condenado, em proporção a ser fixada e sem prejuízo da destinação prevista nas letras anteriores.

§ 2º Ressalvadas outras aplicações legais, será depositada a parte restante para constituição do pecúlio, em Caderneta de Poupança, que será entregue ao condenado quando posto em liberdade.

1. COMENTÁRIOS

O *caput* do dispositivo em tela prevê que a remuneração pelo trabalho do preso não pode ser inferior a 3/4 do salário mínimo nacional vigente. A finalidade primordial dessa remuneração, pela ordem dos objetivos elencados legalmente, é a indenização dos danos provocados pelo delito, desde que determinados por decisão judicial e não reparados por outros meios.

Além desse fito, a remuneração pelo trabalho do preso deve atender a assistência a sua família, a pequenas despesas pessoais e ao ressarcimento do Estado pelas despesas realizadas com a manutenção do condenado, de acordo com proporção a ser fixada, sem prejudicar a destinação aos fins elencados de acordo com a prioridade eleita legalmente. Em arremate, havendo parte restante, será depositada em poupança, que será entregue ao condenado quando colocado em liberdade.

O art. 29, *caput*, da LEP, é texto anterior à Constituição de 1988 e é objeto de ação de descumprimento de preceito fundamental (ADPF 336/DF), notadamente porque permite remuneração pelo trabalho inferior ao mínimo legal. De acordo com manifestação da Procuradoria Geral da República, ainda que não se aplique integralmente as regras da Consolidação das Leis Trabalhistas (CLT), não é constitucional permitir remuneração aquém do mínimo legal. Decerto, a "fixação do piso remuneratório do trabalho de cidadãos presos em 3/4 do salário mínimo viola os princípios da dignidade humana e da isonomia, a garantia de salário mínimo (art. 7º, IV, da Constituição da República) e o valor social do trabalho (arts. 1º, IV; 6º, e 170, *caput,* da CR)". De todo modo, a remuneração não pode acarretar a não garantia dos direitos do art. 41, da Lei de Execução Penal[35].

Art. 30. As tarefas executadas como prestação de serviço à comunidade não serão remuneradas.

1. COMENTÁRIOS

Tratando-se de pena restritiva de direito (arts. 43, IV, e 46, do Código Penal) consistente na prestação de serviço à comunidade, não há direito à remuneração pela tarefa

35 BRASIL. Supremo Tribunal Federal. Parecer do PGR nos autos da ADPF 336/DF. Disponível em: <http://www.stf.jus.br/portal/cms/verNoticiaDetalhe.asp?idConteudo=289202>. Acesso em: 13 abr. 2017.

desempenhada pelo apenado a esse título. Caso se permitisse remuneração pelo cumprimento de pena restritiva de direito, na modalidade de "tarefas executadas como prestação de serviço à comunidade", haveria contradição, tornando ociosa a pena, haja vista que coincidiria com o trabalho remunerado.

▸SEÇÃO II – DO TRABALHO INTERNO

Art. 31. O condenado à pena privativa de liberdade está obrigado ao trabalho na medida de suas aptidões e capacidade.

Parágrafo único. Para o preso provisório, o trabalho não é obrigatório e só poderá ser executado no interior do estabelecimento.

1. COMENTÁRIOS

O art. 31, e seu parágrafo único, da Lei de Execução Penal, estabelece um dever ao apenado. Distinguindo preso definitivo (condenado por sentença passada em julgado) e provisório (preso cautelar ou sob o rito de execução provisória da pena), a LEP só institui o dever jurídico de trabalhar, intramuros ou extramuros, aos condenados por sentença transitada em julgado, seja à pena privativa de liberdade, seja à pena restritiva de direitos (arts. 39, V, 50, VI, e 51, III, da LEP).

Caso o preso definitivo não queira se submeter ao trabalho, não poderá ser forçado a tanto, afinal, cuida-se de um fazer, personalíssimo, que não é nem pode ser equiparado a trabalhos forçados (pena proibida pela Constituição Federal). Haverá possibilidade, contudo, de aplicação de sanção administrativa (art. 53, LEP) ou consequência negativa na execução da pena (limitação de benefícios, conforme se infere do art. 112, LEP).

Mas qual a sanção para o preso definitivo que não cumpre o dever jurídico de trabalhar, na medida de suas aptidões e capacidades? Cuida-se de falta disciplinar que, para ser imposta, carece de instauração de processo administrativo, sob o crivo do contraditório e ampla defesa. Note-se que a recusa, eventualmente, pode ser justificada, tal como por questões de saúde mental ou física, bem como por inexistir habilidade para o trabalho proposto. Nessa hipótese, não deve ser aplicada sanção disciplinar ou consequência negativa restritiva de concessão de benefícios penais (progressão de regime etc.), por não se verificar falta disciplinar (casos de recusa justificada).

Para o preso provisório, o trabalho é uma faculdade, cujos direitos decorrentes, contudo, poderão serão usufruídos (como a remição pelo trabalho, por exemplo). Isso significa dizer que a recusa ao trabalho não deve ser razão para a aplicação de sanção qualquer ao preso provisório. Cuida-se de um autorizativo legal não de um mandamento, estando o trabalho situado como um poder jurídico do preso provisório, que pode exercê-lo ou não. Caso queira exercer tal potestade, só poderá executar o trabalho no interior do estabelecimento.

2. QUESTÕES DE CONCURSOS

1. **(FCC/DPE-BA/Defensor Público/2016 – adaptada)** O trabalho interno é obrigatório para os presos definitivos e provisórios.

2. **(MPE-PR/Promotor de Justiça/2019 – adaptada)** O condenado à pena privativa de liberdade e o preso provisório estão obrigados ao trabalho, na medida de suas aptidões e capacidades.

GAB	1	2
	E	E

Art. 32. Na atribuição do trabalho deverão ser levadas em conta a habilitação, a condição pessoal e as necessidades futuras do preso, bem como as oportunidades oferecidas pelo mercado.

§ 1º Deverá ser limitado, tanto quanto possível, o artesanato sem expressão econômica, salvo nas regiões de turismo.

§ 2º Os maiores de 60 (sessenta) anos poderão solicitar ocupação adequada à sua idade.

§ 3º Os doentes ou deficientes físicos somente exercerão atividades apropriadas ao seu estado.

1. COMENTÁRIOS

A adequação do trabalho às condições pessoais de cada detento expressa, a um só tempo, o intento da legislação de preparar o apenado para o retorno à vida em comunidade (ressocialização) e o propósito de efetivar a ideia de pena individualizada. Secundariamente, visa-se evitar qualquer espécie de assédio em razão do trabalho desenvolvido (ou de estudo), seja ele moral, seja fundado em intimidação sistemática (*bullying*).

Existe legislação destinada ao combate da intimidação sistemática, aplicável às instituições de ensino (*lato sensu*). Considerando o caráter educativo do sistema penitenciário, do trabalho e do estudo desenvolvidos pelos presos, entendemos perfeitamente aplicável a legislação aos ambientes frequentados pelos detentos e internados. O art. 5º, da Lei 13.185/2015, tem enunciado que impõe como "dever do estabelecimento de ensino, dos clubes e das agremiações recreativas assegurar medidas de conscientização, prevenção, diagnose e combate à violência e à intimidação sistemática (*bullying*)".

O § 1º, do art. 1º, dessa lei que regula o *bullying*, "considera-se intimidação sistemática (*bullying*) todo ato de violência física ou psicológica, intencional e repetitivo que ocorre sem motivação evidente, praticado por indivíduo ou grupo, contra uma ou mais pessoas, com o objetivo de intimidá-la ou agredi-la, causando dor e angústia à vítima, em uma relação de desequilíbrio de poder entre as partes envolvidas". O exercício de trabalho pelo detento, em desacordo com suas aptidões ou sem levar em consideração suas limitações, pode conduzir à intimidação sistemática.

A intimidação sistemática (*bullying*) se concretiza quando há violência física ou psicológica em atos de intimidação, humilhação ou discriminação. A teor do art. 2º, da Lei nº 13.185/2015, ela pode se caracterizar ainda por ataques físicos, insultos pessoais, comentários sistemáticos e apelidos pejorativos, ameaças por quaisquer meios, grafites depreciativos, expressões preconceituosas, isolamento social consciente e premeditado, pilhérias, sem prejuízo de outras formas possíveis (rol exemplificativo).

O dito diploma legal, em seu art. 3º, classifica o *bullying* como verbal (insultar, xingar e apelidar pejorativamente), moral (difamar, caluniar, disseminar rumores), sexual (assediar, induzir e/ou abusar), social (ignorar, isolar e excluir), psicológico (perseguir, amedrontar, aterrorizar, intimidar, dominar, manipular, chantagear e infernizar), físico (físico: socar, chutar, bater), material (furtar, roubar, destruir pertences de outrem) e virtual (depreciar, enviar mensagens intrusivas da intimidade, enviar ou adulterar fotos e dados pessoais que resultem em sofrimento ou com o intuito de criar meios de constrangimento psicológico e social).

A Lei de Execução Penal menciona expressamente a situação do idoso, dos doentes e dos deficientes físicos. Todo o trabalho desempenhado por eles deve levar em consideração a idade e as peculiaridades de suas condições físicas e mentais. A legislação especial sobre o assunto, como o Estatuto do Idoso e o Estatuto da Pessoa com Deficiência, deve ser observada. Note-se que persiste o dever de trabalhar desses apenados, porém devem ser delineados limites para que seja atendida a individualidade do apenado idoso ou deficiente.

O art. 2º da Lei nº 13.146/2015, reza que se considera "pessoa com deficiência aquela que tem impedimento de longo prazo de natureza física, mental, intelectual ou sensorial, o qual, em interação com uma ou mais barreiras, pode obstruir sua participação plena e efetiva na sociedade em igualdade de condições com as demais pessoas". Seu art. 1º complementa o fito que deve permear a interpretação de seus dispositivos, ao dizer que se deve "assegurar e a promover, em condições de igualdade, o exercício dos direitos e das liberdades fundamentais por pessoa com deficiência, visando à sua inclusão social e cidadania".

Para as pessoas com sessenta anos ou mais, tem incidência o Estatuto do Idoso (Lei nº 10.741/2003). Seu art. 26 preconiza que o idoso tem direito ao exercício de atividade profissional, respeitadas suas condições físicas, intelectuais e psíquicas. Visa garantir os direitos fundamentais de cidadania ao idoso, que não devem ser restringidos à pessoa presa com sessenta anos ou mais.

Art. 33. A jornada normal de trabalho não será inferior a 6 (seis) nem superior a 8 (oito) horas, com descanso nos domingos e feriados.

Parágrafo único. Poderá ser atribuído horário especial de trabalho aos presos designados para os serviços de conservação e manutenção do estabelecimento penal.

1. COMENTÁRIOS

A jornada de trabalho mínima estabelecida na Lei de Execução Penal tem o fito de assegurar que ela seja considerada para fins de abatimento da pena pelo trabalho (remição). Por outro lado, a previsão de jornada de trabalho máxima visa impedir excessos de exigências relativamente ao preso. Nessa esteira, além estabelecer mínimo de seis e máximo de oito horas, o caput, do art. 33, garante descanso aos domingos e feriados, bem como preconiza a possibilidade de horário especial de trabalho para os apenados que exerçam serviços de conservação e de manutenção do estabelecimento penal.

Art. 34. O trabalho poderá ser gerenciado por fundação, ou empresa pública, com autonomia administrativa, e terá por objetivo a formação profissional do condenado.

§ 1º. Nessa hipótese, incumbirá à entidade gerenciadora promover e supervisionar a produção, com critérios e métodos empresariais, encarregar-se de sua comercialização, bem como suportar despesas, inclusive pagamento de remuneração adequada. (Renumerado pela Lei nº 10.792, de 2003)

§ 2º Os governos federal, estadual e municipal poderão celebrar convênio com a iniciativa privada, para implantação de oficinas de trabalho referentes a setores de apoio dos presídios. (Incluído pela Lei nº 10.792, de 2003)

1. COMENTÁRIOS

O trabalho do preso poderá ser gerenciado por entidade diversa do Estado ou da União. Note-se que se trata do trabalho que deve ser desempenhado por todo condenado, seja à pena privativa de liberdade, seja a pena restritiva de direitos.

A Lei de Execução Penal prevê que a administração dessa atividade de controle do trabalho dos presos possa ser feita por fundação ou empresa pública, com autonomia administrativa, com o fito de proporcionar formação profissional do condenado. A pessoa jurídica encarregada deve ser dotada de capacidade de organização suficiente para gerir o trabalho dos presos, bem como para remunerá-lo.

A entidade gerenciadora deverá ter a incumbência de promover e supervisionar a produção, com critérios e métodos empresariais, encarregando-se de sua comercialização, bem como suportando despesas, inclusive pagamento de remuneração adequada.

Cuidando-se de atividade peculiar, bem como de caráter continuado e essencial, o art. 24, XIII, da Lei nº 8.666/1993, elenca caso de dispensa de licitação, ao ditar que "na contratação de instituição brasileira incumbida regimental ou estatutariamente da pesquisa, do ensino ou do desenvolvimento institucional, ou de instituição dedicada à recuperação social do preso, desde que a contratada detenha inquestionável reputação ético-profissional e não tenha fins lucrativos".

Para viabilizar o trabalho dos presos e o seu controle por pessoa jurídica de direito privado, os governos federal, estadual e municipal poderão celebrar convênio com a iniciativa privada, para implantação de oficinas de trabalho referentes a setores de apoio dos presídios.

Art. 35. Os órgãos da Administração Direta ou Indireta da União, Estados, Territórios, Distrito Federal e dos Municípios adquirirão, com dispensa de concorrência pública, os bens ou produtos do trabalho prisional, sempre que não for possível ou recomendável realizar-se a venda a particulares.

Parágrafo único. Todas as importâncias arrecadadas com as vendas reverterão em favor da fundação ou empresa pública a que alude o artigo anterior ou, na sua falta, do estabelecimento penal.

1. COMENTÁRIOS

Os órgãos da administração direta ou indireta dos entes federativos estão autorizados a adquirir bens ou produtos do trabalho prisional, sempre que não for possível ou recomendável realizar-se a venda a particulares. Por disposição expressa da LEP, haverá dispensa de concorrência pública, isto é, dispensável a licitação para que União, Estados, Distrito Federal e municípios adquiram bens produzidos pelo trabalho dos presidiários. De toda forma, as importâncias arrecadadas com as vendas reverterão em favor da fundação ou empresa pública gerenciadora ou, na sua falta, do estabelecimento prisional.

▸SEÇÃO III – DO TRABALHO EXTERNO

Art. 36. O trabalho externo será admissível para os presos em regime fechado somente em serviço ou obras públicas realizadas por órgãos da Administração Direta ou Indireta, ou entidades privadas, desde que tomadas as cautelas contra a fuga e em favor da disciplina.

§ 1º O limite máximo do número de presos será de 10% (dez por cento) do total de empregados na obra.

§ 2º Caberá ao órgão da administração, à entidade ou à empresa empreiteira a remuneração desse trabalho.

§ 3º A prestação de trabalho à entidade privada depende do consentimento expresso do preso.

1. COMENTÁRIOS

O trabalho externo ou extramuros é admitido, inclusive ao preso submetido a regime fechado. No entanto, existem condições específicas para tal permissivo. Para os presos em regime fechado, a Lei de Execução Penal impõe que os serviços ou as obras públicas sejam realizados por órgãos da administração pública, direta ou indireta.

O art. 36, *caput*, parte final, também autoriza que o serviço ou o trabalho seja prestado a entidades privadas, situação esta que tornará necessária a tomada das cautelas contra a fuga e em favor da disciplina. Para o trabalho externo prestado nessas condições, devem ser observados:

(1) o limite máximo do número de presos será de dez por cento do total de empregados na obra. A previsão se fundamenta na ótica de se evitar que a mão de obra do preso seja objeto de qualquer exploração. Extramuros, impõe-se que o número de apenados trabalhando em serviço ou trabalho não exceda aquele percentual;

(2) o órgão da administração, a entidade ou a empresa empreiteira tem o dever de remunerar esse trabalho. Não é admissível trabalho gratuito do preso, devendo respeitar os ditames da Lei de Execução Penal que, por sua vez, devem ser interpretados em conformidade com a Constituição de 1988; e

(3) a prestação de trabalho à entidade privada depende do consentimento expresso do preso. Essa previsão, consignada no § 3º, do art. 36, da LEP, assegura que o preso não sofra sanção caso se recuse a trabalhar externamente perante entidade privada, em face de subordinar essa prestação de trabalho ao seu consentimento expresso. Não consentindo o apenado, deve o Estado oferecer outras formas de trabalho, adequadas às idiossincrasias do detento.

2. SÚMULAS E JURISPRUDÊNCIA

▸ **CONCESSÃO DE TRABALHO EXTERNO EM EMPRESA DA FAMÍLIA. O fato de o irmão do apenado ser um dos sócios da empresa empregadora não constitui óbice à concessão do benefício do trabalho externo, ainda que se argumente sobre o risco de ineficácia da realização do trabalho externo devido à fragilidade na fiscalização.** Com efeito, a execução criminal visa ao retorno do condenado ao convívio em sociedade, com o escopo de reeducá-lo e ressocializá-lo, sendo que o trabalho é essencial para esse processo. Nesse contexto, é importante considerar que os riscos de ineficácia da realização de trabalho externo em empresa familiar, sob o argumento de fragilidade na fiscalização, não podem ser óbice à concessão do referido benefício. Em primeiro lugar, porque é muito difícil para o apenado conseguir emprego. Impedir que o preso seja contratado por parente é medida que reduz ainda mais a possibilidade de vir a conseguir uma ocupação lícita e, em consequência, sua perspectiva de reinserção na sociedade. Em segundo lugar, porque o Estado deve envidar todos os esforços possíveis no sentido de ressocializar os transgressores do Direito Penal, a fim de evitar novas agressões aos bens jurídicos da coletividade. Ademais, o Estado possui a atribuição de fiscalizar o efetivo cumprimento do trabalho extramuros, estando autorizado a revogar a benesse nas hipóteses elencadas no parágrafo único do art. 37 da LEP. Além disso, não há qualquer vedação na LEP quanto à concessão de trabalho externo em empresa da família do sentenciado. *STJ, HC 310.515-RS, Rel. Min. Felix Fischer, julgado em 17/9/2015, DJe 25/9/2015. 5ª T. (Info 569)*

3. QUESTÕES DE CONCURSOS

1. **(FCC/DPE-BA/Defensor Público/2016 – adaptada)** O trabalho externo, segundo a Lei de Execuções Penais, é permitido apenas aos presos dos regimes semiaberto e aberto.

2. **(CESPE/DPE-AL/Defensor Público/2017 – adaptada)** O trabalho externo será admissível para os presos em regime semi-aberto somente em serviço ou obras públicas.

GAB	1	2
	E	E

Art. 37. A prestação de trabalho externo, a ser autorizada pela direção do estabelecimento, dependerá de aptidão, disciplina e responsabilidade, além do cumprimento mínimo de 1/6 (um sexto) da pena.

Parágrafo único. Revogar-se-á a autorização de trabalho externo ao preso que vier a praticar fato definido como crime, for punido por falta grave, ou tiver comportamento contrário aos requisitos estabelecidos neste artigo.

1. COMENTÁRIOS

Outra limitação para a permissão de trabalho extramuros é o requisito temporal. Somente apenados que já tenham cumprido um sexto da pena poderão prestar trabalho externo, autorizada pela direção do estabelecimento. Em acréscimo, deve-se conferir se o apenado satisfaz as condições de aptidão (adequação do trabalho às habilidades e às condições pessoais), disciplina e responsabilidade.

O parágrafo único, do art. 37, da Lei de Execução Penal, descreve possibilidade de revogação da autorização de trabalho externo ao preso contra o qual for noticiada a prática de fato definido como crime, for punido por falta grave ou, ainda, estiver incurso em comportamento contrário aos requisitos estabelecidos no *caput* daquele dispositivo legal.

A revogação da prestação de trabalho externo é de atribuição do diretor do estabelecimento e depende de procedimento administrativo que assegure contraditório e defesa ampla ao apenado. Mesmo em casos extremos, como fuga, falta grave e notícia de prática de fato definido como crime, a revogação deve ser precedida de procedimento administrativo, até para se certificar se realmente o apenado fugiu ou se, por exemplo, foi vítima de um crime (sequestro) ou de um acidente (pode estar hospitalizado e, assim, não ter retornado à prisão).

2. SÚMULAS E JURISPRUDÊNCIA

- **TRABALHO EXTERNO E CUMPRIMENTO MÍNIMO DE PENA. A exigência objetiva de prévio cumprimento do mínimo de 1/6 da pena, para fins de trabalho externo, não se aplica aos condenados que se encontrarem em regime semiaberto.** Essa a conclusão do Plenário ao dar provimento, por maioria, a agravo regimental, interposto de decisão proferida em sede de execução penal, para afastar a exigência do referido requisito temporal a condenado pela prática do crime de corrupção ativa. No caso, o Ministro Joaquim Barbosa (Presidente e então relator) indeferira o pedido do apenado pelos seguintes fundamentos: a) a realização de trabalho externo por condenado que cumprisse pena em regime semiaberto dependeria do requisito temporal definido no art. 37 da LEP (cumprimento de 1/6 da pena); b) a proposta de trabalho externo oferecida por empregador privado seria inidônea e inviabilizaria a fiscalização do cumprimento da pena; e c) a realização de trabalho interno pelo condenado já preencheria a finalidade educativa da pena, desnecessária a realização dos serviços da mesma natureza fora da unidade prisional. O Tribunal, inicialmente, reportou-se a estudo do CNJ, intitulado "A crise do sistema penitenciário", no qual se constatara o impressionante déficit de vagas do sistema prisional brasileiro. Verificou que o Brasil teria a quarta maior população carcerária do mundo e, se fossem computados os presos domiciliares, teria a terceira. Mencionou que, no denominado "Mutirão Carcerário" do CNJ, se observara que na maioria dos Estados-membros não funcionaria colônias agrícolas, industriais ou estabelecimento similares. Aludiu à ocorrência de dois extremos, ambos caracterizados por ilegalidades ou descontroles: ou se manteria o condenado em regime fechado, geralmente sem acesso a trabalho interno, ou se lhe concederia prisão domiciliar fora das hipóteses em que seria tecnicamente cabível. A Corte afirmou que a interpretação do direito não poderia ignorar a realidade. Ressaltou que juízes e tribunais deveriam prestigiar entendimentos razoáveis que não sobrecarregassem, ainda mais, o sistema, nem tampouco impusessem aos apenados situações mais gravosas do que as que decorreriam da lei e das condenações que teriam sofrido. Sublinhou que o STJ — órgão encarregado de uniformizar a interpretação do direito federal —, há mais de 15 anos sedimentara jurisprudência de que o prévio cumprimento de 1/6 da pena, para fins de trabalho externo, não se aplicaria aos que se encontrassem em regime semiaberto, mas somente aos condenados a regime fechado. Consignou que alguns tribunais de justiça dos Estados-membros teriam passado a adotar a mesma linha de entendimento. Rememorou que o único precedente do STF na matéria a esposar a mesma tese da decisão agravada fora o HC 72.565/AL (DJU de 30.8.1996), julgado em 1995, quando ainda não teria ocorrido — ou, pelo menos, sido percebida — a explosão nas estatísticas de encarceramento, que passaram do patamar de 100.000 para o de 500.000 ou 700.000, se computadas as prisões domiciliares. O Colegiado sublinhou que teria sido essa realidade fática que impusera a virada jurisprudencial conduzida pelo STJ no final da década de 90. Asseverou que jamais fora consistente e volumosa a jurisprudência do STF no sentido de aplicar-se a exigência de cumprimento de 1/6 da pena para autorizar-se o trabalho externo. Enfatizou que negar o direito ao trabalho externo, e reintroduzir a exigência de prévio cumprimento de 1/6 da pena, significaria drástica alteração da jurisprudência em vigor e iria de encontro às circunstâncias do sistema carcerário brasileiro dos dias de hoje. Destacou que boa parte da doutrina especializada defenderia a possibilidade de trabalho externo, independentemente do cumprimento de 1/6 da pena. No ponto, o Ministro Marco Aurélio acresceu que o trabalho externo seria admitido até mesmo no regime fechado, em obras públicas (CP, art. 34, §3º). Ponderou que não faria sentido a exigência do cumprimento de 1/6 da pena para o trabalho externo, pois satisfeita essa condição, o reeducando teria direito ao regime aberto. O Ministro Teori Zavascki assinalou que esse requisito levaria a um tratamento desigual aos presos condenados originariamente pelo STF. O Ministro Luiz Fux salientou que, embora se devesse prestigiar a jurisprudência do STF, que exigiria o cumprimento de 1/6 da pena, a Corte possuiria pronunciamento segundo o qual a ausência de unidades para o cumprimento do regime semiaberto — colônia agrícola, industrial ou estabelecimento similar — permitiria o trabalho externo do condenado. Mencionou que as decisões judiciais não deveriam ficar apartadas da realidade fenomênica e que a realidade normativa teria de se adaptar à realidade prática. O Ministro Gilmar Mendes propôs a realização de um inventário do sistema prisional pelo CNJ a fim de ajudar na formulação de soluções. A Corte frisou não existir vedação legal ao trabalho externo em empresa privada. Ao contrário, destacou que o art. 36 da LEP expressamente menciona "entidades privadas". Anotou que, não obstante esse dispositivo cuidasse especificamente do trabalho externo para os condenados em regime fechado, que deveria ser realizado em obras públicas, não seria coerente imaginar que o regime semiaberto, menos restritivo, estaria sujeito a vedações adicionais e implícitas. Explanou que o trabalho externo em entidade privada seria não apenas possível, mas efetivamente praticado na realidade do sistema, a beneficiar numerosos condenados que se valeriam de oportunidades como essa para proporcionar a sua reinserção social. Realçou que, na situação dos autos, após procedimento que incluiriam entrevistas e treinamentos com os candidatos a empregador e inspeções no local de trabalho, além da exigência do compromisso formal no sentido de não se criar embaraços à atividade fiscalizatória do Poder Público, o escritório de advocacia que oferecera ao agravante a oportunidade de trabalho externo obtivera manifestação favorável das autoridades do sistema penitenciário. Assinalou que não se impusera óbice a esse fato. Pontuou que eventual dificuldade fiscalizatória justificaria a revogação imediata do benefício. Consignou, ainda, não haver elementos para afirmar a existência de relação pessoal entre o titular do escritório e o agravante. Registrou que o trabalho externo teria uma finalidade relevante de reinserção social a permitir ao apenado exercitar — e, sobretudo demonstrar à sociedade — o seu senso de responsabilidade e readequação. Reputou que a legislação criara essa possibilidade a fim de promover a reintegração supervisionada dos condenados, em benefício deles mesmos e da sociedade que, mais cedo ou mais tarde, teria de recebê-los de volta em definitivo. Vencido o Ministro Celso de Mello, que negava provimento ao agravo regimental. Entendia que a exigência temporal mínima prevista no art. 37 da LEP não poderia ser desconsiderada, mesmo em se tratando de regime penal semiaberto. Recordava que essa exigência constaria da exposição de motivos do projeto de lei que culminara na LEP. Aduzia que haveria atualmente projeto de lei em tramitação no Congresso Nacional, que pretenderia suprimir, da regra equivalente ao art. 37 da atual LEP, a exigência temporal mínima de 1/6. Portanto, a matéria seria de "lege ferenda". Em seguida, o Plenário autorizou o relator a decidir monocraticamente os demais incidentes sobre a concessão de trabalho externo. *STF, EP 2 TrabExt-AgR/DF, rel. Min. Roberto Barroso, 25.6.2014. Plenário. (Info 752).*

3. QUESTÕES DE CONCURSOS

1. **(VUNESP/DPE-MS/Defensor Público/2014)** Reformando decisão anterior, o STF, em recurso regimental, recentemente decidiu, nos autos da ação penal 470 ("mensalão"), que:

a) os condenados com mais de 70 (setenta) anos não têm, como regra, direito a prisão domiciliar.

b) os condenados com doenças graves não têm direito a prisão domiciliar.

c) o trabalho externo é direito dos condenados, sem necessidade de cumprimento de 1/6 da pena, seja qual for o regime de cumprimento.

d) os condenados em regime inicial semiaberto não precisam cumprir 1/6 da pena para ter direito ao trabalho externo.

2. **(CESPE/DPE-AL/Defensor Público/2017 – adaptada)** Compete à direção do estabelecimento prisional autorizar o trabalho externo.

3. **(MPE-PR/Promotor de Justiça/2019 – adaptada)** A realização de trabalho externo depende da autorização da direção do estabelecimento penal, além do cumprimento mínimo de 1/6 (um sexto da pena), considerando o tempo da prisão preventiva e da pena no regime fechado.

GAB	1	2	3
	D	C	E

▸CAPÍTULO IV – DOS DEVERES, DOS DIREITOS E DA DISCIPLINA

▸SEÇÃO I – DOS DEVERES

Art. 38. Cumpre ao condenado, além das obrigações legais inerentes ao seu estado, submeter-se às normas de execução da pena.

1. COMENTÁRIOS

O apenado e o preso provisório são inseridos no regime jurídico da execução penal, com submissão as regras jurisdicionais do processo de execução penal, bem como com a sujeição a diversos deveres que nortearão a avaliação do seu comportamento e do atendimento a outros requisitos para fins de concessão de benefícios penais. O art. 38, da LEP, estatui que ao condenado cumpre, ao lado das obrigações legais próprias de sua situação, acatar as normas de execução da pena que, por seu turno, podem ter natureza administrativa ou jurisdicional.

Art. 39. Constituem deveres do condenado:

I - comportamento disciplinado e cumprimento fiel da sentença;

II - obediência ao servidor e respeito a qualquer pessoa com quem deva relacionar-se;

III - urbanidade e respeito no trato com os demais condenados;

IV - conduta oposta aos movimentos individuais ou coletivos de fuga ou de subversão à ordem ou à disciplina;

V - execução do trabalho, das tarefas e das ordens recebidas;

VI - submissão à sanção disciplinar imposta;

VII - indenização à vítima ou aos seus sucessores;

VIII - indenização ao Estado, quando possível, das despesas realizadas com a sua manutenção, mediante desconto proporcional da remuneração do trabalho;

IX - higiene pessoal e asseio da cela ou alojamento;

X - conservação dos objetos de uso pessoal.

Parágrafo único. Aplica-se ao preso provisório, no que couber, o disposto neste artigo.

1. COMENTÁRIOS

Os deveres descritos no enunciado do artigo ora examinado são as disposições que devem preceder, em caso de desatendimento pelo apenado ou preso provisório, a aplicação de sanção disciplinar. Significa dizer que haverá falta disciplinar toda vez que houver descumprimento dos deveres elencados no art. 39, da LEP. Certificada a notícia de desatendimento de dever pelo apenado, deve-se seguir a instauração de procedimento administrativo disciplinar.

2. QUESTÕES DE CONCURSOS

1. **(VUNESP/SEJUS-ES/Agente de Escolta e Vigilância Penitenciário/2013)** Constituem deveres do condenado:

a) constituição de pecúlio e poupança.

b) obediência ao servidor e respeito a qualquer pessoa com quem deva relacionar-se.

c) chamamento nominal do cônjuge e amigos em dias determinados.

d) retribuição ao trabalho e sua remuneração.

e) assistência material, à saúde, jurídica e educacional.

GAB	1
	B

▸SEÇÃO II – DOS DIREITOS

Art. 40. Impõe-se a todas as autoridades o respeito à integridade física e moral dos condenados e dos presos provisórios.

1. COMENTÁRIOS

O direito do preso de ter sua integridade física e moral preservada decorre não só do dever estipulado pelo art. 40, da LEP. Existem leis que responsabilizam quem cometer ilícitos penais, civis e administrativos contra as pessoas com liberdade cerceada pelo Estado. Por exemplo, a Lei nº 9.455/1997, que criminaliza a tortura, tipifica várias condutas que visam proteger a incolumidade física e psíquica das pessoas sob custódia, bem como o prestígio da administração pública.

Art. 41. Constituem direitos do preso:

I - alimentação suficiente e vestuário;

II - atribuição de trabalho e sua remuneração;

III - Previdência Social;

IV - constituição de pecúlio;

V - proporcionalidade na distribuição do tempo para o trabalho, o descanso e a recreação;

VI - exercício das atividades profissionais, intelectuais, artísticas e desportivas anteriores, desde que compatíveis com a execução da pena;

VII - assistência material, à saúde, jurídica, educacional, social e religiosa;

VIII - proteção contra qualquer forma de sensacionalismo;

IX - entrevista pessoal e reservada com o advogado;

X - visita do cônjuge, da companheira, de parentes e amigos em dias determinados;

XI - chamamento nominal;

XII - igualdade de tratamento salvo quanto às exigências da individualização da pena;

XIII - audiência especial com o diretor do estabelecimento;

XIV - representação e petição a qualquer autoridade, em defesa de direito;

XV - contato com o mundo exterior por meio de correspondência escrita, da leitura e de outros meios de informação que não comprometam a moral e os bons costumes.

XVI – atestado de pena a cumprir, emitido anualmente, sob pena da responsabilidade da autoridade judiciária competente. (Incluído pela Lei nº 10.713, de 2003)

Parágrafo único. Os direitos previstos nos incisos V, X e XV poderão ser suspensos ou restringidos mediante ato motivado do diretor do estabelecimento.

1. COMENTÁRIOS

Os direitos dos presos, arrolados no art. 41, da LEP, constituem núcleo mínimo que expressa a necessidade de concretização do princípio da dignidade humana. Tais direitos, como regra, não podem ser limitados, mencionando a lei que três deles poderão ser suspensos ou restringidos por ato motivado do diretor do estabelecimento penitenciário:

(1) o disposto no inciso V: "proporcionalidade na distribuição do tempo para o trabalho, o descanso e a recreação";

(2) o descrito no inciso X: "visita do cônjuge, da companheira, de parentes e amigos em dias determinados";

(3) o constante do inciso XV: "contato com o mundo exterior por meio de correspondência escrita, da leitura e de outros meios de informação que não comprometam a moral e os bons costumes". O art. 5º, XII, CF, trata da inviolabilidade do sigilo das correspondências. O STF declarou possível, em situação excepcional devidamente justificada, a violação da correspondência dos presidiários pela administração penitenciária, sob o fundamento de que o direito ao sigilo não pode ser invocado para o cometimento de infrações penais por parte daquele que está cumprindo pena[36].

2. QUESTÕES DE CONCURSOS

1. **(FCC/DPE-AM/Defensor Público/2018 – adaptada)** O direito de receber visitas pode ser suspenso como consequência da prática de falta grave em ato fundamentado do diretor da unidade prisional.

GAB	1
	C

Art. 42. Aplica-se ao preso provisório e ao submetido à medida de segurança, no que couber, o disposto nesta Seção.

1. COMENTÁRIOS

O art. 1º, da LEP, enuncia que suas disposições são aplicáveis ao preso (provisório ou definitivo) e ao internado (submetido à medida de segurança). Seria dispensável o destaque que o legislador deu no seu art. 42, para garantir a aplicação das disposições da seção concernente aos direitos dos apenados a todos os destinatários da Lei de Execução Penal. Embora pareça óbvio, a cultura de negação desses direitos, a exemplo daquele do seu art. 41, inciso XI, que determina chamar nominalmente o preso (leia-se: não por apelidos), fez com que, por cautela, fosse frisado o caráter imperativo, cogente, de tais direitos, indistintamente aos condenados e internados.

Art. 43. É garantida a liberdade de contratar médico de confiança pessoal do internado ou do submetido a tratamento ambulatorial, por seus familiares ou dependentes, a fim de orientar e acompanhar o tratamento.

Parágrafo único. As divergências entre o médico oficial e o particular serão resolvidas pelo Juiz da execução.

36 STF – HC 70814 – Rel. Min. Celso de Mello.

1. COMENTÁRIOS

De nada adiantaria assegurar aos presos e aos internados a assistência à saúde (arts. 14, 41, IV e 120, LEP), se não permitisse a ele contratar médico de sua confiança, em virtude de, por exemplo, ser profissional com habilitação específica em determinada patologia. É decorrência da liberdade nuclear que tem o apenado ou o submetido à medida de segurança (ou os seus familiares) de escolher médico para acompanhar e orientar tratamento de saúde. Havendo divergências entre o médico contratado e aquele médico oficial (do Estado), as divergências devem ser dirimidas pelo juiz da execução penal, por decisão fundamentada.

▸SEÇÃO III – DA DISCIPLINA

▸SUBSEÇÃO I – DISPOSIÇÕES GERAIS

Art. 44. A disciplina consiste na colaboração com a ordem, na obediência às determinações das autoridades e seus agentes e no desempenho do trabalho.

Parágrafo único. Estão sujeitos à disciplina o condenado à pena privativa de liberdade ou restritiva de direitos e o preso provisório.

1. COMENTÁRIOS

A definição dos deveres dos apenados e dos presos provisórios é a base para a definição da disciplina no sistema penitenciário, entendida como colaboração com a ordem e acatamento de determinações das autoridades e de seus agentes, no desempenho do trabalho. Em outras palavras, o preso tem o dever colaborar com a ordem prisional.

Art. 45. Não haverá falta nem sanção disciplinar sem expressa e anterior previsão legal ou regulamentar.

§ 1º As sanções não poderão colocar em perigo a integridade física e moral do condenado.

§ 2º É vedado o emprego de cela escura.

§ 3º São vedadas as sanções coletivas.

1. COMENTÁRIOS

Na hipótese de violação de deveres disciplinares, poderá ser imposta sanção ao preso, desde que haja previsão expressa e anterior, legal ou regulamentar, da respectiva falta (transgressão). Deve-se respeitar o princípio da legalidade (taxatividade das infrações disciplinares). Por outro lado, as sanções não poderão colocar em perigo a integridade física e moral do condenado, sendo vedados o emprego de cela escura e as sanções coletivas.

2. QUESTÕES DE CONCURSOS

1. **(FCC/DPE-BA/Defensor Público/2016 – adaptada)** São vedadas, pela Lei de Execuções Penais, as sanções coletivas.
2. **(FCC/DPE-AM/Defensor Público/2018 – adaptada)** O emprego de cela escura é permitido apenas em regime disciplinar diferenciado desde que autorizado pelo juiz competente.

GAB	1	2
	C	E

Art. 46. O condenado ou denunciado, no início da execução da pena ou da prisão, será cientificado das normas disciplinares.

1. COMENTÁRIOS

O preso provisório ou definitivo deverá ter ciência das normas disciplinares, logo no princípio da execução da prisão ou da pena definitiva.

Art. 47. O poder disciplinar, na execução da pena privativa de liberdade, será exercido pela autoridade administrativa conforme as disposições regulamentares.

1. COMENTÁRIOS

Durante a execução da pena privativa de liberdade, o poder disciplinar será exercido pela autoridade administrativa conforme as disposições regulamentares aplicáveis ao estabelecimento penal. São regras classificadas como de direito público e, nestes termos, somente é possível à autoridade fazer algo quando autorizada expressamente por lei, sob pena de abuso de autoridade.

Art. 48. Na execução das penas restritivas de direitos, o poder disciplinar será exercido pela autoridade administrativa a que estiver sujeito o condenado.

Parágrafo único. Nas faltas graves, a autoridade representará ao Juiz da execução para os fins dos artigos 118, inciso I, 125, 127, 181, §§ 1º, letra d, e 2º desta Lei.

1. COMENTÁRIOS

No curso da execução das penas restritivas de direitos, cumprida fora do estabelecimento prisional, perante entes públicos ou particulares, o poder disciplinar será exercido pela autoridade administrativa a que estiver sujeito o condenado, conforme as regras legais ou estatutárias do local designado para o cumprimento da pena. Havendo falta grave, reza o parágrafo único, do art. 48, da LEP, a autoridade enviará representação ao juiz da execução penal, para as providências devidas que, necessariamente, deverão ser precedidas de outorga de contraditório e ampla defesa ao preso provisório ou definitivo.

2. QUESTÕES DE CONCURSOS

1. **(VUNESP/SEJUS-ES/Agente de Escolta e Vigilância Penitenciário/2013)** Na execução das penas restritivas de direitos, o poder disciplinar será exercido

a) pela autoridade administrativa a que estiver sujeito o condenado

b) pelo juiz da condenação criminal.

c) pela autoridade judicial a que estiver sujeito o egresso.

d) pelo juiz da execução penal.

e) pela autoridade judicial a que estiver sujeito o condenado.

GAB	1
	A

▸SUBSEÇÃO II – DAS FALTAS DISCIPLINARES

Art. 49. As faltas disciplinares classificam-se em leves, médias e graves. A legislação local especificará as leves e médias, bem assim as respectivas sanções.

Parágrafo único. Pune-se a tentativa com a sanção correspondente à falta consumada.

1. COMENTÁRIOS

A Lei de Execução Penal estabelece as faltas graves e remete à legislação local a especificação das leves e médias, assim como as sanções aplicáveis. De todo modo, deve ser respeitado o cânone da taxatividade legislativa para que se possa impor medida sancionadora ao preso que descumpre um dever. A tentativa de falta disciplinar deve ter a ela atrelada a mesma sanção da alusiva à falta consumada.

2. QUESTÕES DE CONCURSOS

1. **(FCC/DPE-BA/Defensor Público/2016 – adaptada)** A Lei de Execuções Penais especifica de forma taxativa as faltas de natureza grave e média, sendo que remete ao legislador local a especificação das faltas de caráter leve.

2. **(FCC/DPE-MA/Defensor Público/2018 – adaptada)** O princípio da proporcionalidade é cumprido na previsão legal de redução da sanção para faltas disciplinares tentadas.

3. **(FCC/DPE-AM/Defensor Público/2018 – adaptada)** A tentativa é impunível em razão de escolha legislativa de minoração dos efeitos criminógenos do cárcere.

GAB	1	2	3
	E	E	E

Art. 50. Comete falta grave o condenado à pena privativa de liberdade que:

I - incitar ou participar de movimento para subverter a ordem ou a disciplina;

II - fugir;

III - possuir, indevidamente, instrumento capaz de ofender a integridade física de outrem;

IV - provocar acidente de trabalho;

V - descumprir, no regime aberto, as condições impostas;

VI - inobservar os deveres previstos nos incisos II e V, do artigo 39, desta Lei.

VII – tiver em sua posse, utilizar ou fornecer aparelho telefônico, de rádio ou similar, que permita a comunicação com outros presos ou com o ambiente externo. (Incluído pela Lei nº 11.466, de 2007)

Parágrafo único. O disposto neste artigo aplica-se, no que couber, ao preso provisório.

1. COMENTÁRIOS

As faltas graves e suas sanções encontram tipificação na própria Lei de Execução Penal, que preconiza que comete falta grave o condenado à pena privativa de liberdade e o preso provisório, no que couber, que: (1) incitar ou participar de movimento para subverter a ordem ou a disciplina; (2) fugir; (3) possuir, indevidamente, instrumento capaz de ofender a integridade física de outrem; (4) provocar acidente de trabalho; (5) descumprir, no regime aberto, as condições impostas; (6) inobservar o dever de obedecer ao servidor e respeitar qualquer pessoa com quem deva relacionar-se, bem como o dever de execução do trabalho, das tarefas e das ordens recebidas (inciso II e V, do art. 39, LEP); e (7) tiver em sua posse, utilizar ou fornecer aparelho telefônico, de rádio ou similar, que permita a comunicação com outros presos ou com o ambiente externo. Essas infrações são, necessariamente, regidas pela legalidade estrita e, no que for pertinente, devem ser aplicadas ao preso provisório.

2. SÚMULAS E JURISPRUDÊNCIA

✦ *SUPREMO TRIBUNAL FEDERAL*

- ***Habeas corpus*. Penal. Crime militar. Evasão de preso mediante violência (art. 180, *caput*, CPM). Pretendida não recepção desse dispositivo pela Constituição Federal. Descabimento. Inexistência de incompatibilidade com o direito à ampla defesa (art. 5º, LV, CF). Relatividade do direito à liberdade. Dever do preso de se submeter às consequências jurídicas do crime. Inexistência de direito à fuga. Ato ilícito. Fato que constitui falta grave (art. 50, III, da Lei nº 7.210/84). Sujeição do preso a penas disciplinares, à regressão de regime e à perda de até 1/3 (um terço) do tempo remido (arts. 53, 118, I, e 127-I, ambos da Lei nº 7.210/84). Ordem denegada.** 1. O art. 180, *caput*, do Código Penal Militar, tipifica como crime "evadir-se ou tentar evadir-se o preso ou internado, usando de violência contra pessoa", ao qual se comina pena de detenção de 1 (um) a 2 (dois) anos, além da correspondente à violência. 2. Não existe incompatibilidade material entre o dispositivo penal em questão e o princípio da ampla defesa. 3. A Constituição Federal assegura aos litigantes e aos acusados em geral o contraditório e a ampla defesa, com os meios e recursos a ela inerentes (art. 5º, LV, CF). 4. A ampla defesa compreende a defesa técnica e a autodefesa, que se compõe do direito de audiência e do direito de presença. 5. Como se observa, o art. 180, *caput*, do Código Penal Militar em nada colide com essa garantia constitucional, a ser exercida no processo. 6. Nem se alegue que haveria um suposto direito constitucional à fuga, decorrente do direito à liberdade. 7. O princípio constitucionalmente assegurado da liberdade (art. 5º, *caput*, CF) não outorga ao paciente o direito de se evadir mediante violência, diante do interesse público na manutenção de sua prisão, legalmente ordenada, e na preservação da integridade física e psíquica dos responsáveis por sua custódia. 8. O fato de a fuga constituir um impulso natural não a erige em um direito de quem já se encontre sob custódia, diante de seu dever de se submeter às consequências jurídicas do crime. 9. Embora a fuga sem violência não constitua crime por parte do preso, constitui, tanto quanto a fuga com violência contra a pessoa, falta grave (art. 50, III, da Lei nº 7.210/84), que o sujeita, além das penas disciplinares, à regressão de regime e à perda de até 1/3 (um terço) do tempo remido (arts. 53; 118, I, e 127, I, todos da Lei nº 7.210/84). 10. Nesse diapasão, a fuga do preso definitivo ou provisório (art. 2º, parágrafo único, da Lei nº 7.210/84), com ou sem violência contra a pessoa, constitui ato ilícito, com reflexos sancionatórios nos direitos do preso e na própria execução da pena. 11. Ordem denegada. *STF, HC N. 129.936-SP, Rel. Min. Dias Toffoli. (Info 830)*

- **ART. 50, VII, DA LEP: TIPICIDADE E FALTA GRAVE.** Caracteriza falta grave, nos termos do art. 50, VII, da Lei das Execuções Penais – LEP, o condenado introduzir, em presídio, componentes de aparelho telefônico que possam viabilizar a comunicação direta com outros presos ou com o ambiente exterior (LEP: "Art. 50 ... VII – Comete falta grave o condenado à pena privativa de liberdade que: ... tiver em sua posse, utilizar ou fornecer aparelho telefônico, de rádio ou similar, que permita a comunicação com outros presos ou com o ambiente externo"). Com base nesse entendimento, a 2ª Turma denegou habeas corpus – impetrado em favor de paciente que, no cumprimento de pena em regime semi-aberto, retornara à penitenciária, portando 2 "chips" para telefones celulares – e cassou a medida acauteladora, que suspendera os efeitos da homologação do procedimento administrativo disciplinar – PAD em que o mencionado fato fora reconhecido como falta disciplinar de natureza grave. Enfatizou-se que paciente não tivera o cuidado de se adiantar à revista e informar que portava os "chips". Assentou-se que o fracionamento de um instrumento de comunicação com o mundo exterior, como a utilização de "chips", subsumiria à noção de falta grave e observaria, de maneira absolutamente legítima, o postulado da estrita legalidade, a qualificar-se como falta grave. Lembrou-se que seriam conseqüências de prática de falta grave a regressão de regime prisional e a perda dos dias remidos. Ressaltou-se que, sem o "chip", o aparelho de telefone celular não teria qualquer funcionalidade convencional, mas com ele formaria um todo operacional. Esclareceu-se que a interpretação finalística do dispositivo legal levaria ao entendimento exposto. Nesta assentada, o Min. Joaquim Barbosa salientou se estar diante de uma tecnologia totalmente inovadora e que o aparelho celular seria o acessório, invólucro do "chip". A Min. Ellen Gracie, por sua vez, consignou que seria praxe nos crimes relacionados a equipamentos eletrônicos, como o descaminho, a técnica de fracionamento de peças. Já o Min. Celso de Mello realçou que a condição prisional de alguém seria um fator de profunda restrição de direitos, e não só de privação de liberdade, com a ressalva de certos direitos básicos que teriam sido verificados no caso dos autos, como a garantia do devido processo, haja vista ter sido instaurado um procedimento administrativo. O Min. Gilmar Mendes, por fim, asseverou que, uma vez reconhecida a falta grave, dever-se-iam aplicar todas as conseqüências decorrentes da lei, inclusive a perda do direito ao tempo remido, porquanto a Súmula Vinculante 9 teria reforçado a idéia da plena compatibilidade entre a disposição legal e a Constituição [Súmula Vinculante 9: *"O disposto no artigo 127 da Lei nº 7.210/1984 (Lei de Execução Penal) foi recebido pela ordem constitucional vigente, e não se lhe aplica o limite temporal previsto no caput do artigo 58."]. STF, HC 105973/RS, rel. Min. Ayres Britto, 30.11.2010. (Info 611)*

✦ *SUPERIOR TRIBUNAL DE JUSTIÇA*

- **RECUSA INJUSTIFICADA DO APENADO AO TRABALHO CONSTITUI FALTA GRAVE. Constitui falta grave na execução penal a recusa injustificada do condenado ao exercício de trabalho interno.** O art. 31 da Lei 7.210/1984 (LEP) determina a obrigatoriedade do trabalho ao apenado condenado à pena privativa de liberdade, na medida de suas aptidões e capacidades, sendo sua execução, nos termos do art. 39, V, da referida Lei, um dever do apenado. O art. 50, VI, da LEP, por sua vez, classifica como falta grave a inobservância do dever de execução do trabalho. Ressalte-se, a propósito, que a pena de trabalho forçado, vedada no art. 5º, XLVIII, "c", da CF, não se confunde com o dever de trabalho imposto ao apenado, ante o disposto no art. 6º, 3, da Convenção Americana de Direitos Humanos (Pacto San José da Costa Rica), segundo o qual os trabalhos ou serviços normalmente exigidos de pessoa reclusa em cumprimento de sentença ou resolução formal expedida pela autoridade judiciária competente não constituem trabalhos forçados ou obrigatórios vedados pela Convenção. *STJ, HC 264.989-SP, Rel. Min. Ericson Maranho, julgado em 4/8/2015, DJe 19/8/2015. 6ª T. (Info 567)*

- **RECURSO ESPECIAL. PENAL. FALTA GRAVE. EXECUÇÃO DA PENA. POSSE DE CHIP DE TELEFONE CELULAR. LEI N. 11.466/07. ART. 50, VII, DA LEP. COMPONENTE ESSENCIAL AO FUNCIONAMENTO DO APARELHO. NECESSIDADE DE REPRIMIR A COMUNICAÇÃO.** 1. É assente nesta Corte Superior o entendimento de que após a edição da Lei n. 11.466/2007, a posse de aparelho telefônico ou dos componentes essenciais ao seu efetivo funcionamento, a exemplo do chip, passou a ser considerada falta grave. 2. Na espécie, a conduta imputada, como referem os autos, se deu em 26-12-2012, já na vigência do diploma legal referido. 3. Recurso especial a que se dá provimento para restabelecer a decisão do Juízo das Execuções Criminais que reconheceu a ocorrência da falta disciplinar grave. *STJ, REsp 1457292/RS, Rel. Ministro JORGE MUSSI, QUINTA TURMA, julgado em 04/11/2014, DJe 11/11/2014.*

- **FALTA GRAVE. POSSE. COMPONENTE. CELULAR.** O paciente foi surpreendido, em 25/10/2008, na posse de componente de aparelho de telefonia celular que, segundo o impetrante, seria uma placa. A Turma negou a ordem ao entender que, com o advento da Lei n. 11.466/2007, que incluiu o inciso VII ao art. 50 da Lei de Execução Penal, a referida conduta passou a ser considerada típica após 28/3/2007, data de sua entrada em vigor. Após tal data, este Superior Tribunal firmou o entendimento de que não só a posse do aparelho de telefonia celular como também o de acessório essencial a seu funcionamento ensejam o reconhecimento de falta grave. Precedentes citados do STF: HC 99.896-RS, DJe 1º/2/2011; RHC 106.481-MS, DJe 3/3/2011; do STJ: HC 154.356-SP, DJe 18/10/2010; HC 139.789-SP, DJe 3/11/2009, e HC 133.986-RS, DJe 21/6/2010. HC 188.072-SP, Rel. Min. Maria Thereza de Assis Moura, julgado em 31/5/2011.

3. QUESTÕES DE CONCURSOS

1. (FGV/DPE-MT/Analista – Advocacia/2015) João Fernandes foi condenado à pena de oito anos de reclusão pela prática do crime de estupro de vulnerável. Quando se encontrava em regime semiaberto, foi encontrado na cela com um telefone celular escondido embaixo do seu colchão. Diante dessa situação, é correto afirmar que João

a) praticou falta grave e, caso punido, poderá ter todos os seus dias remidos revogados.

b) não praticou falta grave, pois a execução penal também está sujeita ao princípio da legalidade.

c) praticou falta grave, mas, mesmo punido, não poderá ter o período de contagem do livramento condicional interrompido.

d) praticou falta grave e, caso punido, poderá ter até metade dos dias remidos revogados.

e) praticou falta grave, mas, mesmo punido, não poderá ter aplicada a regressão de regime de cumprimento de pena.

2. (CESPE/DPE-PE/Defensor Público/2015) Enquanto cumpria pena no regime fechado, João foi acusado da prática de falta disciplinar de natureza grave, cometida em 2/1/2012, consistente na posse de um *chip* para aparelho celular. Em 14/7/2014, o promotor de justiça requereu o reconhecimento da prática da falta grave e a revogação de todo o tempo remido de João.

A respeito dessa situação hipotética, julgue o próximo item, com base na jurisprudência dominante dos tribunais superiores pertinente a esse tema.

I – A posse exclusivamente de *chip* para aparelho celular não caracteriza falta disciplinar de natureza grave.

II – A falta disciplinar de natureza grave imputada a João estava prescrita quando da requisição do promotor de justiça.

3. (FCC/Câmara Legislativa do Distrito Federal/Consultor Legistaltivo/2018 – adaptada) Pratica falta média o condenado à pena privativa de liberdade que incitar ou participar de movimento para subverter a ordem ou a disciplina.

4. (FCC/DPE-AM/Defensor Público/2018 – adaptada) Comete falta disciplinar de natureza grave aquele que causa acidente de trabalho no cumprimento de pena de prestação de serviços à comunidade.

GAB	1	2	3	4
	C	I – E; II - E	E	4

Art. 51. Comete falta grave o condenado à pena restritiva de direitos que:

I - descumprir, injustificadamente, a restrição imposta;

II - retardar, injustificadamente, o cumprimento da obrigação imposta;

III - inobservar os deveres previstos nos incisos II e V, do artigo 39, desta Lei.

1. COMENTÁRIOS

As faltas graves, passíveis de cometimento pelo condenado à pena restritiva de direitos, são as de: (1) descumprir, injustificadamente, a restrição imposta; (2) retardar, injustificadamente, o cumprimento da obrigação imposta; (3) inobservar o dever de obedecer ao servidor e respeitar qualquer pessoa com quem deva relacionar-se, bem como o dever de execução do trabalho, das tarefas e das ordens recebidas (inciso II e V, do art. 39, LEP). O disposto no art. 51, da LEP, não se aplica ao submetido à medida cautelar diversa da prisão do art. 319, do CPP, em face de ausência de previsão legal.

Art. 52. A prática de fato previsto como crime doloso constitui falta grave e, quando ocasione subversão da ordem ou disciplina internas, sujeita o preso provisório, ou condenado, sem prejuízo da sanção penal, ao regime disciplinar diferenciado, com as seguintes características: (Redação dada pela Lei nº 10.792, de 2003)

I - duração máxima de trezentos e sessenta dias, sem prejuízo de repetição da sanção por nova falta grave de mesma espécie, até o limite de um sexto da pena aplicada; (Incluído pela Lei nº 10.792, de 2003)

II - recolhimento em cela individual; (Incluído pela Lei nº 10.792, de 2003)

III - visitas semanais de duas pessoas, sem contar as crianças, com duração de duas horas; (Incluído pela Lei nº 10.792, de 2003)

IV - o preso terá direito à saída da cela por 2 horas diárias para banho de sol. (Incluído pela Lei nº 10.792, de 2003)

§ 1º O regime disciplinar diferenciado também poderá abrigar presos provisórios ou condenados, nacionais ou estrangeiros, que apresentem alto risco para a ordem e a segurança do estabelecimento penal ou da sociedade. (Incluído pela Lei nº 10.792, de 2003)

§ 2º Estará igualmente sujeito ao regime disciplinar diferenciado o preso provisório ou o condenado sob o qual recaiam fundadas suspeitas de envolvimento ou participação, a qualquer título, em organizações criminosas, quadrilha ou bando. (Incluído pela Lei nº 10.792, de 2003)

1. COMENTÁRIOS

O regime disciplinar diferenciado tem cabimento, tanto aos presos provisórios como definitivos, nas seguintes hipóteses: (1) prática de crime doloso constituindo falta grave e ocasionando a subversão da ordem ou da disciplina interna do estabelecimento; (2) presos que apresentem alto risco para a segurança do estabelecimento penal ou da sociedade; e (3) recaindo fundadas suspeitas de envolvimento ou participação, a qualquer título, em organizações criminosas ou associação criminosa[37].

A colocação no regime disciplinar diferenciado pressupõe requerimento circunstanciado (fundamentado) elaborado pelo diretor do estabelecimento ou outra autoridade administrativa (Secretário de Segurança Pública, autoridade policial, MP), deliberação judicial no prazo máximo de quinze dias, com prévia manifestação do MP e da defesa (art. 54, parágrafos 1º e 2º, LEP). Não tem cabimento *ex officio*. A colocação no regime disciplinar diferenciado implica nas seguintes consequências (art. 52 da LEP): (1) recolhimento em cela individual; (2) visitas semanais de duas pessoas, sem contar as crianças, com duração de duas horas; e (3) saída da cela por duas horas diárias para banho de sol.

O regime disciplinar diferenciado perdurará pelo período de 360 dias, sem prejuízo de repetição da sanção em havendo nova falta grave da mesma espécie, respeitado o limite de um sexto da pena aplicada. Admite-se ainda que a autoridade administrativa decrete o isolamento preventivo do preso faltoso pelo prazo de até 10 dias, sendo que a inclusão do preso no regime disciplinar diferenciado, no interesse da disciplina e da averiguação do fato, dependerá de despacho do juiz competente (art. 60 da LEP). É o que impropriamente

37 A lei nº 12.850/2013 alterou a redação e conteúdo do art. 288 do Código Penal, que passou a se chamar "associação criminosa".

se tem chamado de regime disciplinar diferenciado cautelar, ou seja, o isolamento prévio, por deliberação do administrador prisional, aguardando-se a definição do juiz competente quanto à inserção ou não no regime disciplinar diferenciado.

As críticas ao regime disciplinar diferenciado são as mais variadas, não só em razão das hipóteses de cabimento, mas acima de tudo quanto à utilidade da sanção, sem falar que o instituto não resiste a uma breve leitura constitucional.

Permitir que a inserção em regime disciplinar diferenciado se dê pela prática de crime doloso, materializando falta grave, sem o julgamento definitivo da infração, fere de morte a presunção de inocência. Imagine-se que o agente seja colocado no regime disciplinar diferenciado, e depois absolvido da imputação pelo crime doloso que autorizou a sanção. Estaríamos diante de verdadeira antecipação de sanção, sem prévio julgamento.

Por sua vez, permitir o regime disciplinar diferenciado em razão de o detento representar alto risco para a segurança do estabelecimento ou da sociedade é imputar o ônus da falência do sistema prisional exclusivamente ao preso. E o que seria este alto risco? A sanção seria motivada por aquilo que o preso representa, e não pelo que realmente ele fez, em verdadeiro direito penal do autor, e não do fato.

Já a inserção no regime disciplinar diferenciado pelas fundadas suspeitas de participação em organização criminosa ou associação criminosa também merece reparos. Afinal, a caracterização de novas infrações, simbolizando falta grave, seja ou não com envolvimento em organização criminosa ou associação criminosa, já foi tratada acima. Se eventualmente o envolvimento nestas organizações era pretérito, deve estar caracterizado na sentença condenatória, e não mais teríamos fundadas suspeitas, e sim certeza deste envolvimento.

Já quanto às consequências da submissão ao regime disciplinar diferenciado, percebemos que o ideal ressocializador, ressaltado pelo art. 1º da LEP, foi esquecido. O regime disciplinar diferenciado peca por imprimir ao infrator uma sanção estática, onde nada é permitido, leitura, esportes, trabalho, jogos etc. Trava-se uma luta psicológica para não enlouquecer, pois o tempo é paralisado como forma de matizar o criminoso.

A Carta Magna elenca como um de seus vetores a dignidade da pessoa humana (art. 1º, inciso III). No art. 5º, inciso XLIX, por sua vez, assevera que "é assegurado aos presos o respeito à integridade física e moral". Já no inciso III do mesmo dispositivo, informa que "ninguém será submetido a tortura nem a tratamento desumano ou degradante", ao passo que o inciso XLVII, em sua alínea "e", veda as penas cruéis.

Por tudo isso, pensamos que assiste razão a Rômulo Moreira, quando reflete que "será que manter um homem solitariamente em uma cela durante 360 ou 720 dias, ou mesmo por até um sexto da pena (não esqueçamos que temos crimes com pena máxima de até 30 anos), coaduna-se com aqueles dispositivos constitucionais? Ora, se o nosso atual sistema carcerário, absolutamente degradante tal como hoje concebido, já não permite a ressocialização do condenado, imagine-se o submetendo a estas condições. É a consagração, por lei, do regime da total e inexorável desesperança"[38].

38 MOREIRA, Rômulo de Andrade. Este monstro chamado RDD. *Artigo doutrinário*, p.2, 2004.

2. QUESTÕES DE CONCURSOS

1. **(VUNESP/DPE-MT/Defensor Público/2014 – adaptada)** O regime disciplinar diferenciado previsto no art. 52 da Lei de Execução Penal é aplicável somente aos presos condenados em cumprimento de pena privativa de liberdade.

2. **(UNEB/DPE-BA/Defensor Público/2014)** A prática de fato previsto como crime doloso constitui falta grave e, quando ocasione subversão da ordem ou disciplina internas, sujeita o preso provisório, ou condenado, sem prejuízo da sanção penal, ao regime disciplinar diferenciado.

3. **(CESPE/TRF5/Juiz Federal/2017 – adaptada)** O preso provisório não pode ser inserido no regime disciplinar diferenciado.

4. **(VUNESP/MPE-SP/Analista Jurídico/2018)** Em relação às faltas disciplinares previstas na Lei de Execução Penal, assinale a alternativa correta.

a) As faltas disciplinares classificam-se em leves, médias, graves e gravíssimas.

b) O regime disciplinar diferenciado não pode abrigar presos provisórios.

c) A prática de fato previsto como crime doloso constitui falta grave.

d) Comete falta média o condenado à pena privativa de liberdade que provocar acidente de trabalho.

e) A decisão que reconhece a existência de falta disciplinar em procedimento judicialiforme abreviado dispensa motivação.

GAB	1	2	3	4
	E	C	E	C

▸SUBSEÇÃO III – DAS SANÇÕES E DAS RECOMPENSAS

Art. 53. Constituem sanções disciplinares:

I - advertência verbal;

II - repreensão;

III - suspensão ou restrição de direitos (artigo 41, parágrafo único);

IV - isolamento na própria cela, ou em local adequado, nos estabelecimentos que possuam alojamento coletivo, observado o disposto no artigo 88 desta Lei.

V - inclusão no regime disciplinar diferenciado. (Incluído pela Lei nº 10.792, de 2003)

1. COMENTÁRIOS

As sanções disciplinares, aplicáveis ao apenado e ao preso provisório, são regidas pelo princípio da legalidade, isto é, não deve haver sanção que não esteja descrita legalmente.

2. QUESTÕES DE CONCURSOS

1. **(VUNESP/DPE-MT/Defensor Público/2014 – adaptada)** São sanções disciplinares: a advertência verbal, repreensão, censura, suspensão ou restrição de direitos e inclusão no regime disciplinar diferenciado.

GAB	1
	E

Art. 54. As sanções dos incisos I a IV do art. 53 serão aplicadas por ato motivado do diretor do estabelecimento e a do inciso V, por prévio e fundamentado despacho do juiz competente. (Redação dada pela Lei nº 10.792, de 2003)

§ 1º A autorização para a inclusão do preso em regime disciplinar dependerá de requerimento circunstanciado elaborado pelo diretor do estabelecimento ou outra autoridade administrativa. (Incluído pela Lei nº 10.792, de 2003)

§ 2º A decisão judicial sobre inclusão de preso em regime disciplinar será precedida de manifestação do Ministério Público e da defesa e prolatada no prazo máximo de quinze dias. (Incluído pela Lei nº 10.792, de 2003)

1. COMENTÁRIOS

As sanções consistentes em advertência verbal, repreensão, suspensão ou restrição de direitos e isolamento na própria cela, ou em local adequado, nos estabelecimentos que possuam alojamento coletivo, observados os requisitos mínimos da carceragem, serão aplicadas por ato motivado do diretor do estabelecimento. Já a sanção de inclusão no regime disciplinar diferenciado será aplicada mediante prévio e fundamentado despacho do juiz competente.

É de ver que a autorização para a inclusão do preso em regime disciplinar dependerá de requerimento circunstanciado elaborado pelo diretor do estabelecimento ou outra autoridade administrativa (como o Secretário de Segurança Pública), não tendo lugar sua imposição *ex officio* pelo juiz. Atendido esse requisito que prestigia o princípio do *ne procedat judex ex officio*, a decisão judicial sobre inclusão de preso em regime disciplinar será precedida de manifestação do Ministério Público e da defesa e prolatada no prazo máximo de quinze dias.

2. QUESTÕES DE CONCURSOS

1. **(FCC/DPE-BA/Defensor Público/2016 – adaptada)** Depois da Constituição Federal de 1988, qualquer sanção disciplinar deve contar com homologação judicial, tendo em conta a atuação fiscalizatória do juiz.

GAB	1
	E

Art. 55. As recompensas têm em vista o bom comportamento reconhecido em favor do condenado, de sua colaboração com a disciplina e de sua dedicação ao trabalho.

1. COMENTÁRIOS

As recompensas são consignações abonatórias nos assentamentos individuais do condenado ou do preso provisório. Depende da existência de fatores como bom comportamento reconhecido, colaboração com a disciplina e dedicação ao trabalho.

Art. 56. São recompensas:

I - o elogio;

II - a concessão de regalias.

Parágrafo único. A legislação local e os regulamentos estabelecerão a natureza e a forma de concessão de regalias.

1. COMENTÁRIOS

O elogio é recompensa autoaplicável, isto é, que independe de regulamentação por lei local. A segunda recompensa é a concessão de regalias, que o parágrafo único, da LEP, exige que a legislação local e os regulamentos devem estabelecer a sua natureza e a forma dessa concessão.

2. QUESTÕES DE CONCURSOS

1. **(VUNESP/SEJUS-ES/Agente Penitenciário/2013)** As recompensas têm em vista o bom comportamento reconhecido em favor do condenado, de sua colaboração com a disciplina e de sua dedicação ao trabalho. É(são) recompensa(s):

a) o recolhimento em cela individual ou abrigo.
b) a inclusão no regime disciplinar diferenciado e multidisciplinar.
c) o elogio e a concessão de regalias.
d) as visitas semanais de duas pessoas além de crianças.
e) o direito à saída da cela por 2 horas diárias para banho de sol.

2. **(FCC/DPE-AM/Defensor Público/2018 – adaptada)** A concessão de regalias ao preso como forma de recompensa ao seu bom comportamento é proibida em razão da violação do princípio da igualdade.

GAB	1	2
	C	E

▸SUBSEÇÃO IV – DA APLICAÇÃO DAS SANÇÕES

Art. 57. Na aplicação das sanções disciplinares, levar-se-ão em conta a natureza, os motivos, as circunstâncias e as conseqüências do fato, bem como a pessoa do faltoso e seu tempo de prisão. (Redação dada pela Lei nº 10.792, de 2003)

Parágrafo único. Nas faltas graves, aplicam-se as sanções previstas nos incisos III a V do art. 53 desta Lei. (Redação dada pela Lei nº 10.792, de 2003)

1. COMENTÁRIOS

Para a aplicação das sanções, deverão ser levadas em consideração a natureza, os motivos, as circunstâncias e as consequências do fato, bem como a pessoa do faltoso e seu tempo de prisão, respeitado o parâmetro de que, para as faltas graves, deverão ser impostas as sanções de suspensão ou restrição de direitos, isolamento na própria cela, ou em local adequado, nos estabelecimentos que possuam alojamento coletivo, e inclusão no regime disciplinar diferenciado.

Art. 58. O isolamento, a suspensão e a restrição de direitos não poderão exceder a trinta dias, ressalvada a hipótese do regime disciplinar diferenciado. (Redação dada pela Lei nº 10.792, de 2003)

Parágrafo único. O isolamento será sempre comunicado ao Juiz da execução.

1. COMENTÁRIOS

O art. 58, da Lei de Execução Penal dispõe sobre limite máximo de tempo para as sanções de isolamento, suspensão e restrição de direitos. Sendo o caso de aplicação dessas sanções, elas não poderão exceder a trinta dias, ressalvada a hipótese do regime disciplinar diferenciado. Por sua vez, cuidando-se de isolamento de condenado, tal situação deverá ser sempre comunicada ao juízo da execução penal.

▸SUBSEÇÃO V – DO PROCEDIMENTO DISCIPLINAR

Art. 59. Praticada a falta disciplinar, deverá ser instaurado o procedimento para sua apuração, conforme regulamento, assegurado o direito de defesa.

Parágrafo único. A decisão será motivada.

1. COMENTÁRIOS

A aplicação de sanção decorrente do cometimento de falta disciplinar requer um procedimento específico, gizado na Lei de Execução Penal. Daí que estabelece o seu art. 59 que uma vez praticada a falta disciplinar, deverá ser instaurado o procedimento para sua apuração, consoante regulamento, assegurado o direito de defesa.

A defesa aqui referida pela Lei é a defesa técnica, isto é, representado o preso por advogado constituído ou defensor nomeado no início do procedimento para assegurar a garantia do contraditório e da ampla defesa, nos termos do art. 5º, LV, da Constituição. Nesse sentido se manifestam o STF[39] e o STJ[40], cominando nulidade em caso de inobservância do preceito. A decisão será motivada, podendo a autoridade administrativa decretar o isolamento preventivo do faltoso pelo prazo de até dez dias.

Art. 60. A autoridade administrativa poderá decretar o isolamento preventivo do faltoso pelo prazo de até dez dias. A inclusão do preso no regime disciplinar diferenciado, no interesse da disciplina e da averiguação do fato, dependerá de despacho do juiz competente. (Redação dada pela Lei nº 10.792, de 2003)

Parágrafo único. O tempo de isolamento ou inclusão preventiva no regime disciplinar diferenciado será computado no período de cumprimento da sanção disciplinar. (Redação dada pela Lei nº 10.792, de 2003)

1. COMENTÁRIOS

É possível o isolamento cautelar do apenado ou preso provisório que comete falta disciplinar, pelo prazo de até dez dias, pela autoridade administrativa. Tal providência é antecedente a uma possível inclusão do apenado ou preso provisório no regime disciplinar diferenciado. A inclusão do preso no regime disciplinar diferenciado, no interesse da disciplina e da averiguação do fato, dependerá de despacho do juiz competente. Em todo caso, o tempo de

39 STF, HC 77862, Rel. Min. Ilmar Galvão.

40 STJ, 6ª Turma, HC 199900495462, Rel. Min. Hamilton Carvalhido, DJ: 19/02/2001.

isolamento ou inclusão preventiva no regime disciplinar diferenciado será computado no período de cumprimento da sanção disciplinar.

2. QUESTÕES DE CONCURSOS

1. **(FCC/DPE-BA/Defensor Público/2016 – adaptada)** A submissão de preso ao regime disciplinar diferenciado poderá ser determinada pelo diretor da casa prisional, em caráter emergencial e excepcional, sendo que a decisão deverá ser ratificada pelo juiz no prazo máximo de vinte e quatro horas, contadas da efetivação da medida.

2. **(FCC/DPE-BA/Defensor Público/2016 – adaptada)** A autoridade administrativa poderá decretar o isolamento preventivo do faltoso pelo prazo de até vinte dias.

3. **(VUNESP/SEJUS-ES/Agente Penitenciário/2013)** A autoridade administrativa poderá decretar o isolamento preventivo do faltoso pelo prazo de até

a) uma semana.
b) 24 (vinte e quatro) horas.
c) 3 (três) dias.
d) 30 (trinta) dias.
e) 10 (dez) dias.

4. **(VUNESP/TJ-MT/Juiz de Direito/2018)** O Diretor do Presídio "A" oficia ao Juiz de Direito da Vara das Execuções Criminais da comarca local, informando que João, preso em referido estabelecimento, faz parte de organização criminosa e requerendo a sua inclusão no Regime Disciplinar Diferenciado. Nesse caso:

a) se o juiz determinar a inclusão de João no Regime Disciplinar Diferenciado, o período de inclusão poderá ser de até 1 (um) ano renovado por mais 1 (um) ano desde que não ultrapasse um sexto da pena.
b) o juiz não poderia determinar a inclusão de João no Regime Disciplinar Diferenciado se João fosse preso provisório.
c) o juiz somente poderá determinar a inclusão de João no Regime Disciplinar Diferenciado após a manifestação do Ministério Público e da Defesa.
d) poderá o Juiz determinar imediatamente, de forma fundamentada, a inclusão de João no Regime Disciplinar Diferenciado.
e) o Diretor do Presídio poderia determinar a inclusão de João no Regime Disciplinar Diferenciado desde que o Juiz homologasse a sua decisão.

GAB	1	2	3	4
	E	E	E	C

▸TÍTULO III – DOS ÓRGÃOS DA EXECUÇÃO PENAL

▸CAPÍTULO I – DISPOSIÇÕES GERAIS

Art. 61. São órgãos da execução penal:

I - o Conselho Nacional de Política Criminal e Penitenciária;

II - o Juízo da Execução;

III - o Ministério Público;

IV - o Conselho Penitenciário;

V - os Departamentos Penitenciários;

VI - o Patronato;

VII - o Conselho da Comunidade.

VIII - a Defensoria Pública. (Incluído pela Lei nº 12.313, de 2010).

1. COMENTÁRIOS

São vários os órgãos envolvidos na atividade de execução penal. O exercício das funções desses entes, tais como o Conselho Nacional de Política Criminal e Penitenciária, o Juízo da Execução, o Ministério Público, o Conselho Penitenciário, os Departamentos Penitenciários, o Patronato, o Conselho da Comunidade e a Defensoria Pública, objetiva assegurar a plena realização dos objetivos almejados pela Lei de Execução Penal. O feixe de funções, de natureza administrativa, jurisdicional e de correição, pode, conjuntamente, viabilizar um melhor alcance das finalidades escolhidas pelo legislador, se cotejadas com a realidade crítica atual.

2. QUESTÕES DE CONCURSOS

1. **(MPE-PR/Promotor de Justiça/2017)** O doutrinador Guilherme de Souza Nucci conceitua órgãos de execução penal como "os que, de alguma forma, interferem no cumprimento da pena de todos os condenados, fiscalizando, orientando, decidindo, propondo modificações, auxiliando o preso e o egresso, denunciando irregularidades, etc." (Leis Penais Processuais e Penais Comentadas, 6ª ed. rev. atual. e ref. São Paulo: Editora RT, 2012 (volume 2), p. 240). E, de acordo com o art. 61, da Lei nº 7.210/84 (LEP), não está elencado(a) dentre os órgãos de execução:

a) O Conselho da Comunidade.

b) O Patronato.

c) O Conselho Penitenciário.

d) A Defensoria Pública.

e) A Polícia Civil.

GAB	1
	E

CAPÍTULO II – DO CONSELHO NACIONAL DE POLÍTICA CRIMINAL E PENITENCIÁRIA

Art. 62. O Conselho Nacional de Política Criminal e Penitenciária, com sede na Capital da República, é subordinado ao Ministério da Justiça.

1. COMENTÁRIOS

O Conselho Nacional de Política Criminal e Penitenciária, com sede na Capital da República, é órgão subordinado ao Ministério da Justiça, com funções estratégicas, de promoção de modificações e de melhoramentos no sistema penitenciário, conforme especificadas no art. 63, da LEP.

Art. 63. O Conselho Nacional de Política Criminal e Penitenciária será integrado por 13 (treze) membros designados através de ato do Ministério da Justiça, dentre professores e profissionais da área do Direito Penal, Processual Penal, Penitenciário e ciências correlatas, bem como por representantes da comunidade e dos Ministérios da área social.

Parágrafo único. O mandato dos membros do Conselho terá duração de 2 (dois) anos, renovado 1/3 (um terço) em cada ano.

1. COMENTÁRIOS

O Conselho Nacional de Política Criminal e Penitenciária deve ser constituído por 13 (treze) membros designados através de ato do Ministério da Justiça. A composição deve ser heterogênea, preconizando o dispositivo que devem ser escolhidos dentre professores e profissionais de várias áreas jurídicas e correlatas, assim como por representantes da comunidade e dos Ministérios da área social, com mandato de 2 (dois) anos, com renovação anual de um terço.

Art. 64. Ao Conselho Nacional de Política Criminal e Penitenciária, no exercício de suas atividades, em âmbito federal ou estadual, incumbe:

I - propor diretrizes da política criminal quanto à prevenção do delito, administração da Justiça Criminal e execução das penas e das medidas de segurança;

II - contribuir na elaboração de planos nacionais de desenvolvimento, sugerindo as metas e prioridades da política criminal e penitenciária;

III - promover a avaliação periódica do sistema criminal para a sua adequação às necessidades do País;

IV - estimular e promover a pesquisa criminológica;

V - elaborar programa nacional penitenciário de formação e aperfeiçoamento do servidor;

VI - estabelecer regras sobre a arquitetura e construção de estabelecimentos penais e casas de albergados;

VII - estabelecer os critérios para a elaboração da estatística criminal;

VIII - inspecionar e fiscalizar os estabelecimentos penais, bem assim informar-se, mediante relatórios do Conselho Penitenciário, requisições, visitas ou outros meios, acerca do desenvolvimento da execução penal nos Estados, Territórios e Distrito Federal, propondo às autoridades dela incumbida as medidas necessárias ao seu aprimoramento;

IX - representar ao Juiz da execução ou à autoridade administrativa para instauração de sindicância ou procedimento administrativo, em caso de violação das normas referentes à execução penal;

X - representar à autoridade competente para a interdição, no todo ou em parte, de estabelecimento penal.

1. COMENTÁRIOS

Como órgão de cúpula do sistema penitenciário, inserido na estrutura do Ministério da Justiça, depreende-se que as atribuições do Conselho Penitenciário de Política Criminal e Penitenciária são de alta relevância. Como exemplos, cabe a ele propor diretrizes da política criminal quanto à prevenção do delito, administração da Justiça Criminal e execução das penas e das medidas de segurança, como também contribuir na elaboração de planos nacionais de desenvolvimento, sugerindo as metas e prioridades da política criminal e penitenciária.

2. QUESTÕES DE CONCURSOS

1. **(VUNESP/DPE-MT/Defensor Público/2014 – adaptada)** Cabem apenas ao juiz da execução penal e ao ministério público a obrigatoriedade de visitas aos estabelecimentos prisionais.

2. **(MPE-BA/Promotor de Justiça/2018 – adaptada)** Compete ao juízo de execuções penais propor diretrizes de política criminal quanto à prevenção do delito, administração da justiça criminal e execução das penas e das medidas de segurança.

GAB	1	2
	E	E

▸CAPÍTULO III – DO JUÍZO DA EXECUÇÃO

Art. 65. A execução penal competirá ao Juiz indicado na lei local de organização judiciária e, na sua ausência, ao da sentença.

1. COMENTÁRIOS

Compete ao juiz indicado na lei de organização judiciária conduzir a execução penal. Na falta de previsão específica, tal competência será do juiz da sentença. Essa a dicção do art. 65, da Lei de Execução Penal, que estabelece como regra a competência do juiz indicado na respectiva lei de organização judiciária para prosseguir com o processo executivo, tal como pode ocorrer nas comarcas ou seções judiciárias de maior porte, com a especialização de varas de execução penal. Para as sedes menores, é comum a cumulação de competências em um único juiz, vale dizer, a competência para a execução penal será do juiz da sentença.

Pairam divergências sobre a competência do juízo para a execução das penas privativas de liberdade, com duas correntes principais conforme noticia Renato Marcão: (1) a primeira que "entende que o juízo competente para a execução é o juízo do local da condenação, ainda que o executado se encontre cumprindo pena em estabelecimento prisional localizado em outra comarca, sob outra jurisdição"; (2) a segunda que defende "o critério do local do recolhimento do preso. Para esta, juízo competente para a execução é aquele do local em que se encontra o estabelecimento prisional"[41]. Esta a corrente majoritária, que seguimos e que é a tendência contemporânea, inclusive em face da instalação de presídios federais.

Essa questão, de relevo, é tratada pelo enunciado nº 192, da Súmula do STJ, que pontifica que compete à Justiça Estadual a execução de pena imposta a sentenciados pela Justiça Federal, quando recolhidos em estabelecimentos sujeitos a administração estadual. Seguindo essa orientação, reiterou, recentemente, o STJ, que "cabe à Justiça Estadual, ao conceder o benefício da prisão domiciliar ao apenado, tendo em vista a inexistência de vaga em estabelecimento prisional adequado ao regime estabelecido na sentença, prosseguir na execução da pena, inclusive para acompanhar o cumprimento das condições fixadas", embora a hipótese se refira à condenação da Justiça Federal, mercê de se cuidar de estabelecimento prisional estadual[42].

41 MARCÃO, Renato. *Curso de execução penal*. 8. ed. São Paulo: Saraiva, 2010. p.91-92.

42 STJ – Terceira Seção – CC 109.299/MG, Rel. Min. Jorge Mussi – DJ 06/09/2010.

O art. 62, do Código Penal Militar, a propósito, dispõe que o civil deve cumprir "a pena aplicada pela Justiça Militar, em estabelecimento prisional civil, ficando ele sujeito ao regime conforme a legislação penal comum, de cujos benefícios e concessões, também, poderá gozar". O civil pode ser o militar licenciado das forças armadas ou ex-militar estadual ou o civil (processado apenas na Justiça Militar da União), condenado por crime militar ou submetido à medida de segurança. Daí que a Terceira Seção do STJ – examinando execução de medida de segurança imposta a marinheiro que veio a ser licenciado do serviço ativo (excluído dos quadros das forças armadas), com a cessação do liame com a Justiça Militar – entendeu que a medida de segurança deveria ser executada pela Justiça Estadual. Consoante o julgado, a execução da medida imposta deve ocorrer "em estabelecimento estadual, ante a inexistência de estabelecimentos penais federais próprios para essa finalidade". Como previsto no enunciado da Súmula 192, dessa da Corte Superior, "compete ao Juízo das Execuções Penais do Estado a execução das penas impostas a sentenciados pela Justiça Federal, Militar ou Eleitoral, quando recolhidos a estabelecimentos sujeitos a administração estadual"[43].

Sobre a inserção do apenado em regime domiciliar por falta de estabelecimento adequado, a Terceira Seção, da Corte Superior, considerando o teor da Súmula Vinculante nº 56[44], do STF, afirmou ser imprescindível o exaurimento das possibilidades estabelecidas no julgamento do RE 641.320/RS, para o deferimento de prisão albergue domiciliar, quais sejam: (i) a saída antecipada de outro sentenciado no regime com falta de vagas, abrindo-se, assim, vagas para os reeducandos que acabaram de progredir; (ii) a liberdade eletronicamente monitorada ao sentenciado que sai antecipadamente ou é posto em prisão domiciliar por falta de vagas; e (iii) o cumprimento de penas restritivas de direitos e/ou estudo aos sentenciados em regime aberto"[45].

De outro giro, a competência do juízo de execução penal para fiscalizar os presídios não é exclusiva. Antes, tem o Ministério Público e a Defensoria Pública também o dever de visitar as penitenciárias e as cadeias públicas. Nesse sentido, decidiu o STJ que a competência de fiscalização dos estabelecimentos prisionais, atribuída aos juízes da execução, não exclui a possibilidade de atuação do *Parquet*[46].

2. SÚMULAS E JURISPRUDÊNCIA

- **Súmula 192, STJ:** Compete ao Juízo das Execuções Penais do Estado a execução das penas impostas a sentenciados pela Justiça Federal, Militar ou Eleitoral, quando recolhidos a estabelecimentos sujeitos a administração estadual.

43 STJ – Terceira Seção – CC 149.442-RJ, Rel. Min. Joel Ilan Paciornik, por unanimidade, julgado em 09/05/2018, DJe 17/05/2018 – Informativo n° 626, de 15 de junho de 2018.

44 Súmula Vinculante nº 56 – STF: "a inexistência de estabelecimento penal adequado ao regime prisional determinado para o cumprimento da pena não autoriza a concessão imediata do benefício da prisão domiciliar".

45 STJ - Terceira Seção - REsp 1.710.674-MG, Rel. Min. Reynaldo Soares da Fonseca, por maioria, julgado em 22/08/2018, DJe 03/09/2018 - Tema 993.

46 STJ – Quinta Turma – AgRg no REsp 853.788/SP – Rel. Min. Jorge Mussi – DJ 06/09/2010.

▸ **EXECUÇÃO PENAL. PROGRESSÃO DE REGIME. INEXISTÊNCIA DE VAGA EM ESTABELECIMENTO ADEQUADO. IMPOSSIBILIDADE DE CONCESSÃO IMEDIATA DA PRISÃO DOMICILIAR. NECESSIDADE DE APLICAÇÃO DAS PROVIDÊNCIAS ESTABELECIDAS PELO RE 641.320/RS.** inexistência de estabelecimento penal adequado ao regime prisional determinado para o cumprimento da pena não autoriza a concessão imediata do benefício da prisão domiciliar, porquanto, nos termos da Súmula Vinculante n. 56, é imprescindível que a adoção de tal medida seja precedida das providências estabelecidas no julgamento do RE 641.320/RS, quais sejam: (i) saída antecipada de outro sentenciado no regime com falta de vagas, abrindo-se, assim, vagas para os reeducandos que acabaram de progredir; (ii) a liberdade eletronicamente monitorada ao sentenciado que sai antecipadamente ou é posto em prisão domiciliar por falta de vagas; e (iii) cumprimento de penas restritivas de direitos e/ou estudo aos sentenciados em regime aberto. *STJ, REsp. 1.710.674-MG, Rel. Min. Reynaldo Soares da Fonseca, 3ª S., por maioria, j. 22/08/2018. (Info 632)*

Art. 66. Compete ao Juiz da execução:

I - aplicar aos casos julgados lei posterior que de qualquer modo favorecer o condenado;

II - declarar extinta a punibilidade;

III - decidir sobre:

a) soma ou unificação de penas;

b) progressão ou regressão nos regimes;

c) detração e remição da pena;

d) suspensão condicional da pena;

e) livramento condicional;

f) incidentes da execução.

IV - autorizar saídas temporárias;

V - determinar:

a) a forma de cumprimento da pena restritiva de direitos e fiscalizar sua execução;

b) a conversão da pena restritiva de direitos e de multa em privativa de liberdade;

c) a conversão da pena privativa de liberdade em restritiva de direitos;

d) a aplicação da medida de segurança, bem como a substituição da pena por medida de segurança;

e) a revogação da medida de segurança;

f) a desinternação e o restabelecimento da situação anterior;

g) o cumprimento de pena ou medida de segurança em outra comarca;

h) a remoção do condenado na hipótese prevista no § 1º, do artigo 86, desta Lei.

i) (VETADO); (Incluído pela Lei nº 12.258, de 2010)

VI - zelar pelo correto cumprimento da pena e da medida de segurança;

VII - inspecionar, mensalmente, os estabelecimentos penais, tomando providências para o adequado funcionamento e promovendo, quando for o caso, a apuração de responsabilidade;

VIII - interditar, no todo ou em parte, estabelecimento penal que estiver funcionando em condições inadequadas ou com infringência aos dispositivos desta Lei;

IX - compor e instalar o Conselho da Comunidade.

X – emitir anualmente atestado de pena a cumprir. (Incluído pela Lei nº 10.713, de 2003)

1. COMENTÁRIOS

1.1. Critério temporal para definição da competência do juiz da execução penal

A definição do juízo competente em execução penal é matéria que tem casuística própria. A aferição da competência para apreciar incidentes próprios da execução penal vai demandar interpretação desse dispositivo e da jurisprudência dominante sobre o tema. A título de exemplo, a competência originária para apreciar o pedido de retroatividade da lei penal mais benéfica é do juiz das execuções, especialmente quando o novo diploma legal entra em vigor depois de já imposta e transitada em julgado a condenação, como, aliás, decorre do enunciado nº 611 da súmula do STF[47].

Também compete ao juiz das execuções penais decidir acerca da pretensão de que seja aplicada a causa de diminuição de pena, tal como a prevista no art. 33, § 4º, da Lei nº 11.343/06[48], relativamente aos condenados com trânsito em julgado em data anterior a sua vigência, eis que "o art. 66, I, da Lei de Execução Penal é muito claro, atribuindo ao juiz da execução a competência para 'aplicar aos casos julgados lei posterior que de qualquer modo favorecer o condenado'"[49]. Com espeque em fundamento análogo, "eventual abatimento do período em que permaneceu o réu preso cautelarmente será operado pelo Juízo das Execuções, a quem compete, pelo art. 66, III, "c", da Lei nº 7.210/84, proferir decisão sobre detração penal"[50].

1.2. Rol não taxativo de competências do juiz da execução penal

Nos termos do art. 66, da LEP, ao juiz da execução compete deliberar sobre questões que incidem durante o cumprimento de pena ou de medida de segurança, conforme hipóteses que enumera.

(1) Aplicar aos casos julgados lei posterior que de qualquer modo favorecer o condenado. Trata-se aplicação da regra de que lei posterior benéfica deve ter incidência sobre os processos em curso, bem como sobre a execução penal em andamento.

(2) Declarar extinta a punibilidade. A extinção de punibilidade não somente tem lugar durante o curso de processo penal condenatório, quando o juiz deve decretá-la por sentença. Também em sede de execução penal, aplicam-se os casos de extinção de punibilidade (art. 107, CP), inclusive aquele que decorre do cumprimento integral da pena, devendo ser declarado por sentença.

(3) Decidir sobre: (a) soma ou unificação de penas. Quando há condenação superveniente ao cumprimento da pena, deve ser proferida decisão, pelo juiz da execução penal, reunindo as penas das condenações, a fim de assegurar direitos ao imputado. Por exemplo, é possível aplicação de regras de crime continuado (art. 71, CP), quando da unificação

---

47 STJ – Sexta Turma – HC 157.468/SP – Rel. Des. Conv. Haroldo Rodrigues – DJ 25/10/2010.

48 STJ – Sexta Turma – HC 154.333/SP – Rel. Min. Maria Thereza de Assis Moura – DJ 04/10/2010.

49 STJ – Sexta Turma – HC 120.444/RJ – Rel. Des. Conv. Celso Limongi – DJ 02/08/2010.

50 STJ – Sexta Turma – HC 120.444/RJ – Rel. Des. Conv. Celso Limongi – DJ 02/08/2010.

de crimes, a fim de proporcionar pena menos severa. Nesse sentido, mencionou o STJ, de passagem (*obiter dictum*) que "com as inovações trazidas pela Lei nº 12.015/2009, os crimes de estupro e atentado violento ao pudor são, agora, do mesmo gênero – crimes contra a liberdade sexual – e também da mesma espécie – estupro –, razão pela qual, preenchidos os requisitos de ordem objetiva (mesmas condições de tempo, lugar e forma de execução) e subjetiva (unidade de desígnios ou vínculo subjetivo entre os eventos), não haveria qualquer óbice ao reconhecimento da continuidade delitiva"[51]. (b) progressão ou regressão nos regimes; (c) detração e remição da pena; (d) suspensão condicional da pena; (e) livramento condicional; (f) incidentes da execução; (g) autorizar saídas temporárias; (h) determinar: (i) a forma de cumprimento da pena restritiva de direitos e fiscalizar sua execução; (ii) a conversão da pena restritiva de direitos e de multa em privativa de liberdade; (iii) a conversão da pena privativa de liberdade em restritiva de direitos; (iv) a aplicação da medida de segurança, bem como a substituição da pena por medida de segurança; (v) a revogação da medida de segurança; (vi) a desinternação e o restabelecimento da situação anterior; (viii) o cumprimento de pena ou medida de segurança em outra comarca; (ix) a remoção do condenado na hipótese prevista no § 1º, do artigo 86, desta Lei; (x) zelar pelo correto cumprimento da pena e da medida de segurança; (xi) inspecionar, mensalmente, os estabelecimentos penais, tomando providências para o adequado funcionamento e promovendo, quando for o caso, a apuração de responsabilidade; (xii) interditar, no todo ou em parte, estabelecimento penal que estiver funcionando em condições inadequadas ou com infringência aos dispositivos desta Lei; (xiii) compor e instalar o Conselho da Comunidade; e (xiv) emitir anualmente atestado de pena a cumprir.

2. SÚMULAS E JURISPRUDÊNCIA

- **Súmula 611, STF:** Transitada em julgado a sentença condenatória, compete ao Juízo das execuções a aplicação de lei mais benigna.

3. QUESTÕES DE CONCURSOS

1. **(MPE-BA/Promotor de Justiça/2018 – adaptada)** Compete ao juízo de execuções penais interditar, no todo ou em parte, o estabelecimento penal que esteja funcionando em condições inadequadas.

2. **(MPE-PR/Promotor de Justiça/2019 – adaptada)** Compete ao Juiz da Execução inspecionar, mensalmente, os estabelecimentos penais, tomando providências para o adequado funcionamento e promovendo, quando for o caso, a apuração de responsabilidade.

GAB	1	2
	C	C

CAPÍTULO IV – DO MINISTÉRIO PÚBLICO

Art. 67. O Ministério Público fiscalizará a execução da pena e da medida de segurança, oficiando no processo executivo e nos incidentes da execução.

51 STJ – Quinta Turma – HC 113.918/SP – Rel. Min. Jorge Mussi – DJe 09/05/2011.

1. COMENTÁRIOS

A atuação do Ministério Público como *custos juris* (fiscal da ordem jurídica) está descrita no art. 127, da Constituição da República, bem como em outros dispositivos de ordem. No processo executivo penal, ele deve intervir obrigatoriamente, inclusive nos incidentes suscitados no curso da execução penal. A ausência de oportunidade para intervenção enseja vício classificado como nulidade absoluta da decisão tomada nos autos do processo de execução penal[52].

Art. 68. Incumbe, ainda, ao Ministério Público:

I - fiscalizar a regularidade formal das guias de recolhimento e de internamento;

II - requerer:

a) todas as providências necessárias ao desenvolvimento do processo executivo;

b) a instauração dos incidentes de excesso ou desvio de execução;

c) a aplicação de medida de segurança, bem como a substituição da pena por medida de segurança;

d) a revogação da medida de segurança;

e) a conversão de penas, a progressão ou regressão nos regimes e a revogação da suspensão condicional da pena e do livramento condicional;

f) a internação, a desinternação e o restabelecimento da situação anterior.

III - interpor recursos de decisões proferidas pela autoridade judiciária, durante a execução.

Parágrafo único. O órgão do Ministério Público visitará mensalmente os estabelecimentos penais, registrando a sua presença em livro próprio.

1. COMENTÁRIOS

As atribuições conferidas neste artigo não excluem outras previstas na Lei nº 8.625/1993 (Lei Orgânica Nacional do Ministério Público) e Lei Complementar nº 75/1993 (Estatuto do Ministério Público da União). Algumas dessas atribuições, gizadas na Lei de Execução Penal, podem ser depreendidas dessas outras leis ou mesmo do texto da Constituição de 1988 (art. 127).

2. QUESTÕES DE CONCURSOS

1. **(MPE-PR/Promotor de Justiça/2019 – adaptada)** Incumbe ao Ministério Público visitar mensalmente os estabelecimentos penais, registrando sua presença em livro próprio.

GAB	1
	C

52 Conferir: ALENCAR, Rosmar Rodrigues. *Teoria da nulidade no processo penal*. São Paulo: Noeses, 2017. p. 603 e seguintes.

▸CAPÍTULO V – DO CONSELHO PENITENCIÁRIO

Art. 69. O Conselho Penitenciário é órgão consultivo e fiscalizador da execução da pena.

§ 1º O Conselho será integrado por membros nomeados pelo Governador do Estado, do Distrito Federal e dos Territórios, dentre professores e profissionais da área do Direito Penal, Processual Penal, Penitenciário e ciências correlatas, bem como por representantes da comunidade. A legislação federal e estadual regulará o seu funcionamento.

§ 2º O mandato dos membros do Conselho Penitenciário terá a duração de 4 (quatro) anos.

1. COMENTÁRIOS

O Conselho Penitenciário é órgão consultivo, que se manifesta emitindo pareceres e fiscalizador da execução da pena (para fins de aprimorar o controle do sistema). Deve ser integrado por membros nomeados pelo Governador do Estado, do Distrito Federal e dos Territórios, dentre professores e profissionais da área jurídica e de ciências correlatas, assim como por representantes da comunidade, com mandato de quatro anos. Dentre suas atribuições, destaca-se a de emissão de parecer sobre indulto e comutação de pena (excetuada a hipótese de pedido de indulto com base no estado de saúde do preso).

Art. 70. Incumbe ao Conselho Penitenciário:

I - emitir parecer sobre indulto e comutação de pena, excetuada a hipótese de pedido de indulto com base no estado de saúde do preso; (Redação dada pela Lei nº 10.792, de 2003)

II - inspecionar os estabelecimentos e serviços penais;

III - apresentar, no 1º (primeiro) trimestre de cada ano, ao Conselho Nacional de Política Criminal e Penitenciária, relatório dos trabalhos efetuados no exercício anterior;

IV - supervisionar os patronatos, bem como a assistência aos egressos.

1. COMENTÁRIOS

As atribuições do Conselho Penitenciário, consultivas ou fiscalizatórias, devem se harmonizar com as funções dos demais órgãos da execução penal. Suas manifestações de natureza consultiva não vinculam os órgãos deliberativos, a exemplo das decisões judiciais sobre indulto e comutação da penal. Os trabalhos encaminhados ao Conselho Nacional de Política Criminal e Penitenciária devem subsidiar, por exemplo, a elaboração de diretrizes por parte deste, a partir da tomada de conhecimento da realidade prisional os estabelecimentos inspecionados pelo Conselho Penitenciário.

2. QUESTÕES DE CONCURSOS

1. **(FCC/DPE-MA/Defensor Público/2018)** O Conselho Penitenciário

a) é forma de controle popular da execução penal com incumbência de fiscalizar e interditar os estabelecimentos penais.

b) deve ser composto por membros da comunidade sem vínculos com o sistema de justiça, com mandato de 2 anos.

c) deve inspecionar os estabelecimentos e serviços penais além de supervisionar a assistência aos egressos.

d) deve emitir parecer sobre progressão de regime e indulto humanitário.

e) é instalado pelo Conselho da Comunidade em cada uma das comarcas em que exista estabelecimento prisional.

2. **(MPE-BA/Promotor de Justiça/2018 – adaptada)** Incumbe ao Conselho Penitenciário emitir parecer sobre indulto com base no estado de saúde do preso.

GAB	1	2
	C	E

CAPÍTULO VI – DOS DEPARTAMENTOS PENITENCIÁRIOS

SEÇÃO I – DO DEPARTAMENTO PENITENCIÁRIO NACIONAL

Art. 71. O Departamento Penitenciário Nacional, subordinado ao Ministério da Justiça, é órgão executivo da Política Penitenciária Nacional e de apoio administrativo e financeiro do Conselho Nacional de Política Criminal e Penitenciária.

1. COMENTÁRIOS

O Departamento Penitenciário Nacional, subordinado ao Ministério da Justiça, é órgão executivo da Política Penitenciária Nacional e de apoio administrativo e financeiro do Conselho Nacional de Política Criminal e Penitenciária. Executa tarefas imediatas, de nível nacional, conforme estipuladas no art. 72, da LEP.

Art. 72. São atribuições do Departamento Penitenciário Nacional:

I - acompanhar a fiel aplicação das normas de execução penal em todo o Território Nacional;

II - inspecionar e fiscalizar periodicamente os estabelecimentos e serviços penais;

III - assistir tecnicamente as Unidades Federativas na implementação dos princípios e regras estabelecidos nesta Lei;

IV - colaborar com as Unidades Federativas mediante convênios, na implantação de estabelecimentos e serviços penais;

V - colaborar com as Unidades Federativas para a realização de cursos de formação de pessoal penitenciário e de ensino profissionalizante do condenado e do internado.

VI – estabelecer, mediante convênios com as unidades federativas, o cadastro nacional das vagas existentes em estabelecimentos locais destinadas ao cumprimento de penas privativas de liberdade aplicadas pela justiça de outra unidade federativa, em especial para presos sujeitos a regime disciplinar. (Incluído pela Lei nº 10.792, de 2003)

VII – acompanhar a execução da pena das mulheres beneficiadas pela progressão especial de que trata o § 3º do art. 112 desta Lei, monitorando sua integração social e a ocorrência de reincidência, específica ou não, mediante a realização de avaliações periódicas e de estatísticas criminais. (Incluído pela Lei nº 13.769, de 2018)

§ 1º Incumbem também ao Departamento a coordenação e supervisão dos estabelecimentos penais e de internamento federais. (Redação dada pela Lei nº 13.769, de 2018)

§ 2º Os resultados obtidos por meio do monitoramento e das avaliações periódicas previstas no inciso VII do caput deste artigo serão utilizados para, em função da efetividade da progressão especial para a ressocialização das mulheres de que trata o § 3º do art. 112 desta Lei, avaliar eventual desnecessidade do regime fechado de cumprimento de pena para essas mulheres nos casos de crimes cometidos sem violência ou grave ameaça. (Incluído pela Lei nº 13.769, de 2018)

1. COMENTÁRIOS

As atribuições do Departamento Penitenciário Nacional ensejam adoção de providências imediatas junto às unidades federativas. Além de acompanhar a fiel aplicação das normas de execução penal em todo o território nacional, inspecionar e fiscalizar periodicamente os estabelecimentos e serviços penais, bem como prestar assistência técnica às Unidades Federativas na implementação dos princípios e regras estabelecidos na Lei de Execução Penal, ele deve coordenar e supervisionar estabelecimentos penais e de internamento federais, além das demais incumbências ali elencadas (art. 72, LEP).

▸SEÇÃO II – DO DEPARTAMENTO PENITENCIÁRIO LOCAL

Art. 73. A legislação local poderá criar Departamento Penitenciário ou órgão similar, com as atribuições que estabelecer.

1. COMENTÁRIOS

O Departamento Penitenciário Local ou órgão similar poderá ser criado pela legislação local, com as atribuições por ela estatuídas, nos termos do art. 73, da Lei de Execução Penal. O princípio da simetria, relativamente ao Departamento Penitenciário Nacional, deve ser observado relativamente ao local.

Art. 74. O Departamento Penitenciário local, ou órgão similar, tem por finalidade supervisionar e coordenar os estabelecimentos penais da Unidade da Federação a que pertencer.

Parágrafo único. Os órgãos referidos no caput deste artigo realizarão o acompanhamento de que trata o inciso VII do caput do art. 72 desta Lei e encaminharão ao Departamento Penitenciário Nacional os resultados obtidos. (Incluído pela Lei nº 13.769, de 2018)

1. COMENTÁRIOS

Na linha do princípio da simetria ou do paralelismo, tomado a partir das atribuições do Departamento Penitenciário Nacional, descritas no art. 72, da Lei de Execução Penal, o Departamento Penitenciário local ou órgão similar deve ter o objetivo de supervisionar e coordenar os estabelecimentos penais da Unidade da Federação a que pertencer.

▸SEÇÃO III – DA DIREÇÃO E DO PESSOAL DOS ESTABELECIMENTOS PENAIS

Art. 75. O ocupante do cargo de diretor de estabelecimento deverá satisfazer os seguintes requisitos:

I - ser portador de diploma de nível superior de Direito, ou Psicologia, ou Ciências Sociais, ou Pedagogia, ou Serviços Sociais;

II - possuir experiência administrativa na área;

III - ter idoneidade moral e reconhecida aptidão para o desempenho da função.

Parágrafo único. O diretor deverá residir no estabelecimento, ou nas proximidades, e dedicará tempo integral à sua função.

1. COMENTÁRIOS

A Direção do Estabelecimento Penal deve ser conduzida pela pessoa ocupante do cargo de diretor. Para investidura no cargo, de provimento em comissão e demissível *ad nutum*, o enunciado epigrafado exige a satisfação dos requisitos de ser portador de diploma de nível superior nas áreas de Direito, de Psicologia, de Ciências Sociais, de Pedagogia ou Serviços Sociais.

Além desse requisito de grau de escolaridade específica, impõe o art. 75 que o diretor possua experiência administrativa na área e satisfaça a condição de ter idoneidade moral e reconhecida aptidão para o desempenho da função. Como dever jurídico sucessivo, o diretor deverá residir no estabelecimento, ou nas suas proximidades, com dedicação de tempo integral à sua função.

Art. 76. O Quadro do Pessoal Penitenciário será organizado em diferentes categorias funcionais, segundo as necessidades do serviço, com especificação de atribuições relativas às funções de direção, chefia e assessoramento do estabelecimento e às demais funções.

1. COMENTÁRIOS

O Quadro do Pessoal Penitenciário deverá ser regulado por lei específica. As categorias funcionais, criadas também por lei, devem ser adequadas ao grau do cargo ou função. Ao cabo, visa-se viabilizar o funcionamento eficiente do sistema penitenciário.

Art. 77. A escolha do pessoal administrativo, especializado, de instrução técnica e de vigilância atenderá a vocação, preparação profissional e antecedentes pessoais do candidato.

§ 1° O ingresso do pessoal penitenciário, bem como a progressão ou a ascensão funcional dependerão de cursos específicos de formação, procedendo-se à reciclagem periódica dos servidores em exercício.

§ 2º No estabelecimento para mulheres somente se permitirá o trabalho de pessoal do sexo feminino, salvo quando se tratar de pessoal técnico especializado.

1. COMENTÁRIOS

O art. 77, da LEP, prevê requisitos para o ingresso no quadro do pessoal administrativo do sistema penitenciário. No dispositivo, apenas estão descritas as linhas gerais, comumente exigidas para o exercício de qualquer cargo público, cujo ingresso deve ocorrer mediante concurso público. O § 2º, do art. 77, do mesmo diploma legal, limita que, no estabelecimento penitenciário feminino, somente se permita o trabalho de mulheres, ressalvando a hipótese de "pessoal técnico especializado".

2. QUESTÕES DE CONCURSOS

1. **(VUNESP/SEJUS-ES/Agente Penitenciário/2013)** No estabelecimento para mulheres, somente se permitirá o trabalho de pessoal do sexo feminino, salvo quando tratar-se de

a) ocupante do cargo de diretor.
b) pessoal técnico especializado.
c) portador de diploma de nível superior em Psicologia.
d) portador de diploma de nível superior em Direito.
e) ocupante do cargo de vistoriador.

GAB	1
	B

▸CAPÍTULO VII – DO PATRONATO

Art. 78. O Patronato público ou particular destina-se a prestar assistência aos albergados e aos egressos (artigo 26).

1. COMENTÁRIOS

O dever jurídico de prestar assistência ao egresso, nos termos do art. 26, da LEP, é do órgão denominado Patronato de Presos e Egressos que, por sua vez, pode ser público ou particular. A LEP não descreve quem deve compor o Patronato. Outros diplomas legais podem dispor sobre o Patronato, a nível federal ou estadual. A composição pode ser interdisciplinar, devendo ser supervisionado pelo Conselho Penitenciário (art. 70, LEP). Sua composição "poderá ser integrada por estudantes de Direito, de Sociologia, de Psicologia, de Medicina, Serviço Social" dentre outras[53].

Art. 79. Incumbe também ao Patronato:

I - orientar os condenados à pena restritiva de direitos;

II - fiscalizar o cumprimento das penas de prestação de serviço à comunidade e de limitação de fim de semana;

III - colaborar na fiscalização do cumprimento das condições da suspensão e do livramento condicional.

1. COMENTÁRIOS

O Patronato é órgão do sistema de execução penal (art. 61, VI, LEP), com a finalidade de prestar "assistência aos albergados e aos egressos, incumbindo-lhe a orientação dos condenados à pena restritiva de direitos, fiscalização do cumprimento das penas de prestação de serviço à comunidade e de limitação de fim de semana e colaboração na fiscalização do cumprimento das condições da suspensão e do livramento condicional". Diante da importância da atuação dos Patronatos na prestação de assistência aos albergados e aos egressos nas Unidades da Federação, o Plano Diretor do Sistema Penitenciário o relacionou como uma das metas, descrevendo a situação atual das atuações dos Patronatos nas unidades federativas do Brasil[54].

53 D'Urso, Luiz Flávio Borges. O egresso do cárcere. *Âmbito jurídico*. Disponível em: <http://www.ambito-juridico.com.br/site/index.php?n_link=revista_artigos_leitura&artigo_id=5441>. Acesso em: 13 abr. 2017.

54 BRASIL. Ministério da Justiça. *Relatório da situação atual do sistema penitenciário*: patronatos. Disponível em: <https://www.justica.gov.br/seus-direitos/politica-penal/arquivos/plano-diretor/anexos-plano-diretor/meta01_patronatos.pdf>. Acesso em: 13 abr. 2017.

2. QUESTÕES DE CONCURSOS

1. **(MPE-PR/Promotor de Justiça/2019 – adaptada)** Incumbe ao Patronato visitar os estabelecimentos penais, tomando providências para o adequado funcionamento, e requerer, quando for o caso, a apuração de responsabilidade.

GAB	1
	E

▸CAPÍTULO VIII – DO CONSELHO DA COMUNIDADE

Art. 80. Haverá, em cada comarca, um Conselho da Comunidade composto, no mínimo, por 1 (um) representante de associação comercial ou industrial, 1 (um) advogado indicado pela Seção da Ordem dos Advogados do Brasil, 1 (um) Defensor Público indicado pelo Defensor Público Geral e 1 (um) assistente social escolhido pela Delegacia Seccional do Conselho Nacional de Assistentes Sociais. (Redação dada pela Lei nº 12.313, de 2010).

Parágrafo único. Na falta da representação prevista neste artigo, ficará a critério do Juiz da execução a escolha dos integrantes do Conselho.

1. COMENTÁRIOS

Os Conselhos Comunitários são órgãos que permitem maior participação na gestão dos estabelecimentos prisionais. Com composição eclética, é possível viabilizar controle externo do presídio por meio da atuação do Conselho da Comunidade. Poderá, por meio da atuação de vários representantes, atuar na fiscalização de um determinado estabelecimento penitenciário.

Deveras, "familiares de detentos, comerciantes, religiosos e advogados estão entre os voluntários atuantes nos Conselhos da Comunidade, que representam a sociedade na fiscalização do sistema carcerário e na ressocialização dos condenados". Eles poderão se vincular a varas de execução penal. Os recursos para a atuação dos Conselhos poderão vir de doações e de parcerias com órgãos públicos. Consoante Resolução nº 154/2012, do Conselho Nacional de Justiça (CNJ), poderá ser celebrado convênio com o Judiciário para, por exemplo, poder o Conselho da Comunidade "receber verbas oriundas de penas de prestação pecuniária, que são multas aplicadas em substituição à prisão nos casos de delitos de menor gravidade"[55].

Art. 81. Incumbe ao Conselho da Comunidade:

I - visitar, pelo menos mensalmente, os estabelecimentos penais existentes na comarca;

II - entrevistar presos;

III - apresentar relatórios mensais ao Juiz da execução e ao Conselho Penitenciário;

IV - diligenciar a obtenção de recursos materiais e humanos para melhor assistência ao preso ou internado, em harmonia com a direção do estabelecimento.

55 BRASIL. Conselho Nacional de Justiça (CNJ). Conselhos representam comunidade na fiscalização de presídios. Disponível em: <http://www.cnj.jus.br/noticias/cnj/80000-conselhos-da-comunidade-representam-a-populacao-na-fiscalizacao-dos-presidios>. Acesso em: 16 abr. 2017.

1. COMENTÁRIOS

As atribuições do Conselho da Comunidade são de importância para o controle da administração penitenciária, do cumprimento de regras do processo de execução penal e do respeito aos direitos humanos fundamentais. Constatando irregularidades, o Conselho da Comunidade poderá representar às autoridades públicas (ao Ministério Público, por exemplo) e ao Conselho Penitenciário para que as providências adequadas sejam tomadas.

Cabe destacar que a Lei nº 12.714/2012, em seu art. 1º, § 4º, preconiza que os dados e as informações do sistema eletrônico informatizado de acompanhamento da execução das penas, da prisão cautelar e da medida de segurança poderão ser acompanhados, dentre outros agentes (magistrados, ministério público e defensores), pelos representantes dos conselhos da comunidade, com o objetivo é tornar possível o acesso aos dados e informações de pessoas com a liberdade cerceada, tornando o controle mais eficaz.

2. QUESTÕES DE CONCURSOS

1. **(MPE-PR/Promotor de Justiça/2019 – adaptada)** Incumbe ao Conselho da Comunidade, visitar, pelo menos mensalmente, os estabelecimentos penais existentes na comarca.

GAB	1
	C

▸CAPÍTULO IX – DA DEFENSORIA PÚBLICA (INCLUÍDO PELA LEI Nº 12.313, DE 2010).

Art. 81-A. A Defensoria Pública velará pela regular execução da pena e da medida de segurança, oficiando, no processo executivo e nos incidentes da execução, para a defesa dos necessitados em todos os graus e instâncias, de forma individual e coletiva. (Incluído pela Lei nº 12.313, de 2010).

1. COMENTÁRIOS

Nos termos do art. 134, caput, da CF/1988, a Defensoria Pública é instituição permanente, essencial à função jurisdicional do Estado, incumbindo-lhe, como expressão e instrumento do regime democrático, fundamentalmente, a orientação jurídica, a promoção dos direitos humanos e a defesa, em todos os graus, judicial e extrajudicial, dos direitos individuais e coletivos, de forma integral e gratuita, aos necessitados, na forma do inciso LXXIV, do seu art. 5º.

O legislador da Lei de Execução Penal inseriu o art. 81-A e 82-B, especificando as atribuições da defensoria pública. Deixou claro, de outro lado, que ela pode promover ações coletivas, em favor dos direitos dos apenados, entendidos como grupos. Cuida-se de importante órgão promotor de direitos humanos dos apenados, dos presos provisórios e dos internados.

Art. 81-B. Incumbe, ainda, à Defensoria Pública: (Incluído pela Lei nº 12.313, de 2010).

I - requerer: (Incluído pela Lei nº 12.313, de 2010).

a) todas as providências necessárias ao desenvolvimento do processo executivo; (Incluído pela Lei nº 12.313, de 2010).

b) a aplicação aos casos julgados de lei posterior que de qualquer modo favorecer o condenado; (Incluído pela Lei nº 12.313, de 2010).

c) a declaração de extinção da punibilidade; (Incluído pela Lei nº 12.313, de 2010).

d) a unificação de penas; (Incluído pela Lei nº 12.313, de 2010).

e) a detração e remição da pena; (Incluído pela Lei nº 12.313, de 2010).

f) a instauração dos incidentes de excesso ou desvio de execução; (Incluído pela Lei nº 12.313, de 2010).

g) a aplicação de medida de segurança e sua revogação, bem como a substituição da pena por medida de segurança; (Incluído pela Lei nº 12.313, de 2010).

h) a conversão de penas, a progressão nos regimes, a suspensão condicional da pena, o livramento condicional, a comutação de pena e o indulto; (Incluído pela Lei nº 12.313, de 2010).

i) a autorização de saídas temporárias; (Incluído pela Lei nº 12.313, de 2010).

j) a internação, a desinternação e o restabelecimento da situação anterior; (Incluído pela Lei nº 12.313, de 2010).

k) o cumprimento de pena ou medida de segurança em outra comarca; (Incluído pela Lei nº 12.313, de 2010).

l) a remoção do condenado na hipótese prevista no § 1º do art. 86 desta Lei; (Incluído pela Lei nº 12.313, de 2010).

II - requerer a emissão anual do atestado de pena a cumprir; (Incluído pela Lei nº 12.313, de 2010).

III - interpor recursos de decisões proferidas pela autoridade judiciária ou administrativa durante a execução; (Incluído pela Lei nº 12.313, de 2010).

IV - representar ao Juiz da execução ou à autoridade administrativa para instauração de sindicância ou procedimento administrativo em caso de violação das normas referentes à execução penal; (Incluído pela Lei nº 12.313, de 2010).

V - visitar os estabelecimentos penais, tomando providências para o adequado funcionamento, e requerer, quando for o caso, a apuração de responsabilidade; (Incluído pela Lei nº 12.313, de 2010).

VI - requerer à autoridade competente a interdição, no todo ou em parte, de estabelecimento penal. (Incluído pela Lei nº 12.313, de 2010).

Parágrafo único. O órgão da Defensoria Pública visitará periodicamente os estabelecimentos penais, registrando a sua presença em livro próprio. (Incluído pela Lei nº 12.313, de 2010).

1. COMENTÁRIOS

A Lei Complementar nº 80/1994 elenca, no rol do seu art. 4º, as funções institucionais da Defensoria Pública, dentre as quais se vê a de "atuar nos estabelecimentos policiais, penitenciários e de internação de adolescentes, visando a assegurar às pessoas, sob quaisquer circunstâncias, o exercício pleno de seus direitos e garantias fundamentais".

Além desse mister, os defensores públicos detêm a prerrogativa de participar, com direito a voz e voto, dos conselhos penitenciários (arts. 18, VIII, 64, VIII, 108, parágrafo único, II, da Lei Complementar nº 80/1994).

A nosso ver, a só existência desses enunciados da Lei Complementar, em consonância com o *caput*, do art. 134, da Constituição da República, já era fonte suficiente para a atuação plena da Defensoria Pública na seara do processo de execução penal e do sistema penitenciário. A modificação da Lei de Execução Penal, contudo, especifica melhor as atribuições dos defensores públicos, permitindo maior clareza acerca dos limites da atuação deles.

2. QUESTÕES DE CONCURSOS

1. **(CS-UFG/DPE-GO/Defensor Público/2014)** Nos termos da Lei n. 7.210/1984, a Defensoria Pública velará pela regular execução da pena e da medida de segurança, oficiando, no processo executivo e nos incidentes da execução, para a defesa dos necessitados em todos os graus e instâncias, de forma individual e coletiva. Incumbe, ainda, à Defensoria Pública.

a) fiscalizar a regularidade formal das guias de recolhimento e de internamento
b) supervisionar os patronatos, bem como a assistência aos egressos.
c) estimular e promover a pesquisa criminológica.
d) compor e instalar o Conselho da Comunidade.
e) requerer a emissão anual do atestado de pena a cumprir.

2. **(MPE-PR/Promotor de Justiça/2019 – adaptada)** Incumbe à Defensoria Pública visitar os estabelecimentos penais, tomando providências para o adequado funcionamento, e requerer, quando for o caso, a apuração de responsabilidade.

GAB	1	2
	E	C

▸TÍTULO IV – DOS ESTABELECIMENTOS PENAIS

▸CAPÍTULO I – DISPOSIÇÕES GERAIS

Art. 82. Os estabelecimentos penais destinam-se ao condenado, ao submetido à medida de segurança, ao preso provisório e ao egresso.

§ 1° A mulher e o maior de sessenta anos, separadamente, serão recolhidos a estabelecimento próprio e adequado à sua condição pessoal. (Redação dada pela Lei nº 9.460, de 1997)

§ 2º - O mesmo conjunto arquitetônico poderá abrigar estabelecimentos de destinação diversa desde que devidamente isolados.

1. COMENTÁRIOS

Os estabelecimentos penais destinam-se ao condenado, ao submetido à medida de segurança, ao preso provisório e ao egresso, devendo ser respeitada a condição pessoal da mulher e do maior de sessenta anos, pelo que serão, separadamente, recolhidos a estabelecimento próprio e adequado, sem prejuízo do mesmo conjunto arquitetônico poder abrigar estabelecimentos de destinação diversa desde que devidamente isolados.

2. QUESTÕES DE CONCURSOS

1. **(VUNESP/SEJUS-ES/Agente de Escolta e Vigilância Penitenciário/2013)** Conforme a Lei de Execução Penal, os estabelecimentos penais destinam-se ao condenado, ao submetido à medida de segurança, ao preso provisório e ao

a) egresso
b) doente mental
c) maior de setenta anos
d) preso primário
e) maior de sessenta anos.

GAB	1
	A

Art. 83. O estabelecimento penal, conforme a sua natureza, deverá contar em suas dependências com áreas e serviços destinados a dar assistência, educação, trabalho, recreação e prática esportiva.

§ 1º Haverá instalação destinada a estágio de estudantes universitários. (Renumerado pela Lei nº 9.046, de 1995)

§ 2º Os estabelecimentos penais destinados a mulheres serão dotados de berçário, onde as condenadas possam cuidar de seus filhos, inclusive amamentá-los, no mínimo, até 6 (seis) meses de idade. (Redação dada pela Lei nº 11.942, de 2009)

§ 3º Os estabelecimentos de que trata o § 2º deste artigo deverão possuir, exclusivamente, agentes do sexo feminino na segurança de suas dependências internas. (Incluído pela Lei nº 12.121, de 2009).

§ 4º Serão instaladas salas de aulas destinadas a cursos do ensino básico e profissionalizante. (Incluído pela Lei nº 12.245, de 2010)

§ 5º Haverá instalação destinada à Defensoria Pública. (Incluído pela Lei nº 12.313, de 2010).

1. COMENTÁRIOS

O estabelecimento penal, conforme a sua natureza, deverá contar em suas dependências com áreas e serviços destinados a dar assistência, educação, trabalho, recreação e prática esportiva, com instalação destinada a estágio de estudantes universitários. Serão instaladas salas de aulas destinadas a cursos do ensino básico e profissionalizante e haverá instalação destinada à Defensoria Pública.

Quando se cuidar de estabelecimento penal destinado a mulheres, será ele dotado de berçário, onde as condenadas possam cuidar de seus filhos, inclusive amamentá-los, no mínimo, até 6 (seis) meses de idade. Estabelecimentos dessa espécie deverão possuir, exclusivamente, agentes do sexo feminino na segurança de suas dependências internas.

Ressalte-se, ademais, que a Lei complementar 153/2015 inseriu uma nova situação em que devem ser aplicados os recursos do FUNPEN (Fundo Penitenciário Nacional), incluindo ao art. 3º da Lei Complementar 79/1994 o inciso XV, autorizando a aplicação dos referidos recursos para a implantação e manutenção de berçário, creche e seção destinada à gestante e à parturiente nos estabelecimentos penais, nos termos do § 2º, do art. 83, e do art. 89, da Lei de Execução Penal.

Vale registrar, por fim, que a Lei Complementar nº 79/1994 tornou a ser modificada pelo legislador, desta vez por meio de lei ordinária – Lei nº 13.500/2017, fundada na competência concorrente da União (art. 24, I, CF). Como a matéria disposta não é reservada à lei complementar, as modificações não padecem de inconstitucionalidade formal. Os novos enunciados estabelecem critérios de repasses, dispondo sobre a transferência de recursos financeiros do Fundo Penitenciário Nacional.

2. QUESTÕES DE CONCURSOS

1. **(CS-UFG/DPE-GO/Defensor Público/2014)** A. M., primário e de bons antecedentes, foi condenado a seis anos de reclusão pela prática do crime de extorsão (art. 158, caput, Código Penal). Na hipótese, com referência a sua pena, o benefício do livramento condicional somente poderá ser concedido quando A. M. cumprir mais de:

a) 1 (um) ano.

b) 1 (um) ano e 6 (seis) meses.

c) 2 (dois) anos.

d) 3 (três) anos.

e) 4 (quatro) anos.

2. (FCC/DPE-SP/Defensor Público/2014 – adaptada) Os estabelecimentos penais destinados a mulheres devem ser dotados de estrutura adequada para que possam cuidar de seus filhos e amamentá-los até o período máximo de seis meses de idade.

GAB	1	2
	C	E

Art. 83-A. Poderão ser objeto de execução indireta as atividades materiais acessórias, instrumentais ou complementares desenvolvidas em estabelecimentos penais, e notadamente: (Incluído pela Lei nº 13.190, de 2015).

I - serviços de conservação, limpeza, informática, copeiragem, portaria, recepção, reprografia, telecomunicações, lavanderia e manutenção de prédios, instalações e equipamentos internos e externos; (Incluído pela Lei nº 13.190, de 2015).

II - serviços relacionados à execução de trabalho pelo preso. (Incluído pela Lei nº 13.190, de 2015).

§ 1º A execução indireta será realizada sob supervisão e fiscalização do poder público. (Incluído pela Lei nº 13.190, de 2015).

§ 2º Os serviços relacionados neste artigo poderão compreender o fornecimento de materiais, equipamentos, máquinas e profissionais. (Incluído pela Lei nº 13.190, de 2015).

1. COMENTÁRIOS

A partir do advento da Lei nº 13.190/2015, passou-se a admitir a terceirização de serviços não tipicamente públicos no âmbito do sistema prisional. O art. 83-A, *caput*, da LEP, usa a expressão "execução indireta", mencionado a possibilidade de outorga de "atividades materiais acessórias, instrumentais ou complementares desenvolvidas em estabelecimentos penais".

Realçando o caráter exemplificativo dos serviços passíveis de delegação, o dispositivo aviva que podem ser objeto de terceirização, "notadamente": (1) serviços de conservação, limpeza, informática, copeiragem, portaria, recepção, reprografia, telecomunicações, lavanderia e manutenção de prédios, instalações e equipamentos internos e externos; e (2) serviços relacionados à execução de trabalho pelo preso.

Entendemos ser preocupante a terceirização de serviços na área de estabelecimentos penais, mormente quando se vê que o legislador arrolou, em *numerus pertus* (rol exemplificativo), as hipóteses de "execução indireta de serviços". Pensamos que a alteração legislativa se apresenta como conivente com o estado de coisas inconstitucional que grassa no interior dos nossos presídios.

Ademais, os serviços ali desenvolvidos, embora possam ser classificados como privados quando visualizados fora da penitenciária, não devem ostentar essa classificação quando prestados no interior de um sistema tão sensível quanto o prisional.

Ao invés de se investir no respeito às condições mínimas dos presídios, com estruturação dos serviços envolvidos, de forma pública, opta-se por permitir diminuição da estrutura material e pessoal pública, em favor da inserção de pessoas privadas na seara da prestação de serviços. A nosso ver, o princípio da dignidade da pessoa humana foi e continua sendo ofendido com a permissão desse nível de terceirização (aberto e com possibilidade de prejudicar atividades essenciais do sistema prisional).

2. QUESTÕES E CONCURSOS

1. **(MPE-PR/Promotor de Justiça/2019 – adaptada)** É possível a execução indireta das atividades desenvolvidas nos estabelecimentos prisionais, relacionadas à realização de trabalho pelo preso.

GAB	1
	C

Art. 83-B. São indelegáveis as funções de direção, chefia e coordenação no âmbito do sistema penal, bem como todas as atividades que exijam o exercício do poder de polícia, e notadamente: (Incluído pela Lei nº 13.190, de 2015).

I - classificação de condenados; (Incluído pela Lei nº 13.190, de 2015).

II - aplicação de sanções disciplinares; (Incluído pela Lei nº 13.190, de 2015).

III - controle de rebeliões; (Incluído pela Lei nº 13.190, de 2015).

IV - transporte de presos para órgãos do Poder Judiciário, hospitais e outros locais externos aos estabelecimentos penais. (Incluído pela Lei nº 13.190, de 2015).

1. COMENTÁRIOS

De forma contrária ao dispositivo anterior, no art. 83-B, da LEP, o legislador vedou a delegação a terceiros dos serviços que inseriu no núcleo mínimo a ser prestado exclusivamente pelo Estado no espaço do sistema penitenciário. Também aqui arrolou, de forma exemplificativa, os serviços que não podem ser objeto de delegação (execução indireta ou terceirização).

Art. 84. O preso provisório ficará separado do condenado por sentença transitada em julgado.

§ 1º Os presos provisórios ficarão separados de acordo com os seguintes critérios: (Redação dada pela Lei nº 13.167, de 2015)

I - acusados pela prática de crimes hediondos ou equiparados; (Incluído pela Lei nº 13.167, de 2015)

II - acusados pela prática de crimes cometidos com violência ou grave ameaça à pessoa; (Incluído pela Lei nº 13.167, de 2015)

III - acusados pela prática de outros crimes ou contravenções diversos dos apontados nos incisos I e II. (Incluído pela Lei nº 13.167, de 2015)

§ 2º O preso que, ao tempo do fato, era funcionário da Administração da Justiça Criminal ficará em dependência separada.

§ 3º Os presos condenados ficarão separados de acordo com os seguintes critérios: (Incluído pela Lei nº 13.167, de 2015)

I - condenados pela prática de crimes hediondos ou equiparados; (Incluído pela Lei nº 13.167, de 2015)

II - reincidentes condenados pela prática de crimes cometidos com violência ou grave ameaça à pessoa; (Incluído pela Lei nº 13.167, de 2015)

III - primários condenados pela prática de crimes cometidos com violência ou grave ameaça à pessoa; (Incluído pela Lei nº 13.167, de 2015)

IV - demais condenados pela prática de outros crimes ou contravenções em situação diversa das previstas nos incisos I, II e III. (Incluído pela Lei nº 13.167, de 2015)

§ 4º O preso que tiver sua integridade física, moral ou psicológica ameaçada pela convivência com os demais presos ficará segregado em local próprio. (Incluído pela Lei nº 13.167, de 2015)

1. COMENTÁRIOS

O preso provisório ficará separado do condenado por sentença transitada em julgado. Por sua vez, o preso que, ao tempo do fato, era funcionário da Administração da Justiça Criminal ficará em dependência separada.

A Lei nº 13.167/2015 modificou os parágrafos, do art. 84, da Lei de Execução Penal, instituindo critérios mais específicos para a separação de categorias de presos provisórios e de presos definitivos.

Quanto aos presos provisórios, os três critérios de separação devem ser segundo sejam: (1) acusados pela prática de crimes hediondos ou equiparados; (2) acusados pela prática de crimes cometidos com violência ou grave ameaça à pessoa; e (3) acusados pela prática de outros crimes ou contravenções diversos dos apontados daqueles dois primeiros.

No que tange aos presos definitivos (condenados com trânsito em julgado), os quatro critérios de separação devem ser: (1) condenados pela prática de crimes hediondos ou equiparados; (2) reincidentes condenados pela prática de crimes cometidos com violência ou grave ameaça à pessoa; (3) primários condenados pela prática de crimes cometidos com violência ou grave ameaça à pessoa; (4) demais condenados pela prática de outros crimes ou contravenções em situação diversa das previstas nas três primeiras hipóteses.

Por derradeiro, o § 4º, do citado art. 84, da LEP, assegura que o preso que tiver sua integridade física, moral ou psicológica ameaçada pela convivência com os demais presos deverá ficar segregado em local próprio. Cuida-se de hipótese que se noticia ser comum no âmbito de convivência entre os apenados. A fim de evitar a concretização de agressões, o Estado deve acautelar-se para segregar o apenado em risco.

Art. 85. O estabelecimento penal deverá ter lotação compatível com a sua estrutura e finalidade.

Parágrafo único. O Conselho Nacional de Política Criminal e Penitenciária determinará o limite máximo de capacidade do estabelecimento, atendendo a sua natureza e peculiaridades.

1. COMENTÁRIOS

O estabelecimento penal deverá ter lotação compatível com a sua estrutura e finalidade e o limite máximo de sua capacidade será definido pelo Conselho Nacional de Política Criminal e Penitenciária, atendendo a sua natureza e peculiaridades. A realidade vivenciada pelas penitenciárias brasileira é bastante diversa do princípio da lotação compatível gizada no art. 85, da LEP, em razão das condições precárias e da superlotação carcerária.

2. SÚMULAS E JURISPRUDÊNCIA

- **RESPONSABILIDADE CIVIL DO ESTADO: SUPERPOPULAÇÃO CARCERÁRIA E DEVER DE INDENIZAR. Considerando que é dever do Estado, imposto pelo sistema normativo, manter em seus presídios os padrões mínimos de humanidade previstos no ordenamento jurídico, é de sua responsabilidade, nos termos do art. 37, § 6º, da Constituição, a obrigação de ressarcir os danos, inclusive morais, comprovadamente causados aos detentos em decorrência da falta ou insuficiência das condições legais de encarceramento. Com essa orientação, o Tribunal, em conclusão e por maioria, deu provimento a recurso extraordinário para restabelecer o juízo condenatório nos termos e limites do acórdão proferido no julgamento da apelação, a qual fixara indenização no valor de dois mil reais a favor de detento.** Consoante o acórdão restabelecido, estaria caracterizado o dano moral porque, após laudo de vigilância sanitária no presídio e decorrido lapso temporal, não teriam sido sanados os problemas de superlotação e de falta de condições mínimas de saúde e de higiene do estabelecimento penal. Além disso, não sendo assegurado o mínimo existencial, seria inaplicável a teoria da reserva do possível — v. Informativos 770 e 784. Prevaleceu o voto do ministro Teori Zavascki (relator). Registrou, de início, a inexistência de controvérsia a respeito dos fatos da causa e da configuração do dano moral, haja vista o reconhecimento, pelo próprio acórdão recorrido, da precariedade do sistema penitenciário estadual, que lesou direitos fundamentais do recorrente, quanto à dignidade, intimidade, higidez física e integridade psíquica. Portanto, sendo incontroversos os fatos da causa e a ocorrência do dano, afirmou que a questão jurídica desenvolvida no recurso ficou restrita à reparabilidade, ou seja, à existência ou não da obrigação do Estado de ressarcir os danos morais verificados nas circunstâncias enunciadas. Em seguida, consignou que a matéria jurídica está no âmbito da responsabilidade civil do Estado de responder pelos danos, até mesmo morais, causados por ação ou omissão de seus agentes, nos termos do art. 37, § 6º, da CF, preceito normativo autoaplicável, que não se sujeita a intermediação legislativa ou a providência administrativa de qualquer espécie. Ocorrido o dano e estabelecido o seu nexo causal com a atuação da Administração ou dos seus agentes, nasce a responsabilidade civil do Estado. Sendo assim e tendo em conta que, no caso, a configuração do dano é matéria incontroversa, não há como acolher os argumentos que invocam, para negar o dever estatal de indenizar, o princípio da reserva do possível, na dimensão reducionista de significar a insuficiência de recursos financeiros. Frisou que Estado é responsável pela guarda e segurança das pessoas submetidas a encarceramento, enquanto ali permanecerem detidas, e que é seu dever mantê-las em condições carcerárias com mínimos padrões de humanidade estabelecidos em lei, bem como, se for o caso, ressarcir os danos que daí decorrerem. Ademais, asseverou que as violações a direitos fundamentais causadoras de danos pessoais a detentos em estabelecimentos carcerários não poderiam ser relevadas ao argumento de que a indenização não teria o alcance para eliminar o grave problema prisional globalmente considerado, dependente da definição e da implantação de políticas públicas específicas, providências de atribuição legislativa e administrativa, não de provimentos judiciais. Sustentou que admitir essa assertiva significaria justificar a perpetuação da desumana situação constatada em presídios como aquele onde cumprida a pena do recorrente. Relembrou que a garantia mínima de segurança pessoal, física e psíquica dos detentos constitui dever estatal que tem amplo lastro não apenas no ordenamento nacional (CF, art. 5º, XLVII, "e"; XLVIII; XLIX; Lei 7.210/1984 - LEP, arts. 10, 11, 12, 40, 85, 87, 88; Lei 9.455/1997 - crime de tortura; Lei 12.874/2013 - Sistema Nacional de Prevenção e Combate à Tortura), como também em fontes normativas internacionais adotadas pelo Brasil (Pacto Internacional de Direitos Civis e Políticos das Nações Unidas; Convenção Americana de Direitos Humanos; Princípios e Boas Práticas para a Proteção de Pessoas Privadas de Liberdade nas Américas, contida na Resolução 1/2008, aprovada pela Comissão Interamericana de Direitos Humanos; Convenção da Organização das Nações Unidas contra Tortura e Outros Tratamentos ou Penas Cruéis, Desumanos ou Degradantes; Regras Mínimas para o Tratamento de Prisioneiros, adotadas no 1º Congresso das Nações Unidas para a Prevenção ao Crime e Tratamento de Delinquentes). A criação de subterfúgios teóricos — como a separação dos Poderes, a reserva do possível e a natureza coletiva dos danos sofridos — para afastar a responsabilidade estatal pelas calamitosas condições da carceragem afronta não apenas o sentido do art. 37, § 6º, da CF, mas também determina o esvaziamento das inúmeras cláusulas constitucionais e convencionais citadas. O descumprimento reiterado dessas cláusulas se transforma em mero e inconsequente ato de fatalidade, o que não pode ser tolerado. Por fim, o relator enfatizou que a invocação seletiva de razões de Estado para negar, especificamente a determinada categoria de sujeitos, o direito à integridade física e moral não é compatível com o sentido e o alcance do princípio da jurisdição. Acolher essas razões é o mesmo que recusar aos detentos os mecanismos de reparação judicial dos danos sofridos, deixando-os descobertos de qualquer proteção estatal, em condição de vulnerabilidade juridicamente desastrosa. É dupla negativa: do direito e da jurisdição. Os ministros Edson Fachin e Marco Aurélio deram provimento ao recurso extraordinário em maior extensão, para acolher o pedido formulado, na petição inicial, pela Defensoria Pública, de indenização de um salário mínimo por mês de detenção enquanto presentes as condições degradantes de superlotação. Vencidos os ministros Roberto Barroso, Luiz Fux e Celso de Mello, que, ao darem provimento ao recurso, adotavam a remição da pena como forma de indenização. *STF, RE 580252/MS, rel. orig. Min. Teori Zavascki, red. p/ o ac. Min. Gilmar Mendes, julgamento em 16.2.2017. Repercussão Geral. (Info 854).*

Art. 86. As penas privativas de liberdade aplicadas pela Justiça de uma Unidade Federativa podem ser executadas em outra unidade, em estabelecimento local ou da União.

§ 1º A União Federal poderá construir estabelecimento penal em local distante da condenação para recolher os condenados, quando a medida se justifique no interesse da segurança pública ou do próprio condenado. (Redação dada pela Lei nº 10.792, de 2003)

§ 2° Conforme a natureza do estabelecimento, nele poderão trabalhar os liberados ou egressos que se dediquem a obras públicas ou ao aproveitamento de terras ociosas.

§ 3º Caberá ao juiz competente, a requerimento da autoridade administrativa definir o estabelecimento prisional adequado para abrigar o preso provisório ou condenado, em atenção ao regime e aos requisitos estabelecidos. (Incluído pela Lei nº 10.792, de 2003)

1. COMENTÁRIOS

A regra é a de que a pena privativa de liberdade seja executada pelo juízo da execução penal do lugar que aplicou a sanção por sentença condenatória transitada em julgado. No entanto, as penas privativas de liberdade aplicadas pela Justiça de uma Unidade Federativa podem ser executadas em outra unidade, em estabelecimento local ou da União.

Essa ideia vem reforçada pela possibilidade que tem a União Federal de construir estabelecimento penal em local distante da condenação para recolher os condenados, quando a medida se justifique no interesse da segurança pública ou do próprio condenado. No entanto, embora a penitenciária destinada ao cumprimento de pena de homens deva ser construída em local afastado do centro urbano, tal distância não deve restringir a visitação.

Consoante a natureza do estabelecimento, nele poderão trabalhar os liberados ou egressos que se dediquem a obras públicas ou ao aproveitamento de terras ociosas, cabendo ao juiz competente, a requerimento da autoridade administrativa definir o estabelecimento prisional adequado para abrigar o preso provisório ou condenado, em atenção ao regime e aos requisitos estabelecidos.

CAPÍTULO II – DA PENITENCIÁRIA

Art. 87. A penitenciária destina-se ao condenado à pena de reclusão, em regime fechado.

Parágrafo único. A União Federal, os Estados, o Distrito Federal e os Territórios poderão construir Penitenciárias destinadas, exclusivamente, aos presos provisórios e condenados que estejam em regime fechado, sujeitos ao regime disciplinar diferenciado, nos termos do art. 52 desta Lei. (Incluído pela Lei nº 10.792, de 2003)

1. COMENTÁRIOS

1.1. Conceito de penitenciária

Penitenciária é estabelecimento penal destinado ao condenado à pena de reclusão, em regime fechado. É também chamado presídio e tem por finalidade acomodar o apenado (preso definitivo, via de regra) para fins de cumprimento de pena privativa de liberdade.

1.2. Regime disciplinar diferenciado

O RDD foi inserido pela Lei nº 10.792/2003, dando tratamento carcerário mais áspero a determinados indivíduos estereotipados com o rótulo de perigosos, tendo caráter eminentemente neutralizador. O instituto foi inserido na subseção "faltas disciplinares" da LEP (Lei nº 7.210/84), sendo verdadeira sanção disciplinar.

Art. 88. O condenado será alojado em cela individual que conterá dormitório, aparelho sanitário e lavatório.

Parágrafo único. São requisitos básicos da unidade celular:

a) salubridade do ambiente pela concorrência dos fatores de aeração, insolação e condicionamento térmico adequado à existência humana;

b) área mínima de 6,00 m2 (seis metros quadrados).

1. COMENTÁRIOS

O dispositivo preconiza o dever do Estado de fazer dotar os estabelecimentos prisionais de unidades celulares condignas com o princípio da humanidade. Trata-se de dever que se afasta sobremaneira da realidade não jurídica dos presídios brasileiros. O discurso comum tem banalizado a importância de conferir respeito aos direitos mais básicos do ser humano submetido à pena privativa de liberdade. Nas palavras de Rosivaldo Toscano, é urgente a "necessidade de erigir um discurso que fundamente teorias e práticas que impliquem a defesa dos Direitos Humanos"[56].

56 SANTOS JÚNIOR, Rosivaldo Toscano dos. *A guerra ao crime e os crimes da guerra*: uma crítica descolonial às políticas beligerantes no sistema de justiça criminal brasileiro. Florianópolis: Empório do Direito, 2016. p.90.

Diante da evidente deficiência da estrutura das penitenciárias, apropriada a lição de Afrânio Silva Jardim e Pierre Souto Maior Coutinho do Amorim, sublinhando que "é preciso preencher a cláusula do 'devido processo legal' de elementos concretos e práticos, de forma a assegurar no processo o princípio da legalidade dos atos do Poder Público, como é próprio do Estado democrático de direito"[57].

Nos termos da Lei de Execução Penal, o condenado deverá ser alojado em cela individual que conterá dormitório, aparelho sanitário e lavatório, com requisitos básicos da unidade celular, quais sejam: (1) salubridade do ambiente pela concorrência dos fatores de aeração, insolação e condicionamento térmico adequado à existência humana; e (2) área mínima de 6,00 m^2 (seis metros quadrados).

2. QUESTÕES DE CONCURSOS

1. **(VUNESP/DPE-MT/Defensor Público/2014 – adaptada)** Ao condenado em regime fechado é assegurado o direito de cela individual contendo dormitório, lavatório e aparelho sanitário, contendo área mínima de 6 m^2 e ambiente salubre.

GAB	1
	E

Art. 89. Além dos requisitos referidos no art. 88, a penitenciária de mulheres será dotada de seção para gestante e parturiente e de creche para abrigar crianças maiores de 6 (seis) meses e menores de 7 (sete) anos, com a finalidade de assistir a criança desamparada cuja responsável estiver presa. (Redação dada pela Lei nº 11.942, de 2009)

Parágrafo único. São requisitos básicos da seção e da creche referidas neste artigo: (Incluído pela Lei nº 11.942, de 2009)

I – atendimento por pessoal qualificado, de acordo com as diretrizes adotadas pela legislação educacional e em unidades autônomas; e (Incluído pela Lei nº 11.942, de 2009)

II – horário de funcionamento que garanta a melhor assistência à criança e à sua responsável. (Incluído pela Lei nº 11.942, de 2009)

1. COMENTÁRIOS

Tratando-se de penitenciária de mulheres, além desses requisitos, será ela dotada de seção para gestante e parturiente e de creche para abrigar crianças maiores de 6 (seis) meses e menores de 7 (sete) anos, com a finalidade de assistir a criança desamparada cuja responsável estiver presa. Por sua vez, a seção e a creche terão os seguintes requisitos básicos: (1) atendimento por pessoal qualificado, de acordo com as diretrizes adotadas pela legislação educacional e em unidades autônomas; e (2) horário de funcionamento que garanta a melhor assistência à criança e à sua responsável.

O direito previsto no art. 89, da LEP, cumpre, parcialmente, previsão constitucional de que a criança e o adolescente devem receber tratamento absoluto de prioridade.

57 JARDIM, Afrânio Silva; AMORIM, Pierre Souto Maior Coutinho de. *Direito processual penal*: estudos e pareceres. 14. ed. Salvador: Juspodivm, 2016. p.494.

Deveras, nos termos do art. 227, da Constituição, "é dever da família, da sociedade e do Estado assegurar à criança, ao adolescente e ao jovem, com absoluta prioridade, o direito à vida, à saúde, à alimentação, à educação, ao lazer, à profissionalização, à cultura, à dignidade, ao respeito, à liberdade e à convivência familiar e comunitária, além de colocá-los a salvo de toda forma de negligência, discriminação, exploração, violência, crueldade e opressão". A pena e a prisão provisória, embora não devam transcender a pessoa da apenada, findam por impingir aos menores efeitos nefastos. A dicção legal tem – na linha do art. 318, V, do Código de Processo Penal, aplicável às presas provisórias – o objetivo de proteger a pessoa em fase de formação.

Mesmo raciocínio deve ser, de todo modo, aplicado às presidiárias definitivas, que cumprem pena. Entretanto, o que deveria ter efeito imediato e cogente, todavia, é sonegado reiteradamente pelo Estado.

Diante dessa situação, foi impetrado *habeas corpus* coletivo (*rectius*: genérico), junto à Segunda Turma, do Supremo Tribunal Federal, em favor das mulheres presas preventivamente para que, na hipótese do Estado não dotar os estabelecimentos prisionais de ambiente apropriado para acolhimento de mulheres gestantes e com filhos de até doze anos de idade (conceito de criança nos termos do Estatuto da Criança e do Adolescente).

A aludida impetração foi deferida. Para o impetrante – o Coletivo de Advogados em Direitos Humanos – "a prisão preventiva, ao confinar mulheres grávidas em estabelecimentos prisionais precários, tira delas o acesso a programas de saúde pré-natal, assistência regular na gestação e no pós-parto, e ainda priva as crianças de condições adequadas ao seu desenvolvimento, constituindo-se em tratamento desumano, cruel e degradante, que infringe os postulados constitucionais relacionados à individualização da pena, à vedação de penas cruéis e, ainda, ao respeito à integridade física e moral da presa".

O *habeas corpus* foi concedido por maioria pela Segunda Turma para ordenar "a substituição da prisão preventiva pela domiciliar – sem prejuízo da aplicação concomitante das medidas alternativas previstas no artigo 319 do CPP – de todas as mulheres presas, gestantes, puérperas ou mães de crianças com até 12 anos sob sua guarda ou pessoa com deficiência, listadas no processo pelo Departamento Penitenciário Nacional (DEPEN) e outras autoridades estaduais, enquanto perdurar tal condição, excetuados os casos de crimes praticados por elas mediante violência ou grave ameaça, contra seus descendentes ou, ainda, em situações excepcionalíssimas, as quais deverão ser devidamente fundamentadas pelo juízes que denegarem o benefício". Estendeu-se, ademais, a ordem, *ex officio*, "às demais as mulheres presas, gestantes, puérperas ou mães de crianças, bem assim às adolescentes sujeitas a medidas socioeducativas em idêntica situação no território nacional, observadas as restrições previstas quanto ao item anterior"[58].

Sobre o ponto, atenção especial foi dada, pelo legislador, à situação da mulher que cumpre pena, notadamente gestante ou mãe de pessoa com deficiência ou com idade inferior a 12 anos (criança). A Lei nº 13.769/2018, destarte, incluiu o § 3º, ao art. 112, da lei nº

58. STF – Segunda Turma – Rel. Min. Ricardo Lewandowsky – HC 143/641/SP – j. 20 fev. 2018. Disponível em: <http://portal.stf.jus.br/noticias/verNoticiaDetalhe.asp?idConteudo=370152>. Acesso em: 14 abr. 2018.

7.210/1984, para assentar que, "no caso de mulher gestante ou que for mãe ou responsável por crianças ou pessoas com deficiência, os requisitos para progressão de regime" deverão ser, de forma cumulativa: (1) não ter, a apenada, "cometido crime com violência ou grave ameaça a pessoa"; (2) "não ter cometido o crime contra seu filho ou dependente"; (3) "ter cumprido ao menos 1/8 (um oitavo) da pena no regime anterior"; (4) "ser primária e ter bom comportamento carcerário, comprovado pelo diretor do estabelecimento"; e (5) "não ter integrado organização criminosa".

Em acréscimo ao citado art. 112, da Lei de Execução Penal, a Lei nº 13.769/2018 estampou, no § 4º, daquele dispositivo, que "o cometimento de novo crime doloso ou falta grave implicará a revogação do benefício". Apesar da dicção cogente dessa previsão, é indispensável a instauração de procedimento contraditório, ainda que nos autos da execução penal, com designação de audiência para a oitiva da mulher apenada, a fim de ser avaliada a proporcionalidade da medida, diante da necessidade de dar efetividade ao princípio da prioridade absoluta que deve ter a criança, bem como à necessária tutela das pessoas em situação de vulnerabilidade.

Art. 90. A penitenciária de homens será construída, em local afastado do centro urbano, à distância que não restrinja a visitação.

1. COMENTÁRIOS

O dispositivo tem o propósito de permitir que o cumprimento da pena privativa de liberdade em regime fechado seja realizado em lugar que, conquanto afastado do centro urbano, não inviabilize a visitação. Dessa maneira, não é permitido construir penitenciária em lugar inacessível ao transporte público. Caso seja construída em lugar distante, devem ser colocados os meios necessários que permitam o contato dos apenados com seus familiares.

CAPÍTULO III – DA COLÔNIA AGRÍCOLA, INDUSTRIAL OU SIMILAR

Art. 91. A Colônia Agrícola, Industrial ou Similar destina-se ao cumprimento da pena em regime semi-aberto.

1. COMENTÁRIOS

A Colônia Agrícola, Industrial ou Similar destina-se ao cumprimento da pena em regime semiaberto. Na falta desse estabelecimento, deve o apenado ser inserido em regime menos gravoso (casa do albergado ou prisão albergue domiciliar), conforme entendimento doutrinário e pretoriano predominante.

Art. 92. O condenado poderá ser alojado em compartimento coletivo, observados os requisitos da letra a, do parágrafo único, do artigo 88, desta Lei.

Parágrafo único. São também requisitos básicos das dependências coletivas:

a) a seleção adequada dos presos;

b) o limite de capacidade máxima que atenda os objetivos de individualização da pena.

1. COMENTÁRIOS

A previsão do enunciado sob comento objetiva assegurar condições dignas no estabelecimento destinado a apenados inseridos no regime semiaberto (colônia agrícola, industrial ou similar). Nesse caso, o condenado poderá ser alojado em compartimento coletivo, observado o requisito básico previsto para o condenado recolhido em penitenciária consistente na salubridade do ambiente pela concorrência dos fatores de aeração, insolação e condicionamento térmico adequado à existência humana, bem como os seguintes alusivos às dependências coletivas: (1) a seleção adequada dos presos; e (2) o limite de capacidade máxima que atenda os objetivos de individualização da pena.

CAPÍTULO IV – DA CASA DO ALBERGADO

Art. 93. A Casa do Albergado destina-se ao cumprimento de pena privativa de liberdade, em regime aberto, e da pena de limitação de fim de semana.

1. COMENTÁRIOS

A Casa do Albergado destina-se ao cumprimento de pena privativa de liberdade, em regime aberto, e da pena de limitação de fim de semana. Neste caso, o prédio respectivo deverá situar-se em centro urbano, separado dos demais estabelecimentos, e caracterizar-se pela ausência de obstáculos físicos contra a fuga, notadamente porque destinado à apenado em regime de semiliberdade.

Art. 94. O prédio deverá situar-se em centro urbano, separado dos demais estabelecimentos, e caracterizar-se pela ausência de obstáculos físicos contra a fuga.

1. COMENTÁRIOS

O art. 94, da LEP, estipula diretriz para a instalação da casa do albergado. O intuito é conferir uma espécie de gradação do regime mais gravoso ao de liberdade, separando-se os presos conforme categorias, definidas segundo critérios entabulados legalmente, bem como evitando o isolamento dos detentos dos centros urbanos, seja para facilitar o deslocamento ao trabalho externo, seja para viabilizar o seu retorno ao pleno convívio em comunidade.

Art. 95. Em cada região haverá, pelo menos, uma Casa do Albergado, a qual deverá conter, além dos aposentos para acomodar os presos, local adequado para cursos e palestras.

Parágrafo único. O estabelecimento terá instalações para os serviços de fiscalização e orientação dos condenados.

1. COMENTÁRIOS

O art. 95 da Lei de Execução Penal reza que em cada região haverá, pelo menos, uma Casa do Albergado, a qual deverá conter, além dos aposentos para acomodar os presos, local adequado para cursos e palestras, devendo o estabelecimento conter instalações para os serviços de fiscalização e orientação dos condenados.

Entretanto, o que se vê na prática é a omissão do Estado no cumprimento desse mister, verificando-se que em muitas regiões do país inexiste a referida Casa do Albergado. Em face dessa realidade, pondera Renato Marcão que é necessário considerar que "a pena em regime aberto, ou de limitação de fim de semana, podem ser cumpridas em ala distinta de prédio destinado ao cumprimento de pena em regime fechado ou semiaberto, desde que não seja possível e/ou permitido o contato entre os presos desses regimes e aqueles submetidos à modalidade aberta ou à limitação de fim de semana"[59].

Inexistindo Casa de Albergado, bem como a referida ala distinta em estabelecimento prisional, existem duas posições a respeito do cumprimento da pena em prisão albergue domiciliar:

(1) a primeira, sufragada pelo STJ e que é a nossa posição, entende possível a concessão de prisão albergue domiciliar fora das hipóteses do art. 117, da Lei de Execução Penal, sob pena de constrangimento ilegal, eis que é vedado o recolhimento de apenado em regime mais gravoso que o estabelecido na sentença[60]; e

(2) a segunda, seguida pelo STF, entende não ser admitido o deferimento de prisão albergue domiciliar sem previsão no referido art. 117, da Lei nº 7.210/1984, mesmo ausente estabelecimento adequado para o cumprimento da pena em regime aberto[61]. No entanto, o STF, sem autorizar expressamente a prisão domiciliar, tem entendido que, diante da falta de estabelecimento para o cumprimento do regime fixado na sentença, seja deferido ao apenado regime menos gravoso, asseverando que "o regime consignado no Título Executivo Judicial para o cumprimento da pena é o semiaberto. A falta de local adequado não tem o condão de admitir o regime mais gravoso para o seu cumprimento. 2. Ordem concedida para assegurar ao paciente que cumpra a sua pena no regime fixado pelo título, não podendo esse regime ser mais gravoso"[62].

Sobre o tema, o Supremo Tribunal Federal editou o enunciado nº 56, de sua Súmula Vinculante. Fixou o entendimento de que "a falta de vagas em estabelecimento prisional não autoriza a manutenção do preso em regime mais gravoso, devendo-se observar, nessa hipótese, os parâmetros do Recurso Extraordinário 641.320".

2. SÚMULAS E JURISPRUDÊNCIA

- **Súmula Vinculante nº 56:** A falta de estabelecimento penal adequado não autoriza a manutenção do condenado em regime prisional mais gravoso, devendo-se observar, nessa hipótese, os parâmetros fixados no RE 641.320/RS.

✦ *SUPREMO TRIBUNAL FEDERAL*

- **REGIME DE CUMPRIMENTO DE PENA E EXECUÇÃO PENAL.** O Plenário, em conclusão de julgamento e por maioria, deu parcial provimento a recurso extraordinário em que se discutia a possibilidade de cumprimento de pena em regime menos gravoso, diante da impossibilidade de o Estado fornecer vagas para o cumprimento no regime originalmente estabelecido em condenação penal. Na espécie, o acórdão recorrido fixara a prisão em regime domiciliar a condenado à pena de 5 anos e 4 meses

59 MARCÃO, Renato. *Curso de execução penal*. 8. ed. São Paulo: Saraiva, 2010. p.141.

60 STJ – Quinta Turma – HC 201000239533 – Rel. Min. Napoleão Nunes Maia Filho – DJ 21/06/2010.

61 STF – Primeira Turma – HC 71590 – Rel. Min. Celso de Mello – DJ 23/08/1994.

62 STF – Primeira Turma – HC 94829 – Rel. Min. Cármen Lúcia, Rel. p/ Acórdão Min. Menezes Direito – DJe 18/12/2008.

de reclusão, em razão da não existência de estabelecimento destinado ao regime semiaberto que atendesse todos os requisitos da LEP. **A Corte determinou que, havendo viabilidade, ao invés da prisão domiciliar, se observasse: a) a saída antecipada do sentenciado no regime com falta de vagas; b) a liberdade eletronicamente monitorada do recorrido, enquanto em regime semiaberto; e c) o cumprimento de penas restritivas de direito e/ou estudo após progressão ao regime aberto.** Assentou, assim, em sede de repercussão geral, o entendimento de que: a) a falta de estabelecimento penal adequado não autorizaria a manutenção do condenado em regime prisional mais gravoso; b) os juízes da execução penal poderiam avaliar os estabelecimentos destinados aos regimes semiaberto e aberto, para qualificação como adequados a tais regimes. Seriam aceitáveis estabelecimentos que não se qualificassem como "colônia agrícola, industrial" (regime semiaberto) ou "casa de albergado ou estabelecimento adequado" (regime aberto) (art. 33, §1º, "b" e "c"); c) havendo "déficit" de vagas, deveria ser determinada: 1) a saída antecipada de sentenciado no regime com falta de vagas; 2) a liberdade eletronicamente monitorada ao sentenciado que saísse antecipadamente ou fosse posto em prisão domiciliar por falta de vagas; 3) o cumprimento de penas restritivas de direito e/ou estudo ao sentenciado que progredisse ao regime aberto. Outrossim, até que fossem estruturadas as medidas alternativas propostas, poderia ser deferida a prisão domiciliar ao sentenciado. [...] A possibilidade de manutenção de condenado em regime mais gravoso, na hipótese de inexistir vaga em estabelecimento adequado ao seu regime, seria uma questão ligada a duas garantias constitucionais em matéria penal da mais alta relevância: a individualização da pena (CF, art. 5º, XLVI) e a legalidade (CF, art. 5º, XXXIX). O sistema brasileiro teria sido formatado tendo o regime de cumprimento da pena como ferramenta central da individualização da sanção, importante na fase de aplicação (fixação do regime inicial) e capital na fase de execução (progressão de regime). Assim, a inobservância do direito à progressão de regime, mediante manutenção do condenado em regime mais gravoso, ofenderia o direito à individualização da pena. A violação ao princípio da legalidade seria ainda mais evidente. Conforme art. 5º, XXXIX, da CF, as penas devem ser previamente cominadas em lei. A legislação brasileira prevê o sistema progressivo de cumprimento de penas. Logo, assistiria ao condenado o direito a ser inserido em um regime inicial compatível com o título condenatório e a progredir de regime de acordo com seus méritos. A manutenção do condenado em regime mais gravoso seria um excesso de execução, com violação a direitos dele. Em outra perspectiva, haveria que ser rechaçada qualquer possibilidade de ponderar os direitos dos condenados à individualização da pena e à execução da pena de acordo com a lei e com os interesses da sociedade na manutenção da segurança pública. Não se poderia negar o dever do Estado de proteger os bens jurídicos penalmente relevantes. A proteção à integridade da pessoa e ao seu patrimônio contra agressões injustas estaria na raiz da própria ideia de Estado Constitucional. Em suma, o Estado teria o dever de proteger os direitos fundamentais contra agressões injustas de terceiros, como corolário do direito à segurança (CF, art. 5º). No entanto, a execução de penas corporais em nome da segurança pública só se justificaria com a observância de estrita legalidade. Regras claras e prévias seriam indispensáveis. Permitir que o Estado executasse a pena de forma deliberadamente excessiva seria negar não só o princípio da legalidade, mas a própria dignidade humana dos condenados (CF, art. 1º, III). Por mais grave que fosse o crime, a condenação não retiraria a humanidade da pessoa condenada. Ainda que privados de liberdade e dos direitos políticos, os condenados não se tornariam simples objetos de direito (CF, art. 5º, XLIX). O Plenário asseverou que, atualmente, haveria duas alternativas de tratamento do sentenciado que progredisse de regime quando não houvesse vagas suficientes. Ou seria mantido no regime mais gravoso ao que teria direito (fechado), ou seria colocado em regime menos gravoso (prisão domiciliar). Contudo, já não bastaria apenas afirmar o direito ao regime previsto na lei ou ao regime domiciliar. Apesar de ser imprescindível cobrar dos poderes públicos soluções definitivas para a falta de vagas — pela melhoria da administração das vagas existentes ou pelo aumento do número de vagas —, não haveria, porém, solução imediata possível. Desse modo, seria necessário verificar o que fazer com os sentenciados se a situação de falta de vagas estivesse configurada. A prisão domiciliar seria uma alternativa de difícil fiscalização e, isolada, de pouca eficácia. Todavia, não deveria ser descartada sua utilização, até que fossem estruturadas outras medidas, como as anteriormente mencionadas. Desse modo, seria preciso avançar em propostas de medidas que, muito embora não fossem tão gravosas como o encarceramento, não estivessem tão aquém do "necessário e suficiente para reprovação e prevenção do crime" (CP, art. 59). As medidas em questão não pretenderiam esgotar as alternativas a serem adotadas pelos juízos de execuções penais no intuito de equacionar os problemas de falta de vagas nos regimes adequados ao cumprimento de pena. As peculiaridades de cada região e de cada estabelecimento prisional poderiam recomendar o desenvolvimento dessas medidas em novas direções. Assim, seria conveniente confiar às instâncias ordinárias margem para complementação e execução das medidas. O fundamental seria afastar o excesso da execução — manutenção do sentenciado em regime mais gravoso — e dar aos juízes das execuções penais a oportunidade de desenvolver soluções que minimizassem a insuficiência da execução, como se daria com o cumprimento da sentença em prisão domiciliar ou outra modalidade sem o rigor necessário. Vencido o Ministro Marco Aurélio, que desprovia o recurso por entender que o acórdão recorrido teria observado a jurisprudência do STF na matéria, devendo ser considerados os parâmetros objetivos e subjetivos do recurso em comento. *STF, RE 641320/RS, rel. Min. Gilmar Mendes, 11.5.2016. Repercussão Geral. (Info 825).*

3. QUESTÕES DE CONCURSOS

1. **(CESPE/DPF/Delegado de Polícia Federal/2018)** Diogo, condenado a sete anos e seis meses de reclusão pela prática de determinado crime, deve iniciar o cumprimento da pena no regime semiaberto. Todavia, na cidade onde se encontra, só há estabelecimento prisional adequado para a execução da pena em regime fechado. Nessa situação, o juiz poderá determinar que Diogo inicie o cumprimento da pena no regime fechado.

GAB	1
	E

▸CAPÍTULO V – DO CENTRO DE OBSERVAÇÃO

Art. 96. No Centro de Observação realizar-se-ão os exames gerais e o criminológico, cujos resultados serão encaminhados à Comissão Técnica de Classificação.

Parágrafo único. No Centro poderão ser realizadas pesquisas criminológicas.

1. COMENTÁRIOS

Centro de Observação é o local destinado à realização dos exames gerais e do criminológico, cujos resultados devem ser encaminhados à Comissão Técnica de Classificação. Nesse Centro poderão, ainda, ser realizadas pesquisas criminológicas, com cunho científico, sendo instalado em unidade autônoma ou em anexo a estabelecimento penal.

2. QUESTÕES DE CONCURSOS

1. **(VUNESP/SEJUS-ES/Agente Penitenciário/2013)** No Centro de Observação realizar-se-ão os exames gerais e o criminológico, cujos resultados serão encaminhados

a) ao defensor público do preso primário.
b) ao defensor particular do preso provisório.
c) ao Juiz da condenação.
d) à Comissão Técnica de Classificação.
e) ao Diretor do Hospital de Custódia e Tratamento Psiquiátrico.

GAB	1
	D

Art. 97. O Centro de Observação será instalado em unidade autônoma ou em anexo a estabelecimento penal.

1. COMENTÁRIOS

A disposição em tela impõe, como estratégia, a instalação do Centro de Observação em unidade autônoma ou anexa ao estabelecimento penal. Pretende-se conferir condições de trabalho para definir modalidades de intervenção que garantam a ressocialização. Como verberamos no correr destes comentários, o fito preventivo especial do legislador (recuperação do apenado pelo sistema) é na maior parte das vezes frustrado, estando a realidade bastante distante do que preconizado juridicamente.

Art. 98. Os exames poderão ser realizados pela Comissão Técnica de Classificação, na falta do Centro de Observação.

1. COMENTÁRIOS

Na falta do Centro de Observação, os exames poderão ser realizados no âmbito do local de funcionamento da própria Comissão Técnica de Classificação, de forma paliativa. Essa deficiência deve ser corrigida pelo Estado, sempre com o intuito de melhorar a prestação do serviço de execução penal, notadamente considerando a complexidade do ambiente criminológico envolvida.

▸CAPÍTULO VI – DO HOSPITAL DE CUSTÓDIA E TRATAMENTO PSIQUIÁTRICO

Art. 99. O Hospital de Custódia e Tratamento Psiquiátrico destina-se aos inimputáveis e semi-imputáveis referidos no artigo 26 e seu parágrafo único do Código Penal.

Parágrafo único. Aplica-se ao hospital, no que couber, o disposto no parágrafo único, do artigo 88, desta Lei.

1. COMENTÁRIOS

O Hospital de Custódia e Tratamento Psiquiátrico é estabelecimento penal destinado aos inimputáveis e semi-imputáveis, aplicando-se a ele, no que couber, as disposições referentes aos requisitos básicos necessários a assegurar o cumprimento da medida de segurança de maneira a garantir a efetividade do princípio da dignidade humana. A dicção do parágrafo único, do art. 88, da LEP, aplicável ao ambiente dos internados (submetidos à medida de segurança), descreve o dever do Estado de construir unidades celulares condignas com o princípio da humanidade.

Art. 100. O exame psiquiátrico e os demais exames necessários ao tratamento são obrigatórios para todos os internados.

1. COMENTÁRIOS

Para os internados, são obrigatórios o exame psiquiátrico e os demais exames necessários ao tratamento. Trata-se de expressão do direito à assistência à saúde do preso ou do internado, bem como do princípio da humanidade da execução penal e da medida de segurança.

A Lei de Execução Penal tem seus dispositivos inspirados pelo princípio da humanização, encontrando respaldo na Constituição da República de 1988, que tem como um de seus fundamentos a dignidade da pessoa humana. A preocupação do sistema brasileiro é o de prever penas que não violem esse fundamento. Tanto isso é exato que veda integralmente penas cruéis, de caráter perpétuo, de banimento e de trabalhos forçados, só admitindo a pena de morte nos casos previstos em lei e em situação de guerra declarada (art. 5º, XLVII).

Decorre do princípio da humanização da pena a sujeição legal do condenado ou do internado a "direitos e deveres, que devem ser respeitados, sem que haja excesso de regalias, o que tornaria a punição desprovida da sua finalidade"[63]. Esses direitos e deveres previstos na Lei de Execução Penal e estudados adiante também encontram enlace na Constituição do Brasil, notadamente por garantir o respeito à integridade física e moral do preso (art. 5º, XLIX), pela previsão de que a pena deve ser cumprida em estabelecimentos diversos em compasso com a natureza do crime, idade e sexo do condenado (art. 5º, XLVIII) e por preconizar que as presas têm o direito a condições que assegurem a permanência de seus filhos com elas enquanto estiverem amamentando (art. 5º, I),

Como se depreende, a Constituição Federal assegura um modelo de processo (e de condições dos estabelecimentos em geral) que se aplica não só ao direito penal e processual penal, mas também ao direito de execução penal[64].

Art. 101. O tratamento ambulatorial, previsto no artigo 97, segunda parte, do Código Penal, será realizado no Hospital de Custódia e Tratamento Psiquiátrico ou em outro local com dependência médica adequada.

1. COMENTÁRIOS

A fim de evitar omissão do Estado, tendente a criar lacuna técnica, o art. 101, da Lei de Execução Penal, assevera que o tratamento ambulatorial que se fizer necessário deve ser realizado no Hospital de Custódia e Tratamento Psiquiátrico ou em outro local com dependência médica adequada. A eventual carência estrutural do Estado deve, prioritariamente, ser suprida. Caso ainda não o seja, a interpretação deve conduzir ao direito do internado ou do apenado a ser tratado em unidade particular de saúde mental, por exemplo, às expensas do ente federativo responsável.

▸CAPÍTULO VII – DA CADEIA PÚBLICA

Art. 102. A cadeia pública destina-se ao recolhimento de presos provisórios.

1. COMENTÁRIOS

A cadeia pública destina-se ao recolhimento de presos provisórios, vale dizer, presos cautelares ou condenados por sentença ainda não transitada em julgado. Trata-se de unidade

63 MARCÃO, Renato. *Curso de execução penal*. 8. ed. São Paulo: Saraiva, 2010. p.34.

64 NUCCI, Guilherme de Souza. *Manual de processo penal e execução penal*. 6. ed. São Paulo: RT, 2010. p.990.

prisional distinta da penitenciária (apropriada aos presos definitivos). Não se trata de carceragem de delegacia de polícia, cuja existência só se justifica pela situação de trânsito dos presos em flagrante, enquanto se ultima o procedimento de lavratura do auto respectivo. Em poucas palavras, celas de delegacias não se destinam a acomodar presos de forma duradoura, eis que para tanto devem existir as cadeias públicas.

Art. 103. Cada comarca terá, pelo menos 1 (uma) cadeia pública a fim de resguardar o interesse da Administração da Justiça Criminal e a permanência do preso em local próximo ao seu meio social e familiar.

1. COMENTÁRIOS

Nos termos deste art. 103, da Lei de Execução Penal, cada comarca deverá ser provida de, pelo menos, uma cadeia pública. O objetivo é o de resguardar o interesse da Administração da Justiça Criminal e a permanência do preso em local próximo ao seu meio social e familiar, estabelecimento este que deve ser instalado próximo de centro urbano, observando-se na construção as exigências mínimas referidas à penitenciária. Também esse ditame da Lei permanece, em boa medida, desatendido pelo Estado.

Art. 104. O estabelecimento de que trata este Capítulo será instalado próximo de centro urbano, observando-se na construção as exigências mínimas referidas no artigo 88 e seu parágrafo único desta Lei.

1. COMENTÁRIOS

O fito de instalar a cadeia pública próxima a um centro urbano é o de viabilizar o convívio do detento com seus familiares, evitando a exacerbação dos efeitos da pena (transcendência reflexa da pena que acaba por imprimir efeitos negativos aos familiares e aos amigos).

Nesse passo, não custa lembrar que o princípio da personalização da pena ou da intranscendência[65] é norteado pela noção de que a pena (ou os seus efeitos, inclusive em razão da restrição da liberdade pela prisão provisória) não pode passar da pessoa do apenado, pelo que a obrigação de reparar o dano e a decretação do perdimento de bens podem ser, nos termos da lei, estendidas aos sucessores e contra eles executadas, até o limite do valor do patrimônio transferido, a teor do art. 5º, XLV, da Constituição do Brasil.

Também tem o objetivo de facilitar o deslocamento para o trabalho externo (se houver), permitindo a preparação para o seu retorno ao pleno convívio em comunidade. A dicção do parágrafo único, do art. 88, da LEP, aplicável ao ambiente dos internados (submetidos à medida de segurança), descreve o dever do Estado de construir unidades celulares condignas com o princípio da humanidade.

65 MARCÃO, Renato. *Curso de execução penal*. 8. ed. São Paulo: Saraiva, 2010. p.35.

▸TÍTULO V – DA EXECUÇÃO DAS PENAS EM ESPÉCIE

▸CAPÍTULO I – DAS PENAS PRIVATIVAS DE LIBERDADE

▸SEÇÃO I – DISPOSIÇÕES GERAIS

Art. 105. Transitando em julgado a sentença que aplicar pena privativa de liberdade, se o réu estiver ou vier a ser preso, o Juiz ordenará a expedição de guia de recolhimento para a execução.

1. COMENTÁRIOS

A guia de recolhimento para a execução penal deve ser a peça inaugural do respectivo processo, com os dados e os documentos essenciais que devem acompanhá-la, malgrado a iniciativa possa se dar por petição inicial do interessado, a teor do art. 196, da Lei de Execução Penal, comentado mais adiante.

O caráter preambular da guia de recolhimento penal é depreendido também do § 2º, do art. 106, da LEP, que estatui o dever de ser retificada a guia de recolhimento "sempre que sobrevier modificação quanto ao início da execução ou ao tempo de duração da pena". A guia de execução penal inicial não é suprimida dos autos de execução penal, mas a retificação impõe o acostamento de nova guia, ao final do processo de execução penal, prosseguindo-se com os demais atos processuais.

Art. 106. A guia de recolhimento, extraída pelo escrivão, que a rubricará em todas as folhas e a assinará com o Juiz, será remetida à autoridade administrativa incumbida da execução e conterá:

I - o nome do condenado;

II - a sua qualificação civil e o número do registro geral no órgão oficial de identificação;

III - o inteiro teor da denúncia e da sentença condenatória, bem como certidão do trânsito em julgado;

IV - a informação sobre os antecedentes e o grau de instrução;

V - a data da terminação da pena;

VI - outras peças do processo reputadas indispensáveis ao adequado tratamento penitenciário.

§ 1º Ao Ministério Público se dará ciência da guia de recolhimento.

§ 2º A guia de recolhimento será retificada sempre que sobrevier modificação quanto ao início da execução ou ao tempo de duração da pena.

§ 3° Se o condenado, ao tempo do fato, era funcionário da Administração da Justiça Criminal, far-se-á, na guia, menção dessa circunstância, para fins do disposto no § 2°, do artigo 84, desta Lei.

1. COMENTÁRIOS

O dispositivo menciona os requisitos essenciais da guia de execução penal. Ela deverá ser sempre atualizada. Com a Lei nº 12.714/2012, os dados da guia de execução penal poderão ser atualizados de maneira mais rápida e precisa, com a implementação de um sistema interoperacional, com o auxílio da informática. É expressão da garantia de acompanhamento, de individualização, de controle e de precisão do cumprimento da pena, evitando-se, por exemplo, sonegação de direitos durante o cumprimento da pena.

Art. 107. Ninguém será recolhido, para cumprimento de pena privativa de liberdade, sem a guia expedida pela autoridade judiciária.

§ 1° A autoridade administrativa incumbida da execução passará recibo da guia de recolhimento para juntá-la aos autos do processo, e dará ciência dos seus termos ao condenado.

§ 2º As guias de recolhimento serão registradas em livro especial, segundo a ordem cronológica do recebimento, e anexadas ao prontuário do condenado, aditando-se, no curso da execução, o cálculo das remições e de outras retificações posteriores.

1. COMENTÁRIOS

É imprescindível a emissão de guia de execução penal. Ninguém será recolhido, para cumprimento de pena privativa de liberdade, sem ela (art. 107, LEP). Uma vez remetida à autoridade administrativa incumbida da execução, esta passará recibo da guia de recolhimento para juntá-la aos autos do processo, e dará ciência dos seus termos ao condenado. Em caso de doença mental superveniente, o apenado será internado em Hospital de Custódia e Tratamento Psiquiátrico. Depois de cumprida ou extinta a pena, o condenado será posto em liberdade, mediante alvará do Juiz, se por outro motivo não estiver preso.

Art. 108. O condenado a quem sobrevier doença mental será internado em Hospital de Custódia e Tratamento Psiquiátrico.

1. COMENTÁRIOS

A hipótese é de doença mental superveniente de quem foi condenado à pena privativa de liberdade. Advindo a inimputabilidade na fase da execução da pena, o juízo das execuções poderá valer-se do art. 41 do Código Penal, para determinar o recolhimento do acometido em hospital de custódia e tratamento psiquiátrico, ou na sua falta, em outro estabelecimento adequado. Neste caso, a expectativa é de que o transtorno seja apenas provisório. Tanto é verdade, que durante a internação o indivíduo continua cumprindo pena, e se esta chegar ao seu final, ele deve ser libertado.

Contudo, se estiver seguro de que o transtorno mental do condenado é definitivo, deve agir segundo o art. 183 da Lei de Execuções Penais, que determina que "quando, no curso da execução da pena privativa de liberdade, sobrevier doença mental ou perturbação da saúde mental, o juiz, de ofício, a requerimento do Ministério Público ou da autoridade administrativa, poderá determinar a substituição da pena por medida de segurança". Neste caso, o tratamento agora passa a ser o das medidas de segurança, que não possuem prazo máximo, perdurando até o agente recobrar a sanidade.

Art. 109. Cumprida ou extinta a pena, o condenado será posto em liberdade, mediante alvará do Juiz, se por outro motivo não estiver preso.

1. COMENTÁRIOS

Conquanto o dispositivo preveja o alvará como condição para autorizar a liberdade do apenado, a expiração do tempo de pena deve assegurar sua colocação imediata em liberdade, inclusive pelo administrador direto por sua custódia (diretor do estabelecimento, carcereiro ou outro responsável). A Lei nº 12.714/2012 assegura que os dados do apenado estejam disponíveis instantaneamente em sistema operacional aberto, com auxílio da informática.

O estado de liberdade deve prevalecer sob a forma nos casos de confronto estre esta e o atraso na prestação jurisdicional atribuída aos órgãos estatais. Havendo o alvará, põe-se o apenado em liberdade. Não tendo sido expedido a tempo, não deve o preso aguardar com a liberdade cerceada diante da inexistência de outro motivo para sua prisão.

SEÇÃO II – DOS REGIMES

Art. 110. O Juiz, na sentença, estabelecerá o regime no qual o condenado iniciará o cumprimento da pena privativa de liberdade, observado o disposto no artigo 33 e seus parágrafos do Código Penal.

1. COMENTÁRIOS

Cuida-se de requisito da parte dispositiva da sentença penal condenatória que, por sua vez, deve observar a dicção do § 2º, do art. 387, do CPP, que reza que "o tempo de prisão provisória, de prisão administrativa ou de internação, no Brasil ou no estrangeiro, será computado para fins de determinação do regime inicial de pena privativa de liberdade" (redação dada pela Lei nº 12.736/2012).

De tal modo, a providência é apropriada ao processo de conhecimento. Faltando na sentença, haverá nulidade absoluta por omissão[66], que deve ser suprida por embargos de declaração. Transitando em julgado para a acusação, a ausência de indicação do regime inicial de pena deve ser interpretada como a sua fixação em regime aberto (mais favorável ao apenado)[67], cuja deliberação deve competir ao juízo da execução penal.

Art. 111. Quando houver condenação por mais de um crime, no mesmo processo ou em processos distintos, a determinação do regime de cumprimento será feita pelo resultado da soma ou unificação das penas, observada, quando for o caso, a detração ou remição.

Parágrafo único. Sobrevindo condenação no curso da execução, somar-se-á a pena ao restante da que está sendo cumprida, para determinação do regime.

1. COMENTÁRIOS

Detração penal consiste no cômputo, na pena privativa de liberdade e na medida de segurança, do tempo de prisão provisória, no Brasil ou no estrangeiro, o de prisão administrativa

---

66 Conferir: ALENCAR, Rosmar Rodrigues. *Teoria da nulidade no processo penal*. São Paulo: Noeses, 2017. p. 603 e seguintes.

67 STF e STJ entendem impossível correção de erro material contra o réu quando há trânsito em julgado para a acusação: STF – 2ª Turma – HC 88213 – Rel. Min. Joaquim Barbosa – j. 17/10/2006; STJ – Quinta Turma – HC 201303319467 (HC 278596) – Rel. Des. Conv. Leopoldo de Arruda Barroso – j. 15/09/2015.

e o de internação em estabelecimento prisional, consoante prevê o art. 42, do Código Penal. Nada mais natural que o abatimento na pena definitiva, ou na medida de segurança, do tempo de cárcere cautelar, em verdadeiro sistema de compensação. Segundo parâmetros jurisprudenciais, esta compensação pode ser feita com o tempo da prisão ocorrida em outro processo[68], mas não poderá se dar em relação aos crimes cometidos posteriormente à custódia cautelar[69].

O advento da Lei nº 12.736/2012 alterou o art. 387 do Código de Processo Penal, a operação da detração deverá ser feita pelo juízo sentenciante, esvaziando-se, portanto, o instituto no âmbito da execução penal, salvo em razão de fato superveniente, ao assegurar que "o tempo de prisão provisória, de prisão administrativa ou de internação, no Brasil ou no estrangeiro, será computado para fins de determinação do regime inicial de pena privativa de liberdade" (art. 387, § 2º, CPP).

Havendo condenação por mais de um crime, no mesmo processo ou em processos distintos, a determinação do regime de cumprimento será feita pelo resultado da soma ou unificação das penas, observada, quando for o caso, a detração ou a remição (art. 111, LEP). De maneira análoga, sobrevindo condenação no curso da execução, será somada a pena ao restante da que está sendo cumprida, para determinação do regime, em decisão judicial fundamentada.

Art. 112. A pena privativa de liberdade será executada em forma progressiva com a transferência para regime menos rigoroso, a ser determinada pelo juiz, quando o preso tiver cumprido ao menos um sexto da pena no regime anterior e ostentar bom comportamento carcerário, comprovado pelo diretor do estabelecimento, respeitadas as normas que vedam a progressão. (Redação dada pela Lei nº 10.792, de 2003)

§ 1º A decisão será sempre motivada e precedida de manifestação do Ministério Público e do defensor. (Redação dada pela Lei nº 10.792, de 2003)

§ 2º Idêntico procedimento será adotado na concessão de livramento condicional, indulto e comutação de penas, respeitados os prazos previstos nas normas vigentes. (Incluído pela Lei nº 10.792, de 2003)

§ 3º No caso de mulher gestante ou que for mãe ou responsável por crianças ou pessoas com deficiência, os requisitos para progressão de regime são, cumulativamente: (Incluído pela Lei nº 13.769, de 2018)

I - não ter cometido crime com violência ou grave ameaça a pessoa; (Incluído pela Lei nº 13.769, de 2018)

II - não ter cometido o crime contra seu filho ou dependente; Incluído pela Lei nº 13.769, de 2018)

III - ter cumprido ao menos 1/8 (um oitavo) da pena no regime anterior; (Incluído pela Lei nº 13.769, de 2018)

IV - ser primária e ter bom comportamento carcerário, comprovado pelo diretor do estabelecimento; (Incluído pela Lei nº 13.769, de 2018)

---

68 STJ – HC 155.049 – Info 465.

69 STJ – HC 197.192 – Info 473.

V - não ter integrado organização criminosa. (Incluído pela Lei nº 13.769, de 2018)

§ 4º O cometimento de novo crime doloso ou falta grave implicará a revogação do benefício previsto no § 3º deste artigo. (Incluído pela Lei nº 13.769, de 2018)

1. COMENTÁRIOS

1.1. Progressão de regime e facultatividade do exame criminológico

Em respeito ao princípio da individualização da pena, a sanção privativa de liberdade será executada em forma progressiva com a transferência para regime menos rigoroso, a ser determinado pelo juiz, quando o preso tiver cumprido ao menos um sexto da pena no regime anterior e ostentar bom comportamento carcerário, comprovado pelo diretor do estabelecimento, atendidas as normas que vedam a progressão.

O deferimento da progressão de regime, contudo, era, anteriormente à alteração legislativa promovida pela Lei nº 10.792/2002, necessariamente precedido de parecer da Comissão Técnica de Classificação e do exame criminológico, conforme dispunha a redação original do parágrafo único, do aludido art. 112. A atual redação, no entanto, apenas exigiu a comprovação de bom comportamento atestada pelo diretor do estabelecimento, o que acabou por dar sustentação a uma corrente jurisprudencial que defendia a desnecessidade do exame criminológico, notadamente quando o Estado não se mostra eficiente na sua realização tempestiva.

Diante de divergências sobre a necessidade ou a desnecessidade de exame criminológico, o STJ editou a súmula nº 439, que temperou a solução, para afirmar a admissibilidade do exame criminológico sempre que as peculiaridades do caso recomendar, desde que em decisão suficientemente fundamentada. Assim, mesmo não previsto expressamente o exame criminológico pelo art. 112, da Lei de Execução Penal, ele pode ser determinado para complementar os demais requisitos para concessão de benefícios que tornem menos gravoso o regime de pena do condenado. Pacificada a questão na mesma senda do STF, que em seguidos precedentes destacou que "a alteração do art. 112 da Lei de Execuções Penais pela Lei nº 10.792/2003 não proibiu a realização do exame criminológico"[70].

Cabe avivar, de outro giro, o enunciado sumular nº 717, do STF, que, na linha de entender a progressão de regime como direito subjetivo do preso, aventa: "não impede a progressão de regime de execução da pena, fixada em sentença não transitada em julgado, o fato de o réu se encontrar em prisão especial".

Apropriado o entendimento do STF, embora interesse registrar a discordância de Nucci, argumentando que "o acusado colocado em prisão especial não conta com o mesmo tratamento dos demais presos provisórios", haja vista que "estes, quando almejam a progressão de regime, são transferidos para o sistema penitenciário, para que possam ser avaliados pela Comissão Técnica de Classificação", levando em conta a necessidade de comprovação de merecimento para a progressão, "bem como para que possam trabalhar regularmente"[71].

70 STF – Primeira Turma – HC 103733, Rel. Min. Ricardo Lewandowski – DJ: 18/11/2010.

71 NUCCI, Guilherme de Souza. *Leis penais e processuais penais comentadas*. 5. ed. RT: São Paulo, 2010. p.455.

Nos termos do art. 2º, e parágrafos 1º e 2º, da Lei nº 8.072/1990, com redação dada pela Lei nº 11.464/2007, quando se cuidar de crime hediondo ou equiparado, cuja pena deve ser cumprida no regime inicialmente fechado, a progressão de regime só ocorrerá após o cumprimento de 2/5 (dois quintos) da pena, se o apenado for primário, e de 3/5 (três quintos), se reincidente.

A modificação legislativa decorreu da declaração de inconstitucionalidade da redação anterior do art. 2º, da Lei nº 8.072/1990, que estabelecia obrigatoriamente o regime integralmente fechado para os condenados por crime hediondo, com a subsequente edição da súmula vinculante nº 26, avivando que "para efeito de progressão de regime no cumprimento de pena por crime hediondo, ou equiparado, o juízo da execução observará a inconstitucionalidade do art. 2º da Lei nº 8.072, de 25 de julho de 1990, sem prejuízo de avaliar se o condenado preenche, ou não, os requisitos objetivos e subjetivos do benefício, podendo determinar, para tal fim, de modo fundamentado, a realização de exame criminológico".

Como se depreende, ao afirmar a inconstitucionalidade referida pelo enunciado vinculante em tela, ao juiz é facultado determinar exame criminológico de acordo com as nuances do caso concreto e de modo fundamentado, não sendo tal procedimento uma consequência automática.

Com a vigente redação do art. 2º e parágrafos, da Lei dos Crimes Hediondos, ficou atendida a necessidade de progressão de regime e de diferenciação dos prazos para concessão desse benefício, com base no critério da hediondez do delito. Nesse contexto, deve-se frisar, na esteira da jurisprudência do STJ, que a modalidade tentada do delito não afasta a sua hediondez[72].

A decisão que concede a progressão será sempre motivada e precedida de manifestação do Ministério Público e do defensor. Procedimento idêntico será adotado na concessão de livramento condicional, indulto e comutação de penas, respeitados os prazos previstos nas normas vigentes.

Cabe lembrar que a Lei nº 6.001/1973, que dispõe sobre o Estatuto do índio prevê, no parágrafo único do seu art. 56, que as penas de reclusão e de detenção deverão ser "cumpridas, se possível, em regime especial de semiliberdade, no local de funcionamento do órgão federal de assistência aos índios mais próximos da habitação do condenado". O dispositivo tem inserido, lamentavelmente, em seu corpo a cláusula "se possível".

A propósito, Edson Damas da Silveira anunciou pesquisa empírica a esse respeito, com entrevistas às autoridades do Estado de Roraima, com competência para fiscalizar a "efetividade dos direitos humanos fundamentais dentro do cárcere, principalmente aqueles que dizem respeito ao direito do indígena brasileiro cumprir pena em regime especial de semiliberdade, na forma descrita no supradito Estatuto[73].

---

72 STJ – Quinta Turma – HC 220.978/RJ – Rel. Min. Laurita Vaz – DJe 16/10/2012. (Info 506).

73 SILVEIRA, Edson Damas. Direitos humanos, jusdiversidade indígena e a prova no processo penal brasileiro. In: *Prova penal*: estado democrático de direito. Florianópolis: Empório do Direito, 2015. p.100.

1.2. Progressão por salto

Pensamos ser possível que o apenado seja beneficiado pela progressão por salto. Isso pode ocorrer quando se verificar, em execução penal iniciada com o trânsito em julgado da sentença condenatória, que o condenado já cumpriu tempo de prisão provisória suficiente para fazer incidir a progressão de regime *per saltum* – sem a necessidade de cumprir a pena pelo prazo previsto para a progressão no regime imediatamente anterior –, notadamente se a sentença fixou o regime inicial fechado e o condenado já havia permanecido preso por prazo que seria suficiente para progressão não só para o regime semiaberto, mas também para o regime aberto.

Não se entendendo dessa forma, o apenado será prejudicado duplamente, apesar da ineficiência estatal, porquanto, ao lado de não gozar indevidamente dos benefícios da Lei de Execução Penal durante o período que ficou preso provisoriamente (mormente por não ter sido a ele assegurada à progressão pretendida), deverá permanecer por mais tempo para ser colocado no regime que seria devido se atendidos os ditames da legislação de forma integral.

Pela mesma razão, deve ser admitida a designação de audiência admonitória para fins de colocação do apenado em livramento condicional, caso ele já tenha cumprido mais de 2/3 (dois terços) da pena por força de prisão cautelar decretada na fase de instrução do processo de conhecimento criminal.

No entanto, não é esse a posição que prevalece sobre o tema. Renato Marcão aviva que "o condenado que cumpre pena no regime fechado não pode progredir diretamente para o regime aberto. Para obter a progressão, deverá, antes, cumprir um sexto de sua pena no regime semiaberto, e demonstrar a satisfação de seu mérito, preenchendo assim os requisitos objetivos e subjetivos"[74].

É o entendimento dos tribunais, notadamente do STJ, que, recentemente, editou a súmula nº 491, cujo conteúdo é claro e peremptório: "é inadmissível a chamada progressão *per saltum* de regime prisional".

1.3. Apenada e presa provisória gestante ou com filhos menores

Conforme comentamos acima, quando comentamos o art. 89, desta Lei, a alteração se deve à atenção especial dada pelo legislador, à situação da mulher que cumpre pena, seguindo o que foi firmado em decisão exarada nos autos de *writ* coletivo, ajuizado anteriormente. O *habeas corpus* foi concedido por maioria pela Segunda Turma para ordenar "a substituição da prisão preventiva pela domiciliar – sem prejuízo da aplicação concomitante das medidas alternativas previstas no artigo 319 do CPP – de todas as mulheres presas, gestantes, puérperas ou mães de crianças com até 12 anos sob sua guarda ou pessoa com deficiência, listadas no processo pelo Departamento Penitenciário Nacional (DEPEN) e outras autoridades estaduais, enquanto perdurar tal condição, excetuados os casos de crimes praticados por elas mediante violência ou grave ameaça, contra seus descendentes ou, ainda, em situações

74 MARCÃO, Renato. *Curso de execução penal*. 8. ed. São Paulo: Saraiva, 2010. p.167.

excepcionalíssimas, as quais deverão ser devidamente fundamentadas pelo juízes que denegarem o benefício". Estendeu-se, ademais, a ordem, *ex officio*, "às demais as mulheres presas, gestantes, puérperas ou mães de crianças, bem assim às adolescentes sujeitas a medidas socioeducativas em idêntica situação no território nacional, observadas as restrições previstas quanto ao item anterior"[75].

Essa orientação foi sufragada pelo Lei nº 13.7669/2018 não somente para regular a situação da mulher presa definitivamente, mas também para tutelar a submetida à prisão provisória. Foram, assim, acrescentados os artigos 318-A e 318-B, ao Código de Processo Penal. De acordo com o primeiro, "a prisão preventiva imposta à mulher gestante ou que for mãe ou responsável por crianças ou pessoas com deficiência será substituída por prisão domiciliar, desde que: (1) não tenha cometido crime com violência ou grave ameaça a pessoa; e (2) não tenha cometido o crime contra seu filho ou dependente". Por outro lado, o dispositivo seguinte elucida que a substituição da preventiva pela domiciliar, de que tratam os arts. 318 e 318-A, do Código, "poderá ser efetuada sem prejuízo da aplicação concomitante das medidas alternativas", vale dizer, das medidas cautelares diversas da prisão, elencadas no art. 319, do CPP.

2. SÚMULAS E JURISPRUDÊNCIA

- **Súmula Vinculante nº 26:** Para efeito de progressão de regime no cumprimento de pena por crime hediondo, ou equiparado, o juízo da execução observará a inconstitucionalidade do art. 2º da Lei n. 8.072, de 25 de julho de 1990, sem prejuízo de avaliar se o condenado preenche, ou não, os requisitos objetivos e subjetivos do benefício, podendo determinar, para tal fim, de modo fundamentado, a realização de exame criminológico.

- **Súmula 439, STJ:** Admite-se o exame criminológico pelas peculiaridades do caso, desde que em decisão motivada.

- **Súmula 491, STJ:** É inadmissível a chamada progressão *per saltum* de regime prisional.

✦ *SUPREMO TRIBUNAL FEDERAL*

- ***Prisão preventiva para fins de extradição e progressão de regime.*** Em face da peculiaridade do caso, o Plenário, por maioria, em questão de ordem suscitada pelo Ministro Ricardo Lewandowski (relator), indeferiu pedido de revogação de prisão preventiva para fins de extradição e, de ofício, concedeu "habeas corpus" para afastar a vedação de progressão de regime ao extraditando. Determinou, em consequência, que o juízo da execução da pena verifique se o apenado preenche os requisitos do art. 112 da LEP para que possa, eventualmente, autorizar a progressão para o regime semiaberto. Ponderou, ainda, comunicar o resultado do julgado ao Ministro da Justiça e à Presidente da República, titular das relações diplomáticas do País, porque a extradição nada mais seria do que um elemento dessas relações internacionais entre os Estados. Na espécie, em 14.4.2005, a Corte deferira extradição com a ressalva do art. 89 da Lei 6.815/1990 ("Quando o extraditando estiver sendo processado, ou tiver sido condenado, no Brasil, por crime punível com pena privativa de liberdade, a extradição será executada somente depois da conclusão do processo ou do cumprimento da pena, ressalvado, entretanto, o disposto no artigo 67"). Ocorre que o extraditando fora condenado, no Brasil, a 28 anos de reclusão e, desde 31.12.2005, cumpre pena em regime fechado. Requerida, na origem, a progressão de regime, o pleito fora indeferido ao fundamento de que o deferimento de extradição do apenado

75 STF – Segunda Turma – Rel. Min. Ricardo Lewandowsky – HC 143/641/SP – j. 20 fev. 2018. Disponível em: <http://portal.stf.jus.br/noticias/verNoticiaDetalhe.asp?idConteudo=370152>. Acesso em: 14 abr. 2018.

obstaria a progressão de regime. O tribunal "a quo" registrou, ainda, que decisão diferente frustraria a execução penal e o próprio processo de execução, aliado ao risco de fuga do extraditando. O STF aduziu que, a prevalecer a decisão do tribunal "a quo", que indeferira a progressão de regime, o extraditando cumpriria a integralidade da pena em regime fechado. Apontou a peculiar situação dos autos, a salientar que a missão diplomática do país do extraditando teria sido notificada, porém, não poderia, seja no prazo da lei, seja no prazo do tratado bilateral de extradição, adotar providências para a remoção do súdito estrangeiro. Anotou que essa impossibilidade decorreria da existência de outro título jurídico legitimador da prisão, fundado na condenação penal imposta por autoridade judiciária brasileira. O Colegiado destacou que, se brasileiro fosse, com igual condenação, bastaria ao extraditando cumprir um sexto da pena — aproximadamente cinco anos de prisão — para fins de progressão de regime. No entanto, ele já teria cumprido nove anos em regime fechado. Asseverou que a exclusão do estrangeiro do sistema progressivo de cumprimento de pena conflitaria com princípios constitucionais, especialmente o da prevalência dos direitos humanos e o da isonomia (CF, artigos 4º, II, e 5º, caput, respectivamente). Sublinhou que decidir de forma diversa levaria à absurda situação de a prisão provisória na extradição tornar-se prisão com prazo indeterminado, a violar princípios constitucionais. Frisou que, na hipótese, estaria configurada situação de excesso de execução, nos termos do disposto no artigo 185 da LEP ("Haverá excesso ou desvio de execução sempre que algum ato for praticado além dos limites fixados na sentença, em normas legais ou regulamentares"), a onerar, de maneira injusta, o próprio "status libertatis" do extraditando. Vencidos, em parte, os Ministros Teori Zavascki e Marco Aurélio. O Ministro Teori Zavascki consignava que a extradição fora autorizada pelo STF e, seguida a fase executória, o Poder Executivo optara, ainda que silenciosamente, por executar a entrega do estrangeiro após cumprida a pena no Brasil. Vislumbrava que, feita essa escolha, o estrangeiro teria o direito de cumprir a pena segundo a legislação brasileira, inclusive em regime aberto, o que seria incompatível com a prisão preventiva. Defendia que a solução mais adequada seria revogar expressamente a prisão preventiva, porque desprovida de eficácia e incompatível com a execução ou a progressão. Salientava, também, a necessidade de comunicação, ao Ministro da Justiça, desse fato superveniente. O Ministro Marco Aurélio acrescentava que o extraditando pretenderia obter decisão declaratória no sentido de que a prisão preventiva não mais subsistiria. *STF, Ext 947 QO/República do Paraguai, rel. Min. Ricardo Lewandowski, 28.5.2014. Plenário. (Info 748).*

✦ *SUPERIOR TRIBUNAL DE JUSTIÇA*

- **EXECUÇÃO PENAL. MARCO INICIAL PARA SUBSEQUENTE PROGRESSÃO DE REGIME. DATA EM QUE O REEDUCANDO PREENCHEU OS REQUISITOS DO ART. 112 DA LEP. A data-base para subsequente progressão de regime é aquela em que o reeducando preencheu os requisitos do art. 112 da Lei de Execução Penal.** Ambas as Turmas que compõem a Terceira Seção do STJ eram firmes em assinalar que o termo inicial para obtenção de nova progressão pelo apenado era a data do seu efetivo ingresso no regime anterior e não a data da decisão judicial concessiva do benefício ou aquela em que houve o preenchimento dos requisitos do art. 112 da LEP. No entanto, a Quinta Turma, recentemente, modificou o entendimento sobre o tema e, alinhando-se à posição adotada pelo Supremo Tribunal Federal, passou a considerar como data-base para concessão de nova progressão aquela em que o apenado preencheu os requisitos do art. 112 da LEP. O STJ, em casos de punição disciplinar, determina que a data-base para nova progressão de regime será contada a partir do dia da falta grave, e não do dia em que for publicada decisão que a reconhece judicialmente. Na situação de progressão de regime, a regra deverá ser a mesma. O sistema progressivo da execução penal não pode ser erigido em detrimento do apenado em casos específicos de mora judiciária. A teor de julgados do Supremo Tribunal Federal, a decisão do Juízo das Execuções, que defere a progressão de regime, é meramente declaratória, e não constitutiva. Primeiramente o reeducando preenche os requisitos objetivo e subjetivo e, depois, pronunciamento judicial reconhece seu direito ao benefício. Embora a análise célere do pedido seja o ideal, é cediço que a providência jurisdicional não ocorre dessa forma e, por vezes, pode demorar meses ou anos para ser implementada. Por tais motivos, o período de permanência no regime mais gravoso, por mora do Judiciário em analisar requerimento de progressão ao modo intermediário de cumprimento da pena, deverá ser considerado para o cálculo de futuro benefício, sob pena de ofensa ao princípio da dignidade do apenado, como pessoa humana (art. 1°, III, CF) e prejuízo ao seu direito de locomoção. Assim, o entendimento da Sexta Turma alinha-se à jurisprudência do Supremo Tribunal Federal, para estabelecer, como marco para a subsequente progressão, a data em que o reeducando preencheu os requisitos legais do art. 112 da LEP. *STJ, HC 369.774-RS, Rel. Min. Rogerio Schietti Cruz, por maioria, julgado em 22/11/2016, DJe 7/12/2016. 6ª T. (Info 595)*

Art. 113. O ingresso do condenado em regime aberto supõe a aceitação de seu programa e das condições impostas pelo Juiz.

1. COMENTÁRIOS

O disposto no art. 113, da Lei de Execução Penal, pressupõe que seja designada audiência nos autos do processo executivo penal para que o apenado seja advertido das condições estipuladas para sua inserção em regime aberto. A audiência é chamada pela prática forense de admonitória, por ter finalidade de formalizar a vigência do novo regime, fazendo consignar as advertências ao condenado (admoestações verbais descritas na ata da audiência).

Art. 114. Somente poderá ingressar no regime aberto o condenado que:

I - estiver trabalhando ou comprovar a possibilidade de fazê-lo imediatamente;

II - apresentar, pelos seus antecedentes ou pelo resultado dos exames a que foi submetido, fundados indícios de que irá ajustar-se, com autodisciplina e senso de responsabilidade, ao novo regime.

Parágrafo único. Poderão ser dispensadas do trabalho as pessoas referidas no artigo 117 desta Lei.

1. COMENTÁRIOS

O ingresso do apenado em regime aberto supõe a aceitação de seu programa e das condições impostas pelo juiz, somente podendo ingressar nesse regime o apenado que:

(1) estiver trabalhando ou comprovar a possibilidade de fazê-lo imediatamente: o trabalho aludido deve ser compatível com a situação jurídica do condenado, atendendo os limites previstos na Lei de Execução Penal, estudados nos seus arts. 28 e seguintes; e

(2) apresentar, pelos seus antecedentes ou pelo resultado dos exames a que foi submetido, fundados indícios de que irá ajustar-se, com autodisciplina e senso de responsabilidade, ao novo regime: essa condição é evidenciada pela ausência de registros negativos na folha do apenado, bem como pela ausência de incidentes desabonadores no processo de execução penal. Deve-se evitar que se arrime exclusivamente em declaração de comportamento do diretor do estabelecimento, mormente quando desacompanhada de base empírica que deve se restribada na documentação de faltas por meio de instauração de procedimentos administrativos disciplinares.

Atento às condições individuais dos apenados, o legislador autorizou dispensa do trabalho do condenado (1) maior de setenta anos, (2) acometido de doença grave, (3) com filho menor ou deficiente físico ou mental e (4) gestante, consoante o art. 117, da LEP, comentado adiante.

Art. 115. O Juiz poderá estabelecer condições especiais para a concessão de regime aberto, sem prejuízo das seguintes condições gerais e obrigatórias:

I - permanecer no local que for designado, durante o repouso e nos dias de folga;

II - sair para o trabalho e retornar, nos horários fixados;

III - não se ausentar da cidade onde reside, sem autorização judicial;

IV - comparecer a Juízo, para informar e justificar as suas atividades, quando for determinado.

1. COMENTÁRIOS

As condições gerais, de natureza obrigatória, são descritas de forma exemplificativa. Todavia, para que eventual descumprimento de uma delas seja considerada falta classificada como grave, exige-se previsão legal.

Nos termos do art. 115, da LEP, para a concessão do regime aberto, o juiz pode estabelecer condições especiais, além das seguintes condições gerais e obrigatórias:

(1) permanecer o condenado no local que for designado, durante o repouso e nos dias de folga (o uso de monitoração eletrônica, com delimitação de áreas de inclusão e de exclusão pode ser utilizado para este fim);

(2) sair para o trabalho e retornar, nos horários fixados (o dispositivo indica a necessidade de controle que deve recair sobre a pessoa que está cumprindo penal, ainda que em regime aberto);

(3) não se ausentar da cidade onde reside, sem autorização judicial (o ato permissivo do regime aberto pode fazer consignar a possibilidade de se ausentar da cidade, conforme a particularidade do caso); e

(4) comparecer a Juízo, para informar e justificar as suas atividades, quando for determinado (geralmente estabelecido de forma periódica, para viabilizar a fiscalização do acatamento às condições estatuídas).

Além das condições acima, o juiz poderá, conforme dito, estabelecer condições especiais, como autoriza o art. 115 da Lei de Execução Penal. Entretanto, nos termos do verbete sumular nº 493 do STJ, editado em 2012, "é inadmissível a fixação de pena substitutiva (art. 44 do CP) como condição especial ao regime aberto". Com a súmula, impede-se que o magistrado obrigue o apenado, por exemplo, a prestar serviços à comunidade para poder progredir ao regime aberto. Como a prestação de serviços é pena autônoma e substitutiva, esta prática configura claro *bis in idem*, agora vedado pelo STJ.

2. SÚMULAS E JURISPRUDÊNCIA

- **Súmula 493, STJ:** É inadmissível a fixação de pena substitutiva (art. 44 do CP) como condição especial ao regime aberto.

3. QUESTÕES DE CONCURSOS

1. **(FCC/MPE-PB/Promotor de Justiça/2018)** Segundo o artigo 36 do Código Penal, o regime aberto de cumprimento da pena baseia-se na autodisciplina e no senso de responsabilidade do condenado. São condições do regime aberto

I. o recolhimento do apenado no local designado, durante o repouso e nos dias de folga.

II. não se ausentar o condenado da cidade onde reside, sem autorização judicial.

III. comparecer a Juízo, para informar e justificar as suas atividades, quando for determinado.

IV. a existência de exame criminológico indicando a ausência de periculosidade do condenado.

Está correto o que se afirma APENAS em

a) I, II e IV.

b) II e IV.

c) III e IV.

d) I, II e III.

e) I e III.

GAB	1
	D

Art. 116. O Juiz poderá modificar as condições estabelecidas, de ofício, a requerimento do Ministério Público, da autoridade administrativa ou do condenado, desde que as circunstâncias assim o recomendem.

1. COMENTÁRIOS

É possível a modificação das condições estabelecidas inicialmente para o ingresso no regime aberto, podendo o juiz determiná-la motivadamente, de ofício, a requerimento do *Parquet*, da autoridade administrativa ou do condenado, consoante as circunstâncias do caso recomendem. A par das disposições da Lei de Execução Penal, a legislação local (lei de organização judiciária) poderá estabelecer normas complementares para o cumprimento da pena privativa de liberdade em regime aberto.

Art. 117. Somente se admitirá o recolhimento do beneficiário de regime aberto em residência particular quando se tratar de:

I - condenado maior de 70 (setenta) anos;

II - condenado acometido de doença grave;

III - condenada com filho menor ou deficiente físico ou mental;

IV - condenada gestante.

1. COMENTÁRIOS

O recolhimento em residência particular, conquanto em regime aberto, tem natureza de prisão albergue domiciliar. Os requisitos para a concessão dessa benesse em sede de execução penal são mais exigentes que o equivalente no curso da investigação preliminar ou do processo penal condenatório.

A prisão domiciliar é excepcional, somente se admitindo o recolhimento do beneficiário de regime aberto em residência particular quando se tratar de: (1) condenado maior de setenta anos; (2) condenado acometido de doença grave; (3) condenada com filho menor ou deficiente físico ou mental; e (4) condenada gestante.

Entendemos que na falta de casa do albergado, destinada ao cumprimento de pena em regime aberto e de pena de limitação de fim de semana, é possível o deferimento de prisão albergue domiciliar, não sendo admissível restringir direito do apenado em virtude de omissão do Estado.

A prisão albergue domiciliar não se confunde com a prisão domiciliar cautelar. Esta, por sua vez, substitui a prisão preventiva, que seria cumprida em estabelecimento prisional adequado, qual seja, cadeia pública (art. 317 e 318 do CPP alterados pela Lei nº 12.403/2011). Ambas são cumpridas no domicílio do réu ou do apenado, mas por força de títulos distintos: aquela em face do decreto de prisão preventiva e a última em virtude de sentença penal condenatória transitada em julgado.

Embora diversos os requisitos para o deferimento da prisão domiciliar cautelar, entendemos que o juiz poderá se valer dos critérios que sejam mais favoráveis ao apenado para o fim de deferir prisão albergue domiciliar a partir do disposto no art. 318, do CPP, notadamente quando sua presença em casa seja imprescindível aos cuidados especiais de pessoa menor de doze anos de idade. Decerto, de acordo com as modificações introduzidas pela Lei nº 13.257/2016 (Lei do Marco da Infância), o juiz poderá substituir a preventiva pela prisão domiciliar quando o agente, apresentando prova idônea de sua situação de fato:

(1) contar com mais de oitenta anos;

(2) estiver extremamente debilitado por motivo de doença grave;

(3) for imprescindível aos cuidados especiais de pessoa menor de seis anos de idade ou com deficiência;

(4) for gestante, independentemente do tempo de gestação ou do grau de risco de sua gravidez;

(5) mulher com filho de até doze anos de idade incompletos; e

(6) homem, caso seja o único responsável pelos cuidados do filho de até 12 (doze) anos de idade incompletos.

Art. 118. A execução da pena privativa de liberdade ficará sujeita à forma regressiva, com a transferência para qualquer dos regimes mais rigorosos, quando o condenado:

I - praticar fato definido como crime doloso ou falta grave;

II - sofrer condenação, por crime anterior, cuja pena, somada ao restante da pena em execução, torne incabível o regime (artigo 111).

§ 1º O condenado será transferido do regime aberto se, além das hipóteses referidas nos incisos anteriores, frustrar os fins da execução ou não pagar, podendo, a multa cumulativamente imposta.

§ 2º Nas hipóteses do inciso I e do parágrafo anterior, deverá ser ouvido previamente o condenado.

1. COMENTÁRIOS

1.1. Regressão de regime

Durante a execução da pena privativa de liberdade, pode haver regressão de regime de pena. A forma regressiva terá lugar, com a transferência para qualquer dos regimes mais rigorosos, quando o apenado:

(1) praticar fato definido como crime doloso ou falta grave;

Vale frisar que há independência da apuração administrativa da falta grave consistente em crime doloso na seara da execução penal e seu processamento na justiça, em consonância com o entendimento do STJ. Com efeito, de acordo com sua Súmula de nº 526, "o reconhecimento de falta grave decorrente do cometimento de fato definido como crime doloso no cumprimento da pena prescinde do trânsito em julgado de sentença penal condenatória no processo penal instaurado para apuração do fato".

(2) sofrer condenação, por crime anterior, cuja pena, somada ao restante da pena em execução, torne incabível o regime. Tal ocorre quando se tem necessidade de se unificar as penas, notadamente quando houver condenação por mais de um crime, em processos distintos.

Como se depreende, a unificação das penas em razão do advento de nova condenação por delito anterior ao trânsito em julgado daquele da execução já em curso, tem o efeito de tornar mais intenso o cumprimento de pena, isto é, há um recrudescimento da execução penal em tramitação. No entanto, o teto de trinta anos estabelecido legalmente é um limite a uma maior intensidade penal.

Daí não se pode permitir a alteração do parâmetro temporal inicial (data-base, termo *a quo*), quando da unificação das penas, para a concessão de benefícios subsequentes, à míngua de previsão legal e desconsiderando o tempo anterior. Se tal fosse permitido, a cada unificação, ficaria sobremodo difícil ao apenado lograr completar o tempo previsto em lei para lograr o deferimento de progressão de regime ou de livramento condicional.

Nesse sentido, o STJ, por sua Terceira Seção, vivificou que "a unificação de nova condenação definitiva já possui o condão de recrudescer o *quantum* de pena restante a ser cumprido pelo reeducando, logo, a alteração da data-base para concessão de novos benefícios, a despeito da ausência de previsão legal, configura excesso de execução, baseado apenas em argumentos extrajurídicos"[76].

Além dessas hipóteses, o apenado será transferido do regime aberto se frustrar os fins da execução ou não pagar, podendo, a multa cumulativamente imposta. De todo modo, tanto no caso de prática de fato definido como crime doloso ou falta grave, como no de frustração dos fins da execução penal ou do pagamento da multa, a decisão regressiva será precedida de oitiva prévia do condenado, que deve estar assistido por defesa técnica.

---

76 STJ - Terceira Seção - REsp 1.557.461-SC, Rel. Min. Rogerio Schietti Cruz, por maioria, julgado em 22/02/2018, DJe 15/03/2018 - Informativo 621, de 6 de abril de 2018.

1.2. Regressão cautelar

A regressão ou suspensão cautelar de regime pode ser aplicada pelo juiz, em decisão fundamentada. Decorre do poder geral de cautela do magistrado que, diante de situações determinadas, ordene o retorno do apenado ao regime anterior (regime fechado, por exemplo), caso verifique fato dotado de *fumus commissi delicti* e que recomende decisão que afaste *periculum in mora* (ou mais precisamente, *periculum libertatis* que deflui do regime progredido).

Como averba Nucci, "dependendo do caso concreto, pode o juiz da execução penal suspender cautelarmente o regime mais benéfico (aberto ou semiaberto), inserindo o condenado em regime fechado. Afinal, conforme o crime, em tese, cometido, podendo, inclusive, haver prisão em flagrante, a gravidade da situação impõe medida urgente, de modo a evitar qualquer frustração no cumprimento da pena"[77].

Daí asseverar Renato Marcão que o juiz da execução penal tem "o poder-dever, diante do caso concreto, de determinar medidas emergenciais visando assegurar os fins e a efetividade do processo executivo, inibindo qualquer ato atentatório aos destinos da execução"[78].

2. SÚMULAS E JURISPRUDÊNCIA

- **Súmula 526, STJ:** O reconhecimento de falta grave decorrente do cometimento de fato definido como crime doloso no cumprimento da pena prescinde do trânsito em julgado de sentença penal condenatória no processo penal instaurado para apuração do fato.

✦ *SUPREMO TRIBUNAL FEDERAL*

- **INADIMPLEMENTO DE PENA DE MULTA E PROGRESSÃO DE REGIME. O inadimplemento deliberado da pena de multa cumulativamente aplicada ao sentenciado impede a progressão no regime prisional. Essa regra somente é excepcionada pela comprovação da absoluta impossibilidade econômica do apenado em pagar o valor, ainda que parceladamente.** Essa a conclusão do Plenário que, por maioria, negou provimento a agravo regimental interposto em face de decisão monocrática que indeferira o pedido de progressão de regime prisional — tendo em vista o inadimplemento da multa imposta — de condenado, nos autos da AP 470/MG (DJe de 22.4.2013), à pena de seis anos e seis meses de reclusão, em regime inicial semiaberto, bem assim à sanção pecuniária de 330 dias-multa, pela prática de corrupção passiva e lavagem de dinheiro. Alegava-se que o prévio pagamento da pena de multa não seria requisito legal para a progressão de regime, porquanto inexistente prisão por dívida (CF, art. 5º, LXVII), bem assim que o art. 51 do CP proibiria a conversão da multa em detenção. De início, o Colegiado, por decisão majoritária, indeferiu pleito de sustentação oral formulado pela defesa. Sustentava-se, no ponto, que o agravo teria por fundamento o art. 197 da LEP e, por isso, estaria sujeito à mesma sistemática do recurso em sentido estrito. O Plenário reputou, na linha da jurisprudência do STF, e conforme deliberado ao longo do julgamento da AP 470/MG, que qualquer impugnação de decisão monocrática desafiaria agravo regimental (RISTF, art. 131, § 2º), inexistente, portanto, o direito de a defesa sustentar oralmente. Não caberia à Corte criar situação excepcional. Ademais, a situação dos autos não se assemelharia às hipóteses de cabimento de recurso em sentido estrito, pois o agravo não seria dirigido a outro tribunal, uma vez que o relator traria sua decisão para que fosse homologada pelo próprio Plenário do qual faz parte. Vencido o Ministro Marco Aurélio, que admitia a sustentação oral da defesa. No

77 NUCCI, Guilherme de Souza. *Leis penais e processuais penais comentadas*. 5. ed. RT: São Paulo, 2010. p.562.

78 MARCÃO, Renato. *Curso de execução penal*. 8. ed. São Paulo: Saraiva, 2010. p.199.

mérito, o Plenário rememorou que o art. 51 do CP, em sua redação original, previa a possibilidade de conversão da multa em pena de detenção, quando o condenado, deliberadamente, deixasse de honrá-la. Posteriormente, a Lei 9.268/1996 dera nova redação ao dispositivo, para não mais admitir essa conversão, bem como para permitir a correção monetária e a cobrança da sanção como dívida ativa. A referida alteração legislativa não retirara da multa o seu caráter de pena, conforme disposição constitucional (CF, art. 5º, XLVI) e legal (CP, art. 32, III). Acrescentou que, em matéria de criminalidade econômica, a multa desempenharia papel proeminente. Mais até do que a pena de prisão, caberia à sanção pecuniária o papel retributivo e preventivo geral, para desestimular a conduta prevista penalmente. Por essa razão, deveria ser fixada com seriedade, proporcionalidade e, sobretudo, ser efetivamente paga. Assinalou que o art. 33 do CP e os artigos 110 e seguintes da LEP disciplinariam três regimes diversos de cumprimento de pena privativa de liberdade: fechado, semiaberto e aberto. Para cada uma dessas fases, haveria estabelecimentos penais próprios. De outro lado, o art. 112 da LEP disporia sobre os requisitos gerais para que o julgador autorizasse a progressão de regime. Como regra geral, condenados com bom comportamento poderiam progredir de um regime para outro após o cumprimento de um sexto da pena no regime anterior. Não obstante, a jurisprudência do STF demonstraria que a análise dos requisitos necessários para progressão não se restringiria ao art. 112 da LEP, pois outros elementos deveriam ser considerados pelo julgador para individualizar a pena. O Colegiado sublinhou que, especialmente em matéria de crimes contra a Administração Pública, a parte verdadeiramente severa da pena haveria de ser a de natureza pecuniária, que teria o poder de funcionar como real fator de prevenção, capaz de inibir a prática de crimes a envolver apropriação de recursos públicos. Nessas condições, não seria possível a progressão de regime sem o pagamento da multa fixada na condenação. O condenado teria o dever jurídico — e não a faculdade — de pagar integralmente o valor. Essa seria uma modalidade autônoma de resposta penal expressamente prevista no art. 5º, XLVI, c, da CF, a exigir cumprimento espontâneo por parte do apenado, independentemente de execução judicial. A obrigatoriedade também adviria do art. 50 do CP. O não recolhimento da multa por condenado que tivesse condições econômicas de pagá-la, sem sacrifício dos recursos indispensáveis ao sustento próprio e de sua família, constituiria deliberado descumprimento de decisão judicial e deveria impedir a progressão de regime. Além disso, admitir-se o não pagamento da multa configuraria tratamento privilegiado em relação ao sentenciado que espontaneamente pagasse a sanção pecuniária. Ademais, a passagem para o regime aberto exigiria do sentenciado autodisciplina e senso de responsabilidade (LEP, art. 114, II), a pressupor o cumprimento das decisões judiciais aplicadas a ele. Essa interpretação seria reforçada pelo art. 36, § 2º, do CP e pelo art. 118, § 1º, da LEP, que estabelecem a regressão de regime para o condenado que não pagar, podendo, a multa cumulativamente imposta. Assim, **o deliberado inadimplemento da multa sequer poderia ser comparado à vedada prisão por dívida (CF, art. 5º, LXVII), configurando apenas óbice à progressão no regime prisional. Ressalvou que a exceção admissível ao dever de pagar a multa seria a impossibilidade econômica absoluta de fazê-lo. Seria cabível a progressão se o sentenciado, veraz e comprovadamente, demonstrasse sua total insolvabilidade, a ponto de impossibilitar até mesmo o pagamento parcelado da quantia devida, como autorizado pelo art. 50 do CP.** Ressaltou que o acórdão exequendo fixara o "quantum" da sanção pecuniária especialmente em função da situação econômica do réu (CP, art. 60), de modo que a relativização dessa resposta penal dependeria de prova robusta por parte do sentenciado. No caso, entretanto, não houvera mínima comprovação de insolvabilidade, incabível, portanto, a exceção admissível ao dever de pagar a multa. Vencido o Ministro Marco Aurélio, que provia o agravo para admitir a progressão de regime, independentemente do recolhimento da multa. Considerava que seria dever da Fazenda Pública executar a dívida, se necessário. *STF, EP 12 ProgReg-AgR/DF, rel. Min. Roberto Barroso, 8.4.2015. Pleno. (Info 780)*

3. QUESTÕES DE CONCURSOS

1. **(VUNESP/TJ-SP/Juiz de Direito/2018 – adaptada)** O reconhecimento de falta grave decorrente do cometimento de fato definido como crime doloso no cumprimento da pena não prescinde do trânsito em julgado de sentença penal condenatória no processo penal instaurado para apuração do fato.

2. **(MPE-PR/Promotor de Justiça/2019 – adaptada)** O reconhecimento de falta grave decorrente do cometimento de fato definido como crime doloso no cumprimento de pena exige prévio procedimento administrativo disciplinar e trânsito em julgado de sentença penal condenatória no processo penal instaurado para apuração do fato.

GAB	1	2
	E	E

Art. 119. A legislação local poderá estabelecer normas complementares para o cumprimento da pena privativa de liberdade em regime aberto (artigo 36, § 1º, do Código Penal).

1. COMENTÁRIOS

O art. 24, inciso XI, da CF/1988, prevê competência concorrente afetas à União, Estados e Distrito Federal, para legislar sobre procedimentos em matéria processual. Aos municípios, compete legislar sobre assuntos para atendimento de seus interesses locais (art. 30, I, CF/1988).

As dificuldades de delimitação dessas competências legislativas residem em definir o que seja "procedimento em matéria processual" e, sobremodo, qual o conteúdo de "interesse local".

É perfeitamente possível, por exemplo, o município legislar para criar o Patronato (art. 78, LEP), delimitando sua estrutura e pormenorizando suas atribuições. Também é possível ao estado, por lei promulgada no exercício de sua competência concorrente, regulamentar o interesse regional de instituir um fundo penitenciário estadual, com fins não conflitantes com o fundo penitenciário nacional.

▸SEÇÃO III – DAS AUTORIZAÇÕES DE SAÍDA

▸SUBSEÇÃO I – DA PERMISSÃO DE SAÍDA

Art. 120. Os condenados que cumprem pena em regime fechado ou semi-aberto e os presos provisórios poderão obter permissão para sair do estabelecimento, mediante escolta, quando ocorrer um dos seguintes fatos:

I - falecimento ou doença grave do cônjuge, companheira, ascendente, descendente ou irmão;

II - necessidade de tratamento médico (parágrafo único do artigo 14).

Parágrafo único. A permissão de saída será concedida pelo diretor do estabelecimento onde se encontra o preso.

1. COMENTÁRIOS

As autorizações de saída são subdividas em permissão de saída e em saída temporária (autorização de saída em sentido estrito ou propriamente dita). O art. 120, da Lei de Execução Penal cuida das hipóteses de permissão de saída, por razões humanitárias (luto ou para acompanhar tratamento de saúde das pessoas indicadas em seu inciso I) ou para concretizar o direito do apenado, preso provisório (ou internado, acrescentamos) à assistência à saúde.

A permissão de saída do estabelecimento é aquela concedida pelo diretor do estabelecimento onde se encontra o preso. É deferida aos condenados que cumprem pena em regime fechado ou semiaberto e aos presos provisórios, mediante escolta, quando poderão obter permissão para sair do estabelecimento ocorrendo um dos seguintes fatos: (1) falecimento ou doença grave do cônjuge, companheira, ascendente, descendente ou irmão; e (2) necessidade de tratamento médico. Daí que a permanência do preso fora do estabelecimento terá a duração necessária à finalidade da saída.

As possibilidades de saída do preso do estabelecimento mediante ato do diretor do presídio são somente essas referidas pela Lei de Execução Penal como permissão de saída. Não é admissível que o juiz estenda o poder do diretor do estabelecimento para também conceder saída temporária (autorização de saída, vista mais adiante no art. 122, da LEP) fora dos casos legais, por delegação. Sobre o ponto, já se manifestou o STJ, ao assentar, de um lado, que "a autorização das saídas temporárias é ato jurisdicional da competência do Juízo das Execuções Penais, que deve ser motivado com a demonstração da conveniência da medida"[79] e, de outro, que é "indevida a delegação da competência ao administrador do estabelecimento prisional para autorizar as saídas temporárias e sua renovação automática, sendo o argumento da desburocratização insuficiente para autorizar a modificação da competência"[80]. O STF divergiu do STJ nesse ponto, como veremos adiante (conferir comentários ao art. 122, LEP).

2. QUESTÕES DE CONCURSOS

1. **(FCC/DPE-BA/Defensor Público/2016 – adaptada)** A permissão de saída pode ser deferida para os condenados dos regimes fechado e semiaberto, bem como aos presos provisórios.

2. **(FCC/DPE-BA/Defensor Público/2016 – adaptada)** A permissão de saída não pode ser concedida pelo diretor do estabelecimento prisional para os condenados do regime fechado, pois nesse caso deverá haver autorização judicial.

3. **(NC-UFPR/DPE-PR/Defensor Público/2014)** A Permissão de Saída do estabelecimento penal (art. 120 da Lei de Execução Penal) é possível para:

a) a realização de tratamento médico necessário.

b) a visita à família.

c) a frequência a curso supletivo profissionalizante, bem como de instrução do 2º grau ou superior, na Comarca do Juízo da Execução.

d) a participação em atividades que concorram para o retorno ao convívio social.

e) a fruição de indulto.

4. **(VUNESP/TJ-MT/Juiz de Direito/2018 – adaptada)** Compete ao juízo da execução onde o preso encontra-se recolhido a decisão acerca da autorização de saída.

5. **(FCC/Câmara Legislativa do Distrito Federal/2018)** A permissão de saída prevista na Lei de Execução Penal

a) é cabível apenas para os condenados que cumprem pena em regime semiaberto.

b) é concedida por ato motivado do juiz da execução penal, ouvidos o Ministério Público e a administração penitenciária.

c) é condicionada ao cumprimento mínimo de um sexto da pena, se o condenado for primário e um quarto, se reincidente.

---

79 STJ – Quinta Turma – REsp 1.099.230/RJ – Rel. Min. Laurita Vaz – DJ: 13/10/2009.

80 STJ – Quinta Turma – REsp 1154379 – Rel. Min. Arnaldo Esteves Lima – DJ: 10/05/2010.

d) poderá ser concedida em caso de visita à família por prazo não superior a sete dias.

e) poderá ser concedida em casos de falecimento ou doença grave do companheiro ou irmão.

GAB	1	2	3	4	5
	C	E	A	E	E

Art. 121. A permanência do preso fora do estabelecimento terá a duração necessária à finalidade da saída.

1. COMENTÁRIOS

O tempo de duração da permissão de saída deve ser consignado no ato fundamentado que deve ser exarado pelo diretor do estabelecimento. A legislação se vale de expressão aberta, indicativa de discricionariedade no ponto, ao dizer que "terá a duração necessária à finalidade da saída". Todavia, a descrição do motivo da permissão de saída, de acordo com o caso concreto, é indispensável, assim como deve estar atrelada àquele a duração estimada para o atendimento da finalidade.

▸SUBSEÇÃO II – DA SAÍDA TEMPORÁRIA

Art. 122. Os condenados que cumprem pena em regime semi-aberto poderão obter autorização para saída temporária do estabelecimento, sem vigilância direta, nos seguintes casos:

I - visita à família;

II - freqüência a curso supletivo profissionalizante, bem como de instrução do 2º grau ou superior, na Comarca do Juízo da Execução;

III - participação em atividades que concorram para o retorno ao convívio social.

Parágrafo único. A ausência de vigilância direta não impede a utilização de equipamento de monitoração eletrônica pelo condenado, quando assim determinar o juiz da execução. (Incluído pela Lei nº 12.258, de 2010)

1. COMENTÁRIOS

Como avivado acima, a autorização de saída é gênero que comporta duas espécies: a permissão de saída (autorização de saída *lato sensu*) e a saída temporária (autorização de saída em sentido estrito ou propriamente dita).

A saída temporária (autorização de saída em sentido estrito) do estabelecimento é destinada aos condenados que cumprem pena em regime semiaberto, sem vigilância direta, nos seguintes casos: (1) visita à família; (2) frequência a curso supletivo profissionalizante, bem como de instrução do 2º grau ou superior, na Comarca do Juízo da Execução; e (3) participação em atividades que concorram para o retorno ao convívio social.

Embora prevista a ausência de vigilância direta, não há óbice à utilização de equipamento de monitoração eletrônica pelo condenado, quando assim ordenar o juiz da execução, nos termos da Lei nº 12.258/2010. Embora exista controvérsia sobre tal providência, a tendência é que seja ela aceita, com fundamento em critério de proporcionalidade, notadamente quando se leva em conta que a monitoração eletrônica pode ser feita sem interferência excessiva no direito à intimidade do apenado, na justa medida da necessidade de ser concedido o benefício sem risco ao processo de execução.

2. QUESTÕES DE CONCURSOS

1. **(FCC/DPE-BA/Defensor Público/2016 – adaptada)** As saídas temporárias poderão ser deferidas aos presos do regime fechado, mediante escolta, caso exista efetivo de servidores na comarca, para frequência a curso supletivo profissionalizante.

2. **(CESPE/DPE-DF/Defensor Público/2013)** A autorização para saída temporária, sem vigilância direta, do estabelecimento prisional, para participação em atividades que concorram para o retorno ao convívio social, pode ser obtida por condenados que cumpram pena em regime fechado e semiaberto.

GAB	1	2
	E	E

Art. 123. A autorização será concedida por ato motivado do Juiz da execução, ouvidos o Ministério Público e a administração penitenciária e dependerá da satisfação dos seguintes requisitos:

I - comportamento adequado;

II - cumprimento mínimo de 1/6 (um sexto) da pena, se o condenado for primário, e 1/4 (um quarto), se reincidente;

III - compatibilidade do benefício com os objetivos da pena.

1. COMENTÁRIOS

A saída temporária (autorização de saída propriamente dita) é concedida por ato motivado do juiz da execução, ouvidos o Ministério Público e a administração penitenciária e dependerá do preenchimento dos seguintes requisitos:

(1) comportamento adequado, como regra certificado pelo diretor do estabelecimento, conforme dados constantes dos assentamentos do preso;

(2) cumprimento mínimo de 1/6 (um sexto) da pena, se o condenado for primário, e 1/4 (um quarto), se reincidente (requisito temporal, que deve ser informado, inclusive, pelo sistema eletrônico interoperacional instituído pela Lei 12.714/2012); e

(3) compatibilidade do benefício com os objetivos da pena (cuja fundamentação deve ser descrita na decisão concessiva da saída temporária).

O ato judicial de saída temporária é indelegável, a teor da Súmula 520, do STJ, que elucida que "o benefício de saída temporária no âmbito da execução penal é ato jurisdicional insuscetível de delegação à autoridade administrativa do estabelecimento prisional".

É cediço que, ao juiz da execução penal, cabe deliberar pelo exame dos requisitos para saída temporária do apenado, em datas especiais, tais como na "Semana da Pátria" e no "Natal", sendo proibido delegar esse poder ao diretor do presídio. Como regra, quando da proximidade de cada época de saída temporária (que não se confundo com o instituto "permissão de saída", mais estreito e de atribuição do diretor do estabelecimento prisional), os processos de execução penal seguem ao juiz para dar início ao procedimento que culminará na autorização judicial de saída temporária, precedida de parecer do Ministério Público.

O STF, no entanto, entendeu ser possível uma espécie do que poderíamos chamar "decisão condicional", em sede de execução penal. Trata-se de autorização judicial de saída temporária com viés de automaticidade, sem exame prévio individualizado de cada processo. A vantagem do procedimento automatizado-condicional é o de se alijar atrasos injustificados às concessões de saída temporária, em virtude do acúmulo de serviço do juízo das execuções penais e do *Parquet*.

Se o ideal seria examinar caso a caso, esse ideal não deve se sobrepor aos direitos individuais dos apenados. Daí ter a Primeira Turma do STF, naquele julgado, divergindo do STJ, entendido correta a fixação de calendário anual de saídas temporárias para que o preso possa visitar a família. Com essa posição, concedeu ordem em *habeas corpus* "para restabelecer ato do Juízo das Execuções Penais do Estado do Rio de Janeiro, que concedera autorização de saída temporária para visita periódica à família do paciente". Na oportunidade, aduziu que "a saída temporária autorizada repercutiria sobre outras saídas, desde que não houvesse cometimento de falta grave pelo custodiado"[81].

2. SÚMULAS E JURISPRUDÊNCIA

- **Súmula 520, STJ:** O benefício de saída temporária no âmbito da execução penal é ato jurisdicional insuscetível de delegação à autoridade administrativa do estabelecimento prisional.

✦ *SUPERIOR TRIBUNAL DE JUSTIÇA*

- **POSSIBILIDADE DE FIXAÇÃO DE CALENDÁRIO ANUAL DE SAÍDAS TEMPORÁRIAS POR ATO JUDICIAL ÚNICO. RECURSO REPETITIVO. É recomendável que cada autorização de saída temporária do preso seja precedida de decisão judicial motivada. Entretanto, se a apreciação individual do pedido estiver, por deficiência exclusiva do aparato estatal, a interferir no direito subjetivo do apenado e no escopo ressocializador da pena, deve ser reconhecida, excepcionalmente, a possibilidade de fixação de calendário anual de saídas temporárias por ato judicial único, observadas as hipóteses de revogação automática do art. 125 da LEP.** A Terceira Seção do STJ, no julgamento dos REsps 1.166.251-RJ (DJe 4/9/2012) e 1.176.264-RJ (DJe 3/9/2012), em análise de matéria repetitiva, fixou a interpretação do art. 122 e seguintes da LEP, relacionados à saída temporária. Os precedentes deram ensejo à tese firmada sob o Tema 445: "A autorização das saídas temporárias é ato jurisdicional da competência do Juízo das Execuções Penais. Não é possível delegar ao administrador do presídio a fiscalização sobre diversas saídas temporárias, por se tratar de atribuição exclusiva do magistrado das execuções penais, sujeita à ação fiscalizadora do Ministério Público." Também ensejaram esses precedentes a edição da Súmula n. 520 do STJ, *verbis*: "O benefício de saída temporária no âmbito da execução penal é ato jurisdicional insuscetível de delegação à autoridade administrativa do estabelecimento prisional." Vê-se que a jurisprudência majoritária do STJ repudia as denominadas saídas temporárias em bloco ou automatizadas, por meio de ato judicial único, na medida em que cada saída temporária deve ser precedida de decisão motivada do Juízo da execução, com a intervenção do Ministério Público, sem a possibilidade de delegar ao administrador do presídio a escolha da data em que o reeducando usufruirá do benefício. Contudo, insta destacar que o respeito aos precedentes também envolve o dever de aperfeiçoá-los, adaptá-los ou mesmo revogá-los, quando não mais correspondam aos padrões de congruência social e de consistência sistêmica, conforme doutrina. Com efeito, a deficiência do

81 STF – Informativo 831, junho de 2016 (Primeira Turma – HC 130502/RJ – Rel. Min. Marco Aurélio, 21.6.2016).

aparato estatal e a exigência de decisão isolada para cada saída temporária - dada a necessidade de cumprimento de diversas diligências para instrução e posterior decisão do pleito - estão a ocasionar excessiva demora na análise do direito dos apenados, com inexorável e intolerável prejuízo ao seu processo de progressiva ressocialização, objetivo-mor da execução das sanções criminais, conforme deixa claro o art. 1º da Lei n. 7.210/1984 ("Art. 1º A execução penal tem por objetivo efetivar as disposições de sentença ou decisão criminal e proporcionar condições para a harmônica integração social do condenado e do internado"). Inclusive, o STF, em diversas oportunidades, ao analisar acórdãos do STJ apoiados nos recursos repetitivos já referidos, concedeu *habeas corpus* para reconhecer a possibilidade de renovação periódica da saída temporária, que "permite ao juízo das execuções penais programar, observados os restritos limites legais, as saídas subsequentes à da concessão do benefício, a fim de inibir eventual delonga ou até mesmo impossibilidade no usufruto da saída não vigiada" (HC 129.167-RJ, Segunda Turma, DJe 11/12/2015). Nesse contexto, as autorizações de saída temporária não podem, na sua concreta aplicação, negligenciar a natureza desse instituto, concebido como instrumento integrativo voltado para o restabelecimento do vínculo familiar e para a reaproximação do recluso com a sociedade. É, por conseguinte, inoportuno e atentatório à dignidade que o condenado permaneça no regime semiaberto e, por mera e exclusiva deficiência estrutural e funcional do aparato estatal, não tenha condições de usufruir o benefício em questão, apesar de preencher os requisitos legais. A situação de carência do aparato judicial reforça a necessidade de modificação da Tese 445 do STJ, para o fim de concretizar o benefício das saídas temporárias, sem retirar, por certo, da autoridade judiciária a competência para a análise dos requisitos objetivo e subjetivo do benefício, sob a fiscalização do Ministério Público. Pela estabilidade e pela coerência da interpretação do art. 123 da LEP, deve ser reconhecida, excepcionalmente, a possibilidade de a autoridade judicial, em única decisão motivada, autorizar saídas temporárias anuais previamente programadas, observadas as hipóteses de revogação automática do art. 125 da LEP. Ressalte-se que a autorização continuará a ser deferida por ato do Juízo da execução, ouvidos previamente o Ministério Público e a administração penitenciária, e dependerá da satisfação dos requisitos legais, idênticos para os benefícios futuros. A meta continua a ser a análise individual e célere de cada saída temporária, de modo a proporcionar aos reeducandos a almejada jurisdição e a gradativa reinserção no meio familiar e social. Entretanto, se a tramitação individual de cada pedido estiver, por questões locais, a interferir no direito subjetivo do apenado e a ocasionar demora excessiva do Judiciário para proferir decisões sobre o benefício, por carência exclusiva do aparato estatal, deve ser reconhecida, excepcionalmente, a possibilidade de o juiz estabelecer calendário prévio de saídas temporárias anuais em ato judicial único, respeitadas as hipóteses de revogação automática do benefício. *STJ, REsp 1.544.036-RJ, Rel. Min. Rogerio Schietti Cruz, Terceira Seção, julgado em 14/9/2016, DJe 19/9/2016. Recurso repetitivo. (Info 590)*

- **COMPETÊNCIA PARA FIXAÇÃO DE CALENDÁRIO PRÉVIO DE SAÍDAS TEMPORÁRIAS. RECURSO REPETITIVO. O calendário prévio das saídas temporárias deverá ser fixado, obrigatoriamente, pelo Juízo das execuções, não se lhe permitindo delegar à autoridade prisional a escolha das datas específicas nas quais o apenado irá usufruir os benefícios. Inteligência da Súmula n. 520 do STJ.** A teor da Súmula n. 520 do STJ, "O benefício de saída temporária no âmbito da execução penal é ato jurisdicional insuscetível de delegação à autoridade administrativa do estabelecimento prisional". Decerto que a administração penitenciária será ouvida e poderá subsidiar o órgão julgador com informações relacionadas à rotina carcerária, a fim de melhor escolher as datas que serão ideais para a fiscalização do cumprimento dos horários e das condições do benefício. Todavia, o diretor do presídio não detém atribuição legal, ou mesmo as garantias constitucionais da magistratura, para escolha, por discricionariedade, da data em que, por conveniência do presídio ou por pedido particular do reeducando, deverá ser usufruída a saída temporária do art. 122 da LEP. Apesar de haver entendimentos em contrário, a execução penal não constitui mera atividade administrativa, mas implica tutela jurisdicional. Em análise crítica, escolher a data das saídas temporárias acaba por conferir indevido poder decisório ao diretor do estabelecimento, com inegável acúmulo de atribuições não previstas na legislação específica. A LEP é expressa ao estabelecer as hipóteses nas quais é possível a interferência da autoridade administrativa, sempre em situações pontuais, mediante comunicação do Poder Judiciário e do Ministério Público, tais como a permissão de saída do art. 120 da LEP, a regressão cautelar de regime etc. Não há obstáculos relevantes que impeçam o juiz de indicar as datas das saídas temporárias, de sorte que não se justifica e não se mostra legítima a pretensão de transferir ao diretor do presídio tal competência (opção que, afastada da lei, traria também o acúmulo de atribuições no âmbito administrativo, com inexorável incremento da demora na análise de pedidos particulares de reclusos). Por tais motivos, deve permanecer incólume o entendimento consagrado na Súmula n. 520 do STJ. *STJ,* REsp *1.544.036-RJ, Rel. Min. Rogerio Schietti Cruz, Terceira Seção, julgado em 14/9/2016, DJe 19/9/2016. Recurso repetitivo. (Info 590).*

3. QUESTÕES DE CONCURSOS

1. **(FCC/DPE-BA/Defensor Público/2016 – adaptada)** para que o condenado conquiste o direito às saídas temporárias, é necessário que atinja 1/6 da pena, se primário, e 1/2, se reincidente.

GAB	1
	E

Art. 124. A autorização será concedida por prazo não superior a 7 (sete) dias, podendo ser renovada por mais 4 (quatro) vezes durante o ano.

§ 1º Ao conceder a saída temporária, o juiz imporá ao beneficiário as seguintes condições, entre outras que entender compatíveis com as circunstâncias do caso e a situação pessoal do condenado: (Incluído pela Lei nº 12.258, de 2010)

I - fornecimento do endereço onde reside a família a ser visitada ou onde poderá ser encontrado durante o gozo do benefício; (Incluído pela Lei nº 12.258, de 2010)

II - recolhimento à residência visitada, no período noturno; (Incluído pela Lei nº 12.258, de 2010)

III - proibição de frequentar bares, casas noturnas e estabelecimentos congêneres. (Incluído pela Lei nº 12.258, de 2010)

§ 2º Quando se tratar de frequência a curso profissionalizante, de instrução de ensino médio ou superior, o tempo de saída será o necessário para o cumprimento das atividades discentes. (Renumerado do parágrafo único pela Lei nº 12.258, de 2010)

§ 3º Nos demais casos, as autorizações de saída somente poderão ser concedidas com prazo mínimo de 45 (quarenta e cinco) dias de intervalo entre uma e outra. (Incluído pela Lei nº 12.258, de 2010)

1. COMENTÁRIOS

O prazo de duração da "autorização de saída" não excederá sete dias, podendo ser renovado por mais quatro vezes durante o ano.

No ato de concessão da saída temporária, o juiz imporá ao beneficiário as seguintes condições, entre outras que entender compatíveis com as circunstâncias do caso e a situação pessoal do condenado:

(1) fornecimento do endereço onde reside a família a ser visitada ou onde poderá ser encontrado durante o gozo do benefício (pode-se definir área de inclusão com o auxílio de monitoração eletrônica para este fim);

(2) recolhimento à residência visitada, no período noturno (do mesmo modo, a monitoração eletrônica pode se revelar útil); e

(3) proibição de frequentar bares, casas noturnas e estabelecimentos congêneres (art. 124, LEP), em virtude de tais lugares de diversão serem considerados incompatíveis com a situação jurídica de quem está cumprindo pena.

De outra vertente, quando se cuidar de frequência a curso profissionalizante, de instrução de ensino médio ou superior, o tempo de saída temporária será o necessário para o cumprimento das atividades discentes. Nas outras hipóteses, as autorizações de saída somente poderão ser concedidas com prazo mínimo de quarenta e cinco dias de intervalo entre uma e outra.

2. SÚMULAS E JURISPRUDÊNCIA

✦ *SUPREMO TRIBUNAL FEDERAL*

- ***"HABEAS CORPUS": SAÍDA TEMPORÁRIA DE PRESO E CONTAGEM DE PRAZO.*** **A contagem do prazo do benefício de saída temporária de preso é feita em dias e não em horas.** Com base nessa orientação, a Segunda Turma denegou a ordem de "habeas corpus" em que se pretendia a contagem de tal benesse a partir da 00h do primeiro dia. No caso, o paciente aduzia que sua liberação apenas às doze horas do primeiro dia do benefício prejudicaria a fruição do prazo legalmente previsto de sete dias (LEP, art. 124), porque usufruiria apenas seis dias e meio de tal direito. Assim, considerava que a saída temporária não deveria se sujeitar à estrita forma de contagem do prazo prevista no art. 10 do Código Penal ("Art. 10. O dia do começo inclui-se no cômputo do prazo. Contam-se os dias, os meses e os anos pelo calendário comum"). A Turma destacou ser indevida, na ordem penal, a contagem do prazo em horas e, por isso, manteve o cômputo em forma de dias. Ademais, a se entender de forma diversa, estar-se-ia colocando em risco a segurança do estabelecimento penal, bem como a organização do sistema prisional. *STF, HC 130883/SC, rel. Min. Dias Toffoli, 31.5.2016. 2ª T. (Info 828)*

✦ *SUPERIOR TRIBUNAL DE JUSTIÇA*

- **POSSIBILIDADE DE CONCESSÃO DE MAIS DE CINCO SAÍDAS TEMPORÁRIAS POR ANO. RECURSO REPETITIVO. Respeitado o limite anual de 35 dias, estabelecido pelo art. 124 da LEP, é cabível a concessão de maior número de autorizações de curta duração.** Prevaleceu o entendimento consagrado pela Terceira Seção do STJ nos REsps 1.166.251-RJ (DJe 4/9/2012) e 1.176.264-RJ (DJe 3/9/2012), julgados sob o rito dos recursos repetitivos, de que é possível à autoridade judicial, atenta às peculiaridades da execução penal, conceder maior número de saídas temporárias (mais de 5 vezes durante o ano), de menor duração (inferior a 7 dias), desde que respeitado o limite de 35 dias no ano, porquanto o fracionamento do benefício é coerente com o processo reeducativo e com a reinserção gradativa do apenado ao convívio social. *STJ, REsp 1.544.036-RJ, Rel. Min. Rogerio Schietti Cruz, Terceira Seção, julgado em 14/9/2016, DJe 19/9/2016. Recursos repetitivos. (Info 590)*

- **PRAZO MÍNIMO ENTRE SAÍDAS TEMPORÁRIAS. RECURSO REPETITIVO. As autorizações de saída temporária para visita à família e para participação em atividades que concorram para o retorno ao convívio social, se limitadas a cinco vezes durante o ano, deverão observar o prazo mínimo de 45 dias de intervalo entre uma e outra. Na hipótese de maior número de saídas temporárias de curta duração, já intercaladas durante os doze meses do ano e muitas vezes sem pernoite, não se exige o intervalo previsto no art. 124, § 3º, da LEP.** A redação literal do art. 124, § 3º, da LEP estabelece que as autorizações de saídas temporárias fora dos casos de estudo (frequência a cursos profissionalizantes, de instrução de ensino médio ou superior) somente poderão ser concedidas com prazo mínimo de 45 dias de intervalo entre uma e outra saída. Contudo, para demonstrar, de forma coerente, o alcance da norma legal, a disposição do § 3º deve ser interpretada não de forma restritiva e isolada, mas em conjunto com o comando do art. 124 da LEP e com a diretriz máxima do art. 1º do mesmo diploma legal, para concretizar o objetivo da saída temporária. De fato, prevaleceu o entendimento consagrado pela Terceira Seção do STJ nos REsps 1.166.251-RJ (DJe 4/9/2012) e 1.176.264-RJ (DJe 3/9/2012) julgados sob o rito dos recursos repetitivos, de que é possível à autoridade judicial, atenta às peculiaridades da execução penal, conceder maior número de saídas temporárias (mais de 5 vezes durante o ano), de menor duração (inferior a 7 dias), desde que respeitado o limite de 35 dias no ano. Realmente, nas hipóteses de visita à família ou de participação em atividades que concorram para o retorno ao convívio social, fracionadas em até 5 vezes de até 7 dias, deve-se aplicar o prazo mínimo de 45 dias de intervalo entre um benefício e outro. O longo período extramuros, o maior contato com a sociedade sem fiscalização e a necessidade de estímulos ressocializadores ao longo do ano, de forma intervalada e proporcional ao número de meses, justificam o intervalo exigido pela norma legal. O intervalo não pode, entretanto, ser estendido, de maneira literal, aos casos de benefícios de curta duração, na medida em que impediria a renovação das autorizações por mais de 5 períodos - providência já admitida pelo STJ - e criaria verdadeira dificuldade à fruição dos 35 dias de saídas temporárias anuais, além de ir de encontro ao objetivo de solidificação dos laços familiares, essencial para a recuperação do reeducando, razão pela qual a interpretação do § 3° deve ser compatibilizada com a cabeça do art. 124 e com o art. 1º, ambos da LEP. Portanto, na hipótese de maior número de saídas temporárias de curta duração, já intercaladas durante os 12 meses do ano e muitas vezes sem pernoite, não se exige o intervalo previsto no art. 124, § 3°, da LEP. *STJ, REsp 1.544.036-RJ, Rel. Min. Rogerio Schietti Cruz, Terceira Seção, julgado em 14/9/2016, DJe 19/9/2016. Recursos repetitivos. (Info 590)*

3. QUESTÕES DE CONCURSOS

1. **(FCC/DPE-BA/Defensor Público/2016 – adaptada)** As saídas temporárias serão deferidas pelo diretor da casa prisional.

GAB	1
	E

Art. 125. O benefício será automaticamente revogado quando o condenado praticar fato definido como crime doloso, for punido por falta grave, desatender as condições impostas na autorização ou revelar baixo grau de aproveitamento do curso.

Parágrafo único. A recuperação do direito à saída temporária dependerá da absolvição no processo penal, do cancelamento da punição disciplinar ou da demonstração do merecimento do condenado.

1. COMENTÁRIOS

De acordo com o dispositivo ora examinado, a saída temporária será "automaticamente" revogada quando o condenado praticar fato definido como crime doloso, for punido por falta grave, desatender as condições impostas na autorização ou revelar baixo grau de aproveitamento do curso. Ocorrendo essa situação, a recuperação do direito dependerá da absolvição no processo penal, do cancelamento da punição disciplinar ou da demonstração do merecimento do condenado.

Malgrado se fale em revogação automática da saída temporária nos casos ali previstos, deve ser ela objeto de ato judicial fundamentado nos autos do processo de execução penal, precedido de contraditório e da ampla defesa. Com efeito, pode o apenado ou internado apresentar razões justificantes do suposto delito doloso, da punição por falta grave (que pode estar *sub judice*, por exemplo), do descumprimento de condições impostas na autorização de saída ou mesmo do baixo grau de aproveitamento de curso.

Como é ínsito a todo processo, especialmente aos processos judiciais, a execução penal é procedimento que garante o contraditório e a ampla defesa. A Constituição do Brasil estatui expressamente que aos litigantes em processo judicial ou administrativo serão assegurados o contraditório e a ampla defesa com os meios e recursos a ela inerentes (art. 5º, LV).

A ampla defesa é garantida ao apenado mediante a necessidade de defesa técnica. Isso não significa dizer que o juízo da execução penal desconsidere as manifestações do apenado sem a assistência de advogado, haja vista que o contato direto entre apenado, juiz e Ministério Público é bastante elucidativo para o esclarecimento de dúvidas no processo de execução penal, a exemplo de esclarecimentos sobre cumprimento de parte ainda não computada. Desse modo, o juiz da execução deve manter nos autos petições ou cartas subscritas pelo condenado, admitindo sua postulação leiga toda vez que signifique otimização do direito ao contraditório e à ampla defesa.

Todavia, quando se tratar de possibilidade de restrição de direito do apenado, tal como pode ocorrer com a instauração de procedimento administrativo para aplicação de sanção em virtude de cometimento de falta grave ou diante da possibilidade de suspensão de algum benefício ou de regressão de regime, a defesa técnica se impõe sob pena de nulidade. Se prevista a manifestação do defensor para fins de progressão de regime (art. 112, § 1º, LEP), com muito mais razão se impõe a existência de defesa técnica quando iniciado procedimento que limite direito do condenado ou do submetido à medida de segurança.

A defesa técnica é assegurada pela presença de defensor constituído, pela nomeação de defensor dativo ou pela existência de atuação de assessor jurídico de presídio em procedimento administrativo, em que pese o enunciado nº 5 da súmula vinculante do STF que preconiza que "a falta de defesa técnica por advogado no processo administrativo disciplinar não ofende a constituição"[82]. De todo modo, pensamos que a tendência, em sede de execução penal, é a de exigir defesa técnica quando possível a adoção de medida que agrave a situação do apenado, mesmo em se tratando de procedimento para apuração de falta disciplinar[83].

Nesse sentido, o STJ editou a Súmula 533, consolidando o entendimento de que "para o reconhecimento da prática de falta disciplinar no âmbito da execução penal, é imprescindível a instauração de procedimento administrativo pelo diretor do estabelecimento prisional, assegurado o direito de defesa, a ser realizado por advogado constituído ou defensor público nomeado". Note-se, portanto, que não basta a autodefesa, devendo ser garantida a defesa técnica, realizada por profissional habilitado.

Em outra oportunidade, foi mais uma vez dito que o contraditório e a ampla defesa devem ser exercidos nos autos do procedimento administrativo para apuração da falta grave, segundo entendimento corredio do STJ. Sem embargo, no âmbito da Sexta Turma, afirma-se que é prescindível nova oitiva do apenado perante o juiz se, antes da homologação da falta grave, foi dada oportunidade a ele de se manifestar no âmbito do procedimento administrativo instaurado para apurar a prática de infração disciplinar, acompanhado de defesa técnica[84].

2. SÚMULAS E JURISPRUDÊNCIA

- **Súmula Vinculante nº 5:** A falta de defesa técnica por advogado no processo administrativo disciplinar não ofende a Constituição.
- **Súmula 533, STJ:** Para o reconhecimento da prática de falta disciplinar no âmbito da execução penal, é imprescindível a instauração de procedimento administrativo pelo diretor do estabelecimento

82 STJ – Quinta Turma – HC 146.326/RS – Rel. Min. Laurita Vaz – DJ 22/03/2010.

83 Nesse sentido: STJ – Quinta Turma – HC 103.450/SC – Rel. Min. Napoleão Nunes Maia Filho – DJ 27/04/2009.

84 STJ – Sexta Turma – HC 408.879/SP – Rel. Min. Antonio Saldanha Palheiro – j. 10/4/2018.

prisional, assegurado o direito de defesa, a ser realizado por advogado constituído ou defensor público nomeado.

3. QUESTÕES DE CONCURSOS

1. **(FCC/DPE-MA/Defensor Público/2018 – adaptada)** O devido processo legal é garantido na apuração de faltas disciplinares com a sua plena jurisdicionalização na Lei de Execução Penal.

2. **(FCC/Câmara Legislativa do Distrito Federal/Consultor Legislativo/2018 – adaptada)** Para o reconhecimento da prática de falta disciplinar no âmbito da execução penal é imprescindível a instauração de procedimento administrativo pelo diretor do estabelecimento prisional, assegurado o direito de defesa.

GAB	1	2
	E	C

▸SEÇÃO IV – DA REMIÇÃO

Art. 126. O condenado que cumpre a pena em regime fechado ou semiaberto poderá remir, por trabalho ou por estudo, parte do tempo de execução da pena. (Redação dada pela Lei nº 12.433, de 2011).

§ 1º A contagem de tempo referida no caput será feita à razão de: (Redação dada pela Lei nº 12.433, de 2011)

I - 1 (um) dia de pena a cada 12 (doze) horas de frequência escolar - atividade de ensino fundamental, médio, inclusive profissionalizante, ou superior, ou ainda de requalificação profissional - divididas, no mínimo, em 3 (três) dias; (Incluído pela Lei nº 12.433, de 2011)

II - 1 (um) dia de pena a cada 3 (três) dias de trabalho. (Incluído pela Lei nº 12.433, de 2011)

§ 2º As atividades de estudo a que se refere o § 1º deste artigo poderão ser desenvolvidas de forma presencial ou por metodologia de ensino a distância e deverão ser certificadas pelas autoridades educacionais competentes dos cursos frequentados. (Redação dada pela Lei nº 12.433, de 2011)

§ 3º Para fins de cumulação dos casos de remição, as horas diárias de trabalho e de estudo serão definidas de forma a se compatibilizarem. (Redação dada pela Lei nº 12.433, de 2011)

§ 4º O preso impossibilitado, por acidente, de prosseguir no trabalho ou nos estudos continuará a beneficiar-se com a remição. (Incluído pela Lei nº 12.433, de 2011)

§ 5º O tempo a remir em função das horas de estudo será acrescido de 1/3 (um terço) no caso de conclusão do ensino fundamental, médio ou superior durante o cumprimento da pena, desde que certificada pelo órgão competente do sistema de educação. (Incluído pela Lei nº 12.433, de 2011)

§ 6º O condenado que cumpre pena em regime aberto ou semiaberto e o que usufrui liberdade condicional poderão remir, pela frequência a curso de ensino regular ou de educação profissional, parte do tempo de execução da pena ou do período de prova, observado o disposto no inciso I do § 1º deste artigo. (Incluído pela Lei nº 12.433, de 2011)

§ 7º O disposto neste artigo aplica-se às hipóteses de prisão cautelar. (Incluído pela Lei nº 12.433, de 2011)

§ 8º A remição será declarada pelo juiz da execução, ouvidos o Ministério Público e a defesa. (Incluído pela Lei nº 12.433, de 2011)

1. COMENTÁRIOS

A remição consiste no direito do condenado que cumpre pena em regime fechado ou semiaberto abater, pelo trabalho ou pelo estudo, parte do tempo de execução da pena, cuja contagem será feita à razão de:

(1) 1 (um) dia de pena a cada 12 (doze) horas de frequência escolar divididas, no mínimo, em 3 (três) dias (inciso I, do § 1º, do art. 126, da LEP, incluído pela Lei nº 12.433/2011);

(2) 1 (um) dia de pena por 3 (três) de trabalho (inciso II, do § 1º, do art. 126, da LEP, incluído pela Lei nº 12.433/2011)

(3) 4 (quatro) dias de pena para cada obra lida, seja ela literária, clássica, científica ou filosófica, possibilitando, segundo critério legal de avaliação, a remição de 04 (quatro) dias de sua pena e ao final de até 12 (doze) obras lidas e avaliadas, terá a possibilidade de remir 48 (quarenta e oito) dias, no prazo de 12 (doze) meses, de acordo com a capacidade gerencial da Unidade (art. 4º da Portaria Conjunta nº 276/2012, do Departamento Penitenciário Nacional).

Embora o art. 126, *caput*, da LEP, faça menção à aplicação da remição ao apenado que cumpre pena em regime fechado ou semiaberto, o seu § 6º, prevê também o direito à remição não só de parte do tempo de execução da pena, como também, alternativamente, do período de prova, ao condenado que cumpre pena em regime aberto ou semiaberto e o que usufrui liberdade condicional, à razão de:

(4) 1 (um) dia de pena a cada 12 (doze) horas de frequência escolar divididas, no mínimo, em 3 (três) dias, em virtude de frequência a curso de ensino regular ou de educação profissional.

O preso provisório, por sua vez, pode ser beneficiado pela remição, devendo ser registrada sua frequência ao trabalho ou ao curso regular na forma do art. 126, da LEP, para fins de declaração judicial após sobrevir a aplicação da pena. É o que se depreende do estampado no seu § 7º, que destaca que "o disposto neste artigo aplica-se às hipóteses de prisão cautelar".

De acordo com a concepção ampla que deve ser entendido o trabalho do apenado para fins de remição, o STJ emitiu o enunciado nº 562, de sua Súmula, para vincar que "é possível a remição de parte do tempo de execução da pena quando o condenado, em regime fechado ou semiaberto, desempenha atividade laborativa, ainda que extramuros". Também se admite a remição pelo trabalho prestado antes do início da execução da pena, porém posterior à pratica do delito[85].

A atividade de estudo do apenado, objeto do reconhecimento do direito à remição da pena, deverá ser de ensino fundamental, médio, inclusive profissionalizante, ou superior,

---

85 STF – Primeira Turma – HC 124520/RO – rel. Min. Marco Aurélio, red. p/ ac. Min. Roberto Barroso, julgado em 29/5/2018. Também a Quinta e Sexta Turma do STJ, respectivamente, nos julgamentos do HC 421.425/MG – Rel. Min. Felix Fischer, j. 27/02/2018, e do HC 425.155/MG – Rel. Min. Nefi Cordeiro, j. 06/03/2018.

ou ainda de requalificação profissional. Tal possibilidade de remir a pena pelo estudo veio expressamente prevista na Lei de Execução Penal com a redação atual do inciso I, do seu art. 126, contemplando o que já preconizava a doutrina e a jurisprudência.

Com efeito, mesmo antes da nova disciplina legal já defendíamos que o trabalho objeto de remição deveria ser entendido de maneira ampla, conferindo interpretação extensiva ao texto legal. Daí que se considerava trabalho para fins de remição da pena o ensino regularmente frequentado pelo condenado, nos termos do enunciado nº 341, da súmula do STJ, que destaca que "a frequência a curso de ensino formal é causa de remição de parte do tempo de execução de pena sob regime fechado ou semiaberto". Com a Lei nº 12.433/2011, foram estabelecidos os parâmetros para a decretação da remição pelo estudo, na forma descrita no inciso I, do § 1º, do art. 126, da LEP, ora referido.

A ideia de aplicação do instituto deve ser interpretada da maneira mais favorável ao apenado. É com essa perspectiva que o § 2º, do art. 126, dispõe que as atividades de estudo poderão ser desenvolvidas de forma presencial ou por metodologia de ensino a distância e deverão ser certificadas pelas autoridades educacionais competentes dos cursos frequentados. O sistema fomenta o estudo pelo apenado, coerente com os princípios que visam dar ênfase ao aspecto regenerativo da pena.

O tempo a ser remido em função das horas de estudo será incrementado com um acréscimo de 1/3 (um terço) na hipótese do apenado concluir com aproveitamento o ensino fundamental, médio ou superior durante o cumprimento da pena. Como condição para a aplicação dessa remição bonificada, a lei exige que a conclusão do ensino aludido seja certificada pelo órgão competente do sistema de educação.

Uma vez ampliada a hipótese de cabimento da remição para abranger o estudo, abriu-se a possibilidade para a remição pela leitura de obra literária, clássica, científica ou filosófica. A ampliação do instituto se deu através da Portaria Conjunta nº 276/2012, do Departamento Penitenciário Nacional aplicável no âmbito do Sistema Penitenciário Federal. Através deste instrumento normativo, de maneira salutar, permitiu-se ao preso, no regime fechado ou semiaberto, remir 4 (quatro) dias da sua pena para cada obra lida, desde que o tenha feito dentro do prazo estabelecido de 21 (vinte e um) a 30 (trinta) dias, apresentando, ao final, uma resenha sobre o assunto. É dado ao preso ler até 12 (doze) obras por ano, remindo, em consequência, 48 (quarenta e oito) dias nesse lapso.

Em todo caso, se o preso estiver impossibilitado de prosseguir no trabalho ou nos estudos, por acidente, ele continuará a beneficiar-se com a remição (art. 126, § 4º, LEP). Cuida-se de impedimento justificado do apenado de prosseguir em sua atividade laborativa ou escolar, razão pela qual não seria razoável a suspensão da contagem do tempo de remição em face de evento imprevisível que o atingiu (acidente).

O preso poderá remir a pena de forma concomitante: pelas horas de trabalho e pelas horas de estudo. Para tanto, as horas devem ser definidas de forma a se compatibilizarem, para que as de uma atividade não se sobreponham as da outra (4 horas diárias de estudo ou 8 horas de trabalho, ou seja, 1 hora de estudo equivale a 2 horas de trabalho). É a dicção do

§ 3º, do art. 126, da LEP, que estabelece que "para fins de cumulação dos casos de remição, as horas diárias de trabalho e de estudo serão definidas de forma a se compatibilizarem".

A jurisprudência anterior à Lei nº 12.433/2011 alinhava que não era possível a contagem em dobro do tempo de trabalho em razão de atividades concomitantes (trabalho e estudo) em razão da limitação do tempo de trabalho a 8 horas por dia. Nesse sentido, julgado do STJ sublinha que "não se revela possível reconhecer duas vezes a remição da pena em decorrência de trabalho e estudo realizados no mesmo período, porque a remição deve guardar correspondência com a jornada de trabalho prevista no art. 33, da Lei de Execuções Penais". Deveras, "nada impede que condenado estude e trabalhe no mesmo dia, contudo, as horas dedicadas a tais atividades somente podem ser somadas, para fins de remição da reprimenda, até o limite máximo de 8 (oito) horas diárias".

Pensamos que com a nova redação do § 3º, do art. 126, da Lei de Execução penal, o entendimento do STJ deve ser relido de acordo com esse regramento legal: a jornada diária de estudo deve ser apurada separadamente da jornada de trabalho, mas pode ser cumulada se houver compatibilidade: a primeira considerando o limite de 12 horas divididas em 3 dias (isto é, 4 horas diárias) e a segunda, o de 8 horas diárias, significando dizer que 1 hora de estudo equivale a 2 horas de trabalho.

De toda forma, a remição será decretada pelo juiz da execução, ouvidos o Ministério Público e a defesa, nesta ordem (§ 8º, do art. 126, da LEP).

2. SÚMULAS E JURISPRUDÊNCIA

- **Súmula 341, STJ:** A freqüência a curso de ensino formal é causa de remição de parte do tempo de execução de pena sob regime fechado ou semi-aberto.

- **Súmula 562, STJ:** É possível a remição de parte do tempo de execução da pena quando o condenado, em regime fechado ou semiaberto, desempenha atividade laborativa, ainda que extramuros.

✦ *SUPERIOR TRIBUNAL DE JUSTIÇA*

- **REMIÇÃO DE PENA POR TRABALHO EM DOMINGOS E FERIADOS. Se o preso, ainda que sem autorização do juízo ou da direção do estabelecimento prisional, efetivamente trabalhar nos domingos e feriados, esses dias deverão ser considerados no cálculo da remição da pena.** A remição da pena pelo trabalho se perfaz à razão de 1 dia de pena a cada 3 dias de trabalho, conforme o regramento do art. 126, § 1º, II, da LEP. E, nos termos do art. 33 do mesmo estatuto, considera-se dia trabalhado aquele em que cumprida jornada não inferior a 6 nem superior a 8 horas. Assim, a remição da pena pelo trabalho, nos termos do art. 33, c/c o art. 126, § 1º, é realizada à razão de um dia de pena a cada três dias de trabalho, cuja jornada diária não seja inferior a 6 nem superior a 8 horas, o que impõe, para fins de cálculo, a consideração dos dias efetivamente trabalhados (HC 218.637-RS, Quinta Turma, DJe 19/4/2013). *STJ, HC 346.948-RS, Rel. Min. Reynaldo Soares da Fonseca, julgado em 21/6/2016, DJe 29/6/2016. 5ª T. (Info 954)*

- **REMIÇÃO DE PENA POR LEITURA E RESENHA DE LIVROS. O fato de o estabelecimento penal assegurar acesso a atividades laborais e a educação formal não impede a remição por leitura e resenha de livros.** Inicialmente, consigne-se que a jurisprudência do STJ tem admitido que a norma do art. 126 da LEP, ao possibilitar a abreviação da pena, tem por objetivo a ressocialização do condenado, sendo possível o uso da analogia *in bonam partem,* que admita o benefício em comento em razão de atividades que não estejam expressas no texto legal, como no caso, a leitura e resenha de livros, nos termos da Recomendação n. 44/2013 do CNJ (AgRg no AREsp 696.637-SP, Quinta Turma, DJe 4/3/2016; HC 326.499-SP, Sexta Turma, DJe 17/8/2015; e HC 312.486-SP, Sexta Turma, DJe 22/6/2015). Ademais, o fato de o estabelecimento penal onde se encontra o paciente assegurar acesso a atividades laborais e a educação formal não impede que se obtenha também a remição pela leitura, que é atividade complementar, mas não subsidiária, podendo ocorrer concomitantemente. Assim, as horas dedicadas à leitura e resenha de livros, como forma da remição pelo estudo, são perfeitamente compatíveis com a participação em atividades laborativas fornecidas pelo estabelecimento penal, nos termos do art. 126, § 3º, da LEP, uma vez que a leitura pode ser feita a qualquer momento do dia e em qualquer local, diferentemente da maior parte das ofertas de trabalho e estudo formal. Precedente citado: HC 317.679-SP, Sexta Turma, DJe 2/2/2016. *STJ, HC 353.689-SP, Rel. Min. Felix Fischer, julgado em 14/6/2016, DJe 1/8/2016. 5ª T. (Info 587)*

- **REMIÇÃO DE PENA EM RAZÃO DE ATIVIDADE LABORATIVA EXTRAMUROS. RECURSO REPETITIVO (ART. 543-C DO CPC E RES. 8/2008-STJ). É possível a remição de parte do tempo de execução da pena quando o condenado, em regime fechado ou semiaberto, desempenha atividade laborativa extramuros.** Segundo o art. 126, *caput*, da Lei de Execução Penal (LEP), "O condenado que cumpre a pena em regime fechado ou semiaberto poderá remir, por trabalho ou por estudo, parte do tempo de execução da pena". Ainda, dispõe o § 6º do referido dispositivo legal que: "O condenado que cumpre pena em regime aberto ou semiaberto e o que usufrui liberdade condicional poderão remir, pela frequência a curso de ensino regular ou de educação profissional, parte do tempo de execução da pena ou do período de prova, observado o disposto no inciso I do § 1º deste artigo". Constata-se que os dispositivos supracitados não fizeram nenhuma distinção ou referência, para fins de remição de parte do tempo de execução da pena, quanto ao local em que deve ser desempenhada a atividade laborativa, de modo que se mostra indiferente o fato de o trabalho ser exercido dentro ou fora do ambiente carcerário. Na verdade, a lei exige apenas que o condenado esteja cumprindo a pena em regime fechado ou semiaberto (HC 206.313-RJ, Quinta Turma, DJe 11/12/2013). Ademais, se o condenado que cumpre pena em regime aberto ou semiaberto pode remir parte da reprimenda pela frequência a curso de ensino regular ou de educação profissional, não há razões para não considerar o trabalho extramuros de quem cumpre pena em regime semiaberto como fator de contagem do tempo para fins de remição. Além disso, insta salientar que o art. 36 da LEP somente prescreve a exigência de que o trabalho externo seja exercido, pelos presos em regime fechado, por meio de "serviço ou obras públicas realizadas por órgãos da Administração Direta ou Indireta, ou entidades privadas, desde que tomadas as cautelas contra a fuga e em favor da disciplina". Dessa forma, em homenagem, sobretudo, ao princípio da legalidade, não cabe restringir a futura concessão de remição da pena somente àqueles que prestam serviço nas dependências do estabelecimento prisional, tampouco deixar de recompensar o apenado que, cumprindo a pena no regime semiaberto, exerça atividade laborativa, ainda que extramuros. Na verdade, a LEP direciona-se a premiar o apenado que demonstra esforço em se ressocializar e que busca, na atividade laboral, um incentivo maior à reintegração social: "A execução penal tem por objetivo efetivar as disposições de sentença ou decisão criminal e proporcionar condições para a harmônica integração social do condenado e do internado" (art. 1º). A ausência de distinção pela lei, para fins de remição, quanto à espécie ou ao local em que o trabalho é realizado, espelha a própria função ressocializadora da pena, inserindo o condenado no mercado de trabalho e no próprio meio social, minimizando suas chances de recidiva delitiva. De mais a mais, ausentes, por deficiência estrutural ou funcional do Sistema Penitenciário, as condições que permitam a oferta de trabalho digno para todos os apenados aptos à atividade laborativa, não se há de impor ao condenado que exerce trabalho extramuros os ônus decorrentes dessa ineficiência. Cabe ressaltar que a supervisão direta do próprio trabalho deve ficar a cargo do patrão do apenado, cumprindo à administração carcerária a supervisão sobre a regularidade do trabalho. Por fim, se concedida ao apenado pelo Juízo das Execuções Criminais a possibilidade de realização de trabalho extramuros, mostrar-se-ia, no mínimo, contraditório o Estado-Juiz permitir a realização dessa atividade fora do estabelecimento prisional, com vistas à ressocialização do apenado, e, ao mesmo tempo, ilidir o benefício da remição. *STJ, REsp 1.381.315-RJ, Rel. Min. Rogerio Schietti Cruz, Terceira Seção, julgado em 13/5/2015, DJe 19/5/2015. Recursos repetitivos. (Info 562)*

- **REMIÇÃO DA PENA PELO ESTUDO EM DIAS NÃO ÚTEIS.** ***A remição da pena pelo estudo deve ocorrer independentemente de a atividade estudantil ser desenvolvida em dia não útil.*** O art. 126 da Lei 7.210/1984 dispõe que a contagem de tempo para remição da pena pelo estudo deve ocorrer à razão de 1 dia de pena para cada 12 horas de frequência escolar, não havendo qualquer ressalva sobre a consideração apenas dos dias úteis para realização da referida contagem, sendo, inclusive, expressamente mencionada a possibilidade de ensino a distância. *STJ, AgRg no REsp 1.487.218-DF, Rel. Min. Ericson Maranho (Desembargador convocado do TJ/SP), julgado em 5/2/2015, DJe 24/2/2015. 6ª T. (Info 556)*

- **HABEAS CORPUS. EXECUÇÃO PENAL. REMIÇÃO. REGIME ABERTO. IMPOSSIBILIDADE. PRECEDENTES DESTA CORTE E DO SUPREMO TRIBUNAL FEDERAL. ORDEM DE HABEAS CORPUS DENEGADA.** 1. O art. 126 da Lei de Execução Penal expressamente prevê a possibilidade da remição de pena pelo trabalho apenas aos condenados que cumprem pena em regime fechado ou semiaberto. **No regime aberto, a remição somente é conferida se há frequência em curso de ensino regular ou de educação profissional, como disciplinado no § 6.º desse mesmo dispositivo legal - acrescido pela Lei n.º 12.433/2011 -, o que, in casu, não se aplica.** 2. Ordem de habeas corpus denegada. STJ, HC 277885 / MG (15/10/2013).

3. QUESTÕES DE CONCURSOS

1. **(FCC/DPE-BA/Defensor Público/2016 – adaptada)** O tempo a remir pelas horas de estudo será acrescido de ½ no caso de conclusão do ensino fundamental durante o cumprimento da pena, desde que a conclusão seja certificada pelo órgão competente do sistema de educação.

2. **(FCC/DPE-BA/Defensor Público/2016 – adaptada)** O condenado que usufrui liberdade condicional poderá remir, pela frequência a curso de ensino regular ou de educação profissional, parte do tempo do período de prova.

3. **(FCC/DPE-BA/Defensor Público/2016 – adaptada)** Se o preso restar impossibilitado de prosseguir no trabalho, por acidente no local do labor, não poderá continuar a se beneficiar com a remição enquanto perdurar o afastamento.

4. **(VUNESP/DPE-MT/Defensor Público/2014)** A remição é instituto que se aplica

a) apenas aos presos definitivos, excluídos os detidos por força de medidas cautelares.

b) inclusive, durante o período em que o sentenciado esteja impossibilitado, por acidente, de prosseguir no trabalho.

c) a presos em regime fechado ou semiaberto, não podendo dela se valer o preso que cumpre pena em regime aberto.

d) por disposição legal, quando o sentenciado trabalha; por criação jurisprudencial não positivada, também pode diminuir a pena daquele que estuda.

5. **(UNEB/DPE-BA/Defensor Público/2014)** O preso impossibilitado, por acidente, de prosseguir no trabalho ou nos estudos não continuará a beneficiar-se com a remição de pena.

6. **(CESPE/DPE-TO/Defensor Público/2013)** Assinale a opção correta no que concerne à remição penal, de acordo com a LEP.

a) Os presos custodiados em decorrência do cumprimento de medida cautelar privativa de liberdade poderão remir, por trabalho ou por estudo, parte do tempo da execução provisória da pena.

b) O sentenciado que sofrer acidente no trabalho e, consequentemente, ficar impossibilitado de prosseguir trabalhando e estudando continuará a se beneficiar com a remição apenas pelo trabalho.

c) A remição, de acordo com preceito expresso na LEP, será declarada mensalmente pelo juiz da execução, com base nos registros do condenado acerca dos dias trabalhados e(ou) de estudo, ouvidos o MP e a defesa.

d) A remição pelo trabalho e pelo estudo contempla os condenados que cumpram pena em regime fechado, semiaberto e aberto, não se estendendo aos que estejam em gozo de liberdade condicional.

e) A LEP veda, de forma expressa, a cumulação de horas diárias de trabalho e de estudo para idêntica finalidade de remição, definindo, no mínimo, três dias por semana para estudo e o restante para o trabalho, de forma a se compatibilizarem.

7. **(CESPE/TRF5/Juiz Federal/2017 – adaptada)** Os tribunais superiores têm admitido a remição da pena pela leitura.

8. **(CESPE/DPU/Defensor Público/2017)** Segundo o STF, o trabalho em regime aberto que for realizado fora da casa de albergado não será considerado para fins de remição da pena.

9. **(FCC/Câmara Legislativa do Distrito Federal/2018)** Sobre o regime da remição na Lei de Execução Penal, é correto afirmar que

a) apenas o condenado que cumpre pena em regime semiaberto poderá remir, por trabalho ou estudo, parte do tempo de execução da pena.
b) será descontado um dia de pena para cada dez horas de frequência escolar ou três dias de trabalho.
c) o juiz poderá revogar até metade dos dias remidos, em caso de falta grave, recomeçando a contagem a partir da data da homologação judicial da falta grave.
d) o preso impossibilitado, por acidente, de prosseguir no trabalho ou nos estudos, continuará a beneficiar-se com a remição.
e) a remição será concedida pelo diretor do estabelecimento penal, ouvidos o Ministério Público e a defesa.

10. **(FGV/AL-RO/Analista Legislativo/2018 – adaptada)** A remição de pena pelo estudo no regime fechado e semiaberto é admitida, mas não funcionará como remição a frequência a curso de ensino no regime aberto ou quando o apenado se encontra cumprindo livramento condicional.

11. **(MPE-PR/Promotor de Justiça/2019 – adaptada)** Não será computado para fins de remição da pena o tempo em que o preso ficou impossibilitado de prosseguir no trabalho, por motivo de acidente.

GAB	1	2	3	4	5	6	7	8	9	10	11
	E	C	E	B	E	A	C	C	D	E	E

Art. 127. Em caso de falta grave, o juiz poderá revogar até 1/3 (um terço) do tempo remido, observado o disposto no art. 57, recomeçando a contagem a partir da data da infração disciplinar. (Redação dada pela Lei nº 12.433, de 2011)

1. COMENTÁRIOS

Somente se constatada falta grave, legalmente fechada (tipicidade e taxatividade), é que surge a possibilidade do juiz decretar a revogação de até um terço do tempo remido, recomeçando a contagem a partir da data da infração disciplinar, nos termos deste art. 127, da LEP. Para tanto, deve-se observar, a teor do enunciado nº 533, da Súmula do STJ, a necessidade de procedimento administrativo instaurado, garantia do contraditório e a dicção do art. 57, da LEP, que ordena,

> A autoridade com atribuição legal (Ministério Público ou diretor do estabelecimento prisional) deve, diante da notícia de falta grave atribuída ao apenado, representar ao juiz da execução para os fins de abertura de procedimento para regressão de regime, revogação de autorização de saída temporária, perda de dias remidos (cuja revogação só poderá ocorrer até 1/3 do tempo remido, recomeçando a contagem a partir da data da infração disciplinar, nos termos do art. 127, da

LEP, com redação dada pela Lei nº 12.433/2011) ou conversão de pena restritiva de direitos em privativa de liberdade. O cometimento de falta grave, todavia, não interrompe o prazo para obtenção de livramento condicional, a teor da súmula nº 441 do STJ. Também não há interrupção de prazo, quando do cometimento de falta grave, para a concessão de comutação de pena.

Acerca da previsão da perda de dias remidos – ora autorizada até 1/3 daquele tempo de remição –, há corrente doutrinária e jurisprudencial crítica que entende que a previsão do art. 127, da LEP, incorre em inconstitucionalidade. Para Amilton Bueno de Carvalho, a perda dos dias remidos pelo cometimento de falta grave "se traduz em mais uma irracionalidade e perversão do ordenamento jurídico" – desumanizante e violador do direito adquirido conforme o art. 126, da mesma lei –, máxime quando levada em conta a realidade calamitosa do sistema prisional, chocando-se com "os princípios da proporcionalidade e da individualização da pena", consistentes em balizas materiais que orientam "a aplicação e execução da sanção penal"[86].

Sobre o ponto, o STJ editou enunciado de Súmula de nº 535, destacando que "a prática de falta grave não interrompe o prazo para fim de comutação de pena ou indulto". Aliás, o mesmo Tribunal, por sua Sexta Turma, fixou o entendimento de que a recusa injustificada ao trabalho interno, feita pelo apenado, constitui falta disciplinar de natura grave[87].

Já no que toca à concessão dos demais benefícios referentes à execução da pena, inclusive a progressão de regime, o entendimento do STJ é no sentido de que o cometimento de falta grave pelo apenado importa o reinício da contagem do prazo da pena remanescente, vale dizer, implica interrupção do prazo, conforme jurisprudência reiterada dessa Corte, que deixou vincado que "a prática de falta grave acarreta a interrupção do prazo para a obtenção de benefícios em sede de execução criminal, salvo no que tange ao livramento condicional (Súmula nº 441/STJ) e à comutação de pena"[88].

A Súmula nº 534, dessa Corte Superior, especifica a questão no tocante à progressão de regime, ao vincar que "a prática de falta grave interrompe a contagem do prazo para a progressão de regime de cumprimento de pena, o qual se reinicia a partir do cometimento dessa infração". Na aplicação das sanções disciplinares, levar-se em consideração a natureza, os motivos, as circunstâncias e as consequências do fato, bem como a pessoa do faltoso e seu tempo de prisão.

2. SÚMULAS E JURISPRUDÊNCIA

- **Súmula Vinculante 9:** O disposto no artigo 127 da Lei nº 7.210/1984 (Lei de Execução Penal) foi recebido pela ordem constitucional vigente, e não se lhe aplica o limite temporal previsto no *caput* do artigo 58.

- **Súmula 441, STJ:** A falta grave não interrompe o prazo para obtenção de livramento condicional.

- **Súmula 533, STJ:** Para o reconhecimento da prática de falta disciplinar no âmbito da execução penal, é imprescindível a instauração de procedimento administrativo pelo diretor do estabelecimento

86 CARVALHO, Amilton Bueno de. *Garantismo penal aplicado.* Rio de Janeiro: Lumen Juris, 2003. p.214-215.

87 STJ – Sexta Turma – HC 264.989-SP – Rel. Min. Ericson Maranho, julgado em 4/8/2015, DJe 19/8/2015.

88 STJ – Quinta Turma – HC 170.179/RS – Rel. Ministro Jorge Mussi – DJ 01/02/2011.

prisional, assegurado o direito de defesa, a ser realizado por advogado constituído ou defensor público nomeado.

- **Súmula 534, STJ:** A prática de falta grave interrompe a contagem do prazo para a progressão de regime de cumprimento de pena, o qual se reinicia a partir do cometimento dessa infração

- **Súmula 535, STJ:** A prática de falta grave não interrompe o prazo para fim de comutação de pena ou indulto.

✦ *SUPREMO TRIBUNAL FEDERAL*

- ***Habeas corpus*. Execução penal. Falta grave. Dias remidos. Imposição automática da perda do patamar máximo de 1/3 (um terço) dos dias remidos sobre todo o período trabalhado. Critérios balizadores do art. 57 da Lei de Execuções Penais. Necessidade de sua observância para se aferir a fração ideal de perda desses dias (LEP, art. 127). Constrangimento ilegal configurado. Ordem concedida.** 1. O Superior Tribunal de Justiça, ao prover monocraticamente o recurso especial do *Parquet* estadual, impôs ao paciente a perda automática do patamar máximo permitido de 1/3 (um terço) dos dias remidos sobre todo o período trabalhado, sem considerar, contudo, os critérios balizadores previstos art. 57 da Lei de Execuções Penais, os quais reclamam sua observância pelo julgador para aferir a fração ideal de perda desses dias (LEP, art. 127). 2. Ordem concedida para determinar ao juízo de direito da vara das execuções criminais competente que aplique ao paciente a fração cabível para a perda dos dias remidos até o patamar máximo permitido de 1/3 (um terço), observando, para tanto, os critérios balizadores previstos art. 57 da Lei de Execuções Penais. *STF, HC N. 130.715-RJ, Rel. Min. Dias Toffolli. (Info 828)*

✦ *SUPERIOR TRIBUNAL DE JUSTIÇA*

- **PERDA DOS DIAS EM RAZÃO DE COMETIMENTO DE FALTA GRAVE. Reconhecida falta grave, a perda de até 1/3 do tempo remido (art. 127 da LEP) pode alcançar dias de trabalho anteriores à infração disciplinar e que ainda não tenham sido declarados pelo juízo da execução no cômputo da remição.** A remição na execução da pena constitui benefício submetido à cláusula *rebus sic stantibus*. Assim, o condenado possui apenas a expectativa do direito de abater os dias trabalhados do restante da pena a cumprir, desde que não venha a ser punido com falta grave. Nesse sentido, quanto aos dias de trabalho a serem considerados na compensação, se, por um lado, é certo que a perda dos dias remidos não pode alcançar os dias trabalhados após o cometimento da falta grave, sob pena de criar uma espécie de conta-corrente contra o condenado, desestimulando o trabalho do preso, por outro lado, não se deve deixar de computar os dias trabalhados antes do cometimento da falta grave, ainda que não tenham sido declarados pelo juízo da execução, sob pena de subverter os fins da pena, culminando por premiar a indisciplina carcerária. Precedente citado: HC 286.791-RS, Quinta Turma, DJe 6/6/2014. *STJ, REsp 1.517.936-RS, Rel. Min. Maria Thereza de Assis Moura, julgado em 1º/10/2015, DJe 23/10/2015. 6ª T. (Info 571)*

- **PRÁTICA DE CRIME DURANTE LIVRAMENTO CONDICIONAL. O cometimento de crime durante o período de prova do livramento condicional não implica a perda dos dias remidos.** Isso porque o livramento condicional possui regras distintas da execução penal dentro do sistema progressivo de penas. Assim, no caso de revogação do livramento condicional que seja motivada por infração penal cometida na vigência do benefício, aplica-se o disposto nos arts. 142 da Lei 7.210/1984 (LEP) e 88 do CP, os quais determinam que não se computará na pena o tempo em que esteve solto o liberado e não se concederá, em relação à mesma pena, novo livramento. A cumulação dessas sanções com os efeitos próprios da prática da falta grave não é possível, por inexistência de disposição legal nesse sentido. Desse modo, consoante o disposto no art. 140, parágrafo único, da LEP, as penalidades para o sentenciado no gozo de livramento condicional consistem em revogação do benefício, advertência ou agravamento das condições. Precedentes citados: REsp 1.101.461-RS, Sexta Turma, DJe 19/2/2013; e AgRg no REsp 1.236.295-RS, Quinta Turma, DJe 2/10/2013. *STJ, HC 271.907-SP, Rel. Min. Rogerio Schietti Cruz, julgado em 27/3/2014. 6ª T. (Info 539)*

- **NECESSIDADE DE FUNDAMENTAÇÃO PARA A DECRETAÇÃO DA PERDA DE 1/3 DOS DIAS REMIDOS. Reconhecida falta grave no decorrer da execução penal, não pode ser determinada a perda dos dias remidos na fração máxima de 1/3 sem que haja fundamentação concreta para justificá-la.** De fato, a Lei de Execução Penal (LEP) estipula como um dos seus vetores o mérito do apenado, cuja avaliação decorre do cumprimento de seus deveres (art. 39), da disciplina praticada dentro do estabelecimento prisional (art. 44) e, por óbvio, do comportamento observado quando em gozo dos benefícios previstos na aludida norma de regência. Inserido nesse escopo, a configuração da falta de natureza grave enseja vários efeitos (art. 48, parágrafo único), entre eles: a possibilidade de colocação do sentenciado em regime disciplinar diferenciado (art. 56); a interrupção do lapso para a aquisição de outros instrumentos ressocializantes, como, por exemplo, a progressão para regime menos gravoso (art. 112); a regressão no caso do cumprimento da pena em regime diverso do fechado (art. 118); além da revogação em até 1/3 do tempo remido (art. 127). Nesse contexto, o STJ adota o entendimento de que "o cometimento de falta grave implica a perda de até 1/3 dos dias remidos, cabendo ao Juízo das Execuções dimensionar o *quantum* cabível, observando os critérios do artigo 57 da Lei 7.210/1984, relativos à natureza, aos motivos, às circunstâncias e às consequências do fato, bem como à pessoa do faltoso e seu tempo de prisão, recomeçando a contagem a partir da data da infração". (HC 271.185-RS, Sexta Turma, DJe 14/3/2014). Dessa forma, ao decretar a perda dos dias remidos, o magistrado não pode apenas repetir o disposto no art. 57 da LEP, deixando de apontar elementos concretos do caso que, efetivamente, evidenciem a necessidade de decretação da perda dos dias remidos na fração máxima de 1/3. Isso porque, a motivação dos atos jurisdicionais, conforme imposição do artigo 93, IX, da CF ("Todos os julgamentos dos órgãos do Poder Judiciário serão públicos, e fundamentadas todas as decisões, sob pena de nulidade..."), funciona como garantia da atuação imparcial e *secundum legis* (sentido lato) do órgão julgador. *STJ, HC 282.265-RS, Rel. Min. Rogerio Shietti Cruz, julgado em 22/4/2014. 6ª T. (Info 539)*

3. QUESTÕES DE CONCURSOS

1. **(FGV/DPE-RJ/Técnico Superior Jurídico/2014)** Durante inspeção de rotina em presídio, em julho de 2013, o Diretor da Unidade, quando de passagem por determinada ala, foi afrontado por um detento, que, atrás das grades, abaixou as calças, balançou sua genitália e afirmou que era daquilo que o Diretor precisava para ocupar o seu dia. Instaurado o devido procedimento administrativo disciplinar para apurar o cometimento de falta grave pelo condenado, com descrição precisa do fato e observância do contraditório e da ampla defesa, com assistência prestada por Defensor Público desde o início, concluiu-se pela sua ocorrência. Perante o Juízo das Execuções Penais, antes da homologação, o apenado foi novamente ouvido, acompanhado por Defensor Público. Como resultado do reconhecimento do cometimento de falta grave, enquadrada nos Arts. 50, VI, e 52 da Lei nº 7.210/1984, o juiz da execução penal poderá decretar.

a) a perda integral dos dias remidos, começando o novo período a partir da data da infração disciplinar.

b) a perda parcial dos dias remidos, limitada ao patamar máximo de 1/3 a revogação do tempo a ser remido, recomeçando a contagem a partir da data da infração disciplinar.

c) a perda parcial dos dias remidos, limitada ao patamar máximo de 2/3 a revogação do tempo a ser remido, recomeçando a contagem a partir da data da infração disciplinar.

d) a perda integral dos dias remidos, sem alteração da contagem para a obtenção de outros benefícios.

e) a perda parcial dos dias remidos, sendo o tempo respectivo computado para a concessão do livramento condicional e indulto.

2. **(CESPE/DPE-DF/Defensor Público/2013)** É pacificado, na jurisprudência do STJ, o entendimento de que o cometimento de falta disciplinar de natureza grave pelo condenado que cumpre pena privativa de liberdade interrompe o prazo para a obtenção do livramento condicional.

3. **(CESPE/DPE-RR/Defensor Público/2013 – adaptada)** A prática de falta grave resulta na revogação obrigatória de até um terço do tempo remido, recomeçando a contagem a partir do trânsito em julgado da decisão revogatória.

4. **(CESPE/DPE-TO/Defensor Público/2013)** Silas, condenado por roubo, em regime inicial fechado de cumprimento de pena, após regular progressão para o regime prisional semiaberto, obteve o direito de saídas temporárias. Decorrido o prazo concedido, Silas não retornou ao estabelecimento prisional, por ter sido preso em flagrante delito, na data anterior ao dia do retorno, por suposta participação em novo crime de roubo, em concurso de pessoas. Nesse caso, de acordo com os dispositivos da LEP e o entendimento dos tribunais acerca do tema,

a) a contagem do prazo para o interstício necessário ao preenchimento do requisito objetivo para a concessão do benefício da progressão de regime deve ser suspensa até a decisão final do processo criminal relativo ao novo delito.

b) o juiz poderá ordenar a regressão de regime prisional de Silas, após a regular instauração do procedimento administrativo disciplinar, considerando como limite o regime anterior e suspendendo o direito a novos benefícios até decisão final de mérito da sindicância.

c) ocorrerá alteração da data-base, para o reinício da contagem do prazo para a progressão de regime, no que concerne ao restante da pena a ser cumprida, sem que seja interrompido o período aquisitivo para a obtenção de outros benefícios da execução penal, a exemplo da comutação da pena.

d) o benefício de saídas temporárias concedido a Silas deve ser revogado, sendo vedada nova concessão no curso do cumprimento da pena, ainda que ele seja absolvido do novo processo penal ou seja cancelada a punição disciplinar.

e) Silas não sofrerá qualquer consequência imediata com relação à execução da pena, uma vez que o fato de não ter retornado ao estabelecimento prisional foi involuntário, devendo, em face do princípio da presunção de inocência, aguardar o trânsito do processo criminal; se condenado, deve ser submetido a eventual punição disciplinar.

5. **(CESPE/TRF5/Juiz Federal/2017 – adaptada)** A falta grave interrompe o prazo para obtenção de livramento condicional.

6. **(MPE-SP/Promotor de Justiça/2017 – adaptada)** A decisão judicial que reconhece a prática de falta grave tem como consequência a interrupção do período para fins de progressão de regime.

7. **(MPE-BA/Promotor de Justiça/2018 – adaptada)** O cometimento de falta grave, como a fuga, enseja o reinício da contagem do período necessário à concessão de nova progressão de regime.

8. **(FCC/Câmara Legislativa do Distrito Federal/Consultor Legislativo/2018 – adaptada)** A prática de falta grave interrompe o lapso temporal para obtenção de livramento condicional e para a progressão de regime.

9. **(MPE-PR/Promotor de Justiça/2019 – adaptada) A prática de falta grave interrompe a contagem do prazo para a obtenção de livramento condicional e progressão de regime de cumprimento de pena, o qual se reinicia a partir do cometimento dessa infração.**

10. **(MPE-PR/Promotor de Justiça/2019 – adaptada) A prática de falta grave interrompe o prazo para o fim de comutação de pena ou indulto.**

GAB	1	2	3	4	5	6	7	8	9	10
	B	E	E	C	E	C	C	E	E	E

Art. 128. O tempo remido será computado como pena cumprida, para todos os efeitos. (Redação dada pela Lei nº 12.433, de 2011)

1. COMENTÁRIOS

O tempo remido será computado como pena cumprida, para todos os efeitos (não só para a concessão de livramento condicional ou indulto, mas para qualquer outro benefício). A declaração ou atestado falso de prestação de serviços para fim de instruir pedido de remição constitui crime de falsidade ideológica (art. 299, Código Penal), nos termos do art. 120, da Lei de Execução Penal.

Art. 129. A autoridade administrativa encaminhará mensalmente ao juízo da execução cópia do registro de todos os condenados que estejam trabalhando ou estudando, com informação dos dias de trabalho ou das horas de frequência escolar ou de atividades de ensino de cada um deles. (Redação dada pela Lei nº 12.433, de 2011)

§ 1º O condenado autorizado a estudar fora do estabelecimento penal deverá comprovar mensalmente, por meio de declaração da respectiva unidade de ensino, a frequência e o aproveitamento escolar. (Incluído pela Lei nº 12.433, de 2011)

§ 2º Ao condenado dar-se-á a relação de seus dias remidos. (Incluído pela Lei nº 12.433, de 2011)

1. COMENTÁRIOS

Nos termos do art. 129, *caput*, da LEP (redação dada pela Lei nº 12.433/2011), a autoridade administrativa encaminhará, mensalmente, ao Juízo da execução cópia do registro de todos os condenados que estejam trabalhando ou estudando, com informação dos dias de trabalho ou das horas de frequência escolar ou de atividades de ensino de cada um deles.

Não prevê mais o texto a remessa mensal dessa documentação ao Ministério Público e à Defensoria Pública (no caso de apenado necessitado e sem advogado constituído), como o fazia o texto anterior determinado pela Lei nº 12.313/2010. Entendemos ser recomendável, para fins de maior controle e fiscalização, o envio de cópia do referido registro a esses órgãos, embora reconheçamos que não há inconstitucionalidade na supressão normativa por questão de política legislativa criminal.

Completando a disciplina de controle e de fiscalização da remição, o parágrafo 1º, do art. 129, da LEP, estatui que o condenado autorizado a estudar fora do estabelecimento penal deverá comprovar mensalmente, por meio de declaração da respectiva unidade de ensino, a frequência e o aproveitamento escolar. Por sua vez, o § 2º do mesmo dispositivo arremata que deve ser entregue ao apenado a relação de seus dias remidos.

O legislador já avançou para admitir a remição pelo estudo. Contudo, falta contemplar outras situações de fato que justificariam a remição, mas que não é admitida a sua aplicação por falta de previsão legal. Fala-se, portanto, em remição ficta e em remição degradante. Ambas, por ora, não são aceitas pelo sistema jurídico penal pátrio.

Nessa linha de raciocínio, a **remição ficta** teria lugar na hipótese de não ser proporcionada, pelo Estado, atividade laboral ou educacional aos internos do sistema penitenciário. No entanto, o STF negou reconhecimento à essa espécie de remição, prevalecendo o entendimento de que seria necessária a prática da atividade laboral ou educacional. E arrematou aduzindo que, "embora o Estado tenha o dever de prover trabalho aos internos que desejem laborar, reconhecer esse direito faria com que todas as pessoas do sistema prisional obtivessem remição, fato que causaria substancial mudança na política pública do sistema carcerário, além de invadir a esfera do Poder Executivo"[89].

Por outro lado, objeto de proposição legislativa consignada no PL 9.054/2017 que sugere acrescer o art. 126-A à Lei de Execução Penal, a **remição degradante** consistiria no direito do apenado ou do preso provisório remir a pena à razão de 1 (um) dia de pena a cada 7 (sete) dias de encarceramento em condições degradantes.

Art. 130. Constitui o crime do artigo 299 do Código Penal declarar ou atestar falsamente prestação de serviço para fim de instruir pedido de remição.

1. COMENTÁRIOS

Cuida-se de dispositivo que institui tipo penal especial em relação ao geral previsto no art. 299, do Código Penal (falsidade ideológica), atrelando-o a uma finalidade (instruir o pedido de remição). Trata-se de conduta que viola, de uma só vez, os bens jurídicos fé pública e administração da justiça.

De todo modo, a figura típica, no confronto com outros dispositivos do Código Penal (como o de falso atestado, do art. 301, CP, ou o de fraude processual, do art. 347, CP), a estrutura típica e as penas que prevalecem, quando se tratar de juntada de documento com declaração ou atestado falso para processar remição, são as do art. 299, do Código Penal, com tipo fundamental (delito simples) e derivado (delito com causa especial de aumento de pena, em razão da qualidade de funcionário público ou da qualidade do documento alterado, a teor do art. 327, CP).

Vale dizer, as penas previstas legalmente são de reclusão, de um a cinco anos, e multa, se o documento é público, e reclusão de um a três anos, e multa, se o documento é particular. Sendo o agente do delito um funcionário público, e cometendo o crime prevalecendo-se do cargo, ou se a falsificação ou alteração é de assentamento de registro civil, aumenta-se a pena de sexta parte. Note-se que o crime é comum, eis que a qualidade de funcionário do agente não lhe é essencial (condição para classificar o delito como próprio).

SEÇÃO V – DO LIVRAMENTO CONDICIONAL

Art. 131. O livramento condicional poderá ser concedido pelo Juiz da execução, presentes os requisitos do artigo 83, incisos e parágrafo único, do Código Penal, ouvidos o Ministério Público e Conselho Penitenciário.

1. COMENTÁRIOS

O livramento condicional é benefício que pode ser conferido ao condenado a pena privativa de liberdade igual ou superior a dois anos, com o deferimento de sua liberdade sob determinadas

89 STF – Primeira Turma – HC 124520/RO, rel. Min. Marco Aurélio, red. p/ ac. Min. Roberto Barroso, julgamento em 29.5.2018.

condições que devem ser cumpridas sob pena de revogação do instituto. Para a concessão do benefício, o art. 83 do Código Penal prevê os requisitos objetivos e subjetivos, a saber:

(1) cumprimento de mais de um terço da pena se o condenado não for reincidente em crime doloso e tiver bons antecedentes;

(2) cumprimento de mais da metade da pena se o condenado for reincidente em crime doloso;

(3) comprovação de comportamento satisfatório durante a execução da pena, bom desempenho no trabalho que lhe foi atribuído e aptidão para prover à própria subsistência mediante trabalho honesto;

(4) efetiva reparação do dano causado pela infração, salvo efetiva impossibilidade de fazê-lo;

(5) cumprimento de mais de dois terços da pena, nos casos de condenação por crime hediondo, prática da tortura, tráfico ilícito de entorpecentes e drogas afins, e terrorismo, se o apenado não for reincidente específico em crimes dessa natureza.

A pena que deve ser tida como parâmetro para a concessão do benefício, conforme jurisprudência majoritária e entendimento sumulado do STF, é a efetivamente aplicada, porquanto, na forma da sua súmula nº 715, "a pena unificada para atender ao limite de trinta anos de cumprimento, determinado pelo art. 75 do Código Penal, não é considerada para a concessão de outros benefícios, como o livramento condicional ou regime mais favorável de execução".

Em acréscimo, para o condenado por crime doloso, cometido com violência ou grave ameaça à pessoa, a concessão do livramento é também subordinada à constatação de condições pessoais que façam presumir que o liberado não voltará a delinquir.

Para a concessão do livramento condicional, o juiz da execução deve aferir tais requisitos, bem como ouvir o Ministério Público e o Conselho Penitenciário. Se a decisão for denegatória e vier a ser reformada em instância superior por força de julgamento de agravo em execução, os autos baixarão ao juízo de primeiro grau para as providências cabíveis.

2. SÚMULAS E JURISPRUDÊNCIA

- **Súmula 715, STF:** A pena unificada para atender ao limite de trinta anos de cumprimento, determinado pelo art. 75 do Código Penal, não é considerada para a concessão de outros benefícios, como o livramento condicional ou regime mais favorável de execução.

3. QUESTÕES DE CONCURSOS

1. **(FAPEMS/PC-MS/Delegado de Polícia/2017 – adaptada)** A pena unificada para atender ao limite de trinta anos de cum-primento, determinado pelo artigo 75 do Código Penal vigente, não é considerada para a concessão do livramento condicional ou regime mais favorável de execução.

2. **(MPE-PR/Promotor de Justiça/2019 – adaptada)** A pena unificada para atender ao limite de trinta anos de cumprimento, determinado pelo art. 75 do Código Penal, não é considerada para a concessão de outros benefícios, como o livramento condicional ou regime mais favorável de execução

GAB	1	2
	C	C

Art. 132. Deferido o pedido, o Juiz especificará as condições a que fica subordinado o livramento.

§ 1º Serão sempre impostas ao liberado condicional as obrigações seguintes:

a) obter ocupação lícita, dentro de prazo razoável se for apto para o trabalho;

b) comunicar periodicamente ao Juiz sua ocupação;

c) não mudar do território da comarca do Juízo da execução, sem prévia autorização deste.

§ 2º Poderão ainda ser impostas ao liberado condicional, entre outras obrigações, as seguintes:

a) não mudar de residência sem comunicação ao Juiz e à autoridade incumbida da observação cautelar e de proteção;

b) recolher-se à habitação em hora fixada;

c) não freqüentar determinados lugares.

d) (VETADO) (Incluído pela Lei nº 12.258, de 2010)

1. COMENTÁRIOS

Uma vez deferido o pedido, o juiz especificará as condições a que fica subordinado o livramento, sendo impositivas ao liberado condicional sempre as obrigações declinadas no dispositivo legal aqui analisado. Outras obrigações podem ser impostas, de acordo com a aderência às particularidades do condenado.

Art. 133. Se for permitido ao liberado residir fora da comarca do Juízo da execução, remeter-se-á cópia da sentença do livramento ao Juízo do lugar para onde ele se houver transferido e à autoridade incumbida da observação cautelar e de proteção.

1. COMENTÁRIOS

No caso de ser autorizado ao liberado residir fora da jurisdição do juízo da execução, será remetida, por carta precatória, cópia da sentença do livramento ao juízo do lugar para onde ele houver se transferido e à autoridade incumbida da observação cautelar e de proteção, devendo o liberado ser advertido do dever de se apresentar imediatamente às referidas autoridades.

A finalidade da carta deve vir nela expressa e os limites da competência do juízo deprecado são inferidos a partir da descrição da finalidade da carta (observação cautelar e proteção). Nesses termos, a competência para revogação do benefício ou para decretação da extinção da punibilidade deve ser do juízo deprecante.

Art. 134. O liberado será advertido da obrigação de apresentar-se imediatamente às autoridades referidas no artigo anterior.

1. COMENTÁRIOS

O art. 134, da LEP, aviva requisito essencial que deve constar da ata da audiência admonitória, para fim de ser possível fazer incidir as consequências jurídicas no caso do apenado não se apresentar às autoridades aludidas para o fim de ser cumprida a pena. Sem essa providência admonitória, a falta do apenado não deve ser motivo para revogação do benefício.

Art. 135. Reformada a sentença denegatória do livramento, os autos baixarão ao Juízo da execução, para as providências cabíveis.

1. COMENTÁRIOS

A denegação ou a concessão do livramento condicional pelo juízo da execução, assim como as decisões proferidas durante o processo de execução penal são agraváveis (agravo em execução, disposta no art. 197, da LEP). Após julgado esse recurso pelo tribunal competente, deve o juízo de execução ordenar o cumprimento fiel do acórdão correspondente, na proporção da substituição da decisão de primeiro grau pela que lhe reformou.

Art. 136. Concedido o benefício, será expedida a carta de livramento com a cópia integral da sentença em 2 (duas) vias, remetendo-se uma à autoridade administrativa incumbida da execução e outra ao Conselho Penitenciário.

1. COMENTÁRIOS

O enunciado em epígrafe descreve o procedimento que deve seguir a concessão do livramento. Concedido o benefício, deve ser emitida carta de livramento com a cópia integral da sentença em 2 (duas) vias, com a remessa de uma via à autoridade administrativa incumbida da execução e de outra ao Conselho Penitenciário.

A expressão "carta", de uso comum na prática processual e forense, indica a formação de autos suplementares, constituído pela cópia dos documentos essenciais para acompanhamento pelas autoridades indicadas ali.

Art. 137. A cerimônia do livramento condicional será realizada solenemente no dia marcado pelo Presidente do Conselho Penitenciário, no estabelecimento onde está sendo cumprida a pena, observando-se o seguinte:

I - a sentença será lida ao liberando, na presença dos demais condenados, pelo Presidente do Conselho Penitenciário ou membro por ele designado, ou, na falta, pelo Juiz;

II - a autoridade administrativa chamará a atenção do liberando para as condições impostas na sentença de livramento;

III - o liberando declarará se aceita as condições.

§ 1º De tudo em livro próprio, será lavrado termo subscrito por quem presidir a cerimônia e pelo liberando, ou alguém a seu rogo, se não souber ou não puder escrever.

§ 2º Cópia desse termo deverá ser remetida ao Juiz da execução.

1. COMENTÁRIOS

A cerimônia do livramento condicional deve ser realizada solenemente no dia marcado pelo Presidente do Conselho Penitenciário, no estabelecimento de cumprimento da pena, com o procedimento descrito no art. 137, releva dizer: (1) a sentença será lida ao liberando, na presença dos demais condenados, pelo Presidente do Conselho Penitenciário ou membro por ele designado, ou, na falta, pelo juiz; (2) a autoridade administrativa chamará a atenção do liberando para as condições impostas na sentença de livramento (advertência ou admoestação); (3) o liberando deve declarar se aceita as condições, sendo tudo registrado em livro próprio, com a lavratura de termo subscrito por quem presidir a cerimônia e pelo liberando, ou alguém a seu rogo, se não souber ou não puder escrever, devendo ser remetida cópia desse termo ao juiz da execução penal.

Art. 138. Ao sair o liberado do estabelecimento penal, ser-lhe-á entregue, além do saldo de seu pecúlio e do que lhe pertencer, uma caderneta, que exibirá à autoridade judiciária ou administrativa, sempre que lhe for exigida.

§ 1º A caderneta conterá:

a) a identificação do liberado;

b) o texto impresso do presente Capítulo;

c) as condições impostas.

§ 2º Na falta de caderneta, será entregue ao liberado um salvo-conduto, em que constem as condições do livramento, podendo substituir-se a ficha de identificação ou o seu retrato pela descrição dos sinais que possam identificá-lo.

§ 3º Na caderneta e no salvo-conduto deverá haver espaço para consignar-se o cumprimento das condições referidas no artigo 132 desta Lei.

1. COMENTÁRIOS

O dispositivo assegura direitos do liberado sobre o conteúdo do livramento condicional. Esses dados devem ser extraídos do consignado em seu processo de execução penal (registrados, conforme o caso, em sistema de informatização de dados, a teor da Lei nº 12.714/2012).

Ao sair do estabelecimento penal, o liberado receberá, além do saldo de seu pecúlio e do que lhe pertencer, uma caderneta, que exibirá à autoridade judiciária ou administrativa, sempre que lhe for exigida, com o seguinte conteúdo: (1) a sua identificação; (2) o texto impresso do capítulo da Lei de Execução Penal que dispõe sobre o livramento condicional (ciência formal de seus direitos). É conveniente que também contenha texto com as disposições referentes ao assunto do Código Penal, malgrado a omissão da Lei de Execução Penal nesse sentido; e (3) as condições impostas para o livramento condicional, conforme devem estar descritas em ata.

Na ausência de caderneta, será entregue ao liberado condicional um salvo-conduto contendo as condições do livramento. A Lei de Execução Penal autoriza ainda a substituição da ficha de identificação do liberado ou de seu retrato pela descrição dos sinais que possam identificá-lo. Ademais, na caderneta e no salvo-conduto deverá haver espaço para consignar-se o cumprimento das condições estabelecidas quando da concessão do benefício.

Art. 139. A observação cautelar e a proteção realizadas por serviço social penitenciário, Patronato ou Conselho da Comunidade terão a finalidade de:

I - fazer observar o cumprimento das condições especificadas na sentença concessiva do benefício;

II - proteger o beneficiário, orientando-o na execução de suas obrigações e auxiliando-o na obtenção de atividade laborativa.

Parágrafo único. A entidade encarregada da observação cautelar e da proteção do liberado apresentará relatório ao Conselho Penitenciário, para efeito da representação prevista nos artigos 143 e 144 desta Lei.

1. COMENTÁRIOS

Durante o cumprimento do livramento condicional, haverá observação cautelar e serviço de proteção ao apenado. Os órgãos com atribuição para essas funções são apontados, alternativamente, pela Lei de Execução Penal (art. 139): serviço social penitenciário, Patronato ou Conselho da Comunidade. As finalidades com a finalidade de: (1) observância do cumprimento das condições especificadas na sentença concessiva do benefício; e (2) proteção do beneficiário, orientando-o na execução de suas obrigações e auxiliando-o na obtenção de atividade laborativa. Com espeque no parágrafo único, do referido artigo, é dever da entidade encarregada da observação cautelar e da proteção do liberado apresentar relatório ao Conselho Penitenciário, para efeito de eventual representação para revogação do benefício ou para modificação de suas condições. O Conselho Penitenciário é a instância prévia ao exame da questão pelo juiz da execução penal.

Art. 140. A revogação do livramento condicional dar-se-á nas hipóteses previstas nos artigos 86 e 87 do Código Penal.

Parágrafo único. Mantido o livramento condicional, na hipótese da revogação facultativa, o Juiz deverá advertir o liberado ou agravar as condições.

1. COMENTÁRIOS

O livramento condicional poderá ser revogado obrigatoriamente ou facultativamente, sempre precedido de contraditório e ampla defesa.

A revogação do livramento condicional será obrigatória se o liberado vem a ser condenado a pena privativa de liberdade, em sentença irrecorrível, por crime cometido durante a vigência do benefício, ou por crime anterior, depois de somadas as penas em decisão que as unifique e exceda o limite mínimo de cumprimento de pena para o seu deferimento.

Para tanto – como aduz Geraldo Prado –, o procedimento oral deve ser observado, apesar da execução penal pouco respeitar o princípio da oralidade, diante da cultura autoritária arraigada e da indevida indefinição de sua natureza jurisdicional. A audiência deve ser realizada presencialmente. O uso de tecnologias deve merecer cuidados especiais, considerando que "um dos pressupostos elementares do processo oral está em permitir o contato direto entre o juiz e a parte, contato que não deve ser mediado por sofisticados recursos de transmissão de voz e imagem, distanciando fisicamente os protagonistas do processo e deixando um deles isolado em ambiente que lhe possa ser hostil, justamente aquele sujeito mais necessitado de segurança que o contato direto proporciona[90]. É de ver que o discurso autoritário e refratário às garantias fundamentais constitucionais, que permeia a legislação e aplicação do direito processual penal, de maneira peculiar, durante a execução penal, é dotado dos atributos da emergencialidade, simbolismo e eficientismo, referidos por Hugo Leonardo Rodrigues Santos[91].

De outro lado, haverá possibilidade de revogação (facultativa), caso o liberado deixe de cumprir qualquer das obrigações constantes da sentença, ou for irrecorrivelmente condenado, por crime ou contravenção, a pena que não seja privativa de liberdade. Mantido o livramento condicional, na hipótese da revogação facultativa, o juiz deverá advertir o liberado ou agravar as condições, especialmente em audiência designada para essa finalidade. De todo modo, antes de decidir, o magistrado ouvirá o apenado, possibilitando o contraditório que será exercido por defesa técnica e pessoalmente, caso se verifique a necessidade de sua oitiva.

2. SÚMULAS E JURISPRUDÊNCIA

- **HABEAS CORPUS SUBSTITUTIVO DE RECURSO EXTRAORDINÁRIO. NÃO CONHECIMENTO. EXECUÇÃO CRIMINAL. TRÁFICO DE DROGAS, ASSOCIAÇÃO AO TRÁFICO E POSSE DE ARMA DE FOGO. CONCESSÃO DE BENEFÍCIO. LIVRAMENTO CONDICIONAL. PRÁTICA DE NOVO DELITO. PORTE DE DROGAS PARA CONSUMO PESSOAL. ART. 28 DA LEI 11.343/06. CONDENAÇÃO. PENA DE ADVERTÊNCIA. REVOGAÇÃO FACULTATIVA DO BENEFÍCIO. ART. 87 DO CP. DEVER DE FUNDAMENTAÇÃO IDÔNEA E CONCRETA. ART. 93, IX, DA CF. NECESSIDADE DE PERQUIRIR ACERCA DO ART. 140, PARÁGRAFO ÚNICO, DA LEI 7.210/84 (LEI DE EXECUÇÃO PENAL). CONCESSÃO DA ORDEM DE OFÍCIO.** 1. Não se admite habeas corpus substitutivo de recurso, sob pena de ofensa ao regramento do sistema recursal previsto na Constituição Federal. 2. Durante a execução da pena, concedido o benefício do livramento condicional, a sua eventual revogação somente pode ocorrer nas hipóteses previstas nos arts. 86 e 87 do Código Penal. 3. Ao apenado beneficiado com o livramento condicional que vem a ser condenado pela prática de novo delito com pena que não seja privativa de liberdade, a revogação do benefício é facultativa, nos termos do art. 87, do CP. **4. Antes de decidir pela revogação do livramento condicional respaldada no art. 87 do CP, é dever do juiz da execução, em observância ao art. 93, IX, da CF, combinado com o art. 140, parágrafo único, da LEP, a apresentação de fundamentação calcada em elementos concretos que justifiquem não ser o caso de apenas advertir ou então agravar as condições anteriormente fixadas. 5. Writ não conhecido, mas com concessão da ordem, de ofício, confirmando-se a liminar anteriormente deferida, para determinar o restabelecimento do livramento condicional, assegurando ao Juiz da Execução a faculdade de advertir o apenado ou agravar as condições de seu benefício, conforme disposto no art. 140, parágrafo único, da Lei de Execuções Penais.** *STF, HC n. 127.709-SP Red. p/ o Acórdão: Min. Edson Fachin. (Info 830)*

---

90 PRADO, Geraldo. Sistema acusatório: *a conformidade constitucional das leis processuais penais.* 4. ed. Rio de Janeiro: Lumen Juris, 2006. p.236.

91 SANTOS, Hugo Leonardo Rodrigues. *Estudos críticos de criminologia e direito penal.* Rio de Janeiro: Lumen Juris, 2015. p.79.

Art. 141. Se a revogação for motivada por infração penal anterior à vigência do livramento, computar-se-á como tempo de cumprimento da pena o período de prova, sendo permitida, para a concessão de novo livramento, a soma do tempo das 2 (duas) penas.

1. COMENTÁRIOS

Na hipótese de revogação motivada por infração penal anterior à vigência do livramento, deve-se distinguir a infração penal de acordo com o momento em que foi praticada, ou seja, se anterior à vigência do livramento condicional ou se posterior a essa vigência (isto é, durante o período em que o apenado estava no gozo do benefício).

Destarte, caso se trate de revogação causada por infração penal anterior à vigência do livramento, o tempo de cumprimento da pena deverá ser computado com a inclusão do período de prova, sendo permitida, para a concessão de novo livramento, a soma do tempo das duas penas.

Art. 142. No caso de revogação por outro motivo, não se computará na pena o tempo em que esteve solto o liberado, e tampouco se concederá, em relação à mesma pena, novo livramento.

1. COMENTÁRIOS

Diferentemente da hipótese de infração penal anterior à decisão concessiva do livramento condicional (caso de revogação por outro motivo), não se computará na pena o tempo em que esteve solto o liberado, e tampouco se concederá, em relação à mesma pena, novo livramento.

Art. 143. A revogação será decretada a requerimento do Ministério Público, mediante representação do Conselho Penitenciário, ou, de ofício, pelo Juiz, ouvido o liberado.

1. COMENTÁRIOS

A inciativa para a revogação do livramento condicional é ampla, podendo ser ordenada a requerimento do Ministério Público, mediante representação do Conselho Penitenciário, ou, de ofício, pelo Juiz. Sempre deve ser ouvido o liberado, com a efetivação da garantia do contraditório e da ampla defesa.

Art. 144. O Juiz, de ofício, a requerimento do Ministério Público, da Defensoria Pública ou mediante representação do Conselho Penitenciário, e ouvido o liberado, poderá modificar as condições especificadas na sentença, devendo o respectivo ato decisório ser lido ao liberado por uma das autoridades ou funcionários indicados no inciso I do caput do art. 137 desta Lei, observado o disposto nos incisos II e III e §§ 1º e 2º do mesmo artigo. (Redação dada pela Lei nº 12.313, de 2010).

1. COMENTÁRIOS

É possível modificar as condições fixadas inicialmente para a concessão do livramento condicional (art. 143, LEP). Para tanto, deve haver proporcionalidade da medida, não sendo permitido alterar sem justificativa plausível. Daí que, ao invés de revogar o benefício, o juiz, de ofício, a requerimento do Ministério Público, da Defensoria Pública ou mediante representação do Conselho Penitenciário, e sempre depois de ouvido o liberado, poderá modificar as condições especificadas na sentença, devendo o respectivo ato decisório ser lido ao liberado pelo presidente do Conselho Penitenciário ou membro por ele designado, ou, na falta, pelo juiz, chamando a atenção do liberado e tomando por termo sua declaração de anuência.

Art. 145. Praticada pelo liberado outra infração penal, o Juiz poderá ordenar a sua prisão, ouvidos o Conselho Penitenciário e o Ministério Público, suspendendo o curso do livramento condicional, cuja revogação, entretanto, ficará dependendo da decisão final.

1. COMENTÁRIOS

O art. 145, da Lei de Execução Penal, expressa o exercício de seu poder cautelar no curso da execução penal. O contraditório sobre a prática de infração penal pode ser diferido para momento posterior ao retorno do condenado à prisão. Antes de se deliberar definitivamente sobre a revogação do livramento condicional, o juiz da execução penal deve colher a manifestação do Conselho Penitenciário e do Ministério Público.

Art. 146. O Juiz, de ofício, a requerimento do interessado, do Ministério Público ou mediante representação do Conselho Penitenciário, julgará extinta a pena privativa de liberdade, se expirar o prazo do livramento sem revogação.

1. COMENTÁRIOS

Para se declarar a extinção da punibilidade, diante de situação fática autorizativa, não é indispensável requerimento do apenado ou manifestação do Ministério Público ou de qualquer órgão. O juiz está autorizado a, independentemente de provocação, proferir sentença extinguindo a punibilidade pelo cumprimento da pena (extinção da pena) ou expiração do período de prova do benefício do livramento condicional, sem motivo para revogação. O STJ tem entendido que a revogação ou suspensão do benefício do livramento condicional, após o período de prova, caracteriza coação ilegal[92]. Em outras palavras, caso se verifique, após o decurso do prazo do livramento, que o apenado desatendeu as condições impostas, não é lícita a sua revogação posterior, eis que automaticamente extinta a punibilidade.

Seguindo essa tendência, o STJ editou o enunciado de nº 617, de sua Súmula, estatuindo que "a ausência de suspensão ou revogação do livramento condicional antes do término do período de prova enseja a extinção da punibilidade pelo integral cumprimento da pena"[93].

▸SEÇÃO VI – DA MONITORAÇÃO ELETRÔNICA (INCLUÍDO PELA LEI Nº 12.258, DE 2010)

Art. 146-A. (VETADO). (Incluído pela Lei nº 12.258, de 2010)

92 STJ – Quinta Turma – RHC 201502025112, Rel. Min. Jorge Mussi – DJ 27/05/2016.

93 Súmula aprovada em 27/9/2018, pela Terceira Seção, do Superior Tribunal de Justiça.

Art. 146-B. O juiz poderá definir a fiscalização por meio da monitoração eletrônica quando: (Incluído pela Lei nº 12.258, de 2010)

I - (VETADO); (Incluído pela Lei nº 12.258, de 2010)

II - autorizar a saída temporária no regime semiaberto; (Incluído pela Lei nº 12.258, de 2010)

III - (VETADO); (Incluído pela Lei nº 12.258, de 2010)

IV - determinar a prisão domiciliar; (Incluído pela Lei nº 12.258, de 2010)

V - (VETADO); (Incluído pela Lei nº 12.258, de 2010)

Parágrafo único. (VETADO). (Incluído pela Lei nº 12.258, de 2010)

1. COMENTÁRIOS

1.1. Monitoração eletrônica

A monitoração eletrônica consiste em limitação e controle da liberdade de locomoção concedida ao apenado, por intermédio de equipamentos como tornozeleiras eletrônicas. A monitoração eletrônica é, no Brasil, realizada pelo sistema GPS (Sistema de Posicionamento Global ou *Global Positioning System*), sendo possível pelo menos mais duas modalidades: "sistemas ativos (em que o aparelho emite periodicamente um sinal para a central de monitoramento)" e "sistemas passivos (em que as pessoas monitoradas são periodicamente acionadas pela central de monitoramento)"[94].

1.2. Áreas de inclusão e de exclusão

O acompanhamento eletrônico do apenado, por meio de sistema GPS (*Global Position System*), deve se dar na respectiva área que deve ser delimitada pela decisão que conceda liberdade, total ou parcial, conforme o benefício que for concedido aquele.

Área de inclusão é o espaço territorial permitido ao trânsito da pessoa sob monitoração eletrônica. Sua definição deve ser regida pelo princípio da normalidade. Como contraponto à área de inclusão, é possível delimitar área de exclusão, referentemente à área proibida ou não permitida.

Nessa última hipótese, o que não for regulado como espaço vedado, estará admitido, deduzindo-se a área de inclusão em que o apenado poderá ter livre trânsito.

De toda sorte, a aplicação do princípio da normalidade à monitoração eletrônica recomenda que a restrição de locomoção deva ser a menor possível, a fim de causar o menor dano ao apenado submetido à restrição, vale dizer: "o monitorado tem direito, normalmente pouco reconhecido, de levar uma vida dentro da normalidade, possibilitando a manutenção de relações e vínculos sociais, por exemplo"[95].

---

94 ROIG, Rodrigo Duque Estrada. *Execução penal*: teoria e prática. São Paulo: Saraiva, 2014. p.416.

95 BRASIL. Conselho Nacional de Justiça/CNJ. *A implementação da política de monitoração eletrônica de pessoas no Brasil*: análise crítica do uso da monitoração eletrônica de pessoas no cumprimento da pena e na aplicação de medidas cautelares diversas da prisão e medidas protetivas de urgência. Brasília: MJ/DPN, 2015. p.27-29.

1.3. Mitigação dos efeitos negativos do cárcere

O uso de tecnologia para minimizar a aplicação e os efeitos deletérios do cárcere[96] e otimizar a segurança tem sido propugnado por estudiosos sobre o assunto, sublinhando inclusive que se trata de providência menos onerosa em cotejo com os encargos do funcionamento do sistema prisional. De outro enfoque, a evolução tecnológica pode "evitar violações ao princípio fundamental da liberdade e à presunção de inocência", bem como que "o sistema de vigilância eletrônica demonstra ser uma solução mais adequada, pois não encontra o efeito criminógeno da prisão e permite ao acusado, dependendo do local e forma de monitoramento, a preservação dos laços familiares, sociais e profissionais"[97].

Malgrado essa ideia extensiva da utilização do monitoramento eletrônico, vetos presidenciais restringiram a intenção do legislado quando da inserção do art. 146-B, da Lei de Execução Penal, incluído pela Lei nº 12.258/2010. Nessa senda, estatui este dispositivo que o juiz poderá definir a fiscalização por meio da monitoração eletrônica nos seguintes casos: (1) quando autorizar a saída temporária no regime semiaberto; e (2) quando determinar a prisão domiciliar.

A Lei nº 12.258/2010 previa outras situações para a monitoração eletrônica (vigilância indireta), que foram vetadas pelo Presidente da República sob o argumento de contrariedade ao interesse público, especialmente porque tais disposições contrariavam a sistemática de cumprimento de pena no Brasil e, por decorrência, a individualização, proporcionalidade e suficiência da execução penal. Em acréscimo, o veto se lastreou no argumento de que o projeto aumentava os custos com a execução penal sem auxiliar no reajuste da população dos presídios, já que não retirava do cárcere quem lá não deveria estar e não impedia o ingresso daqueles que não deviam ser presos.

As hipóteses vetadas do art. 146-B, da LEP, foram as que autorizavam a monitoração eletrônica de maneira muito ampla, notadamente quando o juiz: (1) aplicasse pena restritiva de liberdade a ser cumprida nos regimes aberto ou semiaberto, ou concedesse progressão para tais regimes; (2) aplicasse pena restritiva de direitos que estabelecesse limitação de horários ou de frequência a determinados lugares; e (3) concedesse o livramento condicional ou a suspensão condicional da pena.

Pelas mesmas razões, também foi vetado o parágrafo único do art. 146-B, eis que permitia que os usuários da monitoração eletrônica que estivessem cumprindo o regime aberto ficassem dispensados do recolhimento ao estabelecimento penal no período noturno e nos dias de folga.

---

96 BUJES, Janaína de Souza; HAUCK, João Ricardo. A pena de prisão (re)pensada por seus significados: o monitoramento eletrônico e o cumprimento progressivo objetivando a redução da barbárie. In: *Processo penal contemporâneo*. Nereu José Giacomolli; André Machado Maya (orgs.). Porto Alegre: Nuria Fabris, 2010. p.222.

97 ALMEIDA, Marcius Alexandros Antunes de. Monitoramento eletrônico como alternativa ao cárcere na prisão preventiva. In: *Processo penal contemporâneo*. Nereu José Giacomolli; André Machado Maya (orgs.). Porto Alegre: Nuria Fabris, 2010. p.197.

2. QUESTÕES DE CONCURSOS

1. **(CESPE/DPE-DF/Defensor Público/2013)** Durante a execução da pena privativa de liberdade, em caso de saída temporária, prisão domiciliar e livramento condicional, o juiz poderá determinar a fiscalização por meio de monitoração eletrônica.

2. **(VUNESP/TJ-MT/Juiz de Direito/2018 – adaptada)** O juiz poderá definir a fiscalização por meio de monitoração eletrônica quando determinar a saída temporária no regime semiaberto.

GAB	1	2
	E	C

Art. 146-C. O condenado será instruído acerca dos cuidados que deverá adotar com o equipamento eletrônico e dos seguintes deveres: (Incluído pela Lei nº 12.258, de 2010)

I - receber visitas do servidor responsável pela monitoração eletrônica, responder aos seus contatos e cumprir suas orientações; (Incluído pela Lei nº 12.258, de 2010)

II - abster-se de remover, de violar, de modificar, de danificar de qualquer forma o dispositivo de monitoração eletrônica ou de permitir que outrem o faça; (Incluído pela Lei nº 12.258, de 2010)

III - (VETADO); (Incluído pela Lei nº 12.258, de 2010)

Parágrafo único. A violação comprovada dos deveres previstos neste artigo poderá acarretar, a critério do juiz da execução, ouvidos o Ministério Público e a defesa: (Incluído pela Lei nº 12.258, de 2010)

I - a regressão do regime; (Incluído pela Lei nº 12.258, de 2010)

II - a revogação da autorização de saída temporária; (Incluído pela Lei nº 12.258, de 2010)

III - (VETADO); (Incluído pela Lei nº 12.258, de 2010)

IV - (VETADO); (Incluído pela Lei nº 12.258, de 2010)

V - (VETADO); (Incluído pela Lei nº 12.258, de 2010)

VI - a revogação da prisão domiciliar; (Incluído pela Lei nº 12.258, de 2010)

VII - advertência, por escrito, para todos os casos em que o juiz da execução decida não aplicar alguma das medidas previstas nos incisos de I a VI deste parágrafo. (Incluído pela Lei nº 12.258, de 2010)

1. COMENTÁRIOS

1.1. Não observância dos deveres pelo apenado submetido à monitoração eletrônica

O desatendimento, pelo apenado, às condições impostas por ocasião do deferimento da monitoração eletrônica constitui infração disciplinar que, por sua vez, deve ser objeto de procedimento específico, permeado pelo princípio do contraditório. Somente após esse devido processo legal, é que é possível classificar a falta e impor a sanção estipulada legalmente.

De acordo com o *caput*, deste artigo 146-C, da LEP, o condenado deve ser instruído sobre os cuidados que deve ter com o equipamento de monitoração eletrônica, via de regra, a tornozeleira. Esse proceder deve ser, para fins de ser considerado uma condição, reduzido a escrito. Além de tal condição, o dispositivo arrola deveres. Esses deveres, como se depreende, são exemplificativos, haja vista que outras condições podem ser estipuladas, sempre com estrita observância ao postulado da proporcionalidade.

Entretanto, a classificação da falta como grave, bem como a sanção a ele atrelada, depende de previsão legal estrita. O tema foi objeto de exame pelo STJ.

1.2. Caso concreto do STJ: falta grave e taxatividade do rol do art. 50, LEP

Em caso concreto, o Superior Tribunal de Justiça deu provimento a recurso especial interposto por condenado, assistido pela Defensoria Pública do Estado de São Paulo, contra acórdão do Tribunal de Justiça prolatado em sede de agravo em execução penal. No voto condutor, que foi acompanhado pelos demais membros da aludida turma, determinou-se a cassação do acórdão recorrido, que havia determinado a abertura de processo administrativo para apuração de falta grave do apenado e a sustação cautelar do respectivo regime semiaberto[98]. Tal caso se deu em sede de execução penal que tramita em primeiro grau de jurisdição. Foi concedida, pelo juízo de execução penal, saída temporária do dia das mães ao apenado, ocasião em que ele recebeu a advertência de que não poderia incorrer em falta grave. Para garantir a observância da área de inclusão, entendido como o limite territorial que deve permanecer durante a saída temporária, o condenado foi submetido à monitoração (tornozeleira eletrônica).

No entanto, o sistema de rastreio denominado SAC24 identificou o apenado fora do endereço declarado no período noturno, fato considerado como descumprimento de uma das condições impostas pela decisão concessiva do benefício aplicado com base no art. 146-B, inciso II, da Lei de Execução Penal. Diante dessa constatação, o Ministério Público de São Paulo requereu, ao juiz da execução penal, a instauração de procedimento para apuração de falta apontada por aquele como grave.

Tal pedido foi indeferido pelo juiz de primeiro grau sob o argumento de que as consequências punitivas decorrentes do desatendimento de condição estabelecida na portaria normativa da saída temporária, estavam estatuídas nela própria, a fim de vincar a obrigação do apenado de manter-se dentro dos limites estipulados usufruir do benefício. Nesses termos, o juiz da execução penal assentou que o apenado não teria direito à saída temporária seguinte. Contra o indeferimento do requerimento de instauração de procedimento para a apuração de falta grave, o Ministério Público de São Paulo interpôs agravo em execução penal (art. 197, LEP). O Tribunal de Justiça deu provimento a tal recurso, gerando o acórdão que determinou a instauração de processo administrativo disciplinar para apuração daquela transgressão atribuída ao apenado, assim como a sustação cautelar do regime semiaberto

98 A teor da ementa do julgado referido: "2. Resta incontroverso da doutrina e da jurisprudência que é taxativo o rol do artigo 50 da Lei de Execuções Penais, que prevê as condutas que configuram falta grave. 3. Diversamente das hipóteses de rompimento da tornozeleira eletrônica ou de uso da tornozeleira sem bateria suficiente, em que o apenado deixa de manter o aparelho em funcionamento e resta impossível o seu monitoramento eletrônico, o que poderia até equivaler, em última análise, à própria fuga, na hipótese de inobservância do perímetro de inclusão declarado para o período noturno detectado pelo próprio rastreamento do sistema de GPS, o apenado se mantém sob normal vigilância, não restando configurada falta grave mas, sim, descumprimento de condição obrigatória que autoriza sanção disciplinar, nos termos do artigo 146-C, parágrafo único da Lei de Execuções Penais. 4. Recurso provido" (STJ - SEXTA TURMA - REsp 1519802/SP - Rel. Min. Maria Thereza de Assis Moura - j. 10/11/2016 - DJe 24/11/2016).

No STJ[99], ficou reiterado que o rol do art. 50, da Lei de Execução Penal, é taxativo. Tratam-se das faltas graves estipuladas para o condenado à pena privativa de liberdade, regidas pela legalidade estrita e pelo devido processo legal[100]. Na enumeração ali disposta, assim como na disciplina legal da monitoração eletrônica (art. 146-C, da Lei nº 7.210/1984), não há previsão de dever específico ou de falta grave em razão de violação à determinação de permanência na área de inclusão de pessoa monitorada eletronicamente.

No voto condutor, que integra o inteiro teor do acórdão, há menção de uma distinção para realçar: (1) de um lado, que a falta consistente na não permanência do apenado na área de inclusão, durante o período noturno, não seria grave, por não ter sido quebrada a relação de vigilância; e (2) de outro, que configura falta grave "deixar de carregar a bateria da tornozeleira eletrônica e circular pela cidade livremente pela cidade, longe da esfera de vigilância das autoridades competentes". Isso porque, de compasso com este último posicionamento, "o paciente desobedeceu à ordem de manter o aparelho em funcionamento, incidindo na hipótese do art. 50, inciso VI, c.c. o art. 39, inciso V, ambos da Lei de Execução Penal - LEP"[101].

O confronto destacado no acórdão aponta uma contradição se considerada a perspectiva do art. 39, inciso V, da Lei de Execução Penal, que verbera constituir dever do condenado a "execução do trabalho, das tarefas e das ordens recebidas". É justamente o descumprimento de tal dever que, nos termos do art. 50, inciso VI, da Lei nº 7.210/1984, constitui falta grave atribuída ao condenado à pena privativa de liberdade, sujeitando-o a procedimento sancionador.

Para tornar coerente o argumento da taxatividade com o princípio da legalidade estrita, o art. 50, inciso VI, c/c o art. 39, inciso V, da Lei de Execução Penal, merece interpretação restritiva, com sentido que deve ser colmatado pela mesma legislação. Ordens recebidas somente podem ser descritas, sob forma de norma individual e concreta[102], se estiverem de acordo com enunciado legislativo (fonte reconhecida estatalmente). Entender de forma diversa é afastar-se do cânone da legalidade, postulado muito caro para a aplicação de direito que envolva restrição à liberdade.

A admissão de formulação de ordens conforme critério diferente da legislação terá o indesejado efeito de tornar aberto o rol de faltas graves do art. 50, da Lei de Execução Penal. Ainda que o princípio da proporcionalidade possa funcionar como norte para justificar a edição de deveres, a fim de podar excessos, o Poder Judiciário não deve ter poder de inovar o ordenamento jurídico a esse ponto, para se ajustar ao fundamento constitucional democrático.

---

99 STJ - SEXTA TURMA - REsp 1519802/SP - Rel. Min. Maria Thereza de Assis Moura - j. 10/11/2016 - DJe 24/11/2016.

100 Afrânio Silva Jardim e Pierre Souto Maior Coutinho do Amorim sublinham que "é preciso preencher a cláusula do 'devido processo legal' de elementos concretos e práticos, de forma a assegurar no processo o princípio da legalidade dos atos do Poder Público, como é próprio do Estado democrático de direito" (JARDIM, Afrânio Silva; AMORIM, Pierre Souto Maior Coutinho de. *Direito processual penal*: estudos e pareceres. 14. ed. Salvador: Juspodivm, 2016. p.494).

101 STJ - Sexta Turma - HC 342.466/SP - Rel. Min. Maria Thereza de Assis Moura - j. 02/06/2016 - DJe 14/06/2016.

102 KELSEN, Hans. *Teoria geral das normas*. Tradução: José Florentino Duarte. Porto Alegre: Sergio Antonio Fabris, 1986. p.157.

1.3. Deveres do apenado monitorado eletronicamente: fonte legislativa

Uma portaria do juízo não pode impor, sem autorização legal, "ordens" capazes de serem enquadradas no conceito de "ordens recebidas", do inciso VI, do art. 39, da Lei de Execução Penal. Das disposições legais sobre monitoração eletrônica, há duas hipóteses de falta: (1) rompimento de tornozeleira eletrônica (ou a não realização de recarga de bateria para viabilizar o controle do apenado no gozo de saída temporária); e (2) a não observância da área de inclusão em que deva permanecer o condenado.

Ambas podem ser consideradas faltas *lato sensu*.

A classificação da falta como grave, entrementes, depende de lei[103] e, na hipótese, somente o primeiro caso (previsto expressamente no inciso II, do art. 146-C, da Lei de Execução Penal, como dever do submetido à monitoração eletrônica) deve ser passível de ser definida com grave.

De compasso com o art. 146-C, da Lei nº 7.210/1984, tanto é dever do apenado cumprir as orientações do servidor responsável (inciso I), quanto "abster-se de remover, de violar, de modificar, de danificar de qualquer forma o dispositivo de monitoração eletrônica ou de permitir que outrem o faça" (inciso II). Entretanto, repise-se, apenas o inciso II constitui dever legal capaz de atender a necessidade de previsão típica que atenda a natureza de *numerus clausus* da enumeração consignada no art. 50, da Lei de Execução Penal.

Note-se que não é possível equiparar a um dever legal aquele de "permanência na área de inclusão"[104], em virtude da excessiva vagueza dos vocábulos "ordens" e "orientações" que, levados às últimas consequências, equivaleria a qualquer determinação de servidor público a um dever que, uma vez descumprido, ensejaria a sua classificação como falta grave.

Como avivou o voto condutor do acórdão aludido acima[105], o caso de não permanência momentânea na área de inclusão é de mero descumprimento de condição obrigatória para a saída temporária que não chega a configurar falta grave, malgrado seja possível imposição de sanção disciplinar. Para o caso de aplicação de monitoração eletrônica, deve-se atentar para a finalidade da medida (critério teleológico), propiciando que se atenda ao princípio da normalidade em convergência com o postulado da dignidade humana.

1.4. Procedimento para a imposição da monitoração eletrônica

Uma vez definida a monitoração eletrônica pelo juiz da execução, o apenado será instruído sobre os cuidados que deve adotar com o equipamento eletrônico, bem como sobre os seguintes deveres: (1) receber visitas do servidor responsável pela monitoração eletrônica, responder aos seus contatos e cumprir suas orientações; e (2) abster-se de remover, de violar, de modificar, de danificar de qualquer forma o dispositivo de monitoração eletrônica ou de permitir que outrem o faça.

103 TÁVORA, Nestor; ALENCAR, Rosmar Rodrigues. *Curso de direito processual penal*. 12. ed. Salvador: Juspodivm, 2017. p.1725.

104 Remetemos o leitor aos comentários ao art. 146-B, onde conceituamos "área de inclusão".

105 STJ - Sexta Turma - HC 342.466/SP - Rel. Min. Maria Thereza de Assis Moura - j. 02/06/2016 - DJe 14/06/2016.

Foi vetada a previsão que continha o dever do apenado consignado no inciso III, do art. 146-C (que seria inserido na Lei nº 7.210/1984 pelo projeto que deu origem a Lei nº 12.258/2010), consistente em "informar, de imediato, as falhas no equipamento ao órgão ou à entidade responsável pela monitoração eletrônica".

A Lei estabelece as seguintes sanções para a violação comprovada dos deveres previstos para o apenado usuário do monitoramento eletrônico, que serão aplicadas a critério do juiz da execução, ouvidos o Ministério Público e a defesa: (1) a regressão do regime; (2) a revogação da autorização de saída temporária; (3) a revogação da prisão domiciliar; e (4) advertência, por escrito, para todos os casos em que o juiz da execução decida não aplicar alguma dessas medidas.

O veto presidencial já referido também recaiu sobre os incisos III, IV e V, do parágrafo único, do art. 146-C, que iriam estabelecer, ao lado dessas sanções, mais as seguintes, de forma desproporcional: (1) a revogação da suspensão condicional da pena; (2) a revogação do livramento condicional; e (3) a conversão da pena restritiva de direitos em pena privativa de liberdade.

Art. 146-D. A monitoração eletrônica poderá ser revogada: (Incluído pela Lei nº 12.258, de 2010)

I - quando se tornar desnecessária ou inadequada; (Incluído pela Lei nº 12.258, de 2010)

II - se o acusado ou condenado violar os deveres a que estiver sujeito durante a sua vigência ou cometer falta grave. (Incluído pela Lei nº 12.258, de 2010)

1. COMENTÁRIOS

O dispositivo do art. 146-D, inciso I, da LEP, descreve, de forma analítica, que a monitoração eletrônica deve respeitar o princípio da proporcionalidade (estruturado pelos subprincípios da necessidade, adequação ou idoneidade e proporcionalidade em sentido estrito). O seu inciso II, de outro lado, impõe que o preso provisório ou definitivo corresponda ao cumprir os deveres que estiver sujeito. Note-se que a violação de um dever não significa, necessariamente, que o apenado está incurso em falta grave, embora deva ser falta disciplinar em sentido amplo. Falta grave, para o ser, deve estar entabulada em rol taxativo (art. 50, LEP).

2. SÚMULAS E JURISPRUDÊNCIA

✦ *SUPERIOR TRIBUNAL DE JUSTIÇA*

▸ **MONITORAMENTO ELETRÔNICO MEDIANTE USO DE TORNOZELEIRA. PEDIDO DE RETIRADA DO EQUIPAMENTO POR DESNECESSIDADE. INDEFERIMENTO PELO JUÍZO DAS EXECUÇÕES SEM FUNDAMENTO CONCRETO. CONSTRANGIMENTO ILEGAL EVIDENCIADO. A manutenção de monitoramento por meio de tornozeleira eletrônica sem fundamentação concreta evidencia constrangimento ilegal ao apenado.** A questão recursal gira em torno da legalidade do indeferimento de pedido de revogação de monitoramento eletrônico, por parte do juízo das execuções. Consoante dispõe o art. 146-D da Lei de Execução Penal, a monitoração eletrônica poderá ser revogada quando se tornar desnecessária ou inadequada. De qualquer sorte, ainda que o monitoramento eletrônico, com a colocação de tornozeleiras, seja uma alternativa tecnológica ao cárcere, a necessidade de sua manutenção deve ser aferida periodicamente, podendo ser dispensada a cautela em casos desnecessários. Todavia, a simples afirmação de que o monitoramento é medida mais acertada à fiscalização do trabalho externo com prisão domiciliar deferido ao apenado em cumprimento de pena de reclusão no regime semiaberto, sem maiores esclarecimentos acerca do caso concreto, não constitui fundamento idôneo para justificar o indeferimento do pleito. Assim como tem a jurisprudência exigido motivação concreta para a incidência de cautelares penais durante o processo criminal, a fixação de medidas de controle em fase de execução da pena igual motivação exigem, de modo que a incidência genérica - sempre e sem exame da necessidade da medida gravosa – de tornozeleiras eletrônicas não pode ser admitida. *STJ, HC 351.273-CE, Rel. Min. Nefi Cordeiro, por unanimidade, julgado em 2/2/2017, DJe 9/2/2017. 6ª T. (Info 597)*

▸CAPÍTULO II – DAS PENAS RESTRITIVAS DE DIREITOS

▸SEÇÃO I – DISPOSIÇÕES GERAIS

Art. 147. Transitada em julgado a sentença que aplicou a pena restritiva de direitos, o Juiz da execução, de ofício ou a requerimento do Ministério Público, promoverá a execução, podendo, para tanto, requisitar, quando necessário, a colaboração de entidades públicas ou solicitá-la a particulares.

1. COMENTÁRIOS

As penas restritivas de direito podem ser cumpridas em entidades públicas ou particulares. Às entidades públicas, o juiz da execução penal emite requisição (requerimento que deve ser atendido. Às privadas, há expedição de solicitação. Quando as penas restritivas de direito são cumpridas no ambiente de pessoas jurídicas de direito privado, pode haver regime de convênio (colaboração).

Em outros termos, a execução da pena restritiva de direito é ordenada pelo juiz da execução, de ofício ou a requerimento do Ministério Público. O juiz promoverá a execução depois de transitada em julgado a sentença que aplicou a pena restritiva de direitos, podendo, para tanto, requisitar, quando necessário, a colaboração de entidades públicas ou solicitá-la a particulares.

A regra é que a execução da pena, seja ela restritiva de direito ou privativa de liberdade, só venha a ser implementada depois do trânsito em julgado, firmando o Supremo Tribunal Federal, mais recentemente, a orientação de que ofende o princípio da não-culpabilidade a execução da pena privativa de liberdade antes do trânsito em julgado da sentença condenatória, permitindo-se a prisão cautelar do réu, desde que presentes os requisitos autorizadores da decretação da prisão preventiva[106].

No entanto, o entendimento anterior e que prevalecia, especialmente quando se cuidava de pena restritiva de direito, era de que a pendência do recurso especial ou extraordinário não impedia "a execução imediata da pena, considerando que eles não têm efeito suspensivo, são excepcionais, sem que isso implique em ofensa ao princípio da presunção da inocência"[107].

De acordo com o art. 43, do Código Penal (não descurando da previsão de outras penas restritivas de direito em outros microssistemas penais disciplinados em leis especiais que

106 HC 84.078/MG – Rel. Min. Eros Grau – DJ 05/02/2009 – Informativo STF nº 534.

107 STF – HC 90645 – Rel. Min. Marco Aurélio.

preveem tipos delitivos referentes ao ambiente, ao trânsito e aos entorpecentes), as penas restritivas de direitos podem consistir em: (1) prestação pecuniária; (2) perda de bens e valores; (3) prestação de serviço à comunidade ou a entidades públicas; (4) interdição temporária de direitos; e (5) limitação de fim de semana.

Art. 148. Em qualquer fase da execução, poderá o Juiz, motivadamente, alterar, a forma de cumprimento das penas de prestação de serviços à comunidade e de limitação de fim de semana, ajustando-as às condições pessoais do condenado e às características do estabelecimento, da entidade ou do programa comunitário ou estatal.

1. COMENTÁRIOS

Durante o curso da execução penal, a forma de cumprimento das penas de prestação de serviços à comunidade e de limitação de fim de semana pode ser modificada pelo juiz, por decisão motivada, com o fito de adequá-la às condições pessoais do condenado e às características do estabelecimento, da entidade ou do programa comunitário ou estatal.

O regramento de aplicação das penas restritivas de direito tem por pressuposto a autonomia, substituindo as penas privativas de liberdade quando presentes os seguintes requisitos: (1) aplicada pena privativa de liberdade não superior a quatro anos e o crime não for cometido com violência ou grave ameaça à pessoa ou, qualquer que seja a pena aplicada, se o crime for culposo; (2) o réu não for reincidente em crime doloso; e (3) a culpabilidade, os antecedentes, a conduta social e a personalidade do condenado, bem como os motivos e as circunstâncias indicarem que essa substituição seja suficiente.

Essas condições devem ser interpretadas em cotejo com as disposições dos parágrafos 2º a 5º, do art. 44, do Código Penal, pelo que: (1) na condenação igual ou inferior a um ano, a substituição pode ser realizada por multa ou por uma pena restritiva de direitos; se superior a um ano, a pena privativa de liberdade pode ser substituída por uma pena restritiva de direitos e multa ou por duas restritivas de direitos; (2) se reincidente o condenado, o magistrado poderá aplicar a substituição, desde que, em face de condenação anterior, a medida seja socialmente recomendável e a reincidência não se tenha operado em virtude da prática do mesmo crime (reincidência específica); (3) haverá conversão da pena restritiva de direitos em privativa de liberdade quando houver o descumprimento injustificado da restrição imposta (nessa hipótese, será deduzido, no cálculo da pena privativa de liberdade a executar, o tempo cumprido da pena restritiva de direitos, respeitado o saldo mínimo de trinta dias de detenção ou reclusão); e (4) advindo condenação a pena privativa de liberdade, por outro crime, o juiz da execução penal decidirá sobre a conversão, podendo deixar de aplicá-la se for possível ao condenado cumprir a pena substitutiva anterior.

É de ver que a regra é que se cumpra primeiro as penas mais gravosas para depois as de menor interferência no *jus libertatis* (art. 69, *caput*, e art. 76, CP). No entanto, cuidando-se de cumulação com pena restritiva de direito, o legislador outorgou ao magistrado o poder de aferir a possibilidade de cumprimento da pena substitutiva anterior, com esteio em critério de conveniência.

SEÇÃO II – DA PRESTAÇÃO DE SERVIÇOS À COMUNIDADE

Art. 149. Caberá ao Juiz da execução:

I - designar a entidade ou programa comunitário ou estatal, devidamente credenciado ou convencionado, junto ao qual o condenado deverá trabalhar gratuitamente, de acordo com as suas aptidões;

II - determinar a intimação do condenado, cientificando-o da entidade, dias e horário em que deverá cumprir a pena;

III - alterar a forma de execução, a fim de ajustá-la às modificações ocorridas na jornada de trabalho.

§ 1º o trabalho terá a duração de 8 (oito) horas semanais e será realizado aos sábados, domingos e feriados, ou em dias úteis, de modo a não prejudicar a jornada normal de trabalho, nos horários estabelecidos pelo Juiz.

§ 2º A execução terá início a partir da data do primeiro comparecimento.

1. COMENTÁRIOS

No que concerne à prestação de serviços à comunidade, compete ao juiz da execução penal, de acordo com as peculiaridades e os limites objetivos da coisa julgada criminal: (1) designar a entidade ou programa comunitário ou estatal, devidamente credenciado ou conveniado, junto ao qual o condenado deverá trabalhar gratuitamente, de acordo com as suas aptidões (a celebração de convênios entre o Estado e os entes recebedores dos apenados tem o fito de formalizar e melhor delimitar o modo de cumprimento da prestação de serviços); (2) determinar a intimação do condenado, cientificando-o da entidade, dias e horário em que deverá cumprir a pena (por meio de audiência admonitória); e (3) alterar a forma de execução, a fim de ajustá-la às modificações ocorridas na jornada de trabalho (sempre com o propósito de viabilizar o cumprimento da pena, sob critério de proporcionalidade).

A prestação de serviços deve consistir em trabalho com duração de oito horas semanais, nos horários estabelecidos pelo Juiz. Como se infere, são oito horas por semana, podendo o juiz autorizar que o apenado ajuste com o diretor da entidade os dias e a jornada diária. O importante é o perfazimento do período semanal, ainda que variável o número de horas por dia de serviço. O trabalho pode ser realizado aos sábados, domingos e feriados, ou em dias úteis, de modo a não prejudicar a jornada normal de trabalho. A execução, por sua vez, terá início a partir da data do primeiro comparecimento.

Art. 150. A entidade beneficiada com a prestação de serviços encaminhará mensalmente, ao Juiz da execução, relatório circunstanciado das atividades do condenado, bem como, a qualquer tempo, comunicação sobre ausência ou falta disciplinar.

1. COMENTÁRIOS

A vara de execução penal deve proceder para formalizar convênios com entidades perante às quais os apenados devem prestar serviços. No corpo do convênio, haverá a descrição dos deveres dos envolvidos. Nesse diapasão, é dever da entidade beneficiada com a prestação de serviços encaminhar mensalmente, ao Juiz da execução, relatório circunstanciado das atividades do condenado, bem como, a qualquer tempo, comunicação sobre ausência ou falta disciplinar.

Na hipótese de não cumprimento da pena de prestação de serviço à comunidade, a conversão em pena privativa de liberdade não ocorre de maneira automática ou sem contraditório. Daí que o juiz deve oportunizar ao apenado e à sua defesa que explicitem suas razões para valorá-las e, só depois, decidir fundamentadamente se a pena deve ser convertida em privativa de liberdade.

SEÇÃO III – DA LIMITAÇÃO DE FIM DE SEMANA

Art. 151. Caberá ao Juiz da execução determinar a intimação do condenado, cientificando-o do local, dias e horário em que deverá cumprir a pena.

Parágrafo único. A execução terá início a partir da data do primeiro comparecimento.

1. COMENTÁRIOS

A limitação de fim de semana é pena restritiva de direito que é executada a partir da determinação do juiz da execução penal para intimar o apenado, cientificando-o do local, dias e horário em que deverá cumprir a pena. O início da execução da limitação de fim de semana se dá a partir da data do primeiro comparecimento ao local indicado.

Art. 152. Poderão ser ministrados ao condenado, durante o tempo de permanência, cursos e palestras, ou atribuídas atividades educativas.

Parágrafo único. Nos casos de violência doméstica contra a mulher, o juiz poderá determinar o comparecimento obrigatório do agressor a programas de recuperação e reeducação. (Incluído pela Lei nº 11.340, de 2006)

1. COMENTÁRIOS

Durante o tempo de permanência nas entidades de prestação de serviços à comunidade, ao apenado poderão ser ministrados cursos e palestras, ou atribuídas atividades educativas. É conveniente que seja ajustada essa possibilidade nos corpos dos convênios firmados.

Outrossim, nas hipóteses específicas de violência doméstica (Lei nº 11.340/2006), o juiz poderá determinar o comparecimento obrigatório do agressor a programas de recuperação e reeducação.

2. QUESTÕES DE CONCURSOS

1. **(CESPE/DPE-RR/Defensor Público/2013 – adaptada)** De acordo com a Lei de Execução Penal, nas execuções penais relacionadas a crimes perpetrados com violência doméstica e familiar, é obrigatória a participação do agressor em programas de recuperação e reeducação, como condição para progressão de regime prisional e gozo de outros benefícios.

GAB	1
	E

Art. 153. O estabelecimento designado encaminhará, mensalmente, ao Juiz da execução, relatório, bem assim comunicará, a qualquer tempo, a ausência ou falta disciplinar do condenado.

1. COMENTÁRIOS

De nada adiantaria a colaboração de entidades públicas e privadas no curso da prestação de serviços à comunidade, se não houvesse formas de implementação de controle do cumprimento da pena restritiva de direitos. Nesse passo, constitui dever do estabelecimento designado encaminhar, mensalmente, ao Juiz da execução, relatório, bem assim comunicará, a qualquer tempo, a ausência ou falta disciplinar do condenado, só podendo ser convertida a restrição de direito em privação de liberdade após procedimento contraditório, assegurada a defesa técnica.

SEÇÃO IV – DA INTERDIÇÃO TEMPORÁRIA DE DIREITOS

Art. 154. Caberá ao Juiz da execução comunicar à autoridade competente a pena aplicada, determinada a intimação do condenado.

§ 1º Na hipótese de pena de interdição do artigo 47, inciso I, do Código Penal, a autoridade deverá, em 24 (vinte e quatro) horas, contadas do recebimento do ofício, baixar ato, a partir do qual a execução terá seu início.

§ 2º Nas hipóteses do artigo 47, incisos II e III, do Código Penal, o Juízo da execução determinará a apreensão dos documentos, que autorizam o exercício do direito interditado.

1. COMENTÁRIOS

Outra pena restritiva é a interdição temporária de direitos. Neste caso, cabe ao juiz da execução comunicar à autoridade competente a pena aplicada, determinada a intimação do condenado. A interdição de direito pode consistir, notadamente, em: (1) proibição do exercício de cargo, função ou atividade pública, bem como de mandato eletivo; (2) proibição do exercício de profissão, atividade ou ofício que dependam de habilitação especial, de licença ou autorização do poder público; (3) suspensão de autorização ou de habilitação para dirigir veículo[108]; e (4) proibição de frequentar determinados lugares.

108. Correlatamente à pena restritiva de direito em tela, seguindo a ideia de homogeneidade da aplicação de providências cautelares relativamente à sanção imposta após o trânsito em julgado, foi introduzida pela Lei nº 13.804/2019, medida cautelar especial, restritiva de direitos, inserindo o art. 278-A, no Código de Trânsito Brasileiro. Trata-se de medida cautelar com tríplice alternativa, disposta no § 2º, daquele enunciado incluído na Lei nº 9.503/1997 (CTB), que pode consistir na afetação do direito de dirigir veículo automotor, por meio da decretação, por decisão fundamentada, da: (1) "suspensão da permissão"; (2) "suspensão da habilitação"; ou (3) "proibição de sua obtenção". Para tanto, os requisitos específicos foram estabelecidos legalmente. Poderá ser imposta pelo juiz, no curso da investigação preliminar ou da ação penal. Quanto ao momento de sua imposição, o texto legal aviva que tal decisão poderá ser de ofício, a requerimento do Ministério Público ou por representação da autoridade policial. Realçamos nossas objeções à decretação de medidas cautelares de ofício pelo magistrado, máxime na fase pré-processual, em face da estrutura acusatória do processo penal forjado na Constituição do Brasil. No que tange à plausibilidade de cometimento de delito, as medidas cautelares referidas somente têm lugar diante da prática dos crimes de receptação, descaminho ou contrabando (arts. 180, 334 e 334-A, do Código Penal). E, em relação a seu caráter de urgência, o pressuposto gizado é o da "necessidade da garantia da ordem pública".

Na hipótese de proibição do exercício de cargo, função ou atividade pública, bem como de mandato eletivo, a autoridade deve, em vinte e quatro horas, contadas do recebimento do ofício, baixar ato, a partir do qual a execução tem seu início. Nos casos de proibição do exercício de profissão, atividade ou ofício que dependam de habilitação especial, de licença ou autorização do poder público e de suspensão de autorização ou de habilitação para dirigir veículo, o juízo da execução determinará a apreensão dos documentos, que autorizam o exercício do direito interditado. Já em se tratando de proibição de frequentar determinados lugares, a praxe tem sido a de enviar ofício às autoridades policiais da jurisdição da residência do condenado, para fins de fiscalização.

Art. 155. A autoridade deverá comunicar imediatamente ao Juiz da execução o descumprimento da pena.

Parágrafo único. A comunicação prevista neste artigo poderá ser feita por qualquer prejudicado.

1. COMENTÁRIOS

Constatado fato indicativo descumprimento da pena, a autoridade ou qualquer prejudicado deverá comunicar imediatamente ao juiz da execução, sem prejuízo de que ela se realize por meio de qualquer prejudicado.

CAPÍTULO III – DA SUSPENSÃO CONDICIONAL

Art. 156. O Juiz poderá suspender, pelo período de 2 (dois) a 4 (quatro) anos, a execução da pena privativa de liberdade, não superior a 2 (dois) anos, na forma prevista nos artigos 77 a 82 do Código Penal.

1. COMENTÁRIOS

Apesar da legislação outorgar uma faculdade ao magistrado, deve-se entender que, presentes os requisitos objetivos e subjetivos, nasce para o apenado um direito e, correlatamente, para o juiz um dever.

De tal sorte, deve o juiz suspender, pelo período de dois a quatro anos, a execução da pena privativa de liberdade, não superior a dois anos, na forma prevista nos artigos 77 a 82 do Código Penal, que disciplinam a matéria, conjuntamente com o art. 156, da LEP.

Nos termos do § 2º, do art. 77, do Código Penal, a execução da pena privativa de liberdade, não superior a quatro anos, poderá ainda ser suspensa, por quatro a seis anos, desde que o condenado seja maior de setenta anos de idade, ou razões de saúde justifiquem a suspensão.

A possibilidade de suspensão condicional da pena se tornou mais remota depois da reforma penal que possibilitou com maior facilidade a substituição da pena privativa de liberdade por pena restritiva de direitos. Assim, a suspensão condicional da pena só terá lugar quando impossível a substituição das penas e presentes os requisitos para a sua concessão, não sendo óbice a tanto o fato de ter sido o apenado condenado anteriormente à pena de multa, consoante vincado na súmula 499, do Supremo Tribunal Federal.

2. SÚMULAS E JURISPRUDÊNCIA

- **Súmula 499, STF:** Não obsta à concessão do "sursis" condenação anterior à pena de multa.

Art. 157. O Juiz ou Tribunal, na sentença que aplicar pena privativa de liberdade, na situação determinada no artigo anterior, deverá pronunciar-se, motivadamente, sobre a suspensão condicional, quer a conceda, quer a denegue.

1. COMENTÁRIOS

O juiz ou tribunal, na sentença ou no acórdão que aplicar pena privativa de liberdade, deverá pronunciar-se, motivadamente, sobre a suspensão condicional da pena (*sursis* penal), quer a conceda, quer a denegue, quando surgir a possibilidade, em tese, de seu deferimento. Não havendo possibilidade no momento da sentença, caberá ao juiz da execução penal resolver a questão, fazendo incidir as disposições eventualmente aplicáveis.

Art. 158. Concedida a suspensão, o Juiz especificará as condições a que fica sujeito o condenado, pelo prazo fixado, começando este a correr da audiência prevista no artigo 160 desta Lei.

§ 1º As condições serão adequadas ao fato e à situação pessoal do condenado, devendo ser incluída entre as mesmas a de prestar serviços à comunidade, ou limitação de fim de semana, salvo hipótese do artigo 78, § 2º, do Código Penal.

§ 2º O Juiz poderá, a qualquer tempo, de ofício, a requerimento do Ministério Público ou mediante proposta do Conselho Penitenciário, modificar as condições e regras estabelecidas na sentença, ouvido o condenado.

§ 3º A fiscalização do cumprimento das condições, reguladas nos Estados, Territórios e Distrito Federal por normas supletivas, será atribuída a serviço social penitenciário, Patronato, Conselho da Comunidade ou instituição beneficiada com a prestação de serviços, inspecionados pelo Conselho Penitenciário, pelo Ministério Público, ou ambos, devendo o Juiz da execução suprir, por ato, a falta das normas supletivas.

§ 4º O beneficiário, ao comparecer periodicamente à entidade fiscalizadora, para comprovar a observância das condições a que está sujeito, comunicará, também, a sua ocupação e os salários ou proventos de que vive.

§ 5º A entidade fiscalizadora deverá comunicar imediatamente ao órgão de inspeção, para os fins legais, qualquer fato capaz de acarretar a revogação do benefício, a prorrogação do prazo ou a modificação das condições.

§ 6º Se for permitido ao beneficiário mudar-se, será feita comunicação ao Juiz e à entidade fiscalizadora do local da nova residência, aos quais o primeiro deverá apresentar-se imediatamente.

1. COMENTÁRIOS

Uma vez concedida a suspensão, o juiz deverá especificar as condições a que fica sujeito o condenado, beneficiado pelo *sursis*, pelo prazo fixado, começando este a correr da audiência admonitória.

As condições, a seu turno, serão adequadas ao fato e à situação pessoal do condenado, devendo ser incluída entre as mesmas a de prestar serviços à comunidade, ou limitação de fim de semana, salvo na hipótese de ter o acusado reparado o dano ou ter sido impossível fazê-lo, quando o juiz aplicará cumulativamente as seguintes condições (art. 78, § 2º, Código Penal): (1) proibição de frequentar determinados lugares; (2) proibição de ausentar-se da comarca onde reside, sem autorização do juiz; e (3) comparecimento mensal e obrigatório a juízo, mensalmente, para informar e justificar suas atividades.

As condições e regras estabelecidas na sentença, afirmadas em audiência admonitória para a suspensão condicional da pena, poderão ser modificadas a qualquer tempo, de ofício, a requerimento do Ministério Público ou mediante proposta do Conselho Penitenciário, ouvido o condenado. Apesar da omissão da Lei, também a defesa do condenado pode solicitar modificação das condições, ouvido o Ministério Público, justificando a necessidade de alterações.

É atribuição do serviço social penitenciário, Patronato, Conselho da Comunidade ou instituição beneficiada com a prestação de serviços, inspecionados pelo Conselho Penitenciário, pelo Ministério Público, ou ambos, a fiscalização do cumprimento das condições, reguladas nos Estados, Territórios e Distrito Federal por normas supletivas, devendo o juiz da execução suprir, por ato normativo seu, a falta das regras supletivas.

Durante a suspensão condicional da pena, o beneficiário, ao comparecer periodicamente à entidade fiscalizadora, com o fito de comprovar a observância das condições a que está sujeito, comunicará, também, a sua ocupação e os salários ou proventos de que vive. Por sua vez, a entidade fiscalizadora deverá comunicar imediatamente ao órgão de inspeção, para os fins legais, qualquer fato capaz de acarretar a revogação do benefício, a prorrogação do prazo ou a modificação das condições.

Frise-se que a comunicação não enseja de plano a revogação do benefício, podendo ensejar procedimento contraditório para verificação do motivo da suposta falta. Caso seja permitido ao beneficiário mudar-se, será feita comunicação ao juiz e à entidade fiscalizadora do local da nova residência, aos quais o primeiro deverá apresentar-se imediatamente.

Art. 159. Quando a suspensão condicional da pena for concedida por Tribunal, a este caberá estabelecer as condições do benefício.

§ 1º De igual modo proceder-se-á quando o Tribunal modificar as condições estabelecidas na sentença recorrida.

§ 2º O Tribunal, ao conceder a suspensão condicional da pena, poderá, todavia, conferir ao Juízo da execução a incumbência de estabelecer as condições do benefício, e, em qualquer caso, a de realizar a audiência admonitória.

1. COMENTÁRIOS

Tratando-se de suspensão condicional da pena concedida por Tribunal, a este competirá estabelecer as condições do benefício, de modo fundamentado. Também caberá ao respectivo Tribunal definir aquelas condições quando, em razão de recurso, modificar as imposições estabelecidas na sentença recorrida. Sem embargo, ao conceder a suspensão condicional da pena, o Tribunal poderá atribuir ao Juízo da execução a incumbência de estabelecer as condições do benefício. Em qualquer caso, competirá ao juízo da execução penal realizar a audiência admonitória.

Art. 160. Transitada em julgado a sentença condenatória, o Juiz a lerá ao condenado, em audiência, advertindo-o das conseqüências de nova infração penal e do descumprimento das condições impostas.

1. COMENTÁRIOS

Na audiência admonitória, designada depois de transitada em julgado a sentença condenatória, o juiz deve fazer sua leitura ao condenado, advertindo-o sobre as consequências de nova infração penal e sobre eventual descumprimento das condições impostas. De tudo que for lido, deve seguir a documentação correspondente, por escrito e, se existente sistema, por mecanismo de captação de imagens e sons (audiovisual).

Art. 161. Se, intimado pessoalmente ou por edital com prazo de 20 (vinte) dias, o réu não comparecer injustificadamente à audiência admonitória, a suspensão ficará sem efeito e será executada imediatamente a pena.

1. COMENTÁRIOS

Se o condenado, embora intimado pessoalmente ou por edital com prazo de vinte dias, não comparecer injustificadamente à audiência admonitória, a suspensão ficará sem efeito e será executada imediatamente a pena. Tal deliberação não deve ocorrer automaticamente, demandando concessão de oportunidade de contraditório e ampla defesa para se apurar o motivo da falta do apenado à audiência. Embora o dispositivo se valha da expressão "réu", cremos que o legislador tenha incorrido em vício de técnica, sendo mais apropriado o termo apenado ou condenado (definitivo).

Art. 162. A revogação da suspensão condicional da pena e a prorrogação do período de prova dar-se-ão na forma do artigo 81 e respectivos parágrafos do Código Penal.

1. COMENTÁRIOS

A revogação da suspensão condicional da pena poderá ser obrigatória ou facultativa (art. 81, CP). Com efeito, a revogação será obrigatória se o apenado: (1) é condenado, em sentença irrecorrível, por crime doloso; (2) frustra, embora solvente, a execução de pena de multa ou não efetua, sem motivo justificado, a reparação do dano; ou (3) descumpre a condição de no primeiro ano do prazo prestar serviço à comunidade ou de submeter-se à limitação de fim de semana.

A seu turno, a revogação será facultativa quando o condenado descumpre qualquer outra condição imposta ou é irrecorrivelmente condenado, por crime culposo ou por contravenção, a pena privativa de liberdade ou restritiva de direitos. Haverá, diferentemente, prorrogação do prazo de suspensão até julgamento definitivo, se o beneficiário estiver sendo processado por outro crime ou contravenção. É de ver que quando facultativa a revogação, o juiz pode, ao invés de decretá-la, prorrogar o período de prova até o máximo, se este não foi o fixado.

Entendemos que, tanto na hipótese de obrigatoriedade, quanto na de facultatividade da revogação do benefício, deve a decisão ser precedida de oitiva do imputado. A providência é apta a diminuir riscos de equívocos na deliberação final do juízo da execução penal e se adequa ao princípio constitucional do contraditório e da defesa ampla.

Art. 163. A sentença condenatória será registrada, com a nota de suspensão em livro especial do Juízo a que couber a execução da pena.

§ 1º Revogada a suspensão ou extinta a pena, será o fato averbado à margem do registro.

§ 2º O registro e a averbação serão sigilosos, salvo para efeito de informações requisitadas por órgão judiciário ou pelo Ministério Público, para instruir processo penal.

1. COMENTÁRIOS

A sentença condenatória deverá ser registrada. Aliás, atualmente seus dados e outros do processo penal condenatório, e até da fase de investigação preliminar, devem ser inseridos em sistema eletrônico, para fins de controle (Lei nº 12.714/2012).

O registro da sentença deve ser acompanhado de nota de suspensão em livro especial do juízo a que couber a execução da pena (art. 163, LEP). O livro poderá ser eletrônico, na senda de informatização dos processos e procedimentos jurisdicionais e administrativos. A providência tem a finalidade de viabilizar a fiscalização do benefício.

Daí que se revogada a suspensão ou extinta a pena, será o fato averbado à margem do registro. Tanto o registro quanto a averbação são sigilosos, salvo para efeito de informações requisitadas por órgão judiciário ou pelo Ministério Público, com o fito de instruir processo criminal.

▸CAPÍTULO IV – DA PENA DE MULTA

Art. 164. Extraída certidão da sentença condenatória com trânsito em julgado, que valerá como título executivo judicial, o Ministério Público requererá, em autos apartados, a citação do condenado para, no prazo de 10 (dez) dias, pagar o valor da multa ou nomear bens à penhora.

§ 1º Decorrido o prazo sem o pagamento da multa, ou o depósito da respectiva importância, proceder-se-á à penhora de tantos bens quantos bastem para garantir a execução.

§ 2º A nomeação de bens à penhora e a posterior execução seguirão o que dispuser a lei processual civil.

1. COMENTÁRIOS

A execução da pena de multa, segundo o art. 164, *caput*, da Lei de Execução Penal, deveria ser promovida pelo Ministério Público. Consoante este dispositivo, depois de extraída certidão da sentença condenatória com trânsito em julgado (que é título executivo judicial), ao *Parquet* cabia requerer, em autos apartados, a citação do condenado para, no prazo de 10 (dez) dias, pagar o valor da multa ou nomear bens à penhora. Se expirado o prazo sem o pagamento respectivo, ou o depósito da importância, teria lugar a penhora de tantos bens quantos bastassem para garantir a execução, com a observância, a partir daí, das disposições da lei processual civil.

Com o advento da Lei nº 9.268/1996 (lei posterior) que alterou a redação do art. 51, do Código Penal, a multa passou a ser considerada "dívida de valor". Destarte, com o trânsito em julgado da sentença condenatória que impuser multa, o juízo da execução penal determinará a elaboração dos cálculos e intimará o apenado para recolher o valor da multa. Caso o condenado não realize o adimplemento, o juízo da execução da pena emitirá ofício para a Fazenda Pública competente a fim de que ela proceda a excussão do *quantum debeatur* no juízo cível competente e nos termos da legislação referente à dívida ativa do poder público (Lei nº 6.830/1980).

A modificação legislativa teve um efeito prático. Com o deslocamento da competência para execução da multa ao juízo cível, não é mais possível, em caso de inadimplemento do valor correspondente, a conversão da multa em pena privativa de liberdade. Cabível então as providências executivas de acordo com a lei civil (atualmente, Lei de Execução Fiscal e Sumula nº 521, do STJ).

Como adverte Nucci, "a meta pretendida era evitar a conversão da multa em prisão, o que anteriormente era possível. Não se deveria, com isso, imaginar que a pena de multa transfigurou-se a ponto de perder a sua identidade, ou seja, passaria a constituir, na essência, uma sanção civil". Isso tanto é exato que, falecendo o agente, não é possível "estender a sua cobrança aos herdeiros do condenado, respeitando-se o disposto na Constituição Federal de que 'nenhuma pena passará da pessoa do condenado' (art. 5º, XLV)"[109].

Caso a condenação criminal provenha de juízo federal, a competência para a execução da multa será da vara federal civilmente competente (cujos valores serão destinados ao Fundo Penitenciário Nacional). Se proveniente do juízo criminal estadual, a competência se fixará na vara da fazenda pública estadual (cujos valores serão destinados ao fundo penitenciário local)[110]. Essa a nossa posição, que é a tendência jurisprudencial majoritária.

No entanto, esse panorama foi parcialmente modificado a partir do julgamento da ADI3150, pelo Supremo Tribunal Federal, cuja controvérsia girava sobre o art. 51, do Código Penal, que estabelece a conversão da multa pecuniária em dívida de valor quando do trânsito em julgado da sentença penal condenatória, ordenando que a cobrança se dê na forma da legislação alusiva à dívida ativa. Por decisão majoritária, o Pleno da Corte Suprema entendeu que a transformação da multa em dívida de valor não suprime a atribuição do Ministério Público para executar o *quantum debeatur*, haja vista que a multa continuaria a ter natureza jurídica penal, não sendo possível desnaturá-la por meio de lei. Desse modo, como a Lei de Execução Penal possui previsão para que o Ministério Público execute a multa (art. 164, *caput*, LEP), a prioridade para a sua cobrança deve ser atribuída a este órgão e não à Fazenda

109. NUCCI, Guilherme de Souza. *Leis penais e processuais penais comentadas*. 5. ed. RT: São Paulo, 2010. p.601-602.

110. Nesse sentido: LIMA, Roberto Gomes; PERALLES, Ubiracyr. *Teoria e prática da execução penal*. Rio de Janeiro: Lúmen Júris, 2010. p.265.

Pública. Daí, a Corte assentou que caso o *Parquet*, no prazo de noventa dias, não cobre a multa, o juízo da vara criminal deverá comunicar ao órgão da Fazenda Pública[111].

Não obstante os argumentos exarados nesse julgado, pensamos que a promoção da execução de dívidas, ainda que de valores decorrentes de sanção criminal, não se acomoda a qualquer das funções institucionais do Ministério Público, instituição com o dever de promover e defender interesses primários, sejam eles difusos, coletivos e individuais indisponíveis (art. 127, CF/1988). Como o valor da multa é carreado à União, o órgão que detém essa atribuição é, segundo as divisões de tarefas instituídas na legislação brasileira, o da Fazenda Pública.

No âmbito da Lei nº 9.099/95, o STJ tem decidido que a pena de multa aplicada isoladamente deve ser executada no próprio Juizado Especial Criminal[112]. A opção pela execução nos juizados especiais criminais e não nos civis decorre da própria sistemática das Leis nº 9.099/1995 (art. 8º) e 10.259/2001 (art. 6º, I e II), que limita a legitimidade para propor demandas neste âmbito, eis que não pode ser autora nos juizados pessoa jurídica de direito público. Desse modo, caso o apenado não cumpra espontaneamente a sentença depois de intimado para depositar o valor da multa, pensamos que deve o juiz comunicar à Fazenda Pública competente para execução civil na vara comum competente.

Por sua vez, Nucci, se filiando à corrente doutrinária que reputa ser competente para a execução da pena de multa o juízo criminal, sublinha inconvenientes que decorrem da posição oposta que defende a competência do juízo das execuções fiscais, avivando que

(a) a multa penal deve ser cobrada com todo o empenho possível, ainda que de baixo valor, para não gerar o indevido sentimento de impunidade, afinal, trata-se de condenação na esfera criminal, muitas vezes substitutiva da pena privativa de liberdade;

(b) o excesso de execuções fiscais e os valores baixos das multas estabelecidas desestimulam os procuradores e demais agentes da Execução Fiscal a promover a efetiva cobrança;

(c) a certidão de dívida ativa não contém dados do processo criminal que a originou, de modo que, quando o executado morre, não se sabe a quem remeter o feito para que seja julgada extinta a punibilidade. Na prática, tem-se arquivada a execução, permanecendo em aberto a questão penal[113].

Com o nosso entendimento, Renato Marcão pontua que "guardada a necessária coerência com o que concluímos ser o nosso posicionamento em relação à legitimação ativa, que é Fazenda Pública estadual, estamos certos de que o juízo competente para a execução da pena de multa é a Vara da Fazenda Pública estadual". Na hipótese de multa proveniente "de transação penal ou condenação em processo de competência da Justiça Federal, há que se observar a legitimação ativa correspondente no âmbito federal, e a Vara competente na mesma esfera de jurisdição, para a execução dos créditos da União"[114].

---

111. STF – ADI 3150 – Rel. Min. Roberto Barroso –j. 13/12/2018 – Notícias: Notícias. Legitimidade para execução da multa penal é do Ministério Público. Disponível em: <http://www.stf.jus.br/portal/cms/verNoticiaDetalhe.asp?idConteudo=398607>. Acesso em: 15 dez. 2018.

112 STJ – Terceira Seção – AGRCC 200900806826 – Rel. Min. Laurita Vaz – DJ: 17/09/2009.

113 NUCCI, Guilherme de Souza. *Leis penais e processuais penais comentadas*. 5. ed. RT: São Paulo, 2010. p.602.

114 MARCÃO, Renato. *Curso de execução penal*. 8. ed. São Paulo: Saraiva, 2010. p.297.

Também Rômulo Moreira, diante da "impossibilidade absoluta da odiosa conversão", reputa que a atribuição para a execução da pena de multa criminal será da Fazenda Pública "e o respectivo processo deve ser encaminhado às varas especializadas da fazenda pública, não mais as varas de execução penal"[115].

2. SÚMULAS E JURISPRUDÊNCIA

- **EXECUÇÃO DE PENA DE MULTA E TITULARIDADE.** O Plenário iniciou o julgamento de questão de ordem em ação penal na qual se discute a titularidade para a execução da pena de multa fixada em julgamento condenatório pelo STF. **O ministro Roberto Barroso (relator), ao resolver a questão de ordem, assentou que: a) o Ministério Público é o órgão legitimado para promover a execução da pena de multa, perante a Vara de Execução Criminal, observado o procedimento descrito pelos arts. 164 e seguintes da Lei de Execução Penal; b) caso o titular da ação penal, devidamente intimado, não proponha a execução da multa no prazo de noventa dias, o Juiz da execução criminal dará ciência do feito ao órgão competente da Fazenda Pública (federal ou estadual, conforme o caso) para a respectiva cobrança na própria Vara de Execução Fiscal, com a observância do rito da Lei 6.830/1980; e c) é necessário dar interpretação conforme à Constituição ao art. 51 do CP para explicitar que a expressão "aplicando-se-lhes as normas da legislação relativa à dívida ativa da Fazenda Pública, inclusive no que concerne às causas interruptivas e suspensivas da prescrição" não exclui a legitimação prioritária do Ministério Público para a cobrança da multa na Vara de Execução Penal.** No entendimento do ministro, embora a multa penal constitua dívida de valor, possui caráter de sanção criminal. Assim, o Ministério Público é legítimo, prioritariamente, para executá-la, até mesmo pelo fato de a postura do apenado com relação ao cumprimento da sanção pecuniária interferir no gozo dos benefícios a serem usufruídos no curso da execução penal. Todavia, a multa também pode ser cobrada pela Fazenda, em caráter subsidiário e em face da demora do órgão acusador. O ministro Dias Toffoli, ao acompanhar o relator, frisou que a pendência de pagamento da pena de multa, ou sua cominação isolada nas sentenças criminais transitadas em julgado, tem o condão de manter ou ensejar a suspensão dos direitos políticos (CF, art. 15, III). Em divergência, o ministro Marco Aurélio considerou que a legitimação para a cobrança da multa é exclusiva da Fazenda. Entendeu não ter a sanção uma conotação penal, mas de dívida de valor. Seu não pagamento não pode implicar regressão de regime, ou seja, inadmissível prisão por dívida. **Em seguida, o ministro Edson Fachin pediu vista dos autos.** *STF, AP 470 QO-décima segunda/MG, rel. Min. Roberto Barroso, j. 23.11.2016. Pleno. (Info 848)*

Art. 165. Se a penhora recair em bem imóvel, os autos apartados serão remetidos ao Juízo Cível para prosseguimento.

1. COMENTÁRIOS

No juízo cível, deve-se seguir o procedimento para execução fiscal, promovida pela Fazenda Pública, relativamente à multa devida pelo apenado.

Nos termos do art. 8º, *caput*, da Lei nº 6.830/1980, "o executado será citado para, no prazo de 5 (cinco) dias, pagar a dívida com os juros e multa de mora e encargos indicados na Certidão de Dívida Ativa, ou garantir a execução". Por outro lado, seu art. 9º, reza que quando houver "garantia da execução, pelo valor da dívida, juros e multa de mora e encargos indicados na Certidão de Dívida Ativa, o executado poderá": (1) efetuar depósito em dinheiro, à ordem do Juízo em estabelecimento oficial de crédito, que assegure atualização

115 MOREIRA, Rômulo. *Direito processual penal*. Salvador: Juspodivm, 2007. p.427.

monetária; (2) oferecer fiança bancária ou seguro garantia; (3) nomear bens à penhora, observada a ordem do artigo 11; ou (4) indicar à penhora bens oferecidos por terceiros e aceitos pela Fazenda Pública.

Recaindo a penhora sob bem de família, a inalienabilidade é não tem incidência, em face do disposto no art. 3º, VI, da Lei nº 8.009/1990. Malgrado o dispositivo não mencione, não deve se admitir que o juízo cível promova a execução da multa de ofício. Com a remessa dos autos, que informe constrição dos bens, o legitimado para promover a execução (Fazenda Pública responsável) deve tomar a iniciativa logo que intimada da chegada dos autos.

Art. 166. Recaindo a penhora em outros bens, dar-se-á prosseguimento nos termos do § 2º do artigo 164, desta Lei.

1. COMENTÁRIOS

O parágrafo 2º, do art. 164, da LEP, preconiza que "a nomeação de bens à penhora e a posterior execução seguirão o que dispuser a lei processual civil". Essa lei deve ser a Lei de Execução Fiscal, conforme anotamos no art. 165, da LEP.

Como se infere, não haverá diferença em virtude da natureza do bem penhorado, devendo ser regida a excussão da multa pelo que dispuser a Lei nº 6.830/1980, sempre no juízo cível competente. Tal entendimento decorre do enunciado nº 521, da Súmula do STJ, que preconiza que "a legitimidade para a execução fiscal de multa pendente de pagamento imposta em sentença condenatória é exclusiva da Procuradoria da Fazenda Pública".

2. SÚMULAS E JURISPRUDÊNCIA

- **Súmula 521, STJ:** A legitimidade para a execução fiscal de multa pendente de pagamento imposta em sentença condenatória é exclusiva da Procuradoria da Fazenda Pública.

Art. 167. A execução da pena de multa será suspensa quando sobrevier ao condenado doença mental (artigo 52 do Código Penal).

1. COMENTÁRIOS

A Lei de execução penal determina que a execução da pena de multa será suspensa quando sobrevier ao condenado doença mental. Como se trata de "pena", a sua excussão depende de compreensão por parte do agente, incidindo regras próprias do direito penal, a exemplo da intranscendência, sendo vedada a sucessão dos herdeiros na sua execução. Ciente o juízo cível do caráter penal da multa e da superveniência de doença mental, deve suspender o curso da execução, não havendo solução de continuidade no lapso prescricional por falta de previsão legal[116].

116 Na mesma senda: NUCCI, Guilherme de Souza. *Leis penais e processuais penais comentadas*. 5. ed. RT: São Paulo, 2010. p.603.

Art. 168. O Juiz poderá determinar que a cobrança da multa se efetue mediante desconto no vencimento ou salário do condenado, nas hipóteses do artigo 50, § 1º, do Código Penal, observando-se o seguinte:

I - o limite máximo do desconto mensal será o da quarta parte da remuneração e o mínimo o de um décimo;

II - o desconto será feito mediante ordem do Juiz a quem de direito;

III - o responsável pelo desconto será intimado a recolher mensalmente, até o dia fixado pelo Juiz, a importância determinada.

1. COMENTÁRIOS

Nos termos do art. 168, da Lei de Execução Penal, o Juiz poderá determinar que a cobrança da multa se efetue mediante desconto no vencimento ou salário do condenado, nas hipóteses do artigo 50, § 1º, do Código Penal (vale dizer, quando a multa for aplicada isoladamente, aplicada cumulativamente com pena restritiva de direitos ou quando concedida a suspensão condicional da pena).

Para a incidência desse dispositivo, devem ser observados os seguintes requisitos: (1) o limite máximo do desconto mensal será o da quarta parte da remuneração e o mínimo o de um décimo; (2) o desconto será feito mediante ordem do Juiz a quem de direito; e (3) o responsável pelo desconto será intimado a recolher mensalmente, até o dia fixado pelo Juiz, a importância determinada.

Conquanto haja entendimento no sentido da aplicabilidade integral do dispositivo em tela[117], somos partidários de que o referido desconto em folha só pode ser efetivado com a anuência do condenado, para dar aos artigos 168, da LEP, e 50, § 1º, do Código Penal, interpretação que se coadune com o sistema. Isso porque o salário é impenhorável nos termos do art. 833, IV, CPC/2015, ressalvados créditos de pensão alimentícia.

Art. 169. Até o término do prazo a que se refere o artigo 164 desta Lei, poderá o condenado requerer ao Juiz o pagamento da multa em prestações mensais, iguais e sucessivas.

§ 1º O Juiz, antes de decidir, poderá determinar diligências para verificar a real situação econômica do condenado e, ouvido o Ministério Público, fixará o número de prestações.

§ 2º Se o condenado for impontual ou se melhorar de situação econômica, o Juiz, de ofício ou a requerimento do Ministério Público, revogará o benefício executando-se a multa, na forma prevista neste Capítulo, ou prosseguindo-se na execução já iniciada.

1. COMENTÁRIOS

Até o prazo de pagamento espontâneo da dívida (citação do condenado para pagar, em sede de execução fiscal, a dívida constante da Certidão de Dívida Ativa que retrata os cálculos elaborados no juízo das execuções penais), o apenado poderá requerer ao juiz o pagamento da multa em prestações mensais, iguais e sucessivas. De todo modo, o juiz, antes de decidir,

117 Cf. NUCCI, Guilherme de Souza. *Leis penais e processuais penais comentadas*. 5. ed. RT: São Paulo, 2010. p.603.

poderá determinar diligências para verificar a real situação econômica do condenado e, ouvido o Ministério Público, fixará o número de prestações. Trata-se de benefício que não é incompatível com as disposições da Lei de Execução Fiscal (Lei nº 6.830/1980). Daí que se o condenado for impontual ou se melhorar de situação econômica, o juiz, de ofício ou a requerimento do Ministério Público, revogará o benefício, com a execução da multa nos termos da lei ou prosseguindo-se na execução já iniciada.

Art. 170. Quando a pena de multa for aplicada cumulativamente com pena privativa da liberdade, enquanto esta estiver sendo executada, poderá aquela ser cobrada mediante desconto na remuneração do condenado (artigo 168).

§ 1º Se o condenado cumprir a pena privativa de liberdade ou obtiver livramento condicional, sem haver resgatado a multa, far-se-á a cobrança nos termos deste Capítulo.

§ 2º Aplicar-se-á o disposto no parágrafo anterior aos casos em que for concedida a suspensão condicional da pena.

1. COMENTÁRIOS

Se a pena de multa for aplicada cumulativamente com pena privativa da liberdade, enquanto esta estiver sendo executada, poderá aquela ser cobrada civilmente, nos termos do art. 170, *caput*, da Lei de Execução Penal, mediante desconto na remuneração do condenado gizado no artigo 168.

Tem cabimento aqui a necessária correção de rumo para a aplicação constitucional do referido desconto em folha, só possível, conforme entendemos, com a anuência do apenado. Caso o condenado cumpra a pena privativa de liberdade, obtenha livramento condicional ou lhe seja concedida suspensão condicional da pena, sem haver resgatado a multa, far-se-á a cobrança nos termos aqui comentados.

De todo modo, vale sublinhar que na hipótese de previsão em abstrato de pena privativa de liberdade cumulativamente com prestação pecuniária, é defeso ao juiz aplicar substituição da pena de prisão por multa, consoante os termos do verbete nº 171 da súmula do STJ.

Frise-se que a legitimidade *ad causam* ativa para a execução da multa fixada na condenação penal é exclusiva da Procuradoria da Fazenda Pública (estadual ou federal, conforme o título condenatório seja emanado da justiça dos estados ou de órgão do Poder Judiciário da União). Nesse sentido, a Súmula 521, do STJ, passou a orientar expressamente que "a legitimidade para a execução fiscal de multa pendente de pagamento imposta em sentença condenatória é exclusiva da Procuradoria da Fazenda Pública".

2. SÚMULAS E JURISPRUDÊNCIA

- **Súmula 171, STJ:** Cominadas cumulativamente, em lei especial, penas privativa de liberdade e pecuniária, é defeso a substituição da prisão por multa.
- **Súmula 521, STJ:** A legitimidade para a execução fiscal de multa pendente de pagamento imposta em sentença condenatória é exclusiva da Procuradoria da Fazenda Pública.

▸TÍTULO VI – DA EXECUÇÃO DAS MEDIDAS DE SEGURANÇA

▸CAPÍTULO I – DISPOSIÇÕES GERAIS

Art. 171. Transitada em julgado a sentença que aplicar medida de segurança, será ordenada a expedição de guia para a execução.

1. COMENTÁRIOS

A execução de medida de segurança deve ter lugar depois de transitada em julgado a sentença que aplicá-la, ordenada a expedição de guia para a execução.

É de ver que existe medida cautelar, diversa da prisão, que se assemelha com a medida de segurança de internação hospitalar[118], qual seja: a internação provisória gizada no art. 319, inciso VII, que autoriza "VII - internação provisória do acusado nas hipóteses de crimes praticados com violência ou grave ameaça, quando os peritos concluírem ser inimputável ou semi-imputável (art. 26 do Código Penal) e houver risco de reiteração". Entendemos que se for aplicada a internação provisória, as disposições da Lei de Execução Penal, que sejam adequadas e mais favoráveis ao internado em situação cautelar e transitória, têm incidência.

A sentença que aplica medida de segurança decorre do reconhecimento de semi-imputabilidade (sentença condenatória) ou de inimputabilidade do agente (sentença absolutória imprópria, que declara que o acusado cometeu o fato, mas reconhece sua incapacidade de entender o seu caráter ilícito e de determinar-se conforme o direito à época da sua prática).

É nesse último sentido que deve ser entendido o enunciado nº 422, da Súmula do STF, que averba que "a absolvição criminal não prejudica a medida de segurança, quando couber, ainda que importe privação da liberdade". Com efeito, a absolvição aludida pelo texto desse verbete é a imprópria, não tendo lugar medida de segurança para casos de autêntica absolvição, tais como excludentes de ilicitude, insuficiência de provas, inexistência de crime ou negativa de autoria.

2. SÚMULAS E JURISPRUDÊNCIA

- **Súmula 422, STF:** A absolvição criminal não prejudica a medida de segurança, quando couber, ainda que importe privação da liberdade.

Art. 172. Ninguém será internado em Hospital de Custódia e Tratamento Psiquiátrico, ou submetido a tratamento ambulatorial, para cumprimento de medida de segurança, sem a guia expedida pela autoridade judiciária.

1. COMENTÁRIOS

É imprescindível a guia expedida pela autoridade judiciária para ser possível a internação ou o início do tratamento ambulatorial do submetido à medida de segurança. Cuida-se de peça preambular do processo de execução de medida de segurança, aplicando-se, *mutatis*

118 Sobre o tema, conferir: CHAMBRES, Carine. *Internação hospitalar*: medida de segurança ou prisão perpétua? Porto Alegre: Núria Fabris, 2014. P.15 e seguintes.

mutandis, o que aplicável ao processo de execução penal (documentação e procedimento), somando-se a incidência de suas regras específicas.

Art. 173. A guia de internamento ou de tratamento ambulatorial, extraída pelo escrivão, que a rubricará em todas as folhas e a subscreverá com o Juiz, será remetida à autoridade administrativa incumbida da execução e conterá:

I - a qualificação do agente e o número do registro geral do órgão oficial de identificação;

II - o inteiro teor da denúncia e da sentença que tiver aplicado a medida de segurança, bem como a certidão do trânsito em julgado;

III - a data em que terminará o prazo mínimo de internação, ou do tratamento ambulatorial;

IV - outras peças do processo reputadas indispensáveis ao adequado tratamento ou internamento.

§ 1º Ao Ministério Público será dada ciência da guia de recolhimento e de sujeição a tratamento.

§ 2º A guia será retificada sempre que sobrevier modificações quanto ao prazo de execução.

1. COMENTÁRIOS

A guia de internamento ou de tratamento ambulatorial (ou guia de execução de medida de segurança) deverá ser emitida pelo escrivão ou pelo diretor de secretaria. Em suas folhas deve o juiz rubricar e, ao final, subscrevê-la. Em seguida, a aludida guia deve ser remetida à autoridade administrativa incumbida da execução, com o conteúdo preconizado pelos incisos do art. 173, da LEP. Os requisitos informativos e documentais consignados em tal dispositivo devem permitir a compreensão dos limites subjetivos e objetivos da coisa julgada, a fim de permitir o adequado cumprimento do julgado de absolvição imprópria (não reconhecedor de culpabilidade, mas impositivo de medida de segurança).

Sobre a guia de recolhimento e da sujeição a tratamento, terá ciência o Ministério Público, bem como será cientificado das supervenientes modificações quanto ao prazo de execução, eis que ocorrerá retificação da guia sempre que sobrevier situação fática que a altere o seu lapso de cumprimento.

Art. 174. Aplicar-se-á, na execução da medida de segurança, naquilo que couber, o disposto nos artigos 8º e 9º desta Lei.

1. COMENTÁRIOS

Os artigos 8º e 9º, da Lei de Execução Penal, mencionam o exame criminológico (atualmente reconhecido como providência de caráter facultativo), com vistas à individualização da execução.

CAPÍTULO II – DA CESSAÇÃO DA PERICULOSIDADE

Art. 175. A cessação da periculosidade será averiguada no fim do prazo mínimo de duração da medida de segurança, pelo exame das condições pessoais do agente, observando-se o seguinte:

I - a autoridade administrativa, até 1 (um) mês antes de expirar o prazo de duração mínima da medida, remeterá ao Juiz minucioso relatório que o habilite a resolver sobre a revogação ou permanência da medida;

II - o relatório será instruído com o laudo psiquiátrico;

III - juntado aos autos o relatório ou realizadas as diligências, serão ouvidos, sucessivamente, o Ministério Público e o curador ou defensor, no prazo de 3 (três) dias para cada um;

IV - o Juiz nomeará curador ou defensor para o agente que não o tiver;

V - o Juiz, de ofício ou a requerimento de qualquer das partes, poderá determinar novas diligências, ainda que expirado o prazo de duração mínima da medida de segurança;

VI - ouvidas as partes ou realizadas as diligências a que se refere o inciso anterior, o Juiz proferirá a sua decisão, no prazo de 5 (cinco) dias.

1. COMENTÁRIOS

A medida de segurança de internação ou de tratamento ambulatorial não tem prazo legal determinado, perdurando enquanto não for verificada, por perícia médica, a cessação de periculosidade.

O conceito jurídico de periculosidade, que remonta a escola positiva de criminologia, a partir do conceito de temibilidade, de Rafaelle Garofalo, evidencia ponto de vista autoritário adotado pelo nosso sistema de direito penal e de execução penal (direito penal do autor), lastreado na ideia de sanção penal como prevenção e de perversidade do imputado[119].

O prazo mínimo legal da medida de segurança encontra seus limites definidos no art. 97, § 1º, do Código Penal, variando de 1 (um) a 3 (três) anos. Como se depreende, o critério para a limitação máxima da medida de segurança é a cessação da periculosidade.

Todavia, a jurisprudência vem entendendo que a medida não deve exceder o limite do art. 75 do CP, razão pela qual nenhuma medida de segurança deve subsistir por prazo superior a trinta anos, independente da cessação da periculosidade do internado. Nesse sentido, precedentes do STF[120] e a doutrina especializada, salientando que se trata da hermenêutica dos artigos 75 e 97 do CP, bem como do art. 183 da LEP, cuja aplicação tem lugar mesmo persistindo a enfermidade, devendo o submetido à medida ser encaminhado a "hospital psiquiátrico comum, ou seja, não prisional"[121].

Estabelecendo um patamar máximo a fim de evitar que a medida de segurança perdure *ad eternum*, o STJ assentou, em sua Súmula 527, que "o tempo de duração da medida de segurança não deve ultrapassar o limite máximo da pena abstratamente cominada ao delito praticado". O parâmetro para se obstar a continuação da medida de segurança de forma

119 Sobre o tema: SANTOS, Hugo Leonardo Rodrigues. *Estudos críticos de criminologia e direito penal*. Rio de Janeiro: Lumen Juris, 2015. p.32 e seguintes.

120 STF – Primeira Turma – HC 98360, Rel. Min. Ricardo Lewandowski – julgado em 04/08/2009 – DJ de 22/10/2009.

121 LIMA, Roberto Gomes; PERALLES, Ubiracyr. *Teoria e prática da execução penal*. Rio de Janeiro: Lumen Juris, 2010. p. 271-272.

ilimitada passou a ser, coerentemente, aquele máximo da pena abstrata cominada para o delito objeto da sua imposição. Rodrigo Ferro, a propósito, questiona sobre "a obrigatoriedade da medida de segurança e a imposição de um prazo mínimo". Segundo o autor, isso demonstra, mais uma vez, que o sistema pátrio confere tratamento efetivo de pena à medida de segurança, "utilizando-se da gravidade do delito para justificar a internação compulsória, bem como a imposição de um prazo mínimo de internação", explicitando o descompasso da legislação relativamente aos regramentos alusivos à saúde mental[122].

A cessação da periculosidade será averiguada ao cabo do prazo mínimo fixado de duração da medida de segurança (art. 175, da Lei de Execução Penal). Como se depreende, para se requerer o exame, não se exige cumprimento de mais da metade da medida imposta, conforme dispõe a Súmula nº 520, do STF, se referindo ao art. 777, do CPP, hoje suplantado pelo aludido art. 175, da LEP. O requerimento do exame de cessação de periculosidade pode acontecer anteriormente à expiração do prazo mínimo, especialmente para prevenir que o submetido à medida de segurança permaneça com a liberdade cerceada por mais tempo que fixado minimamente. O exame será realizado pela aferição das condições pessoais do agente, com a observância do procedimento disposto neste artigo.

2. SÚMULAS E JURISPRUDÊNCIA

- **Súmula 520, STJ:** O benefício de saída temporária no âmbito da execução penal é ato jurisdicional insuscetível de delegação à autoridade administrativa do estabelecimento prisional.

- **Súmula 527, STJ:** O tempo de duração da medida de segurança não deve ultrapassar o limite máximo da pena abstratamente cominada ao delito praticado.

Art. 176. Em qualquer tempo, ainda no decorrer do prazo mínimo de duração da medida de segurança, poderá o Juiz da execução, diante de requerimento fundamentado do Ministério Público ou do interessado, seu procurador ou defensor, ordenar o exame para que se verifique a cessação da periculosidade, procedendo-se nos termos do artigo anterior.

1. COMENTÁRIOS

O exame para verificação de cessação da periculosidade poderá ser determinado a qualquer tempo, mesmo que no decorrer do prazo mínimo de duração da medida (art. 176, LEP), desde que provocado o juiz da execução por requerimento fundamentado do Ministério Público ou do interessado, seu procurador ou defensor, seguindo as regras citadas acima.

Entendemos que pode ser realizado inclusive antes de expirado o prazo mínimo, com possibilidade de colocação do internado em liberdade, haja vista que reputamos que a forma deve proteger a liberdade do imputado frente ao Estado, enquadrando o direito processual penal dentre aqueles classificados como de primeira geração.

122 FERRO, Rodrigo Cavalcante. Medida de segurança: considerações críticas acerca da internação sob o pretexto de perigosidade. In: *Temas atuais do direito*. Carla Priscilla Barbosa Santos Cordeiro; Rodrigo Cavalcante Ferro (coords.). Recife: Nossa Livraria, 2016.p.148.

Art. 177. Nos exames sucessivos para verificar-se a cessação da periculosidade, observar-se-á, no que lhes for aplicável, o disposto no artigo anterior.

1. COMENTÁRIOS

Havendo necessidade de outros exames de cessação de periculosidade, sucessivamente ao primeiro, o procedimento aplicável deve ser idêntico ao do primeiro (art. 175, LEP).

Art. 178. Nas hipóteses de desinternação ou de liberação (artigo 97, § 3º, do Código Penal), aplicar-se-á o disposto nos artigos 132 e 133 desta Lei.

1. COMENTÁRIOS

Os arts. 132 e 133, da LEP, preveem o procedimento para os casos de concessão de livramento condicional. Cessada a periculosidade ou encerrado o tempo de medida de segurança imposta, deve-se decidir fundamentadamente pela desinternação ou liberação, designando-se audiência admonitória. Nesta deverão ser especificadas condições adequadas à condição da pessoa desinternada ou liberada.

A desinternação pode ser submetida àquelas obrigações do art. 132, da LEP, quando ainda sobeje tempo que possa ser imposto ao apenado. Para os casos de expiração integral do tempo de medida de segurança (lapso máximo possível), entendemos que o internado deve ser colocado em liberdade, sem fixação de quaisquer condições.

Por outro lado, nos termos do art. 133, sendo autorizado ao desinternado residir fora da jurisdição do juízo da execução, deverá ser remetida, por carta precatória, cópia da decisão de desinternação ou liberação ao juízo do lugar para onde ele houver se transferido e à autoridade incumbida da observação cautelar e de proteção, devendo o liberado ser advertido do dever de se apresentar imediatamente às referidas autoridades.

Art. 179. Transitada em julgado a sentença, o Juiz expedirá ordem para a desinternação ou a liberação.

1. COMENTÁRIOS

Entendemos que a sentença que declara extinta a medida de segurança, por qualquer motivo, inclusive em face da cessação de periculosidade, deve produzir efeito imediato, sem que dependa do seu trânsito em julgado para que o juiz ordene a desinternação ou a liberação. Para tanto, reputamos que o art. 179, da LEP, não passa pelo exame de sua constitucionalidade, seja por limitar de forma absoluta o poder do magistrado de decidir sobre a liberdade com efeitos imediatos (estado de liberdade), seja porque se aplicado irrestritamente expressa violação ao princípio da dignidade humana do internado. Subordinar a soltura, ao trânsito em julgado, é mitigar, outrossim, as disposições constitucionais que, desde o preâmbulo da CF/1988, asseguram eficácia maior ao direito de liberdade.

▸TÍTULO VII – DOS INCIDENTES DE EXECUÇÃO

▸CAPÍTULO I – DAS CONVERSÕES

Art. 180. A pena privativa de liberdade, não superior a 2 (dois) anos, poderá ser convertida em restritiva de direitos, desde que:

I - o condenado a esteja cumprindo em regime aberto;

II - tenha sido cumprido pelo menos 1/4 (um quarto) da pena;

III - os antecedentes e a personalidade do condenado indiquem ser a conversão recomendável.

1. COMENTÁRIOS

A disciplina da substituição da pena privativa de liberdade em penas restritivas de direitos encontra-se, especialmente, disposta no Código Penal, a partir de seu art. 44. Tal substituição é aplicada por ocasião da prolação da sentença condenatória e depende da presença dos requisitos ali estampados.

Hipótese diferente é a conversão da pena privativa de liberdade, cujo cumprimento se encontra em curso, em pena restritiva de direitos. No caso, o que se requer, primeiramente, é que não tenha sido aplicado o artigo 44, do Código Penal, ou, mais precisamente, que o apenado esteja cumprindo pena em regime aberto (não superior a dois anos).

Além dessa condição, para a conversão é preciso que o condenado tenha cumprido pelo menos um quarto da pena, bem como que seus antecedentes e personalidade indiquem ser recomendável a providência.

2. QUESTÕES DE CONCURSOS

1. **(FCC/DPE-BA/Defensor Público/2016 – adaptada)** É possível, para apenados do regime aberto e com penas não superiores a três anos, desde que cumpridos os requisitos legais, a conversão da pena privativa de liberdade em pena restritiva de direito.

GAB	1
	E

Art. 181. A pena restritiva de direitos será convertida em privativa de liberdade nas hipóteses e na forma do artigo 45 e seus incisos do Código Penal.

§ 1º A pena de prestação de serviços à comunidade será convertida quando o condenado:

a) não for encontrado por estar em lugar incerto e não sabido, ou desatender a intimação por edital;

b) não comparecer, injustificadamente, à entidade ou programa em que deva prestar serviço;

c) recusar-se, injustificadamente, a prestar o serviço que lhe foi imposto;

d) praticar falta grave;

e) sofrer condenação por outro crime à pena privativa de liberdade, cuja execução não tenha sido suspensa.

§ 2º A pena de limitação de fim de semana será convertida quando o condenado não comparecer ao estabelecimento designado para o cumprimento da pena, recusar-se a exercer a atividade determinada pelo Juiz ou se ocorrer qualquer das hipóteses das letras "a", "d" e "e" do parágrafo anterior.

§ 3º A pena de interdição temporária de direitos será convertida quando o condenado exercer, injustificadamente, o direito interditado ou se ocorrer qualquer das hipóteses das letras "a" e "e", do § 1º, deste artigo.

1. COMENTÁRIOS

A conversão da pena restritiva de direitos em privativa de liberdade ocorrerá na hipótese de descumprimento injustificado da restrição imposta. Para a conversão, no cálculo da pena privativa de liberdade a se executar será deduzido o tempo cumprido da pena restritiva de direitos, respeitado o saldo mínimo de trinta dias de detenção ou reclusão, a teor do § 4º, do art. 44, do Código Penal.

Caso sobrevenha condenação à pena privativa de liberdade, por outro crime, o juiz da execução penal decidirá sobre a conversão, podendo deixar de aplicá-la se for possível ao condenado cumprir a pena substitutiva anterior. Como se infere, tem-se aí um espaço de decisão para o magistrado que levará em conta a viabilidade da continuidade de cumprimento da pena restritiva de direito. Se impossível o cumprimento simultâneo, na decisão unificadora das penas o juiz da execução converterá aquela em pena privativa de liberdade, somando-a com a condenação superveniente.

Estabelece a Lei das Execuções Penais que a pena de prestação de serviços à comunidade será convertida em pena privativa de liberdade quando o condenado: (1) não for encontrado por estar em lugar incerto e não sabido, ou desatender a intimação por edital; (2) não comparecer, injustificadamente, à entidade ou programa em que deva prestar serviço; (3) recusar-se, injustificadamente, a prestar o serviço que lhe foi imposto; (4) praticar falta grave; e (5) sofrer condenação por outro crime à pena privativa de liberdade, cuja execução não tenha sido suspensa.

Já a pena de limitação de fim de semana será convertida em privação de liberdade quando o condenado: (1) não comparecer ao estabelecimento designado para o cumprimento da pena; (2) recusar-se a exercer a atividade determinada pelo Juiz; (3) não for encontrado por estar em lugar incerto e não sabido ou se desatender a intimação por edital; (4) praticar falta grave; ou (5) sofrer condenação por outro crime à pena privativa de liberdade, cuja execução não tenha sido suspensa.

Por último, a pena de interdição temporária de direitos será convertida quando o condenado: (1) exercer, injustificadamente, o direito interditado; (2) não comparecer ao estabelecimento designado para o cumprimento da pena; ou (3) sofrer condenação por outro crime à pena privativa de liberdade, cuja execução não tenha sido suspensa.

Art. 182. (Revogado).

Art. 183. Quando, no curso da execução da pena privativa de liberdade, sobrevier doença mental ou perturbação da saúde mental, o Juiz, de ofício, a requerimento do Ministério Público, da Defensoria Pública ou da autoridade administrativa, poderá determinar a substituição da pena por medida de segurança. (Redação dada pela Lei nº 12.313, de 2010).

1. COMENTÁRIOS

O artigo 183, da Lei de Execução Penal preconiza que se no decorrer da execução da pena privativa de liberdade, advier doença mental ou perturbação da saúde mental, o juiz das execuções, de ofício, a requerimento do Ministério Público, da Defensoria Pública ou da autoridade administrativa, poderá determinar a substituição da pena por medida de segurança.

Em tal caso, de superveniência de doença mental, o apenado deve ser recolhido a hospital de custódia e tratamento psiquiátrico ou, à falta, a outro estabelecimento adequado (conferir comentários ao art. 108, LEP).

2. SÚMULAS E JURISPRUDÊNCIA

- **Súmula 527, STJ:** O tempo de duração da medida de segurança não deve ultrapassar o limite máximo da pena abstratamente cominada ao delito praticado.

✦ *SUPERIOR TRIBUNAL DE JUSTIÇA*

- **MEDIDA. SEGURANÇA. DURAÇÃO. A Turma concedeu a ordem de *habeas corpus* para limitar a duração da medida de segurança à pena máxima abstratamente cominada ao delito praticado pelo paciente, independentemente da cessação da periculosidade, não podendo ainda ser superior a 30 anos, conforme o art. 75 do CP.** Precedentes citados: HC 135.504-RS, DJe 25/10/2010; HC 113.993-RS, DJe 4/10/2010; REsp 1.103.071-RS, DJe 29/3/2010, e HC 121.877-RS, DJe 8/9/2009. *STJ, HC 147.343-MG, Rel. Min. Laurita Vaz, j. 5/4/2011. 5ª T. (Info 468)*

- **MEDIDA DE SEGURANÇA SUBSTITUTIVA DA PENA PRIVATIVA DE LIBERDADE. TÉRMINO.** A medida de segurança aplicada em substituição à pena privativa de liberdade, prevista no art. 183 da LEP, se limita ao término da pena estabelecida na sentença, sob pena de ofensa à coisa julgada e ao princípio da proporcionalidade. *In casu*, no curso da execução criminal, em razão da constatação de superveniente doença mental, a pena privativa de liberdade imposta ao paciente foi convertida em medida de segurança. **Portanto, extrapolado o prazo de cumprimento da pena privativa de liberdade, deve cessar a intervenção do Estado na esfera penal, ainda que não cessada a periculosidade do paciente.** Hipótese na qual o MP poderá buscar a interdição do paciente perante o juízo cível, se necessário à sua proteção ou da sociedade. Precedentes citados: HC 44.972-SP, DJ 8/10/2007, e HC 130.160-SP, DJe 14/12/2009. *STJ, HC 130.162-SP, Rel. Min. Maria Thereza de Assis Moura, j. 2/8/2012. 6ª T. (Info 501)*

3. QUESTÕES DE CONCURSOS

1. **(FCC/DPE-BA/Defensor Público/2016 – adaptada)** Na hipótese de sobrevir doença mental no curso da execução da pena privativa de liberdade, não poderá ser convertido referido apenamento em medida de segurança, posto se tratar de providência gravosa ao apenado, portanto impossível de ser formalizada por força da coisa julgada.

2. **(CESPE/DPE-DF/Defensor Público/2013)** De acordo com a jurisprudência mais recente do STJ, a medida de segurança aplicada, no curso da execução da pena privativa de liberdade, em razão de superveniência de doença ou perturbação da saúde mental do condenado terá duração determinada, não superior ao tempo restante de cumprimento da pena privativa de liberdade.

GAB	1	2
	E	C

Art. 184. O tratamento ambulatorial poderá ser convertido em internação se o agente revelar incompatibilidade com a medida.

Parágrafo único. Nesta hipótese, o prazo mínimo de internação será de 1 (um) ano.

1. COMENTÁRIOS

De outra vertente, o tratamento ambulatorial poderá ser convertido em internação se o agente revelar incompatibilidade com a medida, hipótese em que o prazo mínimo de internação será de um ano. Para fazer valer as regras dos arts. 183 e 184, da LEP, é plenamente possível o manejo de incidente de insanidade mental, durante o curso do processo de execução penal. Com o acometimento da enfermidade, o apenado perde a capacidade de compreender a reprimenda criminal, pelo que se faz necessária a substituição da pena por medida de segurança.

▸CAPÍTULO II – DO EXCESSO OU DESVIO

Art. 185. Haverá excesso ou desvio de execução sempre que algum ato for praticado além dos limites fixados na sentença, em normas legais ou regulamentares.

1. COMENTÁRIOS

O processo de execução penal deve se lastrear em guia de execução penal cujos dados devem ser inseridos na forma do art. 106, da LEP, descrevendo inteiro teor da denúncia, da sentença e a data de terminação da pena. Em outros termos, devem ser respeitados os limites objetivos e subjetivos da coisa julgada penal condenatória ou absolutória imprópria (que impõe medida de segurança), guardadas as devidas diferenças entre esta e a primeira. Também no contexto do excesso de execução ou do desvio estão os atos praticados em desrespeito ao ordenamento jurídico em vigor.

2. QUESTÕES DE CONCURSOS

1. **(FCC/DPE-BA/Defensor Público/2016 – adaptada)** O excesso de execução ocorre quando o ato for praticado além dos limites fixados na sentença, mas não se caracteriza quando a ilegalidade decorrer de inobservância de normas regulamentares, pois nesses casos a apuração das responsabilidades ficará a cargo da autoridade administrativa.

GAB	1
	E

Art. 186. Podem suscitar o incidente de excesso ou desvio de execução:

I - o Ministério Público;

II - o Conselho Penitenciário;

III - o sentenciado;

IV - qualquer dos demais órgãos da execução penal.

1. COMENTÁRIOS

Diante da notícia de desvio ou de excesso de execução, consistente em informação sobre ato praticado além dos limites fixados na sentença, em normas legais ou regulamentares, poderão suscitá-lo os legitimados descritos termos do art. 186, da LEP: (1) o Ministério Público;

(2) o Conselho Penitenciário; (3) o sentenciado; (4) a defensoria pública; e (5) qualquer dos demais órgãos da execução penal.

2. QUESTÕES E CONCURSOS

1. **(FCC/DPE-BA/Defensor Público/2016 – adaptada)** O próprio sentenciado poderá suscitar o incidente de desvio de execução.

GAB	1
	C

▸CAPÍTULO III – DA ANISTIA E DO INDULTO

Art. 187. Concedida a anistia, o Juiz, de ofício, a requerimento do interessado ou do Ministério Público, por proposta da autoridade administrativa ou do Conselho Penitenciário, declarará extinta a punibilidade.

1. COMENTÁRIOS

A anistia e o indulto são benefícios concedidos como decorrência da soberania estatal (indulgência soberana ou *indulgentia principis*), a primeira de competência do Congresso Nacional e o segundo por decreto do Presidente da República, a exemplo do indulto natalino concedido com efeitos a partir de 25 de dezembro de cada ano[123].

A anistia é instituto de abrangência preponderantemente coletiva, por se referir a crimes determinados que serão objeto de extinção da punibilidade. Enfatiza Renato Marcão que "a anistia não se confunde com a *abolitio criminis*", tratando-se de "um ato político que tem embasamento constitucional" que se insere no elenco de competências exclusivas da União, *ex vi* do art. 21, XVII, da Constituição do Brasil, cuja atribuição para concessão é do Congresso Nacional, a teor do seu art. 48, VIII, referindo-se, "como regra, a crimes políticos, militares ou eleitorais, embora nada impeça sua aplicação a outros tipos de ilícitos penais, consistindo em medida de interesse geral, coletivo, inspirada por razões políticos"[124].

A anistia, como se infere em face de seu fundamento e alcance, "dirige-se a fatos e não a pessoas", extinguindo, "com efeito *ex tunc*, todas as consequências penais", mas não os efeitos extrapenais da conduta perpetrada, subsistindo "a obrigação de reparar o dano e a perda de bens, instrumentos e produtos do crime". Vale dizer, atinge "o *jus puniendi* do Estado, e pode ser concedida antes ou depois da instauração do processo. Dada sua natureza jurídica, ela produz o esquecimento total do fato, fazendo desaparecer as consequências penais, consistindo, por isso mesmo, em notável medida de política criminal"[125].

Uma vez concedida a anistia, o juiz, de ofício, a requerimento do interessado ou do Ministério Público, por proposta da autoridade administrativa ou do Conselho Penitenciário,

---

123 Não se deve confundir o "indulto natalino" – que extingue a punibilidade – com as saídas temporárias concedidas por ocasião do período natalino. O indulto é causa extintiva da punibilidade, enquanto a saída temporária é benefício da execução penal concedido aos presos em regime semiaberto que, após o período pré-fixado pelo juízo, deverão retornar para o cumprimento do restante da pena.

124 MARCÃO, Renato. *Curso de execução penal*. 8. ed. São Paulo: Saraiva, 2010. p.341.

125 MARCÃO, Renato. *Curso de execução penal*. 8. ed. São Paulo: Saraiva, 2010. p.341.

declarará extinta a punibilidade. Já o indulto individual poderá ser provocado por petição do condenado, por iniciativa do Ministério Público, do Conselho Penitenciário, ou da autoridade administrativa. A petição do indulto, acompanhada dos documentos que a instruírem, deverá ser entregue ao Conselho Penitenciário, para a elaboração de parecer e posterior encaminhamento ao Ministério da Justiça.

Como se depreende, papel relevante desempenha o Conselho Penitenciário. Assim é que à vista dos autos do processo e do prontuário, ele promoverá as diligências que entender necessárias e fará, em relatório, a narração do ilícito penal e dos fundamentos da sentença condenatória, a exposição dos antecedentes do condenado e do procedimento deste depois da prisão, exarando seu parecer sobre o mérito do pedido e esclarecendo qualquer formalidade ou circunstâncias omitidas na petição.

2. SÚMULAS E JURISPRUDÊNCIA

- ***INDULTO E MEDIDA DE SEGURANÇA.*** **Reveste-se de legitimidade jurídica a concessão, pelo presidente da República, do benefício constitucional do indulto (CF, art. 84, XII), que traduz expressão do poder de graça do Estado, mesmo se se tratar de indulgência destinada a favorecer pessoa que, em razão de sua inimputabilidade ou semi-imputabilidade, sofre medida de segurança, ainda que de caráter pessoal e detentivo.** Essa a conclusão do Plenário, que negou provimento a recurso extraordinário em que discutida a possibilidade de extensão de indulto a internados em cumprimento de medida de segurança. O Colegiado assinalou que a competência privativa do presidente da República prevista no art. 84, XII, da CF abrange a medida de segurança, espécie de sanção penal, inexistindo restrição à concessão de indulto. Embora não seja pena em sentido estrito, é medida de natureza penal e ajusta-se ao preceito, cuja interpretação deveria ser ontológica. Lembrou o HC 84.219/SP (DJU de 23.9.2005), em que o período máximo da medida de segurança fora limitado a 30 anos, mediante interpretação sistemática e teleológica dos artigos 75 e 97 do CP e 183 da LEP. Fora reconhecida, na ocasião, a feição penal da medida de segurança, a implicar restrição coercitiva da liberdade. Em reforço a esse entendimento, sublinhou o art. 171 da LEP, a condicionar a execução da sentença ao trânsito em julgado; bem assim o art. 397, II, do CPP, a proibir a absolvição sumária imprópria, em observância ao princípio da não culpabilidade (CF, art. 5º, LVII). No caso, o Presidente da República, ao implementar indulto no tocante a internados em cumprimento de medida de segurança, nos moldes do art. 1º, VIII, do Decreto natalino 6.706/1998, não extrapolara o permissivo constitucional. Precedentes citados: RE 612.862 AgR/RS (DJe de 18.2.2011) e HC 97.621/RS (DJe de 26.6.2009). *STF, RE 628658/RS, rel. Min. Marco Aurélio, 4 e 5.11.2015. Repercussão Geral. (Info 806)*

Art. 188. O indulto individual poderá ser provocado por petição do condenado, por iniciativa do Ministério Público, do Conselho Penitenciário, ou da autoridade administrativa.

1. COMENTÁRIOS

O indulto, como ato de clemência do Poder Público, pode ser individual ou coletivo, extinguindo a punibilidade de crimes cometidos pelos apenados contemplados, de acordo com os requisitos que impuser, seja relativamente à época do delito, seja no tocante ao tempo de cumprimento da pena.

Em outros termos, o indulto individual é também denominado de graça na Constituição do Brasil e em outros diplomas legislativos[126], consistindo em benefício que "pode ser total

126 No julgamento da ADI 2.795, o STF assentou o entendimento de que a expressão "graça", empregada no art. 5º, XLIII da Constituição, corresponde ao indulto individual. A dúvida surgira por força da previsão do art. 2º, I, da

(pleno, irrestrito ou ilimitado), hipótese em que alcança todas as sanções impostas ao condenado, ou parcial (restrito ou limitado), hipótese em que ocorrerá o instituto da comutação, que implicará tão somente a redução ou substituição da sanção aplicada"[127].

O indulto coletivo "é concedido espontaneamente (de ofício) pelo Presidente da República a diversas pessoas que se encontrem em determinadas condições ou situações estabelecidas em decreto", o indulto individual ou graça "é pleiteado pelo interessado ou por quem o represente ou pelo próprio Ministério Público ou pelo Conselho Penitenciário ou por qualquer autoridade administrativa, por petição, encaminhada ao Conselho Penitenciário, para este órgão emitir o competente parecer e encaminhá-lo ao Ministério da Justiça"[128].

Em que pese a citada vedação constitucional ao indulto (art. 5º, XLIII, CF/88), discute-se a possibilidade de sua concessão no chamado "tráfico de drogas privilegiado". Previsto no art. 33, § 4º, da Lei de Drogas, representa a redução de pena do agente de 1/6 a 2/3 em razão da sua primariedade e bons antecedentes, desde que ele não se dedique a atividades criminosas, nem integre organização criminosa. O STJ tem rechaçado reiteradamente este benefício sob o argumento de que, a despeito da acentuada redução da sanção penal, "remanesce a tipicidade" do crime – e, assim, a vedação criada pelo constituinte[129].

Por outro lado, para a concessão do indulto, a Suprema Corte tem adotado exegese literal. Em informativo de jurisprudência, foi noticiado que a Primeira Turma do STF, por maioria, denegou *habeas corpus* no qual se pretendia o cômputo do período de prova cumprido em suspensão condicional da pena para o preenchimento do requisito temporal para concessão de indulto, instituído pelo Decreto 8.172/2013. No caso, o apenado permaneceu, durante o curso do processo de conhecimento, preso provisoriamente por cinco dias até obter o benefício do "*sursis* penal", que se deu na própria sentença condenatória, enquanto a defesa insistia na possibilidade de concessão do indulto, tendo em vista que o paciente cumprira um quarto do período de prova do *sursis*. A Primeira Turma, todavia, consignou que o réu não faria *jus* ao benefício do indulto porque não preencheria o requisito temporal objetivo para sua concessão, qual seja o cumprimento, em prisão provisória, de um sexto da pena ou, se reincidente, um quinto (Decreto 8.172/2013, art. 1º, XIV). Ficou vencido, na ocasião, o Ministro Marco Aurélio, que concedia a ordem. Destacava que o *sursis* penal seria uma ficção jurídica de execução da pena e que o período cumprido nesse sistema deveria ser considerado como tempo de cumprimento de pena restritiva de liberdade, para fins de concessão do indulto[130].

Está pendente de julgamento a ação direta de inconstitucionalidade[131] que questiona dispositivos do Decreto concessivo de indulto natalino de nº 9.246/2017, emitido pelo Presidente

Lei nº 8.072/90 (Lei de Crimes Hediondos), que veda a concessão de anistia, graça "e" indulto nos crimes desta natureza, o que levaria à distinção entre os dois termos. Embora haja doutrina minoritária entendendo que a CF/88 não vedou o indulto (apenas teria vedado a graça), prevalece a corrente aqui adotada.

127 MARCÃO, Renato. *Curso de execução penal*. 8. ed. São Paulo: Saraiva, 2010. p.344.

128 LIMA, Roberto Gomes; PERALLES, Ubiracyr. *Teoria e prática da execução penal*. Rio de Janeiro: Lúmen Júris, 2010. p.174.

129 STJ – HC 167.825 – Info 502.

130 STF – Informativo de Jurisprudência – HC 123381/PE – Rel. Min. Rosa Weber – julgado em: 30 set. 2014.

131 STF – Pleno – ADI 5874/DF – Rel. Min. Roberto Barroso, j. 28 a 29.11.2018 – Informativo 925, de 26 a 30.11.2018.

da República. O diploma infralegal dispõe não só sobre a concessão de indulto natalino a apenados submetidos ao regime penitenciário, mas também acerca da comutação de penas.

Duas posições se formaram.

(1) uma, minoritária que, nos termos do voto do relator, Ministro Roberto Barroso, seguida pela Ministro Edson Fachin, deliberou pela declaração de "impossibilidade da concessão de indulto a condenados por crimes de peculato, concussão, corrupção passiva, corrupção ativa, tráfico de influência, os dois votos praticados contra o Sistema Financeiro Nacional, os previstos na Lei de Licitações, os crimes de lavagem de dinheiro, os previstos na lei de organizações criminosas e associação criminosa".

Foi dito, ademais, que o Presidente da República, ao emitir do decreto de indulto, "deve se pautar por critérios rígidos e procedimentalmente complexos, de forma que sejam considerados compatíveis com o Estado Democrático de Direito, o que, segundo seu entendimento, não ocorreu no caso". Também foi enfatizada a impossibilidade de o indulto alcançar condenações ainda não definitivas e as sanções pecuniárias (multas) impostas, haja vista que o pagamento destas seria pressuposto do alcance da indulgência presidencial.

(2) outra corrente, com ampla margem de votos proferidos (seis votos dos onze Ministros), até o fechamento desta edição, seguiu a divergência aberta pelo Ministro Alexandre de Moraes para julgar constitucional o indulto concedido pelo Presidente da República. Salientou que, "apesar de restrições pessoais à política formulada, em especial quanto ao seu alcance ao crime de corrupção, não vê como se chegar a um juízo de invalidade do Decreto 9.246/2017", porquanto "o que se está aqui a discutir é a própria validade constitucional do instituto do indulto".

Art. 189. A petição do indulto, acompanhada dos documentos que a instruírem, será entregue ao Conselho Penitenciário, para a elaboração de parecer e posterior encaminhamento ao Ministério da Justiça.

1. COMENTÁRIOS

O Conselho Penitenciário tem função consultiva, devendo elaborar parecer sobre a adequação do pedido de indulto, individual e coletivo, a ele entregue, confrontando-o com os dados que tem acesso com base no acompanhamento das execuções penais e da realidade dos estabelecimentos penitenciários. Para os casos em que o próprio Conselho Penitenciário exerce a iniciativa para a concessão do indulto, deve fazer acostar à provocação o parecer, com a justificativa que respalda o pleito, encaminhando os autos ao Ministério da Justiça para processamento.

Art. 190. O Conselho Penitenciário, à vista dos autos do processo e do prontuário, promoverá as diligências que entender necessárias e fará, em relatório, a narração do ilícito penal e dos fundamentos da sentença condenatória, a exposição dos antecedentes do condenado e do procedimento deste depois da prisão, emitindo seu parecer sobre o mérito do pedido e esclarecendo qualquer formalidade ou circunstâncias omitidas na petição.

1. COMENTÁRIOS

O Conselho Penitenciário é órgão colegiado, com composição interdisciplinar (diversos profissionais, de áreas variadas). A função desse Conselho, além de provocar o indulto e a concessão de outros benefícios penais, é de ordem consultiva e fiscalizadora, emitindo parecer em pedidos de indulto e de livramento condicional, bem como inspecionando estabelecimentos penais e prestando assistência a egressos. Para bem instruir o pedido de indulto, cabe ao Conselho examinar os processos de execução penal e prontuários, bem como promover diligências, antes de relatar tudo o que descreve o art. 190, da LEP.

Art. 191. Processada no Ministério da Justiça com documentos e o relatório do Conselho Penitenciário, a petição será submetida a despacho do Presidente da República, a quem serão presentes os autos do processo ou a certidão de qualquer de suas peças, se ele o determinar.

1. COMENTÁRIOS

O procedimento para a concessão de indulto é de natureza administrativa, que deve tramitar perante o Ministério da Justiça. A petição inicial que pleiteia o indulto individual deve vir acompanhada dos documentos essenciais e de relatório do Conselho Penitenciário.

Art. 192. Concedido o indulto e anexada aos autos cópia do decreto, o Juiz declarará extinta a pena ou ajustará a execução aos termos do decreto, no caso de comutação.

1. COMENTÁRIOS

Concedido o indulto pelo Presidente da República, por decreto, caberá ao juiz proferir sentença, reconhecendo a extinção da punibilidade. Para tanto, deve ser anexada aos autos cópia do decreto. Sendo o caso de redução de pena (comutação da pena, isto é, substituição da pena por uma menor), o juiz da execução penal deve ajustar a execução aos termos do decreto.

Art. 193. Se o sentenciado for beneficiado por indulto coletivo, o Juiz, de ofício, a requerimento do interessado, do Ministério Público, ou por iniciativa do Conselho Penitenciário ou da autoridade administrativa, providenciará de acordo com o disposto no artigo anterior.

1. COMENTÁRIOS

O procedimento administrativo que é finalizado com ato que conclui pela emissão de decreto presidencial também tem lugar para a outorga de indulto coletivo. Nesse caso, a requerimento do sentenciado, pelo juiz, de ofício, a pedido do Ministério Público, ou por iniciativa do Conselho Penitenciário ou da autoridade administrativa, também será decretada a extinção da punibilidade ou adequada a execução penal aos termos do decreto quando for a hipótese de comutação de penas.

▸TÍTULO VIII – DO PROCEDIMENTO JUDICIAL

Art. 194. O procedimento correspondente às situações previstas nesta Lei será judicial, desenvolvendo-se perante o Juízo da execução.

1. COMENTÁRIOS

1.1. Considerações iniciais

A execução penal tem início com a emissão de um documento, denominado guia de recolhimento (guia de execução penal), na forma do art. 105 e seguintes, da Lei de Execução Penal. A competência para o processamento da execução penal, definitiva ou provisória, é do juízo da execução penal que, por seu turno, deve recair sobre o juízo com jurisdição sobre a administração do estabelecimento penitenciário (federal ou estadual).

Execução penal é procedimento destinado à aplicação de pena ou de medida de segurança fixada por sentença. Em regra, a execução penal não prossegue como fase subsequente ao processo penal condenatório, mas como processo autônomo. Isso equivale a dizer que os autos são reproduzidos por cópia e, desse modo, formado novo volume com as peças imprescindíveis ao acompanhamento do cumprimento da pena e da concessão de benefícios, notadamente com a guia de execução penal inclusa.

Diferentemente do processo de conhecimento (condenatório), onde pode ser encontrada situação de litisconsórcio passivo (com vários acusados com narrativa de imputação em coautoria ou participação em uma mesma denúncia ou queixa), é constituído um processo de execução por acusado, para que assim seja atendido adequadamente o princípio da individualização da pena. Em outras palavras, será formado um caderno processual para o desenvolvimento do procedimento executório da pena para cada apenado, com tantos processos de execução para quantos apenados existirem no polo passivo do único processo de conhecimento.

No processo penal, a execução penal é um novo processo com caráter jurisdicional (porque se desenvolve perante autoridade judiciária e nele são proferidas decisões fundamentadas) e administrativo (eis que também implica uma série de providências tendentes a dar condições ao cumprimento da pena ou de medida de segurança em estabelecimento adequado), com o objetivo de efetivar as disposições de sentença ou de decisão criminal e oferecer condições para a integração social do condenado e do internado.

1.2. Natureza jurídica da execução penal

Existe debate em torno da natureza jurídica do processo de execução penal, se jurisdicional ou administrativa. Embora o juiz da execução penal pratique atos eminentemente administrativos, a exemplo da expedição de guia de execução penal e da emissão de ordens à direção do estabelecimento prisional, com o controle e a fiscalização do cumprimento da pena, também exerce jurisdição, consistente na prolação de atos jurisdicionais com cunho decisório, tais como decisões sobre progressão de regime, livramento condicional, saídas temporárias, regressão de regime, indulto, anistia e extinção de punibilidade.

Diante da natureza jurídica híbrida da execução penal, pensamos que o processo executivo criminal tem natureza preponderantemente jurisdicional e, secundariamente, administrativa, mercê do desenvolvimento de atividade não-decisória em seu âmbito. Cabe anotar que a ideia tradicional de ser o processo executivo penal de índole administrativa, deve-se ao entendimento iluminista consistente em considerar autêntico julgamento só aquele decorrente da sentença de mérito (processo cognitivo condenatório), eis que nas demais decisões se entendia que o juiz não estava julgando. Esse posicionamento encontra-se ultrapassado, prevalecendo o entendimento de que o processo de execução penal tem natureza jurídica jurisdicional preponderante, conquanto tenha índole administrativa de forma residual.

Nosso entendimento encontra ressonância na doutrina majoritária, guardadas tênues diferenças de ênfases:

(1) Nucci averba que a natureza jurídica da execução penal "é, primordialmente, um processo de natureza jurisdicional, cuja finalidade é tornar efetiva a pretensão punitiva do Estado, envolvendo, ainda, atividade administrativa"[132];

(2) Ishida pontifica que no processo penal, a natureza do processo de execução é eclética, porquanto, "simultaneamente, o juiz das execuções, representando a soberania do Poder Judiciário, é acompanhado do Estado-Administração"[133];

(3) Gomes Lima e Peralles afirmam que "a natureza jurídica da execução penal é complexa, isto é, jurisdicional e administrativa"[134];

(4) Geder Gomes enfatiza que o processo de execução penal é "integralmente jurisdicionalizado", considerando que "a execução penal evoluiu da feição administrativa para a jurisdicional em conexão com a própria história da evolução da pena, dando lugar a uma mudança de postura, bem como a importantes consequências dela decorrentes"[135]; e

(5) Renato Marcão entende que "a execução penal é de natureza jurisdicional, não obstante a intensa atividade administrativa que a envolve"[136].

1.3. Autonomia do processo executivo penal

A autonomia da execução penal referida pela doutrina é predominantemente a didática. Essa conclusão é constatada na ilação de que "um ramo do Direito é autônomo quando ele possui legislação específica e autônoma disciplinando a matéria, quando ele é constitucionalizado e, finalmente, quando é disciplina regular nas Faculdades de Direito"[137].

---

132 NUCCI, Guilherme de Souza. *Manual de processo penal e execução penal*. 6. ed. São Paulo: RT, 2010. p.988.

133 ISHIDA, Válter Kenji. *Processo penal*. 2. ed. São Paulo: Atlas, 2010. p.357.

134 LIMA, Roberto Gomes; PERALLES, Ubiracyr. *Teoria e prática da execução penal*. Rio de Janeiro: Lúmen Júris, 2010. p.2.

135 GOMES, Geder Luiz Rocha. O processo de execução penal e a questão recorrente acerca da sua natureza jurídica. In: *Leituras complementares de processo penal*. Rômulo Moreira (org.). Salvador: JusPODIVM, 2008. p.247-248.

136 MARCÃO, Renato. *Curso de execução penal*. 8. ed. São Paulo: Saraiva, 2010. p.32.

137 NUNES, Adeildo. *Da execução penal*. Rio de janeiro: Forense, 2009. p.12.

Sob o enforque dinâmico, o processo de execução penal é autônomo, não tendo relação de continuidade com o processo de conhecimento criminal (ação penal condenatória). Isso equivale dizer que a relação executiva penal é diversa daquela criminal condenatória. Na prática, depois de encerrado o processo penal condenatório, os autos são arquivados e, por cópia e com a emissão da guia de execução penal, são formados outros autos, onde será desenvolvido o procedimento executivo penal de forma individualizada. Para atender à individualização e à personalização da pena, para cada condenado haverá um processo de execução penal, com autos devidamente separados.

Art. 195. O procedimento judicial iniciar-se-á de ofício, a requerimento do Ministério Público, do interessado, de quem o represente, de seu cônjuge, parente ou descendente, mediante proposta do Conselho Penitenciário, ou, ainda, da autoridade administrativa.

1. COMENTÁRIOS

1.1. Início do procedimento judicial da execução penal

Constitui requisito indispensável do processo de execução penal – também denominado de pressuposto pela doutrina especializada[138] – a existência de título executivo judicial consistente em sentença criminal condenatória (que aplica pena privativa de liberdade ou restritiva de direitos) ou sentença absolutória imprópria (que impõe medida de segurança de tratamento ambulatorial ou de internação em hospital de custódia e tratamento psiquiátrico).

É de ver que também se sujeitam à execução, a sentença que homologa transação penal nos termos da Lei nº 9.099/1995, na senda do nosso entendimento de que se cuida de sentença com natureza jurídica predominantemente condenatória, não obstante entendimento majoritário em sentido contrário afirmando sua natureza eminentemente declaratória.

Válter Ishida aviva que em certos casos, é exigida a capacidade do sujeito passivo (apenado), pelo que, na aplicação da pena, deve o executado ser imputável. Se advir doença mental superveniente, isto é, inimputabilidade no curso da execução (depois de prestada a jurisdição em sede de processo de conhecimento), será cabível converter a pena em medida de segurança. De outro ponto, a pena pecuniária passou a seguir "os mesmos parâmetros do processo civil, dependendo da solvibilidade do executado", sem possibilidade de conversão em pena privativa de liberdade pelos dias equivalentes, razão pela qual se insolvente o condenado, o processo ficará suspenso[139].

Quanto à doença mental superveniente, deve-se fazer uma distinção. Tratando-se de doença mental persistente, duradoura ou permanente, a solução é, de fato, a conversão da pena em medida de segurança, para que esta seja cumprida conforme suas regras, pelo tempo restante da pena fixada na sentença transitada em julgado[140], sem que haja possibilidade de retorno à situação anterior (execução penal, com cumprimento de pena em estabelecimento

---

138 MARCÃO, Renato. *Curso de execução penal*. 8. ed. São Paulo: Saraiva, 2010. p.31.

139 ISHIDA, Válter Kenji. *Processo penal*. 2. ed. São Paulo: Atlas, 2010. p.357.

140 STJ – Sexta Turma – HC 44.972/SP, Rel. Ministro Paulo Gallotti, julgado em 09/02/2006, DJ 08/10/2007.

prisional). De outro lado, caso se cuide de doença transitória ou de transtorno psiquiátrico episódico, deve o apenado seguir para estabelecimento hospitalar penitenciário adequado até recobrar sua higidez mental, sem necessidade de substituição da pena por medida de segurança.

1.2. Objetivos do processo de execução penal

O objetivo geral da execução penal é o de efetivar as disposições da sentença ou decisão criminal.

Ao lado desse objetivo maior, somam-se os escopos específicos de proporcionar condições para a harmônica integração social do condenado e do internado, vale dizer, a reintegração do apenado ou do submetido à medida de segurança. Em acréscimo, "a natureza retributiva da pena não busca apenas a prevenção, mas também a humanização". Na senda da teoria eclética ou mista, a execução penal também visa "punir e humanizar"[141].

Como se infere, os objetivos da execução penal coincidem, em parte, com os objetivos da pena e da medida de segurança. É levando em conta essa nuance que Nucci assevera que "a pena tem caráter multifacetado, envolvendo, necessariamente, os aspectos retributivo e preventivo, este último nos prismas positivo geral e individual, bem como negativo geral e individual". De outro lado, a medida de segurança tem o fito de "prevenir o cometimento de novos delitos e garantir a cura do autor do fato havido como infração penal, quando constatada a sua inimputabilidade ou semi-imputabilidade"[142].

Art. 196. A portaria ou petição será autuada ouvindo-se, em 3 (três) dias, o condenado e o Ministério Público, quando não figurem como requerentes da medida.

§ 1º Sendo desnecessária a produção de prova, o Juiz decidirá de plano, em igual prazo.

§ 2º Entendendo indispensável a realização de prova pericial ou oral, o Juiz a ordenará, decidindo após a produção daquela ou na audiência designada.

1. COMENTÁRIOS

1.1. Processamento da execução penal

Consoante seja a iniciativa do juízo da execução penal ou de outro legitimado, a portaria ou petição será autuada ouvindo-se, em 3 (três) dias, o condenado e o Ministério Público, quando não figurem como requerentes da medida. Os autos de execução penal são formados de cópias das peças essenciais da ação penal, tais como denúncia, sentença e acórdãos, não sendo necessária produção de prova, pelo que o juiz proferirá decisão de plano, em igual prazo, determinando a emissão de guia de execução penal.

No entanto, o juiz pode verificar a necessidade de realização de prova pericial, reputando sua indispensabilidade, devendo, em tal caso, ordenar sua produção e/ou realização de

141 MARCÃO, Renato. *Curso de execução penal*. 8. ed. São Paulo: Saraiva, 2010. p.31-32.

142 NUCCI, Guilherme de Souza. *Manual de processo penal e execução penal*. 6. ed. São Paulo: RT, 2010. p.990-991.

audiência e, após, proferir decisão. Pode acontecer situação que indique que o apenado já cumpriu parte da pena (detração) ou faz jus à remição, sendo necessário dirimir a dúvida antes da emissão da guia de execução penal ou, se já expedida esta, retificá-la para o adequado cumprimento da pena.

1.2. Execução provisória da pena

A execução provisória da pena se fundamenta na ideia de que depois de prolatada a sentença condenatória, já preclusa ao MP, se impõe a prisão decorrente da condenação.

Sobre o tema, Afrânio Silva Jardim, em estudo já clássico, defende que "a prisão em decorrência de sentença penal condenatória recorrível não apresenta características essenciais às medidas cautelares", sendo, na realidade, "efeito da sentença condenatória que aprecia o mérito da pretensão punitiva", com "indisfarçável natureza de tutela satisfativa, ainda que submetida a condição resolutiva". Com essa conclusão, o autor sublinha que "o reconhecimento da natureza de execução provisória à prisão em decorrência de sentença condenatória recorrível permite ao réu se beneficiar dos direitos outorgados pela Lei de Execução Penal, mesmo antes da apreciação do seu recurso"[143].

O STF oscilou de entendimento sobre a matéria.

Em um momento, a Suprema Corte decidiu pela inconstitucionalidade da execução provisória da pena, entendendo só possível a prisão antes do trânsito em julgado com esteio no princípio da necessidade (feição cautelar), expurgando do ordenamento jurídico a possibilidade de se ter aquele instituto, embora seja possível a emissão de guia de recolhimento para fins de concessão de benefícios próprios de condenado com trânsito em julgado, nos termos da Lei de Execução Penal, com a cautela de não ofender o princípio da presunção de inocência, eis que só admitida prisão se presentes os requisitos da prisão preventiva (art. 312, CPP). Assim, são assegurados os benefícios da LEP ao condenado por sentença recorrível, consoante, aliás, preconiza o verbete de nº 716, da súmula da Suprema Corte, que pontifica a admissibilidade de progressão de regime de cumprimento da pena ou de aplicação imediata de regime menos severo nela determinada, antes do trânsito em julgado da sentença condenatória.

Pensamos que o STF quis vivificar a vedação de execução provisória da pena pela simples existência de sentença condenatória ou mesmo pela interposição de recurso extraordinário ou especial sem efeito suspensivo, já que o sistema requer que toda prisão antes do trânsito em julgado seja de natureza cautelar, com base na necessidade. Daí que a regra é a impossibilidade de execução provisória da pena, sem prejuízo de incidência dos dispositivos da lei de execução penal benéficos ao acusado quando existente prisão cautelar (provisória) e sentença condenatória recorrível, com a emissão de guia de recolhimento penal.

Essa era a tendência da Suprema Corte que reiteradamente afirmava "o entendimento de que a execução provisória da pena, ausente a justificativa da segregação cautelar, fere o princípio da presunção de inocência"[144]. Ou seja, há possibilidade de execução provisória da pena, de forma precária e porque mais favorável ao acusado, desde que a prisão seja lastreada

143 JARDIM, Afrânio Silva. *Direito processual penal*. 11. ed. Rio de Janeiro: Forense, 2002. p.277.

144 STF – Primeira Turma – HC 99717 – Rel. Min. Ricardo Lewandowski – DJ 24/11/2010.

na necessidade regulada pelo art. 312, CPP (segregação cautelar), cuidando assim para não ofender a presunção de inocência.

Renato Marcão, por seu turno, chama atenção que o art. 2º, da Lei de Execução Penal, dispõe que ela se aplica de maneira igual ao preso provisório, mencionando o enunciado nº 717, da súmula do STF, que aduz que "nada impede a progressão de regime de execução de pena, fixada em sentença não transitada em julgado, o fato de o réu se encontrar em prisão especial". Ademais, "por ser execução provisória" (de benefício), destaca o autor, "não há falar em violação de norma constitucional por quebra da presunção de inocência"[145].

Com a nova composição do STF, o seu órgão Pleno deliberou, por maioria, pelo cabimento de execução provisória de pena após confirmação da condenação penal por tribunal, em segundo julgamento. Inicialmente tal julgado teve efeito não vinculante e *inter partes*[146]. Essa decisão seguiu direção oposta à orientação antes firmada, que somente admitia a prisão provisória, ainda que lastreada em condenação não transitada em julgado, quando presente o requisito da cautelaridade, ou seja, quando indispensável, nos termos do art. 312, do CPP. A decisão foi objeto de divergências entre os ministros, com o desfecho de reconhecimento de repercussão geral, para que produza efeitos gerais (ARE 964.246)[147]. O STF reconheceu a reafirmação de sua jurisprudência nesse sentido, reputando que a execução provisória de pena não ofende o princípio constitucional da presunção de inocência, nem fere o art. 283, do CPP. Discordamos do posicionamento da Suprema Corte.

Mais recentemente, o STF negou *habeas corpus* impetrado em favor de ex-Presidente da República. A votação foi objeto de séria controvérsia, jurisprudencial e doutrinária[148]. Por seis votos a cinco, a Suprema Corte autorizou a prisão do paciente para o fim de se iniciar o cumprimento da pena, pelo fato da condenação ter sido confirmada em segunda instância. A nosso ver, além de violar o postulado de que ninguém pode ser considerado culpado senão depois do trânsito em julgado da sentença penal condenatória, o STF deveria ter enfrentado o teor do art. 283, do Código de processo Penal, que somente autoriza prisão antes do trânsito em julgado se a título cautelar (art. 312, do CPP), não sendo admissível que a prisão decorra simplesmente da condenação ainda recorrível.

145 MARCÃO, Renato. *Curso de execução penal*. 8. ed. São Paulo: Saraiva, 2010. p.148-149.

146 STF. Informativo nº 814, de fevereiro de 2016 (Pleno – HC 126292/SP – Rel. Min. Teori Zavascki – 17/02/2016).

147 Cuidou-se de decisão tomada em "Plenário virtual", no ARE 964.246: "O Tribunal, por unanimidade, reputou constitucional a questão. O Tribunal, por unanimidade, reconheceu a existência de repercussão geral da questão constitucional suscitada. No mérito, por maioria, reafirmou a jurisprudência dominante sobre a matéria, vencidos os Ministros Celso de Mello, Dias Toffoli, Marco Aurélio e Ricardo Lewandowski. Não se manifestou a Ministra Rosa Weber".

148. STF – Pleno – HC 152.752/PR – Rel. Min. Edson Fachin – j. 5/4/2018. Segundo se noticiou no site do STF, "ao votar pelo indeferimento do HC, o ministro Edson Fachin ressaltou que deve haver estabilidade e respeito ao entendimento dos tribunais e que, no caso da execução provisória da pena, não houve até o momento revisão da jurisprudência em sede de controle concentrado. Para Fachin, eventual alteração do entendimento sobre a matéria só pode ocorrer no julgamento de mérito das Ações Declaratórias de Constitucionalidade (ADCs) 43 e 44. Até lá, não se pode se dizer que há ilegalidade na decisão do STJ que negou HC preventivo do ex-presidente" (BRASIL. STF. *STF nega 'habeas corpus' preventivo ao ex-presidente Lula*. Disponível em: <http://www.stf.jus.br/portal/cms/verNoticiaDetalhe.asp?idConteudo=374437>. Acesso em: 15 abr. 2018)

2. SÚMULAS E JURISPRUDÊNCIA

- **Súmula 716, STF:** Admite-se a progressão de regime de cumprimento da pena ou a aplicação imediata de regime menos severo nela determinada, antes do trânsito em julgado da sentença condenatória.
- **Súmula 717, STF:** Não impede a progressão de regime de execução da pena, fixada em sentença não transitada em julgado, o fato de o réu se encontrar em prisão especial.

3. QUESTÕES DE CONCURSOS

1. **(MPE-PR/Promotor de Justiça/2019 – adaptada)** Admite-se a progressão de regime de cumprimento da pena ou a aplicação imediata de regime menos severo nela determinada, antes do trânsito em julgado da sentença condenatória.

GAB	1
	C

Art. 197. Das decisões proferidas pelo Juiz caberá recurso de agravo, sem efeito suspensivo.

1. COMENTÁRIOS

1.1. Definição e formas de interposição do agravo de execução penal

O agravo em execução é o recurso cabível contra atos judiciais que decidem incidentes no processo de execução penal, tais como os de deferimento ou indeferimento de livramento condicional, de progressão de regime, de indulto, de graça, de anistia, de saída temporária de apenado e de extinção de punibilidade.

No dizer de Denílson Feitoza, "é um recurso *pro et contra*, ou seja, deferindo ou indeferindo um pedido, na fase de execução da pena ou da medida de segurança, ou mesmo decidindo de ofício, cabe o agravo"[149]. O agravo em execução é interposto das decisões prolatadas na execução penal, significando dizer que serão decisões emitidas depois de transitada em julgado sentença condenatória ou absolutória imprópria (que aplica medida de segurança, embora julgue improcedente a pretensão punitiva estatal).

É o artigo 197, da Lei nº 7.210/1984, que traz o contorno geral desse recurso, no âmbito do processo de execução penal, dispondo que das decisões proferidas pelo juiz das execuções penais, que causem prejuízo à acusação ou à defesa, "caberá recurso de agravo, sem efeito suspensivo". A matéria foi uniformizada com a previsão de um recurso geral e amplo para combate das decisões do juízo das execuções, simplificando a questão recursal nesta etapa.

Dessa maneira, não é mais admissível a utilização de outros recursos diversos do agravo em execução na fase de cumprimento da pena, a exemplo do recurso em sentido estrito, cujas hipóteses de cabimento contra decisões incidentes no processo de execução penal estão revogadas.

O agravo de execução deve ser interposto por petição ou por termo nos autos, no prazo de cinco dias (súmula nº 700, STF). É recomendável que a petição ou o termo nos autos

149 FEITOZA, Denilson. *Direito processual penal*: teoria, crítica e práxis. Impetus: Niterói, 2009. p.1215.

venham acompanhados das razões recursais, especialmente em virtude da divergência doutrinária relativamente à aplicação das normas do recurso em sentido estrito (art. 581, CPP) ou do agravo de instrumento do CPC/2015 (arts. 1.015 a 1.020).

Pensamos, como veremos adiante, que, quanto ao agravo em execução penal, melhor é a aplicação do rito do recurso em sentido estrito (art. 581 e seguintes, do CPP).

Desse modo, havendo interposição sem as razões recursais, o juiz deve adotar o rito do recurso em sentido estrito, intimando o agravante para oferecê-las em dois dias (art. 588, CPP) e, seguidamente, o agravado, em igual prazo.

É garantida assim a possibilidade da parte que tenha sofrido gravame ver reexaminada a decisão do juiz do processo de execução penal, mediante juízo de retratação ou de sustentação.

A legitimidade para a interposição é do Ministério Público ou da defesa. A vítima, segundo o entendimento dominante, não é parte no processo de execução penal, nem tem interesse em nele intervir.

Sem embargo, é reconhecida ao executado capacidade postulatória no processo de execução penal, ou seja, mesmo que sem advogado constituído ou nomeado, este poderá interpor o agravo ainda que desacompanhado de advogado, conquanto deva o juiz, de imediato, providenciar que o sentenciado escolha um profissional ou, não o fazendo, encaminhe o apenado à Defensoria Pública ou mesmo nomeie defensor dativo.

1.2. Hipóteses de cabimento e efeitos recursais

O recurso de agravo em execução será admitido contra toda e qualquer decisão proferida pelo juiz no processo de execução penal, tais como:

(1) decisão que defere ou indefere livramento condicional;

(2) decisão que concede ou nega prisão albergue domiciliar, imposta em substituição à prisão-pena a ser cumprida em estabelecimento penitenciário (no curso da execução penal);

(3) sentença que declara extinta a punibilidade pelo cumprimento da pena ou pelo reconhecimento de prescrição da pretensão executória;

(4) decisão que defere ou indefere progressão de regime;

(5) decisão que reconhece indulto;

(6) decisão que autoriza saída temporária de apenado durante festividades natalinas, da semana santa ou da semana da pátria;

(7) decisão que converte a pena em medida de segurança;

(8) decisão que unifica as penas aplicadas em processos condenatórios distintos; e

(9) decisão que revogar medida de segurança.

O agravo em execução é de ser recebido só no efeito devolutivo. Não tem ele efeito suspensivo. Para que tal efeito seja atribuído, é preciso que haja decisão expressa do juiz *a quo*, devidamente fundamentada. O efeito regressivo, todavia, tem cabimento, podendo o magistrado se retratar da decisão antes proferida.

Como o agravo em execução não tem efeito suspensivo (art. 197, LEP), não é plausível entender que tem incidência o art. 584, CPP, que preconiza esse efeito para o anteriormente cabível recurso em sentido estrito contra decisão de concessão de livramento condicional.

Também não encontra respaldo a aplicação, sem fundamentação plausível, das regras do Código de Processo Penal sobre recurso em sentido estrito tendente a legitimar o efeito suspensivo ao agravo em execução contra as decisões que determinam a desinternação ou a liberação de pessoa submetida à medida de segurança.

Sobre a inexistência de efeito suspensivo de forma ampla no recurso de agravo em execução, Sergio Demoro Hamilton entende equivocada a opção do legislador adotada no art. 197 da Lei de Execução Penal. Para o autor, a opção errônea da lei decorre do fato de que no caso da execução penal o acusado "tem contra si uma sentença condenatória transitada em julgado", sustentando que, "em algumas hipóteses, o recurso do Ministério Público devesse merecer efeito suspensivo"[150].

1.3. Rito e julgamento do agravo em execução

Há divergências doutrinárias sobre o rito a ser seguido para o agravo em execução. Guilherme de Souza Nucci noticia que foi utilizado, "no passado, majoritariamente, o rito do agravo do instrumento do Código de Processo Civil". No entanto, com as modificações realizadas a partir da Lei nº 9.139/1995, a prática forense "recuou no seu entendimento anterior, passando a adotar – o que predomina hoje – o rito do recurso em sentido estrito para regular o agravo em execução criminal"[151].

Sem embargo, o rito do recurso em sentido estrito deve ser adotado com as cautelas de não se estender ao agravo em execução penal, providências com ele incompatíveis, em razão das peculiaridades da fase executória.

Uma vez ouvido o agravado, o juiz de primeiro grau proferirá despacho sustentando sua decisão ou a reformando, vale dizer, o magistrado das execuções penais exercerá juízo de retratação ou de sustentação. Se houver retratação, a parte prejudicada pela modificação da decisão, poderá recorrer por simples petição, sem necessidade de novas razões (art. 589, parágrafo único, CPP).

No tribunal, os autos serão distribuídos a um relator. Não há a figura do revisor em agravo em execução. Deve ser observado o que foi dito para o processamento e o julgamento do recurso em sentido estrito, sendo, pois, aplicáveis ao agravo em execução as disposições que não conflitarem com sua essência (artigos 582 a 592 e 609 a 618, CPP).

2. SÚMULAS E JURISPRUDÊNCIA

- **Súmula 700, STF:** É de cinco dias o prazo para interposição de agravo contra decisão do juiz da execução penal.

150 HAMILTON, Sergio Demoro. *Estudos de processo penal*: 3ª Série. Rio de Janeiro: Lumen Juris, 2007. p.173-176.

151 NUCCI, Guilherme de Souza. *Manual de processo penal e execução penal*. 3. ed. São Paulo: RT, 2007. P.882-884.

3. QUESTÕES DE CONCURSOS

1. **(VUNESP/TJ-MT/Juiz de Direito/2018 – adaptada)** A decisão que indefere ou defere progressão de regime prisional é passível de recurso em sentido estrito.

GAB	1
	E

▸TÍTULO IX – DAS DISPOSIÇÕES FINAIS E TRANSITÓRIAS

Art. 198. É defesa ao integrante dos órgãos da execução penal, e ao servidor, a divulgação de ocorrência que perturbe a segurança e a disciplina dos estabelecimentos, bem como exponha o preso à inconveniente notoriedade, durante o cumprimento da pena.

1. COMENTÁRIOS

O dispositivo é fonte de tríplice norma jurídica, instituindo proibições, cujos destinatários daqueles deveres jurídicos são: (1) o integrante dos órgãos da execução penal; e (2) o servidor. Vale dizer, aos funcionários envolvidos na administração da execução penal, sejam eles efetivos, comissionados, contratados, prestadores de serviços ou terceirizados.

A regra impõe a vedação à divulgação de ocorrência que: (a) perturbe a segurança dos estabelecimentos; (b) perturbe a disciplina prisional ou de internação; e (c) exponha o preso e o internado à inconveniente notoriedade, no curso do cumprimento de pena ou de medida de segurança. Veja-se que, apesar da omissão do texto quanto àqueles deveres relativamente aos estabelecimentos de internação, aos internados e às medidas de segurança, o princípio isonômico recomenda que o direito fundamental seja estendido também a esses.

Entendemos que o conceito de servidor deve ser entendido de maneira ampla, sendo colmatado com o de funcionário público, descrito no art. 327, *caput* e § 1º, do Código Penal. Nos seus termos, "considera-se funcionário público, para os efeitos penais, quem, embora transitoriamente ou sem remuneração, exerce cargo, emprego ou função pública", assim como "equipara-se a funcionário público quem exerce cargo, emprego ou função em entidade paraestatal, e quem trabalha para empresa prestadora de serviço contratada ou conveniada para a execução de atividade típica da Administração Pública".

Art. 199. O emprego de algemas será disciplinado por decreto federal.

1. COMENTÁRIOS

O uso de algemas deve ser arrimado em critério de necessidade (subprincípio estruturador do princípio da proporcionalidade. Maria Elizabeth Queijo leciona que "a contenção física de alguém, por meio de algemas, quando houver resistência, perigo de fuga, ameaça à vida ou à integridade física de terceiros". Esse perigo de fuga não deve ser presumido. Antes deve ele ser objeto de apuração objetiva, "a partir de informações que constem de registros policiais, judiciais ou mesmo do estabelecimento prisional"[152].

152 QUEIJO, Maria Elizabeth. *Estudos em processo penal.* São Paulo: Siciliano Jurídico, 2004. p.20.

O art. 199, da LEP, remete a disciplina do uso de algemas a decreto federal. Depois de mais de vinte anos sem o atendimento de tal regulamentação, foi emitido o Decreto nº 8.858/2016, que expressamente regulamentou o enunciado sob comento. Em seu art. 1º, anunciou as diretrizes acerca do uso de algemas, especialmente:

(1) o inciso III, do *caput*, do art. 1º, e o inciso III, do *caput*, do art. 5º, da CF/1988, que dispõem sobre a proteção e a promoção da dignidade da pessoa humana e sobre a proibição de submissão ao tratamento desumano e degradante;

(2) a Resolução nº 2.010/2016, de 22 de julho de 2010, das Nações Unidas, sobre o tratamento de mulheres presas e medidas não privativas de liberdade para mulheres infratoras (Regras de Bangkok); e

(3) o Pacto de San José da Costa Rica, que determina o tratamento humanitário dos presos e, em especial, das mulheres em condição de vulnerabilidade.

No art. 2º, do aludido Decreto regulamentador, ficou estatuído que o emprego de algemas apenas é permitido "em casos de resistência e de fundado receio de fuga ou de perigo à integridade física própria ou alheia, causado pelo preso ou por terceiros, justificada a sua excepcionalidade por escrito". E, em arremate, o seu art. 3º, estabeleceu que ser proibido o emprego de algemas em mulheres presas em qualquer unidade do sistema penitenciário nacional durante o trabalho de parto, no trajeto da parturiente entre a unidade prisional e a unidade hospitalar e após o parto, durante o período em que se encontrar hospitalizada".

Como se depreende, permanece válida a advertência de que as algemas somente são autorizadas quando estritamente necessárias pelas circunstâncias, não podendo simbolizar verdadeiras **pulseiras de prata** para desmoralizar aqueles que são presos, principalmente quando em trânsito perante as câmeras ou nas audiências, dando ensejo à caracterização do abuso de autoridade.

Sobre o uso de algemas, foi editada a Súmula Vinculante nº 11, no intuito de refrear eventuais abusos. Nos termos de seu enunciado, "só é lícito o uso de algemas em caso de resistência e de fundado receio de fuga ou de perigo à integridade física própria ou alheia, por parte do preso ou de terceiros, justificada a excepcionalidade por escrito, sob pena de responsabilidade disciplinar civil e penal do agente ou da autoridade e de nulidade da prisão ou do ato processual a que se refere, sem prejuízo da responsabilidade civil do Estado".

Antes mesmo da edição da Lei de Execução Penal e da Súmula Vinculante nº 11, do STF, o Código de Processo Penal Militar, em seu art. 234, já continha previsão sobre o assunto, dispondo que "o emprego de força só é permitido quando indispensável, no caso de desobediência, resistência ou tentativa de fuga", podendo ser usados, se houver resistência da parte de terceiros, "os meios necessários para vencê-la ou para defesa do executor e auxiliares seus, inclusive a prisão do ofensor", lavrando-se, de tudo, auto subscrito pelo executor e por duas testemunhas" (*caput*). Mais especificamente, no parágrafo primeiro daquele dispositivo, está dito que "o emprego de algemas deve ser evitado, desde que não haja perigo de fuga ou de agressão da parte do preso, e de modo algum será permitido, nos presos a que se refere o art. 242".

Já quanto ao uso de grilhões, ou seja, peças metálicas para prender os tornozelos, estes se revelam nitidamente desproporcionais, sendo sua utilização injustificada. De outra vertente, cabe registrar que a Lei nº 13.060/2014 passou a regular o uso do que denomina de "instrumentos de menor potencial ofensivo", cujo uso deve ser norteado pelo critério da necessidade (proporcionalidade). Trata-se de meios ofensivos de menor letalidade, que causam menor lesão à pessoa contra qual se dirigem. São instrumentos diversos da arma de fogo, tais como as próprias algemas, o gás lacrimogêneo, as bombas de efeito moral, os disparos com *paintball* ou com festim, escudos, cassetetes, dentre outros equipamentos e armas que representem menor potencial de lesividade à integridade do agente de delito.

2. SÚMULAS E JURISPRUDÊNCIA

- **Súmula Vinculante nº 11:** Só é lícito o uso de algemas em casos de resistência e de fundado receio de fuga ou de perigo à integridade física própria ou alheia, por parte do preso ou de terceiros, justificada a excepcionalidade por escrito, sob pena de responsabilidade disciplinar, civil e penal do agente ou da autoridade e de nulidade da prisão ou do ato processual a que se refere, sem prejuízo da responsabilidade civil do Estado.

Art. 200. O condenado por crime político não está obrigado ao trabalho.

1. COMENTÁRIOS

A Constituição de 1988 reza que não haverá penas de trabalhos forçados, abrangendo qualquer espécie de condenado, seja ele por crime político ou não (art. 5º, XLVII, "c"). Trabalho forçado é conceito diferente do de trabalho obrigatório. Ambos se situam no espaço de liberdade inerente ao ser humano. A distinção está no modo vedado pelo ordenamento jurídico (proibição de trabalho forçado, entendido como inútil e, por assim dizer, violador do núcleo intangível da pessoa) ou no modo obrigatório (que pode ser acompanhado de sanção para os que não atendam à previsão normativa).

A Lei de Execução Penal prevê o dever do apenado de executar o trabalho, em seu art. 39, V. Desatender esse dever pode caracterizar falta grave, tipificada expressamente tanto em relação ao condenado que cumpre pena privativa de liberdade, como em face do que cumpre pena restritiva de direitos. A gravidade da falta decorre do propósito preventivo especial, ressocializador, adotado por esse diploma legal, que aviva que "o trabalho do condenado, como dever social e condição de dignidade humana, terá finalidade educativa e produtiva" (art. 28, LEP). Nesse diapasão, a obrigação ao trabalho é bem distinta do trabalho forçado. O preso permanece com a liberdade de não se submeter ao trabalho obrigatório, embora essa falta possa lhe render consequências, conforme se apurar em procedimento administrativo contraditório.

Tratando-se, todavia, de condenado por crime político, ele não estará obrigado ao trabalho, sendo, relativamente a ele facultativo. Isto é, caso não se submeta ao trabalho, não haverá qualquer falta disciplinar, nenhuma limitação a direito a ele poderá ocorrer. Por outro lado, desejando trabalhar, o condenado por crime político fará jus aos benefícios daí decorrentes, a exemplo da remição da pena.

Para entender a razão do preceito do art. 200, da LEP, devemos partir do conceito de "crime político", que indica fato imputado a alguém que, por conta do propósito de sua conduta, o classifica como pessoa submetida a regime jurídico específico, com incidência de institutos como o de asilo político ou de noções como o de perseguido político, em virtude da interpretação dada à conduta frente a uma determinada ordem política fundamental de um país.

No Brasil, o período conhecido por "Ditadura Militar"[153], a partir de 1964, caracterizou-se pela edição de atos Institucionais, com conteúdos restritivos a direitos fundamentais. Fatos ocorridos nesse tempo foram descritos como "crimes políticos" em sentido estrito. Há notícias de delitos de tortura, dentre outros que violaram gravemente direitos humanos.

Crime político é conceito aberto, vago, indeterminado. O Supremo Tribunal Federal firmou quanto à noção dessa espécie de delito o caráter "relativo". Com efeito, crime político pode ser definido de maneira mais aberta ou mais restrita. Em julgado que versou sobre o conceito, a Corte Suprema brasileira anotou ser "da essência da criminalidade política a pertinência dos bens e valores tutelados pelas normas da incriminação que a compõe, em cada sistema jurídico nacional, a identidade e ao ordenamento político do Estado respectivo. Por isso, sob a ótica da ordem jurídica brasileira, um fato submetido a sua jurisdição e que, sob a perspectiva de um ordenamento estrangeiro, configure crime político, não terá aqui a mesma qualificação jurídica, salvo se simultaneamente ofender ou ameaçar a segurança ou a ordem político-social brasileiras"[154].

Como se depreende, não é qualquer "motivação política" que torna um crime "político" em seu sentido estrito. Ivan Luís Marques põe luz sobre as espécies do gênero "crime político", citando Aníbal Bruno. Crime político pode ser puro ou relativo. O crime político puro afeta ou ameaça, de forma direta ou indireta, a ordem política de um país. Vale dizer, tem assento exclusivo no caráter político. Já o crime político relativo é o que, a um só instante, ofende um direito político e um bem jurídico tutelado pelo direito penal comum, sendo por isso complexo. É o crime político que coexiste com um crime comum, em relação de conexão[155].

O condenado por crime político pessoa é pessoa cuja conduta foi regida por disposições especiais, seja por conta do período, seja por conta da situação que se insere. As idiossincrasias envolvidas, seja quanto aos motivos do delito, seja quanto a disciplina legal específica, recomendam a necessidade do enunciado do art. 200, da LEP. Trata-se de disposição com forte propósito humanitário.

Art. 201. Na falta de estabelecimento adequado, o cumprimento da prisão civil e da prisão administrativa se efetivará em seção especial da Cadeia Pública.

---

153 Conforme reportagem de Wellington Soares: "Políticos, como o então governador da Guanabara Carlos Lacerda (1914-1977) e até a imprensa também foram forças que atuaram para criar as condições necessárias ao golpe. Discursos inflamados de Lacerda e editoriais publicados em grandes jornais são exemplos de como essas instituições contribuíram. Recentemente, o jornal O Globo publicou um texto em que admitia que o apoio dado ao golpe teria sido um erro. Analisar esse material pode ajudar a entender o período". Disponível em: <http://revistaescola.abril.com.br/ditadura-militar>. Acesso em: 21 ago 2014.

154 STF – Pleno – RE 160841 – Rel. Min. Sepúlveda Pertence. Disponível em: <http://columbo2.cjf.jus.br/juris/unificada/Resposta>. Acesso em: 22 ago 2014.

155 MARQUES, Ivan Luís. O princípio da imprescritibilidade dos crimes contra a humanidade e sua aplicação no Brasil. In: *Crimes da ditadura militar*: uma análise à luz da jurisprudência atual da Corte Interamericana de Direitos Humanos. Luiz Flávio Gomes; Valério de Oliveira Mazzuoli (orgs.). São Paulo: Revista dos Tribunais, 2011. p.145.

1. COMENTÁRIOS

A menção à prisão administrativa se encontra desprovida de eficácia. Isso porque foi ela revogada expressamente pela Lei 12.403/2011, que modificou o art. 319, do Código de Processo Penal. Aliás, após a Constituição de 1988, a doutrina passou a apontar que os dispositivos que cuidavam da prisão administrativa não teriam sido recepcionados pela Lei Maior. Só permanece no sistema a prisão disciplinar do militar, cumprida em estabelecimento militar não prisional (quartel), que, apesar de ter natureza administrativa, não se confunde com a prisão administrativa que era regulada pela legislação processual penal.

Quanto ao cumprimento da prisão civil, que pode ser imposta exclusivamente ao devedor de alimentos, o legislador exige que não se dê em unidade destinada aos presos criminais: (1) não deve ser cumprida em estabelecimento penal destinado a presos definitivos (penitenciárias); (2) o preso civil deve ser recolhido em presídio destinado a presos provisórios (cadeia pública), porém em unidade celular separada dos demais (seção especial).

Art. 202. Cumprida ou extinta a pena, não constarão da folha corrida, atestados ou certidões fornecidas por autoridade policial ou por auxiliares da Justiça, qualquer notícia ou referência à condenação, salvo para instruir processo pela prática de nova infração penal ou outros casos expressos em lei.

1. COMENTÁRIOS

A previsão do art. 202, da LEP, visa criar condições para que o apenado possa ser reintegrado à comunidade, eliminando menções à condenação que, se consignadas, podem dificultar o acesso a direitos de cidadania. Sendo o processo penal, por natureza, estigmatizante, os efeitos da condenação somente devem perdurar durante o tempo de pena, não subsistindo quando cumprida ou extinta a sanção.

O parágrafo único, do art. 20, do CPP, com redação dada pela Lei nº 12.681/2012, estabelece, de maneira semelhante, que "nos atestados de antecedentes que lhe forem solicitados, a autoridade policial não poderá mencionar quaisquer anotações referentes a instauração de inquérito contra os requerentes". Para assegurar que esse direito do egresso do sistema prisional seja respeitado de forma plena, o ordenamento jurídico prevê a ação de reabilitação, a ser ajuizada, perante o juízo designado como competente pelas leis de organização judiciária (juízo da execução, como regra), depois de decorrido o prazo de dois anos da extinção da pena ou terminada sua execução (arts. 93 a 95, CP; e arts. 743 a 750, CPP).

Nos termos do art. 93, do Código Penal, a reabilitação alcança quaisquer penas aplicadas em sentença definitiva, assegurando ao condenado o sigilo dos registros sobre o seu processo e condenação. O direito do egresso ao sigilo sobre a folha corrida, atestados ou certidões de antecedentes criminais só não pode ser oposto contra requisições judiciais, notadamente para instruir processo pela prática de nova infração penal ou consoante dispuser a legislação em vigor.

Se direito gizado no art. 202, da LEP, não for garantido espontaneamente pelas autoridades[156], o egresso terá a seu dispor a ação de reabilitação, após decorrido o lapso de dois

156 Infelizmente, o direito ao sigilo previsto no art. 202, da LEP, nem sempre é respeitado automaticamente, como noticia estudo específico: "de maneira teórica, o caráter instantâneo do artigo 202 da LEP acaba quando se

anos da finalização da pena (art. 94, CP). A ação de reabilitação tem fito mais amplo que o preconizado pelo art. 202, da Lei de Execução Penal, eis que poderá também atingir outros efeitos da condenação, restabelecendo, por exemplo, o pátrio poder e a habilitação para dirigir (art. 92, CP), sendo, contudo, vedada a reintegração em cargo ou função que haja perdido em virtude da condenação penal.

Como se infere, cuida-se de direito que o egresso tem ao esquecimento, isto é, tem-se o objetivo de salvaguardar a imagem da pessoa que cumpriu pena contra preconceitos, violações da vida privada, viabilizando o retorno ao convívio com a sociedade e o exercício pleno da cidadania[157].

2. QUESTÕES DE CONCURSOS

1. **(VUNESP/DPE-MS/Defensor Público/2014)** Regra estabelecida pelo art. 202 da Lei de Execução Penal: salvo para instruir processo pela prática de nova infração, as anotações referentes à condenação não constarão da folha corrida, de atestados ou certidões a partir:

a) do cumprimento ou extinção da pena.

b) de 5 (cinco) anos contados da extinção da pena.

c) de julgado procedente o incidente de reabilitação.

d) do início do cumprimento da pena em regime aberto.

GAB	1
	A

Art. 203. No prazo de 6 (seis) meses, a contar da publicação desta Lei, serão editadas as normas complementares ou regulamentares, necessárias à eficácia dos dispositivos não auto-aplicáveis.

§ 1º Dentro do mesmo prazo deverão as Unidades Federativas, em convênio com o Ministério da Justiça, projetar a adaptação, construção e equipamento de estabelecimentos e serviços penais previstos nesta Lei.

§ 2º Também, no mesmo prazo, deverá ser providenciada a aquisição ou desapropriação de prédios para instalação de casas de albergados.

§ 3º O prazo a que se refere o caput deste artigo poderá ser ampliado, por ato do Conselho Nacional de Política Criminal e Penitenciária, mediante justificada solicitação, instruída com os projetos de reforma ou de construção de estabelecimentos.

§ 4º O descumprimento injustificado dos deveres estabelecidos para as Unidades Federativas implicará na suspensão de qualquer ajuda financeira a elas destinada pela União, para atender às despesas de execução das penas e medidas de segurança.

---

trata de efetividade prática, não tendo a eficácia descrita. Muitas vezes o sigilo demora a acontecer, e mesmo quando isso ocorre, ainda há casos de acesso a essas informações ocultas por ente que não diz respeito ao âmbito judiciário. [...] Entendemos que artigo 202 da LEP, sendo ela uma Lei Especial, não só prevalece sobre o Código Penal, como também é uma lei mais benéfica ao acusado *'Novatio Legis in Mellius'*, que tem seu respaldo pelo artigo 5º, XL da CF. Porém vale ressaltar que a LEP não revogou o instituto da reabilitação por completo, ele apenas dá a garantia - à pessoa que já teve sua pena cumprida - de que não constarão em registros e folhas corridas a sua condenação e para tal não seria necessário preencher os requisitos da reabilitação do artigo 94 do CP" (CASTRO, Werbevan; PENTEADO, Camila. Entendendo a reabilitação criminal: resumo e projeto de artigo sobre a reabilitação criminal. *Jusbrasil*. Disponível em: <https://werbevan.jusbrasil.com.br/artigos/117361978/entendendo-a-reabilitacao-criminal >. Acesso em: 12 abr. 2017).

157 SANTOS, Raphael Alves. O direito ao esquecimento dos condenados. *Direitonet*. Disponível em: <http://www.direitonet.com.br/artigos/exibir/5781/O-direito-ao-esquecimento-dos-condenados>. Acesso em: 12 abr. 2017.

1. COMENTÁRIOS

O art. 203, *caput*, da LEP, prevê prazo de seis meses, para que ocorra a operatividade dos seus dispositivos que dependam de complementação regulamentar. Nesse mesmo prazo, devem ser construídos ou instalados prédios, bem como tomadas as providências necessárias para que a Lei de Execução Penal Possa ser aplicada. Aquele prazo, aliás, tem previsão de prorrogação, por ato do Conselho Nacional de Política Criminal e Penitenciária, mediante solicitação justificada.

O enunciado do art. 203, *caput*, da LEP, refere a artigos não autoaplicáveis. Entendemos, todavia, que o preceito deve receber leitura compatível com a natureza dos direitos humanos fundamentais de primeira geração, destinados a escudar o direito de liberdade do indivíduo relativamente ao poder do Estado. Desse modo, a alusão a dispositivo dependente de regulamentação não deve ser óbice ao exercício de direitos fundamentais.

Para a efetividade desses direitos, eventualmente denegados por ato ou omissão do Estado, o titular tem ações hauridas da Constituição, especialmente, o mandado de injunção, previsto no inciso LXXI, do seu art. 5º. A Lei nº 11.300/2016, a propósito, disciplinou o processo e o julgamento dos mandados de injunção individual e coletivo, cabíveis sempre que a falta total ou parcial de norma regulamentadora torne inviável o exercício dos direitos e liberdades constitucionais e das prerrogativas inerentes à nacionalidade, à soberania e à cidadania. Considerando o contexto coletivo dos presos e internados, o mandado de injunção é demanda que pode suprir limitações indevidas a direitos individuais constitutivos do núcleo mínimo do cidadão, bem como a liberdades constitucionais fundamentais.

A não aplicação das disposições da Lei de Execução Penal, por falta de estrutura física, em razão do não acatamento do mandado às unidades federativas para "projetar a adaptação, construção e equipamento de estabelecimentos e serviços penais" (§ 1º, do art. 203, LEP), configura uma lacuna técnica, que opõe óbice ao usufruto dos direitos que poderia ser alcançado se atendido o mandamento legal. Para tanto, o dispositivo autoriza a celebração de convênio com a interveniência do Ministério da Justiça. Com a mesma intenção de implementar os direitos da Lei de Execução Penal, o § 2º, do art. 203, da LEP, prevê as alternativas de aquisições de prédios ou desapropriações para instalação de casas de albergados.

A distância entre o plano jurídico e o plano social pode evidenciar as condições necessárias para exigir judicialmente o atendimento dos preceitos que garantam a estrutura adequada do sistema penitenciário. A regra contida no § 4º, do art. 203, da LEP, giza que "o descumprimento injustificado dos deveres estabelecidos para as Unidades Federativas implicará na suspensão de qualquer ajuda financeira a elas destinada pela União, para atender às despesas de execução das penas e medidas de segurança".

Diante da precária realidade de não poucas unidades do sistema prisional, a suspensão de "qualquer ajuda financeira" às unidades federativas pela União não se apresenta como sanção adequada ao atendimento dos fins da Lei de Execução Penal. Entendemos que o dispositivo deve receber interpretação conforme para que a suspensão de ajuda financeira não atinja os setores sensíveis do sistema prisional ou de outros como saúde, educação e saneamento. Afinal, a limitação de recursos destinados a esses fins acabaria por penalizar os seus destinatários, transcendendo o âmbito sancionador que deve recair sobre a unidades federativas e, havendo previsão legal, sobre os seus gestores.

Art. 204. Esta Lei entra em vigor concomitantemente com a lei de reforma da Parte Geral do Código Penal, revogadas as disposições em contrário, especialmente a Lei nº 3.274, de 2 de outubro de 1957.

1. COMENTÁRIOS

O dispositivo em tela dispôs sobre a cláusula de vigência remetendo-a à "lei de reforma da Parte Geral do Código Penal", procedida pela Lei nº 7.209, de 11 de julho de 1984. Conforme o seu art. 5º, ela entrou em vigor seis meses após a data de sua publicação, ocorrida no Diário Oficial da União de 13 de julho de 1984. De tal sorte, conclui-se que a Lei de Execução Penal entrou em vigor em 13 de janeiro de 1985 (seis meses após a publicação da Lei nº 7.209/1984).

Brasília, 11 de julho de 1984; 163º da Independência e 96º da República.

João Figueiredo

Ibrahim Abi-Ackel

Este texto não substitui o publicado no DOU de 13.7.1984

| 26 |

LEI DE TERRORISMO

Presidência da República Casa Civil

Subchefia para Assuntos Jurídicos

▸LEI Nº 13.260, DE 16 DE MARÇO DE 2016

Regulamenta o disposto no inciso XLIII do art. 5º da Constituição Federal, disciplinando o terrorismo, tratando de disposições investigatórias e processuais e reformulando o conceito de organização terrorista; e altera as Leis nos 7.960, de 21 de dezembro de 1989, e 12.850, de 2 de agosto de 2013.

A PRESIDENTA DA REPÚBLICA,

Faço saber que o Congresso Nacional decreta e eu sanciono a seguinte Lei:

Art. 1º Esta Lei regulamenta o disposto no inciso XLIII do art. 5º da Constituição Federal, disciplinando o terrorismo, tratando de disposições investigatórias e processuais e reformulando o conceito de organização terrorista.

1. COMENTÁRIOS

1.1. Dispositivo constitucional

O art. 5º, XLIII da Constituição Federal traz um **mandado de criminalização**, isto é, uma determinação constitucional para que o legislador ordinário promova a previsão das condutas como criminosas e confira um determinado tratamento penal.

No caso em questão, dispõe o referido dispositivo constitucional: "a lei considerará crimes inafiançáveis e insuscetíveis de graça ou anistia a prática da tortura, o tráfico ilícito de entorpecentes e drogas afins, o terrorismo e os definidos como crimes hediondos, por eles respondendo os mandantes, os executores e os que, podendo evitá-los, se omitirem".

1.2. Crime equiparado a hediondo

Como se vê, a própria Constituição erigiu três condutas a um patamar similar aos demais crimes hediondos: o tráfico de drogas, o terrorismo e a tortura. São, portanto, **crimes assemelhados aos hediondos. Ao estatuir que o terrorismo é crime assemelhado a hediondo,** o legislador constituinte considerou esta conduta tão graves que não permitiu ao legislador ordinário qualquer margem de deliberação em relação a ela.

Por força da equiparação promovida pela própria Constituição, o crime de tortura está submetido ao mesmo tratamento mais recrudescido dado pela Lei nº 8.072/90 (Lei de Crimes Hediondos). A rigor, sob o ponto de vista prático, não há qualquer distinção em relação ao tratamento a ser conferido ao crime hediondo e ao crime equiparado a hediondo. A incidência mais gravosa da reprimenda penal que é destinada aos crimes hediondos também se estende aos crimes equiparados a hediondo.

Ao propugnar uma reprimenda penal mais severa, a legislação de crimes hediondos, cumprindo o mandamento constitucional, procura observar o princípio da **vedação à proteção deficiente (ou vedação à infraproteção)**, de modo a não deixar os bens jurídicos sem a tutela penal ou com uma tutela penal insuficiente.

1.3. Crime de terrorismo

No século XXI, uma das maiores preocupações, na seara do Direito Penal Internacional é o vertiginoso crescimento de práticas identificadas como terroristas. Por isto, foram aprovados alguns Tratados Internacionais em torno do tema. Apenas no âmbito da Organização das Nações Unidas, é possível citar, a título ilustrativo, a realização da Convenção Internacional contra a Tomada de Reféns, a Convenção sobre a Segurança das Nações Unidas, a Convenção Internacional para a Supressão de Atentados Terroristas, a Convenção Internacional para a Supressão do Financiamento do Terrorismo e a Convenção Internacional para a Supressão de Atos de Terrorismo Nuclear.

O Brasil não apenas aderiu a alguns dos Tratados Internacionais sobre o tema como, ainda, nossa ordem constitucional manifesta expresso repúdio ao terrorismo (art. 4º, VIII, CF), no plano internacional, e equipara o crime a hediondo, no plano interno (art. 5º, XLIII, CF).

Mas a Constituição não definiu condutas criminosas. É necessária uma lei ordinária para definir a conduta como crime. E, neste ponto, até o advento da Lei em comento, havia muitas controvérsias em sede doutrinária.

Uma primeira corrente doutrinária sustentava a ideia de que o crime de terrorismo estaria previsto no art. 20 da Lei de Segurança Nacional (Lei nº 7.170/83), que possui a seguinte redação: "Devastar, saquear, extorquir, roubar, sequestrar, manter em cárcere privado, incendiar, depredar, provocar explosão, praticar atentado pessoal ou atos de terrorismo, por inconformismo político ou para obtenção de fundos destinados à manutenção de organizações políticas clandestinas ou subversivas".

Como se pode perceber, a partir da leitura do dispositivo legal, a ideia de que aí se encontrava o crime de terrorismo no Brasil tinha como fundamento o fato de o tipo penal empregar a expressão "atos de terrorismo". Esta primeira corrente doutrinária, que entendia já haver uma tipificação para o crime de terrorismo era minoritária[1].

Comentando o art. 20 da Lei nº 7.170/83, já alertava Alberto Silva Franco que: "o verbo 'praticar' e o objeto direto 'atos de terrorismo' estão, em princípio, no mesmo pé de igualdade dos demais comportamentos alternativamente referidos. Ocorre, no entanto, que o verbo 'praticar' não possui carga alguma de ilicitude, como apresentam os outros verbos constantes do tipo. (...). E o que, na realidade, quer dizer 'atos de terrorismo'?".

1 Perfilhando a primeira corrente doutrinária, CAPEZ, Fernando. *Curso de direito penal: legislação penal especial. v. 4.* São Paulo: Saraiva, 2010 e GONÇALVES, Victor Eduardo Rios; BALTHAZAR Jr., José Paulo. *Legislação penal especial.* São Paulo: Saraiva, 2015.

Com efeito, a expressão "atos de terrorismo" é uma cláusula geral, aberta, extremamente vaga e imprecisa, que não se coaduna com a necessária taxatividade da lei penal. Não se pode identificar uma conduta que apenas esteja definida como "ato de terrorismo". Em um regime ditatorial – e vale recordar que a Lei é de 1983, antes, portanto, da redemocratização do Brasil, muito embora já estivéssemos atravessando um período de abertura política –, por exemplo, os que empunham a bandeira da democracia podem ser vistos como terroristas.

Aliás, esta é uma prática constante de regimes autoritários. Criminalizar a prática de atos de terrorismo sem que se delimite o âmbito desta conduta é tão inconstitucional quanto a incriminação de condutas como "violar a ordem pública", "atentar contra os bons costumes", ou, como fez o Direito Penal nazista, considerar crime a conduta que ofende o "são sentimento do povo alemão". Estas são expressões vagas, sem sentido definido, que permite ao intérprete a punição de condutas de acordo com seu puro voluntarismo.

Estas as razões pelas quais doutrina e jurisprudência majoritárias afirmavam, majoritariamente, que o crime de terrorismo ainda não existia no Brasil, até o advento da presente Lei.

Art. 2º O terrorismo consiste na prática por um ou mais indivíduos dos atos previstos neste artigo, por razões de xenofobia, discriminação ou preconceito de raça, cor, etnia e religião, quando cometidos com a finalidade de provocar terror social ou generalizado, expondo a perigo pessoa, patrimônio, a paz pública ou a incolumidade pública.

1. COMENTÁRIOS

1.1. Considerações iniciais

A partir da entrada em vigor da Lei nº 13.260/16, não resta dúvida de que há a tipificação do crime de terrorismo no Brasil. Ao contrário das expressões vagas e imprecisas constantes da questionável Lei de Segurança Nacional, no art. 2º da Lei de Terrorismo há a definição das condutas de forma taxativa, em estrita observância ao princípio da legalidade.

Ao promover tal definição, contudo, parece-nos claro que o legislador não abrangeu as condutas perpetradas pelas conhecidas organizações criminosas de vulto existentes no Brasil. E isto porque, para que seja a conduta caracterizada como atos de terrorismo, é necessária que estejam presentes três requisitos, cumulativamente. São eles:

a) Que o crime seja praticado por razões de xenofobia, discriminação ou preconceito de raça, cor, etnia ou religião;

b) Que haja a finalidade de provocar terror social ou generalizado;

c) Que as condutas exponham a perigo pessoa, patrimônio, a paz pública ou a incolumidade pública.

Não temos dúvida de que o preconceito, de todas as naturezas, ainda é um mal muito disseminado e de terríveis consequências em nossa sociedade. A despeito desta constatação, somos forçados a reconhecer que não há, felizmente, uma quantidade expressiva de condutas que se amoldem à definição de atos terroristas contemplados na legislação.

Cumpre-nos proceder a uma análise minuciosa dos requisitos exigidos pela legislação, para a caracterização do crime.

1.2. Razões de xenofobia, discriminação ou preconceito de raça, cor, etnia ou religião

O estudo da Lei de Terrorismo, como se vê, não prescinde da análise de alguns conceitos de muita relevância.

a) Xenofobia: Etimologicamente, estamos diante de um conceito de que deriva das expressões gregas "*xenos*" (estranho ou estrangeiro) e "*phóbos*" (medo). Trata-se, então, de uma aversão ao estrangeiro, uma modalidade de preconceito em relação à procedência nacional.

Aliás, a criminalização de condutas xenófobas não é estranha ao Direito Penal brasileiro. Muito embora, a Lei de Terrorismo inove ao empregar a expressão "xenofobia", não podemos olvidar que a nossa Lei de Preconceito (Lei nº 7.716/89) já criminaliza a conduta consistente na discriminação por procedência nacional. De modo similar, entre as modalidades de injúria qualificada, encontra-se aquela consistente na utilização de elementos referentes à origem (art. 140, §3º, CP).

Quando se menciona a xenofobia, é importante mencionar que, a rigor, não há um conceito unívoco de Nação[2]. Podemos afirmar que nação e Estado são conceitos que não se confundem[3]. A despeito da dificuldade de se conceituar a Nação, na ciência política, no Direito Penal, "existe certo consenso de que o grupo nacional é aquele que 'consegue criar uma consciência, uma alma coletiva, que se traduz pela vontade de viver em comum'"[4].

Ademais, releva notar que a xenofobia não se adstringe à discriminação por procedência nacional, podendo abranger, ao revés, outras culturas ou subculturas.

b) Discriminação: O Estatuto da Desigualdade Racial (Lei nº 12.288/2010), ao se reportar à discriminação racial ou étnico-racial, define-a como "toda distinção, exclusão, restrição ou preferência baseada em raça, cor, descendência ou origem nacional ou étnica que tenha por objeto anular ou restringir o reconhecimento, gozo ou exercício, em igualdade de condições, de direitos humanos e liberdades fundamentais nos campos político, econômico, social, cultural ou em qualquer outro campo da vida pública ou privada".

Importante chamar a atenção para o fato de que esta discriminação a que nos referimos, e que é objeto da Lei nº 7.716/89 é a discriminação negativa. Não constitui crime a chamada discriminação positiva, materializada, sobretudo, em ações afirmativas, dentre as quais se destaca, pela sua notoriedade e importância, as cotas raciais ou sociorraciais para ingresso em universidades ou, mesmo, no serviço público. O Estatuto da Igualdade Racial define as ações afirmativas como "programas e medidas especiais adotados pelo Estado e pela iniciativa privada para a correção das desigualdades raciais e para a promoção da igualdade de oportunidades".

2 BOBBIO, Norberto; MATTEUCI, Nicola; PASQUINO, Gianfranco. *Dicionário de política. Volume II.* 13. Ed. Brasília: Editora UNB, 2008. p.796.

3 DALLARI, Dalmo de Abreu. *Elementos de teoria geral do Estado.* 25. Ed. São Paulo, Saraiva, 2008. p.137.

4 SAVAZZONI, Simone de Alcantara. *Crime de Genocídio.* Disponível em http://www.lfg.com.br. Consulta: 22.08.2012.

c) Preconceito: Preconceito é o conceito prévio, preestabelecido, constituído antecipadamente. Trata-se, no contexto da Lei em comento, de concepções criadas por determinados indivíduos que categorizam e (des)qualificam pessoas por força de sua raça, cor, etnia, religião ou procedência nacional. Ocorre o preconceito, por exemplo, quando o agente acredita que os membros de determinada religião são menos inteligentes, inferiores ou não são dignos de determinados direitos que são contemplados a outros.

d) Raça: historicamente, a noção de raça está atrelada a características físicas, biológicas. Atualmente, porém, os estudos nas áreas das mais variadas ciências têm contestado a noção de raça. Com efeito, as distinções biológicas entre indivíduos que costumam ser identificados como membros da mesma raça não são maiores ou menores do que aquelas existentes entre indivíduos de raças distintas.

Este, inclusive, é o entendimento do STF[5], apresentado nos seguintes termos: "Com a definição e o mapeamento do genoma humano, cientificamente não existem distinções entre os homens, seja pela segmentação da pele, formato dos olhos, altura, pêlos ou por quaisquer outras características físicas, visto que todos se qualificam como espécie humana. Não há diferenças biológicas entre os seres humanos. Na essência são todos iguais".

Importante salientar que, a despeito destas considerações, a expressão raça ainda encontra guarida nas regras de Direito Internacional.

Se os estudos na seara da genética caminham para a demonstração de que não há raças, ainda faz sentido as normas jurídicas aludirem a isto? Sim, sem dúvida. Inicialmente, é importante recordar que o Direito deve, por vezes, desempenhar o papel de contrafaticidade, regulamentando não o que existe, mas o que é considerado como e existisse. Por outras palavras, aquilo que é definido como real possui consequências reais, e estas consequências não podem ser relegadas pelo ordenamento jurídico.

De forma mais clara, e já analisando o caso concreto, podemos afirmar que, mesmo não havendo raças, sob o ponto de vista científico, as pessoas continuam a se comportar como se elas existissem, e continuam a discriminar com fundamento nesta crença. Por isso, o Direito não pode fechar os olhos para esta realidade. Deve, isto sim, regulamentar a matéria e, ante a grave violação a bens jurídicos de grande relevância, deve o Direito Penal definir as condutas como criminosas e prever as respectivas sanções penais.

e) Cor: diz respeito à cor das peles das pessoas. Muito embora pudesse ser considerado um desdobramento das características físicas que constituem (ou constituíam, até o advento das conclusões do projeto Genoma) a noção de raça, o fato é que, na prática, não raras vezes, ainda ocorre o preconceito proveniente da cor da pele das pessoas. Esta a razão pela qual o tema mereceu tutela específica por parte da legislação.

f) Etnia: a ideia de grupo étnico abrange um conjunto de indivíduos unidos por laços culturais e linguísticos.

---

5 . STF, HC 82424/RS, Rel. Min. Maurício Correa, j. 17/09/2003.

g) Religião: etimologicamente, a expressão "religião" ("re" + "ligare") traz consigo a ideia de religar. Diz respeito, deste modo, à ligação, à conexão do homem com Deus. Por paradoxal que seja, a história da humanidade está repleta de guerras sangrentas perpetradas por questões afetas às disputas travadas entre religiosos e ainda é pujante a discriminação oriunda de aspectos atinentes às religiões.

1.3. Finalidade de provocar terror social ou generalizado

Para que se caracterize o ato como terrorismo, é imprescindível que haja a finalidade de provocar terror social ou generalizado. Trata-se, portanto, de **elemento subjetivo específico**, na medida em que se consubstancia mediante uma finalidade específica ser atingida pelo agente. Por tal razão, pode haver crime de terrorismo, ainda que a o terror social ou generalizado não seja atingido. Basta que o agente tenha a pretensão de atingir tal finalidade.

Terror social ou generalizado traduz a ideia de um pânico disseminado na coletividade. Não corresponde ao mero receio de praticar determinadas condutas, por força de uma violência social crescente. Trata-se, isso sim, de um pavor agudo disseminado pelos atos concretamente praticados, que se encontram enumerados nos incisos do §1º do presente artigo.

Conforme se depreende, não há como se caracterizar qualquer dos crimes contidos nos incisos do §1º do art. 2º sem que tenhamos presente este elemento subjetivo específico. O grande problema é que a expressão "terror social ou generalizado" é excessivamente vaga, ensejando fundadas dúvidas acerca da observância da legalidade penal, em sua dimensão taxatividade.

O que chama a atenção, no *caput* do art. 2º, é que as condutas relacionadas à discriminação e preconceito também são modalidades de elemento subjetivo específico, pois o agente pratica as condutas (descritas nos incisos do §1º do presente artigo) com a finalidade específica de discriminar. Temos, então, na Lei de Terrorismo, um **elemento subjetivo duplo.**

1.4. Condutas que exponham a perigo pessoa, patrimônio, a paz pública ou a incolumidade pública

As condutas definidas como atos de terrorismo são crimes de perigo concreto, na medida em que se exige que haja uma exposição de determinados bens jurídicos a perigo, para que se consume o crime. Não se trata, portanto, de crime de perigo abstrato, em que o perigo já é presumido na própria Lei. Esta compreensão deriva da própria redação do texto legislativo, ao exigir que as condutas exponham determinados bens jurídicos.

2. QUESTÕES DE CONCURSOS

1. **(VUNESP/PC-SP/Delegado de Polícia/2018 – adaptada)** O terrorismo consistirá sempre na prática por mais de um indivíduo de atos criminosos por razões de xenofobia, discriminação ou preconceito de raça, cor, etnia e religião, quando cometidos com a finalidade de provocar terror social ou generalizado.

2. **(CESPE/ABIN/Oficial de Inteligência/2018)** Para que o uso de explosivos, gases tóxicos, conteúdos biológicos ou nucleares capazes de causar danos ou destruição em massa caracterize terrorismo, deve-se expor a perigo a incolumidade pública com a finalidade de provocar terror generalizado, por motivo de xenofobia, discriminação ou preconceito de raça, cor, etnia e religião.

GAB	1	2
	E	C

§ 1º São atos de terrorismo:

I - usar ou ameaçar usar, transportar, guardar, portar ou trazer consigo explosivos, gases tóxicos, venenos, conteúdos biológicos, químicos, nucleares ou outros meios capazes de causar danos ou promover destruição em massa;

1. COMENTÁRIOS

1.1. Considerações iniciais

A Lei de Terrorismo enumera, nos incisos do §1º do seu art. 2º, as condutas que considera como atos de terrorismo. Conforme já salientamos, para que se considere crime, é necessário que as condutas estejam em consonância com o disposto no caput do art. 2º.

Deste modo, somente teremos crime caracterizados como atos de terrorismo quando as condutas estampadas nos incisos referidos forem praticadas "por razões de xenofobia, discriminação ou preconceito de raça, cor, etnia e religião, quando cometidos com a finalidade de provocar terror social ou generalizado, expondo a perigo pessoa, patrimônio, a paz pública ou a incolumidade pública".

O tipo penal deste inciso I é considerado misto alternativo. Vale recordar que, nos tipos penais mistos alternativos, a realização de mais de uma conduta, no mesmo contexto fático, dará ensejo a crime único, e não a concurso de crimes. Assim, se, por exemplo, o agente trouxer consigo os explosivos, ameaçar usá-los e, por fim, efetivamente usar, terá cometido um único crime, malgrado tenha realizado três condutas estampadas no tipo penal.

1.2. Tipicidade objetiva

As condutas presentes no tipo penal são:

a) Usar: utilizar, empregar, fazer uso.

b) Ameaçar usar: ameaçar consiste na realização de uma promessa de mal injusto. No caso, trata-se de ameaça de utilização de um dos objetos materiais do tipo penal.

c) Transportar: traduz a ideia de deslocar a coisa, levando-a de um local para outro. Nesta modalidade de conduta, o crime é permanente.

d) Guardar: traduz a ideia de acondicionar, conservar, ocultar, proteger, tomar conta, ter sob vigilância, em geral de forma clandestina. Nesta modalidade de conduta, o crime é permanente, isto é, a ação do agente se protrai no tempo.

e) Portar ou trazer (consigo): muito embora apareçam no tipo penal como duas condutas autônomas, os núcleos "portar" e "trazer (consigo)" expressam a mesma coisa. Traduzem a ideia de transportar a droga junto ao corpo, ou em compartimento que é carregado pelo próprio agente (ex.: bolsa, mochila etc.). Nesta modalidade de conduta, o crime é permanente.

1.3. Sujeitos

Qualquer um pode ser sujeito ativo do crime em apreço. Trata-se, portanto, de crime comum, não se exigindo qualquer qualidade especial do agente.

Sujeito passivo é a coletividade. Sujeito passivo indireto, como ocorre em qualquer crime, é o Estado.

1.4. Objetos

Objeto jurídico (bem jurídico a ser tutelado) pelo tipo penal pode ser a pessoa, o patrimônio, a paz pública ou a incolumidade pública. Trata-se, portanto, de crime pluriofensivo, na medida em que se presta a tutelar mais de um bem jurídico. De nossa parte, cremos que, ante o fato de se exigir o elemento subjetivo específico de provocar o terror social ou generalizado, o bem jurídico paz pública sempre estará sob lesão ou ameaça de lesão.

Objetos materiais (pessoa ou coisa sobre a qual recai a conduta criminosa) são os "explosivos, gases tóxicos, venenos, conteúdos biológicos, químicos, nucleares ou outros meios capazes de causar danos ou promover destruição em massa".

1.5. Elemento subjetivo

Elemento subjetivo do crime é o dolo. Como já referimos, nos crimes considerados atos de terrorismo exige-se o elemento subjetivo específico (isto é, uma especial finalidade no agir) consistente na "finalidade de provocar terror social ou generalizado".

Não se admite a modalidade culposa, haja vista a ausência de previsão legal.

1.6. Consumação e tentativa

A consumação ocorrerá com a realização de qualquer das condutas contidas no tipo penal. Vale reiterar que se trata de tipo penal misto alternativo, de modo que a realização de mais de uma conduta, no mesmo contexto fático, ensejará crime único. Trata-se, ademais, de crime formal, de modo que não há a necessidade da produção de um resultado naturalístico, para que se tenha o crime como consumado. Trata-se, ainda, de crime de perigo concreto, razão pela qual a prática das condutas consumará o crime com a mera exposição dos bens jurídicos a perigo, ainda que não haja efetiva lesão a tais bens.

De toda sorte, cremos que se trata, realmente, de crime de perigo concreto, e não crime de perigo abstrato (ou presumido). Extraímos este entendimento a partir da expressão "outros meios capazes de causar danos ou promover destruição em massa". Esta expressão traduz a ideia de que o perigo a que se expõe o bem jurídico é real, concreto, existente, e não meramente presumido pela lei.

Ademais, a partir desta expressão, acreditamos ser relevante que se realize perícia no material eventualmente apreendido. Esta perícia poderia ser dispensada na hipótese em que houvesse outros meios de convicção idôneos a conduzir à constatação de que havia potencial lesivo no material empregado. De toda sorte, a realização de uma perícia que constate a ausência de potencial lesivo, ensejaria a descaracterização do crime.

Em tese, é possível a tentativa. Não se pode perder de vista, todavia, que a multiplicidade de condutas faz com que a tentativa de uma delas já configure consumação de outras.

1.7. Ação penal

A ação penal é pública incondicionada.

2. QUESTÕES DE CONCURSOS

1. **(MPE-GO/Promotor de Justiça Substituto/2016 – adaptada)** É ato de terrorismo a conduta de apenas uma pessoa que, movida por preconceito religioso, ameaça usar gases tóxicos capazes de promover destruição em massa com a finalidade de provocar terror generalizado mediante a exposição da paz pública a perigo.

GAB	1
	C

II – (VETADO);

III – (VETADO);

No projeto de lei, aprovado no Congresso Nacional e enviado à sanção presidencial, os incisos II e III deste artigo possuíam a seguinte redação:

> "II - incendiar, depredar, saquear, destruir ou explodir meios de transporte ou qualquer bem público ou privado;
>
> III - interferir, sabotar ou danificar sistemas de informática ou bancos de dados;"

A Presidência da República decidiu pelo veto dos dispositivos, apresentando as seguintes razões:

> "Os dispositivos apresentam definições excessivamente amplas e imprecisas, com diferentes potenciais ofensivos, cominando, contudo, em penas idênticas, em violação ao princípio da proporcionalidade e da taxatividade. Além disso, os demais incisos do parágrafo já garantem a previsão das condutas graves que devem ser consideradas 'ato de terrorismo".

IV – sabotar o funcionamento ou apoderar-se, com violência, grave ameaça a pessoa ou servindo-se de mecanismos cibernéticos, do controle total ou parcial, ainda que de modo temporário, de meio de comunicação ou de transporte, de portos, aeroportos, estações ferroviárias ou rodoviárias, hospitais, casas de saúde, escolas, estádios esportivos, instalações públicas ou locais onde funcionem serviços públicos essenciais, instalações de geração ou transmissão de energia, instalações militares, instalações de exploração, refino e processamento de petróleo e gás e instituições bancárias e sua rede de atendimento;

1. COMENTÁRIOS

1.1. Considerações iniciais

No tipo penal em apreço, o legislador expressa sua preocupação com a prática de determinadas condutas que possam comprometer a vida das pessoas. As condutas recaem, por isso, sobre meios de comunicação, meios de transporte, escolas, hospitais, etc.

Obviamente, somente poderemos falar neste crime quando as condutas estampadas nos incisos referidos forem praticadas "por razões de xenofobia, discriminação ou preconceito de raça, cor, etnia e religião, quando cometidos com a finalidade de provocar terror social ou generalizado, expondo a perigo pessoa, patrimônio, a paz pública ou a incolumidade pública".

1.2. Tipicidade objetiva

As condutas presentes no tipo penal consistem em:

a) Sabotar: danificar, boicotar, destruir, impedir o funcionamento.

b) Apoderar-se: apossar-se, tomar o domínio, assenhorear-se.

Estas condutas podem ocorrer mediante violência, grave ameaça a pessoa ou servindo-se de mecanismos cibernéticos. Deste modo, não se pode afirmar que a realização dos atos terroristas pressuponha a ocorrência de violência ou grave ameaça. Atento à realidade do terrorismo mundial, o legislador procurou atentar para a prática de crimes perpetrados por meios cibernéticos.

1.3. Sujeitos

Qualquer um pode ser sujeito ativo do crime em apreço. Trata-se, portanto, de crime comum, não se exigindo qualquer qualidade especial do agente.

Sujeito passivo é a coletividade. Sujeito passivo indireto, como ocorre em qualquer crime, é o Estado.

1.4. Objetos

Objeto jurídico é o patrimônio. Sustentamos a tese no sentido de que, ante o fato de se exigir o elemento subjetivo específico de provocar o terror social ou generalizado, o bem jurídico paz pública sempre estará sob lesão ou ameaça de lesão. De toda sorte, quer se inclua a paz pública ou não no bojo dos bens jurídicos a serem tutelados, trata-se de crime pluriofensivo.

Objetos materiais são as coisas sobre as quais recaem as condutas criminosas. No caso, seriam o "meio de comunicação ou de transporte, de portos, aeroportos, estações ferroviárias ou rodoviárias, hospitais, casas de saúde, escolas, estádios esportivos, instalações públicas ou locais onde funcionem serviços públicos essenciais, instalações de geração ou transmissão de energia, instalações militares, instalações de exploração, refino e processamento de petróleo e gás e instituições bancárias e sua rede de atendimento".

1.5. Elemento subjetivo

Elemento subjetivo do crime é o dolo. Como já referimos, nos crimes considerados atos de terrorismo exige-se o elemento subjetivo específico (isto é, uma especial finalidade no agir) consistente na "finalidade de provocar terror social ou generalizado".

Não se admite a modalidade culposa, haja vista a ausência de previsão legal.

1.6. Consumação e tentativa

O crime se consuma mediante a realização das condutas descritas no tipo. Não há a necessidade de produção de qualquer outro resultado naturalístico, de modo que, ainda que, por exemplo, o controle do meio de comunicação não se traduza em dano efetivo de qualquer monta, o crime estará caracterizado.

Devemos destacar que se trata, uma vez mais, de tipo penal misto alternativo, de modo que a realização de mais de uma conduta no mesmo contexto fático, ensejará a ocorrência de apenas um crime. Assim, o agente que, por exemplo, apoderar-se e sabotar o mesmo meio de transporte, responderá por apenas um crime.

É possível a tentativa.

1.7. Ação penal

A ação penal é pública incondicionada.

V - atentar contra a vida ou a integridade física de pessoa:

1. COMENTÁRIOS

1.1. Considerações iniciais

Assim como ocorre com as outras hipóteses caracterizadoras de atos de terrorismo, devemos registrar que somente poderemos falar neste crime quando as condutas estampadas nos incisos referidos forem praticadas "por razões de xenofobia, discriminação ou preconceito de raça, cor, etnia e religião, quando cometidos com a finalidade de provocar terror social ou generalizado, expondo a perigo pessoa, patrimônio, a paz pública ou a incolumidade pública".

E estas as distinções entre as condutas deste inciso e aquelas que consubstanciam crimes como o homicídio ou a lesão corporal, por exemplo.

1.2. Tipicidade objetiva

A conduta do tipo penal é:

a) atentar: traduz a ideia de tentar contra algo ou alguém. No caso concreto, a vida ou a integridade física de pessoa.

1.3. Sujeitos

Qualquer um pode ser sujeito ativo do crime em apreço. Trata-se, portanto, de crime comum, não se exigindo qualquer qualidade especial do agente.

Sujeito passivo é a coletividade. Sujeito passivo indireto, como ocorre em qualquer crime, é o Estado.

1.4. Objetos

Objeto jurídico é a vida e a integridade física das pessoas. De nossa parte, cremos que, ante o fato de se exigir o elemento subjetivo específico de provocar o terror social ou generalizado, o bem jurídico paz pública sempre estará sob lesão ou ameaça de lesão. De toda sorte, quer se inclua a paz pública ou não no bojo dos bens jurídicos a serem tutelados, trata-se de crime pluriofensivo.

Objeto material são as pessoas vítimas da conduta.

1.5. Elemento subjetivo

Elemento subjetivo do crime é o dolo. Como já referimos, nos crimes considerados atos de terrorismo exige-se o elemento subjetivo específico (isto é, uma especial finalidade no agir) consistente na "finalidade de provocar terror social ou generalizado".

Não se admite a modalidade culposa, haja vista a ausência de previsão legal.

1.6. Consumação e tentativa

O crime se consuma coma realização das condutas previstas no tipo. Deste modo, ocorrendo o atentado contra a vida ou a integridade física de pessoa, estará consumado o crime. Releva perceber que não se trata de crime material, razão pela qual não se faz necessário que ocorra o resultado morte ou a lesão corporal. Ademais, se ocorrer a morte ou lesão corporal grave, aplica-se a causa de aumento de pena prevista no art. 7º da presente Lei.

Não reputamos possível a modalidade tentada, na medida em que o mero atentar contra a vida ou a integridade física de pessoa já consumaria o crime.

1.7. Ação penal

A ação penal é pública incondicionada.

Pena - reclusão, de doze a trinta anos, além das sanções correspondentes à ameaça ou à violência.

1. COMENTÁRIOS

A pena prevista para o crime é de "reclusão, de doze a trinta anos, além das sanções correspondentes à ameaça ou à violência". A partir dessa constatação, em relação à pena privativa de liberdade, podemos concluir que:

a) Não cabe a transação penal (art. 76, Lei nº 9.099/95), pois não se trata de infração penal de menor potencial ofensivo (a pena máxima ultrapassa dois anos).

b) Não cabe a aplicação da suspensão condicional do processo (art. 89, Lei nº 9.099/95), pois a pena mínima ultrapassa 1 (um) ano.

c) Praticamente inexistente a possibilidade de se converter a pena privativa de liberdade em pena restritiva de direitos (art. 44, CP), pois tal conversão é possível quando a pena efetivamente imposta pelo juiz na sentença, em crime doloso sem violência ou grave ameaça, não ultrapassa 4 (quatro) anos. Naturalmente, seria necessário, ainda, que se fizessem presentes os demais requisitos.

§ 2º O disposto neste artigo não se aplica à conduta individual ou coletiva de pessoas em manifestações políticas, movimentos sociais, sindicais, religiosos, de classe ou de categoria profissional, direcionados por propósitos sociais ou reivindicatórios, visando a contestar, criticar, protestar ou apoiar, com o objetivo de defender direitos, garantias e liberdades constitucionais, sem prejuízo da tipificação penal contida em lei.

1. COMENTÁRIOS

Antes da aprovação da Lei nº 13.260/16, havia uma grande preocupação, por parte de inúmeros setores da sociedade civil, em relação a uma possível aprovação de uma lei que criminalizasse como terroristas atitudes adotadas por pessoas que participassem de manifestações populares. Obviamente, tal postura restaria absurdamente eivada de inconstitucionalidade, porquanto consagraria ignominiosa violência ao regime democrático, adotado pela Constituição Federal de 1988.

Criminalizações como estas, aliás, são próprias de regimes ditatoriais, tais como o vivido no Brasil em passado recente. Àquela época, manifestações contrárias ao regime de exceção costumavam ser enquadradas na arbitrária Lei de Segurança Nacional que então vigorava.

O disposto no dispositivo legal em comento é de grande obviedade, pois as condutas nele descritas jamais se amoldariam aos tipos penais previstos no §1º do mesmo artigo. De toda sorte, ante os temores de possibilidade de utilização da presente Lei para criminalizar legítimas manifestações democráticas, entendeu por bem o legislador trazer a explícita ressalva.

Art. 3º Promover, constituir, integrar ou prestar auxílio, pessoalmente ou por interposta pessoa, a organização terrorista:

Pena - reclusão, de cinco a oito anos, e multa.

1. COMENTÁRIOS

1.1. Considerações iniciais

O tipo penal contido no art. 3º criminaliza condutas que dizem respeito a organização terrorista. Releva notar, porém, que a Lei em comento não conceitua organização terrorista. Razoável que se compreenda tratar-se de uma modalidade de organização criminosa que se dedica à prática de atos terroristas, tal como definido no art. 2º da presente Lei.

No que concerne à organização criminosa, podemos nos valer da definição contida no art. 1º, §1º, da Lei nº 12.850/13, nos seguintes termos: "Considera-se organização criminosa a associação de 4 (quatro) ou mais pessoas estruturalmente ordenada e caracterizada pela divisão de tarefas, ainda que informalmente, com objetivo de obter, direta ou indiretamente, vantagem de qualquer natureza, mediante a prática de infrações penais cujas penas máximas sejam superiores a 4 (quatro) anos, ou que sejam de caráter transnacional".

Como dito, acresça a este conceito a pretensão de dedicar-se à prática de atos terroristas, e teremos uma organização terrorista, para os efeitos a que se refere o art. 3º da presente Lei.

Aliás, é bom salientar que a Lei Antiterrorismo conferiu nova redação ao art. 1º, §2º. Inciso II da Lei de Organizações Criminosas (Lei nº 12.850/13), nos seguintes termos:

> "§ 2º Esta Lei se aplica também:
>
> (...)
>
> II - às organizações terroristas, entendidas como aquelas voltadas para a prática dos atos de terrorismo legalmente definidos".

1.2. Tipicidade objetiva

As condutas previstas no tipo penal consistem em:

a) **Promover:** facilitar, realizar, fomentar.

b) **Constituir:** contribuir na formação, confecção, construção, criação.

c) **Integrar:** fazer parte.

d) **Prestar auxílio:** dar algum tipo de ajuda material.

Trata-se de tipo penal misto alternativo, de modo que a realização de mais de uma conduta, em um mesmo contexto fático, dará ensejo a crime único. Deste modo, o agente que, por exemplo, integrar e prestar auxílio à organização terrorista, responderá por um único crime do art. 3º da Lei nº 13.260/2013.

1.3. Sujeitos

Qualquer pessoa pode ser sujeito ativo do crime. Trata-se, portanto de crime comum, não se exigindo qualquer qualidade especial do agente.

Importante mencionar que se trata de crime plurissubjetivo (crime de concurso necessário), pressupondo a participação de mais de um agente, necessariamente. Com efeito, não se poderia conceber uma organização terrorista constituída de agente único. Obviamente, a condenação dos agentes não pressupõe a identificação dos demais.

A expressão "pessoalmente ou por interposta pessoa", empregada no tipo penal, evidencia a possibilidade de autoria mediata para este crime. Na autoria mediata (ou indireta), o agente se vale de uma terceira pessoa como instrumento para a prática do seu crime. Esta pessoa, por sua vez, é agente inculpável, seja por inimputabilidade, seja estar sob coação moral irresistível, obediência hierárquica, ter sido levado a erro etc.

Sujeito passivo é a coletividade. Sujeito passivo indireto é o Estado.

1.4. Objetos

Objeto jurídico do crime é a paz pública.

Não há objeto material, pois as condutas recíprocas dos agentes, não recaem sobre pessoa ou coisa.

1.5. Elemento subjetivo

Elemento subjetivo do crime é o dolo, consistente na vontade livre e consciente de praticar alguma das condutas descritas no tipo penal.

Não há previsão para a modalidade culposa.

1.6. Consumação e tentativa

Ocorrerá a consumação do crime quando houver a prática de qualquer das condutas descritas no tipo penal. Como já asseveramos, trata-se de tipo penal misto alternativo, razão pela qual a eventual realização de mais de uma conduta, no mesmo contexto fático, dará ensejo a apenas um crime.

Em geral, não se admite a tentativa em crimes relacionados à associação criminosa (art. 288, CP), associação para o tráfico (art. 35, Lei nº 11.343/06) ou organização criminosa (Lei nº 12.850/13). A regra há de ser observada aqui no crime de organização criminosa. Contudo, devemos destacar que o tipo penal emprega a expressão "prestar auxílio". Neste caso, não se pune, especificamente, o ingresso ou participação na organização terrorista, mas sim qualquer forma de colaboração.

É possível, tentar prestar auxílio, sem que se logre êxito nisto. Basta imaginar a situação de uma pessoa que se compromete a guardar equipamentos da organização terrorista, mas não consegue fazê-lo porque tais equipamentos são extraviados. Trata-se, em resumo, de crime plurissubsistente, permitindo-se a tentativa em sua modalidade "prestar auxílio".

1.7. Ação penal

A ação penal é pública incondicionada.

1.8. Penas

A pena prevista para o crime é de "reclusão, de 5 (cinco) a 8 (oito) anos, e multa". A partir dessa constatação, em relação à pena privativa de liberdade, podemos concluir que:

a) Não cabe a transação penal (art. 76, Lei nº 9.099/95), pois não se trata de infração penal de menor potencial ofensivo (a pena máxima ultrapassa dois anos).

b) Não cabe a aplicação da suspensão condicional do processo (art. 89, Lei nº 9.099/95), pois a pena mínima ultrapassa 1 (um) ano.

c) É possível a conversão da pena privativa de liberdade em perna restritiva de direitos (art. 44, CP), pois tal conversão é possível quando a pena efetivamente imposta pelo juiz na sentença, em crime doloso sem violência ou grave ameaça, não ultrapassa 4 (quatro) anos. Naturalmente, é necessário que se façam presentes os demais requisitos.

Em relação à pena de multa, o juiz observa duas etapas distintas: na primeira, irá fixa a quantidade de dias-multa. Posteriormente, cabe-lhe especificar o valor de cada dia-multa, observando a capacidade econômica do condenado. Se o juiz entender que o valor da multa é insuficiente, diante da capacidade econômica do réu, poderá elevá-lo ao triplo.

a) fixação da quantidade de dias-multa: Para a fixação da quantidade de dias-multa, não se leva em consideração a capacidade econômica do condenado, mas sim a reprovabilidade da sua conduta. No Código Penal: a quantidade de dias-multa pode variar de 10 (dez) a 360 (trezentos e sessenta).

b) quantificação do dia-multa: em um segundo momento, deve o julgador mensurar o valor de cada dia-multa, entre os patamares de 1/30 (um trinta avos) do salário mínimo e 5 (cinco) salários mínimos. Nesse momento, será levada em consideração a capacidade econômica do condenado.

2. QUESTÕES DE CONCURSOS

1. **(VUNESP/PC-SP/Delegado de Polícia/2018 – adaptada)** Aquele que for flagrado constituindo uma organização terrorista, não cometerá um crime, estando sujeito a responsabilização por realizar atos preparatórios do terrorismo.

GAB	1
	E

§ 1º (VETADO).

§ 2º (VETADO).

1. COMENTÁRIOS

No projeto de lei, aprovado no Congresso Nacional e enviado à sanção presidencial, os §§ deste artigo 3º possuíam a seguinte redação:

> "§ 1º Nas mesmas penas incorre aquele que dá abrigo ou guarida a pessoa de quem saiba que tenha praticado ou esteja por praticar crime de terrorismo.
>
> § 2º Na hipótese do § 1º, não haverá pena se o agente for ascendente ou descendente em primeiro grau, cônjuge, companheiro estável ou irmão da pessoa abrigada ou recebida; essa escusa não alcança os partícipes que não ostentem idêntica condição".

A Presidência da República decidiu pelo veto dos dispositivos, apresentando as seguintes razões:

> "Os dispositivos ampliam o conceito de auxílio, já criminalizado no *caput* do artigo, tratando de forma imprecisa a situação na qual o tipo penal se aplicaria e não determinando com clareza quais atos seriam subsumidos à norma, gerando insegurança jurídica incompatível com os princípios norteadores do Direito Penal. Além disso, as condutas descritas já estão previstas no Código Penal".

Art. 4º (VETADO).

1. COMENTÁRIOS

O art. 4º, que constava do projeto aprovado pelo Congresso Nacional, trazia a seguinte conduta típica:

"Art. 4º Fazer, publicamente, apologia de fato tipificado como crime nesta Lei ou de seu autor:

Pena - reclusão, de quatro a oito anos, e multa.

§ 1º Nas mesmas penas incorre quem incitar a prática de fato tipificado como crime nesta Lei.

§ 2º Aumenta-se a pena de um sexto a dois terços se o crime é praticado pela rede mundial de computadores ou por qualquer meio de comunicação social."

Ao vetar o dispositivo, a Presidência da República apresentou as seguintes razões: "O dispositivo busca penalizar ato a partir de um conceito muito amplo e com pena alta, ferindo o princípio da proporcionalidade e gerando insegurança jurídica. Além disso, da forma como previsto, não ficam estabelecidos parâmetros precisos capazes de garantir o exercício do direito à liberdade de expressão".

Correto o veto, quando se reporta a uma afronta ao princípio da proporcionalidade, haja vista o quantitativo de pena prevista. No que se refere à questão atinente a eventual afronta à segurança jurídica, importante registrar que nossa legislação penal conta com outros exemplos em que se tipifica as condutas consistentes em realizar apologia.

Neste sentido, temos, como exemplo máxime, o art. 287 do Código Penal, que consagra o crime de "apologia de crime ou criminoso". Aliás, a redação do dispositivo é extremamente similar àquela que constava do projeto de lei vetado pela Presidência. Com efeito, dispõe o art. 287, CP`: "Fazer, publicamente, apologia de fato criminoso ou de autor de crime: Pena - detenção, de três a seis meses, ou multa".

Como se vê, a partir do veto presidencial, possível questionar-se a constitucionalidade o dispositivo do Código Penal, na medida em que "o conceito muito amplo" e a ausência de estabelecimento de "parâmetros precisos capazes de garantir o exercício do direito à liberdade de expressão", argumentos empregados como razões de veto, também se aplicariam a este texto legislativo.

Art. 5º Realizar atos preparatórios de terrorismo com o propósito inequívoco de consumar tal delito:

Pena - a correspondente ao delito consumado, diminuída de um quarto até a metade.

§ 1º Incorre nas mesmas penas o agente que, com o propósito de praticar atos de terrorismo:

I - recrutar, organizar, transportar ou municiar indivíduos que viajem para país distinto daquele de sua residência ou nacionalidade; ou

II - fornecer ou receber treinamento em país distinto daquele de sua residência ou nacionalidade.

§ 2º Nas hipóteses do § 1º, quando a conduta não envolver treinamento ou viagem para país distinto daquele de sua residência ou nacionalidade, a pena será a correspondente ao delito consumado, diminuída de metade a dois terços.

1. COMENTÁRIOS

1.1. Considerações iniciais

O artigo em apreço constitui uma exceção ao regramento da matéria na nossa ordem jurídica. Como regra, não se pune a produção de atos meramente preparatórios, mas sim a partir da realização de atos de execução. Sobre o tema, imperioso recordarmos algumas considerações acerca do *iter criminis.*

Iter criminis é o "itinerário do crime", isto é, o caminho que o crime percorreu ou tem a percorrer. Em uma tradução não literal e, portanto, mais adequada, podemos nos referir ao *iter criminis* apenas como "fases do crime", "etapas do crime" ou, ainda, "estágios do crime".

O crime pode possuir até cinco fases. Vale reiterar que nem todo crime passará, necessariamente, pelas cinco fases, razão pela qual afirmamos que o crime pode possuir até cinco fases. São elas: a) cogitação; b) preparação; c) execução; d) consumação; e) exaurimento. Passemos, então, à análise de cada uma destas fases.

1.2. Cogitação (*cogitatio*)

A cogitação é uma fase interna, não exteriorizada, é a ideação do crime. Ocorre na mente do pretenso criminoso, que possui a vontade de praticar a infração penal. Enquanto essa vontade não for exteriorizada, será indiferente ao Direito Penal, pois não se pode punir a mera *cogitatio.*

A punição da mera *cogitatio* não apenas seria inviável, sob o ponto de vista fático, na medida em que não se teria instrumentos para aquilatar o que se passa na mente das pessoas, mas também incompatível com o princípio da lesividade, que proíbe a incriminação de condutas não exteriorizadas.

Ademais, devemos recordar que o Direito Penal se presta à tutela subsidiária de bens jurídicos. O que se passa na mente das pessoas encontra-se fora do alcance da intervenção penal. Em seu âmbito interno, as pessoas podem alimentar más inclinações, pensamentos perversos, ideias macabras, orquestrar planos criminosos etc. Enquanto tais cogitações não forem exteriorizadas, não há razão para deflagrar a persecução criminal, sendo absolutamente indiferente ao Direito Penal. Em resumo, podemos asseverar que todo mundo possui o "direito" de ser mal, desde que não exteriorize essa maldade, violando bens jurídicos alheios.

A *cogitatio* que não se pune é essa vontade não exteriorizada do agente. Naturalmente, há situações em que o crime estará consumado quando existe vontade exteriorizada, ainda que não se tenha praticado qualquer ato material. É o que ocorre, por exemplo, em crimes como a associação criminosa (art. 288, CP), que se consuma com o vínculo de vontades entre os agentes, ainda que estes não tenham praticado qualquer outro crime.

Registre-se, ainda, que a *cogitatio* não se confunde com a premeditação. *Cogitatio*, como mencionamos, é a vontade não exteriorizada, ao passo que a premeditação corresponde ao planejamento articulado da conduta criminosa. Trata-se de maturar a ideia do crime, conduzindo à sua concretização.

A cogitação se concretiza em três momentos distintos:

a) **Idealização:** trata-se do momento em que a pessoa tem a ideia de cometer o crime.

b) **Deliberação:** nesta fase, o sujeito mensura os benefícios e malefícios possivelmente advindos do comportamento criminoso,

c) **Resolução:** o sujeito decide pela prática do crime.

1.3. Preparação

A segunda fase do *iter criminis* é a de atos preparatórios ou, simplesmente, preparação. Neste momento, já tem início a materialização da vontade do sujeito. Trata-se, portanto, do início da fase externa do crime, que abrange, também, os atos de execução, a consumação e o exaurimento. Esta fase também é conhecida pela expressão "*conatus remotus*".

Para que possamos, realmente, falar em atos preparatórios, imprescindível que tenhamos a exteriorização da vontade do agente, refletida na prática de atos materiais, mas que, em contrapartida, não se tenha iniciado a execução do crime. Podemos mencionar, como exemplo, a compra da arma em relação ao homicídio, a aquisição do veículo a ser empregado no crime de roubo, a obtenção do local para cativeiro no crime de extorsão mediante sequestro ou do instrumento para destruir o obstáculo para subtrair, no crime de furto etc.

Em regra, os atos preparatórios são impuníveis. Com efeito, de um modo geral, apenas se inicia a punição a partir dos atos de execução, conforme enunciado no art. 14, II, CP, que trata do instituto da tentativa.

Todavia, excepcionalmente, o legislador considera alguns atos preparatórios tão gravosos, que já os considera crimes autônomos. Nesta situação, os atos preparatórios de um crime podem caracterizar consumação de outro crime. No exemplo muito conhecido, a aquisição da arma em relação ao crime de homicídio é mero ato preparatório, razão pela qual não se poderá punir este homicídio. Todavia, se o agente não possui autorização para portar tal arma, estaremos diante de um crime de porte ilegal de arma de fogo (art. 14 da Lei nº 10.826/03). Outro exemplo muito empregado em doutrina diz respeito ao crime de petrechos para falsificação de moeda, ato preparatório do crime de moeda falsa (art. 289, CP), mas já considerado crime autônomo, nos termos do art. 291, CP.

Estes crimes, que constituem atos preparatórios de crimes mais graves, são chamados, em sede doutrinária, de **crimes-obstáculo**[6].

A Lei de Terrorismo (Lei nº 13.260/16) estabeleceu uma exceção à ideia de que os atos preparatórios são impuníveis. Consoante o disposto no art. 5º da referida Lei de Terrorismo:

> "Art. 5º Realizar atos preparatórios de terrorismo com o propósito inequívoco de consumar tal delito:
>
> Pena – a correspondente ao delito consumado, diminuída de um quarto até a metade".

Conforme se percebe, trata-se da expressa criminalização de atos preparatórios, o que destoa da regra do nosso ordenamento jurídico. Curioso, ainda, perceber que, para tal crime,

6 MASSON, Cleber. *Direito penal esquematizado: parte geral.* 10.ed. Rio de Janeiro: Forense; São Paulo: Método, 2016, p.363.

a causa de diminuição é de um quarto até metade, ou seja, menor do que a causa de diminuição prevista no art. 14 do Código Penal para a tentativa (um a dois terços), que exige o início de atos executórios.

Em sede doutrinária, já há quem aponte uma possível afronta ao princípio da proporcionalidade, na medida em que a legislação de combate ao terrorismo estaria violando a vedação ao excesso punitivo, trazendo uma pena desarrazoada. Em sentido contrário, argumenta-se que a legislação para uma modalidade de crime tão grave exige uma reprimenda penal igualmente mais recrudescida, antecipando-se a punição para evitar as consequências deletérias. Este último argumento afigura-se muito razoável, quando tratamos do crime relacionado a atos de terrorismo. De toda sorte, a jurisprudência nacional ainda não teve oportunidade de se debruçar sobre o tema.

1.4. Execução

A fase de execução (ou de atos executórios) diz respeito ao momento em que a conduta exteriorizada inicia a agressão ao bem jurídico que se pretendia tutelar, por meio do início da realização do núcleo do tipo, isto é, do verbo da conduta criminosa. Deste modo, a título de exemplo, inicia-se a execução do homicídio quando se efetuam os disparos, ou o furto quando se inicia a subtração da coisa móvel.

A regra, em nosso ordenamento jurídico, é a de que a punição da conduta se inicia na fase de execução. Esta regra encontra-se insculpida no art. 14, II, CP, quando menciona o início da execução como marco para se definir a tentativa. Sobre o instituto da tentativa, falaremos mais à frente.

Os atos executórios, para que sejam considerados como tais, **devem ser idôneos e inequívocos**.

Ato idôneo é aquele que tem aptidão para produzir o resultado. Se a tentativa for inidônea, isto é, incapaz de conduzir à produção do resultado pretendido, estaremos diante de um crime impossível, que não pode ser punido. Seria o exemplo em que alguém tenta matar outra pessoa empregando uma arma de brinquedo ou ministrando uma dose de substância inofensiva, no lugar da substância venenosa.

Ato inequívoco ocorre quando não há dúvida de que a sua prática destinava-se à consumação do crime. Aqui, uma vez mais, devemos recordar que a dúvida haverá de militar em benefício do réu. Deste modo, se a exteriorização da conduta trouxer dúvida em relação à sua destinação à prática da infração penal, não teremos um ato inequívoco, razão pela qual não poderemos falar em início de atos de execução. Se, por exemplo, o agente deflagra um disparo, mas há uma grande dúvida em torno da sua intenção homicida (não se sabe se ele queria matar, lesionar, assustar etc.), não podemos falar em homicídio tentado.

Como se percebe, para os crimes em geral, é fundamental estabelecer a diferença, no caso concreto, entre atos preparatórios e atos de execução, porquanto os primeiros são impuníveis, ao passo que os demais marcam o início da punição do crime, ainda que em sua modalidade tentada.

E mesmo para o crime de terrorismo é fundamental tal distinção, para que se saiba se a conduta será enquadrada no artigo em análise ou na modalidade tentada em sentido estrito.

1.4.1. Distinção entre atos preparatórios e atos executórios

Algumas teorias foram construídas para tentar identificar o momento em que se inicia a fase de execução do crime. A rigor, a doutrina continua a divergir sobre qual das teorias é a mais adequada, sobretudo quando se depara com alguns casos concretos que suscitam dúvidas de relevo. Não se pode perder de perspectiva, que, no caso concreto, a dúvida continuará a ser interpretada em benefício do réu, razão pela qual se ela subsistir, deve o julgador entender que não houve início de execução, e, portanto, não há tentativa.

Podemos analisar um exemplo, para tratar das teorias a respeito do tema. Vamos imaginar que Fernando ingressa em um *shopping center*, com a pretensão de subtrair os bens de algumas lojas. Seguindo o plano que havia traçado, vai ao banheiro no horário próximo ao fechamento do shopping. Sua ideia seria permanecer por lá, arrombar alguma loja durante a madrugada, levar os bens furtados de volta ao banheiro, e, pela manhã, no horário de abertura do *shopping*, sair de lá, seguindo o fluxo dos frequentadores do local[7]. Encontrado ainda no banheiro por um dos seguranças do *shopping*, foi preso por tentativa de furto.

Diante deste exemplo, indagamos: realmente houve tentativa de furto? Tendo em vista que somente podemos falar em tentativa quando se iniciam os atos executórios, a pergunta mais adequada seria: realmente foram iniciados os atos executórios em relação ao crime de furto?

A resposta dependerá da teoria adotada.

Entre as teorias existentes para diferenciar atos preparatórios de atos de execução, sobressaem em importância as seguintes.

a) Teoria negativa: os adeptos da teoria negativa não reconhecem relevância na distinção entre as fases que compõem o *iter criminis*. Conforme o que sustentava tal teoria, "mais importante que a delimitação do momento da tentativa de delito, era não deixar impune seu autor, desde que detectada sua vontade de realização delitiva"[8].

Sendo impossível a criação de uma regra geral para delimitar a distinção entre atos preparatórios e executórios, a definição da tentativa ficaria a critério do juiz, no caso concreto.

b) Teoria subjetiva (ou subjetiva pura): como o próprio nome indica, esta teoria confere primazia ao elemento interno do autor, isto é, o elemento subjetivo, volitivo, a vontade. Para esta teoria, haverá tentativa quando o agente manifestar, de forma inequívoca, manifestar sua intenção criminosa. Não haveria, portanto, distinção entre atos preparatórios e atos executórios, de modo que esta manifestação inequívoca da vontade de praticar o crime já permitiria a condenação pela tentativa[9].

No exemplo citado, se vingasse a teoria subjetiva, o agente já seria, realmente, punido por crime de furto tentado.

---

7 Este exemplo foi inspirado em um caso concreto, ocorrido em uma grande capital do país, com ampla repercussão nacional.

8 BUSATO, Paulo César. *Direito penal: parte geral.* São Paulo: Atlas, 2013, p.661.

9 GRECO, Rogério. *Código penal comentado.* 5.ed. Impetus: Niterói, 2011, p.46.

Vale registrar que a teoria subjetiva não conta com muitos adeptos, sobretudo por força da ausência de distinção entre atos preparatórios e atos executórios, mas também por conta da ausência de um critério mais objetivo para se levar a cabo o momento da exteriorização da vontade do agente.

c) **Teoria objetiva:** trata-se, em verdade, de um grupo de teoria que se contrapõe à teoria subjetiva, na medida em que o início da punição da conduta, em sua modalidade tentada, não fica apenas a critério do elemento interno do agente, mas sim da exteriorização de seus atos, dirigidos à prática do crime. Esta teoria objetiva divide-se em:

c.1) Teoria objetivo-formal: para esta teoria, apenas existe início de execução quando o agente inicia a realização do núcleo do tipo, isto é, do verbo da conduta criminosa. No exemplo mencionado, devemos recordar que o núcleo do tipo penal do furto (art. 155, CP) é o verbo "subtrair". Deste modo, apenas poderíamos falar em tentativa quando o agente iniciasse a subtração do bem, o que não ocorreu no caso concreto.

Esta ainda é a corrente doutrinária preferida da doutrina nacional[10]. Destoando do entendimento majoritário, e avesso a esta teoria Rogério Sanches assevera que ela "redunda numa insuficiente intervenção do Estado, esperando para punir o agente apenas quando estiver muito próximo da consumação, excluindo atos que, apesar de anteriores à execução do núcleo, são importantes na consecução do delito"[11].

c.2) Teoria objetivo-material: sob a perspectiva desta corrente doutrinária, atos executórios são aqueles em que se realiza o núcleo do tipo, mas também aqueles que são imediatamente anteriores e imprescindíveis à sua realização. O julgador atua como uma espécie de terceiro observador, isto é, alguém que está de fora, acompanhando a conduta. No nosso exemplo, a conduta daquele que já se encontra escondido no shopping caracterizaria um ato executório.

c.3) Teoria da hostilidade ao bem jurídico: conforme esta teoria, atos executórios são aqueles em que há um ataque, efetivo e imediato, ao bem jurídico. Ato preparatório, em contrapartida, seria aquele que possibilita, mas ainda não caracteriza esse ataque.

c.4) Teoria objetivo-individual (ou objetivo-subjetiva): assim como a teoria objetivo-material, esta objetiva complementar a teoria objetivo-formal. Consoante seus adeptos, a execução se inicia não apenas quando o agente inicia a realização do núcleo do tipo, mas também quando pratica atos imediatamente anteriores, de acordo o seu **plano concreto.** Aqui, portanto, não vale a figura do terceiro observador. Não há uma análise externa, mas sim uma análise concreta da conduta do próprio agente.

No exemplo que mencionamos, ao iniciar o tópico em apreço, destinado à distinção entre os atos preparatórios e os atos executórios, podemos asseverar que o autor já iniciou os atos executórios, porquanto os atos praticados são anteriores à realização do núcleo do tipo penal, mas se encontram na linha de desdobramento da conduta, de acordo com o plano concreto do autor.

---

10 Neste sentido, MASSON, Cleber. *Direito penal esquematizado: parte geral.* 10.ed. Rio de Janeiro: Forense; São Paulo: Método, 2016, p.365.

11 CUNHA, Rogério Sanches. *Manual de direito penal: parte geral.* ob. cit., p.171.

Esta teoria tem angariado a simpatia de significativa parcela de nossa doutrina, destacando-se, neste rol, José Henrique Pierangeli e Eugênio Raúl Zaffaroni. No âmbito da nossa jurisprudência, de igual sorte, já contou com a adesão do Superior Tribunal de Justiça, em seus julgados. Parece-nos, também, a teoria mais razoável, na medida em que não antecipa a imputação de modo exacerbado, nem se contenta, tão-somente, com a realização dos verbos do tipo penal.

Contudo, reiteramos que, na prática, nenhuma teoria é capaz de solucionar a contento todas as questões limítrofes entre atos preparatórios e atos executórios, razão pela qual continua a ser um tema muito delicado para a teoria do crime. Neste diapasão, não devemos olvidar que uma concreta dúvida no que concerne à identificação da natureza do ato praticado deverá conduzir, inegavelmente, à adoção da festejada fórmula *in dubio pro reo.*

1.5. Consumação

O crime estará consumado quando se reúnem todos os elementos de sua definição legal (art. 14, I, CP). Por outras palavras, a conduta do agente realiza tudo que estava previsto no tipo penal. Em um exemplo simplório, se o tipo penal do homicídio possui a fórmula "matar alguém", o crime restará consumado quando uma pessoa efetivamente lograr êxito em matar alguma outra pessoa. Este crime consumado é chamado de **completo, pleno ou perfeito**.

O momento consumativo do crime varia de acordo com a sua natureza. Deste modo, temos:

a) Crimes materiais (ou causais ou de resultado): a consumação pressupõe a produção do resultado naturalístico. Este resultado naturalístico corresponde a uma mudança provocada no mundo exterior, pela conduta do agente. Como exemplo de crime material, temos o, já mencionado, homicídio (art. 121, CP), cuja consumação pressupõe a morte. Esta morte é a alteração no mundo exterior.

b) Crimes formais (ou de resultado antecipado): a consumação não pressupõe a produção do resultado neles previsto. Nos crimes formais, a consumação ocorre com a conduta. O resultado pode ocorrer ou não, e caso ocorra, constitui mero **exaurimento**, pois o crime já havia se consumado com a conduta. Exemplo de crime formal pode ser encontrado na concussão (art. 316, CP).

c) Crimes de mera conduta (ou de mera atividade ou sem resultado) são aqueles cujo tipo descreve uma conduta (ação ou omissão) sem descrever um resultado. Assim, basta a prática da conduta para a consumação do crime. Não é possível obter um resultado no crime de mera conduta, nem mesmo a título de exaurimento. Exemplo de crime de mera conduta, temos na violação de domicílio (art. 150, CP).

d) Crime permanente é aquele cuja consumação se protrai no tempo, como no caso do sequestro e cárcere privado (art. 148, CP). Enquanto a conduta do agente está sendo realizada, o crime está sendo consumado.

e) Crime habitual é aquele que pressupõe a realização de uma conduta, de forma reiterada, de modo que a realização isolada constitui um indiferente penal.

f) Crimes de perigo são aqueles que se realizam com a mera exposição do bem jurídico a perigo de lesão. São divididos em crimes de **perigo concreto** e de **perigo abstrato**. Nos crimes de perigo concreto, a consumação do crime pressupõe um perigo real, efetivamente ocorrido, isto é, a conduta do agente expôs, no caso concreto, o bem jurídico a um perigo de lesão. Já os crimes de perigo abstrato (ou presumido) são aqueles que prescindem da ocorrência de um perigo real.

g) Crimes qualificados pelo resultado: o crime se consumará com a produção do resultado mais grave previsto em lei. Assim, por exemplo, o crime de lesão corporal qualificado pela morte (art. 129, §3º, CP) estará consumado quando a morte da vítima ocorrer.

h) Crimes omissivos próprios: o crime se consumará com a mera omissão do agente, isto é, com a mera abstenção da conduta descrita no tipo penal. Exemplo: omissão de socorro (art. 135, CP).

i) Crimes omissivos impróprios: são aqueles que pressupõem a figura do garantidor (art. 13, § 2º, CP). Estarão consumados quando a omissão do garantidor gerar o resultado previsto no tipo penal comissivo.

1.6. Exaurimento

Crime exaurido é aquele cuja figura típica foi completamente esgotada, porquanto alcançou a última fase do *iter criminis*, ou seja, a fase de exaurimento. Também é chamado de **crime esgotado**.

No exaurimento, existem resultados lesivos posteriores à consumação do crime. Como exemplo podemos citar o caso do crime de extorsão (art. 158, CP). Para que este crime se consume, basta que haja a exigência da vantagem indevida, sem a violência ou grave ameaça. O posterior recebimento da vantagem indevida é mero exaurimento da conduta criminosa. Neste caso, ocorrido o recebimento mencionado, estará presente o chamado crime exaurido.

Sob o ponto de vista da tipicidade, o exaurimento nem sequer integraria o *iter criminis*, porquanto os atos lesivos ocorrem após a consumação, isto é, após a caracterização do tipo penal.

A despeito disto, não se pode incorrer no equívoco de acreditar que o exaurimento não teria maiores consequências práticas. Devemos salientar que tais resultados lesivos, posteriores à consumação, podem ser analisados pelo julgador como modalidade de:

a) Circunstância judicial (art. 59, CP), porquanto diz respeito às consequências do crime.

b) Qualificadora: é o que ocorre, por exemplo, no crime de resistência (art. 329, §1º, CP).

c) Causa de aumento de pena: podemos invocar como exemplo o recebimento da vantagem indevida pelo funcionário público, no crime de corrupção passiva (art. 317, §1º, CP).

d) Crime autônomo: pode acontecer de, após a consumação do crime, o agente produzir um novo ato lesivo, que caracteriza crime autônomo. É o que ocorre, por exemplo, quando, após consumar o crime de sequestro qualificado pela finalidade libidinosa, o agente decide manter conjunção carnal, mediante violência contra a vítima. Neste caso, este último ato lesivo deverá, obviamente, ser punido, pois caracteriza crime de estupro (art. 213, CP).

Por fim, vale registrar que Zaffaroni e Pierangeli se reportam ao exaurimento empregando a expressão "consumação material".

1.7. Punição dos atos preparatórios

Como seria de se imaginar, a punição dos atos meramente preparatórios, prevista neste dispositivo legal tem sido alvo de severas críticas doutrinárias, notadamente por antecipar, em demasia, a intervenção penal. Fala-se, por isso mesmo, em afronta à proporcionalidade na seara da legislação penal.

Trata-se, contudo, de uma nova modalidade de crime, que tem demandado uma nova forma de prevenção e repressão. Até o momento, não há manifestação jurisprudencial acerca da constitucionalidade do dispositivo legal.

2. QUESTÕES DE CONCURSOS

1. **(FCC/DPE-SC/Defensor Público/2017)** A Lei Antiterrorismo (Lei nº 13.260/2016) prevê a punição de atos preparatórios de terrorismo quando realizado com o propósito inequívoco de consumar o delito.

2. **(VUNESP/PC-SP/Investigador de Polícia Civil/2018)** Nos termos da Lei n° 13.260/16 (Lei Antiterrorismo), aquele que realizar atos preparatórios de terrorismo com o propósito inequívoco de consumar tal delito

a) responderá por tentativa de terrorismo e também por organização criminosa.

b) responderá por contravenção penal.

c) responderá somente por crime previsto na Lei de Organização Criminosa.

d) responderá pelo delito consumado com diminuição de pena.

e) não responderá por qualquer delito, por se tratar de fato atípico.

GAB	1	2
	C	D

Art. 6º Receber, prover, oferecer, obter, guardar, manter em depósito, solicitar, investir, de qualquer modo, direta ou indiretamente, recursos, ativos, bens, direitos, valores ou serviços de qualquer natureza, para o planejamento, a preparação ou a execução dos crimes previstos nesta Lei:

Pena - reclusão, de quinze a trinta anos.

Parágrafo único. Incorre na mesma pena quem oferecer ou receber, obtiver, guardar, mantiver em depósito, solicitar, investir ou de qualquer modo contribuir para a obtenção de ativo, bem ou recurso financeiro, com a finalidade de financiar, total ou parcialmente, pessoa, grupo de pessoas, associação, entidade, organização criminosa que tenha como atividade principal ou secundária, mesmo em caráter eventual, a prática dos crimes previstos nesta Lei.

1. COMENTÁRIOS

1.1. Considerações iniciais

O legislador, neste tipo penal, pretendeu reprimir com mais contundência as condutas relacionadas ao financiamento ao terrorismo. É possível perceber com muita clareza este maior rigor na reprimenda penal, quando constatamos que a pena prevista na espécie de reclusão de

15 (quinze) a 30 (trinta) anos, ao passo que as condutas caracterizadoras dos atos de terrorismo propriamente dito, estampadas no art. 2º da presente Lei possuem gradação de 12 (doze) a 30 (trinta) anos. Trata-se de patamar mínimo de pena consideravelmente menor, portanto.

No particular, o legislador adotou uma linha muito similar àqueloutra que já havia adotado por ocasião da Lei de Drogas. Basta percebermos que o tráfico de drogas, propriamente dito, previsto no art. 33, *caput* da Lei nº 11.343/06, possui pena de reclusão de 05 (cinco) a 15 (quinze) anos, e pena de multa que varia de 500 (quinhentos) a 1.500 (mil e quinhentos) dias-multa. Por outro lado, o crime de financiamento, previsto no art. 36 da mesma Lei possui pena de reclusão, de 8 (oito) a 20 (vinte) anos, e pagamento de 1.500 (mil e quinhentos) a 4.000 (quatro mil) dias-multa.

Há, portanto, uma tendência legislativa em reprimir com maior rigor as condutas relacionadas ao financiamento de outras condutas criminosas. A medida parece-nos adequada e salutar. Não há como negar que é o financiamento das condutas delitivas, notadamente daquelas que envolvem grandes organizações criminosas, o motor de tal modalidade de delinquência.

No tipo penal em comento, curiosamente, não foi prevista pena de multa. A ausência da sanção pecuniária não deixa de causar certa perplexidade, notadamente por se tratar de conduta criminosa relacionada a atividades patrimoniais.

1.2. Tipicidade objetiva

As condutas previstas no tipo penal consistem em:

a) Receber: obter, adquirir.

b) Prover: financiar, custear.

c) Oferecer: apresentar, sugerir.

d) Obter: adquirir.

e) Guardar: acondicionar, conservar, ocultar, proteger, tomar conta, ter sob vigilância, em geral de forma clandestina.

e) Manter em depósito: manter armazenado, conservar.

f) Solicitar: pedir, requerer.

g) Investir: aplicar.

Algumas condutas caracterizam crime permanente, tais como aquelas regidas pelos verbos "guardar", "manter" (em depósito).

1.3. Sujeitos

Qualquer pessoa pode ser sujeito ativo do crime. Trata-se, portanto de crime comum, não se exigindo qualquer qualidade especial do agente.

Sujeito passivo é a coletividade. Sujeito passivo indireto é o Estado.

1.4. Objetos

Objeto jurídico do crime é a paz pública.

Objeto material são os recursos, ativos, bens, direitos, valores ou serviços de qualquer natureza.

1.5. Elemento subjetivo

Elemento subjetivo do crime é o dolo, consistente na vontade livre e consciente de praticar alguma das condutas descritas no tipo penal.

Não há previsão para a modalidade culposa.

1.6. Consumação e tentativa

Ocorrerá a consumação do crime quando houver a prática de qualquer das condutas descritas no tipo penal. Trata-se, uma vez mais, de tipo penal misto alternativo, razão pela qual a eventual realização de mais de uma conduta, no mesmo contexto fático, dará ensejo a apenas um crime.

1.7. Ação penal

A ação penal é pública incondicionada.

1.8. Penas

A pena prevista para o crime é de "reclusão, de 15 (quinze) a 30 (trinta) anos".

A partir dessa constatação, em relação à pena privativa de liberdade, podemos concluir que:

a) Não cabe a transação penal (art. 76, Lei nº 9.099/95), pois não se trata de infração penal de menor potencial ofensivo (a pena máxima ultrapassa dois anos).

b) Não cabe a aplicação da suspensão condicional do processo (art. 89, Lei nº 9.099/95), pois a pena mínima ultrapassa 1 (um) ano.

c) É pouco provável a conversão da pena privativa de liberdade em perna restritiva de direitos (art. 44, CP), pois tal conversão é possível quando a pena efetivamente imposta pelo juiz na sentença, em crime doloso sem violência ou grave ameaça, não ultrapassa 4 (quatro) anos. Naturalmente, é necessário que se façam presentes os demais requisitos.

Art. 7º Salvo quando for elementar da prática de qualquer crime previsto nesta Lei, se de algum deles resultar lesão corporal grave, aumenta-se a pena de um terço, se resultar morte, aumenta-se a pena da metade.

1. COMENTÁRIOS

O art. 7º da Lei de Terrorismo traz uma causa de aumento (ou majorante) de pena para os crimes nela existentes. As majorantes devem ser valoradas pelo julgador na terceira fase da dosimetria da pena. Conforme se depreende, a partir da leitura do dispositivo legal, a primeira causa de aumento de pena ocorre quando da prática dos crimes resultar lesão corporal grave.

Neste ponto, não será demasiado recordar que as hipóteses de lesão corporal grave estão contidas nos §§ 1º e 2º do art. 129 do Código Penal, com a seguinte redação.

> "§ 1º Se resulta:
>
> I - Incapacidade para as ocupações habituais, por mais de trinta dias;
>
> II - perigo de vida;
>
> III - debilidade permanente de membro, sentido ou função;
>
> IV - aceleração de parto:
>
> Pena - reclusão, de um a cinco anos.
>
> § 2° Se resulta:
>
> I - Incapacidade permanente para o trabalho;
>
> II - enfermidade incurável;
>
> III perda ou inutilização do membro, sentido ou função;
>
> IV - deformidade permanente;
>
> V - aborto:
>
> Pena - reclusão, de dois a oito anos".

As hipóteses contidas no §2º do artigo 129 são conhecidas, em sede doutrinária e jurisprudencial, como lesão corporal gravíssima, malgrado o art. 129 não empregue tal expressão. Aliás, a expressão lesão corporal gravíssima é utilizada, inclusive, pela legislação, pois há menção a ela na Lei de Tortura (art. 1º, §3º) e na Lei de Crimes Hediondos (art. 1º, I-A).

Na Lei de Terrorismo, como se vê, optou-se pela tradicional expressão "lesão corporal grave", que abrange tanto as hipóteses do §1º quanto as do §2º do artigo 129 do nosso Código Penal.

A outra causa de aumento de pena diz respeito ao resultado morte. Neste caso, a pena será aumentada até a metade.

O art. 7º faz expressa ressalva de sua aplicação àquelas situações em que a produção de lesão corporal grave ou morte já constituem elementar do crime. Neste caso, naturalmente, a valoração da causa de aumento de pena constituiria *bis in idem.*

Art. 8º (VETADO).

Art. 9º (VETADO).

Art. 10. Mesmo antes de iniciada a execução do crime de terrorismo, na hipótese do art. 5º desta Lei, aplicam-se as disposições do art. 15 do Decreto-Lei nº 2.848, de 7 de dezembro de 1940 - Código Penal.

1. COMENTÁRIOS

1.1. Considerações iniciais

O art. 15 do Código Penal, mencionado no dispositivo legal em apreço trata dos institutos da desistência voluntária e do arrependimento eficaz.

1.2. Desistência voluntária e arrependimento eficaz

1.2.1. Conceito e previsão legal

O art. 15 do Código Penal trata, concomitantemente, da desistência voluntária e do arrependimento eficaz, possuindo a seguinte redação: "O agente que, voluntariamente, desiste de prosseguir na execução ou impede que o resultado se produza, só responde pelos atos já praticados".

1.2.2. Desistência voluntária

A desistência voluntária está contida na primeira parte do dispositivo legal acima transcrito, e ocorre, portanto, quando o agente inicia os atos de execução, mas desiste de prosseguir, muito embora fosse possível fazê-lo. Trata-se, como se vê, de uma **tentativa abandonada.**

Podemos imaginar um exemplo bem simples, no qual o agente inicia disparos, objetivando matar a vítima. Após atingir a vítima, que já se encontra encurralada e indefesa, o agente pode continuar a atirar e consumar o homicídio inicialmente pretendido. Todavia, ele desiste voluntariamente de prosseguir em seu intento, evitando a consumação do crime.

A desistência voluntária e a tentativa se diferenciam, portanto, porque na primeira o crime não se consuma por circunstâncias alheias à vontade do agente, ao passo que, na desistência voluntária, o agente poderia prosseguir na execução, até alcançar a consumação, mas abandona seu intento inicial. Consoante a prestigiada **fórmula de Frank**, na tentativa, o agente diz a si mesmo: "quero prosseguir, mas não posso", enquanto na desistência voluntária ele dirá: "posso prosseguir, mas não quero".

1.2.3. Arrependimento eficaz

O arrependimento eficaz, também chamado de **resipiscência**[12] está previsto na parte final do art. 15, CP. Ocorre quando o agente exauriu sua potencialidade lesiva, isto é, encerrou o processo executório para, em seguida, arrependido, envidar esforços e conseguir evitar o resultado. É o clássico exemplo em que o agente deflagra todos os disparos na vítima, para, em seguida, socorrê-la, conduzindo-a a um hospital, onde os médicos conseguem salvá-la.

Percebemos que a diferença em relação à desistência voluntária é que, aqui no arrependimento eficaz, o agente não conseguiria prosseguir nos atos executórios, pois eles já se haviam encerrado. Esta a razão pela qual se diz que **a desistência voluntária é compatível com a tentativa inacabada e o arrependimento eficaz é compatível com a tentativa acabada**.

Outra distinção importante: pelo que já foi exposto, percebemos que a **desistência voluntária pressupõe uma abstenção do agente**[13], pois exige que ele cesse o processo executório

12 JESUS, Damásio E. *ob. cit.*, p.384.

13 A exceção fica por conta dos crimes comissivos por omissão. Nestes, o garantidor inicia a execução com uma abstenção (ex.: a mãe que deixa, dolosamente, de amamentar o filho, com intenção de matá-lo). Por essa razão, a cessação da execução decorre de uma conduta positiva do agente (ex.: a mãe cessa a omissão, amamentando o bebê).

que havia iniciado. Por outro lado, **o arrependimento eficaz exige uma ação do agente,** no sentido de que lhe cabe agir para evitar o resultado.

Importante destacar que é possível falar em arrependimento eficaz apenas nos crimes materiais (consumam-se coma produção do resultado naturalístico), haja vista o fato de o art. 15 exigir que se evite o resultado. Como se sabe, nos crimes formais e de mera conduta, o crime se consumará com a conduta (independentemente de produção de resultado), não se podendo falar em arrependimento eficaz.

1.2.4. Requisitos

A desistência voluntária e o arrependimento eficaz possuem como requisitos a **voluntariedade e a eficácia.**

a) Voluntariedade: para que possa falar nos institutos em estudo é necessário que haja a conduta voluntária. **Não é necessário que exista a espontaneidade.** Neste diapasão, conveniente relembrar que ato voluntário é aquele que, como o nome indica, depende de ato de vontade (livre e consciente) do agente. Já a conduta espontânea é aquela não apenas proveniente da vontade do agente, mas, mais que isto, deriva de iniciativa do próprio agente.

Para esclarecer a questão, podemos invocar, novamente, o exemplo acima citado para a desistência voluntária, no qual o agente inicia os atos de execução, alvejando a vítima, para, em seguida, desistir de prosseguir. Se imaginarmos que o agente desistiu atendendo a um pedido da vítima ou de uma terceira pessoa, teremos uma desistência voluntária, porém não espontânea. Se, por outro lado, imaginarmos que foi o próprio agente que, refletindo sobre a situação, percebe a desnecessidade do ato e recolhe sua arma de fogo, teremos uma desistência que, além de voluntária, foi espontânea.

Em resumo, depreende-se destes argumentos que toda desistência espontânea é também voluntária, mas nem toda desistência voluntária será espontânea. Como dito acima, para que se verifique a incidência do disposto no art. 15, CP, primeira parte, basta que a desistência seja voluntária, pouco importando se será ela espontânea ou não. Estes mesmos argumentos cabem para o arrependimento eficaz.

As razões que conduzem à desistência voluntária ou ao arrependimento eficaz são absolutamente indiferentes. Não importa se o agente passa a sentir remorso, compaixão, misericórdia ou se avalia as consequências penais de sua conduta. Mas é importante assinalar que **a voluntariedade pressupõe efetiva ausência de obstáculo concreto que impeça a consumação do delito**[14]. No exemplo acima citado, teremos desistência voluntária quando o agente atende ao pedido da vítima ou de terceiro. Se, porém, a vítima ou terceiro impedem a produção do resultado, detendo o agente de algum modo, não se poderá, em absoluto, asseverar que houve desistência voluntária.

14 QUEIROZ, Paulo. *Curso de direito penal: parte geral.* 10. ed. Salvador: JusPodivm, 201 p.308-309.

b) Eficácia: para que se possa falar em desistência voluntária ou em arrependimento eficaz, é necessário que se consiga evitar a consumação do crime. Se, a despeito da voluntariedade da conduta, houver a consumação do crime, o agente deverá responder pelo crime consumado.

1.2.5. Natureza jurídica

É polêmica a questão em torno da natureza jurídica da desistência voluntaria e do arrependimento eficaz. É possível identificarmos, pelo menos, três correntes doutrinárias:

a) Causa de extinção de punibilidade: este era o entendimento, entre outros, de Nelson Hungria. Para o autor, a desistência voluntária e o arrependimento eficaz constituiriam causas de extinção da punibilidade não previstas no art. 107 do Código Penal.

b) Causa de exclusão da culpabilidade: doutrina que não desfruta de muito prestígio no Brasil, sufraga a tese de que, se o agente não produziu o resultado inicialmente pretendido por ato voluntário, afasta-se do juízo de reprovabilidade. Tem como defensores Hans Welzes e Claus Roxin[15].

c) Causa de exclusão da adequação típica: é o entendimento de autores como Cezar Bitencourt[16], Damásio de Jesus, Heleno Claudio Fragoso, entre outros. É também o entendimento majoritário em sede jurisprudencial. Parece-nos, realmente, o entendimento mais razoável. As consequências apontadas no art. 15, CP revelam que os institutos promovem uma alteração da adequação típica das condutas, podendo-se falar em uma atipicidade absoluta (conduta deixa de ser típica) ou relativa (passamos a ter um novo tipo penal).

1.2.6. Consequências

Conforme previsto no art. 15, CP, a desistência voluntária e o arrependimento eficaz possuem como consequência fazer com que o agente responda apenas pelos atos praticados até aquele momento (atipicidade relativa). Se os atos praticados até o momento não possuírem relevância para o Direito Penal, o agente não responderá por nada (atipicidade absoluta). A grande peculiaridade é que estes institutos fazem com que se desconsidere o dolo inicial do agente.

Exemplo: Caim, com intenção de matar, deflagra disparos em seu irmão Abel, que é atingido. Neste momento, Eva, mãe de ambos, chega ao local e pede a seu filho Caim que interrompa a ação homicida. Caim atende ao pedido da mãe, desistindo voluntariamente de prosseguir. Neste caso de desistência voluntária, Caim responderia apenas pelas lesões corporais produzidas em Abel. O dolo de matar de que era portador inicialmente não é levado em consideração.

A desconsideração do dolo inicial é imprescindível, pois, se assim não fosse, o agente responderia pelo crime de homicídio tentado. Neste caso, não haveria qualquer diferença entre os institutos do art. 15, CP e a tentativa.

---

15 MASSON, Cleber. *Ob. cit.*, p.388.

16 BITENCOURT, Cezar Roberto. *Ob. cit.*, p.474.

Esta regra do art. 15, CP, que faz com que o agente responda apenas pelos atos até então praticados (com a consequente desconsideração do dolo inicial) é conhecida, em doutrina, como **tentativa qualificada.** E isto porque a tentativa qualificada contém um crime menos grave, já consumado. Ora, nas situações do art. 15, CP, o agente não responderá pelo seu dolo inicial (ex.: matar), mas responderá, se for o caso, por crime de menor gravidade já consumado (ex.: lesão corporal).

1.3. Desistência voluntária e arrependimento eficaz na lei de terrorismo

Como se vê, o art. 10 da Lei de Terrorismo excepciona as regras pertinentes à desistência voluntária e ao arrependimento eficaz. E isto porque estes institutos somente se justificam a partir do momento em que se iniciam os atos de execução. O dispositivo legal em comento, todavia, permite que se fale nestes institutos mesmo antes de iniciada a execução.

A opção legislativa foi acertada, na medida em que se encontra em consonância com o art. 5º da mesma Lei, que permite a punição ainda na fase de atos preparatórios. Ora, se é possível punir a pessoa pela pratica de atos preparatórios, deve ser-lhe oportunizada a desistência voluntária e o arrependimento eficaz, com os benefícios dele advindos.

Na prática, todavia, não podemos deixar de perceber que, dificilmente, viabilizar-se-ia a incidência do instituto do arrependimento eficaz, porquanto este instituto pressupõe não apenas o início, mas sim o fim do procedimento executório, com o exaurimento da potencialidade lesiva do agente. E não nos parece razoável que se admita o exaurimento da potencialidade lesiva antes mesmo de iniciados os atos de execução.

2. QUESTÕES DE CONCURSOS

1. **(MPE-GO/Promotor de Justiça Substituto/2016 – adaptada)** É penalmente típica a conduta de realizar atos preparatórios de terrorismo com o propósito inequívoco de consumar tal delito. Essa hipótese configura um crime obstáculo que não se compraz, segundo a Lei 13.260/2016, com a resipiscência.

GAB	1
	E

Art. 11. Para todos os efeitos legais, considera-se que os crimes previstos nesta Lei são praticados contra o interesse da União, cabendo à Polícia Federal a investigação criminal, em sede de inquérito policial, e à Justiça Federal o seu processamento e julgamento, nos termos do inciso IV do art. 109 da Constituição Federal.

Parágrafo único. (VETADO).

1. COMENTÁRIOS

1.1. Competência federal

A competência da Justiça Federal vem definida, de forma taxativa, no art. 109 da Constituição Federal de 1988.

No que se refere à competência em matéria penal, temos que compete à Justiça Federal processar e julgar: "Os crimes políticos e as infrações penais praticadas em detrimento de bens, serviços ou interesse da União ou de suas entidades autárquicas ou empresas públicas, excluídas as contravenções e ressalvada a competência da Justiça Militar e da Justiça Eleitoral" (art. 109, IV, CF).

Há outros casos de competência federal em matéria penal, enumerados no art. 109 da Carta Magna. Contudo, abstemo-nos de comentários em relação às demais hipóteses, porquanto o dispositivo da Lei de Terrorismo, em comento, faz alusão a **interesse da União.** Resta claro, portanto, que tenta amoldar a conduta ao art. 109, IV, CF.

Passemos, então, aos comentários em relação a este dispositivo constitucional, para, em um segundo momento, apresentarmos nossa crítica ao art. 11 da Lei de terrorismo, que nos parece eivado de inconstitucionalidade.

a.1) Ressalva à Justiça Militar e Eleitoral

A Justiça Federal integra a Justiça Comum e, por isso, a sua competência será afastada quando se fizer presente um crime da competência das Justiças Especializadas (Eleitoral ou Militar).

É necessário recordar que compete à Justiça Eleitoral processar e julgar os crimes eleitorais e os que lhe são conexos[17]. Por sua vez, cabe à Justiça Militar nos Estados processar e julgar os crimes militares praticados por militares estaduais e à Justiça Militar da União processar e julgar os crimes militares praticados por militares das Forças Armadas, bem como os crimes praticados por civis contra as instituições militares.

Aliás, quando a questão envolve a competência da Justiça Militar, temos os seguintes verbetes de súmulas solucionando eventuais conflitos:

> **Súmula nº 06/STJ:** "Compete à Justiça Comum Estadual processar e julgar delito decorrente de acidente de trânsito envolvendo viatura de Polícia Militar, salvo se autor e vítima forem policiais militares em situação de atividade".
>
> **Súmula nº 53/STJ:** "Compete à Justiça Comum Estadual processar e julgar civil acusado de prática de crime contra instituições militares estaduais".
>
> **Súmula nº 75/STJ:** "Compete à Justiça Comum Estadual processar e julgar o policial militar por crime de promover ou facilitar a fuga de preso de Estabelecimento Penal".
>
> **Súmula nº 78/STJ:** "Compete à Justiça Militar processar e julgar policial de corporação estadual, ainda que o delito tenha sido praticado em outra unidade federativa".

17. O STF avivou que quando houver conexão de crimes eleitorais com crimes de competência da justiça comum federal, deve prevalecer a competência daquela justiça especializada eleitoral. Seguindo essa linha, por sua Segunda Turma e por maioria, a Suprema Corte deu provimento a agravo regimental interposto contra decisão que havia determinado a cisão de investigações com a remessa de declarações prestadas em colaboração premiada às Seções Judiciárias do Distrito Federal e do Paraná", para – considerando a matéria "única e exclusivamente eleitoral, e, por se tratar de delitos eleitorais conexos com crimes comuns" – ordenar seu processamento naquela justiça especializada. De tal modo, o Colegiado "determinou o envio dos termos de depoimento dos colaboradores e de eventual documentação correlata à Justiça Eleitoral" (STF – Segunda Turma – PET 7319/DF, rel. Min. Edson Fachin, julgamento em 27.3.2018 -Informativo 895, de 19 a 30 de março de 2018).

> **Súmula nº 90/STJ:** "Compete à Justiça Estadual Militar processar e julgar o policial militar pela prática do crime militar, e à Comum pela prática do crime comum simultâneo àquele".
>
> **Súmula nº 172/STJ:** "Compete à Justiça Comum processar e julgar militar por crime de abuso de autoridade, ainda que praticado em serviço".

É, porém, de competência da Justiça Federal, e não da Militar, os crimes de falsificação e de uso de documento falso, quando expedidos pela Marinha do Brasil. É o que consta da súmula vinculante nº 36, publicada em, nos seguintes termos:

> **Súmula vinculante nº 36:** "Compete à Justiça Federal comum processar e julgar civil denunciado pelos crimes de falsificação e de uso de documento falso quando se tratar de falsificação da Caderneta de Inscrição e Registro (CIR) ou de Carteira de Habilitação de Amador (CHA), ainda que expedida pela Marinha do Brasil".

Ainda quanto à Justiça Militar – incluída na ressalva da competência da Justiça Federal –, é importante ter-se em consideração as disposições da Lei nº 13.491/2017 que, a nosso ver, afetaram a competência da Justiça Militar da União, mantendo, todavia, inalterada a competência da Justiça Militar dos estados. Deveras, a Lei nº 13.491/2017 expressa que a Justiça Militar da União deve julgar crime doloso contra a vida de civil perpetrado por militar das forças armadas em serviço. Trata-se de alteração de dispositivos do art. 9º, do Código Penal Militar, repercutindo, parcialmente, no conceito de crime militar.

É cediço que o § 4º, do art. 125, da Constituição Federal de 1988 (redação da Emenda Constitucional nº 45/2004), o legislador deixou evidenciado que somente deve haver Júri para julgar militares estaduais (policiais militares e bombeiros militares), acusados de crimes dolosos contra a vida. O novo enunciado conferido ao inciso II, do art. 9º, do Código Penal Militar, aviva que crime militar pode ter sede normativa em diploma legal diverso daquele Código. Pela redação do parágrafo único, atribuída pela Lei nº 12.432/2011, já havia remissão a crime militar em cotejo com legislação especial, aludindo à competência da Justiça Militar da União para julgar crimes envolvendo ações de abates a aeronaves, nos termos do Código Brasileiro de Aeronáutica.

Veja-se que a atual redação do § 1º, do inciso II, do art. 9º, do Código Penal Militar, não altera o que já pacificado quanto à competência do Júri (Estadual) para julgar os militares estaduais quando, por exemplo, forem acusados do cometimento de homicídio doloso contra a vida de civil, haja vista que estampa que os crimes de que trata o aludido artigo, "quando dolosos contra a vida e cometidos por militares contra civil, serão da competência do Tribunal do Júri".

A autêntica inovação legislativa ficou por conta do § 2º, do inciso II, dado ao mesmo enunciado legal penal militar. Até então, tinha-se que:

(1) o crime doloso contra a vida de civil, cometido por militar das forças armadas em serviço, deveria ser julgado, como regra, por Júri constituído perante a Justiça Federal (por força do parágrafo único, do inciso III, do art. 9º, do CPM, c/c. o art. 4º, do Decreto-Lei nº 253/1967 – não com base no art. 125, § 4º, da CF/1988, restrito que é ao júri destinado aos militares estaduais); e

(2) o crime doloso contra a vida de civil, cometido por militar das forças armadas em atividade militar que implicasse abate de aeronaves, deveria – como ainda deve – ser julgado pela Justiça Militar da União (parágrafo único, do inciso III, do art. 9º, CPM, c/c. o art. 303, § 2º, do Código Brasileiro de Aeronáutica).

A Lei nº 13.491/2017 amplia a competência da Justiça Militar da União, devolvendo o que havia sido subtraído a partir das reformas sobre os enunciados do art. 9º, do Código Penal Militar, operadas pela Lei nº 9.299/1996 e seguintes[18]. Essa extensão de competência da Justiça Militar da União, com redução da competência do Júri Popular Federal, todavia, ocorre no momento em que as Forças Armadas passaram a exercer, ao menos eventualmente, a função atípica de "segurança pública interna"[19].

Sob o ponto de vista lógico, suprimir a competência do Júri Federal para julgamento dos crimes dolosos contra a vida de civil, imputados a membros das forças armadas, quando tais se derem no contexto de serviço similar ao da polícia ostensiva (polícia militar), conflita com o sentido do § 4º, do art. 125, da Constituição Federal (redação da Emenda Constitucional nº 45/2004).

Note-se que, nessa situação, a razão idêntica do § 4º, do art. 125, da Lei Maior de 1988, indica permitir a aplicação dessa disposição para estabelecer a competência do Júri no âmbito Federal. Afinal, *ubi eadem ratio ibi eadem legis dispositio*. Vale dizer, "onde existe a mesma razão, aí se aplica o mesmo dispositivo legal". Em poucas palavras, se o membro das Forças Armadas estiver no exercício de função própria da polícia militar, classificável como segurança pública, a teor do art. 144, da Constituição do Brasil, deverá ser submetido a Júri Popular, a ser formado na esfera da Justiça Federal, com esteio nas disposições aqui citadas.

Apesar de antevermos a possibilidade de polêmica intensa em torno da modificação legislativa em estudo, entendemos que ela não deve ser compreendida como forma de ampliar a competência da Justiça Militar dos Estados. Isso porque norma que permita que crime comum seja julgado pela Justiça Militar parece ferir balizas lógicas de uma visão de sistema especializado de justiça.

A nosso ver, é contradição semântica: (1) dizer que crime previsto em lei comum é crime militar (incorreto do ponto de vista lógico-semântico); (2) autorizar aplicação da legislação

18. Assim passou a dispor o § 2º, do inciso II, do art. 9º, do Código Penal Militar, que foi objeto de maior repercussão promovida pela Lei nº 13.491/2017: "§ 2º Os crimes de que trata este artigo, quando dolosos contra a vida e cometidos por militares das Forças Armadas contra civil, serão da competência da Justiça Militar da União, se praticados no contexto: I – do cumprimento de atribuições que lhes forem estabelecidas pelo Presidente da República ou pelo Ministro de Estado da Defesa; II – de ação que envolva a segurança de instituição militar ou de missão militar, mesmo que não beligerante; ou III – de atividade de natureza militar, de operação de paz, de garantia da lei e da ordem ou de atribuição subsidiária, realizadas em conformidade com o disposto no art. 142 da Constituição Federal e na forma dos seguintes diplomas legais: a) Lei nº 7.565, de 19 de dezembro de 1986 – Código Brasileiro de Aeronáutica; b) Lei Complementar nº 97, de 9 de junho de 1999; c) Decreto-Lei nº 1.002, de 21 de outubro de 1969 – Código de Processo Penal Militar; e d) Lei nº 4.737, de 15 de julho de 1965 – Código Eleitoral."

19. Sobre a divisão da competência da Justiça Militar da União, registramos que a Lei nº 13.774, de 19 de dezembro de 2018, promoveu a modificação de vários dispositivos da Lei Orgânica da Justiça Militar da União (Lei nº 8.457/1992).

penal comum sem atentar para os alicerces específicos que a Constituição prevê para instituições com o designativo "militar".

O resultado daí resultante seria, no nosso sistema, equivocado.

Uma via que podemos sugerir para minimizar o apontado retrocesso legislativo seria interpretação conforme a Constituição para imprimir ao novo texto sentido correto (semântica) e compatível com a estrutura do Estado Democrático de direito (sintaxe). Fechando a necessidade de correção sob a ótica da lógica e apontando que a Lei nº 13.491/2017 não deve ser interpretada declarativa ou extensivamente, sem que com isso resvale em inconstitucionalidade, reputamos que a função do direito processual penal militar propugna por competência reduzida, cujo critério nuclear, tradicionalmente, consiste no conceito de crime militar bem demarcado (pragmática), atrelado à noção de bens, interesses e serviços militares.

Pragmaticamente, tutela-se a liberdade do imputado militar que, somente no caso de crime militar (descrito em lei penal militar, ainda que extravagante), poderia ser processado pela justiça especializada castrense.

A uma exegese, portanto, deve ser estrita relativamente à alteração do inciso II, do art. 9º, do Código Penal Militar – CPM, quando refere que será considerado "crime militar", nas situações ali indicadas, os previstos "no Código Penal Militar e na legislação penal".

Só deve ser crime militar o delito previsto em diploma legal diverso do CPM, se houver previsão legal expressa e específica quanto ao crime da legislação extravagante (como a hipótese de delitos que envolvam abate de aeronave). Nesse sentido, não devemos entender extensivamente o conceito de crime militar para nele se acomodar toda e qualquer infração comum.

Do contrário, a Justiça Militar Estadual passaria a julgar crimes (e talvez contravenções?) cometidos por militares estaduais em serviço, inclusive contra civil. Por exemplo: crime de abuso de autoridade, crime de tortura, dentre outros que, tradicionalmente, são infrações penais comuns e, desse modo, julgadas pela Justiça Comum (Estadual, como regra). Também os respectivos órgãos de investigação das milícias passariam a apurar tais fatos supostamente ocorridos em serviço militar, o que seria de todo violador das repartições de atribuições e competências que migram da Constituição às leis.

a.2) Crimes políticos

No que se refere aos crimes políticos, o entendimento majoritário é no sentido de que são, na verdade, crimes contra a segurança nacional e a ordem política e social, previstos na Lei nº 7.170/83, que, em seu artigo 1º, anuncia: "Esta Lei prevê os crimes que lesam ou expõem a perigo de lesão: **I** – a integridade territorial e a soberania nacional; **II** – o regime representativo e democrático, a Federação e o estado de Direito; **III** – a pessoa dos chefes dos Poderes da União".

Aliás, convém recordar que, antes do advento da nossa Lei de Terrorismo, alguns segmentos da doutrina sustentavam a ideia de que o terrorismo já se encontrava tipificado no art. 20 desta Lei de Segurança Nacional. Para quem sustentava tal tese, tratava-se, à toda vista, de crime de competência da Justiça Federal, porquanto seria identificado como crime político.

Com a entrada em vigor da Lei nº 13.260/16, mesmo aqueles que sustentavam já existir o crime de terrorismo no Brasil hão de reconhecer que a conduta teria sido tacitamente revogada, uma vez que a Lei em apreço regulamenta integralmente a matéria. E não haveria que se falar, sob a égide da legislação em vigor, em crime de terrorismo como crime político, porquanto não se trata de crime contra a segurança nacional.

a.3) Ressalva às contravenções penais

O texto constitucional foi expresso ao retirar da competência da Justiça Federal o julgamento das contravenções penais (infrações previstas no Decreto-Lei nº 3.688/41). O Superior Tribunal de Justiça editou o enunciado nº 38 da súmula de sua jurisprudência, no mesmo sentido do texto constitucional.

> **Súmula nº 38/STJ:** "Compete à Justiça Estadual Comum, na vigência da Constituição de 1988, o processo por contravenção penal, ainda que praticada em detrimento de bens, serviços ou interesse da União ou de suas entidades".

E se a contravenção penal for conexa a crime de competência da Justiça Federal?

A 3ª Seção do STJ, no julgamento do Conflito de Competência 120.406-RJ decidiu: "É da competência da Justiça Estadual o julgamento de contravenções penais, mesmo que conexas com delitos de competência da Justiça Federal".

Não se pode ignorar, porém, que, sendo o contraventor detentor de foro por prerrogativa de função em Tribunal Federal, a Justiça Federal deve processar e julgar a contravenção penal objeto da acusação.

a.4) Ressalva às sociedades de economia mista

O dispositivo constitucional faz menção a crimes praticados contra bens, serviços ou interesses da União, suas entidades autárquicas ou empresas públicas. Seguindo esta linha, o Superior Tribunal de Justiça editou o esclarecedor enunciado nº 42 da sua súmula de jurisprudência, nos seguintes termos:

> **Súmula nº 42/STJ:** "Compete à Justiça Comum Estadual processar e julgar as causas cíveis em que é parte sociedade de economia mista e os crimes praticados em seu detrimento".

E é por isto que, como sumamente reiterado pela nossa jurisprudência, roubo praticado contra uma agência da Caixa Econômica Federal ou Empresa Brasileira de Correios e Telégrafos (empresas públicas) é da competência da Justiça Federal, mas quando praticado contra agência do Banco do Brasil (sociedade de economia mista), a competência é, em regra, da Justiça Estadual.

Não se pode, contudo, ter a regra como absoluta. É que, no dia 16 de setembro de 2014, a Primeira Turma do STF decidiu que "compete à justiça federal processar e julgar ação penal referente a crime cometido contra sociedade de economia mista, quando demonstrado o interesse jurídico da União"[20].

No caso concreto, apreciado pelo STF, tratava-se de crime envolvendo uma sociedade de economia mista federal cujo ofício é explorar e administrar as instalações portuárias do

20 STF, RE 613.115 AgR/PA, Rel. Min. Dias Toffoli, j. 16.09.2014.

Estado do Pará, atividades que são atribuídas à União, nos termos do art. 21, XII, *f*, CF. A primeira Turma do STF entendeu que a competência da Justiça Federal estaria justificada "se os delitos estivessem, de alguma forma, relacionados a serviços por concessão, autorização ou delegação da União ou se houvesse indícios de desvio das verbas federais recebidas por sociedades de economia mista e sujeitas à prestação de contas perante o órgão federal.

O caso em comento ainda guardava outra peculiaridade: A União teria demonstrado interesse em integrar a lide, o que atrairia a incidência do verbete 517 da súmula de jurisprudência do STF, nos seguintes termos: "As sociedades de economia mista só têm foro na Justiça Federal quando a União intervém como assistente ou opoente".

À vista do exposto, devemos concluir que o precedente do STF não altera a regra de que os crimes contra a sociedade de economia mista são de competência da Justiça Estadual; apenas a excepciona. Em suma, crime contra sociedade de economia mista continua a ser, em regra, estadual; contudo, havendo interesse da União, será atraída a competência da Justiça Federal, nos termos do art. 109, IV, CF.

A propósito do crime contra agência dos correios, imperioso trazer à baila o entendimento do STJ, nos seguintes termos: "Nos crimes praticados em detrimento das agências da Empresa Brasileira de Correios e Telégrafos - ECT, esta Corte Superior já firmou o entendimento de que a fixação da competência depende da natureza econômica do serviço prestado. Se explorado diretamente pela empresa pública - na forma de agência própria -, o crime é de competência da Justiça Federal. De outro vértice, se a exploração se dá por particular, mediante contrato de franquia, a competência para o julgamento da infração é da Justiça estadual (CC 122.596/SC, Rel. Min. Sebastião Reis Júnior, Terceira Seção, julgado em 08/08/2012). De acordo com a Constituição da República, compete à União "manter o serviço postal" (art. 21, inc. X). A prestação direta do serviço pelo ente público é excepcionada pelo art. 175, que autoriza, "sob regime de concessão ou permissão, sempre através de licitação, a prestação de serviços públicos" por particulares. De ordinário, o serviço postal é prestado diretamente pela União. Por isso, no habeas corpus em que objetiva a anulação do processo porque incompetente a justiça federal para conhecer da causa, cumpre ao impetrante comprovar que o crime ocorreu em "agência franquiada" pela Empresa Brasileira de Correios e Telégrafos - EBCT. Na consagrada lição de Nicola Framarino dei Malatesta, "se o ordinário se presume, o extraordinário se prova"(HC 265525/SE, Ministro Newton Trisotto, Quinta Turma, julgado em 26/05/2015.

Pelo fato de as fundações públicas de Direito Público serem espécies de autarquias, se federais, os crimes praticados em detrimento dos seus bens, serviços ou interesses serão processados e julgados pela Justiça Federal[21]. As Agências Reguladoras possuem natureza jurídica de autarquia especial, razão pela qual também se incluem na competência federal os crimes praticados em detrimento de bens, serviços e interesses delas.

21 Muito embora não reconheça esta natureza autárquica, Pacelli admite a competência federal em caso de crime praticado em detrimento de fundação pública federal, nos seguintes termos: "Embora não haja referência expressa no texto constitucional, deve aí ser incluída a fundação pública federal, já que, em última análise, a lesão atingirá o interesse da União, instituidora e mantenedora daquela" (OLIVEIRA, Eugênio Pacelli de. *Curso de processo pena,* 11.ed. Rio de Janeiro: Lumen Juris, 2009, p.214).

a.5) Bens, serviços ou interesses

A expressão "bens" é empregada pelo texto constitucional com a conotação de patrimônio. Desta forma, não há maiores dificuldades em se identificar a competência federal, pois basta aferir a eventual violação ao patrimônio da União, suas entidades autárquicas ou empresas públicas.

Neste diapasão, o Superior Tribunal de Justiça, ao editar os enunciados nº 208 e 209 da súmula de sua jurisprudência, esclarece:

> ***Súmula nº 208/STJ:*** "Compete à Justiça Federal processar e julgar prefeito municipal por desvio de verba sujeita a prestação de contas perante órgão federal".
>
> ***Súmula nº 209/STJ:*** *"Compete à Justiça Estadual processar e julgar prefeito por desvio de verba transferida e incorporada ao patrimônio municipal".*

Por sua vez, a expressão "serviços" deve ser contextualizada na prestação do serviço público federal. Será crime federal aquele que, de forma direta ou indireta, puder prejudicar a exploração do serviço público federal. É esta a razão da existência do enunciado nº 147 da súmula de jurisprudência do STJ, nos seguintes termos:

> ***Súmula 147/STJ:*** "Compete à Justiça Federal processar e julgar os crimes praticados contra funcionário público federal, quando relacionados com o exercício da função".

Ora, a competência federal, neste caso, justifica-se exatamente porque o crime praticado contra o funcionário público está relacionado à sua função e, por isso, vinculado ao serviço público federal que é prestado. Desta forma, se, por exemplo, alguém atentar contra a vida de um funcionário público federal, por força das suas funções (ex.: o agente matou um policial federal, para não ser preso, quando este fazia uma abordagem de rotina) será levado ao Tribunal do Júri, na Justiça Federal.

Conquanto a súmula faça menção ao crime praticado contra o funcionário público federal, também será crime federal aquele praticado por funcionário público federal que se vale da função[22]. Um crime funcional (corrupção passiva, concussão, prevaricação etc.), cometido por parte de funcionário federal, por exemplo, é de competência da Justiça Federal. Neste caso, a competência federal se faz presente porque o crime afetará o serviço público federal.

Sob outro prisma, não haverá competência federal em caso de crime praticado em detrimento de funcionário público federal, quando a conduta delituosa não estiver relacionada ao exercício de sua função pública. Imagine-se, por exemplo, que um funcionário federal, na rua, é vítima de um furto, praticado por alguém que não tinha a mínima ciência da função pública desempenhada por ele. Para logo se vê que o crime em nada se relaciona ao serviço público federal, razão pela qual a competência federal deverá ser afastada.

---

22 A súmula nº 254 do antigo Tribunal Federal de Recursos (extinto pela CF/88 que, em seu lugar, criou o Superior Tribunal de Justiça) dispunha: "Compete à Justiça Federal processar e julgar os delitos praticados por funcionário público federal, no exercício de suas funções e com estas relacionados".

É necessário destacar, porém, que o STJ já decidiu de forma contrária, em caso de crime praticado contra Juiz Federal[23], sob o argumento de que "A interpretação restritiva prevista na Súmula 147/STJ não se aplica aos Juízes Federais, ocupantes de cargos cuja natureza jurídica não se confunde com a de funcionário público, mas sim com a de órgão do Poder Judiciário, o que reclama tratamento e proteção diferenciados, em razão da própria atividade por eles exercida".

Questão intrigante diz respeito ao crime praticado em desfavor de membro do Ministério Público do Distrito Federal e Territórios (MPDFT). O Superior Tribunal de Justiça enfrentou esta questão, no julgamento do Conflito de Competência n.º 119.484/DF. Entendeu a Corte que, muito embora o "artigo 21, inciso XIII, da Constituição Federal estabeleça que compete à União, organizar e manter o Poder Judiciário, o Ministério Público e a Defensoria Pública do Distrito Federal, eles não possuem a natureza jurídica de órgãos daquele ente federativo, porquanto fazem parte da estrutura orgânica do Direito Federal, que constitui entidade política equiparada aos Estados membros".

Em resumo, consoante o referido julgamento, do dia 07 de maio de 2012, o STJ entendeu que o membro do MPDFT – a despeito de ser membro do MPU – não é agente público federal, mas sim distrital.

Não se pode olvidar, porém, que se o crime for praticado por promotor de justiça do MPDFT, a competência para o julgamento será do Tribunal Regional Federal, pois se trata de membro do Ministério Público da União, que faz jus ao foro por prerrogativa de função nesta Corte. De igual sorte, o HC impetrado contra ato de membro do MPDFT deverá ser julgado pelo TRF (STJ, HC 67.416-DF, j. 26/06/2007).

Ainda no que tange à competência federal em virtude de crime praticado contra serviço público federal, cumpre recordar o teor do enunciado nº 165 da súmula de jurisprudência do STJ, nos seguintes termos:

---

23 "CONFLITO DE COMPETÊNCIA. PROCESSUAL PENAL. CRIMES DE AMEAÇA, ABUSO DE AUTORIDADE, DISPARO DE ARMA DE FOGO EM VIA PÚBLICA, CALÚNIA, INJÚRIA E PREVARICAÇÃO COMETIDOS CONTRA JUIZ FEDERAL. COMPETÊNCIA DA JUSTIÇA FEDERAL PARA PROCESSAR E JULGAR A AÇÃO PENAL.

1. Nos termos do art. 92, III da Lei Maior, os Juízes Federais são órgãos do Poder Judiciário, qualidade essa que impõe o reconhecimento do interesse da União no julgamento de crimes de que sejam vítimas, o que atrai a competência da Justiça Federal para processar e julgar a respectiva Ação Penal, nos termos do art. 109, IV da CF/88. Outrossim, tal qualidade não pode ser ignorada quando da fixação do Juízo competente, devendo ser levada em consideração, ainda que a vítima não esteja no exercício das funções jurisdicionais.

2. A interpretação restritiva prevista na Súmula 147/STJ não se aplica aos Juízes Federais, ocupantes de cargos cuja natureza jurídica não se confunde com a de funcionário público, mas sim com a de órgão do Poder Judiciário, o que reclama tratamento e proteção diferenciados, em razão da própria atividade por eles exercida.

3. O art. 95 da Constituição Federal, que assegura a garantia da vitaliciedade aos Magistrados, e o art. 35, VIII da LC 35/79, que dispõe sobre o dever destes de manterem conduta irrepreensível na vida pública e particular, revelam a indissolubilidade da qualidade de órgão do Poder Judiciário da figura do cidadão investido no mister de Juiz Federal e demonstram o interesse que possui a União em resguardar direitos, garantias e prerrogativas daqueles que detêm a condição de Magistrado.

4. O art. 109, IV da Constituição Federal é expresso ao determinar a competência da Justiça Federal para o processo e julgamento de infrações penais praticadas em detrimento de bens, serviços ou interesse da União ou de suas entidades autárquicas ou empresas públicas.

5. Conflito conhecido para declarar a competência do Juízo Suscitante, o Juízo Federal da 2a. Vara da Seção Judiciária do Estado do Acre. (CC 89397/AC, Rel. Min. Napoleão Nunes Maia Filho, j. 28/03/2008)".

> ***Súmula nº 165/STJ:*** "Compete à Justiça Federal processar e julgar crime de falso testemunho cometido no processo trabalhista".

Há, na hipótese trazida pela súmula, crime praticado em detrimento de serviço público federal. Com efeito, vale mencionar que a Justiça do Trabalho (ao lado da Justiça Federal, Militar da União, Eleitoral e do Distrito Federal e Territórios) é ramo da Justiça da União. Por isso, o crime de falso testemunho no bojo do processo trabalhista prejudica um serviço público federal (o serviço judiciário). Esta a razão de ser crime de competência federal. Some-se a estes argumentos o fato de a Justiça do Trabalho não possuir competência em matéria penal, razão pela qual não poderia ser competente para o julgamento do crime.

Conquanto o enunciado sumular seja expresso em relação ao crime de falso testemunho, o mesmo entendimento pode ser utilizado para qualquer crime ocorrido no processo trabalhista (coação no curso do processo, exploração de prestígio, fraude processual, desacato etc.).

É importante destacar que o fato de haver um crime em detrimento de bem jurídico objeto de fiscalização federal não atrai, por si só, a competência federal. Aplicando esse raciocínio, o STJ cancelou a súmula nº 91, que afirmava ser de competência federal o crime praticado contra a fauna, e editou a súmula nº 107/STJ:

> ***Súmula nº 107/STJ:*** "Compete à Justiça Comum Estadual processar e julgar crime de estelionato praticado mediante falsificação das guias de recolhimento das contribuições previdenciárias, quando não ocorrente lesão à autarquia federal".

Quanto à identificação do que seja interesse da União ou suas entidades, há uma maior complexidade. O interesse apto a fixar a competência pode ser econômico ou moral[24]. Na prática, não é fácil identificar o que seja direta ou indiretamente interesse federal[25]. Assiste razão a Aury Lopes Jr. quando afirma: "Pensamos que somente o interesse federal decorrente de lei ou diretamente revelado quando da prática do crime (a partir da efetiva lesão do bem jurídico tutelado) justifica a incidência da Justiça Federal"[26].

É, porém, de competência da Justiça Federal, e não da Militar, os crimes de falsificação e de uso de documento falso, quando expedidos pela Marinha do Brasil. É o que consta da súmula vinculante nº 36, publicada em 24/10/2014, nos seguintes termos:

> ***Súmula vinculante nº 36:*** "Compete à Justiça Federal comum processar e julgar civil denunciado pelos crimes de falsificação e de uso de documento falso quando se tratar de falsificação da Caderneta de Inscrição e Registro (CIR) ou de Carteira de Habilitação de Amador (CHA), ainda que expedida pela Marinha do Brasil".

Questão intrigante diz respeito às Juntas Comerciais, que, consoante disposto no art. 6º da Lei nº 8.934/94 subordinam-se administrativamente ao governo da unidade federativa de sua jurisdição e, tecnicamente, ao Departamento Nacional de Registro do Comércio – a exceção fica por conta da Junta comercial do DF, que é subordinada administrativa e tecnicamente pelo DNRC.

---

24 TOURINHO FILHO, Fernando da Costa. *Manual de processo penal.* 8. Ed. São Paulo: Saraiva, 2006, p.244.

25 OLIVEIRA, Eugênio Pacelli de. *Curso de processo pena,* 11.ed. Rio de Janeiro: Lumen Juris, 2009, p.218.

26 LOPES Jr. Aury. *Direito processual penal e sua conformidade constitucional. V.I,* Rio de Janeiro: Lumen Juris, 2007, p.433. Em sentido similar, Eugênio Pacelli de Oliveira: "o critério mais ou menos seguro que poderá nos orientar em direção à identificação do *interesse federal* há de ser buscado, antes de tudo, na própria Lei" (*Ob. cit.* p.218).

O crime praticado em detrimento da Junta Comercial será, em regra, de competência da Justiça Estadual. A competência federal também será firmada, apenas, na hipótese de ocorrência de ofensa direta a bens, serviços ou interesses da União. Por esta razão, entendeu o STJ que "compete à Justiça Estadual processar e julgar a suposta prática de delito de falsidade ideológica praticado contra Junta Comercial"[27].

a.6) Conexão

Por fim, cabe referir a existência do enunciado nº 122 do Superior Tribunal de Justiça, de importantíssima aplicação prática.

> ***Súmula nº 122/STJ:*** "Compete à Justiça Federal o processo e julgamento unificado dos crimes conexos de competência federal e estadual, não se aplicando a regra do Art. 78, II, "a", do Código de Processo Penal".

A regra do art. 78, II, *a,* CPP impunha a prevalência do lugar da infração à qual fosse cominada a pena mais grave. Com o advento da súmula nº 122/STJ, restou claro que, em se tratando de conexão entre crime de competência estadual e crime de competência federal, pouco importa qual é a pena mais grave ou qual a quantidade de crimes: deverá prevalecer a competência federal.

Saliente-se, ainda, que a súmula é expressa ao tratar de *crimes* conexos. Não podem ser incluídas na regra as contravenções penais, pois, como já salientado, a Justiça Federal não poderá julgá-las. Assim, havendo conexão entre crimes federais e contravenções penais, haverá a separação dos processos, para que os primeiros sejam julgados na Justiça Federal e as demais sejam julgadas na Justiça Estadual (mais especificamente, nos juizados especiais criminais).

1.2. Da ausência de interesse da União

O art. 11 da Lei, em comento dispõe, categoricamente, que os crimes nela previstos são praticados contra o interesse da União, cabendo à Polícia Federal a investigação criminal, em sede de inquérito policial, e à Justiça Federal o seu processamento e julgamento, nos termos do artigo 109, inciso IV da Constituição Federal.

Como vimos no tópico anterior, as hipóteses de definição da competência da Justiça Federal estão taxativamente mencionadas no art. 109, CF. Estas hipóteses não podem ser dilatadas por legislação infraconstitucional, salvo se a própria Constituição assim o permitisse expressamente. É isto que ocorre, por exemplo, no caso dos crimes contra o sistema financeiro nacional e a ordem econômico-financeira, em que o legislador constituinte permitiu ao legislador ordinário estabelecer a competência na seara federal (art. 109, VI, CF).

No caso em questão, a hipótese de o crime ser de competência federal por afrontar interesse da União já se encontra presente no próprio texto constitucional (art. 109, IV. CF). Deste modo, a redação do art. 11 da Lei de Terrorismo amolda-se a uma das seguintes situações:

a) As hipóteses que caracterizam crime de terrorismo já são de interesse da União e, portanto, o dispositivo legal é absolutamente inócuo; ou

27 STJ, CC 130.516-SP, Rel. Min. Rogério Schietti Cruz, j. 26.02.2014.

b) As hipóteses que caracterizam crime de terrorismo não são, necessariamente, de interesse da União e, portanto, o dispositivo legal é inconstitucional, porquanto pretende dilatar as hipóteses de competência federal taxativamente previstas na Constituição Federal.

Acreditamos que ocorre, justamente, a segunda hipótese, e o dispositivo legal encontra-se eivado de inconstitucionalidade.

Inicialmente, devemos estabelecer as seguintes premissas:

a) O fato de haver motivação preconceituosa não caracteriza, por si só, interesse da União. Basta perceber que os crimes contemplados na Lei nº 7.716/89 não são, regra geral, de competência federal. Ora, se o fato de se adotar uma postura preconceituosa pudesse dar ensejo à caracterização do interesse da União, todos os crimes de preconceito seriam federais, o que não ocorre.

b) O fato de se provocar o terror social ou generalizado também não caracteriza, por si só, o interesse da União. Aliás, podemos vislumbrar situações em que ocorreria esta finalidade de produzir terror social, mas com interesse localizado.

Basta imaginar que, em um pequeno município do Brasil, lideranças religiosas, impelido pelo preconceito religioso, praticam um ato terrorista contra um templo em que se professa outra fé. Neste caso, a pretensão deste criminoso seria produzir uma sensação de terror, porém circunscrita a uma determinada região do país, o que não é suficiente para que se possa falar em interesse da União.

A propósito, é bom que se frise que, o fato de o crime ser grave, não atrai a competência para o seu julgamento para a Justiça Federal. Não estamos, portanto, procurando diminuir a gravidade da conduta trazida no nosso exemplo. Trata-se de crime gravíssimo, a parece-nos fora de dúvida que poderia amoldar-se à hipótese de crime de terrorismo. Todavia, não há interesse da União, ao contrário do que afirmado pelo artigo de lei em apreço.

Neste ponto, imperioso recordar que o fato de o crime estar previsto em tratado ou convenção internacional (como ocorre com o crime de terrorismo) não atrai, por si só, a competência federal. Conforme se extrai do art. 109, V da Constituição Federal, compete aos juízes federais processar e julgar: "os crimes previstos em tratado ou convenção internacional, quando, iniciada a execução no País, o resultado tenha ou devesse ter ocorrido no estrangeiro, ou reciprocamente";

Deste modo, percebemos que não basta estar previsto em tratado ou convenção internacional; para que o crime fosse federal, seria imprescindível que houvesse internacionalidade na prática da conduta, ou seja, que "iniciada a execução no País, o resultado tenha ou devesse ter ocorrido no estrangeiro, ou reciprocamente".

2. QUESTÕES DE CONCURSOS

1. **(MPE-GO/Promotor de Justiça Substituto/2016 – adaptada)** A Lei do Terrorismo considerou que os crimes nela previstos são praticados contra o interesse da União, cabendo à Polícia Federal a investigação criminal, em sede de inquérito policial, e à Justiça Federal o seu processamento e julgamento, nos termos do inciso IV do art. 109 da Constituição da República.

2. **(VUNESP/PC-SP/Delegado de Polícia/2018 – adaptada)** Os crimes previstos na referida Lei são praticados contra o interesse da União, cabendo à Polícia Federal a investigação criminal, em sede de inquérito policial.

GAB	1	2
	C	C

Art. 12. O juiz, de ofício, a requerimento do Ministério Público ou mediante representação do delegado de polícia, ouvido o Ministério Público em vinte e quatro horas, havendo indícios suficientes de crime previsto nesta Lei, poderá decretar, no curso da investigação ou da ação penal, medidas assecuratórias de bens, direitos ou valores do investigado ou acusado, ou existentes em nome de interpostas pessoas, que sejam instrumento, produto ou proveito dos crimes previstos nesta Lei.

§ 1º Proceder-se-á à alienação antecipada para preservação do valor dos bens sempre que estiverem sujeitos a qualquer grau de deterioração ou depreciação, ou quando houver dificuldade para sua manutenção.

§ 2º O juiz determinará a liberação, total ou parcial, dos bens, direitos e valores quando comprovada a licitude de sua origem e destinação, mantendo-se a constrição dos bens, direitos e valores necessários e suficientes à reparação dos danos e ao pagamento de prestações pecuniárias, multas e custas decorrentes da infração penal.

§ 3º Nenhum pedido de liberação será conhecido sem o comparecimento pessoal do acusado ou de interposta pessoa a que se refere o caput deste artigo, podendo o juiz determinar a prática de atos necessários à conservação de bens, direitos ou valores, sem prejuízo do disposto no § 1º.

§ 4º Poderão ser decretadas medidas assecuratórias sobre bens, direitos ou valores para reparação do dano decorrente da infração penal antecedente ou da prevista nesta Lei ou para pagamento de prestação pecuniária, multa e custas.

1. COMENTÁRIOS

O art. 12 trata da possibilidade de o juiz determinar a adoção de medidas assecuratórias. Tais medidas são cautelares reais. Cumpre recordar que medidas cautelares são adotadas no bojo da investigação ou do processo e se destinam a tornar útil o resultado final, viabilizando uma possível sanção penal ou a observância de efeitos extrapenais da condenação (arts. 91 e 92, CP).

Estas cautelares podem ser pessoais, quando recaem sobre o próprio réu ou investigado. Temos como exemplo as prisões cautelares e as cautelares pessoais alternativas à prisão (art. 319, CPP). Podem, por outro lado, ser reais, quando recaem sobre coisas, como nos casos tratados no dispositivo legal em apreço. Há quem sustente, ainda, em sede doutrinária, a existência das cautelares probatórias que, como o próprio nome está a indicar, seriam destinadas à produção de provas, tais como a busca e apreensão domiciliar.

O art. 12, ora em comento, admite a decretação de medidas assecuratórias não apenas em relação a bens e valores que se encontrem no nome do próprio réu ou investigado, mas também daqueles que se encontrem em nome de interpostas pessoas, vulgarmente conhecidos como "laranjas".

Admite-se, ainda, a alienação antecipada dos bens. Com efeito, não faria sentido aguardar o trânsito em julgado da condenação para que se efetivasse a alienação dos bens, sobretudo quando dizem respeito a bens de fácil deterioração ou depreciação. É o que ocorre, por exemplo, com veículos automotores que, muitas vezes, após anos de tramitação do processo pelas instâncias ordinárias e extraordinárias do Judiciário, acabam por perder em muito valor de mercado.

As medidas previstas no dispositivo legal podem ser adotadas durante a fase de investigação ou durante a fase de ação penal.

Uma vez comprovada a licitude da origem dos bens, deverá ser retirada, pelo julgador, a constrição que recaía sobre eles. O legislador fez, contudo, a ressalva no sentido de que "Nenhum pedido de liberação será conhecido sem o comparecimento pessoal do acusado ou de interposta pessoa".

A ressalva legislativa possui uma finalidade clara: evitar que acusados ou investigados foragidos se beneficiem da liberação do patrimônio. Vamos imaginar uma situação em que o titular do patrimônio sobre o qual recaiu a medida assecuratória efetivamente praticou algum dos fatos estampados na presente lei, mas, em relação, especificamente àquele patrimônio, seja possível comprovar a origem lícita. Agora imaginemos que ele se encontra foragido. Não faz sentido, na percepção do legislador, permitir que o investigado se valha de advogado ou algum outro representante para livrar seu patrimônio da constrição enquanto permanece foragido, a despeito da existência de robustas provas contra ele.

Ademais, importante ainda chamar a atenção para o detalhe previsto no §2º, no sentido de que poderá o julgador manter "a constrição dos bens, direitos e valores necessários e suficientes à reparação dos danos e ao pagamento de prestações pecuniárias, multas e custas decorrentes da infração penal". O dispositivo se aplica, justamente, às hipóteses nas quais existem provas contra o investigado/acusado, mas aqueles bens, especificamente, são de origem lícita. Mesmo sendo de origem lícita, permanecerão constritos, para eventuais futuras reparações.

Art. 13. Quando as circunstâncias o aconselharem, o juiz, ouvido o Ministério Público, nomeará pessoa física ou jurídica qualificada para a administração dos bens, direitos ou valores sujeitos a medidas assecuratórias, mediante termo de compromisso.

Art. 14. A pessoa responsável pela administração dos bens:

I - fará jus a uma remuneração, fixada pelo juiz, que será satisfeita preferencialmente com o produto dos bens objeto da administração;

II - prestará, por determinação judicial, informações periódicas da situação dos bens sob sua administração, bem como explicações e detalhamentos sobre investimentos e reinvestimentos realizados.

Parágrafo único. Os atos relativos à administração dos bens serão levados ao conhecimento do Ministério Público, que requererá o que entender cabível.

1. COMENTÁRIOS

A nomeação de um administrador para os bens decorre da necessidade de se evitar o seu perecimento ou depreciação por alguma razão. Trata-se de medida extremamente salutar, portanto. A previsão legislativa de remuneração para o administrador é mais do que razoável, seja pela responsabilidade que o encargo enseja, seja como uma forma de estímulo para que o administrador possa bem e fielmente cumprir o seu mister. Por esta razão, o art. 13 exige que a pessoa (física ou jurídica) a ser nomeada administradora dos bens seja qualificada.

Art. 15. O juiz determinará, na hipótese de existência de tratado ou convenção internacional e por solicitação de autoridade estrangeira competente, medidas assecuratórias sobre bens, direitos ou valores oriundos de crimes descritos nesta Lei praticados no estrangeiro.

§ 1º Aplica-se o disposto neste artigo, independentemente de tratado ou convenção internacional, quando houver reciprocidade do governo do país da autoridade solicitante.

§ 2º Na falta de tratado ou convenção, os bens, direitos ou valores sujeitos a medidas assecuratórias por solicitação de autoridade estrangeira competente ou os recursos provenientes da sua alienação serão repartidos entre o Estado requerente e o Brasil, na proporção de metade, ressalvado o direito do lesado ou de terceiro de boa-fé.

1. COMENTÁRIOS

Mais um dispositivo legal que trata das medidas assecuratórias. Desta vez, todavia, relacionados a condutas criminosas praticadas no estrangeiro. Neste diapasão, importante recordarmos que é possível, em certos casos, a extraterritorialidade da lei penal brasileira, nos termos do art. 7º, CP. O caso em apreço, todavia, diz respeito à adoção de medidas pela autoridade judiciária brasileira, a requerimento de autoridade estrangeira. Diz respeito, portanto, a processos criminais em curso no exterior, e não no Brasil.

Para que o julgador brasileiro adote as medidas assecuratórias em relação a bens sediados no Brasil, é necessário que estejam presentes dois requisitos, cumulativamente:

a) Existência de tratado ou convenção internacional: a ausência deste primeiro requisito pode ser suprida nas hipóteses em que há reciprocidade entre o Brasil e o país da autoridade solicitante. Ademais, a falta de tratado ou convenção conduzirá à repartição dos bens, direitos e valores entre o Brasil e o Estado requerente.

b) Solicitação de autoridade estrangeira competente.

Art. 16. Aplicam-se as disposições da Lei nº 12.850, de 2 agosto de 2013, para a investigação, processo e julgamento dos crimes previstos nesta Lei.

1. COMENTÁRIOS

O dispositivo prevê expressamente a possibilidade de adoção dos institutos previstos na Lei de Organizações Criminosas (Lei nº 12.850/13), tais como colaboração premiada, ação controlada, agente infiltrado etc. Para evitarmos repetições indevidas, remetemos os leitores aos comentários realizados à Lei nº 12.850/13, nesta obra.

Art. 17. Aplicam-se as disposições da Lei nº 8.072, de 25 de julho de 1990, aos crimes previstos nesta Lei.

1. COMENTÁRIOS

Por força do art. 17 da Lei de Terrorismo, pensamos que todos os crimes estampados na presente legislação devem ser considerados como hediondos, e não apenas aqueles previstos no art. 2º. Consequentemente, a todos eles se aplicam o tratamento mais gravoso conferido pela Lei nº 8.072/90.

2. QUESTÕES DE CONCURSOS

1. **(MPE-GO/Promotor de Justiça Substituto/2016 – adaptada)** A prisão temporária daquele que pratica qualquer dos crimes previstos na Lei do Terrorismo terá o prazo de 30 (trinta) dias, prorrogável por igual período em caso de extrema e comprovada necessidade.

GAB	1
	C

Art. 18. O inciso III do art. 1º da Lei nº 7.960, de 21 de dezembro de 1989, passa a vigorar acrescido da seguinte alínea p:

"Art. 1º ....

....

III - ....

....

p) crimes previstos na Lei de Terrorismo." (NR)

1. COMENTÁRIOS

Trata-se de alteração na Lei de Prisão Temporária (Lei nº 7.960/89), para incluir, expressamente, a possibilidade deste tipo de prisão nos crimes previstos na Lei de Terrorismo. A rigor, a alteração legislativa seria desnecessária, na medida em que, tratando-se de crime equiparado a hediondo.

A possibilidade de prisão temporária já se depreende da própria Lei nº 8.072/90. A propósito, vale registrar que, em se tratando de crimes equiparados a hediondos, o prazo da prisão temporária será de até 30 (trinta) dias, prorrogáveis por mais 30 (trinta), e não de 05 (cinco) dias, prorrogáveis por mais 05 (cinco), como ocorre com os demais crimes.

Art. 19. O art. 1º da Lei nº 12.850, de 2 de agosto de 2013, passa a vigorar com a seguinte alteração:

"Art. 1º ....

....

§ 2º ....

....

II - às organizações terroristas, entendidas como aquelas voltadas para a prática dos atos de terrorismo legalmente definidos." (NR)

1. COMENTÁRIOS

A alteração foi promovida na própria Lei de Organizações Criminosas (Lei nº 12.850/13). Não custa reiterar que, conforme o art. 1º, §1º, desta Lei, "Considera-se organização criminosa a associação de 4 (quatro) ou mais pessoas estruturalmente ordenada e caracterizada pela divisão de tarefas, ainda que informalmente, com objetivo de obter, direta ou indiretamente, vantagem de qualquer natureza, mediante a prática de infrações penais cujas penas máximas sejam superiores a 4 (quatro) anos, ou que sejam de caráter transnacional".

Pois bem. A partir da Lei de Terrorismo, dispõe o art. 1º, §2º, II da Lei nº 12.850/13 que organizações terroristas são organizações criminosas, nos termos anteriormente transcritos, mas que se dediquem à prática dos atos de terrorismo, conforme art. 2º da Lei nº 13.260/16 (Lei de Terrorismo).

Art. 20. Esta Lei entra em vigor na data de sua publicação.

Brasília, 16 de março de 2016; 195º da Independência e 128º da República.

DILMA ROUSSEFF

Wellington César Lima e Silva

Nelson Barbosa

Nilma Lino Gomes